聯合評論

第二輯

本刊已經香港政府登記

聯合評論

週刊

United Voice Weekly

第六十七號

每逢星期五出版

督印人：黃宇人　總編輯：左仲平
社址九龍金馬倫道卅八號三樓　電話61413
承印嘉羅印刷有限公司香港灣仔馬師道5號
總代理：友聯發行公司　售價每份港幣一毫
本報美洲版總經售處美國紐約中美出版社
CHINESE-AMERICAN PRESS, INC
199 CANAL STREET.,
NEW YORK31 N. Y. U.S.A.
美洲航空版零售每份美金一角

關於「共產黨的方法」問題

胡越

今天中國局勢第一個大問題是如何完成反共復國的問題；而十年來反共復國大業所以殊少進展，主要因為反共力量未能團結一致；而反共力量不能團結，其中主要關鍵在於反共的原則和方法之歧異。國民黨當權派認為共產黨行之有效的制度方法我們照樣可以使用，於是他們就想以革命對付革命，以主義對付主義，以組織對付組織，以聯戰對付統戰，以特務對付特務，以「觀光」對付「觀光」，以收買對付收買，以偽造民意對付偽造民意等等。另一方面主張民主憲政的反共人士則認為，今天我們反共，是本自由民主反極權主義，不能以極權主義對付極權主義，因此我們不該効行共產黨的制度方法。

為國民黨當權派辯護的人說，凡是一種行之有效的方法，都是世界性的任何人都可採用，只因為共產黨使用我們就不使用，這豈不是任令共產黨橫行，而自縛手脚坐以待斃。這些話雖言之成理，但似是而實非。這裡所說共產黨的方法，並非泛指一切方法而言，如一般科學的技術方法，不但共產黨使用，一般民主國家也使用，根本不在話下；這裏我們所談的是政治方法，但也並非泛指共產黨所使用的一切政治方法，例如使用以工代賑的方法救濟災荒，這個政治方法共產黨使用，我們當然也可以使用，這也不應發生甚麼爭執。在這裡我們所要討論的方法，是專指與自由民主的原則相關的政治方法而言的。我們認為凡是違害自由民主的政治方法，共產黨雖然行之有效我們也不能仿效；凡是不背自由民主的政治方法，共產黨使用（實際上甚少）我們當然也可以使用。

國民黨當權派的人士曾說：「反共是硬幫幫的鬥爭，要以力量對付力量，為了集中力量，就不能不犧牲自由民主。」又說：「我們並非不贊成自由民主，而是現階段不能實行自由民主，等到收復了大陸再實行自由民主不遲。」在這裏他們誤認要集中力量就非犧牲自由民主不可，集中力量的方法只有一個，言下之意只有効行共產黨的方法。以第二次大戰為例，英美等民主國家與軸心國家作戰，何嘗不是「硬幫幫的鬥爭」？但是民主國家並未取消自由民主，並且集中了偉大的力量把軸心國家打跨，這証明集中力量的方法並非只有一個，而以自由民主方法集中的力量比用極權主義集中的力量更活潑充沛、堅韌持久。至於說收復大陸之後再實行自由民主云云，既然自由民主比極權主義可以發揮更偉大的力量，為甚麼現在不實行呢？而必須以極權主義對付極權主義呢？

以上概括的討論了反共的方法問題，底下我們試行檢討一下，當前自由中國那些制度措施是違害自由民主的，因限於篇幅這裏僅能舉出數點略加說明。

一、共產黨是近代特務制度的創始者，這種蛇行鼠竊的陰險方法，其殘忍罪惡與靈活有效都是舉世共知的。共產黨用它對外滲透顛覆其他國家，對內監視鎮壓人民反抗。民主國家為了防範這種無聲的侵略，也都有反間諜機構的設立。但是民主國家的反間諜機構其作用限於反間諜為止，它無權捕人，押人，更無權審判處罪。這與共產國家的特務隨意捕人，拘押刑訊甚至將人秘密處死根本是兩回事。而今天台灣公安機構其專橫無忌，蹂躪人權的情形已接近於共產黨的特務。最近一位從台灣抵達歐洲的朋友來信說：「正如你所說的，現在我們至少有了通信的自由了！將近十年的隔絕，想來眞是可怕。可是我似乎還未能充分恢復精神的自由，冥冥之中還有一隻魔手從頭頂罩下來。初到此地和這裏幾個朋友談起台灣的政局，仍不由自主的在心理上有所禁忌。以前我認識一個受過特務苦刑的人，當他向我描述獄中情形時，突然變得精神緊張，說話吞吞吐吐，兩眼四下張望，很多關鍵地方保留不說了。當時我頗覺奇怪，但畧一思索，不禁起一種無名恐懼之感。數年來我為了保留一個出來的希望，處處謹慎，事事小心，不意在心理上也會產生禁錮。可是精神迫害，也無異苦刑。現在在台灣的人，都是政治逃避主義者，無人敢於面對現實；遇到現實只有投降，別無他途。像「自由中國」一批人，在同情者的心目中，是一批傻子而非英雄。」十年來我們含辛茹苦反共，就是為了反對中共這種恐怖的特務統治，由於國民黨當權派迷信共產黨的方法，以致把自由的寶島，變成了恐怖的地獄，雖然仍比大陸要好得多，但是常此下去，終有一天與大陸無異。以共產黨的方法反共，其毒害還不夠深刻明確嗎？

二、民國四十八年國民黨依照中山先生遺教，召開國民大會制定憲法，結束一黨訓政，還政於民，這本是順天應人之舉，縱然其後中共席捲大陸，政府退處台灣，但國民黨如能堅守民主憲政的基礎，和衆志舉賢能，朝野一致同仇敵慨，則規復大陸早有可觀之形勢；可是惑於共產黨的制度方法，十年來背棄憲政，厲行一黨專政，對於反共黨派之分化控制，近似大陸上中共之對待「民主黨派」。直到今天反共力量離心離德，各自為戰，這實是主要原因。

三、教育本是傳授知識，陶冶品格的聖潔事業，民主國家無不尊重教育的獨立自由；唯共產國家才把教育當做政治的工具。行憲之初，國民黨本已同意黨派退出學校的原則，可是政府遷台以後，由於國民黨當權派一意効共，乃重又恢復黨化教育政策，於政府財政支絀之際，開支國庫設立「反共青年救國團」（三民主義青年團之變相），復在各校設立分部，實行控制教師學生，為一黨製造信徒。從民主政治來看這是大不公，從愛護青年來說，這是大不仁。這種政治方法，無論共產黨行之如何有效，我們乃斷不可効行者。

四、共產黨國家嚴鎖邊境，禁限人民出國旅行被世人痛斥為鐵幕，而今天的台灣在剝奪人民旅行自由一點，比之中共毫無遜色。流亡海外數百萬反共義民，至今望國門而興歎，以反共為號召的國民黨，嚴拒反共義民進入台灣，此不但違情悖理，簡直是荒唐滑稽。

國民黨効仿共產黨的方法在此不勝列述，以上不過畧舉數端。國民黨這一効共路綫如不改除，不但反共團結無法實現，反共復國不能成功，並且根本失去反共的積極意義。希特勒與莫索里尼都是反共的，但是他們比共產黨更壞，因此不講原則，不先確立民主憲政的基礎，但求「集中力量」不惜効仿共黨方法作風，實乃自亡之道。

擺在台灣面前的幾條道路

劉裕畧

今日世界的現象雖然紛紜，但歸根結底說來，對於中華民國的前途，卻只有四個可能的演變。這四個可能是：一、反攻復國；二、長期偏安台灣；三、變成托管或什麼「台灣共和國」；四、被中共佔領。

使台灣被中共佔領，這是絕不許可的，讓台灣被托管或變成什麼台灣共和國，這也是匪夷所思，偏安當然也非善計，所以，反攻復國才是今日中華民國之惟一道路，實乃毫無可疑。

但如何才能反攻復國呢？僅就台灣方面言之，則又有如下幾項：一、是等待第三次世界大戰乘機復國；二、是等待大陸內部發生大規模的武裝反共，台灣乘機反攻；三、是自力更生，憑各種政畧戰畧的智慧而靈活的運用，自己單獨光復大陸。

就台灣十年來事實看：政府是沒有把一切內政外交眞正指向自力更生單獨反攻這一條路的。所以，政府雖然把反攻大陸的口號空喊了不止十年，而眞正的反攻行動則一次也沒有。不僅此也，政府近年且訂了中美聯防協定，以拘束自己單獨反攻的權力，更有所謂蔣杜聯合宣言，正式聲明不以武力為主要反攻手段。殊不知，中共乃一強暴政權，非用武力，決不足以推翻中共。對此，台北當局或猶以準備未成熟來自解，實則政府當局的反共藍圖，根本未脫離舊日平庸的思想窠臼。既提不出也想不出新的方案，其結果當然就只好把一切希望寄托在或有或無的第三次世界大戰上。

第三次大戰，本非不可能，所謂原子僵局之說，也絕非眞理。但第三次世界大戰是或然而非必然，縱然發生，其發生時間也絕難估定。何況近來之國際趨勢，美國既缺乏强硬的決鬥性政策，世界各地亦多充滿苟安式的和平氣氛，今日世界乃趨向於一種不戰不和的拖延局面，此種局面固然未必眞能持久不變，但何日何時才變呢？又如何變呢？這卻又是大問題了。而這種拖延局面對台灣之不利，則是誰都知道的，所以，若台北當局仍將中華民國的命運寄托在第三次世界大戰上，那實在只是企圖僥倖，而非謀國之上策。

另一方面，台灣亦希望大陸內部發生革命，當然，這也決不是不可能。但依目前大陸情形來觀察，大陸人民反共情緒雖然普遍高漲，但中共之內部控制力卻尚未鬆弛，零星的片斷的反共行為是可以產生，且已不斷的產生的，但此不足以言推翻中共，所以今日大陸雖像一個火藥桶，符合台北方面所理想的那種大規模反共行動卻不容易產生，必也要有外在力量去撞擊，大規模的爆炸才有可能。而台灣無意先去撞擊這一火藥桶，只專待大陸內部爆發革命，這不但近於殘酷，而且也遠於事實。

要反攻復國，要不被某些國際陰謀所出賣，眞正行得通的，則還是前面所述的第三條道路，即自力更生的一條道路。但奇怪的事是台北方面對於這條路卻最缺乏信心。其實這條路看似很窄，走來卻最寬。只要政府具有改革誠意，把反攻復國作為一切措施的標準尺度，依照民主原則實施一種計劃性的改革，並摒除所有統治者的自私心理，則團結兩千萬海外僑胞必無困難，團結所有反共愛國人士更不困難，團結的結果是意志集中，智慧集中，其合理的推演當然也就是力量的集中。若能如此，國際之觀感自能一新，對大陸之號召自必强而有力。有六十萬大軍，有兩千萬僑胞，何事不可為？進而協同亞洲反共國家圍擊中共，剷除中共這一亞洲禍根，亦非難事。

如此，而謂外人敢出賣我中華民國，其誰信之！但若台北當局只知權位之私，縱有反共熱誠，而不能把一切措施指向反攻復國，則中華民國勢將陷入其它幾條歧路，則誤國之罪又何能辭呢!?

美日同盟與英日同盟

許子由

美國與日本的新聯防協定，已於一月十九日在華府簽訂。這項條約的簽訂，是戰後遠東一項重大的事件，影响廣泛而深刻。只要看看蘇聯和中共對美日新約抨擊的劇烈，便可以知道新約對於共產集團如何不利，反之，也即是對於自由亞洲之如何重要。

美日條約是全面的美日同盟。在二十世紀下半世紀產生的這項條約，與本世紀初的英日同盟，情勢頗相類似；對遠東局面，將有重大影响。檢討美日條約的特點，把美日同盟與英日同盟比較，探討未來的遠東局勢，當不是沒有意義的。

「平等的合夥」

美日條約規定，如日本被襲，美國將視為對本身安全的威脅，這等于言明「美國將為日本而戰」；首先確保了日本的安全。但同樣的，駐日美軍被攻，日本亦將視為對其本身的危險，採取行動共同應付；正等于日本將為駐日美軍而戰。從這雙邊平行的兩點，可以看出這項軍事同盟的密切。

駐日美軍之「增加」，及對他們作「現代武器裝備」，和「使用日本基地（在日本以外）作戰」，美國都必須事先與日本會商；艾森豪岸信介公報，並且申明此類會商事項，美國「無意違反日本意願」。這些規定，充份說明日本仍有其最高的自主權，與俄共中共所抨擊的「附庸」背道而馳。艾森豪所謂「平等的合夥」確係事實。新約決不會虧損日本的地位，只有提高日本的地位。

「假想敵」中共

共黨（包括中共俄共）抨擊美日新約「侵略」，引述日本外相藤山在國會答覆質詢的話：「遠東」起自菲律賓以北，至中國沿海（大陸地區），蘇聯沿海（濱海省大陸地區），日軍可在上述地區與美軍併肩作戰。按東南亞公約防衛地區，止於北緯廿一度四（菲律賓以北），美日新約，當為此一地區的接防，包括香港台灣等在內，北至日本以北。以英美同盟的關係，香港不會沒有防衛。而台灣海峽危機，冲繩美軍不能坐視。美日條約的「防區」，當是着眼於此而擬訂。

日軍可在中共大陸蘇俄大陸沿海作戰，表面似乎是有問題，但要知道大戰末期盟軍在柏林作戰，並不能視為侵略。美日條約旨在「防衛」，非受攻擊決不進攻，這就沒有侵略問題了。

至於因防衛而作戰，採取攻勢防禦以至進入蘇聯中共領士，乃軍事上常見之事，不能與「侵略」混為一談。不過事實也不必諱言：蘇聯中共早於一九五〇年簽訂「防日本再起」的軍事同盟，以日本為假想敵。而今這項答覆「蘇聯中共同盟」的美日新約，自亦明顯地是以蘇聯中共為假想敵的。

日俄戰爭舊事

本世紀初（一九〇二）有英日同盟，一九〇四即有日俄戰爭。英日同盟之前八年（一八九四，甲午），有中日戰爭。這項美日同盟。如以一九五三的舊約計算，也是前八年有中日戰爭。甲午中日之戰，因朝鮮東學黨之亂（朝鮮有親華，親日兩派）而起。日俄之戰，亦因朝鮮及東北的問題而起——一八九六，日俄曾訂「共同保護朝鮮」協定。中日戰後，俄領導三國干涉（日本）還遼，更因中俄中東鐵路條約的衝突，戰爭遂不能避免。

因為韓國的有共黨與自由的兩派——親蘇與親美的兩派，韓國戰爭既已爆發了，中共在戰爭中代表蘇聯利益的一方。目下的韓國，非「共同保護」而係劃界分治，對立是一樣的。至於所謂「東北權益」，六十年前是日俄各有千秋。而在目下的蘇聯鬥爭中，却是蘇俄囊括了整個中國。這也即是說，均勢已經失去了，關係就更為緊張，形勢也更為迫切。這些「類似」的情況，似乎在告訴人們：六十年來，世界經兩次大戰，不少國家勝敗興替，但歷史的形勢不變。歷史會重演嗎？

英日同盟，是英國為了防止蘇俄勢力伸出遠東。美日同盟，是美國要遏阻蘇俄勢力向遠東膨脹。實在太類似了！

今昔異勢之點

英日同盟防止蘇俄勢力伸出遠東，可以說是防患於禍亂初萌之時，美日同盟遏阻蘇俄勢力在遠東膨脹，却是補救於禍亂已成之後，有所謂「挽狂瀾於既倒」的情勢，這是今昔異勢的地方之一。

日俄戰爭當時，有日韓攻守同盟，有中國的土地可以任日本假道，而目前却沒有這些條件，這是今昔異勢的地方之二。

一九〇四——一九〇五日俄戰爭期內，俄國內部有暗殺內政部長的反戰運動，有罷工、暴動等社會不安。而今則這類社會不安，似更可能在日本出現，這是今昔異勢之三。

共黨方面認為「日本（擴張的）夢不能重温」，大概是基於這些情勢的論據。當然，如果是帝國主義侵略，故夢一定不能重温。但實際上這是自由與極權的鬥爭，因此，情勢就會大變。

若干有利條件

變動的趨勢，是對自由方面有利的：

首先，飢餓的中共大陸，這火山會爆發的，如果給燃上火引的話。中共統治，不但是有史以來最暴虐的，人民甚且認為比不上「日治時代」。只要是再解放的隊伍，能帶來足够的食物，「以食為天」的人民，就會為了簞食瓢飲而加以歡迎，何況屆時一定有象徵中國自由的部隊，一同登上大陸。

其次，日、韓關係雖欠融洽，但如果日子到來，他們的合作是必然的。無論如何，自由方面在北亞大陸握有南韓這大橋頭堡，作用極大。日本本身，雖有左翼的猖獗，但在這一億日本人民中，他們乃是少數之少數，騷亂不是不能克服的。

當然，日本本身不可以走軍國主義的覆轍，相信日本的掌舵者不會再走這條絕路，正如復興的西德並非走納粹舊路一樣。日本能澈底實行國內民主，並坦誠與中國自由人士及東南亞人民相處，則此後的合作才是永久的合作，可樹立日本萬年不拔的根基。

最後，自由中國及海外中國自由人民，當是昔年英日同盟時代所沒有的一股宏偉力量，他們將歡迎日本作為平等的夥伴，並在聯繫韓國及東南亞朝野方面，發生作用。尤其，策動大陸人民起而革命，策動反攻，是中國自由人民的責任。李鴻章的「以夷制夷」的時代，畢竟是過去了，中國自由人民歡迎美國日本這些自由友伴的加强合作，但決不會也不該忘却本身應負的責任。

（一月二十日）

台灣一周

孔孟學說與反共鬥爭

台北舉行的中越兩國文化教育人士座談會上，越南西貢大學教育學院院長張功仇說：「卅年來越南對中國有一項重要的期望，那就是唯有中國以仁義為中心的文化思想，能拯救世界人類。」甚且，西貢大學兼順化大學教授阮文道，特別强調主張人道底中國孔子學說，「是對抗唯物思想的利器」。因之，台北中央社的電訊說：「在兩國半小時的座談會中，中越兩國的學者，一致同意共同加强研究，發揚孔孟學術，以消滅共產思想的毒素。」

這班來自遠道的友邦學人，對我國固有的文化思想，推許備至，這種學者風度與治學精神，殊足欽遲。但如認為只憑孔孟學說，依賴傳統的倫理道德觀念就可以消滅共產主義思想，和可以拯救世界人類，在二十世紀六十年代裡的中國人看來，似乎難免過份樂觀些了！

中越一家的文化關係

越南本屬中國領土的一部份。越南民族，史稱越裳氏。漢武帝藉越南版圖，置交趾、日南、九眞三郡，歷東漢、六朝、隋唐五代，垂一千餘年間，華越雜處，即越南史乘稱之「北屬時代」是也。越南脫離中國獨立後，經宋、元、明、清四朝，依舊稱藩朝貢。直至光緒十一年（一八八五年），中法簽訂天津和約，始承認為法國保護國。因而，中越文化的血緣關係，至深且巨，因此法國雖統治七十多年，但儒家學說却根深蒂固潛藏於越南文化思想領域裡。明乎此，對越南人民的崇仰孔孟，豈足怪哉！

研究中國近代思想

事實上，這四十年中，中國的文化思想，一方面因襲民族的優良傳統，一方面也吸收融會了西方的民主自由思想，從而拓展了廣濶的思想範疇。今天共產主義雖帶來人類歷史禍患，但中國今日的實際問題基本上不祗是孔孟學說所能挽救的。自由、民主的思潮應並行不悖地得到一些的發展，和澈底地實行民主政治，顯然也不應被忽視的。

總之，在進行中越文化的今天，孔孟學說和中國近代思想，具有同等的重要的研究價值，王充論衡說：「知古而不知今，謂之陸沉，知今而不知古，謂之盲瞽。」希望兩國學者注意這四十年中國思想的演變。

·孟戈·

大陸七千萬人嚴冬修水利

去年十二月卅日「人民日報」社論的統計：「截至十二月廿七日為止，全國投入水利運動的人數達七千萬人左右」！

「社論」說：水利運動動員的人數，雖以這一次為最多，但是否能够眞正做好，還是有待於事實的證明。

「社論」指出：「根據歷年的經驗，從現在到明年汛期，所有水利工程還要過七個關：第一是冬寒雨雪關，就是看各個水利工地能不能勝利解決冬季施工的問題；第二是防火安全關，就是看在大量民工集中的情況下，各個工地能不能安全生產；第三是導流、截流關，在春汛到來以前，看各個工地能不能作好圍堰，作好導流、截流等工作；第四是春汛關，看圍堰工程能不能經得春汛洪水的考驗；第五關是質量關，工程質量是不是合乎設計和施工的要求；第六是攔洪關，工程進度和質量能不能通過大汛洪水的考驗；第七是工程配套關，工程配套是不是完整，是不是做到邊施工，邊受益，早完工，早受益。」

「社論」認為，要過這七關，必須通過一次全面的工作檢查。其實，這正如右傾機會主義所指出——「都是空的。」空論而已。（本報資料室）

蘇聯對中共施展壓力

從一月十六日「人民日報」所刊載的赫魯曉夫在最高蘇維埃會議上的講話全文看來，目前對中共所受到的眞正壓力並不是來自西方，而是來自蘇聯。

赫氏的講話強調四點：（一）裁軍三分之一；（二）撤銷內務部將此項權力分散至各加盟共和國；（三）保証大國會議不討論涉及未參加國家利益的問題；（四）繼續加速消費品生產。

這裏不過討論赫氏所強調的眞正意圖，但單從這四點來看，卻對中共有莫大威脅。因爲：

一、蘇聯之所以要裁軍，原因是武器技術的發展，無需龐大的武裝部隊，裁軍三分之一以後其攻擊力不會稍減，這在赫氏講話中已明白說明。而中共呢，迄今尚未有原子彈，林彪在去年九月三十日發表的文章中猛烈批判武器技術第一人的因素退居第二的觀點；認爲人還是佔最重要的地位。而今，蘇聯用事實來說明武器技術在目前交戰中的地位，這樣，在中共軍隊中所產生的影響，將是普遍的自卑感；在中共高層中產出的影響，將是亟謀發展新武器技術。軍隊方面的自卑感之產生，已可概見於上述林彪的文章；一月七日，中共「國務院」通過「放射性工作衛生防護暫行規定」，這當是其不顧一切的在自己「土造」原子武器的跡象與決心之一，像法國一樣，想儘快的參加原子俱樂部。

二、一九五七年，蘇聯成立一〇五個地區性的經濟委員會，將經濟權力下放；今年，又撤銷內務部，將政治權力下放；其由中央集權蛻變到地方分權的趨勢已經明顯。在這方面又與中共現在的做法完全相反。看來蘇聯的這種決定，對中共的中央與地方間的權力關係與劃分將會發生重大的影響。

三、蘇聯保証大國會議不討論未參加國家的利益問題，（這是指蘇聯與美國在高峯會議不討論「兩個中國」問題。裁軍問題則現已很明朗，中共將被邀請參加）看來也包括對中共的保証，這一點可說明中共對蘇聯是懷有疑懼的。但蘇聯的保証似乎是不着邊際的，因爲行將擧行的首腦會議的主題是兩個德國的統一與柏林問題，而兩個德國的代表並不參加這一會議；這樣，它對中共即使亦有保証，以此例彼，不亦毫無價值。易言之，若以秘密方式談及「兩個中國」問題，而不作任何文字的決議，中共也是無可奈何的。

四、目前中共還在搞其大躍進，要求人民肚帶束得更緊些，工作更加多些，但蘇聯卻在猛烈發展消費品，減少工時，強調發展生產只有提高勞動生產率的一途；這不能不使中共統治下的人民發生憧憬，從而亦鼓舞了反對大躍進的人們。

蘇聯是中共的老大哥，雖然中共認爲要以「自己的道路」來發展與建設社會主義，但蘇聯的行爲無論如何在共產集團中發生帶頭與模範作用；它並不一定要正面的對中共批評只要這樣說說，或者再攞多一些事實出來，傳播到中國大陸，一樣會在大陸發生巨大的影響。

一般觀察家對中共與蘇聯的關係，只從外交關係去觀察，只從直接影響的言論與行動去作論斷，無論如何是不夠的；因爲它們具有共產主義國際性與共同性，不能與自由國家間的互不干涉內政相提並論，我之認爲對中共的眞正壓力並不來自西方而是來自蘇聯的說法，是以這一種思想方法結合當前事實所獲得的結論。

田心

如此「聯戰」令人痛心

戰士

台灣因爲鑑於中共巧妙利用「統戰」，騙了不少民主黨派和海外僑團，以及失意政客，搖擺不定的知識份子，效果相當可觀；因此也見樣學樣，東施效顰，攪出一個「聯戰」新名詞來，希望藉「聯戰」以對付「統戰」，辦法未嘗不善，可是實行起來却背道而馳，效果完全相反，至令親痛仇快，而寒海外反共志士之心！

「統戰」之道本不足取，何況又是東施效顰？所以台灣方面的「聯戰」工作者無非是些「琉璃蛋」，既圓又滑，祇知邀寵爭功，敷衍塞責，瞞上欺下，混水摸魚，反共不足，助共有餘。不是在爭取各民主反共團體和反共志士，消除隔閡，共謀團結。祇是專門製造分裂，化友爲敵，其工作目標是指向友軍的。

就這方面說，他們首先在海外指「聯合評論」與「祖國周刊」是不反共的，在台灣則又指「自由中國」半月刊」是共黨的同路人。但所有的事實証明，這些刊物在言論方面，反共的文章都是極堅實的，對中共一切殘暴揭露無遺，針針見血，刀刃刺入中共心臟要害，這樣的反共宣傳，難道是還有疑問嗎？可是就因爲他們出版的刊物上，偶而對現實政治有批評，便被扣上了許多帽子。

另一方面這些「聯戰」的工作者，又指反共與批評實際政治的民主人士爲「第三勢力」，聽美國人指使，但同時又說他們是反美的。這些自相矛盾的話，使任何人皆會覺得他們幼稚、無聊、漏洞百出，揭穿了不過是爲了要拆台，要離間，捕風捉影，搬弄是非。

在台灣內部，「聯戰」部門視之爲眼中釘，背上芒，時欲拔之而甘心的，就是雷震主編的「自由中國」雜誌，該雜誌因前年蔣先生誕辰，聲明開放言路，接受批評，特出了一本「祝壽專號」，內中文章都是委婉向蔣先生諍言，並沒有像當年康有爲上光緒帝書「吾不忍見煤山前事」那樣激烈，結果經「聯戰」工作者們加鹽加醋向蔣先生一番解釋，引起了蔣先生極大不滿，逐演出圍剿「自由中國」可恥的一幕，與論大講，轟動海外。但台灣因顧慮影響國際視聽和點綴民主，未敢遽而向該刊開刀，可是該刊在印刷與出版上曾數度遭受到了打擊，當權派幷秘密禁止軍公人員閱讀，這樣自以爲可予「自由中國」以經濟窒息，其實乃替「自由中國」作了義務宣傳，該刊實銷數字乃得直綫上昇。據說「自由中國」銷路不過萬餘份，但經「聯戰」部門這一次大圍剿，據傳至去年夏季竟超過了二萬多份。經濟情況反而好轉了。

以上所述不過是特別擧出「聯戰」部門兩個低能的例子，至於它們派到海外的工作人員，更是一場糊塗，令人擲筆三歎！它們首長選擇外派人員，不問賢與能，祇問關係親疏遠近，奴性的強弱，根本沒有爲工作着想，僅是替自己親信謀一條小財路，那情形類似遜清的京官外放，每一外放人員，起碼薪金爲港幣五百元，較在台灣多四倍，何況還可以濫報工作費，僞造情報領獎金，因爲個個都有靠山，不僅是來海外不攪工作，花天酒地的胡鬧，同時還可以用四五十元港幣僱狗腿，張冠李戴，濫扣帽子，僞造一些假報告，打擊反共志士，誤國殃民，莫此爲甚，這樣聯戰，能不令人痛心！

謊謬的「風從東方來」

最近中共與蘇聯合作攝製了一部影片「風從東方來」，已在大陸各地放映，其荒唐處不亞於早幾年在山地拍攝的美國電影「江湖客」，而就影片攝製的技術來說，較「江湖客」還低一等。

攝製「風從東方來」的起因，要是追溯到一九五七年七月一日中共成立三十六周年紀念日，北平「首都電影院」放映了蘇聯攝製的「革命的前奏」以示慶祝，恰巧在這時該片導演吉甘也到北平來參加慶祝，配合中共幾名電影文化幹部，商量要拍攝一部反映「中蘇偉大友誼」的影片，面對這樣的大題目，中共幹部那敢說不好呢？只有憑「老大哥」安排了。

同年十一月初蘇聯名作家柯勲夫尼澗夫和吉甘都到北平參加「十月革命」四十周年的紀念活動，和中共電影幹部作一次詳細商討，決定「電影的情節和攝製計劃。

這部電影的故事相當的長，是從十月革命寫到現在的，開首是敘述到蘇聯十月革命時，中國有一個青年叫做王德民的也參加了，不但參加了戰爭，還在莫斯科作苦工，替蘇聯建設房屋、工廠。在工地上作苦工的人除去王德民之外，還有德國人、英國人、芬蘭人、美國人、捷克人。影片一開始先把蘇聯尊爲世界的「宗主國」，各國人都應該爲蘇聯作義務勞動，這是主題。

不久，王德民奉派回國攪「革命」了。臨行時，列寧向他說：「中國人民革命鬥爭的勝利，將意味着世界歷史已經進入了一個新階段……」幷謂：將成爲「同盟者」，所以這部電影也可視作是蘇聯赤化中國和中共甘爲賣國漢奸的佐証。

這部電影因爲要暴露政治立場，所以在攝製的技術上，毛病百出，最大問題是言語不通，中共演員不會說俄文，而蘇聯演員又不會說中國話，每一句對白都需要翻譯，變成了「鷄同鴨講」。

因爲這是中共同蘇聯合作的一部影片，所以也下了一筆本錢，外景在莫斯科拍過，又到上海、杭州、新安江上拍外景。

畫面上充分描寫了中國老百姓在中共驅使下和洪水搏鬥的情形，有中國老百姓爲了堵塞洪水建立起來的人牆，有火車衝過洪水泛濫時的鏡頭。還有莫斯科冰天雪地中，成千萬奴工被迫着作義務勞動的情形，假若這些故事情節發生在紀元前的埃及，或者修萬里長城時代的中國，都會使人感到頗爲壯觀，可是發生在二十世紀，把人當作螞蟻使用，除自暴其醜之外，看不出有什麼其它意義了。

這部影片最大的缺點還是在於太不眞實，譬如莫斯科所拍的風景，當然不是四十年前的情形，飾演列寧的康特拉其耶夫雖然化裝化得很像，但是人們看過了之後，都覺得列寧不會如此年青。

最莫明其妙的要算是洪水泛濫的場面，觀衆看了都不相信是眞的，十年來中國大陸雖然年年不淹即旱，和天災結了不解緣，但是水災只是泛濫成災，像這樣類似黃河開口子一樣，波濤洶湧的洪水，到還未會發現過。觀衆看了一齊在問，這場洪水發生在那裏，有人寫信到「文藝報」去問，文藝報只能說這是「用史詩式的表現方法來進行創作，所以他沒有考証每一個人物，每一個事物，什麼時候發生，在那裏發生。」因此「這種考據是不必要的」。並且引用亞里士多德的話來替影片辯護，認爲這張影片的情節只是「可能發生的事件」，不一定是眞的。

嚴格說起來，這是部荒謬的影片。

·高瞻遠·

北京十二萬大學生下放勞動

北京高等學校學生年來經常參加「社會公益勞動」，實際在課堂上課的時間已很少。據「文滙報」一九五九年十二月九日報導：「首都現有大學生十二萬人，自去年春天以來分批參加了修建十三陵水庫，大煉鋼鐵，人民公社的麥收、秋收、深翻土地、植樹造林等勞動。今年暑期開學以後又參加了修建密雲水庫、首都國慶工程、近郊的公社搶收大白菜、花生、白薯等勞動，完成了二〇〇萬勞動日總和的二倍。其中挖土石方一五〇萬、植樹四萬畝，整地五萬三千畝，煉洋鋼一七〇〇噸，土鋼一九〇〇多噸」。

又說：「郵電學校的學生們在密雲水庫工地上消除攔洪壩壩頭的淤泥時，不怕髒，不怕臭，跳進很深的污泥中堅持勞動。中國科學技術大學的許多學生不顧山高路險，在零度以下的天氣裏與五、六級的大風搏鬥，終於在密雲水庫攔河壩東山上邊腰修起了橫道，提前完成了任務。」（資料室）

（美國通訊）

難道自由中國竟成了無人之境嗎？

謝扶雅

記得在少時常常從各種小說裡讀到一支常勝軍開入敵方的城邑時，描寫那全不受抵抗的情形，總是用這「如入無人之境」的句子。據我個人的生平經驗，從沒親眼見過這種特殊現象，只有當十年前中共軍隊南下的時候，第一階段可以說把國民政府軍隊「打得落花流水」，而第二階段便到處都是這種「如入無人之境」了。

現在羈身海外，處處觸目驚心，無日不以自由中國的前途為念。而在最近一年中所接晤到自台灣來的一些重要人士，無不宣稱自由中國政權除了蔣總統以外再「無人」能領導。在這種鐵定的大前提之下，所以跟着勸進連任的浪潮弄到洋溢澎湃。習染於美國民主氣氛的一般留美知識份子和華僑，對這種「除蔣外無人領導」的倡言，羣不勝其駭怪。像中國傳統的人生觀似地「人人皆可以為堯舜」，美國在政治上卻眞可自豪說「人人皆可以當總統」。以艾克世界聲望之隆與國人之起敬起愛，美國人絕對不會說「除艾克以外無人領導美國政治」的話。的確，這句話無異乎扼殺民主，亦無異乎傷害人格及基本人權。天下自侮之人及侮蔑宗邦之士，未有過於所言，除了某甲一人而外，無人可主國政者也！中華民國絕不是「獨夫」的國家，也不是如從前日本天皇的帝國神國。即在過去數千年君主制的時代，退位和廢立之舉，史不絕書。但到了今日，我們高級「士大夫」中還充滿着「天無二日，民無二王」的腐朽思想，怎不令人憤慨填膺啊！

最近拜讀左舜生先生在本刊第五十七期（美航版一月八日）發表勸蔣總統出國一行的文字；謀國心長，措辭婉摯，也夠算得牽就那些公開揚言「除蔣外無人領導」的怪調了。蔣總統之出訪與國，交換反共意見及策畧，早應於五六年前為之。一再蹉跎稽誤，未始不仍可冀亡羊補牢，尤以要趕辦在今年五月巴黎高層會議之前。但我絕不贊成左先生那些像蔣於任期屆滿以後，可任行政院長，並在行政院長期中出國訪問，以至多一年為限的話。按中華民國憲法的基本精神實為內閣制（雖然條文上若干處似乎有些和總統制相混淆）。然則行政院長即等於英國的首相，而總攬實際的大權。蔣先生如有長處可言，只在軍事上的多年經驗。以今日軍事之月異日新，他如今後在這方面効力，猶宜精心研究考察，竭蹶以赴而恐不逮。我於去年在「自由人」刊上，曾勸過蔣先生於將來總統滿期後改任反攻大陸的軍事委員會委員長而勿再戀棧元首。然而今日軍事反攻既處次要地位，故暫無需專設此項「軍事委員會」以節國府開支。這樣，將於這次總統滿任後，除國民黨總裁由該黨推舉，固非我輩老百姓所應過問而外，他於國家政治生涯，實可告一段落，不宜再負如行政院長的重任了。下屆總統如以此向立法院提名，可謂極不明智之舉。台灣正處古越勾踐之境，應遴選一位精壯強忍而具世界政治見識的人員來充任行政院長。從左先生好幾次文中，領會到他主張台灣政局要沉着地「拖」過這一段難關。我以為今天這個「拖」字，只能應用到歐洲的局面，尤其是德國統一問題上：而最不應「拖」的，是莫過於東南亞諸邦，其次是非洲中東各國。東南亞包括台灣在內，均應急起直追地，大刀濶斧地，銳意積極地作嶄新的改革，向着政治民主，經濟平等，文化自由的唯一正當途徑走去。否則，就會一一給國際共黨的魔掌抓去，而印度亦即入其殼中，世運遂不堪問！

台灣是決不怕，亦再不應當不急謀改革的了。而改革着手之方，端在引用新人，廣開言路。如只在表面上，文字上，形式上把憲法原封不動地保全下來，而實際負責主持政治的人，換湯不換藥，東調西配，其結果還不是現在一樣地憲自憲而我自我。我們見慣年年在新選改選踴躍聲浪中的美國社會，眞不解為何中華民國的總統，永遠只有蔣先生才可當，立法院委員永遠只有這一羣人能當，監察院委員永遠只有一羣人可當，而國民大會代表也永遠非留任不可（註）。羈留在這裏的中國高級知識分子以五千計，待畢業的學生亦以三千計，留歐的亦有幾千，留在香港一帶的人才又是成千成萬。這總該是自由中國所具有的最優秀分子吧，而竟致中華民國於「無人之境」，其責又將誰歸？中國史冊上充滿着求賢若渴的文章和實例，最低，最消極地也還有「退避賢路」之舉。而台灣當局既不能步武先人，更不能效法英美各民主國，只知所謂「霸佔毛厠」，我們於極度失望之餘，惟有高呼及策動根本改革，更不容這種場面再「拖」下去了。

着眼在「人才」上來說，我們一方面既要號召志士，另一方面須培植菁英。今日秉國鈞者，除了對於海外流亡的義士，應儘量給予請纓報國的機會而外，急應大規模地展開大陸人士招徠運動。港澳方面一向都有農工漁民以至青年學生不斷從大陸逃出來，也許以後可望較高級的成熟人材乘間出走。台灣雖已聲明不作軍事反攻，但經常空投大量傳單落至大陸內地，應該不算是軍事行動。這種傳單不必宣傳八股或潑婦罵街，而只需翔實報導自由世界眞相動向，俾大陸同胞不受蒙蔽或欺騙，自可收人心思漢的大効，甚至可促起中共軍隊，倒戈或招致空軍人員的來歸，至少亦將令其內部動搖惶惑。一個國家的興衰存滅，則判於人心歸附或衆叛親離。古訓昭彰：「有人此有土」。至就更基本方面而論，則百年樹人之計，端在從提高學術——尤其是現代太空科學及技術——上來吸收英才，鼓勵俊髦培養後起。獎勵學術人才是中華民國前途最大的投資。然而當局不但在這方面做得泄沓敷衍，反而儘在把教育學術特務化，腐蝕士人學子的純潔心靈，搞那宣誓効忠領袖的一套，欲化舉國人才為一姓奴才：這是我們認為最不可容忍的惡政。單從這一點來說，台灣政權勝於大陸中共政權者幾何？因此，如要保全自由中國的屹存，不可不從整個改造在台灣的現政府做起。

四九、一、二四、自美紐澤西洲

（註）據說數年前曾由大法官解釋：國大代表在這非常時期內可以無限期連任不需改選云云，怪到以後大法官又可解釋在非常時期總統可以連選連任了。台灣「自由中國」半月刊本月十六日社論評「政經半月刊」議請國大代表案，謂從政治上說，國大代表早已滿任多年，與現實人民脫節，理應改選；但從法律上說，依大法官解釋，可於必要時無限期留任云云。這種政治和法律顯相矛盾的現象是不能任其長此下去的。如說台灣只是一省，無法進行普遍選舉，那末，假使當年國共和談妥協，劃江為治，則南方十餘省，是否亦受憲法領土條文之限制，稱為無法普遍選舉而永遠留任嗎？總之，民主國以「人民」選舉（即民權行使）為生命線。凍結了選舉；即是凍結了民主。況且現有中華民國國籍的公民固不只台灣省人而已。

國大代表的修憲理由

不為

（台北航訊）據說，國大代表所以要修改憲法或臨時條欵的原因，是他們覺得倘若祇為蔣總統再連任開方便之門而不為國家做一點事未免成了當年的籌安會，於心不甘。果爾，則代表諸公的動機，原是令人肅然起敬的；祇可惜社會的觀感並不如此而已。任何人都知道，如果國大代表不願將國民大會變為籌安會，祇需不再選舉蔣總統就得了，又何必矢言擁護他再連任呢？既緊步籌安會之後塵而又不恥於做籌安會第二，何其自相矛盾乃爾？至於以為國家做一點事為名而存心修改憲法以擴大自己的權力，則更難服人了。十餘年以來，政府號稱行憲，而違憲之事幾乎日有所聞，行政干涉司法，特務干涉行政，已屬司空見慣，國大代表不求其所以制衡當局之道，反而對於一向在生活方面雖享有若干特權，而在職責方面則未能充分行使法定權力的立法院眼紅，似乎是明足以察秋毫之末而不見輿薪了。打開窗子說亮話，人們都知道他們的意向所在，不過是藉總統再連任的有利時機，來抬高自己的身價，企望當局將他們從恩澤罕至的冷宮搬到香火旺盛的廟堂而已。換言之，他們並非有意為國家的前途做一點事，而祇是存心為自己的利益開一條路罷了。據內幕消息，他們希望在開會期間，每人每日支取出席費台幣一千元，閉會期間則照立法委員待遇。屬於某些方面的代表甚至提出一次按名發給出席費五萬元之議，並說此欵不是私人領取而乃用作該方面的活動費。看情形，祇要政府當局在有如此類的實際問題上有所承諾，代表諸公就不一定要堅持創制和複決之權了。

國大代表與國會議員

在事實上，國民大會並不很像當年的籌安會，因為今日的勸進者乃是以蔣經國為中心的太子派，他們不過是聊資點綴的儀仗隊而已。但今日的國大代表卻有若干與民初的國會議員甚相彷彿之處。第一、民初的國會議員因為二屆議員沒有產生而將任期無限止的延長下去，假設北京政府至今仍然存在，他們也將至今仍為議員的。今日的國大代表也因二屆代表沒有產生而一再延長任期；就現勢看去，祇要台灣的局面能拖下去，他們也將繼續留任下去的。第二、民初的國會議員曾經修改約法，使總統袁世凱能連選連任不受限制。今日的國大代表也要修改憲法使蔣總統的連任次數不受限制。凡此種種，不正是民初國會議員的翻版嗎？至於曹錕賄選的那一幕，今日蔣總統的德望譬如北晨而衆星拱之，自然恥而不為；而代表諸公祇要求出席費能稍為寬裕一點，也是迫於物價高漲的環境使然，並無以票論價之意，如此的高風亮節，當然更是當年的國會議員望塵莫及的。當前此國大代表會因國會議員資格而與立法院發生不愉快之爭，似乎太不值了吧？

徐堪的建議

旅美國大代表徐堪以國大集會期近，關於國大代表總額問題尚無定論，特擬具建議書一份建議政府送請司法院舉行大法官會議，早作解釋，以資遵循，他並指出代表總額不能以選舉罷免法所規定之名額為計算依據而應以現有代表為準云。在潘公展公開致函國大代表主張代表總額，應以選舉罷免法所規定者為定，不可隨意曲解之後，徐堪忽向政府作此建議，自為應時之舉。他年來在美國旅居，有愛子承歡膝下，生活雖不怎樣寫意，但總可高枕無憂；而仍關心國事，並知道應尊重大法官的解釋，可見老成謀國之一般了。他過去在大陸能飛皇騰達，良非偶然。但願因此建議之提出而使潘公展黯然失色，並激發蔣總統的懷舊之思而再予以重用。否則未免有負他的一片苦心了。

如此的政黨提名

台灣省議員及縣市長任期即將屆滿，國民黨的候選人已於一月二十日由該黨中央常會作最後的決定，並由台灣省黨部發表。省縣選舉原屬地方行政範圍，在民主的國度裏，倒應由地方黨部決定。但我們號稱民主已快半世紀而行憲亦已十二載於茲，不但省級選舉，必須由中央決定，即縣級選舉，地方黨部亦無自主之權，可見國民黨在改造以後，已將中山先生的均權主張拋得一乾二淨，而率性實行中央集權了。年來台灣地方選舉，常有一人競選之現象，而執政黨所提之候選人，雖用盡一切力量（包括軍警、特務、流氓、及司法等）以爭勝利，但有時亦竟失敗，從提名一事觀之，就可以思過半矣。因為縣級選舉既由中央決定，則凡向中央奔走之人縱然在地方聲名狼籍，亦有獲得被提名的優先機會；反之，若僅在地方埋頭苦幹而不擅鑽營之術者，即使在地方有良好的信望及深厚的社會基礎，也會因朝中無人援引而有名落孫山之虞。如此的作風不廢止，不但該黨的省縣級人才難有出頭之一日，即國家的選舉制度亦不易步入正軌的。

大陸逃港學生的控訴：

我從馬來亞回大陸的經過

利雲

利雲是我的名字，生長在亞熱帶的馬來亞，祖籍是廣東揭陽，我雖然年輕，却享受過和平安樂的生活，也嘗試過日寇鐵蹄下的殘暴日子，更在五星紅旗下爭扎過。

終年溫暖，四季草青，一雨成秋，夜裡涼爽，是馬來亞的得天獨厚的氣候，安樂的家庭，可愛的學校，我反而嫌它枯燥無味，因爲我初中快畢業了，升學是我新近一個大問題，有人說去大陸升學如何好；前途光明，「祖國」爲海外僑生忠誠服務，但是雙親捨不得兒子遠離，又說大陸一團糟，社會有如烏鴉一般黑，堅決不同意我到大陸去；可是，我似乎決定了取捨，心情萬分矛盾。

海很靜，夜黑漆漆，我生平第一次在海上渡夜，我得到了舅父的支持，他交給我一萬元港幣的支票：

「手續已經給你辦妥了，到香港之後，一切都有人輔導。」舅父臨別關懷地說。我於是瞞了親愛的雙親，裝好快裝，惜別了我的第二故鄉，承搭開往香港航程的輪船。

在船上挨過了幾個吵吵鬧鬧的夜晚，安抵東方之珠—香港，經過了一翻走馬看花的遊覽之後，由專人輔導我和一羣同行的同學乘火車進入大陸。

急於改變環境的人，却憧憬着未來的前途是錦繡河山，但往往正是導陷入歧途的因素。

火車在九龍開出，經過五十五分鐘的路程停車，前面羅湖橋的鐵絲網在望，幾個穿青綠色制服，手托着衝鋒槍的哨兵守在橋頭堡，那邊傳送出激動熱情的歌聲，表示迎接遠方的客人。

入境手續很簡便，一切都以優待華僑學生爲前提。

十幾天的跋涉旅程過去了，我已經到達目的地，被安排在廣州石牌華僑招待所，經過嚴格考試及政治思想教育後，分配到華僑中學唸高一班。

入學那天，由專車送到校門；校門口甚是熱鬧，大旗彩蟠，在陽光下更顯得鮮艷美麗，掛燈結彩，眞是有點歌舞昇平的氣象，使人好像在海外過舊曆新年一樣，一個女同學走到我的跟前，「同學！辛苦啦！」她滿面春光，幷伸手把我的皮箧接過去，我的心在欣慄，我感到「祖國」的溫暖……

一個多月了，但是，每週要佔去六節的時間來開會：僑生會、時事報告會、小組討論會，總之，內容都是超不出擁護「人民政府」，遵守政策法令，熱愛「黨」和「人民」領袖，向一切違反社會主義建設的「反」革命分子作鬥爭，積極學習蘇聯先進經驗，寫信到南洋去向親友報喜：「祖國」建設一日等於二十年，快馬加鞭，走向社會主義，還有，寫信鼓勵南洋親友返回「祖國」及滙欵投資。

學期結束，寒假開始，就到農村去，「三元里」的名字多美啊！其實早上洗臉水遠沒有，夜裏寄宿破祠堂，零下二度還是浸在泥坑裏，美其名是幫助農民叔叔攪水利。

春去秋來，時間易逝，在極度保全對所走道路不要有懷疑的情況下，我在「祖國」生活了將近二個年頭，但是我親眼看到一批一批的高班同學「志願」下鄉到農村去參加「生產」，牛馬不如的生活，很多同學都逃回來城市，並哭訴慘況，因爲在農村要建立和農民同住同食同作，新的道德是「着爛衫，挨蕃薯，還說豐衣足食；毁墳墓，拆房屋就是安居樂業。」稍有說出半個不字，不安心生產，不服從分配等大帽子立即從天降。再進一步靜思這二年生活的歲月裡，自己切身處境的遭遇，吃的不外是粗飯青菜，逢一吃葷還談不上。

南洋一位同學寄給我一個錶，深圳華僑服務社來信說要納九十五元人民幣貨物稅，我在想，我不是商人，我爲什麼要納什麼貨物稅？那錶價值多少錢？決定寄回去。

環境本來還可以勉強忍耐，但是，每一個政治運動都使每一個人提心吊胆，說不定每一秒鐘都有被加上「特務」罪名的危險，稍說「錯」一句話，就有失踪的可能，政治運動的開始，進行，結束時期，都有成千上萬的人被鬥爭、槍殺、失踪。學校方面，同時期內上大課，聽報告，開小組會討論，總結會上，每個人都要有發表意見的記錄，好與壞一定要提，那就左右爲難，你說是壞，他會說你思想有問題，要鬥爭，做一個百好佬，他批評你不大胆，甚至說你話非己意，內心有顧慮，我較接近的幾位同學，如盧安大，劉立羣等就是在莫須有的罪名下成爲犧牲品。

我開始思索，躊躇，疑惑，徬徨，眼前的一切，使我不能不打定我個人生活與前途出路，物質生活的低劣，政治壓力的白色恐怖……

我決定申請出國，班導師，學校，僑委會不同意：「你是一個高中生，幾年來「祖國」對你的教育和期望，相信你的政治認識也不會太低，我們還是希望你能繼續讀下去，但是，你堅決要出國，我們當不會勉强，不過，還是要上級去決定。」

申請出國不批准，環境越來越顯得惡劣，不能忍受的環境，應該用暴力來把它毁滅，我已經隨時準備了我底便裝，以備一旦之需，準備迎接一個不忍設想的前進的途徑。

我等待不了這多麼的明天，「不自由，毋寧死。」爲了自由，我冒了險阻，艱難的途次，在黑暗的夜幕裡，鋒利的鐵絲網，嚴寒的天氣，在恐怖的鐵幕邊防河上小心翼翼搜索。

二條平行的兇光從遠而近向我這邊橫掃，情勢萬分危急，同夥的人一時忙亂起來，忽然砰的一聲，接着傳來一聲令人髮指的慘叫，我感到一陣昏眩，許久，許久，再經過了可歌可泣的驚險鏡頭，我終於在同夥掩護下，脫險了！

經過了出生入死的生死界線上掙扎來的生命，我終於回到自由之區—香港。

我奔向自由，主要目的是希望到自由祖國去，繼續深造，畢業後能爲自由祖國効勞，那知擺脫了「社會主義」的桎梏，所得到的仍是煩惱。

但曾幾何時，香港地區大陸流亡學生一百二十六人連名公開信由各界報刋呼籲，結果是向「港九各界救濟調景嶺難民委員會」登記以至被介紹進調景嶺信義中學唸高二級，食住學費全免。

去年三月二日，我們在救總會（爲該會簡稱）登記的二百二十五位高中同學中，共有八十八人自願進入調景嶺難民營就讀，全部編入信中高一及高二班。

調景嶺位於九龍半島東北角，依山面海，多係大陸逃港的難胞居住，居民八千，在行政上自治，分區保甲戶，接受台灣當局，港九各界及教會的救濟，有小台灣及「反共精神堡壘」之稱。

信義中學中學部就在嶺的正中處・全校連同小學共有師生八百人，校長是位基督教傳道牧師的挪威人，本基督精神施教。

我由於流亡生活轉至團體生活物質精神都得到資助與安慰，雖然所過的是難民般的生活，但也切合「廉可養，清苦能陶志」的遠景，日子一天天地過去，我也在營住下半年了。

新華社弄錯了一項統計數字

方正

一月二十二日北平新華社發表了「關於一九五九年國民經濟發展情況的新聞公報」，宣告去年工農業生產獲得了全面的「大躍進」。並且列舉各項主要產品的產量數字說：鋼（不包括土鋼）達到一千三百三十五萬噸，比一九五八年增長百分之六十七；生鐵（不包括土鐵）達到二千零五十萬噸，增長百分之一百一十五；原煤達到三億四千七百八十萬噸，增長百分之二十九；發電量達到四百一十五億度，增長百分之五十一；原油達到三百七十萬噸，增長百分之六十三點四；水泥達到一千二百二十七萬噸，增長百分之三十二；原木達到一百二十萬立方米，增長百分之十八；化學肥料達到一百三十三萬三千噸，增長百分之六十四點四；金屬切削機床達到七萬台，增長百分之四十；紙達到二百一十三萬噸（其中機製紙一百七十萬噸），增長百分之三十一；糖達到一百一十三萬噸，增長百分之二十六；鹽達到一千一百另四萬噸，增長百分之六；棉紗達到八百二十萬件，增長百分之三十五；棉布達到七十五億米，增長百分之三十二；粮食達到五千四百另一億斤，增長百分之八；棉花達到四千八百二十萬担，增長百分之十四點七六。總計一九五九年工農業總產值爲二千四百一十三億元，比一九五八年增長百分之三十一點一。其中工業總產值爲一千六百三十億元，比上年增長百分之三十九點三；農業總產值爲七百八十三億元，比上年增長百分之十六點七。

我們攷查上列各項統計數字內容，實包含着不同程度的「誇張」、「虛僞」、「掩飾」和「欺騙」。這些「德性」，本來是共產黨的專長和特質。在上述各項統計數字裏，確是把他們的專長和特質發揮盡致了。同時，他們爲了要使「統計工作適應黨的政策」——根據薄一波語，爲了要使「統計工作爲勞働人民服務」——根據李富春語，也就不能不這樣做。我們很瞭解他們所以要這樣製造統計數字的「苦衷」，因爲要不是製造出這些虛僞的數字來，就不足以証明人民公社的無比的威力，就不足以証明「社會主義建設總路線」的正確性，就不足以証明「人民」在共黨領導下的「冲天幹勁」，也就是不足以鎮壓彌漫整個大陸的右傾機會主義份子。可是，共黨賣弄玄虛的技巧，儘管是十分精良，儘管是擅於創造奇蹟：「大災不減產」，「小災大豐收」，兩條先天不足的跛腿，可以大躍特躍；終不能一手掩盡天下目，終不能把冷酷的事實眞相一筆抹殺。粮產既是大豐收，爲什麼要把配給的口粮——尤其是米和麵粉，不斷地削減呢？工業生產既是大躍進，爲什麼物品的供應現象，還會發生「一時的緊張」呢？我們可以預見，到了青黃不接的季節，人民主要的食粮，還要發生更嚴重的緊張現象呢！到那時大多數的人民，都將被迫着把牲畜的飼料——薯類，和野生植物來充饑吧！

事實勝於雄辯，我們對於上述各項統計數字的眞僞程度，暫不予個別的論述，也許到了必要時，像一九五八年的生產數字，樣，會由周恩來自己出來更正的。現在，我先把新華社所發表的一項統計，代爲更正一下：新華社就在一月二十二日所發表的「關於一九五九年國民經濟發展的新聞公報」裏說：「在一九五九年國民經濟的繼續大躍進中，人民公社發揮了偉大的作用。一九五九年是我國遇到幾十年來沒有過的嚴重的自然災害的一年，全國受災面積共達六億五千萬畝，佔全部播種面積的百分之三十。……」這個統計數字是顯然發生了矛盾了。這不是敵我矛盾，也不是人民內部的矛盾，而是數字本身的矛盾。我可以肯定地說：這「百分之三十」，應更正爲「百分之三十九點七」。希望新華社的負責人，自己仔細檢討一下吧！倘若欲知其詳，我可以不辭冒昧，代把眞實內容和具體數字列舉出來的。

錫蘭政潮動盪

・慕禪・

錫蘭總理達哈納雅克，本月八日突然宣佈退出執政的自由黨，引起了錫蘭的政潮。使到原來已在動盪的錫蘭局勢，更呈現震盪與不安。

去年九月十六日錫蘭前總理班達拉奈克被刺斃命，政局已開始動搖；在緊急狀態之下以教育部長出任總理的達哈納雅克，雖然獲得總督的支持，但迄未能取得政黨的合作。新政府在國會的表決中，往往只有極少的，甚至只有一票的多數。這種情形，自然不能長此下去，而必定會有「變局」的出現。達哈納雅克總理的退出自由黨，便是迫成的「變局」。而自班達拉奈克前總理被刺時一般所預料的，「現政府的政治聯盟將可能完全崩潰」，却是不折不扣地實現了。

不過，變局雖然出現了，但究竟會怎樣「變」法？現在似還沒走到盡頭。究竟，錫蘭將往那裏去？

開除總理黨籍

達哈納雅克雖不是自由黨的領袖，但既身爲總理，總該有脫黨的自由罷？可是事實不然，他的要求脫黨，竟遭受拒絕！拒絕並非挽留，而是於拒絕之後，開除他的黨籍！

「總理被開除黨籍」，這簡直是笑話，然而却是事實。但，黨籍雖被開除，總理的職權仍在，於是，他來了一次報復，革除五位部長的部長職，計爲：內政部長依蘭卡拉尼，勞工部長卓沙，交通部長西納那耶克，衞生部長查耶蘇里雅，文化部長卡魯卡里。

這五位部長都是自由黨員，總督革除五部長的公佈中，聲明是根據總理的意見而採取的。

國營部長威芝辛吉，被派兼勞工及交通兩部，前財政部長佐沙，被派任衞生部長，兼內政部。郵政及廣播部長馬卡里，兼任文化部。

佐沙亦被自由黨開除黨籍，他的兄弟佐里薩曾被拘控謀殺前總理之罪，旋獲開釋。同時被開除黨籍者，尚有前衞生部長魏華登尼夫人，佛教方丈特羅等一十三人，均涉嫌與刺殺前總理案有關。

達哈納雅克總理與自由黨，已形成尖銳的對立。

解散國會的內情

實際上矛盾是早已存在了。當去年十一月廿八日的國會中，表決司法部長查耀李克林斯被檢舉的動議時，自由黨議員竟有不少投反對黨的票者。當時一〇一人的國會，出席者九十三人，表決的票數竟爲四十六與四十七之比！反對檢舉司法部長的政府方面，僅以一票之多獲勝。當時達哈納雅克總理便已憤然地說：如若該案竟被否決，他將解散國會。

相差僅是一票之微，這情況太危險了！也許是達哈納雅克總理預感到危險，所以雖然政府未在議會中被擊敗，他亦實行解散國會了。總理向總督報告，而由總督下令解散國會，自去年十二月五日起生效，並定今年三月十九日選舉，三月三十日召開首次新國會。

本來，達哈納雅克總理曾經說過，「決不受反對者的迫逼而提前選舉」。但迫逼之來，仍使他不能不提前舉行選舉。

短兵相接之局

距離選舉日期不遠，原已屆短兵相接的階段。何況一方面是在倒閣不遂之後；而另一方面，又是脫黨被拒，更被開除黨籍。總理寶座的逐鹿，加上意氣之爭，難免更加尖銳。在總理革除了五位部長之後，五部長便聯合宣言，指責總理「謀殺自由黨」，其所作所爲，將必成「某種獨裁者」。他們並與八名部長派駐聯合國秘書聯同宣佈說：「儘管有人企國破壞自由黨，但一個經過整肅及改組的自由黨，仍將應付未來的大選。」

自由黨確實在整肅及改組中，開除一些他們認爲不穩及「不忠於黨的創設人（前總理班達拉奈克）的政綱」者，同時，他們已徵求班達拉奈克夫人出任該黨主席，並準備推出候選人，與達哈納雅克從事競選。

自由黨此舉，顯係希望藉故總理的遺愛在民，以與現總理在選民之前爭一日之短長。誰勝誰敗，鹿死誰手？這就有待於下回分解，有待於選民的抉擇了。

新政黨政綱

現總理呢？在退出自由黨之後，又將何去何從？據他退出自由黨時的宣佈，說他將參加一新政黨出而競選。該黨政綱，將爲反對茶園膠園國營，「反對國家強行接收宗教派」的學校，反對違反宗教領袖的意見而干涉佛教組織。他並且邀他的同僚們，謂倘政見相合，即可加入該黨，但是該黨如何組織，有何背景支持，他可沒有透露。據「錫蘭視察者」晚報的報導，有一個新政黨將告出現，定名爲「錫蘭民主黨」，「解放陣綫」領袖拍拉慕那，可能是該新黨的台柱之一。該報沒有提及現總理的名字，但人們認爲這即是達哈納雅克所指的新政黨。

達哈納雅克自登政壇以來，路綫是從左向右。依照他所透露的新黨政綱，比較原來有些左傾的班達拉奈克政綱，似乎更傾向於自由主義方面。鑒於錫蘭在左翼統治下的混亂，也許一個較爲右傾穩健的政府，可能會應運而生罷？

・加爾各答通訊・

限制議員言論自由問題

・俊華・

議會是反映國事和民意的地方，尤其民主國家的場合，國家的情況更加會詳細在議會透露。用這個原則來看看馬來亞聯合邦，便可以知道這個新與的邦國，最近注意的是什麼問題。

最近聯合邦下議院的一次辯論，激辯達七小時的辯論，議員們唇槍舌劍，爲了可決或否決「國會程序及規則委員會報告書」，以至互相幽默諷刺。辯論的焦點，則集中於報告書第三十六條，有關種族問題的一節。

該條條文係議員在國會中，不能發表足以引起（甲）叛逆，（乙）煽動，及（丙）可能引起種族反感的言論。內政部長建議：國會應接納「國會程序及規則委員會」所決定的上述報告書。而議員辛尼華沙甘（馬來亞進步黨），陳樸根（社會陣綫），拿督翁（國民黨領袖）等，則持反對態度。

反對派的議論，可以辛尼華沙甘爲代表，他認爲此舉剝奪議員的言論自由，蓋倘非法院，即不能判定何種言論足以引起叛逆、煽動、及種族反感。譬如提議以華文爲官方語言，馬來亞人當不會喜歡，此是否即屬引起種族反感？倘認爲是，則議員不能發揮理想及意見，便失去作用。議會規則是規定議員在國會中的行動，但不能規定他們應講的話。若然如此，則是「指導民主」了。辛氏主張，此一條文應全部删去。

拿督翁支持辛尼華沙甘的建議。

原來在報告書上簽署的林建壽（社陣）則持反對，謂種族主義應早日予以放棄，此與言論自由無關。陳樸根乃提出折衷建議，主張删去（甲）項「叛逆」及（乙）項「煽動」，只保留「引起種族反感」一項加以禁止。

辯論中，辛尼華沙甘指林瑞安醫生（聯盟）出賣華人利益。林氏則反唇相稽，謂你才是出賣民族利益者。社會陣線的蒂威，則指責巫總、馬華公會，印度國大黨等華巫印聯盟的三個政黨成員，「都是種族主義者」。「社陣」是社會主義的，故反對種族主義，但極力反對（甲）（乙）兩項，謂自由發表意見若受限制，做議員是多餘的了。

在七小時辯論之後，議長依照程序提付表決，結果辛尼華沙甘的「全部删去卅六條案」，及陳樸根的「删去（甲）（乙）兩項案，都被否決。卒通過內政部長提案，接納報告書，第卅六條全文保留。

・吉隆坡通訊・

三頂連環帽子

・陳冲・

澳門華僑王智民夫婦回到故鄉（東莞）探親的當晚，跑來了一個自稱是「公社幹部」的男子，向他進行訪問。這個男子，自我介紹，名叫「張前」。

張前雖然很年青，却很會擺官僚架子，他用審訊犯人的口吻向王智民詢問：「你在澳門居留了多少年？幹甚麼生涯的？沒有回鄉多久了」？

他一邊用閃亮的眼光向王智民的臉橫掃，好像要在王智民的臉上搜索些什麼似的。

王智民連忙陪着笑臉答道：「哦，我在澳門居留已十多廿年了；是經營小雜貨店的；沒有回鄉也快有十二年啦！」

「那末，你這次回來，有什麼貴幹」？張前繼續問。

「沒有什麼的」，王智民答：「祗是探望一下久別的親人吧了」。他給張前尖銳的眼光看得有點發抖。

「和多少人一同回來」？張前問個不休？

王智民小心地回答：「沒有誰；僅偕太太同行吧了」。

張前突然「哼」的一聲，把胸膛一挺：「太太？你的意思就是指你的老婆嗎？這是資產階級的醜態哪！資產階級就是右傾份子；右傾份子就是反社會主義的人渣！嘆！虧你還敢厚顏回到我們的新社會裏來」！

三頂連環帽子丟到王智民的頭上，把王智民嚇得心頭卜卜跳；第二天早上，王智民夫婦倆便決定「走爲上着」，匆匆離開故鄉，返回澳門去了。

僑鄉近訊

粵共以黨領校實施奴化教育

粵共爲加强「反右傾」和「反機會主義」的工作，刻已決定採用「以黨領校」的辦法，加派共幹到穗市及各縣學校，直接掌管各校的教務和行政；若干縣、鎮，並由當地「黨委書記」兼任校長，使各級學校在這種「黨的領導」下，可以徹底實施其奴化教育。據說：駐校共幹，對各級學生思想的控制，係從「政治訓導」下手，並安排了所謂「先教學與生產勞動相結合」的原則，加緊進行勞役學生。中共這種政策，顯然係企圖將各級學校在短期內完全變成奴工營。——照這情形看來，各級學校的教育水準日趨低落，實屬意中事。

粵北農民醞釀流血抗暴

粵北各農村的公社，刻又掀起「恢復單幹運動」的暗潮，激烈反抗「集中制」。參加該項運動的，不僅是當地慘遭迫害的農民，連各社的共幹，也有不少暗中協助農民，居間策動。當地「黨委」在一個「鬥爭大會」席上，曾對各共幹提出嚴厲的指責。據謂：部份機會主義的幹部，純然爲着個人的自私，不惜與右傾農民互相勾結，大叫「恢復單幹運動」的口號，把農村思想攪到一團糟。該「黨委」並强調說：這種活動，顯然係企圖把已經聯成一片的土地，重新劃分，配給各人，將集體生產重新變成個人生產，連耕牛和農具等生產資料，也要變爲個人私有；如果真的照這樣做去，其結果就是從根本上推翻了人民公社集體勞動的形式，大開倒車，退到個人分散勞動的舊社會路綫，勢必把共產主義的集體所有制度，破壞得體無完膚。這種情形，相當嚴重，非予以「徹底圍剿」不可！但「黨委」的疾言厲色，却遏止不住農民的抗暴情緒；聞各公社農民，刻已醞釀着實行一次以行動來表達他們的願望。即使流血、犧牲，也在所不計。

歲暮的祝福（上）

羅曼瑩

也許是年近歲晚吧！今天，爸爲了公司裡的賬目忙着，沒有回來吃晚飯。大哥又到了同學家裡，偌大一張餐桌便只有媽，小弟和我，飯後，媽吩咐我把幾團水仙送到大伯家裏，反正是功課完了，我也樂得走一趟。

大伯的房子就在後街，要是走小巷，五分鐘便可到，但在夜裡，小巷太暗，我寧願多拐幾個灣子走大路；路上，行人很多，大家都是笑嘻嘻，一片昇平的景象，彷彿，舊的，衰老的，盡要在這幾天內消失，也不管這年頭是何等失意，何等惡運，再過幾天，便又是一個新的開始，一個充滿的喜悅、光輝的年代是向着世界奔馳而來。

到了大伯家裏，開門給我的是筱君，她是大伯娘一個遠房親戚的女兒，父母早死，孤苦無依，一向寄居於大伯家裏，大伯和大伯娘也把她看作己出。我看看房子裡悄悄的，很靜，問問筱君，才知道他們出外辦年貨去了。我把幾團水仙交給筱君，叫她好好地放着，也就坐在一角等等大伯回來敍敍；

對於這房子，我並不陌生，爲的是我的童年泰半是在這裡渡過的，看着筱君熟悉的背影，我不禁有點迷惘……

「三哥，喝茶吧！」正當我跌進記憶中的時候，筱君已捧了一杯熱騰騰的茶送到我跟前；

「謝謝你！」我連忙站起，從她手裡接過茶來，我們相互一笑，在這一刻中，我們彷彿回復了當年的純眞，而也在這個時候，一點訝異也就爬上了心頭，我禁不住問筱君：

「祥媽呢？爲甚麼她不倒茶？」

「祥媽嗎？」筱君轉了轉她那雙烏黑的眸子，使我感到往日和她一起圍着祥媽要求她替我們說故事的情景又浮現在眼前：「她走了！」

「走了！」我幾乎不相信自己的耳朵，在我眼前，立刻出現了祥媽那熟悉的身影，她對我們是那麼和藹，她的一舉一動告訴我們她曾經受過很好的教育，還有她永遠是慈祥的臉，她溫柔的聲音彷彿正在我的耳際爲我訴說一個美麗的故事。

「她眞的走了嗎？」我感到眼睛裡有點甚麼在流動，我慢慢地抬起頭來，向着筱君重覆問一句：

「是的！」看筱君那個有神無氣的樣子，我明白她的內心也很難過。

「她爲甚麼要走？」我問：「走了多久？」

「大概是一個半月吧！」我留心地聽着筱君的說話：「她說，錢已積夠了，她要去找成哥！」

「甚麼？成哥！」我不禁一怔，一個結實的，口拙的，膚色帶點黝黑，雙目烱烱有神，眞誠而又有禮的年青伙子的影子又出現眼前：「祥媽到甚麼地方找他？」

「我不大清楚。」筱君帶點幽怨而同情地說：「大概是前兩個月吧！祥媽接到成哥一封信，據說是從南洋寄來的……。」

「噫，對了！」我驚悟起來：「以前，成哥也是說要到南洋去的，一定是了，妳可知道信裏說些什麼？」

「我不大清楚，好像是成哥告訴祥媽說他在那邊工作並沒有賺到足夠的錢回來了結他們的事，叫祥媽別再惦記着他，結尾幾句好像是甚麼今生緣盡，累得祥媽看了哭個不停……。」筱君一面說，一面用手擦擦紅腫的眼睛：

「但祥媽爲甚麼又……。」我焦急地問：

「你別使性子，先聽我說。」筱君擺了擺手，意思是叫我別搶着打斷了話柄：「祥媽哭過以後，也就回了封信給成哥，信的內容我雖然不大清楚，却也看了幾句，大意是說要去找他，無論海角天涯，她相信，兩口子厮守在一起餓死，也勝於天各一方的盼望；這信寄出後，沒有幾天，也就是個多月前，祥媽便向我們辭了工，搭船到南洋去了……。」

「大伯沒有挽留她嗎？」我問：

「有的，但她去志極其堅定！」筱君當眞是十分同情祥媽：「我看她一定找到他的！」

「一定!?」我哼了一聲，心裏是極其難受；猛然倚在沙發上，那曾經無數次在我眼前出現的模糊形像又逐漸明顯，看着窗外越來越明亮的燈色，我沒有抑制自己，我是那麼完全地，讓自己沉溺於回憶的溫泉裡……。

那是差不多十年前的事了，那時，我還年幼，大概是七歲多還不到八歲，頑皮，倔強而任性，在家裏，不是和姊姊吵嘴便是跟大哥鬥氣，爸爸雖然不是很討厭我，但媽媽却時常想把我和兄姊隔開，以免時傷和氣，俗語說：家和萬事興，家衰口不停，這和儒家之所謂國之將興，必有禎祥，國之將亡，必有妖孽的道理，正是一樣，媽和爸雖然都是天主教徒，可是對於這類宿命論，却也十分相信，也合該是我行了個陽九的命運吧，正當爸媽大夥兒要把我這個妖孽送走時，大伯却日夜爲「不孝有三，無後爲大」的問題愁眉不展，原來大伯自從十多年前結了婚以後，至今還是膝下猶虛；一天，偶然和爸談起，爸便答應了把我送到他家裡去，常言道：子任子任，沒有子便拿任來頂替，確也是順理成章，要是再過幾年，伯娘還是不育，我便被許爲大伯的兒子。爸這一次慷慨的措施，在他兄弟羣中倒也贏得一般稱讚。

可是，人的天性到底是有着親情的，我雖然不是很喜歡留在家裡，對大伯也沒有討厭，但一下子叫我改變生活的環境，到底也不是件好受的事，我愛爸，也愛媽，雖然這一切都給倔强的天性所掩蓋着，然而當我知道自己行將要被送到大伯家裏去時，我甚至想到和姊姊吵嘴，和大哥鬥氣也是一件樂事，只是，一切決定了，像我那時候的年紀，簡直沒有想過反抗，更令我傷感的，是當我離家時，媽爸甚至兄姊都似乎毫不關心，大伯拖着我的手跟他們說再見時，他們的臉上竟也是充滿喜悅，我偷偷地掉下了一些眼淚，我恨他們，我眞的把一份親情化作憤怒的火花，我感到我是被遺棄，被出賣……。這也是以後我住在大伯家裡雖然和自己原來的家相距不遠也很少回去的原因。

在大伯家裡，我的生活要比想像中過得愉快，也許大伯本身沒有孩子吧，因此他待我極其週到，他時常用禮物、用呵護，用……來減却我對新生活的陌生，雖然這一切的本身沒有父子親情的存在，可是忠誠到底是可以把兩個心靈拖得近一點的；伯娘呢？那就更不用說了，縱使她爲人沉默，終日只顧唸佛，可是她給我的關懷遠不是媽的呵責和叱罵所能比擬；此外，還有筱君，我們是同年出生的，我比她早兩個月，也許是個性有點相同吧！所以我和她特別合得來，天天一起上學，一起做功課，一起遊戲，到學期尾，我考了個第一，她考了個第二，喜得大伯嘴也合不攏來，而我，也在筱君身上得到了兄妹之間最單純而眞誠的感情。

最後，我要說到祥媽了！

祥媽是大伯家裡的工人，她在大伯家裡幹了多久我是不大清楚的，我只曉得，當大伯把我帶回家裡時，她已經在大伯家裡作工了；她的名字本來不是叫作祥媽的，只因爲她曾經結過婚，嫁給一個姓孫的男子，生了個小寶，叫做阿祥（大概也就是如意吉祥之謂），後來姓孫的死掉了，人家就祥媽祥媽這樣叫她，不久，阿祥也因爲腸熱歸了西，她才再出來當傭工，祥媽這名字也就用定了。

本來嘛！孫家是不許祥媽這樣子抛頭露面的，可是祥媽覺得一個人整天悶在家裏總不是辦法，雖然兩餐是不會短缺，可是一個人却也不單只是吃飯便了事，祥媽也曾告訴過筱君和我，當她決定到大伯家裏來當傭工時，也曾激烈地跟孫家的人吵了幾次，孫家的人吵她不過，才無可奈何地讓她自已作主；

那時，祥媽大概只有二十七、八歲，樣子不壞，也不像別的女傭人那樣拖着一條大辮子，她那雙烏溜溜的眸子時常是左鄰右里的人們談笑讚美的目標，尖尖的臉兒笑起來總有兩個小梨渦，好幾次，我放學回家時碰到她提着籃子到市場去買菜，往往有些輕薄少年跟着她後面吊膀子，這些事我想大伯和伯娘都知得很清楚，因爲好幾次我還聽到他們和祥媽談起，只是，誰都不把它重視。

文壇泥爪

魯迅踢鬼

魯迅不講究修飾，許廣平曾說他「囚首垢面」，又曾說他是「四尺的矮子」，這都不假。他的頭，長久不剪，連脚都是個把禮拜纔洗一次，從他的日記中計算他所記「理髮」「濯足」的次數就可以知道。他經常愛穿長袍，但樣子不時興，脚上老是一雙黑帆布膠底鞋。可是在到廣州以前，還是穿皮鞋的。據許壽裳的追憶，說魯迅在清末的紹興中學教書時，穿學生裝，著長統皮鞋，並且還有過踢鬼的故事。

至於魯迅所以這樣不修邊幅，許廣平在「魯迅的日常生活」一文中說：「我推測他的所以『四首垢面』，不是故意驚世駭俗，老實說，還是浮奢之風，不期引起他的不重皮相，不以外貌評衡一般事態，對人如此，對自己也一樣。」我覺得這有點阿諛的成分在內，並不全爲此。魯迅少年時極窮困，在南京水師學堂讀書，冬天沒有棉褲穿，棉袍破舊得兩肩上都已沒有棉絮，逼得藉多吃辣椒增熱取暖，以致把胃弄壞了，一生帶着胃病，疼起來常用桌子抵着肚皮忍受。人的天性，大都在少年時愛美，少年時想愛美而辦不到，已經養成習慣，一到中年，便對此淡然了。所以魯迅的不修邊幅，雖不是故意驚世駭俗，但也不是爲了以身作則，矯正浮奢之風。現在談談他踢鬼的故事吧。

據說當時魯迅的家，距紹興中學很遠，他每天往返，都從一條經過義塚堆的近路走。有一天，在學堂有事就擱得太遲了，時已深夜，心裏躊躇是否仍走近路。那時年青，覺得有膽子，便仍決定走近路。義塚堆的兩旁，草長得很高，他忽然望見正前面有個白色的東西，在那裏一聲不響地停着，接着那東西又漸漸變爲矮小，最後便像石頭那樣不動了。他當時心裏遂嘀咕了起來：「這樣深夜，會有人在這樣地方行動，大約就是所謂『鬼』罷？怎麼辦呢？是前進，還是後退呢？」我們知道，魯迅在日本是學過科學的，稍一尋思，便不會相信是什麼「鬼」，於是他大胆衝上前去，等走到那個白色東西的跟前時，那「鬼」仍然不動，魯迅便鼓起勇氣，用他那長統皮鞋猛力向「鬼」踢去。你猜怎樣，那白色東西竟然是個活物，挨了魯迅一脚，立刻「呵唷」一聲，站起來就逃入草叢去了。

究竟這是不是鬼，據說魯迅也不知道這是什麼東西，我想這或許是狐吧？魯迅後來講這故事時，曾笑着說：「鬼也是怕踢的，踢他一脚，就立刻變成人了。」可見他的風趣。林語堂在上海辦「論語」，曾出過兩期「鬼」專號，我曾記得有些很有趣的鬼故事，可惜魯迅的「踢鬼」竟未採入。

雜憶錄之七

記參加東北義勇軍及長城自動抗日軍事（下）

幼椿

二

我最後一次去長城時，即見馬賊要錢，其勢洶洶，大有當場開槍殺人情勢，已知事不可久，義勇軍必然失敗。歸天津訴之於總部，建議非在關內自建主力部隊不可，於是總部決定派我與樊伯山同志運動北平附近的東北軍隊，鼓動其起義抗日。

東北軍有兩軍駐於北平附近，其駐豐台一旅中，有張團長係樊伯山同志之親戚，由伯山介紹我往訪之，燕趙之士，甚易感動，往來數次，即加盟入黨，並誓死抗日。張團長加入不久，又說其旅長繆君加入，於是我與伯山每週必去豐台兩次，下午往，夜半返平，將此一旅中之團營長全部加盟，並為講解主義，指示方針，且有另一旅之兩團長來參加。如是者兩月，事洩，為張學良所偵知，即請我往晤。民十五我在北京大學教書時曾與張學良有兩次聚會之緣，此次我在北平雖做的秘密工作，然與北大舊同事仍多往還，聲言來平覓教職，藉以掩護，故張學良覓我甚易；我也必須打通他這一關，始便工作，因往晤之。張學良見我即厲聲相向，言：「君等運動我軍隊謀叛變，我已知之。我對教授先生自來禮貌，但君等不要認為我不能殺人！」我笑答：「將軍的隊伍都係東北人，東北淪陷，不忍見其家鄉之遭蹂躪，多願抗日，即殺人，也無法制止，不如順應愛國潮流，乃能穩定軍心。」張不答，轉而問我半年來經營義勇軍之內容甚詳。繼而慨然說：「我不是不抗日的人，否則君等在我勢力範圍下，組織軍事，買槍運彈，我豈不知，知而不問，君等當了解我之用心。我無法公開抗日，問題甚大，此點君等當能諒解，我知繆旅長，張團長等皆已加入青年黨，我即以一師人交與青年黨，令翁照垣前來統率之，但請君等此後勿再暗地勾結其他隊伍，把我的全軍弄亂了，李先生你是要負責任的啊！」

翁照垣同志與張學良舊相認識，其時正在北平養晦，深居簡出，曾間接通知張學良，免為南京所偵得而引起麻煩。翁既晤張，立受委任為師長，隸于學忠軍部下，率部駐平東北的盧龍，遷安，豐潤，玉田一帶。師部乃駐在北平南苑，中設學生義勇軍訓練大隊，因之青年黨之各省青年幹部多來北平受軍訓，遠者來自南洋，皆抱熱血，祈戰死者。北平之東尚駐有商震一師，與翁師相處甚恰，宋哲元的隊伍則在古北口及以西一帶，與商翁也互通聲氣，皆抱有嚴陣待敵，予以痛擊的決心和勇氣。

民國二十二年春，日軍自山海關入犯平東北，商震翁照垣兩師即開始抵抗，商部與敵戰於撫寧之東，商係步兵，於平原作戰，而敵挾飛機大砲以來，甚難抵禦，兩日之間，全師犧牲過半，翁部繼之，開赴安山車站，擬截斷敵之鐵路交通線，且安山東北，有小山可倚，因與敵相持者數日。敵人感到側面受制，無法前進，乃以一隊橫掃盧龍，遷安，與翁師糾纏，翁往來於安山盧龍間，指揮所部不避砲火，務要接近敵人，與之肉搏，因是敵固受創，而翁師傷亡特大，尤其加入青年黨之團營及以下各級幹部殉國者一百二十七人，而翁同志仍誓死不退。敵恐宋哲元部自喜峯口沿長城東來側擊，乃扼守鐵路線不再來攻，翁師始得整理戰場，埋死救傷，有團長王嵐僧同志被敵砲彈轟埋沙土中，經一日夜，始被掘出，復蘇而至今猶在者。

三

是役，實為政府軍之正式抵抗，但以義勇軍自動抗日名義出之，因是日本軍閥切責政府，而有「何梅協定」之訂立。據何梅協定之第三條，政府必須尅日解散義勇軍，並將潛伏平津的義勇軍首領捉捕，於是北平憲兵於二十二年四月某日出動，索捕曾琦同志及我等。曾同志先一日赴津，我則寓東單牌樓姊夫家，晨八點始離其家，即見憲兵十餘人開入巷內，走至青年黨黨部，遠遠又見憲兵正在叩門，方知事態緊急，恐連累北京大學教授張眞如姊夫及吾姊，因往晤胡適之先生，為言其經過。適之笑道：「日前我閱天津大公報，大為君等捧場，說得君等義勇軍如何的鬧熱，我即知君等將有禍事，幼椿，你快走離北平，眞如與令姊交與我與夢麟，包你無事，放心好了！」我自胡寓出，尚擬往晤王師曾，途遇某同志，言同人多已赴津，特來通知，未值云云。我赴車站，見翁照垣同志，不打招呼，各自上車。途中，翁告我，軍隊已交繆徽流同志代理。此後繆同志任師長，守喜峯口，與敵軍復大戰，其中同志幾全部殉國，而尤以營長胡鍾麟同志與敵肉搏，致喪失頭顱，終未尋得，至為壯烈。故曾琦同志之十哀詩，有一首弔之：漫嗟先軫不歸元，得所應無愧馬援，一事知君難瞑目，坐看胡騎破籬藩。

先是「何梅協定」之風聲流露，同志有主張將隊伍向西北拖去，與方振武，盛世才，孫殿英等軍合流者，但軍中同志多不願同流合污。有張英華者來晤曾琦同志，言日人有意暗助青年黨建軍反蔣，表面仍打抗日招牌，而暗中勾通，倚長城以坐大，如何？曾公聞言大怒，告張：「是降敵也！為愛國而來，豈作降王以長子孫！」張英華素與日人往還，聞未來平晤曾之前，已在天津與床次竹二郎商有具體條件，先以大洋二十萬元，復以長槍五千支，為收買我輩義勇軍的禮物，曾公拒之，且嚴禁同志再與英華往來，於是乎吾道窮矣！既不願同流合污，又不能束手被擒，則只有先後南歸之一法；在關內外與日寇周旋不到一年，而致黨中精銳損失不小，負咎良多，傷心之至！前兩年我六十自壽詩，故尚有「寒夜冥鴻悲紫塞，高樓垂柳憶新豐」之句。

四八、一二、二九

千石東遊未能祖送次和韋齋韻代柬兼似履川邈翁書枚亦園

亮齋

投老漸知業力孤，生涯苦乏壺公壺。
客中送客難為意，天外有天信可圖。
東去雲山私道子，南來風月屬潛夫。
人前禮數疎慵慣，況是高陽舊酒徒。

亮齋效山谷體見和送千石詩戲成一律以寄

韋齋

千古江西筆有神，鑪錘百派出精新。
黔州臥後無餘子，元祐災成及此人。
甘謝蘇門作曹鄶（一），徒模唐調薄張秦（二）。
大梁事去文章在，皮骨終誰識杜眞!?

（一）東坡有效庭堅詩體，山谷謝之曰：「我詩如曹鄶，淺陋不成邦」；然此正見山谷不以蘇門一支自處也。

（二）東坡以為宛丘淮海各得其一體；山谷則不屑也。

亮齋閒話

司馬昭的辭讓

——「司馬昭之心，路人所知也。」

——習鑿齒「漢晉春秋」載高貴鄉公語

徐亮之

過去中國歷史上權姦們到了快要攘竊大位的階段，便往往會有一套「九錫」的例行公事；而接受「九錫」的權姦為要遮掩一下生人的耳目，也往往會有一套例行的辭讓把戲的；但千古權姦的辭「九錫」，其次數却誰也沒有司馬昭的多，我曾根據唐編的「晉書」，「文帝紀」加以統計，他除了老哥司馬師死時，不顧坐鎮許昌的詔命，逕自帥軍回首都洛陽，嚇得魏帝曹髦連忙給他「進位大將軍，加都督中外諸軍、錄尚書事輔政，劍履上殿」，他「固辭不受」，算是和辭「九錫」無關外，自後歷年無論加官晉爵，拜相封侯，却老是和「九錫」纏夾不清；他却也老是固辭不幹；總計前後共凡辭了一十二次方才肯接受下來，眞可說打破了權姦辭九錫的歷史紀錄了。

但是說也奇怪，他雖這樣辭讓稠疊，却誰也並不認為他是謙德可風；恰恰相反，倒是他越辭讓，越更令到這個可憐的曹魏王朝為之惴惴不安起來。果然，當他辭到第十次時，曹髦忍無可忍，慘案發生了；司馬昭的本來面目也暴露無遺了。「漢晉春秋」曾紀載這慘案說：

「帝見威權日去，不勝其忿；乃召侍中王沈、尚書王經、散騎常侍王業謂曰：「司馬昭之心，路人所知也。吾人不能坐受廢辱。今日當與卿自出討之。」王經曰：「昔魯昭公不忍季氏，敗走失國，為天下笑。今權在其門，為日久矣。朝廷四方皆為之致死，不顧順逆之理，非一日也。且宿衛空闕，兵甲寡弱，陛下何所資用而一旦如此？無乃欲除疾而更深之邪！禍殆不測，宜見重詳。」帝乃出懷中版令投地曰：「行之決矣！正使死，何所懼？況不必死邪？」於是入白太后。沈、業奔走告文王（司馬昭）；文王為之備。帝遂帥僮僕數百鼓譟而出。文王弟屯騎校尉伷遇帝於東止車門，左右呵之，伷衆奔走。中護軍賈充又逆帝，戰於南闕下；帝自用劍，衆欲退；太子舍人成濟問充曰：「事急矣！當云何？」充曰：「畜養汝等，正謂今日；今日之事，無所問也。」濟即前刺帝，刃出於背。文王聞，大驚，自投於地曰：「天下其為我何」?!」

「晉書」「文帝紀」復曾記載司馬昭處理這慘案的善後說：

「天子崩于車中。帝(昭)召百寮謀其故；僕射陳泰不至；帝遣其舅荀顗輿致之，延于曲室，謂曰：「玄伯！天下其如我何？」泰曰：「惟腰斬賈充，微以謝天下。」帝曰：「卿更思其次。」泰曰：「但見其上，不見其次。」於是歸罪成濟而斬之。……夷濟三族。」

又說：

「殺尚書王經，貳於我也。」

由這兩個記載看來，司馬昭對於「威權日去」的曹髦的左右，是早已特務佈滿了的。在這案件中，王經是個良心發現的特務，所以事後業務檢討，不能不被認為乃對他的不夠忠貞而見殺。賈充是個主謀造逆的特務，所以事後論功行賞，不能不被認為乃對他的特別忠貞而沒事。所最不值得的祇是成濟枉做小人，和他的三族死得過於寃枉而已！

於此，我眞不懂；千古權姦難道都是一羣不敢挺起腰幹說話的動物？何以老愛裝出一副辭讓的面孔？（關於這，王莽如此、曹操如此、曹操的兒子曹丕亦復如此。）而其辭讓的背後何以往往都是這樣的醜惡？醜惡得連當時的「路人皆知」而後世之人更不免要為之作三日嘔？

五九、一、二〇。

本刊已經香港政府登記

聯合評論

每逢星期五出版

週刊

United Voice Weekly

第七十七號

督印人：黃宇人　總編輯：左仲平
社址九龍金馬倫道卅八號三樓　電話61413
承印嘉羅印刷有限公司香港灣仔馬師道5號
總代理：友聯發行公司　售價每份港幣一毫
本報美洲版總經售處美國紐約中美出版社
CHINESE-AMERICAN PRESS, INC
199 CANAL STREET.,
NEW YORK31 N. Y. U.S.A.
美洲航空版零售每份美金一角

臨時條欵不是憲法是什麼？

黃宇人

為了便於將統統三度乃至無限止的連任下去，台北方面，因感於在現局之下已無合法的修憲途徑可尋，而蔣總統又一再重申反對修憲的主張，於是，乃有修改臨時條欵之議。「自由中國」曾就臨時條欵制定之程序及所謂第一屆國民大會第二次會議討論臨時條欵之紀錄等歷史文獻，反覆指陳臨時條欵即等於憲法；但台北某些人士及『政治評論』則認為臨時條欵不等於憲法，而主張國民大會修改臨時條欵時並不需要憲法所規定的修憲人數。本港某一與官方有關的日報於轉載『自由中國』及『政治評論』的兩篇討論臨時條欵是否等於憲法的社論時，還在篇首加了一段按語，其結論是，「在這兩篇顯明的對立的社論中，我們可以看得到臨時條欵並不等於憲法的這一觀點，應該是正確的。」究竟臨時條欵是不是等於憲法呢？茲從三方面論之。

一、憲法是母法，臨時條欵難道是祖母法嗎？

中國雖然是一個有悠久文化歷史的國家，但對於憲法這一套東西，還是學自他國的。因此，有關憲法的問題並不能憑我們的聰明和需要來妄加論斷；而必須以國際上一般公認的準則為依據。世界上自有憲法以來，它的內容雖因時因地而有不同；但其基本的意義則始終如一。即舉世皆認憲法乃國家的根本大法，是一切法律之母。就是在今日的台灣也未聞曾有人對此提出異議。所謂根本大法，即一切法律必須以憲法為依準；凡與憲法抵觸之法律，一概無效。所以說，憲法是母法，法律是子法。準此而論，假如臨時條欵不是憲法，那麼，它必然是子法了。子法與母法抵觸又怎能有效呢？子法更何能限制母法呢？

也許某些人以為其他國家雖然祇有憲法與法律兩者；但在咱們的國度裡則除了憲法和法律之外，還可以再有一種「臨時條欵」吧？果爾，則這種臨時條欵究竟是什麼法呢？它既不是子法，又不是母法而却能凍結母法的某些部份。換言之，即臨時條欵與憲法抵觸，則憲法無效。如此的臨時條欵，豈不成了憲法的母法嗎？母法的母法，豈不是祖母法嗎？我作此言，或將被指為太過戲謔；但臨時條欵既有限制憲法的功用，它不是祖母法又是什麼法呢？我倒要請敎於臨時條欵不等於憲法的論者了。

二、臨時條欵即是憲法的臨時條欵

在文字的意義及一切法典上，條欵二字原係指某一文件中的一段一目，而非整個文件的總稱。我們祇見過某一法律或某一有整體性的文件包括幾條幾欵，從未聞有僅以條欵為總名的文獻。臨時條欵或動員戡亂時期臨時條欵一詞，在語法上即不完全；必須說某某法的臨時條欵，才具有完整的意義。再就憲法的成例言之，在各國的憲政史上，於憲法中規定某些過渡條欵，暫時限制憲法某些部份之實施，原係常見之事。當年第一屆國民大會在南京集會時，因蔣總統感於現行憲法的若干條欵在動員戡亂期間有所不便，乃商請代表莫德惠等提出臨時條欵，其性質與各國憲法上的過渡條欵正同，故其制定之程序悉依修改憲法之規定。可知，臨時條欵即係憲法的臨時條欵，固不僅等於憲法也。

三、從國民大會的職權論之

「自由中國」引述所謂第一屆國民大會第二次會議的發言紀錄及代表陳其業，莫德惠等所提而經大會決議無異議通過之一項臨時動議，指出國大代表均認臨時條欵等於憲法，非依修憲的程序不能修改或廢止。其論証至為正確；但「政治評論」却說，此乃莫德惠等的個人意見，不足以代表全體。其理由是，國民大會的決議，祇有「本條欵在未經正式廢止以前，繼續有效」十六個字，並沒有將提案人所說臨時條欵等於憲法及非循修憲之程序不能修改或廢止等語列入，因而認為提案祇是提案，不是國大的決議，這分明是在斷章取義了。在各國的憲政史上，解釋憲法的機關常引証制訂或修改憲法時的發言紀錄以明立法的原旨；何況莫德惠等的提案，在討論時既無人發表相反的主張，在表決時又是全場一致無異議通過，足証其已為全體代表所接受而成了國民大會的公意。換言之，即莫德惠等的意見正是臨時條欵的立法原意，於此更加顯明了。

茲再進一步從國民大會的職權論之：依憲法第二十七條之規定，國民大會之職權如左：

一、選舉總統副總統；

二、罷免總統副總統；

三、修改憲法；

四、複決立法院所提之憲法修正案。

從這一條憲法中，可知國民大會除了選舉及罷免總統副總統而外，祇有修改憲法及複決立法院所提憲法修改案之權，並不是漫無限制的。當年制定動員戡亂時期臨時條欵時，即是對憲法加上一項臨時的條欵，亦即是行使第三項修改憲法之權，故臨時條欵的開宗明義第一句，即是「茲依照憲法第一百七十四條第一欵程序制定動員戡亂時期臨時條欵如左」。這就是說，臨時條欵之制定，是依照修改憲法的程序為之。假如它不是對憲法的一種修正案，試問，國民大會為什麼要依照修憲的程序來制定它呢？更重要的，假如它不是憲法臨時條欵，國民大會又有何權力來制定它呢？國民大會制定臨時條欵假如沒有憲法的依據，臨時條欵豈不成了於法無據的條欵嗎？年來政府依據臨時條欵的一切措施，豈不都成了非法的行為嗎？於此，更可見臨時條欵即是憲法的臨時條欵，實不容否認了。

四、結論

總之，從立法性質，制定程序及國民大會的職權各方面而論，動員戡亂時期臨時條欵即是憲法的臨時條欵。台北某些人士既刻意要擁護蔣總統連任，儘可冒違憲或毀憲之大不韙以行之。假如祇想逃避違憲和毀憲之名而不惜出以玩弄憲法的手段，任憑如何強辭奪理，不過益顯其心勞日絀，欲蓋彌彰而已。望台灣，憶大陸，我不但為國家的前途憂懼，也為蔣總統的盛德躭心呵！

寫在國大開幕以前

一個並非「危言聳聽」的預測

彭晦聞

只有不到十天的工夫，所謂國民代表大會便要在台北開幕，現在已逐漸逐漸進入一個熱鬧的階段了。

依照我的理知來說，所謂「國大代」，原來是一羣最可憐的人；過去的十二年，無論在南京，或者在台北，他們都只能在六年一度的開會期間露露臉，其餘便陷入冬眠狀態，絕對無人理會，當然更談不到所謂被重視。不錯，他們被安排在一個所謂設計委員會，叫他們在坐領那一點吃不飽餓不死的乾薪之餘，集合一部分的同人聊聊天，美其名曰設計。所謂設計，並不是就台灣現狀來設計如何改進台灣，而是叫他們在收復大陸以後來設計如何重建大陸！『劉郎已恨蓬山遠，更隔蓬山一萬重』，一年不能收復大陸，他們所設的計，便擱置一年；十年不能收復大陸，便擱置十年；再加上，大陸時時在變，他們的「計」也得隨之而變，大陸的變動無了期，他們的設計也就無了日；人生不過數十年寒暑，其生存的意義究竟是什麼？難道就在一輩子設計？從前埃及的『法老』，鞭打他們的奴工去為他們建築墳墓，儘管是苦不堪言，可是究竟還為今天的旅客們留下了幾座莊嚴偉大的金字塔以供觀賞，我們的設計先生們所做的，却是一切一切無非空中樓閣，像這樣的一種悲哀寂寞，假如不是像我們這樣一個修養有素的老大民族，真是如何受得了啊！此外，一般『國大代』們，也還自動的組織了一個什麼聯誼會，每到一年將要結束的時候，照例要開一次年會，借此機會，可以一望領袖的顏色，甚至還可得到一番溫情的撫慰，於是當領袖駕臨會場的時候，他們起立鼓掌歡迎；領袖離開會場的時候，他們又起立鼓掌歡送；領袖的味道在此，被領導者的味道也就在此。年會一經閉幕，他們又重度其悲哀寂寞的生涯如故。你能說他們不是一般國民的代表嗎？在中國經過了兩三千年專制君王壓抑摧殘的老百姓，他們不用這種姿態去代表，還用什麼去代表呢？

這一次，他們似乎有些覺悟了！他們再忍耐不下去了！既有人非逼迫將總統連任不可，要他們贊成連任，而且還要他們舉行一次不法之法的手續，於是他們的交換條件來了，你們要連任，我們就要創制複決，就要每年開會，最低限度，也得給點顏色把一般立法老爺們看看，現在簽名在這一交換條件提案上的，據說已有一千三百多人，他們的這種心情，真也是值得同情的！

可是，話得說回頭，今天台灣有形的力量是沒有，一個無形的力量却天天在那裡膨脹，台灣近十年來的政治，便被這一無形的力量支配了一切！這個無形的力量自然是蔣總統一手造成的，可是到了今天，便是蔣總統本人，也必將受這一無形力量的支配，這個力量非要蔣總統連任不可，蔣總統便不願連任也不可得，說到沒有自由，蔣總統便是第一個沒有自由的人！『國大代』們以為你們的提案有了一千三百多人簽名，便一定可以通過嗎？只要這一無形力量一經發動，你們這一千三百多個『志同道合』的同人，便大部分會紛紛後退，以各色各樣的原因，各色各樣的姿態紛紛後退，即令你們的案可以提出，也絕對沒有通過的希望，哥哥莫說弟弟，大家同是可憐人，你們儘可紛紛擾擾的鬧上一個月，到頭來你們可以交換得到的，依然只有悲哀，只有寂寞，只有安心回家睡覺，靜待未來的蔣總統在這一無形力量的包圍之下，領導你們反攻復國！靜待大陸的人民起來革命，你們去檢落地桃子！

最後，還有幾句話必得關照我們的代表們，這一無形力量對你們儘管有無上的權威，可是對『友邦』却無可奈何，對中共也無可奈何，現在的日本和印度，也已被『友邦』承認為亞洲安定的力量，而台灣却不在齒數之列，假定友邦在承認中共之後，覺得台灣這一據點還有用上一個會長來看看管看管的必要，只要這一無形的代表者，能對『友邦』表示無條件的屈服，他們也還是照常使用，到那時候，你們的悲哀與寂寞，便只好長此終古，而我們生生死死所愛護的這個中華民國，也就從此閉幕！

論黨化教育之為患

·宋寂·

一、

當一片「擁戴總統連任」的勸進聲中，台灣若干大專學校學生居然也「隨聲附和」，函電琳瑯滿目。事實暴露一椿極端明顯的証據——今日的台灣教育領域，已爲黨團的政治權勢嚴厲地盤踞着。一種狹隘與機械的「黨化教育」，控制整個學校機構，甚而戕害青年學生的自由思想。從而意圖將後來的一代，塑成同一固定類型的造像，使合乎黨團的主觀需要。作爲一個中國人，而對這種可憎可怖的現象，爲能不感到憂心如焚呢？

近十年來的中國歷史，共產黨徒掀起翻天覆地的禍患，竊取了大陸。國人記憶猶新，當抗日戰爭結束後，廣大的人民强烈爭取眞正的自由民主政治。中國青年學生一直是担當時代的鼓手，站在爭民主自由的最前線上。當日喊出的口號，是黨團退出學校，反對青年軍滲入學校等等。教授之所以罷教，學生之所以罷課，反對黨團教育和仇視黨團份子，是促成動機的主要因素。今日的痛定思痛，我們檢討是非得失，當年的廣泛學潮，與其說是共產黨所領導的政治陰謀，不如說是被共產黨利用羣衆心理予以分化和煽動而已。平心而論，青年學生之所以反對「黨團教育」，這一股進步的民主思潮，和慷慨激昂的行動，誰能說它是件錯誤的，誰敢說他們是天眞無知？

事實擺在眼前，祇有共產黨才講一個主義、一個思想、一個黨派和一個統治階級或一個獨裁統治者，祇有共產黨才講「黨團教育。」共產黨竊取了大陸。雖曾騙取了青年學生的同情。

但當一旦「黨團教育」原形畢露時，青年學生在共產黨的槍桿下，一樣勇敢反對，這在大鳴大放時期是充分表現過的。歷史証明，中國的一部近代史，青年學生的時代觸鬚，確是伸展在時代的前端，他們的光榮事跡，豐富了民主運動的鬥爭史實——他們的思想和廣大人民的利益是不可分割的，而可歌可泣的行動也是和國家與盛與民族復興絕對相聯的。

但，當海內外的人民，聲嘶力竭維護憲法尊嚴的今天，作爲時代前驅的青年學生，居然擁護連任贊成違憲的勾當，其誰能信！要不是這十年來台灣的「黨化教育」已經使他們麻木無知，那就是黨團政治勢力已霸佔甚而壓制他們享有基本自由權利。共產黨在大陸血腥統治了十年，尚不能使「黨團教育」絕對有效這一事實看來，實可認爲今日台灣的黨團勢力正憑藉政治勢力在學校裏製造「民意」！

我們不會相信青年學生會隨着時代的逆流潛行，背叛他們傳統的思想的本質——先天的進步性。

二、

如所周知，先秦諸子的思想哲學，是中國歷史文化的精華，春秋戰國史葉，盡量地發揮了人類的自由思想，遂得以形成學術文化黃金時代。但其後秦始皇焚書坑儒；漢武帝罷黜百家。獨尊孔孟；魏武帝的崇獎闐侈和明太祖的開科取士，這一連串的皇權統治，完全是憑藉政治權勢，禁錮人類的思想，干預學術自由，使中國二千多年來的文化，凝結於一定的模型裡。

但在中古時代的歐洲社會裏，屬於政教學術，始經日耳曼民族的摧殘，繼爲天主教會的統治。因之，前此燦爛的希臘與羅馬文化，幾乎完全湮沒，而經過十五世紀的文藝復興運動，導致宗教改革和工業革命，人類思想從文學藝術範疇解放出來，引起自然科學的新發明和新創設，祇不過短短的三四百年間，西歐國家的物質文明，就得以越過我國很多很多了。

就美國而言，開國不過短促的百數十年，科學的成就，已列爲世界翹楚。從這些實例觀之，獨裁政治的一元化思想和民主政治多元思想的優劣正誤，瞭如觀火。

然而，國民黨的當權派執政了卅多年來，一直厲行「黨化教育」，一切學術思想的發展，均受到政治路綫的支配。如前所述科學的高度發展，必須藉賴於思想的自由，現在是火箭世紀，偏處一偶的台灣，「黨化教育」豈能承担科學知識任務？

三、

蔣匀田先生在「教育與文化、科學與黨化」文中，曾引用一段事實：（原文刊載於「自由中國」第二十卷、第十二期）

「美國民主黨前總統候選人史蒂文生去年遊俄數月，連續發表遊俄報告。其中有兩點最引我注意。一爲蘇俄的科學研究人員與大學教授，不但薪金特優，且不必要爲共產黨員。二爲蘇俄的青年多對共產主義冷淡了；即大學生對必修的黨義課程，亦甚忽視。我曾函詢史氏對此兩點報告的確實性；且曾面詢去秋代表全美建築工程師出席莫斯科世界工程師會議的蔻里（Prof. Curie）教授，他們都予我以正面的証明。數年來對蘇俄在共產黨專政之下，發展科學的懷疑，爲之冰釋。：：始知蘇俄共產黨因急欲發展科學，在研究科學領域內，已向科學家讓步，暫時放棄黨化。」

我們有充分理由相信史蒂文生的報導，具有一定的眞實性和客觀性，即使我們從主觀直覺去判斷，今日蘇俄的若干科學研究，而可以與美國競爭發展，如果不是放棄「黨化教育」，如果不是「向科學家讓步」，而予科學家充分的思考自由和研究自由，曷克臻此。

我們的一部莊嚴憲法，立憲的基本精神是民主的、自由、科學的、近世紀以來，科學的偉大成就，也就使國人意識到研究科學的廹切重要。但今日台灣，一方面反對共產主義和共產黨的極權統治，一方面又採用類似布爾塞維克的思想獨佔的權術——實行黨化教育，結果壓縮思想領域，製造主觀偏見，除了對一個黨的發展和黨所霸佔的政治地盤，有加强和鞏固作用之外，其對國家民族的前途，社會人類的智慧，實有百弊而無一利的。二千多年的中國歷史，是一部血淋淋的經驗教訓！我們豈能重蹈覆轍！何況蘇俄方面因遷就科學研究，早已改變「黨化教育」的方法了。究其實，科學與「黨化教育」是矛盾對立的兩椿思想方法。

四、

科學的精神，是對事物懷疑的；科學的態度，是實事求是的；科學的方法，是重於解釋和重於証據的。黨化教育則不然，它反對懷疑，否定實証。它强調迷信——所謂絕對的眞理，講獨斷——相信「黨」、「主義」、「領導者」的不會錯誤，講黨義的教條主義與主觀主義。因之，科學與「黨化教育」永遠是對立的，永遠無法調和的。

顯而易見，「黨化教育」的結果，使青年學生渾渾噩噩，孤陋寡簡，迷離撲朔，跟着一個黨和一個黨的領導者走。

別再斷送國家民族的一點生機，我們反對共產黨，就是反對布爾塞維克化——黨化？特別是黨化教育。

× ×

台灣一周

推卸歷史罪證給大法官

第三屆總統連任問題，形同箭在弦上。

報載：有人意圖通過運用大法官解釋憲法的權力，使今日台灣，所僅能湊足的國大代表，變爲法定人數，從而修改憲法。

我國行憲後的國大代表，原有二千九百六十一人，但今祇能湊够一千五百七十八人。依據憲法第一百七十四條對於修正憲法的規定，必須總額五分之一的提議，三分之二的出席，及出席代表四分之三的決議。明乎此，是故修憲固無可能，則修訂臨時條欵，自亦一樣不可以了。

老實說，大法官先生如早可以將法定人數曲解，亦果已可以使現行憲法凍結而廹使蔣總統連任了。何必轉彎抹角，讓某些偷天換日的毀憲者流，推卸「歷史罪証」給大法官先生呢？

重視對非共國家外交

台北中央社的電訊：「中華民國參加非洲喀麥隆獨立慶典特使團，抵新幾內亞首都庫都克利，作了四天的外交訪問，受外交儀節的禮遇。」幾內亞共和國，是承認中共的一個新興國家。國府當局能主動進行外交活動，值得贊許。

我們對於任何非共國家，無論承認中共與否，都應該採取友善態度，積極爭取過來。

組織民間團體，作國民外交活動，尤爲必要。讓回教團體到馬來亞和印尼，佛教團體訪問和緬甸，我想總比現存的仇視態度好得多。

請予學生們思想自由

台灣青年學生，在「開展擁護連任運動」！

青年學生是時代的觸鬚，在中國歷史上，他們一直站在大時代變動的前端，堅强戰鬥。顯然的，「毀憲運動」是民主自由世紀裡的一股政治逆流。我不相信台灣青年學生會開倒車的——無視憲法的絕對尊嚴，而廹使總統連任。

讀了「自由中國」一羣台大學生的「談台灣大學的擁護連任運動」，才知道「所謂台大學生擁護總統連任運動委員會的設立，不過只是少數幾個人奉命辦理的組織，不僅未經同學的公決，甚至絕大多數同學從來不知其事。」

我同意這篇「讀者投書」的意見：「大學是學術研究的神聖園地，必須享有思想的獨立和自由。」

·孟戈·

中共黨內又一反常現象
黨員不敢宣傳共產主義

北京出版的刊物「前線」，一九六〇年第一期上，發表了一篇以「共產主義風格萬歲」爲題的「社論」說：「現在有的人在社會主義階段不敢宣傳共產主義思想」。

這篇「社論」發表以後，又經一月十八日「人民日報」予以轉載，可見這種思想今天在黨內已非部份存在。

由於中共盲目冒進，致使一切生產事業紛亂脫節，數億人民陷於飢餓貧困，日夜勞動疲於奔命的主要關鍵，在於理論與實際完全脫節。

按照共產黨人的想像，共產主義天堂的實現，表現於生產的高度發展，物資豐富，人民生活水平達到很高的程度，各盡所能，各取所需，根本無衣食之慮，工作勞動，只是爲了一種更高的目的，或者一種享受。在這樣一個階段，要求一個人發揮「忘我勞動」的共產主義風格和共產主義思想，似乎才有可能。現在大陸人民正處於飢寒困頓的環境中，生活的壓力，已經使得人們喘不過氣來。而中共這些幻想家，竟不顧實際，盲目大搞建設，盡力向人民進行極端殘忍的搾取，在實施搾取政策的同時，還要求人民自覺地發揮「共產主義風格和共產主義思想」，以自動犧牲。這種嚴苛殘忍的現象確是空前的。

中共黨內的許多人，今天不願宣傳共產主義，不敢提及共產主義。可能是已經體驗到這種矛盾，及體認到由這種矛盾而產生的殘酷現象了。

（本報資料室）

中共會放棄對台灣動武嗎？

最近，中共的對外政策顯露出緩和的趨勢，諸如它與印尼交換雙重國籍條約批准書，與緬甸簽訂互不侵犯條約和劃界協定。前者由於印尼排華情緒并未緩和，對於陳毅所提出的照會亦加拒絕，批准書的交換，適足以作為印尼迫走華僑的依據；後者劃界協定規定將爭執多年的江心坡、猛卯三角區，以及「一九四一」年線以西的將近一個半浙江省那麼大的土地劃給緬甸，所爭回的片馬與班洪部落等地原來就屬於中國的，其面積根本不及劃給緬甸的十分之一，談不到什麼交換。可見中共在曲意求和，以改變它在國際上的孤立情況。據此，似亦可預見，中印邊境問題亦將解決，麥馬洪線必為中共所承認，對東南亞各國亦將展開一連串的和平攻勢。

與此同時，日本執政黨主要人物松村謙三發表其在大陸時與周恩來、陳毅討論台灣問題的經過，松村氏認為中共決不對台灣作戰。其根據是陳毅對松村氏說：「我們不一定要對台灣作戰，因為我們不相信必須用武力解決問題」。周恩來亦會對他表示過：「在十年或廿年內，中國更強大時，一切問題不用戰爭即可解決。」假如松村氏只憑這樣的話而認為中共決不對台灣作戰；那麼，恐怕錯了。

因為前此，中共已不止一次宣佈過如上述一般的對于台灣問題的談話，隨便就可抓幾個為例。一九五五年五月十三日，周恩來在「人代常委」十五次擴大會議的報告中就說：「中國人民解放台灣有兩種可能的方式，即戰爭的方式和和平的方式，中國人民願意在可能的條件下，爭取用和平的方式解放台灣。」一九五七年三月，周恩來在二屆「政協」第三次會議上說：「台灣是中國的領土。台灣的居民，包括一切國民黨軍政人員在內，都是中國人。解放台灣是中國的內政，是中國人自己能夠解決的問題。自從我們號召爭取和平解放台灣以來，台灣國民黨軍政人員中願意促進和平解放的人越來越多，和平解放台灣的可能性也越來越大了。」這樣的話與上述他們對松村氏的講話在本質上並無什麼不同，只是說的方式不同而已。但這樣的話下面還有未道出的一段，我們可以引用一九五七年七月中共「外交部副部長」章漢夫在一屆四次「人代會議」的講話補充之：「中國以和平方式或其他必要的方式來解放台灣，這是中國的內政問題，美國無權過問。」可見，松村氏在大陸所聽到的話並不等於中共已答應在台灣海峽放棄使用武力。

更可注意的是，中共在台峽還維持着隔日打炮，這難道也是中共放棄對台峽使用武力的跡象？可見目前中共的對外政策緩和了，但我絕不信它會宣告對台灣放棄使用武力。

若果不信，可在下一次中共美國華沙會談時，當可分曉。

·田　心·

太平洋的新形勢

——美日新約簽訂後——

東方生

一九六〇年獻歲不到一月，由美日安全條約的簽訂，與蘇聯之宣佈將在中太平洋放射遠程火箭，不禁使人感到太平洋上冷戰激化的新形勢。

曾經有人說過二十世紀是太平洋的時代，有如十九世紀之為大西洋時代一樣。大西洋時代的盟主是英國，他於擊敗西班牙無敵艦隊及法國拿破侖以後，乃以海軍稱霸世界。太平洋時代的盟主是誰呢？

美國之走上太平洋舞台，開始於一八九八年的美西戰爭，從此領有夏威夷與菲律賓。一八九九年發表中國門戶開放政策，表示他對中國問題的態度。因為當時的中國，列強環伺，正陷於瓜分的危機。一九〇〇年的拳亂，俄國的大陸勢力，由東北而南，直及朝鮮半島。使新興的日本亦感到切身的威脅。英國的海上勢力，由南而北，自難與俄國勢力相對抗。故英國除支持美國的門戶開放政策外，並於一九〇二年與日本締結同盟。因此形勢一轉，到一九〇四年而有日俄戰爭。結果是俄國敗績，由美國的調停，訂立和約。美國的用意是希望能實行其門戶開放政策，但是日本勝利以後，却轉與俄國相勾結，平分我東北權利，排斥美國。這是美日兩國對立的由來。

從此以後，日本成了遠東的強國，第一次大戰發生，英國無暇東顧。日本利用這個機會，侵佔我山東，並提出二十一條要求，於是美日對立之形勢益亟。大戰終結，一九二一年的華府會議，英國解除對日同盟，美日成立海軍協定，中分太平洋，日本交還山東，彼此暫告無事。但是不久，到一九三一年，由九一八事變日本之進兵我東北地方而形勢急變。終於到一九三七年發生中日戰爭，一九四一年擴大而為太平洋戰爭。結果由廣島的原子彈，日本無條件投降，太平洋整個成了美國的勢力。

當此之時，英國在亞洲的勢力，以殖民地民族主義的興起，是在沒落的後退中。反之，因為日本的失敗，俄國勢力却捲土重來。當時美國的政策希望與蘇俄共保和平，故在一九四五年的雅爾達會議中，不惜以我東北利權為條件求取蘇俄的合作。也以此故，由馬歇爾的來華調停，主張國共合作，成立聯合政府。麥克阿塞之在日本，也主今後以日本為遠東的瑞士，作為中立的遊覽地。制定日本憲法，不得再事戰爭。但是最後，終於因中共之席捲大陸而形勢一變。當時美國尚希望中共為土地改革論者，企圖合作，然而好夢易醒，竟完全不是這回事。

一九五〇年，由毛澤東之訪俄與之訂立同盟條約，聲明一面倒的外交政策，接着不久，韓戰爆發後，終於使美國有了覺悟。於是為對抗大陸的共黨勢力，乃於一九五一年，急與日本媾和並訂立安全條約，採取扶植日本的政策。自茲以來，迄今忽將十年。美國的政策旨在防堵，如以馬尼拉公約保衛東南亞，以第七艦隊隔斷台灣海峽，美國似依然希望與共黨談判和平。但是美國與中共的大使談判，從日內瓦談到華沙，仍無下文。而在此間，中共利用經濟貿易的利益不斷壓迫日本改變其政治立場。日俄復交以後，蘇俄亦全力謀使日本採取中立路綫。

但由日本對美國的依存關係，固難以自主，而由共黨的社會制度，除非日本也走赤化道路，實難以並存。過去的美日安全條約，訂立於日本敗戰之時，難免是美國片面的規定，故日本此時，除與美國修改舊約，爭取獨立地位外，殊無他道。所以此次新約，一方面在經濟上共同合作，以用力於東南亞的開發，同時並如大西洋盟約以平等地位，規定共同防衛，但以日本領土受攻擊時為限，故為有限度的防衛，又與大西洋盟約不同。這是因為日本憲法規定只能自衛，不許對外作戰之故。由此我們可見過去美國政策的錯誤。日本以後要修改憲法，不知要費多少力量呢。

從二十世紀以來，太平洋的往事，前半為美日的對立，五十年代起，轉入美國與共黨勢力的對立。在二十世紀初，英俄勢力的世界對立，日本是英國的同盟。現在是美共對立的時代，中共既奄有大陸，以美國為紙老虎，蘇聯且放射火箭到中太平洋，在夏威夷以南地區直接向美國挑戰。此時，美國須以日本為同盟，自為必要，而日本若無美國的支持，也難以自存，其勢甚明。只有這樣，以美國為首的自由世界，乃可與大陸共黨勢力保持均勢以求和平。所以美國議員之提議以岸信介為諾貝爾和平獎金的候選人，決不是沒有理由的。

很明白的，由美日安全條約的訂立，太平洋已進入新時代。蘇俄共黨倘如過去帝俄一樣，其欲逐逐，圖謀侵畧，那麼二十世紀的舊事，不難重演。惟今日形勢有與前不同者，過去如大西洋與太平洋的制霸，主要的力量為海軍或空軍，現在由核子飛彈的完成，武器大有進步，戰爭形勢自不相同。年來美國因偏重預算均衡，致飛彈研究落於人後。若再迷信和平共存，對戰後初期的錯誤，不知求取教訓，那才是禍到臨頭，後悔莫及哩。

毛澤東文藝思想受攻擊

幾個月來，大陸上發動加強學習「毛澤東文藝思想」，最近，中共「文化部副部長林默涵，在一個學習會上發言，透露出了反對毛澤東思想路線的現況。他說：

「反對的人對於毛澤東文藝思想懷着刻骨的仇恨……但他們知道公開反對是很難的，所以。採取兩種方法，一種是像胡風那樣，教他的黨徒們採取表面上順着它而實質上反對它的辦法。另外一些（按：指徐懋庸、秦兆陽）則拼命地想辦法來修正它，使毛澤東文藝思想符合於他們的資產階級觀點。

此外林默涵又針對普通的現象說：

「不少作家、藝術家不是力求同羣衆靠攏，同人民結合，而是日益同黨疏遠，同羣衆隔離。一些青年作家一出來就很快受到資產階級思想的腐蝕，不少人在胡風、丁玲的影响下墮落下去了。而有些同志，對這一連串鬥爭實際上是採取了旁觀的態度，他們對敵對的東西沒有無產階級應有的憤怒，對於胡風猖狂攻擊黨，攻擊社會主義竟可以袖手旁觀」。

由林默涵嘴裡說出來，確實証明黨內外對毛澤東思想已經廣泛發現反對和厭倦情緒，不僅關係文藝問題，且直接接觸到各項政策方針問題，中共八中全會以後，中共在黨內外，廣泛掀起學習毛澤東思想，這也是主要關鍵。

據中共江蘇省委宣傳部副部長陶白於一月十一日在南京新華日報上以「繼續提高文藝工作者的思想水平」為題，指出：「從江蘇省各地現有的一些文藝工作者的情況看來，雖然大部份是中共的黨員作家，而且不少是出身於工農家庭的知識份子，但絕大多數都有根深蒂固的『資產階級思想』，『自由主義思想』及『自然主義思想』。因此之故，他們標榜為藝術而藝術，反對文藝只為政權服務，反對文藝作品中硬滲入政治觀點，反對『黨的領導』反對『毛澤東文藝思想』，並且『厚古薄今』，依戀過去，憎惡現實，响往歐美，輕視祖國的文學。」

陶又說：江蘇省大部份文藝作家，基本上有反毛反共的思想，經常在一些小說散文詩歌中流露出來，最具體的現象，是將作品中原來應該『醜化』或批評的人物，都『美化』了，或在有些作品中，描寫一個屬於共黨的『正面人物』時，常在這個受到讚美的人物身上，加意描繪出他的『資產階級』的品質來。（資料室）

台大擁護連任運動的內幕

獨清

前些日子，中央日報曾刊載一連串的消息，說台灣大學學生已組織一個擁護總統連任運動委員會，推張少傑爲主任委員；並說，台大和其他各大專學校的學生代表已舉行幾次會議，積極籌組全國各大專學生擁護總統連任運動委員會，好像全台灣的大專學生對於蔣總統的連任都是爭先擁護而唯恐不及似的。筆者有幾個親友在台大肄業或担任教職，在他們的談話中，知道這一套把戲，原來是該校青年救國團奉命策動的。但因品學優良的學生對此均不感興趣，於是，他們乃找到上學期會因在考試時夾帶舞弊而被教務會議決記大過一次的法律系三年級學生張少傑出來負責。張生平素飽受同學們的輕蔑，正感沮喪；如今忽蒙救國團當局之垂青，可於一夜之間變成了台大的學生領袖乃至全台各大專校的學生領袖，更可得到擁護總統連任的「報國」機會，自然唯命是從了。惟以同學們皆鄙其爲人，不敢公開號召，祇得偷偷摸摸的在校內貼上許多紅紅綠綠的標語，於是，經中央日報一喧染，台大學生的勸進運動就展開了。所謂擁護連任運動委員的委員們究竟是如何產生的，台大的學生至今仍莫明其妙；但既有救國團的撐腰，誰敢說，他們是假借名義對外招謠呢？不過，人們總覺得將總統太不值得了。他要連任儘可以光明磊落的態度出之。不此之圖，而却放任勸進派到處去招攬一些祇慣作弊而爲衆所不齒的宵小之徒來擁護，豈非自貶身價嗎？

台北市長大擺流水席

目前台灣正在所謂節約救災期間，本年一月六日台北各報還刊載內政部田部長的談話。他說：公務人員繼續實施節約生活，婚喪壽慶不宴會。但不到半個月，一月十九日的聯合報上又出現台北市長黃啓瑞大宴賓客的消息，標題是，「市長娶兒媳，大擺流水席，三天近百桌」。據云，黃市長娶兒媳，分三天宴客，門前車水馬龍，擁擠不堪，不得不由警察到場維持秩序；市政府各單位主管李蘊權等都在黃府兼任招待云。可見官方之所謂節約，不過是一種欺人之談而已。否則以一個小小市長又何敢在中央政府的所在地如此如此明目張胆的向中央的政令和內政部長的談話開玩笑呢？

讀者也許要問，既然官方人員不慣節約，政府又何必一定要玩這套節約把戲以自討沒趣呢？但須知此即當局擅長的特技。三十年來，他們幾乎無日不做違反三民主義的勾當；但却無日不以三民主義掛在嘴上，甚至不許他人對三民主義有何批評。最近十年，他們口談民主憲政，而却實行特務統治和個人獨裁。於今他們言矢遵崇憲法而又刻意違憲，以求留任。凡此種種，都証明說好話做壞事已成了他們的第二天性。黃市長在政府的節約聲中大擺流水席，不亦宜乎？

警備司令部查扣政經半月刊

去年十二月二十日台北政經半月刊發表一篇「國大代對不起中國人」的文章，說國大代表們早已過時，即早已失去當年當選的合法地位；如今僅憑曾經當過國大代表這一資格來伸手要錢，發揮其剩餘價值。並歷述他們過去的種種醜行，如抬棺材請願，屢流氓打人，及咆哮法庭，講說關節等，無所不爲。更指出他們今日正想藉總統連任的機會來設法增加自己的職權，擴大要錢的機會。

國大代表們看了這一篇文章之後，除了有人在國大聯誼會年會中正式提出請大家尊重國大代表的地位案當經一致通過而外，還對政經半月刊猛烈抨擊，並決議「請政府嚴辦」。大有恨不得立刻封閉該刊，並將編輯人逮捕下獄之勢。但內政部却還知道要守法，據該部主管官員向報界發表談話，依出版法的規定，要俟國大代表向法院提出控訴經法院判決後，內政部才能對政經半月刊採取行動。國大聯誼會年會閉會後，迄未聞有任何國大代表曾向法院提出控訴，人們對於此事也就不再注意了。但，正所謂黑松林裡突然跳出一個李逵，本月八日聯合報載，台灣省警備司令部已下令各地方治安機關查扣該期的政經半月刊，理由是那篇「國大代對不起中國人」的文章「足以淆亂視聽。」依出版法的規定，主管書刊處分的機關，在中央爲內政部，在地方爲省縣市政府。在內政部聲明政經半月刊事件應循法定程序處理之後，而省警備司令部竟公然如此胆大妄爲，自必有所恃而無恐也。

所謂台灣省警備司令部，原是一個於法無據的機關。顧名思義，人們或以爲它是屬於台灣省政府的一個機構，但現行省政府組織法中並無警備司令部之設置，而且事實上他是直屬總統的。然而在總統府組織法和其他中央各機關的組織法中，也都沒有省警備司令部的規定。可見它是一個非法的組織。四十七年九月十六日立法院曾有人對它的法律根據提出質詢。十年以來，此一非法組織却大行其道，尤其是在查扣書刊方面，它更作福作威，爲所欲爲。在台灣出版的書報雜誌無不飽受干擾；而在海外出版的，如自由人三日刊之屢遭查扣，祖國週刊之被禁入台，都是他的得意之作。於此一端，已可概見我們的民主和法治是什麼一回事了。

我反對蔣先生再當總統

（讀者投書）

方企祥

編輯先生：

我是居住在新加坡的一位華僑，坦白的對你說：我曾經到過大陸，也曾經設法進入過台灣，而這都是最近幾年的事。就一般情況來說，東南亞各地的情形，雖在第二次大戰以後就發生了許多重大變化，因此，華僑的命運也陷在極端複雜的情況中，但據我所深知，各地華僑對祖國的關懷，在他們內心的深處，却毫末減少。問題還在祖國的情況也實在太複雜。我們曉得：中共佔據大陸以後，即不斷以祖國自命，不可否認，一部份具有愛國熱誠的青年，也確曾以大陸爲祖國，並曾由新加坡印尼等地一船一船的趕回去。我當時目擊他們熱心回大陸的情形，非常感動，所以，爲了瞭解眞況，我也找尋機會回大陸去了一趟。

憑良心說，我之所以要回大陸，並不是站在反共立場要調查什麼，也不是站在親共立場，去擁護什麼。我之所以要回大陸去看，純粹是爲了要瞭解眞況。所以，我回大陸曾受到一部份人的誤會和指摘，以爲我親共，後來，我設法入台灣時又受到另一部份人的誤會和指摘我親台，其實，我既不存心親共，也不存心親台，我是中國人，我有權了解祖國的眞象，如此而已。但我到過大陸又到過台灣之後，我對於祖國——我們偉大的中華民族所造成的中國，有了我自己的眞正了解和眞正看法。我並不是爲反共而反共，經過我到大陸觀察以後，我倒是覺得中國眞是偉大的。只是這種偉大，並與共產黨無關而已。譬如大陸人口有六億，這雖是一個可以驕傲可以加强民族自信力的數字，而且從這一數字可以發現中華民族雖有五千年文化歷史，却至今未衰老，所以才有今天六億人口數字的這一繁衍事實。但中國之所以有這一數字，乃歷代列祖列宗之功，這種民族生命力的充沛現象，初與共產黨無關啊！共產黨何得貪天之功以爲己力？

相反，從另一方面看，倫理觀念乃世界文化中之上好結晶，中華民族之所以能有今日這種繁衍和民族生命力仍有這種强盛，民族生命的本質固然有關，倫理觀念却也有關，而家庭制度則又充分體現了和實踐了中國的傳統倫理觀念。所以，就中國民族來說，倫理關係和家庭關係，都佔有關鍵性的重要地位，但共產黨却概以封建二字否定之，又概以鬥爭清算而破壞之，所以，共產黨的這種作法，實在是破壞我偉大中華民族的一種暴行。

再說，中華民族生命力的充沛，既已從人口數字的絕對繁衍而証明出來，但今日中共却廹害大陸人民，不遺餘力，且中共正在實行並將繼續實行飢餓線上的强廹勞動。對此，共產黨人雖不斷在誇張它的物質建設，但我却認定我大陸同胞的生命力和健康，已因此而被戕害，下一代和再下一代乃至若干代子孫的俱將受到不利影响，大陸人民生命的單與枯燥，其勢則更將影响到民族調智慧的遺傳，以上由於我對我偉大的民族生命前途着眼，所以我堅決反共。

不過，話說回來，我把台灣和大陸作一比較之後，大陸的一切雖然殘暴，而且大陸雖然敗徵和弱點極多，但台灣的現行作法，却深知難收反共復國之效。老實講，我並不對台灣地小兵少而悲觀，悲觀的却還在台灣尤其蔣先生不懂得結集力量和智慧的運用力量，蔣先生畢竟老了，他雖有功，却也有過，畢竟過時代了則是問題的核心。他應該抽身出來利用他的威望幫助這一個國家建立制度，並使新的人物能够出來才是。我充分相信中華民族是偉大的，但決不是由於有了蔣氏一家一人，而是由於中華民族所有的人，正因爲我從民族生命力和民族自信力來看，所以我除了反共之外，又反對蔣先生再當總統。

大陸逃澳學生的控訴：

不堪回憶的血和淚（上）

梅痴

瀟湘之濱衡山之陽附郭的西郊，古有小西湖之稱，生活在這裡的人們，享受着自然優美的風景，過着「帝力於我何有哉」的勤勞儉樸的生活。我的家庭定居於此，是遠在明季末葉清之初期。

一九四九年的秋天，共匪的獸蹄就踏進這塊乾淨土上，訪問，了解像穿梭般的此去彼來，攪得鷄犬不寧，疑雲滿天。曠野中，耕地上，屋宇裡到處有牠們的踪跡。一副冷酷的臉，一絲猙獰的笑，即使牠不開口，也知道牠是不懷好意的，怪可怕的。不到兩個月的時光，狐狸的尾巴全部暴露出來，一連串的支前，獻捐、獻粮、公債、清算、鬥爭等名目之下，人們的財物，壓榨得一乾二淨，美滿的家庭，拆散得男東女西。喊出的口號：什麼「窮人大翻身」啦！「站穩立場」啦！「分清敵我」啦！實際的行動是：騎在人民的頭上，捧着人民的招牌，强分階級，製造仇恨，把數千年崇尚禮義井井有條的社會秩序弄到一團糟。這時，我剛在高中卒業，打算去升大學的，就此，我的學業計劃，遭到了粉碎。

講到牠的公審，這屠殺和凌辱無辜的人們的執行場合，每次舉行，每戶必須派入參加，被公審人的罪行，由匪幹們想到什麼，便說成什麼。屆期，指派幾個當地游手好閒不務正業的流氓地痞扮事主，依照匪幹們擬出的罪行，亂說一通，即所謂「訴苦。」站在公審台下的人們，明明知道訴說的事件是假的，但也得隨聲附和喊打喊殺。原因是參加人的行列中滲有若干便衣匪幹懷着手槍在指揮着，所謂人民的公意，就是匪幹們的命令，演出的傀儡戲。間或有些受不了良心的責備，在舉手或發出呼嘯不够積極，輒遭當場毒打，倘情節重大，便加上一頂「同情反革命的就是反革命」的帽子，關進水牢，或脫光衣服縛於炎炎似火的烈日之下，或因時而異的寒風凜冽冰天雪地之中，弄到奄奄一息，尚須坦白復坦白，自承罪過一番，痛罵自己一頓，才能暫告無事。

我也被迫去參加過公審，一個叫李文瑞的中醫生，平日爲貧苦人們診病不計報酬，有時連藥餌都由他贈送，由於他的醫理精湛，活人甚多，因此，在縱橫五十華里以內的人們一致都尊他是慈善長者。不圖共匪革命的對象，先要從好人革起的。以善霸的罪名入獄，又解來公審，宣佈的罪名是：收買人心存心不軌，凡說他好的便有同路人的嫌疑。當時在場的眞正農人和一大羣婦女，在忍無可忍的情況之下，怒吼起來，同聲地嚷着：「不要錯殺好人。」以致觸動匪幹的淫威，當場架起機槍射殺農人和婦女達七十五人之多。李醫生呢？當場用竹桿打得皮裂見骨四肢離體才一彈畢命，事後還說成這次的公審，有無數的反動潛伏份子滲雜作祟，射殺的農人和婦女，是對反動潛伏一種懲罰，這眞白日見鬼。

有一天的早晨，血紅般的太陽，剛從地平綫上升起，草木上晶瑩般的露珠一顆顆地閃閃發光，門首，狗驀地裡狺狺地狂吠，叫門的聲音由低沉而高亢，爸爸便聽出叫門的人不是本地人的聲音，斷定有不平凡的事件會出現。但他老人家以「平生不做虧心事，夜半敲門心不驚。」的信念，開門接待，當時走進來的，是兩條關外大漢，一肥一瘦，兩個不同的個子，面色黑黝像柴灶上的鍋底，于思滿臉，粗眉圓眼，一見，便知道是梁山上的嘍囉。跨進門限，盛氣凌人地道：

「這裡可是梅高的住宅？」

「是的，梅高就是我。」我爸爸謙和的口吻答應着，揚揚手，邀牠們進客廳去坐。

「嗯！我們是來叫你上區政府去的，沒有閑空久躭，走吧！」

「上區政府！有什麼事兒？」我爸詫異地問。

「區長叫你去，有什麼事兒，我們也不知道。」牠們邊說，臉色邊變得像鐵一般的沉重起來。我媽在內裡聽到牠們是來傳喚爸爸上區政府的，走了出去，向那兩條大漢打招呼，想由牠們的口裡探出些傳喚原由。牠們瞪了一眼，并不答話，從褲袋裡抽出手槍，對準我爸說：

「走！你們的嚕囌太多了，我們不能久躭。」我爸是個文弱書生，在這綁票式的場合，是無法抗拒的，祇好頹喪地作了馴服的羔羊，隨着他們走去。聽從牠們的擺佈！我和媽媽尾隨其後，想一道前去看個究竟，那兩條大漢押着我爸跨出門限，便强力地攔阻不許跟踪。

一連幾天，不見我爸回來，我和媽媽像熱鍋上的螞蟻廢寢忘食，想不出營救的門徑，媽叫我上區級匪巢去探聽下落，我找到區級巢穴，還到過區級以上幾個匪窟，結果是去處不明，連綁架我爸那兩條大漢，也找不到影子，我爸就此失踪。

我爸倒是個怎樣身份的人？怎麼在這時會失踪？在此，必須作出簡要的敘述，俾能了了。

我爸出身農家，唸過大學法律系，獲得法學士學位，連續十年做過地高兩級法院的首席檢察。第二次世界大戰的中期，在湖北武漢任所，遭敵機炸傷腿部，因而辭歸療傷，傷愈，從事地方教育，以培植下一代英才爲己任。對地方上的是是非非，從不與聞，與人相處，和和樂樂的，眞不愧「與人無忤。」鄉裏的人，都尊敬他，喜歡和他接近。至於家下的不動產，僅有薄田十二畝，皆由祖上血汗的積累遺流下來。他做了十餘年的事，沒有一文錢的積蓄，更沒有置過一寸田土。我的教育費，不是仰族中的助學金，根本就無從取備。當匪共偷渡長江的時候，市面上就出現一些自命「開明」的小丑，以和平做幌子，發起荒謬絕倫的運動——「迎解」。我爸因不值其所爲，曾寫了些義正詞嚴的文字在報章上痛斥過，這大約就是我爸失踪的因素！

四個月後，表哥從省垣長沙打回電話說：「表伯已於前兩天以反動有據罪名，在省槍決，遺體經草草成殮。」惡耗傳來，才揭穿四個月來我爸失踪的謎。我媽哭得死去活來，痛不欲生地在地上打滾。慘無人道的共匪，并不因人在愴痛之中，而有所體念，上門追索公糧公債尾欠急如星火。這時我的家，吃的、穿的、用的，都掃數賣光送進共匪的荷包，饔餐不繼，早就成爲嚴重的問題，這些尾欠，再也無法籌付。在這人死財盡重重壓榨之下，我媽竟在一個狂風暴雨的午夜，拋棄不幸的我，掙脫了萬惡的當前桎梏，投身宅後荷池自殺。等到拂曉發覺，已經無法從死神手裏挽回。

不幸的我，哭爸的淚未乾，轉而又要哭媽！我明明知道哭是弱者的表示，但，溫暖的家庭、慈祥的雙親，一旦遭到摧殘，怎能使人不傷心？怎能使人不痛哭？因此，我的熱血也沸騰了起來。一夕，半鈎新月伴着星星，似在對人發笑，取笑世間的人們太缺乏了勇氣吧！我懷着利刃，兩腋似生了翅膀地飛奔，目的是上區級匪巢，找尋那些嘍囉拚命，中途，腦海的神經系統像在忠告着我：「單刀獨人，也去復仇？這無異是驅羊入虎口，太天眞而又太輕浮，白白的犧牲，是犯不着的，何不暫時容忍，等待時機的來臨。」這樣一來，如同晴天的霹靂，把我驚醒了，悄悄的回頭，容忍的等待。

摧殘下一代的中共「教育革命」

康　和

當共產黨頭目們誘廹人民作牛馬般的勞役時，常常說：「我們今日勞働和工作的目的，是在使下一代得到更好的生活」。可是，現在中共的教育方針，却把「奴役制度」推行到下一代的學生身上來了。

中共自一九五八年上期，發出了「教育革命」的方針，號召「教育爲無產階級政治服務，教育與生產勞働相結合」。這個所謂「教育革命」運動，正在大陸各城市普遍地推行。各地實施的情況，各有不同。最近北平人民日報把山西省太原市的施行狀況，作爲「示範」式的報導。同時還發表了中共太原市委文教部的一篇專文，宣揚該市推行「教育革命」的成果。從那些報導裏，我們可以窺見中共正在怎樣地剝削學生們的勞動力，對下一代的莘莘學子，實施「强廹勞役」。

據中共太原市委文教部自述：該市推行「教育革命」運動，曾經過了三個階段。第一個階段所謂「勤工儉學」時期。那就是强廹青年學生到工地、車間、商店或街道上去參加體力勞働。有的去挖運土方，有的去擦洗機器，有的去當售貨員，有的到街頭去賣報紙。這辦法實行以後，立即引起了學生教師的反抗。公開地指摘這種辦法是「打亂了學校秩序」，「影响了教育的質量。」而在事實上也有許多地方行不通。因爲有些學校距離勞働場所過遠，往返跋涉費時很多；同時，學習時間和勞働時間很難作適當的分配，往往顧此失彼；而教師們對學生的輔導和管理，也很成問題。這個所謂「勤工儉學」的辦法，經過學生教師們的有力反抗，同時又遇到了事實上的窒礙，顯得此路不通。中共太原市委文教部乃改變途徑，要各學校自己籌設工廠或農場，叫學生們就在本校所設的工廠或農場裏服勞役。這就是該市推行所謂「教育革命」的第二個階段。這時，各校當局被廹着紛紛籌設工場或農場。但是，限于客觀條件，各校所能設置的工場或農場，都是簡陋不堪，生產技術和方法，都是落伍的古老的土法。就一般教育的立場來講，我們要下一代的青年們學習生產技術，應該是學習現代化的和最進步的，這才能使學生們在學術上和技術上有所禆益；同時，也才能使學生們感到興趣。但是中共倒行逆施，竟要强迫學生們去運用陳腐的工具，學習落伍的方法。這必然是會引起學生們的不滿和反抗。同時，很多工場設備不完全，原料供應又不足，因此，工作隨時陷於停頓狀態。結果，這個學校自辦工場或農場的運動，不得不「失敗地」結束了。目前，該市的「教育革命」運動，正進入第三個階段。這階段的口號是「廠校協作」。這協作的形式有三種：（一）大工廠在學校建立附屬工廠，原料、機器、設備和技術由工廠幫助解決，產品交給大工廠；（二）大工廠協助學校自己辦工廠，給大工廠加工，設備和資金全由學校解決；（三）小工廠合併到學校裡去。

中共自稱這種「廠校協作」的方式是「教育與生產勞働相結合的好形式」。所以北平人民日報特別給牠表揚，以作示範。目前，太原市有三十個普通中學和中等專業學校，和有關廠礦協作辦理的學校工廠有六十一個。其中有冶煉、機械、化工、汽車修理和輕工業等工廠。經常在這種工廠內服勞役的學生有四千人。據說：這些工廠生產了很多市場上急需的產品。太原市場上的電燈開關，電燈燈頭，塑料鈕扣等，大部分是由這些學生們製造出來的。

我們從上述的各項事實裡，可以發覺中共是正在瘋狂摧殘青年們的學業，犧牲學生們寶貴的光陰，剝削學生們的勞働力，從事粗劣的生產工作，以供應共黨需求。這種所謂「教育革命」，對於下一代人民的學術進程，以及對於整個文化前途，必將召致無可補償的損失。

加爾各答通訊

所謂海外千餘僑團擁護蔣總統連任三屆總統的眞相

張愛環

台灣國民黨黨報宣佈「海外千餘僑團」來電懇請蔣總統連任三屆總統，好像天下民情如此，蔣總統非連任不可了。這千餘擁戴僑團中，印度的僑團亦有十來個，好像旅印三萬多僑胞又在擁戴蔣總統連任了，其他各國僑團我不得而知，但印度這幾個僑團去電擁戴的，我却知道甚詳，若將內幕說出來，眞非使人捧腹大笑三天不止！

台北黨報刊載印度加爾各答中國街十八個僑團聯合會擁護蔣總統連任，天呵！所謂中國街也者，早在三年前經加城市政當局全部拆毀，改建中央大街，祇有數條小弄堂餘下來未拆，那邊廁所，牛猪堆在一起，臭氣沖天，所謂十八個僑團也者，難道都聚集在這兩三條臭弄堂裡麼？

又所謂葛倫堡全體僑胞擁護蔣總統連任的，查葛倫堡有僑胞四百多人，而簽名擁戴的祇有七個人，其中六個爲鞋匠，一個是難民，這就是海外民心表現了！

一月二十三日中央日報大字標題「旅印度西北同鄉會，懇請總統繼續領導」，但該會會長是誰，却無列名，該會會址何處？亦未標明。我知道這個所謂西北同鄉會，乃六七個中國難民在前年逃到印度，他們的籍貫大都是甘肅青海。因他們尚未得台灣批准入境，故仍住在加爾各答中國街一個天后廟內。這個廟由嘉應會館管理，樓下租給一個姓熊的居住，樓上有一間房子，奉着天后娘娘，這幾個難民晚上就在天后娘娘神像前睡覺，白天即起來，給僑民燒香，這就是西北同鄉會擁戴蔣總統連任的內幕。

印度的二十個僑團擁護蔣總統連任是這麼樣的一副可憐相，其他各地僑團亦可推知了。

中國學人在印度各大學任教的或在印度政府服務的，至少有幾十個，何以無一人擁戴？而蔣總統及戴季陶一手培植的譚雲山（現任印度國際大學漢文教授）首先投共，並公開辱罵蔣總統爲敗家子！蔣總統的門生在印度的，有薛榴生（中政校外交系畢業），魏鉎蓀（中政校新聞系畢業），亦先後投共！這倒是對蔣總統的諷刺。

在印度策動勸進的，僞造種種僑團名義拍電的，當推葉、張、李三個人，近來這三個人還給政院聘爲世界難民年中國委員會委員，查葉某曾任梅光小學校長，將全體學生學費由他一人收去，開了兩個洗衣店而拉倒了！張某每日要抽鴉片與白麵印幣五盾，無人不知，牙齒漆黑，一望而知爲黑籍中人。李某先投共，任皮革聯營公司經理，從僑胞中竊取十多萬盾，起了一座房子，僑胞名爲「血汗樓」，結果被僑胞打了一頓，才算了事！

台灣去年派新聞局秘書龔弘到印，他在加城大東旅社叫來數十「國記」人員，訓話一番；今年台又派查良釗（台大訓導長）到印，在薛啓培家中，又召集「國記」人員訓話一番了事。最近國記葉某在加爾各答招待中外記者談話。說明他是全印華僑聯合會會長，他代表百分之八十五僑胞反對中共侵印。新聞記者問他：「誰選你當會長的」？

葉答：「全印度百分之八十五僑胞」。

問：「你承認台灣爲合法政府？還是北平」？

答：「我不是政治家，我不懂」！

問：「你對印度外交政策觀念怎樣」？

答：「我怎麼知道」？

所有中外新聞記者一哄而散！蔣總統若靠這批人擁戴！則他的民意基礎，也未免太可憐了！

（完）

寮國過渡時期的內閣

萬清

去年除夕寮國的不流血軍事政變，記者曾有通信報導。當時部份人士，以爲在東南亞國家紛紛成立軍人政府中，寮國也許會步武泰國及巴基斯坦、緬甸等的後塵，成爲軍人執政。却不料情勢急轉，軍部放棄政權，而由國王委任新的內閣執政。

陸軍在接管政權後僅一星期的一月六日，即「將大權奉還國王」，陸軍的五位將官，是日覲見寮國王報告，謂內洗廼恭總理突然辭職，陸軍爲不願見政府動搖而危及國家，故自行採取接收政權之措施，此種行動，係屬必要，但陸軍並無政治野心，故將大政仍奉還國王處理。

七日陸軍更舉行記者招待會，報告昨天起已商議組織新政府事宜，「陸軍於全國安全恢復正常時，其工作即爲完成，政治事項，仍須聽於人民公意」。但五將官的代表發言人施戌，也並非完全沒有透露出陸軍的政見，施戌說：「陸軍希望各政客將達致協議，希望各政黨能代表理想，而非『慾望』，陸軍是最痛恨私人奸計的」。

陸軍對政黨的不滿，已意在言外。至於「私人奸計」究何所指？當然也很難詮釋。

但實際上，陸軍是被認爲曾經「施加壓力」，致使洗廼恭內閣下台的。

去年底，洗廼恭總理認爲於十二月廿五日任期屆滿的國會，可依兩年前的選舉法在緊急時期予以延長。但外長潘雅認爲此乃違憲，致函總理反對。屬於「保護國家利益委員會」之七軍官，即退出內閣，這就是「施壓力」的開始。可是洗廼恭並不屈服，預備把潘雅外長免職。適值前總理沙蘇里夫於二十九日逝世，洗廼恭總理乃終於坍台。因沙蘇里夫是洗廼恭的支持者，他的人民大會黨在國會有三十六席（全數五十九席）。沙氏逝世後，國王認爲國會應該結束，而陸軍亦實行接收政權。

現在國王所委出的新內閣，總理爲考．阿派。其弟努伊．阿派爲副總理。總理現年七十歲，係前國王十二人的樞密院主席。其他閣員計爲新聞、社會部長努帕（前駐美大使）。財、經、農部長昭孌叻宗北（前財長）。衛生部長柿邪翁。內務部長昭頒沙匿。建築、運輸部長烏倫素旺那翁。

政爭中的問題人物，潘雅外長，仍任新閣的外長。新閣中的唯一軍人，爲國防部兼退伍軍人事務部長蒲美．諾沙旺准將，渠曾於洗廼恭內閣中，以上校官階任國防部長。諾沙旺准將被認爲係向洗廼恭內閣施加軍事壓力，迫其下台之幕後主謀者之一。但另一前國防部長，寮國最高級將領通．北池瑪旺，則未見入閣。洗廼恭前總理之弟阮．洗廼恭（前出席聯合國代表），獲任司法部長，但其任烏倫．洗廼恭則名落孫山。至洗廼恭前總理本人，據說將赴日本醫療眼疾，並爲高血壓病稍作休養。

儘管國會議員有人認爲新閣「是非法的」，但新閣已依佛教式在四剎吉寺宣誓就職了。議員們所持的理由，是內閣未經國會批准。而國會本身呢，雖然陸軍宣佈國會職權於十二月廿五日終止，但國會否認此項宣佈有效，因國會未獲通知解散，而解散國會，乃國王有此一權限。

據說國王認爲新閣只是一個「服務」內閣，也即一般的過渡時期「看守」內閣之意，以元老出而領導，乃是「中和」的辦法，至於將來「過渡」到什麼地方？還得經過一次大選。舊議會派，和在議會中原來沒有席位的「保護國家利益委員會」，將會作中原之逐鹿。

預定中大選可能在四月舉行，或依期，或更延後亦未可知。無論如何，永珍戒嚴情形已經解除，薩旺國王亦已前往王都琅巴剌邦。這是象徵着政潮已告一段落。

．永珍通訊．

「政治掛帥」悲劇頻仍

屠仲新

中共爲要把人民的勞力一點一滴都壓搾到淨盡，於是製造出「政治掛帥」的幌子，打起了這幌子之後，便實行不斷向人民收買人命；在這恐怖、血腥的幌子下，前前後後，不知收集了幾許寃魂！

中山環城公社裡，有兩個生產隊隊員，都被共幹誘作「政治掛帥」的主角，強迫他兩人大力勞動生產，每天工作時間，都超過十六小時。食少、勞多，休息時間更感不足；因此，這兩個身體結實的年青小夥子，自去月十日「政治掛帥」了後，經過短短十五天絕無保留的日夜辛勞，直至廿五日，便雙雙都告病倒。然而「黨委」仍不肯放過，親自去半鼓勵半強迫的着他兩人「用勞動來驅走病魔」，繼續奮起精神，實行「帶病生產」，好使「政治掛帥」鬥士的戰績更顯得輝煌。該兩個生產隊員拗不過「黨委」的堅決「鼓勵」，終於每天仍得拖着疲病的身體，一拐一拐地跑到田野間去。然而血肉之軀畢竟不是鋼鐵機器，再過數天，到了本月二日，他兩人都先後暈厥田壟，畧一掙扎，便「嗚呼哀哉」，兩縷寃魂，於是又飄到「政治掛帥」的幌子下報到去了！

該兩個「政治掛帥」的犧牲者：一名蕭鼎光，廿七歲，遺下一妻一女；一名陳峯，廿一歲，尚未結婚。

悲劇頻仍，環城公社從此更顯得愁雲慘淡了！

僑鄉近訊

金桔嶺勞改營又刮起血腥風暴（東莞）．江水．

一月廿八日，東莞金桔嶺的勞改營，又演了一齣流血慘劇。共幹鄺和、孫錦忠受傷；勞工趙沃棠、趙甘年、王滔、吳炳璇、區植庭等五人，當場被槍殺。血腥的風暴過後，營中立刻泛起『恐怖的氣氛。據說，起因是這樣的：當日有勞工張錫明，因全身發燒，體溫高達一百一十二度，故沒有出動工作，靜悄悄的躲在營裏休息，適共幹鄺和、孫錦忠巡至，指張意圖規避勞動，存心偷懶，立刻動手將張牽離床榻，驅出營外，強迫他繼續担泥，激動了其他勞工的公憤，湧前向鄺、孫兩共幹責難，口角間引起衝突，各勞工紛紛舉起鋤、鏟等作武器，向鄺、孫襲擊，該兩共幹寡不敵衆，遂被擊傷，時營外防軍，聆耗馳援，開槍向各勞工射擊，上述五人，中彈身亡，一場風波，卒被壓止。事後，營中有勞工四十餘人，相繼被捕；而患病的張錫明，則被舁出營外，不知所終。

疍民將遭受奴役迫害（廣州）

踏上一九六〇年後，中共迫害「水上人家」的手法，益趨苛毒。去月廿八日，廣州「黨委」在檢討大會中，曾強調指責一般疍民是封建的「浮家泛宅」流氓；並謂各艇戶已有百份之九十以上，變成窩藏「地主份子」、「反動份子」、「右傾份子」、「國特份子」、「資產階級份子」的秘窟，必須予以嚴厲而徹底的整肅。因此，「黨部」方面，刻已訂定計劃，將所有水上居民，全部勒令遷「上陸」居住，並沒收其船艇。「黨委」稱：這是徹底消滅「藏污納垢的溫床」的最有效辦法。查中共這種措施，骨子裡祗是企圖壓搾所有疍民的勞力吧了。疍民被驅上陸以後，不特失去生活的憑藉，更成爲無家可歸的難民，中共便可藉此利用飢餓政策，把他（她）們分別派遣到各邊區和山區去墾荒；奴役疍民的手法，預料短期內將陸續上演。

歲暮的祝福（下）

羅曼瑩

平日，祥媽是相當勤力的，也用不着伯娘的咐吩，擦地板啦、抹窗門啦……半個月不到，她總忙一次，每天晚上，當我和筱君做過功課，在房子裡玩積木或紙牌時，她也愛坐在一旁跟我們聊天，我們讀什麼，她也讀什麼，有一次，筱君偶然問及她的丈夫是怎樣死的，我心裡一慌，滿以為她定必十分傷心，可是她一點也不難過，只淡淡地說：「是老死的！」

「老死的？」我和筱君都感到有點訝異，後來還是伯娘給我們解了個疑團，原來那個姓孫的娶祥媽時已經五十多歲，在這以前，他結過好幾次婚，妻子都給尅死了（星相家如此說），祥媽是因為家貧而嫁給他，却料不到沒有被他尅死，反之，他是壽終正寢了。

「一個五十多歲的人和二十多歲的人結婚？」我那時雖還不懂事，但却也感到不大合適，姓孫的既然死了，自然也替祥媽感到安慰。可是關於祥媽的話並不曾到此而止，我在大伯家裡住了大概一年左右，便聽到左隣右里的那些好管閒事的三姑六婆告訴伯娘說祥媽不正經了。還言之鑿鑿地指祥媽拍拖；我那時年紀還小，曉不得甚麼是拍拖，問筱君，她也搖搖頭，大家好生奇怪；幸而伯娘不是個頭腦頑固的人，她看到祥媽平日工作勤力，從不偷懶，因此對於別人的閒話，自是少理，大伯呢？更是一笑置之。不過，儘管如是，在我們這條街附近，祥媽拍拖的事早已傳遍了，尤其是那些好說別人是非的人，一天到晚總是拿此作話柄。待我們聽厭了以後，我猜大概祥媽也聽到了，起初有幾天她是皺着眉頭，但是過了幾天，她又是若無其事地上街，買菜，全不把那些閒言閒語放在心頭。

幾個月後，左隣右里更傳說祥媽要結婚了，那的確也令我們感到一陣子高興：「跟誰結婚？」有一次，我禁不住問筱君，因為她比較多和伯娘外出，自然是曉得多些。

「當然是跟那個和她拍拖的人啦！」筱君瞪大了眼睛對我說。

「誰？」我還是不解地問：「誰跟祥媽拍拖？」

「成哥啊！」筱君指對面那間士多舖。

提起成哥，我不禁為祥媽感到愉快；的確，成哥是那麼和藹、那麼忠實；我也見過他許多次，年青、有點口拙，是對面那間士多舖的賣貨員，生得一副結實的身子，面上永遠掛着微笑，沒有人遇到他不感到友愛的。我雖然只有幾次到他那裡買東西，可是早已對他發生好感，也說不出是什麼緣故，總之，我是感到祥媽和他是天生的一對。我也曾和筱君在祥媽面前談及成哥，她只是微笑不語，可是在她的微笑裡，我發現到無限的甜蜜和感謝。而在這時候起，每當晚飯後，筱君和我玩積木或紙牌時，也再不見祥媽進來跟我們聊天了，我猜想她大概找成哥去，因為一天中只有這個時候他們才有些空閒。

時間過得很快，轉眼間，我已經差不多十三歲了，懂的事也比較多，那年冬天，大伯正要正式跟我父親說把我過契給他，却想不到這時伯娘忽然有了孕，更想不到一件和祥媽有關的事又突然發生。

那是臘月尾的一天，大伯和伯娘都外出，家裡只剩下祥媽，筱君和我，傍晚時，我們正在吃晚飯，一個中年男子和中年女子却來找祥媽，聽他們的口氣以及祥媽對他們的稱呼，我知道他們就是孫家的人。起初，他們和祥媽是在廚房裡談話的，我聽不清楚，隱約只像是他們怪責祥媽不守婦道，拋頭露面出來工作，祥媽是一點也不示弱地反唇相稽，結果是眞個兒吵起來了。

「……我們孫家想來也沒有薄待你，為什麼你却偷偷地出來勾漢子，眞是一點羞恥也沒有……。」那個中年男子破口大罵：「我們的臉都給你掉了。……。」

「誰勾漢子？」祥媽果眞也動了火：「我是正大光明地要跟阿成結婚，誰能阻止！……」

「你早已過了門，你是孫家的人！」那中年女子也加了進去：

「阿孫早死了，難道我就是這樣活守寡：我還有這麼多美好的日子，難道也為了墳墓裡一個幽靈而禁錮着自己的青春……」祥媽越說越大聲：「虧你還有胆說出這樣丟臉的話……這是你的責任啊！」

「哼！責任，對已死的人還該有責任！」

我從不曾看過祥媽這樣憤怒，她漲紅了臉，一口氣把那兩個孫家的人趕走。可是，事情並沒有這樣簡單地終結，事實，往往是和想像不同的。

只是第二天，成哥在送貨到一個顧主家裡途中使給好幾個不相識的男子截着，鐵尺，木棍地毒打一通，還警告他別再跟祥媽痴纏下去；人們都可以猜想到這是孫家人幹的，可是找不到証據，成哥除了皮肉痛楚以外，心靈上還烙下了一度深刻的創痕，沒有多久，他悄悄地走了，到了什麼地方，沒有人清楚，連帶祥媽，直至好幾個月後，祥媽才由一個最要好的同事口中，知道成哥已到了南洋，他說要努力創造自己的事業，再回來跟祥媽結婚，起初，祥媽是想立刻跟到南洋的，可是一來沒有足够的錢，二來是沒有成哥的地址，所以終於沒有成行。當時，我和筱君便為了此事足足替祥媽難過了好幾天。

過了年沒有多久，大伯的兒子出世了。我也在這時候回到了自己雙親的懷裡，以後，我幾次到大伯家裡，總還碰到祥媽，只是，她比前瘦削得多了，臉上的笑容也收斂不見，烏溜溜的眸子裡彷彿罩着一層淡淡的憂鬱……。

「三哥，」茶冷了，我給你倒杯新鮮的。」不知什麼時候，筱君已走到跟前，盈盈地跟我說。

我用微笑代替了感謝，我已經從記憶中完全甦醒過來，看看窗外，燈色越是明燦。

我站起來，伸伸腰肢，走近窗前，晚風給我以清涼的刺激；

「難道我就是這樣活守寡！我還有這麼多美好的日子……

「難道也為了墳墓裏一個幽靈而禁錮着自己的青春？……」

我彷彿看到祥媽那漲紅的臉，彷彿，我是聽到了她憤怒的聲音；這聲音，對於社會上某種殘餘的勢力以及某種錯誤的觀念是一次有力的鞭撻！

也彷彿，我看到了祥媽坐在獨木舟上，冒着風浪，向着一片廣濶的陸地划去；在那陸地的邊緣，成哥結實的身子在迎接她；後面，是一片有着成熟菓子的田園，有着春天的風飄盪……。

而幾聲早响的鞭炮把我從陶醉中喚醒，我感到：眼前是一片昇平的景象，舊的、衰老的，盡要在這幾天內消失殆盡，而不管這年頭是何等的失意、何等的惡運，再過幾天，便又是新的開始，一個充滿了喜悅、光輝的年代是向着世界奔馳而來……。

我伸出手，祈求降福，於祥媽、於成哥，於每一個對愛情，對理想有着眞實而良善的信仰底生命上。

窗外，早响的鞭炮給人予興奮的感覺；

迴過頭來，只見筱君又端了一杯熱騰騰的茶，笑吟吟地向我走過來……

……。

荊棘叢中的小花

羅晴

在荊棘密佈的草叢裏，
妳這朵野生的小花！
妳雖然沒有皎艷的顏色，
但却有絕俗的風韻；
妳雖然沒有濃烈的香氣，
但却有一股淡淡的清芬；
妳原在陽光下歡笑，
在風雨裏哭泣；
無意間映進我的眼簾，
落進我的心田；
如今我不得不流洒心血，
灌溉妳高大成蔭。

文壇泥爪

魯迅與女人

去年偶然和幾個朋友聊天兒，我說了一些魯迅特別愛護女作家的事，秋貞理先生聽得入耳，那天又勸我寫這樣一篇文章，我覺得也沒有什麼值得寫文章的價值，現在就記一點在這裡。

哥德的名言是哪個青年男子不善鍾情，其實鍾情並不限於青年，中年老年也照樣喜愛異性的。魯迅和許廣平戀愛同居時已在四十以後，更有多少花甲之年的名人學者，和妙齡女郎結婚，全是証明。魯迅在民國十八年三月寫給韋素園的信中說：「其實呢，異性，我是愛的，但我一向不敢，因為我自己明白各種缺點，深恐辱沒了對手。然而一到愛起來，氣起來，是什麼都不管的。」這話多麼坦白！可是當年你若和魯迅相處，看他嘴上橫着八字鬍鬚，像座山般坐在椅上，誰也不相信他會跟年青的小伙子那樣，拼命向許廣平進攻的吧。

魯迅一生似乎除了憎恨當年那位女師大校長楊蔭瑜女士外，對於其他的異性，一般都是表示好感的。在北京，有時他不接見男學生，但家中卻常有女學生。陳源教授是他的仇家，但他在編「新文學大系小說集」時，仍選入陳夫人凌叔華女士的小說而加以稱讚。馮友蘭的妹妹、陸侃如的夫人淦女士，是在創造社的機關刊物上發表小說成名的，他和創造社那樣大仇，但他給淦女士編了「卷葹集」而極口誇揚。蕭紅的成名，衆所周知是由於魯迅的獎掖，她和蕭軍的處女作「生死塲」「八月的鄉村」，並都是魯迅墊錢給他們印行，並為之作序介紹。寫「寸草心」的陳學昭女士，在赴法留學之前，就住在魯迅上海的寓中。丁玲就更不用說，她為「左聯」辦「北斗」雜誌，魯迅特別為她幫忙，丁玲後來被捕，魯迅誤聞她被害，曾寫了一首「悼丁君」的七絕以誌哀：「如磐夜氣壓重樓，剪柳春風導九秋，瑤瑟凝塵清怨絕，可憐無女耀高丘。」末句是用的「離騷」裡的典，可見他視丁玲是極高的。

對於一般女性，他也有一種偏愛，因此他極討厭那位以討厭女人馳名的德國哲學家叔本華。當年韓侍桁寫了一篇「談說謊」，說「女人講謊話要比男人來得多」，他立時用「趙令儀」的筆名，在申報「自由談」上，發表了題為「女人未必多說謊」一文，來為女子辯護。他說：「我們確也常常從男人們的嘴裡，聽說是女人講謊話要比男人多，不過卻也並無實証，也沒有統計。……我想，與其說『女人講謊話要比男人來得多』，不如說『女人被人指為「講謊話要比男人來得多」的時候來得多』，但是，數目字的統計自然也沒有。」他舉了中外許多男人說女人的謊話的例子，最後說：「記得某男士有為某女士鳴不平的詩道：『君王城上豎降旗，妾在深宮那得知？二十萬人齊解甲，更無一個是男兒！』快哉快哉！」

子曰：「吾未見好德如好色者也。」可見世上孔夫子少而賈寶玉多，曹雪芹寫出了人的共性，紅樓夢焉得而不駕乎詩書之上？如魯迅者，有何奇怪。

記十八年國民黨三全大會

宇人

在海內外對修憲連任問題紛表反對的現局之下，台北已明令召集久失時效的第一屆國大代表舉行所謂第三次會議，以決定三屆總統的問題。是否將為國家帶來幸福，或將招致災害，我不願加以預測。回憶自蔣先生主政以來，也會有幾次全國性的大會是在類似的情形之下舉行的，茲畧述其經過及結局，也許不無參考的價值吧？

請先說國民黨第三次全國代表大會，簡稱三全大會。

自民國十七年北伐完成後，蔣先生的功業及實力，已成了國內第一人；可是，他在國民黨的地位，則僅是第二屆中央委員之一。雖說在北伐的初期，他曾一度做過中央黨部主席；但那是與國民黨的總章抵觸的。更因二屆中委大多數均非擁蔣者，所以主席的制度不數月即被取銷。當時國民黨正標榜以黨治國，黨權高於一切。蔣先生既不能控制中央委員會，在政治上即不能暢所欲為。其時全國統一，他已榮任國民政府主席，為了鞏固其政治上的既得形勢，自非乘勝把黨的控制權一併建立起來不可；而許多圍繞着他的新起之士，更急欲脫穎而出。於是，國民黨三全大會之召集就刻不容緩了。因為依照國民黨總章的規定，中央委員和治國大計，都要由全國代表大會來決定。唯有速開三全大會，擁蔣的人才能有參加中委會的機會，而步入從政的捷徑；也唯有速開三全大會才能將那些不受歡迎的二屆中委排除。換言之，唯有速開三全大會才能為蔣先生產生一個可以運用自如的中央黨部。

但，此時國民黨剛舉辦黨員總登記。依照登記辦法，必須有五個以上的黨員經登記合格並領得黨証時，始能成立區分部；必須有三個以上的區分部時；始能成立區黨部，必須有三個以上的區黨部時，始能成立縣市黨部；必須有十個以上的縣市黨部時，始能成立省市黨部；必須有十個以上的省市黨部時，始能召集全國代表大會，產生總登記以後的中央黨部。而全國代表大會之代表又必須已成立省市黨部之黨員才有選舉權。因總登記開始未久，進行又多糾紛，故國民黨中央決定召開三全大會時，極大多數的省市黨部均未成立，即無權選舉代表。換言之，即全國代表大會的基本條件尚未具備；但擁蔣者何能等待？於是，在胡漢民先生的諒解之下，決定了一個選舉代表的變通辦法，其中規定，凡尚未成立之省市黨部，其出席代表由中央指定；其已有一部分縣市黨部已成立者，則由各該省市黨員在中央所介紹的加倍候選人中選出之，或選出加倍人數由中央圈定之。記得當時直接選舉代表的省市，僅江蘇、浙江、廣東三省及上海南京兩市而已。此一選舉辦法頒行後黨內羣起反對，其中尤以南京市黨部最為激烈。時谷正綱任中央黨務學校（即政治大學之前身）訓育主任，該校學生都是南京市的黨員。在該市黨員代表大會中，正綱和黨校學生代表當場提出反對三全大會的議案，態度堅決，曾與擁護三全大會的代表發生正面衝突，以至動武。如今他正在台北忙於籌備所謂國大會議，回念往事，當不無感慨吧？至於時人有以中央政治學校學生所受者唯奴化教育而已；以此為例，則亦可見並不盡然的。

可是，反對者儘管反對，而三全大會仍如期於十八年三月在南京開幕；進行並不順利。更有十幾個代表聲言腐化分子操縱了會議，當場退席，以示抗議。但擁蔣者的預期目的總算實現了。一方面是汪精衛被警告，陳公博顧孟餘被開除黨籍。其他的所謂學方委員如柏文蔚，何香凝，經亨頤，王法勳等多人雖曾於十六年十二月在上海舉行的國民黨四中全會預備會議中，與汪陳顧三人共同連名提出請蔣總司令復職的議案，使蔣先生得以東山再起；但事過境遷，他們都變成了不受歡迎的人物而被排除了。而在另一方面，蔣先生則由大會決議予以嘉勉，擁蔣的新人紛紛登場，陳立夫先生更由總司令部機要科長一躍而為中央黨部秘書長。此時的蔣先生雖尚未正式成為國民黨的法定領袖；然而最大多數的三屆中委却是為他的馬首是瞻的。

蔣先生在國民黨三屆中央既已獲得如此這般的優勢，似乎可以大有可為了；然而不然。

三全六會未終，戰亂即已開始，先則討桂，繼而討張桂，再繼而討馮，更激成十九年的中原大戰。蔣先生高舉討逆的大旗，反對者則咬定三全大會為非法而以護黨救國作號召。苦戰連年，國家元氣大受損失，蔣先生在戰場上雖獲得暫時的勝利；而因張學良之入關東北危矣。

九一八事變發生後，在精誠團結共赴國難的口號之下，國民黨又由分而復合。三全大會所不能容的第二屆中委又被無條件的歡迎為四屆中央的當然委員。在政治方面，李白仍保有廣西，閻仍固守山西，蔣張言歸於好，馮亦被推為軍事委員會副座，汪更出長行政院長，陳顧均名列中樞。換言之，三全大會及其後被深惡痛絕甚至不惜以兵戎相見必欲去之而後快的那些人，如今又都被請回來了。曾憶四全大會開會時，蔣先生提出過去因政治關係而被開除黨籍之同志一律恢復黨籍。河北省代表鄭國材（廣東人）起立發言，畧謂國難嚴重，恢復因政治關係而被開除的同志自屬應爾；但過去數年，曾有更多的同志及軍民因政治關係而犧牲了生命，於今將何以慰之？說時聲淚俱下，全場黯然。蔣先生立即表示凡此皆是他一個人的罪愆，應由他一個人負責。他深感悲痛和內疚。於是，全體肅立，為死者默哀三分鐘。我寫到此處，也不禁悲從中來，擲筆而泣了。

從這一段史實看去，當年蔣先生不顧一切反對而召集三全大會，他當然以為如此天下事就可以大定了。可是，事實上，三全大會除了給圍繞着他的若干人攀上國民黨中委或候補委的實座而外；不但沒有為國家或國民黨帶來任何福音；反而釀成了後來的種種禍患。即對蔣先生個人而言，在國民黨二屆四中全會時，黨內各方面的同志對他均極推重。假設不因急於召開三全大會而自己造成了一種僵局，縱然大家的意見容有出入，利害或不一致，亦可本互相容忍的精神，徐圖協和之道。不但我國最近三十餘年的歷史當不致如此演變，而蔣先生的功業和德望又豈僅如今日而已哉？

澳門孫中山故宅　韋齋

老樹濃陰掩壁塵，止庭黃鳥尚啼春。更誰共讀開天記，到此眞憐去國身。棋局半殘仍作刼，玉魚瓦硯何蕭瑟，澤流二世已無人！名士紛紛正美新！

亮齋閒話

「老調子已經唱完」

徐亮之

「老調子已經唱完」；記得當年魯迅曾把這句話做過一篇演辭的題目。現在一元復始，春日載陽，亮齋的「老調子」也不能不認為「已經唱完」了。

的確，本刊自前年八月發刊以來，至今已經一年有半；而在化外頑民偷安苟活的亮齋也就無端端聊了一年半的閒話了；雖然這些閒話給變成白紙黑字，自問還能對得住良心，晒得起太陽；可也毫無疑問，全都是些「老調子」。「老調子」並不比陳年老酒，吃了還能使人臉紅的；於是這種調子，我自己確已唱膩了。自己如此，何況別人？於是我確已不能不向讀者告罪了。老調子既已唱完，可謂已經理得心安，正好睡覺大吉；再唱無非又是老調子，倒不如讓人家耳根清靜，各奔前程之為愈。

不過，我既決定不再唱這勞什子的老調子了，但畢竟鬧了一年半，總不能不來點兒尾聲；那末，下面的幾點就作為是這調門的尾聲吧！

首先，我認為我們現在已是原子世紀氫氣時代了，任何方式的對奴隸政治的憧憬與重演，總是落伍的，應該反對的。任何方式的對民主自由的曲解與限制，總是徒然的，應該唾棄的。

其次，我認為我們在青銅時代聖人最多，石器時代聖人更多，但聖人畢竟不可多得，我們畢竟應該相信有治法，無治人；屈法以適人，不祥莫大焉。因此，我反對不依憲法的途徑去貿然修改憲法。同時，臨時條欵既因憲法而產生，復依憲法而行使，是即憲法的一部份；因而同時我反對所謂修改臨時條欵不是修改憲法的謬說。

復次，我認為能夠始終追隨中華民國政府的國大代表們值得尊敬。同時，距今十一年前，他們坐在廣州迎賓館李代總統臨時官邸階前廊下請願的凄壯的一幕，我也將永遠難忘。然而他們這次的表現，却實在未免太使人失望了！他們的地位是早已祇繫於人民的愛護而不繫於憲法的條文的；根據憲法條文，他們國民代表的地位是早已喪失了的；更絕對談不上能有一釘點兒修憲的資格的。然而他們却偏要來一套什麼修憲以使蔣總統連任的把戲。他們滿以為光得三萬台幣而不法外地再把複決權之類拿到手中，便投票之後，即進冰箱，與籌安會之擁護袁世凱毫無二致。可是他們却忘懷了，由於他們一千五百多人每人三萬台幣的出籠，引起台北物價的飛漲，台灣同胞對他們已經沒有好感；而將來的歷史家對於他們這次的表現，更絕對不會把他們寫得比籌安會更「光彩」呢！

最後，我認為蔣總統在北伐與抗日的成功上有其不可磨滅的歷史地位。這種歷史地位，也便成就了他的領袖地位。這種領袖地位，並不會因為他這次不連任總統而便有所缺短；他的領袖地位壓根兒便和他當什麼總統無關；恰恰相反，自從他當了總統以後，最少他自己便沒有過過一天好日子。他已經七十多歲了，再要使他違憲毀憲去連任總統，去無端端做着中華民國的罪人，這種人的用心是可誅的。而且，毛澤東說了不做主席便不做主席，而仍不害其為毛澤東；蔣總統既然一再公開聲明反對修憲，却說他居然肯做違憲毀憲的連任總統；或他不連任總統台灣便會天翻地覆；最少我個人是不能相信的。

總之，這些都是我的老調子；我的老調子，慚愧得很，也祇不過是這些。現在既已唱完了，不如推背去歸休！

五九、二、五。

本刊已經香港政府登記

聯合評論

週刊

United Voice Weekly

第七十八號

每逢星期五出版

督印人：黃宇人　總編輯：左仲平
社址九龍金馬倫道卅八號三樓　電話61413
承印嘉羅印刷有限公司香港灣仔馬師道5號
總代理：友聯發行公司　售價每份港幣一毫
本報美洲版總經售處美國紐約中美出版社
CHINESE-AMERICAN PRESS, INC
199 CANAL STREET.,
NEW YORK31 N. Y. U.S.A.
美洲航空版零售每份美金一角

記最近我們和國民黨當權派一度的商談

本社同人

從上月二十一到二十四，國民黨的中央常務委員胡健中先生，由台到港，曾與本刊同人個別的，集體的作過若干次長談，充分的對當前國家的重大問題交換了彼此的意見。

據胡先生自己說，他這一次的來到香港，一面是由於他『自告奮勇』，一面却也『帶來了國民黨中央同人一種覓求團結的最高誠意。』

經過這幾度的商談，儘管我們與胡先生之間，對若干重大問題依然沒有得到一致的結論，但對國民黨中央同人的『誠意』，並不懷疑；尤其對於胡先生個人勤勤懇懇的態度，更留有一良好印象。微微感到可惜的，便是胡先生之來，並沒有帶來國民黨方面任何具體的意見，因此我們只能表示我們一面的一些主張與看法，而無法進入一種針鋒相對的討論，這大致也是不能得到一種結論的主要原因。

因為我們和胡先生談話的時間頗長，涉及的範圍也很廣，我們怕胡先生回台復命的時候有所遺忘，或在語氣上畧有出入，因而把本刊同人共同意見撮要歸納為一十二點，以書面交給了胡先生，其目的只在於供胡先生個人一種說明的方便，別無其他的用意，尤其除表達我們意見以外，我們沒有對現實政治的任何企圖。

這樣一幕的經過，香港方面知道的人已經不少，可是語焉不詳，而且有少數人不懷好意，意存挑撥，他們惟恐一旦團結實現，他們即失去了興風作浪造謠中傷的這一分職業，因此。我們把交給胡先生的這十二點原文一字不改的錄在下面，以澄清這一類不必要的曲解與誤會。

聯合評論社的改革主張

一、確立反攻復國為基本國策，政府應憑自力急求於最短期間採取適當的方式，對大陸展開軍事行動，並對大陸各地反共鬥爭無條件予以支持。

二、確守憲法，一切與憲法抵觸的機構及違憲措施，應即廢止。憲法所列舉的各項自由（包括組黨自由），不得以任何藉口予以非法的侵害。

三、反對蔣總統再連任以維憲法的常軌，而免政府因違憲選舉或違憲留任而自陷於非法的地位；但仍認蔣總統在現局之下有其重要性，切望其在不任總統的立場上，對於反攻復國及憲政前途繼續作更多之貢獻。

四、撤銷入境管制，容許流亡在外之同胞自由入台，為防止共諜乘機滲入，得在入境後施行調查。海外反共書刊，應一律容許入台。

五、在憲法的範圍內尋求因時制宜的選舉辦法，改選國大代表及立監委員，以維憲政常軌，並容納海內外新起之人才；同時，暫行縮小此三機構之範圍，並加增台灣同胞及海外僑胞之席次。

六、改善軍公教人員之待遇，務使其能憑薪給以維生活，藉以培養新的軍風政風。

七、實行軍隊國家化，不得以任何軍隊變為一黨一派的武力；同時建立軍隊人事制度，確定以學識、才能、及服務成績為升遷的標準，任何人不得妄加干涉。

八、不得利用教育行政權力在各級學校發展一黨一派之組織。

九、取銷一切不合理的經濟管制，確保投資及有計劃的吸收僑資及外資，發展台灣經濟，增加就業機會，招致海外留學生回國服務。

十、整飭駐外機構，重建政府的對外信譽。

十一、尅期實現台灣地方自治，樹立重建中華民國的楷模。

十二、廣羅海內外堅決反共的人士，舉行反共救國會議，制定反共救國綱領，建立舉國一致的反共形勢。

反共救國會議非為常設的國家機構，其通過之決議由政府依循法定程序付諸實施。

試問：如上文所說的『確立反攻復國為基本國策』，是否包含得有『不要祖國？』

所謂『整飭駐外機構，重建政府的對外信譽；』所謂『樹立重建中華民國的模楷；』是否包含得了白晝見鬼的所謂『海外中華？』

不錯，我們確鑿鑿不贊成蔣總統繼續連任，但所謂『切望其在不任總統的立場上於反攻復國及憲政前途繼續作更多之貢獻』，是否可以曲解這就是『反蔣？』

試問：如上舉種種，那一點不是我們為希望加强和構成這一反攻復國的形勢而發？

共產黨對於我們的言論要加以歪曲和挑撥，這是理所當然，我們照例不理；即對一二別有目的，以造謠生事為專業的人們，聽憑他們怎樣希望我們對他們有所答復，我們也諒解他們不得已的立場，永遠不願加以駁斥。

× ×

我們對毀憲策動者的警告

當「兩個中國」的國際陰謀日趨顯著，中華民國的國際地位岌岌可危之際，我們發現國民黨當權派不作努力救亡之舉，反而非法進行毀憲連任的活動；面對着這個嚴重的危機，我們不得不對毀憲者提出沉痛的警告。

蔣總統在民國四十七年冬曾宣佈反對修改憲法，其後並曾一再重申此意，海內外同聲贊許，以為蔣總統能一改舊習，尊重憲法，而不作違憲連任之計。不意最近數月來，各種跡象表明國民黨當權派正擬利用行將召開的國民代表大會，修改臨時條欵，以使蔣總統能獲連任。依照憲法規定，目前已無修憲的合法途徑，而修改臨時條欵即是修憲，亦即是毀憲，其理甚明。目前蔣總統本人對此雖尚無明確表示，但就勸進者的各種活動看，我們有理由判定變相的「毀憲連任」，已可能在最近將來成為事實。

我們認為：如果國民黨當權派竟然如此行動，無異是自己喪失了中華民國法統下的合法地位；即將使本以憲法為根據的政府，變成一個毀憲的非法政權；同時給「兩個中國」的陰謀造成有力的口實；並將毀滅中國反共的團結基礎，使中華民國蒙受不可補償的損害。

我們深信，自由與民主是反共運動的基本指導原則。自由理念的實踐首重寬容，民主憲政的實踐首重守法。國民黨當權派近年擅改出版法以統制言論，既已毀棄寬容的原則。目前再有毀憲連任的行動，進而又自陷於非法。倘若這一個可悲行動不能阻止，則堅持民主憲政的反共力量，必將與台灣的國民黨當權派徹底分裂。後果必是，使反共力量分裂成兩半，一方面少數人「私立」政府，自陷于「反民主」，另一方面堅守民主憲法的人將無法予以承認。這是一個令人不忍想像的結局。我們相信每一個有良心，有理想的反共者，斷不願中國反共運動墮入如此可痛的境況。

我們深知，反共運動的全面遠景，不致因一時的國際陰霾而消失。但中國的反共陣營如自分自毀，其毒害之可怕將百倍於外面敵人的威脅，縱使世界反共運動終有所成，我們也可能先已自毀；而若世界反共運動因此受害，我們更將罪不可贖，所以，我們今日對毀憲者的警告，不僅是為了保全中國反共運動的生機，而且是為了鞏固自由世界反共的力量。

我們在這裡警告國民黨當權派，及在台灣的國大代表：我們要認清，這一毀憲連任的事件，在歷史上將成為分別邪正和決定成敗的大關鍵；它考驗中國人的智慧，也考驗中國人的良心。我們切盼國民黨當權派能夠懸崖勒馬，也深望各位國大代表能夠自愛自重，不要做毀憲禍國的歷史罪人，不要讓敵人稱心快意而坐收其利。

中華民國已臨存亡關頭！國民黨當權派究將毀憲毀國以逞連任的私圖，抑或捐棄私念以保存憲政法統？這是一個歷史性的選擇，何去何從？繫於你們之一念。

現已簽名者（按姓氏筆劃為序）

王安世，王厚生，王惕亞，王得勝，牛盛昌，左舜生，申患意，史誠之，石卓紀，任益年，司徒浩，岑盛軒，伍藻池，李金髮，李璜，李錟生，李達生，李金曄，李以昇，李明香，汪康瑞，汪震華，余立民，邱年，吳克非，吳超，金思愷，周成訓，胡祖生，胡越，段建中，徐亮之，徐則鳴，梁友衡，梁思元，孫寶剛，馬煥然，陸游，陳完如，陳傑三，張君勱，張發奎，張理，張警言，黃浩然，章志楚，張覺初，許子由，許冠三，黃宇人，曹恩明，勞思光，彭愉，彭章，程源民，程旭，湯和隆，萬夫雄，廖建邦，裴卓元，趙聰，劉子鵬，劉裕畧，劉甫林，劉覺民，劉本源，謝扶雅，謝可風，蕭輝楷，蕭振輝，羅永揚，羅濟世，關伯鐸。

歐洲共黨莫斯科會議的幾點探討

·明·

二月四日華沙條約國政治協商委員會在莫斯科舉行了高級會議。華沙條約國組織是一九五五年蘇聯和它東歐衛星國為對抗自由世界的北大西洋公約國而成立的。成立後，參加締約的幾個衛星國的武裝部隊就歸蘇聯伊·斯·科涅夫元帥統率。對於這樣一個具有高度政治性，並且有軍事力量的組織，雖然這次會議祇是根據條約舉行的例行會議，而且開會的時間很短，我們也認為有加以探討的必要。

一、根據這次會議參加國家保加利亞、匈牙利、阿爾巴尼亞、東德、波蘭、羅馬尼亞、蘇聯和捷克，所派出參加會議的代表來看：會議全部代表人數祇有三八人，由各該國黨、政的高級負責人（黨中央委員第一書記和部長會議主席），軍事高級負責人（國防部長或武裝部隊長），和外交高級負責人（外交部長和駐蘇大使）參加。所以，我們認為這次會議是蘇聯和它東歐衛星國軍事、外交決策會議。

二、這次會議以觀察員身份參加的有中共、外蒙、北韓和北越的代表。中共的代表是康生，伍修權和劉曉。康生現在担任的職務祇是中共中央政治局候補委員，其人一向幹情報工作，並非軍事高級負責人。伍修權和劉曉雖可算外交高級負責人，但份量並不夠重。因此，中共代表參加這次會議的任務看來僅在表明中共對目前國際形勢的意見，和提供亞洲有關東西方的軍事情報。

三、根據康生在會議上的講話，我們認為中共對目前國際形勢意見是這樣的：

甲、不信任國際局勢緩和的發展。中共一向是希望以「冷戰」來造成它的聲勢和國際地位的，所以康生在會議上有意把「和平」說成是美國的圈套。他說「當然，談和平總比談戰爭好。可是，連美國統治集團也不諱言，他們這種作法上的改變，是要以所謂『和平取勝的戰畧』來麻痺世界人民的鬥志，破壞世界和平力量的團結，瓦解社會主義陣營；甚至夢想在社會主義國家發生所謂『和平演變』。」

乙、裁軍不能由人作主。這點意見中共曾經對自由世界表示過，這次祇是康生再對蘇聯重複一遍：「我們希望有關各國就普遍裁軍問題達成協議。中國政府從來毫不猶豫地承担它所同意承担的一切國際義務。但是，以中國人民為敵的美帝國主義，在國際關係中一直對我國採取排斥的態度，因此，中國政府不能不向全世界聲明，沒有中華人民共和國的正式參加和它的代表正式簽字，有關裁軍的國際協議和其他一切國際協議，當然不能對中國具有任何約束力。」

丙、敵視西德和日本。中共對西德也許還不怕，但對日本就非常戒懼，尤其日美訂立新防約後，更認為是社會主義發展的障碍。深怕華沙條約國對西德的態度影响將來蘇聯對日關係，所以康生在會議上把日本扯在一起說：「中國政府和中國人民認為，在美帝國主義大力支持下的西德和日本，成為嚴重戰爭危險的兩個策源地。對於這一點，全世界一切愛好和平的人民和國家都必須保持高度的警惕，並且經過各種努力，制止兩個國家的軍國主義破壞世界和平。」

四、康生雖然在會議上已將中共意見表明得很清楚，但這次會議發表的「華沙條約締約國宣言」所表示意見，却與它相反。

甲、對於國際局勢緩和的發展，宣言不但沒有懷疑，而且說：「與會者深深感到滿意的是東西方各國的國家領導人士會晤和會議，這樣的國際接觸形式，獲得了越來越大的意義。」「蘇聯部長會議主席赫魯曉夫的具有歷史意義的訪美和同美國總統艾森豪威爾的會談，在這方面起了特別顯著的作用。由於這次訪問，打碎了世界上兩個最强盛的國家——蘇聯和美國之間的關係中『冷戰』的冰堤，在整個國際關係的發展中打開了一個新階段。」

乙、裁軍問題，宣言並沒有重視中共參加國際裁軍會議的要求，祇是說「蘇聯政府在聯合國提出的裁軍建議反映了華沙條約締約國，所有社會主義國家的共同立場。所有華沙條約締約國聲明它們願意參加未來的全面澈底裁軍協定。」

丙、與西德締結和約問題，宣言上雖然同樣對西德漫罵一番，但是一點沒有涉及日本和其他中共所提出的其他亞洲反共和非共國家，而對西德漫罵後，還是表示「有代表參加這次會議的國家都主張同一切國家，其中包括同德意志聯邦共和國，建立和平合作和睦鄰關係，並且不惜一切力量在實際上來爭取建立這種合作。」宣言最後並說：「華沙條約締約國認為，目前，在東西國家領導人之間擧行重要會談的前夕，在召開最高會議的前夕，特別重要的是，各國盡一切努力創造有助于使即將擧行的會議獲得圓滿的環境。參加會議各國聲明，他們將在這方面努力，並且號召其他所有國家促進東西之間的會談成功，放棄可能使會談複雜化的任何步驟。」

因此，筆者認為在這次會議中中共對國際局勢緩和不信任的意見是被否定了；中共對裁軍的要求和反日的態度是被指出要接受「號召」而「放棄」。赫魯曉夫既裝出「和平共存」的假笑面，向自由世界繼續進行和平攻勢，中共祇有跟着走了！

台灣一周

又來這套玩意

中央社的電訊，華僑救國聯合總會，經定於二月二十六日在台召開全球性常務代表會議，邀請海外各地區常委出席參加。據悉：此次會議將以討論總統連任問題為主要議程。

華僑救國聯合會是海外反共僑團的聯合組織。而今的總統連任問題，顯非應不應當連任，而是連任的問題合不合法。

華僑到台灣開會開得多矣！除了花大把冤枉錢花給外國的航空輪船公司之外，據我所知，一向開不出什麼效果來。

今日的海外華僑，正面臨史無前例的危難，老實不客氣說一句，如要召開全球性常務代表會議，主要的議程，應該是「如何維護華僑」六個字！

所謂「挑釁行為」

中共砲轟國艦，國府軍事發言人說是，公開挑釁的行為。

釁者隙也，挑釁者即是挑剔仇隙的意思。今日國府偏處台灣，與中共政權誓不兩立，無論說「戰亂」也好，說「反共」也好，總而言之，這是深仇大恨，難道軍事當局忘得一乾二凈了麼？

除非我們承認渾渾噩噩，偏安一時，粉飾承平盛世，否則這樁「釁」，無須乎中共「挑」的；「挑釁」也者，不知從何說起？

故所以，亂用「挑釁」兩字，十分失言！

因之，也不禁使人想起較早時間，中共米格十五機投誠撞毀後，軍事發言人的前後說明，難使外國電訊社絕對相信了。也因此，本可以列入十大新聞之一的上乘宣傳資料，竟因此為之失色。

軍事發言人的宣傳技巧和說話，似乎值得更愼重些哩！

學習外國語文

外電，菲律賓政府對全國一百六十四所華僑學校，與五萬〇三百八十一名的華僑學生，研討「作進一步緊密監督」。於是，私立學校管理局表示，將頒發特別訓令。阻止「未向華籍學生講授菲律賓語文、歷史，及社會生活」的「違法行動」。

我在「自由中國」第廿一卷第七期中「對於改革華僑教育課程底芻議」中，一再强調「要學習各當地語文」，希望僑務當局，千祈不可抱殘守缺，固步自封。給外人製造排華的口實。

·孟戈·

上海訓練民兵

繼「國防體育匯報表演」之後，上海蓬萊區於去年十二月廿日再來一次「民兵訓練和國防體育活動的檢閱大會」，該會在滬南體育場舉行，到會檢閱的有上海警備區司令部政委李賓山和中共蓬萊區書記王新華。

據上海文匯報十二月廿一日報導：蓬萊區自去年「全民皆兵」以來，該區民兵訓練和國防體育活動開展的成績。一年來，他們把分散在各單位的民兵，統一編成若干民兵團，貫澈「以勞為主，勞武結合」的方針，並利用「生產，學習和工作的空隙時間進行訓練」。據說：「通過訓練，該區已有三千五百人達到普通射擊手標準。蓬萊區體育運動委員會還組織了一千名職工民兵進行了勞衛制鍛鍊，不僅推動了工廠中勞衛制的展開，並豐富了民兵訓練的內容，為進一步加强民兵訓練創造了較好的條件。」

這裡所謂「創造較好的條件」，無疑地是指民兵各種戰鬥訓練。由此可見，在共產極權國家，所謂裁軍根本是一種騙人的說法。

四川災情嚴重

十二月十一日會理報消息：據農業局在紅旗公社幾個大隊和農場重點地區調查結果，今冬病虫害不僅發生較早、較嚴重，而且正在不斷蔓延。小麥主要病虫害有紅蜘蛛、銹病，特別銹病較為普遍，在金河、六華、雲甸等地也有發現。板點的蠶豆遭受銹病、輪紋病和蚜虫危害都較嚴重。油菜的病毒病、菜青虫、蚜虫也較嚴重。

又據西昌羣衆報十二月廿三日消息：東風公社今年播種小麥時，碰上了低温多溼的天氣，小春作物出苗後又遇到天氣高温乾燥，因此油菜等作物的病虫害，比過去幾年都嚴重，據檢查：虫害嚴重的每株油菜的蚜虫都在七百條以上，每畝有百分之三至五的植株被青菜虫危害。早播的勝利油菜，一般都有百分之七至十發生病毒和空胴病。胡豆有百分之十左右的爛根。小麥的稻飛虱和浮塵子也相繼發生，社員要求及時防治，但部份幹部認為，現在「沒錢買藥」，「抽不出人」，無法防治。（資料室）

論中共參加裁軍

自上月蘇聯提出單方面裁軍一百二十萬以來，世界輿論皆注視。中共將如何參加裁軍的問題，這裡作一簡單的討論。

首先，吾人應該意識裁軍在現階段的作用。赫魯曉夫在裁軍報告中已說明：蘇聯的裁軍是由于武器發展的結果。現代戰爭不決定於人員的多寡，而是取決於武器技術，裁軍一百二十萬以後，其戰鬥力幷未減少。

其次可注意的是停試核子武器；因爲它有巨大殺傷力，于是普遍的要求停試。是否在停試以後可以阻止這種武器發展呢？看來幷不可能。

第三是飛彈問題，若只有核子武器而無飛彈去運送，則其殺傷效果將延緩，從而也將減少突襲的可能性。而今在裁軍中未聞有管制飛彈之議，相反的在鼓勵作太空競爭。即以現階段的核武器發展程度配合當前飛彈已使好戰者產生突襲取勝的僥倖心理，飛彈之無窮發展將使這種心理增長。

第四，科學的發展往往是多方面齊頭幷進的，現在吾人所知的大規模殺傷武器是核武器，但在尚未公佈之武器中，或還有更大威力者。裁軍擬議之中未嘗注意及之，當然也是無法注意的問題。

由上可見，裁軍這一項行動在現階段根本已經失却了時代性，特別是只裁人員不管武器像蘇聯單方面裁軍一百二十萬的宣佈，它只能說明將採取這樣一種軍事方針，縮減經常的軍事維持費用以來發展新武器。高喊裁軍的人們中，未嘗沒有明白這種道理的人們，他們明知其無效而狂喊的原因，是古老的裁軍歷史性安全觀念在他們頭腦中作崇的緣故。

若以這樣的觀念來討論中共之參加裁軍，無疑是多餘的，它若願維持幾百萬或超過一千萬軍隊對世界也不見得有多大的攻擊力。若果着眼于未來，則更屬多餘。十年二十年以後，核武器或者已經變成落後的武器了。現在它還沒有核武器，要全面的趕上西方，談何容易，因爲西方幷不是停止着不動，即使核武器停試達成協議，其他方面還是在發展的。

既然如此，美國何以要中共參加裁軍呢？大概是另有作用的。現階段蘇聯與中共的對外政策是極不和諧的，蘇聯要與西方和平共處；中共則反對之。而西方則願利用和平共處的階段，迫使共產主義國家因而內部「演化」；這種不等邊的三角關係是很微妙的。若蘇聯的和平共處政策有所進展，則將有助這種政策的穩定，不然，中共的反對勢力將在共產國際內部增長，剛一開始的和平共處政策迅即天折也未可定。蘇聯和平共處政策的更主要表現是在裁軍，在這方面若能有進展，則有助于赫氏政策的鞏固，亦有助于他對中共施行壓制，幷使其就範。若中共不肯就範，則有助於他們之間的矛盾擴大。因此，要使人相信・特別是中共相信裁軍會有進展，最佳的方法是針對中共本身的利益着手，這可能就是西方一會兒要中共參加裁軍會議，一會兒要它亦要遵守裁軍協議的基本原因。

若美國政府提出要中共參加裁軍的着眼點不在上述這方面，而是：基于恐懼中共擁有的龐大武裝，或基于欲與它建交藉之以舖平道路，那麼則恐不可及了。

・田心・

被摘掉右派帽子的人物簡介（上）

中共中央國家機關和各民主黨派中央機關根據中共中央國務院「關於確實表現改好了的右派分子的處理問題的決定」，最近摘掉右派帽子人物，其經歷經查明者有：

黃琪翔：係廣東省梅縣人。保定軍官學校卒業。北伐時曾任張發奎將軍之團長。一九二七年十二月任廣州衛戍司令。一九四九年曾在香港發出反蔣宣言。一九五四年九月任國防委員會委員。同年十一月又任國務院體育運動委員會副主任。一九五七年任中國農工民主黨副主席。

費孝通：係江蘇省吳江縣人。社會學者。北平燕京大學社會學科卒業。歷任清華大學、西南聯大社會系教授。一九五一年十月爲中央民族事務委員會委員。一九五六年二月任民主同盟第二屆中央委員會委員；同年十月任國務院專家局副局長。一九五七年曾發表「知識分子的早春天氣」一文，後被貶右派。

葉恭綽：（譽虎）係廣東省番禺縣人。京師大學堂卒業。清國政府鐵道督辦。民國時曾任交通銀行總經理，財政部長，交通部總長等要職。一九五四年任國務院文字改革委員會常務委員。曾反對文字改革運動。一九五七年任交通銀行公股董事。

林漢達：曾任燕京大學教務長。一九五一年任中央人民政府教育部社會教育司長。一九五二年任掃盲委員會副主任。一九五四年任教育部副部長。一九五六年二月任中國民主促進會第四屆中央委員會副主席等職。曾發言批評中共的教育政策。

潘光旦：（仲昂）係江蘇人。美國哥倫比亞大學畢業。以研究優生學著名。民國時歷任吳淞政治大學教務長。北平清華大學教授等職。一九四九年任中央人民政府政務院文化教育委員會委員。一九五六年二月任中國民主同盟第二屆中央委員會委員。一九五七年七月，被指挑撥湖南土家族的民族關係。列爲右派。

浦熙修：（女）名記者。一九五四年政協二屆全國委員會。一九五六年上海文滙報副總編輯。同年二月任民主同盟第二屆中央委員會補委。

向達：係歷史學者。一九五四年三月當北京大學圖書館館長。北京大學歷史系教授。一九五五年五月爲中國科學院哲學社會科學部委員、常務委員。

薛愚：（慕回）藥學家。係湖北省樊城人。濟南齊魯大學理化學科卒業。巴黎大學理科博士。曾任齊魯大學教授兼理學院院長。中共佔大陸後爲北京藥學院主任教授，中國藥學會副理事長，九三學社中央委員及組織部副部長。一九五九年五月八日曾發表過「我的新生」的坦白。

袁翰青：係江蘇省南通縣人。化學家，清華大學化學科學系卒業，美國伊利諾大學博士。曾任國立中央大學理學院教授。中共佔大陸後，任北師大教授，文化部科學普及局長。九三學社中委。一九五七年六月任國務院科學規劃委員會委員。

陶大鏞：一九五六年二月任民主同盟第二屆中央委員會候補委員。

陳銘德：一九五六年二月曾任國民黨革命委員會中央委員。

謝家榮：一九五四年六月任國務院地質部地質礦產司總工程師。一九五五年五月任中國科學院生物學地質學部委員。

費振東：係江蘇吳縣人。交通大學卒業。民國二十九年任新加坡從事文化新聞工作。一九四九年任中央人民政府政務院華僑事務委員會委員。一九五六年二月當選民主同盟第二屆中央委員會委員。

譚志清：一九五四年第一屆全國人民代表大會天津市代表。一九五五年任民建中委兼副秘書長。

金芝軒：一九五〇年四月中國民主促進會第三屆中央理事。一九五六年八月任民主促進會第四屆中央委員會常務委員。

吳文藻：人類學家，一九五六年八月加入民主促進會。

劉瑤章：中共進北平前任北平市長。一九四九年十月任中共政務院水利部辦公廳主任。一九五六年二月爲國民黨革命委員會候補中央委員。同年十月任國務院水利部部長助理。

曾彥修：一九五〇年任廣東省教育廳長。一九五三年八月任華南分局宣傳部副部長。

王曼碩：一九五三年任東北文化局局長。一九五五年任中央美術學部長。一九五六年十月爲中埃友協理事。

雷天覺：一九五四年八月第一期全國人民代表大會湖南省代表。一九五五年六月中國科學院技術科學學部委員。

董守義：國際奧林匹克委員會委員。一九五六年任中華全國體育會副主席。一九五八年任中國民主促進會五屆中委。

陳明紹：一九五六年二月爲九三學社第四屆中央委員會委員。

裘祖源：一九五四年十一月任中國防癆協會總幹事，亞洲學生療養院顧問。（資料室）

反共的「中游思想」

納蘭

近幾個月來，自中共實施封閉大量報紙雜誌出口以後，不僅未能使自由世界對它放鬆研究，相反的從可以掌握的材料中，更發覺中共內部的緊張，在這漏洞百出的階段當中，也就難怪它惟有藉加緊控制新聞報業以掩飾了。

本來大毛病大漏洞在報紙上是很少露面的，有之也只是雞零狗碎的消息，不過從毛澤東最近東奔西走來看，顯得問題頗不簡單。

本文僅就共區青年的普遍厭共的情緒加以研究，藉以使讀者們了解一下大陸青年消極對抗的情況。

自去年十一月起中共的共青團刊物「中國青年」半月刊上接連幾期討伐「中游思想」，直到今年該刊的第二期仍未停止。這是個嚴重的思想問題，看來已無可懷疑。

其內幕情形如何，用中共現成資料，即可加以說明了。

去年第二十二期「中國青年」半月刊一篇：「火燒中游思想」文章裡說：這種現象是在中共「鼓足幹勁，力爭上游，多快好省地建設社會主義的總路線」時期產生，當時竟在青年羣衆中出現「精神萎靡，幹勁不足，抱着不在前不在後的態度，跟在中間隨大流」的懶漢份子，而且這數目又「不只於千千萬」。這當然讓中共傷透了腦筋。要不是這些人已經摸清了中共的底牌，他們豈敢如此對付黨。這說明中共的威信在青年中已經動搖。

這現象，顯然比反革命份子還討厭，假使是反革命份子，中共可以不惜慘酷對付，然對於「泡」和「混」的人，却是無罪可尋。宣傳、打氣、鼓勵、利誘都已引不起他們興趣，深令中共感到徬徨了。

這羣人究竟如何個泡法呢？中共給他們戴了五頂高帽：

第一是：胸無大志，要求不高。

第二是：畏難苟安，害怕艱苦。

第三是：因循守舊，怕冒風險。

第四是：自居落後，反以爲榮。

第五是：嘲笑先進，瓦解士氣。

儘管列罪狀戴高帽，但中游思想者之所以產生，自有其客觀的條件，而這種客觀條件則正是中共的政策所造成。比如他們說：「不怕高產日，就怕高產月，不怕高產年，就怕年年鬧高產。」由於中共繼續不斷窮趕猛追，年年鬧高產，剝削人力，人民就自然地要以消極的意識來抵抗苛政了。

這裡可以再引一首打油詩証明「中游思想」的概況（見一九六〇第二期「中國青年」）「中游思想，不必帶頭，運動來了隨大流。中游思想，不前不后，批評會上，心不憂。中游思想，輕鬆自由，如此生活，美不勝收，安家落後，到白頭。」

記得抗戰時期，日軍陷在中國長期抗戰的泥淖中，一個日本政論家說：中華民族是個頑強的民族，這也就是中國人的民族精神和傳統哲學，同時也是任何極權者的喪鐘警號，他告示人不要妄想吞併它，而且誰碰上它也不會善終。目前中共在大陸的處境，看來正和當年的日本軍閥一樣，馬列主義者始終認爲主觀的能動性，可以解決任何事物，所以，大躍進等等一系列的表現，都是由這個玩藝作出發，誰知道「人民的眼睛是雪亮的！」當他們都明白了之後，他們也自然能杯葛馬列主義的，而「中游思想」的表面消極行爲，事實正是反共的積極意識的表現，中共當然也知道這是個死症。歷來當強權和外族統治中國的時候，主要的反抗力就是人民的不合作，事實上這並不比直接的武裝遜色。

台北通訊：有關國大二三事

疑今

所謂第一屆國民大會第三次會議即將舉行，近來此間街談巷議集中於總統連任及與國大有關各事，官方新聞紙上更充滿了勸進的消息，好像祇要國大一開會，蔣總統一連任，我們就可於一夜之間回到大陸了，怎不令人興奮。

一個國大兩個總額

第一屆國民大會於十二年前在南京集會，依代表選舉罷免法之規定，代表名額為三千零四十五人，換言之，即以三千零四十五人為總額，不但動員戡亂時期臨時條款之制定係以此為計算之標準，即總統副總統之選舉，亦以此數為計算之依據。六年前在台北舉行所謂第二次會議時，雖有不少的代表或附共，或死亡、或行踪不明，僅有一千六百四十三人出席，但仍以代表選舉罷免法所規定之總額為計算標準。當時曾討論臨時條款之存廢問題，全體代表均認為出席人數未達總額三分之二以上，自無權予以修改或廢止。換言之，即代表總額雖不敷應用；但仍未發生問題也。

此次國民大會又要舉行所謂第三次會議了，據內政部的統計，目前國大代表僅有一千五百七十八人，如果到齊，尚可湊足總額的過半數。但因勸進派刻意要修改臨時條款以便蔣總統再連任，就深感此數不敷應用了。本來他們原認為臨時條款不等於憲法，並主張國民大會修改臨時條款時不需要代表總額三分之二之出席及出席代表四分之三之決議；而祇須有代表總額過半數之出席及出席代表之決議，即可為之。雖然假定臨時條款不是憲法，但究竟是甚麼法呢？他們並不能提出任何答覆；但反正有權在手，而今日的台灣又是一個權力萬能的地方，他們既說臨時條款不是憲法，那就不再管它是不是憲法了。不過，代表的總額對於他們確是一個問題，萬一現有代表中一千五百七十六人中有五十四個不出席，則國大開會不能湊足一千五百二十三人，換言之，即不能達到代表總額三千零四十五人之過半數，亦即不足開會的法定人數。如此，則不但無法修改臨時條款，也就無法選舉總統了。因此，聰明的人們就在代表總額的二字上動腦筋了。據報上的消息，內政部及國大秘書處已正式函請司法院召集大法官會議解釋，雖聞在十五位大法官中，也有人認為代表總額即是代表選舉罷免法所規定的代表名額，此為婦孺皆知之常識，自不容曲解；但在勸進派的權威之下，誰還敢說良心話呢？看情形，大多數的大法官都將奉命唯謹的。據說，他們甚至要將代表總額解釋為實有代表之人數。換言之，在目前來說，即以一千五百七十六人為總額，將來隨着時間的演進，有朝一日還會以一人為代表總額呢！到那時，天下就太平了。有人說，國民大會過去的兩次會議，均以代表選舉罷免法所規定的代表名額為代表總額，如今若又另外規定一個總額，豈不是一個國大有兩個總額嗎？豈不是憲政史上的笑話呢？但所謂笑話年年有，今年不過特別多而已。祇要國大能開會，多些笑話又何妨呢！

羅斯福與袁世凱

前些日子青年黨余家菊發表談話，認為蔣總統做華盛頓固可，做羅斯福亦可。最近官方竭力設法想挪幾位在野名流來台為蔣總統再連任捧場，不大如意；於是，余家菊那篇談話又重光了。據說，青年黨在港的另一位元老何魯之也向官方訪客表示他贊成余先生的意見，雖然何先生並未說明他主張蔣總統做華盛頓，抑是做羅斯福；但官方的宣傳，則認為屬於後者。於是久已息影香港的何先生也就突然成了新聞的熱門人物了。人們覺得勸進派既然刻意要擁護蔣總統再連任，何不直截了當的擁護他做一個前無古人後無來者的唯一領袖，以顯示其特別偉大？假如要在歷史上去找先例，則今日的蔣總統似乎與當年的羅斯福頗不相同。第一、羅斯福並未修憲；第二、羅斯福並未以第一任的總統選舉團來選舉他連任；第三、羅斯福內而勵行新政，改善人民生活，並羅致民主黨以外的許多賢豪（包括共和黨人）來構成一致的形勢，外而領導同盟國作戰。而蔣總統今日的所作所為，則適得其反。換言之，即勸進派並無意要蔣總統學羅斯福。就擺在當前的事實而論，他們一心一意把他老人家導向袁世凱所遺留的舊路。袁世凱當年既由其愛子嗾使嘍囉組織甚麼公民團向國會請願非選舉他做總統不可；不要國會修改約法使他的連任次數不受限制；更實行家天下，縱容袁克定作福作威，無所不用其極，這一切，不正是今日台灣的寫照嗎？為了國家的前途，為了蔣總統的盛德，人們都希望民初的歷史不會重演呵！

國民黨希望國大代表放棄爭權問題

國民黨中央黨部於本月九日假三軍軍官俱樂部召集黨員國大代表舉行座談會，由唐縱、陶希聖、陳健中等主持。傳達該黨高層意見，希望他們本諸良心，智慧及黨德，把會議完滿開成，尤其要體念國家目前的處境，放棄「創制複決權」之爭云云。人們對於許多國大代表之祇圖爭權奪利，固感厭惡；然而國民黨當局若要以良心智慧和黨德等來責備他們，則大家又為國大代表抱不平了。三十年來，當權者處心積慮把中山先生艱難締造而又期以天下為公的一個大黨變成一個以個人為中心的私有隊伍，不但剛健之士被摧殘，即許多曾在中華民國的開國史上有光榮紀錄的革命先進也橫遭排斥。時至今日，圈子更愈縮愈小，甚至追隨領袖達數十年之久的文武老幹部，多先後見疑。因此，不談良心和黨德則已。假如要談的話，當權者的所作所為早已與茲二者背道而馳，還有何資格來責備這些祇不過企圖在擁護連任的大環境中佔一點小光的可憐虫呢！難道勸進派強蔣公爭總統是天經地義；而國大代表爭創制複決權就成了大逆不道嗎？上樑既已不正而却不准下樑歪，事之不平，甯有甚於此者乎？

旅美民主社會黨反對國大違憲

選蔣連任則復國絕望

據二月十一日紐約聯合日報載，中國民主社會黨駐美總支部於本月二日致電台北國民大會代表表示反對蔣總統再連任原文如下：

台北國民大會谷秘書長轉國民大會代表諸公鈞鑒：近聞公等將選蔣介石先生連任三屆總統。道路傳聞，羣情惶惑，夫此舉之為違憲，公等豈不知之。若既明知故犯，毀國家之大法，陷總統於不義，予共匪以藉口，絕復國之希望。則公等之罪，寧可逭乎？今者國脈不絕如縷，有志之士，方救亡圖存之不暇，而公等竟欲倒行逆施，是亦不可以已乎。要知公等任期已滿，依法早應選舉，本無資格以作違憲之選舉。苟不自愛，益為國人所共棄。其所決定，更絕不能為國人所承認也。人之愛國，誰不如我，望公等勿為楊晳子之續。使國家元氣，不致為公等斲喪殆盡。則誠國少無疆之庥也。中國民主社會黨美國總支部。冬庚印叻。

從兩件事看台灣

何紉言

編緝先生：

年來向蔣總統勸進的人們不是說非他不足以領導反攻復國，便是說全國人民對他有不可思議的信心。因此，他們處心積慮要使他繼續留任；即違憲毀憲亦在所不惜。但擺在目前的鐵一般的事實，不但表明蔣總統早已失去了反攻大陸的門志，即官方人員也早就對台灣現局的前途夫去信心了。茲再以最近發生的兩件事證之：

一、彭孟緝在菲的言論

日前參謀總長彭孟緝官式訪問菲律賓時，曾說，「我們有責任從痛苦中救出大陸上的人民；但我們的計劃並非要推翻我們盟國的計劃與安全。換言之，我們方面並無意發動任何戰爭」。並說，「蔣總統計劃最終把中華民國與中共統一起來；但這計劃是可在沒有戰爭中進行的」。彭總長是今日蔣總統最信任的重要人物之一，更是蔣經國的親信，他的談話，當然是有根據的。從他所謂台灣方面無意發動戰爭及蔣總統計劃在沒有戰爭中把中華民國和中共統一起來這兩句話看去，可見蔣總統不但已放棄了反攻而且也不想反共了。否則，為什麼他不計劃摧毀中共政權而却要計劃和他們統一起來呢？不知本港某些報紙上那位貌似忠貞的專欄作家對此將作何解釋？

二、駐美總領事的煩惱

報載，我國駐舊金山總領事孫碧奇原定以美金三萬元在新馬提奧購置一所住宅，因該處鄰居不願與有色人為伍，紛向原房主巴爾納斯夫婦提出抗議，乃作罷論。孫總領事奉派駐舊山金，其成績如何，我不得而知；但即使人地兩宜，建樹良多，亦無終身留任之可能。其所以要在駐在國自置住宅，顯係不準備回台，這正是目前駐外——尤其是駐美外交人員的一般趨向。由於蔣總統無意反攻大陸，不但人民失望，青年悲憤；即軍政人員亦多感前途茫茫。他們雖滿口領袖神聖及主任（蔣經國）英明，而實則各自作個人的打算。稍有所謂辦法者，無不千方百計，找機會在美國久居，大有恨不生為美國人之勢。孫碧奇能在今日台灣的小天地中獲得駐舊金山總領事的要職，已不知羨煞多少人了。而一出手就是美金三萬元，更可想見其為官場中的濶人。然而竟於此國家危急存亡之秋，在海外作樂不思蜀之計，自非無因。他也許自以為會說洋語，擺洋派，洋人就會喜歡他了。殊不知他的黃色面孔，再加上與亡國祇差幾希的國際地位，縱然甘願入洋籍，洋人還是一樣要羞與為伍的。不過，於此已充分表現今日的政府官員已對蔣總統失去一切信心了。否則，以一個奉派駐主要盟邦交通要道的總領事，又何至打算久居外國呵！

（讀者投書）

大陸逃澳學生的控訴：

不堪回憶的血和淚（下）

梅痴

我媽死後不到一個月，公安派出所全班人馬便搬到我家辦公，在不公告中形成我的屋宇是全部沒收，我請求保留一間臥室，也遭到拒絕，僅准暫時棲於厠所的一角。我的行動，更受到了嚴格的限制，不許越過院落進入內庭（內庭爲牠們辦公和開會的場所）。未經許可，更不准擅離住地，這簡直是劃地成牢，把我關在牢獄裡了。

這不僅鳩占鵲巢，連小到牆壁上一口釘，也爲牠們所有了，使我最痛心的，爸爸生前珍藏的書籍字畫也說成是反動的毒物一担一担地運走。三代先人的工筆寫眞，亦被當作古書拿去，所謂「解放軍不取人民一針一線。」不知是怎樣地說法。

家下原有儲藏室一間，爲儲藏日用必需品之用，四壁密不通風，其黑若漆，被沒收後便改爲拘留所，把原來的地板拆掉，留存地板下的枕木一條一條地吊在空中，由外面捕來的人，都關在這裡，坐、立、臥祇許在這寬不過五、六寸的枕木上活動，十足像演魔術——鋼絲飛人一樣。每到夜晚更闌人靜，裏面傳出來的啜泣聲、呻吟聲、慘叫聲、求饒聲時斷時續，令人悽惻萬分。每天總有一具或兩具僵直的赤條條的屍體搬了出來，屍體上不是傷痕纍纍，便是血肉模糊，像這樣死在拘留所的人們，根本無法統計。

一天，住在我家的派出所長親來叫我談話，劈頭便說：

「小梅！你的思想於今搞通了吧！」

「思想是人人都有的，祇能說是各有不同吧了，怎能說通與不通？」

「我看你對人民敵人之死哭得那樣有勁和近日極度不安的神情表現，你還是不想站在人民的一邊，由此，証明你的思想還沒有搞通。」

「……」我瞅了牠一眼，不願對牛彈琴，祇好作不理睬的抗議。

終於還是牠繼續說着：

「二天內寫好自傳交來，我爲你的前途打算，把舊包袱摔掉好了。」

「自傳，我從來沒有寫過，我的身世，難道你還不知道？況且我的家已經毀滅了，還有什麼前途不前途。對不起，自傳我是不寫的。」我說到這裡，偷覷一下牠的顏色顯得要光火了，不待牠發作，我便抽身蹓了開去，料到牠不會就這樣輕鬆地放了我，又一次的暴風雨是爲期不遠的。

一星期後，用暴力把我拘進市勞改隊，當時的天氣，正隆冬下雪，全隊勞改的共七十二人，有前市參會廖議長等，較之地獄裡的鬼還要難看：赤脚單衣，冷得牙齒可可作響，我也一樣，每天從上午八點到十二點，再由二點到八點，在武裝嘍囉們的押解下，將原日拆除城墻尚沒有運走的石頭搬運赴三里之遙的北關外。（每個石頭輕重不一，大的約三四百老斤，小的亦不會少於一二百老斤。）雨雪交侵，路滑如油，搬運的人仆倒的，壓傷的，暈厥的此起彼繼。押解的嘍囉，持着趕驢車的鞭子，呵責、鞭打，等於驅策牛馬。每天兩餐，每餐一中碗（兩小碗弱），加上一小撮鹽，吃不吃得下嘛？飽不飽腹？是沒有人理會的。我還算是最幸運的，在這勞改隊裏不到兩個月就解到郴縣、樂昌、英德、廣州、中山、海珠等地打石子、修橋樑、築水壩，一踏上充軍式的征途，不論在管理上、工作上、待遇上，都較在原籍要好點。所以我才喘一口氣，才能苟延一息，不然的話，早就背頭打鼓了。至於原籍同隊那些沒有調開的勞改難友們，後來我在報上見到被槍斃的約十之二三，其餘的結局，我雖沒有得到充份的資料，以我的臆度，是沒有什麼好的，回憶前塵，曷勝凄惻！

我的婚姻問題，在唸高中的時候，就與女友范玉蘭小姐訂下山盟海誓，彼此都同意在高中畢業才結婚的。可是，預定的婚期，正是共匪猖獗之秋，那裏還談得上婚事，及至我的家遭毀滅了，我的父母遭殺害了，忽接到范小姐很秘密地託人由鄉下帶來一封信，信到之日，她已跳河自戕三天了。信是這樣寫的。

痴！你接到我這封信，我在黃泉道上不知已走了幾程了？

自你的令尊令堂惡耗傳出後，我的爸媽也關進了農會，因交不出黃金白銀，忍受不了酷刑拷打，可憐他二老雙雙上吊才掙脫了頸上的枷鎖，接着我的家被查封，我呢？遭到放逐，在無處投奔之下，祇好依着姨母過活，不料該地有王卓其人，平日幹着偷雞盜狗勾當沒有一定住所的，現任該鄉的主席，以玉蘭孤身可欺，乘隙調戲，已非一日。前星期五晚上，被迫參加婦女小組會報的歸途中，竟被王卓等攔途刼持到牠的巢穴逼姦，雖幸乘間脫逃，暫免玷汚，但來日方長，後害終難避免，與其坐待受辱，倒不如死以明志。這是玉蘭萬不得已的抉擇，而不是把自己的生命當兒戲。

我倆的宿願，此生此世已無法得償，倘輪迴之說可靠，再結同心吧！唉！我們太不幸了，我們的遭遇太殘酷了，我生了了，還有什麼話可說，但對你的出處，我倒很爲惦念，我很希望你鼓起鬢眉的勇氣，站了起來，萬不可對仇者低頭，雪恥復仇，終有一日，我形雖杳，我神不泯，你到那裏，我必同往，復仇之日，我必化厲鬼爲助！從此陰陽殊途，晤對無期，臨書依依，不盡所懷。

讀完這信，知道她的死爲保持了清白，幷且顯示她的氣節，對共匪是一種强烈的抗議，是不可多得的巾幗典型。對我的期望很慇懃而又很合理，我絕對接受去做，絕不使她的期望落空而成爲埋恨千古。

灣仔，爲珠海縣的邊緣，也就是與自由天地——澳門的分界處，我隨着流動隊到這裡打石子、築水壩快到十個月，一水之隔的自由空氣早就透進了我的心，嚮往的心情，幷非一日。

是颸風降臨的夜晚，天昏地黑，約好同一命運的摯友連我三人，冒着危險，泳過水界，三人中的劉小屏，惜乎泳術太差，中途沒頂。泳抵澳門着陸，僅我與强盩了。在澳門着陸時，雖以非法入境而捉將官裏去，到底自由天地的政府，對投奔自由的人們是很愛護的。我們不特沒有辦罪，幷且讓我們永久的居留安定地謀生。我們像多年來關在樊籠的鳥，一旦回復了自由，是多麼的愉快多麼的興奮！

這是我的血淚史，更是我的脫險記，又可以說我的新生戰鬥的里程碑。但，人是有血性的有理智的，我雖然克服了重重的難關而得了新生，絕不能忘記了舊惡，不能忘記了不共戴天的大仇，我能遺忘嗎？呻吟在水深火熱中的同胞，我能不顧嗎？特別是范小姐的囑望，我能辜負嗎？不，我絕對不，或許在時間上準備上稍有從容吧！

中共强迫幹部參加體力勞動

近來中共正在加緊强迫幹部參加體力勞動，認爲這是「加强幹部同羣衆的密切聯系，在幹部中提高羣衆觀點和勞働觀點的一個重要辦法」。他們說：「在全國革命勝利以前和以後！……有大量的知識分子參加了革命工作，他們中有不少人還參加到共產黨內來了。這當然是很好的事情。但是，許多知識分子是帶着資產階級和小資產階級民主主義者的思想來參加革命的，他們還不是眞正的無產階級革命家。」所以一定要迫着這些知識份子去參加體力勞動，以資改造。就是對于工農出身的幹部，也是要叫他們去參加體力勞動，說是怕他們脫離生產太久了，會離開羣衆。

根據他們的理論，所有黨或政府的幹部，不論職位高低和資格新老，除了年齡太大或身患疾病者，都需要參加體力勞動。

至于參加體力勞動的方式，依照幹部的身份和歷史的不同而分做若干種：（一）對靑年知識份子幹部，因爲人數較多，所以採取分批分期輪流更調的辦法。參加的生產單位，主要是人民公社，每期下放的時間，大概是一年左右；（二）黨和各政府機關各人民團體的領導幹部及一般幹部，每年須以一個月的時間，到人民公社去當社員，或者到工廠去當工人。（三）農村工作幹部參加體力勞動的方式，就是一面領導生產，一面參加生產。有的就同農民合作耕種試驗田；（四）工廠礦山，交通運輸和商業單位的幹部，普通就是在本單位內，做熟練工人的副手或徒弟；（五）工業或農業專家和技術人員，就分別到工廠或人民公社中去參加體力勞動；有的就做一種實地試驗工作；（六）社會科學工作者，就以深入羣衆，進行調查研究工作爲參加體力勞動的方式；（七）學校裡的教員和職員，就到人民公社或工廠去參加勞動。或者就在本校附設的小農場或工場去作實驗工作；（八）文藝工作者如歌唱員，演奏員，舞蹈員或戲劇員等，就以輪廻下鄉或下廠爲工農羣衆演出的方式，作爲加强他們和羣衆的聯系；也有在不妨碍他們業務的情況下，實行參加一些體力勞動；（九）至于軍隊中的幹部則實行軍官每年下連當兵一個月的制度。

這項體力勞動和腦力勞動相結合的運動，是在一九五七年跟着中共的整風運動而來的，目前正在加緊的推動着。他們認爲通過這樣的方式，可以用幹部的示範去激動工農羣衆；在可以把工農勞動的榜樣去激動幹部。使幹部們密切聯系羣衆；羣衆信任幹部，把幹部和羣衆打成一片。這樣，幹部們就不致因爲自己的工作處于領導者的地位的緣故，而脫離了羣衆，發生主觀主義和官僚主義的習氣。他們對于這辦法大事鼓吹，說什麼「勞動三個月，勝讀十年書」。「晒紅了皮膚，煉紅了心」。可是不少幹部却在咒咀着說：「幹部參加體力勞動是得不償失，是浪費人才」。

就原則來講，要政府機關的領導份子和一般幹部時時到農村或工場去參加工作，使他們對人民的實際勞動情形和生活狀況有更深切的瞭解，原是一件良好的措施。不過，中共的發動這項行動的目的，並不是爲着要瞭解人民的疾苦，或改善人民的生活。相反的，他們是來加强對人民的鞭撻，和加緊對人民的壓搾。假使中共的頭目們果眞實心實意地要接近人民，與人民同甘苦；那末首先應該從日常生活的享受方面與廣大民衆看齊。當一般人民在吃番薯、玉米，或野生植物；甚至連這些食粮還吃不飽的時候，你們就不應該吃「小灶」「特灶」，甚至「三日一小宴」「五日一大宴」，山海珍味，洋酒洋烟，載歌載舞，窮奢極欲的享受。假使果眞是誠心誠意爲人民服務，就應該是廣大人民吃什麼，自己也吃什麼，廣大人民穿什麼，自己也穿什麼；甚至應該讓人民先食飽，然後自己才食；讓人民先穿暖，然後自己才穿。所謂「先天下之憂而憂，後天下之樂而樂」，這種中國知識份子的傳統教條，比馬列主義的教條要「前進」得多，「革命」得多呢！

·康和·

泰國的新國籍法

何之湄

泰國制憲議會，於上月十四日通過被稱爲「新國籍法」之修正國籍法，該項法例於三讀通過後，於政治公報發表之翌日發生效力；換句話說，這項新國籍法，通過後並已實施。

新國籍法主要內容，約有左列六項：

(一)在未獲內務部批准以前，凡與泰籍人結婚之外國婦女，均不得享有與其夫同樣之泰籍權利。此舉在預防外國人利用婦女爲刺探泰國情報之女間諜，而可能危及國家之安全。

(二)凡因避難而疏散進入泰國居留——不論係獲准暫時居留或非法入境居留之外僑，其生下之子女依然享有泰籍，惟內務部長認爲此等人如有影响及國家之利益與安全之行動時，則有權撤銷其泰國國籍。

(三)調整改籍或恢復泰籍之例費(手續費)，計申請歸化泰籍例費每人不逾五千銖。申請恢復泰籍每人不逾一千銖。發給歸化泰籍証明書或代証明書例費每份不逾五百銖。(按：一千銖約等于港幣二百八十元。)

(四)在此條例實施以前或以後，凡已享有泰國籍之外僑已婚婦女，如被發覺有騙婚或有影响及泰國利益、榮譽、或安全之行爲時，可能被撤銷其人之泰籍權利。

(五)凡因歸化國籍而享有泰籍者，如發覺有下列六項行爲，可能被撤銷其人之泰國國籍。即：

(甲)因掩飾事實或詐騙而獲得改爲泰籍者。

(乙)有確鑿之証明，改籍者尚保留其原來之國籍(即稱爲「雙重國籍」。)

(丙)改籍者有危害泰國利益、安全、權利、或榮譽之行爲。

(丁)改籍者有違反公衆安寧或繁榮之行爲。

(戊)改籍者居留於外國，而在泰國擁有固定住址，時間未超過七年者。

(己)改籍者尚持有與泰國作戰之國籍。

(六)成立一個審查撤銷泰國國籍委員會，由內務次長任主席，委員包括檢察廳長、警察總監、內政廳長、及外交部代表。

又據內政部主管司長披耶亞他加里所發表，對有關外僑歸化爲泰籍後的行動問題加以解釋說：假定有某一外僑，在歸化泰籍前尚任某外僑公會或社團之主席或會長，雖然歸化爲泰籍後，仍有被選爲外僑公會或社團主席或會長之權利與資格，蓋此份國籍法以及其他法律，均未有禁制限制其權利之條文。除非被發覺有危害國家與公衆之安全及利益，抑或仍持有原來之國籍或與泰國戰爭之國家之國籍，則將被撤銷其人之泰國國籍。因此，凡已歸化泰籍之外僑，仍有權担任外僑社團之會長或主席。

這項新頒修正國籍法的主旨，在於保護泰國的安全、權利、榮譽、與繁榮，命意自然未可厚非。但是在條例本身，一般都認爲似覺過於嚴格，抑且在執行上有扞格難行，或限制範圍過於廣泛，技術上有困難之處。綜合各方的意見，約有下列各點：

一、第(一)條與泰籍人結婚之外國婦女非經內政部長批准不能獲有泰國國籍。此條與世界各國「結婚即獲有(對方之)國籍」規定不同，令人遑惑。倘若於結婚前申請批准泰籍，則事屬麻煩；婚後而未獲批准，則更狼狽。實則祇須於發現有危害行動時，撤銷其國籍，即爲已足。

二、第(二)條外國臨時居留人在泰生下之子女可被撤銷泰籍，此層似屬剝奪及天然之權利。

三、第(四)條已享有泰籍之外僑已婚婦女，如有騙婚；及影响泰國利益，榮譽，安全即可撤銷泰籍；違背「法律不追溯既往」的原則，而且在「影响榮譽」實在亦太空泛。譬如賣淫，可以說是影響榮譽；通姦，可以說是影响也可以說不是影响榮譽。如果再沒有更具體的規定，是會令人無所適從的。

四、第(五)條的六項觸犯罪行可以撤銷泰籍。(甲)項因掩飾事實而取得泰籍」，同樣犯了「追溯既往」的毛病。同時因爲外僑過去有許多不明泰國法例，不懂泰文泰語，就算申請歸化，也就是委託別人代辦，只求適合規定，不無申報欠實，但於泰國實無妨碍。現在一旦加以「清理」，是舊業重翻，實在是徒滋紛擾。

第(五)條(丙)項及(丁)項改籍者有危害泰國利益、安全、權利，公衆、安寧、繁榮，均得撤銷泰籍，其中「公衆安寧」實與「安全」有別，係問題較輕而屬於「違警」一類者，處以撤銷國籍，殊嫌過重。至於「違反繁榮」，也是流於太過空泛。有時某些在商業上之經濟行爲，如囤積居奇操縱物價，或地下滙兌使資金外流等，本可以使用一般的經濟及金融法例加以限制的，現在有了這個條例，便不難在受普通法律適當的制裁之後，再加上撤銷泰籍(其結果是勒令出境)的一條尾巴。而這些人既已歸化泰籍，放棄了原有的國籍。一朝被勒令離境，就將會走投無路。

對於雙重國籍第五條(乙)項的問題，過去以華僑而論，從未發生過問題，由於過去數百年的習慣，入泰籍而自認是中國人，是天經地義，雙方也未發生過何等妨害，因此現仍有泰籍華人任中華民國之僑務委員或國民黨員黨部職員等，他們任與自由中國及中國自由人民聯絡上，在領導泰國華僑協助泰國推行政令上，均對泰國有利。現內政部主管司長對「外僑公會會長主席可由泰籍人兼任」之解釋，即可明瞭，實則此項解釋係與條例矛盾，因任外僑會長，即可解釋爲其本身乃係外僑，有雙重國籍。但泰國對華僑態度尚好，一般仍盼望注意作合理之執行，勿引起無謂的糾紛。

曼谷通訊。

印尼華僑欲哭無淚

鍾甦

印尼和中共的所謂「雙重國籍問題的條約」，自於北平互換「批准書」之後，此間華僑，他們的心頭上，都立刻蓋上了一層濃厚的陰影，大家都想像到，將來的處境，一定更陷入深度的悲哀！

所謂「雙重國籍問題的條約」，是印尼政府與中共早已在一九五五年四月二日簽訂了的，不過該條約中是有規定，要待雙方互換「批准書」後才告生效；現在，「批准書」既經互換，這即是說：印尼的華僑，要立刻面對選擇「國籍」的困難了！

說得清楚一點：目前印尼華僑，祇有兩條路可跑。第一、若不願做印尼人的，那就要領取中共「護照」，做中共的海外順民；第二、假如不願做中共暴政下的海外順民的話，那沒，就惟有成爲「無國籍」的人！

印尼政府和中共簽訂了「雙重國籍問題的條約」本來爲時已達五年，論時間，也不算太短了，爲甚麼一直拖至最近才互換「批准書」？

據說：此中原因，不在於印尼的拖延，而實在由於中共的深思熟慮，舉棋未定。

爲甚麼中共對此竟弄到舉棋不定？

如所週知：居留在印尼的華僑，人數也頗衆多，而且大多數不願做印尼人，更不願做中共的海外順民。中共的所以深思熟慮者在此。

迨至今年元旦，印尼政府竟實行更進一步的迫害華僑，禁止華僑在縣以下的鄉鎮地區居住和經營小商販，遂使數十萬華僑生活，頓失憑藉；印尼政府更不惜以强蠻手段，强制執行，以致釀成無數流血慘案。中共在印尼政府這種壓力下，乃不得不讓步，而犧牲了華僑的利益，於是「批准書」便匆匆交換，使數十萬華僑，轉瞬間便墮入痛苦的深淵！

可以意料得到的是：在這所謂「雙重國籍問題的條約」批准生效之後，印尼華僑除接受入印尼籍，或領取中共「護照」之外，其餘的當然會被視爲「無國籍」的人。

「無國籍」人的處境將怎樣？眞使人不敢想像！在目前情況下，印尼華僑祇得束手任人宰割，眞是欲哭無淚哩！

「黑財神」的神話

吳進英

「黑財神，黑財神，不要人燒香，不要人下拜，養起自然靈；自吃草，自長肉，撒尿好澆菜，拉矢好肥田，財源滾滾進」。「黑黑財神，變金變銀，大家飼養，一年翻身」。

中共掀起了養豬的狂潮，把豬稱作「黑財神」，幷撰作出上述的歌謠，把它散播到民間，鼓勵人民熱烈參加養豬運動；而中共的報章，爲大吹大擂養豬事業的大躍進，也製造了下列的神話：

(一)重慶市養豬專家袁水明，領導了一隊「青年養豬隊」，隊員僅五人，却養下了一千〇五十頭肥豬，每人養豬二百一十頭。——這個數字，確是神奇得驚人。

(二)黑龍江河城縣「青年畜牧場」飼養員祇有英，創造出一頭母豬在一年內繁殖三代，連子帶孫，共產豬一百一十二頭的最高紀錄。——中共祇知誇張奇迹，却忽略了母豬的發情、交配、受孕、生育等所需的時間，和生理上的性能。

(三)成都「共青團」團員舒毓和，專心養豬，曾學懂了「雙重配種」的特異方法，使一頭雌性黑財神一胎產下豬仔二十八頭。——其實，所「特異」的，並不是中共的「雙重配種」方法，而是他們的宣傳技術；這種自欺欺人的神話，確是「特異」到頂尖兒了。好好的母豬，在共幹的口裏，却變成一頭「古靈精」！

僑鄉近訊

廣東各縣發生糧荒現象

廣東各縣在去年普遍冬旱的情形下，今年一踏上新春，即發生嚴重糧荒的現象。據悉：目前省內已有大部份地區，無法將粮食作適當的供應；如以各地區存粮觀測，最多也僅能維持三月。因此，配粮數額再度削減，實屬意中事。同時，在此粮荒的情況影响下，更致一項無法解決的困難，使中共大肆鼓吹的養豬事業，也大受打擊。原因是飼料缺乏，使無數毛豬不得不以「觀音粉」充飢；毛豬吃下此種「觀音粉」，不獨瘦弱，生病，且死亡率大增，因此，連肉食的供應，也將發生問題。

廣州快將實施公社制度

據穗共公佈：廣州的「街道公共食堂」，目前已辦起了三百八十九個單位；在「街道公共食堂」搭食的市民，已將達十萬人。共方幷會作這樣的透露：開辦「街道公共食堂」的目的，是社會主義生活方式的一種體驗，引導城市人民從家庭生活中轉到集體化的生活上去；那種措施，純係爲成立城市人民公社舖好平坦的道路云。又據最近廣州來客稱：從這一兩月來共方所施行的種種「政績」觀測，確有許多迹象顯示出，共方已逐步在城市中推行公社制度。該來客幷謂，共方現正大力推動「集體儲蓄」。這個搜刮資財的指標，不僅指向工商各界，而且連軍人和共幹，也包括在內，係利用「生活檢討會」或「居民小組會」等方式，硬性展開儲蓄競賽和挑戰，應戰的把戲，不擇手段地以求達到搜刮目的。工廠裡的工人，其遭遇更慘，他們都在這種政治潛力的高壓迫脅下，苦着嘴臉，拖着疲乏的身軀，一拐一拐地跑到「信用部」，辦理所謂「申請儲蓄」，儲蓄了的數額，則在發放工資時扣除；於是他們的生活，就被迫更大打折扣！

·江水·

渡・輪・上

◀王柏華▶

走出了寫字間，匆匆忙忙上了過海的輪渡。我照例走進了煙房，揀了一個靠窗的座位坐下。燃了一枝煙，把緊張的神經鬆弛下來，翻開晚報，悠然的讀着。搭客陸續的湧進輪渡，我的左右前後的位置都坐滿了。

一股濃烈的香水氣味衝進我的鼻孔，我抬頭看見一對穿得入時的青年男女正要坐在我的前排。女的走在前面，本已彎身坐下，但是看鄰座却是一個蓬頭的工人裝束的少年，她就像被針刺了一般突的又站起來，用白嫩如雪的小手搗着鼻子，縐着眉用英語對男的說道：「這個人應該坐三等，怎麼跑到這裡來了。」男的一邊稱是，就連忙和女的換了座位。坐下之後，兩個人臉挨着臉，就用英語嘰嘰咕咕談起來。我心裡感到一陣嘔心。不禁暗暗罵道：「那裏來的一對狗男女！難道你們就是天定坐頭等艙的胚子？」因為對這一對寶貝討厭的緣故，就特別同情那工人裝的蓬頭少年。只見他約有廿歲左右，正雙手捧着一封信傾注全神在讀着。從他小指與無名指夾着的信封、和信封上的郵票知道，那是一封從大陸寄來的信。

偷看人家的信是一件缺德的事情，我心裡是雪亮的。可是强烈的好奇心鼓動着我，同時那是墨筆寫的字，字跡很大，我坐在後排只要不閉眼睛，不用向前欠身就可以看得一清二楚，於是我禁不住就偷看起來。

「岩兒知悉：年前寄來的臘腸、鹹魚餅乾和廿元滙欵都收到了。可是繳了廿四元的稅，因此原想給汝母治療的錢，還是落空了。當時我本打算，暫不取東西，先給汝母治病，但是阿香、阿英們，已經經年不知肉味了，實在太可憐；我才狠心繳了稅把東西從郵局取出。況且汝母之病，是舊病，一時也難奏效，據我家表叔說，汝母之病只是挨日子，根治已經無法了。咳！吾兒你也不必難過了。

你大哥在新疆年廿七有信來，年前本想寄點錢來，可是因為那裏天氣太冷，耳朵腳跟都患凍瘡，不能不買了一身皮衣服，因此也就有心無力了。他本應滿三年就可回來，可是現在政府號召繁榮邊疆，看樣子他只有在那邊落戶了。

吾兒去年寄家之錢已經不少：以你的年紀實在難為你，但是現在家中就我一個人有勞動力，收入太少，始終是捉襟見肘，由於汝母之病，隣家王嬸嬸常過來幫洗幫做的，伊年逾六十，家中也是困難，咱們也不能白受人家恩惠，因此隔個一月二月總送她點錢或東西。汝母之病縱然無望，但是晝夜呼痛，摧人心肝，也實在難忍；因此你如能想點辦法，年初再寄數十元來，我想帶她進城去醫院診治，雖然明知這是白費心血金錢，但總算是盡人事聽天命。吾兒如無法可想，也就不必勉强，不要着急……

蓬頭少年把信看了一遍又一遍，因此我從頭到尾也都看清楚了。我發現信紙上濕了兩塊，知道他在流淚了。我眞想拍他的肩膀搭話安慰他幾句，可是因為偷看他的信又不好意思。我正在尷尬不安，輪渡已到尖沙咀了。船還沒靠穩，那對男女立刻站起身來，女的用英語嬌聲嬌氣的說道：「你看那個髒傢伙，在這麼多人面前就好意思哭起來，哼……」我聽得滿腦袋怒火，狠狠對他們瞪了一眼。

哨子响了，搭客紛紛下了輪渡。那個蓬頭少年轉眼在人潮中不見了。我惘然若有所失，原想去朋友家裡搓蔴雀的，現在我不禁猶疑起來。

無題

・徐儀・

我目送着你在人叢中消失，是那樣地孤零、可憐。我呆立着，以無比痛苦的心情唸着你的名字。雖然你早已走遠，我仍無目的佇立好久。我感到一陣空虛的眩暈，生命的火焰似乎暫時熄滅了，在我的軀體裡再沒有生命。雖然我明明知道，你最多一個星期就可以回來了，但分離的每一秒鐘却多麼痛苦和空虛呵，這漫長的一個星期，我將怎樣挨過呢？

我凄涼的離開了碼頭，沒有搭車，無心無緒的緩步前行。街上五光十色的華燈與匆忙擁擠的行人都絲毫不能引起我的注意。我好似在空中飄着，回到我和你共同所在的世界裡。像每一次離開你時一樣，我只有貪婪地咀嚼那甜蜜的時刻，我藉回憶來支持自己，這些回憶是最美麗、最溫暖的夢，這些夢對我是最真實的東西，現實的一切反而成了虛幻的雲烟。

我們的相識如同一場夢，你我早知會有一個悲劇的結局，但仍甘願飲盡人生的苦杯，每當和你離別的時候，才體驗到我是多麼的愛你，冥冥中的主宰註定了我們的命運，使我們不能永遠在一起，又無力拒絕愛的誘惑。我們並不是意志薄弱而造成錯誤，因為我們感到失去對方就是失去了整個的人生，與其埋葬全部的幸福，何不珍視這殘缺的人生。

世界上雖有二十萬萬人，但有多少對男女是真誠相愛，而又婚姻美滿的呢？什麼是人生呢？據我了解就是愛自己真正愛的人，並得到愛人的愛。每當我寂寞孤單百無聊賴的時候，只要一想到你是愛我的，我就感到睥睨千古的驕傲，一切痛苦和煩惱，一切成敗得失都顯得微不足道了。

世間原沒有美滿，美滿只是鼓舞人們奮鬥的理想，她如天上的明月，永遠是可望而不可即的。人生的美滿只有在精神世界裏存在。因此只要兩顆心靈能聖潔的契合在一起，一切世俗的輿論也就不值得一顧，我們就有勇氣在洶湧的波濤中抗拒一切艱難困苦。想到這兒，胸中的愁苦消解了許多，想着你歸來的日期，與重聚時的快樂，我心跳得發痛，冒着霏霏的春雨，我無言的舉起想像中的酒杯，為遙祝你的平安一飲而盡。

在寧靜的國度

葉維廉

在寧靜的國度　一帆布的
發熱的感覺暗暗浮動
來往於沉默的地板上
秋天從簷間突下
許多聲音未聞而聞
許多火焰未燃燒而燃燒
包圍的夜神秘了
眼睛和視界
秋天滑進寧靜的國度
房子沉入微濕空空的出神中
葉子簌簌自遠方
絲絹沙沙溜過琵琶
於是我們走進雨季
濕瀝瀝味兒的雨
帶着下降的調兒的雨
下降　下　降下
在很遠很遠的地方
日落後驟雨鞭打一個城市
激起淺水澤地間
一行白鷺
在日落後他們說我們將看到
太陽花雨簾蔽着
一亭子過去的明亮
戰爭時的低調
金風彎下麥田
飄起一流水的亮髮
帶着下降的調兒
下降　下　降下
一節白骨的雅頌
升自寧靜的國度
遙征遠伐的戰鼓和踩踏
湧來又去遠
帶着下降的調子
下降　下　降下
靜止的動亂濺過我們的心間

四九・一・廿四・台北

文壇泥爪

關於「中國小說史畧」

在新文學運動中，魯迅有三項創造性的成就：一是短篇小說的奠基，二是雜文風格的形成，三是中國小說史的研究；這三項，魯迅以前從未出現過。

「中國小說史畧」是魯迅一生唯一的文史研究著作，蔡孑民先生在世曾推許此書。民九魯迅進入北大國文系做講師，就是講的中國小說史，一直講到民國十三年為止，他把講義稿加以整理，先由新潮社印出上卷，後又由北新書局印出下卷，再後便合而為一，定名「史畧」，民二九出版的是他最後校訂的本子。後來研究小說史的人多了，可是至今四十年來，還無人能寫出一部專史來，研究中國小說史仍不得不以魯迅的「史畧」為惟一的依靠。

他對中國小說史的研究可以說是他的專長，此外他輯錄的有「古小說鈎沉」「小說舊聞鈔」「唐宋傳奇集」，都是很有價值的史料，給後人在研究上不少的方便。我還記得他寫有談中國古典小說的散篇文章，為「六朝小說和唐代傳奇文有怎樣的區別？」「宋民間之所謂小說及其後來」，都有極精到的見解。民十三陝西教育廳請他到西安講學，他講的也是中國小說史，即題為「中國小說的歷史的變遷」那篇講演詞。據說當時陝督劉鎮華曾託人請他向陝省公務員和軍隊訓話，他說，講演是可以的，不過仍得講小說史，因為他不會講別的。

民十五北大教授陳源（西瀅）與魯迅因為師大風潮事互相攻訐，牽掣的事情很多，其中有一項，陳指責魯迅的「中國小說史畧」，是從日本人鹽谷温所著的「支那文學概論講話」中「小說」一部分鈔襲了來的（見該年元月「晨報副鐫」徐志摩「關於下面一束通信告讀者們」一文）。當時對魯迅的打擊很大，似乎至今還有人認為魯迅的終身之玷。却不知魯迅當時即有答辯的文章，題為「不是信」，刊「語絲」中。鹽谷氏那書，當時中文無譯本，晨報銷路又比語絲廣，所以人全信了陳氏的話了。魯迅的答辯曾說：「鹽谷氏的書，確是我的參考書之一，我的小說史畧二十八篇的第二篇，是根據它的，還有論紅樓夢的幾點和一張賈氏系圖，也是根據它的，但不過是大意，次序和意見就很不同。其他二十六篇，我都有我獨立的準備，証據是和他的所說還時常相反。例如現有的漢人小說，他以為眞，我以為假；唐人小說的分類他據森槐南，我却用我法。六朝小說他據漢魏叢書，我據別本及自己的輯本，這工夫曾經費去兩年多，稿本有十冊在這裡；唐人小說他據謬誤最多的唐人說薈，我是用太平廣記的，此外還一本一本蒐起來……其餘分量，取捨、考証的不同，尤難枚擧。自然，大致是不能不同的，例如他說漢後有唐，唐後有宋，我也這樣說，因為都以中國史實為藍本，我無法捏造得新奇。」史實不能創造，非有依據不可，與文學作品不同，魯迅的「史畧」當然不能算是鈔襲。好在鹽谷氏的書，後來有中文節譯本出版，更指証不出魯迅有什麼鈔襲的地方。

時代與我

我的加入國民黨

時代：我終於對您微笑了！

徐亮之

「反對黨派進學校」這一正義的呼聲，我已不能正確地回憶乃何時與何人所喊出；大概我想：從今天起逆數上去總該不會少於二十年的吧！於此，我願重新呼籲：偉大的政治家們！請你們饒恕饒恕在校的孩子們吧！別再把他們做試驗品犧牲品而早熟地使用吧！因爲他們還在求學時期；因爲他們原是無辜的啊！於此，「黨派進學校」的所以應該「反對」以及這呼聲的所以代表正義的所在，今天我要挺身作証了。

民國十三年（一九二四），亦即距今三十六年前，我正是南昌「江西省立第一師範學校」的一個新生，一個純然的土豹子。然而這一年却正是中國命運的決定之年。這年一月二十日，國父孫中山先生召集的中國國民黨第一次全國代表大會在廣州開幕，由國父提出「容納共產黨以個人名義入黨」的議案，也在大會中正式通過了。這乃中國現代史上兩件了不得的大事；但是這樣的大事，對於當年的我却一釘點兒刺激與反應也無。

我是一個私塾亦即所謂「子曰館」出身的學生。由私塾考進縣立小學已經十四歲了；亦即已經唸了之乎也者七八年了。（但當時還是最年輕的小學生。）進小學後，大概因爲校長陶蘊珊先生覺得我的國文程度還不壞，又因爲我的家在縣城內，有一個暑假便派我去清理縣志局移交給學校的圖書；這却使我大大地開了眼界。我乃出生於一個沒落的耕讀之家，而求學於一個文化水平落後之縣；我雖沒有做過「八股文」和「試帖詩」，（因爲溥儀不過大我幾歲，我進私塾時，他早已不做皇帝了；而我也早已沒有辮子了。）却確在進小學前算是胡亂讀過了四書、五經、唐詩三百首以及古文觀止之類的；却一直以爲中國的學問總祇不過是四書五經這些；讀書人的大本領也祇不過學會了做詩詞歌賦或之乎也者的文章便算完事的。而我奉命清書的結果，竟居然清出了全是些我在私塾裡面見所未見、聞所未聞的東西；全是些裝訂得優雅大方、印刷得賞心悅目的東西；（我敢斷言這裡面定有很多珍本，但可惜我那時却連「板本」一詞也沒會聽過。）同時，也全是些學校當局（包括派我清理的校長蘊珊先生在內）認爲可有可無的東西；（這由派我這個渾小子去清理一點看，便是証據。）於是我一方面大吃一驚，另方面却見獵心喜了。即當我清理完畢之後，大部頭的十通、皇清經解之類，我不敢動；史記、陳書、莊子、尸子各一部，可給我公然地帶了回家，成爲暑假期間的消暑品了；而也跟着帶來了煩惱了；原來我發現我甘徇犯罪心理辛苦張羅而來的「消暑品」，竟大半都祇能消而不化；尤其使我悲哀的是：後來我將這些書中所有的疑問，提出向小學的國文教師請教，竟全都答復不出所以然來。然而就在這樣的一所小學畢業後的我，居然能夠考進省立的第一師範，却大大地使我震動，也大大地激發了我求知的慾望了。而我之所以做了一次純然的土豹子，原因也便即由於此。經過是這樣：

第一師範乃以注重國文聞名全省的學校；教師如王易曉湘、李劍灼証剛諸先生也都成爲後來大學裏的名教授；因此我一直以爲這個學校的國文課，最少也得教古文辭類纂的；却不料一看所發的課本，國文第一課便是胡適先生的「新生活」，其他的課本也全是白話撰述，不由我不無明火直冒三千丈。

「笑話！白話也值得讀？我非退學不可。」我忿然對同自修室的同學說。

「你簡直還是十八世紀的腦筋！」朱雲影立即脹紅着臉這樣罵我。——他乃唯一從上海回來而買了許多新書的濶同學。

「怎麼？白話文誰不會做？還用得着學嗎？」我不服氣地反駁。

「白話文也並不容易做哩！」鄒魯投我以輕蔑的眼光後微笑着說。——他出校後嫌與廣東的鄒魯同名，改名鄒努。他作文演說都很有煽動性，能寫一手很像樣的鄭板橋字。後來我始發現他乃江西學生界中一個能幹的共產黨員。國民黨清黨後，聽說他逃到河南被捕被殺。

「頑固份子！」雲影再這樣調侃我；這一名詞，後來我才知道乃加入過黨而自命進步青年的罵人的口頭禪；而其實那時雲影正和我一樣，連國民黨員都不是；「你大概以爲做白話文的人都沒有學問是不是？借些書給你，慢慢瞧去吧！」

他一邊說，一邊打開箱子取書，一本一本向我的桌上堆。我打眼一看，有胡適文存、獨秀文存、嘗試集、中國哲學史大綱等，竟又全是我在小學裡面見所未見、聞所未聞的東西，而且絕大多數都是適之先生的東西，我不知不覺失驚得呆若木雞，惶愧得汗流夾背，立刻成爲雲影的俘虜了！

我在小學時期是祇知道與佩服梁啓超任公先生的，我曾因讀他的「中國魂」和「飲冰室文集」而拍案叫絕，而慷慨淚流；我並曾因讀他的「德育鑑」而學習靜坐，而加入縣中以靜坐爲號召的迷信團體「同善社」。但在讀了「胡適文存」後不久，竟發現任公先生也改做白話文了，也非常稱贊適之先生了，尤其是梁胡兩先生在當時的刊物中常常提及治學方法和開具國學入門的書目，大大地激起了我和雲影寫作白話文的興趣，和系統讀書的決心；也不久校刊上和南昌報紙上都常常有雲影、鄒努和我的白話文章；而我和雲影更是一對書獃子，左邊口袋經常放的是「說文部首」卡片，右邊口袋經常放的是英文單字卡片；晚飯以後，自修以前，是我們野讀的時間；學校附近城牆上和水觀音閣，是我們野讀的場所；我們的生活竟呆板得和機器一般，我們的情趣竟悠閑得和隱士一般；然而却不知什麼緣故，有一天鄒努告訴我們：他已是國民黨員，國民黨的秘密支部（那時江西還在軍閥手中，黨部是不能公開的）也歡迎我們加入，而我們也毫不考慮地加入了。（一）

× ×　× ×

己亥除夕讀亦園歲暮四律步韻以答

韋齋

萬家朱帖署宜春，絃管無情自向人。滄海夢回驚老大，庭園霜重念孤貧。笑看花果盈階長，坐任鬢眉逐歲新。病虎惡蝤都意盡，詹詹辯舌薄儀秦。

狐鼠縱橫遍大千，中原興廢半雲烟。幾人傲骨同蘭息，一客高吟及艾年。歲盡開樽誰足醉，世衰思隱不關禪。羊頭自棄王侯事，豈有投詩孟浩然。

任世無才便獨清，何須卜肆問君平。聖功漫指參天地，蟲臂相看一死生。明日又逢春寂寞，殘棋猶見局紛更。佳辰縱樂渾如此，紅燭深堂倦客情。

燠風暘日不成冬，一夕濃寒警困慵。誅盡竊鉤憐搏兎，吟來傷足悟潛龍。十年江海魚游鼎，何處欄杆客倚笻。欲拾殘經爭剝復，天涯烟瘴鎖猺峯。

記國民會議

宇人

民國十三年冬中山先生由廣州北上，發表宣言，主張舉行國民會議以收拾時局。時段祺瑞以臨時執政名義暫維國政，對此主張未表贊同；中山先生復於十四年三月在北京逝世，乃於遺囑中諄囑國民黨人須於最短期間，促成國民會議之實現。迄十七年北伐完成，國內形勢爲之一變，國民黨也無意召集此一會議了。

十九年中原大戰發生，反對方面主張遵照中山先生遺教召集國民會議，並主張頒佈約法，以求實現民主政治而結束個人獨裁。時南京方面，早於一年以前由國民黨第三次全國代表大會通過訓政綱領，規定實施訓政六年。在訓政時期以國民黨全國代表大會及中央執行委員會代行國民大會職權，並規定以中山先生之全部遺教爲一切法律的基本原則，對於反對方面的主張，自無接納之可能。但戰事甫經終止，蔣先生忽於十九年十月三日在開封軍次致電與南京國民黨中央黨部，主張召集國民會議制定約法，並將電文交上海各報發表。胡漢民先生以國民會議與約法，原係敵方的主張；如今戰亂已平，若竟拾取他們的唾餘而食之，則這一場戰爭的意義全失。因而大不謂然。稍後胡對於召集國民會議一事雖表同意以示讓步，但仍堅絕反對頒佈約法，其所持的理由是：政府迄不知守法，若再頒佈約法而又不遵守之，則將導致中國永無實現法治之一日。此誠爲一針見血之論。

胡漢民先生的才華和德望，在國民黨中，實爲中山先生以次的第一人。北伐完成後，蔣先生的功業雖蓋於一時，但其在政治上的信望則猶有未足。胡於十七年由歐回國後，主張試行五院制度，並擁蔣爲國府主席，而自退爲立法院長，以示其無意與之爭衡。十九年中原大戰危急之時，黨政要員多去上海觀望形勢；而自始至終坐鎮南京者亦唯胡一人而已。後來戰事雖已結束，而國步仍多艱難，論情、論理、論勢，蔣先生都必須力求鞏固其與胡先生的關係。然而，事實適得其反。

蔣先生自前方凱旋回京後，仍刻意要召集國民會議頒佈約法，幾次在其官邸邀集黨政要員商討一切，胡仍堅持反對頒佈約法的意見，吳稚暉、戴季陶、葉楚傖等都表示附和，蔣在表面上也說：「我們祇有照胡先生的話去作」；但心裏却另有主意。二十年二月二十八日晚將突以請宴爲名將胡誘禁於總司令部，並迫其辭職，次日又移往湯山，此後即被幽禁，此即所謂湯山事件也。

胡先生被禁的消息傳出以後，全國譁然，國民黨江蘇省黨部尤爲憤慨，立電中央黨部質問三事（原電係宣傳部長馬元放起草）：一、一個人是否能代表黨；二、武力是否能支配中央；三、軍人是否可以非法拘禁黨國先進。後來經葉楚傖先生再三疏解，蔣又保証胡的安全絕無問題，爲了顧全大局，蘇省黨部的態度才漸趨緩和下來。（一）

聯合評論
週刊
United Voice Weekly
第七十九號
本刊已經香港政府登記
每逢星期五出版
督印人：黃宇人　總編輯：左仲平
社址九龍金馬倫道卅八號三樓　電話61413
承印嘉羅印刷有限公司　香港灣仔馬師道5號
總代理：友聯發行公司　售價每份港幣一毫
本報美洲版總經售處　美國紐約中美出版社
CHINESE-AMERICAN PRESS, INC
199 CANAL STREET.,
NEW YORK31 N. Y. U.S.A.
美洲航空版零售每份美金一角

「修憲」詭論辯

蕭輝楷

一年多以來，早已鬧成僵局的，海內外官民雙方對於「修憲續任」（包括連任及留任）問題的爭執，在第一屆第三次國民大會業已開幕，海外人士的「我們對毀憲策動者的警告」業已發表的今日，終於發展到達高潮；此時此地，用以粉飾毀憲暴舉的各種「修憲」詭辯之大量出籠是毫無足怪的。我爲自始至終堅決反對「修憲」的一員，我的主要反對理由，在於今日任何爲人所可想出的「修憲途徑」全屬違法的暴舉，因爲必然破壞民主憲政，從而必然自毀反共復國的根基；這些理由，海內外賢者論列已多，我不擬在此無謂重複。這裡，我願僅就我所見到的各項「修憲」詭辯，作一概略的駁正。

時下「修憲」辯士用以「修憲」主張的說詞，歸約起來，不外「天理、國法、人情」三端：一、在「天理」上，「反共復國」爲當前至高無上的使命，這必須蔣總統的繼續領導，否則還有誰人？二、在「國法」上，今日的國大代表的身分，即已不合憲法規定；國大代表的任期既可從權延長，延長總統任期爲什麼就偏不可以？三、在「人情」上，蔣總統之需繼續領導「復國大業」，已是「海內外民意的壓倒要求」，民主憲政自不能不順應民意，等等。

對於反共復國是否除蔣總統外即無人可以領導或其領導必不及蔣總統的這一問題，我不願作任何推敲——這一說法，把本是作爲立國大本的法理問題，歪曲成了對於現實政治人物的評論問題，我是從法理立場來反對「修憲」的，我對現實政治人物既素無臧否興趣，自然不擬陷入這類討論。不過我仍可就「理」論理，指陳三點：一、如果除蔣總統外絕對無人可以領導反共復國，由於「人生七十古來稀」，蔣總統在「孔子是人，孔子有死」的邏輯鐵則下一旦不諱，則大大家豈非除却「靠攏」就祇有跳海？二、如果僅是蔣總統比任何別人都要領導得「更好」（包括作總統也比不作總統領導得「更好」），則這便由「必需」問題變成了「較好」問題，然則我很難了解爲什麼要爲了這一並非「必要」的「較好」而毀棄國家絕對必需的「好」（憲法）。

其次，對於憲法之久已不能完全實現，因而「修憲續任」也無甚緊要一節，我的答覆如次：憲法的變更或失敗，可以大分如下列四個層次：一、修憲：這是民主國家的常舉，但這不外：（一）使其更能保障民主，如美國羅斯福總統獲選四任之後，美國國會不久便修改憲法，加上「總統僅能連任一次」的限制；（二）在不違基本民主精神下的、對某些具體制度的調整——但是除拿破崙、希特勒、李承晚一類人外，絕無任何「延長總統任期」之類的調整。二、非憲：即由於人力無可如何的原因，形成某些憲法條文的無法施行，如今之國大代表無法改選是；這種情形不出於當事人的有意選擇，因此祇能叫做「非憲」。三、違憲：即形式上承認憲法，實際上則用歪曲或者抹煞的方式來作違反憲法精神的行爲，如今日台灣之各項反民主的措施是；這種情形雖已破壞憲法，但憲法的表面尊嚴總還存在。四、毀憲：這是對於有關憲法基本精神的條文之明目張胆的非法廢棄，亦即無異公然宣告憲法的死刑，因此是最嚴重的——「修憲續任」對於憲法的破壞程度，正在這一層次，因此大家對此的反對自然會成爲心情最嚴重的反對。

最後，對於「海內外民意一致要求蔣總統繼續領導」一節，我眞不願有所理論，我覺得這無異在和趙高理論鹿之是馬還不是馬——在「擁護連任」上，我們知道有的民營報紙言論是一向反對修憲，到最近數日才一百八十度地大轉變的（因此這種轉變的原因極可能是不便推敲的），我們知道有的「民營」報紙的主要人物是素與官方往來甚密，其言論一直便是與國民黨當權派一鼻孔出氣的，我們知道海內外許多「民間團體」無論在成立經過上還是經費維持上全是官辦的，我們知道有的「民間團體」根本便是架空虛構的；反過來，在反對連任上，我們可以看見台灣民營報刊和海外與官方過從不密的民營報刊中之素爲讀者推重者幾乎無不反對「修憲」，我們可以看見海內外在野黨派的最重要的領袖，舉世推崇的學者、教授、作家和其他青年文化工作者之幾乎無不反對「修憲」，我們可以看見海外各國華人反共青年團體所辦刊物之幾乎無不反對「修憲」，我們乃至還可以看見蔣總統之許多門生舊屬之一同參加大家的反對「修憲」，因此，正反雙方之誰能代表民意是根本不勞詞費的。如果一定要問「民意」，不妨在台灣和海外華僑聚居之地，按照美國選舉總統的秘密投票方式，來一次大規模的民意測驗好了！

閒話三則

舜生

一、

最近一個多月，香港的天氣似乎不太正常，一會兒冷，一會兒熱，我這三十年的老胃病，又有點牽動，因而爲本刊寫的文字也就減少了許多。我服過的胃藥，東西雜投，至少不少於三十種，照最近的情形看，反而是一種中國藥名叫『蜆壳胃散』的是多少有效。每當麻將叉到緊要關頭；或一篇文字已經寫到快寫結論，或提高嗓子爲我的學生講了一點鐘的課，可是還有一節必得講下去；我總是拿出這種隨身携帶的胃散，服上一小撮，便立刻可以解除我的痛苦。這自然談不上根本治療，實際我也並不感到一定有加以根本治療的必要。我本來有一個等待『老毛』結束了才去『息勞歸主』的意思，可是最近兩個月，突然減了十一磅，看樣子似乎連活也活他不過。好在遲結束早結束總歸一樣，像張岳軍所說，人到七十才是生活的開始，我便從來沒有這種雅意。

二、

據台北的朋友來信，他們最近有十來個人，爲了修憲連任問題，舉行過一次小型的座談會，所得結論，乃是八個大字：『無法贊成，無「力」反對』，妙得很，這八個字，眞說明了台灣目前一切的一切。

什麼是『力？』軍隊，警察，特務，青年羣衆，配合國策的司法機關，檢查機構，印鈔票的機器，退役軍人，……便是『力』的總和，一切都靠『力』，有了『力』，便無所謂理，更無所謂法，至於其他說來好聽的辭藻，如所謂『束身待罪』，『反攻復國』，『倫理道德』，『文化歷史』，乃至所謂『三民主義的體系』或『本質』，自然更不在話下了。

話說自從去今六十年前袁世凱在小站練兵，以迄目前毛澤東所領導的紅軍爲止，軍權與政權便已久不可分；在清廷未顛覆以前，袁世凱坐鎮北洋，在外人眼中便早已有『第二政府』之目，辛亥革命既起，袁世凱儘管是能職閒居，可是開到武漢前線，由段祺瑞馮國璋所統率的兩軍，便不是當時的陸軍大臣蔭昌所能調度，非由清廷卑辭厚禮把他們的『袁宮保』請了出來，他們便絕對不肯効命。接着袁氏逼倒清廷，取得臨時大總統，不肯南來就職，也無一而非運用軍隊對他個人的向心力使然。袁死以後，全國軍人承其衣缽，中國乃有十年的軍閥割據之局。

蔣先生這三十五年來的政權，便從民國十三年的黃埔建軍開始，他在這悠長的歲月中，在實質上沒有一天放棄他的政權，也就是由於他沒有一天放棄他的軍權，有人批評他是馬上得天下，永遠不肯下馬，也不能下馬。只有軍隊，才是他主要的政治資本，同時也就是他最主要的『力』。

去年的四月二日，台北一位不肯透漏姓名的官員曾對美聯社的記者說：『外面有些人以爲換人替蔣，則事情較佳，這是不明白這裡情形的說法。事實上，我們正需要蔣總統的堅忍卓絕的領導才能。回顧金門之役時，許多高級軍官均强烈主張轟炸對岸的敵人炮兵陣地。當時美國對這事是反對的，因爲一轟之後，可能把危機擴大，而引致和中共作戰。當時蔣說『不』，三軍便貼然服從了。』

從這段話可看出三點意義：一、這一段話是說明一種事實，中國目前這六十萬經過黨化與個人崇拜的三軍，依然只是一種『認人不認票』的軍隊；二、所謂蔣不是他人所能代替，意思便是說如果換上另外一人，三軍便可能不聽指揮；三、美國對這一事實，早經明白，所以杜爾斯一定要迫蔣來一『不還藉武力反攻大陸』的聲明，作爲誘致中共對台灣海峽放棄開火的香餌。從這三點意義的自然演變，其一便是美國一部分政客年來加强製造『兩國中國』的張本；又其一便是今天一般人非使蔣繼續連任三屆總統不可的有力根據。蔣的連任與『兩個中國』的出現已成爲不可分，說到這種地方，眞使人對中華民國的前途不寒而慄！

中華民國憲法第一百三十八條規定：『全國陸海空軍，須超出個人地域及黨派以外，效忠國家，愛護人民。』又第一百三十九條規定：『任何黨派及個人，不得以武裝力量爲政爭之工具。』如果弄得國家的軍隊換上一個人便不能指揮，這是違憲之尤，只要這一事實存在，中國便永遠不會有所謂民主。

三、

自從七十三個人對毀憲者的警告發出以後，台北方面即有長途電話打到香港，要他們在這裡的工作人員『不予重視』。他們有一種幻想，以爲他們把那種千篇一律的勸進電報連篇累牘的拿來在報上發表，一般讀者便非予以『非常重視』不可，但實際的情形却是剛剛相反，甚至就是若干親台或按月向台灣領取津貼的報紙和刊物，也一律置之不理，又何嘗談得到什麼重視不重視？

一篇『警告』經過半個月的醞釀，結果只有七十三個人簽名，這也是一般勸進派引以自慰的，可是一十五個法官，便間接的可以變更憲法或凍結憲法，我們總覺得七十三個人已經算是太多了。我們承認：今天一般奉命逼迫蔣先生連任三屆總統的，都是所謂『識時務的俊傑，』而一般反對連任的，都是不識時務的『呆子』。可是歷史告訴我們，每當一個國家陷於極端危難或紛擾的時候，所謂『俊傑』也者，往往總是多到滿谷滿坑，而所謂『呆子』也者，總是少而又少，但是，國家所賴以維持於不墜的，却往往存乎『呆子』，而並不存乎『俊傑』，這個鐵一樣的事實，還不足以鼓起少數者的勇氣嗎？何況所謂少數，我們清清楚楚，原不一定是事實呢？

去民主政治益遠矣！

李金曄

根據台北的消息，知道蔣總統是在第一屆國民大會第三次會議開幕前夕，才回到台北的。蔣總統過去習慣於在作重要決定前先行靜居深思的，這次當無例外。

由於他回到台北後，仍未對其未來出處作一明確表示，証明他靜居期間不過是爲了修改「國大」開幕禮的致詞全文，而并未眞正考慮到應否連任的問題，至於他所主張的不修改憲法，也因有「修正」臨時修欵議案提出，遂使他的「堅決主張」，也變得黯淡無光了。

從領導北伐開始，統一中國，中經抗戰，戡亂，以迄十年來在台灣苦守，蔣先生畢生瘁於國事，是爲舉世所共知。也正因爲此，遂使數十年來的功過集於一身。如果中國的政治早上軌道，國家固不至紛亂頻仍，而在民主政治制度之下，國家元首的功過自亦涇渭分明；憲法既明確規定了任期，有功於國家者，固不能久久戀棧；無功於國家者，亦自無從長期留任。國事既不需專賴一人獨當，自可避免獨攬專權事象的發生。

以辛勤秉政數十如蔣先生，以開創國運統一中華如蔣先生，而今日竟要自我罪己，痛陳：「任滿告退之際上對國父先烈無以慰藉其在天昭鑒之靈；下對大陸同胞，不能報答其嗎嗎待援之望。負國負民，愧悱無已，」讀來不僅惻然同情，猶覺「其言益善」。但是，即使蔣先生今日眞能安然引退，可是因數十年來未能澈底實行民主政治所造成的結局，又將何以善其後？

儘管蔣先生的「國大」開幕典禮致詞全文，說來四平八穩，但是却并未眞正說明今後積極而具體的作爲內容是些什麼。消極地謙虛與罪己，除能博取一分同情之外，依然令人深感失望！

蔣先生在致詞全文的第四節「我們今日反攻復國的形勢」中曾謂：「……在這有形的戰力方面，自信一切準備業已完成。至於在無形的戰力方面，我們更要發揚中華民族的文化和倫理——亦即加强道德的勇氣與精神的力量，尤其在政治社會教育各方面，更要積極努力，俾能與有形戰力互相配合，齊頭并進，否則不僅在將來反攻大陸戰爭中不足以對此兇狠狡猾之敵人——共匪，尤其是在反攻勝利以後的建國過程中，仍恐不免重蹈抗戰全勝以後的慘敗覆轍。」「抗戰全勝以後的慘敗覆轍」誠然是說來令人悚然的！如非今日台灣在「政治社會教育各方面」，確有不夠進步，不足爲訓之事態、病態存在，蔣先生又何必要特別提到那十五年前的「慘敗」歷史呢？而那一階段的「慘敗」歷史，如果要試加追究，其歷史責任又應該由誰來負責呢？我絕不懷疑蔣先生引述這段「慘敗」的回憶的目的，除了要促起國人警惕之外，尚有任何其它的用心，但是如果十五年後的今日，號稱已經成了「模範省」的台灣，中華民國國脈所繫的台灣，「政治社會教育各方面」仍未能做到理想盡善的境界，其責任又應歸誰呢？這不僅証明數年來海內外與論所批評者都是事實，而蔣先生所關心「免蹈……覆轍」的期望能否實現，亦同樣令全國人民關心呢！也更顯現出，海內外輿論要求民主改革中華民國現實政治的呼籲，是何等的恰當了！

共產黨當然無法以其殘酷不人道的方法長期地統治中國大陸。但中共所恐懼的却顯然不只是武裝的反攻。我也絕不懷疑今天台灣軍力的增加，但是祇限於採取守勢也是事實，在現階段要求政府即時反攻，確有主觀與客觀的困難，但若坐待「事半功倍，水到渠成」的機會來臨，似乎也頗不切實際。換句話說，如果今後沒有，或要再待十年廿年後，始有「海陸策應，內外夾擊的戰機」出現，才能採取軍事行動，實行登陸反攻，豈非徒然令人與「俟河之淸」的感嘆！而今日的局面，還容許有第二個或第三個十年的等待機會嗎？

蔣先生對於在他第二任總統任內未能實現「光復大陸重建中華」，不僅表示了「無詞以對」國民大會的代表，和「愧對大陸廹切待援的同胞」。且已深感「惶愧無地」了！然而自責「失職負命」，與「束身」以「待罪」，并不能解決當前中國的實質問題。今日的中華民國若是個澈底實行民主政治的國家，蔣先生的演詞，不失爲是一篇漂亮的引咎身退的好文章，但直到目前爲止，無奈勸進派已替蔣先生製造了「修（毁）憲連任的形勢，「廹」使蔣先生非繼續騎在虎背上不可，這樣的形勢，或許也可能是蔣先生所不願見的，而另一方面却也使人感覺到中華民國距離實現眞正的民主政治，是愈來愈遠了。

走筆至此，我節錄華盛頓在一七九三年任滿時所作的臨別贈言，以結束本文，即使蔣先生「被廹」連任，（毁）憲勸進的人也希望他及主催修士們參考：

「我們重新選舉一位公民來主持美國政府的行政工作，爲期已不在遠，這種重任，應當付託給誰，大家在這時候就必須運用思想，考慮決定。因此我覺得我現在應向大家有所表示，尤其因爲這種表示可能使得公共意見表現得更爲明確，就是我已下了決心，謝絕把我放在被選之列……

「當我初負起這艱難的責任時，我的印象如何，業已在適當時機中解釋過了。關於執行這種任務，我說，我業已正心誠意，對於這政府的組織和行政，貢獻我這個智慮短淺的人最大的力量。就任之初，並非不知我的能力薄弱，而照自己經驗之所示，更使我缺乏自信，恐怕別人看來，更是如此；加以年事日增，愈益昭示我的退休，不僅爲他人所歡迎，抑且爲自己所必需。我知道，如果任何情況顯示我的服務有特殊價值，那種情況只是暫時的，所以我相信，照我的意願和考慮，我應該離開政治生活，而就我的愛國之心而言，這種離開亦無損於國家。這是我引以爲自慰的……」

馬寅初向中共再度挑戰

中共北京大學校長馬寅初，最近在第一期「新建設」上發表「重申我的請求」一文，再度向中共提出挑戰。該文指出：「十一月卅日和十二月七日、十四日『光明日報』和『新建設』十二月號所發表的評論，仍屬於破壞的性質，不過寫的人換了一批新的「素的人，原來的一批『老手』不出面了。」馬年沒有見過面氏認爲：「這到是一件好事。」因爲「人越多，意見越多，領教的機會更多，不難最後只要以一篇文章來答謝。」

馬氏的態度十分堅定，對於數百人的圍攻幾視如無物。他在文章中以譏嘲的口吻諷刺圍攻者。說：不但沒有被駁得「體無完膚」，反而被駁得「心廣體胖」了。

馬氏聲言，他最近即將出去作三、四個月的視察，回到北京以後，再對攻擊者以總的「答謝」。不過希望駁的人「多費些時間，做些眞正的研究工作，寫出一篇『立』的文章來。」他說：「既然說『馬寅初對大躍進情形的解釋是不科學的』。那麽，讀者們都希望你作出一個科學的解釋來。」

據馬寅初說：「自『新建設』十一月號登出我的文章後，同情我的信已經不少了，有的雖表示同意，但不敢簽名，只寫『讀者謹上』字樣，這部分表示了今日的『百家爭鳴、百花齊放』的眞實情況，我只能唱『獨腳戲』。我只能單身匹馬出來應戰。」

馬氏在這篇文章中，爲了說明，在出去視察期間，對所有攻擊文章不作答覆的原因，又透露出一些奇怪現象。據馬氏說：「去年我花了五個月的工夫視察九個省份，南自海南島，北至長春，買不到一份『光明日報』。」於是足見中共對於不同地區出版的報紙，管制是如何地嚴格了。結果他「只得請北京大學學報人文科學編輯委員會把我的這篇文章在一九五九年第一期中轉載一下，以資保存而便參孜。」看來馬寅初仍將對中共的御用文醜應戰到底呢！

（資料室）

聯合評論合訂本第二冊已出版

自第廿七期至第五十二期（自中華民國四十八年二月十三至同年八月十四日止）裝訂無多，購閱者請向本社洽購。零售每冊港幣式元。外埠酌加郵費。優待學生，每冊減售港幣壹元。

聯合評論社經理部啓

台灣一周

「文學侍臣」的臉譜

法新社的電訊：國民黨謂準備召開國是會議以團結一切反共份子。那些非國民黨的領袖，對國民黨此一「橄欖枝」表示冷淡。

香港的星島日報發表了一篇「速召開反共國是會議」的社論謂：「年前官家『文學侍臣』更大放厥詞，說國家已安定，『無國是足云』。他們淺陋、愚昧，連『國是』兩字，也不知作何解。又不肯查查詞書，鬧出笑天下之大話，當局對之竟不加譴責，仍然任其居高位，弄權放恣。怎不使海內外同胞失望？政府之聲望，被若輩破壞無餘，殊堪痛惜。」犀利的筆鋒，針針見血，作爲憂時愛國的人士，莫不深有同感。

國人記憶猶新，年前香港一家畫報曾廣泛徵詢「國是意見」。自吹自擂自以爲「政論權威」者，就大言不慚說「國是會議」是違憲亂紀。但目前國民黨方的權威人士，都放出空氣「準備召開國是會議」眞不知這一類「政論權威」又將如何自圓其說？

起碼要翻翻「辭海」

翻開「辭海」國是條的解釋：「新序雜事：『君臣不合，國是無由定矣。』案國是與國策、國計義頗相近，非泛言國中之事。」明乎此，對「國是會議」或「反共救國會議」的涵義，至少有一個起碼的瞭解了。「國是會議」違憲說，眞不知從何說起？如果，那樣的人也可叫做「政論權威」，豈不嗚呼哀哉！

賣文祇爲稻粱謀，老老實實，不知爲不知，對㚒字療飢的苦衷，大家都可以諒解，强不知而爲知，那未免太欺天下而無知了。

爲政府進一言

我不知道豢養「文學侍臣」的作用安在？這幫諂諛逢迎者流，唯一的本能，祇會極盡挑撥離間之能事，從而加大朝野間的裂痕。

難怪乎，「星島日報」社論的作者慷慨陳詞：「國府如眞欲謀大諒解、大團結、應首先黜免奸佞，開誠布公，團結海內外同胞，共謀國是，共赴國難；反攻復國。」

墨子所謂「怨結於民心，諂諛在側，善議障塞，則國危矣」。爲此要求團結請先「炒」文學侍臣的「魷魚」。

· 孟戈 ·

蘇聯對中共軟硬兼施

本月二日，莫斯科召開了「歐洲社會主義國家農業經驗交流會議」。這是一個奇怪的會議；按照性質來說，這是一個技術性的會議；但出席者都是黨魁和政府總理，未免大材小用。這當反映出了這一會議所討論者決不只是農業經驗。以目前的情況來說，中共的人民公社，雖然它以壓榨人民爲目的，其後能否維持下去也還有問題，但總不能不說是共產國家的重要農業經驗之一。這一會議既然是農業經驗交流會議，把中共的代表排斥在外，顯然是共產國際對于人民公社有歧視，這個會議雖然叫作歐洲社會主義國家間的會議，但却有外蒙和北韓代表出席；既邀亞洲的共產國家，但又不邀中共與北越，這樣似可說這一會議，不僅只排斥人民公社的技術性，而且還是具有勢力範圍爲界限的排斥性質；果若如此，則此會顯然具有嚴重的壓迫中共的政治意味。

這次的莫斯科會議，也不是爲着要使中共放棄人民公社，因爲從現階段來說，中共對與蘇聯間的不協調，不是來自人民公社的制度，而是它强硬的對外行動在不斷地破壞着赫魯曉夫嚮往已久的高峯會議。因此，蘇聯施行壓力的目的，幷不是立即要求中共取消人民公社，相反的是以言不由哀的姿態來鼓勵人民公社。二月十三日，蘇大使契爾沃年科在北京慶祝「中蘇同盟」十周年大會上說：「由于全國人民堅持社會主義建設總路線，堅持大躍進，幷運用了農業中的組織形式——人民公社，展開了轟轟烈烈的增產節約的羣衆運動，一九五九年發展國民經濟的計劃已經超額完成，提前三年完成了第二個五年計劃。」蘇聯高級官員正式稱贊人民公社以此爲第一次，這幷不表示蘇聯對于人民公社反對態度的改變，而只是一種聽來美麗，心口不一的表面稱頌而已。因爲人民公社的基本理論是「不斷革命論」與「階段論」的結合。此亦即在社會主義社會中亦要發展共產主義，使共產主義成份在社會主義社會中逐漸擴大，來排斥社會主義成份，最後進入共產主義社會。而蘇聯則認爲在社會主義階段必須根據按勞付酬來刺激社會主義的物質發展，物質充份發展後，就自然而然的全面接近共產主義轉入共產主義社會。這裡說明了它們間的對于共黨主義建設的方式方法的不同，從而可見，只要中共維持着人民公社，它們的歧見是無法統一的。

二月四日，莫斯科又召開一個「華沙條約國政治協商委員會會議」，中共的代表康生以觀察員身份說：「東西方高級會議不久將召開。關于裁軍問題，也在程序上達成了某些協議。中國人民和全世界愛好和平的人民和國家都爲這一切感到高興。」這是在赫氏訪美回來後，中共高級官員對于高峯會議的第一次評論，亦是第一次同意舉行高峯會議，這裏早已說過中共過去，反對高峯會議，現在同意了，這是一項不可忽視的轉變。

由前述發展來觀察，中共之所以同意高峯會議，似乎是所謂農業經驗交流會議壓廹的結果。若假定蘇聯以惠而不費的對于人民公社的稱贊來交換中共同意高峯會議，是不相對等的，這不過是蘇聯對于中共軟硬兼施的手法而已。

·田心·

像斷了發條的鐘錶
大陸青年消沉悲觀

中共今天面臨的難題，從表面上看，最突出的問題，似乎是黨內左右兩派的鬥爭，和經濟上的種種困難和危機，但如從深處觀察，則最大的危機，還是青年的思想問題。

中共在未獲政權之前，宣傳工作，確會獲得鉅大的勝利，對當時青年思想有深刻的影響，富於愛國熱情與思想的青年人，對中共的响往一度陷於狂熱，不計一切犧牲，甘受驅策，但中共掌握政權以後，殘忍的現實，毀滅了這些青年的幻想，有些人悲觀失望，也有些人走上「反黨」的道路。以時間來劃分，這可說是前一期被欺騙、受辱、繼而被摧殘、打擊的青年。第二期應在中共掌握政權之初，大批青年基於愛國願望亦會寄希望於中共，但是這批青年由希望到失望，中間過度時間極短。一九五七年的鳴放運動，全國青年學生中，自發的巨大反共浪潮，是最具體的表現。當時中共如不急速收場，則這場烽火，即使不能一下摧毀中共的赤色王朝，亦必受到嚴重的創傷。

經過一九五七年的「鳴放」和「反右」。中共固然提高了警覺。但青年人亦同樣受到教訓，鬥爭形式發生顯著的變化。這種變化的特點，雖有各種不同的型態。但基本上都是「消極地」、「灰色地」」。這種消極態度，往往是：看起來，沒有甚麼，而實際上却起了一種癱瘓作用，其主要形態有三：

一、對鬥爭不感與趣，就目前而論，中共認爲影響政權鞏固和社會主義建設成功的是「右傾機會主義」，但反對「右傾機會主義」的鬥爭，却表現得軟弱無力，據「中國青年」的報導說：「一些同志對這場重大的思想鬥爭，抱着温情主義的態度：有的在鬥爭中，因爲被批評的人，是自己平常熟習的同志、老朋友、老同學、老上級，狠不下心、下不得手」。「有些人也自稱是無產階級的戰士，但是他們都有一個致命的弱點：害怕鬥爭。一提出要對資產階級進行鬥爭，他們的態度就曖昧不明。」

二、消極冷淡

工作被動，去年十二月十三日「人民日報」對這種現象，曾如此說：「在現在這個光輝燦爛的時代，也會有一些愁眉苦臉過日的人。他們不但沒有蓬蓬勃勃的朝氣，而且對新事物冷淡、漠然，這事不歡喜那事不歡喜，別人唱得高高興興，他却閉耳不聽，眯眼不看，噤口不語，一動也不想動，他們當中有的是胆小如鼠，推一推動一動，不推不動，有時還像斷了彈簧的鐘錶，動一動，又停下來了。」他們背地裡總是嘀嘀咕咕：「老天爺呀，太緊張了，讓我們安靜一些吧。」

中共湖北省委第一書記，在共青團湖北省第三次代表大會上也提到：「現在是不是每個人在自己的工作崗位上全力工作呢？我看不是這樣。有許多人並不工作的那樣好，他們不是滿腔熱情地以高度責任心對待工作，而是馬馬虎虎得過且過，不求上進。這些人沒有思想，沒有雄心大志，不好好工作，不學習，也不想提高自己。」

三、不問政治

只愛生活，今年最近出版的「中國青年」，有這樣一篇報導。說現在的青年都「把自己蜷縮在小家庭和生活的瑣事中，對於自己的小家庭和生活瑣事，有極端濃厚的興趣，而對於政治對國家大事却感到淡漠。他們沒有遠大的奮鬥目標，沒有雄心大志，只追求一些個人生活享受，（從個人的吃喝玩樂到愛人的衣着打扮）和個人的自尊心、虛榮心。他們不從工人階級和集體利益出發來看問題，而是從個人生活利益來衡量一切問題。」

這個刊物，對一般青年愛家不愛黨的生活情況，還進一步作了較詳細的描繪，「只要稍加留神觀察，就會發現我們日常工作和生活中，往往有一種將小事變大事，將大事變小事的人。他們對自己的小家庭，日常生活瑣事，津津樂道，興趣極濃，幾乎把全部腦筋和精力用在這上邊。經常盤算着房間如何佈置呀，愛人穿甚麼衣服好呀，給孩子添甚麼玩具呀，百貨店最近有些什麼新產品呀，禮拜六晚上到什麼地方去玩，那個舞廳條件好呀，等等。爲這些不惜廢寢忘餐，絞盡腦汁，尋找『千方百計』，並且『千辛萬苦』，忍受疲勞，去四處奔波。在這上邊，『寸步不讓』。一旦有點不如意處，就如遭大難，悶悶不樂，坐臥不安，有時候竟至連續幾天吃不下飯去，抱怨、傷心到極點。相反的，他們對社會主義事業、國家大事和黨分配給自己的工作，却感到淡漠，很少關心和鑽研。報紙來了，他亦是看看大標題而已，甚至連大標題也不翻，但對廣告和文娛節目欄，却從不放過。國際國內不管出了什麼大事，他都很少有動於心。在工作上眞是度日如年，還未上班就等打下班鈴，剛過星期天，就盼星期六，你問他工作中有什麼問題，他總是支支吾吾，張口結舌，最多用幾句『公式話』來敷衍一下。」

中共對黨，以及對整個大陸的控制，其唯一的依據，是一個嚴密的組織，和殘忍的鬥爭。但組織力量和鬥爭手段之能發生作用，則全賴一種狂熱的信仰和情緒，如果青年思想長期陷於悲觀失望，暮氣沉沉，則所有的組織與鬥爭力量，必將隨之而鬆弛、消失。中共當權者，似乎已經察覺到這一點，而竭力鼓勵青年「立大志」，但在極權統治奴役政策下，這一矛盾，是永遠無法解決的。（裕）

被摘掉右派帽子的人物簡介（下）

徐鑄成：江蘇省宜興縣人，北京清華大學卒業。新聞評論家。一九四五年任大公報總編輯。一九四六年任文匯報總編輯。一九五四年六月爲全國新聞協會委員。

沈志遠：浙江省蕭山縣人。歷任暨南大學、中國公學、上海法學院、北京大學、東北大學教授。一九四九年任全國出版總署翻譯局長。一九五四年任民主同盟上海支部主委。一九五五年任中共科學院哲學社會科學部委員。

吳藝五：一九五四年六月任華東軍政委員會人民監察委員會委員。一九五六年二月任國民黨革命委員會中央委員。

連瑞琦：一九五五年曾任上海市政協委員。

陳子展：一九五五年曾任上海市政協委員。

連瀾如：曲藝家。一九五三年十月任中國文學藝術界聯合會二屆全國委員。中國曲藝研究會副主席。

李紫翔：安徽省人。一九五三年一月西南行政委員會委員。一九五四年九月任西南軍委財經委員。一九五六年二月任國民黨革命委員會中央委員。

張雪岩：四川省人民政府委員。

羅筱元：一九五三年十一月任全國工商業聯合會第一屆執行委員。一九五六年十二月連任全國工商聯合會第二屆執行委員。

孫殿才：係寧夏人。一九四九年爲中共寧夏省工作委員會書記。一九五四年十二月任甘肅省副省長，及中共甘肅省委常委。

武百祥：一九五三年十一月任全國工商聯合會執行委員。一九五四年十二月任政治協商會議第二屆全國委員會委員。

王卓如：河南人。一九五五年二月曾任山東省副省長。中共山東省委常委。一九五八年十月反黨。

陸侃如：教育界人士。一九五三、五四年任山東大學副校長。一九五六年二月任九三學社第四屆中央委員。

高覺敷：一九五四年任政協第二屆全國委員。一九五六年二月任九三學社第四屆中央委員。

潘鍔鏱：一九五四年八月爲第一屆全國人代會安徽省代表。一九五五年十一月任安徽省工商業聯合會主任委員。

劉永業：一九五三年十一月曾任全國工商業聯合會第一屆執行委員。一九五六年十二月任第二屆委員。

王夢周：一九五七年曾任廣西省委常委。同年十一月任廣東省組織部長。

廖亢：一九五五年二月任廣西省人民委員。一九五七年任廣西省委財貿部長。兼廣西省人民政府秘書長。

陳新民：一九五五年二月任湖南省人民委員會委員。一九五六年二月任民主同盟第二屆中央委員會委員。

反共救國會議舊話重提

靜吾

（台北通訊）六年半以前國民中央執行委員會全體會議曾鄭重其事的決議要召集反共救國會議，時陳誠任行政院長，且於該院設立籌備委員會並邀請民青兩黨派員參加。這就是說，召集反共救國會議在當時不但是執政黨的既定方針，而且成了行政院的施政要目。可是，自蔣總統二屆連任後，因為目的已達，此一會議即被擱置。在俞鴻鈞內閣期間，雖提到一二次，但不過說說而已。蔣總統更於四十七年七月十六日向國民黨中央評議會發表一篇長達一萬餘言的演說，內稱：

「自從我去年六月蘇俄在中國著作出版以後，同時由中央社聲明這一著作出版，乃無異作共匪數年來無恥和謠的一個總答覆。至此，共匪的和謠乃澈底粉碎，不得不自認其此一奸計已完全失敗。所以去年六月以後，共匪亦就改變其大鳴大放的號召，轉而發動其反右派的鬥爭了。雖然如此，他對海外的民主人士，還是施展其積極滲透，並策動其在台灣提出反對黨的號召。這當然又是共匪往日民主同盟的慣技，亦就是統戰的基本戰術，至少可使反共心理發生了影响。萬不料這些民主人士乃會重蹈其過去覆轍，而毫不醒悟，這豈不可嘆！

「由於民主人士積極推動這一幕國共和談一舉來看，又不能不使到我們聯想到這些民主人士當時所主張召開反共救國會議的用意，實令人發生一種疑慮。這種疑慮或許是多餘的，也不一定正確；但我們對於其為共匪推動和談運動無法不抱杞憂。後果所及，必將動搖我們反攻復國的國策。故不能不將昔日國共和談的後果及其共匪今日所要策動國共和談的內容予以澈底揭破。他們的內容是什麼？第一步就是要以反共救國會議為其契機，而成立其變相的政治協商會議。這個變相政治協商會議的結果，最後勢非要約共匪參加在內不可。第二步就是以這變相的協商會議的方式來組織其聯合政府。而最後一步亦就必然要毀棄今日中華民國憲法，取銷今日民主憲政，而將我們今日在台灣唯一的反攻復國基地與全部軍民斷送給共匪，以實現其共匪所謂人民共和國來統制全國的幻夢。這種亡國滅種的陰謀如果得以實現，豈會陷害我們整個黨國於萬刧不復之境！」最後並作結論說，「反共救國會議，即是反國救共會議」。

蔣總統在這一段演詞中，公然把原由國民黨中央執行委員會倡議的反共救國會議指為海內外民主人士為中共推動國共和談成立聯合政府及摧毀中華民國反攻復國基地的陰謀。以一個堂堂的國家元首，竟出此含血噴人，揷贓移禍之下策，固為識者所嘆息。但自是以後，當局就絕口不再提反共救國會議了。

數月以前，由於國際形勢之逆轉，聞王世杰從美國回台後，曾與王雲五陶希聖及民青兩黨要員交換意見，打算建議當局召集一小型的會議，並擬定會議的名稱為台北談話會，以商談外交為主。但官方迄未有明確的表示，海外民主人士對如此的會議亦不感興趣，於是，當權派更決心我行我素，不顧一切了。

但這幾天來，此間關於反共救國會議的空氣忽由暗淡而轉趨濃厚，三黨黨要都表示希望能夠開成，民間報紙亦著論贊同，似乎實現有期了。然而稍加分析，則發現仍以宣傳的成份居多。茲概畧報導如下：

一、截至今日為止，不但蔣總統迄未表示即將召集反共救國會議，即國民黨中央執行委員會亦未作此決定，行政院陳院長在答覆立法委員的訊問時，也祇說，「我希望反共救國會議能夠召開，尤其希望能開成功」；但並未說，已決定召集此一會議。於此，可見召集反共救國會議至今尚未成為當局的既定政策。六年以前，行政院已經開始籌備召集而尚流產，今日僅表示有此希望，豈不更渺茫嗎？

二、聞海外民主人士堅持政府必須有積極準備反攻及依據憲法實施民主改革的誠意並有若干事實表現，然後才可考慮參加反共救國會議的問題；但當權者則似乎祇要大家來捧捧場和聽聽訓話，却並無改革和反攻的意向。因此，縱然政府決定要召集有此一會議，而海外民主人士是否即惠然肯來似乎也大有問題。

據筆者的觀察，連日報紙之所載有關反共救國會議的消息，其主要原因，即是當局想藉此緩和海外反對蔣總統再連任的空氣，尤其是想緩和香港方面那篇反對連任的宣言，如此而已。不過此間民青兩黨及若干在野人士確希望藉此機會促成此一會議的實現，官方所謂已和各黨派取得諒解云云，即此之謂也。

假如香港方面的宣言不能打銷；而蔣總統又在勸進派的導演之下被擁上再連任的寶座，當權者又將覺得既然想打銷的不能打銷而想得到又已得到，自無再開什麼反共救國會議之必要了。總之，今日的台灣並不是一切為了國家，乃是一切為了經國，反共云云，憲政云云，不過是應時的文章而已。陳院長在立法院說，「因為贊成的人少，反對的人多，所以反共救國會議雖然提了兩次，但迄未開成」。他雖然沒有指出是誰反對，但大家都知道從中作梗的即是蔣經國也。

大法官解釋憲法的經緯

大法官會議已將憲法第一百七十四條所規定的國民大會代表總額解釋如下：「憲法所稱國民大會代表總額，在當前情形，應以依法選出而能應召集會之國民大會代表人數為計算標準」。此項解釋，不但為勸進派修改臨時條欵開闢了新的途徑；而且使他們從今以後更能為所欲為，縱然要在憲法中加上一條「總統逝世後，由其長子繼任之」，也不患國民大會沒有足夠的修憲人數，其功實在太大了。有人還認為大法官不採取硬性的數字的解釋而作此一彈性的原則的解釋，確是別出心裁，聽明之至。但如果我們將大法官的解釋和國民黨中央對國民大會幾個重要問題的那篇聲明作一對照，此中的來龍去脈就更顯然了。茲將原文有關國大總數的一段照抄於下：

「四、國大代表總額計算的標準問題

因為臨時條欵的制定是引用憲法第一七四條第一欵所規定的程序，而該欵的規定是「由國民大會代表總額五分之一之提議，三分之二之出席，及出席代表四分之三之決議……」第三次會議對於代表總額應如何計算，本黨籍代表同志中提出各種意見。

在制憲國大集會時，司法院曾對代表總額有所解釋，但憲法制頒之後，國民大會代表總額計算之標準，在憲法上及有關法律上均無明文規定。

國大代表選舉罷免法第四條所規定之應選名額共三、〇四五人，但國民大會組織法第三條係規定「國民大會以依法選出之國民大會代表組織之。」這兩個法律所明定的代表人數計算方法已不相同。

在第一屆國民大會第一次集會時，因憲法實施之準備程序第八條規定：「依憲法產生之國民大會代表……：在第四條規定期限屆滿，已選出各達總額三分之二時，得為合法之集會及召集」，是以其總額之計算必需以應選名額三、〇四五人為標準。而事實在國家領土完整的時候，因國大代表可以依法選舉，並自由決定是否應召集會，其應選出與實際選出及可能應召出席之人數原不致有重大差別，所以當時以應選出之人數為計算標準，亦不發生何等問題。但即使在此通常情況下，三、〇四五的數額也不是不變的，隨着人口的增加或減少，職業的發達，國大代表選舉罷免法如依實際情況予以變更，則依此標準所計算之總額人數亦隨之改變。

四十二年九月立法院通過「第一屆國民大會代表出缺遞補補充條例」並於同年十月經總統明令公佈，因該條例第三條規定，第一屆國民大會代表行蹤不明三年以上，並於政府公告限期內未向指定機關親行聲報者，或附匪有據依法通緝有案者，視為因故出缺。又第四條規定，第一屆國民大會代表候補人有上項情形者喪失其候補資格，爰經內政部公告：第一屆國民大會代表及其候補人應自四十二年十月十日起至同年十二月底止，向內政部親行聲報。當時經依法聲報者計一、六四三人，實際報到者為一、五七八人，第二次會議以後，代表之中仍續有出缺而未能遞補之事。

故目前實際情況與國大第一次會議時，顯然有重大變遷：

（一）淪陷大陸之代表，行蹤不明已逾十年以上，其無法應召出席已成確定之事實。

（二）在匪區中一切人民均無表達意見與行動之自由，淪陷大陸代表之無法應召出席，自與故意拒絕出席顯然完全不同。

（三）十年以來國大代表迭有出缺無法遞補之情事，而在大陸光復以前，既不能依法改選，亦不能依法補選。

凡此，均非制憲之初所能逆料，所以在實際情況已有如此重大的變遷之後，為了使憲法所創設的各種機構均順利行使憲法所賦予之職權，對於國民大會代表總額計算之標準究應如何決定，自有斟酌憲法本旨加以研究，並予以正式確定之必要。」

在這一段聲明中，最可注意的是「其應選出與實際選出及可能應召出席之人數」這一句，尤其是「能應召」三字。可見大法官的解釋原是有所本的。就這一篇聲明及大法官會議之解釋文的措詞和用字看去，殊足令人感疑他們都是出自那位名政論家的手筆。至於大法官會議付表決之經過情形，也十分令人玩味，特報導如下。

據聯合報載，「大法官會議通過此一解釋時，並非以一般的舉手方式來表決，而是逐一徵詢意見。十五位大法官在逐一表示同意或不同意之意見時，所作表示也不是簡單的僅作「同意」或「不同意」之表示而已。言詞之間，四分之三以上的大法官對此項解釋均表同意，並會作各說明，但也有極少數者對「解釋」文字上表示了不同程度的其他意見，昨日所傳的某位大法官獨持異議之說，也許就是因為在各別陳述意見時的若干技術上的枝節意見所誤傳出來者；但在「表決」程度上，同意者已超過四分之三的出席人數，「解釋」即為通過，對外發表時，未達法定人數的少數意見既不成立，自亦可以「一致」通過的方式發表。」

觀此，可知大法官會議是在極不自然的環境中舉行的。表決時所以不採秘密投票的方式，想必是當權者防止若干大法官可能本諸良知而投下反對的一票。而採用舉手或簡單的表示「同意」或「不同意」的方式，亦恐仍有若干剛健的大法官會表示不同意。於是，乃出此史無前例的卑劣手段，不准每一大法官祇說「同意」二字或「不同意」三字；而強廹他們說一段話，然後由主持大法官會議的司法院長在他們的「言辭之間」判定某也同意，某也不同意。聞大法官會議時，除一二人甘作當權者的應聲虫而主張通過此一奉交的解釋文而外，大多數的大法官都覺得因人立法早為世所詬病；而因人釋憲更將遺患無窮，不願苟同；但因在積威之下，敢於仗意直言，堅持反對者亦唯一二人而已。餘多表示為適應當前需要而將國大總額作彈性的解釋，固不失為一時的權宜之計；但此例一開，誠恐導致我們的憲政前途蒙受不可補賞的損失，因而「覺得的確應該深思熟慮」。這樣的意見，在旁觀者聽來，當然是不同意此一解釋了；然而，司法院長却別有見解而認為他們的「言詞之間」並無反對二字，自可視為同意。於是，四分之三以上的大法官的意見都被列為同意之一方而解釋案就如此這般的「一致通過」了。論功行賞，當首推謝冠生院長呵。

中共對亞非集團的新策略

劉裕畧

共產黨人是最講究策畧的，這不僅蘇共如此，中共也如此。還在共產主義者尚未在任何地區取得政權之日，包括馬克思本人在內，對於政治，他們就一直非常講究策畧。

當然，這也並不是說共產黨人處處講究策畧的結果，於是，共產黨人就會永遠成功，就會回回勝利，相反，由於他們的教條主義（雖然他們也常常在喊反對教條主義，但他們所信奉的馬克思主義，在基本性質上原就是一種教條，所以，他們儘管高喊反對教條主義，他們實際上卻跳不出教條主義的圈子，有如孫悟空跳不出如來佛的手掌一樣。）他們的策畧畢竟不能無限，同時，黨的組織性，也制約了它的運用。所以，若我們以為共產黨的策畧是好得來高於一切，那是與事實不符的，若以為共產黨全不講策畧，那也絕對錯誤。

根本說來，在共產黨的最終末日到來之前，共產黨是在策畧的設計—執行—檢討—再設計—再執行—再檢討的過程中循環着的。（儘管共產黨人在思想方法上不承認事實的發展有循環，而只認為這是一種辯証的發展，但共產黨人的一切是在設計—錯誤的循環中打轉則是事實。）

凡講策畧，都最注重階段。毛澤東曾經有一篇文章叫做「論現階段」，那正是共產黨人總以階段來講究來構成策畧的最好說明。

毛澤東曾經公開宣稱對內不行仁政，那末，對外當然也沒有任何善意的睦鄰政策，自毋待言。它用什麼來對外呢？尤其它用什麼來對它周圍的許多亞洲國家呢？策畧而已。陰謀而已。

大體上講，我們可以把中共對亞洲各國的策畧分成兩方面：一方面是如何對付那些中立或親共國家；另一方面是如何對付那些反共國家。之所以如此區分，這是因為亞洲各國的情形原本不同，所以，它的策畧也各異。日本是一個反共國家，在亞洲的地位極重要，中共對付日本的策畧有另外的一套，本文無法詳細論及，容當以專文來論述。這裡所要討論的，則是中共如何對付亞洲中立國家的問題。雖然亞非集團，並不就是中立集團，但以印度、印尼、緬甸、埃及等為主幹所表現的中立傾向，在最初一個階段，比較一致，所以這裡就以中共對付這幾個國家的態度作代表來討論。

根據事實，中共對亞洲若干國家的策畧又可分為三個階段：第一個階段是擠進亞非集團內部去與亞非國家盡可能打成一片，以期一方面解除本身的孤立，另一方面又可拉攏若干亞非國家，以壯自己的聲勢，並乘機在亞非兩洲搞國際統戰，就周恩來當時以狼虎之身蒙着羊皮去參加萬隆會議的情形看，中共的企圖當時是相當達成了的。換言之，中共在第一階段對亞洲若干國家的策畧是相當成功了的。

萬隆會議之後，埃及與中華民國之斷絕邦交，進而與中共之締交，以及印度之尼赫魯、印尼的蘇加諾、緬甸的宇努等人之相繼對中共擺出友好姿態，都可視作中共在那一階段的收穫。

但隨後不久，這些關係便進入了第二階段。第二階段的特徵，是中共雖在口頭大喊反對大國沙文主義，內心裡却由一時的勝利冲昏了頭腦，竟以大國自居。對於亞洲許多中立國家，露出了原形。再則，內政與外交是息息相關的，中共在大陸四週雖佈下鐵幕，但中共對西藏殘暴舉動，終於與印度發生難於協調的矛盾。此外，中共又總是利用僑民在各該與中共建有邦交的亞洲國家從事政治的顛覆和經濟的搾取，遂又與印尼鬧翻。而印度印尼皆亞非集團之主幹，所以，在此第二個階段中，亞非集團的精神基礎乃趨於崩潰與瓦解。周恩來所說的五原則，也終於被證明為空談。亞非集團之另一主幹埃及則更因中共容許反埃及的人在北平隨便發言攻擊埃及，亦對中共大為不滿。對於埃及，中共直到現在未予太多的理會，原因是埃及畢竟隔中共太遠，在中共看來，埃及對中共的實質影響，也畢竟不及印度印尼等亞洲國家密切，所以，直到現在，中共與埃及之間，關係尚未復原。而亞洲其它若干小國，為了自身的生存，則不能不與印度印尼呼應，這樣一來，於是，中共就陷於四面楚歌的孤立情況中了。這便是中共與亞洲若干國家的第二階段關係。

正因為中共與亞洲國家的第二個階段關係如此，所以，中共檢討和設計的結果，便又重訂策畧，使它與亞洲許多國家的關係進入第三個階段，即目前的這一個階段。

中共新策畧的主要表現，是對印尼讓步，不惜犧牲中國在印尼僑民的利益，以滿足印尼政府的要求，從而達到中共與印尼邦交的表面調和，藉以解除中共在亞洲的孤立處境。

中共現階段新策畧的另一表現，則是它與緬甸的訂約。一九六〇年一月廿八日周恩來代表中共與緬甸總理奈溫在北平簽訂了「中華人民共和國政府和緬甸聯邦政府關於兩國邊界問題的協定」和「中華人民共和國和緬甸聯邦之間的友好互不侵犯條約」。在這一條約中，中共把中國的土地犧牲了很多以誘緬甸簽字。中共如此做的主要目的仍在對亞洲若干國顯示中共不但對外無領土野心，而且還犧牲了許多土地給緬甸，從而緩和亞洲若干國家對它的疑忌。其實，在中共看來，目前給緬甸佔些便宜，終有一天，是要把緬甸整個吃掉的。這正和它在國內宣稱「不取人民一針一線」，實則生命財產全部都要是一樣。

目前剩下的只是中共與印度問題，這一問題並不會立刻解決。有些國際問題評論家認為中共基於它第三階段——即現階段的策畧，將立刻對印度讓步，以調整亞非集團的關係。不過，據我看：中共將向這方面走，是無疑的。但這問題之所以不及印尼、緬甸那樣迅速解決，則另有原因在。我以為中共對此早有部署，中共之所以不惜犧牲而先調整它與印尼及緬甸的關係，用意之一則在拆散印尼緬甸與印度的關係，以求在亞非集團中孤立印度。假如這一着不可能，那末，中共才會進一步去設法解決中共與印度的衝突的，但印度與中共的衝突除邊界問題，西藏問題等外，尚包含有較大的政治思想和建國路線的競爭問題等在內。這遠不如印尼緬甸問題簡單，所以，中共與印度之間的問題，何時解決？如何解決？都尚待其它許多因素來決定。

但不管怎樣演變，怎樣決定，中共之策畧雖每個階段不同，但它與亞洲許多國家的關係，越來越不好，則為不可避免的事實。無論它怎樣講究策畧，它的狠虎本質是終於限制了它的前途的。

中共「第二個五年計劃」果眞提前完成了嗎？

目前中共正在大力宣傳「第二個五年計劃」的成就。這個計劃原訂的期限，是從一九五八年起至一九六二年止。現在他們宣傳着說：到一九五九年年底止，這個計劃的主要生產項目已經完成，有一部份顯已超額完成了。除了原油、鋁錠、化學肥料、水泥、食用植物油、糖、大豆、猪、牛、馬、羊等十一項尚未達到規定指標外，所有鋼、原煤、發電量、冶金設備、發電設備、金屬切削機床、原木、棉紗、棉布、鹽、機製紙、糧食、棉花等工農業生產項目，都已于一九五九年達到或超過指標了。第二個五年計劃原來規定至一九六二年的工農業的總產值；應比一九五七年增長百分之七十五左右，現在一九五九年的總產值已比一九五七年增長了百分之九十四點四了。其中工業總產值規定應于一九六二年比一九五七年增長一倍左右，而在一九五九年度已增長百分之一百三十一點五；農業總產值應于一九六二年比一九五七年增長百分之三十五左右，而在一九五九年度已增長百分之四十五點八了；「國民所得」應于一九六二年比一九五七年增長百分五十左右，而在一九五九年度已增長百分之六十二點八六了。所以他們誇耀着說，第二個五年計劃已提前三年完成了。事實上，他們所發表的生產數字，都含有不同程度的虛偽性和欺騙性。現在就假定中共的五年計劃是提前三年完成了，也不是一件值得誇耀的事。

首先，我們從「計劃」的本身來講，任何一個計劃，最重要的就是牠的正確性。假定估計不正確，不管是「超過」或「不及」，都就失去了計劃的效用，也就是「有計劃」等于「無計劃」。雖然在設計一個計劃的時候，不能保証沒有絲毫的差池；但是這種距離應該是愈小愈好，否則就不成其為「計劃」了。譬如我們訂立一個預算，必須要估計精確，稍有出入，是事實上不可免的；但總不能離事實太遠。要是五年的經費預算，在兩年內就用完了，這不就是宣告了預算的破產嗎？生產計劃和預算制度，性質雖不同，但其須有正確的估計則一。所以中共的五年計劃，假定果眞在兩年內就完成了，這就是証明計劃的不正確，也就是証明計劃制度的破產，還有甚麼可以誇耀的呢？

再就事實來講，國民經濟生活的各個部門，互相協調，纔能保持正常的健全的發展。假如有若干部門太過突出，而若干部門則遙遙落後；這就是造成經濟的混亂。譬如某種機器的生產過多了，但是原料不足，或者是熟練工人還沒有訓練出來，或者是建築材料不夠，廠房不及興建。那就是有了機器，也不能從事生產。這就形成生產的不協調。過去上海就有好多工廠，簇新的廠房建成了，機器也裝配好了，可是因原料無着，這些新工廠就只好長期關閉着。這在經濟建設方面講，就是一種浪費。

一九五六年是中共第一個五年計劃期間生產最突出的一年，那時就發現經濟混亂現象。我們現在就把中共自己的評述，節錄一段：「這是幾年來基本建設投資最多的一年，也是建設工作突飛猛進地增長的一年（即一九五六年），但是隨之而來的是建築材料和設備的供應跟不上，運輸能力跟不上，造成若干方面發展的失調，給國民經濟的平衡發展帶來了不利的影響……建設規模過大，建設的物力財力缺乏保証……，這樣將不可避免地要造成經濟發展的失調，而有害于社會主義建設事業」（見牛中黃著：我國國民收入的積累和消費）根據中共的統計，一九五九年工農業總產值比去年增長了百分之卅一點一；比一九五六年更突出了很多（一九五六年的增長率為百分之十六點五），那末，目前中共經濟上的失調和亂混情況，不是要比一九五六年更為嚴重嗎？

所以，中共第二個五年計劃是否確已提前完成，固然是一個絕大的疑問；就假定果眞是提前完成了，也只是証明：「計劃的破產」，和「經濟的混亂」。

・康和・

東南亞經濟聯盟的催生

俊華

越南總統吳廷琰，十五日到此間作五天的親善訪問。因爲這是馬來亞立國以來首次外國元首到此訪問的緣故，歡迎和欵待的節目，特別隆重而熱烈。同時吳總統的馬來亞訪問之行，亦已替東南亞高峯會議開路，並促東南亞友好的經濟文化聯盟的成熟。

吳廷琰的行程

吳總統自西貢飛來的座駕機，由五架澳洲皇家空軍「F八六」噴射機的迎護，全機羣降落於吉隆坡機場，當座駕機停定的時候，機場的一端放出二十一响的隆重禮炮，機門開處，吳總統出現梯端，先向歡迎者舉手致意。機梯下面，執事者已把一捲紅地氈展開舖路。吳總統下機步行，馬來亞王嚴端及后，總理拉曼等已趨前迎候。一行檢閱儀仗隊後分別驅車至賓館；排立歡迎的學生及軍隊的行列，沿途羣衆逾數萬人。

十六日的節目是吳廷琰總統與拉曼總理舉行會談，及馬來亞方面舉行歡迎的公讌。十七、八日由拉曼總理陪同吳總統赴馬北各地遊覽，由貫通馬來亞南北的火車出發，至邊界著名的錫鑛地怡保，在該地參觀錫鑛、農場。由吉普車隊護送的他們的車隊，亦曾通過馬共潛伏的森林之邊緣，銷聲匿跡的馬共並未見在他們的途中出沒；事先數日，馬來亞的突擊隊已在沿公路的兩旁掃蕩。然後他們一行轉乘飛機渡越海峽飛至檳榔嶼。在檳城逗留一宵，十八日飛返吉隆坡，到十九日返回西貢，結束了他五天精彩的訪問。

共同面對的問題

吳廷琰總統這次訪問馬來亞及其首都，給予馬來亞人民以一種興奮之感；因爲雙方都同樣是獨立未久的東南亞新興國家，在感情上倍覺親切。同時，馬來亞正在長期剿共將底於成的階段中，而吳廷琰總統則是著名的反共泰斗。而在越南正積極建設的時候，馬來亞也進行她的開發，在經濟的程序上亦有「共同」的意義。

這不祇是馬來亞與越南的「共同」，而是東南亞諸新興國家的「共同」。同處於東南亞這一地區，同在一個距離並不太長的時間內獨立，同是並非太大的國家，同樣遭逢着相同的政治、經濟問題。「共同」之點，實在太多了！

正如吳廷琰總統在公讌歡迎會席上致詞所指出的：東南亞各國家目前正遭遇着「共同的命運」，這所遭逢的威脅便是共黨的顛覆，吳總統說：「大部份的東南亞國家，均「因共黨的顛覆行動而仍在未開發狀態」，但獨立後的東南亞國家的目的，則在於開發。吳總統更指出：「反西方思想」及「與共黨和平共存」，均非解決未開發問題之途徑。

拉曼總理的答詞，譴責共產主義「毀滅愉快的生活」，他强調地說：「祇要我的黨仍然執政，我們必定與吳廷琰總統一樣，對這種惡勢力鬥爭！」拉曼總理的演詞，歸結到東南亞國家經濟文化合作的必要。

非政治同盟的概念

東南亞經濟文化合作的建議，並不是這次吳廷琰總統來訪問所引起而提出的。遠在拉曼總理上次辭職之前，在他訪問馬尼拉時，則已與菲律賓總統加西亞，共同作此倡導。當時提出的主旨，是因爲東南亞雖已有幾個參加東南亞公約的國家，但仍有若干未參加公約的國家，大概是爲了政治上的原因；但無論她們是否參加軍事同盟性的反共公約，她們之間仍有不少共通的，有待於解決的問題，有彼此合作的必要。最初的概念，祇是基於廣泛期待東南亞國家全部的合作，採取了避開軍事聯繫的色彩。然後經過馬來亞和菲律賓各自的設計及交換意見，方才產生了「友好、經濟文化聯繫或聯盟」的原則。

到了去年拉曼總理以壓倒的多數重新登台後，對於東南亞文化經濟的進行，更爲積極，因爲這可以說是拉氏的一項崇高理想，一方面基於馬來亞睦鄰的精神；另一方面，也是基於馬來亞的不同種族與宗教同樣可以密切合作的精神。

吉隆坡會議之聲

由於馬來亞向東南亞各國提出的關於東南亞經濟文化合作的諸商，可以說是已經到了成熟的階段，只待採取舉行正式會商的行動；而吳廷琰總統的來訪，及對聯盟的計劃加以「打氣」，則不啻是對這個新的聯盟加以催生。

據「吳──拉曼」會談時側面的透露說，兩氏曾廣泛檢討共黨滲透東南亞問題，討論東南亞高峯會議，及文經合作的計劃。同時並預定一項進度表，據謂希望能於孟夏召開東南亞高峯會議。

權威方面的消息則說，東南亞高峯會議，雖已獲得若干國家之贊同，如吳廷琰總統，加西亞總統，乃沙立元帥等，都認爲原則上此舉是有益的，但同時多數亦認爲必須審慎進行。一般地說，高峯會議召集不易，而且一經召開，則必須有所成功。故此孟夏開成的展望，成數不高。

倒是文化經濟合作方面，確乎是事實的需要，經過交換意見的徵求，已有馬來亞、菲律賓、越南、泰國、寮國、星洲、緬甸等七國，同意有一個文經聯盟的組織。聯盟的宗旨爲加强東南亞國家的文經聯繫，最主要的厥爲貿易問題，如何防止共產國家之傾銷及削價的策略，以維護東南亞地區諸國國外市場的地位。所指的共黨國家，不祇是中共，也包括蘇聯。當然的，如對日對美貿易，有時也會在研討之列。

只有高棉表示「不願參加任何聯盟」。印尼最初贊同非政治的經濟聯繫，其後亦似表冷淡。故目前可能由上述馬菲等六、七國先舉行會議，地點已定於吉隆坡，因此係拉曼總理所發起，馬來亞又係召集人之故。至於會議的日期，已由有關國家駐馬來亞的外交官員交換意見中，一經確定即可召集，很可能在春季實現。在目前情形安定的東南亞，經濟開發的課題應該是首要的。（二月十九日寄自吉隆坡）

吳努將再登台執政

沙温

緬甸歷時年餘的軍事統治，已由本月初的大選而告結束。軍事統治者的總理尼温將軍，依照他以前的諾言：於「秩序上軌道後的適當時期」大選，而這個選舉也已順利完成。

目前雖還有十多個選區延期投票，議會下院「代表院」的代表（即議員）尚未完全選出。可是反法西斯的同盟兩派──「清潔派」與「鞏固派」的角逐，已經到達一個結果，即「清潔派」已獲得近於壓倒的勝利。

清潔派是由前總理吳努所領導，而鞏固派則係由另一前總理宇巴素所領導。在「同盟」分化爲兩派當時，雙方是勢均力敵的。但自宇巴素組閣當時，吳努即已退而整黨，在長時間的聯繫及整飭之下，清潔派的機構似比較健全，吳努不久就恢復了他在緬甸初獨立時的聲望。同時，對於一度曾被共黨滲透的「同盟」，吳努也確能排除一些搗亂的份子，這可能是他重新獲得人民信任的主因。

鞏固派在排擊共黨滲透方面，本來是更具功績的，可是它除了聲稱「仍然遵行中立主義」而外，並沒有什麼新的，具體綱領的揭櫫。這也許就是鞏固派的弱點罷。

尼温將軍赴中共談判邊界獲得廣大領土一事，清潔派事先就利用來作宣傳，說這是繼續吳努以前的談判，並謂這是吳努中立主義可能的成功，這事對於選舉，也有深刻的影響。

清潔派當然是由吳努登台。不過人們認爲，經過受共黨滲透，和兩度下台的教訓，雖然標榜中立主義的吳努，大概亦不至像以前那般以共黨國家及親共黨派爲友吧。

．仰光通訊．

人民警察把他嚇跑了

尤廣澄

澳門華僑吳國盛，本月十四日赴廣州探親；他本來打算在廣州逗留一星期的，但到了十六日便跑回澳門來。他說：太恐怖了！還是三十六着，走爲上着！

原來，他是當日晚上八時許返抵家門的；他一踏進家門之後，一杯茶還未喝下，他的親人就催促他趕快去派出所報戶口。據說，他們早已接到「居民組長」的通知，凡有港澳親友回來的，在抵達後一小時內，就要報明戶籍。到了辦妥這手續不久，便有一個全副武裝的「人民警察」跑上門來，進行「親切訪問」，把他在澳門的生活情況，瑣瑣碎碎的問個不休，足足被「疲勞轟炸」了一小時有多，那「人民警察」才有禮貌地告別而去。迨至翌日（十五）早晨，另一「人民警察」又含笑到訪。這一次的「訪問」雖然沒有「疲勞轟炸」，但却在他的家裡盤旋到下午四時才走。晚上七時，第三個「人民警察」接踵而至。這樣的頻頻「訪問」，不特他的家人吃驚，連他自己也感到有點害怕！

他的心裏在暗想：爲什麼「人民警察」對自己這般「親切」？難道自己有什麼不對而使他們認爲可疑？倘若這樣的任它發展下去，恐怕連自己的親友也會受到牽累。他想到這裡，恐怖的陰影立刻湧上眼前；於是改變了初衷，決定提早賦歸。十六日上午，他便抱着忐忑的心情返回澳門。

僑鄉近訊

中共壓搾陶都人民勞力換取外滙（宜興）

被稱爲「陶都」的江蘇宜興縣，大部份奴工（包括老弱婦孺）都給中共組織起來，大搞「陶器生產」，將產品運銷海外，作爲「支援外滙產品」重要的一環。查宜興位處江蘇東南部，與浙皖交界的三角地帶，東濱太湖，南西北三面，山巒圍繞，以天目山支脉爲屏障，荆溪橫貫全境。縣城東南十三公里的鼎屬鎮，即爲「陶都」的心臟，方圓三十里，均有大量陶器生產，所製紫砂茶壺，花盆，杯盤，碗碟等，均精美異常，早已馳名中外。中共進入「陶都」之初，此種製陶工業，未獲重視；直至一九五八年後，宜興陶器才被中共「大躍進」起來，成爲一項爭取外滙的大支柱。據說：目前中共已將宜興陶器運銷於五十多個國家，賺來不少外滙。却可憐當地人民，他（她）們的勞力，一點一滴都被中共壓搾殆盡！

蘇俄在大陸西北經營侵畧基地（蘭州）

我國西北地區的古老城市──蘭州，目前從東崗鎮以至西柳溝，從黃河北岸以至阿干鎮，一千一百五十多個工廠，其中有以石油化工廠爲主的，有以機械製造爲主的，有以皮毛，醫藥工業爲主的……，均被控制在蘇俄顧問的手中；同時，中共也不斷地把各省的奴工，大批大批的遣送到蘭州去，當地人口，刻已由十餘萬激增至一百二十萬。此外，在蘇俄的陰謀發展下，蘭州鐵路，也快將全面通車，而與蘇俄通達廸化的鐵路接軌。一般預料：在不久之將來，這個西北地區的重鎮（蘭州），便無形中成爲蘇俄侵畧勢力伸入我國大陸腹地的一個更進一步的前哨基地。將來蘇俄可藉此前哨基地，把她的兇暴的鐵蹄，踏遍半個大陸！

．江水．

舊夢

徐儀

當我提着衣箱叫開了門，二房東滿臉笑容的歡迎我，對我這個有正當職業的單身房客，顯然非常滿意。從她的話中我知道，她昨天才搬進來，因此整層房子仍凌亂的堆着傢俱，我所住的那間房，還沒有打掃，地板上滿是垃圾和塵埃。我把衣箱放在牀上，借了把掃帚開始清除，在舊紙堆中我發現了一封未拆的信。我拾起來，看郵戳，是一九五二年二月從澳門寄來的，收信人是鄺煥之先生，發信人只簽了一個玲字，沒有發信地址。字跡雖很潦草，但一看就知道是出於女人的手筆。我不便拆開看，忙去請教二房東，二房東看了一眼擺了擺手說：「扔掉算了。」

我沒有聽她的話，把信暫時放在抽屜裏。一直等到打掃完畢，冲過涼換了睡衣，才拿出這封信來。我本打算在報紙上登一招領啓事，又一想這是八年前的舊信了，收信的人不知到何處去了。我先打開看看，然後再扔掉吧！

× × ×

煥之：

你接到這封信一定非常驚異吧？因為我曾決絕的向你表示，今生永遠不再見你，即使寃家路窄在人生的角落裡碰見你，我也絕不會再理睬你；我恨你！恨我自己，也恨上帝，祂為什麼安排你和我相見?!

為了徹底擺脫你，與你訣別後即刻搬了住址，一個月後，我皈依了天主（這是你極力反對過的），為了使你和我自己都死心，就草草的與雋明結了婚，這一切你都已經知道的了。

婚後我曾立志做一個好妻子，打算重新建立自己的生活。殊不知一切都被你一一說中了，我是多麼不幸呵！其實半年前我就決定把真情向你吐露，可是我一直在猶豫不決；首先我感到對不起你，沒有勇氣向你傾訴，其次我不願再恢復那見不得人的牛郎織女式的生活，同時我感到對雋明也無法交代，現在我已經是有夫之婦了啊！但是這一切心理阻礙終於被更熾烈的痛苦燃燒化為灰燼了。昨天我獨自一個人跑到「山頂」（只有我倆知道在什麼地方）去，走進那夢幻似的松林。迷濛的春霧在四周繚繞着，兩年前我們就在這個時節，這個地方，流着悲喜的眼淚定情的。當我一走進這充滿命運感的松林，我堅決要埋葬的往事，就排山倒海般的湧上心頭了。一年來我的決心和努力便又重新崩潰了。我躺在松氈上痛快的哭了一場，反覆地唸誦着你說過的話：「只要你真的愛我，就不要去管別人會說什麼，在『戀愛的宇宙』裡，戀愛是至上的，我們彼此愛得真純也就是不平凡，就可以問心無愧。」「負氣的逃避，只有造成更深的痛苦。」「愛你所不愛的人，不但害自已也是害別人。」煥之，當時你說這些話時，我是多麼憎恨你，卑視你呀，認為這不過是你為了繼續佔有我的藉口罷了。記得我曾哭叫着辱罵你是自私的懦夫，愛情的騙子，典型的市儈。我咀咒你，甚至你的太太和孩子們，嫉妒的烈火使我發瘋，所有這一切都是因為我真愛你，太愛你的緣故。你知道我並不是心腸狠毒的人，當我們開始墮入愛河的時候，我不是三番兩次的忠告過你，我不願破壞你的家庭嗎？我們全是可憐虫，是禮教，習俗的犧牲者。

天下最痛苦的事情，明知是苦酒而仍得飲盡。我們的愛情，一開始就是錯誤，不，我和你相識就是錯誤；但是每當想到和你在一起時那渾忘一切的甜美的陶醉，我又覺得一切痛苦和代價都不值一顧了，因此我又不肯承認我們相愛是罪過的。你使我了解愛和人生，你把我引進一飄滿花香與音樂的夢，你就是愛，人生和夢，我不願失去你和不願失去那一切，但我得不到全部的你，所以我才絕望得發瘋呵！

我故意接近雋明，以至後來嫁給了他。最初我是為了負氣，叫你嘗嘗，自己心愛的人在別人懷裡是什麼滋味，另一方面，嫉妒的毒焰煎炙得我發瘋，心靈的痛苦使我只想報復。我何嘗不知道，世界雖大沒有我們容身之地，一朝事發，彼此都要身敗名裂無處求生。於是我咬定牙關，錯就錯到底了。

當我告訴你，我與雋明即將結婚後，你像一隻受傷的野獸似的，紅着眼睛盯着我，你陷入慘苦深淵的悲痛得不能自持。當我發現你在我住處的門前徘徊到深夜，你像垂死的人似的搖搖欲墜時，我有一種殘酷的快意，當你走進來投在我懷裡，像嬰兒般的哭泣時，我也忍不住落淚了。你喃喃哭訴着：「我是多麼愛妳啊，我一想到不久妳將被別的男人佔有，就不想活下去了！玲，買毒藥去吧！咱們不如一起死掉算了！」那幕酸心的往事，歷歷猶在心頭，假如當時我有勇氣和你一齊死去，倒也乾淨俐落，也省得今天這樣悽悽切切挨受這無邊的苦惱了。

雋明固然為人忠厚老實，對我百依百順，但他總不及你對我那麼無微不至。你的癡情使我發瘋；而雋明的傻氣、忠厚雖然平凡，却使我感到有如一堵墻，我可以依靠。因為一隻鳥不能永遠在天空裏飛，日暮黃昏她要尋一枝棲棲呀！我太疲勞了，我渴求一個小窩喘息一下。「愛情」不過是小說中的世界。現實的人生還不是男婚女嫁，傳種接代嗎？就一般人的看法，雋明準可做個好丈夫，將來做個肥頭胖腦的好爸爸，他有中上的穩定收入，將來生活不成問題了。

婚後，我和雋明可以堂堂正正的出雙入對，在親友面前不必躲躲藏藏，而且我們可以去任何地方遊玩，因此使我感到大為快意。

可是時間沖淡了新婚的歡樂，虛榮和形式逐漸對我消失了吸引力，當我看透這一切都多麼庸俗和空虛時，我恨我自己太軟弱。人是一有真實內容的生命，它必須有真實的愛情來燃燒，支撐它；物質、虛榮、愚夫愚婦引以為榮的夫妻形式，如果沒有愛情的基礎，就好像在老婆婆的臉上擦粉，是多麼無聊，多麼醜陋！

雋明的一舉一動，一言一笑都使我感到嘔心，他不論怎樣曲意奉承也不能討我歡喜。我是多麼渴望你來安慰我呀，你那種粗暴與强硬，那種男子應有的豪情，是他學不來的呵！你可以使我哭、使我笑、使我恨、使我愛，你是一團强烈得令人迷惑的刺激，而雋明則係一池死水，平靜無波，這真使我厭倦！他不能欣賞我的藝術才能，千萬種情意只好悶死在肚子裡了。我們在一起相處的時候，每恨時間太短，話永遠談不完。而現在我和雋明終日相對也談找不出半句話來，我不知如何打發那漫長的時日。他給我的是花錢就能買到的東西，無非是首飾、衣服、皮鞋。但我懷疑這些東西就是愛情，我渴求的是愛呵！啊，煥之，煥之！到現在我才知道只有兩顆心靈的契合才叫愛情，嫁給不能契合溶調的對象，人生只是刑罰，是枷鎖。

煥之，現在我不得不承認，我與你訣別，就是與幸福訣別，與人生訣別！現在我已墮入空虛和黑暗的深淵，這滋味雖不像妬嫉那樣劇烈難挨，但是我已形同行屍走肉，毫無靈性了。在我們苦戀時，相離固然彼此痛苦，但是相聚時的甜美已補償了一切。現在，我再無任何指望，整個人生變成了渺茫的虛空！我所有的才能全在家庭生活中磨光了，我只是終日抱着偵探小說來解悶，來打發這無生氣、無希望的日子。

煥之，我寫這封信的目的，並不打算與你恢復以前的關係，我不忍傷害忠厚老實的雋明。我只想告訴你，過去我對你侮辱和冷酷感到悔愧。因為那些記憶是我生命中最有光彩的部份。如今我只有靠咀嚼回憶來支持我的殘生。煥之，再一次向你告別了，這是我給你的最後一封信。我不忍再攪翻你的生活，也不期望你回信，我沒有寫我的地址，我想你會了解我的苦心的，千言萬語也說不盡，到此住筆吧！

祝

珍重

曼玲 二月七日

我看完了，長長地出了一口氣。本想把它扔掉的，現在我把它夾在日記裡面了。

文壇泥爪

魯迅與錢玄同

錢玄同，原名「夏」，字中季，號德潛，又號餅齋，後改今名，更號疑古。他是五四新文學運動時一員大將，曾主張廢除漢字，用羅馬字母拼音，言論相當激烈。以文字學與今文派經學見長，在新文學方面反而很少建樹。

他和魯迅在日本時同從章太炎學小學，在北京大學，新青年雜誌，又和魯迅同事同文，二人很談得來。魯迅開始用白話寫小說，就是受了他的慫恿。魯迅民初在北京，興趣專在整理古籍和古碑，搜集了舊書和古碑來就鈔寫貼補。民七有一天錢玄同去看他，問道：「你鈔了這些有什麼用？」他說：「沒有什麼用。」又問他：「那麼，你鈔他是什麼意思呢？」他答道：「沒有什麼意思。」之後，錢玄同就勸他寫小說，不久，魯迅的「狂人日記」就在新青年上刊出了。

不知為什麼，二人後來感情破裂了，魯迅很討厭他。民十八魯迅由滬赴平探母，錢玄同又去看他，魯迅竟拒與見面，（在日記上記有「錢玄同來，不見！」）不想在孔德學校碰見了，魯迅也沒有理他，在寫給許廣平的信中曾這樣說：「往孔德學校，去看舊書，遇金立因（案即指錢。林琴南為反對新文學寫過「荊生」一篇，曾用「金心異」影射錢玄同；立因故作玄同之訛寫吧——筆者）胖滑有加，嘮叨如故，時光可惜，默不與談。」

錢玄同後來寫過一篇「我對於周豫才君之追憶與畧評」，曾對此有所辨解道：「我想『胖滑有加』似乎不能算做罪名，他所討厭的大概是『嘮叨如故』吧。不錯，我是愛嘮叨的，從二年秋天我來到北平，至十五年秋天他離開北平，這十三年之中，我與他見面總在一百次以上，我的確很愛『嘮叨』，但那時他似乎並不討厭，因為我固嘮叨，而他亦嘮叨也。不知何以到了十八年，我嘮叨如故，他就要討厭而『默不與談』。但這實在算不了什麼事，他既要討厭，就讓他討厭罷。不過這以後他又到北平來過一次，我自然只好迴避他了。」其實，豈只迴避而已，民二，魯迅又到北平時，師大學生擬請魯迅到校講演，錢玄同正做師大國文系主任，他當衆宣稱：「要是魯迅到師大來講演，我這個主任就不再當了！」

魯迅寫過「教授雜詠」的舊詩，居中一首是：「作法不自斃，悠然過四十。何妨賭肥頭，抵當辯証法。」就是諷刺錢玄同的，因為錢曾發過一「人過四十，便該槍斃」的怪論。錢與周作人倒是很好，錢於民二八死後，周發表了好幾篇紀念錢的文字，曾記錢的性格是「謹嚴峻烈，平易詼諧，集在一起」，也談到二人交往的感情很厚。

時代與我

我竟忽然成為跨黨份子（二）

徐亮之

我被介紹加入了中國國民黨，乃民國十四年三月中山先生逝世以後的事。到底何月何日，現在却已記不起了。現在所能記得起的倒是當時一些零星的印象。

原來我從小學到一師的初期，對於中山先生言行的理解，遠不及對於孔子、孟子、莊子、左邱明、司馬遷乃至李白、杜甫的多；也從沒機會與時間接觸他的學說與著述；而他的著述，當時也似乎並不可能成套地在江西那樣的政治環境中公開發行。然而自從他在北京逝世的消息一傳到南昌，再配合着國民黨地下組織（其實該說是共產黨的地下組織，這在下文即要說到。）的巧妙宣傳，每個青年的情感激動，可眞像吞了炸彈一樣了。就連「頑固份子」的我，也莫明其妙而不能自已地百脉僨張了。我記得當時曾舉行了一個大規模的羣衆追悼大會，演說得最出色也最動人心魄的是趙醒農先生；——一個工人出身，以國民黨身份為掩護的江西共產黨地下組織的負責者；亦即民國十三年後特殊產物的所謂「跨黨分子」。經過了這次大會之後，我可不以光看國民黨的宣傳小冊子為滿足的了；我可找着使我讀了又大吃一驚的「三民主義」和「建國方略」了。在過去，我一直認為打天下的總不外乎是些劉邦朱元璋之類的人物的；我心目中所謂「四大寇」的首領的孫文總也不外乎是如此；却猛不料他倒竟是這樣一個學貫中西的偉大的學者與政治家；倒不由我不五體投地地佩服了。

然而，我當時所以願意被人介紹入國民黨，與其謂為對中山先生學問人格的佩服；又不如說是對汪精衛風度與才情的佩服，或者更為妥當。我當時曾為他一篇記述中山先生逝世前後和遺囑成立經過的文字而流淚。他的筆下是那樣的纏綿悱惻的欵欵情多；他對中山先生的愛敬與慰貼又是那樣的心細如髮；我認為這氣氛，這情調，是直可與「禮記」記孔子和曾子之死相媲美的。而我當時尤其欣賞的是他居然曾經刺殺過攝政王；曾經坐過「天牢」；和在天牢中更曾經做過「慷慨歌燕市，從容作楚囚」的壯烈的詩句；同時，在一本上海「禮拜六派」的舊雜誌上，我又曾看見過他一幀和梅蘭芳排印在一版的青年時期的照片，而致歎於柳亞子贈他的詩句所謂「豐姿猶婦女，家國已滄桑」，眞乃典切非常，一點不錯。總之，我當時對於他已是由有條件的佩服，進而為無條件的崇拜了。正在這時，鄒努告訴我和雲影他乃是國民黨員，國民黨的人又歡迎我們加入，便自然而然祇有無條件地加入的了。

可是，入黨後不久，一個大秘密却給我發現了。原來那時江西國民黨吸收黨員的地下組織，全是跨黨份子主持，亦即是共產黨員主持。他們的工作原則是：第一步祇吸收人們做國民黨員；經過他們相當時期的考察，認為合於他們的條件之後，才進一步吸收共產主義青年團員（CY）或共產黨員（CP）。易言之：他們名義上是國民黨的黨員吸收機構，事實上則祇是CY、CP的甄別試場而已。於是乎我既加入了這樣的國民黨，客觀上倒成為我自惹麻煩，自投羅網的前奏曲了。

前面說過，我和雲影是曾下過決心要依梁胡書目系統地去讀中國書的。因此課餘之暇，我們手上拿的，桌上擺的，便全都是學校圖書館中借來的線裝書。而不料我們這點却偏不為那時國民黨的同志（其實是共產黨的同志）所諒解。又兼那時吳稚暉先生曾說過一句該把中國線裝書丟在毛厠裡二十年的胡鬧話，（我對吳先生從那時起便沒有好感，倒不全然為了他後來竟墮落成為中國獨裁主義者的辯護師。）更給了鄒努們給我以諷刺的口實。——我初次感受到黨的無理壓迫，亦初次發現我乃不適宜於黨的生活的「頑固份子」了。

我在「同志」心目中乃「頑固份子」的典型，自從我在一師校刊上發表了一篇「李白與酒」的散文後，而益登峯造極。那時他們的對我簡直可以說都是怒目而視的了。但我至今仍敢發誓，他們那時對李白的瞭解，頂多祇不過是一個單純的酒鬼名士而已；除此以外，他們斷然一無所知。而我却也斷然不會為了這類事件竟向他們低頭的。不但如此，我而且畢竟抓住了一個機會，大大地教訓了鄒努一頓了。事情是這樣：那時鄒努常常在一份為共產黨所利用的「正義報」上寫文章；有一次，他竟居然仿效梁胡赫然開出了一個「國學入門書目」他的書目中，除了胡目的佛經部份外，竟居然經史子集色色俱全。而我却至今仍敢發誓，自從他和我共自修室以來，我是從沒發現過他曾經摸過線裝書的。

「好極了！你的『國學入門書目』我拜讀過了。」我理會得忿怒之極的低聲下氣是可怕的，而我當時的神情和語調確正是如此。「有眼不識泰山；無論經書子書我都是問號一大堆；今後却是請教有自的了！」

不等我的話說完，鄒努的紅暈已經由面部擴張到耳根，竟連反擊我的片語隻字也無。奇怪的是：我雖因為鄒努的為學不誠，從此瞧不起他；他却事情一過，芥蒂全消，並且從此以後，一連刺激我的話兒也一點都不說了。同時，我早知道他是共產黨員，而後來我之被吸收為共產黨員，成為那時特殊產物的「跨黨份子」，不但證明他沒有從中反對，可能即出於他的保薦也未可知。

但我的忽然成為「跨黨份子」，事後我才知道，並不是由於我和鄒努為書目問題的「頂頸」，而祇是為了下述的緣故：

第一、我那時曾發表了一篇諷刺江亢虎以社會主義者而暗自參加復辟運動的彈詞，並引襲定庵「青山青史兩磋跎」的詩句，作為他今後政治生命的判決書。

第二、「正義報」婦女週刊編者女中校長熊縉華女士曾以「論獨身主義」為題，有獎徵文；我曾參考了若干社會主義的譯著，草成論文應徵而獲得第一。

第三、那時教育廳長朱念祖曾發起國語演說競賽會，學校當局派我參加，結果獲得第二。（第一是女子師範學生程傳馨女士；當時台下便嚷着說：「先生娘子第一，先生倒第二了！」那時我也似乎臉紅過。）

糊裡糊塗，我便成為跨黨份子了；也便同時客觀上成為我的自惹麻煩，自投羅網，而無可救藥的了！

毀譽

韋齋

久忘毀譽絕呻吟，
竹枕迎窗納海音。
亂國史文丘作甲，
危時易象井先禽。
燈花襲夢秋如醉，
鬢髮驚寒夜忽深。
瓦釜黃鍾顛倒極，
不堪對酒十年心。

記國民會議（二）

宇人

在幽禁胡先生之初，蔣先生原以為挾戰勝之餘威，必可控制全局而保無虞。故三月二日即由國民黨中央常務委員會通過約法草案，並決議於五月五日召集國民會議。次日國民政府舉行國父紀念週他還大罵胡身為立法院長，任意造法毀法，氣勢極盛。但隨即採取較和緩的態度，並於三月四日邀請全體立法委員茶會，以示安撫之意。在茶會中，立委王用賓代表赴會立委致答辭，略謂，去夏天氣酷熱，立法院因趕制民法，從早到晚不停的舉行各種會議，同人多感不支，要求胡先生依照中央其他各機關之例，於下午停止辦公半天。但胡先生說，蔣先生此刻在前方與敵人作戰，不知比我們要辛苦多少倍，我們安居後方，坐在屋內開會，忍受一點熱，算得什麼？同人等大受感動。如今胡先生辭職，回想前情，不能不感慨萬千云云。言畢已泣不成聲，全場亦為之黯然。

三月九日，國民政府舉行紀念週，蔣先生又作報告，大意說，胡先生因約法問題與國民黨多數中央委員意見不合，稱病辭職；並因避嫌止謗，自願長住南京。中央各同志也希望他如此，以免他離開南京後可能受環境的包圍而難保其革命的歷史。似乎對於胡先生完全是一片好意；可是，他人怎會相信呢？

胡被幽禁後，在南京黨政各機關担任要職的粵籍人士除王寵惠一人而外，均先後回穗，而又會遭受胡先生公開抨擊的南京市長劉紀文亦憤然離去，國民黨各地黨部紛電南京要求恢復胡先生的自由，四月三十日國民黨中央監察委員鄧澤如、蕭佛成、古應芬、林森等正式由廣州發出彈劾蔣先生的通電，駐粵陸海空軍將領陳濟棠、陳策、陳慶雲等多人隨即響應，於是，苦戰連年，甫告表面統一之局又面臨再分裂的邊緣了。

但，局勢雖如此嚴重，蔣先生仍不顧一切，如期於五月五日在南京舉行國民會議，似乎祇要國民會議一開，約法一頒佈，凡百紛擾均可迎刃而解了。然而大多數的國民會議代表却沒有如此樂觀，大家都懷着一種沉重的心情赴會。因此，當蔣先生以國民政府主席資格向大會提出約法草案時，雖鄭重其事的發表了兩點多鐘的演說，而會場的反應却極為冷淡。許多代表還認為約法規定五院院長副院長均由國府主席任免之，乃是五權集中於一人，而非五權分立，堅表反對。可是，戴季陶先生一再召集國民黨籍的代表舉行黨團會議，反覆告誡不可修改；並指示蔣先生為國家元首，凡登台發言必須熱烈鼓掌，方合體制。爾後逐日舉行黨團會議，戴先生例必對鼓掌是否够熱烈作一番檢討和提示。於是，在會場上凡有蔣先生發言必有極熱烈之掌聲應之，漸至祇要蔣先生一出現，或在席位上稍有移動，掌聲即隨之而起，似乎代表們的天職祇是為他鼓掌而已。至於議事方面，約法草案既不容有實質上的修改，大多數的代表也就失去發言的興致了。因此，每一議案之提出，除了提案人說明案由及審查會召集人說明審查意見而外，極少辯論。而在表決時，大家例必木然起立聽候點數了事。雖然也有少數的代表不肯隨便起立應點；但點數者例必高呼大多數通過或全體通過。反正既不報告在場代表人數，又不報告起立人數，所謂大多數或全體云云，都不過爾爾。

猶憶上海『時事新報』於描寫國民會議的會場花絮時，曾說它有三大特色：一曰少辯論，二曰多鼓掌，三曰齊起立，雖近於謔，却是寫實之談。

春節聚餐兩首

亦園

薇蕨還延刼後身，天涯久已倦風塵。鬚眉有愧居夷老，花月無愁逐歲新。呼酒江樓修雅事，裁詩海嶼報陽春。餘生不作封侯想，兩字平安壽逸民。

燕雲台嶠兩茫茫，孤負梅花歲歲香。白首埋名猶作客，青山有約待還鄉。十年鍵戶耽禪悅，一笑啣盃接楚狂。此夕春光應更好，江南風味侑壺觴。

本刊已經香港政府登記

聯合評論

週刊

United Voice Weekly

每逢星期五出版

第八〇號

督印人：黃宇人　總編輯：左仲平

社址九龍金巴倫道卅八號三樓　電話61413

承印嘉羅印刷有限公司香港灣仔馬師道5號

總代理：友聯發行公司　售價每份港幣一毫

本報美洲版總經售處美國紐約中美出版社

CHINESE-AMERICAN PRESS, INC

199 CANAL STREET.,

NEW YORK31 N. Y. U.S.A.

美洲航空版零售每份美金一角

我為甚麼簽名於七十三人宣言之上

李璜

昨自南洋旅行返港，修憲與毀憲的爭論，已甚囂塵上。客來問我為什麼簽名於七十三人的毀憲警告宣言之上，我逕答如下：

（一）我自來堅決認為非實行民主憲政不足以反共救國，這一堅決的認識，自從民國十三年在上海創辦的醒獅週報上，即已主張出來。因為要打倒共產黨的服從蘇俄與不要國家的賣國主義，必須使國人真正愛國；要使國人真正愛國，必須先令國人真正感受到國家是於自己有份的，是屬於全民的，而不是屬於某一黨派或某一個人的。因此只有真正實行民主憲政，纔能夠從理論到事實去破滅共產黨的階級鬥爭與個別分化。這個認識與主張，三十餘年來說得太多，為之挨打、受罵、被通緝也歷多次，而且近年來在台北出版的『民主潮』、在香港出版的本刊上，我還是不斷的發表此一認識與主張，其理論在此不再贅述；即就事實說，何以英美法等真正實行民主憲政國家裡，共產黨竟滲不透？今日的西德，尤其是一個由實行民主憲政而收宏效的顯著事例，難道自史太林以至赫魯曉夫，不打算西德有共產黨起來革命嗎？何以竟革不起來？

（二）既然堅決主張真正實行民主憲政，當然要珍重憲法，不願意一部由全民選出代表去製定了的中華民國立國憲章輕易的便被毀損；至於說到臨時條款的修改，是不是等於修憲，我個人有兩點意見：一是臨時條欵無端的將憲法的實施加以限制，我就根本不贊成國家大法有所限制的。猶憶民三十六，這第一屆國民大會第一次會議開會的前夕，我曾在南京的國府官邸，為此與蔣先生爭論得面紅耳赤，我當時曾說：『一個有辦法的政治家，儘可以在尊重法制之下去巧妙的運用條文，萬不可以在憲法之上去明白的加以限制，如同一頂帽子樣將憲法的頭箍住，使憲法的實施顯然的將成為疑問。』（當時張岳軍、陳立夫、陳啓天、夏濤聲諸位皆在座。）二是因國大代表中在朝黨佔了絕大多數，不幸竟有了這個可以限制憲法的臨時條欵，則該項條欵就當然比憲法還更重要，今日怎能不依法定的人數與手續，便去修改它？而且這樣做法，今天可以凍結這一條，明天又何嘗不可以凍結另一條，這部國家的根本大法又禁得起幾次的凍結呢！

（三）近日說者很强調，今日就是非常時期，非常時期應與平常時期的看法不同；即舊歷年尾，胡健中先生自台來港，以民主的風度，靜聽本社同人的意見，也以非常時期應相忍為國來立說。不過相忍要有一個限度；即不能忍見中華民國經過革命復革命，革了三十餘年，而方纔革出一個法治的基礎，又令他回復到完全的人治上去。老實說，我所以動了肝火，要站出來反對修憲連任，乃是從台北某官員向美記者宣稱，「大衆對蔣先生具有一種神秘而不可思議的信仰心」，那一個專電載於香港各報之日開始。同時，勸進的電文便一天多一天登載出來。我認為這樣做法，又落伍的回到民國初年，以至回到中國皇朝老傳統作法去了！中華民國已經有了憲法，有了國會，而且總統的產生，照憲章應由國民依法提名競選，由國會依法投票選出，那裏還用着重演歷史老套，打電報歌功頌德，豈不侮辱了中華民國，而也減損了以現代政黨領袖自任的蔣先生的聲光了嗎？至於說到非常時期，我很感慨，我這個六十五歲的人，恰恰半生之中，皆在兵荒馬亂的非常時期之中度了過去！這卅二、三年國家在一個時候雖暫告統一，而政治不容易上軌道，原因雖多，最大的原因還是太重視於「人治」，因而治絲益紛，變亂無已！假如北伐成功，便一本中山先生的遺囑，召集國民會議，並製定憲法，還政於民、易人治為法治，蔣先生仍不失為國家元勳，仍然有領導作用；但我敢相信，所謂非常時期，如能實現法治的話，在民十七以後，便可以早經度過，而不會一直非常到了今天這個樣子了啊！

（四）不錯，今天更是非常時期，要反共復國，首重團結，然而要知道，各黨各派與無黨派人士在南京時所以團結起來，去共同對付中共，就是由於製憲與行憲這兩件大事，因共黨不惜終止和談，大家決定與中共決裂，而願與政府黨同其命運的。中共雖參加起草憲法，然而不願意憲法的頒佈，足以鞏固政府的基礎，所以他們毫無理由的杯葛了製憲的國民大會；中共更不願意行憲，所以在行憲國大召集之前，中共的所謂「解放軍司令部」寄給每個國大代表候選人一封信，說是參加了國民大會，選舉了國民黨人做總統，便以「附逆論罪」。為了行憲，大家今日弄得家敗人亡，流離海外，並不後悔，而一向還是擁護在台北的中華民國本着憲法基礎的合法政府，在野的民社青年兩黨黨人十年來在台灣雖被歧視，然終於效死不去者，以製憲行憲而團結反共始，故只要憲法未毀，民主憲政尚有希望，我們在野黨雖然仍在團結之中而隨時遭受排斥，也是可以容忍的。不過要當憲法所規定的人民重要的自由權利被政府當局加以妨害時，我們必定要反對，如製定出版法以妨害人民的自由言論權利，如軍警干涉了司法的獨立，因而妨害了人身自由的權利，我們是要說話來爭持的，不爭持，便失了團結反共的原意，我們不但對不住自己，也對不住國家，然而年來好像政府當局有點痛恨老是在談民主憲政的人的樣子！代表政府黨的中央日報社論絲毫不放鬆的，在反擊主張民主自由的言論，而且司筆者屢次對民主、自由等字樣，也自然的流露厭棄之意於筆端。（短文中恕未舉例，陶希聖先生當能回憶。）不知，如拋棄了民主憲政，朝野便無法團結，以收反共之效，因為所以要反共，就是認為國家是大家的，不是共產黨一黨的，更不是毛澤東一人的也！

（五）那一天，胡健中先生來我寓中見訪時，他所說的話虛心且客氣，我甚為之感動。他認為在民主原則下，政府黨的言行是應有人反對，而不該當引為詫異，認為非常的。但他勸我，反對修憲連任的簽名運動，最好老先生們不必參加。我當時心裡確乎起了波瀾，因為聽見健中先生稱我為老先生，我想，主張民主憲政三十餘年，在國內因之就會嘗過十年以上的流離顛沛的亡命生活，而今老矣，仍在流離顛沛中，又何苦來！然而我一轉念，我不站起來參加反對，我對不起國家，對不起自己，更對不起在大陸上被共黨殘害了的同胞及同志！因此我送健中先生出到門前說：「我要參加、我要簽名！」

我旅行歸來，七十三人的宣言已發表了，官方言論要反擊，甚至要毀謗、要謾罵，也是在意料之中，我現在只借用二月十七日美聯社華盛頓專電的一段話來答復。該電登在香港十八日各報：艾森豪在記者招待會中，被記者提出說：尼克遜與艾氏在國防事件上有歧見。艾氏答道；「大家都是人，他不相信兩個人時常會想出同一方法，採用同一程序。」我們反對修憲連任，並沒有什麼了不得、不得了，好像是「大逆不道」的樣子，其實，我認為我們這樣做，也無非「大家都是人」而已。

四八、二、二六日

國大快演精采的一幕

彭晦聞

所謂「國民代表大會」，已經在台北揭幕了十天，紛紛擾擾，真是極五花八門之能事。據我所知，像這樣一個居留有三百萬華僑的殖民地，對這次會議的反應，確實是異常冷淡；除掉幾隻在臭肉或腐鼠上叮過幾嘴的蒼蠅或蚊虻還揚揚得意發出一派嗡嗡的聲響以外，其餘的人便好像連談也懶得去談它。

大家都知道：這次國民大會開會，至少要花上兩三億台幣，其惟一的使命，便是要使得蔣介石先生能夠達到連任第三屆總統的目的。

據上月二十九日香港『工商日報』以頭條新聞的地位，發表了一個合衆國際社的電報說：

『蔣總統今日稱：「倘國民黨需要渠競選第三任總統，則渠將參加此競選。……然而，渠仍反對修改憲法規定，總統以兩任為限。……渠將不會逃避責任，尤其是在國家困難時期為然。……各階層希望渠再度競選，以及如黨要渠這樣做，則渠將會這樣做！」……』

把這個電報的譯文，加以玩索，蔣先生內心究竟作如何一種打算，大家當然可以明白。可是，畢竟也還有令人不大明白的地方：蔣先生一則曰：『倘國民黨需要渠競選……』、『倘』字『如』字都是一種未定之辭，國民黨的中常委們和中委們，為了使得蔣先生便於連任，已經鬧了整整的一年，有的在公開奔走宣傳，有的在幕後發縱指示，而且最近還發動了十五名的大法官對國大代『總額』兩字，作了一番妙想天開的解釋，他們之斷然需要蔣先生，真可以說是誰人不知，那個不曉，蔣先生身為國民黨的總裁，何以對黨的意旨，至今還不明白？即令說蔣先生太忙，對黨的行動，無暇多所過問，但蔣經國明明是中常委中第一號的要角，蔣先生何不私下問問這位大少爺：「經國，你對我的連任，是不是感到需要？」孟子說得好：「當今之世，捨我其誰？」蔣先生今天的第一個需要，便是光明磊落，如果蔣先生覺得反攻復國非我不可，即令一千五百個國大代表無一人舉我，我也不妨如中山先生一樣，自稱『大元帥』；假如說，我只知道謹守憲法，不知其他，即令一千五百個代表無一例外的全體擧我，仍不妨斷然拒絕！「千呼萬喚始出來，猶抱琵琶半遮面」這是詩人形容一個內心沉重而羞人答答的兒女子的神來之筆，蔣先生是一代英雄，回想當日平東江打劉楊、是何等生龍活虎的模樣！到了今天，乃竟不免如此扭扭揑揑的作態，難道這便是一種衰老心情的自然流露嗎？

說到這裡，還有一件事也值得順便的一提。蔣先生在這次談話中，一再提到「競選」兩字，真可以說得上是民主之至！但大家應該記得很清楚：在第一屆第二屆的總統選舉，事實上便只有所謂『陪選』，而並無所謂『競選』，參加第一屆總統『陪選』的有國民黨的居正，參加第二屆總統『陪選』的，有民社黨的徐傅霖。現在像這類的人才更多，為了熱鬧起見，正不妨多多加以物色。如衆所週知，像國民黨內的張知本、賈景德，他們都是八十以上的高齡，而且身體都異常的硬朗，推他們出來担任『陪選』，並且可為六年後蔣先生已屆七十九歲高齡依然可出來參加競選的一種伏筆，豈不是一舉兩得？此外有黨有派的如民社黨的向構父，青年黨的余家菊，看他們的最近談話，都可以夠得上說是民主鬥士，以他們來担任這一類角色，豈不可為民主大放光明！有人說余老先生久已雙目失明，以他來担任總統『陪選』，到底不大雅相；其實像這類的『陪選』把戲，本來就是聾子的耳朶，瞎子的眼睛，有何不可？至於『二無黨』的領袖如莫德惠王雲五之流，他們在第一屆本來已有參加『陪選』的擬議，這次以他們『即真』，豈不更可駕輕就熟！如此，則作為本屆總統競選的人，竟可以多到七八位，就表現民主精神來說，真是漪歟盛哉啊！

再論「毀憲問題」

勞思光

自本刊發表「我們對毀憲策動者的警告」後，即遭受到隸屬於國民黨當權派報刊的謾罵與攻訐。但香港民間報刊亦有主張公開討論「修憲連任」問題者。本文即係節錄自二月廿二日香港「大晚報」。本刊今後將陸續刊載這類文章，以饗海外讀者。——編者識

最近國民黨方面曾以「分裂運動」一詞，加到海外反共人士頭上。似乎要製造一個印象，使各人覺得海外人士故意要求「分裂」，而只有國民黨當權派才是致力於「團結運動」的。「就宣傳技術看，這也不失爲一種自欺欺人的說法。但這種說法却是一駁即倒的」。（畧中）

首先我們要問：怎樣是「團結」？我相信第一個要件就是共同原則的建立。沒有共同原則，則所關的雙方縱使混在這一起，也只能磨擦爭奪，說不上「團結」。反過來看，在某些人之間如存在着一共同原則，那麼，即使這些人私人互不相識，在實質上他們便是已團結的整體力量。…我們海外反共者爲甚麼要求台灣的國民黨當權派嚴守民主憲政的原則呢？正因爲我們覺得大家都是反共者，應該「團結」，應該遵守共同原則是任何「團結」的必要條件。如果由於一方不遵守共同的原則而形成「分裂」，則是違背原則的人應負造成「分裂」的責任，不能反而說，要求對方遵守原則的人們是進行「分裂運動」。

至於說海外反共者，表示如國民黨當權派不遵守原則，便將造成「分裂」，是有意「恐嚇」台灣；則我的答覆是：任何人如不遵守民主憲政原則，則他與遵守民主憲政原則的人就自然地「分裂」。因之談不上甚麼「恐嚇」。（中畧）

總而言之，反對毀憲連任，本身不是一個求分裂的行動。至於毀憲結果將造成分裂，則是涉及反共運動原則的問題。原則如毀，分裂必成。正因爲不願反共勢力步入「分裂」階段，所以纔反對毀憲，維護原則。

反共運動目前正在極艱難的階段中，每一個對反共運動有誠意的工作者，首先要明白是：反共的基本力量來自理想。一種理想與一組觀念，是制度，路綫，行動所依歸。我們今日在反共運動中要爭取未來的光明與勝利，首先得從堅守理想作起。台灣目前的實力，在我看來，尚不足以決定中國反共運動的前途；但對於「毀憲」，我們海外反共者仍不能不堅持某些確定原則以責台灣。這幷不因爲我們看重台灣的力量，而在於我們必須保衛全面反共運動的基本原則。我個人就是在一個原則考慮下反對「毀憲」的：不但說不上甚麼貪圖，抑且不計此舉的後果，我相信多數海外反共者之所以反對毀憲，其根本態度也相差不遠。因此。我們對於不相干的零碎謠言，自然可以付諸一笑了。

評大法官會議對法定人數的曲解

·宋寂·

「歷史將懲罰你們！」

本月十二日大法官會議通過一項解釋：「憲法所稱國民大會代表總額，在當前情形，應以依法選出而能應召集會之國民大會代表人數爲計算標準。」據內政部的調查統計，目前能應召赴台出席會議的國民大會代表爲一五七六人。憲法第一七四條第一款規定憲法修改程序：「由國民大會代表總額五分之一之提議，三分之二出席，及出席代表四分之三之決議，得修改之。」但民國三十七年國民大會第一次會議，和四十三年的第二次會議，其法定總額爲三〇四五人。因之，要修改憲法與臨時條款，祇有通過大法官會議，壓縮法定人數一途了。

大法官會議的解釋公佈後；台北「公論報」首先表示了强烈的反應，社論說：「本次會議代表總額人數，與前兩次會議所適用之法定總額三〇四五人，無異打了一個對折。論者有所謂大法官會議此項解釋。是首創『毀憲第一功』！吾人雖不能同意此尖銳的說法，但就國大代表諸君而言，確是功德無量，與四十六年五月三日大法官會議解釋國民大會爲三分之一國會者，可謂先後媲美。代表諸君應於大會中通電大法官致敬，亦不爲過。」該社論雖語出諧謔，但確爲海內外有識之士的心聲。

二、

大法官，解釋是否妥當，還可根據國民大會第二次會議紀錄」來看；「四十三年三月十一日，第一屆國民大會第二次會議舉行第七次大會，出席代表一四六三人由秦德純主席。對本案討論時，發言代表一致認爲『動員戡亂時期臨時條款等於憲法』，依據憲法第一七四條修正憲法之規定：該條第一款『由國民大會代表總額五分之一提議，三分之二出席，及出席代表四分之三之決議得修改之。』這裡不僅確定了臨時條款「等於憲法」，也確定了修改的法定人數。進行修改憲法。

又四十三年三月二十四日，國大秘書處的代電稱：……畧以本條款係依照憲法第一百七十四條第一款之程序制定，必須有國民大會代表五分之一之提議，三分之二之出席及出席代表四分之三之決議，方得廢止與修改。目前由於大陸淪陷，總額三分之二之出席既不可能，則對於本條款之廢止與修改，均難實現。」

由是觀之，在四十三年召開第一屆第二次國民代表大會前後，所作的各項決定，既不能修改與廢憲法上的臨時條款，而事隔六年正當國家情況更加危急之時，而大法官不惜曲解法定人數，澈底否定六年前的決定，這不但對學問不忠實，也是對國家民族不負責。

三、

根據憲法第七十八條、第七十九條：「司法院解釋憲法，並有統一解釋法律及命令之權。「……司法院設大法官若干人，掌握本憲法第七十八條規定事項，由總統提名，經監察院同意任命」。這是對大法官權力的詮譯，主要是解釋憲法，次要統一解釋法律與命令。任何解釋縱使犯錯誤，已具有最後的法定效力。因之，大法官必須是對憲法有深湛的研究。有權威性的學術著作，有高超的聲譽與學術地位的學人。才堪担任。否則，對憲法一知半解，對學問不忠實，人格和道德都無法使國人崇仰信賴，這樣的大法官，對國家和民族是有百弊而無一利的。

遠在四十七年九月十六日，總統提名第二屆大法官人選時，曾有一位「自由中國」的讀者一名林纘先生寫了一篇「請監察院慎選大法官」的投書，該文謂：

「細核報紙所載十五人名單，以憲法學者身份被提名者，似乎絕無僅有，誠不知將來何以解釋憲法？倘憲法亦不能作適當之解釋，甚至作不當之解釋，則法律及命令又如何能望其有違背憲法之解釋？」

現在似乎不能不佩服林纘先生的遠見了。因爲他不幸而言中了。其實是既有這樣的大法官，他們又怎能不淪爲標準的「御用」工具呢。

「歷史得懲罰你們！」在他們看來，歷史的懲罰，不如現實的賞識，千秋萬世之後，他們早與草木同朽了！現在，那管得了這麼多？

台灣一周

大法官大開方便之門

由於大法官的不忠於學問與理智，居然曲解國民大會的法定人數——從三、〇四五人變爲一、五七六人，因而大開「修改憲法」方便之門。

另一方面國民黨籍的若干國大代表，亦不因所謂「當前情勢」而放棄「積極爭取創制複決權的努力。

台北「公論報」的消息：國民黨國大黨團幹事會書記黃珍吾，設讌款待十五位主張「修憲」國大代表，翟宗濤即席猛烈抨擊張知本「修訂臨時條款」的意見。他說：「有人勸我不要來，我問他什麼原因？他說，你應該考慮安全的問題。我說，今晚就是鴻門宴，我也要去宴一宴。」他又說：「中央黨部用三十五部汽車，派人分別到各代表家中去簽名，同時，以欺騙的方法，向代表的太太騙取印章蓋章，這是最卑鄙的手段。我反對修訂臨時條款而主張修憲，並增訂創制複決兩權。」

「修憲」也者，原來如此！而且還是如此之緊張呢！

國家安危與個人權益孰重

不特此也，國大代表戴天球說：「愛護總統唯一的方法是修憲，使總統經合法的途徑產生，不使外人有此藉口攻訐我們，更要防止敵人散佈謠言影响我們在聯合國的合法地位。」他又說：「我覺得對於憲法案子的表決方式，應當慎重，舉手與起立的表決方式，在計數方面難免不出錯誤，唯有用無記名投票方式最爲正確，因此對表決方式應該在此次預備會中有決定，對於主席選用表決的方式不能太自由。」

又如王廷拔說：「由修憲而產生總統，是多麼偉大？」「假使我們修改了憲法，總統一定不會反對。」

李蔭國說：「不修改憲法，是捨康莊大道不走而走小路是最不智之舉。」

看來修憲派可謂用心良苦，但這話也跡近兒戲，不知他們曾否顧慮到國民黨總裁曾再三再四强調「反對修憲」。試問，這些主張，其有利於國計民生者幾許？何況一手不能掩盡天下人耳目，「修憲」是爲國家的安危？還是爲個人的權益呢？

正由於國民黨對說服黨內同志的工作進行殊感艱難。最後祇好由蔣總統躬親訓勉「共體時艱，反對修憲」了。但可惜，舉國上下矚目的他自己是否願意連任的問題，卻一直三緘其口！

·孟戈·

民青兩黨否認提名總統候選人

國民黨恐懼一人競選

根據台北來的消息，在未來選舉總統時，將由無所屬的莫德惠先生參加「競選」，但是馬路傳聞又說：民社黨與青年黨亦將提名總統候選人參加。不過民、青兩黨在台的領袖蔣勻田與陳啓天兩位先生於上月廿七日公開斷然加以否認。因爲他們認爲「雖然憲法上的障碍迄未排除，但料蔣總統將會連任。」法新社說：「蔣氏的領導是無可抗衡的，但執政的國民黨極盼能有少數黨派參加競選，以免於三月選舉中，造成蔣氏成爲唯一的候選人的現象。」

這則消息又映出了傳說中的民、青兩黨將派候選人參加競選的消息是無中生有。不過迄今爲止却尚未見莫德惠先生有所否認。

「蔣氏的領導是無可抗衡的。」正因爲此，任何人參加競選，也不過是陪襯點綴而已。民、青兩黨在台灣這些年來吃盡了地方選舉中受壓迫的苦楚，我想他們既已領畧過地方選舉中的「一人競選」的滋味，似乎也確是不會再對參加總統競選感到興趣了。問題是執政的國民黨，會覺得如果讓蔣老先生一個人被提名競選，未免是太煞風景。當然像十二年前在南京上演的副總統競選那樣熱鬧的一幕，今天固已成絕響，不過要老先生一人唱獨脚戲，却是世界選舉史上所空前未有的。於是乎就不惜放空氣說民青兩黨提名參加競選了。

現在，台北民青兩黨的負責人既已公開否認了，如果莫德惠先生再躊躇不前，我想國民黨中央的大員們，在失望之餘，還會感到有些恐懼吧？

恐懼一人競選中華民國第三任總統!?（裕）

論赫魯曉夫亞洲之行

田心

在赫魯曉夫訪問印度、印尼的過程中，印度與印尼當局不斷發佈將不與他討論它們和中共的關係。眞是如此嗎？稍爲留意中共與這兩個國家關係的人，都不會相信這種說法的。

最近，尼赫魯還特別聲明，印度之邀請周恩來，與赫氏來訪印是無關的。周恩來早已提議要與尼赫魯會晤，但印度的邀請發出後，却反而表現得遲疑了，至今未覆；目的似乎也在避免被人誤爲受赫氏訪印度的影响。

這一種微妙的發展，有人認爲是中共與蘇聯在唱雙簧，赫氏的訪問東南亞是有着拉攏中共與東南亞國家間的關係，我却認爲這種說法正與事實完全相反。

首先，我們先來討論中共、蘇聯、印度間的三角關係。一九五八年七月，伊拉克事件後，蘇聯倡議召開有印度參加的五國首腦會議，并要以印度代替中華民國的安理會的常任理事國，蘇聯的提議無疑嚴重的打擊了中共在聯合國方面的願望。後來經中共强烈抗議，雖然蘇聯撤銷了原議，但中共首腦們決不致忘了這段記憶。去年四月五日，蘇聯眞理報爲西藏革命發表評論，絕口不談印度對西藏，西藏革命的關係，說巴基斯坦是西藏革命的主使者，其有意歪曲事實的態度是很明顯的，去年九月，印共書記高士率代表團到北平參加「建國十周年」慶祝會，同時并與中共談判無結果；旋高士隻身藉詞去莫斯科，回國以後，印共若干地區委員會公然決議「反對中共侵印」，繼之有所謂革命共產黨員三百餘人公開到中共使館前示威。十一月，赫氏在最高蘇維埃的外交演說中率直地對中印邊境衝突表示遺憾。其在中共與印度的糾紛中，一貫袒護印度的態度至爲明顯。更應注意是蘇聯對於印度的經濟援助。世人均認爲東南亞是否在未來赤化，將視中共印度建設比賽的結果。五年來，蘇對印的貸款總計已達十億美元以上（連同未來的第三個五年計劃），而蘇聯對中共的貸款在過去十年中只得四億三千萬美元（除韓戰戰債，在華物資、股份交還等貸款），兩相比較其差甚鉅，蘇聯之這種厚此薄彼的援印，間接亦打擊了中共。

去年十二月所出版之蘇聯「東方學問題」雙月刊有一篇文章談到印尼，認爲在一九四五至一九五五的十年中，印尼的國家資本主義經濟停滯，表現之一是華僑掌握了印尼國內貿易，該文認爲印尼的國家資本主義要繼續發展，還必須排斥外資，不言而可知，蘇聯是支持印尼排華的。

綜合上述蘇聯過去對于中共與印度、印尼間的關係、態度，再加上這次赫氏訪東南亞的基本的目的是拉住東南亞的中立國家的繼續中立。他在此時節，只能是繼續討好這些中立國家，似不欲多爲中共講話，拉攏中共與東南亞國家間的關係。

二月初，莫斯科舉行的「歐洲社會主義國家交流農業經驗會議」，我在上期本報的文章中已予指出，是有使中共在共產集團中孤立之意的；這次赫氏訪問東南亞，由其背景來觀察，并非着意於討好中共，甚且可說反而可促中共在東南亞陷于孤立；以完成其以中立國包圍中共的目的。在我的看法，因爲赫氏採取了這種態度，致在其訪問過程中故意揚言不談與中共的關係以避免與中共的正面衝突。

中共反右傾運動已奄奄一息

・資・

自從去年八月中共掀起反右傾運動以來，在十一月中曾掀起一個高潮，把右傾機會主義者說成是「爲資產階級復辟開闢道路」，但而今，這種反右傾雖還不絕如縷，但已現虎頭蛇尾，奄奄一息之象。其轉變的主要過程大抵如下：

一、反右傾的目的是爲了鼓幹勁，使經濟發展全面的躍進再躍進，因此在每年年初中共照例發表一批計劃指標以作爲全國經濟發展努力的目標。同時，爲着强迫各級幹部，又把這種計劃盡量的提高。是故較高的指標，表示中共在鼓動較大的幹勁，亦表示其反右傾較激烈；反之，則右傾亦較鬆懈。在今年，中共卻未曾發表這種計劃指標。何以不發表呢？今年一月一日出版的「紅旗」雜誌第一期李富春作的「迎接一九六〇年的新躍進」的文章中，有這樣的說明：根據毛澤東的指示，「一九六〇年國民經濟計劃的安排，應當進一步地確定農業爲基礎，按照優先發展重工業和迅速發展農業互相結合的原則，更好地處理農業、輕工業、重工業各部門之間的關係，並且有計劃有步驟地加强運輸業、採掘工業等薄弱部門，創造以後年份更好的全面躍進的條件。」文章接着又說：「進一步確定以農業爲基礎的方針，對我們的整個計劃工作來說，是一個突出的新問題。」這段話說明，今年計劃的特點是「以農業爲基礎」作爲指導方針，目的是避免使各部門之間的關係不致於像過去幾年那樣的緊張。因此，儘管中共還在高唱躍進再躍進，事實上今年的中心問題是要求各部門間的發展平衡。

這一項指示，基本上是一種讓步，迫於事實的讓步。此外也反映出指標一般的降低了，在大躍進方面於事實上已向右傾分子低了頭。不能蠻幹下去。

二、最近，與反右傾的乾號幾已消聲匿跡的同時，反修正主義卻從新被提了出來，這也表現着中共當權派對於右傾分子的讓步。因爲所謂右傾，根本是中共當權派以自己的左的立場，對於不同意他們左的做法的人思想行爲所加上的莫須有的罪名。因此，若當權一派的立場愈左，則被說爲右傾的範圍也愈大，被指爲右傾的人亦愈多。所謂修正主義是根據毛澤東在一九五七年六月發表的「正確處理人民內部矛盾問題」一文章中的六項標準量度的，人們的言論行爲若在這六項標準之右，則被說成爲修正主義。是以，修正主義應包括在右傾之中，但右傾並不能包括於修正主義之中；因爲若干右傾分子的立場是比修正主義左得多，但由於當權者的立場更左，他們還不免要被說成爲右傾分子。現在，中共不提反右傾，從新提出反修正主義，這說明中共當權一派的立場已經搖動，事實上已經對右傾分子讓步了。

三、被人們認爲右傾的代表人物是劉少奇、陳雲；這些時來，劉少奇似乎活躍起來了。過去有人認爲陳雲因右傾有被清算的可能，但一月二十一日「人民日報」報導了公祭衛立煌時，陳雲亦是致送花圈者之一，可見陳雲尚並未因右傾而清算。這至少說明中共中央的右傾分子並沒有被當權一派所鬥倒，此又是毛澤東對右傾分子讓步的另一跡象。

由上述三項跡象可見，中共的反右傾運動雖未完全停頓，但已虎頭蛇尾，奄奄一息了。其所以會如此，則看來是因爲事實的壓迫不得不然。若不以這種現象來探索其未來的趨勢，則有兩種可能性：一、當權一派經不起事實的再壓迫，不得已而再節節後退，從而不能再繼續進行其大躍進運動。二、從上述李富春的話中可以看出，這種毛派的對於右傾分子的讓步是一種暫時性的讓步，還有捲土重來之志。由此，亦可以看出，即使事實將迫毛放棄大躍進運動，中間亦還有一個反覆的階段。

劉少奇逐漸向上爬

高瞻遠

劉少奇自從去年四月當了中共政權主席之後，外表看來權勢反而走了下坡。因爲中共政權主席本身原是一個空名義，和蘇聯的伏洛希洛夫的位子差不多，還沒有人代會委員長來得風光。

首先是報紙上很少提到他的名字，縱然提到也是在陪襯毛澤東。其次是周恩來對他的杯葛，在過去每當毛澤東會晤外國來人時，周恩來一定參加，可是自從劉少奇當了主席，周恩來就再也不出來了，甚至蘇聯大使契爾沃年科遞「國書」時，周恩來，陳毅都未出席，只由一名外交部副部長曾湧泉陪同，由這些地方可以看出，劉少奇的主席當得十分勉强。

不過，最近情形却有些改變，自從去年十月二十六日毛澤東離開北平，雲遊不返之後，劉少奇的行情已漸漸上漲，過去報紙刊物是專門頌揚毛澤東一人的，現在也分一點給劉少奇了，最近出版的「紅色的安源」就是一個轉變的開始。

「紅色的安源」是由幾十個短篇組成，本來是以回憶錄的方式，報導中共在安源煤礦活動的情況，可是出版之後，讀者只能把他當小說看，因爲其中的故事大部都是揑造的，而且揑造的太離譜，尤其是歌頌劉少奇的一段「革命的風暴」。這故事是敍述劉少奇領導罷工的經過。當時安源煤礦有一萬三千多工人，在劉少奇「領導」下開始罷工，礦場警備司令李鴻程高呼要嚴懲亂首，劉少奇被工人推爲代表拿着條件書走進李鴻程的辦公室，和李鴻程再三辯論，最後李鴻程終於「屈服」了。

其中描寫最「精采」的一段，是當劉少奇在場長室談判時，外面工人把辦公的樓房包圍起來，過了一時不見劉少奇露面，就在底下鼓噪，要衝到樓上去營救劉少奇，最後礦務當局只好請劉少奇出來勸解，要大家安靜，可是工人們還不放心，規定要劉少奇十分鐘露一次面，否則他們就鼓噪，結果當然是勝利了。

這段「神話」實際上距離事實甚遠，當時在安源煤礦工作最久，領導力最强的還是李立三，其次要算任弼時，任弼時辦了一所黨校，訓練不少工人，後來成爲中共重要幹部，劉少奇在那裡工作了三年，是在李立三領導下工作，同時劉少奇也不爲共黨份子所重視，甚至有人懷疑他是兩面工作，因爲他和湖南首長趙恒惕有親戚，所以中共對他並不十分的信任，可是也就仗這點關係，遇到和礦務當局交涉，多推他出頭，比較「安全」。猶如中共過去派往「白區」工作的人，總是揀些和國民政府有密切關係的，如廖承志、黃敬（眞名俞啓威，俞大維之侄，現已死去）等人。

就在這段文字的本身也有這麼一段：「事後工人張明生同志問劉少奇同志！聽說你有十三塊金牌護身，老板不敢動你是眞的嗎？」這決不完全是笑話，最低限度當時礦場是有這種傳說的。

在劉少奇離開安源礦場之後，工人還在繼續的鬧，可是已經不同了，終於一九二五年礦務當局忍無可忍，終於採取了行動，由中共黨徒組成的工人俱樂部被解散，俱樂部主任黃靜源也被槍殺，這一段事實也足以証明劉少奇是有皇牌護身的。

這段文字頌揚劉少奇相當過火，例如它說在一九二五年五卅運動之前，至安源煤礦工人黨員有三百多人，佔了全國共產黨員的半數，這一點隱約說出中共所以有今天，劉少奇的領導要佔一半力量，也與事實不符的。

除去這本「紅色的安源」之外，最近有些圖畫也轉變了，以前所畫的各族人民團結在毛澤東周圍，中共幹部只有一個毛澤東畫在上面，現在不同了，有幾幅畫雖然還是五十二個民族代表圍着毛澤東，但是劉少奇已經有份站在旁邊看了，這種轉變不能認爲是完全無意，可見劉少奇已逐漸走向取代毛澤東的路子。

紐約中華總商會反對毀憲連任

（紐約通訊）數月以來，台北勸進派製造消息，誣指海外僑胞一致擁護蔣總統再連任；而實則那些函電都是他們假造或策動的。據二月八日紐約聯合日報載，台北華僑救國聯合總會定於十日開會，向蔣總統勸進，竟妙想天開於事前密函海外各僑團囑其來電呼籲藉以表示此舉乃海外僑胞之願望；但紐約中華總商會會長李爔廼於接來函後，大不謂然，即列舉反對理由七條電覆該總會，請其鄭重考慮。觀此，不特可知旅美僑胞之眞實態度，即勸進派如何在幕後策動僑團去電台北表示擁護連任的把戲亦昭然若揭矣。李會長爔廼之原電如左：

「台灣中華民國國民大會鈞鑒

華僑救國聯合會公鑒，接貴總會元月廿一日大函，敬悉鈞會定於本年二月廿日集會，其主要任務為選舉第三任總統，副總統，囑促鈞會採取合法途徑選舉蔣總統連任等語。且謂此乃大部份海外僑胞所熱望。奉讀之下，甚感惶惑：當茲國家民族危難之秋，鈞會此次大會之決擇，不特影響中華民族之興亡，益且有關世界之觀聽，用謹鞠誠，有不得不向鈞會直陳之者。竊查蔣總統既歷次聲明不贊成修憲，以達個人之連任，為海內外人士所共知之事實。為何貴總會必須逆其意旨，顛倒民意，盲導蔣總統於違憲滅法，不義之途？此本會擬請鈞會宜鄭重考慮者一也。

自國民政府成立以來，蔣總統已集全國軍政大權於一身。國府遷台後，復兩任總統。現年已屆古稀，精力有限，何能再膺此繁劇重任，為酬答賢勞，亦應許其退休，方稱平允。此本會擬請鈞會鄭重考慮者二也。

個人之生命有限，國家之命脈無窮，故忠於謀國者，必須培殖後輩，使人才輩出，後繼有人，方可置國家於長治久安之域。考諸古今歷史，一人喪邦者有之，一人興邦者殊不多見。蓋國家之興，有賴於羣策羣力，全民之擁護。果將國家命運繫於有限生命之個人，則國運將危矣。此本會擬請鈞會宜鄭重考慮者三也。

中華民國國運之危殆，莫有甚於今日。國府偏安台灣。自非策之上者；故國府有存在價值之唯一任務，為反攻復國，力除團結之障碍。集中反共力量，以拯救大陸水深火熱中之同胞，方屬有效之救國途徑。蔣總統對於國家民族之功過，姑不具論。但事實証明，國府在大陸時，擁有數百萬雄師，不期瞬息間，竟遭共匪不擊而潰，全軍瓦解。就蔣總統個人言，亦早應引咎而退，以讓賢路。

而謀國者，亟應另選賢能，集全民之力量，重整國事，則未嘗不可挽救國家今日之危機。此本會擬請鈞會宜鄭重考慮者四也。

吾人今日唯一對付共匪之武器，為自由與民主，良以在共黨統治之下，已絕無自由民主可言，故所以能導引在大陸遭受共黨壓迫下之同胞以反抗共產政權者，非賴此自由與民主不可。果鈞會如修改憲法，以使蔣總統連任再三再四，甚或永遠連任，至百年歸壽為止，無異變更吾國為獨裁政體，則所謂政治反攻，三民主義反攻，而一切設施適與此相反，將何以導引民衆於反共耶？此本會擬請鈞會宜鄭重考慮者五也。

華僑愛國最具熱誠，純以國家之利害，以權衡事理之得失。此次贊成蔣總統連任者，可說絕對少數。貴總會所稱修憲以達蔣總統之連任，乃華僑熱望之說，殊非事實。果鈞會能體念大部份華僑之眞正民意，則宜根據當地大部份華僑之輿論，絕非奉命照辦者，可作憑證也。此本會擬請鈞會宜鄭重考慮者六也。

抑尤有進者，號稱一千四百萬之海外華僑，在若干地區正遭受艱難窘境，致被迫而返回共黨統治下之大陸者何故？固因共黨之從中搗亂，要亦吾中華民國在國際上地位日趨下游，而能有助於僑民者更少。當此國際時局瞬息萬變之時，苟不亟圖革新政治，廣開言路，共謀國是，鞏固國基，而斥斥於個人之去留，則國運前途尚堪再問耶？蓋華僑唯一期望於祖國者，為有強有力之政府以作後盾，方可安居樂業，此本會擬請鈞會宜鄭重考慮者七也。

以上所云，實乃一般華僑腑臟之言，鈞會負國民之重託，當茲國家命脈危如壘卵之時，擔國家之大任，忠於國乎？順於民乎？惟鈞會採擇之。臨電直陳，未盡萬一，尚乞垂察，國家幸甚，民族幸甚。

美國紐約中華總商會會長李爔廼叩。

中華民國四十九年二月四日。」

朱杜敷

蔣總統反對修憲原來如此

直夫

（台北通訊）蔣總統雖一再重申反對修憲的主張；但國民黨當權派仍刻意要陷他於不義。因為既不修憲，即應確守憲法，才是正道，若在不修憲的外表之下，以修改臨時條款的方式來破壞憲法上關於總統連任次數的限制，豈不是公然毀憲嗎？主張不修憲的蔣總統倘竟甘於毀憲連任，何異自毀信譽？至於因此而使中國的憲政前途和反共形勢蒙受不可補償的損害，他們大概更無意計及了。茲將國民黨中央黨部致該黨國大代表之密函錄後：

「中國國民黨中央委員會通知

中華民國四十九年二月十五日

四九一字第〇四〇號

受文者：全體國大代表同志：

一、關於國民大會第三次會議有關問題，經分別約集代表同志座談交換意見，並經中央常務委員會議前後審慎研議，僉以為本次會議舉行於世界局勢紛紜錯綜之際，對國家民族之前途，關係至為重大，爰針對反共復國大業事實上之需要，依據海內外與大陸反共愛國同胞之共同期望，在不修改憲法之前提下，就此次會議有關問題鄭重決議，同列三項，所望本黨代表同志一致團結，共策此次會議之圓滿成功，而為反共抗俄大業奠定必勝必成之基礎：

（一）為適應動員戡亂時期事實之需要，本黨主張由第一屆國民大會第三次會議依照第一屆國民大會第一次會議制訂動員戡亂時期臨時條款之程序，修正臨時條款，其修正要點如下：

（1）在動員戡亂時期臨時條款中，規定「憲法第四十七條限制連任之規定在動員戡亂時期尚未終止前，暫停適用」。

（2）臨時條款原規定「第一屆國民大會應由總統至遲於民國三十九年十二月二十五日以前召集臨時會討論有關修改憲法各案，如屆時動員戡亂時期尚未依前項規定宣告終止，國民大會臨時會應決定臨時條款應否延長或廢止。」因此項規定事實上已經久逾時效，應一併修正為「第一屆國民大會在動員戡亂時期未終止前，得由總統於適當時期召集臨時會討論修改憲法各案，並決定臨時條款應否延長或廢止。」

（二）由於目前實際情況已較十年前顯有重大變遷，為期切合實際並使憲法所創設之機構均能順利行使憲法賦予之職權，關於憲法第一七四條第一款所稱「國民大會代表總額」計算之標準，實已構成憲法之疑義，本黨主張由司法院解釋。

（三）關於國民大會行使創制複決權之前提條件，憲法原有明文規定，為貫徹本黨不贊成在現階段修改憲法之主張，並避免在當前形勢下影響中央與地方制度之安定，本黨認為在第一屆國民大會第三次會議中，不宜另作有關國民大會行使創制複決權之規定。紀錄在卷。

二、特錄案通知，至希各代表同志，共體時艱，惠予支持為荷。

中央委員會

秘書長唐縱

中國國民黨中央委員會章」

從此一通知看去，可知國民黨當權派雖一再揚言反對修憲；但策動修憲的正是他們；而授意大法官對國大代表總額作歪曲解釋的也是他們，其出爾反爾和玩法弄法竟至於此極，蔣總統主政三十餘年，而我們的國家迄未能步入法治的軌道，良有以也。

金山時報不以大法官之解釋為然

（舊金山通訊）在台北方面正大吹大擂，揚言海外華僑一致擁護蔣總統連任的虛張聲勢之時，旅美同胞已感到不能再忍而紛表反對。出版於舊金山的金山時報於二月十五日以憲法解釋、政治裁斷為題發表時評，認為大法官會議對國民大會代表總額之解釋不當。茲摘錄於後：

「主張蔣總統繼續連任者謀修改中華民國憲法。或在憲法上增訂臨時條款，以達其目的。然以現有國民大會代表可以出席者僅有約一千五百七十五人，不足憲法規定修改憲法須有國代總額三分二出席之名額，為各方所指責。行政院及國大秘書處乃請司法院大法官會議，對國代總額予以解釋。大法官會議於月之十二日議決，判為國代總額應以依法選出而應召出席集會者為計算標準。此場爭辯，局勢至此已定，吾人本不願再事評論。然大法官會議如此判決，是否有當，則不能無疑，是又不能已於言者。（中畧）

由此。吾人不免要問，國民大會第一次會議在南京集會，以應選出人數為代表總額，實際報到者為二千八百四十一人。當時大陸未陷於共黨。固謂與現時情況大異。然第二次會議在台北集會，亦以應選出人數為總額，實際報到之國代祇有一千五百七十八人。其時大陸淪於中共，國府遷台亦已三年，今次集會縱有若干名國代身故，而國府內政部報告，連遞補之國代計算，今次出席者可能達一千一百八十人，情況當與第二次集會無異。第二次大會時以應選出人數為總額，一千五百七十八人出席，仍能行使職權。今次亦有與之約畧相等之國代出席，何以謂以應選出人數為總額則不能行使其職權，豈非為謀使蔣總統得以繼續連任而有所異乎。如衆週知，國大第二次集會時無蔣總統受憲法限制不得連任之問題，故無須有總額三分之二人數出席，以更改憲法。今次則有此問題，故非將國代總額降低不可。大法官此判，令人感覺一如上面戴雪所言「每逢訟案中帶有政治性質之際，法官終不能不顧及當時所有政治感情與實際之理解」。

尤有可異者，大法官會議不特推翻國大上兩次之國代總額，且訂下一條違反民主會議制度常規之惡例。此即「其能應召集會而未出席者不應包括在此項總額之內」一語。換言之，是以出席人數為總額，逕將憲法所訂之國代總額與出席人數之區別撤消。由此解釋，則國大會無論有代表若干人出席，均為足夠法定人數，可以集會議事，表決。甚至修改憲法與選舉或罷免總統，即僅有三數人出席，亦有此權力。如此，豈非將國大會議之精神與體制破壞無餘，違反憲法之規定乎。

本來為修改憲法或增訂臨時條款而降低國代總額，以大陸淪陷，部分國代不能應召集會為理由，訂為以依法選出而能應召集會之人數為準已足。今不惜另創一惡例，必又進一步而將能應召集會而未出席者亦摒除不計。此非其所提出上述理由所能概括，如此做作，殊費索解，大抵意在抵制反對派之不出席。如此，更不能令人懷疑此為政治性質之判決。

政府缺乏民主精神，法治水準不夠，常為各方詬病。今大法官會議又添此一事件，世界人士對此覺感如何，吾人不能無憂焉。」

·中民·

從林彪一封賀電看中共的奴才相

彭愉

中共首腦人物,儘管隨時對內對外誇張他們的獨立自尊,但他們對蘇聯的奴才相,卻總是難於掩蓋的。二月廿三日北平人民日報所登「林彪元帥致電馬林諾夫斯基元帥祝賀蘇軍建軍四十二周年」的一封電報,字裡行間所顯現的奴才相,有使人讀後周身肉麻之感,原文如下:

「親愛的部長同志:

值此英雄的蘇聯軍隊建軍四十二周年光榮的節日,我謹代表中國人民解放軍全體指戰員,並以我個人名義,向您,並通過您,向兄弟的蘇聯軍隊全體指戰員致以衷心的,熱烈的祝賀。

光榮的蘇聯軍隊,在偉大的蘇聯共產黨領導下,在戰勝一切國內外的敵人,保衛蘇維埃國家,保衛社會主義專業和保衛世界和平方面,建立了卓越的功勛。現在,蘇軍正登上軍事科學技術的高峯,掌握着世界上頭等的技術裝備。蘇聯國防威力的鞏固和提高,是保衛世界和平的堅強保証。

偉大的蘇聯人民和社會主義各國人民及愛好世界和平人民一起,爲爭取世界持久和平,進行了不懈的鬥爭,使國際局勢出現了一定程度的緩和。最近蘇聯政府提出普遍徹底裁軍的建議和主動裁減武裝部隊的行動,再一次有力的証明了蘇聯爭取和平的誠意和蘇軍的無比威力。

今天,以蘇聯爲首的、團結無間的社會主義陣營,正蒸蒸日上的發展,祝您和蘇聯武裝部隊全體指戰員,在建設共產主義和保衛世界和平的事業中取得新的更偉大成就。

偉大的中蘇兩國人民和兩國軍隊之間牢不可破的戰鬥友誼萬歲。中華人民共和國國務院副總理兼國防部長,中華人民共和國元帥林彪」。

本來,國際間的賀電往來,原是很尋常的。但賀電要有一定的內容,尤不可表現奴才相,而上述林彪的這一封賀電,字裡行間,卻是充滿了奴才味道的。也許左傾人士會辯護說中共與蘇聯的密切關係不比尋常,所以如此,但我們如檢查以往蘇聯給中共首腦的電文來看,立可發現蘇聯的來電往往只是簡單明瞭的一些文字,卻並沒有中共首腦電文裡所表現的奴才相,如果中共蘇聯眞是平等的話,難道中共蘇聯兄弟之邦,就只該中共有奴才相,蘇共對中共就不該有奴才相嗎?由此可見,這種辯護,也只是遮飾。

記得我在大陸時,曾經看見蘇聯塔斯社攝影記者到處拍照,塔斯社記者到處大搖大擺,如入無人之境,而中共幹部惟恐侍候不周,其肉麻情形,至今回憶,猶感其乃對中華民族之羞恥。

我又知道北平中共人民大學當局有一次曾經爲了要招待蘇聯顧問開舞會,而要北平人民大學的女生去作陪,結果男生反對。當時中共幹部一再向人民大學男生解釋,說跳舞是外國人的習慣,由人民大學女生陪同跳舞,並沒有什麼了不得,但男生仍表示要與女生一齊共同參加。人民大學當局認爲男生頑固,乃規定凡參加舞會者必須憑束入場,所有男生皆不發束,以示限制,所有女生皆發束。當晚,雖然有一部份女生前往參加,但第二天,凡曾往參加之女生,男生見面時皆予以輕視的「嘘」聲,部份女生臉厚,根本不怕嘘,但亦有少數女生則於見到男生時自感慚愧,面紅耳赤。這件事說明什麼呢?說明高級共幹早已沒有民族意識,但少數年輕人則仍保有民族意識。這由少數年輕人所保有的民族意識,卻非今日大陸之主流,主流仍是用共產國際用世界無產階級革命所粉飾的賣國意識和奴才意識。

幾年以來,有些人常把中共分成所謂國際派與民族派,其實,這是多餘的。因爲有民族意識的並沒有在中共統治下或統治內構成一派,有之,亦不過存在於不相聯繫的若干個人心中而已。在另一方面,自從毛澤東在莫斯科向中共留學蘇聯的中國學生強調指出共產陣營必須有一個頭,而且強調指出蘇聯就是這一個頭以後,毛澤東本人的奴才相,固表現無遺,而中共其它首腦之競向蘇聯表現其奴才嘴臉,乃更相習成風矣。所以,林彪的這種表現,在今日大陸,正亦不足怪。

何況,林彪乃十年前原日統率大軍的四個野戰軍之一。當日的四個野戰軍司令員是第一野戰軍司令員彭德懷,第二野戰軍司令員劉伯承,第三野戰軍司令員陳毅,第四野戰軍司令員林彪。以目前狀況而言,劉伯承因爲受到毛澤東的忌妒,解除兵柄後,初期尚有一個訓練總監部部長名義,隨後此一職務亦被解除,只擁有一個元帥空銜;及至去年朱德當選爲人民代表大會委員長時,才由朱德在同病相憐的情況下,獲得人代會一名空頭副委員長名義;陳毅原本亦受歧視,所以,十年前中共初佔大陸,毛澤東將整個大陸劃爲幾個大行政區時,毛澤東之親信第一野戰軍司令員彭德懷當時在西北是兼任着西北軍政委員會主席,西北軍區司令員,中共政治局西北局第一書記,集黨政軍大權於一身的,但陳毅的戰功雖比彭德懷高,卻只獲得了上海市長一席,所有華東軍政委員會,華東軍區,華東局,陳毅皆未能獲得其首席地位,後來因周恩來之關係,始得以在周恩來手下當一名副總理,並由周恩來將外交部長一職讓給陳毅,至於林彪,十年前雖曾在東北頗有權力,但隨後也曾一度沒落,在長時間中,四個野戰軍司令員,就只毛澤東死黨彭德懷一人走紅,今天林彪之所以能繼彭德懷而任中共國防部長,則完全拜蘇聯國防部長馬林諾夫斯基之賜。蓋林彪在東北時,馬林諾夫斯基當時正任遠東紅軍首腦,故林彪與之有舊,隨後馬林諾夫斯基繼朱可夫之跨台而上台,林彪遂亦在馬林諾夫斯基之支援下出任中共國防部長。所以,林彪在給馬林諾夫斯基賀電中,一開始就用「並以我個人名義,向您,並通過您……衷心的,熱烈的祝賀」等個人親切式的奴才口吻,那是並不偶然的了。試問中共首腦們如此這般的競向蘇聯主子獻媚,還有何品格可言呢?可知,凡屬中華民族的優秀兒女,都是應該起來反對中共這一羣奴才的。

目前上海居民的生活實況

日前,在一個友人家的宴會上遇到了一位剛從上海出來的婦人。她抵達香港還不及一個星期。這位婦人曾受相當的教育。所以對于上海一般實際情況的報導,很有條理,同時也很切實。據她講,目前中共對于上海一般市民所規定的生活必需品配給的實數如下:

食糧:每人每月米二十五斤(但有時須配搭山芋,每六斤山芋作一斤米);

食油:每人每月十四兩;

豬肉:每人每月半斤;

布:每人每年二丈五尺(春季一丈,冬季一丈五尺);

她說:『以上各種配給物,倘遇供應不足的時候,就得排長龍,排在前面的人,可以如數買得;至于排在後面的人,就只好空手而回。

『聽說,大陸各地區的配給額,上海算是最高的了。就是北平,也比上海爲低。至于內地各小城市及鄉村,那就更低得多。就拿上海來講,一般人都是在半飢餓狀態之下。因副食品太少了,單靠那些配給的食粮,實在太不夠飽。又因工作時間過長(每日工作時間,雖規定爲八小時,但連同小組檢討,以及參加各種會議的時間,合計總在十二小時以上),所以更覺得饑腸轆轆。至于山芋,過去上海人僅充作小孩零食或點心之用,實不能充饑。

『目前上海蔬菜甚缺少,而且種類也不多,聽說在農村裏種蔬菜很少,農民自己也不夠吃,所以能夠供應市區的數量實在太少了。

『每年二丈五尺布,實在不夠用。以前一般人還可以把舊衣服或破衣服找出來修改或縫補一下,藉作補充。但是幾年來,舊的破的都已用完了。僅賴二丈五尺的配給布,事實上不夠禦寒。雖然收入較多的人,可以在配額之外,自行購製;但一般市民是沒有這種能力的。

『目前上海市區,也有公共食堂的設置。多數是里弄爲單位。即每一個里弄,設一所公共食堂。不過市民可以不一定在公共食堂內進膳,有些人是到了用膳的時間,就到公共食堂去領一份飯,並買一二碟小菜(每碟定價人民幣一角至一角五分),隨即帶回家中吃。凡是參加公共食堂的人,就得把食粮配給額,全部交給食堂。在食堂所製備的小菜中,以山芋作原料的甚多。就是把山芋煎煎炒炒,當作素魚素肉之類出售。聽說中共所以要在上海市區試辦公共食堂的目的,是要想逐步推行城市人民公社。』

我們從上面的報導可以得到一個結論,就是目前上海市民的實際生活,是「吃不飽」、「穿不暖」。儘管中共對上海市民,各項配給量,已是特別提高,可是一般人民的生活,還是得不到最低限度的保証,那末其他窮鄉僻壤居民的生活實況,也就可想而知了。

中共的宣傳機關,時時詭稱大陸人民的生活,已經怎樣地改進。並且還說:「帝國主義分子誣蔑我們的大躍進是損害人民的福利的。國內也有極少數因爲看到幾種日用品和副食品一時供不應求,就認爲國家建設的高速度發展,會影响人民生活的改善。而事實又怎樣呢?……一九五九年比一九五七年,職工(不包括新職工)的平均工資增長了百分之八左右;農民的平均收入增長了百分之二十左右,社會商品零售總額增長了百分之三十五。這些事實,碎粉了帝國主義分子的誣衊,也消除了有些人對於在高速度發展中,國家建設和人民生活關係是否能正確解決的懷疑。」(見一九六〇年紅旗第三期)可是,儘管中共的宣傳技巧,是怎樣的高明;終掩飾不了冷酷的事實。一般人民「吃不飽」,「穿不暖」,是千眞萬確的實際現象,上海尙屬如此,其他地區更不必講了。

。方正。

馬來亞壓倒了共產主義

俊華

馬來亞副總理兼國防部長拉查克，於上屆國會舉行會議時，曾經宣稱本邦政府計劃於一九六〇年結束緊急狀態。拉查克是拉曼去年引退時的前任總理，也是拉曼訪問紐西蘭期間的署理總理，同時更由於他是前任及現任的國防部長，所以他的準備結束緊急狀態的預期諾言，備受人民的重視並寄與期望。

果然在今年的第一個月，這項諾言已獲得了初步的兌現。那便是霹靂州州務大臣雅沙里，宣佈怡保區成為白區。

這項宣佈儀式係於十四日晨在怡保大草場舉行，政要名流、軍團代表等均蒞臨觀禮，舉行檢閱團隊後，雅沙里大臣正式宣佈怡保成為白區，羣衆報以騰歡的呼聲。

怡保區最後的四名馬共，剛於一九五九年的最後一日出而投降，故當局除撤銷一系列有關地區之宵禁外，終於宣佈怡保區域二十個市鎮正常秩序的恢復。

馬來亞自一九四八年馬共倡亂，隨着當局宣佈緊急狀態，已有十一年之久，在「選擇區」——即「戒嚴區」——內的人民，居住、行動沒有自由，米糧、食品、藥品等受嚴格的配給限制（因防範接濟馬共），還有膠園、鑛場、田園廬舍及人命受馬共破壞殺戮的損失，精神物質所受的痛苦，並非筆墨所能形容。現在宣佈為白區（自由區）之後，可以「自由買賣、貯藏、移動、或食用所有糧食及其他物品，自由使用公路及運輸工具」，正是人民日常生活的大解放，及解除了農工商業活動的窒息。

宣佈改為白區地區的面積，共達四百一十方里，人口二十四萬人。馬來亞全邦面積五萬〇六百九十方里的土地，到此為止，改為白區者已有四萬一千三百二十六方里半。全邦六百二十五萬一千六百一十九名居民中，也已有五百三十九萬五千七百一十二名居民，在自由的白區中居住生活，免受緊急狀態的限制與影響。

目前仍是非白區的地區，只有上霹靂、雙溪烏魯一帶，主要是泰馬邊境地區的緊急狀態尚未結束。照面積說還是相當廣泛，但因為其中有大部份是森林地帶，所包括的重要市鎮不多，因此對於結束緊急狀態來說，是已有了重要的進展。不過當局並不因馬共勢力日蹙而稍有鬆懈，反之，正如霹靂州務大臣所說，因為策動馬共投誠的獎金甚高，希望不久可以結束上霹靂及雙溪烏魯兩區的緊急狀態。

當局對有關戡亂的保衛團員、特警等，就其復員後的安置問題，經已由各州的土地局，保留土地以為渠等退伍後耕種之用。同時對於農村問題，也決定優先發展及改善鄉村人民的生活，以配合結束緊急狀態的發展，使農村獲得持久的繁榮與和平。報紙特呼籲人民在這結束緊急狀態的有利形勢下，加强協助政府與政府合作，俾能預期（於一九六〇年內）結束緊急狀態。

在戡亂剿共形勢勝利聲中，英軍駐防本邦問題，突被在野黨提出，要求對該項有關的英馬協定，加以檢討。「社會陣線」及「泛馬回教黨」，均曾先後抨擊英國軍及英聯邦軍之在本邦駐防。

泛馬回教黨發言人說：當本邦緊急法令面臨壽終正寢之際，駐防本邦的英軍（及聯邦軍隊）應隨之撤退或裁減，同時防務條約亦應提出重新檢討。泛馬黨說：當緊急法令廢除後，「英軍駐防本邦毫無意義」。一向反對英軍駐馬的「社會陣線」黨，則指英軍的駐在，「有損本邦獨立國的尊嚴」。

副總理兼國防部長拉查克氏，對於上述在野黨的發言，表示反對。拉查克鄭重指出：「就是在緊急法令完全廢除以後，英國及聯邦軍隊也不會撤離本邦」。因為，英馬防務協定，其主旨及條文是有關防衛，涉及維護本邦國防，以抵抗外來的侵略，其內容與本邦抗拒共產恐怖份子，絕無關係。故此就是恐怖份子消滅，完全結束緊急狀態，亦與英軍的協防本邦國防無關。預料緊急狀態可望早日結束，但英軍仍將繼續留駐。在可見的將來，將不檢討英馬防衛協定。在「需要時，我們才提出檢討」。

「社會陣線」可能在國會中提出上項有關英軍駐防的辯論。但由於英馬防務協定之係「對外的」而非「對內的」，這一明顯的規定。同時執政黨的華巫印聯盟又擁有議會的壓倒多數，相信這項辯論不至動搖英馬聯防的國策。鑒於寮國及印尼方面情勢的流動，馬來亞人民在維護本邦恢復秩序之餘，亦極注意於國防的實際問題。馬來亞已有百分之百獨立的實質，他們決不會為了「獨立尊嚴」這類的空言，輕易要求撤減英軍而影響國防。照目前說，英國尚且有美軍駐防及美軍基地存在，以英馬自獨立前後以來的良好關係，英軍駐馬正是順理成章的事。尤其澳洲和紐西蘭，與本邦有深厚的交誼，他們的協防本邦，更該感激。

拉曼總理在紐西蘭說：赫魯曉夫訪問印尼，不外是對蘇加諾總統的訪蘇報聘，此舉對馬來亞政壇將不發生何種衝擊，也不會增長馬共的士氣，因為「他們已完全受挫及崩潰」。雖然我們並不自滿，仍注視一切情勢的發展。但無論如何，馬來亞是「唯一」壓倒共產主義而不附帶任何妥協條件的國家，馬來亞人「對於我們壓倒共產主義的勝利，反感得洋洋得意」。這確是馬來亞人民共有的感覺。這項壓倒共產主義的勝利，可能就是馬來亞獨立和建設的勝利。

·吉隆坡通訊·

印尼要求引渡叛軍的風波

漢源

印尼叛軍引渡案及其所引起的問題，已成為馬來亞與印尼間交涉的焦點，也可以說是兩邦間困惱的問題。

上月在檳榔嶼對岸威斯利省吉輦港口拘獲的一船印尼叛軍，一行三十人均攜有武器，已先後在檳城法庭提訊。印尼方面要求將該批叛軍引渡，印尼駐馬大使芝拉夫博士，為此迭訪總理及外長；印尼外長蘇班德里奧，亦强調引渡，以免馬來亞與印尼的良好關係「發生裂痕」。

但叛軍方面的領隊，廿八歲的大學生佐哈尼斯（革命政府的中校級官員），已聘請本邦的查日新律師辯護，要求拒絕引渡，祇願受本邦法律之裁判。他們並帶有「重要文件」，由查日新律師晉謁本邦外長伊斯梅醫生，出示「重要文件」，要求政治庇護。律師說：印尼與馬來亞沒有引渡協定，而馬來亞是獨立國家，又為聯合國會員國，「必須遵守國際公法（政治犯不引渡）的原則」。

雖然印尼當局曾促馬來亞駐印尼大使返馬，轉達印尼之要求；另派一名朱利基芬上尉至檳城辨認被拘人員係印尼叛軍無誤。但本邦外長已向印尼駐馬大使表達，婉拒引渡該批印尼叛軍。鑒於兩邦間沒有引渡協定，故馬來亞對於該批印尼人員，只能作「非法入境及藏有武器」處理。伊斯梅醫生並已接見查日新律師，聽取其有關「重要文件」之陳述。但對於該批印尼叛軍之政治庇護問題，據說尚未達到考慮階段。本邦駐印尼大使返印尼前，亦已申述外長「不引渡」之原則。除侯法庭判罪及政治庇護問題外，引渡問題似已告一段落。

因為這事，印尼已要求與馬來亞訂立引渡協定。印、馬雙方根據友好協定，原已設一委員會，討論統一兩國語言（馬來語）。另一委員會則在討論馬六甲海峽捕魚問題，馬方要求增加條文，防印尼人非法入境，領海漁權，及印尼海盜的取締等。印尼則要求取締走私，及引渡政治犯。

本邦最大華文報紙「中國報」，已以「本邦重視法律責任」的社論，讚揚政府不引渡印尼叛軍一事，並强調「政治犯不引渡」乃晚近國際公法的原則，促請當局注意。

·檳榔嶼通訊·

鬥死了鄭縣長

華文中

二月十五日，長樂縣又舉行「反右傾鬥爭大會」了。

鬥爭大會內，除了兩三個共幹担任導演之外，骨幹人物就是十來個被擇着鼻子走的所謂積極份子，其他被廹參加大會的鄉民，都成為臨時演員，權充配角。

被鬥爭的是兩名共官：一是「縣長」鄭傳勇；另一是「人民銀行」主任鄭其福。他們的罪名，都是温情主義，執行政策每多保留，頭腦頑固，思想右傾，欠缺革命精神。

一名共幹，首先指斥「縣長」鄭傳勇道：「你身為縣長，却尚未澈底認識社會主義，對建設新社會的工作也推進得很緩慢；顯然，温情主義還充塞了腦袋，所以對積肥和春耕的準備工作，也都未能如期完成。唔！你簡直是「右傾份子」！」

另一共幹則指責「人民銀行」主任鄭其福，說他未能順利地，圓滑地控制和調用鄉民的經濟，也是頭腦頑固，思想右傾，應向人民交代過失，坦白認罪」。

於是，會中的積極份子們立即你一言我一語，爭相向鄭傳勇和鄭其福責難，咒罵一番；最後，「鬥掉他！鬥掉他！……」的大叫不休。在這種形勢下，被追到大會裡充當配角的鄉民，也祇好隨聲附和，沒精打彩地叫着「鬥掉他……」！「鬥掉他……」！

當日的晚上，鄭傳勇和鄭其福都自殺了！噩耗傳進了每一鄉民的耳朵，大家都不覺為之打了幾個寒噤。

僑鄉近訊

積肥運動中又有不少鄉民倒斃（潮汕）

據最近潮汕揭陽探親歸來的澳門僑胞透露：目前揭陽糧荒嚴重，人民已陷於餓死邊緣。當地人民公社的配糧額，由二月十六日起，又再告削減，每人每天祇得二両白米，和四両番薯；沒有油，也沒有菜。鄉民們為了活命，祇得拖着皮黃骨瘦的身軀，上山下地去找尋野生植物來充飢。由於濫吃野生植物，缺乏最低限度的營養，故他們普遍都患有水腫病。現在，「春耕積肥運動」又開始，捱盡飢餓的鄉民，在中共殘酷的驅迫下，還得進行飢餓的「苦戰」。各公社的共幹，不管鄉民死活，硬性規定每人每日要完成担一百担塘泥的任務，倘若不能完成，就要遭受「批評」，「鬥爭」；嚴重的還要受到「不給飯吃」的處罰。不少鄉民因為抵受不住此種殘酷的奴役，在勞動過程中暈倒。梅崗公社就曾經有過兩個中年鄉民，一名李伯坤，一名陳泗，在担完一百担塘泥後，突然暴斃！

共幹收買人命强迫鄉民「帶病出戰」（高要）

自去年西江泛濫成災後，高要各地流行的瘟疫，迄未止歇，鄉民患瘧疾或痢疾的，極為普遍；加以糧食的質、量均差，鄉民欠缺營養，故大部份骨瘦如柴，面帶菜色。至於死於疫症者，尤為驚人；據說：該縣人民一年來在疫症下喪命的，約達二萬人！中共遏止疫症流行的唯一辦法，是徵集全縣的中醫，甚至一些僅懂得一點草藥土方的人，分別組成「醫療隊」，下鄉巡廻醫治病者；但能治癒的，僅得十份之二、三。遇有不治身亡者，該「醫療隊」則循例填具表冊，向公社報告，作為「交代責任」。本來，有部份病者，只需要較為有營養的食物，或多休息幾天，便可獲痊癒，但共幹却沒有足夠的糧食配給他們，同時也不給假使他們休養，反而驅策他們「帶病出戰」，繼續勞動，遂使小病變成大病，乃致死亡。

·江水·

名作家的寫作方法

孟長苛

一、

一天！孟先生在一家大報上，看到一幅顯明的廣告：

「某大文化機構，重金徵求小說，稿酬千字二十元。」

「千字二十元是富於誘惑性的數字，不由不使他想起塵封在籐篋裡的一部長十萬言的小說——「奇俠艷史」來，他懷着萬一的希望，花了一角錢的郵票，閉上眼睛投到郵筒裡去。

終於，奇蹟出現了，一個禮拜後，他突然收到一封約見的信件，一種無以名之的驚奇，使他不敢相信這篇小說會變成二千元的支票。

二、

在鳳鳴大厦的六樓，他應約會見「××文化社」的負責人。

這是一個高貴的住宅，客廳裏的擺設充滿了東方藝術的色彩。一位五十來歲的主人，戴着深度的近視眼鏡，從外表看來，倒有幾分學者的風度。

「你是孟先生嗎？」他問。

「是的！」他恭謹地自我介紹。

「請坐。」他示意他坐在綠色的沙發上，之後，他搖出了烟盒，遞給他一支，又刮亮火柴，為他燃着了，同時自己也點着了烟斗。他深深地吸了一口，吐出了濃厚的烟霧，在他們之間，籠罩着薄薄的藩籬。

「你的小說寫來很不壞，我已讀過」。他慢條斯理地說：「尤其是書法的端正清秀，更使我特別看重。」

「希望長輩多多指教。」

「唔！」他閉上眼睛點了點頭：「你在什麼地方工作？」

「我……」孟先生尷尬地說：「在石廠裡搥石屎。」

「呵！可惜得很。」他同情地喟嘆！「香港這地方，眞不知糟塌了多少人才。」

孟先生黯然無語，客廳裡顯現短暫的寧靜。文化社負責人凝思片刻，一種同情的顏色，洋溢在他的眉宇間，終於他朝過臉來正對着孟先生說：

「你有沒有離開石廠的念頭？」

「談何容易！」他嘆息着：「在人浮於事的香港，像我這樣沒有人事關係，怎能找到一份適合的工作。何況，我一天不搥石屎，一天就沒有飯吃，人總不能活活餓死的！」

「是的！」他說：「孟先生，我很同情你。如果你願意的話，暫時在我這裡幫幫忙，看將來有什麼適當的工作，再盡力給你介紹。你的意思：……」

「當然可以！」

「謝謝長輩的提拔。」

他歡喜若狂。

「我想，你搥石屎每月的收入不會超出一百五十元吧？現在，我給你兩百元，不曉你願意嗎？」

他不知如何來表達內心的欣忭，祇覺得眼眶裏閃動着淚光。於是興奮地問：

「我非常感謝您，請問長輩高姓大名。」

「我是東方明。」

他說：「呵！你的大作，我已送去審查了。」

他感到一陣頭暈，兩眼蒙上一層稀薄的淚水，眞不敢相信在他的面前，「××文化社負責人」，又是鼎鼎大名的小說家東方明先生，居然對他如此賞識。

三、

「上班」的第一天，孟先生的寫字枱，設在東方明先生的私人書房裡，書房裏陳列着兩個玻璃書櫥，放滿了線裝書，當他凝坐在舒服的沙發椅上時，他意識到舊的苦難，歲月已經消失，而新的快樂日子正在開始。

東方明進到書房來，把放置枱上的一疊厚厚的寫滿了字的原稿紙交給他。

「你細心看看這些文章評定分數，把這裡大概有五十篇長篇小說，你可以自行評分甲乙丙丁四種。但你必須注意，文章的價值的高低，要從趣味和神奇的角度去評定，坦白的說是要色情、武俠、偵探的小說給較高的分數。」

東方明離開了書房，他說完，把原稿紙翻閱一下，才知道這是出自不同手筆和不同姓名的幾十個人的作品，題目五光十色。他想起這難道是應徵的小說吧？也許他眩惑於「千字二十元」的稿酬所寄來的嘔心吐血的結晶？

約摸經過長長的四個月時間，他每天花八小時細心讀這些作品，非常認真評定等級，當然愈神奇黃色，所評下的等級也就愈高了。因為他也喜歡這一套玩意，他之能獲得這份工作，不就是憑「奇俠艷史」這部小說麼？

完成了這段初步工作，他的另一工作也就派遣下來了。要他把甲級的文章，每篇的中心意義和故事內容，扼要和簡明地寫出來。甲級的文章，大約有十篇，他足足花去三個月零十天的工夫才弄好，當他工作極端疲憊的時候、他不免有一個疑問：東方明先生做這些事情要得到什麼結果。

把甲級文章的全文大意寫好後交回去。東方明第一次踏進書房來，又交下兩份稿紙給他，一份大約四千字的文稿，另一份是甲級文章中的一篇「採花俠恩仇記」的文章。並說：

「孟先生，你的工作做到很使我滿意，現在請你把這份四千字的文章加到『採花俠恩仇記』的文章裡去，二千字插在前面，另二千字加在後面。再把人名全部改過｜主角和配角都要換上新的名字，由你決定好了。這篇小說的命名是『俠腸艷骨』。最後請你重抄一遍，好讓我容易審查，但不要寫上作者的姓名。」

肆、

這是一個靜謐的下午，他和東方明先生喝着香濃的咖啡，對坐聊天。

「孟先生，你的文章已審查過了，有人說過份渲染神奇和色情，好像距離事實太遠些」。東方明嚴肅地說：「但這是你心血的結晶，我不想使你失望……不知你要名呢？還是要錢？」

「我想換點稿費」，他斬釘截鐵地說。

「好吧！我給你寄到南洋的報館去發表。——不過，不過要用我的名，那邊的編輯才肯用，我想你不介意？」

他心裡有一點苦澀，但還是點了點頭。東方明微微地笑着，伸出手來和他親熱地握着。

電話响了，東方明去接電話。我隨手檢過几上放着的一本外地出版的「南方畫報」，翻開一看，他手抄的「採花俠恩仇記」，已經改成「俠腸艷骨」，由「東方明」親筆簽名刊載在上面了。

狂熱的時刻

在我們生命中，再沒有比初戀的警覺更聖潔的了，那是它的沙翅初次顫動｜行將吹透（净化或毁滅）靈魂的和風的最初聲息。

——朗費羅

小姍：

在這熒獨的子夜，我想起了無名氏的幾句話：「愛情這一魔術是太神奇了，太微妙了。它使人有時有着蘇羅門的智慧，有時却比驢子還糊塗；有時却有着蘇格拉底的幽默，有時却有着小孩子的胡鬧；有時變成哲學家的沉思，有時却像酒徒一樣瘋狂；有時有着世紀末的憂鬱，有時却像伊壁鳩魯派似地快樂。」是的，『愛情』這兩個古老到不能再古老而又新鮮到不能再新鮮的字眼，的確是太神奇、太神奇了，太微妙、太微妙了。

小姍，我不諱言，我已愛上了妳，這是我生平第一次如此衝動地向一位陌生的少女表示我的愛意；請別笑我幼稚，因為我眞誠的聲音只向最初的戀人傾訴；唯其妳是一個被我深深地愛上的少女，所以我不想對妳隱藏我心坎裡的秘密。

知道嗎？今日的鮮花將是明日的落花！小姍，潮後的尼羅，才陡然憶及維納斯的足跡，業已太遲！既然如此，為什麼，妳不趁早建築起愛情的金字塔？請告訴我，請告訴我：為什麼妳不趁早建築起愛情的金字塔？聽聽濟慈的歌唱吧——「一件美麗的事物就是永恆的快樂！」而愛情，乃是一切美麗的事物中之最美麗的事物。小姍，當妳年青而美麗的時候，為什麼妳不趁早建築起愛情的金字塔？難道妳要在妳生命的畫布上留下一片虛無的空白嗎？

誠如雨果所說：「生命像一朶花，愛情就是花蜜。」小姍，知否我曾經偷偷地為妳寫下了這樣的詩句：

妳是一朶絢爛的花朶，
我是一隻採蜜的蜜蜂；
妳是一星燦亮的燈火，
我是一隻熱情的飛蛾。

小姍，妳是一片迷人的風景，誘我着意地描繪。啊，如其妳是魔鬼中的魔鬼，我情願入地獄，也不願進天堂｜天堂即是地獄，地獄即是天堂｜因為妳是主宰我生與死的上帝！

妳年輕而美麗的女郎呵！

若說我是一隻飛鳥，那末妳是我翱翔的太空；若說我是一葉扁舟，那末妳是我碇泊的港灣。

啊！小姍！要是妳願意和我並肩站在同一的藍天下：歌唱幸福的愛情，歌唱美好的將來；我願以我的一生為妳點盞燈｜照亮妳青春的艷容，照亮我生命的前程！

謝世清

文壇泥爪

魯迅的「小雜感」

魯迅民十六在上海時，寫過二十則短小警闢的「小雜感」，後來收在「而已集」。其中有一則云：「一見短袖子，立刻想到白臂膊，立刻想到全裸體，立刻想到生殖器，立刻想到性交，立刻想到雜交，立刻想到私生子。中國人的想象惟在這一層能夠如此躍進。」近來海外有人為了維護國家根本大法的尊嚴，對企圖違憲毁憲者發出警告，原是本於對國家，對政府領袖一片赤誠的愛惜之心，不意一般習於在獨裁政治統轄之下的人，突然大驚小怪起來，一見這篇警告，就立刻想到反叛，立刻想到倒蔣，立刻想到「別有用心」，立刻想到「攫取權位」，立刻想到「海外中華」，甚至還立刻想到中共的統戰，眞是不一而足。這和一見短袖子立刻想到私生子有什麼兩樣，「如此躍進」，能不令人感慨！

另一則云：「每一個破衣服人走過，叭兒狗就叫起來，其實並非都是狗主人的意旨或使嗾。叭兒狗往往比牠主人更嚴厲。」如今所警告的對方，國民黨的當權派，還沒等有什麼表示之前，就已有人對警告的簽名者作起人身攻擊來了，好像簽名者都是大逆不道，罪該萬死的一般。有個一向耍筆桿的斯文人，竟變成站在十字街頭扯東拉西破口大罵的王婆，什麼樣的一些難聽而不能出口的下流話，都從他那野草閒花般的筆下汨汨湧出。另有個自稱義務辯論者，竟提請台灣迅速作一明確的處理，似乎要求把那些簽名的人趕快明正典刑。魯迅這一則雜感，只說叭兒狗往往比牠的主人更嚴厲，未曾指出原因。其實不難明白，因為這樣才能得到主人的喜愛，多得一點骨頭吃。

再一則云：「革命；反革命，不革命。革命的被殺於反革命的。反革命的被殺於革命的。不革命的或當作革命的而被殺於反革命的，或當作反革命的而被殺於革命的，或並不當作什麼而被殺於革命的或反革命的。」三種人最冤的是不革命的。革命被殺於反革命是罪有應得，誰叫他革命來着？反革命被殺於革命亦然，誰叫他叫革命來着？只有不革命，兩頭不討好，革命和反革命都拿他當敵人看待。魯迅當時是以革命和反革命指國共兩黨，以不革命指國共兩黨以外的絕大多數中國人。不幸三十餘年後，這情形仍然未改變，如今不稱革命而稱勢力，於是有所謂第三勢力之名詞出現。其實這個名詞是不通的，國共兩黨以外除民社青年兩黨還有絕大多數的中國人，哪能混稱為第三勢力？雖然，四十年來受苦受難的一直就是這些人！

時代與我

同志與朋友（三）

徐亮之

自我糊裡糊塗做了跨黨份子，尤其是參加了一次地下會議以後，我開始對共產黨懷疑了；原來那時除了趙醒農、曾天宇、涂振農幾個負責人以外，參加的份子全都是一班學生，也全部是平素我心目中認為不讀書的學生；尤其使我失望的是：他們書儘可以不讀，服裝卻不能不特別講究，異性卻不能不猛力追求；他們在我的心目中，祇不過是一些以革命為時髦服裝、戀愛幌子的浮薄少年而已；除了鄒努和方志敏（工業專門學校的學生）以外。但自從鄒努擅開書目的虛妄給我揭破以後，我對他縱尚能保留若干好感，也已是要打折扣的了。

前面說過，雲影除了介紹適之先生的著作給我讀以外，也介紹過「獨秀文存」的，因而那時我以為：「獨秀先生既以新文化運動的健將而為中國共產黨的黨魁，黨員跨黨復為國民黨一全大會所許可議決在案，則由於我對獨秀先生既有着天真的景仰於前，同意被人介紹為跨黨份子，也並不能全然算是自己糊塗的。我的自認糊塗，倒是做了跨黨份子以後的事；我實在看不慣那批衣冠楚楚而滿口革命的同志，我寧願做土豹子，也不願和他們走在一起玩在一起的；我對黨的生活（包括國民黨與共產黨的；因為我那時所能接觸的國民黨員，全都是共產黨員，亦即全都是跨黨份子。）和讀書生活，情感上有着截然不同的鴻溝了；我開始有意無意地覺得：求知比入黨重要，朋友比同志重要了；於是乎一師一個不同班次的朋友團體應時出現了。

這個團體名叫「乾乾社」；參加的份子，同班的除我與雲影外，高班的有陳之琦、傅抱石、蔡藻清、許竹珊等；低班的有孫信堅、王宗慶等；這些朋友都是那時比較肯讀書的同學。後來也都或多或少地能讀出一點成績來。例如：雲影在抗戰時期曾出版過「抗戰必勝論」；現任台灣師範大學歷史系教授；乃一位孳孳不倦而恂樸無華的學人。又如：陳之琦乃天才的文學家，他對新舊文學幾於無所不能，亦無所不好；他的書法是山谷派的，舊詩則是后山型的；可惜我現在卻祇能記得他「嗟予攜好句，來此看橫流」兩句。他有資格卓然名家，卻不幸短命死矣！他除了和我同獄時寫過一部長篇小說「宿草」曾經出版外，一切遺著都可能給他不懂事的太太糟塌完了！再如：傅抱石乃天才的藝術家，或中國式的藝術家；他那時文學汪容甫，畫宗吳昌碩，書法趙之謙，他曾效之謙體把一篇離騷分刻在兩顆方寸石章的各邊上，必須用放大鏡始能看出。但後來他這些本領卻全為他的畫名所掩。抗戰勝利後，他和黃君璧同為南京中大的名國畫教授，也不約而同地畫路都是私淑和尚；即君璧學石谿，他學石濤；但我卻認為無論就畫藝畫境說，抱石是超過了石濤的。其餘幾位，則因為我出校早，離鄉久，失了聯系，無由獲知其詳。但當年在校中他們給我的良好印象，卻仍然明確地保留至今。因為那時除了之琦和雲影兩人以外，我們幾乎全是國樂的愛好者；校內校外如有游藝節目，幾乎全少不了我們。我們這枝音樂隊伍的配置是這樣：藻清的胡琴，竹珊的三弦，信堅的橫笛，宗慶的鼓板，抱石的笙，我的月琴或洞簫；「梅花三弄」「小桃紅」等是我們流譽校際的合奏曲。我們曾有一個時期學過「崑腔」；並曾排演過一次「硃砂痣」京戲。我們公認藻清乃一師的胡琴聖手，祇是抱石麒麟童式的「雲遮月」的嗓門，聽來卻不怎麼對勁罷了。總之，那時我對社的感情，事實上確是超過了對黨的感情的。社給我的是自由自在，是無罣無礙，是朋友的响濡溫暖，是天真活潑的情調與境界；黨給我的則祇是批評指摘，是動輒得咎，是同志的明爭暗鬥，是陰森冷酷的氣壓與威脅而已。我愛自由甚於生命，我不能把我應得而合理的自由讓一些浮薄少年對之還有置喙的餘地的。我開始不理黨對於侵犯我的自由的任何威脅與壓力了。例如：他們最反對我加入乾乾社的，我卻認為這至少比他們學時髦鬧戀愛要高明得多，寧願脫黨也絕不放棄我入社的自由。又如：他們常常以黨的命令要我看他們所指定的書籍的，我卻先入為主地認為他們不配命令我，寧願看性質相同而份量加倍的書籍（我那時本對社會主義有了興趣），倒偏不去看他們所指定的書籍。其實，談到看所謂「指定的書籍」，真是可憐得很；因為他們和我的外文程度正都是所謂「魯衛之政」，都不過祇能看些譯本；而這些譯本之中，除了陳望道的「共產黨宣言」外，竟全都是些最壞的譯本（前幾天我和張國燾先生閑談，他也這樣說）；因此我敢斷言：這些書籍不但指定者看了未必真懂，就是譯者本人是否真懂了方才下筆翻譯，也大大地成了問題。——由於這一切的一切，總括一句話：我對同志的關係，真已到了所謂「隔花人遠天涯近」的了！

民國十五年的夏天，是中國革命史上的非常時期；也是我個人生命史上的非常時期；這年夏天（六月五日），廣州國民黨中央執行委員會全體會議決議北伐了；而我父親卻恰於這時逝世，我忽忽地請假離校回家奔喪了。我父親曾為這個式微之家而辛苦一生；我意想中的他，該是可能在我的應盡的義務上享受一點晚年的清福的；卻不料他還未滿五十四歲的中年，便撒手離開我們（母親和我和幼小的弟妹）而去！這在我乃永難平復的創傷；我的意志這時消沉到了極點；我這時開始欣賞了酒的功能；開始理會得「醉裡乾坤大」的詩句的沉痛性；而在我「醉裡」的「乾坤」中，黨的觀念首先被驅逐出境了，實可謂不在話下；然而不幸，在不久的將來，淘氣的「時代」小兒卻偏偏選擇了這點盡情地對我捉弄着！

重讀南通張季直先生傳記及其九錄爰賦三十四韻題其後以示景仰云爾

邵鏡人

泱泱長江水，峩峩狼山峯。江山鍾靈秀，挺生人中龍。卓哉張季子，才氣馬行空。四十魁天下，猛志溢寰中。上為朝綱愁，下慨淳風偷。誓淬新研劍，致君法孔周。上書號切直，危言撼山丘。太息世溷濁，不獲騁良籌。子房天下才，是時力已衰。無計匡杌隉，飄然歸去來。保此類明哲，愧彼炙手熱。非為一身謀，州里新施設。闢土勸農桑，穿池通大江。絃歌遍閭里，桃李輝春陽。老柏搖新翠，幽花茁晚香。江淮一撮土，大道已開張。六經夙貫通，九流兼包容。爬梳去糟粕，化為神奇功。力行不求聞，猶思理典墳。發憤吐忠義，下筆驅風雲。餘事著九錄，經緯絕羣倫。共和昔俶造，扶濟建奇勳。（辛亥革命，先生電勸清帝遜位，贊助共和。臨時政府初成立，經費奇窘，又為向日本三井洋行借欵維持大局。政府頒授勳位，辭不受。）終焉守田疇，白首心悠悠。一老關運會，高風亘千秋。吾讀季子錄，夢訪南通州。斯人不可作，弔古空悲憂。一掬私淑淚，寂寞付海流。

歲暮四首

亦園

殘臘風微欲轉春，天涯又負一年人。國猶搖落身偏老，世正艱危道亦貧。枯草有根原未死，野花無骨慣迎新。寒灰濁浪還存刼，莫信桃源可避秦。

渺渺鄉關路萬千，藏身孤嶼伴蠻烟。頻經浩刼宜衰病，檢點閑愁度歲年。豎子貪名常角勝，老僧對客獨談禪，閉門參透盛衰理，春去春來總淡然。

濁霧浮江氣未清，乾坤乏力返昇平。十年為客千夫死，一夢歸家百笑生。開盡梅花春不見，泛來桃梗歲頻更。八龍失馭蒼天老，冷暖無常叔世情。

最憐客裡送殘冬，絕島孤吟意未慵。百代江山成逐鹿，一場風雨失神龍。漫言老去無長策，猶喜相依有短笻。卒歲良方君莫笑，債臺我早築爐峯。

記國民會議（三）

宇人

在國民會議開會期間，廣州方面已在醞釀鉅變。國民會議乃於五月十五日代表「全國民意」致電警告陳濟棠等將領，辭嚴義正，大有討伐令即將隨之而至之勢。國民會議開會後，蔣先生即根據約法行使國民政府主席的職權，重新任命五院院長副院長，可是，他的手中雖然多了兩張王牌——民意與約法；而廣州方面不但沒有望而生畏，且於五月二十五日以國民黨中央執監委員非常會議的名義致電南京，要求蔣先生於四十八小時內辭職，更於二十八日正式另組政府。

此後數月，國民會議及約法均未帶給蔣先生以任何奇跡，其與廣州方面的形勢也繼續僵持下去，尚幸雙方均限於冷戰，猶未以兵戎相見也。

九月，九一八事件發生，全國震動，為了國難嚴重，蔣先生首先伸出和平之手，願與學方修好，一致對外。而學方則堅持必須蔣下野，并須俟胡漢民先生恢復自由去到上海後才允開始和談。幾經信使往還，已被幽禁七月有半之胡先生終於十月十四日由京赴滬，蔣先生並親到下關車站送行。而蔣先生也終於十二月五日通電辭去本兼各職，而返回故里——奉化，約法也就成了廢紙了。

爾後的中央政治制度，經寧學雙方協議予以澈底之變動，其要點如下：

一、國民政府主席不負實際政治責任，由黨內年高德劭之文人任之；

二、實行責任內閣制，行政院長為國家行政首長；

三、撤銷總司令部，改設軍事委員會。

以上三者都是對蔣先生而發的。於此，即由林子超（森）先生出任國民政府主席，蔣先生則專任軍事委員會委員長，抗戰中期又兼任行政院長，直到十年以後林主席逝世才能重返國府。

就這一段史實而論，當年蔣先生一意要召開國民會議頒佈約法，甚至不惜因此而冒大不韙，將胡漢民先生幽禁於京，可見他曾對國民會議及約法存了無比的希望。然而國民會議方告圓滿閉會，廣州的非常會議即正式揭幕。不但約法隨之而毀，蔣先生被迫辭去國民政府主席暨陸軍總司令的本兼各職。其所得者，唯在歷史上寫下幽禁胡漢民的一頁。假設當年不因國民議會及約法之爭，則蔣胡的關係不致如此演變。廣州即不會有非常會議出現。縱令國難終不可免，蔣先生也必然仍是國家元首，不會動搖的。祇以一念之差，鑄成大錯，才招致後來的憂患。今日國家的局勢比當年召開國民會議時還要危急萬倍，切望蔣先生不會再有一念之差才好呵！

（完）

本刊已經香港政府登記

聯合評論

週刊

每逢星期五出版

United Voice Weekly

第八十一號

發印人：黃宇人　總編輯：左仲平
社址九龍金馬倫道卅八號三樓　電話61413
承印嘉羅印刷有限公司香港灣仔馬師道5號
總代理：友聯發行公司　售價每份港幣一毫
本報美洲版總經售處美國紐約中美出版社
CHINESE-AMERICAN PRESS, INC
199 CANAL STREET.,
NEW YORK31 N. Y. U.S.A.
美洲航空版零售每份美金一角

海內外民主反共者應即有所努力

本社同人

十年以來，中國人民遭受了史無前例的災難。陷於大陸者，水深火熱，朝不保夕；而流亡在外者，亦艱苦備嘗，慘絕人寰。

由於中共的暴行日甚一日，凡屬中國人（已失人性的共產黨徒除外）無不渴望能及早推翻赤色政權。因此，大家才不計較政府過去的種種失政而寄以反攻大陸的希望。我們主張台灣方面應依據憲法實施民主改革，原亦此意。然而，時至今日，我們所存的這種希望，似乎面臨幻滅的前夕了。

政府仍無反攻的決心

過去十年，政府不但未能實現反攻，甚且於簽訂中美聯防公約及蔣杜公報時，竟將反攻的自主之權喪失殆盡。年來中共推行所謂人民公社，西藏等地的同胞已奮起抗暴，正是反攻的良機；而政府亦從未能乘時有所作爲。雖然如此，我們仍希望因海內外人民一致的要求和國際局勢的緊迫，當局終會大澈大悟而翻然改圖。但不幸，擺在目前的事實，則正指向相反的方向發展。

爲了蔣總統再連任的問題，擁護者辯稱，當今之世，非他不足以領導反共復國，因而不惜違憲或毀憲以求之。可是，我們從蔣總統在所謂第一屆國民大會第三次會議開幕典禮中的演說看去，他雖有負疚的表示，却仍說「反攻容有所待」。可見，儘管擁護者把他的再連任，與反共復國說爲一而二二而一的事；而蔣總統本人，則至今仍不肯棄其守株待兎式的反攻政策。當然，我們並未疑惑他是一個「直把杭州作汴州」的亡國之君。相反的，我們深信他還是念念不忘大陸的；可是，他的束手待變的反攻政策，却適足以招致自我毀滅。在此一政策之下，十年的時間已經蹉跎過去了。如今國際的局勢日趨陰暗，我們的民心士氣，已到了不能再忍的頂點，而蔣總統依然不作憑自力反攻的打算，依然還要等待下去，我們怎能對他再存幻想呢？

政府仍無團結之意

年餘以來，我們曾對國事作有若干主張，唯一的願望，即在於促進舉國一致的反共形勢早日構成，而急圖以自力反攻大陸。但言者諄諄而聽者藐藐；最近當權者竟詆毀我們爲有意製造分裂，實則一向製造分裂的正是他們自己。十年以來，他們口稱民主憲政而其所作所爲却完全是以一人一姓爲中心。他們在觀念上，從未認爲國家的事乃衆人之事，人人皆有權可以過問；更未認爲人民乃國家的主人，而政府的天職即在爲人民服務。相反的，他們認爲國家的事乃一人一姓的家務，政府乃國家的主宰，人民的天職，即是向一人一姓効忠，人民對政府應絕對服從，更不容反對；否則即是大逆不道。所謂忠貞云云，即是此意。因此，他們對於主張民主反共的黨派和書刊深惡痛絕。多方破壞及分化，甚至動輒以紅帽子相加，此非製造分裂而何。

最怪異的，是當權者公然實施入境管制，迫使逃避共禍的數百萬同胞在海外流亡。此不但與民主反共人士爲敵，而且無異是與台灣以外的全體同胞正式分裂了。否則，台灣乃中華民國的領土，又何能被視爲一人一姓的私有禁地而不准中國人自由進入呢？

如此的形勢還要繼續下去，我們若再希望當局能實施改革與團結，豈非緣木求魚？

當權者刻意要自陷政府於非法

再就連任一事而論，蔣總統及國民黨中央會一再重申反對修憲的主張，我們反對修憲的理由雖與他們未盡相同；但，反對修憲則一。祇因，我們認爲既不修憲，即應守憲。憲法規定總統祇能連任一次，蔣總統自不能再連任下去。而當權者雖然反對修憲，却無意守憲；並刻意要利用修改臨時條欵的方式來破壞憲法上限制總統連任次數的規定。他們最初感於國大代的人數不足，乃宣稱臨時條欵不是憲法：並主張國民大會修改臨時條欵時，不必依循修憲的程序。如今，由於大法官會議已對國大代表的總額作了一個奉命行事的解釋，他們又說，將依循修憲的程序以修改臨時條欵；但仍堅決認臨時條欵不是憲法。而堅持修憲的國大代表還被毆打至門牙脫落。足見他們「維護憲法」的決心了。

然而當權者既堅認臨時條欵不是憲法，即無異自我宣佈即將依據臨時條欵而產生的總統並不是憲法上的總統。他們在蔣總統尚未當選三任之前即已否定其憲法的依據，足証其有意將中華民國的政府變成一個於法無據的政權。我們對於一個自我否定的政府還能有所期望嗎？

海內外民主反共人士應即有所努力

過去十年，海內外民主反共人士對於政府的若干措施雖有所批評，但仍寓有期望之意。但有時遭受官方的圍攻和詆譭，亦僅據理申辯而不忍反唇相稽。例如，當權者慣以「爲共匪思想走私」及「爲匪張目」或「被匪利用」，甚至「爲匪作統戰」等極爲惡毒的罪名相加；而民主人士亦迄未作此類的反擊。此無他，相忍爲國是也。但我們對於個人所遭受的侮辱都願再三隱忍；而今政府既無反攻大陸的決心，又無尋求團結及實施改革的誠意，更處心積慮，自毀其憲法的基礎，我們實在沒有理由再忍了。因此，我們主張海內外的民主反共人士應立即聯合起來，共同研討一個反攻復國的有效方案，付諸實施，庶可挽救國家的危亡。當年中山先生赤手空拳，在海外倡導革命，經二十餘年的努力，卒達推翻專制創建共和的目的。我們今日在海外流亡的民主反共者正應以他爲法呵。

團結反共與民主之爭

胡越

歷史是一面鏡子，當我們對現實感到惶惑的時候，不妨拿歷史的鏡子來照一照。晚清之局，中國處於帝國主義的環伺之下，瓜分之憂，滅種之禍廹在眉睫；舉國憂惶，志士血泣，各本所見，以謀救國保種之道。就當時的情形而論，我們的敵人是東西勾結的帝國主義者，救國大義應是團結漢滿蒙回藏五族之力一致對外。但是執政當權的滿人，昏昧固執，腐化墮落，淫刑專制；廹害異己；你要獻身救國，必須先做他們的奴才。不但要做他們奴才，還得做唯命是從的奴才，如果你眞要盡忠報國，提出維新保皇的主張，他們也認爲你是大逆不道，居心叵測！領導變法維新的康有爲不就是這樣一個悲劇的主角嗎？維新六君子的血，流得多麼寃枉！

當時的滿清政府，不管它多麼腐敗，它仍是一中國人的政府，受滿清的專制總比受帝國主義統治好。戊戌年代的西太后，和民國初年的袁世凱，他們無論如何自私專橫，但是國運所繫，確是當時的政治領導中心，鞏固政治領導中心，保持國勢的穩定，期以舉國一致反抗帝國主義的侵略，這豈不是言之成理，持之有故嗎？如果有人說：「救國必先排滿」，抵抗帝國主義必須先推翻滿清政權，那豈不是冒天下之大不韙嗎？但是歷史証明了，滿清政府終於不能振作，維新保皇的主張終成笑柄，而敢冒天下大不韙的革命黨，終於担起了拯救中國的使命。回顧這段歷史，瞻念當前的局勢，我不禁千思萬感湧上心頭。在國族危殆是非混淆的今天，要想對苦難的祖國和同胞，做些努力，盡點忠心，是多麼委曲，是多麼艱難！

在這裏我無意把上述的歷史，機械的比附當前的局勢。我更無意把今天的當權者比做當年的西太后和袁世凱，但是今天我們在海外的處境，所遭遇的困難與當年的孫中山以及主張立憲維新的梁啓超確有類似之處，但也畢竟不同！

今天我們共同的死敵—中共—遠比當年的帝國主義爲可怖。第一、當時的帝國主義對中國的政治壓廹與經濟搾取，雖然已極嚴重，但是還沒有滅亡中國，而今天迷信馬克斯列寧主義，虔奉莫斯科的中共已經竊據了中華大陸，就大陸同胞來說，實際上已經亡國了。第二、根據王船山「亡天下」之義，中共竊據大陸不僅是亡國，而是亡天下。以往歷史上異族入主中國他們所攘奪的僅是政權，而今天的中共則要連根斬除中國文化。因此中共得勢絕不同於歷史上王朝的興替，而是中國文化—中國人所以爲中國人的因由—的存亡。第三、今天在中共統治下的大陸，父老同胞所受的痛苦和折磨，實甚於戰時日本在東北華北的帝國主義統治。我是東北人，我曾深受日本帝國主義的壓廹，我之痛恨日本帝國主義不減於任何一個中國人，但是我願撫心作証，共產黨對待中國同胞比日本人更爲殘忍。當時的日本統治，對人民的搾取固極殘酷；但是他們還顧到「要想馬兒好」，得讓馬兒吃得飽。可是今天中共所行的暴政，不但使人民吃不飽、穿不暖，（試舉一例，廣州中山大學的學生，在冬天有三分之一是無鞋穿的，）並且製造夫妻離散，骨肉相殘！

因爲中共的窮兇極惡；酷毒苛虐，所以今天反共中國人之仇恨中共，有堅決、熾烈和狂熱，是前史所無的。這種深刻狂熱的反共情緒，雖然是一個巨大的動力，但是它每使人淹沒理智而陷於盲動。這在對於台灣情勢的了解上，表現得最爲明顯。

今天眞正反共的中國人，無人否認今天台北當局反共的決心，無人否認台灣是反共復國的主力，也無人故意損害台灣的反共力量，更絕無人想拋棄中華民國而獨樹一幟。反之，大家都切望台北當局能够改革積弊，增强力量，早日反攻大陸；早日把在中共魔爪下呻吟的父老同胞拯救出來！這是共同的願望，在這一點上，無論是朝野之間，港台之間都是一致的。但是問題在於，執政當權的人們沒有這種見解和氣量。大陸淪共十年了，請問人生有幾個十年！事實証明台北當局，無信心、無能力反攻大陸，有誰能否認這一鐵的事實！過去十年既然浪費了，難道我們還要浪費十年嗎？難道我們就不反省檢討一下，究竟爲什麼不能反攻大陸嗎？

（下轉第二版）

國是會議應否召開

李金曄

當蔣總統一再重申反對修憲之際，台北國民黨中央要員曾申言，在這次國大會議之後，決定將召開國是會議。

國是會議之倡議，始於國民黨；國是會議之難產，肯定地說，也是由於國民黨之無誠意，因而稽延了五、六年無下文；而今國民黨又舊議重提，姑不論其眞正用意何在，總之已是第二次開出了遠期支票，何時眞能兌現，無須要加以推測，因爲可以想見的困難不知凡幾，若在現時即說它不過是國民黨當權派用來作「緩兵之計」的，也未免太過武斷了些。不過當看到本月三日台北消息稱：「反對舉行國是會議的提議，正由江蘇藉國大代表冷欣領銜，求人連署」時，令人覺得今日台灣國民黨內的事，也太過變化莫測了！

求人連署中的冷案，其主要反對理由，認爲「若召開國是會議，則違反民主體制之精神」，而且是『畫蛇添足』，不應在立法院與國民大會之外，再多此一會。冷案觀點之絕不正確，已「不待辯費」，惟據消息顯示，擬就後，「國大代表多不肯苟同，拒絕連署。」此案是否能在最短期內順利提出，也不在本文討論範圍內，不過由此風向，可使人了解，國民黨中央某些要員的話，可能祇是個人的意見，非中央的決定。換句話說，應否召開國是會議，即使是在國民黨中央內部，恐意見亦尚未趨一致哩！

不過從國大會議期間若干國民黨國大代表不服從黨的決定，提出修憲連任并行使創制複決權的風波看來，台灣國民黨內部，是否眞能團結一致，固是疑問，而黨中央對黨員的實際影响力與控制力也是值得重新加以估計的。那就無怪乎有冷欣擬提案反對於後，及某些大員重申決定召開國是會議於先的矛盾了。

國是會議當然不是一劑萬靈藥，以筆者個人的意見來說，今日台灣的實際政治，若能從此改絃更張，實踐眞正的民主，在現階段讓立監兩院充份發揮憲法上所賦予的功能，讓言論出版有眞正的自由，即使是國是會議永無召開一日，海內外人民亦當額手稱慶。否則，又要國是會議幹嗎？

國是會議能否召開，當然不是爲國民黨當權派的御用宣傳機關及若干文學侍從筆下所謂「政治分贓會議」。像現在這樣在尚未確定召開之前即利用宣傳機關加以污衊，不但無從傷害國民黨當權派以外的人士，適足以反映出國民黨當權派毫無誠意。時下從台北放出的空氣謂：在野人士有向國民黨要六個部之一說，因爲所求不遂，始進行反對修憲連任。（甚至尚有其它不堪聞問，不值駁斥的謠言）此說雖然予一班文學侍從及興風作浪的爬格子動物以高價賣字或領取宣傳津貼機會，但這些謠言，都是不攻自破，憑常識即能判斷眞假的。同時也可以請曾僕僕於台港之間的國民黨中央要員如胡建中先生等來對質的。

由於港台若干報刊於最近作有計劃地刊載破壞性的消息和不負責任的文章，益使人懷疑所謂決定召開國是會議之說的眞正用意何在了。

自從政府退保台灣以來，倏已十年，鑑於目前台灣實際政治之少有改進，以及國民黨內部之紛亂，國民黨當權派對外的行動之自然流於無原則、無技術、不講原則、不講技術、心口不一，以致遇事政出多門，而手忙脚亂，搞出放空氣，造謠之下策，就頗值得今人同情原諒的了。然而，這也証明了國民黨當權派，既無心於發奮自强，團結反共戰線上可以團結的戰友，復無意於深入了解在野反共人士，反共黨派，以至反共國民要求改革實現政治的民意。因此固步自封，安於現狀，爲了保持現狀，就不惜製造謠言，中傷分化友黨，攻訐污衊個人，而結果亦爲自己製造的謠言所相驚伯有。既喪失政治信用於國民，復損及友黨與及反共民主人士之間的感情。此雖或非出於「勇於認過」罪已的蔣先生本意，但其疏於約束各級負責要員，任令彼等無原則地亂攪，似亦不能對此不負一些間接的責任！

國是會議究竟能否召開，怎樣召開，以我看在野的各黨派與各方面似不如國民黨當權派人士所見，所想的那樣熱切，但是大家是確有誠意的。以愚見所及，國民黨當權派首先應該揚棄那種極骯髒的意識，認爲國是會議不過是予在野黨派一杯羹，在野人士所希冀的也祇是分一杯羹。這種意識乃是政治人格墮落後的產物，是既得利益集團不用智慧思考問題必然形成的可悲的結論。在國民黨當權派的意念中，認爲祇要分出幾個部來容納在野各方，即可平息大家力主改革現實政治的要求與熱望，這是一種極錯誤的看法，基本上說，予各方的官位，并不表徵是實踐民主政治。如有決心有勇氣實行民主政治，國民黨是應該理直氣壯一黨執政的，民主政治本是責任政治執政的內閣，應該由清一色的服從國民黨員組成。在野的各方則可以透過與論，可以經由各級民意代表，發揮監督實際政治的功能，若國民黨當權派能尊重正常的民主政治底常軌，也應該無懼於與論，無懼於合法的質詢。

切切實實地說，在此現狀之下，國民黨當權派雖視既得權益爲一杯羹，而在我看來，在野的各方不過視之爲鷄肋！國民黨當權派自以爲居此以爲奇貨的政權，其實是履薄冰而不知危！常言道，十年人事幾番新，國民黨當權派，應該放開眼界來看看，今天流落在海外的新起的人材有多少？自己黨內開明有骨氣、有見解、有爲的後起之秀又有多少，何以大家都褻足不前？

放開現實政治不談，再從工商業這一角度來說，則香港一隅的繁榮，工商業勃興，無一非有賴於大陸撤退出來的有限人材與資金所促成，何以這些反共的企業家、專家，大多不願爲苦難的祖國有所貢獻，而執政當局又何以不主動地向他們聯系，在經濟建設上作爲有效的配合與互利的合作。

爲此，我願在此畧述芻見，國是會議召開或不召開，全在國民黨當局的一念，如果國民黨當權的主觀上先就肯定那將是一個分贜的政治會議，先就存着此種汚辱他人又汚辱自己的意識，那末在我看來，不開比開還要好；若把國是會議的崇高意義，降低到像個「坐地分贜」的格局，我相信，必然是要請的未必肯來，而來的確皆志不在此，那末，國是會議將以悲劇終場，也是不開比開要好。

我也願在此附帶給國民黨內若干想不通，看不開的人士如冷欣先生者進一言，在你們的黨內，尚未對這一問題取得一致的決議前，你們大可不必爲國是會議勞心；即使當你們的黨已經有了正式的決議之後，還要同時有眞正的誠意表達出來，國是會議方有希望開得成功，否則徒然心勞日絀，多此一舉。

我也願向一些興波作浪咬筆桿的朋友進一言，你們製造的謠言，未必就能傷害到任何人，也未必能達到破壞分化的目的。即使你們的願望完全達到了，你也將生生世世受天良的譴責，你既愧對自己，也必然愧對你們的領袖。你們此時盡情地詆譏，不過是爲朝野之間多製造了一些紛擾。長此下去，與反共救國無補，國家完了，你們黨也完了，靠山與津貼也同時完了，於人於已兩皆無益。你們的智慧是可以令你們寫一些好的文章的。你們午夜夢回也該想到讀聖賢書的目的何在。

團結反共與民主之爭

胡越

（上接第一版）反攻大陸，茲事體大，困難殊多，但是在過去十年中，并非絕無機會，絕無可能，而是因爲執政當局缺乏胆畧，因循錯過了。未能軍事反攻尚情有可原，爲什麼不展開政治反攻，創造軍事反攻的形勢呢？爲什麼不努力增進自由，擴展民主，鞏固憲政，實現反共團結，擴大政治號召來振刷國際聲譽，在心理上瓦解中共呢？這十年來，我們但看見國民黨當局在摧抑自由，削弱民主，離棄憲政，排除異己。孫立人事件，倪師壇事件，孫秋源事件，修改出版法，在各機關學校設立特務機構（安全室），禁止海外反共書刊進口等等這一連串的違法違憲，自毀自悔的行爲，如何能逃開國民的良知判斷和正義裁判呢？今天我們含辛茹苦的反共，爲的是什麼？不是正爲反對共產黨那假借民主摧殘人權的極權統治嗎？如果我們任令國民黨當局這樣摧殘自由民主，我們又何必反共？我們何必擁戴一個獨裁政權打倒另一個獨裁政權？我不否認今天的台灣仍比大陸好得多，但是任令目前反民主的方向發展下去，終有一天和中共統治難分軒輊，到那時候就悔之晚了。因此在反民主的方向沒有扭轉之前，我們必須盡一切努力加以反對，以諫諍，這是我幾年來甘冒忌恨批評國民黨當局的根本動機。

爲了集中力量，反共復國，我們虔誠希望所有反共力量能夠團結；但是爲了反共的根本理由或積極目的，我們不能不堅持民主力爭憲政。今天的台北當局，無論如何應該比當年的滿清朝廷高明，而我們在海外的言論，則遠比當年立憲派爲溫和；因此我總認爲，通過自由言論的喚醒和督促，台北當局終有大澈大悟的一天。

有人說民主之爭妨害反共團結，爭民主應該向共產黨去爭。此言差矣。須知民主是反共的前提，捨民主而反共就是以黑吃黑，以暴易暴。況且今天即使你不談民主，埋頭從事反共工作，只因爲你在忠貞簿上無名，不肯低頭喊領袖萬歲也要被拿當異端來看待。因此在反民主的基礎上談團結，那等於是賣身投靠，拜山入伙。況且依照憲法中華民國是民主之國，國民是不折不扣的主人翁，我們有權利來批評和監督執政公僕。如果認爲批評當權者，就妨害團結，那麼就等於說：要實現團結國民就必須自貶爲奴才，那豈不是天大的笑話！

國民黨當局十年來的惡劣作風，雖然已經到了「是可忍，孰不可忍」的地步了，但是每念反共大業的艱鉅，反共力量的單簿，因此常是自勉自己多做些反共工作，少批評台灣，只要中華民國能够屹立，一部憲法保持完整無缺，台灣內部仍能維持一定程度的言論自由，民主憲政可從長遠上看發展。想不到當「兩個中國」的國際陰雲日趨濃厚之際，國民黨當局，不痛定思痛，力求改革政治，擴大團結，鞏固法統，以迎接險惡的外交風暴，反而進行非法修憲連任，而自毀長城。這不但是不辨是非，簡直是不明利害。在這一危急存亡的關鍵，熱愛中華民國的人，就不能不奮其孤忠血誠，敲响歷史的警鐘，來做心之所安的努力了。

有人說，蔣總統的領導是絕對必要的，是無人可以代替的。這種把國運寄托於一人的想法，既謬誤又危險。人壽有限，國命無窮，如何能把國家與個人連在一起？抗戰時期，蔣氏並非國家元首，不是照樣領導抗戰。今天我們反對修憲連任，絕非和蔣氏個人過不去，而是不忍看憲法被毀。憲法是六億同胞意志的寄托，這個寄托毀了，舉國團結的基礎就破碎了。

有人說，修憲並不違法，國代出席總額不是經大法官合法解釋了嗎？大法官有權解釋憲法，但不能變更憲法。因此這次大法官的解釋憲法，在法治上是站不住的。而大法官會議之前，電訊頻傳十五位大法官有紛歧有爭執的。其後突然一致了，據知是某鉅公親自出席大法官會議，當堂面對一個一個的問着通過的，並非無記名投票通過的。我們知道在個人自由受威脅的情況下，自由意志是表達不出來的，一切民主形式就都變成表演了。

一個人的知見是有限的，對一件事的見解可能是有錯的，也可能是對的。但是有獨立人格的人，絕不能枉己從人。自己良心與知見所通不過的事情，絕對不能苟同。人可欺騙他人，無法欺騙自己。言自己之所知，行自己之所信，在未發現更合理的見解之前，應該相信和堅持自己的見解。這是我自從了解民主以來一貫的信念。

關於時下的修憲連任問題，是關係國運興衰的大是大非，每個發表意見的人，都應深心考慮，平心靜氣講理，這樣才能形成有益的討論。無的放矢的攻擊和辱罵之不足取，因爲它不提供任何可參考的意見。至於造謠中傷「亂扣帽子」那就更等而下之了。

對不急之務投不信任票

香港兩家晚報對連任修憲的評述

○陳述○

國民大會開會以來，海外各方矚目者，無過於修憲連任，抑修欵連任，其實修憲或修欵是方法，總統的連任則是不變的。

對於這樣一個重大的歷史事件，雖然本刊曾不斷提出反對的主張，但除本刊所持的一貫言論外，香港報刊上比較客觀的言論亦復不尠。惟其聲勢，似不若屬於國民黨或極端親國民黨報刊那麼强烈。無它，民營報刊必須顧到銷路，不能過多地刊載不爲讀者所歡迎的文章；而且也無特別宣傳費用，可供支付此類稿件的稿費。即使在此種情況之下，香港的新生晚報，尚且在二月廿三日特闢「民主櫥窗」一欄，以供各方討論這一問題。該報編者在「開場白」中說：「民主櫥窗，今天開張。在這次舉辦這一專欄前，本報採訪部曾廣泛地對「連任」與「修憲」一事，調查了各界人士的意見。很不幸的，無意見的人佔多數。這反映了一般人對台灣政局的不關心，也反映了部分的失望情緒。因此該報編者强調：「這是國府當局應該深自警惕的。」於是該報編者又說，在經過向一部分商人徵詢意見後，大家都認爲「沒有意見，不加注視」此「不急之務」。該報編者認爲：「這一漠不關心狀態，等於對台灣的國府投了有力的『不信任票』。」

對於蔣先生的「罪已詔」，該報編者認爲，「自責」是消極的。積極的做法，是在力圖振作，號召海外漠不關心的人心。以有力的措施使人心振奮起來，應該是當前的要務。」

可是就目前台北的實際情況看，其當務之急並不在於收拾人心，十年於茲，幾曾見其在這方面努力過!?

同日的大晚報，在「大事晚談」的專欄裡，極生動地對台北國民大會加以評述說：「在台北舉行的國民大會，連日的活動，一直在爲各方注意；連日所起的爭端，更爲各方所矚目。不管這種爭端是『創制複決權』的爭執，主席團選舉辦法的歧見，甚至是待遇的爭取，其情況的紛亂是非常明顯的。」

情況又焉能不「紛亂」呢？正如該報廿九日的「大事晚談」末欄標題所現示，這是「抬轎與奪權之間」必然會引起的「紛亂」。

對於連任的問題，該報廿三日的專欄謂，「以『連任』的問題來說，我們就不會聽過有什麼代表發表甚麼異議，而是一百個一千個『擁護』之聲！」該專欄作者謂，「我人所以如此說，並非强要代表『製造』一些反調，……但是要一口咬定與會的一千多名代表都意志如一，對『連任』別無異辭，則是大可置疑的事！」

因此，該欄作者認爲這是「定向」的發言！「也只有軍隊才會有這種『一以貫之』的情況。」不過作者復以幽默的筆鋒寫道，這「與大陸的『暴風雨』一般的鼓掌」之後，『一致起立通過』某項提案的情況又有什麼分別？」所好的是「在台灣，代表們除了避免『觸及正題』之外，還有枝節問題可以作起勁爭持之狀，而大陸則連這一點自由也沒有而已。」作者再以沉痛的語氣說：「既然如此，還不是五十步與百步之別？」

「五十步與百步之別」說得太好了，這也正是台灣國民黨當權派常常在宣傳與言談中自然地流露出來的，他們不正是很滿意於現狀之比中共「高明一籌」嗎？

周恩來訪印的希望

田心

周恩來將于今年四月訪問印度，有人認爲這是他自取其辱，這種看法我以爲不然。印度尼赫魯是一個手段圓滑的政治家，他決不會使周恩來在未經談判以前受到極其難堪的侮辱，他的目的是現實的，要中共軍退出拉達克區，承認麥馬洪線。照中共的作風來觀察，周恩來此去不是不準備讓步的。這裏有兩項証據：

一、周于去年十二月十七日致函尼赫魯要求尼于該月的二十六日到大陸或者在仰光談判，爲尼赫魯拒絕。這次尼邀周去印度談判，周於印度國內有這種敵對輿論的情況下答應前往，這一方面說明他對印度要求的遷就，另方面則顯示他有使這種敵對輿論平復下去的腹案。

二、這種腹案的一部份，在中共與緬甸簽訂的「劃界協定」中已有所暗示。這種暗示大致有三：（一）中緬新界的西段已與麥馬洪線連接，這當暗示中共有可能承認這條麥馬洪線。（二）中緬新界中之另一段「一九四一」年線，中共所出版的地圖曾指責之爲「國民黨反動派執行賣國政策」的結果，中共軍進佔雲南時，曾進佔該綫以西，一九五六年中共緬甸初步劃界，中共軍退回「一九四一」年線，這次「劃界協定」終于公開承認了這一條線。這暗示中共軍現雖佔拉達克區，退出還是有可能的。（三）中緬「劃界協定」中的特點是將大塊土地劃給緬甸，收回幾塊零星的土地算是交換，這暗示未來的中印劃界也可能在這種形式下達成。

儘管過去中共搬出許多理由來說明它在中印邊境的行動自己有理，我却認爲周恩來此次緩和印度反對中共氣氛的腹案不外上述中緬「劃界協定」中所暗示的三點原則。具體言之，則將是：（一）承認麥馬洪線，（二）退出拉達克區，（三）收回一些像朗朱一般小塊土地算是交換。其中尤以麥馬洪的承認最無障礙，因爲過去中共軍不會全面的越過這條線，周在這次訪問中的承認這條線幾乎可以說有其必然性，所需商酌者只不過是承認的方式而已。中共軍退出拉達克區的可能性，也是很大的，因爲目前印度舉國上下均注視這塊地區，若中共軍仍然停留在那裡，則不足以平復印度輿論的憤怒。至于說，中印邊界協定的具體簽訂，則不會在此刻立即達成的。

周恩來決非善類，他也必須撈一些實際利益才能回去，在這方面，他可能着眼於西藏的動亂。儘管中共在大力宣傳西藏的「民主改革」已經完成，事實上中共要確實能夠控制西藏，非待通到西藏的鐵路建成不可，而要建成這條鐵路則還需若干年。在印度庇護的達賴喇嘛至今還是藏人的精神領袖，他的一言一動對於西藏的動亂有巨大影响。假使能夠說服印度迫使達賴無條件的返回拉薩，則對於西藏的穩定將會有巨大的作用。尼赫魯雖然在某種地方表現其投機取巧，若說要他冒大不韙迫使達賴返藏，大概不會。假使迫達賴返藏的可能性沒有，那末，周恩來或者會提出進一步，要求尼赫魯約束達賴行動的條件，以使他對於西藏的影响減到最低限度；要是這樣，尼赫魯是會接受的；或者乘機迫達賴離開印度遠走其他國家。

照我看，周恩來訪印所懷的希望，其輪廓大致如上。

日本新黨——民主社會黨的態度

西尾末廣退出日本社會黨後，現在已組織了新黨——民主社會黨。這個新黨和原有的日本社會黨有什麼不同呢？依據西尾的見解，新黨的基本立場，是要從根本上給社會黨以影响，而與勞農派馬克斯主義者之思想對立起來。關於勞農派馬克斯主義者之思維方法，在舊左派社會黨的綱領內已表示得非常明顯。

因爲舊左派社會黨的綱領，基本上是站在馬克斯主義的立場，從而改革資本主義以圖實現社會主義的。因此，該綱領一開頭就規定着：「日本社會黨之目的，在於實現社會主義社會。」在資本主義社會內，有着相對立的一個基本階級——勞動者階級與其同盟的各社會階層。他們將從事階級鬥爭，待鬥爭之展開，達於一定的階段時，必然地成爲社會主義革命，而實現社會主義的社會。

舊左派社會黨綱領所稱日本社會黨之任務爲：「日本社會黨根據社會主義革命，從資本家階級的手上把政治權力接收過來，根本上改變各項支配機構，使之可能成爲社會主義的建設。」

依照舊左派綱領看來：社會主義革命並非依照各人之所欲而行，而是揭發資本主義之本身矛盾，釀成經濟混亂與政治不安，不理會勤勞大衆之貧乏及中間社會層之生活不安，不特如此，還要愈益擴大，期使支配階級及政治的指導者失去收拾混亂和不安局面之能力，而乘其喪失支配自信力之際，始起而代之。

這種舊左派社會黨的立場，是應該予以批判的！

資本主義愈是發展，雖出現大企業比小企業佔有優越地位之現象，而勞動階級愈窮。但兩者間依然存在着非中產階級的中間階級，此中間階級不會因資本主義之發展而沒落，而減少，而消滅，他們不但是存在着，毋寧說是在增加中。特別是日本的環境，中小企業在全產業中之比重爲壓倒的多數，農民之狀況與利害關係，並不與勞動者階級一致，諸如此類的條件，日本社會黨爲欲憑和平手段以達成社會主義的話，就非得到這階層的支持不可。一國的社會主義化，不能不考慮到該國之社會構造上的條件，僅憑階級鬥爭激發主義去幹，能否護得這些階層之支持呢？社會黨之所以始終不能取得政權者，乃由於過份堅持既成觀念之所致。

社會主義運動者雖對勞動者階級的地位評價較高，但黨的構成中却沒有必要承認勞動者的優越性。因爲，勞動者，中小企業者及農民，均持有同樣價值之選舉權，都是站在國民平等的立場上。所以，建黨的使命不是根據勞動多少的關係，而是認定凡是要生活的全民，都有平等的權利和義務。因此，所有勞動者，農民，中小企業者，文化人等，就都會想以平等之立場來參觀組黨。現在全勞會議已全面的支持着西尾的看法，此外他正努力徵求其他新產機構及另一種勞動組合之支持。更積極活動求取農業團體或中小企業團體之支持。這些事正是西尾的政黨的特長。這樣，在中小企業者，和農民，勞動組合三大支柱之上組織成功的黨，黨的性格即成爲國民政黨了。由於這樣，就不會被勞動組合所濫用或專權或偏袒，且亦易使一般人加入。

從現今社會黨之地域及地方支部看來，戰前做過勞動組合運動政治活動的人，佔據着現時勞動組合幹部位置的大部份崗位，當然形成排斥新人，即或不排斥，亦無新人不合，使勞動組合以外的人們在參加不久之後就退出了。此事，新黨將予以改革，使地方支部之內，一定要朝向大衆的組織形態。

·李子才·

國大代表憎惡「汪記」的策士

馬周

（台北通訊）此間自第一屆國民大會「所謂」第三次會議揭幕以後，有一句流行話可以說明這次集會的情形：「第一次集會一團和氣，第二次集會氣象萬千，第三次集會問題複雜」。因為一開始舉行預備會討論選舉主席團的時候，若干代表就搞得面紅耳赤，本來應該是半天時間的議程，一直搞了一天才獲得了結論，一切照舊，悉仍舊觀。可是當前的問題却不能一切照舊，因為第三次集會的任務，不僅是選舉總統副總統，而且要修改憲法或修改臨時條款，俾使蔣總統的再連任取得合法的途徑。關於國民大會代表的總額問題，黨政當局已早有安排，經由大法官會議遵旨行事不誤。人們原以為代表總額既由三〇四五人降到一五七六人，則選舉總統也好，修改臨時條款也好，必可順利將事，不費吹灰之力。換言之，即國民大會應該是風平浪靜，開得很好了！

不意在大家異口同聲擁戴蔣總統繼續連任的熱烈情緒下，代表們對於如何使蔣總統再連任的技術問題，發生了兩種不同的意見，有的遵照黨的指示主張用修改臨時條款的方式凍結憲法第四十七條關於總統任期的限制，然後選舉蔣總統做第三任的總統，簡單明瞭，第一屆國大代表第三次大會的任務如此而已！可是有的代表却以為與其修改臨時條款不如修改憲法條文之直截了當，其理由最動聽的一點，即根據臨時條款選出來的總統變成了臨時總統，名不正而言不順，既已有「合法途徑」修改臨時條款，不如逕行修改憲法，但修憲的內容則不應僅為連任而已。根據此間報章的記載，這批代表不僅主張修改憲法第四十七條，並且還要大修特修，使國民大會能行使創制和複決兩權。

這兩種主張在國民大會會場以內都擁有若干群衆，前一種主張是官方的藍圖，後一種主張則係許多國民黨籍代表的「自覺自發」，由「先知先覺」者流登高一呼，於是後知後覺者流羣起響應，發展成一般此間黨政當局不易勸阻的洪流，在國民大會會場以外烘成一團，分別在國大代表聚居的區域附近舉行座談會，據此間報載，台北近郊的新店鎮，市區的一女中，二女中都成為修憲代表的集會中心。黨政當局為了阻遏這股洪流，中央日報不刊登這批代表的集會座談的公告，引起了這批代表的憤怒，甚至罵出了「汪記政府的人物」不配領導我們，「周佛海的同流」滾開去。在這一激動之下，據說聯署贊成修憲的代表有八百多人，已經超過了大法官解釋的總額人數一半以上，而由莫德惠張知本兩位八十高齡的代表所提修改條款的提案聯署的只有四百餘人，其餘的代表有的意存觀望，有的既不贊成連任，更不贊成修改臨時條款或憲法，對於修改臨時條款的提案或修改憲法的提案也就淡然視之，冷眼作壁上觀了！甚且在向大會報到以後，也就懶得拋頭露面去出席會議了！

如果雙方堅持下去，則要這次大會開得順利，就不很容易了！於是此間黨政當局對於主張修憲的國大代表們進行說服工作，據說國民黨中央委員會動員了幾十部小汽車，專供黨政說客之用，另對若干有力的國大代表杯酒聯歡或其他場外交易，總希望不要堅持修憲，擴大問題，增加「政府的困難。」最近陳辭修氏以國民黨副總裁的身份招待了一次國民黨籍的國大代，其目的在轉達蔣總統的意見，不要在修改臨時條款使總統連任以外，再為國代諸公自己爭權，（見二月二十五日聯合報）同時，將莫德惠張知本的原提案加以補充：

（一）凍結憲法第四十七條的使用，但每屆任期屆滿仍應集會選舉，不致因修改臨時條款而今後不再選舉；

（二）行使創制複決兩權於下屆大會時與臨時條款的存廢一併討論。

黨政當局原以為除答應改善國大代表的待遇外，並給他們一個希望，即六年以後還要選舉，還要連任，就可以行使創制複決兩權了！但主張修憲的代表還要組織經費稽核委員會稽核經費，國代諸公用意所在可以了然了。平心而論：國民大會代表從大陸撤退到降低總額的今天，身價一天一天提高，尤其是開會期間，可是開會期間只有一個多月，而且六年才有一次，此時如不自高聲價，更待何時，而況修憲連任的機會，千載難逢，蔣總統尚圖連任，他們乘時爭取一些次要的權益，誰曰不宜？大會終將開好，只是多費點唇舌和鈔票而已！

蔣老師老而悖

良

編輯先生：

我是一個黃埔學生，一直到現在還有人問，為什麼我們失掉了大陸？原因種種，最主要的是領導革命的我們從上到下背叛了主義（三民主義），各為其私，循至失了人民的信心！——這個肯定不算錯吧？

在大陸時，作為高級將領的我（不僅我一人如是），時時懷疑：我們拼命革命，是不是只為了孔宋發財，和其他的少數人的升官？（當時確未懷疑到蔣老師）但是我們又自己解譬：我們南征北討，天下還未大定呀。等國家穩定，不是馬上可以實行主義了嗎？不只我們作如此解譬，同時還以此義向窮苦而憤憤不平的部下解譬呢。

現在「圖窮七現」，狐狸尾巴完全拖出來了。蔣老師老而悖，一切只是為了他的兒子（經國）打算，將在黃埔教訓我們的話，忘得一乾二淨，更說不上主義了！經國何功何德何能，居然掌握黨國實力，成了第二號領袖。如此，我們還要跟着他跑，還要擁護蔣家的天下嗎？

編輯先生，你們天天喊團結、喊民主，請你們先「團結」並「民主」我這個小卒吧。你們若再有反蔣連任，反蔣傳子的文告，請你列上我的名字吧。

我現在雖無拳無勇，但有一顆良心。我相信和我一樣有良心的黃埔同學一定很多，大家起來維護主義，維護民主，恢復我們為國為民而不是為一家一姓的奮鬥犧牲的精神吧！

良．于日本

．讀者投書．

國是感言

張人定

「成功不居」和「功成身退」一向為我國政治傳統上的一種崇高美德。然而知其義者甚多，行其義者甚寡，自古以來，除了范蠡、張良能毅然決然地急流勇退成功不居外，猶有幾人能夠作到？

唯仁者可以捨利害，唯智者可所審時勢，唯勇者可以決去留，仁者可以無私，可以無我；無私無我才可以以天下之利害為利害，才可以避免利令智昏，不被利祿所迷，然後才能定去就之分。執政者能夠這樣才算合於我們祖先遺留給我們的一套寶貴政治哲學——誠意、正身、修身、齊家、治國、平天下的道理，身為政治領袖者更應該有這種素養，有這種風度。

不知去就之分可謂不智；去就之分既明，猶不能急流勇退者可謂不勇；迷戀於利祿，當退讓不知退讓者可謂不仁，不仁起於自私，自私則留於利祿，利祿迷了心竅即變成了無智。無智則不能審時機，不能審時機則難定去就之分，不知去就之分，雖勇亦無從表現，故不仁者必不智，不智者雖勇亦無所獲施。身為政治領袖，尤其是民主時代今天的政治領袖必須智、仁、勇兼備，必須有政治修養，必須有民主風度。

成功的機會不可失，去就的機會照樣地不可失；其關係於人一生之榮辱至為重大。一失足成千古恨，機會一去不再來。古今中外，不知有多少遺憾終身，悔恨莫贖的事情。范蠡、張良功成身退，得全其名；子胥、韓信留戀於利祿，身亡名辱，彰彰印鑑，不可不察。

近來港九報端對蔣介石氏之第三屆總統連任問題多所置評，筆者不揣固陋，站在國民一份子之立場，亦願一陳管見，而冀有補於當世。

蔣氏生平曾有三度下野，一係在北伐時期，一係在九一八後，最後一次則在戡亂期間。然三次下野均係時勢所迫，並非自願引退，但在蔣氏生命史中亦有兩次自願引退的良機，可惜第一次的良機已過，第二次，也就是他最後的一次，即在目前。抗戰勝利以後為蔣氏聲威最隆之際，蔣氏如能在那時急流勇退，對其自己言之，可謂功成名就，百世而不朽，對國家民族而言，則局勢亦可能因之而轉變，如蔣氏在引退前能推薦或推選出一有為之人物繼之，大刀闊斧地把黨內腐化貪汚的頹風徹底根絕，把社會的惡勢力徹底肅清，把整個的國家社會導入一條欣欣向榮的康莊大道，如此則共產黨雖欲興風作浪，亦無從施其技。然而如今時過境遷，一失足成千古恨，蔣氏偏處於台灣一隅，已十年於茲。但是時間是無情的考驗，現在却又來了一個考驗他民主風度的重要關鍵擺在前面。

中華民國憲法規定，總統祇能連任一次，如今蔣氏第二任總統行將於本年五月滿期，依法不能再競選第三任總統，如果競選，即係違憲，蔣氏雖然在形式上發表過不贊成修憲的聲明，可是台北方面的擁蔣派不明大義，可不明利害，企圖修改憲法，以求適應蔣氏的第三次連任。如果修憲，就是削足適屐，就是因人而立法，就等於廢棄憲法。憲法不是不可修，但不能為一人而修，更不應為一人之名位而修，否則，效果堪虞。蔣氏不察，頗有半推半就之意。以此在海外普遍的激起了一種不良的反應，無形中造成了共產黨宣傳的有利機會。雖然台灣的報紙曾一再指出共產黨和它的統戰份子企圖利用這個機會大肆宣傳和阻撓，但，試問這種形勢是誰造成的？筆者願在這裏忠告台灣的擁蔣派人士，你們必須清醒，真正以國家民族的前途為重，勿為私利所惑，勿為私情所牽。在今天這種情形下，如果為着擁蔣而不惜毀憲，那就等於陷蔣於不義，如此則蔣必變成民主罪人為後世所唾棄，同時更不要以為國家除了蔣氏外，就沒有人才。蔣氏過去雖未盡到培養後起者的責任，然而大時代洪爐裏所冶出來的人才也不見得沒有。為蔣氏個人計，筆者在這裏亦願有所忠告，蔣氏過去既然錯過了退休的良機，以致使自己的聲望墮落。這次不容再行忽畧，因為這是最後的一次。按年齡、按憲法、按時勢，這次忽畧了，其後果也就不堪想像，差之絲毫，謬以千里，錯走一步則即無退路，走對一步則就有生機，關鍵所在，不容忽視。

往者不可諫，來者猶可追，以今日之是補昨日之非，猶不失為俊傑，願蔣氏能以國家為重，當機立斷，勿為衆言所惑，願能正視現實，明辨利害，痛下決心，依法退休，即從國民黨發掘一新人，作為總統的繼承人。唯此才能一洗積習，才能起死回生，倘若蔣氏這次雖能夠表現他最大的智勇，決心退休，但不能推選出一適當的繼承人選，仍在家天下的小圈子裏或私人集團的小圈子裡打轉轉，那麼；筆者可以預言，仍無補於反攻復國的。

總之，這是最後一次考驗和抉擇，如蔣氏還有所作為，即應該認真反省，徹底粉碎過去自私自利的家天下迷夢，真正的從自私封建的小圈子裏跳出來。這樣才算迷途知返，這樣方不失為明智勇敢。也唯有這樣才能復國，才能新生。

中共即將進一步摧毀大陸民營工商業

劉裕畧

大陸之窗

大陸淪陷十年以來，原本在中國大陸生存和發展着的中國工商業，遭受了空前的浩刼。許多工商業者都逃到了海外，過着顛沛流離的生活，幸而帶得部分資金到海外來繼續經營的人，就資金而言，只是他的小部分，就整個工商界而言，其幸而逃出者，更只是整個工商界人數中的極少數。本來，任何一種工商業，都離不開社會背境、資金、技術、廠房設備或商業設備等，要他們在倉促間，把他們所有的資金、技術、設備等都一齊遷到海外，這是談何容易的事！所以，大陸淪陷時，他們雖明知中共乃一切工商業的共同敵人，但由於一時無法遷離的事實限制，遂使他們不得不陷入魔掌。

我們曉得：近代工商業乃是近代民主政治的社會基礎。換言之，在共產黨人看來，近代工商業者，雖可分爲資本家與小資產階級兩種人，但這兩種人的政治意識，却都是傾向自由民主。因此，從現實的政治觀點來看，中共當局認爲必須剷除大陸上所有大小工商業者，才能拔除民主主義與自由主義在大陸的根苗，換言之，也才能解除民主主義與自由主義從大陸內部所來的對它的威脅。

但另一方面，中共本身所經營黨營及國營的工商業又一時不能立刻完成，於是，中共的第一步驟便把大陸所有工商業暫行劃分，並有所謂民族資產階級且予以保護之說。其實，除了外資之外，凡是中華民族的兒女所擁有的資產，誰不是民族資產，誰又不算是所謂經濟上的民族資產階級？但中共所要建立的，乃是無產階級的獨裁政權，（其實所謂無產階級專政也不過是共產黨人的口號，它所要建立實在只是共產黨人專政和共產黨少數寡頭的獨裁政權）而不是提倡自由的民主政權。它所要建立的乃是黨營及所謂國營的工商業系統，而不是建立於私人財富制度的任何型式的工商業。所以，它對中國原有工商業者實行摧毀的第一階段，乃是把中國原有工商業者，加以莫須有的區分，更加上種種帽子，予以清算鬥爭，這一清算鬥爭曾具體表現在當時以殘酷著名的三反五反上。邇後，在形式上尚被殘存着的，就只有它所欽定的那少數的「民族資產階級」而已。

當然，這並不是說共產黨人眞有所愛於這少數的「民族資產階級」，而是一則由於它自己的黨營國營事業尚未建立，再則由於共產黨本身缺乏大規模企業的管理及技術人才，同時，又想在政治上作爲假民主的點綴，並附帶對海外工商業者進行一種欺騙式的統戰而已。所以，它把他們中的一部份暫時保留，等到適當的時期，再來消滅。

所謂適當時期，就是視中共自己黨營和國營工商業的發展狀況而定。中共自己黨營和國營的工商事業發展到某一階段，便把所謂「民族資產階級」招牌下的工商業者處理到某一階段。換言之，中共自己的工商事業發展得愈多、愈快，大陸一般民營工商業者就被消滅得愈多、愈快。中共對一般工商業的需要愈少，那末，中共對一般工商業者的摧殘與廹害也就愈急愈促。而在由開始殘存到最後摧毀的通程中，中共特名之曰對工商業者的改造。

大陸淪陷於今，已逾十年。十年中，大陸人民被剝奪、被搾取的苦痛愈深，而中共自己黨營國營的工商企業則愈趨發達。到今天，由於中共自己經營的工商企業已經達到了一定的發展程度，所以，中共對於大陸殘存的一般工商業，便也就老實不客氣的加以進一步的迫害與摧殘。最近，中共曾在北平召開所謂「中華全國工商業聯合會第三屆會員代表大會」，會後，中共宣佈「這次聯合會議有將近兩千名工商業者和工商業者家屬參加。……總結了一九五七年反對資產階級右派鬥爭和整風運動以來工商業者爲社會主義服務和自我改造所取得的成就，提出了進一步進行自我改造的任務，我們相信，這次大會所確定的各項任務，將會得到全國工商業者的普遍擁護，並將有助於推動全國工商業者的社會主義改造進入一個新的里程」。

「一九五七年政治戰線上和思想戰線上的社會主義革命，徹底粉碎了資產階級右派的猖狂進攻，資產階級的多數人在社會主義同資本主義的兩條道路的鬥爭中，受到了深刻的教訓，取得了『共產黨反不得、資本主義道路走不得、右派當不得』的重大教訓。……在一九五八年和一九五九年，在總路線、大躍進和人民公社三面紅旗的光輝照耀下，許多工商業者積極投入勞動實踐，參加工農業生產，許多工商業家屬也參加了街道生產和服務工作。在勞動實踐和政治思想改造中，許多人在政治思想上得到了提高，繼續向黨和工人靠攏。」

「但是，應當指出，工商業者的大有進步，是同他們的過去情況比較而言，對於從剝削者變爲勞動者的根本改造來說，這個進步還是不够的。目前工商業者的兩面性仍然存在。……對於接受共產黨的領導，對於總路線、大躍進和人民公社，工商業者的多數人還有不同程度的疑慮、動搖，有些人還有不滿以至抵觸。他們的階級偏見，還是根深蒂固」。

以上均見一九六〇年一月三日中共人民日報以「工商業者應當下決心『顧一頭』、『一面倒』。」爲題的社論。中共人民日報的社論，照例就是中共下一行動的先聲。從中共十年來對大陸人民的經濟戰畧及其自身的工商企業發展階段看，再從這一社論所表露的中共次一行動來看，顯然，緊接着中共最近在北平召開的工商業聯合會第三屆代表大會之後，即將對大陸民營工商業者又將展開進一步的摧殘與迫害了。

在此，我們對大陸被迫害的同胞，深表弔惜與同情，但深感奇怪的，則是現今海外竟尚有少數工商業者不明瞭中共的猙獰面目，替中共搖旗吶喊，未必眞的要等到中共清算到他們自己的頭上才覺悟嗎？

目前中共的交通運輸組織系統

康和

「混亂」、「失調」是中共各經濟部門的普遍現象，關於交通運輸方面，也是不能例外。這種「混亂」「脫節」現象，已由中共的交通部長王首道公開承認。他說：「雖然交通運輸業獲得了連續大躍進，但是仍然趕不上工農業生產，基本建設，商品流轉等方面的需要。因此，交通運輸業仍然是國民經濟中一個比較突出的薄弱環節。」其實，由於整個經濟組織和經濟活動的混亂，交通運輸部門的脫節，是必然的結果。這不是交通運輸工作趕不上生產，而是生產部門自身缺乏嚴密的計劃和統一的步驟，交通運輸方面當然是無法配合的。中共自稱是實行「計劃經濟」制度，實施所謂「五年計劃」，實際是一片混亂。

據王首道的報導，目前正在從下列各方面竭力掙扎，以企圖加强交通運輸的能力：

一、建立短途運輸的基層組織，整頓、鞏固和提高公社的運輸隊伍。人民公社的專業運輸隊和生產隊的副業運輸隊，是短途運輸戰線上的一支極重要的隊伍。應當根據經常性運輸任務的需要，把必要的專業運輸隊繼續壯大和裝備起來。

二、公社應普遍建立和健全交通運輸站。這是公社常設的交通運輸行政管理機構，同時又具有企業和事業單位的性質。並應根據需要與可能，組織裝卸隊和養路隊，進行經常性的裝卸，道路和航道的養護工作。使人民公社的交通運輸工作能够適應公社本身和國家短程運輸的需要。

三、大力推廣「一網五化」（按即在平原地區和較平坦的地段，大搞「車子化」、「軌道化」；在有河流可通的地方，大搞「船運化」；在山區或丘陵地帶和有坡度可利用的地方，大搞「索道化」、「溜槽化」。並即以此「五化」組成短途運輸網。）

四、各地應大量修建道路，提高行車速率，增加通過能力。並整治急流險灘和狹窄水道，充分發揮水上運輸的作用。結合農田水利建設，利用渠道通航，以減輕陸上交通壓力。

五、推廣「一條龍」運輸大協作。交通運輸業在自己的生產過程中要聯系到產、運、銷的各方面。必須搞好各個環節的協作，才能充分發揮各種運輸工具的潛在能力。

六、繼續全面、廣泛、深入地開展增產節約紅旗競賽運動。這是充分挖掘現有工具設備的潛力，提高運輸生產效率的有效措施之一。

七、在汽車運輸中積極推廣雙班和拖掛運輸、多運、快運，增加生產，節約汽油、輪胎和配件，加强車輛保養維修和公路養護，提高汽車完好率，降低成本，推廣各種安全駕駛操作經驗。並把全國各機關、企業、學校、團體等各方面的自用貨車，都組織到全國汽車運輸聯合競賽中來。

八、在水運企業中，繼續開展以加速船舶周轉爲中心的「六比」競賽（按即比高產、比優質、比低耗、比安全、比協作、比技術革新）。

以上所列各項掙扎辦法，無非是想更進一步加重鄉村農民的奴役，在人民公社之下，組織各種運輸、裝卸、以及養路等隊伍，以供中共的驅使罷了。不過，這些掙扎辦法，不要說不可能徹底做到；就是做到，也是無裨實際的。因爲整個經濟是在混亂狀態中，交通運輸是無從配合的。現在把目前中共的運輸組織系統，列表如下：

（中央）交通部—（省市或自治區）交通航運廳（局）—（縣或專區）交通管理局—（人民公社）交通運輸站
- 專業運輸隊
- 副業運輸隊
- 裝卸隊
- 養路隊

謀殺施漢諾案的經緯

白馬

高棉總理施漢諾王子，最近又有新的轉變。由於施漢諾王子一向態度的搖擺，說他「轉變」似乎不會是太好的新聞。但是這一次卻是王子公開暴露共黨份子企圖對他謀殺的經過，幷指責國際共黨陰謀藉此統治高棉。這項共黨謀殺陰謀的大暴露，使到施漢諾王子瞭然於共黨的「要他的命」，同時「要他的命」的目的，是在於掠奪他的祖國高棉。所以因此而引起的施漢諾王子的轉變，也許會比較確實和持久吧？

破獲的經過。

謀殺施漢諾王子陰謀的進行和被發覺，是在二月十日。那天傍晚有兩個美國駐棉官員，迅速驅車以一封密函遞交金邊警局，那便是有關揭發謀殺施漢諾王子陰謀的。警局的當值職官得訊後不敢怠慢，當即派出武裝警車及大部人員，馳至美大使館將一高棉青年逮捕，這名年方十七歲的青年里凡便是謀殺案的聯絡人。據透露出來初步審訊中里凡的供詞，說「他們」謀殺施漢諾王子的計劃，是準備於二月十二日在斯維良下手，斯維良是金邊東南六十里的一個市鎮，施漢諾王子預定於十二日到該地參加該處的青年營集會，「極易下手」，「他們」已在該地備有手槍及手榴彈。「他們」之所以如此做法，是由於「他們」認為「國家需要改變政府」的緣故。這些初期透露的里凡的供詞，後來統通由施漢諾王子在「國家日報」正式發表。

「他們」究竟是些什麼人物和集團呢？里凡在先不肯供認，但後來也供認了。事實上卻是：即使他不肯供認，「線索」方面亦早已知道里凡他們的組織，這組織叫「柬埔寨自由愛護者」，一九五九年十月在斯維良秘密成立的，它雖以「自由」為名，實際卻是一個共黨外圍集團。他們的企圖，是通過偽裝的，通過利用並不自知受共黨利用的青年，去遂行他們的陰謀——架禍於高棉右翼集團和美國的重大陰謀。

要架禍美國人

可是「美國人」自然不是儍子，不會為冒牌「自由」的名稱所欺騙；政府當局的情報，對「他們」的活動亦已早有所聞了。就在去年十月，「柬埔寨自由愛護者」這地下組織秘密成立期間，今上蘇拉瑪里德陛下（施漢諾王子之父），就已有一項告國會及人民書，由哥沙瑪克王后在國會中宣讀，內中指出「有一項邪惡的陰謀」，「威脅及王位」。這不啻是對顛覆份子的警告。但共黨顛覆者，還以為冒充「自由」的招牌，可以遂行欺騙的奸計。原來高棉的右翼份子，有一個「自由柬埔寨委員會」，是由前首相顧問，駐英大使桑沙里所領導的，他們的份子大多是反共份子，也反對高棉承認中共，反對高棉實行中立主義。高棉承認中共後，親共勢力曾包圍了施漢諾王子，對桑沙里的一派實行搜捕，以致他們的領袖多數倉皇出走，逃亡至鄰近的泰國。不過實際上右翼份子並沒有什麼強烈的活動，施漢諾王子亦就不為已甚，把拘獲一批他們的附從者下之於獄，未予處分。同時高棉與泰國一度絕交後，經過美國的調解，不但恢復了邦交，對於兩國貿易，也已恢復常態，並允棉貨假道泰國外銷。（在邊境戒嚴時、棉貨入泰及假道，一度斷絕。）另一方面，施漢諾王子又訪問越南，與吳廷琰總統談改善越棉關係。這些都是共黨顛覆份子所深致不滿的，也就是「暗殺陰謀」之所由來。

與共黨報紙有關

於是，以「柬埔寨自由愛護者」的冒充「自由」招牌，企圖架禍給「自由柬埔寨委員會」。甚且「他們」竟異想天開，以為只要標榜「自由」，「美國人」就一定合作，甚至謀殺總理——並且是太子、前王——這種事情，他們亦以為可以拿來開玩笑！「他們」那裡知道，對方卻在適當的時機，通知警方把「他們」的聯絡員拘捕！

施漢諾王子在「國家日報」發表說：「暗殺我的計劃」，乃由高棉人和越南人的共產集團所準備，他們意欲指責美國人暗殺我。我知道高棉的共黨報紙「人民報」的編輯人員及斯維良某一餐廳的越南人，是該秘密委員會「柬埔寨自由愛護者」的領導人，該共黨報紙及共黨人員，希望迅速向高棉推進共產主義、奪取政權」。

說到共黨報紙，施漢諾王子是早已認為他們「有問題」的。去年九月廿六日出版的「高棉現狀」週刊（法文）；族漢諾總理就會有文章指出：「共黨國家駐高棉的外交首長行動雖非常正確，但現有理由可以懷疑，共黨國家曾給予傾向共產主義的報章報人以金錢——大量的金錢！這項懷疑顯然大有根據，因此等報章雖僅有少數訂閱者，但仍能存在，且殊發達，實則其董事與編輯之經濟情況，絕不容許彼等應付龐大支出。此等報章現有許多讀者，因其免費贈送之故。「國際共產主義對本國新聞界的腐蝕，現正在急緊蔓延中」。施漢諾王子結論說。

在同一文章中，施漢諾王子論及國際共黨在巴黎亞非學生間的活動說：「國際共黨可在巴黎發現許多意志不定的人士，尤其是在亞非學生中。「共黨對於患病或經濟困難的此等學生，輒給予援助，從而予以『精神食粮』。共黨第三國際會以金錢及器材，資助留法的高棉學生，設立一家反君主的報章」。

看將起來，施漢諾王子對於共黨在高棉內外的陰謀活動，相當清楚。尤其是關於顛覆王室和國家，並以他本人首當其衝，不惜加以謀殺這一點，使他加強對共黨真面目的認識。因此施漢諾王子所作的對共黨公開指責，又被認為乃是施氏再轉變的先聲。．金邊通訊．

印尼革命軍死灰復燃

師承

緘默多時的印尼革命政府總理沙弗魯丁，最近在蘇門答臘遊擊區中，對西方記者發表談話，預料蘇加諾政府「可能於今年內倒台」。

沙弗魯丁的觀點，認為革命軍部隊不但已控制大城市外圍的交通線，且同時控制一般最重要的大園坵（大橡膠園等）及種植園，而此種園坵，乃椰加達政府賺取外滙的來源。

其次，沙弗魯丁認為，印尼經濟已極度混亂，但此非經濟本身之弱點，而係由於政治不安，種族不平等（此當指排華事件），及行政管理不當所引起。按沙弗魯丁於一九五八年自椰加達出走蘇島組革命政府之前，長期担任印尼銀行總裁，對印尼經濟，有透澈的認識。

據此間所得的消息，由於印尼政局的不安，如取銷政黨活動，大鈔貶值百份之九十，物資缺乏，致家庭主婦羣集示威，以及排華糾紛等等，實際上革命軍的勢力已更為膨脹；更由於達魯回教軍與革命軍合作。故除革命軍老根據地武吉丁宜區外，亞齊，以至棉蘭區，也有反政府軍的盤踞，流竄。西里伯斯島首府萬鴉老附近，亦有革命軍龐大控制區。廖內羣島方面，更有革命軍海軍的出沒。最近馬來亞方面「卅名印尼武裝叛軍」的問題，便是上項奉命出海執行職務的革命軍海軍，因逢風浪而飄流至檳榔嶼對岸馬來亞吉輦河入港。

印尼椰加達政府陸軍參謀長芮蘇賢將軍，最近便曾在國會受到質詢，謂政府軍進剿叛軍，是否「採防守性的戰略」？芮蘇賢雖極力否認，但議員的發問，當為「事出有因」，足可與革命軍勢力膨脹之說相印証。

印尼革命政府已與回教軍等合組「印尼聯邦」，革命政府已訓令其駐歐代表，請聯合國對該聯邦予以承認。印尼駐星總領事稱：「此舉不足重視」。但無論如何，印尼反政府的軍政活動正在加劇，而這亦是印尼急於與馬來亞及星洲訂立引渡協定的緣故。因革命份子，向以星洲為轉口港。．星洲通訊．

一齣諧劇

陳森全

「這眞像一齣戲劇呀」！一個剛從中山泗水逃亡抵澳的鄉民，當他甫踏上了岸，便欣歡地自言自語的這麼說。這個鄉民是白蕉人，名叫黃潤富，卅六歲，是被調到三廠去工作的。他上了岸後，跑到他的親戚家裏換過了衣服，繼續把他的「劇情」說出。原來，他是由公社裡的「偏差」協助逃走的；「劇情」雖非曲折，但離奇得驚人。

他說：「二月廿四日，我開始跟那共幹商量，希望能夠安全逃到澳門去。我知道，他是頂有辦法；以往，他已協助過不少人，被協助者，都能如願以償。果然，經過二三十分鐘的密斟之後，他一口答允下來；唯一的條件，是酬勞費一百元，先行「磅水」。大家約好了，便在廿六晚深夜二時許，由他準備了一艘小艇，泊在水壩旁邊，把我接到艇裏去，迅速地朝向澳門划。雖然海面有共方巡邏艇駐守，但卻能順利地通過。不久，划到了距離澳門青洲不遠的海面，他便指示我下海，着我循着海底的淤泥，步行到青洲去。他還叮囑我說，當你抵達澳門時，應該扮演作「游泳專家」，說是泅水逃亡的才好。呵！這眞是做戲咁做呀」！他說到這裡，竟嘻嘻哈哈的笑了起來。又道：「一般人都認為平安二字值千金，而我這一次的獲得安全逃出鐵幕，卻祇花掉一百元，豈非更經濟實惠嗎」？！他扮了個鬼臉，引得他的親戚都嘩然大笑。

僑鄉近訊

僑眷罷工反抗奴役

（廣東梅縣）．江水．

梅縣鄉民，僑居南洋各埠的頗多；留居鄉裡，多屬老歸僑和僑眷。去年冬，該縣「縣府」曾在城南三角僑村開闢了一個五千多畝面積的「綜合農場」，以種種五花八門的變相強迫方式，搾取僑資，作為開辦經費，並以高壓的手段驅策歸僑和僑眷，參加「義務勞動」，獻出無償的血汗，進行開墾，連在學校裡的華僑子弟，也無一倖免。他們都是夜以繼日，風雨無間的被迫勞作，因而傷病纍纍。去月廿日，這些被奴役的僑眷，以不堪遭受過度的磨折，於是發動集體請願，要求停止「夜戰」。但結果不特不被接納，且被斥為「思想右傾」，係違反「總路綫」的惡劣表現。僑眷大為鼓噪，遂實行罷工，反抗。雙方在僵持中，縣共急調武裝部隊，包圍工地，下令立刻復工，否則武力解決。僑眷面對槍尖，祇得忍氣吞聲，暫時屈服。

矮山公社社員激烈反對公共食堂制度

（廣西宜山縣）

據旅居本港的桂籍僑胞獲得的消息稱：該省宜山縣矮山公社楊滿隊的公共食堂，邇來不斷受到當地羣衆的反對；羣衆會憤激地在共幹面前，坦率指出該食堂是用強迫手段所設成，不特消耗勞力，嚴重妨害生產，而且還浪費羣衆的精神和時間，增加了羣衆的麻煩，使人民的生活直綫下降。「縣府」方面，會為此出動「地委」，「縣委」，和公社裏的「黨委」，在該食堂裡召開過十多次「現場會議」，運用「誘、騙、嚇、拆」的詭計，展開羣衆性的批判鬥爭，但結果仍未能遏止羣衆的抨擊。從今年一月起，楊滿食堂所掀起的風波，更層出不窮。最初，共幹在那裡發動了一次「民主運動」，要求羣衆再來一次以自願的方式，決定加入該食堂與否；可是卻又弄巧反拙，竟有百份之九十以上的社員，均表示自動退出食堂。共幹處此形勢下，無法下台，於焉老羞成怒，強指是「反動份子」，存心破壞社會主義制度，立刻把平日反對公共食堂最激烈的鄉民周朝和、周朝海兩兄弟，和李風、黃致平等多人拘捕。

誰謀殺了明天？

海兵

好天氣，又是一個大躍進的晴天。社會主義的太陽，照在人心裡暖洋洋的，叫我又想起了胡蘭花。

胡蘭花這個騷貨，樣樣都好，就是一椿——自從那年她丈夫當志願軍，在朝鮮被敵機炸死之後，我給她的特別照顧，早超出了一般榮烈屬所應獲得的優待；我對她的這份心意，更像咱社裡的豐產數字，超額了豈止百分之三十七點五！可她總不肯往我這邊靠，連一點感激咱的恩情的表示也沒有，直像個名義上入了社，卻將餘粮復藏起來的落後富農，更像個反動死硬、拒不交心的右派份子！

說起她的心來，倒像月亮的背面，叫人老瞧不清，摸不透，多咱該請蘇聯老大哥再放支宇宙火箭上去，拍個照寄回來讓咱研究個仔細。

沒有辦法，還是到幼兒園去，找她的死黨李小梅，給加上點壓力——對，最好來個突擊檢查，逮住李小梅的小辮兒（把柄）瞧她兩個還敢不賣我這治安委員大領導幹部的帳？

走進院子，四下一巡，不見教養員李小梅的影子，只見一堆孩子懶貓似地靠在牆邊晒太陽，幾個孩子光着屁股，爬在木盆邊上，用手指撥水玩。

「教養員呢？」我問一個七歲大的女孩。

「阿姨提水洗衣服去了。」小鬼沒精打采地回答。

我低頭一瞅，嘿，這還成話？盆裡的水黑稠稠的，盆沿上還浮着一團白泡，咱們的肥皂向來不大起沫的，瞧這許多泡泡，該使了多少肥皂？浪費！單瞧這盆水裡化的肥皂，怕不有五分之三塊，夠咱生產隊全體隊員洗兩個月澡用的了！

我按住一肚火，再瞧這一羣幸福的兒童，頭臉手腳上，若不生着癬瘤癩痢，便是生着疥瘡癩癬，活像細菌大隊在他們身上開過魚鱗井，大攪試驗田。一個個又都是小蘋果臉——乾癟縮黃了的，眼珠倒全突了出來，彷彿爛蘋果上面的兩粒黑斑，眼神呆滯，很有點像共產主義的明天。

那邊又有幾個共產主義的明天在嚷嚷，一個五歲大的男孩手捏着一小塊黃黃的什麼往嘴裡送，十幾條又瘦又髒的小手臂拉住他，不讓他獨吃。瞧那物件，顏色黃黃的像是牛油，形狀膩膩的也像是牛油——哼，這小鬼倒知道爭取營養吶，咱這大半年來連牛筋都沒見過；更別提牛油啦。我這樣想着，便一把奪了過來，擱在鼻尖聞一聞，這氣味，很像是牛油；放進口裏嘗一嘗，趕緊吐了出來——咳，簡直是肥皂嘛！

我心下一亮，頓時明白了：年頭上鬧深耕翻泥時候，胡蘭花的獨養寶貝兒子忽然鬧肚子死了，誰都說不出是什麼古怪病，敢情是吃這玩意滑腸痾肚送掉小命的。

我正在想，難道……莫非胡蘭花跟李小梅串通了，偷社裡的肥皂給孩子們吃，當牛油脂肪補充營養？

「捉賊啊！」

「捉賊啊！」

這回可逮住你了，看你往那逃？……

……」

緊接着，鑼「哐哐！」敲响了，人哨子也吹起了，人聲鼎沸，鬧成一片，聽聲音，是在公社食堂那邊。

我三腳兩步跨出院門，便瞧見田埂上一個女人在前面奔，一夥女人在後邊追。前面那女人還抱着一捧東西——是胡蘭花！

好呀，小騷貨你終於出問題了！看你跪下來央求我幫忙吧！我暗自得意起來。

等胡蘭花跑近了，我跳過去，一把將她攔腰抱住。糟！她仆在我胸口，將那一捧荷葉包着的東西擠破了，一團團白的黃的濺滿我一身，弄髒了我新從縣裡定做的藍細斜布幹部裝。

什麼玩意？原來白的是飛機粥渣，黃的是炸彈片。（註）

這時，幾個婦女生產突擊隊員已經追到，見我捉住了她，便包圍起來，一邊喘氣，一邊七嘴八舌罵起來：

「胡蘭花，虧你還是個炊事員，你居然偷社裡的粮食！」

「怪道社員們背地鬧，頓頓飯都吃不飽，原來是你偷了大家的飯！」

「她一個人怎麼偷這樣多飯？眞是餓死鬼投胎的？」

「不止她一個人吃，她還偷來給她的心肝寶貝兒子吃哩！」一個炸耳的尖腔叫着，是胡蘭花的死對頭周寶環，五個孩子的軍屬，前回社裏改組食堂時，同胡蘭花爭着志願當炊事員，可是軍屬畢竟比不上烈屬，隊上便決定派胡蘭花幹了這份「優待」工，此刻我還聽得出她口氣裏那份嫉妒和報復味兒。

「你忘了，她孩子三個多月前就死了！」旁邊一個女人悄聲提醒她。

（上）

（註）飛機粥是諧聲兼會意，潮汕地區公社食堂裏喝粥的時候，大家要搶着喝完，趕快再去添一碗，遲了便沒得吃；喝時發出呼嚕呼嚕的响聲，喝下肚去又不頂事，很快便又餓了，所以叫「飛機粥」。薄粥裡的甘薯片，就叫「炸彈片」。

× ×

邂逅

楚江

夜，披着薄薄的黑紗，步履曼妙而輕盈地來了……

多年以來，在煩囂而機械的生活中，我養成「散步」的習慣，不管晴雨暖寒，每逢晚上，我都喜歡在較爲僻靜的馬路上蹓躂獨行。今晚，我又像往常一樣，吃完晚飯，燃上一支「鷹王牌」香烟走出門去，漸漸地，不知不覺地又是來到京士柏了。在這條嶄新而光滑的馬路上，很靜，完全與煩囂的世界隔絕開來，於是我又自然地陷入迷網的沉思中。

突然，一陣「嗚……嗚」聲把我從沉思中拉了回來，我意識到一定是附近發生了案件，雙腿本能地加速起來。就在這時，一隻輭柔柔的手拉着我的手臂，我驚愕地回過頭來，然而兩道刺眼的燈光模糊了我的視綫。一輛警車風馳電掣般奔過去了。

「謝謝你，先生。」在我耳畔响起清脆的聲音。是我很稔熟的蘇北口音。

我轉過頭來，透過那淡淡的街燈光芒，映入我眼底的是一張熟悉的面孔，仔細端詳一下，發覺她頷下那芝麻大的黑痣。

「你不是貞貞嗎？」我叫出聲來。

她先是一怔，隨着「啊」了一聲，然後發足狂奔，我發了急，便趕上前去，攔着她的去路，只見她全身抽搐着，幾顆珠淚已簌簌地落下來了。

「貞貞……」痛苦哽咽了我底聲線，幾乎說不出聲音來。

「江……」她擁着我，迷濛中她更伏在我的肩膊上，她的眼淚像決堤的洪水一樣直瀉落在我那殘舊的大衣上。

「江——我很慚愧……」過了一會，她才又道：「難道我們是在夢中嗎？」

我的喉嚨像塞滿了棉絮，沒法說出話來。沉默地走了一段路。

「江，你瘦了。」她回復了以前一貫對我的態度。「想不到我還能見到你，那眞是太巧妙了。」……

一幕一幕的往事迅速地掠過我的腦際。七年前那一段刻骨的恩情，我始終繞在心坎。貞貞和我同在一家中學唸書，她是個富家小姐，赤禍蔓延，毀滅了她那温暖而幸福的家，然而，她還千方百計地湊足了一些錢給我做盤川逃亡。在她的幫助下，不，應當說在她的銀紙幫助下，我順利地越過了封鎖綫。但她自己卻因爲已經沒有錢，而不得不留下來。兩地暌隔，我無時無刻不在懷念着她。漸漸，我變了，變成孤僻與落寞。於是，我只有用無目的的漫步來追索一份回憶。想不到就在這漫步中，邂逅了她。

「貞貞，妳是怎樣來的？」

我問道。

「是這樣的，江，自從你離開後，他們把我監視得更嚴，日夜都有崗哨看管着我，但有一天，救星來了，調來了一班兵士，你還記得他嗎？是我們同班的同學莫湖。她同情我，而且也不滿那裡的統治，於是我們相約在一個月黑風高的夜晚出來，但……可惜，莫湖在半途給槍殺了，於是我祇有隻身逃亡了。」——江，想不到你竟忍心，一個字都不寫給我：……」

「啊？貞貞，我每星期都有信給妳的。」我分辯着。

她沒有理會我，繼續說：「來港後，找不到你，又沒有親友，在生活底惡浪衝擊下：……江，我不配再見到你！」

「不、貞貞，我對不起妳，其實，我永遠是愛妳的，貞貞，讓我們重建一個寧靜温暖的家吧！」

「不！江，我是殘花敗柳，你是個有爲的青年，我愛你，因此更不能與你結婚，更何况在這動盪的年代裡，你更應該捨卻那兒女私情，爲千萬個失去自由的貞貞而奮鬥，江，把地址留給我，我會去探訪你的。」說完她寫了我的地址，含着滿眶眼淚，跳上營業的汽車，飛馳而去。

我的心像被惡獸咬了一口，悵然若失了好一會，只得循原路回家，一路上，耳畔不住响着她的話：「爲千萬個失去自由的貞貞而奮鬥……」

文壇泥爪

太陽和夜月

魯迅的正氏夫人姓朱，一生未曾和她眞正成爲夫妻，就像俗話所說的假鳳虛凰。朱是舊式女子，結婚時是魯母做的主，他對許壽裳說過：「這是母親給我的一件禮物，我只能好好地供養它，愛情是我所不知道的。」朱的一生幸福就在魯迅的體順親心下白白犧牲了。這是魯迅的一大錯誤，從未有人指出過。

開始享受婚姻生活，是魯迅中年以後在上海和許廣平的同居，魯許的初識在魯迅到女師大兼課的時候，魯迅辦「語絲」，許就向那裏投稿，以後許和她一些同學遂成了西三條胡同魯迅宅中的座上客。女師大起了風潮，許是學生中的領袖，魯迅爲了許，站在學生一邊，激烈攻擊教育總長章士釗和女師大校長楊蔭瑜，結果他幹了十四年的教育部僉事給章免職。爲了戀愛，這犧牲是大的，但終於與許結合而得回了代價。

他們的戀愛也並非一帆風順，當時在北平，另有一個青年高長虹介入其間，高是山西人，魯迅很賞識他，他和章素園等都是莽原社的成員，爲了「莽原」的編務，時常到魯迅家裡去，這樣就跟許廣平認識了。許是愛出風頭的一位妙齡女郎，他向「莽原」投稿，並寫信附了郵票寄給長虹，要買他新出的詩集。據長虹後來說，他與許廣平的信除在魯迅家裡見面外，還通了有八九次信。在那一段時間，可能許的心目中的對象，在高而不在魯。

然而戀愛這玩藝，總帶點神秘性，不能以常理來衡量，不久張作霖要到北京來，有名的教授都預先向南逃避，民十五年八月魯迅和許廣平同車到了上海，顯然就把高長虹給踢開了。高長虹在失戀之後，就把魯迅愛許廣平的事公開了，孫伏園曾把當時的宣傳，轉告魯迅，說魯迅：「他家不但常有男學生，也常有女學生，但他是愛高的那一個的，因爲他最有才氣云云。」魯把這話也寫信告訴給許廣平，他那時還不知道高長虹介入的事，正爲戀愛成功而自鳴得意。

不巧魯迅南來後，莽原社高韋兩派鬧分裂，高請在廈門的魯迅裁判，魯置不理，高便罵起魯迅來。魯迅得到韋素園的信，才明白了長虹攻擊他的原因，他說：「長虹的拼命攻擊我，是爲了一個女性，『狂飆』上有一首詩，太陽是自比，我是夜，月是她。我這纔明白長虹原來在害『單相思病』，以及川流不息的到我這裡的原因，他並不是爲「莽原」，卻在等月亮。」

時代與我（四）

兩支準驚險的插曲

徐亮之

時代的捉弄個人，往往是無可抗禦的。例如我自問不適宜於黨的生活，後來却無可奈何竟忽然成爲了我那個小縣的國民黨縣黨部的創辦人，並且飽受清黨之厄，爲之入獄十月，槍斃一次；便不折不扣乃受這捉弄之賜。而在這種驚險的捉弄之前，却有兩支準驚險的插曲，也不妨提來一談。

事情的經過是這樣：民國十五年秋天，國民政府出師北伐，一出嶺南，便勢如破竹；南昌風聲鶴唳，學校提前放假；鄒努被捕了；趙醒農槍斃了；我也祇好茫然背了包袱回家。却不料纔進縣城竟也給一隊北軍的巡邏兵拘捕着。

「老鄉！爲啥捉住俺？」我知道我沒有任何可疑的東西給他們抓住，便模仿他們的侉腔這樣笑問着：

「好小子！原來不是這兒人，一定是國民黨。」

「俺不是什麼國民黨；」國民黨原來竟這樣使他們吃驚，不由我不心中一凜；「俺是學生放假回家。」

「家在那兒？」

「就在城裡。」

「俺不管，同俺旅部去！」

到了他們所說的「旅部」，却原來就是我的家。

「老鄉！我可沒有騙你吧？這便是我要回的家。」我更得意地笑着對拉住我的胳膊的老鄉說：

「報告！」老鄉一點也不理我的辭，祇向我的書房兼臥房門口這樣地立正高嚷着。

「你是幹什麼的？那兒來？來這兒幹什麼？」一個仁丹鬍子的軍官突然站在房門口威嚴地其實是虛矯地向我提出質詢。

「我是學生；從南昌放假回家；這兒也便是我的家。」

「阿陵！你回來了!?——啊、旅長！他是我的兒子，不是壞人。」母親從後堂衝出來顫聲說：

「媽！我纔回來的。—沒有什麼的。」我連忙安慰母親。

「不過，你能找到商會會長担保嗎？」旅長似乎仍舊不肯放棄對我的虛矯的威嚴似的；「你要知道，國民黨常常利用你們學生做密探的；我不能輕易就相信你的。」

「可以的；可以的。」我毫不猶豫說。

保找好了；這枝好像精華已盡的可憐的隊伍沒幾天也便開拔走了。—我第一次嘗到被捕的風味，亦即串過一次被捕的喜劇了。

對於北軍我還串過一齣這樣的喜劇：

一個大雪紛飛之夜，北軍兵敗如山倒地黑壓壓倒向縣城而來。這些可憐的敗兵，既想逃性命，更想「發洋財」，早已沒有軍紀，不受約束了。所以一進到人民的家裏，便老是刺刀向主人肩上一擱，喝問「大洋在那裡？」拿出的，沒有事；拿不出，便被打得頭破血流。因此，居民全都嚇得不敢開門；但木做的門，畢竟是關不住的；這樣一被他們闖進來，便給打得越厲害；於是乎全城便在這樣笨拙而無效的自衛中此起彼伏地瀰漫了「救命」之聲了。這時，我的弟妹早已送住田莊，家中只剩母親和我，而我的房子那時在城內又比較講究，不開門萬過不了關。正自左思右想，無計可施。忽然看見先父憲章公的靈闈堆在堂屋的一角；—原來先父雖已滿七，由于兵荒馬亂，靈闈却沒撤去；這便不期令我靈思油然，想出一個主意來了；因爲我懂得北軍的士兵，全都是迷信的農民，或「兵油子」；尤其打敗了仗，人人都想要討好彩頭；如果我把靈闈放在堂屋中央，借着靈桌上暗淡的燈光掩映，彷彿闈後還有棺材似的，則迷信而想討好彩頭的北軍看了，斷然不敢進來的。主意一定，立刻佈置，母親和我全穿孝服；母親生火燒茶犒軍；我則敞開大門，站在門口拱候。結果，果不出我所料，儘管我非常客氣地請他們進來，甚至聲明裡面並沒有棺材，他們全都掉頭不顧而去。直到他們全都住定了，一個小兵方才以遲疑的眼光緩步向我走來。

「老鄉！請進來烤火喝茶；裡面沒有棺材的。」我說：並介紹他和母親相見。

「哦！」小兵很高興地坐在火盆旁邊說：「你不是此地人？」

「不是的；俺老家山東。」在惡魔主宰的危城中，我利用我一釘點方言的技倆坦然撒謊了。

「俺也是山東人。」旋即指着靈闈說：「這是你什麼人？」

「俺父親。俺父親生前原是在這房子裏教學的。但這房子却不是俺父親的。父親一死，俺可只和老母親兩個流落異鄉了！如今兵荒馬亂，不知道那年回得家鄉去!?」我竟這樣地越說越謊；但我畢竟怕他或他的伙伴問我「大洋在那裡」。

「俺家鄉也有父親母親，可許久不通音訊了！」小兵接過了母親的茶杯，神情凄然，旋即慷慨激昂說：「老鄉！別怕！人有良心，老天總肯照看的；俺有一次子彈打掉了帽子；又有一次子彈打穿了褲襠；我相信子彈是有眼睛的；子彈的眼睛即是老天的眼睛；老天的眼睛總是照看着有良心的人的。」

我和小兵正談得入港，忽然母親站了起來說：「老鄉！那是我們要蓋的，不好拿走！」我立即回頭一看，原來一個鳩形鵠面的兵士趁我們談得忘形時，竟把我一張毛氈拿走了。我認爲這並不比問「大洋在那裏」嚴重，正想勸母親別再聲張；不料小兵却忽挺槍而起，箭步而前，大聲吆喝說：

「媽特皮！放下！老子做死你！」

那鳩形鵠面的兵士，一看自己不是對手，連忙把毛氈向雪地上一甩，垂頭喪氣自言自語地走開了。第二天一早，小兵又出我意料竟自備了元寶臘燭向先父靈前叩頭，要拜母親做義母並和我結拜兄弟了。而也正因爲我結拜了一位這樣的兄弟，第三天他們開拔時，許多老秀才都被拉去當「伕子」，打得做牛叫；我却反而安然滴事也無。我這位結拜兄弟也叫孫殿英（並非馮部的孫殿英）；自從那天別後，我從沒接過他的信。但我却永遠祝福他能和他家鄉的父母相見；他確是有良心的青年，因而我並且願意爲他相信：「老天的眼睛總是照看着有良心的人的。」

憶馬元放兄（上）

邵鏡人

一、

我的同學馬元放兄於民國四十一年三月十四日，在南京中華門外雨花臺遭中共槍殺，至今整整八年。在此八年當中，中共爲鞏固其獨裁政權，不惜屠殺中國同胞至二千萬之多，造成血腥遍地的恐怖局勢，更用種種手段，瓦解中國由倫理道德所累積的家庭制度，蹂躪知識分子，以期遂其澈底消滅中國文化最後目的。元放泉路有靈，豈僅自悲？吾知其必將爲中國前途痛哭不已了。

元放死矣，但他的言論風采，平時憂國之誠，治事之謹，以及爲國勤勞，辛苦一生的事績，都是朋友們所難忘的。茲值其殉國八週年紀念，特就所知畧記於後。

二、

元放是江蘇武進人，原名飲冰，字君逸，改字元放，遂以字行。幼時，父母俱亡，只有一個同母弟弟，相依爲命。家境貧苦，但他立志向學。平時寡言笑，好讀書，冷冰冰的人如其名。一年四季，總是穿一件老布長衫，然而，温文秀逸，任何人對他都有好感。我們的教授鍾鍾山先生，很賞識他，不嫌貧窮，把一個聰明幽嫻的外甥女倪湌舲女士，介紹和他訂婚，鍾先生是別具隻眼，可是，在我們學校中一時已傳爲佳話了。他畢業於南京法政大學政治系，曾赴日本，考查市政，歷時一載，著有「新市政論」。歸國後，任本校助教。民國十六年，國民革命軍定都南京，他任南京特別市政府科員，累績升任科長。十八年任國民黨中央黨部總幹事，十九年任江蘇省黨部整理委員。他和當時國民黨主持黨務的要員們並無任何淵源，完全是以成績博得同情的。

三、

江蘇省黨部整理委員，元放以外，有黃宇人、張淵揚、胡樸安、楊興勤、曹明煥、祁錫勇等，都是二十多歲的少壯人，幹得很起勁，一時江蘇黨務，蓬蓬勃勃，頗有革命的新氣象，不似後來的黨委，打黨腔，擺架子，巍巍乎自居於上者可比的。

我還記得當胡漢民先生被幽禁於湯山時，江蘇省黨部首先表示反對，激昂慷慨，詰問中央，這個電報稿子，就是元放起草的。足徵其富於正義感，臨危敢言，不計個人利害，以視時下人物，危難退後，權利爭先，事事以仰承權貴意旨爲意旨者，不可同日而語了。

四、

元放一連三屆當選江蘇省黨部委員，迨至抗戰軍興，他以黨委兼任江蘇省第六區行政督察專員，公署設在淮陰，此時省政府亦由鎮江遷至淮陰，我在省府服務，因職務關係，又有同學之雅，幾乎朝夕相會。

過了幾個月，他奉中央命令，轉任江蘇省政府委員，兼教育廳長，我們更是天天見面。每逢假期，同赴淮安洗澡，此時，我們的心情是異常沉重的，每每論到國家前途，不禁相與浩嘆，泣下沾襟，此情此景，宛然如在目前，不覺間已近二十年了。

有一次，我們由淮安歸來，順道赴湖心寺參觀，寺在運河西岸，林木參天，樓臺炫日，爲淮流最大的寺宇，主持僧楞定，是上海美專學生，半途出家的。我曾一度避暑寺中，因與僧人有交。元放一再囑我不要露出他的眞姓名，果如其言，僧人把他看作我的隨員。這雖是一件小事，亦可見元放簡易的風度，不像一般人有芝蔴粒大的官銜，便裝腔作勢，「像煞有介事」呢！

元放奉命於危難之秋，在戎馬倥傯情勢下，教育事業，自然無甚發展，不過，他籌辦幾間臨時中學時，却費盡心力，在敵後區域內，周諮博訪，遴選江蘇中等教育界第一流人才，主持校政，這是他實事求是的一貫作風。

本刊已經香港政府登記

聯合評論

週刊
United Voice Weekly
第八十二號

每逢星期五出版

督印人：黃宇人　總編輯：左舜生
社址九龍金巴倫道八號三樓　電話61413
承印者：嘉羅印刷有限公司　香港灣仔道5號
總代理：友聯發行公司　售價每份港幣一毫
本報美洲版總經售處　美國紐約中美出版社
CHINESE-AMERICAN PRESS, INC
199 CANAL STREET.,
NEW YORK31 N. Y. U.S.A.
美洲航空版零售每份美金一角

短評三則

左舜生

一、評所謂改善生活

台灣一般的公教人員，不問男性或女性，除掉少數的光桿以外，假定每人有三個或五個直系親屬必得待他們的維持，以他們目前幾百元或一千元台幣的收入，當然便不够。因此，一說到要改善公教人員的生活待遇，在原則上確無可反對；可是這件事所包含的危險因素，卻使我不能不為台灣當局捏一把汗。據說，這次在國大開會期間，代表們的待遇問題，也是最實質的問題之一。本月十一日香港『工商日報』的台北通訊說：

『據可靠方面的報導：有關方面已表示國大代表們每月所領的生活費，將自七月一日起，和全國軍公教人員同時加以調整。他們自七月起，將比照立法委員休會期間的待遇發給生活費（按立委休會期間的待遇為新台幣二千八百元）。』

我眞不懂，當局究竟根據何種理由，何種事實，而作這種慷慨的諾言！如國大代表按照立委休會期間的待遇支取生活費，以一千四五百人計算，則每年國庫所增加的負担，即須二千五百萬以上；此外無數的公教人員，如按照人民代表的待遇增加半數；六十一萬的軍人，按照文職人員增加十分之一；則一年究竟要增加國庫多少億的支出，我便無法計算！在當局的心目中，究竟何來這樣大的一個財源，我眞百思不得；如果說除乞靈機器多印鈔票以外別無他法，則通貨愈膨脹，物價愈飛漲，其勢必演成惡性循環，非陷於大陸失敗前夕的慘狀不止！

為了解這一問題的嚴重性，我覺得首先須認識兩點：第一，台灣並不是整個中華民國，僅僅是中華民國的一省，而且在前清光緒十一年以前，還只是福建省的一道，自政府遷台以後，居然要在這一省一道之地，樹立一個比較大陸時期具體而微的全國規模，這眞所謂聚九州之鐵，鑄成大錯！第二，蔣先生在這次國大開幕致辭，已正式說明反攻復國還有所待，其實蔣先生就不說，大家也早知道必有所待，而且據我所了解，究竟要待五年，十年，或二十年：：：也不可知，如果政府今天的措施，不作永久的，根本的打算，而只想就現狀來頭痛醫頭，脚痛醫脚，我相信其結果必定一無是處！

去年我所寫那篇『搶救中華民國』的文字，主張緊縮機關，減少人員，裁去現有軍隊的一半，同時多開關生產事業的途徑，不容許台灣有無數的遊惰之民，只知道向政府領取生活費而不把他們逐漸逐漸的逼到從事生產的路子上去。共產黨在大陸虐用人民，要使能教書的人去挑土，能著書的人去剜泥，自然是不對；但讓大家坐下來優游卒歲，一直到送入殯儀館為止，而活着的時候，使一部份胼手胝足的人去養他們，這就是合理的嗎？陳辭修先生最近在立院答覆某立委關於裁兵的質問，好像說兵簡直不能裁，如果要裁，便無異接受共產黨的手銬，我覺得這個意思總嫌過火。平心而論，最近幾年，除金馬有幾萬人有機會可與共產黨交換一些炮火以外，其餘百分之八十以上的軍隊，便只能留在台灣維持秩序，保衛政府，此外實看不出其他的作用。我也曾說過，如果明天便反攻大陸，則六十萬軍隊猶嫌其少，如果還只能等待，則三十萬已嫌其多，何況拿國家大部份可以用於生產事業的金錢去養一時並不用以作戰之兵，其結果一定要為國家財政造成一個無法解開的死結呢？我去年那篇東西，會引起一百多篇文字的反駁，但証以最近九個月來的種種事實（我那篇文字發表於去年六月十九），我覺得我的基本看法依然不可動搖，可修改者，頂多是若干的枝節而已。

二、流言止於智者

中國人有一句老話：『流言止於智者。』可是不論古今中外，總是智者少而蠢人多，於是所謂『流言』者，乃隨時都有人在製造，也隨時都有人樂於接受。自從世界上有了法西斯和共產黨這兩個怪物以後，製造流言的技術，乃更有了空前的進步。過去若干年，在反共陣營中，會有人隨時隨地準備着若干頂『紅帽子』，一有機會，便不問青紅皂白往別人頭上亂戴，一直要弄到實在無法可以戴上，然後才戛然中止，其卑劣無聊，確實是相當可笑的。最近因為『紅帽子』已經不十分時髦，於是一頂『美援帽子』乃應運而生。我們不贊成蔣總統連任，至少在本刋上已經說了一年，其立場完全是就蔣先生三十年來的政績及中國的民主前途立言。過去還只有人說，這是共產黨的統戰在作怪；及至看見共產黨對蔣的連任十分冷淡，甚至他們的內心還相當的喜悅，於是他們懂得『紅帽子』已經過時，因而只好把這頂『美援帽子』拿來應用。居然說反對蔣連任的人竟遍佈於國內與海外，這無非是美國人拿出了大把美鈔從中策動使然，這一流言之所以形成，實際也還是受了共產黨的暗示，在急不暇擇的情形之下，乃不惜與共產黨互相呼應。而實際他們却不懂得共產黨別有用心：今天共產黨所要做的，乃是『擁蔣反美』，其目的在使台灣感到美援的不可靠，然後好規規矩矩向他們去投降。我們應該充分了解：台灣在美國人的眼中，最大的限度，不過認台灣是美國在太平洋一個有用的基地，至於誰人在台灣作總統，只要符合他們所希望的三個條件，他們便無所容心。所謂三個條件：一、要絕對能聽美國的話；二、要能够維持台灣的秩序；三、要能放棄以武力去反攻大陸。大家試想，在蔣杜宣言以後，蔣先生對這三點不是已經十足兌現嗎？因此，蔣之連任，在美國當前對亞洲的政策，可以說是求之而惟恐不得的，說他們可以拿出大把美鈔去策動反蔣連任，其去事實何止十萬八千里？

三、蔣先生準備繼續登場

臨時條欵修改了，憲法依然完整無恙。假定這次的國民大會居然推出蔣先生繼續担任總統，這是以修改後的臨時條欵為根據，決不是以憲法為根據。正名定分，這只是一個『第一屆的非憲臨時總統』，連『第三屆』三個字也用不着。一說『第二屆』，便於憲法完全無據。

此外還有所謂『陪選』一幕，可能在三五天後又要重演，民青兩黨一致不願參加這一把戲，大致這次『陪選』的人選，便只能於無黨無派的『二無黨』中求之。但我總希望『二無黨』的人多少還能自愛自重，不要使『二無黨』的含義，除掉『無黨無派』以外，更加上一個『無聊無恥！』

蘇加諾騎上民族躍進的駿馬

許子由

印尼總統蘇加諾，於三月五日下令『凍結』國會。外電報導：『西方民主的最後標幟，就此不復殘存』；蘇加諾『獲得對三千島嶼，九千萬人民之全部控制權力』。

蘇加諾現在的職位是：（一）印尼總統。（二）武裝部隊——包括海陸空軍——最高統帥。（三）國務總理。（四）國家在非常時期的『中央軍事掌權者』，統轄各『地方戰時掌權者』的軍區司令，執行戒嚴法。（五）『國家陣線』的領袖，在各政黨被管制、國會被凍結的情況下，『國家陣線』是唯一的政黨。

蘇加諾所代表的，計有：（一）國家元首。（二）行政首長。（三）三軍統帥。（四）作戰總司令。（五）唯一政黨的黨魁。史太林或希特勒的獨裁權，都沒有目前蘇加諾那樣完整。

『蘇加諾往那裡去？』這個題目之被提出，至少已有四年；然而四年以來，殘存着的問題，仍是『蘇加諾往那裏去』？

蘇加諾是一位傳奇人物。平心而論，他的活動是多采多姿的。他以萬隆大學的工學士，二十餘歲便參加印尼獨立運動，被荷蘭人下獄兩次，第二次為日軍自獄中釋出，任『民族總力集結委員會委員長』、『中央參議院議長』，對日軍『協力』；印尼共產黨罵他『日本「兵補」的徵集者，炮灰製造者』，便是指此。日本投降，印尼獨立，蘇加諾黃袍加身——被一班青年半勸廹，半綁架，終於與哈達共同簽署獨立宣言——做了總統，自一九四五年直到現在。中間會一度為荷軍所俘虜幽禁。

蘇加諾是演說家，宣傳家，交際家，旅行家，和政治家。他能鼓吹印尼民族主義，提出『建國五原理』，成為『東印度的太陽』。他歷訪資本主義，中立主義，共產主義等近百個國家，周旋中節，以元首而在國外與友邦元首總理合攝照片之多，世界無出其右者。連被荷軍幽囚時期計算，他已做了十五年的總統，以政治家來說，其政治壽命不可謂不長。可是蘇加諾將帶着印尼往那裏去？他將是如何的一位『政治家』？那尚有待於定論。

蘇加諾有美麗的總統夫人，但幾年前他還納寵，依回教例，男人可有四妻，可是當時仍因如夫人問題，引起風波。據說日本時期他還有一位日籍愛人，年前他訪日，曾與私敍『舊情』，某美國什誌刊載此訊，致被禁入印尼銷行。不折不扣的，蘇加諾堪稱『風流人物』。

一九四五至五五年，印尼在對荷蘭爭獨立的『外患』，及削平共黨暴動的『內亂』等鬥爭中，一向行的是『西方民主』制度。無黨派的哈達（前副總統），社會黨領袖沙里爾（多次出任總理），納席（回教瑪斯友美黨主席，前總理）、沙弗魯丁（蘇加諾被俘時的印尼政府攝政，前總理，瑪斯友美黨經濟巨擘，現革命政府總理）等，都是蘇加諾的擁護者。但經近年的政局變幻，聯合陣線崩潰，人物星散了。

萬隆（亞非）會議之前，已為美援問題而有政治路線的分歧。國民黨稍向左傾，與保守的瑪斯友美黨對立。萬隆會議後，蘇加諾訪問蘇聯中共返國，提出『指導的民主』制度，印尼就踏入多事之秋。

高呼『收回西伊里安』（西新幾內亞）實行沒收荷蘭產業，捲起了經濟的風暴。『埋葬政黨』，計劃控制地方經濟，激起了革命軍勒起的巨變，頻年征戰，革命軍與回教軍的活動，迄今未戢。最近議員曾問納蘇貿參謀長說：『政府軍為何竟採守勢』？可見戰況膠着。但耶加達政府還發動一連串的運動：驅逐中國國民黨人，沒收反共華僑產業。將五百盾以上大鈔貶值百份之九十，銀行二千五百盾以上存欵，勒令以百份之九十購政府公債。物價動盪，供應不繼，主婦示威。民族主義的蘇加諾，還實施禁華僑在鄉區營商。小商輟賣，大商停頓。印尼的經濟時辰鐘快『停擺』了。然而蘇加諾的預算案，軍費（包括戡亂費）佔百份之三十七點八的，却有赤字十九億二千一百九十二萬三千五百盾。國會因詢論預算案不愜總統之意，總統乃下令凍結國會。

國會議長蘇多諾（曾代理說：『辯論預算案乃國會之責，並未危害國家團結安全』。國會實『受到不公正的待遇』。然而，國會終於在一個風暴式的閉幕會議中，『接受命令』。

沙弗魯丁預料印尼政府可能因經濟而『於今年內倒台』。滙豐銀行年報（三月十二日發表）說：印尼經濟陷於不動，就預料所及，實不能作有效之醫治』。海峽時報說：『除總統府以外權力之剩餘（指國會）亦告消逝，只有蘇加諾能制裁，可能是印尼的不幸』。『印尼的命運，如欲復活，必須迅速挽救目前之經濟混亂，此為蘇加諾所面對的』。印尼情況的險惡，可見一斑。

但蘇加諾仍與赫魯曉夫聯合聲明要收回西伊里安。又傳蘇聯將在安汶設海軍基地。騎上『民族主義大躍進』的駿馬，蘇加諾有沒有遇藉外力去『戡亂』的想法？這倒是東南亞國家應加留意的。

我所問於蔣先生者

·李金曄·

「偉人們幾乎永遠是壞人，即使他們祇運用影响力而非政權，那將是更壞，如果再附上由權力所生的或所必生的對人品格之敗壞。世上再沒有比職位能使任職者神聖化之說是更糟的謬論。」——艾克登

艾克登的這句話，雖然未免有些偏激，但也確有其一定的見地與價值。做一個偉人而又能避免成為一個壞人，那才是一個真正的偉人，如華盛頓，林肯；如孫中山。做一個偉人，而又同時是一個壞人，那末歷史必然論定他祇是一個壞人，而不是一個偉人，如希特勒、墨索里尼、斯大林。在近代的政治史上絕沒有偉人而又是壞人的。也沒有壞人而能成為真正的偉人的。

今天，統治中國大陸的毛澤東，我們沒有理由說他是個壞人，而又說他是個偉人。如果蔣介石先生要真正的做一個中華民國歷史上的偉人，他就祇能做一個真正的偉人，而不能有絲毫壞人的成份。否則，即使他今天是「不可替代的」，或「不可變更的」，但是歷史豈會寬容他！這種殘酷的教訓，近者可以斯大林之被鞭屍為說明，較遠者可以希特勒的終局來印證。

任何崇尚權力政治的人，應該懂得「權力必然使人絕對腐敗」的道理。如果一個從事政治活動的人，不懂這個道理，或看不透權力政治之為害。那末，他也根本不懂什麼是民主政治。

現代，已經不是一個「忠君」的時代，作為一個國民，他必須愛國；但已無須陳腐地去「忠君」了。民主時代，即使是一個最賢明的國家元首，他也必須遵重憲法，他必須認定憲法在他之上。他的權能，只能來自憲法，超越憲法的任何行為，不僅是違憲，而根本可以為國民所否定。作為一個民主國家的元首，他應該有一種雅量，容忍來自民間的批評，祇要這種批評不是對個人作人身攻擊的。因此，他不能，也沒有理由，視批評者為叛逆。因為民主政治是合法地容許反對派及反對的意見存在的。

即使是在中國儒家的學說裏，孔子也還是主張：「以道事君，不可則止」的。並沒有要人去盲從權力政治者。迷信於一個特定偶象；或者是必須依賴於一個偶象，教條或政治權力而活着，那皆不是一個具有自由意志的人應有的生活態度。

有人說：今天反對毛澤東或批評蔣介石，都是不智的。誠然，如果今天，祇是為了個人的家庭間破裂，家族離散反對毛澤東，而不是因為中國之淪亡中國文化之滅絕，而也不是因為中國人每個人的家庭破裂，家族離散而反對毛澤東，我應該承認這是不智。今天，如果是個人因為有所求於蔣介石先生，不遂而批評他，那不僅也應該承認不智，抑且應該自承無恥。但今天，既是站在歷史的公是公非上批評他，雖今日他仍擁有一個黨，一個黨完整的權力系統，又何足懼哉！

難道說，中國的近代史，就祇能產生一個淵孫中山，一個梁啓超。日本「萬世一系」的天皇，在經過了歷史的大變之後，覺悟到他現在做一個真正的人，做一個生物學家，遠比他的神化的時代愉快，對國家更有利；日本人民也覺悟到今日的裕仁更遠比昔日的裕仁更富人情味，更可敬。裕仁並沒有因為從神化的地位回返到民主政制的元首地位而喪失什麼。今天的蔣先生似乎也應該同樣地有此認識才對。在經過歷史的大打擊，大挫折之後，應該順從民意做一個真正的民主國家的元首，應該依據憲法行事，應該為萬世不朽的民主憲政樹立楷模和創立優良的憲政習慣。若謂他今日的地位和職務「不可變更的」，「不可替代的」，試問，蔣先生可曾想到在作古之後，又將是何局面呢？國民黨的當權派人士，你們又可曾更遠地一想呢？一個富有大智慧的大人物，一個所謂執政數十年的政黨，怎能不想到這種關係國家前途的大問題呢？一個政治家在他沉着的一生中，可能有若干時期對國家是不可缺少的，但絕非是他畢生對國家都是不可缺少的。以有涯之生命與智慧，怎能長期操持國族的命運與歷史。在二次大戰時，邱吉爾是英國不可缺少的，但邱吉爾不能因此戀棧不去；當艾登堅決反對張伯倫的綏靖政策時，艾登是個具有大智慧的政治家，但是當他對埃及作出了進兵的錯誤的決定時，就不能不辭職以謝國人了。英國並沒有因為邱吉爾下台而動搖國本，保守黨亦未因艾登去職而分崩離析。要是說，蔣先生今天對中華民國，對國民黨，還有不能放手的原因在，我想那絕不是因為國家和黨沒有適當的繼承人；而是他這數十年來未為國家樹立制度，（或者可以說是雖有制度，卻未確實遵行）未為國民黨培養繼承人的後果。對國家與對國民黨來說，他應該負責。否則，那就是說他自愧於國家和他領導的黨，因為既是他一手造成今日的局面，也就認為非他一手加以改變不可，所以他仍然牢牢掌握着政治權力，不顧依據憲法行事。但民主政治的常道，是唯有勇於認錯，知錯必改，改必澈底有效的，才是勇於負責的政治態度。否則雖下詔「罪己」，實仍未脫傳統封建的意識與姿態，且更予人以不過是惺惺作態的印象。

一個現代的政治家，絕不能以為國家與政黨少了他就不行，那是沒有政治智慧的想法。也不能在實際政治的運行中，製造人事的矛盾、糾紛或安排可資便利於己行事的形勢挾以自重，那是種不道德的政治行為，如果利用國家危難緊急時期，以求繼續滿足個人權力慾壑，則更是墮落的政治行為。這些都是於國家、政黨不利的。

我相信，這些淺顯的道理，蔣先生所知必然比我深，比我多，可是為什麼蔣先生不能下決心痛改。為什麼還要修改條款，而事實是等於實質地修(毀)憲的總統？

這是我所需要問於蔣先生者。

國大代表新待遇

據尚未正式公佈，但却非空穴來風的消息說，每位國大代表的生活費將於七月一日起調整到每月新台幣二千八百元。

現有的國大代表總額，照大法官的「解釋」，登記出席者為一千五百七十六人，准此，每月國庫共應支出四四一二、八、〇〇元新台幣；全年則為五二、九五三、六〇〇元新台幣，以六年計算。其總支出為三一七、七二一、六〇〇元新台幣。談起來應是三億一千七百七十二萬一千六百元新台幣！就所知，國大代表有公職者，及可以兼任公職者，他們還有國家的一定奉祿可以領取，核實計算，國庫支出當不止上數。

為什麼要以六年為計算標準呢？因為總統的任期是六年，除非是六年後，要另選新總統，否則是無望於調整待遇的了。六年後蔣總統若再繼續連任，國大代表若又想再調整待遇的話，必須另找題目做文章，因為有關總統任期的憲法條文已被凍結了。所以說，國大代表的待遇，有可能將被凍終六年。

至於三億一千七百七十二萬一千六百元新台幣，合多少外滙，請讀者自己折算吧。（裕）

六年約計三億餘

台灣一周

邀功打架與抬襯絕食

從香港遙望台北，國民大會公演正宗打鬥，以至淚血併流：層出不窮的笑話，可謂「多采多姿」了。在筆者看來，勇則勇矣，惜打非其時，搏非其地而已！

消息傳來，三日上午一小時內，會堂發生了四次吵鬧互毆，創下了十二年來的歷史紀錄。担任臨時主席的林紫貴與大會秘書長谷正綱「當衆表演柔道」，鄒繩武和翟宗濤、鄒希榮先後吵架，許維純和李德廉互相扭打。總而言之，身為國民代表，開會忘了民權初步，豈不可嘆！

「公論報」的有一段精采的描寫道：「許維純代表扶着咀邊涔涔的鮮血，急步上台搶起麥克風大叫冤不迭。女代表劉香谷此時搶上發言台，仗義指証是許維純先動手毆人。」論理「相罵無好口，相打無好手」，有胆惹人打架，自必先有預備鼻血直冒的勇氣，有「何必喊冤不迭？」何況國民大會不是法院，喊冤不迭又有什麼作用？

據說，有人故意吵打架，愈大聲愈好，愈「憤激」就愈有「效果」，蓋容易獲得主上的賞識。遙想當年「枱襯絕食」的一幕，似乎比今日邀功打架還要「悲壯」些，先後輝映確是替民國憲政史寫下了不平凡的一頁。但也是可悲可恥的一頁。也有人說，這比共產黨的「人代會」之一致鼓掌要民主些，這話是挖苦多於幽默了！

國大開會期間無暇他顧乎

台北中央社的電訊，法國警察非法拘捕華僑，遣送科西嘉島禁閉。據說為了防護赫魯曉夫訪法的安全措施。

法國政府，居然漠視中法邦交，無視我駐法使館，甚而公然違犯國際公法規定保障外僑取得合法居住與生活自由。是可忍，孰不可忍！

政府何不馬上提出強硬的抗議呢？是國大開會期間無暇及此嗎？

異憲哉法抵觸條欵者無效

臨時條欵是不是憲法？論議紛紜。

張知本說：「……：我們知道凡是條欵也可算是法律，動員戡亂時期臨時條欵，不能說它不是法律，只可說不是憲法，在此時，它的效力超過憲法。」

憲法第一百七十條一：「法律與憲法抵觸者無效。」而照張知本的說法，是憲法與臨時條欵抵觸者無效，因為其效力超過憲法。因之，臨時條欵可說是法律，但不是憲法？

我們不知「臨時條欵」叫做什麼「法」？似有請教「憲法專家」詮釋一番的必要。

聞國大代表調整待遇有感

秋風

閱台灣徵信新聞及中國郵報透露：正在爭取「創制複決」權的國大代表們，同時也要求改善其當前的待遇的消息後，有人引証到本屬最神聖的一票極可能在銀彈攻勢下已經有了結果。實則結果是必然的，所爭者祇是代價多少的問題而已。國大代表們，丁國運絕續之秋，看蔣先生必欲連任之勢，而乘機謀調整待遇，雖情有可原，而於歷史則無法交代了。

「國代」們生活太苦，是事實，但在台灣苦的不止「國大代」，比較五億以上被政府所遺棄而「溜」不及的大陸同胞如何，比諸今日在台灣的一般軍公教待遇又如何？再說，就筆者所知，今日在台居住的「國代」，政府都替他們蓋了房屋，規定建築費在十年時間攤還，這無異作了「安家立業」的安排，這項優越的待遇，雖民主如美國的民意代表，恐亦無此特權吧！今復趁選舉總統之便，「趁火打劫」，豈能心安而理得！

中共竊據大陸已逾十載，今日所應努力的目標，就是反攻大陸，重整家園，這次代表們在會場裡面首先提出的都與這個大問題無關，而幕後所進行的卻為斤斤於「待遇」的計較，聞之能不令人洩氣。

無論用什麼理由及方式，得到調整待遇底目的（據可靠消息，「國代」生活費，將於七月一日起比照立法委員休會期間的待遇每月發給新台幣二千八百元），這不僅使人想到曹琨把議員當做「猪仔」醜劇的那一幕。

本屆的國大會議，其熱鬧情形較南京時代，大有過之，令人聞而齒冷者，不堪一一細述，而不先不後，不遲不早，恰在此時此際調整國大代表待遇，又豈非是自取其辱！

中共蘇聯在落後地區的歧見

三月五日，赫魯曉夫在莫斯科列寧廣場報告其訪問東南亞四個國家的經過，其中有幾句話是可以注意的，他說：新獨立的國家「勝利的保証在于取得經濟獨立。經濟上的獨立也將進一步鞏固政治上的獨立。」去年十二月蘇聯出版的「東方學問題」雙月刊亦認爲印尼應該先發展國家資本主義經濟，以取得經濟的獨立；然後再進一步使國家資本主義經濟轉變爲社會主義經濟。照中共的說法，蘇聯的這種對于落後國家的革命思想，基本上是階段論，是與中共的這方面思想衝突的。

一九五九年一月出版的第一期「紅旗」雜誌社論，以中共奪得大陸的過程，來解釋中共所主張的「不斷革命論和革命發展階段論的統一」；社論說：「毛澤東同志既反對把革命停頓在民主革命階段，也反對急于跳過民主革命階段。他一方面堅持在民主革命過程中間，必須發展社會主義的因素（主要是無產階級的領導權），以便在民主革命勝利的基礎上實現到社會主義的過渡；另一方面又堅持不把民主革命和社會主義革命的界限混淆起來，堅持在民主革命的過程中間不採取超出民主革命範圍的政策。」社論並且認爲：「如果說，兩個革命階段中，第一個爲第二個準備條件，而兩個階段必須銜接，不容橫插一個資產階級專政的階段，這是正確的，這是馬克思主義的革命發展論。」

它們間的不同是：蘇聯主張民族主義國家盡量發展國家資本主義經濟，以之來鞏固政治上的獨立，亦即要加强這個階段的「資產階級專政」。而中共則認爲，這些民族主義國家，在現階段的所謂民主革命中，要爲下一階段的社會主義創造條件，這種條件中之最重要者是「無產階級的領導權」，反對在這兩個階段中橫插一個「資產階級專政」。這種奪取領導權的形式有二：一種是與資產階級合作，組織聯合政府，通過這種聯合的方式，使共產黨的力量在聯合政府中，逐漸擴大，以至奪取了整個政權的領導權。另一種，創立根據地以武裝奪取政權。而蘇聯則認爲並不一定需要有這種奪取政權的過程。這是它們在這一問題上的歧見實質。

這裡所說的雖然是乏味的理論問題，但對于它們間的世界政策有極大的關係。據去年十一月十日合衆社開羅電，赫氏曾對阿聯的一個記者這樣說：「吾人對于採行吾人之主義之人士寄予同情，但吾人與彼等之間現時並無直接連繫。余相信阿刺伯世界此時之情況不適宜建立共產主義制度。」此一消息，當初我以爲輾轉譯載有誤，中共又未予以轉載，不敢作爲依據，現在，從前述的赫氏的「階段論」看來，蘇聯對于民族主義國家的這種政策，確有其理論根據，是與中共的政策不能並立的。這次赫氏訪問印尼，一再聲明，並不要求印尼成爲共產國家。足見蘇聯在執行這種以「階段論」爲基礎的對于民族主義國家的政策是可以肯定的。

這樣的說，當不是認爲蘇聯已放棄世界革命，亦不是說，它的政策會一定堅持到底而不會改變，但就事論事的來看中共與蘇聯間的對于落後國家的政策，顯然已有嚴重的政策思想上的歧見。目前兩者間在東南亞各國的行動不統一，都是從這種政策思想上的歧見發源的。

．田心．

中共藉反修正主義準備再度反右傾

共產黨認爲社會的發展基於鬥爭，因此，它必需在各階段進行不同的鬥爭，中共現在則正由反右傾轉爲反修正主義。根據統計，已被指爲修正主義遭鬥爭者有下述的一些人：

巴人——即王任叔，這是一個爲東南亞人們熟悉的共黨作家，曾任過中共駐印尼的「大使」，他的最後職務是人民文學出版社社長。他的被指爲修正主義的原因是：一、倡導「競異求同」論。中共說這種論調「歪曲列寧的認爲不同社會制度在一定條件下可以和平共處的原理，把它曲解爲社會主義思想和資本主義思想可以和平共存，不要鬥爭」。二、他提出「人道主義」、「博愛主義」、「人性論」，中共說他提出這種論調來代替共產主義所必不可少的「階級性」與「黨性」，其目的是在於企圖「調和階級矛盾，模糊階級鬥爭，用這種方法來達到鞏固舊制度」，「對資產階級思想投降」，是一種「最大騙術」。他是現階段中共反修正主義的代表人物，現正在遭各方圍攻中。帶頭鬥爭他的是中共「文化部」副部長林默涵。

郭小川——是詩人，現職是作家協會的黨組副書記，作家協會的秘書長。惹禍的是一首「望星空」的詩，中共說這首詩是「資產階級感傷的，虛幻的悲觀厭世主義」的作品。帶頭鬥爭他的是老牌留俄詩人蕭三。郭的名氣固然沒有巴人大，但他的權力卻在巴人之上。

方紀——他的現職是天津市「文化局長」，天津文聯主席。他的被批判是由於他寫的一本小說「來訪者」，中共說這本小說「嚴重地歪曲了現實生活，把黨進行的階級鬥爭描寫成陰森可怕，違反人性」。這等於說方紀反對階級鬥爭，自不能爲中共所寬恕了。

于黑丁——他的現職是武漢文聯主席，武漢作協主席。他主張文學創作亦應反映人民內部矛盾，中共說他的這種說法是荒謬的，認爲必須寫好的一面，丟掉壞的一面。

此外，還有一些不知名的作家亦正在被清算，他們是：李古北，他的小說「破案」和「奇迹」，被指爲「嚴重地歪曲農村生活，丑化農村幹部，污蔑黨所領導的羣衆運動」。吳雁的文章「創作，需要才能」，諷刺羣衆所創作的民歌比「知了的叫聲還要乏味，譏嘲羣衆的寫作動機是爲了「名利」。中共說他有意反對創作中的羣衆運動。武克仁的文章「貴在責任感」，責罵那些編現代劇目的戲曲劇團缺乏責任感，走投機式的捷徑，也被中共認爲潑羣衆的冷水。李何林的文章「思想性和藝術性一致論」，中共說它是實質上的修正主義；因爲這篇文章提到了老牌作家周作人（魯迅的弟弟），今年一月出版的第二期「文藝報」於是又批判了周作人，說他的作品極端的「反動」。

綜合如上所述，現階段中共批判的內容，包括兩個方面：

一、是具有國際性質的「競異求同」論，與「調和階級鬥爭」的「人道主義」、「博愛主義」、「人性論」。

二、是局限於中共內部的，或者說是以反修正主義之名，來批判鬥爭反映在文藝方面的右傾言論。這些右傾言論集中攻擊的方向是人民公社大躍進，與羣衆運動。其他共產國家並未進行這種運動，因此外國的反修正主義並沒有這種內容。

修正主義是目前共產國際所最恐懼的思想意識，共產各國正在想盡方法來堵塡這項漏洞。但在堵塞的方法上各有不同，若以蘇聯爲例，就比中共緩和得多。不久以前，蘇聯發佈一個宣傳大綱，目的就是要求蘇聯人民提高警惕，防止資本主義思想，在各人心底裡生根，赫魯曉夫並且公開的反對任由資本主義世界的思想自由地流入蘇聯。但在另一方面，赫氏卻又認爲在文化交流中，聽到了與共產主義不相容的言論要「容忍」。最近，蘇聯與英國達成協議不再以電波阻撓英國的俄語廣播。這一方面說明蘇聯的思想管制比中共鬆得多，另方面說明蘇聯的這種對待西方思想的做法，實質上就是巴人筆下的「競異求同」論。不着重於謀求打擊，希望共產主義者自己建立信心，使這兩種思想在某一階段中獲得某一程度的並存，靜待這兩種思想競爭結果。固然吾人相信，蘇聯的這種做法必將遭遇失敗，從而亦可知其思想管制在不久將來不能不再行加緊。但若從現階段來觀察，中共與蘇聯對待修正主義的手法是不同的，中共是更窮兇極惡。

最近，反右傾是不再提起了，這是由於右傾勢力的强大。但從這裏可以看出，中共的當權派正在用偷天換日的方法，在反修正主義的掩護下進行反右傾；而這種反右傾並不是全面的，他們只敢在文藝方面偷偷地展開。其所以選擇這一個陣地來展開反右傾，大概是由於作家們既手無寸鐵，又無實際的羣衆與力量可與當權派對抗。這當然是一項卑鄙可恥不光明的行動。而其居心，似乎是在剷除傳播右傾言論的工具，爲反右傾運動的捲土重來作準備的工作。（資料室）

中共反右傾走入死胡同

納蘭

中共自從八中全會後，到現在已經半年有餘了，期間一直在集中全力打擊「右傾機會主義」分子但卻缺少顯著的成果。

溯自一九五八年實施總路線，大躍進，人民公社以來，黨內反對者似是不息地在頑强抵抗。黨內遲遲不能實行清算鬥爭，更足以說明其嚴重性。而且反對的力量是從中央到地方的，是深而大的集團。毛澤東四方奔走與此不無關係。

目前毛澤東雖然仍隱在背後，沒有公開表示態度，但在最近二月廿九日人民日報刊載的一篇「馬克斯主義者應當如何對待新生事物」的文章裡，卻反映出中共當前的危急形勢相當複雜。再加以現實的經濟危機使毛澤東集團不得不向事實讓步了。

當然讓步是暫時性的局面：一俟時過境遷之後，毛澤東必定又會捲土重來的。

黨內的反對形勢，早在農村公社化的同時就發生了，當時毛澤東就曾提出「論九個指頭和一個指頭」：他要求黨員學會區別大局和小局，一般和個別，主流和支流，九個指頭和一個指頭的方法；但這並不能改變「一窮二白」的經濟問題。及至八中全會更正了一九五八年生產統計數字，雖然是對反對者依然並不放鬆，可也無形中暴露了毛澤東思想政策的錯誤與弱點。前此不久的「得不償失」論和「公社辦早了，辦糟了」的意見雖遭遇到嚴重批駁與鎮壓，說這些人「只算死帳，不算活帳，」忽略了「馬列主義思想的主觀地能動性」與「廣大無產階級的革性命」，可是「大躍進」變爲大躍退，也是千眞萬確的事實。黨員製造數字欺騙中央也是事實。很顯然，經濟和財產問題，不可能單憑藉少數統治份子的主觀願望，和唯物主義者的教條可以轉移與補救者：因此想起史太林在「蘇聯社會主義經濟問題」一文中訓誡它的黨官們說：「這些同志是大錯特錯了，顯然，他們把下列兩種東西混爲一談了，一種是科學法則，它是反映自然中或社會中不以人們的意志爲轉移的客觀過程：另一種是政府所頒佈的法，它是依據人們意志創造出來，並且只有法律上的效力。但兩種東西無論如何是不能混爲一談的。」但毛澤東集團卻偏想以人爲的法則和命令，去强圖改變整個落後的經濟問題，這個錯誤犯的實在太大，但是，蠻橫執拗的共黨統治集團處在騎虎難下的形勢下，面對着政權存亡的關頭依然試行作垂死的掙扎。

在二月廿九日的這篇綜合文件裡有值得玩味的兩點：第一點文中皆係引用馬恩列斯毛各人過去所發表過的語錄，且毫無火氣與刺激，其所引用舊語來補充新事件的根本問題，除去安靜的意義之外，完全是一種心理策略而使命反對者懷舊，進而再行繼續原案，實亦係萬不得已的手法而已。此外，在一九五八年十一月正當金馬戰爭緊張之際，共黨內部惶惑終日，恐美病益深，於是毛澤東發表：「帝國主義和一切反動派都是紙老虎」用以安靜其內部，鼓厲士氣。而此次的文章內容與結構方法完全與上次相同，則可見中共今已身陷於死胡同裡了！

「雨過天青」的國民大會

哀今

（台北通訊）國民大會正式揭幕，鬧的烏烟瘴氣，醜事畢露，不但老百姓極為憎惡，即太子派也深感頭痛。但識者固早已知道，代表諸公在表面上雖然以擁護蔣總統繼續領導與行使創制複決兩權相提並論，甚且還說非如此無以對歷史有所交代；而實則祇要個人今後的生活問題能有一個可靠的交代，他們就不一定要爭什麼權了。果然，經過幕後不斷的討價還價，並由蔣總統於三月三日以總裁的身份召集國民黨籍的國大代表訓話，一方面告誡他們應服從黨命；一方面保証對他們的生活將作某些改善。於是，形勢忽轉直下。各代表因受偉大領袖的精神感召，除了熱烈鼓掌，表示擁戴之忱而外；在國民大會中也能身體力行，化戾厲為祥和、使有關修改臨時條欵的各案得到完滿而迅速的解決。年餘以來，官方人員曾說人民對蔣總統有不可思慮的信心，於此又可多一明証了。

蔣總統與國大代相得益彰

聞國大代表除了領得鉅額的出席費而外，並將從本年七月一日起，每人每月的公費由目前的一千三百元增為二千八百元，還有機會奉派出國考查。因此，數日以來，代表諸公不但未有打架及吵鬧等情事發生，而且笑顏逐開，自得其樂。管仲說衣食足而後知禮義，其然乎？其不然乎？

但，國大雖已風平浪靜，人們仍不免要將今日之事與當年曹現所演的那一幕歷史名劇作一比較。當年那些「先進」的議員們，每人領得五千元的支票一張，即投下「神聖」的一票，雖然省對省事，但未免太自貶身價了。今日的國大代表，則不計所謂出席費而外，每入每月坐領的干薪還要增加千五百元。暫以六年為期來計算，每人合計十萬零八千元之多。而況還要成立常設機構來研究修憲問題，每年還要舉行各式各樣的集會，也就是還有種種出席費可領。而在六年期滿後，更還要再來第一次總討價的機會。換言之，他們但憑一張選票，即可換得六年乃至無限止的長期飯票及各種優待劵，其高遠矚之處，自非當年的國會議員所能企及的。在另一方面，當年曹「大總統」祇知以支票換選票，雖屬簡單明瞭，不失敢作敢為的「英雄」本色；但畢竟昧於時代潮流，卒至身敗名裂並給那「忠貞」的議員也留下千古的罵名。今日的蔣總統雖然也同樣使用金錢辦事；但採取增加出席費及改善待遇的方式，既可免除賄選之物議，又可博得體恤下情之美譽；而諸大代表於獲得實惠之餘更能保全令名於永遠。正所謂一舉而數得也。

國大代表為何捨權而就錢

儘管有些國大代表還要在增訂的臨時條欵中、列入本屆國大須舉行臨時會議，討論行使創制複決兩權及有關修憲各案，以示他們並未因當局允諾改善待遇而遂放棄其固有的政治主張；但其主要用意則不外二者：第一掩蓋他們重錢不重權的隱哀；第二使當局知道如不履行改善待遇的諾言，他們仍將鬧事的。兩相比較，後者尤重於前者。但這並不是說他們祇愛錢不愛權；而是他們深知在現局之下，要錢尚有希望；要權則絕無可能。因為十年以來，台灣逐漸步向家天下的途徑，於是今已接近完成階段。在形式上，我們雖仍保存着民主憲政的若干政治體制；而實際的權力則完全集中於一人一姓。即以國民大會最為眼紅的立法院而論，最敢作敢為的立法委員，也僅能在院會上放放空砲而已。因此，代表諸公縱能爭得了更多的權力依然不能有任何作為的。自不如要求一些與個人生活有關的實利，既不致被太子派目為大逆不道而可能因此遭受或大或小的不幸，又有助於自己的生活，他們可謂思之深而慮之熟矣。

可是，蔣總統的諾言雖然說得極為誠懇；但鑒於他老人家說了話不算數的傳統作風，國大代表們還是躭心一旦國大完滿閉幕，三任總統就職後，他們也許又會被遺忘的。因此，除了在增訂的臨時條欵中列入本屆國大須舉行臨時倉議討論創制複決之行使及有關修憲各案而外，還主張國大應成立常設的機構，務期長保香火於不衰。過去六年的時間，他們深居恩澤罕至的冷宮，滿懷幽怨，好容易才等到今日，自不肯輕易的放過了。

誰將陪選總統

由於增訂臨時條欵案已在國民大會中順利通過，太子派一年多以來的努力，總算到達了功德完滿的階段。雖三屆總統尚未式產生，但形勢既定，即三尺童子亦知蔣總統必將順利當選，故不再為朝野所注意了。而目前尚在太子派腦海中問題，似乎祇是請誰陪選而已。在其他各國，各種選舉都有競爭的。但在咱們這一個特別的國度，在蔣總統的偉大領導之下，過去的兩次總統選舉，不但沒有人競選，還要由當權者請人來陪選。所謂陪選，就是裝腔作勢一番之意。曾記得第一屆總統選舉，是由國民黨之老居正先生來陪選。據說，當年有人勸居先生競選副總統，但他說，如要競選他將競選總統。他說這句話的原意，不過是取笑而已。後來蔣先生的策士們認為如果沒有人競選總統，未免表示我們不夠民主，蔣先生也漆以為然，於定，就假戲眞做，請居先生出來競總統了。但後者深知他們的本意，祇在要他陪太子讀書。因此，雖被提名，却未競選。策士們並名之曰陪選，從此便創下陪選的先例。可遺憾的，是他們公務太忙，至今尚未出版一本論陪選的新政治學。否則，如此偉大發明的新著一旦問世，自必風行一時，而為舉世所一致推崇的。

且說，自第一屆總統選舉時居先生被請來陪選以後，第二屆總統副總統選舉明，即已有人自願陪選。除了民社黨的徐傅霖和石志泉而外，還有無黨無派的莫德惠和王雲五。他們出來陪選時還各向國民黨領取一筆可觀的陪選費，據說，由於徐傅霖領了錢盡入私囊才導致民社黨的分裂。可見陪選原是一件名利雙收的事。而今三屆總統副總統即將舉行選舉，就現在看去，已經各自分而為三的民青兩黨人士，或則無此間情遺志，或則不受歡迎，大概不會有人陪選了。至於無黨無派的「賢達」們，尤其是莫王兩老是否仍將出來作一番應時的表演，則在未知之數。有人說，若干年來太子派在台灣的地方選舉中，已累建一人競選之奇功；如今總統選舉，若再有一人競選的盛舉，不是更可表明將總統是當今之世，我們全國人民一致擁戴的唯一領袖嗎？而且三十年，他早已把黨內黨外可能抗衡的一切人物清除得一乾二淨，而造成今日唯我獨尊之局，假如竟有人不自量德度力眞要來和他競選，我敢說縱不被指為匪諜而送上斷頭，也必然要請他嘗嘗鐵窗的味道。那麼，既然不容許競選，而又為何要花費大量的金錢去僱人來陪選呢？須知此即我們的民主憲政之眞諦所在也。蔣總統雖無意實行民主和憲政而却有玩弄民主和憲政的特癖，從陪選一事觀之，已如見其肺肝然矣。

張知本的妙論

也許是國家將興，必有徵祥的先兆吧。年來台灣的妙人妙事層見迭出。在十五位大法官居然把國大代表的總額從三千零四十五人減為一千五百餘人的奇妙解釋發表之後，老法學家而又是老革命家的張知本先生又在國民大會發表妙論，他說，「牛是牛，馬是馬，憲法是憲法，臨時條欵是臨時條欵；但在動員戡亂時期，臨時條欵比憲法更重要」。並罵不同意臨時條欵比憲法更重要的某代表沒有讀書。人們眞不知道張先生所指的是什麼書。既然認為憲法與臨時條欵有如牛馬之不相及而後者的重要性尤超過於前者，那麼，我們國家的根本大法應該不是憲法而是臨時條欵了。否則臨時條欵又怎能比憲法還重要而且更能變更憲法的規定呢？但張先生同時又說「憲法是國家根本大法，有固定性」。豈不是自相矛盾嗎？如此毫無憲法常識而又顛三倒四的話，居然出自一位老革命黨的法學家之口，國民黨之敗壞一至於此，豈僅蔣總統一人之咎歟？

國民黨當權派在海外的工作

（加爾各答通訊）

自中共印邊境發生事端以來，印度內政部曾於去年十二月間頒令調查旅居印度之華僑，經一個月之推行，除半數持中共護照外，其餘八千多僑胞，原來持中華民國護照者，寧願宣佈自己為無國籍人民，香港工商日報亦撰文「同情加爾各答僑胞」，且以韓文公之言：「苟余行之不迷，雖顛沛其何傷」相慰，同時台北中央日報，於一月二十六日將此文轉載於國際版。蓋此日國破家亡，我們僑居海外，雖未能執干戈赴前線，但保持中華民族的正氣，黃帝子孫的一份人格，必須維繫不墜。換言之，不論在何種艱危環境之下，不論在何種困頓之下，我們要堅持中華民國的公民！是黃帝的子孫！

可是怪事年年有，無如今年多，我們今年新正以來，居然出了一位自稱全印度華僑聯合總會會長的人！這位會長先生是國民黨駐印度改造委員會七個委員之一。這位葉會長在梅縣錦江橋小學畢業，可是他到了印度出任梅光小學校長後，却在該校教職員履歷表上塡梅縣大學畢業，害得大家笑痛肚皮，他以來歷不明之錢，開了四個洗衣舖在加爾各答，因被當地警廳派員調查，自己害怕起來，乃於一月十一日自稱印度華僑聯合會會長招待印度新聞記者，宣佈反對中共侵印，鬧出笑話，畧情已在二月十二日聯合評論刋出，茲不多述。我們以為這個黨老爺亦宣佈無國籍獲得三個月居留，果然有這種愛國表現，殊出我們意料之外。天呵！那裏知道這個黨老爺自稱會長，擁護印度，反對中共侵畧有其一套鬼把戲吧！他在一月一四日對新聞記者發表談話，十五日即連合所有國民黨老爺們，約有一千二百多人，聯名上書當地移民局轉呈中央內政部，申請印度國籍，在其千多字之申請書中，除痛斥共匪殺人放火外，並大罵台灣將大總統無能貪汚，失掉大陸，故今後再不願做中華民國人民，寧願生生世世做個印度人！這是什麼話拉！依照印度國籍法規定，凡申請印度國籍者，申請人須在報章刋載啓事申明放棄自己國籍，今日印度各大英文報紙，多有國民黨黨員宣佈放棄中華民國國籍之大廣告！眞是丟臉之極！國民黨當權派不要臉不願做中國人！可是我們要做中國人，我們要做中華兒女黃帝子孫！

關於這些黨老爺申請印度國籍一事，曾在二月十八日印度國會中，有一議員，提出質詢，內政部長當即答復稱，關於這些人申請國籍事，當依法辦理云。

尤其可恥者，其中有一位黨老爺，是我的同宗，他是黨報——印度日報的總編輯，可是他是一位由緬甸爬過野人山的一個汽車司機，他到加城後，曾在故戴雨農一手培植的陳值平手下當司機，然後平地升天，充當總編輯，他自知違法入境，故每逢移民局人員，他便跪下摸脚，這是子女對父母，師弟對祖師的最敬禮。可是他對我們僑胞却黨架子十足了！

我不知其他各地黨老爺如何！可是印度的老爺，們實在壞事做盡，把僑社臉孔丟盡可是台灣就歡喜這一批人哩，每月還在國庫中提出千多美元幫助黨老爺們辦黨事哩！眞是不知人間羞恥事了！

李仲雲　四十九、二、廿四、於加城塔壩

大陸之窗

中共强迫童工的一個自供

劉裕畧

從馬克思的理論來說，它是標榜工人專政的。從中共的宣傳來說，它是標榜工人第一的。其實，馬克思的無產階級專政理論，原本就是馬克思蓄意煽動工人、欺騙工人的勾當，馬列主義理論認共產黨是工人階級的先鋒隊，叫工人圍繞在以革命爲職業的共產黨周圍，實在就是騎在工人頭上，冒充工人階級、奴役工人、利用工人的一種策略；中共標榜工人第一，則更是壓榨工人、剝削工人勞動果實的一種手段，對於童工的壓榨，則更是史無前例，而且是今日世界任何文明國家所不許可的，但中共今天在大陸則正在推行此種奴役童工的殘暴行爲。平時，假使我們以此指責中共，中共的宣傳報刊一向絕口不承認。他們總說大陸的少年兒女，「生活在偉大的毛澤東的時代」，個個幸福，「國家」正在讓這些中國的未來主人翁專心讀書，「黨」對他們的照顧無微不至。實則這全是謊言。今日大陸的青年少年，由於家庭被分散，除了黨老爺的少爺小姐有享受以外，一般青年少年，實早已失學，不但失學，而且早已被迫勞動，早已被迫作非常强度的勞動。對於這些被强迫勞動的童工，中共不但無一點同情，甚且還在精神上誘騙他們，說這種勞動是如何如何了不得，其實，折穿來看，那就正是一幅對童工慘絕人寰的强迫奴役圖。

一九六〇年三月七日，中共在香港所辦的大公報，曾有一篇題爲「萬頃沙公社一朶花」的文章，中共原是用來鼓吹人民公社的，但由它所述「十七歲女拖拉機手郭玉嫻」的勞動情形來說，却恰巧暴露了中共那一正在誘迫童工，從一個未成年的孩子身上實施奴役的眞象來。

大公報「萬頃沙公社一朶花」的原文說：「番禺萬頃沙人民公社小小的拖拉機手郭玉嫻，再過一個月才足十七歲，但她却有一年〇兩個月的駕駛經驗了，她身材苗條……在一塊春水浸滿的稻田上，小姑娘用清水把拖拉機洗刷乾淨，然後雙手棒起油桶，豎起脚尖，把柴油倒在機車後面的儲油罐裏，倒完一桶又一桶，直到倒滿一百七十五公斤，關上油箱，她才跑到車頭，檢查機體、油箱及轉動部份；一一檢查完了以後，她才滿意的坐上機車，以熟練的駕駛技術，輕巧地控制着機體的轉動部份，使機車穩健。

「她開機犂的田勻準，耙的田細碎，不會漏耕一行……。夜裡，她開機，社員就把銀針茶送到田裏給她喝……她和姊妹們一個冬耕就完成了犂、耙一萬七千一百萬畝的任務，超額七成；春耕開始，又犂、耙了二千畝地，比一些男子漢的機車還先進。

「在學習期間……同班同學都在爲她設想，這樣一個才十五歲多一點的小妹妹，她的體力足夠控制一部拖拉機嗎？……她第一次駕駛，用盡全身力氣，緊張得連汗珠子也把衣服透濕了。

「去年四月間，同班同學到廣四縣支援開荒，到那裡的荒地，沓無人烟，雜草長得比人還高，七下班的時候，從工地到住的地方，得跑上兩個鐘頭……。」

以上是中共大公報所刊廣東萬頃沙公社此一女拖拉手的宣傳文章的原文。顯然，中共宣傳機構發出到海外共報來登的文章的正面目的，原在宣傳它那人民公社的勞動功效，但却無意地，而且無可否認地，暴露了中共一貫奴役人民，虐待童工的事實。試想一個剛滿十五歲的女孩子，身體尚未成熟，如何應該担任這種高度勞動的事情？若在一個政治上了軌道的民主國家，這剛滿十五歲而未成年的女孩子，一定正在免費讀中學，受到國家的免費教養，再不然，也至少應該獲得家庭的溫暖，要做事，也只能做點輕鬆的事，但中共政權却不然，中共是用種種方法，包括感情刺激和虛榮觀念的誘迫在內，去奴役她們和榨取她們的勞動果實的。

并且從上述原文看，對於這樣一個年輕的女孩子，共幹們對她是沒有一點同情心、沒有一點憐憫心的，只要看她在學習拖拉機時，主持訓練拖拉機的共幹，把她這未成年的女孩子攪來學，這已經是一種殘忍，我們曉得，如果中共稍有人道，中共當局就一定不會誘迫這一類未成年的女孩子來作這一類高度勞動的事，如果是共幹不留心，那末，中共當局早就該製定一種保護童工的勞動法，但是中共却一直沒有製定這種保護童工的勞動法。當然，以中共政權的暴虐本質來說，就縱然在形式上製定一些這一類的法，那也只是「具文」只是騙人的東西，因爲縱然有此具文，由於毛澤東所曾公開宣佈的「不行仁政」，那末，這一類的具文也决不會被共幹們付之實踐，何况，中共政權，自上至下，都一致相信唯物主義，反對小資產階級意識，且認爲小資產階級意識，所謂同情心，所謂憐憫，都只是應該肅清的，則主持人民公社，主持拖拉機訓練的共幹，對這一類的小姑娘，從來沒有半點同情，自是當然的了。

畢竟公道還在人心，也畢竟仁慈與同情心還存在於一般老百姓心裡，當共幹們對這一類的奴役沒有半點同情心的時候，「同班同學却爲她設想，這樣一個才十五歲多一點的小妹妹，她的體力足夠控制一部拖拉機嗎？」同班同學都是在中共政權殘暴統治下的眞正老百姓，他們有同情心，而共幹們沒有一點同情心，這是今日大陸統治者與被統治者的鮮明對照，也是今日大陸人心未死的証明，也是中共政權與中國人民不相容的鐵証。

本來，倘若只是駕駛工作，對少年兒女的身心戕害，倒也還沒有這樣嚴重，不過，中共統治下的勞動情况，與自由社會裏却有着根本的不同，她并只是負責駕駛拖拉機而已，如大公報此一原文所述，她們和他們是還被迫做着許多其它事情的！甚至，除了有關拖拉機以外，還得再去開荒，只就拖拉機來說，它也不只是白天做，大公報原文已說明他們晚上也被迫在做。而且并不是做適當數量的工作而已，共幹們是還在壓迫她們超額完成的，大公報原文說，她們「一個冬耕就完成了犂、耙一萬七千一百畝的任務，超額七成之後，春耕開始，又犂、耙了二千畝地」，這正說明中共現在是正把這些童工作無情的奴役，而且正在勞動强度上大力壓榨她們呢。

××　××

中共「收購政策」的眞相

中共利用「統購統銷」的口號，向農民儘量搜刮，把農民自己生產的生活資料，掠奪無餘。此項殘酷的政策已引起農民普遍的反響，對于中共的「收購」工作採取了不合作態度，以事抵抗，據最近中共方面透露：「一些人民公社的生產隊和一些社員手中，還存有一定數量應該收購起來的各種農副產品，如棉花、烤烟、麻、油料和各種土副產品，還需要收購起來。」（見最近北平人民日報社論）因此，目前中共正在督促幹部們「鼓足幹勁」，加緊搜刮。强調「要把廣大農村的原料和其他農副產品都充分地及時地收購起來。」並說：「如何適應這一新的形勢，在收購工作已經取得巨大成績的基礎上，繼續鼓足幹勁，提供更多的原料，特別是幹農副產品原料，盡可能而又及時地滿足工業生產部門對原料的需要，就成爲農村的各級黨委，人民委員會以及商業部門一項十分迫切而又重要的任務。」從上面引述的一段話裏，我們可以見到大陸一般農民的抵抗收購運動，已達到相當嚴重的程度，迫得中共要大聲疾呼，集中全部力量，來對付這一農民反抗行動。

中共爲要對付這項農民抵抗收購運動，主張「必須靈活運用多種多樣的收購形式。」一面進行「經常收購，」一面實施「突擊收購」。他們說：「除了在秋收季節集中大量上市，適宜于突擊收購的物資外，還有在其他季節陸續分散上市，適宜於經常收購的許多農副產品。秋後旺季收購的產品，比重固屬最大，但是總的說來，一年四季都有農副產品需要收購，任何一個季節，都要抓緊收購。」此外又主張要組織流動收購組，捱鄉捱戶，夜以繼日，嚴厲執行。還說：「在收購當中，收購人員應該向廣大社員耐心地宣傳黨的方針政策和當地形勢。社員白天勞動沒有時間出售產品，收購人員就應該組織流動隊，串鄉串戶收購，和利用晚上時間收購。並且叮囑「收購人員，只有不怕困難，不辭辛苦，處處從生產出發，處處從社員群衆生產生活方便着想，來改進收購方法，才能取得社員的擁護。」」

據新華社濟南二月二十七日電訊：「最近以來，各地對棉花收購工作進一步加强了領導，黨委第一書記掛帥，開展了檢查和評比，突擊棉花收購。……這一期間，商業部門對棉花收購，作了很多努力。不少產棉區用增設收購點，組織更多的流動收購組，串街串衙衙，登門到戶等多種辦法收購。……不少地區在進行棉花收購中，還注意發揮積極份子的帶頭作用，推進售棉高潮。惠民縣里則公社的黨團員和積極份子，帶頭交售棉花後，又向社員進行宣傳鼓動，人人串連，戶戶動員，結果售棉踴躍，在二十天中社員出售散棉一百四十一担。」

我們從上述的人民日報社論裏和新華社的電訊裏，可以見到中共是怎樣地在對農民作殘酷的搜刮，按家按戶，不分晝夜，向農民洗劫。其手段和方式的毒辣，幾乎和過去進行「土改」時期，有過之無不及。可憐大陸農民，終年像牛馬般的耕作，到了收穫以後，自己却顆粒不能保留。儘管是食不飽、穿不暖，也只得眼光光看着共幹們把他僅存的生活資料，洗刼以去。自稱爲人民服務的中共政權，不知將何以自解？

至於收購的對象，包括所有的農副產品，據日前北平人民日報社論列舉項目，可以概見：從目前來說，在南方產茶區，再過半個月，春茶就要上市，緊跟着春繭、油菜、夏糧、早稻，也要在部份地區陸續登場。在土副產品方面，目前正是、毛竹、棕片、松香、松節油、草袋、草蓆、木炭、荊柳藤條、棉杆皮、編織品、藥材、火硝、皮硝等生產季節，也須及時收購。至生猪、畜產品、蛋品等，更須經常收購。」

目前大陸農民對於「收購」政策的反抗，正日趨普遍；使得中共惶恐萬分，不惜運用最毒辣的手腕，逐街逐戶，不分晝夜，執行徹底的搜刮。古人說：「苛政猛於虎」，這種暴行，確是由紅色王朝不折不扣地實踐了！

·康和·

泰南設司令部進剿馬共

何之湄

當馬來亞剿共工作快告成功並準備結束緊急狀態的時候，泰國方面的進剿馬共工作，也隨着而緊張起來。由於柔佛及怡保方面的馬共已告肅清，怡保最近已改為「白區」，故而馬共的存在，祇有泰馬邊境這一隅。而這一隅，也可以說是馬共最深邃，最有利的根據地，馬共的能否完全肅清，就要看泰馬邊境這一隅進剿情況的進展了。

泰馬邊境，自馬來亞的北吡叻以至泰國最南部的勿洞、昔羅一帶，有着漫長龐大的原始森林，馬共就在這些五步以外不見人影，或昏黑得伸手不見五指的林莽中出沒。另一方面，由於那是「邊境」，「此剿彼竄」是必然的。在過去來說，對於邊境的剿共，馬來亞方面的英、馬部隊確乎較為努力。泰國方面，在鑾披汶——乃炮時期，會剿的進行却比較鬆弛了一些。使用警察而未使用防軍是其中的一點，其次對於封鎖亦往往發生漏洞，當馬來亞那一邊對馬共的堅壁清野（嚴格配給人民口粮，出鄉郊耕種不准携帶食品）時，從泰國這一邊，馬共却能「輸入」豬肉甚至鷄鴨。同時他們的貿易並不是物物交換——像緬共、寮共以鴉片交換粮食那樣——而竟能向當地的商民勒派欵項！這也難怪當時馬來亞方面對於泰方的「會剿」工作，極表不滿，迭次發表謂陳平本人匿居泰境，利用泰境為庇護所了。

乃沙立所領導的革命團的革命，加强反共是其特癥之一。禁止中共貨品銷泰，遣回數萬北越難民，拘捕其中共諜份子遞解出境，都是清共的重大措施。破壞泰國共黨總部，將其首領乃素博猜槍決，聲明對國內共黨潛伏份子警告，是展開實切肅清共黨的第一炮。

自去年夏天馬來亞前總理拉查克訪問曼谷，與乃沙立會談，馬、泰發表聯合公報「決合力加强對付兩國邊境共黨」之後。泰馬雙方即繼續採取一連串外交及軍警方面的會商，經過泰國內務部次長鑾察上將率領代表團赴吉隆坡，與馬來亞軍警舉行會議後——馬來亞的武裝統帥布路克中將，也訪問曼谷諮商聯絡於前，終於確定了泰馬聯合清剿邊境馬共的作戰計劃。

據已透露會剿計劃的進步各點，除向來的情報交換予以加强外，如會剿同時進行以免此剿彼竄的密切聯絡，及對方軍警得以越過邊境，為追擊馬共得以向對方境內開炮等等，均是以前格於主權未能解決的，這次却在雙方澈底諒解下解決了。至於用飛機散發傳單，更屬不成問題，泰方已曾接受馬方的飛機過境，在昔羅（宋卡府屬），勿洞（惹拉府屬），汪縣（陶公府屬）三縣，散發勸馬共投降的中文傳單。

在加强剿共聲中，泰警當局更下令全國各地，大捕共黨。泰北清邁拘獲越難民中的共黨份子十一名，該等越共係國際份子，其總部設在寮國，他們雖有各種職業掩護，如理髮師、電器工人、補鞋匠等，及有一名持有泰國退伍軍人証冒充泰人，但他們都有特務費可領，除作滲透活動外，甚至進行恐怖暗殺工作，有兩名越南人阮國，及乃巴頌信通，即被殺害。這批越共份子，與泰東北洛坤拍隆府拘獲的十餘名泰藉共黨，均解曼谷審訊，押候處分。

泰南方面拘捕共黨更見積極，宋卡府巴銳縣居民乃燕，因接濟馬共糧餉之罪被拘。宋卡府所拘獲共黨疑犯，達三十四名，泰人乃巴春等廿六名，華人李亞弟等八名，均分批由飛機解至曼谷候審，警方於拘捕渠等時，並搜獲大批共產黨之入黨申請書。總計在曼谷獄中的共黨疑犯，已達一一九名。

從這些破獲共黨機構，拘獲疑犯的地點分佈觀察，泰北重鎮清邁，係因有五萬北越難僑的集散居住，從而發生共黨問題。洛坤拍隆府方面，則因該地與寮國僅一湄公河之隔，距寮國他曲（有共黨遊擊隊出沒）不過數里，故共黨活動也劇。但最猖厥的還是泰南，尤其迫近邊境的宋卡、陶公、惹拉三府的一部縣份，皆是馬共出沒的區域。馬共份子，泰共份子，中共份子，都致力於這個區域的活動。最近當局就曾拘獲一名數年前自中國大陸潛行入境的共黨份子陳江，又名陳、詩乍侖，陳於入境後由本地共黨及利用商家協助，取得泰國公民証，報住曼谷空丹區第十一村一〇五之一號，但始終未住上址，數年來都在宋卡陶公一帶活動，從事馬共聯絡工作。

為了決心肅清馬共，泰政府已在宋卡設立一個司令部，這是依照泰馬會剿邊境恐怖份子計劃而施行的，內務部已派邊防警察副指揮乃蒼洪素觸坐鎮該司令部，發動掃蕩馬共。本月三日該部已召集邊境各府官員，巨紳，保甲長等，聆聽剿匪計劃，並舉行跳傘及戰畧演習，顯示作戰決心及力量。

泰國國防部長並已向馬來亞方面取得有關粮食管制、宵禁、身份証辦法等有關馬來亞緊急條例的全套法令辦法，泰方可能酌量仿效在邊境予以實施，因這些辦法，是馬來亞方面行之有效者。

泰國的清共及剿共，已是空前的了。不過馬來亞方面的有關官員，仍認為馬共的受傷者「利用泰邊作他們的養傷之地」。馬來亞方面的英馬軍事家認為，苟泰國能全力支持馬來亞的話，這些恐怖份子（估計六至八百人）便可在空中轟炸下肅清，或大部予以消滅。「但迄至目前為止，尚無容許馬來亞飛機轟炸藏匿泰方邊境恐怖份子的辦法。」言下似有宛惜之意。

。曼谷通訊。

× × ×

赫魯曉夫訪問後的印尼

·蘭芳·

印尼空軍駕駛員慕卡駕機掃射總統府及茂物行宮事件，警方當局正在加緊調查中。當慕卡駕機脫離其演習編隊向總統府襲擊之際，蘇加諾總統正在該處。因慕卡之父犯非法藏有武器罪被捕，故事件發生以後，一般尚以為係私人的復仇或洩憤事件，但現在警方又懷疑到，此事或者涉及某項陰謀。

因為開始的報導，說慕卡係在西爪哇跳傘降落後被捕，所乘飛機則已墜毀。但實情並非如此。空軍人員在萬隆以東卡登哥拉村發現該機時，僅左翼畧有撞傷。警方更探悉慕卡降落時有人加以接應，並帶備便服給慕卡更換，以便逃亡至達魯回教軍的遊擊區。由於這一發現，警方便認定這件事乃是「預謀」，且可能與叛變的回教軍有關。他們的目的，也許是要謀刺蘇加諾總統，也許是要藉此製造混亂。

除了回教軍和革命軍的遊擊戰外，中央政府統治下的印尼，也仍在動盪之中。經濟和政治的不安瀰漫，蘇加諾總統解散國會的最新措施，對於原來不滿「凍結政黨活動」的各政黨，有如火上加油。蘇加諾總統自身亦認為此舉「影响團結」。

蘇加諾總統並沒有做出實際解決問題的步驟，他在演詞中只强調蘇聯經濟援助。誠然，赫魯曉夫的來訪帶給印尼以經援。但政黨人士非常懷疑，蘇聯援助究竟附帶什麼條件？

革命政府在歐洲的代表，早已抨擊耶加達將准蘇聯在安汝島設立海軍基地。荷蘭海軍部長德莊三月八日在荷蘭上議院中，更對此項消息加以証實，認為是「一大危機」。德莊並舉出荷報的消息：印尼已准蘇聯在安汝島進行海軍測量，此舉「意味着對荷屬新畿內亞的威脅」。所以德莊要求國會「對新畿內亞的防務，作鄭重的攷慮。」

蘇加諾——赫魯曉夫公報中，聲明蘇聯支持印尼收回伊里安（即新畿內亞）的願望。也許在安汝設立海軍基地一事，正是蘇聯協助印尼收回西伊里安的實際行動。

利用印尼民族主義，製造亞洲與西方的重大糾紛。同時在東南亞公約地區的後門設立基地，就是赫魯曉夫「和平訪問」的目的了。

。耶加達通訊。

僑鄉近訊

流背農場充滿血腥氣味（番禺）

·江水·

據最近由番禺奴工營逃出之同胞梁實智稱：該奴工營名叫「流背農場」，係位於該縣南部，距離黃埔約十里，目前營中「勞改犯」已增至一千六百餘人，分編為四個中隊，由「轉業軍人」充任隊長，各隊均有「管訓員」十八人至十五人。彼等均大鬧官僚架子，而且性情粗獷而暴燥，動輒毆踢「勞改犯」，拳脚交加，鞭棍橫施，絕不留情；「勞改犯」每被虐待至遍體鱗傷！「犯人」每天早上五時半便須起床，六時接受指派勞作，至下午七時止。七時半至十時開會，由「管訓員」主持，各「勞改犯」要學習討論問題，及坦白互相批評工作。每一「勞改犯」還要寫「大字報」，追述自己本身的身世和經歷，并自我批判。營中伙食，非常惡劣；「勞改犯」因此營養不足，而體力勞動過度，故大多數瘦弱不堪，普遍患皮膚病或水腫病。營中缺乏醫藥設備；「犯人」一經染病，惟有束手待斃。月中因病致死的，常達十人以上，農場四週，駐有「民兵」，經常戒備，以防「犯人」逃走；但「犯人」冒死逃走的，仍時有所聞。他此次之得以僥倖逃出，也是經過九死一生的危險！他又說：他還有一個弟弟名叫梁實勇，則被囚於南石頭「懲教場」；該場戒備更為嚴密，故他的弟弟一時尚未能逃出。

共幹偏差風氣日熾刮龍手段惡毒（福建）

閩省共幹的「偏差」風氣，近一兩月來，熾烈得更為厲害；「偏差」的手段，也「進步」得更為惡毒。據本港閩僑獲得的消息：該省共幹的刮龍對象，就是尅扣民粮，因此經常引起羣衆激烈的反抗；同時，共幹們也每每利用「動員勞動」的機會，對參加勞動者的米粮，也從中剝削，飽入私囊，往往不按日發放，或吞扣若干成。此等情形，日漸激動公憤，屢受剝削的人民，曾有多次，聯同向共幹提出抗議，但共幹一律加上「借端反動」，「破壞制度」等罪名，予以武力壓制，致使民怨益為沸騰，流血抗暴事件，隨時可能爆發。又據另一消息：去歲杪，該省晉江縣白獅區坪田鄉的共幹，因虧空公欵過多，無法交代，竟妙想天開，慫恿鄉民搶粮，企圖藉此報銷，詎事發後，千餘鄉民蜂起，擁進粮倉，將存粮萬餘斤全部搶光。當日縣府方面，已將該鄉共幹兩名扣留，另將鄉民三十八人拘去，指為「主要滋事份子」，迄仍被覊勞改營中。迨至今年二月初，該三十八人中已有五人暴斃。死者為劉亮成、劉斌、顏少雄、黃輝熾、祁允南。其餘亦多因勞苦過度，粮食不足，以致皮黃骨瘦，經常被病魔所困；彼等雖仍得苟延殘喘，也僅是在死亡邊緣上掙扎而已！鄉民對該次被共幹陷害的慘劇，刻仍記憶猶新，無不人人自危。

誰謀殺了明天？（下）

海兵

「我曉得，不用你囉嗦」周寶環頭也不回，又用那全村子都聽得見的女高音喊道：「胡蘭花，虧你還是個烈屬，咱這大隊管區里，誰家沒出過兵役，誰家沒在朝鮮死過個把男人？領導上優待你，大夥兒照顧你，別人起早落晚，整天在地裡突擊生產——可你幹了些什麼勞動活？怪道你擦晚磨黑，成天躲在廚房裡，洗洗這弄弄那，刷鍋倒水都搶著幹，別人都以爲你爲食堂公共的事熱心賣力，差點還給你騙了個模範炊事員的光榮，我就知道你做的準不是好事！果然這回給我抓到了，你等別人一走就偷飯出來吃！別人都在突擊生產，唯獨你是在突擊偷飯！偷吃社裡大夥兒辛辛苦苦勞動的果實！

這時，幾個幸福的兒童從衆人腿縫裡擠進來抱着胡蘭花的腿，怪親熱地叫聲，「阿姨！」便爬下去，爭拾着粥渣和薯片吃，那股貪饞勁兒，叫她見了也有些動心。

「哎呀，這樣好的大白米飯，洒滿一地，糟塌了國家的糧食，太可惜了，你們快幫她檢起來。讓咱們檢查一下，他一共偷了多少飯？」說這話的，是共青團支書兼婦女突擊隊長王月秀，胡蘭花的又一個死對頭，大寃家。前些時發動胡蘭花申請入團，不料她自從丈夫在朝鮮犧牲之後，整個人變了，心也灰了，推三話四，說怎麼也不肯辦入團手續，這就惱了這位團支書。前回社裡瞧胡蘭花在食堂服務工作積極，本想表揚她，選她做個模範炊事員，便是因爲王月秀反對，才取消了的。這回給她捉住了小辮子，胡蘭花，可逃不過關了。

很快，幾個婦女隊員，趕開了孩子們，從他們小手中奪回這些國家的財產，又從地上連砂帶泥，將一灘灘粥渣和番薯片全檢了起來，擱在荷葉上呈交給王月秀。

「哎呀，讓我秤秤看，這包東西足有斤半兩斤重——胡蘭花，你一頓偷大家二斤糧食，一天偷六斤，一個月偷一百八十斤，二百斤糧食——讓我算算看，咱們公社社員每天每人吃五兩米，三五十五，三六十八，你一天要偷掉咱們十幾、二十八的糧食，一個月要偷掉咱們五六百人的糧食哩！——」說到這裡，王月秀便轉向大衆喊道：「同志們，社員們，你們大夥兒說：胡蘭花偷社裏的糧食，也就是偷國家財產，不讓大夥兒吃飽，破壞咱們公社的生活，和生產工作，咱們該怎麼辦她？」

「罰她一個月不許吃肉！」羣衆中有人喊了出來。

「罰她一年不許吃肉！」又有人喊。

「一年不吃肉又有啥稀奇？一個月吃一次，一年才不過吃十二次，還不到斤把十兩肉——要另外重重的罰她！」又有人提意見。

「對，罰她一年不許吃飯？吃飯要算錢！罰她下地跟大夥兒白做一年工，工資充公，拿來抵偷掉的粮食帳——不夠的工分還要罰她做足，做，做一輩子！」

「把她綁起來！送到大隊部——送到公社裏去！開個鬥爭大會！鬥爭她！」

「治安委員同志，你說是不是？」這時，似乎王月秀才發現了我的存在，便徵詢我的意見，我自然只好點點頭。

於是，幾個婦女隊員就跳上來，揪住她頭髮，扭住她胳臂——

「你們幹什麼？你們幹什麼？：」奇怪，平日一把嘴怪麻利的胡蘭花，此刻竟變得不會說話了，臉青唇白，混身發抖，該是給羣衆的憤怒驚嚇成這副可憐樣兒吧——

「你們別沒良心！胡蘭花偷飯是爲的你們大家！她偷飯是給你們的孩子吃的！——」李小梅的聲音，忽然從人叢背後冒了出來，接着，她挺着個大肚子從人堆裡擠到前面來，撕開扭住胡蘭花的幾隻手，像母雞保護小雞一樣，叉着兩手向衆人喊道：「你們別胡塗，你們在做夢！這幾個月來假如不靠她有一頓沒一頓偷飯來飼孩子們，他們早就餓死了！還能活到今天？她自己的孩子不就是在年頭上餓死的？而且這又不是她自己願意偷的，是我爲了責任，向上級請求增加給孩子們的粮食配給，沒有答應，我才強迫她偷的！我再說一句：是我逼她拿的，這不關她的事。假若你們要追究責任，想鬥爭誰，就來鬥爭我吧！……」

經她這一嚷，胡蘭花忽然又會說話了，連連喊道：「不，不！這不關她的事，是我一個人的主意，我自己拿來偷偷飼孩子們的！連她都給我瞞了。你們想怎麼辦，都由我個人負責——反正是你們自己的孩子，我的兒子早餓死了。」接着，又加上一句：「李小梅的孩子也還沒有生出來！」

嚇，她說完了，竟大刺刺地抱着膀子站在那裡，彷彿這已完全不成問題一樣。我在心裏喊着：不，不！別聽她們的！她兩個是死黨！可也怪，不知怎的我竟喊不出聲。

這一來，局面完全改變了，大家好像更胡塗，又像忽然都搞清楚了，臉上都露出又驚異，又疑惑，又有些慚愧的尷尬神氣來——好一陣，終於一個蒼老顫抖的聲音開腔了：

「咳，做人要有良心，讓我說句公道話吧，不管誰強迫誰偷的飯，反正是爲的大家的下一代——這也算不上偷。我看她們兩個都是好心，咱們別錯怪了好人。這件事就算了吧。我一把年紀，骨頭快磨成肥田粉的人了，說得不對，你們檢討我，批評我吧。」這老漢是七十歲的孤苦人陳老宏，貧雇農出身，六親斷絕，住在隔壁幸福院裡，聽見這邊鬧才走出來的。大家聽他一說，似乎覺得有理，全嗯嗯呀呀的說不上話了。事情似乎快要了結——

「啊喲，你吃的什麼東西？」忽然又有誰叫了起來，「大家快來瞧，這孩子吃的什麼東西？別拿走，快別扔掉！」王月秀從孩子手裡搶過一小塊黃東西，就是我起先隨手丟在院裡地上的肥皂渣。「好呀，你們大家瞧啊，幼兒園的兒童餓得吃肥皂了！你這個教養員負的什麼責任？你怎麼對得起大衆社員們？」王月秀圓鼓着兩只金魚大眼向李小梅吼叱着，又轉臉向胡蘭花責問道：「你說，你們兩個偷了食堂的飯說是飼孩子們的，怎麼孩子們會餓得吃肥皂？你說呀！」

「是呀，肥皂怎能吃，不怕吃壞孩子們……」周圍的人都給這個新發現弄得又驚異又胡塗起來。

「她們不但偷飯給孩子們，還偷肥皂給孩子們補充營養吶。」我冷冷地插了一句，說完了，連我自己也奇怪不知我是在害她們還是幫她們解釋。

「啊呀，肥皂會吃死人的……」又有誰在人堆裡熱心地插嘴。

「你們謀殺孩子們！謀殺中國人民的下一代！」王月秀發狂地尖叫起來。

對！我心中突然大亮了，怪道這許多年我們一直巴望着幸福的明天，而明天始終連影子也沒見——原來是被胡蘭花和李小梅謀害了。

於是我聽見，不像是我一個人，而是所有的喉嚨都在狂喊着：

「對！就是她們，就是這兩個女人謀殺了共產主義的明天！」

（續完）

文壇泥爪

太陽和夜月之二

莽原社是民十四年四月在北京成立的一個文藝團體，除魯迅被推爲首腦外，其餘全是在大學讀書或剛出大學門的愛好文藝的青年。主要幹部是韋素園、韋叢蕪、李霽野、臺靜農、曹清華、高長虹、向培良、尚鉞、周朋其等人。他們附在「京報」出「莽原」周刊，稿子的選取全由魯迅負責，魯迅收在「華蓋集」裏的那些雜文，大半是刊登在這個刊物上的。韋李等都是安徽人，和高向等意見不合，魯迅離京後，主編即由韋素園接替，爲了向培良的稿子未被刊登，高韋兩派便分裂了。高認爲魯迅左袒韋氏兄弟，因在上海另創狂飈社，在狂飈周刊上大罵魯迅。

當魯迅聽了韋素園的話，知道高長虹也戀着許廣平的時候，妒火就跟着燃燒起來了。他在十五年十二月寫給韋素園的信裡說長虹：「他眞疑心我破壞了他的夢，——其實我並沒有注意到他做什麼夢，何況破壞——因爲景宋（許廣平字）在京時，確是常來我寓，並替我校對，抄寫過不少稿子，這回又同車離京，到滬後她回故鄉，我來廈門，而長虹遂以爲我帶她到了廈門了。倘這推測是眞的，則長虹大約在京時，對她有過各種計劃，而不成功，因疑我從中作梗。其實是我雖然也許是「黑夜」，但並沒有吞沒這「月兒」。……如果眞屬于末一說，則太可惡，使我憤怒。我竟一向在悶葫蘆中，以爲罵我只是爲莽原的事。我從此倒要細心研究他究竟是怎樣的夢，或者簡直動手撕碎牠，給他更其痛哭流涕。只要我敢於搗亂，什麼『太陽』之類都不行的。」

魯迅說到做到，他眞個不久就從廈門到廣州，找了許廣平去，果然撕碎了長虹的夢，「黑夜」終於吞沒了「月兒」。當時長虹在狂颷上罵得他很厲害，說他是「戴其紙糊的『思想的權威者』之假冠」，魯迅無比憤怒，猛烈地對長虹回罵，在寫給廣平的信上會這樣說：「有青年攻擊或譏笑我，我是向來不會還手的，他們還脆弱，還是我比較的禁得起踐踏，然而他竟得步進步，罵個不完，好像我即使避到棺材裡去，也還要戮屍的樣子。所以我昨天就決定，無論甚麼青年，我也不再留情面。我已決定不再徬徨，拳來拳對，刀來刀當，所以心裡也很舒服了」。此外，魯迅還爲這事寫了篇歷史小說嘲笑長虹，就是收在「故事新編」裡的「奔月」，他以逢蒙影射長虹，而自比后羿，后羿對逢蒙說：「偷去的拳頭打不死本人，要自己練練纔好。」就正是他藉這話教訓長虹。

馬拉美的「火曜會」

合金

象徵派大師馬拉美在生之日，喜歡在每星期二晚上在其住所（巴黎羅馬街五號）招待客人，這成了一種習慣；招待特別是自一八八五年起更形熱鬧。來賓都是當時青年人一些醉心於文學藝術的年青人，他們大都成爲日後法國文壇很顯赫的文學家，如魏爾倫、克勞代爾、紀德、路易士、魏羅季納、梵樂希、拉沙爾等，均會參加過馬拉美的「火曜會」。這裏，讓我簡單介紹一下這個「火曜會」的內容。

馬拉美當中學教員時，每逢星期二晚上，他便在其羅馬街的寓所，招待客人。他的客廳最多只能容納十個客人，就在這樣的環境下，馬拉美自己站着，斜靠在這一個陶製的火爐邊，對着圍在桌邊坐着的一羣客人，溫和地講述着文學藝術的有關問題。這位學識淵博而具教養的象徵派大師的怪異而閃爍的話語，有如詩篇一般悅耳。當十點鐘，馬拉美的女兒會帶着溫雅的笑容，爲客人們送上棕櫚酒，然後輕輕地離去，但若客人不多時，她會逗留片刻，和客人們一同靜聽父親的講話。

馬拉美的話語被到會的青年人奉爲金科玉律，銘記心頭。「在羅馬街的那間斗室中，我們遠離了一個熙熙攘攘的都市，遠離政治性的謠言、陰謀與詭計，和金錢、榮譽和采聲都失時效的區域；和馬拉美在一起，我們進入到……沒有比他所播散的光榮更爲羞怯；……今日一切有教養的人所都認識的，就是當日只有我們中極少數人所認識的。」當日馬拉美已把我們的古典詩歌帶入到極度音樂性的完美境地，兼具形式與內容的典麗，以及一種溢人心魂的魔力，而我認爲這實在是曠古絕今的，因爲在藝術中，一切已臻完美的，決不能再去做製；我們必須超越，必須從別方面去探求。」紀德後來在回憶時說：「發自羅馬街的教誨，不僅訴諸我們的理智，同時鑄定我們的心靈。」於此，可見馬拉美扶掖後輩，也因爲這樣，馬拉美的「火曜會」遂成法國文壇的一大美談。

時代與我 （四）

空城琴聲的煩惱

徐亮之

北軍撤走了；這小城的居民爲怕再罹「刺刀加頸」之厄，凡鄉下有戚友可投的便紛紛搬去鄉下了；除了母親和我以及看守小學的兩個年老的校工以外，幾乎成爲一座空城的了。

「先生！你去學校看一看吧。」校工老江在北軍撤走後的第二天，哭喪着臉對我說。

「老江！您怎麽啦！侉佬（我們縣裡背地對北軍的稱呼）沒有爲難你嗎？」我說。

「學校一團糟了！」

「怎樣一團糟？」

「桌椅板櫈砍了做柴燒，書籍報紙撕了揩屁股，你看了便會知道。」

一談到書籍，我立刻跳了起來；這乃我當年親手整理過和偷竊過的東西，雖然偷竊的部份終於因爲自己讀不懂而又悄悄地送了回去。我情不自禁跟着老江向學校奔了。但當我看過之後，却祇有搖頭歎息的份；我恨當年竟沒勇氣把這些書籍全數偷竊回家；因爲我相信：我的結拜兄弟孫殿英既能保全我家的毛氈，也必定能夠給我保全這些書籍，這些全縣的文物精華的；祇要有勇氣，有時偷竊行爲也能變成道德行爲的呢；可是我當年却偏缺乏這種勇氣；這是多麽洩氣而追悔莫及的一回事呵！最後，我祇是淒然地命令老江和另一個校工趕快把一架完整的風琴抬回我家去。

這時，已是雪霽天晴，空氣中已彷彿可以嗅到冬盡春回的氣息，母親已到田莊看弟妹去了；這空城中之家，祇剩下我一個人了；我整日祇看看雜書彈彈風琴消遣；我想：這時如果把兩個校工找來扮演「打掃街道」的老軍，倒大可會串一齣情景逼眞的「空城計」呢！却猛不料就在這空城的琴聲中，把我未來的惡運決定於一旦了！

「同志！彈得好極啦！」一派標準的長沙腔熱情地向我突襲而來。「哦！」我回頭一看，一個軍人，一個蓦生的面孔正出現在我的書房門口。但他的軍服却是草綠色的，和看了使人沉悶與憎厭的北軍的灰色的軍服完全不同；尤其是頸上套着一條紅藍白三色的帶兒，象徵着青春與朝氣，更使我看了不期好感油然。我立刻理會到這是國民黨的軍隊到了；同時，心裡也不免想起「空城計」中「司馬懿的大兵來得好快呀」的一句台辭而暗自好笑。我立即推琴而起，說時遲，那時快；我臉上堆着笑表示歡迎說：「請進！請進！」

「同志！祇你一個人嗎？」

「是的，家裡人都下鄉了。」

「何解都關門閉戶？」

「全下鄉躲兵去了；前幾天北軍正在這兒洗刼過。」

「不要緊；現在敵人都被我們打跑了。」

「你同志是那一個部隊的？」「同志」二字，我在黨的秘密時期本已熟習了的稱呼；這時也許是高興，也許是下意識地覺得自己的軍隊到了，今後可以不再受北軍的欺侮了，竟也跟着傾口而出。

「二軍四師政治部。」

「二軍？不是汪（精衛）先生做黨代表的嗎？」

「正是的。——同志！你也是黨員嗎？」

「是的。」我相信我後來的惡運，實在全種因於曾經這樣輕率地呷出過的這兩個字的上面。

「那好極得！我們正要組織縣黨部，就請你來幫忙我們籌備吧！」

「那不成；我還要讀書。」

「讀書？嘿現在需要的是革命，讀什麽書？等到革命成功了，再讀也不遲。好極得！就個樣說；我馬上報告我們主任去。」

他始終這樣火辣辣地，熱情洋溢地，連彼此姓名都沒通就往外奔了。

第二天，我果然一方面給他們提出的黨的大義所壓服，另一方面也爲一種新鮮的刺激所招誘；答應主持縣黨部的籌備工作了。那時，所有的籌備委員都是由我介紹。不久，臨時縣黨部成立，這些籌備委員也便都做了各部的部長，我則被推爲總攬全局的常務委員；同時，我並向他們委派的新縣長（舊縣長早已逃跑了）要求一位承審員平江翁志澄先生（也是二軍的人）做了黨部的監察委員。後來總工會、商民協會、婦女協會，也都由我一手組織成立。於是，我立刻成了爲全縣土豪劣紳所側目的特殊人物了；因爲凡由我所組成的機構裡面全沒了他們的份，乃他們所認爲不可想像的空前沒有的怪事；而我當時也確實就連做夢都沒有考慮過這樣的問題。我的惡運，便在我這樣蒙在鼓裏的時候潛滋暗長了。

但後來當我弄清楚了這些關鍵之後，我却更毫不在乎，挺身而出，接受他們的任何挑戰了。我這也才眞正認清楚了他們乃是人民的吸血虫；認爲給他們的應有的懲戒，乃我無可旁貸的責任。

那時的江西省黨部，尤其是南昌的市黨部和總工會，乃共產黨所控制；捉拿所謂「反動派」或請「反動派」戴高帽子遊街，是司空見慣的事。共產黨所控制的外縣黨部，拘捕或殺戮土豪劣紳，更時有所聞。我在縣裏，雖沒殺過一個人，流過一點血，捉過一個土豪劣紳遊街，但因爲我曾表示過不惜和他們挑戰，一些神明內疚的土豪劣紳，可全部自動地走去鄰縣或南昌居住了；也便恨得我牙癢癢地的了。

可是這些土豪劣紳的刁民莠民恨我，倒不打緊；使我吃驚的，却是後來那些安份守己的良民，似乎也恨了我了。原來好訟乃我那個縣裡的特色；一有訟事，無論有理無理，總是爭着向和縣長有來往的紳士送禮送錢，希望能藉這種黑暗的關係，可以獲得他們的訟事的勝利的。那時既「黨權高於一切」，縣長和我常有來往復爲衆所週知，因而鄉民無論識與不識一有訟事，便往往提了禮物來找我；我則老是以如左的方式對他們加以答復：

「你有理沒有？」我問：

「有理。」

「等縣長說你沒理的時刻，再來找我。東西請你拿回去！」

我以爲這樣坦白無私的答復，總可以給「有理」者大胆進行他們的訴訟的了；然而事實不然；他們却是認爲我嫌禮物送少了，千方百計找我的朋友，或我的親戚，甚至我的母親，表示願意送我多少錢，祇要我肯在縣長面前說話；（以前的所謂紳士便是以能向縣長說話爲幌子，騙他們的錢的。）但我却仍舊祇是以上述的方式作更具體的答復說：「如果縣長說他沒理，我決和縣長算賬。」我認爲我這樣地答復，該已是仁至義盡的了；然而事實又不然；他們幾於全異口同聲地罵我年紀輕輕的，現在做了官了，眼睛便認不得人了！日子長似路，瞧着吧！」天！這豈不就是等於所謂安份守己的良民警告我說：「你不貪污，就是你的罪惡」的嗎？我仍然是我，而自從辦黨以後，却竟這樣成爲土豪劣紳和安份良民的毒恨的焦點了！悠悠蒼天，謂之何哉!?

於是乎民國十六年四月五日南京清黨之議一起，控告我的呈文便雪片也似飛向省政府和省黨部了。——但這當然對我乃毫無損害的控告，因爲他們乃毫無事實根據的誣告。可是七月三十一日，賀龍、葉挺、朱德們輕率地在南昌暴動失敗，整個局面爲之改觀；土豪劣紳躍躍欲試；爲了明哲保身我却也不能不一走了之的了。

憶馬元放兄 （下）

邵鏡人

五

他任教育廳長不久，轉任江蘇省黨部主任委員，就職以後，即密赴上海，指揮同志，展開地下工作，處境艱危，可想而知。不幸得很，同事中出了通敵敗類，他被敵僞特務機關逮捕解京。可憐！溫文爾雅的元放，脚鐐手銬作了階下囚。雖經敵僞多方勸降，仍毫不爲動，決心以身殉國。後來經過一段時間，得周佛海擔保出外，可在指定範圍內有一部分自由。

江蘇耆宿徐公美先生有懷他的七律云：『檻車一去返無期，正是知交祖道時。賣友有人師酈寄，錄囚何日釋鍾儀？名懸鈎黨宜遭忌，地近華夷易蹈危。我向江天思舊雨，神龍盼汝暫潛姿。』

六

元放被捕時，我正在蘇北協助省政府從事敵後工作，不料軍事失敗，省政府轉退皖北，我遭敵軍憲兵隊逮捕，因屬政治人員，所以連同我的眷屬，一併解送僞組織蘇北行營處理，行營設在泰州，秘書長是我的同學掌××，得他擔保，限制住在泰州，行動也有一部分自由。泰州，南京，一江之隔，此時抗戰到了末期，敵人管理，逐漸鬆懈，朋友在淪陷區內做生意者很多，因此我和元放有通信的便利。他要我的內子替他作一幅畫，因爲內子是上海美專畢業，尤擅惲派花卉，她繪菊花，我有題句云：『爲君嚼墨寫花詩，無限幽思落紙遲。猛憶東坡精峭句，菊殘猶有傲霜枝。』現在，我悼念死友，又回憶在大陸上已失踪五年的賢妻，眞是有聲皆恨，無涕可揮！爾後元放設法逃往重慶，我也拋下妻子，潛往皖北去了。

七

抗戰勝利，重返南京，時元放已當選國民黨中央委員，出任南京市副市長兼教育局長，他任玄武門內翠明村租屋居住，依然布衣粗食，不改書生本色，以視當時許多黨政要員驕奢淫泆，迥然不同。

有一天，我拿一篇稿子：「江蘇第一女傑趙毓政女士傳」，給他看，毓政是我的學生，曾任江蘇省黨部委員，也是他的朋友，抗戰期間，遭日軍慘殺了，他看過慘然不歡，且曰：『毓政死了，你替他作傳，我們死了，何人作傳?』我說以毓政這樣秀外慧中的妙齡女郎，想不到結局如此，他不加考慮說：『你說錯了，文天祥，史可法，不是慘死嗎，爲國而死，原應無憾的。』言下頗有『威武不能屈』的氣概。——本來，這種氣概，是讀書人應有的，可是，翻雲覆雨，二三其德之徒，早把它拋得乾淨了。

八

徐蚌會戰失利，赤燄咄咄進迫，政府決定南遷，我亦作遠走的打算，在臨行前三天，曾訪元放，勸他快走，他說：『現在，我已是一個平民，既無交通工具，又無餘錢，只有先到上海，慢慢設法再行吧。』我們揮淚而別，不料此別竟成永訣！

黃宇人兄曾對我說：南京撤退時，他去上海轉粵，聞元放未走，特同吳俊升兄往訪，見他一家八口，擠在兩間小房子裡，情形十分困窘，我們無力爲助，只有勸他快走。但元放以人口衆多，無力行動，又不願效一般官員向政府要求津貼，作逃難之資，只有困居滬上，不暇計及任何的危險了。

元放的爲人，富於正義感，人情味，居恒不戚戚於貧賤，不汲汲於富貴。做事時，忠於職守，實事求是，不誇張，不宣傳，守身如玉，待人如己。但每臨到緊要關頭時，他却能守正不阿，不計個人的安危，而言人所不敢言。外貌雅靜如處子，而內則剛正不屈，他被中共拘捕後，飽受折磨，仍不願附共，終以身殉，在他可謂求仁得仁，但我寫文悼念他時，實有無限的悲哀，浪集心頭。年來落拓海外，傭書爲生，愧負死友者多多矣，雖有千言萬語，也不能再說了。

本刊已經香港政府登記

聯合評論

週刊

每逢星期五出版

United Voice Weekly

第八十三號

督印人：黃宇人　總編輯：左仲平
社址九龍金馬倫道卅八號三樓　電話61413
承印嘉羅印刷有限公司　香港灣仔馬師道5號
總代理：友聯發行公司　售價每份港幣一毫
本報美洲版總經售處　美國紐約中美出版社
CHINESE-AMERICAN PRESS, INC
199 CANAL STREET.,
NEW YORK31 N. Y. U.S.A.
美洲航空版零售每份美金一角

從「國大」看台北的政風

黃宇人

所謂第一屆國民大會第三次會議即將於日內『圓滿』閉幕。此次會議在開會之初曾因修改憲法與修訂臨時條款之爭而激起了一陣極為猛烈的暴風雨，有些人還躭心它會毀屋傷人；但我們早就料到祇要當局對於代表們有關自身利益的要求作某些承諾，一切即可迎刃而解；而此一承諾，當局雖不怎樣的願意也必然會給予的。果然，在經過一番吵鬧和打鬥之後，蔣先生終於召集了國民黨籍的國大代表談話，表示即將改善他們的待遇，並允再召集一次臨時會議來討論有關修憲的各案。從此「國大」開會即顯得風平浪靜。如今總統副總統均已順利產生，當權者的預期目的總算完全達到；而代表諸公的生活即將大為改善，他們多年來的希望亦可如願以償，在台灣的小天地中，他們既已各有所得，應該皆大歡喜了吧？

然而，我們從這一次「國大」的經過情形看去，對於台北的政治風氣實有不能已於言者。

玩法弄權已成習性

蔣先生以三民主義的信徒而連續主政達三十餘年之久，不但民有民治民享的理想至今徒托空言，即現代國家的起碼基礎——法治，亦迄未建立。此中原因雖多，而當權者之玩法弄權，實為最主要的關鍵。在行憲以前，他們號稱以黨訓政，但其所作所為無不以個人為中心。一切典章制度既因人而立，也就因人而廢。最習見的，是政府每朝立一法而夕則率先背之。他們似乎既有立法的特權，又有違法的習性。立法犯法，備於一身，不但人民無所適從，即文武百官和黨內幹部亦莫知所措。因此，蔣先生雖憂國憂民，宵旰勤勞，而我們的國家則距法治之道愈來愈遠。行憲而後，情形雖一度稍有改進，但政府退台以來，則又每況愈下。即以總統再連任一事而論，蔣先生既反對修改憲法，照理，自應遵守憲法；若認為憲法限制連任次數的條款礙難遵守，又何必反對修憲？然而他既反對修憲，又要連任，豈非視憲法為兒戲？至於以修訂臨時條款的方式來掩飾違憲的事實，則愈顯其欲蓋彌彰而已。臨時條款若非憲法，何能變更憲法限制總統連任次數的規定？若是憲法，則修訂臨時條款又何能與反對修憲的主張並行？且臨時條款可因動員戡亂時期的終止而廢於旦夕，蔣先生的「三任總統」是否也準備隨時因臨時條款之廢止而解職？總之，今日之事，反對修憲的是當權者，違憲連任的也是當權者；認為臨時條款不是憲法的是當權者，以臨時條款來變動憲法的也是當權者。此非玩法弄權而何？

此外，他們更利用大法官解釋憲法，前已將國大代表和立監委員的任期延長了數倍，而今卻把國大代表的總額減少了一半，加加減減，為所欲為，又在三十年來因人立法和因人毀法的歷史上添了因人釋憲的新頁，當權者玩法弄權的真面目更暴露無遺了。

爭權奪利相習成風

此次「國大」開會，代表們不思所以維護憲法之道，而唯權利是爭，尤以爭改善待遇最為猛烈。依憲法第二十七條之規定，國民大會的職權，除選舉及罷免總統副總統而外，即限於修改憲法與複決立法院之憲法修正案兩者。選舉總統要六年才有一次；而罷免案及修憲案也不是隨時都有的。因此，國民大會並不是一個經常集會的機關，而是六年才開會一次的。國民大會既是六年才開會一次，國大代表自應為無給職。其開會期間，可由國家供給交通及食宿等費。立法委員依憲法第六十八條之規定，每年須集會兩次，每次會期為四個月，必要時並得延長之。換言之，立法委員須以其全部時間來執行職務，故應為有給職，此乃各國的通例。但國大代表們不管憲法所賦予他們的職權如何不同，而務求在待遇方面與立法委員一致，豈不令人驚異？至於他們要行使創制複決兩權，則更為謬誤。憲法第五十七條規定行政院對立法院負責，若照他們擬議中的修憲案，則無異把國民大會變為行政立法兩院的太上機關。那又何不直截了當的取銷現行憲法而另訂新憲呢？而且，不談創制複決之權則已，如要行使這兩個權，自應從中山先生所謂自治單位的縣級開始。年前台灣地方人士僅欲組織團體研究地方自治，亦不可得，而國大代表們居然要先他們而行使創制複決之權，有是理嗎？

不過，在當權者玩法弄權的大環境之下，國大代表們祇圖乘他們爭總統連任的機緣，而得一點小便宜，我們實不忍深責。

反攻大陸未被重視

今日全國人民所最關切的問題，厥為反攻。年來向蔣先生勸進的人們雖然從沒有指出他再連任之後對於反攻能作若何的努力；但總算說了非他無以領導反攻復國這一句空話。可是，自「國大」開會以來，紛紛擾擾，已一月有餘，不但當權者對於反攻大計支吾其辭；即國大代表們雖處處以國家的主宰自居，似乎祇有他們才能討論國家大事，對於反攻的問題，也顯得漠不關心。古人說，哀莫大於心死，但願他們的心還沒有死呵！

公是公非必爭必辨

李璜

日前台北『公論報』駐港記者來訪，問我何故必須反對修憲連任，我答以「公是公非，必爭必辨」八個大字。我曾說道：民國以來，所以變亂不已，結果鬧出共黨賣國，有今日亡國滅種之禍，乃是公是公非不明，大家不問是非所在，而只崇拜武力，於是以武力霸據國土，用手段欺騙一時，便可以稱孤道寡，實行專制。北洋軍閥就是這樣的長養起來，分裂國土而割據之，胡鬧了十年以上，把中國的國格鬧得為外人所輕視；尤其是毛澤東及其一羣敗類，竟公然承認蘇俄為「祖國」，拜史太林為老師，而也可以是召黨徒，建起武力，奪去大陸，又割據稱雄，胡鬧了十年以上！像這樣胡鬧下去，再不樹立起公是公非，我國家將成為野蠻之國，我人民將無噍類了。

民國三十六年反共的黨派及無黨派國人所以一致贊成頒布憲法，實行憲政，就是為的趕快樹立起國家的公是公非，凡百政事，本此憲章，與國人以共見，然後是非既明，共黨方無所藉口於只是國共之爭；奉此憲章，以與共黨周旋，然後大張撻伐，國人方有個正邪之辨。不幸，憲法雖已頒布，究竟遲了一步，政府黨尚未習慣於行憲，而仍以「護黨救國」為號召，於是誠如近日台北胡秋原先生之所言，「共黨份子必清，而共黨之理論與方法，並不在清之列，武力革命固勢在必行，而黨治乃至黨之組織方式，依然保持下去，……軍政時代不待言，訓政亦成黨治註腳，最後有憲政了，而大局已不支矣。有謂大陸淪陷於憲政者，恐怕真理在憲政稍遲一步耳！（見胡著「少作收殘集」自序）

然而，今日政府雖退到台灣，並未曾宣稱已不要這部樹立公是公非的民國憲法，並且本此憲法以成立的議會機構還在常年開會，因此本於民國憲法的公是公非，就不容許再次為多年習慣的黨治與獨裁混淆了去，抹煞了去！因此我曾為『公論報』記者指出憲法上的公是公非，有三點必須力爭力辨：

一是憲法為國家大法，而此大法不容許任何個人的分量高壓在它之上：民主憲政的要義是法重於人，既不能因人立法，也不能變更憲法條文去遷就個人。民主政治固然也離不開政府中的領導人物，但領導人物只能在法律之下去決定其行動與去留，而不能因為其去留問題，便臨時變更法律。——這就叫做不依法軌行事。一個既已行憲的國度，而突然不依法軌行事，很容易發生不良後果，或甚至引起禍亂的，所以我們不能不於修憲連任的事前，要緊張的提出警告。半年之前，台北便開始宣佈擁護連任的電文：不絕的載於黨報之上，電文愈佈愈多，我就曾說過，這種用擁護個人的政治手法，乃是漠視了憲法的尊嚴；這一漠視下去，便很容易發生大家要超出憲法去行事，結果會弄到是非為之混淆，紛爭將無已時。這回在國大開會，席上便只見個人權利之爭，而已不見憲法條文的重要性，台港各報競傳，政府當局竟一一滿足了國大代表們的物資慾望，而始在「驚濤駭浪中闖過三關」，（據香港天文台報三月十八日所報導），足見是非一經淆亂，糾紛今後必多；糾紛一多，於國人團結反共復國的前途，當然是大有妨害的。

二、現在大家都知道，要與共產黨鬥爭，以收回大陸，在今日最重要的事，莫過於爭取多數民眾的向心力。因為反共不能單靠武力，在大陸撤退的悲劇中，這一點已證實得很明白。固然今天中共的胡作亂為，早已失掉大多數的民心，然而我們只能認為這不過是消極的一面。如果要從積極的一面，把從前已失的民心，爭取轉來使之有所作為，則試問，還是叫大多數民眾去仍舊信任一個人好些嗎，抑或是叫大多數民眾去真正相信，在實行民主憲政之下，自己有能力去創造一個自由康樂的國家好些呢？在今天，大多數民眾聽任毛姓的牽住鼻子走，業已走到饑寒交迫，非死不可的死亡線上，你覺得他們今後還會繼續願意，仍舊盲目的被一個人或少數人，再牽着鼻子走嗎！

三、何況今天在反攻復國的主要而且迫切的工作上，人人皆知乃是需要大多數民眾去拚命，去自發自動的予中共以多方面以打擊，然後政府匯合羣力，始能有所作為的。這也是台北政府當局隨時在以此為號召的。但何以台北政府當局對於反共的自由言論年來總是不斷的予以妨害，既修改出版法，把台灣人民的自由言論脅制住，又禁止海外反共的自由言論刊物入台，將海內外相通的聲氣隔離着：態度愈來愈險，圈子愈縮愈小，好像是把憲法上人民有言論自由這一條也用臨時條款凍結了一樣！半年以來，更進一步的將海外自由言論者，不是誣為共黨的同路人，就是稱為受了美國人的收買了，那嗎，只有在台灣的少數人與乎向台灣少數人歌功頌德者纔算是真正反共的，這又在心理上與事實上要走回到大陸時「包辦反共」之局，請回想一下，在大陸當時包辦反共近二十年，其效果是如何的啊！

張羣將出掌政院與五年攻下北平

台北消息頻傳，一俟國大閉幕后，現任閣揆陳誠將循例辭職，繼任人選盛傳將由現任總統府秘書長張岳軍氏繼任。內閣人事的調動，已知者將是杭立武氏出長外交；黃少谷氏調主台灣省政；周至柔則退休。

此即台北政壇和新聞界傳說的所謂新人、新政、新貌。

另一則消息謂，蔣介石先生曾在被提為國民黨總統候選人後的宴會上，向該黨中委們保証：要在五年內攻下北平於一九六五年在北平慶祝孫中山先生誕生一百周年紀念。

這兩條消息都是令人興奮的。

五年內是否能攻下北平，雖然有蔣先生的保証，但還要看蔣先生的實際行動如何，要看國民黨的實際作為如何，才能得出結論。此時此際自非宜於妄加評斷。

不過對新人、新政、新貌一點，台北既如此傳說，而消息又由半官方報紙所透露，自非空穴來風可比，看來可能性是不小的。

對張岳軍氏未來出主行政院，可有兩種看法：一是表示台北當局已着眼於起用張氏組閣來調和增進朝野間的關係，以張氏過去與各黨派之往來周旋，蔣先生打出這張牌，自有其一定作用。另一種看法是，張氏的內閣不過是過渡的性質，一俟朝野情勢稍有緩和之後，將必「自動」引退，即或將有長幹久幹之意，以張氏之為人與過去之政績論，必須有一較能負實責，而又為蔣先生所能信任，並能與直接談話者輔助之，最適當於任這一角色的，無過於現任不管部政務委員蔣經國了。情況若眞如此一推測，則張岳軍內閣，事實不過是蔣經國內閣，是為蔣經國的未來鋪路而已。

蔣經國的地位，從今天台北政壇的正面去看，是難以捉摸的，但由於他是十足可以代表蔣先生意見的人，由於他掌握了整個特務組織系統，所以從另一角度，才能窺見其幕後潛在的重要性，以及他對自由中國走向民主政治道路所起的破壞作用！

一般看法今天唯一能和他抗衡的，在黨內祇有陳誠。張繼陳之後出掌政院，雖不能說是陳誠勢力的退潮，但以張岳軍氏為人之圓通，實難望其與蔣經國作是非公道之爭。是以不論未來的張內閣以何種姿態出現，但說非是一個戰鬥內閣，也非財政內閣；即使說他的重心工作是在於謀調和國民黨與在野各黨派間之關係，看來也未必能做到得心應手哩！

正由於張岳軍氏將掌政院消息在前，也間接沖淡了蔣先生五年內攻下北平的豪言。因為未來的內閣既不可能是一個軍事反攻的內閣，也不可能是一個眞正的有效的政治反攻內閣，他祇有可能做蔣先生在政治安排上的過渡內閣而已！向那一個方面過渡呢？當然不會是選擇走向眞正的民主政治的方向的！

。小言。

美國國會議員對蔣連任的注意

馬在天原作、楊克文譯

馬在天先生是一位旅居北美的中國學者，刻在華盛頓外交研究所工作。曾於今年二月八日出刊的一期「新共和」(New Republic)雜誌上發表一篇「蔣會下台嗎？」的文章。內中談到蔣氏嗜好權力，有如嗜好鴉片之已上癮，又談蔣氏左右由於自利自私，乃擁蔣連任。此文發表後，一時頗引起美國讀者的注意。美國奧利岡洲衆議員查理，波特(Charlas Porter)氏且將此文介紹於美國國會，並經國會通過，列入「國會紀錄」中，波特且附帶發表其本人對蔣非法連任之觀感。雖然，我們認為任何外國人的意見，並不應該作為我們衡量我們國內問題的意見，但蔣氏非法連任之予人不良好印象，却可由此看出乃係一個不可否認的事實。值茲蔣氏毀憲連任聲中，故特譯出，以饗讀者。——（編者）

（上）

在今後的幾個禮拜之內，時間和情勢將在中華民國的範圍之內導生一特殊重要的發展。中華民國的憲法限制總統只能連續兩任，而蔣介石總統的第二任期到一九六〇年五月二十日就屆滿了。在一九五八年底（十二月二十三日）時，蔣總統在「大陸光復設計委員會」席上曾經宣布，他對國民大會任何有關修改憲法的提案皆行反對。蔣氏以其國家的首長及國民黨總裁之雙重身份發表這個聲明、係緊接着毛澤東宣佈將不再作共產中國最高首領的候選人之後。蔣氏的聲明曾引起了廣汎的注意，並且被解釋為在一九六〇年時，他將自願地放棄其中華民國首腦職位之堅定的保證。然而人們都仍有很多理由相信，蔣氏的行徑未必能合於這個期望。

蔣氏的將來問題，即他是否將離開其總統職位的問題，如不把其可能的繼承人之問題考慮進去時，是無法作實在之分析的。說到蔣氏繼承人的問題，自然是有若干個可能的，但若就台灣現在的政治情況而論，卻只有兩個像是候選人：蔣總統的兒子，蔣經國，及現在中華民國的副總統陳誠氏。

設若蔣氏果眞放棄其總統之職位時，下面的一點似乎是很明顯：他個人對其繼承人的選擇，當是他那位已經在台灣事務中擁有僅次於他自己的控制權力之兒子。而另一點也是一公開的秘密：近些年來，對於一切重要問題，蔣總統在作決定之前，恆先和他的兒子商討。因此，存有堅強的理由令人相信，蔣氏個人殆將把他的兒子放在任何可能的繼承人的名單之內。這樣的一種好尚固極合於中國的傳統，及中國的家庭觀念。

不過，另外卻存在一些反對蔣氏作如此選擇的堅强的因素。不僅僅是台灣本地人，並且還有第二次大戰結束後自大陸到台灣的人，他們乃發現那位兒子作蔣氏繼承人之事不能接受。中國軍事圈內的類似情操，更相當程度地强化了這種政治的對立。至於在國民黨的內部，兒子繼承的展望勢將遇到黨的元老政治家之敵對，在整個的國民黨史上，那些黨員都一直是蔣氏的共同工作者，而非幹部。

廣汎流布的兒子繼承問題的反對，大部份起於不能確定，和懷疑他對中共的意向。在一九三八之前，有十多年的時間，這個兒子是住在共產黨的祖國蘇俄，他接受了典型的，和激底的共產主義教育。當他在蘇俄的時候，他娶了一個俄國老婆，而具有更大之重要性的是，他曾寫公開信罵他的爸爸和國民黨。還有，自從他於一九三八年回到中國之後，他從沒有公開地否認他對共產黨的同情，及關連，他亦從不曾公開地對因他往日攻擊乃父及國民黨所引起的批評和責罵，有過一個字的辯解。

另一個最像是老蔣繼承人的陳誠。陳氏現任中華民國的副總統，國民黨的副總裁，和行政院長。他密切與蔣氏共事已逾三十年，並曾被蔣氏付託給在政治及軍事兩方面的很多頂層職位。他被蔣氏信任和看重的程度，可証之於一九四九年冬他被任命為中國東南軍政長官一事，而事實上那個地區是當時國民黨唯一尚控制着的地區。更有意義的一件事情或許是，在這同一期間，陳氏受命至台灣，為蔣氏逃離大陸預作佈置。

假定蔣氏個人的好尚是其選擇繼承人時的決定性因素，那麼，其外衣落在兒子身上固無疑問。不過，假定把其他的因素也計算在內時，則陳誠的機會卻是更大得多。他受到國民黨元老政治家之尊重，二者之間已經有約四十年的密切關係；這些元老政治家之支持陳氏以抗拒蔣經國固無疑問，同樣的，假定其他的政黨，獨立份子，特別是軍方，要是面對須在此兩者之中，加以選擇的問題時，他們也將毫不猶豫地選擇陳誠。

假定蔣氏果眞放棄總統之職位時，那麼，相關的問題，當是他如何能滿足其個人的欲念，而把權力遞傳給他的兒子，而同時必須計及由於他兒子的繼承所引起的普遍而深刻的敵對狀態。下面的一種做法看來雖十分不像是會發生，但卻是可能的：蔣氏除任其個人的情感發展外，可悍然不顧一切，而逕行直接安排。由他的兒子來繼承他的職位。他像是可能用一種繞灣子的辦法，來獲致他的目標。他可能讓陳誠走上總統的位置，如此陳誠在名義上已變成了繼承人，但在這同時他要陳誠安排，蔣經國做副總統，而並由他本人任命政府中其他的高級職位。陳誠的年紀現已超過六十五歲，且健康情況極壞，因此他將無法有效地負荷起總統的重担；如此，則可能的結果是陳氏被迫迅速地自政治舞台上退休，給蔣經國正任總統，開好了路子。甚至當陳誠仍留在台上之時，蔣氏仍可作這樣的安排，如此，則眞正的權力來源便在他的兒子手裏；他指定的人担任行政院長，國防部長，和參謀總長等，如此固亦可達到他的目的。總之，他將尋求一種辦法，透過這種辦法把繼承之名給陳誠，而把繼承之實質給他的兒子。

事情即使是這樣的結局，卻亦未必能滿足蔣氏對過去權威之記憶。這樣辦法既不合於中國的傳統，亦不合於蔣氏個人之歷史。在任何政治生活是被統制的國家中，其統治縱使還沒有到完全控制的程度，但黨內權力實即兼具了政府的權力。過去曾有過一次，蔣氏放棄了其總統的職位一個短短的時間——從一九四九年正月到一九五〇年三月——然而他卻以國民黨總裁的身份操縱政府的事務。設若蔣氏果眞放棄其總統的職位時，他多半是會用上次的那種辦法來操縱政務的。

很顯然的，比可能的繼承人問題更重要是蔣氏關於其總統職位的眞正計劃：蔣氏一九五八年十二月十三日之聲明，是表示他果眞將於一九六〇年時放棄總統的職位嗎？

台灣一周

新政治買賣

・孟戈・

國民大會「修改」戡亂時期臨時條欵，曾在進行二讀程序中一度拋錨。但經過一番幕後交易，十一日就無風無浪地完成三讀程序。國大代表在起立如儀中，順利通過臨時條欵修正條文。天地良心說一句，國大代表之所以「擁護」「修憲連任」，實係熱中於個人的「權利」問題。諸如爭取什麼出國考察、設置什麼駐會代表，要求什麼與立委同等待遇等等……流亡了十年，國大代表生活窘困是可以想像的。因而通過執政黨主力派的「諒解」，乘機討價還價，雖眼前取得短暫的平息，但將來勢必會引起更多紛爭。

王雲五說：「如果認為對臨時條欵第四項創制複決權問題，有偏心的話，那麼我告訴你們，我是做買賣出身的，並非政客……」幕後會商的秘聞，已盡在不言中了。

搞政治的人，翻云覆雨，食言背信，那是司空見慣的。祇有做買賣的大腹賈，一諾千金。部份國大代表之所以俯首貼耳，當然與此遠期「支票」不無關係，所謂商場上的信用，彼此心照不宣了。支票是可以信任的，但銀行能否兌現呢？

台南大貪污案

台南高分院刑庭推事高嵩，因涉嫌受賄四十五萬元鉅欵，事發落網。案牽涉到曾因豪賭案出名的謝掙强夫婦在內。報載：據初步調查高某現有財產約三四百萬。

據說高某平日生活糜爛，豪賭暴飲，以目前台灣公務員待遇之菲薄，錢從何來？上級機關即使不懷疑是貪污，早也應該考慮到他是不是？還有其它不法之途。

司法行政部調查局，似未免太疏忽些了。但，高某之敢如此非法妄作，是不是後台有人？所以直到現在才被捕落案？

披蘇祈雨普救衆生

台灣在抗旱中——省議員建議建設廳長和粮食局長披蘇祈雨，焚祭文而禱告上蒼。縣議員要求縣長，代四十萬人民，祈求天公，早降甘霖，普救衆生！對玉皇神鬼的虔誠，可謂無獨有偶了。

事實証明，這悠悠的十年來，台灣人心顯然在逃避現實把空虛的精神寄託於神祇鬼怪。難怪民選議員大談迷信，似不以為怪也。

對中共人代會的觀測

·陳權·

中共第二屆全國人民代表大會第二次會議，就將在日內召開，這次會議，雖然對國內的政治經濟，並不發生多大的作用，但中共選擇了這個時間來召開這樣一個會議，最少在外交宣傳方面，將儘量利用它展開冷戰攻勢，而且將對當前的國際局勢發生一定的影响。

中共全國人民代表大會常務委員會和人民政治協商會議全國動員會聯合發出通知，第二屆全國人民代表大會第二次會議，和人民政治協商會議第三屆全國委員會第二次會議，定於三月下旬在北平同時召開。第二屆人代會第二次會議的主要議程是：聽取政府工作報告，決定一九六〇年度國民經濟計劃，審查和批准一九五九年國家決算和批准一九六〇年國家預算。

從中共所宣佈的人代會議程來看這次會議的內容，肯定了這次會議只是中共憲法所規定一年一度的例會，對於國內的政治經濟，並無多大意義。由於中共在這次會議上還是不能提出一九五八年就已開始進行的第二個五年計劃，讓大會批准，以完成憲法所規定的程序，更反映出這次大會內容的空洞，暴露出中共內政、財經方面都存在着嚴重的混亂現象。尤其是去年八月中共舉行八屆八中全會時，擅自修訂了會經人民代表大會所已批准過的工農業生產指標以後，所謂人民代表大會，就連軀壳都已不復存在，更談不上還有什麼作用。

不過，這次人民代表大會召開的時期，對於當前的國際局勢來說，是有相當作用的；尤其是中共將運用這次會議來進行外交宣傳活動，更將發生一定的影响。因為在召開會議的通知中，對於開會的具體日期另行通知一點，已經反映出中共的意向，對於開會日期還在有所等待。在目前，除了國際局勢的發展，還有什麼值得等待的？所以，局勢的發展如有必要，中共還可能會把這兩個會議推遲到四月上旬才召開。既可獲得日內瓦東西十國裁軍會議發展的情報，又可縮短與在巴黎舉行首腦會議的時間距離，更可在周恩來訪問印度之前，放出宣傳和平的空氣。

中共將在人代會上行使其威脅和破壞裁軍會議的手段，不讓會議達成任何協議。三月十五日東西方十國裁軍會議在日內瓦舉行，中共却選擇在三月下旬舉行人代會，這樣緊湊的時間，應該不是出於偶然，而是出於一個有計劃的安排。今年一月二十一日，陳毅就已發表申明，如果沒有中共的正式參加和中共代表的簽字，有關裁軍的國際協議，不能對中共具有任何約束力。這一具有威協性的申明，主要作用是中共在利用目前形勢以爭取參加國際事務，企圖通過參加裁軍會議而擠入首腦會議。這個奢望現在既經粉粹，則在人代會舉行時，乘機利用以進行其對裁軍會議的破壞，以製造和維持一個於己有利的緊張的國際冷戰局面，是可能的。

在這次人代會上，周恩來將利用其作政府工作報告的機會，對尼赫魯進行心理作戰。受了西藏印度邊界糾紛的影响，中（共）印關係惡化以來，中共在東南亞地區的統戰工作，即陷於崩潰，而急謀恢復。尼赫魯在周恩來一再要求直接商談下，邀請周恩來於四月間訪問印度。預料周恩來這次去到印度，必將遭受到印度人民的冷淡，憤怒，咒罵以及示威遊行的待遇。周恩來當然也看清了這一點，為了防止這些不愉快場面的出現，周恩來將儘量運用這次人代會進行對印度的友好宣傳，以緩和印度人民的民族激昂情緒。甚至他將可能暗示，像和緬甸解決邊界糾粉一樣，讓印度獲得滿意的結果。但是中共會無條件讓步嗎？在政治上他將會向印度收取他所希望的代價的。鄧穎超在三八婦女節紀念會上的報告，就已經反映出周恩來的這種意向了。她把中共同東南亞國家關係惡化的原因，推在出於美國從中破壞；她宣傳中共同緬甸新簽的兩個條約為亞洲國家和平友好的範例；她更對印度宣傳，兩國邊界的爭端，完全有可能友好地、和平地解決，從而使兩國人民的友誼得到鞏固和發展。相信周恩來在人代會舉行時，對於這項發言，會有更詳盡的闡明？以使印度人民滿意。

中共更在等待和研究赫魯曉夫訪問印度、印尼等國家的詳細報告，檢討和修訂外交政策，以及擠入首腦會議的進一步的戰署，將在人代會表達他們的這種意圖。赫魯曉夫於二月二十九日在雅加達已經提出中共和印度，印尼，日本都參加首腦會議，在蘇印（尼）公報中又會提到這一點。當前，印度的態度已經成為整個問題的關鍵，可能中共還是為了爭取印度的支持，才對印度表示讓步的。對於這個問題，赫魯曉夫雖未獲得完全成功，但却因而緩和了中（共）和蘇聯之間去年九月以來就一貫存在的不和諧的緊張關係。當前有關這一局勢的可能發展是：（一）周恩來在向人代會提出的報告中，將加强壓力，迫使巴黎首腦會議決定召開一個有中共參加的首腦會議。（二）中共和蘇聯將裡應外合地陰謀加强冷戰攻勢，以使國際緊張局勢持續下去。而有利於共產集團力量的膨脹。

中共在這次人代會上，更將對日本展開猛烈的抨擊。固然幾個月來中共一直為了日美新安全條約而把反美反日聯系在一起作為一個運動在進行，而其主要意圖還在藉此宣傳，以刺激東南亞國家的民族情緒，而冲淡其本身在東南亞所處的尷尬地位，以恢復其統戰工作。但在當前情勢下，看不出中共有什麼辦法可以解開他自己所打的許多死結。

毛澤東冒進非洲美洲

·心田·

毛澤東一生行險，奪得政權後，仍然如此；特別是對外政策，表現得更為明顯。一九五〇年「以志願軍」姿態入韓，與聯合國軍為敵，要是當年不是聯合國軍自制，其政權可能已被蕩平。一九五六年十月匈牙利革命以後，公然鼓動反對大國主義，若不是其內部的鳴放出了毛病，因而遏止，恐怕共產國際已被拆散。一九五七年六月，其政策自「右」轉「左」；到一九五八年在共產國際內部反對蘇聯對外政策的軟弱；在台灣海峽製造緊張局勢，要美軍回老家去，若不是美國持重，恐怕中共政權已因戰事擴大而被消滅。一九五九年對其周圍的中立國家，猛烈地抨擊與攻擊，使得它在自由世界的形勢轉入孤立狀態。今年二月開始，始改行轉趨緩和的政策。

但是，他的冒險是始終如一不肯停止的，現在又在非洲與美洲肇事。非洲人已經感覺到中共的威脅愈來愈甚；這次又成立了一個所謂「中國拉丁美洲友好協會」，當可視作是它向南美冒進的訊號。

毛澤東的這種搞法，究竟有沒有什麼實力支持的呢？

說來實在是可哂的。非洲與美洲遠離中國大陸，它若要對之作實力的支持，必須要有遠洋船隻與艦隊。大陸沿海的航運至今還是依賴着外國船隻，目前到印尼運回華僑的船隻也是外國船隻，根本談不上什麼遠洋船隻與艦隊。

前月，阿根廷海岸發生外國潛艇事件，據「新聞周刊」報導，一位中共的外交官可笑的，硬着頭皮承認這隻逃走的潛艇是中共的，其靠嚇靠滾的手段眞是無所不用其極。

在政治上的情況也不像中共自己所宣傳的那麼完美。到目前為止，美洲尚無一個國家承認中共；非洲的情況雖好些，但也並不樂觀。

按非洲有十一個新獨立國家，與中共建交者有阿聯、突尼斯、蘇丹、几內亞、摩洛哥等五國。雖然這五個國家都與中共建交了，但除了阿聯以外，其餘四國都未對中共派出使節。這種建交情況，似乎只能說是半建交，外交關係並不鞏固，是很容易轉變的。

毛澤東以為美洲和非洲搞其反殖民主義運動，是一方面打擊西方國家另方面使其自己勢力擴張的一石二鳥的進攻。固然反殖民主義運動的進展，或有對西方殖民地國家不利之處，但從整個自由世界來說，在一個地區廢除殖民主義，改善了民族、國家之間的關係，使其正常化健康化，未嘗不可以作為自由世界力量增强的表現看待。至於說，中共認為它極力鼓動民族主義，支持反殖民主義運動的結果必然令使其勢力擴張之說是近乎天眞的。因為民族主義並非共產主義，到頭來還是共產主義的敵人，納賽爾的態度，就是激烈反共而左傾中立；持這種主張者的態度，決不是盲目的讓共產主義擴張，而是一種外交手腕而已。即使是運用這種外交手腕的新國家，也並不是多數，而是只佔少數，前述非洲十一個新獨立國家中，只有五個承認中共即為事實。

由這種情況來觀察，毛澤東在拉丁美洲，非洲的冒進是難有結果的。可能還會促使自由世界更團結。當然，這並不是說西方可以放鬆警惕。

革命血如花（記廣州起義經過和得失）

·吳惠明·

大好春光，草長鶯飛，一年一度的「黃花節」（又名青年節），又在杜鵑啼血聲裏來臨了。距今四十九年前（一九一一年）的三月二十九日，我革命先烈起義於廣州，不幸失敗犧牲重大，收葬殉難英骸於黃花崗者達七十二人，但由於這次烈士流下的鮮血，僅隔半年即開出武昌起義革命成功的花朵，「故碧血黃花」由此而成為革命象徵，以三月二十九日定為「黃花節」，自有其莊嚴歷史意義，且在此次起義殉難烈士中，多為青年知識份子，故又以起義之日定為「青年節」，更足以給中國青年留下光榮的紀念。

可是用先烈鮮血寫成中國民主革命運動的史篇，傳留到我們這一代，却正遭遇到反革命、反民主的獨裁與極權者的兩路破壞。一路是大陸的新專制主義者，十年來對人民奴役廹害的情形，大大超過滿清王朝二百多年的極權統治；一路是台灣獨裁者，正在作「毀憲連任」的勾當，無視於民意的抗議。茲値先烈殉難之日，愼終追遠，面對現實，吾人除了感愧交集之外，自應認定今日中國的民主運動，乃是辛亥革命（包括廣州和武昌起義）的繼續。不過我們處在兩大反革命勢力之間，鬥爭的對象，自然要有主次之分。無疑地今後民主運動者的革命對象，在反共大前提下，首先當然要向中共進攻。因此我們今後反共革命運動，比之當年辛亥革命更要艱鉅，而且必須作流血犧牲的準備。「前事不忘後事之師」，廣州起義的失敗教訓，就是我們最好的經驗，我們除了效法先烈大無畏犧牲精神之外，對於此次起義經過及其得失情形，實有追述之必要，以資借鑑。

一、起義計劃

在民國以前的中國民主革命運動中，廣州之役算是第九次起義。此次起義，計劃原定於辛亥（一九一一年）三月十五日發難，準備八百志士分作十路進攻：

（一）黃興任副總指揮，親率南洋及閩省同志百人，攻兩廣總督署。

（二）趙伯先任總指揮，親率蘇皖兩省同志百人，攻水師提督行署。

（三）徐維揚、莫紀彭率北江同志百人，攻督練公所。

（四）陳烱明、胡毅生率民軍及東江同志百人，防截旗滿界及佔領歸德、大北兩城樓。

（五）黃俠毅、梁起率東莞同志百人，攻警察署、廣中協署，兼守大南門。

（六）姚雨平率各地同志百人，佔領飛來廟，攻小北門，接應新軍進城。

（未完）

非法總統即將產生

直夫

（台北通訊）自所謂第一屆國民大會第三次會議於本月十一日上午通過了修訂動員戡亂時期臨時條欵後，當天下午即由總統明令公佈。在蔣總統主政三十年的紀錄上，行政效率居然能出現如此的奇跡，殊令人驚異。

不特此也，即國民黨中央的辦事效能，亦突然顯得空前的提高，在修訂動員戡亂時期臨時條欵公佈還不到二十四小時內，他們就已召集了一個全體中央委員的臨時會議，決定以蔣中正和陳誠為非法總統及副總統的候選人。據說，是順應海內外人民一致的願望。雖然事實上台灣和海外都有反對之聲；可是，他們竟視而不見、聽而不聞，硬說海內外一致擁護，其誰欺？自欺乎？

關於副總統的人選，事前原有種種傳說，但大概由於蔣總統的乾剛獨斷，久為太子派的眼中之釘的陳誠總算未被鬥倒。不過，就現勢看去，假如他仍想再兼行政院長，恐非易事了。

民青兩黨的聲明

在國民黨決定非法總統及副總統候選人以後，雖然尚未由御用的國大正式選出，民青兩黨即已先後表示祝賀。青年黨方面除由該黨中央發表聲明表示不提候選人，並預祝國民黨的候選人成功而外，余家菊早於十三日即以該黨中央黨部主席的名義致電國民黨中央，為「無量頌」。原電如次：

『欣聞提蔣陳二公為第三任總統副總統候選人，行見領導全民，光復大陸，延攬人才，展開新局，為無量頌。中國青年黨中央黨部主席余家菊（寅）（元）印』

余氏雖久已失明，而能如此善頌善禱，國民黨果有意延攬新人以展開新局，亦將有以慰之乎？

至於民社黨方面，該黨主席張君勱先生雖不以蔣總統之再連任為然，而副主席蔣勻田、王世憲、孫亞夫和郭虞裳等四人亦於十六日舉行會議，並發表聲明如下：

『本黨不提名總統、副總統候選人，對國民黨提名的總統與副總統候選人，不發生競選時政策不同的批評，惟有預賀他們的成功！

本黨與國民黨在共產洪流的襲擊下，福雖不必同享，禍則必然同受。我們站在民主憲政的立場，對國民黨的措施，雖多不同之見，卻希望他們早日完成領導反共復國的任務，我們對他們的批評，都係起於希望他們成功的善念，基於中國的社會倫理，我們不願變善念為惡意；只有本着對國家與人民的義務，就政府的政策及行政，繼續與他們商討乃至爭論，以求有所改進。』

從這一篇聲明看去，民社黨深感不能與國民黨有福同享而禍則必然同受，其言亦可謂哀矣。

少數國大代表的正義之聲

在民青兩黨競向國民黨中央預祝成功的聲中，青年黨籍的一部份國大代表在國民大會所表現的正氣，頗值得向海外的人士特為介紹。該黨國大代表鄭振文、朱文伯、范英莪、李滿康、張希為、沈雲龍、陶元珍、童錫禎、張一夢、陳荇蓀、林大進等十一人於三月二日國民大會開始討論修改憲法及臨時條欵等三個提案時，曾提出書面意見如下：

「同人等十二年來基於維護憲法之精神，素來不贊成輕易修改憲法，蔣總統前年及去年曾一再聲明，憲法為反攻復國武器，不宜修改。其主張之明智，甚獲海內外一致之讚揚，至為同人等所敬佩。惟動員戡亂時期臨時條欵，與憲法有同等效力，係屬憲法的一部份，亦不宜於此時此地輕言修改。因此，有關修憲及修改臨時條欵各案，同人等不能贊同。

請將上項書面意見代向大會宣讀，並列入正式紀錄」。

鄭振文等十一人的書面意見，雖然沒有在國民大會獲得應有的重視，亦未見此間各報刊載，但他們能在目前的政治氣氛之下發出如此的正義之聲，已經很難能可貴了。

蔣總統自謂心情沉重

蔣總統於被提名後的第三日，在國民黨中央的總理紀念週上表示他的心情較之前兩次被提名時更為沉重。人們有理由相信此乃由衷之言。但今日之事，心情沉重的又豈只他一人而已？當年許多人投入國民黨，滿懷救國救民的願望，傾家蕩產，粉身碎骨，亦所樂為；然而於今則目覩蔣總統將它導入了傳子的死胡同，既無力反對，又不甘逢迎，他們的心情沉重，又豈蔣總統所能體念得到的嗎？即以國大代表而論，他們之中的大多數對於蔣總統玩法弄權的慣技，原是深知的。惟以身處權威之下，無可如何；祇得任憑那為數極少的無恥之徒在會內興風作浪，招致社會上的鄙棄，他們的心情又何嘗不沉重！至於一般老百姓——尤其是流亡在海外者，他們有國不能投，其心情的沉重更不用多說了。總之，在現局之下，除了太子派而外，大家的心情都是很沉重的。蔣總統即將慶祝其連選連任的盛典，而竟也感到心情沉重，雖云咎由自取，亦可見其無以自拔矣。

行政院又有改組之說

由於蔣總統非法連任，此間盛傳他就職後，即將改組行政院，希望能以政治的新貌博取海內外的同情；同時，陳誠既仍為副座，太子派更不容他再兼長行政。因此，行政院改組之說，似不能以空穴來風視之。惟繼任人選則傳說非一，有的說，與各黨派有若干淵源的張羣將出任此職。有的說，以崇法務實為名而因違法失職下台的OK俞又將捲土重來而由蔣經國為副院長。在太子派的如意算盤中，當然以此為上策。但畢竟時代不同了，蔣非法總統縱不惜甘冒大不韙而於此時作父子內閣的嘗試，似乎仍不能不有所顧慮。但無論形式上如何演化，而經國的權力，在今後數年間必將有更進一步的發展，則為無可避免的趨勢。所謂政治新貌云云，不過是自騙自的謊言而已。

蔣總統又談反攻

據內幕的消息，蔣總統於被提名後，曾告訴國民黨中央委員們，將於五年內回到北平，雖然官方至今尚未作正式的報導，但已傳遍台北的政壇。提起反攻大陸，這當然是全國人民的共同願望。可是，蔣總統在退台之初，即已公開宣佈，一年準備，兩年反攻，三年掃蕩，五年成功；而結果則不但沒有反攻，反而和外國使節發表聯合聲明，放棄以武力反攻大陸。如今他不過私下向國民黨的要員們開出一張反攻大陸的支票，能否兌現，似乎更有問題了。

非法總統的正名

筆者在上文一再用非法總統的名稱，有些人或將罵為大逆不道。實則把即將產生的所謂三任總統正名為非法臨時總統，正是蔣先生和當權者的本意。茲請詳言之：

第一，依憲法的規定，總統祇能連選連任一次，如今憲法既未修改，自無三任總統之可言。

第二，蔣先生及國民黨當權者都反對修改憲法，但卻主張修改臨時條欵，其理由是他們認為臨時條欵並非憲法。既然不被認為憲法，即無異自認依據臨時條欵而產生的總統並非憲法的總統而祇是臨時條欵的總統了。不是憲法的總統，當然也就是非法的總統了。

第三，依據臨時條欵而產生的總統，其任職期間自應以臨時條欵的存在為限，臨時條欵既必須因動員戡亂時期的中止而隨時廢除，即此一總統並無一定的任期之可言。沒有固定任期而必須隨時因臨時條欵的廢止而卸職的總統，豈不是臨時總統嗎？

總上所述，可知蔣先生及國民黨的當權者自己也認為依據臨時條欵而產生的總統，是非法的臨時總統。筆者以此名之實乃仰體領袖的意旨，並不敢稍存任何不敬之意。聞日前蔣先生宴請國民黨籍的高齡國大代表時曾說，「大家以為我反對修憲而卻主張修改臨時條欵以便連任，是捨大門而走後門，未免太不光榮；但我認為祇要於國家有利，個人的光榮與否不計較」。可見他雖然高舉着「國家利益」的金字招牌，卻也自認其三任總統是走後門的。我們行憲十有二載，而竟出現了一位走後門的臨時非法總統，亦大可哀矣！

立委候補人急爭遞補

・宣平・

（台北航訊）在總統爭連任和國大代表爭改善待遇及擴大職權聲中，立法委員候補人爭取遞補的努力，更為積極。他們的請願書現正在立法院的審查之中，聞當權者深覺蔣總統非法連任後，正好對這些可憐虫表示一點恩澤，已決定不再加阻止，因此，請願案有被接納的可能。果爾，則他們的「八載含寃」終有被昭雪的一日了。所謂「蒼天不負苦心人」，其此之謂乎。

茲將請願書的內容摘要介紹於後，讀者或不致太感乏趣吧？

立委候選人在請願書中首述他們請願的理由端在維護法統，而要求遞補實為法治民權所胥賴。繼則列舉他們的兩大願望為：

「一、第一屆立法委員缺額：停止遞補已逾八年，勢難坐待政府改轍易弦，予以恢復。惟有內外一心，全力爭取，以期鈞院（筆者按：指立法院，下彷此。）組織益增完整，亦即維護法統之完整。

二、第一屆立法委員出缺注銷遞補補充條例敬請迅予制定，資請總統公佈施行。想委員諸公必能本維護鈞院之旨，詢謀僉同，力促其成。政府方面亦必能本維護法統之旨，樂觀厥成，立付施行。」

在如此這般的表明了他們的願望之後，立委候補人還於請願書之後附有附件，除補充說明他們要求遞補的理由而外，並指責行政院停止遞補的措施為違憲和非法。最妙的，是他們在立法院內政法制兩委員會的聯席會議中，竟說「行憲以來，政府尊崇體制，維持多方，雖經艱苦之播遷，尚少重大之闕失。有之，則立法委員之停止遞補是矣。」好像祇要他們得到遞補，政府的一切就盡善盡美了。他們既有了如此的觀念，若一旦攀上立法院的寶座，自必盡量發揮其自私自利的潛能，實可預言。

總之，在今日的台灣，從上到下都充滿了權利之爭，總統爭連任，國大代表爭改善待遇及擴大職權，立委候補人爭遞補，不過是最表面化的幾幕醜劇而已。而隱藏在幕後的種種權利之爭，更是說不勝說的。孟子曰：上下交爭利，其斯之謂歟？

積極向中南美進行滲透顛覆

中共成立拉丁美洲友好協會

關於中共對中南美抱有積極企圖的情形，本報「大陸之窗」曾經爲文指出，茲據墨西哥十五日合衆國際社電：謂該社二月十五日從權威方面獲悉：目的在於與紅色中國作大規模貿易並與東歐鐵幕國家促進商業的謹愼討論，已經在此地展開了。

據謂這一私人會談乃是墨西哥官員及商人們在此地與一羣中共遊客進行的。

他們之出現在此地引起了傳說，有一項秘密「陰謀」正在興風作浪，企圖斷絕與中國關係，代之以承認中共。古巴大使館雖然否認了中共代表團會在那裡的報導，並否認會有訓令對於這群「遊客」給予協助。但據說這羣遊客仍正在計劃訪問其他拉丁美洲國家，靈通人士証實了中共在此地的活動，……他們又說此地的蘇聯大使館會發出指令，並引用了墨西哥政府對外貿易銀行總裁澤瓦達最近的聲明說：墨西哥不滿「依賴」美國及其它自由世界的貿易，必須尋找海外市場。

由以上合衆國際社的最近報導，一方面固然証實了中共對中南美確有陰謀，另一方面，則更証實了中共的這一陰謀是更配合了蘇聯的目的在進行的。所以，這就從而証明中共與蘇聯對於中南美，不但抱有經濟目的，同時實更抱有政治目的，且所謂經濟目的實又不過是政治目的之餌。

再進一步分析，中共與蘇聯對中南美之滲透，固然基本上是密切配合的，而其政治目的則又可分爲兩層，一層是蘇聯赤化整個世界的根本陰謀，中南美現在亦正在蘇聯這一主兇及中共這一助兇的滲透中，另一層是中共想藉此拉攏中南美各國家，藉以分離自由中國與南美各國的外交關係，從而孤立自由中國，促成中共得以加入聯合國的步驟。對此，自由中國是應該加倍警惕了，也希望現刻正在中南美各國居住的僑胞共同警惕才是！

另一方面，美國當然也應該特別注意。綜觀今日世界，中南美實爲今日自由世界的戰畧後門。這一後門乃是共黨集團伸入美洲的最捷徑。而蘇聯侵畧世界和赤化整個世界的政策和目的原是根本不變的，所以，蘇聯正用各種方式企圖染指中南美。

由蘇聯自身正面出來染指中南美，事實上，尚有若干困難，因之，今日便才有中共這一幫兇出來幫助甚至代替蘇聯來進行對中南美的滲透。就策畧而論，今日侵畧中南美滲透中南美的後台主角誠然是蘇聯，但在前台以主角姿態蒙上民族主義外衣，手持經濟餌餅以引誘中南美的則是中共。而這些中共工作人員則是以所謂「遊客」身份出現的。

由於中南美各國與中共政權尚無外交，中共自不得派遣正式外交人員前往中南美各國，因而就只得以「遊客」及其它什麼訪問團，例如什麼戲劇訪問團，文化訪問團的名稱出現。實則，「遊客」也好，「文化工作者」也好，「戲劇工作者」也好，中共的特務和工作人員則滲雜其中，以進行各種陰謀活動，所以，假若我們眞把那些所謂「遊客」當成是普通遊客，假若我們眞把那些訪問團當成全是文化工作者或戲劇工作者，那便上了中共的大當。

另據三月十六日中共新華社北平電：中共所成立的「中國拉丁美洲友好協會」已於十六日在北平成立。據中共宣稱；該「協會的宗旨是發展中國人民和拉丁美洲各國人民友好關係，促進中國人民同拉丁美洲各國人民的文化交流。會長是楚圖南，副會長是胡愈之、吳冷西、姚溱、黃純才、周而復。」又說「中國拉丁美洲友好協會是由中國十五個人民團體聯合發起組織的，這十五個發起團體的負責人在今天下午舉行的籌備會上，一致同意成立拉丁美洲友好協會，推選出友好協會的理事一百一十六人……常務理事三十人」，其中包括周而復、范長江、冀朝鼎等，總幹事則爲陳金，副總幹事則爲劉胥吉、王家賓。

不消說，這其中負責人都是從事國際特務的共幹，而吳冷西、周而復、范長江、冀朝鼎則更是中共幹部中之著名人物。中共所謂這一協會乃由「中國十五個人民團體」所發起組織，當然也不是事實，而只是中共的御用機構和僞裝機構而已，初與眞正的中國人民無關。

至於中共所謂該協會的宗旨「是發展中國人民和拉丁美洲各國人民的友好關係」一節，則更係謊言，須知，在中共統治下，大陸人民早已變成了中共的牛馬，只有共黨，那裡還有獨立自主的人民？更從何談起國際人民的友好？所有這一切，都無非是中共配合蘇聯的赤化世界政策下的掩蓋與僞裝而已，以言理事中之所以包括田漢、李少春、杜近芳、馬思聰、秦怡、曹禺、梅蘭芳、謝冰心、喻宜萱、戴愛蓮等人，則不過裝飾這一友好協會的文化藝術性，從而借假文化藝術之名，以便從事滲透顛覆等政治經濟工作。

當此中共積極經營中南美洲之日，退處台灣之中華民國若仍專心從事於毀憲連任，若仍只知道固位自私，許多駐中南美洲之外交代表，若仍只知回台勸進，以示個人忠貞，則中華民國與中共在中南美洲的一幕外交戰，台灣是顯然要吃虧的。我熱愛中華民國這一法統，尤珍視中華民國與中南美洲各國之傳統友誼，更重視中華民國與中南美已有的外交關係，所以，特別在此指出中共對中南美洲的陰謀後，更在此提起台灣方面的警惕與注意。

。張之政。

大陸之窗

中共在重慶全面組織城市人民的生產和生活

是中共在全大陸組織城市人民公社的積極準備

・劉裕畧・

自中共大陸推行人民公社以來，其間遭遇了許多困難。到去年八月二日至八月十六日中共八屆八中全會對人民公社的討論，會決定暫緩在城市推行人民公社。此外，它對農村人民公社亦採取了若干技術性的局部修改辦法。也正由於這樣，所以，會引起海外一部份研究大陸問題的人的錯誤估計，以爲中共即將放棄或變更人民公社制度。對此，筆者當時會一再爲文指出：人民公社乃是毛澤東所主動要搞的，同時，人民公社乃是中共經濟政策的一種本質上的必然發展。它當時雖有技術性的局部修改，但并無放棄或基本變更的可能。事實上，筆者半年來會從若干朋友的大陸家屬通訊中，明顯的看出，截至目前止，中共不但無意放棄農村人民公社制度，相反，它是大陸正在準備擴大推行人民公社到各城市。

說起來，城市人民公社的推行比之人民公社在農村的推行，實在是更要困難得多。因爲人民公社并不只是一種組織，主要的尤在其集體勞動集體生產的一面。而城市居民與農民的生活方式與生活習慣都根本不同。城市居民比農民更不適宜集體勞動的。城市居民平日從事工商業者多，今中共既無龐大工商業供所有城市居民從事工商業活動，而一齊驅之從事體力勞動，城市人民公社之更難推行，城市居民之將更爲怨聲載道，更爲痛恨中共，是可以斷言的。

據中共新華社三月十日重慶電：「重慶南岸區上新街黨總支委員會以地區商店爲中心，集中統一使用財貿部門的力量，廣泛依靠街道居民羣衆，全面組織和安排人民經濟生活。

「這個地區的十五個段辦了二十多個公共食堂，和百分之九十以上的居民在食堂用飯。……建立了三個中心服務站，下設十五個生活服務站和一百二十八個家庭互助組，服務人員達一千多人，構成了一個羣衆自我服務網。……上新街地區共有居民七千多戶，三萬二千多人。從大躍進以來；這裏辦起了九個街道工廠和一枝街道運輸隊。有七千一百多個居民（其中百分之八十五是婦女）分別到國營企業、街道工廠和街道運輸隊參加生產勞動。」

從以上中共新華社這一節電文，已可很清楚的看出，中共現在是正把城市居民的生活推向集體化的道路，而它之所以如此做的目的，則在達成生產集體化，換言之，即在達成它對城市居民的集體强迫奴役。而這又不過是由點推到面的一個例子和一個基本準備工作而已。看它動員了上新街百分之八十五的婦女「分別到國營企業、街道工廠和街道運輸隊參加勞動生產」，則其男子漢被奴役的慘重更可想而知。

又據中共新華社三月十日重慶另一電訊說：「重慶市在黨委統一領導下，依靠廣大羣衆組織人民經濟生活，已經由點到全面展開。由於這一工作的深入開展，全市生產、街道工作和人們精神面貌，都出現了新的氣象。

「重慶市組織人民經濟生活是一九五八年首先在上新街開展起來的。……全市已辦起了集體食堂二萬七千多個，搭伙食人數一般地區佔總人數百分之八十，多的佔百分之九十以上。」

綜合以上兩則電訊，再看中共三月十一日北平人民日報把這兩則電訊特別刋在第一版第一條，并以特大號標題標出「全面組織城市人民的生產和生活」，可知道由重慶上新街自一九五八年所已開始實行的集體化，不但現已由重慶市全面推開，而且中共現在是更準備在中共統治下的大陸各城市一律進行了。

對於這樣一種集體化，我們當然不能說這就等於是城市人民公社，因爲這還只是城市人民公社的一部份，但說這是城市人民公社的奠基工作，那是決不錯誤的。說中共現正準備在各城市推行城市人民公社那也是決不錯誤的。

不過，我們曉得人民公社原本是一種違反人性違反人類社會發展方向的一種落伍方式。筆者會經指出這是中共自掘墳墓，現在看來，中共這種自掘墳墓的工作是愈來愈擴大了，當然，這并不是說明了別的什麼，而只是說明中共的末日也愈來愈近了而已。

泰國贊同亞洲反共巨頭會議

何之湄

由於李承晚總統特使金東祚的東南亞訪問，亞洲反共國家高峯會議的前景，似乎又邁進了一步，最少，在泰國方面，是感到了這樣的氣息。

代表李承晚總統的大韓民國友好特使團，由前外交副部長金東祚任團長，團員車均禧，崔侊洙，係經濟建設會及外交部官員。金東祚代表團這次訪問的行程，是先赴菲律賓、馬來亞，泰國剛好是中間站。訪泰之後，該團將轉至越南，中華民國，而結束他們的行程。

泰國外交部禮賓廳廳長乃蓬通，代表泰國政府，於午夜赴廊曼機場迎接金特使一行，大韓民國駐泰公使崔德新中將，（兼大韓民國駐越南大使）及其隨員，旅泰韓僑代表等，亦同赴機場迎候。由韓僑代表爲金團長等掛花串，主賓在迎賓室中稍用茶點後，時已深夜，即驅軍到本京皇宮旅店休息。

翌日特使團拜訪國務院長乃沙立元帥，外長乃他納，經濟部長乃甲森。二十五日，泰皇陛下特別召見韓國李承晚總統特使團。按照一般慣例，各國訪泰的外長或總理，多是由外交部長及國務院長與他們酬應折衷，皇上並不一定接見。這次泰皇特別賜見大韓民國特使團，也反映出該團此行之重要。

二十五日下午，韓國特使團假本京愛侶灣旅店招待記者，由金東祚團長發言，表示該團此行，旨在增進泰韓兩國之友好及諒解。在特使團與乃沙立元帥及乃他納外長會談間，曾就雙方有關問題，廣泛交換意見，特別是「亞洲局勢問題」，雙方雖未進行正式談判，但雙方却一致認爲，「應付共黨侵畧的威脅是必要的」，雙方亦同時認爲，自由國家之間，應該保持獨立和自主。

金東祚特使强調，雙方並未討論到北大西洋公約與東南亞公約聯合問題，也未討論到東南亞公約擴大的問題，（按：韓國並非東南亞公約國，但過去曾傳東南亞公約將予擴大，俾中韓越等國參加。）可是，雙方確曾討論到「共同合作維護此一地域（亞洲）的安全與和平問題」。

說到泰韓文經交流，金特使說他們曾與經濟部長乃甲森就促進兩國經濟進行會談，以貿易來說，韓國需要泰國的柚木、錫砂、糖渣等；韓國的出口則有布類、海味、礦產。但雙方發覺到，目前因爲韓國未有在泰設有使館，所有接觸都須經過韓國駐越南西貢使館，殊感不便。故金特使並在此時宣佈，謂韓國使館將於下月（三月）一日在曼谷開設，並將原有公使，陞級改爲大使，這是兩國邦交邁進的重大步驟。

金東祚特使表示，對此次訪問極表滿意，一則雙方能够很深切諒解彼此的處境和立場，再則在許多重要問題上，雙方的見解極爲一致。最後，金特使特別感謝泰國，在韓戰當時，泰國曾應聯合國之呼籲，派軍至韓國協助抗共作戰。

泰韓兩國政府於二十六日發表的聯合聲明說：由韓國總統特使金東祚率領之親善訪問團，抵泰作官方正式訪問，曾晉宮覲見泰皇陛下，並曾在極融和氣氛中與泰國乃沙立院長，乃他納外長及其他官員等會談。特使與院長一再强調兩國悠久友誼，重申維護自由正義及人類光榮意旨，「並申明必要時將加强亞洲自由國家的團結，使趨緊密，俾維護自由亞洲以至自由世界之安全」——兩國首長同意，在互相尊重之基礎上，泰韓兩國間在政治，經濟，文化以及其他方面應加强聯繫合作，其目的不僅在促進兩國間之安全與繁榮，而係將此次利益擴及整個自由亞洲地區。

公報的文字，一般都是堂皇而攏統的。但泰韓此次的公報，一再强調自由亞洲及自由世界，指出「應加强團結以維護亞洲安全」，如與金東祚團長所說的「雙方認爲有共同對付共黨威脅的必要」，表裏對照，就可以看出泰韓合作的目的，已「意在言外」。所謂政治經濟文化「及其他方面」的合作，是否暗示到最後有採取「軍事合作」的可能呢。

外長乃他納於二十五日宴請韓國特使團時，特別邀請東南亞公約機構秘書長乃樸沙拉信（泰國前總理）及其他公約機構泰藉高級官員作陪，金東祚團長在宴席上致詞，也强調「泰韓兩國所遭遇之問題，很爲相似，特別是在抵抗共產主義這一方面」，因此更使兩國之關係，臻於密切云云。

可見在這次訪問各會談中，雙方所著重的中心，是在於抵抗共黨問題上。

乃他納外長於特使團飛往西貢後，曾招待記者報告韓國特使團此次來往的活動及會談。除上次聯合聲明及金東祚特使招待記者已有報導者外，乃沙納外長另透露了一點，却是大韓民國特使團此行的主要任務。

乃他納外長說：對於韓國特使團提出的，由韓國李承晚總統發起的召開亞洲反共國家高峯會議一事，泰國在原則上同意上述建議。不過，乃他納外長說，對此問題的各方面，泰國還須進一步作縝密的研究。他納外長說：泰韓一致同意雙方使館，陞格爲大使館。

泰韓兩國間貿易額不大，雙方互住的僑民亦不多。由不設使館的公使，陞格爲大使及設大使館，其原因是政治重於經濟。首任韓國駐泰大使，由著名反共人物——亞洲人民反共聯盟主持人之一崔德新中將担任，更顯出韓國對於進行亞洲反共高峯會議之積極，及其對泰國的重視。泰國對於這會議的原則答允參加，對於會議的召開，會有促成的作用。

·曼谷通訊·

星洲英基地不遷婆羅洲

漢源

曾經一度傳說「將會遷移」到北婆羅洲的英國在星加坡軍事基地，最近已宣佈「不予放棄」，並且在予以加强中，俾支援遠東包括香港的一切英國部隊。

由英海軍副大臣查里斯·拉姆三月十四日在星洲的宣佈說：星加坡「在今後許多年內」，將繼續是英國在遠東的重要軍事基地。而且，這基地「將予以現代化」。

現代化的計劃，一是使軍港能停泊更多艦艇，英國唯一最新式海陸兩用直昇機航空母艦，今年夏季將駛駐星洲，另有兩艘潛艇，亦將於年底交給星洲英海軍，以加强該地的潛艇分隊。

前此英方軍事要員所透露的，也是「現代化計劃」之一吧，那便是將在星洲基地建立導向飛彈，英空軍參謀長派克爵士說，這種飛彈將是「獵犬」式對空飛彈，射程四至五十哩，如非受到原子襲擊的威脅，將不會裝上原子彈頭。這也即是說，如果受到原子威脅，就會裝上原子彈頭。

上次到紐西蘭參加東南亞公約的英遠東空軍司令班頓中將（侯爵），也曾在惠靈頓對記者說：星加坡可能成爲地面對空飛彈基地。星加坡選舉之政治改變，（指人民行動黨執政），殊無理由影响星洲與英聯合王國防衛協定。「星期郵報」並且報導，謂星洲已被計劃，發展爲一巨大之氫彈威嚇基地。

關於北婆羅洲設立軍港的傳說，據遠東地面部隊總司令霍爾將軍說，那只是在距離哲塞爾頓（北婆首邦｜亞啤）五十哩地方一個訓練中心，如能克服運輸困難，而進入該處是一個理想的訓練地，「預望它可以容納一旅的官兵」。霍爾將軍說：「你們那些去過北婆羅洲的人，當會立刻知道，該區並無軍事基地所必須的船塢，公路，鐵路網，甚至勞工。因此，婆羅洲練兵區之設立，並非表示有任何計劃把星加坡之主要軍事基地遷移。

婆羅洲的英軍將接受原子訓練。過去星馬英軍多接受叢林訓練，但因馬來亞共亂已迅速趨向平定，故英軍將訓練爲一「流線型」之原子時代的陸軍，以便「肩負聯邦在遠東防衛的任務」。

·星洲通訊·

「媽媽義務勞動團」

查士良

中共大力壓搾人民勞力，天天都在人民的身上動腦筋；最近，廣州又有所謂「媽媽義務勞動團」出現。這個「媽媽義務勞動團」，是由「黨委」授意給共幹運用强硬的手腕所組成，迫使年老的婦女，「熱烈」參加。據說：這些老婆婆，一定還要她們的兒孫供給其衣食，這樣，才能不需酬報，成爲名副其實的「義務勞動」。她們的工作，除了普通的勞役外，還要支援農工業生產。共幹對她們的宣傳，是說得震天價響的。共幹也要她們奮起「政治掛帥」的雄心，發揚「勞工神聖」的壯志，不計酬報，不講條件，竭精盡力，英勇地替社會主義的新社會服務，幷指示她們，要切實履[illegible]個人利益服從羣衆利益；[illegible]長遠利益；第三，局部利[illegible]於是，共幹們就把這[illegible]組，然後伸手插進她們的[illegible]們的鼻子，朝向社會主義[illegible]

他獻出她們的最後一滴[illegible]孫供養的年邁老嫗，還[illegible]供中共無情地壓搾！但[illegible]意洋洋地展開宣傳，硬[illegible]」參加義務勞動，是受了「[illegible]

僑鄉近訊

共幹迫害奴工大肆屠殺（連陽）

江水

廣東連陽縣（[illegible]等合併而成）青蓮[illegible]了一次千餘人參加[illegible]用大屠殺的手段，[illegible]墟至花鷄嘴、黃牛[illegible]有奴工約萬人，被[illegible]條大壩，和四個船[illegible]糧食不足，有不少[illegible]。二月廿四日，部[illegible]幹交涉，要求返回[illegible]遭共幹拒絕，引起[illegible]些奴工提出增加配[illegible]他們係受「反動份[illegible]扣押，因而更激發[illegible]暴動迅即爆發。混[illegible]程被破壞，還有很[illegible]。共幹大驚，馬上報告防軍，派出[illegible]果，奴工四十七名被轟斃，五十六人被拘去，迄無下落。

女教師產後「苦戰」母子同遭犧牲（番禺）

[illegible]

橋

段盈

不論我在什麼地方，見到那一類型的橋，都能觸起我對於遙遠的故鄉，特別是在我居處附近的那座橋的懸念。

記不起由什麼時候起，我開始走向那座橋，并對它發生了好感，從此每到一個好天的晚飯後，便吵着要五哥帶我去橋上玩耍，五哥的年齡大我三歲：每當我向他提出那個要求，他怕父母嗔，又怕我鬧，總是無可奈何地陪着我走。但一到了橋頭，五哥不知打那兒來的全身是勁，他每一次都比我玩得更痛快，比我更喜歡那座橋，我摸透了他的心，五哥在家裡所擺出的那副樣子，與其說是避免爸媽對他的責難，無寧說他是對我採取一種消極的激勵。

我記憶中故鄉的橋，是在縣城東門外，出了那座古老的城門，橋便在面前不遠，白天，打由東邊來的鄉間買賣人，都要跨過那座橋，才能進到河西岸的城裏，倒回頭又要跨過那座橋，才能回到來時的鄉下。

縣城最熱鬧的時間是在向午，一到午飯過後，橋上的行人便寥寥可數了；夏天，橋的周圍成了孩子們天下，住在城裡及附近的，都滙到那裏來，脫光了衣服，赤條條的浸在橋下的流水中，相互追逐，打架，耍戲，各色各樣的孩子，扮充各色各樣的人物，梁山泊裏的一夥人馬，站在水寨中向路過橋頭的人呼喝，叫他們留下買路錢來。求正果的孫悟空和水濂洞中的一羣，霸住一塊露出水面的石頭向空中翻觔斗，會潛水的沙僧像泥鰍似的潛入水底，在流沙中與孽龍鬥法，後來，我也在那個快樂的世界裏練成了一身本事，我的年歲最小，但胆子却大，也赤條身，由那座高出水面數丈的橋欄向水中跳，舞手跨脚，做出手拿乾坤圈脚踏風火輪的姿態。

夜晚，如若有數點星光或半勾殘月，橋，這時又另有一番景象，它是一冊翻開的無字天書，劇場、兒童樂園、成人的遊憩所；黃昏過後，吹、拉、唱、說、笑、鬧、哭罵，一種同而不和的場面，在露天的橋上展開了；這情景，如若在夏天，至少要維持到午夜一兩點後，直至星星疲乏地眨眼睛，殘月半眠在西天，疲倦了的人，有的悄悄的走了，有的默默地躺在寬濶的石欄或溜滑光潔的青石橋面上，有人默默地在橋頭燒燃一堆蚊火，鼾聲及囈語伴和着田野間的虫鳴。母親的聲音在靜寂的午夜中呼喚我，多少個夜，我和五哥陶醉在橋頭，多少離奇怪誕的故事，一個一個由橋頭裝進我童稚的腦袋。橋，我在它的上面唱過鬧過，哭過笑過，我時時在想，假如橋是一個有記憶力的老公公，它能將每一個人童年所說的話和所做的事，都能一滴不漏的記得清楚，對於一個經已失去了童心的人，那到是一件難得的幸福記趣。

橋，它仍是像過去一樣的舒展着，歡迎我們投入它的懷抱，但抗日的烽煙漸漸的將我們對橋的那份情感冲淡了，許多會說故事的人，他們或自己的父兄已當了兵，沒有當兵的，情緒上除了蒙上一層戰爭的陰影之外，也要担當一些後方的救亡工作。剩下我們那一羣無知的兒童，雖然有時也到橋頭去溜溜，可是漸漸的被一份與國俱來的惡運氣氛圍繞着，我們冷落了橋，橋是不是也冷落了我們呢？但我還記得，當日軍進攻我的那座縣城時，橋，它英勇堅強地雄視迎面來侵的敵人，敵人的炮火毀不了它，許多瘋狂的強徒，都橫屍在它的脚下。

抗日戰爭勝利時，我還是個十四歲的大孩子，但我的心境，却比十五年後的今日要老邁得多。父母、大哥和五哥，都在流浪中先後被折磨死了，我的童年，也就隨着撒落在他們葬禮中的一把黃土埋進了深坑。家，在一堆瓦礫殘垣中認出了一個模糊的輪廓，漸次歸來的鄰里以及小時的夥伴，我耐心的探訪一番，也都絕大多數在流浪中失散或夭折了，僅剩的少數，全都和我一樣，由創傷的心靈裡發出一絲勝利的慘笑。之後，爲了生活，我們就那樣的碰了一次頭，便又分開了，好像緩流中漩渦邊的浮萍，被旋動的暗流表面吸了攏來，一股無形的力量將我們全部吸了進去，經過幾許時間，再冲出水面時，有的已被推上了堤岸，幹起商賈的生涯來，另一部份冲向急流的左右，被岸傍拂着水面的楊柳及淺灘中的蘆葦吸住了，少數中的少數，却還在湍湍的洪濤中向前奔去。

大陸陷共的前一年，我抱着一個願望又回到了故鄉，一個滿月的晚上，我和幾個童年時的夥伴坐在我們熟習的橋頭，說着過去的和將要面臨的種種，我們在橋頭用小刀插破了指頭，讓年輕人的血涔涔的流着，讓給我們帶來童年溫暖與快樂的橋，爲我們做一個永不洩漏秘密的盟証。

也許，故鄉的居處太接近橋，我的童年，又幾乎一部份時間全都消磨在那座拱形的橋上，橋，在我的腦子裡竟堅牢地構成了一種永不磨滅的印象，這個印象，二十多年來它一直深深的支配和影響我，它使我感到幸福，也使我感到惋惜，它使我悲愴，也使我奮興。

我希望能見到故鄉的橋，以及完成在橋上盟下的誓。

×× ××

文壇泥爪

未名社和未名叢刊

與「莽原社」成立的同時——民十四，魯迅又和韋素園等組織了一個出版文藝叢書的機構，名叫「未名社」。這個社裡沒有高長虹、向培良等人，只是「莽原社」裡的安徽幫。韋素園等有一天到魯迅家裏閒聊，魯迅談起日本的丸善書店，說起始規模很小，全靠幾個大學生慢慢經營起來的，這樣，他們就商議着組織一個印書的團體，資本六百元，韋氏兄弟和李霽野、曹靖華、臺靜農各出五十元，餘由魯迅負責，就在素園住的公寓裡成立了未名社。

民十五，「莽原」脫離京報，改爲半月刊歸未名社出，後來又再改爲「未名半月刊」。至於他們印行的叢書，翻譯的叫做「未名叢刊」，創作的叫做「烏合叢書」，共有二十多種。其中有些頗爲當時文藝青年愛好的書，如魯迅的「墳」和「朝花夕拾」以及譯的「出了象牙之塔」和「小約翰」，舊俄果戈理的「外套」（韋素園譯）、陀思退也夫斯基的「窮人」（韋叢蕪譯）、安特列夫的「黑假面人」「往星中」（李霽野譯）都是。魯迅曾在「彷徨」初版本的後面爲這些書寫過廣告：「所謂未名叢刊者，並非無名叢書之意，乃是還未想定名目，然而這就作爲名字，不再去苦想他了。這也並非學者們精選的寶書，凡國民都非看不可。……所願的：（一）在自己是希望那印成的從速賣完，可以收回來再印第二種；（二）對於讀者是希望看了之後不至於以爲太受欺騙了。」在「出了象牙之塔」初版後面，又添上了一些話，說明以後關於創作的改歸「烏合叢書」，「未名叢刊」只出翻譯的書。這廣告都是老實話，若叫書商來看，當然用不得，然而事實上却更助長了書的銷路。未名社於民二十因人員星散而結束，這些書就移轉給上海北新書局繼續發行。

曹靖華和韋素園都到過蘇聯，結織了瞿秋白，歸國後曹靖華譯了些蘇聯的小說戲曲集，韋素園譯了「文學與革命」，後者於民十七出版，在寄至山東第一師範時，爲張宗昌沒收，並通知北京警察廳將未名社封閉，捕去了李霽野。北伐後啓封，未名社設了門市部，安徽籍的李何林與王菁士參加進去。

後來曹靖華又到蘇聯，李霽野離開北京，韋素園得了肺病死去，韋叢蕪、臺靜農無法支持，魯迅在上海鞭長莫及，不得不結束。

這個文學團體的歷史只有六年，規模不大，但對當時文壇的影響可不算小。

燈

何錡章

我心頭有一盞明亮的燈，燃着生命的火花，當我一閉上眼睛，就感受到那盞燈的溫暖。

孤獨而眞心的女郎呀：雖然你沐在人世的漆黑裏，當你摸索到了無人的曠野裏的時候，脫下束縛您的衣履吧！享受一回冬天晒太陽的福份，從陽光的溫暖裡，去開創你心中更廣大的世界，更美麗的太陽！

爲什麼不微笑？親愛的女郎，你想到您變瞎的雙眼了嗎？此刻看來更加美麗了，感恩吧！天帝輕輕地關上您那兩扇靈魂的窗扉，正是他太寵愛你了，他不願世上一絲汚穢的塵灰，後窗口飛進去，沾汚了你聖潔純眞的靈魂——啊！我看到您的微笑了。

你心中不是還有一盞「希望之燈」嗎？來吧！伸出你的潔白的小手，讓我扶住你！爲什麼猶豫？那末，停一回，等我擦一根愛的火柴，把你那盞「希望之燈」點亮吧，現在，現在你感覺到愛的燃燒了嗎？爲什麼哭了；啊！難道你流的是歡樂的熱淚嗎？

你眞是幸福的少女！爲了你天帝特賜的寵恩，相信我的祝福吧！不管在白天或是晚上，沒有一個青臉獠牙的鬼怪敢在您身邊出現，你知道嗎？你心裡四射出來的神聖光芒，把一切罪惡和邪穢都鎔化了，我眞快活，我該驕傲，我有這樣一位可愛的小伴。永遠別離開我吧！我多不願聽到一陣野聲的咆哮。我多不願看到青春被吞噬，還有我們共同的希望！

爲什麼你老不說話？說吧，說出你的夢，夢裡有最美麗的希望，最甜蜜的回憶：唱吧；美妙的歌聲會使你和我一同融化在靈魂的夢幻裡。

您記得嗎？在一個秋天的夜裡，可愛的月光，照在您飄起的長髮上，遠的山，近的樹，背後潺潺的水聲，一切都這樣可愛，我不是把這如畫的夜景描述給您聽嗎？突然，您停步了，側着耳朵，彷彿在傾聽着迷人的音樂，過了好一會，您才轉頭問我：「好哥哥，你聽到嗎？遠遠的地方不知道誰在彈月光曲，眞美妙！」我搖搖頭，（你不會看到），沒聽見我答話你也沒再追問我，這時我有一陣悲哀：你聽到的，我聽不到……

就如在昨夜一般，那晚送你回家後，我信步往山坡上走，走過一個山嶺又爬上另一個山頭，我要追尋那個月光曲彈奏的地方，不料月光突然被黑雲吞食了，一剎那間世界陷進悲愴的黑暗裏，鳥獸悽厲的怪叫，使我的毛孔顫抖起來，頭被血充得越來越脹大了，走一步就聽見身後有魔鬼的脚步緊跟着，我倔强地停步，回頭看看，黑暗中却什麼也看不見。我的腿開始軟癱了，我强自鎮定了一下，閉上眼，啊！我心裡的燈突然亮了，睜開眼，看到遠處也有一盞燈火在閃爍，我知道那正是你心靈發出的光亮。

啊！我也把生命的燈點着了。

西貢與西貢的華僑（越南遊記上篇）

·劬椿·

最近因私人小小的商業關係，曾去越南西貢一行。三十六年前，由巴黎返上海，曾經路過西貢，盤桓三日，久有舊地重游之意，而且，越南新建共和，定都西貢，又令人發生新國觀光的興趣，小住二十日，印象尙佳，畧記如下：

西貢的今昔

西貢建立於湄公河出海的三角洲尖端之上，一八六九年爲法國人所侵佔，而開始經營之，從此成爲法國殖民越南之政治與商業中心，法人往來及居住其間者時有增加。至筆者昔日經過時，此地已有五十餘年的經營歷史，西貢城市已形成法國馬賽式海港範樣，而生活習尙完全法國風氣，故西貢舊有「小巴黎」之稱。

所謂「小巴黎」的特點，係以游客印象上的比較觀感而言。一爲露天茶座：因巴黎的大咖啡館習尙於門外行人道上設飲食座位，鐵製圓桌與小椅數十席，以帆布所製的大篷帳斜覆頂上，不畏大風烈日；大家高興以一杯嘜啡或啤酒，消遣暇時於街頭車水馬龍的縱觀。且巴黎大街多植高槐或洋桐，而大街的十字口上，每設圓場，中種花草，故圓場四周街邊必有露天茶座，爲居人游客所最樂意佔據一席之地者。西貢街市雖不如巴黎之整飭，但通衢仍寬濶，路旁必植樹，而嘜啡館也多半設有露天茶座。每當夕陽西下，涼風起時，尤其在海旁或河口街邊，紅男綠女，雜坐其間，啤酒堆沫，嘜啡噴鼻，令人流連，至於華燈已上，猶不忍去。

二爲酒與美人：筆者成都人，最憶李義山的兩句詩，「美酒成都堪送老，當壚仍是卓文君」，巴黎之所以號爲花都，招引遠方游客，酒與美人，適足送老而已！西貢昔游，無異巴黎，今番重往，法人多鎩羽歸去，成爲越南人第一的世界，然而法人的流風餘韻尤有存者。此次兩飲於星座嘜啡室，向晚五時左右，法女袒胸拖裙，盛裝入室，向坐容一一招呼，「麥歇」一聲聲，四座解顏，延之陪飲，婉婉大可人意，無他，其目的只在爲館主人推銷美酒而已。西貢在大戰中，法人未經抵抗而降於日本，在大戰末日又未經戰爭而交代與英軍，故城市未被破壞，不但棟宇依然，老樹陰濃，而且多年蓋藏的老紅酒，老白蘭地，味醇色美，物美價廉，一瓶VSOP的拿破命，價只三百元越幣，合港紙不到二十元。法人素好享受，在西貢所種的玻璃生菜，甜脆而質厚；腓肋牛排，肉嫩製佳，華燈初上，佐以美酒，益以女侍，三十年前曾經之巴黎舊酒場如在目前，完全巴黎風味的酒館餐廳，在海旁商業中心一帶，其最華貴者爲法航大厦頂樓一家，其畧帶中西風味之中法合璧餐館，則在華僑聚居之堤岸，最有名者爲「天虹」與「新陶園」兩家。

此種「小巴黎」風味，在西貢已是今不如昔，然而越女風華，則今次所見，光艷特勝。憶三十餘年前過西貢時，越人無分男女，嗜嚼檳榔，滿口紅汁，齒爲全黑；頭裹黑布如盤狀，而衣短衫及膝，頗不順眼。不知自何時起，檳榔嗜好竟已斷絕，四十歲以下的越人男女，齒已全白。越南婦女本白晰而婀娜，大眼圓面，嘴角多露酒渦者。今之裝束，電髮雲鬟，丹唇皓齒，旗袍甚長，而開义在腰下不及一寸，特露出白緞長褲，至於踝骨，下着高跟拖鞋，凌風散裳，白褲閃光；尤其少女單車滿街馳逐，令人大有驚鴻一瞥，目不暇給之勢！至於尙豐乳，好細腰，尤甚於香港婦女的時尙；惟輕紗旗袍，全係長袖及腕，既不見肘，亦不露腿，有異於華女新裝。

新國的氣象

越南建立共和，定都西貢，及今不到五年，以總統吳廷琰氏的刻苦耐勞，勵精圖治，且其人有世界知識，又得美援的助力，客卿的貢獻，因在政治組織上已具相當規模，在經濟安排上也漸趨現代化形勢。惟越南共和國脫出殖民地的統治未久，以越人第一而造此新邦，人才自感缺乏，不無顧此失彼之嘆；但安置百萬難民，嚴防越共滲入，填補法國資本的撤退，改革殖民地官吏的陋習，以生手初次執政，應付此一局勢，已覺難能，不必苛求。

吳廷琰氏知非振興經濟不足以蘇民困而奠新邦，非吸收外來資本與人才不足創建現代的工農事業，因於一九五七年三月五日即通告其經濟政策於國內外，號召國內外私人資本，向越南開辦工廠農業。吳氏通告其經濟發展政策之原則爲：「對內實行自由經濟，政府願獎勵並協力於私人的企業發展；對外則願與友邦及其人民協力並增進經濟上的來往」。其於國外投資創辦新的工農企業，並宣佈優待條件十二條，其中重要之點爲：購地設廠，特免地稅三年；領地開墾開礦，也免地稅至於豐收之際；至於工鑛農商各業所得稅的徵收，則初辦之第一年全免，其次年三年免百分之二十五。外來投資，以自由市場兌價滙入；購買機器及必需原料，則可以申請官價外匯。（按西貢自由市場外滙爲七十五越幣合一元美金，而官價外滙，則三十五越幣合一元美金。）外資開辦事業所獲得之純利，除用以增加必需的設備外，可以全部滙走，不加防止；而滙來之本錢也准許於五年之內，以每年百分之二十，全部滙走。……吳氏此一通告，並附以詳細說明，載於一英文小冊，名「越南的投資」中，其說明越南政府要求國外投資的基本理由，有云：「二次大戰之前，法國資本在越南佔了優先獨享的利益。自一九四五至一九五五，法國資本隨着政治勢力的減消而撤退。於是使自由越南的經濟復興，更特別需要外資，以填補舊的籌碼，且應付新的需要。因此，越南政府定下經濟建設的五年計劃，其計劃中所需外資，至少在四千五百萬美元，……而其目的則在使越南現代工業化與農業化，而提高越南人民的生活水準。」

越南的經濟五年計劃，其現代化的工農事業，究已完成到某種程度，筆者以游歷時間短暫，未及詳加考察，惟見其築路工程的規模甚爲宏大，而工廠新設立者，以紗布廠規模較大，有華人投資，有日人投資，或與越南私人合作，或與越南政府合作之土木工程，建築工程，也方興未艾。至大規模的水電工程，則美國資本正在設計中。

據筆者在西貢兩週所得印象，西貢市區甚爲繁榮，人口已增至二百二十餘萬，熙來攘往，難民都安居樂業，得妥善安置於新興的農村，從事開墾；且三角洲的地土肥沃，出產豐富，生活費用的廉宜，在東南亞大都市中，以食的一項而論，雞魚鴨肉滿前一席，所費不過港幣二十，眞難得此價廉物美的口腹享受；尤其蔬菜質嫩味甜，頗似成都，一碗雞絲麵或粉只費港幣五毫，曾令我這香港來客驚其「抵食」也。

時代與我

（五）

逃亡與入獄

徐亮之

逃亡，逃亡到那裡去？再則，二十世紀的逃亡，完全沒錢是不濟事的。但我每月的薪水祇有四十元，平時除了自己零用和津貼家用外，能擠出多少逃亡費用來呢？關於這，我確曾費了相當的腦筋的。

這時，雲影已在日本讀大學，恰好不久以前我曾寫信給他，說是職務如能擺脫，我也一定設法來日本讀書。現在職務既不擺脫而自擺脫，去日本自是一舉兩得的逃亡的目標。經過幾度考慮之後，我決定選擇這目標了。於是一方面派人向尙有能力供給我讀書而居住較遠的親戚求援；另方面爲免遭人乘機暗算，則向居住較近的親戚胡亂先籌得一點旅費，便不顧一切地直往上海奔。便這樣我第一次成爲莫明其妙的政治逃亡者了。

我今日已無法追摹當時我情感波動的幅度。我所能記得的祇是：「送君南浦，傷如之何!?」乃古人傷別的名句；而我當時爲了逃避土豪劣紳的眼線，卻恰是偷渡南浦去向一個完全未可知的前途奔的。這六世紀前爲詩人墨客所咨嗟詠歎的南浦到了二十世紀，竟乃居然在我的眼中變得一點詩情畫意也無！直到我已上了長江輪船，看過了烟鬟霧鬢的大小姑山，吟味着清代中興名臣彭雪琴「彭郎奪得小姑回」的得意的名句而莫逆於心；掠過了依山爲城的彭澤縣，追思着晉末田園詩人陶元亮「不爲五斗米折腰」的前塵影事而悠然懷古；這才算是又回到了我的天地；而且居然在這一段的江面上，做過好幾首的白話詩來。

可是，好景不常，盛筵難再；江的命運也和人的命運一般，一到了南京浦口江面，可把我對長江的詩情畫意趕跑得無影無踪的了！原來這時正是有名的龍潭戰役白熱進行的階段；負嵎浦口的孫傳芳，正向駐防南京一帶李宗仁、白崇禧、何應欽的部隊下令猛攻；砲花彈雨，掠船而過；如果我不是坐的太古船而是中國船，則船和人身上給砲彈穿上幾個窟窿，實在一點也不稀奇。不過還好，總算這回拜了「帝國主義者」之賜，有驚無險地終於抵達了我第一個目的地上海了。

到了上海，我立刻一方面寫信給母親並催親戚速，滙我去日本的費用；另方面和雲影取得聯繫。滿以爲家鄉滙欵一到，便立刻可以遠走高飛，擺脫一切，和雲影重溫當年一師讀書的舊夢了。卻不料這時寧漢分裂的殭局還沒打開，我的家鄉是武漢政府的屬地；我本人則已跨進了南京政府的區域；兩個政府，形同敵國；郵政滙兌根本不通；而這個啞謎，直到我的旅費差不多快要用光方才明白過來。於是沒奈何「祇得硬着頭皮向後轉。到了九江，發現身邊的錢祇夠買車票到德安；又沒奈何祇得在德安下車，準備向一位同學借錢，卻又偏偏這位同學不在家；更沒奈何，祇得忍痛把在上海買的一部「章太炎先生所著的書」向縣政府的秘書押了二十元，方才到得南昌。而果然到南昌還沒一週，我便在土豪劣紳的眼線和軍警的協作中被捕了。該來的惡運終於來到了！

這時，江西方面曾由省政府，高等法院和衛戍司令部合組了一個「專門處理共產黨案件的機構，叫做「江西懲治共匪委員會」。不消說，「七三一」事變以前，土豪劣紳控告我的罪名「貪污」；這回當然是要控告我所謂「共匪」的了。又果然，我在省會公安局不過拘押了兩天，便被解送到委員會所屬的衛戍司令部的拘留所了。

不過，「禍兮福所倚」，我的命運固然派定這時我該入獄；而我的口袋尤其派定我入獄最好就在這時；因爲我的口袋這時已經成了問題，如果沒免費飯吃，便非另打主意不可；可是，一進到了這個拘留所，我便立刻如登彼岸，如入化城的了。

我過去曾羨慕過汪精衛的坐天牢；在一師時，讀「民鐸雜誌」朱謙之「一個虛無主義者的再生」的自白，也曾對他的一段牢獄生活加以欣賞；然而我卻敢於斷言：他們的牢獄生活；絕對不可能有如我的美滿。在我們這個多災多難的時代，由其直接間接所派生的形形色色的生活樣式，我在出獄後的悠長歲月中大概都有過一嘗，而亦大概都是嘗過之後，不是淡然忘之，便是一笑置之；唯有這一段十個月的牢獄生活，乃我所認爲的生平之異數，不能不三薰三沐以寫出之。欲知後事如何，且聽下回分解。

聯合評論

週刊

本刊已經香港政府登記

每逢星期五出版

United Voice Weekly

第八十四號

督印人：黃宇人　總編輯：左仲平

社址：九龍金馬倫道卅八號三樓　電話：61413

承印：嘉羅印刷有限公司　香港灣仔馬師道5號

總代理：友聯發行公司　售價每份港幣一毫

本報美洲版總經售處：美國紐約中美出版社

CHINESE-AMERICAN PRESS, INC

199 CANAL STREET.,

NEW YORK31 N. Y. U.S.A.

美洲航空版零售每份美金一角

對今年青年節的感想

左舜生

（一）

時間眞是太可怕了！回想到五十年前的今日，我還是一個高小剛要畢業的學生。長沙報紙對黃花崗一役的紀載，不是怎樣詳確；過了幾天，當我們收到由同學合資定閱的兩份上海報（民立報和時報），我們看見當日那班烈士生前和死後的許多照片，讀了他們被捕後受審的供辭，我才大致明白這是什麼一回事；尤其是林文（廿五）、方聲洞（廿六）、林覺民（廿五）、陳更新（廿二）這幾位，給我的印象最深。

湖南也是一個產生革命黨較多的地方，可是當我讀到小學第八年（初小四年高小四年）的時候，中國的革命運動已經有了近二十年的歷史，我還是一無所知。宣統二年秋季始業以後，我們的學校請來了一位比較有新思想的國文教員，有一天，我在這位先生的書桌上，看見一部「章譚合鈔」，我問他：「章譚兩位那一位的學問好？」我的先生連忙向我解釋：「章好，譚好，譚嗣同如何趕得上章炳麟！」這個時候，我已經知道譚章兩人的名字，譚嗣同的歷史和詩文我還從梁啓超的文字中約畧知道了一些，可是他的「仁學」却不曾見過，至於章太炎的文章，截至當時爲止，我是一篇也不曾看到，他在上海所鬧的那些故事，當然更一點也不知道。因此，當日這位先生對我的解答，我不過聽了而已，實在引不起我對他進一步的追問。

眞正引起我對革命運動的注意，確確鑿鑿是從黃花崗這一役開始的。就在這一年（宣統三年）的暑假，我在長沙的冷書攤上，便搜集了一部分當日鼓吹革命的小冊子，甚至連光緒三十一年在日本出版的「二十世紀之支那」第一冊，也正是這個時候買得的。

在黃花崗一役以前，我滿腦子裏所有的只是康梁一派的維新思想；所讀過與時事有關的書，只是在湖南或上海翻版的「清議報」，「新民叢報」……。蔡子民先生有一本選輯的小冊子，書名叫作「文變」，裡面所選錄的文章，也以梁啓超嚴復等人的居多，我之知道有嚴復其人，便是從這本小冊子上，讀過他的「闢韓」和「救亡決論」之類的文字開始。其實他所譯的書，這個時候大致都已印行，但我連「天演論」也不曾見過，更不必說「原富」「羣學肄言」之類的東西了。當時「文變」這本小冊子的選輯者署名「蔡鶴卿，」其時我連蔡鶴卿就是蔡元培也還不知道。

自從和鼓吹革命的小冊子有了接觸以後，在我腦子裡所起的作用，總算和康梁一派的想法，有了一個初步的對比，因此，宣統三年陰曆八月十九日武昌革命一起，我便半點也不驚詫；九月初一湖南起而響應，我更是歡欣鼓舞！我好像覺得：這是當然的，革命一定成功是沒有疑義的！

（二）

黃花崗一役到今天已整整五十年，而革命實現與中華民國的建立，則已進入第四十九年了。這四十九年來的一切經過，在我，已經不是完全得之傳聞，也不專靠別人的紀載，大體上可以說是得之耳聞目擊，甚至可劃出一小部分時間，還勉強可算得是躬與其役。我探討過若干離奇怪誕的事實，眼見過若干牛鬼蛇神的人物，聽到過無數欺哄騙詐的言辭，還經過了無數驚風駭浪的險惡，假定我稍涉消極與灰心的話，即令不陷於自殺，至少早已流於孤憤。然而我不，我決不！我還是要把我自己弄得更超脫一點，更客觀一點，更冷靜一點，而且我還想心安理得的活下去；因爲，我還要繼續不斷的鑽研，澄心一志的觀察，孔子說得最好：「鳥獸不可與同羣，吾非斯人之徒與而誰與？」我總覺得：世界還是可愛的，以忿世嫉俗的心情自處，我們會感到遍地荊棘，以光風霽月的心情自勉，我們隨時隨地都可發現光明。別人讀歷史是由上到下，由遠到近；我讀歷史是由下溯上，由近及遠。我確信：昨天的事我今天已經弄不明白，更何論三年五年以前？最近幾十年一百年的事我還全不知曉，更何能躬究漢唐，高談宋明？中國人所留下的一切歷史性的紀載，其眞能道出當時事實的眞象者，最多不過十之二三，其模糊影響，雜亂無章者，乃佔十之七八。只有由個人內心所發出的文學作品，往往能反映出其人所居時代的一鱗一爪，而大有助於我們的想像。歷史不可讀而可讀，其原因在此；難讀而又不能不讀，其原因也在此。

「人事有代謝，往來成古今，」生息在一個歷史體系中的每一個民族，總是一輩一輩的不斷死去，同時又一輩一輩的不斷新生；今天老一輩的職責，是要把自己信得過的東西好好去教導下一輩的，千萬不可再去欺騙青年，利用青年；我們中間的一部分人，更應該教導青年，使得他們不再受欺騙，再被利用，同時，後一輩的也要好好向老一輩的去學習，擇善而從，千萬不可輕視老一輩，欺侮老一輩的；青年人應該特別明白：您們今天的處境，便是他們前天的處境，你們今天所經歷，他們是早已經歷過了的，您去輕視或欺侮他們，這不一定是他們的損失，或許正是您們的損失。

時局終於要變，而且已經天天在變，惟有老年人，中年人，青年人。互諒互信，共同攜手，才能突破這一民族的難關，而日進於康莊大道。

三月廿九日

診斷毛澤東的心病

胡越

一向好充場面、喜擺威風、意志天驕、風流自賞的毛澤東，自從去年八月中共八中全會之後，忽然藏頭露尾行蹤詭秘起來。去年十月俄共革命紀念大會不見他出頭，今春中蘇友好協會成立紀念大會也不見他露面。從去年八月到現在約六個月期間，大陸報紙只有三次提到他的行止，一次說他在濟南（十月二十六日），一次說他到安徽（十一月初），最近知道他在杭州（由於尼泊爾總理與毛的會見才報導出來的）。一個共產國家的首長，六個月期間只在報紙上出現三次，這是不可思議的事情，因爲共產黨的報紙主要功用就在宣揚領袖偉大，傳達領袖指示的。而毛澤東六個月只三上報紙，（而且其中兩次都只是地方報紙的報導，）顯然是一反常現象。這其中必有緣故。有人推測毛澤東被黨內反對派鬥倒了，現在正被迫閉門思過；有人則推想毛澤東的健康發生了問題。從最近大陸普遍展開「學習毛澤東思想」運動來看，証明他絕未被鬥到；至於他的健康如何，我們雖不能確知，但是就近三年來他馬不停蹄到各地巡遊來看，似乎健康也不壞。既然未被鬥倒，又不是臥病，他究竟爲了何事深藏蟄居、消沉緘默呢？依我看他正害着難醫的心病。何以見得呢？要想診斷症候，得先探索一下病源。

造成毛澤東害心病的主要因素有：

一、因震恐於匈牙利革命在大陸發生，一九五六年力排衆議攪鳴放運動，（政治局未通過，中委會也未通過，毛直接以最高國務會議及宣傳部發動的），鬧出了「新五四運動」的大亂子，最後失大信於天下（當初他承諾，言者無罪，聽者足戒），以反右派鬥爭來壓制鳴放。

二、鳴放失敗丟臉之後，他急想挽回威信鞏固權力，於是展開勞民傷財，鷄犬不寧的「大躍進」，在「大躍進」還沒告一段落，共幹和人民還在上氣不接下氣，他又冒進推行「人民公社」，弄得大陸鬼哭神號。結果「大躍進」跌斷了腿，「人民公社」被迫停步。這是毛澤東自一九四九年以來，所遭遇的最嚴重的挫敗，最難堪的處境。

三、從一九五五年起，蘇俄即停止對中共的經濟援助，（技術援助仍繼續），俄共與中共之間的關係日壞。毛澤東一九五八年十月朝莫斯科，乞求經濟援助失敗，返回北平之後一言不發。乃高唱「土洋並重」的「大躍進」，以對俄共表示怨抗。緊接着攪「人民公社」，更顯然是背棄俄共的「階段論」（根據階段論，社會主義建設完成之後，才能轉向共產主義建設；依馬列主義觀點看，今天大陸的生產狀態，僅在開始進入社會主義，而工業能力只在資本主義前期的階段。因此攪人民公社躍進共產主義，是離經叛道，違反歷史唯物論的」，是對俄共的挑戰。難怪狄托罵中共是修正主義，赫魯曉夫斥之爲胡閙了。

「大躍進」及「人民公社」挫敗之後，毛澤東更惱羞成怒，在外交上繼續與赫魯曉夫搗蛋。赫魯曉夫的冷和外交，中共指斥爲與資本主義妥協，俄共辛苦拉攏，慘淡經營的中立集團，毛澤東乃加以兇橫的敵視，諸如對印度用武，得罪納薩，侮辱南共，與印尼交惡，都說明了這種意向。毛澤東這種故意搗蛋的結果，造成外交的孤立，更傷害了在亞非國家當中的信譽。最近又不得不前踞後恭，割地給緬甸，送錢給尼泊爾，向印尼陪小心，向印度訶和平，企求挽回外交的劣勢。

四、毛澤東這一連串的重大失敗始於錯攪「鳴放」，由於剛愎專橫不肯認錯，遂一錯再錯三錯，錯到現在還不能止步。一九五六年以前，中共黨內並無多大問題，五四年清算高饒時，毛澤東自己若無其事的回湖南老家過年，可見他當時在黨內的權勢如何鞏固。可是自從「鳴放」以來，他再強行，衆人皆曰不可之事，而結果皆証明他的大錯特錯，乃激起了黨內的強烈的爭論，終形成了反對派的出現，到現在爲止反對派份子究竟是那些人，尚未完全水落石出，但是從他們的論調看，在政治上反對「鳴放」、反對與民主黨派「長期共存」（主張跟隨俄共，澈行無產階級專政、共產黨專政」，在經濟上反對左傾冒進的「大躍進」（主張追隨俄共的先進經驗，逐漸進入社會主義），更反對違背馬列主義澈行「人民公社」。在黨的體制上，贊成赫魯曉夫的「集體領導」，而反對毛澤東所堅持的史大林式的獨裁。從這些分歧來看，中共的反對派，可能是劉少奇、林彪、彭眞、鄧子恢、陳雲這些人。

去年八中全會，毛澤東栽了大跟斗，「大躍進」跌斷了腿，全國生產陷於低潮，黨內羣情激憤，俄共壓力日增，毛澤東見大勢不好，連忙做了有限度的退却來緩和情勢。他把主席讓位給劉少奇，任命林彪爲國防部長；但同時却暗中佈置羽翼，加強控制，任命他的死黨、特務頭子羅瑞卿出任參謀總長，直接掌握三軍，任命謝富治做公安部長，使軍權與特務權密切結合，做最壞情勢的打算。一方面則更動十數個省市書記，來鞏固基層的控制，並進行溫和的「反右傾」來打擊反對派。做了這些佈置之後，他就離開北平，去靜思養晦，醫治心病去了。現在已經六個多月的療養，仍不見有何明朗表現，可見其晦氣之深，心病已重了！

美國國會議員對蔣連任的注意

馬在天原作
楊克文譯

退休之論

認為蔣氏眞正地欲自其總統之職位上退休者，亦頗有可觀的論據。因為這一着可以增加國民黨在國外的聲譽。這可以向世人提供証據，証明自由中國是尊從法制和其他西方民主原則的；且定能在海外特別是美國獲得好評。中華民國的憲法史也提供理由，令人相信蔣氏從無担任超過兩屆總統之意的。當現行的憲法於一九四七年春起草之後，草案中包括總統任期四年及不得超過兩任一項條款，當時國民黨，青年黨和民社黨都表示同意這個草案。十分有趣的是，蔣氏從來不會表示過他反對兩任的限制，而僅只是提議把四年一任的任期改為六年。他的觀點當時被接受，且應負目今憲法中兩任各六年的這一條之責。因此，這就似乎表示，在十二年之前，蔣氏並無担任兩屆以上總統之計劃。

另外一個顯著的跡象也顯示與上述有同樣的意義。原來在一九四八年尾，當時正是蔣氏成為新憲法下之總統六個月之後，亦即是在蔣氏辭去總統職位之前不久，大陸的大部份迅速淪入中共之手，在一次高層的國民黨秘密會議之中，蔣氏表示，假定老天能再給他十年的壽命，他決能將中共消滅。無論是就任何時間和任何標準來說，當時的情勢都是蔣氏一生事業中幾次最危機的一次，而就在那時的情勢之下，他亦未想及他之繼續担任總統會超過憲法所規定的兩任期限。

不過，縱使一個人假定蔣氏過去和現在都確有眞意要支持憲法之兩任的規定，然而所有的跡象却都顯示，等時間到來的時候，他却未必能如此做。因為自動地放棄個人權力之事和中國的政治傳統是背道而馳的。在中國，政治權力的行使或許最好是比作人之吃鴉片：吃鴉片並不僅僅是一種滿足，並且特別難以放棄。甚至在理智上有一種信念覺得應該放棄，然而習慣的快樂和力量却常証明大到不能抗拒。（關於這一點，看看下面的一例最是有趣：在美國歷史上，華盛頓在做兩任總統之後，自動地放棄總統之職位，以及他拒絕給予請他領導帝制運動之建議，以最低限度之支持等事，這對於很多中國人來說，是最不容易理解的。此些事件之所以極不容易理解，乃是相距中國傳統太遠的緣做）。

甚至假定蔣氏有堅强的意志，他可以拋掉吃鴉片的習慣，然而另外却有一種力量壓迫他，使他不會放棄總統之職位。蔣氏是被他在台灣及海外的一批親戚及徒衆包圍——在此處用「俘虜」一詞實更為恰當——起來的，這批包圍蔣氏的人物對他們現在所據有之有利的權力地位之唯一的資本，乃是他們個人與老蔣之間的關係。這一羣人不僅在思想上是反動的，並且是由一些具有庸俗天才的男女組合成的；他們全部的興趣是他們難割難捨的地位和金錢。他們深知他們之殘存全靠老蔣之繼續在位；而一旦換了蔣氏的兒子或陳誠時，他們的職位很快地將會被解除了。因此，他們乃決定使用一切他們能夠辦得到的方法使蔣氏繼續在位。

揀對自己有利的挑選

那似乎是很確定了：那批反動人物之壓力和政治權力之習慣配合起來，將証明老蔣無法抵抗，而等時間到來之時，他將拒絕把總統之位置讓出來。從表面上來看。這樣的一種決定似乎與蔣氏前些時宣佈堅決拒絕任何修憲之主張是不相調和的。然而却有一個方法把這兩個矛盾的東西調和起來：依憲法，總統是由國民大會選舉的，而國民大會之代表則是選來以代表全國各選區及各種特別的職業團體的。到現在為止，國民大會只經過一次選舉，這唯一的一次乃是一九四八年蔣氏被選為總統前不久的一次；中國因是在特殊的情勢之下，這種情形也沒有甚麼不自然。一九五四年，在蔣氏頭一任總統結束之時，同一的國民大會又召開起來了，並且又選舉蔣氏為總統。國民大會並未被委託採取如此的行動；實在的，按照憲法的規定，國大代會是六年改選一次。不過無論如何，他們總可以辯說：按照憲法所規定的國民大會之改選既不可能，那麼舊國民大會自應該繼續行使國大職權。

當蔣氏的這一任總統於五月二十日屆滿之時，這樣的一個先例似乎就極合於他的需要。他可以辯說，既然新的國民大會不能依據憲法產生，由此也就無法依憲政之路選舉一個新的總統；而假定無法選舉新總統時，那麼，很顯然的，舊總統就必須得繼續服務下去。即使假定蔣氏不公開地否定現國民大會選舉總統的權利時，然而，在同一的課題之下，他却可以找到第二個變通的辦法：他可以指出來說，在台灣的國大代表尚不足半數，因此他可以宣佈現在的國大無法適當地依憲法行使國大職權。

不問蔣氏選擇那一個立場來反抗國民大會選擇他的繼承人之權威，他必須得在五月之前採取行動，因為依照憲法的規定，國民大會必須在現任總統任期屆滿的九十天之日召開，那就是說要在一九六〇年二月十九日召開。從憲政的妥當性之立場來否定國大選舉總統之權利，自然要引起嚴重的問題。不過，中國的政府在台灣之違憲行為早已經不是新聞了。用政工及秘密的黨組織來控制武裝部隊便直接與憲法的條文相衝突；而國民黨一貫地用國庫的錢來作為其黨的經費一事，縱使是不違背憲法的條文，但至少亦是與憲政的精神相衝突的。

國民大會對蔣氏的推理甚難加以譴責，因為它之繼續存在亦建築在與蔣氏推理之同樣的邏輯上。實在的，同樣的論証亦適用於台北政府的另外兩個機構，立法院和監察院。那兩個機構中的委員之任期都早已超過了憲法所規定的任期，他們的論證亦是：在新的委員無法依據憲法選出之前，。他們必須繼續留任

這樣的邏輯和先例將能奇妙地供給蔣氏以協調他反對修憲之聲明及繼續做總統的打算之工具。無可否認的，蔣氏運用這種策略來繼續做總統僅僅是延阻了一個遲早必將面對的問題，而另一方面，他之玩弄憲法的行為亦是毫無疑問地嚴重地削弱了一個中心的政府象徵，而這個象徵則是很多中國人在中共政權之外所依皈之物。然而在現時發展的局勢中，與此等辯論為敵的却是更重大的政治傳統及個人權力之因素。

（附查理·波特氏之說明）

『議長先生，蔣介石曾經說他將不會做總統候選人，而中華民國的憲法必須加以變動而後才能使他合法地接受第三任總統之職。

他的第二任總統在一九六〇年五月二十日屆滿。

假定蔣氏傾向於抗拒國民大會選擇他的繼承者之權威時，他就必須要在五月之前採取行動，因為憲法規定國民大會必須在距總統任滿九十日之一天召開，那就是說必須要在一九六〇年二月十九日召開。

馬先生在一九六〇年二月八日出刊的一期「新共和」雜誌上曾發表了一篇帶有啓示性的文章，題為「老蔣會下台嗎？」

馬先生說蔣氏個人的選擇必為他的兒子蔣經國。我對這事一點也不驚奇。在一九三八年之前，蔣經國曾在蘇俄接受教育——並且在那裡娶了一位俄國太太；他曾寫公開信罵他的父親以及國民黨，而對於那些信的內容他却從未否認過。

確實的，如馬先生所說，他從沒有公開的否認他對共產黨的同情及關連，他亦從不會公開地對因他往日攻擊乃父及國民黨所引起的批評和責罵，有過一個字的辯解。

照馬先生所說，另一個最像是繼承人的是陳誠，此點當我去年十一月在台北時也曾聽說過；陳氏現在是中華民國的副總統，國民黨的副總裁和行政院院長。他也是被廣汎地和台灣之非常成功的土地改革運動連在一起的人。不過，他今年已經六十五歲，且健康情況奇壞。馬先生相信，即使他被舉為總統，而蔣氏仍要從中控制各種事務，如此則眞正的權力勢必轉到蔣經國之手。

最近來自台灣的消息証實，蔣氏正在進行連任的計劃。

馬先生寫道：

「甚至假定蔣氏有堅强的意志，他可以拋掉吃鴉片的習慣，然而另外却有一種力量壓迫他，使他不會放棄總統之職位。蔣氏是被他在台灣及海外的親戚及徒衆包圍——在此處用「俘虜」一詞實更為恰當——起來的，這批包圍蔣氏的人物對他們現在所據有之有利的權力地位是唯一的資本，乃是他們個人與老蔣之間的關係。這一群人不僅在思想上是反動的，並且是由一些具有庸俗天才的男女組合成的；他們全部的興趣是他們難割難捨的地位和金錢。他們深知他們之殘存全靠老蔣之繼續在位；而一旦換了蔣氏的兒子或陳誠時，他們的職位很快地將會被解除了。因此，他們乃決定使用一切他們能夠辦得到的方法使蔣氏繼續在位。」

蔣氏是一個被擊敗的和無信譽的政權之象徵。假使這個象徵換掉時，則對台灣，對美國，對亞洲並皆有益。

每一個關心我們遠東政策的人都應該讀馬先生的這篇文章。直到一九四九年中共佔領北平之前，他是北平一家日報的編輯及發行人，而現在則是華盛頓外交研究所的一個工作人員。

在一致的同意之下，我把先已允准我們使用的馬先生之全文列入記錄。」

台灣一周

應速改善地方選政

據說今年是台灣大選年，國民大會選出總統副總統後，全省人民又將為第四屆縣市長與第二屆省參議員，投「神聖的一票」。

不容諱言過去的地方選舉是頗不公平的。不由不使廣大的人民對執政黨方所謂實行民主憲政與促進地方自治之眞心誠意，深置懷疑。這次在野政黨要求朝野共同辦理選舉和共同監察選舉，本極公平合法，但國民黨仍拖泥帶水不作具體之答覆。因之，儘管國民黨方面的候選名單，早經公告周知，但在野政黨和無黨無派人士，猶鰓鰓恐於選政之不能杜絕流弊，參加競選者，寥若晨星。

值茲國運阽危，倘地方選舉一旦有失公道，我們不能不為國家民族的存亡絕續而杞憂。

最近，關心地方選舉之在野黨與無黨無派人士舉行選舉座談會，結論經整理列舉十五點要求，作成建議書，分函國民黨中央黨部，行政院，內政部及台灣省政府，顯係針對歷年之選舉弊端提出，這是一個事實考驗，台灣之地方自治是否有名無實？執政黨方是否有「還政於民」的眞心誠意？這次地方選舉的情形，將是一個考驗。

爭取印尼僑胞來歸

外電傳來，印尼外長蘇班特里奧宣布有華僑八十八人要求遣送台灣。

僑務委員會發言人稱：「政府對印尼僑胞處境至為關懷，但僑委會目前尚未接到僑胞來信要求，如該項新聞屬實，政府對於這些忠貞僑胞來台自當予以入境便利，來台灣後，並將儘力設法協助就業。」

印尼僑胞所罹受的浩刦，是史無前例的。這些苦難統統拜中共之所賜，一方面是蘇加諾抄襲中共泡製外僑的手段，一方面是中共會妙想天開貪圖印尼僑胞的財富人力。今日事實證明，受苦受難的是無辜的我們僑胞。

來自印尼歸僑的消息，印尼政府拘禁外僑在巴剎亭中，肆意毆打凌辱，印尼是一個新興的民族主義國家，一班警吏之無知無識，蠻橫無理，侮辱僑胞，當不在話下也！

不過，在這羣被驅離境的僑胞，恐怕很多是承認中共國籍，他們並非有何政治目的，而祗求本身的安全。僑委當局應即再度聲明，歡迎他們的來歸，從而消弭他們的政治疑慮。

・孟戈・

和平共處與思想鬥爭

和平共處與思想鬥爭的問題已為當前共產國際新的課題了，從東歐以至於太平洋沿岸都在忙於這一問題的準備工作。這一問題是怎樣產生的呢？由於兩大陣營都恐懼於現代戰爭的破壞力量，蘇俄乃提出和平共處的口號，所謂兩種制度的國家將實行和平共處，即是：排除武裝鬥爭，而只作和平形式的經濟鬥爭、政治鬥爭和意識形態的鬥爭。因為鑒於如要開展這種鬥爭，就勢須將鐵幕作某種程度的開放；它的具體形式將是通過貿易，科學技術，以至於文化藝術的交流。鐵幕內的人民，思想本來已經有了問題，假如一旦再因而開放一個缺口，縱然只有一些西方的自由思想傳入，亦足以導引鐵幕後面人民的思潮波動。這就是他們要加强思想鬥爭問題的導源。

從共產國際目前的情況看來，各共產國家於思想鬥爭方面深受威脅的，到還不是資本主義思潮，而是：宗教信仰與南斯拉夫的修正主義。

一九五七年十一月，共產國際所發表的莫斯科宣言中就承認當前的主要危險是修正主義。一九五八年三月，南共發表其綱領草案以後，引起了整個共產國際的驚恐，反修正主義才成為各國共產黨的主要工作。

在反南共修正主義的鬥爭中，最猛烈的是中共，最緊張的是阿爾巴尼亞；中共的所以反修正主義如此猛烈，是由於毛澤東具有領導與重新振作共產國際的野心，阿爾巴尼亞是因為它鄰近南斯拉夫，深恐被修正主義吞沒。

稍後，共產國際又感到宗教思想在其內部亦有消蝕共產主義的作用，特別在東歐各國尤為嚴重。

去年三月十日波蘭共黨第一書記哥穆爾卡在黨的三次代表大會說：「神父的活動決不能使用於政治目的，不能用來使教徒和非教徒互相對立和用來攻擊我們黨和人民政府的政策。我們警告教會當局，不要破壞法律和國家命令，因為這種破壞現象又在一再發生。我們勸告結束對人民政權的挑衅，因為這對教會不會有什麼好處。」但在同月二十六日，波蘭人數以百萬計的擁向教堂，作耶穌受難日崇拜，而在這些人中大部分是三十歲以下的，足見在波蘭天主教不是在消逝，而是在不斷的澎大。同年六月，波蘭東南一鎮因不准興建教堂發生暴動，搗毀當地警察局與市府會堂。十月，又發生聖奧古斯教堂銅塔頂聖蹟事件。迫得波蘭政府出動武裝來鎮壓。

其他各東歐國家與蘇聯的情況雖不若波蘭那樣的嚴重，但宗教力量亦有不同程度的增長。今年一月，蘇共中央發佈的宣傳提綱中特別要求排除宗教的影响。足見宗教思想在和平共處思想鬥爭中已起了先鋒的作用了。

今年一月，中共停止反右傾，進行反修正主義運動，最近則對龔品梅、華理杜主教等判刑。這種反修正主義運動與迫害天主教的行動，似無疑問，是一種和平共處時期思想鬥爭的準備工作；不是什麼强硬而是色厲內荏的表現。

。田心．

十年來中共迫害天主教眞相

．秋風．

根據中共報紙透露，三月十六、十七兩日在上海舉行的一個大規模「公審」中，前天主教上海教區主教龔品梅等宗教人士十四人分別被上海法庭判處徒刑，計：龔品梅無期徒刑；金魯賢有期徒刑十八年；陳哲敏、張希斌、朱樹德有期徒刑二十年；朱洪聲、陳天祥、蔡忠賢、王仁生、傅鶴洲有期徒刑十五年；陳雲棠有期徒刑十二年，朱雪帆有期徒刑十年；李式玉、劉季澤有期徒刑五年。另一名侯之正的，業已「病死獄中」。

北平電台十八日廣播中，指龔品梅等是「反革命集團會瘋狂地進行各種反革命破壞活動」，罪行包括如次：

（一）破壞中共之各項政治運動及政策，法律與法令之實施；（二）破壞各地天主教徒之反帝愛國運動，迫害愛國教徒；（三）製造並散佈謠言；（四）勾結包庇帝國主義間諜；（五）竊取國家機密情報；（六）窩藏特務及反革命份子；（七）破壞土地改革運動與鎮壓反革命運動；（八）建立反革命秘密組織，進行特務訓練；（九）誘騙青年教徒逃往國外；（十）私藏槍支彈藥及秘密電台；（十一）圖謀策應美國侵署者及中華民國政府之復辟等。

恰恰與此同時，六十八歲的美籍華理柱主教，亦被上海法庭判處二十年徒刑，其罪名為：「領導匿居在天主教會裏的反革命份子，執行傾覆活動」。（按：中共廣播說：「華主教是一九五八年十月被捕的，被控「計劃傾覆新中國」。）

本來，在共區裡面人身毫無自由，人權更無保障，紅色劊子手殺一無辜，並不一定需要什麼法律程序的，但在歷次迫害天主教士的時候，總是振振有辭的與「間諜」、「反革命」聯接一起，如邢台、獻縣、齊齊哈爾和瀋陽的教會「間諜案」，沅陵天主教美籍神父高爾飛等「反革命活動」，玉林神父貝理根等「間諜活動」，湖北黃石港神父蘇良等「反革命活動」，天津主教文貴賓「反革命運動」以及上海神父田望林、林仁、葛懷仁「反革命活動」案等等，還拿出許多「物証」，造成廣泛的迫害，令人意味到，中共最後底目的，要把天主教的信念存在一般教徒腦裡連根拔起，所以事先裝造與教徒們身家生命有關的「反動」案件，使他們望「教」生畏。

中共之排斥天主教，還不局限於唯物主義的觀點出發，事實上，今日世界性的反共組織最廣泛，而程度最明朗，屈指數來似乎還是天主教，這點，中共當然也看得很清楚，所以自席捲大陸後，即接收各地教會學校，停止宗教課程，並以滲透策畧推行「三自運動」及「革新運動」等。在步驟上，中共對天主教徒的處理，由土改時起，全國公安機關勒令教會暫停聚會，理由是為着避免土改時可能引起的糾紛，這時期的情形，一九五七年三月間「政協」會議上，吳耀宗（他是親共的基督教徒領袖）發言中，曾經明白說出：「有的幹部威脅信徒，不准他們做禮拜，有的借口生產，阻止信徒參加宗教活動；有的把信徒聖經和贊美詩拿走。有一個鄉村裏的幹部到教會和教徒家裏搜去聖經和讚美詩等一百三十二本，經過幾年，這個事件還沒有處理，有些幹部對信徒的宗教感情不但不着重，反而採取粗暴或侮辱的態度。也有些幹部，企圖用行政手段來限制宗教活動，給教會制訂一系列的禁令」，例如：「不准奉獻，不准建禮拜堂，不准發展信徒等。有時教會負責人從一個地區到另一個地區的屬會去探訪或工作，也受到阻碍」。（見一九五七年三月九日「人民日報」）。一直到一九五七年六月間中共指使下的「中國天主教友愛國會」產生之後，對教堂所舉行的儀式才稍為放寬，在中共相信教會一經「前進」教友主持，表面上是尊重信教自由，骨子裡是徹底消滅天主教徒信仰遷藉的堡壘，今日大陸教堂裏面，已經不做「彌撒」，以學習中共重要文件代替「佈道」，其「崇奉天主為萬有之主」及「愛人如己」的互愛觀念，亦為階級鬥爭思想所揚棄，就只少個毛澤東「神像」站在耶穌基督底位置，天主堂已經披上紅色外衣了。

據教會方面統計：中國政府撤退廣州的前夕，天主教在大陸的原有主教九十四人，外籍神父三千八，華籍神父二千三百四十八人，外籍修女二千一百五十七八，華籍修士四千二百九十九八。到一九五七年底止，香港公教報發表的消息：在中共區內確實健在的外籍教士，僅有一名主教，四名神父和十一名修女，這就是一九五〇年以來，經中共不斷的拘捕、驅逐出境或自動離境的結果。如果上面數字正確的話，則這次中共把羈押六年之久的龔品梅主教等加以審理，分別判處刑罰，可能是最後一批的迫害了

中共最大的目的並不是把堅貞的教士判刑了事，更大底作用藉此打擊梵蒂岡教廷的聲望，以鎮壓教徒間對中共控制教會的反感，去年十一月四日至十三日在南京舉行的「江蘇省天主教友愛國會第二次代表會議」中，指責梵蒂岡「一貫反對新中國，干涉內政和利用宗教所進行的種種陰謀破壞活動」，並強調：「中國天主教徒必須貫徹執行獨立自主自辦教會的方針，自選自聖主教，徹底擺脫梵蒂岡的一切控制」。其實，誰都明白，中共這些措施，不過是自行揭穿「大陸有信教自由」的虛偽宣傳而已。

革命血如花（記廣州起義經過和得失）

．吳惠明．

（接上期）（七）李文甫率同志五十八，攻旗界、石馬槽軍械局。

（八）張六村率同志五十八，佔領龍王廟。

（九）洪承點率領同志五十八，攻擊西槐二巷砲兵營。

（十）羅仲霍率同志五十八，破壞電信局。

此十路進攻計劃，在香港總機關部決議之後，遂由黃興率同志潛入廣州集結部署，趙伯先則駐在香港統籌一切，以待臨期舉事。（見俞凌編「近代中國名人故事」第五九頁）

詎料於舉事前之三月十日，忽然發生南洋愛國志士溫生才刺殺滿清將軍孚琦於東較場事件，因此打草驚蛇引起廣州特別戒嚴，並大舉搜捕革命黨人，於是不得不改變原定起義計劃，延期至三月二十九日發難。這在時機上還是處於敵人戒備之中，乃經是一種不利的選擇。

關於改期至三月廿九日的起義計劃，乃再改作四路進攻：第一路還是由黃興率所部由小東營進攻兩廣總督署，並任四路總指揮；第二路由陳烱明率所部攻警察署；第三路由姚雨平率所部佔領飛來廟，攻小北門槍砲局；第四路由胡毅生率所部佔領大南門，防截清軍援兵。此一計劃改變的原因，以及起事時間倉卒與冒險犯難之情形，可於黃興先生事後演詞中見之。黃先生於民國元年在南京「黃花崗週年紀念會」上追述說：「兄弟（黃氏自稱）任由小東營出攻督署，陳烱明諸人承認抵禦督察局，姚雨平任收復小北門槍砲局，時間則定午後五時半。二十九日七午分發槍枝與各處，然是晨城門已閉，趙君（伯先）所部自港來時，已不能入城。而興遂任指揮，部下共數十人，部署一切。至下午五時二十分，手續尚未完畢，遲二十五分鐘，始率由小東營出發。先十分鐘陳烱明君派人來問，今日究竟發動與否？然來者見我等携彈荷槍，遂不言而去。事後始知陳因畏事之棘手，欲不發動，故派人來陳說一切，然來者未明言，故我等並不知其不來應援，仍孤軍冒險前進。」由這一段話就可知此次起義，是一種陰差陽錯失於計算的行動。

二、戰鬥經過

當黃氏發動進攻之時，黨人臂纏白巾，足穿黑布膠鞋，手執槍械炸彈，以螺角為號，奮勇向前，途遇警察，皆槍殺之。衝入總督署，擊斃管帶金振邦，兩廡及大堂衞隊還欄抵抗，黃興狙擊其一，餘皆棄械投降，升堂入室無阻。其時總督張鳴岐聚會司道於署中，正策議防範黨人事，聞警穿後壁入某押，轉入水師行台。黃興、林時爽、朱執信、李文甫、嚴驥等遍搜張鳴岐踪跡，杳不可得，惟見衣架長衣數件，茶碗數具，水烟筒猶熱，可見當時滿督倉皇逃避狼狽之情。

（未完）

「天與人歸」的連任

・宣平・

（台北通訊）在國民大會開會的初期，台灣正苦於久旱不雨，但在蔣先生當選連任之日，忽然甘霖普降，於是官方說，他的連任為台灣帶來了甘霖。既然天意也是如此，太子派年來的努力，應該說是替天行道了吧？

至於人心方面，在當選連任的消息傳出後，就有成羣的人在國大會場門外歡呼，台北市上，炮竹之聲頻傳，好像家家戶戶都在辦喜事。這當然也是民意的表現，決不會有當權者在後面策動的。預料今後一個多月的期間，即在五月十五日「三屆總統」就職以前，海內外的賀電必然蜂湧而來，將來說不定還要印成專集藏之名山而傳之久遠哩。

不過，日前在國大會場外為連任而歡呼的那些羣衆，居然叫出「打回大陸去」的口號，顯然與偉大領袖所訂定的國策有違；而中央日報還把它刊載出來，似乎也太粗心大意了吧？

胡適之力疾投票

反對修改憲法及違憲連任的胡適在國大選舉總統之前一日，忽以因病入醫院聞。許多人都以為他藉病為名而避免參加投票，但結果頗出人意料，在投票之日，他仍扶病到會投票了；而蔣先生當選連任以後，他又向記者發表談話，表示贊成連任。此中經過情形，外人自不得而知。但預料將來的歷史上必然要大書蔣中正至德感人，胡適之力疾投票，亦可謂二難併矣。至於有人推測，今日的台灣雖有反對修憲的自由，却無拒絕投票的自由。因此，主張自由的胡適，也祇好不自由的去投一票，那未免對於領袖的感召力太不了解了。

曾寶蓀克紹基裘

曾國藩的曾孫輩曾寶蓀女士在此次國民大會中，風頭十足，貢獻甚多。她既力持記名投票乃世界上最進步的投票方法之高論，又發表臨時條欵是憲法之擴大的名言。有人還惋惜她以名人後裔而竟甘作當權者的啦啦隊；實則這正是她克紹基裘的表現。當年曾國藩既為一人一姓的王朝効忠盡力，今日曾女士又為一人一姓的局面盡力，雖然功業的大小不可同日而語，而其宗旨則一，豈非乃祖乃孫後先輝映嗎？不過，當年曾國藩於建立大功之後，仍能畢生享受清福；而今日的當權者則過河拆橋已成第二天性，但願曾女士善自珍重呵！

國大代表提前改善待遇

關於國大代表此次通過修訂臨時條欵有功而將由政府於七月份起改善待遇的消息，海內外報刊早有報導，不再贅說。茲悉改善待遇之事，在國大閉幕後即開始，即從四月份開始。因為代表們堅持必須立即兌現，拒絕接受期票。據說，四五六三個月改善待遇所需的錢，將以追加預算的方式而列入此次國大開會的經費以內；至於七月以後則正式列入國家的預算。外間所傳從七月開始，即此之誤。

太子派仍要破壞團結

在國大開會之初，當局曾放出已與各方面取得諒解，即將舉行反共國是會議的空氣，藉以緩和海內外反對連任的形勢。但在連任已成定局之後，太子派又決定仍要破壞此一會議之召集，除了授意若干國大代表發出反對的論調而外，並將主張舉行的提案保留。實則，非法總統產生以後，如果沒有改革和反攻的誠意而僅欲利用此一會議以點綴門面；恐怕除了那些貌似忠貞的門士而外，其他有志節的人也將不會來的。但太子派為了確保既得形勢以期於最近的將來實現其最後目的，怎可不處處設防哩！

某院長不死不休

因臨時條欵而聲名遠播的某院長，年事既高，血壓又低，年來曾幾度昏迷過去。每昏迷一次，即倒地如已死，必須經數分鐘後才能復蘇。友人多勸其退休，但仍不願。據說，「在此時此地，若一旦退休，則生活無着，而死時更無人埋葬。自不如仍尸位下去，生時既有飯可吃，死時亦有人代辦後事，豈不兩全。」這正是今日台灣官場的寫照，在一切權力都集中於一人一姓的局勢之下，有志節有抱負的人都不見容；而能久於其位者，自是一些行屍走肉之徒。以此而欲反攻復國，其可得乎？

陳誠的談話

陳誠先生於三月二十三日參加海外國大代表聯誼會的聚餐會，表示最近幾年來，僑胞對祖國貢獻極多，而政府對僑胞應做的事，還有很多尚未做好，今日他是以待罪之身，向大家贖罪。並說：「我們現在祇有一個敵人，就是共匪，我們祇有一個目標，就是光復大陸。今後大家團結一致，站在一起，為國家多作些事，早日完成反攻復國的艱鉅任務」。這番話乍聽去尚可動人；然而是否即為當局的政策，却仍有疑問。就擺在目前的事實而論，太子派似乎目中的敵人並不是什麼「共匪」，而是那些主張民主反共的人士。因此，他們對於前者尚可和平共存（試問，既不以武力反攻大陸，非和平共存而何？）；而對於後者，則圍剿不遺餘力。除了利用政府權力直接壓迫和破壞而外，還不惜以人民的血汗用一些祇知要錢的無恥之徒，或作內綫，或任外圍，造謠誣蔑，無所不用其極。顯然，太子派的目的，並不在於光復大陸，而是要據台灣為一人一姓的家天下。此派既為今日的權力中心所在，其他的人空言團結和反攻，不過是自欺欺人而已。

李漢魂反對毀憲連任
憤辭國大代表之職
不甘坐視一人一家妄亂綱紀

（紐約通訊）在台北官方宣傳海內外一致擁蔣連任聲中，旅美國大代表李漢魂吳菊芳於迭接國民大會秘書長谷正綱請他們出席大會的函件之後，曾於三月四日代電谷氏表達旅美華僑反對違法毀憲之意，原文如下：

「國民大會谷秘書長正綱先生勛鑒，迭函拜悉，本應依期返國出席，藉貢愚忱，惟道路風傳，修改憲法或增訂臨時條欵，醞釀已定。魂等深知留美同胞渴望法治，際此大局艱虞，絕不宜違法毀憲，予人以口實，危及復國大業，特佈區區，敬希明察。」

此電發出後，台北方面進行修訂臨時條欵之勢已成，李吳兩代表為了不甘同流合污，又於十五日再電國民大會，請准辭去國大代表之職。復於十九日詳申辭職之理由，原電如下：

「國民大會谷秘書長正綱先生並轉國民大會各位代表公鑒：支刪兩電，計均奉達。查毀憲連任，識者皆知其非；孰料此一醞釀，竟由大法官始作其俑，假釋憲之名，以行毀憲之實，擅將國大代表總額，由三千零四十五名，減為已依法選出，而能應召集會之若干人。勸進者尾追其後，妄將動員戡亂時期臨時條欵修改，勾消憲法第四十七條規定。昔袁世凱破壞約法，而帝制隨之。類似悲劇，今再重演，誰不為之痛心。竊念國父奔走革命，端為建立民國。惜大功未成，即先逝世。而繼起者即偏私剛愎，以致禍變相乘，大陸終淪共匪。今日神洲生靈塗炭，同胞倒懸待解，海外華僑無家可歸，迭遭排斥，稍有天良者，縱不弔民伐罪，亦應恪守憲法，以維國本，豈宜為一家一人之私，而妄亂綱紀。

魂幼受國父精神感召，加入同盟會，由辛亥革命以至剿共抗日，雖無尺寸之功，但對中華民國，則親歷艱險，而彌珍愛。抗戰勝利後，來美就醫，突聞共匪叛變，華北告急，力疾返國報效。原思竭其不肖之才，對於戡亂有所貢獻。詎料徐淮尚未失陷，當局已決遂避台灣。深知此着終必鑄成大錯，冒死進言，冀大陸不致遽遭放棄，未承察納，嗣且險遭不測。報國無門，廹得再度來美，暫保殘軀，海隅茹辛，萬念俱空，所不能放棄者，惟恪守國父遺教，誓與中華民國相終始耳。

憲法為中華民國之靈魂，魂等忝為國民代表，不能坐視橫遭破壞。此次大會違法修訂動員戡亂時期臨時條欵，固責有攸歸，魂等危而不持，顛而不扶，良用疚心，若再圖戀棧，殆如「元祐黨碑」之刻及石工安民矣，特此辭去國民大會代表本職，尚希察而諒之，李漢魂，吳菊芳皓叩。」

李吳兩位的代電，可謂義正辭嚴。但國大秘書處於收到之後，至今秘而不宜；而對於官方所策動的勸進函電則逐日發表，並誇大其數字，亦可見他們自欺欺人，無聊無恥之一般矣。（中）

也談國事

楊志

頭些日子，當權者派人向住在海外的國大代表的懷裡，一塞就是幾千大元，隨後，這些代表就睇錢份上，流到台灣坐下開會舉手贊成去了。代表們雖然頂着「國代」招牌，不過，他們心裡明白，他只是代表他自己領錢，與旁的小民無關！按下「代表」到台灣去舉手贊成不表，單說說最近發生的「國是」爭論問題，俺只知道國事不是家事。俺的家事俺「閒話一句」沒有第二個敢哼一聲，國事就不是誰閒話一句可以解決了的。當權者出錢接代表，表示不是誰閒話一句就算了的。實則他們把國事也當作了家事。它「當」它的家。「國代」們亂嗡嗡一場，不過是點綴而已。我們的習俗，婚喪兩事還拉人湊熱鬧呀，何況是堂堂地國民代表大會？

閒話打住，究竟國是一個人的，還是大家夥的？國事是全民辦對，還是一個人說了算？俺想說說國事，可是俺一拏上面兩句話問俺自己，就把俺自己問住了。照俺的笨法子想，國是大家的。誰知道，中國「國」，中國事，歷年來都是．個人經手包辦，別人一說話，他就「不予重視」，這算什麼呢？真要說在台灣坐鎮的是「皇帝」，俺要不撲登跪地叩三個響頭，就是俺砍頭，俺也三呼萬歲。但是，今兒個坐鎮台灣的不叫皇帝叫總統；據說總統是大家的公僕，僕者僕人也，公者公衆也，總統既是公衆的僕人，幹嘛他竟以國家的主宰自居，反要公衆向他効忠貞？

俺越說多自己越胡塗，幹嘛什麼事一到中國就麻煩，就變樣呢？就拏民主來說吧，似乎總統就是主，「主」不許民說話，民就不得說；所以俺說開大會，談國是，就是那麼回事，比方說：那位「代表」自己領錢的「國代」，掉了兩個門牙，不用說，是由於他不知當權者出錢要他去開會，祇限於舉手而他却要亂說話，自然要被人打掉門牙了。

話說回來，國是大家的，公僕儘可以皇帝自居，和準備兒皇帝，孫皇帝萬世一系，也似乎應該掏出一點點「人心」，別竟在那兒打自己的算盤而傷天害理，諸如：我活着一天就得幹一天總統；國代是我出錢弄來的，就得聽我的話。這樣下去，俺還談什麼國事？「國代領了錢去開會，開完會去逛逛草山遊遊北投，然後回招待所「場場米」上睡覺，俺老楊別的不能與公僕和國代看齊，「睡覺」則向不後人，不信，俺再睡十年給你看看！

（讀者投函）

中共「生產指標」的笑話

康和

中共為了誇耀「大躍進」，把各種「生產指標」，作不合理地提高，以圖儘量壓榨人民的勞働力。但是，任何生產事業，都受客觀條件的限制，要是所訂「生產指標」，超出了客觀條件的限制，那末，不論怎樣「鼓足幹勁」，或者是「大搞羣衆運動」，也是無能為力。結果只有謊報生產數字，偽造統計資料，以圖自欺欺人。中共這兩年來所稱的「大躍進」和「繼續不斷的大躍進」，揭開內幕來看，就是這麼一回事。現在讓我們舉出一個具體的事實，使大家可以明瞭所謂「生產指標」的真實內容。

根據最近北平「人民日報」透露：江西省的橫峯縣，全縣耕地面積，只有十五萬七千多畝，其中百分之八十，係屬山區，每人平均耕地面積，不到二畝。這些耕地除去越冬作物的面積，約佔四萬畝外，今春能夠使用的耕地，只有十一萬七千多畝。但是按照「生產指標」，該縣今年應種水稻面積，即需地十二萬畝。此外種植飼料需地佔六萬畝以上；花生、芝蔴、黃豆等油料作物，約需地一萬四千多畝；黃麻、甘蔗、烟葉、棉花、茶葉等經濟作物，還需要相當土地面積。

按照上述事實，該縣全部耕地面積，只有十五萬七千餘畝，但如要完成「生產指標」，卻需地二十三萬餘畝。這就是說，該縣耕地面積根本上就缺少七萬餘畝。「巧婦難為無米之炊」，試問這種「生產指標」，還有實現的可能嗎？況且該縣有百分之八十是山區。我們知道，山區土地，多數是不適於種植水稻的。在該縣十五萬七千多畝的耕地中，根本就找不出十二萬畝的水田來，所以就是單就最主要的糧食指標來說，那末，稻米的生產，就決沒有達到規定指標的可能性。

據人民日報宣傳：橫峯縣委為了要想解決這項耕地缺乏的矛盾，特別組織全民辯論，發動全民找土地，全民找措施，廣大羣衆提出許多擴大耕地，充分發揮土地利用率的「好主意」和「好辦法」。這些辦法就是：向山要油，發展山區木本茶油生產；利用水面、洲地、荒地、林間田種植飼料，以山嶺、旱田代替經濟作物佔用的水田，從而澈底解決了糧、油、棉、飼料互相爭地的矛盾。

中共所稱的解決缺少耕地問題的「好主意」和「好辦法」，實際上不過是一種「臨渴掘井」和「畫餅充飢」的辦法，凡是稍具農業常識的人，就可以作出這樣的論斷；而人民日報竟還把牠大吹大擂，真是幼稚到極點了。

關于中共發佈增產數字的誇大和虛偽，我們早就迭予指斥。在整個大陸可耕地區，像橫峯縣這樣的情形，正是舉不勝舉。筆者早在去年十一月六日的本刊上（那時薄一波和北平人民日報社論正在誇言一九五九年的糧食產量可以比一九五八年再提高百分之十左右），就斷然的指出：「薄一波的報導，是一個無聊的謊言」。當時筆者還肯定地說：「本年（即一九五九年）大陸糧食生產的總產量，決達不到五千億斤。」這就是筆者根據大陸糧食生產的客觀條件而作出的論斷。

最近香港匯豐銀行董事局主席端納氏在該行股東年會席上所發表的一年一度的報告書，對于中共宣佈的增產數字，也力予指斥。他說：「本年初，來自各方面的報告，都說大陸城市糧食供應，日見缺乏。這種情形，顯然一部份是因交通困難，但是從交通困難的程度看，似乎指出尚有更根深蒂固的原因，使人自然懷疑到前一年所發表的增產數字，是否正確」。匯豐銀行對于亞洲各地的經濟資料，搜羅頗為廣泛，對各地經濟情況的研究與觀察，又具有數十年積累的經驗，所以這項一年一度的報告書是頗為各界人士所重視的。中共的宣傳技術，儘管是十分精巧，但事實還是事實，終不能「一手掩盡天下目」。

中共奴役人民的又一個新花樣

文藝林

中共奴役人民的手段，可謂花樣百出，史無前例。但因其瘋狂的攪「大躍進」和進行抗旱、積肥、大興水利等種種不一的名堂，致使大陸勞動力不足的現象，年來日趨嚴重。在農村實行「人民公社」後，大多數婦女雖被迫走出家庭參加了各種勞動工作，然而勞動力不足現象，依然未能有所改善。中共為使各業繼續「大躍進」與補救目前勞動力的不足，于是又全面推行所謂「技術革新和技術革命」運動，并強調這一運動將使大陸各種手工業操作，很快的變成機械化和半機械化。

如所週知，中共「工業化」的道路，是建築在農業高度發展的基礎上的。毛澤東也說「工業發展和農業發展必須同時并舉」（見「關於正確處理人民內部矛盾問題」），沒有高度發展的農業，手工業操作即無法進展到機械化與半機械化的境地。那麼中共目前在農業方面發展的情形，是否足以支持其他各業邁入機械化的途徑？答案是到達這個階段尚有極遙遠的距離。因之它目前侈言使大陸手工業變成「機械化和半機械化」，事實上祇是「天方夜譚」式的神話。

當然，在「技術革新和技術革命」運動中，各業生產數。自亦可能有一定的增長，不過這種低微的增產，完全是加倍榨取人民勞動力的結果，與各業生產工具和設備的是否革新或革命無關。我們就「人民日報」近來對大陸幾個工業基礎比較好的城市，連續報導的增產情形作綜合分析後，即可發現其增產的共同唯一原因，主要是對生產設備進行所謂「控潛力」的結果。易言之，這些生產設備在此之前，都未能充分發揮其生產效率；現在中共於「技術革新和技術革命」的藉口之下，除了迫使工人們在生產設備上動腦筋外，并加緊搾取他們的勞動力。所謂「技術革新和技術革命」運動，說穿了就祇是如此這般而已。

「技術革新和技術革命」運動是中共最近提出的口號，這口號目前已在全大陸推開。大陸人民橫遭奴役的情形自亦將因此較前更進一步。中共各種報刊為了配合這一口號的開展，近來曾分別著文大力宣揚。中共所出版的「中國青年」在第五期中，又提出了「一心、二不、三牌、四見」等「八字真言」，要求所有人民認真徹底奉行。所謂「一心」：即是「一心一意跟着黨走，不要三心二意」，也不要半心半意」。因此「黨」要你勞動，每個人就必須貢獻出最後的勞力，直到油盡燈枯而後已。這還不算，你必須再有「二不」的心情，那就是「勞動不講報酬，工作不講條件」，如此，才算有共產主義的真精神。至所謂「三牌」就是「思想是解放牌，幹勁是永久牌，決心是無敵牌」。顯然，中共在搾取人民勞動力之餘，并進而奴化人民的思想，要求每個人決心堅持永久的幹勁。但它顧慮人民對「二不」、「三牌」不能作到「一心」的境地，所以最後又提出「四見」來，希望大陸人民能主動而又積極的「見難就上，見榮譽就讓，見先進就學習，見落後就要幫助」。

中共每在推行一種暴政時，必然總要提出一個動人的論調，使人民在被奴役之餘，幻想着未來的「光明遠景」，這次自然也不能例外，聽起來也頗為動人，所以這一新的剝削搾取方法，命名為「技術革新和技術革命」運動。不過中共的口號儘管多。但怎能瞞得過大陸人民雪亮的眼睛呢！難怪大陸人民對中共這一口號的反應并不起勁了。

大陸之窗

大陸共黨青年分三派

這是大陸青年對共黨的真正看法

·劉裕署·

今天，淪陷在大陸的青年，在一億以上，這一億以上的青年對中共的真實觀感如何？將是中共未來的命運的決定點。所有的事實說明這些青年中的百分之九十的內心，都并不喜歡中共分散了他們的家庭，剝奪了他們的自由，且又不斷的壓搾他們的勞力，所以他們對中共充滿了憤怒。雖然，他們之中的一些人雖去參加中共的一些工作，但那只是他們在生活無着的情況下，被迫偽裝前進，以暫時求得職業而已。當然，還有一部份青年現在是正在大陸冒死從事反共工作的。

再看那些已經參加了中共黨團的，則我們更可能發現他們的內心對中共亦并不滿意。最近，中共所辦「中國青年」半月刊第四期及第五期就曾揭發了很多這類的情況。據「中國青年」半月刊說：

「直到目前，仍有不少青年和同志在工作中經常和黨鬧點這樣那樣的別扭，不願意作黨的馴服的工具。說什麼『聽黨的話要有條件』，有的青年對無條件作黨的馴服工具感到『不舒服』，甚至認為『要人作馴服的工具就是降低了人的尊嚴』。」

「有些人曾經擁護過社會主義革命，但是在社會主義改造基本完成之後，他們就對提倡勞動不計報酬的精神提出反感。滋長『幹活是為了賺錢』，『給多少錢，幹多少活』等個人主義思想。」

「另外還有些人，在平時似乎還能跟着黨走，但是只要稍微有點風浪，他們就晃晃悠悠，隨風飄蕩，站不住腳跟」。

「這是青年們和黨不是真正一心一意，在靈魂深處還保有資產階級之心，遇着適當的時候，這種資產階級之心，就出來興風作浪了。」

「有的人總是習慣於按照個人興趣和自己的見解任意自由行動，他們在執行黨和國家的政策決議時，也是以自己認為是否正確，是否對我有利為條件。……只希望個人的絕對自由。」

「中國青年」半月刊最後又指出目前大陸青年共分三派。它說除少數是「促進派」外，一種是反對派，他們企圖使資本主義復辟；……另一派是保守派，或者叫做中間派，動搖派，他們滿足於工農之間，城鄉之間，腦力勞動和體力勞動之間的差別的存在，不願意社會主義過渡到共產主義社會去，他們動搖於前者之間」。

由以上中共自己的分析，可知今日大陸青年中的百分之九十以上是絕對嚮往自由，絕對反共的，這顯然是我們必能反共復國的最佳保証。

錫蘭新政府的性格

·慕禪·

錫蘭三月十九日的大選已告結束，新政府亦於二十一日成立。自從去年九月錫蘭故總理班達蘭乃克被刺斃命之後，錫蘭的政局，日在風雨飄搖之中。現在經過了大選而成立的新政府，它的性格是怎樣的？新政府成立以後，是不是能使錫蘭的政局趨於穩定呢？

預言兌現

故總理班達蘭乃克被刺時，眼光銳敏的政治觀察家已曾預言：「現政府的政治聯盟可能完全崩潰」。這句預言，在這次大選中已告應驗——班達蘭乃克所創立的「自由黨」，已自執政的地位，被推倒下來了。

這次大選的舉行，是由於繼班達蘭乃克出任錫蘭總理的達哈納雅克解散國會而起的。達哈納雅克於斑達蘭乃克內閣中任教育部長，班氏被刺後，由總督任命繼任總理，但因為他是一九五八年才加入自由黨，故與黨內積不相能，今年一月間，他要求退出自由黨，不獲批准，竟被開除黨籍。他則革除內閣五位自由黨部長（內政、交通、勞工、衞生、文化等），以為報復。雙方各走極端，五部長聯合宣言，謂總理「謀殺自由黨」。形勢上自由黨可能倒閣，（因在去年十一月末的一次表決中，總理僅佔一票的多數。）達哈納雅克乃申請總督解散國會。這項解散國會令於去年十二月五日生效，並定期本年三月十九日大選，三月三十日召開首次新國會。

選舉的結果，自由黨固然被打倒而退出於執政的位置。達哈納雅克本人亦在「基爾」區落選，他所新組的民主黨只獲四席。自由黨與達哈納雅克，可謂兩敗俱傷。

大選形勢

錫蘭國會全體共一五七席，除官委（由總督委派）議員六席外，民選者為一五一席。此次選舉各黨派所得席數，有如下列：統一國民黨——五〇席，自由黨——四六席。泰米爾聯邦黨——一五席。（按：泰米爾係錫蘭少數民族，却擁有頗大的經濟勢力。）拍蘭拉姆黨——一〇席，森馬森馬扎黨——一〇席。錫蘭民主黨——四席。共產黨——三席。國會黨——一席。獨立人士及其他——一二席。加上官委六席，共為一五七席。

統一國民黨比較自由黨，雖不過多出四席，但已是國會中席數最多的政黨，依例應由它負責組閣，而錫蘭總督古尼狄萊奇，亦已於大選之翌日頒令統一國民黨組閣，該黨領袖桑南尼雅克，於謁見總督後，也已於三月廿一日就任總理之職了。

桑南尼雅克也是錫蘭的一位老政治家，從政的歷史與班達蘭乃克同其攸久。在錫蘭試行自治期中的一九三六年，他已膺任下院領袖，一九四五年才為班達蘭乃克所代替。

東山再起

現在，這個「於四年前被掃出政府」的統一國民黨捲土重來了。四年之前，班達蘭乃克以自由黨為首，糾合了一個四黨聯盟——沒有共黨參加而與共黨協議「不競爭」的左翼政黨，打倒了統一國民黨。自由黨本身獲五十一席，乃執政權之牛耳。而這一次，統一國民黨却在自由黨本身發生分裂之下，東山再起。

統一國民黨在它的前總理高德斯華德執政的時候，在外交政策上，雖也奉行中立主義，但在亞非會議第一次會議中，高德斯華德本人，却正面政擊共黨為帝國主義。它的中立主義路線，似乎只跟着印度緬甸而走，但並不中立而親共。其次，英國在錫蘭的海軍基地，終上屆統一國家黨執政時期，亦並未加以檢討。直到班達蘭乃克任內，才致力交涉而使英國基地退出錫蘭。實際上，統一國家黨可以說是錫蘭的保守政黨。雖然它們會參加中立主義，但西方通訊社已認為它是「親西方的」。

前途展望

這次統一國民黨獲得在大選中勝利後，黨內亦曾有過與自由黨建立聯合政府的建議。但桑南尼雅克說，要「獲得全面的支持」，這也就是說他寧願爭取獨立人士和更多政黨的支持，而不願對第二大黨的自由黨讓步。所以桑南尼雅克的內閣，將會以統一國民黨（五〇席），錫蘭民主黨（四席），官委議員（六席）為基礎，以這六十席，再去爭取獨立人士的八席，和泰米爾聯邦黨的十五席，共八十三席，便可掌握國會的多數。

保守政黨向來認為：「錫蘭的繁榮繫於港口」——可倫坡港口，而罷工則煩擾及破壞港口，所以它們反對有政治作用的罷工。達哈拉雅克就會警告說：馬克斯份子所領導的工人，如不工作應即滾出去！

預料統一國民黨將致力內政，即繁榮及種族問題（泰米爾族與辛海爾族），因此將會制裁左翼的罷工及對種族挑撥。不過統一國民黨與自由黨夙有歧見，與聯邦黨在貿易上有共同利益，但在種族問題上却抱不同見解。因此政府基礎仍是脆弱的。

——加爾各答通訊——

中共軍將開入緬甸特殊地區

齊尚田

緬甸與中共的勾結，顯已日趨猖獗；緬甸當局的親共措拖，也越來越明朗化。這是很值得自由國家重視的！

今年一月卅一日，緬甸總理尼温，在北平和中共談判了僅僅四天，便簽立了所謂「中緬兩國關於邊界問題的協定」，和「中緬友好和互不侵犯條約」。

四天的短促談判時間，却簽訂了「協定」和「條約」，從這情形來觀察，我們便可以肯定地指出：那「協定」和「條約」，一定是早已在仰光和北平間進行了多時，尼温的飛赴北平，不過是「辦理簽字手續」吧了；他們的勾結，顯然業已有了長時間的陰謀。

這就更值得憂慮了！

所謂「中緬邊界問題的協定」的「邊界」，那是指中緬兩國爭持百餘年尚未解決的未定界而言，也就是一向被視作「兩不管」的一個特殊地區。其最值得我們注意的，就是在那特殊地區內，自我國的雲南淪共後，曾有不少反共武裝部隊（包括十年來由雲南逃至邊境的人民），在那裏活動；他們正是中共的「眼中釘」。近年來，中共正因為企圖拔除這「眼中釘」，而經常派遣大批特工，進入那個特殊地區，致引起緬甸方面的煩擾和不安。緬甸和中共，是有「外交關係」的，她一方面自己沒有能力制止特殊地區上反共武裝部隊的活動；另方面，她也沒有辦法應付中共派兵越境的「斷然手段」。但到了後來，緬甸當局終於抵受不住中共的壓力，於是在「外交關係」的醜惡把戲中，經過一度的「討價還價」後，便互相勾結起來，「協定」和「條約」，遂告簽訂。

「協定」和「條約」簽訂了後，緬甸和中共的勾結更公開了！在那「協定」和「條約」中，當然是對原日活動於特殊地區的反共武裝部隊極為不利。果然，在最近一個月來，中共「解放軍」已蠢蠢欲動；明顯地表露出，已有越境「協助」緬甸「清剿」反共武裝部隊的企圖，而緬甸當局哩，則詐作痴聾，其狡獪的用心，於此可見一斑。一般推測：將來再進一步，「解放軍」照會緬甸當局而直接採取軍事行動，也是很有可能。

由於宇努的登台，緬甸對中共的態度，祇有更朝屈服的途徑走！

至於緬甸因和中共所劃定邊界，而從中共手中取得我國的土地，也是因為中共想掃蕩緬境反共武裝而出賣領土給緬甸，中國人民是決不會承認的。中共并不是一個合法的政府，它根本沒有足夠的權力和緬甸簽訂甚麼「協定」和「條約」。關於這點，緬甸政府應及時醒覺；否則將來總有一天，會自食其果報的！

黨委的辯證天才

·屠乃光·

三月十八日，澳門又有一隊「觀光團」和好些私人回鄉探親的同胞，循歧關公路進入大陸。前山關卡的檢查行李，足足花了兩個把鐘頭。回鄉探親的同胞，帶的除了一些衣服之外，最大宗是食品，尤以鹵鷄鴨和鹹猪肉為最多，他們都好像肉食小販似的，把那些肉食大量的運回故鄉去。

觀光團團員鍾文山目覩這情形，天真地問關卡裏的共幹道：「聽說大陸生產大躍進，粮食大豐收，故有大量的食品運銷港澳；同志，這是不是實情」？

「為甚麼不是」！共幹把臉色一沉，瞪大眼睛盯視着鍾文山，表示出對鍾文山的「多嘴」很不滿意。

但鍾文山仍不客氣的反問：「那末，為甚麼回鄉的同胞却又爭着把大量肉食帶回他們的故鄉」？

共幹未及回答，剛巧有個自稱「黨委」的黃先生跑來，他查明了原委之後，很神氣地望望鍾文山，說：「那些食物，都是我們出產的哪！正因我們有了足夠的生產，除足夠供應國內人民食用外，還有大量剩餘；把剩餘的運出港澳，連港澳的同胞也吃不了，所以他們才又把它帶回故鄉來。這是一種良好的現象，正足以証明我們社會主義的新社會裡，一切都是在大躍進中呀」！這「黨委」同志的「辯証」天才，果然很有效地把鍾文山嚇得呆住，不敢再說甚麼。

僑鄉近訊

發電廠共幹擅作威福毆打工人

廣州河南區民生發電廠，三月十八日，有工人徐樹聲和潘德宏，因過於疲勞，工作中突告眩暈，躺在地上休息，但管工的共幹，却硬指他們是「詐病偷懶」，揮掌將他們兩人毆打，因此激起其他工友公憤，趨前包圍該管工，嚴詞斥罵，並聲討其虐待工人的罪行，管工老羞成怒，竟砌詞向廠長報告，誣指各工人「反動搗亂」，轉召防軍到場彈壓，將十餘名工人拘去，迄今仍下落不明。

據說：該發電廠於去年十二月因工人反對「減粮降薪」已發生過工潮一次，當時被拘工人也達十餘名，不予審訊即解往奴工營無定期勞改；此次拘去的十餘人，相信也必難逃勞改的命運。查該發電廠原日規定，已施行兩班制，每班工人每日工作十二小時，惟由今年起，改變為「特班工」和「普通班」的辦法，「特班工」每日工作八小時，「普通班」則工作十六小時；而「普通班」的工資，再由每人每月廿元降為十元，粮食也再由每人每月廿四斤，再減為廿斤。「普通班」工人再受此減粮降薪加長工作時間的虐待，精神和體力均飽受摧殘，每患四肢浮腫症或腹部膨脹症，故常有在工作時暈厥以至倒斃的慘劇發生！

中共壓搾農民勞力日益殘酷（浙江）

寧波，奉化，紹興等各縣農民的勞力，月來被中共壓搾得更慘！他（她）們日夜均被驅往參加翻土，積肥，修塘堰，墾荒地，築基圍，建猪棚，蓋鷄舍……等工作，不分男女老少，每日早上六時起床，七時開工，晚上九時收工。各縣原是設有「粮食供應店」的，但在二月間已全部撤銷。中共為了便於控制穀米及各種雜粮的配發起見，亦已把「統購，統銷」的制度改變，而設立「粮食管理處」；由三月份起，對各縣農民每日粮食的供應，採取「半供給制」，但實也僅供給得兩成，其餘八成，仍靠農民以他（她）們的勞動力去換取粮票，因此各縣農民由於晝夜勞苦工作，生病的日多，尤以老弱婦孺為甚。殘暴的共幹，對此慘況，竟熟視無覩，故因病致死的農民，日有所聞。

美麗的憧憬

鍾聲

灰色的天空聚着雲塊，好像山雨欲來，屋內顯得非常暗淡。這是個普通漁民的家庭，正堂上堆着了破爛的漁具，牆角掛着了一張魚網，上面沾有乾枯的水藻。

魚網後面鋪着些少稻草，上面躺着個青年，是前天她父女從海灘中救回來的。

腦海中一閃，她好像想起了什麼似的，掀開了魚網說：「你還想吃嗎？」

他搖搖頭，於是明白了在恍惚中喂他吃東西的就是她。「你叫什麼」？她問：前天晚上你拌了我一交，爹和我都嚇壞了呀！

「叫我張超好了」。他慢慢坐了起來，覺得身上不太對勁，眼睛上下一瞟，啊！怎麼回事？七拼八湊，他張開兩手，不知所措。

「這是爹的衣裳，你的已藏起來了」。她露出潔白的牙齒，笑意在那玫瑰色的臉頰上跳動，有一種特殊吸引入的媚嫵。

「你替我換的」？

「爹！」她簡短地回答，臉都羞紅了。

「該死」！他重重的摑了一下腦袋，自己又為了「地位」和「高帽子」，什麼「英雄」「模範」，挑燈夜戰，但年復一年做着「工具，牛馬」……。所以他才決定了求生的希望，但而今，己身尚留在鬼門關內，好不命運弄人！想到這裡，不禁倒抽一口冷氣。

絲絲的細雨，屋內更加顯得沉寂，百無聊賴中他只好向算是救過自己性命的人請教姓氏，並由此交談起來。

「老天不負苦心人！你終於好了」，她眼睛放射出興奮的光芒，轉身跑到院子裏盛了一瓦盆水，又從房中拿出了粗布巾，一把木柄剃刀，半截而斷齒的木梳，和一面缺了角的鏡子。

他感激地瞟了她一眼，拿起那不太通用的東西，開始整理蓬亂的頭髮和沒有薙過的鬚髭。

門外忽然有人敲門，他正梳洗完，遂退回網後的稻草堆裡。

「大概是爹回來了！」她一面在解，一面輕快地跑了過去開門。跟[illegible]，是一聲尖叫：「喔！是你？」[illegible]聲調中，他不由得抬眼睛向外[illegible]只見她一臉驚懼的神色，後面個四十歲上下的男人。看那服式，就是個幹部之類的人。

「你爹呢？」

那人在地上吐了口痰，斜眼瞟着她。

「出海打魚去了」。她回答。唇嘴在驚恐中顫動着，樣子帶着怯懦而可憐。

「今天你為什麼不去」。那人在問，一面拿起了他剛用完的缺角的鏡子仔細端詳着臃腫的臉龐，一面又神秘地說：「知道了，一定……你在想我」。

「不！」她漲紅了臉；「我不舒服」。

「撒謊」！你剛在洗臉，那人指着瓦盆，一手撈起粗布巾朝着桌上一丟；「花一般的人，用這粗布巾，明天我送新的來，」說着身子就挨了過去。

「姑娘總是要嫁人的啊！怕什麼羞？」

「同志，你！你饒了我……」她哀求着。

「嘿！嘿！」那叫同志的男人乾笑了二聲：「裝什麼」伴，有什麼關係！

他說着把她衣袖一把抓住。她努力一掙脫，繞着吃飯桌逃避，他也繞着桌子追逐了兩個圈，發了狠便把桌子推翻了，瓦盆、鏡子打得粉碎，地上灑滿了水。

張超一看在眼裡，不禁憤火中燒。

「住手」。他突然從網後跳了出來，高聲喝叫。這洪亮的聲音，使他驚呆了。

「張先生！你……」她像鷹爪下逃生的小雞，早已嚇的說不出聲躲到他的身後。

「同志」定了一定神，就惡狠狠的走到張超前面，咆哮的指着她謾罵；

「你這臭女人，嘿嘿！你窩藏着野漢，還裝正經，你……啊！」

跟着，他高叫一聲，向張超撲去，另一場激烈的爭門在堂屋中開始，她畏縮的閃到牆角打抖，一陣乒乓聲音過後，「同志」忽然躺着不動了，從他的喉間，一股鮮血直冒。張超疲乏地爬了起來，在他染滿鮮血的手裏還緊緊握着那柄剃刀，他看了一眼，恨恨的擲在地上。

「張先生你！……」她為這眼前的事嚇呆了。張超不聲不響地拾起了地上的粗布巾，擦去了血跡，喘息的坐在櫈上。

無情的夜，把那僅有的餘光也截去。屋內更加恐怖。

「張先生！怎麼辦？……」她渾身在打抖。

「別怕」！找個地方埋掉。她緊緊握住了他的手臂，好似得到了保障，兩人朝着院子東邊的水池走去。水池旁邊長着茂密的菖蒲，另外有數株楊柳交叉着，恰好造成了個幕帳，雨仍在沙沙的下着，偶然有幾點燈光，在海灣的漁舟上閃爍，他弓着身子，用力地掘。三十分鐘，也許久些，坑挖成了，他很快跑回堂屋，把那「同志」的屍體背到池邊，趁勢朝坑裡一摔，迅速用土填平，又順手扯了些草蓋在上面，然後在水池裡洗淨了手腳。兩人閃進了屋內，點起了油燈，雙雙吐了一口氣，又開始收拾破爛的東西和洗刷血跡。

「啊！還有」……張超轉身跑到堂上，那裡還留着斑駁的血跡，和破碎的物件，然而此刻又有人敲門了。

「阿麗！阿麗」！

她飛快地跑了過去，將門開了，而後又很快地關上。張超兀然站在旁邊，看着一個花白頭髮的老人扛着兩支槳走了進來，他的腰背已彎曲，那雙瘦長的腿上暴露着繩結一般的筋絡。他把槳放在簷下，一面向張超點了點頭。他忽然驚駭住了，他看見了地上的血跡……。

「這……阿麗，這是什麼回事」？他看看麗珠。

麗珠咬緊下唇，突然，她撲進老人懷裡，不停地搖撼着，她哭了，兩肩不住的抽動，好像她平日的委曲，都要藉着這淚水發洩出來。老人惶然，轉眼瞪視着張超。

「老伯伯！剛才……」張超猶疑了一會說：「剛才我殺了一個人！」於是他將剛才的一幕告訴了老人。

「這……這如何是好……，他是流氓……走狗！」老人惶恐地說着：一面撫摸着麗珠的背脊，正不知如何打算。

「請老伯伯將我送到邊防局去，我是個兇手……又是逃犯」，最後終於流下了熱淚。

「不！我沒有這樣想過，但我們總是要想辦法呀」。老人拖長了嗓子。

「到如今，只有一條路可走了，我們趁這風雨之夜，一起到自由的地方去」。

「我……家……」老人痛苦地呻吟着：「這祖宗遺下來的，這裏每一塊磚石，每寸泥土，是這樣地親切，要我拋棄它？」他失聲地搖搖頭。

「爹」麗珠睜着大眼輕聲地說：「這裏我怕」！

「那邊！相隔不遠，我們走吧！」張超指着前面。

老人默然地環顧四周，最後目光停留在血跡上面！血已淤積成黑色了。彷彿從那裡得到結論一般，在他女兒的額上深深一吻說：「對！我們趕快，……」。

夜色深沉，一只輕舟在那狂風暴雨的夜海飄航，但它雖然渺小和脆弱，却有一位經驗的老手掌握着，向着目的地前進。而艙中兩顆青年的心，對着這遼濶的海洋正生出美麗的憧憬。

文壇泥爪

陳獨秀與「新青年」

新文學運動啓蒙期三刋物是：「新青年」「每週評論」「新潮」。它們都不是純文學性的期刋，但新文學運動的能夠起來，却全由於它們的提倡。

凡讀過胡適「四十自述」中「逼上梁山」一文的，都知道「文學革命」一詞，是他在民四夏間留學美國度暑假時，就與幾個中國留學生在閒談中提出。當時在座的任鴻雋、楊銓、唐鉞等都不表贊成，梅光廸更激烈反對。後來他經過年餘的思考，寫出那篇有名的「文學改良芻議」，寄給陳獨秀商討，纔得到陳的擁護。

陳本名「仲」，字仲子，通稱仲甫。他本是治文字學的，曾寫有這類的論文刋於「東方雜誌」，署名「實庵」。「新青年」的前身叫「青年雜志」，是他民四秋間於上海創辦的一個提倡社會改革的刋物。民六蔡元培接長北大，陳受聘為文科學長，始改名「獨秀」，「青年雜志」亦易為「新青年」移在北京出版。同時北大教授中也輸入了新血，胡適、錢玄同、劉復、周作人等都進來任教，文學革命的理論和實踐，於是便充滿了民七這一年「新青年」的篇幅，文字亦由文言易為語體，本為陳一人獨辦的期刋，這時也改變成同人刋物。所謂同人，除陳、胡、錢、劉、周外，還有李大釗、陶孟和、高一涵、魯迅、王撫之、張慰慈等人，共負編輯之責。民七年底，陳又創辦了「每週評論」，民八年初，北大新派學生創辦了「新潮」，全作了「新青年」的羽翼，不久五四運動就爆發。

「每週評論」政治性極濃厚，五四運動爆發，對政府抨擊甚力，頗為人注目。民八六月十一日，陳因在市塲散發傳單被警察廳逮捕入獄，至九月十六日釋放。但「每週評論」在他出獄前的八月三十日即停刋，那是為了官方下令禁止出版。「新青年」本偏重學術性，自「青年雜志」以來一貫如此，「每週評論」既經停刋，似乎陳即打算使「新青年」成為一個政治性的刋物，和同人商討，未獲贊同，結果是大家對編務都不負責，仍由陳一人主辦。周作人在「過去的工作」一書中，曾透露了這一消息，那是引了他自己在民八的日記：「十月五日，至適之處議『新青年』事，自七卷起由仲甫一人編輯」。

民八年底，陳隻身到上海，「新青年」亦移由上海羣益書局出版。至八卷一期起，又正式聲明成立「新青年社」，分別在法租界漁陽里和大自鳴鐘設編輯部及發行所。他本人忙於政治活動——籌組中國共產黨，編務全交給了曾翻譯「共產黨宣言」的陳望道，因此，這一學術性的「新青年」，即已根本變質了。

時代與我（五）

獄中情趣

徐亮之

我在獄中之所以過得情趣盎然，主要原因是志澄這時正做着司令部的軍法官。他雖和委員會沒有關係，但委員會的所謂「人犯」既已借着司令部的監獄寄押，他對我們在獄中的待遇，却是可以相當照顧的。原來我們的獄室雖同在一個大天井周圍，待遇却顯然可以分爲左列三等：

一、特別號　高級官吏或對管獄員有「孝敬」的富有者居住。

二、女號子　女政治犯及普通女犯居住。

三、普通號　窮政治犯及逃兵盜匪居住。

上列三等獄室中，特別號確是名副其實的特別；其特別之點是：有床板睡；房門早開晚閉，難友們（這是我們相互的標準稱呼）白天可以隨便在天井裏踱步；在房裡則可以隨便大吃大喝，打牌抽烟，甚至抽大烟等等。女號子的優待程度也差不多；她們可以過特別號裏譚天；可以參加那些特別難友們的「捉曹操」（一種湊錢吃喝的游戲）或牌戲；也可以單純地一同湊錢買鷄翼鷄脚下酒。普通號則不然；他們祇能睡地板，特別號和女號子的自由與優待，他們是一點也享受不到的。

我由省會公安局拘留所移來的第一天，也是居住普通號。當我正躺在地鋪上出神時，猛不防門呀的一開，一個被打得皮開肉綻的人恰倒在我的身邊。我第一次對我的命運有所警覺了！我這才領悟到衛戍司令部乃所謂「生死衙門」。委員會竟選擇這樣的衙門去拘留人犯，則這批人犯未來的命運，實在是不言可知的。於是，我簡直認爲身邊這個皮開肉綻的人可能就是未來的我的了！雖然我不久便已打聽出他乃是一個逃兵而非政治犯。但無論如何，這樣的普通號確是一個不好受的環境，一個使人看了會認爲「地獄」即在眼前的環境。然而僥倖得很，第二天一早，我便脫離了這環境榮遷特別號而成爲特別的難友了。這不消說乃志澄照顧的。

進了特別號，我立刻結識了三位使我至今難忘的難友；一位是雲南的陳振之，他乃江西全省屠宰稅的局長；一位是湖南的張治秋，他乃南昌兵工廠的副廠長；一位是高安的胡玉書，他乃江西型的富豪與純樸味十足的商人的兒子。他們全對我小兄弟似的看待；而不久由於玉書的提議，我們四人也果然在獄中結拜成了兄弟了，就如當年我被動地和孫殿英結拜兄弟一般。有了這些兄弟，意外便便我在獄中的物質生活過得比在獄外任何時期的生活都寫意了。我首先被阻止吃免費的「牢飯」；因爲他們全有由獄外送來的營養豐富的飯食。其次，振之和玉書都是有大烟癮的；而那時的江西又是雲南人的世界，主席是朱培德，衛戍司令又是王均，管獄員又是好好先生熊德元（我一直相信他乃天下最好的管獄員），種種條件湊合，振之玉書在獄中抽大烟是一點也不成問題的。天下最富「烟士披理純」之事，莫如躺在大烟鋪上談狐說鬼；而我和我新結拜的兄弟正恰是這樣。於是乎我之獄中生活便成爲一種最富「烟士披理純」的生活的了！最少在我主觀上乃作如是觀。

再則，因爲那時特別號和女號子往來不禁，我曾先後結識了夏女士和毛女士。夏女士乃南昌有名的革命之花，也是那時的獄中之花；她能寫清利的語體抒情文，書法亦娟秀可愛；乃以共產黨嫌疑入獄而實非共產黨員。毛女士則是共產黨員，却能做舊詩，但似乎並不擅長語體文字。她會寫過一首藥名詩要我和，裏面嵌滿了「遠志」「當歸」一類的藥名，使我看了莫名其妙；直到躺上大烟鋪仔細推敲，方才了悟過來。

祇要連續幾天，獄中沒有提人出去搶斃，我們的生活，嚴格說，總要算是幸福的。現在不還流行着一句「在火山上跳舞」的口碑嗎？我想想，明知火山即要爆發，而仍有在那上面跳舞的逸興豪情，則說這批人並非幸福，最少不是哲學系的學生該說的話。而我們的難友當年的幸福觀正復如此。

我們每天（有人槍斃除外）有一個幾乎近於經常的幸福的晚會；時間是下午六時至八時，會場便是大天井。這時，各號的門也都開放了，難友們都用過免費的晚膳了；晚會游藝便這樣非正式地開始了。我們的游藝節目是多彩多姿的；有歌唱，也有表演；同時又是「各盡所能」各求所適的，即能唱京戲的唱京戲，能唱山歌的唱山歌，能說鼓詞的說鼓詞，能哼小調的哼小調；而却老是以夏女士領導的女政治犯們的載歌載舞的「葡萄仙子」「月明之夜」與「毛毛雨」（那時流行的時代曲）的演唱爲壓軸。每經過這樣一次的晚會，我相信每個人，包括熊管獄員在內，這晚的夢都該是溫馨的；因爲我們每次演唱時，熊管獄員老是慈母般笑吟吟地站在旁邊欣賞着；他似乎一直祇把我們看成一批淘氣的大孩子，而並不隨俗浮沉地把我們都看成有案可稽的「共產匪徒」和江洋大盜；他乃不折不扣的人間自有牢獄以來的第一個標準的好管獄員。

談到我們的晚會，我便情不自禁，不能不介紹兩位更出色的難友了；一位是累犯，亦即社會與法律通常頭痛的所謂積賊。我們這位難友幾乎乃以司令部的拘留所爲家；老是離開不上一兩個月便準回來。因而他的脚鐐是雙料的。而他在晚會的節目中，也便老是表演跑步時而雙料脚鐐寂然無聲，最受難友歡迎。

另一位是盤踞江西南城而屢却官軍的所謂土匪頭。他乃一位瘦長而蓄有仁丹鬍子的北方人，目光炯炯射人，別富一種魔力。他在晚會的表演是說蒙古話或蘇聯話。他自言曾做過徐樹錚的顧問。我想：當年徐樹錚做西北籌邊督辦、高吟「萬馬無聲秋塞月，一燈有味夜窗書」的詩句時，這位出色的難友可能正是幕僚之選的。他第一次也是最後一次受軍法審判，幾乎全是他一個人說話；他對審判官說：「你不必勞什子審判了，當年徐大總統（世昌）見我，還得先招呼我坐；我不可能在你面前站着對你說任何廢話的」。隨即用右手的姆指和小指做成一個「六」字（意即要抽大烟）伸向審判官說：「告訴你，這個我可一天不能少。在我歸天以前，每天來瓶白干，烤個鴨子來！」果然審判官通氣，馬上照他的話一一辦到。我懷疑這位通氣的審判官又非志澄莫屬。而沒幾天，我們這位出色的難友，便也果然被提出去「歸天」了！

很可惜，這兩位難友我都沒有請教過他們的姓名；但在那時生命都算不了什麼的年代，請教與不請教他們的姓名又算得了什麼？我所至今仍感覺榮幸而銘刻心版的，祇是天壤間竟會有過這樣的兩個人和我都有同獄之雅而已！

戲柬亦園

亮齋

我本不能詩，詩或偶尋我；寫之聊自怡，如壑藏小舸。亦園今捷才，珠玉投璀瑳；不審我思頑，責和急星火。亦欲追駿奔，自忘其罷跛；孰知一葦輕，終蹶千鈞荷!?晝吟花笑痴，夜吟月空墮；晝夜不成章，詩與我相左。念此良自哂，投筆如投鎖；寄聲謝亦園，幸毋索詩可！

西貢與西貢的華僑（越南遊記下篇之上）

• 幼椿 •

越南今被國際共產黨佔據其北部，只餘南部，故越南共和國又稱南越南。越南舊名安南，本分東京（北圻），安南（中圻），交趾支那（南圻）三部份，在未爲法國所佔據而淪爲殖民地之前，本隸中國稱藩邦甚久。因之越南文化十九爲中國所傳授，崇拜祖先，信仰儒教，孔子廟堂，遍於各地，尤以越北爲盛。越北地近中國，水陸交通都甚捷便，故越北人大半都是中國人的後裔，其習俗幾與中國人無異。越北華僑之所以少於越南，也因越北華僑與土著通婚不絕，久而相混。且越北的紅河三角洲肥沃之地，河口與海防等繁盛區域，久經開發，人口密度早已飽和，因之中國華僑在清末移徙者多往南圻湄公河三角洲的西貢一帶，越南華僑便以此一帶地爲多。

今日所謂「西堤」的華僑總數有四十二萬餘人，分廣肇、福建、客家、潮州、海南五幫，各有會館，頗爲團結，十之七八從事商業，少數從事農工，生活尚過得去，既少鉅富如馬來亞，也少赤貧如香港難民者。聞四十二萬華僑中，只有三萬多人係從越北於一九五六年由美國用飛機及軍艦運送逃來，故此少數難民，多有親戚故舊在西貢，或因華僑習尚同鄉互助，早已被安置妥善，並無流亡失所，依靠越南政府救濟者。在西貢城南的自由村中雖尚有華人二千餘人，由天主教會設法安置，聞此等難民並非華僑，而係直由中國來者

筆者此次游歷，住於堤岸一華僑家中。堤岸舊爲華僑聚居地。西堤四十萬華僑，即有三十萬住於堤岸街市中，故比屋而居，開舖營商者，十之八爲華人，有如香港一樣。然而其習俗，則尤較香港爲近於中國的舊時風尚。筆者客中適逢舊曆正月半，所謂上元佳節，中國舊俗必須大鬧元宵一番，此一舊俗在中國大陸各省早成過去，而堤岸之華僑仍慶賀如儀：家家九枝紅燭，三柱神香，焚錢碼，供鷄魚，跪拜財神土地及祖宗牌位，甚爲誠虔。廣肇等各幫有會館，每一會館於元宵之夜，皆唱大戲，由票友彩排，以娛本幫同僑。會館一如國內，例在廣場之中設有高台備演戲之用，聽衆則羣立廣場，仰面而觀。筆者回憶兒童時候隨衆看會戲情景，與此日之堤岸會館台下的擁擠不通，萬頭攢動，一色一式，另有一番風趣。此種看戲不花一文，酬神兼娛大衆，太平景象，在中國早已不復見也。

華僑會幫所設的會館，或祀天后，或供關帝，廣場大殿，爲用甚大：華僑小學多以會館大殿爲課堂，廣場爲操場；商幫開會議事，也例於星期假日在大殿中；夜晚則廣場之中，有教師授拳術，太極拳、白鶴拳，軟派硬派，各顯神通，商店學徒，中學學生，納費拜師，習之甚勤，此種體育而兼娛樂的技擊好尚，可算中國舊俗的有益於身體者；中國武俠小說之所以尚流行於海外南洋各地，也因此種技擊流風尚未全息於海外之故。筆者曾與一廣肇幫的老拳師談及技擊所以流行南洋之故，他說：「其中寓有民族主義的思想。自洪楊變後，不容於滿清的太平天國餘黨，逃來南洋，多有教拳術爲生者，好勇鬥狠，志在終有一日，賴此以復國家之仇，故拳術在南洋世代相傳，以至於今。」

堤岸華僑商家，開舖設店，多年來一本中國舊日家庭式的節儉守成的老規矩。惟越南共和國成立後，統制外匯，防止偷漏，管理物價，分幫領牌，一切不得照舊自由處理，而我華僑因之只得適應環境，跑官廳、跑銀行、跑海關、請管帳、請會計師，種種新的辦法，使老一輩的人無法應付而退位，讓給後一輩的兒孫管事，於是經商已不尚節儉的守成而必須手腕靈活的去奔走了。堤岸赴西貢海傍的官廳銀行集中地，既有二十餘里之遙，新式華僑商家必須有代步的私家汽車始能應付每日的奔走。因是美國式與西德式的大轎車馳逐城市中有如香港，而「的士」還多於港九，且計程之價特廉，二十哩地只費港幣兩元而已。

× × ×

× × ×

永康先生：拜誦佳章，藻飾逾份，愧不敢承。乞示尊址，盼常賜教。

亮之敬啓

本刊已經香港政府登記

每逢星期五出版

聯合評論

週刊

United Voice Weekly

第八十五號

督印人：黃宇人　總編輯：左仲平

社址九龍金馬倫道卅八號三樓　電話61413

承印嘉羅印刷有限公司香港灣仔馬師道5號

總代理：友聯發行公司　售價每份港幣一毫

本報美洲版總經售處美國紐約中美出版社

CHINESE-AMERICAN PRESS, INC

199 CANAL STREET.,

NEW YORK31 N. Y. U.S.A.

美洲航空版零售每份美金一角

南非事件又一次證明

權力慾使人愚蠢

李璜

一

人類雖稱爲萬物之靈，但因爲他的慾望太大，利令智昏，往往變爲蠢材，反不知其他有些動物，慾望有限，畢竟和平相處，不致同類相殘。人類特別對於權與利兩字，太看不穿，總想獨佔，所謂「貪夫殉財，夸者死權」，不但古今同慨，而且因爲一人，一姓，一黨，一國，一種族去爭取獨佔的權力，動輒引起戰爭，長期的戰爭，擴大的戰爭，以至成爲人類的浩刧！翻開中外歷史，從上古以至今日，眞是蠢材太多！秦始皇統一了六國，要想將他的權力傳之子孫，一世，二世，以至無窮世，焚書坑儒，銷毀兵器，自以爲是聰明的，而其實他的愚民政策適足造成趙高的指鹿爲馬，他的兒子秦二世便成了一個大蠢材，並未能將始皇的權力傳之無窮，而反引起秦漢之際的長期戰爭。在西史上，英法爲爭王位及支配更大土地的權力，曾打上百年的戰爭（一三三七——一四五三），弄得兩敗俱傷，愚蠢之至。這是上古中古的教訓，然而並未爲後來人所取爲鑑戒，而中西的近世史，以至現代史，無非是人類的不斷的互相殘殺的紀載。不過到了現代，蠢材們要想將一己的權力傳之於子孫，或擴大於世界，則更爲困難，更不容易辦到，如袁世凱，如希特拉，都只落得一個「身死國滅，爲天下笑」，適足以成爲蠢材而已！

在現代，一人，一姓，一黨，一國，一種族之所以更不容易獨佔其權力，且更難達到長久的支配着多數，乃是因爲多數人的知識發達，能力增長，不能再聽任少數人爲所欲爲，而自身甘於奴役，甘於盲目的將一己命運交與這少數人去支配。多數人的知識力之所以進步，又由於人類的交通便利了，接觸頻繁了，特別是電化教育，電訊交通，如無線電收音以至傳眞，如電訊織成的新聞紙，使世界上發生的任何事態，朝發夕至，速於置郵，在自由民主的國度裏，固然是有眼有耳者都能夠得着機會，去比較，去思量，去受着爭取自由平等生活的事變感染，去起來反抗自私自利的權力獨佔者；就是在獨裁極權國度裏，不怕他會挂上鐵幕，竹幕，或者紙幕，將外面的消息隔住，不許外面的自由人或自由言論與紀載進入幕內，然而無線電的傳聲終是隔不住的，（擾亂的能力終是有限的，）內外的人們接觸終是隔不斷的，多數被奴役，被蒙蔽者終是有機會，用他們的眼與耳去作比較，去受感染，去對獨裁極權的權力獨佔，生出反感而加以反抗的。——共產極權與一切專制獨裁，在現代特別是今後之所以必敗必亡，其關鍵乃在於此。而南非聯邦當政者屢次對於多數土著黑人採取隔離政策，不以平等看待的，以保持其權力的獨佔，其終必然失敗，其情勢也是很顯然的。

二

考南非聯邦之所以能夠獲得獨立與自由，乃是由於在當地居住較久的白種人，並同着黑白混血種人，向英帝國殖民地統治者不惜多年流血革命，方纔於一九三一年獲得政治權力，自治自主。一個靠着人民力量去革命而獲得政治權力的人們，如南非聯邦前任總理馬蘭與現任總理弗烏爾，偏要反過來，漠視多數人民的力量；妄用其政治權力，實行專制，已經是忘却了帝國主義是如何失敗的，自身是如何起家的！馬蘭既違背憲法所規定，而取消了黑白混血種人的選擧權利，且不許黑種人隨便進入城市，尋求職業，弄得自一九五一年以來，國內多數反對，騷然不寧，已爲世界文明人類所唾棄；今弗烏爾繼續執政，復妄用其權力而向民衆開槍，民衆傷亡以數百計，這更是權力慾衝昏了頭腦：愚蠢之至！

本來，在十八九世紀中，有色人種還是爲白種人仗恃其有科學的優越文明，而瞧不上眼的，尤其對於黑種人們白種人還是將他們當奴隸看待，不過兩次大戰一來，民族主義在亞非兩州均大爲抬頭，故聰明的英國人乃迅速的放棄其殖民主義的思想，而先後允許各殖民地以自治；更因美國人的同情與鼓勵，今日對幾個非洲的殖民地都已獨立建國了，如摩羅哥，如突尼西亞，如利比亞，如黃金海岸，如凱亞，如喀麥隆，等國，其中且有已經加入聯合國而併肩活動於世界大國之林的；這些事實，這種情勢，報紙電訊不絕於紀載，無線電訊不絕於廣播，南非聯邦中的多數黑人豈有老是不聞不見，而仍舊安心任運，永遠去聽受統治者的支配與壓廹嗎！何況毛毛黨在他們側近鬧革命，鬧了幾年，對於白種人動輒加以仇殺，敢作敢爲；情勢如斯，而南非聯邦統治者尚毫無所覺悟，仍舊以爲是天之驕子，一味顢頇，像這種只覺自身權力之可愛，而不認識人民與環境爲何物，眞中國人所指摘的官僚主義是也！

語云：「識時勢者爲俊傑」，二十世紀五十年代以來，民族主義的趨向，勢不可遏，故國際共產黨人利用此一趨勢，屢以民族主義去挑撥弱小民族，無往不利；亞非兩洲因是已爲赤色帝國主義的魔掌所籠罩，而南非聯邦統治者此種頑固作風與愚蠢做法，適足予國際共產黨人的挑撥機會而已！且民族主義的憤起，無不與民權及民生有關，政治平等與生活自由，這兩大人民的要求，在今日任何民族裡，皆被認爲是天經地義，而南非聯邦的多數民族又豈能自居於例外！總之、民族、民權、民生、在二十世紀的今日，確爲任何國家掌握政治權力者所應特別的隨時注意着的；惜乎中國一向主張三民主義的執政黨乃忽視之，而未認眞實行其主義，此國際共產黨人之所以得逞其奸計於中國大陸也！

四九、四、三

政論家與自私

蕭輝楷

前些時我讀到過一篇政論，大致意思認爲：當前的「政風」不好，許多人批評朝政，說得冠冕堂皇，其實是出於自私的動機，企圖利用民主自由等動人名詞，以達成其個人欲望。類似此種論調，在報刋中屢見不鮮，我認爲對此實有加以廓清的必要。

首先，我們必須認清一個簡單概念：政論不同於現實政治；政論家並不就是從事現實政治的人。

政論之於現實政治，正如劇評之於戲劇演出。劇評家有時能影响戲劇創作及演出；但他不是劇作家，也不是演員或導演。同理，政論家有時能影响現實政治，但他不是政治家或政客。當然，從事現實政治的人經常發表評論——正如演員及導演也經常評論戲劇——但他們不屬於「政論家」這概念範圍以內。像陶希聖之類從事實際政治工作的人，竟有時被稱爲「政論家」，這完全是概念的混淆，名詞的誤用。

政論家雖不從事現實政治，民主社會却需要有政論家；因爲政論家的評論，是憑藉其學識，根據其觀察，并秉照其良心而發的。從事現實政治的局中人，需要參照政論家的評論，以判斷政治的得失功罪；一般民衆更需要借重這種評論，來了解現實政治的情況。政論家的評論反映輿論，同時又影响輿論。民主政治與輿論不可分；因此也與政論家不可分。沒有政論家的民主政治，簡直是不可想像的。

分清了政論家與政治活動者（註：廣義用語，指從事現實政治的人）以後，我們可以轉而討論他們的「動機」問題。在這裡有一個極重要而爲一般人所忽畧或拒絕接受的概念，即是：民主政治的一切原則都建基於「人人自私」的假定之上。

所謂「自私」，即指謀取權力、地位、名譽、金錢。除了少數聖賢及白痴以外，正常的人都追求權位名利：各人偏重不同，而其爲自私則一。這是人性的一個主要部分。一個社羣需要組成權力結構來管理衆人之事，即是必須對某些人賦予權力、地位、金錢、以及享受名譽的機會。在過去人們夢想找尋「不自私的人」來擔承這種權位；可是歷史告訴我們，不自私的人不僅不可必得，而且極不易得。因此，民主政治完全不依賴「不自私的人」，而却在「人人自私」的假定下，形成一套制度，使擔承權位的人出於其「自私」的動機而不得不作有利於整個社羣的事。在民主政治制度之下，每個人都有權在合法範圍內爭取權位名利；因此，指摘一個政論家或政治家「動機自私」可謂毫無意義。當權者把天下公器據爲私有，反而指摘批評時政的人爲「爭權奪利」或「企圖分一杯羹」，更是豈有此理。

但是，我們不能忽畧在民主政治制度下「自私」的一個條件：「在合法範圍內」。比如說，憑藉政見與聲望而競選總統這一公職的權位名利，是「合法範圍內的自私」；如果憑藉賄賂或威脅而使自己獲取這種權位，即是「合法範圍以外的自私」。民主政治有一套制度來防止并懲罰這種「不合法的自私」；而政論家的評論即是其中重要的一環。

由於對人性自私的肯定，民主政治不着重動機分析，而着重言行表現。從事現實政治的人，只要他的言論及行爲表現不違反民主原則，就無庸追究他的動機如何；事實上，離開了言行表現，動機也無法追究。至於不從事現實政治的政論家，則只能着重於其言論；只要言論可觀，不違反民主原則，就算合格。現在我們往往聽到一些指摘說：「他講得冠冕堂皇，其實滿肚子自私動機。」或是：「他滿口民主自由，其實他如果上了台，更加糟糕」；這種指摘是不相干的。一個政論家的評論之爲正確或錯誤，與他的動機絕對應該分別對待。他可能動機很好，而評論全錯；也可能動機很壞，而評論全正確。一個政論家的評論、與他的其他能力或作風，也應該分別對待。也許他處理實際事務確極糟糕，但他的評論可能依然正確。語云：「不以人廢言」，換言之，任何一言論之是非正誤，都應就其本身來判斷，不可牽涉到發言者之動機如何；否則，一切正確言論都可以很輕易地「栽誣不良動機」的方式來加以鄙棄。

中國民主憲政的發展情形，令人不忍細述。當此風雨如晦之時，我們唯有期求維護民主憲政的政論家及從事現實政治的諸君子堅毅地繼續努力；怎能忍心再在他們言行以外去揣測他們的動機是否自私？更何況民主政治的原則容許並鼓勵所有人有合法範圍以內的自私？

不自私的人可遇而不可求；讓我們退而求其次，要求我們的政治家及政論家把他們的自私約束到合法範圍以內。

一九六〇年四月五日

以沈痛之心情作沈痛之努力

……國大閉幕後香港民間報刊的反應……

．小言．

第一屆國民代表大會第三次會議於三月廿五日閉幕。會議閉幕後，香港民間輿論即使是在會議期間採取相當保留態度的，至此也相繼予以嚴正的批評了。

廿五日的星島日報社論，直率地提出質問：「國民大會第三次會議議了些什麼？」社論對於「大會中，竟有主張不開放言路，不表達民意，不團結民心的論調，如反對召開反共國是會議者」，直斥之為「實一大可羞恥之事！」並認為這可羞恥之事是「打擊了海內外民心，壓抑了民意，……其造成危害之大，實在不堪設想！」社論指稱「那些反對召開反共國是會議，主張政府實行『關門政策』，實行包辦政策的國大代表們，是違反立場的，是違反民意的，」提出要對「像這樣的國大代表們，我們要罷免他們」的主張！

在該報同日第八版副刊上參斧先生專欄雜文中，更謂「國大代表不反問職位何來，竟然說出違反選民的話，眞是國家的奇恥大辱。」該文凌厲地說，「有如此的國大代，眞是國亡無日矣！豈國門不幸，祖宗無靈，而竟有如斯之國大代乎！」

因此，社論以沉重的筆調說，「統觀整個國大會第三次會議，還缺乏中興氣象，這是可慮的！」

廿四日的星島晚報夏文先生的「新聞剖析」專欄中對於多數國大代表之反對國是會議，也有極切要之評述。他首先說「國大代表此次在台開會，有極多地方表現得不够良好。不少代表的發言及其建議亦都是站在本身利益觀點的。雖然仍能順利地選出正副總統，完成本屆大會最重要一項工作，但他們的待遇，已超過以前一倍以上。所謂創制複決權的爭取，更成為若干代表們爭取利益的要脅利器。」繼之該文激昂地說，「國家是大家的，國是問題，亦大家都有發言的義務和權利。救國大業不是政府的專利，不是國民黨的專利，更不是幾個國大代表們的專利。反對國是會議的代表們，竟然堅持他們謬妄的反對理由，難道他們眞是能够包辦救國嗎？」

「包辦救國」，誠然是一個笑譚，但國民黨當權派中人物，據有此種夢幻者實非少數，他們「包辦反共」、「包辦救國」之最大作用無非是對已既得之利益不欲有所放鬆，從表面上看，這種「包辦」的作用，是一種「極端地負責任」的作用，實則足以說明國民黨當權派所掌握的現實政治，有其不可言宣的脆弱的一面。就這次國大會議期間的各種表現而言，不已是很好的說明了嗎？

在較早時，三月廿二日香港的新生晚報「新聞說明」欄內表示希望中華民國能站得住，並說「海外任何中國人都是擁護中華民國的。」但是「最重要的基點是在獲得全民支持。」並進一步進言，「人民所憎惡的應該改革，立刻大刀濶斧的改革」，同時也認為「海內外若干人提出的意見，儘管在方式方法上有所不當之處，可是其中很多意見是值得聽取並施行的。」

但是當國大閉幕後，當人們讀到了「閉幕宣言」後，廿六日星島日報第一版（要聞版）對該項宣言做諷刺性的三格大號三行標題謂該宣言是「新詩一般的文告」，「華而不實」！

廿九日適逢七十二烈士殉難紀念日，該日反共的各報雖刊出了「總統在青年節出告全國青年書」，可是星島日報同天的八版副刊上參斧先生又用其七首之筆以「七十二烈士是笨伯？」為題，行文曰「七十二烈士當然是笨伯，他們當時祇有一個目的：推翻清朝，爭取民主。他們沒有想到待遇，也沒有想到做官。他們是眞正的革命黨。今之人，欲包辦「反共救國」，而斤斤於待遇者有之，惟恐被他人分薄者有之，似此，又有何面目於今日去祭七十二烈士？似此，又怎能反共救國？共未反，國未救，便熱中於做官，熱中待遇，還反什麼？救什麼？」

眞的，在目前的情況之下，海外的反共人民究竟應該選擇怎樣的一條路呢？

一向恃珍惜並維護中華民國法統，愛護中華民國憲法，支持中華民國政府所領導的反共復國運動的「祖國周刊」，在四月四日出版的第三七八號的「我們對時局的態度」社論裏說：「現在中華民國政府偏安台灣已經十年，當局空言反共，而實乏決心。……此次蔣先生再度開出五年復國的支票，其對人心之振奮作用似不如理想。在此種低氣壓下，朝野人士實應以沉痛之心情作沉痛之努力，各盡所能，在政治、經濟、文化、教育界方面爭取進步，以企求中華民國國運轉機。不論執政者的法理地位如何，我們希望政府當局逐漸有些良好的事實表現，更希望持民主理念而反共的人們不躁不餒，咬緊牙根繼續作更大的努力。」

但是，對於蔣先生今後的地位問題，該刊社論鮮明地說：「為了顧全大局，我們承認根據非憲修訂之『臨時條款』而選出連任總統的蔣中正先生為下一階段中華民國之一非憲法的總統，並願繼續支持中華民國政府所進行之反共復國工作」不過對於「此次國民黨當權派費盡心機，安排蔣先生違憲連任總統」，則也認為是「實為中國民主憲政發展過程中一大恥辱」！

反對修憲（包括修改「臨時條款」），反對連任是本刊歷久所一貫主張的，此次筆者引述介紹香港民間報刊對第三次國民代表大會選舉蔣先生連任第三屆非憲法的總統的輿論，要抑在供美洲、歐洲及其它地區本刊廣大讀者有目共睹公正之論。有謂是非公道留待歷史評定，實則已早立竿見影於今日矣！

台灣一周

國大代表有「財」有藝

國民大會曲終人散，所謂「歷史任務圓滿完成」了。「三春去後羣芳盡」，留給國人的話柄，是一幕不亞於當年「枱欖絕食」的精彩活劇。

大會閉幕的宣言：「我們要使一座自由民主的燈塔放射强烈的光芒，消除我國大陸的黑暗……」可謂情文並「妙」，星島日報第一版大字標題，譏為「新詩一般的文告，宣言華而不實。」我也想，這是富於幽默性和創造性的「超現實派」的「宣言詩」吧！

報上的消息，國大代表報到第一天，領到四千五百元，第二次借支出席補助費五千元，第三次預支四，五，六月公費三千元，第四次再領招待費三千元，總計每位代表「收入」總數將近兩萬元，主席團主席總數將近三萬元。以卅五天會期計算，「進益」確實可觀。難怪部份代表要求每年集會一次了，語云「君子愛財，取之有道」。其此之謂乎？

綜觀這次國民大會，創作了意境高超的「宣言詩」，上演了媲美Cow Boy片的打鬥場面，開拓了「不盡長江滾滾來」的財源。某些國大代表可謂「財」藝兩全了，可喜可賀！但可悲也可恥。

政論家者流

星島日報刊載台北中央社電訊，「政論家」陶希聖在台灣省雜誌事業協會演說：「此次國民大會之成功，是一千五百位代表努力的結果，如有失敗，只有破壞陰謀與傾覆工作者少數人的失敗。」陶希聖先生的「道德文章」，是「飲譽遐邇」的。但，「星島日報」居然把我們這位「權威政論家」，在政論家上加一個括弧，妙就妙在這個「括弧」。

早先在「自由報」上看到馬五先生、「自由談」，據說胡秋原先生怕人稱呼為政論家——事實上，今日台灣和香港的「政論家」，不啻恒河沙數，說胡謙虛固屬可以，說他恥於同列也未嘗不可以。而今，一般習慣上的用法，將所謂政論家，政論權威，某某問題專家等等，有的加一個「名」字，有的加一個「括弧」，蓋聊以識別耳。

五代景明馮道，「履行有古人之風，宇量得大臣之體。」嘗著「長樂老自敘」，躊躇滿志。歐陽永叔著新五代史，責之恬不知為恥。是所謂做人難，著書立說尤更難。鑑古知今，即今日之榮，又安知非異日之辱呢？何不休矣？

．孟戈．

「義乳」、「霸王屋」與臨時條款

．一文．

中華民國憲法後面的臨時條款，究竟算什麼呢？即使是台灣的「憲法權威」或「專家」，對於臨時條款是否是憲法一部分，也有各種各樣的解釋。即蔣中正先生也並不認為它是憲法的一部分，但張知本先生卻說它的重要和效力等同憲法並超越憲法。

香港純粹民營的星島日報和晚報上有二篇有關的文章，卻對這問題作了頗幽默的說明和譏嘲。

三月廿三日「星島日報」有參斧先生的「臨時條款與義乳」一文。他說：「如果要我解說，……我要指出憲法上之臨時條款，有如義乳；義乳當然不是人身的一部份，但是當義乳被裝上之後，則裝者自視為身體的一部份，也希望別人視作身體的一部份。」這是當然的。百貨公司出售的義乳，雖男士亦可撫摸之，購買之，但是配戴在女子身上的義乳，則雖仍是義乳，而卻有其「神聖」不可侵犯性了。此係由於其屬性移轉，其欲隨便侵犯者，自然受法律之懲罰。臨時條款既然是隨同憲法產生，而修訂之後又欲使其產生凍結憲法條文之效力，若謂其非憲法之一部份，實為自欺欺人！

又三月十八、十九兩日「星島晚報」七版胡實先生以「王寵惠搭蓋的房子」為題說臨時條款之所以訂立，當時是「因為蔣先生認為憲法中所定的總統職權不够威勢，尤其不適應國家的動員戡亂局面」，既要他做總統，就祇有在憲法的大房子之外、蓋一小房子。事過情遷，就要拆除的。

但是一經這次修訂，該文作者認為，就將那小房子，「改成大房子了。好像香港的木屋區，將一個難民寮，改成霸王屋。」

該文並謂，「即以香港的社會現象而言，樓上死了人，一定要搭個臨時天梯來出靈。寺廟做盂蘭會，一定要搭個涼棚來接待施主。因為事出非常，原有設備不敷需要，添一個臨時建築應急，這就叫做臨時條款。可惜我們這個國家常把『臨記』當『主角』，一座臨時天梯，一個臨時涼棚，可以搭上十年不拆除，好像天天有死人出靈，夜夜做法事超度鬼，這就祇怪我們做國民的苦命了。」

並認為，現在臨時條款「又增加總統副總統得無限期連選連任，以及國民大會得設機構，並擬行使創制複決兩權之辦法。政府和民意代表，雙方利用臨時條款，討價還價。結果利益均霑，皆大歡喜。……原來搭的難民寮，眞的變成了霸王屋。」

惟「霸王」始住「霸王屋」，也惟不講民主政治者，始甘願做違憲、非憲的總統！

中共走入窮巷孤行到底
——李富春李先念報告底剖析

李金曄

「積極建立城市人民公社」。這是中共「國務院副總理兼財政部長」李先念，三月三十日在北京召開的二屆「人代會」二次會議第一日所作報告中正式提出的。

「城市人民公社」，按照中共原定計劃，應在二年前推行農村公社時一併舉行的，後因黨內皆有人反對操之過急，並且客觀形勢也不利於進行，因此延擱下來。不過儘管迄今黨內外仍不乏人反對毛澤東的冒進政策，但從這次人代會第一天的形勢以及李富春、李先念的報告來看，毛澤東似仍在黨內佔有獨一不二的「優勢」，二李的報告中，也不斷地提出了對毛澤東的恭維，仍奉之若「神明」。尤其是李先念正式公開提出了「積極建立城市人民公社」，益可證實毛澤東的路線將仍是未來中共政策的主要軌道。也儘管毛澤東近年來推行諸事並不順手，反對派的聲勢也不可小視，可是其決定「走入窮巷，一意孤行到底的度態，則已在這次「人代會」的第一天表明了！

依據李富春所作的「關於一九六〇年國民經濟計劃草案的報告」，及李先念的「關於一九五九年國家決算和一九六〇年國家預算草案的報告」觀察，中共在內政範疇的財經方面年內的動向約如下述：

一、將在現有的農村人民公社化基礎上，繼續走向「共產主義社會」。現在已經完全肯定農村的公社化是過渡的「最好的形式」。這一形式在毛澤東有生之年將是不容有所變更的了。

二、李富春的報告已透露了「現在，全國各城市正在大辦人民公社」，這證明，若干城市已經踏上了公社化的路。今年的趨勢，將一如李先念所說是從事「積極建立城市人民公社」的一年。這是過去一年來中共城市中，無情地驅使家庭婦女走入街道工廠，從事「大辦街道工業、大辦公共福利事業、大辦公共食堂、廣泛地組織居民的經濟生活，把城市人民進一步組織起來」的結果。而目前，中共並正在進一步宣傳「廢除封建家長制」！」

三、中共已確定今年將農業放在首位作基礎；以工業為主導，希望能收雙管齊下之效。同時並「調整」各工業部門與運輸部門各行業的關係，主要是謀解決原料供應、運輸能力與勞力供應的問題。惟就目前的情況來說，重工業方面正陷入鋼鐵礦源及煤炭供應不足，復以農村勞力之被大量浪費，使可用於耕作之勞力大大削弱，形成要以「一億多人」的勞動力來耕作「十六億畝」土地的矛盾失衡現象。（見本年「紅旗」半月刊第六期，「副總理」譚震林所寫的「關於實現我國農業機械化的若干問題」一文）而輕工業方面，以棉花及棉布為例，中共正在號召全面節約用布，並以「小秋收」和「小春耕」運動來大事搜集野生植物纖維代替棉花產量之不足。至於電力方面，現在大陸各大城市正在從事用電「四合一化」，藉此以拆除各大城市電力廠、工廠、居民用戶的電氣器材，包括發電機、變壓器和各種電線、電纜器，以「調劑」不足。由於運輸力之不足，各省及主要廠礦不惜修建不合標準的土鐵路、小鐵路、甚至是木製軌道。農業的產量，經過去秋的大水災和今春的大旱災，儘管號稱產量「增加」，實則是用「釜底抽薪」之法，大事削減口糧，以維持超產數字。現在全國公社正在推行書記掛帥，由各級黨委書記親至各公共食堂掌握配糧定糧。

四、儘管李富春的報告中對各項生產計劃指標數字的擬訂，已不若過去之誇大，但主要生活必需消費品之數字如棉紗、棉布僅增長百分之九、百分之一點三，而職工平均工資祗「擬增加百分之六左右」，但是與「城市人民公社工業和街道工業的產值增長一倍左右」相比較，顯然與人民被剝削搾取者，相去甚遠。同樣的，農業總產值增長了百分之十二，但農民之生活則已如上文所述，連口糧也已為黨委書記所控制住了，以廣東農村逃亡者的口述，現在每人每日僅配米六兩。

五、李先念報告稱，「市場貨幣流通量比上年只增加了百分之十」，姑不論它的可靠性如何，通貨膨脹，人民幣在貶值中則是肯定的。

六、今年的「預算收入比七年增加一百五十八億六千萬元當中，有一百五十七億元，即幾乎全部來自國營企業繳存的增加」，這增加數字，當係全部出自透過人民的商業剝削。另外農村人民公社的各項負担仍「佔農副業總產值的百分之五點三」。

七、今年的預算中國防費為「五十八億」元。但是我們應該了解，有很多的支出例如民兵訓練，國防體育活動等各項龐大費用，都已轉移到其它支出中被隱蔽起來，或轉嫁在人民負担上。

八、李先念的報告中，提出了要在今年進行「發動廣大群衆，反對貪汚、反對浪費、反對官僚主義，切實整頓幹部作風，提高幹部的政治水平，提高廣大羣衆的思想覺悟。」同時李富春的報告中則提出了要「認眞地學習和掌握毛澤東思想」，可以想見今年將可能要掀起一場「整風」、一「學毛」的大風暴。

中共流氓外交一例

中共與尼泊爾正式建交于一九五五年八月，中共派駐印「大使」兼駐尼「大使」袁仲賢到加德滿都遞國書，但未在那裡設使館。一九五六年五月，中共派「副總理」烏蘭夫為「特使」，到加德滿都參加尼泊爾國王加冕典禮。六月，尼泊爾派其駐印大使巴哈杜·拉納兼駐中共「大使」，但從未到過中共。九月，中共與尼泊爾簽訂：西藏和尼泊爾之間的通商和交通協定，規定，尼泊爾將其駐於拉薩的武裝部隊撤退；雙方在對方首都互派大使，不再由駐印大使兼任，中共同意尼泊爾在拉薩設總領事館，尼泊爾則同意中共在加德滿都設領事館；中共同意尼泊爾在日喀則，吉隆，聶拉木三處設商務代表處，尼泊爾亦准中共在其境內設同等的商務代表處，中共同意指定拉薩、日喀則、江孜、亞東為貿易市場，若認為必要時，尼泊爾亦同意在其境內設同意數目的貿易市場。其中除尼泊爾已撤其在拉薩的衛隊以外，對於中共的義務部分始終未曾履行。

同年十月，中共與尼泊爾簽訂經濟援助協定，規定在三年內，中共無償援助尼泊爾六千萬印度盧比，其中的三分之一給現款（一九五七與五八年各給一半，即一千萬）其餘的三分之二則給予機器設備、材料和其他商品，同時給予尼泊爾在藏商人的外匯便利。

一九五七年一月，周恩來到尼泊爾訪問，二月給第一批援款一千萬盧比現金。但至八月，尼泊爾首相公佈，他將取消與中共所訂的協定。後，中共很勉強的再送去一千萬盧比，但其餘的四千萬遭尼泊爾所拒絕。中共則不准尼泊爾佛教徒到西藏朝聖。

一九五九年四月，西藏發生革命，尼泊爾總領事館受到轟擊，大量的西藏難民越境入尼泊爾，中共軍則數度越境，雙方關係非常緊張，尼泊爾與西藏之間的貿易亦告斷絕。

這次，中共與尼泊爾間簽訂邊境問題協定與第二次經濟援助協定。

在邊境協定中說得非常含糊，僅謂以現有的傳統習慣線為基礎。按中國尼泊爾間並無未定界，但由于未曾設立界樁，英國佔尼泊爾期間，多處伸入西藏，尼泊爾獨立後承繼之，現在的傳統習慣線就在這種情況下形成的，中共現承認習慣線，即等于承認英軍以前佔去的土地。

這次中共無償援助尼泊爾一億盧比，加上以前未曾動用的四千萬盧比。這種援助看來已達「硬送」的境地。

此外，兩國公報又重提互建大使館的協議，但對中共在加德滿都設領事館，設商務代表處，開放貿易市場等都未提及。由上可見，互建大使館一事已是第二次協議了，是否兌現，還待事實的表現。

中共對尼泊爾的這種讓步遷就與奉送援款，眼前的目的當是為着對印度的引誘；其長遠目的則在于滲入和離間印度與尼泊爾的關係。

不久以前，中共割讓土地予緬甸，這次則對尼泊爾讓步，這當說明中共在極力表演其「和平」姿態。去年擺出窮兇極惡的侵略姿態，現在則又表演其「和平」姿態，這種不同姿態的表現，沒有誰能夠相信其有眞正和平誠意的。一國的正常外交手段，決不應該是忽而喊打喊殺，忽而送錢割土；這樣，適足以說明其所採取的是不擇手段的流氓外交。

·田心·

革命血如花（記廣州起義經過和得失）

·吳惠明·

（續上期）黃興擬在督署舉火，號召各方舉義，一時缺乏點火材料，乃以火種置於床架上，再就所部分為三路出擊，其臨時部署計劃，以徐維揚率衆撲小北門，接應新軍；一路攻督練公所；黃氏親率方聲洞、羅仲霍、朱執信、何克夫、李子奎、鄭坤等十人出大南門，擬與防營同志接應。黃氏為方聲洞領先出發，遇防營數百於雙門底，見防營官兵無响應臂章暗號，且舉槍相向，於是發生誤會，方聲洞發槍斃其哨官溫帶雄，遂形成自相殘殺混亂局面。實則所遇防營，乃早經革命黨人策動起義者，該營哨官溫帶雄、哨長陳輔臣本擬乘此拱衛督署機會，直趨水師行台擒拿提督李準，惟當時未佩臂號，致有無法解釋之誤會。黃氏在混戰之中；隨行同志盡皆散失，乃以肩撞破一洋貨店作為掩蔽，繼續發雙槍射擊，又中防營多人，得免於難。臨時派往攻督練公所黨人，當抵蓮塘街遇其他黨人正與防軍酣戰，遂加入戰鬥，終以衆寡懸殊，而旗兵警察不斷增援，直至深夜傷亡纍纍，殘部亦各散失。由徐維揚所率之衆，遇敵分頭撲來，乃派出徐滿凌分拒觀音山之敵，至德宣街與敵遭遇激戰，再轉入大石街會合莫紀彭等攀登瓦屋，向觀音山射擊，不克轉移倉邊街，又與防營遭遇，退至小北門高陽里口，入源盛米店，與敵死拒，支持一日夜，彈垂罄猶作頑抗，清軍燒街圍捕，遂越後垣逃避，當時已潰不成隊，可謂壯烈極矣。至於徐維揚所率之衆，趨司後街迎擊水師行台之敵，經激戰，挫敵鋒，再由都府街，錦榮街，二牌樓向敵環攻，而敵大隊援軍至，反受包圍，乃突圍遇李文甫等，奮力襲擊飛來廟，擬奪彈庫，又不克。此時已彈盡人傷，不能再戰……。此種英勇戰鬥意志，故雖敗猶榮。（以上摘錄會亞伯先生的「廣州三月二十九日之役」紀實。）

此次起義經過情形，除以上所述外，再根據張鳴歧當時上奏清廷的電文，亦有供吾人參攷的價值。玆錄其原電如下：

「北京軍機處鈞鑒：粵省自孚琦被刺後，即聞香港亂黨（指革命黨）有潛圖來省起事之說，當與水提李準及文武會商，廣派偵探，酌調防營來省密為防範。近旬日來，迭據水陸兵船營汛搜獲私運軍火數起，並由巡警道拿獲匪黨九名，正在訊究。詎本日（廿九日）五點鐘，突有亂匪多人，懷挾手槍，擁至督署，拋擲炸彈轟擊。歧督飭衛隊，極力抵禦，一面飛調防營援救，無如衛隊人數寥寥，管帶金振邦中彈陣亡，各兵亦有死傷。（未完）

國大閉幕・漲風繼起

王秀逸

（台北通訊）國大總算是「功德圓滿」地閉幕。但却給本已不穩的物價揭開了漲風序幕。這次物價波動之激烈，遠勝去年「八七」水災後的那一次。

大家都覺得國大實在是不祥之會，第一次行憲國大時的醜劇，固然是記憶猶新，而今次國大聲光則尤有過之。同樣的也都刺激了物價上漲！

國大代一向自居於「窮代表」地位，並以此自鳴「清高」的，也是不爲台北燈紅酒綠場所歡迎的顧客。可是國大會議期間，他們却成頭等豪客，更何況待遇既經調整，於皆大歡喜之餘，自少不免更要放心綽濶一番了。

物價的波動初時起於天旱不雨，青黃不接，這是天災。亢旱同時也影響了甘蔗的種植成長，引起了糖價的不穩；再加雜糧欠收，花生少產，油價也跟着日漸昂揚。水利發電受了影响，電力供應有了限制，於是靠電生產的水泥，鋼鐵製品等工業萎縮不前，製成品價格報漲，各物價相互刺激形成勁烈漲風，在米價漲幅高達五成時，遂一致跟進起價。

廿五日國大閉幕後，連日各報第一版新聞一致的「薄海騰歡」，而經濟版上的新聞則漲風刺激民心，台灣的「安定」與「進步」的宣傳，就在報紙上這樣地被無情地打擊着！

廿九日，台灣省烟酒公賣局奉令「殺出程咬金」，宣佈即日起調整烟酒公定價格。自「八七」以來，烟酒於半年之間漲價兩次。其唯一理由是「爲公教人員調整待遇開闢財源而提高。」可是常識說明公營事業當亦不免隨之起價，那末即使調整了軍公教待遇，也仍不過是「羊毛出在羊身上」。小市民敏感地認爲這乂與調整國大代的生活待遇有關，與國大召開，政府赤字增加有關！國大六年開一次，已是如此這般，若一年召開一次，民何以堪，勞民傷財，莫此爲甚！

這次烟酒加價，不僅「師出無名」，而且有失公允。價格提高者計有烟類十種，酒類十六種，大部分是低級的產品，也可爲小市民消耗量最大者。另有烟類十一種，酒類十九種則不予調整；至於高級酒類四種：則將售價降低。照財政當局預計，如此「調查」之後，「每年可增加公賣收益約三億餘元」！

當局雖說明，開闢此項財源係爲調整軍公教待遇，但此舉要到本年七月將予實行，而物價則在三個月之前即先行提高，試問七月以後，軍公教待遇即使獲得調整提高，也將無補於實際了。消息靈通的人士透露，這次國大會議可告人與不可告人之公開秘密開銷，約爲「億五千萬至一億八千萬元之譜，會議閉幕後尚有其它「善後」支出當不會少逾五千萬，是故烟酒加價實爲用於挹注此項赤字支出之一途！比較之純粹乞靈於印鈔機更爲有效！

「聯合報」三月三十日社論對於烟酒加價加以抨擊謂：「這次的烟酒加價，已經是一項既成事實，我們完全知道，反對已屬無用。但儘管明知反對無用，我們仍不能忽畧此事的嚴重意義：它說明了政府至今對財政問題，以及與之密切相關的物價問題，還是拿不出一個健全的對策來。」辦法當然不是沒有，不過要寄望於現在這樣的政府，似乎是過份地奢望了。

隨國大高潮與物價高漲以來的，是台灣省地方選舉的高潮。據悉，前曾任台北市長的高玉樹，雖現身在美國，聞已決定出馬競選，期再與國民黨的現任市長黃啓瑞決一雌雄。高玉樹如鐵定出而競選，相信必有一番熱鬧，另一競爭劇烈之中心，將是台北縣的縣長。國民提名候選人爲謝文程，但另一黨員白金泉已於十五日下午在縣議會中，公開向報界表示將不顧一切，決心脫黨競選到底。

爲什麼要脫黨呢？「目前他遭遇極大的壓力，所以以前無法宣佈，但他已決定競選到底。」白金泉的決心說明了國民黨當權派對於黨內人士參加地方選舉使用了不公平的壓力。因此預期謝白之互爭台北縣縣長一席，也將會激起相當的高潮呢！

（三月廿一日）

國大表演鐵公鷄的有人導演嗎？

佚名

（台北通訊）國民大會第三次會議雖已圓滿閉幕；但該會所表演的種種醜劇——尤其是第三審查會在三月三日那一幕鐵公鷄全武行，至今尚爲街談巷議的主題，有人曾作竹枝詞一首，以紀其盛詩云；

會場原不是沙場，底事輕麈全武行。
隔岸攙槍猶未掃，願君鼓勇到前方。

這一幕醜劇的主角李德廉究竟是什麼人呢？海外的讀者也許樂意知道，茲將畧爲介紹於后：

在打鬥告終後，許維純即向審查會宣稱，國民黨中央黨部嗾使李德廉打他，但李隨即發表一篇書面聲明，大致內容爲：

「本人自被毆受傷後，則赴樓上醫務室診治。據聞許代表說本人毆他。本人因不滿許代表制止同人發言，而許竟反手毆本人一掌，並連續在本人頭上毆擊受傷，本人剛從海外返國，自願本次大會圓滿成功。決不隨便打人，並未受中央黨部之命，完全是出於愛護大會及愛護國家之熱忱。」

就其措詞看去，容易使人誤以爲李代表既然是剛從海外回國出席大會，其出手打人當係出於一時之激動。

茲悉李代表爲江西人，是蔣經國的老幹部，在抗戰時期畢業於江西某中學後即考入設在瑞金的中央軍校第三分校，那時分校的政治部主任是胡軌，（現在是台灣青年救國團的副主任）。

恰好三民主義青年團江西支團籌備處成立，蔣經國被派爲籌備主任，胡軌是幹事，要籌辦青年團幹部訓練班，於是胡軌就在三分校挑選了一批學生，大約有四十人之譜，作爲青幹班的學生，從此，李德廉就成爲蔣經國的學生了。

李自青幹班畢業後，即奉派在江西青年團支團部担任組長，後升支團部書記，黨團合併後，更升爲國民黨江西省黨部書記長。他與蔣經國的關係之深，自可想見了。

第一屆國大代表選舉時，他憑着青年團的力量，當選了臨川縣的國大代表，他一直是替蔣經國在江西看家的。大陸淪陷以後，才去台灣，担任了金門行政長官，後來又奉派去日本留學。

就在日本留學時期，蔣經國又派他在東京國民黨支部担任書記長。主持特務工作，拿的薪水還是美金呵。

這一次他從日本回到台灣開會，自然是趾高氣揚，感恩圖報，爲了要爭取記名投票，竟不惜在審查會中，痛毆許維純，而演出了全本鐵公鷄。

另一塲打鬥的表演主角鄔繩武也是青年團的人物，他欲揍翟宗濤，而坐在旁邊的代表鄒希跛着腿趨前勸解，竟遭鄔代表迎頭兩拳，眞是飛來橫禍，好人難做了。從李鄔兩代表的政治關係看去，可知這次他們如此勇於表演全武行，顯然是有人在導演的。

惴慄愚忱質諸公

子子

聯合評論諸賢公鑒：

前些日在貴報上讀了左先生的隨感，我眞是悚然而憂。憲法大事我很少懂；人要怎樣活下去？我很關心。因此我要提出來，請你們認眞提出來討論，讓人們有一個認識，這就是你們承上啓下者對現時代應盡的責任。

左先生說：「目前不要說打倒毛澤東，看上去我連活也活他不過」我很明白，這不是洩氣，也不是隨便的幽默；因之我悚然以憂，我一生歡喜親近說眞話的人。

我本人同他比，年資學歷上當然還有距離；可是在某一點上，我與你們是到了共通點上，這就是「哀莫大於心死」了。三四十年來，中國的社會我是總算看懂了的，眞是使我倒盡胃口。作爲一個中國人，五十年來就不曾在我心裏有過一個政府，我也不會去參加任何政團去反對任何政治領導人。因爲我是個小資產階級，對於社會領導者的庸陋我明白，他們的邪惡我也清楚。多數人要醜，我一雙手沒法去改他們爲美。這一點毛澤東很清楚說，「小資產階級的劣根性，就是墻頭的一棵草、沒有根、沒有花與實、沒有個性，沒有出息；是多餘的東西、是醜惡的動物」。事實眞是如此嗎？我堅持我的觀點，全人類這幾千年來一部歷史，是靠了小資產階級穩固下來的。除非天下不需要太平的時候，亂世小資產階級就最易欺壓的了。就我個人而論靠了這一階級學習到了一點智識，我始終不肯唱高調，反叛或脫離我所隸屬的階級。我五十歲了，我仍舊一貫的保持我這階級自尊心，從不向任何勢力低過頭。看來目前最受苦難的是我們這一羣，我堅定的說，這完全是邪惡的人在作祟，絕不是上天的意旨。

現在連你們一班承上啓下的民主自由的鬥士們也都產生了厭倦情緒，那叫自隂以下者，怎末辦？是不是非楊即墨，不投國民黨某一小圈子即靠攏共產黨麼？

我們目前離開前一輩的盛世是越來越遠，與青年們的隔膜越來越厚，思想觀點越差越遠，眞的是我落伍麼？我不相信。所以提出來請你們各位認眞地研討研討，如果發現了定例，我們也可心安理得些。

另外一點惴然而懼的質疑，不知道你們有沒有同樣的警覺？

蔣「第三任大總統」中正表示要在一九六五年回到北平，（這當然是指現在的北京，絕不會是南京之誤）。我們總記得起，前年美國政府代表杜爾斯故國務卿專誠到台灣聯合蔣介石對世界發佈了一張文告，內容要點有二：

（一）美國正式承認三民主義是中國的立國之本。

（二）國民黨不以武力對付中共。

荒唐的外交史，兒戲的鬥爭史，眞是天曉得！

目前我們的三民主義信徒蔣公中正在他三折肱於中華民國寶座之餘，又突然發了這一個將回北平利市。他雖然沒有明白宣示怎樣的回去；但既不使用武力，想必是尋求政治途徑了；再加以他不說回到南京而却說要去北平，是不是與四年前周恩來所喊的價錢更接近了呢？果竟如此，我相信兌現期或者可以躍進一下而提前超額完成哩。

因爲蔣總統馬上得天下。他最重視的是敵人；最看不起的是又要依附他又想反對他的所謂友人，聞毛澤東自從四年前有北歐國家送了一隻四不像的馬鹿到了三貝子花園後，即表示將留給蔣作坐騎。因蔣的一生最中意四不像，自楊永泰、王寵惠、陳布雷以至目前在台北的那一羣一生做官功夫，盡在這三字經裏琢磨起來的。

至於美國人呢？杜爾斯也是一個同好者，他的繼任者似乎更有甚焉。他們要的是眼前的安定與繁榮，五億中國人的痛苦與他們何干？

歷史一篇一篇重演下去，先生們於意云何？

我心未死之際，將何以活下去？

中共正式推行城市人民公社

大陸之窗

劉裕畧

關於中共在全大陸繼續推行農村人民公社的問題，筆者曾經一再有所評述。直到半個月前筆者綜合觀察有關大陸各項資料後，筆者又再指出中共已經正在大陸各城市籌辦城市人民公社，筆者此一項預料，為時不過兩週，竟不幸而言中。據中共新聞社公佈：中共國務院副總理兼國家計劃委員會主任李富春在三月三十一日下午的中共「人代大會」上作出報告說：「現在，全國各城市正在大辦人民公社、大辦街道工業、大辦郊區農業、大辦公共福利事業。廣泛地組織居民的經濟生活，把城市人民進一步地組織起來，并且使成千上萬的城市家庭婦女從家政勞動中解放出來，參加社會勞動」。這完全証實了筆者半個月前的觀察。

至於城市人民公社是不是有如李富春所說把城市人民進一步地組織起來呢？我們可以給予一個肯定的答案，是的。但這種組織又是不是對大陸人民有什麼福利，有如李富春所說呢？却不是的。成千上萬的家庭婦女，是否因此眞正得到解放呢却也不是的。這就因為中共推行城市人民公社的結果，誠然是把城市的人民，無論男人或婦女，都按照共黨的殘酷方式組織起來了，但另一面，却同時把人民所賴以獲得幸福的家庭拆散了。所有城市男女都被迫參加集體勞動，所有家庭婦女，都被迫離開家庭參加共黨支配下的集體奴役（共黨名之曰社會勞動），所以，李富春所說中共已把城市人民組織了起來那是眞的，城市人民被廹走到更慘的境遇是眞的，獲得幸福則是假的。

基本說來，中共過去搾取勞動力的主要地方，是農村，今天則擴及城市了。中共過去搾取勞動力的主要對象是男人，今天則更擴及婦女了。這說明了中共搾取勞動力的方式更進了一步，而大陸同胞的痛苦也更進一步了。

中共「政協」與「人代會」均開會

先是中共新聞社於三月二十九日從北平發出電訊：謂中共所謂「中華人民共和國第二屆人民代表大會第二次會議」今天下午在人民會堂舉行預備會議。并謂該會議由中共人代會委員長朱德主持。該預備會議并通過了所謂「第二屆全國人民代表大會第二次會議的議程」。

中共新聞社隨即又於三月三十日發出電訊，謂中共第二屆人代會已於三月三十日下午在北平正式開幕。毛澤東、劉少奇等都出了席。李富春和中共副總理兼財政部長李先念兩人先後作了「關於一九六〇年國民經濟計劃草案的報告」和「關於一九五九年國家決算和一九六〇年國家預算草案的報告」。從上述中共人代會一開幕，即由李富春與李先念首先分別報告經濟與財政的情形，可知中共今日最感吃力的問題，還是財經問題。

另據中共新聞社北平二十九日電訊：中共所謂「中國人民政治協商會議第三屆全國委員會第二次會議」也於三月廿九日上午在北平開了幕。此一政協會議，係由周恩來主持，開幕後，隨即全體列席所謂「人代會」去了。

據陳叔通的工作報告說：「政協會一年來的主要工作是：一、積極參與國家政治生活，進行政治協商。二、組織學習，幫助各界民主人士進行政治思想改造。三、組織和推動各界民主人士、工商業者和知識份子參加勞動鍛鍊。四、進行國際友好活動，反對侵畧，保衛和平。五、關於地方委員會工作。」

基本上講，中共所謂「人代會」也好，「政協會」也好，原本都是「中共目前這一階段，對內對外進行統戰的機構，陳叔通所說一年來「政協」的五點工作，對此尤其是最好的說明。事實上，大陸上早已沒有民主，統治一切宰制一切的就只毛澤東及劉少奇等少數寡頭。甚至就像中共國務院副總理兼財政部長李先念，說起來，已經算是中共的要角，其實他是裁縫出身，從前連字也不認識，現在也只能把別人起草的報告照念出來，但何嘗了解什麼財政問題？只不過以前作戰有功，所以現在位列中共「首長」，實則皆是毛澤東的走狗，而所謂財政報告，又不過是中共中央政治局早已起好了的宣傳性文字，由李先念把他宣讀出來罷了。而所有那些數字，又是并不確實的。

當此中共「人代會與「政協」開會的時候，最奇怪的則是該「政協」全到人數應為一千零五十七人，但報到人數只有八百五十一人。無故缺席的竟達二百零六人之多。換言之，出席者與缺席者竟為四與一之比。這無故缺席的許多「政協」委員，顯然是被加上「右傾」帽子，送往「勞動改造」去了。

中共正式插手中南美

何之貞

關於中共對中美洲和南美洲抱有陰謀，本報對此曾經最先指出。但中共以往對中南美的陰謀，尚係暗中進行，最近，中共之此一陰謀，則正式揭開了。緊接着中共成立所謂拉丁美洲友好協會之後，復於三月十九日在北平舉行萬人以上的大集會，正式揚言響應「支援拉丁美洲人民週」。到場的除中共國務院總理周恩來及一向搞國際統戰的郭沫若，楚圖南等人之外，更有許多拉丁美洲的共黨份子和共黨同路人在場。他們強烈聲稱：「堅決支持古巴人民和拉丁美洲人民的正義鬥爭」。「中國人民永遠同古巴人民和拉丁美洲人民站在一起，拉丁美洲人民的鬥爭就是中國人民的鬥爭，拉丁美洲人民的勝利就是中國人民的勝利」。三月二十日中共人民日報復發表社論說：「拉丁美洲友好協會的成立，是中國和拉丁美洲各國人民的友好團結進一步發展的重要標誌」。更說：「中國人民深信，不管美帝國主義怎樣兇惡，也不管鬥爭怎樣複雜和艱巨，……美帝國主義的枷鎖必將焚成灰燼，拉丁美洲大陸必將得到新生」。更說「古巴和拉丁美洲各國人民對美帝國主義的打擊，就是對世界各國人民有力的支援」。看以上中共冒充中國人民的名義對中南美所進行的陰謀，顯然中共現在是更進一步企圖在美國的戰畧後門去打擊美國了。當此時機，美國國內竟尚有短見之士以為承認中共就可以解決遠東問題，殊不知中共對美國如此敵對，美國承認中共，不但將要對東南亞引起惡劣影響，就是對中南美，也勢將對美國引起極不利的情勢，這一點，美國愛國人士實應深思。而少數中國人以為挾資逃到中南美，就可以享桃源之福，至此也該從反省而體認逃避主義并不能解決問題，只有挺身出來參加或支援祖國的民主反共鬥爭才有生路。

中共一九六〇年國民經濟計劃評述

康和

中共國務院副總理兼國家計劃委員會主任李富春於上月三十日向中共第二屆全國人民代表大會第二次會議提出了一九六〇年國民經濟計劃報告書。這是一個以農業為中心的經濟計劃；同時，也就是以糧食為中心的經濟計劃，因為中共所謂農業計劃是「以糧為綱」的。據李富春說：「農業對於發展國民經濟極重要的作用，牠是國民經濟的基礎。加快農業的發展，認眞地貫徹實行農業發展綱要四十條，是高速度按比例地發展我國社會主義計劃經濟的中心。」這番理論，是違反馬列主義的基本原則的。列寧在一九二二年九月曾說過：「重工業是社會主義的主要基礎。」史太林更在聯共十四次代表大會的政治報告裡說：「鋼鐵是工業基礎的基礎。」就是中共過去所宣揚的理論，也一向是說：「建設重工業是國民經濟的中心。」當中共發表第一個五年計劃的時候，就曾這樣說過：「什麼是我們五年計劃的中心呢？五年計劃的中心，就是工業的基本建設」，又說：「工業基本建設是中心，而蘇聯幫助我們設計的一百五十六個建設單位，又是工業建設的中心，這叫做中心的中心。」現在李富春為什麼竟一反過去一貫的理論基礎，而強調以「農業為國民經濟的基礎」呢？這就是說明大陸的糧食問題，已到了十分嚴重的地步，使中共不得不集中全力來注意這個問題。我們由近來從大陸出來的各種人士所口述的消息裡，也証實大陸各地的糧食配額，正在不斷的削減。就是從中共的各種宣傳文字裏，我們也時常發現他們對糧食問題的惶恐焦急的心情。這就使得主管經濟計劃的李富春不得不大聲疾呼要求各方面集中力量協助挽救農業生產。他說：「為了促進農業的迅速發展，工業、運輸、商業、金融、科學、教育、文化、衛生等各部門，都要把支援農業當做自己的重要任務。」從此我們也更可以瞭解大陸糧食問題嚴重的程度了。至於中共過去所宣傳的一九五八年的糧食「大豐收」，和一九五九年的「繼續大躍進」，當然是一派謊言，不值得再予論列的了。而李富春在這次發表的一九六〇年國民經濟的計劃中所列的糧食指標，仍說是要比一九五九年的產量再增百分之十左右，那更是「空中樓閣」吧了。因為一九五八年和一九五九年的產量數字，根本是「虛幻」的，從虛幻的基礎上，再加以擴大，那不過是益加擴大其虛幻的程度而已。

中共一九六〇年國民經濟計劃內關於工農業各項生產指標，當然都含有或多或少的虛偽浮誇因素，現在根據李富春的報告，約畧節錄如下：

鋼（不包括土鋼）：一千八百四十萬噸（較上年增百分之三十八）；

煤炭：四億二千五百萬噸（較上年增百分之二十二）；

生鐵（不包括土鐵）：二千七百五十萬噸（較上年增百分之三十四）；

硫酸：一百五十萬噸（較上年增百分之四十二）；

水泥：一千六百萬噸（較上年增百分之三十）；

木材：四千七百立方米（較上年增百分之十四）；

發電量：五百五十五億至五百八十億度（較上年增百分之三十四至百分之四十）；

原油：五百二十萬噸（較上年增百分之四十一）；

發電設備：三百三十萬（較去年增百分之五十三）；

金屬切削機床：九萬台（較上年增百分之二十九）；

紙：二百八十萬噸（較上年增至百分之三十一）；

食用植物油：一百七十萬噸（較上年增百分之十六）；

鹽：一千四百萬噸（較上年增百分之二十七）；

捲烟：六百萬箱（較上年增百分之九）；

水產品：五百八十萬噸（較上年增百分之十六）；

棉紗：九百萬件（較上年增百分之九）；

糖：一百三十萬噸（較上年增百分之十五）；

棉布：（七十六億米（較上年增百分之一點三）；

據李富春又說：「一九六〇年工農業總值為二千九百八十億元。其中工業總產值為二千一百億元，農業總產值為八百八十億元。」事實上，就連這些數字，當然也是並不確實的。

泰國發動抵制日貨

何之湄

泰國商人醞釀展開抵制日貨運動，日本對東南亞貿易的前途，似乎不大樂觀。日本首相岸信介的「協助開發東南亞」計劃尚未充份開展，便已經碰到東南亞國家的反對。這一個問題的性質雖是純經濟的，但它的結果，它的影响將會是「政治的」——即是日本自與中共交惡，斷絕貿易之後，便規劃着把她的經濟生命綫放置在東南亞，而今東南亞却發出了「抵制」之聲。那麼，如果日本對東南亞的貿易不能發展，甚至趨向減退的話，是不是會引起左翼建議「與中共貿易及訂交」的壓力呢？這就是問題之所在了。

商會主席公開表示

泰國商人的抵制日貨，是鑒於連年來泰日貿易數字，「從未達到平衡」，而泰國則永遠處於不利狀態之一方，每年入超數字，都在數億之間，有時且在十億銖（Baht，亦稱 Tica，三點七銖等于一港元）以上，故泰國商人此項抵制日貨運動，醞釀已久，據說他們還「將與政府貿易機構合作」。

泰國商會聯合會主席乃挽祝，於三月九日發表說，他已聽到抵制日貨的消息，也贊同各商人展開此一運動，因泰日貿易入超鉅大，乃因日本少購泰貨；不但少購，而且購買貨物條件，也極苛刻，譬如檢驗輸日貨物之品質，便須重複檢驗兩次，「使所有出口商，特別是玉蜀黍出口商大虧其本。」由於乃挽祝是商聯會長，他的這一發表，已公開了泰國商人抵制日貨的意願。並且用不着說，他就是這次運動的領導人之一。

不過，這還是民間的（商人方面的）一項意見及醞釀，究竟官方（政府方面）的態度，又怎樣呢？

國務會議通過限制

據可靠的消息：三月十五日舉行的泰國國務會議中，就曾討論到管制日本商人在泰經營各種商業，及（管制）日貨輸入的問題。

因爲泰國經濟部鑒於數年來盡量向泰國擴展商業，以前日人在泰經營，僅係一般洋行及總代理商，但年來日商在泰創設二盤商（承銷）及零售商者，日益增多，倘不加以管制，將來可能囊括泰國商場，操縱泰國經濟，爭取目前華人在泰國商場的地位，雖然華人也係外僑，但華人經營的商業，僅係一般代理商及零售商，幷未直接運輸該國出產之貨品，與日商之情形，大有不同。

經濟部的上項報告，深獲會議各國務委員的注意，當經通過：令內務部負責詳細調查泰國境內日僑的確實數額，及其所經營的各種商業，俾作爲審查管制的參攷。並令經濟部負責審查，應限制何種日貨入口，再向國務會議報告，俾討論應否頒佈禁止其入口。

這等于說，泰國政府已在原則上決定，要管制日商在泰營業，及限制日貨輸入。

減購泰米促成抵制

其實早在發生抵制日貨運動之前，經濟部人士早已指出，「泰日貿易有改善之必要」，因泰國工業生產尚然落後，佛歷二五〇二年（去年）對日貿易，入超十億銖；二五〇一年入超達十四億銖。與戰後初期貿易平衡，大異其趣。因彼時採行易貨合約，日本在某若干年度中，購買泰米高達四十萬噸。但自改爲自由貿易後，雖則雙方在貿易合約中註明，日本必須多購泰貨，包括泰米，然數年來事實證明，日本購買泰米，額數逐年銳減。固然日本也會購其他泰土產，如玉蜀黍等，惟「不足以補救泰方之鉅大入超地位」。

該「經濟部人士」並表示意見，認爲對日貿易應「採有效措施」，如恢復過去使用過的某些方式（按：即指「易貨」原則。）這些方式雖屬落伍，但必產生良好效果。但無論如何，泰國仍是日本工業品在東南亞的重要市場，倘泰方採取有效辦法，將必「使日本必須攷慮增加對泰國之購粮額」。可以看出，問題是因日本「購買泰米逐年銳減」而起的。這與緬甸一度抵制日貨的情形相似。

緬甸對日鬥爭勝利

緬甸於去年十二月廿一日頒佈命令，禁止對日一部貿易。緬甸工商聯合會，亦發表聲明，支持政府行動。緬甸採此行動，也因日本「購米太少」，以致入超。並因緬甸要求日本增加戰爭賠償。緣以「根據賠償協定輸緬日貨，價格很高，緬甸實際只能獲得賠償價值的一半」。緬甸抵制的結果，日本終於讓步，通知決購緬米年額四萬五千噸（提高二萬噸），至於增加賠償問題，藤山外相亦答應重加檢討，並不日舉行初步談判，緬駐東京大使乃通知日政府，謂緬方已取消去年限制日貨的法令，停止抵制。

泰國抵制日貨運動的發動，剛在日本對緬甸讓步後的一個月，是否鑒於緬甸的勝利，因而採取行動呢？又是否其結果只爲壓迫日本多購泰米，然後趁機妥協呢？

看情勢，在「抵制或作抵制狀」後的最終協議，大概是可能的。因戰時飽受日軍蹂躪的緬甸，尚可妥協。戰時與日本合作的泰國，更不至走向極端。因此，東南亞的抵制日貨運動，並不是因美日安全條約修改後，中共抨擊日本「要再侵畧東南亞」的惡劣宣傳所影響，它的性質，是純貿易的，也是純經濟的。

影響日本外交政策

但即使是純經濟的吧，這事也已提出了一個新的問題，即日本的對東南亞貿易，縱使不至「此路不通」，也已不是「漫無限制」。那麼，今後如非由日本相當適應于東南亞國家的貿易要求，則他們便會對日商及日貨「採取行動」了。

這麼一來，日本岸信介政府的經濟政策，也即是外相（前日本工商聯合會會長）藤山愛一郎的外交政策，是不是會發生動搖呢？岸與藤山是反共的，因反對承認中共，保持對中共貿易停頓的僵局（即所謂「靜觀」政策，倘中共不讓步，日本便繼續不理睬），從而想把日本的經濟生命線——同時也是日本支持現政治立場的政治生命綫，寄託在對東南亞貿易上，現在如果對東南亞的貿易不能擴展，限制了日本的經濟。則日本左翼如社會黨的「打開對中共貿易」，「與中共建交」論，豈不是要抬頭了麼？

日本政府所受的壓力，將不祗是「左翼」方面，來自財經界的貿易商人及產業商人，亦將會向日本政府要求「日本經濟的出路」。保守政黨內部派系巨頭如石橋湛山、三木武夫等輩，也必會加強對岸信介政府的抨擊。雖然他們並非親共，而可能祗是對執政的企圖。但保守政權不能安定，是會予選民以不良的印象，予左翼以可乘之機。那麼，由於日本經濟「市場寄託在海外」的貧乏性的暴露，必然的相當地抵銷美日軍事同盟所期望於日本的——安全，及堅强反共的立場。

有識人士認爲，日本似應「早爲之所」，如增購泰米，及不到泰國設立日本承銷商零售商等，相對滿足泰方的願望。否則抵制日貨運動如果蔓延成爲東南亞的一般潮流，就更難於彌縫，並且終於難免不爲共黨滲透所利用。日本的「協助開發東南亞（未開發國家）計劃」，應該是名符其實的，如開發鑛山、農林、建立工業、漁業，是日本儘有機器及技術人材可以協助東南亞國家的地方。如果那樣，將必受到東南亞國家歡迎之不暇，因爲那是協助他們建立實業，增加生產。而不是一味推銷貨物，尤其是奢侈品消費品。走前者的途徑是會辛苦一點，但非如此不足以建立眞正的友誼，而那才是眞正的「基礎」。

不僅日本，美國亦應注意；因爲日本的協助開發東南亞，原是期望美國在資金上加以援助的。

曼谷通訊。

僑鄉近訊

共幹驅迫鄉民帶病抗旱（英德縣）・江水・

據英德籍僑胞獲得消息稱：北江一帶地區，邇來遭受慘重旱災，尤以目前爲甚！自踏上農曆二月後，英德境內所有農田，播種插秧的，尚不及十分之五；即使日後雨水普降，亦已失誤農時。設今後繼續亢旱，或轉而發生水災，則鄉民的粮，勢必連野生食物也無可配給。目前慘況，就是使人不忍卒覩的所謂「抗旱運動」。在這運動中，共幹殘酷地鞭策全縣人民，夜以繼日的出發「抗旱」。除嬰孩和殘廢者外，連孕婦和七十歲以上的老翁，也要出動參加堵江引水、掘井挑坭、或担水灌田等勞役；不少體弱多病及年老力衰的鄉民，不能抵受超體力的工作，以致在工地上暈厥或暴斃！其中染痢疾、瘧疾、傷寒、或脚病，更比比皆是。據說：每一戶人家，最少有一個以上病人。但共幹對此絕不理會，除非病者確是病情嚴重，臥床不能動彈，否則仍一律迫使「帶病出戰」，担當抗旱工作。

漁民家屬被迫作人質（廣州．中山）

粵共最近在廣州和中山，建築大量集中營式的「水上人民新村」，目前正在建築中的，計有廣州的芳村、竹園、基立下道、及中山八鄉等區。該等新村，據說，將來建築完成後，可容納漁民家屬約十萬人。粵共建築那些新村，表面說是爲了使水上居民集體化生活，但實際上的目的，是要把漁民的家屬驅迫上陸上居住，而把他（她）們當作人質，藉以阻止漁民的逃亡。原來廣州和中山的漁民，因抵受不了中共日趨慘烈的宰割和迫害，舉家或集體逃往港澳的已越來越多；尤其是中山漁民，逃亡的月有數起，中共雖在香州、廟灣兩地，都建有監視哨，監視漁民出海作業，但「漁業大隊」仍不斷有漁民伺機逃走。中共原是派有武裝機帆在附近海域巡弋的，而機帆上的共軍却又類多「偏差」成性，收受了漁民的「茶資」之後便「隻眼開隻眼閉」，故始終不能遏阻逃亡的風氣。因此，中共就想出了人質的毒計，利用「水上人民新村」來作囚籠，把漁民的家屬加以嚴密的監視。

死人後七天才買得到棺材

香港茶葉商李宗隆，他的一個留居在廣州惠愛東路的親屬死了，要過了七天才買得到棺材。據說：死者於三月廿一日逝世後，他的家屬便立刻去「派出所」報告，并請求發証購買棺材，但到了廿三日，「派出所」才派員往喪居調查，廿五日才把証發出；把証拿到棺材店之後，等候至廿九日，棺材才買得到手。幸虧他的親屬早已將死者遺骸送進殯儀館去，否則眞不堪設想。李宗隆說：廣州棺材大闢荒固然是事實，而共幹辦理的死亡登記手續，也造成很大的人爲困難。

肚子作反

齊酉生

三月廿六日午間，中山縣府裏的「農村工作部」主委鍾紹文，在小欖鎮鎮長王毓陪同下，跑往小欖公社「果蔬專業生產隊」工地上巡視，王毓先向民工們發問：「同志們，現在鍾主委來慰問你們，你們累不累呀？吃得飽不飽呀」？說着，瞪大他的眼睛，橫掃民工們一眼。

可是民工們都寂然無聲，却沒有一個回答。

王毓見這情形不對，連忙向隊長陳光丟了個眼色，意思是着陳光代表各隊員好好地回答他的話。然而陳光竟然存心拆台；他說：「唔！我們都苦透囉」！

這時，主委鍾紹文馬上給氣得光火了！他跑前兩步，戟指着陳光：「混賬東西！你是誰？胆敢如此無禮！」

王毓惶恐異常，連忙搶着代答：「報告主委，他是果蔬專業生產隊隊長，名叫陳光，本縣小欖人」。

「哼！他的思想一定有問題！他也可能要作反了」！鍾紹文望望陳光，也望望王毓；臉龐又紅又發脹。但陳光毫不畏懼，很鎮定地撫撫肚皮說：「主委同志！我的思想沒有問題，但我的肚子却有問題了！我也不敢作反，但我的肚子却作反了」！說着，哈哈的冷笑了幾聲。

民工們都轟然附和，立刻騷動起來。王毓恐事情鬧大，迅即拔出手槍，趨前制止。就在這時，主委鍾紹文也狠狽地溜之大吉了。

咖啡室的風情

散人

下了巴士，拐兩個彎子，便來到那家咖啡室。我要了一杯咖啡喝着，四周正瀰漫着那支最新的古巴舞曲。「這是種咖啡的季節」的迷人的旋律。從咖啡的熱氣中，我望着麥克風前面的姑娘；她穿着一件黑色的旗袍，戴着兩雙黑色的長耳墜，滿頭黑得發亮的頭髮，還有好看的臉龐和身段。

「把那活咖啡請過來。」

「咖啡？你再要一杯咖啡？」

「不，我要那活的咖啡！」我看他那惶惑的樣子，於是再加上一句：「她，就是她！那個黑色衣服的謌女。」

「你要她過來？」

「是的，如果她願意。」

一會兒，那個黑色的姑娘到了我的桌邊：「聽說你把我比作咖啡，」她一面坐了下來：「你爲什麼會有這個奇怪的比擬呢？」

「你自己不覺得嗎？因爲你有着咖啡一般的香味，而且，你還有……」

「還有什麼！」

是的，還有像咖啡一樣的使人興奮。」

「你還忘了一樣。」

「甚麼！」

我還有像咖啡一樣的給人靈感，」她略帶有點訕笑地說：「使你會產生了這樣奇怪的比擬。」

「你對我的比擬有意見嗎？」

「不，很好，很有趣。」

「是我的比擬有趣呢？還是你很有趣？」

「在我，覺得你的比擬很有趣；而你，也許會覺得我這個人很有趣。」

「你不覺得自己很有趣嗎？」

「你聽過我剛才唱的那支歌，種咖啡的人，他的目的並非爲了要興奮的形容。」

「你的意思是他爲的是錢？」

「他許是這樣。」

「我不同意你的意思。」

「一個謌女的意思。」

「你可以不必重視，不過，你的意思是怎樣的呢！」

「如果光爲錢，他不一定要種咖啡；他還選擇了種咖啡的職業，多少說有一份興趣所趨的理由。」

「研究咖啡的種植，是農業專家的事。而杯中的熱咖啡，它只知道給顧客們興奮的。」

「那末……」

「不，」她站了起來：「非常對不起，現在又要輪到唱謌了。」電燈暗下去，場子裡响起了一陣掌聲。一對黑色的長耳墜，又出現在麥克風的旁邊輕盪了。

我很少到咖啡室去找刺激，或者用黑咖啡來興奮自己，所以我今天是第一次到這裏來，因爲——昨天，一位多年不見的朋友來找我。這位朋友過去有一個幸福安樂的家庭，現在，雖然不同往昔，但他在這裡依然有一份美滿的生活。可是，在最近，他却在美滿中找到了缺陷；他愛上了一個歌女，而且已經花去了一筆在我聽起來確已相當驚人的代價，但是，據說她對他的態度，「連一次眞誠的笑都沒有過。」

這個歌女大概就是她！

不過我並非要爲我的朋友「打抱不平」，我不相信我有這樣的能力，但是，我是搖筆捍的人，我想乘便來找這份可貴的材料，雖然這並不是份傳奇性材料。

她的歌聲和她的笑容同時從麥克風背後送出來。忽然，我覺得她剛才的談話比一個歌女的態度要深奧得多，於是，我拿起筆來寫了一個字條，叫侍役送給她。

那字條我這樣的寫：

「放棄那種植咖啡的學術研究，我願意爲你講述一個故事。

「記得那些西洋的故事嗎？當發生咖啡荒以後，這些嗜喝咖啡者的瘋狂故事！

「濃烈的咖啡，把我興奮得毫無倦意。等着你來，讓我爲你重述一些你或許早已習聞的故事。」

她那麼輕盈地又走到了我的身邊。

「謝謝你，你沒有拒絕我的請求，」我說。

「不必太禮貌，我的職業本來是讓人家隨喚隨到的。可是，我現在是來聽你的故事，我希望是個十分庸俗的故事。」

「要高雅的人的故事，才能有高雅的故事。」

「那末，」她忽然斂起笑容：「你只要講一個適宜爲歌女講述的故事，就够了。」

「當然如此！我要講的是一個企圖用金錢來購買歌女愛情的傻子的故事。」

「那主角不會是你吧！」

「絕對不是，你可以相信我還不會這樣傻。」

她忽然又嫵媚地笑了：「可是惟有傻瓜，才永不承認自己是傻瓜。」

「那末，我修正我剛才那句話；也許我將來也會變成傻瓜。但我今天，確是要講述另一個人的故事。」

「好，你儘管講下去吧！」

「那個人爲一個歌女花盡了所有的錢，而且幾乎要破產了，但是，他却從來連眞誠的笑都沒有得到過。」

「你認識那個傻瓜嗎？」

「他是我的好朋友。」

「怪不得，可是，你不必講下去了。」她顯得非常嚴肅：「這眞是一個傻瓜的故事，而且惟有傻瓜才會再來背誦它。」

「離開你歌女的立場，你有沒有爲那傻瓜設想過呢？」

「不必設想，聽一個歌女的自白不更眞切嗎？」

「對了！你先看看；每天有多少人在等待購買歌女的愛情！她既不能製造愛情，自然便很難普遍供應。——只有在供過于求的市場上，才能購到的好咖啡！不必怪歌女，應該先怪那傻瓜找錯了市場。」

「我認爲你的比喻並不恰當。」

「你的意思呢？」

「如果僅存一杯咖啡，依商業的原則，祇有提高價格；總不應該和了開水來普遍銷售」

「你的話對的。也許，她的那杯咖啡根本沒有出售；也許這一杯咖啡早已經售給了別人，剩下的只有用焦黑荳代替的膺品。」

「我懂得你的意思了。」

「不，你不會懂的。可是，我又得去再唱歌了。」

「你還願意再過來嗎？」

「你不必過份去信任一個歌女的諾言。」

於是，她又走了開去。這一次唱的，又是那一支「這是種咖啡的季節」。音樂剛响的時候，場子裡已經泛起了一陣响亮的「好」聲。

可是她唱完以後，眞的沒有再過來。我正在爲一個歌女的信用作衡量時，侍役忽然送來了一張字條，上面說：「你的比擬是對的，歌女的生活，的確和咖啡一樣。可是，並非說她有香味，能興奮人，（自然更不會給人靈感！）而是說，如果除了人工所加的塊糖和牛奶外，她的本身却只有難熬的苦味。

「從播下種子的那天起，已經決定了咖啡的苦味，這些農人本來可以不必種植出那麼多咖啡來的，但是人們發明了用糖來和着咖啡同吃，於是，爲了人們的需要，便不得不種植出那麼多含有苦味的東西出來。其實把那些土地來種植粳稻不更好嗎！

「所以，人們不必去爲咖啡品類，來辨出任何美味的。因爲，她終久不是香粳稻。

「把這番淺近的話講給你的朋友吧；這是我可能給他的最大的「眞誠」。——此眞誠比笑更眞誠。」

× × ×

我非常後悔我僅能得到這樣一份不動人的材料。可是我還是把它寫出來，準備寫給我的朋友去讀。

不過，從此以後，每當我聽到那支「這是種植咖啡的季節」的唱片時，我竟討厭起咖啡的味道來。

文壇泥爪

「新青年」的後來

民八年底「「新青年」移滬出版，在其第一號即七卷一期，刊出了「新青年宣言」，宣布所謂「全體社員的公共意見」，其中有一項是；「我們主張的是民衆運動社會改造，和過去及現在各派政黨，絕對斷絕關係。」雜誌既由他一人負責，這所謂「全體社員」和「我們」究何所指，概可想見。民九的五月，出了「勞動節紀念」專號，他的思想趨向就更爲顯明。因此，「新青年」便遇到了兩大困難：一是原在北京的「同人」逐漸減少稿件的供應，累得陳在百忙中分頭寫信催稿，結果仍是催不了來。特別是一向猛烈激進的錢玄同，首先不感興趣，對陳來信連理都不理，其次，因爲內容左傾太顯露，時遭郵局查扣，八卷六期付印時，稿件全被法界捕房抄去，未能出版。

陳在民九年底離滬赴粵時，曾想再改變一下「新青年」的內容，函胡適、高一涵等商討，中間說：「新青年色彩過於鮮明，弟近亦不以爲然，陳望道君亦主張稍改內容，以後仍以趨重哲學文學爲是，但如此辦法，非北京同人多做文章不可。」胡接信後即覆，說：「新青年『色彩過於鮮明』，兄言『近亦不以爲然』，但此是已成之事實，今雖有意抹淡，似亦非易事。北京同人抹淡的工夫決趕不上上海同人染濃的手段之神速。」他向陳提出了三項辦法：一、聽任「新青年」流爲一種有特別色彩之雜誌，另行創一個哲學文學的雜誌；二、將「新青年」編務移交北京同人負責，發表新宣言，聲明不談政治；三、乾脆停辦。（陳胡此項往來函件，因存北京大學，後由張靜庵收入「現代出版史料甲編」）

誰知陳接信後大光其火，對這三項辦法皆不贊成。胡又分函北京「同人」說明此事，其中有謂：「我自信此兩條（案即一二兩項辦法）皆無足以引起獨秀誤會之處，不意獨秀答書頗多誤解。」又謂：「獨秀以爲這個提議是反對他個人。我並不反對他個人，亦不反對新青年。不過我認爲今日有一個文學哲學的雜誌的必要，今新青年差不多成了Soviet Russia的漢譯本，故我想另創專關學術藝文的雜誌。」

北京「同人」商討後，胡堅持「把新青年移到北京編輯」，如辦不到，即另辦雜誌。張慰慈、高一涵均表贊同。陶孟和、王撫之則贊成移京編輯，如不成則停辦。李大釗贊成移京辦，反對另辦刊物及停辦。魯迅、周作人和錢玄同則主張另辦刊物。——那時劉復已到歐洲留學去了。後來，陳反對新青年移京編輯，他在廣州另辦了「新青年季刊」，創號即是「國際共產專號」，完全成了中共的機關刊物，「新青年」的光輝歷史於焉告終。胡適的「努力週報」也就隨着在北京創刊了。

時代與我

不祥之地與不祥之兆（六）

徐亮之

我平生雖然喜歡談狐說鬼，也喜歡聽人談狐說鬼，但這祇不過如王漁洋所謂「姑妄言之姑妄聽之」的喜歡而已；却還並沒頑固到迷信的程度的。但在這不祥之地的牢獄之中，不由我不相信確有所謂「不祥之兆」不可思議地存在的了。下述三件事，便是引發我起這樣模糊的信心的根據：

一件是：有一天我到普通號找帥開甲君談天；他乃南昌貫澈日報的主筆；這份日報從種種跡象觀察，都該是共產黨主辦的；（我的一師同學陳之琦便是該報編輯之一，後來之琦也和我同獄，我方知道他也加入了共產黨。）因此，我有理由相信他也是共產黨員，但却是一個相當蘊藉的共產黨員。

「你來得正好！我昨晚忽然睡不着，做了四首詩，覺得語氣實在有點不妙。請你看看到底主何吉凶？」他說着隨即便把用草紙寫好的詩稿遞給我。

我接過來反復吟哦了好一會，覺得二三兩首倒無所謂（這兩首詩我出獄後便已毫無印象），成問題的却是一四兩首。一四兩首的原文是這樣：

「西風昨夜過林園，落葉驚敲禁裡門。等是風波思倍苦，天涯誰惜未歸魂？！」

「民多菜色士多訌，管把頭顱試劍鋒；記取豫章城下血，他年化作杜鵑血。」

於是我對他說：「不好！第一首是鬼氣，第四首却是烈士氣；你覺得麼樣？」

他聽了頻頻點頭稱是。而果然竟不幸而言中，第三天他便被提出去槍斃了！

另一件是：有一天解送來了一個小伙子，我猜想這小伙子最少得比我小兩歲。他那派無憂無慮的神情，天眞活潑的動作，再配上那又紅又潤的面孔，直使人懷疑他並不是來坐牢，而祇是來上學一般。但當省政府秘書長兼委員會常委的徐虛舟先生找他去談過一次話之後，（後來我才知道，徐虛舟先生找他的目的是要他發表一篇反共的文字，便可宣告無罪；他却堅決而英勇地拒絕了。）氣色便逐漸變了。首先是一股青灰色出現在兩眉之間；接着是蔓延致額角；直到整個額頭全為青灰所瀰佈，他便也和帥開甲君一樣，被提出去槍斃了！

再一件是四川許祖熊君（眞姓名是否如此，不知道）：他乃留學法國的；同時也是一個最虔誠的共產黨員。大概那時普通號已經人滿為患，所以他也住進了特別號。他遇事隨和，特別號的人全都喜歡他。而亦遇事似乎都能找出馬列主義的根據，隨時以四川人「擺龍門陣」的方式宣傳着。我從沒見過這樣溫文儒雅的共產黨員。他面容清瘦而慘白，不期使我想起魯迅所描寫的吐半口血，扶着小雅鬟看秋海棠一型的人物，我似乎一直就喜愛這一型的人物，猶如我一直喜愛欣賞弱不禁風的林黛玉型的美人一般。然而不幸！我所喜愛的許祖熊君，竟乃在牌戲中正駃辣子時，被提出去槍斃了！

每逢有人槍斃，我們這天的晚會便自然而然地停止舉行，就如大家都默認這乃一條不成文的法律般。但有一次，委員會竟破天荒地多槍斃了半個人，卭大大地引起了我們沉痛而無言的抗議。事情是這樣：女號子有一個大肚皮而沉默寡言的少婦，我們認為她雖可能是個有眞憑實據的共產黨員，而委員會並不等她分娩，便把她提出去槍斃掉，却未免殘酷得太沒理性；因為她還沒出生的兒子是沒有罪的，也不一定將來就會做共產黨的。

「我發誓今生今世也不再幹這一行了！」一個衞士，亦即槍斃那少婦的劊子手，在特別號中一邊喝酒，邊由衷懺悔地對我們說。他每次槍斃了人，照例總要來特別號以報告經過為由向我們要酒喝的；因而被槍斃者的形形色色，諸如誰把三個饅頭一碗酒（這乃法庭照例的死別餞）全吃光了；誰却一點也不肯吃；誰祇高呼口號；誰却大罵政府；誰竟引吭高歌；誰則哭訴「寃枉」；誰高視濶步，說「二十年後老子又是好漢」；誰却嚇得話也說不出，脚也走不動等等；老是不消半天，我們便全都知道，全如親眼看見一般。

今天何事槁的吶！何解你說個樣的話？」素以好事著名的我的結拜二哥張治秋問：「不說也罷！」

「說下聽聽又有麼關係？」

「我的天！」劊子手的歎息：「我自問槍法不壞；我把她倒一鎗結果了；但却並沒結果她的大肚皮。她一點沒掙扎地倒了下去，她的肚皮却掙扎着，反抗着。直到她的肚皮不再活動，我們才始收隊回來。你想：我也是人生父母養的；我這樣幹一次也祇不過多得高頭兩塊錢；龜孫子以後再要這絕子滅孫的兩塊錢！」

劊子手的報告，不消半個時辰便傳遍了全獄。由於這一報告，直使我們的晚會不知停頓了多少天方恢復過來。

然而，不祥之地畢竟是不祥之地。這時特別號漸漸也不特別了，也不能不打地舖了；因為這時各號八烟鼎盛，以謝率眞校長（乃國民黨的汪派而非共產黨員）為首的吉安陽明中學的師生，也不能不擠進特別號了。而江西的名共產黨員袁孟冰王環心兩君和入獄後我始知道他也加入了共產黨的陳之琦君，以及王枕心君的夫人，似乎也於這時先後分別塡進了普通號和女號子。女號子原有我們的老大姐蕭國華女士坐鎮，她乃涂振龍君的夫人，江西共產黨的婦女班頭。於是「八方風雨會中州」，過去各號子裏互不相識的共產黨員，這時全聲氣相通了。孟冰乃委員會常委之一的熊育錫先生的學生，他一方面接受熊先生的秘密勸告，要我代他寫了一篇反共文字，自己抄寫，拿去存案；另方面却在獄中建立小組，把過去散處獄中的黨員全給組織起來。同時，和獄外的地下組織也已有了溝通。並有一次我們每人都曾得過黨的象徵津貼銀圓一塊。　再則，便是大家全力說服防衛我們的特務連的官長，幫同我們越獄。因為這時王均已奉命率部西征唐生智，朱毛復已在贛南得手，南昌守軍力量薄弱，人心惶惶；朱德和雲南部隊的關係素深，防衛我們的特務連，又恰是雲南的部隊，所以我們的說辭一拍即合；却不料合拍之後，第二天這連官兵却鬼使神差地給調走了。

總之，這時獄中氣氛全變，我的黃金時代已一去不復；而不久，我自己的不祥之兆也翩然而降了。

於韋齋娓娓清談中，得近人「天留二老對斜陽」一句，有感，寄奉仲平一長律

幼椿

卅年人事感滄桑，壯已無能但項強。細雨幽花供薄醉，短刀匹馬憶輕狂。豈尤仲子慳臣友，終愧田生毀霸王。何處人間干淨土？天留二老對斜陽。

遯翁約集大埔賦呈克耑韋齋書枚集誼諸教授暨亦園詩人

千石

相尋泉石幾徘徊，麋鹿同游大快哉。午日消煙林漸暖，低篁掃徑客初來。預栽桃李回春色，盡遣情懷入酒杯。作伴放歌知有日，乾坤浩蕩起騷才。

客懷

亦園

欲隨倦鳥共歸林，風雨瀟瀟匝地陰。客舍難求千日計，故園已負十年心。人因違難居夷老，天為偷安入夢深。松菊荒寒梅鶴冷，舊時風物不堪尋。

亮齋詞長以和思光送千石東渡詩屬和適值歲暮百感交集依韻成此

亦園

殘宵伴讀一燈孤，佳句端宜擊唾壺。攬轡知公原有意，守株如我豈無圖。休憐此日成游子，應笑餘生誤老夫。歌哭年來予亦慣，步兵未信是狂徒。

西貢與西貢的華僑（越南遊記下篇之下）

其實已經沒有華僑

・幼椿・

西貢的華僑雖經商如昔，生活如常，其實在名義上華僑二字幾已不復存在！四十二萬華僑可以說已經全部入了越南籍，成為越南共和國的公民，只有一千七八百人未入越籍，這數近二千的少數都是在生活上隨時可去可留的華人，而有農工商業務，無從棄之而去者皆已入籍。這件事，曾在一九五七年起過軒然大波，使中華民國與越南共和國兩政府間鬧得狠不痛快，後來經過雷震遠神父的奔走，兩政府間的諒解，吳廷琰總統本人尚能尊重中國文化，事情方纔兩下相安的解決下來。

原來，一個初次脫離殖民地統治的民族，起而獨立建國，優越感特强，所謂「今日之事我為政」，於是總覺滿街營商者都是華僑，有佔去越人生活出路之勢，因之越南政府突下令規定屠宰業，粮食業，雜貨零銷，等十一項商業，非本國籍者不得經營。這十一項商業又適為我華僑經商的主要業務，因是有迫我僑胞入籍的情勢，被逼改入他國國籍，非僑胞所能忍受，訴之我政府，幾經外交交涉無效，於是有撤僑之事發生。四十二萬華僑一時要撤出越南，這事談何容易！在中華民國方面，則運送與安置都成問題，在越南共和國方面，則二百萬人城市中，忽然撤走四十餘萬生產分子，必然要使全城頓形枯萎，而西貢越南人一向依附或共同華僑生活者也無以為活。在兩政府僵持不下，情緒高漲，意氣用事時，台灣方面曾用飛機數架運走西貢華僑學生一二百人，但已感到吃力；而西貢方面，則看到百業停滯，市面混亂情況，又不願台灣運走華僑中的生產分子。幸吳延琰總統係越北人，曾受中國文化陶鎔，深識孔子思想，不願偏激從事，採納調解辦法，由雷神父（比國人而入中國籍，現任越南總統府顧問）勸止台灣撤僑，復由西貢市政府勸誘華僑入越南籍。

在一九五七、五八之交，西貢市政府派員登門訪問華僑，每人送上一張身份証，請求貼上照片，簽上名字，即作為入籍。入籍之後，即取銷前次禁止營業之十一項命令，與越人一律平等看待，此外並無其他苛求；而且由越南政府聲明，在十年之內，絕不向入籍之華僑人家徵兵。就這樣用游說的方法，第一日說不服，第二日又來，以至不斷的游說，便將四十二萬華僑幾乎全數被接受了越南籍的身份証！

筆者此次去到西貢時，華僑入越籍已近兩年，然而穿唐裝，吃唐餐，說唐話，安居樂業，並無異樣。所不同者，開之僑胞，入籍者不得再掛青天白日滿地紅的國旗，而商店門前招牌上必須中文越文並列而已。這一情形比之印尼以至菲律賓華僑的生活，當然還較為安寧。——如果中華民國的政府不撤出中國大陸，而偏處於台灣，強大如昔，僑民又何至如此的遭人歧視！哀哀我民，從來不知去過問國家的政治，政府的得失，聽任少數人去胡鬧，竟鬧得今日國格掃地以盡——真所謂「棟折榱壞，僑將壓焉」（完）

本刊已經香港政府登記

每逢星期五出版

聯合評論

週刊

United Voice Weekly

第八十六號

督印人：黃宇人　總編輯：左仲平
社址：九龍金馬倫道卅八號三樓　電話61413
承印者：嘉羅印刷有限公司　香港灣仔馬師道5號
總代理：友聯發行公司　售價每份港幣一毫
本報美洲版總經售處美國紐約中美出版社
CHIN ESE-AMERICAN PRES SS,INC
199 CANAL STREET.,
NEW YORK31 N. Y. U.S.A.
美洲航空版零售每份美金一角

我們要把時間拉長來做

左舜生

（一）

我記得相當的清楚：大致是民國十二三年的時候，在上海，有一天，和幾位朋友在一塊兒聊天。已不記得談到一個什麼問題，在坐有一位，他是個以觀察銳敏見稱而歡喜搞搞哲學的，同時又是一位有名的記者，忽然慨歎的對我們說：「在當前的中國，一件將要揭曉而還未揭曉的事實，在本質上原可能有好或壞兩種不同的發展，可是你却只能向壞的方面去預測，而不宜向好的方面去預測；預測它變壞，你中的可能性常有十之八九；預測它好，中的可能便難得十之一二。」當時我還只三十四五，入世不深，儘管覺得他這段話頗為新鮮，但在心理上還是以為事實不盡如此；同時在我的主觀上，更希望它不會如此。

又記得：在淞滬開始抗日以前（即民國二十年以前），上海有一個類似俱樂部的組織名叫「中社」，平日常有許多關心時事的人在那裏聚會；有時只是吃吃飯，喝喝茶，很輕鬆的交換若干消息或意見；有時却也為了某種問題，在那裡正式的開一次會。有一晚（已在淞滬抗日以後，七七事變以前），我們有近百人正在那裏開會，大家經過一番熱烈討論之後，因為發現平日深居簡出的某先生也居然在坐，大家認為機會難得，於是便要求他發言。提到這位先生，他在辛亥以前，原與革命黨有過若干關係，而且非正式的參與過若干革命工作，深為中山先生所賞識，總想拉他加入同盟會；可是此君的個性，終與搞革命行動的人格格不入，中山想拉他的這番意思，也終於未能實現。後來，他因為經過了若干的刺激，乃翩然遠赴英國去留學（在去英以前，他也在日本住過一些時候），就我所了解，他從英國所學的，雖不見得有怎樣的深造，但其人究竟很聰明，中國書讀得不壞，文字也自成一格，因此，等到民國初年，他已一躍而成了一位中國政治論壇的鉅子。他曾先後在幾份有地位的報紙長期的寫過文章，自己也曾獨立的辦過好幾次雜誌，其言論曾在當時發生過若干影響，尤其以反對袁世凱稱帝一幕為然。這一晚在「中社」經過我們請他發言以後，他便對我們清辯滔滔的說了一大段，其要點大致是這樣的：

「……自清末以迄民國以來的一段時期，我們一羣人的智慧與精力，大抵只是用於消極，而無法用於積極；換言之，不是用以打倒甲，便是用以推翻乙；不是對某事去加以彌縫，便是對某事去予以補救；因為始終兜不出這樣一個圈子，因而政治的進步固然談不上，便是文化教育及其他的物質建設，也因為政治不能得到長期的安定，乃同樣的無法進入正常的發展，今後我們總應該翻然改圖的來幹一幹吧！……」

儘管這位先生後半生的歷史，已逐一証明他自己無法實踐其所言，甚至近十年以來，他更顛三倒四走到一條莫明其妙的路上去了，不過就他當日說這段話的時候來說，所給予我的啓示，却還是相當深刻的。

（二）

最近兩年在台灣所表現的種種事實，隨時又引起我對上舉兩位在三十年前和二十年前所說的兩段談話，而感不絕於予心。自從前年十二月二十三蔣先生發表反對修憲的談話以後，當時在國內和國際確曾引起不少的人對蔣先生刮目相看，以為他真會一改常態，而決心想在反攻復國以前，首先把中國的政治，納入正常的憲政軌道，以我個人來說，也一直對蔣先生的估價並不很低，甚至在大法官們把修改臨時條款的合法人數減低的前夕，我也還假定蔣先生對這個不依據憲法產生的總統，不一定會幹。可是我有一位曾追隨蔣先生多年而深切了解蔣個性的朋友，却一直否定我的這一看法。其實我並不是不知道一件未經揭曉的事實最好是向壞的一面去猜，不過目覩國家如眼前的這種現狀，在我的主觀上終不忍不向好的一面去假定就是了，不幸乃果然陷於錯誤。

又如當國大諸公期待某種條件未經具體化以前正鬧得難分難解之際，而台灣和海外若干反對修憲和連任的人們，又正在再接再厲的未肯放鬆，陳辭修和張岳軍兩位乃計劃的同時發出一種不着邊際的談話，表示一個如反共救國這類的「國是會議」可能召開，藉以求得一般空氣的和緩。於是香港有幾位自來主張這一辦法的老報人，乃欣然色喜，以為他們多年的主張乃真有了實現的可能。其實陳張不能代表政府作出任何負責的諾言，我是早已知道的；而這樣一種會議其所以談了多年而終於不能實現，乃是明明有一種反民主反團結的惡勢力在那裡從中作梗；現在這一勢力不僅沒有稍形斂戢，而且因為這一次由他們策動的這一連任工作得到成功，他們還會在未來的政府改組中要更見抬頭！在這樣一種情勢之下，還期待他們真會召集一個實現團結的會議，豈不等於痴人說夢？

總而言之，我們今後對於政府當局所開出的任何支票都可置之不聞不問，惟有把時間拉長，埋頭去幹我們應幹而可幹的工作，至少海外還有一千萬未受共毒沾染的僑胞，他們便是我們從事積極工作的對象，只要我們能加強自己的能力，而又濟之以毅力與恒心，我相信這一工作仍會得到台灣和大陸多數人的共鳴的。申包胥對伍員說：「子能覆楚，我亦能復之，」今天海外每一個有良心和正誼感責任感的知識分子，都不可不具有這一決心，去發揮他或大或小的能耐！

論裁軍與裁軍會議

劉裕略

裁軍不是一個新名詞，正如和平不是一個新名詞一樣。目前這兩者且同被人當作皮球在踢，共黨對於這兩個皮球之玩弄，可謂尤不遺餘力。

我們知道：自第一次世界大戰之後，裁軍主張即被人提出，裁軍會議從那時起即常開。英、美、日三强的海軍且曾訂五、五、三之比率以示限制，第一次世界大戰後的凡爾賽和約且曾極嚴格的限制過德國的軍備，然而曾幾何時，二次大戰又爆發了。裁軍之所以不能阻止戰爭，乃由於戰爭之起因不一，而軍備擴充并不是導致戰爭的真因，相反，它只是戰爭起因沒有真正消滅前的威力手段而已。戰爭的真正起因不消滅，僅僅限制戰爭的手段，是不足以阻止戰爭的。此所以歷來的裁軍會議都無成，各人且都只在謀求裁別人之軍，强自己之力、以達到不戰而弱人之兵之目的。

當然，這也并不奇怪，因為人類社會發展到現階段，既尚未發展到真正可以屏除戰爭的和平情況，則誰該先自拋掉手上的既有軍備呢？

何況今日戰爭的範疇又與舊日戰爭的不同。第一二兩次世界大戰之發生，乃由於德國發動。但德國當時所走的擴張的路，畢竟走的還只是舊型的道路——即單純的熱戰道路。這與今日蘇聯所走的道路——一種新型戰爭的道路——即除了熱戰以外，還包括心理、思想、政治、經濟等之侵入與滲透顛覆等冷戰之運用，又自不同，因為今日蘇聯帶來之新型戰爭，比當年德國所帶來的舊型戰爭，是更複雜更廣泛的。它以世界革命的口號來征服世界，整個人類都面臨了重大的危機，這是今日世界兩個集團對立的所由來，也是第三次大戰難於避免的由來。換言之，今日世界潛伏着的戰爭真正起因是在此而不在彼所玩弄的裁軍問題上。何況歷史事實固早已說明裁軍對舊型熱戰早已無效，那末，今日之裁軍又何能望其對未來戰爭之消弭有效呢？除非今日潛伏着的戰爭起因被消除，即蘇聯及其共黨集團放棄共產主義，及所謂世界革命，否則，所謂裁軍與所謂裁軍會議實在都是毫無意義的。

對此，蘇聯當然很明瞭，但它仍然高唱裁軍論調則有下列幾點企圖：一、是假若裁軍能按照它所提議的方式成功，則大言之可以解除自由世界的武裝，小言之則可以削弱自由世界的戰力，而這都可以從質的方面改變今日世界的對立優勢（因為目前的戰力，仍然是美國佔優勢），那末，它就可以相機突襲自由世界了；二、如若不能達成上述目的，則至少可以製造和平氣氛，鬆懈自由世界的戰志，從而緩和今日世界的形勢，使共黨集團得以爭取更有利的時間；三、則是藉裁軍會談把中共拉入國際組合，俾中共獲得更有利的國際地位，從而更易赤化亞洲。

就目前美國的政策來看：美國是不會上蘇聯的第一個當的。美國目前很堅持視察制度，這當然不算錯誤，因為沒有充分的視察制度，則蘇聯仍可表面上說裁軍，暗中秘密擴軍。不過，話說回來，如果蘇聯不肯把整個共黨集團的鐵幕揭開，則又何來充分視察之可言？然而共黨集團會把整個鐵幕揭開嗎？却又是必然不會的。所以，說來說去，這問題決不會得到具體結論。何況，前面已經說過，裁軍與戰爭根本是兩件事，所以裁軍會議也就是一件多餘的事了。

再說，共黨極權統治下的人民，皆可被迫當兵，彼等平時即已存在一種與正規部隊相類的公安部隊，且依共黨組織之嚴密規定，凡共黨黨員，就一律皆為戰鬥員與情報員，所以，假如民主集團與共黨集團真把一切太空武器消滅，真把一切地面部隊裁撤，則自由世界將成為毫無武裝的人，而共黨集團則依其黨性而仍擁有變象的龐大武裝，那末，自由世界的危機就勢必更大了。所以，無論裁軍之事成與不成，裁軍之事對自由世界都無好處。

正因為裁軍會議是這樣毫無意義的事，所以，今天居然還有人主張將來要邀中共參加某一階段的裁軍會議，那就更是多餘的了。

以上猶僅就裁軍問題之本質，戰爭之真正起因，以及自由世界之防禦上的利害觀點而言。若再就人道與正義而言，則自由世界之軍備豈止不應裁減，實應更加擴張才是。因為敵人之世界革命企圖既不變，則它終必對自由世界發動戰爭，那末，自由世界何不選擇有利時機予以一擊，以解救鐵幕下的人民，從而奠定世界的永久和平哩！

因循等待·邪氣當道

——聞蔣經國將任內長或出掌台灣省政有感

王偉綸

「我們在遠東的目的不止於嚇阻，以及必要時對抗中共的進一步侵畧；在我們自己廣泛的自利之下，我們的目的包括一個肯定的目標，促成一些强大而自由的國家，具有自給自足的經濟，健全的社會制度，以及和美國友好而互利的關係。」這是美國國務院主管遠東事務助理國務卿柏森斯最近在衆院撥欵委員會秘密會議中的一節陳述。他並强調：沒有根據可以推想美國的遠東政策會有任何影響遠大的改變。對中國局勢來說，此不啻謂美國的政策仍將是既不承認中共，也不會積極贊助中華民國作反攻。

台北中央日報六日載「軍聞社」消息稱：美第七艦隊司令葛理芬在答覆記者詢問時表示「：我們的阻遏力量，使敵人不得不後退，而這個阻遏力量，至今仍然存在。」這話也明確地顯示第七艦隊在現階段仍將是一枝協防的軍力，而非協攻的軍力。

八日，行政院長陳誠在立法院所作的陳述，也祗是說，當前的施政重點在於：「如何在經濟方面發揮潛力，加速發展，如何在國防軍事方面，確保台海安全」，「以加速建設復興基地，準備光復大陸爲目標」。其它各項則多屬空泛之論。

根據上述中美軍政兩方的陳詞，可以忖見，如無特殊的突發性事件發生，本年度內，台灣海峽將不可能有什麼風暴發生了。雖然，中共已聲明開始在建立城市人民公社；台北當局也認爲，此舉必將予中共「造成嚴重的危機」，而中央日報六日的社論，祗是以株守的態度說：「現在他推行城市公社，重新發出『苦戰三年』的呼聲。我們且看他如何渡過三年。」既無積極的見解，亦無具體的做法，以期望的心情作「我們預期他的敗亡就在這三年之內」底等待。

等待與準備當然是反攻所必需的，但却不能以等待與準備來長期掩飾實際政治上的各種病象。

三月廿五日以來，台北迭傳行政院有改組之說，改組雖不一定是能對當前實際政治作符合民意的改革，但變總比不變好。可是最近台北政壇的消息傳聞，在未來的改組中，蔣經國有出主台灣省政，或出掌內政部之可能（四月八日香港工商日報台灣通訊）。雖然這不過是傳聞，却至少反映出當權方面是有意爲蔣經國的出處作一新的安排了。近十年來，行政院長多由任台灣省主席者調升，因此傳聞中亦有謂周至柔將繼陳誠出任行政院長。若然，則下一步的改組就更有可能是蔣經國由省政府走入行政院了！

照現在的趨勢看，蔣經國走進行政院當院長的可能性是愈來愈大了，如果台灣的民主正氣不能獲得應有的伸張。但是這也同樣給五年之內打回北平去的諾言，作下了否定的註脚。也給十年來台灣國民黨內許多忍辱負重有爲之士以絕大的失望和打擊；更將予國際上以不良之觀感。

中華民國究竟是走民主反共復國的路呢？還是走父傳子的家天下底路反共呢？中華民國究竟是需要民主政治呢？還是需要家族政治呢？

陳誠在立法院的說話，顯示今年是「自助自强的一年」。但就現有的迹象看來，不過是又一個苟延殘喘的一年，是正氣不張，邪氣當道的一年！

中共擴軍備戰忙

陳權

在舉世要求裁軍聲中，中共展開了支持蘇聯裁軍建議的宣傳，實際上則是以這種宣傳作爲烟幕，掩護其在國內所進行的大規模擴軍行動；同時還更在加强民兵工作以擴充預備役數額，企圖用强大兵力和聲勢，構成一個威脅世界和平的局面，以遂其擠入國際事務的目的。

中共擴軍備戰行動主要表現於征召大批適齡青年入伍的運動上。根據新華社報道：一九五九年度征集補充兵員工作已經結束。適齡應徵青年已分別到達海、陸、空軍訓練。今年到部隊的新戰士，很多人是一九五九年工業生產中的積極分子和突擊手。同時他們絕大多數又是來自民兵師、團，其中有的人曾經配合作戰過，有的人在民兵隊伍裡學習過某些專門的軍事技術，他們都有較高的政治覺悟和一定的軍事知識。浙江省入伍的新兵，受過民兵訓練的就佔百分之四十五，其中受過打靶訓練的佔百分之七十六。

在征召適齡青年入伍的同時，中共更在加强民兵工作。今年二月初，中共曾在北平召開過全國民兵工作會議，討論和總結一九五八年大辦民兵師以來的成績和經驗，並規定今後進一步加强民兵建設和貫徹全民大辦民兵的方針任務；確認了民兵在鞏固國防方面的重大意義。

目前，加强民兵工作的方針，正通過省一級機構逐級向下傳達與貫徹。根據福建省的報告，福建省從三月十七日到二十五日召開了全省民兵代表會議。中共福建省委號召這次民兵代表會議要充分發揮民兵組織的作用，使民兵工作對國防工作作出最大貢獻；號召全黨全民繼續大辦民兵師，設立民兵師、民兵團、民兵營、民兵連，實行組織軍事化、行動戰鬥化、生活集體化，管理「民主化」。出席這個會議的代表，還向全省民兵發出了一份倡議書，倡議全省民兵配合國防部隊和治安機關做好海陸邊防和維持社會治安的工作。

中共的民兵工作是人民公社化運動以來所一貫堅持而又曾經失敗了的政策。在一九五八年人民公社化運動高潮期間，全國民兵人數曾經達到兩億以上，各地民兵組織會在統一支配使用勞動力上，發揮過極大作用。到一九五九年上半年，人民生活轉惡以後，在農村基層幹部和農民中間，湧現了反人民公社，反大躍進運動的逆流。去年八月中共八屆八中全會公報曾經反映當時大陸農村情況，幹部消極鬆勁、放棄領導、不敢發動羣衆進行生產工作、洩羣衆的氣、給羣衆潑冷水。這期間的民兵工作，由於發展過快，流於形式主義，成爲人民公社化運動中最薄弱的一環，隨人民公社倒退而亦轉入沉寂。

但，又由於民兵是國防部隊的預備役是國防部隊的重要兵源，在一九五七年六月，中共就已決定將預備役和民兵合而爲一，所以雖然一時遭遇到挫折，而在政策上却不允許長期放鬆這項工作的領導，在適當時期是必然會繼續以全力來加强進行的。一九五九年初，中共爲了加强鎮壓反人民公社逆流的力量，曾經一次征召十八至二十一歲的青年入伍，福建省在這一擴軍行動中被召入伍的新兵就達三十萬人，其中絕大部分是民兵中的積極分子，有百分之四十五以上是黨團員。

由於民兵所接受的軍事訓練，相當嚴格，所以對於民兵工作的加强，應該視作擴軍工作的一部分而給以同等的注意。這些民兵所受的訓練，包括步槍、機槍等實彈射擊，以及特種技術訓練，在作戰能力方面，幾乎已可視作一支具有數千萬人的兵種。今年三月十五日人民日報報道國防部隊幫助各地有關部門開展民兵建設工作的情況，是各部隊同各級人民武裝部門和民兵組織密切配合進行，在民兵訓練過程中，各部隊的幹部和担任民兵教練員的戰士，經常深入田間、工地、車間、操場，利用生產空隙，向民兵傳授經驗，指導民兵進行操作，各部隊還有計劃地培養一批能夠講解一般軍事理論又能實際操作的民兵教員。這就可以推測到中共對民兵工作的着重，和民兵在戰鬥中應具的能力。從而可以進一步了解中共擴軍的內容。

中共歷年來都是在裁軍宣傳的同時，以擴軍行動來威脅裁軍會議，而圖擠入裁軍會議的。尤其是今年中共的擴軍，既未報道征召的役齡，又未報道征召的人數，隱藏着擴軍的實際情況，構成一個有計劃的對日內瓦東西十國裁軍會議的破壞戰署。在三月十五日日內瓦十國裁軍會議召開之前，一月二十一日陳毅會重申一九五五年彭德懷所作的申明，如果沒有中共的正式參加和中共代表的簽字，有關裁軍的國際協議，不能對中國具有任何約束力。在這次具有威脅性的申明發表以後，中共繼而採取了召開民兵工作會議，宣傳征兵工作結束等一系列的措施，都反映了中共仍堅持以擴軍手段來威脅裁軍會議，製造國際緊張局勢以利於自己擠入國際事務的舞台。中共這種破壞裁軍努力的作法，顯是整個共產集團冷戰戰署的一部分，固不能等閑視之，更重要的是，假使將來在國際裁軍談判中能達成任何協議，也祗有利於共產國家，因爲任何監督制度也不能有效地在中國整個大陸來執行，民兵制度將是中共擴軍的另一種方法，將爲中共繼續保有一支强大的國防兵種。

台灣一周

「新聞自由」在台灣

國際新聞學會研究組長加斯柏，在台灣作五日實地調查「新聞自由」的情況。據說：「他已瞭解台灣是處於戰時情況的條件，並且也明瞭台灣民間私人報紙在發展自由報業和完整的報導方面所作的努力。」

加斯柏之所以去台灣，起因是台北英文中國日報社長兼總編輯鄭南渭、英文中國日報發行人魏景蒙，及中央通訊社東京分社主任李嘉要求參加國際新聞學會爲個人會員，但兩度給執行委員會「延期處理」，理由是要先調查自由中國的新聞自由程度。

因而，台北市記者公會曾向國際新聞學會提出强烈的抗議，「認爲有欠公平，近乎歧視。」

早在該會第九屆大會會議中，菲律賓新聞社編輯曾經說過：「雖然中華民國大多數報紙是由執政黨黨員所辦，但反對派的報紙仍然存在。」又說：「雖然出版法最後獲得通過，中華民國政府從未運用過它的權力以壓制任何報紙。」加斯柏去了台灣，自會找到這些話的是非眞僞的答案來的。

事實是，反對派報紙的存在在國民黨當權派看來是點綴民主的，而「出版法」之根本不應存在，而存在，則是對新聞自由的威脅。

中國記者之所以被擯出國際新聞學會之門，絕不是記者個人的恥辱，而是國家體面的難堪，與其怨人，何如責己呢？

速謀妥當安置印尼歸僑

立法委員袁良驊，董微、陳素和、馮正忠向僑務委員會提出五點建議。針對華僑的現實情況，論議平允，可作展拓僑務的重要環節。

尤其是對「印尼歸僑應作全盤計劃妥善安置」的建議，更屬急不容緩的工作任務。據僑務委員長陳清文稱：「到三月底止，已有五千七百零一位，不甘印尼政府迫害的僑胞，申請回到自由祖國來，其中有一千六百九十一人已來到台灣……回國的僑胞，都已得到了妥善的安置。」

由於自由世界與中國大陸的生活優劣，形成尖銳的對比，印尼僑胞普遍憎恨中共的暴政，根本無庸置疑的。因而，可以想像未來繼續申請回台灣的人必與時俱增，如果僑務當局沒有全盤的妥善安置計劃，可能導致失盡華僑的向心，是不可不知，亦不可不慎者。

孟戈。

匈牙利對中共警告

本月三日，北平舉行一個集會慶祝匈牙利「解放十五周年」，在會上代表中共講話的是陳毅，代表匈牙利講話的是代辦西格帝。

陳毅講話要點是：一、一九五六年十月的匈牙利革命是「帝國主義和匈牙利國內的反動派勾結起來發動了反革命叛亂」。二、「在文藝戰線上，匈牙利社會主義工人黨堅持馬克思列寧主義原則，對修正主義，民族主義和形形式式的資產階級思想，進行堅決的鬥爭」。三、「美帝國主義」現在仍是「匈牙利人民的最兇惡的敵人」。

西格帝的講話中，固然未會提到修正主義，民族主義，資產階級思想，與美帝國主義，對於一九五六年十月匈牙利革命也有與陳毅不同的看法，他並不把這次革命完全強詞奪理的誘之於「帝國主義和匈牙利國內反動派勾結起來」所發動，而認為責任的一半在于自己的錯誤。他是這樣說的：「當我們回憶我國十五年的發展的時候，我們遂勇敢地面對着我們所犯過的錯誤和出現的困難。我們黨和政府從這些東西中吸取了應有的教訓，並遠在帝國主義所組織和支待的反革命罪惡進攻之前就已經開始糾正這些錯誤。」

吾人若以這段話來體會當前中國大陸的情況，似乎可以說，匈牙利是在它慘痛的經驗對中共作警告，希望中共亦學「遠在帝國主義所組織和支持的反革命罪惡進攻之前」就「開始糾正」錯誤。換句話說，否則社會可能將發生比一九五六年十月匈牙利革命還要激烈的暴動。

匈牙利之要在這一時候對中共提出這種警告，看來還是出於蘇聯的授意。因為一九六○年第三期「和平和社會主義問題」雜誌亦刊載了一篇匈牙利革命前的黨魁施・拉科西的文章。現在匈牙利所承認的錯誤，就是拉科西在位的事。該文章有着自我批評的意味。

文章的題目是「關於匈牙利黨同羣衆聯系的幾個問題」。文意認為：「在反革命事件以前和反革命時期，我們黨同勞動人民的聯系削弱了」，一這個過程，毫無疑問是從黨內狀況惡化開始的」。黨內狀況的惡化，表現于：「領導不僅愈來愈脫離非黨羣衆，而且愈來愈脫離很大一部分黨員，以致弄得黨員一言不發」，或者是「不加分析一概同意」，「話還沒有聽完就跳起來高呼「萬歲」。黨內還有「一種有害的做法」，「說服的辦法日益被行政手段所代替，自些人認為採用這種辦法可以更快更簡單地解決發生的問題」。在黨與行政機關的關係上，則「包辦代替國家機關的工作」，「直接干預國家機關的日常工作」。還有一種現象，有些「領導人在主觀上是希望人民得到幸福，大概也相信自己在為人民的事業而奮鬥。但是他們把某一次得到的信任看做是一張不需要重新更換的永久的委任狀，另一方面、他們認為相當大一部份人民是不成熟的，他們不向勞動人民好好解釋自己的政治步驟，以為在社會主義完全達成之後，人們就會對黨感恩戴德。這種觀念是極為錯誤的」。拉科西認為錯誤之一是「過多地使用這些修飾語，如「最：：偉大的，巨大的，強大的」等。

去年十二月「紅旗」雜誌會經透露中共黨內「沒有民主」，「不自由」，「有壓力」，我們若細細地去體會拉科西的文章，直可視為是目前中共政治情況的寫照，特別上面所引最後的兩段，把毛澤東的心理描寫出來了。結合着前述西格帝的講話，看來「和平和社會主義問題」雜誌特別刊出拉科西的文章，主要還是在對中共警告。而這本雜誌實際就是蘇聯控制着的。所以可以這樣斷定匈牙利之對中共作間接的警告，是出之於蘇聯的授意。

田心

觀察中共對拉丁美洲的活動

乃明

三月十六日中共宣佈成立「中國拉丁美洲友好協會」，接着開始舉行「支援拉丁美洲人民週」，三月廿日周恩來、陳毅又接見拉丁美洲的古巴、巴西、阿根廷、委內瑞拉、洪都拉斯、玻利維亞、智利等七國學生和文化界、婦女界代表。這一連串的事實說明中共對拉丁美洲的活動正在加緊。至於活動的性質和加緊的程度，依筆者觀察認為：

一、根據中共歷次派往拉丁美洲活動的團體和率領人的職位：一九五七年九月「中國貿易代表團」在南美逗留了幾個月，「團長」陳明是中共「對外貿易部第三局副局長」；一九五九年五月「新聞工作者代表團」到智利訪問，「團長」姚溱是「上海市委會宣傳部副部長」、「對外文化協會常務理事」；一九五九年十一月羅叔章率領的「婦女代表團」到智利訪問，並參加拉丁美洲婦女代表大會，她是「輕工業部副部長」、「婦聯執委」；同時在烏拉圭、巴西、智利等國「表演」的「中國文化藝術團」「團長」周而復是「上海市委宣傳部副部長」、「對外文協常務理事」兼「秘書長」今年一月應邀參加智利工會代表大會的「中國工會代表團」，「團長」劉長勝是中共「中央委員」、「總工會副主席」，看來過去中共在拉丁美洲的活動是包括有文化團體、宣傳工作、婦女、貿易、工會等幾方面。至於外面傳說有中共軍官在古巴協助卡斯特羅的活動，則尚缺乏可靠的證據。

二、分析「中國拉丁美洲友好協會」組成人員的成分：「會長」楚圖南是中共「對外聯絡委員會副主任」、「對外文協會長」；「副會長」胡愈之（「文化部副部長」）、吳冷西（「人民日報總編輯」）、董純才（「教育部副部長」）、姚溱和周而復等五人是屬於文教、宣傳工作方面的，祇有冀朝鼎（中共「國際貿易促進會副主席」兼「秘書長」、「外貿企業局局長」）一人是屬於貿易方面的；在「常務理事」卅人及「理事」一一六人中，文教、宣傳工作方面的也同樣佔大多數。至於最近報紙披露的有中共貿易代表到墨西哥活動，則是以「遊客」身份前往，名字未見公開。由此判斷最近的將來中共在拉丁美洲文教、宣傳工作方面的活動將更有組織並加重份量；在貿易方面的活動將仍是在策劃和隱蔽的階段；其他方面的活動則將通過各獨立機構相機進行，像日前大陸紅十字總會向巴西分發救濟物品。

三、以「支援拉丁美洲人民週」的名目來推論：中共所指的拉丁美洲包括墨西哥、古巴、海地、多米尼加、危地馬拉、洪都拉斯、尼加拉瓜、哥倫比亞、巴西、智利、巴拉圭、阿根廷、哥斯達尼加、巴拿馬、薩爾瓦多、烏拉圭，委內瑞拉、厄瓜多爾、秘魯和玻利維亞等廿個國家，也就是除美國、加拿大以外，所有全部美洲國家。中共不明說與「拉丁美洲國家」「友好」而表示要「支援」「拉丁美洲人民」，顯然是想以民主運動為名，反美為實，來進行顛覆拉丁美洲親美國家的政府。關於這點，按諸中共報紙的論調也是毫不諱言的。

綜合以上三點觀察，以拉丁美洲國家對自由中國保有聯合國席位一事上關係的重要，以及對於自由世界領導國家——美國地理環境的密切，中共拉丁美洲的活動實有不可小視的嚴重性！

小談宣傳

中共駐倫敦「代辦處」的廚司郭德祿投奔自由，自是大快人心之事。但是他是一個要求英國政治庇護的人。台北方面對於郭德祿的態度，據說是：將盡一切可能協助這位義士來台，並輔導他就業。從台北為此事所作之渲染與表現的積極性來看，簡直把郭德祿和印尼被迫害待遣大陸的華僑等量齊觀。這當然是台北方面宣傳上「高明」處。

不過台北方面似乎忘了還有一位音樂家傅聰，迄今仍託庇於倫敦。自從傅聰從波蘭華沙逃出魔掌後，並未見台北方面對他有何種積極的表示。還有，現仍在印度的達賴，台北方面對之也未有其如對郭德祿者。何厚此而薄彼乎？不解。

台北方面說要為郭德祿輔導就業。我想以郭的手藝，在倫敦賣「李鴻章雜會」，當好過在台北開館子。因此所謂「輔導他就業」，也不過是欲收宣傳之效而已。

我並非說台北方面做得不對，但是做得太過份了，也是徒然使人反胃。

最恰當的宣傳，才是最有效的宣傳。願台北方面記取之。（言）

革命血如花（記廣州起義經過和得失）．吳惠明

（續七期）且炸彈著處，火即延燒，因移駐毗鄰之水師提督行署。會同李準督飭防營，分途扼守圍捕。旋據各營稟報，生擒及槍斃匪黨數十名，奪獲手槍炸彈多件。訊據匪黨供稱：該股共二百餘人，本日在香港及省外分搭輪船火車，陸續來省取齊，直往督署轟擊等語。詰似此外有無黨羽，堅不供認。當轟擊督署時，另有一股往刼軍械庫，日前已派重兵駐守，匪往撲時，當即擊退。此外各衙署局所，大清、交通銀行、造幣分廠，均經分派兵營守護，未被擾害。目下餘匪四處竄擾，已閉城門嚴搜，俟天明後，當不能漏網。新軍全駐城外，前聞匪徒有煽惑勾串之謠，經飭該協官長等密為防範。城中起事後，詢據該協統電覆：「尚無騷動」。其餘城外各處，亦未見有股匪起事。至匪徒前往督署轟擊，均係改服洋裝，乘坐肩輿，與夫亦皆係匪徒，是以沿街巡警均未覺察。此次衙署被匪轟燬，實係事出倉卒，調兵不及，幷非各文武不力為救護情尚可原……。合併陳明，乞代奏。」

按此電文雖有文過飾非、浮誇邀功之處，但參照以上起義經過情形，更使吾人檢討其得失，獲得明確的証據和概念。

三、收葬情形

此次苦戰喋血，不幸戰敗犧牲慘重，然「黃花崗七十二烈士」能成為歷史名詞光垂宇宙者，不能不歸功於大俠士潘達微仗義收葬，保持人類正氣，發潛德之幽光。

蓋自三月廿九日大流血後，陳屍纍纍，人心惶惶，廣州成了一座恐怖的城市。直至四月三日，死難烈士遺骸埋葬問題，清吏始交廣仁善堂辦理，原擬埋在亂葬崗上。一般民衆雖同情革命志士死難之慘，但在清吏淫威之下，均不敢置一詞。大俠士潘達微挺身而出，以其「平民報」訪員身份，頗不值，如此處理，遂訪晤諸善董，說以大義，力請另覓吉地安葬。諸善董以責任重大，不敢沾惹「亂黨」嫌疑，潘氏乃向江孔殷太史求助，得准易地安埋。惟地點選擇又成問題，潘氏復悉力奔走，終於徵得徐善董同情，捐出廣州東郊紅花崗荒地一段，作為烈士埋骨之所。

時烈士遺骸，經已收集在諮議局前的曠地，因曝屍已逾六天，更兼連日雨淋，屍體腐脹，腦裂蛆生，折臂斷頭，血肉模糊；且其中被執就刑時，枷鎖亦未除去，有些遺體尚未解縛，對於收殮工作至感困難。潘氏復借籌巨金，厚賞仵工，始將各屍妥為料理；並又向善堂婉商另備棺木，一一均親身監督收殮。

次晨（四月四日）八時，潘氏即到現場佈置下葬事宜，至下午四時始運屍完畢，共計七十二棺，再又解囊犒賞工人，才得掘深竈穴，下土掩埋，從此七十二烈士的英骸，長眠於地下。

不料次日保皇黨的「國事報」揭發改葬烈士情形，並對潘氏措詞不利，潘又仗義執言，將收葬烈士始末公開於四月六日報端，並以「諮議局前新鬼錄，黃花崗上黨人碑」為標題，將本來是「紅花崗」的地名改為「黃花崗」，其寓意是他嫌「紅花」兩字軟弱，只有用「黃花」二字才能顯出革命烈士的雄渾之氣，以示「浩氣長存」，地名經此改題，不脛而走，此紅花崗之所以為黃花崗之由來，從此碧血黃花，人傑地靈，與天地同壽。

（未完）

蔣先生口中的國大成就

·直夫·

（台灣通訊）所謂第一屆國民大會第三次會議，已於三月二十五日在台北閉幕。蔣先生在閉幕典禮中致詞，認爲這次會議「已圓滿達成了歷史上最重大的一個任務，它正確的顯示了海內外同胞一致的公意，保証了全國軍民反攻復國的堅强意志，這亦就是給予奸匪致命的一擊。」因而肯定這次會議「任務完成閉會之日，就是我們反攻復國勝利開始之時，且可以說，是反攻復國最後勝利決定之時。」接着又說：「此次會議獲得了三項偉大的成就，奠定了民主憲政的基礎。」他所謂的三大成就是：

第一、此次會議的「一切舉措都能遵循民主規範，發揮其高度的民主精神，對任何一個主張和提議，在其討論過程中多數的均能尊重少數的意見；而到最後決定時，少數仍然服從多數，使一切決議都能成爲公意和眞理的決擇。」

第二、此次會議的「一切程序，都是根據法理來進行，來處理的。自解釋大會總額起，經過修訂臨時條欵，到完成選舉都是遵循憲法所賦予大會的使命來達成的。這是一種守法與法治的精神，在此次大會中充分的表現了出來。」

第三、國大代表「皆能竭忠盡智，捐小全大，貫徹了不修改憲法的決策。」並說：「憲法是國家根本大法，是有其剛性和常性的；動員戡亂時期臨時條欵，乃是適應國家變故，有其特定性和權宜性的。我國此次用臨時條欵來濟憲法之窮，雖是屬於權宜之便；但從根本上說，乃正是要確保憲法的尊嚴性和完整性。……這次大會貫徹了不修改憲法的決策，不惟代表諸君將來對大陸選民所賦予的最高政權有一個正式的交代，而且得使政府在今後這六年以內完成反攻復國的任務時，仍能把這部中華民國全國人民所製訂的憲法帶回大陸，歸還選民。」

據悉：蔣先生在發表這篇演說的時候並未臉紅，但人們在報上讀到之後，則不禁爲他惋惜。此次國大的種種醜劇，盡人皆知；而在蔣先生看來，却有如此偉大成就。如非他的是非之心和全國人民的大不相同，那就是他的羞惡之心已經被蒙蔽了。因爲：

就他所舉的第一項成就來說，盡人皆知此次國大代表之所以終於同意修改臨時條欵以便蔣先生再連任，其關鍵乃在於當權者答應提高他們的待遇，並允諾他們立即成立研究修改憲法的機構，和於三任總統的任期內再召集一次國大臨時會議來討論修憲的問題。換言之，即是以利與權來交換選票。而且在討價還價的過程中，醜事迭出，中外側目。然而蔣先生不但說他們發揮了高度的民主精神；還說他們的決議是公意和眞理的決擇，寧非咄咄怪事？

就他所舉的第二項來說，此次大法官解釋憲法，硬把國大代表的總額減了一半，而臨時條欵的修訂也完全是爲了便於蔣先生的連任，正是因人釋憲和因人立憲的不法行爲。而他却說這是一種守法與法治的精神，可見他的法治觀念與世人大不相同了。

至於他所舉的第三項成就，則更爲荒謬可笑。憲法規定總統祇能連任一次，而今蔣先生却當選了「三任總統」，可見憲法已經被撕毀了。然而他却說確保憲法的尊嚴和完整，仍能把全國人民所製訂的憲法帶回大陸，歸還選民。這何異一個惡徒將良家婦女蹂躪以後再送回家而告其家人曰：「我把她完整的帶回來歸還你們」。豈不更可惡？

總之，此次國民大會不但毀壞了憲法，使我們原是有名無實的法治更變爲無法無天的局面；而且公然上下交征利，恬不知恥，尤將給每況愈下的政治風氣和社會習俗以不良的影響。假設蔣先生祇是引咎而不亂置一詞，善良的人們，也許會原諒其或有不得已的苦衷。然而因爲達到了連任的目的，他竟指黑爲白，公然說國大有如此這般的偉大成就，豈不是把全國人民都當着聾子和瞎子嗎？抑或是他以爲全國人民都沒有是非和羞惡之心呢？這簡直是對全國人民的一種公然侮辱！

某在野黨又有暗潮

聞國民黨當權派爲爭取民青兩黨對總統連任的支持並藉此抵銷其在海外領袖的反對言論，曾由自命爲名政論家的某發言人利用同鄉關係與某黨的在台領袖某君（不是盲的那一位）秘密談妥，由某黨介紹光復大陸設計委員及所謂列席國大代表（即並無國大代表資格，但可列席國大，並照代表領錢之謂也）各二十名，並許某君以閣員的位置。此外還一次發給三十萬元（一說是每月），以作該黨的黨費。某君本來是反對修改臨時條欵及蔣先生再連任的，自得到如此優厚的條件以後，遂由反對而變爲贊成者了。他原以爲既可入閣，又得了這麼一大筆錢，更有四十個位置可以安置黨內的擁護者，自不難一舉而變爲該黨的唯一領袖。但天下事往往不如人意，邇來爲了分配設計委員和列席代表之事，黨內又發生新的爭奪，互不相讓，將來說不定還要因人選無法產生而功虧一簣呢。記得政府遷台之初，行政院原留政務委員兩席以待民青兩黨；祇因他們內鬨，不能提出人選，至今仍是虛懸。於此，可知當權者不但有海量，也有妙法哩！他們許友黨以官，又許以錢，可謂仁至義盡；而友黨却無法享受，還能怪誰呢？但關心國事的人們，對國民黨絕望之餘，對民青兩黨也太失望了。他們在海外的領袖雖能堅持主張不渝，而其在台的同志，往往爲了一些小名小利，甚至不惜內鬨，甚至照着當權者的音樂節拍而舞蹈。以此而欲在政治上發生制衡作用，豈非南轅而北轍乎？

是誰說「人民公社」已成功？

本月五日中國郵報載，國民黨某要員表示「中共在鄉村實行人民公社業已成功，故開始在城市舉辦」；幷說：「假設中共能採取較和緩的態度，城市的人民公社亦可成功。」在今日的台灣，竟有如此的政府要員對「共匪」的人民公社如此頌揚；而且還敢於向報紙的記者表示，可見其身份不凡。此一要員究竟是誰呢？日來台北人士無不在暗中互相探詢。一般的看法，都認爲非蔣經國不會有如此的意見，更非蔣經國不會有如此的胆量。最可注意的，是此一談話已在海內外引起極不良的反應，但蔣先生並未震怒而予以查究，立法院亦未向行政當局提出詢問，這就是號稱反共抗俄領導中心的微妙所在了。

團結乎，分贓乎？

本月八日行政院陳院長向立法院報告五十年度施政方針時，對於加强團結反共力量的問題曾有所表示，他說：「這是當前海內外人士共同的願望，也是政府努力以赴的目標。當前的事勢很明顯，我們唯有團結反共力量，才能粉碎敵人分化的陰謀，加速復國的成功。最近國民大會第三次會議的成就，是海內外愛國同胞反共力量大團結的表現。」他把團結一切反共力量和所謂國大第三次會議的成功視爲一事，可說是不倫不類。如所週知，所謂國大第三次會議的成功，不過是分贓而已。當權者分得了修訂臨時條欵與三任總統，國大代表分得了和立法委員同等的待遇和設立憲法研究會。他們對於反攻復國的大業，既均漠不關心，而彼此之間的猜忌與怨恨並未因暫時的妥協而中止，有何團結之可言？官方心目中的團結原是如此，那就最好不要再談吧！

請大家起來研究反共復國方案！

徐正言

編輯先生：爲了我們中國的前途，爲了能夠實現推翻中共暴政，使我們能夠重返家園。對於台灣，我本來一直把反共復國的希望寄托在他們的身上，但是他們所謂反攻大陸事實証明徒托空言，只有宣傳，沒有事實。所以我終於失望。對台灣失望之餘，我現在對於民主反共運動深抱希望。這裡，我尤其對聯合評論最近在社論中所發出的呼籲，即呼籲大家起來研究反共復國方案，以期付諸實施一點，表示衷心的贊佩，和熱烈的響應與支持。

我們曉得，中國大陸是被蔣氏糊裡糊塗斷送了的。我們今日所遭遇的流亡之苦，大陸同胞之所以陷身水深火熱之中，又慘被共黨屠殺，都由此而來。因此蔣氏對於大陸之失，自應負完全責任，不過，話說回來，大陸淪陷，已經成爲事實。今天徒然來追究責任，於事實亦無補益。況今日之事，譬如火燒屋宇，當務之急是如何先把火撲滅，其它都在其次。因此，我對於蔣氏之誤國罪，倒也無意來清理它。相反，假如蔣氏能夠痛改前非，重新振作，好好團結反共力量，好好研究反共復國方案，且好好予以實行的話，我是不但不去責難蔣氏，甚至還要擁護蔣氏和支持蔣氏的。

再則，今日之事，除台灣外，我反共人士幷無第二個基地，同時，除台灣尚擁有武力外，其它反共人士皆無實力。而要反共復國，而要將中共打倒，是非用武力不可的。所以我逃亡海外十年來，曾對台灣蔣氏不斷寄予希望，曾對台灣蔣氏及其左右之所作所爲，不斷予以諒解者在此。

但我從十年來的事實發覺蔣氏已不能負起反共復國任務了。其最近所作五年回到大陸的話，亦係不能兌現的謊言。試問蔣氏直到今天還不採取緊要步驟，以團結海內外反共力量，那末，他所說五年將回大陸的話，如何能實現？

老實講，中共外形雖龐大，但弱點却也極多。毛澤東不施仁政的那種殘暴的統治，和中共不顧一切的推行違反人性的人民公社，都可以說中共今天實已替他自己掘了墳墓，所以我們可以說中共今日實已有了可敗之道，但從另一方面看，只憑蔣氏父子總是不能推翻中共的。

而根本說來，反共乃一切愛國愛好自由同胞的共同責任與共同義務。國家是大家的，不是任何一人的。我們也不應把反共的責任推在任何一個人身上，所以我們今天確實應該自己站起來，自己來研究具體有效的反共復國方案來實施的，在我們這樣做的時候，假如蔣氏今後有所改革，則我們的力量與台灣現有的力量仍可合流，因而更有助於反共復國大業。倘若台灣方面繼續倒行逆施，則我們自可對國家作出貢獻。何况民主乃世界潮流，也是人類社會進化的必然趨向。誰都不能長期阻擋歷史的進展。台灣終必走上民主改革的道路，這也是必然的。

封建性的獨佔，自不能在台灣持久？我相信台灣不久終會成爲一個用眞正的自由民主號召海內外來瓦解中共來反攻復國的基地，惟其如此，所以我仍對民主運動的前途懷抱充分的樂觀，仍對中華民國的前途懷抱充分的信念，也惟其如此，所以我特別寫信給貴報，對大家起來研究反共復國方案一點表示衷誠的支持，幷呼籲一切反共愛國的人共同起來！

（讀者投書）

中共發動「愛民月」的用意

文藝林

在今年元旦前後，中共的公安系統，全面的展開了一項「愛民月」運動。這個運動經歷兩三個月的時間，目前除了廣西、湖北、甘肅、新疆、安徽等進行較晚的省份正在繼續深入的進行，其餘絕大多數地區已告結束。

中共宣稱進行此項運動的目的，意在「促使公安機關永遠依靠人民，大走羣衆路線，進一步加强人民民主專政的威力」，同時，對於全部公安人員也是一種「開門的整風運動」。基於此一動機，所以投入這次運動的，包括有各級領導共幹和廣大的基層治安保衛委員會的委員。

所謂「公安人員」和「基層治安保衛委員會」的人員，衆所週知，他們都是中共恐怖政策的直接執行者，其主要任務，即是監視大陸人民的言行，加强對全體人民的控制。由於這些人員負有特殊使命，在進行工作時，其權力幾乎大到漫無止境，因此，他們不論日夜隨時可到居民家中調查、「訪問」或捕人。人民雖目彼等如毒蛇猛獸，但却無人敢對這些不速之客的「光臨」，畧表不歡迎的神情。人民與「公安人員」既然處於奴役與被奴役的敵對地位，彼此間當然只有恨，而無所謂「愛」之可言了。

中共針對大陸人民痛恨仇視「公安人員」的心情，於是命令各地公安幹部和民警全面展開所謂「愛民月」運動，發動羣衆檢查公安人員的缺點，開展批評和自我批評，幷希望通過這次運動改變人民的觀感，從而爭取他們的合作。而且對於羣衆的批評，表面上無不表示誠懇的接受，有的還故向提意見的居民作自我檢討，如此這般便算是公安人員「開門整風」了。

在「愛民月」運動中，各地公安人員曾掀起「為羣衆大辦好事」的熱潮，三月廿七日的人民日報」稱：「據廿七個省、市、自治區的統計，在今年愛民月運動中，共為羣衆辦好事達一億二千一百多萬件，超過了一九五九年公安人員為羣衆辦好事總數的三十倍」。姑不論他們辦的是什麼「好事」，但於短短的兩三個月時間內所辦的「好事」竟然超過了去年的卅倍，可見這些「人民警察」、「毛澤東的好幹部」、「黨的好兒女」們，過去是很少辦好事的。

「人民日報」又透露，說在這次「愛民月」運動中，各級公安人員曾幫助羣衆修築道路、水渠、橋樑及從事積肥、運輸等工作，但該報同時復供認各地「愛民月」運動，「是密切結合黨的中心工作，結合生產，結合公安部門的任務，進行冬季安全大檢查」，由此可知公安人員的「愛民月」運動，幷非有意眞為羣衆辦好事，而是別有居心的，所以在運動中，他們曾運用各種方法誘使人民檢舉壞人壞事，如洛陽市居民王清原，在被誘使之下，主動向派出所報告逃亡十餘年的「反革命份子」魏鳳同返回洛陽，魏因此而被捕；武陟、滑縣、長垣等三個縣，羣衆在「愛民月」運動中，亦協助公安機關破獲了六十五起案件。

從誘使人民檢舉壞人壞事及協助公安人員捕人破案等事例中，充份顯示出中共發動「愛民月」的眞正目的，祇是在加緊對人民的監視和控制澈底進行一次「安全大檢查」而已。不過中共此舉，亦正說明大多數人民仍不甘對暴政屈服，而「反革命份子」迄未根絕，大陸治安仍有問題，中共為掩人耳目，所以任全面進行「安全檢查」時，也不得不巧立名目轉移世人的視線。

從中共運用這一運動的技巧來說：中共這一次攪的這一運動，是與兩三年前中共攪大鳴大放以引誘人們發言，事前再强調說言者無罪，事後則又對這些發言的人們開刀是一樣的。所以拆穿來看，中共所謂「愛民月」，實在又只是一次騙局。毛澤東既早已宣稱不行仁政，試問中共又何有「愛民」之可能。

揭開中共「財政預算」的秘密

方正

中共的財政部長李先念最近發表了一九六〇年度的預算案。支出和收入的總額，同為七〇〇億零二千萬人民幣，收支相抵，表面上算得是一份平衡的預算。據他說：在支出方面：計經濟建設費為四二九．一億元（佔總額百分之六十一點三）；社會文教及科學費為八六．二億元（佔總額百分之十二點三）；國防費為五八億元（佔總額為百分之八點三）；行政管理費為三一．七億元（佔總額百分之四點五）；增發銀行信貸資金為五八億元（佔總額八點三）；對外援助為五億元（佔總額百分之零點七）；債務支出為一二億元（佔總額百分之一點七）；再加上其他支出，合計為七百億零二千萬元。

至於收入方面，絕大多數為國營企業的上繳款（包括利潤及稅收），計佔總額的百分之九三點四；而農業稅僅列三十三億元（不及總額的百分之五）。李先念還特別强調地說：「但是農村人民公社的負担，仍然繼續保持穩定。一九六〇年農村人民公社的各項負担佔農副業總產值的比例，將從一九五九年的百分之五點八降低到一九六〇年的百分之五點三。這是對於發展我國農業經濟極為有利的一種政策。」算做是中共特別體惜農民，減輕農民負担的一種「德政」。中共的刋物還大力宣傳說：「對於農民，這幾年連年增產，但農業稅却沒有動過，今年仍然不動；這也就是說，農民的收入年年有所增加，而且，國家用之於農村的，實際上比取之於農村的還要多。按照今年預算，農業稅三十三億元，再加農村中收的工商稅，總數為四十一億元。但國家用於農村的，却有對人民公社投資十五億元，農林水利和氣象方面的基本投資和事業費五十八億五千萬元。加起來已為七十三億五千萬元，超過了國家取自農村的四十一億元。此外，國家今年農貸總數達到四十六億九千萬元。」眞可以說是中共對農民愛護備至了！

但是，事實上，這是一種絕大欺騙！是一個無恥的謊言！我們只要憑常識來判斷：據中共稱大陸人口總數為六億五千萬，而農民人數達五億以上。試問：中共全部的稅收，不是絕大部份負担在農民身上嗎？現在我們也不願多費唇舌，就引用中共自己的話，來戳穿李先念的謊言吧！據牛中黃說：「我國農民對於我國的財政收入和社會主義工業化已經担當而且還將繼續担當重大的責任，因為我國農業的發展對於國家的財政收入和社會主義的工業化有多方面的重大的影響。」又說：「目前在我國的財政收入中，除了農民直接交納的稅款（農業稅）之外，由於農業及其副業的產品，經過工業及工商業部門加工和銷售而產生的利潤和國家的稅收，還佔國家財政收入的百分之三十五左右。例如在工商稅中約有百分之六十五左右是直接或間接同農業以及農民的產品有關的。在鹽稅中約有百分之八十四左右，在關稅中約有百分之五左右可來自農民的。至於工業和商業部門的利潤中，也有百分之七十左右，是由於對農業及其副業產品經過加工和銷售而獲得的。國家推銷的公債，也有百分之三十左右是由農民認購的，可見，我國的國家預算收入中，直接或間接來自農民的或者同農業有關的，約佔近一半，這個比量是很大的。」

請李先念把上述的話仔細學習一番吧！這是你們自己人講的話，並且是由你們宣傳機構（中國青年出版社）正式刋佈的。總不能說是「反動份子造謠中傷」或「帝國主義者存心誣衊」吧！

事實上，牛中黃所說大陸農民對於整個財政收入所負担的比重，還是從低的方面估計的。所有農民對人民公社所提供的「公積金」和「公益金」等，還沒有計算在內呢！而中共厲行「洗刼式」的收購，把農民所生產的農副產品，以低價强迫征收，這種無形的負担，牛中黃也沒有把牠切實的計算呢！

大陸之窗

中共現階段的內政外交

・劉裕畧・

中共第二屆人代會第二次會議，自三月三十日開幕，已於四月十一日閉幕。中共「人代會」並無眞正民主權利，它對中共現階段的內政外交也並無絲毫決定權，不過，話說回來，中共的人代會雖然是有名無實的東西，但中共少數寡頭在人代會講演中所透露的中共現階段內政外交的方針，却大致反映了中共現階段內政外交的動向。當然中共尚有許多秘密決策是不會在這些場合宣佈的。

這裡僅就它宣佈的方針來看，則有下列數端：一是「貫澈執行社會主義建設的總路線」，二是「堅持大躍進」，三是「鞏固和發展人民公社」，四是「更加廣泛更加深入地開展技術革新和技術革命運動」。以上各點說明了中共今後是將更加强其極權統治以奴役大陸同胞。且將更加殘酷的進行其罪惡活動，而大陸同胞的生活將更加悲慘。

至於對外方面，這可以從周恩來於四月十日在中共「人代會所謂「對外關係」尋出線索。他說：「希望中印會談產生積極效果」；「解決印尼華僑問題」，這表示中共現在是想重新與若干亞洲中立國家拉好，以挽救其最近以來的惡化關係。但由於中共的狠子野心已露，周恩來無論怎樣做戲，中共與亞洲中立國家的關係勢必不能完全恢復。他又說中共「絕不參加任何可能出現兩個中國的國際會議」，則是中共仍想侵佔台灣的充足証明。他所說任何國際協議如無中共參加簽字則對中共無約束力，則顯然是中共要想參加裁軍會議的一種姿態；他所說反對美國侵畧，中共鬥爭到底，則是中共仍將繼續仇美反美的証明；他所說日本政府一天不放棄敵視中共的政策，則中共與日本的關係就一天不可能改善，則表明中共是企圖干涉日本內政，且有赤化日本之陰謀，至於所說中共與各兄弟國家團結合作將更為加强，則不過再一次說明中共將繼續作蘇俄之奴才，繼續一面倒向蘇俄，而決不會走狄托路線而已。

綜合觀察以上各點，我們很容易看出中共現階段的對外方針，仍然繼續其過去的賣國作法，它將與西方民主國家繼續為敵，則是尤為明顯的。

宇努新政權的前途

沙　溫

緬甸新總理宇努，已於四月四日自「看守內閣」尼溫將軍手中，接收了緬甸的政權。自一九五八年十月宇努下台，尼溫將軍便爲了「避免政治危機影響國家」，出組軍人的看守內閣，但經過一年又六個月之後，通過本年二月間的大選，又是宇努出來執政。宇努是「東山再起」了。

可是，從宇努到尼溫，又從尼溫再到宇努，這中間產生了不少的曲折，也有了不少的變化，對於緬甸政府前途，南亞以至東南亞的政治氣氛，當亦會發生不少的影響。

反法西斯同盟分裂

緬甸獨立以來十多年間，除了尼溫內閣這個時期，政權都在反法西斯人民自由同盟的手中；這個由緬甸開國元勳翁山將軍所組織而由宇努等繼其成的政黨，在國會內外擁有絕多數優勢，故此能清除同盟中的馬克思主義派，並相當地消弭了共黨的武裝叛亂。但中共的崛起拯救了中緬邊界的緬共窮寇，承認中共及萬隆中立路後，又予中共蘇聯特務在緬甸大肆活動，於是緬甸的左翼依然擁有一部份的勢力，從事挑撥分化的縱橫捭闔。而其結果，反法西斯人民自由同盟也告分裂了！這就是上述緬甸「政治危機」的開始。

反法西斯同盟的分裂爲「廉潔派」與「鞏固派」，便是由於政治路線的左傾與右傾之爭。宇努的廉潔派與宇巴瑞的鞏固派，雖然同樣標榜中立路線，但宇巴瑞他們反對中立而左傾。適值當時中共外交人員在緬甸干涉選舉有據，左翼方面給予人民以惡劣的印象，宇巴素乃出而執掌政權。原來因共黨份子滲透反法西斯同盟乃聲稱「退而整黨」的宇努，竟不惜藉左翼的票數以推翻宇巴瑞。左翼勢力乘機伸張，政治發生危機之際，溫尼將軍不得不出而收拾時局。當時宇努知道勢不可爲，也就「退而結網」，辦黨的訓練班，預備將來出一口氣。現在宇努是達到目的了。

尼溫將軍退出政壇

一如其他國家的軍人政權，尼溫政權也是比較「强力」的，雖然它並非軍事獨裁，也無意走軍事獨裁的道路。但他所執行的革新政策，却是政黨內閣所不敢爲或不能爲的。如積極討伐叛亂的緬共、流放左翼政客、厲行人口登記、恢復治安。同時又雷厲風行取締囤積，平抑物價，推銷緬甸的特產大米，增加外滙儲存。以至仰光的火災防患，整頓市容，莫不以所謂「鐵腕」出之。政黨內閣舉棋不定辦事沓泄的作風，爲之一掃，尼溫將軍的政績，可以說是有目共覩。與中共簽訂邊界協定，也是尼溫將軍在卸任前完成了的。雖然共黨的「條約」並不能保証些什麼，但在這「協定」中，中共放棄了不少中國土地給緬甸，（那可能是北平爲了要與印度解決邊界糾紛的緣故，）對緬甸是有利的。

但自去年八月，尼溫將軍已宣佈今年二月大選，結束他的看守內閣。觀察家們認爲：尼溫將軍對武裝部隊的控制，已有絕大的把握，他退出政壇而由政治家主政，對他本身威望更能提高，「地位更加有利」！——這即是說，如政治家們再攪出政治危機有危害國家之可能時，尼溫仍可以超然地位，作「收拾時局」的斷然措置。

廉潔派壓倒的勝利

這次大選，在尼溫內閣嚴正中立及公平競爭下舉行。尼溫的閣員及軍人概不准競選。於是選舉便形成三個集團——廉潔派、鞏固派、左翼（民族統一戰線）三方面的競爭，尤其是廉潔派與鞏固派爭政權的決鬥。

宣佈大選之初，一般認爲對鞏固派有利，因爲在反共政策上，鞏固派與尼溫內閣接近，並得到其支持；同時，廉潔派秘書長宇呼吞、中執委宇班棉，又因綁票案及貪污案下獄。但自去年十一月地方選舉，廉潔派獲勝以來，廉潔派又被「看好」。大選的結果，廉潔派果獲大勝。

緬甸下院計有二五零議席，除治安不良延期選舉之區外，爲二二八席，這次選舉，已確定者爲二二三席，各黨派席數如左：

廉潔派（反法同盟廉潔派）：一五七席（原有五一席）。

反法同盟鞏固派：二五席（原有九七席）。

民族統一陣線：三席（原有四五席）。

中立各派及其他：二八席（原有五五席）。

合計二二三席（原有二四八席）

宇巴瑞和副總裁宇叫迎，竟在大選中落選。但乘同盟分裂而伸展勢力的左翼，也告慘敗，可能因爲不少有力幹部被尼溫內閣逮捕或流放的緣故。

鞏固派失敗原因

據說，廉潔派的獲勝，有兩個原因。其一是尼溫政權雖然克舉政績，但因爲嚴厲地干涉及取締國民生活，因而產生反感，並認爲鞏固派是支持尼溫內閣的，從而也產生反感。同時，鞏固派以爲有政權做後盾，對爭取選票不免鬆懈。

反之宇努方面，除了長期執政的個人關係及聲望外，一年半以來臥薪嘗胆、埋頭苦幹。並以「民主乎法西斯乎？」爲選舉戰中的口號，對以「反法西斯」爲名的鞏固派，加以諷刺。同時，廉潔派更發出「以佛教爲國教」的諾言，在差不多全部都信奉佛教的緬甸，也頗獲取好感。

廉潔派已於上月十七日至十九日召開最後一次代表大會，並改名爲「聯邦同盟黨」，這是反法西斯同盟首次更易黨名。其宗旨爲致力緬甸安定促進內部團結，保障民主權利，達成社會經濟秩序及致力國內外和平等。聯邦青年同盟、婦女同盟等，將解散本身組織，加入宇努的同盟。

照估計，自宇巴瑞內閣以至溫尼內閣的反共及多少親西方色彩，將會告一段落。宇努政權必是中立主義而且偏左的。在國內對左翼會比較放任，不若前此執政之嚴厲。在國外，對於重新鼓起所謂「萬隆精神」將有便利，據說赫魯曉夫在加爾各答會宇努時，已曾有此提出。

不過，鞏固派此次失敗，是因忽而「失手被擒」，究竟仍是隱然一大在野勢力，尼溫將軍的軍部仍然屹立，宇努派對軍部的關係會攪得好壞？從這些角度看來，宇努政權也不能太爲樂觀呢！

（仰光通訊）

無止境的悲劇

柴仲寬

這是大陸裏無止境的悲劇；劇名「羅織成罪」，劇情是「任意拿人」。於是，四月二日，深圳水庫工地上的民工營營長汪根也被拘捕了！他的罪名，是秘密與逃港的「壞份子」私通音訊。——然而，這不過是表面上的罪狀，骨子裡却有一段曲折動人，可歌可泣的事迹。

原來，在三日前，汪根因當面指斥過「工委」的不是，并吐露出各民工心底裡的憤懣，致被認爲思想有問題。過了兩日，他遂被「工委」發動了三千民工，予以鬥爭；可是那三千向和汪根同甘共苦的民工，却反而敬佩汪根勇敢和主持正義的精神，在鬥爭大會上，半句話也不肯說。這一來，可更把那官架子十足的「工委」氣得光火了！

以過去來說，每一次鬥爭大會，在「工委」的導演下，很少完全沒有一個人說話的，這一趟却出現奇迹，演出了「默片」。顯然，堂堂的「工委」，丟臉極了！他既鬥不倒汪根，同時更恐怕以後將會產生更多像汪根的這一類人，那就更難以收拾了。他在老羞成怒之餘，便於當日晚上，唆使便衣公安人員，黑夜搜查汪根的家，把汪根所有由香港親友寄來的書信，通通拿走，由此羅織成「和壞份子私通音訊」的罪名，越日一早，終於把汪根抓進了囚牢！

據當地民工說：這種悲劇已屬司空慣見，永無止境。

僑鄉近訊

印尼歸僑被驅入山區作牛馬（粵、桂、滇、閩）

江水。

被中共特工誘回大陸的印尼歸僑，除一部份有資產的獲得較優待遇外，其餘不論男女老少，均被分別驅往粵、桂、滇、閩等四省的山區，充作「開荒牛」，担當絕無休歇的勞役。據說：中共刻已在上述四省，分別建立集中營式的農場，迫令他（她）們過着「組織軍事化」、「行動戰鬥化」的悲慘生活。目前已建成及正在建立中的集中營式農場，共達十餘單位。其中雲南元江縣有四個；廣西武鳴縣有兩個；福建詔安一個，永春一個，晉江一個，廣東南海興隆鎮四個。此外，廣東靈山縣的華田、新光等地的牧場，及東莞、陸豐、花縣、清遠、英德、普寧、南海等地的農場，福建永春茶果場、福清縣泉州清源山的墾殖區，亦均已劃出一部份開墾區域，正等待那些已墮入圈套的印尼歸僑繼續前往流血、流汗！被迫作牛馬的印尼歸僑，刻正羣情洶湧，紛紛密謀逃亡。但每一工地上，中共均派有武裝部隊駐守，一入牢籠，恐難再出生天！

「打倒毛澤東」！（湖南）

據湖南消息：「反右運動」在該省迄未能大張旗鼓作明朗的展開；其最大原因，係由於若干地區共幹，曾爲這項工作，引起激烈的火併，且伏有鼓動農民流血反抗的危機。去月中旬，醴陵縣便曾發生過這類事件。據說：該縣「地委」陳敬華，因被縣長林道平指爲「右傾份子」，陳亦挺身反擊，指林爲「資產階級餘孼」；在雙方積不相容下明爭暗鬥，勢成水火。有一日，陳密令各鄉鎮基層共幹發動萬餘農民，羣集示威，高呼「打倒林道平」的口號，詎料共幹中竟有人趁此機會，一洩胸中憤恨，在混亂中居然大叫「打倒毛澤東」！呼聲一起，當堂鬧至騷動到幾乎不可收拾。陳見勢頭不好，立刻出盡九牛二虎之力，將農民驅散，始獲暫告平息。——從這一事例可以証明：目前中共內部，正是矛盾百出；幹部的派系傾軋，亦至爲激烈。他們互相間已現出了一度很深的裂痕，故經常都會上演短兵相接的鬧劇。

南大畢業生出路難

俊華

東南亞唯一華文大學南洋大學，首屆學生已於今春畢業，校方爲隆重舉行畢業典禮，舉行了多次典禮籌備委員會。關於典禮台、會場佈置，秩序表、交通、醫藥、各界獻金及會場飲料等，已由籌備會總務、教職員準備完竣。學生方面則於同時舉行「大學週」，促使各方對南大及本屆畢業生加以特殊的關注。

南洋大學畢業生同學會，也在組織成立中，籌備章程及入會表格，已發出予各畢業同學。該同學會發言人梁歡飛特爲此事發表談話，希望聯合邦方面的同學將表格早日填寫，寄回該會彙集。

南大同學會當前面臨的困難問題，唯就業的問題，同學會在商討之後，已呈函星洲總理李光耀氏伸訴，要求星洲政府特爲攷慮辦法，解決南大畢業生之出路問題。此項要求，尚未獲得當局的批覆，大概在攷慮辦法中。唯一般認爲，星洲正面臨失業的威脅，對於南大畢業生的全部就業，似難予以解決。馬來亞聯合邦「社會陣線」黨代表大會曾討論南大學生出路問題，決定向聯合邦政府要求攷慮南大學位（即在聯合邦承認其學位），及南大學生如向政府求職時，加以善意的攷慮。「社陣」這項建議，固係對南大學生的善意，但聯合邦當局前此已曾發表：不承認南大學位「因她是一間外國大學」。看來南大學生仍是出路難。

（星洲通訊）

「冷狗」

余翼

也許人生本是無聊的，空洞的，所以在有生之年，有的信仰宗教，來安慰自己心靈上的寂寞；有的把多餘的精力花費在自己的興趣上，運動啦，文藝啦，打牌啦，或者愛集郵的朋友，把全部視綫焦點集中在顯微鏡下，一小塊像雞汁豆腐乾的郵票上，希望能發現一枚一橫或一豎稍有偏差，彎曲的「變體」或「倒印」……，一旦發現了，便如獲至寶，欣喜若狂，甚至立即走告親友……我想這都是很好的「殺時間」的方法。

是的，人必須有一些寄托和希望，否則將會感到悲觀絕望。

但張女士是從來不感到悲觀的人之一，因為她的心靈是有寄托的。

在我沒有講到她以前，我必須要把她稍微介紹一下，她今年少算點也有五十歲了，然而頗懂得打扮，這打扮對她好像是一艘油了漆的鐵船，能够防止歲月生銹似的。要不然老板早把她辭退了。

對她的打扮，首先起反感的，是那個缺德的上海小姐，「這一大把年紀，」上海小姐說，「也該在家享享福啦，何必在外面做牛做馬呀？」

享福，誰不願意享福，可是，張女士因為有一個遙遠的期望，她甘願目前暫時受點苦。縱使她聽到一兩句刺耳的話，她只當嘸啥，蹩在心裏不響。當然她心裏很難過，想回罵她一句吧，又怕人家說自己沒有涵養，「宰相肚裏可撐船」，而最主要的，自己也該「退休」了，但為了捨不得「年資」和叫那上海小姐眼熱的薪水，不到最後關頭，絕不自己放棄，何況這又不是公家機關，這是私家公司！老板要用我，誰也無話說。

大家都說，她這幾十年的辛勞已有不少積蓄了。

照理她是富有的，但又有誰曉得她的苦衷？她近來一幢在中山北路二段的小花園洋房也賣了，而搬到離市區更遠的通化街去住了，這為的什麼？還不是為了省點錢。省錢為什麼？她老人家有她的打算，她把她全部的希望，「投資」在她的兒女身上了。

她的千金已經出國了，她的少爺因為畢業後要受「預備軍官訓練」和實習，不得已，在軍校和馬祖挨過了年把，最近才回來。她是放心了，她一切懸念全消失了。因為在前綫海島服役時，正逢金門八二三炮戰，她愛子心切，天天早上趕到辦公室，搶着報紙就讀第一版新聞。她因此對馬祖島的地理情況瞭若指掌，什麼白犬等等彈丸小島的地理位置、面積……她全知曉，同事們稱她為「馬祖地理專家」。這充份流露出她對自己孩子濃厚的母愛。

這孩子是她的獨子，她已經為他設法到美國去留學而省喫儉用的，自然不能有一點三長兩短的意外發生的。

孩子回來了，又黑又壯，一切都很好，她欣喜極了，她把全部「馬祖剪報」送進廚房的廢紙簍里。並馬上給他請了一位叫瓊絲，自稱美國小姐的來教他英文會話。當了年把阿兵哥的他，四肢發達，而大腦却退化了，他把以前在大學裡學的英文，早已大部分還給教授了，但為了應付美國大使館的口試和將來到外國去所必需的會話，總不能不抱一下佛脚。

美國小姐教英文會話，當然要付美金學費的，每小時美金五元，一周六小時，為了望子成材，目前犧牲些，將來總有收穫的，她老早打聽到了，在美國有的是按週薪，有時按日或按時計酬，酬勞都很高的，到那時候，兒子女兒有了辦法，她還有什麼愁的？

這個年代到外國去留學的風氣是很盛的，只要是提起自己的孩子在外國某某學校（不管學校好壞）如何如何，彷彿做爺娘的臉上很有光采。張女士心裡的想法也正是如此。

「眼前喫些苦，算什麼？將來：：」她常常這樣想

所以她有時為了捨不得「浪費」一元錢搭公共汽車，他會走四十五分鐘，從家裡走到公司。有一次騎了脚踏車的同事，看見她大清早在馬路上作長途「跋涉」，笑着問：

「早呀，妳為什麼不乘車呀？三輪車也不過四元錢！」

「……早上的空氣很好，散散步也好，唉，整天坐辦公桌，氣悶死：：」

有時人家笑話她，說她寧願買外國化粧品，而在三餐上刻扣自己，未免有點「打腫臉充胖子」。

她可只當沒有聽見，因為她買的全是假充外國貨的土產品。

中午，公司裡只有一小時又三十分的休息，她若再來回奔波，自然得不償失，於是她就得把「便當」（盛行于台灣的一種放飯的小鋁盒）帶來。她的午餐可說是簡單明瞭，常常只有一個麵包或兩片薄薄的臘腸，她便倒了一杯茶，一個人慢慢的在辦公室裏喫起午餐來了。

那個講究營養學的，大家叫他卡羅里博士的同事，有時開她的頑笑說：

「身體要緊，這些錢是省不得的……」

「我不是省錢，」她說，「我中午總是胃口不開，大概早上那杯牛奶太濃了？……不過我晚飯胃口常常很好，可以吃得落油膩和葷腥，白天是不行的。……」

不過話又說回來了，如果這時誰有一點中餐的「剩餘物資」，她是不怕油膩和葷腥的，她會包辦下來。

她會問人：

「你今天喫什麼好小菜呀？」

對方如果示意請她試試，她一定會說：

「我已經吃飽了，吃不下啦，不過讓我嚐一點點試試。」

於是仔細的，小心的嚐嚐，然後稱讚一番，被稱讚的總很樂意的省些，送給她品品味兒。……

她的孩子總算不負她的心願：如今可以出國了。

她為他去奔走，她為他到天主教的神父那裏去走門路，好在她老早就把他們送進教會，受了洗禮，並且還領得了一個教名。托天主的鴻恩，如今一切順利：她把房子賣了，買了一張黑市美金旅行支票，送到台灣銀行總行去結了滙，什麼保証金啦，飛機票啦，還有人情債啦……這幾乎要她破產了。

為了一個遠景，為了孩子和她的將來，花這些錢，算什麼？

她一方面從每一項開支上作最苛刻的節省，買起必須的食品來，每每一角五分也爭個不休，有時在菜市稱好了的東西——像黃豆芽，青菜之類——她必定要再搶一點才行。

自從她丈夫過世以後，她一直過着刻苦節省的日子，她的孩子看到人家背後叫她「小兒科」，也有點不樂意。

「這樣節省，給人家看了都難看？」

「我們又不是沒有錢，要裝得那麼寒酸做什麼？」

但誰知做母親的心？她省吃儉用，做牛做馬，還不是巴望子女有一天能出國，一旦事成，何怕沒有這麼多美金？

如今兩個孩子出國了，她更是寂寞了，但她樂意這種寂寞，這一切為的是將來：……

女兒出國以來，除了寄來一兩封讚美新大陸的繁榮外，不久便音訊渺然了。她很是懸念，寫了信又不見回，半年後，信又來了：大意這樣寫着，「親愛的媽咪，你一定萬分驚異我為什麼半年來不給你寫信，因為我和亨利——妳的女婿，他是美國密歇根人——結婚後到火奴魯魯去渡蜜月了，回來後，兩個人用度太大，經濟情況不大好，……」下面也不必細說了，大意是說，如果她老人家愛他們的話，請匯些錢去，因為她已有了愛的結晶，自然不再提讀書的事了。

而她的兒子到了那裏，才發覺理一次髮要花二元美金，吃一餐客飯，少不了兩元……（折合新台幣來，嚇死人）沒有多久，帶去的一點錢，也已經用罄了。他特地由紐約到支加哥去看看洋姐夫和姐姐，看，才知道他們住在貧民窟裡，姐夫有一手很好的手藝，他擦的皮鞋最亮。……她現在半工半讀，給大菜館裏每天去洗碟子，還有他們瞧不起有色人種，這使他最為難過，他們講求現實，他們……

總之，他很懷念「祖國的河山」！為了不使他在國外流落，最好……

她讀着來信，心裡像鬱結了一塊化不開的石頭，她一個人坐在傍晚的窗邊呆想。

她晚餐的那隻麵包還在桌上，已經變成「冷狗」了，兩隻蒼蠅停在上面，不時還跑來跑去。

她沒有心去趕走牠們，她覺得口渴和心跳，她把一杯微溫的開水，吞了下去。……

文壇泥爪

陳獨秀爲「新青年」答辯

我們可以這樣說，「新青年一是開創新文學運動的刊物，但也只是開創而已，雖然建立了新文學的理論，却沒有產生多少文學作家。在那上面刊登而享有時譽的作品，四五年中也不過是：胡適的新詩和話劇「終身大事」、沈尹默的「三絃」周作人的「小河」、陳衡哲的「小雨點」，魯迅比較多一點，亦只五篇小說「狂人日記」「孔乙己」「藥」「風波」「故鄉」而已。原因是它並非純文學雜誌，其主要方面在於攻擊舊社會而建設新文化，是一個社會科學性質的刊物。可是它在這一方面，最初並沒有受到重視，直到民七改用白話發表文章後纔為人注意，接着就震動了全國。因為這個刊物是北大教授們所辦，北大校長蔡元培，便成了反對新文化運動者所攻擊的對象。古文家林琴南除給蔡氏寫公開信外，還寫小說暗示軍人干涉，這是衆所周知的事，不必再說。另外有位「文通先生」拿着幾本「新青年」給當時的總統徐世昌看，加了許多「非聖亂經」「洪水猛獸」「邪說橫行」的評語，徐世昌即交教育部查辦，參議院議員張元奇並提出彈劾教育總長和查辦北大校長的議案，一時謠言大起，滿城風雨。

陳獨秀在六卷一期的「新青年」上，曾發表了一篇「新青年罪案之答辯書」，這在中國現代化運動史上是一篇重要的文獻。他一開頭就說：「本誌經過三年，發行已滿三十冊；所說的都是極平常的話，社會上却大驚小怪，八面非難，那舊人物是不用說了，就是瓜瓜叫的青年學生，也把「新青年」看作一種邪說，怪物，離經叛道的異端，非聖無法的叛逆。本誌同人，實在慚愧得很；對於吾國革新的希望，不禁抱了無限悲觀」。當時反對者北大校內有黃季剛，校外就是林琴南，他們全是討厭白話文因而攻擊新文化運動的，陳氏把他們給加的罪狀，綜括為：破壞孔教、破壞禮法、破壞國粹、破壞倫理（忠孝節）、破壞舊藝術（中國戲）、破壞舊宗教（鬼神）、破壞舊文學、破壞舊政治（特權人治）。他說：「這幾條罪案，本社同人當然直認不諱。但是追本溯源，本誌同人本來無罪，只因為擁護德莫克拉西和賽因斯兩位先生，纔犯了這幾條滔天大罪。」接着指出：要擁護這兩位先生，便不得不反對上列那些罪狀中他們要破壞的東西。「大家平心想想，本誌除了擁護德賽兩先生之外，還有別項罪案沒有呢？若是沒有，請你們不用專門非難本誌，要有氣力胆量來反對德賽兩先生，才算是好漢，才算是根本的辦法。」

時代與我（七）

由無期徒刑到死刑

徐亮之

我入獄後，除第一次乃由衞戍部軍法處長楊樞先生審訊外，以後一直是由熊育錫先生審訊的；而關於我的不祥之兆與不祥之事，便也是由他一手所造成。

他似乎乃侯官嚴復又陵先生的學生或私淑弟子；當年和「新青年」唱對台戲的「學衡」雜誌，曾發表過很多篇他和又陵先生討論哲學問題的通訊。他以創辦南昌第二中學和心遠中學起家；後來心遠中學擴展為大學，便是他担任校長；而也無形中便成為「江西的學閥。他和國民黨本無淵源，祇一直埋頭在軍閥底下利用辦學培養個人勢力，以便壟斷江西教育界。但畢竟後來因為學生多，各黨各派都有；北伐成功後，他的國民黨籍學生如程天放等又已分踞江西黨政要津，他便也水漲船高，儼然成為江西國民黨的元勳，一躍而由教育界進入政治界，做着江西省政府委員兼建設廳長的了。他恨共產黨，是因為他們曾逮捕過他戴高帽子遊街。然而他所謂恨，卻祇是表面的；因為有了這一受過共黨折磨的資格，正可以增加他在清黨運動中翦除異己的發言權；這正是他繼續培養個人勢力所需要的。所以，袁孟冰雖屬江西名共產黨員，因為曾經做過他的學生，便仍不辭暗中維護；謝率眞雖然不是共產黨員，但因曾經做過他的仇人，（謝曾任陳公博主持的江西政務委員會中相當於後來省府成立時，教育廳長的職位，據說那時對他的學校有過不客氣的指摘。）便非給戴紅帽子置之死地不可。而那時我重要的原告人卻全都是他的學生，我則是分給他專責審訊的囚犯，於是乎我的不祥與惡運直是已經註定而無可逃免的了。

然而初期我卻一點也沒警覺到這厲害；因為他雖然審訊過我三五次，卻祇是泛談一些學術或思想上的問題；我雖發現他的思想並不怎麼高明，和他濃重的土話，笨拙的修辭，並不能表達他的思想，（我想：這一點凡屬親近過熊先生的江西朋友必有同感）然而氣氛卻是輕鬆的；直輕鬆到好像並非坐堂問案一般。可是，當決定我的命運的最後一次審訊時，情形卻截然不同了。

「我基（即「我們」，乃他鄉下特有的土話）今天來談一個哲學問題。」他說。

「好的。」我說。

「孟子說性善，荀子說性惡，揚子卻說『人之性也善惡混』；這三說，你贊成那一說？」

「我贊成性善說。」

「什麼理由？」

「理由孟子全給我們答復了。」

『他怎麼答復的？」

「聖人之性純乎善，這不消孟子答復，我們也知道；不必說。」我正為他這一問而高興，因為我在一師時曾讀過陳蘭甫的「東塾讀書記」，對於這一問題的結論，恰是記憶猶新；「孟子所給我們重要的答復是：常人之性，善的成份比較多；惡人之性，善的成份仍然有

「『常人之性善的成份比較多』有什麼証據？」

「孟子說過：『今人乍見孺子將入於井，皆有怵惕惻隱之心；非所以內交於孺子之父母也；非所以要譽於鄉黨朋友也；非惡其聲而然也。』三者都非，而祇單純出於怵惕惻隱之心；便是常人之性善的成份比較多的証據。」

「那末，『惡人之性善的成份仍然有』，又有什麼証據？」他摸了一摸鬍子，表示對我的答復滿意後，又這樣問。

「這証據，孟子書裏也提供了。例如象日以殺舜為事，三番兩次都沒成功；後見舜安然坐在屋裡彈琴，終於不能不面帶『忸怩』之色而支吾其辭說：『鬱陶思君爾』！便是惡人之性善的成份仍然有的最好的說明。」

「唔、唔！」

他又摸了摸鬍子，沉思了一會；旋即指指我又指指自己說：「現在來打個比方假使我基兩個同坐一隻小船，被大風一吹，吹向大海中心；這時四顧茫茫，清波難飽，為了維持生命，勢必祇有兩種辦法給我們選擇：一即兩個之中，犧牲一個，養活另一個；一即兩個同歸於盡。這兩種辦法，你贊成那一種？」

「同歸於盡。」

「唔、唔！」

他再摸了摸鬍子，沉思了一會，然後又用食指向堂下畫了個半圈，表示這回的比方連衞兵都包括在內，說：「假使我基十個人，同坐一隻小船，也被大風吹向海心，為了維持生命，也勢必祇有兩種辦法給我們選擇：一即十人之中，犧牲一人，養活其他九個人；一即十個同歸於盡。這種辦法，你贊成那一種？」

「仍然贊成同歸於盡。」

「告訴你！」

他語氣忽然嚴肅起來；「我的主張：不但十個人不能犧牲一個人；就是一百、一千、一萬個人，也不能夠犧牲一個人。祇有鮑羅廷胡鬧，說是要中國革命成功，非殺掉五百萬人不可。這才真是豈有此理！這也才是你們共產黨的主張。」

「但共產黨是否這樣主張，我不知道；我卻並沒這樣主張過；並生平並沒殺過一個人；鮑羅廷的胡鬧話，更和我沒有關係。」

然而，他卻不理我的辯，祇輕輕地在皮包裡拿出兩把七首，接着則冷冷地對我說：「這是你打的吶！是不是？」

「我打的？你怎麼會知道？你在旁邊看見的嗎？」我知道這乃土豪劣紳亦即他的學生揑造的偽証，突然火星直冒了；「而且我又為什麼要打這種東西？請熊委員告訴我！」

「你的事我全知道。」他嚴肅得更厲害；「你不是辦過政治訓練班的嗎？班裏不是共有五十個學員的嗎？這七首不就是結業時你發給學員的嗎？而且當時你不是訓話說：每人必須殺五十個人，方才認為是有革命成績；凡五十歲以上的人全都該殺的嗎？現在証據確鑿，你還有什麼話好說?!」

「啪！」我竟制不住冲天的怒火拍着他的公案；因為我當時確給他天外飛來的鬼話氣瘋了；同時，我吭聲說：「熊委員！過去我曾經佩服過你，還以為你是一個江西的教育家。現在看來，你卻祇是一個昏瞶糊塗而已！告訴你：二十世紀早已不用七首殺人了！這是常識。你現在如要替你的學生殺我，容易得很；用不着假造這種幼稚的証據的；我是不怕死的。」

「我也不怕死的。」他也氣得把老花眼鏡往公案上一放，站起來說：「你們裏面的人我認得三分之二；我不怕手鎗炸彈的。」說完擺擺手示意衞兵把我帶回獄中去。

回來時，衞兵便紛紛責備我，說不該拍委員的公案，等於「太歲頭上動土」；活得不耐煩。而果然由於這一審訊的結果，他忿然把判我無期徒刑的擬議推翻，對委員會說：「這個人簡直是頭老虎。現在關在牢裡，尚居然敢拍我的公案，當年在外面，還了得！」於是乎委員會無異議通過，把我的無期徒刑改為死刑了。而這一曲折的底蘊，我竟直到事後很久方才知道。

集玉谿生句七律兩首

寄慰劉太希悼亡

·老芋·

古來才命兩相妨，天險悠悠地險長。浮世本來多聚散，謝家離別早淒涼。丹丘萬里無消息，柹葉翻時獨悼亡。遙想道衡詩思苦，久留金勒為迴腸。

劉放未歸鷄樹老，錦帆應是到天涯。自探典籍忘名利，少得團圞足怨嗟。祇有安仁能作誄，惟教宋玉擅才華。深知身在情長在，倚樹沈吟日已斜。

志蓮淨社雅集柬亮之兄

敬羣

一春烟景待銷磨，借得禪林續永和。莫訝東風寒料峭，不妨耳熱更高歌。

新蒲細柳寄行吟，來對成連海上琴。屈指江南又三月，落花滿地夢難尋。

琵琶揮手玉玲玎，四座無言屏息聽。疑是昆陽正酣戰，八方風雨挾春霆。

如環妙語畫軒渠，風韻今番又讓徐；滿座賢豪俱部曲，一時點將待傳臚。

記庚子拳變始末（一）

舜生

一、我敘述這一史實的動機

去今六十年，即清光緒二十六年的庚子年(1900)，中國由一羣愚昧無知的民衆與一羣愚昧而又貪鄙的官僚，合演了一幕震動全世界的活劇，——義和團大鬧京津。其結果引出了八國聯軍，天津，北京，保定均告淪陷，而俄軍侵佔我東北全境，更引出1904到1905年的日俄戰爭；使得中國的情況愈趨於複雜。

自從這一年的六月十八日天津被聯軍攻下以後，經過約一個月的時間，北京便於七月二十日為聯軍所佔領。慈禧太后挾着光緒帝載湉倉卒西奔，由李鴻章與奕劻與各國議和，於次年(1901)七月二十五日與德、奧、比、西、美、法、英、意、日、荷、俄十一國簽定了屈辱的『辛丑和約。』而慈禧與光緒帝，則延至是年的十一月二十八日，始由西安回抵北京。

因為這一史劇的結構複雜，牽涉甚廣，延續的時間頗長，影響到後來也異常深刻，截至現在為止，由中外人士所留下有關這一事實的紀載，乃多到不可勝數。可是這類紀載的內容，就我所看到的小一部分而論，大抵都是限於一時一地，或限於這一事實的一片段；有詳於拳民本身的，有詳於清廷動態的，有敘述外人或教民遭難經過的，也有分析聯軍各方面矛盾衝突的心理的；有的可靠，有的不盡可靠。以讀史料的眼光去看，自然各有其一定的價值，可是要求一原始要終，把這一事實的起因，經過，歸結及其影響敘述得清清楚楚適於一般青年閱讀的，卻不可多得；甚至有不少的人，往往為這一大堆史料所壓倒，時間經過「六十年，還只是在這種雜亂無章的資料中兜圈子，看不見一篇畧有去取剪裁稍像歷史紀載的東西出現，這也是很可悲觀的。

我寫這一篇簡單紀載的動機，並不敢存有何種奢望，僅僅是自己想對這件事得一清晰的理解，以便進而看其他的紀載較能提高判斷；再加上，我為三班學生講中國近代史，正講到了這一個時候，而他們的筆記往往記得不甚完備，我也想使他們根據我這一紀載，能得到一些訂正。

今年又是庚子年，由此上溯1900的庚子年，既然有了拳變的這一幕；再上溯到1840即道光二十年的庚子，卻正值鴉片戰爭的爆發；一般迷信家，因為受了前兩個庚子的暗示，於是對今年的這一庚子(上一庚子閏八月，今年閏六月)，便也感到惴惴不安。默察國內和國際的若干情況，誠然也有令人不敢樂觀之處；可是那位立志復楚的申包胥說得好：『天定者勝人，人定亦能勝天，』我們正不必過分理會命運，惟有本其所信，與一切惡魔奮鬥到底，我相信國家終有得救的一天。

聯合評論
週刊
本刊已經香港政府登記
每逢星期五出版
United Voice Weekly
第八十七號
督印人：黃宇人　總編輯：左仲平
社址：九龍金馬倫道八號三樓　電話61413
承印者：嘉華印刷有限公司　香港灣仔摩師道5號
總代理：友聯發行公司　每份售價港幣一毫
本報美洲版總經售處　美國紐約中美出版社
CHINESE-AMERICAN PRESS, INC
199 CANAL STREET.,
NEW YORK31 N. Y. U.S.A.
美洲航空版零售每份美金一角

美國對中共政權的迷惑

黃宇人

日前報載美國政府特別選派一位精通華語的人為駐英大使館的職員，以便於與北平偽政權駐英代辦處的人員接觸。我看了此一消息之後，並不感到驚異而祇是覺得好笑。美國與中共的所謂大使級談判已談了幾年，尚談不出華盛頓所預期的結果；而今竟要在大使級以下再尋求與中共接觸的機會，未免太自作多情了吧？

曾憶中共政權成立之初，西方國家原對它存有一番幻想。英國率先予以承認，美國駐華大使司徒雷登於江南陷落，中華民國政府南遷以後仍留在南京；國務院更發表了有名的白皮書，明示放棄了中華民國。換言之，當時美國雖尚未緊步英國之後塵而承認中共政權，然亦相去不遠矣。迄韓戰爆發，美國的對華政策才有了轉變；但隨着韓戰的停火和國際間姑息主義的再度抬頭，美國對中共的態度又逐漸由仇恨而趨向妥協了。

現實主義者對中共的幻想

若干年來，主張安撫中共的人們，其所持的理由不外四者：

一、他們認為中共政權已有效的控制了中國大陸，西方國家雖然不喜歡它，但既無選擇的餘地，祇好予以承認。

二、他們認為中共與蘇俄之間有矛盾，祇要西方國家能和北平多多接近，就可擴大其矛盾而加迅其決裂。

三、他們認為中共要將中國大陸建設成一個現代化的國家，在資本和技術方面都需要西方國家的援助；而中共所誇張的六億人口，更是西方國家所想望的顧客。

四、他們認為要緩和國際間的緊張局勢，唯有讓中共參加談判，才可達成全面的協議。

以上所列舉的四個理由，其出發點即在於所謂現實主義；實則都是很不現實的。

西方國家對中國問題不了解

首先，我們必須指出西方國家對於中國問題，至今尚無正確了解。他們在殖民地主義極盛時代的所作所為且暫不說。即以近五十年來的史實而論，在民初，他們原都以為袁世凱已有效的控制了中國而祇顧和他們打交道。其後，中國陷於分裂之局，他們所重視的則是那幾個大軍閥；對於以求中國之自由平等為職志的中山先生，英國竟橫加敵視，美德亦置之不理，卒使蘇俄得乘虛而入。假設當年西方國家果能面對現實而正視中國的革命運動，則遠東的局勢當不致如此發展了。二次世界大戰發生後，西方國家——尤其是美國——才對於中國開始採取真誠友好的態度；但因了解仍欠透切而又妄自介入國共之爭，以致鑄成大錯。如今他們又口談現實而卻不正視中國人民普遍反共的顯明事實和大陸上此伏彼起的抗暴運動；而祇為了北平偽政權尚能暫時支持而遂認為中國即將如此定局了，何仍淺見乃爾？

現實主義者並未認識中共

復次，我們還要指出現實主義者至今仍未認識中共。其對中共的觀察大都出自想望而非基於事實。他們不知共產中國在共產集團中雖然是一個後進，而中共卻是共產主義最狂熱的信徒。十年以來，不顧大陸人民的死活而強力實施種種共產暴政，年來更甘冒激起民變的大險而推行所謂人民公社，充份表明毛澤東輩對於實行共產主義遠比俄共還要激烈。至於北平與莫斯科的關係，自非全無矛盾；但矛盾的發生則僅由於中共想自俄共多得到一些援助，和爭取在共產國際中佔較重要的地位，而非兩者之間存有任何不可相容的衝突。毛澤東深知一旦蘇俄在對自由世界的鬥爭中失敗下來，則共產世界的理想即將成為泡影，而共產中國的前途尤不可保。因此，儘管他有時還會自以為對於所謂馬列主義的研究和了解已高於黑魯小夫，而對後者的某些作為表示不盡同意，但仍不能不在大體上予以支持，如關於清算史他林及裁軍問題是也。由此，可知中俄兩共雖有矛盾，但若希望他們由矛盾而進為分裂，則是沒有可能的。同時，毛澤東更知道實現共產世界的最大障阻厥為美國，而最簡便的方法則是利用世界的紛亂。因而舉凡足以困擾美國和增加世界紛亂的事，中共無不冒險犯難，全力以赴。當年大陸變色，美國對中共原存幻想，毛澤東瞭如指掌；而竟於枕蕭未安之際，悍然參加韓戰。最近白宮已表示在某種情形之下考慮中共參加裁軍會議的問題；而北平突於此時發佈對美傳教士處以重刑的消息。顯示美國愈想接近中共，而中共却故意為難，還不够現實主義者猛省嗎？

艾豪森總統的解放政策那裏去了？

基於以上的分析，中共決心與美國為敵，已極顯然；其對英國的基本態度，亦殊無二致。倫敦承認北平已十年有零，不但英國人在中國大陸的商業利益橫被摧毀，即欲互派大使建立形式上的正常外交關係亦不可得。

然而自稱現實主義者對此等事實卻熟視無覩，而至今仍不肯放棄對中共的幻想，寧非西方國家的不幸？我們認為美國應即依據艾森豪總統所宣佈的解放政策，切實支援中國的反共運動，（當然不是介入戰爭）及早推翻北平偽政府，從新建立自由民主的中華民國政府，然後才可以緩和遠東的局勢。而蘇俄在失去中共這一最為猛烈的幫兇之後，自不易再隨處興風作浪，世界和平庶可有望。倘不此之圖而反欲安撫中共，則適足以增長共產集團的氣焰，和平更不可期矣。半世紀以來，西方的政治家們天天講和平而卻招來兩次大戰，即現實主義再加短視政策有以致之也。

惟民主政治有助反攻復國

李金曄

一九〇四年，孫中山先生曾以英文發表了一篇向美國人民呼籲的文章，題目是「中國問題的真解決」。全文要義在闡明中國需要革命的真正原因，並謂一消除妨害世界和平的根源，必須以一個新的、開明的、進步的政府來代替舊政府，這樣一來，中國不但會自力更生，而且也就能解除其他國家維護中國獨立與完整的麻煩。」他更明確地說「把過時的滿清君主政體改變為「中華民國」的計劃，經慎重考慮之後；早就制定出來了。廣大的民衆也都甘願接受新秩序，渴望着情況改善，把他們從悲慘的生活中解救出來。」

基於當時中國的情況，他說明實難避免與清廷作多次的決戰，故希望國際間勿歧視革命力量，或干涉革命運動。雖然當時迭次起義均告失敗，但他確認中國實處於「一次偉大的民族運動前夕，只要星星之火就能在政治上造成燎原之勢。」進而在結論中說，「拯救中國完完全全是我們自己的責任，但由於這個問題近來已涉及全世界的利害關係，因此為了確保我們的成功，便利我們的運動，避免不必要的犧牲，防止列強各國的誤解與干涉，我們必須普遍地向文明世界的人民，特別是向美國人民呼籲，要求你們在道義上與物質上給以同情和支援，因為你們是西方文明在日本的開拓者，因為你們是基督的民族，因為我們要仿照你們的政府而締造我們的新政府，尤其因為你們是自由與民主的戰士。」

一九〇四年距今已是五十多年了。中華民國誕生迄今亂多於治，自由與民主去我們似是愈來愈遠。中共竊據大陸後，中華民國雖還保有台灣為反攻復國的基地，但是今天的情況，不但主觀上本身尚缺乏反攻的全力；而客觀上更受國際的干涉，以致失卻反攻的主動性。以後者的情況說，一九〇四年代雖有「誤解與干涉」，但革命運動的主動力操諸在我；以前者的情況說，革命運動充滿了必勝的信心。尤其是海外華僑對革命運動向心力之堅強，助長了整個運動的發展，而國內則仁人志士不惜犧牲生命身家以助革命，遂造成了大好形勢。但基本上孫中山先生個人的德望與號召力對整個革命運動實是一無比的偉大力量。

有謂，中山先生死後，中國陷於軍閥割據之局，是為從來中國無法統一和雖統一而無法安定的主要原因。實則此為一難以自圓其說之談。美國在華盛頓死後不過是一個小康之局，後來南北大戰對美國的統一與安定構成了嚴重的威脅，但美國終於能達到安樂富強境地，完全有賴於民主得到尊重，民主之得以實現。由於民主政制底確立，華盛頓之後，各任總統的才具膽識雖未必皆超越其上，然其皆在自由選舉下產生，能恪守民主自由之立國精神，故多為具有極高德望之人物。南北美戰爭期間，軍事上北方並非始終居於優勢之地位，然林肯個人德望之隆，以及其誓死保衛民主自由的決心，終於使他贏得了民心，也贏得了戰爭，守護住了美國民主自由的立國傳統於不墜。這就說明了，中華民國之所以未能獲得安樂與富強，不在於孫中山先生死後的客觀環境如何之壞，而在於孫中山先生死後，未能有一真正德望崇高之人物，未有一真心誠意尊重人權與愛護民主自由的政治家承繼其乏。

人們應該記得，袁世凱稱帝時孫中山先生尚健在，袁世凱之所以稱帝，似不能以其對總統名位之不滿作解釋，而實由於其不安於做一民主政治的總統。於此亦可知，不論任何一個具有獨夫觀念的梟雄人物，儘管他有叱吒風雲之才，卻畢竟不宜做民主政治制度下的理想的國家領袖，他既不會守護民主自由，也自難望其以崇高的政治德行以豐富民主政治的內容了。

今天，「中國問題」已很清楚地擺明了，世界上之所以尚有多數的國家未承認中共，因為它是一個不尊重自由與人權，不遵行民主政治的統治力。中華民國十年來之所以尚未能達到具備反攻的充分實力，則亦由於未能徹底實行真正的民主政治。既沒有民主政治恢閎的氣象，自難以造成八方來歸的形勢。國際間既有不承認中共政權的有利形勢，也可証明並沒有一定要釘牢中華民國跡跟於台灣的永久決定。在我看關鍵還是在於根本未曾實行真正民主政治。不實行民主政治，內而無法團結共赴國難，外則無法運用有利形勢，這樣的政府固難取信於人，就更難獲得國際間衷心全力支持了。就國際問題的全面性來看，沒有統一安定的中國，世界和平也難實現。任何願意支持中華民國反攻的國家，必然首先會考慮到支持現政府反攻的利害，若是成功了是否能同時帶來一個新的、開明的、進步的、自力更生的安定的中國。對這問題祇要稍有懷疑，必然影响其最後決策。因此，在我看，中華民國欲圖自力反攻，還需要渡過一段漫長艱困的歲月！這不是所謂「反攻無望論」的觀點，而是諱疾忌醫的說法。主要的意思，是建議國民黨當權派必須猛然醒悟，立即改弦更張，徹底實行民主政治，尊重人權，保障自由，庶幾能予國人以信心，予國際以信賴，那末才能獲得有力的協助，才能增加提前反攻的可能性。

黨治與民治

——談台灣省議員與縣市長本屆選舉

宋寂

台灣地方選舉將在本月二十四日進行投票,全省二十一位縣市長及七十三位省議員,也在這次黯淡無光的選舉季節中產生。這將讓人們找到今日台灣到底是「黨治」還是「民治」的正確答案。

一、

依據四月八日香港時報的社論云:「從這一次的地方選舉看,也有許多更良好的現象,足以澄清種種不必要的疑慮和誤會:……已登記的二十一縣市長的四十二位候選人中,國民黨席的正佔一半,其他一半都是非國民黨籍人士,在一百卅六位省議員候選人中,國民黨籍的計五十四人,僅達三分之一強。這說明了所謂『一人競選』的現象,早已基本上廓清了。」從表面數字上看,似乎不應說是「一黨包辦」的選舉。但,四月七日的台灣「公論報」的社論則說:「最令人感到失望的,多年來大家所一致指摘的「一人競選」之不合理,在上屆地方選舉時,縣市長部份,有屏東、澎湖、台北三縣是「一人競選」,省議員部份,候選人與產生名額相等的地區,有基隆市,也就等於「一人競選」。本屆「一人競選」縣市長的,有高雄市,宜蘭縣、苗栗縣、台南縣、澎湖縣。省議員候選人與產生名額相等的地區,有基隆市,及山地山胞兩處,均可不「競選」而當「選」,這就是說明「一人競選」的惡劣風氣,不但沒有戢止,反而有繼長增高之勢,想不到積習之難除,一至於此。」可見實情並不如香港時報的社論所說的那樣哩!

我們把這兩段「社論」併齊對照一下,可以充分地說明一個事實,從三十六年行憲以來,台灣地方自治也學步了十年。但執政黨方不但不會培養出良好的選舉風氣,而使台灣的地方自治做到眞正的大公無私。

二、

事實上,國民黨方會對今年四月的地方選舉早在去年已經發出黨內通告:

「選舉是黨的總體戰,從黨的中央到地方,從黨的組織宣傳情報以至民衆運動,所有全黨的人力財力智慧都集中於組織,爭取選舉的勝利。同時選舉也是黨的力量的總檢查,組織是否健全,宣傳是否有效,情報是否靈通,民衆對本黨是否信任,都通過選舉作綜合的考驗。明年第四屆省議員暨縣市長的選舉轉瞬即屆,預料各種情況,吾人均須提高警覺,其成敗關係反共抗俄革命事業之前途亦至鉅。」

可見,國民黨早先預謀運用「全黨的人力財力智慧」,「爭取選舉的勝利。」作為政黨曉諭黨員要極度努力爭取在地方自治競選成功,原無逾越政黨政治常軌。但今日的國民黨是一個執政黨,具有黨籍的公務人員佔絕大比數,如果利用職權上的方便,往往可以侵害選舉的公平,甚至可以舞弊或壟斷選舉。因而,如果在動員的言行中,單純講求目的,而忽視所擇手段,企圖選舉免除流弊,無異乎緣木求魚。陳副總統說過:「地方自治工作還有缺點,政府去年已修訂自治法規七種,並求妥善辦理今年的選政,希望人民和候選人遵循民主法治的軌轍,選賢與能,使地方自治趨於健全。」但,從目前若干跡象評斷,是難望「今年的選政」做到公正的。

根據台灣省妨害選舉取締辦法第四條之規定,現役軍人及警察,辦理選舉事務人員,各級公教人員及自治人員,不得協助競選。但四月七日中央社的電訊說:「國民黨中央委員會秘書長唐縱認為公教及警察人員,應該格遵政府命令,在執行公務時,本於國家立場,絕對不得干預選舉事務。不過,如果具有黨籍公務人員,於不穿制服,不執行公務,而在公餘之暇,恢復平民生活時,自當有其私人正常活動,支持其黨方所提候選人。」事實證明,利用軍、警、公、教人員助選,流弊之大實無過於此者,即使「公餘之暇」與「不穿制服,不執行公務」但究有什麼分別?界限不清,混水摸魚,並不難。嚴格說來,唐縱的話只可解釋:「不得請假曠工助選而已。」與「不得干預選舉」無涉,而與「支持其黨方所提候選人」却大有關係焉。

三、

國民黨統治中國卅多年,民有、民治、民享的口號,喊得震天價響,結果,是「黨的利益高於一切」,「人民的利益服從黨的利益。」大陸丟了,國民黨倉皇流徙到台灣去,實行地方自治是實施民主憲政的第一步,或曰這是拉攏台灣人民的手段,姑不論孰是孰非,總之草創了一個民主改革的芻型,應該是反攻復國的最高無上的利器。因之,我們要反共就必先搞好地方自治。

今日的政治局面,與其相信中共會自行崩潰,或者等待若干時日後自會光復中國大陸等等,遠不如脚踏實地將台灣這塊反共基地着着實實搞好。這就看執政黨是否能眞正還政於民,眞正大公無私辦好地方選舉,

事實極端明顯,因目前的政治局勢所限,大陸一日不能光復,中央級的民意機關就無法改選。像這次國民大會,那些一無民可代」的國大代表,居然要人民去尊敬他們,要將人民的血汗去改善他們的生活待遇,試問還能代表「民意」嗎?因之希望地方自治,有圓滿良好的功績,讓由人民選出來的官吏和議員,會為人民說話,和為人民辦事,和為反攻復國創造優越的政治條件。

國府退居台灣,倏忽十年於茲,「民治」的路子走愈狹,「黨治」的面目愈來愈暴露。今日的地方選政,如果再由「當[illegible]壟斷,一黨包辦,勢必失去民心,不祇反攻無望,即苟安台灣似亦不易呢!

黨治與民治是十字街頭的兩條路,過去走錯了,現在祇留台灣一塊地方,是再也錯不得的了。

地方選舉·八大戒律

上官業佑·言之痛心

此次台北地方選舉,適在國大落幕後不久,人心思變,物價高漲,黨員對國民黨當權派多心存觀望,因此地方選舉之成敗,對國民黨當權派之影響極大。為此台灣省黨部主委上官業佑(太子系大將)發出通電指示黨員「團結一致」,其坦率處反映出黨員因「地域觀念、語言不同、私人恩怨、致形成地方派系,每遇選舉,不能一致支持黨內候選人順利當選」,因此他說「言之殊為痛心!」

進而在指示中要求黨員在選舉期間不得故違以下八點,否則「當破除情面,從嚴議處,以明忠奸」,計:

「一、不得充任黨外候選人的運動員;二、不得以金錢供給黨外候選人使用;三、不得以交通通訊工具供黨外人使用;四、不得為黨外候選人宣傳助選;五、不得為黨外候選人宣揚優點;六、不得暗示市民支持黨外候選人;七、不得為黨外候選人散發名片及傳單;八、其他直接間接協助黨外候選人事項,亦不得辦理。」

觀此八大戒律,無異是說,即使黨內捧出一個木偶來,黨員也只能投它一票,若站在是非立場說句公道話,如宣揚黨外候選人之優點,亦將視為不忠於黨,「從嚴議處了」!(開)

台灣一周

孔孟學會與民主自治研究會

台北孔孟學會開特別快車成立了。

蔣總統在成立大會上致詞,闡釋孔子的「大道之行,天下為公」和孟子的「民為貴」、「民為邦本」、「民無信不立」、「信則民任焉」諸種論說,推崇備至。並認為是「三民主義思想教育的基礎」。

國事蜩螗,今日研究孔孟,雖不能說是厓山舟中講大學,但如想藉此遏止共產主義的流毒,則對孔孟學說的政治思想,必須通過揚棄手段而使適應於大時代洪流的蛻變,這是孔孟學會會員的基本實踐路向。

台灣有一羣知名人士,不但講「民為貴」思想,而且實踐「民為貴」理論,意圖組織一個學術性的研究團體,命名「地方自治研究會」,因不准登記,改名為「民主自治研究會」,當局又遲遲不予答復。講「四書」是從事思想上反共,講「民主自治」却是進行實事求是的反共復國工作,執政當局有什麼理由不准成立?

取銷初中童軍科目

教育部修訂中學課程標準委員會、認為初中童子軍科目「最好取銷」。據說:「童子軍是初中必修課程,另一方面設有童子軍團部社會組織,系統上另有一套,況世界各國的童子軍都是社會活動,由青年少年自由參加,所以最好取銷童軍科目。」

事實上,國際間的 Boy Scouts 活動,傳到中國來,早就完全變了質,漢譯為「童子軍」本就「離譜」得很。因而,一班國人的意識,誤認這種純社會活動屬於軍事訓練的一環,過去若干年來,國民黨竟又將之當作政黨的政治資本,連現行的童軍課程,也講明中國童子軍和青年反共救國團間的關係,使一個超然的社會活動,也注入了軍事知識和黨團思想。就事論事,今日台灣的童軍活動,祇可叫做童子「軍」,而不應該濫稱 Boy Scout 了。

如所周知,三年前台灣舉行第三次全國童軍大檢閱大露營時,學校童子軍團居然以整齊莊嚴的「分列式」操過檢閱台,使在座的國際童軍組織的代表愕然;因之幾乎使台灣的童軍總會被擯出國際童軍組織的大門——好在他僅對施「軍事訓練」一起反感而已,如果他知道「中國童子軍進行曲」有一句:「我們是三民主義少年兵」時,眞不知其心情如何矣!

初中童軍科目,不但應該「最好取銷」,而且必須「最快取銷」!

·孟戈·

蔣經國的失言

中共宣佈在城市推行「人民公社」後,台北方面的英文「中國郵報」即有迅速之反應,謂某權威人士認為中共農村人民公社已穩固,將來發展為城市人民公社亦將成功等語。四月六日外電即將該項意見轉發,致舉世驚詫,後經輾轉相告,謂該項意見實乃出自蔣經國之口!

誠然,台北的權威人士,多如過江之鯽,此亦權威,彼亦權威,惟有胆敢稱讚「人民公社」能「穩固」、「成功」者,則似非「最高權威」如蔣經國者莫屬,亦惟蔣經國能信口雌黃而絕對不須有所顧忌,也無須恐懼要負任何後果責任。

蔣經國的意見固駭人聽聞,且復以留俄出身而不知公社為何物,不明中共全面推行公社之作用,竟出言代為捧場,其用心何在,令人費解。香港左派的「統戰」報紙,遂以此為千載難得之機會,肯定蔣經國此說及中央日報所連載之「義居佳話」乃為「見賢思齊」之談。

四月十五日負有「統戰」任務之某左報,在「提要」欄中說「國民黨自亟處台灣後,有許多措施,「即係以共為師」,不過每每只取外形,『遺其神髓』,即係得個「殼」,變了「畫虎類貓」。」並舉例說:「……中共有『勞動模範』,他又來個『克難英雄』。……中共有『百花齊放』,他又來個『萬卉爭榮』。」屈指難數。」而「克難英雄」、「萬卉爭榮」,皆蔣經國系統之傑作,也唯蔣經國能畫貓充虎,學共而又喊反共,並亂給堅持主張自由、實行民主政治者扣帽子。

現在,中共以子之矛攻子之盾,不知蔣經國製造口實予人以宣傳資料,是否亦為匪張目,和屬於所謂共黨同路人那一範圍呢!?

·小言·

瞻望非洲獨立運動

本月七日，在加納首都阿克拉召開的非洲國家及政黨緊急會議，設立了三個委員會：一、討論反對法國核爆炸和南非種族隔離政策的積極行動；二、研究非洲獨立國家對原子彈試驗，阿爾及利亞問題和南非問題所待採取的具體行動，三、討論帝國主義企圖分裂非洲，把非洲「巴爾幹化」的問題，以及採取怎樣的鬥爭辦法來反對殖民主義國家爲保持它們在非洲的地位而作的最後掙扎。接着，在十一日于幾內亞的康拉克里召開亞非團結大會，其討論的中心問題是反殖民地主義。這兩個會議的聲勢震動了世界。

有謂非洲反殖民地運動的洶湧澎湃是出於共產國際的鼓動。這種說法是不正確的。反殖民地主義是從美國門始，然後傳播至亞洲，現在則在非洲掀起。這是一個歷史發展過程，沒有誰能夠阻遏得了，也不是依靠誰的鼓動可以掀起的，實是世界各民族的自發要求的力量。殖民主義若一天在世界上存在，則反殖民主義運動的火燄就一天不會停熄。

但共產國際在適當的時機利用了這種反殖民主義運動，來展開其對自由世界的鬥爭則是負在的。可是反殖民主義的結果也並不是完全有利于共產國際，積極地說，是有利于自由世界的反共大業。只有當所有的殖民地全獲得獨立，共產國際在這方面也就無所用其技了。所以那種死抱住殖民主義不肯放手的政策才對自由世界構成威脅。

譬如過去法國之對越南，越南若早獨立了，或者法國無須於喪失衆多的人力物力而淪於二等國家，北越自也可免爲共黨割據。

又如埃及的蘇彝士運河事件，若英法硬幹到底，可能至今還是擾擾不安。但而今，它已爲中東反共勢力的中心，儘管它還在表面上標謗其中立。

前一晌時，伊拉克的形勢爲人們所憂慮。但現在看來實在是多餘的。最近因爲伊拉克封閉了一些赤色工會，拒絕共產黨的登記，中共人民日報的報導中正在大肆攻擊伊拉克政府。伊拉克之與共產國際反目將是不遠的事。

民族主義者在反殖民主義運動中必然是居於劣勢對抗優勢鎮壓，在這種形勢下他們只希望得到援助，不管它是來自任何方面。

從這種角度來看亞非團結大會，實在沒有什麼可怕的，所可怕的到還是那些藉反共爲名要加强維護殖民主義，和假反共爲名在國內實行反民主政治的政客和軍閥。

儘管共產黨人目前與高采烈的來支援反殖民主義運動，實則他們也明知這是自己搬石頭壓自己的脚，可是由於他們相信某些頑固的殖民主義者是不會放鬆殖民地利益的，才不惜一切加以利用。

照共產國際的理想，它們要以自由世界內部的反殖民主義運動加上反戰思想來擊垮自由世界的領導國家；但在事實上反殖民主義運動，並非齊一了步調再掀起的，以歷史眼光來觀察，反殖民主義的高潮應該是在亞洲，非洲的獨立運動只是整個反殖民主義運動的餘波而已。

因此，並無須對那些暫時被共產國際利用作爲宣傳的各類反殖民主義的活動嚇到，主要的是要鑑別清楚從事這類活動的人是不是眞心的堅强的民族主義者。

田心

大陸的文風

高瞻遠

中共統治大陸十年，文壇已變成一灘死水。擧目所見都是黨八股及一些不知所云的東西，再有就是高呼萬歲的頌詞。

最近一期「文學評論」，有一位署名王宜的讀者，寫了一篇讀者投書，對目前大陸文風分作四類，作了一個有系統的介紹。

他說第一是「長篇大論，華而不實」，這種文章寫得很長，下筆數萬言，彷彿不如此不算學術論文似的，其實讀完之後，內容却很貧弱。

王宜說：「和我一道工作的幾個同志，他們就很少讀這種長文章的，因爲他們根本沒有那麼多的時間。」

其實這種文風不僅「文藝」方面，所有中共報刊上登載的所謂文件，篇篇如此。對文藝作品，有的人還可以不看，「文件」則是非看不可的，否則連飯碗都會打破。王宜沉痛的說：「我不禁要向作者們呼籲，請珍惜我們讀者的時間吧！你一個人多寫幾千字不要緊，然而却浪費了多少個讀者多少個小時啊！還不說紙張，印刷的浪費了。」這一段呼籲，可說是對「人民日報」而發。

第二，「轉彎抹角，不知所云」，文章到處是「但是」，「然而」，往往讀了一大段，還不明白作者在說什麼問題。

王宜特別指出：「比如有些話本來是可以直說的，但怕把話說錯了，於是便來個『聲東擊西』法，或『含混其辭』法，以便作爲將來的遁詞。這樣的文章自然是煞費苦心了，然而可怕的是讀者也必須和他一道受苦。」

王宜這段話，指出一個秘密，就是大陸作家有話不敢直說，一定要轉彎抹角，就怕說錯了會被清算。這就是胡風所說的是共黨加在作家頭上的五把刀子。

第三、「傍徵博引，借以吓人」。這樣的情況在古典文學中似乎較爲普遍。王宜特別指出「還有的作者在文章中搞許多不必要的註解，也是一種壞文風，壞學風的表現。」

其實犯這種錯誤的不是別人，負最大責任的還是毛澤東，別的不說，只談那兩首「毛瘟詩」吧！就經過幾百家註解，把可能附會的掌故全搬上了。

例如唐弢注瘟詩，指其中「千村霹靂人遺矢」的霹靂是餓鬼，據說出自「本起經」，又說「坐地日行八萬里」一句中「坐地」的典故出自「神仙傳」，這種注解法，相信毛澤東看了也要嚇得跳起來，天曉得毛澤東幾時看過「神仙傳」。至於「本起經」保險他連名字都未聽說過。像這類註解何止是壞文風、壞學風，也可算作壞政風、壞黨風。

第四、「四平八穩，暮氣沉沉」，這一類文字佔的數量也不少，尤其是老作家都學會打太極拳的作風，平時根本就不肯寫，有時逼得非寫不可時，也就說一些不着邊際的話，例如一九五九年文藝報一連幾期發表茅盾的「夜讀偶記」，就不似共區一般的作品，沒有絲毫火氣。也沒有頌揚文字，只是一篇清淡絕俗的小品。又如謝冰心最近被派到邯鄲去鍛鍊生活，回到北平之後在旅行家上寫了一篇報導文字，雖然也歌頌了共黨的進步，可是却也透露出工人在冰雪紛飛的露天下，赤着上身煉鋼的慘狀，不過冰心却說工人們是「神勇」，這當然是一種挖苦的手法。

王宜指出還有一種文字「既無什麼新鮮見解，也無什麼錯誤論點，看字後一想，彷彿似曾相識。這類文章大多是炒冷飯，文字死板，暮氣沉沉，讀着叫人昏昏欲睡。」

這些到都是實際情形，不用說人民日報的那些「文件」，就連幾部著名的小說，也沒有一本書能看了一遍而不令人昏昏欲睡的。

此外王宜又責備作者沒有自己的風格，這種指責實在是多餘的，大陸作者肯保留一點自己風格的，如蕭軍、胡風、王實味都已受到清算，後來的人要想活下去，只有甘心作工具，如何還敢談風格。

×　×

革命血如花（記廣州起義經過和得失）

·吳惠明·

四、得失檢討

綜合以上各節所述，此次奉事雖然不幸失敗，但對當時革命整個形勢的影响力，確有振聾啓聵的作用。誠如孫中山先生對於此役評論說：「是役也，集各省革命黨之精英，與彼虜爲最後之一搏，事雖不成，而黃花崗七十二烈士轟轟烈烈之慨，已震動全球，而國內革命之時勢，實以之造成矣。」這已扼要說明廣州之役，由於七十二烈士壯烈犧牲的精神感昭，使全國久蟄之人心，乃大與奮，革命情緒，不可過抑，僅隔半載，而武昌起義博得全國响應，則民國肇造，實由烈士鮮血灌溉而生。這是廣州起義精神上最成功最偉大的價值。

吾人緬懷先烈，除了歌頌其精神價值以外，就事論事，檢討其失敗原因，接受其流血教訓，也許對今後從事反共復國運動者有些好處。

關於此役失敗的原因，作爲總指揮的黃與先生在當時事敗逃港之後，寄給馮自由的一封長信中，曾有所檢討。這封信開頭就說：「廣州一役，弟實才德薄弱，不足以激發衆人，以致臨事多畏怯退縮，遭此大敗。而閩蜀兩省英銳之同志，因此亦損失殆盡。弟以負國負友，雖萬死無以蔽其辜！自念惟有躬自狙擊最爲害之虜賊，以酬死事諸人，庶於心稍安，亦以作勵吾黨之氣。故自四月初二返港，專意養傷（炸斷兩指，後來大家稱他做「八指將軍」。），一面團集少數實行之士，以爲復仇之計。……」黃先生這段沉痛的檢討，不但指出「臨事多畏退縮」（如陳烱明臨事而懼，按兵不動）是失敗的原因，而且肯虛心自責，敗不諉過，尤其注重「實行」的精神，正是他的偉大處，也是作爲革命袖領的良好榜樣。

此外，吾人僅就軍事觀點，檢討其失敗因素約有數端：

（一）時機的不當——按以少勝多的戰法，如果採取攻擊手段，必須「出其不意，攻其無備」。孫子兵法說：「進而不可禦者，衝其虛也。」（虛實篇）因此對於發動進攻的時機，必須善於掌握。然廣州起義原定三月十五的日期，既受「溫州案」事件的影响，引起清吏加意戒備（見張鳴岐奏電），自然對於黨人集結活動困難。則主謀者應該將發難的日期延長至敵人防範鬆弛之時擧行，才合乎出奇制勝的原則。故三月廿九日發難之期，尚在敵人戒備之中，在時機上已陷於不利。

（二）行動不調協——軍事行動，最重協調，如果二三其心，行動不一，不敗何待。兵法上說：「犯三軍之衆，若使一人」，就是要萬衆一心，在一個號令下共進退。又所謂「上下同欲者勝」，否則雖有湯武之智，而不能取勝於匹夫。按三月二十九日之役，革命黨人若能遵照黃與先生四路進攻計劃協調一致，則不致陷於孤掌難鳴之勢。奈何陳烱明「因事之棘手，欲不發動」（見前節黃與先生演詞），而姚雨平與胡毅生兩路又未能及時行動，致使黃氏一路陷於孤立無援，徒冒險輕生而招致慘敗，能不令人痛惜！

（三）連絡欠靈活——在混戰中，最重連絡靈活，分清敵我，互相策應。否則便會發生誤會，自相殘殺，這種例子在二次大戰時，中國部隊配合盟軍作戰的各戰役中，往往因連絡不靈活的誤會，而遭受盟軍轟炸殺傷，多至不勝枚擧。按當時革命黨人對於滿清防營策反工作，本有相當成就，廣州起義中於雙門底所遇之防營，本係早已勾串，响應起事者。惜以臨陣之際，因連絡不靈活而發生敵對的誤會，不但使策反工作毀於一旦，並蒙受同歸於盡的損失，這無異於引手自殺！假設當時能作好連絡工作，則在內應外合的協同下，戰鬥形勢必可改觀。

總之，革命乃非常事業，不冒險犯難，不足以顯其艱鉅；不流血犧牲，不足以顯出志士仁人的偉大。時代正在向我們作最嚴厲的考驗，七十二烈士英雄的事蹟，應該是我們革命勇氣的泉源啊！（全文完）

民國四十九年寫於青年節

尹仲容的老實話

獨清

（台北通訊）由於當局在國大開會期間為了安撫諸大代表而發行了為數頗有可觀的新鈔，再加上久旱不雨，於是物價飛漲。如今蔣先生再連任的目的雖已順利完成，而甘霖也曾隨之而降；但物價却並未回頭。前月二十九日，當局又以開闢調整公教人員待遇之財源為名而將烟酒加價，更給正在上漲的物價以火上加油，社會上頗有煩言。日前聯合報載，曾有一位記者問對外貿易委員會主任委員尹仲容，「政府要闢財源，是否除加價外別無他法？」尹仲容答：「加價總比發鈔好些，如果你有好辦法，我可以請嚴部長讓賢。」雖然尹主委的口氣，活像一個行政院長，未免有些冒失；可是他所說的却是實話。年來，當局嘗自吹自擂，說台灣的經濟已極健全，又說財政即可收支平衡。但我們從尹主委的談話中，知道所謂健全和平衡云云，除了靠發行而外，則祇有等於殺雞取卵的加價之一途而已。這不是依然當年在大陸的那一套老辦法嗎？噫，亦可以休矣！

酒家行業又趨興旺

自去年八七水災後，在節約救災聲中，台北的酒家行業曾鬧不景氣；但自國大開幕以後，情形就大不相同了。不但代表們有的是錢，難免不於公餘之暇去酒家找侍女談談天、散散心；而有關連任與修憲的各項幕後接觸，也嘗假酒家為之，蓋取其輕鬆的氣氛以便調和彼此之情感也。

總統選舉以後，地方選舉又隨之而至，於是酒家行業更恢復了八七水災以前的盛況或有過之。日前聯合報的黑白集曾有詳細的敘述，茲摘錄一段如下：

「有關選舉的『場外交易』，多假酒家為交易場所。舉凡佈署選戰，爭取選票……等各項問題，每每在酒酣耳熱、偎翠依紅之際，能夠獲得圓滿順利的解決，乃使酒與選舉，結下了不解之緣。

酒與選舉既然結下不解緣，則酒女使出渾身解數的殷勤侑酒，實際上正是替候選人展開助選活動；這種酒女的『外助』，比起太太的『內助』，厥功尤偉。無怪乎某些候選人與酒女之間，由於選舉時曾經『併肩作戰』，乃於當選後結下了不解之緣，先乾一杯酒，後投一張票；拜託！拜託！」

由此，可知今日的台灣，乃以金錢、醇酒、美人為選舉之三要素。國大代表年事已高，着重增加待遇，是以金錢為主；地方選舉則酒與美人均不可少焉。至於所謂競選的政見，總統候選人尚一無所有，其他更無論矣。蔣先生治下的民主選舉，即此之謂也。

死人當選

台灣的選舉，年年有奇聞，而尤以今年為多。有關國大和地方選舉的奇聞，海內外報刊早有報導，本文所述者則為一小小工會的選事而已。

台北板橋有一家毛織廠的工會，在國民黨的指導之下，於日前舉行理監事選舉，開票結果，當選的七名理事中，得票最多者赫然為該廠的總經理。依工會法第十三條的規定，同一產業，被僱人員除代表僱方行使管理權之各級業務行政主管人員外，始得為工會會員。準此而論，縱令該總經理以受僱人員自居，但他顯然是代表僱方行使管理權之首腦，自無為工會會員的資格，更何得當選為工會的理事；但在太子派的佈置之下，他公然當選了。可是，令他們甚覺難堪的，是其他六個理事中，竟有兩個是已死的工人。據聞該廠工人對於太子派違法舞弊，包辦工會選舉之事，敢怒而不敢言，故選舉死人以示無言的抗議，亦可見他們悲憤之一般了。

谷正綱責香港政府

大陸救災總會主任委員谷正綱日前發表談話，指責香港政府處理國際救濟難民捐欵不當。關於香港政府如何支配難民捐欵，台北人士多不知道；但大家對於「救總」的救濟工作，則十分清楚。若干年來他們做救濟官，而其救濟的對象似乎並不是谷主任委員所說的政治難民。例如數年前老電影皇后楊耐梅潦倒於香港街邊；她因吃白麵而淪落至此，固極為一般老影迷所同情。但她是大陸尚未變色以前的若干年就到香港的，自非政治難民，而「救總」却以極迅速而慷慨的行動把她接去台灣。又例如由救總派人前往香港主持的那個文化救濟團體。前些日子，記者曾在一友人處聽說如下的一個故事。去年某文化顯貴應聘去越南講述其先人之學後，取道香港回台。他在香港停留數日，曾由其禮義之邦的同鄉某教授和黨方駐港書店老板，並兼書院董事，而又置洋房包舞女出入汽車的某大亨（也許是小丑），陪他去看所謂一元試片。看完以後，又去召妓女，開房間，共費港幣一百六十元，即在該文化救濟團體的特別招待費項下開支。由此，可知谷主委的救總，不但搶救了電影皇后，還特別招待了廣受先人遺蔭的文化顯貴和那兩位導遊專家，其功誠不可沒。可是，若說到政治難民，則駐在香港調景嶺的那一羣同胞，至今已整整等了十年，每逢台灣有什麼喜事如總統生日之類，還要來電慶賀，表示忠貞；但不僅享不到文化顯貴的艷福，也得不到楊耐梅的幸運。不知谷主委於指責香港政府之餘也會捫心自問否？

台灣的新聞自由

周志

（台北通訊）台北英文中國日報社長兼總編輯鄭南渭，該報發行人魏景蒙，中央通訊社東京分社主任李嘉，三月底在東京申請加入國際新聞學會為個人會員，經新聞學會執行委員會兩度決定延擱，其理由是「中華民國尚未具備新聞自由的條件」。消息傳來，此間朝野人士有兩種不同的看法，這兩種看法是極端相反的。官報與黨報指摘國際新聞學會的決定，是「專斷的，不公正的；」是該會若干委員對自由中國新聞實際情況之「無知，誤會，與成見」的結果。中央社社長曾虛白以台北市記者公會理事長的身份與地位，提出抗議。

民營的聯合報社論說；「我們雖然覺得這一裁定是不公平的，是有成見的，但國際新聞學會這一態度，對我國政府及對我們這些實際參加新聞工作的人來說，實在是一件非常重要的提示和警告。我們自己總以為我們的新聞工作已很自由，已達到我們所希望的水準，但旁觀的別人眼中，我們仍大有問題」。

李萬居主辦的公論報，除刊登「中央社」抗議的消息外，未予置評，這種態度，顯然是不滿意現行新聞政策的。因為李萬居對政府無形打擊的痛苦經驗，是永遠不會忘的。比如公論報因刊登省議員批評省政府的消息，省主席周至柔即下令停止該報的「公告」費，黨部發動黨員不與公論報合作，致該報任去年八月底陷於停刊狀態。省政府且命令所屬下級機關，不許訂閱。民衆服務站（處）在各地阻擾地方人士，承銷該報的業務。總之，凡是不與政府合作而批評施政的報紙與雜誌，當權者無不用盡心機來壓廹它關門大吉。又如最近的自由中國雜誌，在本年三月份，就有被無故沒收的事情發生。像這類事情，在台灣各地，隨時有之，隨地有之，這能指摘別人「無知」嗎？但其咎誰負？

至於新聞從業人員，除自立晚報和公論報的發行人，非國民黨的黨員外；包括編輯、記者、校對、經理、及排字房的工作人員，都是國民黨的黨員，記者在工作時，無不小心翼翼。去年嘉義商工日報記者，因洩露「軍機」而判刑四個月，就是一個顯著的例子。至於紅帽子更使人可怕。台灣各報記者，誰能免於沒有恐懼的自由？

筆者在此間新聞界服務，整整十一年了。個人所遭遇的壓力與「廹害」，非身歷其境者所能盡知，類似「審訊」的談話，已不知有若干次了。政治的壓力，經濟的打擊，親友的包圍和說服，甚至在威脅不成而利誘之，也不知經過多少次。

因此，如果沒有事實表現，而空言抗議，這是沒有用的。當局果有誠意使台灣報刊能企於國際間自由新聞之列還是反求諸己吧。

駭人聽聞的人口失踪

佚名

據最近警方統計，本省各縣市行止不明的失踪人口，尚未查得下落者，多達四萬一千七百八十一名，省府頃令各縣市警局與戶政機關配合，限期於本年四月十五日以前，要清查出一個究竟來。可說是一個駭人聽聞的消息。

台灣戶籍人口調查統計，在光復之前，原已有相當的基礎。如今居然有四萬一千多名，下落不明，究竟是什麼原因呢？

民族晚報的社論說：「今天大量人口的失踪，無疑是意料之中而非意料之外的必然結果。記得民國卅八九年初來台灣的人，對於本省申報戶口手續之繁重與嚴格，以及流動性、突擊性的清查戶口的雷厲風行，莫不具有深刻印象。當時定居在本省各縣市的任何住戶和居民，也都以規規矩矩申報戶口，鄭鄭重重接受調查為首要義務。

詎料曾幾何時，不知道是由於戶政和警政人員的有意馬虎，還是由於多數居民的無意疏忽，每年一次的戶口校正，一年比一年顯得成了例行公事，戶警上門，以看一看戶口名簿和國民身份証，蓋上了一個印記，便算了結了公事。居民應校，也以拿出戶口名簿和國民身份証給戶警一看，便算應付了公事。有關生死存亡，既無嚴格調查；有關遷入遷出，同樣不予追究。如此之下，戶籍和人口，豈得不亂。」

民族晚報的指責，雖提供了一個理由，實則還只是片面的。戶籍警員校正變成了官樣文章，固為人口失踪的原因之一；然而最大的關鍵，還是由於台灣特務人員的橫行。例如各學校各工廠各機關的保安室，他們都可以隨時拘捕居民。在過去移送火燒島拘禁的，為數輒以千計。如今由於美國人的指摘又改為蘭嶼島，聞尚有其他島嶼也容納了大量的所謂謙疑份子。

執行搞這種拘禁者是所謂特務刑警。普通戶籍警察，是無法過問的，但特務當局為了保密，又始終不予宣佈，於是，這麼多的人口，就失踪了。

·台北通訊·

中共「全國農業發展綱要」可能完成嗎？

康　和

中共的「全國農業發展綱要」是一九五六年一月由中共中央以草案形式公佈的。到一九五七年九月，又經中共八屆三中全會加以修正，在同年十月又公佈了這修正草案，一直至本年本月六日，經譚震林（中共中央書記處書記兼中共國務院副總理）以國務院名義向中共的第二屆全國人民代表大會第二次會議提出報告，纔于本月十一日由中共中央人民政府正式公佈。這綱要實施的期間為十二年，即自一九五六年起至一九六七年止。綱要全部共為四十條。內容頗為廣泛，對於農、林、漁、牧、農村副業、肥料、水利、推廣新式農具、墾荒、病蟲害、水土保持、水陸運輸、鄉村郵電、農民教育、文化都有所論列。其中最重要的一項是「第六條」。規定在十二年之內要把各區糧食生產每畝平均產量分別提高。牠把整個大陸，按照自然條件，分作三個區域：（一）黃河、秦嶺、及白龍江以北地區。在這個區域的糧食每畝平均產量，要從一百五十斤（一九五五年的基數）提高到四百斤（即預定在一九六七年綱要完成時的指標）；（二）黃河以南淮河以北地區。在這個區域內的粮食每畝平均產量，要從二百五十斤（即一九五五年基數）提高至五百斤（即一九六七年的指標）；（三）淮河、秦嶺、以及白龍江以南地區。在這個區域內的糧食每畝平均產量，要從四百斤（即一九五五年基數）提高至八百斤（即一九六七年指標）。這就是說，中共要在十二年的期間內，把各地區的糧食每畝平均產量分別提高至一倍或一倍半以上。

這個農業發展綱要，雖是纔經中共政府機構公佈，但是事實上却已執行了四年以上了。也就是說，有三分之一以上的時間已經過去了。在這三分之一的時間階段以內，究竟實施的成效怎樣呢？據譚震林說：「一九五九年，達到和超過綱要這個規定的（按即綱要規定的每畝四百斤，五百斤和八百斤的產量指標）：已經有五百零四個縣（包括相當於縣的旗、市和大市轄的區），佔全國一千七百八十六個縣的百分之二十八；已經有二億八千六百七十七萬畝糧食耕地，佔全國現有十二億畝糧食耕地的百分之二十四。」譚震林這個成效統計，是根據一九五九年的產量統計作出來的。但是一九五九年的產量統計，早已經各方証明並不確實。依筆者的瞭解，中共一九五九年的粮食產量統計，是根據一九五八年的產量統計製造出來的，而一九五八年的產量統計，雖經周恩來大加削減而實際上還是虛僞誇大的）。所以這個成效統計，本質上就是有問題的。現在就根據譚震林的報告數字來講，在農業發展綱要所規定的三分之一的時間階段內，有不到四分之一的粮食耕地達到了產量指標。我們知道，農業生產是受報酬遞減律的限制的。這個科學的法則是不可能打破的。就是根據中共所製造的產量統計來講，也沒有能打破這個法則。據中共發佈的報告，一九五八年的產量增進率為百分之三十七以上，而一九五九的增進率就只有百分之八了。所以農業生產要長時期的繼續不斷地躍進，事實上是不可能的。譚震林說：「在一九五八年和一九五九年連續大躍進的基礎上，不但一九六〇年能夠繼續躍進，而且在整個六十年代也能夠爭取持續躍進。」這實在未免太過「敢想」、「敢說」了！

現在我們就簡單地從「耕地面積」、「肥料」和「農田水利」三方面的來估計中共的農業發展綱要是否有完成或提前二、三年完成的可能性：（一）根據中共報告，目前粮食耕地總面積為十二億畝。假定今後粮食耕地面積不能大量的增加（事實上可能性不多），那末我們可以斷言，綱要所要求的粮食總產量的指標（七千二百億斤至七千五百億斤），就沒有完成的可能；（二）中共還不可能大量供給化學肥料，所以乃鼓勵農民擴大養豬，希望要達到「每畝田一頭豬」的標準，但是自一九五七年以來經過大力的推動，去年年底存欄的豬數，還只有一億八千萬頭；果眞要達到「一畝一頭」的目標，不知要到何年何月。況且就是眞的達到了「一畝一頭」的目標，那末，十幾億頭豬的飼料又大成問題了；（三）中共過去誇大水利工作的成績，說什麼「我就是玉皇，我就是龍王」的狂語（就是說不怕旱災，不怕水災），現在就把譚震林的話反証一下吧。他說：「例如水利灌溉，修好水庫，並不等于按工程計算的灌溉面積都已收到了實際效益，還必須蓄上水、修好渠道、平整好土地、準備提水工具：……」可見過去所謂「不怕旱」，「不怕水」的狂言還離事實很遠呢。

根據上面簡畧的分析，我們也就可以判斷中共農業發展綱要將不能完成，當然更不能提前完成了。

大陸人民為什麼沒有飯吃？

劉裕署

大陸之窗

自從中共佔據大陸十年以來，中共年年在鼓吹，說大陸農業生產年年在大躍進。但另一方面的事實則是大陸人民的粮食配給，一年比一年減少，現今早已減少到不能維持正常健康，除少數共幹和少數共黨首腦人物顯得腦滿腸肥以外，餘皆飢瘦不堪，面有菜色。何以如此呢？這一方面固然是中共農業生產的躍進數字根本不可靠，另一方面則還是有如筆者在本報所一再指出的：中共財經問題的特質是盡力剝削農民。因為中共佔據大陸時，並未接收到大量金銀，又未獲得大量外匯，其從蘇聯貸來者，亦工業機器及其它製成品居多，於是，中共的財政來源，就只有從農民身上想辦法因為只有農民才每年有一度或一度以上的收穫。由此而來，中共償付蘇聯的錢，中共的一切龐大行政經費乃至養一千多萬黨員的經費由此而來，中共向西方買貨品的外滙亦靠此而來。這樣一來，所以大陸農民雖在中共鞭策下從事勞動，但農民之所獲則皆被中共攫去，這是大陸農民今天沒有飯吃的眞正原因。

據美國農業部最近所作的分析：星加坡及馬來聯邦已經繼香港和日本之後，成為一九五八年中共農產品輸出的地方。香港一九五八年輸入了價值一億三千四百萬美元的中共農產品，以猪、鷄、鴨、米、水果、蔬菜為主要。

一九五八年日本從中共輸入的農產品從一九五七年的四千九百萬美元降到三千九百萬美元，以米、大豆、乾豆等為主要。但星加坡和馬來聯邦輸入中共的農產品總數則達三千四百萬美元。主要項目是水菓、蔬菜、蛋、米、大豆等。錫蘭、印尼、巴基斯坦輸入的中共農產品總額則亦達四千八百萬美元。米佔總數百分之九十二。此外，非洲方面，一九五八年中共輸往埃及的農產品總數亦值一千五百萬美元，主要是茶、肉類、棉油等，輸往摩洛哥的亦值一千五百四十萬美元云。

一九五八年中共輸往自由世界的商品總數，（農產品為主）則共達七億五千多萬美元。而中共輸往蘇聯及東歐衛星國的農產品尚不計算在內。由此可見大陸農民被剝削之慘重，並由此可以看出大陸農民何以沒有飯吃的所以然了。

中共强迫人民參加城市人民公社

文藝林

一九五八年秋，中共開始推行「人民公社」這一歷史上曠古未有的暴政時，毛澤東無異是以自己的命運和中共政權，來作孤注一擲。果然，建社運動進行不久，即激起大陸人民普遍的强烈的反抗，中共內部也隨之出現很多所謂「右傾機會主義份子」。「人民公社」的推行，至此便遭遇到嚴重的困難。但是儘管困難重重，而毛澤東堅持實行這一暴政的決心，並未改變，相反的，更加積極起來。毛澤東「辭去」「人民政府主席」職務後，一部份精力即用在「人民公社」方面。中共內部，這時也正在醞釀「反右傾」鬥爭。

在這次「反右傾」運動的鬥爭中，所謂「毛澤東的思想產物」——「總路綫」、「大躍進」、「人民公社」顯然都在三位一體的繼續推行。

在鄉村「人民公社」推行不久，城市公社本來就已開始試辦了，而且在這一年來的時間中，也從未完全中止過。不過在推行城市公社過程中，更遭遇到的困難比農村「人民公社」更多，所以中共才宣佈暫緩進行城市公社工作。但所謂「暫緩推行」，並非永遠不推行，事實上大陸鄉村全面實行公社化後，中共決不讓各大城市成為例外的。

不過，城市居民的情況畢竟與農村有異，是以中共目前，表面上暫向外宣稱說並不限定所有居民全部參加，而是採所謂「自願入社」原則，並且現階段的建社工作，是以企業、廠礦及學校為重心，在普通街道則首先爭取職工、職工家屬入社。但是，中共所說的「自願入社」，其實祇是一種宣傳上的騙人手法，事實則完全不如此。譬如：當廣州市推行城市公社時，粵共也宣稱採取「自願入社」原則，但它却對暫不參加的住戶，硬給戴上「落後戶」的帽子，並暗中策動社員運用冷嘲熱罵的方式，對「落後戶」進行譏諷與謾罵，在一切事務方面，並用各種方法使那些「落後戶」處處感到難堪。一般人在此種折磨之下，誰還能夠不迅即「自願入社」參加呢？

就目前情勢看：無論城市鄉村，全面公社化已成定局，而且時間也不會過久。中共的目的，無非就在利用這種殘暴方式，來更便於奴役人民和剝削人民。這對中共有利的方面看，它對人民似乎更容易控制，但從對中共不利的方面看，則人民今後的抗暴活動，也容易形成有組織和更趨向於大規模。一遇戰亂發生，他們必將起來對中共採取行動，實可斷言。

周恩來訪問前夕的印度

慕禪

舉世注目的周恩來尼赫魯會談，將於下週二在印京舉行。周恩來與其所率的隨員一行，已自昆明飛至仰光，稍作逗留即行飛印。周氏此行，赴緬甸及尼泊爾僅係附帶作用，主要目的當在與印度解決邊境糾紛問題。周恩來與中立主義巨頭尼赫魯談判的結果若何，將會影响到今後中立圈內國家對中共的態度；中立主義國家的態度又將影响到今夏舉行的巨頭會議。因此尼周談判的前途，已成為世界尤其是印度各方面注意及預測的中心。

在這周恩來抵印的前夕，印度的反共運動，却正達到接近高潮的高峯。自西藏事件以後，印度朝野因為印藏關係密切以及佛教的緣故，早已不滿中共在西藏對人民及宗教的迫害。中共軍侵越印邊後，民意更為憤激，要求不惜對中共一戰，以護衛領土，一度形成緊張局勢。中共見印度民氣之不可侮，同時北平又受赫魯曉夫之指摘，乃迅速見風駛舵，一面停兵不進，釋放印俘，一面由周恩來宣稱願與印度談判解決。採取穩健政策的尼赫魯，表面上雖時而發出強硬論調以順應民心，實則要使人民宣洩憤怒，靜待時間使事件「冷却」，然後徐圖解決問題。艾森豪與赫魯曉夫的先後訪印，雖並無談及印度與中共邊境問題的報導，但尼赫魯究竟放棄其所聲言「先撤兵後談判」之立場，接受周恩來到新德里訪問。則無形中尼赫魯似係以美國為其強硬之背境，却也接受蘇聯設法使印度與中共和解的意見，

西藏事件以後，中共對東南亞的政治攻勢，已經一落千丈，加上印邊糾紛，與印尼因華僑問題的交惡，更使中共自萬隆會議以來所建立的基礎，為之蕩然無存。這不但使共產集團滲透東南亞「此路不通」，即對於中共企圖進入聯合國活動，及共產集團策動召開巨頭會議的統戰活動，也蒙受不良影响——共產集團整個的和平攻勢，一方面要藉裁軍會議引導中共參加國際會議，俾遲日中共得以進入聯合國，最後癱瘓此一世界和平機構對於維護正義和平的效能。一方面要在巨頭會議之後，再策動開擴大的巨頭會議，藉其他的國家，尤其是中立主義方面的國家以牽制西方三強，而代表中立主義諸國的國家，就是印度。赫魯曉夫在印尼所以說出印度印尼應參加續後的巨頭會議，就透露出蘇聯計劃的藍圖。在共產集團的需要否定了中共「沙文主義」需要的情況下，周恩來便不得不忍氣吞聲，陪笑臉到印度來乞求和解。

在周恩來此次訪印之前，北平先已採取一連串表示可與印度和解的行動，如與巴基斯坦及緬甸解決邊界條約的簽訂，就中尤以與緬甸的協定，中共寧願犧牲一部份的土地給緬甸，而且中緬邊界的西端部份，是與「麥馬洪線」相銜接，這不啻給予印度以強烈的暗示，中共可以作相當巨大的讓步，甚且或多或少的，遷就印方的主張，以麥馬洪線為原則。

據新德里傳來的消息說，中共軍並且已於兩天前（四月十一日）撤出印藏邊境之印度朗州市，退駐朗州以北十五英哩的西藏邊境。這一消息，給予印度朝野以相當的衝擊，認為中共將會作更大的讓步，而撤兵朗州不過是前奏。

當然，這仍未能轉變印度人民對中共的憤懣，八執政的國大黨前在加林旁省所成立的「反對中共侵略委員會」，仍然在該地執行防止中共份子滲透的工作，並將邊境中共軍狀況，隨時報告國內各反共體團。在野黨社會黨則發動舉行「支援西藏會議」，邀請亞非國家團體到新德里參加，已派代表抵印開會者，有阿聯、伊朗、約但、土耳其、泰、非、馬、越、印尼、日本及香港，與印度共為十二個國家地區，他們的目的是要謀求一項根本措施，俾「將西藏從中共手中解放出來」。會中並附帶研究「對抗殖民主義鬥爭問題」，無論是對付舊西方殖民主義，或新的共黨帝國主義。同時，由印度文化自由協會所舉辦之「西藏藝術與手工藝品展覽」，亦已在新德里舉行，表揚西藏之文化。

據幕後的消息透露：印度與中共「解決」邊境問題的談判，內容相當複雜，其一因邊界之漫長，基本上處理不易；再則印度民氣激昂，對此問題已十分注意。因而對印度政府發生監視作用，尼赫魯縱欲妥協，亦必須徵得人民的同意，通過國會之「考驗」，此為印度與中共不同之特點，中共如何劃界，大陸人民無由反對，但印政府則不能為所欲為，更不能對民氣施以抑壓。如中共對於印方人民團體之反共行動，會提抗議，但印政府已予拒絕其抗議，謂民主國家之印度，並不能干涉人民在憲法上賦予之自由

傳新德里人民將於周恩來抵印之日舉行示威，並向周氏遞予「黑旗」，因此當局已動員逾萬警探，準備予周恩來以保護，以免意外。前此周氏抵印，均在民衆集會大放厥詞，但此次除將循例至甘地墓獻花外，力避與民衆接近。此種情況，周恩來固極狼狽，尼赫魯當也深感困難。

頗為流行之「內幕」傳說，謂印度將以達拉克區之土地，與中共交換朗州方面共軍佔據區，因後者係印藏孔道之一。另一傳說，則謂在領土問題上，中共決作更大之讓步，但要求獲取政治方面之利益，即由印方壓迫達賴喇嘛返回西藏，解除中共的心腹之患。

無論如何，目下的「解決邊境」條件，都屬言之過早，但大致上，中共願意作若干讓步，以求得原則性的協議。後果如何？則要看尼赫魯的手段了。

·加爾各答通訊·

僑鄉近訊

共幹強迫收購沃地良田

（廣州）·江水·

廣州郊區，土壤肥沃，當地居民，向以種菜為生，長年累月，均有收穫，而城市所需的大量菜蔬，也端賴郊區的菜農源源供應；此外，菜農兼養鷄鴨猪等家畜，對供應城市人民的肉食，也起很大作用。惟自人民公社成立以來，農民成為公社奴隸，一切勞動果實均歸公社所有，因而普遍怠工，遂使生產一落千丈，形成了菜荒和肉荒的嚴重現象，影响所及，連廣州中共各機構的幹部，也吃不到菜蔬和肉類，於是大起鼓噪，羣相責難，中共當局為應付這困難，乃於今年初，號召幹部，實行「生產自救」。詎這一來，駐廣州的軍隊、機關、企業等幹部，即蜂湧到市郊，強買人民公社的田地；一畝肥沃的田地，他們也僅出八九十元。截至四月上旬止，郊區裡已設立許多什麼「公安農場」、「財貿農場」、「工業農場」、和「文教農場」…………等，實行反客為主，攘奪了當地農民的權益；其中，最霸道的，是「公安農場」，他們強購了農田已達二千多畝。

沙面撥作俄人招待所

（廣州）

穗共鑒於蘇俄派來的顧問、專家之類，越來越多，愛羣酒店、南方大厦、和迎賓館等地，均已不敷他們居住，最近，乃決定將整個沙面區撥作「貴賓招待所」，全部供俄人應用。查沙面在廣州市區之西南，係白鵝潭岸邊的一個極小島嶼，與「六二三沙基慘案」的沙基，僅一溝相隔，其中樹木蔭翳，洋房林立，環境相當優美。廣州易手後，中共即以之為各機關高級幹部的住宅區，初時曾有一個時期，是嚴禁市民進入的，直至一九五〇秒，中共始將該地再行開放。目前中共各機關高級幹部的住宅，已全部遷出；中共并驅策百餘泥水匠、木匠、髹漆匠等，將區內各房屋粉飾一新，給予他們的主子（蘇俄顧問、專家）居住。廣州人民目覩中共這種媚俄醜態，無不為之竊笑。據說：粵共的媚俄醜態，向為各省冠，共幹逢迎俄人無微不至，其奴顏婢膝的嘴臉，尤甚於海外殖民地上的洋奴云。

別開生面的陞官發財門徑

·蘇至同·

據大陸某方面透露：中共自在黨內外如火如荼的推行「學習毛澤東著作」運動以來，目前各級共幹，已形成一種奇妙的風氣，那就是把「學習毛澤東著作」當作時髦的混飯吃本錢，別開生面的陞官發財門徑。該方面指出許多共幹雖然瘋狂地去學習，但却看不出什麼眞實的成績；相反地，他們反而獲致醜惡的結果。他們儘管能流利的背誦毛澤東著作上的詞句，可是一碰到實際的問題，他們却仍是弄得一團糟。更可怕的還是有些共幹，僅學得了部份「毛澤東理論」的皮毛，便動輒以「專家」自居，咀頭上講的都是毛澤東思想，而腦袋裏却充滿了「銀紙掛帥」的念頭。於是，他們學習的時間愈長，却和「黨的思想中心」距離愈遠；他們的行動，也愈來愈顯得偏差。

依目前的情形來看，共幹們已完全把學習和應用分割開，把行動和理論也絕對互相悖離，換言之，他們已陷到「言不顧行，行不顧言」的階段，不僅愈學愈胡鬧，而那些專為混飯吃的，則更愈學愈多壞心腸。他們利用「知識」來做滿足慾望的利器，向人民要這樣，要那樣；又向工人和羣衆大擺其「專家」架子，而骨子裡，却祇為吮吸他們的血汗以自肥。另方面，他們則藉此向上鑽，把背誦幾句毛澤東著作來作敲門磚，以求達到陞官發財的目的。此種風氣，仍在逐漸擴展中，快將瀰漫整個大陸。

印度數千華僑成為「無國籍」民

·易金·

印度外交部人士估計，將有數千僑居印度之華人，將被列為「無國籍居民」。僑居印度華僑，以在加爾各答為最多，數目約有三萬人，其中絕大多數是反共的，過去他們很多是持有中華民國護照的，但那是大陸時期由南京所發出的護照，現已過期失去效力，印度又已與在台灣的中華民國沒有關係，故這些華人亦不能前赴台灣，至持有中共護照的，親中共華人，佔絕少數。

印度與中共發生邊境糾紛後，加城反共華人，首先舉行大示威，譴責中共侵略的立場。接着，親共份子則譴責印度。此事之發生，使印度當局決定對「外僑」實行登記。

印度外僑，除英聯邦人民外，其餘均需登記。此法的嚴格執行，主要受影响者乃加爾各答的三萬華人。

據印度內政部的宣佈，華人因此申請入印籍者甚多，此項申請書已在審查。原則上，自一九四三年八月以前即居留印度者，將獲優待，可能准許入籍，或可能居留，而不須許可証。至於此後來印之僑居者，對其入籍之審查，將屬相當嚴格，不易批准入籍。他們可能暫時被准許居留，須向警署登記申請居留准証，每年更換准証一次。並倘若他從已登記的地址他遷，留駐二星期以上，必須書面以其遷徙理由及新地址報告警局。如至新地區並非住於旅舍，必須向當地警局報告。

內政部某官員說，華人不願，使人誤解他們係親中共政權，他們早已厭棄中共，並因印度民氣憎恨中共，他們更恐被誤會。

但依照印度當局的檢查國籍辦法，施行後將有一批華人不能改入印籍，也不願承認為中共籍民，因此在登記上將被列為「無國籍」民。印外交部人員解釋說：無國籍民在印度並不受歧視，尚有許多東歐共黨國流亡人民，有伊拉克的猶太人等，住在印度，在印度現行法律下處理。他們與普通外國僑民一樣，印政府仍發給他們以身份証明書，如他們赴別國旅行，離境後仍可入境。這是印度不歧視外僑的地方，反共華僑因此也沒有什麼不便之處。

歸途

盛紫娟

「永寧啊！我只能把妳送到這兒，以後妳就得自己走了。路上小心呵！妳千萬記住，一直背着太陽走，不要拐彎。走得快的話，天黑前可以進城了。我眞不放心妳一個人走這麼長的路，可是大隊長不准我送妳，他說讓妳進城看祖母的病，完全是個例外，按說下放幹部是不能隨便回家的。所以，孩子，妳可別怪我，我眞是不得已。我想老太太不會有什麼大不了的病，妳先不要太着急，不然急出事來可不是玩兒的。永寧，我剛才告訴妳的話，妳記住了嗎？不要貪圖近路，在冰上走，現在早已立了春，冰都軟了經不住人；這根棍子妳拿好，萬一路上碰見狼或狐狸，可以嚇嚇牠們，但妳可千萬不要露出害怕的樣子，你得裝出滿不在乎的神氣，假若牠跟着妳，妳不要理牠，到了有人的地方牠就不敢怎麼樣了；大路邊上有好多獾子洞，這時妳不用怕；萬一妳碰到截路的强盜，千萬不要喊，他要什麼妳就給他什麼好了。他圖的是東西，不會對妳下毒手的。妳若和他發生衝突，惹火了他，也許妳就要把小命送了；如果碰到同路人不要多說話，……嗯，還有妳看見墳堆上的鬼火時不必害怕，世界上根本沒有鬼的；永寧呵，妳可千萬自己小心，希望妳不要出事……！」李老爹嚕嚕囌囌地叮囑着孫永寧，他那一雙充滿了血絲的老眼，不安地望着身邊的那個少女，他看了看她裹得又圓又大的一雙脚，關切地問：「妳的鞋還合適嗎？走長路要緊的是把脚保護好。」他拍了拍她穿得圓滾滾的背心，慈愛的說：「走熱了，千萬別脫衣服，着了涼說不定會得肺炎的。我不能再送了，妳自己走吧，一路平安！」他抬起手摸了摸自己的花白鬍子，勉強作出笑臉。永寧一面抽抽搭搭地抹着眼淚，一面向李老爹告別。就孤零零地走上了漫漫的黃土大路

他在路上已走了三個鐘頭了，回頭望望，那小小的村落早已消失在地平綫以上了；往前看看，那早就望見的大烟囪仍是那樣遙遠；她一個人在這條彎彎曲曲的黃土路上走，彷彿永遠也走不完；她的腿已不像剛上路時那樣輕便了，厚棉褲又重又熱的裹着她的兩條腿，使她更感到疲乏，脚上的棉鞋像是突然增加了廿斤，她感到自己的脚像酵麵似的腫脹起來，脚心一直在抽筋，脚掌又麻又痛，凍瘡磨破了，血和膿浸濕了她的棉鞋，她每邁動一步，就好像赤着脚踩在針上似的。她恨不得就地坐下歇一歇，或伸直了身子躺下；眼看太陽就要落了，心裏又急又煩，眞恨不得放聲大哭一場。

「天啊！我怎麼走得這麼慢。」她不禁自言自語地嚷出來，太陽落山後的種種恐怖，催促她加快了脚步，雖然每一步都是那麼沈重，那麼痛苦，但爲了能快些進城，見到她唯一的親人——年老多病的祖母，爲了能重見到那間屬於她自己的小屋，她又重新振作，强迫自己不倒下來，她想到她那兩條小金魚，祖母是不是按時換水，牠們還活着嗎？她想到她那小小的書桌，小小的木板牀就感到無比的親切和溫暖，她的小窗無論怎樣小怎樣破，但那是屬於她自己的。只是近些年她很少有時間有機會能在家裏住上幾天，因此「回家」這兩個字，竟成爲最可望而不可即的事。她的祖母已經快七十了，身體很不好，隨時都有死去的危險。一想到這兒，她又焦急起來，就心地望望身後的太陽，只剩下一個金邊了，她失望地停住了脚，恨不得用手中的棍子把它撐起來，但它畢竟很快地落下去了。她感到天地間除了祖母和李老爹外，一切對她都是冷酷、無情的。忽然想起乾脆回鄉下吧，但也得走同樣長的路，而很可能她將永遠見不到她的祖母了。她鬆動一下筋骨，咬着牙繼續往前走。她已上了河堤，她知道走完這道堤向左拐，再一直走一個多鐘頭就到城門口了，她就可以乘公共汽車回家，就可以見到祖母，金魚和……。

太陽的餘暉最後照了她一下，終於完全消失了，她全身每個神經系統都處於極緊張、警醒的狀態中，她傾聽着周圍的一切，風吹着河邊的蘆葦發出嘩啦啦的聲音；她自己的脚遲緩沈重的擦着地，嗞喳，嗞喳的低哼着；遠處隱約傳來野狼悽滲、陰森的長嘯聲；堤另一邊的墳堆上，閃爍着綠熒熒的鬼火；她感到脊背越來越涼，雖然李老爹的話不停地在她心中響着；「……妳看見墳堆的鬼火時，不必害怕。世界上根本沒有鬼。」

「世界上根本沒有鬼！」爲了壯胆，她高聲這麼嚷出來；但那一種陰慘的寒意仍不消失，反而越來越强烈；她只好低聲唱着歌，「聽吧，戰鬥的號角發出警報，萬衆一心……。」

她清清楚楚地聽到，自己的聲音顫得不成調了，但她仍唱下去，努力地邁着步。堤上的路並不很平，每當她一脚踩空，她就會嚇得蹲在地下，用手抱住自己的頭，等待不幸降臨，受了幾次虛驚後，她感到越加軟弱了；這是個濃雲密佈的黑夜，月亮偶而從雲縫中露出臉來，使正在崩裂的冰面閃着刺眼的光，她就嚇得渾身出汗，以爲是壞人在打手電筒。河面上的冰層不停地克啦克啦地響着，她只有咬緊牙關來忍受這刺耳的聲音。總算走完河堤了，她興奮起來，「再走一個多鐘頭就到家了！」這個念頭增加了她不少勇氣，她盡量加快脚步。在三岔路口上，她不假思索的走上了中間的大路。一個鐘頭後，她突然發覺有些不對頭，前面好像是流水的聲音，她站住了，想仔細地看看，但四周漆黑一片，伸手不見五指，她絕望地坐在路中央，等待月亮出來。不一會兒，一絲月光使她看清楚了，路的前面和右面是一大片望不到盡頭的河灘，不要說人影了，連磚頭也沒有一塊。路的左面是條三尺多寬的小河，對面倒是陸地。她傷心地用長滿了老繭的小手摔住了臉，兩行熱淚從指縫中滲出。她埋怨着自己：「笨蛋，妳怎麼走到這裏來了呢？應該走左面的路啊」她多麼希望能有個活人在她身旁，給她鼓勵和支持啊，但在這夜晚曠野中哪兒來的人呢？如果碰到的是壞人，可怎麼辦呢？她矛盾地沉吟道：「難道今夜我要露天睡了嗎？萬一狠來把我吃了呢？萬一有……。」李老爹的話一遍又一遍地在她耳邊響着，她軟弱地哭起來了，哭了一會兒覺得這不是辦法，再順着這條路走回去嗎？那她就要在河堤上過夜了，她記起了那綠熒熒的鬼火，那克啦啦響着的河面……她畏懼了；那麼乾脆過了這條小河吧，對岸不是有一大片陸地嗎？她可以爬到大樹上去過夜，那狠就不會吃掉她了。想好了後，她便把鞋子脫下來，把褲腿捲好，先用李老爹的木棍往前探了探路然後毅然決然地踏在冰上，嘩啦啦！冰裂了一個大洞，冰冷刺骨的河水浸着她的腿，她在向下陷，一直陷到小腹才觸到河底，她一點也不敢停留，硬着頭皮往前走，聽見被自己撞破的冰，響得那麼起勁，她感到自豪起來，她的手已摸到了對岸河邊濕冷的泥地，剛要向上爬，一道刺眼的手電筒燈光射到他的臉上，她失聲叫了下「啊」，就再也動彈不得，河底的泥像有磁力似的吸住了她的兩脚，她感到腿軟得像棉花似的，支持不了她的體重，上牙和下牙捉對兒在厮打。他腦海裡只有一個念頭：「完了，今天我要死在這兒了，沒想到眞會碰到强盜，他要什麼呢？」她沒有勇氣抬起臉來，也不敢張開眼睛。

「小姑娘還不快上來，站在水裏多冷啊！」沒想到這個强盜的聲音這麼和氣，但他却下了決心不上岸，他開始一步步的向後退，沒等他走遠，那個强盜突然放下手中的自行車，一伸手就把她揪了上來，就像老鷹抓小鷄那樣。永寧拚命掙扎着，但又渾身無力，他只有放聲痛哭了。

「孩子，妳靜一靜好吧？妳是哪個莊子上的，爲什麼一個人走黑路？你要到什麼地方去？妳不怕碰見狠或壞人嗎？」

「壞人？」永寧睜開了眼，望着這個始終拿手電筒照着她的人，在她眼前的是一個四五十歲的莊稼老漢，滿臉的絡腮鬍子，使他那一雙黑亮的眼顯得嚴峻而又慈祥，他疑惑地眨了眨眼。心裏嘀咕：「强盜有這樣和善的面貌嗎？那可說不定，人心難測，還是什麼也不說的好。」他的嘴已閉得更緊了。

「爲什麼不說話？你要到哪兒去呢？進城嗎？」

他一聽「進城這兩個字，就不自主的點點頭。那個老漢笑了，「那麼我帶妳去吧！天已經這麼黑了，再晚路上就更不平靜了。」永寧猶疑不決地思量着：「他帶我去？萬一在路上他搶了我的東西，把我殺了呢？」又一轉念：「我也沒什麼值錢的東西；再說只憑兩隻脚再走一兩個鐘頭，也許會倒在路上累死過去呢，萬一碰到更多的壞人？怎麼好呢？聽天由命吧，看他神色不對的時候，我跳下車就跑好了。」想到這兒，他抬起頭來乞憐地望着那個莊稼人。（上）

文壇泥爪

關於「新潮社」

最早響應「新青年」所提倡的新文學運動的，是北大一部份學生所組織的「新潮社」。這個社的主要發起人是傅斯年、羅家倫等人，校方對他們很幫忙，陳獨秀答應由學校負担「新潮」月刊的印刷費，李大釗以圖書館中撥出一間房做他們的辦公室，胡適允許做他們的顧問。這樣，一個完全由學生編輯的刊物「新潮」，便於民八元月創刊了。

在「新潮」第一二期中，都是很尖銳地批評舊社會的文字，馬上便引起了當局的注意，三月中教育總長傅增湘便奉徐大總統之命致函蔡元培，設法制止。蔡氏當時覆函，予以答辯，義正而辭亦嚴。關於林蔡來往之函，世多知之；傅蔡來往之函，知者則少，茲特摘錄於此。傅函云：「自『新潮』出版，輦下耆宿對於在事員生不無微詞。……近頃所慮，乃在因批評而起辯難，因辯難而涉意氣，倘稍逾學術範圍之外，將益啓黨派新舊之爭，此則不能不引爲隱憂耳。……凡事過於銳進或大反乎情緒之所習，未有不立蹶者。討論糾紛，喜爲抨擊，設有悠悠之辭波及全體，尤爲演進新機之累。甚冀執事與在校諸君一揚榷之，則學生之幸也。」蔡覆函云：「敝校一部分學生所組之「新潮」出版之後，又有『國故』（聽案：此守舊學生之所辦反對新文學運動之刊物）之發行，新舊共張，無所缺畸。在學生則隨其好尚，各尊所聞，當事之員，亦甚願百慮殊途，不拘一格以容納之。……據「新潮」編輯諸生言，辦此雜誌之初心，原以介紹西洋近代有益之學說爲本，批評之事僅屬末節。……大學兼容並包之旨，實爲國學發展之資。」

「新潮」繼續地出到民九年底停止，共只十二期。但在當時的影響很大，僅次於「新青年」。不過仍然不是一個純文藝刊物，在那上面刊登作品因而成名的作家，也只有康白情、俞平伯、楊振聲、汪敬熙數人而已。民九，新潮社的主幹如傅斯年、羅家倫、楊振聲、徐彥之、張申甫等都先後出國留學，社即改組爲學會，內分編輯、幹事兩部；主任編輯是公推的周作人教授担任，幹事中就有後來北新書局的經理李小峯。誰知改組以後，「新潮」亦即停刊，叢書也只出了有限的幾本，而屬於文藝方面的只有周作人譯的「點滴」一種。之後，李小峯由於做幹事的經驗，跑出新潮社即成立了北新書局。國外的人都不供稿，迫得將雜誌停刊，社即名存實亡；已經編好了的叢書如魯迅的「吶喊」、譯的「桃色的雲」、冰心的「春水」、即由北大出版部改歸北新書局出版了。「北新」後來遷到上海，大加擴充，在新文學書籍的出版方面有一定的功績，但它却是脫胎於新潮社的。

時代與我

和死神搏鬥（八）

徐亮之

自我入獄以後，我在家信裡老是把獄中生活描寫得天花龍鳳般，並老是勸母親別來看我的。但我雖這樣說，母親却老是隔不了多少時候又眼巴巴地打從百里外的故鄉來「探監」。這種獄中的「母子會」是很不好受的！危其身以及其親是明哲所戒的；一個錯誤的時代把我引上錯誤的高峯了！而尤其使我難受的是母親最後探監的一幕：

「阿陵！你得趕快多多做呈文呀！」我從來沒有見母親這樣憔悴和焦急過。

「你老人家放心！我的事我自己會好好地做的。」我笑着安慰母親說；我當時祇天眞地判斷：這乃母親希望我趕快出獄的急切情感的自然流露；後來我才知道，乃志澄打電報給她來和我永訣及收斂我的屍首。

「不是的，不是的！你趕快多多做呈文才好。」讓母親和兒子永訣而收斂其屍首，志澄這一好意，無論如何對我母親乃是一個炸彈，然而母親竟寧願自己吞下這顆炸彈，却始終祇叫我多做呈文而絕不肯把實情告訴我。

「你老人家不知道；該做的我都做過了，沒有什麼的；放心好了！」我竟這樣愚蠢到毫無警覺，祇繼續隔靴搔癢地這樣安慰母親。

「阿陵！你要聽娘的話！」她說着眼淚已再也忍不住簌簌而下；「趕快多多做呈文才對。」

「唔，好啦！那末，你老人家明天就回家好嗎？也不必再辛苦來看我了；等會兒你出去，我馬上就動手做呈文吧。」其實我這話祇是騙母親放心，並無再做呈文的意思的；因爲我始終認爲對委員會的辯訴，該做的確都已做過了，如果人間尚有是非的話。

「阿陵！我這會子心裡燒得很；你叫人買幾個橘柑給我吃吧。」顯然地，志澄的炸彈使我的可憐的母親亦即偉大的母性的典型，精神崩裂了！

我立即叫勤務兵買橘柑；一面却留心觀察母親的神色；心裡尙兀自埋怨她老是不聽我的話，老要不辭辛苦來探我，以致果然累出病來了！不料橘柑還沒買回，她的神色竟突然大變，眼定定地盯住我，大笑，一會兒又忽地大哭起來；我知道這乃急痛成瘋亦即精神崩裂的現象，一時却慌了手腳，不知怎樣才好，祇是上前抱住，母子哭做一堆。但是，光哭有什麼用？橘子買回來了，母親却已經不懂怎樣去吃它了，哭顯然已醫不好母親的病了！而且獄中是並沒有哭的自由的；果然哭到相當時候，熊管獄員依照我說的地址把我的親戚找來，可憐的母親便在他們的半拖半扯中扶掖而去；第二天更被綁上山轎抬回家鄉了！這時候留在獄中的祇是我的莫明其妙和難友們的木然的臉上的無言的歎息而已！

母親去後的第三天，是我生命史上一個劃時代的生死大限碑。這天正是星期五，上午，一位同鄉兼小學和一師同學並同爲共產黨員的吳景漢君來看我。

「你有什麼話要交代我沒有？」他朝着我的面孔瞧了許久，然後才淒然含着眼淚說出這麼一句話。

「你這是什麼意思？難道你已經知道我要槍斃的嗎？」

「我、我是看了佈告才來的！」他幾乎要哭出聲來了；「原來你自己却還不知道！」

「出了佈告？」我連忙問：「佈告定的是什麼時候？」

「下禮拜一。」

「哦！」我相信我當時迸出的這個音符，絕對祇是憤怒的標誌，而絕對不是哀傷的信號的；「那我什麼交代也沒有；不過祇有一件事不能不請你將來照顧照顧：你是知道我家貧寒的；而現在我的母親瘋了！弟妹又全幼小！希望你將來有辦法時，可憐可憐他們！」

景漢走了，我的思潮却起伏不定了。然而當時却有一個基本思想支配着我，便是：我無罪；論天理（是否有此種理不得而知）國法，都不該死；尤其現在母親病了，更不能死；我如禮拜一亦即三天後眞個給他們槍斃而死，則我一家必慘不堪言；倘死如有知，我亦必無顏見先父於地下，以脫卸其中國傳統文化的長子的責任。於是，我決志和死神搏鬥了。我把我和熊育錫的衝突以及我主要的原告人全是他的學生，源源本本地告訴謝寀眞先生了。

「你非控告熊育錫不可。」寀眞先生斬釘截鐵說：

「這豈不是太歲頭上動土嗎？」我懷疑地問：

「不，事情既鬧到這步田地了，你這叫做『死馬當活馬醫』；不控告他是死；控告他也不過一死，而却可能並不死；那你爲什麼不敢控告他!?」

寀眞先生這席話，眞乃使我「如撥雲霧而見青天」。恰好這天下午志澄又秘密送給了我一個字條，說我應該根據「刑事訴訟法」第口口條具呈要求熊育錫迴避而派員覆審，理由是：我的原告人都是他的學生，依法壓根兒他就沒有審問我的資格。於是我和死神搏鬥的意志更堅決了。我當晚便根據志澄提示的原則寫好了給省政府、省黨部和委員會的三個呈文，正式控告熊育錫要求覆審。第二天一早熊管獄員便派人給我分別送出去了。同時，我覺也不睡，飯也不吃，祇喝點開水潤腸胃，一口氣給委員會的每個委員各寫了一封信（祇熊育錫除外）；那時的委員是：省府民政廳長代主席楊賡笙、秘書長徐虛舟、委員兼高等法院院長胡曜、地方法院院長劉梅叔、推事凌錫蕃、衞戍司令王均和司令部的軍法處長楊樞；亦即一口氣寫了七封信；而爲了爭取時間，總是每一封信纔寫好，熊管獄員給我設法馬上送出去。直到最後一封信送完爲止，我竟連一個錢車費也沒花。

這信的辭句，我現在已不能完全記憶；所能記憶的祇是這信還不失爲一篇詞句相當整飭的文字；（我出獄後，繼虛舟先生任省府秘書長的平江姚大願先生曾對我說，這信頗富六朝風味，却爲我始料所不及。）內容是：首述我「原籍永修，寄居進賢」，基本上便纏上了主客歧視的葛籐。次述「先父早世，老母孤孀，撫育成立」的劬苦。次述如何艱苦就學，謹愼辦黨，未戮一人，未流滴血的實況。次述熊育錫如何偏祖學生，揑造僞証，羅織成獄，以致老母急痛成瘋，披髮呼冤，不分星夜的慘狀。最後則殿以如左一段文字：

「此番東渡，道出長江；孫逆傳芳，負嵎浦口；彈雨橫飛，掠船而過。於斯時也，興感油然：脫吾死此，寧非厚幸？以黨人死軍閥，死固其所故也。乃不謂今竟死於本黨之莫須有之罪名之下！抑何死之晚耶?!顧吾之死，九牛一毛；第一夫飲恨，萬目睽睽；諸公受託黨國，竟如是兒戲以聽訟，顢頇以斷獄；將何以對本黨？何以服黨員？更何以申法紀而昭公道？人之將死，其言也善；吾死安足惜？窃願請公能鑒其將死之善言與微忱，熟思而善圖之。」

但我雖下了和死神搏鬥的決心，却畢竟除了上述一系列的戰術外，到底並沒有以爲這便就能够戰勝死神的信心的。我祇是於完成了上述的戰鬥部署以後，喟然歎曰：「人事已盡，聽候天命」而已！

記庚子拳變始末（二）

舜生

二、義和拳的起源及其發展

勞乃宣有「義和拳教門源流考」，說明義和拳係一種邪教，乾隆時已有之，嘉慶間奉嚴諭禁止，犯者至凌遲處死。勞又說：「義和拳一門，乃白蓮教之支流，其教以練習拳棒爲由，託言神靈附體，講道教拳，詭稱念誦咒語，能禦槍砲，有祖師及大師兄二師兄等名目。……」

此類邪教集團，名目繁多，其目的本在聚徒造亂。在拳亂前，散佈於山東直隸兩省者，大抵源出八卦教的乾坎兩系，以仇視耶教爲名，富有排外色彩。蓋自甲午中日戰爭以後，列强加緊對中國侵略，盤踞沿海奧區，頗激起人民公忿；加以鐵道郵電次第舉辦，一部分靠轉運驛遞爲生者，一時多陷於失業；同時部份教民，本『吃教』而非『信教』，平日假借牧師神父的掩護，欺侮其他人民的舉動，也往往有之；積此種種因素，義和拳乃得一擴大煽動的機會。

光緒二十年，李秉衡出任山東巡撫。二十三年，大刀會戕殺德國教士二人，秉衡以祖會仇教爲德公使海靖要求去職，以張汝梅代之；至二十五年，乃更以毓賢代張，毓祖護大刀會尤力。會首朱紅燈，於高唐、茌平、長清、恩縣、平原一帶倡亂，聚衆至八千人，自稱義和拳，以仇教滅洋爲號召。毓賢爲易『拳』爲『團』，團建旗幟，皆大書『毓』字，或「扶淸滅洋」，儼然奉命排外，因之拳勢愈張；教士請求保護，毓賢亦置之不理。卒因法公使向總理衙門嚴重抗議，清廷不得已，才將毓賢調京，而於二十五年冬以袁世凱署山東巡撫。袁到任後，即一意主剿，時朱紅燈已被執繫獄，至是被殺。拳民以不能在山東立足，乃進入直隸，與當地之拳民合流，一部分軍隊也與拳民連成一氣，卒釀成滔天的大禍。

先是光緒二十四年戊戌維新一幕，慈禧太后認定光緒帝受譚嗣同等誘惑，確有以軍隊包圍頤和園以威脅其生命的企圖，因此，當她於是年八月復出聽政以後，即將帝幽於南海瀛台，而日以帝病危布告天下，其目的殆不止於廢立，實欲將其置之死地。可是當時駐在北京的各國公使，却對光緒帝相當同情，一再請求介紹西醫爲帝診治，拒絕又苦無理由，其結果乃証明帝完全無病，陰謀因以揭穿。其次，戊戌政變，康有爲梁啓超逃往外國，保護康者爲英人，保護梁者爲日人，清廷懸重賞緝拿無效，派人暗殺也無效，而康梁且於海外組保皇會，宣傳於各國華僑之間，對慈禧醜詆更無所不用其極。復次，二十五年十一月，立端郡王載漪之子溥儁爲大阿哥，以繼承同治帝，原有隨時將其捧出以代光緒帝之意；可是引起一般祖帝者的非難，上海電報局總辦經元善及蔡元培等，至聯合兩千人上書，力爭不可；及元善被通緝逃往澳門，清廷要求引渡，葡人又拒絕不予。又當大阿哥初立，曾由榮祿囑李鴻章探詢各國意向，意在諷其入賀；各公使不惟不聽，且不以廢帝立溥儁爲然。凡此，均爲慈禧與載漪等痛恨外人而思得當以求報復的基本原因所在。

慈禧是一個最講究享樂的人，聽戲更是她日常的功課，一般王公大臣，也以得賜聽戲爲榮，清末京劇風行全國，大抵得自慈禧提倡之力。北人最重神權，無論宮廷或民間演戲，每一天的戲目，照例有一齣屬於神話。宮廷的戲台構造，也遠較民間者爲優，凡一神仙登場或退場，例不由台後的兩門出進，而係將戲台轉動，使神仙由台底上昇，或從台頂下降，髣髴騰雲駕霧，慈禧每顧而樂之。慈禧本來是一個迷信神權的人，頤和園裡面有一最高的建築名『香佛閣』，即慈禧平日拜佛祀神的禁地。在光緒七年慈安太后未被慈禧毒死以前，宮內稱慈安爲『東佛爺』，慈禧爲『西佛爺』，晚年則稱慈禧爲『老佛爺』，這都可以看出慈禧的思想原是與神權不可分的。（第二節未完）

本刊已經香港政府登記

聯合評論

週刊

United Voice Weekly

第八十八號

每逢星期五出版

督印人：黃宇人　總編輯：左舜生　社址：九龍金巴倫道卅八號三樓　電話：61413
承印者：嘉羅印刷有限公司　香港灣仔馬師道5號
總代理：友發聯行公司　每份價港幣一毫
美國紐約中美出版社
CHINESE-AMERICAN PRESS, INC.
199 CANAL STREET,
NEW YORK31 N. Y. U.S.A.
美洲航空版零售每份美金一角

四月十九，韓國再生！

胡越

最近由於南韓民主運動的洶湧澎湃，民衆的力量終於戰勝了李承晚的倔強；根據李氏最近的聲明，知道他決定放棄十二年來一人統治的局面，答應國民最近即改組政府，並脫離他一手締造的自由黨，今後擬以無黨無派之身，留任國家元首，以繼續報効國家。他這一決定雖然還沒完全兌現，但是衆叛親離，大勢已去，恐怕已經難以更改了。此外從電訊報導中得知，韓國全國高層警政負責人正進行緊急會議，商量如何使警察力量中立化，超越黨派鬥爭之外；而陸軍方面亦有同樣的醞釀。這兩件事比李承晚的懸崖勒馬、急流勇退更值得注意。因為李承晚所以能夠忤逆民意、孤行獨裁，主要是因為私有了軍隊和警察；軍隊和警察一旦脫離他的私人掌握，那麼他想要獨裁也辦不到了。實際上，在軍隊警察的中立化之下，任何人想要獨裁亦成為不可能了。可以說，消除黨有或私有的軍隊警察，就等於消除了獨裁專制的根株。如果這一發展得到成功的話（現在看形勢，成功的可能性甚高），則大韓民國即將走上民主憲政的康莊大道，韓國歷史將撥雲霧而見青天；這是何等可喜可賀，可感可泣的事情！

韓國這次巨變，根本原因是民衆厭恨李承晚十二年來的腐敗獨裁，近因是執政黨在最近一次選舉中肆無忌憚的舞弊，而燃着導火綫的則是馬山、漢城青年學生的示威運動。在示威運動中，發生了死傷近千的流血大慘劇！漢城距離三八綫不過百餘哩之遙，三八綫上的愛國戰士正枕戈待旦、聞鷄起舞，期望北搗平壤、驅逐赤魔、光復河山；可憐無數愛國少年的鮮血，不流在殺敵的戰場，而洒在漢城的街頭！這一拂逆情理的事實，是太悲慘、太可痛了，太使人迷惘惶惑了。

若干人責備韓國的青年學生這次行動的魯莽滅裂，甚至有人竟相信他們是受共產黨鼓動的。例如蔣介石先生最近在台北會見某外國記者時就說，南韓學生的示威運動是共產黨發動的；並且說韓國青年如有「反共救國團」的組織與訓練，暴動即不致發生云。揆之事實，蔣氏未免太失言了。第一，指這次南韓事件為共產黨發動的，是南韓駐美大使梁裕燦首先造出來的，他並且虛構了兩項事實；說在示威運動中，羣衆襲擊麥克阿瑟將軍的銅像，發現了要求美軍及聯合國軍從韓國撤退的傳單。但是這個謠言立刻就被美國務院發言人懷特給正式否認了。根據漢城美國大使館的表示，也証明並無這種事情發生。其次，熟悉韓國政壇的人都知道李承晚的獨裁資本在於：軍隊、警察和青年團。李承晚的青年團是否趕得上「反共救國團」姑且不論，但是韓國也的確有這樣的青年組織和訓練。而此訓練的目標，也是効忠一人一黨的，不過李承晚先失敗了而已。

李承晚的獨裁權力在八百餘韓國青年的血花飛濺之下顯出其卑汚與兇殘，開槍的士兵眼花了、手軟了，因為那是兄弟姊妹的血！死難者的母親呼天搶地在哭，全國的母親同聲在哭，青年們的血，母親的淚結成的愁雲慘霧，凄風苦雨，正洗洒着大韓民族的心靈和生命，血和淚是智慧的泉源；李承晚畢竟是韓國人，畢竟是一熱血的革命男兒，畢竟是能反身而誠的丈夫，他終於憬然惕悟而翻然改圖了。李承晚是東方的倔強好漢，他會不理會美國的阻攔、聯合國的干涉而釋放共俘；以一人當天下之大不韙而不懼（這次李氏自退，多人以為是完全受美國壓力的結果，似乎太小看李氏的倔強），但是他一經見到同胞的血和淚則廢然自反，這表現出來李氏天性的可愛，比起那些厚臉無恥，黑心透底，反覆無常，輕諾寡信的獨裁者是不可同日而語的。

自前韓國的情況仍在混亂中，李承晚是否能夠得到國人的諒解，繼續當任國家元首，李氏能否貫徹他二十三日所發表的交出行政權力的聲明，以及在野黨能否冷靜沉着，掌握局勢，使這一場大風暴早歸平息，不再發生枝節，使大韓民國經此次血淚之後，能夠順利的步上坦途；還在未可知之數。但是四月十九日，漢城青年學生大示威所流的血，將永遠鮮紅的染印在韓國歷史之上，必將發生深遠的影响，韓國的自由民主運動必將由此跨進一大步，乃是斷然無疑的。四月十九，是一個光輝的日子，它與中國的「五四」將同垂不朽！而且更見光輝！在此我們謹對韓國為民主死難的青年志士懷無限的哀思，並虔誠祈禱民主的勝利、韓國的再生！

為李承晚先生惋惜

李璜

大韓民族與我中華民族本是同文同種，在有史以來，雖然政治上的變化無常，但是民族間的聲氣暢通，彼此的交往不絕；尤其是最近半世紀以來，大韓革命志士與我中國革命志士幾乎打成一片，合作無間，故大韓民國復國以來，方能與我中華民國成為兄弟之邦，在反共抗俄的場合中簡直是唇齒相依，休戚與共。因此凡屬中華民國的反共人士，未有不密切關懷於大韓民國的政治動向以及李承晚先生的政治作為者。

李承晚先生在前次韓戰中的表現很不錯，尤其他能見到民族主義的重要性，而毅然不顧的大量釋俘，博得了舉世的同情與喝采。但可惜李承晚先生竟未能深切認識，民族主義必須以民主與民生為其堅實基礎，必須使民權伸張與民生暢遂，然後民族主義始得向正當與旺盛的方面發展，否則壓抑民氣，久困民生，民族正義不得向外發抒時，必然要向內暴發，而釀成內亂的。

一

李承晚先生自少年即從事復國的革命運動，冒生命危險，歷百折而不回，不愧為有志之士！猶憶一九二〇年我在巴黎，以新聞記者資格，訪問凡爾賽宮中第一次大戰後的世界和平會議時，即曾遇見李承晚先生，獨立宮門，散發傳單，控訴日本，呼籲韓國的獨立與自由。一九二四年我回到中國之後，又常與李承晚先生的同志多人隨時晤商韓國的復國革命事，並曾秘密共組同盟，謀抗當時從事對外侵略之日本。因此至少在我個人而言，在大韓民國成立之後，總在希望李承晚先生在民主先進國家中生活了二三十年之後，能夠見得到民主政治的意義與效用，能將南韓治理得像西德一樣，然後北韓人民便不難聞風嚮往，收復淪陷國土乃得收事半功倍之效！

然而李承晚先生今年已屆八十五歲的高齡，畢竟老了！大韓民國的國步方艱，國際共黨的陰謀莫測，英美與聯合國的態度也正在搖搖不定之中，李承晚先生想只以他個人的這塊老牌子，去隨時向外表示不滿，表示不能久困於監察制之下，而要自由發動，在明眼人一看就知這是不夠力量，而必須如何的去團結韓國國民，如何的去獎勵人才與扶持後進，然後方能得到發皇的民氣，蓬勃的政象，使或敵或友，皆莫敢侮！然而要達成此心的一致，堅固的團結，則非真正實現民主政治不為功，奈何李承晚先生竟忘却壯年時在民主國家裡的生活經驗，而在暮年時反走上一人獨裁與一黨專政的路上去了啊！

昨二十日，李承晚先生發出恢復暴動後秩序的呼籲，中有云：「那些我願意為他們奉獻其生命的愛國人民，竟有此種行為的表現！」言下甚為悲感似的。我想南韓人民，無人會懷疑李承晚先生為國為人民奉獻其生命的誠意，然而一個領袖過信其本人纔真愛國，過信其本人纔能為國奉獻，便很容易流為專斷獨裁，而將一國權力死握在手，不肯放鬆，結果走上了腐敗顢頇的政治道路！韓國人民經過了多年折磨的奴隸生活，千回百折，始得復國，而復國之後，又遭遇國際共產的侵略，今在甚不可靠的聯合國保護之下，隨時可以發生危險的，則在這種危局之中，南韓的多數有識之士，又何嘗不為國家感奮，而大家也一樣的願求有以奉獻其生命於國家；無奈李承晚先生愈老而愈受其親故左右所包圍，今次選舉，竟將副總統一席也用蠻幹手段奪去，務求造成清一色的政治局面；殊不知清一色的局面一經造成之後，李承晚先生便將陷於孤立，不再為廣大人民所愛戴了呢！

但我感到李承晚先生在此次呼籲之中，尚知道稱暴動羣衆為「愛國人民」，而不一味推之於受共黨利用，呼之為「共奸」與「匪諜」，則李承晚先生究竟比其他國家的反共領袖要高明得多，或能反省以求暴動後的補救，南韓局面，尚有可為。如果一國領袖遭遇任何反對，皆諉之於共敵所為，奸人所使，則可謂理智全失，感情用事，不知反省，政局必日趨僵化，以至於敗亡！

二

筆者日來閱報讀到南韓青年學生的示威詳況，前仆後繼，生氣昂然，令我想及當年殺伊藤博文的安重根的勇敢之風，南韓民氣，尚可用也！一個在危局中的國家，看這國家尚可救否，當在其民氣中覘之，同時且當覘其政府是否能善養善用此一民氣，以求打出活路，戰勝強敵。如果在危局偏安之中，民氣既已日衰，而其政府還不能設法鼓舞，而反加以壓迫，則此一局面必然更是日趨枯竭，如火無油，待滅而已！——言念及此，真不勝為反共復國的中華民國的前途浩歎！

今南韓民衆已明白表示其民心所趨向，而李承晚先生又已深識其為愛國行動，我便切望李承晚先生立謀補救之道，至少須立即一反前日之包辦與鎮壓手段，以平民憤而消亂源，然後再力圖滿足人民的自由權利的要求，公開政權於愛國的有識人士。我們須知，既要反共，則必然先要實踐民主，暢遂民生，此為時代之所要求，不是少數當政者一相情願，只用單純的民族主義為號召，而便能強迫民衆效忠領袖也！

四九、四、二一

民元孫大總統的辭職與感想

・羅乃華・

民國元年孫中山先生出任臨時政府大總統，旋自動辭職，把它讓給袁世凱，這種高風美德，在中國政治史上，是應該大書特書的。這件事比對今日的政風與人心，能不令人感慨！

是年一月二十一日，孫先生在寫給他的老師康德黎的信中說：「我已經履行了中國臨時共和國政府的總統職務，我以無私的熱情，接受了總統的任務，藉以貢獻我自己做拯救中國四萬萬人民出于萬分危殆與恥辱的環境的臂助。」（見台灣中央文物供應社出版：「國父全集」第五集，第一四二頁）他又在同年三月三日覆康德黎的信中說：「自從革命工作完成以來，我已經辭職讓與袁世凱了。我希望不日可能卸任，但我恐怕事實上總有多少轉折，需要我的服務稍為延長。」（同上第一五〇頁）革命是為人民服務，不是為的爭權奪利。因之在推翻滿清建立民國之後，他就把總統辭去讓給袁世凱了。他以無私的熱情，為着拯救人民担任了總統，而也同樣以無私的熱情，為着拯救人民而辭去了總統。他在致北方將士的書中曾說：「文以薄德，謬承公選，效忠服務，義不容辭，用是不揣綿薄，暫就臨時總統之任，藉維秩序而圖進行。一俟國民會議舉行之後，政體解決，大局署定，敬當遜位，以待明賢，區區此心，天日共鑒。」（同上第一四四頁）

因為孫先生一生革命，是為建立民國，為大多數人民服務，不為尊榮，不為權位，不為私利，實行天下為公，所以辭讓總統以後，拒絕接受袁世凱給他的「大勳位」。其拒絕之理由，實可供今日開口革命，閉口革命，假借革命之名，以爭奪權力，強佔權位，把持權利者；羞煞！愧煞！第一個理由是說：「勳位固國家應行之典，惟當今國家基本未固，尚非國人言功邀賞。國家所認以為功者，個人方將認為一己對于祖國所當盡之義務，而無絲毫邀賞希榮之心，文不敏，竊願以此主義為海內倡，此文不欲受此勳位之故也。」第二個理由是說：「文于乙未年始起革命軍于廣州，庚子、丙午兩年繼之，三次之事，皆文親身之所主持，而皆無所成，同志之以此犧牲其生命財產者甚衆。以後各處革命之起，大概皆與文有關係。而同志之損失其生命財產者極衆。故若因此行賞，則被賞者其數當甚衆而不可勝計，文實無一人獨受榮異之理。若此次革命之成功，則直全國人心理，南北將士和衷之所成就，文更無可褒異之處。若文得圖一己之殊榮，則歷年共事之人，死者不計，生者今尚多流離失所者，文將何以對之？此文不敢受此勳位之故也。」第三個理由是說：「以中國人民今日之窮困情形，博施濟衆，堯舜猶病；若文既受勳位及所附年金，是文因革命而得金錢，則會經從事革命者，以私人之關係前來求助，文將無詞以對，而有應接不暇之勢，此文不能受此勳位之故也。」（同上第一五四頁）這三個理由足以令今日居廟堂，自詡勞苦功高，爭權奪利，與利用革命撈一筆，或甚至長期藉口革命，不斷搜括民脂民膏，在歐美作寓公者自愧無地麼？

但孫先生辭了大總統並非不再為人民服務之意，反之乃是想為人民作更大，更多，更根本的服務。他在致宋教仁函中說：「民國大局，此時無論何人執政，皆不能大有設施，蓋內力日竭，外患日逼，斷非一時所能解決。若祇從政治方面下藥，必至日弄日紛，每況愈下而已。必先從根本下手，發展物力，使民生充裕，國勢不搖，至政治乃能活動。弟刻欲捨政事，而專心致志于鐵路之建築，于十年之中，築二十萬里之線，縱橫于五大洲之間。」（同上第一五五頁）試看孫先生的志願何等偉大！他的眼光又何等遠大！他的救國救民的主張更是何等正確而實在！然繼承的信徒們掌握中國實際政治三十多年；並沒有繼承他的遺志，實行他的主張，以致不但仍然民生困苦，國勢動搖，且終至失去民心，也失去了大陸的政權。

孫先生的辭讓總統，有一個最主要的因素，每為世人所不注意，此即不惟他個人不要爭權奪利，而且也要他的黨徒，他的主義的信仰者，也都不要爭權奪利。他在三年十月二十日致鄧澤如函中，說到民元所以不得不辭去總統的原因：「蓋當時黨人，已大有爭權奪利之思想，其勢將不可壓。弟恐生出自相殘殺之戰爭，是以退讓，以期風化當時，而聽國民之自然進化也。」（同上第一八三頁）

人或以為孫先生的辭讓固是一種難得的高風，然袁世凱毀法稱帝後，孫先生不又策動討伐，想奪回政權再做總統麼？這是對孫先生的誣衊。事實上袁世凱因稱帝失敗而死，孫先生即宣布罷兵，以示對袁非為爭奪權利，並促黨員仍以國民資格監督政府。他在致黨員函中一再強調：「志在護法，而非為利」。蓋孫先生一生為民服務，從未為其一己的權位私利，作過任何合法或非法的打算。所以他在袁死以後，主要的還是做為民服務的工作。在致中華會館諸同志的函中，他宣布要做三件事：一、「振興實業」，二、「在上海建設華僑會館」，以為從事工商事業僑胞與內地交際的機關，三、「組織一宏大報館」，「使人民知共和為世界最良之政治，並使人民知人權之可貴……。」這又豈是今日一班御用「政論家」持黨權官權直接間接鼓吹反民主反自由者所可比擬。為民服務或救國工作，可以辦報，可以辦實業，更可以辦黨務，決不爭奪權位，做大官，甚至非當總統不可。而今日則其信徒竟有視國家名器如私產，並倡言「無可替代者」，這種作風與孫先生之天下為公不為私圖的高風美德比照，相去何止千里！實在值得永遠敬仰和紀念。

台灣一周

計劃要切實可行不存幻想

報載，最高當局計劃在五月二十日新行政院成立後「開拓一個新局面」；消息傳來，蔣先生已指示其高級幕僚，重新繪製「切實可行之反攻復國藍圖」回顧過去，瞻望未來，對這一連串的改革，實感到不敢存任何奢望。

稍為剖析今日的國際局勢，再盱衡今日台灣的實際情況，的要想在五年間反攻復國，實在未免過於天真。事實極端明顯，自從中共實行人民公社後，形成一個歷史上的新奴隸制度，奴隸主對奴隸的逼害，是無所不用其極的，在全面和徹底的嚴密控制下，希望中共政權像當年日本那樣無條件投降的奇蹟，是不會出現的。當然，我們相信祇要反攻軍事行動開始，中共必然土崩瓦解，但要在五年以內打回大陸去則非在最近時間內全面展開不可，從未來的高峯會議魅影幢幢看來，台灣何必唱自欺而不能欺人的高調呢？

請讓長江後浪推前浪

因之，筆者完全擁護蔣先生所說的要「切實可行之反攻復國藍圖」，和希望新行政院眞眞實實「開拓一個新局面」。總而言之一句話，先把台灣攬好，這就是說要在今天做點「為建國樹楷模，為復國作準備」的腳踏實地工夫。

從「開拓一個新局面」講，那個「局面的轉變」，眞正要使人有耳目一新的起碼感覺。比方政府一貫標榜「用新人，行新政」，事實上，祇是幾個椅子搬來搬去，老是幾個熟識的臉孔霸據着「官」位，流亡了十二年，台灣的中年人進入老年，少年人變成青年，我們不但沒有「長江後浪推前浪」的現象，甚而所謂「人生七十才開始的」老前輩，晚力超凡可挽狂瀾而「不」倒。難道今日台灣沒有一個新人才？果眞如此，那就未免大可悲了！

應在民主自由基礎上着手

民主自由是反共復國的唯一法寶，共產黨徒最怕的也是民主自由，因而，儘管他們仇恨民主自由，但也不得不說「民主」「自由」。今日台灣不能說沒有「民主」和沒有「自由」，但誰也看得出來是做得確實不够的，例子不勝枚舉了。要繪製切實可行的反共復國藍圖，就必須切切實實在民主自由的基礎上着手。

能如是，反攻復國縱不立至，亦不遠矣

・孟戈・

獨夫抗拒民主

五年來的李承晚（上）

終於放棄獨裁

大韓民國的政局雖然已由於李承晚的羞慚引咎，漸有緩和可能，但這次不幸事件之造成，確與李承晚之個人英雄主義觀念是分不開的。且李受羣小包圍，電訊消息幷列舉其夫人干政之事實，這些事實也皆反映出了李承晚之失當。而五年來，李承晚處心積慮要做大權獨攬的終身總統，因此對民主政治不惜施加破壞壓力，非法地通過安全法案以迫害新聞自由和人權，此外復縱容警察傷害議員，製造兇殺，和進行舞弊選舉。因此儘管一方面敬愛李承晚之終身為韓國奮鬥，但其執政以來專事破壞民主政治之手法實不足為訓，爰就數年來之主要事實縷列如下，供讀者參考：

一九五五年

二月七日　李承晚簽署政府新組織法案，該法案允許李氏終身任總統職，並撤銷總理府。

六月十八日　韓國議會通過決議：政府不應干涉人民信仰。

十月十二日　南韓國會反對黨對大邱一報館被擊毀事件指責警察當局未能維持秩序，並指責李承晚之自由黨企圖保護恐怖分子，經發生激辯後反對黨全體議員退出議會。

三月廿三日　李承晚宣佈已下令憲兵司令元容德嚴密注意防止共黨份子利用少數國會議員及政客組織地下活動機構。

一九五八年

五月五日　韓反對黨民主黨在新國會中獲得七十八席佔國會二三二席的三分一强，足以阻止自由黨作修改憲法之任何企圖，以剝奪副總統繼任總統職位之權利。選舉期中內政部長及高級警察官員曾作粗鄙之干預，及唆使各種恐怖行動並延宕計票。反對黨議員曹邦國要求李承晚加以懲辦。

十二月廿三日　反對黨國會議員因抗議執政的自由黨打算偷偷通過「安全法案」後即行坐下「罷工」，佔據議會大廈，以阻止全體大會舉行，議會因此停會已達五天。

十二月廿四日　反對黨議員靜坐議會罷工已達六日，終於被三百多名警察强迫彼等離開議會，並將他們幽禁於議會大廈餐廳內，爭執中若干議員被擊倒受傷。同時執政的自由黨議員即在不經辯論之下通過為反對黨指責破壞新聞自由及人權的「安全法案」。

十二月廿八日　執政黨繼非法通過「安全法案」後，提議修改憲法，賦予李承晚總統以終身任期。並提議修改內閣制度，賦予總統解散國會之權，及恢復總理職位。

一九五九年

一月十二日　執政黨宣佈杯葛反對黨提議重新辯論「國家安全法案」之會議。國會特別會議僅六十九人出席（執政的自由黨僅派十八人參加），因不足法定人數流會。而警局則拘捕發動抗議之漢城市議會民主黨議員十一名，內有市議會議長彭孟尊。

（一士）

錯誤的基礎。悲哀的後果

本月二十二日，是列寧誕生的九十周年，各國共產黨都為此而進行慶祝與紀念。但他的這種慶祝與紀念的精神是並不統一的，雖然在口頭上與字面上都認為是列寧的忠實信徒，亦一再引用了列寧的遺言，千方計百的來証明自己的忠貞是超過其他共產黨人。這一種不統一的典型可列舉如下的三個：

毛澤東自一九五七年六月將其政策强行自右推向左邊以來，對內推行以一再勒緊肚帶，加緊壓搾勞力為目的的人民公社，大躍進運動；對外則堅決地認為美國「假和平、眞備戰」，强要進行軍備競賽，繼續冷戰，要把世界推到戰爭的邊緣去。

赫魯曉夫則自一九五七年七月清除馬林可夫等反黨集團以來，其政策逐漸右傾，對內撤銷拖拉機站，廢除農業方面的全民所有制，加强集體所有制，逐漸的放寬政治上的自由，加增多銷費品的生產；對外則希望廢棄戰爭，以互相遷就、諒解、讓步來和平共處與解決國際問題。

狄托則比赫魯曉夫更右一些，認為社會主義會長入資本主義，指責集團的形成是蘇聯政策所造成，堅決否認共產黨專政就是無產階級專政，要求組織工人委員會來管理國家與企業，共產黨應該退在幕後。

雖然，他們採取了上述三種互相排斥的政策，但他們終究還各自在列寧言論中找到了理論根據。現在，他們亦各以其政策為前提的精神來慶祝列寧誕生九十周年。根據同一個主義，同一個人的言論，却出現了這一種混亂的後果，這不能不說是共產黨主義的歷史性悲哀。

共產主義的目的是要打倒資本主義實行「各盡所能，各取所需」的社會制度，這樣的制度分明是建築在否定資本主義剝削制度的基礎之上。不能否認，馬克思的這種思想若從要革除人類社會中的剝削部分來着眼，在他有生之年未嘗不是一項勇敢的提議，可惜他將這種思想作為一種主義來實行，企圖以之打倒以自由競爭為基礎的社會。因為資本主義社會的剝削部分固然要不得，但它自由競爭却是人類社會的推動力，若沒有這種推動力則社會將陷于停頓。可見共產主義的目的本身，就有着錯誤，像因噎廢食一般的鼓動人們來推翻現社會，實是人類歷史發展的悲劇。

一九一七年俄國被共產黨奪得了政權，一心以為從此可以實行「各盡所能，各取所需」的制度了，於是先後有各種各樣的社會制度出現，農業公社就是當時的社會制度之一，後來攪來攪去都沒有攪通，只得實行所謂「新經濟政策」。當時領導俄國革命的是列寧，他曾經有過一個時期要馬上實行共產主義，後來遭到了實際的困難主張退回來的又是他。當他要想馬上實行共產主義的時節，發表極左的言論，當他要退回來時則又為他的右傾政策辯護，這是必然的。因為在他的言論中有着這種自相矛盾的言論，因此後來任何一個共產黨領袖只要他有需要，總可以在列寧言論中找出為他政策自辯的根據，這就是上述中俄南共三個典型都能引述列寧理論來否定別個共產黨政策的原因之所在。

各國共產黨人的意見分歧固已可見其已走向沒落之途，但使拾億人民陷于水深火熱的悲苦境地，其罪魁禍首，實還要追溯到馬克思的共產主義的基本錯誤。

・田 心・

今日僑鄉

血淚斑斑話東江

高喬樂

巫君的一席話

（本刊澳門通訊）最近有巫福元君，由梅縣晝伏夜行，經三週跋山涉水，於三月十七日凌晨偷渡抵澳。

據巫君說：東江一帶現已一片混亂，血淚斑斑，民情憤慨，已非中共初窃據大陸氣燄萬丈可比。似此情況中共之崩潰，實難避免。

他說：自中共進據東江，即以嚇、殺、騙、哄四個字配合其政策奴役人民。有時單取一項，有時交替並用，手段極其毒辣，無論任何人都免不了要遭受他們的折磨。正因為中共施行這種陰謀與殘酷的政策，所以激起了一般民心的憤恨，使反極權的力量得以滋長。他並且舉出一些例証：

東江可能出現新危機。主要原因是中共已加强推行城市公社暴政，主要步驟有下列五項：『（一）加强對市民勞力的搾取，及嚴格管制供應，以便易於直接控制。（二）擴充民兵組織，奠定全民皆兵基礎。（三）摧毀市民家庭制度，使市民都成為生產的工具（四）為預防民變起見，預備將各城市居民互調。（五）鎮反的方針是：要準要狠，對反對推行城市公社者一個也不放鬆』。似此情形，中共將遭受普遍嚴重的反抗。

城市居民的反對。東江各縣城市的「人民公社」，因各市民反對情緒激烈，推行並不順利。有些人是嘴上擁護，內心反抗，顧慮重重；有的是公開反對。尤其一般小工商業者，對加强公社化的運動，震撼危疑，婦女們更是惶惶終日，她們的顧慮是：怕存欵，怕把傢俬衣物和被褥等全被平分，都將一些較值錢的東西出賣，僑眷有存欵的則設法從銀行取出來買手錶和首飾藏起來，以便留條後路。

幾封血淚斑斑的信

中共的城市公社化是勢在必行的。但目前東江一般人民生活也已到了不堪言狀的程度。根據此間僑胞接到家鄉來信反映，即可見其一斑。

龍川來鴻　一字一涙：

三月十五日，旅澳梁君接僑鄉女兒來信，索衣索食，一字一涙，令人酸鼻，其原函謂：「目前的生活非常嚴重，從上月以來，每人每餐才吃到一兩米，又無什粮幫助，一般勞動的人們，都已消瘦。有很多的人都去找些樹葉野菜等來充飢。近來有好家人在港澳打工的，都已紛紛寄或帶粮回鄉救助家人活命，否則恐變為滿壑上的餓殍。一般的都是帶麵飽頭、飯乾、麵乾等粮食。我家也好彩光華叔於去年十二月二十八日回來，他因不知道鄉間的情形，所以帶的食粮很少，只有黃麵一斤，並「餅」一斤，生油二斤，舊衣服六件。希望大人也同樣地設法寄回若干，以免變成餓鬼。如果託人便帶或專人送來，主要是麵包頭可帶二十斤，並「餅」可帶三斤，生油片糖等都可各帶三斤為額，及帶回舊衣袴給我們穿，以免凍斃。千萬不要失我們的所望。幸得目前合家都平安，暫請勿念。」

梅縣來鴻的辛酸涙：

這是一位李君接其家人來函謂：「久未修書致候，諒你身體在澳平安，所謀均告定符所祝。刻下家中自大人等以下合家平安，惟目前營養品甚缺之際，殊屬影响大人老弱身軀骨瘦如柴，令人有無限傷心之感！食油每月每人一両，食糖二両，鹹魚二分，似此食品供不應求之時，對憔悴身體乃平常事，不足為怪，幸月前姐姐處由先喜手轉寄來猪生油各一斤，照數收妥，大人接此如獲珠寶，笑逐顏開，為此煩吾兄代為致謝至要，父親大人體質較弱，每逢冬季節氣咳氣急等等，並且肛門有痔瘡，時常便血，又無營養滋補，似此衰弱殘軀，危在旦夕，吾兄、姐姐、三弟，你等在澳亦須從速商議，提防萬一。日後有機緣望姐姐再設法寄回若干猪肉和生油給大人營養，這是大人的祈望。謹此，佈意，即候康樂。姐姐不另書，祈代問好」。

五華有人散發反共傳單

據五華最近逃來義民吳君說：一九六〇年元月一日，在五華城鎮都有反共傳單出現。其內容簡單有力，如；「共匪是富人的仇人，窮人的罪人」等。

「優待」歸僑是欺騙

「歡迎」歸僑，「優待」僑眷，是中共一向高呼的口號，可是事實如何？筆者訪問了最近回去興寧歸來的工友張××，他透露了兩個實例；（一）星洲歸僑李九叔，是廣東興寧刁坊墟羅壩人，年約五十八歲左右，在星經商三十餘年，頗有資產，去年冬，他誤信共特宣傳，竟回鄉參加生產建設，可是他抵家數日，目覩鄉人飢餓情形，早就冷了半截！後來又看見共幹奴役人民，不顧鄉人死活，更是怒火中燒，所以在「僑聯會」的某次會議上，這位善良僑胞，竟發表反飢餓言論，當場被中共扣留查辦，至今還不明其下落。（二）澳門僑商陳公侯是興寧西廂松山園人，今年元月返鄉看親，因携外滙衣著食物過多，檢查時與共幹發生衝突，遂被加上「國特」的帽子，由穗「僑聯會」派押送回興寧扣辦，迄今杳無音訊。

清華園亂哄哄

——中共摧殘高等學府寫實

餘生

清華大學自一九五二年實行「院系調整」後，一九五八年又再度依照中共黨中央指示，作「教育為無產階級政治服務，教育與生產相結合」的徹底變動。此後整個清華園成了一個「亂哄哄，一場空」的大雜院！

一九五八年改變之前，清華的主要任務是「培養幹部」，但五八年起因為要配合「大躍進」，「學校不再是僅僅培養幹部，同時還製造產品，廣泛開展羣衆性的科學研究」。把學校在事實變作工廠，招致師生的不滿，「清華校長」蔣南翔承認：「學校在開始攪生產的時候，有人懷疑，有人反對，也有人憂慮重重。他們說：高等學校是研究學問的地方，教師學生參加生產勞動，豈不是「不務正業」，浪費時間嗎？豈不是分散力量，降低教學質量嗎？」而學生的事實反抗是「水利系有些同學本來不願意學習水利專業，」為的是不願在當時去參加密雲水庫的工地勞動，但在政治壓力下，全校學生終於還是被迫去了。在工地上組成了「各系，各專業聯合作戰」的「大兵團」。

密雲水庫的勞動改造完事後，清華大學緊跟着又向公社化的方向發展。在教育方面開展所謂「一條龍」方法，「使學生從一年級起就經常受生產實踐和羣衆運動的煆煉，」就像城市公社辦街道工廠那樣：在生活方面，開展「大合唱」，「學校中的羣衆運動不但在教師，學生，工廠工人中普遍展開……教職工家屬……愈來愈多地走出家庭，辦起食堂，托兒所……。」

學校師生對此反應是强烈的，他們說「大兵團」，「一條龍」，「大合唱」是「亂哄哄，一場空。」

對於學校行政系統，學生們和教師會激烈地反對黨的領導與「政治掛帥」。蔣南翔也承認，「這曾經是清華大學長時期來的一個爭論中心。有人說，高等學校是學術機關，應該按照學術地位講話，實行『教授治校』，黨的領導是多餘的……，有人說：政治有什麼可學的，無非是背誦一下「立場、觀點、方法、全心全意為人民服務」十五個方字而已。」師生們主張「教授治校」可以看作是根本反對蔣南翔，因為蔣是個不學無術的黨團棍子：正如北大趕走了馬寅初，接任馬氏職務的陸平，也是一個黨團棍子。

清華大學從五八年以來，就「沒有增加什麼大專家、名教授」，這也蔣南翔承認的。但清華大學過去不僅在中國，也是世界上有地位的高等學府，其聲譽、地位就在於以教授陣容堅强和學術水準高超著稱，當然，現在的清華園既已成為「大兵團」，「一條龍」和實行「大合唱」的大雜院了，所以蔣南翔還是很得意地說「過去兩年清華大學並沒有增加什麼大專家，名教授，為什麼能夠獲得教學、生產和科學研究的大躍進和大豐收呢？」他說一歸根結蒂，是由於政治掛帥，加强了黨的領導；是由於毛澤東思想日益深入人心，掌握了群衆。」（！？）

就中共徹底改造清華園的傳統精神來說，蔣南翔也供認了「為了加强黨的思想領導，兩年來清華大學師生開展了一個學習馬克思列寧主義，特別是學習毛澤東哲學著作的學習運動」，這種政治壓力究竟大到何種程度呢？蔣也說了，「現在很多同學的設計桌上不但放着技術資料，而且還放上毛澤東選集。他們說：「設計不出，就請教毛主席」。」（！？）

清華園的面貌與傳統的精神是蕩然無存了！當然其它過去在中國享有盛譽的高等學府也都已面目全非。短文並不能滿足海外知識份子竭望知道大陸高等教育的近況，但僅此一點，已足以令人對中共摧殘文化，奴役學人而憤慨！（全文根據蔣南翔在「人代會」的發言編寫。）

南韓怒潮震撼台北

靜觀

（台北通訊）南韓人民對總統選舉舞弊舉行示威運動，釀成血案，日來更加蔓延，大有不可收拾之勢。李承晚先生將如何善後，尚不得而知；但台北已為此而大感不安。因為蔣先生也是一人統治，也是非法選舉，萬一台灣人民也起而效法韓人之所為，則未免可慮了。日前他在答覆外國記者時說，南韓的示威運動，有共產黨滲透其間，顯示他將以「匪諜」的罪名來對付任何反對者。可是，話雖如此說，而其內心仍難免焦慮。聞他已指示太子派再放出仍將團結海內外一切反共力量共同奮鬥的空氣，藉以緩和各方；並密切注意韓局的發展，尤其是美國的態度。李承晚先生致力於韓國獨立運動六十年於茲；而因迷戀權位，不惜公然選舉舞弊，卒至變成了韓國人民所反對的對象，不僅是他個人的不幸，也是韓國的不幸。蔣先生領導北伐及抗戰，勛業蓋於一時，亦因迷戀權位，不惜公然違憲連任，再加上刻意傳子，實較李承晚先生之所為尤有過之，自然要對韓局同病相憐了。日來台北民間關心韓局的人們多望李承晚先生能臨崖勒馬及早挽救韓國的危機；但太子派則默禱他蠻幹下去，最好以共諜的罪名將反對者全部拘禁或處決，以便台北將來有例可援。

從馬寅初想到胡適之

最近馬寅初被中共免去北京大學校長之職，海內外咸表關懷。尤其是馬先生身處中共的鐵蹄之下，能始終堅持眞理，不畏淫威，冒死奮鬥，其大節大勇，實為民國以來所罕見。他在與中共進行思想鬥爭的過程中，有一句名言：「堅持眞理，知難而進」，更發人猛省。此間各界對於馬先生在大陸上堅苦奮鬥的精神，無不表示欽佩。即代表官方的中央日報，除發表「匪區知識分子的厄運」一篇社論，對大陸知識分子之被整肅有所分析而外，還在附刊上以「知難而進」為題，特著短文介紹馬先生這句名言，並希望他能「知難猛進，予匪以更大、更多、更致命的打擊」，可見官方對於馬先生是如何的崇敬了。可是，人們尚未忘記，抗戰期間，馬先生因某次在重慶演講，歷述孔宋豪門之禍國情況，希望蔣先生能「大義滅親」。其言雖甚激烈，其心實憂國愛蔣；而卒被送去修文拘禁年餘。後來雖幸得恢復自由，但其已任多年的立法委員之職則被免去，當時的馬寅初實為當權者的眼中之釘。而今當權者擁有二十萬大軍尚限於和中共隔海罵戰而不敢越台峽一步，也即是知難而不進；却希望馬先生知難猛進，予中共以更大、更多、更致命的打擊，他們似乎把馬先生當作救星了。他在大陸如能獲知此情，亦將莞爾而笑吧？

筆者從馬先生的堅持眞理知難而進，又不禁連想到在台北的胡適之先生。數十年來他堅持民主與自由，始終如一；在當今趨炎附勢相習成風的士林中，也是傑出的人物。然而這一次的國大，他以雙手贊成反對修憲始而却以旅進旅退，投票如儀終，這似乎也可說是台區知識分子的厄運吧？不知中央日報於分析「匪區知識分子的厄運」之餘，亦將對於台區知識分子的厄運」有所論列乎？

石門水庫變更設計

數年以來當局自吹自擂的石門水庫工程，不但未能如期完成，而且竟於工程進行已四年之後突然將預定的拱壩改建土石壩，耗財誤時，非同等閒，輿論嘩然，監察院已決定進行調查，立法委員亦紛紛提出質詢，茲將侯庭督委員所提的四點書面質訊介紹於后：

「（一）石門水庫由拱壩改土石壩所遭受的損失，石門水庫的徐執行委員和顧總工程師不能不負責任。因為在四十七年一月間，外籍顧問商討石門水庫建造壩型時，美籍顧問認為拱壩安全不可靠，堅持改作土石壩；而執行長徐鼐及顧文魁二人，則堅持應作拱壩。此次美國愛姆斯工程公司由總經理提伯姆率同專家五人來台，經實地勘查結果，認為石門水庫絕對不能建拱壩，他們不負安全之責，所以才不得不改建土石壩。

（二）石門水庫自開工以來，不但大壩工程沒有動工，四年間連導水隧道也未完工。其間曾幾度發生偷工減料，及混凝土強力不夠，崩塌情形，浪費新台幣一億一千多萬元。石門水庫建設委員會迭次開會質詢有案，工程一再延期，各委員紛紛查問，顧總工程師向建設委員會提出報告，說隧道定四十八年十二月底完工，迄已逾三個了，仍無完工希望。現因全盤計劃變更，更因偷工減料，旋修旋崩。單就這一隧道，耗費納稅人新台幣六千萬元之巨，對於有失職之嫌的顧工程師應如何處分？

（三）由變更壩型而遭受預算上的損失，究竟多少？有待徐執行長及顧總工程師向國人提出報告；如果說是毫無損失，三尺童子也不會相信。除了已損失的人力、物力、財力外，已買回了的二千八百多萬美元器材作何用途？如果出賣，要賣給誰？

（四）有關石門水庫的謠言太多，請行政院派員澈查一下，替執行長及顧總工程師洗洗清白，給作循吏的人們在歷史上留一道路。這些謠言中包括：有人說徐執行長和顧總工程師堅持要建拱壩的原因，是可以多買器材，多拿回扣。據說石門水庫大壩在國外採購之器材，其美金部份之預算為二千九百萬元，回扣幾達美金二、三百萬元，均分存美日兩地銀行。年來美日銀行方面，時有銀行通知存欵單寄來台灣，某國外廠商會公開贈送一九五九年最新流線型汽車二輛。導水隧道不能如期完工，包工偷工減料，總工程師對此從未提出檢討，實有虧職守。自副總統辭建設委員會主任委員之後，石門水庫即如脫韁野馬，大鬧人事糾紛。先調換總工程師、工務處長，調換會計主任，不修工程，專修人事。據說：調換會計主任的理由是因為會計室審查購料太嚴，聞石門水庫購料，比市價最少要高百分之五十。石門水庫職員衆多，且有掛名不上班者。據說石門水庫將公欵一千萬元，分放於某紡織廠及水泥公司，圖利自肥，行政院應派員查帳。施工顧問公司WK在美投標，價格為美金二百五十萬元，原為第三標，第一標為瓊斯公司，標價一百七十萬元，按規定應由瓊斯公司得標，但因WK公司與徐、顧二人來往，乃藉口信用可靠，而違反決標採用WK公司，聞手續費可得二十萬美元。」

除侯庭督之外，莫德萱陸京士兩立委亦有詢問，前者並主張追究責任問題，水庫建設委員會主任蔣夢麟於答覆時說：「關於責任問題，已報請中央派員調查，將來定會有公正的處置；但人們本着過去的經驗，都深信不過說說而已。總之，此類之事，三十年來，層見迭出，受損失的是國家，吃虧的是老百姓；而眞正的獲益者則是經手人呵！政風如此，國運如此，夫復何言？

（讀者投書）

編輯先生：屢讀貴評論感慨萬端，茲就若干感想申叙於后：

一、違憲留任醜劇諒非當時制憲者所意想得到的，否則實應有一特別條文即任任者不得修改憲法或臨時條欵以延長自己的任期，或修改憲法或臨時條欵時對在任者概不適用。例如美國會前通過限制總統連任次數時，對於當時在任之杜魯門總統不受限制。以免在任者為了一己之利益，而利用政府權力進行修憲，如此次國民大會之所為是。

二、貴刊六十八號詳載馬在天君一文意義重大。可知那些所謂海內外一致願望，蔣先生再連任的宣傳，乃是自欺欺人之談，不能盡掩天下耳目。

美國讀者　吳華民謹上四月十七日

本刊小啟

蔡六奇先生大鑒：大作已刊出，請示尊址為荷。

編輯部謹啓

蔣陳二公關切地方選舉

據聯合報二十一日的消息，蔣先生對即將到來的省議會及縣市長之選舉，表示關切，曾於最近指示黨政府及高級人員「一定要做到公正守法和尊重民意。」這當然是一個很正確的指示；但是大家一想到前月總統選舉的情形，就不免有些困感了。以增加國大代表的待遇來換取增訂臨時條欵和三任總統，似乎既不公、又不正，更是玩法弄權。至於說到民意，則所謂海內外一致擁護連任，盡是太子派導演的醜劇，蔣先生非不知之，而却甘於受之，似乎並非尊重民意而是侮辱民意吧？然而他却指示地方選舉一定要做到公正守法和尊重民意，其亦有感於總統選舉之非其道而決心於地方選舉時翻然改圖乎？讀者且拭目以待吧？

除蔣先生對地方選舉如此關切而外，陳兼院長誠亦於二十日在台中發表談話，他說：「聞此次地方選舉有人以金錢購買選票，台省政府不妨將此事告訴全省民衆，如果候選人以金錢購買選票，他一定抱着一本萬利的打算。將來當選後還不是要從選民身上撈回？應請選民們在投票前愼重考慮」。陳院長這番談話，可說是痛快之至。然而月前總統選舉時，是以增加國大代表的待遇來交換選票，比用金錢購買選票有何不同？而且後者所用的錢還是出於私囊，前者則要取諸國庫。為何使用國庫購買總統選票乃順天應人之盛舉，而使用私囊購買省議員和縣市長的選票就有所不可？難怪若干候選人大抱不平了。上樑既已不正而却不許下樑歪，有是理乎？

華僑青年觀光團來台慶祝非法總統就任

下月二十日，蔣先生將從憲法的二屆總統一變而為非法的首屆臨時總統，太子派為了要表演此乃海內外一致的願望，早決定發動旅菲、泰、韓、日、寮、港、澳等七地區的華僑青年組織觀光團來台慶祝。聞菲、泰兩地區的觀光團四百五十九人將於二十二日分別抵台，太子派已下令所屬各單位以各界的名義舉行盛大的歡迎。並以台北復興岡政工幹校為招待所，以便集中管教。聞其它各地區的青年觀光團亦將於最近數日內到齊。屆時將向非法臨時總統致敬和歡呼，以示忠貞云。

從香港郵寄包裹看大陸慘況

劉裕畧

大陸之窗

共產黨總以為在它所統治的地區，四週垂下鐵幕，人民的慘況便不會被人知道，但共黨統治下的人民既極悲慘，那末，這一悲慘情況，又豈是鐵幕所能遮蓋。中共又以為自己天天鼓吹生產躍進，天天宣傳大陸人民生活如天堂，便可掩蓋悲慘事實，便可欺騙海外僑胞，其實，海外僑胞的眼睛是雪亮的，只要看一看香港郵寄糧食包裹回大陸的情況，大陸人民的生活慘況，便完全明白了。

對於由香港寄糧食包裹回大陸去，香港郵寄此項包裹的人非常擠擁，筆者早在幾個月以前就報導過了。不過，現在值得重新報導一番的是郵寄此項包裹的人，長期以來，不但未曾絲毫減少，而且越來越多。不但筆者眼見此種情形，非常吃驚，那些偶而才到香港九龍各郵局走一趟的人，更感惶惑。現在，更奇怪的是，不但郵寄此項包裹的人，越來越多，而代人寄遞此項包裹，竟然成了港九南貨店的一種普遍生意。

隨便走到港九街頭一看，凡是南貨店，幾乎家家戶戶都貼上「代寄糧食包裹」的斗大字招。這些南貨店平時經營的貨物，許多都是中共從大陸搜來海外出售的產品，但一部份由大陸出來的貨品，竟又倒流入大陸。中共搜括大陸人民的糧食出口，是用以換取外匯，海外僑胞郵寄此項包裹的用意則在救濟大陸正在飢餓線上掙扎的戚朋和家屬。

說起來，眞也很慘，由港九郵寄回大陸的糧食包裹，何嘗有什麼好東西，主要的就不過麵包皮、油炸麵團、鍋巴、咸魚、白糖、鹹肉一類東西而已。尤以麵包皮與鍋巴為主，這說明大陸人民早已視麵包皮與鍋巴為不可獲得的珍饈了。本來，中共現在正在號召大陸人民吃野生植物，配米的地區，最多每天也配米不超過六兩，那末，在大陸飢餓線上掙扎的同胞，對海外寄回去的麵包皮與鍋巴又那得不若大旱之望雲霓呢！

在以往，海外僑胞對大陸家屬本以滙欵接濟的方式居多。但現在僑滙一年一年的減少。主要原因則還在大陸僑眷根本不能享受其親友所滙之僑滙，於是港九僑胞就只得以港九視為低劣的食物寄回去。但大陸同胞却視此類低劣食物為珍品了。

又因為對於包裹的重量，物品的種類，皆有嚴格限制，同時中共又規定某種糧食則禁運沒收，某種糧食包裹則須收件人在大陸繳稅，且征稅額漫無標準，往往有許多收件人由於無錢繳稅而永遠無法收得其應收之包裹，在上述種種情形下，遂與香港投寄此項包裹者以極大麻煩，故近來大家都願多付一筆手續費，請港九街頭那些代寄包裹的南貨店代寄，這是目前港九這一代寄大陸糧食包裹這三百六十行以外的又一行生意的由來，但由於這一行生意的發達，遂愈益顯示大陸人民生活慘況了。

中共教學改革的意圖

文藝林

中共在教育方面，除了開始即澈底進行「黨化」和後來的「教育與生產勞動相結合」的政策外，在教學方法上，十年來迄無一肯定的方針。各級學校修業年限，則一直採用過去的學制（中小學十二年）。由于無明確的教學方法，所以在前幾年，有的學校實行「個性發展」的教學方法，有的則採用「因材施教」，有的學校對上述兩種教學方法同時并用，致使大陸各校在教學方法上，發生嚴重的混亂的現象。另一方面，教授對學生仍存有戒心，是以除了實行機械式的教學外，盡量避免與學生們打交道，免惹起不必要的麻煩，所謂師生間的友情，根本就無從談起。「北大」的學生更以「上課抄筆記、下課唸筆記，考試背筆記，考完丟筆記」的打油詩，來形容當時教與學的情形。

大陸學生在「教育與生產勞動相結合」的教育原則下，幾年來幾乎以大半時間參加勞動，學業方面自受到很大的影响，然而中共的教育部長楊秀峯却在「人代會」報稱：「我國教育事業有了巨大的發展……提前三年完成了第二個五年計劃規定發展指標」，「我們的教育工作，雖然取得了巨大的成績，但是仍然遠不能適應國家社會主義建設高速度發展的需要：……在新形勢新任務面前，進一步地貫澈執行黨的社會主義建設總路線和黨的教育方針，」因此，他主張把大陸現行學制實行改革，使中小學年限，由十二年改縮為十年，并將中學畢業程度提高相當於大學一年級的水平。

在中小學進行教學改革時，必須根據「教學與生產勞動相結合」的原則，使學生們的勞動時間適當的增加。對大專學校的改革，楊秀峯說：「在全日制的高等學校中，盡早地把我國所需的一切尖科學技術專業設置起來……適當調整課程……政治掛帥，結合實際，貫澈羣衆路綫，不斷注意作好教學、生產勞動和科學研究工作的安排」。中共「國務院副總理」陸定一四月十日在「人代會」發言時，也以「教學必須改革」為題，强調中小學年限之縮短，其餘的代表們有的主張把高等學校文科學生的勞動時間，適當的予以增加，有的則主張發展中等技術學校。

從楊秀峯、陸定一和其他代表發展中有關「教學改革」的談話中，可以充份顯示出中共進行「教學改革」的意圖，不外：一、進一步赤化大陸全體青年學生們的思想。二、加强榨取學生們的勞動力；三、配合工農業和建設方面的需要，大量訓練中下級技術人員。至所謂教學改革的結果，可以使課程精簡，縮短學生們讀書的年限和適當的提高程度，那完全是些騙人的鬼話。

中共煤炭工業的眞相

康和

據中共煤炭工業部部長張霖之的十年來工作總報告：「一九四九年，我國煤炭產量只有三千二百四十三萬噸，經過三年（一九五〇年至一九五二年）的經濟恢復，增長到六千六百四十九萬噸，較一九四九年翻了一番，超過了解放前一九四二年最高年產量六千一百八十八萬噸的生產水平。由于勝利地完成了第一個五年計劃（一九五三至一九五七年），煤炭產量提高到一億三千萬噸，比一九五二年又翻了一番。從一九五八年開始，進入第二個五年計劃的建設時期，在黨的社會主義總路線的光輝照耀下，全國煤炭產量達到二億七千萬噸，比一九五七年再翻一番。」但是中共的「財政月刊」却說：「一九五六年以來，由煤炭生產增長得較慢，跟不上需要增加的速度，因而出現供應緊張的狀態。這主要是因為煤炭工業的生產過程主要依靠手工操作，勞動生產率不能迅速提高；並且第一個五年計劃時期內對中小型礦井的建設有所忽視，而大礦井因施工期長，短期不能投入生產；加之投資有浪費，第一個五年計劃時期新建礦井的生產能力完不成計劃等原因所造成的」（張本廉著：影响國營煤炭工業盈利水平提高的幾個問題）。從這些話裡，可以証明中共煤炭工業部長所說「勝利地完成了第一個五年計劃」的話，是虛僞不實的了！同時，我們也可以理解到他所謂煤炭生產量「翻一番」及「又翻一番」的話，也是同樣的不可靠的了。

張霖之的報告又說：「我國煤炭產量所以獲得急劇增長，是和進行了大規模的基本建設工作分不開的。到一九五九年底，預計全國開工建設的現代化礦井和露天井，將達到七百多處，全部年設計生產能力二億三千多萬噸。在基本建設的安排上，以擴建原有的礦區為主，充分發揮其潛在能力，同時積極創造條件，建設了新的礦區，以就近供應工業和交通運輸業的需要，減少煤炭遠距離的運輸。在進行擴建的阜新、鶴崗、峰峰、大同、淮南等礦區中，新建礦區中，新建礦井和露天礦的生產能力，達到一億七千多萬噸，佔總建設能力的百分之七十四。在新建的平頂山、包頭、石嘴山、淮北、榕峯、郎岱等十六個礦區中，新建礦井和露天礦的生產能力達六千多萬噸，佔百分之廿六。由于進行了這樣大規模的基本建設工作，使各個礦區的生產能力，得到迅速的提高。」但是中共的「基本建設」實際內容，究竟怎樣呢？我們再檢閱一下中共自己的報導吧。

在上述中共財政月刊同一論文裡說：「不少企業單位不執行完工基建工程移交標準，將未完成的新建礦井，提前移交生產；有的單位施工圖上列有的工程項目，有不小部份還沒有完工，如施工圖上列有掌子面五個，實際只開拓了三個，有的通風道只打通百分之八十，就移交生產了。」我們從這裡可以認識，中共的所謂「基本建設」，是建立在「偷工減料」、「移花接木」和「虛報成績」的基礎上的。試問：在這樣的基本建設的基礎上，還能產生良好的「工作效率」和「生產成績」嗎？從此，我們也可以知道中共煤炭工業部長所說「我國煤炭產量所以獲得急劇增長，是和進行了大規模的基本建設工作分不開的。」和「由于進行了這樣大規模的基本建設工作，使各個礦區的生產能力，得到迅速的提高」……等話的眞實內容是怎麼一回事了。所謂生產能力的提高，和產量的激增，是眞？是假？也就不言可喻了。

我們從上述中共「財政月刊」論文裏又見到煤炭工業中種種「浪費」和「腐敗」的事實。他說「由于勞動制度與工資定額的不合理，工資基金的浪費是較普遍的現象。有些礦務局割煤機司機以割煤長度，支架工以支架數，打眼工以打眼深度，放炮工以响了幾响來計算工資與超額工資。這種缺乏質量指標，不從經濟效果去計算的辦法是有害的。結果，工人拿了超額工資而產量計劃却未完成。」又說「原煤成本每噸高達五十至六十元，一般的也大約在廿五元至三十元，等于老礦井成本（每噸十元）的二點五倍至六倍。」各礦務復濫用人員，額外職工人數，為數甚鉅。所謂「多」「快」「好」「省」的社會主義建設的眞像，如是而已！

泰國與美國人權同盟的筆墨官司

何之湄

泰國政府與美國的一個團體「國際保障同盟機構」，最近發生了關於指責「侵害人權」的糾紛。其間所涉及的，有泰國的共黨及流氓問題，泰國國內的政經問題，也涉及美國國內的某些特殊問題，該團體的背景問題等，相當複雜。當此美國與亞洲國家關係日趨密切聲中，如美當局對南韓選舉事件發表意見，業已引起密切之注意。這件泰國政府與美國團體的紛擾，也可以說是同類事件的另外一宗。不過前者是政府與政府之間，而後者則是政府與團體之間的問題而已。

沙立元帥談話

設在美國紐約的「國際保障人權同盟機構」，於去年杪致函泰國國務院長乃沙立元帥，指摘泰國將共黨疑犯及流氓等，拘禁於「叻天」的流氓感化院，係「有違人權、侵犯人身自由」，并提出數項有關問題，要求泰國當局答覆「解釋」。

三月廿五日，泰國外交部長接獲泰國駐聯合國總部代表的報告，謂國際保障人權同盟機構，現已將泰國拘禁流氓問題，向聯合國指出指控，謂泰國此舉，有違聯合國的人權宣言。泰代表的報告，並附有該機構致聯合國的控詞全文，泰外交部已將上述控詞全文，呈轉國務院長審閱。

國務院長乃沙立元帥於翌日就此事對記者發表談話，畧謂「國際保障人權機構」對於泰國整肅流氓問題，發表諸多誤解之處，泰國政府當局認為，這個同盟機構係屬於私人組織，「卻以責備的口氣提出問題要泰國解釋」！故泰國當局認為，泰國對此「殊無解釋之必要」。

「保障人權同盟」所提詢的「數項」問題內容如何？以及該同盟向聯合國指控泰國之「全文」，均未有發表，但就乃沙立元帥的談話，泰方的不滿，已可見一斑。

泰外交部覆文

三月三十日，外交部長乃他納對記者發表外交部駁覆「國際保障人權機構」函的全文，該函係致覆該同盟主席鮑爾溫者，畧謂去年十二月八日來函之所以遲覆，乃因泰政府欲使閣下有充份時間進行攷慮之故，蓋道途遙遠，閣下當時可能對事件之眞相仍未明瞭。同時欲使閣下對貴機構之職權，及工作範圍加以研討，特別是對主權完整且係聯合國會員國之獨立國家所應採之行動」。

泰外長覆文重申：「本人要請閣下認識，泰國之加入為聯合國會員，並無承認將泰國置于國際機構或貴同盟機構監管之下，貴同盟之執事者，在致函泰國國務院長時，可能忘記這一點事實，自以為有權可以干涉他國之政治及職官，而要使聯合國會員國之政府，將對國家負責之事務，向貴同盟提出報告，泰政府認為貴同盟提出詢問之各項問題，與貴同盟全無關係，故無須作答。蓋若作答，等于承認貴同盟有監管本國行政之權限，此則凡屬獨立自主國家所不能承認者。

「本人所引為憾者，貴同盟自稱獲各國承認為聯合國之一部門，等于聯合國顧問機構之地位，然貴同盟不依規定範圍進行工作，且越權干涉他國之權限，貴同盟何以專欲注意泰國事項？本人深引為怪，緣世界上尚有許多地區眞正進行着違反人權之行動也。泰國遵守佛教之訓條，無宗教、膚色、人種之分別，尊崇人類權利，但為維護國家獨立之安全，必須採用暫時限制政治權利之辦法，倘貴同盟對人權問題急需協助，泰國當盡可能給予協助」。

對美反唇相稽

全文除申明「無須作答」外，實更指責「人權同盟」干涉泰國內政。至謂「何以專注泰國事項」，「世界尚有許多地區正進行違反人權」，倘貴同盟需人協助，泰國樂於協助」等，實暗指美國的「種族歧視問題，乃他納外長口頭便曾說到：「倘使『人權機構』的確關心人權，它早就應該關心其他地區的宗教歧視和種族歧視事件的發生」。

乃他納外長更公開聲言，謂「該機構為左派人士操縱，乃衆所週知，其意圖不外在破壞泰國政府聲譽」。又說：泰國並無任何種族人種膚色歧視，人民所獲自由平等權利，「是連某些民主國家也有所不及的」。這些談話，當是「言中有物」，「意在言外」。至於說泰國願意協助紐約人權機構，無非是「各人自掃門前雪，莫管他人瓦上霜」的說法。也可以說像聖經「要去別人眼中的草芥，須先去掉自己眼中的樑木」，那一種諷刺的說法。

除了指稱美國這一人權機構受左派人士操縱外，泰國報紙更發表此事發生的原因說：據警方的偵查，獲悉有兩集團的人物從中煽動，向外國人士散佈謠言，俾使人對現政府發生反感的作用。其一是「革命團發動革命後之失勢人物」。另一集團則是過去曾獲得特權之外商，自現政府實施促進實業投資政策後，各業投資日衆，過去獲得包攬壟斷之外商失勢，遂造謠中傷，以致引起上述事件。換句話說，是政治的失勢者，及經濟的失勢者所造成的。

泰國拘禁共黨百餘名，多審訊未畢，宣判者尚少。但據戒嚴法，可無限期拘禁。至扣押流氓方面，則係肅清流氓之特別措施。後者的法律依據，雖未有提示，但社會及人民均表示贊許。泰外部已同時致函聯合國秘書長及人權機構主席，指陳紐約人權機構所控各節，「全無事實根據」。是否還有下文，且待下回分解。

·曼谷通訊·

逃亡茶資講價有減

·柴仲寬·

穗共自大力宣傳實施城市人民公社之後，一時人心惶惶；而一般中下級共幹，卻藉此緊張氣氛，乘機刮龍。

原來，部份市民，他們對公社制度，泛起無限恐懼的心理，紛紛密謀應付，於是中下級共幹覬準了這時機，竟利用職權，引導彼等逃亡，藉此猛刮「茶資」。下列就是這種偏差的一項最近發生的事實：

四月十五日上午，珠光北約某號一個茶葉商的家裏，突來了一個公安調查員，煞有介事的詳細調查他們的家庭狀況，問這問那，囉唆了個把鐘頭，最後，還滿口「黨的政策」、「黨的恩情」，作說服式的講話一番，然後離去。詎到了下午，那位公安調查員竟派出一個「馬仔」來向這茶葉商鬼鬼祟祟的提出暗示，并透露引導他們逃往港澳的條件。他為堅定該茶葉商的信心，還說可以立回字樣作保証。至於所謂條件，那就是「茶資」。據那「馬仔」說：每引導一男子（成年人和小童同價）逃亡，「茶資」是人民幣二千元；女子則一千五百元。他們雖然開天索價，卻是講價有減。經過一番懇談「斟盤」之後，往往可以半價成交。但有一項，卻是他們鐵定的成規：「相金先惠」。

據曾經和他們「交易」過的逃亡者說：那些共幹一方面固然很守信約，另方面也確很夠神通廣大，他們一接受過了「茶資」後，不出三天，必能令當事人如願以償。

僑鄉近訊

廣州共幹大量搜購物資

·江水·

月來穗共已大力展開宣傳「城市人民公社」制度的組織和利益；從這一宣傳中，顯示出廣州人民公社的推行，已迫在眉睫。市民對此，無不人心惶惶，如大禍臨頭；他們都意識到，倘公社一旦正式成立後，則他們的經濟生活，勢必更進一步的受到剝奪和管制，他們的精神，體力，也勢必更進一步的受到摧殘和壓搾。因此，每一市民的心目中，都浮現出一層恐怖的黑影。由於這一暴政的刺激，刻市面上已湧起搶購物資的現象，物價也因而掀起了劇烈的波動。黑市物價，一日三市，均在直綫上升中。

穗共為遏止漲風，及壓制搶購，連日均派出大批特務警察四出偵查，並減少日用品和副食品的供應量。但搶購物資的不僅市民，部份共幹也在黑市市場中活動，半公開性的大「炒」特「炒」，特務警察對共幹的「鼎滾」，不敢干涉，雖耳聞目擊，亦惟有詐作痴聾，是以物價漲風，始終無法遏平。

香洲山場發現反共傳單（珠海縣）

據珠海縣漁民傳來消息：在本月十一日至十七日之週內，香洲至山場附近一帶農村，均發現有人秘密散發反共傳單。該項傳單，係白紙印紅字，其內容係縷述中共十年來對人民思想迫害，身體迫害，經濟迫害，生活廹害等暴行，并鼓勵人民從速奮起反抗，力謂與其俯首聽由赤魔宰割，束手待斃，曷若奮起反共，與赤魔拼個你死我活，尚有一綫生機。鄉民獲得此項傳單後，均奔走相告，暗中傳觀，迅即激盪起一片反共的情緒。其後消息傳至珠海縣府，共方立刻派出大批武裝幹部馳至香洲及山場調查，追緝散發傳單的「反動份子」，並聲言任何人如藏有該項傳單，一經查出，即予拘辦。但經一番擾攘後，終無結果，武裝共幹拘不到散發傳單人，惟有任意抓捕一些無辜鄉民回去「交差」。計在香洲方面，拘去鄉民三十四名；在山場方面，拘去鄉民五十一名。全部解回縣府審訊。這一批無辜鄉民，相信又是凶多吉少。

星馬將設共同市場

俊華

星加坡與馬來亞設立共同市場一事，已在密鑼緊鼓的交換意見中，即將舉行正式的會商，星，馬尤其是星洲人士，正以興奮的心情，注視着此一事件的進展。

如所週知的，星加坡是一個「島國」，甚且只是一個「小島」，正如財政部長吳慶瑞所指出的，星洲島上主要人口只是華人，而週圍鄰邦的人民，則主要是非華人。「一旦我們鄰國決定對星洲及其人民敵對的時候，也就是星加坡貿易中心衰退的時候」。吳氏在中華總商會第卅一屆董事就職典禮中強調：「作為一個貿易中心的星洲，我們和鄰國的關係，一定要搞好」。就是鑒於星加坡特殊的環境，在「鄰國」之中，首要當推馬來亞。「星、馬」以前曾是一個單位，但因獨立先後、種族、政治上多少的問題，「合併」似乎不易，而星加坡對於馬來亞，卻有作其吐納港的依賴性存在，因此星洲方面，縱使不能及早見到星馬合併，亦希望在經濟上得能與馬來亞有密切的聯繫。這便是「星馬共同市場」的由來。

星加坡方面對此項進行採取主動，早就向馬來亞提出建議，經過多次意見的交換，已達到切實進行的階段，即舉行會商，馬來亞政府經已批准，設立一個星馬聯合委員會，進行討論這項共同市場的問題。

馬來亞工商部長左里夏於上月在曼谷參加亞遠經濟委員會議時，就曾告訴星洲財政部長吳慶瑞以馬來亞政府批准設立聯合委員會一事，並就設立共同市場事作非正式的會商。兩位部長都沒有詳細說及非正式會商何種問題，只謂是「試探一般將會嚴重影響任何一方的事項之合作問題，例如稅欵問題等」。但據知道內情者透露：兩部長曾廣泛檢討可能涉及的困難問題，也許那些便是「聯合委員會」第一次會議中的議程。

正式會商的日期據說已很接近，但地點究在星加坡抑吉隆坡尚未確定，可能會在吉隆坡。共同市場問題困難雖多，但自歐洲六國共同市場成立後，似已蔚為時尚，相信星馬的共同市場會商，也終必能成功。而這也是星加坡與馬來亞緊密合作的第一步。

團年飯

大旗

自從我懂得人事起，就覺得媽媽對哥哥的態度是這樣的奇怪，儘管哥哥有時會喊幾聲「媽媽」，她總裝聽不見，哼也不哼一聲，就像不相識的路人一般，不理不睬，成年經月在一個飯桌上吃飯，却一直不說話不招呼，有重要事不得已時最多是叫我代爲「傳話」，多麼狹隘的世界？多麼難以置信的景像！難以解釋的奇異！

五月節，媽媽殺鷄，小玲喊了起來：

「這樣的公鷄要把牠殺掉！死媽媽！死媽媽！」小小的心靈，被公鷄滿頸的血跡和垂死的掙扎所感動了。天眞的心永遠值得讚美，我一把抱起小玲。

「哥哥，鷄籠裡的小公鷄是『弟弟』嗎？他看見『哥哥』死了在哭呢！眞可憐，是嗎？」妹妹的國語是牙牙不順的，哥哥聽了有什麼感覺？而媽媽大概是不會注意到妹妹的話的，我想。

「鷄是媽養的，小玲，阿清，要吃儘管吃，不是媽養的，我才不願厚着臉皮吃呢！」吃飯的時候媽媽這樣說，這時哥哥正挾了第一塊鷄肉，吃了一口又吐在桌上，「爸，我想起來了，一個同學在等我，我現在就去。」放下筷子，他走了出去。

一會兒哥哥回來了，爸問他還吃不吃飯？他說已經吃飽了。但我看得出，他滿肚子的幽怨悲鬱把肚子漲飽了，他還吃得下什麼？進到書房，他連衣躺在牀上，並拿出一張照片來，這間書房是兼作哥哥和我的臥室用的。

「一看着她，就使我忘却一切煩惱」！他向我說。

「是不是那位你同班的林姐姐？」哥哥向我點點頭。

「人家說你們在談戀愛？是不是眞的？」

「我長得不好看，家庭又這樣糟，她還是和我最要好，我眞感激她。」

「那他一定是佩服你的品性和學識，要不然她是校花怎麼會和你好？」

哥哥笑笑，不說什麼。事情算是雨過天青了。

又有一次是大除夕，歲暮的一切景象，彷彿是專來給哥哥引起新的哀愁，也許「年」「節」只是爲有父母溫暖的孩子過的。

「下次再玩爆竹就打斷你的脚骨，跟猪跟狗一起玩還會有好結果嗎？」果然，當小玲跟哥哥一起玩而被爆竹嚇哭了的時候，媽媽就這樣罵她。

「媽，何必這樣刻薄？過年了還這樣，你告訴我下次小心不就好了？」哥哥瞪着眼睛回了媽媽一句。——

哥哥的眼圈這幾天來變得有點黑，大概是因爲連夜失眠的關係。

「誰是你媽？誰知是猪是狗生的，亂吠！」

「亂吠？好呀！罵我還不够，還罵我媽媽，我媽媽是猪是狗，難道你就不是？」哥哥的嘴唇抖得很厲害，臉色變得一陣白一陣黑，像十年牢獄裏出來的囚犯，找到了陷害他的仇人那樣瘋狂，憤恨得連身子也發抖起來。

「你這無情無義的雜種，從小把你養大，爲什麼吃我做的飯？你的『死牛皮』爲什麼要我洗？沒有良心的畜生！畜生！」媽媽受了很大的委屈，淚水和鼻涕交流着：「是不是要我死在你面前？」

接着媽把身子撞向哥哥懷裡，哥哥一讓，媽媽的身子一幌，幾乎站不穩脚跌將下去，我趕緊去扶住她。

「哈……」哥哥發出一種復仇的勝利者的冷笑：「死在我面前？你日夜咒我『死了倒乾淨』，你有沒有向爸爸說過？家裡倒霉就倒在多了我一個？你以爲我沒聽見呀？你生性就是要虐待我、傷害我，在你面前，我一天都沒有快樂過，咳！要是我的媽媽不死……」哥哥拿出手帕擦去臉上的淚痕，他的感情在兇猛而無約束地發作，像河水決了口，像就要將一切東西都吞沒下去，這使媽媽先是一怔，但不久她又說：

「吠！再吠！大聲點！」

「忍耐，忍耐就沒有底嗎？我一直忍受你，每天衣服碗筷我自己洗，那也不算什麼；吃飯挾塊肉就眼睛瞪我，爸給我買雙球鞋都氣得摔椅子，地板這樣潮溼也不肯買床，妹妹跟我玩一玩就故意把她打得半死，現在我營養不足、貧血、頭眼昏花、心臟跳、肺不好，全是誰的恩賜？你還不滿足嗎？你還要我怎麼？是要我立刻死在你的面前你才高興？」

「無義狗，狗血噴人，雷公劈你！」媽媽哭得十分傷心。

但哥哥還未停嘴：

「幾年來我一直沒回過一次嘴，我的忍受到最大的程度；我常常加倍愛護弟弟妹妹；我想盡方法努力討你喜歡，然而換來的是更兇惡的咒語；我希望有一天你會喜歡我，我們的家會變得快樂和睦，然而有什麼用？有什麼用？現在到高中快畢業了，你還是這樣，天天我不願早回家，跑到書店站着看小說，就是怕見你冷板的臉孔，冷酷的眼睛，晚點回來你就把剩飯剩菜倒給隔壁的猪吃，我還不如一條猪嗎？要是你你受得了嗎？這是什麼家庭？什麼媽媽？半點溫暖都沒有……。」

哥哥是瘋狂了，至少也已近於瘋狂的地步。媽媽從沒遭受過哥哥這樣反駁過，這突如其來的強烈的頂撞，使她氣得全身發抖。當爸爸從街上買東西回家時，媽正昏厥倒在地板上。

醫生來了。年夜飯前胖胖的老醫師使媽媽慢慢睜開眼睛，哥哥這回是落下懺悔的淚坐在媽身旁。

「媽，媽，好些嗎？你會原諒我？是我錯了……。」

「還有臉再見我？我永遠不願見你這無情無義的東西！」哥哥的淚水滾滾流下，無言的走開了。

「也許我永遠是錯的，好，我就離開這個家！」哥哥回到房裡自言自語地說。

「團年飯」的飯菜已經冰了，爸和媽還因爲哥哥的出走在吵架！

歸途

·盛紫娟·

「快上車吧！我是看妳一個小姑娘獨自走黑路，有些忍不得就是了。我若是有一點歹念，天打五雷轟。」老漢往地下吐了口唾沫，表示態度，永寧決定上車了，她穿好鞋坐在橫樑上。路上，他們一直保持着沉默，老漢突然問：

「小姑娘妳十幾了？」

「十七歲。」她怯怯地回答。

「聽妳口音不像鄉裡人。」

她的心咚咚的跳起來，他是在探我的來歷嗎？「怎麼不說話？妳是城裡人嗎？看妳的模樣是下放的吧！」她連氣都不敢透了。「妳是逃跑的嗎？」永寧幾乎帶哭音的喊着：「不是，我不是逃跑的，我是跟大隊長請了假進城的。我的奶奶病得很重，今天下午我才接到的信兒，我若再躭誤就會見不到她了。我只有這麼一個親人，我不得不趕回去。」

「你們大隊長怎麼不派個人送妳？」他同情地說。

「大隊長說准我回家已經算是例外開恩。李老爹本來要送我回來，但大隊長不讓。」

「妳是在那個莊子裡的？」

「北團窪。」

「呀，妳怎麼會走到這兒來的？不然妳這條小命可就幸虧碰上了我，要完了。這一帶截路的強盜可多。小姑娘下次妳可不能再這樣做了。我老遠就發現那條死路上有個人影，仔細打量了半天像是個女人，我以爲碰見鬼了，也許是狐狸精，本想繞路走開的，又不自主的跟着妳，直到見妳淌水過河，我才確定妳是人。妳的胆子可眞不小，妳知道河的深淺嗎？萬一沒了頂妳可怎麼辦？現在幾點了？妳有錶嗎？」

「壞了，壞了！我上了當了。」永寧心裡這麼想着，思想轉得飛快，她冲口而出：「老大爺我沒有錶。」

「這時候天黑得眞早。我一散工就馬上上路了。我是進城給閨女辦嫁粧的，在社裡請不下來假，今天好容易不開辯論會，我抓了個空就跑了。小姑娘妳以前是唸書還是作事情。」

「作事情。」

「一個月有多少錢？」永寧又緊張起來，吶吶地告訴他：「十八塊。」

「妳叫什麼？在哪兒住？」

「我叫孫永寧，在河東住。」

「我送妳回家吧！妳看見前面的燈光了嗎？馬上就要到了。」

她向前一看，果然看見那幾個月沒見過的電燈光，她欣喜得流淚了。

「我就要到家了，就要看見祖母了。……」

當她脚踏在柏油馬路上時，恨不得張開兩臂擁抱那平潤的柏油馬路，她向老大爺再三的道謝，又疲乏又興奮地擠上了公共汽車。（下）

文壇泥爪

胡適之的風骨

胡適先生在「新青年」上發表的有關新文學理論的文字，後來全收在「胡適文存」中，於民十年底由上海亞東圖書館出版。出版之後，馬上便成了讀書界的熱門貨，當時的中大學生幾乎人手一部。章大釗於民十二秋間在上海「新聞報」發表的「評新文化運動」一文中，就會罵一般少年人「以適之爲天帝，以績溪爲上京，一味於『胡適文存』中求文章義法，於『嘗試集』中求詩歌律令」，即可見其風行情形之一斑。

就因爲暢銷，便引起了北洋政府的注意，在北京爲警察廳禁售，並沒收焚毀。一同遭殃的還有「獨秀文存」「愛的成年」「愛美的戲劇」「自己的園地」等等。北洋政府於民十一年底，在「國務會議」裏，曾經有「取締新思想」的議案，同時報上也刊出驅逐胡適等出京的電文。胡適處在這種壓力和恫嚇之下，他並沒有屈服，就像如今梁漱溟、馬寅初在中共壓迫之下毫不屈服一樣，表現出一個自由學人所應具有的風骨。民十二年初，在他自己辦的「努力週報」上曾這樣堅決地表示：「我是不跑的。生平也不知躲避危險。封報館、坐監獄，在負責任的輿論家眼裡，算不得危險。然而「跑」，尤其是「跑」到租界裡去唱高調；那是恥辱！那是我決不幹的！」

不只如此，我們從民十三年秋的「晨報副刊」上，還看到他爲了禁書向當時的國務總理張國淦提出抗議的信，其中有云：「究竟北京的政令是什麼機關作主？究竟我的書爲什麼不許售賣？禁賣書籍爲什麼不正式報告該禁的理由？爲什麼要沒收小販子出錢買來的書？」當然，信如石投大海，永遠不會得到答覆的。這使我們想起了如今海外有些反共刊物不准入台，也有的雖准入境，又無理由地查扣，世變滄桑，而作風未改，不禁感慨系之。

胡先生於民三六寫有這樣四句詩：「偶有幾莖白髮，心情微近中年。做了過河卒子，祇能拚命向前。」那時他已五十六歲，仍不服老，在紅潮氾濫全國的時候，他决志爲『反共而不惜犧牲，其勇氣實有足多者。這詩當時很招左派人們的反感，對他毀謗備至，即以「過河卒子」作爲對他的惡論。郭沫若會譏笑他道：「他甘脆承認做了黑棋一邊的『卒子』。或許有點不甘心而近於牢騷吧？但是，卒子過河，可當小車，橫衝直闖，有進無退。看情形，他似乎很想擒紅棋的老王了。」其實自稱「卒子」，不過是謙虛，而「想擒老王」，可能被郭沫若猜中了。

時代與我（九）

死亡三部曲的輟演

徐亮之

我和死神搏鬥的武器，前面說過祇是三個呈文七封信，然而這祇不過聊盡人事而已；並無絕對的信心以為這便必能生效的。所以，人事一盡，我便如布袋和尚放下了布袋般，澄心靜慮專作後事的安排了。

我對我的後事的安排，乃以前述那位劊子手平時無心地所提供的事實為依據，再配合我的基本認識去斟酌取捨的。當時我的基本認識是：我既是一個受過中國文化薰陶的中國知識分子，死的時候，無論正命非命，總得有點中國文化的氣息才對。因此我想：劊子手所稱贊的叫口號，唱普通歌，罵政府，乃至說「二十年後老子又是好漢」一類的方式，都和我不很相宜；我必須死得更藝術，才行。恰好這時我的口袋裏還有四塊銀元，於是乎我的死亡三部曲便有着創作的經濟基礎了；即我決定：第一部、必須慷慨接受法庭三個饅頭一碗酒的死別餞；同時必須向監刑官要求：別上綁，遊行示衆經過南昌大街洗馬池時，准許我以三塊銀元買月琴（因為這街上有一家我常光顧的樂器店），一塊銀元僱車坐。第二部、出衞戍部時，朗誦「正氣歌」；過洗馬池時，坐在黃包車上彈月琴。第三部、到了德勝門外沙窩子刑場，車兒一下，跟着就琴兒一摔；或更有靈感，便再給口占詩兒一首，以表示萬世永訣而人琴俱亡；然後對劊子手說：「朋友！你的好槍法拿出來吧！從今以後，恕我不能再在特別號陪你喝酒了！請請！請！」我當時考慮的結果，乃認為這樣方式的死，庶幾還能差強人意，夠得上藝術的水平。死的方式既定，剩下的便祇是對人間的惜別之情的了；然而我却無意中發現，關於這一層，却比死的方式的創作尤其難於安排。

這時已是初冬天氣，霜露既降，朔風凜凜；我凭窓而望，祇見墻外樹葉，已經脫盡，黑黝黝的枯枝，迎風抖戰；鉛灰色的雲朵，則在大天井的上空頹喪地蹣跚着，這景色和獄中陰森蕭殺的氣氛配合起來，其情調就彷如在黃昏的廢墟古墓間蹻蹻獨行一般。然而我當時却居然喜歡這情調，熱愛這情調；因為這畢竟還是人間的情調啊！因為這天正是禮拜一的早上啊！如果景漢三天前告訴我的佈告執行日期沒有記錯，則今天午時三刻，我編好了的「死亡三部曲」便得正式演奏了；演奏一完，我便得永辭人間了；我留在人間的權利，幾個鐘頭之後便得全部被剝奪了！以後可憐的母親如何更給病魔磨折？幼小的弟妹如何更給生活鞭笞？也便得由於我的萬古長瞑而永難看顧的了！總之，我無法用更確切的字句刻畫我當時這一「惜別人間」的心境；我祇是在心的深處逬出「人間何以必定需要威權？威權又何以必定需要一個良善者永辭人間？」的難索解人的疑問，以及絕望的歎息而已！

特別號位於獄門的左方，我既成為了一個等待死神呼喚的人物，便於流連最後的人間光景之餘，不免常常會把視線移向獄門的。因為照例老是獄門一開，傳令兵木然無表情地拿了入犯的提條悄悄地向熊管獄員一送，便是死神的使者業已光降的標誌。我這時正似有心似無意地等待這位使者的光降哩！果然，約莫上午十一時左右，獄門開了；我正擬回身向特別號的難友告別；却不料進來的並不是傳令兵，倒反是熊管獄員；更不料熊管獄員一見到我，竟半跑步地飛向我的窗口作揖打拱連說「恭喜！恭喜！」不迭。

「恭喜？」我苦笑着說：「是不是恭喜我要歸天了？」

「不、不！」熊管獄員喜拳拳地說：「我聽說已經決定派委員覆審了。好了！好了！我現在不妨對你直說，為你的事，我已經兩天兩晚沒有睡覺了！前幾天高頭本叫我要給你上脚鐐的，我却堅決反對；說是你如逃跑，我願抵命；才算沒事。現在却好了！好了！」

「……」我感激得連話也說不出，同時，自己却也說不出什麼理由，祇總覺得還不敢就完全信任熊管獄員的話。而正當我感激與遲疑交織得難解難分的時候，獄門又開了，進來的竟赫然是個手拿提條並高呼我的名字的傳令兵；於是我重復苦笑地對熊管獄員說：「熊先生！我非常感激你！但我知道你是騙我的！」

熊管獄員也給這突出的情事怔住了；因為他對我的消息畢竟祇是聽來的，而且他畢竟祇是一個官卑職小的管獄員啊！但當他接看過提條之後，却立即恢復了鎮靜，微笑地遞給我。看了倒又納罕起來；原來這條兒上分明寫着「請」我去軍法處長室一談的字樣；而且在我的姓名之下綴上「先生」二字；則無異告訴我這分明是「請條」的樣範而非「提條」的格式。但使我納罕的却是：軍法處何以偏在這時——佈告早經佈告了的我的就法之期——竟這樣地對我客氣起來？難道軍法處長和熊管獄員包括傳令兵在內，都和我的母親一樣不忍使我受到一點死亡的恐怖的嗎？難道他們竟都具有慈母的心腸的嗎？而人間難道却竟有這許多都具有慈母心腸的公務員的嗎？總之，我這時眞乃陷入了所謂「瞬息萬慮不安」的迷惘之中的了。我這時的判斷力實薄弱得出奇；竟薄弱到絲毫不能在立將實現的吉凶、禍福、哀樂、生死的相對可能性中理出一釘點兒頭緒來。然而當我默默地和傳令兵一塊兒走的時候，我的判斷力却强烈地恢復了；即我初步判斷：如果經過法庭外的大天井沒有隊伍，則此行吉多凶少；而結果經過大天井時，却一個兵士的影兒也無；於是我第一步放心了。接着又判斷：如果直帶我上法庭，則此行仍是凶多吉少；而結果却是直帶我穿過空蕩蕩的法庭；於是我第二步放心了。等到帶我去的竟眞是軍法處長室，而楊處長見我來了又站起來含笑相迎，我這也才含笑為禮，也才眞正相信了熊管獄員的消息確實，吃下了一顆定心丸。

「請坐！」楊處長說：「徐先生！你的呈文和信我都看過了。這次我很對不起你；是我把你的案件分給熊委員審的。我却不知道熊委員原來和你不對，以致叫你受到許多委屈，我實在萬分不安」

「這不關楊先生的事；」我連忙解釋說：「而且事實上並非熊委員和我不對，祇是他的學生和我作對。」

「不過現在你却可以放心了；委員會已經決定派楊賡筌、徐慮舟、凌錫蕃、劉梅叔、胡曜五位委員覆審了。希望你好好修養精神，準備辯訴的材料。」他說到這裏，頓了一頓，語調變得更柔和地繼續說：「各位委員和我都對徐先生很欽佩；但我却要奉勸徐先生，將來出了獄，別再革命了；還是好好地做一個國家的建設人才罷！」

「楊先生過獎了！本來建設就是革命的目的，但我自己知道自己，却並不是職業革命者的材料；過去祇是逼上梁山罷了。今後案件如能平反，我必然不會忘記楊先生今天的開示的。」

「這便才好；那末，我預先恭喜你！並祝你康健！」

「謝謝楊先生！」

回到獄中，恰好午餐，各號開放，我立刻成為難友們包圍的中心了。他們問長問短之後，同樣爆起了一片「恭喜」聲。於是，我的「死亡三部曲」就此輟演，而停開已久的幸福晚會，却在這天晚上又開場了。「大吉利是」！

庚子春興

韋齋

晴陽三日入簾新，依舊文園瘦病身。衆說津梁疲此子，我亡民土賞何春。左旋觀象思天運，先笑占辭泣旅人。書劍比年無一用，高樓倦眼送車塵。

眞覺中年意暗生，東風五度寄邊城。無師差免逢蒙罪，對客難為季子盟。匡濟賈生餘鵩賦，短長主父誤蝸爭。老徒可復譏神竭，一歎今宵又四更。

物我眞源境早通，才衰翻欲弄雕蟲。親觀萬業皆緣有，始會三時重說空。頌論義中虞坎陷，陸王學上望儒宗。（解深密經說三時義，舊以為妙有最勝，予近有所悟，乃覺仍以般若空義最純。世親三十頌及成論之義，轉易生障隔也。又宗三先生近年致力於道德形上學之建構，必能融康德說而越陸王之上，企予望之。）百年資具多虛費，悟識乾元未濟功。

從古寒灰罕再温，弄權人況戴東昏。取從逆道難言守，位悖常經自不尊。此日盈庭齊下士，他時一乘翼東門。可憐林囿京華地，啼盡天涯杜宇魂！

記庚子拳變始末（三）

舜生

義和拳所信之神，極為複雜，如姜太公、西楚霸王、諸葛武侯、趙子龍、玉皇大帝、梨山老母、黃蓮聖母、梅山七兄弟，九天玄女，……幾無不是他們迷信的對象。再從他們所常用的請神咒語，乃更可看出他們迷信的廣泛。例如有一咒云：『快馬一鞭，西山老君，一指天門動，一指地門開，要學武藝請仙師來！』又一咒云：『天靈靈，地靈靈，奉請祖師來顯靈，一請唐僧猪八戒，二請沙僧孫悟空，三請二郎來顯聖，四請馬超黃漢升，五請濟顛我佛祖，六請江湖柳樹精，七請飛標黃三太，八請前朝冷于冰，九請華陀來治病，十請托搭天王，金吒，木吒，哪吒三太子，率領天上十萬神兵！』這裏面列舉的所謂神，大抵為中國神話劇中所常見的角色，其取材不出『西遊記』，『封神榜』，『三國演義』，『綠牡丹』，『七俠五義』，……諸小說，這裡可看出當時一般民衆的教育為如何，也可看出慈禧的思想與這般人是何等接近。

毓賢既由山東應召赴京，即與端王載漪，莊王載勳，大學士剛毅見面，一面既盛讚拳民的法力無邊，確實不怕洋人的鎗砲；一面又稱道其『扶清滅洋』宗旨異常正大；這與這般頑固派的排外心理，乃完全脗合。慈禧在此輩的包圍之下，亦遂轉入漩渦，而對毓賢更信任有加。這便是毓賢由山東巡撫改任山西巡撫的由來，也就是後來山西教士教民受禍最慘的原因所在。

時任直隸總督者為裕祿，其人庸懦無識，惟知苟全祿位，對拳民之應剿應撫，初無一定主張，一以太后及端剛之意旨為意旨。藩司廷杰以不願袒拳去位，臬司廷雍則對拳民深信不疑，而庇護拳民且較裕祿更為堅定。因此，竄入直隸的拳民蔓延甚為迅速，甚至北京在三月即已有人開始練拳。四月，拳民團淶水，並焚教堂，殺教士，縣令祝芾告急，裕祿不得已，派副將楊福同帶馬隊七十餘名前往彈壓。是月二十三日，楊福同為拳民所戕，馬隊亦全數被殲滅，於是拳民更橫行無忌。延至本月下旬，京城練拳的人數更多，且聲稱京內外某某大員，已入會為頭目。同時京城四處忽發見拳民所張揭帖，云將搗毀同文館及大學堂，且聲言對該兩校師生，決不饒恕，於是人心更為恐慌。

五月為拳亂在京津一帶登峯造極的一月。焚教堂、殺教士教民、毆辱外籍工程師、毀鐵道、割電線、燒車站、機器局、電報局、郵政局、……其區域蔓延甚廣。拳民呼洋人為『大毛子，』教民及一切與洋人有關或辦理洋務者，則為『二毛子，』均在必殺之列。拳民攻涿州，清廷於是月初旬，先後派出刑部尚書趙舒翹，順天府尹何乃瑩，大學士剛毅前往視察，聲稱解散，實則導之入京，於是拳民進入北京者，多至數萬。是月十四日以載漪管理總理各國事務衙門，並以禮部尚書啓秀，工部侍郎溥興，內閣學士那桐均在總理衙門大臣上行走。載漪妻為慈禧太后弟桂祥女，光緒帝的皇后也是桂祥女，因之載漪在一方面與光緒帝為兄弟行，在另一方面又兼姻婭，這種親上加親的把戲，皆慈禧一手造成，其目的無非鞏固她個人的權位。大學士徐桐排外最力，啓秀則與徐為同調。徐與崇綺、啓秀均主張廢光緒帝以溥儁為帝的首倡者，以外人反對，溥儁僅得立為大阿哥，他們的定策之功一時不能實現，意殊快快，因之與載漪勾結甚深，而立於排外的同一陣線。清廷這個時候還沒有外務部，總理各國事務衙門在名義上為處理外交問題的最高機關，慈禧以載漪主持其事，這當然便是準備與外人澈底決裂的步驟之一。

（第二節仍未完）

本刊已經香港政府登記

聯合評論

週刊

每逢星期五出版

United Voice Weekly

第八十九號

督印人：黃宇人　總編輯：左仲平

社址：九龍[illegible]三樓　電話：61413

承印：嘉羅印刷有限公司　香港[illegible]5號

總代理：友聯發行公司　售價每份港幣一毫

本報美洲版總經售處：美國紐約中美出版社

CHINESE-AMERICAN PRESS, INC

199 CANAL STREET.,

NEW YORK 31 N. Y. U.S.A.

美洲航空版零售每份美金一角

看南韓，哀中國・

為紀念四十一年前的『五四』而作

左舜生

最近南韓青年的民主改造運動，似乎已逐漸進入成功階段：李承晚的毅然引退，李起鵬的舉家自殺，各大城市秩序的迅速恢復，尤其「三八」線匕鬯不驚，無任何一個居留南韓的外國人曾受到這次動亂的波及，截至現在為止，更無人能舉出任何事實，足以証明這次南韓愛國青年的舉動，係受有共產集團的煽動或嗾使，……這眞使我們回想到韓國在一九一〇年八月二十二日（清宣統二年，日明治四十三年，韓隆熙四年）亡國以後三十餘年間從事韓國復國運動的先烈們那種優良傳統，不能不使我們對南韓人民表示崇高的敬意，並預祝韓國的和平統一，國運昌隆！

我記得，當民國初年我旅居上海的時候，便曾讀到韓國史學者朴殷植先生（別署太白狂奴）所著的『韓國痛史』；稍後當韓人民的獨立運動屢敗屢起之際，朴先生更有『韓國獨立運動血史』的新著在上海印行；前者有康有為先生為他們作序，後者有汪精衛先生的手書題辭，兩書的篇幅，各在二十萬言以上，其敘述韓國亡國的經過，及韓國人民奮起以圖恢復的悲壯史蹟，使我們知道在韓國將亡未亡之際，及韓亡以後的初期，韓國力圖救亡復國的志士仁人，眞是項背相望，豈只一李承晚而已哉——不錯，李承晚先生確也是五十餘年以來韓國有力的愛國運動者之一，可是南韓人民已擁戴他做了一十二年大韓民國的大統領，其崇德報功，可謂不薄；且其高齡已達八十有五，如能見幾而作，引退讓賢，豈不是身名俱泰，福壽全歸？可是李先生在青年時期，即已習聞西方義務權利的淺薄觀念，充滿獨裁專制的無聊思想，對於咱們東方文化的精粹如『知進知退』『知止知足』的垂訓，則似一無所知；於是做了兩任，還要毀憲以求三任；三任屆滿，又復縱容羣小，公開舞弊，以求達到四任；質言之，他簡直目無韓國人民，認為反共復國，一定只能由他獨家經理，除死方休；這便是南韓青年忍無不忍，不能不投袂奮起的眞實原因，為今日高談南韓問題者，不能不有的基本認識。李起鵬全家自殺，誠是一幕大可浩歎的悲劇；可是迫李起鵬一家不能不陷自殺者，實由於李承晚貪位戀權之一念，亦即朋比為奸者的應有下場，南韓人民不任咎也！

最近有若干官方或與官方有某種關係的報紙，眼見以受共匪煽動誣衊南韓青年已經完全無效，乃拿着鷄毛當令箭，劍拔弩張，羣集矢於美國國務卿赫德的所謂干涉政策。其一種『如喪考妣』，『苫塊昏迷』的心情，我自然完全明白。可是他們仍自命反共，而論調乃與共匪異曲同工，互相呼應；其幼稚的程度，尤為可驚。平心而論，最近半個世紀以來，自威爾遜歷羅斯福，杜魯門，以迄今日的艾森豪威爾，一個世界的强大國家，犧牲無數金錢，無數生命，不惜排除萬難，為了自由民主的理想及其生活方式，以與東西一切惡魔再接再厲的作戰到底者，舉世只有美國一國！尤其是為了韓國，美國所犧牲者，還不只是金錢，在上次的韓戰過程中，美國青年，丟了性命，身受重傷，以及失踪而至今無下落者，多至十餘萬人！就在今天，也還有五萬以上的美國青年，與韓國青年同立在「三八」前綫，以凜凜的姿態，在共同維護整個人類的命運！如果站在南韓的立場，只願說：「軍援不厭其多，經援惟嫌其少，至於我的一切反自由，反民主以實現個人獨裁專制的胡鬧，却非您們美國所能過問……」試問像這樣一種態度，您們叫艾森豪總統和赫德國務卿向美國的父兄以及納稅人民如何交代？

今天是我們四十一年前『五四』運動的紀念日，看南韓，哀中國，不禁悲從中來，特草此短文，敬告我一切愛國青年，共同體念！

矛盾與隱憂

李璜

當南韓發生學生暴動的開始，我曾於前星期四（四月二十一日）寫出「為李承晚先生惋惜」一短文，勸勉其尊重民意，力圖補救，免為仇者快而親者痛。不料一星期以來，南韓民憤一發難收，無論男女老少，一再不懼槍砲，示威暴動，死傷載道，逼得南韓國會通過李承晚的去職要求，而李氏乃不得已向國會提出辭職書，由新任命的外交部長代理總統職務，示威暴動始得平息，然而韓國的艱難國運，遭此打擊之後，前途尚堪憂慮也！為遠東反共大計起見，筆者深望南韓知識分子與南韓領袖人物，要能冷靜應付善後的局面，善於疏導可貴可愛的民氣，將之納入民主正軌，方足使數月後的國家大選能夠合法合理完成，眞正奠定國家的民主法治基礎，如是，始能談得到全民一致的反共大業，以求收復北韓，還我河山！

不過，檢討韓局，何以演變至如此悲慘程度，直令人不勝扼腕太息？

我在前星四文中，即曾指出大韓民國當政者，在理念上與事實上由來便有矛盾存在着，故該文末了，我曾提出過於注重民族主義，而忘却了民權與民生，未能調協並進，必然發生矛盾，矛盾既多，禍亂必起。日來讀報，如果細心的研究各電社的漢城電訊，即可看出此一矛盾情勢相當深刻，而且可悲！漢城二十七日中央社電云：『李承晚總統曾接見示威者的代表五人，他說：他將依照我熱愛的人民所希望的做，這時他熱淚盈睫，不禁痛哭，示威者代表亦握着總統的手而嗚咽。」此一痛哭與嗚咽是如何的感人心脾，無他，其中含有無限的民族情緒與愛國熱忱！李承晚十二年來所仗以統治南韓，認為莫敢侮予，即恃此一民族的情緒，然而這是不夠的，並且因為過於仗恃自身足以代表韓國人民的民族主義，而便任情直往，恣意妄為，（如對於選舉出來的副總統張勉，在四年任期中，李承晚總統竟不予以接見，如對於前次修改憲法的蹂躪議員等，對於此次選舉副總統的預顢從事等等。）不但已經失掉了一國領袖的風度，違反了選舉制度的法紀，而且年邁耳軟，易為左右包圍，用人不當，貪汚違法，層出不已，南韓人民乃無法容忍下去了！故學生代表十八人晤見李承晚時又說：「學生的示威，是為了打開你的眼睛，去看看那些貪汚舞弊的情形而發動的！」（合衆社漢城二十六日電）凡往南韓去遊歷過，或與南韓方面有商業往來的香港中國人，便不少可以証明南韓政府貪汚舞弊的事實所在，南韓人民生活困苦的眞實情況，這些直接影響於民生，使社會經濟不得繁榮，人民生活日益困苦的政治障碍，不是只用民族主義四個大字，便能使人民永遠效忠貞於李承晚，而不去設法剷除的！加以歷次選舉都在違法舞弊，而尤以此次勉強的要去扶持李起鵬當副總統，做得舉世公認為不合法；既要全民投票，而目中乃無全民，任意違法胡閙，即使無在野黨的鼓動，如此漠視民權，民衆終亦無法忍受下去的！因此在示威暴動中，既把這些矛盾情勢暴露出，李承晚便趕快表示，要使行政人員超然於政治之外，（所以杜絕貪汚舞弊，）要使自身地位超然於黨政之外，（以免去在朝黨假他個人權威去壓迫異己，）然而，民怨既深，民憤難息，李氏雖有悔禍之誠，為時已晚，頹勢無法挽回，只得辭職以去。

李氏雖敗，有一光明磊落之處，即事變以來，自始及終，未嘗將民衆的暴動原因，推在共黨陰謀，匪諜支使身上，而一則曰「愛國民衆」，再則曰「可愛的人民」，「人民的公意要我辭職，我便辭職」，「我依照我熱愛的人民所希望的去做」，凡此「不怨天，不尤人的負責態度，李承晚究不失為一個好漢！

反之，在接近台北兩三家香港報紙的議論，初則將南韓各大城市的學生示威，一致認為有共黨唆使，及至看到在南韓，在國際間均無人疑及共黨，稱為間諜，而乃事實上也查不出暴動中的共黨痕跡，香港接近台北報紙的綜合報導，乃將南韓事件的原因及其責任，一併推在美國人的身上去，其意若曰，李承晚既是大韓民國的領袖，領袖總是不會錯的，而且不應該負責的。然則錯在何人？美國的赫德國務卿，不但不應該於韓國軍警槍殺學生百餘人後，發表維護自由，干涉韓政的言論，而且美國人壓根兒不應該以民主自由之義一向去影響南韓人民！——此種論調，甚為奇突，甚為危險，矛盾尤甚，不可不辨！

第一，南韓的三八前線，目前還是美軍出力協防，以與國際共產黨的兵力相抗，其子弟長年遠戍，動及數萬，晝夜警戒，目的則在確保南韓，而今南韓人民竟自動亂起來，亂子愈閙愈大，適足加大敵人來攻的野心，如果暴動不早日停止，則後方必致完全動搖，前方又如何守得下去。在此情勢之下，試問，美國政府還能不聞不問，一如我們坐在香港，毫無利害關係嗎？——綜合報導家言，美國何以不去干涉拉薩與尼赫魯的內政，但是印度與埃及的邊境並未要求美軍駐守啊！

其次，此種論調，異常強調民族尊嚴之義，而竟有認為美國人不應在遠東及反共國家來主張自由正義者！老實說，不為自由正義，只為民族主義，則大家都不必再去反共，因為在遠東，最強烈的標榜所謂民族大義者，莫如中共！中共對於華僑的宣傳，祖國強大之義不離於口，中共對於亞非國家的宣傳，也是以民族尊嚴之義，用來反美，然而中共所設竹幕內的中國人，只有奴役，並無自由，只有民死，並無民生。中共在港報紙那一天不在宣傳祖國建設，引人入勝；尤其在春光明媚之中，我們流亡之人，也未嘗不夢想到春風陌上，楊柳樓頭，然而我們寧願吹簫吳市，而終不欲聽歌鄙都者，亦以祖國雖可愛，自由價更高而已！

照綜合報道家之所指摘，美國人在遠東反共國家來主張自由正義，成為造亂的根源，共禍的罪人，然則希望美國人，一如中共所願，退出遠東好嗎？抑或美國人一改變其常態，而在遠東來贊成用極權獨裁去反共好呢？我相信，接近台北的港報持論者，其持論當不會如中共之所願，雖討厭愛好自由的美國人，而不一定也要他退出遠東；然而要求美國人一改其常態，叫他不在遠東反共國家來談自由正義，則美國人又似乎很難辨到！

矛盾之甚，莫甚於此，此一矛盾之念不除，則遠東反共前途實多隱憂！我願接近台北港報的持論者能隨時想到三民主義：孫中山先生之所以不只主張民族主義，而必須並列民權、民生，理念之間實有道理！李承晚先生何嘗不是民族主義的英雄，而今竟被南韓人民一再逼他下野，令人不勝惋惜，很明顯的是於民權與民生兩義，在事實上未能與民族主義調協並進，生出矛盾，成為厲階，非美國人之過也！

四九、四、二八

「兩個」中國等于沒有「中國」

——從海外對這次台灣毀憲連任後的傷悼——

謝扶雅

一加一等於零，在數學上是件荒謬不可思議的事；然在政治學上則因這次自由中國的非憲三次連任總統而証明。

關於近年來，國際上尤其是在美國，醞釀着「兩個中國」的運動，筆者早於兩年前，歷在「自由人」三日刊上，自美報導過不少次的警訊。儘管大陸中共政權和在台灣的中華民國雙方都對此很强烈地反對，但在這個太空時代的人類社會，一個國家的行動決不是它單獨可以決意貫徹的。國際政治絕對是個現實，更不憑你一方的主觀理想，要怎樣便怎樣。迄今為止，事實上中共政權已經得到了某些國家的外交承認，互換使節：而且在許多國際會議上，中共也已居然袍笏登場。另一方面在聯合國內，卻仍見中華民國赫然坐着安理會理事國的席位；可惜今年不知明年事，有似於教書先生要被學校當局年年換次關書。這種局勢，顯然已擺出了兩個中國的場面。然而人類共同相處，其最基本的要件是法律準繩。國際亦無例外。這就是兩個中國並存之所以尚不能由事實而成「合法化」的唯一理由。

可是中華民國未必不可以自己振作有為，主動地變更那種惡化事實，加以挽救，或且使其永無成為合法化之可能。好比教書先生只要本人勵德勤修，和教法真正到家，贏得全體學生和校方愛慕不置，則按常經而論，斷不至有被炒魷魚之理。筆者於近年中，曾本此種推論，在港台各雜誌上，寫過若干文章，敦促台北當局發憤自强。徹底實行憲政，不但昭示世界以黑白是非之分；台灣與大陸彼此立國原理之霄壤對照，而且也可因此喚起大陸人心，促致到處潰亂，而拖垮中共暴虐政權。然而言者諄諄，聽者藐藐，終於最近一次的國民大會，由政府當權派刼持，做成蔣先生非法留任，無形中把中華民國之所以為中華民國一舉而摧毀無遺。這竟不是中國的自救而是自殺。這樣，大陸上的中國已早亡於蘇俄與中共之手，台灣的中國又亡於這次國民當權派之手。所以從「主權在民」的觀點，總之中華「民」國是全然被斬決了！

這中華民國的又被推上斷頭台，在中共當然要拍手稱慶，而在美國看來則也無所謂，而且或許還會適得其所。因為美國在醞釀承認「中華人民共和國」的期間，對這堂堂正正的「中華民國」，確不免有處置「兩頭大」一般棘手之概。現在台灣方面既自陷於非法，那就更給人口實了。可是最悲慘的卻莫過於中國民族的命運了。從此中國的男女老幼，不但沒有真正的「國」，而且人人是被强姦，這邊也冒充「民意」，那邊也是聲聲「人民」至上。「人代會」固然次次熱烈開成，「國大」也一而再，再而三地圓滿閉幕。真所謂「天地不仁……，以百姓為芻狗」。中國人只是一羣芻狗，不是人，更不是主人了。

美國方面一向對台灣消息極少報導。選舉總統這件大事，美國自己正逢大選之年，報章連篇累牘，五光十色，卻對咱中華民國的總統選舉，幾乎各報隻字不提。倒是有一天紐約時報台灣電訊，說胡適博士於三月十九日因心臟病入醫院就療治，讀者如我輩，一見便能和國大選舉的事連接起來。至三月廿八日出版的「時代」週報，在國際欄內有短短的一段，敘述台灣國大一致選出蔣介石將軍當選為第三任總統，並特揭露蔣與其子緯國軍裝合影。該通訊員特別補充說：蔣的"Eventual successor"（此兩字深含諷刺，意思是他終身後的繼承人）為誰，有傳為留俄之大兒經國，有傳為留德之次兒緯國，或者後者更有希望；至於陳誠則似乎勉强云云。這使得每一個中國人讀之為之啼笑皆非。東方落後民族，尤其是老大帝國中華，幾千年來都是世襲君主，何獨外於蔣朝！

年來美國輿論甚至我國留美的若干知識分子常有「台灣今後十年應與大陸作一政治競賽」一類論調，這都可視為「兩個中國」心理的反映。然而最可痛的是……。舉一個最近的例子：大陸那邊，北大校長馬寅初近半年來被中共圍勦得「體無完膚」，但他能還擊得自己倒反「心廣體胖」起來。反之，這次台大學生因撕同學擁護連任標語，當場在校內被特務逮捕，並又捕去援救的同學數人，錢思亮校長乃竟不敢出聲。這種顯明的對照，究竟誰是五十步？誰是百步？以暴易暴，人皆知其不可，以「更暴」易暴，誰又願支持呀？十年來的台灣，一方面則沉沉暮氣，不肯革故鼎新，它方面卻又做共以反共，而手段處處顯得更醜劣下流。大家早已覩其沒有前途，然本相忍為國，愛人以德之義，曾作過幾十百次的諍諫，勸告，呼籲，而至今日實已水盡山窮，再無可救藥了。

筆者一向主張台灣應及早籌備改選國大代表，甚至擬議修改憲法的，雖然憲法中那個硬性規定總統任期的一條，為了維護民主交替作用，決不應稍有變更。計自民卅七國大第一次開會迄今，十二年來，其間世事的變遷，何等重大而劇烈，豈有全部國代和立監委員可以如此長期代表民意之理？豈有一個民主國家而一般選民長無行使選舉權及被選舉權的權利之理？「民」和「主」兩字的基礎根本已被剝削無存，本來早已不成體制。不過若干情勢上的因循貽誤，或尚可與法理上的間隙涵着不無可以彌縫。至若根本大法上關於總統任期的剛性規定，昭若天日，加以蔣總統本人又早在四十七年冬宣稱決不修改憲法，豈料這一年多來，當權派以一連串自欺欺人，烏烟瘴氣，醜惡黑暗的手段，終于至三月二十日達到了「獨夫」（票上只有一個名字，復何「選舉」之有）當選的高潮。這一天還不是正式宣告中華民國死亡的日子嗎？昔年日本明治天皇逝世，全國真的如喪考妣，當明治下葬高鳴禮炮之時，乃木大將即在其私邸切腹自盡。這雖是日本特有的武士道精神，然中國傳統上以身殉國的士大夫，史籍所在多有。筆者流亡在美，目擊此邦一般選民魚貫赴投票場，即使龍鍾白髮的老婆婆，猶決不放棄這為主人的權利，我們能不私衷羞慚，憤恚！「不自由，毋寧死！」

顧亭林于明亡之季，揭櫫「行己有恥，博學於文」八字，以勵士林。我們今後應該父詔其子，師誠其徒，為中華民國泣血服喪，昭告孫中山在天之靈，賡續踏上他赤手空拳國民革命的前路。亭林所說「博學於文」，乃是深惕於亡明「空疏」「冥想」之招禍，故特提出躬踐實証的為學精神。民國五十年紛亂喪亡的癥結，端在始終走不上民主憲政的正軌。西哲柏拉圖在其名著「共和國」中說得好：「人若不理公共的事，其受懲罰即為遺蒙暴虐統治」。儘管我們熟背「天下興亡，匹夫有責」的古句，然而這個嚴重的責任始終沒有切實肩負起來。哀哉多士，異域分奔，其亦將知恥而與，同心攜手，共上復國之征途也乎！

非法選舉三任總統後兩旬自美東紐澤西寓

今日中國與中國人民

吳尚鷹

最近讀到海外自由民主人士張君勱張發奎左舜生等數十人一篇反對毀憲違任的警告。我為參與中華民國憲法五五憲草之起草人，曾出席國民大會議決通過憲法，同時署名於憲法之議決案者，對於此中華民國開國以來第一次舉國一致（共產黨除外）所決議通過之憲法，有擁護責任。我對於反對毀憲，自無異詞，對於發起反對毀憲者之熱忱，深致敬佩。敢趁此機緣，略陳所見，幸讀者有以教之。

一九四七年十二月二十五日公布生效之中華民國憲法，原以蔣介石急於取得中華民國總統名義，所以在未依照中國國民黨黨綱完成訓政之前（事實上蔣氏畢生藉黨營私向不知黨綱為何物）早在一九三七年即牽强附會提出召集國民大會，藉以通過憲法，為選舉總統之依據。不料抗日戰爭爆發，為之擱阻，使蔣氏又歷多年不耐煩的坐候，卒於一九四八成其好夢，登上總統寶座。乃因其獨裁政權本身久已腐爛不堪，於是毛澤東得率其數量較少幾倍之紅軍，將之逐出大陸。蔣氏即在一九四九年一月二十一日演出所謂「引退」之一幕把戲，作捲土再來之準備。但無論他如何咬文嚼字作「引退」之奇妙解釋，他的合法總統地位，於此已告終止。其翌年出現台灣，再自稱為中華民國總統，是一件違反憲法的事實。此後於一九五二年擅作立法委員任期之延長，於一九五四年又嗾使憲法上已不存在之國民大會，再選他為總統，其毀法亂紀行為、於斯已極。是中華民國憲法早已毀滅無遺，蔣介石毀法叛國反黨之罪，已成鐵案，更無俟反對其三次連任總統之把戲矣。

今日台澎以外之全國領土與六萬萬人民事實上已在中共控制之下，事實繼續存在十年，美國乃亦有以承認中共之考慮。所謂「兩個中國」另以台灣為一獨立國之假想，自一九五四年以來，早在華盛頓當局之意念中。年來有多少著名議員亦每作如此論調，最近上議院之外交委員會，更為發表康隆專家的研究報告，關於承認中共政權與建立台灣獨立國，作具體之擬議。照現在形勢觀察，美國於本年大選後必實行從事檢討其對華政策，除非中共方面別生事端不可容忍外，則承認中共問題不難趨於具體化，我六萬萬人民的情緒如何非所顧及也。

美國擬承認中共政權，原以迫於國際環境，不能長期抹煞久已存在之事實，幷非對於共產主義與制度表示贊同，至對於台灣與澎湖列島之控制，決不放棄，誠以十年來建立此軍事基地，已化費將及三十億美元，為其西太平洋之主要國防據點，更利用蔣介石為工具，締結中華民國與美洲合眾國之協防條約，為其守衛台灣之法律根據。若台灣成為獨立國，則改變其中美條約關係為美台條約關係足矣。可是此一做法既不為大陸之毛氏政權所容許，而台灣之蔣氏政權亦聲言不能接受，尤為全體中國人民所反對，此則美國當局不易應付之難題。但到必要時，彼必取斷然行動，則為不可避免之措施也。

毛澤東要以武力奪取台灣，為美國海空軍所阻，無從實現。蔣介石打回大陸之叫喊，早已成為笑話，不值一談。然美國應付中共之關鍵，繫於蘇聯，倘美國獲得莫斯科當局之諒解，未嘗不可以承認中共政權，准許其進入聯合國為條件，從此洽商一過渡辦法，實現其兩個中國之策略，只有可憐的蔣介石，俯仰由人，趙孟能賤，既知喪鐘將鳴，乃發揮其愚昧的幻想，再演出一幕垂死的把戲。據台灣傳言，蔣氏或於他視為必要時，使其子經國假演政變活劇，迫蔣下野，藉以投靠中共，接受毛澤東命令，為台灣軍政長官，使美國失卻中華民國名義上的掩護，陷狼狽局面。但此計未必可行，因美國斷不坐視台澎陷於共產黨，決非毛氏一紙命令可以扶立蔣經國為傀儡，無已則放棄其傳子之私，任由陳誠或別人為台灣獨立國首長，繼續為美國做傀儡，此則可能為美國採納。然蔣氏不得成其傳子美夢，未免死不瞑目矣。

說到中國與中國人民的前途，我是萬分樂觀的，中國的前途，是最後當取決於六萬萬人民之公意，不管蘇聯與美國或其他外力包藏任何詭謀，終必低首於我六萬萬人民之前，是必然的結果。我深信我全國人民必於困苦與多難的過程中，獲得經驗，團結起來，竭其聰明智慧，為子孫萬世最大福利着想，服膺最正確的主義，作最有效的奮鬥，向浩蕩的坦途邁進。當前所謂自由民主與共產之爭，為進步必不可逃避之過程，無足驚怪，我中國人民今日所最感落後者、厥為科學智識與組織能力，此兩者必可於相當時間得之，現在最富於科學智識之白種人，百年前何嘗不落後，俄國人之科學研究，於前次世界大戰後始奮發邁進，十餘年來，竟進而與美國爭霸，以我中國人民之聰明，不次於任何民族，一旦發奮圖强，於任何民族，定可迎頭趕上。我的組織能力，既由家族生活進於社會的共同生活，亦可從改變的生活方式，於修養中得之，不必置疑也。昔年英國學者韋爾斯著世界史綱，預說世界國家終能屹立不墜者，只有中國美國與俄國耳，大哉言乎，惟我國六萬萬人民奮發圖之。

一九六〇年三月於美國卜翰陽大學

反共反獨裁並行不悖

·田心·

南韓反獨裁運動終于成功了，它給反共陣營樹立了楷模。此即在反共的前提之下可以反獨裁；亦應該反獨裁。從而也粉碎了反共必需獨裁之謬論。

在南韓反獨裁運動過程中，鎮壓者與其同路人施放空氣，認為這個運動是共產黨幕後操縱的，現在這種說法當已不攻自破，因為在這種混亂的局面之下，一句親共反美的口號都沒有，當獨裁者宣佈下台以後，參加示威運動的羣衆迅即轉而協助治安當局維持秩序，這說明這次運動的目的是絕對純潔的，發展是完全正常的，大韓民國的人民是堅決反共的，是有自肅能力的，是與當年大陸的「反饑餓」運動有着根本的不同。盡管至截稿時為止，南韓政局還不能算是穩定，但從其運動的過程之中可以看出，大韓民國的人民是有自治能力的，已經奠定了民主的基礎。

這種民主基礎的奠定，自然還有其他條件的配合，最重要者是：一、作為這運動目標的李承晚總統，於最後關頭終於自動引退，這種自動辭職的可敬之處雖不及華盛頓不肯連任總統的事蹟，但其勇敢與負責的精神，實足以接受大韓民國「國父」的尊稱而無愧。二、在運動過程中，軍隊警察始終以忠于職守與同情運動的態度對待，使得無辜傷害降至最低程度；在運動終結之時，軍事首腦立即宣佈決不接收政權，此當表現其絕對的超然地位，軍人不干涉政治的模範；否則運動雖成功，但可能形成獨裁者換班的局面。

有人担心北韓的乘機蠢動，這種說法是無稽的。它的蠢動不外採取滲透傾覆與軍事行動的兩途。有鑒於這次運動過程中的秩序，其欲向南韓滲透成功的可能性是愈來愈小了，更何況混亂局面已經過去，傾覆的最佳時機已經消逝；此路是不通的。至於說軍事行動，則它受制三個方面，一、目前的北韓是由蘇聯，而不是由中共控制的，蘇聯目前的對外政策是不願刺激西方，它不會採取主動的軍事行動。二、上文曾說，南韓軍隊在這次運動中所表現的，是盡忠職守與同情這次運動的，現在這運動成功了，這不會使士氣消沉而是會更高漲。三、防守南韓的還有聯合國軍，聯軍決不能讓北韓乘機蠢動。由此而敢斷言，北韓雖獲此機會最多亦只能止於叫囂而已。

不但如此，我還認為在不久的將來，南韓與北韓一似西德與東德一般，予統一朝鮮以更多的希望，因為這次運動已經表現了大韓民國自強奮發的精神。

去年冬南韓高麗大學一位金教授到香港訪問，他曾經表示對當時政府的憤慨。這次當看到新聞報導中描述及高麗大學的二百教授領導着遊行隊伍向總統府前進時，眼前不禁出現了一幅幻景的圖畫，好像這個僅有一面之緣的金教授昂首挺胸高呼口號地在我的眼前不斷經過。究竟他是在向韓國的前獨裁者示威呢？或者還是在向我表示其勝利的驕傲呢？我雖無法解答，但却以欽羨仰慕的心情，來遙祝他和韓國反共的勝利，統一朝鮮的勝利。

外交部小官員的呼聲

——對新任用條例作不平之鳴

王雲

新「外交官領事官任用條例」公布實施後，外交部裡一度掀起了大風浪。這場風浪終於使少數的人在該任用法公布之後，實施之前被任命為外交官外放了。雖然這是對少數的人網開一面，皇恩浩蕩，但是對絕大多數工作人員來說，無異是使他們一不超生」，不管他們在外交部工作多久，年資有多深，經驗有多豐富，命運是註定了。若不昧良心說話，這一班人其實是外交部內的基幹，平日埋頭作事，却落個勞而無功，亦鮮為外界所了解和同情。因為他們雖任重却職微，往往被忽視了。

外交官、領事官是指大使、公使、參事、秘書（統稱）；和總領事、領事、副領事、助理副領事而言。外放在外拿的是美金，享有外交特權，可以買賣汽車，兼營洋煙洋酒；至於館長（大使館為大使，公使館為公使，總領館為總領事，領館為領事）除有公家汽車和官舍外，尚有一筆足夠使用的公費可資調劑；在工作上則有大大小小的館員，和中外籍的雇員供其驅使。館長當然有權分派館員工作，但有的即使是自己份內事，也命令高級館員代簽（此處指護照；貨單；以及有關証明文件；）而館員則照樣也把事情推給雇員去辦，這是因為第一要擺架子，第二因有些館員不通駐在國語文，非借重雇員不可；不用說，所謂代簽，那就是雇員把一切都弄妥了，留一處足夠館長簽字就行。內部工作人員情形既然如此，對外辦交涉也就可想而知了，館長多少總要負一點責任的，於是一些不欲使其他工作人員知道，或應保密的事，就統統交給非外交領事官身份的主事去辦。他們經常的工作是密電碼，收發文，抄寫，歸卷等等；既煩瑣而責任又不輕。具有了外交領事官資格，只要善於享受特權不出毛病，可以名利雙收。至非外交領事官人員則幾乎永無升遷機會。無怪當上述條例公布以後部內外會有多人為了前途而痛哭流涕了！

上述新條例的特點是任用着重在高考及格，因此凡高考及格人員不外放則已，外放起碼是三秘，副領事。這些人在外工作，多數是眼高過額，再加都是社會經驗豐富，官場混世哲學透熟深諳「不做不錯」「多做多錯」的訣竅，甚麼事都不管，大事往上送，小事往下推；於是年來外館同人吵架磨擦的事是接連不斷發生了，這些高考及格而從未在外交部做過事的人員還經常向人大言不慚地說：「我作過秘書，科長，經驗豐富，什麼都懂；不過外交部工作是初次，雖不懂，但我是高考及格人員。大有其奈我何之意。

既然這類外交官能升遷能外放，為什麼在外交部工作多年非外交領事館人員就不能升遷？而且非外交領事官身份的工作人員其中很多曾在外交部担任過科長以上職務多年的人。同時高考倘不以每年大學研究院畢業學生為投考對象，而專收一些「老油條」來充數，這考試又焉得謂公平合理。外交部的業務其所以無進展，主要原因就在於多年人事制度未能辦好。外交部主管當眞不知道嗎？

（四月廿二日於紐約）

獨夫抗拒民主

五年來的李承晚（下）

終於放棄獨裁

一九六〇年

三月九日　韓總統選舉白熱化，民主黨候選人趙炳玉病死美國，漢城發生暴行，該黨地方支部司庫金容豪（譯音）被恐怖份子毆擊喪命。

三月十五日　民主黨正式宣佈退出競選，抗議選舉不合法。選舉舞弊包括：事先將假票投存票箱，拒絕反對黨視察員執行職務；恐嚇選民及官員；採取集體投票而非行使秘密投票。民衆因此舉行示威，與警察之衝突首先在馬山發生，繼之是「黃州」，已有死傷情事，羣情憤怒，抬屍請願，情況逐漸惡化。

三月十六日　李承晚李起鵬在「流血死亡」與舞弊選舉中當選總統副總統。

三月十七日　漢城大學生及市民舉行抗議示威遊行，警察開槍射擊，事態嚴重擴大，各大城市紛起响應。

三月十八日　世界各地輿論開始抨擊南韓之不光明選舉及武力鎮壓，李承晚充耳不聞。

四月十二日　反對黨民主黨向最高法庭控訴要求撤銷三月十五日之總統選舉。列舉非法事實計有不准前任總理張泰盛登記競選，政府擅自提前兩個月大選；拒絕若干候選人之登記；投假票百分之四十；三人小組公開投票；掉換選票箱，並非法製定選票表。

四月十四日　李承晚拒與反對黨領袖張勉（現任副總統）商談平息示威事件。各地示威蠢起，槍刺與子彈已無法嚇散學生及民衆。

四月廿三日　在經歷一個月的國內動盪及世界輿論指責和美國的壓力下，李承晚放棄一人統治，解除行政職守留任國家元首，希望為大韓民國的民主政治留下了一線生機。

·一士·

台灣一周

評「壓倒性勝利」的地方選舉

台灣省內四百七十一萬九千餘公民，選出第四屆縣市長及第二屆省參議員，國民黨方提名的縣市長候選人廿一名，當選十九名；省議員七十三名，國民黨方提名的五十八名中當選五十四名，兩項選舉，國民黨方獲得「壓倒性的勝利」！

誠如公論報社論所云：「如一般所預料，執政的國民黨，憑籍優越地位，運用軍公權力，與無組織的人民競選，必然大獲全勝，是不成問題的。由於公正監察制度的未能完全建立，投開票所的管理監督工作，執政的國民黨獨負重任，選舉結果，在野黨派不願保証其為公正合法，當選落選，無由表示民意的眞正趨向，因而誰勝誰負，我們只能承認政府公忠的事實。對於在野的失敗者，自然致其慰問之意；對於在野的勝利者，却無法表示由衷的慶賀之忱。「種瓜得瓜，種豆得豆，」這種心情是無可奈何的。」

台灣實施「地方自治」，好像是政黨政治開始，事實上今日台灣的在野黨派分歧不一，談不上有力量能跟訓政了若干年的國民黨競選，何況國民黨方，口口聲聲要「考驗本黨實力」，勢在必得，於是乎，民青兩黨不提名固無所謂，不行公正監察制度亦無所謂，公、軍、教人員參加助選尤更無所謂。明目張胆不恤人言，如此「壓倒勝利」，光榮何在？

翻開報紙，荒謬怪誕的事情，不勝枚舉，如台中縣長候選人王地與省議員候選人楊秋澤，公開批評時政，竟被謾罵為「王八蛋」、「共產黨」、「槍斃他」、如果眞的是選民意見，那確乎可悲之極，原來執政當局貫徹選民的常識——凡是批評政府的是共產黨、王八蛋、要槍斃他呢！

再如雲林縣長候選人蘇東啓發表政見，竟被有組織的羣衆大叫大嚷破壞秩序，而在場的警衛人員却毫不阻止，而由另一位國民黨提名縣長候選人林金生出面，「用國語訓斥搗亂份子」。

事實証明，這就是「壓倒勝利」的基本因素。

夜讀「勸戒金書」：「欲不除，如蛾撲燈，焚身乃止；貪無了，如猩嗜酒，鞭血方休。」台灣是反共復國的基地，執政黨方必須注意民心、民情、民意。不能做錯了，再錯那就完了！

·孟戈·

蔣總統連任以後

西班牙讀者　闕伯鐸

是非當有史論，公道自在人心，由某些人串演的勸進運動已在台北「圓滿」達成。我是自始就反對毀憲的人，對當權者的違法逐私，我也曾參與警告宣言的簽名。可是，「順天承運」在雪片紛飛般的促請繼續領導聲中，曾數次公開表示反對修改憲法的蔣介石先生，終於在不修憲而改臨時條款扼殺憲法的戲法中，被他的屬下「忠貞」之士拖下泥淖，使得他的英明偉大，打了百分之一百的折扣。而今造成了事實，我這無權無勢在海外求學，憂國愛國的赤子，被黃社經其人者戴上一頂「失意政客，海外寓公」的大帽子之外，依中華民國刑法一百條，該「眞僑領」黃社經幷送給我們七十三位反對連任宣言者一項叛國內亂罪狀：「挾其孽錢安居海外，養尊處優，陰謀欲奪取政權，挑撥僑情」，實不能不有所表示。

我之所云有所表示，並不是重視黃社經其人為我戴帽子，因為我是學法律的，我對中華民國的憲法尊重，不願意中華民國變成洪憲第二王朝，不忍見嗷嗷引領的大陸同胞受政治宣傳的欺騙，我個人（我想反對毀憲的諸公亦如此）乘着愛護蔣先生，珍惜其對國家過往的勳績令譽，不顧他受屬下蠱惑而壞法壞紀。對人來說，我敬仰蔣先生的歷史人格；對法來講，我不忍反共復國維繫國統的瑰寶——憲法被少數人製造類似圖讖的故事而毀滅。然則，如今已成事實，夫復何言！

現在，在台北出席國大的代表們，早已任務完成，出席費「袋袋平安」了，我這不能「一心一德」而「妄發宣言者」，於此尚未被刑罰而褫奪國籍之際，熱血沸騰，此心未已，對既成事實，所謂生米已成熟飯，俺們無力再加反對，惟寄望蔣先生在這另一六年任期中，如何彌補以往的「負國負民」，俾早日光復大陸，重建中華，上慰國父先烈在天昭鑒之靈，下答大陸同胞喁喁待援之望，則國家幸甚！民族幸甚！是以個人丁此時艱，掬誠獻議：

第一：中華民國退守在台灣的政府，其主要的任務與目的是光復大陸，重建中華；今後的工作指標是如何拚自己的生命來收復失土解救同胞。我們口號喊了十年，甚麼「一年準備三年反攻五年成功」，甚麼「反攻勝利年」，甚麼「共匪總崩潰年」，而事實上，金門炮戰展開，蔣杜聯合公報說不以武力反攻。蔣總統在今年二月二十日在國大會上講演又說：「我們決不能要求自由世界任何友邦，以武力來為我們進行共同收復自己國土的任務，而我們亦不能違反國際協定及其所應負的義務」。我們反對共產主義是一項國際問題，但是在中國反共卻仍是國內問題，更何況我政府及國際機構如聯合國都認定，在大陸紅色政權不是合法的組織，我們有權使用一切有利的手段，包括召募國際軍隊，來早日促成擊潰匪偽的力量，任何國際協定不能阻止我們使用武力反攻。我相信每一個人尤其是具有數十年與中共鬥爭經驗的蔣先生，以及政府軍政首長都清清楚楚，時間持久，對我們反攻是絕對不利的。很顯然地，國際上妥協的空氣極濃厚，歐美強國首長幾乎馬不停蹄；同時，在台灣的將士都快要超齡了，而大陸上的控制權中共日益鞏固，海外僑胞許多都由盼望切望而失望絕望；空談不能救國，同樣的，喊口號開遠期空頭支票更不能救國。蔣先生的聲譽在連任事件上大受影響。若再在此次任內，不抱着不成功便成仁的決心，拚老命轟轟烈烈地幹一場，則歷史上的蔣先生永遠是「撫躬內省，愧惶無地」者。所以我殷切期盼他毅然決然，擬訂軍事動員計劃，採取主動向大陸進軍，我們的海陸空軍配合登陸了，則大陸上的義民及游擊隊必會起而響應，共黨軍隊之天良未泯者必然投誠，這樣外內夾擊方克期其第三期革命任務成功；設或萬一不幸失敗了，革命的血花終有結果實的一天，蔣先生的偉大犧牲救國救民精神永垂不朽。

第二，為配合軍事行動，在外交上要挺起胸膛走中華民國路線，不要唯美國馬首是瞻，國際上講究的是買空賣空，我們千萬不能自認衰仔，說甚麼實力外交，實際上是自卑感，遠的不必談，我們祇看看二次戰後歐亞兩個戰敗國日本與西德，請看別人在國際政壇外交場合是如何威武如何受人尊仰，再看看南韓的李承晚多夠有骨氣。外交官的詞令之外便是胆識，記得前年美軍雷諾在台北槍殺我國同胞劉自然，美軍法庭不公的裁決，激起民衆義憤，蔣先生以元首之尊，痛責自己領導無方，手諭將衛戍司令憲兵司令撤職，據內幕消息黃珍吾將軍還因此嚐了蔣公一記「五權憲法」，以國家元首對美國暴發戶如此誠惶不已，外交官又胆識打從何處來；或者有人說，這是為了美援問題，可憐的緊，我們今天替美國防衞西太平洋的門戶，分潤的美國援外欵又有幾何？所以，要自立自強，首先要有獨立外交。沒有美援，我們民衆可以束緊褲帶，降低生活水準，大家咬牙奮鬥，老實說，今天台灣物質享受固然不及歐美奢侈，較比在抗戰時的重慶簡直是天堂，一切為國家，暫時受點苦，又何不甘心樂意？

第三，當然軍事行動外交獨立之外，內政的改革也不能不有所注意，我認為廣開言路，分清敵友，這一點至關重要，政府有其復國建國的一貫政策，與論上的批評建議若是對的是可行而當行的，應當坦誠接受，若是不妥的不對的，則可以剖析其內容指正錯誤。採取收買文丐糞字圍剿或者以一紙命令禁止入口，吊銷登記証這都是下策。例如香港的祖國周刊其言論我認為不及自由中國來得狠辣修辭舖句均極愼重，讜言正論，偏被禁止內銷，明明是朋友，偏偏要逼廹朋友翻臉製造敵人，執政者一愚至此，這難道是「實力外交」之外的「實力內政」嗎？

我不想多扯淡，在結束這篇文章的時候，我特別要提醒政府一句，持有中華民國護照的國民，在海外辦任何事都不順利，受盡了閒氣，惟一盼望蔣公實踐其諾言，領導我人重返大陸，不但是大陸同胞得解倒懸，便是海外僑民亦可少受一些閒氣。

勇哉李承晚，鄙哉中央日報！

直夫

南韓學生因總統副總統選舉非法而舉行一連串的示威運動，要求取銷一人統治和肅清貪污；李承晚先生終於辭職，以平民憤。他不但未曾誣指反對的韓人是共諜，而且還說他們是愛國者；他不但不以他們的示威為受「匪」指使和為「匪」張目，而且還說他願意照人民的意思而辭職。可見，這位倔強的老人雖然愛權，但却更為愛國和愛民。當他一旦發現韓國人民對於他的政權羣起反對之時，即決然引退，使韓局能轉危為安，無怪漢城的韓人包括反對他的學生領袖都受到感動而向他揮淚惜別了。

可是，台北的官方却自作多情為了他的去職而大感不安。除了由蔣「總統」親自出馬於答覆外國記者時，誣指韓國學生的示威是由共產黨所策動而外，中央日報還於四月廿七日特為發表一篇社論，題為「韓國的政治危機」，居然說，「今日韓國的悲劇，就是十年前我們中國大陸慘痛歷史的重演。十年之前，中共為了顛覆中國政府，肢解我們的國家，他在軍事戰場上不能擊敗我們的國軍，却在政治戰場上擊敗　們的政府……到了後來，反共的領導中心一度發生動搖，整個的政局使立即陷於不可收捨的絕境，而中國大陸亦即論入蘇維埃帝國主義的鐵幕。」他們把今日韓的局和當年大陸的局勢相提並論，自然是別有用意；而不惜顛倒史實，則更顯其心勞日絀。如所週知，當年大陸變色，除了由於政治腐敗和經濟崩潰而外；軍事的節節失利是直接的原因。然而中央日報却說國軍在戰場上並未被擊敗，試問，自濟南會戰，東北會戰以致徐蚌會戰，那一場戰爭國軍會得到勝利呢？而今日的南韓，則三八綫屹然未動，可見，在軍事上今日的韓局與當年的我們正適得其反。至於李承晚先生則能激流勇退，甘願順應與情而放棄政權，更沒有和當年的蔣先生一樣，於宣告引退之後，仍在溪口發號施令，直接指揮軍政，甚至公然以私人的手諭，調換軍隊將領及省府主席。更處心積慮、要假手共軍以消減異己。中央日報是否認為李承晚先生也應該在梨花莊安置電台和召集羣小來搗亂韓局，而使共軍得越三八綫而南，然後再聲言非他不能領導反共，而又捲土重來呢？

台北其將反美援朝乎？

自美國政府對南韓人民反對非法選舉和要求取銷一人統治的運動微表同情之後，台北官方徹賊心虛，因而大為震動。除了蔣先生急中有錯，公然以一國的元首而誣指李承晚先生本人尚認為是愛國者的南韓示威學生為共產黨而外，陳兼院長也趕着發表談話，說韓國需要強有力的領導。繼因蔣陳兩公的談話並未能挽救南韓的獨裁政權，太子派誠恐此風延及台灣；乃密令海外受津貼的報刊和文化走狗們一致抨擊美國不應該干預南韓內政和在東方國家主張實行民主，大有反美援朝之勢。可惜，李承晚先生並非愛權甚於愛國和愛子甚於愛民者的同道；否則我們的忠貞之士們說不定還要在蔣太子的指示之下組織自願軍去南韓為他平亂呵！

港九影人來台慶祝非法總統就職

非法臨時總統將於本月二十日就職，聞港九電影戲劇自由總會亦將組織慶祝團體于本月十八日來台，並預備了幾十面錦旗呈獻給非法總統和副總統及軍政首長。據悉，太子派原希望連任亞洲影后的尤敏和其他艷麗女星來台助興，繼因官方未允發給她們所要求的來回旅費而未能實現，殊為憾事。否則，在當日的電視節目中，人們于瞻仰領袖的赫赫威儀和太子的翩翩風采之外，還可看到爍爍的星光，豈不滿歟盛哉！

國民黨當權派竟要求黨員為選舉而犧牲生命

台灣地方選舉業經竣事，果然不出人們所料，國民黨獲得壓倒的勝利，該黨前曾制訂「中國國民黨台灣省各級黨部輔導黨員參加第二屆台灣省議員，第四屆台北市長選舉動員公報」（小冊子），其中有這樣的一段，「……要服從黨的命令，嚴守黨的紀律，黨要你競選，你才可以競選；黨要你放棄，你就要立即放棄；黨要什麼人為候選人，你就要選舉什麼人，而且要為黨而犧牲一切——不但要犧牲地位，而且要犧牲性命，亦在所不惜，這樣才是一個眞正的革命黨員，才不愧為一個為國為民的革命信徒」。（三月二十一日出版）

國民黨的黨員，眞的聽當權者的話嗎？不！不但不聽話，而且有背道而馳的事實可證。如台北市國民黨提名黃成金為省議員候選人，黃某堅拒而不接受應召，當權者在無可奈何下，只好另提陳重光遞補了。陳重光是人才嗎？不是的。他是酒家女的丈夫，因為他有一位美貌如花的太太，而又多金，在「財色」雙管齊下，他被提名了。此外，台北縣黨要謝文程競選縣長，黨要白金泉放棄縣長，可是白某偏偏不聽話，竟公開招待記者聲明脫黨競選。當權者在沒有辦法的情況下，祇好放棄威脅，而以利誘了。除了新台幣之外，且以名位相贈。類似此情，眞是不勝枚舉。至於國民黨當權派為了「爭取選舉的全面勝利」，「而且要黨員犧牲性命」，這顯然是要不讓韓國為選舉流血而專美於前了。不過，當權者犧牲性命的對手是誰呢？因為在野的青年黨與民社黨根本未提名縣市長及省議員的候選人，那末，流血的對象，革命的對象不就是台灣地方的選民嗎？多麼可怕呀！幸而選舉結果，他們已獲大勝，否則就當權者要求黨員應犧牲生命以爭取勝利的指示看去，說不定要釀成血案的。此即台灣的民主呵！

國忠寄自台北

中共加緊勞役大陸婦女

劉裕畧

大陸之窗

中共推行人民公社的目的固然是多方面的，但通過農村人民公社或城市人民公社來勞役大陸婦女，却也是其目的之一。所以，自中共在農村推行人民公社後，由於農民的家庭被拆散，農民家庭的炊具被銷毀，夫婦子女離散，於是，大陸所有農村婦女便都在「解放婦女」的口號下，被編入集體勞役的人羣。

最近，中共又在大陸城市推行城市人民公社，雖然，榨取婦女勞動力不是中共推行城市人民公社的惟一主要目的，但却也是它的目的之一，這從鐵的事實已經表現得很清楚。

一九六〇年四月廿七日北平出版的中共人民日報有一篇題爲「萬女鎖蛟龍」的報導，那是最能具體印証中共近年大力搾取婦女勞動力的十足証明。

「萬女鎖蛟龍」是報導中共迫使一萬三千女民兵修建惠女水庫的情形。原文說；

「在福建晉江太羅山，沿着羅溪兩岸，扎下子綿亘數十里的連營寨。夜間，這裏燈盞通明，火光燭天。白天極目四望，方圓幾十里內，到處是勞動的人羣，使得這深山僻野，一片沸騰。在這裡，一萬三千多人的女民兵師，經這一年零八個月的苦戰，修起了一座惠女水庫。一九五八年，……：一萬三千多婦女報了名，編成修水庫的娘子軍。她們背着行李，拿着鎬頭，扛着鐵鍬，帶着糞箕，遠行百里，浩浩蕩蕩來到羅溪。在這年十一月，一萬三千多名惠女婦女，响應毛主席大辦民兵師的號召，在工地上編成了民兵師。從此後，她們以營、連、排、班組織去完成勞動任務。……雨如瓢潑，雷電閃光，往壩上挑土的婦女，平素一次挑兩筐，現在一次挑四筐，挑六筐，多少人在泥土中跌倒又爬起。」

這是中共人民日報自己的報導，這報導充分說明了今天中共集體奴役大陸婦女的詳細情形。

當然，這種集體奴役，現在是更不止於農村婦女了。目前，中共已在大陸各城市推行城市人民公社，城市婦女現今正在被迫從事此類奴役，亦日見成爲普遍現象。

而在同一天的中共人民日報，中共女中央委員蔡暢（李富春的老婆）則更發表了一篇以「循着列寧所指引的婦女徹底解放的道路前進」的文章，號召大陸所有婦女，一齊離開家庭，一齊都去從事社會勞動。據蔡暢說：「正如列寧所指出的，婦女在法律上的平等還不是實際生活的平等」，於是，蔡暢根據列寧的這種錯誤荒謬說法，又進一步說：「集體生活總比個體生活優越得多」，「孩子的照顧將成爲公衆的事情」，同時，蔡暢又指斥「老婆做的飯才香，這實質上是資產階級思想和舊社會遺留下來的習慣勢力在作怪。」總之，蔡暢現在是正根據中共意欲拆散家庭，奴役婦女的做法來替中共欺騙和迫害大陸婦女。

而歸根結底，中共這種摧殘婦女幸福，強迫婦女從事苦役的主張，則又是「毛澤東思想產物」之一。據蔡暢說：「毛澤東同志指出：婦女佔人口的半數，勞動婦女在經濟上的地位和她們特別受壓迫的狀況，不但証明婦女對革命的迫切需要，而且是決定革命勝敗的一個力量」。實則毛澤東動腦筋動到婦女頭上，不過說明共黨的奴役與搾取是無遠弗屆的，而他現在之加緊奴役婦女，則更說明大陸所有男子早已全被奴役。但我們知道：以天下人爲敵者，又安得天下人不與之爲敵哉。看毛澤東這種倒行逆施，又不過是毛澤東更在加緊自掘墳墓而已。

中共行政上的官僚作風和腐敗現象

方正

中共財政部長李先念最近向中共的第二屆全國人民代表大會第二次會議報告本年度財政預算時除跨耀財務行政方面美滿成績外，還强調的說：「應當厲行增產節約，發動廣大羣衆，反對貪污，反對浪費，反對官僚主義，切實整頓幹部作風，提高幹部的政治水平，提高廣大羣衆的思想覺悟」。而事實上，在財政部的行政措施上，就充分地表現着十足的「官僚主義」和各種「腐敗」「無能」的混亂現象。現在就摘錄幾項事實（根據陝西省財政廳長張子龍：「給財政部提一些意見」），使大家可以認識中共統治下行政措施的眞實面貌：

一、「上邊不明確，底下亂捉摸」。

「有很多問題財政部不作明確規定，下邊請示，又長期拖延不作答復。如建設銀行、交通銀行和保險公司的性質問題，幾年來都不清楚。涉及這些單位是否征稅和職工的待遇問題，因性質不明確，便長期不能解決。上邊不明確，下面就亂捉摸，如保險系統的幹部說：我們上交利潤是企業性質，待遇是行政性質，福利是事業性質」。

二、「時雲時雨，追之莫及。」

「又如牲畜保險會議（第五次全國保險會議」決定實行强制定額保險，不久又改爲自願保險（不是說不應該，而是變化多端）。對公私合營企業，一時實行自願保險，一時又改爲强制保險。簡易人壽保險，忽而發展，忽而收縮，眞是時雲時雨。加之我們政策水平低，不但預測莫知，即就追之亦莫及」。

三、「突如其來，措手莫及。」

「如果財政部有拖拉作風的話，但也還有相反的突如其來措手莫及的事。如三月開會決定降低鄉幹部工資，四月份即扣發經費。我們開會的人回來傳達佈置，怎麼也趕不上。我們不要說做宣傳解釋工作，即發通知趕時還不能發到鄉級」。

四、「只聽樓梯響，不見人下來」。

「有好多事情，是屬於「只聽樓梯響，不見人下來」的作風。如新的農業稅法、預算法，兩年前就徵求意見，通知不久須發，可是兩年過去了，還未見動靜。實行銀行執行預算出納業務，下邊同志更是望日如年。財政部一九五五年六月即組織各省幹部在北京學習，并要求省裡也召集訓練。結果人訓練了，會計制度也印了，交欵書也印了，先通知一九五六年一月一日起實行，時間到了未接正式通知；以後改爲四月一日起實行，以後又改爲七月一日起實行，再以後連什麼時間實行的消息也沒有了，眞是無聲又無息」。

五、「既不合實際，又固執己見」。

「又如山區柿子釀酒征百分之三十五的稅問題，向財政部和稅總請示報告有五六次之多，要求降低。但始終要按百分之三十五的稅率征稅。因爲稅率高，釀酒無利，山區羣衆把柿子又運不出來，結果有些霉爛了。又如季度報告要求詳細說明，季度計劃執行情況又要寫報告，其實時間相差無幾，內容大同小異。我們去年請示，報一次就可以，財政部要求照原規定辦理。形成重重叠叠，徒具形式」。

以上各節，都是照原文摘錄，雖屬點點滴滴的事情，也可以概見中共統治下行政作風的一斑，中共的中央機關尚且充滿着這樣的「腐敗」「無能」「浪費」和「混亂」等現象，那末，省、市、縣及鄉區等地方機構，人員素質更低，一切行政上的腐敗作風，也就不難想見了。

剖析中共召開民兵代表大會的意義

中共於四月十八日開始，在北平首次召開具有深遠意義的「全國民兵代表大會」。朱德、林彪、董必武、鄧小平、林伯渠、彭眞、羅榮桓、賀龍與羅瑞卿、陳伯達等中共黨、政、軍首要，都出席了這一會議，羅榮桓與賀龍曾分別發表開幕致詞和祝詞，羅瑞卿以共軍參謀總長的地位，向該會報告民兵建設問題。在會議期間，毛澤東曾分別接見有關代表，因此也就益顯示出這一會議的重要性。

類似此種性質的會議，中共過去也曾召開過，但都不是全國性的。那麼，中共繼這次「人代」、政協「大會」之後，何以又召開「全國民兵代表會議」呢？羅榮桓在發表的開幕詞中說：「我們這次大會的任務，就是爲了要進一步發動全國億萬民兵的革命積極性，提高民兵社會主義、共產主義覺悟，發揚民兵的光榮傳統……高度發揮既是軍事組織，又是勞動組織、教育組織、體育組織的作用，加强祖國的社會主義建設和加强國防建設」。因此他接着又强調：「民兵的一切活動，必須以發展爲中心。一定要注意服從生產、圍繞生產和落脚於生產」。最後則謂：「這次會議，是一個加速社會主義建設的誓師大會。我們相信通過這次大會，全國億萬民兵必將更加意氣風發，幹勁冲天，高舉黨的總路綫、大躍進、人民公社三面紅旗，爲把我們可愛的祖國迅速建成現代工業、現代農業、現代科學文化和現代國防的社會主義强國而奮鬥」。

從羅榮桓的致詞中，可以充分顯示出中共於此次大會之後，將利用民兵進一步搾取大陸人民的勞動力，同時在城市公社制度開始正式推行後，難免不遭受城市居民的强烈反對，因而除要民兵先行參加公社起帶頭作用外，并協助公安人員加强對一般市民的監視和控制。毛澤東在一九五八年秋號召「大辦民兵師」的目的，本來就是爲配合「社會主義建設總路綫、大躍進、人民公社」政策推行的，其時有人把中共「大辦民兵師」看成是「擴軍備戰」，不過民兵并不是中共軍隊的主力，因爲中共之「民兵師」事實上并不如正規共軍之組織完整，除少數幹部配有陳舊武器之外，其餘人員亦無武器。而且亦很少有接受軍事訓練的機會。

當然，中共之所以「大辦民兵師」，自亦有其積極的作用，那就是在平時利用民兵的「組織軍事化、行動戰鬥化、生活集體化」，來增加生產力量，并協助中共加緊對大陸人民的奴役與控制，這也就是現階段民兵的任務。至於一旦戰事爆發時，民兵最主要的任務，是協助公安部隊維持治安和協助部隊，從事運輸補給工作，就目前情況及中共舉辦民兵的目的而言，它不可能直接參加作戰。是以民兵平時在生產方面的意義，較爲重要，也是積極的，在軍事上的意義是消極的。

羅瑞卿在這次會議中說：「民兵的一切活動，都應以生產爲綱。」在工業戰綫上的民兵，要用實際行動保證完成今年各項工業增產任務。在農業戰綫的民兵，要堅決貫徹八字憲法：……全面按排，大力發展農、林、牧、副、漁等各種生產……城市的民兵，要積極參加人民公社，并成爲城市人民公社的骨幹力量」。羅瑞卿在談話中，雖然也曾說：「如果帝國主義敢于對我國發動侵畧戰爭，我們就充分發揮全民皆兵的偉大力量，配合人民解放軍作戰，敵人從那裡來，我們就把它消滅在那裡」。不過，這是說明了民兵在軍事上，依然是消極的防禦性的。但是，話要說回來，假如民兵一旦掀起反共運動，對擊潰中共政權却有決定性作用，而且屆時中共政權，亦必淹沒在全民皆兵的汪汪大海裡！

文藝林

寮國大選與寮局前途

萬清

去冬一度成爲東南亞緊張中心的寮國，最近（四月廿四日）已重新舉行大選。自寮共軍叛變及北越共軍滲透入寮以來，寮國經過了軍人執政的臨時政府，和元老主政的超然政府，現在才又走回憲政選舉的舊路。政權更迭的頻繁，反映政局的缺乏穩定；這次大選是否能把政局導入正軌，使寮國趨於安定？相信會是亞洲各國所關心的問題，因爲當去年寮國軍事緊張時，曾經有「第二韓戰」的危懼，所以寮都永珍這個山城的動態，更加吸引着廣泛的注意。

共黨不參加競選

寮國大選前的政治背景，主要的當然是「反共派」與「親共派加上共黨」之爭，這是承繼以前「聯合政府」時期的一項政爭，共黨方面——原來的名稱仿照越共稱爲勞働黨，因參加聯合政府而改稱「愛國黨」的灰色名稱——因被自由主義派的「人民大會黨」前總理洗迺恭清除出於政府以外，因而發動了叛變。叛變的軍事行動，雖已告一段落，但政治鬥爭並沒有停止。每當共黨的軍事行動停止的時候，便是政治滲透和分化展開的時候；何況「反共派」的陣營，也不是完全一致的？這就有可以讓他們「分化」的餘地了。

所以在這次大選之前，「愛國黨」亦曾推出了九名候選人，準備參加競選，但並沒有正式向選舉事務所辦理登記手續。就在他們宣稱參加競選而實際不進行參加的時候，突向臨時政府當局提出要求，要求准許他們會見被扣獄中的寮共首領蘇發努馮親王及其他七名寮共領袖，作爲牠們參加競選的條件，但「考、阿派」總理終予以拒絕了，祇准許他們如有什麼信息要給蘇發努馮，官方可以將他們的函件代爲轉達，因爲蘇發努馮等被扣後，一直被隔絕與外間的通訊，當局深恐讓他們與外間黨徒會見，會有什麼陰謀。最少，他們可以在選舉之前，發動一項龐大的宣傳攻勢。

由於政府的拒絕共方條件，寮共（即「愛國黨」）議員終於沒有參加競選。一般認爲，這是寮共準備繼續發動叛亂的訊號。而寮政府亦已厲兵秣馬，加以警戒。

反共派的兩系

大選的結果，目前還沒有完全的統計，除邊區的報告尚未抵達首都外，在議會的五十九個席位中，反共派所得的席數已達三十四席，中立派亦有六席，比較親共者獲選只有二席，正牌共黨無席位。反共派的壓倒勝利，已絕對沒有疑問。

不過，上面已經說過，「反共派」並不是完全一致的，「反共派」中，有兩個大派系，一個便是前述的「人民大會黨」，原由該黨主席，已故前總理蘇沙里夫所領導，他們會在國會佔有三十六席，因此堅固地支持了洗迺恭前總理的政權。但蘇沙里夫於去年十二月廿九日突然患腦溢血逝世之後，洗迺恭總理便突告辭職，原因是「與國王發生歧見」，國王接受「國家利益防衛會」的主張，要解散國會，實行强力政府政策。

洗迺恭辭職，「國家利益防衛會」的支持者陸軍就接收了政權。這就是去年除夕產生的軍人政府。軍人政府出現之前，國家利益防衛會的七位軍官，曾退出內閣，對洗迺恭施壓力，迫使內閣垮台。這一段軍人與政治家的矛盾，距今不過三個多月，正是記憶猶新。

政策上有歧見

軍人政府在位，只不過一星期之久，便自動把政權奉還國王，由國王命令元老「考、阿派」及其弟「努伊、阿派」組閣，兩人分任正、副總理，考阿派原係前王樞密院之主席，國王稱此一內閣爲「服務內閣」，意即「協助渡過非常時期，以迄這次大選。果然照預定的日子舉行，不致延期。大概是鑑於共黨禍亂仍未消弭，當局存心警戒，所以力謀依期選舉。亦因爲這個緣故，洗迺恭的人民大會黨，與軍人的國家利益保衛會，在選舉中獲得併肩作戰的協議，結果在選舉中擊敗對方（中立派及親共份子），票數均係壓倒的勝利，如國家利益保衛會候選人塞耶德希，就以一萬九千票之多，擊敗對方的五千票。

據估計反共派最後可能奪得的席位，也許會達到四十五席。僅依目前的三十四席，軍方十八，政方十六，亦已可控制議會。但問題是，軍方的國家利益保衛會，與洗迺恭派的人民大會黨、是否能合作到底？

去年除夕，軍方的倒閣和組閣，當然使雙方存在了裂痕。在政治主張上，人民大會黨是「反共而中立」的，但國家利益保衛會卻認爲可以走到反共的極端，如加入反共軍事同盟的東南亞公約機構。前者是對內反共，對外採多少妥協的姿態。後者則是內外一致地反共，甚至也不辭一戰。有人認爲這個距離是太大了，因之，反共的兩派最終仍可能發生裂痕，而分化，那麼，寮國的政局和政策，也還沒有到大定的時候。

・永珍通訊・

僑鄉近訊

中共驅策羣衆向「三荒」尋「寶」

・江水・

中共爲急切補救物資的荒缺，於是又大力發動「向三荒大進軍」，把青壯人民，驅策到「三荒」去。所謂「三荒」，就是荒山、荒地、和荒灘。這種『向三荒大進軍」的把戲，刻已在廣東各縣攪得如火如荼。共幹發動這把戲，還要强迫被徵集到「三荒」去的青壯份子舉行「誓師大會」，簽具保証書，聲明絕對服從「黨」的命令，接受「黨」的支配。換言之，就是要青壯年的羣衆，把他們一點一滴的血汗，都「奉獻」出來。據說：「向三荒大進軍」的目的，就是要向「三荒」找尋「十寶」。甚麼叫「十寶」？原來就是木材、毛剛竹、淡欂竹、蘆葦蘆竹、杞柳、白蠟條、茶葉、果品、木本油料，和香花香草。共幹還在各工地上，揭示了「三不主義」，强迫被徵集服役的羣衆接受。「三不主義」就是進軍不畏艱險，工作不計條件，勞動不論酬報。因此，千千萬萬的青壯年人民，立刻變成「黨」的奴工，在「三荒」中過着牛馬的生活！

保山人民一再搶糧釀成流血大慘劇（雲南）

雲南保山一帶，於三月下旬至四月中旬之三十天內，會兩度發生鄉民搶糧事件，均釀成流血大慘劇。中共在保山附近，向有大批武裝部隊，該部隊的給養，經常是用車輛運輸供應，運糧車輛每天都經過保山城區，輒引起城內居民圍觀，歷安無異；惟最近一兩月來，糧荒日益嚴重，城內居民配糧額一再減縮，因此激動了居民的憤恨，而糧車的經過，更刺激起居民忿忿不平的心情，致釀搶糧行動。據悉：第一次搶糧，是發生於三月廿六日，死傷居民十八人，共方也有四人受傷。第二次發生於四月十三日，這次比上次尤爲激烈，居民實行火攻，搶走糧食後，並縱火把糧車焚燬，共軍則開動機槍向人民掃射，全城騷動，連南門外兩間公營機構，也遭波及，被搗毀不堪；結果，居民死傷四十二人，共軍也死傷七人。事後還有居民七十八人被捕，下落不明，城內城外，一片恐怖氣氛，迄仍未消除。

「勞模」變了「逃模」

石乃雄

中山縣鄉民蕭敬山，那天深夜，掉着小艇，載同他的族親六人，逃出共區，划向澳門。小艇剛掉離灣仔不久，卻給駐守水壩那邊的共軍巡邏艇發覺了；「卜……卜……」的槍聲不斷發出，子彈好像雨點般朝着他們的小艇射來。

「他媽的」！蕭敬山回頭罵了一句，便立刻勸令他的族親伏下艙底，他則抖擻精神，繼續大力向前划。

突然，「砰」的一聲，一顆槍彈從蕭敬山的手臂上擦過，鮮血隨即湧出，他的腦袋也昏迷了一剎那，險些兒翻墮海中。幸而他的身軀相當結實，過了一忽兒便回復了精神，於是咬緊牙根，忍着痛楚，鼓起勇氣，繼續掉向澳門去，終於脫離共方步槍的射程，箭一般的駛到澳門的沙梨頭。那時，岸邊的蛋民都擁集到他們的小艇旁，大家都替他們的能夠避過危險逃出生天表示慶幸。

喧鬧中有人發覺了蕭敬山的運動背心上，嚇然印有「勞模」二字，於是他們又詫異起來，大家都瞪大眼睛瞧着蕭敬山出神，把他視作「神秘人物」。

艇上一個年約六十歲的老頭兒，見這情形，料知他們發生了誤會，兀地站立起來，向他們解釋：「阿山在共區雖然是個「勞模」，但他卻是反共的；他勇敢地領導我們逃亡，以致手臂「戴花」，爲我們流血，現在，他已變成「逃模」！哈哈！」這老頭兒的笑聲，立刻輕鬆了蛋民們的心情。

印度將實行擴軍

查錦文

尼赫魯和周恩來的「邊境問題」會談已戲劇性地舉行過了，其後果怎樣，姑置勿論，而印度的擴軍，乃基於環境的迫切需要，在目前形勢下，是事屬必行的。

印度自一九四七年八月十五日獨立以後，即自行建軍，惟迄今僅得正規陸軍八十萬人，地方部隊三十萬人，主力配置於西部的巴印邊境和東北部的藏印邊境；空軍力量，卻微不足道，目前包括各式類型的新舊飛機也不超過千架；海軍力量，更等於零。這些微弱的軍力，烏足以言國防？於是在「邊境糾紛」已達白熱化的今日，尼赫魯便立刻感覺到擴軍乃屬當前最急切的問題。

本來，印藏邊境糾紛，遠自一九五七年已啓發了爭端，那時中共已公然在喀什米爾東北的拉達克區，建築貫通新疆與西藏的公路，不過當時尼赫魯被所謂「萬隆精神」及「和平共處五大原則」衝昏了腦袋，故仍保持着「友好」的態度」，對中共的措施，未有表示任何反對的意見。迨西藏抗暴事件爆發，達賴逃亡印度，中共藉口「追拿越界藏民」而公然派兵侵入印境。到了這時，尼赫魯「中立政策」的迷夢才告畧爲覺悟。印度人民，也開始對中共的包藏禍心笑臉，有了清楚的認識，并不斷地抨擊尼赫魯的懦弱；不特反對派的社會黨人士强力要求尼赫魯對中共改採强硬的行動，即印共份子，也紛紛指責尼赫魯容忍中共製造糾紛的失當。尼赫魯如受當頭棒喝，自那時開始，便逐漸堅定了擴軍的決心。

印度民族，由於成份複雜，形成民族性渙散。但最近因一再受到中共武力的壓迫，各地「恢復甘地精神」的呼聲高唱入雲，全國人民，對共黨的反感，也愈益加深。加以中共自去年十一月以後，即在藏邊屯駐十八萬至二十萬重軍，並派配備祕密武器的便衣特務滲入邊區活動，又在所佔據的八處喧險建築堅强工事，作久據企圖，對印度人民心理上的刻激，更爲重大。尼赫魯目覩這些惡劣的氣氛，固然滿懷憤恨，而各族青年，處此戰雲籠罩的威脅下，也慷慨激昂，紛紛集體請纓衛國。這一形勢，更促成了尼赫魯擴軍計劃的趕速施行。

（下轉第七版）

夢醒時候（上）

孟萇芎

戰火燒到了大榕江邊，桂林城日夜可以聽到霹靂的炮聲。蒼白的雲層裡，不時傳來飛機聲，加重了戰亂的氣氛。在兵荒馬亂中，大家的心情像壓着一塊巨石，沉重苦楚。

…………

一、

廣西大學宿舍，戌夜的校警，不時吹動尖銳的警笛，這笛聲使宿舍的宿生，沒有一個睡得安寧。王明和趙丹也在床緣上商量怎樣應變。

「解放軍明天就可進城了，我們的生活必然會發生巨大的變化。」王明用很沉重的語調說出：「至少大學生活的黃金時代會結束了！」

「我們不能再唸書嗎？」趙丹的心頭也很沉重，但爲了安慰他，不得不輕輕地說。

「讀書要錢，我的家庭早就給土共清算完了！那裡還有錢？」他的眼睛含着眼淚說：「照目前的形勢看，中共統治大陸，是歷史注定了的。我們的希望也就給這場戰禍毀滅了。」

「我們沒有辦法挽救嗎？」她說：「中共早先的宣傳，不是說大學生都可享受全公費嗎？」

「這是瞎話，縱使大學生享受全公費也輪不到我們！」他斬釘截鐵地說。

「…………」她遲疑地凝視着他。

「過去，我們跟着中共的地下份子，高呼反飢餓反迫害，參加示威遊行。」他懺悔地說：「結果，我們帮了他們的忙，却「革」了自己的「命」。現在，家庭已給鬥完了，自己和他們又無組織關係，不要說享受全公費，就是不要給他們指是國特份子，已經是夠僥倖了。」

趙丹知道王明的心情是很痛苦的，但沒法找出一句適當的話來安慰他。因爲他的家庭被土共指爲惡霸地主以後，家庭被刼掠得一乾二淨，父親流亡不知所之，母親坐了牢，妹妹被迫嫁了人，一個完整和美好的家，給一個翻天覆地的刼難，破壞得蕩然無存。她能對他說什麼呢？同時，她想到此處，不覺間，一串同情的淚珠，滴了下來。

「小丹，不要傷心！」他看見她落淚，就忘記了自己的傷心，撫着她的秀髮，親熱地說：「不要哭，哭也沒有用，現在，我們應該想辦法，辦法總是想出來的。」

趙丹沒有答腔。房子裡的沉默，愈發顯出槍炮聲响的撼人腑肺。

良久，王明站了起來，在房子裡來回踱着，又走近窗前。然後回過頭來，正對着趙丹說：

「小丹，我決定『參軍』！」

這像一塊大石，擊落在她的靜謐心湖裡，起了一陣劇烈的震盪。她凝視着他面部緊張的表情，激動地說：

「『參軍』？軍隊的生活，你受得了？」

「受得了受不了都得受，形勢比人強。參了軍，一來可免被誣國特的危險，二來可以暫時解決個人的生活，三來也許可找到一條出路。」他理智地分析着。

「我呢？」趙丹說。

「夫妻好似…………」王明原本要說「夫妻好似同林鳥，大難來時各自飛」這句成語的，但他說了一點就咽了下去。

「你忍心丟開我嗎？」這一問，使他感到一陣心酸，兩行眼淚掛了下來。

她啜泣着，細雨的淅瀝伴奏着她的嗚咽，使這漫漫長夜，越發充溢着淒涼、悲愴。終於她走前他的身邊，握緊他冰冷的手，傷心地說：

「我也去，去當女兵，無論天涯海角，我都要跟隨着你，你不能離開我，你不能丟棄我…………」

王明緊緊擁抱着她，在她的面頰上深深的一吻，遠處的槍炮聲愈響愈近，在這動亂的深夜，他們默默地等待着明日——明日的命運安排。

二、

王明和趙丹變成了一個大兵，他們斜戴着軍帽，穿着濶大而脫了鈕子的軍服。但從他們的膚色和舉動看來，一望而知，這是新參加的知識份子。

他們離開桂林，也離開了寶貴的大學生活，隨着隊伍，沿着荔濃公路南進。

一日行軍百二里，他們負荷沉重的背包，一步一步的艱苦進軍，脚底起了水泡，肩上像兩條死蛇纏繞着，但他們不敢呻吟半點痛苦，一方面參軍是自願——自作自受的，一方面還有個縹緲的夢幻。

軍次荔浦，他們這一羣數以百計的新參軍的知識份子，被安頓在一個刼後的廢墟裡，開始「隨軍學習」的生活。

第一天，編成一個學習中隊，下分四個學習小隊，王明被編在第一小隊裡，而趙丹却被編在第四小隊裡。

中隊長是一位東北老粗，兩個又圓又黑的眼睛，露出一派兇惡的目光，原來日軍扶植僞滿州國時，他在叢山萬嶺中出沒，正因爲他出身是流氓土匪的雙重資格，因之，中共入關後，他陞遷得很快，參軍不上八年，那怕他斗大的上大人三字都認不出來，但，現在的官階是副團級幹部了。

教導員是唸過小學四年的中共黨員，乍眼看來，好像是彬彬有禮的君子，但他的好笑，却掩蓋不了他內心的兇殘冷酷。他雖然只是營級幹部，可是掌握着整個中隊的學習方針，權力似乎要在中隊長之上。

王明和趙丹本來是富家子女，嬌生慣養，而今這樣風餐露宿的軍伍生活，是不易接受的。好在他們還能在一起工作，精神上的安慰，可以稍補肉體上所受的苦楚辛酸。這樣地，個多月過去了。他們的談情說愛，引起了中隊長和教導員的注意，認爲是落後腐化的資產階級的不正派作風。

「同志，我們這個小組會，一方面檢討我們的生活，一方面是帮助王明和趙丹兩同志進步，希望大家提意見。」

頓了一下，他又跟着說：「同志，大家都知道我們的革命，是要革地主的命，革資產階級的命。今日的敵我情勢，中國革命雖基本完成了，但這只是萬里長征第一步，我們的敵人無時無刻不在陰謀復辟，地主和資產階級份子隨時滲潛我們的革命隊伍，進行腐化和破壞工作。因此，大家必須提高警惕，分清敵我界線，爲無產階級的革命做一個小羅絲釘。」

卅多個人的視線，集中在一個焦點，聽教導員說，使他愈說愈興奮，愈說愈激厲，最後，他指着王明和趙丹兩人說：

「王明趙丹兩同志，他們的出身是反革命份子，革命勝利了，他們參加到我們的隊伍來，由於接受組織上的決定，要團結知識份子，也就歡迎反革命份子的子弟到無產階級陣綫來。要是在從前哪！東北鬥地主的時候，地主富農的子弟到部隊來，都押解回原鄉斬草除根的！」

王明和趙丹聽了，臉上紅一陣，白一陣，又青一陣，羞憤和恐懼交併在一起。

「檢討會」接着還有很多人發言。

「他倆鬧小圈子，個人利益高於黨的利益。」

「他倆想攫奪勝利的果實，投機取巧，混入部隊來。」

「他倆偷偷摸摸搞男女關係！」

「享樂腐化份子，像兩條野狗！」

「他倆忠於本身的階級立場，是典型的無產階級叛逆！」

…………

在卅多個人中，此起彼落對他們進行「思想教育」，還夾雜着許多使人難堪的挖苦和謾罵，王明好幾次站起來，想開聲辯駁，但話一出口，馬上給叱喝聲壓制下來。

最後，教導員又出面來了，滿臉的煞氣收斂起來，堆砌一層好笑，他總結了這場狂風暴雨般的「鬥爭」：

「同志，我們很嚴肅的上了一堂政治課，它教育我們怎樣去分清敵我界綫，怎樣去站穩自己的政治立場和思想原則。王明和趙丹同志，他們兩本來是很壞的階級出身，迷戀舊生活方式，談戀愛，搞私人關係，過小圈子生活。大家有責任來幫助他們進步，希望能夠丟去個人的思想包袱，站在無產階級的立場，做一個毛澤東時代的大兵。」

於是，一串劇烈的鼓譟，又震撼着鬥爭會上的氣氛。

「我們要他們承認錯誤，坦白檢討。」

「他們是爲資產階級復辟？還是爲無產階級革命？」

「不許他們腐化我們的革命隊伍。」

…………

印度將實行擴軍

（上接第六版）

據有關方面透露：印度的擴軍計劃，第一步是將正規陸軍擴充至一百五十萬人；第二步是設法裝備包括核子武器的現代軍火。此外，軍校學額，也增加百份之五十；並計劃先行建立一枝廿五萬人的輕武裝步兵。目前印度的國防預算，佔總額的百份五十，數字約達卅一億盧比；但由於擴軍的實際需要，這個預算額也將在短期間內被閃電衝破，也屬意料中事。

文壇泥爪

女人的脚

初期白話詩文，往往羼雜着一些文言句子，雖然立意是寫白話，但不覺不知地就寫出了文言。這種毛病，開創新文學運動的大師們，曾拿女人的脚作比方，說純粹文言文是纏裹的小脚，夾雜着文言句子的白話文是放脚，純粹白話文是天足。因爲初解開裹脚布，不可能成爲天足，不得不是放脚。要想完全是天足，得等到下一代。如胡適曾說：

「今日半文半白的白話文，有三種來源。第一是做慣古文的人改做白話，往往不能脫胎換骨，所以弄成半古半今的文體。梁任公先生的白話文屬於這一類。我的白話文有時候也不能免這種現狀。纏小了的脚，骨頭斷了，不容易改成天足，祗好塞點棉花，總算是提倡大脚的一番苦心，這是大家應該原諒的。……平心說來，我們這一輩人都是從古文裡滾出來的，一二十年的死工夫，或二三十年的死工夫，究竟還留下一點子鬼影，不容易完全脫胎換骨。大概我們這一輩半途出身的作者，都不是做純粹國語的文人。新文學的創造者應該出在我們的兒女的一輩裏。」（現代評論一一九期）

劉復在他影印的「初期白話詩稿」自序裏也說：

「我把這一部稿子印出來，眞是了無足奇。豈特了無足奇，亦許有許多思想比我們更進步的人要在旁冷笑，以爲這算得了什麼東西呢？不差，以鞋子裏塞棉絮的假天足，和今日『裙翻駝鳥足』的眞天足相比，那算得了什麼東西呢？然而假天足在足的解放史上可以佔到一個相當的位置，總還是事實。」

放足式的白話詩文，初期誰也不免，魯迅兄弟犯的就相當厲害。說也巧，在民八前後開創新文學運動的時候，也正是女人開始放脚的時候。不過如今已經過了四十年，女人的脚早已全成了眞天足，而白話詩文還有不少假天足。老一代的人固然無法脫胎換骨，新生的一代却也不就是眞天足。這究竟是什麼道理呢？就筆者個人看來，可能有兩種原因。一是眞正好的、足以示範的白話文，至今還沒有產生，學習寫白話文的學生，讀的還是文言文和放脚式的白話文。不見國文課本嗎？除了古文詩詞外，就是早期的白話文。二是我們的語文不可能完全改成純粹的白語，有些人人聽來都懂並且在口語中用慣了的文言詞語，改成白話反倒不好懂。好比「莫名其妙」「非常之好」這等句子，看似文言，其實已經是白話。眞像章士釗那樣，把「二桃殺三士」翻成「兩個桃子殺了三個讀書人」，不是太囉嗦？

時代與我（十）

正義與溫情的勝利

徐亮之

我現在要列舉事實替國民黨員說幾句話了；但這裡所說的國民黨員，那些已經墮落成或甘心做一人一姓的家奴的，却沒這資格。這裡所說的國民黨員，也實可以說全是國民黨的孤哀子；因為自從一人一姓在國民黨內獨裁胡來以後，國民黨便早已名存實亡了；便早已祇有這種孤哀子式的黨員而沒有黨的了。而當年處理我的案件的全體委員，除了熊育錫以外，（他最少乃江西國民黨一個小組織的掩護人，或包庇者）便全是這樣的孤哀子式的國民黨員。他們全是講正義、講公道、欵欵情多，而富有國民黨的傳統精神的；因為我和他們全無平生之素，然而當他們一看見了我的呈文和信件之後，竟全不惜為了我而對他們的「同寅」熊育錫委員群起而攻之，便是這種傳統精神的充沛的事實的表現。下面便是我所要列舉的他們的事實：

先說徐虛舟先生：他接到了我的信後，竟毫無顧忌地公開給省政府的秘書傳觀；因為知道我母病和家貧，更立即致電我縣的黃雨穀縣長送錢給我母親醫病。覆審以後，為了敷衍熊育錫的面子，表面上雖判我「宣傳反革命文字」，徒刑兩年；事實上則在我纔坐滿十個月後，便示意我請病保釋出獄。出獄後，我曾到省府向他道謝；他却愀然說，他和其他的委員一樣，全祇該受責，而沒有資格領謝。同時，他知道我想去日本讀書，立即問我的行期，表示願意幫助我一切費用，我却婉轉謝絕了。他為這一案件後來並送了我兩首詩說：

奇寃誰遣覆盆開？往事思量信可哀！
士盼遺行吏議死，人皆欲殺我憐才。
少年患難原膏澤，亂世文章本禍胎。
千古鄒陽同一例，又見六月飛霜來！

紛紛衆女妬蛾眉，射影含沙事至危。
善不可為惡寧論？動而得謗名亦隨。
投杼有母疑曾子，對簿何人是魏其？
太息千秋文字獄，寃魂纍纍不勝悲！

然而不久，他却以另一事件遭受攻訐不安於位而終於去職了！

再說楊賡笙先生：他那時乃以民政廳長代省主席，因為朱培德主席常常是不在南昌的；因而他對本案平反的推動力可能比虛舟先生更大。他對本案態度的轉變過程，是一師同學兼和我同獄的蕭光璧君後來告訴我的。原來當本案急亟惡化的階段，光璧剛好無罪開釋，他認為前一師校長蔡漱芳先生和楊先生是湖口同鄉，自告奮勇地替我去要求蔡先生向楊先生關說；不料楊先生却以「已經議決」為理由，一口氣回絕了。但等到看了我的信件之後，却又高高興興地自動找着蔡先生說：「藝圃這孩子在這時候還能寫這樣的信，看來乃是奇才（其實我當時祇是為救母親而咬緊牙關與死神搏鬥而已）！我一定想法子救他。」

再說羅介人先生：他乃衛戍司令部的秘書長，是代表王均司令出席委員會的。他為本案曾起草了幾千字的覆審提議書，油印分發給各委員（志澄曾秘密抽了一份給我看過），對熊委員的判決一一加以駁斥，而殿以這樣的筆挾風霜的結論說：「本會受政府之付託，作本黨之保障，同時有尊重法律之精神。查定案而無事實，是謂武斷；事實而無根據，是謂蔑法。……」

後來我出了獄，也曾去向他道謝，但他却見也不見，祇吩咐門房傳話說：「知道了！」「知道了」這三個字，由羅先生之口通過門房而傳入了我之耳，是如何地振動着我的心弦的一種充滿正義與無私的溫情的人間的語言啊！

最後說凌錫蕃先生：他和羅先生乃湖北同鄉；後來並和我是省政府的同事（他以地方法院推事兼省政府的法制科長）。有一天我和他曾有過一席這樣的談話：

「我倒記起一件事來了；」我說過：「我的親戚告訴我，說是有一次縣裡來了一個相命先生；這位相命先生老是在茶寮和大煙館裡廝混，逢人便問『你們縣裡有個姓徐的小子在省城槍斃了，知道不知道？』接着老是大罵這小子和共產黨一頓；直到人家說這乃是黑天寃枉，和寃枉在什麼地方；相命先生方才請教對方的姓名，方才也跟着歎息起來。可是有一天這些曾被相命先生訪問過的茶客烟民全被傳去縣政府大堂問話，個個嚇得什麼也似；不料打眼一看，坐在大堂上的嚇然竟就是這位相命先生；祇見這位奇怪的相命先生威嚴地發話說：『你們別害怕！你們的名字和前幾天對我說的話，我全紀錄在這兒了。現在你們祇要先看一看自己曾經說過的話的紀錄，然後在自己的名字下簽一個字或畫一個押，便全可以馬上出去！』結果全都歡歡喜喜地簽了名或畫了押；這故事也便立刻傳開去了。凌先生！你是這案件的主辦人之一，不知道真有這樣的故事沒有？」

「還說咧！」凌先生興冲冲地笑着說：「我現在老實告訴你：這個相命先生便是我。我生平不懂抽大烟，更沒進過大烟館；但為了你的事，我已經進過三次大烟館了。你非賠償我的名譽不可！」

人間、人間竟這樣地充滿了正義與溫情；說明熊育錫為了幾個沒長進的學生居然要我離開這樣的人間，是夠煞糊塗的；我的堅決控告與反擊他，是完全正確的；而我的控告與反擊竟居然勝利了，實說明乃人間正義與溫情的勝利；亦即正義與溫情終將在人間獲得最後勝利的堅實的証明。

記庚子拳變始末（四）

舜生

是月十五，日本使館書記生杉山彬因事出永定門，為董福祥所部武衛後軍所殺，並支解其屍體。

十七十八等日，拳匪對教堂教民的燒殺更趨於瘋狂。二十日午前，匪於正陽門外焚燒一西藥房，大火熊熊，無法施救，也無人敢救，乃延燒達四千餘家，火至天明未熄，西自觀音寺至大柵欄，南自煤市街至西河沿，百餘年繁盛商場，俱成灰燼。九城同日罷市，民居一夕數遷，人心始惶惶憂亂。

自二十至廿三日四天，慈禧召集大學士六部九卿連開御前會議，許景澄、袁昶、立山、聯元、張亨嘉、朱祖謀、王文韶等，均力言拳不可用，釁不可開，使館不能攻，使臣不可殺，祖謀更指名董福祥極不可恃，光緒帝極以為然，太后則斷然拒絕，載漪、載瀾、載濂、溥良等，尤橫恣不可以理喻。蓋先此榮祿以一不確實之消息告太后，謂各國請太后歸政，故太后宣戰之意早決，會議不過為將來諉謝責任留一餘地而已。

二十三日，德使克林德應召乘轎赴總理衙門，行至東單牌樓，即為載漪所部虎神營所鎗殺，於是戰禍乃更迫於眉睫。

這個時候，北京城中已遍設神壇，大寺觀設大壇，祖拳的王公如載漪、載勛等，則於其第內設壇，太后也於宮中設壇，莫不晨夕頂禮，虔誠禱祀；同時又令居民燒香，於是白晝則香煙蔽城，結為黑霧；一到晚上，則通城慘慘，鬼氣森森！太后更下詔褒獎拳匪為義民，發內帑銀犒賞一次多至十萬兩，匪中的「大師兄」之類，且可往來宮中，出入王公邸第，於是北京及其附近的一切無業遊民，流氓地痞，乃莫不以加入「義和團」為幸，甚至十一二歲的小孩子，也可一變而為「義和團」的青年團員。

凡加入義和團的團員，大率都穿一身像「七俠五義」「小五義」那類人物在舞台上出現的衣服，莫不手執各種武器，橫行市中，殺人則刃矛並下，雖嬰兒亦不能倖免。時載勛剛毅已奉命總統拳匪，載瀾英年佐之，儘管拳匪的姓名已登記，並稍加部勒，比如官軍，可是拳匪絕不聽受約束，專殺自如。『都統慶恒，一家十三口皆死，載漪夙暱慶恒，亦不能庇也。戶部尚書立山，不甚附載漪，侍郎胡燏棻治鐵道，侍讀學士黃思永嘗請行昭信股票，通永道沈能虎，與李鴻章有連，皆號為習洋務，拳匪皆欲殺之；燏棻夜亡走依袁世凱，能虎以賄免，立山思永下獄，其罪狀則神語也，曰『通夷』。殺遊擊王鑾，醢之；詹事府詹事李昭煒，翰林院編修杜崇本，檢討洪汝源，兵部主事楊芾，皆指為教民，被傷，幾死；編修劉可毅死於道，失其屍。』（見李希聖撰庚子國變記）

當時北京的情勢已經如此，而一輩諂諛干進者，更藉媚拳者以媚王公，莫不爭言神怪；雖有幾個明白的督撫，如兩廣總督李鴻章，兩江總督劉坤一，潮廣總督張之洞，山東巡撫袁世凱等，曾聯名合奏，力言亂民不可用，邪術不可信，兵端不可開，太后仍一切不聽。延至二十四日，遂以董福祥軍武衛中軍及拳匪圍攻交民巷，榮祿自督戰；又以兵及匪攻西什庫教堂，剛毅也親往指揮。時守各使館的洋兵不過四百，加上自告奮勇的義勇軍也不過一千人；保護西什庫教堂的洋兵僅數十名，其餘則為烏合的避難教民；但迄聯軍入京為止，圍攻達五十餘日，終不能破。時城中秩序大亂，兵匪合流，乘機刼殺，雖貝子溥倫，大學士孫家鼐，徐桐，工部尚書陳學棻，內閣學士貽穀，副都御史曾廣鑾的住宅也不能免，其他更無論矣。

時各國兵艦已雲集大沽口外，且於五月二十一日已將大沽砲台佔領，於是二十五日清廷乃發出如下的宣戰詔書：「我朝二百數十年，深仁厚澤，凡遠人來中國者，列祖列宗罔不待以懷柔。迨道光咸豐年間，俯准彼等互市，並乞在我國傳教，朝廷以其勸人為善，勉允所請。初亦就我範圍，詎三十年來，恃我國仁厚，一意拊循，乃益肆梟張，欺凌我國家，侵犯我土地，蹂躪我人民，勒索我財物，朝廷稍加遷就，彼等負其凶橫，日甚一日，無所不至，小則欺壓平民，大則侮慢神聖，我國赤子，仇怨鬱結，人人欲得而甘心，此義勇焚燒教堂屠殺教民所由來也。朝廷仍不開釁如前保護者，恐傷我人民耳。故再降旨申禁，保衛使館，加卹教民，故前日有拳民教民皆我赤子之諭，原為民教解釋宿嫌，朝廷柔服遠人，至矣盡矣。乃彼等不知感激，昨日復公然有杜士立照會，令我退出大沽口砲台，歸彼看管，否則以力襲取，危詞恫喝，意在肆其猖獗，震動畿輔。平日交鄰之道，我未嘗失禮於彼，彼自稱教化之國，乃無禮橫行專恃兵堅器利，自取決裂如此乎？朕臨御將三十年，待百姓如子孫，百姓亦戴朕如天帝，況慈聖中興宇宙，恩德所被，浹髓淪肌，祖宗憑依，神祇感格，人人忠憤，曠代所無。朕今涕淚以告先廟，慷慨以誓師徒，與其苟且圖存，貽羞萬古，孰若大張撻伐，一決雌雄？連日召見大小臣工，詢謀僉同，近畿及山東等省，義兵同日不期而集者，不下數十萬人，至於五尺童子，亦能執干戈以衛社稷。彼尚詐謀，我恃天理，彼憑悍力，我恃人心，無論我忠信甲胄，禮義干櫓，人人敢死；即土地廣有二十餘省，人民多至四百餘兆，何難翦彼兇燄，張國之威？其有同仇敵愾，陷陣衝鋒，抑或仗義捐資，助益餉項，朝廷不惜破格懋賞，獎勵忠勳；苟其自外生成，臨陣退縮，甘心從逆，竟作漢奸，即刻嚴誅，決無寬貸。爾普天臣庶，其各懷忠義之心，共洩神人之憤，朕有厚望焉。」演變至此，大釁已成，非人力所能挽回矣。（第二節完）

本刊已經香港政府登記

聯合評論

週刊

每逢星期五出版

United Voice Weekly

第九十號

督印人：黃宇人　總編輯：左仲平
社址九龍金馬倫道卅八號三樓　電話61413
承印嘉羅印刷有限公司香港灣仔馬師道5號
總代理：友聯發行公司　售價每份港幣一毫
本報美洲版總經售處美國紐約中美出版社
CHINESE-AMERICAN PRESS, INC
199 CANAL STREET.,
NEW YORK31 N. Y. U.S.A.
美洲航空版零售每份美金一角

我們決不承認非法總統

本社同人

現行的「中華民國憲法」，係於民國三十五年十二月二十五日，由三千個以上十足可以代表全國的代表所構成的國民大會所通過，並於三十六年的元旦爲國民政府所公佈，至今一字未改，完全存在。

「總統副總統之任期六年，連選得連任一次。」

這是這部憲法第四十七條的明確規定。

「余謹以至誠，向全國人民宣誓，余必遵守憲法，盡忠職務，增進人民福利，保衛國家，無負國家付託。如違誓言，願受國家嚴厲之制裁。謹誓。」

這是這部憲法第四十八條所規定總統應於就職時宣誓的誓詞全文。

手創中華民國的孫中山先生所訂建國的程序，計分三個階段：一曰軍政時期，二曰訓政時期，三曰憲政時期。可見中山先生建國的最高理想，實以施行憲政爲歸宿。

就國民黨而言，蔣中正在該黨一切元老死亡或被摧毀殆盡以後，實自命爲中山先生的唯一繼承人，所謂繼承者，應不僅繼承其革命成果，實應繼承其建國最高理想，自屬毫無疑義。

就國家而言，蔣中正係受人民付託，于憲政時期實爲負行憲責任的第一人；人民對之信任有加，做過一屆，又選其連任二屆，兩任共爲十二年，已等于美國總統的三任，其時間不可謂不久。

蔣中正于四十七年的十二月二十三，曾代表政府，代表國民黨宣佈決不修改憲法。但中華民國的總統，必須依據憲法始能產生，憲法既不修改，即不能有任何人于其做過兩任以後，更做第三任，做第三任即完全于法無據。可是，經過一年多的覆雨翻雲，移花接木，更串通所謂大法官將修改臨時條款的法定人數予以變更，更加上「改善生活」的交換條件，結果乃拋棄憲法不管，仍由所謂國民大會擁護蔣中正出而担任此一不能有，不應有，不必有的第三任非法總統！

蔣中正爲一虔誠的基督教徒，隨時祈禱，年年証道，一個具有宗教信仰的人，曾于莊嚴儀式之下，宣讀過「遵守憲法」的誓詞，如果公然接受此一與憲法正面抵觸的非法總統，能不受良心上的譴責？

蔣中正又不僅受有人民付託，實亦受有中山先生的付託，所謂『安危他日終須仗，艱苦來時要共嘗，』其意義何等深長！如依據中山先生的革命最高理想，于進入『憲政時期』的第一期，即有一非法的終身總統出現，此不獨于憲政史上造成一絕大汚點，其損害中山先生的知人之明，更將如何交代？

有人說：過去一年，台北曾動員無數蝦兵蟹將，糜費數以億計的金錢，蔣中正之必然要攘奪此一非法總統到手，已經可以說是既成事實；您們少數人何等笨伯，居然到了今天，還要搖唇鼓舌以爭此一爭無可爭的事實？不錯，謝謝，像這樣一種淺薄的看法，我們可以敬謹奉告：「君籌爛熟我籌之。」我們了解，一切古今中外的歷史，當一個國家處在極端黑暗無法無天的時候，能夠明辨是非，伸張公道，堅持其所見，屹然不肯動搖的，照例只有「少數人」；惟其人數少，他們乃愈感覺其責任的重大。當民四的秋冬之交，袁世凱的勢力還是如日中天，洪憲皇帝已經呼之欲出，一個一介書生的梁啓超，乃毅然決然明告他的少數同志：「即令全國四萬萬人中，三萬萬九千九百九十九萬九千九百九十九人皆贊成袁某人做皇帝，我梁某一人也斷然反對！」惟其他有這樣的決心，所以等到同年的十二月二十五雲南義旗一舉，他乃卒成再造民國之功。我們今天所處的立塲，也正和當日梁啓超所處的一樣，即令任何人都承認蔣某人去做非法總統，我們也斷斷不予承認！

于是又有人說：你們的道理都很對，可是只能處常，而非所以處變，今天是大敵當前，你們既要反共，蔣中正却具有反共的決心，而又最有反共的經驗，如果臨陣易帥，豈不正授敵人以隙？再加今天台灣的情形相當複雜，如果蔣不做而讓給另一人來做，說不定台灣爲爭此一總統，即刻便要發生亂子，到那時候將並此一反共基地也不能保，還談得到什麼反共的行動？凡此，都足以說明蔣在今天，「決非他人可以代替，」你們並不是不清楚這種情形，何以獨不肯相忍爲國？其實這種話也是似是而非，可以分作兩層答覆：蔣本人要反共可能是有的，因爲他吃過共產黨的苦，這十年來已經被共產黨把他趕到台灣，當然不舒服，也心有不甘。至於他的反共經驗，却並不足取，因爲他以獨裁反共，不以民主反共，所以他反共反了三十幾年。共產黨乃越反越大，越反越强，同時却引起人們一種錯覺，以爲他才是反共專家，而政權也只能由他把持下去，可見他實無損於共，共乃大有造於他，過去如此，今後他也還想如此。至於台灣的矛盾情形，更是由蔣一手造成，「製造矛盾，利用矛盾」本來就是他三十餘年來的一貫作風，只有表現隨時可以出亂子，乃愈顯得他不是別人可以替代。三十餘年來全國人民被他玩弄於掌股之上，實在已經夠了夠了，再不覺悟，中華民國實在是非亡不可了！我們也還可參考眼前的事實：李承晚何嘗沒有反共的決心與經驗，在四月二十九日以前，又何嘗有人敢說李承晚可以由他人替代？但現在怎樣呢？北韓的共產黨並沒有因爲李承晚下台而立即衛過「三八」線，現在和未來的南韓政府，也不見得比李的時代更糟，儘管一切擁蔣的人們都在希望南韓情形越變越壞，但我們確信事實決不會是這樣的。

反美援朝策動者的庸人自擾

黃宇人

上月南韓學生開始遊行示威，反對非法選舉和集權統治之初，台北官方即誣指示威運動是由共產黨所策動。不料首當其衝的李承晚先生反而說他們是愛國者，顯得我們那些慣向異己者亂拋紅帽的能手，這番却表錯情了。

稍後，美國赫德國務卿向韓國駐美大使表示對韓局極度關懷；並指出壓制的舉措不適宜於一個自由民主的國家，要求韓國政府立即採取必要而有效的行動。接着法新社華盛頓的電訊更稱：「南韓的民衆革命浪潮將使美國對待一般集權政府的政策進入一項決定性的轉捩點。這些集權政府祇徒藉反共美名而蔑視人民的基本自由權利」。於是，在台北中央日報論韓國危機之後，本港與台北有某種關係的報刊，即表現出無比的緊張。逐日以前所罕有的特號標題渲染南韓的紛亂，一口咬定美國干涉韓國內政；還說，李承晚先生的去職是受了美國的壓迫，雖然李先生本人一再表示他是順應人民的願望。他們大罵美國不應該在東方國家來談西方的民主；他們嘆息李承晚先生年事太高，氣餒不足，沒有使用美國所供給南韓政府的槍砲去將那些反對者殺得一乾二淨；他們預言韓局將從此愈加紛亂而不可收拾；他們甚至於希望南韓立即赤化。他們代韓國人民尊李承晚先生爲國父，認爲韓國的獨立完全是他一人的功續，應該永遠做總統而實行一人統治，決不能由他人所替代。他們似乎一無所知李承晚先生所以能於中國人最熟識的金九先生已做了臨時總統之後而跨上首任總統的寶座乃得力於美國的支持這一段史實，反而說美國一向對李先生不存好意。他們指責艾森豪總統沒有靈魂；他們大罵赫德國務卿做了共產黨所快意的事。總之，他們對於李承晚先生之去職萬分不平；而美國政府此次不但不予李承晚先生以支持反而不以他壓制示威民衆的擧措爲然，他們尤爲憤怒。故其反美的情緒如火如茶溢於言表。我名之曰反美援朝，實非有意和他們開玩笑，讀者假如看到某些報刊半月以來的種種論調，當亦有同感也。

台北當權者於自顧不暇的困厄境況中還不惜爲了韓局而策動反美的宣傳，是否由於中韓的關係格外密切，抑或他們對於李承晚先生獨具不可思議的信心呢？不，決不。他們之所以反美援朝顯然是別有原因和目的的。

第一、他們說，西方的民主絕不適宜於東方國家｜｜尤其是所謂反共前線的東方國家。照他們的理論，唯有强有力的集權領導，才能反共，而民主則適足爲共產黨所利用。他們認爲人民要自由和民主應該向共產黨去爭；而在反共的政府下，則祇宜效忠領袖，唯命是聽。縱然這個領袖多行不義，亦應擁護、更不可反抗，然後才能集中反共力量，完成反共大業。否則，反共的領導中心一旦動搖，反共鬥爭就沒有前途了。因此，他們一看見南韓學生起而反對一人統治，要求民主改革的消息，就深深感到他們的集權領導理論必將遭受無情的打擊，故不覺驚惶失措如大難之將臨也。

第二、他們自知今日的台灣也是一人統治，也是非法選舉總統，雖說台灣並不曾和南韓一樣有一個足與執政黨抗衡的反對黨；但大家不滿的情緒則尤有過之。假如台灣人民也起而效法南韓人民之所爲，而美國政府又反對用暴力去鎮壓，則今日的當權者何以自保？因是之故，他們對韓局的變化自然要格外敏感而惴惴不安了。

由於以上兩個理由，台北方面才冒大險來發動反美援朝的宣傳，企圖給美國一點顏色看看，藉以自保。否則，他們縱然對於韓局有特殊的看法，迄於今日華盛頓方面既沒有對我們非法臨時總統有何不友好的表示，他們又何致作出「中國決不再屈服」的哀鳴呵！

我無意在本文內來討論東方國家是否適宜實行民主的問題；我祇想指出：假如唯有一人的集權領導才能有效反共，則我們中國早在三十年以前就已有了這種領導，爲何朱毛匪幫竟能從偏僻的井岡山進據北平的中南海；而我們的領導者反而失去了大陸的錦繡山河，如今困守台灣一隅之地，還有賴於盟邦艦隊的協防呢？難道如此鐵一般的事實還不夠証明集權領導適足以助長共產黨的發展嗎？難道大陸變色猶嫌未足而又要使台灣繼之嗎？

至於他們憂懼美國將以對付李承晚先生之道而對付台北當局，則似乎太過於心虛和性急了。今日海內外的中國人對於總統的非法選舉和一人統治之局果如他們所宣傳，是一致的願望，那又何必耽心人民會起而反對呢？更何況我們原是一個忍耐成性的民族，六十年來除了在中山先生的領導之下也曾不顧一切起而推翻世代相傳的專制王朝和以擴大總統職權延長總統連任次數而逞帝制陰謀的一人統治而外；大家對於所謂權威多是逆來順受，不致輕言反抗的。當權者又何苦花錢費神來策動反美援朝的宣傳以自相驚擾呵！

談反攻大陸的新問題並忠告蔣經國

李談生

反攻大陸的問題，是海外內同胞，十年來要求當局以行動來解決的。然而不幸迄今仍在虛無飄渺間。

反之中共却進行所謂「政治解放台灣」，其策畧：第一，是主動要求與美國坐下來談；第二，利用統戰以和平為言，將希望寄托在蔣經國身上。台灣方面，反對兩個中國的宣傳，所以微弱而不及中共的强烈，固然由於政治的宣傳技術低劣，亦由於偏安自娛心理的形成，為之起其化學作用，至於中原父老，海外弟兄，紙有望風雪涕，對月傷懷了。

不過，反攻大陸既做成了我們所有中國人急要解決的問題，也是一個神聖的口號，蔣先生無論在復職第一屆總統，或者在連任第二屆總統，無不以反攻大陸引為自己的責任，不幸所謂「一年準備，兩年反攻，三年掃蕩，五年成功。」不但沒有兌現，且亦不準備兌現了。現在，毀憲而三度連任，又說要在三年或五年之內實現反攻。蔣先生要連任總統，反攻大陸，自是最好的理由，因為捨此而外就不能有再好的理由，使勸進者擁護有詞。那麼？此一過去失掉了信用，將來是不能再失的了。不過，以過去來証現在，蔣先生能否在其未來六年的任期中，有所行動呢？擁護者善忘可以「深信」，但反對者不善忘，不能不「不疑」的。本來蔣先生春秋已高，正是去日苦多來日少，不劍及履及對反攻大陸採取行動，不但無以脫國家命運的苦厄，也無以洗個人事業的恥辱。蔣先生在非常任期中，沒有非常的作為，絕對不能再有什麼理由來做交代的。對此問題，我曾指出過，蔣先生能立即反攻大陸，成功固有交代，失敗亦有交代，一個偉大的歷史人物，祇求能盡其心力，成敗得失，都值得人們的同情與崇拜的。況且反攻大陸，在賊勢已衰，人心有在今日，成功可以直搗黃龍，即失敗也可以退守寶島。歷史大事所無的便利，蔣先生已幸運地得到，若不思再所以運用之，却如古語所云：「天與不取，反受其咎」了。

但是，蔣先生現在還說要三年至五年，不免於令人與「俟河之清，人壽幾何」之嘆！大陸淪陷之後，逃不出的同胞，在屠殺折磨而死的，不知幾千萬人，即不死的，也在苦獄勞改中，求生不得，欲死不能。幸而逃出！海外的，也在飢餓與死亡線上徘徊，其難過的日子，已由度日如年，到了度日如世紀。而海外僑胞，到處受人迫害與排斥，而與中共政權有邦交的各國，如印尼的華僑，在印尼無以為生，返大陸即是自送其死。即幸而在台灣生長及居住的，祖國之恩，已分人欲悔，而三軍之士，將軍白髮征夫淚，固不免於英雄氣短，而許多撫脾而興悲，枕戈而長嘆的志士，更不免於揮淚而退役，有請纓無路，報國無門，作其志士淒涼閒處老，名花零落雨中看之痛，有可乘之機不乘，有可用的人不用，我不知道蔣先生在想什麼？其欲一蹉跎而再蹉跎下去！

蔣先生現在想什麼？已經不是秘密的消息，而是天下共見的心事，所以毀憲連任，有人指出不是為反攻大陸打算，而是為其子蔣經國打算。據說：要在此六年的時間中，養成了蔣經國絕對支配與控制台灣的力量，加强其地位與資格。內舉不避親，不能謂為絕無理由，但家天下的作為，在二十世紀的中國，並不是如何光榮的事情。如所週知，蔣經國所受的蘇俄的共產黨教育，政治的才能，最多也不過等於大陸的中級共幹，若照一般的說法，他還是一個共產黨，（他原是共產黨，不依照法律手續自首不依照政治慣例宣佈脫離，也難怪人指摘的）對台灣有其危險的想像，對反攻大陸，我們不能估計他沒有此心，但他在台灣的作為如何，是功還是罪，已是無庸討論的了。但他對於反共的意見，我們知道的，數年以前，曾公開對記者說，反共要五十年。這一意見，對於反攻大陸的大事，表示其不能，那是顯然的。一日也不易過，何況是五十年，我們就毋須再說什麼反共了。最近，某通訊社播出一個消息，說國民黨某大員對中共的人民公社的意見，說中共的農村人民公社已成功，進而進行城市人民公社，也有成功之可能。據說，此一國民黨大員，就是蔣經國，以他的教育基礎，由此而養成的意識形態，對中共的作為自有其精神上的嚮往，並不是意外之事。

蔣經國在台灣，以共產黨之道來反共，明智者，若干年來，都以為不能以虜之道來反虜，引為憂慮。那麼，所謂反攻大陸，蔣經國能不能是一事，顧不顧也是一事。但就其意見以觀，反共要五十年，已表示其不能，讚揚中共的人民公社，當表示其不願，蔣介石將大位傳之於他，所謂反攻大陸的交響曲，不是要變做廣陵散了麼？當然，蔣先生是否傳位於他乃是六年以後之事，現在言之未免過早，但蔣介石先生連任發表的反攻大陸支票，不再兌現，不但不能再為國，也不能再做人，不必說什麼道德，即在利害上，也非兌現不可的。蔣先生能在任內反攻大陸，則蔣經國的意見，可以將之當為不加檢點的閒話，說了不必算數的。不然，任由世子為政下去，到了患難的袍澤也隨風而逝，不但反攻大陸，有其問題，即鞏固台灣，也不能沒有問題的。實在蔣經國得天之厚，以其父之蔭，不但做過了共產黨無罪，而且掌握國民黨有術，若能對於其父舊有上中下幹部，以叔伯兄弟朋友待之，予以匡正，予以幫助，使之好好地在反共救國之大道，也做了自己的幹部，以中國人的道德觀點，或者人生與事業觀點來看，那是順理成章的。但我們見聞到的似乎並不如是，據說他以為其父舊人多是無用，要自我訓練出來，才算可用而可靠，於是過去於其父有功有勞之士，都投閒置散，甚而流落海外。據說，陳誠在第三屆國民大會期間，曾對國民黨籍的代表垂涕而道，謂有人攻擊他是王莽曹操，甚而至於陳炯明，請求代表不要再投票選他。事果屬實，則對蔣介石先生如此盡忠盡義，而又是可能繼承蔣先生地位的陳誠，也如此心灰意冷，其他就不論了。為了反攻大陸，不能不對於蔣經國畧進忠言。雖然流言止於智者，但海外盛傳蔣經國將在台灣樹起五星旗呢！

據台北四月十七泛亞社電，台北盛傳「最高當局計劃在五月廿日新行政院成立後，開拓一個新局面，所有政治軍事外交經濟等重要問題，俱將釐定新方案，以適應國際間及國內情勢」。又說：「此間所傳出之消息，為蔣總統已指示其幕僚，重新繪製切實可行之反攻復國藍圖。」就前者的報導而言，所謂新局面之開拓，似乎是意味內閣人事的必有更動，整個政策有若干的改易。與反攻復國有關的，還是後者的報導。所謂切實可行之反攻復國藍圖，是什麼的樣子，不曾繪製，要猜其葫蘆裡賣些什麼藥，似乎言之過早。現蔣介石先生之連任即將登台，我曾指出過，假如為了反攻大陸的神聖任務，雖有從權而毀法，雖有不合，然其情還有可原之處。現在要繪切實可行之反攻復國藍圖，我們暫時不必以小人之心，作何否定之說，但當局過去對於不同或反對者的意見，會要求作其善意的或建設性的批評。於是，乃本君子愛人以德的態度，於此提出一些意見，以為繪製藍圖者的參考，聊盡其中華民國孤臣孽子之心而已。第一，所謂反攻復國，捨團結而無由。蔣先生數年以前，曾慨嘆國民黨人才不足，要求羅致黨外人才。那麼，政治圈子不能再縮小於一家一黨之內，不應再以一姓包辦反共。能有團結誠意，則一切反共人士，自會羣情嚮應。不然，能虛其前席，分別延見由台灣而到海外的賈生型的人士，一問蒼生之事，也是應該的。以如此的方式，以謀團結，精誠有在，不但擁護者要竭智盡忠，即反對者，亦將棄嫌修好，共赴國難。能如此的團結一致，則反攻大陸便有政治與文化運動，來做軍事的先行。否則不但不足以謀「反攻」，且不足以言固守，蔣先生時以三分軍事，七分政治為言，過去掉以輕心而失敗，現在不能不作來者之可追了。團結之道，對於意見不同的人士，應該以之為諍友，不應以之為仇敵。小家子的政治心理，不予改變，是不足以言反攻大陸的國家大事的。第二、要開拓一個新局面，必要有一新國內外觀感的作風，始克有濟。過去的收治嫌怨與誤會，應該有其取消的行動了。如張學良的釋放，孫立人的再用，何應欽、白崇禧之重任等等，能如此的收回已失去的信用，祛除久存的疑慮，再而求其庶政之革新，配合以言論的自由，那麼，反攻大陸，則於有利的時機到來，便可進行了。

台灣一周

五四雜感

孟戈

「五四」四十一周年紀念日，胡適之先生講述在中國近代史上驚天動地的史實。他問：「我們的成績在那裏？民主在那裏？科學在那裏？新文學又在那裏？」因而這位五四運動領導人指摘，一方面由於大家努力不夠，另一方面是執政黨努力不夠。

五四的是非功罪，稍對良心負責的中國人，毫無疑問，肯定它確係牽曳中國命運朝向自由、民主、科學的原動力。大陸丟了，罪在對五四精神的瞭解不夠，對五四運動的眞締實踐不力。時至今日，尚有某些以遺老遺少的衞道主義的臉譜出現，雖口若懸河，但無論如何也難使殭屍復活了。事實上，面對客觀現實，如果硬說「五四事件以愛國動機始，以誤國結局終」。若非存心說謊，便是仍在大時代列車裡睡大覺！

南韓青年學生掀起「民主革命」狂飈，可說是五四運動的翻版，但港台的一些御用論客，居然詭辯西方的民主，不適用於東方現實。如所周知，二十世紀五十年代裏，東方出現了毛澤東的「專政民主」、蘇加諾的「指導民主」，難道這就是御用論客們心目中的「東方的民主」嗎？

不特此也，例如在「工商日報」的社論——「五四學生運動的評價」中居然倡說，「民主政治不在體制而在精神」，而說「我們君主政治的『民主精神』，就已婉美於今天西方的英美。」於是乎引經據典，說「如『尚書』一書，所述堯舜禹湯之治，雖置之於今天西方民主政治之林，也決無遜色。」即使這話不錯，但請問今天台灣的實際政治和那些人物能和堯舜禹湯相提並論嗎？

事實上，尚書（書經）是孔門托古改制的「圖騰」。所謂「堯聞舜聰明，將使嗣位……禹拜昌言……」、「民惟邦本，本固邦寧」、「民無常懷，惟于有仁」、「民心無常、惟惠之懷」一類詞彙，祇可詮釋為「民本主義」，而不能說是「民主主義」。漢以後的中國知識份子，「非三代兩漢之書不敢讀」，何以不能發揮所謂「民主精神」呢？要不是孫中山先生推翻滿清，今日能談民主嗎？故所以民主政治在體制而不在精神。體制為主，精神為輔。

該社論反對：對中國的文化思想與制度典章，「要全部予以『揚棄』」（按：所用「揚棄」（Augustus），似係「否定」（Nagation）的誤用，「揚棄」是黑格爾辯証法的專有名詞，但不等於「拋棄」），評擊當年「全盤西化論」的偏頗觀念。事實是今天並沒有人主張要否定民族文化遺產，但必須通過「揚棄」，使之適應時代洪流的蛻變，也是有其一定的需要的。

周恩來東南亞之行失敗了

·田心·

周恩來出發到緬甸、印度、尼泊爾訪問之日，亦即在科納克里召開的亞非人民團結大會閉幕之時，在這次大會上一方面號召反對帝國主義和殖民主義，另一方面建議舉行第二次「萬隆會議」；這是一種巧妙的配合，是企圖通過周恩來的訪問，來挽回中共在亞非各國中的惡劣印象。

緬甸，尼泊爾與中共已訂有邊界協定，雖然此舉對解決實際邊界問題還有待，但使人覺得它們與中共的邊界問題已經獲得初步的穩定。因此周恩來這次訪問東南亞的重點實際是在印度，特別是它們的邊界問題。

中共在中印邊境是曾準備了作一些讓步的：（一）承認麥馬洪線；（二）在中段作若干細小的調整；（三）在西段則中共希望保有已建有新藏公路的那塊土地，其餘由中共軍隊在去年進駐的拉達克區，則準備在談判完成後交還與印度。以上述的情況看，我認為印度是有可能接受這種條件的。因為自一九五〇年中共軍進佔西藏以後，現已築有公路的地區立即成為中共軍往返新藏之間的要道，一九五七年六月，公路築成後，已完成事實，佔領，中共這些行動雖說是在印度境內作的，但印度政府對此毫無感覺。據中共給印度的照會說明，印度政府根本對中共軍的這些任其境內的活動全不知道，此話或者過甚其詞、不過印度政府始終未提抗議也却是事實。這種情況當說明印度政府對于那塊邊區異常不關心。因此，認為印度有可能接受中共的條件。

但現在，周尼談判的癥結居然發生在這一地區，尼赫魯堅決要保持拉達克區的完整。這也就是說，尼赫魯不但要把中共軍隊逐出去年進入的地區，而且還要迫使它退出在一九五〇年即已經進入的地區；若果中共眞的同意了尼赫魯的條件，則它去年的窮兇極惡的行動後果，眞是偷鷄不着蝕把米了。這是使周恩來難以接受的。由這種發展來觀察，尼赫魯的態度的確是空前的強硬。原因究竟何在呢？

現在中共把所謂「製造亞洲」分裂的責任置之于西方帝國主義頭上，不過是宣傳邏輯；因為自中共政權成立以來，美國雖反對中共努力不懈，但它的這種努力並未曾阻止住印度的中立。足見印度對中共的強硬，原因不在此。自中共軍在中印邊境挑釁以來，印度人民的憤怒早已是公開的事實，尼赫魯豈能不予正視民憤，但若說這種內部壓力能迫使尼赫魯的態度強硬到要找中共算老賬的程度，也似乎是不可能的。在我認為尼氏突然採取強硬立場是有一種新的力量在作微妙的支持。這種力量可能來自蘇聯。

按在過去幾年中，蘇聯給與印度的貸款已達六億七千萬美元以上，而蘇聯對于中共的直接貸款十年中只不過四億三千萬美元，現則正在償還期間。一九五八年七月，蘇聯曾經同意以印度取代國府在聯合國安理會中的常任理事國席位。去年三月西藏事件以後眞理報避開印度關係而指責巴基斯坦，這與中共的猛烈攻擊印度擴張主義大異其趣。去年十月，赫魯曉夫的外交政策報告中對中印邊境武裝衝突事件表示遺憾。足見它的支持印度似乎已經超過對中共的支持。今年二月，赫氏訪問印度，期間不可能不談中印邊境問題，但印度政府特別多次聲明不談；這恐怕只是赫氏不願公開承認其支持印度與中共對抗而已。因此，我懷疑印度的強硬對待中共，最大原因恐怕還是在與尼赫魯間取得了默契。

中共印度間的談判是標誌着這次周恩來訪問東南亞的成功與失敗的，現在雙方正在破口大罵，雖然周恩來還想在高棉賣其和平膏藥，看來也挽回不了其此行的失敗了。

中共黨內目前紀律鬆懈無力整風

·李金曄·

在三月三十日的「人代會」上，李先念和李富春所作的報告裡，都曾隱隱約約地透露了有在今年內展開一次「整風」的可能。

李先念的報告曾這樣提出，「發動廣大羣衆，反攻貪污、反對官僚主義、切實整頓幹部作風，提高幹部的政治水平，提高廣大羣衆的思想覺悟。」在李富春的報告中且八股地強調了要「認眞地學習和掌握毛澤東思想。」

在這以前，各省中共黨委會主辦的機關刊物，也已早有有關文件發表。中共河北省黨委會辦的「東風」半月刊，在三月十日出版的第五期上，刊出了河北省中共常委裴仰山的一篇「增強黨員的組織性紀律性」文章；中共廣東省委會辦的「上游」半月刊二月廿五日第四期上，刊出了中共廣東省宣傳部副部長杜國庠的一篇「學習『整頓黨的作風』的體會」文章；在江蘇省中共黨委辦的第三期「羣衆」半月刊上，社論提出了要求「建設一支強大的馬克思列寧主義的理論隊伍」。

及至最近，中共更假「紀念列寧誕生九十周年」之便，人民日報於四月廿六日發表了中共山西省委第一書記陶魯笳的文章，也着重地提出主張應在一九五七年以來的「全民性的反右派鬥爭和整風運動」基礎上「把工農聯盟推向更高的發展階段」，並且具體地主張「每年在農村中進行一次整風運動。」

今天在中共黨內存在的嚴重問題，無過於是各級黨員對黨政策的違抗。尤其是消極的違抗，反映出黨員幹部對中央的懷疑和不信任。基本上搖撼了中共黨的「組織性」與「紀律性」。

據裴仰山在「東風」上列舉的事實說，「違反黨的組織原則和紀律的人，總是要找出種種藉口，為他們的錯誤行為辯護」。這些辯護的藉口計有：「地區特殊論」；用「對羣衆負責」來進行作「違背黨的方針政策」；強調「組織原則和紀律是約束人的」；「對上級的指示「合意就執行，不合意就不執行」，「或者以自己的認識作標準，「只有我看準了才辦」，或者是在傳達上級指示時，任意篡改，混進許多個人的錯誤意見」，以達到「否定了黨的紀律的約束力」。

由於上述情況，中共中央已深感其政策窒礙難行，無法貫徹到底。大概這也就是近二年內中共中央的首腦份子不得不分頭四出奔走監督的原因。而所謂「書記掛帥」、「政治掛帥」等等措施也正是說明了不採取這種步驟，各級幹部就必然是「陽奉陰違」地進行消極抗拒，曲解政策或逕行怠情。

裴仰山的文章中更說明，由於並不是每個黨員「都是組織性、紀律性很強」的，所以也不是「一都能夠像保護眼睛一樣保護「黨的團結」。因此的在政治上違背黨的總路線，在組織上危害黨的團結統一，破壞黨的組織原則和紀律」。

人們當然能夠了解，共產黨是一個不斷進行內部鬥爭的黨，是不容異己存在的組織，可是鬥爭、學習、組織、紀律等等，也只有相對的功能，並不能做到絕對地使每個黨的份子誠服遵守。因此它必須「實行對黨員的經常的、系統的、嚴格的監督」。這也可說是它的強化組織的積極手段之一。

除此之外，在消極的方法上就是採取「整風」。

在杜國庠發表於「上游」半月刊的文章裏說，毛澤東「所創造的整風運動的方法，實踐証明是黨員進行自我教育改造的最好的方法」。他還說「每經過一次整風，黨員的政治思想覺悟就得到顯著的提高，黨的團結和統一就進一步加強，從而保證了每個時期黨的總路線總任務的貫徹執行」

這也正反映出了，中共的政策不僅難獲人民的同意，即使執行政策的幹部，也未必贊同，而必須在每一階段通過了「整風」之後，才能獲得「貫徹執行」，這正表示他們不是有執行政策的認識與熱誠，而是在整風的逼人形勢下不得不跟着幹。

十八年前，自毛澤東在延安發表了「整頓黨的作風」和「反對黨八股」的報告以來，除了有大與小的區別外，中共黨內幾乎無一年無整風。一九五七年鳴放以後的所謂「全民整風運動」甚且是擴及到了黨外。但一九五九年下半年起，黨內外又掀起了反右，前後相距不過二年，而今年的形勢似乎是又要在反右的基礎上進行整風了。特別是由於大躍進、大煉鋼、辦公社以來，黨內外的分歧不僅無從掩飾，而且還因為間接受了俄共對中共冒進政策不滿的批評，在不斷擴大其影响。因此，中共中央很穩步小心地掀起再學習毛澤東思想的高潮，宣傳強固黨的組織與紀律，促起黨員對「整風」的體會，以期扭轉目前的無力反右的形勢。

就目前的情況觀察，中共黨內的困惑是。鑑於反右傾的頓挫，很難估計即時展開「整風運動」能夠獲取一定的勝利。是以尙不敢冒然從事。

看來這就是江蘇省的中共黨委會刊物「羣衆」的社論主張先「建設一支強大的馬克思列寧主義的理論隊伍」的理由。它立論的依據也是根據了毛澤東的「整頓黨的作風」那篇報告。其所以主張「整風」，是鑑於黨內外向中央政策作進攻的人，主要是向「高速度地發展社會主義建設」進攻的人，在馬列理論基礎上並非是些弱者。既然要為「將來實行共產主義創造條件」，所以該社論說「就要求我們極大地加強馬克思列寧主義的理論工作。」並學習毛澤東的著作。

問題是逐漸地清楚了。中共一直到現在為此，還只是認為人民與幹部之所以敢抗拒或消極抵制，一方面是由於黨的各級理論幹部水準在降低，另一方面是右派中的理論水平却在升高，不論是整風或持續大躍進．都需要更多的人持更新的理論水平來支持其冒進和錯誤的政策。因此，在基本上絕不承認大躍進和公社化是窒碍難行的，只是以為只在理論的宣傳上能夠取得優勢即可無往不利。這似乎就是現階段極力鼓吹學習毛澤東思想，先行強化組織紀律而尙未如火如荼地開展「整風」的原因所在了。

韓國的知識分子與國運

·小言·

這次韓國由知識分子領導的革命運動，其成功的主要因素，除了基本上由於李黨所造成的腐敗政治為其主要原因，激起了廣泛的民憤，使此一運動得到了民衆支持之外，知識分子的團結和軍隊之超然于黨派之外，皆是值得大書特書的。

知識分子是社會安定的主力，任何國家的任何歷史，皆可証明知識分子所要求的祗是國家的富強，進步與安定。但是李承晚以復國的民族英雄自居，却不能厲精圖治，也證明了亂世英雄，未必是治安的良相。同時由於其昏庸至於贊同用非法手段以圖任終身獨裁總統，則可見其在政治思想上之落伍，在政治道德上之墮落，已不堪言狀，豈能謂是「不可替代者」。惟最後終於懸崖勒馬，在李起鵬全家自級之後，即速辭職以謝國人，雖事出無奈，究還不失其英雄本色，若謂李承晚尚有其可愛之處，似亦在此。

韓國的學生運動，當達到最高潮及使聞二李均有去職消息時，本已漸漸趨向平靜，可是各大學教授二百多人洞悉其奸，遂再度起而率隊示威遊行，此舉不僅表示了士人徹底過問政治是一種不容抛棄之權利，而能夠及時犯難行動，更不失為是韓國近代史上的壯舉。至此李黨始知前途已無可為。因此韓國教授起而行動，成為決定李黨命運最後的有力因素。

再就韓國各地學生的行動言，當証實二李一死一辭之後，即自動組織起來，應當局之呼籲，出而協同治安局維持社會秩序，實已高度表現了其自治能力與盡了維護國家安全之責。而台灣的韓國留學生，能夠適時地公開聲明，駁斥對韓國學生所加的紅帽子罪名，謂為是對韓國學生愛國運動之污蔑，也正是顯示了韓國學生團結精神，使那些別具用心之徒，自感慚愧！

在漢城情況陷入混亂緊急時，從三八線上調回的軍隊，原是可以槍口對內屠殺學生的，但是他們能夠嚴守軍令，超然獨立於政治之外，着實令人欽服。而戒嚴司令宋堯贊將軍一再聲明．軍人遵守憲法行事．嚴令部屬開槍射擊，以減少意外傷亡至最低限度，證明了軍隊國家化的眞正價值。而宋將軍之辭謝入閣出任國防部長，更足以証明其行事之光明磊落，為韓國軍人樹立不朽楷模，是為韓國一大幸事。反之，李黨却以美援豢養徒衆，以美援培植警察特務，使示威遊行於一開始就遭受到屠殺。為韓國新生而死難的國民與學生是可敬的，他們給國家帶來了再造民主共和的機會！

五四紀念在台北

志清

（台北通訊）五四運動儘管在青年學生的心坎上永生不滅；但國民黨的當權者則對它有無比的厭惡。猶憶三民主義青年團成立之初，曾一度定五四為青年節，繼因蔣團長大不謂然，又奉令改以三月二十九日為青年節。在此以前，三月二十九日原是國民黨所定的革命先烈殉國紀念日；並規定於是日應下半旗為黃花崗七十二烈士誌哀。當時曾有人指出五四乃純粹的學生愛國運動，而其主張科學與民主更足為今日中國青年運動的指南，因此以五四為青年節實富啓示性。至於三月二十九日的廣州起義乃是革命運動，參加是役者更有不少的中年人，自不能視為一種青年運動；且每年是日均要下半旗，更不宜作青年節。但蔣團長仍不喜歡五四，據說，因一談五四勢必提到民主，他不願意青年學生談民主，故反對以五四為青年節。不過，終覺得在青年節下半旗亦有未妥，乃規定以後三月二十九日不再下半旗誌哀而應升旗誌慶。其理由是，廣州起義實奠定辛亥革命成功之基礎，黃花崗七十二烈士雖殉難而其革命之目的則已達成，故應升旗以慶革命之成功而不應再下半旗以悼念烈士之成仁也。從此，三月二十九日即變為青年節，五四固不再為國民黨所紀念，即黃花崗七十二烈士亦不再被悼念了。

中央日報也談五四精神

可是，由於韓國學生竟以五四時代中國學生的精神和所用的方法——遊行示威，而推翻了李承晚的一人統治，國民黨當權者覺得今年不能不在五四這一天有所表示。因此，中央日報特為發表一篇社論，題為反共鬥爭中之五四精神。裡面說，五四愛國運動和新文化運動結合而成的思想主流納入三民主義的國民革命，而五四的領導者亦紛紛參加了國民黨；但其逆流則為共產國際所利用，而成了中共匪幫創立的淵籍。結論是：「我們除信五四精神必將克服共產集權主義，我們更預期最後勝利屬於民主與自由。」從這一篇社論看去，當權者雖然仍不願意放棄其五四運動有助於中共的誕生這一淆亂史實的老調，但畢竟仍不能不承認五四精神——民主與科學可以克服共產集權主義，因而才在五四這一天來預祝民主與自由的最後勝利，可見南韓的怒潮對於台北還是有影響的。

胡適之自嘆慚愧

台北北大同學會於五月四日在靜心樂園舉行五四紀念會，胡適之發表演說，呼籲國人努力發展科學與民主、他說，「我現在談到這些時，臉上流汗，心中慚愧。」又說，「我們的成績在什麼地方？民主在那裏？科學在那裡？」胡先生的這一番話，自是由衷之言。他本來反對修憲和反對蔣再連任，但「國大」開會，他又參加投票了。雖然人們相信他投的一定是一張空白票；可是從此即未聞他的反對之聲了。他問民主在那裡，足見他的內心是如何的苦痛呵。至於他希望十年後再參加四五紀念時，心中所感到慚愧的程度要比現在少一些，則似乎大可不必。君不見南韓的大學教授們也結隊遊行，反對獨裁政權。假如胡先生和台灣的大學教授們也繼續五四的精神而效法南韓教授之所為，則豈不立即化慚愧為力量嗎？

太子派的新民主論

由於南韓李承晚政權的跨台，太子派誠恐台灣的獨裁政權受了波及，於是採取先發制人的策畧，除了指令受津貼的報刊及文化走狗們實行反美援朝而外，並將加強某黨報的社論和專欄，據說，他們將強調唯有強有力的領導才是反共的有效之道，而指出在反共陣營內要求民主實等於為共匪幫忙。又將指責海內外民主人士所要求的民主是西方式的民主，是十九世紀的舊民主，絕不宜適用於反共前綫的中國。他們大有繼毛澤東而倡導新民主論之勢。至於什麼是他們的新民主呢？從其強調所謂強有力的領導中心看去，大約不外又是民主集權或革命民主而已。說不定港澳的讀者們將有一連串的奇文和高論可以共賞呵。

如此司法

此次台灣省地方選舉，國民黨當權者雖已獲得壓倒的勝利，然基隆和高雄兩重要市長却是黨外人士當選。據悉，原任基隆市長李國俊原以為百分之百的把握；因為另一候選人林番王過去每次選舉，都出來競選，但都於中途放棄。此次李國俊亦認為他必然又要中途放棄，未加重視，竟招失敗。當權派乃嗾使人檢舉林番王之子曾作違法之助選，又有人控林曾犯誣告之罪嫌。某司法界權威人士更發表談話，說「誣告罪非告訴乃論，即使當事人撤回控告，本案亦將繼續偵察。」並說，「本案如果成立而林番王被判處刑，依公務員任用資格之規定，其市長當選資格將被取銷云云」。於此，更可當權派的用心了。但令人驚異的，是這位不肯透露姓名的司法界權威，竟於控告案尚未確定之前，即先聲奪人，說如果屬實將取銷林的當選資格，甚至說，即使當事人撤回控告也要偵察下去。可見我們的司法，不過是當權者的御用工具而已，獨立云乎哉？

台省府實行分層負責

台省政府製定一種各級政府分層負責區分表，通令於七月一日起實施。據說，其目的在文、事、權、責達於一致，是一項歷史性的重大改革。以後通關節，講關係，托人情的官僚作風將一掃而清云云。人們雖多未覩此項區分表的內容如何，但大家習知蔣「總統」好管成性，他一人無所不管，手諭滿天飛，此風不除，此人不去，所謂分層負責，不過是自騙自的官樣文章而已。過去三十年，我們聽見這句話何祗千百次而結果如斯；誰也不相信今日還會產生奇跡的。

× × ×

× × ×

南韓事件對台灣的教訓

編輯先生：自貴報創刊以來，我一直是貴報的長期讀者。不過，老實說，我以往對貴報的一貫主張，即貴報所一向堅持的民主改造台灣這一主張，並不十分同情。何以故呢？我總覺得蔣先生是難於有人代替的人物，說到民主改造，其勢就會不免首先觸及他。其次，則是台灣目前亦頗安定，那末，多一事不如少一事，讓他安定下去再說吧。由於以上理由，所以，我對於諸位先生一貫的民主反共愛國熱誠雖毫無懷疑，但對於貴刊所謂民主改造台灣的說法，內心總有疑慮。

任何人都是可以代替的

直到現在，即南韓事件發生後的現在，我心頭的疑慮才完全打開。首先我看到李承晚下台，並沒有使南韓就此完結，更沒有看到由於李承晚下台，於是北韓就大舉南侵，而在此以前，李承晚對南韓之重要，在我心頭，是與蔣介石先生對中華民國之重要實在是一樣的。但今日南韓事件則說明任何人都並不是不可代替的。李承晚先生如此，蔣介石先生又何嘗不如此？

本來，任何一個國家，那有不可代替的人。如果真有不可代替的人，那末，那一國家也就可悲了。何況凡人皆有死，李蔣都是人，他們豈能不死？他們死了，國家豈不也完了？所以，我今天發覺我過去誤聽法西斯細菌的宣傳，說蔣先生是不可代替的，那完全是胡說八道，那完全是騙人的謊言。

再說，如果真有人企圖把他自己或把他所擁護的人，造成一種與國家命運不可分離的關係，這種人真可以說是危害國家和最不愛國的。

蔣應急流勇退

李承晚先生下台後，南韓仍繼繼反共，南韓仍繼續不垮，這說明蔣先生如下台不當總統，中華民國也是不會垮，而且也是必然繼續反共的。

平心靜氣的說，李承晚對南韓是確曾有大功的，但李承晚近年却因誤認只有自己才能治理國家，又因此結黨營私，利用一部分人對他的擁戴與好感而遮斷而獨裁一切，有如蔣先生之在中國，這是李承晚的大錯。今李承晚先生下台，使韓國命運開啓了新機，至此，我也希望蔣先生急流勇退，讓中華民國也走上政治制度化的道路，使新的反共力量能憑籍民主政治制度充分發揮出來，更使新的人物能通過正常的民主政治制度脫穎而出。

民主改造台灣刻不容緩

鑒於上述南韓事件的教訓，再回頭來看台灣的情形，不可否認，台灣目前表面雖似安定，但暗中却是充滿危機的。不說台灣目前的作法，根本不可能反攻復國，照國民黨當權派現時作法，誠恐他們在台灣偏安亦終不可能。何以故？首先是今日國際形勢非常險惡，國家的命運，遂亦如逆水行舟，不進則退，他們既無確切的反攻復國方案，則反攻復國的事，何可僥倖而得？

況蔣先生的毀憲行為與乎國民黨當權派非法操縱的各級選舉，何一不比南韓更糟？最荒唐的是李承晚不惜花用國庫的錢，以達到選舉的自私目的，而台灣這一次的國民代表大會，則除每人現得台幣數萬元之外，為了收買國大代表，更每人每月津貼台幣一千五百元之多。此一數字，以六年計，則每人在六年中共得十萬零八千元，以一千五百名國大代表計，其餌為收買國大代表之選票，即共花費台幣一億六千二百萬元之巨。似此情形，何異南韓之選賄？又何異曹錕之賄選？且其為數之巨，又遠遠過之。而在今天，各種反共復國工作，極待展開，台灣內部之經濟建設亦急需經費開辦，不此之圖，而美其名曰海內外一致擁護，其誰信之？亦曰自欺欺人而已。

為了上述種種緣故，所以我現在完全同意貴報的主張，主張立即根據民主原則改造台灣，以進而達到反攻復國的目的。至於蔣先生，我對他只有愛護，決無仇恨，毫無意氣的，也無恩怨。但他應該為國家着想替國家建立制度，尤其希望他吸取南韓事件之教訓，急流勇退。在反共復國過程中，我並不主張特別排斥任何人，對於蔣先生，我認為他應該担任總統以外的其他適宜的工作。而改造台灣的基本原則，尤非對人，而乃對事，尤非着重人之排斥，而乃着重制度之建立。

讀者投書。何正容

中共與蘇聯的貿易是不平等的

劉裕畧

大陸之窗

自中共佔據大陸十年以來，中共曾與蘇聯訂立了許多個貿易協定。最近，中共與蘇聯之間又締結過一個協定，規定中共應將若干原料輸往蘇聯，對於這一類的貿易協定，中共與蘇聯雙方都曾大事宣傳，說這種協定的貿易額，現今正在一年比一年擴大，又說「由於蘇聯無私的幫助」，好像中共受惠不少，至少亦好像中共與蘇聯的貿易一向都是完全平等的。本來，中共與蘇聯，雙方都並沒有把中共輸往蘇聯的物資的價格公佈，原本不容易知道它們之間的資易是否公平，是否沒有剝削，是否沒有榨取的事實。何況，雙方對此都諱莫如深，保持着高度秘密，所以，要想了解其中關係，卻有相當困難。正因為局外人不易得知個中秘密，所以中共就振振有辭，大大宣傳中共與蘇聯的經濟關係和貿易關係是如何的平等了。

實則，中共與蘇聯的經濟關係貿易關係是極不平等的。蘇聯正在經濟上和貿易上一直剝削中共。其不合理的剝削情況，就正如一個帝國主義去剝削一個殖民地是一樣。對此，我在這裡雖不能舉出剝削的詳細數字，但這種不合理剝削，却有很多事實可以旁証。尤以蘇聯剝削南斯拉夫的情形可以旁証。

我們記得：一九四九年秋，聯合國財經委員會開會的時候，蘇南兩國代表曾在會議席上衝突，從而暴露一件蘇聯對南國進行經濟侵畧的事情。那時，蘇南兩國決在南國合組了兩個公司，一名叫扎士帕德公司，另一名扎士他公司，經營海空運輸，各出同量資本，握平等管理權。蘇聯在南國境內與南國握有平等管理權，這本來就已經是不平等，但最不平等的則是南國代表在成功湖開會的時候指出：一九四八年南國已付出全部股本七六點二五巴仙，而蘇聯則只付出了九點八三巴仙。但蘇聯則强辭奪理說它自己已付出總額的四一點二巴仙，反說南國只付出五點九巴仙。當時南國代表反駁蘇聯代表，說蘇方所稱四一點二巴仙，是蘇方擅將兩國因彼此供給貨物所付給公司的運費都作為蘇方的股本結算而得的一個數目。而公司中兼任董事的經理是蘇方委任的。此一經理竟全不理會南國籍副經理的意見，擅自規定各種運費，使蘇聯佔到便宜，而使南國之船舶比蘇聯之船舶多付出五十二巴仙。這是當時宣騰報章的一件事，也是後來狄托本人親自証實的一件事。

又一九四九年三月卅一日南共機關報波巴日報曾發表過蘇聯剝削南國的一個事例，說鉬在南國的成本是每噸五十萬帝那，蘇聯獨佔了南國的鉬鑛，使南國對蘇聯供給每噸的鉬都要損失四十五萬五千帝那。換言之，即使南國遭受十分之九的損失，而蘇聯只付出實價的十分之一，這真是一項駭人聽聞的剝削了。原來中共所歌頌的「蘇聯老大哥的無私援助」的眞相才是這樣的。

看上述南斯拉夫的例子，可知蘇聯對其附庸政權是完全在經濟採取剝削態度的，并無所謂「無私的援助」在內。而中共之所以忍受這種嚴重的剝削，這固然是毛澤東等人的奴才成性，另一方面，也確說明毛澤東等中共首腦完全是賣國賊，不惜把中國人民的血汗，供蘇聯的剝削與榨取，藉以保持自己的領導地位，換回來一些工廠設施，則不過被蘇聯納入它的整個經濟系統中，從而使到中國大陸的經濟生產，完全被控制罷了。而這是所有愛國的中國人所絕不能容忍的。

中共頭目傾巢出動

文藝林

「五一」勞動節，在共黨國家來說，是僅次於其國慶的重要紀念日，在這一天，所有共黨國家，照例都舉行盛大的慶祝儀式。可是今年的情形似乎有些異乎尋常，那就是莫斯科和東歐附庸國家的首都及平壤、河內兩地，雖也援例舉行慶祝，但其情形似較過去畧遜，然而大陸各地慶祝「五一」節的活動，却較往日的規模更大更熱烈。而中共的主要頭目毛澤東、劉少奇、陳雲、周恩來和陳毅等人，更傾巢出動，分別到天津、成都、上海、貴陽、昆明等地，親自參加各舉行的慶祝大會。這情形是以往所未有的。

周恩來、陳毅是於四月卅日由尼泊爾返抵昆明，可以說是順便參加昆明、貴陽「五一」紀念大會，但毛、劉、陳等同時離平分赴天津、成都、上海各地，却決不是祇為參加「五一」大會這麼單純。再看在北平舉行的「五一」大會中，除了朱德、宋慶齡、鄧小平、董必武、彭眞等人出席外，尚有一些次要的中共頭目未見露面，因此，我們頗懷疑這些人，也分別離平到大陸其他地方去了。此外，據「新華社」的消息，說毛澤東於五月三日在濟南接見訪問大陸的拉丁美洲和非洲十四個國家的代表團及代表，這說明毛澤東在天津參加「五一」節後，即赴濟南。

在「人代」、「政協」及「全國民兵代表大會」閉幕之後，中共的重要頭目們，何以又一窩蜂式的離開赤都呢？而且就毛澤東之匆匆由天津赴濟南的情形來看，那些到各地參加「五一」的共要們，也不致於會後即行返平，而是要繼續到各地巡視的。

中共在這次「人代、政協」大會中，正式宣佈推行城市公社，同時又強調「技術革新和技術革命」的重要性，而賀龍、羅榮桓及林彪等人，也在民兵代表會議開幕及閉幕時發表的談話中，要求大陸民兵必須以生產為綱，配合「技術革新和技術革命」運動，實現一九六〇年度各業生產指標，根據以上所述有關的迹象觀察，毛、劉等人這次傾巢出動的目的，不外是視察各地城市公社進行的情況，其次則是實地攷察，研究各地「技術革新和技術革命」的實際成就。

因之，毛、劉等人，除親赴各地視察督導之外，可能再與各地共幹舉行會議，一面聽取地方幹部對有關事情的意見，和他們在工作推行中所發現的各種困難問題，從而分別予以指示。

關於「技術革新和技術革命」運動的推行，祇是能否收到理想的成效問題，不致遭遇到人民的反抗，但是城市公社的推行，則可能激起各大城市居民的强烈反抗，誠然中共決不會因城市居民的反對，而改變其既定政策，不過，毛澤東、劉少奇、陳雲等高級共黨頭目，親赴各地視察之舉，無形中却有鎮壓作用，而地方共幹亦必因此而受到精神上的鼓勵，在推行暴政的時候，更是「幹勁冲天」了。按中共以往的習慣，毛、劉等共要的行踪，照例是嚴守秘密的，縱然要宣佈也多半是在事後多日，可是這次的情形却例外，是中共何故一反常情？倒是值得注意的。

中共眼中的人與猪

·樵夫·

中共統治大陸十年，他們認為唯一行之有效方法，是以控制人民肚子來控制人民思想。因此人民吃飽很成問題，更何論營養價值和調味方法？

不久前，中共報章曾大吹大擂，什麼「番薯和米麥的地位同起同坐」，「豆腐渣做餃餡」，「觀音土釀酒」，「谷壳榨油」……等等方法，由此可知大陸人民食的情形。

中共的饑餓政策，正在進一步，再進一步向民間擴張，將人民肚子勒實。據去年十一月二十一日四川日報載，邛崍縣發明「節約增產糧食」三法：第一種是，稻谷去壳不去糠，摻入豆腐渣和蔬菜混合羮食；第二種是；玉米（玉蜀黍）粗磨兔篩，摻入各種蔬菜和豆腐渣；第三種是；紅薯摻入少量的米粉和薯葉和鬚根羮食。據該縣縣委第一書記裴增萬總結經驗說：照這方法，全縣十萬人口，全年可節約糧食八千萬斤左右。最後他非常得意的說：「這是一個不費一鋤一犂的大豐收，為減少糧食消耗開闢了廣擴的道路。」

最近人民日報更大事提倡「入山尋寶」，找尋野生植物充饑，並將番薯形成寶貝，節節有用。據說；第一種是薯身，當作一等食品；第二種是薯葉，作為青菜代用品；第三種是籐，第四種是薯根（鬚），兩者曬乾磨粉。據中共專家說，第三、四兩種營養價值還要超過米、麵。

據上所述，大陸人民以吃番薯、根、籐為主，只准加入極少量米粉和玉米，目的只要人民塡滿肚腩，好替中共躍進生產，其殘忍可謂達於極點。

然而，中共對人民如此殘忍，但對猪却非常優待。據十二月三日四川日報說：「四川陴縣先鋒公社先鋒管理區的猪發展多，育肥快，關鍵在於充分發揮公社的優越性。……育肥的主要辦法是：一，定時、定量餵食，餵食時要精心調配食料，做到各種食料搭配，粗料細餵，細料加米，加麵，加香味，先粗後精，先稀後濃，切細羮爛，溫度適中，邊吃邊添，餵勻餵飽。二，使用補藥催肥，注射牛奶針和其他中藥催肥劑；三，加强防疫衛生工作，除打針外，做到定期洗澡，猪圈消毒，設法治療猪體內一切寄生虫。陴縣縣委還總結了先鋒公社經驗，組織巡迴講師團，抬着肥猪，到各地推廣先進經驗。」

今日大陸人民之食物和已往猪的飼料正是相同，人猪倒置，中共何厚猪而薄人如此。一言以蔽之，猪的價值在中共心目中，確高於人，猪不但是生產的對象（體重），且是生產者（糞肥）。猪可以換取外匯，而人則不能。據十二月十七日人民日報社論：「如果就猪創造的社會價值而言，那就更多了。猪有鬃、有皮、有骨、有內臟……猪肉、猪鬃、猪皮和腸衣又是重要出口的物資。一噸猪肉可換五噸鋼材，十二箱猪鬃，可換一部拖拉機；一桶腸衣，可換十二噸肥田粉。」

人與猪的比較，人只能操作有限度的生產，其本身毫無價值，死後甚至還要棺木埋葬的人力物力的消耗。何況人能正式參加勞作，即使在中共奴役政策下，至少也須十五年。猪則不須；一個小猪的養大，約需八個月到一年；中共的預計，在此期間，可積猪肥四十担左右，可值四十元肉重約一百五十斤，總值五十元左右。餵一頭猪約需一百斤精飼料和若干粗飼料，共折值約十元，買猪仔約十元，養一頭猪純利可達卅元左右。這就是中共重猪而輕人的原因。

馬來亞修憲與結束緊急狀態

俊華

馬來亞宣佈結束緊急狀態。此項喜訊，由馬來亞新任最高元首於四月十九日在國會開幕式中宣佈。計自一九四八年共黨倡亂以來，宣佈緊急狀態已達十一年，但距馬來亞獨立，還不及三整年。

由於馬共的在許多腹地被消滅，以及其重要首腦出而投誠的緣故，柔佛及怡保等以前屬於「選擇區」的「黑區」，先後被宣佈為白區，也即是秩序恢復。絕大部份馬來亞領土，除了森林而外，已無馬共蹤跡。若干腹地地區森林，雖尚有馬共的潛伏，但已是「指名可數」，當局已發動地方社團及人民，指名勸說此等三數名之馬共出降。至於最「大股」的馬共，只有泰馬邊區的那一股，仍由陳平所率領的；據最近泰馬在曼谷舉行的會剿馬共會議所認定，這股馬共為數約在五百至七百人之間。泰馬雙方當局，正預期於本年底將這股馬共肅清。

政治重於軍事

十一年前在進剿馬共的最初三年中，馬共的人數被估定為五千人，而進剿的英印軍三萬五千人，馬來亞聯隊七千人，正規警察二萬五千人，特別及附屬警察七萬五千人，共十四萬餘人。十餘萬地方保衞隊負責後防及治安，尚不計算在內。進剿的陣容，可說龐大極了。

可是在開始四年之中，殺傷及投降的馬共，據軍方的紀錄雖已有數千人之數，但馬共「五千人」的數字，迄無改變，這是由於有新的份子參加補充的緣故。原因所在，是馬共當時乃以民族主義反殖民主義為號召，而剿匪當局又不知動員人民，軍事命令嚴峻，影响不少被匪案牽連，懼罪逃而從匪。直到一九五一年，英專員麥唐納有見及此，才建議在馬來亞實行溫和的民族主義政策，予馬來亞人民包括華僑與其他外僑以自治權，爭取到人民起而協助維持地方秩序。循着這條路線，更有次任的專員譚普拉爵士，組織鄉村（人民）自衞隊，實行聯保守望相助，協助封鎖馬共接濟，及以馬共情報供給官方等，馬共前此猖獗之勢，方被削弱。馬來亞獨立的基礎，也就在六十年代這初幾年中建立起來。

馬來亞獨立後這三十個月中，馬共的勢力更迅速消退，如馬南政委楊林率部投降，震動了金馬崙高原。由於獨立，反殖民主義已無所藉口；也由於獨立，眞正的民族主義戰勝了虛僞的「民族主義」——馬共，原是中共份子領導而受中共所指揮的——由此可知，剿共的問題，主要在政治而不在軍事。

馬來亞政府在獨立後迭次期許給人民以「結束緊急狀態」，現在果然在不出三年之內實現了，馬來亞人民為了他們生活的免受馬共威脅及免受戒嚴法令束縛而歡呼。而這也是馬來亞政府一項最大的成就。

修正憲法案

在宣佈結束緊急狀態之前，聯合邦政府為準備應付結束緊急狀態後之情況，特公佈「一九六零年聯合邦憲法（修正）法案」，進行提出修憲。其中項目雖甚廣泛，有關於選民、元首職權、法院法官、議員等，但大部份是屬於「畧為修訂」的性質，增刪不多。最重要的，仍是關於「反顛覆活動」的問題，故此當局雖僅謂此為「修憲適當時期」，未言及結束緊急法令，而實際則是為了結束緊急狀態之後的反顛覆問題。

修正憲法中關於反顛覆特權的特點，即現時（修憲前）處理反顛覆活動，可以頒發法令予以應付，但此項法令之有效期間，祇限一年；如要延長，必須國會對該法律再作通過。修正憲法將此項限期一年的條文取銷，改為由國會隨時通過將此等法律取銷。換句話說，即國會如不提出取銷，或提出而不能通過取銷，則此等涉及反顛覆特權的法律，繼續有效。在國會受執政黨多數控制的目前情形下，這不啻就加強了政府的權力。

在同一反顛覆法律的修正條項中，當局附加了一項「防範之扣留」的條文。副總理拉查克會對報界解釋，謂鑒於聯合邦內顛覆活動之危險，以及一九四八年緊急狀態條例之可能終止，誠恐顛覆活動變本加厲，故此國會應有權力通過法律作「防範性之扣留」，條例中將授權予一位部長（大致是國防部長），如遇有任何人進行違反馬來亞治安、公共秩序，或破壞有關之必需事務，則此部長可將該人扣留為期不超過兩年，至其釋放或繼續扣留之權力，則賦予內閣會議決定之。

反對黨人士的意見，認為這措施會造成政府權力太大，扣留兩年期限亦太長，內閣有權釋放或繼續扣留，似不如移送法院審理較為平允。這一論據，自是不無道理、在反對黨立場，更不顧政府有龐大權力。

但輿論方面卻同情政府，如最大僑報「中國報」，即認為緊急狀態結束後，對付反顛覆的辦法乃是必要的。不過該報卻提出一項折衷的辦法，認為現目緊急狀態下，政府有一個獨立性的「扣留人檢查委員會」，建議將扣留者釋放或繼續扣禁。那麼，將來修憲時亦大可保留這麼一個類似現時「扣留人檢委會」的機構，俾審理「防範性扣留」的人士，向政府提出釋放或繼續扣留的建議。

這項法案由於反對黨的反對，執政黨的強調支持，在國會中將有激辯。依照形勢，一是強力維持治安的必要，一是執政黨在國會握有優勢，通過的可能性極高。

吉隆坡通訊。

勞動節的悲劇——少婦怨

．招興中．

那天正是五一勞動節，廣州製藥廠的年青技工胡紹華的太太，正等待着一向留駐廠中的丈夫在這一天假裡回來，好得大家享受一下較為寫意的團叙。但她由早上七時一直呆候至正午十二時，還見不到惦掛多時的丈夫的影子。

午間時分過了；製藥廠裡的一個小廝才匆匆的跑到她的家裡向她報告：「胡先生仍在開會中，傍晚才得回來」。

於是，她倒抽了一口悶氣。但她抱着一線希望，那就是傍晚之後，還可以和丈夫渡着一個愉快的「黑夜假期」。

然而這一線希望也終成泡影！原來在共幹導演下，胡紹華他們已被動的決定了一項「勞動節勞動競賽運動」，要立刻實行超額完成一九六〇年發展生產計劃；並由組織上發出一項指示，說今年是列寧誕辰九十周年，大家必須把「列寧主義萬歲」、「沿着偉大列寧的道路前進」、「在偉大列寧的革命旗幟下團結起來」這三大文獻，作為勞動節的勞動指標，連假期也不休息。——這即是說：工人再要絕無保留的拿出最高度的勞力來替中共作奴役，連一點一滴的血汗也流乾，以至油盡燈枯，死而後已！

胡太太獲悉了這消息後，知道自己的丈夫已給困在廠裡；莫說今天，而且一定還有一個很長的時期要扔脫家庭！她想到這裡，幽怨的情緒立刻湧上心頭，祇得悲悽地躲在房裡哭個通宵！

僑鄉近訊

農民怠耕爆發三次暴動（揭陽）

．江水．

據揭陽縣傳來消息：該縣新亭墟農民，曾於四月間發生過三次流血大暴動。計第一次發生於四月八日，因共幹强迫農民開耕，而農民則有感於「有田耕冇飯食」均拒絕落田工作，實行聯同怠耕，共幹老羞成怒，竟鳴槍示威，迅即激成民變，十餘農民，蜂湧上前，將該共幹絆倒、并奪去他的手槍，然後將他毆至遍體鱗傷，棄置田野間，才一哄而散。第二次發生於四月十四日，縣府派員來調查上述事件時，又與農民衝突，共幹三人，被農民的鋤頭犂耙擊至頭崩額裂，其後出動武裝部隊到場彈壓，拘去農民九人，始暫告平息。迨至四月廿一日，由於配糧減額問題，再引起了第三次暴動，農民百餘人，衝入公社，實行搗亂，並企圖縱火焚燒糧倉；共軍急開槍制止；這一役，共幹傷七人，而農民則死傷廿六人，事後并有農民四十一人被拘。自這三次暴動發生後，共方馬上宣佈緊急戒嚴，增調武裝部隊到墟駐守，迄該墟仍在風聲鶴唳中。

公共食堂實施「羹飯增量新法」（豐順）

粵東豐順縣留隍鎮下埔鄉，最近一個多月來，供應所中已無食品配購；由海外歸僑帶回，或由港澳僑胞寄回的食品，則有人拿來經營黑市，其售價較公價高出約達十倍，惟除共幹外，一般羣衆，均無能力購買，惟有暗羨共幹之寫意享受，而自己則咬緊牙根，勒實褲帶抵受飢餓而已！又該鄉人民公社，刻已再度減糧。照目前所規定，每人每天僅配米二兩，另附搭一些薯類。至公共食堂，則均實行「羹飯增量新法」。所謂「羹飯增量新法」，就是加水不加米，並滲入蔬菜番薯，分給社員充飢，但份量仍不足，鄉民經常陷於半飽狀態；由於長期缺乏營養，鄉民無不疾病叢生，死亡率亦因之大增。據該鄉鄉民稱；在最近三月來，每月因營養不足而致死的年青鄉民，平均約達兩人至六人；老弱鄉民則約達十八人。鄉中醫藥極度欠缺，鄉民患病，求治無門，惟有臥以待斃；這也是死亡率突增的原因之一。

余子亮設立慈善基金

．何之湄．

旅泰僑領余子亮，於今春他本人六十晉一的壽辰中，在距曼谷卅一公里的挽蒲，為他所興建的「曼蒲療養院」舉行奠基禮，余氏並同時宣佈，設立「余子亮慈善基金」，數額為泰幣一千萬銖。以拍蒼（慕盛）、張蘭臣、鄭午樓、鄭開修、蘇君謙、余子亮本人等十一人，為基金會委員。

余氏基金的福利工作，分永久性及臨時性兩種。（一）臨時性的：在協和醫院接受六千病人贈醫，每日一百八人，以六十天為期。（二）在協和醫院接受六十名肺病患者的免費治療，文化界廿四名，貧苦者卅六名，每月五名，十二個月為期。如家境困難，得申請濟助，俾安心治療。（三）教育獎金六十名，不分國籍性別，酌配大、中、小學各若干名，由委員會決定。

永久性的福利工作，第一即「曼蒲療養院」，預定有病房六十多間，及若干獨立療養舍、儀器治療室、圖書館、泳池、休息室等，設備力求現代化。

第二，設贊助教育及貧苦學生的獎學金，舉凡有益於教育事業，或成績優良的貧苦學生，均在計劃贊助之列。這項基金的運用，也由委員會詳為計議及施行。

一千萬銖泰幣等于港幣二百七十餘萬，就算在香港亦可以分成兩個「百萬富翁」。但余子亮氏却獨力捐出這筆鉅欵，實在是僑社的光榮。

曼谷「世界日報」特就此事發表社論，謂古人人生目的，立德立功立言；而今人則發展事業，累積財產，提高聲譽，延長生命。「而余子亮先生，今之常人，而古之賢人也」。

可是，「立德之事，未易言也，必具智仁勇三達德乃可。」該報謂，撥基金及儘先贈醫，仁也；以取諸社會者還諸社會，垂老行其所願，以時言之，智也。籌劃督建療養院，期以數年，不吝金錢精力，打破世人為子孫謀之恆情，勇也。

該報說：凡（余子亮）所創設，皆過去僑賢僑領所未曾有。此誠今日僑社內外福利事業最偉大之創舉，足以為今後仁人君子欲以福利事業自彰者之楷模。故曰：「慷慨好義，德業斯彰」。筆者認為，這是值得轉為報導的。

寂寞街道

符兆祥

我茫然地睜開眼，迷糊地轉了個身。

「好了，醒來了，」有人在說，那聲音是極陌生的。

我努力把眼睜張得大一點。

「啊，」我奇怪的坐起來：「老黃到那裡去了？這裏是什麼地方？」

「老黃？」一陣笑聲，很悅耳的。

我才清楚的看到，我是躺在一張沙發上，沙發的左側有一張圈椅，坐了一個女人。

她的身材極為窈窕，穿着黑色的緊身衣、長褲，她的頭髮長而密，臉上有一雙嫵媚的大眼睛。

我趕忙站起來，可是一陣頭暈，只得又坐下去。

「你的酒還未醒呢！」

她的一句話，勾起我的回憶，是的，我醉了，我在小金的婚宴中大概喝多了，可是，又怎樣到這裏來的呢？我不解的問她：

「這裡不是進學街五號嗎？」

她笑起來：「進學街？這裡是新生街六十號。」

「啊，我走錯了。」

「現在才想明白？」她笑着說：

「你亂按電鈴，我還以為是奶奶回來了呢，誰知一開門，你便醉醺醺的闖進來了，吐了一地，吐完，兩腳一軟，就倒在地上睡了。」

她埋怨我。

「哎呀。」我紅着臉，內疚的說：「我太失禮了，眞，眞不好意思。」

她搖搖頭笑道：「你又不是故意的，有什麼不好意思？」

我窘得說不出一句話來。

「喏，這是給你泡的濃茶。」

我喝了，清醒了不少，搭訕的解釋：

「我是從台北趕到這裏來吃一個老同學的喜酒的。」

「太興奮了，所以喝醉了。」她淺笑着說。

「是的。」

「那進學街五號是……」

「哦，那是一個朋友的家，我借住的地方。」我看了看錶：「我要回去了，打擾了你……」說着，我站起來。

「無所謂。」

她也站起來：「反正我奶奶還沒有回來。」頓了頓：「也許她現在正趕着回來呢。」

我點了點頭：「麻煩了您，我很不安，幾時找個機會來謝謝您。」

「眞的？」她天眞的笑起來，玩笑似的：「我等你。」

說罷，我轉身出去。

「慢着。」她從裡面追出來：「你忘了一樣東西。」

我一摸口袋，她把一本書遞過來說：

「你也喜歡蘇曼殊的詩呀？」

她凝視着我，在黑夜裏，眼睛很亮，我匆促的點點頭，慌慌張張的走了。

第二天起來，我和老黃談起這件事，他大笑起來。

「可惜你馬上要走了，不然，這眞是一個難得的機會。」

我不知道他是在跟我開玩笑，或是調侃我。

離開台南一年多後，那濃密的長髮，嫵媚的眼，在我的記憶裡越來越清晰，像海潮般澎湃不已，我發覺我應當去台南一次，我不但要謝謝她一年前那天晚上的事，而且，還要和她談談蘇曼殊的詩，我記起她曾說過：

「你也喜歡蘇曼殊的詩呀？」的那句話。

她一定也喜歡蘇曼殊的詩，而且，我也要向她訴說這一年來的情懷，那充滿了不安、遐想、惆悵的一年。

台南，台南仍像去年那麼古雅、幽靜，鳳凰木又開遍了大街小巷，我慢慢的踱到這小巧的樓房前：新生街六十號。我在門口徘徊良久，把蘇曼殊的詩集從口袋裡拿出來，最後，我鼓着勇氣，伸手按鈴。

一個十七八歲的男孩子打開了門：

「找誰？」

我窘起來，我不知該說什麼，我吶吶的說。

「這裡是新生街六十號？」

「是六十號。」

「那。」我自作聰明地：「你姐姐在家嗎？」

「姐姐？我沒有姐姐。」他希奇的說。

我的臉紅了，結巴的說：

「這裡不是有一位廿歲左右的小姐，還有她奶奶，在一年前，我……」

「沒有。」他搖搖頭：「我們是上個月搬來的。」

「那本來……」

「哦，那家姓吳的？」

我滿懷希望的點點頭，他說：

「不知道，不知道她們搬到那裡去了。」

「沒有交待。」

「沒有。」說完，他把門關上。

我呆立在那裡，鳳凰木的紅花飄落了我的一身，我緩步走出巷子，那家的收音機在播送着「寂寞的街道」，的流行曲，歌聲充滿了難以訴說的惆悵。

夢醒時候（下）

·孟蓑苕·

三、

此後不久，趙丹被調開了。一說是調到軍文工團去了；一說派到衛生處去，實情連王明也不清楚。

趙丹調走後，王明很感痛苦、同時也很担心趙丹的安危，但因為自己的「階級出身」有問題，不能再犯「錯誤」，所以不得不表現極度「積極」，好像把趙丹忘得一乾二淨。那是一年後的春天。

王明收到一本厚厚的「聯共黨史」，那扉頁上的娟秀的字跡、是他非常熟識的愛人的手筆，他歡喜若狂，但當她翻開看時，裡邊並沒有片紙隻字，他感到無比的惶惑疑懼。雖然他明白部隊裏要檢查來往信件，但短短的問安信，總不會不可以寫的，正在胡思亂想的當兒，終於，他發現在兩張用槳糊粘合的書頁間，內邊夾着一封信，他高興的跳起來。展閱了信：

「明：

當你重聽到我這親密的呼喚時，也許，我已在鬼門關了。

別後經長長的一年多，這漫長的歲月裡，死神常常爬入我的心門，然而，當我想到你，想到那信誓旦旦的往事，我依舊存在一個遙遠的期望，期望有一天，時移世變，我會欣忭地回到你的懷抱。因之，我願望忍辱偷生，一日又一日，一月又一月。

去年的秋天，我參加軍文工團演出「劉胡蘭」，這是招待師以上幹部會的盛大節目。想不到這次的扮演，竟是惡夢的開端。

有一個晚上，組織上找我談話，他說師參謀長很賞識我的演技，希望和我結婚，做他的愛人。這簡直是晴天霹靂，我當時似乎昏了過去。之後，我甦醒時候，在我的面前站着三四位女同志，東一句西一句嚕囌一片，我想哭，但我哭不出聲，我感到無比的仇恨，我想起你，想起以往的深情厚愛，像一把火重燃着我的勇氣，斷然拒絕他們的夢想。

他們說，師參謀長有良好的階級成份——一個跟地主牧猪的貧農，曾參加二萬五千里長征，有爬雪山過草地的光榮革命事蹟，有廿年的黨齡……但這一切的優點，對我來說是汚辱，是欺凌、他想我嫁他，眞的太天翻地覆了。

事情幷沒有了結，他們要我服從組織的意見，要我服從黨團委的決定，要我結婚，要我在三個長征幹部中，「自由」選擇一個理想的愛人。

今夜，是我最後的期限，不答應的話，我想只有一條路，就是到另一個世界去！

明，永別了！我們的夢就此結束，如果死後有靈，我會變成厲鬼，向我們的仇人報復。

明：珍重自己，來生再見。

小丹絕筆

王明讀完那封幾處有淚水濡染過的信，痛苦極了。他瘋狂地奔出大門，一路大聲疾呼：「誰殺害了她！誰殺害了她！」

四、

一個月後，王明被禁閉在一間瘋人院裡，他不能出門一步，他很知道自己神智清楚，也知道誰把他當作瘋人，關閉在一間小房子裡，不見天日。

一個寧靜的清晨，護士交給他一份「連報」，翻開第二版，看到一條花邊新聞：

「廣西大學新參軍知識份子趙丹、背叛黨的組織，開小差逃亡，……」

他相信：她已經死了，但他却希望她眞的會開小差，逃亡到反共的游擊區裏去。

文壇泥爪

新文學的反對者

民七「新青年」四卷三期所刊署名王敬軒那篇反對新文學的信，實是錢玄同作的，並非眞的反對者。同時刊出的劉半儂的回擊文字，也是預先定好了的。他倆串演了這一齣「周瑜打黃蓋」，這纔引出了一個眞反對者，就是他們預指為「桐城謬種」的林琴南。

林氏是先反對新文學，後來纔反對新文化的。他在「新申報」上發表的「荊生」「妖夢」等痛罵北大教員的小說，以及民八春天遍登京滬各報的給蔡元培的公開信，說北大以「必覆孔孟、剷倫常為快」，這已是人所習知的事。在此以前，他還發表過反對新文學的兩篇文章，知者則少。這兩文一是「論古文之不當廢」，一是「論古文白話之相消長」，可惜都未說出什麼理由。前文曾說：「知拉丁之不可廢，則馬班韓柳亦自有其不宜廢者。吾識其理，乃不能道其所以然，此則嗜古者之痼也！」後文曾說：「其曰廢古文用白話者，正不知所謂古文也。但聞人言韓愈為古文大家則罵之，此亦韓愈之報應。何以言之？楞嚴華嚴之奇妙，而文公並不寓目。大呼跳叫，以鐃鈸鐘鼓為佛，而楞嚴華嚴之妙處，一不之管，一味痛罵為快。於是遂有此泯泯紛紛者，尾逐昌黎，罵之於千載之後。蓋白話家之不知韓，猶韓之不知佛也。然今日斥白話家為不通，而白話家決不之服。明知口衆我寡，不必再辯。且古文一道，曲高而和少，宜宗白話者之不能知也。吾輩已老，不能為正其非，悠悠百年，自有能辨之者。請諸君拭目俟之。」既然說不出反對的理由，對方末予理會，這位在當時已七十歲的老翁，眼見白話文日漸推廣，便氣極了，發表了小說和公開信，也是無辦法的辦法。

另一古文大家，在蔡氏之前曾任過北大校長的嚴幾道，並未著文反對，但他曾表示古文不會亡，在「涵芬樓古今文鈔序」中說：「物之存亡係乎精氣，非人之能為存亡。……古文不亡於向之括帖講章，則後之必有存，固可決也。」同時，他相信「天演」，認為改文言為白話，正是退化的現象。在後來「學衡」雜誌上刊有他當時的「書札」，曾有這樣的話：「就令以此教育（聽案：「此」指白話），而遺棄周鼎，寶此康瓠，正無如退化何耳。須知此事全屬天演。革命時代，學說萬千，然而施之人間，優者自存，劣者自敗；雖千陳獨秀，萬胡適錢玄同，豈能刧持其柄？則亦如春鳥秋虫，聽其自鳴自止可耳。林琴南輩與之較論，亦可笑也。」

時代與我

黨乎黨乎奈若何！（十一）

徐亮之

以上所說乃國民黨要殺我的經過；這一回倒得說說共產黨也要殺我的經過了。我眞不明白，我那時竟何以老是這樣地殺星照命？因爲無論就天理、國法、人情說，我捫心自問，確乎都沒該殺被殺的理由的；因爲我確乎知道：如果我那時竟被國民黨殺了，確乎非千秋飲恨不可；如果我那時竟被共產黨殺了，更確乎非萬古含冤莫辨！定庵詩曰：「奇士不可殺，殺之成天神」；我雖非什麼「奇士」，而祇是一個極其平凡的人，亦唯其祇是一個極其平凡的人，竟無端端要被逼到飲恨含冤千秋萬古而在人間站不住脚，則確乎非被逼到跳上「天神」的寶座不止的；如果眞有所謂「天神」的話。

事情說來也眞好笑；那時主張要殺我的共產黨，他們所製造與加給我的罪名，竟較之國民黨所加給我的罪名尤其幼稚、拙劣，與莫須有。而所以要加我以罪致我於死的眞正用心，則又竟較之土豪劣紳對我的用心尤其陰險、黑暗，無恥與無聊，絕對出乎我的意料的無恥與無聊。

前面說過，自從袁孟冰入獄以後，過去獄中傲漫的共產黨員是組織起來了的。而所謂組織起來了，事實上也祇不過就各人所居的號別，成立若干小組，同時利用每天吃飯號門開放的空隙，分別舉行所謂會議，交換所謂意見，如斯而已。我當時着實看不出這所謂組織與會議有任何的作用與意義，除了給我一個「凡屬共產黨都有開會癖」的印象以外。老實說，我當時表面上確也參加了一個小組，會議却老是不大參加的。因爲我認爲這簡直是一種兒戲的勾當，是對於獄中的「同志」非徒無益而又害之的勾當；理由是：從消極方面說，進了沸鼎的魚羣，任何組織與會議都祇是多事；如或事機不密，祇有死得更快。從積極方面說，「牢獄乃革命者的休息所」，與其進行一種近於兒戲的組織與會議，倒遠不如好好地休息休息，反而實受得多。基於這種認識，所以我寧願陪振之玉書躺大烟鋪談狐說鬼，對於他們勞什子的小組會議，總是能推辭便推辭掉的。而這却是號稱「鐵的紀律」的共產黨所絕對不能容許的。於是過去我在一師時他們對我不滿的情緒，立刻再汎濫在那時的獄中了。尤其是我受復審的結果，由死刑改判爲兩年有期徒刑之後，一位向來和我攀老同鄉的永修書記胡祖舜「同志」，利用這情緒在一個小組裏面對我猛烈地攻訐了。

他攻訐的主題是：斷定我一定對委員會洩漏了黨的秘密。

理由是：委員會原將我由無期徒刑加判死刑，現在却忽然減判兩年有期徒刑，無論從那方面解釋，都祇有對委員會洩漏了黨的秘密才會獲此結果。

辦法是：現在王均參加西征未歸，朱毛正在贛南得手，南昌空虛，且夕可下；南昌一下，必然馬上刼獄；就乘這刼獄的當兒，胡亂地把我解决。

天！我這一次又得感謝一師的同學了！原來上一次國民黨判我死刑時乃同學吳景漢君看過了佈告之後告訴我的；這一次共產黨判我死刑却是同學曹文藻君參加了會議之後告訴我的。

「你和祖舜不是很好嗎？」文藻對我洩漏了上述小組會議秘密之後，更感慨地問我：「爲什麼他却要對你這樣？」

「這——不知道。」也許當時我對死亡已是「曾經滄海難爲水」，對於這種猝然臨之無故加之的玩意，已能保持漠然的靜觀了；「不過，我想你一定清楚；我在一師時已無意參加黨的秘密；現在更連小組會議都不大參加，試問黨還有什麼秘密給我洩漏？請你告訴祖舜：人總是有人格的，如果不是先看輕了自己的人格，不會輕易侮蔑別人的人格的。」

「我自然清楚你，所以才毅然決然告訴你。」文藻斬釘截鐵說；停了一停，忽又若有所悟地說：「我看你還是和夏女士少接近的好。我倒明白過來了，希望你接受我這個老同學的忠告！」

「哦，原來如此！」我也恍然大悟了，同時却也勃然大怒了；「無論我和夏女士沒有任何關係，尤其大家都關在牢裡，更不可能建立任何關係：但祖舜既這樣卑鄙無聊，黨既這樣不分皂白，那末，就請你告訴他們：我姓徐的一生是絕對不信邪的！」

事情明白非常，原來祖舜正在追求夏女士，夏女士却偏不給他顏色；後因看見她常和我接近，便不知不覺把我做了情敵，便不惜假公濟私，含血噴人，通過黨的決定，去置我於死，不過事情既弄明白之後，我倒并沒有怎樣懷恨祖舜的意思；倒是黨也跟着祖舜這樣胡鬧，却不能不教我感慨萬千！因爲我雖莫明其妙地成了跨黨份子，却自問對於所跨之黨是兩無所負的，而客觀上則竟兩黨似乎都欲殺我而後快！誰爲爲之？孰令聽之？倒眞不能不教我迸出一聲「黨乎黨乎奈若何」的歎息的了！

這個樣子的黨，不會使我屈服的，本來，夏女士大我四五歲，我本對她沒有什麼；同時，她公開稱我做「老弟」，客觀說明她對我也本自沒有什麼；但祖舜既自卑感作祟。認爲我和她竟有了什麼什麼，甚至竟當我是他情場的勁敵；黨復淺薄地陷入祖舜的陷阱而不自知；那末，對夏女士本來沒有什麼什麼的，我也要做出好像眞有什麼什麼似的了；我立即毫不猶豫地這樣決定做了。

不久，夏女士被判四個月，祖舜被判無期徒刑，和我都先後移南昌第一模範監獄執行。模範監獄和衞戍部不同，是男女隔離，見不了面的，但却也有一個空隙可以見面，便是獄中祇有一個會客室，如果彼此都約了親友同一時間來探監，則在會客室裡仍然可以見面。這個空隙立刻被我和夏女士利用了。同時，我們雖不能每天都採這樣的方式見面，却可以無限制地通信筆談。而我們的傳書帶信人又恰都是出色的好事者，他們不是土匪便是逃兵或小偷、而却都對政治犯有好感。任何犯人在獄中照例都得派份工作的，他們的工作便是每天兩次向男女號子裏送牢飯，無形中便成了我們天然的傳書帶信者；而且他們都似乎是以「願天下有情人都成眷屬」的心情給我們傳書帶信的哩！於是乎我和夏女士幾乎每天都有書信來往，雖然信裏面一點也沒有什麼，她仍然稱呼我□弟，我也稱呼她□姊，但在祖舜眼中看來，我想一定是很難受的。他那時簡直不和我來往，便是難受的證據。

感謝共產黨的恩賜！使我在後期的獄中生活過得詩意盎然。但當我出獄之後，自覺對黨已經死了兩次，可以不疚神明，又再無第三條生命可以供給黨的揮霍，便所有黨對我的任何關照，祇有徒呼負負一概謝絕的了！

「黨乎黨乎奈若何」！

記庚子拳變始末（五）

舜生

三、天津北京的陷落

聯軍攻佔天津，爲庚子年六月十八；進入北京，則爲七月二十。此兩大名城的陷落，實爲清廷一大瘋狂企圖的幻滅；而公私所受損失之慘重，與人民所遭遇的痛苦，與咸豐十年（一八六〇）的英法聯軍一役比較，乃更不可相提並論。因此，不能不於此另闢一節，作一更詳盡之敘述。

天津拳亂的擴大，成於直督裕祿的迎合端剛，更加强於廷雍譚文煥等的愚弄裕祿。

當拳亂初起，吳橋令勞乃宣即嚴禁傳習，並以書上裕祿，力陳不禁將釀巨變。裕以勞書示藩司廷杰及臬司廷雍，二廷惡勞不先白司而逕陳總督，格不得行。等到事變擴大，廷杰始議禁之，但廷雍陰庇各團活動，勢成蔓延，已不復能加以阻遏，而廷雍且藉此擠排廷杰以取得藩司。

譚文煥爲一年久無差之候補道，貪鄙好利，崇信邪術，拳匪既起，乃屢於裕祿前稱道義和拳之術可用，勸辦恐干神譴。裕祿本顢頇無知，且心畏端剛勢盛，因之爲譚所蠱惑，即用譚爲拳匪營辦供應，譚與匪互相勾結，乃日向津民敲詐，以一部自飽私囊。

天津拳匪渠魁見於裕祿公開保奏者，爲張德成，曹福田，韓以禮，文霸之，王德成等諸人；而張曹這兩位『老師』更有名氣；均因裕祿之保薦賞給頭品頂戴，花翎，黃馬褂，隨時得出入總督衙門，與裕祿分庭抗禮。張德成爲白溝河人，業駕船，平日往來玉河西河間。他的發祥地爲靜海縣獨流鎮，所設壇稱『天下第一壇』，遠近拳匪爭相攀附，並遙受節制，聲勢極爲煊赫。曹福田到天津，也僅稱『署理靜津一帶義和神團』，以示不敢僭居德成上也。先是是年五月，有直省道員四人結伴赴津，船過獨流，爲匪所獲，押赴神壇，德成以其大官可利用，釋之，且延坐，自炫其術，使其轉達總督，請餉二十萬，自任滅洋。該道員等唯唯受命，裕祿也居然深信不疑，即遣人召德成，屢召而德成不至，且怒曰：「我並非官吏，何得以總督之威凌我？」裕祿謝過，以八人輿迎之，啓督署中門延入、欵以盛宴。德成於席間忽若睡去，俄欠伸起，抖袖出鐵礮機管等零件，云頃間元神出竅，自紫竹林租界敵中竊來，敵礮已盡成廢物，裕祿神其術，致敬有加；匪衆聞風，乃愈覺有恃無恐。

曹福田爲天津靜海人，本無業游勇，較張德成更爲狡猾；嗜鴉片，無以自存，拳民聚衆仇教，福田認爲機不可失，因參加造亂。初入津城，商民跪迎，福田令起立，曰：「無須跪也。」神壇令津民素食，福田說：「不必，我一樣也飲酒吃肉；」又聞洋貨店多被焚燒，福田又說；「更不必，洋貨輸入中國久，商民何罪而令其虧蝕血本？」津民以其大近人情，故信之更篤。福田蓄一妾，其室中所祀神像，則爲關帝、趙子龍、二郎神、周倉；另供一木主，題曰「聖上楊老師」不知何許人也。德成與福田所率均爲烏合，術亦絕無效，遇排鎗或礮擊，必死傷累累，故不敢與洋人多接觸，惟日與官軍爲仇，蓋直隸提督聶士成所統武衞前軍，初奉命剿匪，會於落岱一役斃匪三千，故拳匪恨之刺骨，一遇機會即起而報復也。福田尤工作態，每出隊行通衢，必騎駿馬，鼓吹導前，紅旗大書一『曹』字，鼻架墨晶眼鏡，口銜洋烟捲，長衣繫紅帶，緞靴，背負快鎗，腰懸小銃，手持一秣楷，問其何以不衝入租界，則曰；「時猶未到！」惟遇敵人礮暫停，必傳出爲某某老師所封閉，不移時，礮聲又作，亦無以自解。其一切如兒戲多類此。

天津與北京有一不同者，乃另有女匪曰「紅燈照」，大率爲十餘齡或二十左右之少女，據云實爲土娼，左手持紅燈，右手持扇，下垂紅巾；以自扇，即能上昇雲際，擲火燬洋樓，信者謂曾目覩好奇者升屋頂瞭望，又一無所見；津民夜懸紅燈，則謂迎「紅燈照」仙姑也。又有一三十餘歲之孀婦，稱黃蓮聖母，與三仙姑九仙姑同居舟中，自言能療疾，受傷之匪請其救治，則傳以香灰一撮，不數日而蛆已出，猶曰：「其人本有罪，故法不靈。」其欺罔至如此，而裕祿仍禮之甚虔，送神堂供奉之，聽信衆禮拜。

總之，庚子五六月之間，天津言神怪者不可勝數，上舉僅人所熟知之數例。另有自稱張天師者，云來自江西龍虎山，尤法力無邊；有稱「海乾神師」者，謂能海乾水使洋船無法近岸；更有自稱「天滅者」，謂天遺其滅盡洋人也。其術或售或不售，其人亦有幸有不幸，「妖由人興，」「孽由自作，」迄天津城陷，此輩妖孽或死或逃，乃一掃而空。惟張德成逃到王家口，以索供應觸村民怒爲村民所斃；曹福田逃歸靜海原籍，被捕，磔死；裕祿出走後，譚文煥亦逃，但卒爲聯軍所弋獲，先支解其體，然後梟首懸之天津北門，則均事實也。（第三節未完）

本刊已經香港政府登記

每逢星期五出版

聯合評論

週刊

United Voice Weekly

第九十一號

督印人：黃宇人　總編輯：左仲平

社址九龍金馬倫道卅八號三樓　電話61413

承印嘉羅印刷有限公司香港灣仔馬師道5號

總代理：友聯發行公司　售價每份港幣一毫

本報美洲版總經售處美國紐約中美出版社

CHINESE-AMERICAN PRESS, INC

199 CANAL STREET.,

NEW YORK31 N. Y. U.S.A.

美洲航空版零售每份美金一角

本報重要啓事

近承美洲讀者紛紛來函，並附寄美金，紛向本報訂閱本報香港版，囑用航空寄遞，以期迅速。實則本報香港版與本報紐約航空版內容完全一致。旅美僑胞請逕向紐約中美週報社本報美洲總代理訂閱，既可節省時間與郵費，又可避免函寄美金之可能損失。敬希美洲讀者鑒察

聯合評論社敬啓

除去台灣的禍根——蔣經國

本社同人

我們今日提出蔣經國的問題，並不是對於個人的攻擊；而乃鑒於他是今日台灣的禍根和亂源。可以說：慶父不除，魯難未已；經國不去，不但反攻大陸無望，即台灣的安全亦大有問題。因此，我們提出蔣經國的問題，實在是為了反共復國的根本之圖，不容再緩了。

自政府退守台灣後，蔣經國的勢力即日益澎脹。時至今日，雖然他在表面上的地位，僅是國民黨中央常務委員之一和行政院政務委員之一，可以說，並不怎樣的重要。而其兼任所謂國防最高會議副秘書長和青年反共救國團主任等職，更是於法無據。然而如所週知，他却是今日的台灣最有實權的人，是一隻無孔不入的魔手。以言黨務，則中山先生所創建的國民黨已逐漸變成了他的私有集團。不但追隨中山先生多年的革命先進，悉被投閒置散，即曾助乃父建功立業的繼起之士，亦多被摒諸門外。今日位列國民黨要津的所謂太子派，十九都是不學無術寡廉鮮耻之徒。他們對國既無貢獻，在黨亦無歷史；其所以能飛黃騰達不可一世者，完全基於與蔣經國的關係。因此他們也就一切唯他的命是聽了，至少在表面上是如此的。以言政治，蔣經國不但控制了內政，司法和僑務；還滲入了教育與外交。目前正向財政經濟部門發展，年前政府方有恢復中央銀行之議，他即電召大陸變色時曾向中共靠攏的某銀行要員到台候命，即為最顯著之一例。以言軍事，他雖未曾受過軍事教育，亦非行伍出身；但却控制了軍中的人事。假如不透過他的關係，縱使是百戰功高的良將亦不能安於其位。反之，假如奔走他的門路，毫無資歷的人也可攀居高位。他對警察行政，亦握有同等的權力。尤其是主管特務，其魔掌更深入黨政各部門及社會各階層。更透過名義上屬於國防部而實則屬於他個人的青年反共救國團以控制大中學生的思想及活動。至於利用取自美援的特務經費在海外津貼報刊收買一些當年曾向中共頻送秋波的無賴大發謬論，說東方國家不應實行民主，最近更發動反美宣傳，則尤其餘事了。

蔣經國之所以握有如此龐大而深入的權力，並非由於法律的賦予；乃因為他是蔣介石的兒子，享有種種法外的特權。乃父既玩法成性而無權不攬，無所不管，他也就目中無法而也無權不攬，無所不管了。因此，十年以來，儘管海內外一致渴望台北方面能實施民主改革，團結一切反共人士，急圖反攻大陸；而所謂太子派却處心積慮，挾着蔣介石愈向個人集權統治的死路盲進。良以不談民主改革則已，若要民主改革，則必須實行法治。不但特務機關不得作威作福，為害人民的自由；政府各部門亦須依據法定的職權各司其事，不得侵越。而文武百官的調動更應遵循法定的準則，任何人不得妄加干涉。總統尤不得亂發手令，干預職權以外的事。如此一來，蔣介石既不能為所欲為，蔣經國自亦不能橫行無忌了。他何能忍受？至于團結一切反共人士，則尤須本天下為公的襟懷，寬容異己。蔣經國則偏狹自私，愛權如命，自然更非所願了。

不特此也。蔣經國昔年在蘇俄受訓及工作達十餘年之久。當寧漢分裂之初，他即率先高呼打倒新軍閥蔣介石的口號，以後並娶一個赤俄的少女為妻，至今仍隨在台北。可見他與俄共的關係殊非平凡。他回國以來既未向政府或國民黨辦過自新的手續，亦從未聲明與共產黨脫離關係。他青年時期的朋友都是共產黨——尤其是俄共；其一生所受的教育和訓練也以布爾什維克的教育和訓練為最多。十年以來，他在台灣的所作所為，不但仇視民主自由和厲行共產黨式的全體主義；即其所用術語，如克難英雄，如向領袖呈獻克難成果及所謂清查大陸來台國民的三代等等，無一不是由中共的暴政脫胎換骨而來。猶憶兩年前，中共向台灣發動和談攻勢時，港報曾有共方要人致函蔣經國的消息，台北方面並未否認收到該項函件，僅云未加拆閱。前此不久又傳台方某要人公然向中國郵報發表談話，說中共的人民公社業已成功。最近曾在香港發行月刊公開主張與中共談和的某立法委員，亦因蔣經國的維護而獲准入台。他並面告該刊的另一負責者說，「主張與中共言和並無關係」。凡此種種，均証明蔣經國與共產黨的關係，至今仍十分微妙。

據我們所知，前年蔣介石聲明反對修憲時，原有遵守憲法不再連任之意；但蔣經國則在海內外發動勸進，並揑造種種情報以刺激乃父，使其改變初衷。他所以千方百計務求陷乃父於不義並淪政府於非法，顯然是有所圖謀的。而今非法臨時總統正粉墨登場，就種種跡象看去，蔣經國的權力必將更加擴大。假設他一旦如願以償而完成了對於台局的部署與控制，台澎金馬的前途就太可慮了。

總之，我們雖然否認非法臨時總統；但仍認台灣是反攻復國的基地，對它仍十分愛惜。我們深信一旦去了蔣經國並結束了一人一姓的集權統治，改革與團結立可實現。尤其是為了確保台灣的安全，更不能容許一個政治身份十分可疑的人如蔣經國者在那裏繼續發展和作祟。這是多年以來人人心中都有同感而却不敢直言的問題，我們鑒於時機危急，特提請海內外的反共同胞密切注意，並主張立即去之以杜後患。

你們還要講民主常規嗎！

答香港黨報兩篇社論

・李璜・

國民黨當權派最令人氣惱的一套政治玩意，是當其要在野人士為他們陪場伴奏，點綴風光時，則高談民主團結，黨派合作；其實一到包辦把持的緊要關頭，則又拿出「革命政權」，「非常時期」，來否定了民主法治，獨斷獨行，而且不許批評；如果批評，就反轉過來說批評者為破壞團結，立刻奉送一頂「紅帽子」，認為是共黨的同路人或者是為共黨當間諜，做統戰工作；那怕你有三十年以上的反共歷史，或者目前還不斷的在做反共的文化工作，但只要你批評了台北當權者的獨裁措施，你便免不了「紅帽子」的罪名，你便該死，罪在不赦！

為修憲連任這一問題，在野黨派及民主人士向國民黨當權派說話，說了一年以上，並不正面的，公開的，合法合理的去應付這一問題，而一味的耍政治手腕，欺騙作風：從「反對修憲」到通電擁戴；又從不修憲到修改臨時條欵主張，以凍結憲法最重要的第四十七條；再從大法官的非法解釋國大的出席人數到了「聽候本黨的徵召」，又再從「改良生活待遇」，「成立修憲機構」，到了一人競選，全體通過，一幕一幕的表演下來，試問，那一幕是循民主常規來過？而今本社同人本着一年來一貫的維護民主憲政的主張，而表示「決不承認非法總統」，香港黨報乃認為是不循民主常規，不服從多數，又試問，你們那個所謂「多數」，是從民主常規裡來的嗎？而且香港黨報社論執筆人的官派十足，對于維護民主憲政的主張者稱為「彼等」，一連來了四五個「彼等」，最後叫「彼等」循民主常規辦事，但其通篇社論乃是在為國民黨當權派辯護「非常時期」，無法循民主常規辦事，故其結論仍是說，「……國家處境如此，國人團結猶恐不及……」。

說到國人團結，便不免要令人頭痛萬狀，十年以來，國民黨當權派，在台灣，在海外，對于在野黨派，對于民主人士，所用的欺騙手段，分化辦法，謠言攻勢，剿撫兼施，作風惡劣，缺德之至，那一點是在想團結國人呢!?如果想真正的團結國人，這十年來便不該只玩政治把戲，而不依民主常規，口言民主，其實專制；口言團結，其實欺騙。就以修憲連任的這一大幕戲而論，曾有人被騙得舉起雙手贊成，曾有人被騙得相信政治協商，到最後，香港民主人士發出了警告宣言，還有人相信國民黨當權派會懸岩勒馬，不致于將維繫中華民國命根的憲法毀棄了去！這類不勝枚舉的被騙，真是太多，直騙到將足以團結全國的這部憲法畢竟受了損傷，而且損傷到其中最重要的第四十七條；如果這個第四十七條長期的假借非常時期的說法被凍結了下去，則不難將中華民國變成了中華帝國呢！我們想念着先烈們艱難創造的中華民國，我們眼見得毛澤東及其一羣以「新階級」變成了貴族政治，我們又焉得不爭，我們又何所畏懼，而不否認一切獨裁者的欺騙民眾的行為！

香港黨報正在向我們（或者彼等）强調領導中心的重要性，在我個人來言，從來不承認中華民國領導中心應該是獨裁專政的。且黨報所指獨裁的這一個領導中心，在大陸時，曾一個領導中心領導過二十年，其結果將整個大陸領導得失陷了！這個領導中心的原班人馬，又在台灣領導上了十年，又領導得來民情不安，輿情不順，而反變本加厲的壓迫異己言論，分化在野黨派，顢頇愈來愈兇，圈子愈縮愈小，像這樣領導下去，那是為的「反共第一」的大前提，乃是為的少數人的富貴尊榮，至多是將小朝廷一直的保守下去罷了！

我們也知道，「僅台北一地，已籌備就職大典化裝車輛二百十七輛大遊行」（照抄香港黨報十七日社論語），好不熱鬧！然而四五億老百姓正在水深火熱之中，又好不淒涼！龍燈獅子到處有的是！香港黨報也可以在香港來籌備一下，遊行一下，但我們是不忍卒覩的啊！

四九、五、一七

法西斯蒂不能反共！

·鈍叟·

事有如此湊巧！

話說中華民國四十九年三月十一日在中國的台灣省台北市，中國的國民大會以不足法定人數，非法的修訂了臨時條欵，勉强的將中華民國憲法上第四十七條加以凍結，以便重選蔣中正爲第三次的非法總統。——這是在幾個月以來，揑造勸進電報，游說國大代表，事前既多方向社會爲違法非憲的辯護，臨時又再四對國大代表予以威脅利誘的手段，費了九牛二虎之力，弄得又哭又笑幾場，方纔在海內外多數認爲非法的勾當下，完成了臨時條欵的修訂與「總統」三任的選舉。乃少數人正在台北稱慶之中，欲呼還未已的時候，忽然在大韓民國的漢城，於四月十九日，學生大示威，反對非法的大選結果，與警察起了衝突，警察開槍殺死學生百餘人，傷者數百人！事變愈演愈烈；示威愈來愈大，以致軍警鎭壓無能爲力，南韓全國秩序不保，於是當了十二年總統的李承晚只得向南韓國會辭職，而主張大選重行來過！

事有如此湊巧！台北的非法選舉剛剛完成，而漢城對非法選舉的暴動便一發而不可收拾，硬逼得非將這場非法選舉根本取消不可！觸目驚心，於是台北當局趕快聲明，南韓這一場禍事，完全爲共產黨所策動，其意若曰，幷不是爲了非法的選舉。但是身當其衝的李承晚並不這樣說，並不將事變責任推到共產黨身上去，而反屢次稱示威者爲「愛國者」，爲「可愛的民衆」，他要「照着他所愛護的民衆的希望去做」，而竟自向國會辭職，退爲平民。

於是台北當局大失所望，像李承晚這樣順從民意，放棄政權，相形之下，豈不令台北當局寧願違背民意非法違憲而貪戀着政權，更表現出無聊與可恥了嗎！並且像李承晚這樣容易的向民衆低頭讓步，自動下台，影响所及，豈不令其他獨裁政治的國度的民衆又要羣起效尤，或向獨裁政府要求民主自由（如南越），或竟自一樣的仿效南韓，大舉示威，要求改選（如土耳其）！因是，台北當局在十分恐慌，萬般無奈之中，又採取了兩種手段，來應付這一非常狠狽的局面：一是將南韓局面的起因及其結果，一併推其責任到美國人的身上去；（因爲曾經整個推其責任於共產黨身上，而反遭南韓民衆的抗議，認爲台北當局侮辱了韓國民衆的人格，）一是根本否認民主自由的主張，並且聲稱在反共前線的國家內，不應該主張自由正義，必須等到打倒了共黨之後，「領導中心」纔給予民衆以自由，否則便不安全。

「反美援朝」有了同調！

在前一個推卸責任於美國人身上，這一做法，特別在四月二十日以來，香港某「大字報」首先奉令發動，認爲美國駐韓大使馬康衞之在四月十一日會見李承晚總統，表示「美國關切南韓民衆的憤怒」，已算是美國政府干涉了友邦內政，特別美國赫德國務卿於四月十九日發表，「劃時代」的聲明，希望「韓國政府爲了其本身的最佳利益，爲了恢復公衆的信任及應該採取必要的，有效的行動，以保護言論自由，集會自由及新聞自由的民主權利，幷維護投票秘密，避免對於執政黨的政治反對者的不公平而差別的待遇。」這個聲明一發表，香港的「大字報」以及黨報，準黨報更爲緊張，一致向美國進攻，「大字報」的綜合報道不惜大書特書，美國是遠東共禍所由起的罪人，而今還在造孽惹禍，因是不但將南韓學生示威的引發，認爲是被美國人所鼓勵，而且南韓有了反對黨，反對黨竟有如此發動民衆的力量，也認爲是由於美國人一向扶持或影響的結果！這眞是欲加之罪，何患無辭，這不啻認爲南韓民衆都是死人，本來都是恭順服從獨裁到底的，而今忽然反抗起來，都是因爲美國約鼓勵，做了美國人的傀儡！

在四月二十日以後，一連十幾天，香港的黨報，準黨報，在社論，在時評，都强調民族主義，認爲赫德國務卿的宣言爲不當，爲干涉友邦內政，甚至認爲「清算每一受援國家可使每一受援國家無一倖免」！特別是「大字報」，以第一版的「綜合報道」，以第二版的「新聞說明」，以第三版的全版，幾乎整個篇幅，去一面替李承晚頌德並喊冤，一面向美國人表示抗議，鍛鍊週內，務將美國人認定爲遠東共禍的罪魁禍首，其浩論幾乎與香港的共黨尾巴報同一調門：美國人退出遠東，以免干預別國內政！共黨報紙及其香港的尾巴一向是「反美援朝」，自一九五一年以來，這一論調沒有變過，而今忽然得着國民黨的黨報，準黨報，以至「大字報」連日連篇的不斷反美援朝，毛澤東眞要感覺到，吾神雖瘟，吾道不孤，因之北平的反美援朝大示威，得着香港國民黨黨報與準黨報的同調的鼓勵，更高喊「美國人退出遠東」特別的來得起勁了啊！

來了反共團結十論

但是香港總還剩得有「一小撮人」，如像聯合評論執筆人等之類，不免有「嗜痂之癖」，還在主張要用自由正義來做反共的利器，還不贊成反共的前線國家應該鐵定爲獨裁專制，並且還敢於贊成赫德「保護言論自由，集會自由及新聞自由等民主權利」的主張，於是台北當局爲貫徹根本否認民主自由的主張起來，特別對香港民主人士，來一個有系統的反擊，於是來一個反共團結十論，這十論正一篇一篇的在香港的黨報上登了出來。

這論文是在談理，比較「大字報」的萬分着急，毫無調理的反美援朝要高明一些。然而十論作者還是火氣十足，第三論便把談民主思想及自由主義的人們，罵得狗血噴頭，歷數其罪狀爲「極端個人主義」的，「虛無主義」的，「絕對主義」的，以至於「自由的布爾什維克主義」的！特別是最後「自由的布爾什維克主義的」一個罪狀，這位作者認爲得意，說是他發明的，其實這一罪狀的名稱並不新穎，並非「作者杜撰」，而是凡在莫斯科大學畢過業來，或與莫斯科大學畢業生做好朋友的人，都必然會有此一名辭在口邊的，因爲這是列寧曾說過的，特別是史太林常拿「自由的布爾什維克主義者」這一名辭，來定他的黨員的罪名，或因之下獄，或竟置之死地！

同時，香港的黨報社論也跟着十論作者的莫斯科大學受過訓的意識，認爲西方式的民主，乃是十九世紀的民主，並且說：「借用社會主義者的口吻來說，那是舊式的，資產階級式的民主」。於是令我想到毛澤東的「新民主」了！原來，國民黨的黨報，黨論要維護獨裁，黨要反對民主，還是離不開中共這一套，還是要與毛澤東一鼻孔出氣！西方的民主是十九世紀的，是舊式的，然則毛澤東的「新民主」纔是二十世紀的，因爲黨報的黨論結尾說：「談民主改革，不宜採取南韓形式，尤其不可忘掉經濟民主和普通人民」，這正是毛澤東的聲明，毛澤東及其一羣在當年大陸上反民主，而打倒他們所謂的資產階級的民主主張時，就是用的「經濟民主」與「普羅大衆」，這一類的說辭啊！

法西斯蒂不能反共

就因南韓民衆爲爭自由民主而大示威，香港黨報與準黨報十分着急，多方設辭，用來鎭壓中國的民主人士時，香港民營報紙的一位主筆忽然說，「他覺得法西斯細菌在作怪」，這不只這位主筆一個人覺察了出來，一切明眼人都會感到，這乃是台北當局爲保持其多年來的獨裁政權，恐怕南韓民衆民主自由的劇烈要求影響到了台灣，故不惜在反美援朝中，將他們一向所實行的法西斯蒂的主張論調一併的無隱藏的拿了出來！

（下轉第三版）

不承認主義

徐亮之

「不承認主義」，過去美國國務卿史汀生先生曾經提出過；其對象乃日本帝國主義者的暴行。我們今日重新提出這一主義，其對象則是台灣獨裁主義者的醜行。

任何台灣獨裁主義者最佳的辯護士均無法對其主子如左的醜行加以辯護：

第一、憲法乃國家的根本大法，它可以變更任何法律，而不容許爲任何法律所變更，乃起碼的常識；乃世界任何政法學者所公認，任何民主政府所恪遵的憲政常軌；而且凡法律命令與憲法抵觸者無效的規定，就已明揭於憲法第一七一和一七二條中。然而台灣的獨裁主義者爲了達成其非法連任第三屆總統的目的，竟不惜以修改憲法附件的所謂臨時條欵來限制憲法本身；這眞乃憲政史上空前未有的笑話，亦即是中國憲政史上空前未有的醜行；這種醜行，是任何台灣獨裁主義者的辯護士所不能辯護的。

第二、「國民代表大會代表每六年改選一次」，明揭於憲法第二十八條。這些國大代表在六年期屆滿之後，既從來沒有根據憲法改選過，便說明他們在憲法上的地位早已喪失，早已不能獲有憲法所付與的任何權利；亦即說明他們這次的所謂選舉，是不合法的；其選舉的結果，是凡屬中華民國的國民所不能承認的，尤其他們這次的選舉，乃與獨裁主義者狠狽爲奸，長期利益交換的行爲；乃較之曹錕當年一次過的賄選行爲更爲醜惡的行爲。這種醜行，是任何台灣獨裁主義者的辯護士所不能辯護的。

第三、根據憲法第七十八條和第一七三條的規定，大法官對於憲法條文是祇有「解釋」之責，而並無「修改」之權的；然而他們這次却爲了要對獨裁主義者爭妍取憐法外忠貞的緣故，竟悍然不顧一切把憲法第一七四條第一欵關於代表總額的規定與精神，七折八扣地橫加「修改」而美其名曰「解釋」。這表面雖似乎乃部份司法人員的自損人格爲虎作倀的醜行；事實上恰是欲蓋彌彰的獨裁主義者破壞司法的醜行。這種醜行，是任何台灣獨裁主義者的辯護士所不能辯護的。

於此，也許有人會引台北某辯護士所說「蔣總統的事業不可能爲任何人所代替」的別出心裁的辯護來側面地對蔣氏非法連任加以辯護；但這却是祇有越辯護越糟糕的辯護。因爲台北某辯護士的這樣的辯護，根本上就是一種幼稚非常而不值一笑的辯護。這理由很簡單，便是中國歷史上從來就沒有任何政治領袖的事業不可能爲別人所代替的事實；否則，中國便不可能有這樣綿延至今的幾千年歷史。舉例說：如以「我生不有命在天」自命的殷紂、和被左右阿諛成爲上古未嘗有，五帝所不及的秦政，何嘗當時不自認或被認爲他們的事業不可能爲任何人所代替？然而事實恰恰相反，繼承他們同時否定他們而起的竟偏都是最卓越而輝煌的代替者。不但像獨夫民賊的殷紂秦政的事業，對之爲革故鼎新蕩汙滌穢的代替者大有人在；即或是聖帝哲王的事業，其決然能爲別人所代替，歷史上也就已經數見不鮮。唐堯的事業，曾爲虞舜所代替；虞舜的事業，曾爲夏禹所代替；幾於今日的中小學生也都耳熟能詳；何況斷送大陸，偷安台灣，一心爲兒子創設代替條件的區區蔣氏的所謂「事業」?!

總之，這次台灣所謂總統副總統的選舉，乃侮辱中華民國而任何人都無法加以辯護的醜行。對於這樣的醜行，報之以不承認主義，進而加以膺懲之，乃每一個中華民國的國民責無旁貸的責任。

做非法的總統，還是安享餘年？

．李金華．

當李承晚辭去大韓民國總統，回到他的私邸時，門外的青年民衆不由地向他歡呼：「敬愛的老祖父，請安享餘年吧！」

這是句極其親切感人的話，在這歡呼聲中眞切地流露出了韓國青年對李承晚由衷的敬愛。我們雖未嘗親見當時的情景，但相信那場面是極其動人的。

從一個民族英雄，不幸自誤而成為一個獨裁者，但一念之間的決定，卻使他毅然決然地擺脫了政治，息隱田園，終于成為韓國青年心目中的「敬愛的老祖父」，我想即使李承晚自己，也會為這動人的歡呼聲浪激動到流淚的。

誠然，李承晚是極其自負的，因為他一生盡瘁于國家。尤其當他為羣小包圍的時候，在主觀上和客觀上，都會覺着他自己確是「無可替代的」；但他現在也終于認識了他的退休是對國家更有益了。

在我們中國，蔣中正在民國的歷史上也自有其一定的地位，從北伐和抗日以來他是不折不扣的民族英雄之一，儘管數十年來其功罪尚未屆最後論定的時期，可是說他是一位中國的民族英雄，無論如何是恰當的。

民國廿五年十二月，蔣在西安蒙難，旋即無恙歸來，當時他回到南京後，整個的南京城活躍起來，無分男女老幼莫不為之慶幸，爆竹聲自動地起自各個角落，人們奔走相告，數十萬人的遊行，雄壯的歡呼使整個石頭城像翻天覆地那樣。這場面，這偉大動人的場面，甚至使每個人熱淚長流，感奮不已，迄今令我難忘。

民國卅八年，徐蚌會戰之後，主力消滅，國內外的形勢，使蔣不能不悄然隱退，當他由南京回到溪口之後，南京旋即出現了大疏散的場面，明故宮機場固非黃金、美鈔莫能登機，而京滬鐵路的行車秩序亦為之大亂，南下的列車，車頂上是人，車廂外也居然有人用繩索掛起，一個車廂的廁所間，當時的黑市代價竟達「大黃魚」兩條，（即黃金廿兩）這場面也是我親見的。每個人的心情都異常的沉重，人們已預見有喪家之痛、悲憤之情溢于言表，此景此情，于今思之，猶在眼前！

歷史眞是酷殘無情的！

民國卅五年十二月廿五日，國民大會通過了『中華民國憲法」蔣並為行憲中華民國第一任總統，兩任期滿，共歷十二年，依照憲法，僅能「連選得連任一次」，但現在他却要做非法「第三任總統」，理由為「他是無可替代的」。因此憲法被大法官曲解了；國大代表用他們的神聖的投票權向蔣易取了「改善生活」的諾言。

為此，這次國民大會的選舉不僅在法律上有問題，而且也是不光明的！

依照大韓民國的這次事件為例，現在可以証明陷李承晚于尷尬之局的，完全是李起鵬集團所一手造成，是李起鵬集團之不能忘情于既得利益，是李起鵬個人的某種野心，促使他要驅李承晚走不法之途，李承晚當時的昏庸固難辭其咎，但眞正的罪魁禍首則非李承晚，尤其是後來的非法選舉，指揮實際行動的是李起鵬。

蔣今天一意孤行要做終身總統，就其言論態度來看，似不能說是出于主動，但其左右的所謂「領導中心」，則不容諱言是立意要陷蔣于不法之境，而讓他出任非法的總統的。這個所謂「領導中心」，主要的就是蔣經國，以蔣經國為中心所形成的集團。當然，如果蔣早有決心不做非法的總統，則蔣經國集團自亦不能毫無顧忌地放手行事。所以無論如何說，蔣也絕然不是完全出于被動地做非法的第三任總統。因此，他也不能完全不對他的非法行為，不負任何責任。

一個人，尤其是一個從事實際政治担當國家命運的人，絕不可能是畢生不錯的。但他至少應該有這樣的政治品德：當國家需要我時，雖赴湯蹈火不辭；當國家不需要我時，也絕不留戀。一九四六年，法國的戴高樂是在後一種情況下下台的；但到一九五八年，他又在前一種情況下，應法國人民的呼喚再度出山。以他在一九四六年對法國軍人的影晌力量來說，自可擁兵自重，做個當代的拿破崙也未嘗不可，但是他毅然決然退出政壇，遠離實際政治，十二年的韜光養晦，對戴高樂那樣典型的法蘭西英雄個性的人物來說，乃無比的精神煎熬，但是即使當他再回巴黎時，他還是堅持要依憲法行事。

要依憲法行事，實為民主政治的精髓，愈是國家在動亂不安之中，遵憲依法，更為治亂與邦的第一要義；非法、毀法的行為，雖能收短暫之效用，但實非國家幸福所寄，蔣從政卅餘年，豈能謂不明此理！

『朕即國家」的時代，早巳成為陳蹟，家天下的時代，亦早已死亡。袁世凱以小站練兵起家，最後貴為中華民國的總統，但是當他要把共和政體改為宮廷政治的家天下時，他竟不敵梁啓超的一支筆。這與其說是梁啓超個人的文章好，不如說是梁啓超的文章代表了當時四萬萬中國人的心聲。袁世凱要做皇帝，祗不過是根據了自己的幻想和勸進派的壞主意，但梁啓超的文章，卻是以客觀的時代思潮與民心的趨向為基礎。他的文章激動了全國民心，也令袁賊內疚神明，終于以悲劇結束了他的一生。

蔣雖以黃埔起家，但我想他不能，也不該與袁世凱相比，因為他是受孫中山先生的思想行為所薰陶的，而他也自命是師承中山先生的。今天，至少我個人總還覺得蔣儘可以不重視個人的歷史，不珍惜個人的聲譽，但他沒有理由不思念到當日中山先生對他的知遇與付託之重，他既口口聲聲以中山衣缽再傳自居，雖可不以個人令名歷史為重，但又豈能因此而點汚了中山先生。但如以中山先生有生之年對孫哲生（科）之態度、方法與今日蔣之對蔣經國之態度、方法相比，則又怎能令人相信蔣之對蔣經國是無私的呢？他今日不惜令譽，不計歷史，尤不惜毀法，如果一切只是為了蔣經國；或是由蔣經國作成「不得不」的形勢，而蔣竟然不察，墮其陷阱，那就尤為不值了！

因此，我仍懷一絕望的希望，期待蔣能臨崖勒馬，猛回頭，在最短期內自請辭職，像李承晚那樣，做一個安享餘年的「敬愛的老祖父」，並由黨及政府解除蔣經國的所有黨政職務。要說這樣做就會陷自由中國于萬劫不復之地，那是笑話，那是根本自己輕視了國民黨，也無視于當前的形勢。蔣如果不能這樣善自珍攝，我想將是自絕于國人。歷史將為你作証。

非法的總統是不會得到絕對多數的國人由衷的承認的。雖然，袁世凱也曾自鳴得意地做過八十三天的皇帝？！但那畢竟是齣悲劇！

關於蔣介石

史一平

（上接第四版）

自北伐以至抗戰勝利，蔣介石是順利的，這種順利，決不是他個人「八字行運」之故，而是中國人民望治心切，雖然知蔣有許多短處，仍然希望「可與有為」。但是勝利後的一切大失望，就形成蔣家雄師崩潰，衆叛親離的局面。至于偏安台灣以後，因為中華民國正統的存在，和海外反攻復國唯一可能基地所繫的緣故，海外流亡人民及僑胞，不少仍抱着孤臣孽子的心情，抱與人為善的態度，希望蔣氏有所改進，有所更新，希望他還能知恥。然而，逐漸發展的情勢，正在証明蔣氏的時代業已過去，除非他肯眞眞正正的引退，（不像上次引退其名控制其實的虛偽手段作風。）否則他對于反共的工作，只是負債而非資產。蔣氏前半生的歷史，十年來的事實，難道還不夠証明嗎？

勸進者每有「反共非蔣莫屬」，或「陣前不可易帥」之類誑語，以為當權派繼續當權作辯護。實則邱吉爾以救英國之大戰英雄，戰後即時在民選下解組卸職。李承晚乃南韓復國元勳，亦以民意而掛冠歸隱。一個無籍籍名的許政，也可以統治南韓使上軌道，並未見共軍突破三八線而南侵，何況是台灣海峽呢？可見領袖並非眞命天子，而正如某先生所說，只要是「神智健全的公民」，便可以做總統。至于強調緊張，或非常，也不過是藉寇自重罷了。

如果大家還在大陸有一個政府的話，則元首如何糊塗，人民仍可以認為「帝力于我何有哉」？不理會國事的。（當然這是不對的，但在未至發現亡國危機之前，尚可姑息的。）可是，今天大陸既已陷共，台灣又是僅存的復國可能基地，如果再任令蔣氏因循貽誤，不但反攻無望，萬一台灣有不幸的變化，那就將遺留給國家以無窮的禍害。

中國人民對蔣介石的領導已經厭棄及絕望，是由于蔣自己的倒行逆施所引致，孫中山先生所建立的革命基礎，到蔣手裡不能發揚光大，而且無法守成。中國人民流血犧牲所換來的抗戰勝利，更在蔣的領導期間中，短短數年中亦蕩然無存了。現在美國既不願與中共作戰，蔣介石又與美國發表了不以武力反攻的聲明，如果還希望蔣介石牽領美援的軍隊去反攻大陸，那不是癡人說夢嗎？

中國人民宣佈對蔣絕望，是時候了。中國人民得要求迷信武力的蔣介石眞正引退，然後能使台灣自給自足，使台灣免起革命。能使台灣的政治經濟改善，能與海外僑胞人心結合一致，然後才能影响並鼓動大陸的人心，起而對中共革命。

台灣的六十萬國軍在比重上不能反攻成功，反攻的重任更非僵化了的政權所能勝任。但中國人民非得光復大陸推翻中共不可，這就不能任毛盤踞讓蔣因循了。「如果你不理政治，便會受暴君統治」。過去便是因為中國人民的不理政治，任由蔣介石獨裁，引來了毛澤東極權專政，現在應該覺悟了！現在中國人民為要打倒毛澤東這暴君，身居海外也不能不過問政治，否則不但我們會成為中國這一世代的罪人，對歷史子孫不能交代。甚且也許會連累到東南亞國家的安危！

對蔣介石「宣佈絕望」，會令許多人駭異，在感情上也許是難過的。這是我們中國人向來太過忽視濫用權力的後果，也是我們中國人向來同情失敗者的緣故，然而我們應知大陸六億同胞正在死亡的邊緣，海外千餘萬僑胞亦處在刀俎魚肉的苦境。因此我們再沒有辦法忍受任何大小的暴君，我們的大前提是推翻中共，但得先注意的是台灣這個反攻的基地，台灣基地的治亂可能影响這世紀中國的國脈和民命。

法西斯蒂不能反共

（上接第二版）

香港黨報與準黨報强調「領袖神聖，不能批評」，這是法西斯蒂！香港黨報與準黨報强調「領導中心，不容動搖」，這是法西斯蒂！香港黨報與準黨報「反對民主，認為舊式」，而主張「一個領袖，一個黨，一個主義」，這是法西斯蒂！香港黨報「主張經濟民主」，「提倡社會主義」，認為這纔適合「普通人民」的要求，不過他們的社會主義是國家社會主義，所謂「納粹」是也，這是法西斯蒂！

然則法西斯蒂是不是能夠反共？絕對的不能！何以故？因為在理論上與事實上，或者說，在法西斯蒂的信仰上與在其以往的失敗事實上，都十足的証明了法西斯蒂不能反共！

原來，法西斯蒂與共產黨乃是一對孿生兄弟：法西斯蒂固然在「一個主義，一個領袖，一個黨」這本經上完全照抄共產黨；而在手法上，用特務控制民衆，同是警察國家；用陰謀消滅異己，同是壟斷政權；至於干涉人民的言論、信仰、結社、集會等自由，假造選舉各級議會議員等的結果，法西斯蒂與共產黨都是如出一轍，彼此做來維妙維肖，而彼此皆曰，這纔是「二十世紀的民主」——「新民主」！

法西斯蒂的發明人墨梭里尼，在未提倡法西斯主義以前，原來就是一個共產黨人，自從他搖身一變而成為法西斯蒂的領袖以後，也是仿照史太林作法，銳意要拿經濟上的成果來眩惑意大利人，但是法西斯蒂為維持他的獨裁政權，從積弱之中，去表示出意大利國家的尊嚴與其領袖的尊嚴，於是積極增加兵力，主張軍事第一，對內藉反共以壓倒一切異己，對外發揚國威，向北非侵畧。——這一來就與他主張的「經濟民主」無法配合，而且過於强調民族尊嚴與領袖尊嚴，而意大利自身便轉瞬之間陷於孤立了！

因此法西斯蒂之反共，等於小共產黨反對大共產黨，孤立的共產黨反對國際的共產黨，其力當然不敵，其失敗是意中事，豈特墨梭里尼的意大利的事實証驗為然，而在當年中國大陸的事實證驗，又何嘗不是如此的呢？

．鈍叟．

關于蔣介石

史一平

蔣介石「棺未蓋而論已定」。他對於反共，乃負債而非資產。中國人民爲要打倒毛澤東，應宣佈對蔣介石絕望……

中華民國的非憲總統將於本月二十日就職。憲法既毀，無論是由於勸進之殷以至不能拒絕，抑或是爲了黃袍加身之無法擺脫，這不外是袍笏登場的一幕。三十年來，中國人民對於蔣介石氏的所爲，歷經多次的失望而仍寄予若干的期望，也因爲寄予有限的期望而換來無窮的失望；到了這次的毀憲連任，中國人民對於蔣氏，更不能不由失望而進於絕望了。

這次國大的鬧劇之前，蔣氏就曾有「反對修憲」的聲言，但不旋踵却欣然接受所謂毀憲的總統，雖十足親台者甚至是台方的臣工，也不能替蔣氏的作爲有牽强的解釋，也不能說蔣氏不是言而無信。像蔣氏這種「笑罵由他笑罵總統我自爲之」的態度，在專制時代的封建官僚猶且不可，何況要担當「反攻復國」的執政黨領袖和國家元首呢？這就是中國人民對蔣氏絕望的原因了。

說到「反攻復國」，已經成爲一張不兌現的支票。這張空頭支票，也是蔣介石所簽署發出的，什麼一年準備，三年反攻；三年準備，五年反攻；無非都是蔣介石的期票。但一連兩任十二年的總統任期，偏居台灣達十長年，簡直就不知反攻爲何物！用不着到而今，所謂擁護台灣的海外千餘萬僑胞，就不會相信蔣介石會率領國軍去反攻大陸。即使蔣介石自己吧，也不敢相信海外僑胞會相信他自己所說的將要反攻大陸。

這就是「反攻大陸」口號之改爲等候「大陸革命」的原因。其實說「反攻」只是一向的虛套，「等候」才是基本的實情。十年來的大陸，危險重重，如韓戰中的敗北，高饒的叛黨，反黨反右和學生暴動，人民公社的城鄉騷亂，水災、旱災、迫害、屠殺、凌虐、飢餓！人民對中共，正是欲「與之偕亡」，不但未見蔣介石遣一旅之義師，登陸救民水火，甚且對這一切的一切，都作如是觀，作隔岸觀，何曾想出一些什麼辦法，起過些什麼作用？說是守株待兎式的「等候」大陸革命，絕不冤枉以革命起家的蔣介石。

革命是一種運動，你不去「運」它，它當然便不會動。（如果將來大陸發生革命，眞個「動」了，也決不是蔣氏所能「運」到的，縱使他有終身的皇帝癮和皇帝運。）但從在革命陣營出來的蔣介石，却似乎不懂此理，說來似怪，却是不怪。原來作爲孫中山先生繼承人的蔣介石，他並非一個摩頂放踵赤手空拳的革命家，也不是能够犧牲自我爲國爲民的政治家，他沒有主義，只知主權，沒有同志，只有同黨，（黨同伐異之黨。）他不崇尚眞理，只知迷信武力。這是蔣介石的歷史，過去的，現在的，也必然是他未來的歷史。

因此，蔣介石雖然出自革命陣營，並且表面上是孫中山先生的承繼者，但他並非獻身革命，並非從事革命，而是「搞」革命，甚至「撈」革命，故此他不相信革命的主義應該貫徹。他曾扣留胡漢民，但大概不曾讀到胡著「三民主義的連環性」。孫中山先生的三民主義，到了蔣介石手裡，便成爲一民主義。這「一民」可以有兩種解釋，其一是三民主義的三分之一，即在民族主義這一課題上，蔣是可以勉强交卷的，但談到民權民生，即民主方面，蔣介石所有的，只是空白。如此的結果，就弄到整個中華民國，只有蔣介石這「一」個人「民」，成爲孤家寡人了。胡漢民是立法院長，他可加以扣留。汪精衛是黨的主席，他可予以驅逐。而今的毀憲，不外是慣技。對代表法權黨權的胡汪，尚可任意摧毀，何況民權！至於民生，更不待論，自「刼收」以至金圓券的通貨膨脹，以迄於今日大陸陷共，人民展轉溝壑哀哀無告，前者是由於蔣的親族統治制度所形成，後者雖說是匹夫有責，但以蔣的地位及謬誤的作爲，他確應負更大部份的責任。

而蔣氏的摧殘民權蔑視民生，就都出發於他的迷信武力。他不知道當年國民革命成功是孫中山先生在南方多次革命和北方「五四」青年運動合流的業績，而自以爲是他自己神武天縱，所率軍隊所向無敵打倒了軍閥。於是，孫中山辦黨，蔣介石抓軍，後來就以黨治國，以軍治黨，由總司令出發，至於總裁，總統，總而言之，統而言之：……以軍治黨，就形成了奴役同志——可奴役者奴役之，不可奴役者排擠之，其不能以少數衛隊排擠如李白馮閻者，則唯有唯力是視，疆場相見。自定都南京以迄抗戰前不久，一連串是蔣氏「討伐」異己的歲月，尤以擁有軍權者，除自投牢籠之張學良外，無一倖免於「討伐」。黨既因寧漢、寧粵、非常會議、擴大會議等的分裂而渙散；政亦因受軍權的禁錮而出於侍從室之門，加上頻年征戰，民不聊生。日本當年的强橫，無非欺蔣介石孤立。「朱毛」坐大，遂亂江西，也是一部軍閥史使然的。中共的第一支部隊，是寧漢分裂中南昌暴動的副產物，其後因內戰而獲得補充。西安事變，造因於蔣氏中央的歧視北軍部隊。至於林彪民主聯軍的聲勢，却也是正統與什牌這一類觀念所形成的。這些問題，都並非「軍事性的」，而是「政治性的」，出乎自命爲軍事家的蔣介石的理解之外，而在地位上作爲一個政治家的蔣介石氏，應予理解的，他却不能予以理解。

這就是爲什麼蔣介石氏在大陸上敗於中共之手的緣故。蔣氏曾經不只一次聲言，倘三年不能剿滅共產黨，「要我蔣介石的頭」！而今共產黨統治了大陸，蔣先生的頭仍在台灣嶄露頭角。蔣先生雖不顧其口，但確能善保其頭。但蔣氏可並沒有想到，他並不是能够圓滿地做國家或黨的領袖，他的最高地位並非由於以德服人，而是以力奪取。而由於奪取乃生出紛亂，由於紛亂而忽視民權民生，致叢民怨，終予共產黨以可乘之機，遂有百萬雄師，一朝捲甲，芟夷斬伐，有如草木！如果要問軍事家的蔣介石「何以百萬雄師不堪一擊」？他是道不出一個所以然的。由於不能在軍事上或政治上解釋大陸失陷的理由，或者雖明知自己的過失而不肯認錯的，於是蔣本人及其黨徒「政論家」者流，一貫地愛把大陸失陷的責任，推諸於馬歇爾美國國務卿的國共和談，推諸於當年民主人士的「推波助浪」，一反「萬方有罪，罪在朕躬」的舊傳統，而成爲「朕躬無罪，罪在萬方」的新邏輯。「准此」之故，美國贊成南韓人民的民主要求，台方不是詈罵南韓學生爲「共產黨」！便是預言「亡南韓者，美國也。美國搞亡中國之不足，尚欲搞亡南韓」。這些怪論，出於「政論家」也出於蔣介石之口，以致立場獨立的「星島日報」，也忍無可忍而評此種論調爲「法西斯細菌」了。

也是「准此」之故，對於海外民主人士，以及進步的反共僑胞，蔣非憲總統亦以共黨「同路人」稱之，謂他們之譏評時政，要求民主改革台灣，都是要幫共產黨「搞垮台灣」。指鹿爲馬地把反共爲通共。這種說法想法，即使不算是法西斯細菌，也是基于「蔣總統反共最力，最久」，只此一家，並無分店，所謂「包辦反共」的思想而起的。實則，蔣反共垂三十餘年，越反而中共越見猖獗。今天毛澤東無論是談戰爭，固以美國爲對象而不以蔣爲對象；談和談，也是以美國爲對象而不以蔣爲對象，周恩來且狂言欲以「台灣總督」之類職位以羈縻蔣！如果說是「人必自悔而後人悔之」，蔣亦會反求諸己，自思這些侮辱之所由來否？亢龍有悔，蔣根本就沒有悔的表示；知耻近勇，蔣也絕對沒有勇的表現。

奇蹟是不會出現的。從蔣介石一貫的歷史考察，無論他下「罪己詔」，一開救國會，都只是一種敷衍而並非一種眞誠，都祗是一項手段，而決非一個目的，以他的予智自雄，剛愎自用，他是必要抓住軍隊，抓住政權，尤其抓住財權，除死方休的。因之，如果誰還對他寄與一種近乎奇蹟出現的期望，則未免患了主觀願望的毛病，客觀的事實，指明蔣是不能改進，不能反攻，不能對反共有什麼貢獻的了。（下轉第五版）

袁蔣兩家父子後先輝映

·忠貞·

最近我們在本港與台灣有關係的報刊上天天看見反美援李（承晚）的言論，他們大罵美國不應該在我們的東方國家來談西方的民主，他們認爲一人統治是我們東方國家的天經地義和反共抗俄的不二法門，他們使出了吃奶的氣力以奉行台北的指示，可說是忠貞之至，理應增加津貼了。

不過，我却因而連想到袁世凱父子，要爲他們叫屈。袁大總統當年早就深知東方國家的中國不宜實行西方的民主，所以才在籌安會諸先賢的擁護之下，順應海內外一致的願望，俯允就任洪憲皇帝，而且他並沒有操之過急。他最初祇是擴大總統的職權，把不聽話的內閣去掉而組織一個對他忠貞的內閣（當時曾有人指爲副官內閣），隨後才將總統的任期延長並取銷連任數次的限制，這都是鞏固領導中心的必要之舉。無如孫中山及其黨徒偏要在中國來實行西方的民主，處處和袁公爲難。宋教仁還高談西方的所謂內閣制，要想以內閣來牽制袁公。雖因全國人民對袁公有不可思議的信心，一致認定袁公的一生不能爲他人所替代，因而國民黨發動的所謂二次革命才宣告慘敗。但孫中山及其黨徒亡命於日本後，仍繼續反抗袁公，人民漸受其愚，以致洪憲帝制，功敗垂成，袁公父子更爲萬人所笑罵。然而，我研討史實，自袁公被廹憂憤成疾而死以後，强有力的領導中心頓失，全國立即陷於分崩離析。後來國民黨雖幸能完成北伐；而軍人專橫如故，地方割據之局並未終止，以致日本乘機入侵，中共乘機發展。時至今日，國家民族遭受了史無前例的災禍，可說都是孫中山及其黨徒要在中國來實行西方民主和反對袁公一人統治的後果。回想民國三四年間，國泰民安，假設袁公的一人統治之局能繼續下去，不但我們的國家不會產生割據之局，日本軍閥也無機可乘而不致發生九一八和七七之變；中共更不會誕生了。我們今日祇要把袁公主政時的中國和袁公逝世後的中國作一比較，就可知孫中山及其黨徒反對袁公是如何的罪大惡極了。

所幸，天佑中國，又爲我們產生了第二個袁公——蔣公介石，他集三十年的革命經驗，深知乃師孫中山要在中國來實行西方民主之非，才逐漸建立了一人統治和集權領導，使中國自袁公逝世後即告崩潰的領導中心得以重新確立。他不理憲法上規定行政院爲國家最高行政機關對立法院負責的皇皇條文而實行大權獨攬，直把行政院當作副官處；最近又以臨時條欵來取銷憲法限制總統祇能連任一次的規定。凡此，都是當年袁公所走的老路，他可謂一步一趨，深得此中要道。目前他雖然還沒有宣告帝制，但其刻意傳子已爲人所共知之事。最足與袁公後先輝映的，是袁公有長子曰克定，乃籌安六君子之策動者。蔣公亦有長子曰經國，乃此次連任運動的策動者，其左右亦有七人委員會；而經國今日的地位實遠較當年的克定爲强，殊爲可喜可賀。

不幸，海內外有些所謂民主人士，仍不了解民國以來致亂之緣由以及大陸變色的關鍵，你們時時批評蔣公不民主，更反對蔣公違憲連任。（下轉第五版）

更正小啟

本刊八十八期美國讀者吳華民投書，係吳萃良之誤，特此更正。

國家之敗，敗在不民主！

羅　鴻

一個國家的盛衰成敗，端賴於其所建立的政治制度是否適合人民需求。我國過去五千年雖然是被一人一家的封建制度所統治。但每一朝代的崛起，也有其一套為當時人民所心悅誠服的優良制度，初不問其為獨裁抑民主，但其政治法度總要求自天子以至于庶人都能互相遵守，然後這一個國家或朝代始能振興一時。封建社會制度尚且如此，今處于二十世紀民主自由時代，民主政治制度的建立，更為一個國家的存廢攸關。何況平素以實現自由民主而革命起家的政黨領袖，在其革命成功掌握了整個國家政權以後，又能繼續主持國家大政三十餘年，而始終不能為國家人民建立出一個眞正民主政體，反而與其黨的主義信仰背道而馳！辜負了革命先烈和人民重托，這種領袖在我國捨前總統蔣介石先生外，雖不敢說後無來者，的確已前無古人！

回溯蔣先生一生，對國家民族也有其光輝的一面。如民國十五年國民革命軍北伐，只三年時間即能掃清北洋軍閥。免除了當時的世界列强瓜分中國的野心。其後對日八年抗戰，挽救了國家民族的危亡。更由于抗戰的最後勝利，取消了百年以來外人加諸我國的不平等條約，使我國立于世界五强之林，這一些光輝事蹟，雖然不是蔣先生一人一黨的功勞，但蔣先生于此兩次戰役中居功甚偉，我們當然不能一筆加以抹煞。所可惜者，蔣先生在其集黨政軍大權于一身的時候，未能運用其既得的豐功偉蹟而為國家奠定適合國際潮流的民主制度，反而將國民黨賴以號召的三民主義理論束之高閣，仍遂行其一人一黨的專制獨裁，以致內戰此伏彼起，國無寧日！最後終至釀成退守台灣的尷尬局面，至今思之能不慨然！

蔣先生在其主政的三十餘年中，本有三個最有利時期，可使我國走向民主政治之坦途：

第一個時期是，民國十七年北伐成功之際，當時的蔣先生已身為國民政府主席，若能於此將以實現三民主義為己任，眞正還政于民，使人民有組黨結社及言論之基本自由。對反對黨派意見稍予尊重。對黨中的異己者稍予放寬。又何至將國家整個財賦用于年年「戡亂」！因而削弱了國防建設，以致後來招至外寇的侵凌。

第二個時期是，民國三十五年抗日戰爭勝利之時，其時蔣先生以抗戰領袖而復任國府主席，若當時蔣先生能鑒於抗戰期間犧牲千萬軍民的流血教訓！毅然放棄獨裁專政，開誠佈公召集國民會議，製訂民主大法，縱使當時的中共有心為亂，也不會於此冒天下之大不韙而稱兵。惜蔣先生未能抓着此一有利時機還政于民，因而使民主政治前途在我國又遭一次挫折。

第三個時期是，民國三十七年憲法頒佈時期，雖然當時對共軍作戰已處處露出敗徵。全國人心已陷于極度紊亂！若當時身為總統的蔣先生能謹守憲法上給予的權利，而不為個人的獨斷專行在憲法上生硬的加上一個「動員戡亂臨時條款」，使尚未施行的憲法精神立刻化為烏有！又何至使人民無所信守，而予中共以可乘之機。

以上三個在我國實現民主政治制度的有利時機，均因蔣先生師心自用而喪失殆盡！本「春秋責備賢者」之義，我認為蔣先生應負今日國家失敗之咎。

繼自政府遷移台灣而後，多人認為蔣先生可能痛定思痛，澈底覺悟到過去之失敗乃在于未能建立眞正民主制度，而思有以糾正之以為反共復國之張本。誰知蔣先生不但不自加罪責，反而將大陸之失歸罪于當時倡導自由民主的一批「共黨同路人」！將主張自由民主人士視為眼中釘！近更為了長期保持總統權位不惜毀憲以作三次連任！將海外民主人士所提忠告視若枉聞！現在「三屆總統就職」不日將在台北舉行。吾人雖無力加以阻止，但對此不利于反共復國措施，良心未滅，對此非法連任，實難加以苟同。

台灣二二三事

「權威論客」的濫調

孟戈

一九五八年十二月二十三日蔣先生在光復大陸設計研究委員會第五次大會說：「我可以代表中國國民黨，代表政府來說，我們不僅沒有修改憲法的意思，並且反對修憲。……憲法是反共復國的武器，所以我們必須遵重它，而且維護它，才能達到反共復國的目的。」事隔一年多，言猶在耳，想不到給執政黨一手製造的事實，撕毀得一乾二淨。

執政黨的「權威論客」也者，口口聲聲臨時條款不等於修改憲法；修增臨時條款不等於修改憲法；又說臨時條款是「臨時性」的，憲法是「永久性」的。於是乎，不惜因人設法，因人而毀法。

誠如所云，臨時條款是「臨時性」的，那根據臨時條款而產生的總統，豈不成了「臨時性」的總統？那末現在即將就任第三任的總統，究竟是憲法的總統，還是臨時條款的總統，是憲法的，還是非憲法的呢？

讓我們看現行憲法「動員戡亂時期臨時條款」：「動員戡亂時期之終止，由總統宣告，或由立法院咨請總統告之。」但就現在的情勢看，戡亂將成為蔣中正終其一生的「責任」，那豈非他做終身的總統！

改選「國大代」

由於「御用」大法官之亂釋憲法，使現可湊足的國大代表，隨時可以修改憲法。像某些無民可代的國大「代」，下無被罷免之虞，大可為所欲為；上有憲法賦予之職權，儘可進行政治買賣，甚而實行政治敲詐。從這次「修改」「臨時條款」始，至獲得「立監委同等待遇」終。充分表明國大代的兩不（不怕人言，不怕黨）兩要（要錢，要權）精神，殊堪「感」「佩」！流亡了十二年，某些國大代窮斯濫矣，利慾薰心，況得隴可以望蜀，既有例可援，誰敢保証今後不一而再再而三叫囂「修改憲法」？誰又敢保証這部反共復國利器——神聖的憲法完整如初呢？大法官何嘗不可以引用所謂「當前的形勢」，解釋憲法第二十六條、第二十八條把這班國大代表，重行改選，以防止憲法之被肢解也！

對歷史交代

今日的民主法治國度，所謂「領導中心」，在法而不在人。一鷄死、一鷄鳴，人事的更易無礙於國本。行憲十二年，尚妄談「人治」，豈不笑話？

卅多年來，蔣先生一身繫國族安危，負失國之責，故懷復國之素志，憂時傷世，自易為國人所理解，但，「形勢比人强」，今日的連任，能否旋乾轉坤，尚係一個未知數。因而，筆者希求蔣健在之日，在强調反攻復國的同時，開拓一個眞正民主自由的政治局面，並消弭未來必將爆發的種種危機，俾對國家有所交代，對歷史有所交代，和對孫中山先生有所交代！

袁蔣两家父子後先輝映

（上接第四版）

你們雖尚沒有學孫中山另組政府，實行分裂；但仍拾取他當年的唾餘而主張實行民主，眞是可惡之至。固無怪忠貞之士要奉命對你們大肆攻擊了。

不過，我覺得蔣公既然效法當年袁公之所為，理應對袁公父子及籌安會諸先賢明令表彰；並將孫中山宋教仁等一律列為亂黨，實行鞭屍，庶可一新耳目，並藉褒揚前賢而自高身價。否則，他既緊步袁公的後塵而又坐視袁公父子仍含寃莫白；他既一反孫中山之所為而却仍尊奉他為國父為總理。如此自相矛盾，不但使反對者振振有詞，即我們一般忠貞之士也不知所適從呵！（讀者投書）

旅美僑領拒為「救總」顧問

·佑碧·

（三藩市通訊）本埠百萬富翁黃檏海先生最近在金山時報廣告欄登一快郵代電，公開拒絕台灣大陸救災總會聘請他為該會顧問，并將聘書立即寄還。據他向太平洋週報的記者說，他們聘他為顧問或者與三任總統的問題有關。因為他本人極力反對三任，而谷正綱等人則以救總來推展勸進運動。並說，陳慶雲前會寫信給他，要他捐錢為蔣介石鑄銅像，他認為這個銅像應該待蔣蓋棺論定之後再說，故回信拒絕。

與黃檏海先生拒絕受聘相映成趣的，是駐金山總領事館收到一張獎狀，乃台北當局寄來獎「僑領」張富忠的。但領事館不知張富忠是何許人，無法轉遞，祇好在報上發表，叫他去「洽取」。

又悉，此間中華會館近接台北僑務委員會來信，說該會館擁護蔣總統連任的決議，已收到。但中華會館迄無擁護連任的電報，更沒有授權任何人發出該項電報，曾一度調查，惟毫無結果。某會董向太平洋週報的記者說，「這些盜取會館名義發電擁護連任的人，也可以致電毛澤東擁護他的人民公社的」。

從這些事實看去，台北方面所謂海外僑胞一致擁護蔣介石再連任的眞象如何，也就可以思過半矣。

大陸之窗

中共與蘇聯并無根本歧見

劉裕畧

最近美國賓夕法尼亞大學有一份研究報告，分析中共與蘇聯之間的歧見問題，認爲眞有歧見的話，大概也只是「時間上」的歧見，而不是「終極目標」有歧見。據該報告說：美國方面之觀察家有一派看法認爲中共與蘇聯之間在基本戰畧上，尤其在和平共存的問題上存在着許多歧見。又說那些希望這樣看法能够成立的人，認爲蘇聯可能對中共在將來的競爭，有所憂慮，因此，赫魯曉夫的和平共存運動倘若不是眞心與西方和好的話，至少可能是反映出一種想增加其有利競爭形勢的願望。

該報告說：另有一派比較審愼看法，認爲蘇聯與中共利害相共，遠過於他們之間在戰畧上思想上或例如分享核子武器等實際問題所可能存在的任何歧見。

我覺得：美國方面多研究中共問題，那是完全應該的。不過，從上述報告來看，則我以爲該研究報告實不够深入，尤其該報告所述之某些人認爲的中共與蘇聯之間在基本戰畧上，尤其和平共存的問題上存在着基本歧見，顯屬重大錯誤。

這一派看法的錯誤就在他們只看見兩個國家的形勢而沒有能够把握共黨的本性及中共政權之本質。所以就把中共與蘇聯的關係當成兩個平等而獨立的國家在看。殊不知，凡由共黨控制的政府，其本質與屬性都由共黨的黨性所決定。這與自由世界民主政治範疇內任何政黨都不能超過國家民族的情形，恰巧相反，所以，研究共黨問題的人，如不先把共黨的黨性把握住，就無法了解共黨政權的本質與屬性。

而共黨之黨與黨間，在形勢上與外表上沒有什麼誰附屬誰的問題的。但蘇聯共黨及其所謂革命政權最先產生最先成立，而其它各國共黨及其政權乃由蘇共所派生，加之，今日世界各國各地的共黨除南共外都無不承認這一事實，且無不承認蘇聯之領導，所以，除南共外，所有各國各地的共黨無論其以工人黨或人民黨爲名，事實上便都無不皆是蘇聯之附庸。毛澤東前次訪問莫斯科時，曾在莫斯科向留學蘇聯之中國學生公開表示共黨陣營有個頭，蘇聯就是這個頭，可知中共乃蘇聯尾巴乃蘇聯附庸係屬無可爭辨的事實。基於此一事實，他們之間自無什麼基本歧見可言。所以，我以爲美國那些認爲中共與蘇聯之間存有基本歧見的一派，在看法上實在是犯了重大錯誤。

那末，是不是中共一切表現都與蘇聯相同呢？這却不一定。基本上講，中國與俄國國情有許多不同，因之，他們之表現是不可能完全相同的。這一點，馬列主義早就強調了。馬列主義早就說過各國各地的共黨應該根據馬列主義原則適應其本地氣候來生存來活動來發展，一切都固不必表現相同；此外，共產黨人是最講求策畧的，他們常常根據同一原則與同一目的，而做出各種不同的手法來迷惑對方，所以當其在個別問題的表現上有所不同時，萬不可以爲他們在本質上有什麼基本歧見，相反，他們只是在做戲而已。對此，研究中共問題的人，是決不可從孤立的事實與個別的表現去看問題，而要從蘇共的領導性與共黨的統一性以及除南共外各國各地共黨政權的附庸性去看問題，那末大家對中共與蘇聯之間在個別問題所表現的小的不同意見，就不致誤認爲基本歧見了。

中共浪費人力物力的奇聞

·方正·

大陸人民，在中共的「鼓足幹勁」、「敢想」、「敢做」、「苦幹」、「巧幹」的號召和壓迫下，產生了不少所謂「奇蹟」。

最近（本月五日）北平人民日報以很大篇幅，報導江蘇省鹽城縣農民在共黨縣委書記「大力」領導之下，作出了「戰勝自然」，提前培育秧苗的「奇蹟」。

故事的內容是這樣：因爲中共號召着「水稻栽培，早字當頭」，這就是說一切生產的程序，都要提早進行。因此共幹們就不顧過去的經驗，不理氣候的條件，違背了農業生產的時令，強迫農民提前半個月栽育秧苗。可是「天公似乎有意考驗人們，早稻落谷後的半個月中，紅日不見，雲霧漫天，又是風、又是雨，更加上一場惱人的春雪，十八天中日照只有四十二小時，這樣惡劣的氣候條件，對于小秧來說無疑是致命的打擊。」于是共幹們遵照黨的指示，鼓起了「冲天幹勁」，由縣委書記掛了帥，督飭農民拚命苦幹，「發誓欲與天公比個高低」。于是就在「一個風雨交加的夜晚，大家在田頭草屋裡，圍着忽明忽暗的煤油燈，計劃新的行動」。縣委書記說：「我們不僅要保護種子不讓凍死，還要叫它提前出苗生長。大家大胆地設想，熱烈地爭論，決定用通熱水加溫的辦法，提高地溫。敢想敢做的人們，說幹就幹。技術員呂鎮寶就蕩起雙槳，連夜搖船上鹽城買鐵鍋，有些人忙着運磚運泥，動手砌灶，有些人在秧溝裡安裝熱水管。炭灶砌好了，生火加溫後，一股股暖流從竹筒中流向田間，秧池溫度從七度提高到九點五度。人們的冲天幹勁和智慧，改變了秧池的小氣候，征服了大自然。」

經過這樣用人工加高了秧池的溫度後，穀種生出秧苗來了。「小秧披青立苗後，人們更是競競業業，如育三朝嬰兒，日出之前忙把草帘掀掉。有些秧苗瘦弱，馬上追肥。幻苗不到一寸，怎麼追肥呢？他們用豆餅泡成水，濾清渣滓後，用噴霧器噴在秧板上。加蓋的草帘上落下一點枯葉，用手輕輕揀起。看到一根稗草，隨即拔去，精雕細刻，有如侍候嬌貴的盆景。」

同時，爲了擋住西北風的侵襲，還在秧池的西北角上，圍上一重用稻草編成的防風障。

像這樣的培育，經過了一個多月的時間，據說：秧苗是苗壯地生長起來了。「淡淡的陽光照在秧池上，綠汪汪一目清新。在春寒料峭的黃海之濱，這滿含生意的鮮嫩的綠色，使人心裡充滿了陽光，充滿了希望。」

這就是今年鹽城縣的共幹和農民在中共號召之下所培育的最早的一塊秧田。「他們成功的消息，頓時轟動了全專區，有一萬多人從四面八方趕去參觀學習。」這是故事的始末。所以人民日報特別爲它表揚出來，顯示大陸人民怎樣地在共黨領導之下創造了「奇蹟」。

他們「戰勝自然」的代價是：建築了一個龐大的炭灶，兩個大鐵鍋，若干根引導溫水到秧田的大竹筒，若干担煤炭，一個防風障，若干條掩蓋秧田的草帘，和許多農民一個多月的勞動力。爲了一塊小小的秧田，花費了這許多物力人力，是不是「得不償失」呢？這筆賬，他們却不計及。爲了要提早半個月栽育秧苗，却多花了一個月的時間去「戰勝自然」，結果弄得「欲益反損」，「欲早反遲」，這個事實，他們大概也是無心去理會。至于這樣的經營農業生產方式，是不是可以作爲一種示範，供給各地農民取法呢？大概人民日報的編者也沒有考慮及此。假如這樣的生產方式可以採行的話，那末，最好是把整個大陸十六萬萬畝以上的農田，一律加上玻璃的上蓋，建成無數個溫室，裝上噴霧器，按上空氣調節。用這樣的方法來「戰勝自然」，不是更澈底、更英勇、更偉大嗎？由于中共的「更幼稚」「無知」，浪費了無量的物力人力，言之實堪痛惜。所謂「敢想」「敢做」，事實上就是「胡思」「盲動」，我們從中共江蘇省鹽城縣委書記「戰勝自然」這一故事裡也可以窺見一斑了。

中共反美運動的新陰謀

·文藝林·

中共策動大陸人民反美、仇美的浪潮，數年來雖時有高低起伏，但却從未趨於靜止狀態，自南韓、土耳其兩國人民羣衆，相繼掀起反獨裁運動後，中共乃藉支持韓、土人民的鬥爭爲名，于是在大陸各地全面展開反美運動。進入五月份後，中共於北平、天津、上海、南京、武漢、廣州，哈爾濱、成都、南昌、蘭州……等各大城市，先後發動支持韓、土人民鬥爭的羣衆大會，頓使反美運動達於最高潮。

毛澤東五月三日在濟南接見了拉丁美洲和非洲十四個國家與地區的工會、婦女代表團代表，跟着七日又在鄭州接見非洲十二個國家和地區社會活動家及青年、學生代表團與代表。在接見這些代表團和代表時，毛澤東於談語中，除表示支持韓、土人民的鬥爭外，并聲言同情和鼓勵拉丁美洲、非洲人民反帝國主義、殖民主義的英勇鬥爭。毛澤東所說的帝國主義，顯然指的是美國，由此可知，中共不僅欲全力煽動起大陸人民的反美、仇美情緒，且進而圖謀煽起舉世反美、仇美的風暴。

中共的反美、仇美態度，幾年來始終未改。可是這次掀起的全面反美運動，可能有兩種圖謀：第一是，東西高峯會議，下週即於巴黎鳴鑼開張，而如所週知，中共一向是不願見無它出席的東西高峰會議，因此，在高峰會議揭幕之前全面展開反美運動，以表示其態度的強硬。前幾天外電透露，謂赫魯曉夫在美選出新總統之前，無意與美談判重大問題。五月一日蘇聯擊毀美機事件發生後，赫魯曉夫竟一再公開對美國及其盟邦，實行恫嚇，並以單獨對東德簽訂和約，作爲對西方國家的威脅。赫氏此種態度，固欲以強硬立場迫使西方就範，同時亦顯示其決無誠意與西方進行談判。而中共於是即展開全面反美運動，其欲策應和加強赫魯曉夫於東西會議中聲勢的意圖，可謂顯而易見。

其次則是，中共欲運用反美運動的藉口和掩護，加緊搾取大陸人民的勞力。中共當前急務，厥爲加強所謂社會主義的生產建設，從不久前舉行的「人代和政協會」、「全國民兵大會」及毛、劉等中共首要，分赴各地參加「五一」節的情形觀察，中共大有不擇手段的達成其各業生產指標。但是，人民畢竟不是只會吃飯工作的機器，是以當他們遭受過份奴役的時候，就會發生消極抵抗奴政的心理和行動，而且在「技術革新和技術革命」運動中，大陸各地礦廠的職工，很多已發生了新的「右傾思想」，例如西安市「秦嶺熱水瓶製造廠」、「太原西山礦務局」的職工，即因新的「右傾思想」，而影响了生產。中共爲要大陸人民經常維持其勞動情緒和高度的生產力，於是便利用反美運動來刺激人們的情緒。

不過，儘管中共如何叫囂，美國於高峯會議中的立場，大抵不致受其影响，而美國與中共間的關係，自亦不會因此而有所改善。至於大陸人民是否因反美運動，即可提高生產情緒呢？這是大有問題的。因之，中共掀起反美運動的兩種意圖，除示其窮極無聊與不值一哂之外，將不會發生任何作用。但在此中共極端反美仇美聲中，竟還有少數天眞的美國人，主張承認中共，主張讓中共加入聯合國，這就顯然是不識時務了。

作家秘記

定僧

五年前王卓文還在一家學校當教員，不幸暑假一過，學校當局以緊縮開支爲名，請他「另覓高就」，於是他就失業了。吃盡當盡，最後袋內只賸下支舊鋼筆，狗急跳牆，他終于想出生存之路：投稿。

未動筆前，他先找朋友老張，老張曾經在一家報館做過記者、編輯，如今雖改行任經紀，在這方面尙稱內行。他於是將自己的近況和盤托出，說是工作難找，以後靠賣文吃飯，請老張指示途徑。

請示老張回來，他立刻買了一捲稿紙，一瓶墨水，意興勃勃，心中儼然以文人自居，「×××報」爲新的主顧和飯碗。

第二天，他按照「×××報」副刊的性質，寫了一篇三千字的散文寄了出去。以後又陸續寫了幾篇各種性質不同的稿子，投給「×××報」的各種性質不同的副刊。從此，他每天等候好消息，每天報紙買來，他搶先翻閱副刊，希望看到自己的文章。

然而，一天、兩天、三天，他每天看報，每天失望。找遍了大小角落，始終不見他的文章。投稿時明明付了郵票，也不見稿件退回。等到最後，他幾乎完全絕望了。又去找老張商量，不料老張卻說：「×××報既然不易下手，還有×××報呀！」

是的，東方不亮西方亮，經過老張指點，胸中頓然醒悟。

同時，根據過去失敗的經驗，自己學乖了一些。未投稿前，先將這份報的副刊仔細研究了一番。上邊一處偏重文藝，每天都有個「大作家」的長篇小說連載，樹大根深，動他不得。另一塊小長方形地盤，則由某「作家」長期獨佔。

剩下來還有千餘字的地盤，輪流刊出個「枱柱」散文、小說。散文之佳，自不必說；小說尤其香艷緊張，除了離不開女人之外，每一單元在開頭幾句話就能夠汲引讀者，據說這叫做「孤峯突出式」，又名「倒裝敘述法」。接着便是波浪式推進的情節了，慢慢發展到高潮，又突然下降，最後再來一個意想不到的結局，使讀者始而發生興趣，繼而拍案驚奇，終于恍然大悟。據說這些小說都出自幾位「枱柱」之手，他認爲他這輩無名窮小子豈敢望其項背！左思右想，這一個副刊是沒有希望了。

第二個副刊性質比較複雜，文章有軟有硬，筆法亦莊亦諧。每天有人在那裡自吹其過去。

這些自然無法插足，但每天還一篇「名人介紹」，大可如法泡製。以中外名人之多，其歷史之複雜，編輯先生未必都是「通天曉」。看一點，抄一點，再自造一點，即使有少許錯誤，不一定就會被拆穿西洋鏡的。

於是，他跑到舊書店去找資料。

在灰塵與廢紙中間，找了半天，發現了本「中國名人傳畧」，頓時如獲至寶，以三角錢的代價買了回來。

他先選定一位大名鼎鼎的×家，以原書爲藍本，增加一點最近的資料和一些風流艷事，再冠以特別醒目別緻的標題，便成爲一篇小傳了。

果然，投了去，四天後便刊登了出來。

一回入手，二回便不難了，以後又接連寫下幾篇名人小傳寄去，所有的幾乎全部發表。兩個月的生活，很輕易地打發過去。半年後，自己檢查全部作品，發現其中七位名人的籍貫和出身都弄錯了；還有兩位已經去世多年，而他說他們一個至今還在×地，另一個又在某地担任要職。當時幸虧沒有人寫信指出謬誤，等你稿費到手，即使大加攻擊，又其奈他何？

名人雖多，但每日一篇，不准重複，而且作者不止他一人，終于寫到無可再寫了。

正在發愁之際，忽然編輯先生刊出一個小啓，說是歡迎報導各地風土人情的文章。他靈機一動，計上心來，立刻找着一本地圖和外國地理教科書及名勝指南，照抄了幾個地名，開始動筆。首先他想到，過××的人畢竟不會多，稿件有一差二錯，或不見得有人指責，有了這個把握，胆子一壯，筆鋒就更流利了。

以「××××誌」爲名，他一口氣寫了三篇文章。名爲「××××」，其實全是他兒時聽到的故鄉傳說。在稿件寄出去的第二天就刊登出來了。編輯先生顯然特別感到興趣，加大字標題，而且排在最醒目的地方，連那位大「文人」的什麼雜筆之類都屈居下面的一個小角落裏。三篇分三天連載，許多老朋友看了都讚不絕口，老張見面就問：「你這小子眞有兩手，材料是那裡來的？」他心裏有數，僅報之神秘的一笑而已。

但是，方法總有使盡的一天，正在轉念頭的時候，適逢報上傳出中華民國政府修憲與總統連任的消息。心裡暗想：雖一向不擅寫論文，但在反攻復國前提下，修憲與總統連任問題關係國家安危，不論寫得如何，反正來個勸進以迎合時尙。

他預先斷定，以蔣總統年事的高，聲望益彰，更加之握有國民黨實權，同時據有台灣，擁護他的必多，不妨主張修憲，贊同連任。因此，他向走台灣路線的朋友借來幾份黨報，開夜車連抄帶吹，寫了幾篇擁護總統連任的文章，一篇是「蔣總統行誼」，另一篇是「致國大代表書」。終於不出所料，距離他投稿的日期不到三天，黨報已宣稱海外各僑團擁護蔣總統連任的電訊如雪片飛來，讀者就讀到那篇「蔣總統行誼」，也讀到了「致國大代表書」。

然而蔣總統連任已成定局，無須再論，又得轉移陣地找些材料另寫稿子；於是，費盡心機，在一堆零亂的破舊書裏面，找出一本「重慶旁觀者」。這本書出版于戰時陪都用的是四川土紙，印刷模糊不清，惟文字和技巧都堪稱第一流作品。他以兩角錢的代價買回，燈前披閱，忽然發現其中好幾篇彷彿從前讀過：思索半天，趕緊找出前幾天的「×××報」，在那偏重文藝的副刊上，發現了一位著名「特約作家」的散文正與「重慶旁觀者」裡面的文章不謀而合。唯一的區別，是「重慶」二字改換了「香港」而已。大約作者以爲這是「海外孤本」，奇貨可居，豈知偏偏有另一本落在他手裏！

打定主意，他悄然不動聲色，又在那家書店的廉價部找出一本「重慶小品」，作者與「重慶旁觀者」是同一人，內容都是描寫戰時重慶動態。若删去「戰時」字樣，再將「重慶」二字改爲「香港」，都勉强可適用於此時此地。積數月投稿的經驗，他深知若去函編輯先生揭穿秘密，必遭置之不理，是無異自討沒趣。此法最笨。若同樣抄襲，亦不一定有發表希望，這位編輯先生向來是「特約第一，作家至上」，即使抄襲也是「特約」的好。

兩條路皆走不通，他想出一個最好的辦法：直接寫信給那位抄襲別人的「特約作家」，由副刊編輯先生轉交。他措詞非常尖刻，自稱是「重慶旁觀者」作者的好友，有義務替他維護文章的所有權。他特別聲明，正隨時準備將這宗秘密揭穿，假如對方不答覆的話。最後，他婉轉地說，爲了尊重他在××的「文名」起見，暫不採「斷然處置」，但必須接受他的條件。於是他告訴他，除了「重慶旁觀者」外，他還有另一本「重慶小品」（他當然說是作者親自贈他的「紀念品」），內容尤爲精采，他願意借他的大名抄襲發表，只是稿費要對半來均分。

信寄出後的第三天，就接到那位「特約作家」的覆書，所提的條件，完全接受。最後約定日期，叫他到「×××報」的編輯部一談。看到這裏，他又大惑不解：爲什麼約會一定要在報館的編輯部？假若遇着編輯先生怎麼辦呢？

然而他終於硬着頭皮赴約。不料還有更奇怪的事，原來那位「特約作家」竟是編輯先生的舅子！

敬愛的讀者們，謝謝你們關心，這場談判當然有圓滿的結果。以後你們看到「×××報」描寫××的精采的小品文，應該爲王卓文慶幸，這裡面的稿費，也有他的一份。

文壇泥爪

章太炎反對新詩

林琴南反對白話失敗，嚴幾道要坐待白話之自滅，他們終於沒有像梁任公那樣毅然放棄文言改寫白話，被時代齒輪拋在後面，「至死未易其操」，結果均以身殉文言。雖然他們的文章寫得不錯，特別是林譯的西洋小說，嚴譯的學術論著，並足傳世，却沒有想到文言即與他們相偕俱亡。

林嚴之外，爲人注目的章太炎，並未著論攻擊白話文，只在一篇通信中談到他反對用白話做詩。初期的新詩，爲了强調掙脫舊詩格律的束縛，大都是一種無韻的自由詩。章太炎主張詩非有韻不可，無韻就不能叫做詩。只要是有韻的文字，像箴、誄、哀詞等等，甚至像「百家姓」和醫方歌訣，也都是「詩之流」。論技巧有工拙的不同，論體裁則全是詩。白話詩既然無韻，所以不是詩。

給他寫信的那人曾拿女人穿裙子作比方，認爲新詩無韻不失爲詩，他反駁道：「來書言女子不著裙，不失爲女子；詩無韻，亦不失爲詩。所引非其例。女子自然之物，不以著裙得名；詩乃人造之物，正以有韻得名。不可相喻。」他說他並不是故意反對無韻的作品，「只以詩本舊名，當用舊式；若改作新式，自可別造新名。」他舉日本詩的例子，詩稱「和歌」，燕語則稱「俳句」，俳句不是詩。因此他認爲用白話寫無韻詩，「無妨如日本人之俳句；若不欲用日本名詞，無妨稱爲燕語，不當以新式强合舊名。」

他不相信韻脚對作者有什麼束縛，即是舊詩詞亦不束縛情性；西洋的無韻詩是歐美「偶有之事」，亦歐美人的「紕漏」，不足爲法。他說：「必謂依韻成章，束縛情性，不得自如，故厭而去之；則不知樵歌小曲，亦無不有韻者，此正脫口而出，何嘗自尋束縛耶？絕句不過二三韻，近體不過四五韻，古體語雖煩複，用韻轉換，亦得自由。惟詞之用韻稍多，而小令亦祇數語，絕無束縛情性之事。」

最有趣的是，他拿唐朝和安祿山一同造反的史思明那首詩來嘲笑白話無韻詩，可謂謔而亦虐：「中國古無無韻之詩，有之自胡人史思明始。思明得櫻桃，未知道詩而欲作詩，乃曰：『櫻桃一盤子，一半青，一半黃；一半與懷王（思明之子），一半與周贄（思明用事之臣）。』人曰；『何不懷王周贄上下易之，則成韻矣？』思明大怒曰：『豈可使周贄居我兒上耶！』此事相傳，以爲笑柄。今若以無韻詩家之說評之，則思明乃不誤，而笑者眞誤也。然乎，否乎？」後來聞一多提倡新格律詩，講求音樂的美，有韻的白話詩逐漸產生，章氏詩必有韻之說，究亦有可取的地方。

時代與我

遊子不顧返（十二）

徐亮之

「禍兮福所倚，福兮禍所伏」，老子這話眞乃一點不錯。我母親是志澄帶信要她來和我永訣與收斂我的屍首而急痛成瘋的。志澄闖的禍事眞不算小；然而福却便也倚在其中；因爲我出獄後回家時，母親已空前地康健與「發福」了，除了神智仍然不清醒以外。我想：如果在佈告鎗斃我的時候，母親的神智仍然清醒，則其後果一定會不堪想像的；而却冥冥中眞像有個善意的主宰者在主宰着一般，偏偏在這緊要關頭，把她的神智加以凍結；把兒子已判死刑，要她來收斂屍首的慘烈記憶清除得渣滓也無。感謝上帝這樣卓越而匪夷所思的藝術手法對我母親加以救護！我從一個以悲劇揭幕而以喜劇收場的噩夢中莞爾而醒了。

可是，噩夢醒了，一個新的現實却也立即考驗着我了。原來先父見背以後，我家的生活祇靠幾畝薄田收租和母親續蔴所入勉强維持；我在一師每學期的雜用和書籍費則是由我一位父執樊至哉先生和小學校長陶蘊珊先生幫忙（一師是不要學膳費的），而不在預算之列；但自我吃了這場官事，母親爲怕要錢使用，却把一部份田地廉價出賣了；這便眼見過去已是捉襟見肘的生活，今後祇有更加捉襟見肘；這責任必須由我承担。而且母親雖然表面身體康健，事實上却是仍在病中；使她的病痛完全痊癒，健康完全恢復，自然又是我的責任。於是我的留學計劃不能不首先放棄了。我不能爲了讀書竟丟了母親的病不管，和眼光光看着家人餓死的；我在南昌時所以婉辭虛舟先生資助我留日的盛意，主要的原因即在於此。我廹切地需要找分工作做了。那時，眞感謝至哉先生的隆情，他知道我的顧慮與痛苦，竟慨然把我闔家大小全接去他家裏居住，把我的一切後顧之憂立予解除；於是我安然去到南昌碰運氣了。

到南昌後，我首先是把在獄中寫好的一部長篇小說投向那時省政府主辦的「新聞日報」發表；接着是給省府的一個定期刊物「策進」寫些論文；稿費所入倒也能够維持一個人的生活，後來因爲認識新聞界的朋友漸多，更担任了「新江西日報」專寫社論的特約撰述。這樣的生活，我現在已不能回憶曾經延續了多少個月。祇記得這時虛舟先生業已去職離贛，職務由姚大願先生接充；而我的運氣竟果然在我不知不覺之中悄然而來了。原來姚先生一接事便託志澄到處找我；志澄不知我的南昌住處，我又不常到他家裏去，等到他找着我時，事情已就擱兩個多月了。第二天我便去省府拜訪這位又是素昧生平的姚先生。

「你現在的生活怎麼樣？」姚先生在客氣地稱讚了我在獄中寫給虛舟先生的信和「策進」上發表的文章之後，開門見山地這樣問。

「窮。」

「大概每月要多少錢用？」

「五六十元足夠了。」

「好；我替你解決這個問題。」停了一停，他又說：「現在省府有個一等辦事員的缺，名義雖不好聽，薪給倒和你需要的數目差不多，不知道你願不願意暫時幹一幹？」

「我從來不計較名義。──不過我却怕增加姚先生的麻煩；因爲我還是一個因病保釋的犯人，而熊育錫先生又是省府的要員，他如果知道我居然能進省府做事，恐怕會不肯干休的。」

「這不相干；那末，你明天就搬來省府住吧！你是一個特別的辦事員，除了秘書長室的事情有時會麻煩你以外，任何部門將不會麻煩你的。」

於是姚先生特別給我取了一個「徐克文」的假名，以便萬一出問題時好解卸他的法律責任。古人說：「貧不擇仕」；我便這樣爲了貧窮而做着黑市的公務員了。不久，新聞日報改組，省府秘書李懷霜先生（他曾和戴季陶在上海辦過報，寫得一筆好草篆）被派兼任社長，姚先生也派我兼任編輯，收入較多，我便全家移住南昌；而母親因爲天天和我見面，不再懷疑我會被槍斃過，神智也就一天更清醒一天，終於完全復原。天倫之樂過得融融泄泄的了。後來省府改組，魯滌平先生任主席，楊綿仲先生繼姚先生任秘書長，我由難友羅天素君介紹改在民政廳做一等科員，兼任報館編輯如故，收入更多，則不但可以維持一個溫飽之家，而且居然能有些餘欵儲蓄，使得母親高興不迭。而亦從此也就很快結束了我「禍兮福所倚」的階段，轉入「福兮禍所伏」的階段了。事情是這樣：

民國十九年六月的一個晚上，警備司令部（衛戍司令部改，司令是張輝瓚）的軍法處長易敵無君在樂羣電影院看戲，他的包車伕不但不服警察干涉到指定的地點停車，而且盛氣凌人跑進戲院去加油加醋地向易君報告；偏易君也忘其所以，聽了車伕的報告，竟戲也不看，憤然出院，表露身份，便帶了這個警察巡往警備司令部而去。這時，我正主編社會版，外勤記者立即把這事源源本本告訴我，同時問我是不是可以發表；我不考慮地答復：「這樣的新聞不發表，還要報紙做什麼？」並即催他馬上撰稿。稿撰好了，我一看，不夠份量，更馬上大加修改，前面加個破欄的「執法官知法犯法」的大標題，後面附上大意這樣的按語說：警察負有他所担任的崗位的治安責任；如果該處長認爲他有忝職守，應該通知警局派員接替，調回處罰，軍法處長却並無直接處罰他的權力；有之是謂私擅逮捕，濫用權力。又如果當該處長私擅逮捕該警察回部，其崗位因無人接替而發生治安問題時，則該處長更不啻爲治安的破壞與擾亂者，乃任何稍有法律常識者所不宜有之事，有之是謂知法犯法，罪加一等云云。這樣修改好了之後，我爲了減輕自己的責任；也忽然聰明了起來，先送給新社長陳融（若山）先生（他乃魯先生主湖南時的秘書長）核定，不過却同時對他進以如左辭嚴義正的說辭：

「依我看：這種事情，如果換了普通軍人，未嘗不可以；但身爲軍法處長的人，却絕對不可以。我知道魯主席向來是愛惜名譽的，他在湖南的作風便是証據。現在到江西下車伊始，便鬧出這樣的事情，是要爲魯主席的盛德之累的。我已對外勤記者說過，這樣的新聞不登，便我們用不着辦報；不知若山先生的意思怎樣？」

「我的意思和你的一樣；就這麼辦。」陳先生斬釘截鐵說。

於是，新聞發表了；同時却也閱動了整個的南昌市了。

「若山兄，何事攪的囉？」警備司令部的參謀長岳森先生首先打電話給陳社長說：「省政府和警備部都是自己人，何解闊起門來自己人倒打起自己人來了？」

「惟其是自己人，才應該互相批判。」陳先生又斬釘截鐵說：「報館的責任是有聞必錄。如果所錄非實，可以來函更正。我們不給更正，便是錯在我們；否則便沒有錯誤。」

顯然，新聞既係事實而無法更正，警備部又理虧了，而奈陳先生不何，便祇有調查這位編輯者到底是誰的了。而調查結果，這位編輯者竟是請病假釋出獄的我；我的命運應該如何，也就不言可知的了。但我却也已好像「達人知命」，早料到了這一着；在陳岳衝突後不久，一看空氣不對，便毫不猶豫送母親們回家鄉，一個人搬住青年會，隨時等待新的惡運的來臨而應付之。果然，一天早上一個高等法院的法警帶了傳票來民政廳找我了（那時懲治共匪委員會業已取消，案卷移交高等法院接收）；而我也不惜把這位可憐的法警騙在會客室等候，立即支够了我在廳裡應得的薪俸，便從側門揚長而去，逕往牛行搭火車到上海作第二次的流亡了。却又不料到了上海還沒半月，張輝瓚便已奉到中央的密令：一切已判未判的共產嫌疑犯不分皂白地全給觸電網而死。我如不是走得快，竟倒又變做了一個「在劫難逃」了！嗚呼！故鄉！故鄉！眞不禁使我在黃浦灘頭，高吟「浮雲蔽白日，遊子不顧返」的詩句而爲之興感油然的了！

記庚子拳變始末（六）

舜生

相信用拳匪可以排外，相信用他們那一套邪術可使鎗礮不燃，這眞是十九世紀末年中國人創造出來的一大笑話。可是聯軍到達中國，尤其是在天津，不是沒有遭遇到相當强烈的抵抗，却是事實；但這不是拳匪幹的，而是中國的正式軍隊幹的。

當五月中旬拳亂已進入高潮的時候，列强的軍艦即已雲集大沽口外，他們擁有巡洋艦二十二艘，其他小艦十艘。可是大沽口建有威力頗大的砲台多座，他們要順利登岸，首先必須對這些砲台加以解決。但大沽口係一泥濘的斜堤，水流及喫水深度，均不適於較大兵艦的停泊，因此他們的巡洋艦，僅能遠泊距砲台十啓羅米達以外的海面；砲台的火力固不能以此等巡艦爲目標，艦上的大砲也無法予砲台以打擊，他們所能運用的，僅能以小艦運陸軍登岸，同時以小艦對砲台從事仰攻。這樣做他們認爲沒有把握，所以最初向裕祿請求，僅云願開入四五艘小艦作爲護僑之用，並無他意，裕祿不察，竟貿然許之。時守砲台者爲湘軍宿將羅榮光（湖南乾州人，年六十七，喀什噶爾提督），戰意頗旺，聽到裕祿允許敵艦開入的消息，大驚，力加阻遏，可是已達闖開到，等到他向裕祿要求發出戰令的時候，而砲台已燬，其時爲五月二十一（公曆六月十七），即聯軍發出通牒要求讓出砲台的最後時間也。榮光見砲台已失，感於責任重大，歸而手刃其眷屬，携一僕自隨，不知所往；但不久即發見其主僕的屍首於砲台之下！此實聯軍初入中國，我重要將領死事之第一人也。（參看清史稿列傳二百五十四）此一役敵方陸軍死者三十三人，傷者百零三人，兵艦被擊中而受傷者四，水兵死傷者一百十九，可見抵抗還是相當激烈的。

大沽砲台陷落的第五天，（五月二十五）清廷已正式與列强宣戰。時奉命在天津當前敵者，其一爲直隸提督聶士成所統之武衛前軍，其一則爲浙江提督馬玉崑所統之武衛左軍。聶字功亭，安徽合肥人，爲淮軍名將。甲午中日之役，以總兵從葉志超援朝，屯牙山，曾以五營兵力，與日將大島義昌所統日軍於成歡鏖戰一日。日軍逾鴨綠江侵入遼東，士成守大高嶺，使日軍未能越雷池一步，且時出撓敵，頗有斬獲，授直隸提督。馬關和議成，還駐蘆台。及創建武衛軍，改士成所部三十營爲前軍，與宋慶，董福祥，袁世凱並爲統帥，受榮祿節制。拳亂既起，士成奉命相機勦辦，勦匪甚力，匪恨之，且訴諸朝，端剛假朝旨對士成加以訶責，榮祿，馳書慰解，士成回答說：「拳匪必至害國，身爲提督，境有匪不勦，如職任何？若以勦匪受大戮，不敢辭。」因鬱鬱駐楊村觀變。及聯軍至，奉命攻天津租界，血戰十餘日，租界幾不能支，外人謂自與中國戰，無如聶軍之强悍者。其實士成此時所統的三十營，已分作三部，一部守鐵道，一部留蘆台，他自己所率以作戰者，僅其一部而已。拳匪既冒聶軍功以邀賞，反誣聶軍通敵，上不見諒於朝廷，下又見逼於匪，甚至在作戰正酣之際，其母及妻女也爲拳匪捕去。士成憤無所洩，期以一死自明，乃麾軍突戰於八里台，陷敵陣中砲死，腸胃爲穿，士成死三日而天津乃陷。（參看羅惇曧拳變餘聞及清史稿列傳二百五十四）

聯合評論 週刊

本刊已經香港政府登記

每逢星期五出版

United Voice Weekly

第九十二號

督印人：黃宇人　總編輯：左仲平

社址九龍金馬倫道卅八號三樓　電話61413

承印嘉羅印刷有限公司 香港灣仔馬師道5號

總代理：友聯發行公司 售價每份港幣一毫

本報美洲版總經售處 美國紐約中美出版社

CHINESE-AMERICAN PRESS, INC

199 CANAL STREET.,

NEW YORK31 N. Y. U.S.A.

美洲航空版零售每份美金一角

論台灣與南韓異同

兼論日韓關係

左舜生

在最近若干年以來，好像大家都覺得，五月這個月，總是多事的，而今年也決不例外：南韓倒李的風潮剛剛漸趨平靜，土耳其和南越又起了小小的風波；日本一部分的左傾學生，為了反對新的日美安全協定，居然發動了不少的人包圍國會，而且聲言要去搗毀首相官邸。但尤其突出的，則因為一架美國偵察飛機在蘇境強迫降落，飛機毀了，人員也安全被捕，據說若干的證據，也很完整的落到了蘇聯的手裡，於是赫魯曉夫，乃表現一種空前的惡劣姿態，把一個經過長時間醞釀，經過無數次磋商，好容易才召集的四強『高峯會議』，並一次正式的會議也不曾開，便鬧得不歡而散！日本人民為了考慮他們自己的利害，對政府表示不同的意見，這是一點也不稀奇；美蘇之間，衝突由來已久，也藉故發動一次更尖銳的冷戰，這也沒有什麼；可是一個貌似強大，而實際貧弱不堪的中共，也居然發動一次所謂全國性的示威，一面為日本的左傾分子撐腰，一面又為赫魯曉夫張目，便把事件鬧得更不平凡。還有，台灣方面，遠在一年以前，便由政府當局聲言反對修憲，但結果居然離開憲法，產生了他們的第三任總統，而且已於本月二十日『宣誓就職』，照形式說，這次擁蔣作第三任總統的，確實是多數，可是竟有「少得不能再少」或者說「一小撮」的人，他們不單是要講民主的形式，而且還要講民主的內容，居然倡言不予承認，同時他們還好像理直氣壯，說明他們其所以要這樣做，不只是為了要稍稍保存一點民主的意味，而主要目的，乃是要喚起國人明辨是非的良心！天地間竟有少數這樣不識時務的傻瓜，這豈不更是咄咄怪事！

以南韓的事件來說，如果深一層看，這於中華民國只會有利，不會有害。可是竟有若干神經衰弱的人，看見李承晚突然倒下，乃如喪考妣，始而誣南韓青年，受了共產黨的煽動，繼而怪美國不該對南韓前政府提出過度嚴重的勸告，此無他，他們只是怕自由中國的人民，一樣會得到國際的鼓勵，可能依樣畫葫蘆，也會因為反對這次的選舉，而造成一次類似南韓的事件。殊不知南韓的情況與台灣完全兩樣：一、南韓畢竟有一個較有力的反對黨，台灣沒有。二、威脅南韓的共產黨和南韓只隔一條線，台灣對大陸，畢竟隔了一百浬的海峽，因此南韓的人民不能苟安，台灣卻可以得過且過。三、美國在南韓前線，配置有五萬以上的軍隊，她在台灣卻僅有一個偶然游弋海峽的第七艦隊；美國確實為南韓死傷了十幾萬的青年，為台灣卻並沒有這一回事；因此，她對南韓特別關心，對台灣卻并不迫切。四、第七艦隊有兩重作用，一面固在防止大陸去打擊台灣，一面也在防止台灣去反攻大陸；加上，台灣有蔣杜共同聲明，正式允許不以武力反攻，李承晚卻隨時高叫揮軍北上，只要一經點火，卻真有衝突的可能，所以，美對南韓怕，對台灣不怕。五、李承晚只做了南韓十二年的總統，蔣卻掌握了中國三十五年的政權，因此，蔣對黨化軍隊，黨化教育，以及密密層層的特務組織，架床疊屋的安全措施，都是前後一貫，做得相當澈底；李也未嘗不做，可是遠不如蔣的盛水不漏。……要我們列舉南韓與台灣的不同之點，我還可以舉出許多，但希望大家舉一反三，無容細說。總而言之，南韓的情況，還可以發生一次有意義的政治變動，台灣在蔣氏父子政權未經結束以前，決不會產生任何一種富有政治意義的奇蹟。

何以我說南韓事件只會於中華民國有利而不會有害呢？原來李承晚把日本看成是韓國永遠的仇敵，他一天不倒，日韓的僵局便一天不能打開；日韓僵局一天不打開，亞洲反共的聯合陣線便一天不能實現。李自命是懂得日本，但他被一種仇日心理所擾亂，對日本當前的情況，乃有許多方面看不明白；而且對美國的過度重視日本，在他的內心也不以為然。他不知道日本若干人的左傾只是浮在表面，而日本保守的力量，卻已經強化到了沒有馬上表面化的必要。日本豈只是斷然反共，而且她要學尼赫魯式的中立也絕無可能。為了她將近一億的人口找出路，為了維護她龐大工業基礎的安全，為了保持她一種調和東西的特殊文化，為了發展她日趨富裕的人民生活，可以說她除反共以外，別無其他的第二條路可走。目前日本國內所以陷於那樣一種的紛紛擾擾，這只是一種普通爭奪政權的黨派鬥爭，而一部分害了左傾幼稚病的青年在那裏推波助浪，這種幼稚的程度，甚至日共也不以為然。自民黨自身的派別分歧，誠然是它的弱點之一，但即令岸信介可倒，自民黨的政權并不會倒；只要自民黨的政權不倒，介即倒也還大有捲土重來的可能；惟其他懂得有重來的可能，因此他可能為求得自民黨內部的妥協而暫時告退。這一點，中共也看不懂，因此他們把反岸以反美的活動，建築在他們的幻想之上。

美國的重視日本沒有錯：因為日本具有反共無限度的兵源，她有資格成為亞洲反共武力的兵工廠，她也懂得組織亞洲反共陣線的必要，同時她的政治措施也并沒有超越常軌，……李承晚忽視了這一切一切，只一味盲目的仇日，因此他削弱了反共的力量，同時也召致了美國對他的不滿。日韓僵局的打開，還有待於繼續努力，我也并不保証日本的保守勢力抬頭決無出軌的行動，但只要韓國能統一，她的民主政治真能樹立得起來，一切與一九一○年以前的韓國完全兩樣，她便沒有怕日本的必要，日本也決不敢再去惹她。

姑止於此，其他的話下次再說。

高峯會議流產以後

黃宇人

舉世矚目的所謂高峯會議，在美英蘇三國政府首腦到達巴黎之後，忽以赫魯曉夫臨時拒絕出席而宣告流產。不但對它存有幻想的人們大為失望；即我們也感到意外。

赫魔所持拒絕出席的理由是：艾森豪總統沒有答應他對於美國U2型飛機進入蘇境偵察一事所提的三項要求——道歉，懲辦負責官員及保証以後不再有同類事件發生。但U2型飛機事件發生於五月一日，蘇俄果因而改變其對於高峯會議的態度，赫魔又何致必須遲至他到了巴黎之後才臨時向艾森豪總統提要求呢？而且此一事件僅屬於美蘇兩國之間的問題，原與英法無關。赫魔至多祇可以此為理由而撤回其對艾森豪總統訪問蘇俄的邀請，又豈能據此而拒絕出席高峯會議？由此，可知U2型飛機事件祇是一種藉口而非眞正的原因所在也。

我們一向認為蘇俄對於高峯會議根本不懷好意。近年以來，赫魔雖常以所謂和平共存的招牌掛在嘴上，但從未掩飾其仍要推行世界革命的野心。他不但在莫斯科公開的向美國記者說，要埋葬西方的資本主義；即在其訪問美國時亦一再表示，他相信美國的下一代將實現「社會主義」。他所以主張舉行高峯會議，其用心，祇是藉此來鬆懈自由世界的防衛，並擴大他們之間的距離，以便各個擊破。換言之，他企圖透過和平攻勢以瓦解自由世界；從無與自由世界共存之意。

此次赫魔提前到達巴黎，其目的，可能在游說曾因美國駐法空軍基地的管轄權和自製原子彈問題而一度與華盛頓方面有所不快的戴高樂總統和對高峯會議極為熱心的麥美倫首相，而困擾艾森豪總統。但他發現美英法三國團結無間，因而深感在高峯會議中無所施其技倆，於是祇得以不出席了之。預料今後數月，蘇俄必將挾其放射太空船成功的聲勢，盡量利用U2飛機事件以打擊美國。他們將繼續恐嚇美國空軍基地所在的國家，希望能激起紛亂；他們將設法討好對高峯會議存有幻想的國家，希望能從中離間；他們更希望美國民主黨將以抨擊共和黨破壞高峯會議為競選的主題，而迫使下屆總統不得不繼續墮入蘇俄對於高峯會議所預設的陷阱。我們從近日的跡象看去，U2飛機事件雖已提到安全理事會，但赫魔仍一再表示高峰會議可於六個月至八個月之後再舉行，並不再堅持蘇俄向美國所提的三項要求。更說，「在此期間柏林仍暫維現狀。」可知，他對於高峰會議仍要繼續利用的。

經過此次高峰會議流產的教訓以後，美英法諸國不應該對赫魔再存幻想了吧？本來，以少數大國的領袖來決定有關整個世界乃至人類前途的問題，而且免不了有時還要以秘密會議的方式行之，實乃強權政治與秘密外交的復活，與聯合國憲章的精神背道而馳。尤其是自由世界本以反對共產侵略和維護自由民主為共同目標；而居於領導地位的國家竟率先姑息蘇俄，豈非自毀陣營？豈不使鐵幕內的人民更加失望？回憶近五十年來，西方國家的政治家們幾乎口不離和平；但卻招來兩次世界大戰。而今第二次世界大戰的創痛未癒，又感到第三次世界大戰的威脅。此無他，不堅持正義而祇圖安撫侵略者以求苟安的傳統觀念有以致之也。

為今之計，我以為美英法諸國必須抱定決心，澈底放棄所謂現實主義及依據此一主義而產生的姑息主義和圍阻或嚇阻政策，然後才能免於給蘇俄以可乘之機。過去數年，在赫魔的和平共存美調中，美國已失去其獨享核子秘密的優勢，而蘇俄的新式武器反而有後來居上之勢，這實在是一個極為可悲的現象，而今還可一誤再誤嗎？

復次，自由世界迄今祇有消極的防共防俄措施，而無重建自由民主新世界的積極計劃。因而祇能頭痛醫頭，腳痛醫腳。不但無法爭取主動，而常有顧此失彼之虞；即美英法諸國之間也嘗因個別利益的抵觸而發生爭執。當此人類已向太空發展的時代，任何國家原都不可能長久獨享和平與繁榮；自由世界各國更是息息相關，祇能有共同的利益而無個別的利益可言。惟以缺少一個共同奮鬥的遠景，而某些國家又為近利所惑，遂形成今日的局面。我認為自由世界應立即制訂一個重建世界新秩序的共同綱領，以為共同奮鬥的準則。此一綱領應依據民族平等，國際正義及民主，人道諸原則；同時對於各個國家的需要及各國人民的福利統籌兼顧。如此，既可協和各國的利益，又可使反共鬥爭具有積極的意義。不但自由世界各國得以齊一步伐以赴，即其他中立國家和鐵幕後的人民也會欣然來歸了。這才是持久和平的正道。

第三，我認為艾森豪總統初入白宮時所宣佈的解放政策，仍十分正確。林肯曾說過，一個一半自由一半奴隸的國家不能長久生存。同樣的理由，一個一半自由一半奴隸的世界也不能長久相安。因此，今日美英法諸國不願意戰爭固無可厚非；但他們絕無理由坐視鐵幕後的人民永遠被共產黨奴役下去。過去數年中，如東德的工人暴動，如匈牙利和波蘭的革命，如西藏的抗暴鬥爭，都足以推翻各該地區的共產統治；祇因得不到及時的援助而先後失敗了。我希望今後自由世界——尤其是美國對於鐵幕後的反共鬥爭在物質和精神方面積極予以支持，使他們自求解放。一旦共產集團的附庸國家獲得自由與獨立，蘇俄自不能再到處興風作浪了。此為不戰而使共產集團解體的有效途徑，美國不應再多所顧忌了。

韓國政潮與台灣風雨

人心思變求變，豈容當局再坐視！

·黎復·

（本刊台北特稿）台北市從國民大會閉幕之日起，便開始天天落雨，淅淅瀝瀝，直到四月底，下了一個多月的「反常雨」。台北地區雨季是在冬天，今年「天道失常」，於是人們說老天爺也厭惡這個「選舉年」，要用雨水冲洗國民大會留下的污穢骯髒氣。也有人說是老天爺眼見選舉花掉了老百姓的血汗錢太多，於心不忍，落下了眼淚。不過，無論怎樣解釋，有一點倒是實情，就是人們活在這一個多月的淫雨天裡，衣服、床舖、傢具，到處都在發霉，連大家的心也發了霉。然而這是無可奈何的。忍受已成了今日寄居在台灣的人的「美德」，但是忍受也畢竟有一定限度的！這裡，記者掇拾幾件熱門新聞來作証，就可知近來的寶島風情也在暗暗地起着變化哩！

旋風自漢城吹來　蔣總裁示意「讓步」

韓國的政變，像一陣旋風也似的捲過去。人家的政治露現一片曙光，「新政」一如同彩霞般的放射着燦爛的朝暉。置身在旋風圈外的「台灣寶島」，顯然也受了些「政治氣候」的影响。韓國的政治示威高潮，也促使台灣的政壇人物提高了警覺。

當地方選舉投票前的某一天，執政黨中常會上，蔣總裁會提到韓國政潮。接着他訓示高級幹部：不要一定求取選舉的「全勝局面」。爲了緩和情勢突變，即使一部分退讓或失敗也不打緊。

這一訓示是空前所未有的。幹部們大爲吃驚。但是由於韓局急遽變化，幹部們很快就瞭解到「退讓」的「必要」了。最固執而強項的周至柔（台省主席），在這次選舉中表現了令人驚詫的容忍。他曾一再告誡全省所屬公教人員，嚴禁舞弊助選，更一再警告國民黨提名候選人力戒賄買選票。雖然他這種作風的轉變並不影响黨的幹部預定的「必勝措置」，但至少可以使人看到周至柔表現的態度與韓國政潮很有關係。後來在投票、開票時，雖仍無碍於「安全措施」的推行，然而當時情勢總算風平浪靜，這未嘗不是由於蔣總裁的警覺和周至柔的警告有以致之。

然而在事實上，這次風平浪靜的地方選舉，並不就可以証明選舉沒有舞弊。正相反，舞弊的技術提高了，大勝的國民黨仍然佔盡了「安全措施」的便宜。同樣的，選舉當時的平靜氣氛，並不就表明在野方面甘心屈服。過了兩個星期，在野人士包括落選的人物在內，眼見韓國人民一步步走上了勝利之路，確使他們受到了很大的鼓舞作用。於是，據說在「共同計議」之後，「選訟」便相繼出現了。

選舉舞弊依然進行　訟案之多前所未見

這次的選舉官司和從前不同的，第一是訟案之多，爲前所未見，第二是各地形成呼應之勢，充分表現了在野方面的政治潛力。截至記者發稿時，已有下列十個縣市的十四件選舉訴訟，都是提出証據訴請宣判選舉無效或被告的當選無效。

一、台北市二件：

（一）台北市省議員當選人郭國基及落選人宋霖康、李連麗卿等三人，聯名控告選舉無效。這是打破紀錄的一件選舉訟案。因爲歷來當選的人，一向沒有提出控訴請判選舉無效的。郭以最高票數（四萬多票）當選省議員，是台北市當選者中唯一的黨外人物。他說選舉不公，有舞弊情事，他不應該僅得四萬多票。訴狀中指控選務人員把他得的票數削減了，而且其他當選人（都是國民黨籍）都有舞弊違法的情形，故請判令台北市重辦一次選舉。這消息立即轟動全省，大家都等着看如何結局。

（二）宋霖康、李連麗卿二人，另並聯名指控國民黨籍省議員當選人姚冬聲等五人違法賄選，特別指控國民黨方面在法律範圍以外替他們作非法的活動，並利用公教人員替他們全面助選，所以訴請當選無效。（按宋、李均係無黨派人士）

二、桃園縣二件：

（一）黨外落選人黃玉嬌等控告選舉無效。包括省議員及縣長選舉在內。她和其他黨外落選人控告該縣選務所十項違法事實，例如：選民重複領票，偽造出席率，開票時故意將電燈熄滅以便掉換假票，選務人員代選民投票入匭時，故意將黨外候選人所得之票用手指塗抹使成廢票，使人冒名領票，有人持多張身分証具領多張選票，黨員選民向選務人員（黨幹）面前「亮票」，中壢投票所在開票時緊閉大門不准選民參觀監視，黨提名候選人將本地籍之現役軍人用車載回本鄉投票，雖選民名冊未列姓名者亦准予投票。

（二）黃玉嬌等控告黨籍候選人非法賄選，訴請宣判當選無效。

三、台北縣二件：

（一）台北縣省議員候選人張彩鳳控告選務所舞弊；請判令重辦選舉。

（二）張彩鳳控告當選之省議員李秋遠當選無效。

四、新竹縣一件：

新竹市民王桂水控告黨提名縣長候選人彭瑞鷺當選無效。列舉賄選事証多項。

五、彰化縣一件：

彰化縣省議員落選人陳肯（無黨派）控告黨籍省議員當選人蘇振輝當選無效。

六、台中市一件：

無黨派之省議員落選人吳一衛控告台中市黨籍省議員徐灶生當選無效，列舉徐某賄選証據五項。

七、台南市二件：

（一）現任無黨派之市長葉廷珪，控告市長當選人辛文炳（國民黨）非法賄選，請宣判當選無效。（葉廷珪競選連任下屆市長失敗。）

（二）葉廷珪控告市選務所違反法規，公然舞弊，坐視國民黨市長候選人辛文炳以金錢收買選民之身分証冒領選票，使第三者代投。此外，並提出証據，指投票所的管理員於開票前以自己一人之指印領取百餘張選票投入票箱，遂使辛文炳得以當選。葉廷珪據此兩項証據，訴請判決選舉無效，重辦選舉。

八、雲林縣一件：

縣長落選人蘇東啓（無黨派）控告選務所違法舞弊，訴請宣判選舉無效。所提出的証據，計有（甲）超額加印選票，（乙）投票所人員代替黨候選人投票。

九、高雄縣一件：

省議員落選人陸雲皆（無黨派）控告國民黨籍省議員林清景等三人非法賄選，請判決當選無效。

十、台東縣一件：

縣長落選人林德村（無黨派）控告國民黨提名縣長黃拓榮以金錢及實物賄買選票，訴請宣判當選無效。

檢舉舞弊聲勢浩大　在野方面發動攻勢

谷鳳翔倉皇請示善後辦法中

除了以上十個縣市的十四件「選訟」案外，尚有屏東、苗栗兩縣均曾被人檢舉國民黨提名候選人違法當選事實，但都被縣選監委會所批駁，認爲不能成立致使選舉訴訟未能進行，中途作罷。此外，各縣市議會均普遍攻擊指責此次選舉舞弊，黨外議員莫不踴躍發言，態度激烈，爲前所未有。另有台南市民陳碧琳等二百三十二人聯名向省選監委會檢舉國民黨籍縣長當選人辛文炳之非法舞弊事實，聲勢浩大，使選監委會無法作答。（此與葉廷珪控告選務所及下屆市長當選人辛文炳之二案無關）。

現在全省人民均正注視選訟如何了結，靜覘法院如何判決。據悉國民黨中央及政府均極緊張而憂懼，深恐應付不善而引起風波。尤以法院最感頭痛惶惑——若依法公正處斷，則爲黨方所不願；如仍像過去之「配合黨的政策」而宣告在野的控訴人敗訴，又恐惹出大亂子，無法負責。司法行政部長谷鳳翔在近週來倉皇請示善後辦法，迄未獲得要領及決策，且力避與新聞記者見面。另據民社、青年兩黨之中央某三數要員表示，雖然台灣情勢與韓國不同，但絕非毫無掀起「政治巨潮」的可能，只看政府如何處置今年這一場「在野方面的控訴攻勢」了。

黨費國庫開支何來民主

中國民主社會黨，近拒絕由國庫補助反共宣傳費，這被列入「國家預算」的新台幣八萬元，曾使在野政黨面對國民黨之挪用龐大國帑以作該黨經費「無話可說」。

民社黨的聲明說：「爲了加強民主制度之推行，樹立政黨的優良傳統，我們更願提出『黨費不應由國庫開支』的建議。而且自我檢討，決定將本黨向受政府輔助之反共抗俄宣傳費，率先予以停止。」

政黨之與政府，在於其政綱與國家的政策存在關緊。但是執政黨絕非政府，事理至明，二者不能混爲一談，故決不能挪用國帑以充黨費。我國行憲十二年，執政黨一手遮天，爲所欲爲，黨費取自國庫，使民主政治無從建立！

民社黨聲明中說此舉：「在創立優良的民主傳統，使國際間瞭然於自由中國確有獨立之在野黨。」但願，執政的國民黨也能開誠布公，一如民社黨之光明磊落，則國家幸甚！

黨權高於一切法權受害

監察院司法委員會，因司法院大法官會議對高等法院地方法院的隸屬問題與「現行犯」問題，久未解釋，因而提出「查詢」。

如所周知，「司法獨立」早在「配合國策」、『服從黨組織」底要求下變樣，於是乎「奉命不起訴」等荒誕事件迭有所聞。失職的司法官，則於「停職處分」後，又可立即得到肥缺。故憲法第八十條：「依據法律獨立審判，不受任何干涉。」的精神早已蕩然無存。

至於大法官對於高等法院、地方法院的隸屬問題，也因爲行政當局之授意，遲遲不作解釋。推說是爲了「慎重」。事實並非如此，以解釋「國大總額」作例，既可昧着良心在短期間內作出符合國民黨當權派意願的解釋，而有關司法獨立的問題的案子，自是難以解釋了。

連大法官都不能獨立了，又遑論司法獨立呢！黨權既高於一切，法權自要受到傷害了！

·孟戈·

台灣一周

民情激動　警民衝突．農會改選羣毆迭起

這不是「選訟攻勢」的一種偶然的巧合——各地羣衆顯然表示著易於激動的趨勢。最近半月來，先後發生了兩件至少在台灣是破天荒的「包圍警察所」警民衝突事件。

……高雄……

第一件發生在地方選舉投票的前一天（四月廿三日），地點是在高雄縣的岡山鎮，有將近兩千人的縣民羣衆包圍了當地的警察分駐所。事態相當嚴重。這是起因於黨外縣長候選人余登發（已當選）的宣傳車七助選員三人因細故被四名軍人所毆傷，當時民衆聚集了將近兩千人將警察派出所包圍，要求立即依法捕解毆人者送軍法嚴辦。聲勢洶洶，警察派出所無法應付，急電鳳山（縣府所在地）警察總局及台灣南部警備區指揮兼戒嚴司令求救，總局長、縣長、國民黨縣黨部主委均趕到排解。（下轉第三版）

赫毛之爭的新階段

上月列寧誕辰九十周年，中共藉此攻擊俄共，重點置於「戰爭與和平問題」上。認爲只要有帝國主義存在，戰爭就不可避免。隱然指俄共所唱在現代條件下戰爭已有可能避免之說是修正主義者的論調。並強調只有以社會主義在世界範圍內來代替資本主義，才能獲得眞正的和平。因此它又批判俄共「自己不想革命，也不叫旁人革命」的思想，要求團結可能團結的力量組成國際統一戰線，用「合法」和「不合法」的手段來與帝國主義門爭，以達世界革命的最終目的。

毛澤東爲表示「革命」積極性高漲，自四月下旬以來，接二連三的舉行示威，並連續接見來自非洲、中東、南美、日本的觀光者和發表談話，所支持亞非南美的所謂人民門爭。這和莫斯科的態度顯然有別。大有「你不幹，我幹」的意味。

此外，周恩來最近訪北越，繼之還將訪問外蒙。據中共北越聯合公報說明，訪問的目的是討論兩項問題。（一）共同關心的國際問題；（二）合作關係問題。所謂共同關心的國際問題，即是指「戰爭與和平」的問題。無疑的中共是要北越同意其觀點；也就是企圖拉攏周圍所有其他附庸國家，跟着「北京」的路子走，使莫斯科感受壓力。

正在此時，蘇聯竟不顧高峯會議即公開擊落了一架美國偵察飛機，赫魯曉夫進而並破壞了高峯會議，有謂這是中共對蘇聯施行壓力的緣故。實則並不盡然。

按蘇聯擊落美偵察機是五月一日，五月五日赫魯曉夫始在最高蘇維埃首次作有關報告洩露該消息；五月七日再作第二次報告；在這兩次報告中，最重要之點是並未把美國總統艾森豪威爾牽涉在內。更要注意的是，據法新社九日轉據塔斯社電，赫在捷克大使館宴會上宣佈願意開放天空，任由美國飛機飛入偵察，以達總裁軍的目的。但在同日，美國務卿赫德却承認偵察飛行是獲得美總統批准的。於是老赫在記者招待會上立即改用强硬詞鋒承認自己「以爲美國總統與這件事無關的看法」的錯誤，但還不撤消對美總統到蘇訪問的邀請，並且還希望高峯會議開成。及至十三日，俄共中央舉行會議，却未見其發表結果；十四日，赫氏到巴黎。十六日，甫舉行高峯會議，老赫即發表要艾克認錯的演說，一舉攪垮高峯會議。

由這發展過程觀察，老赫轉變態度的主要因素當是九日赫德的聲明與十三日俄共中央的會議。其中尤以俄共中央會議的決定爲重要。故不能過分地認爲中共的壓力是主要原因，而且還在俄共內部壓力之上。

至於中共這方面呢？五月九日人民日報發表了「對蘇聯的挑釁就是對整個社會主義陣營的挑釁」的社論，十三日又發表「艾森豪威爾的自我揭露」的社論，一再指出「對艾森豪威爾和美帝國主義不能存有任何的幻想」。但十六日人民日報再發表「歡迎四國首腦會議的召開」的社論時，正值赫氏在首腦會議發表其存心攪垮它的演說。由於中共的言論與蘇聯的行動未能契合一點來看，顯然老赫幷未把俄共中央會議的最後決定對中共通氣，因此中共的論調與老赫的行動脫了節，這反映出俄共也並不把中共放在眼裡。同時，中共所不滿於俄共的是戰爭可能避免之說，而老赫儘管與美國翻了，但仍一再重申在六至八個月以後重開高峯會議，顯然仍有意與西方謀妥協。這說明老赫攪垮高峯會議也決不是中共蘇聯間的歧見獲得統一的結果。

·田心·

（上接第二版）

另並派了大批軍隊及保安警察（裝備及編制均與軍隊相似）前往彈壓，經疏導調解並允嚴辦不法之毆人者，羣衆始行歸家。一夜過去，第二天選舉投票，余登發獲得的票數突飛猛晉，就是羣衆同情他的表現。許多黨方有關的選民甚至黨員竟也改變初衷而投了余登發的票，使余當選了下屆縣長，這也是在野方面意外的收穫。

……基隆……

第二件發生在基隆市。五月九日晚間，基隆市中山四路警察派出所被一批市民約百餘人包圍，並將該所搗得稀爛，辦公座位、辦公桌均打毀，電話摔碎，電話兩部的電綫被剪斷，巡官（派出所主管長官）和數名警員均被毆打重傷，衣服撕破。嗣經戒嚴區的司令率同大批軍隊趕到驅散，第二天逮捕很多有嫌疑的市民和軍人，現在正在審理中。

事情的起因很簡單。該區有一家軍人眷宅在五月九日晚上約有幾個軍人打麻將牌作樂，忽有警察前往取締，因言語衝突，警察即匆匆返回警所。這些軍人心想一定是回去報告總局派更多的警察再來捉人，乃約同鄰人（軍、民都有）往警所探視，至則果然是那個警察正在向總局打電話，他們一面派人回去叫人來助威，立刻便有百人應召而來，一面便動手將該所搗毀，剪斷電綫，毆傷員警。立時全市十分緊張，軍隊出動如臨大敵。當晚及第二天，軍方及警察總局捉了很多涉嫌的軍人市民，迄今猶在審訊中。

……台北……

第三件不是包圍警所，而是在大街上將警察圍毆重傷、制服撕破，這是今天（五月十四日）上午八時發生在台北市民生路的事件。

警察楊某因取締一家麵包點心小店擺在門外的玻璃櫥，指其侵佔街道，妨礙交通。店主劉某見該警員蓄意找麻煩，因該路兩旁均設攤營業，何以獨來取締他的貨櫥，心感不平，言語衝突，終於雙方動手互毆。該路攤販及行人多喊「警察無理」、「警察討紅包」（索賄）、「警察打人」，立即集聚了數百人，一時交通斷絕，並有三四個青年人動手幫助店主劉某，將警察打傷。嗣經警局派來大批警察，羣衆始散去。劉某及另一青年被捕往警局。

除了警民衝突的上述事件之外，還有兩件在前三天發生的「黨民敵對」的羣衆騷動事件，也是千人出動；也是民衆與官方敵對的，也是空前的流血事件。

國民黨欲控制農會 製造地方派系衝突

第一件，是台中縣大安鄉農會改選而引起的，縣府的代表二人被毆重傷，頭破血流，生命危殆。參加羣毆者，不下一千二百人。

事情的發生，有遠因及近因兩種。遠因是：近年國民黨當權派因不甘閑靜，乃着手由控制省縣市的選舉（如縣市長及省議員）進而擴及鄉鎮長、里長、水利會會員代表及理事主席，乃至各縣農會代表及主席的選舉，號稱爲「民主政治——政黨政治中的常軌」。這是近兩年來才有的事，兩年來爲此鬧得地方派系對立尖銳，時起糾紛，尤其是每屆選舉這些代表、或主席的時候，縣黨部全面控制，索取賄金，採取「比價」方式——出錢多者得到黨部支持而當選，反是則用「安全措施」加以破壞，終使其不能當選，或雖當選而被控宣判當選無效爲止。去年鄉鎮長及水利會之糾紛·鬧得鳥烟瘴氣，人們記憶猶新。近因是：這次台中縣大安鄉農會，也是由於黨控制及挑撥的結果，造成地方兩大派系的死拚。黨部支持乙派，運用非法陰謀方式，甲派則係正義感甚盛的農民或地方公正紳士，忍不住憤怒，乃約集了七八百人在投票日（五月十一日）下午分頭將會場上的乙派及縣府派來指導選舉的兩名專員包圍痛毆，並將選舉名冊搶走。他們前往時，是乘坐包租的大卡車十餘輛。甲派的行動，被乙派發覺，亦約集了五六百名流氓地痞之輩準備廝殺，終於造成流血事件。

據甲派在會場聲稱：「我們不怕政府，不怕黨部，不怕一切權勢，非打垮你們欺壓農民的惡勢力不可」（見台北各報地方通訊）當時羣毆時，多人持有木鐵器械，刀棍齊飛，據某報記者目睹現狀發表感想說：「這事無法眞正善後消除積怨。因爲乙派特依後台的權勢撐腰和挑撥，不但糾紛難息，且將愈積愈深。我們應認清，這是官方措置不善而惹起的民變」！

第二件，是台中縣大安鄉農會流血的前一天（五月十日）在台灣南部屏東縣九如鄉發生的血案，也是起因於農會改選，幕後被人操縱而造成的羣衆互毆事件。參加這次聚毆的，共有農民五百多人，並有流氓受雇參加。五月十日上午打了一回，經縣長和警備分區指揮官（相當於區戒嚴司令）到場排解，始行散去。下午一時許，雙方五百多人又大打出手，且有某方雇自高雄市而來的流氓在內。後經大批軍警趕到才散去。據說雙方勢不干休，準備再各約集千人以上，打一次能見勝負的仗。這事也是由於權要給該鄉地痞撐腰，定欲取得控制農會以魚肉鄉民的地位，才惹起農民反抗。事後某方曾唆使軍警大捕農民，後果如何，尚不可知。

從以上五件血案看來，讀者當能瞭解其中的政治因素。說穿了，都是由於措施太壞而引起的民衆反抗。然而權勢方面一向是不肯反省的，這樣下去，眞令人不敢想像將來會不會發生更大更嚴重的騷動事件。記者親自訪問過幾位比較中立的政治學者，他們都搖頭嘆氣，認爲當政的黨方似乎太麻木、太頑固。一位老先生扶一扶他的老花眼鏡苦笑着說：「這是住在火山口上嘛！還不覺悟危險，眞是麻木頑强到極點了！」

總統府帽子壓人·監察權面臨考驗

監察院彈劾黃顯灝

行政院呈報總統府要求暫緩執行

司法院表示無意見

這不是發自民間，而是起於政府的新風波。這場風波正在澎湃，將來演變如何，還不可知。不過照昨天「內閣」中無黨派的某大員私下對記者說：「這是一場很可能演變成政潮的亂子。在遷台十一年來，這還是首次牽涉到總統和行政、監察、司法等三院的政治風波呀」！

這場風波，就是近週來鬧得很厲害的監察院彈劾黃顯灝被行政院打了「回票」的「行、監兩院門法事件」。現在已鬧到總統府，正在高潮上；監察院前昨兩天的院會中，羣情憤激，看情形已無緩和的餘地了。據上述這位大員說，這也是間接受了韓國政潮的影响，「否則監察院不會如此公開攤牌」。

說起黃顯灝案，起於四年前（民四十五）的春天。黃是工程師，而且是負責軍事工程的一個重要的得寵人才。他在前行政院政務委員孟昭瓚的指揮下，主持當時的國民住宅營建工程。後來經人密告，檢舉孟、黃等人在北投奇岩路及台北縣中和鄉南勢角等處，在「行政院國民住宅興建委會」的名義下（孟昭瓚是主任委員）建造國民住宅，有合夥舞弊貪污的嫌疑。監院派員調查屬實，乃於四十六年三月及四十七年二月，兩次提案糾正。但行政院迄未予以處分，一直拖到四十八年四月，監院乃再提出彈劾案，經公務員懲戒委會（屬司法院的獨立機構）以「玩忽職守、違法舞弊」的罪名，決議將孟昭瓚、鄭定邦撤職，停止任用一年；黃顯灝撤職，停止任用二年在案。但行政院接到監院彈劾案的通知和懲戒委會的決議案後，却以「黃顯灝對國家軍經建設貢獻的動勞」爲理由，未予執行，並函覆監院請「暫緩執行」。監院方面覺得行政院屢次不肯認眞移付懲戒的案件已經很多，如今兩經糾正的黃顯灝却竟受特殊優待，行政院公然用公文要求「暫緩執行」，實在不合法理；且此例一開，今後監察權將更難順利行使，乃拒予通融。不料行政院一面說服了司法院，由司法院長在公文上批有「執行無意見」的字樣，表示行政院無論對黃顯灝執行與否，均無意見。另一方面，行政院的兼院長陳誠先生，却又行文呈報總統，經總統府秘書長張羣批以「分別執行」，意指孟昭瓚、鄭定邦二人執行撤職，可以不與黃顯灝併案辦理懲戒的執行；也就等於是准許了行政院要求對黃暫緩執行，置監察院的職權責任於不顧。何況陳氏向總統呈報此案，也有「拿大帽子壓人」的味道，於是前天（七日）監院會中羣情激怒，原提案人監委曹德宣直斥司法院長「滑頭」的作法，指摘總統府秘書長的批示爲「不負責的」，並抨擊行政院的措施爲「違憲的行爲」。他說，如果此案不執行，則司法院和監察院都等於關門大吉。院會並決定在第二天（八日）加開一次院會，以討論本案的處置辦法。

（下轉第四版）

慶祝「三屆總統」就職的盛舉

·哀矜·

(台北通訊)為了蔣公中正再連任「總統」,事屬公然違憲;而非法選舉的李總統承晚又恰好於前月被青年學生所推倒。太子派乃決定在他就任的那一天舉行前所未有的擴大慶祝。除了在海外發動與他們有某些關係的人們組織團體來台慶祝之外;台北方面也於五月一日組織了一個名為「中華民國各界慶祝總統副總統就職籌備委員會」,負責專司其事。聞是日將有二十萬羣衆在總統府門前廣場歡呼致敬,並在市區遊行。各部隊、各機關,各學校,各團體以至各商店和工廠都要派人來參加,還要出動化裝汽車四百輛之多。空軍也將派出各型飛機在天空表演。國大代表和立監委員更須一律穿着禮服出場。據悉,國大代表們因為選舉「三屆總統」有功已獲得一筆為數可觀的獎金,對於添製新禮服的區區費用自可應付裕如;但許多安分守己的立監委員,平日節衣省食已感生活困難,何有餘力以應此格外的急需?同時,首二屆總統就任時向無立監委員須着禮服參加的規定;而今又何必多此一舉,因而不無煩言。可是,所謂今非昔比。譬如一個非法與人姘居的女子,最怕人家對她不尊重,乃裝腔作勢,藉以炫耀她的名雖不正而却握有實權。蔣公所以在全國人民身受國破家亡之痛而台灣又在節約救災聲中還不惜花費百萬美金之多,特別裝置電視設備以慶祝其就任非法臨時總統之大典者,其心理作用,亦復如此。既有電視則觀瞻所繫,那容立監委員們不正其衣觀呢?因此,那些無力自備禮服的窮委員們將來也許要被摒諸於大典之外了。

蔣公傳令停止遊行

日前蔣公忽傳令在他就職的那天停止遊行;但仍接受歡呼。有人說,這是他以待罪之身,不願過事鋪張的表現。假如這樣,又為什麼不連所謂歡呼也一併停止呢?據熟悉內情者的看法,其主因當是他自己深知「三屆連任」並非所謂順天應人,而是違反多數人的願望以行之。假如遊行時,偶一疏畧,有人呼出反對連任的口號,豈不弄巧反拙嗎?可見他確是深謀遠慮高出於其愛子多矣。猶憶抗戰期間,朱家驊任國民黨中央黨部組織部長,曾以學校及工礦黨部名義籌獻九鼎,並於事前將鼎的圖案及呈獻計劃報告蔣公,均蒙批准。但到呈獻之日,蔣公按預定時間到達舉行獻鼎式地點(中央訓練團)後,忽大發雷霆,當衆斥責朱部長,侮辱了他的革命人格。然後憤憤而去,弄得全場的人(包括學生及工人代表)莫明其妙。但事後他對朱部長仍寵信有加。良以假如沒有後者的獻鼎,他又怎能博得拒受九鼎的謙德啊?由此觀之,他這番對於太子派籌備舉行二十萬人的歡呼和遊行表示祇接受歡呼之一半,除了預防可能發生意外事件而外,亦寓有當年拒絕九鼎之深意存焉。祇以關係不同,未便以對朱家驊之道來對蔣經國而已。

石覺上將建奇功

聯勤總司令石覺上將為了紀念領袖的偉大及就任「三屆總統」,特於阿里山建築一美倫美奐的介壽亭,並定於二十日舉行揭幕典禮。亭內有大碑一座,上刻領袖頌,茲介紹於下:「大哉領袖,德無能名。天生神武,功蓋古今。以仁義為甲胄,以忠孝為千城。宇宙媲其偉大,日月同其光明。蕩蕩乎繼往開來,民族重賴復興;巍巍乎續績於天,人類共仰救星。」石將軍於盡忠職守之餘,尚不忘紀念領袖,而又如此善頌善禱,可謂忠貞之至矣。其必飛黃騰達,步步高升,可以預卜也!

「總統」生平革命勳績展覽

國民黨黨史會及省立圖書館為了慶祝非法臨時總統就職,將於二十日起一連三天舉行蔣公革命勳績展覽。但不知他生平的那幾項傑作如民國十三年驅走許崇智而奪取其軍權,次年逼走於中山先生逝世後對他百般提拔的汪精衛而奪取其領導地位,二十年扣留一再支持他的胡漢民而獨佔了國民黨和國民政府等勛績,是否亦將展出。至於其在三十八年宣告引退後,仍於溪口設置電台,直接指揮軍隊,並以個人手令調換浙閩兩省主席,更不惜拱手將華南送與中共,以償其利用敵人消滅異己的宿願等史實,自將畧而不提了。否則,參觀者當可更飽眼福啊!

(上接第三版)

各監委羣情憤慨 表示不怕戴帽子

八日舉行院會時,幾乎是全體監委均認為事態嚴重,一致表示非要行政院執行彈劾黃顯灝的懲戒案不可。陶百川委員說:「本案行政院沒有暫緩執行之權。所謂黃某是人才,難道自由中國除了他便沒有工程人才不成?」接着他就法律的觀點說:「法官判刑案,如果要緩刑,須與判決同時宣告;況且唯有檢察官始有權宣告緩刑,推事則無權。黃顯灝係受懲戒處分,並非刑事犯,依懲戒法也沒有緩刑的規定,更無暫緩執行的餘地。現行法律,行政院並無暫緩執行受懲戒官吏之權;即連總統也無此權。司法院認為總統有權決定,竟將本案送請『鑑定』,這是不合法的」。最後他堅決主張:「監察院必須維護制度,追究處理此事暫緩執行的責任。如因政治關係而破壞制度,則監院必須採取行動」!

繼有金越先、黃寶實、王枕華、陳志明、陳江山、于鎮洲、陳訪先,張岫嵐等委員發言。金委員促調查懲戒會何人同意本案暫緩執行。黃寶實認為懲戒會和司法院自表立場而同意暫緩執行,是很遺憾的事。王枕華認為暫緩執行是關監察院和司法院的門。陳志明懷疑經濟部長楊繼曾為何庇護黃顯灝,是否楊與黃有其他工程舞弊而包庇他,如有事實,應彈劾經濟部長,而且要彈劾司法院長。于鎮洲說:「外傳行政、監察、司法三院的糾紛將引起政潮,我認為,不應怕他們給戴大帽子」!陳訪先則「希望總統做華盛頓,陳誠做斬馬謖的武鄉侯」。張岫嵐是女監委,她也發了火:「我們要堅持守法,不許因人違法,憲法要大家維護。必要時;和陳院長談,或者和總統談,為什麼要因人而毀法」?

院會激烈討論達三小時之久,大家一致主張調查,最後決定推由陶百川、葉時修,王文光、余俊賢、曹啓文、王枕華、金越光等七委員為調查專案小組委員,須在下月院會中提出報告。

這確是一場前所未有牽涉三院一府(總統府)的風浪。將來會如何結局,雖不可知,但監院的堅強態度却是空前未見。某大員說這是受了韓國政治風波的影響,倒也並非誇張。這些年來,政府(行政院)屢次擱置監院的糾彈案件而延不執行,照這番風波看來,大概要作一總結算了。

招待賈西亞耗資逾三百萬菲方表懷疑
恐引起民間不滿請台北官方自動更正

此外值得一述的是,菲總統賈西亞訪台期間,有些民主作風頗為台省的中國平民所羨慕,甚至為中國政府官員所驚訝。這雖不算熱門新聞,但也可見現今中國人對民主的嚮往,已非往昔「恭納皇糧作順民」的時代可比了。

賈西亞總統係下榻於台北最豪華的高等旅館圓山大飯店。這裡是葱翠環繞,秀麗而幽雅的地方。歷次招待外賓貴客,都在這裏設置行館。不過,以前的貴賓住下之後,周圍戒備森嚴,嚴禁外人接近,出入更談不到了。然而賈西亞總統下榻當天,就使中國官民大感驚訝,那就是他既不設門禁崗衛,而且還開放大門,准許外人自由出入。這是(至少在台灣是)破天荒的今古奇事。新聞記者們可真樂極了,「總統長」、「總統短」,川流不息地向這位民主總統問個不休,賈西亞從未表示厭倦過。據菲總統的隨員說,自麥格塞塞總統時代開始,就經常到鄉村和農民聊天,而且總統府每週六星期日兩天開放,任人遊覽參觀。農民進城,不但定要進總統府參觀一下,而且還可以坐一坐總統的沙發,侍衛人員從不禁止。這種慣例,直到現任的賈西亞,仍舊沿襲不廢。中國老百姓和記者,不但得到了出入的自由,而且有些人還幸運地得到菲總統的贈品,如香烟、草帽之類。最使中國官員吃驚的,是賈氏的侍衛們竟可以自己作主把總統「御用」的烟酒(標有專製的封籤)拿出來送給來訪的中國平民。于是有人回家嘆道:「做這樣民主國的國民,縱然只過一天這樣的日子,便死也無憾了」。

賈西亞離台返國後,台北報上出現了一條新聞,說菲總統來訪,我們政府共花去了三百多萬新台幣的招待費。不料傳到馬尼拉,菲方大感尷尬,認為算起賬來決不會花這麼許多,而且台灣「八七」水災元氣未復,中國人民看了報紙將會有所不滿,乃透過菲駐台北的大使館,向中國官方委婉說明菲方不願落得中國人民猜疑菲總統是個窮奢極慾的傢伙,拿中國百姓的錢隨便享受。于是中國官方便通知各報加以「更正」,說是總共只花了「一百四十萬元新台幣,合美金實在很少」云云。

由此事使台北市民想起一件舊事。五六年前,香港某女影星來台祝壽致敬,被軍友社招待在一家旅館,並派員照料一切(向例如此)。某日,女星叫旅館侍役買了一片西瓜,按時價頂多值台幣二元(普通約每片值價一元),但軍友社的人員非要算作招待費不可,不許女星掏腰包付給。後來女星回港,有位記者在某晚報寫了一段新聞,說曾見賬單上有招待某女星吃西瓜用去兩百元。某女星在港得悉,急函軍友社查問,並要登報聲明事實經過,終被王元龍勸止了。王說:「算了,自古如是,何必得罪他們?反正錢又不是你的,也不是他們的」!錢是誰的?人人明白。所以菲方焦急,怕中國人講閑話,硬要請求更正。其實,一百四十萬是否正確呢?那只有「天知道」了。

(一九六〇、五、十四。)

毛澤東怎樣籠絡他的衛士？

大陸之窗

劉裕畧

儘管共產黨人標榜中共政權是人民政權，又儘管毛澤東十幾年前就以所謂「新民主」來掩飾他的反民主與假民主，也儘管毛澤東自己至今仍在詩詞裡歌頌他自己從江西突圍時的犯難冒險，但自從他十年前在北平袍笏登場後，他從前那種冒險精神，早已隨生活的安逸而逐漸失去了。相反，他目前所常常注意到的，乃是他本人的安全。當然，這也並不奇怪，所有的獨裁者，所有的梟雄，他們在奮鬥過程中，原是常常不惜以生命作賭博，當流氓，幹土匪，都是毫不顧惜的。一旦得勢，則前後判若兩人，他們得勢後的所作所為，乃權利的緊握，一點也不放鬆，乃生命安全的顧慮，一點也不疏忽。

自有人類歷史以來，全世界對於特務制度之無所不用其極，與無孔不入，首推共產黨。因為共產黨黨章早就規定每一個黨員必須是組織員、戰鬥員，同時又是情報員。所以我們可以說整個共產黨組織，根本就是一個特務組織。而警衛員（共產黨稱衛士為警衛員）制度，則更是毛澤東對內所推行的另一種絕端嚴密的特務控制。毛澤東經常是利用這種警衛員制度來監視和控制他的高級軍政人員的。毛澤東怎樣利用衛士來監視和控制他的軍政大員，其詳情容另文再談。這裡所談的是毛澤東如何攏絡他自己的衛士。

根據過去長時間的事實說明，把自己的衛士，擢升到中級軍事職位，是毛澤東的一貫作法。

猶憶中共佔領大陸初期，中共雖在大陸分設各大行政區，分別成立所謂軍政委員會，但亦同時在各地推行軍管會的制度。當時的軍政委員會雖高高在上，但地方實權則在各地軍管會手上。而許多重要戰略地區的軍管會負責人，其中就常常夾雜着曾在毛澤東身邊担任衛士的人在內。對於毛澤東來說，這是一石二鳥政策。一個作用是用這種衛士作耳目，以明瞭各地情形，並暗中監視各該地方，另一作用，則把這些原本在毛澤東身邊工作的衛士升遷到中級軍事職位，可以誘惑那些現刻仍在毛澤東身邊的衛士，以鼓勵其對毛澤東盡忠。

不僅軍管會，就是在正規共軍中，以及軍管區中，毛澤東都像下棋一般，把他的若干衛士，當着棋子擺佈了下去的。

對此，我們只要仔細留心各地共軍幹部的出身，便常有發現。譬如四川宜賓縣，原是四川西康兩省的樞紐點之一，也是四川南部的重鎮，但中共四川軍區宜賓區的司令員就是毛澤東的衛士出身。又金門對岸中共福建前線附近的軍區團級司令員也是毛澤東的衛士出身（俱見中共解放軍報），可見毛澤東對於這些衛士的工作，是經過特別佈置過的。

至於毛澤東對於現刻正在他身邊的那一些衛士，他也有一套把戲和做法來攏絡他們。中共新華社本年五月十九日發表了一篇中共「解放軍報」記者所寫的通訊，題目是「毛主席關懷警衛戰士學文化」，此一篇通訊所說的「警衛部隊某一中隊」即是指的現刻正在毛澤東身邊担任警衛的那一中隊。通訊所說各節，亦頗能反映毛澤東對他的衛士是怎樣細心用一種貌示關懷實係故意攏絡的情況。茲照錄幾段，以見一般。

通訊說：「敬愛的毛主席常常詢問隊員們文化學習的情況，還常常提問一些最普通的科學知識，啓發隊員們的求知慾望。從北方到南方，從渤海灣到珠江，主席走到那裡，問到那裡；從天上的雲，到地上的水，從空中的飛鳥到院子裏的花木，主席見到什麼就問什麼。有幾次，主席在游泳的時候，就問道：『曾文，你知道水的成分是什麼』！『王惠！人在水上為什麼會浮起來』？『高碧岑！你說海水為什麼是鹹的』？這些曾經陪同主席同游長江，又陪主席同游大海的游泳猛將，一時都被主席問住了。這時主席便會激勵他們說：『為什麼你們只學語文、算術兩門課！要多學一點文化科學知識嘛』。「在一次慢步的時候，主席還問孫連忠說：『廣州為什麼這樣熱？你說熱有什麼好處』？精明的孫連忠也是扛活出身，在家也沒唸過書，只好含糊其辭的說『天熱就好唄』。主席笑着說：『你學過地理沒有』？孫連忠回答『沒有』。主席便告訴他：『廣州這地方是中國最好的地方，莊稼一年三收，你看看地理吧，咱們國家大得很……』。

「北京的秋天是涼爽的。這一天，高碧岑正陪着主席游泳，藍藍的天空忽然飛來一團團烏雲，頓時風吹浪響，成羣的烏鴉亂飛，眼看就下雨的樣子。這時候，只有幾隻雄健的老鷹身不搖，翅不動，在烏雲上面平穩高飛。主席仰着身子問高碧岑道：『你說老鷹在雲中為什麼翅膀不動可以飛？』高碧岑張口結舌答不上來，主席接着說：『你們以後可要好好學習物理啊』！

通訊又說：「一九五六年九月十五號，正是中國共產黨第八次全國代表大會開幕的日子。這天早上，曾文剛起床就遇到了毛主席。主席親切地喊了聲他的名字，便和他談起了一中隊的文化學習。『以後你們就不要叫什麼隊了，就叫文化學校吧？你們就叫學員』。主席停了一下，問：『我當你們的校長好嗎？』曾文高興得連聲說『好』！主席笑了笑說：『我當名譽校長，再請一個副校長，你們在這裡學習七八年，達到高中畢業或大學畢業程度，你說成不成』？「成」！曾文信心十足的回答主席。主席又說「你們還很年輕，才二十多歲，我看是可以的。過去跟我的張寶金同志，以前給人家放牛，當僱工，沒有讀過書，他到人民大學讀書，還考第一名。曾文告訴主席：『現在同志們學習文化的勁頭都很大』。主席點了點頭，說『你們在這個學校學習七、八年，就成了工農出身的大學生，現在工農出身的大學生還很少，將來就多了』。……」。

看以上「解放軍報」記者所寫之文，對獨裁者歌功頌德，固然使人肉麻，但字裏行間却反証中共所說大陸已無文盲乃係完全吹牛，因為毛澤東的年輕衛士「也是扛活出身，在家沒有唸過書」，則其它老百姓更可想而知了。而這一篇文章的作者，原意雖在對毛澤東歌功頌德，但却暴露了毛澤東的好詐，對於一個沒有唸過書的衛士，硬要向他問長問短，非毛澤東有意誘賺而何？事實上，毛澤東所說「廣州這地方是中國最好的地方，莊稼一年三收」的話，也極不合邏輯。因為廣州是不是中國最好的地方，這要從什麼觀點來看，廣州是指廣東省廣州市而言，廣州市區街道鄰接，農產物極少，要說莊稼一年三收就最好，那也應該說廣東才是，因為廣東省各地農村才可能有莊稼一年三收的事，說廣州市莊稼一年三收，就文不對題了。

最荒謬的，是毛澤東為了攏絡和故意示好他的戰士，竟隨便把警衛部隊某一中隊改名為「文化學校」，甚至自己作校長，而又故意以七、八年後大學畢業的遠景來誘騙他的衛士。

但毛澤東愈設法誘騙愈設法攏絡他的衛士，則在事實上說明毛澤東對自己的衛士並不放心，而且毛澤東顯然是對他自己的安全時刻有顧慮，惟恐危險出在與他最接近的衛士身上，所以，他才用這許多時間，方法和精力來攏絡他們。

嚴格說，這不過說明奸詐乃毛澤東的本質，而時刻顧慮發生意外，則係毛澤東目前的心情和目前的處境。

中共煽動日人反美的陰謀

文藝林

第二次大戰後，日本於美國大力援助下，得以迅速復興乃至日趨壯大起來，而且就目前的情勢看來，它無疑已成為亞洲反共的中堅國家，這是共黨集團所絕不願看到的事情。戰後日本歷屆內閣，對共黨所採取的立場，在強硬與緩和的程度上容有差異，但基本上都是反共的，而岸信介內閣之反共立場，邇來表現的則更為堅定明確。中俄共年來對日雖極盡利誘威脅之能事，惟日政府已洞察其奸，故迄未為其貿易的利誘與虛聲恫嚇所動。中共目擊日本的國勢日強與其所採取的堅硬反共立場，於是便要玩弄新陰謀了。

目前日共及左翼人士，正在日本各地發動羣衆舉行遊行示威，企圖阻止國會批准日美新約。中共為策應日人的遊行示威運動，也在大陸三十三個大城市，共發動一千二百萬人，集會遊行示威作為支援；中共「全國青年聯合會」，特致電五月十三舉行的「日本青年團協議會第十屆全國大會」說：「最近日本人民和青年阻止批准新日美安全條約的鬥爭又進入了一個新的高潮。這個聲勢浩大的鬥爭，再一次有力地說明了日本人民和青年決不允許美國復活軍國主義，決不允許美日反動派把他們推向一次新的侵畧戰爭，堅決要求走和平、獨立、民主、中立的道路。」

所謂走向「和平、獨立、民主、中立的道路」，這就是中俄共對日本利誘威脅的陰謀所在，可是岸信介內閣却一再明確的聲明，日本絕不脫離自由陣營而採取「中立」立場。而且就當前的情勢來說，日美新安全條約，日本國會必然會批准，儘管日共及左翼人士發動羣衆遊行示威企圖加以阻止，相信最終不會達其阻止的目的。

這種情形，中共自然更為清楚，但它不到最後決不死心，因此他除了在大陸各大城市發動羣衆舉行遊行示威和指使「青聯」向日本青年團本屆全國大會致電，煽動和加強日本青年反美情緒之外，並運用私人通信方式，進行其挑撥、煽動的陰謀。即如一九五五年曾訪問過日本的中共史學家翦伯贊（現任北大歷史系主任教授），最近寫給日本史學家的一封公開信中說：「近年來，美帝國主義在世界各地，特別在日本，到處發出戰爭的叫囂，他們從日本的歷史垃圾堆中去發掘戰爭的力量，甚至於從墳墓裡去發掘那些被埋葬了的死屍作為他們的代理人。岸信介就是美帝國主義從墳墓中拖出來的一具僵屍，然而美帝國主義却把這個僵屍放置在日本政府首相的座位上。」該信接着又說：「把一個戰犯的屍體放置在日本首相的座位上，這除了標誌着美帝國主義要把日本拖到戰爭邊緣，要復活萬惡的日本軍國主義，要把日本人民拖上毀滅的道路，還有什麼其他的解釋呢？」

翦伯贊在這封公開信中，强調日美新安全條約，是日本向亞洲，向全世界和平人民的挑戰，特別是向中共挑戰。因此，他希望日本人由螞蟻變成獅子，並起而打倒岸信介內閣和撕毀日美新安全條約。

從中共策動大陸人民的遊行示威，支援日人阻止國會批准日美新約，到「青聯」的電報和翦伯贊發表的公開信中，可以充分顯示出中共對日本的圖謀，不過日本真正愛國的人士是決不會上他的當，須知中共乃亞洲禍根，乃亞洲人民之公敵，日本原是應該與所有愛好自由民主的人們一致反共的，中共此舉，只是枉作小人而已。

緬甸喀倫武裝入侵泰境

何之湄

泰緬邊境歷史性重鎮達府，五月十五日突被緬甸喀倫族武裝叛部侵入，該府所屬夜束縣城，被佔據達十小時，該股武裝在泰邊流竄至一整天，入夜始撤返緬境。這一件事，比較泰馬、泰棉、泰寮等任何邊境事件，規模都更爲龐大。可能會構成泰國另一邊境的重大問題。

歷史上緬軍入泰通道

達府（俗稱來興）位於泰國西北，距曼谷四百公里。中古的達城建於泰緬邊境賓河的西岸，稱爲網達，那時就因緬甸强悍時常入寇達城，泰方不堪其擾，大城皇朝時代乃在距舊城十六公里的來興附近，建築達城，以避緬甸的鋒芒。這便是今日的達城，和達城俗稱來興的緣故。

大城皇朝的末期，緬甸對暹羅的禍害更烈，入侵不斷，暹皇曾派猛將鄭昭出任達府太守，屢抗緬軍。後來緬軍數路入寇，大城緊急，鄭昭奉命晉京協守京師，於大城被緬軍逾萬圍困時，鄭昭率不及一千人衝出重圍，擊退追擊之二千緬軍。終於在大城皇朝亡國後數年，擊殺緬甸大將蘇基，驅緬軍，復暹國，建立了暹羅王鄭昭的吞武里王朝。鄭昭那時曾經防守的達府，便是緬軍入暹的路線之一。

現在的達府境界，北面止於清邁、嫁頌丰、南奔三府，東連素可泰、南邦，南至甘烹碧（鄭昭被召入京時，即在此爲太守），東面與緬甸僅有一美河之隔，這條美河，天旱時可以步過緬境。

達府轄屬有達（來興）縣、萬達縣、夜束縣，和呈頌央，嫁來目，三嗷，耘盼四個分縣。十多萬人口，大多數是牢族，或牢族與緬族混居，三千餘華僑，多居於來興。被侵入的夜束縣，就在邊境臨美河而立。

志在刼掠糧食槍械

喀倫族武裝的侵入夜束，在十五日凌晨二時，當時因在深夜，且變起倉卒，駐夜束縣邊警雖曾奮起抵抗，但喀倫股匪人數甚多，（估計在七百人以上至一千人）且均配有犀利武器，邊防警察於隊長警中尉乃甲蒙等陣亡後，被迫潰退。匪徒即先破壞電訊設備，搜掠槍械，洗刼噠叻（街市市場），洗刼後將噠叻及郵局縱火焚毀。盤踞搜刼直至正午，方分爲二股撤退，以一股刼得槍械財物先行，一股在後掩護及沿途續行洗刼，約午後一時始全部撤離。這些是事後人民所報告的，搶掠中，商民也有數人受傷。事後查悉邊警的槍械被掠去者，有來福槍四十桿，西約槍八桿，大批子彈、炸藥，甚至紮營帳幕亦被刼去，大概匪徒們是時常野宿的，故取去帳幕。至於商民的損失，一時尚無法統計，正在申報及登記中。

因電訊被破壞之故，直到夜束有人逃抵來興，達府的官員才得接消息，報告曼谷。曼谷國家電台，當晚始播出此項消息。是晚經乃沙立元帥之調遣，內地警察總指揮（乃巴差警中將）及邊防警察總指揮（乃倉少將）均親自出動，於十六日中午率二百名配有犀利武器的敢死隊，空運來興。由清邁那拉力沙美警察傘兵營，調傘兵一百名，也飛來興協剿。空軍署噴射機隊一隊，則出發偵察股匪蹤跡。但部隊抵達時，匪徒已退回緬境，飛機亦未能發見其所在。各部只暫在邊境增防，再候後命。

這次襲擊與緬共關係

這次緬甸喀倫族武裝股匪入侵泰境，最令人注意的，便是這些股匪與共產黨有沒有關係？十五日晚國家電台廣播經過，只稱喀倫族匪徒實力雄厚的一股約七百人，顯示匪徒僅志在刼掠，似與政治無涉。乃練警上校答覆記者的詢問說：匪徒並不只是喀倫族，而係居於緬甸打魯區、奧打黎區之巧巫族、卡族、苗族、堯族等與喀倫之混合，因數族，故實力雄厚，「志在刼掠糧食及子彈。」但內務部長乃察却曾對記者表示，說他深信喀倫叛徒是受緬甸共黨所支持，「很多是共黨叛徒」。此外，邊境警察於追蹤匪徒時，發現一具認爲是共黨首領丹頓之遺骸，可能是襲夜束時受傷，抬走撤退中死亡，故棄屍泰境。

緬甸喀倫族於緬甸獨立後因要求絕對自治，曾組叛軍反叛；一九四九——五零年間，曾參加共黨爲首之「人民陣線」，與共軍會攻仰光。五零年秋因共黨沒收土地，殺戮地主，喀倫族不滿其殘酷，喀倫軍退出陣線，仰光逐漸解圍。其後該族一度與緬政府和好，但去年又因要求「獨立」而再叛變。大體上說，喀倫族人不少是基督教徒，其優秀份子多受英國教育，多數不是親共的。但因反對緬甸政府及曾與共黨合作之故，其中亦有一些是共產黨徒。目前緬共正又在醞釀武裝叛變的時候，這件越境襲擊的事件，便可能不是單純的刼掠行爲。股匪刼掠的主要目的物，是軍需用的糧食和槍械，而目的則在擴充實力，準備進攻緬甸瑪華底鎮。

瑪華底的緬甸駐軍司令，特爲此事越過泰境訪問乃安蘇少將，（安蘇氏係乃沙立元帥新委的邊區軍警總指揮）保証協力剿滅此批股匪。乃沙立元帥偕同乃他納外長飛至夜束視察後，乃他納外長更謂擬與緬甸締結協定，協剿邊境叛徒，辦法及機構將仿泰馬兩國會剿邊境共黨一樣。照目前說，緬泰邊境共患尚非嚴重，不過喀倫族是緬甸最多數的少數民族問題，並不是軍事可以解決的。以泰國來說，緬共、馬共、寮共，以及承認中共的高棉亦有泰棉邊境共諜滲透問題，四境不清，益發感到國防不易安謐。

·曼谷通訊·

高明西安勞改營傳眞

·薩廣·

由鶴山三洲渡河，進入高明縣境公路，西行約六十華里，那裏有一個佔地約五千多畝的廣大農場，農場的東南邊，蓋有一所不大不小的磚屋和八十多間大木屋，這就是「西安勞改營」了。—磚屋是管理這勞改營的共幹辦公室，大木屋就是被解往勞改的「問題人物」的宿舍和儲藏倉庫。

勞改營裡，經常擠滿了三千人左右；他們在嚴密的軍事化管理下，過着奴隸的生活，操着牛馬的苦役。每日清晨六時起床，七時開始工作，直至正午十二時午膳，十二時半上「政治大課」，下午一時半開工，至七時半晚膳，八時至十時「集體活動」，晚上十一時就寢。到了這時，他們每一個人的身驅，都被折磨得疲乏不堪了！

管理這勞改營的最高職員是總務、教育、農作等三個科長；這三個科長，都是退役軍人。此外，另有五十個兇悍的警衛兵，負責監視每一個勞奴的工作和行動；可以說：他們都是摧殘被勞改者的精神、健康、和生命的劊子手！

營裏的農場；禾田有二千餘畝，甘蔗田千餘畝，種植烟葉的土地五百餘畝，種植香茅的一百多畝，其他種植椰菜、薯、豆的八百多畝。除了耕種外，還畜養了三百多頭日本猪，和數千隻雞鴿等。於是，數約三千名左右的「勞犯」，從朝到晚，流乾了他們的每一滴血汗！

僑鄉近訊

農民採食野生植物九男女喪命（粵贛邊區）

·江水·

粵贛邊區，糧荒異常嚴重；不少人民，因無法抵忍飢餓，廹得聯羣結隊爬上荒山野嶺上，採摘野生植物充飢。但由於飢不擇食，而那些野生植物頗多含有毒質者，故常有中毒死亡的慘劇發生。據最近傳來的消息：五月上旬內，粵贛邊區又先後發生了三宗。第一宗係食野薯中毒，受害者乃一家六口，計爲農民陳志才，五十一歲；其妻吳嬌，四十九歲；長女陳艷娥，二十歲；次子陳富，十七歲；三子陳貴，十五歲；幼女陳妙娥，十二歲。均係食後不久即發高熱，繼而遍體生滿紅疹，僅隔兩日，即全家不治斃命。第二宗係食荊皮中毒，受害者乃三母女，幸其母中毒不深，得慶生還，但她的兩個小女孩却慘遭犧牲了！第三宗係食野菓中毒，受害者男女凡十四人，均係食後昏迷，其中一人中毒過深，轉瞬即告死去，餘十三人則昏迷了廿六小時始甦醒。但仍須經十多日調治，才獲脫險。據說：農民因長期營養不足，即不中毒，亦病態奄奄，瀕於死亡邊緣！

浪費人力大攪捨本逐末的把戲（天津）

天津今年所攪的「除四害運動」，投入的人力竟超過三十萬人。據悉：共幹驅策全市的工人、店員、學生、士兵、居民、公務員、和郊區的農民等三十多萬，幹着消滅老鼠、臭虫、蒼蠅、蚊子的工作，但仍未能獲致預期的效果。因此，在最近的「市委擴大會議」中，部份「市委」乃提出激烈批評，認爲此舉係「捨本逐末，浪費人力」。據指出：四害迄未能根除；其所以未能根除的主要原因，係由於城市的基本建設不合衛生原則，而清潔的工作，也祇是敷衍塞責，如溝渠淤塞，橫街窄巷汚穢等，均不謀徹底清理，而祇斤斤於推行表面的「除四害」，係屬絕大錯誤；倘能從根本着想，把滋生「四害」的不潔環境改變，則「四害」當可徹底消除，又何必年年均浪費無限人力來攪這不切實際的運動？當時爲這問題，曾引起一番激辯；可是除了「熱烈激辯」之外，最後依然是無結果而散。

湄公河發展計劃

·萬清·

「發展湄公河計劃」正在加緊推行中，在東南亞正因共亂問題發生國際歧見中，湄公河計劃是唯一的一項使人樂觀的訊息。

湄公河是世界第十條大河流，發源于希馬拉雅山的熱流，經中國西南部、緬甸、寮國、高棉和泰國、入南中國海。

可倫坡會議在計劃發展湄公河時候，最先曾被認爲是「夢想的文件」，但其後美國的第四點計劃亦研究及此，要開發落後國家，就非發展水利不可。而在中南半島，談水利就不離湄公河。

現在，這個計劃再經過聯合國亞洲遠東經濟會議多次的討論，已由聯合國總其成地承担這次計劃，並到了實施的階段。聯合國已設立湄公河聯絡委員會，泰、越、棉、寮四國，原來政治態度不盡相同；並且糾紛時起的他們，亦已組一個聯合委員會，測勘並協助各自段內的開發工作。

聯合國參加這工作的機構，有技術援助委會，國際勞工組織，糧農機構，聯教組織，和世界衛生組織，世界氣象組織等。

提供捐欵國家有美英澳紐法加印度伊朗日本等，他們同時亦參加技術援助。

上月湄公河聯絡委員會在曼谷舉行會議，決議切實進行開始施工。聯合國特種基金會，撥一百三十餘萬美元，爲開發泰越棉寮四條湄公河支流的施工之用。工程費預計爲一百七十八萬美元，除聯國所撥，不足之數由上述四國籌撥補足。美國已答允撥二百萬美元支持整個計劃。即自緬甸至越南泰國的一千九百英哩計劃範圍的開發，可倫坡會議亦願陸續籌捐鉅欵。

依計劃，將設五個水閘，產生一百四十億瓦特廉價電力，疏濬全河使船舶可以通行，照預計，疏濬及灌溉的土地，面積比目前「增加三倍」。

最先施工的區域，將在寮國永珍這一段，工程可能在六、七月份開始。但工程將同時分在各國各段進行，可是全工程仍需時七年。

七年仍不是太長的時間；將來整個東南亞將全部改觀，繁榮而富庶。屆時，讓人民歡樂生活。再去考慮要反共抑或親共吧。

·永珍通訊·

西雅圖的戀曲

·余惠·

一

西雅圖與羅馬城有一點相同，都是建造在九個山頂上的山城。它在美國的西北角，是華盛頓州的第一個大城。

遠在一百多年以前，西曆一八五一年九月二十八日，這個城市就誕生了。第一批的白人開路先鋒佔了該城市現在海灣對面的一小角地盤。

漸漸的，白人的數目多了起來，他們開始要為這地方來一個命名典禮。先想出的名字是「紐約阿二」（New York Alki），「阿二」是印第安語，意思是「慢慢的」，這其實倒是一個相當好的名字。因為這二個城市有許多相似之處。

現在命名的西雅圖，是最後一個印第安酋長的名字，他對白人很友善，當他率領部下退出這山島時，最後的一句話是：

「白人不會孤寂。」（意思是這裏到處可以看到他們祖先所遺留下來的功績和精神。）

整整一百年以後的西雅圖，是一個現代化的大都市了。但它不能代表美國西部，就好像紐約之不能代表美國一樣。

在這裡，到處可以看到一種國際性的特徵。除了過路人之外，有一個「義大利區」，一個小小的「中國城」，聯合湖邊是俄人集中地，還有不少的日本人，和混了血的金髮黑膚的菲律賓人。

十幾年來，西雅圖唯一的最高學府華盛頓大學也添了不少的「國際學生」——他們來自世界各國，經過了千山萬水，帶着微微含羞而蘊藏無限希望的眼光，來到了這新大陸。

這裏面最出色、最活動的，是來自中華民國的那一羣。

二

是秋天。是國內菊黃蟹肥的季節。

西雅圖却沒有秋天，偶然雖也看到一兩株長滿了紅葉的楓樹，會使初來者驚嘆於「秋天的顏色」，其實這紅葉四季都有，而綠葉也常年皆綠的。可寶貴的倒是雨季尚未開始的九月底和十月初的天氣；涼爽、晴朗、曬不熱的陽光，吹不冷的好風。像一個淡粧的少女，雖不是絕色美人，但很惹人愛，有那麼一種汲引人的韻味。

就在這樣一個可愛的秋天的下午，剛從香港來的她到了西雅圖。

也是那一天，一羣由中國政府保送來的他們，也從台灣飛到美國南部之後，又飛到了西北角。

在華盛頓大學的校門口，他們互相的看見了黑的頭髮和黑的眼珠。彼此都掀起了一絲家鄉的溫暖感。不用介紹，不必請教，免了客套，省去敷衍。當天，就已是熟識的朋友。

他是他們中間最年輕的一個，免不了也最幼稚最生野。出身在典型的中國詩書門第，具有舊式社會遺留和漫浪派現代小說交織成的一種不正常的心理和性格。但襯填在這交織品底下的是純眞和善良，只可惜花紋太複雜了，人們誰都不容易看到他的本色美；非但看不出，反讓他們看了之後，發現到這是件沒有本色的織料。

他聰明，却犯了聰明人最容易犯的毛病：矜持，愛玩，不用功。他好勝，却又想不費力氣輕易就出人頭地。現實的一切不能滿足他，只得躲避到小說和電影裡，製造出自己的幻影，把自己的經歷，加上一些戲劇性的調性品。

到西雅圖的第一天，他就發覺自己已是愛上了她。

幾天之後，他第一次找她約一個「日期」，兩人對這個山城都是陌生的，從巴士上跳下來，不知「第五街」戲院在左還是在右？他向車站的一位穿制服的軍人問路，得到的回答是：

「對不起，我也不知道。——且慢，能不能請你一件事？那一位小姐是不是你的朋友？這兒有一樣東西，請你轉送給她，謝謝你。」

他拿給了她，她張大了驚奇的眼睛，想謝謝那陌生的美國人，却連影子都已找不着，打開五彩繽紛的紙包和匣子，是一紮銀絲紮的玫瑰花。

戴上了鬢花，她想：這裏面一定有個動人的故事。看着玫瑰花邊的臉，他想：這該是一個絕好的預兆吧。

三

自此以後，他找她的次數隨日子而遞增，他越多看她，越覺得他喜歡她，就更愛她。她呢，把他當做一個普通的朋友，像一個熟的的女朋友一樣，什麼話都說，什麼事都不做作或客氣，想什麼就說什麼。

認識不到一個月，她就開誠佈公的向他說：

「我們不要拘泥於傳統的規矩，我可以和你做一個很好的普通朋友，但如別人所常鬧的追求之類的事，你大可不必用在我身上，因為我知道我自己，假如你願意維持柏拉圖式的友誼，我很高興，不然，儘可不必來找我。」

他和她是屬於兩個極端不同型的。這番話叫他覺得大大地損害了他的尊嚴。他想不去找她，可是辦不到，他控制不了他的情感。但每次看見她，那冷冷的態度，又顯然不是他所希望的，又帶給了他無限苦悶。

十一個月中，很多次因為一點點的小事，一兩句話，使他有點「自卑」，他想到憑藉她增強他的好勝心，顯示給另外的朋友看，有時就下意識的做出自己都想不到會做的事。

當面呢，他說他很懂，很明瞭他和她的情形，也願意和她做一個普通的好朋友，只是，那種情感，他實在壓抑不下去，一看見她，他就不是他自己，沒有了理智，沒有了頭腦。

她決定離開西雅圖了。雖然她很愛這山城，雖然她在華盛頓大學一切順利，她是第一個「中國女孩」教師，她和高大的美國學生羣打成一片，和教授也都談得很好。她將到東部紐約去繼續研讀，也好的，致少，他可以不再那麼「不正常」。

在她快走的時候，他更多情了，也更多想入非非的幻覺和痴念。

她覺得她不能再放縱他的痴情，她需要給他這「專在情感衝動中生活」的人一個教訓。朋友是該互相切磋琢磨的，不是嗎？

他向她賠罪，承認自己以前一切做錯的事。但是都是為了最後的一個要求：他要好好的為她送行，和她兩個人儘量的玩一天，然後送她上火車。

她不答應，她說她可以饒恕以前的一切，淡淡的但沒有什麼惡感的分手，却無論如何不能再寵壞他的感情。

她沒有告訴他那一天走。但他和她約好走前的一天是屬於他的。他知道她是宿舍關門那天禮拜六的夜車走；禮拜五該是他的約會日期。

四

記起第一次約會的花的故事。他在禮拜五中午趕到花店去買了一匣銀絲扎的玫瑰花來，帶着早預備好的其它紀念品禮物。一時半走到宿舍的總辦公處按鈴。

開門了，出來的不是「她」，是金髮碧眼的她的同房，遞給他一封厚厚的信。

信封是她的字跡，迷糊中，他沒有聽見那位美國小姐說的話，急忙把信拆開，耳邊聽到，也看到了：她已經在三小時以前離開西雅圖了。他還是不大相信，勉強把信讀完，恍恍惚惚的踱出「蘭里厦」。他決定趕到車站，再作最後一次的努力。

他清楚的知道：每天開往東部的車只有兩班，下午三時和九時。他站在門口，仔細看每一個上車的人，沒有她。三時以後，他打了無數的電話：希望她還在西雅圖某處等九時的車，問不到，他完全失望了。她早已上了十二時南下往好萊塢的車。

他走出車站，極度的頹喪中記起玫瑰花紮，看見第一對走向他面前的一對青年男女，他就把花交給那青年轉送給那不認識的少女。

那少女回報甜的微笑，和一聲「謝謝你！」

他說不出話來，在苦笑中不免要問自己：這故事會不會像「連鎖信」一樣不斷的連續下去？

回到自己的住所，苦惱占據了他，看書，一行行字裡儘是她的名字，睡覺，眼前儘是戴了花側了頭而笑的她的臉頰。

翻開了日記簿，他開始寫：

扭亮了桌燈，
我夜坐窗前，
舊日的伙伴走了，
回憶中我愛過的「玫瑰」，
為她洒過多少眼淚……

文壇泥爪

反對白話的學衡派

新文學的反對派，先後共有三期：第一期是民八林琴南，第二期是民十學衡派，第三期是民十二章士釗。關於林的反對，前已談過，今畧述學衡派。

五四運動以後，白話已正式稱為國語，只民八一年，全國即出現了四百多種白話報刊。除了北京的「新青年」「新潮」「每週評論」外，在上海創刊的「星期評論」「建設」「改造」「少年中國」，也在推行國話上有很好的貢獻。而北京的晨報副刊，上海時事新報的「學燈」，民國日報的「覺悟」，更盡了很大的努力。不意在民十，南京突然又創刊了一種專刊文言作品的「學衡」雜誌，激烈地反對新文學。其中堅人物，有留美的梅光廸、留英的胡先驌、留法的李思純等，自述出刊宗旨是「論究學術，闡求眞理。昌明國粹，融化新知。以中正之眼光，行批評之職事。無偏無黨，不激不隨。」他們有些人在東南大學執教，對中西文學均有研究，所持反對理論比較林琴南有力得多，世稱學衡派。

實在說來，他們纔眞是文學改良論者。他們都不滿意舊文學，但主張逐漸改良，反對用白話來革命。梅光廸說胡陳等把古文與八股併為一談是「詭辯家」，胡先驌說胡適以希臘拉丁文比古文，以英德法文比白話，是「以不相類之事相提並論，以圖眩世欺人而自圓其說」。他們更特別反對新詩，胡先驌曾費了一個月的力量，寫成了兩萬數千字的「評嘗試集」，刊在「學衡」一二兩期，認為中國詩的將來，只在運用舊的工具，舊的技巧，鎔鑄新的實質，便可以開一新紀元，絕不能廢除舊格律。

「學衡」十九期，刊有李思純「與友人論詩書」一文，他堅決反對新詩效法西洋，認為摹仿西洋的白話詩根本不是詩，其言却也持之有故：「竊以文學所本，在於文字。吾國舊詩之所以有平仄音律五七言，蓋本於漢字之特質而來。今苟有人提議廢漢字，而用拼音文字，且於此拼音文字之下，更為拼音文字式之詩，則吾決不作一語以反對之。若夫在單音獨體之漢字下，而强用之以造作拼音文字式之詩，則其去常識已遠。……純觀於廣東人唱京調之不能審譚味，與北京人唱學謳之不能字正腔圓，乃知東方黃面孔人之攻西洋文學，與西方高鼻人之攻中國詞章，斯果天下之至愚不靈者矣！」

雖然這派的反對論未能阻遏新文學的成長，但純仿西洋的新詩迄今尚無可稱道的作品，却是事實，李思純的話，仍然值得新詩作者思考。

徐文鏡展畫眠琴敘

徐亮之

並世學人以失明爲流輩惜者，一爲義寧陳寅恪，一爲臨海徐文鏡；寅恪吾鄉先輩，文鏡則吾友也。而吾獲交文鏡實出比丘尼契中。

契中俗魏姓，名志學，西醫師，鄉先輩夏敬觀之媳；而二十年前披鬀於渝花巖寺者也。時吾乃承乏經濟部記室，爲避日機擾，亦自渝市移居花巖官舍，而未知志學竟即披鬀於寺中也。一日，晝分獨坐，槐蔭滿庭，蟬聲盈耳，不期興感油然：以謂今者武夫浴血，國命如絲；而吾乃轉得居隣上刹，宦隱名山，宜爲異事異數。循涯省分，方自慙惶；忽一女子門外呼曰：「徐先生在家否？」視之，則一比丘尼；疑愕不敢亟對；尼忽笑入曰：「便已不識我乎？我志學也；然今已名契中矣。」吾因爲之疑愕愈甚，囁嚅曰：「果志學也！然何竟如此!?何竟如此!?」曰：「此何足問？但和吾詩可耳！」即袖示求戒圓滿長句，其結語曰：「留得本來眞面目，居然今日着袈裟。」吾因亦笑曰：「古人詩句耻無僧，吾則詩中竟有尼，勝古人遠矣；敢不如命！」乃次其韻曰：

一枝堪託便爲家，漫逐無涯誤有涯。能倚三尊求解脫，還期四部會無遮。新詩貽我入圓戒，夏日初長蓮着花。自笑平生階下漢，緇衣曾不換袈裟。

自是契中恒來談，婦亦恒以素齋欵接之，始知其披鬀前乃寄居文鏡家中也。顧始吾唯知文鏡所製紫泥山館印泥名嶄嶄與西泠印社埒；得契中，乃更知其精金石書畫且擅雅琴焉。然契中既高蹈方外，吾又性懶，留渝八年固終無由一識文鏡也。

吾得交文鏡乃國共和談破裂之後；時吾已改任總統府記室，文鏡亦服官府轄印鑄局，復同居穗市盤福新村，望衡對宇，始得時相過從；第時國事已不可爲，相與傷歎之餘，唯共祝福契中庶幾克獲佛力庇助而已！藝事商榷，固有所未遑也。及與文鏡先後避地香港，韜志波外，無所容心；文酒之會，往往相値，過從始稍多，因得縱觀其法繪；蓋所作山水樹石淋漓痛快如米顚，復能得董巨之神者，於以致歎契中疇曩之言的然非虛，而交文鏡之晚也！乃未幾，文鏡竟以失明聞，悲哉！

比文鏡語吾，六月二日將出展其印泥及失明前所爲畫二百餘幀於花園道聖約翰堂，冀易金構眠琴地，而名之曰「海表琴台」，以公同好而垂久遠。吾聞而益悲之！夫文鏡已不幸而失明於異域，雖以平昔學養湛茂，羈旅之恨，窮途之厄，舉若不足攖其心；然而求其操筆作畫如當年，得乎？是則文鏡雖樂天知命，玄靜壽考，其法繪之得供世人玩賞者，直盡於此而已矣！可悲爲何如耶!?

×　×　×　×　×

題鄭于一牡丹翎毛

亮齋

姹紫嫣紅錦繡堆，
烘雲燿日盡情開。
風光如此不歸去，
惹得枝頭燕雀猜。

中央社的幽默

·冷喜·

中央社台北十五日電：「一件代表兩千年前中國南部陶器文化的環寶，將於二十日在國立歷史博物館慶祝第三任總統副總統就職舉辦的『古代陶瓷特展』中展出。這一價値極高的陶奩，是於民國三十年在廣州附近的南越武王趙佗墓地出土，台灣省聞人許世最近把它贈送給國立歷史博物館」云云。（見本港五月十六日星島日報）

這段電訊的主題，乃報導「展出」「南越武王趙佗墓地出土」的「陶奩」，目的是「慶祝第三任總統副總統就職」；驟然讀去，好像一點沒有什麼；但當你把「史記」「南越尉佗列傳」翻出一對讀，却無論何人都非拍案叫絕不可。因爲列傳載趙佗謝文帝書裏曾有「老臣妄竊帝號，聊以自娛」的話，這話拿來「慶祝第三任總統副總統就職」，眞乃其妙不可醬油也摩哥。

誰謂中央社不人才濟濟乎？吾將以此電訊曾大「幽」其主子一「默」証之。

記庚子拳變始末（七）

舜生

馬玉崑字景山，安徽蒙城人，積功至總兵，甲午之役，統毅軍四營赴朝鮮，次平壤，日軍來攻，玉崑與戰於大同江東岸，敵軍敗，且退，而玄武門驟失，總統葉志超令其撤軍，平壤陷，乃與諸軍同退鴨綠江以北。敵軍攻遼東，玉崑仍作戰最力，以千餘人抗强敵，屹然自全，因擢提督，還直隸。二十六年，玉崑隨宋慶統武衞左軍赴天津前線，予聯軍以重大打擊，敵無不知有聶馬兩統帥者。繼士成攻紫竹林，死三千人，乃以馬步兵，約六千五百人退保天津城垣。時聯軍攻天津城者，凡八千人，迄六月十八日城陷，敵軍死者乃多至九百，仍玉崑一軍强烈抵抗之力也。繼又與聯軍戰於北倉。計自天津迄北倉，前後與聯軍相持實一月以上，卒以無援退至武清，已不復能戰。（參看清史稿列傳二百四十八）

大沽砲台被佔，聯軍登岸已可無阻；天津淪入敵手，他們本來已可長驅直達北京；可是仍延至七月二十日北京始告淪陷，京津間鐵路被毀，運輸不易固爲一基本原因，實際除此以外，他們的困難也還不少：第一，關於庚子一役列强出兵的總數，中國方面絕少紀載，據法人佛甫愛加米及施米儂所著『庚子中外戰紀』（有劉翹翰及程瞻洛的譯本）所記，法出兵一萬五千六百人（內有非洲兵），德二萬二千五百人（亦有殖民地部隊），英約兩萬人（大部爲印度兵），俄一萬七八千人，日本二萬二千人，美國五千六百人（有從菲律賓調出者），意大利二千人，奧國約四五百人，合計已超出十萬，再加上鄉導、運輸等項人員，以及馬匹車輛等等，其集中實極不容易。第二，他們這種部隊，原係七拼八湊而成，而且最初並無整套計劃，互不相屬，不能統一指揮，（瓦德西到中國任聯軍統帥乃北京陷落以後之事）抽調與到達期間也極爲參差，其困難不難想像。第三，在天津作戰一月，當天津城攻陷時，聯軍到達的總數還不過一萬餘人，死傷且不下兩千，由津向北京進發，沿途及到北京附近是否不遭遇更强烈的抵抗，也很難預測；加上時當盛暑，熱不可耐，更是行軍最不利的時期。因此，儘管北京使館盼援已急如星火，他們仍只能一面等待，一面休息，一面整理，決無法加速前進。

天津陷後，裕祿退至北倉；七月初十北倉不守，更退楊村，十一日楊村又陷，宋慶退蔡村，裕祿乃自殺。時李鴻章原已由兩廣總督調任爲直隸總督，但辭不肯行；至七月十三日，乃更命李爲全權，並命其探各國意向。鴻章知道各國不攻陷北京，決無和議可言；太后及端剛輩不受到最後打擊，亦終不覺悟；因此他雖早到上海，但延至閏八月十九日始由天津到達北京，時距北京淪陷近兩月矣。

本來，在天津陷落以後，太后已相當動搖，但另一袒拳的頭子李秉衡却於六月二十九到了北京，太后大喜，三次召見於寧壽宮。秉衡仍以拳匪可用，並自請赴前敵，因命總統張春發、陳澤霖、萬本華、夏辛酉四軍，端剛輩的氣燄又爲之一振。七月初三日殺許景澄、袁昶；對使館更加緊圍攻。十三日李秉衡出視師，並以拳匪三千人自隨，人各持引魂幡，混天旗，雷火扇，陰陽瓶，九連套，如意鈎，火牌，飛劍，謂之『八寶』！時拳匪聚北京者已數十萬，得秉衡予以鼓勵，愈驕恣不可制。

十四日，蔡村失，宋慶走通州；十五，張春發，萬本華，夏辛酉敗於河西務，死者十四五，潞水爲之不流；十六，陳澤霖一軍潰於武清，通州失，秉衡吞金死。乃召宋慶馬玉崑守京師，駐南苑。十七日，殺徐用儀，立山，聯元，合之許景澄、袁昶，是爲庚子因反拳被殺之五大臣。許袁徐均浙江人，浙人謂之『三忠』。初拳匪揚言欲得一龍二虎頭，一龍指光緒帝，二虎指奕劻與李鴻章，至是端剛輩乃更欲殺奕劻、王文韶、廖壽恒、那桐，以城破倖免。

十九日，聯軍自通州抵北京，董福祥軍與戰於廣渠門，大敗，董乃出彰儀門縱兵大掠而西，輜重相屬於道。二十日黎明，聯軍自廣渠，朝陽，東便三門入，禁軍皆潰，拳匪亦棄紅巾於牆陰屋角，一鬨而逃！二十一日天未明，太后乃靑衣徒步泣而出走，髮不及簪，光緒帝及后素服隨之，出西華門，始覓得騾車，從行者爲載漪、溥儁、奕劻、善耆、載勛、載瀾、載澤、溥興、溥倫、剛毅、趙舒翹、英年，及太監李蓮英、崔玉貴等，其餘妃主宮人，皆委之以去；但臨行仍出珍妃於「三所」，命崔玉貴將其推墮井中；瑾妃走出，遇載勛，始得隨行；斷後並負保護之責者，僅馬玉崑所率之千餘人而已。（第三仍未完）

本刊已經香港政府登記

聯合評論

週刊

每逢星期五出版

United Voice Weekly

第九十三號

督印人：黃宇人　總編輯：左仲平

社址九龍金馬倫道卅八號三樓　電話61413

承印嘉羅印刷有限公司香港灣仔馬師道5號

總代理：友聯發行公司　售價每份港幣一毫

本報美洲版總經售處美國紐約中美出版社

CHINESE-AMERICAN PRESS, INC

199 CANAL STREET.,

NEW YORK31 N. Y. U.S.A.

美洲航空版零售每份美金一角

韓土兩國政變的啓示

胡越

南韓與土耳其都是堅强反共的亞洲國家，一個月以來這兩個國家前後發生反獨裁的政變。並且都已經順利的成功了。這對於今後亞洲的反共形勢必將發生深遠而多大的影响，在此謹做一簡要的論述。

從韓土兩國政變經過，我們可以得到下列幾點啓示：

一、韓國政變由發生到結束不過半個月的時間，土耳其也只有一個月的時間，這說明兩國的獨裁政治已經腐敗到爛熟，一經震撼即形搖落。由此証明獨裁統治是多麼脆弱，御用言論所粉飾的太平，所渲染的擁護，到此都係紙糊的面具一般，被撕成粉碎了。

二、領袖無失論，一人之權位繫國家之安危，「領導中心」不可動搖，反共大業非某某人領導不可等等，這些强調獨裁的說法，經韓土兩國的政變，已被戳穿，一文不值了。韓國去了李承晚、土耳其去了孟德勒斯，兩國並未陷於混亂，反共立場也沒動搖，國家的聲勢並沒低降；反之在獨裁解體、民主開新的形勢之下，萬衆歡騰，與情踴躍，使反共事業獲得了普遍自發的動力，使匹夫匹婦感到愛國有責，報國有分。

三、韓土兩國政變的起因，皆由於當權者暴戾的壓迫反對黨；而政變所以能够成功，又皆由於反對黨勇敢不屈的奮鬥。這告訴人們說，民主是必須奮鬥去爭取的，必須堅忍不拔去爭取的。一個國家能否突破黑暗，創發光明，就要看那些被壓迫侮辱的少數孤臣孽子，在最黑暗的時刻，能否堅其所志，貫徹到底。

四、韓土兩國的反獨裁政變，同是由青年學生的示威運動開始的，如果沒有他們英勇的奮鬥單是反對黨的孤軍作戰，就不會形成排山倒海的運動，也不可能把獨裁統治推翻。在這裡我們並再認識了青年學生的熱烈和純潔，他們不愧是時代的先鋒。

照理說，青年學生還在成長發育階段，在正常的政治環境之下，他們是不該參加政治運動的。這不但對青年學生是有害的，並且對政治也是有害的。因爲青年血氣方剛，容易衝動，很難避免過火的行動。因而發生種種流弊，甚至有時會闖出禍來。例如大陸淪陷之前學生運動一直被中共所操縱利用，以及最近日本的青年學生反政府運動被日共操縱利用，都是顯著的實例。因此在正常政治環境之下青年學生參加政治運動，我在原則上是反對的；我尤其痛恨那些驅迫引誘青年學生參加政治運動的黨派和政客們，對於這次在韓國政變洒血街頭，慘烈犧牲，我由衷感到痛惜。但是當在專橫暴戾的獨裁統治之下，一切合法的改革途徑已無可能，當權者專橫頑冥，一意孤行，眼看着把國家拖向滅亡之路，那是天下興亡、匹夫有責的時機，在這個時機，青年學生挺身而出，担負起興亡的責任，從事冒險犯難的犧牲奮鬥，則不但是應該的，並且是必要的了。

五、軍隊超越於黨派政爭之外，這本是民主政治的一個基本原則。從這一點來看這次韓土兩國的政變，我們感到韓國陸軍消極違抗李承晚彈壓示威的命令，沉默同情學生，保持置身事外的態度，比較穩健。（縱在示威運動發生之前，陸軍曾在李起鵬的高壓之下，在選舉中有教唆士兵投票的舞弊情事。）相形之下，這次土國陸軍推翻政府，出以直接行動，建立軍人政權，無論就事件本身及未來影响說，都是不足爲訓的。雖然這次政變得到多數國民所支持，雖然領導政變的葛塞耳將軍，曾一再聲明，他絕無意建立軍事獨裁，保証在新憲法之下，實行自由公平的選舉，一俟選出新政府即將政權交出；並開釋了前總理監禁的新聞記者，恢復了被查封的報紙，在促進新聞自由上有極可贊賞的貢獻；果誠如葛塞耳將軍所言，一一實現，其功足以補過；但軍人干政之風由此開，必給今後土國的民主政治留下一個隱憂。當政者須嚴密防犯强而有力的軍人干政專權的企圖。

在葛塞耳將軍發動政變之前，軍校學生曾在戒嚴司令官的陪同之下，做沉默的示威遊行，其方式至爲可取，可愛。可惜孟德勒斯昏昧自私，仍不能醒覺，更變本加厲，封閉大中學校，復急切調動高級軍官，剷除異己，佈置私黨，於是乃激起陸軍的進行政變。從這一事實過程來說，我們知道葛塞耳將軍這次的舉動，可能是迫不得已的。如果不迅採積極行動，俟陸軍變成孟氏私有武力，土國便要長期屈膝在孟氏的黑暗統治之下，因而不能不冒大不韙而行權達變了。這正如中國歷史上伊尹霍光迫于不得已而行廢立之事。如果我們的觀測不錯，在此我們期望葛塞耳將軍，能夠踐其所言，重建土國的民主體制；等到交卸政權時，應向國人自罪軍人干政之非，並嚴重告誡三軍，固守軍人超脫政治的傳統，而葛氏本人應辭去一切軍職政職，磊磊落落做一平民。如此不但可化除歷史的疑障，並可留下一光輝的模範。

六、在韓土兩國反獨裁的政變中，另一值得注意的因素，則爲與論界的卓絕奮鬥。自由而正直的言論，實爲獨裁政治的死敵。因爲獨裁者必須一手掩盡天下人的耳目，他才能愚弄衆民，爲所欲爲。而自由言論是透射黑暗的光亮，是嗚冤訴苦的呼聲，這是獨裁者所深惡痛絕的。

一個國家單是政治黑暗還不要緊，只要有正直的與論與敢示威、敢反抗的民心士氣，這個國家就一定還有希望。韓土兩國的政變充分証明了這一點。在政變之前兩國與論界都曾受當權者殘酷的壓迫，許多報紙被查封，許多報人被監禁，他們的犧牲和奮鬥，將與韓土兩國自由民主的勝利共垂不朽了。

七、今天多數的亞洲國家，在政治上面臨着同一類的根本問題，那就是一方面要堅强抗拒共產主義的侵略，同時要建立或擴展民主基礎。這個問題以前被某些人認爲是不可能的死結，但是韓土兩國反獨裁的政變，把這個死結解開了。這就是說，統治者不能以反共做爲實行獨裁的理據。民主與反共並非水火不相容的，而實是並行不悖的。進一步來說，民主是反共的基本。共產主義是獨裁統治的一種，以獨裁統治反共，實等於以獨裁反獨裁。那是於情於理都說不通的。

談民主改革

黃宇人

最近香港時報先後發表多篇討論反共團結與民主的社評和專論，雖然其中仍多歪曲事實，但尚沒有直接給人亂戴紅帽子；而專論的作者更聲明是以「虔誠的心情」和「懇切的態度」來討論問題，這可說是一種進步的現象。所以，我也願意說說我個人的意見。

今日海內外的中國人，除了共產黨而外，沒有人不主張反共，也沒有人不主張團結，反共團結本應沒有問題。其所以仍成問題者，我認爲即是未能實現民主之故。因此，請先談民主改革的問題。

說到民主，當權者雖然從未否認；但總以爲今日之事應以反共爲急務，而民主則次之。最近，香港時報和與官方有關的報刊，更强調西方的民主不能反共。言外之意，他們似乎另有一套可以反共的「東方民主」，其內容如何，自不便妄加推測。我想指出的，是我們所主張的民主改革，並不是要把美國或英國的民主制度移用於中國；而是要當權者遵守憲法。也許在某些人的心目中，現行憲法也是屬於所謂西方的民主，不能反共。可是，蔣先生既再三申言憲法乃反共復國的重要武器，應該予以尊崇和維護，那麼，我們主張當權者應遵守憲法，總沒有錯吧？

假設香港時報也認爲應該遵守憲法，我們且試檢討當前台灣的情形，是否有違反憲法的地方？如有，我們主張當權者應依據憲法實施改革，是存心分裂嗎？

當然，十年以來，當權者的所作所爲並非全無是處。但我們從未否定台灣的一切，而祇主張取銷一切違反憲法的機構和措施。至於與憲法沒有抵觸之事，自不在改革之列。

關於入境管制的問題，香港時報認爲是安全所必須。但爲了公共安全而限制人民的自由，也應該有一個限度；而現行的入境管制，則不但把居住在台灣以外的中國人都視爲有匪諜嫌疑，而且直把他們不當作中國人。否則，中國人爲何不能自由進入自己的國度？更爲何即使獲得了入境的許可，而仍祇能停留入境証上所規定的期限？再就管制的程序而論，依憲法第二十三條的規定，如爲避免緊急危難或增加公共利益等而必須對自由有所限制時，也應以法律爲之。現行出入境管制辦法，迄未經過立法院，自非法律，而却具有如此的威力。是否違憲？又有幾位留港立法委員既未經除名却不准入台，當權者又依據憲法的何條何欵而握有此等權力？

關於國大代表與立監委員的改選問題。他們早已超過了憲法所規定的任期而仍繼續行使職權，香港時報五月十五日的社評認爲是「以政治解決濟法律之窮」，而長篇連載的專論則說是「恪守憲法體制」。我們主張在憲法範圍尋求因時制宜的選舉方法，予以改選，反而被指爲是「違反憲政體制的要求」。在五月二十三日的社評中，香港時報又說「實則因時制宜，就不能不變動憲法的規定」，他們竟有這樣的辯証邏輯，能不令人驚嘆！我祇想指出一點，依憲法的規定，國大代表和立監委員的選舉都是以法律定之。因此在憲法範圍內來對各該選舉法作因時制宜的修改，使這三個機構得以如期改選，是違反憲政體制和變更憲法嗎？還是維護憲政體制和遵守憲法呢？請諸公看一看憲法好不好？

此外，如憲法規定行政院爲國家最高行政機關對立法院負責，而今日的行政院則是總統的事務衙門對總統負責；憲法規定，軍隊須超出個人及黨派之外，而今日的國軍則與一人一派有不可分的關係，憲法規定法官須超出黨派之外，獨立審判，不受干涉，而今日的司法則須配合當權者的「國策」，判決重要案件必須事前請示。凡此都是與憲法背道而馳的，不應該立即改革嗎？至於蔣先生的三任總統之違憲，更不用多說了。

總之，假如當權者這種一面談法一面違法的傳統作風仍要繼續下去，民主改革自無從實現；而所謂反共團結，也不過自欺欺人之談而已。

中美周報

論非法總統就職

（紐約航訊）在紐約出版的「中美周報」，是一本行銷全美洲及歐洲將達十八年的權威華文周刊。該刊於五月十九日第九一一期的時評專欄內，就蔣五月廿日在台北出任「非法總統」有所評述。該文係由該刊社長兼總主筆吳敬敷氏執筆。

時評首先謂：「非法總統蔣介石業於五月二十日在台北宣誓就職。台灣受他嚴密控制，他自可為所欲為，誰都拿他沒有辦法，是非曲直，則有目共見，斷不容其橫誣。」繼謂：「依據中華國民憲法第四十八條的規定，總統就職須鄭重朗誦如下誓詞：『余謹以至誠，向全國人民宣誓，余必遵守憲法，盡忠職務，增進人民福利，保衛國家，無負國家付託。如違誓言，願受國家嚴厲之制裁。謹誓。』蔣任第一屆總統，這樣鄭重宣誓過一次；任第二屆總統，又這樣鄭重宣誓過一次。在蔣兩任總統期內。中華民國慘遭侵略蹂躪，整個大陸被關入鐵幕，同胞呻吟於水深火熱之中。蔣介石身為總統，當國際共黨發動侵略之時，應付無方，一再敗績，嗣見情勢惡劣，且不戰而放棄長江以南全部領土，逃往台灣，任由同胞遭受荼毒。十一年於茲，徒見其「樂不思蜀」，年年舉觴祝壽，完全忘記國破民奴的慘痛。繩諸憲法，蔣顯然有違誓詞，應受「國家嚴厲之制裁。」」

評論復以沉痛之心情指稱，「現由於蔣介石戀棧，以致非法連任，合法的總統不能產生，法統顯已中斷，所存者祇是中華民國這個國號而已，我同胞目睹此狀，焉得不同聲一哭。」並依據憲法條文，闡述謂：「又據憲法第四十七條的規定：「總統副總統之任期六年，連選得連任一次」，憲法條文迄今一字不改，蔣亦承認其一字未改，但蔣已連任一次，現在又連任第二次，顯然違反憲法。蔣自稱為第三任總統，事實上則為不折不扣的非法總統。因為中華民國總統只能連任一次，永遠不會有一個連任二次的總統的產生。蔣這一任總統，顯為中華民國憲法之所無，謂非非法總統而何？」

對於這次擁蔣的「勸進派」與蔣之間的相互利用關係，評論中有極精闢的分析，認為這是「先誘蔣上圈套，再討價還價」，但這也是「勸進派」早已窺知蔣之本意即在「決心毀憲連任」，故逭「蔣一經露出廬山眞面目」：勸進者便立即伸手要錢，多方敲詐」其原文是這樣說的：「何況擁蔣非法連任的少數人，根本就是為自己的飯碗打算，對於反共復國絕無誠意。如果他們眞的為了反共復國而擁蔣非法連任，他們必然無條件為蔣奔走，甚至為蔣而死亦在所不惜。事實上，則他們是蓄意做一筆政治買賣，先誘蔣上圈套，再討價還價。「勸進運動」初展開時，絕無人提及國大代表生活艱苦，待遇微薄，權力不夠。蔣一經露出廬山眞面目，決心毀憲連任，勸進者便立即伸手要錢，多方敲詐。結果大家都分得一杯羹：國大代表月薪由台幣一千元增為二千八百元，鼓吹毀憲連任的台灣報刊也獲准加價。說穿出來，蔣介石這任非法總統，是用台幣二億五千二百萬元買來的。擁蔣非法連任的國大代表約一千五百人，每人每月獲取代價二千八百元，六年共約二億五千二百元，這筆一分一毫都是人民的血汗，不是蔣自掏荷包。）而擁蔣非法連任者的主要目的，也正在於獲取這筆「賞錢」。所謂反共復國都是假的。」

因此，評論向它的廣大讀者呼籲：「非法總統已經就職，全國同胞雖莫奈他何，但我們都是中華民國的主人翁，絕對有權依據憲法指出是非曲直，否認蔣介石是合法的第三屆總統！」

為了「決心毀憲」，國民黨當權派會不惜一切在海外製造了一些「民意」。但現在當大家看到了這本具有悠久歷史的刊物的眞正民意之後，可以想見海外華僑對蔣的非法連任是如何地憤慨了！（孝文五月廿五日寄）

獨裁者又倒一個！

從四月廿八日起，土耳其政局開始呈現其不穩狀態。民衆與學生的示威遊行，揭露了曼德勒斯政府的獨裁醜陋面目。人民要求政府容許反對黨的合法活動；要求開放言論自由，但獨裁的曼德勒斯却以下令屠殺以為回答！嗣後由於民意的洶湧表現，他竟再下令關閉全國大中學校，倒行逆施至於斯，非自掘墳墓埋葬自己而何？

五月廿日土耳其陸軍表明了他們支持反對派的態度，由軍校學生及許多高級軍官和將領組成的示威遊行，在昂哥拉的通衢大道沉默地列隊操過。即使是戒嚴司令和國防部長亦同行參加。

威嚴的行列，沉重的步伐，構成了史無前例的有秩序的最大規模民衆示威遊行。軍人一度打破了自律的沉默，高歌獨立之歌一抒胸中積憤。據外電報導，此時傍觀的民衆皆肅立以觀，其中佩有勳章的老將領們，均昂首兀立垂淚以表同情。

終於，獨裁者倒下了！

五月廿七日，土京發生了不流血政變，陸軍接管了全國行政。總統貝雅及曼德勒斯以次內閣閣員，均為陸軍逮捕，無一漏網。

雖然是由軍人接管了政府，居塞爾將軍的看守政府，已表明其對外政策不變，在內政上則維持到自由選舉完成，將政權交還給得勝者。

軍人干政是不得已的事，但像這樣守法地有紀律的接管政權，是以証明惟有軍隊居於超黨派的地位才有可能。因此，土耳其的政變，到目前來說，是無可非議的。

由南韓與土耳其的政變看來，亞洲的民主政治前途是可以樂觀的。

一士。

陳誠新閣的分析

陳望洋

台灣已再由陳誠組織新閣，改組後的人事業經發表，在這個時候，報導一些陳閣蟬聯的成因，分析人事變動的幕後，順便亦談一談台灣政治的前途，相信是海外僑胞所關心的。

唯一的王牌

一任總統的重選，照例也就是行政院長的更迭。雖然總統早已「內定」，不能連任；因之，由於總統是同一個人，行政院長亦很可能仍是同一個人。可是早在國大還沒有閉幕期間，就曾一度盛傳陳誠去意堅決，張羣可能組閣之說，甚至官方的通訊社，也以為可能性很大。但逐漸地張羣的呼聲趨淡，結果仍是陳誠組閣。

不能連任也要連任，不願連任的，也就不能不連任。「新人還是舊人」，原因是張羣也並沒有什麼一套新的辦法，何況「新」之一字，又非當權派之所喜。至於蔣經國，則還在沒有足夠資望，足夠膽量接替政院的時候。那麼，總統的手裡，就只有陳誠這唯一的一張「王牌」了！打來打去，還是陳誠。

官邸派色彩濃

這次政院人事調整，有外交內政交通司法行政四部，和僑務蒙藏兩委員會。留任者有國防財政經濟教育四部，和主計新聞兩局。副院長及不管部政委秘長則均留任，各部會的調整，剛剛半數，變動不可說不大。而這些變動，也反映出台灣政壇派系勢力的消長。

先談外交交通兩部，前者黃少谷辭職而由沈昌煥接長，後者袁守謙告退改由沈怡繼任。以黃來說，他本來並非外交人材，故在任無所展佈，接葉公超之後，尤感「難於為繼」，無論對東南亞或中東，連守勢也維持不住。去職自是意料中事。可是新任的沈昌煥，却是太子派人物，要期望他能担當外交折衝的重任，恐怕不免失望。可是他由轉入外部而簡派外放西班牙大使，旋即入主外部，顯然是有所憑藉，而且是老早有所準備的。

交通部袁守謙的告退，說明「黃埔系」已告式微。這不是說黃埔人材零落殆盡，而是在他們校長的率領之下，由成功到失敗；今日在台灣者—尤其政界方面，雖有三二人如魯靈光殿，但已逐漸擠出政治圈外，不但沒有部長，連政委亦沒有他們的分。頭二三獎不得，甚至「入圍」也沒有了。

新任交長的沈怡，平日聲譽尚好，人也很規矩，但沒有錢也一樣做不出事。在僧多粥少的台灣，由他來做部長會妒紅了許多人的眼。此種不次之擢，不一定是發掘人材，賞識仍然是出於「邸意」。（張岳軍亦與有力焉。）可見，陳誠新閣，官邸派的色彩特別濃厚。這是許多新任部會長談話感謝「總統副總統」栽培（見五月卅一星島日報台北訊）的原因，亦可以看到總統非連任不可及非控制政院不可的大概。

「太子道」的壓力

卸任四部長而獲調職者，只有田烱錦一人，（其餘為黃少谷、袁守謙、谷鳳翔）大概田氏在前內政部長任內，廉潔實幹之故。現調任蒙藏委員會委員長，據田氏說，將做點研究工作，以為將來光復大陸後重建蒙藏的準備云。實際上今天內外蒙古已成蘇聯與中共間的緩衝區，「蒙事」固不必談。西藏人民，曾在世界屋脊燃起自由火炬，台北亦不能接應，失望者不只是達賴而已。這個冷衙門，是「冇研究」的。

與蒙藏會相反，僑委會是台灣今天的重要工作部門，因僑胞數達千餘萬，比台灣官軍民還要多。在理，僑委會該由粵閩二籍人士主持，較能瞭解僑情。但過去兩任僑委長鄭彥棻（粵）陳清文（閩），鄭只做拉攏祝壽，觀光，及向海外放映電影宣傳等表面工作，及一部份吸收僑生事情，宣傳多於實幹。陳清文以書生氣質，一掃鄭任之浮誇風習，他的「重經濟」論，很切實際，因僑胞都是經商的。但也許是時間太短，更可能是權力不足，也沒有表現。關於後一點，如華僑投資台灣問題，台產外銷華僑所在地國家問題，僑委會的發言權，都很有限。

鄭彥棻上述的作風，在上屆政院時為陳誠所不滿而去，「去鄭」當時據說曾費九牛二虎之力，自然因其係「太子道」的原故。有了這段經過，照一般情況，陳誠不會再起用鄭氏的。但鄭彥棻非得要一個部會不可，「太子道」的壓力，就很顯明。至新任僑委長周書楷，是職業外交官，他說對僑務要「從頭學起」。原非外交人材的擠進外交者多，僑務却找不到人而向外交方面延攬。

當權派的惶恐

這次人事決定前，有不少人認為蔣經國可能出長內政或教育部，但結果內政部長發表了連震東。據連氏說：「我事先不知道要担任此職，我感到很惶恐」。這顯出是「冷門」，即事情的「意外」性。在以中央政府統治台灣省的情況下，軍事政治黨務以至選舉，一切都講控制。可是以一個列名發起組織自治研研會而被內政部批駁不准的台灣人的連震東，却突然被任為內政部長，這怎不令連震東「惶恐」起來呢？

蔣經國出長部會呼聲的旋告沉寂，與連震東的「突然」任內政部長，其間是有連帶關係的。這即是南韓事件以來再繼以土耳其事件所影响於台灣的恐懼。韓土政變的兩大力量，一是人民一是軍隊；台灣方面的軍隊，自罷黜孫立人以後，當權派已通過「一二八」的彈壓者彭孟緝等控制了軍隊。惟有人民方面，如「六二四」暴動，其來也並無預先跡象，為當權派所最恐懼的。蔣經國並未如傳說那樣由政委而兼長部會，自是有所顧忌。而起用連震東的臨時決定，以及俾予重要的內政部，無非是希企能夠通過連氏的關係，疏解台灣的民憤俾免發生突變。（但連的黨性很強）

連震東的「惶恐」，一有原來「輪」不到他做內政部長而竟做了，有「樹巔金丸」之懼。一則是自知當局的拔擢，寄望過重，在中央政府與台灣人民之間，難為幹旋。恐怕問題還是在於後者。

陳誠新閣，上有官邸派之重負，中有「太子道」之壓力，下有台灣人民民意之難以忽視，形勢實不易為。倘非（一）實行責任內閣制解除總統的干涉。（二）有內閣實權不受派系之左右干擾。（三）貫澈民主與台灣人民及海外僑胞打成一片。而只是出於「應付」的話，不但反攻大任不能實行，就是一些什麼「政治新貌」，也是不易出現的。（五月三十一日）

赫魯曉夫不重視北平

上月中共藉紀念列寧猛烈抨擊蘇聯的「在現代條件下，戰爭已可避免」的思想是修正主義思想。隨後，蘇聯又藉美國的偵察飛機事件，攪垮了高峯會議，赫魯曉夫並承認對艾森豪威爾的看法錯誤。

蘇聯的對外政策受到這種挫折之時，毛澤東認為時機已至，一面以「先知者」的口吻說明其早已知道「美帝國主義的侵畧與好戰的本性難移」，來教訓蘇聯；另方面在大陸上出動了五千多萬人舉行所謂「支持蘇聯反美鬥爭」的遊行示威；希望乘勢打擊，迫使蘇聯的政策全面轉變，採取像中共一般的不時製造緊張局勢的好戰政策。

五月十七日東德大使德戴爾在北平舉行記者招待會，根據新華社報導，在其言詞之中並無隻字提到要求立即簽訂對德和約的說話，但人民日報却冠以「要求立即簽訂對德和約」的標題。這不但說明中共蘇聯的對德政策有分歧，而且還在鼓動東德要求立即簽訂對德和約，用此來壓迫蘇聯。周恩來在訪北越以後，北越勞動黨政治局委員長征已代表北越說明其已同意中共觀點的對外政策；最近周恩來將訪外蒙，其目的之一當亦在說服外蒙支持其對外政策。中共的這些行動，很明顯地說明，它是在共產國際中拉攏與國以對蘇聯增加壓力。

赫魯曉夫在巴黎面對西方三巨頭的聲明中，雖然存心攪垮高峯會議；但他強調不能同意中共的「戰爭不可避免」的觀點。歸途中經柏林，壓制了東德共黨狂妄的要求立即簽訂對德和約的想法，宣佈在今後的六到八個月中不使國際局勢緊張化，不簽訂對德和約。不久又釋放了誤入東德被扣留的美軍運輸機。回到國內以後其對西方的言論亦趨向于緩和化。

赫魯曉夫的這些行動，固然是為其另一項和平陷阱創造條件，但對中共來說，顯然是不理會它的壓力，看來毛澤東的力氣是白費的了。

縱觀共產各國表明同意中共「戰爭不可避免」的論點者，只有北越一國；東德只是要求立即簽訂對德和約，並不是同意其這一論點；連北韓與外蒙恐怕也不會作這種同意，即使周恩來親自前往，也未必能扭轉外蒙的觀點。至于其他共產國家則根本反對中共的論點，例如捷克駐中共大使布希亞克五月八日在北平的慶祝大會上說：「必須强調指出，這種對和平的努力並非由于社會主義陣營的軟弱，而是由于社會主義的本質，由于我們認識到生活在這個行星上的兩個社會體系必須和平共處，並且可以不通過戰爭來解決爭端。」這種說法當與戰爭不可避免之說針鋒相對。

由此可見，赫魯曉夫根本不理中共的壓力，才是他的本錢。致於說赫魯曉夫攪垮高峯會議是受了中共壓力一說，可見也是妄測臆斷而矣。

·田心·

中國需要强有力的反對黨

宋寂

台灣一羣地方知名人士，結合一大羣為中國自由民主運動堅强搏鬥的民主人士，新近籌組一個强有力的反對黨，使執政中國卅多年的國民黨，將受到真正的制衡力量。從而拖曳中國的民主政治，走向歷史的新頁。消息傳來，稍具政治常識的中國人，莫不虔心默禱，即使香港親近官方的報章，亦表「欣然同意」的態度，樂於催生這個民主政黨。

一

關於組織反對黨問題，由來已久！醞釀組織成立，亦局限於客觀環境和主觀條件之不足，一直擱延下來。我國行憲十二年，雖然有民社黨和青年黨兩個在野政黨，但並沒有龐大的力量來抗衡訓政若干年的國民黨。於是乎形成今日的一掌遮天的政治局面。如果這種情形不能改正過來，那麼中國的前途又是一個「黨天下」統治。談到「黨天下」三個字，中國人民是「領教久矣」了！

四十七年元月間胡適之先生講過「從爭取言論自由談到反對黨」問題。他說：「我在多年前會公開說過，希望中國國民黨能學土耳其凱末爾的榜樣。土耳其凱末爾的黨也叫國民黨，那時一黨專政，到了一九四六年，由國民黨分出的民主黨佔絕大勝利，於是和平方式轉移政權。那時紐約時報報告這個消息，我看到很興奮，當時寫了一封很長的信給中國國民黨的領袖和國民黨內我的朋友們，告訴他們說：你們內部可以自由分化，讓立法院中那種政治的分野，讓他們分為兩個黨或四個黨，後來慢慢歸併為兩個大黨。」顯而易見，當時胡適之先生的心目中，是希望國民黨的領導人物，會做出真正公忠謀國的光明磊落行為，這當然是書生之見。因而，胡先生也就自己否定了自己的想法說：「今天雖然看到立法院的分野還是存在，但我所希望的民主黨共和黨都沒有出來。今天在立法委員的黨員中，也許有他們的困難，我們不能再等他們能朝這個方向走。」

事實上，國民黨的「一個領袖、一個主義」叫得震耳欲聾，實則過去大陸時期的政學系、太子派、CC系一類集團，他們祇是包圍着黨的領導中心，發展自己的派系實力而已，如果他們有民主政治遠見，我想反對黨早就出現了，實現了真正的民主政治，也不會給共產黨把大陸騙到手。因而要組織反對黨，不能希求國民黨，祇能依靠自己的力量，依靠憲法的權利，組織一個强有力的民主政黨。使和現在的執政黨，以公平競爭的原則，爭奪國家領導權。

二

「自由中國」第二二卷十期中；刊出雷震先生的「我們為什麼迫切需要一個强有力的反對黨」裡說：「政黨組織的目的，不論革命政黨也罷，民主政黨也罷，在於『推翻』現有的已經喪失人心的政府而奪取政權。但民主政黨之奪取政權，決不靠着槍桿子的力量，惟有依賴民衆意見，透過選舉方式而獲得之。一總而言之，統而言之，無論執政黨也好，反對黨也好，誰是誰非，讓人民自己去選擇，讓人民自己去選擇最可靠和最忠實的公僕。

今日的反對黨是不是反對國民黨？是的，反對黨就是「為反對而反對」的，但反對黨是「忠誠的反對」（Loyal Opposition）。假使將來今日的反對黨執政了，國民黨也可以為「反對而反對」，讓人民自己去辨別是非，決定優劣。

今日的反對黨，要反對國民黨，那不是「共匪同路人」？和共產黨一樣反對「國民黨」麼？錯了，共產黨反對的是中華民國憲法和中華民國的政府。他們口口聲聲說打倒國民黨，是侮蔑中華民國，是故意把國民黨與國民政府混為一談。事實上，國民黨祇是中華民國政府的執政黨，人民選它就可以執政，人民不選它就和現在的民社黨、青年黨一樣的是在野黨派了。

現在中央的民意機關無法改選，因而，在國民大會和立法院裏，國民黨佔絕大多數。在大陸不能光復之前，反對黨要奪取國家政權，是相當困難的。但在地方自治中，大可和執政黨決一雌雄。從這次地方選舉看來，祇要有一個有組織的政黨出現，我相信必能與執政黨相較，甚至可以擊敗執政黨的。不信可以拭目以觀。

在中國民主政治的發展中，是必然要出現一個强有力的反對黨的，是誰也無法阻止，誰也不能阻止的！今日海內外的中國人，羣起反對共產黨，為的是什麼，一句話為了爭取自由民主，絕對可以相信共產黨必完蛋的。

我們反對共產黨統治，必要流一次血。我們希望為保留民族生機和國家元氣，祇流這一次血，盡可能避免一次或多次的流血！什麼是唯一保障呢？那就是自由民主！祇有在公平競爭的民主政黨政治原則下，可避免一次或多次再為民主自由而鬥爭的流血。這就是說在現在執政黨總管國脈民命的現實下，產生一個强有力的反對黨，和執政黨在憲法與人民的督導下，鞏固台灣，反攻大陸，開拓真正民主自由的國運。

三

國民黨的始創人，也是中華民國開國人孫中山先生說過：「政黨之要義在為國家造幸福，為人民謀福利。凡一黨秉政，不能事事皆臻完善，必有在野黨從旁觀察以監督其舉動，可以隨時指明……一黨之精神才力，必有缺乏之時，而世界狀態，變遷無常，不能以一種政策永久不變，必須兩黨在位在野互相替代，國家之政治方能日有進步。」

上文是從雷震先生文章上引來，足見孫中山先生當年建黨建國的苦心孤詣。有人認為影響近代思想的中國思想家，不把孫中山先生算進去是不對的。但作為奉行孫中山先生遺囑的國民黨人，能把孫中山先生的思想發揚光大嗎？能照他老人家說的話去做麼？

組織反對黨，此其時矣，願在台灣從事這一政治運動的諸位先生善自為之，國家幸甚！

李先念欺騙農民

秋風

中共財政部長李先念在「人代會」第二屆第二次會議上提出的一九五九年財政收支決算及一九六〇年財政預算中，特別壓低了農業稅和農村工商稅的數字，在書面上的比例，一九六〇年預算來自「人民公社」的繳款，僅佔百分之五點九（計人民幣四十一億元），比對一九五九年所佔百分之十一點三，及五八年之十三點七，極明顯地是下降了，以資宣傳大陸農民的負担不高，其實畧加分析，不僅發現那是完全騙人的虛假數字。

中共目前發展工業的資金，其來源是三方面：（一）工業，（二）農業，（三）交通商業和其他部門，他們會自己承認：「從一九五二年到一九五八年間，在國家的財政收入中，直接間接來自農業的佔收入百分之三十四左右（見一九五九年十二月八日大公報楊方勳「論迅速發展農業的意義」），就這數字與李先念所報告的相比，相差是很遠了。

中共的「積累資金」，計可分兩部份：（一）是國家積累，其中包括工農業，交通運輸和商業中統一提取的積累，及國營企業中本身的積累；（二）是合作社和人民公社的積累。（見學術月刊五八年第八期「關於積累與消費的增長速度問題」）。這兩方面，都與農民本身負担相關連的，就「合作社」時期的公共積累來說，中共人代會常委會於一九五八年一月六日通過的「關於適當提高高級農業合作社公積金比例的決定」，規定農業社所留公積金的比例，可超過百分之八，經營經濟作物的合作社，可超過百分之十二。可是，據廖魯言（農業部部長）透露，當時許多農業社的積累已經超過百分之十五和百分之二十。（見新華半月刊五八年第三期廖魯言「關於適當提高高級農業合作社公積金比例問題的說明」）。至一九五九年全大陸二萬多個公社進行年終決算中，各省區公社的積累（公社一級的企業利潤加上提取各生產隊的積累），多的有三、五億元，少的也是一兩億元，其中河南各公社和生產隊的積累高達七億元之鉅。（見一九六〇年一月二日人民日報）。這些積累雖然沒有正式列入財政預算，但都為榨取農民血汗來的。

大陸由土改進到農業生產互助運動，中共對民間消費及分配，亦逐步實施全面干涉，從一九五三年十一月對糧食及油料開始統購統銷，一九五四年九月十五日又宣布棉花的統購，此外，舉凡重要的民生日用必需品如煤油、食糖……無一不被控制，這些物資都給中共拿到海外來換取外滙，而農民本身却生活於饑寒綫下。

中共歷年來發動水利工程，興建鐵路，上山下水積肥，大都是由農業人口中抽調出來的勞動力，他們無代價的勞動，間接就是給中共所剝削，填補財政上的負担。

綜上所列，僅不過舉其犖犖大者，根本上，毛澤東一手把地大物博的中國，搞得「一窮二白」，此筆糊塗賬，又從何算起呢？

從檢討選舉到醞釀反對黨

馬周

（台北通訊）中華民國政府自從大陸撤退到台灣以來，中央級的民意代表已經凍結了十年之久，阻塞了新陳代謝的作用，失去了民主政治的意義；人們對於政治的改進，只有期望透過省縣級的地方自治，來慢慢的影响到中央，可是十年來政府在台灣推行地方自治的結果，連民主第一課的選舉，仍沒有做到公平、合理、不受外力干擾的地步。國民黨以執政黨的壓倒優勢，對於縣市長，勢在必得，對於省縣市議員則開放少數席位以點綴民主氣氛；可是事實上無論當權者怎樣以大力控制，每屆縣市長選舉總有一二縣市由黨外人士或不是官方提名的黨內人士當選，如以本年縣市長選舉為例，二十一縣市中的基隆市和高雄縣均係黨外人士當選，依照以往的情形，這兩位當選人難免不受到意外的困擾。本年也許韓國政變的關係，黨政當局在力求安定的原則下，他倆尚能安然無事，沒有吃上選舉官司。可是相反的，若干國民黨籍的當選人却遭受選舉訴訟的困擾。

天下事往往物極必反，本年地方選舉以後所產生的「樹欲靜而風不息」的局面，較之以往若干次的選舉糾紛特多，所提出的選舉訴訟竟達十二宗，其中只有一宗是國民黨候選人張彩鳳落選後提起的，其餘都是國民黨以外候選人提出的，（有落選的，也有已當選的）對於地方選舉的不公平和舞弊，指陳甚多。轉錄如下：

（一）警察公務員公然助選，挨戶拉人拉票；

（二）投票人不出席投票的，代為投票；

（三）以金錢或實物賄買選票；

（四）以宴會活動選票；

（五）辦理選舉的人監視投票人投票；

（六）開票時不公開唱票；

（七）開票時唱票人張冠李戴，以黨外人的票唱給黨內的人；

（八）開票時製造廢票，使黨外候選人得票減少；

根據往例，選舉訴訟多是敷衍了事。本年選舉訴訟如此之多，所舉事實又如此具體，司法當局能否以超然獨立的地位，秉公處理，尚須待事實的証明。但以首要之區的台北市為例，落選人李連麗卿，宋霖康和當選人郭國基所訟清的台北市省議員當選無效之訴，於五月十八日經台灣高等法庭審理後，「前往台北市政府將全部選舉人名冊及選票查封並抽拆第二〇八號投票所之選舉人名冊及選票，發現弊端極多，除名冊中所蓋指紋有半數以上係選務人員冒蓋冒投，一經核驗，立刻揭露外，按選務所發表之統計表中該投票所選民總數為七一五人，投票人數為六九五人，僅有二十人未投票，但查該投票所現存選舉人名冊之選舉人名下空白者，竟有三十八人，如再繼續核驗，深信全市三〇一個投票所中必均如是。」（見聯合公論各報李連麗卿等緊急啓事）於是李連麗卿等認為台北市選舉事務所百般舞弊，已有實據，乃向社會人士籲請檢舉選舉違法事証，台北市為中央政府駐節之所。在國民黨中央直接領導之下，果不幸而如李連麗卿所指陳者成為事實，就太可悲了。

也許司法當局為了配合國策，將把這十二宗選舉官司都判決敗訴，但問題仍不能根本解決問題：因為在民主政治的大纛之下，公平而合理的選舉是起碼的條件，如果此點不能做到，其後果是極堪憂慮的，而況此一問題已不自今日始，若干在地方上聲望有羣衆基礎的人士應該有機會為地方服務，不僅民主政治如此，即開明的專制政體也必如此，大韓民國的李承晚政府不懂得這個道理，採取黨天下甚至家天下的辦法，結果乃引起流血政變，終於把自己樹立已久的銅像拖垮了！台灣地方選舉的不能公平合法，地方人士知之甚深，遠在民國四十六年五月十八日若干台籍人士和民社、青年兩黨的負責人就已在台北市新蓬萊公共食堂舉行了一次「在野黨及無黨無派第三屆省議員及縣市長候選人選舉檢討座談會」，但參加座談會的若干人士事後曾有因此而遭逢到麻煩和困擾的。到了本年三月十七日他們又舉行了一次「在野黨及無黨無派人士選舉座談會」向國民黨及政府當局建議改善選舉十五點意見，以「修改有關地方自治法規並明文規定由各黨及無黨無派候選人，共同辦理各投票所開票所的管理工作和監察工作。」為最要着，可是這些意見也都未經接納，而在這次地方選舉中却變本加厲的發生了違法舞弊的事實，於是地方人士和民青兩黨除候選人採取法律途徑提出選舉訴訟以外，並另闢政治途徑，以求眞正民主政治的實施，先做到地方選舉的公平合理。

五月十八日台灣籍的本屆省議員暨縣市長在野黨及無黨派候選人暨民主人士七十二人在民社黨中央黨部舉行了一次座談會，檢討此次地方選舉的違法舞弊，尋求適當的對策，以促成今後公平公正的選舉，在到會的七十二位人士之中，很多人主張在野人士大團結，以對抗國民黨，這是目前最大的課題，更有人主張民社青年兩黨對於國民黨一手包辦選舉，動用國庫的錢，為什麼不講話，不如解散民青兩黨，團結本省志士，另組新黨。在這次座談會中大家指謫選舉的違法舞弊，並指謫現行在野在朝各黨，似乎組織新的政黨是當前迫切需要的事實，當時他們對於今後地方選舉的改進，獲致了四項結論：

（一）由在野黨和無黨無派當選為本屆的省議員，根據前所提及的改善選舉十五點意見向省議會正式提案；

（二）請民社青年兩黨站在在野黨的立場，繼續要求國民黨透過政府主管單位，促成第一項決議的實現；

（三）請在野黨及無黨無派的報刊，站在言論界的立場，向政府及社會呼籲，並促起各級民意機構和各縣市選民的了解和同情，促進第一項決議的實現；

（四）即日組織地方選舉改進座談會，在座出席人員為當然會員，各地得設分會，為了實行方便起見，由主席團推出約畧三十人，担任促進選舉改進工作，至於另組新的強大反對黨問題，由座談會與民青兩黨協商進行。

從這次集會的情形來看，在野人士對於改進選舉仍希望從法律或政治途徑中尋求解決，究竟國民黨和政府有沒有打開談判之門的雅量呢？實為今後台灣局勢長治久安的關鍵所在。而有力的在野黨能否產生，也看當局的舉措如何，這個檢討選舉座談會的正常組織化，和各地支會的設立，對於今後此間政局顯然的將有影响力量！

請香港時報答覆有關蔣經國的幾個問題

一民

讀五月二十三日香港時報社論，其中有如下的一段：「而最近一期的××評論竟變本加厲，以近乎全部的篇幅，集中從事於反政府的言論，扭曲中傷，攻訐私人，無所不用其極。」他們所謂××評論，顯然指的是聯合評論；而所謂私人，自是指的蔣經國。據許多人所知，蔣經國的私生活極為荒謬，甚至以黨部和政府的高位作為玩女人的賞賜品，或以匪諜的大帽子加於情敵。但聯合評論的那篇除去台灣禍根的文章却隻字未提；而其所指陳的則盡屬其政治行為，何得謂為攻訐私人。香港時報如要為蔣經國辯護，自屬分所應爾；但必須對聯合評論所指陳的各項事實提出反証，逐一駁覆，然後才可以使國人對他有新的認識。茲請先答覆下列問題。

一、聯合評論說，蔣經國當年在俄受訓時曾高呼打倒新軍閥蔣介石的口號，是事實，還是「扭曲中傷」呢？如果他不是共黨，為何當乃父起而反共之時他要叫打倒新軍閥蔣介石？如果他雖一度誤入共黨或被迫跟着共黨走，但回國後已決心反共，為何不自首及聲明與共黨脫離關係？

二、聯合評論說，某立法委員曾在港出版月刊公開主張台灣方面應與中共和談，而今竟以蔣經國的關係獲准入台。是事實，還是「扭曲中傷」呢？如係事實，則經國的用心何在呢？

我們需要一個新的號召

編輯先生：頃讀　貴社同人「我們決不承認非法總統」的宣言，無任欽佩！這種正義的宣示，正是代表着所有眞誠愛國人士共同的呼聲。凡是純正愛國的同胞，不管是在海外，在台灣或是在大陸，都將從心坎裡發生精神的共鳴。只有那些「御用文丐」們才會對這宣言發出醜惡的詆譭。因為他們只知對「主子」盡忠，對「台幣」盡忠；而不知對國家盡忠。所以，我只有為他們可憐，為他們惋惜；却是不忍予以論斥，不屑加以理會。我希望並相信他們終有「吾愛吾主」，「吾尤愛吾國」的一日！

現在「動員戡亂時期臨時條欵」下的非法總統，業已粉墨登場了。它的壽命，究竟比「洪憲王朝」會長過幾多？目前雖然尚難逆料；但是他已經在中國憲政史上寫下了最污穢的一頁；這一事實已是無可磨滅了。

蔣氏雖在北伐時期和抗日戰爭時期，對國家不無相當的貢獻；但斷送大陸的罪責，實無可逭。十年來，大陸同胞所遭水深火熱的慘境，逃亡海外數百萬人民所受顛沛流離的苦況，都是受蔣氏一人之賜，倘若他尚有一絲一毫的「責任感」，那就早該辭謝一切尊號；以待罪之身，身先士卒，戮力反攻，以期稍贖前愆。乃竟不此之圖而貪戀權位，一意孤行，不惜毀弄國家根本大法，以償其「家天下」之大欲；誠不知人世間有羞恥事矣！或謂大陸沉淪，不應責諸總統一人，凡屬參與政務的百僚，都應分負其責。殊不知這種理論，若對別的元首（譬如林子超先生）來講，可以說是正確的；但對蔣氏則殊不適用。誰都知道，蔣氏是一向厲行澈底的獨裁專制。手令滿天飛，甚至一個機關毛厠裡的事都要管。軍事上的指揮，可以直達團部連部。又嘗直接發出命令，處理政務，即有關的部長也茫然無知。試問在這樣的獨裁政制之下，所有一切責任，應不應該由他一個人担負呢？事實上，我們數百萬軍隊和整個大陸，就是被這樣的獨裁專政所斷送的。

或者又謂憲法並不是一成不變的；在非常時期，通權達變，也不是絕對不可行的。我們承認，憲法是可以修改的；通變達權，也不無有其事實上需要。可是，必須依循合法的程序，才是法治的常軌。若以玩法的手段，而又只是為了「總統戀棧」而毀棄憲法，只是為了「家天下」而以通權達變為名，那就未免太不光明，太不正大了！普天之下，恐怕唯有「御用文丐」等一二人，才會把「醜惡」捧作「光榮」，把「卑劣」奉作「聖明」呢！

所以，除了那一二「御用文丐」等外，所有全國眞誠愛國的同胞，不管是在海外，不管在台灣，不管是在大陸，都是人同此心，心同此理，絕對不會承認蔣氏這種卑劣舉動的。不過，單是「不承認」，還只是消極的；我希望你們在積極方面，發動一個廣濶的運動。因此，我鄭重的建議；我們應該有一個新的號召，這就是：「所有眞誠愛國的同胞們，團結起來！」這一偉大的號召，是順乎正義，應乎人心，符合客觀形勢的迫切需要的。彼「御用文丐」們，把反對「毀法連任」的人稱作「分裂主義者」。不錯，我們是絕對要和邪惡力分裂的，絕對要和「獨裁專政」分裂的。不過我們主要的目標，是要在拯救國家民族共同命運的基礎上，把眞誠愛國的同胞團結起來。為根絕獨裁專制，推翻邪惡的共產政權。及重建自由民主的中國而努力。反攻復國的契機，其在斯乎！

讀者張士明謹上

（讀者投書）

大陸之窗

毛澤東怎樣利用衛士來控制高級將領？

劉裕畧

在上一期聯合評論第五版大陸之窗，筆者已經把毛澤東怎樣籠絡他自己的衛士說過了。現在，再來看看毛澤東怎樣利用衛士來控制他的高級將領。

如何控制他的高級將領？使不致發生意外，是毛澤東經常用心的事情。據章士釗（行嚴）前次來港透露：在中共佔據大陸初期，毛澤東有四分之一的時間是花在中共高級將領的人事問題上。當然，這一點也不奇怪。因為毛澤東是最怕共軍高級將領發生問題的，何況中共佔據大陸之初，中共各野戰軍司令員皆各據一方，高崗也在東北自成一個王國。而各野戰軍司令員與毛澤東的私人關係又有深淺，所以當時毛澤東給各野戰軍司令員的職位也各有不同。其中與毛關係最深的是彭德懷，結果彭當時的職位是中共解放軍副總司令員，兼第一野戰軍司令員，又兼西北軍政委員會主席，西北軍區司令員及中共政治局西北局第一書記，可謂集西北黨政軍大權於一身。第四野戰軍司令員林彪與毛的關係也不錯，所以林彪當時在中南區的職位亦與彭德懷在西北相同，也集中南黨政軍大權於一身。陳毅屬周恩來派，與毛的關係較疏，雖係第三野戰軍司令員，但只兼得上海市長，所有華東軍政委員會主席與華東軍區司令員以及華東局第一書記，皆屬他人，陳毅均未能染指。第二野戰軍劉伯承與朱德關係較深，與毛的關係亦較淺，故劉伯承亦只兼任有名無實的西南軍政委員會主席，對於西南軍區及西南局第一書記則與陳毅一樣，均未能取得。但毛澤東仍不放心，所以隨後就將各野戰軍司令員名義及各大行政區制度一概取消，而將彭、林、陳、劉諸人一律內調中共中央政府，除彭德懷以副總理兼國防部長外（現在是彭去林補），陳毅與其他高級將領賀龍等則只獲得一個政務院副總理空名。陳毅後來雖由於周恩來的關係當了外交部長，但已無兵權，在共軍中作戰最負聲譽的劉伯承，則連政務院副總理的空名亦未獲得，劉把兵權交出後，在北平被冷落了兩年，直到年前朱德當選為中共人代會委員長時，才由朱德的力薦，始獲得人代會副委員長空頭名義一個，這以上都可看出毛澤東削藩的深心。

但毛澤東對所有共軍高級將領的控制尚不止此。他一直在共軍中推行一種警衛員（即衛士）制度。所有各級將領的警衛員皆由黨指派，各將領不得任用私人，而各警衛員則係在黨接受過特務訓練的，日夜不得離開其長官，且各警衛員每日必須作極詳細之日記，將各該將領之任何談話及言行皆切實記下來，毛澤東本人則不時抽看此批高級將領之警衛員的日記。以查攷各將領之言行。又毛澤東為防止各高級將領收買所派去之警衛員起見，故又規定所有警衛員皆須三個月調換一次，以免該將領與該警衛員之間發生情感及私人關係。這都是毛澤東利用衛士嚴密控制各級將領的特務手法之一。猶憶一九五〇年大陸進行地主清算時，只因聶榮臻的舅父被清算，其舅父求救於聶榮臻，聶對他自己的妻子說了一句「他們未免搞得太厲害了」的話，便被毛澤東責問。聶初時也不知毛何以知道他說過這句話，隨後才知道那是因為毛看聶之衛士的日記而知道的。由此可知，毛澤東眞是千方百計以防備他的高級將領了。

中共加緊對兒童的赤化教育

·林藝文·

中共「婦聯」、「全國總工會」、「共青團」、「教育部」、「衛生部」……等八個單位，於五月十八日發出慶祝今年「六一」國際兒童節的聯合通知，要求大陸各城市、各縣及基層單位，分別擴大進行紀念活動，幷盡可能的邀請各該地中外兒童和他們的父母參加。中共何以要求各地大張旗鼓的慶祝兒童節呢？原因是它欲加緊赤化兒童的教育工作，使大陸所有兒童，從小即離開父母到托兒組織過集體生活，接受社會主義、共產主義的教育，使他們將來成為「共產主義的接班人」。

為了普遍而又澈底的推行赤化兒童的教育工作，中共「全國總工會」、「婦聯」、「共青團」和「保衛兒童全國委員會」四個單位，決定聯名獎勵一萬名兒童工作先進集體和先進兒童工作者，分別授予獎狀。先進集體和先進工作者的條件是：一、思想紅，幹勁足，熱愛兒童工作；二、在兒童工作的崗位上，能堅持社會主義、共產主義教育原則，幷刻苦鑽研，有革新創造；三、努力學習文化理論和保育科學知識，提高工作質量有顯著成績；四、在兒童工作中善於團結羣衆，發揚共產主義協作精神。

中共「婦聯」和「共青團」等八個單位在發出的聯合通知中，特別要求各地應運用各種方式，向兒童進行「社會主義，共產主義的教育，特別着重在兒童中進行毛澤東革命鬥爭事迹的教育，結合當前國內外大事，通過生動具體的事例，啓發兒童更加熱愛黨、熱愛祖國、熱愛社會主義、熱愛人民公社、熱愛人民、熱愛勞動、熱愛科學和愛護公共財物。」同時，「使兒童了解社會主義國家兒童的幸福生活；了解資本帝國主義國家的勞動者的兒童和殖民地半殖民地國家的兒童貧窮痛苦和失學的悲慘生活；幷使他們懂得這是帝國主義、殖民主義對勞動人民、殖民地半殖民地人民的壓迫、剝削和侵畧的結果；從而培養他們對被壓迫人民的同情和對被壓迫人民的愛國鬥爭的正義感。」這個聯合通知，在最後强調說：「特別要教育兒童懂得美帝國主義是全世界人民最兇惡的敵人，必須打倒美帝國主義」。

本來中共在竊據大陸之後，即於各級學校大力推行赤化教育，幷在中小學有「紅領巾」、「少先隊」等組織，而且五月十九日「人民日報」透露，說到一九五九年止，大陸「少年先鋒隊」隊員，已發展到五千萬人，其推行赤化兒童教育進展之速，已相當驚人了，然而中共仍認為赤化教育進行的倘不够澈底，于是現在進而由幼稚園、托兒所即行開始。「人民日報」透露說：「當前的家庭敎育仍是必要的，但應積極的逐步的貫澈執行社會本義敎育為主的方針」，易言之，中共推行的赤化教育政策，將使大陸所有兒童，自小即離開父母家庭，乃至不知有父母和家庭，眞正成為「黨的兒子」。

中共目前加緊推行兒童教育，除了使所有兒童澈底和自小就孕育起仇美思想之外，此外一個目的即是，配合着城鄉公社普遍的推行，使兒童自小即全部離開家庭，讓廣大的婦女能够參加各種生產勞動工作。

江南農村生活近況

康和

日前在友人家遇到一位剛從大陸來港的某太太，她的丈夫原在上海經商，在上海淪陷的前夕，她就隻身來到香港。她曾幾度向共方申請來港和丈夫團聚，可是始終沒有得到批准。最近，因為丈夫病重，才獲准來港探視。她的家，是在江南魚米之鄉的太湖邊上。她是一個中年婦女，過去從來不曾下田耕作過，到「解放」以後，她也和男子一般參加各種農業勞動工作。這十多年來，她確是歷盡了滄桑；所有「土改」、「農業生產合作社」，以及「人民公社」等運動，她都躬與其「盛」。談起了土改時期的「清算」、「鬥爭」以及「公審」等慘酷現象，心中猶有餘悸。在分田的時候，她和她兩個孩子共分得了五畝多地。雖然不識耕種，也得跟着別人學着去做。所有耕田、戽水、插秧、耘田、割草、割稻和打穀等工作，一樣樣都學會了。有過好多次，當她赤着脚正在水田裏工作的時候，因為立脚不穩，滑倒在泥漿裏，整個人像個泥人兒。有一次在烈日下打穀，因為工作時間過長，暈倒在地下；經鄉人灌救，才醒回來。據她說，在最初兩年，田裏的收穫，和過去還差不多，每畝田大約收到稻子五百多斤，麥子百斤左右。但是，後來就一年年地減少了。每畝收得稻子三百數十斤至四百斤，麥子就只有幾十斤了。據說是因為缺乏肥料的原故。在工作時間方面最初還是自由的。到了農業合作化以後情形就不同了。她的村上，共有三十多戶，聯合起來組成了一個生產小隊，一切工作，都由上面派定。每天工作時間，總是在十四小時以上。早晨天還沒有很亮，就得到田間工作，大約做了一箇多鐘，才回家食早飯，食完再去工作，中午食過午飯後，就一直要在田間做到天黑，才能回家食晚飯。晚飯後還要去開會，檢討工作和評定「工分」。這個會一開就是兩三個鐘頭。開完了會，才得拖着疲乏的身子，回家睡覺。現在就把她談話的內容，歸納到幾個主要項目，作個扼要的敘述：

一、人民公社地區的劃分

人民公社的地區，大都是根據過去「區」公所所轄的區域劃分的。「區」以下的「鄉」，就劃作生產隊；原有「村」，就劃作生產小隊。有的村莊戶口較少的，就聯合幾個村組成一個生產小隊；有的村莊戶口特別多，就劃分作兩個生產小隊。最基本的組織，就是這生產小隊。在「農業合作化」的時期就是這樣，現在「公社化」的時候也是這樣。我們從此可知共黨刋物所說的人民公社以生產大隊作為基本單位，並非事實。

二、糧產的「豐收」和「躍進」都是假話

根據這位太太自己親身的經歷，和目睹的事實，這幾年來，糧產是減低了。在她那村莊裡（就是生產小隊）在「解放」前每畝大都產稻五百斤以上，麥子一百斤以上。可是，「解放」後，產量逐年減少，去年就只產稻三百七八十斤，麥子五六十斤。主要的原因是缺乏肥料。過去主要的肥料是「豆餅」，現在却多年不見了。共幹們要農民把「河泥」和「爛草」儘量的挑到田裡去肥田，可是還是無濟於事。這幾年來，「河泥」也多挖盡了。至於人糞和廐肥，也是為數甚微，不敷應用。原來種植蔬菜，必需施用糞肥，才能長得肥壯，現在都沒得施了，所以種出的蔬菜，都是枯黃的。因為人的食糧不足，所以鄉間人糞的量也減少了，質也變差了。雖然共幹們嚴厲地督促農民加緊生產勞動，「除草」和「捕虫」等工作，確是做得很細緻；但是因為肥料無法增加，糧食產量終於不會增多。她在鄉間也會聽到共幹們在嚷着全國「大豐收」，但她所目睹的事實，乃是產量減退。她又聽到鄉間老農說，要是再沒有大量的肥料補充到田裡去，所有的良田，都要變成枯田了。可見，那肥料缺乏問題是大陸農業生產的致命打擊。所謂「豐收」、「躍進」，不過是自欺欺人罷了！

三、一天六碗粥，一月四兩油

在她那公社裏，目前還沒有恢復公共食堂。每月每人配給糙米十五斤。所以，多數人家，每天只能吃三餐粥，每餐每人吃二碗。「混合油」每月的配額為四兩，有些人家，連這四兩油都無錢去買，只好把配額轉讓給別人。至於每日工作時間，至少在十四小時以上。就是田間沒有工作時，也得在家中做搓繩及織草薦等工作。可見共黨刋物所宣傳農民生活已獲改進等話，都是騙人的。

泰國決定開鑿克拉運河

何之湄

泰國開鑿克拉運河事，最近舊事重提，而且勢在必行。這條運河的開鑿，將會縮短印度洋進入太平洋的航程，改變中南半島南段的面貌。

世界最著名的運河，當然是蘇彝士和巴拿馬，前者自印度洋入地中海以通大西洋，後者則使大西洋與太平洋貫通；如果克拉運河開成，則是溝通印度洋與太平洋的捷徑，而也是世界上第三條大運河了。

克拉運河的得名，由於克拉地峽。這地峽在泰國南部春蓬府（華僑稱為「尖奔」）東臨暹羅灣，西至彝廊府之加布里緬甸邊境，與緬甸僅隔一小江加布里河，但下遊經緬甸之維多利亞角，即為印度洋。地峽最狹處自暹羅灣至加布里江僅五十公里。戰時日軍佔領泰國，即會在地峽地帶建造暹緬鐵路，以俘虜之英軍及泰緬人等為路工，天氣酷熱，疫癘流行，死亡相繼，故有「死亡鐵路」之名。著名電影「桂河橋」一劇，即取材於此。

在航空時代以前，航運為交通最重要者，故克拉運河問題，早已為世界貿易及企業家所注意。依據國際工程界的估計，開鑿克拉運河，照戰前幣值為三十餘萬英磅。假如那時暹羅是一個强國，這條運河怕早已開成了。

但暹羅僅是一個小獨立國，却在中南半島的英法勢力之下──緬甸和星馬那時是英屬，北面的印支三邦却是法屬，說暹羅是英法的緩衝區，實不為過。而英國，為了星加坡的繁榮，則反對把克拉地峽鑿成運河。

如果克拉運河開成的話，星加坡便會成為「亞洲的好望角」了。昔時大西洋東來船隻，都要繞道好整角的，但自有蘇彝士運河後，好望角就冷落了。同樣的，如果錫蘭和仰光的輪隻，斜向維多利亞角經克拉運河而至曼谷，它們就不需要到星加坡了。

這是英國一直反對開鑿克拉運河的原因，直到戰後，英國也還是反對此舉的；戰時，泰國會在日軍「進駐」下，站在日本一邊對英美宣戰，直到日本投降，泰方宣稱當時之對英美宣戰「乃出於被迫」，美國予以諒解，聲明戰前美泰條約繼續有效。但英國不接受泰方的聲明，仍把泰國作為戰敗國對待，英軍進駐曼谷，至訂和約後方撤退。條約中就會涉及限制泰國不得開鑿克拉運河。

據說以英國為對象主體的限制開鑿克拉運河問題，現在因馬來亞的獨立和星加坡的高度自治，那項限制已失其重要性，故此泰國可以再不致慮此項問題。所致慮者，只是對馬來亞與星加坡的友誼問題。但副國務院長乃他儂上將說：他於訪問吉隆坡的時候，發覺到馬來亞對此「並不關心」。乃他儂氏雖未正面答覆記者所詢「星加坡商港將會消失」的問題，但她似認為開闢運河之舉，不致影響泰國對馬來亞的友誼。

乃他儂氏說：開闢克拉運河是他的一個抱負，他在上屆任國務院長時，即已有此意。現在此事原則上已經乃沙立元帥贊許，則事情已是勢在必行了。

據交通部長蓬本那干少將的報告，說關於開鑿「泰南地峽運河」──不一定是「克拉」──貫通暹羅灣與印度洋一事，當局已就各方面進行研究，首先特別是戰畧方面，但認為現代之軍事行動，與前不同，故運河之開闢對國防完全沒有妨碍。所以院會已決定實現開鑿泰南地峽運河的計劃，第一步，將擇定開鑿的地點。

蓬本那干少將說：根據踏勘的結果，地點計有三處。第一處，克拉地峽。第二處，春蓬府之弄宜縣（在春蓬南七十里，正對西邊彝廊府及緬甸之維多利亞角）。第三處，宋卡府。後者為泰國最南之一府，與馬來亞相隔，如自該處開闢運河，即直達印度洋之孟加拉灣。

蓬本那干少將說：克拉地峽之陸線，雖為最短者，但出加布里河後，尚須繞道維多利亞角，航線延長，不符合開闢運河之目的；同時該區有打奴詩山脉橫亘，地多石層，施工不易。第二處弄宜縣境一線，也屬多山區，工程極為困難。至第三處宋卡府，路線雖屬較遠，但係砂土地質，容易開掘。他本人亦同意此項意見，現已準備於國務院會議時，將開鑿運河計劃提出，俟院會審查確定。建築曼谷是拉差碼頭計劃，東勢鐵路計劃等，也將同時提出。

決定開闢克拉運河一事，可以看見泰國在緊張中求安定之餘，仍然致力於各項大建設計劃。除運河，碼頭外，東勢鐵路，及開發湄公河計劃，亦是龐大的工程。此外，在泰南印度洋中的一個大島普吉府（面積五三三方公里），係錫產的中心地帶，現已興建大橋，與半島的攀牙府連絡，該項工程預計可於本年底完成，準備在明年元旦通車。

在最近受到緬甸喀倫族襲擊的「夜束」縣，泰國亦有一項「國際公路」的計劃，自中北部中心的彭世洛，闢一公路一百公里，經夜東，入緬甸，此項國際公路，將由緬甸至印度入巴基斯坦，再入伊朗，由中東通至歐洲。因為這些公路大體上是環繞竹幕而行，又多經邊境偏僻之區，如「夜束」等問題地區，故中共方面迭次抨擊，謂其為「戰畧公路」。但對東南亞國家方面，這却大有助於交通、治安、貿易，和加強彼此間的友誼。由於東南亞國家獨立後建設的意願，以及聯合國和可倫坡計劃等的援助，東南亞國家雖在多事之秋，仍十分致力於建設，這未始不是值得欣幸的。

‧曼谷通訊‧

僑鄉近訊

共幹不滿現實携械逃亡（海豐）

中共幹部不滿現實者日多，逃亡風氣刻已深入到下級共幹階層。五月中旬間，海豐縣又有共幹四人，聯同挾械逃亡，並一度與哨兵發生激戰，幸卒能在槍林彈雨中逃離魔掌，輾轉抵達澳門。該四名共幹一是梅龍公社配購組副徐安成；一是公衆食堂管理員陳炳良；一是民兵隊小隊長林志洪；一是生產隊長林藻。據說：他們四人是在五月十九日凌晨二時許，各携手槍，潛駕機動漁艇逃走的；啓碇後不久，即給岸上的哨兵發覺，喝令停航受檢，他們抗命，反加開速率向前疾駛，哨兵悍然開動機槍掃射，他們立即改作「之」形航行，幸當時黑雲密佈，星月無光，他們卒能衝出機槍的射程；迨至天甫黎明，又幸得一艘巨型漁船打救，使他們偷進廣州，那時他們的手槍早已掉到海裡去了。他們在廣州逗留了四天，摸通了「門路」，憑着「茶資」的作用，得以潛至中山石岐，再由石岐轉到澳門。他們說：沿途所花掉的「熟性費」共達人民幣二千四百元云。說着，他們還把剩餘的人民幣出以示人，笑道：「現在，這些勞什子都變成廢紙了！但莫小覷了它，它確曾挽救過我們的生命哩」！

大羅山婦女又罹浩劫（福建）

閩共徵集各縣青壯婦女一萬三千多人組成「女民工師」在晉江大羅山所築成的惠安水庫，刻二十米高的水壩上，又出現崩裂險象。五月十四日，該省水利工程部，再召集「女民工師」，進行搶修。據該「女民工師」的一個女排長稱：在惠安水庫初建築時，曾經歷過無數次「人海戰術」的苦鬥，不少姊妹們因勞苦過度，每每突然暈厥，一經倒仆，就爬不起來，真的是前仆後繼，犧牲了無數血肉，造成了無數冤魂。這種壯烈的苦鬥，現在又快重演！那女排長又指出：這番搶修的工程，很可能比初建時還來得驚險；因初建時尚畧有機械設備，而這番搶修却是單憑人力云。──中共徒知侈言「大力建設」，却不惜壓搾人民勞力，其心腸狠毒，政策殘酷，真使人切齒！

「痛苦的娛樂」

‧吳光天‧

五月廿五日那天，我在廣州嘗過了一次「痛苦的娛樂」的滋味；正如俗語所說的「貼錢買難受」，不勝遺憾！

事情是發生在教育路「南方電影院」，當我買了入場劵入座之後，馬上就引起了帶位員的注意，對我作嚴密的監視，他們的目光，都不斷地向我的身上來掃射。

戲院裏，空氣很混濁，幾乎把我的腦袋衝昏。電影的劇情，更沉悶得使人奄奄欲睡；全身都感覺到不舒服。

我的確抵受不住了，僅看了半場，便想離座而去。

可是，當我剛站了起來，帶位員就立刻跑來詢問：「幹什麼」？

我把嘴巴湊近他的耳朵，低聲說：「我想離場」。

「不」！他搖搖頭：「政府規定，不准半途離場的」！

我很有禮貌地問：「那末，我想去去小解，可以嗎」？

他無可奈何地點點頭，並跟着我到廁所去。

那時，另一位帶位員，趕忙跑過來，亮着他手上的電手燈，俯下身軀，在我的座椅下照射，搜索一番；這種緊張的氣氛，看在我的眼裏，使我毛髮悚然！

好不容易挨過了兩小時「苦痛的娛樂」，一口氣踏出了戲院大門，那時的心情，便宛如服刑期滿，從監獄跑出。

後來，我的朋友告訴我：在「防特」的措施下，全市的娛樂場所都是這樣。唔！娛樂云乎哉？那簡直是活受罪哪！

星洲零訊

‧俊華‧

政黨結盟說

由於星洲「第二號」人物王永元氏上月訪問檳榔嶼，影響到一項星馬之間的政治傳說，說是星加坡人民行動黨，將與馬來亞的社會陣綫，結為同盟。

在目前尚是不同國家的兩個政黨，如果結成同盟，當然是一件大事，但問題怕不會簡單。王永元氏對此事拒絕作答，他說赴檳榔嶼只為渡假，當他在檳城時，當地記者亦會以此詢問，他只請求他們合作，讓他「有一個清靜的假期」。

同時，馬來亞方面前任檳城市長藍瑪納旦氏，亦否認他有任何促使本邦社會陣綫與星洲人民行動黨結盟之說，他說他近無政治活動，也未訪問星加坡。

大概，社會陣綫會有此想法，因其可以擴張自己的聲勢。但以馬來亞在朝黨華巫印聯盟的聲勢喧赫，行動黨却不能不考慮，此舉將會開罪於華巫印聯盟。

准賭外圍馬

由討論禁賭「外圍馬」而致達到准許賭外圍馬，這大概是目的與結果最為背道而馳的事。事先，因賭外圍馬的猖獗，馬會曾提請禁止。但經議會之討論，認為場外賭馬，乃屬黑市，凡有黑市，則難禁絕。與其隨禁隨生，何如予以放任，更可從而抽稅，勿任大好稅源，落於不法者之手，結果立法准許馬會在場外設立賭館，任人賭馬。

「玩」馬可以不必至馬場，亦馬迷之所樂聞歟？

防盜電鈴袋

星洲擄劫頻仍，風聲鶴唳。故解款銀行者，除請武裝保護外，更普遍採用電鈴皮袋，用以防盜。此袋為皮製，約十五乘十二吋，可裝十元鈔四萬元，內有四個電池，一個電鈴。

袋子鎖上，電鈴便自動裝好，平放或握袋柄時，一若常袋，但若加以歪曲或拉扯搶動，警鈴即嘈吵不已，直至開鎖為止。

該電鈴皮袋，還附有一項「噴射武器」，即在出事時發出「染色彈」，爆出鮮艷的顏色液體，濺及刼盜或當事發時在附近人物的衣服及身上，此色既不易洗脫，警方就可按圖索驥。

詩人之死

·慕容羽軍·

屈大夫從衙門來到汨羅江畔。南風吹縐了汨羅江水，那迷惑的波光，播蕩得屈大夫心煩意亂，有幾分迷惘，又有幾分哀傷。模糊的視覺，把他自己的影子幻成了楚頃襄王，又幻現着儇薄浮滑的宋玉，然後雲夢澤的高台、憧憬中的仙女……都在無端紊亂的情思中浮動着了。

他踩了踩足，低低的喟嘆着，自言自語的哼着他的詩句，那韻律淩亂的句子，顯示着他沿着河堤的步履失去了平日行吟時的節奏，憎恨的意念陡然昇起了，他想：君王是庸懦的，他又想：宋玉是聰明的，只是、只是……

他再沒有勇氣去重覆這個印象了，驀地，情思又回復到雲夢澤那一座高台——

東南的飢民正在搶糧，荊楚的亢旱眞教人難以想象，齊魯那邊，據細作報到邊關，再轉到郢都的「邊報」，據說又有干戈興動的跡象。屈原這天正和幾個僚屬分別看着各地呈報過來的文件，他不禁皺起眉頭，對着僚屬說：

「這許多處地方出了事，你看，該怎麼辦？」

「大夫，」僚屬淡淡的看着他一笑，說：「你曾說過有意以天下為己任，我看，你應該在這個時候掌握機會，拿出主意來，顯耀一下你的才幹！」

「嗯！」屈原聽了僚屬這麼一說，內心怦然一跳，平日大夫衙門是清閒着的，一應事務都靠書辦僚屬去處理，自己有空時還不過是反覆尋覓他的詩辭，而今，忽地來了大任務，只是一時情急，面對着這許多國家大事，只是不知怎樣處理起，給僚屬一說，倒不好再跟他們商量了。於是，他重複翻着各地的報告，沉默地在想：有一天，自己是閣部的主腦人物，該怎麼辦呢？唔！飢民搶糧，是不是應該殺掉他們？要不，怎能平息暴亂？邊境的事，呵！那是武官的事呀！可是，可是……他輕輕的按下了紊亂的情思，偷眼向僚屬一瞧，只見僚屬正肅立着等候他的指示。他一見這個情狀，馬上回復了大夫的尊嚴，急忙搭訕着，掩飾自己無主意的窘態，然後，慢吞吞的說：「搶糧大事，我看要馬上奏告君王；邊報，叫邊關的武官注意就是！」

僚屬們帶着懷疑的目光盯着他，忍不住說：

「大夫，這怎麼可以？君王第一次把國事付託給你，你應該好好的處理才是。再說，我們跟大夫辦事的，也想大夫做一番大事業，將來圖個……」

「別為私利動腦筋！」屈原厲聲阻截着發言的人說：「我輩讀書人，只知盡一己忠忱，豈宜他想？」

僚屬都不再說話了。有的借故悄悄的溜走。良久，衙門內只剩下屈原一人。於是，他輕輕的站了起來，看了看四周都沒有人了，陡然長嘆一聲，無可如何之餘，只好從懷中取出了他的詩稿來，一字一字的哼着……

但是，腦子裡奇怪得很，整天都盤旋着「邊報」與飢民的影子。他不禁放下了詩稿，暗想：這事眞棘手，原來處理國政，是那麼頭痛。此刻，他對功名富貴，感到灰心了。忽地，他立即想起宋玉來。他覺得宋玉此刻風流快活了，監建雲夢澤高台大概完工了吧！不然，怎麼頃襄王一去就遲遲未回郢都呢？只這麼一想，倒給他想出了一個主意來了，他微微地一笑，雙手一合，說：這樣最高明，去諫君王，叫他回來處理飢民事件和「邊報」，題目大，又不見得暴露自己無法處理政事的弱點，於是，他馬上精神一抖，拿起詩稿，喚當差的來預備肩輿，連夜往雲夢澤去……

在雲夢澤，楚頃襄王披襟迎風，坐在新建的高台上。近臣忽報屈大夫自郢都來，有急事奏報。楚頃襄王眉頭一縐，搖頭對宋玉說：

「這人眞掃興，平日最愛說能肩天下大任，今兒他趕來此地，必是有事沒有辦法處置，你猜對不對？」

「是的，大王，」宋玉微笑點頭說：「我和屈大夫原都是文學侍臣，本來就不該勉強去担當中樞大事」

楚頃襄王看了宋玉一眼，嘴角微動，似是對宋玉嘉許，但是，倏的改口道：「帶屈原上來。」

屈原神氣地站在頃襄王面前，行了君臣大禮，忙着說：

「大王，荊楚饑民搶糧，齊魯方面，又有兵戈蠢動跡象，我看，大王還是以國事為重，不該貪圖逸樂……」

頃襄王斜倚在錦褥上，撫弄着玉獅扶手，帶着微慍，說：

「雲夢高台原是建來祈雨的，寡人不過乘此機會，一舉兩得，到來避一回暑罷了，卿家平日素有大志，而且在都門高談濶論安邦治國之道，今日正好是給你一個處理國政的機會，怎麼反而怪責起寡人來？」

「大王，」屈原吶吶的一時不知怎麼回答才好，他看着宋玉，希望他開口解除此刻的窘態。半晌，見宋玉全無反應，只好硬着頭皮，改口談另一件事，說：「聽說王上要見巫山的仙女，可有這回事？」

「噢！卿家也想到這個問題？」楚頃襄王哈哈大笑，說：「難為卿家也是詩人，詩人想象原是豐富的，這是文學呀！有一個豐富的幻想，對生活總是豐美的呀！我們的屈詩人！」

屈原氣餒了，他無語的退了下去，只聽得頃襄王高聲說：

「你明兒回郢都去，好好的把這癬疥之疾處理好吧！我是想看看你處事的才能。」他說着，對宋玉說：「宋卿家，你照料屈大夫在這兒安歇一宵，明兒打發他回郢都去，讓我安靜地再讀一遍你描寫巫山神女的好文章。」說着，低下頭，打開案畔的卷軸。

宋玉領命，追上屈原的背後，拍着他的肩膀，說：

「大夫，我陪你到台下的行館去。」

「謝謝你。」屈原有點怨懟的看了看他，帶着諷刺的語調說：「你就好啦！安安靜靜的投人君之所好。」

「大夫，」宋玉又是輕鬆地，好像並不聽到他帶着諷刺的話，淡淡的說：「很早我就跟你說過了，我們做文學侍臣的，原不該妄想在担承國家大事，畢竟，幹大事總得有大氣魄呀！幹不來，何苦勉強担承？大夫，你的詩才那麼好，——我看，一個人還是去發展自己所長，比担承自己所短好得多。」

屈原沉默了，功名和自尊情緒兩受打擊，他不再開口，在行館鬱鬱地度過一宵。次天一早，也不向頃襄王和宋玉辭行，乘了肩輿，趕回郢都……

他並沒有到衙門去，因為，他心頭的重壓太難負荷了，他落荒的從郢都走了出來……

那是汨羅江，屈原踩足說：頃襄王，你眞是忌刻、荒淫呵！宋玉，你是多麼可恥，多麼無志氣的小人呀！我不是你們這種人，我不與你們為伍……

他似乎激動得瘋狂起來，雙手揪住長髮，髮簪脫落了，散髮迎風紛亂的飄着，他一轉身，迎着東南風，迷惘、紛煩，一股熱氣從心底衝上，頭腦都給衝昏了，他大叫：宋玉，你好呵！你眞會迷惑君王，哈哈！哈哈！狂笑聲裏，陡然從堤濱往下一躍，沉了、沉了，髮尾散亂地飄浮在水面，滔滔的汨羅江泛起了一個個水泡，泡沫消散了，水，只有野風播弄的紋痕！詩人，在汨羅江畔消失了。

六月黃昏

·波濤·

寂寞的六月
卜賽芳妮搖曳的裙裾遠去了
而亞坡羅駕轆轆的日車飛過
每日，自東至西
每日，載走全人類的疲勞
　　載走無數煩躁的心
於是獨自佇立在堤岸
迎着南風
送着夕陽
恭候狄安娜的光臨

文壇泥爪

圍剿攔路虎

最後一個反抗新文學運動的章士釗，在新文學已經扎下根基的民十二秋間，在上海新聞報上發表了「評新文化運動」和「評新文學運動」兩文。到民十四，他做了段執政的教育總長兼司法總長之後，便把他停了十餘年的「甲寅」月刊恢復起來，改為周刊在北京出版，將前兩文又重行刊出。在文中她曾罵做白話文的「如飲狂泉」，「智出敦倫小兒女之下」，說「今之束髮小生，握筆登先，名流巨公，易節恐後。詩家成林，作品滿街。家家自命為施（耐庵）曹（雪芹），人人自詡為易（卜生）莫（泊桑）。」在其他文章中，更批評白話文字不通，甚至說梁任公「獻媚小生，從風而靡」，梁漱溟「亦復不自檢制，同然一辭」。因當時二梁已經改寫白話文了。

這位現在又充任毛澤東弄臣的章士釗，當時仗着政治上的地位，大發官威，他的反對論調的確影響很大。於是一般新文學作家，如胡適、唐鉞、吳稚暉、錢玄同、魯迅、周作人、高一涵、徐志摩、郁達夫、魏建功等，全挺身出來猛烈反擊，喊出了「打倒國語運動的攔路虎」的口號。其中最出力的是唐鉞和吳稚暉。章士釗「甲寅」中口口聲聲要「立言」，吳稚暉却引用「何典」說他：「放屁放屁，眞正豈有此理！」吳以為章已「走進牛角尖裡，彎到十八層幽谷」，只好給他發喪。民十四八月卅日出版的「國語週刊」第十二期，是有名的「反章專號」，吳那篇「友喪」就刊在那一期上，篇末替章士釗發了這樣的訃文：

「不友吳敬恒等，罪孽深重，不自殞滅，禍延敝友學士大夫府君：府君生於前甲寅，痛於後甲寅無疾而終。不友等親視含殮，遵古心喪。氈（自注：非苫）塊昏迷，不便多說。哀此訃聞。」

「反章專號」的第一篇文章，是胡適的「老章又反叛了」。他提到章士釗發表了「評新文化運動」後，曾託潘大道帶信給他，要他做文章答辯。胡當時對潘說：「請你轉告行嚴，這個題目我只好交白卷了，因為行嚴那篇文章不值得一駁。」但潘未曾把這話轉達。後來亞東老板汪孟鄒，在上海請胡、章和陳獨秀吃飯，胡纔把「不值一駁」的話，當面告訴章士釗，據說章聽了居然沒有生氣。汪曾讚章「有點雅量」，胡却認為章「只有小雅量，其實沒有大雅量，他能裝做不生氣，而其實他的文章處處是悻悻然和我們生氣。並說章士釗受過英國社會的一點影響，只學得一點Gentleman的臭架子，却學得不徹底，沒有豪爽的表現，不肯服輸，所以只能隱忍於一時，終不免有悻悻然詬罵的一天。」

文史漫譚

七言詩的起源問題（一）

徐亮之

關於七言詩的起源問題，直到現在還是中國文學史的編纂者們一個沒會交卷的問題。

前人關於這個問題的解答，著名的有如左四種說法：

一、源出詩經說：晉摯虞主之。他在所著「文章流別論」（原書佚，依「太平御覽」五八六引）中說：「七言者，『交交黃鳥止於桑』是也；於俳諧倡樂世用之。」易言之，即他認為後世的七言詩乃從詩經中的七言孤句發展而來。

二、源出詩騷說：梁劉勰主之。他在所著「文心雕龍」「章句篇」說：「六言七言，雜出詩騷；而（疑有脫字）體之篇成於兩漢。」易言之，他認為七言句法雖源出詩騷，而七言詩篇實成於兩漢。

三、源出擊壤歌：清王士禎主之。他在所編「古詩選」中，認為擊壤歌的最後一句「帝力於我何有哉」乃「七言之始。」

四、源出柏梁詩：劉宋顏延之主之。他在所著「庭誥」（依「太平御覽」五八六引）中說：「摯虞文論，足稱優洽；柏梁以來，繼作非一；纂所至，七言而已。」即他認為成篇的七言詩沒有比所謂漢武帝的柏梁臺聯句更早，梁任昉的「文章緣起」觀點和顏氏相同。劉勰在「文心雕龍」「明詩篇」中，也有「聯句共韻，則柏梁餘製」的話，再配合上引「章句篇」云云，可見他也是贊同這一觀點的。

以上四種說法，三四兩種不能解答七言詩的起源問題，最為明顯。因為所謂「擊壤歌」乃出於晉皇甫謐的「帝王世紀」，遠在唐堯時代決不可能有那樣文從字順的詩歌。其為贋鼎，無引據價值，毫無疑問。而所謂柏梁聯句，既史漢所不載，載此事的「三秦記」復矛盾百出，早被顧炎武在「日知錄」（二二）中駁得體無完膚，（如記謂詩作於漢武帝元封三年，而考參加聯句的梁孝王實死於景帝之世。又光祿勳、大鴻臚、大司農、執金吾、京兆尹、左馮翊、右扶風、皆武帝太初元年所更名，豈能於預書於前四年的元封之時？作偽之迹，不攻自破。）其無引據價值，亦屬毫無疑問。至於一二兩種，雖然詩騷具在，可以覆按；但肯定七言歌詩便是由其中的七言孤句所發展，卻也不免迹近武斷，而非愜心貴當之論，不能解答七言詩的起源問題，正和三四兩說同。

那末，要解答這個問題，到底該循怎樣的途徑才比較合理呢？我認為循着左列兩條路綫去探索是比較合理的：

第一、從言語本身的自然聲度上去探索：「詩品」說：「夫四言，文約意廣，取效風騷，便可多得；每苦文繁而意少，故世罕習焉。五言居文詞之要，是衆作之有滋味者也；故云會於流俗。豈不以指事造形，窮情寫物，最為詳切者耶？」「文心雕龍章句篇」也說：「若夫筆句無常，而字有條數；四字密而不促，六字格而非緩；或變之以三五，蓋應機之權節也」。「庭誥」則說：「柏梁以來，繼作非一，纂所至，七言而已；九言不見者，將由聲度闡誕，不協金石」。由此可見，四言罕習，九言不見，五言會于流俗，七言繼作非一，其成敗利鈍，實全由自然聲度所決定；就自然聲度說，七言在四言和九言之間，實為一種既不促，也不闡誕的中和句法：其衍而成篇，實乃聲度自然發展的結果，正不必刻舟求劍地去找詩騷中的孤句做娘家。

第二、從詩歌本身的發展歷史上去探索：中國詩歌史上有一種不可否認的事實，便是許多新聲新體往往總是民間的無名詩人做創作者，士大夫做模仿者與完成者。而為要取便傳誦必須充份利用自然聲度的民間謠諺，更是新聲新體的詩歌創作的先驅。四言五言詩的創作與完成便是循這條路綫的；七言詩的創作與完成，自然也不會怎樣脫離這條路綫。

路綫既找到了，便可以從事探索了。現在且以時代為經，作品為緯，在這條路綫上，我們最少已經發現了左列比較可靠的綫索：

首先被發現的是荀子子道篇「衣與繆與不女聊」的所謂「古人之言」；（孔子家語困誓篇作「人與己與不順斯」。）這乃以七言方式獨立表達情意的諺語，和詩騷的七言孤句性質截然不同。荀子乃戰國末期的人，亦即可見最少在戰國末期，民間已經使用七言的聲度作為表情達意的工具了。（左傳昭十九年「諺所謂『室於怒，市於色』者，楚之謂矣」；戰國策韓策載周最引作「怒於室者，色於市」的七言句，亦可為戰國人漸喜用此種聲度的旁證。又「韓策」載張儀引諺曰：「貴貴其所以貴者貴」。）由於戰國末期七言謠諺已出現於著錄，則緊接着的秦和西漢（東漢更以之為人物的品目）之不斷出現用這種聲度表達的謠諺便一點也不奇怪。茲依明楊慎「風雅逸篇」所輯，畧就時代先後抄列如左：

（一）「奔車之上無仲尼，覆舟之下無伯夷。」（韓非子引）

（二）「稱樂太早絕鼎系。」（秦始皇時泗上諺。）

（三）「兒婦人口不可用。」（王陵傳引）

（四）「操曲木者不累日，銷金石者不累月。」（公孫弘引古語）

（五）「千金之子不垂堂，百金之子不騎衡。」（袁盎傳引）

（六）「畫地為獄議不入，刻木為吏期不對。」（路溫舒引）

（七）「腐木不可以為柱，卑人不可以為主。」（劉輔引）

送林千石之日本

・邈翁・

林侯腕底誰能倫，毛錐鐵筆俱千鈞。書稱逸品畫入妙，金石篆刻尤通神。興酣展紙騁餘墨，詩追甫白詞黃秦。鄭虔所擅遜兩絕，卞和之璞原連城。精光勁氣射牛斗，西燭星馬東蓬瀛。（君去年遊馬來亞開畫展，載譽而歸。）人間三石久載譽。（日本重君篆石，比之昌碩白石，目為中國印壇三石）海外萬里前知名。去年南州盡倒屣，今年東道看寅賓，玉虬瑤象足弭節，瓊枝若木紛嚶鳴。中朝文物仗君遠，橋門觀聽城為傾。（君此行為應東京帝國大學之邀往開畫展。）富士之上正飛雪，東京之郊將開櫻。日光比谷待舉趾，九州四國須按行。不徒詩稿定滿篋，更問海水何時清？

記庚子拳變始末（八）

舜生

聯軍既佔領北京，即於七月二十至二十二日（公曆八月十四至十六日）特許軍隊公開搶刼三天，其後更繼以私人搶刼。據聯軍統帥瓦德西十月二十二日（公曆）向其政府所提報告，對於各國搶刼的情形，說得相當詳細，我現在把這一報告節錄一部分在下面：

「……現在各國互以搶刼之事相推諉，但當時各國無不曾經澈底共同搶刼之事實，却始終存在。

「在英國方面，……所刼之物均須繳出，一齊堆在使館大屋之內，加以正式拍賣；如是者累日。由此所得之欵，按照官級高低，加以分派，其性質畧如戰時掠獲金。因此之故，無一英人對於搶刼之事，視為非法行動。而且英國軍官為余言曰：印度軍隊——在此間之（英國）軍隊幾乎全係印度人。——對於戰勝之後而不繼以搶刼一事，實絕對不能了解。所有此地各國軍隊，無不一致公推印度兵士，最善於尋出各處密藏之金銀寶物。

「在日本方面，則對於此種掠奪之物，照例歸之國家。由此所得之欵，其數至為不少。據日本某將軍之報告，只天津一處搶刼所得者，即有二百萬兩之多。

「至於美國方面，對於搶刼之事，本來禁止；但美國軍隊頗具精明巧識，能破此種禁令，為其所欲為。

「俄國軍隊搶刼之方法，似乎頗稱粗野。而且同時盡將各物毫無計劃的打成粉碎。

「此外法國軍隊，對於各國軍隊（之搶刼行為），亦復絕對不曾落居人後。」

此外關於清宮及頤和園的被刼，瓦德西亦有叙及。他在這一報告的最後並總括的說：

「所有中國此次所受毀損及搶刼之損失，其詳數將永遠不能查出，但為數必極重大無疑。……又因搶刼時所發生之强姦婦女，殘忍行為，隨意殺人，無故放火等事，為數極屬不少，亦為增加居民痛苦之原因。（上所節錄，據王光祈譯「瓦德西拳亂筆記」。）

又據「庚子使館被圍記」的著者樸笛南姆威爾（B.L. Putnam Weale）所紀述，則關於姦淫搶掠的情形，乃更為淋漓盡致。該著者原為英使館一職員，在被圍時曾參加防守，聯軍入京以後，他本人也公然參加了這種姦淫搶掠的活動！而且不惜筆之於書，絕不予以隱諱。

至於留居北京的中國人方面，則因早知聯軍入城，必無可倖免，婦女更慮受辱，因此投井自縊死者，多至不可勝數。其有名者，如大學士徐桐及其全家（其子刑部侍郎承煜係於逃後為日軍所捕獲）；尚書崇綺的家人死於北京，其本人則仰藥死於保定蓮池書院；皖撫福潤全家自殺，其母年九十餘，以哀痛死；祭酒王懿榮夫婦子婦共投井死；宗室庶吉士壽富及其弟富壽（侍郎寶廷之子）皆仰藥未死，兩妹及婢死焉，壽富自縊，富壽從容理諸屍，乃自縊死。此外如主事王鐵珊，祭酒熙元，及其他滿官百餘人，皆及難，合計滿人死者殆數千人，因此，朝衣冠及鳳冠補服之屍，觸目皆是，有上弔久頸斷屍墜者。其生存者，多於門首插某國順民旗，亦有請其軍官簽名於旗上者，以求保護。至其他無業遊民及地痞，則多引導各國軍人從事搶掠，或為之運送搶掠所得以分其餘瀝，據說其中有不少在數日前仍為拳匪者，今乃得厠身於文明國軍隊之列而與之合流焉。

瓦德西於閏八月二十四日（公曆十月十七日）到達北京，其司令部即設於儀鑾殿。時各國在京駐軍，已分別劃地自行管理，據當時一般的說法，以日本及美國地段的秩序較為良好云。（第三節完，全文未完）

本刊已經香港政府登記

聯合評論 週刊

每逢星期五出版

United Voice Weekly

第九十四號

督印人：黃宇人　總編輯：左仲平
社址九龍金馬倫道卅八號三樓　電話61413
承印嘉羅印刷有限公司　香港灣仔馬師道5號
總代理：友聯發行公司　售價每份港幣一毫
本報美洲版總經售處美國紐約中美出版社
CHINESE-AMERICAN PRESS, INC
199 CANAL STREET.,
NEW YORK31 N. Y. U.S.A.
美洲航空版零售每份美金一角

民主國家不宜冷戰

李璜

一

冷戰，這一名辭，出現以來，好像新鮮；其實，考其事態，則內容甚爲陳舊；可以說，在人類社會上，自有兩個野蠻部落相對抗的狀態，其間便已有了冷戰的場面。以中國的史事來作例，則我們去讀春秋、戰國、秦漢之際，三國、五胡、南北朝、唐五代……等，凡有兩方面或多方面對峙的政治局面，爲爭雄論霸起見，在熱戰未來之前，都免不了有冷戰的相互設施：諸如用間、造謠、示威、舌辯、觀兵、問鼎、以至於兩雄會盟中的脅迫表演，（據說孔夫子即在夾谷之會中很得法的應付了一場冷戰，）兩軍對陣中的戰書攻勢，（未戰而先表示自方的理由優勢，所謂「師直爲壯」是也，）這種種的冷戰方式，在中國自古便列之於「兵法」，所謂「不戰而屈人之兵」，所謂「出奇以擾之，多方以誤之」，方式甚多，大抵不外一個「譎」字。

不過這一譎字，到了現今國際共產黨手裏，更是濫用與妄用，更是無所不用其喝哄嚇詐，而且手法更日趨於下流，只要對手方神經有些微的衰弱，判斷或落套於常情，不然或意存苟安，或勇氣不夠，便容易墮入俄共及其徒子徒孫的陰謀詭計之中！本來，俄國在帝政的時代便擅長陰謀詐術，以俾士麥的雄才大畧，無所畏懼，其駐俄期間，也已感到俄帝政情的陰險可怕，但俾士麥認爲對此內心固然陰險而力量其實脆弱的政治領導階層，只有與之硬幹，故俾士麥未上俄國之當。俄國政治既已有此陰險的傳統，再加上列寧，史太林等，俄共首要去公開提倡權術，不談信義，專玩手段；不講邏輯，全憑詭辯；不但對國際場合，一味使好使詐，搗亂胡擾，就是對其國內民衆，也朝三暮四，高壓到底，欺騙到底，——無非都是在施行冷戰！

我們很可惜是，俄共頭子們就靠這冷戰方式，十餘年來，在國際間乘機取巧，混水摸魚，得着利益不小！西方民主國家主政者至今還未十分認清俄共所用的冷戰戰術，一味的表示害怕，又花錢費時去買怕來受。其實，俄共內部弱點甚多，色厲內荏，表面好像很強硬，而行動並不敢硬來，不過是與人糾纏不清，使你終日不寧，非設法應付他不可；如果你去用軟方法敷衍他，他便有機可乘，有利可圖了。這好像是中國社會上所常遇的「惡棍」的本領，這一本領全憑無聊與無賴！其次，俄共頭子如赫魯曉夫輩，有時嬉笑，有時怒罵，當其有所需索或有所誘惑時，其面孔裝得很輕鬆，很和氣；一旦感到需索與誘惑都不生效時，則其面孔忽然一變，大發皮氣，使人難堪，下不了台，這又好像是「鴇兒王八」的作風，這一作風充分表現無良與無恥！復次，就以往的經驗，與俄共打交道或簽條約的多半不守信用，因其目的既只顧自己的利害，而不知信義爲何物，則其言，其行，其與人所簽訂條約，皆不能望其有負責之念存乎其間！

無聊、無賴、無良、無恥，而且所言所行又絲毫不負責任，要與這種人坐下來談道理，打交道，甚至於希望他拿出誠意來談出一個兩下長久相安的辦法，那簡直是一個大傻子的想法！因此，我佩服杜魯門這位總統先生，她始終不願與史太林坐攏來談，他並且說：「與俄共簽條約，還不如簽約那一張紙的價値！」也因此，我在去年九月赫魯曉夫要去訪美國時，而美國人認爲冷戰可免，和平可期的時候，我曾一連在台北的民主潮，香港的自由人，祖國，聯合評論這些刊物上，十日之間，發表了四篇文字，警告美國人不要上當，我在文字中且稱赫魯曉夫爲「蠻人」與「狂漢」，既是蠻人，則不知交以道，接以禮，所謂「狂生不可近，近必得大辱」的。當時，朋友曾笑我這種反共，未免死硬，未免太怕冷戰！我也曾答復這位朋友，民主國家就不宜去與俄共冷戰！

二

何以說民主國家不宜與俄共冷戰呢？第一、民主原則本是從理智主義中生長出來，民主國家的人們習於理智的判斷，所謂人與人之間，理應如此，已成常識，而這一在英、在美、在法等民主國家內的習慣的常識，就不能應付俄共的反常作風。民主派的想法，推測法，尤其是美國的派頭，對於俄共的橫不講理，往往在事前要判斷錯誤的。——美國人的這種事前判斷的錯誤，十餘年來，例子甚多，舉不勝舉。就以這回高峯會議一開始，赫魯曉夫竟不惜一怒而將會議破壞，既辱及美國，又漠視英法，在民主國家的常識判斷上，乃是莫明其所以然的，故美國政府中人只有自認事前判斷錯誤，非常喪氣，我認爲可笑可惜的是，從會議不成功後，英美人士還不斷的在那裏用常識推斷，說赫魯曉夫的這一行動，或爲國內的形勢所迫而然，或爲中共的壓力所逼而然，因此引起中共的異常與奮，反美反得更利害，而俄共也因此提出下次高峯會議如開，必須中共參加，中俄共這一唱一和，使冷戰的氣氛更是加濃加大，這就是我前面說的，花錢費時來買怕受！在我的想法，赫魯曉夫對艾森豪的蔑視語句，本應由英美人口中說出來的，就是說，「赫魯曉夫如此其狂妄無禮，在他一天任俄共領袖，高峯會議便一天不予召開」！至少美國人在赫魯曉夫抹煞了艾森豪以後，應該立刻由美政府或議會奉還赫魯曉夫以上面的語句。然而民主國家竟不能這樣的亂說亂罵，因爲民主派習慣要談道理，要講禮貌，殊不知，你與共產黨去談道理，講禮貌，根本就輸定了，你就不該與他坐攏來賭的啊！

第二、民主國家的領袖，一舉一動，乃是要向他國全體民衆負其責任的，而獨裁者則反是。因是對外政策的隨意輕重，所謂高下在心，揮洒自如，只有獨裁者辦得到，而民主領袖則否。以希特拉去對付史太林，一個大獨裁者對付另一大獨裁者，今日可以言歡而相互擁抱，明日又可以大打起來，打個你死我活，推之如南國的狄托，挨及的納薩，這類小獨裁者，都可以時而與赫魯曉夫說携手，時而彼此大罵一場，庶幾可言冷戰，而艾森豪總統，麥美倫首相背後有全國民衆監視着的，他們便不能如此隨便了，舉動便不會如此靈活了，所以在冷戰中，我們總感到民主國家的領袖好像是一羣笨伯！就以U2飛機一事而論，有朋友問我，赫魯曉夫對於俄共的間諜行爲，屢次向國際間賴賬，說他不知道，爲何艾克竟不能賴賬而推說他不曉得？這就是民主領袖與獨裁者的不同處：民主領袖是要向民衆負責的，豈能隨便推脫這U2一事的自身責任呢？

第三、民主領袖還要講究風度，不但不能隨便賴賬，而且在言行上也不能表現出無聊無恥的情狀，這樣的與俄共去開會，無疑的要甘拜下風的！這個滋味，我曾經領教一次，眞是難受！一九四五年舊金山聯合國製憲大會，我曾忝任中華民國的代表，大會開了三個月，俄共代表就動輒罵人，罵上三個月，會外笑嘻嘻，一開會便大擺面孔，令我整日，有時整夜，坐在會場看花臉戲，眞是乏味之至！當時中華民國政府爲中共問題正在敷衍莫斯科，不能與葛羅米柯，馬立克等取敵對態度，同時英美代表也還是夠風度的忍耐着這一鬧劇，只有「小强」國的代表如澳洲外長伊死特還能與俄共代表對罵幾句，其餘只有被挨罵的份兒！我當時便會想到，與俄共開會，要想爲人類正義和平，眞正的解決問題，那是絕對不可能的事啊！

我不知道，麥米倫首相爲何這樣熱心於高峯會議！他是自欺欺人嗎，或者是別有用意呢？我希望美國人再不要相信高峯會議可以消除冷戰，促進和平了！俄共及其徒子徒孫所怕的是實力，而不講道理的。只要美國及其盟國的實力日益充足，而且更能團結，則冷戰自然可免，和平自然可期，不然像現在這樣冷戰下去，民主國家只有吃虧的，因爲民主國家根本就不宜這樣子的冷戰咧。

四九、六、二

中共大舉反日

彭晦聞

民主共產兩造的冷戰發展到最高潮，在歐洲必互爭德國，在亞洲必互爭日本，這是大家所知道的一個必然趨勢。

這次赫魯曉夫藉口美諜機入蘇事件把高峯會議破壞以後，已把互爭德國這件事展緩了半年到八個月，於是在亞洲互爭日本的這一幕，乃以密鑼緊鼓的姿態登場。

爭德國必須由蘇聯單獨出面，中共並沒有取得說話的資格；爭日本則蘇聯有中共這隻貓脚爪可用，不必要赫魯御駕親征，他只在後面做一點提綫工作便夠了。

這一次中共對日本大舉下手，日本自身是確有其弱點的：

一、全世界的國家，只有日本確曾親嘗過原子彈的滋味，因此他們把蘇聯的核子武器和火箭去威脅日本，確實是比較容易有效。

二、日本工商業的膨脹，已經遠遠的超過了戰前，對於原料的覓取與市場的開拓實屬刻不容緩，因此中國大陸乃對她有相當大的誘惑性，能使她忘記一切危險，不惜委曲求全，一心只想求得對中共的妥協。

三、岸信介這個人，確曾侵畧過滿洲，也確實是東條內閣的一員，中共一口咬定他是法西斯的復活，能使世人感到相當的迷惑。

四、自民黨本來是一個復合體，內容非常複雜，岸本人又愛用手腕，樹敵頗多，因此不難挑動自民黨內部給岸以根本打擊。

五、日本只有右傾分子還是國家觀念很強，凡受過共產黨薰染的左傾人物，則可以一切不顧；至於戰後的日本青年教育，這本來是早有問題的。

六、日本年來對外貿易發展，實在有了顯著的猛晉，例如香港及東南亞一帶，中共商品原具有相當地位，但因爲他們的人謀不臧，致生產銳減，再加上商品的品質降低，因而市場乃大部被日本所攘奪，因妬生恨，因恨成仇，這也是中共必予日本以打擊的主要原因之一。……

現在中共所採的策畧，其總原則乃是「藉反日以反美」，分析言之則有如下的數端：一、藉口反對日美安全新約，以收一石兩鳥之效；二、挑動一切反岸勢力，使岸疲於奔命，或竟至垮台；三、挑動過去曾受日本侵畧的國家，以激發其仇日的舊恨；四、重彈排斥日貨的老調，也希望能有小效；五、對一切樂於接近大陸的日本人，一是以笑臉迎之，甘言誘之，總以其能墮入他們圈套爲目的；六、阻止艾森豪訪日，以進入正面的反美；七、加强支持日共與社會黨，以求達到他們最後赤化日本的顧望。

目前岸信介的硬大致是對的，但方法則不夠，對外宣傳尤其不夠，中共外强中乾，實際不堪一擊，我們暫時只能拭目以看日本今後應付的方法怎樣吧。

論民主時代底「軍人干政」

李金曄

一九五八年六月，戴高樂在法國東山再起，循憲法途徑主政，並修改了憲法，加强了政府權能，二年來使法國的國際地位到達了戰後未有的顛峯，國內本土的政治穩定，經濟繁榮，亦為戰後所罕見。

由於戴高樂是個軍人，一般都把他的再起，看作是出於「軍人干政」而造成的「軍人主政」底結果。却忽視了法國本來的民主政制，更忽視了戴高樂在取得全民信賴時，所堅決主張的尊重憲法，與依據憲法行事的民主精神。

因此，也就有人把一九五八年六月以後，在亞洲地區各國發生的政變，都目之為「不足為訓」的「軍人干政」。

繼法國的政局變革之後，在亞洲確是一連串地發生了政變：一九五八年七月，伊拉克國王被殺，由陸軍接管政權；同年秋，巴基斯坦陸軍總司令阿育布出而接管了政府；繼之有緬甸的陸軍司令尼溫將軍和平地接管了政府；泰國的强人乃沙立亦相繼驅逐了乃披紋及乃炮。

這幾個國家政變基本上都未曾有大流血事件發生，雖然發動政變的都是軍人，可見軍人對民主政治的眞締，確已有了相當的認識，尤其是阿育布將軍，尼溫將軍及乃沙立將軍等，都是從英美的軍事教育中孕育長成的現代軍人，對民主政治自有一定的修養。但由於在英美近代民主政治歷史中未見有軍人干政的史實，尤其是以麥克阿塞將軍當年之權力與地位，尚且為杜魯門總統下令撤職，可見軍人在民主政治中，也一樣是必須絕對地服從政府的，主要是服從國家元首，有人便據此認為，今日亞洲國家的「軍人干政」是不合民主政治原則的。是不足為訓的。

「軍人干政」誠然是不足為訓的事。但是對披了民主的外衣實行獨裁的政府，或以在議會佔有了絕對多數席次，而倒行逆施的政府來說，其行為也同樣是違背民主政治的原則與精神的。在此情況之下，民主、法治既已無從實施，人民的自由權利，又復無從得到應有的保障，人民自亦難以忍受。韓國的政變，土耳其的政變，都是在這樣的客觀情況下發生，惟一的不同是韓國的政變始於以學生運動為主流，軍人則以超然的中立地位同情之，並未直接參與，雖如此，已使李承晚喪胆，失所依恃，不能不引咎辭職。土耳其的政變，在直接的行動上，是以軍人為主流，但是其行動的基礎，還是在於全國人民對孟德斯政權的不滿。在韓國，由於政變是從學生運動與民衆運動開始的，持續了一個月，給執政者以屠殺的機會，遂造成了大規模的流血事件；在土耳其，政變係由軍人發動，孟德斯政府的垮台，僅為一夜之間的事，故並無大規模流血事件發生。總統巴雅及內閣閣員均得一網成擒。

無論如何說，獨裁政治的時代，是已成過去了。君權時代，軍人效忠的是皇帝；民主時代、軍人所効忠的是民主政制。在君權時代，朝代的更替，軍人的動態具有極大的作用，所謂「兵變」、「軍諫」都足以左右歷史。但在民主時代，民意、輿論成為不可侮的力量。任何政權都不能忽視民意與輿論，即使是軍人，雖然他應該絕對服從命令，但在他的人格裏，也有其獨立的尊嚴，包括他對民主的認識，他對實際政治是非善惡的抉擇，也不容他忽視民意與輿論。在君權時代，軍閥可以通過兵變，黃袍加身，取而代之，但這是以暴易暴，以獨裁趕獨裁的方式，新政權雖代舊政權而起，二者之間却並無不同。民主時代，人民所嚮往的，所要求的是民主與自由；基本人權是不容剝奪的，現代軍人對此理應早有認識。執政黨固不能以議會的多數，制訂法律以破壞民主，干涉自由；執政者，亦不能以其個人的地位，與國家人民所賦予的榮譽，和統帥權，變相地推行獨裁政治。所謂少數服從多數，也必須是先肯定那出於多數的決定是善良的，是無損於民主自由的，才能令人翕然服從；國家的領袖地位及其領導權力，人民自應愛護、尊重，但也要先決定於他確能行仁政，遵法治。軍人，在君權時代，他們首要的職責不在保民，而是保皇，但在民權時代，軍人的職責首要是在保衛民主生活方式。人民的安居樂業與國家的富强既然有賴民主政制以保持，那麼軍人首先應該守護的就是憲法。政府與領袖當然也是軍人應該守護的對象之一，不過那必須是一個為全民所擁護的遵守憲法的政府與領袖，才值得被守護。在民權時代，軍人已經不是盲從者，不是盲目的在服從一個「領導中心」。

若以君權時代的尺度來看現代的「軍人干政」，自然是不足為訓的；但為什麼不先問一問，為什麼在民主時代仍不免有軍人要起而干政呢？從前軍人是皇權的統制工具之一，現在其性質與意義已完全不同了，軍人的行動須以民意為基礎，而民意的趨向則以執政者的實際政治內容的善惡為轉移，是以執政者遵憲守法到何種程度為定的。南韓的宋堯贊將軍與土耳其的古塞爾將軍，他們的行動，在最後的決定關頭，是以憲法、民意為依據的，他們的作為並沒有逾越憲法、民意所許可的範圍，更沒有乘機作亂，背叛民族國家利益的行動，更非以暴易暴，其可敬者正在此。

二年以來，從戴高樂將軍到古塞爾將軍，從歐洲到亞洲，連串的發生「軍人干政」，確是事實，但無一不是為了進一步地守護民主政治。實行政黨政治的國家——如法國，需要的是穩定與有效率的政府，這說明民主政治是不容許腐敗和不講效率的，戴高樂之應運再度出山在此；宋堯贊的中立，古塞爾的干政，是因為李承晚與巴雅變相地推行了獨裁政治，李起鵬固然是作舞弊的競選，孟德斯之蠻橫地壓制反對黨，在議會以壓倒多數的方便，通過法律，禁止反對黨員的競選旅行，也是一種變相的競選舞弊。南韓人民既不堪忍受，士耳其人民自也要反抗。宋堯贊的中立，使南韓出現了大流血，但古塞爾直率地干政，卻使土耳其免於流血。現在南韓與土耳其均已有過渡政府成立，形勢都已趨於穩定，証明今日的「軍人干政」，與昔的黃袍加身有大大的不同。

這兩國的政變，也給了亞洲其它尙在維持獨裁殘局的國家，以強烈的教訓，因此，從某些地區所反映出來的官方或黨方的言論，充分地盡了曲解的能事。他們以君權時代的觀點，來強調「軍人干政」是危及國家安定的。他們也從民主觀點來說，這是「不足為訓的」，可是他們偏偏忽畧了回過頭來看看為他所辯護的政權，或那個「領導中心」，又是個什麼型態。他們張惶失措地抨擊，甚至幸災樂禍地在等待不幸的發展，不過是為了使他們的言論成為反對民主政治持之有故的理由。這種心腸與態度，不僅可誅，亦復可鄙。更不幸的是，這樣的論調和共產黨的論調，祇是貌異而實同；其居心則竟完全一樣，乃不欲見韓國與土耳其有眞正的民主政治出現。

在匈牙利反共革命運動的當時，也由於匈牙利的武裝部隊採取了觀望態度與同情革命的行動，蘇聯的紅軍與坦克，遂介入展開了鎮壓與屠殺。可見即使是受了教條訓練的軍隊，也並不是獨裁者的最可靠的工具。

我並不主張，也不是鼓吹，在反共的不民主的國家內進行軍人政變。而是當見到了太多的曲解「軍人干政」的論調之後，確有不吐不快，不辯不快的感覺。同時應該理解到，像韓國那樣腐敗到了爛熟的政權，除了幫助共產黨活動以外，尙有何種價值？又像土耳其孟德斯那樣蠻橫摧殘民主自由的政權，除了能引起暴動與內戰之外，其存在又有何種價值。為了免於韓國為共黨征服起見；為了免於土耳其的流血與內戰起見，我覺得軍人在政變中取中立的態度是不夠的，積極地「干政」，就不是毫無意義的了，尤其是對一個絕對頑固獨裁和摧殘民主自由的政權，它一手掌握了多數席次的議會，一手有聽命盲從的特務警察，民意與輿論既無由申張，軍人若不能秉承憲法、民意行事，勢必釀成「官逼民反」的內戰，以至危及國本。

因此，從這一角度來看韓國與土耳其的政變，就不能不對「軍人干政」加以同情，並作新的認識了。同時，也可以了解，有意誣曲韓、土兩國政變的任何言論，都是別具用心的，目的是在為獨裁者作「衛道」的辯護，不過畢竟已成時代的末流，不足重視了。

其實是不必恐懼於「軍人干政」的。不過有人若自以為民意可製造，輿論可以箝制，有盲從的特務警察，有可賄買的民意代表，恃之以高枕無憂，樂不思蜀，那也是不切實際的。以匈牙利為例，已証明黨化的軍隊是不可靠的，何況尙有過去的慘痛歷史為訓。創子手尙且要「放下屠刀立地成佛」，何況是受了現代思潮影響的軍人。

民主是不可抗拒的。但若執迷不悟，任何形態的悲劇皆可能會突然發生的。不要恐懼於「軍人干政」，和權位不保，而是要反躬自問是否眞心誠意地在實踐了民主憲政。

（六月五日）

台灣一周

給新內閣說一句話

·孟戈·

陳誠新內閣組成了，據說「開明人物多當權」（？）泛亞社台北電訊說：「新閣具有兩個極堪重視之特點：（一）為十年來專家學者及開明少壯份子最多之內閣……（二）現閣之全部閣員幾全部為與行政院長陳誠多年合作之人士，新內閣將為一個內部堅固團結之內閣。」

看來新閣確有幾個特點是相當凸出的，一、梅貽琦、王雲五仍入閣，二、連震東、蔡培火也入閣，三、沈昌煥、周書楷，以最年青閣員姿態「躍進」入閣。因而，這個內閣陣容是擺設有無黨無派人士、有台灣人士、有年青的開明人士的簇新閣型，總算受了南韓政潮的影響吧！

我不知道所謂「開明人物多當權」，將來會「開明」到如何地步？不過，有幾句話說一說，請新「公僕」注意一下：第一、不要以為反攻成功也是閣員，偏安台灣也是閣員。反正汽車洋房，反共抗俄管他娘。第二、在民主自由運動上，多盡一分力，名字就多添一點光。第三、外交和僑務的兩位新閣員，要好好做你們份內的事。比方過去僑務工作，老是攬門面工作是沒有用的，所謂「僑領」也者，是不是堪當其任，大家心中有數。對於那些「僑棍」、「僑混」之流：混跡僑社搔首弄姿，還是拿出勇氣來清理掉的好，特別是那些專事勾結駐外人員，蒙蔽上級，欺壓僑民的一都，是引致廣大僑民強烈反感的毒瘤。過去僑務當局，把他們當作「僑領」，是非不分，實無過於此。沈昌煥擢為外交部長，不尸其位。但過去我親耳聽過一位吃外交飯的駐外人員，到處標榜是×××的人，果眞官運亨通而長遠外放肥缺。我不相信現在還有人存心培植私己，讓我們等着瞧吧！事實將証明一切。

台灣新聞自由何在

台北警備司令部，因四月號「人世間」，「內容不妥」，居然查扣外銷郵寄部份。經該社提出質詢，警備總部通令全省實行全面查扣與沒收。於是乎迫使該刊在「聯合報」上刊出廣告，表示抗議。與此同時，台北「公論報」連續發表兩篇「社論」，抗議該報外銷被沒收，並駐港記者稿件被扣壓事件。

執政當局的一連串做法，顯而易見，是公開對「新聞自由」挑釁，也是明目張胆背叛民心輿情，誠如所周知，李承晚政府和巴雅爾政府，是宰殺新聞自由的劊子手，然而，於今安在？愼矣哉！

中共拉攏外蒙無結果

五月二十三日，中共與外蒙簽訂了一項「經濟技術援助協定結算議定書」。這一議定書是根據一九五六年八月所簽訂的「經濟和技術援助協定」，協定規定了在一九五六——五九年之間中共無償援助一億六千萬盧布，助外蒙建設若干工程。到一九五九年底止，已建成十七項工程；同年十二月，並簽訂了一個「非貿易支付協定」。按理，根據這個非貿易支付協定對這項一億六千萬盧布的無償援助早應結清，但算了半年得出了結論，認爲尚有餘額，這個「結算議定書」是這樣發展下來的，於是認爲餘額將繼續援助外蒙建設某些工程。由這種情況來觀察，說明中共固然想充濶佬援助外蒙，但在援助的過程中却又不捨得，以致在預定期限之後，還有餘額。這根本是勒緊又勒緊人民肚子强充濶佬外强中乾的另一角度的表現。

中共外蒙間的這一無償援助結算清楚以後，周恩來率代表團到外蒙訪問。其目的無非是再以經濟方面的利益來交換外蒙對其作政治方面的支持，從眼前來說，這種支持是要外蒙同意其在戰爭與和平問題上的論點，認爲戰爭不可避免；亦即拉攏外蒙在這方面來反對蘇聯的對外政策。

五月三十一日，周恩來與外蒙總理澤登巴爾發表聯合公報，簽訂：「友好互助條約」，中共給予外蒙的「經濟技術援助協定」，「科學技術合作協定」。這次「經濟技術援助協定」所規定的不再是無償援助，而是在一九六一——六五年之間給予外蒙二億盧布的貸款，並助建一些工業企業、水利工程和公用事業。這說明中共不顧本身經濟的窘困，依然要充濶佬。其目的當在於要外蒙簽訂「友好互助條約」。

這個「友好互助條約」共計五條，最重要者是第二條與第三條，這兩條說明「締約雙方將對有關中蒙共同利益的一切重大國際問題進行磋商」「締約雙方在兩國的和平事業中，彼此將給予一切可能的經濟和技術的援助」；這種援助的根據是一九五二年十月所簽訂的經濟文化合作協定。既然說對於「一切重大國際問題」發生之時只是「進行磋商」而已，那末它在兩國以外簡直可以說這個條約並無任何約束，從而可知所謂「友好互助」只是經濟和技術的平時援助，而這種援助却已經有「經濟文化合作協定」固定了。由此可見，這個條約是毫無作用的，只是一些廢話而已。

前面說過，周恩來的訪問外蒙，目的是要外蒙支持其對外政策，來反對蘇聯這方面的政策，而其結果只是在一堆廢話的表面加上一個嚇人的名詞，曰「友好互助條約」。這樣的條約看來嚇不倒任何人，從而亦可見外蒙之受蘇聯控制不是中共一些貸款所能拉得過來的，周恩來外蒙之行看來是澈頭澈尾的失敗了。

·田心·

U2事件後

美國對天空法律的探討

海文譯

當美國聲言它有防衛權力到共黨領土高空飛行時，就涉及到國際法範圍，這是未被人探討過和沒有一定說法的問題，一如太空本身一樣。芝加哥大學國際法和政治學家摩根特說：「這種飛行在法律上是尙無先例的」。

美國現已發覺當此舊有法律常被濫用或違反的時刻，其本身乃處於戰爭與和平兩者模糊之間。過去冷戰十年來，蘇聯或中共的戰鬥飛機曾經襲擊和擊落半打美國巡邏機，其中數架是在共黨邊界以外，至少有廿八個美國人喪生。美國曾向世界法庭提出抗議，但蘇聯並未受到懲罰。在西柏林，難民被共黨特務綁架，解運到鐵幕後面——西方法律無能爲力。美國爲顧及這些冷戰中的實際情況，是不是能有合法與道義的權利，來委曲和更改一下一般所公認不能飛越他國邊界的規定呢？對此問題，美國的立場可從以下另外一些問題的解答看出：

間諜活動是否合法？

所有國家都有間諜。國際法認爲間諜行爲是合法和道義的。但是，並沒有國際法條文來保護被捕的間諜。間諜沒有權利。通常在戰時對間諜行爲的處罰是死刑。

國家的邊界是否不可侵犯？

侵犯他國邊界一向是被認爲破壞國際法的。

國家的邊界是否伸入天空？

所有國家都同意，一個國家的領土權利是伸入其土地上空的。但是這項同意並非很久以前的事——乃從第一次世界大戰，人們最初認識到飛機可用爲偵察、戰鬥的武器才告開始。

國家的主權到達天空的高度如何呢？

有些法律專家認爲國家的主權應終於氧氣最後所到的地方——即六百哩以上天空。另外有些專家則以爲領海既以往日岸上大炮射程爲標準規定三哩爲限，同樣，這「有效控制」爲標準的辦法對於天空，當也可作出規定。這就是說：一架在八萬呎高空飛行的偵察機進入蘇聯領空，應該不算侵犯了它的主權，因爲據知，蘇聯陸上發射的飛彈、火箭或飛機尙不能達到這樣的高度。

如果美國聲言有權飛越蘇聯的天空，是不是說也允許蘇聯的間諜飛機在美國的天空飛呢？

對於蘇聯，這將會是它的一個有力論點。美國國務院再三指明艾森豪威爾總統於一九五五年日內瓦會議，已經提出一項促使國際認識高空飛行權利的「開放天空」計劃。

美國防衛部隊是否會射擊任何飛越美國高空的蘇聯偵察機呢？除非該機同意降落並且投降。

一架非武裝的偵察機與非武裝的美國人造衛星，如美國的「泰羅斯」（TIROS）之間，有沒有法律上的差別呢？

很多差別。至今沒有一個國家聲言在人造衛星飛行的太空有主權。蘇聯對於「泰羅斯」曾經攝取其領土照片，這項衆所週知的事實並沒有提出投訴。理由之一是蘇聯的人造衛星一定也曾飛過美國領土的上空（雖然蘇聯並沒有像「泰羅斯」在飛行軌跡中攝取的照片）。這就使美國能夠在法律上辯解，說蘇聯已接受人造衛星在軌跡上的飛行，成爲「慣例」。

有沒有一種公認的自衛法律？

國際法承認自衛是一種基本的權利。數世紀以來，自衛即曾一再被利用爲一國攻擊他國的辯護藉口——有時是濫用的。

美國能爲自衛，在天空進行合法的間諜偵察嗎？

法律家對此有尖銳的歧見。哈佛大學國際法研究主持人密爾頓·凱茲認爲：「假如我們不是處於交戰狀態，以自衛來辯護是很難說得通的。」但國際法其他學者則以爲在此氫武器時代，一動手就可以使好幾個國家毀滅，美國政府採取這種立場是不可駁難的；蘇聯也可以聲言爲自衛擊落任何外國飛機，因爲地面雷達網人員是無法分辨出一架非武裝偵察機有沒有攜帶氫彈的。

蘇聯承認國際法麼？

很少承認。莫斯科是向不接納世界法庭的司法權力的，一九四四年，蘇聯是拒絕在國際民航協定上簽字的國家，它聲稱「每個國家對於其領土的上空有完全的，專有的主權。」它一向就懷疑任何與自由國家簽訂的條約，結果只是在約束共黨國家。

儘管，整個國際法是不完全的，並且不一致的——並且時常不嚴密的。但是，美國經已作出保証要支持和提供一部世界法規。美國面對的挑戰是要澄清現存的法律，要領導法律走上一條能應付新局面的道路。

（譯自今年五月廿三號時代雜誌）

城市公社吃飯難！

明石

儘管城市公社在全面推展中，而且有些中小城市已經實現了公社，現在大城市和邊遠省區，進行得並不順利。以上海爲例，雖然街道里弄居民已經全部被組織起來，但目前仍停滯在大辦街道工業的階段上，而被形勢擠出家庭的婦女，也還只有廿四萬人。（上海人口較保守的估計，當在六百萬）據中共「上海市副市長曹狄秋在上海第三屆第三次「人代會」上報告，他也承認「由於上海人口集中，情況複雜，各階層的思想覺悟、經濟收入、生活水平和生活習慣有一定差別」，表示城市公社化，只能緩緩地推行，但基本的原因則爲上海市民「對成立城市人民公社的要求不盡一致。」所以不能「要求一切人都一起參加，對於一時不願意參加的人，決不勉强」，並且保証「不論已否參加人民公社，副食品都照常供應。」

這樣的情況，並不是表徵中共有所讓步，而是在一種不得已的情況下暫且不雷厲風行地攪而已。至於上海以外的地區，早就實行不參加公社就剝奪供應副食品。

問題是大城市居民何以不願意參加公社？除；曹狄秋所說的上述那些客觀因素之外，在中共主觀方面，其難於短期內克服的困難是無法「把人民生活組織好」。也就是無法供應與滿足城市居民生活資料的要求，人民日報五月十九日的社論會說，「把人民生活組織好，應該從那裏着手呢？在羣衆多種多樣的生活要求之中，總有普遍和個別之分，輕重緩急之分。」該社論指出，「應該首先解決羣衆生活中最迫切，最重要的問題」，而這些問題計有：

「第一是吃飯；第二是穿和用；第三是帶孩子；第四是縫衣、洗衣、理髮、洗澡等。」並謂：「這些都是生活基本要素，這些問題解決得好不好，關係到廣大婦女不能從繁忙瑣碎的家務勞動擺脫出來，安心從事生產勞動；關係到人們能不能在勞動後有充份的休息，關係到兒童能不能得到健康地成長和良好的教養。」

我們應該能夠了解，中共辦公社（不論是農村的或城市的）的目的之一就是爲了把婦女勞力從家庭中擠出來，希望通過這一關能夠達到增產目的。可是農村公社的活生生的事實使城市的居民對公社化起了疑懼。農村公社化後，中共並未兌現「吃得好，吃得飽」的諾言；城布公社在中、小縣市實行以來，人民的生活方式有了徹底的變化，婦女雖然犧牲了傳統的家庭生活，也參加了各種街道行業的勞動，可是些微的貨幣收入，並不標職相等的購買力。人們提出了疑問，在「舊社會」既然都活下來了，況在新的生活方式，付出了偌大的犧牲，並未有助於改善生活中的物質內容。中小城市的情況如此，大城市的居民當然對公社化更是疑慮了。

根據最近由大陸南來不久的人說，現在雖然可在大城市裡，看到一些城市公社的招牌，但實際的內容多數是名不符實的。我們的看法是，這種名不符實的現象只是暫時的，既不能把它看作是中共的失敗，也不可能是中共的讓步。它可能會變質，但現在則言之過早。目前只是中共不敢激烈地推行，當在它政治權力所能達到的工廠、企業、機關、礦場、學校等的公社穩定下來之後，城市里弄的居民就不能再堅持拒絕接受公社生活了。

不過，重要的關鍵不在此。一旦大陸上，從農村到城市完全公社化了之後，而中共仍然無法改善人民生活要求的話，那麼人民就自然要向中共進行清算的。那時，中共面臨的將是一個存在與垮台的全面性問題，而不僅是城市公社的成敗問題了。

陳誠的煩惱

（台北通訊）非法臨時總統就職後，行政院長陳誠仍被慰留，並將內閣作局部的改組。於今留任者既慶得保其職位，新任者亦已粉墨登場，似乎一切均已成了定局。然而此中的經過情形則頗不簡單，實有向海外讀者報導一番之必要。

獨　清

行政院長的合法性有了疑問

在蔣介石即將就任非法臨時總統之前夕，陳誠與行政院各部會首長及不管部會的政務委員曾全黨聯請辭職。其原因，是他們認為行政院長既為前屆總統所提名，自須隨前屆總統的任滿而解職。因此，一般人咸認為新任總統就職後，應從新向立法院提出新的行政院長人選，才是正常的程序。但此次陳誠繼續長行政院，卻沒有採取此一程序，而僅由蔣介石在其辭呈上批慰留並將原件發還，即算了事。據說，蔣陳兩人都認為憲法上並無新總統就任時，應從新向立法院提出行政院長人選的規定。何況而今的事，則總統與行政院長同為舊人，自更無再提請立法院同意的必要。但立法院方面，則有若干委員堅持相反的意見。他們說，假如新總統就任後可以不向立法院提出行政院長人選以組織新閣，則原有的行政院又為何要隨着前任總統的任滿而辭職？據說，他們正在醞釀聯合更多的立委提出集體的書面質詢。將來如何演變，尚不得而知；但陳誠的威望必將再受一番打擊，則似乎無可避免了。

據熟悉內情者的透露，蔣介石所以決定採取此一出人意料以外的權變辦法之原因，係應陳誠的請求。因陳誠自覺如果採取提名程序，他可能被立法院否決，或僅以極為有限的多數倖獲通過，在面子上亦頗難堪。所以才走憲法的縫隙，即以蔣介石慰留的批示作為繼續行使職權的依據。果爾，則我們有了一位走後門而來的非法臨時總統，如今又再加上一位走後門而來的行政院長，豈不是相得益彰嗎？

陳誠自毀其在立法院的威望

自政府退台以後，陳誠在立法院的威望，曾盛極一時。不但所謂黃、復、青（即黃埔軍校，復興社，青年團的合稱）的立委對他極為支持，即CC的立委也得讓他三分。至於其他各派系及無派系的立委，則多認為他是今日台灣尚可稍有作為的唯一人物，因而對他存有或多或少的希望。所以，他在立法院內迄未遭遇到任何困難，而不免有時要忘乎其形了。例如前年，他宴請立法委員時，立委文羣發言，希望他「要聽多數人的話，不要祇聽一個人的話，」這本是一番好意；然而他卻要自己鑽牛角尖，認為文章的意思是叫他不要聽蔣介石的話，並當眾把這一位年餘古稀且患耳聾的老先生大罵一頓，而不但惡聲厲色，而且幾次拍案。其驕橫有如此者。但好景不常，自蔣介石於前年冬宣佈反對修改憲法後，蔣經國即認為陳誠將繼乃父而為總統，於是指示鄭彥棻等在海外發動勸進，並揑造種種情報以破壞蔣與陳的關係，卒至前者大受所惑而對陳誠頓起疑心。CC更乘機利用各種機會對他攻擊有加。陳誠雖有所覺，而仍以為祇要能緩和蔣經國而重新獲得蔣介石的信任，其他一切都不值得顧慮。於是近一年來，他雖然隨時隨地向蔣介石表示孤忠，和對蔣經國表示好感；但在立法院內仍趾高氣揚，目空一切。直到不久以前他因為罵了立委費希平而招來了後者所提出的那一篇教訓式的書面質詢，才感到形勢不佳，而急圖彌補，可是，已經太遲了。

說到費希平，他在立法院中向少發言，更非活動分子，竟因那一篇書面質訊而聲名遠播，自然是出乎他本人的想像之外；而不可一世的陳辭公也因此一質詢而首次遭受了不易彌補的打擊，當亦非始料所及的吧？據悉，陳誠在受命繼續長行政院後，曾約請費希平到他的公館吃飯，當面表示歉意。然而，如今的事，則是陳對費的質訊雖可以不了了之；但來日方長，前途仍將困難重重的。

陳誠與小蔣的聯合內閣

陳誠在非法臨時總統後尚能保全行政院長的地位，而蔣介石又以慰留的權變之道使他得以避過經由立法院投同意票的頭道難關，讀者或將以為蔣對陳已恢復了信任。然而不然。蔣所以要陳誠繼續行政院長的主要原因，乃在於利用他來打頭仗，藉以轉移海內外反對違憲聯任的目標。正與當年在大陸作戰時，他利用所謂襍牌軍隊去打頭仗，是同一的用意。而蔣經國之所以也同意陳誠，則因為在行政院的人事調整中，他的目的已大半達到。除鄭彥棻長司法部，更可使今後的司法與國策（應為經國之策的簡稱）愈加配合外；連震東之得長內政，亦是經國的關係，並寓有以台灣人對台灣人之深意。據悉，陳誠原欲以王世杰繼黃少谷長外交，去年派王出席聯合國大會，即是為此舖路。繼見形勢不佳，王曾舉抗立武以自代。後因抗的人望仍有未孚，乃屬意於蔣廷黻或葉公超。不意蔣葉兩位都不肯幹，經國又急欲控制外交，不稍讓步，於是沈昌煥便以老蔣的親信和小蔣的心腹的雙身份而登場了。此外，陳誠原擬以其老友而又在華僑社會中具有相當影響力的薛岳長僑務，亦因老蔣小蔣均不同意，才爆出了冷門——周書楷。預料今後的僑務將為經國的意旨是從。至於交通與教育，經國原都有意染指，前者總算由水利一位專家來繼任，後者則經陳誠多方苦求，梅貽陸才勉強答應暫時留任。總之，改組後的行政院，已經是陳誠與蔣經國的聯合內閣；而後者的實力，更較前者為雄厚，關心國事的人們，怎能不為國家前途憂懼呵！

如此的施政方針

改組後的行政院，已是蔣經國與陳誠的聯合內閣也就是為蔣經國舖路的過渡內閣，自不會有任何鮮明的施政方針可言，已是任何人都可料想得到的。據中央社的報導，陳誠於六月二日在改組後的行政院首次院會中，曾發表今後施政方針如下：

「一，為加強戒備以確保台灣安全，準備隨時拯救大陸同胞；並配合整個自由世界當前的特殊危急情勢，擊破共產集團侵略行動。

一，為加速經濟發展，切實執行十九點計劃與第三期四年經濟計劃，以充實復國能力，改善人民生活。

一，為政治改革，如健全體制，提高警察與稅務行政的效率，充實地方自治，發展國家科學，均為當務之急，必須有計劃，有重點，有步驟，切切實實去做。總之，凡有利於國家人民的事，自當悉力以赴。」

從如此的「施政方針」看去，不但國民黨在所謂第一屆國民大會第三次會議時所開出的那些支票，如團結與開拓新局面等陳院長已因事過境遷而拋諸腦後；就是蔣介石據以違憲連任的唯一理由——「六年內回到北平」也變成了隨時準備，而沒有確期了。那些幻想蔣介石再連任後，將有所改革的人們，亦可以醒矣。

與香港時報再談

蔣經國的政治身份問題

·一民·

本月五日香港時報在社評的頭頂上特闢專欄名曰短評，由葉林先生『筆者小民不敢以其人之道還諸其人之身而稱他為「所謂葉林者」』對我在本刊上期請問有關蔣經國的幾個問題有所答覆。他雖然在最後一段還說，「在民主政治的制度中，不同意的政治團體彼此互相辯難，乃事理之常事」；但其文則官派十足，充滿了他所謂「潑口大罵」之詞。年餘以來，聯合評論對台灣和蔣先生的批評多矣，香港時報均能處之泰然，似乎已在民主的修養上下了一點工夫（借用葉林先生的話）；而今一觸及蔣經國他們就動了肝火，失了理智；而竟急不擇言，不知講理，祇會漫罵，使人們對該報的代表性得到了新的認識。我又何忍以牙還牙？可是，香港時報既然以為蔣經國辯護為己任；就應以負責的態度來答覆我所問的幾個問題。如果我說東、他說西、老是閃閃灼灼，支吾其辭，勢將愈辯而使國人對蔣經國愈加疑心，想來不是諸公所願望的。茲請不要再躲閃明白的答覆以下各問題：

一、聯合評論說，蔣經國當年在俄受訓，曾於乃父起而反共之際，高呼打倒新軍閥蔣介石的口號，有無其事？又香港時報的短評為何將此一問題略而不提？是不是誠恐刊出之後被台灣警備司令部檢扣呢？

二、我曾聞，假如蔣經國當年是被迫加入共黨或被迫跟着共黨走，而回國後已決心反共，為何不自首或聲明與共黨脫離關係？香港時報說，「不管這些手續問題如何，蔣經國若干年來的言行，就是對任何誣蔑的有力答覆」。但共黨份子必須自首而與共黨有關係者必須聲明脫離關係，否則仍以共產黨論，這原是國民黨的規定。香港時報竟認為這些手續可以不管，是不是公然與貴黨的中央挑戰？其他的共黨份子是不是也可援以為例？

三、聯合評論曾舉出種種事實証明蔣經國的政治身份十分可疑；香港時報既認為若干年來他的言行已足以証明其反共，為何不將這些言行列舉出來？

四、聯合評論說，某立委在港出版月刊主張國共和談，而今竟以蔣經國的關係而獲准入台，香港時報認為是「故入人罪，藉口陷害蔣經國和某立委，」但並未答覆問題。我現在再問一次：某立委在其主辦的某月刊中公開主張國共和談，是事實，還是誣陷呢？他因蔣經國的關係入台，是事實，還是誣陷呢？假如短評的作者真有所不知，何不就近問問貴報的社長？聯合評論所說的既然都是確有其事，那麼，是我藉口來陷害他兩位嗎？還是香港時報含血噴人（借用短評的話）呢？至於說到「繼承烏雅的衣鉢來替中共統戰一番」，聯合評論既未主張國共和談，亦未招攬主張和談之人去台，自然栽誣不上；還是請將這一頂帽子拿回去獻給你們的蔣主任吧？

此外，香港時報的短評，還有一段很妙的文章，原文是「照××評論的論斷，蔣總統是法西斯，而他的兒子又變成了共產黨份子，天下寧有是理？」但如所週知，老子是國民黨，兒子是共產黨，已屬司空見慣；何況法西斯與共產黨同樣實行集權統治，同樣視民主自由為大敵，父子分工合作，豈不更順理成章嗎？

總觀這篇長達一千二百餘字的短評，祇有寥寥數語似乎是真想為蔣經國辯護，即作者說，「蔣經國當年在俄時曾因不滿俄共的暴政而在言行上有反抗的表示，被流放於西伯利亞的集中營做奴工數年，始終不屈」。果有其事，香港時報正應將詳細經過情形，廣為宣傳，自較漫罵為佳。可是，「不滿俄共的暴政」並不等於反共。因為托洛斯基和其他被史太林赫魯曉夫送往集中營或置之死地的那許多人，也曾對俄共的暴政表示不滿；但他們仍是百分之百的共產黨。因此，請你們下筆時稍為小心一點以免弄巧反拙呵。

最後，我還談談這篇短評所提出的另一件原與本題風馬牛不相及的事，即在抗戰期間，有人曾間關出走而游說於汪偽政權之門，不遂，又繞道回渝，而躋立於抗戰行列之中。最初，我以為他們所指的是今日台北的那位名政論家，內心十分敬佩香港時報居然敢力持正義，而揭發其上級指導者的穢史。但仔細看去，才知道他們說的是在野黨某領袖。我真奇怪，在野黨某領袖既有如此的醜行，為何掌握了生殺予奪大權的蔣先生不依法究辦？為何執司宣傳的黨官不予以揭發？是蔣先生和黨官們與那位在野黨的某領袖原有所勾結嗎？還是別有隱衷呢？請短評的作者先向上級請示清楚然後再說吧。

我是共幹的「太太」

李月芬

當我從鐵幕走上自由的時候，我的心情有着無限的快慰和歡樂。可是我的丈夫有更大的抱負，他一時無法與我同道投奔自由。而我呢！委實是一個酷愛自由和平的女青年。任僥倖不死的情況下，決心為正義奮鬥。於一九五九年六月二十五日脫離鐵幕走出來到這自由自在的澳門，當時，我為了掩護丈夫進行起義的工作，我默默的在這兒等待着他起義勝利的消息，因此我一直什麼都沒有暴露過。但最近我已經知道，我丈夫已為了我的失蹤，引起他受到嚴密監視，而終於查出他「叛變」的罪証，而被處死了，這真使我失望而悲痛欲絕。

現在我以最大的勇氣和悲憤，來呼籲全人類來共同推翻共黨暴政。同時讓我這樣一個受苦受難，無知和軟弱的人，在上帝光明的呼喚下來做一個永永遠遠的見証，控訴中共的罪行：

我祖居在上海，父母親是一對虔誠的基督徒，父親更是一個慈祥的西醫生。在十一年前，我也和許多青年人一樣，對新時代懷着美麗的幻想、到處聽到解放的歌聲，我也加入了這個狂熱的革命行列，因此，我很自然戀上了一個中共公安部隊的營級黨委劉國璋，他是山東濟南人，有善良豪邁的性格，有救國救民的大志，所以，我們一見鍾情，很快我就和他在一個福音堂裡結婚了。婚後的生活也很愉快，一直平安的在濟南渡過數年後，因部隊改編為七十三正規部隊，遂於一九五七年奉命南下，我亦隨軍抵達湖北嘉魚縣。以前的日子我都沉醉在兵營中的公館裏，很少與外界人接近，所以一切都不甚明白，當我一旦隨軍行動，與廣濶的天地接觸之後，才發覺人民痛苦水深火熱，並聽說共軍荼毒大陸以至今天，工商人士和知識份子之給它迫害死的，簡直不知凡幾，最顯著的如國內有名「民族資本家」盧作孚，上海「冠生園」東主洗冠生等等，都在共軍「三反」、「五反」時，以服毒和跳樓的方式，結果了生命。同時，還有比前者更悲慘的程度者實有口舌也不能盡述。如，湖北嘉魚縣龍口鎮的劉方武等家人在共軍的暴力壓迫下，已受害全家自殺。真的，而影响人人都痛恨赤禍橫流，如共軍一天不滅，確不得不為人類前途而悲傷！

由此感觸，我才深切知道，整個大陸一變再變，到處充滿血淚斑斑，哀鴻遍野，從此我領悟到一般對共軍認識不清者：都受了他們宣傳的欺騙和蒙蔽，我也是其中之一，我想這些都踏上了死亡的途徑，即使不自殺，將來還是非要折磨至死不可的。他們陷害那些非共人士的常用手段，就是利用人類不滿現狀的弱點，然後加以一種空洞幻想的挑撥，等到人們墮入其彀中，他們就全把你置於特務管制之下，透過各種不同的奴役方式，把你折磨得形消骨立，失去人類應有的價值與尊嚴。今日大陸千千萬萬的人，以及許多附匪份子們，都正在受着這樣的苦難。

我也曾經被編入眷屬總隊第一大隊受訓。我們每天除了勞動就是唱「解放軍的歌曲」，扭秧歌和開討論會。正式開課的那天，總隊長蒞臨訓話，大隊長和黨委都舉手高呼總隊長萬歲時，我因為沒有喊，已被批評了一夜，結果還要迫我當着全總隊同學自我檢討和坦白。從此以後，我失去了誠實和活潑，滿腦袋裡都是毛澤東思想和馬列主義。每天起床後，就開始小組討論，吃了早飯去學新民主主義及黨史和革命基本問題，下午依然討論不止。休息的時間早被幹部安排好了「睡覺運動」和「自覺運動」，前者是要我們和已配給戰鬥員取歡一次，後者是要吹毛求疵，彼此相罵的開一陣批評會。如果要想前進，就得在打掃廁所時用手去抓糞溺，暗地裡去報告同學的過失，才算積極。

在什麼民主自由的口頭禪下我們都不能隨便說一句話，也不能有任何的表示。因為老幹部們完全善於分析。在第一次整風的時候，我因習慣於每日飯後洗臉被列入小資產階級意識，從前的同學寫了幾封信給我，就被指為溫情主義。星期日不准外出，親友來訪不許會客，在任何一個規則或問題前，絕不容許你提出絲毫的異議，就這樣渡過了六個月的生活，我們算是「改造」畢業了。在鑑定書裡，我獲得一大串罪名，我黨支部還迫我寫出和從前同學們斷絕關係的保證書：

呵！好厲害的志願與強迫的統一！經過了許多折磨，我才算通過了組織的考驗，把我仍調回我丈夫的部隊裏。

當我回到部隊時，看見了丈夫憂傷的面容，並說近接媽媽的來信；「——許多親友被槍斃，爸爸也因為有「勾結美帝」的罪名已被槍殺了，姐姐一直沒有信息，家中一切已完了」，這噩耗傳來，使我放聲大哭。可是，我為了拋不掉的天性，決心告假去走訪母親。不料：上級黨委接得我的報告後，反而斥責我向「美帝走狗」低頭，同情反動份子的敗類。結果命我再次「勞動改造」三個月。

我被迫「勞改」後，聽說有許多前後同學同事被處決了，有些是被判入人民革命大學長期學習——過那摧殘意志思想的集中營中的無期徒刑的生活。我的家也就完全破產，在無可奈何中，我偷着去找到了從前熟悉的牧師，為我設法脫離鐵幕，予我多方協助，才隨其公差人員很安全的到達澳門。現在我澈底的被改造了，有時笑在馬、恩、列、史、毛的記憶中，還會下意識的冷笑，高呼萬歲，想起了社會主義，我還會自欺欺人的說牠是宇宙間至高無上的唯一的真理，所以我才能活到今天，以我衷心的話語，為中華民國傳統的文化來揭發中共的真相。親愛的朋友們！誰是我們的敵人？我們需要的是什麼？在這短短的話語中，你們當有所抉擇了吧，我雖然懦弱，但始終沒有屈服，我願意同你們一樣的高舉自由之鞭，向人類的惡魔奮鬥。

大陸之窗

西藏反共鬥爭再起

日來，西藏武裝反共戰爭再起的消息又不斷從印度方面傳播出來了。據本月五日印度「政治家日報」載：在最近數月中，西藏游擊隊與中共軍展開劇烈戰事時曾遭受重大的傷亡。該消息說：單就本年三月份在拉薩東面所發生的一場戰事中，有二千四百名游擊隊被共軍所擊斃。該報同時表示游擊隊曾於上月破壞四架中共轟炸機。

此外，印度的「星期日報」也刊載了類似消息。

此外，印度大吉嶺方面也有同類消息不斷傳出。

我們曉得印度大吉嶺是與西藏最鄰近的地區，對於西藏方面的情形，一向以印藏邊境的消息為最可靠。由於以上消息之不斷報導，可以相信西藏內部最近確又有反共武裝活動發生。

本來，所有被共黨統治的地區，由於共黨政權的殘暴壓搾與無情的迫害，人民原是越來越反共的。但因無法獲得武裝，加上共黨的嚴密控制，故所有在內心急切反共的人，在表面上也不得不表示服從，在表面上不得不偽裝前進偽裝積極。這是就大陸一般地區而言，至於西藏，由於地形複雜，交通不便，生活方式與習慣，以及宗教信仰和社會結構都迥然不同，所以，情勢又與大陸一般地區有異。加以中共自達賴出走後，迄今正在強力推行以所謂「民主改革」為名的清算鬥爭，那末，受迫害的藏胞，眼見不反抗也是死路，自必出於一戰了。這是西藏最近又有武裝反共活動的原因。

不過，可以斷言的，是這些武裝反共活動，現在却只能限於小規模和游擊方式。藏胞反共情緒既普遍高漲，何以又只能限於小規模的游擊方式呢？說起來，這就要歸咎於現在退避到台灣的中華民國政府和自由世界了。台灣與自由世界對西藏武裝反共活動都無實質而有效的援助，這是使共軍仍能而且短期內仍將在西藏得勢的原因。對此，我們希望自由世界（尤其美國）與台灣再不要袖手旁觀，隔岸觀火了。趕緊切實援助藏胞吧！

大陸最近動態

劉裕畧

裝腔作勢的中共警告

中共雖然是一個以信奉馬列主義為教條，而又以拖土匪方式起家的政權，但自從十年前由於國民黨當局無能，中共因而在北平傀儡登場以來，却學會了一套裝腔作勢的手法，動輒就向亞洲許多弱小國家喊出什麼「反對大國沙文主義」，婢學夫人，儼然自許為大國。雖然它一直沒有能夠取得正常的國際地位，但它却儼然以一個大國自居，除了自行片面宣佈領海規定以外，又不時強調自己的領空問題，甚至，還裝腔作勢對美國不斷提出侵犯領海領空的「嚴重警告」。本來，警告二字原已含有嚴重的意思，所謂「嚴重警告」，依理，更該異常嚴重了。猶憶中共最初第一次對美國提出「嚴重警告」一時，人們還不免翹首以待，稍為注意，要看中共究竟如何「嚴重」法，結果，「嚴重警告」之後，嚴重之事並未真正產生，跟着來的，不過是第二次「嚴重警告」而已。人們最初三次也還畧為留心，看看中共是否會在三次警告之後，有無行動表現，結果第四次，第五次：：直到一百次，都不過不厭其煩的重複的再提一次而已。截至本月五日止，中共已對美國提出一〇五次「嚴重警告」了。看來，這都不過是中共紙老虎裝腔作勢，並不嚴重的「嚴重警告」吧了。然則，警告云乎哉！嚴重云乎哉！

中共人民公社的「點」「面」作用

中共現刻在大陸的一項進行得很積極的工作，便是組織城市人民公社。

關於城市人民公社的推行情形，據中共中央政治局委員，中共國務院副總理李先念於本月四日在北平舉行的「全國文教先進工作者代表大會」上，以「關於當前的經濟情況」為題作報告，說到城市人民公社，曾有如下的透露：「城市人民公社的廣泛建立，使我國城市經歷着又一次深刻的歷史性的巨大變化。到五月中旬，全國已建立城市人民公社一千多個。入社人口四千二百萬人。約佔城市人口百分之六十。不少城市已經基本上實現了公社化。城市人民公社的建立，已經解放了大約六百萬婦女勞動力，舉辦了六萬多個工業企業」。

就中共的現行作法，及所謂「總路線」、「大躍進」等來綜合觀察，對於人民公社是採取兩條鞭的打法來推動的。一條是農村人民公社，它目前的辦法是勵行內部整肅，用反右的方式迫使人民「向左」，藉以達到「鞏固」和更加嚴密控制的地步，從而分別控制住由農村所形成的「面」；另一條路則是逐步推行城市人民公社，充分利用婦女勞動力，並使大陸各城市都變成為它所完全嚴密控制的「點」。然後把它所控制的「點」與「面」，投入它所安排和它所計劃的生產及戰鬥中。

看來，大陸各城市的人民，今後只有更加痛苦的了。

越南要求政治改革的背景

林世賢

亞洲自由國家中，要求民主改革的潮流似乎正在迅速地擴大，南韓學生和人民推倒了李承晚政權的影响，無疑地是對這項運動的一項有力强心劑。現在，次一個成爲問題的國家是南越——也許，會有再次一個的一些國家會發生要求民主改革的運動，但在目前則是南越——它的情形，與南韓太相類似了。

跟韓國一樣，越南也是一個分爲兩半的國家，共黨問題是嚴重的。也跟南韓一樣，李承晚總統的政權在最初是受美國所支持，南越的吳廷琰總統，在登台時也是得到美國的協助。而兩位總統的行事，也同樣有程度上不同的獨斷獨行的作風。在最初，這種作風並未受到批判，因爲在南韓，是一個在聯合國監導下的政府開始草創，在南越，則是一個由帝制蛻變的共和國的建立，兩者都並非「常規」；同時，共黨威脅的存在，也令人們認爲領導者的魄力和手腕是必要的。

問題就在於領袖個人的權力應該發展到什麼程度？是否可以無限制地任其發展？另一問題，則是在共患嚴重之秋，是否應採取所謂「絕對信任領袖」——即集權的方法，抑或應該實行民主的制度？這兩個問題，南韓事件可能就是一個答覆。

由於李承晚總統的不斷連任，一之而再，以至修憲使得總統可能變成終身職，由於排斥民選的副總統張勉，及不容反對黨對政治有置喙的餘地，由於非要「欽點」李起鵬爲副總統不可而作非法選擧，「南韓悲劇」就形成了。而由於這些進行中的非民主作風與多數美國駐韓外交官員的磨擦的累積，以致最終在漢城事件勃發時，美方終於公開支持民意反李的要求。

南越方面類似的情形，便是有一位經過正式選擧獲選的議員，竟被拒絕出席國會，因爲他公開批評南越政府。「西方外交界」强烈要求對上項禁制重新攷慮，但得到的是總統發言人代表答覆，說「對一個代表國家的象徵加以批評，是不能容忍」的，這事很抱歉，但是無可改變。所謂「西方外交界」，當然是與越南有親密關係並極度關切越南民主制度的西方國家外交官員。

這一事件雖非不滿的頂點，但亦不只是不滿的開始。它的「對外底」的影响，在目前還看不出後果來，因爲「磨擦」尚不若南韓方面的頻繁。但在對內方面，獲選議員而不能出席國會，却難免受到了人民的詬病。人民對他們先前所擁護的總統，開始有種種的評語，他們認爲，吳廷琰總統本人是絕對正直的，但被他的「左右」所蒙蔽。西方人士則認爲，在吳總統的顧問之中，很少與他本人一樣享有一種福音傳道者光輝的理想，他的家族妨碍着他對主要機宜的精明決斷。

這也就是說，在南越方面，已有一個或多個的李起鵬型的人物，成爲吳廷琰總統的「盛德之累」。這一型的人物，像往昔宮廷政治的壟斷者一樣，使「下情不能上達」，用新的術語說，便是領袖與人民隔離，因而拒絕批評，甚至那些批評是善意的或有建設性的。

政事上如發生壟斷，貪污便隨之而來，但貪污盛行却被不顧譏諷地加以容忍。治安的實況，也被作過份「良好」的誇張——這是這一類型的政權所常有的毛病。因爲去年吳廷琰總統根據所屬的報告，曾經宣佈過保安情況「已在完滿控制之下」，故此官方否認地方有多少「不靖」的說法。

實際上，集中營裏的政治犯，估計數達五萬，這種幽禁政治犯的所在，名爲「再教育中心」。同時，西貢炸彈案的連續發生，及越共遊擊隊的出沒，官方的來源亦已多次地無意中加以証實。越南通訊社的剿共戰訊最近就有報導：山河郡四月十六日伏擊越共，斃傷其二人，內一人爲「縣委」，獲手槍二支，重要文件一批。四月十一日，安富那部隊巡邏時，斃傷越共四人，獲湯姆生槍一支，步槍三支。豐盈保安隊四月十四日傷斃越共四人，重傷六人。四月十五日福綏地方部隊接獲密報，派隊包圍越共，斃傷其二人。這些，僅是一週間的報導，便可見越共游擊隊在南越活動之一斑。

南越外交部長武文壯的談話，則指出越南與高棉的邊界，潛伏着共亂「嚴重的危機」。武氏說，南越與北越的分界線，一般成爲被注視之所在，但實則十七度線的邊界，不滿六十公里，防守較易。而南越與高棉邊界，長千餘公里，且犬牙交錯，自年前越南叛軍（陳文帥及拜葛殘部）數千人逃入棉境，越共即與之勾結，以叢林爲根據地，不時襲擊南越邊境村鎮，越共倘由高棉入侵，不啻升堂入室。

這些情況，當然引起越南人民的担心，而開始有政治改革的要求，以免貪污及共亂的危機，繼續遭受忽視，釀成禍變。上月十八名流的上書總統，及組織「自由進步陣線」策動改革，便是在上述背景下產生的。

・堤岸通訊・

僑鄉近訊

粵共新三反的對象

・江水・

粵共最近在各地所發動的「新三反」運動，矛頭係指向各級機關的官員和幹部，但若有親友旅居港澳而經常獲得接濟者，也受這種「新三反」行動所波及，普遍成爲鬥爭與清算的對象。頃據有關方面透露：所謂「新三反」就是反貪污、反官僚、反私梟，前兩項完全是針對地方幹部的；因各地各幹，貪污風氣日盛，經常半公開式的向人民勒索及收受賄賂，同時，又事事騎在人民頭上，擺架子、鬧脾氣，官僚作風也日趨嚴重，故組織上決向他們「開刀」，輕則撤職，重則勞改處死。至於後一項，則爲經常接受港澳親友携帶物資回來接濟的老百姓，共方的眼目中，認爲經常携帶物資回鄉的港澳僑胞，係屬私梟性質，而接受接濟的，則爲接贓者，故亦決予以清算。在此「新三友」的行動中，又將快見老百姓的生命，再罹一場慘烈的浩刼！

茂名石油煉油廠工人大罷工

據茂名縣消息：去月中旬，該縣的石油煉油廠工人，因反抗廠方「減薪加時」的迫害，因發動了五天的大罷工；後共方悍然調派大批軍隊，實行武力鎮壓，並拘去工人二十餘名，事始暫告平息。事緣當時的領導共幹，藉口「提前完成生產」，廹令工人每天工作十四小時，却又把工人的工資削減了百份之廿五，即口糧的配給，亦減爲每人每天僅得白米四兩。同時，又取消了公費醫療制，於是激起了工人的憤怒，派出代表，向該廠「黨委」提出改善的要求，但「黨委」竟蠻不講理，硬指工人此擧係屬「反動」，立將各代表嚴厲斥責一番，揮之使去，因而羣情洶湧，迅即釀成罷工風潮。查該廠廠長名安恩德，係山西人；在共軍流竄西北時，他僅是一名上士而已。廠內並設有「共青團」，由傅倘書任書記，傅乃普寧人，曾在北平受過特工訓練。目前該廠一切行政，均由「黨委」，廠長，及共青團總書記三人把持。他們三人朋比爲奸，極盡迫害工人之能事，廠中工人死於他們魔手中者，不下二三十人！

奪煤與奪命

・殷眞華・

廣東煤礦產量，日趨減縮。據共方透露，原因是：（一）煤礦區被洪水淹沒，無法生產；例如南嶺、連陽、曲仁和羅家渡等四大產煤區，由於山洪爆發，均被淹沒水中，尤其是連陽區二十三個工作面，從五月初起，便遭水浸，迄仍無法排乾積水。（二）工人滋生了「反動」的思想，生產情緒低落。粵共爲圖挽救這一頹勢，最近特別組織了一個「奪煤總指揮部」，派出大批共幹，分赴各重點煤礦區，加强監督工人生產，並由「人委會」的生產委員會，和「商業廳」、「鐵路局」等機構，聯合組成「奪煤後勤部」，共同協力，展開「奪煤大戰」！

然而所謂「奪煤」，竟變成了「奪命」！礦區工人，一個一個的倒下去；「大戰」僅二十天，倒斃在地上的工人已達七名。礦場上，頓時充滿了陰森的恐怖氣氛！

據說：「奪煤總指揮部」所派出的幹部，個個都如狠似虎，驅策工人工作，極盡兇悍殘暴之能事；而工地上糧食既缺乏，醫藥衛生設備也簡陋，工人一方面挨餓抵餓，另方面，每天十四小時的勞役，把他們的精神和體力磨折到孱弱不堪，於是患病者達十之六七，但仍須「帶病出戰」，直至他們最後的一滴血也流乾了，才得罷休！

共幹不管工人死活，祇知高喊「奪煤」。唔！奪煤！奪煤！那簡直是奪命！

共黨滲入南越

・林植・

南越在吳廷琰總統的管治下，地方建設，確是比前進步；經濟發展，確是日趨繁榮；教育和衞生，也確是有長足進步的改善；但無可諱言的，政治上却滋生着一項隱憂，那就是獨裁的陰影，已在逐漸擴大中！而吳氏本人，頭腦漸轉固執，也似乎逐漸和廣大羣衆疏遠了。

目前的南越，言論的自由，和民主的建設，很顯明地日見消失，而「無理性」的行動，却日見抬頭。政府內部人員，一方面容忍貪汚和苟安主義的盛行；另方面，則拒絕一切有建設性的批評和改革。

此外，尤有使人驚訝者，一般估計「目前總有四萬至五萬不滿「腐化政權」的「政治犯」，被囚禁在「再教育中心」裏。於是，更引起了人民的反感；但人民的言論，被一股高壓的政治實力所籍制着，他們都祇敢怒而不敢言。

就在上述種種的惡劣現況下，共黨於焉乘機蠢動！

據說：當八十萬北越難民逃入南越時，早就有曾經受過訓練的共諜種子混集在內；同時，在日內瓦停戰協定簽字之後，也早就有不少共特仍潛留在南越，不過當時吳廷琰正如火如荼地推行新政，深得人民擁戴，他們當然無法可以活動，但他們的潛在力仍然保留，繼續暗中透過了北越的越盟，而接受國際共黨的指揮。追至目前，南越政局轉走下坡，共黨就加派特工潛入，會合了他們，滲入了南越政府的各機構中，種下了混亂和騷動的禍根，這是最值得重視的！

可是固執的吳廷琰政府，却不大願意承認這明顯的事實。吳氏曾這樣的宣佈過：保安情況，已在圓滿的控制中；恐怖份子，已被撤底鎮壓。然而事實的反映，却是武力」統治，氣燄高張；被鎮壓得透不過氣來的，是一般良善的老百姓。

反之，共特深入到民間的農工階層；共諜活躍於政府各機構。——這是南越當前最大的危機！

獨裁的陰影越加擴大，就予越共以可乘之機。南越部份賢明的政治老前輩，和一般聰明的公民領袖，對這點也看得相當清楚，他們曾一度發出要求澈底改革的聯合宣言，但可惜被政府當局漠視。

大部份南越人民的心底裡，今日都已瀰漫着一種不安的憂慮的情緒。他們都顧慮到：共黨的威脅，不是在恐怖活動的增加，也不是在軍事實力的加强，最値得恐懼的，就是那種滲透潛力。據他們指出：共黨滲透的潛力，不僅足以腐蝕了整個吳廷琰政府，還足以構成南越的無窮大禍！

香港同胞

·海兵·

這一天，香港同胞老趙似乎有點高興，又似乎有點不大高興。高興的是，他的麻衣相法畢竟証明靈驗了；不大高興的是，他覺得自己彷彿上了誰的當，就像孩子又哭又鬧，好容易向大人要到一塊糖，還沒放進口便被別的野孩子搶走了。

說來才不過是一個多星期之前的事：

「香港同胞，給我們睇下相看！」那天傍晚，在公社食堂裡剛吃完飯，開小組生產會議之前休息時間，幾個人坐在池塘邊大樹下聊天，煉鋼能手歐陽木開玩笑提議道，「看我們幾個人究竟是勞苦命還是幸福命？」

「當然是幸福命啦！人民公社成立之後，誰還生了個勞苦命？以前再命苦的窮人也都翻了身，變成了幸福的社員——連討飯的老苦命也全進了幸福院，難道世界還會再翻一個身，大家重又變回勞苦命？」積肥模範吳添金向來是積極份子，最近又入了團，聽了歐陽木的話，便大聲糾正他起來。

「你先別說，聽我們香港回來的相法專家怎麼說！」身材跟吳添金一般瘦長的「土專家」黃長水攔住他，又催促老趙道：「老趙，你的相法高明，大家都很佩服：你給我們算算命看！」

被叫做香港同胞的這位相法專家姓趙名必修，是公社車運大隊的汽車司機，原先在九龍開巴士，為了响應建設社會主義號召才回廣州來的，並不是什麼星相哲學家。自從年初他下放到紅火箭公社來，社員們服從上級的指示，一律叫他「香港同胞」，而不照過去那樣把香港回來的人當作「華僑」。加上下放到公社來的「同胞」至今為止只有他一位，只要提到「香港同胞」誰都知道指的是老趙，這也好像「洋專家」「土專家」之類的稱號一樣，新鮮之中還透著些光榮的意味。老趙本人也暗暗喜歡這個頭銜，因為這無異標明了他是從海外回來的愛國工人，身份有些特殊，也有點兒重要。至於說到相法，那更是他的一大驕傲，他曾經靠看相結交了好多朋友，只要誰送他一頂「相法專家」的高帽子，那比讚美他的駕駛技術更令他樂透了心，哪怕說話的人是反動透頂的「國特」吧，他也會願意饒他十殺之罪的。

他笑瞇着眼睛一看，面前這五個人是：

積肥模範吳添金，

煉鋼能手歐陽木，

番薯專家黃長水，

水利功臣陳培火，

挑土英雄蔡潤土。

「哈哈！」他把大腿一拍，喊道：「一點不錯，金、木、水、火、土，你們五個人五行俱全，太巧了！這個生產小組，不但全廣東，恐怕全中國也找不出第二個這樣齊全的了。」

「慢點慢點，等我看。怎麼——」歐陽木兩隻大眼掃了一輪，不禁跳起來叫道：「咦！當真這麼巧：金、木、水、火、土，不是你說，我們從來還沒有想到哩！」

其餘四個生產隊員也不禁「嘩！」一聲，表示出對這位相法專家的衷心讚佩——這一來，香港同胞可樂得夠瞧的了，他竭力控制住嘴邊的笑神經，有板有眼地談開了相：

「先講你，歐陽木同志，從相法上看，你是木形土聲，這格局是不好的。你又做了煉鋼能手，鋼是金，煉鋼靠火；金剋木，火剋金，這是雙冲雙剋。再加上你名字裡有個陽字，獨木朝陽，火氣太旺——不瞞你說，我覺得你這樣下去很危險，一根木頭怎禁得起三把火燒呢？等你把自己燒成了灰，也煉不出鋼來，還是一爐鐵渣，你負得起這個責麼？你看你還是應當多下地種稻，木在土中，逢水則生；最好還是請求上級調到北邊，或是西北方向去做開墾工作，越往北越好，到了那邊你一木向陽，松柏長青，避開南方火旺之地，自然不愁沒有大樹成林的日子。」

「到西北去？」「你說到新疆、青海去？」歐陽木不禁皺起眉頭，「那邊好凍，我一個廣東人怎麼抵得住？上級說現在全國大躍進，要冲天幹勁，熱火朝天。我看到哪裏去都一樣，我這段木頭，為了建設社會主義，就讓熱火朝天把我燒成灰，也對得住毛主席和共產黨！」

歐陽木打個哈哈，便將話扯過一邊，光景他不大信老趙提的這個意見。

「你不信也罷，我這是直言談相，言者無罪，聽者莫怪。」老趙順口贈了幾句江湖術語，便又轉向吳添金道：

「吳添金同志，你長得又瘦又高，嗓音响亮，聲如洪鐘，是個木形金聲的格局。名字又叫添金，想必是你生下來，父母替你排過八字，算出你命中缺金，所以替你取個添金的名字，討個口彩。現在你是積肥模範，又是細菌肥料土洋結合的土專家——你的金已經不夠，木頭泡在肥料池裏，外加細菌侵蝕，金銹木爛，這個情形也跟歐陽木一樣，是雙冲雙煞。我看你最好和歐陽木對調工作崗位，他搞肥料，你搞煉鋼，包管鋼煉出來你的金有了，肥料積好他的木也生了，這叫做相生相濟，免冲免煞，是公私兩利，雙方兼顧的好事！」

「哈哈，你幹不幹？」吳添金聽了，不禁開心大笑，問歐陽木道：「煉鋼熱得慌，積肥也臭得緊，我兩個還是對換工作崗位吧，誰也不會吃虧，誰也佔不到便宜！」

老趙一本正經，又向另外三個聽衆道：「你們三位同志也應該調換一下工作崗位，是這麼的——你們三個命裡都缺一些東西，從名字就看得出來：長水同志，你命裡缺水，所以要多「長」些「水」，但是你現在是搞番薯生產的土專家，番薯田裡長得水的嗎？讓你種薯，旱天也變成雨澇，雨水太多了，薯秧就會爛掉，結不出薯仔來。薯在田裡爛掉，沒有收成，你負得起責麼？培火同志，你八字裡缺火，所以要「培」些「火」，可是你却是水利功臣，水利搞好，水淹大了變成水災，你的火更要熄了，這也是最忌的。再說到潤土同志，從你名字上看便知道是屬土缺水，所以需要水來「潤」一下你的土。但是你一直做挑土英雄，單靠近土，沾不到水，你這個土怎麼潤得起來？所以呀——」說到這當兒，老趙停了一停，從袋裡取出「大生產牌」香烟，每人給了一支，又擦了兩根火柴，六個人挨次點着——不待說，這五位生產隊員對於他的免費談相外送吸半包香烟的這份慷慨，自然免不了露出一些感激的神色來，一個勁等他賣過關子，不慌不忙繼續往下說：

「所以呀，我的意見，長水你應當改行去攪水利；培火你應當申請報名去當食堂炊事員，靠了你這把火，可以將番薯飯早點煮熟，節省燃料，替公社節省下欵項來，可以投資在更多的生產事業上。至於潤土，你當然最好是去培養番薯苗，苗長了你的土也潤了。你們說對不對？」

「嗚嘩！」結結實實像條蠢牛的蔡潤土首先興奮地叫起來：「我早覺得，老是挑土担肥，總有些地方不對勁，並不是嫌辛苦，我的身個大，比別人多挑些也是應當的；現在聽你這麼一講我才懂了：我應當請求去種番薯，開動開動腦筋，多學一門生產技術！」

「迷信思想！」吳添金在旁耐心聽了一陣，此刻邊抽着烟，邊在心中盤算着：抽不要錢的香烟事小，表示表示立場的事大，自己是個新入團的團員呀，不能放棄責任，被別人批評檢討；於是又輕聲加了一句：「落伍的迷信思想！」

「莫管他是不是迷信思想，」這時歐陽木突然想起了什麼事，便反問老趙道：「香港同胞，你的相法既然這麼靈，為什麼不替自己看個相，算個命呢？」

「怎麼沒有？我回來之前，就自己算過命，又找廟街（註：在九龍）有名氣的睇相佬王半仙睇過全相，排過八字，都說我的驛馬動了，應該遠行，大利南方，不利西北。所以我就到廣州來——廣州是在中國南方呀。」

「不對」蔡潤土趕忙插嘴說：「你從香港到廣州來，是從東南走到西北了！」說完，就自鳴得意地傻笑起來。

「唉，你說對了。」老趙深深吸了一口烟，從鼻孔裏慢慢噴出一圈圈青烟來，像是嘆了一口有？號的長氣，然後繼續說道：「我是算錯了命。我的驛馬是不錯是動了，不過早動了幾個月，現在才算動對了。我是大利南方，不利西北，所以要從西北方的廣州下放到南邊的中山縣來。」

「哈哈，你專門會替別人算命，却算錯了自己的命！」蔡潤土又緊釘着他開玩笑。（上）

文壇泥爪

圍剿攔路虎之二

胡適的「老章又反叛了」一文，未收「文存」，但在「圍剿攔路虎」一役中，却是最為有效的火力，所以須要再費一點篇幅予以介紹。

原來標題所說的「又反叛」，是指章士釗曾向胡適投過一次降。民十四二月，胡章會同席，飯後二人同拍一照，章於照片洗好後，在背面題了首白話詩送給胡適，詩曰：「你姓胡，我姓章，你講什麼新文字，我開口還是我的老腔。你不攻來我不駁，雙雙並坐，各有各的心腸。將來三五十年後，這個相片好作文學紀念看。哈，哈，我寫白話歪詞送把你，總算是老章投了降。」

誰知不久章士釗恢復起「甲寅」來，在廣告上就說：「文字須求雅馴，白話恕不刊佈。」並激烈地罵起新文學來，所以胡適說：「他的投降原來只是詐降，他現在又反叛了！」至于他所以要反叛的原因，胡對汪原放說的那段話，可謂一針見血：「行嚴是一個時代的落伍者，而却又雖落伍而不甘心落伍，總想在落伍之後謀一個首領做做。所以他就變成了一個反動派，立意做落伍者的首領了。梁任公也是不甘落伍的，但任公這幾年來，頗能努力跟着一班少年人向前跑。他的腳力也許有時差跌，但他的興致是可愛的。行嚴却沒有向前跑的興致了。他已甘心落伍，只希望在一般落伍者之中出點頭地，所以不能不向我們宣戰。」

胡文中有義正詞嚴的兩段話，一是：「我們要正告章士釗君，白話文學的運動，是一個很嚴重的運動，有歷史的根據，有時代的要求。有他本身文學的美，可以使天下人睜開眼睛的共見共賞。這個運動不是用意氣打得倒的。今日一部分人的漫罵也許趕得跑章士釗君；而章士釗君的漫罵，決不能使陳源胡適不做白話文（聰案：陳源即在「現代評論」上發表「閒話」的西瀅），更不能打倒白話文學的大運動。」二是：「我們要正告他，『愚擯弗讀，讀亦弗卒，』（聰案：此乃章文中攻擊陳源白話文之語）這八個字代表的態度完全是小丈夫悻悻然鬧意氣的態度。這種態度可以對付一些造謠誣衊的報章，而不能對付今日的白話運動。我雖不希望章君『於胡適文存中求文章義法』，我却希望章君至少能於胡適文存中求一點白話運動所以能成立的理由。我們提倡白話的人很誠懇地歡迎反對派的批評；但自誇『擯白話弗讀，讀亦弗卒』的人，是萬萬不配反對白話的！」

最後胡說：「我的受降城是永遠四門大開的。」然而章士釗却未再投降，因為他所代表的文言勢力已經滅亡，死虎亦不能攔路了。

文史漫譚

七言詩的起源問題（二）

徐亮之

由於七言謠諺自戰國到秦漢民間流傳已久，其聲度復比較自由而不格促，到了西漢中葉便爲士大夫所欣賞與模仿了。其模仿的跡象可從左列兩個角度觀察：

一爲應用到實用的歌訣上：　例如武帝時司馬相如作字書「凡將篇」，元帝時史游繼作「急就章」，便都是七字一句。「凡將」雖大部佚失，「急就」却存。「急就」有句曰：「鍾磬韶簫鼙鼓明，五音雜會歌謳聲；倡優俳笑觀倚庭，侍酒行解宿昔醒」；則不但每句七字，而且聯貫起來，還有意義，有韻脚的了。又如前漢書東方朔傳曰：「上（武帝）嘗使諸數家射覆；置守宮盂下射之，皆不能中。朔自贊曰：「臣嘗受易，請射之。」迺別蓍布卦而對曰：「臣以爲龍又無角，謂之爲虵又有足；跂跂脈脈善緣壁，是非守宮即蜥蜴」。」射覆而用七言韻語，爲模仿民間謠諺甚明。再如前漢朔傳、後漢張衡傳於所著詩賦外並著「七言」一目，其內容必然也是屬於這類應用的歌訣一類。

二爲應用到新詩的創作上：　上述應用的七言歌訣，既然習慣上多用韻脚，（如上引韓非子「奔車之上無仲尼，覆舟之下無伯夷」，尼、夷爲韻；袁盎傳「千金之子不垂堂，百金之子不騎衡」，堂、衡爲韻是。堂賜七陽，衡屬八庚，古陽庚通，如邶風「擊鼓其鏜，踊躍用兵」；可証。）便客觀上七言詩創作的形式已經具備了；亦即等於袍笏已經齊全，祇等待脚兒登場了。而果然在西漢的中葉不但出現了東方朔七言歌訣式的作品，同時也出現了董仲舒的七言琴歌了。（文選孔德璋「北山移文」「琴歌既斷」注：「董仲舒集七言琴歌二首」。）劉向的七言詩也一鱗半爪地被保存於文選注中了。董詩已佚；劉詩文選注曾引四句，其全璧如何雖不可知，但如依左列次序排列，倒好像就是一首完整的七言詩似的（參閱余冠英君「漢魏六朝詩論叢」P一三六）：

「安坐從客觀詩書」（謝玄暉「拜中軍記室辭隋王牋」注）

「博學多識與凡殊」（張平子「西京賦」注）

「小鳥羣鳴我心懷」（嵇叔夜「贈秀才入軍」詩注）

「揭來歸耕永自跡」（顏延年「秋胡詩」及張景陽「雜詩」注）

由以上所述看來，我們如果說七言詩大體上乃遠紹七言謠諺，近承七言歌訣，而起源於西漢中葉，應該是不會錯的。

不過，話雖如此，但七言的謠諺、歌訣，畢竟祇是七言詩的形式；光有詩的形式是不能引發詩的生命的。而自戰國末期以來，民間詩歌的生命差不多已全爲楚聲所掌握；劉邦以平民爲天子，既特好楚聲（前漢禮樂志「高祖樂楚聲」）；其所作的「大風歌」和失敗英雄項羽的「垓下歌」復純然用的是楚辭的方式；而楚辭的若干句法中除去「兮」（如招魂「湛湛江水兮上有楓」或九辯「太公九十乃顯榮兮」或大風歌「安得猛士兮守四方」）「些」（如招魂「層台累榭臨高山些」）「只」（如大招「名聲若已照四海只」）等托聲字，亦就差不多即是七言詩；則說西漢七言詩的創作者完全可以不受楚辭的影響，是不正確的；是純機械論的看法的。因爲西漢中葉雖然有董仲舒和劉向們從事純粹七言詩歌的創作，同時却也有司馬相如（和仲舒同時）和昭帝劉弗陵（武帝子比劉向畧早）從事楚辭與七言混合體的創作，便是楚辭曾影響過七言詩歌的創作的無可爭論的證據。這種混合體，司馬相如的代表作是「琴歌」；劉弗陵的代表作則是「淋池歌」；茲分錄如次：

琴歌（依「玉台新詠」）

鳳兮鳳兮歸故鄉，遨遊四海求其皇（凰）。時未通遇無所將，何悟今夕昇斯堂!?有艷淑女在此方，室邇人遐獨我腸；（「獨」字御覽五七三引作「毒」，是。）何緣交頸爲鴛鴦?!

皇兮皇兮從我棲，得託字尾永爲妃，交情通體心和諧，中夜相從知者誰?雙興俱起翻高飛，無感我心使予悲！

淋池歌

秋素景兮泛洪波，揮纖手兮折芰荷。涼風淒淒揚棹歌，雲光開曙月低河。——萬歲爲樂豈云多!?

但這種混合體並不能就視爲乃楚辭體到七言詩的過渡形式；因爲事實是：純粹的七言詩與這種混合體乃同時存在的東西；而且這種事實，直到東漢初中葉邊依然存在。例如張衡（生章帝建初三年卒順帝永和四年）便是一方面曾模仿相如的琴歌作過有名的「四愁詩」，另方面復作過七言詩式的「思玄賦系辭」，並於詩賦之外別有「七言」的著作的。尤其是早於張衡的趙曄，（生卒不詳，唯「後漢書」本傳說他曾師事過杜撫；杜撫卒於章帝建初中；則曄乃明、章、和三帝時人，可無疑問；亦即早於張衡，可無疑問。）他在「吳越春秋」中，一方面既做了如左的混合體的「苦之詩」：（見「勾踐歸國外傳」。「事類賦」引作「若何之歌」，「會稽賦注」引作「何苦之歌」。據說乃越國「采葛之婦傷越王用心之苦」而作。）

「葛不連蔓棻台台，我君心苦命更之。嘗胆不苦甘如飴，令我采葛以作絲。女工織兮不敢遲，弱於羅兮輕霏霏，號絺素兮將獻之。越王悅兮忘罪除，吳王歡兮飛尺書；增封益地賜羽奇，几杖茵褥諸侯儀。羣臣拜舞天顏舒，我王何憂能不移!?」

另方面復做了如左的七言體的「窮刧之曲」：（見「闔閭內傳」。據說乃楚樂師扈子傷吳師入郢掘平王墓及昭王出奔而作。）

「王耶王耶何乖烈！不顧宗廟聽讒孽。任用無忌多所殺，誅夷白氏族幾滅。二子東奔適吳越，吳王哀痛助忉怛。垂涕舉兵將西伐，伍胥白喜孫武決。三戰破郢王奔發，留兵縱騎虜荊闕。楚荊骸骨遭發掘，鞭辱腐屍恥難雪。幾危宗廟社稷滅，莊王何罪國幾絕。卿士悽愴民惻悷，吳軍雖去怖不歇。願王更隱撫忠節，勿爲讒口能謗褻。」

這兩首詩，趙曄雖把它們的創作時期推到春秋時代的楚越，但這乃文學發展史上不可能之事，明眼人不難一望而知。於是乎傳世的完整的七言詩，這首「窮刧之曲」要算最早的了；它比所謂「到了曹丕的「燕歌行」七言詩體才正式成立」（劉大杰「中國文學發展史」上卷P二五〇）的「燕歌行」，最少要早上一百年。

記庚子拳變始末（九）

舜生

四、辛丑議和的經過

我們從庚子拳變這一幕，可看出清朝到了這一時期，眞是一個人才最爲缺乏的時候。戊戌政變，可以說是慈禧獨裁的登峯造極。在戊戌以前，一部分傾向維新的人，已被她趕了；政變發生，則逃亡者逃亡，被殺者被殺；充軍者充軍，坐牢者坐牢，最寬大的，也不免革職永不敘用。所能苟全祿位而依然留在那樣一個朝廷裡面的，非趨承迎合之徒，即守舊無知之輩，因此，一到庚子，便自自然然的產生了這一最大的反動。惲毓鼎說：「甲午之喪師，戊戌之變政，己亥之建儲，庚子之義和團，名雖四事，實一貫相生。……」是一點也不錯的。（見惲著「崇陵傳信錄」）

當拳匪及一般糊塗的王公親貴已經鬧到非與列強宣戰不可的前夕，如許景澄袁昶輩，居然敢於面折廷爭，總算難能可貴；可是人數既少得可憐，而一經開口，首領即不能保！於是像奕劻，廖壽恒，王文韶，那桐甚至榮祿等等，儘管心裡也知道事情一定要糟，但爲了保全性命，便也只好隱忍不說，或依違兩可了。可是清廷經過了這樣一次險惡的風浪，這一搖搖欲墜的皇統，居然還能保持十年，其原因則在當時的朝內雖已無人，而在地方的督撫中，如兩廣的李鴻章（七八），兩江的劉坤一（七一），兩湖的張之洞（六四），山東的袁世凱（四二），畢竟還不失爲老成人，或見事比較的明敏，因此東南半壁才倖得保全（東南互保經過，留在下一節詳說），而擀和的這一責任，論經驗，論資望，當然更非鴻章莫屬。

本來，當天津陷於極端危險的時候；清廷早於六月十二已把鴻章由兩廣總督調補直隸總督，兼充北洋大臣。清廷的這一措施，很顯然是由於少數人——如奕劻，榮祿之類——已意識到戰爭毫無把握，不得不慫恿慈禧作此萬一之準備。可是李儘管將屆八十的高齡，但他心裏非常明白：只要北京政府一天還掌握在載漪剛毅這般人手裡，這一僵局便絕對無法打開，因此，他儘管已於六月二十五日到了上海，但依然逗留不進。他在七月初四還有電報給袁世凱說：

「……惟念前在北洋二十餘年，經營諸務，粗有就緒，今一旦敗壞，掃地盡矣！奉命於危難之中，深懼無可措手，萬難再當鉅任；連日觸暑驅馳，感冒腹瀉，衰年孱軀，眠食俱廢，奮飛不能，徒懷惶急。……」（見去年大陸出版「光緒朝東華錄」第四冊總四五三二頁）

鴻章並不是什麼了不起的「純臣」，充其量不過是一個貪位戀權勇於負責的功名之士；甲午以後，慈禧已把這個北洋的重任先後交給了王文韶（光緒二十一年七月）、榮祿（二十四年四月）、裕祿（同年八月），一旦到了緊急危難之際，乃又覺得非他不可，麾之使去，招之使來，他奉命以後所以遲遲不肯北上，即令不無事實上的困難，（如海道梗阻，向外國租船不易等等，）但此老胸中不免有多少牢騷總也是事實吧！

一直等到七月十三，北倉、楊村、蔡村一帶先後失守，北京已危在旦夕，清廷不得已，乃任命鴻章爲全權大臣，並命其「即日電商各國外部，先行停戰。」可是鴻章十四日即有覆電到京，仍稱病請假二十日，他大致已確實認定：在北京未陷落以前，無和議可言，他也決不能和載漪剛毅等共事，他預計再有幾天，這個反動政府總可宣告結束了。

七月二十日，聯軍進入北京，慈禧攜光緒帝出走；八月初二，乃命奕劻回京議和，奕劻於初十日回到北京，由日本兵担任保護，可是他除等待鴻章到京以後，仍一籌莫展。鴻章也知道和議非他莫辦，可是他感於艱巨寇深，責任重大；而禍首仍留行在政府，牽制必多；因此，他乃奏請添派奕劻、榮祿、劉坤一、張之洞同爲全權議欵。可是榮祿曾命董軍圍攻使館，爲各國所拒；坤一之洞無法離開任所，徒擁有一「會同辦理」的空名：奕劻自己一無主意，更惟有仰成於鴻章。當甲午一役的馬關議和，其時作爲鴻章助手的，有伍廷芳、馬建忠、羅豐祿等諸人，均一時之選。馬關條約訂立以後，接鴻章手與日本磋議商約的還有一個張蔭桓。光緒二十二年，鴻章赴俄訂立中俄密約，僅規定一個大綱，其餘一切具體的條欵章程，凡涉及華俄道勝銀行及中東鐵道的，均由其時的駐俄公使許景澄担任折衝之責。到了辛丑議和的時候，則伍廷芳已使美，羅豐祿已使英，馬建忠則於光緒二十五年死去。張蔭桓原以戊戌得罪，遠戍新疆，可是拳變既起，他仍上書總理衙門，謂宜守約；因而爲端剛所深惡，卒於庚子六月十六被殺於新疆，許景澄則與袁昶同日被害。鴻章想求一個得力的助手已無可能，乃不得不以八十老翁，獨當十一國之衝，磋磨將及一年，卒以身殉，這就鴻章個人來說，也不能不說是一大悲劇了啊！（第四節未完）

本刊已經香港政府登記
每逢星期五出版

聯合評論 週刊

United Voice Weekly
第九十五號
督印人：黃宇人　總編輯：左仲平
社址：九龍金馬倫道卅八號三樓　電話：61413
承印：嘉羅印刷有限公司　香港灣仔馬師道5號
總代理：友聯發行公司　售價每份港幣一毫
本報美洲版總經售處　美國紐約中美出版社
CHINESE-AMERICAN PRESS, INC
199 CANAL STREET.,
NEW YORK31 N. Y. U.S.A.
美洲航空版零售每份美金一角

短評兩則

左舜生

（一）所期待於艾森豪總統者

在遠東多事之秋的今天，尤其在日本一部分左傾分子和日共與中共相互勾結，掀起反美高潮的今天，艾森豪總統仍毅然決然依照他原定計劃，起程東來，這就艾森豪個人來看，誠然不愧為諾曼第敵前登陸的英雄氣概；就世界反共全局，尤其就目前中共在蘇聯指導之下安心在遠東製造事件的情況來看，也確實是一件值得一切反共人們歡欣鼓舞的大事。艾森豪這次在遠東所訪問的為菲、中、日、韓四國，逗留的時間既不算長，應注意的方面則實在太多，我現在只簡單扼要的提出兩點，最殷切的期待：

一，凡遠東一切受共禍最深而堅決反共的國家，他們都充分明白對共黨決無妥協餘地。以整個世界說，蘇聯是禍首；以幫凶資格說，中共是罪魁。在未有中共政權出現以前，蘇共的毒燄僅及於其同志，其人民，其附庸各國，自中共抬頭以後，共禍乃普遍及於世界。而中共尤其是直接威脅一切亞洲和平國家的執行者。所謂「防堵政策」，以之對付蘇聯與中共這樣兩個廣土衆民的區域，其效用是極有限度的；最多只能阻遏其用武力從正面來攻，但絕對無法防止其到處搗亂，四面八方放火！我們決不反對和平，但在被屠殺，被奴役，忍饑挨餓，犧牲一切自由的情況之下去求得和平，則我們斷然不能接受。美國有一部分自以為具有真知灼見的人，他們以為只要對中共予以承認，即不難求得美蘇間的妥協，因而贏得世界的和平；但就我所見，則剛剛與此種反，換言之：只有對中共予以徹底的打擊，蘇聯的氣燄乃將自然的歸於斂戢，和平始有現實的可能。我們十分明白：反攻中共，十之七八是中國人自己的責任，我們決不希望任何一個盟邦，以人力同我們到中國大陸上向中共去作戰，但希望予我們以精神上的支持，和小量必需的援助；尤其希望對中華民國的反攻行動，絕對不加以遏止。我們深切知道：中共的精神與物質兩俱空虛，中國大陸十分之九的人民，都對中共深惡痛絕。但同時我們也了解：如果小量的武力都不能用，而坐待中共自然瓦解；或坐待大陸人民自動起來把中共推翻；這只是一種不切實際的空想。萬一不幸，美國真有出於承認中共的一天，或正式製造出所謂「兩個中國」，則今日中國大陸及海外五億以上的人民，將永無對美國諒解的一天！這一點尤其希望艾森豪總統予以深刻的留意。

二，美國因為要貫徹她的所謂「防堵政策」，於是環繞於蘇聯與中共的若干地區，乃建置了不少的防禦基地，而目前這些基地且在逐步的強化與擴大中。同時，凡美國基地所在之處，大致也就是美國的經援與軍援所分佈之處。共黨因為恐怖這些基地和厭惡這些經援軍援，不斷的發動反美，這是不難理解的。以常情推測，多數反共國家的人民，對於美國這種援助與基地的建置，應該是沒有問題的；可是在一般的心理上，却依然對美國的態度有多少的不能了解。今天在亞洲多數接受美援的國家，落後的不單是科學和技術，也不限於軍隊的訓練，裝備和新武器，尤其不適於反共的乃是他們的政治。他們中的多數，有的是不民主，有的是半民主，有的簡直是反民主。可是就這些反共國家的知識分子來說，他們却相信民主與反共不可分，也可以說，他們其所以堅決反共，乃正所以求得民主政治的實現。如果反共而不民主，則即令反共可能成功，在實質上也無異於「以暴易暴」，其價值乃不值一顧。今天美國所採援助反共國家的方針，似乎對於這種反共而同時又要求民主的心理過度忽視，乃至運用其影響力以促進民主的氣氛也不願為，因而在今天若干反共國家的內部實極度不安，甚至隨時可能有動亂爆發，其已成為事實的第一個例子是南韓，其次一例子便是土耳其。假定艾森豪這次的東來，對以往這一忽視了的事實一無糾正，期待反共陣容的堅實，既不可能，而繼續援助的效用也可能有限。

（二）日本高級知識分子有嚴重反省的必要

近二十多年，我曾先後訪問過日本三次（一九三五，一九五三，一九五六）對於日本戰前戰後一般概況，署有聞見；又基於個人的興趣與必要，也曾向少數研究日本問題的友人，隨時有所請益。僅僅憑藉這一點淺薄的基礎，我對於日本所發生的若干事象，乃不斷促起我的注意。

當一九四五年戰爭初告結束的時候，我因為確然知道共黨所引導的這股洪水，遲早終於要來，中日兩國有切實提携的必要，因此，縈繞於當時我腦經裏的，計有三個問題，即：一，如何維護日本原有的一個社會安定力量；二，如何減少各方面對日本所採報復性的言論與行動；三，如何使日本的復興運動能提早有所成就。

當戰後我在日本兩度訪問期間，目睹日本的若干事實，確曾引起我多少的不快之感；但大體上仍使我相當滿足。因此，我曾向我的少數友人，提出了若干日本不可能赤化的看法，自然，我這些看法可能是非常膚淺的。還有，我對李承晚先生有一點最難了解，即「為什麼必須事事採取對日本一種深閉固拒的態度？」

以當前日本的事實來說，我只能把我研究的幾點結論暫時寫在下面：

一，咎不在青年，日本的學者和教授以及若干有地位的報人，實有嚴重反省，負起今後如何領導青年責任的必要。同時，日本的產業界，也不應祗注意到如何發財的一點，而必須隨時提高其警覺。二，截至現在為止，岸並無重大的過失，但在日美防約批准以後，他終不免一度下台，國會也勢非解散不可，過渡期間的內閣，似乎以一比較超然如目前藤山外相之類的人物當之較為妥善。三，在艾森豪訪日期間，自須講求萬全之策，使他得平安達成其使命。四，中共還有多套顛覆日本的戲法隨時準備出籠，今後宜切實講求應付之策。

「民主」詭辯論

·蕭輝楷·

民主這一觀念，是近代人類思想史上許多盤根錯節的思想努力所匯成的繁複觀念，它在近代人類生活的幾乎每一部門中都能有其適切意義。因此，民主一詞是經常可被廣泛使用的——這即是說，民主一詞，正如其他任何可被廣泛使用的名詞一般，在它各方面用法意義的糾纏不清之下，正是極易為糊塗者或想糊塗者所任意濫用乃至故意誤用的。這些時來，極權辯士們對於民主本身的歪曲攻擊，以及對於民主中國運動者之各種所謂「不民主」的荒唐指責，即是一些玩弄民主詞旨的當前實例。為正視聽，對於這些「民主」詭詞殊有一加駁斥的必要。

民主（democracy）一詞的基本意義，正如它的希臘語源 Demoratia 一詞所指，乃是一種「人民支配」或者說「主權在民」的政治制度。這種政治制度的基本運作方式，在由公民全體或公民全體定期選出的代表，來決定行政首長的人選及國家大政的立法，以實現「人民支配」「主權在民」這一政治目的。這裏，為使一大羣主權者或主權代表者能和諧地形成集體意志以運用其主權，於是一方面設計出言論自由及集會，結社，組黨自由的制度，以形成並反映各方的集體意見，一方面創造了在公共事務爭論上「少數服從多數，多數容忍少數」的原則，以形成包攝各方行動的集體意志並保留其今後可能修正改善的生機；其次，為使這種「人民支配」「主權在民」的政體能保持下去而不遭受代表大家行使權力者的破壞，於是更有行政立法司法諸權力分立制衡，軍警國家化、教育自由、行政首長不得長期運任，選舉無記名投票，人民擁有各種基本自由之類設計和規定；最後，為使上述各項設計能獲嚴格的實踐，於是乃有法治精神，乃有基本大法憲法的制定。因此，民主的基本意義，或者說民主政治的意義，如上所說，即是這些有機而不可分的原則制度之統稱，無論古今中外，是民主就必然如此，有一點點不如此就不是民主，絕不容許任何「東西」「新舊」之類詭辯的分別。當然，今日一般對於民主一詞的用法，早已不僅限於上述政治意義，不過，這些在政治意義以外的用法，仍是全從上述意義借衍而生的。首先，民主是一國的全體主權者保持並運用其主權的原則，這些原則，譬如言論自由、公平選舉，多數取決，容忍少數，分權制衡以及人人應守規章公約之類，對於任何由平等主權者組成的社團的運營，當然也同樣有效且屬必要，於是，民主一詞也可用以指稱為種健全合理的社團制度；其次，由於人是社會的動物，人必須參加若干社團活動以至起碼的政治活動，人在這些活動中的行為全應合乎民主原則，於是，民主一詞又可用以一面形容人在社會行為中表現的精神，謂之「民主風度」，一面形容人的社會行為本身，謂之「民主生活方式」。這些用法，當然都是無可非議的。

但此處必須指出：今日極權辯士們那種歪曲民主意義藉以攻擊民主和主張民主者的詭詞，絕大部分正是根據上述民主衍義，利用化「民主」概念為「良好」概念的這一推闡而生。這類詭詞，歸約起來大致是：一，民主政治，是良好政治，你們所說的民主不合東方「國情」，因此不如我的「加強反共領導中心」之真能或更能在東方實現良好政治，因此我的主張纔是「真民主」或「更民主」。二，民主風度是良好風度，我反對民主，替「領導中心」吶喊，你們就聲色俱厲地對我口誅筆伐，「聲色俱厲」顯非良好風度，尤其不合「容忍對方」的原則，因此你們對我就不「民主」！三，民主生活方式是良好生活方式，你們有些人的生活就够腐化，就不良好，因此你們自己就不「民主」！等等。

對於這類詭詞的駁斥，分析至此，實近多餘，我祗願畧說如次：一，民主政治是良好政治（包括國強民富之類）的重要手段，但其本身則僅為良好政治之一部，而非即良好政治，反民主的政治，無論其「治續」如何輝煌，仍然是反民主的，而且，歸根結底，如納粹德國之所為，也絕對不是「良好」的。二，民主風度指在公共事務中表現的民主精神，這和非屬公共事務的一般所謂「良好風度」已經有別；至於對付反民主之論，民主風度正必須是「擇善固執」「除惡務盡」的斬釘截鐵的嚴厲態度，如世界上任何一個民主主義者對付共產主義與法西斯主義之所為——這亦即是孔子所謂「君子亦有所惡」「唯仁人，能好人，能惡人」的態度。三，民主生活方式，指處理公共事務之合乎民主原則，一個人祗要在政治行為和社會行為上不作違反民主原則的行為，更不發違背民主原則的言論，則其生活方式即是民主的，至於私生活上的作為，那怕到摩納哥賭錢如邱吉爾，在男女關係上荒唐如羅素，全都毫不相干——一定要把某些人士某類素為社會認可的私行經常扯到「民主」與否上面來，徒見其無賴而已！

台灣民主人士決議籌組新黨

在野黨及無黨派人士座談實況紀要

（本刊台北特稿）五月十八日台灣在野人士七十二人集會於台北民社黨總部，專就台灣省過去及此次地方選舉中，國民黨當權派選舉舞弊窒礙民主有所討論，竟日會議之結果，產生如下各項決議：

（一）由在野黨和無黨無派當選爲本屆的省議員，向省議會正式提案，根據今年三月十七日「在野黨及無黨無派人士選舉座談會」向國民黨及政府當局建議改善選舉十五點意見，修改有關地方自治法規，並明文規定由各黨及無黨派候選人共同辦理各投票所及開票所的管理工作和監察工作。

（二）請民社黨和青年黨兩黨，站在在野黨的立場，繼續要求國民黨透過政府主管單位，促成第一項決議的實現。

（三）請在野黨和無黨無派的報刊，站在言論界的立場向政府及社會呼籲；並促起各級民意機構和各縣市選民的瞭解和同情。

（四）即日組織地方選舉改進座談會，在座出席人員爲當然會員，各地得設分會，爲了實行方便起見，由主席推出約畧三十八人担任促進選舉改進工作，至於另組新的強大反對黨問題，由座談會與民青兩黨協商進行。

茲將該次會議之發起籌備經過及全日會議情況報導如下：

許一君

四十六年的五月十八日，台灣的在野黨及無黨派縣市長及省議員候選人曾經舉行了一個集會——檢討會，在那次會議上，決定組織一個「中國地方自治研究會」，由於向政府申請不准，以後改爲「中國民主自治研究會」；並推派代表再向內政部陳情，結果依然沒有下文，而今（四十九）年的地方選舉又成爲集「選舉舞弊之大成」，所以乃有此次座談會的舉行。

這一次座談會，除台灣此次參加縣市長及省議員競選的全部候選人，還有最高的民意代表——立、監委，國大代表。

會議在四點十分開始，首由座談會籌備人民社黨中常委，台灣省黨部書記長謝漢儒簡單報告籌開會議動機和目的接着一致推舉「自由中國」發行人國大代表雷震，公論報社長現任省議員李萬居，自立晚報發行人前省議員吳三連，民社黨台灣省黨部主任委員楊金虎，省議員許世賢（女）爲主席團主席。復由雷震臨時建議增加前台北市長高玉樹，台中縣議會議長王地，經全體一致鼓掌通過。

痛斥國民黨舞弊團結爭取公平選舉

第一次主席由李萬居主持。（他是青年黨黨員，曾作過台灣省參議會副議長，十三年來一直蟬連省議員）他手持演講稿，首先將四十六年五月十八日第一次座談產生「籌組中國地方自治研究會」的經過作一報告，因爲那次會議李萬居是領銜發起人，在報告的結尾中，他希望與會的人，都把自己在競選時所遭受到國民黨黨權派的壓迫及其新舞弊方法提出來，也希望大家提出今後以甚麼方法來對付國民黨的舞弊意見。

跟着李萬居的敦促，雷震起來發言了，雷震只簡單的提了兩點意見：「第一，」他說：「選舉要公平這是天經地義的了，民主政治如不能辦好公平的選舉，就失去了民主「選賢與能」的意義、譬如區長，現在改爲官派、你派好了，只要能替老百姓作事，全部委派也可以，但我眞不懂，何以國民黨如此昏庸，既不官派，選舉又舞弊，使老百姓怨聲載道，實在令人憤慨！」因此，第二，今天在座各位應該團結一致對付國民黨不公平的選舉，因爲團結就是力量。沒有團結，永遠也不會爭到公平的選舉。」他的話一結束，大家報以熱烈的掌聲。

第三個發言的是楊金虎，他首先以民社黨省黨部主任委員身份歡迎參予此次座談人士，其次他說明在國民大會期間，蔣總統會召見六十歲以上的國大代表，當時他代表省民向總統副總統痛切陳詞，政府不要再失去人心了，台灣老百姓對於執政黨所辦的大小選舉已失掉了信心，政府要收攬民心，惟有趕快命令各級負責人不再循私，違法，舞弊，當時蔣總統曾向他表示，選舉辦不好，是因爲國民黨上級的命令不易貫澈到下層的原故，國民黨中央沒有那種作法。（編者按：這話並不能推諉國民黨中央應負的責任，相反的倒是暴露了黨令不出黨部的弱點！）楊金虎最後又說他放棄競選高雄市長，乃是因爲一方面他與陳啓川是好朋友，另一方面是國民黨不准許在野黨推舉投票所監察員，根本無法獲得公平選舉結果。同時他希望今後能有一個團結陣綫以對付在朝的國民黨，無論如何下一次選舉時在野的有三分之一，那怕四分之一可以。假如能有一個新黨出現更所歡迎。

這時前基隆市長候選人諸實恆站起來說：「主席：過去的讓它過去，今後我們乾脆討論如何能把新黨組織起來，我雖知說這話有可能被撤職的危險，但我爲了民主的信念，不得不如此向大家建議。（按諸實恆爲台灣土地銀行基隆分行一職員，自大胆競選基隆市長落選以後，銀行已不再給他任何業務，同事與他疏遠，僅坐領乾薪。但「安全室」人員卻跟他「更親近了」！）

李順德首倡組新黨不要政府的補助

諸實恆還未坐下，另一熱情的李順德馬上站起說：國民黨以國家預算作黨費，民青兩黨過去也領政府的補助，如何能搞好民主政治！不如大家都不拿政府的錢，同時解散民青兩黨從新組織一新黨，大家一致對付國民黨，這個工作希望民青兩黨多負責任。

第四屆嘉義縣長候選人，無黨派的許竹模即刻起立發言要求民青兩黨合併，共同促進選舉公平，同時主張從提高選民政治意識入手，讓選民都有獨立的判斷力。

有大炮之稱的台北市省議員郭國基一把抓住麥克風激昂慷慨的說：「我在日本讀書時代看到日本民政會，政友會等政黨的言論，集會都是自由的，但國民黨不同了，攪一黨專政，玩獨裁花樣，把大陸弄垮了還要賣弄歷史，猶三國以後的司馬昭，司馬思一樣，硬說漢家天下都是他司馬祖宗的功勞建立的，橫蠻專制，「朕即國家」，「黨即國家」，把「黨歌」變「國歌」，要大家唱，因此要打破這種國民黨的天下，希望民青兩黨解散，大家協議組織一個新的在野黨。他相信國民黨不一次選舉必定垮台。

兩度競選台中市長失敗的何春木抓緊本題說：既是候選人座談會，不檢討選舉，而只談組黨我不贊成。他旋即把他競選中所遭受的種種打擊作一報告，不外錯唱選票，他的票唱給另一人。廢票率高。託選票（以收他人身份証代投），偷選票，以及動員軍車和軍隊去投票等。最後他建議：今後任何地方選舉，必須要在野人士任各投票所設置監票員。（二）廢除蓋指模。（三）准許候選人認爲有疑問時，可以檢驗選票。（四）禁止公教人員助選。今後民青兩黨應澈底合作，並容納無黨派人士。希望在野的省議員於任期內，要本諸自由意志和選民付託，良心道德，不要遷就國民黨或廿願受國民黨利用。

李鍾源站起來跟着說，民青兩黨雖是合法的政黨，但在選舉中，根本不發生力量，今後應自動團結起來，加強在野的力量。

在台北市連敗三屆的李連麗卿（女）銳利地說：「我們希望民青兩黨今天要拿出辦法來。不然的話，我們今天得大家自動團結起來，組織一個新黨，絕不能再拖下去了，空言無補於事。」

台中縣議長（無黨派）王地說：他在競選台中縣長的過程中，非常艱苦，政府黨的舞弊也是無所不用其極的，他也報告了很多具體事實。

這時與會的人大家都在私下熱烈討論組織新黨的事，會場情況極爲活躍。

雲林縣縣長候選人蘇東啓說：「我不贊成大家談新黨，忘了此次座談的意義，因此他建議：（一）今天在座的人士大家要共同發佈一件宣言，即是對此次縣市長選舉的觀感。（二）聲明要求凡有選訟的縣市選票都要從新檢查。（三）他個人贊成一個新黨出現。

屏東縣省議員候選人黃振三說：我們大家應先一致的對內作一次整頓，如經過情形不好，然後我們再組織新黨。

傳添榮接過去補充道：「政黨有政黨的自由，各人有參加任何一個政黨的自由，我們不能勉強他黨解散或不解散，不過我們大家要也同努力，在現階段創造出一條民主的大道。

南投縣議員洪添祿說：「組黨一事，不是說說即可以的，必須先要有錢，沒有錢等於沒有政治，我贊成先組織一個中心，與民青兩黨合作。

來自高雄縣的陸雲階說：（一）此次民社黨省黨部主任委員楊金虎先生給我一封信，希望我加入民社黨，但我觀察的結果，不論民社黨或者青年黨，都沒有力量，事實上我們爲了中國的民主政治；爲了防止國民黨再違法下去，再腐化下去，急需要一個政治上的新力量，當然。我們要組織一個新政黨來作領導。（二）因此我主張凡在此的立法委員，監察委員，國大代表，乃至省議員、應該趕快加以提倡。

民主政治在爭人心不應懼怕國民黨

現任台北市議員曾經作過高玉樹競選總幹事的李福春說：「這些年來，我獲得一個結論：國民黨如不在選舉上違法舞弊，就一個也不能當選。在他們想：這樣可以穩保政權，然而事實上他們失盡了人心，可是今天在台灣的民青兩黨老大哥們中好到竟沒有一個政客，如果有一個政客的話，就會利用這種不滿的人心設法奪取政權，我眞覺得奇怪，何以這千載難逢的機會，竟沒有人出來領導，大家都怕國民黨有龐大的軍隊、警察、特務，然而實際上李承晚不是失敗了嗎？爲甚麼我們裹足不前？關於這一點我感到很痛心。我認爲，民主政治就是爭取人心的工作，執政黨失去了一分人心，就是在野黨增加一分力量，國民黨今天不要人心，但竟沒有人來收攬人心，未免可惜，李福春的話，贏得滿堂掌聲。同時會議暫告結束，吃飯時際大家自由交談。

此時初識雷震的，都在找機會與他攀談，他也在找那些熱情的新黨主義者交換意見。

地主民社黨的謝漢儒此時顯得特別活躍，周旋招呼於衆賓客之間。

高玉樹、郭雨新、李萬居、楊金虎等這些主席們也在頻頻交換意見。郭國基、李連麗卿在嚷着新黨即刻誕生，「自由中國」的編輯傳正在對着結論凝思……吃過飯，大家在民社黨總部大院內散步，三三兩兩一起，立法委員齊世英、夏濤聲，監察委員葉時修等都在討論剛才聽到的意見。

飯後的主席是高玉樹，這位作過三年市長的工程師發言，首先提出四點國民黨選舉舞弊的方法：（一）標準的賽票方法，收買身份証。（二）故意製造廢票，例如唱票人頭髮上弄上墨水，一看是非國民黨員的票使以墨水拈一下，結果作廢。（三）標準的張冠李戴方法，譬如李福春的票唱給國民黨候選人姚冬聲、郭國基的票唱給郭歧等等，齷齪到極點，如果說中國是進步的話，在選舉舞弊這一行，國民黨眞是標準的先進。

高玉樹講完，即提出主席團的結論讓大家討論、修正，經過一場熱烈的辯論以後，一致通過了該結論。（原結論見前文）

夏濤聲堅決表示青年黨願一致行動

在討論以上的四點結論時，青年黨籍立法委員夏濤聲起立發言：他表示青年黨願意跟隨大家一起，一致行動，共同努力，他的話還未結束，掌聲已熱烈的響起來了。

另一樁有趣的事爲諸賓恆提議：新黨籌備委員三十人中最好規定民社黨十名，青年黨十名：無黨派十名，夏濤聲不表贊成，諸賓恆旋聲明：如此只表示公平而已，並不堅持必然，但謝漢儒馬上建議折衷，遴選籌備委員應注意其地方性，原則上交主席團決定。於是一場辯論乃告平息。

李萬居此時祝福大家，台灣民意希望有一個新黨出現，不過我們要顧慮「國民黨有龐大的軍隊、警察啊！」說時他的眼晴中流露出一種「走着瞧」的神情。

諸寶恆馬上站起來不以爲然的說：中山先生當年革命只有四大寇，而我們今天已有七十多人了啊！

最後高玉樹宣佈散會。

參加此次座談的人士計有吳三連、李萬居、夏濤聲、雷震、葉時修、成舍我、孫亞夫、齊世英、萬鴻圖、蔣匀田、楊毓滋、王漢生、王永濟、謝漢儒、王嵐僧，傳正、沈雲龍、高玉樹、朱文伯、郭國基、郭雨新、許世賢、楊金虎、王地、李秋遠等七十二人，筆者也欣逢此盛會。

散會以後，路上我以興奮的情緒告訴雷震先生說：中國的民主運動總算又進了一步，不過，他答的却相當審愼：「不能過早樂觀，尚須要作更大的努力」。

反對黨與民主政治

季夫

有了反對黨，當然不一定就代表有了民主。但沒有反對黨，又豈能說是有民主呢！

台灣的或屬於台灣而在海外出版的官報與黨報最近一再對在醞釀可能成的反對黨，喋喋不休的譏嘲，說「反對黨的存在，雖適應了民主的常軌，然反對黨的本身，並不如一般想象或宣傳的就代表着民主，或意味着它的發展即走向民主。」（見六月十一日香港時報社評）

這裏我也願意舉兩個例來說：

李承晚時代，是有一個反對黨的，而且還有一個反對黨的副總統張勉。但是李承晚時代的韓國有民主嗎？

沒有！

是誰之過？難道是反對黨之過嗎？

非也。可以李起鵬之死與李承晚的引咎辭職為証。

可見執政黨號稱實行民主，也「並不如一般想象或宣傳的就代表着民主，或意味着它的發展即走向民主呢！」

台灣又怎樣？

有民青兩黨在。有主張實行地方自治人士在。

有民主嗎？

有官方和國民黨當權派的口頭的和文字的宣傳的「民主」。

有不民主的事實嗎？

請看地方選舉之舞弊，與修憲連任，即可思過半矣！

因此，可見民主之是否能實現，固有賴於有反對黨，和反對黨之積極爭取，更重要的還是在執政黨之是否有開明的襟懷。

所以，我也覺得有反對黨並不一定代表有民主，但其道理，確與香港時報社評的主筆先生所見者異。

中共政權、現在也還容許有「民主黨派」存在，能說，那是民主政治嗎？其景其情，不正等於今日台灣之有民青兩黨，而並無民主政治是五十步笑百步嗎？

反對黨并不是什麼「異端邪說」。何必視反對黨之將出現「如洪水猛獸」呢？

反對黨在民主政治中存在的主要作用，就是在批評，就是在監督，它不是為了歌功頌德而存在的。今天主張成立反對黨的人，既有堅定的反共立場，與執政黨之間，在原則上并不相背，怎能因他們對政府有所批評而橫加攻訐。

國家的決策，與政府的庶政是不能混為一談的。主張成立反對黨的人士，并沒有對國家的決策有所評論，但政府的凡百庶政難道不容批評和不應糾正嗎？難道說因為今天的政府在實行「反共抗俄」就必須要同時容忍千奇百怪的乖張的不法措施嗎？

就目前的情況來看，國民黨內部也正因為當權派的胡作妄為，囂張悖亂，使開明人士已感覺到有迫切需要改革的必要了，這種大勢所趨的形勢，國民黨中央為什麼不正眼視之呢？國民黨中央怎麼不感覺到內部反對派的形勢在逐漸壯大呢？

儘管反對黨能否出現尚難預卜，也儘管籌組反對黨的工作進行必然尚會遭遇到一些可以想見的困難，但這是沒有什麼可以嘲笑的。

在沒有真正的反對黨的存在之下，國民黨當權派既並未積極地推行民主政治，難道就不希望有一個反對黨來協助執政黨積極從事民主政治的開展嗎？

反對黨之在台灣成立、看來已祇是時間問題，那已是無可阻擋的，任何分化、破壞、污蔑，祇能使籌組反對黨的人士更為團結，更為警惕、更為積極。同時任何分化、破壞、污蔑，祇是反映出國民黨當權派之狹隘與力求保持現狀，不思進步的決心，除此之外，還能代表什麼呢？

香港時報可以休矣！

．一民．

自聯合評論同人發表了「除去台灣禍根——蔣經國」一文後，香港時報雖一而再再而三的為蔣經國辯護；但對於聯合評論同人所提出的各項事實，則均避開不答。而一味潑口大罵和亂拋「帽子」，眞不愧是今日台灣的「黨報」本色啊！

在筆者請問他們蔣經國有何反共的言行之後，本月十三日的香港時報又再度出現了一則高踞社評頭上的短評，要我們去問那些參加過前年八二三金門砲戰的士兵或開闢橫斷公路的兵工。他們似乎把金門砲戰和橫斷公路都當作蔣經國一人的功績。但以言前者，蔣經國既非作戰的官兵，亦非戰地服務的人員，究竟與他有何關係？至於他會在砲戰期間以「太子」的身份前往金門作視察狀，祇可證明其為今日台灣的特殊階級，正是視國家軍隊為一人一姓的私有武力之具體表現，何能以此而証明其反共？至於後者，則設計的是工程人員，作工的是退役官兵。蔣經國雖然為了要控制退伍軍人而把持「輔導轉業的機構；但他本人對於橫斷公路之築成究竟作了些什麼？更何能以此而証明其反共？

香港時報既舉不出任何一件足以証明蔣經國反共的事實，而對筆者一再請他們答覆聯合評論同人所揭露的各項事實，則說是「像反芻的動物」，是否正是其第一篇短評所說的「竟作出這樣下流的文章，辱沒一般書生矣」，祇好讓他們自己去評了，實則，今日貌作忠貞的人們果能有反芻動物的精神，把問題多咀嚼一吓再說，又何致如此語無倫次呢？不幸，他們不作思考，不知講理，祇會咬人，究竟像的什麼，他們自己明白，我實不忍說了。

復次，香港時報還說我們指出蔣經國的政治身份不明，是要「破壞中美合作」和「反共抗俄國策」，可見在他們的心中蔣經國即是國家，即是國策。否則：這兩頂大帽子又怎能用得上呢？至於告洋狀，則更是當權者的專利，短評的作者就近問問貴報的某公就知道了。

此外，香港時報還問我們是何用心。我坦率奉告諸公：我們的用心十分單純，即為確保台灣的安全，主張立即去掉蔣經國。這原是今日海內外反共的中國人都有同感的，包括最大多數官方人員在內；不過他們有所顧忌不敢明言罷了。至於你們問我們何不向政府檢舉；但今日的所謂政府已變成了一人一姓的王朝。當年馬寅初呼籲大義滅親，尙被送去與張學良為鄰；何況此親更非彼親可比？當權者非不知之而故縱之，顯然是別有用意的。我們向海內外的反共同胞呼籲，有何不可？

再說到你們所謂「曉曉不休」，這是因為你們要為蔣經國作打手而向我們挑戰，我們才順手還擊一兩吓。否則，我們對於為了飯碗或津貼而迫得出賣良心的人們，祇有同情，實不忍多責也。奉勸香港時報，可以休矣。

中共現時會作蠢動嗎？

特別自高峯會議破壞以來，中共不斷地作出不惜一戰的姿態，人們或以為它將正面的製造緊張局勢了，這看法是不盡其然的。

台灣海峽是中共的正面陣地，基本上至今還維持着單日打炮雙日停的古怪打法。六月四日，中共曾破例雙日砲擊國府兵艦，一時盛傳中共在台峽加劇緊張局勢於焉開始。但隔了兩天，新華社發佈消息，謂那天雙日也打砲的原因是「蔣軍驅潛艦一艘在福建省圍頭附近海面進行騷擾活動，我福建前綫砲兵部隊當即開砲轟擊把它擊傷」。

以最近二三個月的新聞消息看，國府的情報人員，好像沒有什麼其他情報可以搜集，除了福建沿岸增加兵力以外。每天人們都可以看見來自台灣的消息，說中共即將侵犯金馬，但中共却偏偏在這時按兵不動，並無任何實際行動証明上述消息之準確性。因此這種不正確情報的不斷傳佈，除了打擊自己的威信，麻痺前綫官兵，令報紙讀者不當一會事以外，實無任何效果可言。

在中印邊境是中共可以製造緊張局勢的另一場合，四月二十五日中共印度聯合公報說明：「雙方應該作出一切努力來避免在邊境地區發生摩擦和衝突」。固然中共是無信用的，但我認為最近期間是不會毀棄這項諾言的。

北越是中共的附庸國，無須由它自己來製造緊張局勢，可以通過北越向南越製造緊張局勢；但是，五月十三日周恩來在河內羣衆大會上認為：「越南人民爭取和平統一祖國的正義事業一定能夠獲得最後勝利」。足見中共並無鼓勵北越放棄「和平統一」，改取「武力統一」政策的意圖。

在北韓，從眼前的情況看來，中共對之並無實際控制權力，也無跡象可証明其將向南韓製造緊張局勢。

以上四個地區是中共可以其本身力量或通過其他共產國家可以在正面製造緊張局勢的地區，但已如上述，在近期內都沒有正面製造緊張局勢的可能。

中共目前所鼓動的是一國內部的「人民鬥爭」及「國內戰爭」，它是在極力煽動東南亞的共產黨作反對政府的騷動與武裝鬥爭的，由這種設想來觀察，寮國的形勢是確實可慮的。除此以外，似乎看不出那一個國家有被製造緊張局勢的危險。問題是中共對於東南亞各國共產黨究竟有多大的控制權實是可疑的。按東南亞共產黨勢力最龐大的是印尼共產黨，它徒然具有兩百萬黨員，在國內政治上都絲毫也發生不了作用，即使是印尼壓迫華僑，也一點幫不了中共的忙，要它聽命中共作武裝鬥爭觀其形勢似無可能。印度共產黨的情況亦復如此。

是故，我認為儘管中共在叫囂，但不只正面不敢有所蠢動，連側面也鼓動不起來的。當然，軍事上的審視愼防自是必要的，不在本文申論範圍內。

・田心・

台灣一周

反對國大代加「薪」

立委徐源泉等五十三人，向立法院會提出臨時動議說：「在政府公務員當中，掙扎於飢餓邊緣的，既不是立監委員，也不是國大代表，更不是政府高級官吏，而是中下級軍公教人員。」因而，建議「先由中下級公務人員開始調整，方屬公平合理。俟政府財源充裕，再行調整中央級民意代表及高級公務人員待遇。」

來自台北的消息，行政院已公開承認「國大代表的待遇，在這次調整方案中增加的比較多。」

由是可証，國大代所做的政治買賣，政府開出的加「薪」期票可能快兌現了！

六年開一次會和六年選一次總統的國大代，姑不論領「薪」是否合法，也不論其現在每月一千元的救濟金，是否足以維生養廉。但，試問憑什麼還要用台灣人民的血汗，來改善生活？眞的是「貪鄙苟得、無所不至」了！

當然不能「一竹篙打翻一船人」，國大代表中大有忠耿清廉之士，「君子謀道不謀食」，應該自動說明反對加「薪」！誠如是，至少可以表明並沒有參加這次的政治買賣勾當。

「爭而得財，廉士不受也！」敬寄語與國大諸公！

歡迎艾森豪先生

當本文刊出時，艾森豪先生將成為中華民國的國賓，在國際局勢風譎雲詐之秋，艾民的訪問，給予千百萬正從事反共抗俄和民主自由鬥爭的中國人民，帶來無比的鼓勵和欣慰。

相信，美國人民和中國人民是反共抗俄的忠實盟友、也是為實現民主自由的兄弟之邦——守望相助的友國，但，如所周知，二十世紀六十年代裏的中國人民，不但要反共抗俄，而且要更積極爭取眞正的民主自由。

來自台北泛亞社的消息：「中華民國的國民代表大會與立法院及監察院，拒絕作最後一刻的妥協，而仍然堅持要各個舉行招待會以欵待艾氏。倘若艾氏會聽到歡迎者的申訴，這不是詫異的事。靈通人士稱：台灣將會有一個反對黨發表其宣言。」（按艾克訪華日程上未列明出席立監兩院時間）

當美國納稅人把一點一滴的血汗，來援防落後貧瘠的國家時，他們希望這些受援國家會產生林肯所說「民有、民治、民享」的民主自由政治，他們決不會同意反民主、反自由的任何統治政權。這是中國人民所深知與所深信的。願艾森豪先生正視中國人民的當前政治需求。

蔣經國旗下的澳門工作人員對修憲連任警告者的廹害

·萬夫雄·

自從「我們對毀憲策動者的警告」發表後，台灣國民黨當權派雖然表面上故作鎮定，而內心却有說不出的憤恨，他們所指揮下的海外工作人員，更非常緊張而忙亂地展開還擊，向我們這一羣祇憑滿腔愛國熱情，手無寸鐵的護憲者，瘋狂地進攻！含血噴人的汚衊，莫須有的罪名，都加到我們頭上來了對於真正。愛國的反共者大送各式帽子，這是國民黨當權派一貫的作風，這些極幼稚而毫無政治道德的讕言和謬論，散見於國民黨當權派所御用的各報，不值得筆者加以引申。

由於澳門的政治環境與香港不同，葡萄牙與中華民國有正常的外交關係，因此，對於國民黨當權派的政治活動，極少限制，這些低能的海外工作人員，反共無術，對反共而不滿台灣現狀的人，却是猖狂而毫無顧忌的！他們都是「反反共」的能手！

我曾經在「我們對毀憲策動者的警告」宣言上，光榮地簽下了我的名字，駐澳門的國民黨當權派所指揮的工作人員，便把我當成了他們的工作目標。

首先是調查，凡與我相識的人，幾乎都被打聽我的日常生活和經濟來源，曾任憲兵團的某君更到我的寓所拜訪兩次，問長問短，連我吸的香烟幾錢一包也問到了，使我不勝其煩，好在我完全靠一枝筆賺稿費養活自己，毫無半點錯處抓在他們手中，自然問心無愧。同時參加調查工作的，還有其他六人，暫隱其名。

其次是打擊，他們放出空氣，說我是「海外中華」的澳門負責人，想用這種手段，對我在澳門的社會環境中陷於孤立；事實上，因為我不常看赤色統戰報紙，對於所謂「海外中華」名詞的來源，並不清楚，想不到他們這些自命忠貞的人，專拾共產黨人的口角餘惠，給我戴上這頂不倫不類的帽子；他們又造謠說我發了財，有很多美金，促使一些我不認識或僅認識的難民同胞向我借錢。作為一個自由職業的作家，生活的困窮是免不了的，我的經濟情況，凡是熟悉我的人都很清楚，這種惡意的造謠中傷，並不會對我的人格有任何損害！

第三是跟踪，中華民國外交部駐澳門外交專員公署調查員某君，就曾經多次跟踪我，至於我不能說出名字的跟踪者，更不在少數，我的寓所門口，經常有幾個形跡可疑的人在徘徊、窺視；一個作家為了找尋靈感，獨個兒在海濱散步和觀賞，却蒙某調查員騎着單車來回逡巡，如果是善意的保護，真是不勝光寵。

第四是利誘，一個浙江籍的國民黨當權派海外工作人員，曾經自稱代表他們的「中央」，向我勸告，他裝着假惺惺的態度，要我寫一篇「擁護蔣總統連任」的文字，並公開聲明退出「護憲簽名」，國民黨當權派「中央」，願意送錢給我，我當時嚴詞拒絕了，在個人思想上，政治道德上，我都不能這樣做！我流亡海外十年，我一貫地站在維護民主自由的立場，發表我的文字和主張，雖然我窮困，我認為是一個民主鬥士的本份，但求溫飽，並無他求，我的政治生命超過了任何金錢的數目，民主自由中國的實現，才是我嚮往的目標！從此，那位先生再不向我提這一類的事。

汚蔑、打擊、跟踪、利誘這些卑劣手段，並沒有使我倒下去，我依然活着，而且活得更堅强，這使國民黨當權派的特務們老羞成怒了，他們決定對我的生命進行威脅！

一個將友情和正義置於卑鄙工作之上的朋友，承他好心冒撤職的危險，告訴我國民黨當權派澳門各組負責人集議的秘密：當時有人提議指派幾個「行動人員」或買通幾個職業打手，打斷我一條腿或一條臂膀，「以示儆戒」；有人提議乾脆送我幾顆子彈，但不為他們的上級所接受，恐怕政治謀殺的陰謀難逃過千千萬萬中國人的眼睛；於是，有人提出最狠毒的建議：暗中將我綁票，然後用麻布袋裝着丟入海裏，「永遠秘密失踪」，這樣便無須負担任何政治責任，還可栽賴我「返回共區」，作為攻擊護憲者的口實。這個朋友勸我不要拿生命開玩笑，與小蔣系統的人結仇，只要我不與他們作對，他可以緩和各組負責人的「憤怒」。

我聽到這消息，最初確是很恐懼，白天出街，提心吊胆，夜晚根本不敢出門，睡夢中也一夕數驚，我曾經準備向警方說明真相並請求保護，後來，一股沛然塞蒼冥的正氣制止了我這個行動。

中國知識份子是有骨氣的！中國知識份子在遭遇到困難時表現了傳統的不屈不撓的精神，那麼，我為什麼要向困難低頭，向死神屈服呢？我應該向困難微笑，向死神挑戰！假如國民黨當權派真要效法袁世凱，我雖無才無德，亦願效法宋教仁先生的精神，為了維護中華民國這部憲法的完整無缺，為了中國民主自由運動的光大發揚，而不惜犧牲！我的血不會白流！吃幾顆子彈和裝麻布袋的死，與活到八十多歲無疾而終，死的滋味都是一樣，而死的意義却截然不同，那麼，我又何懼於死亡？

我今天向國民黨當權派朗聲高喝：「我是不怕死的，對於你們的子彈和麻布袋，我更無絲毫恐懼，即使你們指派行動人員或買通職業打手，打斷我一條臂膀，我有另一條臂膀寫文章反對你們的違憲毀憲！就是兩條臂膀也打斷了，我的咀巴也要說出我要說的話！同時，我要告訴你們，你們能消滅我的肉體，你們消滅不了我的精神，你們如果無視於全世界的正義輿論，無懼於全中國人民的憤怒指責，那麼，你們的木棍、鐵條、手槍、麻布袋就來吧！來吧！來吧！我是手無寸鐵的！然而我却願意為中國的民主自由運動而流血！

我的友好吳兄知道我被廹害的經過，他沉痛地說準備為我寫追悼文章，我也悲涼而含笑地接受他的好意，世界上的民主自由運動總是要流血的，我願意第一個以鮮血洒在中國民主自由的道路上！

萬夫雄於非法總統就職後之第十五日寄自澳門。

既寡又不均的公教人員待遇調整

·吳奈何·

（台北通訊）當局開出「調整軍公教人員待遇」的支票為時已久，一直不予兌現。而此次行政院決然將軍公教人員待遇調整標準，送立法院審議，實在不得不感謝我們的國大代表們。因為他們堅持須增加待遇與立委平等，否則不同意修改臨時條欵，蔣總統也就選不出了。當局看到「茲事體大」，乃由行政院副院長王雲五向大家保証，只要遵旨把總統選出來，增加待遇，決無問題。於是「國大」纔得圓滿閉幕。而當局為了要履行這一諾言，當然得將「國代」們的待遇提高。但是假如祇增加國代的待遇而不並及於清苦的軍公教人員亦為勢所不許，所以「國代」的加薪，實給傳說已久的調整軍公教人員待遇起了催生作用。

行政院原來送到立法院的調整待遇總預算是四億六千萬元新台幣。立院認為僅有總數字，碍難審議，乃請行政院再附送調整標準。聞內幕是這樣的：

調整待遇總預算四億六千萬元中，軍人佔三億七千萬元之多，國代加薪又佔去一千八百萬元，僅剩下六千餘萬元，而中央級的公務員就有十餘萬人實難分配，所以行政院只能列出加薪的總預算，而不敢將加薪加多少的明確標準詳細列出來。

但是立法院既拒絕審議僅有總預算的調整待遇方案，行政院在廹不得已之下，只好勉强列出一個調整標準。茲將總預算削減為二億八千萬元，餘數由行政院自由支配，其內容如下：

等級	薪俸及生活補助	增加數
文職人員		
特任	九〇〇	二三三
簡任	六八〇—八〇〇	一八五—一九七
薦任	五六〇—六三〇	一四二—一八二
委任	四〇〇—五一〇	一三一—一四六
技警	二九〇—四〇〇	一〇二—一二九
公役	二三〇—二五〇	九八—一〇二
武職人員		
上將	五六〇—六〇〇	一六六—二〇六
中將	四八〇—五二〇	一一七—一五七
少將	四四〇—四六〇	一〇三—一二三
上校	四〇〇—四二〇	八九—一〇九
中校	三六〇—三八〇	七五—九五
少校	三二〇—三四〇	五八—七八
上尉	二八〇—三〇〇	四二—六二
中尉	二五〇—二七〇	三九—五九
少尉	二二〇—二四〇	三六—五六
准尉	一九〇—二一〇	三八—五八
一等士官	二四〇—二六〇	三三—三七
二等士官	二一〇—二三〇	三六—三九
三等士官	一八〇—二〇〇	四二—五四
上士	一二〇—一三〇	二二—二七
中士	一〇五—一一五	一五—二一
下士	九〇—一〇〇	一二—一九
上等兵	七〇	一五
一等兵	六五	一六
二等兵	六〇	一六

按照右列調整標準，中央級武職人員年需二億三千六百餘萬元，文職人員三千一百餘萬元，雖然國代待遇另案辦理，而各項總數是否僅需如上表所列者，似乎也大有疑問。但這自有立法院去審議。

調整待遇標準經報端披露後，反應不佳，但都敢怒而不敢言。我們僅就調整待遇後的一個二等兵只有六十元而言，究竟叫他們怎樣來維持最低的生活，政府似乎是視若無睹的。現在一個總司令每月特支費即有廿萬元，其他暗盤還不算在內，這是難以服人之心。古云：「不患寡，而患不均」。而我們是「既寡又不均」。

此次待遇調整，越高級的加得愈多，但事實上，現在愈是高級的人員：他們的生活場面靡費濶綽，已是有目共睹的事。而迫切希望調整待遇的是中下級的軍公教人員；然而愈到下級反而增加愈少。一個二等兵僅僅增加了十六元，已不足高級人員平日所抽的一包香烟錢。

大陸之窗

中共企圖奴役三億婦女

強廹大陸婦女，走出家庭，從事各種性質的勞動，這是中共最近一年來特別致力的事情。

劉裕畧

十年以來，中共政權最感吃力的事情是行政開支和資金的累積問題。

中共的黨員有一千多萬，是古今中外歷史上人數最多的黨員，也是世界各國所無的一項龐大財政負担，即以蘇聯共產黨而論，人數雖然也很多，但開支之龐大仍不及中共。另一方面，中共積極從事工業設施，尤其軍需工業設施，因之所需投入之資金也很多。再則，中共政權本身原就很龐大，加上正在建立新的「現代化」共軍，故其財政支出爲數亦多。

而整個大陸，在中共一再壓搾和種種清算鬥爭之後，早已民窮財盡。於是，中共乃一方面緊縮糧食配給，讓人民過飢餓生活，以圖節流，另一方面，則用各種手段以增加生產，爲此，除了迫使所有男子從事勞動生產外，乃更就大陸所有婦女來動腦筋。中共認爲婦女人口約佔全大陸人口之一半，爲數約有三億，倘使此三億婦女亦皆從事勞動，則生產必可增加。而要使此三億婦女，能夠從事社會勞動（所謂社會勞動，實際上就是爲共黨壓搾謀收穫的那種奴役的別名），就必須把所有婦女從家庭內拉出來，但所有婦女是不願意離開家庭的，於是共黨乃又製造欺騙口號，婦女離開家庭，即是婦女本身的一種「解放」，但中共猶恐大陸婦女內心不願意，遂在製造和宣傳此一欺騙口號的同時，澈底推行人民公社制度，根本上拆散所有家庭，從而使得所有婦女雖不欲離開家庭，其勢亦不可得。對此，中共一年來在鄉村推行的人民公社，早已做到迫使農村婦女不得不離開家庭；以從事奴役；現在，由於中共復在城市推行人民公社，所以，城市婦女現刻亦正在被廹離開家庭，預料，今後數月，勢必將有更多的城市婦女，被迫從事所謂「社會勞動」，以逐漸達到中共奴役大陸三億婦女的目的。

在此情況下，大陸婦女對中共當然是極端仇恨的。不過，大陸人民，手無寸鐵，內心雖有仇恨，暫時卻也無可如何。但中共爲了克服大陸婦女的這種不滿情懷，遂又在強迫婦女勞動之餘，施行其一貫技倆，用所謂學習之名，來對大陸婦女洗腦。據中共「全國婦聯會副主席」楊之華於本月三日在北平「全國文教先進工作者代表大會」上發表演說：「當前城市婦女和農村的勞動婦女參加學習政治理論的人數，據十一個省市不完全的統計，達一千三百多萬人。在先進地區，婦女參加學習的人數；已佔成年婦女總數的百分之七十以上。在這些參加理論學習的婦女中，不僅有一般的青壯婦女，而且有不少多子女的母親和青年婦女。大部份是文化水平不高，甚至是剛脫盲的。他們克服了文化低、家務重、生產忙、時間緊等等困難，堅持學習，從而取得了顯著成績，進一步提高了覺悟，啓發了智慧，鼓舞了幹勁，在生產和工作中立場、觀點、和方法更加正確，在階級鬥爭中更能站穩立場，明辨方向，自覺地保衛三面紅旗，同壞人壞事進行鬥爭，並且能夠大破迷信，解放思想，大鬧技術革命，大創高速度和新紀錄，更進一步的發揚團結、友愛、互助、協作的共產主義風格，不講條件，不計報酬，全心全意爲社會服務」。

「城鄉人民公社的建立，解放了婦女勞動力，幫助婦女擺脫了孩子、家務等牽累，爲廣大婦女參加勞動和學習，爲廣大婦女向科學文化進軍創造了條件。爲此，要大家有一個明確的世界觀，以萬分熱情來對待這個共產主義的新生事物，使它發揚光大，把三億婦女動員起來，在文化運動中發揮更大力量」。（以上見中共六月四日北平人民日報）

從上述楊之華的講演，很明顯的可以看出中共是正在企圖把大陸三億婦女全體驅向集體勞動，所謂「不講條件，不計報酬，全心全意爲社會主義服務」，則不過是使中共意欲對此三億婦女，予以充分奴役，大力壓搾之說明而已。

左右逢源的阿富汗

（上接第六版）

現在，單就蘇聯和阿富汗的貿易數字來說，估計已佔阿富汗的貿易總額百份之五十六。換言之，阿富汗的對外經濟，已超過一半是被蘇聯囊括而去。

現在，蘇聯也協助阿富汗裝備陸軍，人數約達五萬名，並供應了一個小型的噴射機空軍組織。顯然，蘇聯的潛力，已逐漸滲入了阿富汗的國防中。阿富汗的態度如何，更值得重視了。

查赫爾的左右逢源手段，目前仍在不斷地玩弄着；至於他是否確能不受援助者的影响，那就要再看阿富汗將來進一步的事實表現了。

俄國糧食今年減產，大陸人民將更加飢餓

虛構若干幻想，預報若干虛假數字，以喚起大陸人民對未來遠景懷抱幻想，從而減輕大陸人民目前對中共現實情況的不滿，這原是中共一貫的宣傳騙術之一。

但事實是無情的，人民的眼睛也是雪亮的。中共可以欺騙人民一次兩次乃至三次，豈能長期而永遠的騙下去，而八民仍不知道呢？譬如大陸人民吃不飽、穿不暖，中共可以用種種設辭來欺騙一年兩年乃至三年，但若干年來，中共統治大陸的結果，却是年年飢餓，而且是中共配給人民的糧食，不是一年一年的增加，而是一年一年的更加減少，從而使得大陸人民一年一年的飢餓，這使得大陸人民充分而澈底的明白過來，原來中共所宣傳的虛構遠景，十年來的事實不斷証明，祇是騙的玩意。

在農業生產方面，十年來，中共是一直用統計數字不斷報告說它是在不斷增產、不斷大躍進的。但大陸八民親身所獲得的事實，則十年來，糧食配給量不但沒有增加，而且反而一年比一年減少，到現在，大陸人民早已皆在飢餓狀態中了。這說明中共政權對戕害民族生命力和損害民族健康是犯着重大的罪過的。

有識之士，固早已指出中共所報一切大躍進的數字，皆係虛報皆係揑造謊言，但中共自己尚不承認反指爲反共者之造謠。直到去年八月二日至八月十六日中共在廬山舉行之八中全會公報：自己承認前一年度所報大陸全年糧食生產七千五百億斤係屬謊報，並自動承認前一年之糧食生產實只有五千億斤。遍查古今中外，一個政權所公佈的數字，竟謊報到二千五百億斤，即二分之一之多，這誠是奇聞，也真可以說是謊報大家了。

大陸人民生活之所以如此艱苦，一方面固然是中共謊報數字所造成，另一方面也由於中共之大力壓搾所造成。中共政權開支龐大，只是黨員就有一千多萬人。而此一千多萬黨員的供應與消費就全靠壓搾而來，而它的壓搾對象，主要是農民，因爲只有農民才有一年一度的生產，而中共的其它收入是比較微小的。

造成大陸人民生活悲慘的再一原因，則是中共的對外輸出。爲了備戰，爲了購買和儲存乃至投資軍需物資，中共需要外滙，就是向蘇聯購買，中共也照樣要付外滙。而中共「一窮二白」，那來外滙呢？於是，中共便竭澤而魚，搜刮所有農業生產，向外輸出，以換取外滙了。在此種輸出中，輸往蘇聯的物品極多。而蘇聯今年的情形，根據美聯社華盛頓本月七日電：連續第二年惡劣天氣正危害蘇聯。並說美政府農業機構方面從外國種種來源所搜集的情報指出：今春蘇聯若干重要農產品受到寒冷、乾燥及風災。繼去年極端亢旱秋季，這已引起坭土水份不充足，以至損害到各季穀物收成。由於亢旱，蘇聯去年農穫，特別是穀物，已告減少。因此蘇聯農產大跌，與赫魯曉夫所定下的目標距離相當遠。又據美國方面報告，本年四月底，蘇聯整個烏克蘭南部遭受廣泛的沙風，該沙風並侵到農產主要區卡拉干達北部，表示高加索北部發生旱象。卡拉干達農區，由於一九五九年亢旱引致飼料缺乏，結果使到屠宰數目減低。又說伏爾加河流域雖然不若烏克蘭及北部高加索，所遭受的打擊那麼大，但土壤水份的保留仍屬低降。根據美聯社上述報導，可知蘇聯農產歉收，今年係連續第二年。而蘇聯之此一農業減產，又勢必會影响中國大陸八民的生活的。因爲在蘇聯農產減少的情況下，中共這一奴才勢必將以較往年更多的農產品運到蘇聯，而中共的這些農產品又勢必只有在再將八民配給量減少的措施下來供給它的俄國主子，所以，展望未來的時日，大陸人民的生活，勢將遭遇比今日更慘的普遍飢餓。

中共新訂十項辦法挖掘勞動潛力

王文中

大陸夏收的時候快到了，爲了達成充分搾取農民勞動果實的目的，中共最近又發出了一項「集中兵力攬好夏收」的號召，同時，並要求大陸農民「保証夏收夏種全面適時完成」。對此，中共中央特以它在河北新樂縣新近推行的十項挖掘勞動潛力的辦法，作爲一種典型辦法向全大陸的農村推廣。據六月四日北平出版的中共人民日報說這十項辦法是：「巧」、「挖」、「援」、「定」、「堵」、「改」、「突」、「讓」、「包」、「賽」。對此十個字的解釋，人民日報說：

「巧」就是分節分段巧安排，各項農活往前趕。對所有勞力進行一次分類排隊，按社員專長和生產需要組成收割、運輸、打場、秋田管理等專業隊。

「挖」、即大挖勞動潛力，大攬米麵加工機械化，減少推碾用的人蓄。挖出過去不經常出工的輔助勞力：調動他們的生產積極性，減縮和緩辦生產隊的副業。

「援」是公社爲單位，根據等價交換的原則，發動麥田少的生產隊支援麥田多的生產隊。

「定」是夏收夏種中推行「七定」與「三對口」。所謂「七定」，是定勞力、定耕畜、定農具、定任務、定時間、定報酬、定專人領導。所謂「三對口」是，牲口與農具配套對口，勞力與農活配套對口，包工數量和質量驗收「對口」的一種責任制。

「堵」是堵塞勞動力漏洞。在夏收期間，不經縣委批准，不得召開基層幹部會議。生產隊不經公社批准不許召開羣衆大會。各行業在夏收期間只許支援生產，不許抽調農村勞力。

「改」是改製收割打場工具。改村邊打場爲「地頭打場」等。

「突」是由民兵和共青團組成搶收搶種突擊隊，並將壯年、老年、兒童及其他輔助勞力組成打場、拾麥、澆水、鋤地、除虫、使役等專業突擊隊，分段分事組成戰役，進行突擊。

「讓」是在夏收夏種期間，要給農業讓路，交通運輸部門在夏收前要快馬加鞭加快貨物運輸。

「包」在夏收夏種工作中，對六大工序（收、運、打、澆、耕、種）實行一包到底，全部落實到作業小組。換言之，即是要基層勞動人民負責完成指定的生產數額。所謂「包到底」者，即指逐層皆須包額完成也。

「賽」是要求社與社、區與區、隊與隊、組與組之間開展一超（勞動超定額）二多（出勤的人多，幹部參加生產的多）三高（勞動效率高，農活質量高，社員情緒高）的競賽。

綜觀這十項辦法，總而言之，統而言之，中共就是要用種種辦法達到其最高的壓搾目的。

馬來亞議會激辯修憲案

俊　華

馬來亞修正憲法草案，筆者前曾於本刊報導，該項一九六零年聯合邦憲法修正法案，在議會二讀時，在野黨議員堅持反對，多方建議修改，或採阻延戰術，唇槍舌劍，激戰達三日之久，在激辯中，充份反映出在朝黨與在野黨立場見解之互異，以及無黨無派議員作左右袒的態度，堪稱情況熱烈。

結束緊急狀態之際

修憲案辯論的要點，在於反顛覆特權這一問題。事關馬來亞決定宣佈結束全國緊急狀態，（按：現已正式宣佈）對於自一九四八年馬共叛變以來的非常時期，作一結束；這顯示的是馬共大體上已告肅清，殘部則已被圍困於泰馬邊境一隅，正在設法加以消除，不足爲患，故宜給予人民以更大的自由，解除非常時期中種種的管制不便，而這亦是聯合邦政府成立後給予人民的諾言。

可是馬共的武裝力量雖已零落，但善變的共黨却改採滲透的手段，企圖達到顛覆的目的。在聯合邦雖還沒有破獲共黨的地下組織，或者發生過藉端示威罷工暴動等事情，但據政府情報所指出，共黨並沒有放棄顛覆馬來亞的活動。所以在修正憲草中有着關於反顛覆特權的公佈時，人們早已意識到當局必然決定宣佈結束緊急狀態，現在緊急狀態既經正式由新元首於就任後宣佈結束，對於反顛覆特權的通過及實施，政府方面自然認爲是當務之急，否則的話，難免把「在森林中苦戰得來的勝利，而在城市中輕易失去」，這就是政府黨必要通過反顛覆特權的本意。

反顛覆特權之爭

修正憲草中，關於反顛覆特權的要點，計有兩項：（一）修憲前對於處理反顛覆事件，所頒佈加以防範或對付的法律，有效期間限定自頒行起一年，即行作廢，如要予以延長，須國會對該法律再行通過。但修憲案擬將上述條文修改，改爲由國會隨時將此項法律取銷。

其次，（二）在修正條項中，新草案增加一項條文爲前案所未有者，即「防範之扣留」，政府可授權國防部長，對任何違反馬來亞治安，公共秩序，或破壞上述有關之必需事務等人士，加以爲期不逾兩年之扣留，釋放或繼續扣留，則由內閣議決之。

這兩項修正草案，都是加重政府權力的。在朝黨則認爲係保障秩序治安之必要，非如此不足以資應付。而在野黨方面，却認爲政府權力太大，且可藉此以控制朝野，長維政權於不墜；當然是在野黨所反對的，議場上的激戰，於以展開。

三野黨聯合陣線

在野黨馬來亞人民進步黨，社會陣線，馬來亞黨等三黨，在議會中採取同一反對修憲案的立場。人民進步黨領袖辛尼華沙甘，謂此項舉措係政府「要壓迫人民的自由」，謂蘇聯乃有此種「壓制民意的法律」，因其恐懼反共活動潛入，故未經調查審訊便將嫌疑人扣留。馬來亞如有此類法律，則我人何能在聯合國中抨擊其他國家對民意壓抑的措施。再者，修憲如獲通過，今後必再有許多反顛覆之法律。

社會陣線議員林建壽，則提出要求否決修憲案，理由是「修正案違反人民意志，違背政府過去諾言，故應予否決。」前段的立論，謂修憲未先徵求民意；後者則謂政府會表示不要修憲。

林建壽的動議，終被否決。於是馬來亞黨（回教）的韓尼化，又建議「延後半年討論」。在不能予以否決之後，阻延戰術亦出現了。

拿督翁拔刀相助

執政黨華巫印聯盟，集中力量、出齊陣容，與三反對黨的聯合陣綫對戰。拉曼總理說，他只說過擁護憲法，並沒有許下永不修憲以堵塞漏洞的諾言。副總理兼國防部長（前總理）拉查克說：共產黨要利用任何種類方法，引起本邦混亂，以奪取政權。前此已謀害本邦數千人民（誤入歧途），擾亂經濟，使本邦在緊急狀態中耗費十五億元之鉅。而馬共書記陳平，並不諱言其仍將以任何方法奪取政權。共黨「利用自由以破壞自由，利用民主以破壞民主」，故政府必須有權，以應付此種有組織之動亂。

衛生兼福利部長翁毓麟反擊野黨議員說：他們是否知道，倘共黨統治，本邦人民將無信仰的自由？過去十二年，人民無故被共黨殺害或傾家蕩產，創鉅痛深，野黨會否同情人民，抨擊共黨之殘酷？何爲不憐卹人民，而只知「向北平莫斯科鞠躬」？翁氏的演詞，受到熱烈的鼓掌。

各反對黨議員因爭論無獲勝希望，不少陸續退席。修憲案乃提出表決，終以七十六票對二十四票，壓倒勝利的通過。中立議員陳世英、郭開東、楊達明三人，國民黨領袖拿督翁，都投贊成票，足見人心之所在。聯盟擊退了三野黨的圍攻，可算是打勝了重要的一仗。

·吉隆坡通訊·

僑鄉近訊

黃腫病流行死亡率突增（台山）

·江水·

向以富庶僑鄉著稱的台山縣，刻已給中共弄至地獄般悽慘！尤其是糧食的荒缺，自入夏以來，即陷入極端嚴重程度！目前已有大多數鄉民，四出找尋野生植物充飢；因此，黃腫病普遍流行，而以醫藥缺乏，故死亡率突增。據說：患黃腫病的人，首先是脚腫，繼而腹脹，最後面腫，不久便一命嗚呼！五月下旬內，水南鄉鄉民患此病而喪生的竟達七人！但縣中共幹，對此視若無覩，依舊悍然强迫鄉民勞役，連一些回鄉的僑胞，也被迫去參加「義務勞動」，若稍爲拒抗，即指爲「特務份子」，立予拘捕審訊，即幸而不被判處監禁勞改，亦必橫遭凌辱一番，然後釋放，是以回鄉的僑胞，一踏入家門，獲悉此恐怖情況，便不敢久作逗留，悵然匆匆而去。又：在厲行「新三反」的同時，所謂「工農業生產大躍進」更迫使鄉民加深了奴工生活的痛苦，無數鄉民，因長期遭受折磨而精神、體力不繼，工作畧爲延慢，即馬上被指爲「存心破壞」，予以殘酷的「鬥爭」，往往連氣息僅屬的餘生，也給鬥掉！

女共幹包庇丈夫走私（中山）

中山縣地方幹部貪污舞弊，及藉勢走私等風氣，邇來特別熾盛；彼等均互相勾結，朋比爲奸，因而成爲半公開式的活動。據說：其中北溪公社「婦女會」女共幹陳某最爲猖狂。查陳某在抗戰時期，係廣東僞府「市橋皇帝」親信人物之一；中山陷共後，陳氏僞裝「前進」，出任「婦女會」會長，官僚架子十足，經常擅作威福，魚肉鄉民，貪污受賄，假公濟私，無惡不作。她的丈夫連某，曾在汪記政權中，出任上海「密偵隊長」；中山易手後，逃亡海隅，近兩三年他始常返中山。聞他每次回鄉的目的，乃純在乎走私；而他的走私活動，正是受到其妻陳氏的包庇。原來陳氏刻又在進行着黑市套滙，刮龍自肥的勾當，故特親自出頭，包庇自己的丈夫走私，使「肥水」不致流過別人田，她的如意算盤，眞是打得震天價响。

誘騙僑滙新把戲

·翁兆宣·

閩共刻又在厦門晉江、惠安、南安、同安、安溪等僑眷集中的縣市，叫出了「優待僑眷」口號。

然而，所謂「優待僑眷」也者，骨子裡不過是耍出了一套誘騙僑滙的新把戲；唯利是視的醜態，暴露無遺。

據晉江傳來的消息，「優待僑眷」的新訂辦法是這樣的：（一）凡僑眷每人每月能接收僑滙人民幣一百元以上者，可暫不參加「人民公社」，並可申請免服勞役，及恢復去年額外配給辦法，使得增購糧食及日用品；（二）凡僑眷每人每月接收僑匯五十元以上而不足一百元者，仍須參加「人民公社」，但可申請免服重勞役，並可獲得額外配給少量的粗糧。——這樣的「優待僑眷」，目的顯然是純在乎外匯的吸收；同時也反映出閩省僑滙的低落日趨嚴重，所以共方才心勞日絀的想出了一套又一套的所謂新辦法來。然而人民的眼睛是亮雪的，故受「優待」的僑眷依然不多，新把戲的收效微乎其微。

此外，閩共還對歸僑或僑眷之欲離境出國者，訂上了一個勒贖式的辦法，那就是凡欲離境出國的歸僑或僑眷，必須按照他（她）們海外親屬的經濟能力，認購「福建華僑投資公司」的股票若干，則他們的申請，始獲批准；認購係由共方評定。這一個向海外華僑開刀的手法，尤其狡獪，卑鄙得驚人！

左右逢源的阿富汗

·依士仁·

阿富汗是個崎嶇山國，全國面積，可分作三部份：北面是可灌溉的平原，越過奧蘇斯河便是蘇聯；南部和伊朗及巴基斯坦接壤的，則爲不毛之地；在中部的興都庫斯山脊，則與中共大陸爲隣。山嶺中有許多肥沃的土地，包括六千尺高的山谷。她的首都加布爾，便是在這些山嶺中。喀布爾地方，乃各族人民的大本營，幾乎完全是回教徒；但却有巴斯吐，秦積克斯，及其他許多小部落。在大約二十五萬平方里的土地上，居民有一千二百萬人。據說：在全部人口中，有知識的却不超過百份之十。其中百份之七十是農，百份之廿五是遊牧民族，其餘則爲城市中較爲開通的居民。她雖然也有成文憲法；可是政府的組織，却充滿了濃厚的家族關係或婚姻關係的互相繼承的色形，而由重要的部落支持；這是最特殊的「政制」。

在美蘇冷戰當中，阿富汗是以「中立國」的姿態來左右逢源，接受了雙方的援助。赫魯曉夫和艾森豪威爾到來訪問時，阿富汗當局對這兩個東西方對峙的國家元首都同樣歡迎得很出色，並爭取到雙方的捐贈和貸款。一般估料：阿富汗接受蘇聯的援助，已比接受美國的援助多出了兩倍；因此許多人都憂慮到這山區小國，將可能更受到莫斯科的束縛。但阿富汗當局，則曾堅決聲明，決不會受到援助者的影響。

阿富汗國王查赫爾是一個怎樣思想的人呢？於是這就很引起一般國際政治家注意了。

查赫爾現年僅四十五歲，乃獨裁主義的傳統制度下的領袖，然而實權却握在他的表兄穆罕默德杜特的手裡。這位首相是曾在法國受過教育的，當過十三年陸軍將領和地方行政長官，他的弟弟穆罕默德奈姆則任外相。查赫爾在他們兩兄弟的輔翼下，於是耍出了接受美蘇援助的「滑頭政策」。

美國在阿富汗南部協助建築公路，蘇聯則在北部趕着築路。因此，巴基斯坦爲之大感不安。

曾有一個時期，巴基斯坦毅然中止和阿富汗運輸貿易，後來美國乃幫助她重開運輸路綫；而蘇聯却幫助阿富汗的運輸。（下轉第五版）

香港同胞（二）

·海兵·

「咳！」老趙搖搖頭，逐漸露出沮喪的神態道：「這怎能怪我呢？我在香港從來還不知道，直到在廣州住定，才聽說毛主席有個人民的內部矛盾——這在五行裡是沒有的，相書上也找不到，生辰八字裡怎麼排得進這個呀？」

「嘿，你也鬧內部矛盾，你跟老婆吵架了？」（註）

「不是這個。我跟黃臉婆十多年夫妻，孩子都那麼大了，再苦也要過日子，怎麼會鬧架。我是跟廣州市公共汽車公司的幹部鬧內部矛盾。」

「噹，這個矛盾就大了！」在一邊半聲不響的陳培火這時也插嘴進來，問道：「怎麼回事？講給我們聽聽。」

老趙搖搖頭，只顧抽烟，暗自懊悔不該說滑了嘴，把跟幹部爭鬧的事也洩漏出來，這對他是很不利的。但經不起幾張嘴的苦苦逼問，終於忍不住，將心中的一腔悶氣吐了出來：

「是這麼的：上級叫我們自報自議，自動要求減低待遇，我說：我剛到廣州幾個月，先是拿九十元工資，後來自動減了一次薪，剩了七十五元一個月，現在我的家眷從香港來了，我不要求加工錢，反而要我再減，一家四口，五六十元怎麼養得活？我就偏不肯再來一次『自動』。上級就批評我，罵我是包袱思想，殖民地的僱傭觀點，又是什麼拜金主義……。」

「什麼叫『股離觀點』、『敗金主義』？」一直留心聽他說話，察看着他臉色的團員吳添金忙插口追問他。

「我也攪不清楚，大約也是一種包袱思想吧。」老趙畧頓一頓，心中斟酌一下別說得太多，惹出麻煩來，然後接下去道：「後來，隊長就跟我說：你在香港，被資本主義、帝國主義腐化了腦筋，回到新中國來，還不能建立為人民服務的觀點，也沒有掌握到現在是工人階級當家作主的理論。你說五六十元一月還不能養家活口？你到人民公社去看看，人家社員們每月只拿十多元工資，怎樣養活一家人吧？這樣，便將我下放到這裏來了……。」

稍歇一歇，老趙又自言自語道；

「直到此刻，我到這裡來了個把月，還是不懂你們靠這點工資怎麼過日子的？」

幾個人烟都抽完，將烟尾巴丟在池子裏，聽老趙吐了這段苦水，誰都悶聲不響，各人思量着各人的心事。

好一陣，土頭土腦的蔡潤土又開口了：「你現在怎麼打算？為什麼不替自己好好地再算一次命？這次要算正了，莫再打錯算盤。」

「無須算了，我前次算的命還是對的——我的驛馬星還沒有停，我還要往下放：大利南方，不利西北，我要回到香港去再當巴士工人！」

「回香港去？」團員吳添金從地上跳了起來，「你才從香港回來沒有多久，又想回香港去——香港有什麼好？」

「對，香港有什麼好？」歐陽木也忙接腔道：「我聽到過香港的人都說，香港是有錢佬的天堂，窮人的地獄。走路要過路錢，坐也要座位錢。在地上吐一口痰，捉住了便要罰好幾百塊港紙。隨地小便，也要罰二十大元！」

「哼！小便都要罰錢？」——在我們這裡，誰肯把小便糟蹋掉，隔着幾里路遠也要忍住泡尿，跑回家痾在尿坑裡。積够三頭兩月的肥料賣給社裡，值好幾角錢，可以到食堂裡買兩碟鹵猪耳朵，全家爭取一下營養——小便不賣錢已經可惜，還要罰錢？」陳培火不禁火氣暴躁地抗議起來。

「眞是，『社會主義好，社會主義好』。（註：『社會主義好』是歌名），我們這邊多好：尿變成錢，錢變成菜，菜吃下肚去又變成尿；尿又變成錢，錢又變成尿，尿又變成菜……」蔡潤土正在賣弄他的聰明，卻將最後兩句順口溜說錯了，幾個人立刻爆發了一陣大笑。

吳添金揍了他一拳，「你這個大頭蔡、土包蔡才是尿變成的菜！」

「講笑歸講笑，」這位團員又嚴肅地轉頭問老趙道：「你說，香港到底有什麼好？香港人口太多！三百多萬人，擠在一個小島上，只有一、二十萬人有固定職業，其餘的三幾百萬人全沒有工做。工人弟兄也鬧失業，一年倒有大半年找不到工做——這都是報上登的。香港連水都沒有得吃——社裏今天接到通知，明天縣裏便要調我們一個大隊，到深圳去支援水庫工程。英國人向人民政府要水喝，我們可以不睬他，可是香港有幾百萬同胞，我們忍心眼看他們乾死？所以人民政府答應給香港水喝，而且不收錢。可是英國人一定要求我們收錢。我們就說，你家裡又沒死人，幹嗎要買水？」（註：廣東風俗，家中死了人，便要向外面買水，招待弔客。）

聽到這個在廣東內地流行的時事笑話，雖說不知重覆聽了若干遍，大家仍然一陣哈哈。

「還有，香港什麼也不出產，米糧、菜蔬、雞鴨魚肉……什麼全要靠內地運過去接濟。他們，假如人民政府不運糧食去，香港人全要餓死！我聽說，那邊的工人弟兄就全靠吃內地罐頭救濟的。」

「哪里？」老趙不禁搖頭苦笑道：「人民政府運糧食和罐頭雜貨出去，都是為了爭取外滙做生意。香港的工人有時候買點內地罐頭吃，並不是頓頓都靠罐頭活命的。」

「我不信，」歐陽木插嘴反駁他，「我們自己都吃不起罐頭，連看都難得看到，香港的工人怎麼買得起？他們那來這麼多的錢買？一定是將內地的罐頭都運出去救濟香港同胞了，不要錢的！就像我們在公社食堂吃飯不要錢一樣！」

「誰告訴你在香港吃內地罐頭不要錢的？這都是謠言！」

「謠言？這是管區裡劉支書親口講給大家聽的，怎麼會假？」

一聽是劉支書說的，老趙便不敢再往下爭辯了——不怕官，只怕管，這條舊社會的眞理，在新社會裡也加倍地正確而且靈驗。劉支書訓斥下級時的「排骨」，又冷又臭又硬，跟內地罐頭的滋味相彷彿，他是親嘗過的。

——假如不是在香港沒有工做，沒有飯吃，你也不會回來。」團員老吳還是不放鬆他，冷言冷語刺了一句。

這眞太寃枉好人了！老趙簡直被怒氣冲昏了頭腦，半晌半晌，才憤憤道：「我沒有工做？沒有飯吃？我在九龍當巴士司機，一個月掙三百元人工——老實告訴你，我除了養一家四口之外，還有錢吃你們買不起的內地罐頭，穿你們一輩子也分不到布票的內地衣料……」

說到這裏，他氣得全身發抖，再也接不下去了。

「既然香港樣樣都比內地好，那你為什麼回來？」

是的，我為什麼要回來？他在心中問着自己——直到此刻，這聲音仍然在他耳朵裏閧響着，固執地重複着這句冷酷無情的盤問：你為什麼回來？

……

「這幾個傢伙怎麼會動腦筋逃到香港去的？」許久許久，他才有氣沒力地問那剛從水庫工地回來的社員。

「看樣子他們動這壞腦筋已經相當久，所以一到工地，吳添金馬上自動要求去抬鋼條，歐陽木參加運木料，黃長水去當看水員，陳培火自願當炊事員，蔡潤土氣力大照舊當挑土隊。幾個人表現得都非常積極……」

「抬鋼條——是金遁；運木料——木遁；看水——水遁；挑土——土遁。一點也沒錯，五行全用上了，這五個混蛋！」老趙在心中暗自數罵着。

「那天晚上，已經收工休息，他們還自動請求加班，參加突擊任務。」那人繼續說道：「做到半夜，幾個人借口小便、痾肚、便都溜掉了。後來聽見邊界上鎗聲，才發現他們失踪了，摸黑淌過河，逃到澳門那邊去了——只有黃長水，在河中間被探照燈掃射到，中了好幾鎗死在河裡，第二日天亮屍體才撈上來……」

「黃長水——死在水裏——水遁也遁不了——一定犯了刧，命宮裏坎水和離火相沖，交了關煞。」

奇怪，你這個香港同胞丟下工作和家庭跑回廣州來「他們卻丟下了社裡的勞動和家鄉逃到香港去，還是怎麼回事」那位喜歡說話的社員問他。

「有什麼奇怪，他們放了新社會的人不做，爬過鐵絲網，到了那邊，脚一落地，便又變成舊社會的鬼了」——他們此刻一定在後悔了吧！」老趙含糊地答應着。

就這樣，老趙仍然留在社會主義的天堂裏，過着幸福的「人」的日子。（續完）

（註：大陸上稱夫妻不和為「鬧內部矛盾」，是有諷刺意味的。）

文壇泥爪

胡適與紅樓夢

把舊時白話小說的地位抬高，使其成為正宗文學作品，是新文學運動中另一饒有意義的工作。在這方面從事最早而成就最大的是胡適。

胡適在民九發表了「水滸傳考証」之後，次年又發表了「紅樓夢考証」，同時上海亞東圖書館把這兩部明清的白話小說名著標點印行，遂使過去一向當作閒書看的「水滸」「紅樓」成了文學青年的恩物。特別是「紅樓夢」一書，被過去的所謂紅學家們鬧得烏煙瘴氣，以致作者和書旨都隱晦不彰。自胡適的「考証」一出，纔如同撥雲霧而見青天一般，掃除了一切對紅樓夢的曲解，使它回復了本來面目。因此胡適可以說是紅樓夢的一大功臣，而成為「新紅學」的開山大師。

「考証」文中曾對蔡元培「石頭記索隱」有所攻擊，於是蔡在民十一為「索隱」第六版作自序時對胡提出了抗議，其中有云：「近讀胡適之先生紅樓夢考証，列拙著於『附會的紅學』之中，謂之『走錯了道路』，謂之『大笨伯』，『笨謎』，謂之『很牽強的附會』，我實不敢承認。」胡接着發表了答辯的文字，最後引亞里士多德的話說：「『朋友和眞理既然都是我們心愛的東西，我們就不得不愛眞理過於愛朋友了。』把這個態度期望一切人，尤其期望我所最敬愛的蔡先生。」

民十亞東標點印行的紅樓夢是根據的道光壬辰刻本，後來知道胡適藏有乾隆壬子排本，遂毀去舊版另於民十六照胡藏本重新標點印行，請胡做了一篇序文。次年胡氏用重價搜購到一部乾隆甲戌殘缺鈔本的「脂硯齋重評石頭記」（十六回），因又發表了一篇「考証紅樓的新材料」（文存第三集卷五）。這個殘本是截至現在為止紅樓夢最古的一個本子，乾隆甲戌是十九年（一七五四），那時曹雪芹還活着，其中有些批註不見後來發現的其他「脂本」，因此更可寶貴。此外，胡藏的珍貴資料還有曹雪芹的朋友敦敏「四松堂集」的原稿，也是一部海內孤本。

就他前後所發表有關紅樓夢的文字，可歸納成以下三點：第一、曹雪芹少年是位濶家公子，工詩善畫，晚年貧窮潦倒；第二、紅樓夢是曹的自傳，如實的寫出了他的家事；第三、曹雪芹未把紅樓夢寫完，只寫了八十回就死去，今本（一百廿回）的後四十回是高鶚所續。後來研究紅樓夢有成就的如俞平伯、李玄伯、李辰冬、周汝昌等，全以胡這三點為基礎，纔有了進一步的成績。

記庚子拳變始末（十）

舜生

就「辛丑和約」的本身說，僅有一十二款，外加附件十九件，所包括的，不外謝罪，懲凶，賠款，禁軍火入口，使館劃界，削平砲台，駐兵地點，善後，改商約，增設外務部，變通覲見禮節等各項，內容並不見得怎樣的繁重複雜。但從二十六年十一月初六（一九〇〇年十二月二十七）駐京十一國公使把草案（中、法、英、德文各一份）提出以後，而且當時的行在政府又一口答應照辦，何以竟延至次年的七月二十五日（一九〇一年九月七日）這個和約始告正式成立呢？這不是沒有原因的：

第一，就當時以李鴻章為對手的各國外交人物來說，首席公使是西班牙的葛絡幹(B. J. de Cologan)，根本便是一個不起作用的庸人。此外僅有一個日本公使小村壽太郎，一個美國公使柔克義(William W. Rockhill)，和一個聯軍統帥瓦德西（Von Waldersee他不參加和議，但影响力極大），還算是庸中佼佼，其餘的可以說都不在李鴻章的眼下。因為如此，所以這一個外交團的步驟乃極不整齊，決無任何人可提出一個稍帶政策性的看法，以求對中國問題作出一比較可以根本解決的方案，而一切只能枝枝節節而為之。就當時的各國政府來說，本來也就是互相猜忌，儘管以中國的事態過於突兀，不能不聯合出兵，可是彼此所持的態度，寬嚴並不一致；其在中國所擁有的既得權利，也絕不一樣。再加上，俄國其時已佔領了中國的東三省，因此她在表面上對中國裝出一副親善面孔，其目的則在把東三省問題另案解決，以爭取更多的權益。其時中國的兩位全權，奕劻在日本兵的保護之下，李鴻章則在俄國兵的保護之下，而俄公使格爾思（M. N. de Giers）且隨時出入於我李全權之門，因此引起英德和日本非常的厭惡。瓦德西在他的筆記中，每一提到格爾思，便總以嬉笑怒罵的語氣出之；日本的外相青木周藏曾面告中國駐日公使李盛鐸，謂中國此次議和，決不能以領土讓予任何一國，也就是針對俄國而發；至於英俄為了爭奪山海關天津間一段鐵道管理權，幾乎弄到開火，當然更是衝突的表面化；俄法本來是同盟國，法德原有舊仇，可是當時德法在京的將領與兵士，反而比較親善，對俄則一致疏遠；這種各不相下的情形，一一都看在李鴻章的眼裡，因此他也就樂得從容鎮定以施展其縱橫捭闔的手法。

第二，關於懲凶，這是各國所堅持，同時也是慈禧所反對的。以事實來說，慈禧才是眞正的禍首罪魁，其次才是載漪剛毅，又其次才是李秉衡、毓賢、載瀾、載勛、英年、董福祥、徐桐、啟秀、徐承煜等等，至其他次要人物為各國所未注意的，自然還多到不可勝數。在各國未把草案提出以前，慈禧確實是誠惶誠恐，可是一經提出，除掉在十二款正文的前文裡面有「同日（指五月二十四）京師各使館被官兵與義和團勾通，遵奉內廷諭旨，圍困攻擊」，這樣一句文字似乎是隱隱指着慈禧以外，在第二款懲凶的項目以內，便沒有一字涉及到她（參看「光緒朝東華錄」總四五八九），而且沒有要求割讓土地，於是她才喜出望外；對這一原則性的草案，沒有多加考慮，便一口答應照准。假定當時議和的外交團中有人，主張其他的禍首均可稍從末減，惟必須勸令慈禧歸政，加以幽禁；對榮祿則至少革職，立予驅逐；則辛丑以後的中國政局，便可能完全兩樣。最低限度，袁世凱不至於驟握軍政大權，康梁等可能起用，光緒帝也決不會在卅四年十月先慈禧一天暴卒，即令十年後清室仍不免於一亡，但革命的實現不會那樣順利，恐怕是勢所必然了。慈禧一經在草案中發現她自己脫離了干係以後，她的胆氣乃為之一壯，於是進一步為其他的禍首力爭，如果照着她的意思，則幾乎一人也不能殺，因而引起各國的強烈反對，最後乃得到如下的一個結果：一、端郡王載漪，輔國公載瀾，即發往新疆，永遠監禁，永不減免。二、莊親王載勳，都察院左都御史英年，刑部尚書趙舒翹，均賜令自盡。三、山西巡撫毓賢，禮部尚書啟秀，刑部左侍郎徐承煜，均即行正法。四、協辦大學士吏部尚書剛毅，大學士徐桐，前四川總督李秉衡均已身故，追奪原官，即行革職。五、甘肅提督董福祥革職，俟應得罪名定讞懲辦。（這是清廷藉口怕激起回變，命全權大臣向各國情商的結果。）此外還有附帶的一點，即上年因反對縱容拳匪被害的兵部尚書徐用儀，戶部尚書立山，吏部左侍郎許景澄，內閣學士兼禮部侍郎聯元，太常寺卿袁昶，均開復原官，以示昭雪。懲凶這一款，各國認為是進一步詳議其他各款的先決問題，可是單為這一件，便往返電爭近兩個月，始得完全實現。

第三，就各國自身說，關於要求賠款的總數，便是一個極難歸於一致的問題。等到總數確定了（四萬萬五千萬海關兩），如何分配，又須看出兵與不出兵及出兵多少，來路遠近，損失輕重，及各國、各會、各人、與中國人民等等，妥為分攤；同時所欠新舊外債，更須合併規劃，未付之款，更須按年四釐行息；因此須三十九年始能本利償清，這也是一個大費時間始能磋商就緒的難題。

第四，就中國兩位全權，及兩位「會同辦理」的四個人來說，奕劻一切以鴻章的意見為意見，沒有問題；劉坤一頗能尊重全權的地位，也不多說話；惟獨一個最愛咬文嚼字的張之洞，乃大與鴻章相左，而意見特多。先是各國於十一月初六提出和約草案以後，張之洞於初十及十二即連電致行在軍機處請為代奏，痛陳大沽削平砲台及津京一帶駐兵的危險、反對提早回鑾。甚至他還主張：如嫌陝西陸路太遠，於使館不便，不妨於長江上游一帶（實際即指湖北境內而言），暫設行都使館。關於草案中所指圍攻使館係「遵奉奉內廷諭旨」一語，他也主張刪除（他怕牽涉慈禧歸政，對他自己非常危險，因為他也是實際出賣維新派的一人。）鴻章見到這兩個電報，即於十七日電軍機處力予駁斥，並請代奏。他說於長江上游暫設行都使館是『謬論偏見」，爭刪『遵奉內廷諭旨」一語是『自生枝節」。他並加重語氣的說：「不料張督在外多年，稍有閱歷，仍是二十年前在京書生之習！」像鴻章這樣老氣橫秋的開教訓，當然之洞也受不了，其影响和議的順利進行，這也是原因之一。（張李這三個電報見「光緒朝東華錄」總四五九一至四五九四）（第四節仍未完）

文史漫譚

論九言詩

徐亮之

晉摯虞「文章流別論」（見御覽五八六引）認詩大雅洞酌篇「洞酌彼行潦挹彼注茲」乃九言詩的濫觴，漢壽曾毅著「中國文學史」從之；可謂兩失。因為這實在祇能算是五言與四言的句子；而且「挹彼注茲」句和下「可以饙饎」、「可以濯罍」、「可以濯溉」為關合句，語意語氣甚明，強與上五言連讀；轉覺聲度急促纏夾不清故也。易言之，像摯虞這樣聲度急促的讀法的詩句，是絕對不能夠登上「大雅之堂」而組成「大雅」的篇章的。

但所謂「九言詩」，在摯虞前後卻又都確曾有過；在他以前的是魏高貴鄉公曹髦；據說曹髦便是九言詩的創作者，（依明李東陽「懷麓堂詩話」。明胡應麟「詩藪」外編卷一從之。但其事不見於「魏志」，其詩亦不傳。）在他以後的則是南朝劉宋的謝莊。依「宋書樂志二」、謝莊曾為宋撰「明堂」九歌，內「白帝辭」一首便全是九言。（清趙翼「陔餘叢考」卷二十三謂明楊慎升庵以杜工部「男兒生不成名死已老」為九言之始，孟浪甚矣。）其辭曰：

「百川如鏡天地爽且明，
雲冲氣舉德盛在素精。
木葉初下洞庭始揚波，
夜光徹地翻霜照懸河。
庶類收成歲功行欲寧，
浹地奉渥罄宇承秋靈。」

這樣的歌辭，雖然「樂志」一神秘地說乃什麼「九言依金數」，仍不脫漢儒以五行說詩的窠臼；而實際分析起來，卻都祇不過是些上四下五的句法而已，並非全然不可點斷的九言句子的。比較典型的九言，倒反是「懷麓堂詩話」所引李白、杜甫左列諸句：

（一）李白句：「上有六龍迴日之高標，下有衝波逆折之迴湍。」

（二）杜甫句：「烱如一段清冰出萬壑，置在迎風露寒之玉壺。」

不過這種句子雖然不能點斷，卻也畢竟祇能說李杜詩中曾有過九言的句子，並不能說就是九言詩的。真正的九言詩倒是明汪珂玉「珊瑚網」所載元時天目山僧明本的「梅花詩」，（明謝榛「四溟詩話」卷二以為乃無名氏所擬，殆未深考。）和「陔餘叢考」卷二十三所引明楊慎的「梅花詩」。茲為分錄如左：

（一）明本「梅花詩」

昨夜東風吹折中林梢，
渡口小艇滾入沙灘坳。
野樹古梅獨臥寒屋角，
踈影橫斜暗上書窗敲。
半枯半活幾個壓蓓蕾，
欲開未開數點含香苞。
縱使畫工善畫也縮手，
我愛清香故把新詩嘲。

（二）楊慎「梅花詩」

元冬小春十月微陽回，
綠萼梅蕊早傍南枝開。
折贈未寄陸凱隴頭去，
相思忽到盧仝窗下來。
歌殘水調沉珠明月浦，
舞破山香碎玉凌風台。
錯認高樓三弄叫雲笛，
無奈二十四番花信催。

但這兩首雖然全篇每句都是九言，尤其後者中二聯均作對仗，儼然大有想要進行「九言律」的創作的神氣，而一揆其實，則卻都不過是災梨禍棗的文字浪費而已。例如楊詩第一句「元冬小春十月微陽回」，最少便有四個字是浪費；因為依爾雅釋天說：「十月為陽」；再依歲時事要說：「十月天時和暖似春，花木重花，故曰小春」；（是「小春」即「十月」，「十月」即「元冬」，舉其一可廢其二；亦即如將原句改為「元冬微陽回」、或「小春微陽回」、或「十月微陽回」，實遙為簡鍊而語意依然。甚至改為「元冬微陽」、或「元冬小春」、或「十月陽回」的四言句，其原意亦依然可以毫無傷損。夫詩乃最精簡的語言，（昔人曾謂五言絕句猶之二十位賢人。）今九言之中竟有四五字可廢，尚得謂之詩乎？至於明本詩末句「我愛清香故把新詩嘲」云云，更拼湊顯然，俗陋可厭，品尤斯下矣！不具論。

總之，舊詩造句謀篇，七言已達自然聲度的極軌；過此，祇能以孤句孤聯偶然插入五七言的詩篇中，如前舉李杜九言句等是；否則，明本楊慎前車可鑒，決作不出什麼好詩來。胡應麟說：

「四言簡質，句短而調未舒；七言浮靡，文繁而聲易雜。折繁簡之中，居文質之要，蓋莫尚五言。故三代而下，兩漢以還，文人藝士，平生精力，咸萃斯道；至有以一篇之善，半簡之工，名流華貊，譽徹古今者。曰雕虫小技，吾弗信矣。」（詩藪內編卷二）

這眞乃艱苦有得之言。「七言」尚且不免流於「浮靡」，不免「文繁而聲易雜」，何況「九言」？

本刊已經香港政府登記

聯合評論

週刊

每逢星期五出版

United Voice Weekly

第九十六號

發印人：黃宇人　總編輯：左仲平
社址九龍金馬倫道卅八號三樓　電話61413
承印嘉羅印刷有限公司香港灣仔馬師道5號
總代理：友聯發行公司　售價每份港幣一毫
本報美洲版總經售處美國紐約中美出版社
CHINESE-AMERICAN PRESS, INC
199 CANAL STREET.,
NEW YORK31 N. Y. U.S.A.
美洲航空版零售每份美金一角

欣聞新黨即將出現

彭晦聞

上月十八日，民青兩黨以及無黨派人士，在台北市民社黨總部，召集了一個本屆地方選舉檢討會，到會的計有七十餘人，開會時間自下午三時起至九時止，凡歷六小時，發言的人非常熱烈，除指出執政的國民黨在本屆地方選舉中造出了無數舞弊的事實以外，同時還有不少的人主張從速組織一個有力的反對黨。

關於如何改革一切選舉的弊端，應由當地人士直接負責，我因為情況不太明瞭，不願說話。現在只想就組織反對黨這一點，表示我個人的簡單意見。

一、以其時考之，目前的自由中國，確有成立一個有力反對黨的必要。目前的台灣，確確鑿鑿是一個平靜無事的區域，絕對無所謂非常時期，其所以隨時叫出『非常』『非常』這一口語，僅僅是執政黨故意造出的一個幌子，作為壓迫人民的一種武器，以遂其一黨把持之私，此外絕無其他的任何意義。如果沒有一個有力的反對黨對執政的國民黨加以嚴格監督，不僅民主政治絕對不能實現，甚至就想求得一種比較清明的政治，也斷然無望。只要像目前這樣不痛不癢，不生不死的再拖十年，反攻復國的這一宏願，便會全部落空！

二、我希望這個新黨只是一個和平合法的普通政黨，決不希望它演變成為一個革命黨，老實說：中國革命革了六十多年，已經把這個國家革成了如今天這個樣子，一般老百姓不僅對『革命』兩字望而卻步，而且聞而生厭！不過話得說回頭，如果執政的國民黨對於這樣一個依據憲法集會給社自由所產生的和平政黨都要加以壓迫與破壞，這自然又當別論。換言之，只要國民黨願意在軌道上和平競賽，大家便應以合法的方式和它周旋；如果它一定要跳出軌道以外，大家便無所用其客氣。

三、民青兩黨用不着解散，但歡迎他們的有力黨員加入新黨便得。只要有一個組織健全的大黨出現，這兩個遭受多年壓迫分化的舊黨，便可能歸於停頓。如果希望他們經過一度解散的形式，則一個僑青年黨和一個僑民社黨，已早有人出錢在那裡支持，反而要鬧得烏煙瘴氣，有損無益。

四、今天海外有一千五百萬的僑胞，他們是一樣反共，一樣關心祖國，發起新黨的人，千萬不可忽視了海外的組織。在我想來，凡有一萬以上僑胞居留的區域，便應該分別成立若干的支部與總支部。即令海外有若干地點不適於作公開活動，但一經有了組織，便自然會有它一定的作用。最低限度，能實現一個普及海外的宣傳網與通信網，這在黨的發展上更有無窮的好處。中國問題的解決，事實上離不開國際，海外必須建立宣傳的重點，貴精不貴多，應由海外黨員自發的舉辦。

五、應堅持黨員養黨的原則，黨費由黨員自任自籌。黨員繳納常年費，應採多級制不採單一制，收費應有專司的機構負責。凡黨的收入與支出，每一年度應向黨員提出正式報告，並由黨的監察人簽名作証，換言之，即黨的經濟應向黨員公開。像國庫養黨的這類辦法，只能造成飯碗集團，決不能造成真正的政黨；只能使黨員倚賴黨而趨于墮落，決不能為中國創造新的局面；無論任何時候都不能採用。向黨外募集捐款，只宜以本國人的同情者為限；國際援助除特殊事項的平等合作者外，不宜接受。

六、聽說這個新黨的名稱，已假定為『中國民主黨』，這正是大家多年來所追求的目標，很好，不用多加討論。要緊的是政治綱領與組織。我覺得，政綱須針對國內外現狀着眼，不宜空想到復國以後。復國還要相當時間，大陸的變化不可預測。條文無取繁複與詳密，只要為一般主張民主反共的人們所能接受者落落數端即行。組織應採民主制，與其失之緊，寧失之鬆。凡法西斯與共產黨的一切餘毒，在這個新黨以內，須徹底排除乾淨。黨員入黨年齡，至少須限在二十五歲以上，最好到三十，我理想中的新黨，應反對利用青年作為政治鬥爭的工具，應該讓青年們好好研究專門學問，作為未來的建國人才。不拉現役軍人入黨，以免動搖憲法上軍隊國家化的原則。黨的高級幹部，須在國外留學生有專門研究的人物中求之，未來新中國的中央政府，凡未受過現代良好高等教育的半吊子人物，不得許其參與。黨在初創期間，不必擁戴任何人作為黨的傀儡領袖，須經過一段時期，聽其依民主方式自然產生，而且須絕對排除終身制的領袖，年老而有政治興趣，贊成新黨的政綱者，只能請其備諮詢，充顧問，不必強其担任黨的固定職務。

七、黨應創建經濟基礎，並須培養黨的專門人才，此兩事宜在海外想辦法，不宜在台灣，但黨的總部則非設在台灣不可，而且非設在台北不可；因為台灣是全國人惟一反攻復國的基地，一面只能假定目前執政的國民黨為新黨和平競賽的對手，另一面大家也充分知道反攻復國是一件艱鉅無比的大事，決非國民黨所能包辦得了，大家決不能坐視國民黨歸于失敗。

聽說這個新黨已在積極籌劃中，我因為樂觀厥成，所以先提出這幾點意見以供參考，在籌備過程中如有其他意見，自當隨時貢獻。

我們應建立一個領導中心

·孫寶剛·

民主政治的基本價值，就因其目的要建立一個社會，在這個社會之中，每個人都可以發展其人格，並作為社會中負責的一員，去參加政治，經濟，文化和其他的一切活動。它不像共黨和法西斯所建立的社會，是少數人把握了政權，而包辦了一切，你盲目地跟着他們走，也許可以參加一部份的政治經濟或其他的活動，但是個人的人格是根本沒有的；反之，假如你不盲目去服從他們，那麼，你的生命且有了問題，當然沒有你去作為負責的一員，而參加什麼活動的餘地了。

我們中華民國在原則上應當是一個民主國家，實施的當然應是民主政治，所以各人為了發展其個人的人格而參加政治活動，而對政治有所主張，當然是一件極平常的事。因此而國人的意見分裂為二或三，甚至是四或五，也是極平常的事。

依照民主國家的常例，在那些不同的二或三或四或五之中，那一個是代表多數人民的意見，便起而執政，組織政府，也就代表了國家去做事，但不是國家的本身，可是其他的二或三或四或五，卻仍可自由發表他們的主張。當然意見太多了，分成四或五或六，並不是民主政治的典型，民主政治的典型，最好是分成兩個大黨，於是一個在朝執政，一個在野作反對黨，政治才易於上軌道，在那個情形下，執政的雖然在朝，實則祇擁有較大的一半力量而已，在野的也掌握了另一半，所以在朝地就不敢胡作妄為，在野的也須負責去參加政治等一切活動，才隨時有執政的希望。所以我們不能說在朝黨是國家的一切，可以主宰全國的人民的一切。

在民主政治的原則中，還有一個很重要的原則，就是承認人的生命，人的尊嚴，和人的良心是較國家更重要，國家的責任在保護人的生命，人的尊嚴；和人的良心，不是人的生命，人的尊嚴和人的良心去保護國家，國家是一個象徵的東西，人才是實質的，在戰爭的時候，果然號召人去保護國家，其實仍是以人去保衛人，保衛人的尊嚴而已。我們假如否認了這個理論，而以為執政黨代表了國家，人民盲目地去為國家犧牲一切，這就是法西斯的或共產黨的理論，就完全不是民主政治了。

根據上述的推論，所以我說，在一個民主國家中，人民形成幾傾意見是很平常的。不能認為是大逆不道。不過大多數人民所擁護的思想，或意見，以較正式的名稱來說，就是領導中心。所以領導中心是一套主張，或一套思想，不是一個人，人為了要把主張實施，所以有組織，也許就稱為黨，或盟，或會。黨或盟或會內有許多人在分工合作，目的在實施其主張，也決不是去擁護一個人。

說到這裏，我要提出，我們應當自己建立一個領導中心，決不是像有人所說的，祇有蔣介石才是領導中心，因為他的一套意見並沒有獲得大多數人所擁護。反之我覺得我們的主張不特和台灣的執政黨的主張很明顯的有不同，而事實上，確是代表了大多數的中國人。所以不特應當自建領導中心，實在我們有責任自建一個領導中心。

有人或許會問，現在我們中華民國面臨大敵，這是情形特殊，應該團結在政府與蔣之下，怎能在政府之外，自成領導中心呢？我上面說過，人的良心是較國家還重要，由良心的自覺，他對國家有一種責任的自覺，這個自覺是其他的人所不能干涉的。所以執政黨如希望全國人團結一致，祗有在他的自覺和全國人的自覺是一致的境地下，才有可能，否則有什麼辦法呢？

當高峯會議的前夕，艾克受赫魯曉夫無理的侮辱，美國的兩大黨一致支持艾克，甚至盟國也支持艾克，這是一致了，這是由於他們的良心的自覺所發出來的，但是對那件事支持之外，他們仍各有其主張，各自認其為領導中心。由於這件事！可知民主政治的運用了。

一九五九年十一月，德國社會民主黨所頒佈的基本綱領內有一條說，在一個民主國家，國家的權力來自人民，而政治是向議會負責，必須獲得議會的信任。

在民主國家，少數人的權利，和多數人一樣，須受尊重。政府和反對黨具有同等重要的不同任務，雙方都分担了國家的責任。

由上條的理論，可見我們自己建立一個領導中心，才是和執政黨分担國家的責任呢！

最後，我對於特殊情形還有幾句話，國民政府遷台灣以來已十幾年了，除了每天受有共產黨的進攻的威脅以外，我看不出有什麼情形作為是特殊的因素，以後下去，我的看法，情形仍是一樣，所以今天的情形，假如是特殊的話，那麼，以後一直會特殊下去，但今天，尤其自柏林問題發生之後，那一個國家沒有天天有受共黨進攻的危險，即使狹義一些說，東西德，南北韓，南北越，至少是和台灣的情形相等，西德政府的一切措施並沒有特殊化，政治經濟反頗繁榮，南韓特殊化了，前日倒鬧出了亂子，南越的情形也不很好，僅僅在亂子的邊緣而已，所以我認為，特殊化了並不能有助於共黨威脅之解除，倒是民主不民主，自由不自由，才是根本問題。於此我更有充分的理由，我們應自己建立起領導中心來。這並不是大逆不道的。

台灣教授們筆下的大學教育

燕雲飛

（本刊台北特稿）在台灣住得稍久一點的人，都會有這一點感覺：台灣的大學生們眞「乖」，無聲無嗅的，安安靜靜的，平日除了唸書之外沒有任何活動，安份得像小學生一樣。

如果台灣的大學生們有一點公開的活動，那也都是蔣經國先生主持的青年反共救國團交下來的差事，讓他們去遊行，讓他們去喊口號，讓他們去貼標語，讓他們去開晚會，讓他們去「熱烈的」發表根本不是他們自己的意見。

按說，年青的大學生們應該有自主能力的，爲甚麼會呈現這種現象呢？隨便舉幾個事例，即不難看出其原因了：四年前，台灣大學的一位同學沈君，在校方支持的一本刊物「台大思潮」上，寫了一篇社論「我們爲什麼反共？」他在這篇文章中強調除了爲爭取民主自由的生活而反共之外，其他的反共態度如爲了保持既得的利益，爲了保持政權，爲了保持地盤等等，都不是正確的反共態度。在文章的結尾中他更說：「值得注意的是：我們不要正在從事反對一個專制主義的時候，本身却陷入另一個鑄成的模式中。」文章發表以後，救國團和教育部大爲震動，認爲這種不符合三民主義的自由思想是離經叛道的，當時的教育部長張其昀和救國團當局勒令台大校長錢思亮必須要開除這個學生，經錢思亮力爭，只把訓導處課外活動組組長以「疏於監督」的罪名開革，而沈君於「嚴加訓斥」後才把這事情給「了」了。（據說沈君是沈昌煥的姪子。）

五個月前，台灣正鬧「連任」的時候，各界都在上表勸進，所以也就讓各大專學校中的那些「死出風頭不要臉」、「考試作弊記大過」的黨團學生，出面担任甚麼「××大學擁護總統連任委員會」的「主任委員」，在各校內滿處貼標語，說是「××大學全校師生擁護蔣總統連任運動」，台灣大學有很多同學，認爲他們並不贊同連任，但標語却說是「全校」，無異「强姦民意」，就動手把一些標語撕了下來，於是其中的五六個同學給逮捕了，校長錢思亮，對這事連哼也不敢哼一聲。據說現在雖然放了幾個，但還有一兩個仍在審訊中。

上月中旬，韓國爆發了政變，大專學校學生爲了爭取韓國的民主，不畏難，不怕死，成爲整個運動中的中堅力量。後來連教授們也都仗義執言，挺身而出參加示威遊行，終於，獨裁者倒下去了。這事件使國民黨當局很不愜意，所有官方報紙都說這是「暴動」，蔣總統說得更妙，他說：如果韓國的學生也有像台灣的青年反共救國團的組織，韓國就不會發生這種「暴動」。五月初，台大一個社團舉行了一次有關韓國問題的座談會，僅僅就舉行了一次座談會，也引起了當局極度不滿，主持這次座談會的六七位同學旋即都被捕了，其中還有立法委員包華國的兒子，直到現在也還沒有下文。

我只列舉這幾件事，就可以知道台灣的大專學生爲甚麼都「沉默寡言」了。

無怪乎去年冬天台大教務長沈剛伯教授在他那篇被人認爲是情詞並茂的「五十年來教育」一文中，感慨的說出：

「三十年以前的教育是漫無計劃的，好像被歐風飄來的一粒蓮子，落在淺水汙池之中，偶受美雨滋潤，竟也奇葩怒發；然畢竟雜草太多，水源易涸，其本身已難免「秀而不實」，一經暴雨狂風，自然就根拔葉枯。近二十多年來的教育却有定策詳計，惟求治之心太切，矯枉之處過正，遂致所期之果未得，而反生出許多始願所不及料的副作用，弄到一時狠難收拾。有人說今天教育學生，是要實其心，虛其腹，弱其志，軟其骨，常使之無眞知而多嗜欲。這話，由於愛深情急，不免說過火；可是看看現在的青年，又覺得他們眞是心實，腹虛，志弱，骨軟咧！千千萬萬的年輕人都變得感情麻木，靈魂喪失，又焉得不令人對於台灣有「文化沙漠」之譏？」

不單單是學生過逃避現實的生活，就是教授們也都離開現實遠遠的，凡是一接觸當前的問題，總不免要惹出麻煩和是非的。像去年春天大陸上發生西藏抗暴事件的時候，台大一個社團請了校內教「國際組織與國際關係」課程的黃祝貴教授，就「西藏問題」作學術性的公開演講。黃祝貴教授在演講中曾從純學理的觀點批評蔣總統就西藏問題所發表的「民族自決」的宣言，因爲「民族自決」的結果可能爲變更西藏的領土主權，而依中國憲法第四條規定，只有國民大會的決議才能有權變更中國的領土，任何個人如就可能導致變更中國領土主權的問題而發表「民族自決」的宣言，是違反中國憲法的。

黃教授在講演之後，特務們立刻給他上了報告，把他的演講列舉十大要點，並說他批評蔣總統的宣言是帶有「煽動性」的。結果他受到國民黨派在台大的某高級黨員的「勸戒」與「忠告」。在這事件之後，黃教授曾發表了三點感想，他說：一、以後不再就國內問題作公開演講了。二、希望當局對學校內的學術言論能放寬尺度。三、希望以後打報告的人要打得眞實些，不要捕風捉影。

去年冬天政大教授李聲庭曾經給政大的僑生們寫了一篇「論生活與教育」的文章，文章中批評現在的「輔導」制度實際上不外用四種手段來控制學生，那就是「第一是審查；第二是規定；第三是引誘；第四是威嚇。」文章被訓導處審查之後扣留不准發表，使李聲庭教授和政大的僑生們都非常的憤怒。

現在已被封禁的「政經」半月刊，那時曾就政大查扣教授文稿事，批評說：「今天的教育是培養奴才的教育，是製造順民的教育」。並指出「大學如果要有學術自由，必先使教授有暢所欲言的機會，有爲所當爲的環境，也必要使學生有聽到正反兩面意見俱陳的機會，與教授執經問難的環境，有發抒意見代表自己的刊物和言論；沒有這些起碼的東西，大學教育就是僵屍，就是木偶。這種死氣沉沉，培養奴才和順民的場所，稱得上什麼大學？」

至於台大哲學系教授殷海光，因爲他是「自由中國」半月刊的執筆者之一，他的言論一向是國民黨當局所厭惡的，所以他有時被各校學生邀請做學術演講或發表文章在學生辦的刊物中，則更是經常被訓導處借故不准或審扣。最近（五月十六日）殷海光教授在「自由中國」半月刊上發表了一篇文章，嚴厲的指責國民黨當局對於學術的壓迫。

他說，他對於他經常被訓導處借故不准做學術演講或審扣要在學生們辦的刊物上的文章這類事件，「本不願聲張的，因爲我深知道，近十多年來，千千萬萬教育界同仁正低着頭，彎着腰過日子。」他慨嘆的說：「中國知識份子正遭受空前未有的折磨。共產黨把我們不當人，自稱「反共」者又何嘗把我們當人？」他說：所謂「師道尊嚴」，所謂「學術尊嚴」，在台灣老早成爲歷史名詞了。

他指出：某黨（按：即指國民黨）喪失了在中國大陸的地盤，可是十多年來確乎在這個小島上硬造成「唯我獨尊」的局面：它成了台灣所有軍民人等的「司命之神」，也成了千萬人衆的「禍福之源」。他說：「大專學校底訓導處之設立，重要作用之一，本來就是執行這羣活菩薩底意旨的。」不過，殷海光教授認爲台灣大學還是「黨毒」最輕的一個學校。除了台灣大學之外，其餘學校受毒之深，只有「慘不忍聞」四字差堪形容」。

在該文的結尾上，殷海光提出了八個坦率、鋒利的問題：

一、是誰把共產黨勾引到中國來的？

二、究竟大陸是怎樣變色的？什麼人對大陸變色應負最大的責任？

三、「反共抗俄」這塊牌子底實際用意是什麼？它是側重在「反共」呢？還是藉此壓制內部以維持一黨底殘餘權勢？

四、所謂「反攻大陸」叫了十幾年了，究竟那一天開始？

五、俄國有強力火箭，地球衛星，原子武器，連美國也不敢貿然言戰，台灣什麼也沒有，如何「反攻」法？「抗」法？我眞想不通。

六、中國共產黨當年在江西落草爲寇，祇有八百條槍，尚且沒有撲滅掉它。現在，共黨佔據中國大陸，手握世界第三強大的武裝力量。台灣及其外島需要美國第七艦隊保護和「支援」。這證明它自衛尚成問題，怎樣能够「反攻大陸」？況且，蔣杜宣言明明白白說「不使用武力反攻大陸」，那末怎樣去「反攻」呢？我實在想不通。

七、現在這些職業「革命英雄」們，當他們對於大的目標根本無可奈何時，是否轉移目標，槍口對內，拿手無寸鐵的老百姓們作施展革命英雄事業的對象？

八、是否不許我們問，只許沒頭沒腦地跟着坐汽車擁滿衛兵的人後面拖，一直到把生命拖乾爲止？

這些問題，是「够火辣的，當然啦，殷海光自己也說：「台灣大學雖然沒有百分之百的學術自由，但是大致有百分之五十的學術自由」。如果從另外一個角度去看，李聲庭、沈剛伯、黃祝貴、殷海光……這些人；能够寫這樣的文章，說這樣的話，而還安然的在大專學校中教書；並未受到解聘或逮捕的威脅，那自然又不是大陸共黨統治下的教育所能望其項背了。

台灣一周

台南選訟問題

這次地方選舉中，所引起轟動的台南市長選舉官司——市長落選人葉廷珪控訴當選人辛文炳的當選無效。台南高分院民二庭開庭審訊。雙方代表律師唇槍舌劍展開激烈辯論。旁聽席上和庭外竚立羣衆情緒緊張，治安當權出動憲警百餘名與高分院全體司法警負責維持秩序。因爲南韓舞弊引致李承晚垮台，所以台南的選訟也不免有「風聲鶴唳」之感。

台灣報紙上的消息，原告代理人胡毓傑出庭時，沿途市民前護後擁，燃放鞭炮壯威，民情鼎沸。與此同時，有市民二百人，於退庭後包圍被告辯護律師李模寓所，指李曾稱「台南市民是狗」，要求公開登報道歉。廹得李公開聲明放棄再爲被告辯護，但市民仍堅持要他道歉。

爲什麼台灣人民不能相信司法當局！

爲什麼訴訟已進入司法審訊階段，廣大市民要做出極可能影响司法審判的一連串舉動？

難道台南人民都是「愚昧無知」，「野蠻無賴」之徒麼？

非也！問題發生在人們對司法能否獨立和執法官能否大公無私，沒有信心！

「奉命不起訴」是衆所皆知的事實！在執政黨口口聲聲爭取「全面勝利」的地方選舉中，奉命判決「當選有效」，自也是十分可能的。所以台南人的懷疑是合情合理的！

舉一例可知其餘，這次台北的選訟，郭國基以當選人身份，控訴選舉事務所辦理選務。向以法學權威自許的張知本先生，就在進入司法審查階段，公開發言認爲當選人控訴選舉違法，是不能成立的。以飽讀法律的「權威」人士，尚可如此，又遑論於區區小民哉！

台南選訟的結果如何。我不願深加評述，祇希望執政黨方注意人心！人心！人心。請切勿干涉司法的審判！

立法院的勇敢

立法院要求加薪預算由原來的二億八千八百萬元台幣增至四億六千萬元，同時，立法委員否定提高國大代表待遇的預算。

這樣決議多少可挽回一些因「通過出版法」所失去的聲譽。立法委員果敢與明智的決定。是值得贊許的。「士志於道，而恥惡衣惡食者，未足與議也。」

·孟戈·

欣聞韓國會討論新憲

・小言・

直到今天，居然還有一些御用文棍「夾硬要睇衰」大韓民國的看守政府，並為李承晚痛哭流涕。窺其用意有二：一方面是代他們的主子表兎死狐悲之情！一方面則為自己頑謬的「政論」作無聊的辯詞，以遮羞。其實早早收場，尚不失論者的風度，現在如再繼續爭辯，徒然是自掌嘴巴，益見其淺陋與面目之可憎。

民主政治在原則上是無可攻擊的。當然民主政治的實踐與成就，非一朝一夕間事。但若因此而諱言民主，無異因噎廢食，大開倒車。

日前閱報，見外電十日漢城消息稱：南韓國會已進入正式討論新憲法草案的階段。並强調，此歷史性的法案是代表了四月十九日推翻獨裁政權的英勇學生運動之高潮。其要點計有下述七項；

一、保障人民基本權利，清除舊憲法之限制條欵。

二、建立對國會負責之以總理為首之內閣制度，以代替總統制。

三、最高法院首席法官及法官，皆由民選，以期保証司法之獨立。

四、建立新憲法法庭。

五、設立中央選舉委員會，不受過去政治影响。

六、憲法規定保証國家警察全面中立。（不為執政黨的利益工作）

七、各省省長民選，保証實行全面地方自治。

上述七項新憲法之主要內容，實無一不可圈可點，從人民基本權利，國家政制，到司法獨立以至選舉，無不針對過去李承晚時代的弊端加以清除。其中尤其規定了警察應「全面中立」，實為根絕特務政治的基本要素。警察是國家的公僕，本非獨裁者的家奴。執政黨豈能視國家公僕如土豪劣紳之視其家丁、打手。而警察又豈能自貶身價，甘願為獨裁者的幫兇。大韓民國政治上有此徹頭徹尾的革新，實在是令人欽羨的。

因此我建議，一俟大韓民國新憲法頒佈後，國民黨中央，應敦請製定此憲法之韓國法學家到台灣講學，並應在「陽明山革命實踐學院」開課，為那些獨裁政治的「衛道者」，醒醒腦，開開眼，讓他們跳出井底，睜開眼睛看看這民主時代的大千世界。

又聞，土耳其亦在進行修改憲法中。不過其修改亦是為要求政治進步，與所謂修改臨時條欵之在求開倒車，自是不可同日而語！

中共黨內右傾份子的來源

艾鳴

中共自去年（一九五九年）八月，再度掀起「反右傾」運動以來，只見殺氣騰騰，不見人頭落地，除了象徵性的將湖南省委第一書記周小舟、西安市委書記陳元方、陝西省委黨校教員兼「科學院陝西分院經濟研究所長」岳邦珣等這類三四流角色被整肅以外，如今似已掩旗息鼓，而以「認眞地學習和掌握毛澤東思想」來號召，用以掩飾其「反右」運動的失敗。由此可以証明「右傾」勢力必然相當頑強。

這種虎頭蛇尾的作法，為毛澤東當權廿多年來所罕見。惟一的原因，乃是中共黨團員質量起了變化，多數份子喪失了「黨性」。如要澈底清算起來，勢必人人自危，動搖根本，有此情勢迫得毛澤東知難而退了。何況他的「盲目冒進政策——總路線、大躍進、人民公社，」迄尚未趨穩定。

根據中共資料，一九四九年底中共黨員人數共為四四八萬人，其中成份屬於工、農無產階級，佔百分之六十二，屬於小資產階級或資產階級出身者，而已經「無產階級化」者佔百分之三十八。但工、農出身的黨員文化水平低落，不足以任大事，除了在各省區成立「革命大學」和「軍政大學」招納知識份子臨時「改造」補充幹部外，在一九五零年六月的七屆三中全會決定，要求改善黨的組織情況，提高黨員的質量，並在農村中停止發展黨員，便於推行「土改」政策。（以上見一九五零年七月一日「人民日報」社論）

到了一九五一年四月，中共召開全國組織工作會議，重行規定吸收黨員需要具備的標準；同年七月一日的「人民日報」透露，黨員已發展到五百八十萬人。這一年多內所增加的一百三十二萬黨員，——自然都是知識份子。

一九五二年五月，土改工作已接近完成階段，中共中央發出指示，具體規定發展黨員的任務，由全國各大區組織部長會議決定，積極吸收黨員。從一九五三年到一九五六年六月的統計，黨員數字由六百萬突增到一千零七十三萬人。（見五六年九月十四日「人民日報」）至一九五七年「鳴放」出亂子時，黨員已增至一千二百七十二萬人。（見五七年十月十九日「人民日報」）其中除了四百四十八萬老黨員外（一九四九年的統計數），亦即新增黨員為八百二十四萬，幾乎等於原有人數的兩倍。遂使這新階級突然地臃腫起來！

在團員的發展方面，按中共「團章」規定，年齡從十八歲至廿五歲的青年男女，列入為共青團員，而團的組織是黨組織的新血，團員就是黨員的「接班人」。在中共佔領大陸之初，為大量培養黨的新血，共青團的組織廣泛深入，以吸收青年學生為主要對象。至一九五七年止，在全國各大專中學裡，歷年所發展的團員人數即達二千萬名之多。他們吸收和被吸收入團的方式，除了利用男女關係之外，也是離不開威脅利誘的手法。一般團員都是「階級立場」模糊，「觀點」脆弱，「組織」根本談不上有什麼「黨性」。

這一時期所吸收的黨團員份子如此龐雜，許多反共的知識分子得以深入潛伏。到了一九五七年「鳴放」運動時，反共知識分子遂乘機而動了。那些文化水平較高的黨團員，批評黨的教條是「神符」，他們要「自由」，要「民主」，開始向黨中央進攻了。中共團中央這時才警覺到團組織紀律鬆懈，在那年（一九五七年）六月廿五日，發給各級黨團關於「反右」鬥爭的指示說：「這次鳴放運動，向我黨瘋狂進攻的右派份子中，發現很多是黨團員，確實給了黨一種莫大的威脅。」

這次「反右」鬥爭的結果，雖然將「黨」內外「右傾份子」鎮壓下來了，可是潛伏在黨團組織內的「右傾思想」，却在繼續地滋長，並且潛伏得越深了。

現在根據一九五九年九月廿八日「人民日報」所透露，黨員的總人數已到了一千三百九十六萬人。可是以鳴放時期的情況來看，這個新階級愈是膨脹，它的潛在的問題也愈多。所以數字的增加，並不表徵質的純淨，這是中共黨內產生右傾分子的基本來源。

日本政局管見

由於艾克接受展期訪日，世界輿情對於遠東局勢都發出了悲觀論調，認為這是自由世界與共產國際短兵相接勝負的轉捩點，由此申論，又認為日本與遠東之被赤化為期不遠。這種說法其實未必盡然。

這次日本的示威暴動，一般認為是共產國際用錢買來的，雖屬可信，但也不能盡信，因為沒有一個政治性的羣衆運動可以完全用錢買來的，自然是在羣衆的心底裡有認為要舉行示威暴動的必要因素在刺激。

這次，日本羣衆的示威暴動的刺激因素，基本是：大和民族的自尊心，在二次大戰以後普遍的遭到了損害，蓄積至今而要求發洩。岸內閣之要求日美安全條約在艾克來訪之前可通過，當是誘發這種恢復民族自尊心的反射條件。共產國際通過日本共產黨利用這種羣衆心理，鼓動起了示威運動，達到了壓迫艾克延期訪日目的，遂使岸內閣更顯得風雨飄搖」。

在表面看來，日本政局的演變，使共產國際在遠東打了一次「勝仗」，實則恐亦未必。日本人的民族自尊心，固然因為政府過份依附西方而感覺到遭受損害，但同樣，亦不會甘願接受共產國際的擺弄。

過去許多日本朋友告訴我，具有濃厚反共色彩的評述，日本的幾家大報是不肯刋載的，其輿論幾乎全部左傾；但應與主持筆政的人私下討論，他們的思想却又是完全反共的，例如派駐在香港的許多日本記者幾乎全部如此，這種文章與思想之不一致的情況，怎麼產生的呢？長期以來找不到解答，由這次日本政局的啓發，我覺悟到這又是民族自尊心作祟的反常表現。他們認為反共要出於日本人自願，在佔領的殘餘影响下的反共是非獨立性的反共有傷國格，儘管他們的內心也要反共，但總不願受佔領的殘餘影响來領導，寫偏左的文章，並唱中立，喊反戰，要求與中共建交，這樣的輿論與其說是左傾親共，倒不如說是藉以對佔領的殘餘影响作自我發洩。

二月十五日的左傾學生流血暴動事件，已經刺激了這種反常的心理。十七日，日本七大報發表聯合聲明，譴責使用暴力以達政治目的，要求保証議會政治。顯然，這是顧慮其民族前途不願其政府左傾的一致表現，我相信此一事件的刺激，日本的輿論逐漸的趨于正常，無理由担心它更加左傾。同樣它亦將誘導日本人民消除由民族自尊而產生心理上的自卑的受佔領殘餘影响的壓力。儘管岸內閣的基礎或已動搖，但大可不必担心其未來新政府的基本態度。

毛澤東日夜盼望的日本政局轉變，現在不必諱言是部份達到了，但這也不完全對中共有利，其最後的發展結局大概會與中共所盼望的相反。

・田心・

加強反共文化戰線

・岑今・

海外的反共報刋、雜誌十餘年來，曾不遺餘力的盡了批判赤色暴政的能事；令僑胞們在精神上有所依恃；也令到敵人刻骨的憎恨。唯在適應時勢潮流發展方面，也仍有未副理想之處，也不必諱言，尤以文藝學術方面的歌曲、影劇部門，竟成了眞空地帶。當然也不能像共產黨那樣把一切文化學術一概變為反共的工具，惟在暴露敵人猙獰面目，及標榜眞理正義之偉大方面，藉以誘導羣衆一致全心全力反共，可以努力的仍然很多。否則無疑埋葬了文化學術存在的應有價值。因此對於迄今仍標榜主張只談文化，不談反共的不能不說是遺憾的。

又某些學者，以為共產主義的發展和死亡，祇是社會問題，與文化及思想無關，非知識份子所能遏阻或消滅的，只能令其隨社會形勢的變化而自行崩潰，這也是知其一不知其二的看法。因為任何一種極端反動思想的產生：固然以社會的病態為背景，但若非文化界以固有的傳統民族文化和近代民主思潮予以抗衡，更將不堪設想」。以清末拳禍為例，實不亞於今日的赤禍。而拳禍之旋即被撲滅，不致遺無窮後患，也與當時學人的努力有關。所以現代的文化工作者自應智勇兼備的負起撲滅共產毒素的任務。過份地强調以任何一面來反共是不够的。

目前更重要的是在於海外所有的文化工作者與教育工作者能否不分界域的站在一起。與共產黨作廣泛的思想鬥爭，並指導繼起的青年，掌握反馬克思列寧主義「及毛澤東思想」的武器和方法，向敵人作猛烈的進攻，使有生的新生力量得以繼起，使反共早日成功。

艾克訪台簡訊

直夫

（台北航訊）艾森豪總統已於本月十八日來台訪問，並於次日離此飛往沖繩島視察。此次美總統東來，按其預定計劃，原以訪問日本爲主，南韓次之；而台灣並不在內。儘管台北望眼欲穿，一再向華盛頓作試探性的接觸，白宮最初仍無動於中。可是，正如某些人所說的，蔣「總統」的一生雖多行不義；但他却是一個倖運者，往往能於絕處逢生。正當他深感盟邦元首既已蒞臨近在咫尺的日韓而却吝於枉駕來台一行未免太不俾面子之時，赫魯曉夫突然大發狂性，竟藉U2諜機事件而撤銷其邀請艾森豪總統訪俄的前約。爲了塡補莫斯科的空缺，白宮方面自樂得接受其他鄰邦的邀請，藉示俄人雖不歡迎而熱烈的盼望美總統前往訪問者正多。此即艾克忽又惠然肯來之經過情形也。再加上在東來的途中，又因東京學生工人猛烈反對而被岸信介請其暫緩訪日，頗使這位即將退休的白宮老人有後運欠佳到處碰壁之感，更給台北以熱烈歡迎艾克的良好機會，此非蔣「總統」的倖運而何？

蔣「總統」歡迎艾克別有用心

雖然艾森豪總統在台停留的時間僅有二十四小時，不啻是在中途歇歇脚，對這裏的一切自不可能有任何深入的觀察和了解；他與蔣「總統」會談兩次，合計不到三小時，似乎也無意對任何問題作深入的討論。然而後者於非法連任之後，疑神疑鬼，日夜不安，誠恐美國將以對南韓之道而對台灣。因此，祇要前者一經駕到，他們似乎就認爲非法總統已得到美國的認可而可高枕無憂了。至于所謂加强中美的傳統友誼，不過是表面文章而已。連日中央通訊社和官方報刊的記載，不但說艾森豪總統是蔣「總統」的老朋友，而且還說是好朋友，言外之意，明眼人一看便知了。

蔣艾會談有何結果？

從艾森豪總統的幾次演說看去，美國仍將繼續反對中共加入聯合國，並協防金門馬祖；而在中美聯合公報中則未提及，僅重申兩國政府在中美聯防公約之下，堅强團結合作，可以說，並無任何新的內容。但艾森豪總統對於台灣的經濟成就——尤其是土地改革似乎特爲賞識，並允繼續提供經濟的援助，這可能是台北方面在此次蔣艾會談中的實際收獲。

艾克的弦外之音

艾森豪總統於十九日飛離台灣海峽時曾電謝蔣「總統」及中國政府對他的欵待。電文雖然簡短；但却有一段顯得很不平常：原文如下，「各位在台灣堅苦卓絕，建立民主，獲致顯著進步，已將自由中國各領袖與人民之活力與朝氣，表露無遺，使我等深獲啓示」。艾克特別指出台灣建立民主之顯著進步，並自認深獲啓示，其用意何在？是台灣的民主建設確已有足使白宮主人獲得啓示的特殊成就呢？還是他故作弦外之音要我們的集權統治者自己反省呢？那就不得而知了。筆者曾和一位自政府退處台灣後即少發言的立法委員談及，他却別有見解。他說：「我們的憲法原與美國的不同。美總統是國家行政首長，我們則是以行政院爲國家最高行政機關，美國政府當然知道；但此次以政府首長身份和艾克會談的則是蔣「總統」，陳院長不過是隨員而已。此即我們的民主足使美總統獲得啓示者一也。中美政府首長會談，我方出席人員中，赫然有宋美齡女士在焉，她既無官守，又無言責；而僅以「總統」夫人之故，即可參與此等事。此即我們的民主足使美總統獲得啓示者二也。還有其他許許多多的民主成就，恕不再說了」。然乎，否乎？

艾克爲何不向立院致詞

艾森豪總統在訪問菲律賓與南韓時，均曾向各該國的國會發表演說；但在台灣則並無此舉。據悉此中的內情是這樣的：依立法委員的意見，國會即是立法機關，而我國的現行憲法明文規定，立法院是國家的最高立法機關，故立法院即是國會。但數年前因參加世界國會聯合機構而發生誰是我們的國會之爭時，我們那些蓋世聰明的大法官會解釋我們的國會係由國民大會與立監兩院等三機構共同構成。立法委員們對此解釋大不以爲然，其理由是，國民大會與監察院既非立法機關，自不能被視爲國會。可是，大法官握有解釋憲法的特權，立法委員雖然言之成理，却也無可如何。結果，他們祇好退出世界國會的聯合機構以示抗議。因此之故，假如艾森豪總統祇向立法院致詞而不去國民大會和監察院，勢將引起後兩者的爭吵。尤其是國民大會這番遵旨修改臨時條欵，使三任總統得以順利產生，而代表功在國家，而諸公又是那麼的渴望有機會表現自己，他們早已用聯誼會的名義致電美總統表示歡迎之忱，自然不會甘受冷落的。但，假如要集合立法委員與國大代表於一堂以聆聽艾森豪總統的演說，又恐前者將認爲於體制不合而拒絕參加。于是，幾經考慮，乃决定取銷此一節目，而改爲向總統府門前的羣衆演說。如此一來，也就免除了可能因請美總統演說而又與起一場誰是我們的國會之爭。不過，我們號稱行憲已十二年餘，依據憲法規定，立法院乃名正言順的國會，而因不聽當權者的頤氣指使，竟被大法官奉行意旨把它解釋爲祇是三分之一的國會。國民大會和監察院雖願意各接受其他的三分之一，而立法院又不同意與他們爲伍。于是，不但世界國會聯合會我們未能參加，即盟邦首長訪台我們亦無法安排其訪問國會的節目，這都是當權者一手造成的僵局、

讀香港時報社論的幾點感想（讀者投書）

·梅之問·

對於艾森豪威爾總統於十八日訪台，我一直很留意國民黨當權派對艾森豪訪台所最着重者究係何事？在我原先的想像中，國民黨當權派對艾氏最應着重之點，應該是有關反攻復國的大問題。譬如：台灣平時總將不能反攻大陸的責任推在美國身上，說美國對台灣的反攻行動有所牽制。事實上，蔣杜公報揚言不以武力反攻大陸，原本就是台灣自己的錯誤。蔣當時原本就不該與杜爾斯發表那一個决定！但蔣氏竟然做了。蔣氏竟然那樣做，自是蔣氏的錯誤，既錯之後，惟一辦法，就是設法補救，而艾森豪此次訪台，則是補救那一錯誤的最好機會。但艾氏訪台蔣氏並沒有利用這一機會去補救，這是我失望之一。

再看中美聯防協定，本有利有弊，有利之點，是中華民國目前所保有的最後一塊土地——台灣可以藉中美聯防協定而受到美國的保護，因而比較安全。有弊之點則是中華民國目前之任務，原不僅僅只求消極的保台而已，更重要的和更積極的，尤在反攻復國，而中美聯防協定則拘束了這積極的一面，從而限制了和影响了中華民國單獨反攻復國的主動自由，假如國民黨當權派眞以反攻復國爲重，則在既訂中美聯防協定之後，亦應隨時設法補救之，使其有利之一面更爲加强，使其有弊之一面，得以消除或彌補；而這次艾森豪訪台，如果國民黨當局不是只知招待歡迎，尚知有所運用的話，則亦正是可謀補救之機會。然而，國民黨當權派也計不及此，這是我失望之二。

因之我眞不知道國民產當權派心目中還有沒有反攻復國這一件事？抑或由於低能，遂不知有所運用？

而在另一方面，由於艾森豪之訪台，却又暴露了國民黨當權派心目中所盤算着的問題，原來並不是如何有利反攻的問題，而是如何有利於自己的權位的自私問題。更明白的說，他們心目中最着重的問題，竟然不是反攻復國問題，而是如何鞏固自己的既得權位問題。這從六月十九日香港時報的社論最能看出來。

該社論發表於艾森豪總統抵達台灣之次日，該社論不以期望艾氏幫助中國反攻復國爲題，而以反對民主爲題，這豈不充份說明了國民黨當權派只知自私嗎？

該社論以「對美國的一點意見」爲題說：「當前美國的錯誤觀點之一，是認爲在冷戰尖銳的前綫國家，亦可運用由下而生的民主改革方式」又說「本來，西方的民主政治，就不是對付共黨的有效武器」，我讀了之後，眞不知道這何以就是美國的錯誤？國民黨當權派顯然認爲美國所期望的民主，足以威脅執政者的既得利益，所以是錯誤的。但在我看來，美國的這種民主期望，實無錯誤可言。美國確亦有錯，但錯不在此，而在沒有對所有鐵幕實施艾森豪威爾自己所倡導的解放政策。但香港時報不對美國提出此類意見，却提出如何鞏固自己權益的自私意見，這該誅心啊！

再說：國民黨當權派及其宣傳機構，近年來，都一致强調西方民主政治不是對付共黨最有效的武器。又說那是十九世紀產物，意謂業已落後或不適用。我並無偏見，但却看出一項事實，這事實英美原本是馬克思所說的那種高度發達的資本主義國家，依照馬克思理論，曾認爲這種國家將最先赤化，但截至現在止，英美却始終强大不動，成爲今日世界抵抗共黨洪流的領導國家，且由於英美實行和堅持民主政治之故，共黨細菌亦一直難於在英美繁殖，那末，據此事實，我倒要請問國民黨當權派及香港時報，西方民主政治何以不是對付共黨的有效武器？請拿証據來！

第二，國民黨當權派及其宣傳機構。一直認爲國民黨當權派才最有反共經驗，才最能有效對付共黨，那末筆者倒要請問國民黨當權派，我們中國大陸究竟是怎樣淪陷的？請拿解釋來！

第三，國民黨當權派一直認爲西方民主政治不好，但筆者却要請問國民黨當權派，你們究竟認爲何種制度才好？是不是認爲法西斯制度才好？是不是認爲毀憲連任由蔣獨裁才好？請拿回答來！

大陸之窗

析中共在亞洲的第四階段

·劉裕略·

自中共政權在北平上演以來，於今，已逾十年了。在此十年中，它在亞洲的形勢，曾屢有變化。根據它所處的一般形勢，筆者把它過去分為三個階段。目前則正是第四階段。中共在亞洲的這第四階段，是益見孤立的處境。

本來，中共政權初成立時的形勢，是相當好的。當時亞洲各國，對中共政權的性質分辨不清，以為中共政權的性質是民族主義的成份高過共產主義的成份。所以，亞洲方面戰後獨立的一些國家，皆對中共抱同情、存幻想，尼赫魯、蘇加諾等，亦與中共來往甚密，故中共當時在萬隆會議中的亞非集團中頗為得意，這是它的第一階段。

隨後，由於中共本身之妄自尊大，以及本來面目之逐漸暴露，再加上中共殘暴對待藏胞，從而迫使達賴喇嘛出走，乃至印藏邊境問題的引起等，遂使中共在亞洲的一般形勢突變，不僅中共與印度開始發生尖銳衝突，印尼、埃及與中共的關係亦開始惡化與動搖，這是第二階段。

由於上述第二階段的惡化，中共企圖有所挽回，乃運用策略，重行掙扎，先拉攏緬甸、柬埔寨等中立國，且故示恩惠，以期使所謂「五原則」來重行騙人，這是第三階段。

對於上述三個階段，不久以前，筆者皆在本刊有過分析。但筆者現在要對此一問題重行論列，因為中共在第三階段的過程為時甚短，於今則又已進入第四個階段了。

第四個階段的現況是中共在第三階段所企求挽回的形勢，並未有效。中共它在第三階段原是企圖拉攏緬甸等小國，以孤立印度、印尼，并企圖引誘印度與印尼的。但中共與緬甸之間問題較小，容易解決。而中共與印度之間的問題，則係本質的衝突，大原則的衝突，原是不容易解決的。所以，周恩來最近雖曾訪印，並與尼赫魯會商，可是卻無結果。不但周恩來未能誘迫達賴回藏，就是印藏邊境問題，周尼會談，也無任何結論。相反，周尼會商之後，尼赫魯且曾屢次半明半暗的抨擊中共的擴張企圖，所以這充分說明中共第三階段所作挽救的努力已經是完全失敗了。

不僅印度問題如此，中共與印尼之間，在第三階段之初雖曾對印尼華僑問題有過協議，但中共與印尼的關係，不但並未因之改善，印尼現在且更進一步排斥中共派往印尼的外交官員。最近曾有兩名中共領事被驅逐，這是惡化的最好說明。

此外，中共與埃及的關係，現在也是仍未好轉的。

而印度、印尼、埃及乃是亞非集團之主力，且皆曾與中共接近，現在它們亦與中共或交惡或交疏，中共在亞洲處境日益孤立於此可見了。

中共本來是蘇俄播種在亞洲的禍根，亞洲各國原是應該起來一致對付中共的。

由於中共政權的本質及亞洲各國對中共認識逐漸加深，看來中共是不容易扭轉這第四階段的惡劣形勢的。

中共以殘殺自己同胞的方式來對艾森豪舉行阿Q式示威

·何仲仁·

共產黨的一切，往往是不可以常理來看的。考其所以如此的原因，主要由於馬列主義乃一種唯物主義，而唯物則係違反人性和忽視人性的，所以，終其結果，便與以人性為中心的社會傳統完全不合。這是共產黨的一切往往不可以常理測的基本原因。這也是共產黨的行為往往是既殘狠得不近人情，又愚蠢得可笑的原因。

自從整個中國於十年前被中共佔據以後，國軍與共軍十年來一直被台灣海峽隔離。其間惟一的接觸點是接近大陸的金門馬祖兩個島嶼。對於這兩個島嶼，中共一直是想把它吃掉的。因為金馬這兩個島嶼地方難小，戰略價值卻大。對台灣而言，它們是防衛台灣本土的前哨基地，對大陸而言，金馬則是台灣反攻大陸的重要基石之一，何況，自整個反共形勢而言，金馬已經是雙方民心士氣之所繫，且最足以反映雙方戰鬥力量相對消長的一個焦點呢？

客觀而嚴格的說來，金馬之得以一直堅強的峙立，是要歸功於國軍將士的艱苦奮鬥的。它不僅說明了國軍戰鬥力十年來確曾不斷增強，同時，它更說明了共軍之戰鬥力，實已相對的減弱，否則區區金馬小島，是應該不值擁有整個大陸的中共之一擊的。

然而，無論中共怎樣費心機，地面部隊進攻之外，還加心理作戰，但中共卻始終不能把金馬打下來，可以說這是自中共於民國十六年（一九二七）八月一日在南昌開始武裝暴動以來最失敗的一個戰役。

正因為如此，中共當權對金馬的心情是激憤的，反常的。中共的若干嘍囉對金馬的心情也是很不正常的。猶憶前次中共大舉砲轟金馬時，曾揚言若干小時內即將進攻金馬，以誘迫金馬守軍投降。結果，金馬守軍固然是不為所動，無一人投降，最丟臉的，則是中共在香港的報紙，當晚竟在香港發行號外，說中共即將進攻金馬，第二天卻完全証明不確。這就可見中共的對金馬的心情是既激憤又混亂，故此鬧出如此的笑話。

由於中共的大舉砲轟，未曾攻下金馬，中共自己無法下場，於是中共自己才又宣佈一種所謂隔日砲轟的辦法，作阿Q式的停戰。

而最無聊最可笑最可恥的則尤推中共在艾森豪總統訪台時所表現的阿Q式砲轟辦法。

據中共自己廣播，為了反對艾森豪威爾訪台，除由中共「書告台澎金馬軍民」外，福建前線則用開砲的方式來舉行「對美大示威」。

所謂開砲大示威究竟是怎麼一回事呢？另據「中共新華社福建前線十七日電」，「中國人民解放軍福建前綫強大的砲兵部隊，今晚八時向蔣軍盤踞的大金門、小金門、大担、二担等島嶼，進行反美大示威砲擊。震天動地的隆隆砲聲，掀起了台灣海峽強大的反美風暴。開砲前，人民解放軍福建前綫廣播站廣播的前綫司令部告台澎金馬軍民同胞書指出：這次砲擊完全是為了向美帝國主義示威，為了支持亞洲各國人民反對艾森豪威爾強盜旅行的正義鬥爭，為了支持台澎金馬愛國同胞反對艾森豪威爾強盜旅行的正義鬥爭，為了表示偉大的中國人民對艾森豪威爾的蔑視和鄙視。在福建前綫砲兵陣地，祖國英雄的砲兵戰士和參戰的英雄民兵一齊上陣，命令一下，霎時間，萬炮轟鳴，無數道彈光劃破台灣海峽夜空，英雄們激昂高呼：『艾森豪威爾滾回去，開炮！』『美國侵略者滾出台灣去，開炮！』『滾出日本去，開砲！』『滾出朝鮮去，開炮！』「滾出亞洲去，開砲！」「我們一定要解放祖國領土台灣，開砲！」憤怒的砲火，像傾盆大雨，落在金門島上」。

另據中央社台北十八日電：在艾森豪訪台前夕，中共曾向金門砲擊八萬五千九百六十五發。結果是金門島上的中國平民死傷了許多人，同時，金門島上平民住屋被擊毀了很多。至於國軍，由於防禦工事的極端鞏固，則並未遭受大損害。

以上便是中共實行阿Q式砲轟的經過。在這一砲轟行為過程中，中共既無法阻止艾森豪東來，又無法挑起海外中國人對艾森豪的反感，黔驢技窮，遂有此阿Q式砲轟的一幕。這一幕，中共是顯然犯了重大罪行的。因為它所謂反美示威，既不可能損及美國人的絲毫，卻以金門島上的中國同胞為砲擊對象。難怪艾森豪本人到達台灣時，即對中共此種蓄意的暴行，予以譴責了。

就中國人的立場看，艾森豪這次亞洲之行，原是非常勇敢而且值得稱贊的。但中共暴虐成性，殘民以逞，竟以殘殺自己的同胞來對艾森豪此行表示反感，實在中共是殘暴與愚蠢的集中表現。

如此這般的林業大學

文藝林

大陸各高中的學生們，對中共的奴化教育無不深惡痛絕，故於畢業後，大都放棄升學的意念，因而使中共本年度高等學校招考新生的預定計劃，遭遇到嚴重的困難。中共目前已被迫通令各地黨務及其他機構有關負責人員，全面從事動員高中畢業學生報考高等學校的工作，但此舉的效果如何，仍難預卜。就常情而言，青年學生本懷有強烈的求知慾，繼續深造，照理應是每個人的願望，然而大陸目前高中的畢業學生們，卻竟一反常態而不欲報考高等學校，其原因何在？為便於說明大陸青年這一心理反常的現象，讓我們以中共山西省武鄉縣林業大學的具體情形，來作這個問題的答案。

武鄉縣林業大學是一九五八年十月開始籌辦的。該校除由武鄉縣中共書記王振國兼任校長外，僅有教師二人，王以工作很忙，不能經常在校，所以校中主要工作，由一個廿五歲的女青年教師張輝負責。據「人民日報」記者馮東書在其以「青春的光輝」為題的一文中透露，張輝於十月十五日到達武鄉林業大學的所在地——連元村時，始知這個林業大學幾乎一無所有。除了有五十名學生以外，學生都分別寄住在羣眾家裡，所謂教室，原來是個牛圈，教師辦公室也是借用的民房，裡面就只有一張破桌子和兩瓶墨水，至於圖書儀器及其他教育設施自然更談不到了。

張輝是一共青團員，所以她除担任學校其他工作外，並充任政治教員。由於該校一無所有，因此，她只有根據縣委的指示，在課堂上向學生進行共產主義教育，反復講解學習的目的！在課外向學生講有關森林入民生活關係的故事，並親自帶領學生到公社去參加造林運動，讓學生了解公社對林業技術幹部的需要。可是學校既無課桌又無圖書，只讓學生聽講故事和參加造林運動，畢竟也太說不過去了，於是張輝便又想出自立更生的辦法。

原來張輝是半路上學的，她先前當過童工，熬過肥皂，織過襪子，因此現在又把老手藝重新再抬起來教給學生，跟着就領導全體學生，給武鄉縣百貨公司從事加工工作，學校開始有了收入，於是便購買了油印機，作了卅張課桌，買了五百本圖書，解決了一下學生的伙食問題。後來武鄉縣委又批准撥給林業大學三千元，在張輝領導着五十名學生親自動手之下，這才蓋起了廿三間新校舍。也即因此，張輝便成了出席新近在北平舉行的「文教羣英會」的代表。

武鄉林業大學的五十名學生，都是招收的高小畢業水平的學生，其中不少是公社裏的生產隊長。要想把他們教育成有較高水平的專業人材，自無異如痴人說夢，可是這是黨的要求，張輝自不能抗拒，她為了貫澈「教育與生產勞動相結合、理論聯繫實際的方針」，先由學校自種十八畝苗圃，其次則經常到公社去攬造林運動，就這樣，她還計劃在四年之內，把該校學生文化水平教至高中程度，專業知識和技術達到大專水平呢！

自然，大陸所有高等學校，不盡與武鄉林業大學的情形相同，但是武鄉林大的情形，也決不會是個別的特殊的。所謂「教育與生產勞動相結合」的奴役教育方針，已令青年學生所激烈反對了，而號稱林業大學的高等學府，居然連校舍、課桌、圖書及其他起碼的教育設施都沒有，教員僅有兩人，學生只有小學程度，而且除了在校勞動之外，還要到公社去勞動，類似此種情形的所謂高等學校，高中畢業的學生如何會願意去報考呢？

馬來亞與日本訂貿易協定

·俊華·

世行與五年計劃

進入和平時期的馬來亞，最近已積極着手於經濟建設。除原有的建設巴生海港、國際機場、金馬崙高原龐大水利工程外，整個的建設計劃，也已着手進行草訂。在共亂逐漸肅清之後，馬來亞的情況，正是欣欣向榮。

世界銀行經濟代表團一行，由聯合邦政府邀請前來檢定本邦經濟狀況及鑑定財政需要者，現已在本邦展開工作。該團的工作，分為三個階段進行：

（一）視察本邦的經濟情勢及其進展狀況。

（二）盡力協助本邦政府草擬五年計劃。

（三）研究世界銀行當局如何援助馬來亞進行上項五年計劃。

該代表團團長愛力巴占氏談話說：國際發展委員會會請馬來亞加入該組織，以獲國際之協力，發展其經濟。該委會計分兩組，一為輔助組，此一組之會員，可以金鎊美金自由兌換。一為受益組，此組會員，只可以本國貨幣投資。馬來亞加入即屬於後者。當然，加入後並非便可以自由向世界銀行貸欵，但經過若干附帶的手續與條件後，即可獲得所需的輔助。關於此點，該發展委員會有一個代表團將於九月份前來本邦，屆時本邦政府自可與之從詳計議。

對於馬來亞的各項建設計劃，愛力巴占氏認為，金馬崙高原的水電工程，世界銀行已貸欵數百萬予以發展，聯合邦如有其他大建設計劃，需世行協助者，當在視察後加以攷慮。一般而論，按照經濟原則，各項經濟發展計劃，必須基於穩定的財政狀況，方能有所作為。故國內經濟情況的良好，也至重要。目前本邦政府大力推行的鄉村土地發展計劃，對改進國內財政經濟，胥屬重要，惟並非有大量金錢便可完成。資金固非充裕不可，此外尚須土地、專家、人力等的長期計劃和準備，始克有濟。

本邦五年經濟建設計劃，已由拉曼總理及有關部長先遞送予該代表團。愛力巴占氏謂渠已詳細披閱，深感興趣。惟詳情及工程進行等等，須俟實地攷察後，方能有所決定及發表。

世界銀行代表團一行五人，團長愛力巴占氏係西德籍，服務世界銀行多年。其他為美國德曼，美籍日人經聯邦設備委員會經濟學家松田仙，日濟學家美國人泰萊籍農業經濟學家高，美籍經濟學家艾橋歡治。

從貿易到經濟合作

關於貿易方面，馬來亞與日本最近所簽訂的日馬貿易協定，也是一項重要的發展。該項由本邦工商部長左里夏與日駐馬大使林馨所訂定的協約，其在上議院舉行之儀式，曾由馬來亞電影隊攝為短片，在各戲院放映。日、馬雙方，對此事均極表愉快。

協約的要點，從左里夏氏與林馨聯合招待記者中，可以見其大概。左里夏說：雙方協議的協約，當然有利於雙方的國家，但在目前日馬的貿易中，馬來亞實處於有利的地位，因從馬來亞運至日本之出口貨，比從日本輸入之貨品，多出三倍，將來輸出仍必增加，馬來亞之各種原料，極適用於日本之各大工業。記者詢問左氏謂協定簽訂後是否會有日馬合資之大企業在馬設立。左氏答稱：「我相信會有——因協定中有外滙優待之條文」。林馨大使說：由協定之簽訂，日方將會投資馬來亞之工業，投於何種，當視馬方之需要。除經濟合作外，兩國將交換技術人員，日本極願派出技術人員協助馬來亞發展經濟，藉此提高人民之生活。

林氏認為，協約中日本所獲最大之利益，為馬方同意取銷對日本不利之普通稅務條例第三十五條，此項條文乃限日貨輸入馬來亞之最高限額者。林氏對於此點，曾在簽約儀式致詞中，公開向馬來亞政府及人民致謝。

工商部副貿易統制官蘇左氏並再向記者解釋，謂協定並未規定日本輸馬貨品品種及總值，其最主要條文，為馬來亞今後對於日本商人之入境，公司在馬來亞之設立，日馬通商及船運，一律一視同仁，無厚此薄彼之分。

對馬來亞有利方面，為日本特准馬來亞罐頭鳳梨及木材入口，前此該兩項馬方鉅量產物，係不能進入該國者。其次，馬來亞輸日之膠錫，如受別國輸日之天然膠或人造膠及錫等傾銷打擊，馬方得與日本會商研究採取最有效對策。現時馬來亞運日之貨品包括天然膠，鐵苗，錫及鈾等，日方所徵入口稅為百份之五，此項稅率：在普通稅務委員會於九月開會討論日本加入問題達到一項決定以前，不得提高上述入口稅額。將來日方如要提高，也須與馬來亞政府會商尋求雙方滿意辦法。上項協定約期三年。

聯合邦及日本政府就此事發表的聯合文告中一段說：協定特徵是雙方對貿易，外滙統制，移民，船運等，給對方以極優待的便利。日本則保證維護馬方產品在日市場，並限定其入口稅，另予一些現時無機會輸入之馬貨進入日本。此約將發展貿易，經濟合作，加强友誼。

馬來亞無疑的是戰時受日軍侵害最重的地區之一，但在戰後十五個年頭已經過去的今日，同樣是無疑的，那些舊怨經已消失了。在日本早已為戰禍表示道歉，並且以經濟的技術協助的態度與東南亞國家相見之下，許多東南亞國家已對日本表示接受，馬來亞便是其中之一。中共在吉隆坡中國銀行被封後，舊址已租予日本東京銀行。在抗拒共黨的前提下，自由諸國的互助互利是必需的。

·吉隆坡通訊·

僑鄉近訊

汕頭糧荒嚴重市郊飢民搶糧

·江水·

潮汕各地，水患頻仍，糧荒災禍與日俱增，當地人民和僑眷，刻正陷於飢饉的厄境。以汕頭市來說，由於受到嚴重糧荒的威脅，「城市人民公社」迄仍未能成立。市內居民在糧食供應一再減縮下，目前每月食米的配購額，已減至十二斤，每月所得的，僅是十天的口糧，因此，一切勞動力停滯，工業生產癱瘓，市況蕭條；居民不堪飢餓，乃採摘野生植物果腹，於是黃腫病普遍流行，中毒死亡事件，也月有數起。市郊區如達濠、浮瀧、庵埠等地的農民，為了飢餓所迫，最近乃在沒有組織的情況下聚成了一股反共搶糧的力量，與共方展開生死搏鬥。本月二日，達濠方面就有飢民四人為搶刧「公倉」米糧而遭共軍轟斃！至於由港澳回鄉探親的華僑，他們的行動，則完全受到共方嚴密的監視和控制，不准擅自四出蹓躂。每個鄉探親的華僑，只配給食米十五斤，共方並聲明，在這糧食的限制中，即作為居留的期限，食完了後，便要離境。

中共厲行「五隨」搜刮糧食入庫

中共刻在四川、浙江、貴州、江西等省，大力展開徵購糧食，厲行「五隨」，加緊搜刮糧食入庫。所謂「五隨」，就是運用高壓的「政治掛帥」方式，强迫農民隨收、隨晒、隨交售、隨運送。據說：這也被稱為「一條龍」辦法，把徵購的工作，「一氣呵成」。據共方的宣佈：「五隨」實施了後，四川省的夏糧徵購任務，已比去年提前一個半月完成，而且有百份之九十以上是中上等食糧；浙江方面，截至五月中旬止，入庫的大小麥也比去年同期多了一倍；貴州的入庫數量，也急劇增加；江西也有十餘縣已提前完成徵購任務。其搜刮手段之凌厲，於此可見一斑。至於廣東各縣人民的配糧額，也日被削減，「節約食糧」的口號，叫個不停，並大攪「粗細搭配」、「菜飯混吃」、「雜糧代替主糧」等把戲。顯然，中共是不管人民的死活，它的魔掌祇知伸進人民饑餓的肚皮裏，搜刮，搜刮，大力搜刮！

廣州警察同情飢民搶糧

·鍾和·

六月十四日，黃家二嬸携備一些糧食趁九廣火車回穗探親；這在她在大陸易手後第一次重返家園，她的心情，泛起了莫明其妙的激動。迨火車抵達廣州大沙頭，她興奮而又忐忑地挑着一肩行李，隨着其他乘客，跑下火車。那時，火車站裡穿着「解放裝」的大漢，都目灼灼地向她的身上打量，使她的心頭跳動得更厲害。她俯下頭，不敢向那些大漢瞟一眼。步出了火車站後，她正擬鬆弛一下緊張的精神，詎就在這一剎那，突然，湧來了一羣衣衫襤褸面黃骨瘦的男女，把她圍在核心，轉瞬間，竟然七手八脚的把她的行李搶光，呼嘯一聲，拔足逃遁。

「搶嘢呀」！她急得大叫起來。

叫了好一會，才有一個人民警察跑來，問道：「甚麼事呀？女同志！你是剛由香港回來的嗎」？

「對了」！她點點頭；隨即指着那羣男女的背影；「他們搶嘢，搶掉了我的飯乾、大餅、麵條和米粉呵」！

「噢——！他們太飢餓了」！人民警察尷尬地說：「你那些糧食，就算救濟了他們好了！女同志，原諒他們吧，他們也是你的兄弟姊妹囉」！

「唔——」！黃家二嬸呆住了。

歇了一會兒，黃家二嬸好像還想對那人民警察說些什麼；然而，那人民警察早已連影兒也不見了。

蘇發努馮戲劇性的逃脫

·清萬·

寮共首領蘇發努馮的逃脫，必然引起寮國的下一次禍亂，不久的將來的事實，將會証明這件事。

在「嚴密」監視下幽囚的蘇發努馮，居然作戲劇性的逃脫！這未免太意外了。實際上，被拘的犯人總是想辦法逃走的，何況是蘇發努馮？寮共的首領，脫逃該是「意料」中，而不是「意外」。可是當局早就沒有加以意料，疏於防範，終於造成意外。

原因是保守各派，太過着眼於政權，而忽略『共黨』的「兩條戰線」的鬥爭。兩條戰綫，一條是公開的，而另一條，是地下的。

三月份以來，共黨化身的「愛國黨」，就以不參加選舉為宣傳，又向當局要求，讓他們面晤蘇發努馮，他們便參加選舉。但到選舉前夕，他們却突然參加了選舉。選舉失敗了，「愛國黨」而不愛國，勾結越共，當然全部名落孫山，大部議席屬於保護國家利益委員會，和前總理洗酒恭的聯合黨。但親共及共黨份子並不為選舉失敗而頹喪，他們反而製造藉口，說選舉被操縱，要求組聯合政府。

就在黨派、選舉、談判及抨擊之中，蘇發努馮却悄悄逃脫了。他在永珍郊外特別的集中營中，貪夜脫走，連守衛他的衛兵，也不知去向。當是受收買，一同逃走。距他去年七月廿三日被拘留，剛剛十個月。

翌天晌午時份發覺，已經用不着追跡。因為，只要有個把鐘頭的時間，出永珍市，上了山脈，他便可以沿山徑到寮共的小游擊隊伍去會合。

原來所謂選舉，所謂求會見蘇發努馮，要求聯合政府等，都是烟幕。當局准許他們致書蘇發努馮，大概是暗遞關於逃走的密訊！實際上，眞正的計劃全是地下的，設法使蘇發努馮越獄，然後繼續擴大武裝叛變，才是寮共的眞正計劃。

現在，蘇發努馮大概已去過河內，會晤過武元甲和胡志明，大概已回到豐沙里的邊境山中，主持月來共方的「反掃蕩」軍事，蘇發努馮本人逃出了永珍，他的陰影却在威脅着永珍。

·寮國通訊·

光榮的記號

·鐘聲·

師對抗的演習，使得我們一連七天風裏，雨裡，泥沙裡，不分日夜的爬山涉水地「戰鬥」。直到今天才有個休息。晚飯後，收音機播送着悠揚的歌曲，各兄弟們個個都精神煥發，在談着，笑着，空氣裡充滿了青春的喜悅。看書的，下棋的，寫字的……各適其適。坐的臥的站的——寢室裏呈現着各式各樣的姿態。老張，這個身經百戰的鬥士，正被伙伴們團團圍住，有的還摸摸他額角上的疤痕，聽他講述一段驚心動魄的往事；

十年前的初秋，我們一個師奉命守着西山。那時候，我在營部裏幹傳達。一天下午，對岸共軍的炮兵，瘋狂的向我陣地轟擊：「咚咚咚……」炮彈出口的聲音，「嘩嘩……」炮彈爆炸的響聲，籠罩了整個山峯。

「咯朗朗……」電話鈴響了。

「喂——那裡？」營長拿起了聽筒。

「我是團長！」因爲對方說話很響過强，站在旁邊的人也可以清晰的聽到：「你是王營長嗎？以現在的情勢判斷！共軍是先拿强烈的炮火，摧毀我江防陣地，然後再用船隊進攻！你的隊伍暫時離開陣地，免得遭受無謂的傷亡！」

「是！是！」營長放下了聽筒。

夜幕漸漸地下垂，我們穿過濃密的炮火，匍匐爬進碉堡，靜候着匪徒們來送死……

「嗡嗡嗡……」我機凌空旋繞，放下幾顆照明彈，燃亮了半邊天。對岸共軍集結的船隻和在沙灘上的活動，清清楚楚的在眼前。轟！轟！……

……」天空的炸彈像急雨般的投下！

「預備——放！」陣地上的山炮也發出了怒吼，炮彈一簇簇地穿過夜空，像流星般的直衝匪陣「咚咚咚……」我江防艦隊，配合行動，驟雨般的炮彈，發揮了無上的威力，陣陣的巨響，震撼了大地，山崗。對岸的陣地冒起了濃烟，起火了！海上的船碎了！沙灘上血肉模糊。

「完了！給老子全部報消」！抱着一挺「馬克心」的李志宏，很惋惜地說。

「唉——眞倒霉」！劉忠放下抱了半天的「加拿大」，發着英雄無用武機會的慨嘆。

一場激烈的戰鬥過去，帶來了午夜的岑寂。對岸靜悄悄的，月亮在樹梢移動，不時躲進了雲層，河水還是浪滔滔向着東方流去。那濤嘯；樹聲給這睡去的秋夜，平添了一種難以名狀的感傷。

月亮從樹梢出來了，世界又好似得着了光明。我們默默地俯瞰着，夜靜極了，每個戰士格外提高警惕。

「噴噴噴……」對岸好似有汽船調動的聲音，每個戰士嚴密戒備。「嗒嗒嗒……」三發照明彈打出，彈道火光下面，浮現了數艘船隻。陣地又騷動了，槍炮又怒吼了，東西兩翼的伙伴也開始行動，天空織成了一片火網。

「嘿！這回可該老子過癮了！」李志宏抱着「馬克心」，簡直有點發狂，只見彈帶在他的胸前穿梭，無數的火花，紛紛向目標集中。

「同志們——不要打啦！我們反正啦！」我們遠遠聽見船上的尖厲慘叫。瘋狂的陣地，又漸漸沉寂。

「唏哩嘩啦……」汽船漸漸靠近了．裏面混亂非常，中間還夾雜着憤恨的咒罵：「可不是？他媽的騙够啦！嘿！嘿！」

「攪什麼鬼」？陣上的伙伴們，統統被這些聲音弄得莫明奇妙，劉忠緊抱着「加拿大」在碉堡裏注視着。

「同志們！放下武器！舉起手來，列隊上岸」。

「點一點人數，一共三百五十八，於是王營長命我隨方連長一起，把三百五十個俘虜，押送到團部去。到了團部時，裡面有一個人大聲叫喊起來：

「我們大寃枉啦……」

「那個在叫？」團長大聲在問：「把他找出來」！

「報告團長」方連長將那個人帶過去說：「就是他！」

「你叫什麼？團長問。

「我們是反正來的！」那傢伙哭訴着說：「爲什麼把我們當俘虜看待呢？在船上，營長，指導員不讓我們下船，要我們攻擊過江；否則就與武器共存亡！因此大家發惱了，硬用槍托把他們打死！用子彈怕你們誤會。後來，把他們丟……丟到江裡去了……」。江水浸透了他的衣裳，冷風吹過，凍得他直抖，講起話來結巴巴的。團長脫下了大衣給他穿上。繼續乂問：

「你們這次準備怎樣攻擊的，你知道嗎」？

「在兩個禮拜以前，武漢、沙市一帶的民船，統統拉來準備攻擊這個據點。近來，我們天天在上游練習游泳，划船，誰不學就被打得半死，有許多人都被淹死了！今天上午師長集合我們講話，說：「晚上按一、二、三團的順序攻擊，只要能登陸對岸的陣地，就馬上打三發信號槍回來，其餘的部隊就馬上趕來接應』。第一團，在上船的時候就被炸光了；第二團在江心被打沉了，只……只……剩剩下……我……我們……」他講着，泣不成聲。

「唉——沒有人性的土匪，不把人當人看待，這樣白白叫你們來送命」。唉……衆伙伴嘆息了一會，好似從這嘆息中得到了結論一般。

「你們爲什麼甘心給土匪利用呢？」

「唉！本來我是在二百師當排長，在徐州會戰的時候被俘的——現在他們硬要我暫代連長，領導拉來的百姓……」。

「啊！」未待他講完，團長若有所悟的說：「方連長！你趕快派個人回去，把情形告訴王營長，向對岸打三發信號槍！」

「老張！」方連長又接着喊我：「你趕快去跑一趟！」

我加快脚程，向着陣地回跑。「嘩」！一聲巨響，一發炮彈正好落在前面，頭部像受了大石打擊，最後，終於暈了過去。

等到恢復了知覺，感到右額角上，有難以忍受的疼痛，臉上頸子上，肩上，胸前，都染滿了血——啊！我受傷了，這時，忽然想起了我是來送一個緊急命令的，責任在警告我：「假如阻誤了時間，不是全功盡棄了嗎？」於是我抓住棉衣袖子，用小刀割下了一塊，掏出棉花將創口按住，再腿綁把頭胡亂的裏住。强自鎮靜，忍受着創口的劇烈疼痛；冒着濃密的火網，爬爬，跑跑，也不知跌了多少交。當我找到營長的時候，他看到我竟驚叫起來——

「啊！你受傷了啦？」營長將我雙手拉住。

經過了一陣奔波，顚撲，傷勢發作了——我又陷入了暈迷的狀態中，醫務人員馬上給我救急，等到醒轉時，好似做了一塲惡夢。炮彈的聲音仍舊斷續傳來，震撼了每人的心絃。唉！誰是戰爭的罪魁，拿百姓的血肉去換取權力……慾望……。

「老張！你是怎麼受傷的」？王營長關切地問。

「報……報告營長……我斷續而吃力地說！團長命令……叫……叫你向對岸打……打……打三發信號槍……還……還有大批的土匪……待着要……要來。」

說過我鬆了一口氣，命令達到了，受傷又有啥關係呢？我忘記了痛苦，心中在想一點……二點……總可以把他們解決吧！我們的火力足，工事好。管他再多，還不是和剛才一樣——送來報到。

江風輕拂，有點透骨生寒，我躺在担架床上，有人輕輕撫摸着我的臉龐，朦朧中似乎聽到，劇烈的炮聲。

「快……趕快抬送團部」！一陣急促的脚步聲，身體像懸空飛跑……。

「後來呢？」聽得津津有味的同事們，一齊發問。

「後來我被送到長沙的陸軍醫院去了」。

「這就是你額角上疤的來歷了」？

「是的」。

「啊！這是光榮的記號」！

幾十隻手同時豎起母指，向着老張喝彩叫好。時光如流水，以前的一切……變作烟消雲散。現在額角上的疤痕倒被深深的皺紋掩沒了。

文壇泥爪

對於外國文學的翻譯

一種新的文學斷非從天而降，一定有所承受。五四後的新文學，在承受方面與舊時代文學有所不同的一點，就是承受前代固有文學傳統的地方甚少，而吸收西洋文學傳統的地方則甚多，這從新文學的形式、分類、體制、題材、辭藻和表現方法上都可以看得出來。後來一般文學作品過於「歐化」的毛病，就是由此產生。但總的說來，新文學的能够迅速建立和成長，却大有賴於對外國文學的介紹。歐化並不是錯，錯的只是太過歐化，太過歐化就成了食歐而不化了。

譯介外國文學的工作，並不始自林琴南，在他以前另有兩位大師，一是周桂笙，一是徐念慈，不過一向不大爲人所知。據楊世驥「文苑談往」說：「大家說到我國最早介紹西洋文學的人，都認定是林紓，殊不知周桂笙比林紓更早，可是現在已不復爲人所記憶了。周字樹奎，一字辛盦，又作新庵，上海人。他的翻譯就我所看到的計有：童話「新庵諧譯」一種，隨筆「新庵譯萃」一種，小說「毒蛇圈」（法・鮑德著），「八寶匣」「失舟得舟」「左右敵」「飛訪木星」「海底沉珠」「紅痣案」（法・紀善著），「含冤花」（英・培台爾著），「妒婦謀夫案」「福爾摩斯再生案」（英・高陶能著）各一種，另有「新庵五種」「新庵九種」係所譯短篇小說的結集。「新庵諧譯」凡二卷（光緒廿六年上海清華書局排印本），是他最早的翻譯，卷上係節譯「一千零一夜」，卷下是童話，大抵出自「伊索寓言」一類的書。當日他能注意到一向爲人所漠視的兒童文學，實是很難得的。他的「毒蛇圈」二卷（初載「新小說」，光緒卅年有廣智書局單行本），是用白話翻譯的，不失爲一部最高的直譯的小說。」

又說：「光宣之際，徐念慈的翻譯小說也曾風行一時。他和周桂笙則可並稱爲開拓翻譯新途徑的前鋒。徐字彥士，別號覺我，亦署東海覺我，江蘇常熟人。念慈從事翻譯工作，僅有他和曾樸發行「小說林」雜誌短短的幾年。因爲當時翻譯究竟是一種啓蒙工作，爲了要顧慮讀者的興趣，便無暇去選擇原著是否有文學價值。但最值得注意的一點，乃在他所翻譯小說多半是純粹白話或淺近的文言譯成的。而且有意保持西洋小說原有的體裁，這一特點對於後來翻譯界的影響至大，實非林譯小說所可企及。他所介紹的小說計有：「海外天」（英・馬斯他孟立特著），「黑行星」（英・西蒙紐加武著），「新舞台」（日・押川春浪著），「美人妝」（未標明）諸種。」

可惜周徐二氏的翻譯，現在已經很難見到了。

記庚子拳變始末（十一）

舜生

儘管「辛丑和約」的簽訂，經過了如上舉的多許困難，可是卒於光緒二十七年的七月二十五（公曆一九〇一年九月初七）正式完成。有人說：拳變發生於十九世紀最後的一年（一九〇〇），和約簽訂則在二十世紀開始的一年（一九〇一），這象徵着一個舊的中國已告結束，一個新的中國則已呱呱墮地；以此一時間的過去種種和後來種種事實考之，這一看法是不錯的。

關於和約的內容，我在上面敘述四點困難的時候，提到的已經不少，但仍有若干方面，必得加以補充：

一、關於簽字於這一和約的人，中國方面為慶親王奕劻和大學士李鴻章；各國則除上面已提到的西班牙公使葛絡幹，日公使小村壽太郎，美公使柔克義，俄公使格爾思以外，德為公使穆默（Freiherr Mumm Von Schwartzenstein），奧為公使齊幹（Moritz Freiherr Von Czikann），比為公使姚士登（M. Joostens），法為公使鮑渥（M. Paul Beau），英為公使薩道義（Ernest Satow），意為公使薩爾瓦葛（Marpuis Giuseppi Salvago-Raggi），荷蘭為公使克羅伯（F. M. Knobel）。當然，他們簽字在這一和約上都是用的全權名義，而不是用公使名義。

二、關於和約第一欵因德公使克林德（Freiherr Von Ketteler）被戕而派赴德國謝罪的專使為醇親王載灃（溥儀之父），據說他曾問過德皇威廉第二：一個君主國家的皇室要使它的地位穩固，大權不致傍落，應該怎樣？當時德皇回答他：對於軍權的掌握應特別留意。大致因為受了這樣一個指點，在光緒三十一年後清廷進入籌備立憲時期，對於軍權的收復乃異常熱心，經袁世凱所手練的北洋六鎮，到了三十二年的冬天，便把一、三、五、六、十四鎮的指揮權收交陸軍大臣鐵良掌握，袁所保留的僅二四兩鎮；到了三十三年的秋天，更將袁調為外務部尚書軍機大臣，於是指揮六鎮的大權，在名義上乃全部屬於清廷。三十四年冬，慈禧與光緒帝同時死去，載灃以攝政王當國，除把袁驅逐回籍以外，他乃依據當時的「欽定憲法大綱」，於宣統元年代理海陸軍大元帥，並親統禁衛軍，而訓練禁衛軍的便是他的老弟載濤和毓朗（皇族）鐵良。籌辦海軍，到宣統二年冬海軍部成立，更作海軍部大臣的又是他的另一老弟載洵。宣統三年四月設立軍諮府（等於參謀部），任軍諮大臣的，也還是載濤毓朗。凡此，載灃總算把威廉第二給他的教訓，一一見諸實行，可是一等到辛亥革命一起，乃完全歸於無用。（參看李劍農著『中國近百年政治史』上冊。）

三、關於第二欵懲凶一項，載漪載瀾之罪，決不下於載勳；而且同為皇室，何以載漪載瀾居然罪減一等，而載勳獨不能倖免呢？則以載勳和剛毅奉命總統義和團，載瀾英年為副，曾出有賞格：殺一夷人者賞銀五十兩，活捉者倍之，得婦女嬰兒亦各賞若干，因此外人痛恨，非將其置之死地不可，英年亦以同一罪名就刑。趙舒翹自盡時，派陝撫岑春萱監視，初呑金少許，不死；繼進鴉片，仍不死；最後進以砒霜，始偃臥而呻，但氣依然不斷；春萱迫於復命，催甚急，不得已以厚紙蘸熱酒，蔽其七竅，乃絕。毓賢任山西巡撫，殺中外教民凡數千人，婦孺及在教會服役者均不能免；尤殘酷者，則逼令教民背教，不聽，即坑殺之。被禍最慘者，為太原、大同、朔州、五臺、徐溝、榆次、平定等處。初毓奉命開缺，各國不允；繼革職遣發新疆，永不釋回，仍不允；不得已乃殺之於蘭州。時署理陝甘總督者為李廷簫，李為晉藩時，曾附和毓賢，縱拳戕教，庚子十二月，李奉到毓賢正法之旨，即持以告毓，毓謂李曰：「我死是應該的，執事怎麼辦呢？』李慮不免，亦於元旦仰藥自殺。毓在臨死前，曾作一聯自輓，聯曰：「臣罪當誅，臣志無他，念小子生死光明；不似終沈三字獄；君恩我負，君憂誰解，願諸公轉旋補救，切須早慰兩宮心。」蓋至死仍以忠貞自許也。徐桐及承煜父子，父為大學士，子任刑部侍郎，均排外排教甚力，當北京拳匪初設總壇時，徐桐曾贈以一聯，聯曰：創千古未有奇聞，非左非邪，攻異端而正人心，忠孝節廉，祇此精誠未泯；為斯世少留佳話，一驚一喜，仗神威以寒夷胆，農工商賈，於今怨憤能消！」毓賢一聯與此聯，可稱後先輝映。（剛毅本滿文繙譯出身，識漢字不多，因看見徐桐這一聯，不禁技攮，也寫了一聯：「望神團神技以安百姓；降天兵天將扶保眞君！」實在太不成話。他所謂「眞君」殆指大阿哥溥儁，非指光緒帝也。）聯軍既陷北京，承煜表示願與乃父同殉，可是等到騙徐桐上了弔以後，他自己却悄悄的逃了，但卒與啓秀同為日軍所捕。啓秀附和徐桐最力，其入軍機即為桐所推薦，且與徐桐崇綺同為首倡廢立之人，許景澄袁昶之被殺，詔書即出啓秀之手。許袁與徐用儀、立山、聯元分兩次被害，均由承煜監斬，意頗自得。及奉到正法之旨，承煜猶呼冤，啓秀則自承錯誤，日八以肩與送至刑場，啓秀下與小立，氣度猶從容，承煜已昏去不省人事。以上諸人之死均庚子十二月及辛亥正月初之事也。董福祥僅止革職，別無下文，所謂怕激起回民變亂，不過一種藉口，實際董在革職後，即有一信與榮祿，揭穿榮祿在戊戌與拳亂兩役中的陰謀，榮恐事態擴大，於己不利，或電鴻章加以消弭，董函原文如下：「祥負罪無狀，僅獲免官，手書慰問、感愧交幷。然私懷無訴，不能不憤極仰天而痛哭也。祥辱隸麾旌，忝總戎任，軍事聽公指揮，固部將之分；亦敬公忠誠謀國、故竭駑力，排衆謗，以效馳驅。戊戌八月，公有非常之舉，七月二十日，電命祥所部入京師，實衛公也。拳民之變，屢奉鈞諭，撫囑李來中，命攻使館，祥以事重大，猶何遲疑，以公驅策，敢不承命？屢承面諭，團攻使館不妨開礮，祥猶以殺使臣為疑，公謂戮力攘夷，禍福同之，祥一武夫，本無知識，特公在上，故效犬馬之奔走耳。今公巍然執政，而祥被罪，窃大惑焉。夫祥之於公；力不可謂不盡矣：公行非常之事，祥犯義以從之；公撫拳民，祥因而用之；公欲攻使館，祥彌月血戰；今獨歸罪於祥！麾下士卒解散，咸不甘心，多有議公反覆者。祥惟知報國，已拼一死，而將士憤怨，恐不足以鎮之，不敢不告。」函中所云李來中，陝西人，亦當時義和團首領之一，初參加山東造亂，繼回陝謀策應不果，去京師，後加入李秉衡軍，李敗，乃遁去，不知所終。（第四節仍待續）

文史漫譚

漢短簫鐃歌非軍樂

徐亮之

短簫鐃歌亦名鼓吹鐃歌，亦可簡稱鐃歌或鼓吹曲。關於這類歌曲的起源與性質，前人的解說大致如左：

（一）宋書樂志：「鼓吹蓋短簫鐃哥（歌）。蔡邕曰：「軍樂也；黃帝岐伯所作，以揚德建武，勸士諷敵也」。」

（二）陸機鼓吹賦：「原鼓吹之所始，蓋稟命於黃軒。」

（三）崔豹古今注：「短簫鐃歌、軍樂也。黃帝使岐伯所作，所以建武揚德，風勸戰士。周禮所謂王大捷則令凱樂；軍大獻則令凱歌者也。漢樂有黃門鼓吹，天子所以宴樂羣臣；短簫鐃歌，鼓吹之一章耳，亦以賜有功諸侯。」

（四）隋書音樂志上：「漢明時樂有四品：……其四曰短簫鐃歌樂，軍中之所用焉。黃帝時岐伯所造，以建武揚德，風敵勵兵。」

（五）太平御覽樂部五：「樂志曰：何承天云：「鼓吹、蓋短簫鐃歌，軍樂也；黃帝使岐伯所作，以揚德建武。漢曲有朱鷺、思悲、艾如張、上之回、擁離、戰城南、巫山高、上陵、將進酒、君馬黃、芳樹、有所思、雉子班、聖人出、上耶、臨高臺、遠如期、石留、務成、玄雲、黃鵠、釣竿」。」

（六）通志樂略第一樂府總序、一方面承認「短簫鐃歌，軍中用之」；另方面又說：「上之回、聖人出、君子之作也，雅也；艾如張、雉子班、野人之作也，風也。」

（七）文獻通考樂考十四：「漢短簫鐃歌亦曰鼓吹曲，多叙戰陣之事。」

（八）樂府詩集：「黃門鼓吹、短簫鐃歌與橫吹曲，得通名鼓吹，但所用異爾。漢有朱鷺等二十二曲（今存十八曲），列於鼓吹，謂之鐃歌。」

以上八說，分析起來，其實祇是一說，即全拾的是蔡邕的唾餘。亦即全做了蔡邕的尾巴，對蔡氏所謂短簫鐃歌乃軍樂和濫觴於黃帝時的說法加以全盤的接受。尤其是文獻通考因而竟說「漢短簫鐃歌」「多叙戰陣之事」，更是白晝見鬼之談。

我曾仔細地分析過漢代遺留至今的所謂短簫鐃歌十八曲；分析的結果，除字句譌脫太多如「翁離」「芳樹」「思悲翁」，聲文混淆過甚如「石留」「朱鷺」「雉子斑」「將進酒」等曲無法讀懂以外，其他各曲的內容祇不外是左列四類而已。即：

（一）戀情：「上邪」「有所思」「君馬黃」屬之。

（二）頌祝：「上之回」「聖人出」「臨高台」「遠如期」「上陵」等屬之。

（三）羈旅：「巫山高」屬之。

（四）諷刺：「艾如張」「戰城南」屬之。

這四類作品的內容，不但和蔡邕所謂「以揚德建武，勸士諷敵」的「軍樂」性質風馬牛不相及。更和「文獻通考」所謂「多叙戰陣之事」云云，牛頭不對馬嘴。讀者一讀原作，蔡馬謬說，不難立破。茲為節省篇幅，姑舉「有所思」和「戰城南」二曲以証實之。「有所思」曲說：

「有所思，乃在大海南。何用問遺君？雙珠玳瑁簪，用玉紹繚之。聞君有他心，拉雜摧燒之。摧燒之，當風揚其灰。從今以往，勿復相思。相思與君絕，雞鳴犬吠，兄嫂當知之。妃呼豨！秋風蕭蕭晨風颸，東方須臾高知之。」

由這曲辭的內容看：寫的乃是一個少女正準備把珍貴的飾物贈給情人的當兒，忽然發覺對方已經移情別戀，氣得立刻把贈品燒掉的故事；即其性質根本就是情歌。這種歌曲，是任何人也不可能在那裏發現什麼所謂「戰陣之事」的影子的；讓大兵們演唱這種歌曲，是任何人也不可能相信竟會收得所謂「揚德建武，勸士諷敵」的功效的。質言之，把這種歌曲當做軍樂，直是不倫不類，毫無是處而已。

「戰城南曲」說：

「戰城南，死郭北；野死不葬烏可食。為我謂烏：「且為客豪！野死諒不葬，腐肉安能去子逃?!」

水深激激，蒲葦冥冥；梟騎戰鬥死、駑馬裴回鳴。

梁築室，何以南？何以北？禾黍不獲君何食？願為忠臣安可得?!

思子良臣，良臣誠可思：朝行出攻，暮不夜歸！」

由這曲辭的內容看：雖然寫的是「戰陣之事」，同時，也是現存漢鐃歌十八曲中唯一寫「戰陣之事」的一曲。然而不幸，這曲辭所表現的却祇是反戰的思想，厭戰的情緒；却祇是以沉痛的字句，絕望的心情，通過形象化的手法，向軍人們提出如左的警告而已；即：

第一、如果你作戰死了。祇是你自己活該，統治階級並不會埋葬你的。結果你的腐爛的屍體，祇不過是充着飢烏的糧食罷了！

第二、如果你作戰越勇敢，則你祇有死得越快；猶如駑馬老是梟騎的弔客一般。

第三、戰爭已經使農村破產了；糧食越來越艱難了；你對統治者忠貞的代價，換來的祇不過是枵腹從公而已！有啥意思？

第四、也許由於你肯賣死力的結果，可以博得最高統治者一聲「好幹部」（良臣）的讚美話；但這祇不過是一種空洞的而毫無實際讚美而已。統治者是樂得這樣對你加以讚美的；理由是：你受了這一甜美的鼓舞，一定會忘其所以，早上勇敢地出去打仗，晚上便沒命回來了，永遠不會回來了！

由以上的分析看、這樣否定戰爭打擊士氣的歌曲，以之作為軍樂便用，是不可想像的，是絕對不可能的，亦即蔡邕的說法是完全不可靠的；除非他當年所看見的「戰城南」並非這樣的曲辭。否則，我們絕對可以斷言：短簫鐃歌並非軍樂，或漢短簫鐃歌非軍樂。

本刊已經香港政府登記

聯合評論

週刊

每逢星期五出版

United Voice Weekly

第九十七號

督印人：黃宇人　總編輯：左仲平
社址九龍金馬倫道卅八號三樓　電話61413
承印嘉羅印刷有限公司香港灣仔馬師道5號
總代理：友聯發行公司　售價每份港幣一毫
本報美洲版總經售處美國紐約中美出版社
CHINESE-AMERICAN PRESS, INC
199 CANAL STREET.,
NEW YORK31 N. Y. U.S.A.
美洲航空版零售每份美金一角

文明與野蠻的鬥爭

李璜

一

今日民主自由世界對國際共產集團的鬥爭，無疑的是又一次文明與野蠻的鬥爭！在歷史上，野蠻民族挾其以生命爲兒戲，以掠奪爲專長，有如暴風雨般侵畧文明世界，在中國如元之於宋，在歐洲如日爾曼蠻族之於羅馬帝國，一時文明世界竟遭摧毀，文明民族慘被殺害，往例具在，已非一次！不過，如在歐洲，經過若干黑暗時期，文明終又戰勝了野蠻，使之降服，使之同化，不但使這班野蠻人有了新的信仰，而且共同孕育出一個文藝復興的新時代來。文藝復興所以承先啓後，燦然而有光輝，卒爲歐洲近代文明的造端，我們知道其思想在人文主義，人文主義的根本則又在於「人性」的確認，人道的尊重，因之實現了良心的自覺，個體的價值，以及由此自覺與價值發揮出來的人類權利的珍貴，即所謂自由與尊嚴是，現代文明的基礎便奠定於是，現代民主政治的消息，也應於此中求之。

不幸共產黨人，在他的老祖宗馬克斯一開始，即根本否定了人性的存在！馬克斯富於玄想，震駭於工業生產的開端，單純的表示出他的唯經濟史觀的武斷看法，把人類一切活動通統的歸納於經濟範疇之內，使人附屬於物，認爲其思想無非經濟環境的映影，其行動簡直是傀儡登場，毫無自由。這一武斷的玄想，本已爲十九世紀下半期的思想界所駁斥，把它放在故紙堆中去了。後經列寧於二十世紀之初又拾了起來，而加以革命的說法；於是布爾什維克黨人經過列寧的霸術指導，不擇手段，不問是非，不惜陰謀篡奪，不管殺人多少，總要謀得共產黨人這一新階級的把持本國權力以至世界權力而後已。——這在他們聯共（布）黨史上叫作世界革命的戰時共產主義，其實，用各種非人道的，無理性的惡毒手段，以逐步造成世界的恐怖主義而已！

二

然則，這一詭計，這一惡劣萬狀的霸術作法，又何以能在俄國得着勝利？接着，又何以在歐陸以及遠東也傳佈開來呢？

在帝俄時代的黑暗專制，政治的腐敗，貧富的懸殊，知識分子的思想及其生活之沒有出路，在帝政否倒之前，無政府主義，虛無主義，……層出不窮，已足以解釋出帝俄的作風，實足以造成了馬列主義的溫床，這無須爲解釋。至於歐洲在第一次大戰之後，戰勝者妻寡子亡、戰敗者窮餓不堪，筆者自一九一八去在歐洲，經過七年，在巴黎，柏林，羅馬等城知識界中，但見充滿了生命的悲哀感，這一不正常的反應，以至使歐洲敏感的學人認爲「西方文化沒落了」，而渴望着新的救世主的來臨，於是乎，所謂馬恩列史這一套法寶，便乘虛而入，一時成爲風尙，老師宿儒且不免抱着「朝聖」的心情，到了莫斯科的紅場去咧！

幸得西歐的民主憲政已有了基礎，尤其是英國在第一次大戰之前，已大大的擴張人民的選舉權利，而且大戰初期實施了劃時代的社會政策；法國也在大戰中及戰後，逐步擴大各省縣地方人民的自治權力，這種種民主改革都足以使大多數的民衆，本其良心，發爲自覺，而去自行支配其命運，然後纔不致因悲觀而墮落，甘願的靈魂交付與「撒旦」，及至西方的知識界在史太林——希特拉協定之後，也畢竟的回了頭，仍舊維護民主自由，而視共產黨與法西斯爲一邱之貉，同樣野蠻了。

中國共產黨的潛滋暗長，還不是由於北洋軍閥的軍事統治，黑暗腐敗，外而喪權辱國，內而爭城奪地，卒令中國知識分子也在精神上與生活上都失掉了出路，史太林於是又得着一個散佈毒菌的好溫床，本來素講溫厚和平的中國民德及社會習慣，便更敵不住這一野蠻力量的衝擊。國民革命到了長江，幸有清共之舉，暫爲擋了一下史太林的魔掌，又可惜北伐成功，竟未及早實現民主憲政，而將國事訴之於國民的良心。如果國家基礎奠定，國民生活有個常道可守，則中共自難煽動。本來以軍政時期的戰時體制去鎮壓反側，就不如以憲政時期的民衆監督去消除反側，何況武力統一之局，在北伐之前已經鬧了十餘年，毫無結果，已令人民疲乏厭惡，後來更一直打到日本軍閥入侵，又是八年戰時狀態，打來打去，國民已甚矣其憊，只有讓野蠻的共產黨獨踞窮山，終以坐大！

今日在日本的共禍又已表面化了！有識者早知其必然。因爲戰前日本軍閥既破壞憲政基礎，戰時日本軍閥又不惜國力民命，四處侵畧，都是爲國際共產黨在製造機會，日本的左傾在戰後已成爲遠東有識者的隱憂，幸得美國人在佔領期中，爲日本農村實現了土改，爲日本政治扶持住民主憲政，故今次國際共產黨雖不惜金錢，派去特務，大舉煽動，爲野蠻式的示威，只動搖了少數青年學生與工人，並未動搖着日本的民主憲政的基礎。國際共產黨表面上雖說是在反美，反艾克來訪，其實骨子裏是想打倒日本的議會政治，想動搖日本的民主憲政的。幸得日本有銷路一千三百萬份的七大報紙，認識了這一點，共同宣言：譴責使用暴力以達政治目的；要求多數日人保障議會政治；而岸信介且能堅强的爲議會制度去奮鬥，不怕危險，進退光明，以文明來對抗野蠻，這一舉，野蠻的共黨算是失敗了！如果日本的右派今後更能珍惜其民主憲政，而一切訴之多數選民的良心決擇，則國際共黨的野蠻辦法終必黔驢技窮的。

三

美國艾森豪總統此次東來訪問，一再强調維護人類的自由與尊嚴，自由的反面是奴役，尊嚴的反面是把人不當人看待，這一對比已是瞭然有文野之分。不過如何去保護人類的自由與尊嚴，仍須在文明國家的實現憲法上的人民基本自由權利，在文明國際間實現人權與正義主張，非此不足以表示出文野之分的實際而顯其效用。因之數年來自由中國的在野人士，屢向台北當局呼籲，必須尊重人民的言論等基本自由，並不是多事與胡鬧。其結果所得到的是出版的修正條例，加强管制言論，並且一再阻擾或禁止反共的自由書報入台，這一來，分裂情緒便日有增加！誰不希望台灣的燈塔光芒萬丈！但願這光芒之中有藹然祥和之氣，使人望而可親；不可只見一片肅殺之風，令人望而却步。同時筆者也不大贊成過於强調「戰時體制」這四個字。我相信，以中國的「民胞物與」的博大精神與西方的人文主義的「自由人」思想，這文明的終將戰勝野蠻的，不過時間相當長一點罷了。自由中國的執政者，無論何人何黨，在以文明戰勝野蠻這觀點上來着眼，乃是任重而道遠的；今日已無僥倖成功的可能，眼光須從遠處大處着力啊！

從韓，土政變看台灣

·羅鴻·

近世紀來，自由民主的呼聲已嚮遍了全世界每一個角落。對政治要求民主，對人身要求自由，乃所有人類無分種族膚色應有的基本權利。是誰也不能加以侵犯阻止的自然傾向。尤其是第二次世界大戰結束以後，所有被極權專治統治下的人民，對於自由民主的要求更爲激烈而迫切。到今朝，可以說已成爲一種無可抵禦的力量。在民主與獨裁的强烈鬥爭的過程中，已經有不少的執迷不悟頑固到底的獨裁專制者相繼倒了下去。尤其是韓、土此次發生的政變，事前是爲世人始料而不及的。

回憶南韓總統李承晚，爲了光復韓國，可以說他爲了韓國盡瘁了一生精力，直到他的晚年因中美共同擊敗日本而得重歸韓國主政。照理此一飽經憂患的老翁目覩此自由民主高潮時代，無論如何也應該以推行民主憲政爲依歸，而不會醉心於獨裁。誰知此公主政十二年，雖然爲韓國頒佈了自由民主憲法，在表面上也有國會，也有反對黨。但此公竟對之視若無覩，岸然以獨裁專制手段出之。以致人民無自由保障，甚至神聖大選也百弊叢生。更進一步出動軍隊和特務阻止反對黨投票競選，把整個國家弄來天昏地暗民怨沸騰，激起民主人士愛國青年起而示威請願。政府當局不但不知改悔，反而嗾使警察向示威者大肆屠殺！以致激起衆怒，釀成全國暴動，幾乎動搖國本而予共黨以可乘之機。在此天怒人怨內外交相指責的惡劣情勢之下，雖素以「韓國之父」見稱的李承晚也不能不掛冠隱退，終至迫得自我放逐於外國的悲慘下場。吾人爲李承晚惜，爲重獲民主自由的韓國人民慶。更爲至今尙執迷不悟的獨裁者戒。

土總理孟德勒斯主持土國大政，亦以獨裁專制爲手段，其垮台也，雖由於軍隊發動政變，但其肇禍原因幾乎與李承晚如出一轍，或更有過之。以致造成衆叛親離，軍隊乘機起而作出正義的反正。在土國人民共棄之下，孟德勒斯也不免幽囚孤島。據報載：「土國軍事政府已將孟德勒斯罪行控告於最高法院，如果秘密屠殺愛國學生之證據確鑿，孟德勒斯可能宣判死刑」。其結局雖然悲慘，難道還不能爲其他尙未倒下的獨裁專治者懼。

由於韓土兩個獨裁者，已在其人民忍無可忍的憤怒烈焰中相繼倒下。使我不能不聯想到現在台灣蔣先生。以蔣來與李承晚和孟德勒斯相提並論，似乎是有些不敬，但我自問決不是惡意中傷，而是爲蔣前途打算。

現在的國民政府，依憲法而論，應該也是一個民主憲政的政府。但自從敗退台灣後的一切措施，是否有半點民主憲政氣氛？我想只要良心尙未全滅的中國人，都敢保証其無。而當政者又隨時大言不慚的要收復大陸，要從共黨手中取回失掉的政權。我想只要對反共稍具良心的人，也敢斷定其無望。何以說呢？十年前的失敗，即由於一黨專政與一人獨裁，現在仍絲毫不肯更改，以言人才，則仍以好惡爲去留，使不學無術之徒，身居高位，因而遺誤國家。以言財政，則黨與國不分，國家的預算決算等於廢話。甚致連台灣的金融也隨時有通貨澎漲的危險。以言選舉，從前在大陸的怪現象至今仍風行台灣，使台籍人民的怨憤日增。其他如人身自由之無保障，言論行動之受限制，比之大陸時代尙有過之而無不及。

最可怪者，則爲中國人民不得自由進出自己的國土，縱使申請入台，也還要調查一下「忠貞」與不忠貞，試問，此一「忠貞」標準究竟如何評定？若認爲此舉是爲了防止「共諜」滲透，然則國家每年所用上億元特務經費，豈不是等於白費？

我其所以不惜開罪於人，硬要指出這一些爲當權者所不願聽的話來，並非是有意「挑眼」，而是認爲韓、土般鑒不遠！以此來奉勸當權派，應有所警惕，而思所以補報之方。

責任，同情和必然的後果

·孫寶剛·

一個學得了淵博的知識，甚至有所發明，或一個人獲得了龐大的財富，在一般人的觀念上來說，這些知識和發明是完全屬於個人的，這些財富當然也是完全屬於那個人的，所以他可以任意運用其知識或發明或財富，甚至不很妥當，也是他個人的事情，他有絕對的自由，旁人不能干涉的。

事情眞是這樣簡單麼？！那些知識或財富眞是絕對的屬於他個人麼？我們舉個例子來說：某人在二十年前，在九龍的某地區買了二十萬呎地，當時也許他祇花了二三千元，也或許連一個錢却沒有花，祇是向政府申請得來的。今天那塊地可能價值千萬元以上，易言之，他眞是一本萬利，發了大財，但是按之事實，他在這二十年中，並沒有爲這地做了什麼工作。完全由於這塊的附近一帶許多人開設了商店，這許多人建了工廠，也有許多人造了住宅，所以二十年前是一片荒山僻地，現在竟成了繁盛的市區，在那一帶的地價都漲了，他的地的價值也就跟着漲，使他獲得了這筆財富。

我們如從這個事實加以分析，便知使他獲得這大財富的主因是因爲這個地區繁盛了，而使這地區繁盛的主因，乃以許多人在這一帶地區工作的結果，並不是他做了什麼工作。不過在現有的財產制度之下，這塊地的所有權屬於他，所以財富也就歸了他。這是不勞而獲，你說這個情形公道不公道呢？當然不很公道。但是格於制度，大家祇有承認這個事實。在這個情形之下，那個獲得財富的人，假如頭腦清醒而人格健全的，他一定心中明白，應當以一部財富做些有益於許多人的事，這才使他內心稍安，其理顯明，任何人可瞭解的。

講到學問也是一樣，雖然辛苦了數十年，才使你學識淵博、甚至有所發明，可是數千年來，假如沒有傳統的文化，你能學習什麼呢？假如無可學習，任你絕頂聽明，你能在學問上有所成就麼？再進一步說，國家或社會花了龐大的財富，設立學校或研究院，每年又以龐大財富來維持這些學校或研究院，教授們集其畢生的心得來教授你，使你在短短的幾十年，花了少數的學費，而使你的學問大有成就，你所付出的時間和學費，和你所習學的學問的價值來比較，也許是一和一萬之比、那麼，你又怎能說，你的學問完全屬於你的呢？那麼，你又怎樣任意使用，即使爲害社會，你也毫無歉意呢？

由此我們可以得到一個結論，就是說：你的財富或知識，不能說絕對屬於你的。祇能說，在現有制度之下，這些學問和財富在你保有之下，可以由你來置理。正如一個公司，集合了許多資本，經理是保有和運用資本的，但資本的本身，不能說是經理所有，所以當經理在保有和運用這些資本時，應以公司的利益爲準繩，不得任意妄爲，更不能使公司受損。反之獲得利益以後，所有股東應當分享的。

明白了這個理論，我們就可明瞭，雖然你有知識或財富，你對全世界的人，以至你的鄰居，却有責任存在，要爲他們謀福利。假如看到他們中有不幸的時候，你更應有同情心，要去援救他們。現在世界上有許多國家，提倡以其國民總收入百分之一或二來援助未開發或準開發的國家，其理論的根據就在這裏。

說到這裏，我們站在中國人的立場上，一邊是大陸六億同胞受着中共的奴役，現在正在水深火熱之中，另一邊是台灣，國民黨的當權者是自私無能的，雖然天天自稱自由中國，天天說要反攻大陸，可是事實上，祇知自保權位，人民並沒有自由，更談不上民主，反攻大陸之不可能，稍有常識的人早已明白了。

我們較爲幸運，逃避法外，比之大陸和台灣的人民當然自由了許多，可是也沒有受到國家應當給予我們的權利，我們實際上已成無國籍的難民，所以海外的民主人士就有民主運動的發起，想先由民主改革台灣做起，使台灣眞正成爲一個民主力量，然後可以反共，而收到反共的效果，但是我常常還聽到許多人說，我對政治沒有興趣，所以不願參加。試問他的參加民主運動與否，是不是應以他的興趣來決定呢？上文已經說過，這是他應有的責任和同情心，並不能以興趣來決定的。他的能力和財富是中國四千年的文化，益以全世界的文化，再加上中國和世界的形勢所造成的，他是欠了中國和世界上的人、現在怎能不貢獻其一份呢？假如眞是這樣，那他的人格發生了問題，他成了一個賴債的和忘恩負義的人了。

並且事實的演進，我們在表面上雖然逃避了大陸和台灣的中國人所遭逢的厄運，可是我們也因爲大陸和台灣的厄運；已成了世界的流浪者，是孤立的，無援的，我們要求人格的發展是困難的。猶太人是一個很聽明而能幹的民族，世界上不少的學者和資本家是猶太人，可是幾千年來，他們在世界各國流浪，其命運是可悲的，所以他們不惜千辛萬苦，要在以色列建國，我們現在還沒有像猶太人所處的環境，我們現在如立即努力，還不至沒有自己的祖國，可是時機已經非常急迫，我們應立即有所努力！才能趕上！

台灣一周

台灣在野黨與無黨無派人士組成的「選舉改進座談會」發表猛烈抨擊執政黨獨裁專政的宣言：「中央政府遷至台灣，時逾十年，國民黨政當局在口頭上高喊反共，並自稱是民主憲政。但實際上每每藉口『反共』來剝奪憲法上賦予人民的各項權利和自由，絲毫沒有一點實行民主憲政的誠意。一切措施，皆以自私爲基點，以專政爲依歸。不僅對一般人民，視如草芥，甚至對捍衛國家、執行公務的中下級軍、公、教人員，明知其生活艱困，已瀕絕境，但也從無一種良知關切表現和誠意的改善辦法。」因而，提出强烈的決定：「團結海內外民主反共人士，並與民青兩黨協商，立即籌組一個新的政黨。」

組織反對黨問題

·孟戈·

中國會出現一個强有力的反對黨，是民主政治發展的歷史必然，儘管執政黨方不會「歡迎」一個龐大而强有力的對手，但面對中國人民的强烈政治需求，不歡迎也得歡迎，不承認也得承認。難怪乎連參加過「地方自治研究會」發起人而後「惶恐」出任內政部長的連震東氏也說：「政黨是一種自然形成的團體，到現在爲止，尚無向內政部申請成立登記的先例，所以不須事先登記。」

今日的反對黨的組織問題，全在於民主自由人士有沒有信心與決心，有沒有勇氣和幹勁了。

在美國大選即將來臨前，艾森豪先生完成遠東友好國家的訪問。他此行對未來的大選將有助於共和黨。尤其是南韓、土耳其政變成功後，可以洗涮掉共和黨只援助獨裁政權的口實。據「新聞周報」台北的報導：「艾森豪總統會提出而在官方公報未提出的兩項『固執』建認）有一項是「容許更多台灣人參加現時主要由來自大陸人士任事的中國政府。」實在情形如何？固無須揣測。但可充分証明艾森豪是不會忽視中國人民的民主自由運動的。

中國人民所希求的是眞正民主憲政，決不是地方性的隔閡問題，也不是台灣人士任事不任事的問題，即使今日執政黨廣泛招徠台灣人士做「官」，但在台灣人民看來，這並不等於實現了民主自由政治。台籍省議員郭雨新先生曾公開批判過：「外省人與本省人有隔閡的說法，是不合邏輯的婦孺之言。」中國人民是要執政黨進行民主改革的。台灣人民尤更迫切。所以必須組織强有力的反對黨，在公平競爭的政治常軌下，爭奪國家領導權，從而完成反共抗俄的歷史任務。

立法院背城借一

……記行政院與立法院的鏖戰……

·吳奈何·

（本刊台北特稿）大家恐怕還不會忘記扼殺新聞言論自由的新出版法在立法院三讀通過時，與論界會流行着兩句話：「神聖總統，豬仔議員。」現在這「豬仔議員」一詞，顯然已被一項新的事實所否決，這事實就是立法院在本（六）月十四日審查行政院中央五十年度總預算時，一再堅持軍公教待過調整應爲原案四億六千萬元，而不通過陳院長所希望所要求的修正案一億八千萬元。且中間雖有總統請客於先，黨要游說於後，以及護航派（即擁陳誠派）的拉攏，均未爲動搖。此次立院這種堅持到底，不屈不撓的精神：頓使該院贏獲了普遍而深厚的聲譽。

這裡將此一事件的經過扼要報導如下：

行政院長陳誠六月十三日在立法院預算等十二委員會聯席審查會上致詞時，除了希望立委通過修正案（即以二億八千萬元預算來調整軍公教待過），並且還說：如果修正案不獲通過，這將是他最後一次列席立法院了。此語不管以去留力爭。

而在立法院秘密會議的前十天——即六月三日，總統還親自宴請立委，在宴會上公開致詞，希望立委們順利通過二億八千萬元的待過調整案。緊接着國民黨高級幹員四出游說立委們，扛出「黨紀」之不足，尚濟之以「人情請求」眞是軟硬兼施，務必要使立法院照修正案通過。但在六月十三、十四兩日的立法院秘密會議中，終以壓倒多數通過了四億六千萬元預算，作爲軍公教人員待遇調整案，否決了二億八千萬元的修正案。

當這消息在台北各報披露後，立法院的名譽一夜之間陡漲百倍，若千報社接到讀者讚譽立院的投書像雪片飛來，其中尤以剔除「坐領乾新」的國大代表加薪一千零八十萬元，更爲大快人心。

立法院這次何以敢於有此大膽之舉呢？據一位跑「要聞」的記者說：這多少是因艾克訪華壯了立委們的膽，於是豁着幹他一下。一反過去凡事「奉命通過」的作風。

當然，事情並不是這樣單純的，上述這點只不過是其中之一而已。主要的還是用二億八千萬元來調整待過，在物價飛騰中，對公務員生活是近乎「有名無實」的。

此外另有一說是，陳誠在六月三日記者招待會上表示：有些人以韓國政變的局勢來威脅我們，我們是不怕的；總統決不會辭職，我也不會像李起鵬自殺的：：：。這話近乎挑戰，台北各報雖都不敢刊載，但台北出版的「時與潮」周刊發表了，起了刺激立委們情緒的作用。更重要的是，據說立法院自從審查待遇案起，每天都接到許多來自部隊下級軍官及大兵們訴說生活困苦的函件，這些函件無疑是促使立委們通過四億六千萬元預算案的有力因素。

預算案既已爲立院通過，現在的情勢似乎只有兩條路可走，一條路就是行政院接受立法院的決議，照案執行。一條路是行政院認爲執行立院此一決議有困難，而依據憲法內閣總辭，雖然也有人認爲在此一決議諮請總統公佈時，可能再發交立院覆議，在發交立院覆議的同時，再運用黨政壓力，使立委就範。但是據一位非常熟悉立院內幕的人士稱：這第三條路似乎是很少可能的：第一、因爲依照憲法：凡覆議案，須要出席的立委三分之二的同意，才能否決原已通過的決議案。現有立委約在五百位左右，可能出席的有四百五十八，四百五十人的三分之二，即是須要三百人的同意，目前絕對聽命的甚難達到三分之二的那個數目。因爲立法院內的主流是CC派，共擁有議席一八○餘席。

也有人說立院通過該案時，適蔣先生赴鳳山幹，否則結果難以逆料。可見蔣仍事強制立法院。

當記者撰本文時，國民黨中央常會正在爲此召開緊急會議；商討對策，據傳中常會認爲立院通過的四億六千萬元原案，只好請行政院執行。——而事實上以乎也只有照案執行的這一途了。（六、十七寄自台北）

台灣籌組反對黨底近況

許一君

（台北特稿）台灣在野黨及無黨派人士上月十八日地地選舉檢討會議決籌組新黨消息公布後，一般的反應良好，國民黨除了秘書長唐縱在某一集會中認為新黨將組織成功以外，副總統陳誠亦曾公開聲明贊成有一個新黨出現，這種有利於新黨的反應，或許與南韓、土耳其的政變影响有關，但也可以說是大勢所趨，國民黨不得不表示其開明的態度。

在上月十八日的地方選舉檢討會議時，為促進改善選舉工作起見，會議決即日成立「選舉改進座談會」，授權主席團遴選委員若干人，負責推動並議決針對本屆選舉種種弊端，草擬有關選舉的聲明。主席團本諸這個決議，對於有關工作，進行得甚為積極，現在已遴選五十五人為委員，包括各黨及無黨派人士，預定本月底或下月初，即將召開第一次「選舉改進座談會」，討論展開各縣市座談選舉工作問題。

該聲明首先指出「中央政府遷台，時逾十載，國民黨當局在口頭上高喊反共，並自稱是民主憲政，但實際上每每藉口『反共』來剝奪憲法上賦予人民的各項權利與自由，絲毫沒有一點實行民主憲政的誠意，一切措施皆以自私為基點，以專政為指歸。」

該聲明又說國民黨領導的政府「不僅對一般人民視如草芥，甚至對捍衛國家，執行公務的中下級軍、公、政人員，明知其生活艱困，已瀕臨絕境，但也從無一種良知的關切表現和誠意的改善辦法。以致政風一天敗壞一天，士氣一天低落一天，人心一天渙散一天。」於是該會說出自己的初步感想：「此種局勢，如不能及時扭轉，勢將導致反攻基地的自我崩潰，使反共復國永成空談。」最後該聲明指出「選舉改進座談會」的指標「先由台灣地方自治的改革着手，進而促成政治的全面革新。」這一段的措詞，國民黨人看到之後，可能不很高興，但他們也委實無法抵賴。更不易反駁的。

聲明中並列舉了國民黨在辦理地方選舉時的六大弊端：

（一）在登記尚未開始時：國民黨的各級組織和黨的候選人，便利用各種關係做掩護，竟違反法規而提早展開競選活動。但非國民黨的候選人則無法享有這種提早活動的法外特權。

（二）在籌辦選舉工作期間：民黨黨政當局又利用選舉監督的權力，把持選舉事務所，不使非國民黨人員參加，關於選票印製的數字，投票佈置的情形，均保持秘密，預作違法舞弊的安排，而且在各投票所，開票所選派清一色（國民黨員——筆者），並利用省政府的權力，透過選舉罷免監察委員會及縣市監察小組，不使非國民黨人員担任投票所開票監察員，以便達成違法舞弊的目的。

（三）登記開始時：國民黨黨政當局又利用黨政壓力，及選舉事務所的權力，橫加阻撓，使非國民黨的候選人不能順利登記。

（四）競選活動期間：國民黨黨政當局又利用選舉事務所和監察小組的權力，強迫非國民黨的候選人，修改政見，並利用民眾服務站（即國民黨區黨部對外化名）人員或搗亂份子，阻碍非國民黨候選人的政見發表，甚至公然曲解選舉法規，利用軍公警教人員，為國民黨候選人助選。

（五）投票時：國民黨黨政當局又指示清一色的管理員和監察員，進行種種違法舞弊的措施。其中包括：將已圈好了的國民黨候選人的選票，預先塞入票箱；監視投票人投票，並使投票人將選票「亮相」；不遵照文盲投票人的意旨，而擅圈國民黨候選人；遇有選民棄權時，便搜集他們的身份証，代領投票，甚至乾脆偽蓋指模，冒領冒投。

（六）開票時：國民黨黨政當局又指使清一色的管理員和監察員，在唱票時，故意用手指塗污非國民黨候選人的選票成廢票；或故意把非國民黨候選人的有效票唱成國民黨候選人的票。

聲明中指出國民黨雖然「達到了把持地方選舉的目的，但同時也喪失了全部的民心，引起了一致的公憤和抗議。」台南市長是辛文炳當選市長是出於違法舞弊，曾引起台南市二百多人的檢舉，及萬人簽署請願。「當法院開庭時，鑼鼓鞭炮齊鳴，萬人空巷，表示對落選人的聲援，以致治安當局也不得不派出二百名以上的憲警人員到場防範（據筆者所知，台南市長辛文炳舞弊當選以後台南萬人以上大遊行，省警務處副處長李葆初曾親自在台南市、台南縣作安全演習）。至於那些訴訟沒有提出選舉訴訟的縣市，並非沒有舞弊，乃是因為「過去事實証明：凡屬非國民黨人士所提起的選舉訴訟，無一不是在化司法之下註定敗訴，所以大家多已經不願再白費氣力。」

該聲明認為「地方自治是民主政治的基礎，地方選舉又是地方自治的基礎。」並喊出了「中國是中國人的中國，絕不容斷送於少數人的自私專政」，所以做了兩點決定。

「第一、我們為了徹底改革地方選舉，促進地方自治，已經成立「選舉改進座談會」，並已由主席團依據檢討會的授權，在不分省籍不分黨派的原則下，遴選委員五十五人——。……

第二、我們為了全面改革中國政治，鞏固反攻復國基地，促成民主政治之實現，決定團結海內外民主反共人士，並與民青兩黨協商，立即籌組一個新的政黨，為真正的反共，真正的民主而奮鬥，務使一黨專政之局永遠絕迹於中國。……」

選舉改進座談會的聲明

「台北通訊」本年五月十八日台省民主人士舉行本屆地方選舉檢討會，並推出主席團詳為研討，已於日前發表聲明如下：

中央政府遷至台灣，時逾十年，國民黨黨政當局在口頭上高喊反共，並自稱是民主憲政。但實際上每每藉口「反共」來剝奪憲法上賦予人民的各項權利與自由，絲毫沒有實行民主憲政的誠意。一切措施，皆以自私為基點，以專政為指歸。不僅對一般人民視如草芥；甚至對捍衛國家，執行公務的中下級軍、公、教人員，明知其生活艱困，已瀕絕境，但也從無一種良知的關切表現和誠意的改善辦法。以致政風一天壞一天，士氣一天低落一天，人心一天渙散一天。此種局勢，如不能及時扭轉，勢將導致反攻基地的自我崩潰，使反共復國永成空談。因此，我們決定先由台灣地方自治的改革着手，進而促成政治的全面革新。

歷年以來，國民黨黨政當局對於地方自治基礎的地方選舉，竟一貫地不擇手段，違法舞弊，毫無忌憚。我們曾經再三要求，再四呼籲，務必要把選舉辦得「公平合法」；最低限度，應該同意民、青兩黨及無黨無派的候選人也可推派管理人員和監察人員，在投票所開票所參與管理監察工作，作為保障「公平合法」的起碼條件。然而，這點起碼條件竟被毫無理由地始終予以拒絕。四十六年那一次地方選舉時是如此，這一次還是如此。

國民黨黨政當局在選舉中的違法舞弊，種種手段，無所不用其極。我們大多數都是參加過本屆省議員縣市競選的，曾經身受苦痛。事例甚多，不勝枚舉，茲擇要畧述如下：

（一）在登記尚未開始時：國民黨的各級組織和黨的候選人，便利用黨的各種關係做掩護，竟違反法規而提早展開競選活動。但非國民黨的候選人則無法享有這種提早活動的法外特權。

（二）在籌辦選務工作期間：國民黨黨政當局又利用選舉監督的權力，把持選舉事務所，不使非國民黨人員參加，關於選票印製的數字，投票所佈置的情形，均保持秘密，預作違法舞弊的安排。而且在各投票所開票所，選派清一色的管理員，並利用省政府的權力，透過「選舉罷免監察委員會」及縣市監察小組，不使非國民黨人員担任投票所開票所監禁員，以便達成違法舞弊的目的。

（三）登記開始時：國民黨黨政當局又利用黨政壓力，及選舉事務所的權力，橫加阻撓，使非國民黨的候選人不能順利登記。

（四）競選活動期間；國民黨黨政當局又利用選舉事務所和監察小組的權力，強迫非國民黨的候選人修改政見，並利用民眾服務站（即國民黨區黨部對外化名）人員或搗亂份子，阻碍非國民黨候選人的政見發表；甚至公然曲解選舉法規，利用軍、公、警、教人員為國民黨候選人助選。

（五）投票時：國民黨黨政當局又指使清一色的管理員和監察員，進行種種違法舞弊的措施。其中包括：將已圈好了的國民黨候選人的選票，預先塞入票箱；監視投票人投票，並使投票人將選票「亮相」；不遵照文盲投票人的意旨，而擅圈國民黨候選人；遇有選民棄權時，便搜集他們的身份証，代領代投；甚至乾脆偽蓋指模，冒領冒投。

（六）開票時：國民黨黨政當局又指使清一色的管理員和監察員，在唱票時，故意用手指塗污非國民黨候選人的選票，造成廢票；或故意把非國民黨候選人的有效票，唱成國民黨候選人的票。

國民黨黨政當局所策動的種種違法舞弊措施，雖然達到了把持地方選舉的目的，但同時也喪失了全部的民心，引起一致的公憤和抗議。例如台南市長的選舉，國民黨候選人辛文炳的當選，是出於違法舞弊，所以引起台南市選民二百多人的檢舉，及萬人簽署請願，當法院開庭審訊時，萬人空巷，鑼鼓鞭砲齊鳴，表示對落選人的聲援，以致治安當局也不得不派出二百名以上的憲警人員到場防範。即此可見人心已激怒到何種程度。又如台北市選舉的違法舞弊，也已經進入訴訟程序，無數公正的選民，都正在密切注視其發展。至於台中市、台中縣、彰化縣、雲林縣、嘉義縣、新竹縣及其他縣市選舉的違法舞弊，也無處不引起選民的強烈反感。但並非每一縣市，都已經提起訴訟。這原因，是由於過去事實証明：凡屬非國民黨人士所提起的選舉訴訟，無一不是在黨化司法之下註定敗訴，所以大家多半已經不願再白費氣力。現在我們要求：凡已進行訴訟地區，一律開票重驗；並願為一切非國民黨候選人做後盾。

地方自治，是民主政治的基礎，地方選舉，又是地方自治的基礎。但目前這種情形，不但使我們對於地方自治的前途感到失望，而且也使我們對民主政治的前途感到悲觀。可是，中國是中國人的中國，絕不容斷送於少數人的自私專政。因此，我們做了下面兩點決定：

第一、我們為了徹底改革地方選舉，促進地方自治，已經成立「選舉改進座談會」，並已由主席團依據檢討會的授權，在不分省籍不分黨派的原則下，遴選委員五十五人。我們要督促政府從今年十一月縣市議員選舉時開始，即革除一切違法舞弊的措施。並促請台灣省議會修正有關地方自治法規，使秘密投票，公開監票得以完全實現。為保証這一點，國民黨黨政當局必須同意在野黨、無黨無派候選人都能在每一個投票所開票所，推派管理員和監察員。倘國民黨黨政當局仍然拒絕，我們當昭告全國，指出選舉的非法，並否認選舉的結果。

第二、我們為了全面改革中國政治，鞏固反共復國的基地，促成民主政治之實現，決定團結海內外民主反共人士，並與民青兩黨協商，立即籌組一個新的政黨，為真正的反共、真正的民主而奮鬥，務使一黨專政之局，永遠絕迹於中國。至於我們對於若干當前問題的具體主張，將在發表政策時，詳細列舉；並隨時體察自由中國海內外人民的需要，陸續提出，以就教於國人。（鈞）

艾克風儀長留中國人心

許一君

台北通訊

當美國和中國政府正式宣佈艾森豪定期訪華時，「艾森豪」這三個字就一直成爲國人茶餘酒後的談話中心，再加之我們東方近隣的日本，每天均有「反岸」、「反美」的消息傳到台北，一般人對於艾森豪所領導的共和黨政府，無形中又增加了一份關心。不是別的，乃是因爲艾森豪儘管是以尋求和平爲己任，而事實上這個世界確不容易獲得和平。那麼，究竟他下一步要作甚麼？美國是今日領導自由世界反共的盟主，美國總統的一舉一動都影響着人類的命運，自然也影響到中國人的命運，所以，艾森豪很自然地成爲今日自由人類視綫的焦點。

雖然，我是一個文化工作者，替幾個刊物撰稿，但很少攪迎來送往那一套形式主義的官式活動，對於甚麼國王、總統之類的人物來訪時的呆板動作，牙根兒就不大感興趣。不過艾克這一次却不同了，除了他是今日自由世界的領導人外；主要的，他還是一位民主的總統。「民主生活」在我們這個國家雖也叫了半個世紀，不幸，還落後得很。於是我十八號上午八點五十分也背上照像機，準備來一次實地觀察，一方面看看這位和平一再受赫魯曉夫捉弄的總統，另一方面也對這位來自先進民主國家的總統和我們這個落後民主國家的「偉大領袖」作一比較。

我是先站在南京東路和松江路的交叉口。我去時，那兒的歡迎者，除了安全人員外，還是很少很少的。僅有泰北中學的女生擠在一座大樓下，另外有幾個美國眷屬坐在巴士站棚下注視着來往的行人．他們也是準備歡迎他們總統的。

九點正，各單位的歡迎人馬一羣一隊的來了，老百姓也三三兩兩的走向馬路安全島的兩旁。南京南路的樓房、陽台也出現了人頭張望。這些人有一個特色：他們都自然地抬頭看看天空，尤其直昇飛機飛過時，他們都泛出一陣歡欣的心情。（因艾克從基隆乘直昇飛機到松山機場降落）

九點半，南京東路的兩傍已形成了一道人牆，他們張着傘，戴着草帽，大人拉着小孩，母親推着車子，學生們舉着旗子，軍人們脫下戎裝，換上便服，到處是鑼鼓在響，到處是樂隊在奏，這時他們也有一個共同的特點：把視線都朝向了松山機場。

當十幾架直昇飛機降落松山機場不久，一十四架F一〇〇噴射機大編隊低飛劃過長空，負責指揮的台北市社會局長李蘊權在吉普車上告訴歡迎的人：「一分鐘後美國總統就要來了，望大家站好！」他的口吻有點令人想到像蔣總統每次軍事檢閱的樣子。

十時四十四分時，人們的注意突然集中了。原來化裝的船燈、龍燈、獅子一齊舞起來了。接着樂隊（包括：中式的、西式的），長袍、馬褂、大人、小孩、旗子，跟着也一齊揮舞。先是憲兵指揮車前導，依次是二十四輛摩托車，再次爲艾克和總統一齊乘的無蓬敞車，蔣總統站在車上左手，艾克站在車上右手，艾克不是站，而是在揮舞，遠遠的見他向馬路兩傍的行人答禮，不是雙手高舉，便是雙手高舉，張着大口，左右點頭，笑得合不攏嘴來。這時，我只聽到羣衆，「噢！噢！」之聲不絕於耳，根本聽不到「萬歲」的聲音，禮車雖然規定每小時十五哩的速度，但還是相當快的走近了，年青的學生最熱情，泰北女中的學生是蜂湧而七，各人拋出一把紙花（紙屑片，上印的有歡迎標語），一時禮車幾乎爲之阻延，艾克彎下腰來也「噢噢」的像要給她們握手做模樣，彷彿，他不是一個總統，而是一位紅光滿面，眉髮雪白的可愛的聖誕老人。我們的總統也在一傍站立，然而，他像一個署帶微笑的銅像。就在那一刹那之間，我體悟到民主之可貴，就在那歡呼的一瞬間，我發現民主領袖和獨裁者之間感情上的差別，就在艾克一邊揮舞答禮進行，羣衆要上前擁抱他的一霎眼的功夫，我相信『甚麼叫「受人愛戴」這句話，確有所指，確有其事。禮車過去了，我十分感慨場面這麼大，今天第一次看到這種空前的場面，就在艾克禮車剛剛走過，其他歡迎的車子還未走完的時候，猛然間，在我的心頭恢復並增强了我對「民主政治」追求的信心了。我的照像機雖然沒有搶到好的鏡頭，但艾克那種珍貴的鏡頭永留心底，也算得沒有白晒太陽。

下午五點在總統府前聽艾克演講，一點鐘時，那裏就聚集了兩萬人以上，我先到民社黨中常委謝漢儒的家休息一會，那裏民社黨中央總部有十幾個人要一起去聽講的，他們決定四點去總統府前廣場，但四點時衡陽路重慶南路就無法走動了，經交涉結果，一個一個放行，我也尾隨其後，誰知到了廣場中央之後進退兩難了，衣服都汗濕」，但進不得，退不得，一股熱氣，煞是悶人，於是我只有一個個的向人說話，慢慢拜托「請讓一下」，但只有十尺的距離，我確化了十五分鐘的時間勉强擠出來，鬆了一口氣，照了幾個鏡頭。

當艾克出現時，全場歡呼聲雷動，「艾克我們歡迎你！」響徹雲霄，迎官方估計是五十萬人的熱烈場面，但或許會超出此數的，因爲太多了，多幾萬少幾萬，根本看不出來。

除了「艾克」帶來他那和藹可親的民主風範之外，另外也有值得一提的！在過去如伊朗巴勒維，約旦胡笙，越南吳廷琰，菲律賓的賈西亞等元首來訪時，必經要道的樓上是不准開窗觀看的；但此次不但開，而且大開特開，不能不算一大進步。此次九個歡迎的標語、口號中有四個中提到「艾森豪」的，却是用「艾克」二字，這點對於我們這個一向稱呼蔣總統，而必說「蔣總統」，或冠以「偉大、英明、睿智」的形容詞，不可同日而語。說實話：官方、黨方不喊「蔣介石」的大名情有可原，就是在野的文化人：又有幾人稱呼「蔣總統」爲「蔣先生」、「蔣介石」？

這一次歡迎艾克有一個創例：凡參加歡迎；和聽艾克演講，歡送的都有點好處，每人可以領點外快，有的叫車馬費，有的叫點心費，名稱儘管不一，但鼓勵意義則同。據說各銀行公庫一百二十元，內政部八十元，松山菸廠一次二十元，林務局四十元，最高爲物資局，每人可領一百五十元，但有一次不到者不發（其他不詳）。雖然這些或許過份了一點，可是，就艾克此次輸送民主光輝的長遠影响而言這點錢化的值得。

當權者對籌組新黨的反應

·見微·

（台北航訊）自此間在野人士及國、民、青三黨中的自由民主分子倡議籌組民主黨後，因正值艾森豪總統訪台之際，當權者雖極爲憎恨，但尚未從正面予以禁止或破壞。茲報導二事，以供海外關懷國事者的參考。

「總統」邀青年黨入閣

聞本月十三日蔣「總統」曾「召見」青年黨在台領袖陳啓天，面告政府請他和張子柱爲行政院政務委員，希他們立刻答應，以便參與政府歡迎艾森豪總統的節目。陳答以此事他個人不能決定，必須商諸青年黨中央委員會始能覆答。蔣仍要他先承諾下來，再回去開會，以免遷延時間，結果，陳應允於次日中午十二時以前答覆。但陳召集青年黨要員會商時，大家不同意，空負了蔣「總統」的一番盛意。至於民社黨方面，則當權者並未和他們作同樣的接觸，據說，因爲蔣「總統」對張君勱先生甚爲含恨，故決定拉攏青年黨而打擊民社黨，並企圖藉此而破壞籌組中的民主黨，其用心可謂工矣。

國民黨台省負責人的支票

本月十四日國民黨台灣省黨部主任委員上官業佑和省議會議長黃朝琴出面請高玉樹、李萬居、吳三連、郭雨新、郭國基等吃飯；並由連震東、唐縱、郭驥及陳建中等作陪。席間，上官等對地方選舉，曾有所說明，並說，下次選舉時，在野黨可派監察人。至於將來是否能兌現，則又有待於事實的証明了。不過，從這些跡象看去，假如民主人士能團結奮鬥，堅定不移，當權者終不能不有所讓步，則可斷言的。

哀香港時報

一民

本月二十四日香港時報，又有一篇官架十足的「讀者投書」，不但把蔣經國爲父洗刷失去大陸的責任而出版的一本書當作他的反共言論；而且以大禹治水，中山先生創建民國來喩蔣經國之於今日的台灣。黨報對蔣經國的推崇可謂無以復加矣；但不知他們自視爲何如人，而又置其總裁於何地也。

記得前年黨報某君去台回港後，曾向友人談及一事，即彼在台時，某立委云，「我們過去要研讀總理遺教，隨後是總裁訓詞，現在又要研讀蔣主任言論集，恐不久的將來還要研讀孝先言論集呵」。其友當時固知蔣主任即蔣經國，但尚不知孝先爲何人，經某君解釋才知孝先即經國之長公子也。黨報某君又常向其友好云，「難道我侍候老子的一生尤有未足而必須再以餘年來侍候兒子嗎？」言下頗爲悲憤，這正是今日國民黨員的悲劇，但是可悲的還是有些人竟以能侍候兒子爲光榮呵！

香港時報還大談某些人「以搓麻將爲職業」，「某君嫁女會宴少數親友」和「某君在南京時曾以房子租給外國人」等等。我不知道這些事究竟犯了蔣家父子國的什麼禁律而可拿來作爲攻擊的口實？假如誣指蓋房子是「靠國民黨發財」，徒見黨報並不知黨事。關於誰靠國民黨升官發財，誰爲國民黨毁家蕩產和流血流汗，國民黨內稍有歷史的人都很清楚，黨報竟如此信口開河，數典忘祖，寧非怪事！至於說到投共某君曾參加某君的嫁女宴會，須知我們對於共黨或其統戰份子固嘗拒之於門外；但對於爲了肚子問題而迫得投共的朋友，雖不以爲然，却也並不以爲敵。如果他不是爲共黨作說客而祇是偶來敘舊，我們還是以朋友相待的。同樣的情形，今日有許多在私人談話時對台灣現局猶較我們更表絕望而在執行當權者的指示時則又裝出一幅忠貞像的朋友，我們還是很願意和他們往還的；而且與之所至，也嘗搓搓麻將呢？因爲我們所反對的，祇是獨裁統治，非法連任和縱容其政治身份不明的兒子作威作福等倒行逆施；至於自認拿「政府和國民黨津貼」的人們，則並非我們的對象，我們對於他們這種不得已的心情，還是很願意諒解的。

再談到聯合評論的一則廣告，旅美僑胞在紐約開商店，經銷各物，美國政府尚准其公開登報發售；而香港時報却指爲大有問題，是不是你們那位功不在禹下的特務頭子還想伸其魔掌於美國的華僑社會呢？

最後，我還想說幾句題外的話。中山先生創建的國民黨本來是一個以實現自由平等爲目的的政黨，而今却變成了以一人一姓爲中心的落伍集團。無數的國民黨員原以救國救民爲己任，雖蕩家破產，粉身碎骨，亦樂於爲之，而今竟要侍候一個政治身份不明而全憑血統關係獨攬大權的毛頭小子才能保全一官半職，或獲得些許津貼，香港時報不過其中之一而已，豈不大可哀乎？寄語諸公，與其自毁歷史，投奔太子以求一時的苟全而受無窮的羞辱；何若把當年老革命黨的精神拿出來改造這種可耻的局面，恢復國民黨的本來面目，才是救國救黨和自救的正道呵。

大陸通訊

大陸人民生活的實況

天仇

××姐：

四月底付上一函諒已收到了。關於信內所談的問題，不知姐是否可以達到我的要求？最好是免旅費回來，使到分別多年的手足，得一個相逢的機會（編者按：發信擬由鄉來穗，接信人也由港赴穗相見）。因爲我們的治保主任×××，對我是很不錯……在這施肥耘田工作中，他下放到我們××鄉第×生產隊。他還把掌握的一部份工作任務，交給我負責，如每畝施化學肥多少，施家肥多少，都由我決定。生產隊長×××，不識字，數目字，施肥工作他不了解。只知每天分配工作給社員後，就把隊中的鴨羣趕出田中看管。我幹了這段時間的工作，能達到上級的要求，所以老×（編者按：指那個所謂「治保主任」）對我特別優待一點。我把這個問題向他提出，他馬上答覆批准請假二十天。姐姐，我們不趁這個機會相見，還等到何時呢？六月底，夏收工作又到，那時又要夏種，直到年底又修水利，簡直沒有時間和機會了！所以希望你馬上付欵，我可以馬上起程……如果不願意這樣，請付寄些衣服回來，總不怕殘舊。因爲兌欵人民幣十元，要折合港幣二十多元了，價格相差太遠，我們如今只有衣服破爛沒錢置造，如付得四五套給我，便勝過兌欵廿元了！端午節到了，最好付五元回來，因爲農業飯堂成立不久，三鳥（按：指鷄、鵝、鴨）還是缺少，這個節日，是由每戶自辦。我有母鷄兩隻，只有猪肉或牛肉要錢買的，有五元便可解決了！

關於我最近的生活，向你作一個詳細報告，使你們知道我的情況，我們的糧食是供給制（下半年未決定），每天每人九市両，四月份到現在加到十一市両。生油今年是沒有，到四月份每人供給二両，全部糧食都由飯堂掌握，我們出勤收工回來，就到飯堂拿飯回家，由於飯堂蔬菜缺乏，所以每人都把自己的粥拿回家中吃。今後南瓜成熟，飯堂才有瓜菜分給。每天宰猪屠牛，只有供應浮腫的病人。

今年染浮腫的人很多，都由公社集中醫治，但供應的米和營養品，都由個人自備銀每天一角。我夫妻二人都去吃了六天，並且到衛生院打針服藥。我的身體，已得到八成痊癒。你弟婦仍是面腫未消。我因缺少營養，一時未能恢復，感覺早上頭暈疲倦，夜間咳嗽。如今身體，瘦弱十分。四肢無力，藥費亦缺乏。最好能付些補身藥給我吃更好。我夫婦二人工資，除了口糧之外，去年全年只得六元四角，今年一月份才領到。今年則未見提到工資的話。

國家的管理市場政策，爲了杜絕奸人私商的投機倒把物價安定，所以各種均由國家收購。但農村中的壞份子，不顧把物品賣給國家，反轉東走西躲，或牛路來販賣。弄成物價抬高幾倍。魚類每斤要八角，番瓜每斤是二角。總之，市場上沒有什麼東西出街擺賣。公共食堂要有飯票才得吃飯，我們沒有飯票只有看人家吃！

我叫你們寄衣服的原因，因爲我們每人分得布証八尺，即使有銀也買不到布，何況我們分文沒有的呢？……（下畧）

我每自思量，父母生我們×人，只有我一個落後到這般的地步，連生活也解決不來，飢寒交迫，鶉衣百結，正所謂一脚牛屎一脚垃（原文如此）。甚至最近，找到野菜充腸。許久以來，不知肉味。更且早出晚歸，骨瘦如柴。父兮生我！母兮鞠我！每思至此，神思悵惘，不禁潸然……（下畧）。

說不盡心中事，下次再談，祝你幸福

弟××字

剖析中共與日本的經濟矛盾

文藝林

戰後由後興而日趨壯大的日本，無疑使中共深感不安。後來它特與已本簽訂貿易協定，圖以貿易誘使日本脫離自由民主陣營，改取所謂「中立」立場，而香港中華總商會會長高卓雄，也於其時赴日作經濟考察，並圖促進港日貿易，之後，高又將該會九樓借給日方，作爲商品陳列展覽之用，足証中共初時並不認爲日本對港貿易，是軍事侵畧的先奏。同時，高卓雄於「首屆日本商品陳列所」揭幕致詞中，曾謂「因本港乃自由貿易港口，故對任何促進本港商業繁榮之舉，中總亦樂於協助」。

但是，時隔不久，中共竟出爾反爾，策動大陸民衆進行全面反日示威，並指使香港尾巴報刋及靠攏份子，運用各種方法，煽動此間中國商民反日、仇日及抵制日貨，更提出所謂「新漢奸」的口號，作爲威脅人們的手段。那麼中共對日態度，何以先後竟有如此矛盾？顯然，這是基於政治和經濟雙重因素的。

所謂政治上的原因，即是由於岸信介政府，曾一再明確表示，日本決不脫離自由陣營，採取中立政策，使中共由失望而憤怒，特別是美日安全條約修訂之後，更令中共焦慮疑懼，乃至寢食不安，因此，它於日本國會批准美日新約之前，不惜運用大量金錢，支持日共反右派人士掀起反岸運動，并發動大陸民衆，全面進行反日示威以作策應，期能藉此加强日共及左派人士反政府運動的聲勢，從而阻止美日新約的通過，乃至打亂艾森豪總統訪問遠東的計劃，和迫使岸信介垮台；使日本國內陷於政治危機狀態。

其次，中共於經濟上反日原因，則是由於戰後日本工業，在美援支持下迅速恢復舊觀，目前的生產力，經已超過戰前水準。更由於其高度的工業化，因之在事實上，它今天已成爲自由亞洲一大强國，在中共的眼中，視日本無異爲心腹大患。何況，年來日本對香港及東南亞地區的貿易發展，已使中共在該等地區的傾銷政策，遭受到的嚴重挫敗，已到無可挽救的地步了呢？

根據香港工商局的統計，中共對港輸出總額，一九五八年爲十三億九千六百九十二萬元（港幣），五九年則爲十億零三千四百一十七萬元，對比之下，減少三億六千二百七十五萬元；反之日本對港輸出總額，一九五八年爲五億九千六百九十九萬元，五九年則爲七億六千九百六十萬元，對比之下，增加了一億七千二百六十一萬元，本年度中共對港輸出總額，逐月減少，而日本則是逐月直綫上升。

至於日本對東南亞地區的輸出總額，根據日本官方公佈，以戰前爲標準，一九三七年爲九五六萬美元。戰後由五五年的二〇一一萬美元起，到五六年增爲二五〇一萬美元，五七年二八五一萬美元，五八年二八七七萬美元，五九年三四五七萬美元。如以三七年輸出總額與五九年輸出總額相較，則增加了百分之三百六十一。而且目前日本對該區的輸出，仍在持續的迅速的增加發展，相反的，中共卻在不斷下降。

香港和東南亞各地區，爲中共主要傾銷市場，但除了「土產」之外，就其現有生產設備和生產技術而言，其所產貨品，事實上根本無力與日貨競爭，何況大陸各種原材料來源問題，一直不能獲得解決。因之，它在對日本的經濟戰中，一經接觸即慘敗下來。

中共在政治上不能誘使日本中立，經濟戰場上又無還擊之力。明乎此，即知中共今天之所以於大陸及海外，全力進行反日、仇日及抵制日貨運動乃是別有陰謀的。

大陸之窗

大陸人民健康極壞

劉裕署

中共統治大陸十年以來，對中華民族的第一大損失，不是別的，乃是對中華民族整個民族生命力的戕害。從表面上看，中共的物質建設，工業建設是很努力的。但深一層看，中共對中國人民健康的損毀，則非常嚴重，非常普遍的。

論到中共的物質建設，有些人覺得他們的努力，總算有收穫，殊不知，中共的物質建設，形式上雖似乎有收穫：但中共把一切物質建設，完全依附在蘇俄的經濟體系下，使中國大陸所有的建設，甚至使中國大陸的原有物質建設，也都一概成爲蘇俄的附庸，從而使中華民族的民族經濟完全喪失了獨立性，這種罪過，實大過它的收穫。況中共十年來，在它的極權統治下，所施行的乃一種奴役，而且是一種殘酷的奴役，無情的奴役，決無自由可言，這已經違背勞動聖神之旨。加之，中共在人民生活方面，復竭澤而漁，先用清算鬥爭的手段，把人民中一部份人（其中包括所謂地主與小資產份子）的財富，予以搜刮。繼之又搞三反五反，把工商業的物資與資金亦全部剝奪而去，稍後又推行農業合作化制度，實行計口授糧，逐漸控制人民的糧食，最後，則實行人民公社，迫使所有人民從事强迫勞動，農業收穫則全都歸公。在此情況下，中共又將糧食配給一再減少，終至人民無法維持最低限度的營養所需，於是中共乃異想天開，又迫人民以採集野生植物充飢，以補助中共每日所配給的幾両米。由於上述種種，大陸人民在此十年中，其生活情況江河日下，今日大陸，人民吃不飽，固早已是普遍情形，最悲慘者則是大陸人民的健康乃因此愈來愈壞。到現在，由於營養不良，夜盲已是一般人的通病。但比較起來，這還不是今日大陸一般人民最嚴重的病。今日大陸人民最嚴量之病，乃是身體浮腫，面黃骨瘦，體力衰弱。據前往大陸回港的人談，這已經是大陸城市和鄉村的普遍現象，所以中共的最大罪行，實在是它對民族健康的損害。

泰國要移民實邊

何之湄

在致力建設中的泰國，可以說是百廢俱興。開鑿克拉運河：是數十年來議論紛紜的鉅大工程達到一個決定。建築在春武里府的是拉差六碼頭，則是開闢一個在暹羅灣東部的深水港，用以彌補現在曼谷港口不能容納巨額噸位輪船的缺憾。同時，更由曼谷與築東勢鐵路（即東部鐵路）以至是拉差，使該海港溝通全國。繁榮向來偏僻的東部，印度洋上的普吉島與半島攀牙大橋繫結，工程已定於年底完成。乃沙立總理最近特到該面積五三三方公里之錫產中心視察。於回抵曼谷之後，並於內閣會議中命令交通、內政、財政三部，會商將普吉島建為自由港。

此外有一個更重要的問題——泰國國內的少數民族問題，而由乃沙立總理此次所提出的，便是「移民實邊」」至向來被認為有些特殊化的「泰南四府」的問題。這四府的居民，絕大多數都是泰籍馬來人，語言、信仰、風俗、習慣，也都是馬來化的。

泰南四府，就是泰國最南部與馬來亞接壤處的四個府治，名稱是北大年、惹拉、陶公、沙敦。

北大年亦稱佛大年或大尼，千年以前中國史書已有大尼之名，因其居於馬來半島之中部，為中國印度貿易航海者所常至之地。北大年以前為獨立國，泰國却克里王朝（即現在秉國之王朝）始征服其地，但只臣服而非內附。至本世紀初（一九〇九）暹羅與英國訂約，劃定現存的邊界，前五世王方以北大年屬之地隸於洛坤省，後改設上述各府。

上述各府的概況，計北大年，面積一九四八方公里，人口一九九・二五二八人。陶公，面積四一七二方公里，人口一六六・五六五八人。惹拉，四九〇二方公里，八一・四七一人。沙敦，三〇八六公里，四六・五一四人。沙敦府居民，全部為泰籍馬來人，只有華僑二千人。陶公亦然，除華僑外幾無泰族人居住。

惹拉府，在泰國最南端，惹拉一字且係馬來語，在泰語並無意義。當一九〇九英泰定界時，將吉打州屬馬來亞，惹拉府屬泰國。因係邊區且居民屬馬來族，泰當局重視其地，在行政編制上特將該府劃歸內務部直轄。

這四個泰國國內的馬來府，面積有一萬四千多方里，居民近五十萬人，而且是物產豐富的區域，如橡膠、錫、魚產及海鹽等，惹拉錫產，有週產五萬公斤，列世界第五位者。其膠園大者萬畝，有一千工人以上之橡膠提鍊工廠兩家，是大規模的現代工業。

可是這一個廣大而物產豐富的地區，因為居民絕對多數是泰籍馬來人，亦因為地理接近馬來亞的緣故，整個地區的貿易，都經馬來亞的檳榔嶼口，而不經由曼谷。除通馬來亞的鐵路外，還有兩條平坦的大公路，直趨檳城，在運輸上足與鐵路爭雄。再加上居民操馬來語而非泰語，信仰回教而非佛教。更因為宗教語言種族相同而引起的團結，泰籍官員在此服職者，迭稱四府「難治」，曼谷認為他們「特殊化」，他們實在也有多少強項而自外於曼谷。

這次乃沙立總理出巡泰南至該四府之後，回返曼谷竟「大發雷霆」。最令他感到難於忍受的，就是到了該地「竟要動用通譯」，因此一般愛國同胞認為毗鄰邊境若干府份「乃有如異國」，但乃沙立說：「這却是事實」。

乃沙立談及這些在泰南從事橡膠錫礦事業的人說：「他們運用相當多的國家資源，而所獲得的金錢，並非用在這個國家」，這是指的若干邊境泰籍馬來人的豪富，他們多兼有馬來亞籍或居留証，更在檳榔嶼置有產業及商業的。他說：「在南部若干府份，特殊化的情況與十五年或二十五年以前無異，『這些外國人』要求一切的權利！」

乃沙立說：這些特殊情況，乃是這「我們」（指泰族人）的錯誤，應該歸咎我們自己，我們為什麼要放棄責任呢？雖然，現在開始已經太遲，但「現在必須立刻開始」。

乃沙立的辦法，便是「移民實邊」，他向泰國中部及東北部的泰族人呼籲，叫他們「移到南部去！」他說，克拉運河將在三四年內完成，普吉大橋明年元旦通車，普吉府有自由港已開始設計，這是泰南繁榮的左券，我們必須把中部和東北部的「同胞」遷到南部去。在南部還有許多處女地，及豐富的水源，可供開發和發展。

把泰南四府的居民稱為外國人，而只稱東北部中部的泰族人為同胞，已經可以看出乃沙立總理的觀點。在他引咎自責並要求「立刻開始」這一點看，足見他已決心糾正四府特殊化的存在。依照乃沙立大刀濶斧的作風，移泰北之民於泰南是勢在必行的了。

在泰國的立場說，這項措施自是合理的。但由於地理歷史所累積的泰南四府馬來化的問題，却恐怕並不是大量移入泰族居民，便能夠使之泰化的。

·曼谷通訊·

解除緊急狀態前夕的馬來亞

馬來亞剿共勝利後，實施了已達十二年之久的「緊急狀態」，也定期七月三十一日解除了；所有緊隨這「緊急狀態」而制定的宵禁、食糧管制、公共飯堂、和土著華人的大規模徙置等措施，也得一併取銷，這當然是全體馬來亞居民額手稱慶的一大喜事。

回憶馬來亞自一九四八年六月剿共戰爭開始，人力、物力、財力的消耗，幾乎竭盡了全部的精華；而參戰的軍員，除了馬來亞本身的正規軍、警察、鄉團、和民兵外，還包括了英軍、澳軍、紐軍、和居喀兵團，人命的犧牲，相當重大。經過了十多年的苦鬥後，才獲得勝利的成果。際此「緊急狀態」即將解除的前夕，馬來亞的近況是相當值得關注的。

查馬來亞自前任聯邦最高元首嚴端因心臟病突發而暴斃了後，各聯邦蘇丹會議，即選出現任聯邦最高首長雪蘭莪蘇丹阿蘭姆土王希沙莫丁爵士繼任。希氏現年六十二歲，是一個飽經憂患而意志堅定的反共鬥士。他在一九四一年日軍佔領馬來亞時期，逃奔鄉區，隱居農野；那時他嘗透了艱辛，但同時也磨練出更英明果斷的精神。希氏在雪蘭莪蘇丹任內，對人民福利極為關懷，平民化色彩也極濃厚，經常徒步通過泥濘的道路，深入窮鄉僻壤，訪問平民，調查民間苦疾；人民對他極為愛戴。是以當他繼任了馬來亞聯邦最高元首之後，聯邦人民，包括土著華人和華僑，都感到欣慰，認為他是一位最了解人民的執政者。目前聯邦官民都一致深信，在希氏的管治下，馬來亞將來的社會經濟和人民生活，必會大有發展和改善。我們且來看看希氏的施政方針：據希氏的新五年開發計劃所顯示的目的，一是提高人民生活水準，二是改善聯邦水陸交通，三是建立國家經濟。此外，該新五年計劃，還包括在吉隆坡附近興築一座東南亞最完善的飛機場，和擴展西海岸的港口。其經濟來源，則分由下列六方面籌措：（一）國內貸款；（二）政府貸款的重新投資；（三）聯邦政府的盈餘下撥款；（四）外援物資；（五）英屬婆羅乃對一億美元貸款中償還之二千萬元；（六）人民的儲蓄。

希氏目前的施政中，刻正有計劃地縮小城市和鄉區生活水準的距離，把鄉區的開發，列為首項工作。他英明地，努力地，領導着聯邦政府，致力於經濟繁榮，使人民生活漸趨安定。

同時，希氏對主要種族問題，也將很順利地獲致解決；以後華、巫兩大種族，也必能同心協力，共謀人民幸福，國家的發展。顯然，今日的馬來亞聯邦，已成為東南亞反共力量的一大支柱。

·植林·

奇妙的結婚禮物

·鄭光越·

今年春間由澳門回廣州「參加祖國建設」的青年電器技工雲錫强，在「愉快的生活圈」裡，閃電般的找到了愛人，經過了短短的幾個月的時光，便告戀愛成熟；六月廿四日，他倆便雙雙並肩携手，同往「派出所」登記結婚。

舉行簡單結婚儀式的當日，「派出所」的戶籍人員也跑來了向他倆一對新郎新娘道賀，還送來了一份禮物，恭敬地遞給雲錫强，陪着笑臉說：「這是我們代表坊衆送來的，祝你倆幸福」！

雲錫强接過了禮物後，滿心歡喜，以為一定是目前所最珍貴的糧食或日用品，於是連忙把那份禮物打開來看看。呵！不看猶可，一看之下，眞使他啼笑皆非！原來所謂禮物也者，竟是一本「避孕指南」，一本「節育快覽」，兩個「男用膠套」，和「女用子宮帽」；並附有一紙說明，謂膠套和子宮帽都不可浪費，應小心使用，每次用過了後，都要洗滌乾淨，使它保持清潔，務求每一件東西，都可使用十次八次，或一二十次云。

雲錫强望着那些「禮物」發呆，汗珠一顆一顆的在他的額頭冒出，他的兩手，也顯得發顫了。

筆者和雲錫强忝屬姻親，當日也曾趕回廣州去參加他倆的結婚儀式，目覩了那份「禮物」，也暗地裡替這對新婚夫婦尷尬和難堪。

僑鄉近訊

橋樑被炸毀同鄉僑胞受嫌疑（五華縣）

·江水·

廣東五華縣近郊的一座最大的公路橋樑，自四月中旬間發生離奇爆炸而塌毀了後，粵共一口咬定，這是「國特」的所為，於是立刻展開了大規模的偵查，附近各鄉，橫遭牽累，經常被共軍突擊檢查，鄉民也經常被拘去訊問，然而擾攘月餘，迄未獲得頭緒。查那座被炸毀的橋樑，係位於該縣西郊約八華里的公路交通要衝處，被炸塌了後，興寧、梅縣等地交通，頓形中斷；同時，潮汕專區的一條複綫公路，也受阻滯！而駛往龍川各地的車輛，也僅能開至天陽墟；對物資調運的影响，相當重大。因此，共方對該項破壞的偵查工作，迄仍未放鬆。六月十日，有四名取道廣州轉回五華探親的香港僑胞，一抵達廣州後，即被拘留審訊。據說：共方懷疑該四人此次回鄉，係與潛伏五華破壞橋樑的「國特」份子有關。聞該四人在穗被鞠訊三次後，即解回五華再調查及疲勞審問；目前尚在扣留中，該四人一名伍棠，[illegible]名張家傑，卌七歲；一名張康年，卌歲；一名張松齡，四十三歲；均係在本港操小販業者。

勞動大學卌四名學生被清算（新會縣）

新會縣清算智識份子的工作，刻又加強進行。據悉：該縣的「勞動大學」，現已有學生三十四人，被指為「思想右傾」，予以清算鬥爭。說到那間所謂「勞動大學」，眞是一個天大的笑話。學校裏，除了共黨的政治[illegible]外，沒有其他學術的課本；教室和講壇，是分別建在田野或山邱；學業成績，是以「勞動幹勁」的程度為標準。教育宗旨，祇是在求「生產大躍進」；大部份教授，都是目不識丁的「積極老農」，他們雖懂得怎樣耕作、[illegible]怎樣施肥、和怎樣配合農時，但都僅知其然而不知其所以然。那些「教授」，完全是說土話的，而學生[illegible]都有，因此，言語不通，造成了許多使人啼笑皆非的現象。在那裡讀「大學」的，體力勞動固然受到摧殘，精神和心理，也受到「恐怖氣氛」的威脅；整間「大學」[illegible]陷阱！

星星之火

岑仲良

一

初冬的冷風揚起了片片黃葉，路燈疏落而昏黯，更顯出街道的寥落。

兩個青年人在這死寂肅殺的街道上，匆匆地踏着自己模糊的影子。

「行慢點好麼？」瑞明耐不住她的冷落，追前兩步說：「逸蘭」。

「……」林逸蘭仍然沉默着，匆匆地走她自己的路。

「怎麼啦？不高興？」

「哪會不高興！」她摔開他的手，恨恨的說道：「我倒忘記向光榮的團員道賀哩！不過從現在起，我已經沒有和偉大的團員一道走的光榮了。」

「別那樣好麼？」他懇求地說：「我知道妳不喜歡我入團，可是……」

「哼！誰說不喜歡？誰敢說不喜歡！不怕……」她在頸上一劃，諷刺地說：「剛才看見你們那羣寶貝團員，接到那團証時的神氣，眞使我作嘔！」

「不要嚷好麼？」

「嚷又怎麼樣!?」她愈說愈激動了，「當初我曾對那『美麗底遠景』存過幻夢，可是如今，只要看看現實，到處是掠奪、强權、製造仇恨！你可忘記了那天被迫着到那腥臭的流花橋的草坪上做「啦啦隊」？天天有多少人在「反革命」的帽子下被殘殺。」

「冷靜點，給別人聽見可不是玩的。」瑞明微微的搖幌着她抖顫的身體。

一陣沉默。

「我偏要說！偏要說！」可怕的流花橋畔情景——槍聲响處，鮮血飛濺——重現在她的眼底，使她喪失了理性，大聲地喊着。

「別嚷！」瑞明掩住了她的嘴，又在她腋窩搔了一下，才使她恢復了理智。

「別孩子氣了，我的好姑娘。等會兒到我家，待我告訴妳一個秘密。」又走了一段路，瑞明逗她說話。

「呸！」她啐了一口，微嗔的說：「誰是你的好姑娘，不知羞。」

到了瑞明的家，逸蘭不耐煩的嚷着：

「說呀！有什麼了不起的秘密？我倒要聽聽五星旗下可有什麼新事情哩。是團支部着你爭取我入團麼？」

「還記得那次我們在白雲山上玩『搶紅旗』時發生的爆車事件麼？」他故作神秘的問。

「當然記得，」她又陷入可怕的追憶中，「聽說當晚在沙河抓了幾個人，第三天就被槍決了。」

「他們實在是無辜的！」他咬着下唇，面部的肌肉痛苦地抽動着，「其實是我幹的。」

「是你？」她睜着大大的眼睛問，隨後哈哈的笑着說：「是你幹的？好一個不知羞的傢伙！」

他覺得她的笑聲包含着不相信和輕視的諷刺，他感到是一種侮辱，便憤憤的說道：

「別笑！是我，是我幹的！」

她見他那麼認眞，便收斂笑意，但仍然不相信的問：

「你那來的定時炸彈？」

「傻了頭，」他解釋着說：「是我在爸爸的實驗室裏找到一點水銀，然後用硝酸和乙醇製成了一小撮淺灰色的結晶體，那就是雷酸汞。」

「雷酸汞!?」逸蘭睜着那長長的眼眶，驚奇的問。

「是的，」他說：「我將它浸濕了帶到白雲山趁你們不注意，便把它壓在橋上的石塊下面，當它慢慢乾燥後，只要稍受壓力便會爆發起來。」他痛苦地追述着，「當初我只準備嚇嚇他們的，誰知那軍車的駕駛者平日幹得好事，只受輕微震動便把持不住，連車帶人的衝過石礐，跌進幾十丈深的山澗。得悉有人爲此事而被枉殺，我眞想自首，可是死者已死，自首又有什麼用！自此以後，無辜者的不幸無時無刻都在折磨着我，使我陷於自疚和悔恨的痛苦中！所以我決定要用更大更有效的方法爲死者報仇，爲所有被害的人報仇！」

她被他的言行深深地感動着，急急的追問：

「報仇？用什麼來報仇？」

「妳還記得那次『鎮壓反革命成績展覽會』上，其中被破獲的地下青年救國軍的油印刊麼？」

「是那份使人精神振奮着的『烈燄報』？」

「是的。我預備和妳合作辦一份油印刊物，定名利刃報。我希望這刋物能起一點作用，就像一把利刃一樣，刺進極權者的心臟，讓人們看看他們的血液是什麼顏色的！」

「不怕危險麼？」她天眞而又惶恐地問。

「危險？」他不屑地瞟她一眼，似乎譏笑她的懦弱，「在這血與淚的大時代裡，危險這兩個字還有什麼意義：誰不是每分每秒生活在危險的泥沼中。

「妳還記得從前？妳吃過晚飯，就跳蹦着走過來，和我一起做功課，然後嚷着要我媽講故事，或是瞪着好奇的眼睛看我爸爸做實驗。自從馬列主義的瓦斯從黃土洞穴裏噴出來之後，爸爸被分派到北大，媽被下放到鄉村做小學教師，一年也不能聚首一次；這樣的家還算是家麼，不過，比起那些家破人亡的家幸運多了。

「妳剛才罵我積極，從前我的確對新政權存過一些幻夢；其實，那個熱誠的青年人不希望自己的祖國富强呢!?可是，現在聽到的是眞理變成謊言、謊言却說是眞理；看到的是到處泛濫着恐怖的死亡之狂濤，同胞喪生在狂風暴雨的摧殘下，自由在鐵蹄鋼鞭下瓦解！儘管學校向我們灌輸羅宋湯（註一）和土製迷湯，可是羅宋湯絕不味美；土製迷藥更不能麻醉清醒的腦袋。我以前所有的幻夢終成泡影……」

「好了，」逸蘭不耐煩地打斷他的話，幽默地說：「偉大的演說家，不要光喊口號，我倒要聽聽你實踐的計劃哩。我們那能買到紙張和印料？還有資料……」

「別忙，我的好——」他見她微嗔的瞪着他，只得訕訕的說：「跟我來吧。」

只見他從牆壁上的電鐘壳裡取出一架機器。

「這是什麼？」她好奇的問。

「短波收音機，」他微微興奮地說：「化了兩個月時間才裝配成功的八胆短波收音機。」

他對着那小巧的機器露出自豪的笑意。

「是用來收聽新聞的？」

「是哪。」他充滿自信地說：「它可以收聽外面的一些强力電台；晚上可以收到台灣中央電台，美國之音和英國的B．B．C．電台。」

逸蘭心裏暗暗佩服他處事的縝密和能幹，但還故意找些問題難倒他，便問：

「印料和紙張呢？」

「這些和團支部攪好關係，混上一個名堂，弄到印章，到時只愁我們沒錢買哩。」

「哼！」她促狹而又頑皮的笑着說：「好一個反革命的共青團員呵！」

二

他們每晚用課餘的時間來收聽廣播、編稿、印刷、分發……忘記了危險和辛勞，因爲這微小的工作是指向最崇高，最偉大的目標！

利刃報第六期印好，已經是大除夕。這異乎尋常的除夕，到處充滿了灰色的恐怖和飢餓的戰慄！血的腥味到處隱約地散佈着。一切已逝的繁榮和熱鬧變成了夢樣底記憶。瑞明敏捷地把報紙放進每家的門縫裡，這已是習以爲常的工作。驀然，遠處傳來沉重的馬靴聲，他知道，手按槍掣的城防巡邏隊正向着他迎面而來，他底心彷彿被那沉重的馬靴踐踏着，呼吸也感到窒息似的！但爲生存，他必須以堅强與勇敢克服從心底發出的恐懼。（上）

註一：指俄式教育。

文壇泥爪

林譯小說

在清末民初林琴南用文言翻譯的西洋小說是頗爲風行一時的。人都知道他不識外文，他的譯文乃根據其友人的口述。因此不但全是意譯，甚至連易卜生、莎士比亞的戲劇都改爲小說。儘管各國各家作風迥異，可是一到他的筆下便全變成他自己的風格，這樣，對原著的不忠實就不用說了。此外還有一最大的毛病，就是他自己無法選擇原著，譯了不少低劣而無價值的作品。

然而在他以前和同時用文言譯外國文學的，像上期談過的周桂笙和徐慰慈，另外還有蘇曼殊、馬君武、陳家麟、朱世溱、周瘦鵑、魏易、朱東潤、宋春舫、劉文典、周作人、胡適、魯迅等人，都遠不及他在翻譯界享譽之隆。所以然者，第一是他翻譯的量多，有人統計他一生共譯了一百五十六種，這一點是任何人比不上的；第二、他本是古文名家，文章早已有名，運用文言的技巧頗爲熟練，對於柳文的寫景狀物，對於歐文的抒情傳神，他都揣摩得挺到家。魯迅、周作人譯的「域外小說集」和「黃薔薇」，文字雖也古雅精鍊，但在當時的文名，他哥兒倆正如初生之犢，自難跟林紓相比。

林譯小說雖然選擇不嚴，却也有不少的名著被介紹到中國來，像希臘的「伊索寓言」、西班牙西萬提斯的「魔俠傳」（就是唐・吉訶德）、舊俄託爾斯泰的「羅刹因果錄」（短篇小說集）和「現身說法」（Childhood, Boyhood And Youthhood）、法國大仲馬的「玉樓花劫」、小仲馬的「茶花女遺事」、巴爾札克的『哀吹錄』、雨果的「雙雄義死錄」、英國迭更斯的「賊史」、「塊肉餘生述」、狄福的「魯濱遜漂流記」、萊姆的「吟邊燕語」（即莎氏樂府本事）、司各脫的「撒克遜劫後英雄傳」「十字軍英雄記」、莎士比亞的「雷差得記」（Ricard II）「凱撒遺事」（Julius Caesar）、史蒂文生的「新天方夜譚」、斯惠夫脫的「海外軒渠錄」、美國歐文的「拊掌錄」「旅行述異」、司吐活夫人的「黑奴籲天錄」等，皆是初次在中國知識份子中傳播。這些大作家的其他更好的作品，像託翁的「戰爭與和平」等，雖然林氏未譯，但我們却不能怪他，可能他根本就沒有聽見過。

那時在五四之前，文言詩文還是最正統文學，人們在欣賞他的文字之餘，並藉以認識了西洋文學，而這西洋文學正是我們新文學所取借的他山之石。第一個使西洋文學在國內普遍傳揚開來的，想不到竟是後來反對新文學最力的林琴南。

記庚子拳變始末(十二)

舜生

四、關於許袁等五大臣的冤戮，清廷本應自動昭雪才不失體統，可是也要等到外人提出，一直遷延到二十六年十二月二十五日，才頒下如下面一道歪曲事實的上諭：

「本年五月間，拳匪倡亂，勢日鴟張，朝廷以剿撫兩難，迭次召見臣工，以期折衷一是。乃兵部尚書徐用儀，戶部尚書立山，吏部左侍郎許景澄，內閣學士聯元，太常寺卿袁昶，經朕一再垂詢，詞意均涉兩可。而禍首諸臣，遂乘機誣陷，交章參劾，以致身罹重辟。惟念徐用儀等宣力有年，平日辦理交涉事件，亦能和衷，尚著勞績。應即加恩徐用儀、立山、許景澄、聯元、袁昶均著開復原官。該部知道，欽此。」(原文見和約附件七)

所謂「經朕一再垂詢，辭意均涉兩可，」依然是一面誣蔑死者，一面欺騙外人，適足以暴露其毫無悔心。

徐用儀(字筱雲，浙江海鹽)本由捐班出身，歷咸豐，同治，光緒而逐漸做到兵部尚書軍機大臣，並直總署。其人雖沒有什麼矯矯之節，但心地總算明白。他看見德使克林德被戕，知道大禍不免，因向奕劻進言，予以厚斂；許袁被殺，端剛餘怒未息，家人不敢收屍，第二天，用儀往視，涕下，予以收殯。這大概便是他被殺的主要原因。

立山(字豫甫，蒙古正黃旗人)，素爲慈禧所寵信，嗜鴉片，他所做的官如盛蘇州織造，監修南苑，工程，總管內務府，戶部侍郎，尚書，都很容易找錢，因而他很潤，擁資至千萬。據說他和載勛爭西城口袋底一妓女，載勛當然爭不過他；同時載勛向他借錢，他又吝而不予；因此積忿於他。立山的家與西什庫教堂鄰近，教堂久攻不下，乃誣他家有地道，暗中接濟洋人，實際乃是載勛要向他洩憤；拳匪也想藉搜索到他家去大事搶掠；因此，可以說，立山之死可說是錢害了他。不過當五月宣戰前慈禧召集六部九卿廷辯的時候，立山曾說「拳民術多不驗」，與載漪正面衝突，卻是事實。

聯元(字仙蘅，滿洲鑲紅旗人)爲滿人中之較開明者。當五月二十三最後一次廷辯時，他曾說：「法蘭西爲傳教國，釁亦啓自法，即戰，只能仇法國，斷無結怨十一國之理，果若是，國危矣！」據說他還有一度與崇綺爭辯於光緒帝前，崇綺謂民氣可用。他說：「民氣可用，匪氣不可用。因此端剛等對他恨之刺骨，七月十七日卒與徐用儀、立山、同斬西市。

五大臣除上舉三人外，眞有見解絕不肯附和祖拳諸王公者，當推許景澄(字竹篔，浙江嘉興)與袁昶(字爽秋，浙江桐廬)。許爲同治七年進士，明習時事，大學士文祥以使才薦他，曾多度出使歐洲各國，著有「帕米爾圖說」，有「西北邊界地名考証」等書，可供中俄勘界參考。袁爲光緒二年進士，更以學問氣節著稱，詩在清季亦有名。十八年任皖南道，擴充中江書院，以實學課士，輯有農桑、兵醫、輿地、治術、掌故諸書，爲漸西村叢刻；建尊經閣，購書數萬卷；又修建蕪湖西南濱江圩堤及新樓堤，蓄洩有資，田廬完固；人民頗歌誦之。拳亂初起，許袁均直總署，許且以侍郎兼管學大臣，大學堂總教習。廷議時許歷陳兵衅不可啓，春秋之義不殺行人，圍攻使舘實背公法；袁亦力言奸民不可縱，使臣不宜殺，除自上兩疏外，復與景澄合上第三疏，劾大學士徐桐、剛毅、啓秀、趙舒翹、疆臣毓賢、裕祿及提督董福祥，並暗指載漪等祖匪，爲拳變中一篇極有關係之文字，惜文長不能全錄，茲節錄其要點如下：

「……查拳亂之始，非有槍礮之堅利，戰陣之訓練，徒以「扶清滅洋」四字，號召不逞之徒，烏合肇事，若得一牧令將弁之能者，一蕩平之而有餘。前山東巡撫毓賢，養癰於先；直隸總督裕祿，禮迎於後；給以戰具，附虎以翼。……裕祿且招攬拳匪頭目，待如上賓，鄉里無賴棍徒，聚衆千百人，持義和團三字名帖，即可身入衙署，與該督分庭抗禮；不亦輕朝廷而羞當世之士耶？靜海縣之拳匪張德成、曹福田、韓以禮、文霸之、王德成等，皆平日武斷鄉曲，蔑視官長，聚衆滋事之棍徒，爲地方巨害，其名久著，該縣人士莫不知之，即京師之人，亦莫不知之。該督公然入諸奏報，加以考語，爲錄用地步；欺罔君上，莫此爲甚！……董福祥本係甘肅土匪，窮迫投誠，隨營効力，積有徼勞，蒙朝廷不次之擢，得有今職，應何等束身自愛，仰酬厚恩；乃比匪爲奸，行同寇賊，其狂悖之狀，不但辜負天恩，益恐狼子野心，或生他患。……大學士徐桐，素性糊塗，罔識利害。軍機大臣協辦大士剛毅，比奸阿匪，頑固性成。軍機大臣禮部尚書啓秀，謬執己見，愚而自用。軍機大臣刑部尚書趙舒翹，居心狡獪，工於逢迎。……五月間，剛毅趙舒翹，奉旨前往涿州，解散拳匪，該匪勒令跪香，語多誣枉，趙舒翹明知其妄，語其隨人等，則太息痛恨，終以剛毅信有神術，不敢立異，僅出示數百紙，合糊了事，以業經解散覆命。……拳匪愚矣，更以愚徐桐剛毅等；徐桐剛毅等愚矣，更以愚王公：是徐桐剛毅等實爲釀禍之樞紐。……臣等愚謂時至今日，間不容髮，非痛剿拳匪，無詞以止洋兵；非誅祖護拳匪之大臣，不足以剿拳匪。……應請旨將徐桐、剛毅、啓秀、趙舒翹、裕祿、毓賢、董福祥先治以重典，其餘祖護拳匪與徐桐剛毅等謬妄相若者，一律治以應得之罪，不得援議貴議親爲之末減。庶各國恍然於從前縱匪肇釁，皆謬妄諸臣所爲，並非國家本意，棄仇尋好，宗社無恙，然後誅臣等以謝徐桐剛毅諸臣，臣等雖死，當含笑入地，無任流涕具陳，不勝痛憤惶迫之至。」

他們說得這樣明白確定，在他們自己固確已抱有死的決心，端剛等必欲殺之而後快，自亦屬必然的趨勢。據說當李秉衡由南京北上時，又於途中捕得兩人，其一帶有景澄致江督劉坤一一信，其一則帶有袁昶致鐵路督辦盛宣懷一信，內容均痛詆端剛，並謂太后受愚。載漪見之，因更振振有辭，於是七月初四，許袁乃先徐用儀等而被殺。(以上參看「清史稿」列傳二百五十三，惲毓鼎「崇陵傳信錄」及羅惇曧「庚子國變記」與「拳變餘聞」。第四節完，全文未完。)

文史漫譚

曹操給民間藝人害苦了

徐亮之

曹操實在被小說家害苦了；說得更確實一點，給民間藝人害苦了。

曹操被民間藝人所揶揄，大概開始於中晚唐之際。因爲在初唐纂修的「晉書」中，雖然「載記」第五曾載有石勒「大丈夫行事當磊磊落落，如日月皎然，終不能如曹孟德、司馬仲達父子欺人孤兒寡婦狐媚以取天下」的話；但在「宣帝紀」裡面凡涉及曹操的地方，卻口口聲聲都是「魏武」或「魏武帝」，甚至大書「諸葛亮寇天水」云云；足見曹操的聲光在初唐「晉書」編纂者的眼中還是很輝煌的；羯人石勒的意見是還並不能轉移初唐士大夫的觀點的。但到了中晚唐便不同了。這時、民間藝人已模仿着和尚的「俗講」(以講唱的方式演佛經的故事)，另以歷史故事爲題材創作了一種嶄新的講唱文學了。這種講唱文學的脚本；叫做「變文」，亦簡稱「變」。這種脚本，從現存的敦煌變文目錄中，雖還沒發現有用三國故事做題材的直接証據，却有着左列兩個比較有力的旁証了：

一是宋代的「說話」(其脚本短篇者謂之「話本」，長篇者謂之「平話」)：這種「說話」，據說可分所謂小說、談經、講史、合生等四科，(依耐得翁「都城紀勝」)而其中一科便有所謂「說三分」的標目；而宋代的「說話」實即承襲唐代的講唱文學而來，已爲今日學者所公認。(如「新唐書」武平一傳有「合生」爲「胡樂」爲「倡優媟狎」之諫書；而宋代「說話」亦有「合生」一科；及「談經」即唐「俗講」，「講史」即唐歷史故事變文之類是。)

一是晚唐李商隱的「嬌兒詩」：這詩中有句曰：「門有長者來，造次請先出；客前問所須，含意不吐實。歸來學客面，鬭敗秉爺笏；或謔張飛胡，或笑鄧艾吃。」把這些詩句加以分析，最少可以說明李商隱的時代，民間講唱文學已採取三國故事爲題材；因而張飛是個絡顋鬍子，鄧艾是個咭吧子便都爲聽了這種講唱的孩子們所津津樂道；碰上家中來了大鬍子或咭吧子客人，一回味着講唱者對張飛或鄧艾的塑像，恐怕一時忍不住笑，遭到父親的斥責，祇好溜之大吉。等到客人一走，便情不自禁地立即衝了進來，拿了父親的笏兒，模仿着鬍子或咭吧客人的神態動作，手舞足蹈地說他們是活張飛活鄧艾來。講唱者對於張飛鄧艾的神態既塑造得這樣活靈活現，對於多采多姿的曹操，不會輕易放過，自屬不在話下。而這事與「東坡志林」如左所述又正式可互相發明：

「王彭嘗云：「塗巷中小兒薄劣，其家所厭苦，輒與錢，令聚坐聽說古話。至說三國事，聞劉玄德敗，頻蹙眉，有出涕者；聞曹操敗，即喜唱快。」以是知君子小人之澤，百世不斬。」

「東坡志林」的所謂「說三國事」，即「都城紀勝」的「說三分」；而「說三分」在北宋業已盛行，不特「東坡志林」可以証明；甚至孟元老的「東京夢華錄」(卷五「京瓦伎藝」條)更把「崇觀以來」(徽宗崇寧大觀一一〇二——一一一〇)說三分的名角的姓名都已經標舉出來了(「霍四究說三分」)。這所謂「說三分」乃後來「三國誌演義」之所本，是該沒有什麼問題的；而其遠源可以上溯到中晚唐，也該是沒有什麼問題的。

此外，還有兩件事也可以作爲小說性的三國故事已流行於中晚唐和北宋的旁証，便是江東二喬的故事。關於二喬，在正史上本沒有什麼了不得的記載；例如陳壽「三國志」的周瑜傳中，僅於瑜從孫策拔皖下用「時得橋公兩女，皆國色也；策自納大橋，瑜納小橋」十九個字記載。裴注引「江表傳」也僅祇不過用「策從容戲瑜曰：「橋公二女雖流離，得吾二人爲壻，亦足爲歡」」二十三個字記載。至於「吳志」孫策傳雖然說孫權稱尊號後曾追謚他做長沙桓王，而在夫人傳中他的夫人大橋更連一個字的記載也無。然而晚唐杜牧的「赤壁」詩卻說：「折載沉沙鐵未消，自將磨洗認前朝；東風不與周郎便，銅雀春深鎖二喬」的儼然是小說家派，諸葛亮借東風的「聲口了。又蘇東坡調寄「念奴嬌」的赤壁懷古」後半闋說：「遙想公瑾當年，小喬初嫁了，雄姿英發，羽扇綸巾，談笑間，強虜灰飛烟滅。」竟說曹兵是「強虜」，儼然和小說家一鼻孔出氣了。這樣的一唐詩一宋詞，也該是可以作爲三國故事被唐宋講唱文學(三國故事小說的前身)採用已久的說明的。

這樣看來，對於曹操聲光的貶損，並不是始於南宋朱熹的「通鑑綱目」，而倒是始於中晚唐或北宋的民間藝人的了。不過，在北宋司馬光編撰「資治通鑑」時，却還並沒有如何重視民間的這一觀點與態度；所以，他一方面雖然承認曹操「暴戾彊伉」，「蓄無君之心久矣」；另方面卻仍原諒他「有大功於天下」，沒身不敢廢漢而自立」(卷六十八)卒以魏繼漢統許之。因此，我們如果說「綱目」的貶魏崇蜀揚劉抑曹乃接受民間啓示的結果；說把司馬光和朱熹比較，後者乃更能接近人民的歷史家；該不會有什麼錯誤的吧！

「人民的眼睛是雪亮的」；而民間藝人則永遠是人民的代言人：於是乎曹操型的人物的真正的功罪，便也永遠無所逃於天地之間的了！

輓湯展雲

·亮之·

天涯同久客，尋賞自相親。
觴詠情猶昨，琴歌跡已陳。
一瞑隨大化，八表尙風塵。
歸骨定何日，誰爲叩帝鈞?!

本刊已經香港政府登記

聯合評論 週刊

每逢星期五出版

United Voice Weekly

第九十八號

督印人：黃宇人　總編輯：左仲平
社址：九龍金馬倫道八號三樓　電話：61413
承印者：嘉華印刷有限公司　香港灣仔馬師道5號
總代理：友聯發行公司　售價每份港幣一毫
本報美洲版總經售處美國紐約中美出版社
CHINESE-AMERICAN PRESS, INC
199 CANAL STREET.,
NEW YORK31 N. Y. U.S.A.
美洲航空版零售每份美金一角

談日本近事

左舜生

截至我現在執筆時為止，誰代岸信介而起的這一問題，依然不會解決。看樣子，這好像只是自民黨內部的問題，其實不然。今天自民黨內的反主流派，即令以河野，松村——三木，石橋三派相加，以他們在黨內和在眾院的議席而論，依然不能與主流派相提並論。可是，主流派卻對他們不能無所顧慮，其原因則在社會黨包藏禍心，而民社黨又依違兩可；但就反岸一點而論，他們卻有給反主流派以精神上支持的作用。更明白言之，即令反主流以外的各派（包括岸派，佐藤派，池田派，石井派，大野派）態度歸於一致，以全力支持池田，縱或池田可能取得黨的總裁，但總理的位子仍然坐不安穩。因為，日本眾院議席共為四百六十七席，而岸、佐藤、池田、石井、大野五派的總和，也無法超過二百二十席，依然不足半數。這便是目前這一僵局的由來，也便是石井，大野對池田不肯相讓的癥結所在。在吉田和岸的想法，以為只要一鼓作氣，把池田抬了出來，則軍約和對美關係便可維持不變。但池田一個最大的弱點，便是由於他親美色彩太濃，為目前大環境所不許。在上月十七，當艾森豪總統是否能去日本還未作最後決定，而左傾分子又正鬧得沸翻盈天，我曾設想到以藤山愛一郎作為過渡，以和緩一時；後來在日本方面儘管也有過這一擬議，但日本已經有了八九十年政黨政治的素養，以一個與黨無因緣的人而想得到多方面的支持究無可能；而藤山本人，也或許沒有投身於目前這一亂流的勇氣。至於吉田再出一說，姑無論八十老翁，久已功成身退，畫蛇添足，跡近不智；即以池田且遭遇打擊而論，則吉田之無法再起，似屬顯然。凡此，都可以使我們想像到政黨政治的運用需要何等的技巧，而提出一辦法使各方面在大體上能過得去，又是何等的不容易；無怪乎中國人建立政黨政治的企圖已有了五十年，一直到今天，依然脫離不了一種建立『領導中心』這樣因陋就簡的因襲思想。我們應該知道：所謂立憲政治，議會政治，政黨政治，與這種因襲思想是根本不能相容的。歡迎有一個惟一的領導中心，實際就是歡迎獨裁，歡迎一黨專政，不問憲政也罷，議會也罷，政黨政治也罷，便一切無法生根，這是我們自身一個應該警惕的事實。

反之，我們倒不必為日本擔心。以最近這一次的紛擾來說，日本有幾種現象依然是可以維持我們的希望的：一、岸本人能堅決奮鬥，一直到日美軍約通過才開始告退，究不失為明治以來一個傳統政治硬漢的本色；二、與論界能聯合宣言，斷然表示擁護議會政治，確足以給予暴民政治一個嚴重的打擊；三、最近幾次的示威，罷工，人數越來越少；時間也越來越短，足以顯示日本人民對這類的舉動已相當厭倦，他們所需要的，畢竟只是和平安定的生活，在日本國內國外一切野心的策動者，花錢費力，依然是枉用心機；四、在這次騷擾的過程中，被犧牲者，僅僅只有一個女學生，而且是被羣衆擠死踩死的並不是打死的，這可看出日本的警察畢竟還不錯；也可看出日本的當局者，究竟與李承晚李起鵬之類的人物不同。至於產生一個政黨的總裁，或一次內閣的總理，要多花十天半月的時間，可以說這只是民主政治的常態，也可以說是近代日本政治史上的常態，其歸結總還是可以搞通的，我們何必拿這類事實去說明東方人對民主政治一定不能運用呢？

進一步來說，我們卻不可把日本這次的紛擾，看得太簡單：共產集團要在亞洲傾覆日本，中共尤其認定日本是她正面的敵人，於是中共策動日共，日共與社會黨相互利用，以策動左傾的學生與工人，而且有若干的經濟支援來自共產集團（尤其是中共），這僅僅是這次紛擾事件的主要原因之一，至其他一切直接間接，有意或無意，公的藉口與私的企圖，與這次紛擾事件不知不覺走到一條路上去的，次要因素，則多到不可勝數。

日本人自來就有一種容易接受外來思想和事物的習慣，一百年來的日本，大體上可說就在這一總趨向上生活着，成功由此，失敗也由此；說她有希望，其原因在此，說她富有危險性，其原因也在此。遠在五十年前，當我剛一離開小學的時候，便看見過中國人從日文介紹過來的社會主義一類的書籍；中共之所以形成，其動力可以說大部分是間接來自日本，僅一小部分才是直接來自蘇聯。尤其中共旗幟下若干左傾作家，較年老一輩的，可以說大部分受過日本左傾作家的薰染。日本人今天感覺到，他們嘗試左傾並沒有成功，但中共卻造出了一個足以使他們驚奇甚至盲目佩服的新局面，可以說這便是日本若干左傾騷動的由來；不僅若干頭腦簡單的青年和工人捲入了這一騷動之內，乃至若干學者形或作家形的人物，采用了左傾登龍術，也加強了這一騷動的助力。此外有若干人是單純畏戰而反戰的，反戰即聯帶的反日美安全條約，也聯帶的恐怖過去軍國主義的復活；若干人是受着當前繁榮的刺激，也恐怖着舊日財閥的逐漸抬頭；若干人單純反岸，反岸即反自民黨，反自民黨即符合了日共與社會黨的希望；若干人單純反美，從廣島長崎兩顆原子彈，一直到今天美國的基地政策與冲繩佔領，這一趨向是不難理解的；若干人單純想把對中共的關係搞好，他們至今還迷信着中國大陸是他們經濟和人口的有效出路，因而不惜配合中共而希望取得其賞識與諒解……

湊成這次紛擾事件的因素既有如此之多，決不是一種簡單的應付方法所能解決得了，這是值得我們認識，更值得日本的有心者深長考慮的。

戰爭與和平之道

許子由

一、

世界的火藥氣味，似乎越來越濃厚了！

赫魯曉夫一手摧毀了巴黎會議，雖說並非意味着戰爭；但不能避免的緊張氣氛，卻一直瀰漫開來。因赫魯曉夫訪美而有艾森豪決定訪蘇的報聘，也因赫魯曉夫的力倡，才有四巨頭齊集巴黎。而老赫竟不惜取銷請帖，破壞會議，目的就在對艾森豪奚落！這即是說，冷戰已經到了不擇手段的階段了。

南韓的暴動，土耳其的政變，日本東京的大暴動，印尼與荷蘭的各自增兵西伊里安，寮國共黨領袖蘇發努馮親王的脫逃，古巴卡斯特羅政權的魯莽滅裂，西藏戰事的再起，以至中共用兵藏邊境，再度威脅印度，侵入尼泊爾邊境。這是最近一連串的騷亂事件。

這些事件的性質，當然各有不同，不能一概而論。可是動盪既然不斷地發生，就很可能有不受控制而趨於擴大的時候。「樹欲靜而風不息」，這句話正好移用來描畫當前的局勢。

二、

樹欲靜而風不息，這是寫的自然界的情況，但在人類社會，當前冷戰世界，此「風」卻是其來有自的。主要的「風源」，發生於東西對立，而更多則是由於有計劃的冷戰的發動。

韓、土的政變，是自由世界前綫獨裁政權統治下人民要求民主的爆發。這是軍事僵持的日子久了，人民認為抗共不只在形式的劃定邊界，而更應該有本質上（與共黨異趣的）的民主與自由。為的還是要更堅強團結去抗共。東南亞區域情況，寮國自去年寮共叛變以來，便是兩大集團鬥法的場所，蘇發努馮的出走，已預定下另一戰爭的節目。蘇聯予印尼以鉅額的援助，美國便考慮在伊西里安設立基地。古巴有「美國的後院」之稱，但自卡斯特羅執政以來，蘇聯中共都悉力以赴，力加援助，如美國應付不得其法，大概古巴就會成為共產集團在美洲的最初基地吧。

儘管蘇聯高唱要與美國和平共存，但這些使用軍馬炮掩護卒子過河衝鋒的做法，還是共存口號下最慣于使用的手段。

三、

日本的事件，尤其是使用這一手段的顯著者，中共耗費鉅欵于東京暴動，說明了中共對美鬥爭的遠慮及深刻。本來中共與美國的衝突，該是為了台灣，而不是為了日本，該在台灣海峽而不該在東京。然而中共雖極力宣傳美國「紙老虎」卻並不敢向金馬進兵一步。北平的攻擊箭頭，卻指向還沒有組織的「東北亞聯盟」心臟的東京。這可能是李承晚既去，日韓合作障礙消除，東北亞聯盟的可能性增強，使中共恐懼，也因為美日條約修訂提高了日本的獨立地位及聲望，在亞洲（軍事上，貿易上）與中共勢均力敵，引起了中共的嫉妒。所以中共不惜全力去撼動日本。

中共早在十年之前，就與蘇聯訂立「防日本再起」的軍事同盟。然而它們卻不容許日本與美國訂立「防日本被侵」的軍事同盟。這就是共黨的邏輯！共黨所要求的是日本中立，所有的共黨地區外圍，從自由世界這一邊劃出廣大的「中立」緩衝區，這就是和平共處的條件。

四、

最近新聞報導關於蘇聯與中共在「共存論」上的「歧見」，頗為自由世界的「狄托論者」所樂道，認為中共與蘇聯極有距離。因為赫魯曉夫說核子戰爭不可思議，人類必須如古時在挪亞方舟上和平共處。而中共則強調廣土衆民，認為核子戰爭也不能把中國毀滅。

基本上的事實是，核子戰爭大概不致毀滅人類，但必然大大破壞了人類的文明。然而共產集團統治世界的野心；決不會因此而停止，且必然繼續推進而至觸發世界大戰。當前蘇聯之所以唱共存論，乃是自匈牙利事件以後的變調，蘇聯深知衛星國的軍隊並不可靠，一旦大戰，她只是打沒有把握的仗。倒不如陳兵威嚇，如藉口U2機事件說要轟炸日本，便可使艾克知難而退，岸信介焦頭爛額。

中共的論調不外是一向誇大狂的繼續，也因為中共的黷武很可能不觸發核子大戰，（美國已把與中共的戰爭列在「小型」之列。）中共因為本身沒有原子武器，不得不對人民欺騙，說核子戰爭並不可怕。實際上在初辦公社的中共，如果炸燬其鐵路公路，糧食無法調濟，就不難出現陳勝亡秦的局面。

強調中共危險，任由共黨主動，是自由世界最大的錯誤。受外國指使而撼搖本國民主政制的日本左翼，尤其有百身莫贖的錯誤。當前的局面，「和平共存」只依賴于「均勢」的存在，故美國的防堵陣線必須加以修補，邊沿國家的人民如果要維持國家的獨立及生活，亦必須認清敵友，勿以國脈民命為政客的賭注。否則美國防堵陣綫崩潰，便可能是核子大戰爆發的時候。（七月四日）

反對黨與民主中國運動

……為共同的理想作共同的努力

李金暉

從各方面來的消息都証實反對黨即將在台灣成立，並擬定名為「中國民主黨」。由五月十八日，在台北民社黨總部，舉行選舉檢討座談會開始醞釀組織新黨以來，經過詳情，本刊已迭有報導，不再多贅。但消息一經傳出後的屬於國民黨方面的報章即反應謂「反對黨的存在，雖適應了民主的常軌，然反對黨，本身，並不如一般想象或宣傳的就代表着民主，或意味它的發展即走向民主。」（見六月十一日香港時報社論）關於這一論調之是否得當，六月十七日本刊第九十五期第三版上，季夫先生曾以短文加以駁斥，自無需再多加引述。

六月廿六日，北平的「新華社」對發展中的反對黨——「中國民主黨」，亦發出了數千字的電訊，其重點不外藉此攻擊美國，並污衊醞釀成立之反對黨，是美國在製造『兩個中國』。此一幼稚的論斷，本係中共宣傳機器一貫技倆，不值一哂。惟其中特別指出在台北的「自由中國」半月刊，及地方人士李萬居、高玉樹諸氏；和香港的「聯合評論」、「祖國周刊」並在美洲的「中美周報」、吳敬敷、謝扶雅諸氏，構成為「美國踢蔣陰謀」，此說則實已極盡其挑撥離間之能事了。窺其陰謀目的，無非欲藉此加速引起台灣國民黨當局的嫉恨，並促起與在野黨各方的正面衝突，使行將出現的反對黨胎死腹中。

以中共的宣傳來說，比諸香港時報六月十一日那篇社評，不只是顛倒黑白是非的問題，而且是一個極其毒辣的陰謀詭計！

反對黨應加强宣傳

國民黨的論調僅止於令人發生對反對黨的誤解要人們誤信「反對黨的存在……並不如一般想象或宣傳的就代表着民主，或意味着它的發展即走向民主」，因而忽視反對黨存在的積極價值，甚而予人以沒有反對黨國民黨當權派也會實行民主政治的。至於中共的宣傳，則旨在淆亂人們的視聽，要人們相信未來的反對黨是一個完全由美國支持的政黨，目的是在「取蔣以代」，所以根本無片言隻字涉及這些刊物所一貫主張的民主與自由以及堅決反共的態度，當然更不敢反映這些刊物一貫堅持反對「兩個中國」的主張了。

由此可見，不論是今天在台灣主政反共抗俄的國民黨（指該黨的當權派言。以下同）或在大陸出賣祖國權益，置人民於水火中的共產黨，都不欲見中國有一個主張實行民主政治的政黨出現，因為它們都主張一黨專政；尤其是共產黨，它根本不願自由中國海內外朝野之間，產生一種祥和的氣氛，更不願見自由中國海內外的各黨各派與自由人士聯合起來。因此，數年以來，逢有機會必在宣傳上極力地為國民黨當權派吹捧，刺激當權派的情緒，使他們與反對黨不睦，與自由人士交惡，與盟邦不歡，甚至製造仇視心理，目的在阻撓台灣民主改革的實現。

面對這樣的形勢，尤其是因為在野的各黨各派目前在海外尚缺乏較高的宣傳機關，反對黨發展的情況，極難迅速廣泛地在海外華僑社會中從事眞實的宣傳；復由於海外若干報刊，或為邀寵於國民黨當權派，或為「生意眼」打算，有不惜歪曲作關於反對黨情況的報導，或逕行採取共黨報刊資料，製造不盡不實的「新聞」，此皆足以影響反對黨爭取海內外人心的工作。

為此，我建議籌組反對黨的人士，目前應經常在台北發佈有關反對黨動態的正確消息，發言人可考慮定期，或適時地舉行記者招待會，讓正確的消息，通過台灣的報章雜誌和外國通訊社，迅速地向全世界發佈。反對黨的發言人，同時應該組織一個通訊單位。以迅速地方法根據台灣報刊的輿論，和社會客觀反映結合黨內的發展動態，編寫通訊稿，以空郵寄交海外各地報刊，請為公正的刊載，以促進海外各地對反對黨的了解。

鑑於反對黨之即將正式成立，不論現在或將來，實不能不注意對外宣傳。謹將上述一得之見，提供參考。

團結監督以求民主

反對黨成立之後，在我認為他必須是一個外而能產生團結各黨派與民主人士的作用，內而能發揮監督實際的政治作用。這些不僅必須明確地寫明在其政綱內，更貴於切實可行。

就目前的情勢看，除左右兩派之外：海外輿論的反映，一般說來對反對黨是有利的。數十年來，中國一直缺少一個强有力的反對黨來協助推行民主政治。目前中國的局面正陷入空前未有的支離破碎境地，惟其如此，中國更需要有一個健全的反對黨。在這方面，我與若干御用論客之謂反對黨祇有增加「分裂」的看法是完全兩樣的。在過去，大家希望由國民黨來主動促成朝野團結，但事實証明這是無望的，因為國民黨的當權派對此毫無誠意，且不惜尋找或破壞團結的機會與氣氛。現在，反對黨的出現，首先應該促成海內外在野黨派與民主人士的眞誠團結，建立了這個廣大的呼應基礎，才能羣策羣力在台灣發揮監督實際政治的效能，並有效地推行地方自治。因此，反對黨雖因不滿國民黨當權派操縱台灣地方選舉，由檢討地方選舉進而產生，但其最後的目的，自絕不在於滿足於台灣省地方政治之民主化：而是在求中國政治之徹底實現民主。

以國民黨過去數十年來未完成的團結工作，付諸於未來的反對黨，是否苛求？因為國民黨過去何以未曾做好此項工作，因為她是一個既得利益集團。他們寧可與一個擁有武力作亂的共黨，在某一時期和談共處，却不願與抱有實現民主政治理想的民主黨派來共同實行民主政治。他們祇迷信於武力剿共，而忽畧了聯合各黨各派與無黨無派人士來從事安定社會繁榮經濟，從根本上消滅共產黨的溫床。

為民主中國羣策羣力

現在新的反對黨即將成立，如果反對黨能够首先做好團結海內外其它在野黨派及民主人士和國民黨內的開明人士，我相信祇要合作無間，這互相呼應的聲勢，即足以振奮人心，策勵自己。

再就海內外的各黨派及民主人士來說。現在，已萬萬不容許大家坐觀成敗了。反對黨的成立及其發展可以說是只許成功不許失敗。反對黨的作為如何，固然大部分的因素決定於反對黨自己。但是即使未會參加該黨的人士，也應該本諸見義勇為的心地，不分界域予該黨以最大的鼓勵與策應。我們應該了解該黨今天是在台灣與國民黨當權派作正義的鬥爭，其成敗，不僅是一黨的成敗，也關於中國民主政治的能否實現。今天他們面對着的是一個幾十年來慣於利用各種分化、收買等手段來拆散在野黨派的國民黨，他們所爭取的，不是既得利益的「一杯羹」而是要完完整整地實現一個民主中國！正因為對手方是一個慣使陰謀老辣手段的國民黨當權派，在海外從事民主運動的人士，即使暫時或長期無法參與該黨的實際工作，也應該從各個不同的方向，予以盡善的支持；正因為該黨所要求的是完完整整地實現一個民主中國，因此；大家必須抱定我雖非該黨的成員之一，但祇要該黨的目標、行動一日不變，必須為共同的理想——民主中國——作共同的努力。

願從此結束一黨專政

民主政治不是「聖賢政治」，我們今天之所以反對不可代替之說，就為了要促進實現民主政治。但從事民主政治運動的人並非完人，故必謹言慎行。政治是「管理衆人的事」，管理衆人的事，首先貴於樹立信譽。任何民主國家的反對黨之能取得民衆的愛戴，不祇在於盡到糾正執政黨的錯誤，而在於她的作為更能代表民意；反對黨的存在價值，不祇在於她的消極反對，而在於她的積極建議與有效的行動。

「中國民主黨」——一個新興的反對黨即將成立了。她的出現是依據了中國憲政運動的發展歷史而誕生的。數十年來，中國的人民一直在一黨專政的淫威下生存，雖然反對黨在現在階段絕不能立時結束中國一黨專政的殘局，但至少是表徵中國有希望逐步地走向眞正民主政治底坦途。因此吾雖不才，衷心實樂觀其早日成立，幷當竭盡所能共為民主中國運動奮鬥。

台灣一周

連震東的妄言

台灣知名的民主人士，密鑼緊鼓籌組反對黨，國內外的反應極端良好，顯將有助新黨的出現。從顯著的跡象看來，「選舉改進座談會」必將蛻化為一個反對黨，它將在中國民主政治史上，寫下輝煌燦爛的一頁。

自五月十八日選舉改進座談會，猛烈抨擊執政黨選舉舞弊後，內政部長連震東曾否認各項指摘事實。因之，六月二十五日與二十六日的「選舉改進座談會」，擬定了對連震東談話的駁正並要求其公開答覆的文稿，這不只將使連本人在公衆面前懺悸，而且是執政黨面臨眞理的考驗。

連震東以以小蔣關係，及得其地利，而飛黃騰達；但他在民政廳長任內，在地方選政中攪「安全措施」的汗馬功勞，該是陞官發跡的最大本錢。「力小任重」，所以連震東首次出席立法院會上，就無法滿意地答覆立委的質問，難怪乎立法委員董微會說，「像連震東這種人也能當部長，豈不表示我國連人才也沒有？」

今日台灣各地選訟未已，司法審判迭受任政治壓力干擾，立法院和監察院豈能坐視不了了之？

奉勸連震東先生，現在上策是三緘其口，否則欲蓋彌彰，徒增民憤而已。

建議成立華僑研究所

僑務委員會新舊委員長交接，周書楷的出長打破了傳統非閩即粵的僑務首長慣例。

平心而論，陳清文先生在過去兩年中，雖穩健持重，但不失書生本色，否定了那些從事粉飾門面、荒誕浮誇的積習，諸如開什麼華僑會議、攪什麼觀光祝壽、叫什麼僑教口號，不幸的是，這期間印尼華僑危難重重。

老實說，拿四五十年前的「僑務政策」來應用於二十世紀五十、六十年代是造成今日華僑問題的根源。

新近周書楷先生的僑務政策談話，尚屬老實直率。

今日的華僑問題，我們不能單純當作事務來辦理，而必須通過學術性的廣泛研究，從而產生一套適應於新現實、新歷史紀元的新僑務政策。

僑務委員會內不乏有新見地和新認識的人才，設法籌措一些經費，成立一個「華僑問題研究所」，或尚可切切實實做點僑務工作。

·孟戈·

回到眞理的這面來

·宋寂·

一、

今日台灣和香港的一幫御用政治論客，慣於盜用所謂「非常時期」的字眼，從而作為維護一黨專政的靈符，他們口口聲聲說今日的中華民國正是「前綫國家」，因而必須厲行「戰時體制」。可憐年紀在五十歲以下的中國人，從出生到現在，無日無夜不在「非常時期」中。孫中山先生當年以「四大寇」面目領導中國革命，直到今天我們還要革命！小孩子的命，革到老態龍鐘；老年人的命，革進棺材裏去。終於大陸革完了，國家革到台灣去！

然而，這漫長的十年間，美國第七艦隊協防台灣·中美簽訂了共同防禦條約。因而，敵人雖不敢來「解放」，我們也不會去「反攻」。台灣海峽平平穩穩。但台灣執政當局始終說是「前綫國家」，說是「非常時期」，戒嚴了十多年，還要照舊戒嚴，致使台灣籠罩在陰森森的戒嚴法令下，致憲法上賦予人民的基本權益受到損害，亦使統治政權得其所哉，為所欲為！

二、「非常時期」何時了。

今日的中華民國是不是「前線國家」呢？其實，在全世界面臨共產主義禍患的今天，任何自由國家都和極權國家處在準戰爭情況下，但在核子武器的毀滅性戰爭世紀裏，美國和蘇俄也算是「前線國家」，祇要任何一個敵對國家掀動電鈕，從飛彈發射台放出的洲際飛彈，可以在若干分鐘內毀滅另一個進襲目標。因而，人類戰爭進入核子武器階段後，根本就無所謂前線和後方了。

御用政治論客會說中共對付台灣，或者中共侵略東南亞國家，祇能使用普通軍備的點線攻擊戰爭。中共經常叫囂「解放台灣」，所以我們正處在戰爭前綫，正生活於非常時期。這話乍聽很有理，細認就大有問題。首先，可以假想中共有沒有力量「解放」台灣？即使中共有足夠的軍艦和飛機，他敢不敢和第七艦隊拼？拼不拼得過？我想，任何一個中國人，誰都可以非常乾脆的答覆：中共無能「解放」台灣。台灣是不沉的反共堡壘。

第一個最淺顯和最直截了當的例子：這次艾森豪總統到台灣訪問，中共無恥地以十七萬發炮彈轟擊金門，說是「迎送瘟神」，這個幼稚的舉動，十足証明中共的低能和無能。如果眞有本事，何不襲擊「聖保羅」旗艦，何不轟向台灣海峽？因而，極端明顯的看出，在美國沒有改變協防台灣政策以前，中共決不敢侵犯台灣。過份強調「非常時期」，無疑的是別有用心的。

自中美公報聲明「不使用武力反攻大陸」後，執政當局的新口號是「從大陸反攻大陸」，這就是所謂「把戰爭帶到敵後去」，要大陸人民自己去推翻共產主義的統治。要大陸人民自己去流血革命進行反共抗俄的鬥爭。當敵人完全垮台了，然後我們再把一部憲法帶回去，實行三民主義而繼承中華民國的法統，姑不論有沒有這樣便宜的事，但執政當局已經確確鑿鑿說明，我們是放棄武力反攻了！

綜上言之，是所謂「非常時期」，既不去反攻大陸，當然就無所謂非常不非常，中共不敢來「解放」台灣，也同樣無所謂非常不非常的事實存在。那麼？請問這班御用政治論客高談濶論「前綫國家」和「非常時期」的理由何在？

事實上，祇要國家不處在正常戰爭情況下，也就是說不正在發生軍事衝突的時候，就不能說是「非常時期」，也就無需乎實行「戰時體制」。雖然金門、馬祖，是在敵人火網射程以內，但這絕不能作為強調「非常時期」的唯一藉口，難道目前這種膠着現象，進不進、退不退的情形延長若干年，「非常時期」也跟着延是若干年麼？「戰時體制」繼續管制若干年麼？

三

御用政治論客喜歡說，我們正處在「非常時期」，我們是反共的「前綫國家」，所以我們不能實行「西方的民主」，「東方的現實就有東方的民主」。我眞佩服他們會說出「民主」也有東方和西方分野的胆量。「民主」也有新與舊區別的勇氣。

如所周知，西方的民主主義是自由人類的政治瑰寶，近世紀以來英美的民主制度均會適應現實作適當的修改，但它是運用議會的民主，來作合理合法的修正。御用的政治論客，說「西方民主太陳舊了」！甚至和共產黨同一鼻孔說是「資本主義的民主」。我要請問什麼是新的民主主義？毛澤東的新民主主義呢？還是蘇加諾的指導民主主義呢？事實上，民主只有一個，但它不是一個一成不變的模型。它不像馬克思所說的共產主義圖騰，要有一個固定的塑型，使所有事物的發展砌合這個塑型。民主主義並沒有任何教條，也沒有任何定型。但它有一個基本原則：國家主權屬於人民、政權屬於人民、社會福利屬於人民。如何來實踐和保障這些基本原則。那就通過民選的政府和民選的議會了。須知民主政治的立法機關，可以在民主範疇內改良法制，民主有什麼東西新舊之分呢？誠如御用政治論客所云，西方不同於東方，西方的若干政治措施不完全適合於東方的國情民心。如果這個說法可獲得廣大人民的同意，儘可通過立法機關作合理合法的更改。民主主義的優越性是不容詭辯的！決不能用這個似是而非的所謂理由，來反對民主政治，來反對實行民主制度！

「非常時期」、「前綫國家」、「戰時體制」和「西方民主」這一連串的名詞來掩飾一黨專政——說溫雅一點是一黨訓政的政治局面，是無法掩盡天下人耳目，愈辯愈覺詞窮理屈，愈說愈露馬脚。大江流日夜，中國人民的血日夜流，但中國民主政治前途、是樂觀的，是光芒四射的！御用政治論客，中國人民歡迎你們站到眞理的這面來！

為反對共產主義而鬥爭！

為實現民主政治而歡呼！

現階段中共與自由國家共黨關係

從目前自由世界各國共產黨的活動看來，中共雖然在大嚷大叫要求加强「各國內部的人民鬥爭」，甚至要求人們不要反對所謂「正義的鬥爭」，間接鼓動暴力革命，但響應者微乎其微，顯然是陷入低潮狀態。照中共的說法是「革命水準降低」了；另一方面說明中共並未能掌握到對自由世界共產黨的領導權。

問題之最突出者是阿爾及利亞問題。一九五八年十二月，中共與蘇聯背道而馳承認了阿爾及利亞臨時政府；一九五九年十月，赫魯曉夫公開宣佈希望阿爾及利亞臨時政府同意法總統戴高樂的停火建議，舉行談判；但中共猛烈反對戴高樂的建議，繼續鼓動阿爾及利亞臨時政府進行其武裝鬥爭；另有消息，在阿爾及利亞民族軍中已有中共的志願人員；且以種種方法來接濟阿爾及利亞民族軍。據今年五月二十日人民日報報導：在中共與阿爾及利亞臨時政府的聯合公報中還提到要在適當時節互派使節；極力反對阿爾及利亞的停火談判，認為這是法國政府「千方百計地玩弄政治陰謀，欺騙阿爾及利亞人民，企圖達到它單靠軍事手段無法達到的目的。」（五月三日人民日報賀龍講詞）但是，事情出乎人們意料之外，正當阿爾及利亞訪中共代表團回到北非時節，阿臨時政府却宣佈停火，並派代表到巴黎談判。此不啻重重地摑了毛澤東一個耳光。說明中共的勢力根本沒有達到北非，它的大叫大嚷只不過是噓人而已。

在遠東自由國家中，最大的共產黨是印尼共產黨，在印尼政府強橫的壓迫華僑，並且拘禁中共的外交人員時節，印尼共產黨除了發些不着邊際措詞含糊的公報以外，對於中共的難堪處境毫不加以援手。

印度共產黨在中共印度邊境爭執之中，多數支持尼赫魯的立場，曾經譴責中共對於印度的侵畧。現在；因為中印邊境問題在印共內部發生嚴重的爭論，鬧到其總書記高士被停職，已陷於分裂的邊緣。

寮國的愛國黨本來是中共與北越培植起來的，正當中共聲嘶力竭的鼓動「人民鬥爭」時節，似應有所行動有以呼應，但是，寮國愛國黨似乎並不願意接受中共的這種命令，不作特殊的行動。

日本共產黨在今年四月當中共猛烈以修正主義攻擊蘇聯時節，曾經有過一番尖銳的爭論、所有中共發表攻擊蘇聯的文章也未予以轉載。六月二十三日，發生數百左翼學生包圍日共總部事件，不滿因過激地行動而致在示威中引起死亡。看來，只要日本政局安定下來，日共的分裂不是不可能的。

至於西歐各國的共產黨，從來也不敢提暴力革命的，其「革命水準」早已降到最低點了的。一九六〇年第五期「和平和社會主義問題」（共產國際理論雜誌）第一篇為蘇聯政策辯護反對中共的文章：「工人階級和戰爭」，就是法共中央委員皮．維戎所寫的。他們是絕不可能被中共鼓動起來的。

由這樣的全般討論來觀察，自由世界各國共產黨的「革命水準」實際是已經消失了或正在消失中，中共的這種違反歷史的鼓動行動在現階段是不受歡迎的，他們也沒有可能接受中共的領導。

·田心·

幾內亞——共黨在西非的踏足石

·海文譯·

幾內亞共和國在今年三月初切斷了與法國商業上和財政上的關係。同時，其總統阿賽古．杜里向蘇聯簽訂了一項貸款三千五百萬元的協定。

當戴高樂政府予非洲獨立主義份子機會去選擇——與法國政治協作抑或國家獨立時，一九五八年九月底幾內亞就開始了與法國的分裂。幾內亞在法國驚愕之下，選擇的是獨立。蘇聯對於幾內亞的經濟和技術是很少有廣播消息的。係過去在埃及與伊拉克一樣，蘇聯通過一大批從布拉格、布達佩斯與其他東歐首都派出的代表來接洽。東德代表在幾天之內取道撤哈拉之南到達科納克里，很快就宣布簽定了兩項協定：一是幾內亞的香蕉、咖啡與東德的機器、紡織品交換；一是東德對幾內亞技術和文化的援助。一九五八年底前，捷克代表與幾內亞簽訂了一項在經濟、科學、文化關係上的協定。不久後，就有兩船捷克武器隨同一批技術人員到達科納克里。一九五九年仲夏，幾內亞再與更多蘇聯衞星國簽定了貿易、商業與文化協定。

據在幾內亞的西方人士報導，首都科納克里現在已眞實成為共產黨文化與工藝的櫥窗。有五十種商標的匈牙利出品新型巴士在街上走動。雖然該地沒有報紙，但東德願意在那裏設立印刷廠，過去穿着法國制服的科納克里警察，現在換上捷克制服，手携捷克列寧工廠製造的武器站崗了。在酒舖，波蘭的伏特加酒取法國白蘭地酒地位而代之。如果要更眞實的說，一船美國大米運到科納克里港口，同天便會有更大一船的大米從共產中國運到。

外滙缺乏並不妨碍同共產國家交易，它們是慣於在它們自己間與其他國家間作貨物交換協定的。華沙電台報導去年十一月波蘭曾與幾內亞、印度、日本、南非、羅阿西亞有一連串貨物交換。在與幾內亞的鐵砂，擱核交換中，波蘭付出的是火柴、紡織品、收音機、搪瓷、軍用電話、香烟、風燈、啤酒、伏特加酒與其他貨物。

去年十一月，當阿賽古．杜里總統在美國時，曾經宣稱要使幾內亞保持中立。其政府又宣布英文將仍在學校中教授，但不是必修科。與此同時幾內亞却向布達佩斯、布拉格和其他共產國家首都的大學、專門學校遣送了些學生去學習（據報導在布拉格有十八人）。

今年三月五日，東德共黨宣布與幾內亞交換大使，這是使外交界震動的事件。幾內亞成了第一個承認東德政權的非共國家。西德政府立即召回駐科納克里的大使，並且牽及到兩國即將斷絕邦交，阿賽古．杜里總統過去對幾內亞承認東德一事所作的否認，顯然是已用外交行動來取消了。

（節譯自今年五月號東歐雜誌）

國大憲政研討會的法律根據何在？

靜吾

（台北通訊）自國民大會「第三次會議」修訂臨時條欵後，當權者雖達到三任總統的目的；却開出了兩張支票：一、給予國大代表以立法委員同等的待遇，二、於本月一日成立國大憲政研討委員會。關於前者，則在新近立法院所通過的調整軍公教人員待遇案中已被删去；但事情並不嚴重。因為依照憲法的規定國家的預算固應送由立法院審議通過後才能有效；而按之實際，立法院所審議者不過是表面的官樣文章而已。在蔣「總統」的英明領導之下，政府極大部份的支出原都不在預算以內，增加國大代表待遇的區區之數，當然有辦法可想的。因此、立法院雖然在調整軍公教人員的待遇一案中，將增加國大代表的待遇一項删去，而國大代表諸公尚能相忍者即是之故。

關於設立國大憲政研討會一案，目前也在立法院中遭受了挫折。事緣行政院曾於最近將組織條例草案送請立法院審議，立法院法制內政等十二個委員會已舉行聯席會議開始審查，六月二十八日行政院副院長王雲五內政部長連震東及國大秘書長谷正綱均列席聯席審查會。立委唐嗣堯首先提出書面質詢，其內容如下：

「（一）憲政研討會之設立，是為國家當前迫切的需要？抑是為全國同胞有過一個人民的要求？還是為海內外輿論，有過一篇文章的贊同？

（二）憲法二十七條明白規定：「關於創制複決兩權，俟全國有半數之縣市，曾經行使創制複決兩項政權時，由國民大會，制定辦法，並行使之」。今則大陸淪陷，現僅有台灣省；省縣自治通則尚未完成立法手續，省政首長仍屬政府委派。國代諸公，現在要求行使創制複決兩權，不僅予世人有捨本求末之譏，且有違背憲法規定之失，甚易引起本省將來政治上之糾紛。國大諸公不可不慎，政府當局，亦應卓見及此也。

（三）國民大會組織法第四條，國代開會誓詞：「謹以至誠，恪遵憲法，代表中華民國人民，依法行使職權」。今日國代諸公要求行使創制複決兩權，是否恪遵憲法第二十七條之規定？如不合乎規定，國代誓詞，就應删除：國代諸公制定之憲法，亦應宣告無效。不然，今後何以責政府，責國人偏面遵守乎。

（四）國民大會，六年開會一次，於任務終了時，即行閉會，非有憲法三十條之規定，不能集會。今則政府於國大閉幕後，仍設國民大會組織，根據中央總預算歲出，年用六千餘萬；光復大陸設計委員會，年用一千二百九十餘萬，國代聯誼會，年用一百八十九萬。還要憑藉神聖之一票，要求政府提高待遇，增設機關，開創政治上要脅的風氣，實為國人所不諒。倘軍公教人員踵而效之，則國將不國矣。

國大代表，現在台灣，總數不過一千五百人左右，政府為之設立三個機關之多，年用七千五百萬元之鉅。比之今年中央政府調整待遇，五院十部以及總統府在內，兩萬左右軍公教人員，全部費用之數，可供兩年之需。以今日國家困難，人民困苦情形言之，可說已經竭盡供養之能事。國大諸公仍不滿足，還要設立「憲政研討會」，請國大諸公撫衷自問，於心安乎？於政府精簡機構政策符合乎？

（五）創制複決權之行使，憲法已有明白之規定，實在沒有研究的必要。即國代諸公認為有研究之必要，難道已有之國民大會，國代聯誼會以及光復大陸建計委員會，薈萃全國之人才，年用鉅額之經費，究竟所司何事，有什麼天大的問題，不可以公開的研究？為什麼非要另設機關不可？國代諸公，為國家最高民意代表，地位崇高，名重鄉邦，應當尊重民意，聽聽輿論，萬不可再事冥行罔為，自絕於國人也。

（六）憲法為國家之根本大法，任何國家的憲法，無論剛性也好，柔性也好，對於修改，都是極其慎重的。我國憲法，是全國卅餘省市，五億餘人民之公意，各黨派之協商，三千餘賢明代表慎重之研討所製訂。今則僅有台灣一省，人民僅有千萬，代表不過千餘，豈可輕言修憲乎？

（七）本席今日高攀一點，國代諸公中，不乏素識，亦不乏舊好，更不乏素所尊敬之師友，在私誼上說，在明哲保身上說，不應有所多言。但本席為一血性男子，看到有些軍公人員，白天為國家人民辛勞，晚間拉車，補助家庭生活，子女失學，鹽開水泡飯，因受良心之驅使，寧肯不見諒於國代諸公，實不能不勉盡言責也。」

繼唐委員的書面質詢之後，曾有立委多人提出口頭質詞，延委員國符說：

「憲政研討會組織條例草案是行政院擬訂送請立法院完成立法程序的，因此與國民大會無關。總統一再昭示中外，絕不考慮修改憲法，總統是一國元首，又是執政黨的總裁，他的不修憲主張可說是國家的政策，而現在行政院根據國民大會的決議，擬訂一項違反國策的法律送來立法院完成立法程序。而且這個憲政研討會又由國代決定由總統副總統担任主任委員及副主任委員，查世界各國，不論中外古今，尚找不到一個由總統担任有關修改憲法機構的主任委員而來從事修改憲法的。本席認為國大代表一千餘人強迫總統參加修改憲法。而副總統兼行政院長既不是國大代表，何以又參加憲政研討會參加研究修憲？是不是贊成總統不修憲的主張？國代違憲我們管不着，但行政院如果違憲，我們不能不問。」

此外還有幾位立委認為國大憲政研討會之設立原係根據國大的決議；但依據憲法規定：國大祇有選舉及罷免總統副總統與修改憲法及複決立法院所提憲法修正案之權，並沒有設立機構研討憲法之權。縱然國大違反憲法而要設立機構研討憲法，其決議對行政院也不應有任何的拘束力，因行政院並不是向國民大會負責而是向立法院負責。

王副院長綜合上次會議時幾位立委的質詢，逐一予以答覆：

「（一）創制複決兩權在憲法第一三六條及二十七條第二項均有規定，現在的憲政研討會既不是憲法第一三六條規定的行使，也不是第廿七條的規定的行使，而是根據臨時條欵第四項的規定。

（二）關於憲政研討會應否由立法院立法的問題，誠如數位立委所主張的，憲法第三十四條的規定是對的。不過，臨時條欵的效力與憲法相同，臨時條欵規定國大在第三次會議閉會後設置機構，研究有關創制複決兩權的行使辦法；既有機構，就必須有組織法，行政院為遵重立法院的立法權，乃提出法案請立法院立法。

（三）關於國大通過設置機構的原則，是否為實行創制複決權問題，根據修正臨時條欵第四項的規定是在國大閉會後設置機構，研究行使修憲權，而不是行使創制複決權。

（四）臨時條欵第四項的規定，行政院認為與憲法無不符之處。

（五）機構名稱及任務有無超越憲法規定的問題，行政院概括臨時條欵及國民大會決議而擬訂組織條例草案，並無超越憲法範圍。其條文以第一條及第三條較為重要，其餘則屬輔助性質，且多是參照光復大陸設計委員會及根據國大決議而擬訂條例草案。

（六）行政院依據中央法規制定標準送請立法院完成立法程序，是遵重立法院的立法權。

（七）國民大會的決定是否具有法律效力問題，國民大會的決定，當然沒有法律效力。」

國民大會秘書長谷正綱作簡單的說明時指出：「（一）設置機構完全是研究的性質，並不是實行創制複決兩權。縱使是研究完成之後，也不見得就可以修改憲法或實行創制複決兩權，而僅僅是提供總統作為召集臨時會日期的參考。如果要修憲，也不一定要由設置機構才能修憲，目前在人數上要修憲沒有什麼問題。（二）國大開會時，臨時條欵第四項之後原有由國民大會制定設置機構的組織法的意見，後因有人提出機構組織法的立法權屬立法院，最後乃決定送請立法院完成立法程序。」

以上是二十八日立法院法制內政等十二委員會聯席審查國民大會憲政研討會時立法委員的質詢及官方的答覆。聞尚有立委多人因時間關係，未及發言，決定下次會議仍繼續質詢。

與論方面，自由中國半月刊亦載有龍在天一篇專論，題為「論設置憲政研討委員會的法律根據」。他除了根據憲法第二十七條之規定，認為國民大會並無設置常設機構研討憲政之權而外，還根據國民大會組織法第二條（規定：國民大會行使憲法所賦予之職權），第四條（規定：國大代表誓詞為某某誓以至誠，恪遵憲法，代表中華民國人民依法行使職權）及第十四條（規定：國民大會每次集會於任務終了時即行閉會），指出國民大會要設置常設機構研討憲法，顯係違憲越權和違背誓言。他更指出國大「第三次會議」所通過的設立機構研討憲政案，原係先由該會主席團擬定了組織原則然後才由大會通過，其決議文是「送政府照案辦理」。不但依據憲法國民大會並沒有以決議案的方式要政府照案辦理的權力；即依據國大組織法，主席團也沒有擬定原則設立機構之權，因而認為國大此一決議，不但其內容違憲越權；即其起草及通過的程序也是於法無據的。

總觀各方面對國民大會設立憲政研討會一事的反應，可以說是惡劣之至。聞當權者基於其過河拆橋的傳統作風，也樂得讓數月前曾氣焰萬丈不可一世的代表諸公受受閒氣。就現勢看去，研討會的組織條例可能在立法院遭受到擱置的命運。國大代表有鑒於此，曾於日前用聯誼會的名義函請谷正綱從立法院將該案撤回，結果如何，尚未可知。但國大聯誼會要撤回憲政研討會的組織條例，並沒有意味着該會將暫緩成立。相反的，所謂國民大會憲政研討會仍將照預定於七月一日正式成立；不過其組織法未經立法程序而已。好在台灣有的是此類黑市機構，雖然名不正而言不順；但祇要照樣有錢可拿，代表諸公也就「相忍為國」了。

由於社會的反應不佳，有些國大代表主張憲政研討會成立時，應舉行盛大的儀式，除了主任委員蔣「總統」及副主任委員陳副總統應一律朝衣朝服躬親出席致詞而外，還要請中央政府重要官員及外交使節參加以昭隆重；並藉此向立法院示威。但多數的代表則比較自甘淡泊，主張免去一切儀式，即由中央社發表一則消息，或在報上刊一公告，正式宣告成立，即已足矣。究竟採取何種方式，尚有待於國大聯誼會與官方商談決定，但將不會鋪張，則可斷言也。

本刊小啟

翟覺先生：

承惠稿甚感。先生迭受國民黨第六組駐港人員之迫害，我們極表同情；惟尊稿所述各節，多屬個人之事，未便刊載，尚希諒之。

編輯部謹啟

國父再世必然討蔣

（紐約通訊）六月二十日，此間聯合日報有一篇社論題為「國父再世必然討蔣」。其中歷述國父當年討袁世凱的經過，及討袁重要文告以証明今日蔣介石非法連任的種種行為，實與袁如出一轍。並說，假令國父中山先生再世，必然挺身而出，自立政權，自建法統，與師討蔣，決不會像今日海外民主人士一樣僅限於不承認非法總統而已。（揚）

剖析中共對香港工商界的心理作戰

大陸之窗

劉裕畧

中共對香港工商界採行心理作戰，不自今日始。但中共所採心理攻勢程度之猛烈與性質之廣泛却以目前爲最兇。心理作戰，通常是爲了一種或多種政治目的或軍事目的而對敵人採取的一種行爲。但中共十年來對香港工商界的心理作戰主要的却是爲經濟目的而採取的行爲。

十年來，中共對香港的心理攻勢，手法多端，次數繁複，但其中最猛烈而且最顯然的兩次大攻勢，却都是基於經濟目的，其對象則都爲香港工商界。

中共第一次對香港工商界展開的心理作戰攻勢，遠在幾年前。當時大陸淪入中共之手不久，中共對香港和對海外的最大企圖，是推銷大陸貨，以賺取外匯。而當時香港工商界人士大多了解中共政權之殘暴本質，且大多數人皆知中共乃中國工商業之眞正敵人。所以，除極少數工商人士願意與中共做生意，以圖火中取栗而外，其餘大部分工商人士對大陸生意都根本不願插手，至少亦在遲疑與躊躇中。針對這一情形，中共當時遂對香港工商界展開了一個猛烈的心理作戰攻勢，把「在商言商」四個字當作心戰武器打了出來。

從表面上看：「在商言商」四個字是比較堂皇比較冠冕的。它使用這四個字，除了具有心理上的麻醉作用外，還有兩層含義：第一是說商人本份在做生意，因此，香港工商人士只須注意其生意本份就夠了，不必多管閒事，更不必過問這一生意背後所牽連的政治問題。中共强調這一含義的用意很顯明，旨在藉此打掉一般商人內心所深藏的反共意識與非共意識，從而使得大陸貨能夠暢銷；中共使用這四個字的第二含義則隱含有以利潤來誘使香港商人去做大陸生意的企圖，所謂「在商言商」，就是叫你站在商業行爲上計算有無利益可圖，且不管他是大陸還是其它什麼貨。此其目的，顯然亦在鼓勵香港工商界多做大陸生意。

這是上次中共心戰的情形。

到最近，中共對香港工商界又展開了另一大規模的心戰攻勢。我們試把最近兩個月以來香港大小共報：大公報、文滙報、商報、晶報、新晚報打開一看，從新聞到副刊，從政論到報導，從隨筆到小說，重重疊疊，幾乎到處都是反對日本人，抨擊日本人，挑撥舊日民族仇恨，宣傳日本經濟侵畧的文章。同時，對所有做日本生意的香港僑胞，及與日本資金或技術合作的香港工業界人士，一概奉送一頂大帽子，叫做「新漢奸」。而不再彈他們往日大彈特彈的「在商言商」的舊調了。

中共所使用的心戰武器，忽然如此一變，說明中共這一次的心戰攻勢在性質上與企圖上，已與前次不同。前次的目的在推銷大陸貨，故其心戰武器是「在商言商」。這一次心戰的目的在阻擋日本貨，在阻擋日本經濟勢力之伸張，它知道不能再用在商言商四個字，而要在商言政了。所以，它的武器也像玩魔術一般，隨手一變，變出一頂「新漢奸」的帽子來，並以之作武器來打擊和威脅香港工商人士們。中共目前使用這一心戰武器的地區，還只局限於香港。尚未普遍擴充使用到東南亞各地區。本來，今日之中共與今日之日本，其根本敵對矛盾之點是經濟，尤其是貿易。雙方之商戰地區則廣及香港以外之東南亞。中共目前之所以還只在香港展開這一心戰的原因，則因香港乃雙方貿易競爭之跳板，故香港遂亦成爲中共使用心戰之焦點。有人以爲中共這一次的心戰，是配合日本國內的反美反岸示威而來。其實，這僅是時間和形式的巧合。須知中共與日本的經濟矛盾，遠大過於它們的相需，目前對香港及東南亞地區的經濟鬥爭，則是它們之間的重大鬥爭。所以，縱然沒有日本國內的示威，中共也是要爲經濟鬥爭在香港對日本採取心戰攻勢的。「戲法人人會變，各有巧妙不同」，對此，中共自己是正自得意哩！

不過，我們若進一步看這問題，則又確認中共這一手法，實在還是很拙劣。

試想，人們誰不記得中共最初的口號是「在商言商」，依照「在商言商」原則，大陸生意是一種生意，日本生意同樣也是一種生意，誰說日本生意做不得？數年前，中共自己還不是會經支使香港親共商人鼓吹過日本貨嗎？現在何以又說完全不能呢？何況香港乃一自由港，中國與日本現在亦未處在戰爭狀態中（假如中共與日本發生戰爭，也並不是中國與日本發生戰爭，因爲中共乃蘇聯之傀儡政權，根本不能代表中國），更無不能做日本生意之理，亦更無不能與日本資金日本技術合作之理。所以，對於上逃種種，中共實提不出任何充分理由來。由於中共自知情虧理輸，遂不再彈「在商言商」的舊調，轉而偷偷的改爲在商言政了。同時，它也不敢再用道理來說服人，而只有採用重逃舊日仇恨的方式來挑撥人。這是近日香港各大小共報每天不惜許多篇幅來記載二次大戰時日本在香港之舊日仇恨之所以然。但香港僑胞對中共這種險詐技巧，早已因其在大陸罪惡昭彰的殘暴統治而完全明瞭，故中共這一次對香港工商界的心戰，來勢雖然兇猛，但其企圖愚弄和欺侮香港工商界人士之用心，則亦昭然若揭，早已爲香港工商界人士所深悉。因之中共這一次心戰無法獲得戰果，算是白打了。

不說在商言商，且說在商言政，則「新漢奸」三字，對香港工商界人士亦根本不能成立，蓋漢奸之釋義，乃指一種賣國行爲而言。今中日戰事既早已結束，日本於今亦未在中國成立傀儡政權，所謂「新漢奸」之名對香港工商界自無從說起。事實上，今日之新漢奸，並非香港工商界，而乃中共。蓋中共信奉俄人所崇奉之馬列主義，毀滅中華民族之文化傳統，不但先在精神上思想上成了蘇俄之奴隸附庸，後破壞中國民族之社會結構，拆散家庭，搗毀倫理，更將中國大陸之政治、軍事、經濟、交通、國防等皆一一附屬於蘇俄，致使民族獨立喪失無餘，而大陸全體同胞亦完全置於被蘇俄奴役之控制下，試問今日之新漢奸，除了中共之外，尚有何人？今中共不自己照照鏡子，反欲僞裝民族主義者，企圖以「新漢奸」之帽子作心戰武器來脅迫善良的香港工商界人士們，黔驢技窮，其不能奏心戰之效，自屬顯然了。

從自由世界與共黨集團的殘暴統治的整個鬥爭形勢看，從大陸同胞亟待解救的具體事實看，我們對中共的任何陰謀，必須指明，我們對中共的任何企圖，必須予以打擊。至於「新漢奸」這頂帽子，我們以爲它實在不適合反共和非共的香港工商界人士使用，只有奉還中共，中共自己留用，那就最適合不過了。

浴血藏胞極待援助

—中共承認西藏反共戰鬥正在進行—

王文仲

西藏同胞最近又以無比英勇的鬥爭精神，對中共展開了武裝反共活動，對此，本報最近已有報導。但自由世界中仍有許多人認爲在中共嚴格統治下，不容易發生武裝反共行動，因之，無可否認，有一些人是懷疑藏胞反共消息的眞確性的。再加之，中共報刊至今一直否認這一消息，而且硬說這些消息都是海外反共人士的故意造謠，但事實的眞象畢竟暴露了出來。據尼泊爾外交部六月廿八日公佈，中共當局已正式照會尼國政府，告以「中國軍隊刻正戰鬥中，以期敉平西藏境內之暴亂」。尼國外交部並宣佈尼政府正繼續與中共方面通消息，以探悉有關方面之情形。由於西藏武裝反共活動之加劇，且由於最近這一次的西藏武裝反共活動地區，是在接近尼泊爾邊境的一帶地區，遂使中共不得不就此事對尼泊爾提出外交照會，但也正由於這一外交照會，終於將藏胞正在進行武裝戰鬥的消息完全証實了。

這是一個極好的消息和極好的証實，因爲它不但因此對那些一向否認西藏有戰事的共報，打了一個大嘴巴，而且也昭告世人，說明中共對西藏的統治，並不順利。相反，它是和大陸其它地區的同胞一樣，繼續反抗中共的。其相異處，只是大陸其它地區被中共直接嚴密統治較早，而西藏被中共直接嚴密統治較遲，加之西藏地形特殊，交通不便，宗教信仰深厚，生活形態不同，故西藏較易舉事，而大陸其它地區則不易武裝舉事耳。惟其普遍潛藏的反共決心則一。

對於西藏這一次反共戰事，印度大吉嶺方面通常可靠人士認爲中共向尼泊爾提出外交照會，可以証明西藏戰事之規模不小，否則中共儘可掩飾此事不必自行宣揚，然終不得不自行宣揚，當然有其不得已的苦衷。現印度與尼泊爾各界均知目前僅在西藏西部，即有四個戰場：一、是拉薩通往卡都戰畧公路上的錫卡宗，該處在額非爾士峯以北五十英里，據各方消息，均以此處反共軍力最爲强大。二、是錫卡宗以西二百英里之薩伯。三、是江孜附近。四、是巴爾喀城，該城在藏西瑪那薩羅沃池湖之西北，爲公路上之重鎭。另據印度新德里的消息，所有西藏反共義士所使用之武器，則仍然不過是來福槍及其它小型軍械。新德里方面且認爲以此類小型軍械對中共現代化軍隊作戰，實難長期持久云。筆者以爲新德里方面此一看法很正確。事實上，今日藏胞所恃，惟地利與人和而已。以言武器，是遠較中共爲劣勢的。因之，筆者以爲今日自由世界對西藏之反共戰事，雖寄予同情，甚至美國國務院最近亦對西藏反共戰事發表聲明，但最多亦只表示同情而已，而西藏反共義士今日所急切需要的，實不只於此一種空洞的同情，而更迫切需要一種實質的有效援助。尤以適宜於山地作戰的現代武器及醫藥等爲然。論形勢與條件，中共在西藏對藏胞所進行的屠殺性戰爭，對中共亦有許多不利與不便之處，其間尤以西藏社會結構與交通地形爲尤然。假如自由世界，尤其美國能够對西藏勇敢的伸出正義之手的話，西藏現有的反共戰鬥，實可維持，且亦不難求其發展。目前中共正協同蘇俄插手中南美，以期從美國的戰畧後門來搗亂美國，那末，試問美國爲什麼不可以從中共的戰畧後門去還擊中共呢？更何況中共目前正在大陸舉行大規模反美示威，且一再對美國高叫戰爭呢？

至於台灣，往年一再空談反攻大陸，近年則又一再聲稱將俟大陸起義，以配合反攻。現在，西藏的武裝反共戰鬥正在進行，請問有何配合？不說大規模的配合，事實上，實質而有效的支援也是沒有的。這不但對不起正在浴血苦鬥的藏胞，抑且對不起中華民國自己。誠然，西藏遠處印度邊境，種種形勢的隔離，不失爲台灣難於着手的重大原因。但政府當權者對藏境的戰鬥是否彈精竭慮去設法，却也是問題。

現在藏境戰事仍在進行，亡羊補牢，猶未爲晚，政府當局是應該痛自反省；加强努力的時候了。假如台灣能够善於運用這一形勢的話，對反共復國前途和中華民國的整個大局將是非常有利的。

馬華公會呼籲「南洋建國」

俊華

梁任公與蔣百里兩先生，於四十餘年前在星馬海程上發出「南洋建國」的理想，馬來亞的馬華公會，最近特別重提梁蔣兩大政治家的啓示，闡述華人「南洋建國」的現況，並指出未來的途徑。

這是為了馬華公會「重組」而發出的號召。馬華公會在去年這個時候，為了大選中的提名人數問題，與華巫印聯盟發生磨擦，曾造成了華巫分裂的嚴重政潮，經各方發出「避免流血」的呼籲後，陳修信，梁宇皋等馬華中的「反分裂派」緊守聯盟的陣地，場馬來亞大破壞的危機，方才僥倖避免了。可是在那次中馬華公會中央好幾個部的主任，都憤激而退出了馬華，各地分會的部主任及重要職員，退出或離職的更不可勝計。會長林蒼佑醫生雖是領導馬華與聯盟團結的執行者，但在那次大風潮中心力交瘁之後，也終於辭職赴英醫養。實際上，馬華像是經「一場大病」。

林蒼佑醫生辭職當時，馬華中央緊急會議當已決定由謝敦祿醫生署理會長，自那時起，反分裂的「團結派」已有重組馬華「使之面目一新」的目標。逐漸恢復因風潮而停頓之支部的活動，調整人事，重張旗鼓、再擴大吸收會員。最近怡保雪梨賓支會擴大徵求會員中：馬華要員現司法部長梁宇皋氏，特為此引述梁任公，蔣百里兩先生「南洋建國」的理想，書告民眾。報紙指出，梁氏此舉，乃「以沉痛的心情」，表白馬華「和平合作」的願望。

梁氏原文畧謂：

新會梁啓超先生在第一次世界大戰後，著「歐遊心影錄」，述說他途經星加坡返國，月夜船舷上和蔣百里先生暢談，他們同一的感覺，為什麼歐洲人到了美洲，呼吸自由空氣，活然創造獨立繁榮的國家，而我們華人不能？因此，這兩位大政治家給我們一個很寶貴的啓示：「南洋建國。」當日讀來，感慨系之，低徊不置。

可是四十年後，由於馬華公會在本邦高舉旗幟，團結華人，與巫印兄弟合作，脫離了殖民地的羈絆，邁步和平建國，馬華這光榮歷史，不會磨滅，而先知先覺的梁蔣兩先生，他們所預示的光輝理想，也由此實現。

馬華公會的政治理想，在使各大民族在這一個大家庭中安定、繁榮，像各大行星的運行，依不同的距離，互相影響，產生美妙的均衡。

儘管敵對黨施行慣技，播弄、離間、迷惑，企圖削弱馬華公會的力量，但聰明而有信心的華人，決不會受着謠言被其麻醉。馬華自從獻身於聯盟政府以來；凡百待興，困難孔多！然華人生活於馬來亞，尚是天堂樂土，比起隣國華人處境，可說差堪自慰。雖然在這大家庭中免不了有小小的爭端，但決不會瀰漫開來，鬧得滿天風雨。「小不忍則亂大謀」，倒是要引以為鑒戒，從而堅定馬華的立場。這正是我華人「先所先後」的高度智慧表現。

馬華公會「將有一新面貌出現」，在各分支區會重新更張或設立之後，將以集體行動，齊一步伐，共同意志，以加強馬華公會的中心力量、前途雖仍不免迂迴曲折，相信我們仍將達到我們最後的目的。只要在人事上，政策上，避免人自為政，縱使有一些人一時不滿意於馬華公會，然馬華是採取民主政制；儘可以運用組織的力量，加以變更。須知「和平合作是我們的原則，分裂相殘，是敵人所快心」，希望我們華人眼光如炬，知所去取，及表現其空前之團結，「打成一片」，乃華人本身切身利益之所在。今怡保雪梨賓支部擴徵會員之際，署陳所感，未磬萬一。希望我華人能集中於馬華公會旗幟之下，我梁宇皋願以一老兵資格，揚鞭策馬，導夫先路！

在經過大風潮的震盪之後，各級機構方在重建，當時的歧見與意氣仍存。外有敵對黨的離間破壞，內慮極端民族主義份子的執迷。「南洋建國」，並非坦途。馬華當軸的書告，確是「沉痛心情」的表白。

·吉隆坡通訊·

古巴近況與對美威脅

·龍吟·

根據從古巴方面搜集的新聞資料，新獨裁者卡斯特羅自從爭得政權到手後，對內對外種種措施，無一不是脫胎於中國大陸的共黨作風，比方中共統治大陸初期的公審、清算、土改、農會與合作社組織，統制外滙，限制出入，沒收私人資本，實行工業國營化，……等等。因此，農人與工人，從前是社會階層中埋頭工作的苦幹分子，現在搖身一變，成為卡斯特羅政權最優越階級，享受優待勞工條例，住廉價屋，減少工作時間，並且攪起政治來，儼然天之驕子。大抵每一個國家之中，貧窮的人居大多數，他們飽受生活上的磨折，難免有不平之感，因此，那些社會主義獨裁者，看透農工們這些弱點，於是利用他們來奪取政權，於奪得政權到手後，給他們一點利益，鬥倒了曾經壓迫他們的地主惡霸，使他們如登天堂，對新獨裁者三呼萬歲。此等農工們就因此而成為共產獨裁者的最堅強基層力量，亦鞏固其政權。到政權鞏固後，才向工農開刀，過去中共就是一個例子，現在卡斯特羅正步步跟隨中共的後面跑。他們聘請俄國顧問，互派訪問團，簽訂貿易條約，交情打得火熱，對共黨外交活動的展開，確實異常迅速，而使整個拉丁美洲為之側目，古巴國內的農工階段，目前正在受到卡斯特羅政權的一點小惠後，死心擁護卡斯特羅的階段。

卡斯特羅統治古巴後，也像中國大陸一樣，不時掀起反美的浪潮，美駐古巴大使曾因此一度離職回國，其後雖然返任，但迄未與卡斯特羅展開兩國間的談判，因為卡斯特羅的倔強態度，致使兩國外交談判變成僵化，在此種情形下，美國雖未聲明與古巴斷絕邦交，亦未採取經濟制裁政策，但古巴對美外交的冷淡，及自動限制美商品入口，形成國內商品奇缺，物價騰貴，尤以食米來源減少，價格飛漲，影響民生甚大。比方食米一項，從前每百斤值十六元古巴幣左右，現在則漲至每百斤值二十五元的，比從前漲高三份一強，古巴食米，從前全靠美國供應，現在因自動限制美商品入口，致使米價上漲，人民生活負担加重，可謂自食其果。

反對卡斯特羅政權的古巴人，在一九五九年初起，已陸續逃亡國外，此與中國大陸給共產黨統治初期無異，他們都以能逃出卡氏的魔掌而感到欣幸，他們的財產被沒收了，他們的職業被剝奪了，他們被視為進向社會主義的障碍物，他們在國內無法生存下去，不逃亡便祇有死路一條，他們遲早會變成社會主義獨裁政權下的犧牲品．那些無法逃生的，都被驅進哥倫比亞的集中營，作政治犯看待了。

過去幾個月，古巴曾一度掀起反卡斯特羅的風浪，那是反卡斯特羅份子，盤據從前卡氏革命起家的根據地獅母山，揭櫫反共產獨裁政權，曾在東省一帶進行過小規模的擾亂，但到現在已經銷聲匿跡，不再聽到任何關於騷擾暴動的新聞，可見卡斯特羅的控制力量，已經不斷增強，使反對者無從伸展，所以一般對於卡氏政權不滿的古巴人，甚至一般華僑，猶存着多少天真幻想，希望另一個新興力量把卡斯特羅趕走，再過從前的自由日子，可是這種幻望現在已破滅了，他們如需要自由，如覺得自由的寶貴，就要設法逃亡，越快越好，否則，將不免有噬臍莫及之歎。

最近。由九十九人組成的中共國劇藝術團到古巴表演，這自然又是共產主義滲透計劃的一部份，此外，蘇聯的工程顧問，絡繹前往古巴，探察礦地，準備技術援助古巴，開發經濟富源，凡此，都顯示共產國際對拉丁美洲侵畧，已經在古巴奠定了基礎，古巴離美國南部的美羅里達州僅九十哩，如果古巴真有一天變成蘇聯與中共的附庸，那麼共產國際的威脅已迫近美國的邊境，到其時，美國在前方的環繞蘇聯軍事基地，雖然星羅棋佈，隨時可以作報復性的突擊，毀滅蘇聯，但蘇聯在美國後門的古巴，如果建成一個堅強軍事基地，將來所予美國的打擊，其嚴重與危險程度，恐不下於美國在前方軍事基地所予蘇聯的打擊，設不幸有第三次世界大戰發生，美蘇兩敗俱傷，自是意中事了。

·紐約通訊·

中共誘騙華僑金錢毒化華僑子弟

梅縣也是粵省主要僑鄉之一；中共老早已向該縣的海外華僑開刀，誘騙大量金錢，開辦了一間「梅縣大學」。

然而所謂「開辦」，却祇是把原日的「梅州中學」換掉了一塊招牌，搖身一變就變成了「最高學府」。

該大學的行政，是由「梅縣人民政府」的教育科，衛生科，農業科派員主持。校裡的學生，並不是從高中畢業生考選，而是大部份由各「公社」保送，其餘就是當地的下級幹部；品流異常複雜，程度也極參差不齊，年齡更懸殊得厲害。至於各「公社」保送學生的標準，則側重於當地較為富有的華僑子弟；他們的基本教育如何，全不講究。顯然，中共是還要繼續利用他們來爭取僑匯，這是中共打得震天價响的如意算盤。

這「最高學府」目前僅得三系：一是醫藥系，教授是一些中醫生和跌打醫生；二是師資系，教的祇是語文、教學、物理、化學，和初中的情況差不多；三是農業系，那簡直是一個勞動營，教授和講師都由老農和積極農民來扮演，他們除了知其然不知其所以然的大力驅迫學生們耕種之外，連一點膚淺的農業學識也都說不出來。

當然，「梅縣大學」所注重的不是學術或科學知識，主要的還是奴化教育式的政治課程。說得清楚點，中共是誘騙了海外華僑的血汗金錢，拿來毒化華僑子弟！

·吳洪·

僑鄉近訊

中共又嚴厲限制僑眷出口

·江水·

廣州消息稱：中共限制僑眷出口，邇來又轉趨嚴厲。凡有親屬僑居港澳，而日前曾經獲得其親屬滙欵接濟者，亦在限制出口之列。查中共這項措施，其目的無非係以僑眷為人質，利用他（她）們僑居海外（包括港澳）親屬的親情，藉以吸收他們的外滙；換言之，中共係把留居大陸的僑眷，作為誘騙外滙的工具。中共這種殘酷的詭計，兩年前曾一度推行得相當凌厲；其後由於海外僑胞大表憤激，紛紛消極拒抗，中共所得的外匯，反因之而銳減，遂不得不對僑眷的出口限制，畧予放寬。詎最近一兩個月來，這限制又突轉嚴厲，單以廣州來說，據調查所得，在六月那一個月中，已有僑眷一百一十八至一百四十八申請出口而不獲批准。又據港澳僑胞多人指出，他們鄉中也有不少親屬屢次申請出口，均遭拒絕。南越僑胞古發棠、張華興、唐宏耀等，五月下旬返抵澳門，即着他們鄉中的慈母和妻兒申請來澳團叙，迄今仍未獲准許，祇接得其慈母妻兒來信，催促滙欵回鄉接濟而已。

中共糧食增產計劃大打折扣

中共「農業部」最近承認：廣東、廣西、湖南、湖北、四川、江西、浙江等省，今年由於氣溫特低，主要糧食的早稻，時受寒潮襲擊，育秧雖比往年早，但插秧却比往年遲，尤其是禾苗還青，更為緩慢，因此對收成方面，頗有問題。據指出；四川江安縣已有二百多畝早稻遭受低溫襲擊而枯萎；湖北的早稻，也有一部份受到暴風和冰雹的摧殘；廣西的玉林和梧州兩專區的早稻，則橫遭卷葉虫和鑽心虫的侵害，有百份之七十八被毀折，目前正發動了三十萬農民在園殲害虫和搶救禾稻中。——查上述各省的早稻種植面積，約為水稻的總面積三份之一，以至二份之一，其收成既受重大影响，中共今年的糧食增產計劃，顯然又要大打折扣了！該「農林部」又說：我們目前已加強補救工作，希望可以克服前一段所受的不良影响云云。唔！這希望，恐怕微乎其微了！

星星之火（中）

·岑仲良·

他故意迎着他們走過去。

「檢查。」爲首的發出了粗暴的呼喝，俄製的卡賓槍咀指向他的胸膛。

瑞明把團員証遞過去。

「這末晚，是幹啥子的？」果然那血紅色的紙皮夾子生了效，他們的聲綫低軟了些。

「剛從學校排戲回來。」他答。

「那是啥子？」發光的眼睛注視着他手上的紙張。

「嗯，這是响應抗美援朝運動的話劇本。」

「小伙子，」見是同路人，便說出了關心的話：「近時特務蠻猖狂，太晚了，可別亂闖。」

「是的，解放軍同志。」他恭敬地回答。

「閣……」的馬靴聲去遠了，只剩下寒風在紊亂的電綫上撞出嗚嗚的嗚咽，似乎有無數的寃魂在悲泣，在抗議！瑞明全身像烈火一般燃燒着，他把衣領往上一翻，又繼續他的工作。

新年的清早，街道依然是凄清的，很少行人，只有八角帽子下的列寧裝和蘇聯花布裁成的烏克蘭襯衫到處飄搖着來粉飾昇平。

咯、咯……

瑞明老不高興的走去開門，心裡埋怨着這小妮子大清早便來搞鬼。

逸蘭向他做個作揖的怪動作，佻皮的笑着說：

「恭喜發財，利事逗來。」

「大清早，誰有心情和妳開玩笑。」她打着呵欠，愛理不理的往被窩裡鑽。

她見自己被奚落，便大發嬌嗔的道：

「你這人眞是——年初一便罵人！人家是有事找你商量的嘛。」

「五星旗下的年初一，可有什麼新事情？」他學着她的口吻，怪聲怪氣的說。

「睡你的覺吧，懶猪。」她故意耍關子，鼓着腮幫子說：「這事雖然重要，不過與你毫無關係。」

「重要的事情？蘭，告訴我。」

他聽說是重要的事情雙手捧着前額，懊悔的說：「噢，原諒我吧，昨夜險些出了岔子，回來整晚做惡夢，所以心情不大好。」

「岔子？？沒有什麼意外吧？」她關懷地急急追問。

「沒什麼，謝天謝地，只是有驚無險罷了。」

「是了，待我告訴你，昨天接到大哥的信，他着我趁假期方便，申請去香港。我們一起脫離這地獄的生活吧；我相信大哥一定願意給你找工作的。」

「妳先去吧，」他懇切地說：「我到香港幹不了什麼。而且在這裡有我應做的工作，我也不想逃避自己應盡底責任。」

「那麼，我也不去了，」她愧疚地說：「我要和你一起幹下去；不然，便成逃避責任的懦弱份子了。」

「妳錯了，」他握着她的雙手，眞摯的說：「只要是面對眞理，追求正義，世界上每個角落都有我們工作的地方，都有不少責任等待我們去完成。」

「可是這裡的工作你負担得了麼？」她不放心的問。

「放心好了，其實做熟了也不怎麼辛苦的。」

「我還是遲些去的好。」

「不！」他半認眞的說：「林逸蘭，妳承認我們是同志麼？那末，我以利刃報總編輯的資格委派妳到鐵幕以外，做利刃報的海外採訪主任。」

「是的。」她嚴肅的站起來應道：「譚同志。」

「好，就一言爲定了。」他微笑着說。

他們彼此緊緊的握握手，然後分離。

三

在雄鷄型的國土上，泛濫着歷史上從來沒有的殘殺狂潮——三反五反運動。耳所聞、目所見都是殘忍和冷酷，人與人之間的溫情被肢解剝蝕，一切一切，使到滿懷熱血的瑞明更積極幹他的工作。

派完了三百份報紙已時屆中夜。瑞明拖着過度疲憊的身軀踏上梯級，開了門，正想回身開燈，突然，一枝管狀物體在他背上重重地撞了一把，驟然感到一陣疼痛，他正想掙扎，可是已經太遲了！電燈亮了，十多管槍桿指向他，只要他稍微挪動，便立刻變成蜂巢樣的屍體！

書櫥上的書籍被撕得肢離破碎的堆在地上；尚未派出的利刃報，自製的油印機……端放在客廳的正中；睡房內舖滿了衣服雜物；實驗室的門半掩，縷縷黃色的硝酸氣味在空氣中瀰漫着……

從實驗室裏轉出一個人來，不由使他一怔！原來是駐校黨員的教務主任。他咬着一支紙烟，得意到把三角眼瞇成一條黑綫，露出一排黃牙，陰險而又狡猾的說道：

「想不到吧！譚瑞明同志。其實上個月，我剛遷到越秀北路，收到那極端反動的東西，一看字跡，就猜到一半了。嘿嘿，你這隻螳螂哪，在老鷹面前還有什麼可說!?」

四天了，在維新北路的廣州市公安總局內，他沒有喝過半滴水，吃過半粒飯。首先遭受到的是軟哄——

「招供吧，小伙子，將功贖罪吧！……」

「人民的眼睛是雪亮的，不要和偉大的黨作對呵：……」

「坦白吧！坦白從寬，抗拒從嚴！……」

之後，第一枚指甲被拔掉了。跟着，二十多小時的疲勞審訊，在五百支燭光的射燈下，一個跟一個的問他！哄他！嚇他……

之後，第二枚指甲宣佈與他脫離了關係。

就這麼樣，軟一點，硬一點，再軟一點，要從消耗一個人的體力，私用非人類所忍受的酷刑來折服一個人的意志。

「誰是你的同伙？總部設在什麼地方？……」

「我說，」舌頭扯離了膠黏在一團的上腭，吐出了乾澀沙啞的聲音，「給我點水吧！」

他不但滿足了喝水的慾望，還享受到一頓豐富的飯菜。

「這樣才對嘛，你是不能和英明的毛主席和人民作對的。你應該及早覺悟，協助我們把特務份子一網打盡。」

瑞明一眼也不看他，只啃着一隻燒鵞腿；又餓又乾的腸臟作弄着他的肚皮，使他感到隱隱脹痛，他不斷地喝着酒，希望酒精幫助他的折磨求取心底的安靜和增加他的勇氣。

「喂，老弟，」那張嘴顯得不耐煩的追問：「你們的組織究竟有多少人？由誰來領導？」

「你一定要知道麼？」他冷漠地問。

「當然，只要你從實招供，你不但得到人民政府的赦免，還會立下功勞哩。」

「好吧，」他把啃着的鷄腿扔掉，然後激昂的說道：「告訴你，除了中馬列主義的毒過深的一小撮惡貫滿盈的黨魁外，全中國的人民都是我們的兄弟，都在反抗……」

一記耳光落在他臉上，他還給八角帽子一個酒瓶！最後，他被判三十年勞動改造。

三十年！三十年！多麼悠長的歲月！他將在這無盡的時光裡受盡肉體的折磨，和精神的虐待；在折磨中變成只會工作而全無思想的行屍走肉。

他到過五指山區種植橡膠。

他到過西沙羣島的珊瑚礁上挖鳥糞。

他到過長白山原始森林的伐木場。

他到過內蒙古的集體農場。

最後，他被分派到新疆的修路勞改隊。（中）

會通之路

孤血

鴉片戰爭以來，西方文化以狂風驟雨之勢闖進中國；這一百多年間，中國人的民族心理發生了劇烈的變化 在以前，中國人是以中土華胄傲岸天下的，一向把四外的異民族視同夷狄蠻戎。可是在西方文化的挑戰之下，屢戰屢敗，自尊侮外的心理，一轉爲自卑媚外的心理。從前自以爲文明，視外國爲野蠻；現在完全顚倒過來，外國的東西都是文明，中國的一切都野蠻落後了。例如民國初年，把外國人使用的手杖叫文明棍，把外國傳來的話劇叫文明戲。把外國人的東西都冠以文明二字，可見當時自慚形穢的心理了。

上述自卑媚外的心理，激起了强烈的反應；一方面國粹主義者起而保衛傳統文化，與國粹針鋒相對的是全盤西化論。這兩派思想曾發生了激烈的論戰。其實這兩派思想都是一面之見。外國的月亮比中國圓，這種自卑媚外的心理固然要不得，可是如果認爲中國的月亮比外國的圓，也同樣是愚蠢。

對於中西文化問題，我認爲盲目的西化與頑固的守舊都是文化演進的魔障。文化與文化的接觸與融合，有如男女的結合一樣，所生產的嬰兒，既不完全像母親，也不完全像父親，而是融合父母雙方的神奇混合物。國粹主義與全盤西化各執一面，硬把兩個文化拉開，等於拆散男女使不得結合，顯然違反自然進化之道。

西方文化中有精華也有糟粕，民主與科學是精華，帝國主義，功利主義，唯物主義等則是糟粕，我們應該吸取精華棄其糟粕，豈能囫圇吞棗全盤接受呢？反之，中國文化也自有優點和缺點，以近代世界文化水準來衡量的缺點太多，優點太少。其較著的缺點如家長式的獨裁政治，男尊女卑的封建倫理，依傍權威，從龍附鳳的士大夫思想，在學術上偏重主觀的玄思冥想，缺乏客觀求証的科學精神等等。但是中國文化也有其獨特的價值和優點，那就是不依托宗教，根據人性所建立的人生哲學與修養方法。孔孟所主張的政治禮教思想制度，雖然隨時代的變遷已不適合於今日，但是孔孟所啓發的仁之道德理想及其修養方法，則萬古常新。在實効上說，它與其他高級宗教有同等的淑世作用，而在科學昌明的時代，以信仰人格神爲基礎的宗教，又不及根據人性的儒道，通情合理，平實近人？

依照以上的了解，我們重新印証了頑固守舊的與盲目維新的錯誤。而這兩種錯誤，在今天的中國思想界仍然繼續存在。如何疏導這兩種錯誤的傾向，使中西文化走向自覺的會通之路，實是這一代中國學人艱鉅的使命。

啟事

「文壇泥爪」作者有事，暫停兩期。

·編者·

記庚子拳變始末（十三）

舜生

五、因拳變而引起的三件大事

以上四節，已將庚子拳變的起因及其歸結，作了一個簡明的敘述。可是要明瞭當時全國各方面的概況，則因拳變直接引起的三件大事，仍不能不畧知其梗概；否則拳變結束後的十年間，何以會有英日同盟，日俄戰爭，清廷籌備立憲，以及辛亥武昌首義以後，僅僅花了四個月零兩天的時間，即將一個繼繼繩繩相傳了二百六十八年的清代皇統一舉推翻，其間的脈絡或線索，便不能完全明白。

所謂三件大事，其一為江督劉坤一鄂督張之洞等與外人訂立的「東南互保」條約，此實辛亥各省紛紛獨立與清廷脫離關係的先聲；其次為俄國藉口拳亂，以武力佔我東三省，因而引起日本和英國的敵愾同仇，延至一九〇四年，乃有日俄戰爭的爆發；及日勝俄敗，中國人感於君主專制畢竟無以圖存，清廷也不敢過於忽視人民的要求，不得已以籌備憲政相搪塞，欲藉以緩和革命的空氣；其三則唐才常林圭等乘拳亂謀以「自立軍」於武漢起義，失敗後死事甚烈，此實為後來兩湖人士熱烈參加革命的先導，亦即譚人鳳、宋教仁、陳其美、居正等於黃花崗一役失敗以後，謀於武漢發動革命的一個有力暗示。茲依次敘述之如下：

所謂「東南互保」的這件事，從表面上看，自以長江上下游張劉兩督為主體，但當時比較開明的督撫如粵督李鴻章，東撫袁世凱，以及我駐英公使羅豐祿，駐美公使伍廷芳，駐日公使李盛鐸，駐德公使呂海寰等亦極力贊助，而盛宣懷則尤為幕後主持最有力的人物之一。至其他在野人士如張季直（謇），湯蟄仙（壽潛），陳伯嚴（三立），沈愛蒼（慶瑜），何梅生（嗣焜）等，亦與有力焉。可是上舉這些人，都不能算是最初的發動者，究竟對這件事首先動議的是誰呢？乃是在當時一直到今天還不大為人注意的趙鳳昌。

鳳昌字竹君，江蘇武進人，原以候補直隸州知州任湖廣總督署文巡捕，事張之洞甚謹，頗能參與機密。光緒十九年，大理寺卿徐致祥，參張之洞與居無節，懶見僚屬，苛罰濫用，用人不公，……等情，辭連藩司王之春及鳳昌，其指摘鳳昌之言曰：

「……直隸州知州趙鳳昌，細人也，小有才，奔走伺候，能得其（指之洞）歡心，該督倚為心腹，終日不離左右，官場中多有諂媚趙鳳昌以鑽營差缺者，聲名甚穢。……」

清廷命兩江總督劉坤一及兩廣總督李瀚章查辦，結果之洞之春均著無庸議，所犧牲者，惟一鳳昌。當時清廷上諭，對趙有「不恤人言，罔知自愛」，著即革職，勒令回籍」等語。大概從此以後，趙即常居上海，仍為之洞耳目。（關於張之洞被劾一段，參看胡鈞編「張文襄公年譜」）趙晚年自號「惜陰老人」，曾以「惜陰」筆名，撰「拳禍東南互保之紀實」一文，發表於上海出版之「人文」雜誌（此雜誌為黃炎培所主辦）自述發起此事之經過頗詳，茲節錄其要點如下：

「……予既為發議之人，更從事其間，迄於事平，應撮其大要記之。……其時南北消息頓阻，各省之紛亂已日甚，各國兵艦連檣浦江，即分駛沿江海各口岸，保護僑商。英水師提督西摩擬入長江，倘外艦到後，與各地方一有衝突，大局瓦解，立召瓜分之禍。憂思至再，即訪何梅生老友商之云：「事已如此，若為身家計，亦無地可避，吾輩不能不為較明白之人，豈可一籌莫展，亦坐聽糜爛？……予意欲與西摩商，各國兵艦勿入長江內地，在各省各埠之僑商教士，由各省督撫聯合立約，負責保護。上海租界保護，外人任之；華界保護，華人任之；總以租界內無一華兵，租界外無一外兵，力杜衝突；雖各擔責任，而仍互相保護，東南各省一律合訂中外互保之約。」梅生極許可，惟須有任樞紐之人，盛杏生（宣懷字）地位最宜，謂即往言之。並云此公必須有外人先與言，更易取信，當約一美國人同去。旋杏生約予往晤，尚慮端剛用事，已無中樞，今特與外人訂此約，何以為繼？予謂：「各層亦有辦法，可由各省督撫派候補道員來滬，隨滬道經與各國駐滬領事訂約簽字，公不過暫為樞紐，非負責之人，身已凌空，後來自免關係。」即定議由其分電沿江海各督撫，最要在劉張兩督。予為約沈愛蒼赴寧，再為陳說。旋得各省復電派員來滬，盛即擬約八條，予為酌改，並為加漢口租界及各口岸兩條，共成十條，並迅定中外會議簽約之日。其會議之所，即在新建會審公廨。盛既不在簽約之列，對外不便發言；又慮滬道余聯沅向拙於應對，即為定中外會議座次：外人以美領事在前，以次各領事；中則以滬道在前，盛以太常寺卿為紳士居次，與余道坐近；再次各省派來道員。先與余約，倘領事有問難於置答者，即自與盛商後再答，庶有轉圜之地。議時領袖係美國古納總領事，果因五月二十五日上諭，飭全國與外人啟釁，開口即云：「今日各督撫派員與各國訂互保之約，倘貴國大皇帝又有旨來殺洋人，遵辦否？」此語頗難答：遵辦則此約不須訂，不遵辦即係逆命，逆命即無外交，焉能訂約？余道即轉問盛躕躇。盛告余，即答以今日訂約，係「奏明辦理」。此四字本公牘恒言，古領向亦解之，意謂已荷俞允，即諾諾，兩方簽約散會。……自此互保簽約後，西摩及各外艦停止入江，內地免生外釁，不致全國糜爛難乎收拾，亦云幸矣。予即每日到盛寶源祥宅中，渠定一室為辦事處，此室祗五人准入，盛及何梅生、顧緝庭、楊彝卿與予五入，負責接收京津各省電報消息，有關係者勿稍洩露，共籌應付，此即創議「東南互保」成立之事實也。」……

此約於清廷宣戰後五日，即光緒二十六年五月三十日簽字於上海，改為九條，但內容與鳳昌所述無出入。先是，此事在南京討論時，江督幕客某頗不贊成，劉坤一也不能無猶豫，因於私室問張季直：「兩宮將幸西北，西北與東南孰重？」張答：「無西北不足以存東南，為其名不足以存也；無東南不足以存西北，為其實不足以存也。」此兩語極扼要，劉乃決定贊成，並告某幕客曰：「頭是姓劉物！」即電鄂張促簽字。（參看張季直自訂年譜）

吾人自事後觀之，辛丑一役，李鴻章折衝十一國，終搆大和，雖賠款懲凶，而國土無損，自不能不以李為功首；但當時發動「東南互保」諸人，使李得有所憑藉，其功亦不可沒也。（第五節未完）

文史漫譚

煮酒論曹操（一）

徐亮之

上期談「曹操給民間藝人害苦了」，倒不免想起「三國志演義」第二十一回「曹操煮酒論英雄」一幕來。這一幕的本事，在陳壽的「三國志」中，原祗不過左列一小段：（「蜀志」先主」。——「華陽國志」卷六、「資治通鑑」卷六十三、宋蕭常「續後漢書」卷一上、元郝經「續後漢書」卷二，並小異大同。）

「獻帝舅車騎將軍董承辭受帝衣帶中密詔，當誅曹公，先主未發。是時，曹公從容謂先主曰：「今天下英雄唯使君與操耳；本初之徒，不足數也。」先主方食，失匕著。」

偏演義作者根據這一釘點兒材料，卻竟具有從芥子中看出須彌山的大本領，先天衣無縫地把「世說」假譎篇所載魏武有名的「望梅止渴」的故事，排在前一年征張繡時，做這回「青梅煮酒」的引子。再鑿空寫出「酒至半酣，忽陰雲漠漠，驟雨將至；從人遙指天外龍挂，操與玄德凭欄觀之」一段形象壯濶的背景，做曹操談龍的張本。（實則又祗是把「管子水地篇」的話派在曹操名下而已。）然後才順借曹操之口，說什麼「龍之為物，可比世之英雄」一轉，轉出「煮酒論英雄」的一段大議論來，使到以上的歷史記載為之黯然無色。可畏哉小說家之筆！碰到這樣的小說家，倒真令人要與「身後是非誰管得」的歎息了！

不過，我對曹操似乎卻總有點偏見。即我認為天下滔滔，比較起來，這位孟德公到底還要算是個「佳人」與「可兒」；到底還要算是歷史上一個可愛的人物。爰不自揣量，亦為煮酒論之：

第一、我認為曹操的可愛，便是他的大氣磅礴的氣概；作偽得大氣磅礴，同時也天真得大氣磅礴。他的所以成功，我認為得力於他天真的成分，是遠比得力於他作偽的成分為多的。而他的大氣磅礴的天真，千載而下忖情度理，便可能正是當年使他成為一個領袖人物的主要的條件。尤其可愛的是：他已經事實上是個有權有勢的領袖了，居然仍舊我行我素，大氣磅礴地天真得渾灝一片，渾灝得連一點尋常領袖應有的架子也無。關於這，「曹瞞傳」（他小字阿瞞，一名吉利）曾說：

「太祖為人佻易，無威重。好音樂，倡優在側，常以日達夕。被服輕綃，身自佩小鞶囊，以貯手巾細物。時復冠帢帽以見賓客。每與談論，戲弄言誦，盡無所隱。及歡悅大笑，至以頭沒杯案中，肴膳皆沾汚巾幘。其輕易如此。」

「曹瞞傳」乃吳人所作，論理不會對他說好話的。但這段話既刻畫得這樣逼真，說是完全的謠言中傷，卻倒未必；因為這除了說他不懂擺領袖的架子以外，實在一點也中傷不了他什麼；恰恰相反，一個大權在握的領袖，而居然一點領袖的架子也無，使得人人都樂於和他親近，樂於對他披誠効命，正說明乃是他的大過人處而事實上非做領袖不可也。

大概曹操生平不屑擺無聊的領袖架子，這一點我們是可以相信的。因為關於這，不但吳人的「曹瞞傳」這樣說，就是稍後的晉宋人的著作亦復如此，祗不過附上一條理由，說他的長相並不怎樣高明而已。例如晉孫盛的「魏氏春秋」說：

「武王姿貌短小，而神明英發。」

又如宋劉義慶的「世說新語」容止篇更言之鑿鑿說：

「魏武將見匈奴使，自以形陋不足雄遠國，使崔季珪代，帝自捉刀立牀頭。既畢，令間諜問曰：「魏王何如？」匈奴使答曰：「魏王雅望非常；然牀頭捉刀人，此乃真英雄也！」魏武聞之，追殺此使。」

晉宋去曹氏不遠，所言宜有所本。且劉備既因他許為「天下英雄」而嚇得遠走高飛；則匈奴使者居然能識破他為「真英雄」，豈非「天下英雄」又多一個？則這位可憐的使者在他眼中宜為劉備第二而死有餘辜，實乃事諧理順；亦即「世說」的記載，可能真是事實。而亦因此我們可以有理由相信：曹操乃是一個短小精悍，天真活潑而不修邊幅的傢伙；戲台上派他唱黑頭開白臉，又是他上了民間藝人的當。

傷春

·詩隱·

老去詩人在，諸緣輒自牽。揶揄寧畏鬼，障礙未通禪。曉夢花迷蝶，春愁柳帶烟。用情終不悔，一往定無前。

才畧聲徒倚，歌呼恨每牽。多歧從問道，有愛枉依禪。檻外天沈海，花間月化烟。難將春盡意，一緒君前。

聯合評論 週刊

本刊已經香港政府登記

每逢星期五出版

United Voice Weekly

第九十九號

督印人：黃宇人　總編輯：左仲平

社址九龍金馬倫道卅八號三樓　電話61413

承印嘉羅印刷有限公司　香港灣仔馬師道5號

總代理：友聯發行公司　售價每份港幣一毫

本報美洲版總經售處美國紐約中美出版社

CHINESE-AMERICAN PRESS, INC

199 CANAL STREET.,

NEW YORK31 N. Y. U.S.A.

美洲航空版零售每份美金一角

蒙哥馬利子爵的謬誤

黃宇人

六月二十六日及七月三日香港南華報連載蒙哥馬利子爵於訪問北平回英後所寫的「我與毛的談話」和「中國與西方」兩文。我讀了之後，對於他尋求和平的至誠，極爲欽佩。他認爲上帝不容許我們讓後代子孫生長於核子戰爭的恐懼中，更是每一個有良知的人都有同感的。可是，他的見解則謬誤甚多；茲僅就其與中共有關的部份擇其要者而論之。

中共是共產集團的狂人

蒙哥馬利似乎因爲受到毛澤東周恩來給予前所未有的禮遇，毛更一再稱讚他是一個開明者；遂以爲中共對他頗具誠意，因而誤聽他們的一切謊言。他相信中共目前正竭全力於內部建設，迫切的需要和平，並無強他國實行共產主義或實現共產世界的計劃。然而事實上，中共則是共產主義的狂熱信徒，毛澤東唯恐天下不亂的意慾，較之赫魯曉夫猶有過之。十年以來，中共不但曾公然與聯合國爲敵而介入了韓戰，亦且滲透越戰及不斷的在大陸上發動反美運動。甚至遠至北非與南美，他們都要插足其中。這些例証，蒙哥馬利也許不感興趣。但當年英國聯合法國進兵蘇彝士運河事件，原是他所支持的；而中共在此一事件中，曾宣稱將派遣志願軍協助埃及作戰，這是正竭全力於內部建設而無意對外滋生事端的表現嗎？

大陸上的人民是反共的

蒙哥馬利在大陸訪問時，凡有詢問，人們都答以「毛主席說……」因而認爲「毛澤東怎樣說，大家就怎樣做，沒有爭論，沒有折扣。毛澤東的話即法律，是絕對的和最後的。」此一論斷，在表面上固極正確。但使人驚異的，是他對於這樣以一人的意旨而統制全國人民的思想言行的暴政，不但不視爲現代文明之敵；而反歌頌毛澤東已建立了一個統一而專心一志的「新中國」。是不是他生活在自由民主的英國幾已一生，從未嘗到淸算鬥爭和洗腦，奴役等滋味而感到厭煩，還想在其有限的餘年來找尋如此的新刺激呢？否則，又何致把人間地獄的中國大陸當作是天上樂園呢？然此尚屬他個人的意願，我們不願多所批評。我要指出的，是今日中國大陸人民最大多數（包括尚有良知的共幹在內）都是反共的，以故逃亡與抗暴事件，層見迭出。而蒙哥驚利却說百分之九十的中國人都堅信共產主義，而不但毫無根據，而且直是對中國人的一種誣衊，我們不能不表示憤慨！

大陸上的人民是苦難的

蒙哥馬利於淸晨五時在上海和平飯店的七層樓上看見許多人於上工或上學之前都在街上作一段時間的健身運動，或練拳術，或習短跑。五時半，又見民兵集隊操練；更見行人利用等候公共汽車的時間在人行道上作體操，遂認爲這是毛澤東的一項了不起的大政，中國人民的身體因而都很健康。他在上海附近參觀了一個「人民公社」，又於由廣州回香港時要求坐慢車，以便每站停留，實際觀察民間的生活。他看見「每一個人都是幸福而笑容滿面的。大家喜氣洋洋，很以今日的幸運爲滿足。」我無意說他所描寫的這一幅美麗圖畫，是故意說謊；但他顯然把中共爲他而特別演出的街頭雜耍和路邊喜劇當作是今日大陸的一般事實。實則今日大陸人民的苦難，我想每一個住在香港而稍爲留心的英國人都知道得很淸楚。可惜，蒙哥馬利沒有去港九郵政局參觀，否則，從直到最近不久以前還堆積如山的各色各樣寄往大陸的小包裹中，他就可以知道今日大陸人民過的是什麼生活了。他對於西方世界常把中國人寫成是「一個很不幸福而極爲憂鬱的民族，遭受殘暴領袖的蹂躪與剝削並屈服於饑餓之下」。認爲是一種於西方事務大爲有害的無知批評；而不知最無知的即是他自己，怎不令人婉惜？

中共放下鐵幕的原因

凡是共產國家，必然鐵幕低垂，這已經是婦孺皆知的事了。不幸，蒙哥馬利却似乎全然不知。他認爲今日中國大陸不但沒有土匪，小偷，流氓和鴉片烟；而且建設突飛猛進。他們能以八個月的時間完成一座相等於白金漢宮的「人民大會堂」，更使他感到驚異。最可笑的，是他還以爲中國的專制帝王也是被中共推翻的。他對中共既有如此的迷信，因而婉惜他們採取了關門政策，以致西方人士沒有機會看見「新中國」的進步情形，而使錯誤的觀念不能澄清。但毛澤東答以「關門的主要原因，是防止西方人民帶來他們那種鬆弛而墮落的道德標準，而使他正在中國努力提高的道德標準受到危害」。蒙哥馬利覺得無詞以對；並認爲中共的嚴厲措施，確較西方所習用的方法爲有效。他甚至以九龍新界和中國地區的情形相比。他說，「在九龍的這一方面，英軍患性病成了嚴重的問題，娼妓是顯而易見的；但在相距軍營一哩的華界，則並無娼妓。」他還大罵倫敦夜總會的突然興盛及其破壞法律與道德的種種罪行，而恨不得見其經營者被砍頭。他如此自貶英國而頌揚中共，無怪毛澤東要一再稱讚他是一個開明者了。但今日的事實，則是大陸上的中國人吃不飽，穿不暖，白天要做工，夜間要開會，有時還要作所謂不眠不休的突擊，自無時間和興致再去尋花問柳。至於大小共幹，則實行所謂一杯水主義，可以對任何女性爲所欲爲。男女關係，幾乎已回返到蠻人時代的情形。換言之，文明社會的道德標準，已被破壞無餘。蒙哥馬利祇看到今日大陸沒有娼妓，而不知一般婦女的命運比娼妓還要慘痛呵！

蒙哥馬利的恐共（中）病

蒙哥馬利從周恩來的口中，得知今日大陸的人口是六億五千萬，毛澤東更告訴他中共希望維持人口增加率爲百分之二，即每年增加一千五百萬。他推斷二十年後中國大陸將有十億的人口，而配以強大的軍備和日益增加的經濟力量，必將在未來的五十年間支配了東方世界。他認爲未來的世界和平實有賴於中共，因此，商討世界問題的國際會議必須邀請中共參加。他更主張西方國家和印度應該趁毛周等人尚健在的時候，及早和中共建立友好的關係，以免太遲而遺後患。身爲一個痛感自己的國家遭受帝國主義壓迫達百年之久的中國人，見到蒙哥馬利居然對中國大陸如此敬畏，本應覺得無限的快慰；但作爲自由世界的一分子，對於這位百戰功高的宿將之如此恐共，則又不勝慨歎之至。

蒙哥馬利心中的空中樓閣

蒙哥馬利認爲西方當前的兩大職責是與共產世界謀取和平；同時不顧一切代價以確保基督教的遺產及自由。他雖然知道共產主義和基督教義不能調和，但仍主張應設法使不同的理想和社會制度能和平共存而不互相干擾。他的方案是，加強大西洋公約的政治性和鞏固美國對西方世界的領導；同時，另由英國，法國，蘇俄和中共訂立互不侵犯條約而組成一個歐亞四國的集團，並以英國爲領導國。他主張蘇俄及美英法諸國應同時中止對歐洲的佔領而各自將其軍隊撤回本國。他並說，毛澤東對於如此的歐亞四國集團頗爲熱心，並願意接受英國的領導。他認爲如此則英國即可作爲大西洋公約集團與歐亞四國集團之間的一個金鍊鎖，把兩個集團緊密的連繫在一起，而世界和平就可因以實現了。顯然的，蒙哥馬利雖以世界和平爲目的，而其念念不忘於心的，還是如何能使英國與美國在領導世界的事務上平分秋色。可是，暫時拋開蘇俄的意向不談，而僅就中共的慾望言之，毛澤東果真熱心於這樣一個歐亞四國集團而甘願接受英國的領導嗎？我以爲事情決不會如此簡單的。記得兒時嘗聽老祖母講述如下的一個故事：「許久以前有一家人祇有母女兩口，一天母親去探訪外婆，留下幼小的女孩一人在家。因母親未能及時趕回，小女孩等得急了，哭泣起來，被隱藏於附近的一個狐狸精聽見了。它變成外婆的模樣來到小女孩家，並告訴小女孩說，她的母親一會即回，特請它來照料她先睡。它取出糖菓給小女孩，又給她唱催眠曲。但等到可憐的小女孩睡着了之後，它就把她吃了」。我以爲毛澤東口中的和平，即是狐狸精所唱的催眠曲；而他表示願意接受英國的領導而組成歐亞四國集團，即是送給英國的一塊糖菓，難道蒙哥馬利真想如故事中的小女孩而欣然入睡嗎？

向蒙哥馬利的建議

從蒙哥馬利的文中，知道他明年九月將再到中國大陸作爲時一個月的訪問，希望到時能要求中共准許他隨意去各地旅行，並自由和各界人士交談，不要共幹陪伴，也不需事前通知。如此，他當可對今日大陸的實際情形有所了解；然後再寫文章和發表談話，就可以信而有徵了。在如此的訪問尚未實現以前，最好是少發高論，以免爲中共作義務宣傳而上了毛周這兩隻老狐狸的大當尚不自知呵！

偏安流亡中知識份子的方向

·季夫·

前南京東南大學教務長、中央大學教育學院院長程其保氏，旅美十二年，最近回到台灣並於七月七日在立法院教育委員會的歡迎會上說；「現在美國的中國學人約有六千人；已在美國各大學畢業的中國學生約有四千人；正在大學讀書的中國學生約有四千八百人。中國學人在美國担任教授的有一百廿多人；系主任有卅多人，副教授有三百多人，助教和研究員有六百多人。」這項數字的準確性當是極高的，因爲程氏是紐約華美協進社國際文化事業部份的負責人，相信其報告之數字必有所本。

程氏在他的報告中强調說，「中國在美國的一萬多學人和學生，是中國的「一筆大本錢」。」但他也同時列舉了一些留美學生所以不願回國的理由，除了「學科學的人恐怕回來後和日日進步中的科學脫節外」，他們還顧慮回國後「找不到適當的工作，……但也有些留學生回國後，因受工作單位預算和名額的限制，不滿意所得到的工作。」所以不願回國。不過程氏也說了，這「並不是他們不愛國家。」（以上引用資料見七月八日台灣新生報）

另據香港新亞書院校長錢穆先生旅美的觀感，認爲「國人滯留此邦者甚少佳況，然既不能安，亦不能決然捨去，寧忍心神上的痛苦，不甘放棄物質安樂之追求，此亦無可奈何者。」（見六月六日「新亞生活」雙周刊）

於此可見，程、錢二氏對同一問題的觀點，雖不盡相同，但畢竟尚有對客觀存在事實報導底共同性在。不過二位學者都未曾正面地指出一個更大的原因，那就是今天自由中國——台灣的現實環境，是否能容納得了這一批學人和留學畢業生。（我想這不是二位學者見不及此，而是不欲直言耳；）當然，如果今天局勢沛然突變，反攻大陸一舉直下，我相信除少數在海外的留學生外，絕大多數都會及時趕回來的。退一萬步說，如果今天國民黨能够振作起來，該黨內部能够自行整頓一番，使當權派的邪氣收歛收歛，開明正氣得到抬頭，在厲精圖治的要求下，相信在國外的學人和留學生（不限美洲一地）自亦會斷然「放棄物質安樂之追求」，回來之後也自不會斤斤計較待遇。因爲他們將自認是爲一個可見的希望工作。如果國民黨正能够那樣做了，必然相應節省大量公帑，黨費和所有特別秘密費，既不由國庫支出，國庫必然能更充裕，移黨費與特別費作國家建設費用，政府各「工作單預算和名額的限制」，自可擴大，反攻復國呈現欣欣向榮的氣象，在國外的學人與留學生又怎能不買棹歸國，共赴國難同襄盛舉；又會有誰再繼續「寧忍心神上的苦痛」，不圖光復神州呢？

所以，不論用任何理由來訴說或責備留學生不肯回國工作，不僅是對海外萬千留學生的心情不了解，而且是把問題的本末倒置了。

除此之外，在這同一問題中，必須指出的是，當今在海外（尤以美國最多）的留學生中，屬於達官權要的子弟兒女爲數似亦不少。他們此去，又究有多少是眞正爲了求知識而去的呢？比如像蔣老先生的長孫，蔣經國的兒子蔣孝文，居然拿了外交護照在美國不守社會秩序，被拘上法庭，控以交通規則。而更多的事實是，那些達官權要的兒女，多有高中畢業就赴美的，那無非是好在「黃金國」早日婚配，讓出世的第三代爲乃祖父母取得未來入境與居當的方便。此誠所謂「進可以反攻大陸，退可以反攻美國」?!因此要說，在美國的一萬多名知識份子中，個個都是「愛國的」，恐亦未必盡然呢！

但是無論如何說，留美的知識份子，一定是眞正愛國的，人多，「人才出超」固是一大問題，固是一大弊端，不過這也無異是「人才寄養」，與其回到國民黨當權派治下的台灣受壓抑，倒不如還是在國外埋頭治學爲民族爭光。這話或許會引起若干人的非議，但也是就事論事的實在話。與其回來之後學非所用，不幸被網羅而淪爲官僚黨棍，不如在國外「寄養」，爲國家多保留一個人材。

不過有一點建議，也需在此一述。

近十年來東南亞地區若干新興國家，亦爲華僑聚集之地，都在積極建設與發展中，所需各方面之人材甚衆，凡現在在國外「甚少佳況」和「既不能安」的人，實可考慮向這些國家謀發展。因爲這些國家，雖非吾土，却有吾民。若非有學術研究之必要，與其大家凍結在美國或歐洲，何不到東南亞一帶來脚踏實地地幹一番，多做一點實際的工作，也是爲未來復國的任務增長一分經驗，何況尚能擺脫「心粹上的苦痛」。讓中華民國第二代、第三代的知識份子在華人與華僑聚集之地展開更多的積極建設性的工作，祇要不參與他國內政活動，相信是不會有困難的。這樣一方面使華人或華僑社會的文教工作得以普遍，水準得以提高，協助了當地工商業的發展，也間接有助華人與華僑的生活更趨安定；同樣無形中可起刺激台灣實際政治的作用，在大家有所作爲的影響下，間接幫助了在台灣從事民主改革底運動，也無異是促使反攻復國的希望提早實現。

十年偏安與流亡，派外知識份子不論身在何地，痛苦的心情是一樣的，與其「寧忍心神上的苦痛」，何不急起有爲；民主改革台灣或積極反攻大陸，都需要有「決然捨去」的決心。下這樣的決心，事實上又不限於在歐美的知識份子，即使是今天在東南亞的知識份子，需要洗面革新痛下決心的，似也爲數不少呢！

台灣一周

國府應控訴印尼暴行

·孟戈·

野蠻强橫的印尼軍隊，槍殺西爪哇芝馬墟鄉的華僑婦女，這是印尼排華的熾烈氣燄中，一連串的迫害行動裏底最無耻和最殘暴的行爲！充分暴露出一個新興的民族主義國家，所殘存的先天獸性，如何的可憎可恨！

作爲一個炎黃子孫，我們對印尼的殘暴兇惡，決不能容忍，也不應容忍的。

印尼是承認中共政權的國家，今日華僑的血淋淋厄難，是中共一手所造成，我們不忍設想中共的政治陰謀將導演到何時終止。但這種種族性的糾紛愈大必仇恨愈深，我們可以揣測中共所走的下一步棋，華僑在忍無可忍下可能出現的事實，正合共產國際主義的侵畧陰謀，我們不能等候這個可悲的局面出來！

令人難以想象，台北外交當局一直噤若寒蟬的原因是什麼！

倘使繼續隔岸觀火，坐待中共與印尼外交的惡化，試問即使中共與印尼絕交，對國府、對僑胞有什麼好處。印尼會和國府建立邦交麼？何天眞至此？

倘使認爲如此情勢繼續發展下去，可以使僑胞明白中共無力護僑，使華僑對國府產生向心，此固是理所當然的事，但也必須國府有積極的行動相配合，如一貫地「容忍」，實足以表示懦弱無能而已！

台北外交當局爲什麼不馬上在聯合國提出控訴！

有關「公論報」的謠言

台灣「公論報」前不久刊出一篇「鄭重聲明」，否認該報改組的消息。並斥之爲「野心份子別有企圖，無中生有造謠惑衆。」

根據台灣「青年戰士報」和「大華晚報」的報道，「公論報」社長李萬居——籌組中的反對黨的發言人之一，將被另一個人所代替。當然這是執政黨方面夢寐求之的「喜事」！

但，我眞奇怪新聞同業，居然可造聳動聽聞的謠言，新聞道德在那裡。

毋庸諱言，「公論報」的立場一向「是什麼、說什麼」，對執政黨方面採批評與監督的態度。因而招致權貴的大忌，若干年來，總編輯被扣壓，記者失踪、外銷被扣、定戶受干擾……種種迫害是衆所周知的事實。正因爲此，該報的業務，一直無法發展，去年會險被「接收」。但，在反對黨呼之欲出的今天，大家都認爲這是順理成章的反對黨報，在台灣嚴禁報紙登記中，執政黨方面當然希望從李氏手上奪過來！謠言畢竟是謠言，「公論報」鄭重更正了！謠言止於智者。

讀者投書

應多討論些反共實際問題

·岑今·

「孤掌難鳴」，是一語道破了分散的力量作用之微小，是微乎其微難有大成的。若把所有的分散力量團結起來，即所謂：「衆志成城」，則能產生驚人的作用。如此的事例俯拾即是，無須贅述，惟這裡所論的團結，決不是像台灣所作的象徵式的團結，因爲台灣方面所提出的團結口號，實難測其誠意，以往的事實証明，祇是旨在消除異己。而現在則更恐懼者團結形勢下，一旦反攻成功後，會影响國民黨當權派繼續保有既得權益。所以雖然有時台灣也喊出「結合海內外一切的反共力量一致反攻」底口號，無非是藉以混淆視聽。故當一些反共志士眞正爲反攻而向其投效時，即以台灣人口過剩爲名，欽定一項辦法——凡無人担保而欲來台者一概擋駕。現在雖放寬了尺度，也不過是對遊覽觀光者予以方便。於是過去曾決心以肝腦塗地的反共志士，現在竟成無家可歸、無國可投、有仇難報的流亡者了。此外，國民黨當權派却不惜每年虛耗巨欵吸引一些所謂「僑領」回台捧場，其中乘機走私舞弊者有之；作政治敲詐者有之，甘爲奴才者有之，鬧得烏烟瘴氣！除了喊幾句口號之外，「反攻復國嗎」？遙遙不可期！年來方式雖有改變，也祇是發一篇空詞的「罪己詔」而已。

在適應積極拯救國家民族災難的要求情勢下，海外人士又將何去何從？毫無疑問，是絕不容再蹈虛無飄渺的後塵。我們要眞正的團結海內外一切可能團結的力量，共同作民主反共的努力。甚至要將爭取團結的對象，推廣到所有其他已被共黨關入鐵幕的國家的反共人士，俾能眞正獲致衆志成城的目標，壯大與共同敵人戰鬥的力量。並且也要以休戚相關，當仁不讓的精神，協助、支持盟友，光復他們的祖國。

衆所週知，共黨的血腥統治與其武裝是分不開的。現在要粉碎鐵幕，瓦解其暴力統治，徹底讓被奴役的人民獲得眞正解放，沒有武裝配合革命，那也只好眼睜睜的看着敵人繼續橫行跋扈。所以除了要有反共理論宣傳之外還需要號召仁人志士準備隨時獻身於偉大的反共行列。一九五六年匈牙利人民的反暴革命，所以不旋踵，即被俄共武力鎮壓下去的原因，就在於並未能做到以全民之力一致行動。因此如何策劃於未來在大陸上作武裝之反共鬥爭，亦爲一重大問題，似不能不深加思考。

中共統治大陸已逾十年了，時間不能算不長，反攻復國，不可再因循等待了，大家除了討論民主改革台灣之外，也應該需要同時多討論一些更切要的問題。但願愚見能收抛磚引玉之效。

談「憲政研討委員會」

・宋寂・

一、

立法院法制等十二委員會，於第二次聯席會議時，審查國民大會憲政研討委員會組織條例草案。王雲五副院長說：「憲政研討會是依據國民大會第三次會議通過的臨時條款第四項規定而設立的，該組織係國民大會附屬機構，需要組織法。行政院為尊重立法權，並遵照中央法規制定標準法第四條三項規定，將憲法研討會組織條例草案，送請立法院審議。」但，立法委員多對此機構之立法發生若干疑義。從這次立法院會否決行政院調整待遇部份減為二億八千八百餘萬元的先例看，國大代表所組織的「憲政研討委員會」能否完成立法手續，確很難說。因而，迫使總統府根據臨時條款規定設置「憲政研討委員會」的理由，於七月一日悄然成立，據說業經分組展開研究了！

原來，今年的國民大會第三次集會時，因「總統連任」問題，使御用大法官曲解國大總額，使致這班無民可代的國大代表製造政治要脅的有利條件。當時所謂「修改臨時條款」，實質是「增加臨時條款」，為：

一、動員戡亂時期總統副總統得連選連任，不受憲法第四十七條連任一次的限制。

二、國民大會對於創制、複決兩權之行使，於國民大會第三次會議閉會後，設置機構，研擬辦法，連同有關修改憲法各案，由總統召集國民大會臨時會討論之：

三、臨時條款之修正或廢止，由國民大會決定之。

由是觀之，「憲政研討委員會」是國大代表所謂「修改臨時條款」時，在進行政治買賣中所獲得的成果，大家不要忘記，當時國大代表同樣收到一張「提高生活待遇」——與立監委同等待遇」的期票，可惜這張期票給立法院注銷了。因之如「憲政研討委員會」再給注銷，就大不成話了。難怪行政院趕快撤回送審的組織草案。

二、

「憲政研討委員會」的主要目的是「研討」行使創制，複決兩權，也即是說希望「五五憲章」的幽靈復活。但，根據我們的憲法第二十七條：國民大會的職權。

一、選舉總統副總統

二、罷免總統副總統

三、修改憲法

四、複決立法院所提之憲法修正案。

關於創制複決兩權，除前項第三第四兩條規定外，俟全國有半數之縣市曾經行使創制複決兩項政權時，由國民大會制定辦法並行使之。

又根據憲法第一百三十六條：「創制複決兩權之行使，以法律定之。」

事實上，我國行憲不久，大陸丟了，到今天不要說全國過半數縣市行使創制複決兩權，就連碩果僅存的台灣一省「省自治法」尚未制定，何能談到創制複決兩權問題。那麼，這個「憲政研討委員會」研究討論些什麼？如果認為國民黨總裁有言在先「在今後六年以內的適當時期召開國民大會臨時會議，討論修改憲法及行使創制複決權問題」。那麼？事實非常明顯，除了以這班不足法定人數的國大代妄予修改憲法而使能行使創制複決兩權外，否則別無他途可走，誠如是又何必研討？中國一部憲法從頭到尾不外乎一百七十五條，用得着累年積月去研之討之嗎？用得着「每三個月舉行綜合會議一次，每年十二月二十五日舉行全體會議一次」麼？

三、

當然，唯一的作用，也許是在使「憲政研討委員會」成為一個固定機構，一如立法院與監察院焉。六年開一次會和六年選一次總統的國大代表，在閉會後本與平民無異，時賢所論甚多。根據立法委員唐嗣堯的質詢：「今政府於國大閉會後，仍設國民大會組織，中央總預算歲出六千餘萬元，光復大陸設計委員會，年用一千二百九十餘萬，國民大會代表聯誼會，年用一百八十九萬。：國大代表，現在台灣，總數不過一千五百人，政府為之設三個機關之外，年用七千五百萬元之鉅，比之今年中央政府調整待遇，五院十部，以及總統府在內，兩萬左右軍公教人員，全部費用之數，可供全年之需。」其浪費國幣之驚人，概可想見，今又想增設一個「憲政研討委員會」，以全體國大代表為委員，則其所需經費從何而來？由誰去負担，作為一個中國人，是不能不予過問的！中國人民有什麼需要付出這筆龐大的血汗結晶品去供奉這班國大代表呢？

四、

若干來自台灣朋友的消息，今日國大代表生活確實清苦，遠不如立法委員之舒適安泰，因而，產生由羡慕而至於嫉忌的心理，從而表現出當前國大代、行政院與立法委員間不够協調的氣氛。姑不論這種說法是否成立，但國大諸公倘能清廉正大，真正以國家民族為大前提，以人民權益為本旨，則所作所為何至於形成今日人民一片反感的尷尬情形。某些國大諸公對此亦曾深省否？

喜馬拉亞山麓風暴

・田心・

去年三月，中共在西藏進行鎮壓行動，東南亞各國一般均以東方匈牙利事件視之，它自我揭露了笑臉後面的血腥行為，是中共與東南亞各國關係的轉捩點。

最近，中共又招認了西藏的動亂，也且還發生了武裝部隊進入尼泊爾境，殺人、捕人事件，西藏這次動亂的規模，可能不像去年拉薩事件那樣的鉅大，但其意義却更為深遠。

不能否認過去的西藏是一個封建社會，拉薩事件亦只能認為是維護封建制度為中心的反對中共統治的事件，中共亦正以此作為口實，而自以為是的以救世主的姿態施行其兇殘鎮壓。達賴逃到印度以後，中共即實行其所謂「三反雙減」的民主改革運動，據今年四月十日人民日報報導，截至今年四月底統計，在農業區已有五十七個縣約六十一萬人口的地區展開「民主改革運動」。在牧業區，則有十二個縣約七萬五千人口的地區，施行了這項運動。預計這項運動將在今年播種以前完成。而今，正是西藏播種時節，西藏人民給予中共的答覆是武力反抗，這點對中共的宣傳是一大諷刺。

目前西藏人民的反抗，自與去年二月的事件大不相同，當不能認為他們在為維護封建而戰，已具有全民反共的意義。

按西藏高原南與印度、尼泊爾相毗隣，西與巴基斯坦、阿富汗為界，實為中共向東南亞擴張的主要據點之一，亦為這些國家避免赤化的屏障。若中共對西藏不能控制，則無法向這方面擴展，這樣的道理只要展開地圖就全明白。過去，我們不能認為東南亞國家對於中共在西藏的行動須不關心，但始終不是積極的，以致使得西藏人民的反抗愈來愈艱困。若長此以往，自難堅持。若果中共在西藏立足鞏固，勢必居高臨下向其周圍擴張；因此，西藏人民的反抗不僅只是一個民族的反共，而且還具有廣泛的國際意義。鄰近西藏周圍的國家首先共此應有所認識。

吾人固不願再見有如當年英國對西藏的態度重演，但與西藏相鄰有密切關係的國家應該採取一項積極的支援西藏人民的聯合行動，迫使中共停止在西藏的鎮壓酷行，或增強支持西藏人民的反抗力量。最佳的防禦是主動攻擊，恢復西藏為阻止中共向東南亞擴張的堡壘，是為西藏周圍國家避免赤化的上佳策畧。這一種利己利人的行動；有關國家實應予以考慮並即行組織。

報禁半開

·獨清·

（台北通訊）自政府退守台灣後，即以實行戰時紙張節約為理由，限制報紙的篇幅為一大張半，並不准發行新的報紙。前年九月，雖將報紙的篇幅限制從一張半放寬為兩張；但對於新的報紙之登記，仍禁止如故。若干年來，有許多新聞從業人員會依據憲法明文規定人民有出版之自由，向當局請准發行新報，均未獲准。因為在今日的台灣，是命令——尤其是手令高於一切的。當權者既以行政命令禁止發行新報，憲法也祇好低頭了。

但事實竟有出人意料者，本月一日台北市上突然出現一份新報——英文中國日報，並於報頭註明「內政部登記証內警台報字第〇八六號」。於是街談巷議，頗多猜測。有的說，蔣「總統」為了要實現其在新年文告中所作的諾言，即將以更多的民主來對抗「共匪」的不民主，因特首先開放報禁，而使人民得享已凍結十年的出版自由。有的說，政府祇特許中國日報一家發行，其他新報仍一律禁止。據筆者向有關方面探悉，則以後說較為可靠。聞係由於艾森豪總統訪台時，曾向招待人員訊問有無英文報並表示甚願一睹報紙上對其訪台之記載；而在台北的許多美僑，也因沒有報看，常有煩言。不久以前國際新聞學會又一再認為台灣是沒有新聞自由的國家。於是當權者幾經考慮，並從英文中國日報主持人取得某些保証，乃決定特准該報創刊，却並無遵守憲法規定允許人民有出版自由之意。聞老報人成舍我和于斌主教將據此為例，請求當局准許在台北恢復世界日報和益世報，但結果如何，尚未可知也。

台北市府重申生煤禁令

七月五日報載中央社訊，台北政府為維持城市清潔和確保市民健康，已決定對於生煤實行全面取締。即於日內由稽查人員分為十組配合警察及里鄰長逐戶調查使用生煤用戶；至於各機關學校，則由衛生院去函通知辦理，一律限期改善。並將强制收購存煤，封閉爐灶，以期於兩個月內徹底禁絕。

台北市禁用生煤一事，喧嚷已久，市議會並曾通過議案，限期取締。但事實上煤商護航有隊，大肆活動，請客送禮，多方並舉。於是取締的議案雖宣告勝利完成，而生煤却仍逍遙法外也。此次市府舊案重提，聞係奉極峯的手令；而最高當局於日處萬機之中，竟能明察秋毫而注意到市區使用生煤的問題，則係由於艾森豪總統的一句話。據說，艾克於七月十九日清晨站在圓山飯店行館的陽台上眺望市景，正值市民晨炊，濃烟四起，黑霧瀰空，竟使美麗的晨曦大為減色，乃嘆曰「台北的朝陽與華盛頓的一樣光輝；可惜空氣太髒了」。這一句在艾克也許是說來無意的話，很快的傳到了最高當局，於是手令隨之而下，而台北市府也就動員起來了。這雖然充分表現了我們的政治特色；但清潔市容畢章是一件好事。台北市民今後果能呼吸到新鮮的空氣，其亦艾克之賜乎？

犧牲小我以全大我

七月四日台北聯合報上有一篇短文，題為「助國民有產」。大意說，友人某君來談，他住在敦化路附近。這條路如依直線修通，他的房子正在路邊，可望漲價。但工務局却要取曲線發展，他的房子就得拆除。傳聞有巨戶大量購地，需要路線配合，於是該直的就不能直了。這事監察院亦有所聞，正在調查中，結果如何尚不得而知。該報認為依照過去的慣例，犧牲小我（小門小戶）以全大我（豪紳巨室）乃事理之常。並說「年來取締違章建築，常是限制了奉公守法的好人，而為營私舞弊者大開方便之門。」此雖小事，亦可見目前的政風了。邇來，官方報刊時有所謂經濟民主之說，其此之謂乎？

官商合作，無本生利

七月三日台北的聯合報載：「以剪刀為標誌的某機關，近年來似乎流年不利，「晦」氣重重，控案層出不窮，雖有大剪刀在手，而是是非非，却有「剪不斷，理還亂」之慨。

前有影片商多人，聯名檢舉該機關首長在處理日本影片進口配額上，有瀆職舞弊之嫌；一時言之鑿鑿，頗引起各方之注意。惟經監察院察為明的調查結果，却以「查無實據」聞。然監察院仍以其在業務上多有不當，促其糾正；並責其退還商人贈送之辦公用具，……。最近復有影片商郭案，具文向監察院檢舉該機關首長及其屬員，乃至其「內助」等，會要求某影片公司墊欵三十九萬元，代為購進日本影片兩部，旋又轉讓於該公司，獲利二十九萬。此事已經該公司負責人自認屬實，當不至於「查無實據」了。

自己不出錢，要人墊欵做生意，已是「無本生利」；而一轉手之間（實際上連手也未轉），不費吹灰之力，竟能「對本對利」，這個生意實在太好做了。官商如此「合作」，能不令人驚嘆？」

這是一個什麼機關？讀者讀了這篇短文之後，當已一了然。記者祇想補充一句，即在今日的台灣，官商合作實在太多了。斯篇之述，特其小焉者耳無本生利的機關實

從「培養良好的討論風氣」說起

（讀者投書）

陳文正

「培養良好的討論風氣」是黃紹祖先生最近在香港時報所發表的一篇文章。據黃君自己說：他這篇文章是「有關「反共團結十論」的幾點答覆與說明」。對於黃君的「反共團結十論」，成見與歪曲之點甚多，本文不暇一一論及，現在僅就黃君這一篇「培養良好的討論風氣」來初步研究一下。希望聯合評論的編者把它登出來：

首先，我要肯定的指出，「培養良好的討論風氣」的這一件事確實是很需要的。但仔細閱讀黃文之後，却使我非常失望，因為黃文之內容與黃文題目所標示的方向恰巧相反。這就說明黃君這一篇文章的內容，與他所表現的願望，恰巧背道相馳。

試看黃君全文共分八段，但自第二段至第六段，約佔全文百分之八十，幾乎全是故意挑剔和誇張聯合評論的內在矛盾，黃君以為抓住聯合評論上甲所寫之文與乙所寫之文之小的相異處，便以為抓住了聯合評論的內在矛盾了；他又以為抓住這小的相異處，便可以强調它的矛盾，從而達到他們的挑撥目的，殊不知，甲所寫之文與乙所寫之文之小的相異處，正是言論自由之正軌，正是民主制度之常態，只有那些在極權圈子工作和生活過久的人，中毒太深，習焉不察，所謂「如入鮑魚之肆，久而不聞其臭」，才會認為這是別人的內在矛盾。他們似乎忘記聯合評論乃是一個自由平等聯合的民主刊物，除了用「本社全人」的名義所共同發表的文章，始係代表該社全人之共同意見外，其餘，所有一切用個人名義署名的文章，原都只是代表個人，而民主之所以為民主，正是以在反共原則下容納這種相異為標的為範疇的，原與極權者所要求的與所習慣的同一與普遍原有着根本的不同。對此，我希望黃君能超脫於自己的環境的習染而對極權與自由所表現在言論上的不同，作一認識方面的重新檢討如何？

另一方面，黃君以為抓住這小的相異之點，便可以挑撥對方內部的人事，這尤有害於「培養良好的討論風氣」。因為，要培養良好的討論風氣，就必須先要揚棄各自手中的政治把戲，先要具有對問題從事討論的誠意，尤其是討論團結問題更不可不從謀求團結的誠意出發。和果以團結為名，而以挑撥為實，那末，試問這是良好的討論風氣呢？抑或還是不良好的討論風氣呢？？這是值得培養的良好討論風氣呢？抑或還是應該揚棄的不良風氣？

再說黃君似乎總以聯合評論未能對國民黨當權派歌功頌德為恨，因而指責聯合評論「否定一切」，「對政府各項建設的成就與進步政策的確立，諸如八七水災重建工作的完成……又何嘗會着一字」？對此，我不能不先指出去年八月廿八日，九月十八日，九月廿五日聯合評論均有文字對八七水災或勉勵或宣揚，這尤証明黃君對聯合評論閱讀未週咧！

再就蔣先生而言，聯合評論對他最先所發表的反對修憲講演，又何嘗無文字表示支持與讚揚，其後，蔣先生自食前言，且又不惜毀憲而做非法總統，聯合評論始改變論調，予以抨擊，這就可見聯合評論是者是之，非者非之，態度異常公正，而其所以對國民黨當權派多所抨擊，實由於國民黨當權派應受抨擊之處太多之故，這怪得誰呢？假如黃君期望聯合評論一如他們的黨報與準黨報那樣，只要當權者一開口，嘍囉們便忙寫喝彩之文，我想，那一定是要失望的。

話雖如此，但我對黃君仍有讚揚，因為黃君畢竟尚能着眼如何「培養良好的討論風氣」這一問題。只是，讚揚之餘，我又不得不奉勸黃君，請黃君仔細思維一下，你所嚮往的良好討論風氣與獨裁政治究竟能否並存？又請黃君仔細思維一下，除了實行民主政治制度之外，試問還有「培養良好的討論風氣」的可能否？

蔣家集團是袁世凱集團的翻版

○○○○讀者投書

編輯先生：我是貴刊的長期讀者，此次貴刊反對蔣介石違憲連任，你們為正義而奮鬥的勇敢精神，我十分敬佩，我認為：貴刊正是代表了中國人的心聲，把全國人民隱忍於心的話都表達出來了。貴刊提出了許多歷史教訓，是正確的。今日蔣家集團，正是六十年前慈禧太后集團的重演，和四十年前袁世凱集團的翻版；但在自私無能方面比當時尤有過之。自私無能的份子當權時，最忌新陳代謝的法則，他們寧願走向滅亡，而不顧自己的權利有一時的變更，他們不懂事物生存的原理是基於新陳代謝的法則。獨裁者的哲學是主觀絕對論，否定現實環境；是一神論，認為：只有「一」是不矛盾永恆存在的，此種思想結果，將造成袁世凱第二，遺臭萬年。

卅年來，中國正是受了此種一神論的思想活動而淪於此境，今日蔣氏仍不覺悟，仍是倒行逆施。正如李燄生先生所指出：「不應以一姓包辦反共，能團結一致，則反攻大陸便有政治與文化運動來做軍事先驅」。其實蔣家集團對這種政治文化運動對國民的團結作用，不獨今日不懂，在卅年來一向是不了解的。這一集團完全無歷史的知識，亦不認識敵人。雖經無數次的失敗，到今還是自私自利。僅靠一種「製造矛盾，利用矛盾」的陳舊法術，來播弄是非，希望能打散他人而鞏固自己。其實這是弱者的機會主義，他們却以為大智。不思一個國家假如絕無創造的主動能力，而想要長久存在是不可能的。近來敵方的「人民公社」製造了自己的矛盾，民怨沸騰，是反攻復國前所未有的方便，然在蔣公子則視為「成功」了。此思想觀念存在，不獨無反攻的勇氣，且有向敵投降的可能了，要說的甚多，就此致祝努力

讀者秦東

中共印尼交惡 中共無力護僑

陳福言

中共與印尼的外交關係，現在是愈來愈惡化了。而中共無力護僑的事實，則在這愈來愈惡化的過程中表現無遺。

當十年前，中共開始佔據中國大陸之初，中共在北平袍笏登場，成立傀儡政權時，由於中共偽裝民族主義者，所以，一部份海外僑胞尚不明眞象，誤以為中共政權之龐大，即是中華祖國之強大，因之，一向在海外艱辛奮鬥，艱苦創業的部份僑胞，由於愛國心的驅使，便對中共發生了幻想。而在另一方面，亞洲若干新興國家，諸如印尼、印度、緬甸等其時亦恰對中共政權之猙獰面目認識未清，當時，印尼甚至還充作亞非集團萬隆會議之地主國，所以，在那一段過程中不但亞洲新興國家如印度、印尼等受中共之騙，即東南亞各地僑胞之受中共欺騙者為數亦多。

但中共的殘暴本質終久不是一件羊皮就能永久遮飾的。隨後不久，中共與印度及印尼的外交關係果然惡化了。中共無力保護華僑的事實果然也隨之不斷暴露了。

最先，許多華僑誤認中共不但是一個民族獨立的政權，而且是一個新與的強大政權。因而以為中共這一個政權必然會愛護華僑，而且其能力也必然足以保護華僑。殊不知；一切的事實說明中共不是一個民族獨立的政權，相反，乃是蘇聯的附庸政權蘇聯的奴隸政權，它所喊的民族主義口號，乃是它的偽裝；它的眞正本質，乃是世界無產階級革命；它原本是反對民族主義的，民族立場並不是它的眞正立場，階級立場才是它的眞正立場。它之所以偽裝民族主義，陰謀有二：一是藉以加強華僑對它的政治向心力，二是借此搾騙華僑的錢財，以增加它的經濟力。至於眞正保護華僑，它實在並無此意。有之，亦不過想利用華僑而已。至於說到護僑，則它更是根本無力的。這從印尼最近所一連串發生的事情，說明得再清楚也沒有了。前不久，中共派駐印尼的領事，有兩名被印尼驅逐出境，這是中共與印尼交惡的先聲。

印尼是承認中共政權的。依照國際常例，中共派駐印尼的領事應可得到外交優待，何至反被別人驅逐呢？此無它，這就因為中共派駐印尼的外交人員，並非在所駐地從事正常的外交工作，而在所駐地玩弄華僑，企圖把許多善良華僑變成中共的政治工具的緣故。

這不但說明中共沒有眞正愛護華僑之心，同時，亦說明華僑與中共政權之利益並不相合。因為亞洲若干國家，目前亦已逐漸認識了中共本來面目，它們現已從中共與印度的邊境事件，及其它中共侵署行動，逐漸瞭解中共乃是一個深具擴張企圖的野心政權，於是，原本與中共有外交關係的印度、印尼等國，乃開始防備中共，惟恐中共利用華僑在它們本國搗亂。這樣一來，中共與它們的外交關係，固將必然惡化，而無辜的華僑，遂亦受中共之連累了。

而在此情勢下，中共除了空喊抗議，除了暗中唆使華僑在當地從事反抗而徒遭犧牲外，並無任何力量來眞正護僑。據中共自己報導：僑居印尼西爪哇的華僑楊木妹和葉金娘，於七月三日被殺，但中共對此除叫囂外，却完全無可奈何，這就把中共無力護僑的眞象完全暴露了出來。所以左傾僑胞們對此應該自我反省，想想中共政權究竟給華僑帶來了什麼？認眞的說，中共政權除了給華僑帶來了災禍以外，實在是什麼也沒有帶來的。

我們相信，只有一個民主自由的中國，才能眞正與亞洲各國和平相處，因此，我們相信，也只有一個民主自由的中國，才能給華僑帶來眞正幸福。至於中共，它不但是亞洲各國的共同敵人，實在也是所有華僑的眞正敵人。

大陸工農怠工現象嚴重

大陸工農的怠工現象，可以湖南的情形作典型例子來看。

・樵夫・

湖南是中共頭目毛澤東的故鄉，然三湘老鄉，却對中共不斷反抗，當中共厲行人民公社制度，雖湖南推行較遲，大陸人民反對吃大鍋飯，以湖南最烈；其後竟無命令，予以解散。此足反映三千萬人民對毛政策反抗之一斑。

先前，毛澤東並不感到老鄉對他有所不利，曾令親信周小舟任省委第一書記，期領導全省人民，做大陸擁護表率，豈意大失所望，解散食堂，就是周的傑作。

周去職後，張平化到湖南，即組織龐大檢查團，分赴縣區檢查。并撤換若干縣委書記。人民反抗情緒，表面上雖稍有抑止。但事僅年餘，未燼的野火，又再復燃，省、縣營工業、及公社農民，又有怠工現象。

中共報紙承認，湖南農民與工人怠工現象非常普遍，因而去年度農、工業生產均未達成限額；今年上年度工業生產僅達百分之卅。據六月十一日人民日報載：長沙發電廠，竟因缺乏煤炭，採用老糠（谷壳）代替。

中共省委書記處，為此組織流動現場指揮所，由書記李瑞山掛帥，深入生產第一綫，巡廻檢查，及時總結和推廣先進經驗。

六月六日中共人民日報載：「指揮所發現某些地區煤炭運輸一時趕不上增產節約運輸的需要，原因是機車完好率低。流動指揮所到達株州市以後，立即轟動株州機車車輛廠職工及時搶修了十四部機車，有力的支援了煤炭運輸。」可是，當指揮人員到達衡陽時，就接到「修好的十四部機車，有十一部不能開動。而且無人過問。」的報告。

流動指揮所到達常寧，「發現松柏鐵廠，兩個爐子一天煉不出兩三噸鐵，煉出的好鐵不過百分之卅，因為生活條件差，工人思想也不能夠穩定。」

松柏鐵廠是中共在「大躍進」中建成的，預計每天出鐵三百噸，豈知兩年後的今天，竟以兩、三噸聞。所謂，「躍進」，如此而已。

該報透露，不僅工業如此，農民出工率和工作效率亦普遍降低。「以前一百個工日的工作，現在需要一百八十個工日始能完成，而且還沒有一百個工日的工作好。」又說：「出勤率低的原因，是病的太多，新邵縣雪峯人民公社，每天平均有病假三、四百名，估出勤率百分之十三．四五。病人情況輕重不一，他們胸前掛着醫生給的病假牌子，誰能說他們偷懶。」

據上所述，湖南農、工業怠工不但是事實，而且十分嚴重，否則！日產三百噸的鐵廠，何至僅產兩三噸。

怠工原因當然很多，主要是吃飯不飽，體力不能支持，其次是勞動時間太長，每人都過度的疲勞。即使人是機器，也需燃料發動，一天十四乃至十七小時的工作，誰能吃得消呢！

大陸人民多患失眠症

・劉裕署・

大陸之窗

無論大陸人民或下層共幹，目前很多人都患失眠症。患這病的原因，是營養不良而又勞作過多，以致身體過於疲乏，再加上大陸的恐怖生活，人人自危。平時，彼此間連說話都不敢多說，情感因之無從發洩，於是，許多人之神經乃因恐怖與緊張而患失眠了。為此，中共上海製藥廠所出安眠藥「安爾眠」乃在大陸各地極為銷行。據說這是一種安眠滋補劑。關於這一種安眠藥的用途與適應症，七月四日出版的北平人民日報，曾不惜廣大篇幅，破例予以特別宣傳，這充分反映失眠症在大陸之普遍了。

重慶市有五千多共黨支部

中共是全世界擁有黨員人數最多的一個黨，據中共自己公佈，它的黨員人數，早已超過一千萬人。而目前則仍在盡力擴張，加緊吸收黨員。由於黨員之不斷增加，中共黨的組織當然也就隨着更加龐大。據七月五日北平人民日報說：只是重慶市就已有共黨支部達五千餘個之多，而這五千多個共黨支部的開支，都由人民直接間接負担，難怪大陸人民都被壓搾得來面黃飢瘦了。

另一方面，中共既如此這般的大力擴張它的黨員，那末，黨員素質之愈來愈低下，愈來愈複雜，當然也是必然的了。

大陸師資缺乏，工人調充教師

大陸師資缺乏，是數年來的普遍現象。造成這現象的原因，並不是由於學校或學生增多，而是由於適宜充任教師的許多知識份子皆出身資產階級或小資產階級，被中共指為階級不合，立場不明；再又有一部份知識份子被指為「右派」。這樣一來，可以充作小學教師的人數便大大減少了。

針對這一情形，中共想出了另一辦法，這辦法就是抽調一部份體力較弱，勞動力不高的工人及年老的工人去當中小學教師。據七月五日北平人民日報載：「中共上海楊浦區委最近又從工廠抽調七十二名工人担任中小學教師工作，擴大了師資隊伍。這些人在短期學習之後，分別到八個中學實習。實習工作已在最近結束，現在他們正在學習毛主席著作，提高政治思想水平。早在一九五八年，中共楊浦區委，就在大力培養提高現有師資的同時，從工廠中抽調五十五名工人分別到中小學担任教育工作，以不斷擴大師資隊伍」。

原來中共的中小學師資是這樣濫竽充數的，宜乎大陸中小學生的程度現在已越來越壞。

三十名印尼叛軍的傳奇

漢　源

本年二月間在檳榔嶼對岸吉聾港口攜有武器非法入境的三十名印尼叛軍，曾經因為印尼向馬來亞要求引渡而惹起整個東南亞的注意，嗣後馬來亞當局雖援引國際慣例而拒絕印尼將卅名叛軍引渡的要求，但另一方面為顧全與印尼耶加達當局的友誼，也拒絕卅名叛軍所請求的予以政治庇護。這三十名叛軍既不被移交耶加達當局，但亦不能在馬來亞長久居留。從而，他們的將要何去何從？更惹起各方的矚目。同時環繞着這卅名印尼叛軍的特務活動，以及各國通訊社和本地記者，為了首先報導叛軍動向而四出打探消息，相對的，叛軍方面則極力保守機密，這就是更增加了事情的神秘性，簡直是一部傳奇。

卅名印尼叛軍於三個月前在吉聾河口乘一艘舢舡（有摩打的大帆船）入境時，雖然他們帶有機槍及加賓槍等犀利武器，但他們並沒有使用武器抗拒警方對他們加以管束。當時他們唯一的要求只是「不要引渡給印尼」，而願接受馬來亞的法律裁判。他們的領隊，廿八歲的大學生佐哈尼斯，是印尼革命政府的中校軍官，當時由他聘請馬來亞的查日申律師為他們拒絕引渡作辯護，他們並攜有「重要文件」，由查日申律師謁見外交部長伊斯梅醫生，出示該項文件，文件的性質及內容始終未見透露，但卅名叛軍終於受到穩健的處理，即不引渡，也不予以政治庇護，而與依照「攜有武器非法入境罪」，判處他們以七十天的徒刑。

他們的刑期一旦屆滿，便是他們「必須離開馬來亞」的問題發生的時候。這事印尼當局比較星馬居民更為注意，耶加達海軍早已派出六艘炮艇，在檳榔嶼島外游弋，準備阻截該批叛軍的乘船逃回印尼革命軍方的基地。這麼一來，使到人們更加關心這卅名叛軍的如何脫逃？是否能够避過印尼海軍六炮艇的截捕而逃脫？就更增加了問題的戲劇性。

五月五日卅名叛軍刑期既滿獲釋，同時被判令離境，倘不自動離境，便將視為再非法入境而再遭扣留判罪。可能是由於查日申律師的努力，也許是由於法庭考慮到叛軍們離境不易，予以優容，故於開釋時特准他們在馬來亞有十天的居留時期，這個時期，於五月十五日午夜屆滿。

叛軍們居留期臨近屆滿，印尼炮艇便早已開到檳島海外巡邏，警方和記者們，亦同樣極端注意他們的行動，在他們所居住的宅外——距檳城十一英里市外峇都丁宜的查日申海濱別墅外面，就有警車多輛採取監視，記者們到彼採訪，卻不得其門而入，只能從窗外看到廳事中有十餘人在彼，記者們為預測他們的是否離去，並調查到查宅每天買小菜的情形而報導「卅名叛軍伙食今晨仍有採辦」。

十五日午夜的「屆滿」期限終於屆滿，盛傳「將乘快艇離去」的卅名叛軍，終於沒有離去。事先盛傳，謂他們將行前往的目的地，及出發已期時間地點，乃是一件嚴守的秘密。「但相信本地有一個支持印尼叛軍的集團，正在準備使他們能够離去」。據說正在為他們準備一艘快速的快艇，這艘快艇必須確極快速而堅固，因從海面離去，必須衝過在檳島領海六英哩外伺機捕截的六艘印尼海軍炮艇的封鎖綫。

居留期滿而仍沒有離去，照理警方應將他們再行拘捕，可是查氏海濱別墅外的警車，却也沒有採取行動。據推測，是沒有接到移民局照會的緣故。移民局何以不採行動？移民局長不在檳城，沒有人給這個問題以答覆。

可能是為了印尼炮艇的封鎖而不走了？那麼，餘下來的辦法，便只有「等待扣留，再經法辦」了。各方如此推測着。既然犯不着去海上冒炮火及被拘之危，便得重新步入檳城的監獄裡做偷渡犯，假如照這樣循環下去，放了再拘，拘了又放，一次的偷渡，便犯下永遠的偷渡，那倒是別開生面的案情。

突然，直到「期滿」三天後的五月十八日，他們三十人竟又向移民局總部自首，而再被認為非法入境，加以拘留，自首的手續，是查日申先跟他們約定，然後電移民局派車到海濱別墅，將其中廿六人送上警車，再在一哩外的咖啡店中，找到另外兩名，叫回來同上警車，至於佐哈尼斯中校和諾卡曼少尉這兩名領袖，則由查日申律師較早與他們同車到移民局，親交給移民局官員。移民局宣佈：當局根據移民法令第卅四條，將各叛軍押於檳城監獄。

按卅四條條文署謂「凡被判離境者，移民局長可加以扣留，拘留期間，視安排其離境需要而定」。這即是說，這次並未再經法庭判處刑期。

五月廿八日，印尼駐檳城領事莫打氏，突在該領館招待記者，報告八名印尼叛軍向印尼投降事。莫打說：昨天上午釋出卅名印尼叛軍中之八名，曾於查日申海濱別墅中與渠會面，他們表示願由印尼領事送回印尼，渠以既屬實情，當予接受，現該八人已被帶至印尼領事之官邸，該八人多為未婚者，但渠不能透露其姓名，至其遣回印尼日期，須俟吉隆坡印尼大使館之命令。莫打又謂，渠在查律師宅內，僅見此八人，並未與其餘叛軍遇面。

查律師說，當他向當局申請「人身保護」，獲准在出卅名叛軍後，領他的律師辦事處稍息時，其中八人即告他謂「不願離開」，查氏當謂既遭拒絕政治庇護，又不獲准延長居留，「不離去是不可能的」。八人躊躇後說：願見印尼領事解決此事，但願先見查夫人及孩子。查氏當帶八人回家，並致電話與印尼領事莫打，謂八人現欲自首。莫打當時以「未有準備」答覆，並電話請示吉隆坡印尼使館，至晚上十時，莫打方再電查律師，並驅車與一保安官員至查宅與叛軍見面，接受他們的投降。

莫打說：他已面告八名印尼叛軍：他不能向彼等作任何承諾，也不能告訴彼等以「將來會怎樣」。不過，莫打對記者說：「印尼陸軍參謀部會經宣佈說：凡向政府投降之叛軍，將不加以控告，並將獲准恢復平常生活。也許他們可能獲得寬恕」。

查日申特別對記者聲明：當莫打與叛軍會談時，曾當面詢問叛軍三問題：（一）是否自首之舉？（二）是否受他（查氏本人）所影響？叛軍答稱：不受影響，乃出自願。（三）已否取回自己財物？答：「均已經取回」。是否要求取回（當時乘來檳城之舢舡）？答：「放棄取回」。這八名投降叛軍的問題，大概到此算一結束。

讀者諸君一定想要知道另外廿二名印尼叛軍的下落吧？可是他們的行動神秘極了，他們在吉隆坡中國報的記者，在檳城守候，通宵達旦，終未能目擊那廿二名叛軍乘船離境。

在沙灘上，則有記者窺伺整夜，查宅海上，查律師一家與廿二名印尼叛軍，來監視叛軍離境，及移民局官員十二時後……

海上有燈光訊號，二十八人船員將舢舨駛至海上，載佐哈尼斯出海，兩次尋不到快艇，直至天明，記者均放棄守候，移民局官員亦返回查宅。快艇所載，查律師說：叛軍上僅有四名海員，並無本地船員……

後，就在記者們離去後，廿二名印尼叛軍已分乘快艇出海，並且於同日下午三時四十分抵達印尼革命基地。因查律師已經接到他們的發回「訊號」，他們的艇為六十乘九，有四百匹馬力快艇，安抵時為三時十五分。

卅名印尼叛軍的傳奇，可算結束，但印尼叛軍沒有結束的傳奇，可還……

．檳榔嶼通訊．

僑鄉近訊

保山奴工暗殺共幹醞釀暴動（雲南）．江水．

雲南保山「勞改隊」的「勞改犯」，人數日有增加，據目前估計，已達一千二百名。負責監管的共幹，均異常兇狠，在三月下旬間，曾演出了一幕集體屠殺奴工的血腥慘劇，因此更激起「勞改犯」的憤恨。但自慘劇演出了後，共方迅即增調武裝部隊百餘人，到場鎮壓，「勞改犯」處在槍尖的威脅下，心裡雖異常憤激，亦不敢動彈，迨至六月初，武裝部隊調離去了，僅留民兵三十人在場看守，這時，「勞改犯」一股蘊藏在心底裡的憤怒，便立刻乘機發洩。六月六日深夜，先有共幹胡之行和趙沃被刺斃，陳屍曠野；八日凌晨，又有共幹甘智深，被吊死在樹林中。聞「勞改隊」方面，刻仍繼續醞釀着再來一次流血大暴動。他們一致認為：留居「勞改隊」終有一日被虐待至死，倘來一次冒險大暴動、還可以希望在死裡逃生。

據說：共方對這未然的禍患，雖也防範甚嚴；但壓迫力愈重，反抗力愈大，大規模的流血暴動，相信短期內定必爆發。

中共特設紅旗競賽會加强迫害歸僑

中共「優待華僑」的口號，刻已丟到九霄雲外，並伸出沾滿血漬的魔手大力壓榨歸僑的勞力了！據中共宣佈，現已成立了所謂「歸僑、僑眷、僑生紅旗競進委員會」，拿起「紅旗競賽」的幌子，强迫各地歸僑、僑眷、僑生、不論男女老少，都要絕無保留地獻出他（她）們的勞力以供奴役，直至流乾了最後一滴血汗為止。聞該委員會，係由「華僑事務委員會」管轄，而以「先進生產者」林德時為副主委。所謂「紅旗競賽」，就是在各地歸僑、僑眷、和僑生中，硬性展開一項「學先進、趕先進、超先進」的勞動大競賽運動。在這運動中，所有歸僑、僑眷、僑生、都要「熱烈」、「踴躍」參加挑泥、開荒、和修築水利的工作；此外，還有一部份被派遣到荒山僻野，闢建農場，而美其名為「推進社會主義建設」。被指派負担這項「光榮任務」的，以印尼歸僑為最多；據估計：目前已有三萬八千人至四萬人。

如此「先進經驗」

．居介平．

中共雖然嘶破了喉嚨大肆宣傳，狂呼「生產大躍進」「工業建設大成就」，但事實上却是七窮八絕九鬧荒，一切物資和原料，都陷於嚴重荒缺的厄境，故又不能不要向現實低頭，厲行「節約運動」。在矛盾的情況下，於是他們又演出了一齣笑大別人嘴巴的活劇，那就是「陶粒造船」。

「廣州日報」最近曾對「陶粒造船」這把戲大力宣傳，還厚顏地誇耀着，說這「先進經驗」的超級傑作！

據該報報導，陶粒造船是「廣州築港工程局」的積極技師學習了先進經驗而「發明」的；這種「超級傑作」，是用泥球搓成圓形，然後用火燒作「陶粒」，使成為構造船壳的主要原料。據說：自從「發明」了這種「陶粒造船」的方法以後，就可以大大的節約了許多木料和鋼鐵，成本也很合化算，對「社會經濟」，也有極大裨益云。記得在不久以前，中共也曾經演過「跳出棉花圈子」的把戲，是企圖全部用野生植物的纖維來替代原棉織造布疋，可是這把戲祇是曇花一現，便告壽終正寢。這一回，中共又妙想天開，再上演一齣用陶粒替代木材的把戲，大概是連「木材圈子」也想跳出吧？然而在意中的是：這些所謂「先進經驗」和「新發明的傑作」，除掉充份暴露出一副「窮相」的大躍進之外，又起得什麼作用哩！唔！心勞日拙，退亦可以休矣！

憑弔

·散人·

早一個星期，我在一個殯儀館裏，弔祭一位二十五歲的如花似玉小姐。她以往是我妹妹的同學，來我家坐過，據說她從小沒有父親和姊妹弟兄，母親是個怪特的婦人，脾氣壞得連親友都不往來，她就在這樣的家庭裏長大。打從十五歲起在外面做家庭教師供自己讀書。十八歲那年，世上唯一的親人——母親也在大陸變色的政權壓制下死了，從此就剩下她一個。沒有家，似乎不是一個十八歲的女孩子所能忍受的，然而憑她堅強的意志也那樣活下去了。

如果不稱天才，至少也是千中挑一的聰明，中國文學系的高材生，不希奇，英文比外文系的人有造詣，戲劇研究會的主任，音樂會的女高音……在那學院裏讀過書的，誰不知她的名？

可是前幾天，有人告訴我說她死了。

二十五歲？這個最不應該死的年齡，新完成的詩篇正待吟哦，剛寫好的樂章還沒有來得及試一下新聲……

彩虹也有一剎那的絢爛。

曇花也散過一個時辰的芬芳。

彗星也會在暗夜裏劃出一縷光明。

她，怎麼能死？

然而，不幸她真的是死了，在那寂寞的深夜，五月中的最後一個晚上，屋主人發現她中了毒。幾小時以前她們還在燈底下絮語，幾小時以後就無救了。

是自殺麼？為什麼不留下一封信？或是幾句話？甚至一點點痕跡？……

是偶然麼？她曾經將學生所有的課卷批好，將借來一些書籍歸還，而且在她死後，發現她將平日珍藏着的相片和信扎全都毀了。世上會有這樣的偶然麼？

誰也不相信她是偶然中毒，但是誰也不知道她為什麼要無聲無息地結束她的生命。

誰也想不到像她那樣的性格會走這一條路，平時她瀟洒跌宕，談笑風生，對一切的俗憂塵慮，她會漠不關心。可是現在，誰都記了她生前一些怪異舉動：有一次她會在化學實驗室裡獨自徘徊，不止一次的她和人談起煤氣中毒，春假裏去海灘游泳，她留連忘返……

心理學家分析自殺只是人生一剎那間的意念，可是這個十五歲就征服了命運的女孩子，什麼能使她對世界忽然變得這樣的灰心，這樣的絕望，這樣長時期的處心積慮的要擺脫？這樣沉默無聲的悄悄離開？……

難道，「生命」這個謎語的解答，真的就是「死亡」麼？

早一星期，我看見她安詳地躺在那裏，她家裏沒有人，連親戚本家在此地都很少，朋友也沒有幾個，像她那樣不甘屈服而有正義感的人，像她那樣清靜無為不庸俗的人，也許終生也難遇到一個知己吧？祭堂上很肅穆，一羣學生圍繞着她哀哀的哭，還有幾個學生家長也在，她們不像在哭一個孩子的教師，倒像在哭一個最小偏憐的女兒……我忽然覺得全世界都停止了聲音，只有這哭聲……這哭聲，她會聽得見麼？

哀樂一遍遍奏過，像一柄利剪，將人的肝腸剪斷成一寸一寸的。我從來沒有感覺走到哀樂是這樣的悲哀。

我不由得從人羣中漸漸走近她的身邊，她安詳地躺在那裏，長長的頭髮在正中分開，散在兩旁，經過化粧之後她比平時顯得美而年輕，古典型的臉上呈現着無比的柔和與恬適，她死了麼？還在熟睡？也許，死就是一個永不蘇醒的睡眠？只是她不能將自己的夢再告訴人世間吧了。也許，人就爲了沒有懂得她的夢，因此她不願意再醒？……

我一直走到她的身邊，我要多瞧她一刻，因為這也是最後一次了。

我站在她的身邊，久久不願離開，真奇怪，為什麼會這樣的投緣？這一剎那，好像億萬年，我像認識她許久許久了，她不會知道死後有這樣一個奇異的弔客。美好的生命都打斷了，還論什麼死後？我想得多荒誕！

我依然站在她的身邊，我要把這一眼帶到永生的記憶裡去，這柔和恬適的面容，永不蘇醒的睡夢，她的嘴微微張着，像一個悠然的詢問，詢問全世界的人：「你們知道我為什麼要死麼？」

全世界的人？

是的，全世界的人，有人會憐她愚蠢，有人會笑她幼稚，也有人會讚她聰明，有人罵她軟弱，也有人說她堅強……然而沒有人知道她是為什麼……

我依依地從她身邊離去，再回頭，再看這最後一眼，還是那個悠然的詢問：「你們知道我為什麼要死麼？」

當真？「生」是一個謎，「死」又是一個謎……

哀樂又在奏了，那邊，一行人扛着靈柩冉冉的走過來，在一片淒涼的哭聲裡，她的二十五歲的美好生命，她的出奇的智慧，好看的戲路，動人的歌聲，天才的憂鬱和夢……永遠離開這動亂的人世了。……

星星之火（下）

·岑仲良·

四

五年來，從這一處押到那處，天南地北，使他不敢相信這美麗的土地上竟有這麼多營獄般的勞改營。營中的人係新陳代謝的細胞，有的倒下去，又有新的補充進來，一批又一批，使他懷疑全中國的人都在被勞改了。在這樣的詩代，這樣的地域，沒有一個生命是生命，人的價值只是一粒塵土，是一隻蒼蠅！

最後，他所屬的勞改修路隊來到了哈蜜附近。在那裡，他結識了一位莫逆的難友——鄭國忠。時間並沒有把他們對中共的仇恨和憤懣冲淡，而是把它們淨化；而勞動營的折磨，像一個鐵鎚，慢慢地把鋼鐵般的意志鍛鍊得更堅強，更純粹了。任無邊的荒漠上，他們在死亡的威脅下進行了新的行動——利用晚上每個機會，把砂粒放進運輸車的油箱內；這樣，使到運輸工作受到極大的破壞——汽缸被磨蝕得完全不能修理。

終於，他們的行動被中共用苦肉計混進勞改隊的內奸揭破了。由於事情嚴重，他們被押去烏魯木齊處決。

隆冬的北國，籠罩着冗長的冰凍期。天空一片灰黯的顏色，在陰靄滿佈的天幕上，旋飛着幾雙饑餓的蒼鷹，地面是白雪與黃沙混沌的世界，遠方積雪的山頭與不淸彼此的界線。

幾所破爛的土房，掩埋在無盡的沙霧和雪花裏；蝕骨的冷風送着雪花從土牆的裂縫飛舞着進來。他們被反縛着，彼此倚偎在馬廐的草堆上。手脚已經麻木到不覺得存在了。

難以忍受的折磨，使鄭國忠的腦子裡有慷慨赴死的念頭，他推了瑞明一把，低沉而沙嗄的說：

「今遭是為國捐軀的時候了。」

瑞明噓了他一聲，低聲說：

「現在還不是做烈士的時候；我們應該在死亡中求取生存！不是在殘喘中求滅。」

「那麼，你認為還有一線希望麼？」他微感興奮地問。

「路是人走出來的。」在無神低陷的昏眼中放出睿智的光芒，「沒有希望也得創造希望，我們的命運掌握在自己的手裏。」

瑞明沉思了一會兒，問道：

「聽他們的對話，這裡是古城子。哈里巴克（註二）曾說過離這兒三兩天路程的博哈達山裏有地下軍。他就是從那裡偷偷回來探望妻兒被捕的。」

「你的意思是——逃跑？」

「是的，這是不可多得的機會。」他滿懷信心的說。

「有把握麼？」國忠猶豫的問。

「你看，天寒地凍，嘍囉們正園着火堆睡覺。這兒有馬匹，天賜給我們現成的風、火種和可以解渴的雪。先解掉繩索再說吧。」他把反縛着的雙手移過去，「先找到結子，對了……用力……用力點……」

「不成哪，」國忠沮喪的說：「手指麻木，完全不聽俺的意思。」

「待我用牙齒試試看。」說着，他便俯下頭咬國忠的結子。凍硬的繩子碰到了乾裂的咀唇，牙齒和繩結都染成了鮮紅。……

一陣子馬蹄聲過後，火舌迎着乾爆的西伯利亞風，火燄的爆裂聲夾雜的凄厲的馬嘶，驚醒了撒旦的蛇；沒有水，沒有防火設備，只好忙作一團的與火星湊熱鬧……

火像一條貪婪的龍，吞噬着，滾動着！烟像奔馳的雲，瀰漫着，擴散着；夜空裏的雪花和地面的積雪被照得通紅，像是用鮮血浸透了。

迷離的早上，火已經熄了，餘烟與飄動的雪絮交織成灰色的網，四週還留着一種焦煨的氣味。

馬的足印指向遙遠的雪山，遠山隱沒在濃密的雪幕裡；雪絮漸漸把蹄痕蓋上，舖成了新的積雪。

風在怒吼，雪在飄逸；風擂在荒漠的荊棘上，發出怒吼，焦煨的筆直的朽杜仍然疲乏地撐指着天空。……

（續完）

註二：一位勞改隊內的維吾爾族難友。

獨與羣

谷音

人們每說，人是好羣的動物；可是每個人又都有孤獨的渴望。其實人是既好羣又好獨的。獨的生活與羣的生活的協調，那才是完滿的生活。

大致說來在都市生活的人，因長期受緊張熱鬧的監禁，都有孤獨的渴望，有逃向自然的衝動。當假日，城市的居民湧向郊外去，已成了近代都市生活一個特徵。當他一脫開了市聲的喧囂，徜徉於青山綠水、田園村野之間，會感到一種脫籠之鳥的鬆快。擠在人羣的生活，有如大海中一滴水，隱沒在人海的巨浪中，身不由己隨着巨浪洶湧；俗云：「與世浮沉」，四字頗能表達個中苦況。當你脫開人羣，獨自靜處的時候，才淸醒的感到茫茫大宇，擾擾塵寰之中有個我在。因此孤獨實象徵着自我的復活。

我既非喜愛游水，也非善於游水的人，但是我極愛到海灘去。當從海浪裏走出來，在僻靜的一角，倣臥在海灘上，欣享「天地為衾枕」的樂趣。傾聽海濤的歎息、松風的吟誦，靜觀白絮似的雲朵在藍空舒卷，把天下國家事、人生的酸甜苦辣都忘得乾乾淨淨，悠悠然，飄飄然，進入獨我兩忘的境界。

最使人感到獨與靜的情趣，莫過於山中的生活了。所謂「寂寂空山」，是說那近乎無聲的幽靜。當你盤繞那罕有人跡的羊腸小徑步入羣山之中，四面八方都是披着綠茸的山峯，你會突然感到地球好像停止運行了，聽覺好像失靈了，使你感到一種恬適，繼而你會聽自己呼吸的微音，偶有一隻飛鳥掠過，你可以聽到翅膀搧動空氣的輕響。在寂靜之中，察聽那些纖細的聲響，最能使人嚐到幽字的意味。

孤獨的生活雖然可欲，但是人是不能離羣索居的，你要生活下去，你就必須回到人羣裡來。況且人亦有好羣的天性。鄉下人歡喜進城，表現着人之愛羣愛熱鬧。

雞鳴犬吠的田園生活，對於厭倦都市生活的人，是一種妙趣和誘惑。但是對於生於斯長於斯的鄉下來說，那是難耐的單調和寂寞。但是對於單調的鄉野生治，能夠深賞妙趣而歷久不厭的，畢竟是少數的高人隱士；普通人總是貪戀都市的繁華與熱鬧。即使當他們對緊張熱鬧感到厭倦，衝到大自然中去喘息時，也只是求取一時的解脫。而一個塵心熾烈，慾望蒸騰的人，並不能欣賞獨與靜的韻味。他們鄉居三日，就會感到意馬心猿，歸心似箭了

文史漫譚

煮酒論曹操（二）

徐亮之

曹操的天眞，如果拿他生平和女人的關係做例子，似乎尤其表現得淋漓盡致。他對女人的要求，似乎永遠祇有一個：即願得天下之美婦人而多多益善佔有之；至於這位美婦人是否和他現實的門第相當？（按曹操乃太監的養子的兒子，嚴格說，他在東漢的社會裏實在是沒有什麼地位的。）是閨女抑或是寡婦？乃至是否爲有夫之婦？他却可以全然不管，一是以佔而有之爲宗旨。因而他的府第，或他的私生活，的確是多彩多姿而夠瞧的。

據「魏志」卷二十：他名正言順的已經有着一位王后，五位夫人，一位昭儀，五位姬人（「魏畧」—武宣卞皇后傳裴注引）；連同所載早故的劉夫人和自願分居的原配丁夫人，共是十五位。自然，以他生平對女人大氣磅礴的天眞作風，僅身邊這區區十五位女性是斷乎不能就使他貼然安分的。恰恰相反，他在這方面的表現乃一個永遠都不肯安分者。至他在這方面的天眞而大氣磅礴，左列的事實似乎可以完全說明着。

首先，他似乎對於寡婦更特別有興趣：例如他四十三歲時（建安二年）南征張繡，張繡勝利，馬上就不顧一切，便也納寡婦（張濟妻），張繡很生氣，要了。更不甚至聽人說張繡會爲這事很生氣，便不惜天眞地甘冒「殺降」之名，定計想把張繡殺了」。等到計劃泄漏，遭到張繡的掩襲，」而且連累長子曹昂、姪子安民都在這次死於非命，全等都爲他這一輕率的衝動而犧牲。（見「魏志」武帝及張繡傳，又如「後漢書」何進傳說進爲官所殺，弟苗復爲進部曲將吳匡所殺，董卓「又迫殺太后」（何進異母妹）」而舞陽君（太后母）何氏晏（注引「魏畧」：「晏母尹氏」，「太遂亡，何進孫也。」曹操則爲司空時，按即「納晏母尹氏」爲夫人時，並收養何晏」；母即何晏之母而復同收養，晏之後僅存者本人，是這位尹夫人也是寡中刼後之婦，可以無疑。

其次，他也做得非常自然，而且自其子之事，也做奪人之妻而官其夫養鳴傳得注意引。「獻帝傳」（「魏志」明帝便是他的秦朗和母杜氏的故事，而且折並涉及這位在中國傑作的成神業因事相當關的眼。「三國演義」

羽，且爲照抄如後：

「朗父名宜祿，爲呂布使詣袁術，術妻以漢宗室女，其前妻杜氏留下邳。布之被圍，關羽屢請於太祖，求以杜氏爲妻，太祖疑其有色，及城陷，太祖見之，乃自納之。宜祿歸降，以爲銍長。及劉備走小沛，張飛隨之，過謂宜祿曰：『人取汝妻，而爲之長，乃蚩蚩若是邪！隨我去乎？』宜祿從之數里，悔欲還，飛殺之。朗隨母氏畜於公宮，太祖甚愛之，每坐席，謂賓客曰：『世有人愛假子如孤者乎？』」

按：這事，把關羽也捲入漩渦，可頗有趣。因爲根據「蜀志」先主傳和「魏志」武帝紀：建安三年以後，曹操幫助劉備攻呂布以前，劉備一直常駐下邳。關羽一次劉備派他爲下邳城守，小沛時並曾來見他的。他對於杜氏這位留下邳的杜氏居留，有所必然以不知取之甚於身的色，而所以爲城守之日，而圖取之於城陷呂布，曹操助攻之時，並不請於劉備，而必請於當時的曹操；則劉備「恩若兄弟」，毫無恩舊於羽之曹操，他們所以爲關羽「蓋我」，羽之千載而下，大概必以而當己之下邳未陷，呂布未撤守之前，杜氏乃其主，則劉備乃劉下邳，或自己即

治下的子民；於斯時也，其故夫尙存，其舊恩未斷，強爭委禽焉，傷義實多。及下邳既陷，曹操以「大將軍」之尊挾天子之命，（按建安元年七月天子假操節鉞，錄尙書事，十月爲大將軍，封武平侯）劉備以對呂布之罪致討而叛逆，則下邳已一變而爲叛逆之城，杜氏亦已一變而爲叛逆之子女，玉帛大將軍自城中之後，得有權曹大將軍所爲着急於宜處分之，於是了而却羽爲宜着急處分之前，事曹操隨此一心自禁，願會雖然不此，情「屢請」實無甚傷損之於義大可，亦即於女易言過，去遠關羽大對人之實也。

不如曹操天眞而比較能沉得住氣，頗江也。於此，我們對「表傳」（「所江本傳注引」「蜀志左氏傳」所說「漢晉春秋」——「蜀記」，讀稱的「羽春秋」……他小說家所艷稱的：他讀「春秋」大義凛然，秉燭達旦，就他對於杜氏這一問題的處理態度看，因確可謂皎然非誣之。「蜀記」曰：「本傳注不厭」……詳求於「曹公與劉備引圍呂布於下邳，關羽啓公：布使秦宜祿行求救，乞娶其妻，公許之。臨破，又屢啓於公。公疑其有異色，先遣迎看，因自留之，羽心不自安。」此大概由於關羽杜氏的異色」

和曹操的情急先「屢請」羽後「留」看來，而曹是沒有問題的。操這次的不惜「羽杜氏悍然的得罪關羽了爲了張繡和前一年惜悍然得罪張繡是如出一轍耶?!於是乎三年之間，自建安元年到建安三年前後不滿三年，曹操業已把三位寡婦（杜夫人、秦夫人、張夫人）坦然收藏爲張飛所殺兩個「油瓶兒」在大將軍府然收養。到了曹操的前一第中談的了曹操除了秦朗油瓶兒的兒子何晏另外我述杜氏的一個油瓶他兒何晏外我一他對他兒子不錯他們也尤其理由相信何晏字平叔，乃魏末的玄學大師，清談

老名大祖，同時也是一個大名鼎鼎的文學家；雖然「文心雕龍」對他的詩作「浮淺」，但在「明詩篇」曾見」目之（他在中國學術史上的地位，左引諸說可以概見：（一）「魏志」曹爽傳：「何晏、鄧颺……何進孫也，少以才秀知名，好老莊言，作道德論及諸文賦著述凡數十篇」

（二）「世說新語」文學篇：「何晏爲吏部尙書，有位望，時談客盈坐，王弼未弱冠往見之。晏聞弼名，因條向者勝理語弼曰：『此理僕以爲極，可得復難不？』弼便作難，一坐人便以爲屈，於是弼自爲客主數番，皆一坐所不及。」又注：「何晏注老子始成，詣王輔嗣，見王注精奇，迺神伏曰：若斯人，可與論天人之際矣！」因以所注爲道德二論」，像這樣一位

（三）「世說新語」文學篇：「何平叔注老子始成，……」語善談易老，少有異才，著論道」（二）「世說新語」春秋」，文章……自然出拔，過不如之晏。」約美叙錄」（三）同右劉注引「文章叙錄」：「晏能清言，而當時權勢，天下士

談士多宗尙之，自以儒者之論，以老子非聖人，絕禮棄學，晏說與聖人同，著論行於世也。

赫赫曹操的學者的家庭中，養成重的文化氣氛，是給了他相當的影響的。而他在曹家庭中的地位，左引兩說又可見一斑：

（一）「魏志」曹爽傳注引「魏畧」：「太祖爲司空時，納晏母，其時秦宜祿兒阿蘇亦隨母在公家，並見寵如公子。蘇即朗也。晏無所顧憚，服飾擬於太子，故文帝特憎之，每不呼其姓字，嘗謂之爲『假子』。」（二）「按即何晏之母爲主操，後亦即秦朗的所生之同歸主操」。「魏略」：「晏母……公主，又好色」

靜，粉白不去手，行步顧影。」（二）「世說新語」容止篇：「何平叔美姿儀，面至白，魏明帝疑其傅粉，正夏月，與熱湯餠，既噉，大汗出，以朱衣自拭，色轉皎然。」（按「山谷詩」：「湯餅」（即麵）……家試湯餅，何郎此故，曹操即用然許何晏也居其服飾擬於太子，豈非不顧忌所謂滿引起何晏也居，而……竟說「無所顧憚」一其實母愛，則曹操其深愛於抱油母說……都愛兒，亦深對其兩也

記庚子拳變始末（十四）

舜生

俄國之乘拳亂侵佔我東三省，時在二十六年（光緒二十六年）六月，其時俄國在東三省已有軍隊五萬人以上，藉口保護鐵路，向我各地分兵進攻，所殺我東三省之民，以及以工匠頗爲殘酷，其拳勇所騷擾之區，自以東北鐵路沿線爲最多，教民也被殺，而俄兵則藉口「保護鐵路」，第一路由旅順、大連北上，第二路由滿洲里、黑龍江、吉林、奉天；三路攻於哈爾濱，陷齊齊哈爾；東路由伯力、海參崴進攻，陷琿春、寧古塔、三姓、哈爾濱；北路由海蘭泡進攻，陷愛琿、墨爾根、齊齊哈爾，此東路之兵，即由海參崴進攻，陷琿春、寧古塔、林、長春；南路由旅順北上，陷營口、遼陽、奉天、鐵嶺；西路所陷地點，共計東北三省之地，以七月下旬至九月上旬約七十五日之間（陽曆七月二十日至九月二十五日），我三省之地，爲俄國所全部佔領。（參看漢文「俄國史」第十章第二節）

我們統觀此一幕，俄軍之所以能如此迅速佔領東三省者，惟以愛琿黑龍江一役，爲俄人最大之勝利，此役俄兵渡河，與我海蘭泡之副都統壽山所部，以及鳳翔所領之兵抵抗最烈，而互相激戰；

先是，黑龍江將軍壽山，以愛琿副都統鳳翔，以及壽山之部將崇玉山之兵，屯於愛琿；齊齊哈爾既陷，壽山自殺，鳳翔亦受傷死；我軍退守北路，敵兵追至；其時俄兵以最精之兵，擊百餘人渡江，攻陷愛琿以後，更至海蘭泡，殺中國居民數千人，屍浮江面，慘酷之至……

八月，俄軍陷齊齊哈爾，將軍壽山自殺。愛琿陷時，鳳翔已先受傷死，其後我軍退守北路，黑龍江將軍……敵兵所至，輕易佔領，至此，黑龍江已全境淪陷，俄人又以「保護」爲名，佔領吉林；吉林將軍長順，初尙欲抵抗，後以力不能支，乃與俄軍議和，吉林亦落入俄人之手；盛京將軍增祺，初亦以兵抗拒，旋即退走，俄軍乃陷奉天，增祺逃至新民廳；其後與俄人訂約……

當然，京城陷落之前，慈禧與光緒帝已西逃，京城中之屋，人民多遭殺戮，俄兵之所到之處，更是姦淫擄掠，無所不至……

局勢之演變至此，妃本會之所能趨，有一所謂「瓜分」之說，由於各國……以俄國爲甚。其日本爲求自保起見，本擬以……俄國之在東三省，不但不肯撤兵，反而欲以此要挾中國，訂立條約……英日兩國爲首先反對；其後乃有英日同盟之成立，以至日俄戰爭之爆發，都是由此種種原因而來的。……（未完）

本刊已經香港政府登記

聯合評論

週刊

每逢星期五出版

United Voice Weekly

第一〇〇號

督印人：黃宇人　總編輯：左仲平
社址：九龍金馬倫道廿八號三樓　電話61413
承印者：嘉羅印刷有限公司　香港灣仔師爺道5號
總代理：友聯發行公司　每份售價港幣一毫
本報美洲版總經售處　美國紐約中美出版社
CHINESE-AMERICAN PRESS, INC
199 CANAL STREET.,
NEW YORK31 N. Y. U.S.A.
美洲航空版零售每份美金一角

中共反日的必然性與現實性

李璜

假如不是史太林長於做戲，一九四一年在莫斯科車站與松岡洋石抱擁得法，日本軍閥的大軍不南進而北進，從西北利亞直指烏拉山，與希特拉的攻勢配合，夾擊蘇軍，則在一九四二年時，中共的祖國，蘇俄，便早已完蛋，而郭沫若的太陽，史魔，便也早已作金烏之墜了！

一

戰後這十多年來，蘇俄在國際間到處作怪，與英美糾纏不清，固然是國際共產黨的世界革命策畧使他不能一日停止其搗亂工作，然而蘇俄的搗亂的中心所在，還是特別對於德國與日本這兩個鄰國；她從來就打德日不過，深深感到威脅，因此蘇俄總想把德日壓服到底，或撕成幾塊而赤化之，或永遠用武力佔領，更不願德日重振復興，又成爲她的大患。因此十多年來，無論外長會議或高層會議，蘇俄與英美永遠無法妥協的問題，是在德國的統一問題；而一九五一年俄共中共之所以大舉侵畧南韓，且美國之所以不能不起而應戰，大打一場，雙方的目的也明明是在爭奪日本。

當史太林誤信美國務卿艾其遜放棄韓國與台灣之言，決心發動韓戰，且猛烈進攻到了釜山，其目的是在威脅着日本，使之就範，至少是接近了這個戰後的空虛的日本羣衆，便於使之赤化的；不料杜魯門總統起而應戰，也一樣的猛烈反攻，進入北韓，打過平壤，於是史太林不惜重利榮賞，命令毛澤東以中國百萬之衆援韓，聽說毛澤東那次是官拜「遠東老大哥」之職，史太林將遠東的共黨指揮權交與了他，可以便宜行事；雖然反美援朝的志願軍仍舊大打敗仗，但從此東南亞的共黨以至日共都在中共指揮支配之下了。

史太林沒有把德日這兩個工業潛能較強的鄰國赤化到手，抱恨而死，毛澤東本其遺志，念茲在茲，對於赤化日本，又何敢忘！但是中共在韓戰中已受了重創，沒有能力再去對日本耀武揚威了，於是換一方式，對於日人去實施軟化政策。

二

軟化日本的中共政策，自一九五四年起，毛澤東是進行得甚爲積極的，一面大量的送還日俘，藉以表示重修友誼，一面即以貿易上的經濟利益爲餌，要求日本承認中共，因是中共與日人之間友好訪問；曾於一時之間，不絕於途；不但日本的社會黨要人去了北平，而自民黨的要人也曾去過中國大陸，大受中共的特別歡迎，其間不只表示友誼的來往，而且還曾簽訂兩次不大不小的貿易協定，中共要誘導日人去重溫昔日大量掠奪原料並傾銷日貨於中國之夢。

日本人，可以說無論朝野，無論工業界與平民，對於恢復中國大陸貿易這一個夢都是相當酣甜的，但是同時對於中俄共之足以威脅日本的獨立與自由這一形勢，也是相當恐懼的。中共以經濟爲餌，要使日本一面倒於共產集團懷裡，固然辦不到，即是中共要求日本中立化，雖然日本社會黨人有一部份贊成，但是爲大多數日人所擁護的自民黨人則始終表示懷疑，懷疑於中立化後，是否會步印度的覆轍，受着中共的威脅，弄得狼狽不堪。因此日本政府採取兩面手法，政治上仍舊親美，而在經濟上則願與中共盡力周旋，以求不負其國民之所希望。殊不知中共要的是，日本承認中共，將再進一步使之赤化，而貿易乃不過是一種手段罷了。自民黨執政者乃一再聲明承認中共一時不可能，而岸信介且明言在美國未承認中共之前，日本無法採取承認行動，這一下毛周等不能忍耐了，軟化政策無效，又只得施行強硬辦法了。這就是此次藉着日美新約，而大花本錢，鼓動日本共產黨去發動示威的由來。

三

中共反日的必然性，在毛周等要遂行史魔的遺策，其情勢是很明瞭的：在軟化政策不成功之後，毛周等認爲他們在日本國內所卵翼的左傾力量已有相當基礎，故不妨試一發動，拿些顏色與日本朝野看一下，看日本朝野就範不就範；投降不投降。但是，日共的人數並不多，金錢的力量也有限，因此示威的表演，雖能震動一時，然因日本政府並不爲其所動，日本輿論界也羣起反對暴力示威之舉，因之再衰三竭，如再發動下去，中共便必然的丟底了事，而日本左傾力量只有再行削弱了。於是毛周等爲貫澈其打擊日本的策畧，使日本就範，則只有在海外，在東南亞來困擾日本經濟的出路。

月來毛周等命令其香港的嘍囉們，在左傾的港報上，幾乎總動員來反對日本，特別對於日貨，表示深惡痛絕，大有取日貨聚而焚之之概，這並不是感情作用，（共產黨是從來沒有感情的，共報鼓動中國人的情緒去仇視日本，乃是一種策畧，其自身並非眞正仇日，假使日人一旦就範，中共又可以立刻變爲親日的。）這乃是有其現實作用的：第一，日本朝野年來對於東南亞的經濟計劃甚多，貿易活動甚勤，日本政府中人且有以美國的資本和日本的技術去開發東南亞的表示，這是足以引起中共的嫉視的。香港現已是東南亞貿易的樞紐，打擊日本在東南亞經濟的出路，勢須從香港來做妨害日本的宣傳工夫。第二、日本在香港的貿易數量，年來也日有增加，且報載日本人與香港人要在香港來開設大規模的鋼鐵廠與紡織廠。中共不怪自己不爭氣，高談工業建設，而弄得大陸人民衣食用品都不足供給，因之年來中共對港輸出的輕工業品日見減少，而且品質越來越壞，但是中共不免於幻覺，認爲日本的輕工業品在港推銷甚暢，或者是中共減少銷路的原因。於是中共的「抵制仇貨」的老調，趁此時要繼續拿顏色與日本朝野看，便在香港來掀動中國人的情感來了！

其實，香港的消費者，除了少數特別講究的有錢人要買價貴的所謂歐美「來路貨」以外，大多數的中產人家與打工階層，買東西都只問價廉物美，並不管它仇與不仇，好與不好。若要論起仇來，則香港三百萬以上的居民，懷着中共傾其家殺其親的仇恨的，至少有一半以上；如果要挑起這貨物中也有仇怨來的話，則中共謹防每月一兩億港紙的外匯收入還要大大的減少了啊！

向來，共產黨的朝三暮四，暮四朝三，臉子變得最快，無非詐術欺人！前幾年中共之親日，親得信使不絕於途，且都會經過香港而往日本，人皆見之；這幾時中共之仇日，甚至連香港人買日貨，也稱作「新漢奸」了，然則前幾年中共曾與日人簽過貿易協定，交換過日本的工業成品，毛周等豈非新漢奸之尤者嗎！

總之，中共幾年來之親日與近幾時之反日，其目的是一致的：無非要日本人就範，日本政策一面倒向共產集團，以便將這工業潛力較強的鄰國，拿來供共黨所用，更易於遂行其世界革命之夢想而已！但不知日本多數民衆於近年經驗中，深切瞭解中俄共之用心所在與否？這有賴於日本的自民黨，與論界以至非共的文化界去悉心檢討，而從明確的結論中，堅定其立場，將一向對中共的游移不定的態度先行改正過來！

四九、七、一三

論民族主義的兩面鬥爭

劉裕畧

人的自覺造成了今日的民主政治和今日的西方文明，民族的自覺，則在近代史上造成了民族獨立運動與若干新興國家的崛起。

民族主義有其一定的偉大內容與崇高目標，正如自由主義有其一定的偉大內容與崇高目標是一樣。無怪乎這兩者都是人類社會近代史上不可阻擋的洪流。

第一次世界大戰以後，若干國家都在其內部開始建立了他們的民主制度，第二次大戰以後，若干國家，基於民族主義的立場，也開始建立了他們自己的國度，第二次大戰後的初期，此類新興國家之建立以亞洲及中東爲最多，及至最近，則非洲的民族獨立運動亦逐漸醞釀成熟，而紛紛獨立起來了。這顯然是人類社會走向更進步的現象。

不過，這裏值得特別提出來討論的是這些新興的民族國家，除了少數以外，大半都處在兩面鬥爭的情況中。即一方面爲了擺脫舊的統治，不得不對舊的統治者展開武裝或非武裝的鬥爭，而在另一方面，共產主義這一赤色帝國主義却又乘虛而入。這樣一來，民族主義便常常命定的要在兩條戰線上從事不同性質的鬥爭了。

依照馬克斯理論，共產主義本應該在馬克斯所謂資本主義愈發達的國家裏成長，但後來的事實，粉碎了馬克斯的錯誤論斷後，却替許多政治情況和經濟生產較爲落後的國度帶來不幸，因爲共產主義却往往在這些較落後的國家反易成長。共產主義在這些國家，最初，往往僞裝民族主義者，或者故意冒充民族主義的同路人，利用民族主義反抗舊統治的情緒，來動搖自由世界，來赤化這些落後國家，而民族主義者亦往往不察，亦往往在戰術上採取利用共黨國家的援助來對舊日統治者進行軍事的或政治的鬥爭。若純從戰鬥技術的運用來看，利用乙以制甲，本屬無可厚非。不過，話說回來，共產主義包藏禍心，民族主義者若誤以爲共產主義是民族主義者的朋友的話，那就極端危險了。可以說，其危險實遠超過舊統治者的。何以說呢？因爲舊式殖民主義在近代史上早已逐漸沒落，迄於今日，實已近於尾聲。所以，民族主義對舊統治者的鬥爭，已經勝利在握，遲早必得。何況今日世界許多舊日大國，於今皆已蛻變爲民主國家，其工業經濟技術等亦往往有爲新興國家所急需者。至於共產主義則不然。它的基本立場是與民族主義絕不相容的無產階級立場，對其民族主義的暫時目的是利用，其長遠目的，則在完全消滅民族國家，馬克斯對此早已說明，列寧在「國家與革命」一書裡，且亦强調。他說：「國家是在社會發展底一定階段上，由於階級矛盾不可調和而發生的產物。國家是一階級對另一階級的暴力機關」。又說「無產階級建立了自己的專政之後，應當消滅和粉碎國家這一組織」。共產黨人又嘗强調「我們共產黨員是毫不調和的根本反對各色各樣的民族主義，但在某一國家裡，無產階級的國際主義，都應當「適應本地氣候」，以便在本地種下自己的深根。……正是在這種形式裡，同時還可以」勝利地維護無產階級的利益。

由此可知，共產主義實在才是民族主義「最兇惡的敵人，而且正是企圖「適應本地氣候」滲透到民族主義陣營來的最兇惡的敵人。希望亞非兩洲及中南美的民族主義者和新興國家特別警覺戒備！

今秋開國是會議乎？

國民黨當權派又圖分化民主人士

海外民主人士對該黨汚蔑將周旋到底

（本刊特稿）台北於七月十四日，又傳出了今秋將召開國是會議的消息。據泛亞社電訊稱；「由於在台北若干對『政治有興趣的人士』宣佈要組織『反對黨』，致使原計劃召開小型國是會議的問題，勢須作深長考慮。惟權威人士相信，無論如何，國是會議仍將舉行，但該項會議之名稱刻尚未定，目前所知者，僅為會議召開時之規模將不會太大。」

十五日，香港的純民營的大報星島日報社論，對此消息作了迅捷有力的反應。社論除了指出過去國民黨內「強有力份子」，頑固份子」「多方反對」之經過外，並駁斥彼等所謂：「「國是已是，不必開國是會議」」之謬論。

此外，社論又着重指出最近「國民黨營的海外報刊，却不斷有反對自由、反對民主、反對法治、反對革新的論調；國民黨僱用的論客，不斷用種種方法，去反對、嘲笑自由、民主、法治、革新；去反對及嘲笑組織反對黨。」社論說，這「不知是何居心？」於是進而質問該黨，「為什麼國民黨中央黨部不留心黨營海外報刊的論調？為什麼不注意所僱用的論客？這是令人大惑不解的！」

在這樣的情況下，星島日報社論認為「人們不敢相信反共國是會議之能夠於今秋間召開。並謂「召開反共國是會議，前途阻碍尚多，吾人對之還不敢太樂觀。」

對於國是會議，本刊前曾有分析，認定國民黨內部，對是否決定召開，意見尚未統一，其所屢次用一個未經該黨中央定案的擬議，露布一點似是而非的消息，乃是一種政治鬥爭的手法。前此，在國大三次會議召開後，放出空氣，是為了達到緩和海內外反對蔣先生三次連任的情勢：今則又在盛傳反對黨將於九月成立之際，放出同樣的空氣，也無非是照抄過去老文章，毫不「新奇」。

據本刊獲自台北關係方面的消息，由於反對黨之積極進行，已使國民黨當權派深感不安。除了盡量利用宣傳機器詆譭破壞之外，同時分別向籌組反對黨及傾向反對黨之某些人士施行三大政策——腐化、分化、收買，對於海外同情支持反對黨之各黨派首腦及民主人士，則不惜顛倒黑白，製造謠言，以進行直接或間接的打擊。七月九日台北「中央日報」即曾造謠本刊「內部正醞釀分裂」，誠屬可笑。

據悉台北國民黨內部開明人士，現已以友好的態度，分函海外反共民主人士，囑務必堅定意志，莫為國民黨當權派宣傳機器及宵小特務所製造的各種謠言中傷氣餒，蓋目前台北民間要求民主自由之氣勢至為強烈，但仍需要香港、美國、日本及歐洲各地之民主人士與知識份子相呼應。據此可見，國民黨當權派勢將在最近作一連串地反民主的宣傳，並同時傳播各種打擊海外民主人士的謠言。對於此一形勢，聞海外民主人士亦將不惜與之周旋到底。

「鐵打衙門水流官」

從黃去沈來看外交部

平江

外交部是一個講人力講技術的機關，圈內人並不以沈非外交界老資格而輕視他，但也希望他真能在人事上好好整頓一番。

（紐約航訊）當沈昌煥繼胡慶育為外交部政次時就有沈氏在不久的將來是要出長外交部的傳說，因為他受知於最高當局。但是當葉公超外放任駐美大使時，半路殺出程咬金，黃少谷任外長是出人意料的。當然陳辭修以其左右手出任外交部長及駐日大使，自有他的見解，故當時沈昌煥雖同時亦有繼任沈覲鼎出任駐日大使之說，亦因此未能實現。據聞駐日大使工作並不如外間所傳之艱巨難作，祗要遇事裝糊塗就得了，因為除非美國對華外交政策澈頭澈尾變更日本是不會承認中共的。沈昌煥既兩頭落空，也祗有出任駐西班牙大使去了。

當前我外交重心是美日並重，所以駐美日兩大使館人員，經費，大使特別費都是一樣的。駐美大使除葉公超外到也找不出第二人。葉氏重無貝之才，是真作事的人，所以這「寶座」是誰也不敢妄想的。前駐日大使以精通日語深悉日人性格的沈覲鼎氏尚被攻擊得體無完膚，若非受知於陳辭修之人選繼任那也是攬不好的，不必說其他了。

今番沈氏以現任駐西大使調任部長也與艾森豪臨時決定訪台有關。但據說沈昌煥對外交業務之熟習與經驗，亦為人所共知。他口若懸河，器度亦頗不凡，對於外交部過去不良的惡習、劣點知之亦最詳。故沈氏應該發揚外交部傳統「用人惟才」的精神，毫不顧情面的大刀濶斧剷除一切積留的弊端。俗語說：「鐵打衙門水流官」，若想用私人，甚至愚笨的要把持官府衙門那是最蠢拙的事了。

過去外交部曾一度以政大畢業生為吃香着；其後有武漢大學出身者優先外放的便利，希望今後能革除這些「偏重」風氣。

沈昌煥與葉公超氏相處甚久，當知葉氏第一不用私人，第二不愛錢財，並且有隨時辭職的勇氣。想沈氏必能繼之以整頓……。

今日外交界人才寥落，近年來大體借重在台歷屆高考及格人員，其中固不乏真才實貨；但亦多徒具虛表者。今既是以高考為今後同人之準繩，以往不談，從茲應該提高高考水準，精取精選，嚴加訓練之後才能外派，倘仍不分賢愚，祗講高考資格，甚或不通駐在地言語文字者亦加以外派，則不如不派了。蓋第一派出去不能作事，不僅耗費國帑，且亦貽笑外邦，在僑界傳為笑談，第二因眼高於頂，專事攬權，更不作事，又自以「高考」居奇，自然不受館長歡迎，亦與同僚不能安處，日久肇生事端，至於因貪圖小利，利用外交特權買賣免稅品則是小之又小之事了。還有一點，外交工作人員如無嚴格訓練，驟然外派總不相宜，如若以「外派」為「調劑」則更失加強外交工作提高外交人才素質之本意了。沈昌煥在外交界雖非「老資格」，但圈內一般對之印象尚佳，希望他能有一番作為。（七月十日寄）

「毛澤東」為何雲遊不歸？

・艾鳴・

毛澤東的「老和尚」綽號，早在一九五七年「鳴放」運動中就很響亮了。他那時因為大搞「鳴放」出了亂子，遂離開「北京」雲遊四方，躲避風頭。

後來「香花」變成「毒草」，老和尚厚顏無恥的把鳴放說成是「陽謀」，並大搞反右傾，個人的領導地位得以保持。

一九五八年又再大攬「總路線、大躍進、人民公社」三大暴政，天怒人怨，迫使他經常出巡，以監督其「左傾冒進」政策的推行。

今年三月底至四月中旬，他回到北京在「第二屆人代大會第二次會議」期間露面以後，旋又行踪飄忽地前往「天津、鄭州、武漢、上海、杭州等地「掛單」；而且連「壞仁堂」裡的羣魔也傾巢出動，「五一」前後，劉少奇由西南而東北，到過成都、和瀋陽；周恩來、陳毅二人到過貴陽、昆明；陳雲則在上海，其後劉少奇以下諸酋，均先後回到「北京」，舉行一連串的「羣英大會」；唯有毛澤東仍久留滬杭不返，連他「最親密的戰友」林伯渠的葬禮，也沒有參加，這確是耐人尋味的事。

根據種種跡象，老和尚雲遊不歸的原因，不外以下數端：

一、督導城市人民公社。公社制度是毛澤東的三大暴政之一，公社消滅城鄉差別所發生的矛盾，就必須全部建立城市公社制度，鞏固農村人民公社。解決繼續生產大躍進的勞力缺乏問題。據全國總工會副主席李頡伯在今年「人代會」上的報告：當時已參加城市公社人口佔百分之四十（「他說全國城市人口共五千萬，已有二千萬人入社），並號召城市人民公社加強組織起來。但最近李先念在「文教羣英會」上的報告中，提到城市人民公社問題說：「……到五月中旬，全國已經建立城市人民公社一千多個，入社人口四千二百多萬人，約佔城市人口的百分之六十……：已經解放了大約六百萬婦女勞動力……。」（見六月四日「新華社」北京電訊）這段話儘管有誇大的成份，若與當年成立農村人民公社那種高潮相比，顯然相形見拙了。按李先念所強調城市人民公社進展的程度，在原有的基礎上經過兩個月時間全力推動，迄今也祗增加二成。可見城市公社的推進並不順利。以中共的暴力政治來說，此種現象是少有的。根據組織城市人民公社的規定，先要在機關、學校、工廠、街道這四個層面上着手建立，而以黨團分子分佈最多的機關、學校起帶頭作用；可是就目前情況看，也並不樂觀。這就替城市公社化所以遲緩發展的原因作了註解。毛澤東為求挽救這種劣勢，就不能不親自在東南坐鎮督導，巡行視察，此為遲遲不歸的原因之一。

二、督促持續「躍進」。以毛澤東為首的「冒進派」，對今年的生產指標雖然作了「大躍退」的調整，但仍高喊「持續躍進」的口號，可是事實上連「大躍退」的生產也發生了指標問題。他們規定今年的生產任務是以城市工業支援農業。可是在工業方面，從五月以來普遍提出「在半年以內完成主要產品全年計劃一半」的口號；六月四日的「人民日報」的社論，大聲疾呼要「把六月變為大幅度的高產月」，號召「全國職工爭分爭秒，扎扎實實地大幹一番，力爭上半年完成全年計劃的一半」由此可見其工業戰線陣脚業呈不穩，現在事實証明並未如期完成生產任務。再就農業情形來說，李先念在「文教羣英會」上已坦白承認：「今年入春以來，不少地區遭受了嚴重的旱災和其他自然災害，依靠人民公社的優越性，開展了偉大的抗災鬥爭，災害所引起的損失大為減輕……」此外，早在五月四日「人民日報」的社論上，號召農民「還要多種一些甘薯」，藉以補救災荒的損失。這又反映今年的農產品已無法達到生產指標。七月一日人民日報社論更承認了夏收「年產和減產」。既然工農業生產情形難能繼續躍進，就使堅持「躍進」的毛澤東着急了，這又使他寢食不安了。此為老和尚雲遊不歸的原因之二。

三、安內攘外。毛澤東的「三面紅旗」，是在內外交迫之下勉強豎立起來的。今年以來，內外形勢更加惡化，惟有安內攘外，轉移視聽。在黨內，自出現「右傾」集團以後，今年「五一」前後，劉少奇、陳雲分赴成都、上海、瀋陽等地活動，自然其中有文章。於是，乃進而發動反美、日「帝國主義」的「愛國運動」，刺激國內人心，公開強調戰爭準備的重要，作為支持他「三面紅旗」的口實。與此同時，又在全國範圍內展開「學習毛澤東思想」的運動，而且要求做到持續深入，用以代替「反右」鬥爭，進行安撫，深入羣衆，這也是他雲遊不歸的另一原因。

試論美國的世界政策

近來，世界各地都有着不安，而這些不安又普遍地與共黨的反美運動連繫着，實有檢討其世界政策的必要。

「最佳的防禦是進攻」。美國選擇的進攻地區顯然是在東歐，故曾一再聲言，要解放東歐國家。但數年來未迄見發生顯著的效力。主要的原因是美國執行這一解放政策並無積極的行動。譬如一九五六年十月匈牙利革命時節，若美國採取果斷的行動，匈牙利脫離共產集團的可能性非常之大。若美國有不惜為此一戰的勇氣，蘇聯也未必會應戰的。因循敷衍，畏首畏尾，遂坐失了良機。現在赫魯曉夫敢於聲言以飛彈支持古巴，那時、美國政府却半句硬話都不敢說呢！長期以來，美國一直處在挨打局面下，顯示出的迹象，令人懷疑美國在基本上是否已放棄了進攻的一面。

兩大集團鬥爭，是你死我活的鬥爭，但自由世界的古老歷史遺傳下來的一國苟安的思想還是廣泛的流行着，這就把鬥爭的國際性冲淡了。美國既然要領導反共，那麼必須首先清除那種一國苟安的思想；其所以只有消極防禦而無積極進攻行動的情況，就是在這種強烈思想影响之下產生的。

就共黨發動的某些政治運動來說，也是有其內在原因的，絕非完全靠共產黨的金錢可以購買得來，也不是無緣無故就能組織起「統一戰線」的。目前，共產主義成長的溫床，不外兩個：其一是政治的腐敗，其二是貧窮。

美國本身的政治不能說壞，但所找尋到的反共伙伴，實在不夠有力。這些伙伴們最主要的缺陷是：一些人留戀於早已應被揚棄的殖民主義，譬如法國在越南拖得精疲力竭以後，還不願放棄阿爾及利亞的殖民統治；這只能是幫助共產主義的發展，絕不是阻止共產主義的做法。另一些人則留戀於無法無天的獨夫統治，其結果必然是民不聊生，適足以給共產主義發展的機會。可以大胆的說，殖民主義與獨裁政治若不在自由世界肅清，則共產主義的騷擾將無可能抑制。在這方面不能認為美國不着急，但始終不曾拿出強有力的辦法來。目前，為改善盟國的政治，在反共之前提下美國是不能不負起積極的責任的。

過去的幾年，美國在國際經濟事務方面，也不能說不努力，大量的軍援與經援投入於落後地區，但現在看來並未發生積極的效果。原因似乎在下述兩個方面，一、援助的對象一般是政府，而落後地區的政府大多與貪汚無效率結了不解緣，結果援助都流入了某些權勢者的私囊，無助於解決落後地區的貧窮。二、在美國國內，現在消除資本大量集中已有可能，但在資本輸出方面，並無任何限制，鼓勵國民到外國賺外滙。而落後地區的經濟基礎原本薄弱，對於大量資本的輸入絕無對抗力，結果是落後地區的外滙無限制地流去美國，亦無補於貧窮。落後地區的經濟情況絕不能與先進國家相提並論的。在落後地區，則必須先協助發展私有資本，須待私有資本能夠健全地穩定發展之後，落後地區的經濟面貌才能改觀，才能自立，自足。如果一開始要攬國有化，根本是不切實際，而且是予經手者以中飽的機會，徒然引起民間的反感，予共黨以攻擊的口實。為今之計，美國在國際經濟事務方面的具體辦法，應該是集中對落後地區投資輸出的資本，並限制其所獲之利益之倒流，而投資的對象則應該是落後地區的分散的私人企業，協助其整頓與擴展，誘導其所得利潤投資於其本國的經濟建設與社會建設。同時促進落後國家政治民主化，庶能達到防共反共的目的。

・田心・

大陸高等學校招生難

陳　權

現在，中共正在舉行一年一度的高等學校入學考試。根據廣州消息，港澳兩地也有回穗投考大學的高中畢業學生。從中共今年不再宣傳回穗升學的人數來看，今年到大陸升學的港澳高中畢業生，大概要比往年為少。

今年中共高等學校招考新生發生了學生來源不足的困難。中共教育部於六月三日發出了「關於一九六〇年高等學校招考新生的規定」，其中規定今年高等學校計劃招生二十八萬人，比去年的招生計劃增加三萬人，增加的新生，主要是增加到工科、農科和理科。據報導，今年的學生來源仍然滿足不了高等學校招生的需要。教育部已通知各地教育行政部門，在各地黨委領導下，積極挖掘潛力，千方百計擴大學生來源。擴大學生來源的一條重要措施是以在廠礦企業、農場、國家機關和人民公社中選送一部分條件適合的職工、幹部和公社社員，報考高等學校。單根據這項規定，中共海外工作部門就負有在港澳「挖掘學生潛力」的任務。

中共高等學校的考錄新生，並不以學術為標準，因而學生的學術水平很低。根據規定：「錄取新生的原則應該是：在保証政治質量的前提下，結合考生的學業，健康條件，擇優錄取。」而且還規定：「對於報考的工人、農民、工農幹部、復員和轉業軍人、參加革命工作時間較久的在職幹部、少數民族、烈士子女、華僑學生，採取優先錄取的辦法。」更明白規定：「高等學校在新生入學後，應即進行政治、健康復查，復查不合格的，則取消入學資格。但對健康復查不合格的新生，學校可酌情考慮，准予保留為期一年的入學資格。」由此可見，錄取新生完全以政治條件為準，學術的好壞毫無關係。從而也可觀察到，中共所培養的各種專業人材，其質量顯然也不可能合乎標準。

學生來源不足，是一個不堪想像的怪現象。一九五九年，中共計劃招考高等學校新生二十五萬名，但根據中共統計局公報，所招新生達到二十七萬名、比計劃增加「二萬名。中共教育部的仍然報道二十五萬名，顯有一方故作虛假報告。而且學生來源不足的現象，去年就已發生，去年的超額完成招生任務，顯為黨團員、幹部、復員軍人、工人和農民等具有政治優越條件者濫等充數的現象。今年計劃招生二十八萬名，實際比去年只增加一萬名。而去年中等專業學校招生達七十萬名，今年招生計劃反而減為六十萬名，比上年少了十萬名。顯然是本年中共招生中的不平衡現象。從今日中共需要看，中等專業學校招生人數，是應該年有擴增的，今年所出現的減少情況，反映出中等專業學校招生工作的學生來源，也存在着不足的問題。在一個「六億五千萬人口」的範圍內，中等和高等學校發生學生不足，實在是不能想像的現象。

中共高等學校招生發生學生來源困難，是中共過去幾年教育政策所造成的。一九五五年以前，中共財政所反映的情況是每年都從文化教育預算支出項目中挪用欵項進行其他經建和軍事支出。造成沒有足夠學校滿足學生需要的現象。一九五五年以後，一則由於教育方面的基本建設遲緩的情況繼續存在，而在農業合作化運動開展後，農業、信用、手工業合作社都發生缺少工作幹部的現象。這期間，中共採取了勸導中小學畢業學生放棄升學而參加農業生產，或接受短期訓練而派到合作社工作的措施，當時還採取了某些鼓勵學生放棄升學轉入工農業生產的辦法。這一個遠因，直接成了今日高中畢業生減少，不能滿足高等學校招考學生來源的需要；間接也拖住了工礦企業因為技術人員不足而不能充分發揮生產能力。

中共高等學校招生不能完成數量計劃或學生質量不夠標準的情況；將使中共工農業生產中已存在的技術人員不能滿足需要的矛盾，無法解除而將長期持續下去。今年年初以來，中共就已在全國各城市和工礦企業中普遍和大量地把技術工人提升為工程師。根據中共報導，這些工人工程師，除具有合乎中共要求的政治條件外，其文化水平，有的還是半文盲，有的也才達到中等專業學校學生的程度。高等學校招收學生來源困難，現在的影响雖只是高等學校招生計劃的數量和質量不能完成，其久遠影响則是技術人員將來更不能滿足工礦企業發展的需要，技術人員的質量也必因而下降。中共這種做法，降低了工程技術人員的學術水平和業務水平，將直接影响其經濟建設、工農產品的發展，工農生產的產量和質量，不能獲得應有的提高。

這是中共在教育政策方面沒有長遠計劃的結果。最少，也是無政府狀態的計劃。這個政策已經造成中等教育和高等教育脫節，高等教育又和經濟建設的需要脫節等現象。而且，從中共高等學校招考新生的內容觀察，高等學校的水準，顯然也與科學研究的要求相脫節。所謂科學規劃，在相當長的時間內、將停留在書面之上。

蔣「總統」談光復大陸

•達時•

（台北通訊）七月十一日台北中央日報刊載行政院新聞局消息，檀香山廣告人晨報於十日以明顯地位刊出蔣「總統」答覆該報所提三項問題，除表示絕不考慮撤出金馬而外，並云：「大陸上大規模的反共革命一旦爆發，中華民國政府自將揮師渡海，與大陸同胞的起義運動相響應。屆時共匪在衆叛親離，腹背受敵的環境下，必將迅速崩潰。故中華民國之光復大陸，並不需要經過純軍事性的重大會戰；而必將由大陸反共勢力與台海國軍裡應外合互相聲援的結果，而早日獲得成功。」從此一談話看去，蔣介石在獲得非法連任後所作六年以內回到北平的諾言，又有新的修正了。他要等到大陸上爆發所謂「大規模」的反共革命後才揮師渡海響應。換言之，縱然大陸同胞到處起而以武裝反抗中共的暴政，若他認為尚未達到「大規模」的階段以前，他仍將按兵不動的。究竟要怎樣才算得是大規模呢？他也說得很清楚，即是所謂「中華民國光復大陸，並不需要經過純軍事性的重大會戰」，這就是說，他壓根兒沒有準備對大陸發動軍事行動；而祇想等待大陸同胞起而將共軍主力擊敗之後，他才渡海去接收。可見他不但沒有反攻大陸以拯救同胞於倒懸的決心；反而希望大陸同胞來拯救他。不知那些認為非他不能領導反攻復國的職業宣傳家對此又將何說？

立監委員呼籲立即解除報禁

自英文中國日報獲准出刊後，立監兩院即積極呼籲政府解除報禁，監察院於十三日舉行第六三〇次院會，監委陶百川提出「最近對開英文中國日報之出版，是否即係主管機關對於新聞紙登記禁令之解除，擬請行政院就後列查詢事項予以答覆，以便處理」一案，其原文如下：

「（一）依據中華民國憲法第十一條規定，人民有出版之自由。又據出版法第九條之規定，新聞紙經發行人填具登記申請書，呈經該管縣市政府轉呈省府核定，其與規定相符者應即准予發行，此項登記手續，各級機關應於十日內為之，並不收費用。準此規定，各級主管機關辦理新聞紙之登記，在程序上不得任意拖延，在實質上不得橫加挑剔，故出版法此項規定所加於政府之限制，實大於人民。現在主管機關以行政命令根本堵塞新聞紙登記之路，似與憲法及出版法保障新聞自由之規定，均屬不合。不知行政院以為何如？

（二）政府暫停新聞紙之登記，或係根據國家總動員法第廿二條憲法授予之權力。按該條規定：「本法實施後，政府於必要時得對報館通訊社之設立、報紙通訊稿及其他印刷物之記載加以限制，停止或命其為一定之記載」。查此項規定，有一極重要之先決條件即條文中之「必要時」三字。此蓋謂如無必要或以前雖有必要而後來已無必要，政府即不得停止報館之設立及新聞紙之登記。不知政府當局現尚認為有停止新聞紙登記之必要乎？此必要之理由究何在？

（三）聞民國卅九年政府停止新聞紙之登記，乃以節省紙張為理由，此或即國家總動員法第二十二條規定之所謂「必要」。然十年前之理由，目前尚有存在之餘地乎？查本省紙張之生產量，三十九年度僅為一萬七千公噸，而由四十八年度已增為八萬五千公噸，其增加率為百分之四百强。不獨已敷本省之需要，且有輸出之餘力。故為節省紙張而杜絕新聞紙之登記貽人以妨害新聞自由出版自由之口實，不獨不能自圓其說，抑且得不償失。不知行政院有同感否？

（四）此次主管機關准許原為通訊社新聞稿之英文中國日報以新聞紙公開發行，就法律效力論，自屬新聞紙登記發行禁令之解除。此即政府認為紙張已無過分節約之必要，亦即政府認為十年前依據國家總動員法第二十二條停止報館之設立，目前因事勢變遷已超越「必要」之限度，故特予以修正或撤銷。如果如此，洵屬吾國之光。對內對外必可產生良好之印象及效果（登記開放之後，如有不合規定之新聞紙登記聲請，主管機關自可依法批駁；出版後倘可依法管理，故毋須過慮）。不知行政院以為然否？」

陶委員並作口頭補充，畧謂今年三月國際新聞學會在東京舉行，拒絕『幾位中國記者』入會申請，其理由是中國並無新聞自由。他去年在美國訪問時，國際新聞學會也有過調查報告，對我們有很不利的批評。他說：「世界上各民主國家，辦報都是自由的。有人說，這叫做通知主義。即辦報人自由出版報紙，祇需向政府通知一聲就得了。但韓國和我國則實行許可主義。人民辦報，須經政府許可後才准出版。韓國自革命發生後，現已採取自由主義，人民有辦報的自由」。他希望政府能順應世界潮流，採取明智的作法，趁英文中國日報出版之後，向世界宣告業已取銷辦報禁令。

立法院方面也有同樣的呼籲。立委程滄波等二十餘人現正簽署一項質訊案，準備於日內向院會提出。其內容與監委陶百州所提者大致相同；惟特別指出現行措施實為扼殺言論自由，希望政府能勇於遷善，勵行民主憲政，尊重人民權利，立即開放報禁。

至於主管報紙登記之內政部，則至今仍守口如瓶，不願與新聞記者討論此一問題。當權者是否將因立監兩院的呼籲而有所省悟，尚有待於事實之證明也。

籌組新黨聲中的官方動態

自前月在野人士呼籲改善地方選舉辦法並着手組織新黨以後，當權者深感大勢所趨，不能不畧作讓步，以平衆憤。國民黨中央黨部於十二日舉行會議，專門研討改善選舉辦法問題，谷正綱連震東亦出席。聞已決定今秋選舉縣市議員時准許候選人推派代表担任投票及開票之監察員，並將由台灣省政府正式提請目前正在開會中的省議會完成立法手續。至於對付反對黨的基本策畧，則仍採取分化及破壞主義，一方面儘可能的以優厚條件拉攏青年黨某某要員入閣，使他們不致參加籌組中的反對黨；另一方言，則大量製造謠言，離間海內外民主人士，並挑起台籍同胞與他省人士之間的情感，使其不能合作而便於各個擊破。總之，他們決心要確保一人一姓的獨裁於永久，自不願見一個融合海內外一切民主人士於一堂的反對黨出現。日來高玉樹李萬居等已針對當權者的陰謀而作了幾次極為有力的公開聲明，所謂台灣人與外省人的疑慮可望澄清。至於青年黨及海外民主人士，他們對於當權者的技倆固已領教多矣，當不會中其奸計也。

縣議員亦要向中央級民意代表看齊

自政府遷台後，國大代表與立監委員的任期即一再延長，照現勢看去，他們大有不死不休之勢。憲法上限制總統連任次數的規定，也於三個月前被臨時條欵所取銷，自然更非終身總統不可了。最近雲林縣議會忽通電全省各縣議會，主張「停止一切選舉，俾能消除地方派系，爭取反攻勝利」。屏東縣議會已予以響應，並認為「現任民意機關首長及各級民意代表的任期均應一律延長至反攻大陸成功為止；如果必須改選，則應不分中央或省縣均應一律改選。」在籌組反對黨和改善地方選舉辦法聲中，雲林屏東兩縣議會的此呼彼應，顯然是很為應時的。若能做到地方議員也和國大代表與立監委員一樣的無限止的延任下去，成立反對黨和改善選舉縱算同時實現，也就不能動當權者的毫毛了。

寄語香港時報

一民

七月十一日香港時報刊出「一封公開的信」，據說，有一位孫君曾再度撰文，對聯合評論有所駁斥。他們雖然認為「辭嚴義正，不勝欽佩」；但却「不準備發表」，其理由是（一）他們承認與聯合評論之間有政見與主張上的歧異，並自信對於任何違反國家民族最高利益的不正確意見，願意週旋到底。至於拋開政治主張而專對個人作人身攻擊，甚至歪曲事實，則已離開論政常規，墮入惡道，貶損刊物的風格，他們不願繼續奉陪。（二）他們正與共黨尾巴報展開激戰，不願分散讀者的注意力。也許聯合評論把反台看得比反共更重要，他們却不願對一個總算還在反共的刊物多做無謂的週旋云云。

在以一人一姓為中心的台灣現局之下，香港時報居然提到國家民族的最高利益，並願意與違反此一利益者週旋到底，足見國民黨員的心尚未死完。但所謂國家民族的最高利益，在今日來說，應該是反攻復國和確保政府的憲法基礎，香港時報當亦同意吧？可是，以當前的事實，則當權者不但再次再三的坐失反攻的良機，甚至公然與盟邦使節發表聯合公報，聲明不以武力反攻大陸。豈非與國家民族的最高利益背道而馳？至於政府的憲法基礎，蔣「總統」雖於前年和去年一再聲明反對修改憲法，並說憲法是反共復國最重要的武器，應該予以尊重和維護，似乎確有遵守憲法以固國本的決心和誠意；然而言猶在耳，他竟不惜破壞憲法以遂其連任的私慾。他既依據增訂後的臨時條欵而做了三任總統，又說臨時條欵並不是憲法，豈不等於自認他今日的總統並非憲法的總統嗎？他自己毀了政府的憲法基礎，而聯合評論不承認其為合法的總統，豈不是維護憲法的應有之舉嗎？國民黨人對這位出爾反爾知法犯法，不顧國家民族利益祇圖個人權位的獨裁者，早就深感其非，而苦於無力去之；香港時報也祇是迫得為他作違心的辯護，以求自保而已，還談得上什麼主張和政見？

復次，談到所謂對個人作人身攻擊的問題，聯合評論根據蔣經國過去的歷史及其十年以來違法亂紀，作福作威的種種事實，認為他是今日台灣的禍根，主張立即去之以杜後患，這並非任何一部份人的私見而是海內外反共的中國人（包括黨內人士）和盟邦人士都有同感的。香港時報至今未能舉出一件事實足以稍減世人對蔣經國的疑慮，竟說聯合評論對個人作人身攻擊，如此歪曲中傷而反攻訐他人，不亦怪乎。尤其是還把黨報中人也有同好的搓麻將都列為攻擊的罪狀，尚有何報格之可言？假設要談蔣經國如何利用政治上的特權以遂其荒謬生活的事實，人們從台北來客和某些海外工作者的口中，早已知道得太多了；不過聯合評論不屑於說而已。至於身為忠貞之士而却隨時隨地以洩露當權者的穢事為快，正可說明他們的內心是如何的矛盾和悲憤了。

最後，香港時報還說，「聯合評論總算還在反共」，這正是當權者的傳統慣技。他們號稱反共，却希望他人不反共，以便證明反共祇此一家而得為所欵為。假如希望不成，他們就裝造出種種濫言，不是說某也將分裂，便是說某也將投共。總之，他們以破壞他人之反共為能事。至於盤踞大陸的共黨，他們並未打算動其毫毛；而祇等待大陸同胞將北平偽政權摧毀時，歡迎他們回去接收。這就是當權者的「國策」。因此：儘管十年以來，海內外一致渴望台灣方面立即依據憲法實施民主改革，俾得團結一切反共力量，急圖反攻大陸；他們不但無動於中，而反視民主運動為大敵。香港時報說，聯合評論反台重於反共，實則聯合評論所反對者祇是非法連任和一人一姓的獨裁統治以及當權者放棄反攻大陸等謬行，而迄未否定台灣的一切，香港時報寧有不知之理？明知而故作歪曲之言以淆亂視聽，徒顯其心勞日紬而已，於聯合評論何傷？

寄語黨報中人，請珍惜過去奮鬥的歷史，善自保持革命黨人的本色吧！時至今日，國脈民命已不絕如縷，凡有血性者還能扮演這種與妄婦無異的可憐角色而自誤誤國嗎？

大陸的讀書運動與讀書興趣

劉裕畧

大陸之窗

「讀書運動」係指中共在大陸所發動的「讀書運動」而言，讀書興趣係指大陸人民及部份共幹個人的讀書興趣而言，兩者本不相關，但中共今日在大陸推行的「讀書運動」，却與大陸人民及部份共幹的讀書興趣關連着。可以說，今日中共推行的讀書運動的原因之一，也正是針對今日大陸一般人的讀書興趣而發的。

共黨的黨性，本來就最注重鬥爭。而在共黨看來，宣傳乃是進行鬥爭的重要法門之一。圖書則又是最重要的宣傳工具。通常，共黨的踪跡所到之處，共黨書籍總是担任先行官來打頭陣，來先散佈思想種子的。對於已控制和已統治的地區，共黨對它的宣傳工作亦從不稍懈。因為共黨在其統治地區，既不斷的進行清算鬥爭和壓榨，其勢就免不了要引起人民的反抗，於是，共黨就採取了兩項辦法來對付，一項辦法是用武力鎮壓；另一項辦法則是用宣傳手段來攻心。武力鎮壓，依靠它的公安部隊；攻心則依靠廣播與書刊。所以，對於書刊的控制與出版，中共一向是另有一套嚴密控制與統籌作法的。對於人民的閱讀與趣的調查統計，中共亦進行得不遺餘力。

但調查統計的結果，顯示一種無情的事實使中共大為失望，蓋中共出的政治書籍，一般人對之竟毫無興趣，由於一般人民根本不願閱讀中共的政治書籍，而大陸上，又無其它政治書籍可讀，所以一般人民的讀者興趣乃指向中國古典文學方面。據北平光明日報透露北京大學圖書館半年借書統計：借「紅樓夢」的為二八七七人次，借「醒世恒言」的一一八七人次，而閱讀中共所出「被開懇的處女地」的只有十六人次。又據另一圖書室統計：借古典文學作品的佔全部借出書籍的百分之五十到六十，借閱政治理論書籍的人竟是「百分之零」這是中共光明日報的報導，應屬可靠。又據五八年三月十二日上海文滙報說，昆明師範學院一個學生共有三十一本書，其中只有一本是中共政治性的書，其餘皆是「莊子」「易經註釋」之類。又據上海文匯報說：「七俠五義」這一本小說，由於愛看的人多，所以一印就是十八萬冊，而為蘇聯及中共所推崇的小說「靜靜的頓河」，由於一般人都不願意看，所以一印就只印兩萬冊。這都可見大陸人民對於共黨政治書籍是如何的不感興趣了。

大陸人民對中共政治性書籍如此不感興趣，這是大陸人心不死的証明，也是中共統治不受人民愛戴的鐵証，從而說明了中共的統治與大陸人民之心之間是有着多麼遙遠的距離。這遙遠的距離，當然就是中共眞正危機之所在。對此，中共也並不忽視。為了挽救這一危機，於是中共近年在大陸展開了一個「讀書運動」。

對於這一個「讀書運動」，中共是很重視的。這從一九五九年四月五日及同年五月三日中共所辦「中國青年報」所刊中共青年團總團部對各級學校團支部所發出的指示，規定各級團部應以推動「讀書運動」當作首要任務來作，可以充分說明。

當然，中共所謂「讀書運動」，並不是叫大陸人民根據各人自己的興趣，繼續讀各人自己所喜歡的書，而是誘迫大陸人民放棄自己的興趣轉而去閱中共政治性書。

去年五六月間，中共的「讀書運動」曾經達到高潮，大陸上的青年和兒童，尤其是居住在城市者，幾乎全都被迫參加這一「讀書運動」。對於這一運動，中共各級黨部又特別成立一個機構來推動和領導它。如像上海「紅旗讀書運動」，就是由上海市黨委宣傳部的「讀書運動指導委員會」領導的。該指導委員會且對一般人民規定了讀書種類和書目，並强迫人民寫「讀書心得」，以及舉行各種讀書漫談會，讀書小組會等以督促一般人非讀不可。

雖然，一般人在這種强迫情況下，是不得不讀的，因為一般人在這種情況已經沒有「不讀中共政治書籍的自由」，但填鴨式的强迫讀書，在人們毫不感興趣的情況下，被當着像罰苦工那樣去讀，又怎能有什麼功效呢！

紅旗人民食堂的飯菜是怎樣的？

張重常

人民食堂的飯菜，究竟是怎樣的？傳說紛紜，海外的僑胞對它一直是一個謎。據大陸逃港難胞說：現在大陸人民，每天祇能在人民食堂吃幾兩米粪成的稀飯或乾飯，另加野菜。但香港出版的大小共報，則說大陸是天堂，人民每餐魚肉飯菜，大吃特吃，人人吃得大飽特飽。香港各共報更依此指斥那些說大陸人民吃不飽的說法完全是反共人士故意造謠。對於以上兩個不同的說法，究竟誰對誰不對呢？這裡不妨引証七月五日中共北平人民日報所述的一個最近獲得紅旗獎勵，中共認為是最好的標準食堂作例子（這個食堂是婦女食堂）。

人民日報所說這一家紅旗的人民食堂便是「北京二龍路公路文昌胡同食堂」。記述這一個紅旗人民食堂情況的人則是人民日報記者張慧賢。人民日報認為他記得不錯，所以才特別不惜篇幅把它登出來。

據張慧賢說：「人們都說婦女食堂吃得好，可是並沒有多花錢，就為這個，婦女食堂不知接待了多少參觀學習的人羣，到過這食堂的人都有這種印象，這個食堂眞正做到精打細算，勤儉持家，這樣辦食堂怎能叫人不稱心如意。」

「記者最近訪問了這個食堂。食堂主任指着飯廳外邊墻根前一排大缸說：「這裡邊是醃菜，人們可愛吃了。這些菜不是特別買來醃的。是每天摘菜剩下的菜幫、菜頭和蘿卜纓」。曹曉東又指着地下三大盆洗米水說：「用它洗碗，就把碱給省下了」。她說：你可別笑話我們小氣，把什麼都當寶貝，我們家庭婦女別的能力比不上人家，精打細算過日子可算我們有的本領。「今年三八國際勞動婦女節，這個人人滿意的食堂被評為「北京市三八紅旗集體單位」。喜訊傳到食堂，大家高興極了」。

以上便是人民日報所大吹大打大宣傳的最好的食堂。原來這食堂只是在「精打細算」的要求下，吃「摘菜剩下來的菜幫、菜頭、蘿卜纓」而已。那末，那些得不到紅旗獎勵的人民食堂，連「剩下的菜幫、菜頭、蘿卜纓」也沒有吃，當然是鐵的事實了。

嗚呼哀哉！如此紅旗食堂。

中共日夜不停加緊搜括農村物資出口

韓容

農業生產是中共財經主要來源，本報迭有論列，對於凡能運輸出口以換取外匯的物資，尤其是土特產，中共十年來，無不大力搜括的情形，本報亦曾迭有報導。目前，中共對外匯之需要更加孔急，所以，中共對於農村出口物資，現在又在加緊搜括了。它的這一搜括情形，可以舉出中共現刻正在吉林省所採行的方式作為典型例子來看，據中共自己最近廣播說：吉林「各級商業部門，本着多收、快收、收好，收足的原則，刻正在採取「經常收購、突擊收購、流動收購和羣衆代購相結合的方式；掀起了以猪、鷄蛋、鷄、鴨、藥材等物資為重點的收購高潮。除大批商業幹部下鄉，挨門串戶收購外，另在各地新設了臨時的和固定的代購點七千一百多處，由各縣市各級黨委書記掛帥，利用休息時間或夜間抓收購，發動羣衆出售上述物資」。

由此可知，為了賺取外滙，中共現在是在大陸各地日夜加緊搜購各種出口物資了。

藏胞抗暴對中共的困擾

文藝林

西藏人民於年前掀起的全面抗暴運動，事經中共的血腥鎮壓之後，表面上雖暫時趨於平息，但西藏境內零星的抗暴事件，却始終是此伏彼起，從未完全停止過。中共為達成其徹底控制西藏的目的，於西藏事件平息後不久，跟着即於該區强行「土改」，在「土改」期間，乘機對地方有聲望的僧俗人士，全部進行了殘酷無情的鬥爭與迫害，大小寺院全被沒收，所有的喇嘛，都被迫走出寺院參加生產勞動，並於「民族學院」選派了大批藏族青年學生，回藏充任中共控制藏人的工具，更於各學校徹底推行赤色奴化教育，企圖運用教育的手段，根絕藏人傳統的佛教思想，其推行暴政的方法與用心之陰毒，可謂至矣盡矣。

然而，藏人為爭取其生活信仰的自由，雖面對中共的恐怖鎮壓，依然到處燃起抗暴的怒火，這雖祇是星星之火，而且目前尚無形成燎原之勢的可能，但是，這已使中共非常困擾了。

如所周知，西藏事件使舉世人士，更進一步的看清了中共猙獰的面目。由於西藏事件而導致的藏印邊境糾紛，更使亞非集團中的某些國家對中共「和平共存」的宣傳，完全破滅，這是中共在政治方面無法補救的損失。中共為挽救其政治方面的不利情勢，被迫將擱置已久的中（共）緬劃界問題，主動的舊事重提，乃至不惜以中國部份領土劃歸緬甸，以示「友好」，繼而又與尼泊爾簽訂劃界協定，但是，儘管中共用盡各種方法，企圖挽回亞非國家對它的信念，事實上這已決不可能，中共目前全力向亞非各國所進行的滲透與陰謀，遂亦因而遭受阻碍。

近來，外電曾先後報導，西藏境內有四個地區發生抗暴事件，這些報導，現已由中共證實。自然，這些零星的抗暴事件，仍不足動搖中共對西藏的統治地位，而且，預料將被共軍繼續平息，可是此類零星抗暴活動，已給中共帶來麻煩，那就是共軍擊斃尼泊爾軍官一人和俘擄尼軍士兵十八人的事件。

尼泊爾政府的現行政策，原本是與中共表示友好的，現任尼國首相，曾訪問過北平，中共與尼泊爾間也訂有所謂「邊界協定」，但是尼國駐守墨斯敦的官兵，於六月二十八日巡邏邊境時，竟被共軍擊斃和俘擄，此事發生後，周恩來除向尼政府表示歉意和願意賠償損失外，並謂此事發生的原因，是由於共軍追捕西藏叛徒發生誤會所致。姑不論周恩來的話是否眞實，但却說明了藏人的抗暴活動，的確是在繼續不斷的進行，此種抗暴極易引起中共與其它國家間的意外糾紛，而此類意外糾紛，對中共總是不利的。即以尼國來說：第一，自這一事件發生後，尼政府於七月三日即將共產黨國會議員山哈蘭及兩名共黨份子拘訊，另有三名共黨份子（包括加德滿都市共黨書記）被扣留；其次是一度發生隔膜的尼、印關係，將恢復原有之緊密。上述兩種迹象顯示，縱然中（共）尼關係不致因此而惡化乃至破裂，但尼國對中共的觀感，却無疑開始轉變了。

泰國防止發生暴動

何之湄

由共黨份子所煽動的各自由國家首都的示威，似乎已被有計劃地進行着。自日本東京的左翼騷動以來，尖銳化的冷戰已採取示威暴動的方式，來癱瘓自由國家的行政首都，破壞執政政府的威信，甚至企圖藉此製造流血事件，使人民對政府發生反感，而對發動騷動者予以同情，更從而爭取更多的「同路人」與羣衆。這項共黨方式的陰謀，早已爲自由諸國當局所洞悉，並從而採取防範的步驟，但蹈瑕抵隙的共黨，仍然不惜多方的嘗試；東南亞公約國家中心地區的泰國，最近亦正發現同一類型的共黨陰謀，而在採取對付中。

美使館小炸彈

上月廿七日，曼谷美國大使館的庭園裏，發現一顆七製的小型炸彈，和一批共黨的宣傳文件。美使館在曼谷威拉利斯路，是一所近郊有大庭園的大住宅，使館外門不設守衛，衛士僅駐於花園中央的房屋門內，這也即是說，任何人等，都可以把爆炸物或宣傳品放置到美使館的庭園中去，而不被當場發覺。

那枚小炸彈被發覺後，經由泰國警方及軍火專家去研究，乃是土製的簡陋小彈，即使爆炸，亦不過一場虛驚，不致有何種損害，大概是一項神經戰，襯托着那些宣傳文件。宣傳品是用泰文及英文油印的小冊子，最主要是抨擊美國「掠奪泰國的大米市場」，美國軍事代表團人員「對泰國人民傲慢」，此外便是跟隨共黨口吻，說美國破壞巨頭會議，及U2機「破壞世界和平」。不消說，是爲蘇聯張目的。

在沙谷路的美國新聞處，亦被擲入一份同樣的文件，但沒有炸彈。文件的署名是「一九六〇年救國團」，主張「驅逐美駐泰國大使」。

美米東輸問題

泰國與美國，可以說是在東南亞區域合作最密切的國家，多次在泰境舉行的東南亞公約海陸空演習，美艦及美國協力築成的機場的移交，不斷且在最近進行着，由美國予泰陸軍以新裝備的計劃，也快要實施。現在却發生了這項騷擾的表現，當然是泰共份子對於泰美合作的嫉妒和破壞。

可是問題並非事出無因，如「美米輸東南亞」一事，便是實際問題的嚴重者。泰國是靠輸出大米維持民生的國家，政府政費也仰給於是。對於美米東輸問題，最初泰國只望美國採「輸出」而不採「援助」，輸出價也必需比泰米爲高。但美國因援助印度而輸印大米一百萬噸，泰方恐印度即停止向泰購米，照往年印向泰購米所購數額二十萬噸，如若停購，泰方將損失五百至一千萬美元。

泰國外長乃他納，曾因此事而引咎辭職，認爲本身外交辦理不善。後經乃沙立總理加以慰留，仍在與美國交涉中。據東南亞公約秘書長乃樸說，他在泰駐美大使任內，與美方有君子協定，即無論美國向原來泰米市場之國家援助或輸出糧食，必需先要該國家照常購買泰米。乃他納外長根據此一原則以漫長的備忘錄致給美方後，美方經已答應與受援國家談判及訂約，促令照常購買泰米。但因此事之普遍影响泰國國計民生。共黨就畧去美國同情泰方及接受妥協辦法的一節，只說「掠奪泰米市場」，以求發生煽動的效果。「蹈瑕抵隙」的做法，與說美顧問團人員「傲慢」相同，因曾有一泰國青年向湄南河中的美國遊艇開槍，不外因種族言語不同，生活方式程度各異，屬於少見多怪一類。但美國當局正訓令其駐外人員，不得在當地有奢侈浪費之表現。

禁止示威巡行

雖然共黨份子的挑撥及企圖製造紛亂並沒有表現出有多大的力量，但當局已極力防止這星星之火的蔓延。鑒於各國騷動中多數有學生担任要角，當局已從學校方面着手注意，如禁止利用學生爭取選票，禁止教師參加政治活動，均已重申前令，嚴格執行。另爲整頓校風加强紀律，特由教部頒令京畿各校及地方各府尹，切實防止學生有越軌擾亂公安破壞紀律之行動。同時，不准學生吸烟酗酒賭博，或出入酒店娼寮等地，爲加强學校與家長聯繫對學生監管，規定填報爲學生家長者，以確爲父母及長輩，僧侶及教師爲限。其他人士欲爲學生「家長」履行監護職者，須確受學生父母委託，及學校當局認可。如學生公寓之主人填爲學生家長，便非得學校認可不可。過去此類居於公寓學生遠離家庭，每多胡帝胡天，易滋事端。現當局且將設「公寓糾察隊」，以調查學生行動。

關於小炸彈及共黨宣傳文件案，警方已拘獲八名嫌疑者，以藐視及危害外國使節罪提控，案在審訊中，乃沙立總理謂將嚴予處分，以儆搗亂。當局並已下令禁止巡行示威，認爲此舉最易發生衝突流血等意外。這些未雨綢繆，也許可以把騷亂發生的可能性減少吧。

自治一年後的新加坡

·羅一然·

新加坡自宣佈自治以來，到今年六月：已經是一週年了。在目前來說，這個島國表面上的一般情況，似是穩定和良好；但從骨裡探討，則他的經濟，依然浮現着一片危機，她的政治，則更籠罩着濃厚的陰影。

先說經濟問題：這正是新加坡今日所快將面臨一項最嚴重的危機。過去一年來，由於橡膠價的活躍，能使她的傳統貿易保持了經濟上的健全狀況：然而這僅是曇花一現的好景，時至今日，當地工人中，目前已有十分之二失業，另外還有一部份則陷於半失業的狀態中。顯然，這是新加坡經濟上的一個重大威脅！總理李光耀曾經這樣的說過：「新加坡是面對着一個易於幻變的局勢。在經濟方面，是屬於一個過境貿易城市，我們沒有較大的生產單位可以接收過來；連錫礦、鐵礦、橡膠園、椰子園等，也都是樸了一個空。我們所能接收到的，祗是零碎的輕機器，寫字樓的傢具，配備，和一些文房用品。甚至假如有幾間大工廠值得收歸國營的話，而所收歸國有仍非實際可行」！

從李氏這段談話中，我們就可以窺察得出她的經濟是危機四伏，困難重重。同時，更在這「經濟的風雲」中，足以變成一個「政治火藥庫」！

果然，這「政治火藥庫」最近冒出濃煙了：執政的人民行動黨，目前已發生了內鬨了哪！六月十八日和十九日，該黨就一連舉行了中央執委會聯合各區立法議員、支部執委、支部組織秘書、和婦女部執委的聯席會議，通過了「考慮開除中委王永元黨籍」的提案；到了六月廿日，該黨中委會議時，便在閃電的程序下，即席一致決定「暫時停止王永元任中委職務和黨籍」並打算對他提出正式的檢舉。同時，新加坡自治政府內閣，也於同日召開會議，決定向元首建議，暫時停止王永元的國家發展部部長職權，直至他在黨內的前途已被決定爲止。

王永元在人民行動黨裡，本來是個發言人，地位相當崇高，自該黨成立以來，便担任財政；一九五八年新加坡市議會選議員實行民選時，他便膺選爲議員，並被推任爲首任民選市長；去年大選時，人民行動黨獲得勝後，他即在新政府內被委爲「國家發展部」部長；他的「工作成效」如何？我們且姑置勿論，但他今日一旦被開除，無論從任何一個角度來看，都可以明顯地反映出：那是新加坡自治一年來初步泛起的政潮。

這個政潮，雖然似乎是人民行動黨內部的一項「鬥爭」；其「鬥爭」的釀成，也許自有其黨內的一種內在的因素。然而無可否認的，新加坡的經濟泛現着新危機，使到王永元任內的「發展部」也出了岔子！這對新加坡的前途影响相當大的！

阿Q的鬧劇

·屠宇·

七月十二日下午二時許，廣州永漢路原日「漢民分局」附近行人路上，突圍聚了一小撮途人；原來又是反日反美運動的例行把戲在上演了。

一個共幹，站在木欖上，力竭聲嘶地把日本的罪行訴言了一番之後，接着便對「美帝」展開了强烈的咀咒，並「領導羣衆」，高呼反美的口號；雖然途人並沒有依着平日開會的方式用「鼓掌、熱烈鼓掌、不斷鼓掌」來反應，但那共幹依然得意洋洋地揚溢出「積極」的精神。

不久，「戲肉」開始了：那共幹身旁，有兩個小嘍囉，把一頭紙紮老虎抬出；紙老虎上，寫着「美帝」兩個大字。途人覩此，嘩然大笑。

這時，那共幹便由木欖上跳下來，跑到途人的面前，一邊用手指着紙老虎，一邊用命令式的口吻對途人喝道：「看：這就是美帝啦！你們快來戳穿這紙老虎吧」！

可是途人都你望望我，我望望你，動也不一動。

共幹着急了，再厲聲喝道：「來呀！你們快來打倒這紙老虎呀」！他睜大了雙眼，不斷地向途人掃射。

還是他的兩個小嘍囉識趣，由他們「帶頭」先行動手，舉起拳頭，向紙老虎擊去，立刻擊破了兩個大洞。這時，途人便也跟着來你一拳，我一脚，把那紙老虎打得「粉身碎骨」倒在路旁。

於是那共幹便又得意洋洋地高呼「打倒美帝哪！打倒美帝哪」！一齣阿Q鬧劇，就此宣告終場。

僑鄉近訊

城市公社加緊壓搾人民勞力（廣州）

·江水·

廣州清平街「城市人民公社」，最近展開了三項「積極措施」，使當地「社員」更被迫害到走頭無路。據廣州來客透露，該三項「積極措施」是這樣的：（一）政治掛帥。——在社員中加緊推行插紅旗、拔白旗」運動，建立每星期至少一次批評和檢查制度，嚴密考核社員的思想和行動；不論那一位社員，如果思想稍有不穩，或勞動稍有怠慢，就立刻在他（她）的崗位上插上白旗，迅即予以無情的鬥爭。（二）定額管理。——生產區要按照計劃向公社負責，個人要按計劃向生產區負責；倘社員不依時完成他（她）的生產定額，輕則當衆警告，重則解往勞改。（三）制定勞動紀律——規定出勤和請假的限制；凡離開勞動崗位的，無論時間久暫，必須請假，而請假則必須具備充份理由和証據，公社始予批准，倘「無故曠工」，輕則貼大字報，當衆予以批評或警告，或予以停配糧食處分，重則立刻解往勞改。在上述三項「積極措施」下，當地居民，不論男、女、老、少，無一能逃壓搾勞力的浩刼！

流背農場又發生流血大慘劇（番禺）

禺南距黃埔約十里的「流背農場」，內有「勞改犯」約一千二百餘人，分作四個工作隊，每隊的隊長和管訓員，均由「轉業軍人」充任，彼等每恃勢作惡，且性情兇悍，舉動粗獷；凌辱「勞改犯」視作家常便飯。因此，乃於七月五日激起一次徒手拒暴的流血大慘劇！事緣當日有患脚腫病的「勞改犯」四人，因行動緩慢，工作未符「定額」，致觸管訓員之怒，竟拿起皮鞭，狠狠的向該四名「勞改犯」的身上抽打，打至遍體鱗傷，昏迷地上；在旁的「勞改犯」十餘人，目覩此暴行，一時忍怒不禁，於是嘩然衝前，揮拳向那管訓員襲擊，管訓員寡不敵衆，高聲呼援，隊長聆耗馳至，立即拔槍向「勞改犯」們射擊，當堂轟傷了七人，卒將各「勞改犯」鎮壓下來，不敢動彈。事後，該四名被鞭傷和七名被槍傷的「勞改犯」，均被舁去，無影無踪。

餐室一角

·金凡·

人物：男，廿六七歲。女，廿一二歲。

地點：飡室一角，時鐘指着八點。

（二人對坐在卡位上。侍者走近來，男的正要點菜。）

女：哥哥！我們不要吃太貴的。媽媽連白飯都沒有見過很久了，還講什麼豬肉牛肉。

（男的沒有答腔，埋着頭點好菜、待侍者拿着菜單走開了，才抬眼望女的。）

女：媽媽說現在每餐只有一平碗飯，但當我離廣州時，聽說又要減粮了。當我看到這些菜飯時，就想起媽媽來了；我們有白飯青菜，還有魚有肉，可憐媽媽却沒得吃，甚至連個魚肉影兒也見不到，我眞過意不去了。（兩行眼淚淌下來。）

男：好吧！往後我們努力做工，寄多點錢回去媽媽買東西吧！（爽脆地）

女：別那麼容易。現在的廣州，你想和香港一樣，有錢到處都能買到東西的嗎？你不知道，現在廣州，就是有錢，也買不到東西的。告訴你，在廣州市，不管買什麼東西，那怕是厠紙，都要有証明的。

男：唔。變成這個樣子呀，那麼，有証明就能買到東西啦？

女：好話呀！吃飯要米票；每人每餐只有二兩半米票。牛肉、豬肉簡直是沒有，就算買魚嘛，每人十天只准買五分錢人民幣魚。講到蔬菜，又少又貴，又不好，一斤（十兩制）菜要三角錢人民幣。遇到供應緊張還要想辦法買黑市，因爲早晨四點鐘時，市場已經排成長龍了。東西又有一定限額的，稍爲來遲一點就沒有。而且證明上是註有日期的，過了期再也不能憑證補買。有一天才早晨五點，我跟隨媽媽到市場去買魚，因爲遲到一點，排在「龍尾」，到長龍漸漸散去，眼看還有兩位就輪到我們買的，但是，那些小魚已經賣光了。排在我們後面的大約還有二十來個人，看他們都不敢吭聲，大家祗朝魚攤裏一望，便垂下頭來走開了，誰也不敢對誰講一聲。

男：唉！原來眞是這麼慘呀！那你帶回去的東西，有沒有被檢查呢？全部東西都能帶回去嗎？

女：幸好。經過幾度被檢查之後，那位檢查員大聲喝問我：「妳帶這麼東西回來給誰呢？妳廣州有什麼人？妳在香港做什麼工作？」

男：那妳怎樣回答呢？

女：我說我是回廣州過年見媽媽的，因爲媽媽有病，帶點東西回去給她老人家吃的。我在香港打工。他着我打過稅便放我過去了。

男：芳妹！過年時情形怎麼樣？

女：在團年的那天晚上，媽媽很高興，早就把菜弄好了。在拜祖先時，媽媽說：因爲我回去，今年祖先和爸爸都有了福氣。否則那來的豬肉來奉拜祖先呢！？

男：叔叔他們怎樣呢？

女：那天晚上，請叔父母和燦弟到我家來吃團年晚飯。

男：哦！那太好啦。

女：是的。我們大家都很高興。但團年晚飯我只吃一小碗飯。

男：爲什麼？是不是因爲歡喜過度而吃不下呢？

女：不是，本來我想多吃一碗的，但是看叔叔他們狠吞虎嚥的饞相，立刻記起他們經年沒有一頓飽，我就放下碗筷，好讓給他們多吃一點。

男：燦弟有多高了？

女：不用講了，他們全家瘦得可憐，眼睛也發黃，說話聲音低沉而無力，根本和以前是兩樣的。──尤其是叔母，我看她的臉部和腳都腫起來了。燦弟也瘦得像猴子一樣，沒有一點小孩子活潑的氣味。五、六歲了，連飯桌高都沒有。

女：（侍者端上飯菜，瓊芳突然想一件事似的神態）是啦！有一天家裏沒有米，我就和媽媽到「公共食堂」去吃飯。當時媽媽不大願意去，最後給我糾纏不過，只好跟我走。但是，好容易到了一所食堂，食堂裡的人却答：「飯菜早就賣完了，到別的食堂去吧。」於是我和媽媽又到另一所公共食堂，也是這樣回答。那時才是下午五點鐘、後來還是媽想出辦法，叫我拿出回港證來，可能會買到飯吃的。

男：有回港證就能買東西嘞？

女：是的；廣州有這個規定，說「優待港澳同胞」，憑回港証可到食堂買飯菜的。

男：那後來怎麼樣？

女：後來和媽媽懷着歡喜走到另一個「食堂」去詢問，但櫃面那人冷冷說：「今天本食堂的飯菜已經賣完了，就是有了回港証也沒有東西買了。」說過，便忙着結他的賬了。我們跑到腿也累得要死，媽媽對我說：「就是再到別的食堂去，是白走一趟的。」我想也是，結果和媽媽空着肚子回家去了。

男：結果那天怎麼辦？

女：回去就用開水泡我帶回去的麵條來充饑。媽媽還說：「這樣還好，妳不知道，有時候，我連這個也沒有呀！」

男：唉！眞想不到竟成這樣的天地。

女：媽媽很掛念你，見我捱不住，便叫我早點回港。並叫我將情況告訴你。媽媽身體還健康，不過有時咳嗽和那舊病復發，但她總是掛念着我們的。

男：這樣的日子媽媽還能捱得多久呢！？萬一有病，沒有人來照顧，眞是不堪設想。（沉重地）

男：（吃完飯，侍者送上手巾。）時間已經很晚，坐了一天火車，妳也很累了，回去吧！（兩人離開餐室。）

關于「葡萄牙尼姑情書集」

謝世清

就像希洛綺絲（Heloise）之與愛伯納（Abelard），葡萄牙尼姑瑪麗安妮（Marreanne）寫給卓密利（Noel Bouton de Chamilly）的情書是極其著名的。她給他的情書，共計有十二封，都是用葡萄牙文寫的，所以叫做「葡萄牙尼姑情書集」。

在此書中，瑪麗安妮──這個利斯本（Lisbon）的尼姑，寫出了她怎樣狂熱地愛上了一位異國軍官。那纏綿悱惻情節，畢露出一個少女的眞摯而堅貞的情操。一切她的熱情，她的放蕩、她的溫柔，她的嫉忌，她的矛盾……等等，使人讀後，不得不迴腸盪氣，感慨萬千。正如法譯者杜禮（Dorat）所說：「這些信可激發的，是安慰心的愉快的眼淚，而不是苦惱心的哀怨；它們表現着最溫柔，最激越，最高尙的愛情；它們描繪出熱情的一切微妙的密度，一切有趣的情節：你可以看到它的狂暴，它的激盪，它的虛幻的剎那，它的反覆的迷戀，它的溫柔的眼淚，和它的勇敢的犧牲。就算是大自然的描繪者拉辛（Racine）所表現的愛情，也從未有過像這樣更美麗，更動人的情調，或是較此更爲深刻的優美的形式。」這些話是最恰當不過的。

這集情書，在歐洲大陸上至爲著名。當其初次發表時，即已引起人們廣大的注意和愛好。單就法文譯本而言，就銷行得很廣；而在英語國家裏面，亦有英美等國的譯本。

關於本書的男女主角的歷史，考據的結果是這樣的：

大約是一六六三年，有一個出身於本根地（Bungu-ndy）的軍官卓密利，在葡萄牙松保元帥（Marshal de Schonberg）麾下爲騎兵大尉。公餘之暇，他與一個年輕的葡萄牙尼姑──瑪麗安妮發生了戀愛；雖則，他不是一個美少年，但他却很強壯，一如『西蒙隨筆』（Me-moris de ST. Simon）中所說的：「他是壯碩的人，當我們看見或聽聞他，絕對無法想像得到他能激發起這樣如火的熱情」──像那已成爲著名的葡萄牙情書的；他又是這樣遲鈍而笨重，誰也無法猜想得到他有戰鬥的能力。」但是，他却在一六七五年那著名的格列夫之役（The G-rave）大顯身手，把奧連奇親王（Prince of Orange）的軍隊消滅了一萬六千人，使他成爲了法國著名的軍官，於一七〇三年被任爲法國元帥，再過兩年又得到指揮官的爵位，顯赫一時，直到一七一五年才死於巴黎，享年七十九。至於瑪麗安妮的身世，據其自述的文字看來，好像是出身於一個中等家庭，但她却具有一副高貴的靈魂，這從她的信札中，我們可以很明顯地看得出來。

這些情書之得以流傳於後世，實有賴於卓密利留居葡萄牙時，以其情感激發柔情的瑪麗安妮所致，特別是在她回法國之後，這種情感尤其顯得強烈──瑪麗安妮因爲卓密利之離她而去所產生的哀怨，既乏慰安，乃藉信札以通欵曲，聊以自慰。卓密利在回法國後，時常把這些信拿給他的朋友們看，並將之交與其顧問官保管。假如不是由於卓密利這種炫耀的虛榮心，我們今天將無緣看到這些「表現一個深陷情網的少女的胸臆：她的靈魂時而陶醉於歡快中，時而浸沈在悲哀裏；叙述着她一切純潔的眞情和熾熱的愛戀的情緒」（法譯者杜禮語）的出色的情書哩！

文壇泥爪

翻譯家題名錄

五四以後，一般從事新文學運動的人，已普偏認識譯介外國文學作品的重要性，許多純文學刋物差不多都有翻譯一項，商務、中華和後來的北新、開明等書商，也樂於出版翻譯作品，於是大量的東西洋文學名著先後給翻譯過來。單只文學研究會所出的近百種叢書，其中翻譯作品就佔了百分之九十，包括着英、法、德、美、西班牙、瑞典、挪威、匈牙利、奧大利、舊俄、波蘭、比利時、印度、新猶太、日本等十餘國的近代作品。因此也就產生了不少以翻譯名家的人。

翻譯作品以舊俄爲最多，在這方面出名的人，計有李秉之、耿濟之、耿勉之、耿式之、曹靖華、李霽野、董秋芳、韋叢蕪、張聞天、胡念之、張友松、鄭振鐸、趙景深等人，舉凡契訶夫、郭戈里、屠格涅夫、託爾斯泰、安特列夫、普希金、阿史特洛夫斯基、杜思退益夫斯基諸大家的劇本和小說，都包括的有一點。其次是法國，譯者有李劼人、李青崖、劉半農、徐蔚南、金滿成、高眞常、鮑文蔚、曾仲鳴、謝冠生、傅雷等，以二李所譯最多，像莫泊桑、都德、左拉、囂俄、法郎士、福祿貝爾、莫里哀、大小仲馬、羅曼羅蘭這些法國文豪的名字，都藉他們的譯筆爲文學讀者所熟知。再次是日本，在這方面以魯迅、周作人所譯最多，此外尚有夏丏尊、徐祖正、田漢、崔萬秋、張資平等人，使人們初次看到了近代日本文學作家國木田獨步、夏目漱石、森鷗外、有島武郎、武者小路實篤、菊池寬、志賀直哉、芥川龍之介這些人的作品。

譯德國作品的有楊丙辰、徐志摩、郭沫若、胡仲持、湯之吉、郭紹虞等，譯有哥德、席勒、海涅、史託姆、蘇德曼、霍普德曼等人的小說和劇本。譯英美作品的有趙元任、徐志摩、沈雁冰、田漢、潘家洵、郭沫若等，介紹了莎士比亞、加樂里、王爾德、高斯華綏、瓊斯、蕭伯納、哈代、曼殊斐爾、雪萊、亞倫坡等人的作品。

因爲印度詩哲太戈兒於民十四來到中國，「小說月報」曾爲他出過兩期專號，因此他的作品被翻譯過來的倒不少，以鄭振鐸所譯較多。此外王魯彥專以譯介弱小民族的文學聞名，他譯的有「猶太小說集」「顯克微支小說集」等。其他如南非的須林娜、比利時的梅脫靈、荷蘭的望藹覃、意大利的愛米西斯、瑞典的史特林堡、挪威的易卜生、丹麥的安徒生、波斯的莪默伽亞漠等人的作品，也有中譯本出版。至於在文學理論方面作翻譯工作的，以傅東華、梁實秋等較有名。

文史漫譚

贅酒論曹操（三）

徐亮之

曹操比較未能免俗的是遲遲冊立卞后的一幕。他是建安二十一年晉位為魏王的，而直到建安二十四年卞氏的王后策文方始正式頒發；這不消說，乃因為卞氏出身「倡家」（魏志本傳），根據通俗的眼光是不足「母儀天下」的緣故。曹操也眞有時不能不怕輿論呢！然而經過前後四年的考慮，他畢竟還是以「夫人卞氏撫養諸子有母儀之德」為理由，策立她為王后的了。

其實，曹操這一考慮，在當時似有必要，而實無必要的；這由左列幾點可以說明：

第一點、曹操自建安二年丁夫人因痛子脩在宛城死於非命堅決分居到建安二十一年進位魏王，已經前後二十年沒有正室了。已經早以卞氏為繼室，執行撫養「諸子無母者」的任務了（魏志武宣卞皇后傳）。既早是繼室身份，自有王后資格。

第二點、曹操自建安十三年一個最心愛也最聰明的兒子蒼舒死去以後，餘子之中（他共有二十五個兒子）祇丕、彰、植三兄弟比較出色。丕、植乃中國文學史上擁有輝煌地位的文豪，彰則為能「手格猛獸」的武士；而都為卞氏所生。尤其子脩死後，以丕居長，並在他晉為魏王的第二年正式立為太子了。根據母以子貴的傳統風尚，自然王后該是她。

第三點、她和曹操乃是共過患難的。在患難之時，曹操自顧不暇，許多老幹部的沒有散夥，她苦心維持的力量實多，其情致畧如呂雉之於劉邦。但呂以剛狠稱，使人畏；她却以柔婉勝，使人敬。到了曹操晉位魏王，當年的老幹部都早已飛黃騰達分據要津了；她名正言順升做王后，如果不是曹操又想對女人橫生枝節，是沒有人會加反對的；王后的寶座確乎非她莫屬的。

至於她的美德與才情之確乎足以「母儀天下」之處，我們也不妨乘這機會畧一介紹，以見曹操在這方面確實乃一個幸運兒也。爰介紹如次：

（一）魏志本傳：「武宣卞皇后、琅邪開陽人，文帝母也。本倡家。年二十，太祖於譙納后為妾。後隨太祖至洛。及董卓為亂，太祖微服東出避難，袁術傳太祖凶問；時太祖左右至洛者皆欲歸；后止之曰：「曹君吉凶未可知；今日還家，明日若在，何面目復相見也!?正使禍至，共死何苦!?」遂從后言・太祖聞而善之。」

（二）「魏畧」（本傳注引）：「太祖始有丁夫人，又劉夫人生子脩及淸河長公主。劉早終，丁養子脩。子脩亡於穰（按「穰」應作「宛」），丁常言：「將我兒殺之都不復念！」遂哭泣無節。太祖忿之，遣歸家。欲其意折。後太祖就見之；夫人方織，外人傳云：「公至」！夫人踞機如故。太祖到，撫其背曰：「顧我！共載歸乎？」夫人不顧，又不應。太祖却行，立於戶外，復云：「得無尚可耶!?」遂不應。太祖曰：「眞訣矣！」遂與絕。欲其家嫁之；其家不敢。初、丁夫人既爲嫡，加有子脩；丁視后母子不足。后為繼室，不念舊惡，因太祖出行，常四時使人饋遺；又私迎之，延以上坐而己下之。迎來送去，有如昔日。丁謝曰：「廢放之人，夫人何能常爾邪！」其後丁亡，后請太祖殯葬，許之，乃葬許城南。後太祖病困，自慮不起，歎曰：「我前後行意，於心未曾有所負也。假令死而有靈，子脩若問我母所在，我將何辭以答」!?」

（三）「魏書」（本傳注引）：「后性儉約，不尚華麗，無文繡珠玉，器皆黑漆。太祖嘗得名璫數具，命后自選一具，后取其中者。太祖問其故；對曰：「取其上者為貪，取其下者為僞，故取其中者」。」又：「太后每隨軍征行，見高年白首輒住車呼問，賜與絹帛，對之泣涕曰：「恨父母不及我時也！」」太后每見外戚，不假以顏色。常言：「居處當務節儉，不當望賞賜，念自佚也。外舍常怪吾過之太薄，吾自有常度故也。吾事武帝四五十年，行儉日久，不能自變為奢。有犯科禁者，吾且能加罪一等耳；莫望錢米恩貸也。」帝（按指丕）為太后弟秉起第；第成，太后幸第，請諸家外親，設下廚，無異膳。太后左右菜食粟飯，無魚肉。其儉如此。」

（四）「魏志」本傳：「文帝為太子，左右長御賀后曰：「將軍拜太子，天下莫不歡喜，后當傾府藏賞賜。」后曰：「王自以丕年大，故用為嗣，我但當以免無教導之過為幸耳！亦何為當重賜遺乎？」長御還，具以語太祖；太祖悅曰：「怒不變容，喜不失節，故是最為難」。」

右所引述，（雖然「魏書」記魏他事不無溢美諱惡之辭，但記卞氏諸事，參合各說倒是和她的全人格相一致而似乎是可以相信的。）最少可以使我們認識：第一、她的頭腦是冷靜而明智，是能明大義而識大體的。第二、她婉順有容而謙德可風，使得剛愎而狷險的正室丁氏為之自然心折，貼然理服。尤其第三、她可能因為無可奈何的命運致使自己不幸陷身「倡家」自傷自惜，而却絕對不是自暴自卑；因此，她自脫離火窟嫁給曹操以後，首先便篤實踐履中國傳統女性美德的「行儉」的「常度」，把過去羅綺迎人的無可奈何的職業罪惡而一洒之；同時，她知道她的所謂「諸家外親」實在好人有限，更小心翼翼地抑之以財，示之以分，懾之以法，以始終一貫裁制之；而終潛移默化於使饕食東漢的外戚之禍嶄然絕跡於曹魏之世。所有這些確為尋常女性所難能；於是乎她的風標與格局已駸駸超凡入聖了；已經不待「王后」的名爵而始尊的了。而曹操考慮了前後四年，方才始肯把這個勞什子的「王后」讓給她，此曹操之所以為曹操也！

亮齋紫薇盛開酌酒賞之醺然賦此

亮之

晝長宜小飲，況對紫薇花？雋雅眞無比，堅頑自足誇。（月前颶風，花木多敗，此獨無恙。）昔曾名禁苑，今肯伴山家。得汝愁都了，吾生也有涯。

記庚子拳變始末（十五）

舜生

一八九六年（光緒二十二年）五月二十六日，俄皇尼古拉二世舉行加冕大典，中國派李鴻章為祝賀特使，兼以答謝俄國索回遼東之誼。李於四月三十日到達聖彼得堡，俄皇特許其在各國賀使前提前謁見，並呈遞國書，同時命其財政大臣微特（Witte）與李談判中俄問題。（參看王光祈譯李鴻章「遊俄紀事」）結果乃於五月二十一日訂立有名的「中俄密約」，其內容凡六條：「一、日本如佔領俄國亞細亞地方，或中國土地，或朝鮮土地，即碍此約，應立即照約辦理。如有此事，兩國約明應將所有水陸各軍，屆時所能調遣者，盡行派出，互相援助；至軍火糧食，亦應互相接濟。二、中俄兩國既經協力禦敵，非由兩國公商，一國不得單獨與敵議立和約。三、當開戰時，如遇緊要之事，中國所有口岸，均准俄國兵船駛入，地方官應盡力幫助。四、為俄國將來轉運俄兵禦敵，並接濟軍火糧食，以期妥速起見，中國國家允於黑龍江吉林地方接造鐵路，以達海參威，惟此項接造鐵路之事，不得藉端佔中國土地，亦不得有碍大清國大皇帝應有權利。其事可由中國國家交華俄銀行承辦經理。至合同條欵，由中國駐俄使臣與銀行就近商訂。五、俄國於第一欵禦敵時，可用第四欵所開鐵道運兵，運糧，運軍械，平常無事俄國亦可在此鐵道運過境之兵糧，除因轉運暫停外，不得借他故停留。六、此約由第四欵合同批准舉行之日算起照辦，以十五年為期，屆期六個月以前，由兩國再行商辦展限。」（譯文據何漢文「俄國史」第十六章第二節第三段）

此一密約之目的，在李鴻章則在引俄以制日，以報馬關一箭之仇；在微特則在使西北利亞鐵道能通過黑吉兩省，可節省五百俄里的工程，而使俄國的勢力能正式伸入我東北境內。可是這條中東路所經過的地域，究竟還是以北滿為限，日俄的直接衝突仍不容易爆發；等到光緒二十四年三月初六（一八九八年三月二十七）李鴻章又與俄駐北京公使巴布羅夫（A. Pablov）訂立「旅順大連租借條約」，許俄租借旅大二十五年，並許俄自哈爾濱以達旅大，自牛莊沿海邊以達鴨綠江的鐵道建築權，於是俄國囊括我東北的形勢已成，乃於同年秋以遼東租借地改建關東省，設立總督治之，以旅順為首府，以一個對遠東最富野心的亞力塞夫（Admiral Alexiev）為總督，並兼任太平洋艦隊總司令，至是日俄兩國的對立乃愈趨於尖銳。

自光緒二十二年（一八九六）開始，日俄兩國曾因朝鮮問題有過三度的協商，第一度一八九六年五月，由日本駐朝公使小村壽太郎與俄駐朝公使韋貝簽訂於漢城；第二度同年六月，由日派赴俄國賀尼古拉二世加冕的專使山縣有朋與俄外長羅拔諾夫簽訂於莫斯科；第三度一八九八年四月，由日本外務大臣西德二郎與俄駐日公使羅善簽訂於東京；在日本所以汲汲從事於此，其目的不外鞏固其在朝鮮的既得權益，初未涉及俄國在我東北的活動。（參看作者在本刊所發表「記甲午中日戰爭始末」的最後一節）假定俄國不利用拳變向我東北大舉出兵，或雖出兵而不以密約方式，迫我就東北問題作中俄兩國單獨的解決，換言之，則尚不致引起英美列强對俄的嫉視，即一九〇二年的英日同盟也就還沒有急切成立的必要。無如俄國這個時候對遠東侵畧的進行，分為急進與緩進兩派：急進派以關東省總督亞力塞夫及俄皇的樞密參贊（State-Counsillor）倍索伯拉索夫（Bezobarazoff）為主，緩進派則以陸軍大臣苦魯巴金（Kuropatkin）為主，而微特亦支持之。前者絕對不願放棄其在朝鮮及在我東北的經濟利益（尤其以倍索伯拉索夫所經營的鴨綠江採木公司為然）而忽視了甲午中日戰後日本軍備的大事擴張，而確信俄軍力足以擊敗日本；後者則以戰畧見地認為在交通上，俄遠不如日本容易集中其兵力。兩派暗鬥的結果，急進勝利而緩進失敗，因此俄國獨霸東北的野心乃持之愈堅。等到英日同盟成立，俄乃迫不得已與清廷訂立「滿洲撤兵條約」，規定每六個月一期，分作三期將東三省所駐俄兵全部撤退。光緒二十八年（一九〇二）九月十五第一期撤兵期屆，俄確曾將錦州及遼河西南部的俄軍悉數撤退，同時將關外鐵道交還中國。可是第二年三月十五第二期撤兵期屆，俄本應將奉吉兩省殘餘部隊撤走，她乃不僅不撤，反向我兩度提出若干無理要求，仍非壟斷我東北一切利益不可。於是日本乃於一九〇三年七月（光緒二十九年），由外務大臣小村壽太郎提案與俄協商。在日本方面，只希望俄國不占領東三省土地，至俄在東北的特殊利益，日本儘可承認之；不過同時也希望俄國能承認日本在朝鮮的特殊地位；反之，俄國則不僅不顧日本對東三省有所過問，同時對日本在朝鮮的活動也須加以限制。兩國利害衝突無妥協餘地，延至一九〇四年二月，卒實行宣戰。戰事延長到次年六月，俄陸軍屢敗，旅順要塞降，海軍亦敗，波羅的海艦隊東航，更被殲於對馬海峽，卒由美提議調停，訂立「樸資茅斯條約」。其影響則直接促朝鮮於亡（1910），加速了中俄兩國的革命（中1911，俄1917），間接更促成了日本軍閥的自毀，而星星之火，不能不說是從拳變一役燃燒起來的。（第五節仍未完）

本刊已經香港政府登記

聯合評論

週刊

每逢星期五出版

United Voice Weekly

第一〇一號

督印人：黃宇人　總編輯：左仲平
社址九龍金馬倫道卅八號三樓　電話61413
承印嘉羅印刷有限公司香港灣仔馬師道5號
總代理：友聯發行公司　售價每份港幣一毫
本報美洲版總經售處美國紐約中美出版社
CHINESE-AMERICAN PRESS, INC
199 CANAL STREET.,
NEW YORK31 N. Y. U.S.A.
美洲航空版零售每份美金一角

本報遷移社址啓事：

本報社址原在九龍金馬倫道，現自八月一日起，遷至「九龍赫德道廿三號地下」。新社址之電話號碼為「六八六七八」，如蒙訂閱本報，或投寄信札稿件，均請改寄新社址為感！此啓

聯合評論社敬啓

國民黨當權派振刷聲譽的機會

胡越

自從五月十八日，在野黨及無黨派人士，在地方選舉檢討會上決議組織新黨，到現在已經兩個多月了。這兩個月來，從報導中得知，新黨的籌建工作，正在活潑的進行中，據說在九月底以前就可以正式成立了；而一直到目前為止，國民黨當權派還沒有任何公然干涉的行動，這實是一件值得欣慰的事情。我們雖不能據此即斷言國民黨當權派的政策，已有基本的轉變，但至少可以相信，他們已經比較冷靜慎重的考慮當前的問題了。我們猶記得，四年前無黨派人士醞釀組織地方自治研究會時，國民黨當權派不但拒絕該會的合法登記；並且以甲級流氓的罪名，將該會的秘書孫秋源逮捕，遂使該會陷於流產。而這次建立的新黨，其意義遠較地方自治研究會為重要，而國民黨當權派迄未加以壓制，這不能說不是一項大進步。雖然我們還不能保証，在新黨組成之前，國民黨當權派絕對不會干涉；但是本於忠愛中華民國的熱誠，與對民主憲政反共團結的希望，我寧願相信這次國民黨當權派會有明智的表現。自從修憲連任以後，局勢之黯淡、人心之消沉，都已達到了新的高點；目前新黨的醞釀，給奄奄一息的民主憲政煥發了一綫光亮，使反共復國的前途重新現出希望；這實是國民黨振刷聲譽，挽救人心的一個機會，我由衷禱盼國民黨當權派不要再糟蹋這個與民更始的機會。過去親痛仇快的事做得太多了，這一次一定要光明正大做一件使親者快、仇者痛的事！古云：「多難興邦」，十年來赤浪滔天，同胞苦難不能說不多，可是興邦的機運迄未出現。因此所謂：「否極泰來」，決非「否」自然可極可盡，「泰」可坐待而來。反之，如果違反潮流，離棄民衆，依然故我的孤行下去，必將難上加難，「否」上加「否」。天命無定，事在人為。秦以暴力得天下，隋以詭道得天下，但皆以狂迷驕奢、虐民以逞而自取滅亡；當今中共正窮兇極惡驅人民為螻蟻，敗亡之機已近成熟；現在祇看台灣及海外能否有所作為。而反共復國，如非一句空話，首應集結一切反共的力量，實現反共大團結；而欲實現反共大團結，必須先樹立民主憲政的基礎；唯有在民主憲政的基礎上，才能使人相信反共之戰，並非為一黨一派、一人一姓而戰，而是為大陸同胞的自由幸福而戰，這樣才能鼓舞羣倫、齊一意志，才能實現和衷共濟的團結。而這次新黨的建立，實是樹立民主憲政基礎的一個重要步驟，也是海內外同胞對國民黨能否一新觀感的一個關鍵。

籌建中的新黨如果能夠順利組成，除了上述在樹立民主憲政基礎及增進朝野團結兩點上有其重大意義之外，至少還有下列幾點貢獻：

一、由於新黨的成立，將使地方選擧變成兩黨競爭的選擧、名符其實的選擧。據知在新黨醞釀之初，國民黨高級人士在宴請新黨的台籍人士（高玉樹、李萬居、吳三連諸先生）時，會表明，在下次地方選擧時，允諾執政黨以外人士在選擧事務所派監察員。如果這些話能代表國民黨當局的政策，這當然是一項值得稱讚的改革。但是如果沒有一個實力强大的新黨，照以往的情形，那些零散的無黨派的候選人，如何能夠派出與執政黨匹敵的監察員？還有以往的地方選擧，在許多選區或由於在野人士因限於財力人力提不出候選人來，或受國民黨當權派的壓力而放棄競選，於是每發生一人競選的笑話，這些毛病在新黨成立之後，可望都能夠避免了。在目前中央民意機關無法改選的情形下，地方選擧就特別顯得重要。因為兩黨競爭的地方選擧，不但可促進地方政治的進步，其最大的效用是藉此可使國人熟習民主的生活方式。

二、這次新黨，是台籍人與各省人共同發起的，這一點實具有重大的意義。我們不必隱諱，這些年來台籍人與外省人之間一直存在着隔閡。而隔閡的主因，由於政治上的當權人物多為外省人，（這主要由於台胞受日本統治太久，一時未能熟諳中國政治使然）這使台籍同胞不免有被統治的感覺。新黨的成立，可鼓舞台籍同胞自覺的參加政治，使社會有了自由升沉的秩序。那麼台胞担當政治責任的機會必將增加，因而可使省籍隔閡消彌於無形。

三、言論自由與政黨競爭是民主政治兩大重要因素，也是保障自由人權的有力工具。依照憲法的規定，政府的權力是要受種種限制的，限制政府權力的目的，在保障人民的權利和自由。但是執行權力的是人，人都是有私心有偏見的，因此難免濫用權力；而從歷史上看，掌權的人很少不嗜權、不弄權、不專權的；為達上述目的沒有不欺壓人民，侵犯自由的。在帝王專制時代，防阻專制權力虐民的，是朝臣的諍諫與士人的清議，但是士大夫是要匍匐在君主脚前乞求祿位的，因此他們的諫與議就軟弱無力；而他們祇有進言之責並無使他們的話必然見諸實行之權，何況話說得不中聽，觸犯了龍顏，就有砍頭、抄家、貶黜、廷杖之禍。其不能有效的防君之過盡保民之責，也就不足為怪？今天在民主政治之下，在野黨是專負責監督政府的，輿論是反映民意的。他們不但有議論國家批評政府之責，並且依照憲法享有這種權利。由於在野黨的活動及輿論的監察，庶幾能約束政府遵守憲法，保障人民的自由。由此得知，沒有强健的在野黨，沒有言論自由，就絕對沒有民主政治。根據這個觀點來看十年來台灣的政治，我們就不難找出問題的癥結了。以在野黨來說，青年黨及民社黨在執政黨的摧抑、分化之下，早已陷于癱瘓狀態，而不能負起在野黨的責任了。輿論的狀態雖較在野黨為好，但是在政府的鉗制言論政策之下，亦陷于有氣無力，不能充分發揮輿論的功能。新訂的出版法與限制創辦報紙的禁令，即為政府壓制言論自由顯著的証據。照上述情況來看，這次新黨的組成，實有其艱鉅的使命。我們期望它本身不但可以增强監督執政黨的力量，並且可以助長言論自由的擴展。目前海內外輿論正一致要求政府取消限制辦報的禁令，與新黨的醞釀實有互相呼應的作用。新黨的成立與言論自由的擴展，可能督促政府逐步走向民主憲政之途，從而提高人權自由的保障。我這種看法，可能被認為是過份樂觀了，但是希望的本身就是一種樂觀，人總不能沒有一點希望。新黨能否組成，端看執政黨能否容許它組成；這是國民黨振刷聲譽，轉移國運的一個機會，我希望國民黨當局不要再放過這個機會。

斥台北中央日報

黃宇人

七月九日台北中央日報第二版刊出一則所謂香港通訊，說聯合評論人員部份受共匪利用，內部正醞釀分裂，其中有一段是涉及我的，畧謂最近聯合評論每期均有攻擊政府及黨政負責人的文章，甚至把輔導退役官兵開闢橫斷公路的績業，說成是禍國殃民的罪惡。該刊顛倒黑白，甘心為共匪所利用，灼然可見。在聯合評論經常寫這種肆意攻擊文章的黃某，現已被同夥人發覺一項事實，即他與已成共匪統戰分子的程思遠往返甚密。因是，該刊重要人士某某等均深致不滿，內部正醞釀分裂云云。聞他們在紐約的機關報——美洲日報也刊出類似的通訊，相信其來源是出自一處的。

從這一則通訊看去，中央日報說聯合評論人員部份受共匪利用，即係指經常在本刊寫文章的黃某；而本刊同人中姓黃的又祇有我一個人，可知他們所謂的黃某，顯然指的是我了。

本來，今日當權者的能事，是給異己者戴上紅帽子。也許他們覺得像我這樣一個自少年時代起即以反共為儕輩所知的人，無法送我一頂紅帽子，因而祇好說是「受共匪利用」，但仍不敢說我的名而僅云黃某，正是做賊心虛的表現，可鄙亦復可憐。

中央日報說我「受共匪所利用」的理由之一，是我在本刊寫文章攻擊政府及所謂黨政負責人。但事實上，我抨擊當權着的某些措施，並不自聯合評論才開始。遠在北伐完成之初，我雖然為了珍惜國家的統一之局而始終站在中央的這一方面，但對於政府的貪污腐敗和當權者的集權統治，即曾不斷的予以打擊，並多次與許多青年朋友努力在黨內爭取民主改革，不幸均告失敗。民國二十一二年間，黨內先後產生了兩個秘密組織，即所謂藍衣社和CC，我都拒絕參加。因為我一向祇信奉中山先生的民有民治民享和天下為公的主張；而不擁護個人的。即蔣先生也很了解。今日的台灣，已步上家天下的途徑，不但特務橫行，無法無天；甚至總統也違憲連任，我認為每一個稍有良知的中國人——尤其是國民黨員都應鳴鼓而攻之，庶可挽救不絕如縷的國脈和民命。不過，為了大敵當前，我在抨擊之中，仍寓有希望改革之意，因此對於所知所聞的台灣敗政和某些人士的醜行，還是隱而不宣的，此之謂「為共匪所利用」嗎？至於中央日報說本刊曾罵退役官兵開闢橫斷公路，為禍國殃民的罪惡，則更是一種無聊的栽誣。事緣六月十三日香港時報有一篇短評，說橫斷公路是蔣經國一人的反共大業，本刊隨即刊載一文，指出蔣經國雖然為了控制退伍軍人而把持了輔導轉業的機構，但橫斷公路之築成則設計的是工程人員，作工的是退役官兵，他究竟做了些什麼？這是駁斥他們不應把衆人的成績視為蔣經國一人的功勞，讀者當可復按。而中央日報竟故意歪曲事實，栽誣本刊抨擊橫斷公路為禍國殃民的罪惡，於我們自無所損，但其將何以對那些退役戰士？

中央日報說我「為共匪所利用」的理由之二，是製造我與程思遠往返甚密的謠言，我對於為了不甘窮困而投共的朋友，一向不以為然，卻亦不以為敵，因為我深知他們的內心還是反共的。因此，假設他們要來為共黨作統戰，固未嘗稍假辭色：但若祇是偶來敘舊，則仍以朋友待之。我和程君的關係如此而已。港九友人無不知之。而中央日報竟胡亂造謠，還說本刊正醞釀分裂，其用心更昭然若揭了。猶憶年初該報社長來港有所活動，我曾告訴他，今日海外的民主人士尚無任何堅强的組織；而聯合評論是由許多方面的朋友所組成，意見自不能事事一致。但假如台灣方面要想來從中拆散，則是無此可能的，因為大家對於當權者的用心知道得太清楚了，誰肯再去上當？他當時，似有所悟；但從中央日報這一則通訊和其他許多跡象看去，他們仍是江山已改本性難移的。

再論民主政治在中國失敗的癥結（上）

無人培養人民對於民主政治的觀念與習慣

・張忠紱・

在祖國週刊第卅一卷第三期所發表的「民主政治在中國失敗的癥結」一文中，筆者曾經指出，五十年來民主政治在中國失敗的癥結，在於中國人民沒有民主政治下人民所應具備的觀念與習慣，而中國許多舊社會制度和觀念又不盡適合於民主政治與民主生活方式。在本文中，筆者願申其說。

民主政治是人類有政治組織以來最優良的政治制度，牠最符合於人類的理性，但是牠却也是最難於仿效與運用的一種制度。由歷史與比較的觀點而論，幾於沒有兩個民主國家，其政治組織是完全相同的。各民主國家的政治組織雖不盡相同，但其基本觀念却必然是一致的；此其所以與獨裁，極權，專制等政體迥然不同。

就中國的問題而論，中國傳統的政治思想，原有「民有」與「民享」的觀念，但決無「民治」的觀念與辦法。若以現時的三大民主國家比較，英國注重「生命，自由與財產」，法國提倡「自由，平等與博愛」，而美國的憲法中則標明「生命，自由與追求幸福」。中國傳統的政治思想，與上述的英、法、美三大民主國家所追求的目標，並不違背，雖其質量容有不同。然而虛懸目標，究竟是空洞的。任何理想或目標，必須有實際的辦法才能達到。在西方民主國家中，他們用以達到上述目標以及「民有」與「民享」理想的，正是「民治」項下的種種具體組織及辦法。

中國傳統的政治思想，根本就沒有「民治」的觀念，自然也談不到有「民治」項下的種種具體組織及辦法。在中國的歷史上，祇有弔民伐罪，却決無民衆自動的選舉。朝代的更迭，謂之爲順天應人，但人民却永遠處於被動，以待眞命天子的出現。民主政治的目標雖在「民有」與「民享」的精神，但民主政治的重心却在「民治」的觀念與組織。沒有「民治」的觀念與組織，「民有」與「民享」的精神終不能不徒託空言。中國的傳統既沒有「民治」的觀念與組織，因此我們未始不可以說，中國的傳統沒有民主政治。民主政治的重心既爲「民治」觀念與組織，而中個傳統思想與習慣中所最缺乏的又是「民治」觀念與組織，是以在中華民國成立以後，熱心於民主政治的人士理應立即設法使民衆了解「民治」觀念，並習練於民主組織。要使民衆了解「民治」觀念，並習練於民主政治組織與民主生活方式，則必須以教育與實踐雙管齊下。民主政治的教育與實踐，在於養成許多觀念與習慣，而不能全靠書本上的知識。

以美國爲例，他們在中小學中，十分注重課外活動與團體生活。學校當局藉學生課外活動與團體組織，領導學生，培植他們應有的許多觀念與習慣。例如：運動家的風度；光明的手段；公道的競賽；良好的失敗者；能被領導而後始能領導；必須爲自己的權利奮鬥；必須爲社會，爲他人主張公道；對國家與社會的公益，不能採隔岸觀火的態度；承認他人的長處與成績，等等。

即專就上述的這一部份觀念而論，讀者已可以一望而知，其中許多觀念是與中國傳統觀念全部或局部衝突的（例如傳統觀念中的，謙讓，容忍，含養，不管閒事，莫吃眼前虧，等等）。數千年專制政體下的觀念與習慣，自然不能盡合於民主政治下的觀念與習慣。

辛亥革命成功以後，中國已經變成了民主國家，但中國傳統的觀念與習慣，無人予以研討，無人予以注意。民主國家人民所應具備的基本觀念與習慣，又沒有人去培養。社會上的一切習慣依舊，社會上的一切觀念依舊。這種觀念與習慣是否不宜於民主政治，根本無人注意，根本無人過問。革命的領袖們於民國成立以後，發生了一種錯覺，認爲民主政治業已成功，民權的目的業已達到（孫中山先生於民元離開南京前，對同盟會會員的演說中，即曾經說過：「今日滿清退位，中華民國成立，民族，民權兩主義已達到。」）

五十年來，中華民國的歷史告訴我們，民主政治不能這樣容易就可以成功。民國成立後不到三年，民主政治即已整個動搖。提倡民主政治的人們乃不得不重行奔走呼號，一再奮鬥，一而再，再而三的革命，乃至終於不得不引蘇聯與第三國際爲援手，而戕賊了民主政治的嫩芽。

（下轉第三版）

張忠紱先生致本刊函

編者先生及聯合評論諸位先生賜鑒：

拙稿屢承刊載，足徵貴刊本大無畏的精神，不存偏見；實爲今日台港兩地唯一最能發揮民主自由言論眞諦的刊物，可喜可賀！

貴刊之所以能風行一時者，（以美國爲例想他處亦然）自不爲無因。投稿者的言論，縱未必全是，但刊登以後，持相反意見者儘有機會駁斥。是非因辯論而顯著，此正民主政治的優點與特點，自由言論的可貴亦在於是。

國家民族今日弄到如此地步，個人對現實政治已早絕望。我輩讀書人的責任，似在研討一代（？）的興亡得失，秉筆直書，以昭示後人，庶幾對異日民族復興有所啓迪；殊未敢希冀能及身見之。

貴刊爲民喉舌，忠於言論自由的原則，無所偏倚。依照民主國家人民知無不言的習慣，紱應爲貴刊同人賀。且願勉隨諸君子之後，對異日復興民族，盡其棉薄。拙文中所提到的任何事實，紱必担保其眞實性，自負言責。惟倘有與貴刊政策不符者，則仍希勿吝見教。邇者因遷居俗事，未能執筆。茲特寄上拙稿民主政治在中國失敗的癥結一文的第二章，其第一章已於上月杪寄交「祖國」周刊發表矣。時逢炎夏，諸希爲國珍重。敬請

撰安

張忠紱敬啓七月十四日

政黨、主張、人民

。孫寶剛・

最近在台灣醞釀成立一個反對黨，其正式名稱擬爲中國民主黨，於是日來以政黨作話題的人也多起來了，台灣還有一位極高級的官員也對反對黨發表了意見，一面說反對黨有其必要，一面却又說反對黨不可這樣與不可那樣。因此使我懷疑到一般的人對於政黨在民主政治中的地位和作用是否弄清楚了？尤其一個在朝的執政黨和反對黨的關係怎樣，有沒有弄清楚呢？

讀各國的政黨史；有些在開頭時祇是一羣議員所組織成的一個派而已，因爲在十九世紀的初期，議會中的議員是各不關聯的，但是後來議會的權力漸漸擴大，一部份的議員參加了政府，再後來政府的部長全由議員充任了，所以他們便自然地和思想見解相接近的結成一個個的派，不特爲了參加政府時有種種方便，平時在議會中討論許多問題時，漸漸地要涉及許多詳細的專門的問題，單獨的一個議員，要是不和其他議員聯合起來，實行分工合作，事實上便不易去討論這些問題或作成決定，也就不易達成他作爲一個議員的任務。這樣就形成了黨的初步雛形，所以那時的黨是在議會內，主要的份子就是議員。但沒有什麼永久的黨部，祇在選舉前組織一個競選委員會去競選而已，後來普選漸漸被各民主國家所接受，黨的需要便更形增加了，因爲要經常供給一般選民以政治消息，所以在議會之外便需要有一個永久性的組織，和選民經常接觸。同時我們却知道，政治的問題是相當的複雜的，選民們很難形成具體的意見，所以黨部不特須把議會內的消息要去傳達給選民，還要替選民形成具體的意見，作爲他們的政策，以代表他們的利益，而爲他們的利益而奮鬥。但是一般選民有時還不瞭解黨部所形成的具體意見，所以黨部又須以文字的或口頭的去解釋這些具體的意見，於是黨又成爲政治及教育的機構了。

一個黨須這樣做，它才能領導着一部份的選民，永遠去支持這個黨。而這個黨的議員候選人才能在下屆選舉時，仍有被選的機會。

到了十九世紀末期，工人們起來了，黨的型式又發生變化，這時的黨不是由議會內伸長而到議會外了，而是由工人們組織起來，設法使能代表他們利益的人能進入議會爲議員。所以黨的重心在議會之外，是全體的黨員和黨的組織，不若從前的黨那樣，重心在議會之內。到了今天黨已更進一步成爲全國人民的黨，每個黨內有着各個階級的人的，所以一個黨員想做候選人，完全要靠其黨的支持。

黨到達了這個階段，黨的候選人的能否當選，有賴於黨的主張是否適合人民的需要，較之候選人的個人聲望更爲重要。舉個很淺近的例子，星加坡去年大選，人民行動黨的候選人，有些是寫字樓的侍者，有些是理髮匠，但是能當選爲議員，那時其他黨派的候選人，其聲望當然比人民行動黨的候選人爲高，因爲他們所代表的黨的聲望在那時不及人民行動黨，所以沒有當選。

我們中國以往的選舉，可以說還沒有脫離我上文所說的初期現象。論理中國國民黨是本文所說的最現代性的一個黨，可惜徒有其名而無其實，所以國民代表也好，立法監察委員也好，並不是眞正由黨所擁護出來的。不過時代的潮流一直在向前推移，現在台灣既然成立了反對黨，這多少証明，台灣政權要澈底獨裁或包辦下去已不可能，那麼，在中國國民黨來說，如不趕快迎上這個時代潮流，下屆的選舉恐將不堪設想，不過這當然還要看反對黨的作風怎樣而後定。假如反對黨不能瞭解到今天的黨的地位已到達了那裡，而不能經常地把現政府的政策，反對黨的政策傳達給一般選民，解釋給一般選民，甚至教育一般選民，而祇重視幾個候選者，到選舉時組織一個競選委員會去競選，那麼，反對黨也可說停留在我上文所說的初期現象，他們的腦子中也沒有瞭解到現代民主政治是怎樣幹的，和現在台灣的國民黨眞是宜兄宜弟。

不過我相信，至少是希望反對黨能瞭解到現在民主政治的政黨地位，第一要徹底研究今天的國際情勢，以及國內的實際情形，提出一套眞正做得通而與國家有利的主張出來，自欺欺人的提幾句實際不可能實施的口號，或籠籠統統的說幾句官話，這是已經落伍了。政治是現實的，須在現實中來達成理想，今天台灣的國民政府，第一步應先把台灣的人民和海外的人民的需要一一實施起來，才能談得到反共，以拯救大陸的人民，不然始終是很難獲得人民的擁護的。第二應瞭解黨是以主張來結合志同道合的人，重心在整個黨的組織，在實行主張，候選人祇是黨的代表而已，所以不要把黨的重心放在候選人的身上。第三，黨的最大任務，還在教育人民，所以要注重於研究，宜傳，和與人民的聯繫。假如能這樣做，才是一個現代的政黨，必爲一般人民所擁護，而發生極大的力量出來的。

至於在朝黨和反對黨的關係，那完全是平等的，不過各代表了各所擁有的選民，並不是反對黨受着在朝的執政黨的統轄，所以在朝黨不應向反對黨說不能這樣，或不能那樣。

內外壓力下中共開秘密會議

陳權

從最近一個期間的中共報道觀測，中共似正在北平以外的地點，舉行一項秘密會議。這個會議的規模，可能是中共八屆九中全會擴大會議，也可能是中共中央政治局擴大會議。

中共舉行高層秘密會議的迹象，主要表現在以下兩個方面。第一、近來，毛澤東、劉少奇、周恩來、朱德等中共領導人物乃至較次的領導人物，已有相當長的時間未在北平露面，各省的省委第一書記，在最近各地方電台的報道中，也未見他們出現。第二、在七月十一日「蒙古大使館」舉行「國慶」招待會和七月十四日伊拉克大使館舉行國慶招待會時，中共領導階層出席參加的，只有陳毅一人。在過去兩年中，一九五八年八月中共在北戴河舉行中央政治局擴大會議；一九五八年十一月在武昌舉行八屆六中全會；一九五九年八月在江西廬山舉行八屆八中全會。當時，每逢北平有外交活動時，也都是陳毅一人去到北平參加的。從這些情況觀測，中共正在舉行中央層秘密會議的可能性是非常之大的。

從客觀形勢看，中共也確有召開中央層會議的必要。國內工農生產情況與國際情勢的發展，都給中共帶來了極大的危險與難題，必須及時作出決定，找到一條可以解除困難的方法，以渡過面臨的難關。

特大的自然災害，給中共帶來了難以肩荷的壓力。去年十月以來，中國大陸各主要產糧的十多個省份，都遭遇到比以往任何一年為嚴重的特大乾旱。四月廿四日人民日報社論就已承認受旱面積達到五億多畝，並指出有些地區的旱情還在繼續發展。由於乾旱太久，許多大河流量大減，河塘乾涸。湖南、江西、湖北、浙江等省，又遭受好多次的陰雨和寒潮的襲擊。河南、山東、陝西、江蘇、安徽、河北，甘肅、福建、新疆、四川等省的小麥，又發生了各種病虫害。廣東、福建等省又遭受了幾次颱風暴雨的襲襲。七月一日人民日報承認夏收糧食發生了減產情況。而且嚴重的是在這些自然災害發生期間，好些省的糧食作物和經濟作物，都未能適時播種。到現在為止，有些省區，還在抗旱和抗陰雨搶種，這種全面的和持續的自然災害，今年糧食作物和經濟作物的減產，已成為無可避免的局面。中共現在企圖以大種瓜菜和番薯來補救糧食減產的危機，由於災害仍在持續之中，看來不會發生多大效果。人民的口糧與輕工業生產所需原料，今明兩年均難以供應得上，已是無可避免的局面。人民公社處於新的動盪之中。

尤其嚴重的是，在嚴重的自然災害中，中共加强了對夏收糧食的征購，而强迫羣衆「節約糧食」，因而加深了農村基層幹部和農民廣泛的右傾畏難鬆勁情緒，發生了怠耕的現象。中共雖已在把各級領導幹部下放，到生產第一線的生產隊，與羣衆「同吃同住同勞動同商量」，企圖阻遏和扭轉這種右傾情緒的發展。但與此同時，人民日報報道的材料中，也有成片土地漏種，田間管理鬆懈等種種情況在同時出現了新的發展。至於今年工礦企業幹部和工人的右傾鬆勁情緒，雖也不在去年之下，只是比較起來，遠不及農村所存在的危機來得嚴重。

外交方面的形勢，中共也處於空前不利的局面之中。在印尼軍人槍殺兩名華僑婦女事件中，中共不僅表現得束手無策，而陳毅七月十一日在「蒙古大使館」的發言中，還在「譴責美帝國主義支持荷蘭對印尼挑衅」，向印尼大獻其媚態。在西藏邊界問題上，與印度之糾紛未了，又與尼泊爾發生新的糾紛，從而暴露了西藏人民反共行動擴大的眞實情況。這些事實，已使中共外交表現出徬徨的現象。

但，使中共更感困難的，還在於如何應付蘇聯壓力的問題上。六月下旬，羅馬尼亞工人黨第三次代表大會上，赫魯曉夫在演詞中對左傾幼稚病加以批判，項莊舞劍，意在沛公，毫無疑問是在指摘毛澤東與中共這一羣。中共代表彭眞第二天在演詞中就回敬了一棍，不僅表現了中共的好戰態度，更批判了新修正主義。雙方都以一九五七年莫斯科宣言為基礎而作了一次罵戰。人民日報以第一版橫貫全版的篇幅刋載了彭眞的演詞，而赫魯曉夫的演詞則僅在國際版上稍有刋出。六月二十四日發佈的十二國共產黨布加勒斯特會議公報中，算是把中共和蘇聯的矛盾意見拉在一起，替雙方製造了一個和解下台的機會。而中共對於這種作法，並不滿意，因為這是一個國際上層主義活動路綫和領導權的爭奪問題。於是又在六月二十九日人民日報上繼續堅持其意見：「工人階級和它的政黨必須用非和平方式取得政權，和過渡到社會主義。」中共對蘇聯、對共產國際的態度，都顯得含混了。

中共在反美活動上，最近也因為出現了上列種種困難而處於徘徊之中。從四月二十八日到六月二十七日為止的兩個月當中，以支援南韓人民反政府運動、支持土耳其反政府運動、反對日美新安全條約、支持蘇聯反對美機、偵察蘇聯等等藉口，在全國各大中城市與小城鎮發動了一個接一個的反美示威遊行，發動示威的人數也從幾十萬擴大到四五千萬人。六月二十一日到二十七日還在全國各大中城市發動了一個反美宣傳周。但是，在當前的古巴反美事件上以及剛果事件上，中共却表現得不十分積極。除了在言論上提出了一些空洞的口號外，就只有七月十六日由中共總工會在北平舉行了一次只有三千人參加的集會，以表示對古巴反美運動的支持。而這次集會，還是在古巴工聯代表團到北平訪問的情況下舉行的。此外，也只有對外貿易部副部長盧緒章率領的中共貿易代表團於十五日到達哈瓦那，這個代表團可能會向古巴購買一批食糖，但這並不能算是對古巴支援，中共本身缺少食糖的情況是非常嚴重的。

在這期間，七月九日赫魯曉夫却發表了威脅性的講詞，「蘇聯的火箭在必要時支持古巴」。比中共反美的態度更為强烈。七月五日中共對蘇聯政府六月二十七日就裁軍問題致中共照會致了復照，表示支持蘇聯裁軍建議和支持蘇聯破壞十國裁軍會議的行動。

這些情況反映出中共處於內外壓力交迫局面中所表現的無定向現象。為了決定一個新的政策，就有必要召開中央性的會議，尋出一條可行的道路，以解除當前所處的危機與困難。但，中共所作的任何決定，都必須明白表示對內對外作重大讓步，才有補於當前的局勢。而這對中共和毛澤東，都將是一件非常痛苦的事。

北越與外蒙的人事變動

・田心・

據七月十六日人民日報報導，北越第二屆國會第一次會議於十五日結束。選出如下的領導人員。

一、越南民主共和國主席胡志明、副主席孫德勝。

二、國會常務委員會委員長長征、副委員長黃文歡、阮春水、阮闌、朱文晋、陳登科、阮文享。秘書長黃文歡。

三、總理范文同、副總理范雄、武元甲、潘繼遂、阮維楨、黎清毅。

四、國防會議主席胡志明（兼）副主席范文同、武元甲。

五、最高人民法院院長范文白。

六、最高人民檢察院院長黃國樾。

在上述這些機構之中，國防會議是新設的，假使我們把這樣的機構來與中共政府機構比對的話，絲毫不差，人們認為越共是在中共控制之下，大概不錯。

至於人事方面的重要異動有如下一些：

（一）原國會常委委員長是孫德勝，現為長征，長征於一九五六年為黨的總書記，因在土改之中犯左傾錯誤，降為書記，去年四月出任副總理，現又調為國會常委委員長，顯見其有再度抬頭的趨勢。

（二）武元甲始終沒有爬起來是眞的，有人認為他已有問題是不甚正確的。

（三）壓制武元甲，而為第一名副總理的范雄，原為總理府部長，去年四月，始升理為副總理，現在已為第一名副總理，可見其來勢的猛。

（四）潘繼遂原為副總理兼內務部長，阮維楨原為計劃委員會主任，黎清毅原為工業部長均此次新升。

據七月八日人民日報報導，七月五——六日外蒙大人民呼拉爾（相當蘇聯的蘇維埃）舉行第四屆第一次會議，選出如下領導人：

一、大呼拉爾主席團主席（元首）桑布，副巴爾吉尼雅姆。

二、大呼拉爾主席曾德。

三、部長會議主席澤登巴爾，第一副主席莫洛姆扎木茨，副主席拉姆蘇倫，邁達爾，扎格瓦拉爾。

四、總檢察長雲登道奇爾。

五、最高法院院長達姆丁。

這樣的組織與蘇聯雷同。這說明中共幾年來確向外蒙擴張其勢力，並未能佔優勢。可以注意的人事調動是：

（一）大呼拉爾主席原為賈爾卡賽汗，現易為曾德。按：前者為第一任駐中共大使，一九五三年六月調回國節節高升，去年三月繼蘇扎倫布為大呼拉爾主席，曾於今年四月應邀到中共訪問，其在黨內的職務是政治局候補委員，曾於今年四月到中共訪問。曾德現為黨的第二書記。

（二）此次被免去之副總理為魯布桑，魯氏亦曾於一九五七年五月調來中共當大使，去年五月調回為副總理直到這次免職止。此兩事，似乎說明中共在外蒙的勢力在下降中。

再論民主政治在中國失敗的癥結

張忠紱

（上接第二版）

中華民國是同盟會的甯馨兒。中國的民主政治是由同盟會首先輸入，首先造成的，但同盟會的先進却沒有能注意到，奠定民主政治的基礎。他們沒有能培育人民對於民主政治所必須的觀念與習慣。最不幸的是，當民初同盟會聯合他黨改組成國民黨的時候，他們的目的原在以政黨政治領導民衆。他們當時雖然沒有能注意到民主政治必須建築在人民的觀念，認識與習慣上，但政黨政治若能行之既久，也可以養成若干有利於民主政治的觀念與習慣。

不幸而袁世凱別具野心，繼之而起的又為毫無民主政治知識的北洋軍人，致使民三改組的中華革命黨，與民八改組的中國國民黨，均為革命的氣氛所籠罩，而缺乏普通政黨的民主組織與精神・民十三年聯俄容共以後，改組後的國民黨已採取了蘇聯共產黨的「方法，組織，及訓練」，實無異於已完全脫離了普通民主國家政黨的立場（黨高於國與民主集中制，都不是民主政治制度中所應有的）。甯漢分裂以後，國民黨雖已清共，但對過去所用的方法，組織，口號等，並未能徹底清除。

平情而論，在聯俄容共以前，孫中山先生似曾致力於尋求民主國家所用的民主政治方法，組織，及訓練等，而不幸他未能有所收獲，所以他於民十二年十二月一日在廣州演說中說：『從前何以不從事，於有組織有系統，有紀律的奮鬥？因為未有模範，未有先例之故。』孫先生之所以不能找着民主國家先例與民主國家模範的原因，正是由於民主政治是一種難於仿效與運用的政治制度，牠的基礎必須建築於民衆的觀念，認識，與習慣之上。而這又決不是可以速成的！

蔣經國晉為陸軍上將

・見微・

（台北通訊）七月十八日「總統」令，「陸軍中將蔣經國晉任為陸軍二級上將，此令」。經國從未受過軍事教育，亦非所謂行伍出身，雖然他曾先後做過青年軍政治部主任和國防部政治部主任，但此乃屬於所謂軍中文職，既無軍籍，自不能竊取上將的榮銜。猶憶吳稚暉曾在北伐軍到達江南時做過總司令部的政治部主任，谷正綱在對日抗戰初期亦會做過第三戰區司令長官部的政治部主任；而他們都沒有取得軍中的任何階段。又如俞大維早於抗戰期間即任軍政部兵工署署長多年，而出長國防部亦已數年於茲，也沒有取得軍中的任何階段。蔣經國獨被晉升為陸軍二級上將，顯然是很不平常的。此事在海外，對祖國政情不十分了解的僑胞們也許會覺得驚異；但台北的人們則都視為是勢所必然的。十年以來，蔣「總統」不顧國家法律和黨內黨外的人心而一意傳子，已經是盡人皆知的了。他既然決心傳子，當然要從各方面先把經國的勢力培植起來，然後才可收水到渠成之效；而如何使國軍變為蔣家軍則更是他們兩父子的急務。因此，今日經國就升為陸軍二級上將，也不過是為其升任一級上將以至特級上將舖路而已。行見不久的將來，蔣上將還要晉為蔣少帥而統帥三軍，繼承大統呵！

公營事業弊案叢生

公營事業於最近連續發生許多驚人的舞弊巨案。其一、是台北紡織公司業務主任李公恪於過去十年間先後盜用公欵四百餘萬元，無法歸還，迫得於七月十日向台北地方法院自首，於十八日才由各報將案情刊出。其二、是中央信託局營業科副主任高新民盜用該局福利基金四十餘萬元，亦向法院自首，其三、是台灣省銀行公庫部襄理協理串通盜賣公債數十萬元，現在該行正清查中。立法院王委員述先等多人以公營事業如此腐敗，甚至舞弊的事實有已發生於十年之前者而今才發覺，足見其平日管理不善，制度有名無實，擬向院會提出詢問，並將請有關各機關首長列席報告各該案之真象。實則古今中外的獨裁政權，沒有一個不是貪污腐敗的。何況今日的台灣，除了獨裁而外，還加上家天下的一套，其貪污腐敗，自然更有甚焉了。李公恪等之所以敢於如此，亦可說是蔣「總統」治下的必然產物而已。君不見政府在大陸時代公營事業的貪污舞弊情形嗎？如李公恪其人其事者又何可勝數？因此，立委們既無力改變目前政權的本質，但提訊問案又於事何補？不過聊甚於無罷了。

司法與役政競與國策配合

台北縣選舉省議員自官方候選人被李秋遠擊敗後即發生選舉訴訟，審訊數次，雖未能發現李有任何違法舞弊的情事；但法院方面卻三度延期宣判。日前更宣佈將另行開庭辯論，可見，我們的司法是如何緊密的配合「國策」呵。法官們縱然不便公然將依法當選的議員宣判無效，也可以採取拖的方式，而將訟案延長下去，俾便當權者另作他計。

果也，七月五日李秋遠忽奉政府頒發長鋸，字第十一號召集令，召集他服預備役六個月，服役的地點在屏東。李議員原是醫生，已在台北行醫十餘年，任台北縣議員亦已數年，為什麼政府早不召集他服役而卻於其當選省議員後作此突然之舉呢？這當然是咎由自取的。他敢於在選舉省議員時出而與官方候選人競選並將其擊敗，已經是大逆不道罪不容赦了；而竟又參加所謂反對黨的組織，還被推為籌備人，當權者怎能再忍呢？而今一聲令下，他即被召從役，而從事於勞動改造，不但不能再參加籌組反對黨的活動，即省議會開會也無法出席。行見數月以後，他服役期滿，改造成功，縱不自動的放棄省議員，亦必不再與反對黨往來，這就是今日台灣的民主作風，讀者或亦將嘆為觀止矣。

國民黨改善選舉提名方式

國民黨當權派對於台灣各級選舉候選人的決定，一向是採取中央提名的方式。在地方有基礎的黨員多與中央無緣而為中央所賞識的忠貞分子又多在地方上沒有信望，以致歷次選舉主持其事者雖然想盡方法，且不惜使用一切違法舞弊的手段，更配以行政和司法的力量，仍不能獲得預期的勝利。目前若干在野人士正積極籌組新黨，並聲言將競爭今秋的縣市議員選舉，當權者自不得不未雨綢繆，以防萬一。七月二十日國民黨中央黨會會在蔣總裁主持之下，以很長的時間討論選舉提名的問題，聞已決定一方面仍維持目前的提名制度，一方面則准黨員自由競選，俾未被提名而自認確有當選把握的黨員仍有一顯身手的機會，籍以維持黨內的團結。由此，亦可見當權者雖明知集權無效而仍不肯完全放棄也。

當權者對籌組新黨的破壞

在籌組新黨聲中，當權者表面上雖採取不直接干涉的態度；但暗中仍百般破壞，無所不用其極。除召集籌備人之一的李秋遠服兵役六個月及企圖強佔發言人李萬居的公論報而外；並活動民社黨人不借地方與新黨籌備人開會，同時更控制一切可作開會之用的公共場所，務使他們無處舉行會議，看情形，當權者絕不會讓新黨誕生的，將來還將採取什麼出奇制勝的方法，正未可知也。

成舍我首闖禁關

自英文中國日報獲准發刊以後，此間對於政府是否即將從此開放報禁紛作揣測。立法委員成舍我率先於十八日正式具文向台北市政府辦理世界日報復刊的申請手續。按常理而論，世界日報有悠久之歷史，過去在大陸出版時，前後二十餘年中對於國民黨政權備極支持，成先生又是現任立法委員，政府中人無不知其是一位堅強反共的報人，他請求准許在台復刊世界日報，應該沒有問題了。可是，人們仍為他耽心，聯合報並喻他為闖關車，能否越關而過順利的到達目的地，似乎尚未可知也。

依照出版法的規定，新聞紙經發行人填具登記書向政府申請登記，其與規定相符者應即准予發行。此項登記手續，各級機關應於十日內為之。聞市政府已於七月二十二日將成先生的申請照轉省政府，並未加註任何意見。國民黨中央委員會亦於同日舉行會議，陶希聖、曹聖芬、連震東等均參加，大多數人的意見，均認為無再增加報紙之必要。在此以前，內政部一位高級官員會說，「政府過去並未禁止過新聞報的出版，因為法律並無明文禁止或限制辦報，所以現在也無所謂開放的問題。政府對於新報的申請一向祗是從嚴審查而已。台灣全省現有報紙二十八家，數字不能算少，是否尚需新報，也值得研究。至於英文中國日報，是因年來外僑增加，有此需要」云。總之，從各種跡象看去，世界日報如欲在台復刊，恐不易也。

王××身後的恩榮內幕

。一匡。

（台北特訊）據此間有關官方確息：「自由影人王××逝世恰已周年，台北當局為紀念這一代「忠貞藝人」，特決定在寶島台中日月潭風景區，涵碧樓前，建立一個「王××紀念塔」，藉慰忠魂，以垂不朽。據某權威人士告：圖樣正交由有關部門構思設計中，一經當局作最後決定，即可正式開工云。……」消息傳來，真使一般老百姓為之健羨不已？幸哉藝人！生前既已異數頻叨，恩寵備至。想不到死後，卻還能為這塊僅存的賸水殘山生色。也有人說：紀念塔建立在「日月潭」，不僅是為「河山生色」，而在當局的深意中，直欲將他去與「日月爭光」啊！因為影人常常被稱為「明星」，將「明星」放在日月一起，試想，如非與「日月爭光」的話，又該作如何的解釋呢？

更有人說：日月潭是此間最高當局萬機之暇，經常臨幸的地方，每當風雨晨昏，花朝月夕，坐在涵碧樓上，心香一瓣，面對「忠魂」，更可以引起「眷眷心目」的追思。一生一死，乃見交情，在朋友之間，已是難能可貴，想不到在「主子與奴才」之間，也竟能如此，則其遇合之隆，恩寵之渥，真可謂千載奇逢，一時無兩了。王××死如有知，他在九泉之下，也定當爬起來三跪九叩首的「高呼萬歲」，「謝主隆恩」了。

也有人抱着懷疑的問：王××生前只不過一個電影從業人員，充其極也不過一個「伶官」而已。論他對國家對民族乃至於對蔣先生個人的「忠貞」，但他在抗戰時期，卻曾一度下過水，參加過中日合作的「華影公司」的工作。至於他的死，那更是滑稽，他既非壯烈的殉國，也不是從容的赴義，他的死，卻是因為得了「主子」的嘉許，在受寵若驚和得意忘形之下，一時多灌了幾碗「黃湯」而一命嗚呼的。像這樣一個糊塗了的酒鬼，也值得耗費民脂民膏去替他建塔嗎？這些疑問，雖然頗近常理，然而只是常理而已，今日台灣的事，豈是常理可以衡量得來的？十年來，王××生前死後的恩寵不衰，卻另有其值得大書特書的內幕啊！

一年一度的祖國國慶和蔣先生的壽誕，王××每年是必去的，而且每一次都率領着海外一大批的嬌滴滴，喜迷迷的明星，去參加祝壽、勞軍，這一批批花蝴蝶似的紅星，點綴在盛大的慶典中，確實替這偏安孤島的祖國增光不少，因此報紙上也常常看到過「王××不辭跋涉，為國宣勞……」的消息，這已足以表現出他的特殊忠貞。然而他究不愧為一成名的藝人，上述的這些表現，只不過表面的文章，其實他的精采的表演還在後頭哩！

當壽筵席上酒過數巡之後，蔣先生照例是：擎着酒杯，站在主人的席位，請大家起來乾一杯，王××雖然離開得遠遠的，他會馬上站起來，舉起雙手，拿出他習練有素粗喉嚨，高呼着「蔣總統萬歲！」於是，全場的千餘人不能不勉強的隨着他而高呼、這位「草山老人」平生最喜歡的就是這一套；他看到這位「忠貞藝人」如此的矢忠矢誠，他不禁喜孜孜地笑了，於是，王××也得意地笑了，而且笑得那張濶口一時合不攏來，原來在這大庭廣衆中，就憑着他這套精采的表演，又一次的奉承上主子的歡心了。

當這盛大的壽筵散時，招待所雖然備有大客車送着大家回寓所，但王××率領着那批多采多姿的明星，卻另有人替他（她）們預備好特別的小轎車，於是他（她）們趁着溜溜的晚風，帶着嘻嘻哈哈的笑聲，直駛向台北近郊的風景區——新北投、烏來別墅中，但這別墅，並不是他（她）們被安排的招待所，據熟悉內幕的人透露：他（她）們深夜趕到郊外去，原因是，台灣唯一特權的人物，正在那別墅裡候着她們的光臨哩！因此，王××的恩寵一年比一年優渥起來，其得力處便在這——「結兩代的主知」啊！

台灣六十萬將士，虛頂着「勞軍」之名，這位特權人物卻享受「勞軍」之實，而王××的勞苦功高，自然比那些慷慨成仁的先烈，和壯烈犧牲的死難將士，更值得追思，更值得紀念了，然則替他建一個塔，誰曰不宜？

在日月推遷，時移勢易下，歷史是無情的，政治權力更是無情而且現實不過的，五十年來，多少為國犧牲的先烈，成功成仁的將士，在這偏安的小朝廷中，久矣被人遺忘了！而今，值得崇功報德的，只有這位形同伶官的王某了。筆者不文，但欣逢這樣空前的「曠典」，卻也不能不替台灣當局湊湊興，因此也謅了一聯一匾，點綴點綴，願讀者正之！匾曰：「一塔糊塗」；聯曰：「一代伶官留媚骨，千秋寶塔愧忠魂」

大陸之窗

中共養猪工作挫敗的原因

劉裕畧

對於養猪工作，中共一向極爲注重。遠在今年二月十七日，中共人民日報就曾以「一定辦好兩百萬個養猪場」爲題，發表社論，號召「大批黨團員開向養猪第一線」，一定要把養猪事業攪好。又說「山東基本控制猪丹毒等疫病，五十五個縣市出現無疫病的大好形勢」；並號召各地按此典型例子學習和推廣。在此以前：一九五九年十二月廿三日人民日報更曾以「社社隊隊都來大辦養猪場」爲題，發表社論，號召大陸各地人民公社好好養猪。看中共的這種宣傳，顯示他們對養猪工作很有自信，他們相信人民公社定能發展養猪工作。他們如此注重養猪工作倒不是中共希望由此增加農民副業的收入，也不是希望由此提高人民生活水準，而是希望由此增加中共自己的出口貿易，從而賺取外滙。所以，十年來，中共一直在大陸大力發展養猪事業。但中共的這一希望，現在顯然是挫敗了。七月十六日中共人民日報發表一篇題爲「抓緊發展養猪事業的大好時機」的社論，內中說到「去冬今春，全國各地根據黨中央和毛主席的指示，大規模的發展了以猪爲首的飼養業，……但是，進入春末夏初，小猪的死亡率逐步增加，個別地區小猪死亡率一度到了百分之五十，有些後備母猪與架子猪，也發生大量死亡的現象。因此，猪的飼養量上升很慢，有些地區反而下降。只有一部份地區繼續保持了穩步上升的局勢」。這是中共養猪工作遭受挫敗的最好証明。

爲什麼中共會有此挫敗呢？人民日報分析有六個原因！

首先，中共自認「是經營管理經驗，特別是集體飼養的經驗不够」。第二是「領導方面抓得不緊」。第三是「飼養準備不足」。第四是「防疫和護理的經驗很少。或者雖有經驗而不認眞執行預防的措施，或者在猪瘟發生後犯了官僚主義的錯誤，不認眞治療，因而造成了猪隻大批的死亡」。第五，「猪隻是有生命的，飼養人員政治上必須純潔可靠，必須積極負責，才能把牲口養好。在大規模發展養猪事業的時候，個別養猪場，由於沒有認眞審查飼養人員，有一些壞份子混入養猪場，進行破壞活動，廣東兩陽縣春城公社黎明養猪場，原來養猪隊伍不純，從去年九月到年底，共死猪六百五十三頭。一百零七頭母猪只有三十八頭受孕」。除上述五點外，人民日報認爲還有一個原因，乃是養豬場規模的大小問題。它說「有一部份同志是一心想攪什麼千豬場、萬豬場。這雖然是好事情，但是沒有一定的條件是不行的。在目前條件下，養豬場的規模太大是有缺點的」。

中共養豬工作挫敗的原因本不止此六項，若僅就此六項作進一步分析，立可發現這六點原因，有的屬於技術問題，有的則屬政治問題。而技術問題又實與政治問題關聯着。因爲人民日報所舉技術問題，諸如飼料準備不够，防疫與治療不週等，原本都應該不成問題的。然而却就因爲這些問題使豬隻死亡率高達百分之五十，開全世界豬隻死亡率之最高紀錄，這都可見它的眞正原因，不在技術與經驗不足，因爲大陸農民對於養豬積有幾千年經驗，而在人民對中共普遍不滿。人民飼養豬隻的結果，既然終將被中共剝奪以去，對人民本身既毫無利益，那末，人民誰還眞正關心豬呢？據本年四月廿四日中共南方日報載：「羅定縣一九五九年終存欄量是二五零一頭，加上今年生下小豬四五〇頭，合共二九五一頭。而現在只存一六六九頭。反而減少了一三八二頭。減少原因是上調和私宰共達四九四頭：病死三一二頭，冷死二九四頭，餓死一三四頭，跌死六頭，被咬死被竊的一四二頭」。該報又說羅定縣各人民公社「報喜不報憂，報縣的建豬舍數字是一千九百六十欄，實地查出只三百零九欄，：一問三不知，例如家沙清一等大隊，連總支部書記，養豬隊長、場長、會計、資料員沒有一人能說出本隊有多少頭豬，甚至嚴重減產，公社領導也全不知道」。由於上述情形，於是中共羅定縣委會不得不承認：「這種現象的出現，除了領導問題以外，養豬隊伍不純也有直接關係。個人主義嚴重，無心攪好養豬工作。由於隊伍不純，場內生產秩序混亂，勞動紀律渙散，偷竊現象普遍」。

這充分暴露了人民公社一團糟的眞正內容，另一方面，由於中共只知道壓搾人民，剝奪人民，養豬工作既對人民本身無好處，所以人民對它自然也就採取怠工消極反抗了。假如不是由於人民怕中共予以嚴重處罰的話，這消極怠工現象必然是更嚴重的。目前中共對此正在採取嚴厲手段在各地整理，對養豬工作的挫敗，自可稍稍收效。但由於中共利益與人民利益根本衝突之故，中共欲求養豬工作之充分發展，則仍然不可能。每欄十隻二十隻的小型養豬工作，效果當可較好，每欄百隻千隻的那種大規模的養豬工作仍將遭受挫敗，則可斷言。

大陸學生怎樣過暑假？

韓容

大陸學生，根據中共的規定，通常都有一個月的暑假。看起來這應該是學生們可以鬆一口氣，或者是可以依自己的興趣，自由閱讀一點書的時候了。因爲平時中共控制嚴格，學習之外，又要勞動，又要經常攪什麼示威遊行，一個接着一個，不攪就不行，不攪，就要被評爲落後份子，被評爲沒有政治熱情，甚至被評爲沒有階級意識。一年一度的暑假，總該屬於自己的，但中共除對於少數港澳學生准其回籍以外，所有大陸學生，是一概沒有過暑假的自由的。中共仍然規定他們必須在暑假中到農村去勞動。此外，中共惟恐學生們依據個別興趣，閱讀各人自己愛讀的書，遂又嚴格規定學生在暑假中應讀的書籍。不僅如此，中共更利用暑假加强學生的政治教育，從而達到它那奴役學生身心的全部目的。

據中共新華社北平十九日電：「今年暑假，各學校師生自願利用一部份假期支援農業。遼寧幾十萬大中學校的學生利用假期前幾天下鄉參加了夏收夏種和割草滅虫的活動。暑假開始後，瀋陽大中學校又有二十萬名學生報名到達農村，他們以堅決行動與全國人民一道，爭取糧食大豐收」，新華社所謂「自願」一詞，當然完全不是事實，中共所謂自願，原都只是被强迫的代名詞而已。綜觀大陸各地報紙，中共强迫學生下鄉勞動，並不以遼寧瀋陽爲然，大陸各地都是一致的。

但中共猶恐學生在農村，勞動中，淡化了學生們平時所受的政治教育，據新華社說：在假期中，中共「爲了更好地向學生進行革命傳統，三面紅旗和政治形勢的教育，北京市各學校都號召學生要自覺地學習時事，深切關心國際國內形勢和堅持學習毛主席著作。共青團北京市委已向學生們推薦了一批反映人民革命鬥爭的優秀小說、歌曲、電影和戲劇。有些區的共青團區委，向學生提出每人至少讀一至兩本好書的號召，崇文區將舉辦兩次千人讀書晚會。各個電影院將專門爲中小學生放映大批進行革命傳統教育的影片。北京市少年宮將舉行多次時事講座和方志敏烈士的故事，長征等革命故事會。重慶、天津等市、區和學校都將開展多種多樣的活動，向學生們進行革命傳統教育。」

這都可見中共對學生們身心的控制是一點都沒有放鬆的。中共對大陸學生，一方面是强迫他們勞動，以榨取他們的勞力，並從而建立他們的勞動觀念，準備將來還要長期奴役他們。另一方面，則猶恐學生思想出問題，所以又以政治教育來灌輸他們，更規定許多政治性書籍給他們讀，以達到身心的雙重控制。這如果以自由世界的學生來與他們相比，自由世界的學生眞是太幸福了，太自由了。大陸學生則太悲慘了，太不自由了。

爲了免於繼續被戕害，我們是有責任去解救大陸學生的。

錫蘭選出女總理

慕禪

七月二十日錫蘭的大選，開創了世界政治史上一項新的紀錄，一位女總理誕生了！再前任的錫蘭總理班達蘭乃克的夫人，獲選為錫蘭的新總理。

在世界政治史上，女人做皇帝並不出奇，歷史上的女皇可說是恒河沙數，就在當代，英荷兩國亦仍然是女皇的統治。但女人而出任總理，却以班達蘭乃克夫人為第一人，這是難得的而也是特殊的。因為女皇不過是世襲，可以說出於偶然。而必須通過選舉試鍊的總理，却並非世襲或偶然所可能辦到。要成就一位黨魁，或由黨推荐出作總理的逐鹿，首先要得到黨內的擁戴。像美國的總統候選人在黨內的產生，先已有劇烈的競爭，然後，方才出而與敵對的各黨，在大選中一決雌雄。

而今，却是「雌兒」在錫蘭大選中獲膺魁首，可以說是雌者雄而雄者雌了，也許是今年的「流年」本月的「月令」有利於女性，日本出了一位中山正子做厚生大臣，破日本史的前例。而班達蘭乃克夫人的膺選總理，却開世界史之先河。

女黨魁的產生

錫蘭前總理達哈納雅克，是被刺斃命的前總理班達蘭乃克的承繼者，但這次他却敗於班達蘭乃克夫人之手，現總理施南奈雅克，亦一樣地被擊敗而下台。這就是說，在班達蘭乃克逝世後的兩任總理，都沒有打好他們的政治基礎，而班達蘭乃克的自由黨，乃得捲土重來。班達蘭乃克被刺於去年九月，而在十個月之後他的遺孀便獲得執政，中間兩任短命內閣的時間，加起來亦不過十個月。

如果依照一般常態的話，班達蘭乃克逝世後的自由黨，順理成章地應該由繼任總理亦是自由黨員的達哈納雅克接掌黨權，但是達哈納雅克只是由班達蘭乃克的援引而入自由黨，歷史不深，與自由黨老幹部發生磨擦，竟至被開除黨籍；在位的總理而被本黨開除黨籍，恐怕也是政黨史中少見的。

達哈納雅克被開除黨籍後，乃以總理的權力革除自由黨在政府的五個部長，計有內政、外交、交通、衛生、文化等五個重要部門的部長，統被革除。這麼一來，自由黨人就在反對達哈納雅克之下加強團結。他們徵求班達蘭乃克夫人出任自由黨的主席，希望藉故總理的「遺愛在民」，與達哈納雅克從事競爭。班達蘭乃克夫人的被擁為黨魁，不過是今年二月間的事。

右翼未及展佈

達哈納雅克新組的民主黨，在三月末的大選中失敗而下台，但自由黨也還沒有得到勝利。議會中的多數黨是聯合國民黨，即七月廿一日卸任總理施南奈耶克的黨，一個比較偏右的穩健政黨。可是國民黨只是議會中的第一黨，而不過是過半數席位的多數黨，對於左翼的許多小黨，它固然基於政治立場不能與他們合作，即對於泰米爾族的聯邦黨，它們因為種族的緣故而不能與之聯合，在一百五十六席的國會中僅有四十三席，而又沒有友黨為之支持，故當施南奈耶克上台時，觀察家便認為他的內閣壽命不會長久。果然不出四個月之內，施南奈耶克也得掛冠而去。

錫蘭是還有英國總督的，現任總督為貢湼狄克爵士。總理的卸任須向總督辭職，獲選新總理則須謁見總督報告就職。總督雖有權處理錫蘭的治安，但對選舉則絕不干預，一以選舉的結果為依歸。但錫蘭的獨立，其間亦還有歧見，而那是與英國有關的，那便是錫蘭的仍留在大英聯邦之內，抑或是完全退出英聯邦。右翼支持前者，而左翼主張後者。照理英國該為聯邦利益而暗中幫助右翼政黨的，錫蘭的軍警亦是同情右翼的。但施南納雅克一因本黨在國會席數太少，一因在任時間過短，終於不及展佈。

清一色的內閣

班達蘭乃克夫人的自由黨，乃本屆在一五六席的議會中獲得八十一席，居然超過了半數，這是錫蘭政黨史中僅見的。過去，雖然某黨執政，類多採取多黨合作的聯合內閣方式，所以每逢各執政黨內部發生歧見，便影響到內閣的崩潰而更迭。

聯合國民黨在這次的選舉中，更喪失了十多席位，只得三十席。這仍是右翼中「最大者」，其他更徵不足道。更由於上述種族問題，他們（右翼）的聯合不易。照情勢，中間偏左的自由黨，可能會是壽命較長的內閣。這位四十三歲的女總理，在任期上也可能破錫蘭以前的紀錄。

共黨四席及托派十二席都宣佈支持自由黨——這是向來共黨的慣技，在勝利得勢者之下覓取掩護，分裂竄食其「寄生主」而壯大自身。而這亦就是錫蘭未來的政治問題了。

班達蘭乃克夫人已宣佈不讓馬克斯主義者入閣，包括非托派或托派，而將組清一色的自由黨政權。且看這世界唯一的女總理，能否緊守她本黨的立場。

·加爾各答通訊·

僑鄉近訊

閩粵共幹大捕「不穩份子」

·江水·

閩粵沿海地區共幹，邇來排除異己之風又突趨熾烈；「不穩份子」的帽子，隨處亂飛。各鄉鄉民平日有對共幹不滿或怨懟者，則動輒被指為「不穩份子」，並以「減少軍事地區顧慮」為藉口，將他們分批調往其他地區勞改。據廈門消息：當地「人民公社」清除「不穩份子」的工作，進行得相當凌厲；凡稍被認為「有可疑」的社員，多遭排出社外。在六月下旬內，每一公社均有二十名至三十名社員被排出；被排出後的情況和下落，多告不明。至於廣東沿海各鄉，被指為「不穩份子」的對象，尤為廣泛，包括地主、中富農、反革命份子、破壞份子、右傾份子、頑固份子……等，均在排除之列。據中山方面消息；該縣的五桂山勞改營，新近即增加了這所謂「不穩份子」達六百餘人；營中有被編列為「特級勞改犯」的，亦達一百二十餘人。——他們的生命如不被虐待至死，也將快遭病魔吞噬。目前，他們僅是在鬼門關前稍為喘息一下吧了！

廣東各縣人民又掀起逃亡高潮

廣東各縣人民的逃亡，自踏上七月份以來，又掀起了高潮；同時顯現出一個突出的現象，那就是集體逃亡的比個人逃亡的為多。中共雖在深（深圳）港邊境及中（中山）澳邊境加設哨崗監視，但逃亡的人依然聯羣結隊，越過防守線，奔向自由地區（港、澳）。據逃亡者的透露，地們之所以不惜千辛萬苦冒險逃出鐵幕，都是由於中共的奴役政策，越來越加凌厲；飢餓的威脅，也越來越趨嚴重；至於他們之所以能夠一批一批的逃出中共血腥的魔掌，則完全係由於駐守邊區的共軍，貪污之風日盛，而每一監視崗位的哨兵，也無一不受賄所致。據指出：邇來邊區共軍，利用職權，互相勾結，作半公開式的協助逃亡，每人索取「安全費」人民幣五十元，凡能勾通「門路」，照此數目繳付「安全費」的，即可順利通過；有時哨兵為着要向他們的上司「交代」，也會向逃亡的隊伍開槍，但他們的子彈祇是朝天空發射而已。

潮汕人民的血肉

·香耀成·

頃據汕頭來客稱：潮汕人民在共幹和民兵的槍尖下，曾演出了一幕七晝夜抗洪搶險門爭的大慘劇。

這慘劇發生於六月七日；地點是揭陽水庫。

事緣經過了兩日的狂風暴雨之後，這一天，揭陽水庫的水量驟然增漲了七百多毫米，而轟隆澎湃的山洪，仍不斷萬馬奔騰般的猛向大壩衝擊，於是險象立刻出現。「專區」的共幹聆耗，倉皇率領民兵，趕忙出動，悍然迫脅着當地居民，進行搶救。一聲呼喝，千數百條生命，迅即冒着死亡的危險，跳進雷霆萬鈞的急流，担禾稈、挑草把、搬石塊、運沙包、塡塞缺口，從白天幹到黑夜，又從黑夜幹到天明；可是依然「門」不過山洪的威力，壩上的混凝土，仍一塊一塊地崩掉下來。接着，共幹和民兵又再拉來了數千鄉民，就地編成若干隊「突擊隊」，迫着他們一隊一隊地手抱沙包，跳進急流，塡到缺口上，然而洪水却又把沙包一包一包的衝走。共幹和民兵見此情形，再悍然發出緊急命令，喝令他們用生命來和山洪搏門，要他們緊站在缺口前，把血肉的身軀來抵壓沙包。於是每一缺口上，轉瞬間便出現了一層沙包一層人！就這樣的經過七晝連宵的更番輪班搏門，直至山洪來勢漸弱了，才算渡過了危關！在這一役中，鄉民喪命的達三十七人，受傷的二百六十餘人，事後患病的五百餘人。這血肉交流大慘劇的陰影，從此永遠留在潮汕人民的腦海中！

南越僑胞不滿意袁子健

·梁榮·

南越僑胞，都是很不滿意我們的駐越大使袁子健的；為的是，這個袁大使，是個「小事不去辦，大事辦不來」的傢伙。對當地政府阿諛諂媚，對當地僑胞玩弄手法，對應負任務敷衍塞責，這就是他的唯一的「天才」。上次當地政府強迫華僑轉入越籍時，他是這樣；這次當地政府悍然解散各幫公所，沒收各會館財產時，他也是這樣。

南越政府此次之撤銷中華會館和沒收會館財產，是由吳廷琰總統於六月十日以第一三三號命令公佈的；該命令發表於六月廿五日的第二十九號憲報上，並聲明由即日起生效，同時在一個月內組成「公產接管委員會」，採取行動。這一項公佈，宛如晴天霹靂，僑胞們無一不為之震駭、憤激，咸認為南越政府這項措施，是一項對華僑不友好的行為，當地僑領，紛紛趨謁袁大使，一方面要求向當地提出嚴重交涉，一方面應付辦法；可是我們的袁大使，依然耍出「對當地政府諂媚，對當地僑胞玩弄，對應負任務敷衍」的那一套。於是各界僑胞嘩然！這樣的一個大使，真使僑胞們失望和憎恨！

迨至七月十四日，西貢市長約見西（西貢）堤（堤岸）十幫（按：即廣肇、潮州、客家、福建、海南）中華會館的理事長，限令各會館將不動產和一切傢俱等，在兩週內，詳細列表呈報。由政府派員點收；各會館的所有存款、現金、及所辦五間醫院，均移交政府接管。這時，我們的袁大使却力勸各界僑胞鎮靜之外，依然一籌莫展！

查僑胞們的五幫會館的財產，都是僑胞們一百一十年間用自己血汗積累得來的。今如一旦被當地政府沒收，其嚴重性正和古巴政府沒收英美僑民的煉油廠相同；可是我們的袁大使面對這嚴重事件却仍顯出滿不在乎的態度，真使僑胞們切齒！

後來，袁大使被召回台述職，他在立法院的僑務、外交兩委會的聯席會議中，還放厚臉皮，說出了一大堆「風涼話」。他的報告是這樣：「越南報的電訊上獲悉，[illegible]政府因旅越華僑大部已轉入越籍，因此將中華會館予以整理，該等會館的現有財產，經整理後，仍將用於華僑公益事業」。他還說：「我認為越南政府絕不會沒收中華會館的財產，而仍將把中華會館的公產，用於華僑的公益事業」。顯然，他是公然同意當地政府這項打擊華僑利益的不友好措施；他不特出賣了僑胞的利益，而且更砌詞替當地政府曉曉辯護，藉此來掩飾他的不智和無能。僑胞們對袁大使這般顢頇的報告，自然更大表憤慨！

同時，也希望我國政府，從速派出大員，巡赴南越，實地調查一下這事的真實情況，並加以處理，庶免僑胞的利益，繼續斷送在一個低能的外交官手中！

中隊日

盛紫娟

夜，已是那樣的靜，那樣的黑，就像在墳墓裏一樣，因此掛在牀頭的那「老爺鐘」的滴答聲，顯得格外的响，睡在她身旁的母親，安然地呼吸着。小鳳雖然九點鐘就上牀了，但腦子却像上足了發條的玩具汽車，轉個不停。明天是她第一次參加的中隊日，她怎能不興奮，何況她們準備去梁莊參觀革命烈士梁連弟的家呢。當中隊輔導員把這個決定告訴給她們的時候，全中隊的隊員興奮得又嚷又叫，連自修課都上不下去了。梁連弟捨身炸碉堡的故事，已經編成了連環畫兒童故事、話劇、歌劇，甚至小學生的教科書上也有，孩子們早就知道有這麼一位英雄，明天，她們就要看到產生這位英雄的家庭，及他渡過童年少年的家鄉，朋天……

直到鷄都啼了，小鳳才昏昏入睡。在夢中她好像置身於戰火遍地的廣場，她跟着許多人衝鋒，她擧着紅旗第一個踏上了城頭，忽然一顆鎗彈打中她，在她臨死的時候還拚命高呼：「中國共產黨萬歲！毛主席萬歲！……」

「小鳳，小鳳！你又發夢囈了！」她被母親一搖就醒過來了。揉揉眼問！

「媽幾點了？」

「才七點多鐘，小鳳妳夢見什麼了？那麼大喊大叫的，眞嚇人」母親托着亂髮蓬鬆的頭，埋怨着說，見她要坐起來，就捺住了她問：「妳這麼早起來幹什麼？今天是星期日呀！」

「我們過隊日，八點鐘在學校集合！」小鳳掙扎着爬下牀，匆匆穿上襯衫短褲，就跑出去洗臉，梳頭。母親也只得起身替她準備乾糧，當女兒一蹦一跳跑進來的時候，母親疲乏憔悴的瘦臉上也露出一絲笑容。她看着孩子繫着嶄新的紅領巾，那份得意的樣子，不由得不感到歡喜，她自己無論吃什麼苦都不在乎，只希望孩子能幸福……。

唱過隊歌，呼過隊呼後，輔導員開始訓話，她說：「親愛的少先隊員同志們！今天我們看過革命烈士梁連弟的家以後，就會深深的了解黨和毛主席是多麼偉大，他們不僅關懷全體人民的思想，更關懷軍烈屬的生活，你們今天就可以看到活生生的例子！梁烈士祖上輩輩都是貧雇農，田沒一畝，房沒一間，一直住在牲口欄裏。解放後，黨和毛主席除了將地主的田分給他們外，並且替他們蓋了五間高大敞亮的大瓦房，現在那是全縣最考究最高級的房子了。他們現在不愁吃穿，雖然兒子爲革命犧牲了，但全國的年青人都自願作他們的兒子。毛主席還親自去拜訪過他們，總之同志們！毛主席的恩情是說不完的，你們到了那裡後，通過事實教育就更能了解我的話了。通過今天的中隊日，希望大家能更堅定的相信共產主義是唯一的眞理，共產主義社會比資本主義社會不知優越多少，新社會的人民，人人安居樂業，人人有飯吃，處處都在大豐收，……我的話完了，同志們注意！立——正！出發！」

「我們是新中國的兒童，我們是新社會的先鋒……」中隊隊員們挺着胸，雄赳赳氣昂昂地高唱着隊歌，起勁地踏着柏油路向火車站走去！歌聲使淸晨的T城，染得更紅了！

孩子們像一羣小麻雀似的在車廂裏吱吱喳喳的吵着，說着自己的感想，決心，小鳳則不停地講着她的夢，她希望自己也能成爲一個英雄。大家對梁連弟烈士的父母抱了許多的幻想，她們猜那兩位老人家一定似電影裏、話劇裏所描寫的一樣，正像課本上說的，英雄的父親產生出英雄的兒子。小鳳在小腦神偷偷描模了一個形像，那是一個胖胖的，滿臉笑容的老英雄……輔導員聚精會神的在讀着「中國青年」——怎樣加強對少年兒童的革命教育；火車剛開出T城，孩子們突然都閉緊了嘴巴！大家都半信半疑地望着那一望無埂的，被水淹沒的田野、高粱、玉米、脆弱不堪地在微風中點着頭，枯黃的桿子都泡在水裏，只露出小半截，焦黃的葉子在水面漂着，沒被水淹的莊子也是死氣沈沈的，沒有一個人，一頭牛一隻狗，甚至一隻小麻雀。太陽雖然照着，但大地跟死去了一樣，輔導員口中所說的那種豐收美景，安居樂業的景象沒有絲毫痕跡，大家也無心再唱歌或吵鬧了。小鳳那一對天眞的大眼睛裡，充滿了困惑不解和迷茫的神情。她看看輔導員，很想走過去問：「輔導員同志，你前天不是說T城郊區今年又是大豐收嗎？怎麼？……」難道這是個別現象嗎？幾十里路過去，全是一片汪洋，這一帶的農民吃什麼呢？她的小腦袋想不過來了，她不能懂的事情是太多太多了，還是不要想吧！今天是她第一次參加中隊日，本應快活些才是？……

她們走到梁莊時巳是晌午了，公路像是一條提，兩邊全是水，遠遠就看見一排紅色磚房，在那一堆泥土堆砌的農民小房中特別顯眼。村裏只有老人，女人和小孩，全是面黃肌瘦、衣衫襤褸的，她們目光遲頓地目送着這些精神飽滿，服裝整齊的少先隊員，沒有一個人有笑容，個個呆得像木鷄一樣。輔導員不在膀膀其談了，默默地領着孩子們向那排大紅房子走去。進了院子也沒人出來打招呼，院子掃得乾乾淨淨，即沒有鷄也沒有狗。輔導員只有提高喉嚨叫：「有人嗎？有人嗎!?」過了半晌，才從末尾的破屋裡走出一個瘦得像猴子的老頭來，他疑慮不安地打量着這些不速之客。輔導員說明了來意，一面向隊員們介紹，他就是那位擧國聞名的英雄之父。隊員們都緊閉了嘴巴，她們都失望了。尤其是小鳳，她看着那老人破爛的衣服，稀髒的白翳鬢，滿是眼屎的眼睛，感到那樣噁心。當那老人正領着我們一間一間地參觀毛主席送他的屋子時，他老伴回來了，那是一個比他更猥瑣的老婆子，手裏挽着一隻破籐籃，裡面盛着半筐野草和樹皮，她全無好感地望着這些祖國未來的花朵，老頭子告訴她，同志們要看看梁連弟烈士的家，並且想知道他們生活的情況。

「看吧，還不都在這兒！」老婆子用手一指，這五間房是通着的，一間屋裏擺着些鋤頭、鐮刀、扁担、大筐，幾件破衣服，一張放得很大的半身像片，像片上的那個年青人最多只有十九歲，純眞無邪地望着他的崇拜者們。這些是烈士的遺物，一間屋裡，放着一張櫈一張桌，一隻茶壺和茶碗，這是毛主席光臨此地用過的東西，其餘三間屋掛滿了錦旗。小鳳感到奇怪就問道：「梁大爺，這五間屋裡都沒牀，你們怎麼睡覺。」那個瘦猴似的老頭用手挨了下翡子說：「睡在披屋裡。」「我們可以去看看嗎？」幾個隊員同時問。輔導員沒有主意地望望那兩位老人。他們沉吟了一下說：「不用去看，縣長知道了不大合適。」「大爺，你們的生活是比解放前好多了嗎？」一個紅臉蛋的小隊員問。老頭子抓了抓腦袋答：「這很難說。」小鳳腦海中忽然閃過那一片汪洋的田地便順口問道：「你們現在吃的好嗎？」老婆子提了提籃子說：「田都被水淹了，我們只有這個吃。」

「這莊上的人都到哪兒去了？」輔導員也忍不住問。

「出河工作去了！……」

小鳳回家以後不說不笑，眼望着飯碗直發楞，母親關心地問：「孩子，你怎麼了？」停了好久，她才抬起小臉說：

「媽，平常我聽到的那些話，都不是眞的呵！」

阿祺

文叔

阿祺睜開惺忪的睡眼，看見時鐘才九點鐘，想賴一會再起床，但記起媽在上工時說過「生計艱難……工作要勤謹，免人閒話……」的話，就一骨碌爬起床。先把店門打開，然後收拾舖面。正站在椅子上用鷄毛帚掃玻璃櫥頂的灰塵，背後响起了「咯咯咯」的高跟鞋聲，回頭一看，顧客已進到店裡來。他招呼過「早晨，請坐」之後，趕忙從椅上下來去開電風扇。淸脆的聲音响起來：「伙記！有米黃色高跟鞋嗎？五號半的。」

「有！有！米黃是今年時興的顏色，我們有的是。」他學着陳老闆對付顧客的腔調，雖然他自己也覺得學不像而有點面熱。

他把所有的高跟米黃五號都拿下來，但顧客試過後似還未有滿意的，使他很有點沮喪。忽然那顧客略一沉思後，說：「再把半高跟的給我看看。」

他知道女顧客們都喜挑剔，因此又滿臉堆着笑地把兩對半高跟的拿下來。但這一回可巧了，她穿穿這對，又穿穿那對；坐下來端詳一番，再把兩對輪流穿起來走幾步路，對鏡前後左右的照了幾照，選出有鑲邊的一對，問價錢。他看了看鞋盒的「暗碼」是五十元，便照着回了她。她略一猶豫，還價四十元。他把平時聽到的老闆向顧客吹噓的話說盡了，她才添了兩元，還裝出要走的模樣。

他想到做了這一宗交易，會使老闆對他的印象改觀的，說不定會說：「阿祺！你也會做生意了，下月升你做正式店員吧！一把心一橫就照四十二元把鞋賣了。

十時剛到，老闆來了。他正在收拾鞋盒，趕忙站起來，笑嘻嘻的把錢遞過去：「老闆，我做了一筆生意，照原價……」他得意地報告。

老闆沒有做聲，檢視放在地上的鞋盒後，對他橫了一眼：

「阿祺！剛才你看錯了暗碼，那對鞋只值卅五元；好幾對高跟鞋你也裝錯了紙盒。到底你年輕不懂事，下回不要再胡亂賣貨了，還是安你的雜役本份好好地掃地倒痰盂吧！」

他聽了老闆的話，臉脹紅得像夕陽，只好走到廚房哭了一場來發洩他的委屈。

文壇泥爪

再說翻譯

一般都以爲創作需要靈感，無靈感寫不出，翻譯却比較容易，只就別一種文學翻成中文就得。因此很有些不能創作的人，或是能創作而一時無靈感寫不出的人，便從事翻譯。同時這種工作可以機械地幹，計日成功，換取生活所需，比創作也有把握的多。可是實際上翻譯另有翻譯的困難，不但必須有外國文學的修養，還得有運用中國語文的熟練技巧，倘若這兩方面都還不够理想，那勉强譯出的東西一定不會好，既對不起原著者，也欺騙了讀者。

五四以後第一個十年出現的譯品，能够符合嚴幾道所定「信達雅」翻譯三原則的並不多，而大都或多或少存有缺點：第一是譯者對原著瞭解不够，或是對外文修養太差，以致把原文譯錯。像文學研究會有些翻譯，就給創造社不斷地挑出毛病，而創造社出版的翻譯，也被人指出了其中的誤譯。我忘記是鄧演存還是趙景深，鬧過「牛奶路」（原文是 Milky Way 應譯銀河）的笑話，這樣的笑話多如牛毛。其次是譯者不懂原文，只就另一種語文的翻譯來重譯，使譯文與原文有了很大的出入，像從日文或英文譯俄德法作品及北歐中東一些小國的作品，就都犯有這種毛病。第三是譯者對原著瞭解雖够，但運用中文的技巧却很不高明，因此原著雖美而動人，譯文則不能不令讀者味同嚼蠟了。還有一種是中外語文的構造和規律迥不相侔，如使忠實於原著，保持原著的風格，逐字逐句地譯，則譯出來往往不通，如使譯出來順利能懂、則又不能顧到原著的特點，顧此失彼，難能兩全，像魯迅的直譯，就曾被梁實秋譏爲硬譯和死譯。

北伐之後，有些人從事世界文學巨著的翻譯，像上面所說前三種缺點逐漸減少，只有最後一種毛病還沒有克服，但不能不說是翻譯界一大進步。而懂外文的人，已經讀到了荷馬著名的史詩「奧德賽」和「依利亞德」，但丁的「神曲」和莎士比亞的全集。郭沫若用「麥克昂」等等的化名翻譯了美國辛克來的幾部長篇，還有哥德的有名歌劇「浮士德」。魯迅同茅盾、黃源、孟十還等人在上海創辦「譯文」雜誌，專刊譯品，對文學翻譯起了發揚推廣的作用，魯迅本人譯出了俄國果戈理的「死魂靈」。再以後像傅雷譯的「約翰克利田朵夫」，傅東華譯的「飄」，高植譯的「戰爭與和平」，以及近代幾部美國德萊塞、馬克吐溫、魯易士、漢明威等人的長篇小說，都先後出世。從前林譯的那些文言小說如狄更司的「雙城記」「塊肉餘生錄」等，也另有了新的語譯本。

記庚子拳變始末（十六）

舜生

光緒廿六年庚子七月，唐才常林圭等「自立軍」謀於武漢起義失敗一幕，實當時一件極可注目的大事。其影響於後來辛亥兩湖的革命，可能較同年閏八月鄭士良在惠州的起義，及同年九月史堅如謀炸兩廣總督德壽的事件要大得多。現在關於「自立軍」一役的紀載，往往把這件事與保皇革命兩派的關係弄得混淆不清，在一個研究歷史者以實事求是的精神看來，總覺得是不大妥當的。

「自立軍」失敗於庚子七月，其時去戊戌八月的政變還不到兩年，梁啓超戊戌亡命日本，曾於「清議報」鼓吹革命甚力，與孫中山曾有過一時期的往還，且曾商討過保皇革命兩派的合作；乃至唐才常林圭在己亥東渡以後，也曾與中山見過面；唐林等於己亥冬回國活動，梁啓超戢翼翬（字元丞，湖北人）等於紅葉館為唐林等設宴送行，且曾有孫中山，陳少白及日人宮琦寅藏平山周等在座；……這些都是事實。不過「自立軍」一役，畢竟是戊戌維新運動的餘波，其參加的分子與經費的來源，確可看出為保皇派所主動，則不容否認。

唐才常，字黻臣，一字佛塵，湖南瀏陽人，拔貢，兩湖書院高材生，著有「覺顛冥齋內言」。與譚嗣同為小同鄉，年相若，（譚長於唐兩歲，其死年均三十四）私交也最深，當時有瀏陽二生之目。光緒二十一年，梁啓超與嗣同在北京初見面，梁問譚誰是他最好的朋友，譚答：「二十年刎頸交，黻臣一人而已。」二十三年，梁應黃公度之邀赴長沙時務學堂講學，才常亦為時務學堂教員，當時湖南一切維新事業——如南學會湘學報等，凡有嗣同參與的，才常亦無不參與。戊戌嗣同殉國，才常痛哭辭家準備到北京收葬，到達上海，嗣同的靈櫬已經南下，才常乃攜林圭去日本會見康梁，有所策劃；又因畢永年（字松甫，拔貢，湖南長沙）之介，唐林始與中山見面；這大概都是己亥年春天的事。才常有悼嗣同的輓聯一首，曾傳誦一時，聯云：「與我公別幾許時，忽警電飛來，忍不攜二十年刎頸交同赴泉臺，漫嬴將去楚孤臣，簫聲嗚咽。近至尊剛十餘日，被羣陰構死，甘永拋四百兆為奴種長埋地獄，只留得扶桑之傑，劍氣摩空。」我們只看才常的行事和他的這類文字，便不難了解才常對嗣同的友情是何等的深厚。嗣同在戊戌並不是沒有出亡的機會，他之所以死守不走，一方面他固然是願以流血去加強中國人爭取改革的決心；一方面也是怕牽累他的老父（名繼洵，曾任湖北巡撫）脫不了干係。唐譚的友誼既是如此的堅如金石，再加上嗣同死事的壯烈，更不能不使才常深為感動，因此，自嗣同一死，才常即感到嗣同改革中國的志願必須由他去繼續完成，而嗣同之被殺，也必須由他起來報復才能得到情感上的滿足，我說「自立軍」一役只是戊戌維新運動的餘波，單就唐譚兩人的關係來說，也就可以說明一個大概。何況參加「自力軍」一役的中堅分子如林圭（字述唐，湖南湘陰），李炳寰（字虎村，湖南慈利），秦力山（原名鼎彝，號鞏黃，湖南長沙），乃至田邦璿（字均一，湖南慈利），蔡忠浩（字述珊，湖南武陵），沈藎（字愚溪，原名克減，湖南善化）等等，不是梁啓超、唐才常、譚嗣同等的學生，便在他們之間有一種甚深的友誼呢？儘管畢永年、戢翼翬、吳祿貞等也參加了這一活動，宗旨比較的接近於革命派，但畢竟只佔少數，大多數的主幹人物大抵是與戊戌維新一線相承的。在一個黑暗時代去作政治鬥爭，非有出死入生的拚命精神決無濟於事；這種精神的表現，不基於一種私人間的情感，也決不足以資維繫；我說自立軍一役直接影響於後來的革命與辛亥兩湖的首義，其原因便在於此啊！

先是，庚子年的四五月之交，北方的拳亂大起，居留北方的若干維新名士，已不能在京津一帶立足，多數已避難南下，集中上海。其時唐才常、林圭、畢永年等已自日本歸國，眼見清廷已闖下了這樣大的一個亂子，勢將無法收拾，認為有機可乘，於是他們乃首先創立一「正氣會」（其後改為「自立會」），其所發表的宣言，既說「低首腥羶，自甘奴隸」，又說「君臣之義，如何可廢」，正可看出他們週旋於保皇革命兩派之間的一種苦心（宣言原文見中國近代史資料叢刊「辛亥革命」第一冊張篁溪「記自立會」）。不久，他們又於上海「張園」召集一個會議，名為「國會」，到會者數百人，如容閎、嚴復、章炳麟、宋恕、吳葆初、張通典、狄保元、馬良、戢翼翬、文廷式、沈藎、龍澤厚諸人，均欣然出席。結果舉容閎為會長，嚴復為副會長，唐才常為總幹事，沈藎等為幹事，章炳麟且當衆將辮髮剪去，以示排滿決心，頗聳動一時的觀聽。唐沈等對於『國會』的召集，其目的僅在聯絡此輩名流以擴大聲勢，藉資號召，而他們真正想幹的，乃在組織會黨如哥老會等，構成一龐大的武裝力量，乘滿清政府正在風雨飄搖之際，一舉而推翻之。在唐林等的心目中，可能依然在中國保留一個皇帝，也可能這個皇帝仍舊是光緒，但慈禧太后的政權則必須予以摧毀，政局必須予以全盤改造，則與革命派並無二致。（第五節仍待續）

雨餘

・林千石・

杖履愁苔滑，閑吟獨倚闌，晚晴千澗響，林靜一山安，蒸氣移蒼莽，浮花蕩碧瀾，起看溪上路，紫筍盡成竿。

杜門

・林千石・

杜門山谷愁生謗，入世雲林悔未能，緣了情知恩亦怨，道窮人以醉為醒，秋花開盡難成果，滄海歸來合掩扃，孤枕南窗忘寵辱，百年隨我一鐙青。

初夏

・林千石・

近郭鶯聲老，憑欄意未窮，草肥原得雨，花落豈關風，風雨愁今夕，乾坤角兩雄，莫云春可待，閱世漸成翁。

簡明玉

・林千石・

一江限南北，無地足吾眞，薄俗淹留苦，棲茅志願貧，干戈白髮，衣食落風塵，投筆成何事，論交定孰親，盡傾愁裡酒，來醉眼前春，陵谷隨時變，誰憐獨往人。

王新秀見懷賦答

・林千石・

黃金白日兩難留，鐘鼎山林一念休，弓馬可憐閑似鶴，營謀自笑拙於鳩，夢歸故里無吾土，人泣新亭作楚囚。萬古江山勞洗眼，仲宣何用賦登樓。

文史漫譚

贅酒論曹操（四）

徐亮之

曹操對女人有其天眞可愛處，已如上述；而也有其天眞可笑處，則對媳婦甄氏的故事是已。

甄氏原為袁熙的妻子，袁紹的媳婦。她的又成為曹丕的妻子，曹操的媳婦，則是曹操打垮了袁紹，平定了冀州的結果；而且最初曹操壓根兒就沒想到她竟會做了自己的媳婦的呢。「世說新語」惑溺篇對這事曾作如左的揭露說：

「魏甄后惠而有色。先為袁熙妻，甚獲寵。曹公之屠鄴也，令疾召甄。左右曰：「五官中郎已將去。」（按建安十六年曹丕為五官中郎將、副丞相，而平冀州則為建安十年，左右安得以五官中郎稱之？「世說」一欠考。）公曰：「今年破賊正為奴！」」

「世說」這話，比照前述曹操和杜夫人的關係，我是寧信其有的；何況他對女人乃一貫以唯美主義、佔有主義為基調？至於曹丕對甄氏捷足先登的經過，則有如左兩說：

一、「魏畧」：「建安中袁紹為中子熙娶甄會女。紹死，熙出在幽州，后留侍姑。及鄴城破，紹妻及后共坐室堂上。文帝入紹舍，見紹妻及后；后怖，以頭伏姑膝上。紹妻兩手自搏。文帝謂曰：「劉夫人云何如此？令新婦舉頭！」姑乃捧后令仰。文帝就視，見其顏色非凡，稱歎之。太祖聞其意，遂為迎取。」

（二）「世語」：「太祖下鄴，文帝先入袁尚府，有婦人披髮垢面，垂涕立紹妻劉後。文帝問之，劉答是熙妻。顧擥髮髻：以巾拭面，姿貌絕倫。既過，劉謂后曰：「不憂死矣！」」遂見納。」

這兩段文字雖把劉氏婆媳寫得不堪，但甄氏的艷名曹氏父子早有所聞與各懷鬼胎的情致，却也栩栩如見。不然的話，則冀州一破，曹丕便熱鍋上螞蟻也似先入袁府是沒法解釋的。祇是曹操有了這樣一位「克紹箕裘」的寶貝兒子，未免啞子吃黃蓮罷了。我想這一內幕新聞，當時必定很快便已由冀州前線傳遍了許都；所以「魏氏春秋」說：

「五官將納熙妻也，孔融與太祖書曰：「武王伐紂，以妲己賜周公」。太祖以融博學，眞謂書傳所記。後見融問之，對曰：「以今度古，想其然也」。」

如果毫無跡象，孔融不會這樣輕率就「幽」曹操一「默」的。而後來孔融所以卒罹殺身亡家之禍，這事正是原因之一。以此，足見曹操對於甄氏有着嚴重而複雜的心病，實乃毫無疑問也。

曹操的這種心病，更表現於他對付「建安七子」之一的劉楨的一幕。「典畧」曾記這事說：

「其後太子嘗請諸文學。酒酣坐歡，命夫人甄氏出拜坐中。衆人咸伏，而楨獨平視。太祖聞之，乃收楨，減死輸作。」

媳婦給人看了，兒子一點也不生氣，甚至根本就唯恐人家不看；老子却氣得幾乎要殺人，豈不是笑話？而亦唯這位孟德公才能有此天眞的笑語也。

大概為了甄氏，不但曹氏父子之間各有心病，就是曹丕和曹植兄弟之間也彼此大有心病存在。「文選」曹植「洛神賦」注引記曰：

「魏東阿王（植）漢末求甄逸女既不遂；大祖回，與五官中郎將，植殊不平；晝思夜想，廢寢與食。黃初中入朝，帝示植甄后玉鏤金帶枕；植見之，不覺泣。時已為郭后讒死；帝意亦尋悟；因令太子留宴飲，仍以枕賚植。植還，度轘轅；少許時，將息洛水上，思甄后；忽見女來，自云：「我本託心君王，其心不遂。此枕是我在家時從嫁。前與五官中郎將；今與君王，遂用薦枕席。懽情交集，豈常辭能具，為郭后以糠塞口，今披髮羞將此形貌重覩君王爾」！言訖，遂不復見。所在遣人獻珠玉於王，王答以玉珮，悲喜不能自勝，遂作感甄賦，後明帝見之，改為洛神賦。」

甄氏一人，害得袁家父子兄弟神魂顛倒，害苦了劉楨一生，害死了孔融一家，然而她却是無罪的；女人眞禍水哉！

聯合評論 週刊

本刊已經香港政府登記

每逢星期五出版

United Voice Weekly

第一〇二號

督印人：黃宇人　總編輯：左仲平

社址九龍赫德道二十三號地下　電話68678

承印嘉羅印刷有限公司香港灣仔馬師道5號

總代理：友聯發行公司　售價每份港幣一毫

本報美洲版總經售處美國紐約中美出版社

CHINESE-AMERICAN PRESS, INC
199 CANAL STREET.,
NEW YORK31 N. Y. U.S.A.

美洲航空版零售每份美金一角

閒話一篇

畧談近世人才的消長

左舜生

遠在西安事變以後，七七事變以前，上海一大羣關心時局的朋友，常常集合在一處交換消息與意見。有一晚。一位平日深居簡出的先生（其時此公還不到六十），也欣然加入了我們的座談。他是一位經歷非常複雜而且是飽經世變的人，他曾以文字飲過一世的盛譽，也曾於政治上嶄然露過頭角而炫赫一時。可是因為他參與過一切牛鬼蛇神的場合太多，深深知道人與人間的情偽，因此，儘管他的內心相當熱中，生活也需要享受，但他在行動上却不願一味蠻幹。看他那一副神態，所謂「足將進而趦趄，口將言而囁嚅」，韓愈老先生這兩句話，可以說「還只能」寫出他的一面；李世民說魏徵「嫵媚」，這裡的「嫵媚」兩字，乃更可道出他的另一面。總而言之，統而言之，他不是一個怎樣謹慎的人，但他却算得是一個巧於趨避，而能苟全性命於亂世的人物，就是了。

這一晚，因為我們平日很難有見到他的機會，看見他自動的走來入座，大家乃一致的要他講話。這次晚會中我們的話題，乃是大家知道抗日終不能免，而正在就抗日的前途加以推敲，這位先生看見我們熱烈的請他發言，乃從容起立，慨乎言之的為我們說出了如下面的一段話：

「我大致在二十歲以後，便與當世的若干鉅人長德有了或多或少的接觸；三十以後，便已直接參與了他們的所謂政治活動，以我由接觸而參與；再加上我自己靜觀了這幾十年的結果，我總覺得我們這一時期的努力、一切一切只是用在消極方面，而於國家並無怎樣積極的貢獻，而這若干年所培育的無數人才，也就在這許多的消極行動中消耗殆盡！目前國家一個最不了的現象，乃是人才的產生完全趕不上人才的消耗。今天，日本軍閥既是這樣欺侮我們，我們不得已要起而和他們週旋，這所謂人同此心，心同此理，現在必然要打這一仗，這大致是已經確定了的；但這一戰下來的結果，我們的人才又要消耗多少，則頗難預測。就抗日的性質來說，這依然是消極的；因為我們抗日成功，最多也不過把日本的侵畧勢力驅逐於中國以外，以免他們成為我們統一建國的障碍，至於眞正的建國工作，則仍有待於我們的積極努力。抗日，我們要以人才來準備犧牲；建國，我們對人才更應好好的加以維護，不斷的加以培育，使他們各得其所；否則抗日勝利的果實，是不是便於我們的國家有益，也還是不可知的。……」

這一番話，我記得在本刊的某一期上，我曾畧畧的提過淺句，可是我當時語焉不詳，後來有一位先生遠道投函，對我所記的加以訂正，現在我乃加以整理，於是這段談話的內容，乃如上面重述的這個樣子。

最近一年，我計劃就中國現代史寫成四個紀事本末體的短篇：第一篇「記中日甲午戰爭始末」，約四萬五千字，已在本刊發表；其次正在發表中的一篇「記庚子拳變始末」，字數與第一篇大致相當。此外在整理中的還有兩篇：其一「記戊戌維新運動始末」；其一記中山先生革命運動的發起及辛亥起義的成功，標題未定；這兩篇的篇幅較長，合計不下十三四萬字。我其所以拿這幾篇東西先在本刋發表，並不是要用來濫充篇幅，實際乃是想藉本刋為媒介，使得我幾位已見面或未見面在這方面積有研究的朋友，能不吝給我以指正，或供給我若干我所未見到的資料，使我將來把這些東西印成一本小書的時候，能減少若干錯誤，這才是我衷心所期待的。

為了寫這四篇東西，我所涉獵的史料，包括整部的書與若干零篇斷簡，已不少於兩百種左右，但大體寫成以後，我自己却不滿意；總覺得任若干方面的看法與敘述，我還是太少發揮，也不够精細，好在關於現代史料的大量印行，只是近十年以來的事；若干外國學者對中國這一段歷史加以注意，好像也還是近年才漸成風氣的。我相信：只要有人嘗試復嘗試不斷的動筆來寫，一部像樣子的中國近代史或現代史，遲早總可能出現的。

因為翻閱這類的史料，隨時又使我回想到二十年前某先生所說的那一夕話；某先生並不是我怎樣佩服的一個人，可是不以人廢言；就他所實感到近七十年來大多數人才消耗在消極方面，於國家未能創造出如何積極的成績，而其消耗量之大，更遠非培育出來的若干後起者所能提得上，以我於若干公私紀載中加以印証，乃感到他所說的，確係一種事實。

世人對於所謂人才兩字的定義，每每是指着那些多受過一點教育，多讀過幾本書，或能寫出若干比較出色的文字而言，實際這一觀念已太嫌陳舊；在我想來，凡貞固足以幹事，行誼足以善俗，有專長足以表現於其所執的專業等等，乃無一而非國家所急切需要的人才。

大家試想想：近七十年中，我們已經過了兩次正式的對日作戰，無數次政治上的覆雨翻雲，六十年來不斷的革命，再加上主義的異同，黨派的分野，權利的攘奪，乃至由此所釀出人與人間無數的恩怨，我們的人才之被犧牲者，其數字是如何的可驚！世人只知道辛亥以前在無數次革命鬥爭中所犧牲的數字相當龐大，尤其像黃花崗一役那樣集體的屠殺，更使人疾首痛心；可是辛亥以後，被袁世凱以及後來一切反動軍閥所屠殺，所迫害，所腐蝕者，其數字豈不更大？戊戌維新一幕，其直接被犧牲的譚嗣同等六君子；或倘存於一般人的記憶之中，其實因此一幕被充軍，被革斥，乃至被迫亡命歷十餘年而不得一入國門者，何止十倍！為爭拳匪不可用而直接被殺者，當時有著名的許景澄袁昶等五大臣，可是當北京未陷落以前被戕於拳匪，及聯軍進入北京以後而自動殉國者，又何可勝數！唐才常林圭等的自立軍一役，在某一意義上說；本來只是戊戌維新的餘波，庚子拳變的插曲，但經此一役我兩湖人士之精英，被張之洞（湖廣總督）與俞廉三（湖南巡撫）所殺害者，更何止三百人以上！以上所列舉還是較早的一些事實，至於最近十年以來，毛澤東在大陸關起門來大肆屠殺，其直接被害者已不下兩千萬人，而因連遭清算，橫被戮辱，不斷勞改、長期饑餓而致死者，其數字當更倍之！我們試想：假如這幾千萬人中，不包含有無數人才、使他們感到無限的威脅，他們又何嘗有一定要加以屠殺與戮辱的必要呢？有了他們這樣一來，數十年來人才的消耗，至此乃演變到了登峯造極！我近來常勸人不要輕言革命，一個國家以革命的方式循環下去，就人才消長這一觀點來看，一定只能發生惡貨幣驅逐良貨幣的作用，結果死者多數是精華，存留下來的，往往只是渣滓與垃圾，等到撐支國家的人才，變成了一代不如一代，一蟹不如一蟹，則國家的生存便大大成了問題啊！

因此，如何召致祥和，而遏止殺機，總應該是今日關心於國脈民命的人一個當前的課題了吧！

世界大戰會在短期內爆發嗎？

許子由

近月來世界大事的演變，形成了世局的動盪。艾森豪曾召開高級秘密會議，商討對付蘇聯「強硬搗亂」的決策，美軍已奉命謹守崗位，枕戈待旦；緣因冷戰激烈，世界情勢惡化之故。中國的蔣先生，更發出警告，認為蘇聯可能於今後六個月內，乘美國正忙於大選之際，利用飛彈優勢，發動對自由世界的閃電戰突擊。而共黨在日本義大利古巴剛果的策動騷亂，以及同類亂事的將會繼續發生，則正是世界大戰的前奏曲。這些看法及報導，是認為世界大戰可能在短期內爆發，及根據這一看法而作預防的措施。使一般人感到世界大戰陰影的威脅。

在核子時代的世界大戰，即使不是世界末日，也將是文明癱瘓。它的影响每一個人及整個人類，既是如此巨大，照理每一個人都該對此特別關懷，從而加以研討，加以控制，加以防止，才是道理。可是實際的情況，人們對於世界大戰似乎有「痳痺」的態度，大有「天下事，管他娘」的氣概。這樣態度的形成，一則是個人或小集團小國家，對於世界大戰這「時代巨輪」感到無能為力，再則是我們這自由世界裏，不居其位者自有其不理世界大戰的自由。但究其實際，兩者都屬錯誤：以前者說，古巴剛果寮國等小國的行為，對世界大戰都有深刻的影响。以後者說，世界大戰是總體戰、沒有一個人能置身事外，就算你無暇去積極抑止大戰，亦總該消極避免去推動大戰吧？如果你是恐懼大戰，反對大戰，而却不知不覺地站在推動大戰的一方，終於讓大戰把你吞沒，那將是何等的可悲；怕死而不願談病，「諱疾忌醫」，是多麼的危險：

我們還該多多討論世界大戰問題，看看能否談出一個結論來。世界大戰的腳步雖然可以聽見，但我個人却認為世界大戰不致「在短期內爆發」。

關於世界大戰「何時爆發」問題，十餘年前便已有預測，如說「一九五六」，「一九六零」，「一九六三」之類。「六三」如何，固未可知。「六零」雖只有五個月，也不能加以「絕對」否定。但「五六」年則巳平安渡過，（不過是年有英法出兵埃及。）「五六」年爆發說已預測失靈了。根本上，如科學的發明、各國的內亂及政變，（火箭、人造衛星；埃及、伊拉克、匈牙利，以及日本、古巴等事件。）事前絕無法預測，更不能綜合估計其影响是否觸發世界大戰，所以，預測世界大戰「何時爆發」是幾乎不可能的。

但如說某些事件會致令世界大戰爆發，或在某類情況下世界大戰就可能爆發，則會比較具體，而近於事實的可能。關於前者，如東德進攻柏林，西德武力統一東德。中共進攻日本或台灣印度，美軍進攻中共。蘇聯出兵古巴。這些行動，似乎就非觸發大戰不可。可是赫魯曉夫對柏林問題一再展期，中共「解放台灣」成為一面空大鼓。美國不贊成西德武力統一東德，也約束國府不攻大陸。蘇聯的說要出兵古巴甚至剛果，都不外說說而已。這些說明：如要攤牌，找一藉口攤牌極易，但雙方仍未願攤牌。

那麼，到什麼時候（什麼情況下）才攤牌呢？這就是後者，「某種情況下大戰可能爆發」的問題了。大致說：日本癱瘓，西德無援（假如法義內部發生問題），南美分崩，非洲糜爛。那就是共黨發動世界大戰的時候。列寧戰畧，是要從歐亞非三大洲，「孤立美洲」，然後作最後一擊。而目前共黨的步向世界大戰的行程，則正在進行「孤立美國」的階段。也即蔣的所謂世界大戰前奏曲。

那麼，如果不讓共黨唱完它的前奏曲，使它唱不起來的話，它就不敢揭開世界大戰的序幕。換句話說，如果不歡迎世界大戰，就不要站在共黨那一邊，也不要參加「孤立美國」，這是一點基本的認識。

再論民主政治在中國失敗的癥結（下）

無人培養人民對於民主政治的觀念與習慣

·張忠紱·

（續上期）結果是：由同盟會數變而成的國民黨，除在民國元二年間一個短期內，牠本身都不是民主國家的普通政黨。牠的組織，方法與性質也不同於普通民主國家的政黨，牠自然不會培養人民有關民主政治所應具備的觀念與習慣（國民黨的訓政縱然付諸實施，也與此無關）。其他的小黨，有的根本沒有機會，有的也沒有注意到這一點。五十年來民主政治在中國始終不能固本清源者，實不爲無因！

至於社會上的一般領導者（非政治的），他們雖也會致力於提倡民主政治，但是他們卻也很少注意到培植民主政治的基礎。五四運動喚起了民衆對於民主政治的與趣，使民衆知道民主政治的重要，五四運動的領導者對於普及民主政治的重要性，貢獻很大。可惜他們沒有能進一步，討論並闡揚民主政治所必須的基本觀念與習慣。人民知道了民主政治的重要，但他們仍然不知道「民治」的必須觀念與習慣，更談不到實踐。是以民主政治還是跳不出紙上談兵的階段。

提倡全盤西化的人們，他們雖感覺到，中國的許多傳統社會制度和觀念，有礙於富强，有礙於現代化，但他們既主張全盤西化，他們自不肯仔細研討，究應如何修正傳統觀念，使之適應民主政治與民主生活方式。他們也沒有特別指出，民主政治所必須的觀念與習慣是些什麼（此點筆者擬於「三論」中述及）。全盤西化在事實上既不可能（因歷史與文化背景無法磨滅），自無法推進。除此項主張以外，迄無人作深刻而縝密的研究以探討：民主政治制度賴以生長或生存的機能何在？民主國家人民所應具備的觀念與條件是些甚麼？在通常時期，只要民主的招牌沒有卸下，政黨與憲政的外衣沒有撕破，一般人很少有注意到培植並灌溉民主政治根芽的。少數從事於民主政治運動的人，看到了中華民國的民主政治並不健全，但沒有找着病源，只注意病症的外表。沉疴不從根本醫治，自然無補於實際，大多數的醫生，仍囿於辛亥革命以前的觀念，認爲只要有好的政府，好的憲法，民主政治就可以安如磐石。殊不知民主政治的基礎在人民，人民若不能重視他們自己的權利與責任，他們若沒有民主國家人民所應具備的觀念與習慣，則好的政府與好的憲法，根本不易產生。就是幸而有好的政府與好的憲法，也難能久於其位，或止於掛羊頭，賣狗肉。此所以歷次搶救民國的工作，士卒與人民雖付出了極大的代價，而所能挽回的，仍只是一塊空洞的「民國」招牌。雲南起義，馬廠誓師，以及南方的護法，護憲運動，雖然每次都達到了一時的目的，但何嘗能奠定中國民主政治的基礎？這種現象豈是偶然的！

筆者在前文中業已說過，民主政治制度是一種難於仿效與運用的制度。專制、獨裁，與極權等政體都可以依賴武力而建立，惟獨民主政治不能全依賴武力，牠必須建築於民衆的認識，觀念與習慣上。其他的政治制度易於販運，易於輸入，易於採用；惟獨民主政治制度不能專靠販運與輸入，必須善於移植，注意其土壤與營養。

中國傳統中沒有「民治」觀念，中國人民沒有民主政治組織與民主生活方式的習慣，而傳統的生活方式與觀念又不盡適合於民主政治的發展。民國成立以來，提倡民主政治的人們很少注意到這一點。他們掛起了民主政治的招牌，卻忘記了充實店內的貨物。這家商店如何能生意興隆？多數的經理人根本不在乎本店的營業狀況，他們只企圖他們自己腦滿腸肥。少數的經理人關切本店生意的興隆，他們一時找不到物美價廉的眞貨（民主政治物美而價不廉，且非短期所能奏效），只好以膺品暫代。這種作法，生意縱然可以興盛一時，但已不是名符其實的「民主」商店！

中華民國成立以來，其情形恰如上述的商店。人民應具備的民主政治觀念與習慣，無人培植。有害於民主政治的觀念與習慣，舊的既未剷除，新的復經扶植（例如許多極權制度下的觀念）。洪憲與復辟兩役以後，「爲子孫萬世之業」的思想，至少在表面上，似已不至死灰復燃。然而民主政治的敵人，在中國卻仍然普遍存在。他們存在於人民的習慣上，存在於民衆的觀念中。這當然是由於新舊習慣的矛盾，與新舊觀念的混淆。

最危險的是：矛盾的習慣與混淆的觀念，適足以造成思想與認識的眞空。徘徊與徬徨的人們最易受騙，最易接受極權者的似是而非的宣傳。從這一個角度上看，戰後大陸的淪陷，尤其不爲無因。民主政治在中國失敗的癥結，也正是共產極權篡奪成功的主要原因。這種危機卻不僅限於中國，凡沒有民主政治觀念與習慣的新與民主國家，無論其在亞洲，在非洲，在中東，在南美、都有這種危險。

國家是人民構成的。人民的知識進步到什麼程度，國家就發展到什麼程度。中國於四十九年前接受了民主政治，但民主政治的招牌是由上面掛下來的（同盟會會員屬於少數的知識階級；民主共和並不是當日人民自動的要求）。民國成立以後，當日政黨與社會的領袖若能注意到培植民主政治的基礎，養成人民對於民主政治所必須的觀念與習慣，則最多三十年，民主政治在中國的基礎應可奠定。但是他們沒有這樣作，遂使五十年後今日的中國，距離民主政治，較之民初時代，愈益遙遠。

民主政治的基礎在民衆。民衆的力量在觀念、認識；與習慣。觀念、認識，與習慣的養成，在於教育與實踐。不培養人民對於民主政治所必須的觀念與習慣，而使其實行民主政治，宜其曠日持久，遺害無窮，而民主政治終不能倖致！然此又非掌握政權，不願給予人民以實踐民主政治之機會者，所可得藉口。民主政治已自民國成立以後，已不容返顧。掌握政權者的責任，在於加速培育並養成人民有關民主政治及民主生活方式的觀念與習慣。

沒有政權憑藉的人們，對民主政治的基礎工作，也不是毫無辦法。書籍、雜誌、報紙的宣傳，可以代替教育，但時至今日，宣傳的內容，似已可不限於民主政治的重要性，而應側重於介紹民主政治與民主生活方式所必須的觀念與習慣，並指出不適於民主政治的若干中國傳統觀念與認識。思想家或哲學家若再能修正中國若干傳統觀念，使之與民主政治制度下所必須的若干觀念滙合，而作成一部有系統的中國民主政治的哲學基礎，則其對於未來中國的民主政治，必將有極大的貢獻。

至於有關民主生活的實踐，沒有政權憑藉的人們，似可以學校與民間的團體代替政治組織。民主政治本來也是一種生活方式。在日常生活中，民衆也可以養成若干民主制度下的觀念與習慣。在學校教書的人們，更可以隨時隨地教導青年，澄清他們的認識，養成他們的習慣。不要以爲這是迂遠難行；「江河不擇細流」！從清末以來，中國歷次的運動，又那一次不是沒有政權憑藉的人們所發起，所推動，而終於成功的！

筆者非敢立義爲高。上述是筆者一向的看法，近來復屢經思考，寫成文字。尚望純正而熱心於民主政治的人士與以研討，予以指正，豈是筆者個人之幸！（全文完）

台灣一周

國是會議與反對黨

國是會議的期票，在執政黨方簽發後，久矣乎了無兌現。今年所謂政府高級人士，曾放出兩度即將召開的消息，一次是海內外輿論羣起反對修憲連任期間，而最近一項是反對黨密鑼緊鼓進行組織的今日。

但，根據台灣的報紙，這位政府高級人士的發言，已給另一位權威人士斷然否定了。想不到執政黨方還有高級人士和權威人士之分。

事實上，國是會議的主要目的，應在於團結海內外的反共力量，共商完整與健全的反共策略。不幸，執政黨方再三再四的延誤，甚而不惜運用若干國大代出面反對。他們否認團結的必要，他們曲解國是的意義，他們要把反共大業一黨包攬——其實，執政黨強調的反共策略是「從大陸反攻大陸」。因而，也就以包辦反共爲能事了。

但，中國人民的反共和民主的强烈信念和要求，並未因任何阻嚇而終止。

團結民主反共力量

現在，台灣的民主自由人士，正在籌組强有力的反對黨，從新近台中，嘉義和台南的「選舉改進座談會」圓滿進行看來，這個將在中國憲政史上佔重要篇頁的政黨，必在最近的將來誕生。

從新黨的發言人雷震、李萬居、高玉樹的聲明中，可預見其未來的政綱，必然有軍隊國家化，黨團退出司法和學校，及反對一黨專政的民主主張等項。如果國是會議召開，這些也都是必然爲民主人士所提出的。因而，可以相信新黨必將獲得廣大的海內外自由民主人士的支持。因爲海外的人都反對一黨專政，假如有一個新黨起而能對執政黨制衡，從而自利於反攻復國，海外的民主人士自將樂觀其成。

執政黨應約束黨員

執政黨方面，如果眞有誠意召開國是會議，而不是爲了分化，和一黨的繼續專權，那麼，相信反對黨的成立，將不會爲執政黨所阻止摧毀。因爲反對黨正努力進行團結工作。否則自摑耳光！因此，筆者熱誠地希望執政黨方面，與其不時吶喊籌劃召開國是會議，不如痛快地約束黨內幹部，不要對反對黨的組織工作橫加干預。

·孟戈·

斥「中央日報」底謬論

台北七月廿九日「中央日報」社論，竟然大言不慚公開對籌組中的新黨採取了言論迫害。把「地方選舉改進座談會」視爲搞「反動風潮」！對即將產生的新黨則聲言「我們並不重視，亦決不予承認。」

當我們把歷史翻回到慈禧太后年間時，我想信當時的清廷對「四大寇」之一的孫中山先生，也一定是「並不重視」，和抱定了「決不予承認」的態度的。雖然，後來孫中山先生謙懷地說：「余致力國民革命凡四十年」而「革命尚未成功」，但今日的國民黨的領袖，畢竟是承繼了那時不爲清廷重視和不爲清廷承認的國父的餘蔭才有今日的。更何況新黨並未表示要採取革命手段。

可見信口雌黃地說什麼「並不重視」，「決不予承認」，不過是稚兒之見，徒然自行暴露其淺陋而已。

不過除了淺陋的一面之外，「中央日報」也無疑是代表了國民黨當權派承認了仍將繼續實行獨裁政治的決心。也因此可以斷言，國民黨中央是有可能要對在台灣從事民主運動的個人與團體，採政迫害行動了！這一點是很顯然的。

至於承認或「不予承認」，首先的要件是在於新黨之能否存在與發展。如果能夠存在，能夠發展，那麼，表明其存在是獲得了民衆的承認。既然能獲得了民衆的承認，如國民黨當權派要做慈禧太后第二，也與人無關，又何貴乎要它來承認呢？再退一步來說，甲黨與乙黨之間，誰又能擁有「天賦之權」來承認對方或不承認對方呢？

所以，對於「中央日報」代表國民黨當權派說的話，倒是不要太過予以重視才好。

·小言·

劉寧一赴日任務

自岸信介辭職池田勇人繼任首相後，中共對日本的表面態度稍有轉變，其主要表現如下：

一、對於池田任首相不作評論；二、人民日報與海外左翼報紙的反日宣傳完全停止；三、中共派劉寧一率代表團赴日參加「總評」大會，是一九五八年五月斷絕關係以來的第一個代表團。

中共既有緩和的表現，於是紛紛推測其對日政策在轉變中，惟此說可能過於樂觀了一點。原因是：

一、中共對日本主要要求，是：日本中立，廢棄美日安全條約，進而再鼓動赤化日本。現池田內閣，並無迎合中共的政策，只不過是保守黨內部人事調動而已。

二、承認中共的問題，癥結在於台灣，即使日本能無條件承認中共，中共也未必愜意，因為這樣就造成了「兩個中國」的形勢。這是台灣與大陸都不願接受的。目前日本既無撤銷承認國民政府之意，那末，中共與日本建交沒有可能性。

上述兩點已充分說明雙方的基本政策不會有改變的。至於中共的態度何以會有轉變呢？這可能包括如下的複雜因素：

一、自一九五八年五月，中共對日關係斷絕以後，首要目標是「打倒潛在的帝國主義代表人岸信介」，儘管池田的對外政策並未改變，但中共却得到了自我安慰的滿足。

二、前一階段之反日運動，其所得之副作用是鼓動共產集團特別是蘇聯，採取了强硬政策；五月，高峯會議被破壞；六月，裁軍會議決裂。蘇聯的對外政策在某種程度上已適應了中共的要求。

三、他們對於自由國家的策畧，基本上是「既鬥爭，又聯合」，兩者交相替換運用，不能僵化不變。

四、前已述及，中共與日本正面建交無從談起；它只能通過民間交往達到壓迫引誘其採取中立政策的目的。一九五八年中共與日本斷絕關係是由於日方否決了第四次貿易協定中的准許中共駐日民間貿易代表團懸掛五星旗而開始。現在池田內閣或者因急於與中共貿易會另作考慮，而也正是中共急欲試探的一點。肯定地說，中共也無非是利用這一弱點。

若果今後中共對日貿易得到擴大，使日本發生了依賴性作用，那時中共必然會再次採取强壓，試圖迫使日本作外交政策的基本改變。

此外值得注意的是，日本左翼勢力既有分裂的趨勢，急需整頓。劉赴日可能從中作調和。因為他除了任中共總工會主席以外；還是「外事辦公室副主任」，亞太聯絡委員會秘書長，亞澳工會聯絡局實際負責人。由此可見，他是一個國際統戰主持人，到日本的首要目的自然還是國際統戰。

・田心・

新「天方夜譚」

——讀「中國雜誌編輯協會」的妙論有感

・宋寂・

編者按；七月二十二日，台灣「中國雜誌編輯協會」舉行一個專對籌組中國反對黨「交換意見」的座談會，出席者多為黨營或官辦雜誌編輯及一些專談主義，不講問題的「教授」和「編輯」。香港方面的新聞報導，可以說對之空前冷淡，就連左派報紙也僅以小花邊新聞刊出。謂「國民黨絕招，攻訐反對黨」。

以一個「中國雜誌編輯會」的名義集會反對反對黨，而反應如此之冷落可憐，可見大家都對之不屑一談。

本來本刊也不願為此多費篇幅，但由本刊行銷美洲和歐洲，為讓海外讀者明瞭真相是非，爰將宋寂先生來稿刊出。

讓我們先平心靜氣地看看「中國雜誌編輯協會」反對反對黨的幾點「理由」：

（一）它說：「今天在台灣有人叫囂的反對黨，乃是要走出議會外面來反對政府，他們的立場是各是所是，各非所非，政府不對的固要反對，政府對的也要反對，這種無理性、無原則、無條件，為反對而反對的反對黨，名稱、性質均欠妥當。」

（二）它說：「執政黨之執政，乃由多數選民的支持而來，所代表者正是多數人民的意見，其組織政府祇要是依據憲法，便算民主。」

（三）它說：今天有人所倡組的反對黨，除反對政府，別無政治主張，也沒有像樣的領袖人物和羣衆基礎，祇是少數在政治上失意的人一個利害的結合，因此很少有成功的可能。」

（四）它說：「人民集會結社有其自由，但絕不能違背國家利益和逾越法律範圍。」故要站在所謂「輿論界的立場表示反對。」

對上述四項可笑的理由，可逐一駁斥如下：

反對黨發言人之一的李萬居在「選舉改進委員會議第一次會議開會辭」中早已鄭重表明對於執政黨的所有行政好的予以讚揚，壞的則予批評。充分地說明了未來反對黨的正確的政治立場和態度。而這篇講話，除了在台灣禁止看「自由中國」、「公論報」和「自立晚報」的一小部份特權階級外，也已衆所週知。所以「雜誌編輯協會」的污衊不僅缺乏証據，而日反見彼輩無知，蓋其尚不了解『反對黨』之辭義。何況反對黨尚在進行組織階段，政綱政策未公開宣布，從何而知該黨「無理性、無原則、無條件、為反對而反對」？這些大編輯大教授竟幼稚如斯，誠可哂也。

至於談到「多數」人民，原是執政黨的論客，最喜歡用的口頭禪。事實上，誰是多數誰是少數，大家心中有數。既然自以為「多數」又何必害怕「少數」的反對黨呢？民主政治的優越性，貴於政黨輪換交替執政，國民黨執政卅多年，攪到大陸丟了，如果是多數選民支持，何致於敗在盜用「民主自由」騙到中國大陸的共產黨？退萬步說「多數選民支持」如屬事實，如果自認為經得起人民力量的考驗，何不痛快放手讓反對黨順利地進行組織工作。

至於所謂「依據憲法」，眼前的修欵（修憲）連任，又將何以自圓其說？

再者反對黨尚在組織中，從何而知「別無政治主張」？又從何而知「沒有像樣的領袖人物」和「羣衆基礎」？尤其是「像樣」兩字，究竟如何才算「像樣」。即蔣先生也未必敢自詡是個「像樣」的領袖吧。還是你們的蔣經國更像個領袖樣呢!?

至若所謂「羣衆基礎」問題，這決不是空口說白話的，在未來的地方選舉中究竟鹿死誰手，事後自可見分曉。

把新黨的領導人士們詆謂是「少數在政治上失意的人一個利害的結合」，亦可視為笑譚。什麼是政治上「得意」和「失意」呢？你們這些靠黨吃飯，不分青紅皂白者流，就是得意嗎？難怪既得利益者要把持戀戀不捨了！

筆者個人很佩服他們居然也談「國家利益」，也不知是指國民黨當權派所得的利益呢？還是指其它？你們這些黨營黨養的「輿論界」代表，你們心目中又何會有過國家觀念？你們除了主張一黨專政，和獨裁政治之外，國家利益，早已為你們吮吸殆盡，如果你們有國家觀念，善於謀國，還能有共產黨橫行嗎？

反對黨的產生，是中國民主政治的必然產物，在這個臨產前的階段，有人費盡心機和想盡辦法來遏阻甚而意圖戕害新黨的誕生，原是不可避免和不必怪異的事，所以不妨把「中國雜誌編輯協會」的謬論，當作天方夜譚一讀。

西德記者眼中的台灣

徐則鳴

西德政府黨基督教民主同盟記者羅爾（Christus Roll），本年六月上旬奉派赴台歸來，對台灣近況之報導值得國人注意。

據羅氏觀察，今日中華民國首都台北在外表上戰爭氣氛甚為濃厚，大有古希臘斯巴達民族意味，到處可見穿軍服之軍人，一般人民居此島上大致可謂與外界絕緣，因此，謠言滿天飛，似乎神秘，實際上却係人為出此，缺乏真實性，羣衆臉上一般顯現狂熱，而另一部份則表現焦慮，

政府高級領導層，近日甚至焦慮四月底南韓發生的政變也可能同樣在此發生，南韓事件無疑已在台灣發生影响，李承晚總算在這裏找到了一個懷着兎死狐悲心情的伙伴。在這個實際上由國民黨一黨專政，民社青年兩反對黨絲毫不起作用的地區內，有些人已在恐懼，美國將來是否也會來一次類似的遺棄。自民國四十年以來，八年間美援灌注到台灣的金額共達三十五億，事實上如無此筆美援，台灣根本無法生存。六十五萬大軍的維持費佔總預算之一半，缺少美援亦無法存在。有一個中國籍的記者對羅氏發表一般意見說我們已從南韓吸取教訓，已注意到不致聽任該項類似事件在台灣重演。因此四月份的省市地方選舉，在某些選區內國民黨候選人已失敗於反對黨無派人士之手。但某一位部長竟控訴美國人在亞菲各處灌輸民主，無異自掘墳墓。

恐懼美國有朝一日可能撤退不顧，重演十三年前大陸上的悲劇，此種心理，尤其是對大陸來台的三百萬人震憾最大。也許是受了美國的壓力，不少的台省人士，已取得政府中較高位置，如部長，政務委員之類，軍隊中幾乎百分之六十以上是台灣人，担任軍官之台省人，最高已達上尉，土地改革使政府在農民中的信譽增加了一些，內地人與台灣人通婚也日益增加。連震東昇擢至內政部長和五月間選出台灣小姐參加美國選美，使內地人羡慕地說：台灣人一年比一年富有，台灣的工商業實際上也操在本地人手中。

在台灣大陸人士之最感難於應付者為台省知識份子尤其是那些曾在日本接受教育之醫師與教員，以及交出土地之大地主。

二十五歲以上的台灣人仍用日語，大體而論大多數的台省人民尤其農民，對於政治並無興趣，中國共產黨迄今仍束手無策，不知如何煽動內地人去與台省人士兩者間之仇恨。共產黨在台的宣傳工作亦無從展開，台灣境內顯然仍有少數共諜，擁有大量金錢：但根本無法活動。通常情形，內地人士中之官吏，其親屬在若干年陷於大陸後，經香港來台，其中有受共黨委託從事在台作宣傳或諜報所為者，例如不久前交通銀行經理之子即屬如此，但最後必被逮捕。因此政府當局一再申言，在維持與中共之戰爭狀態下，自無法作民主改革。

羅氏的報導，雖不無膚淺之處，但也有其事實的一面。如台灣當局對其報導有不愜意之處，那麼就應多在政治措施上，國際宣傳上痛加改革。

當權者實行謠言攻勢

（台北通訊）月來官方報刊忽對海內外民主人士發動一連串的謠言攻勢，爲蔣經國喉舌的中央日報，除已於七月初旬刊出一篇「香港通訊」，說聯合評論部份人員受共匪所利用，內部正「醞釀分裂」而外，三十日又以「匪圖利用新黨活動進行傾覆陰謀」之三欄標題，發表消息一則，畧稱「共匪最近又在日本香港等地積極展開對外統戰工作，企圖利用台灣新黨的活動，造成台灣內部的混亂，以內外夾攻方式，實現傾覆政府的陰謀」。並謂「此爲權威方面所透露」云云。此間人士咸認爲這兩則消息，都是那位權威人士的謀臣所製造的。當權者既一心一意要實現家天下，而又感於無法對付民主人士的抨擊，尤恐新黨一旦組織成立，更將不能爲所欲爲。於是，在權威人士的指示之下，國民黨中央會一再開會商討對策，最近的一次會議，蔣非法臨時總統還親自主持，聞已決定方針如下：

一、對民青兩黨暫取安撫的態度，儘量給予他們以某些希望，使其與新黨分道揚鑣，以便各個擊破。

二、大量發佈消息，說組織新黨乃共匪傾覆政府的陰謀，使一般人不敢參加新黨：並由「治安機關」迅即製造各種証據，必要時即以匪諜的罪名拘捕新黨分子。

三、大量發佈消息，說聯合評論有人受共匪所利用，並設法分化他們，使其不能與新黨呼應。

四、實行告洋狀，截斷民主人士的對外關係。

聞在此一會議中，也曾有人顧慮到採取這種違反事實的宣傳是否將收到相反的效果；但那位兩朝名臣的陶××堅稱，「當年希特勒有云，你第一次說謊時人家覺得討厭，而當你將同樣的話說到一百次時，許多人就會相信你了。」他認爲今日已面臨與反對者短兵相接的階段，一切手段均應採取，絕不可再有任何的顧慮。非法臨時總統和蔣經國亦以爲然，於是就這樣的決定了。相信最近的將來官方報刊和通訊社還將繼續發表許多奇奇怪怪的消息以娛讀者呵。

陳院長不安於位

•直夫•

週來盛傳行政院陳院長已向非法臨時總統提出辭呈，日前雖經中國郵報記者向有關方面探訊，據說毫無根據；但大家仍相信確有其事。自「三任總統」就職後，陳誠在表面上仍繼續保持兼院長的頭銜：而事實上則行政院已變成了他和蔣經國的聯合內閣。目前的形勢，是陳誠暫維國防與財經三部，經國則擁有內政外交及司法，僑務亦唯其馬首是瞻。將來教育如有變動，經國勢必染指。交部雖不屬於任何一方，而因黃埔系之完全被排於內閣之外，陳誠無以爲力，遂使其曾在立法院中盛極一時的「黃復青」人馬不再予以支持。兩月以來，陳誠在立法院迭受挫折，頗感難於應付，即此之故。最近此間醞釀組織新黨，非法臨時總統父子視爲眼中之釘，陳院長乃以勇猛的姿態首先發砲攻擊，原以爲必可重邀寵幸；不意於事無補，而經國對他的牽制與疑忌，則更甚於前。尤其是他此次去金馬視察，未邀經國同行，太子派中人竟認爲有爭取軍隊之嫌。於是，這位素以敢作敢爲見稱的陳院長便不能不呈請掛冠了。但由於經國尚未完成各種必要的部署，蔣非法臨時總統勢必仍將予以慰留的。

政大解聘教授的風波

國立政治大學教授李聲庭在該校講授憲法有年，本年春台北修改臨時條款以便蔣「總統」能連任下去，但又說臨時條款不是憲法時，該校學生會在課堂上以此爲問，李乃根據學理及各國成例予以解答，與官方解釋有所抵觸，大爲當權者所不滿。其後李又向自由中國半月刊投稿，該校乃將其解聘，李不服，遂於日前留美返國學人的一項集會中散發油印傳單，向政大提出抗議，頓時引起教育文化界的普遍注意，聯合報亦於七月二十八日發表社論指出憲法第十一條規定人民有言論、講學、著作及出版之自由，而大學的講學自由，更是民主教育的天經地義，應不受干涉。並說，政治大學的作法，是與當前政府號召留美學人回國服務的政策相衝突，更與當局一再倡言的所謂文藝復興是不符合的。如果這一代青年祇能獲得一定教材的知識，而無從養成其探索知識的獨立思想，將是文化與民族精神的衰弱云云。聯合報的論據，若在民主的國家固屬理所當然的；但在今日的台灣則顯然是不識時務了。

如此文武雙絕的蔣經國

編輯先生：

讀貴刊台北通訊，知蔣經國以非軍人而被蔣「總統」晉任爲陸軍上將，令我想起一事，即兩年前張其昀任教育部長時，教育部曾聘請許多有名的學者和專家爲學術審議委員，負審查學術著作之責，也赫然有蔣經國其人在焉。據大家所知，蔣經國在國內祇進過中學，似乎還未曾畢業，即被乃父送去莫斯科受訓。換言之，他並不是什麼學者或專家，而竟被聘爲學術審議委員，正與此次他以非軍人而被升爲陸軍上將，有異曲同工之妙。把這兩件事連在一起，人們就可知道今日的台灣究竟是怎樣的局面了。不但蔣「總統」被奉爲允文允武的天縱之聖，即乃子亦是得天獨厚，居然不學而能文武雙絕。以致國家的一切榮銜，文的如最高學術審議機關的委員，武的如最高官階的上將，都得有他一份。總之，今日之事，不但一切權力都應屬於經國，即一切榮譽也非他莫屬了。我很奇怪英明果斷的偉大領袖和那些足智多謀的近臣爲什麼不率性將中山先生「天下爲公」的訓示改爲「天下爲一家」呢？假如更進一步而將台灣改爲蔣家父子國，那就更爲名實相符了。

讀者中山逸民

說來說去，台灣還是需要改造（讀者來函）

白永言

編輯先生：

我是一個從大陸撤退到台灣，隨後又來到香港的逃難者。不消說，像我這樣一個由大陸逃亡出來的人，也正和其它所有從大陸逃亡出來的人一樣，內心最關切的事，是能否打回大陸？和如何才能打回大陸？但我在台灣的時候，我曾經仔細觀察過這問題，我平心靜氣的講：台灣地方富庶，人民安居樂業，鄉村電氣化，交通方便，國軍經過整理後，裝備進步，火力强大，海空軍的戰績也異常輝煌，這些都是無可否認的好現象。但我在別人沾沾自喜之餘，却仍對台灣現狀失望。失望的原因是我目睹台灣雖已有了上述各種進步，發現所有上述進步，與反攻復國的要求，則仍相距很遠。而我們今日的要求，不僅在於某一些進步，而在於要把這些進步提高到完全符合反攻復國的要求的。否則，所謂反攻復國豈不仍是空想？

再說，台灣今日之進步，也只有上述幾點而已。至於說到政治方面的情況，則國民黨當權派所表現的狹隘自私與低能，與在大陸的時代並無兩樣。蔣先生化國爲家，國民黨當權派人人以奉承權貴爲榮而不知恥的現象，則更使我終於不願停留在台灣再看下去。惟其如此，所以，我到香港以後，我不斷的留意新的人物新的力量和新的言論。在台灣時，我已發覺要把台灣現狀再進一步提高，提高到足以眞能負担反攻復國的任務的地步，實已不可能。其所以不可能，乃由於當權者獨裁成性，自私成性，它的本身業已限制了它的再進步。因之，我對海外，尤其對香港方面的人物抱着希望。希望香港和海外能够產生一股眞能改造台灣的力量，爲了國家，而不是爲了個人權利地位的爭奪，爲了反攻復國任務，而不是爲了個人政治慾望的嘗試與滿足，來改造台灣，來把台灣的一切，無論政治、軍事、經濟都能指向反攻復國的這一標準。也惟其如此，我一直留意貴刊的一貫堅持的改造主張，並且私心一貫支持貴刊這一主張。對於貴刊不計個人利害，不怕台灣任意加紅帽子的精神，則尤佩服。不過，我寫這封信，除了勉勵貴刊和所有反共愛國人士外，我仍要對台灣提出兩件極端重要的事，以促國民黨當權派的反省。

一、是要請國民黨當權派切實反省一下，你們現在居留在台灣，究竟是準備在台灣老死呢？抑或是在台灣反攻復國？如果你們只要在台灣老死，試想一想整個環境究竟允不允許你們老死。如果你們不準備在台灣老死，而準備反攻復國的話，那末，我要進一步問你們，你們現在究竟做了什麼眞能反攻復國的政治準備。我尤其要問你們：專門對民主反共人士造政治性謠言，專門替海外民主反共人士加政治性紅帽子就能反攻復國嗎？如若不能，試問你們在政治方面還做了什麼？

二、是經濟方面的問題。不錯，我在前面已經說過，台灣省人民生活一般都富庶和安定的。但並不是台灣一切經濟都已良好。若以一個將要負担反攻復國艱鉅任務的尺度來衡量台灣的經濟現況，則台灣的經濟現況仍然距離理想極遠。以我這樣一個由大陸而台灣，由台灣而香港的人來說，我從香港回看台灣，我就立刻發覺國民黨當權派在台灣所表現的經濟措施是低能得很的了。試看香港，不過是一個殖民地性質的小島，而且日常生活物資，香港本身由於太小，還不能自給自足。且又地處鐵幕邊緣，這比之台灣寶島之農業生產富庶，顯然不如。然而香港是一個不但在政治上極爲自由民主的地區，尤其難能可貴者，是社會安定，工商業極端繁榮、所有東南亞各國的遊資，絕大部份都遊來香港。台灣與香港比較，台灣尚有美國第七艦隊之保護，台灣本島又有幾十萬大軍，幅員比香港更大得多，然而以工商業的投資及繁榮而言，台灣幾乎就根本不能與香港比，台灣雖常常在號召海外華僑向台灣投資，然而華僑到台灣的投資額極微，大家都裹足不前，這究竟爲什麼呢？國民黨當權派難道還不該反省嗎？此無它，亦曰台灣缺乏經濟眼光，沒有適當的經濟政策而已。我們曉得：九龍總商會會長謝伯昌一向是一位反共愛國的工商業家，但最近發表談話，指責台灣經濟政策與經濟措施不當，因之防碍了華僑對台灣工商業的投資，這就足可反映國民黨當權派之無能了。當然，國民黨當權部之所以如此無能，那也完全不是偶然的。最基本的原因，則還是因爲台灣政治不民主，因之其它的一切，有的雖然進步，而仍進步不足。有的則根本沒有進步了。

歸根結底的說來，台灣的一切實在是需要一種有計劃的改造的。這點，希望貴刊及海外有民主反共愛國人士切實努力！

大陸之窗

透視中共「中華全國總工會」的性質

劉裕畧

本年七月底，擁有三百六十萬工人的日本「總評」，在日本舉行該會十週年紀念大會，對於這一個大會，中共突然打破兩年來未派大員訪日的紀錄，忽派中共「中華全國總工會」主席劉寧一率代表團前往日本出席。

我們曉得：日本國內最近曾舉行大規模的反美反岸示威。現在這大規模的示威雖暫告一段落，但中共的陰謀顯然仍想嗾使這一大規模的反美示威活動長期擴大繼續下去。藉以動搖甚至破壞日本的現有政治面貌的。而日本「總評」乃是這一大規模示威的主力。所以，中共便借日本「總評」十週年紀念大會的機會，派中共要員劉寧一以中國大陸的惟一工人組織「中華全國總工會」的代表身份去煽動日本的工會了。

中共的心計很毒辣，它企圖魚目混珠，它企圖用大陸工會來做日本工會的統戰工作，其實，共黨政權統治下的工會與一般非共黨政權統治下的工會，在性質上是有着基本不同的。這裡，筆者特別指出中共統屬下的工會，在共產主義理論上的特質；及其與非共黨政權統治下的區別，希望一般國家的工會，尤其日本的工會及日本工人對共產黨與工人階級之間的根本關係有所認識，不要上當。

在對內對外的一切宣傳刊物上，共產黨素常自稱為工人階級的政黨。有時它亦自稱為無產階級的政黨。但它之所謂無產階級，指的並不是那些貧窮沒有錢的人，而指的是無生產工具的人。照馬克思理論來解釋所謂無生產工具的人，指的即是那些在工廠中被僱傭勞動的工人。既然這樣，那末，所謂共產黨便應該是工人們自己所組成的政黨才是。否則，那便不成其所謂工人階級的政黨了。相反，那便一定是冒工人階級的招牌欺騙工人階級的政黨了。而理論與事實告訴我們，共產黨確實不是工人階級自己組成的政黨，共產黨只是冒充工人階級利用工人階級的政黨罷了。

遠當俄國還在共黨革命剛開始的時候，眞正忠於階級的一部份人，如普羅科坡維奇和枯斯科娃等人，當時就認為工人階級的政黨，應該由工人階級自發來組成，不應該由別人來代庖，別人更不應該干預工人階級的自發運動。就事論事，這主張當然很對。因為只有這樣，也才與馬克思所說「工人革命的第一步，是變無產階級為統治階級」（見共產黨宣言）的話符合。但列寧當時寫了一本叫「做什麼？」的書，猛烈反對工人階級的自發論，列寧且對這些主張工人自發運動的人加上一頂帽子，叫他們為「經濟派」。列寧且又指斥這些「讚美工人運動的自發過程，是尾巴主義，是背叛工人階級」（見聯共黨史第二章）。其實，如果不該讚美工人階級的自發過程，難道還該讚美工人階級繼續被愚弄的過程嗎？如果讚美工人運動的自發過程是尾巴主義，是背叛工人階級，那末，難道冒充工人階級，騎在工人階級頭上，包辦工人階級和玩弄工人階級才不是背叛工人嗎？看此歪曲意見，顯見列寧對工人階級自開始起，就一直是別有用心的。列寧說：「只有受先進理論的黨，才能實現先進戰士的作用」。又說「社會主義思想體系不是從自發運動中，而是從科學中生產出來的」。正由於列寧是如此其甚的輕視工人們的能力和學識，所以列寧又說：「我認定：一、無論那一個革命運動，若沒有一種穩定而能保持繼承性的領導者組織，便不能鞏固起來？二、羣衆愈廣大，這樣的組織就愈加迫切需要，這種組織也就愈加鞏固；三、參加這種組織的，主要應當以革命活動為職業的人；四、我們愈縮小這種組織的組員成份，一直縮小到只許那些以革命活動為職業並受專門訓練的人參加；五、工人階級有機會在這個運動中積極工作」。（見列寧全集第四卷）這就可見共產黨的組成，並不是由工人階級所組織，不但不是由工人階級自發的組成，甚至亦不是工人階級被動的所組成。嚴格說來，共產黨的組成與工人階級無關，有關者只係工人階級有機會在其中被役使被利用而已。對此，列寧早已說得如此這般的清楚了，而且也早已按此組成起來了。難怪毛澤東、劉少奇、周恩來、朱德、鄧小平等人，所有中共中央領導層中的首腦，沒有一個是工人階級出身。但他們這些以「革命為職業的人」，卻又都打着工人階級政黨的招牌，騎在工人階級的頭上哩！然而所有工人，甚至許多工會，卻還往往受騙，以為共產黨就是工人階級的政黨；左傾的工人們，至此都應該醒醒了罷！

另一方面，正由於這些職業革命者，從工人頭上，越爬越高，所以，工人階級的招牌雖越擦越亮，工人階級的勞動强度越來越被提高，而工人階級在一般國家所享受的言論自由和罷工權利則反而在共黨統治完全消失。於是工人階級不但沒有像共產黨宣言所云變為統治階級，卻反而沉淪到被嚴密控制被殘酷統治的深淵中去了。工人們的待遇並沒有眞正提高，因為共產黨要在工人身上繼續加大其剩餘價值的剝削。而這一剝削的繼續存在，是馬列主義原也自己承認了的。

至於共黨統治下的工會，譬如中共惟一的工會——「中華全國總工會」則更完全是共黨對內控制所有工人的機構，對外進行國際統戰的工具。中共統治下的工人，是完全不敢罷工的。亦無言論自由可言。而勞動程度則被提到極高，達到工人們體力不能勝任的程度。至於待遇，則根本趕不上一般先進工業國家。有些技術工人，差可維持自己一人之生活，也有一些工人的工資收入雖比一人所需生活費稍豐，但又被中共運用競購公債，愛國捐獻等名目在實際上囊括以去，至於家庭中人，則更非每一個人都從事勞動不可。所以中共統治下的工人，也是無家庭幸福可言的。

對於工人、工會與共產黨的根本關係，列寧在其所著「進一步、退兩步」（一九○四年出版）一書中說得最清楚。他說：「決不能把黨和工人階級混淆起來」。「整個的階級（工人階級）都應該在黨的週圍，在黨的領導下行動。都應該盡量密切的接近我們黨」。「黨是超出於工人階級和其它一切組織的最高組成形式。其使命是要領導工人階級」。所以，共產黨與工人階級的關係很清楚，共產黨是共產黨，工人階級是工人階級。共產黨決不是工人階級。相反，共產黨只是打着工人階級招牌騎在工人階級頭上，不斷吸取工人階級血汗的寄生蟲罷了。

共產黨政權下的工會，在性質上，也與一般自由國家的工會不同。一般自由國家的工會是工人們自發組成的，而且在憲法規定下擁有言論自由及罷工權等。但共黨政權下的工會，如中共所控制的「中華全國總工會」雖然也叫工會，但它的組織不是自發的，工人們在中共控制下全無自由，它是共產黨便於奴役工人的外圍組織，是共產黨對工人的控制工具和吸血工具，它是共產黨對外的統戰工具。實與一般自由國家的工會乃是一種自由自在的社會組織完全不同。

所以狼蒙着羊皮到羊羣中來的時候，迷途的羔羊是萬不可把這一隻蒙着羊皮的狼也當作是羊的，現在是劉寧一這隻狼蒙着羊皮到日本的羊羣中去了的時候，日本的羊羣要警覺才是！

中共極力搜括農產品輸港

……今年一月至五月共達四億七千餘萬港元……

陳一鳴

為了賺取外滙，以償付蘇聯的軍火欠債及購置必要的物資，尤其是為了備戰，以購置自由世界的戰略物資，中共十年來一直在大陸竭盡所能，用各種手段，搜括一切可以出口的物資，以賺取外滙，對此，中共搜括大陸人民的手段，則更來更加强。更來更加緊了。據中共人民日報透露，中共對於這種搜括的範圍是越來越廣大，且迫令大批幹部下鄉日以繼夜的在進行的。當然，這也並不奇怪。因為除了搜括農產品以外，中共民用工業並無基礎，除極少數工業製成品外，可以賺取外滙的物資，實只有農村土特產。

根據香港工商管理處七月十六日公佈，中共今年一月份至五月份，除經港轉口輸出不計外，僅運來香港的土特產總值四億七千二百三十四萬元。與去年同期比較，增加一億一千六百九十五萬元。

我們曉得：中共的對外輸出，有些是直接輸到蘇聯及東歐各共黨統治國去償付軍火及工業價欵的。另一部份才輸到香港與澳門，再一部份則經港澳轉輸其它各地，尤其是東南亞各地。看上述中共輸港數字之鉅大，再看中共輸港物資，除了一小部份是金屬鑛物製成品及不能食用的動植物原料以外，其餘有百分之七十以上，均是大陸人民現在極端缺乏的必需生活物資。其中包括供宰食的牲口，肉類及肉類製成品，穀類及其成品，食用油和油脂，蛋及魚類，生菓及蔬菜等。可知中共在大陸搜括之不遺餘力。難怪大陸人民普遍沒有蔬菜吃的今日，中共却原來不僅把蔬菜運到了香港，據新加坡的電訊，中共的蔬菜竟也運到了新加坡。

在今日世界的部份國家，為了賺取外滙，原也是鼓勵輸出的。但那種輸出，是基於自由貿易鼓勵人民自己去行，同時，那些國家的人民的正常生活則還是維持着，且他們的生活仍是極豐裕的。中共則不然，它採用人民公社的方式，强迫人民勞動，然後將人民所有勞動果實全部取去，而名之曰「節約」與「計劃用糧」。實際上，這已經不是什麼節約了，因為人民早已每天配給幾兩米，早已經超出了節約範圍，而到了飢餓的程度。中共現今在大陸推行的更不是什麼「計劃用糧」，而是被迫採用「野生植物」充飢。對於野生植物：中共早已一再號召人民採用，最近則更迫使農村人民一方面替共黨勞動，一方面盡量採用野生植物維生，而大陸農民經年辛苦所得的米糧及土特產，則全被中共搜括以供輸出。所以，我們今天檢視中共輸港總數時，我們的結論很簡單，那就是中共輸出愈多，則愈表示大陸人民被搜括程度愈甚，而大陸人民的生活情況也就愈慘。因為中共輸出土特產愈多，並不是說明大陸農村已經增產，事實上，去年大陸的災情極重，據中共自己報導，去年大陸水、旱、蟲（蝗蟲）之災，共達五億一千萬畝，約佔全大陸整個可耕地的三分之一。而中共以往所宣傳的所誇張的千斤畝萬斤畝，後來中共自己也証明完全是假的。到最近幾月，中共報紙再也不敢作此荒誕宣傳了。在增產既非事實而災情又如此嚴重的情況下，試問中共這龐大數字的輸出物資從何而來？再証以大陸人民現在日在飢餓情形中，只能採野生植物充飢的情形，很顯然，中共這些輸出物資，完全是强迫搜括得來的了。哀哉！今日大陸同胞之生活！

紐約歸僑士工劇團赴東南亞

文心

有三十六年悠久歷史的紐約歸僑士工劇團，已定於本（八）月五日自香港首途前赴北婆羅洲演出。士工劇團的發祥地是紐約，創始時全部係美國華僑的力量，數十年來，也賴華僑的支持，而能推陳出新，延續至今，歷史之久，為劇團中所罕有者。關於該團之消息及近況，想亦為我僑胞所樂聞。

士工劇團的遠史，當溯至一九二四年，當時由於美東區各僑領一致之支持，蘇世庭先生（士工歷屆團長）首創「知音國樂研究社」，提倡中國古典音樂。一九二七年，蘇氏兼任「民智劇社」編導及曲藝部主任，更發展國樂於新劇之中。一九三三年芝加哥開埠百年紀念，蘇氏所領導代表中華民國之樂隊，演奏中樂成功。各僑領甚感興奮，即於翌年成立「士工音樂社」及「士工國樂研究院」。且獲友邦人士認識，「士工」之樂聲，已由各廣播台之播送而响徹美國東部。

一九三七年，中國抗日戰爭開始，士工樂隊支持「美東抗日籌餉總會」之籌餉工作，進行抗日救亡廣播多次。自此，士工已投身於抗日救國的大運動中。

美國僑胞為表現他們對祖國抗戰的支持，於一九三九年中國大地上戰鬥方殷之際，把「士工劇團」由地球的西部送到地球的東部，間關由香港轉入第四戰區及第七戰區第九戰區，對抗日戰士作廣泛之慰勞演出，亦有數不清的次數，演出為戰災難胞籌救濟欵。同時亦為當時參加保衛中國的友軍美空軍而演出，到處獲得采聲。由於各戰區軍政首長之愛護提挈，各地人民之熱誠擁護，士工的聲名，在大後方有極高的評價。這一個由小女孩組成的小藝人劇團，等於那時的「戰地天使」。至她們演技的優良，獲得湘粵等四省戲劇比賽優勝獎；猶餘事耳。

抗戰勝利後，士工劇團仍在廣東為戰後難民作救濟表演，亦曾赴山東為復員工作及教育事業籌募基金。間亦曾作慰勞友軍之演出，如美國太平洋艦隊司令柯克將軍退休時，魯省軍政首長聯合舉行之盛大歡送會；與及當時駐於青島之美國第七艦隊，莫不獲覩士工之特殊的中國藝術，而有深刻的印象。

經歷過抗戰及勝利的「士工」第一屆藝員，或已回返美國，或已成家立業。「士工」乃重徵新血——新的小女童四十餘人，繼續發揚中國藝術，負責愛國任務。十多年來，第二屆的藝員也已功成身退。現在第三屆的士工劇團，也已出發前赴東南亞，在廣大僑胞之間，宣揚祖國的歌樂藝術。

年來士工劇團在香港，曾多次為學校及僑團演出，亦曾在電台廣播及電視表演。去年曾擬返祖國台港，但自去年九月辦理入境手續，以迄今年七月之末，拖延幾近十月，方被批准，以致原來在元朗鄉間休息的士工，遷出香港等候往台，經濟上蒙受不資之損失，美國方面與士工有關各僑領，亦以士工過去功在國家，現在要返「祖國」，何以如此拖延？乃來函囑向東南亞方面發展，當能獲得同僑之支持。

此次士工赴婆演出，獲得沙勝越陳宏昇先生，北婆羅洲丘心明先生，汶萊何瑞榮先生等的援引，新進班政家蘇超然女士，及泰華旅運社姚漢樑、林仕傑兩先生等之協助，乃能迅速成行。士工的同仁，咸感僑胞熱誠表現，非祖國的官樣文章，所可同日而語。

「士工」此次南遊，有藝員四十餘人，陣容極盛。士工原有之歌舞戲劇節目三十餘種外，更有第二屆團員陳艷芳陳嘉珍小姐之粵劇；歌舞新星許英、許燕小姐之新型歌舞等。節目豐富，不能備述。美洲華僑伍勳宗、李呂始統、陳亨、陳學慈、謝復德、陳繼碧、謝家爵諸先生特縷述三十六年前彼等在美與蘇世庭先生合力創辦士工劇團之經過，及第一二屆士工劇團的光榮，勗勉士工第三屆團員，前赴東南亞，「使中國古典劇藝，揚威於世界各地」。此輩「士工」的老創始人，對於士工的重振英名，實至興奮。

士工劇團的行程，將開始於北婆三班，再赴星馬，巡廻演出於東南亞之華僑區中，而最後則為重返美洲。「士工」的存在、「歷史及光輝」，乃華僑所創造，相信將仍由華僑的愛護，使這班自由藝人的精神，更加發揚。

猪玀丟掉了帥印

・查文山・

中共於去年秋間，發動了全面性的養猪運動，並把它列為一項經濟政治兼具的重要任務，自我陶醉地訂出了一項發展計劃；在這項計劃中，瘋狂地鼓勵着養猪的人要「政治掛帥」。——「掛帥」，是一個多麼動聽的名詞？能夠達成「掛帥」任務的養猪者，又是多麼威風凜凜？中共要出了這新奇的手法，「一定滿肚密圈」，以為將來一定會獲得相當偉大的「超額成就」。然而無情的事實，目前顯示出猪玀已丟掉了帥印，使中共這項「發展計劃」完全成為泡影。

據最近「人民日報」的報導，中共已公開承認；由於（一）對集體飼養，缺乏經驗，部份負責領導的幹部，也放鬆了管理；（二）養猪場建築過於簡陋，缺乏應有設備；（三）飼料缺乏；（四）發生瘟疫，治療乏術；（五）有「壞份子」混入養猪場，暗加破壞；於是養猪事業大受打擊，自今年春末夏初以來，小猪的死亡率，竟日告增加，個別地區的小猪死亡率，竟一度高至百份之五十，有些後備母猪和架子猪，也發生大量死亡現象。

我們從上述的報導中就可以看出，中共的發展養猪事業，不特沒有達成計劃中的目的而掛起了「大躍進」的帥印，而且相反地，正和別的工商業生產一樣，是繼續朝着「大躍退」的斜坡向下疾滾，跌得頭崩額裂，透不過氣來！

僑鄉近訊

武漢市民慘受「再教育」的整肅

・江水・

武漢市「市長」自執行槍斃了超額配售糧食的售糧站主持人孫華亮之後，他為「維護」糧食政策，刻更掀起了一場「再教育」的風暴，使全市市民都陷於「再教育」的恐怖氣氛中。查中共的所謂「糧食政策」，是規定城市中的成年市民，每人每日米糧配額為六市兩，兒童則由二市兩至四市兩；而食油的配額，則為每半年六市兩至八市兩。詎售糧站主持人孫華亮，不知如何，竟由去年七月起，至今年五月止，售出的米糧和食油，竟超額達人民幣四千元，因此被認為「嚴重破壞糧食政策」和「擾亂社會經濟秩序」，除將孫華亮槍斃外，該站的助手孫明羅，石明等七人，也被綑赴「人民法庭」接受公審，判處徒刑，而該市的「副市長」謝滋羣，則更認為孫華亮等此次的「嚴重過失」，是受到「小資產階級的人道主義」所影响，為「堵塞」這種「小資產階級的人道主義」的繼續滋長，全市市民，必須予以「再教育」的整肅；而所謂「再教育」也者，實則等同「重行洗腦」。因此，自踏進七月份以來，市民的精神和心理，即交受威脅；咸感忐忑不安。由於過度緊張，引致神經失常，實屬意中事！

收藏美國舊郵票也被警告（台山）

中共剝削人民自由，控制人民思想、無所不用其極；最近，連收集外國舊郵票，也加以嚴厲限制了！台山冲蔞墟華僑子弟伍錫祺，因他的父、兄、伯、叔均在美國經商，經常有書信來往，而他又有集郵癖，故積藏了不少美國舊郵票，詎七月廿日，偶為鄉中共幹發覺，立刻向上司舉報，翌日，伍錫祺便被傳往鄉公所問話，除嚴厲的儆誡一番外，並收繳了他所收集的全部美國舊郵票，予以毀滅。原來，中共方認為每一枚郵票、都有兩種作用，其一是它的本身使用價值，又其一便是「宣傳政治意識」，故把「反動的資本主義國家」的「美帝」郵票，視作「非法物品」，禁止人民收存。中共這種措施；益使人感覺到極權政治的卑鄙和野蠻！

殞星

雷旅

我跟施牧人的友情在三年前已經建立了。三年來，我也一直成了他底最忠實觀衆，無論出賽地點的遠近，球賽場面的大小，我總是風雨不改地去捧他的場。說實在話，他那魚躍式的「搥球」和「高網快壓」的姿勢總是叫人佩服不已的。每當他縱身搥球的時候，球場的四週就响起喝采聲。此時，我也為排球界感到慶幸，我髣髴沾了朋友一份光榮似地在自豪和驕傲着。

但近來，我沒有和他見面以來，已聽不見施牧人賽球了。起先，我以為他改屬別的一家球會，但打聽之下，我的設想發生了動搖。恰巧，昨天我在球場門外碰見了他，還不及寒暄，我就急急地說：「牧人兄，怎麼啦！這幾天不見你賽球。」

他沒有回答，也沒有什麼表示，但見他那高朗眉宇上髣髴添上了一撮憂鬱。於是，我就一把拉他進入嚟啡室喝茶，叫了茶，他還是沒有說話，煞像個啞吧。我想：他的感情是多麼千變萬化。終於，我打破了像凝固般的氣氛說：「是跟羅小姐鬧別扭嗎？看你那麼憂鬱？」

「不」他的神態浪漫得如馬龍白蘭度般在嘴邊掛上兩條不屑的皺紋，然後說：「從今以後，我不再賽球了——這是我的誓言。」

「誓言？」我重唸一遍。

「誓言，」他斬釘截鐵地說：「為了忠誠於朋友，同情着朋友的遭遇。所以，我要為朋友而發誓，縱然我這樣發誓是無法挽回朋友目下的厄運，但，我總算對不合理事情作了無言抗議。盡了朋友的責任。」

「那是怎樣的一回事？」我好奇地問

「唉！」他畧把眼皮一合，然後深深地呷了一口嚟啡便向我說他的朋友底故事：

「我與飛馬從小學時已認識了，直到我升上高中那一年才結束同學關係，因為他邀我到一家英文書院去，而我則仍然留在學校讀高中。小學時代，我們便成了很要好的朋友，這，當然跟我們共同嗜好打球有關係。他喜歡玩足球，我則喜歡玩排球，他時常對我的朋友說及我「搥球」如何如何姿勢優美，我也常常在他的親友面前說他在綠茵場上如何神通廣大，中場盤球直入禁區叩關的脚法儼如關公「過五關斬六將」般神勇。

「他的球技終於在一次球賽中，給××球會「波士」看中了，經過一番商談，被該球會吸收。從此，就離開了學生生活，專心踢足球。踢過了幾場「大場波」鋒芒漸露，球技也日日進步，跑體育新聞的記者們賜他一個渾號喚作「趙子龍」。

「一月後，他的「車馬費」也由五十元增至「五舊水」，另外還有班主的額外津貼。一個以前生活費完全倚賴父每供給，而今每月有龐大收入的當然歡喜萬分。每當夜闌人靜之時，飛馬就冥想着他的「五年計劃」，因為他在讀書時已會和一位女同學鬧戀愛。從現在起，倘使每月節下三百元，一年就是三千六元，五年後要近二萬元，五年後的「老婆本」豈不是實現了，他想着想着，笑了起來……

「一顆球國新星冉冉地升起來了，一尊球迷「英雄偶像」也在男女心上矗立起來。

「的確，他的球技實教人震驚，差不多每一場球賽的勝負是決定於他。確切點說，他就是每場球賽的「勝利標誌」也正因為是如此，造成了往後他的厄運的降臨。

「『趙子龍，今天這場波不要打得太認眞，如果贏得太多時，放水可也。這場球賽的結果我們一定要負二球給對方，記着。』在一次球賽前，把他帶進球國那位「波士」向他囑咐。

「飛馬不知葫蘆裡賣什麼藥，惟命是從去做。球賽結果，飛馬隸屬那方負了二球，於是，球場觀衆大喝倒采。有人高叫：「趙子龍存心放水！」觀衆喝倒采之聲好像一根根針般刺着他的腦袋。

「散場後，「波士」往他口袋裏塞入五張「紅底」笑嘻嘻地說：『拿去喝茶吧！』一週過後，H城開始了各球會一年一度的銀牌聯賽，經過了多次淘汰，許多隊伍都在聯賽複賽中擠了出來，現在還剩下五隊，爭奪決賽權。飛馬的母會，一般球迷都以該隊最有『冠軍相』，再戰後，又淘汰二隊了，僅剩下三隊作『龍虎門』。

「那是星期六，球迷很多，場邊的四週都高掛紅旗，許多球迷因買不到票而不得其門而入。使有些「甲級」甚至「超等」球迷爬到山嶺或民房天台上去觀看。

「球賽快開始了，四週都是紅男綠女，按例在球賽前，球員例必「試脚」一番，然後上陣應戰。飛馬也來了，頓時四邊掌聲大作，歡呼不已。

「我們今天仍要負一球，奪亞軍就好了。」試脚後回去「波士」很慎重地向他附耳囑言，這一着，反使他躊躕起來。他想：我能夠如此做嗎？我能為一個波士而辜負球迷對我的期望嗎？他愈想愈陷進矛盾深淵而不能自拔。為了自己是『波士』提携的，所以他只有應承他的諾言，漫不經心地踢，錯失了許多「叩門」的機會。上半場結果是二比一，負了一球。休息時，球場秩序紊亂起來，一片怨聲怨氣。「知道如此，「丟我不下注。」那媽，趙子龍有心放水。」「下半場不贏，我要破產了」「十萬元輸定了。」……大部份球迷在埋怨飛馬失水準，只有他的「波士」笑瞇瞇拍他的膊頭。

「哨子响過，下半場開始，雙方更是緊張死拼，左輔盤球交飛馬，飛馬偏不射門，反撥出界外。球迷更是叫囂，橙皮、汽水樽、紙屑從四面看台擲到球場中去，飛馬在內疚着，他念及自己的榮譽是他觀衆賜予的，為什麼要令他們失望？他在內疚譴責下，他知耻近乎勇，在最後十分鐘內連入二球。於是，球迷歡騰了。終於以四比二擊敗對方，奪得冠軍。

「這當然是一件令人喜歡的事情，但他的「波士」反而沮喪起來在「更衣室」大罵他：『你有意跟我作對嗎？居然把我戲弄，我待你不薄，你胆敢如此斗胆，你記得我當年提拔你的恩典？』罵了一頓後，氣得七竅生烟地走了出去。

「自此以後，他們的感情就破裂了。『波士』那副笑嘻嘻臉孔永遠也不會出現在飛馬的面前，往後的球賽，飛馬也沒有出場，聽說被『雪藏』了。

「飛馬心想久留不妙，就索性轉到另外一間球會去。剛出賽第一場，便被那個『波士』所最心愛的一個壯碩球員以橫蠻勁力踢斷了腿。腿，是球員的第二生命，斷了腿，就預示球場生涯的結束。一顆曾經光芒四射球國的新星剛冉冉升起，又急劇地殞落了。自此以後，『趙子龍』的名字也消失在球國了。」

施牧人再深深地吸入一口嚟啡，挺了挺胸膛長吁着：「雖然他不致殘廢，還可以依靠枴杖走路，但再也不能馳騁綠茵場上了，他的遭遇眞悲慘……」

我聽完了他的故事，沒有話可說，我下意識地在牙籤罐中取出一支支牙籤在折着，我的心境一直在悲涼、空虛。

「怎麼他要提携他，而又要陷害他？」我想這麼問。但我覺得這個問題似乎太幼稚，也似乎太不費腦筋去求解答，所以，還是不問。

「啊！原來你是為他立誓，這不免是排球圈的一種損失嗎？」我想到了另一句話來了。

「全為他。」他說：「至少我脫離了球國，也就避免了如同他那樣的厄運，你說對嗎？」

「唔！」我沒有向他作正面答覆，他的見解我不敢苟同。不過，球國黑暗的事迫使我不敢反駁。因為人是受環境支配的，否則，人會失去生存的起碼條件。

「冬天來了，春天還會遠嗎？」我向我自己，我唯有唸着詩人雪萊的名句，默禱球國春天的早日到來！

文壇泥爪

文學研究會

五四以後，最早成立，最大也最有成績的純文學團體，是人所習知的「文學研究會」。這個會在民九的春天，就開始在北京醞釀，到民十的一月十日發表了等於宣言的「緣起」和包括十項條文的「簡章」。在十二個發起人之中，只有周作人是新文學開創期的老將，無疑他就是該會成立時的主腦。此外有後來成為該會三大領導的沈雁冰、鄭振鐸、葉紹鈞，和該會的主要中堅人物耿濟之、王統照、許地山，還有後來專治文學批評的郭紹虞、報紙副刊編輯專家的孫伏園，更有後來脫離文學的瞿世英與朱希祖，特別的是著名軍事家蔣百里也在發起人之中，他在民十的「小說月報」上發表了幾篇「文藝叢談」。

這十二個人推定由周、孫、鄭、瞿、沈五人負責徵收會員，五人中除沈在上海外，其餘全在北京。沈在北大只修畢了三年預科，即到商務印書館編譯所担任校對，該會成立之前，他曾到北京同鄭振鐸往八道灣訪魯迅數次，因此魯迅雖未參加該會，卻已允予支持，魯迅所譯「工人綏惠畧夫」即是交給沈去連載的。沈回滬後，接辦了「小說月報」，這個刊物本是商務辦的一個專刊舊小說的雜誌，先由惲鐵樵主編，魯迅用文言寫的一篇小說就曾在這刊物上登載過：已有十幾年的歷史。自民十第十二卷第一期起改由沈雁冰主編，從此成了新文學的權威雜誌，葉紹鈞、王統照、落華生、冰心、盧隱、茅盾、巴金、老舍、丁玲等，全是因為最初的作品在這一刊物上發表而成名。現在香港的易君左先生，也在革新的「小說月報」上發表過幾篇小說。

民十的五月，該會在上海時事新報上附刊了「文學旬刊」，主編是鄭振鐸，後來改為週報，出版到四百多期。鄭於次年又做了「小說月報」的主編，之後他赴歐期間，即由葉紹鈞負責。因為機關刊物全在上海，文學研究會也就隨着由京遷滬，而眞正領導人便成了沈、鄭、葉三人。此後該會在北京、廣州及全國各大都市成立了分會，在極盛時期會員總數有一百七十餘人。數十年來在文壇上有聲名的作家，差不多屬於該會的就佔了一大半。

他們提倡寫實主義的文學，主張為人生而藝術，反對無病呻吟的名士詩文，攻擊用文言寫的舊詩詞，攻擊以文學為遊戲的鴛鴦蝴蝶派，也攻擊後起的打着浪漫主義旗幟的創造社。他們在商務出版的有叢書，是當時文學青年的恩物。可惜商務在上海一二八砲火中損失慘重，一時不易恢復，「小說月報」因而停刊，該會竟無形解散了。

文史漫譚

煮酒論曹操（五）

徐亮之

以上所論乃曹操對女人作風的一斑。一句話，他對女人倒是天眞得可愛可笑的。但一論到他對男人的作風，便截然不同了；便是明目張胆大氣磅礴地一味作僞的了。不過，在這方面，他雖情僞萬端，原則却祇一個。這原則，據他自己宣佈是：「寧我負人，無人負我」（孫盛「雜記」）；我們給他註解則是：人才不爲我用，乾脆便殺了他；否則，即使他罵過自己祖宗三代也便絕無所謂，照用無訛。

關於這，他對陳琳的用而不殺，便是一個典型的例子。陳琳給袁紹做檄文對他聲罪致討時，是罵過他祖父曹騰「饕餮放橫，傷化虐人」；他父親曹嵩「乞匄携養，因臧（贓）買位」；和他本人「姦閹遺醜」「好亂樂禍」的；亦即公然形諸文字，罵過他的祖宗三代的（文見「後漢書」袁紹傳）；但「魏志」王粲傳却說：

「袁氏敗，琳歸太祖。太祖謂曰：『卿昔爲本初移書，但罪狀孤而已；惡惡止其身，何乃上及父祖耶』？琳謝罪。太祖愛其才而不咎。」

這很顯然，所謂「愛其才而不咎」，祇是愛其才能爲我用而坦然用之罷了。這原則和陳軫說的一個楚人的故事，其用心正復相同；陳軫說：

「楚人有兩妻者，人挑其長者，長者詈之；挑其少者，少者許之。居無幾何，有兩妻者死；客謂挑者曰：『汝取長者乎？少者乎？』曰：『取長者。』客曰：『長者詈汝，少者和汝；汝何爲取長者？』曰：『居彼人之所，則欲其許我也；今爲我妻，則欲其爲我詈人也』。」（「戰國策」「秦一」）

我們祇消看後來曹操採用陳琳和阮瑀都做「司空軍謀祭酒管記室」；以及「軍國書檄多琳瑀所作」的記載（同上粲傳）；便足見陳琳給他「詈」的「人」眞還不少！

至於始終不爲他所用，或始爲他所用而終於不爲所用的人，則老實不客氣，根據他的原則，却非給殺掉不可的了。不過原則雖然如此，技術上倒也不是說殺就殺，像普通草澤英雄之所爲一般；他對於殺人一道，倒眞肯在技術上花工夫哩！殺彌衡、殺荀彧，便又是典型的例子。

彌衡乃始終不肯爲他所用的人；雖然他曾癟着一肚皮氣對孔融說：「彌衡豎子，孤殺之猶雀鼠耳！」但却連忙補充說：「顧此人素有虛名，遠近將謂孤不能容之。今送與劉表，視當何如。」（「後漢書」衡傳）。後來殺彌衡的雖然並非劉表而是黃祖，但是自從他把彌衡「送與劉表」之後，彌衡便眞個死定了；在技術上，他也便眞個成功了！

荀彧乃始爲他所用而終於不忍爲他所用的人。他曾稱讚荀彧說：「吾之子房也」（「魏志」彧傳）。而荀彧也便從二十九歲起前後給他使用了二十一年。二十一年以來，荀彧給他建大策，决大疑，造成他不可一世的「勳庸崇著」的地位，功烈確也差可以彷彿張子房。可是，自從一度間接表示反對他晉國公，受九錫之後，他便立即認爲觸犯了他的原則的了；便殺之祇是技術上的問題的了。而結果技術上又居然給他弄得相當過得去！因爲荀彧雖然一直吃的是曹家的飯，却早已做的是漢朝的官；加之，被殺之前，早已爵爲亭侯，官居侍中守尚書令，就文班子說，更可謂乃中朝第一人。要殺掉一個這樣的人物，技術上確是要費大腦筋的。但曹操的「偉大」，便是生平却偏偏富於這樣的腦筋。他深深知道：這樣的人物，找他罪狀不得，欲加之罪不得，因而明正典刑不得，肆諸市朝更不得；於是他第一步，乘着南征孫權的機會，表請荀彧來譙勞軍，以便調虎離山；第二步，再以借重重臣「威懷醜虜」爲名，表留荀彧和他「俱進」，以便就近監視；然後第三步，一聲不响，派人送上一個沒有食物的食匣子，亦即等於無言而正式地表示：從今以後，曹家的飯，你姓荀的已經吃完了；現在已經是你最後表示決心的時候了！這便自然令到荀彧氣不得，哭不得，笑不得，申訴不得，解釋不得，逃走更不得；滿眼荊天棘地，到處斷港絕潢的了；而技術上，曹操便也一點沒有殺荀彧之名，荀彧也便一點沒有可以不死之實的了！

曹操技術上表現得比較拙劣的是殺孔融全家的一幕；而其最拙劣之點，便是嗾使丞相軍謀祭酒路粹給孔融來個「亂扣帽子」的枉奏。這奏書說：

「少府孔融昔在北海，見王室不靜，而招合徒衆，欲規不軌；云我大聖之後，而見滅於宋。有天下者何必卯金刀？及與孫權使語，謗訕朝廷。又融爲九列，不遵朝議，禿巾微行，唐突宮掖。又前與白衣彌衡，跌蕩放言；云『父之於子，當有何親？論其本意，實爲情欲發耳！子之於母，亦復奚爲？譬如寄物瓶中，出則離矣。』既而與衡更相贊揚；衡謂融曰：『仲尼不死』；融答曰：「顏回復生」。大逆不道，宜極重誅。」（「後漢書」「融本傳」）

像路粹這樣的胡鬧話，以之對証孔融平生敬長尊賢，急公好義和正色立朝的風範；我相信在當時及後世是沒有人不嗤之以鼻的。「後漢書」作者范曄的孔融傳論，便是我這信心的保証。傳論說：

「昔諫議大夫鄭昌有言：山有猛獸者，藜藿爲之不採；是以孔父正色，不容弒虐之謀；平仲立朝，有紓盜齊之望。若夫文舉（融字）之高志直情，其足以動義槩而忤雄心；故使移鼎之迹，事隔於人存；代終之規，啓機於身後也。夫嚴氣正性，覆折而已！豈有員園委屈可以每其生？懍懍焉，皜皜焉，其與琨玉秋霜比質可也。」

范曄這話，對於孔融的人格與價值和曹操所以必須殺他的癥結，可謂洞若觀火，要言不煩。像這樣一個懍懍皜皜嚴氣正性的人格，不是輕薄文人如路粹輩所能誣衊得了的；曹操祇是枉費腦筋罷了！

記庚子拳變始末（十七）

舜生

唐林等的「自立軍」，以會黨爲骨幹，以知識分子任指揮，亦頗聯絡官廳人物以資策應。會黨中人如李雲彪（湖北），楊鴻鈞（湖南），辜鴻恩（湖北），李和生（湖南），張堯卿（湖南）等，均與此役有關；如瞿河清（湖南），向聯陞（湖南），王天曙（湖南），且在「自立軍漢口實順里機關與才常等同時被捕殉難。據張之洞事後向清廷所進呈的哥老會名單，則所謂知識分子乃至如康梁唐林等也在「正龍頭」與「副龍頭」之列；這不一定是之洞對他們要故意栽誣，實際要與會黨中人共事，不列名於他們的會籍，便難得他們的死力。唐林等當時所散放的「富有票」，凡持有此票一張者，即可向其機關兌換制錢一千文，且坐怡和太古等公司輪船，也可不付船費，這本來都是會黨中的一套做法。

又據章士釗所記，之洞在「自立軍」機關所搜得的名冊，其中「湖北大小官吏，自道府以下二百餘員皆有名，爲之洞所燬，」而担任運動此輩之責者，實爲沈藎。（見章士釗所著的「沈藎」，在此一小冊子之前，有章太炎一序，署名「西狩」，而士釗本人則署名爲「黃中黃」也。）

又據湖南巡撫俞廉三向清廷所上奏摺，稱李炳寰（按俞摺中僅知爲李虎生，即李虎村，實即炳寰）之父李樹芳，即李蓮航，係慈利縣廩貢生，候選訓導，曾在湖南臬司衙門襄辦刑名，在被捕後，於其書篋中搜出炳寰與乃父密信多件，「悉皆狂悖妄誕，無復人理。……」當李蓮航在長沙被殺時，時余已七齡，一日余父告吾：『今日在瀏陽門外（長沙殺人的刑場所在）所殺一「富有票」中人姓李，曾做過臬台衙門的師爺，當綁赴刑場時，坐一去頂之轎』云云，此亦湖南官廳中人參加此役之一証。馮自由所著「革命逸史」，指李虎生爲會黨，不知即長沙時務學堂之學生李炳寰；指李蓮航爲教員，更不知即李炳寰之父；均失之考証太疏也。

唐林等的軍事計劃，原定分「自立軍」爲七軍：安徽大通爲前軍，秦力山統之（吳祿貞即參加此一方面，以意見不合退出）；安慶爲後軍，田邦璿統之；常德爲左軍，陳猶龍統之；湖北新堤爲右軍，沈藎統之；漢口爲中軍，林圭統之；另置總會親軍及先鋒軍，唐才常則爲諸軍督辦。並以容閎駐上海辦外交，以黎科（字澤舒，廣東香山人，日本東京帝大學生）駐漢口租界任交涉事務，布置粗定，而康梁在海外所籌之欵（新加坡富商邱菽園捐二十萬），一部分不能按時滙到，人心已稍稍離異。七月，才常到漢口，以北方拳亂日劇，天津已爲聯軍攻陷，北京亦危在旦夕，因藉日人通殷勤，沈藎亦活動其間，願擁鄂督張之洞據兩湖獨立，而張則殊無此胆識，始終狐疑。蓋張最早原爲同情康梁維新運動之一人，曾於強學會捐欵，且供給經費助汪康年梁啓超在上海辦「時務報」；後藉口康不願放棄孔子改制說，又見后黨勢力不可侮，乃於戊戌春著「勸學篇」以自洗刷，雖於才常有師生之誼，終慮不能見諒於康梁；又其時張與江督劉坤一與各國訂有東南互保之約，自亦不敢自爲戎首而爲此非常之舉。（按唐才常欲用張，與孫中山在發動惠州一役以前欲用李鴻章殆同一用意，無如張李均非其人也。）於是唐乃定期七月十五日各地同時並舉。後以欵絀，一再展期至七月二十九，時長江戒嚴，秦力山在大通未得軍報，仍進行不止；到七月十三日，已爲大通保甲局所知，不得已乃於十五日如期起事，將大通佔領，其布告中所標宗旨，爲「保全中國自立之權，請光緒帝復辟。」卒以孤軍無援，歸於失敗，秦僅以身免，亡命日本。漢口租界寶順里及李愼德堂（按即李炳寰住宅）兩機關，亦爲張之洞所破獲，當場捕去唐林等三十餘人，並搜出名冊、帳簿、旗幟、富有票、軍械等多種。唐供認不諱，乃於七月二十八日夜二更後，與其他十九人同時於溜陽湖畔被殺。除唐才常，林圭與姓名不可考者三八外，其餘十五人之姓名如下：

傅慈祥（字良弼，湖北潛江）　黎科（見前）　黃自福（廣東）　蔡成煜（字慰文直隸天津）　鄭保晟（字幼周福建）　田邦璿（湖南慈利）　李炳寰（見前）　杜子培（湖南慈利）　王天曙（湖南辰州）　向聯陞（湖南辰州）　瞿河清（湖南辰州）　黎桂泉（長沙）　劉國珊（長沙）　陳應軫（湖南龍陽）　周七（湖南湘潭）（參看張難先湖北革命知之錄）

沈藎發難新堤，亦以無援潰散，沈逃匿舒閏祥（字菩生）家數日，後去北京活動，卒於光緒二十八年被捕，爲清廷所杖斃。

張之洞在湖北羅織多人，大興黨獄，湘撫俞廉三承之洞意旨，更在湖南大肆屠殺，爲俞所殺者，以李蓮航、蔡忠浩、何來保（湖南武陵），汪鎔（原籍安徽寄籍湖南），舒閏祥（長沙）等爲最有名。計在兩湖爲張俞所殺害者前後殆不下三百人左右。辛亥武昌首義，響應最早者爲湖南，蓋受此役及光緒三十二年丙午萍瀏一役之刺激爲最大也。（第五節完，全文未完）

本刊已經香港政府登記

聯合評論 週刊

United Voice Weekly

每逢星期五出版

第一○三號

督印人：黃宇人　總編輯：左仲平
社址：九龍赫德道二十三號地下　電話 68678
承印者：嘉羅印刷有限公司　香港灣仔馬師道5號
總代理：友聯發行公司　每份港幣一毫
本報美洲版總經售處：美國紐約中美出版社
CHINESE-AMERICAN PRESS, INC
199 CANAL STREET.,
NEW YORK31 N. Y. U.S.A.
美洲航空版零售每份美金一角

本報遷移社址啓事：

本報社址原在九龍金馬倫道，現自八月一日起，遷至「九龍赫德道廿三號地下」。新社址之電話號碼為「六八六七八」，如蒙訂閱本報，或投寄信扎稿件，均請改寄新社址為感！此啓

聯合評論社敬啓

讀蔣譯鮑爾斯的重行考慮「中國問題」

・李璜・

最近收到「自由中國」半月刊第二十三卷第三期，內有蔣匀田譯美國民主黨競選總部主持人鮑爾斯著的「重行考慮中國問題」一篇文章，據譯者的『譯後感』說，著者在美國民主黨內地位相當重要，如果肯尼第競選成功，鮑氏可能出任美國國務卿，因是筆者把這篇文章讀了兩遍，看鮑氏所重行考慮的「中國問題」，是否在理論上說得通與事實上行得通。讀後乃感到鮑氏雖轉灣抹角的說了一大篇，結論仍是想實現兩個中國，與數年來少數英國人提倡於前、少數美國人附和於後，並且在日內瓦與華沙由中共的王炳南與美國的詹遜等談了三年以上不得結論，其內容實在差不多了無新義，一相情願，必辦不到，適足以表現出美國政治上人物之智慧不足與窘態畢露而已。

一

本文一開頭，著者說，「假如美國提議與北平互換大使，毛澤東會問我們的承認共產政權，是否包括台灣省。我們若答以不包括台灣，則毛對我們的提議，必定悍然拒絕」。因是著者已自認這是「死路一條」！但是，著者轉灣抹角說了一大篇後，結論又說，「假如我們採行這些目的，同時台灣的繁榮與安定又日漸顯著，則北平政府可能勉強承認台灣是個獨立國，翹然立於自由亞洲的事實」。前題已經認為是一條死路，而結論又認為可以勉強辦到，這已是前後自相矛盾，於理論與事實都說不通了。

不過，我們且看著者在中間轉灣抹角想像了一些甚麼，是否其想像合乎情理與事實，而為中共所能接受、則北平政府或者也可以翻然改圖。鮑氏所想像的見解，照他文中所羅列。一、中共必循兇猛的擴展傾向發展，而指向東南亞的弱鄰，而美國必須阻遏這樣的武力擴展。二、住在台灣的八百萬台灣人與二百萬大陸人應有權利要求安全、獨立存在，和發展文化，而台灣的獨立，仍須靠美國人的軍事保護與經濟援助。就這兩點見解來看，鮑氏又一相情願的自陷於矛盾。鮑氏既然認為中共侵畧性成，要以其武力擴展至於東南亞，為甚麼中共還能放棄台灣，並且還能勉強承認台灣的獨立呢？何況台灣還要靠美國人保護其獨立，那麼，除非美國人能用武力把中共打倒，中共絕對不能輸這一口氣，去勉強承認台灣獨立的。美國要在東南亞弱國內加強力量，來遏阻中共的擴張，中共還可以忍氣讓步，但台灣是中共一向認為是他的領土，而美國橫梗其中，使他不得奪取這塊土地，他還能勉強去承認事實嗎！

二

據著者說，「台灣經過土地改革，生產增加，生活繁榮，台灣生活水準之高，僅次於日本、居亞洲的第二位」。又說，「一個獨立的『中台國』（？），可以顯出一個非共的近代中國社會之特異，翹然自由而別於大量控制，享受日增的政治自由準度，與全民經濟發展的機會。建立這樣一個社會，使年青一代的台灣人與中國人可以有其公共意向的感覺，同時予一千三百萬華僑一個文化基礎」。這樣的自由中國，（並非鮑氏所謂的『中台國』）就是筆者與大部份反共的民主人士所企求實現的，因此我們向來不怕得罪自由中國的當局，而不斷主張民主改革台灣。但是如果自由的，繁榮的，文化發揚的台灣狀況實現了，眞足以號召一千三百萬華僑了，則中共的死期便快到了，鮑氏儘可以不必再去憂慮那時北平政權的承認問題了：

三

於此，筆者要提出兩個問題，與鮑氏及美國朋友討論一下：一、殘暴的共產統治，如鮑氏文中所評定的中共的領導大陸，是否可以能夠永久存在得下去？如果鮑氏竟認為殘暴統治可以長治久安，則一七七六年美國的獨立革命便不會實現，而今天的美國還應該是大英帝國的殖民地了呢！二、中共是否可以如鮑氏所想像，一旦中共從事大量貿易於東南亞，中共就可以不向東南亞武力掠奪，而世界的和平也就可以靠中共這一選擇的途徑，而穩定了呢？鮑氏這一想像眞可以稱為十足美國人的想法，只要有錢可賺，又何必從事侵畧，但完全忘却了中共是馬恩列史的狂熱信徒！中共一出世，一直到今日，佔據中國大陸，沒有一天不在高喊打倒資本帝國主義；今天中共更高喊美國是他的「天字第一號的敵人」，並不完全為的美國要保護台灣，要遏止他向東南亞弱鄰掠奪；中共花錢派人到日本，到非洲，到中南美洲去到處搗亂，並且特別向美國搗亂，乃是要從事大量貿易的目的嗎，抑還有其他世界革命的打算呢？

鮑氏文中還「預斷」中共將煽動民族的狂熱，到處放火，比蘇俄還要利害。他說：「莫斯科正宣揚欲輕鬆與非共世界的緊張局面，而我們可以確信北平必盡力向另一方向拖牽」。鮑氏這一看法，不曾認為中共好亂，比蘇俄還危險，這是筆者可能同意的。但鮑氏對於此點的結論；與筆者及一般反共的中國人所見又大為相左：他認為中共所以比蘇俄還兇猛，乃是「蘇俄已經工業化，有豐富的資源，廣濶的土地，而中共則農業貧乏，資源不足，人口繁多」。照鮑氏這一結論，則中共向外掠奪是必然的了，美國又何以撫綏之，又何能遏阻之？鮑氏主張讓中共向東南亞大量貿易，然則既未工業化，又農業貧乏，資源不足，中共又拿甚麼來向外貿易？

總之，鮑氏號稱重行考慮「中國問題」，乃簡直沒有考慮成熟，故發為文字，無處不有矛盾，徒為中共張目，加速其兇猛擴展。筆者希望鮑氏再重行考慮，不宜隨便發表出來！

四九、八、九

不可違抗時代潮流

孫寶剛

最近在非洲誕生了好幾個新的獨立國家，所以到今天為止，可以說大部的非洲人民都已獲得了獨立和自由。我雖然沒有到過非洲，從報紙雜誌以及書藉上知道非洲是相當落後的，在過去的幾百年中，一直在做歐洲人的奴隸，但自第二次世界大戰以後，民主自由的巨流，冲到了非洲，使非洲人也認識了獨立民主和自由的可貴，所以相率要求獨立，到今天達到了他們大部份的願望，將來他們是否能善用其自由和民主的權利，且不談，我在這裏要強調的是民主自由，到今天確已成了巨流，連落伍的非洲各民族都被它所浸淹而自覺起來，歐洲的殖民地者雖然明知在非洲的利益，將因各民族的獨立自由而喪失，可是也無可奈何，他們知道和巨流相抗，雖然可以收效於一個短小的時期，結果會更糟，糟到不可收拾。所以也就順着潮流，給非洲人民以獨立和自由了。

由於這一點，使我聯想到我們中國的人民，無論在文化上智力上都優於非洲的人民，中國自清末以來，不斷的發生着民主自由運動，而況中國的傳統政治思想也常在提倡民為貴，君為輕的理論，這一套傳統思想，雖不是正規的民主思想，有人說它是民本主義，但至少也有助於民主思想的發展的，那麼，為什麼今天中國的人民還沒有得到民主與自由呢？反之，統治中國的特權階級，難道還沒有瞭解到時代的巨流已使落後的非洲人民都在要求民主與自由，中國人民反可以長期的不給予以民主，不給予以自由，而任由統治者奴役下去麼？

有些人認為中國太大了，物質的文明不够，交通通信都不很發達，雜誌報紙的銷售不够普遍，所以人民要組織起來反抗統治者不易，而況中國人民是一個最富於彈性的民族，忍耐的精神比其他民族為強，所以不到最後關頭是不易揭竿而起的。統治者看到了中國民族的這個處境和個性，所以也就延長其不民主的統治。

我認為這個解釋對大陸上的中國人民的情形來說，還說得通，但是對今天台灣的中國人民的情形來說，似乎這個解釋並不適用了！台灣地方並不很大，物質的文明相當發達，交通通信不能說不方便，且以台灣一般人民的教育水準來說，可為全國之冠，所以要把台灣的人民組織起來反抗統治者的不民主不自由的暴政，並不是很困難的。主要的，恐怕還是因為中國人民是富於忍耐性，富於彈性的，非到萬不得已，不願揭竿而起罷！

但是今日在台灣已經開始在組織反對黨了，這至少是台灣的中國人民有組織地不滿意統治者統治的一個警告，我相信台灣的統治者假如還是逆着這個潮流，而冥頑不靈的不自求改革，不自動的走向民主自由的路，前途是不堪設想的。

今朝我打開奧華史狄里物著的「對於共產主義必有的認識」一書閱讀，其第一章有這麼一段記事，很有意義，可供台灣的統治者參考：

「我們可以從一個劃時代的日子開始。這個劃時代的日子一方面總結了過去一切的弊端，另一方面也預示了未來的悲劇。這一個日子是一九○五年一月二十二日。在那個血腥的星期天，沙皇的哥薩克軍隊對着聖彼得堡的罷工人採取強力鎮壓的手段。結果一千餘名手無寸鐵的人們被屠殺，受傷者更倍於此：從此俄國的面目全非。總罷工行動從聖彼得堡蔓延到每一個大城市，沙軍內部發生叛變，農民受到鼓勵而開始反抗，在這一個血肉橫飛的年頭還未終了之時，參加革命的人已經有二百八十萬左右。難怪列寧在以後說：鬥爭的一九五○年是瘋狂年，它確[illegible]族長政治的俄國埋葬了。其實當工人們在血腥的那個星期日去請願時，全無革命或採取暴力的企圖，在他們那一件「申冤」請願書內已經具體說明，他們痛恨而又恐懼哥薩克軍隊和特務，他們仍忠於沙皇，以沙皇為民父，他們相信祇要通過沙皇周圍的衞隊，走近沙皇身邊，向他當面陳述眞相，則正義必獲伸張。

所以那時，在正教的牧師喬治加邦領導下，大家到冬宮的廣塲上集中，想懇求沙皇親自接見他們的首領，替他們作一公正的判決。

請願書內要求五項：被捕罷工人員的寬赦，基本民權，足以維持生活的工資，逐漸推行土地改革，和全民選舉權。

請求書內還說：哀求主人們賜給生命中不可缺少的東西，免使我們終生遭受磨難。

從上面的請願書可以看去，這些工人是非常善良的，全無革命的意圖。可惜那天沙皇沒有露面，哥薩克軍隊向廣塲上密集的人們衝殺，造成了這個血腥的星期天，而結果，便使那一年就有了二百八十萬人左右參加了革命。在後來一些日子內，沙皇雖想讓步，已經太遲。最初認為求之不得的讓步，到了這時候，却被認為微不足道。所以列寧亦說：事情的發展眞是快到出奇。」

我希望今天的台灣統治者，至少有今日殖民主義國家的智慧，不要把事情弄得太遲了。今天台灣雖有反對黨的組織；但是他們還不過是反對黨而已，而言之，他們承認了執政黨，才自稱為反對黨。執政黨如不善為處理，事情的發展，會快到出奇的，那麼，便太遲了。

有好形勢·無好作為

—談蔣先生之打擊民心士氣—

○李金曄○

最近，蔣先生曾接見美記者表談話說，「保衛台灣的問題，在軍事上遠不如政治上、心理上那樣重要。就大體來說，這是一個士氣民心的問題……如果我們失去了外島，即使第七艦隊亦無法保衛台灣，事實上，即使再加派第六艦隊來，也無法挽救此一地區情勢的惡化。」

他又說，「我斷定中國大陸目前的局面，最多祇能再拖兩三年。因之，也許在明年你便能見到一些變化。」

這段談話不僅是可見蔣先生的決心，也實在是所有反共的中國人的願望。

保台澎必守金馬；有金馬始有台澎。這種觀點不論是從痛苦中得來，抑或是為軍略所決定，結論總是肯定的。十一年前，國軍雖尚有與共軍隔江對峙的本錢，其奈不能守淮以保江。殆徐蚌戰役失敗後，雖有長江天塹，亦不足恃了；所以，今日的金馬無異，是當日的徐蚌；確是萬萬失不得的，也不容放棄的。因此，不論國際上有多大的壓力，促使棄金馬守台澎，想來也絕不為國府所能接受的。

就當前大陸上一片混亂形勢來看，確與反攻的前途有利。這也是任何對中共問題稍有研究的人都能看得到的景象。不過形勢雖有利於我，還需要有更切實的作為相配合，爭取某種程度的主動，才能使不利於中共的形勢，更形惡化，相反的，更為有利於我。否則，即使明年「便能見到一些變化」，這變化，仍將不為我所用，奈何！

所以，就最近國民黨當權派一連串的措施看來，不免令人心冷、並且無振作的決心。對籌組中的新黨，已從政治的破壞，進入到以行動迫害；在言論方面，則運用海內外所能掌握的宣傳機關與御用論客，盡情地對民主加以詆譭。而這些舉措皆非祥和之兆。若再從內政的角度來說，貪墨成風，法治蕩然，天災人禍，與夫經濟問題，都不容忽視，而這些現象與影響，民心大有關係。

至於擢昇蔣經國為二級上將，似不能謂不打擊士氣。儘管蔣經國之與蔣先生，父子之親，骨肉之情重於一切，但蔣經國既非百戰的行伍出身，又非黃埔或陸大畢業，過去予以軍階即屬錯誤，今則竟然以「最大勇氣」一錯到底，授予上將，如此措施，則置生平追隨蔣先生出生入死之衆多袍澤於何地！豈得謂公平！同時，就此一端，即可論定國民黨內已無是非公道了！如稍有是非公道，尚有所謂「黨內的民主」，相信蔣先生對此事必不致率直以行。今則黨中央核心，多數為趙孟能貴之，趙孟能賤之的集團份子，國民黨早年之風格，點滴無存，自然也就無人敢於出頭主持公道，堅持正義了！

辛亥革命之初，國民黨以「天下為公」號召八方來歸，這正是它過去所以成功的要素，今國民黨當權派之所作所為，概從天下為私出發，試問國民黨當權派，內何以令衆多黨員翕從，外何以領導仁人志士，此非自絕於黨人，自絕於天下何!?

愛國的黨員要辦一張報紙，可以藉諸種理由與一張法令推絕之，而蔣經國之任二級上將，不知又於法何據！

孫中山先生當年愛黨員如子弟，而對孫哲生氏極少假以辭色，此是天下為公、光明磊落的做法。今蔣先生視具正氣、有作為之黨員如眼中之釘，且不惜縱容某些投機分子，利用黨之宣傳機關為其攻訐私人之工具，扣人以帽子，誣人為「匪諜」，不知蔣先生究欲得天下民心士氣以反攻大陸，抑或僅欲率領其蔣經國集團打回南京!?蔣先生領黨秉國數十年，何以爾今專作「祇見樹木不見森林」的事。蔣先生既已於「不可替代」底「形勢」下，三度蟬連，姑置「合法」、非法不論，既已成為不可再辯的事實，且目前大陸之形勢，又復有利於我，至少應該充分發揮其一貫的「英明」，豈能徒有「英明」的見解，而無「英明」的做法。豈能明知民心士氣之重要，却又專作打擊民心，破壞士氣之舉措！

北望神州，大陸人民與毛政權，經已久處敵對之勢，中國固有的傳統與文化、經濟生活與風格習慣悉遭破壞，人民確已到不堪忍受之境地，從「大陸反攻大陸」的形勢確也在逐漸形成之中，但是以今日國民黨當權派的現況來說，雖有率天下人反共復國之心，恐亦無號召八方來歸之力。蔣先生如一日不抛棄天下為私，天下為子的錯誤觀念，恐怕此生也就祇能抱憾飲恨以終了！

要官逼民反嗎？

•小言•

鑑於七月廿九日台北「中央日報」採用言論迫害的手段，汚訐正在籌組中的新黨，故曾於上期「斥「中央日報」底謬論「短評中推斷指出，「國民黨中央是有可能要對在台灣從事民主運動的個人與團體，採取迫害行動了！」

果然，當該短文於上月杪草成發稿，本刊於上期八月五日印行的同一天，香港各報均載有來自台北的消息，連串地報導「國民黨特務橫行，破壞反對黨集會」。即中央社的電訊，也間接証明了不僅是「干涉」，而且是一再地「干涉」！

對於不幸而言中這樁事，不足道；但是對國民黨當權派這次以迅雷之勢採取行動，則頗感其「行政效率」之高，為十年來所僅見！

為什麼要橫加干涉呢？

是新黨主張擁護民主，而妨害了獨裁嗎？

是新黨標榜愛國更兼反共，而遭忌嗎？

還是台灣的一黨一人競選與舞弊，值得永遠當「國粹」保留嗎？

吾人早就聽說了，國民黨當權派曾迭次集會要謀所以對付新黨之道。故始於分化，繼以收買；若分化、收買無效，進而造謠，拆台。現在新黨各發言人一再强調該黨必然於九月底組成。拆台既已無望，進行迫害，乃是最後絕招。

不過這一招，看來也未必成功。果真，若是國民黨當權派的迫害成功了。那麼，相信台灣將會像火山一樣地暴發起來。

新黨要求的祇是合理的民主改革。如果硬是官逼民反的話，那是國民黨當權派自取其咎！自絕於人！

但願我無此推斷；斷亦不中。

台灣一周

對新黨污衊與「不承認」

新黨發言人雷震說：「新黨將於九月組成，以便於地方選舉中與執政垂卅年的國民黨抗衡。」高玉樹預言，新黨可在明年一月的縣市議會選舉中，廿一縣市中可望獲得十六個的壓倒勝利。

儘管國民黨總裁曾經對民、青兩黨領袖說過，希望中國出現强有力的反對黨（遠在國民大會第二次會議後），儘管國民黨的副總裁也曾經公開表示歡迎中國會產生强有力的反對黨（雖然附帶了一連串的「但書」）。但，作為國民黨的黨報「中央日報」在七月廿九日表示對新黨「並不重視」，亦決不予以承認。」，又在七月卅日公然誣詆「匪圖利用新黨陰謀活動，進行顛覆陰謀」。而且，新黨另一發言人李萬居說「保安人員會干涉新黨活動」。七月卅一日在高雄舉行的選舉座談會，也受警備司令部的無理干擾。因而，雷震表示：「警備司令部指本會不明身份的集會，與事實完全不符，決提出嚴重抗議。且卅一日新生報曾刋載匪在香港及海外各地，日進行統戰活動，拉攏與政府有距離份子，圖對台灣進行顛覆陰謀之新聞，希望破壞新黨的組織，也是國民黨有意破壞新黨的陰謀。

從這一連串壓迫的事實看來，對新黨的誕生，雖不必悲觀，但也不能很樂觀。但壓力與反作用力成正比，面對中國人民的强烈民主政治要求，我不相信槍桿可以解決問題，南韓與土耳其即是好例子。

何不與新黨作公平競爭

國民黨決不承認新黨事實，所謂「承認」問題，殊堪玩味。政黨與政黨間的關係，是政治的，而不是法律的，重視與否，承認與否，那是人民的事，而不是在朝黨與在野黨的事。國民黨一黨專政卅多年，從聯俄容共到想一黨包攬，[illegible]的優越感，迄並未因人民要求實踐民主憲政，和堅決地反共而稍有改變。今日籌組的反對黨，祇要遵循憲法所賦予的基本人權，有集會結社的自由，當然有組織政黨的自由。難道國民黨用「不承認」和「不重視」的語句，就可以嚇到反對黨員的競選？就可以阻止人民投反對黨的票嗎？難道國民黨用「不承認」和「不重視」的語句，就等於說反對黨是非法的組織麼？誠如是，試問置憲法於何地？

我希望國民黨當權派開誠布公，予新黨的組織以合理合法的便利，和反對黨作公平競爭的民主選舉。

•孟戈•

中共對外政策暫作緩和

七月以來，中共對外政策似有暫時緩和的趨勢，它表現於：一、終止了反美、反日運動；二、派出了以劉寧一爲首的代表團到日本；三、准許在押的幾個美國人的家屬前往探監；四、周恩來、陳毅的講話語氣轉緩，並且提出要求簽訂所謂包括美國在內的「互不侵犯和平公約」，主張把亞洲太平洋地區建成爲沒有核武器的地區；否認已放棄了不同社會制度國家和平共處的政策。

但顯然，這種緩和祇是姿態而已，並非外交政策的基本轉變。其所以必須作這種緩和姿態的原因是：

一、自一九五八年其內外政策全面左傾以來，瘋狗似的到處亂咬的結果，使它在國際上陷於孤立，現在必須暫作轉變。

二、過去其所以實行瘋狗政策，目的是壓迫蘇聯亦像它一樣採取對外強硬。蘇聯於五月間破壞了高峯會議，六月決裂了裁軍會議，最近且對美國發出一連串的恫嚇，只少在表面上已經適應了中共的需要。中共在達到這一目的之後，需要爭取一喘息時機。

三、其對外強硬另一目的，是刺激國內的大躍進運動。目前，國內正在大力宣傳「以農業爲基礎」的經濟方針，七月十七日人民日報「工業企業要樹立以農業爲基礎的思想」的社論中，已經重提毛澤東這樣的一段話，「農業和輕工業發展了，重工業有了市場，有了資金，它就會更快地發展。這樣，看起來工業化的速度似乎慢了些，但是實際上不會慢，或者反而可能快一些」。固然，毛澤東尚無停止大躍進運動之意，但囿於形勢，發展速度無疑將迅速降低。對外刺激自應暫停。

若干論者認爲既然中共表示要與西方共處，就應設法以緩和行動迎合之；這是一種直覺的想法。即使其在反美運動進行得最激烈時節，也未嘗不談要與西方和平共處；它的所謂和平共處是一種遂行世界革命的手段，通過滲透，鼓動起各國內部的人民的鬥爭。至於說其所以提出簽訂「互不侵犯條約」之類的要求，不過是宣傳遁詞，爲了更加孤立西方集團。有人認爲美國若承認了中共，就可改變中共野蠻的態度，實爲天眞的想法。要知道目前美國中共間的最大癥結在於「兩個中國」之上，若在目前情況之下承認了中共，適足以構成「兩個中國」的事實，中共與國府都會猛烈反對。是故，若美國無意把台灣送與中共，即則使單面承認了中共，中共也未必歡迎。・田心・

中共對日展開新冷戰

・陳權・

中共對日本的新統戰工作已經開始。同時也展開了反日本政府的冷戰工作，企圖以壓力迫使池田首相低頭。

七月二十九日，中共中委，總工會主席劉寧一率領了一個十五人的代表團到達東京，參加日本工會總評議會成立十週年慶祝大會和第六屆禁止原子彈氫彈的國際會議。這是一九五八年五月以來中共首次派遣代表團前往日本；而又正在日本內閣改組之後，所以人們特別注意這個代表團的活動，以及它的統戰任務。

在這個代表團前往日本之前，七月二十六日陳毅接見日本中國研究所、日本全國金屬礦山工會、日本國民救援會和日本漁業工人等四個訪華代表團時，作了一團和氣的講話：「中國和日本只有一海之隔，兩國人民應該世世代代友好。」進入七月以來，香港的大公、文滙等報，也突然停止了對日本的抨擊。

周恩來同時採取了支持劉寧一進行統戰工作的活動。八月一日在瑞士大使館招待會上，他說：「我們不僅願意同亞洲國家，阿拉伯國家，實現和平共處，而且也願意同歐洲國家以及世界其他地區的國家，實現和平共處。……我們主張亞洲和太平洋沿岸各國包括美國在內，簽訂一個互不侵犯的和平公約，把這整個地區建成爲沒有核武器的地區。」二日，劉寧一就把周恩來講話的內容在日本反映了出來。並表示中共「願與日本根據五項原則，來促使兩國關係正常化。只要廢除日美安全條約，只要日本停止復活軍國主義，那末，中蘇友好同盟條約有關防止日本軍國主義再起的條款，就可以取消。」

一九五八年四月，日本前首相岸信介聲明和中共的貿易要與政治分開，其後在長崎發生了日本反共人士扯下中共五星旗的事件，中共認爲難以達到「互相在對方國家設置常駐的民間商務代表機構」等第四次貿易協定所規定的內容，五月八日就主動地中斷了中（共）日貿易協定。此後，中共就展開了攻擊岸信介政府的宣傳，和支持日本反政府的活動，直到這次日本反日美新安全條約的運動，中共都極盡其支持的能事。但是，中共也一直不忘與日本「復交」的幻想。

除了中共具有上述幻想以外，日本政府方面，似乎也有它的幻想。池田在就職首相發的第一次記者招待會上說過：「同中共改善關係是重要的」。他表示贊成與中共維持友好關係，希望與中共恢復民間貿易關係，以緩和反政府的逆流；此外，池田可能還具有在國際間挾中共以自重的幻想。而這些幻想如果成爲事實，在未來的大選中，自民黨便又從社會黨手中取得了社會黨所佔優勢的宣傳材料。岸信介在去年五月就曾說過，在參院選舉後，考慮派遣一個自民黨的代表團，前往中共區設法恢復貿易。池田對中共的幻想，對中共是具有誘惑力的，中共自然幻想能在日本設置一個商務代表團以進行政治活動，挽回一九五八年所做成的僵局和兩年多來政治方面的損失。

但，劉寧一在日本所進行的工作，表面上看來並不順利。日本「每日新聞」報已指摘他在東京機場的演詞爲失言，爲不懂國際禮貌。因爲他在機場的講詞中，大事讚揚日本人民反對日美安全條約運動，並表示支持日本人民反政府運動和反美運動。其後，劉寧一在總評的祝詞中更讚揚「日本人民廣泛的抗議行動，打亂了美日反動派復活日本軍國主義的原定計劃，阻止了艾森豪的訪日，使岸信介內閣下台」。此外中共代表團副團長趙安博，及鄭森禹等，均藉機會發表了達到干涉日本內政程度的言詞，是很難獲得日本人民的同情和政府的容忍的。他們已毫無顧忌地把在中國大陸所進行的反日、反美宣傳運動搬到日本去上演了。

中共的統戰是在於引起日本社會秩序的不安。廖承志去年二月在歡迎日本安井郁時曾經表示，中共是把日本人民和日本政府分開來對立看待的。劉寧一顯然是在一部分人進行統戰工作以反對日本新政府。日本總評通過的宣言中有：「總評將把粉碎新日美安全條約體系的鬥爭，同反對非法鎮壓和反對池田內閣的鬥爭，結合起來進行」無疑，這宣言已經很大程度地受了中共的影响

劉寧一把政治帶進日本的做法，將成爲這個代表團此行難有所獲的關鍵。因爲劉寧一此行的首要任務，是在於爲恢復中（共）日貿易談判舖路，在這個問題上，日本過去所堅持的「把政治和貿易分開」的原則，相信池田也很難變更和妥協的；那末，劉寧一的言論和活動，就必然會引起日本政府的警惕。如果是中共有意製造這一局面的話，那末，今後中共對日本的冷戰攻勢，就可能會有更進一步的發展；池田一且不低頭，這項冷戰攻勢便將配合和鼓動日本反政府運動進行。

外交界「將多於兵」

——人事新例實行以來的影响

・平江・

（紐約航稿）自外交官領事官新任用法公布以來，其重點在於「非高考及格」不得任用，而影响所及則莫過於硬性規定一般低級工作人員永無升遷機會，因之使外交部工作人員起了極大騷動。立法要在公允，此一新法無異「喜新厭舊」，對於服務外交界年資悠久沒有學歷，只有經驗的幹部打擊最深，人生數十寒暑，青春少年之精力一一貢獻於外交界者，不能言功，却有苦勞，其間經過抗戰，戡亂，最後乃至隨政府遷台，遭受遣散，儘管有遣散費，亦屬應急一時，終非久許，迨外交工作開展，外交部藉口吸收新血，對於老人拒不錄用，亦屬過份，其中復能再回外交部工作者可謂託天之福，至於歷年在台錄取之「高考及格人員」，考的人抱着「考着玩玩」，官方抱着「應景工作」，各得其便，報考資格又無限制，如果是以吸收「新血輪」爲出發點着手，投考者資格則應絕對以每年之應屆大學畢業生爲對象，甚至於大學畢業已超過三年者則不能報考。但是報考人員是各色人等大混合，考試當局和外交部有數，不必說被錄取者都是「回鍋老油條」，頂多亦不過是新瓶裝舊酒，這些年來外交部派出去不少高考及格人員，所發生的醜聞不一而足，若說因這些「新血」會建立奇功那恐怕是「夢想」，有些不通駐在國語文的外交領事官簡直不如當地雇用的雇員有用，外館是要講「作事」却不是「講資格」，不過這班人有新法保障，既不能隨便免他的職，將來這班人還可升官，外交部不愁作官的材料缺乏，就現有的高考及格人員以觀怕已形成了「將多於兵」了。

無論大機關小團黨，必得全員合作，上下一心，工作努力的人受獎，不工作的人受罰應是不移的道理，外交部新外交領事官任用法公布以來，似乎已使外交界工作同仁形成兩個個體，一個是外交領事官的官僚團體另一個則是非外交領事官的職員團體；新法明確劃出二者之間的任用資格是誰也不會否認的，抗戰前後尚不乏累官至封疆大吏，尤不乏行伍出身因戰功而位至方面者，今日獨外交界資格考試限制原有人員之升遷似屬有欠週密，再說外館不在工作能力，責任輕重上以使二者有所區別，伴以「資格」限制，勢必造成人心渙散，互嫉功能，而且外館的一般事務工作，如檔卷報銷，保密、電報、繕寫，等工作差不多都是一般外交領事官不屑幹的，他們所要幹的是簽簽字，出席宴會，說說二話，坐享外交特權，但是這些事務則是使領館的本源，如果辦不好，第一是對內連絡不够；第二是事務工作不清必致影响對外工作，有些外館從館長排名起到最低級館員上竟完全是外交領事官，那麼這位館長就苦了。甚麼事都得自己幹，假如碰到一些外交官什麼事都幹不好的話，館長還得自己抄寫公文，臨時權充收發員，所以說外館倒不如全用外交官領事官，什麼主事、雇員都不用豈不乾脆，不過敢說一句，沒有誰都行，外館少不了一位館長和一兩位雇員的，館長寧可不要外交領事官作館員，却不能不要雇員的。第一是雇員通當地語文，最大的好處是聽使喚，叫他作什麼就幹什麼，總之，養兵千日，用在一時，外交部對於一般下級工作人員通盤考慮，譬如：該派些外交領事官到外館幹收發，譯電、繕寫、會計那眞是「大才小用」，至於一些外交領事官派到外館因不通駐在國語文則什麼事也幹不了，豈不是徒具「新任用法」」「標新立異」而已！新法既已實施，第一應將不通駐在國語文的高考及格人員調開，至少調至他能通駐在國語文的地方使其展其所長，如果濫芋充數則是耗費國家外滙，而且因閒居無事亦失政府考試任用人才之意。

警備司令部干擾新黨活動

宣平

（台北通訊）自在野人士開始籌組新黨以後，在最初的時間，當權者在表面上尚未採取直接干涉的態度，而祇是在暗中進行分化和阻碍；尤以籠絡民青兩黨使其不參加新黨為重點。因此，兩黨的行情突飛猛漲。可是，由於這種暗算的政策並未收到預期的成效，於是，公開的干擾就不可避免了。除於前月有所謂各雜誌編輯人的會議，由一羣受雇的教授和編輯參加其間，公然說在今日的台灣沒有組織新黨之必要而外，中央日報也對新黨發出排砲，甚至說共匪利用新黨活動進行傾覆陰謀。最近台灣省警備司令部也奉命出馬了。上月新黨籌備人雷震、高玉樹、李萬居、夏濤聲、郭雨新等曾先後去台中、台南等地與當地民主人士舉行會議，對新黨的名稱、政綱及黨章等交換意見，事後，會議地點的主人均得到警備司令部的代電，茲探悉如下：

一、台灣中部地區警備司令部代電（最速件）

事由　密

受文者

日期：民國49年七月20日
（49）保險字第八七三號
駐地：台中市復興路愛國街郵政第七〇五九號信箱

一、據報本（七）月十九日下午五時有不明身份者約百人在貴寓秘密集會。

二、查本省現值戒嚴時期依照戒嚴法之規定在戒嚴地區內民間集會應事先向當地治安機關申請核准後始可舉行，上述本（七）月十九日約百人在貴寓之秘密集會事先並未向治安機關申請顯有觸犯戒嚴之規定，該項集會名義為何，由何人召集，參加人員為誰，以及討論之內容與目的希一併具覆以憑處理為荷。

三、本件副本已抄呈台灣警備司令部並發台中市警察局。

兼司令陸軍少將　楊顯涵

二、台灣南部地區警備司令部代電（特急件）

事由：為希將貴寓七月23日下午秘密集會情形呈復憑辦由

受文者：

日期：民國四十九年七月廿三日

字號：（49）南寓琴字第一一八六號
駐地：台南市郵政信箱第七〇五八號

一、據報本（七）月廿三日下午有不明身份者約六十餘人在貴寓秘密集會。

二、查本省現值戒嚴時期，依戒嚴法之規定在戒嚴地區內民間集會應向當地治安機關申請核准後始可舉行，上述七月廿三日六十餘人之集會事前並未向治安當局機關申請顯有觸犯戒嚴法之規定，該項會議名義為何？由何人召集？何人主持？參加人員身份為何？及其內容與目的等希一並呈復以憑處理。

三、本件副本已呈送台灣警備司令部並發嘉義警備分區指揮部嘉義縣警察局。

兼司令陸軍少將　盧雲光

上面的兩個代電內容完全一致；可見台中台南兩地區的警備司令部都是奉命行事的。至於說到戒嚴的問題，則遠自韓戰發生美國第七艦隊進駐台灣海峽以來，官方人員早已視台灣為安全世界，花天酒地，通宵達旦，時有所聞，似乎並無半點的戒嚴氣氛。然而每逢到人民有什麼言論或集會為當權者所不高興時，此一無事不管無惡不作的警備司令部又把戒嚴的大帽子捧出來了。茲且不論如此的戒嚴，有無必要和是否合法，而祇就其執行的實際情形言之。假定果如警備司令部所稱，本省現值戒嚴期間，依戒嚴的規定，民間結會應向當地治安機關申請核准後始得舉行。試問國民黨的各種集會是否也屬於民間結會？為什麼不先向當地治安機關申請核准就可以隨意舉行？為什麼警備司令部不於事後去電要他們將何人召集，何人主持，參加人員身份為何及其討論內容與目的等逐一呈覆以憑處理？假定說，國民黨的各種集會不受戒嚴法的限制，那麼，在野人士商組新黨的集會，又為什麼要事前申請核准？難道當權派享有一種天賦的特權嗎？至於說參加商討籌組新黨的人士為身份不明，則顯然是故作糊塗或存心侮辱。因為不但一般老百姓都知道新黨的籌組者盡屬各級民意機關的成員及地方的知名之士，即非法臨時總統也是深知的。難道這些人一經籌組新黨便於一夜之間變成身份不明的人嗎？可見警備司令部之所言，不過是故入人罪的一種藉口而已。

據說，警備司令部奉命出馬，顯示當權者已有捕人的決心。說不定最近的將來，會有若干參加新黨的人士要吃刑警隊（即蔣經國特務系統下的行動機構）的苦頭呢？本來國民黨內較有頭腦的人士都認為如果新黨能順利組成並將海內外民主人士團結起來，對政府祇有幫助而不會有任何阻碍。因為新黨既要遵循民主的常規以與執政黨抗衡，則在現局之下，他們自無於最短期間奪取政權的可能；而將限於在政治上發生監督的作用，可使若干貪污腐敗和違法亂紀的現象得以有所改正，豈不是對政府大有幫助嗎？不幸，以蔣經國為中心的一羣人，橫蠻霸道已成天性，再加以別有懷抱，自不能容許有一個要和他們抗衡的新黨產生，因而多方破壞，無所不用其極。許多人（包括國民黨中人）都躭心他們將會攪出亂子來的。有人會為非法臨時總統取了一個外號叫「包整爛」，即是說，無論怎樣一件於國於民甚至於他自己都有利的事，他往往倒行逆施，弄得糜爛而不可收拾。他在中國歷史上僥倖建立的功勛就是這樣毀滅了的，整個大陸就是這樣送掉的。而今困處台灣，原可望實現小康之局；亦因其「包整爛」的作風不改，再加上心懷叵測的經國從旁推波助瀾，看大勢，恐仍免不了一場災難的。

新黨在台中的活動

台北通訊

・聶磊・

從七月下旬開始，台灣外國通訊社不斷向國際間播出新黨的動態，新黨的籌備者，也廣泛地開展一連串的工作。台灣人民的反應異常熱烈，而執政黨則感到極端的不安。近來中央日報更對新黨進行接二連三的惡意攻訐，看來好戲還在後頭呢？

中部四縣市座談會

七月十九日下午二時，新黨的前身「選舉改進座談會」假中縣豐原鎮王地醫院召開大會，與會人包括李萬居、高玉樹、齊世英、郭雨新、楊毓滋、李源棧、雷震、夏濤聲、許世賢、楊金虎、葉炳煌、黃玉嬌、王地、謝漢儒、郭發及台中四縣市地方知名人士王地等多人，由王地、何春木、石錫勛任主席團，雷震與高玉樹均先後在會上發言，一方面指摘執政黨的獨裁專政，一方面說明民主政治須有反對黨才能發生制衡的作用，而所組織的黨是以全國人民的利益為目標，堅決反對偏狹的地域觀念。

座談會的結論：（一）新黨定本年十月前組黨完成，公告海內外。（二）配合本省第五屆縣市議員選舉，爭取三分之一的名額。（三）吸收黨員以鄉鎮為單位，成立工作站，普遍深入基層。（四）黨員之吸收重質不重量。

這次的座談會顯得非常和諧，據說選舉座談會，決定在各縣市中廣泛展拓，每兩周舉行一次常務委員會議，這種會議將分別在台南、台中、台北各大城市舉行，從而爭取下屆縣市議員當選的名額數量。反對黨將採取委員會制，重要的黨內外決策，將由委員會決定。

嘉義座談會

繼中部會議後，廿三日下午四時在嘉義許竹模律師住宅召開，雷震、夏濤聲、齊世英、楊金虎、謝漢儒、郭雨新等人，和當地著名人士許竹模、許世賢、翁道源、胡能晃等，亦由台中前來參加。推許世賢任主席。他說：「民主國家的政爭，是公平競爭的，而不是流血革命的，選舉是民主政治的基礎，不能以武力奪取政權。」

雷震說：「五月十八日在台北召開的選舉檢討會，多數與會人員都贊成另外組織一個新的政黨；目前籌組新黨正在進行草擬黨綱、黨章，預定在九月底成立，要配合在十二月間的縣市議員的選舉。」

青年黨籍的國大代表萬壽康指出「（一）新黨要注意份子的優秀。（二）辦黨要有充裕的經費，最好要吸收工商界企業人士。（三）注意多做宣傳工作，最好在海外辦一個報紙，對海外僑胞宣傳」。

這次會議的進行中，陸續熱烈發言的有王鍾麟、趙德賢（民社黨員）、戴桂生（青年黨員）、彭布金（青年黨員）、詹振泰、陳水儲、胡能晃、楊金虎等。

蘇東啓致開幕詞時，指出組織反對黨的主要動機：「（一）一般人民對執政黨頗有微詞，（二）世界潮流之所趨，（三）廣大人民的要求。」

雷震談新黨黨綱

雷震並闡釋新黨黨綱的含義：畧謂：「（一）民主政治國家，應將政黨與政府劃分清楚，如果國家的軍隊以及各級行政機關黨政不分，則難實現真正民主。（二）司法獨立，應不受任何政黨的影响，如果一個國家的司法不能做到公平審判，亦難實現民主。（三）學校應脫離政黨，教育絕對不能黨化。（四）黨費應取之於黨。用之於組織，國庫不能用於政黨。」

籌組中的新黨在密鑼緊鼓積極進行，中國人民的視線，正集中在這個政治焦點，面對中國人的强烈要求，當權者縱想阻止，仍將枉費心機的。

中共今年上半年集體奴工制 共開墾荒地一千八百多萬畝

陳一鳴

為了增加糧養，以便運輸出口，從而賺取外滙，中共十年來一直在用集體奴工制度，加强開墾荒地。估計中共十年來，在大陸腹地及邊區共已開墾三億畝土地。而此項開墾工作，迄今並未中斷。對於荒地的開墾，中共一向採取集體强迫勞動制度。許多原本在南京上海等城市居住的人民，都紛紛被迫遷徙邊區，參加此種勞動開荒。亦有許多青年學生，被指為「右派」，被遣在此種國營農場中從事此種奴役，而名之曰「勞動改造」。據八月三日中共人民日報報導：大陸各地國營農場正積極開荒造田，擴大耕地面積。目前，北方各墾區正在大開伏荒。南方各省也在加緊管理新播作物的同時，進一步擴大耕地面積。

大陸之窗

又據中共農墾部統計，「全國農墾系統今年上半年已經新開荒地一千八百多萬畝。其中河北、甘肅、青海、湖南、廣東、廣西、雲南七省（自治區）和新疆生產建設兵團、牡丹江、合江、呼倫貝爾盟四個直屬墾區的新墾地，已經播種的有八百三十多萬畝」。這說明中共對荒地開墾工作之積極了。預料此一工作今後中共仍將繼續積極進行，同時，我們亦可預料大陸各城市實行城市人民公社後，中共勢必將城市中過份擁擠的居民大批徙往邊區，從事此種開荒工作。至於目前由印尼回大陸的華僑，中共亦是把他們運往海南島等地之偏僻地區開荒的。

中共向文藝工作者提任務

文藝林

大陸文學藝術工作者第三次代表大會，業於七月廿二日在北平揭幕。來自大陸各地代表二千餘名，共酋劉少奇、宋慶齡、周恩來、朱德、鄧小平等也出席了這一會議，並分別接見參加會議的代表。中共文特頭子（文藝聯合會副主席）周揚，於該會揭幕時，以「社會主義文學藝術的道路」為題，提出了長篇報告。在報告中他强調文藝工作者要「為工農兵服務，為社會主義事業服務」的唯一政治方向，沿着這個方向，貫澈「百花齊放、百家爭鳴」的方針。在創作上，提倡革命現實主義和革命浪漫主義相結合的藝術方法；反對修正主義，反對反動的資產階級「人性論」的，力言「文藝工作者的目標是創造偉大的社會主義，共產主義文學藝術」。

中共中央「政治局」候補委員，「國務院」副總理陸定一，在大會發表致詞稱：「在無產階級和資產階級之間的政治鬥爭思想鬥爭仍將繼續很長的時期，高一陣，低一陣；一直到資產階級的政治影響和思想影響完全消滅為止。」因此他說：「如果認為，只要是在社會主義社會裏生長起來的人，就自然而然的會有社會主義共產主義思想，那是極端錯誤的。」他認為在社會主義社會裏，多數人的無產階級思想固是客觀存在，但是另一些人的資產階級思想也是客觀存在的，而且運用行政命令的辦法，禁止資產階級思想，是辦不到的。因此，必須經過長期的反覆的鬥爭，才能逐步做到澈底肅清資產階級的政治影響和思想影響」。

陸定一同時又指斥現代修正主義者衹打着所謂「積極共處」幌子，而用資產階級和平主義和資產階級虛偽的「人道主義」的思想來迷惑羣衆，用個人主義來反對集體主義，用資產階級「人性論」來反對馬克思列寧的階級鬥爭的學說，無產階級革命和無產階級專政的學說。

由於中共無法運用行政命令禁止，清除文藝工作者的自由思想，無法澈底清除部份文藝工作者深藏在內心的人性，所以它在這次「文藝代表大會」中，要求大陸文藝工作者們，今後必須為工農兵服務，為社會主義服務，並企圖運用其所謂「百花齊放、百家爭鳴」的臭調子，來裝點其早已枯萎了的文藝花園，殊不知在共產黨的獨裁專政之下，是根本不可能產生芳香的文藝作品的，更那來百花齊放之可言呢？

滬劇「鷄毛飛上天」的諷刺意味

．拾遺．

「鷄毛飛上天」是一句戲的戲名，戲的故事是敘述一個民校教師林佩芬為民校奮鬥的方向。故事說林佩芬被人譏諷，但她却對擺在面前的雙重侮辱激動的唱出：「一口唾沫小事體，佩芬不生孩子氣，這是老師責任未盡到，所以孩子太頑皮，倒是顧師母的一番話，句句刺在我心裏。流氓長流氓短，分明將工人子弟看不起。……我們聽了這番話，不爭嘴，要爭氣，我們要堅持黨的教育方針，辦好民校，千方百計，幫助虎榮改正缺點，使他成為工人階級的優秀子弟，窮要窮得有志氣，定要鷄毛飛上天」！

本來，像這樣一個鼓吹民校的故事，大可從其它教育意義濃厚之處去强調，就是從階級觀點去宣傳問題，其間也是大有文章可做的。對於這一句戲的名稱也大可不必叫做什麼「鷄毛飛上天」。因為毛澤東正是中共當今領袖，說到鷄毛飛上天，總不免有譏諷老毛之感。況且，「鷄毛飛上天」幾個字，稍一聽錯，就很容易聽是「朱毛飛上天」了。所以，這一句戲本來不該這樣取名，但竟然終於這樣取名，這對老毛確是一種諷刺。

據八月三日人民日報說：「上海人民劇團集體創作演出的『鷄毛飛上天』，在上海演出時，受到了觀衆：特別是教師，家長們極為熱烈的歡迎，在當前文化大革命運動中，在黨提倡自力更生，勤儉辦學，提倡苦幹、實幹、巧幹的工作精神時，這句戲顯示了自己的高度的時代精神和現實教育意義。無論從思想性或從藝術性來說，「鷄毛飛上天」都可以被認為是一九六〇年中優秀的現代題材戲曲劇本之一，當此毛澤東一飛冲之際，人民日報認為這一句取名「鷄毛飛上天」的戲富有現代意味，那也正是很幽默的，難怪觀衆極為欣賞了。

本報價目

港九　零售每份壹毫　每月四毫　全年四元
美國　平郵每月美金伍角　空郵每月美金二元
日本　平郵每月港幣三元　空郵每月港幣伍元
南洋　平郵每月港幣三元　空郵每月港幣伍元
歐洲　平郵每月港幣三元　空郵每月港幣陸元
南美　平郵每月港幣三元　空郵每月港幣十二元

中共承認領導上官僚作風嚴重

樵夫

中共各級領導上官僚主義，早就上行下效，形成一種風氣。因此，連年下放幹部，圖以搶救方式，以免政權糜爛。然而，不合理制度加强了幹部無所不用其極的殘酷手段；使全民寒不得衣，飢不得食充滿怨懟和反抗情緒；中共頭目認為事態非常嚴重，乃令地方報紙普遍展開宣傳改進幹部工作作風和領導方法。「南方日報」先後發表社論八篇，足見嚴重之程度。

據四月二十五日「南方日報」載：「東苑縣麻涌公社，由於領導上沾染了官僚主義的習氣，既沒有做好生產工作，又沒有妥善安排羣衆生活，結果使這個一向先進的公社變成了落後公社……一部份幹部中存在着脫離羣衆的官僚主義氣習……」南方日報特別舉出麻涌公社做例子，作為攻擊領導上官僚主義作風的鵠的；「領導幹部就像從前坐在北京大辦公廳裡一樣發號施令」。足以推斷那些領導幹部是由北京中央機關下放到社。五谷既不能分，又不肯吃苦深入生產第一線，難怪其先進變成落後了。

「人民日報」七月十一日亦有同樣報導，「廣東電白縣電城公社，長坡生產隊幹部參加勞動少，工作不深入，羣衆有意見……很多隊員家裡不但沒有養猪，連一隻鷄也沒有：……」養猪是中共一九六〇年副業生產主要項目之一，用以換取外滙，以維北平備戰之需。電城公社不但很多隊員未養猪，連鷄也沒一隻。此種原因，人民忿於幹部官僚主義，只吃不做，不顧辛苦豢養，再是沒有飼料。

同報又說：「長坡生產隊六個要員中，兩個經常掛病號，有兩個很少參加勞動「不知田裡事」，一個負責婦女工作的黨員，從未下過田。黨員不下田的原因，據說：「是工作太忙，同時他們負的領導責任不是一個農民……」農民對此等幹部養尊處優，不事勞作的官僚作風，本極忿恨，但希望他們能接受羣衆意見，以改善他們生活，然而，使他們失望的是媚上壓下，只顧完成任務，不知人民死活，據同報反映的意見說；「長坡生產隊自然條件最差，人少田多，土質瘦，經常受旱，解放初期到現在畝產還是不過幾十斤。幹部一定要我們「三包」，因此不落實，何況還比別隊多，因此，年年賠產，我們向幹部反映包產指標偏高了。只是這個大隊裡幹部，却不准我們調整：……」因此社員說：「領導不肯替我們解決難題，要從我們的收入不够定量，賠產要我們的肚子拿出飯來，我們為啥死幹。」

中共下放幹部作用，是在帶頭意志消沉的農民「躍進」，因此中共中央規定必須和農民，「同吃、同住、同勞動、同商量、同學習」的五同辦法，誰知下放幹部僅同吃而已，難怪全大陸公社陷於怠工狀態，生產銳減了。

印尼內部的三角關係

——軍部，共產黨，革命軍

蘇蘭芳

印尼軍部與共產黨的衝突，最近已逐漸趨於表面化。雙方的鬥爭，似乎正在展開。據一般預料，前途可能還會有關劇上演。

印尼共產黨的喉舌「人民日報」，已被耶加達軍區司令部根據「戰時地方掌權者」的權力，勒令停刊。親共的「東星報」，於「人民日報」被停刊後，自以為可以接替「人民日報」的「任務」，也同樣受到「人民日報」所受的待遇。宣傳和叫囂是共產黨擅長的慣技，這兩家報紙的被封，已經大大減低了印尼共黨的氣燄。

「人民日報」的被停刊，原因是它歷次刊載印尼共黨的聲明——本來，印尼共黨仍是合法政黨，是可以依法發表聲明的，但印尼因在與革命軍作戰的「戰時」，「戰時掌權者」的軍部曾經頒令政黨不得「亂發聲明」，公開文告須經當地戰時掌權者之審核。印尼共黨沒有依法將聲明送審，「人民日報」遽予刊載，這就違法了。

再者共黨聲明的內容，還劇烈抨擊政府，抨擊軍部，前者的一點，更成為軍部查禁人民日報的口實。而後者的一點，實際更惹起軍部的忿怒。軍部既有法可依，「人民日報」自不免於被查禁。

印尼共黨的聲明，一則抨擊軍部的安全政策，即執行戰時法令，原為對付革命軍（叛軍），但對進剿革命不力，徒擾人民。再則謂印尼之「工作內閣」，成立一年以來，無所表現，應予改組云云。

該項聲明刊於七月八日，而「耶加達戰時掌權者」耶加達軍區司令烏馬爾上校下令查禁該報，係於七月十五日「限令自七月十六日起無限期停刊」，中間經過一個星期。這可能是軍部極峯與政府當局會商的結果，烏馬爾上校不過是奉命執行而已。從這一點看，可見印尼共黨不滿現政府，而政府也站在軍部一邊，對共黨示以顏色。（該報雖於八月一日獲准復刊，但耶加達戰時掌權部發言人說，倘該報仍刊擾亂秩序的言論或消息，必予以更嚴厲的處分。）

「東星報」被封的原因是為中共張目，這是因芝馬圩華僑被殺事件的紀載而起。本來印尼的排華，最初是由中共唆使排斥「白華」而起的，國民黨立法委員馬樹禮等一批人的被驅逐，及渠等之報館學校暨所組僑團之被查封，沒收財產，乃是中共駐印尼使館的傑作。誰知印尼排白華排出癮來，繼續又排赤華，以至限制中共使館人員活動，與中共尖銳衝突，殊非中共意料所及。在中共與印尼衝突當中，印尼共報及親共報却幫助中共，自然這又要出毛病了。

「東星報」紀述芝馬圩事件，對該處西爪哇軍區新聞處長的公報，作歪曲的報導，以致「使公衆發生錯誤的印象，一若事件的發生應歸咎於政府的機構一般」。最初，耶加達軍區還只是召見「東星報」的總編輯，指責其報導歪曲之不當，令其糾正上項錯誤，但「東星報」仍不肯承認錯誤，拒絕更正。過了十天，也被軍部查封了。

關於印尼共黨抨擊軍部的安全政策問題，軍部雖未據此以為查封共報的口實。但實際上軍部對於此項抨擊，極表深惡痛絕。陸軍參謀長納蘇賢將軍在蘇門答臘曾發表演說，正面對印尼共黨抨的擊予以答覆。納蘇賢承認北西里伯斯及蘇島仍有革命軍的活動，爪哇島中，西部亦有局部小地點的革命活動未能予以控制，但實際是因印尼島嶼繁多，地域遼濶，國家經濟動盪，征剿不易，而非「不力」。但爪哇島大部份地區之安全，經已恢復。預料在兩年內，整個印尼將獲安全。納蘇賢說：安全政策已獲得大多數人民所擁護，「祇有極少的一部份人不予贊成，那便是印尼共產黨」。

事實上，共黨在安全政策之下不便於活動，故此他們反對安全政策。共黨雖然反對軍部，但他們更反對革命軍。軍部對共黨雖然嚴厲，但共黨仍能公開活動。換上革命軍執政的話，共黨就是非法政黨了。所以共黨希望軍部出全力去與革命軍拚命，先把革命軍打平了，那時共黨便可以要求廢除限制政黨活動的命令。而共黨最如意的算盤是：軍部與革命軍兩敗俱傷，那時共黨內脅蘇加諾，外有遊擊隊，還怕印尼不是共黨的天下。

可是納蘇賢將軍是謹慎的，他似乎洞悉共黨的陰謀。所以他在一面進剿革命軍中，一面亦在對付共產黨。共產黨對軍部的衝突激化，軍部得把更多的精力，放在防止反側方面，可能更令革命軍逍遙自在了。

．耶加達通訊．

印度驅逐中共記者出境

慕禪

印度政府最近限令中共新華社新德里分社「撤退」，該社負責記者高梁，則被驅逐出境。自中共派軍侵擾印度邊境，雙方交惡以來，中共與印度已多方面地發生磨擦，似非周恩來的重唱「共存論」之所能挽救及避免，印度驅逐新華社記者事，不過是其一斑。

上（七）月中旬，印度公用事業工人為要求增加工資的大罷工，決定於十二日零時起舉行，當局則早已宣佈罷工非法，授權警察採取防止，於十一日開始搜捕罷工領袖。但罷工終仍爆發，拘捕及在罷工的衝突中發生傷亡，情勢一度相當嚴重。中共的新華社得此題目，認為正是對印度報一箭之仇的好機會，乃乘機挑撥，「加强報導」，說工人如何「强大正義」，印度軍警如何「横蠻」鎮壓。使用所有共產黨所常用的詞彙去描寫，由新華社發出「人民日報」大字刊登，「北平電台」以中英印語廣播，目的無非要給人以印象，印度政府是一個「帝國主義」的政府，值得予以打倒。

這項由新華社新德里分社記者高梁所「加强採訪」的「報導」，因中共北平電台的播出，很快的影响到印度的反應，印度外交部新聞司長梅農，已兩次傳高梁前往問話，對新華社的錯誤報導，加以警告，謂倘再不根據事實報導，便將採取嚴厲行動。高梁當面雖然唯唯諾諾，可是，鼓動自由國家的內亂既是共黨的任務，强調這項宣傳正是新華社的「神聖使命」。高梁終於陽奉陰違，仍然是「加强報導」，依法泡製。「北平電台」叫囂印度大亂的聲音，便刺激了印度朝野。

印度的輿論及民意，報紙和議員首先抨擊新華社駐印記者對大罷工的「報導」歪曲事實，幾乎等於干涉內政。內政部長潘特氏亦就此事表示意見，認為中共的電台及報紙，對印度這次工人罷工，表現出「異乎尋常的興趣，渲染過甚」。

恰好高梁在印度居留的期間是到八月二日為止，如要繼續居留，還須申請印度當局核准。於是，當七月下旬高梁申請繼續居留時，印度外交部即予以答覆：居留至八月二日為止，未便延長。高梁晉謁梅農要求解釋何以不准其延長居留時，梅農坦白地說，因新華社不斷抨擊印度當局，故印度政府決定不續允居留，印政府且甚願新華社「撤退」。另一方面，印度外僑登記處，則已通知高梁於八月二日離境。其他的高梁的隨員，據說「決定一同撤退」。

中共駐印使館雖已照會印度當局交涉，說什麼「友好、共存」。但尼赫魯總理在議會說：中共駐印記者發出了「片面的而且沒有事實根據的『報導』。」說明了印當局驅逐中共記者的實情。

．加爾各答通訊．

如此改善人民生活

．年乃常．

中共每大力宣傳「改善人民生活」；其「改善」情況究竟怎樣？我們大可以從「人民日報」中領署出來。

據最近「人民日報」的報導，各地幹部，刻已抓緊時機，組織羣衆，加强推行一個「廢物利用」運動，把麥桿也充份利用起來。據該報稱：這是一項「先進經驗」，麥桿可以製成澱粉、釀酒、造糖；牠的渣滓，還可以造成醋、醬油、紙張、和纖維板。廣西河池縣，現已試驗成功，每百斤麥桿，可以製成濕澱粉六十餘斤；這種澱粉滲混一些麵粉或米粉，便可製造饅頭、花捲、烙餅和麵條。貴州德江縣方面，目前也正加工趕製麥桿澱粉，藉以增加人民的食糧。該報還說：這些用麥桿澱粉製成的食品，不特味道可口，而且營養料也很豐富。

用麥桿澱粉製成的食品，是否真的味道可口？是否真的營養料豐富？這些，且姑置勿論。不過據我們所知，那些麥桿，以前是連豬也不吃的，一般農民，祇是拿牠來作燃料吧了；而現在中共在羅掘俱窮的窘態下，才忽然從「先進經驗」中，如獲異寶地「發現」了這些麥桿是「營養料很豐富」，於是驚喜欲狂，立刻「利用」它來增加人民的糧食。這樣的「改善人民生活」，恐怕人民的肚皮給這一「改」就改得更「腹如雷鳴」，更容易變成「瘦才」了！

中共工業生產失敗引起五大鬥爭

．江水．

中共刻已自認，在工業生產上，已發生了五項新的矛盾；那將是原材不足，器材設備不足，技術力量不足，運輸工具不足，管理經驗不足。但他們不從基本上尋求解決，反而在各大城鎮裏，掀起了五大鬥爭。據有關方面透露：第一個鬥爭，是技術和政治的聯繫問題；共方認為部份技術人員，都有了「技術不是政治」的思想，拒絕接受「黨的領導」，這種觀念，應予徹底剷除。第二個鬥爭，是有限度革命和不斷革命的問題；共方認為，任何困難，都可以用「不斷革命」的精神去解決，對於以「躍進有止境」，都應無情地予以鬥爭。第三是技術的訓練問題；共方强調，最懂得技術的是羣衆，絕不容許把技工視作特殊的「專門人材」。第四，是共方極力主張「理論和實踐絕對不能分割開來」。第五，凡重洋輕土的主張，共方都認為是嚴重的錯誤，對存有這種思想的工業從業員，非加以消滅不可。——從上述的「鬥爭」看來，我們可以窺察得出，中共的工業生產部門，刻正陷入極度混亂的情況中。

僑鄉近訊

南海縣三個公社劃作農業示範區

據南海籍僑胞最近獲得他們的故鄉消息：南海縣的鹽步、平洲、大瀝三個人民公社，已被劃作「廣東省農業示範區」，所有這三個公社轄內的鄉民，均被集中奴役，使用種種迫害的方式，壓榨他們的勞力。查該三個公社的所在地，正是珠江流域的平原地帶，緊靠廣州，毗連佛山。交通方面，陸路有廣雲、廣中兩公路，和廣三鐵路，橫貫區內，水路方面，有珠江、西江、北江的支流，縱橫其間，是相當便利的。區內共擁有土地約十四萬二千餘畝，其中稻田佔十一萬七千多畝。主要的鎮墟，有水頭、黃歧、疊滘。全區人口，約有十二萬至十五萬人。粵共既把這三個公社劃作「農業示範區」，換言之，即加深了這十多萬人的奴役，加重了這十多萬人的迫害；同時，也使這三個公社，將更受到嚴重的蹂躪；當地鄉民的生活，將更苦不堪言！

遙寄

何錡章

夜，早已深了，月光從窗外照進來，整個宿舍裏沒有一點人聲，我輕輕地走下了樓，打開大門裡的小門，到校園裏漫無目的地走着，對着瘦長的樹的影子，梅姐，如果你也在這兒……

梅姐，如果你也來了該多麼好？為什麼你竟不能來？早知道，我怎麼也要你一起來的，我原說很快就要回去的，只來台灣玩玩就要回去過年，是我騙你嗎？十年，十年，三千六百多次的太陽落山，你都是一個人在看嗎？你說你最愛看太陽下山時滿天的紅霞，那時，我們村前的那條小溪變成一條血紅的金水多美呀！梅姐，你不會忘吧，當我們倆偎依着溪邊的那棵枯樹枝，你手裏拿着冷了的芋子望着天邊出神，我偷偷伸過嘴去咬了一口你也不作聲，我祇是看我一眼，微微的一笑。又癡癡的望着天邊的紅霞了。到我溜回家裡，把埋在灶灰裡的大紅蕃薯扒出來，拿回到你身邊時，「哈」的一聲把你嚇一大跳，你回過頭來，你用手使勁往我胳肢窩裏一抓，我癢得滾在草地上，於是你也坐下來。不是嗎？你一坐下來就伸手一把搶走那條大的紅蕃薯，剝了皮，咬了一口說：「哎呀，好甜！你吃吃看！」說着便送到我的嘴邊，這樣你吃一口我吃一口，吃了大的又吃小的；吃完便一起坐在溪邊的石條上，把我們的赤脚放進金紅色的水裡，踢着，水花濺起來，多好玩呀！

「小弟，你怎樣走了？」當你發現我溜在後頭時，我已兩手捧起一塊石塊，正用力往你前面的溪水擲下去，我本是和你玩的，沒料到你却真惱起我來了：「你看，我不管，我不管，一定要告訴阿婆」，你不是用手擦了擦滿頭的水珠又急急的對我說嗎？「看你把人家弄得一身濕濕的」，我記得那時候我也急了，連忙伸開手掌放到你面前：「給你打三下」，不是嗎？你果真啪啪啪打了我三下，打完你又忍不住嗤的笑了起來，你笑，我也笑了，接着你伸手拉過我的手摸摸你給濺濕了的頭髮和短衫，「阿婆罵我怎麼辦？」我說：「就說我弄的嘛？」接着你告訴我回家時不可以說是我弄的，要不然阿婆就要罵我了，梅姐，我永遠不會忘記這次的。

梅姐，我們家屋後山邊的那個紅池塘的水，還是那樣混濁不清嗎？你還記得吧，有一次我們把浸在塘裏的大木塊當小船，我坐在前邊，你坐在後頭，還有上屋下屋的阿平、阿牛、阿光、小鵑、小玲、小芳，大家一起搖呀搖的，邊唱着歌，邊搖動木塊，一會兒又用手掌打水，用水花趕着遊來遊去的鴨羣。我玩得高興起來什麼都忘了，側身採手想抓住一隻黑鴨子玩，那料一不小心就跌落水中了，我也不知怎樣亂打亂拍的，你大概因為要拉我起來却反而被我拉下了池塘裡。好在是靠塘邊，並不太深，很快的大伯父聞聲趕來把我們救起，都像淹在水溝裏的落湯鷄一樣。梅姐記得不嗎？從此我們就不再玩「搖搖搖」了，可是從此你就更加喜歡和我在一起，幾乎每天一起大清早就一同起來到屋外接受第一道射出的陽光，一起跑去打開木柵的大門，放出鷄籠裏的鷄羣，有時籠裏有鷄蛋，就拿出一個來，弄破一個小孔洞，你一口我一口的吸蛋油，吃了再告訴祖母。梅姐，你記得你剛到我們家時是多麼奇怪呀！一天到晚不大說話，除了祖母，好像我們家的別的人你都不喜歡，我拿生鷄蛋給你吃，你也不要，對不對？你後來我才知道你怕生，剛從城裏到我們山谷裡的村落來住不慣，然而，終於你也變成了一個美麗的鄉下姑娘了。抗戰勝利後，姨媽要接你回城你也不願意，說喜歡再住在我們家一些日子，可是姨媽說要你補上躭誤了的學業，再插班六年級，那時你還是死也不肯，說以前的同班同學都進了中學了，你才再讀小學六年級，多不好意思。後來還是祖母答應我也到你家去和你一同上學，有伴你才答應的，又怎料到爸爸從大後方回來奉命到台灣幫助接收，我就隨爸爸來了，你却仍留在城裡，現在我每天都想起你，也常常夢見你。

記得你新來我家時，看不見電燈、自來水、收音機、汽車、火車，只看見青山、綠樹、草地和牛羊顯得很不愜意。可是你終於發現了，發現村野裡的靜謐、純真、親切，要比城市的繁華、囂張、虛偽太不同了。是的！泥土的氣息也是令我着迷的。我想回去，早早的回到我那生長的地方、生長的地方有多可愛呀！梅姐你相信嗎？我幾乎是活在童年的回憶之中，如果讓我們一起回到那環繞着青山綠水的山谷去該多有意思，我一定要再在草地上睡幾次，再在山溪裡洗幾次身子，再在斜坡上打幾個滾。和你在一起，你也渴望着嗎？我怎樣才能聽見你的回答？什麼時候？什麼時候？梅姐，你快說呀！

你還記得我們在田裡插秧時的情形吧！我光着上身，穿着短褲，你穿了花短衫，捲起藍長褲，還有你的小辮子也用絲線束起來了，我們都赤着脚在田裡跑，滿脚的泥巴漿，臉上一點一點的泥花，多開心呀！我把一堆堆的秧，從嫂嫂那裡接過來，秧苗根上都沾好了糞便，我就把它放進你的大木盆裡，裝滿了，你在前面拉着繩子拖，我在後面扶着木盆彎着身子推，送到稻田的另一端去給大人們插，回來時木盆空着，我就進去蹲在裏面，兩手扶着盆邊，讓你在水面拖着滑行，樂極了，下一回我要你換進去我拖你，你却不肯：「人家會笑我哪！」我就只好作罷了。

梅姐，最最使我難忘的還是那一次，像這樣快樂的日子，恐怕一輩子也不會來了，我料想你也永遠不會忘的，記得吧？有一個夏天的中午，當我們把兩頭水牛拴在靠溪邊的一株大樹下以後，却沒有像平日一樣回家吃午飯，我們早就奇怪這條滿佈大石頭的山溪究竟有多遠多高，我們手拉手跳過一個個大石塊向上爬，上了那層小瀑布，溪裡的大石就比較稀少了，我們只好走進水裏再爬上石塊，你走在前拉着我的手，想不到看起來水底下的石子都看得清清楚楚的小溪，一下去幾步竟沒過了你的牛身，水快到我的胸前了，你怕愈來愈深，就又拉着我回頭，這時我們的衣服都濕透了，你叫我把衣服全脫下來放到大石上晒乾，就在那兒玩，不再上去了，等衣服乾了再回去牽牛，一頓飯不吃也沒有關係，起先我不肯脫，你說：「穿濕衣服會生病，你病了，阿婆就會怪我的，還有，病了你就不能和我一起放牛，天天要吃苦口的青草藥，隨便你好了。」我聽了你的話就一股腦兒把衣服脫得精光。你還替我把衣服在石頭上揉乾了水，然後攤開來晒着，然後望着我故意作個怪相，用手在臉上來回羞羞羞，害得我眞的臉都紅了，「都是你害我的！」我被你一羞，就急得埋怨你：「這裏又沒有人，傻瓜！」你望着我笑了一笑說：「我也要脫掉晒乾，病了怎麼辦？」於是你要我閉上眼睛用手掩住一會兒，我偷偷在手縫裏看你的背影，「啊！我看見了！」你回說：「不跟你玩了！」接着跑進水裡去。只露出一個頭來並叫我如果想游水也可以下去，跟着就游了開去。過了好一會，大約加上剛才爬山的辛勞使你累了，我們再在水裡打水花作戰玩了幾次，就一起爬上一塊大石塊上，石頭是熱得燙手的，你用水把它洒涼了，我們兩個人才仰臥上去，相對笑着。你囑咐我說：「你回去不可以告訴別人啊！」我點點頭，這時太陽晒在我們兩個小人兒的皮膚上，溫暖暖的，四處是青色的山嶺，我們就像兩個仰臥在山谷的大搖籃裏的淘氣嬰孩，一會兒又相互抓癢差點兒滾到大石塊下；一會兒又大聲喊着叫着，為的是要聽到奇妙的回聲。這是多麼天眞純潔的可愛時光呀，回想起來就像昨天一樣，童年生活永遠是可愛的。梅姐！親愛的梅姐！你現在怎樣了？我時常想你，也許你不會已經結婚做了母親了嗎？讓我會眞心眞意祝福你的。梅姐，你知道我多麼渴望看到你嗎？人生眞像夢一樣，我們小時候的情形，只有在睡夢中才能重溫；但你也會想到我嗎？梅姐！

我的話是說不完的，為什麼這樣快就鷄叫，我該回去睡覺了！

文壇泥爪

創造社

與文學研究會對立的創造社，在民十的七月成立，晚於文學研究會半年。據該社首腦郭沫若後來的追記，說該社的籌辦，遠在民七。那時郭在日本留學，因為留日學生反對日本對中國的侵略，曾組織了「夏社」出版宣傳品，郭被推担任編輯，和當時在日留學的張資平、成仿吾、郁達夫接識，便有自己組織一個文學團體的擬議。

這四個人都不是學文學的，郭學醫，張學地質，成學造兵，郁學政經，後來却成了文學作家，不能不說是由於他們創辦創造社的關係。那時郁達夫已在日本報上發表舊詩，張資平也準備寫小說，當他們看到了「新青年」，便都對新文學運動嚮往起來。五四以後，上海時事新報的「學燈」，用宗白華為編輯，改刊新文學作品，郭沫若開始寫新詩，向該刊投稿。因此宗郭成了筆友，郭便經常供稿。宗在「少年中國學會」，函介在日留學的該會會員田漢與郭相識，以後他們三人的通信曾輯印在一起出版，題為「三葉集」。於是在創造社成立的時，田漢與郭等四人全成了最初的創辦人。宗白華留德去了，不然他也會參與的。宗只有一本薄薄的「流雲」詩集出版，留德回來，即轉業改行，不再從事文學活動。

民九年底，上海泰東書局約成仿吾担任文學編輯，郭同成相偕歸國。他倆不滿泰東老闆趙南公的措施，他拂袖他去，郭就接替了成的缺。他屢次想藉泰東把創造社組織起來，在該局出版機關刊物，只以缺少經費沒有成功。民十，郁達夫返滬，郭把職務交給郁，他自己又回日本，原來他在日本並未畢業，那裏還有他的日本老婆和兩個孩子。郁達夫確有一手，他不但在民十把創造社組成，並於民十一創刊了「創造季刊」。這在當時是一個大型的純文學刊物，頗引人注目。郁達夫一砲打響，郭成相繼歸來，創造社便成了聲勢浩大的文學團體。季刊出到二卷二期停刊，民十二又創刊了「創造周報」，在中華新報附刊了「創造日報」，周報出版到五十二期，日報百期，均停刊。在這三個刊物出版期間，除了刊登這五位創辦人的作品外，其他供稿者計有何畏、徐祖正、鄭伯奇、穆木天、滕固、周全平、倪貽德、洪為法、敬隱漁、淦女士、馮至、梁實秋、聞一多等人，其間也經過不少波折，先是因為成仿吾刪改了田漢的稿子，田漢退出，後是郁達夫與郭成決裂而北上。這些事等在以後另篇叙述吧。民十四郭至廣州，翌年參加北伐，創造社由一般所謂「小夥計」者支撐，這些「小夥計」則是中共的啦啦隊員。民十四成立出版部，曾先後出版「創造月刊」「洪水」「流沙」「文化批判」，把郭沫若等最初提倡的為藝術而藝術的浪漫主義文學，一變而為中共的革命文學了。民十八，創造社給政府封閉，也和文學研究會一樣，成了歷史上的名字。

文史漫談

煮酒論曹操（六）

徐亮之

現在，且談談曹操的學問和文章。在漢末的割據軍閥中，曹操確要算乃一個肯搞學問，也眞能做文章的人的。他生長豪門，少年時期雖然不免「飛鷹走狗，游蕩無度」（曹瞞傳），或是「任俠放蕩，不治行業」（魏志本傳）如尋常紈袴子弟之所爲；但二十以後，經過了幾度政治的挫折，自願去官的當兒，却確曾死着心眼想相當用功過。「魏武故事」載有他的「十二月己亥令」說：「去官之後，年紀尚少。顧視同歲中，年有五十，未名爲老。內自圖之，從此却去二十年，待天下清，乃與同歲中始舉者等耳。故以四時歸鄉里，於譙東五十里築精舍，欲秋夏讀書，冬春射獵」。曹丕的「典論」也載有他的話說：「長大而能勤學者，唯吾與袁伯業耳」。

從這點看，他比起他的政敵劉備孫權來，實在高明多了。劉備似乎是一開頭就不大注意學問的；「蜀志」說他十五歲以前，因爲家貧，祇幫着母親「販履織席爲業」；十五歲以後，雖然得着同宗劉德然的資助，師事過盧植，却又偏「喜狗馬音樂」而「不甚樂讀書」。直到後來涉世日久，方才一度「周旋鄭康成陳元方之間」，則頂多對於學問也祇不過耳食之徒罷了。至於靠父兄餘蔭起家的孫權，却更泄氣；他纔十五歲的小小年紀便已做了陽羨長；除了「吳志」曾直挺挺說他「郡察孝廉，州舉茂才」以外，竟連一點學問的影子也看不出來。而曹操却是以「能明古學」徵拜過議郎的（魏書）；論學問，孫劉二人的確是不能望其項背的。

談到曹操的文章，過去人們似乎祇是稱贊他的詩；我倒却認爲他的散文比詩好；詩之中，四言比五言好，五言又比雜言好；雜言中的「精列」「氣出唱」則是該打手心的歪詩。而五言詩，我最喜歡他的「蒿里行」；照抄如左：

「關東有義士，興兵討羣凶；初期會盟津，乃心在咸陽。軍合力不齊，躊躇而雁行；勢利使人爭，嗣還自相戕。淮南弟稱號，刻璽於北方。鎧甲生蟣蝨，萬姓以死亡。白骨露於野，千里無鷄鳴。生民百遺一，念之斷人腸！」

詩纔短短八十個字，便把從初平元年關東聯軍討董卓的各懷鬼胎，自相殘殺，到建安二年袁術的僭號壽春，以及當時戰禍的慘烈，民生的疾苦，全給包舉無遺；較之班固「詠史」的以同樣字數，僅詠得提縈救父一事，其手法的高明，直不可同日而語。這才眞是「詩史」，也才眞是大手筆哩！

至於他的散文，上引「十二月己亥令」固是千古至文，有目共賞；但我却更喜歡他的拒王芬書和弔橋玄文。拒王芬書說（按王芬乃冀州刺史，時方連結豪傑謀廢靈帝立合肥侯，徵求他的意見）：

「夫廢立之事，天下之至不祥也。古之人有權成敗，計輕重而行之者，伊尹霍光是也。伊尹懷至忠之誠，據宰臣之勢，處官司之上，故進退廢置，計從事立。及至霍光，受託國之任，藉宗臣之位，內因太后秉政之重；外有羣卿同欲之勢；昌邑即位日淺，未有貴寵；朝乏讜臣，議出密近，故計行如轉圜，事成如摧朽。今諸君徒見曩者之易，未覩當今之難。諸君自度：結衆連黨，何若七國？合肥之貴，孰若吳楚？而造作非常，欲望必克，不亦危乎!?」（魏志本傳注引魏書）

弔橋玄文說：

「故太尉橋公，誕敷明德，汎愛博容。國念明訓，士思令謨。靈幽體翳，邈哉晞矣！吾以幼年，逮升堂室；特以頑鄙之姿，爲大君子所納；增榮益觀，皆由獎助；猶仲尼稱不如顏淵，李生之厚賈復。士死知己，懷此無忘。又承從容約誓之言：「殂逝之後，路有經由，不以斗酒隻鷄，過相沃酹；車過三步，腹痛勿怪！」雖臨時戲笑之言，非至親之篤好，胡肯爲此辭乎?!匪謂靈忿，能詒己疾；懷舊惟顧，念之悽愴！奉命東征，屯次鄉里；北望貴土，乃心陵墓；裁爲薄奠，公其尙饗！」

這兩篇文章，前者老辣廉悍，凌厲無前；後者溫厚古拙，情文兩茂；的是孟德手筆，迺非建安七子所能及；蓋建安七子，大底皆才藻有餘而凝鍊不足；以言雄邁一往的氣局，烏渾壯潤的格調，蒼涼唱歎的情腸，更都不能不讓老瞞出一頭地也。

最後，曹操對於自己身後安排的文告也頗値得一談。本來，他爲了要表白自己並沒圖謀篡漢的心跡，在「十二月己亥令」中原曾載有據說他常常對「妻妾」說着「顧我萬年之後，汝曹皆當出嫁，欲令傳道我心，使他人皆知之」的一席囑達而大方非常的話的。可是後來臨死，却忽然覺小氣起來，竟下着一道如下初衷全變的命令；一則說：「餘香可分與諸夫人；諸舍中（按指衆妾）無所爲，學作履組賣也。」再則說：「吾伎人皆著銅雀台。於台上施六尺床，繐帳。朝哺上脯糒之屬。月朝十五日，輒向帳作伎。汝等時時登銅雀台，望吾西陵墓田。」亦即是說：過去的「己亥令」已經一筆勾消了；寧可讓「諸夫人」用餘香麻醉青春，「諸舍」「學履組賣」幫補月費，也不准「出嫁」的了；並且每月十五那天都得跟着兒子上銅雀台向他形式報到來。於是乎這位孟德公又天眞得可笑了！不但可笑，而且可憐可哀了！而同時他靈魂深處的秘密，也就不曾昭然若揭的了！因爲這不曾明白告訴我們：別看他生前烈烈轟轟熱熱鬧鬧吧，事實上他的靈魂却是孤獨而寂寞的呢！如果眞個死而有知，他將更孤獨寂寞得難於排遣。他已經是精華已竭，心血已枯，再也沒法忍受這萬古長夜的孤獨與寂寞了！他不能不出爾返爾取消「己亥令」，實乃呻吟無告，情非得已，無辦法的辦法的了！——嗚呼，慘哉痛哉孟德公也！謝玄暉有詩專詠這事說：

「繐幃飄井幹、鐏酒若平生，鬱鬱西陵樹，詎聞歌吹聲！芳襟染淚迹，嬋媛空復情。玉座猶寂寞，況乃妾身輕?!」

我書至此，不禁含毫邈然。

記庚子拳變始末（十八）

舜生

六、慈禧的出走及其回京

慈禧太后葉赫那拉氏，安徽徽甯池廣太道惠徽女（見清史稿列傳一）。惠徽任湖南副將，卒官（見惲毓鼎『崇陵傳信錄』）生有兩女一子，慈禧居長，咸豐元年，年十六，被選入宮，初號懿貴人，四年，封懿嬪，有寵於咸豐帝奕詝；六年，生同治帝載淳，進懿貴妃。妹爲醇親王奕譞福晉，生光緒帝載湉。弟名桂祥，其女爲載湉之后，即宣統年間所稱之隆裕太后，實即慈禧之內姪女也。

清太祖努爾哈赤天命四年（明神宗萬曆四十七年，一六一九）滅葉赫，殺戮甚慘，一男丁罕得免者。時葉赫有酋長二人，長曰錦台什，次曰布揚古，均被縊殺。（參看稻葉君山『清朝全史』第九章）據說布揚古臨死前曾痛憤的說：『吾子孫雖存一女子，亦必傾覆滿洲！』因此清朝的祖制，限制葉赫氏不得入選宮闈。不幸同治光緒兩帝的生母均爲葉赫那拉氏，而最後頒佈清廷遜位詔書的隆裕太后，也還是一位葉赫那拉氏，這雖然只是一種巧合：但慈禧手握同光兩代四十七年的政權，確爲顛覆清朝的一個主要人物，却毫無疑義。

慈禧以殺載垣端華肅順取得政權，可見她一出手便是非常毒辣的；其後如逼死嘉順（同治帝后），毒死慈安，戊戌不經審訊殺譚嗣同等六君子，庚子又不經審訊殺許景澄袁祖等五大臣，並追殺罪止遣戍的張蔭桓於新疆，臨到出走的時候，還把光緒帝一個寵愛的妃子珍妃推墮井中，回京後不到一年，又活活打死一個沈藎，甚至在她臨死以前，還餘毒未盡，依然非先一天把光緒帝加以殺害不可！……總而言之，她只知道如何去維護她的政權，如何暢遂她個人的享受，凡於她的政權或與她個人的糜爛生活有任何妨碍的，雖親必去，如奕訢立山等是；凡於鞏固她的政權，或助長她的腐化能表現其小忠小信的，雖爲舉世所不齒的敗類，她必用之不疑，如奕譞、奕劻、榮祿、袁世凱、李蓮英等是。大凡女子中凶狠者必淫，淫者必貪，中國曆史上幾個女獨裁者如呂雉、武曌，再加上這位葉赫那拉氏，都是同一典型的人物。至於那拉氏之造成拳變一幕，其愚蠢乃又駕呂武而上之。

慈禧在掌握政權經過了三十九年以後，爲什麼還會鬧出這樣愚蠢一幕？我在本文的一開始，便已有過若干的分析，此處可以不贅；但仍得總括的說一句：這還是由於她太無知識，更根本沒有了解當時國際情況的常識。

照常情說，她到了六十六歲的高齡，還遭遇了這樣一次空前的挫折，總應該是有相當悔心的。可是做錯了事而能認錯，根本便不能成爲一個獨裁者。慈禧之爲人，既是凶狠貪淫，祝權位爲第二生命，她當然決不會有什麼悔心。悔心生於羞愧與知恥，她既無悔心，當然更談不上所謂羞恥。這我們只要看她如何過着一年多的流亡生活以及她回京後最後六年的若干措施，便可充分明白。（第六節未完）

寄售書目

- 百衲本二十四史　商務影印本，八百二十冊，（全）。實價港幣一千四百元正。
- 宋槧大字本孟子　商務影印續古逸叢書之一，七冊，實價港幣八十元。
- 宋本杜工部集　商務影印續古逸叢書之一，六冊，實價港幣弍百元。
- 六十種曲　據開明書店紙型重印，精裝十二厚冊，實價港幣一百弍十元。
- 元曲選　中華據明刻本校刊，十六冊，實價港幣五十元。
- 國朝詞綜　王昶纂。光緒木刻本，十二冊，實價港幣六十元。
- 詞律　清萬樹輯。中華據四部備要紙型重印。平裝四冊，實價港幣十二元。
- 四史　影印汲古閣本，二十四冊，布套四函，實價港幣四十元。
- 聯綿字典　符定一撰，平裝十冊，另加索引一冊，實價港幣六十元。
- 昌黎先生集　光緒十五年廣東木刻本，八冊，實價港幣四十元。
- 蘇東坡全集　據明成化本重印，四十八冊，實價捌十元。
- 歐陽文忠公全集　民國十四年上海錦章圖書局印，二十四冊，實價港幣叁拾元。
- 又一部　商務國學基本叢書本，平裝六冊，實價港幣捌元。
- 容齋隨筆五集　商務影印宋刊本，十二冊，實價港幣叁拾元。
- 顧氏文房小說　上海涵芬樓影印，十冊，布套一函，實價港幣叁拾元。
- 曾文正公全集　光緒二年傳忠書局木刻本，一百二十八冊，大字連史紙印，（全）布套十二函，實價港幣弍百六十元。
- 又一部　上海中華圖書館排印本，七十二冊，（全）包括年譜十二卷，加木箱一隻，實價港幣九十元。
- 左文襄公全集　光緒十四年木刻本，一百二十八冊，大字連史紙印，（全）實價港幣弍百弍十元。
- 李文忠公全集　光緒三十一年金陵木刻本，大字毛邊紙印，一百冊，（全）實價港幣一百八十元。
- 胡文忠公遺集　同治三年武昌木刻本，毛邊紙印，三十冊，（全）實價港幣八十元。
- 說郛　商務據明鈔本排印，四十冊（全）。實價港幣二百八十元。
- 漢魏叢書　商務影印，布套四函，四十冊，（全新）實價港幣壹百六十元。

要者請向九龍鑽石山大觀路惠和園三號『卓如編譯社』洽購。

圖書館、大學及研究機構購買，一律八折優待。

定價已酌予減低，以此次所登出者爲準。

本刊已經香港政府登記
每逢星期五出版

聯合評論 週刊

United Voice Weekly

第一〇四號

督印人：黃宇人　編輯人：左仲平
社址：九龍嘉林邊道二十三號地下　電話 68678
承印：嘉羅印刷有限公司　香港灣仔馬師道5號
總代理：友聯發行公司　售價每份港幣一毫
本報美洲版總經售處美國紐約中美出版社
CHINESE-AMERICAN PRESS, INC
199 CANAL STREET.,
NEW YORK13 N. Y. U.S.A.
美洲航空版零售每份美金一角

「人格化裝」與「帽子主義」

蕭輝楷

「人是政治的動物」，人的絕大部分的活動全是集體活動，人的絕大部分的努力全需仰賴他人各種方式和程度的合作——即使人與人間的各種鬥爭活動也不例外，因為鬥爭也大都必須表現其為「黨同伐異」的集體努力。這裏人的集體努力或說合作之為可能，除去共通意志亦即共通的感情要求與利害認識而外，主要便是大家對於首倡者的才能品格以及所倡努力目標的實現指望，能有某種基本的信任。因此，人類集體活動特別鬥爭活動的首要工作，一方面固在加強自己的號召，要以爭取更多與己能有共通意志的人並增進這些人對於己方人物事為的信心，另一方面則在削弱敵對者或可能敵對者的號召，以動搖對敵對者本有同情的人的意志並使其對敵對者之人物事為的信心漸歸消解；這便是所謂宣傳。因此，宣傳工作的本質，不外在各色人心中用各種說法來抬高自己和貶抑對方，這在一般鬥爭活動中如此，在規模特大而鬥爭性又特強的政治活動中尤其如此。

本文無意討論宣傳問題本身，本文在此打算說明的，是在今日中國現實政治活動中經常出現的那些邪門宣傳手法之荒謬，亦即那些在人物品評上無理取鬧地抬高自己貶抑對方的手法之無賴。這類手法，由於全是用於人物品評的歪曲伎倆，可以統名之曰「人格化裝」；「人格化裝」之用於己方人物者即共黨所謂「個人崇拜」，其用於對方人物者即一般所謂「人身攻訐」；「個人崇拜」「人身攻訐」之最惡劣者，即在今日最易見到的所謂「帽子主義」——這些手法的道理其實甚為淺薄，不過由於今日許多巍巍然的政治言論全在面不改色地使用這些手法，為免習非成是，自仍有一加分析的必要。

政治活動中的人物品評，政治宣傳對於己方人物的吹噓和對於對方人物的指摘，本來並非壞事。在理論上，人要從事任何與他人有關的行為，都必須使有關者對之先有某些基本的了解，如要從事可能或正在「管理衆人之事」的政治活動，當然更應使「衆人」對之能有某些基本的了解；同時，由於人對人的了解，祇能從外在推測內在，從已然想像未然，則某人過去和現在的所作所為當然都是了解此人的合理材料。在這一意義之下，根據某人的某些良好表現來加以讚揚，或根據某人的某些不良記錄來加以斥責，不僅無可非議，而且正是民主政治運行中的正常現象。不過這裏必須指出：這種根據人之良窳情況來予以褒貶的作為，第一不能誇張而必須適如其分，第二不能轉換而必須就事論事。把精細強項形容為「聖文神武」，把直言敢諫形容為「作亂犯上」，即是誇張；把奉命唯謹形容為「江左夷吾」，把不拘細行形容為「上黨石勒」，即是轉換——部分不能推斷全面，此類不能推斷彼類，我們不能因慈禧太后的精細強項而許其必可造福國家，不能因光武帝的臨敵每怯而論其必不會中興漢室，正如我們不能因楊素阮大鋮的錦心繡口而許其必為朝廷股肱，不能因謝安文天祥未達前的選色徵歌或紀昀的「非肉不飽」「夜夜御婦人」而斷其必為紈袴子弟；如若不然，即不成其為人物臧否而祇是對人任意塗抹的「人格化裝」，祇是「個人崇拜」與「人身攻訐」，祇是政治宣傳中鄙賤不堪的無賴手法。

不過，「人格化裝」之為無賴，比起「帽子主義」來却又如小巫之見大巫。「人格化裝」縱然誇張胡扯，總還必須多少確有所據，而扣帽子則幾乎絕對地可以嚮壁虛構乃至含血噴人——「帽子」僅是扣在人頭上的標識，同是一樣的頭頂，自己可以加上一頂冠冕堂皇的「冠冕」，對別人則可以一手元寶一手刀，高興時賜給一頂峨冠，不高興時則扣上一圈緊箍，因此「帽子」正如招牌之於店舖或商標之於貨品，其好看與否與其所指之優劣根本可以毫不相涉。要說「相涉」的話，則「帽子」之於人，頂多不過是在「身分」聯想和「動機」推斷上的生拉活扯而已。就「身分」說，由於任何身分全可能有各種由絕好以至極壞的代名，因此對於身分的形容，即可造成自由升黜——我是「管理衆人之事」的當權在位者，我自然是「為國為民」甚至「人類救星」，你是不聽話的在下者，則你會從政便是「政客官僚」，會作社會工作便是「地痞流氓」，會作文教工作便是「學閥文棍」，即或過去根本沒沒無聞的，起碼也可以是「投機分子」「野心人物」。就「動機」說，由於任何動機全可表現為正反主從虛實眞僞等等截然不同的行為，同時，由於任何行為全有多方面的關係作用，是以全可分別解釋其為出自各種各色不同的動機，因此，祇要把人的某一行為自其全部生活表現中抽出而使之孤立，再把這一行為所能有的多方面關係作用中的一面（乃至這一面經過層層推闡演釋之後而達的一點）抽出而予以放大，然後一口咬定這便是此一行為的動機：如是則任何「動機」全可自由加諸任何人的任何行為之上——蹂躪人權可以是「為解（另一羣人的）倒懸」，鞏固權位可以是「以身許國」，收買拉攏可以是「尊賢養士」，反之，反映輿情可以是「譁衆取寵」，勸善規過可以是「為匪張目」甚至「顛覆謬透」。總而言之，不論就「身分」說「動機」說，「帽子主義」在宣傳運用上都是最方便的，亦即最無賴的。

今日中國正是一個逢人化裝遇事扣帽子的荒唐透頂的時代，在「人格化裝」和「帽子主義」手法下出籠的謬論，誠然是駁不勝駁，不過祇要我們懂得了化裝之祇為化裝而帽子之無非祇是帽子，則這些無賴謬論實亦殊無駁斥必要了。

為什麼今日不能發揮「抗日時期的合作精神」？

黃宇人

本月十五日中國民主社會黨在台北舉行建黨十四週年紀念會，張羣先生到會祝賀並致詞，說：「希望大家重視國家民族的利益，集中意志力量，努力加強團結，重新發揮抗戰時期的合作精神，早日實現反攻復國的共同目標。」張先生的這番談話，在原則上說，我想，每一個反共的中國人都是同意的。然而，今日為什麼不能發揮抗戰時期的合作精神，自有其關鍵所在。假如不將這些關鍵因素除去而祇空喊團結，或竟利用團結反共的美名來抵制批評和分化異己，以求確保一人一姓的獨裁統治於久遠，則不但無補於反攻復國的大業；而且可能造成更大的災禍。我以為今日不能實現團結反共的關鍵因素，約有下列數端：

一、沒有一個反共復國的共同綱領

在對日抗戰初期，國民參政會即通過一個抗戰建國綱領，全國人民一致接受；就是包藏禍心的共產黨也迫於大勢，不能有任何異議，故能形成舉國一致的抗戰局面。但今日則尚沒有一個如此的綱領，以為大家共同信守的準則。朝野之間對於反共復國的基本觀念，更存着很大的距離。當權者的反共，顯以維護一人一姓的政權為目的；因而要求全國人民向一人一姓效忠。而廣大人民的反共，則是為了爭取自由與維護民主，以期重建民有民治民享的中華民國；故同時亦反對任何形式的獨裁統治。兩年來，本刋同人主張台灣方面應即依據憲法實施民主改革，俾能團結海內外一切反共力量，急求自力反攻大陸，即本此旨。但當權者則認為與一人一姓的獨裁統治有所不便，而不惜以種種最惡毒的罪名相加。因此，今日不談團結反共則已。假如當權者果有尋求團結的誠意，就應放棄以一人一姓為中心的落伍思想，立即取銷一切違憲的措施；並以國家民族的利益為前途，和大家商訂一個反共復國的共同綱領，付諸實施。然後才能確立共信，而恢復當年團結抗戰的形勢。

二、當權者沒有反攻大陸的決心

在對日抗戰期間，政府在軍事上雖屢遭挫敗；但從未停止與敵人作戰。以故朝野之間雖有歧見，而為了爭取最後勝利，大家仍能相忍。但今日則祇限於與中共隔海罵戰，當權者且聲明不以武力反攻大陸。換言之，他們已沒有和中共作戰的決心，而却處心積慮獨霸台灣為少數人所私有。其所謂反共，不過是藉以套取外援和愚弄國人而已。以致民心士氣，同受影響。長此不變，中華民國勢必老死在台灣，當權者雖然高談團結反共，國人亦將不感興趣矣。

三、入境管制，無異自絕於國人

在對日抗戰期間，政府並沒有施行入境管制。陷區同胞，都可自由投向後方，不受任何限制。更於各戰區的要道，設立輔導機構，協助流亡青年。以故敵後人民——尤其是青年羣結隊的踴躍來歸，而加強了抗戰的陣營。但今日的台灣則緊閉大門，不准國人自由進入；即經妥覓担保獲准入台者，亦隨時遭受特務人員的干擾，儼同被監視的罪犯。此無異當權者自絕於台灣以外的中國人。倘再一意孤行，執迷不悟，則舉世將視台灣不屬於中國人了，更何由發揮當年團結抗戰的精神？

四、沒有建立團結反共的機構

在抗戰期間，國民黨仍未宣佈結束訓政；但為了團結抗日，特設國民參政會，廣納黨外各方面的反對人士。而國民黨內亦限制現任中央委員和立監委員不得為參政員，藉使平素被投閒置散的異己分子能有機會置身於參政會，以求全黨的團結。更為了對參政會表示尊重而將立法院停止開會達七年之久。在參政會中，大家對於政府的若干措施會多所指責；對某些顯要官員的貪污瀆職，更作無情的抨擊。但當局不但迄未栽誣批評者為「為敵張目」，或「為敵利用」；而且還表示很尊重的態度。因此，大家對於政府儘管有所不滿而仍奉為領導抗戰的中心。但今日不僅沒有使海內外各方面可以自由表達意見的團結機構存在；而且視一切不悅耳之言為大敵，動輒以紅帽子相加。縱使是堅決反共之士，當權者自知無法誣之為「有共匪嫌疑」或「共匪同路人」，也要憑空編造一些謠言，說是「受共匪利用」。以如此的卑污作風而欲實現當年團結抗戰的宏局，豈非緣木求魚？

五、當權者應反求諸己

綜上所述，可知今日未能實現團結反共的原因，即在於當權者祇顧一人一姓的政權而不計國家民族的利益。十一年以來，每當他們有所需求的時（如總統選舉），就放出團結反共的空氣；但等到目的既達，則又恢復獨霸一切的猙獰面目。月來台灣方面醞釀組織新黨，他們為了實行釜底抽薪之計，又對民青兩黨大送秋波；於是久已不談團結的張羣先生又以恢復當年合作抗日的精神為話題了。我以為張先生果有此心此志，與其希望於大家，還不如先請當權者反求諸己吧？

國民黨中央枉費心機

青年黨拒不參政

（台北通訊）由於新黨的醞釀產生，引起了國民黨當權派的莫大嫉恨。有人且強調，既有民、青兩黨在，就不需要再另有一個强有力的新黨了，並謂現在的政府並非一黨專政的政府，理由也是因為有兩個友黨——民、青兩黨存在。

民青兩黨究竟現在是否參加執政呢？肯定的答案是沒有。雖然立法和國民大會有民青兩黨的委員和代表，但那是政權機關，非治權機關，按政治學嚴格的說，該兩黨既無黨員參加行政院出任部會首長或政務委員，就不能視為是參政。

可是為了要搞垮即將產生的新黨，為了要點綴民主，為了要顯示非國民黨當權派獨攬朝政，國民黨中央這些年來曾不止一次地在青年黨內從事分化、拉攏的工作。但是自從民國四十二年底，青年黨內部的參政問題，在黨外社會賢達的調解，和該黨在香港的領袖的積極主張，問題得以澄清，黨內固然得到了團結，同時並作出了「不再參政」的決策。四十三年國大會議後，俞鴻鈞出長行政院，自那時起即無青年黨人士參加行政院。所以肯定地說，青年黨已有七年未參政了。

這七年來，祇是國民黨當權派獨家在當政，這是鐵的事實，不容混淆視聽。

據公論報報導，蔣先生任非憲的「總統」後陳誠內閣照例要總辭再組新閣。此時正值反修憲聯任運動之後，復又有醞釀籌組新黨之說，國民黨當權派為了表示籌組「聯合內閣」，並藉以破壞新黨，遂作釜底抽薪之活動，亟謀拉攏青年黨在台人士參加新內閣。陳誠且曾親自赴陳啓天、張子杜二氏之寓所拜訪，邀請二氏出任政院不管部政務委員；並答應可由該黨推薦另一人士担任省政府委員。為此，該黨即召開臨時中委會，擬在該會先行通過參政原則後，即提出業經內定參政之人選。但是會議的結果，絕大多數仍反對參政。遂在以維持黨內團結的前提下，決議「暫不參政」。這項決議，不僅使該黨若干熱中之士一無所得，且使國民黨當權派謀所以分化該黨之計劃失敗。據聞，在這一個回旋中，在港之該黨領袖左舜生、李璜二氏堅決表示了反對參政的立場，「並曾有函勸阻「熱心參政之人士」懸崖勒馬』，保全晚節』，二氏浩然之氣，據聞在黨內所起之影響極大。同時在台之三主席中，李不諱氏反對參政亦至為堅定；張子杜氏則以「參政有得有失，一切以內部協調為主，內部如不協調，參政問題即無法商量。」在此形勢之下，遂使主張參政的一派不能自作主張了。不過據悉，國民黨當權派，仍本「拖人下水」的決定，擬再從事擴大分化該黨之工作，蓋國民黨當權派原會在第三次國大期間，許該黨二項諾言：一、設法遞補青年黨籍的國大代表；二、增聘青年黨人士為光復大陸設計委員會委員計廿名。雖此諾言已稽延半年未見兌現，據聞國民黨當權派於必要時有兌現之可能，唯一的交換條件，是該黨推出人選參政。不過，就現有的跡象觀察，此計恐仍難得售。除非若干熱中人士，不惜黨內分裂。（但國民黨當權派亦顧慮拖得一二位背黨人士參政是不夠號召力的。）又因為在港的該黨二主席左、李二氏迄今立場態度不變，其不主張與國民黨當權派在此時此際合作之原議亦絕不動搖，故國民黨當權派欲圖分化青年黨之陰謀，看來也不易成功哩！

·逍凱·

鮑爾斯的幻想

傳聞美國現任衆議員，民主黨政策委員會主席鮑爾斯（Chester Bowles），是民主黨的「影子國務卿」。他在四月發刊的「外交季刊」上發表了一篇題為：「重行考慮「中國問題」」的文章，（詳見「自由中國」廿三卷三期蔣勻田先生譯文）隱隱然擬議依據台灣現狀，塑造一個「中台國」。儘管他的文章，純從美國利益觀點出發，可被目為是美國現在對華無政策中的一個「政策」。不過他也自知很難為大多數中國人所能接受。

不幸的是他仍自以為是地說「一個獨立的中台國，可以顯出一個非共的近代化中國社會之特異，翹然自由而別於大量控制，享受日增的政治自由準度，與全民經濟發展的機會。建立這樣一個社會，使年青一代的台灣人與中國人可以有共同意見的感覺，同時予一千三百萬華僑一個文化基礎。」這一段話出諸一個有學養的鮑爾斯先生之口，是令人對他的見解吃驚的。何況他還是民主黨的「影子國務卿」。

鮑爾斯先生的意見或許是從一個「善」的基點出發，可惜他根本沒有了解中國人的共同意願，那就是：中國祇有一個，任何中國人不會接受由國際政治支配分割的「兩個中國」。

他的「善意」是認為，照他的辦法，可使中國文化得到了一塊乾淨土，裨得保存和延續。但是他用他的「政治眼光」把中國人錯誤地分作了四個單元，即台灣人，台灣的中國人，大陸的中國人和華僑。

誠然，今日台灣的與大陸的現實政治，都不是中國老百姓所願接受與所能忍受的，但是中華民族的文化，並不因有不同的政治壓力，而會割裂開來。基於共同的文化、血統以及文字語言的共通性，中國雖有一些少數民族，但却都是驕傲地願意做中國人。這種意願不可能因為當前的形勢而有所變更。因此，所謂「中台國」者，祇能是如鮑爾斯先生之流的一種幻想。若以此「藍圖」來「重行考慮中國問題」，足見美國決策圈內的人物，迄今仍未能了解中國，又遑論什麽「對華政策」呢？

美國對華關係的基本錯誤，首先錯在誤認中共，為「土地改革」者；其後又誤以為祇要中國製定了憲法，蔣介石就能實行民主。而現在則又囿於一些陳舊的觀念，既不敢碰毛澤東，復不敢碰蔣介石。修言解放鐵幕，却怕陷入泥淖；希望台灣民主，又怕涉嫌干涉內政。於是就幻想出現一個「中台國」。

我不禁要問民主黨的「影子國務卿」鮑爾斯先生，你究竟比杜爾斯、艾契遜、馬歇爾等高明在那裏？你之故作驚人之筆，不過是益顯得你對『中國問題」認識之淺陋而已。

第一次大戰以後，地球上確曾出現了一個民族或一個國家，在國際政壇上被分割的實例。二次大戰後，强國又默認了刺刀佔領的現實，讓德國、韓國，以後是越南被分割。而中國的內戰結果，為台灣海峽所阻，自然地造成「割裂」的形勢。上述這些國家與民族都在承受分割的痛苦，而現在鮑爾斯先生不僅無意於解救這些國家，且復欲進而導演一個「中台國」出來。姑不論其立意是如何地「善良」，却不能不被絕大多數的中國人認為不智。就事論事，鮑爾斯先生充其量不過是一個目光短淺的狹隘的美國利益的保衞者，以他的智慧，去做領導世界反共國家的美國國務卿還很遠呢！他的謬見，我覺得是對中國人的遺憾！

·逍凱·

阿登諾與反對黨

·小言·

西德總理阿登諾最近在意大利柯莫湖小坡別墅渡假的時候，曾經和一羣卓越的報人會見，並歡暢地談了些內政、外交問題。有人詢及關於西德反對黨和他的「承繼人」問題時，他豁達而明朗地說：

「你們講到一個好反對黨，這是對的，反對黨必須不僅反對一切，或者為反對而反對一切，這是議會民主的要素。執政黨極其需要一個反對黨。這樣，執政黨纔能進步。」

當他回答「承繼人」問題的時候，阿登諾縱聲地笑了，他輕鬆地說：「難道我們生活在封建制度底下嗎？國會中的多數自會選出總理來的，一九六一年的選舉也是如此。」

有些人總在羨慕西德復興之神速，認為那完全是科學與經濟的因素，但是他們忽畧了阿登諾的最大的貢獻——維護民主，實行民主，這樣才能使國家從安定中突飛猛晋。

反對黨問題與「承繼人」問題，在台灣與在西德，雖是同樣的問題，但阿登諾襟懷開朗，他的氣魄與識見，實為今日台灣的當道者所望塵莫及。

阿登諾把反對黨當作是執政黨進步、改錯的合作對手，而國民黨當權派則視反對黨為「匪諜」、「流氓」；阿登諾絕不憂慮他的「承繼人」是誰，因為他信任他的黨——國會中的多數派，自會有所選擇，在基本上他肯定現在並非是「生活在封建制度下」，因此也無須為兒子或某一黨徒舖路或培養勢力。

民主不是用來掛在嘴上唱的，貴在要能實踐。阿登諾對西德的重要，絕不下於蔣先生之與中華民國，但他絕未以「不可替代」者自居。其人之可敬，其人之可愛在此！其偉大處也在此。

台灣一周

欣聞反對黨黨綱概要

據台北法新社的電訊，台灣新反對黨籌備人之一夏濤聲稱，新黨將於九月中旬組成，著名的反共民主人士胡適已於離台赴美之前會親口允許出任顧問委員。

泛亞社的電訊說：這位新黨政綱起草委員會負責人說出政綱要點：（一）擁護中華民國之反共抗俄國策。（二）反對「兩個中國」。（三）爭取國家獨立與主權完整。（四）爭取台灣地方選舉之眞正民主。而新黨的終極目標為光復大陸。

夏氏的說明，充分地証實新黨的黨綱，不但是完全依據中華民國的憲法，而且是維護與實踐中華民國的一部神聖憲法。

誰的話最有代表性？

但，七月廿九日國民黨的「中央日報」刊出一篇所謂政黨「承認」謬論。到八月七日陶希聖以國民黨第六組負責人的身份說出：「中央日報此一社論所持的見解，與本黨的政策是相符的。」我們眞不知道究竟國民黨總裁、副總裁說一聲「贊成有反對黨」的話，有份量呢？還是一個「黨中央分組負責人說的話有份量？想不到一個在中國有過六十多年歷史的政黨，連一個代表性的起碼發言權都無法建立起來，於是乎高級人士說一種話，權威人士又說出一種話。「反對修憲」如此，「對反對黨的態度」亦如此！

黨天下的優越感休矣

事實上，中國已晋入民主憲政時期，一個政黨對另一個政黨是不是有所謂「承認」問題存在？所謂「承認」問題是不是有任何法律根據？再者一個政黨不承認另一個政黨的話，那麽以牙還牙另一個政黨也大可不必承認這個政黨的，正如本刊小言先生所說「甲黨與乙黨之間，誰又能擁有『天賦之權』來承認對方或不承認對方呢？」

原來，國民黨還在做着一黨訓政的迷夢，他們還想把全面抗日時期與青年民社兩黨交換承認底老戲重演。但是請勿忘記中國已行憲十二年了，今日執政黨祇僅僅是民主政黨政治的國家裡一個政黨而已，他們的黨綱不能超越憲法，必須和任何在野政黨一樣恪遵憲法，維護憲法，實踐憲法。

奉勸那些先天具有黨天下優越感的執政黨當權派先生，新黨是合法政黨，中國人民會重視他，中國人民會承認他，中國人民會愛護他。何不擺出「容忍的雅量」？須知，我們的共同大敵是共產黨！要以民主來反共！

·孟戈·

鮑爾斯受騙於中共

·田心·

美前駐印大使鮑爾斯，在四月發刊的外交季刊上發表對於『中國問題』的意見，不能說他未下過一番功夫。但究其重點只在於台灣及其周圍關係，對於中國大陸的情況，看來只是他對外交承認這問題實際接觸以後的一些體會。此外，他似乎已為中共宣傳的成就所惑，其結論也就等於一個受騙者所作的結論一樣了。

鮑爾斯假設根據的第一項是「北平政府雖仍困難重重，然已穩定握有大陸」。顯然這一根據當是他對於『大躍進運動』的看法。其實，恰巧相反，目前正是中共統治大陸十年以來最不安定的時節。我可以舉出三項實例，一、各地都在鬧吃不飽，這是每一個接觸過最近來港的難民的人都能加以肯定的，固然在以前也有過餓死人的事，但絕不像現在一般的普遍。二、能夠驅使吃不飽飯的人從事工作，確實反映其政權的有力，但有力的政權並不能阻止人民的怠工。據七月二十三日人民日報報導，安徽省發生「草荒」現象的在三千一百萬畝以上，河南全省的「草荒」面積則為一千五百多萬畝，據研究的統計，大陸各省都有這種「草荒」的現象，因此，人民日報已經發表多篇評論，要求迅速「消滅草荒」。一般的來說，中共將這種現象諉之於勞動力分配不當，這或者是問題的一面，實則農民在作極大程度的怠工，中共大躍進運動是否能維持下去該是一項疑問。三、在國內政策上，最近以來人民日報所發表的文章都是次一級的地方幹部，政治局委員以上的高級幹部一個個都默不作聲。這至少說明這些政治局委員以上的高幹並不熱烈贊成毛澤東殘民以逞的政策，但他們畏於毛的權勢，故皆三緘其口。因而只有採取觀望態度。而那些熱中名利不管死活的較低級的幹部，顯然企圖在這一困難時節獲得毛的青睞而倖進，於是，只看見那些次一級人物在人民日報上夸夸其談。

實例當不止上述三個，但僅這三個已可說明，目前大陸的政策既非中國人民所能忍受的，也非中國共產黨內多數所同意的政策，而只是以毛澤東為首的少數中共黨員急功求利的政策。鮑爾斯先生對此似乎不甚了解，因而他的文章中只注意到蔣先生的七三高齡，而並未談到毛澤東六十七歲，豈能以此認為毛必比七十三歲的蔣活得更久些。在史太林逝世之前，誰會想到他的政策會在以後受到猛烈批判，安知在毛死後中共不改絃易轍？誰又能預知在毛死後大陸的政治情況將會有怎樣的變化？

以鮑爾斯先生的識見竟忽視了中國大陸上正在發展中的一些主要現象，是不能不令人感到遺憾的！

從批判何其芳談到集體寫作

·齊亦魯·

當一九五八年八月間，大陸各高等學校正在全面進行教育改革運動，對資本階級「厚古薄今」思想展開批判時，何其芳這時適於「文學遺產」上發表了「論『紅樓夢』序」一文，強調對「古代傑出的作家不要隨便否定，隨便貶低」，相反的，應該注意防止「那種簡單粗暴的反歷史主義的傾向。」何的這一論點，其時曾獲得蘭州大學中文系教授的喝采，說他具有魄力，眼光銳敏，能夠發現問題。其他各大學的教授，有的也以何的文章作為理論根據，替自己的「錯誤」進行辯護。因此，「論『紅樓夢』序」這篇文章，對當時進行中的批判「厚古薄今」的運動，曾發生了「潑冷水」的不利影響作用。

也即因此，何被指為存有濃厚的「厚古薄今思想」，是「資產階級教授們的代言人」，跟着即被批判鬥爭。而且事後被迫作過「檢查」。但他經過那次批判鬥爭後，並沒有服貼、也未改變其「厚古薄今」的思想，相反的，又在後來發表的「文學藝術的春天」一文中，有些觀點與修正主義有相同之處。在中共看來，這種觀點如不澈底加以澄清的話，很容易使青年們的視綫模糊，甚至於會妨碍了對古典文學研究中的修正主義觀點展開鬥爭。

在「文學藝術的春天」中，何其芳曾說：「在我們今天，新文學已成為佔統治地位的事物，對繼承不夠的傳統應該首先是吸取。然而我們的目的仍然是推陳出新」。他的這一觀點，復被指為「對待古代文化遺產的繼承問題上有不正確的看法」，謂其以藝術性作為首要標準去衡量作家和作品，忽視了作品的思想內容，故將古代文化估價過高，對今天的成就肯定不夠，而又以抬高了古代作家作品，來貶低今天的文學藝術。

何於同文中又說：「我們的傳統文學是那樣悠久，那樣豐富，那樣成熟，要趕過它的那些頂峯是並不容易的」。照說，這一看法並無不當之處，甚至於可以說是相當平穩，可是「文藝報」接着就硬說何其芳把古人看成高不可攀，把自己描繪得那麼渺小，在古人面前「望洋興嘆」！何其芳以存有「厚古薄今」思想遭受過一次批判鬥爭之後，依然「在古人面前望洋興嘆」呢？「文藝報」說他在思想上有較嚴重的重藝術標準、輕無產階級的政治標準的思想。因此對作品進行評價時，完全撇開了作品思想性，把藝術標準變成唯一的標準。該報同時又說：「何其芳心目中對作品評價並非沒有政治標準，不過他的政治標準，並不是無產階級的，而是資產階級的罷了」（見「文藝報」第三期）。

陷身於大陸的作家，如被認為存有修正主義和資產階級思想時，這情形是極為嚴重的，就通常情形而言，輕則被「勞動改造」，重則就有被遣往「北大荒」開荒的可能。但何其芳由於周揚的大力支持和他今天在中共文壇所處的重要地位，故雖一再被批判鬥爭，卻無損於他的地位。不過，何既然已成為今天中共的文藝理論家，居然仍存有修正主義和資產階級的思想，可見知識份子的「思想包袱」，確是不易去掉的了。

何其芳遠在抗戰之前，以「畫夢錄」獲得大公報文藝獎金（「雷雨」第一、「畫夢錄」第二）後，始在當時中國文壇初露頭角，此後即一面教書，一面寫其「還鄉日記」，陸續在上海出版的「新中華」上發表，除此之外，有時也寫些散文新詩之類的作品，在「大公園」發表。抗戰軍興不久，即辭去李宗仁主辦之幹訓團的教職轉赴延安，未幾，復就任「魯迅藝術學院」教授，就在這時與周揚建立了深厚的關係。中共開府北平，成立「中蘇友好協會」時，何即出任該會幹事（廖承志任總幹事），後來又兼任中共最高黨校——「馬列學院」教授，一時頓成為赤朝新貴和中共文藝理論的權威人物了。是以他先後雖被批判鬥爭，但以周揚的大力支持，故其地位迄未發生動搖。

與大陸那些名作家比較，何其芳無疑是後進，但他今天的地位卻是後來居上。情形雖然如此，然而在其作品中，仍一再被指為缺乏無產階級的政治思想，那就難怪一般成名已久的老作家，十年來大都噤若寒蟬，視寫作為畏途了。縱然在非寫不可的時候，對所談的問題，也是盡量運用「轉彎抹角」和「廣徵博引」（見「收穫」一期讀者通訊）的方式，轉述古人的意見，而自己只講些似是而非、不着邊際的話，務期作到「四平八穩」，藉以避免因文字而招致災禍。由於避免「開門見山」的談問題，所以往往便把文章拉長了，是故此種作品便被說成是「懶婆娘的裏脚帶，又臭又長」的東西。

一般的作家們怕因文字惹禍，十年來不謀而同的採取「減產」、「停產」的態度，赤色作家何嘗不怕呢？據第六期「文藝報」透露，說中共湖北省委的「寫作小組」，以「龔同文」作為「集體筆名」；黃岡地委的「寫作小組」以「岡人」為「集體筆名」，在「岡人」的影響下，黃岡地區又出現了十二個縣委「寫作小組」，這些小組，也分別以「田文」、「王白石」、「岡文」、「于洲人」等作「集體筆名」。他們之所以設立所謂「寫作小組」與採用「集體筆名」，表面上的理由，據說是避免封建思想和資本主義社會中，一個人奮鬥、文人相輕；個人第一，為名為利」的不良現象的發生，但是說穿了，這祗是避免由某一個人來負「文責」的手法而已。赤色文人怕惹文禍的心情是很顯然的事情。然而，他們却強調說設立「寫作小組」和採用「集體筆名」的作法，是「一馬當先，萬馬奔騰」，為「新生事物鳴鑼開道」呢！

從何其芳的一再被批判，到湖北中共省委的用「集體筆名」發表文章，充份說明大陸文人既無說話自由、又無緘默自由的情形的一斑了。

新經濟與舊政治底衝突

——尹仲容揭露了台灣十年來的經濟實況——

·傳強·

台北通訊

八月六日晚聯合國同志會請現任行政院外貿會主任委員尹仲容假美新處禮堂，作學術性講演，題目是：「台灣經濟發展的檢討與展望」。

尹仲容是今天台灣財經界紅得發紫的要人，據說更為陳院長所器重，一般的印象也覺得他辦事頗有魄勁，也就認為他是有魄力的人物。而所講的題目又如此的具有現實性，尤其是因為執政黨一貫不遺餘力地宣傳台灣經濟之美好，前途之樂觀，而今居然有一位在財經界負責的人願意公開檢討……，所以是晚頗吸引了不少人前往聽講，同時大家也意識到，以尹仲容的口才，是絕不會冷場的。

十年小康賴美援

誠然，尹仲容的講題與內容是具有吸引力的，但從他的檢討中，使人們了然過去十年「小康」局面全賴每年一億的美援支持，如果沒有美援，「小康」的形勢隨時會變易！至於他的展望，則是建築在期望能：一發展能起領導經濟起飛的出口工業；二、控制消費和非生產性的投資；尤「有賴於財政政策，特別是租稅政策的運用，和銀行與資本市場的建立，以改變所得的流向。換句話說，即需要建立良好的租稅制度和金融制度。」但是，他也說了，這樣的改變，非要有革新的「一套政治、社會，及制度結構」相配合不為功。

台灣的經濟問題既經尹仲容點穿了非不可再進一步發展，而關鍵是在能否革新政治、社會及制度結構。但一談到革新，勢必觸及國民黨當權系統的痛處。事實也是，要有現代化的經濟，必須先要有現代化的民主政治為基礎。今天台灣的形勢是，政治既不能步上民主常軌，欲使經濟邁步起飛，豈非望天打卦!?蓋所謂「控制消費和非生產性的投資」在民主政制下並不困難，但在黨專政之下實難實現。（因為它自身就產生腐蝕作用，例如套取外滙販賣蘋果進口，以充黨費，而經手人藉口從中漁利等等。）這也正是台灣經濟十年來雖能小康，而不能大發展的基本原因。

現在，要求革新政治、社會及制度結構的呼聲，已從國民黨內負責財政經濟的人員間接提出了。儘管人們相信國民黨當權派也一定希望在經濟上能夠再邁進一步，裨對政權的穩定起更大的作用，但是新經濟與舊政治兩者間的矛盾，確非易於調和、統一。這裏只要舉此一例即可加以說明了。

從個人所得看真相

目前台灣的經濟情況究竟有無可慮之處。官方的宣傳是經濟有長足的進步，實際上十年來的改進除了於四十二年完成土改後，情況有一度突然的好轉外，以後幾乎是停滯不前，當然更不能以台北街頭的那種熙熙攘攘來代表台灣經濟的眞實面。因為今天台北的那股「熱鬧勁兒」，是號稱向東京看齊的。試問，今天台灣的整個經濟情況又怎能和日本相比？

我們且看尹仲容的敘述，即可想見今日自由中國經濟問題堪慮者實屬不少。

他說：「個人所得最足以代表一個國家的經濟力量與生活水準」。他舉民國四十一年到四十六年的實例說：「若拿個人所得的增加率來說，則我國百分之四點八；在日本百分之八點六；西德百分之六點四；荷蘭百分之五點零；義大利百分之四點九之下。表面上好像我們的經濟成長不十分落後。其實不然，我們之所以顯得不十分落後，是由於我們的比較基數小，而日本、西德等國的基數大。從十增加到二十，與一百增加到二百，都是增加一倍，但難易是不同的。從這一意義講，我們的成長率是落後的。而且這種趨勢假如繼續下去，我們的經濟發展將永遠趕不上其他進步國家。」

他再舉資本形成率與儲蓄率作為測量經濟發展的指標說：「以毛資本形成率（即包括折舊在內）來說，其他國家都較我們為高。日本百分之廿九；加拿大、西德、荷蘭及意大利均在百分之廿以上，而我們祇有百分之十五點四。淨儲蓄率則日本高達百分之廿五點九；西德百分之廿二點六；其他荷蘭百分之十九點六；加拿大百分之十六；意大利百分之十二點五；英國百分之九點七都在百分之十左右。而我們祇有百分之六點五。從這兩個對經濟成長有決定性的比率看起來，可以說我們落後甚多，與戰後兩個發展最快的國家日本與西德比較，尤其落後。」

台灣有工廠而無工業

對一向為台灣官方極力宣傳的「工業發展」，尹仲容很幽默地說，「台灣的工業發展，實在是工廠發展，建立了一個或幾個工廠就停滯在那裡，從沒有繼續發展成龐大的工業。」他認為所謂「龐大的製造業」，必須具備兩個條件，「一、是以刺激其他現代部門的產生和擴充，並便利其他部門的發展；二、這個部門要有高度的成長率，也就是不斷的快速發展」、台灣雖有幾個比較大的製造業部門的糖業、紡織、水泥等，但都不合這兩個條件。」還有什麼比尹仲容的指證更有力呢？台灣祇有工廠，沒有工業！

尹仲容是對台灣未來經濟的發展抱有熱忱的，但他首先熱切希望台灣的經濟要能起飛，他認識到起飛的先決條件「自然要先掃除許多阻碍經濟發展的因素。」就這一點來說，祇要國民黨當權派執政一天，恐怕是可望而不可即了！理由很簡單，就是上文所述的，沒有民主政治，絕不能出現現代化的經濟發展。若不以筆者是在說笑來的話，試想，以尹仲容這樣一位具有現代經濟思想認識的知識份子，怎能和蔣氏父子那樣頑固的極權思想意識相配合。看來尹仲容的官位有可能會節節高昇，而他的壯志怕是祇能冷藏了!?

聯合報論「八一」水災

·宣·

八月一日本省又遭受一次水災，據政府的報導，災情並不嚴重，聯合報曾於八日發表一篇短文，題為「天譴罪言」，特介紹於左：

「去年「八七」，今年「八一」——本省中南部於昨今兩年間，連續遭受一年一度的週期性大水災。在陽曆上相距僅有一星期，在陰曆上竟同為六月初九；如沿用陰曆，稱其為「六九」水災，則此前後兩次浩刼，乃發生於昨今兩年的同一日，似可作「同日語」。果眞刼而有數，似此堪稱刼數；彷彿冥冥間，上蒼在同我們日趨式微的世道人心，施以譴責，殆即所謂「天譴」也歟？

據說今年「八一」災情，「並不嚴重」。持此論調者，諒係因去年「八七」有過紀錄，開過大眼界，乃覺「曾經滄海難為水」，而有「除卻八七不是災」之氣概。殊不知今年「八一」的受災面積，以及人畜的傷亡，公私的損失……在在都大得可觀；雖稍次於「八七」，但仍不失為「災情慘重」。正如數字上「八一」與「八七」相去無幾；這前後兩次災難，頗似伯仲之間的「難兄難弟」。對於「八七」難兄，我們曾採取緊急措施，克勤克儉，作一年之努力，以善其後。而對「八一」難弟，我們竟無動於衷；舞禁將開，馬戲照演，酒家餐館，盛況空前，此與一年前厲行節約救災的情景較之，實不能作同日語。人心麻木，世道衰微，一至於此，可為浩歎，「殷憂啓聖，多難興邦」，固屬有之；倘殷憂不足啓聖，則多難未必興邦。我們頻遭天譴，能不知所懍戒乎！」

讀者看了這一篇短文之後，對於政府在「八一」水災後的措施，當可瞭然了。

陶希聖談黨禁與報禁

八月一日中央社發表陶希聖的一篇談話，他認為國民黨與青年黨的友好合作關係，今日至為良好。與民社黨的關係，國民黨現正準備繼續就今年四月間之商談，重行交換意見。並說「中央日報七月二十九日對政黨關係的社論（即不承認新黨）是國民黨的政策」云云，海外讀者，對於陶希聖所謂「國民黨與民青兩黨的關係，甚為良好」，也許不了解其內容，茲將筆者所探悉的實情，報導於左：

自政府退守台灣以後，民青兩黨在政治上的制衡作用全失，國民黨也不把他們放在眼裡。過去雖然承諾發給每黨每月所謂宣傳費八萬台元；但亦時發時停，有一個期間，在蔣經國和陶希聖的巧妙誘迫之下，民青兩黨均各分而為三。直到去年因蔣介石決心違憲連任，為了利用民青兩黨來參加勸進，以表示連任乃全國人民一致的要求，兩黨才又由分而合。繼因張君勱在海外發出反對違憲連任的公開聲明，措辭極為堅決，大觸當權者之怒，國民黨曾用盡方法，企圖誘迴民社黨代表大會另以官方所歡迎的人為該黨主席。其計雖未得逞；但民社黨又重陷於分裂矣。至於青年黨方面，在港之左舜生李璜堅決反對違憲連任，在台之陳啓天最初亦與左李一致；唯余家菊反是。時香港又有對修憲連任者予以公開警告的醞釀，當權者為了緩和形勢，乃聲言將召開反共救國會議或國是會議，並多方籠絡陳啓天，許他為行政院政務委員，更允由他介紹列席國大代表及光復大陸設計委員若干人，希望他能轉移左李的態度。對民社黨則因轉為憎恨張君勱，雖也曾有所接觸，却並未提出任何具體的條件。後來非法總統順利產生，當權者感於目的已達，又將全部諾言取銷。甚至民青兩黨每月八萬台元的宣傳費，亦不得不自動放棄。

但自從新黨的籌備工作積極展開後，當權者深恐民青兩黨與新黨合流，而形成一個強大的反對力量，影響其家天下的集權統治，於是又舊話重提，除了許青年黨兩個行政院政務委員而外，還許他們推出立法委員，國大代表及光復大陸設計委員等七十五人之多，並說宣傳費仍可照發，並將大為增加，如此的優厚條件，可謂空前。更對陳啓天恭維至。陶希聖所謂國民黨與青年黨的友好關係，今日至為良好，即係指此。但鑒趙孟之所貴，趙孟能賤之，青年黨對於國民黨的誠意能否接受，仍有待於新黨形勢之發展而定也。

至於與民社黨的關係，陶希聖只說準備就今年四月間的商談重行交換意見，可見雖然民社黨由若干人士早已「自動」的對新黨表示杯葛，（如不借地址與選舉座談會開會等是），當權者對他們也不過準備商談而已，自尚談不上像青年黨那麼優厚的條件了。

總之：在籌組新黨聲中，當權者為了實行釜底抽薪之計，對於青年黨既已提出如此的優厚條件，誘迫他們與新黨分道揚鑣；對民社黨的仇視態度自亦將作某些改變。但鑒於過河拆橋已成了當權者的第二天性，青民兩黨人士是否將中其奸計，仍尚未知也。

關於報禁的問題，陶希聖的談話似乎更具幽默性。他說，「政府於民營報業之扶助政策，已收到實際效果，至今台灣省已有二十餘家民營報紙，均能平均發展，使一般社會有普遍而充分的表達意見的園地。由扶助政策轉向自由競爭，如何始能免於兼併與浮濫的流弊，實為現階段新聞政策上必須慎重研討，妥為籌劃的問題」云云。照他的說法，政府不准創刊新報不但不是妨碍出版及新聞自由，而乃是扶助民營報業。這種指黑為白的辯証法，只有他才說得出口，誠不愧為當權者的第一號發言人也。我行文至此，一位朋友突然來訪，被他看見了，他說，「你眞是明足以察秋毫而不見輿薪了。當今蔣「大統」明明是違憲連任，而且以賄賂行之（即以增加國大代表的待遇來交換他們的選票）；但却說保持了憲法的完整性，乃順應全國人民一致的願望。他違法亂紀，處心積慮的要恢復被中山先生所推翻的傳子制度，但却口口聲聲的說信奉「總理遺教」，豈非充分表明今日的台灣是一個所說與所行背道而馳的世界嗎？陶希聖不過為了仰承鼻息，混碗飯吃而把妨碍出版自由的報禁說是扶助報業的政策，又何足怪乎？」我聽了他這一番話之後，也覺得可以不必再說了。

（大悲）

中共的組織成份是怎樣的？（上）

劉裕畧

大陸之窗

一切共產黨的組織都是秘密的，因之，一切共產黨的組織成份也似乎必然是不易知的。但是局部在全體中存在，任何問題都不能眞正孤立，因爲它命定的被其它的先天條件聯繫着制約着。關於中共黨員的組織成份是怎樣的這一問題也正是如此。

現在我們試從全體和有關的聯繫來看這一問題，並從它的老大哥——蘇聯來看這一問題。依照馬克思理論，共產黨是隨着資本主義的發展而發展的。馬克思認爲在資本主義社會資本愈集中，勞動就愈社會化，而大批的工業無產階級（指沒有生產工具的僱傭勞動者）也就隨着孕育起來。馬克思認爲這一階段的資本主義，在對外方面，由於必須覓取原料與打開市場，所以，便變成了帝國主義。對內方面，則這些工業無產階級因受壓迫，而變成了最革命的階級。而此一最革命的階級，既是因資本主義的愈發展而愈產生，所以，馬克思又認定資本主義的愈趨發展，正是資本主義在自掘墳墓。至於工人階級，則馬克思認爲正是隨着資本主義之發達而愈趨發達之階級，所以，它不但最具革命的戰鬥品質，而且也正是一個向龐大數量發展的階級，正是一個向上成長的階級。因之，馬克思乃進一步認爲只有這樣一個階級才能眞正站起來打倒資本主義，同時，馬克思也就認定共產黨應該是運用這種工人無產階級來組成的黨。

但在另一方面的事實告訴我們，不但在中國，就是在沙皇時代，十月革命前的俄國，資本主義並不發達，對此，甚至「聯共（布）黨史」也不得不承認；沙皇俄國走上資本主義的道路，要較其它各國爲晚。農業中强迫農奴勞動的生產率極低。當時的經濟要求是把農奴制度取消，這樣，沙皇乃於一八六一年廢除農奴制度。但俄國農奴制度的取消，並不說明俄國工業即刻有了眞正發展。到十九世紀九十年代的中葉，大工廠、礦業和鐵路工人的總數量，在歐俄約五十州來說，也總共不過二百二十萬零七千人。因之，蘇聯共產黨也不得不對這一事實加以承認，承認大革命前夕，俄國經濟發展程度，仍遠比不上其它資本主義國家。並且承認俄國絕大多數居民，還在從事農業。至於說到中國，據毛澤東自己估計，中共佔據大陸前，中國工業在整個經濟中的比量不過佔百分之十，而工人階級的革命品質，據毛澤東自己說：「中國無產階級有其弱點，例如人數較少（同農民比較），年齡較輕（同資本主義國家比較），文化水準較低（同資產階級比較）。（毛澤東著「中國革命與中國共產黨」）這就更說明了資本主義在中國原亦極不發達。所以，就中國社會歷史發展階段所具有的客觀條件來看，中國共產黨在事實上實在不可能是一個眞正由工人階級組成的黨。何況，列寧還根本反對工人階級的自發運動，只主張共產黨應由職業革命者來組成，而不主張由工人階級來組成呢？

從以上工人階級數量並不多，品質並不高的事實，再加上列寧原本反對工人階級的自發運動，所以，中國共產黨先天的便不是如像馬克思所想像的那樣純由工人階級所組成的一個政黨。

而在這方面，即資本主義本來不發達的事實，則中國與俄國正是相同的，加之。中共乃俄共所派生，它們有着割不斷的血緣，對此，毛澤東自己也承認，他說：「中國人找到馬列主義是經俄國人介紹的。在十月革命以前，中國人不但不知道列寧、斯大林，也不知道馬克思、恩格斯。十月革命一聲炮响，給我們送來了馬克思主義。十月革命幫助了全世界，也幫助了中國的先進份子，用無產階級的宇宙觀，作爲觀察國家命運的工具。重新考察自己的問題，走俄國人的路。」（毛澤東著「論人民民主專政」）惟其如此，當我們研究中國共產黨的組織成份時，就不得不先對俄國共產黨的組織成份作一研究，因爲中共乃是俄共派生的孕育出來的。

但要了解俄國共產黨的組織成份，就必須先要了解俄國共產黨創黨人——列寧對共黨組成問題的意見。因爲他的意見，直接決定了俄共的組織方式與組織成份，間接決定了中共的組織方式與組織成份。

前面已經說過：資本主義在俄國大革命前夕是並不發達的。工人階級的數量不多，戰鬥的革命品質並不高，照馬克思的看法，俄國原本並不具備革命成功的條件，再則，由於當時俄共內部尙有一部份遵守馬克思教條和忠於工人階級的人，其中如普羅科坡維奇和枯斯科娃等就認爲工人階級的黨，應由工人階級自發來組成，而不應該由外人來代辦、否則便不成爲工人階級的黨了。

但列寧却反對這合乎馬克思原意的說法，堅決反對工人階級自發論。列寧認爲共產黨是不應該由工人階級來組成的。列寧當時爲了散播他的主張，爲還寫了一本叫「爲什麼？」的書，這本書猛烈抨擊工人階級的自發論。列寧甚至說：「讚美工人階級自發過程是尾巴主義，是背叛工人階級」。此外，列寧還提出了如何決定共黨組織成份的原則問題，列寧斬釘斷鐵的說：「我認定（一）無論那一個革命運動，若沒有一種穩定而保有繼承性的領導者組織，便不能鞏固起來；（二）羣衆愈擴大，這樣的組織愈加迫切需要，這種組織也就愈加鞏固；（三）參加這種組織的人，主要應當是以革命活動爲職業的人；（四）我們愈縮小這種組織的組員成份，一直縮小到只許那些以革命活動爲職業並受有專門訓練的人參加；（五）工人階級有機會在這個運動中積極工作」。（列寧全集第四卷）

而俄國共產黨後來就是根據列寧的這種意見組成的。由此可知一向打着工人階級招牌的共產黨其實並不是由工人階級所組成。工人階級只能在它的外圍中工作。共產黨的核心部份乃是那些以革命活動爲職業的人，並不是其它。（未完）

大陸農村普遍缺乏肥料

何爲均

增加農業生產的因素，本來不止「水」與「肥」、兩項。因爲生產關係、生產方式、農民心理、土壤、氣候、生產技術、種子等，皆與農業生產之有無與多寡密切相關，但是由於中共本身制約了生產關係與生產方式，使共黨政權統治下的生產關係與生產方式被綑綁在一定的錯誤形式上，所以，共黨政權下的農業經濟的發展，始終不如理想。這不但以中共十年來的事實爲然，亦可更從蘇聯十月革命四十餘年來農業生產始終落後於美國的事實可以證明。但中共既沉迷於馬列教條，自更不敢對此作自我檢討，於是中共政權下的農業，便根本無法從全般問題重新着眼，而只能在局部問題方面去鑽牛角尖了。

對此，中共的一個結論是「有收無收在於水，收多收少在於肥」。其實，誠如上述，莊稼收穫之有無與多寡，何嘗只在「水與肥」呢？中共人民日報八月七日以「更多地增產化學肥料」爲題發表社論，並提出「有收無收在於水，收多收少在於肥」這一似是而非的口號式結論，無非在逃避問題。不敢在此兩項因素之外，更去多發掘問題罷了。

然而祇就肥料問題而論，今日大陸亦極成問題。且由於此一問題，遂影响了農業生產。本來，在中共未佔據大陸以前的中國，農村由於人糞及其他化學肥料之使用，肥料問題尙不像今天這樣嚴重。但自中共佔據大陸後，農民糧食配給量一再減少，農民更三月難知肉味，於是人糞不但在量的方面減少，甚至糞肥之品質亦減低。從而也就使農村主要地不得不依靠化學肥料。然而中共的工業建設，十年來又一直偏重軍火工業與其它重工業。對於化學肥料廠的普遍大量設立，則一則由於疏忽，一則由於力不從心，這樣一來，今日大陸之農村，乃圖窮七現，普遍的感到肥料荒了。

由於今日大陸農村普遍的感到肥料荒，所以八月七日人民日報才以「更多地增產化學肥料」爲題作社論來號召。以期能夠及時補救。人民日報社論一開頭就說：「大力增產化學肥料，是工業支援農業，城市支援鄉村的一個重要方面，也是工人階級，特別是化學工業職工當前的一項極其重要的任務。」跟着又說：「有收無收在於水，收多收少在於肥。水利條件改善之後，增加肥料，是保証農業生產持續躍進的關鍵。爲了根本解決肥料問題，我們採取了有機肥料（主要是農家肥料）和無機肥料（化學肥料）並舉的方針。……一方面突擊積肥，一方面建設肥料基地，大養其猪，大種綠肥。……糧食多了，可以大規模發展以猪爲首的畜牧業，畜牧業大發展了，既可以得到更多肉食，又可以得到更多更好的有機肥料。」以上是中共的如意算盤。基於這一如意算盤，於是人民日報乃號召大陸「化學工業的職工羣衆」要「加倍努力，千方百計的增產化學肥料，加速發展化學肥料工業」。

讀以上人民日報社論之文，却可以指出中共的這一號召必將落空，它那如意算盤也不能完全實現。

何以說呢？先看人民日報是把有機肥料的來源主要指靠農家肥料。但這在中共未佔據大陸則可，迨中共佔據大陸，人民生活水準日益降低，人民本身已吃不飽，試問大量糞肥從何而來？所以，中共主要依靠農家的想法顯然不切實際。況今日大陸，家庭已被拆散，農民都已按軍隊編制方式被迫編入人民公社，[illegible]

人民日報之另一算盤是以爲大量養猪，既可以直接增加肉食，間接增加有機肥料。但按之事實，中共今日在大陸雖然大力養猪，但所養之猪並非供人民肉食之用，而是運到蘇聯換取軍火或運到海外賺取外滙。人民只在眼睛裏面有猪，並沒有在腸胃中有猪，那末，所謂「畜牧業發展了，既可以得到更多肉食，又可以得到更多更好的有機肥料」之如意算盤，自亦無從實現了。

至於化學肥料之增產問題，據人民日報說：「要從兩個方面入手：一個是進一步挖掘現有化肥企業的潛力，另一個是有計劃有步驟地加速以年產幾百噸合成氨的小型廠爲主的新廠建設工作」。看上述兩個方法，以第一個方法來說，中共用强迫方式，把中共現有化肥廠的勞動强度再度提高，以所謂挖掘生產潛力爲名而以達到充分奴役爲實，自可或多或少的增加一部份化肥。但其數量總仍然有限，因爲中共早已把這些廠的勞動强度提高到近乎極度了。所以無論怎樣再提高，其增產量終是有限的。

其次，關於建立小廠問題，中共現在是寄望於各[illegible]市人民公社在內[illegible]援農村。至於中[illegible]偏重軍火工業之[illegible]模肥料廠之計劃[illegible]一個絕對集權的[illegible]之設立，皆由中共中央部門設計實施，斷無委之於職[illegible]而對於這些小型[illegible]學工業的職工羣衆加倍努力，這都可反証中共中央明知肥料缺乏但亦無與農業生產問題[illegible]餘力並無通盤計劃來作大規模的根本設施了。然而各人民公社之勞動果實，一向均被中共剝削一空，今後雖勉強可以增設一些小型化肥廠，但其供不應求，則仍是必然的。所以，可以斷言者，肥料缺乏不但在過去，今後亦必然仍是中共不能完全克服的問題。

寮國政變中四要角

何之湄

寮國政變的突發，對於與寮國有最密切關係鄰邦的泰國首都曼谷，似乎也感到意外。所謂意外者，並不是認為寮國十分安定，不會發生事故，而是政變竟由一名二十七歲的營長所領導，以及政變的詳細，連到最瞭解寮國的泰國也成為「內情不明」。「摸不着頭腦」，這是泰國當局最苦悶的地方。乃沙立元帥的說話，正表達出上述的煩惱，他說：除了沿泰寮邊境警戒，「別無他法」。

這是靜觀其發展的說法。究竟會怎樣發展呢？從在政變有關人物的身上，可否能夠看出一些端倪來？

李江

「第二營」這個番號，在寮國內亂史上是一個不祥的番號，去年寮軍第二營叛變，釀成戰亂，現在在寮都永珍發動武裝政變的，又是傘兵「第二營」。

發動政變的傘兵第二營長李江，是一個二十七歲的小夥子，官階不過是上尉。因為他是陸軍司令歐尼拉狄克的內姪，才能獲任此職。歐氏信任李江，予以不次之擢及剿共暨拱衛首都的重任，但李江竟據首都而稱亂。現在歐尼拉狄克已由皇都琅吧剌邦奉寮王及各在故都閣員的派遣，赴永珍與李江談判。但預料李江不會放下武器，像張學良那樣。因為，政變內容複什，不能說是由李江所領導。可能，李江只不過是工具而已。

符馬

政變中最值得注意的人物，是符馬親王，他迭任寮國總理多年、前任駐法大使、是貴族又兼老政治家，在政壇上有一部份的代表性。他在總理任內，是採取在國際上實行中立主義，而在國內反共的。符馬親王是留法學生，西貢方面認為符馬是「親法派」。這一說法，意味着符馬親王與發動政變有關，符馬自一九五七年退出總理寶座（由洗廼恭——即沙耶尼空繼任），出使巴黎後雖被推為國民議會議長，實際等於投閒置散。

政變時，符馬被任為「革命委員會」的外交部長，且被派至琅吧剌邦謁見寮王，請求承認永珍政變的結果。符馬親王是政變發動者之一？抑係因陷身永珍，而權宜採取彌縫斡旋的方針？

依照符馬親王溫和的性格，以及卸任總理後仍與洗廼恭，桑山尼等屆政府合作看來：後者的可能性較大。

諾沙旺

去年陸軍政變的主要人物諾沙旺，於今春阿派過渡內閣中出任國防部長，兼退伍軍人事務部長，桑山尼護選組閣，諾沙旺仍然留任。當時，前總理洗廼恭之弟「阮、洗廼恭」，出任司法部長，也至今留任。阮、洗廼恭是反共的，但此次政變身在永珍，竟亦獲得參加「革命委員會」，想是為叛黨所拉攏，權宜之策。

諾沙旺在洗廼恭內閣以上校任國防部長，去年末陸准將，（現係少將）與洗廼恭意見不合，與「保護國家利益委員會」七軍官一同退出內閣，不出半個月，陸軍政變乃告發生。

最近一次大選，「保護國家利益委員會」與「人民陣線」——洗廼恭領導——合作為「民族陣線」，獲得勝利，由保護國家會的桑山尼組閣。諾沙旺掌國防實權。與最高部隊司令官順通將軍，同為桑山尼政府的背景性人物。

諾沙旺自琅吧剌邦飛永珍途中，得接政變消息，乃飛至泰國廊開降落。已在來曼谷途中。他對永珍政變，是力主「討伐」及部署進軍的首腦。

蘇發努馮

永珍政變中，叛軍電台的反美，及散發反美傳單（泰境經有拾獲），被認為此係受到共黨策動。乃沙立總理的招待會中，泰副外長已公開作此種宣佈。

叛軍的網羅中立派及反共份子參加，又派符馬北上琅吧剌邦談判求取諒解，前者在使外界對政變撲朔迷離，後者則係緩兵之計。這是共黨手法之一。叛軍宣佈「容許各政黨活動」，可能是為寮共蘇發努馮的「愛國黨」開路，是共黨手法之二。可以說：如果蘇發努馮不自永珍越獄逃脫，則這次永珍政變不會發生。

除非符馬誠意為叛軍斡旋，除非有權力的寮王華他納堅持談判解決，否則諾沙旺等必然打回永珍去。

·曼谷通訊·

越南所受的威脅日趨擴大

越南自一九五四年七月廿一日簽訂「停火協定」，迄今轉瞬已歷六年。從「停火協定」生效之日起以至現在，她有進步的一面；但同時也有受威脅的一面。——受威脅的程度，且日趨嚴重！最近寮國的政變，使她所受到的威脅，影響也更大。

吳廷琰獲得了美國的支持，在中南半島上建立起堅強的反共堡壘，這對自由國家的，無可否認，是有很大的裨益；但新興的越南政府，卻有點自滿的態度，尤其是對中共，以至共產主義的滲透，竟予漠視，因而使她的大敵「越盟黨」的詭計，得以在她的心臟裏——西貢和堤岸——運用得頭頭是道，並形成了一股潛力，一股暗流，不斷地向着吳廷琰的政權來搖撼和衝激；無疑地，它所產生的威脅，是對越南政府極端不利！

越南人口雖僅二千五百萬強，領土面積也僅卅三餘萬平方公里，但由於戰畧資源豐富，構成了戰畧地位的重要性，對民主陣營而言；在消極方面來說，她將是阻遏共產主義繼續泛濫東南亞的堤防；在積極方面來說，她將是中、越兩國擊破鐵幕，光復失地，駢肩作戰的基地。這主要的反共力量的一環，當然為自由國家所重視；而共產主義，則自然更對她存有不軌的心腸，和仇視的觀念，對她決不會輕易放過，而不斷增加其威脅。威脅的工具，顯然就是佔據着北越的「越盟黨」。

目前，「越盟黨」對越南的威脅力量，係在繼續增強中；換言之，它的威脅性已日趨擴大。

「越盟黨」對越南的威脅，除直接的軍事壓力日益加重外，間接方面的政治滲透，以至顛覆政策，也日益來得活躍。最近，越盟又厲聲叫囂着「解放」越南，「建立完整的越南人民共和國」；在本質上，共黨南侵是必須通過越南這個跳板，始足以從背面迫臨泰、馬，側擊緬、印，直叩印尼，故如何完成對越南的侵畧，在越盟固然是一項重要的工作，在共黨集團，也是一項主要的陰謀。

可是吳廷琰政府當局，在政治、軍事、經濟，雖有顯著進步，但能否對抗虎視耽耽而挾中俄共黨力量為背景的越盟？以最近情況來看，則更值得我們懷疑了！

以政治上言：越南治安當局，至今仍無法擊破共黨地下組織的發展。以軍事上言：越南還依靠美軍的協防，她自己仍未能成為獨當一面的作戰主力。以經濟上言：越南的農工生產，目前雖增加了百份之二十，但財政支出，卻增加了百份之百。——這就足以說明吳廷琰政府，雖然經過六年來的精厲圖治，而還是外不足以抗強敵，內不足以裕民生。於是，越盟的威脅，也就日漸擴展了起來！

綜上以觀，可知越南政策今日實在潛伏着很大的危機。為越南當局設想，他們今日實不應存有苟安和自滿的心理；更不應滿足着目前「小康」的局面。他們不特要自我提高警惕，深入一步地消滅越盟的陰謀；還應對兄弟之邦和衷共濟，和諧相處；對歸化的外僑，平等待遇；撫慰兼施。要知道：安內攘外，決不能以趾高氣揚的態度出之；惟能知彼知己，顧慮週全，百竹竿頭，再求上進，始能獲得光明的前途。

·阮發·

下鄉共幹生活特殊

·宋愉生·

中共當局，業已很感慨地承認：大部份幹部，腐化的情況，邇來益趨嚴重；尤其是被下放到農村去的基幹份子，他們都轉變得好逸惡勞，每每千方百計尋找生活的享受。

這是中共報章發表的廣東「省委」秘書張根生的自供狀；張根生很焦灼地指出：「自從五月下半月推行汕頭地委深入基層的經驗以來，廣東全省、地、縣三級領導機關，有上近兩萬個幹部下到了生產第一線，並有十六萬多個幹部搬到了生產小隊，但是有大部份深入基層的工作者，完全沒有了解這一措施的意義。大埔縣縣委，曾對二千六百零九個幹部深入基層以後的思想狀況，作出很明確的分析。在這批幹部中，有些開始勁頭很大，但過了兩個月，便怠惰下來，他們的工作方法，仍然是除了開會，便走來走去；有些則居然自設「小灶」，生活特殊；更有些身在農村，心在城市，惟知找尋享受，而工作則害怕艱苦。顯然，他們都缺乏了建設社會主義的堅強意志，要他們在農村完成增產任務，確是一件相當困難的事……」！

張根生確是明察秋毫，他的「供狀」說得一點也不錯；據來自各地農村的消息，那些「下放共幹」，都是高高騎在農民頭上而以「特殊階級」自居的。除「生活特殊」外，還動輒擅作威福，大擺官僚架子，勒令農民供他們私人差遣哩！

僑鄉近訊

珠江三角洲農民掀起抗暴暗流

·江水·

在夏收季節中，粵共集中了一切力量，分別在各縣展開了「搶割、搶收、搶晒」的強迫交糧活動，把農民們在苦旱中用血汗換來的一些夏收農產品，也全部強奪一空！粵共為防止農民的「從中作弊」，更訂出了「收、打、運、晒、交」等過程中「一條龍」的連環檢查制度，務求把農民的收穫掠奪得乾乾淨淨，「粒粒歸倉」。然而粵共這種迫害農民的手法，迅即激起了廣大農民的反感；去月中下旬間，珠江三角洲的農民，便憤恨地掀起了抗暴運動，實行暗中破壞，在收割夏糧時，故意造成普遍漏收漏割的現象，更有些人趁共幹監視署一疏忽，便閃電般地把稻穀丟落田壟，有些人則在挑運稻穀入公社糧倉時，故意在途中左搖右擺，將稻穀遺散地上。這種暗中破壞行動，共幹也感防不勝防。迨至最近，粵共便又指令各地區的「地委」，實施「四同」辦法，藉以作進一步的防止農民反抗。所謂「四同」，就是同住、同食、同勞動、同休息。換言之，就是對農民再來一套更嚴密的監視。然而農民受盡迫害，憤恨難伸，共幹的監視雖是一步一步的嚴密，但農民的破壞，仍不斷地在暗中進行。

四川省內傳染病猖獗

據重慶傳來消息：四川省各地，由於（一）人民勞動時間長，休息時間少，生活不正常；（二）糧食不足，採摘野生植物充飢，營養極度不足；（三）醫藥嚴重缺乏；（四）公共食堂的衛生條件太差：因此，由去月初起，便普遍發生傳染病，如痢疾、瘧疾、白喉、傷寒、霍亂、大腦膜炎、及鈎虫病、血吸虫病……等，均十分猖獗，勞苦大衆受上述傳染病威脅的，已逾五十萬人。「省府」方面，曾派出大批土郎中，分赴各地搶救；然而治標不治本，故各種傳染病，迄無法遏止。其後共方派出大批幹部，深入各地大攪「衛生工作」；可是也祇從外表上做工夫，對於實際的防止方法和治療方法，依然一籌莫展，各種傳染病，仍繼續威脅着人民的生命！

春蘭

朱韻成

那天回到家裏，他看見一個十八九歲的女孩子。

她穿着短袖子的白襯衣和洗得微微發白的藍布裙子，整潔得像剛洗熨過似的。平平短短的頭髮，不瘦不肥的臉上有一對不大不小而神情凝靜得畧帶悲戚的眼，削直的鼻子下有小小的嘴；皮膚也很白淨。不由人不感覺着可愛。

是她先向他微笑和打招呼的，他只得也微笑着答了禮。他想她一定是妹妹新交的朋友，要不是便是從別的地方跑來的朋友：因為他從來沒有見過她。

妹妹從裡間跑出來，一臉得意洋洋的神氣給他們介紹了：「春蘭，他是我哥哥，以後叫他做杜先生就可以了。哥哥，這是春蘭，新來的下女。」

他看了「新來的下女」一眼，她正垂低了頭。他有點不相信自己的耳朵，旋即看見妹妹神秘的抿嘴笑了一笑，轉身跑回裏間去了。

緊跟着跑進裏間去，他拉着妹妹壓低嗓子問：「你說甚麼？下女？」

「是──啦，下──女──」妹妹貶貶眼睛，故意把它拉長了說：「難道我騙你不成？──怎樣？不錯吧？」

她一開玩笑，他便沒有辦法。只得笑着說：「錯當然不錯，可小心妹夫啦！」

「你亂說，」妹妹瞪了他一眼：「小心你先爛了嘴。人家是好人家的女兒，國民學校畢業的呢！」

嚴格說，她做下女並不怎樣適合，因為看情形她自己出來謀生恐怕還是第一遭，所以許多家頭細務都顯得有點生手。好在她很用功，也很聰明，所以來了不久妹妹就很喜歡她，閒着時常叫她到房間裡去聊聊天。

每天他都見到她，但她總是夠沉默，像有心事的，你問她一句，她答一句，你不響她就不響，半天兩個人不說一句話也可以。要不是就只有你一個人說話，她很忍耐很留神的聽着，從來不會打岔。他不知道為甚麼，總有尋求她身世的一種神秘欲望。對他和對別的家裡人──妹妹和妹夫──她是必恭必敬的。但他有些時候有意無意問起她關於她的身世，為了避免傷她的心和自尊，總是問到中間便斷了。

「你的家在那裏？」

「嘉義。」

「家裡有甚麼人？」

「我的養父母，還有他們的小姪子。」

他便沒有再往下問了。後來他所知道關於她的一切，都是從妹妹的口中聽來的：她連自己親生父母的樣子姓名都記不得，很早就賣了──或是送了──給現在的養父母，在不很正常的環境中長大。看情形，雖然她沒有說甚麼，養父母待她並不怎樣好是很明顯的。

由於她的好性情和可憐的身世，因此大家對她都能給予一種毫不勉強的愛憐，使她和他們相處，從不會感覺偏促不快，從不會感覺委屈自卑。不過，在她與他們之間有一條不易跨越的鴻溝──他們是她的主人，她對他們經常有着一種遷就的態度。

有一天他放學回了家，妹妹蹤着笑眼到他的房裏來說：「有一件事要你幫忙。」

「甚麼呢？」他一面甩着襯衣問。

「哪，今天我跟春蘭談過了，我說：「像你這樣，閒着讀點書也好，你又不是笨人，又不是一點兒根底也沒有。每天讀一兩個鐘頭，也會有不少進步」。她答應了學點英文，中文她自己看，看不懂再找你。──哪，你肯義務做她的老師嗎？」

「我？好吧！」

他讀的是交通管理系，功課不會忙到那裏去，而且教春蘭英文並不費事，有空就教，沒有空也可以作罷，所以他沒有考慮就答應了。

以後的日子，經常可看見春蘭偷閒在唸英文，嘴巴一動一動的，滿臉嚴肅認真的神氣。

這樣不覺過了三個月。有一天，他有事要到高雄去，順便在二姊家裏帶回些東西來。恐怕一個人拿不了，妹妹便打發了春蘭跟他一起去。

時節雖是初冬，但台灣南部天氣仍是很和暖的。在火車上他們並排坐着，他穿了一套單衣，田野的風從窗口吹進來，還有那嬾洋洋的下午的陽光，使整個旅途都是很愉快的，他覺得窗外上上下下交織的電線，綠色的田野，不停掠過的電線桿，甚至於火車的節拍都是再美不過的。一路上他們沒有談過話。他忽然想起許多喜歡結結巴巴說話的女孩子，覺得她們是膚淺極了。

到高雄已經是黃昏了，車站上風刮着，竟有些涼意了。春蘭從她帶着的小手提袋裡把一件背心拿出來遞給他，他看了她一眼，覺得那凝靜的臉美極了。他禁不住想：要是春蘭不是他家裡的下女，而是他的愛人，那該多好！……一個大學生和一個下女……在人們的眼光裏是一件多荒誕不經的事啊！

又過了個多月的時光，寒假來了，春蘭每天早上用「Good Morning, Teacher.」和他招呼。她的心情似乎比初來時輕鬆些，和主人家裏人都是有說有笑的，臉上不很容易見到濃重的愁雲了。做事能力也大有進步，再也用不着煩主婦的心去給她指點了。

歲暮時節，家裡便忙了起來，雖說是小家庭，但佈置起來也是煞費心機的。春蘭忙得夠緊張，還要陪主婦去買年貨。她看是高興極了，像這樣喜氣洋洋的日子，在她的記憶裡恐怕是很少有的。

然而，年廿七那天下午，他打一個同學家回來，他看見春蘭的眼睛哭得紅腫起來，妹妹鼓着腮坐在她身旁，不知道該做些甚麼好，儘在發怒。

起初他以為妹妹在發春蘭脾氣，但那種沉鬱的氣氛，立即使他覺察到事情一定要比主婦下女間的鬧意見要嚴重多了，並且，她們之間沒有可能會發生磨擦的。

「這真是豈有此理，世界上那有這種蠻不講理的人！」果然，妹妹不一會便罵了起來：「剛才春蘭的養父母來了，一定要春蘭回去，春蘭死也不肯回，他們要用強，給我罵走了，嚷着要去派出所。我打了電話，叫你妹夫回來啦！……真是豈有此理！哪，你也來評評理！……把春蘭好好的人弄成這個樣子。」

妹妹一罵，春蘭便又哭起來了。他也不曉得該說些甚麼，一股無名的憎恨的怒火在他內裡升騰着。這時，他妹夫回來了。妹妹一見了他，立即又罵了一陣。

「你不要再說了，」妹夫打斷了他的太太的話說：「現在也不知道情形怎麼樣：他們或者給你罵走了，或者真的到派出所去鬧，我們還是等一會再說。我看情形也不會太嚴重，」他轉過去對春蘭說，「不要怕，你不去，他們逼也逼不來。」

春蘭的養父母並沒有讓步，不一會已帶了個警察來了。

「你道走了就是了？沒這麼便宜的事！」春蘭的養母有五十上下的年紀，塗得紅紅的大嘴裏，全是些俗氣的金牙，聲音大得像男人，一說話便口沫橫飛。「吃了十多年米飯，拍拍屁股就走？那有這般沒有良心的人！我也不傻，跟你做這椿虧本生意！……」

養父是個瘦小的老人，由於他的妻子，一點也顯不出威風來，靜靜的，倒像個跟班。

「趕快收拾去，還在這裏賴？警察來，看誰還同你撐腰！」養母吆喝着，可憐的春蘭哭得更不成樣子了。

「說話聲音請放小些，這是我的家，警察來了正好，你再吵我就先趕你出去！」妹夫的臉綳緊着說。……

警察帶他們回到派出所。值班的警官有三四十歲的樣子，臉長長瘦瘦的。

「照我看，情形可能很簡單，」警官聽了雙方的理由後思索了一會說：「這位小姐滿二十歲了嗎？」

「我二十一歲了！」春蘭緊跟着答。

「不，她才十九歲，」養母有點發急，一臉的顢頇相。

「你帶了身份証來嗎？」警官問。

春蘭從手裡捏着的小手袋裡把國民身份証掏出來，遞了過去。警官接過了，詳細看了一會，向老婦人問：「你就是陳金葉嗎？」

「是啦，我就是陳金葉。」

「唔──」警官沈吟了一刻：「小姐，我實在也想幫你的忙，不過，陳金葉是你的監護人，而我照你身份証上的出生年月算，你還有兩個月才足二十歲，現在還沒有自主權哩！」

「是啦，你看，我說得不錯，她只有十九歲！」老婦人得意洋洋地說，才露出一點金牙想笑，看見沒有人對她發生興趣，只得掃興的低垂了頭。她丈夫始終站在她的身後，像一個跟班。

春蘭又哭了，哭聲微帶嗒啞。

（上）

文壇泥爪

「文會」與「創社」的結怨

郭沫若因為在宗白華主編的「學燈」上發表了新詩和小說，初次在新文壇上嶄露了頭角，文學研究會成立之初，鄭振鐸便透過少年中國學會的人轉給在日本留學的田漢一函，請他和郭沫若成仿吾等參加。創造社在日本開籌備會議時，田漢會大包大攬願負責接洽國內的出版機構，他寫信到上海拜託的人，就是左舜生先生。據說左先生接洽的結果，是當時的商務、中華、亞東都不答應承印。田漢因此一怒，便壓下了鄭振鐸的信，既不回答，也未通知郭沫若。後來郭成兩人回滬住到泰東書局，積極籌組出版文藝刊物，鄭振鐸沈雁冰又透過時事新報「青光」版主編柯一岑，邀約郭沫若在半淞園吃飯，當面請郭參加文學研究會，郭怕對不住田漢，便一口謝絕了。

此後郭回東京，成走長沙，郁達夫從日歸來，不兩週就把「創造季刊」的稿子編好，在出版之前曾在上海各報刋出預告，其中竟有暗指文學研究會「壟斷文壇」的話。於是雙方對壘起來，你有槍，我有砲，展開了筆戰。當時「文學旬刊」上就有很多文章向創造社進攻，指郭沫若田漢是「盲目的翻譯者」，指郁達夫是「肉慾描寫者」；郭沫若等因為季刋不及旬刋捷便，借了時事新報「學燈」的地盤來回罵，郁達夫寫了「血與淚」的小說，嘲弄沈雁冰提倡的「血淚文學」，郭沫若寫了「論文學之研究與介紹」「論國內評壇」等文，直接抨擊沈雁冰。由於雙方互相攻擊的文字中所表現的理論，纔形成了當時文壇上的兩大派：文學研究會是提倡為人生而藝術的寫實派，創造社是提倡為藝術而藝術的浪漫派，沈雁冰是前派的理論權威，郭沫若是後派的大師。

等「創造週報」出版，首先由成仿吾發表了一篇「詩之防禦戰」，火藥氣的濃烈是前未有過的，他幾乎把除了他們自己人以外的詩作全罵到了，接着就對當時文學研究會和周氏兄弟的作品，逐次加以嚴厲的抨擊，於是一般人便送給成仿吾一個「黑旋風」的渾號，說他像「水滸」中李逵那樣舞動着板斧亂殺亂砍。這樣一來，創造社內部發生了分裂，外面又遭受到圍攻；原已加入創造社的張鳳舉和徐祖正因此退出，已刋未完的續稿也中止供應；胡適、徐志摩、周作人等在北京的刋物上表示對創造社不滿。胡適在一篇雜記裏說他們是「淺薄無聊而不自覺」，徐志摩在「努力週報」上嘲笑了郭沫若的詩句「淚浪滔滔」，陳西瀅也指摘了郭沫若「茵夢湖」的錯譯。這兩個最早的純文學團體早已不存在了，可是雙方的主腦至今還存在着仇恨。

文史漫談

陳伯莊先生和他的詩（上）

徐亮之

我認識陳伯莊先生不知不覺便二十年了。二十年來，他一直給我以一個「廣東牛」的感覺，猶如左舜生先生一直給我以一個「湖南騾子」的感覺一般。的確，伯莊乃眞有牛的體魄、牛的精神、牛的能耐，同時也毋庸諱言是有牛的脾氣的。而他自己對於「牛德」的嚮往似乎也就並不亞於我；他在所作「淺水南灣」七律的結聯說：「濯罷滄浪成健犢，願從海國駐年華」；在「答湛溪」七古的結聯也說：「來詩勿問揚波事，欲挽滄江無萬牛」；（並見「卅年存稿」愚園詩草）便可見一斑。然而不但如此；他「牛」到已經快七十大歲了，可是截至現在爲止，他仍舊頑强地祇肯予人以心甘情願一直「牛」下去的感覺！此伯莊之所以爲伯莊也。

我和伯莊認識是抗戰中期在重慶的時候。那時他正交卸「中央設計局」副秘書長的職務，遷出副秘書長室，另以光頭委員的資格住上局中三樓的宿舍，而名之曰「東之高閣齋（叶哉）」。就因爲他有一個這樣漂亮的齋名的創作，局裡一位老朋友介紹我和他見面了。後來我們又同是「新經濟」週刊的撰稿人；他的有名的「經建五論」，內中有幾篇文章便是在這刊物上發表過的。我曾說他那時的文章是白話桐城派；因爲他是經濟專家，卻從沒擺過專家的面孔；他是洋學生，卻從沒出過博士的洋相；自然更從沒說過外國月亮大；這在我當時的觀感中確乎不能不承認是怪事的。同時，因爲我服務的衙門是「經濟部」；「經濟部」在當時正是「一個大得出奇的衙門，也正是中國專家博士一石「經濟部」八斗的衙門；可是卻並沒一個能爲伯莊之文的專家或博士，除了另一撰稿人吳景超以外；偏偏景超又是一個釘點兒洋氣也沒的洋學生。

自抗戰勝利之後到大陸變色之前，伯莊可做了一任潤官了——京滬鐵路局長。廣東有三句寫盡人生而詩意盎然的口頭禪，便是「捱世界」、「撈世界」和「歎世界」。在大陸變色之後，過去若干大小官兒，甚至芝蔴綠豆的官兒；在香港「歎世界」的實繁有徒；我有個短時期確曾以爲伯莊也有資格擠上「歎世界」之列的。一天，伯莊找着我了，並要我立即到他的寓所去。那時，我正窮得快打石子；滿以爲這位「潤局長」一定對我會有些什麼幫補，高興得了不的；我甚至在路上就構想他的公館該是如何壯麗，如何「歎世界」的哩，不料到了一看，他卻祇是借着清風台上一位朋友的一小間房子住；房子裡面，報紙是和舖蓋搶空間的，書籍是共痰盂爭地盤的，光景竟比我住的客家村子似乎還要泄氣得多。於是我立即向他打趣說：「『清風台』這個名兒很好，不過給我住還像樣，倒不料您卻捷足先登了！」他聽了祇是爽朗的一笑而已。可是他雖不懂「歎世界」，當時卻確曾想出了一套「撈世界」的大計劃來。這計劃是：由他出錢定西報若干份，並負編譯之責，把每週國際重要的新聞作系統的報導，派給熟朋友閱讀，每月收費十元，而由我負寫的責任；他的另一位堂弟負油印的責任，所得利潤均分之。祇不過很可惜！這條計畫雖然好，卻卒祇實行了兩個月，便因爲「撈唔掂」而散夥。

伯莊第二次介紹我「撈」，是給「今日美國」寫一篇文章，稿費是一千字港幣五十元。我欣然寫去了，可是即寫出麻煩來了。因爲這位編者認爲文中有幾個字不妥，怕人看不懂，特別託伯莊交給我修改；我聽了卻不覺勃然大「牛」說：「我的文章是寫給中國人看，並不是寫給美國人看；中國人看不懂這樣的文章，沒奈何祇有他自己跳海，用不着美國人着急的。對不起，這勞什子文章我不賣了。」伯莊一看不對勁，生怕我把稿子撕了，竟先下手爲强，拿了就走；並且很快就把稿費如數送了來。

我「牛」起來，伯莊卻居然能夠若無其事，這在我說來，確是該引爲異數而不勝榮幸的。可是有一件事，卻輪到他去「牛」的了。這事還在新亞沒建築校舍以前，他一時高興，會發動組織了一個「中國歷史學會」，參加的有錢賓四、沈燕謀、唐君毅、毛以亨、羅香林、余協中諸先生和我，並公推賓四先生做會長，規定每月在新亞聚餐和輪流講演一次。實行了三四個月，倒也相安無事。不料有一個月，請的是會外的一位美國社會學家講演，由他担任翻譯。因爲他討厭協中中途發問，竟忽然面孔一板，桌子一拍，說：「我不翻了！」當即和協中吵了起來。結果大家祇得勉强終局，不歡而散；這個會也就跟着「東之高閣」無疾而終。

在中國、年齡似乎公認永遠與火氣成反比的；但這亡國的原則卻絕對不能適用於伯莊。我相信如果有人批評伯莊的小姐歌唱得不好，他也決然可以聲言要打掉那人的鼻子的。

最近，他送了我兩部他的大著「卅年存稿」，特別指定要我批評他的詩論和詩、聆聽之下，倒給嚇了一大跳；因爲我想，以我的淺嘗敷受，豈足以論伯莊之詩？更豈足以對他的詩論有妄加批評的資格？可是，我如果眞這樣答復，便準非捱他的罵不可；在這等地方，我是抱定主意，決不和他相碰的。何況我深深知道，縱使我批評得不對，充其量也祇不過多逗着他再爽朗地一笑而已。

不過，我卻不能不先行聲明一點，即：綜看伯莊的爲人，我認爲確已似乎「牛」到了詩化的境界矣！當今之世而居然能有陳伯莊先生其人，斯眞可與言詩也已矣。

記庚子拳變始末（十九）

舜生

按八國聯軍攻入北京，實爲光緒二十六年庚子七月二十日，而一般官方文件，大抵都說是二十一，則以慈禧太后挾着光緒帝出走，實在二十一日黎明也。

這次出走的情況，確實是異常狼狽的。就一切公私紀載來說，大致以王文韶七月二十九日自宣化府寄出的一封家書爲最可靠，茲節錄幾段有關係者如下：

「此次出京，危險已極，沿途居民舖戶，均被前敵潰兵，以隨駕爲名（其時駕尚未到），紛紛西行搶刼，至室室皆空。及兩宮駐蹕之時，萬乘千騎，强買强取，更不待言，迨兩宮既過之後，則靡有孑遺矣。」

「我（王自稱）出京後，沿途無店可住，無物可買，只拾得兵勇搶剩之小米子，均在地上狼藉，自用柴火爨飯，聊以充饑而已。然猶幸毫無所帶，得免於難。……」（按王遲一步才出京，未與大隊同行，於二十四日到懷來縣始趕上大隊。）

「兩宮自京啓蹕情形，所謂天子蒙塵，從古稀有之慘，可痛已極。兩宮均坐車，七十里至貫石；始由光裕駝行孝敬駝轎三乘，皇上與倫貝子同一乘。至懷來縣，縣尹備大轎一頂，宣化府又備四頂，兩宮，皇后，大阿哥始均有轎坐。太后身穿藍夏布衫，亦不梳頭；皇上穿黑紗長衫，黑帶，灰色戰裙兩條；舖蓋行李，一概未帶。出京三日，均睡火炕，無被褥，無替換衣服，亦無飯吃，吃小米粥。……至懷來縣，始由地方絡繹進奉，稍覺寬舒。」

另有一部書記載當時太后及光緒帝沿路一切情況，及行在政府若干事實者，則爲吳永（字漁川，浙江嘉興）所口述的「西狩叢談」。吳永其時任懷來縣知事，因爲在太后等萬分困難的情形之下，把「接駕」的事辦得相當週到，因而得着這位老太太的特別賞識，並叫他一路同行，襄辦糧台事務，而且太后還隨時找他談談外面的情形，所以他把當時種種的內幕看得十分明白。不過他追述這件事的經過，係在二十多年以後（民國十六年）、事實不會完全沒有錯誤，而筆記的人更不免過分渲染，如果我們把這部書（約七萬字）看成是一種實錄，依然是估價太高的。但就大體說來，我們仍可藉這部書多了解慈禧的性格，和包圍在她左右的那一羣人物。

就她的性格說，她有凶狠威嚴的一面，也有十足婆婆媽媽的一面；她所取於人者是小信小忠；她所給予人者是小恩小惠；她裝作無事不知，實際是一個糊塗的渾蛋。至於她所親信的那般王公大臣，以及李蓮英崔玉貴以次的那羣大大小小的太監，就在那樣一個十分困窘的小朝廷，他們還是照常的蒙混、敷衍、排擠、傾軋；李蓮英更是一個招權納賄的象徵，而在暗中縱容他們這樣做的卻正是慈禧本人！她好像丟了那樣一座濶綽的北京，又要憑藉這個小朝廷來撈回一大筆的樣子。她離開北京的時候，只剩下身上穿的一件夏布單衫；初到懷來的時候，喝一碗小米粥和兩枚雞子，也覺得津津有味；可是當她留在西安一年而重回北京的時候，單是她和李蓮英兩人的行李，便用了三千輛車子也還不夠裝載，多的是現金、珍寶、古玩、衣裘和絲織品……大家試想想，這裏面包含多少的黑暗！至於像光緒這樣一個名義上的皇帝，照康梁等筆底所宣傳，好像眞是一位聖主，可是像他那樣一個柔懦無能的人物，偷生苟活在這樣一羣人的當中，便連理睬也無人理睬，慈禧還居然讓他活着，一直等到她臨死的前一天才把他的生命取消，這大致已經算是對他一種莫大的恩惠了啊！（第六節仍未完）

九華村訪亮齋

．亦園．

一路溪山綠到門，雨餘來訪九華村。煙霞有約迎游屐，花木相看似故園。拂面清風消俗慮，滌腸苦茗長吟魂。義甯流派瓣香久，百鍊新詞莫浪論。

杖履今多世外春，看山未負白頭新。蕨薇自識夷齊志，鍾鼎休親嵇阮身。一別湖梅心寂寞，重尋蘿菊事艱辛。餘生同在天涯老、雲鶴交游亦有因。

贈公遂

．韋齋．

軺車一夕故人歸，入憶星霜事半非。華髮未容忘歲月，小園依舊長薔薇。百年風雨供詩筆，何處江湖託釣磯？留得披肝相見意，衆中孤抱任乖違。

和韋齋長律

．幼椿．

白眼經年未改狂，苔痕當戶笑江郎，燈花夜盡紅何益，螢火秋生碧作涼。取友久無輕許語，傷時各是積愁腸，紛紜蠻觸休相聒，深閣黃昏一舉觴。

太息流年不駐顏，故園心事總相關。不因杯盞長如醉，未必光陰好是閒，已判吉凶燭照裡，難分清濁水流間，騰騰舊夢兼新夢，一例興亡似踵還。

聯合評論 週刊
本刊已經香港政府登記
每逢星期五出版
United Voice Weekly
第一〇五號
督印人：黃宇人 總編輯：左仲平
社址九龍赫德道二十三號地下 電話68678
承印嘉羅印刷有限公司 香港灣仔馬師道5號
總代理：友聯發行公司 售價每份港幣一毫
本報美洲版總經售處 美國紐約中美出版社
CHINESE-AMERICAN PRESS ,INC
199 CANAL STREET.,
NEW YORK13 N. Y. U.S.A.
美洲航空版零售每份美金一角

閒話兩則

左舜生

（一）關於看報與閱讀定期刊物

昨天香港的氣温，居然高達九十五點七，據說這是六十年來所沒有的。頭腦儘管有點昏昏然，但每天有固定的工作，必得要做。一早起來，洗臉漱口已畢，第一件事當然便是看報。我這裡有五份日報，兩份晚報。其餘由郵差送到的定期刊物，每天也有三兩份或六七份不等。為了應付這一工作，一早一晚好像要花掉我不少的時間，其實不然；大致來說，除掉特殊的例外（例如有可注目的重大問題發生），我每天看報和翻閱刊物的時間，合計總不會超過兩小時，甚至有時候一小時半小時也可以了。我的方法是這樣的：看報先看大標題和小標題，覺得內容應看的才看，否則從畧。共產黨的宣傳八股不看，反共八股也不看。我非球迷，體育版不看。我非影迷，為明星作起居注的紀載也不看。社論，有看有不看，要看問題的性質如何，也要看為某報經常執筆寫社論的人，我對他們的信任怎樣。各報有幾位特約通訊員頗不錯，遇着他們有通信發表，我總是要看看的，甚至要提前看的。報屁股上的黃色與武俠照例不看。每天在屁股上出現的方塊塊文章，從前還偶然看看，近來也幾乎完全不看；除非他們罵人或互罵罵得有趣，經別人向我談起，才偶然翻出來瞧瞧，這大概總是三幾天以後的事，很少有當天就看到的。至於定期刊物，我也總是先看題目，再看作者，題目在我注意的範圍以內，而我又了解作者確能寫這樣一篇文章，這我大致是要看的；即令作者我不知道，而題目很合我的胃口，我也總得嘗試一下，有時自然不免失望，但有時也得着意外的收穫，好像在我熟識的作者以外，又發現了一位新知，這確實是令我喜悅的。另外有一種作者，他好像並不是怎樣一位了不起專家或某方面的權威，可是在他作品的字裡行間，往往總要擺出一種專家或權威的神氣，我不歡喜這種裝模作樣，所以我對這類的文字也往往割愛。還有一種作者，我知道其人確實很用功，對所學也確有心得，但他們在表達的技術上微有欠缺，他們的作品，有時看起來很沉悶，有時簡直辭不達意，我對這類的文字，讀之雖往往不能終篇，但對其人依然保持我的敬意，有時我也還在自我反省：或許是我自己的學力，對這類的大作不够領受。更有一種人，以他們的聰明確也可以談談某一類的問題，其文字與知識，也够一定的水準，可是其人太不足稱，我便以人廢言，對這類人所寫的東西也往往不顧多看，這或許是我的不對，我希望我能矯正我這種偏見。

關於看報與閱讀刊物，因為我已經養成了如此這般的一種習慣，所以每天所涉獵的儘管相當廣泛，但所耗費的時間却並不太多；同時也可以說，我每天做這類的例行工作，也並不怎樣的起勁。回想在清末民初，或四十年前，當我正在青年或二十多歲的時候，我看「民立」，「神州」，或後來天津的「大公」乃至上海的「申報」這類的日報；或「國風」，「庸言」，前期的「甲寅」，乃至較晚出的「新青年」，「獨立」，「努力」這類的定期刊物，我似乎都很認眞，決不像現在這樣隨隨便便，這究竟是現在的作者不如從前？還是像我這類的讀者其心情已漸趨衰老？或者是因世變的推移，一般讀者的要求已逐漸提高而不大容易滿足？我想這些都是頗耐人思索的。

（二）在憲法下求團結？

二十三日，「香港時報」有一篇社論，其內容是為「×××評論」黃宇人先生一篇短文而發的。其中有一段，在我讀來，實在有點莫明其妙，其原文是這樣的：「……而在今日，則為行憲以後的政府，政府對於國事的一切措施，自不能不力求不悖於憲法規定。如其於憲法規定之外，另有規定；於憲法建置之外，另有建置；這不是如某些人之所謂「違憲」「毀憲」嗎？要團結，在一部憲法之下，還不比其他的形式為更具體，更合理嗎？……」

不錯，今天確確鑿鑿還是有一部「中華民國的憲法，而且是一部一字未經改動的憲法，如果今天的政府確實還在「行憲」，則關於總統的選舉，自不失為國家的重要措施之一，政府為什麼「不力求不悖於憲法規定」；而必於憲法以外另開方便之門？關於人民的基本自由，在憲法上有一十七條的明文規定，如果今天還在「行憲」，為什麼這些規定，竟沒有一條能澈底實現？教育不許黨化，軍隊不許黨化，司法必須獨立，憲法上也莫不各有明文規定，如果今天還在「行憲」，為什麼學校的校長不足信，教員不足信，甚至訓導主任也不足信，而必於學校中另設所謂安全室？軍隊中設特別黨部，司法必須「配合國策」，一切一切以黨為中心，而置憲法於度外，然而還要說「力求不悖於憲法規定，吾誰欺，欺天乎!?為政府所唯一藉口的，乃是「非常時期」四個大字，最近更加上所謂「最前線的國家」，請問；抗日時期的重慶，是不是在非常時期？敵機可隨時到重慶轟炸，算不算是前線？可是那個時候，人民可以天天開會，少則三五十人，多則一百兩百，我從來沒有聽說事前必得軍警機關的許可？人民有充分的遷徙居住自由，無論由重慶到其他各地，或由各地到重慶，甚至由重慶飛香港，由香港飛重慶，照我自身的經驗，却無須辦理任何手續。說那個時候，重慶便沒有敵人間諜混入嗎？我們只看敵機一臨重慶的天空，從地面所發出的信號便火星四射，可見多的是敵諜，惟那個時候，政府能信賴人民，人民也信賴政府：所以才能團結無間，一直達到最後的勝利，敵諜雖多，也絲毫不足為害。

今天的這部憲法，已被政府的措施撕毀無餘，形同肢解，為黨報寫社論的先生，乃主張在憲法下求團結，原則是不錯的，但請問你們有什麼方法可以恢復憲法的完整？有什麼方法矯正政府一切違憲毀憲的行為？如果辦不到，話儘管說得好聽，便依然只是一些廢話而已！

飛紅帽子與反攻大陸

大陸淪陷為時已經超過十年了！

劉裕畧

十年來，整個中華民國的形勢與主權皆已不完整。大陸上更有許多人民已被屠殺，其幸而不死者，則在大陸被奴役，受折磨；而另一部份則在海外流亡。至於業已退避到台灣十年的中華民國現政府，對反攻口號之高喊，雖未間斷，但實際行動則一直沒有，而且，目前也看不出眞能反攻復國的可靠迹象，那末，究竟怎樣才能反攻復國呢？這是我們每個人今天應該切實思維，不僅思維，而且應該愼思、明辨、篤行的問題。

說到愼思明辨篤行，不免先要以此來責問今日之政府。因為今日退避到台灣之現政府，在理論上，仍是中華民國對內對外之惟一合法政府，且在事實上，今日亦只有台灣具備相當規模之武力。

但我們今天以此來責問台灣曾經對此愼思、明辨、篤行過嗎？或者是對此作合理而適當的準備過嗎？却是沒有的。因此，愛國之士，不免有人不但疑心政府當局究竟有無反攻復國之力？甚至還根本懷疑國民黨當權派究竟有無反攻復國之心。當然，若說蔣先生及執政者完全沒有反攻復國之心，我以為那顯然是違離事實，極不公道。但若說他們只有反攻復國之心，而無其它私心，則我以為那也與事實違離，決不公道。故今日問題之關鍵是除了反攻復國之心外，是否還有反攻復國之道？今日問題之另一關鍵，則是除了反攻復國之心外，其私心是否更大過反攻復國之心？其私心是否更擾亂了反攻復國之心？若蔣先生及當權者心目中眞正祗有一個反攻復國之心，則蔣先生及當權者之作法就應該而且必然以這一反攻復國之心為惟一之心，並以此惟一之心作為衡量一切內政外交與乎一切用人行政的最高無二的標準尺度。並以此心來策反攻復國之道。但今日台灣之作法則不然，他們並不恢宏氣度，亦不以反攻復國作標準尺度來作一切準繩，亦不以反攻復國問題為惟一愼思明辨篤行之鵠的，而祗在師心自用，惟恐一旦實行民主，便喪失了少數人的既得權益。又惟恐異己者到台灣來分一杯羹。這都是私心大過了反攻復國之心，私心擾亂了反攻復國之心的現象。否則，雖至愚亦知道實行民主，從事有計劃有步驟之改革，對反攻復國目的之有利，乃極明顯之事。台灣何以反而拒絕呢？此無它，亦曰私心作祟而已。

更可笑的，則是國民黨當權派對海外民主反共愛國人士之正當改革要求，既無正確的反省與宏偉的氣度來接受，又無智慧的措施與高明的政畧政術來作對策，竟然低能到祇知亂飛紅帽子。試問亂飛紅帽子就能反攻復國嗎？如若可能，則筆者不敏，為了有助於反攻復國，實亦自願搶百頂千頂萬頂紅帽子來戴上，甚至還願敦勸朋友們都來多戴幾頂，無如戴紅帽子與反攻復國乃絕不相干之兩件事何！

至於說到少數人的既得權益，其實，據我所知，海外民主人士對反攻復國大業有熱誠有抱負的確不乏人，但說到爭奪，則我很不客氣的說：像台灣現在那樣一個小朝廷，有什麼值得爭奪的？眞有政治抱負的人，莫不認為祗有收復大陸那一塊大地盤，也才稍稍可以談到實現政治抱負。區區台灣，何足論也！然而海外民主人士仍然自作多情的對台灣寄予改革希望者，實以台灣乃今日中華民國之惟一反攻復國基地。而台灣現狀又不足以負起反攻復國任務，所以才有改造台灣之主張。故根本言之，其動機實完全出於反共愛國，其目的則完全在通過適當的改革，以謀反攻復國大業之眞正實現，初不在於攻訐與抨擊也。

綜觀今日國內外大勢，中共外形雖然龐大，弱點却也極多。因之，反攻復國實在並非不可能實現之事。但從另一方面看，則台灣方面却從未能做到以反攻復國為惟一之最高標準尺度，更未以此尺度來實現民主團結，反之，對反攻復國有害之不利因素與不利現象且不斷發生或正在發生，我以為這是國民黨當權派今天應該切實反省的。國民黨當權派早已誤國，今天是不容再誤了。

因之我不得不呼籲國民黨當權派及所有反共愛國人士，都要以反攻復國為心，都要以有計劃有步驟與民主改革為務。目前的整個形勢是存在着有利因素亦同時存在着不利因素！整個局面是孕育有利發展，亦同時孕育着不利發展的胚胎的。當務之急是先去私心。再共同努力。

民社黨反擊國民黨當權派痛述該黨遭遇歧視與製造分裂經過

楊毓滋氏說：「假使今天國民黨所呼籲的團結，是為着保持國民黨少數人的權利，我們無此義務亦無此責任。」

（台北通訊）八月十七日台北公論報刊出該報記者所撰「民社黨合分的前後因素」一文。由該黨中央黨部秘書長王漢生，副秘書長楊毓滋分別痛陳該黨長期以來受國民黨當權派歧視與製造分裂之經過。認為今日國民黨當權派之出而呼籲與民社黨「互相尊重、互相信任」，實不足信，蓋既有今日，又何必當初！

八月十五日，是民社黨創黨十四周年紀念日，因為該黨被國民黨當權派「聯戰」（按：聯戰一如中共之統戰）了的結果，竟「有三個中央黨部」分別在台北的內江街、中山堂、和平東路二段二二五巷等三個地方舉行慶祝。而國民黨的政要則為表示一律看待起見，也一趕三地分赴三處道賀。同時也就表示願與民社黨「互相尊重，互相信任」。

・傅強・

據該黨王漢生氏感慨地說：「四十七年間，徐傅霖鬧分裂時，力主團結者為向構父，迨團結後，向氏竟又別樹旗幟，這是什麼意義呢？」

該黨的楊毓滋氏更詳細而率直地說：「中央日報社論提出「互相尊重，互相信任」的說法，民社黨不能信以為然。我們來台後，國民黨對我們民主社會黨，不僅沒有互相尊重，互相信任，反而仇視我們，壓迫我們，甚至還用各種手段分化我們。國民黨在各機構中，發現我們民社黨員時，不是歧視，便是迫使去職。在台灣地方選舉中，國民黨對本黨候選人的壓迫，自不必說，就是本黨候選人當選後，也用盡方法，使之不安於位，因此本省人士多認為加入民社黨是一種恐懼。以致我們大部份有力的黨員現在都準備參加新的反對黨。國民黨除壓迫我們黨員外，還製造我們黨的分裂，使之另起組織。」

楊氏再進一步深刻而具體地指出：「國民黨所扶植的組織，力量不足時，國民黨當局用單刀直入的方式，藉調解的美名，來壓迫我們讓步，同時還在國民黨報紙上，替它扶植的組織宣傳。」楊氏並謂：「這些話數年以來，我們都隱忍不言，現在國民黨又在宣傳着我們民社黨「互相尊重、互相信任」，使我們不得不將近數年來的事實眞相，公諸國人。」

王、楊二氏的話當然是可信的，也是有事實根據的。由於國民黨當權派之善於利用特權打擊自己黨內的開明有為份子，使正氣無法抬頭，故對於所謂「友黨」，也恐懼其形成有力的團結體，收買、分化，嗾使部份人士另起爐灶，務必達到拆台目的。這樣一方面內而可以由邪氣當道撑權；外而沒有健全的有力的反對黨起監督制衡作用，於是國民黨當權派便可以百無禁忌地放胆胡為了！

目前國民黨當權派對籌組中的新黨，也是不擇手段地進行分化，和作個別地打擊，新黨發言人之一夏濤聲氏已曾公開指出，新黨有力人士吳三連氏之突然出國，即為受打擊恫嚇的結果。惟就目前情況觀察；新黨仍將不顧一切，務求在九月底十月初成立，雖現在各方面所受到的壓力和迫害不少，却並未稍挫新黨人士之銳氣，此或可足以向海外關心新黨發展的各方所告慰者。

大家自亦意識到國民黨之迫害將不會中止。前此，自新黨發言人一再強調堅決反共後，國民黨當權派即又調轉方向攻訐同情贊助新黨的本刊有「共諜」，此事雖不為智者所信，但此間人士對國民黨之不惜造謠，則無不憤慨齒冷，視之為國民黨當權派之窮途末技。有識之士並以譏笑之態度謂，倒是今日國民黨當權派系統內，自蔣經國以次，原本是共產黨徒，而迄今面目不清者大不乏人，彼輩之是否為「諜」，實大有問題。蓋一方面長期以來拆友黨的台，而又高唱「互相尊重、互相信任」，此與中共所唱之「長期共存、互相監督」，不亦異曲而同工耶！

洪水餘生話災情

——追記台灣「八一」大水災的前因後果

・猶龍・

去年八月七日，台灣中部鬧了一場「八七水災」。今年八月一日，舊戲重演，老地方又陷入波浪滔天之中。時間上雖差五天才滿一年，但照陰曆計算，兩次却都是陰曆的六月初九，故也可稱為「週年紀念」。所不同的，去年沒有颱風，只是豪雨「獨建奇功」，今年則由「雪莉」小姐與暴雨合作建功，才造就了這場「八一水災」。

「八一」之災，由於是在白晝，因之當洪流泛濫之際，三歲小兒也會立即明白這是「舊戲重演」，於是各自憑智慧能力作緊急應變。有了去年「八七」的經驗在先，什麼糧食、什物、金鈔、珠寶之類都置之不顧，「逃命至上，登高第一」，把握「這八字眞言的，總算有百分之八十保了性命。所以今年大水災的死亡率比起去年要低得多了。官方這次有計劃的自始便宣稱「此次水災並不嚴重」，實在得力於兩點「幫忙」：（一）死亡數字確比去年大見減少，（二）根本不進行詳確的災情調查，誰也攪不清眞實數字。甲縣不管乙縣，丙鄉不知丁鄉。通知報館「不得誇張」；各報除了根據官方數字，誰也不肯發表記者採訪實況。

但是只根據報紙所發表的災情報導，以與其他有關的消息對照比較，就可以清楚尋出官方掩飾眞相所遺的漏洞。下面是就記者手頭的資料隨便舉例作証的：

（一）官方的態度——行政院宣布，「此次水災不大，一切善後救濟及恢復原狀，均交由台灣省政府全權處理，行政院不加過問，也不另撥專款，更不擬訂救災及重建計劃。」於是省府再通令各縣，各縣再層轉下達「不得依賴補助」。

但另據報紙報導災況所知，今年災情不下於去年。無論災區面積及損毀情形都和去年一樣。至於警方公佈死傷數字所謂僅有廿八人死亡云云，實則僅據屏東縣一輛汽車所載地方劇演員廿九人全部被水冲淹隨流而去，第二天僅有一個十三歲的小孩在半途經人救起，餘者已發現屍身五六具，可知僅此一件即達死亡廿八人之紀錄，但警方隻字不提。（下轉第三版）

守法度・信賞罰

・小言・

夜讀「經進東坡文集事畧」云「論每事降詔約束狀」曰：「右臣聞之孔子曰、天何言哉、四時行焉、百物生焉、天何言哉。天子法天恭己、正南面、守法度、信賞罰而天下治、三代令王、莫不由此。若天下大事、安危所繫、心之精微、法令有不能盡、則天子乃言、在三代為訓誥誓命、自漢以下為制詔、皆所以鼓舞天下、不能輕用也。若每行事、立法之外、必以王言隨而丁寧之、則是朝廷自輕其法、以為不丁寧則未必行也。言既屢出、雖復丁寧、人亦不信。」

讀封建時代的蘇東坡的奏議，不禁使我們生活在今日講民主、講法治時代的人要臉紅，因為實在不能不害臊！

打開官報或黨報，每見有「蔣總統說：……如何如何」，為研究中共問題，硬着頭皮，看那橫排「天書」，也是滿紙的「毛××說：……如何如何」。這種「如何如何」之說，無以名之，可謂之為「倒霉咒」！

就因為不斷地唸「倒霉咒」，所以便「自輕其法」不守法度，法既不行，威信盡失！到後來是連那「倒霉咒」也自然地失靈了！不過蘇東坡那個時代，畢竟還有一個蘇東坡敢直言以諫，而今天蔣先生跟前似乎根本無此等樣人。

前不久曾得一傳聞，謂蔣先生某日當衆斥詈一反覆小人曰：「你無恥，你無恥，你早該滾，滾，滾！」不過侍候慣了蔣先生的人都明白，凡是夠資格挨罵的，就是「寵兒」，雖罵之實無異愛之、寵之。不過也只有二三其主者流，才能不顧士人的尊嚴，甘為奴才，忍此奇恥大辱。眞因為此，所以雖在海隅，甘為奴才的奴才的奴才者，也大有人在，無非是為了邀寵或爭寵而已。

有人說，唐太宗的功業，全賴得一魏徵樣，此話誠然。但如祇有魏徵而無李世民那夠格兒的皇帝，魏徵恐亦不能久安於位。可惜今天在蔣先生跟前欲找一魏徵、蘇軾不可得，却獨多些「馬仔」，「傍友」，「細菌」，這也就難怪法既不行，「雖復丁寧，人亦不信」了！誠然是有其奴，必有其主！敢請某等論客，稍稍顧點兒讀書人的尊嚴吧！

台灣一周

讀監委陳訪先呼籲有感

監察院舉行八月份「國父紀念月會」暨第九十七次動員月會中，監察委員陳訪先慷慨陳辭，而向朝野呼籲；

（一）政府對於人民要求民主，應視為正常，勿視為越份，應盡可能力量符合人民希望，政府愛護人民，人民自然愛護政府。

（二）大陸同胞與台灣同胞應視同手足。

（三）社會領導人士與民意代表及政府負責官吏，應砥節勵行，守法節約。

（四）各政黨領袖，要互相合作，並與政府合作，共濟時艱。

（五）重視輿論，勿以嘉言，視為誹謗，應知防民之口，甚於防川。

（六）輿論界先生、體念國勢艱危，衆擎易舉，一面應知無不言、言無不盡，一方面也不可於有意無意間稍涉苛論。使有志者灰心，肯負責者短氣。

作為一個背負國仇家恨的中國人，讀了陳訪先委員的呼籲，能不感慨繫之？黯然神傷！

我們稍敢面對現實，就不容抹殺今日台灣的可悲政治局勢，在國際正遭遇到「兩個中國」的暗流襲擊，在國內一是在朝的壓迫在野的，距離愈來愈遠。誠不知道執政諸公，將把中華民國的國運帶到何處去？

陳訪先雖向朝野雙方呼籲，事實上，祇要執政黨方稍事收斂專政的橫霸之氣，朝野就可以集結在民主、自由、反共的大纛下，為國家的獨立和民族的復興共同戰鬥的。但可惜某些沉迷於權勢的當權派，執迷不悟耳！

一黨專政是製造所有危機的禍根，能否正本清源，就看是否能有一個可以發生制衡作用的反對黨存在。

而籌組中的新黨，不但可以緩和三十餘年來一黨專政所造成的惡劣形勢，而且可以融和大陸同胞與台灣同胞於一爐。從而走眞正民主法治的路向，對外可以遏阻「兩個中國」的陰謀，對內可以團結一致而反攻復國。但，執政黨見不及此，迄今仍對之橫加干擾，夫復何言？

・孟戈・

中共蘇聯是否會分裂？

·田心·

最近許多跡象顯示，中共蘇聯間關係是緊張了，從而某些觀察家認為它們有一分裂的可能性，這是值得討論的問題。且先分析已有的跡象。

一、八月七日，十二日，十三日蘇聯真理報連續刊出三篇文章，對不同意赫魯曉夫所主張的：「在共黨最後勝利中戰爭非不可避免」的理論的人，加以抨擊。其中包括中共領導人在內。

二、北韓解放十五周年紀念會中，有赫魯曉夫、金日成等的照像出現，但無毛澤東像。

三、赫魯曉夫已應邀於十月初到北韓訪問，但未提及是否到中共訪問。以中共在亞洲共產國家中的地位，赫氏若僅到北韓訪問，固然反映出中共蘇聯間關係之不和諧，即使像現在一般赫氏由北韓首先邀請，中共繼之，也該沒有問題的。

四、八月五日人民日報陶鑄的文章說明：「因為我國的社會主義建設在『一窮二白』的基礎上，必須在以自力更生為主，力爭外援為補的方針下力求把建設速度攪得更快一些，這是全國人民最大的一致利益所在。」這裡所謂「外援」當是指蘇聯的援助，這是從未有過的說法，既要「力爭外援」，似乎反映中共有因援助的關係而向蘇聯低頭的意向。八月十三日人民日報轉載雜誌評論中有這種批判，不一味依賴別人幫助，不能自強不息，不是一種革命精神」。在對蘇聯援助上，這兩篇文章的精神是無出入的。

五、據華盛頓八月十七日美聯社電，國務院宣稱已接獲消息，兩份中共蘇聯合辦的友好雜誌於六月間先後停刊。（按：該二份雜誌並非合辦；一份是中共出版的叫「中蘇友好報」，另一份是蘇聯辦的叫「蘇中友好」，在前均曾發行來港。現則已經停刊，大概是事實）這當又反映它們間關係已無「友好」可言。不過應注意這是六月間開始發生的事。當時世界工聯理事會在北平集會，也是中共蘇聯互責最激烈的時節。

六、美國「新聞周刊」所報導的毛令在莫斯科的留學生一千五百人移去東歐就讀之說，可惜迄今尚無更有力的佐証，可予肯定。

七、法新社與南斯拉夫記者於七月底均目擊在北平車站有許多蘇聯專家攜家帶眷的離去，因而認為中共蘇聯的關係惡化了。這種推論雖有可信的一面，但也可認為是合約期滿回國。

八、另外，還有報導，中共與英聯邦上半年貿易比上年同期增長百分之七十七，與加拿大的貿易亦有很大的增長，據此可以推論它與蘇聯的貿易在減少中，但這是一項不成熟的推論。

上述八項資料之中，第一、三、四、五等幾項資料是無疑問，可信的，但第五項却是二月前的情況，第七項若配合起第四項或亦可信。經由綜合分析以後，可以試作這樣的結論：中共與蘇聯關係確實是相當緊張，蘇聯已在主動的施行壓力，而經濟方面的壓力是主要的，惟不像外傳那樣嚴重。

即使有了上述的結論但仍不能導引我對它們作即將分裂的論斷。因為：（一）陶鑄的文章說明，要「力爭外援」，看來可能會暫時低頭屈服，以求緩和。（二）從理論上來說，中共是採取左的路線，來反對蘇聯的右傾，故力主對外強硬，在這樣的情況之下，若與蘇聯決裂，則中共必須對外更加強硬，更強硬的結果當使它更孤立，不能像南共一般向西方求援，可是現代國際關係不容一個國家孤立生存，那麼它必須使其政策由左轉右，謀與蘇聯的政策符合，從新和好。這也就是說，即使毛澤東不顧一切的與蘇聯分裂，也不會長久的。當然，我也不會忘記托派在失敗之前的政策極左，失敗之後却轉到極右而與資本主義國家聯合，我們若以這樣的先例來推論毛澤東的未來，未免是言之過早了。（三）蘇聯若想主動割掉中共這個贅瘤，是隨時可行的，但它若做得過份少不免有損於它的盟主地位，同時也與世界革命的目標相背。因此，我看在現階段，蘇聯尚不致出此下策。

中共無藥可醫民間疾苦

·乃明·

目前大陸藥物缺乏的情況非常嚴重。西藥的缺乏固不在話下，中共所提倡代用的中藥也貨源緊張。據說有不少病家往往跑遍全市鎮，配不齊一付藥方。

據資料，目前大陸中藥脫銷的品種至少有以下一些：黃連、木香、白朮、檳榔、甜杏仁、紅花、北條參、杭菊、生熟地、陳皮、甘草、沉香等；此外，由中藥製成的膏丹丸散，如：唐拾義藥丸、十香丸、回香膏、一掃光、六神丸、順氣丸等，也時時沒有供應。

本來，中藥在大陸一向是很充裕的。為甚麼，一旦在中共統治下就變為貧乏呢？照中共自己的解釋，這是經它大力提倡，人民服用日多的結果。其實那裏如此！大陸中藥的缺乏根本是由於中共亂攪的緣故，所謂人民服用日多只不過加深問題的嚴重性而已。

茲將中共亂攪的事實舉出於後：

一、有關部門對於中藥生產的破壞。例如：中共衛生部門為了消滅病虫；連中藥羌蠶也一齊消滅，在浙江，買賣羌蠶還要受處分；水利部門以保持水土為理由，認為甘草會妨礙水土的保持，以致一九五六年甘肅省的甘草生產只完成計劃的一半；林業部為了封山育林，不許藥農深入林區採集野生藥材與打獵，自往採藥者即以破壞森林而予處分；農業部門為擴大粮食耕種面積，壓縮「藥材耕種面積」，在河南省，藥農種植生地不發購粮証，種植白芷不供應肥料。

二、勞動力分配對於中藥生產忽略。自中共攪農業合作化以後，關於勞動力的分配就只着重在農作物，對於中藥生產不鼓勵，工分的計算很少。譬如：「揀蝎子，揀一夜，賣的錢不夠點燈油」；採棗皮，農民攪一天，最多弄一斤，只能出售九角二分，「沒有在社裏種地掙分多」。

三、管理機關對中藥調配系統零亂。例如：甜杏仁歸供銷社付食品站；石羔歸化工公司；水銀歸礦產公司；石決明；昆布歸水產公司；肉桂歸貿易公司。管理機關多，調配自然費時失事。

四、交通機構對於中藥的運送遲延。例如一批中藥由四州運到福建就要三、四個月之久，遠不及其他農作物，工業原料運送之不受遲延。

五、貿易機關加強中藥外銷，不顧國內需要。

面臨藥物缺乏的情況，中共怎麼辦呢？本月十二日「人民日報」發表了中共「中國醫學科學院」委員會第一書記張之強一篇文章：「中西醫結合綜合快速療法的創造是毛澤東思想在醫學上的勝利」。張說中共於今年初起，對高血壓、神經衰弱病、潰瘍病、糖尿病、動脈硬化、癱瘓、青光眼、妊娠中毒症、肝炎病等想了個「中西醫結合綜合快速治療」的辦法。這個「辦法」主要的內容有三點：第一是「發揮病人的主觀能動性和具體有效醫療措施相結合」——所謂「發揮病人的主觀能動性」，具體點說，就是要病人自己「主動挖掘與分析自己的病因」，然後「自覺地主動地進行每一項治療」，「正確地認識治好疾病和社會主義建設的關係」，「從而樹立起革命樂觀主義的思想，堅定戰勝疾病的信心和決心」。再明白說，就是要病人自己診斷，自己醫療，自動去想有病就躭擱了替中共做工，於是病不敢生。第二是「綜合治療中整體和局部相結合，中西醫結合，土洋並舉」——關於這點，該文指明是以「氣功療法和太極拳在其中佔有重要的位置」，而氣功療法又是「不脫離生產的」。換言之，人病了，「打坐」、「打拳」就會好，而「打坐」、「打拳」實際上還是做工。第三是「醫療措施和適應日常生活相結合」——即除治療之外，要病人「參加文娛晚會以及適當的體力勞動和體育活動。」

由以上所說這些「辦法」來看，總之，中共對於人民的疾病是少用藥物醫療的。

洪水餘生話災情

（接上第二版）

另據聯合報記者赴南投縣實地探訪，發現有一小山谷小村四十七家，住民男女大小共計七十三人，全部被水冲去，房屋冲得淨無一磚一瓦殘存。當大水自山中衝來時，有一縣民在對面高地親見四十七家被災的慘狀，八口全部失蹤。像這樣集體葬身水底的慘劇，亦為去年所無。

（二）建設交通損害——大肚溪鐵路，公路橋樑，仍像去年一樣被水冲斷。鐵路大橋剛由鉅額專欵修好。各項道路、水壩、堤防、水圳等等，經過一年的重建時間，直至今年六月底，始告完成。修復方一個月的所有各項工程、這次完全又告冲壞。有些地方的水位，且比去年「八七」更高。堤壩的損毀，也有的要比去年嚴重。官方根本不肯進行詳細調查。

更有一點值得注意的，是凡去年損毀的鐵路、公路橋樑、堤防等工程經一年時間修復者，此次全部損壞，且完全是在原地舊址。由損壞的情形來看，修復工程很有偷工減料之嫌。且有些應注意彌補缺點而不予注意的，如公路橋墩及其引橋部分，水泥沙石根本未與橋端道路接合處鞏固粘牢；一遇水冲，即告塌陷，遂使整個橋樑之水泥土方孤立脫離，終至隨洪流以逝，竟無蹤影。故如再度修建時，一任其「挖肉補瘡」及偷工減料，則將來不但遇大風暴雨依然損壞，且平時雨量稍多，亦必將百孔千瘡，到處塌陷潰斷，到處請援搶險；屆時中央及省方之總預算收入，盡數支付補苴道路交通，恐亦不夠維持呢！

（三）由雨量紀錄証明——去年「八七」水災，官方老爺惟恐「山空林淨」的事實揭穿不好看，乃強調雨量「為六十年所罕見」，以示水災與人禍無關。對於呼籲「急起保養山林水土」者，不惜惱羞成怒，痛斥故意造謠，堅決否認「官商勾結盜賣林木，造成禿山」之說。縱然身非「林產局」或「林場」的所謂「林官」，第一步追究責任不會找到自己身上；但因間接拿過紅包，或會接過林官饋贈「林班」（計算林木面積的單位名稱，一個林班可賣木材值價百萬元之鉅），以杜絕揭發（實等於集體舞弊，被瞞者僅一位高高在上的大老官而已），故各色官人均不願盜林案被揭發。然而去年還可以藉口雨量打破紀錄（實際上是否打破紀錄，以及記錄是否偽造，都堪懷疑）；「為六十年所僅見」，今年「八一」的雨量並不「空前」，為何又發生了大水災呢？八月四日，省府農林廳（林產管理局——今改稱林務局——的頂頭上司）邀集各有關機關會議檢討水災原因時，有位專家當眾揭發水災確由伐林而來。他為恐所舉例証不足以打倒盜林集團之辯駁，並特別引述中國林業專家國內知名的台中農學院某教授之言，以作佐証。據說，那老教授在七八年前便警告說：「若再繼續伐林，則七八年後台灣必開大水，全島可能均受其害，甚至能使台灣全島近百年經營成功之農田、水利、產物、交通建設等等，全部被大水冲得踪影不見」。不料第二天官方在報上發表談話，指出「昨天某專家所稱不實」，「至於伐林是否為兩次水災的原因，尚待詳細進行檢討」云云。那位專家呢？再也不見出頭答辯了。

這次「八一」的雨量，當然比平常的雨量為大，因其為「颱風雨」之故。根據省府發表的紀錄與水利局者比較，「可靠性」似乎以省府發表者為大。但是兩者也都有疑問，例如雲林雨量，省府統計為五八八公厘，而水利局則為七八○公厘（即斗六地方），接省府統計在後，何以雨量反比在先統計的水利局數字還少呢？據說，這是官人，在「必要」時要求雨量統計數字來「配合國策」的結果。

現在「雪莉」颱風剛過去，縱貫線鐵路僅能在全力搶修之下，暫時打通台北到台中的路運，不料「崔絲」颱風繼之而來，暴風豪雨，使交通又恢復到「雪莉」在「八一」所造成的癱瘓狀態，公路汽車僅能行駛各大城附近的短程路線，火車乾脆又告停頓，惟有依賴民航飛機和空軍兩架臨時參加疏運台北到台南嘉義的航線了。據鐵路局估計，欲想恢復台北與高雄之間的單線火車，至少須待到月底。這是指修復大肚溪橋的一條單線鐵橋而言。如果全程雙線通車，則須待大肚溪雙線鐵橋重建完成，大概要在四個月甚至半年之後，才能實現。去年「八七」災後重建大肚溪橋，費時幾近一年。而這次損毀情形所需修復的工程，並不下於「八七」重建。至於民間屋舍、農田等的修復，以及水利灌溉之恢復常態，生活用具與食糧的籌辦，都起碼須待半年以後，至一年半的時間，方可希望走上正常軌道。又如民間財產的損失，非十年以上無法恢復元氣。

推檢分家審判獨立

檢察權帶病延年！

傅中德

（台北通訊）關於法院改隸的問題，在大法官會議通過「高等法院以下各級法院應隸屬於司法院」的解釋後，時論多表欣慰。不過，若以審判權歸還了司法院，就算司法獨立，則問題並不如此簡單。其實就完整的司法權而言，它本有兩條腿，一條腿是審判權，一條腿是檢察權。過去兩者全由行政院掌握，等於一併患了殘疾，現在雖將審判之權歸還了司法院，就整個司法權來說，也祇是一條腿「獨立」了，另一條腿即仍然帶病延年！去眞正司法獨立，還很遠哩！

能夠從行政干涉司法的行政權中，先爭取到審判權的獨立，在今日盛行黨治的台灣，究非易事。羅馬既非一日建成，爭民主、爭法治，自亦非一蹴可就。大法官能作出上述的解釋，看來已是很費了一番「苦心」的。

儘管對法律和行政兩者稍有研究的人，對大法的解釋都能有所曲諒，但是現任的各級檢察官，却對此頗表不滿。

據中央日報八月廿日的本報訊說，「最高檢察長趙琛，定於今天下午三時，召集各級檢察官舉行座談會。」其目的為「趙檢察長希望藉此能使因大法官會議解釋說法院應隸屬司法院而引起的檢察官們的不安趨於平靜」，並表示「希藉此聽取檢察官們的意見，轉報司法行政部參考。」

八月廿一日中央日報載稱：「昨日座談會上發言者踴躍，多數均認為法院應隸屬司法院，但他們幾乎一致認為檢察是司法權之一，為求司法權之完整及檢察之獨立，亦應隸屬司法院。」

參加上述座談會者，皆是台北地區的三級檢察官共三十九人。其中多屬在司法界任職有年的飽學之士，他們的意見當然是有所本的。於此亦可見，完整的司法權是不應將審判與檢察兩者加以割裂的。

卅九名檢察官的意見，無形中强烈地反映出大法官會議的解釋是有欠正確的。但解釋之不正確，不能據之謂是大法官們的糊塗，蓋大法官豈有不明白完整的司法權內容之理，現在大法官會議既然作出了這樣的解釋，一言以蔽之，可間接証明大法官會議之無獨立性，已彰彰明矣！較早，大政官們曾對國大代表法定人數的解釋，遷就了國民黨當權派的意旨；在此之前則又對立法院、監察院、國民大會三者解釋為都是國會。於今又作僅法院隸屬於司法院之解釋。這除了令人對大法官們的「獨立性」表示懷疑與同情之外，也同時令人對國民黨當權派用政治權力來影响大法官們的神聖職權，感到憤慨！連解釋憲法的大法官都已無眞正的獨立性了，遑論司法權之獨立與完整。

那天在座的檢察官們更表示：原本「推檢的任用及待遇均屬相同，但（按：經此解釋後）檢察官却不能享有憲法第八十一條的保障，（註）面今後推檢又不能互調，因此今後司法官在心理上可能產生重推事而輕檢察官之感。」為是另有部份檢察官「希望推檢分離後，仍能在修正後法令上予以互調的機會」。

按中華民國憲法第七章司法，計共六條，第八十條明文規定「法官須超出黨派以外」，條文中所指「法官」一辭之完整的含義，實為推事與檢察官的一般性稱謂。

在未實行推檢分別隸屬司法院、行政院之前，台灣現行的制度是一審、二審的法院劃規行政院的司法行政部領導。這是嚴重地不講究司法獨立，利用政黨指揮法官的違憲事實。

將來（據稱約在明春以後）所有法院一體重歸司法院之後，檢察官的身份地位究竟是行政官來抑或是司法官，却是耐人尋味的。從這一點，也可以見到國民黨當權派是自始至終無意於讓司法完整地獨立，掌握了檢察權這一條跛腿，以利繼續維持黨權在司法系統中的控制力。

此外，很多司法界的官員也認為「檢察官依法是依職權獨立偵查案件的，如仍屬於行政部門，或亦難免受行政干涉的誤會。」何況「審判」一詞，「在法律學上的廣義解釋，是包括偵查、審問、判決、裁定而言」呢？

目前各方面所矚目者為，雖法院隸屬司法院已成定案，但必須先將若干有關的法令予以修正，此者又須經立法程序，故最快也須待到今年底才能完成必要之立法手續。在此期間，雖司法行政部尚有權進行推檢互調，預料推事們勢將拒絕改任檢察官。此亦為憲法第八十一條所明文規定者。

現任檢察長趙琛氏更深慮到「法院改隸後，最值得顧慮的問題就是將來推檢是否會形成對立。」同時也確認「推檢分家後，對於今後司法官的互調交流就會發生困難。」於此更可以見到，因為大法官必須遷就，也無法抗拒政治壓力，其所作出來的解釋不僅是推翻了我國一貫的傳統認識，並且在實際工作方面也帶來了相當的困難。更可以預料，這一問題在日後仍將引起各方的討論甚或是爭論。

官方對這此法院的改隸，其初步的反應與態度，約可就八月十七日台灣新生報的社論窺其一斑。

該社論仍很强烈地顯示出不盡贊同的意向，它說：「一般認為，各級法院改隸司法院之後，可以避免行政的干涉，維護審判的獨立，甚至可以改善司法風紀，提高其工作效率。其實，問題並不如此簡單」。其不以為然之情，已是溢於言表了。同時，該社論也承認了過去行政（政治）干涉司法的事實。社論說：「就當前的實際情形而論，我們不敢說，在法院隸屬行政部門的情況下，行政對司法沒有絲毫的影响或干涉」。這種毫不隱諱的橫霸之氣，直是活生生地描繪出了國民黨當權派過去違憲、干涉司法的眞相；也正是今日台灣法治蕩然的最好的說明！

註：憲法第八十一條：法官為終身職，非受刑事或懲戒處分，或禁治產之宣告，不得免職。非依法律不得停職，轉任或減俸。

讀者投書

讀「台灣的三人統治」有感

編者先生：

昨天我讀到星島日報的「本報專聞合衆社台北電」，報導「國府最高領導，現由三人掌握。領導階層缺乏新血」的一則新聞，讀後不禁感慨系之！

該電訊開頭說；在台灣的中華民國，現在是由最高少數的領袖人物統治着，他們「自第二次大戰以至前此的時間，即開始執政」。

雖然台灣有選舉的制度，有稱為民意代表的國大代表，立法、監察委員，也有在野黨的民社青年兩黨。可是電訊似乎「無視」於些做法或機構人物，而簡單以少數最高統治概括之，說來不但沒有令人覺得有什麼不適當，反而有「剝擇見箏、一針見血」之感。實際上，除非是强辯者，否則就沒有人會否認台灣不是由少數人最高統着。

這些「少數統治者」有多少人？是一些什麼人物？

這個問題，相信大部份讀者會立刻得到答案的，但現在還是跟着電訊的報導敍述，以清眉目：

（一）現年七十二歲的蔣總統，他自一九二六年起即任中華民國領袖。他是在這民國憲法中選出的第一任總統，現蟬聯第三屆。（注意：這裏沒有說及依法膺選連任第三屆總統。）

（二）現年六十三歲的陳誠，他曾任戰區司令，其後任國防部參謀總長。

（三）蔣總統的長子，現年五十歲的蔣經國。他曾在蘇聯求學，前任國防部政治部主任，現任行政院政務委員。

「三名軍人現掌握着權力」，就是這三個人，統治着台灣。其中，蔣經國是最近才「晉陞上將」的。

而且他們的統治，是遠自大戰及更前開始的，陳誠在戰時達到統治階層，而蔣總統則早已是中國領袖了，無論他的職銜是總司令，委員長，或者主席，總統，說他統治自不會錯。自一九二六到現在，整整地統治了三十五年。除了亞比西尼亞皇薩拉西，日本天皇外（日皇尚非直接統治，現代政治領袖，沒有執政如此之久的，尤其是民主國家。蔣總統的統治，絕不同於民主國家的領袖，如吉邱爾首相挽救英國，光榮勝利，但戰後不久，在選民的選擇下，竟告下台，而蔣總統的「蟬聯」，却是在憲法規定「連選得連任一次」以外，必須再連任第二次。蔣總統的行為，毋寧說更近乎似於皇帝。

三十五年統治的過程，簡括地說：三年北伐，八年抗戰，十年台灣，中間十四年的一段，却是蔣總統用來「討伐」他四方八面的同僚。人民的好日子，並沒有多一些。最後失却了大陸，人民在中共的飢餓凌辱之下。

可是蔣總統並沒有反攻大陸的雄圖，「蔣總統似乎願意與那些曾在戰事黯淡日子中仍忠於他的人共同在領導階層工作」。

這些人除了他的兒子，就只有一個陳誠。

也就只有「陳氏與蔣經國乃唯一有足夠力量去執政的人物」。所以會造成這個現象，完全是因為「國民黨與中央政府，在過往十年均沒有鼓勵將青年血液灌注進領導圈，沒有許多青年官員接近蔣總統」的結果。「國民黨和中央政府」，也就是蔣總統。「政府各部會的年青官員，因沒有受到他們長官的鼓勵，故沒有採取多大的主動以研擬新的政策」。那麼，國府不但沒有新人，而且沒有新政。不寧唯此。「大部份行政院部會人物，似乎對於能夠保持職位已感滿意，他們不欲因具政治野心，而至政治生涯受威脅」。這是說明了如果有誰謀革新政治，就會被戴上帽子，加以壓迫排擠，摒諸政治圈外。正是「此中有人，呼之欲出」。目下台灣在籌組中的新反對黨，被阻撓、威嚇的事實，可以左証上述說法不虛。

說到國民黨，「執政的國民黨實際是一嚴密組織，它沒有舉行公開的會議，它的中央委員會之處理事務，也是秘密的」。國民黨本身，既不是一個民主的政黨，則由國民黨執政的中華民國，又那裡能夠民主呢？更加上蔣總統「只願與在灰黯日子中仍忠於他的人共同領導」，此外只能信任血統關係的兒子，台灣的前途，怎不仍受灰黯的陰影所籠罩。

編者先生：台灣是中華民國反攻復國的唯一基地，也即是大陸同胞能否脫離中共飢餓血腥統治成敗之所繫。本來應該像越王勾踐的臥薪嘗膽，生聚教養，方才能够「三年沼吳」。「開張聖聽，恢弘志士之氣」，不宜「妄自菲薄，塞忠諫之路」，才能使皇業不偏安。可是現在台灣的現狀，在上者似乎以小朝廷自娛，在下者則但求能保祿位為已足。如有任何改革建議，或樹立現代民主政治規模的進行，就被當權派視為洪水猛獸，必予打擊至不能活動而後止。如孫立人、吳國楨等的往事，目下反對黨的受壓迫，都是活生生的事實。這樣只有三名失敗的軍人統治着的灰黯的台灣，怎不令人為台灣的前途而怵目驚心，怎不令人為整個中國的前途而頓足扼腕？

編者先生，你們向來主持公道，不避權貴，能言人之所不敢言。為反對惡化而抨擊腐化，是時下中國信仰民主人士的心聲。敢借貴刊篇幅的一角，略抒所見。希望海內外同胞僑胞，注意於台灣「三名軍人少數統治」的不良現狀，合力呼籲並起而共謀改革，實國家之幸。

讀者萬圖南敬啓

八月廿二日

中共的組織成份是怎樣的？（下）

劉裕畧

前面說過，列寧對於俄國共產黨的組成，是要「以革命活動爲職業的人」來作核心的。對於工人階級與共黨的關係，列寧除在所著「爲什麼」一書有所主張之外，列寧又在一九〇四年出版的「進一步，退兩步」一書加以强調。他說：「決不能把黨和工人階級混淆起來」。「黨是超出於工人階級和其它組織的最高形式」。由於列寧是如此堅決要把工人階級屏棄在共黨組織核心之外，所以，不但工人階級應該明瞭，就是所有反共人士都應該明瞭，工人階級在共黨組織的核心部份是並無分量的，這也不僅俄共如此，中共也正如此。這是毛澤東、劉少奇、周恩來、朱德、陳毅等中共領袖之所以不是工人階級出身，而幾乎都是地主或智識分子出身之所以然。這也正是工人階級在中共中央組織核心部分之所以沒有分量之所以然。

以上是我們對中共中央核心組織成份的認識。

其次，我們要問中共高級幹部是否也都是由毛澤東、劉少奇、周恩來這類分子組成？答案却是否定的。因爲這僅僅是如列寧所說的那一最高組織的核心部份而已。至於環繞在核心之外的其它高級幹部，大體上講，其中却有許多是篤信馬列主義的。雖然，嚴格說來，這一批人的信仰，也只是一種教條式的盲目信仰，在思想的寬度和深度方面，雖也都無眞正的比較力和辨識力可言，但他們的整個生活環境已命定他們只能向他們所已信的方面繼續鑽牛角尖，紀律與工作更迫使他們只有堅定立場繼續向前幹，否則，職位和生命都可能不保，至少亦將在無時不有的「互相批判」與「自我批判」情況下被鬥爭，那末，能自由反省與自由改變的自然就只是成千上萬人中之一兩個了。當然，這其中也有很多根本就對馬列主義既不懂亦不信的人。但他們既已或因個人野心或因個人環境置身於共黨組織之中，且他們既已與前者同樣由於他們的黨齡老、職位高、人事淵源深、生活待遇好而都成了大陸上的特權階級——新階級，那末，他們自然也就無法不是與中共結了生死緣的一羣人。他們既已是這樣一羣與中共結了緊密利害關係的人則他們爲了保持既得利益，他們乃成爲共黨黨性最强的一羣人，自亦不足怪。

因之，拆穿來看，他們顯然不是什麼眞正的思想結合，而只是一種在客觀形勢裏利害業已一致的結合。猶憶中共初佔大陸時，中共總理周恩來曾向大公報編輯王芸生表示：一般共產黨員是並不懂得馬列主義的。眞正懂得馬列主義的，在中國，只有毛澤東劉少奇二人而已。後來由於王芸生誤解了周恩來的這幾句話，從而錯加引用，以致迫使王芸生公開道歉。這裡且不談王芸生如何錯用的問題，但從周恩來的這幾句話却可充分說明：在周恩來眼裡，一般高級共幹也是並不眞懂馬列主義的。甚至，周恩來這幾句話也無異承認他自己亦同樣不懂。本來周恩來只是一個行政才，對於理論，確非所長，試想：我們幾時看見周恩來談過馬列主義理論，周恩來如此，其它高級共幹更可知了。

筆者在大陸時，曾接觸過一部分共幹，曾深爲驚詫他們對馬列主義理論與思想之淺薄及無知。大抵，他們對於馬列主義教條是很能背誦一些的，對於共黨政策則尤能遵守與把握，對於共黨領導人的信仰，絕大多數都很有一種類似封建的堅定信仰，但却都是缺乏思想。所以，與其說他們的信仰是由思想而來，還不如說他們之中的許多人的信仰乃是由環境與形勢而來。

事實上，共產黨的領導人雖動輒就强調什麼主義、思想與理論，究其實際，則共黨所重者乃在實踐。所以，他們說「實踐是眞理的標準」。正惟其所重者乃在實踐，所以，它對所屬黨員的選擇也重在能夠實踐的人。只重實行的結果，當然就是盲從者多，有獨立思維者少。黨對於幹部的要求，也但問黨性强弱，不問思維能力高低，但問立場是否堅定，不問有否見解。終其極，在中共吸收黨員的規定中，遂有知識分子須經長久考驗始能入黨，反而不識字的工人却可隨時立即入黨之規定。在前綫作戰之士兵，亦可因戰功而隨時入黨。試問士兵與不識字之工人，如何能懂馬列主義？這樣一來，一般共黨黨員文化水平低得驚人的事實自將不斷出現了。

中共組織中的另一成份是許多誤把共產主義當作平均主義公道主義及社會主義的一羣知識青年。這一羣青年是純潔的、正義的甚至是愛國的，但是由於他們的天眞，在未能眞正認清共產主義本質之前，就受了共產黨的宣傳而對共產黨呈現了自己的幻想，並且把這一個幻想來代替了一切追求的目標，這樣一來，於是他們就誤入共黨魔掌之手。他們憤恨舊社會，他們追求新目標，等到他們發現所從非人之後，已經陷身唯物主義的組織魔陣中無由自拔了。於是他們只有接受命令，僞裝前進，無可奈何的幹下去。其中一部份稍有思想能力的人，便只有隨時投機，專門替共黨領袖和黨的政策做宣傳工具，在毛澤東、劉少奇兩人之言論及黨的決議文件去作發揮。其實他們所幹的，都不是獨立性的思維工作，也並無什麼獨到見解，就只求作一個使黨滿意的宣傳工具，從而取得生命的保障，甚至名利之收穫而已。但他們之中的許多人，仍爲共黨所不滿，所以中共隨時有「整風」「增强黨性」「肅清小資產階級意識」「肅清反革命」等口號及行動提出。主要的對象，還不就是這批人嗎？

此外，不正動就反動的個人英雄主義，及國民黨失意軍政人員「此路走不通，去找毛澤東」的人，在中共組織成份中也大不乏人。尤以軍事部門中爲然。當然，在軍隊中還有龐大數量被迫或無可奈何而只得好好幹下去的士兵。這些士兵之大多數原是國軍中之老兵，他們隨着大環境的轉移而變成了共軍，隨後又憑勇敢和冒險而成了戰鬥英雄而被吸收入黨，但是他們與馬列主義始終是風馬牛不相及的。

到最近幾年，中共淘汰舊解放軍，成立所謂「現代化」解放軍。由於現代化軍隊與游擊時代軍隊戰術與技術之差異，此一新軍隊，中共不得不盡量吸收知識青年。而這些知識青年也不是由於信仰馬列主義而參加共軍，乃由於生活所迫而參加共軍。既參加之後，中共雖原本歧視知識青年，但不能不按一定比例吸收一批入黨，否則，黨員與非黨員之人數在新軍中之比例就會太少，但如此這般而來的黨員，當然也不是由思想而信仰之一類了。

此外，被誘迫的工人和農民在中共整個組織中當然爲數頗大。但這不過說明了整個中共組織仍然不過是一個多元的混合物。如果認定中共是一個純人事集團，那是不對的，但如果因爲常常看見中共在大談思想、理論而認爲它完全是一個思想的結合，那也是大錯。因爲他們之中是包括各色各樣的分子的。中共黨員數量愈龐大，就愈說明中共黨員的品質愈低，也就愈說明中共組織成份愈混雜。中共對於農民，曾經一再停止吸收入黨，又曾一再削減和限制農民黨員之數量，這尤說明中共多年來雖以利用農民起家，但早已對農民黨員的「革命品質」不但懷疑而且戒備了。本來，列寧就一直認定農民是最不可靠的。中共一再停止吸收農民入黨，說明中共業已發覺農民在它的組織成份中所佔比例業已太大。

從根本上綜合說來，個別的共產黨員的品質與能力多半都是很有問題的。但共產黨之所能發揮其兇狠作用，則主要依靠它那組織。但話說回來，它的組織成份既然並不太純，那末，假若它遭受重大打擊，它現在所擁有的那一千多萬黨員，其戰鬥品質是必然遠不如它在江西突圍「長征」時那樣有戰鬥靭力，則是可以斷言的了。

寮局和戰的前途

何之渭

寮國政變的迷離撲朔，連到與寮國「同文同種」而且關係最密切的泰國，也不能明瞭其底蘊。泰國當局之最高長官總理沙立元帥，前總理現任東南亞聯盟秘書長乃樸沙拉信，外交部，國防部，都不能有一個確定的，一致的看法。

寮變最初發生的時候，泰國方面是目之為「共黨叛變」的，叛軍首領李江的廣播，「反對外國基地」「驅逐外軍出境」的叫囂，共黨式的宣傳術語，以及泰方在邊境廊開府所檢得的永珍叛軍所發的傳單，强調與李江廣播同樣內容的。這些東鱗西爪，都令人認為永珍發生一項共黨叛變。乃沙立元帥在記者招待會報告寮變時，外交部次長就曾公開認為，根據邊境所得的傳單和內容，「証明他們（叛軍）是共產黨。」

接着，寮國國防部長諾沙旺一行於由琅吧剌邦飛永珍途中聞變，轉至廊開機場降落，並即由當地泰方職官，代為致電請示國防部，請准渠等一行轉來曼谷。泰國最高當局立即裁定核准，並立派某要員乘夜專機飛至廊開，與諾沙旺晤面，目的在於獲知寮變內情，及直接第一手的情報。泰國軍方將領，與寮國軍事長官，尤其前最高司令順通將軍，及其助手如諾沙旺少將等，多有交誼。故有派員出迎諾沙旺之舉。

可是諾沙旺氏終於沒有來到曼谷，他已避開廊開正對面永珍的道路，而繞道由僻徑逕入寮南，他在什麼地點越過國境？到寮南什麼地方去？當然外間沒有任何人能夠知悉。不過只隔二天，事實上只有八十小時之後，已傳出諾沙旺在寮南設立總部，而他所派出的飛機，已飛臨永珍上空，散發文告，說「王軍已進軍收復永珍」。

諾沙旺的措事確實迅速，大受泰國方面的激賞，從而，認為寮都外圍王軍的勤王部隊，不難風起雲湧，指日會師永珍。乃沙立元帥的在翌日報告寮王軍將對叛軍討伐，而一般的認為寮內戰難免，也是那個時候當然的觀察。

事實上，寮國王軍約三萬人，李江傘兵第二營及其在永珍所脅從的迫擊炮營，兵力不及三千人。曼谷及寮王都琅吧剌邦，指出「這三千還不是全部李江的黨羽」，便因為部份駐永珍軍隊，並非事先參與政變密謀。

李江自己亦並非不知道這情勢，他之曾經威嚇着說：要「縱火焚燬永珍」，便是知道萬一勤王之師發動，他的少數部隊，決非數以萬計的王軍的敵手。因此他一面以「火燒永珍」為威嚇，一面也迅速改變他的語氣，如把驅逐一切外軍出境」，改為「不再增加外國駐軍」，語氣既趨和緩，也表示其承認既成的事實——承認美國和法國的駐寮軍事代表團。

李江這項轉變的最大原因，當然是基於符馬親王的關係及影響，符馬是法國留學生，有着法國夫人，親法派，他亦曾以總理資格訪問美國；雖然他同樣曾訪問過北平，但迄符馬親王之卸總理任為止，他的「中立主義」並無損於他的親西方政權的色彩。

李江雖然擁有控制首都的軍力，政變的領袖，但資歷究屬太淺，「攪政治」是沒有辦法的，所以他不能不捧出符馬來，利用他的資望以為號召，談什麼組閣方才可以有個做法，這是李江依賴符馬的地方。當李江發覺到有受討伐的可能而且軍力不及王軍的時候，他對符馬親王的依賴就更殷切。

符馬的不致成為李江的傀儡，亦增加了符馬的政治慾望。可以說是，他一方面利用李江控制着永珍以要挾寮王和舊內閣，一方面却利用諾沙旺進軍永珍的形勢去要挾李江，符馬可能認為他可以站在「均衡的中點」，可能有他自己的做法。

符馬宣稱政變「完全是李江個人攪出來的」，就是要極力消除外間認為李江有共黨背境的疑惑，而符馬的向琅吧剌邦拍心口負責處理事變，可能是使到寮王薩旺華他那准許他組閣的原因。符馬的正式登台與寮王的認可，當然和緩了局勢。永珍航機開抵曼谷，是和緩的表面。乃樸沙拉信宣稱「現階段寮國弟兄應尋求他們自己的解決」，是和緩的裡因。

當然，諾沙旺的軍隊還在集結，所以這不過是「現階段」而已。這個「符馬的政治階段」，其成敗就關係着寮國的和戰。

·曼谷通訊·

寮國局勢短期難獲解決

阮松山

寮國此次政變，僅是由一名在菲泰受訓的年輕（廿七歲）傘兵上尉（李江）所發動，六小時內，便佔領了首都永珍；這也可以說是一項奇迹。

永珍既是寮國的首都，在她的國度裡固然有着政治上和軍事上的重要性，而同時對中南半島（包括南越），也發生了打擊的作用；不特如此，就是對整個自由陣營，也受到嚴重的影响。為的是，這蕞爾小地，正是東南亞的戰畧要津；她，可以說是世界自由國家在東南亞抵禦紅潮泛濫的一條支柱，其地位上的重要可想而知。

在政變前夕（八月九日），寮國總理宋沙尼及其閣員，以至高級軍事將領，均已應國王召命，同赴王都鑾巴拉邦，參加國王御宴，於是李江乘機而起，先控制了一個裝甲兵營，然後揮軍進入永珍，輕易地便宣佈一大功告成」。這樣的演成政變，能使人覺得有點詫訝。

李江策動政變了後，曾立刻宣佈「不接受一切外援」。這個宣佈，頗引起世界觀察家的注視。第一、他的所謂「外援」，實際上不過是指「美援」而已；但自一九五五年以來，寮國依賴用以建設軍事、工業的美援，已達一億六千五百萬美元，今若一旦屏棄這偌大的美援，將演成了怎樣的情況？頗耐人尋味。第二、所謂「不接受外援」，是否乃屬一種宣傳？而骨子裡實在是秘密接受了一種外來援助？這外來援助，又將來自何方？

此外，李江又曾宣佈過：「要守着嚴格的中立」；但不久却又改口說「要嚴守武裝的中立」。可是，接着便派出武裝部隊，拿起槍尖，指着銀行，要提取價值百萬美元的寮幣來支持他的政變。凡此種種，益令人感到此次寮國的政變，內情是奇異怪誕，詭譎萬分。

更奇異的是：八月十日，即一架由寮國王都飛出的軍機，掠過湄公河國界，飛到泰國的炎波機場，緊急降落，走出了一個寮國國防部長佛米將軍，在泰國盤桓兩日，然後借同其駐泰武官，原機飛返寮國南部，號召部隊，實行勤王。

佛米將軍，是寮國的一位最堅決的反共軍事領袖；自從他出現了後，寮國政變的混亂情況，迅即出現了一點明朗。更由於寮國總理宋沙尼的內閣已在鑾巴拉邦建立了總部，更証明了寮國的舊政府並沒有因一聲政變而立即垮台；同時也反映出政變的一點內幕。

目前，寮王仍然獲得永珍以外的部隊所擁護。寮國部隊，共有二萬五千人；為「政變集團」控制的，僅三千人。以實力來說，寮王當仍可與「政變集團」週旋。然而到了八月十四日，却盛傳宋沙尼內閣業巳辭職；這點，更使人陷入疑信參半的「悶局」中。據一般推測：寮國政府與「政變集團」，時至今日，他們之間祗有兩條路可走：（一）經由談判而獲致一個折衷的解決；（二）各走極端，來一次「兵戎相見」的實力攤牌。但觀察家認為，「妥協」的道路，目前似乎仍行不通，「兵戎相見」，亦為形勢所不許可；在短時間內，恐怕仍然是一個「拖」字。其前途如何？還要再看清楚「第三者」的介入的程度，才能作出明顯的判斷。

廣州上演新把戲

·招卓文·

中共奴役人民的把戲，噱頭越耍越多，花樣也越耍越奇；而人民的遭遇，也就越來越辛酸，越來越痛苦了！

本月上旬，穗共的新把戲又上演，劇名「三肥運動」。所謂「三肥」，就是「積肥」、「獻肥」、「送肥」。據說：那是全面性的一種「支援農村」的主要任務，所以要糾集羣衆，羣策羣力，作「一條龍」式的熱烈進行。

據廣州來客稱：這把戲上演的第一個步驟，是先來「突擊積肥」；由共幹分別通知指定地區的居民，把所有垃圾、渠泥、糞溺等肥料，都積存起來，雖然弄致臭氣薰天，亦在所不計。迨到了第二個步驟，便由機關幹部，街坊婦女，各業工人，組成了「送肥隊伍」，把所積存的肥料，一担一担的送到郊區三元里公社去；「送肥隊伍」以北區泰康、大南、和六榕等街道所組織為最龐大；該隊「送肥隊伍」，男男女女共達兩千六百餘人。至於第三個步驟的獻肥，那就是把肥料一批一批不斷地轉運到農村，獻給農民，完成最後任務。——這任務，共幹也替它冠上了一個很動聽的名堂，叫做「城肥下鄉」；當地的共報還這樣的大放厥詞：「城肥下鄉，是一件十分複雜和細緻的工作，要加强黨的領導，才能把這個任務攪好；要加强城市居民的政治思想，才能使市民熱烈地把這個任務完成……」。唔！動不動就「加强黨的領導」，動不動就「加强政治思想」，人民遭受奴役的苦況，於此可見一斑。

僑鄉近訊

中共強迫農民「向野草宣戰」

·江水·

中共繼「向荒山進軍」之後，刻又向各地農民叫出「向野草宣戰」的口號。由於共方急功近利，把驅迫農民開墾出來的荒地，又驅迫農民「隨開隨種」，因而引起了農民的反抗，實行消極怠工，不去除草，於是所有新闢的耕地，在短期間內便長滿了野草，把「領導共幹」氣得死去活來，認為這是「反動份子」的一種「反共形式」，赫然震怒，立刻再實施了進一步的迫害，把各地的農民强迫組織起來，從四方八面掀起了「調兵遣將」的所謂「戰鬥高潮」，大叫「向野草宣戰」的口號，從各公社中徵集「戰士」，把無數農民，投入這「戰鬥」中，企圖以「人海」來「戰勝野草」。從這「向野草宣戰」的態勢中，我們可以看得出：（一）中共的奴役農民，祗有一步一步的殘酷，而永無止境；（二）中共在「以外行領導內行」的政策下，祗有大量浪費人力，永遠都是得不償失；（三）農民受到中共不斷的殘暴迫害，無一不在心底裏蘊蓄着一股憤怒的心情，即使暫時未敢明目張胆起來反抗，但隨時隨地，一有機會，便會立刻暗地裏施行破壞，自自然然的形成了抗暴的暗流，決非中共的槍尖所能遏止。

大陸半年來收購廢物達四百萬噸

大陸工業原料異常缺乏，故中共在幾個大城市如北平、天津、廣州、上海、瀋陽、南京、武漢、重慶、西安、蘭州……等，均遍設「收購站」，大力搜購一切舊廢物資，將之分別翻造而成各種工業的代用原料；據共方公佈，今年上半年已共搜購廢舊物資達四百萬噸。由此以觀，中共的工業，不特談不上新出品和出色生產的大躍進，而且反而淪為名符其實的「破爛市塲」；任何工業產品，都不是由眞實原料製造出來。最近，中共會在北平舉辦了一個「木材綜合利用展覽會」，展出了好些用廢料製成的「人造木板」和「膠合樑」。從這些展覽品中，更可以看得出中共工業原料的荒缺，早巳達到七窮八絕的嚴重程度！

英雄兒子

盛紫娟

天色是越來越暗了，房子、樹，和行人只剩下黑糊糊的一團影子。陳大嫂子手扶着門框，呆望着遠處的街口。她的腰腿都站酸了，脖子都伸直了，眼睛都望穿了，但她的兒子小栓還沒有回來。「他出了什麼事了呢？」陳大嫂子不安地嘀咕着。大雜院裏上學的孩子全都回來了，甚至連那個最積極的少兒隊中隊長二虎子也回來了。她似乎聽見同院的街坊們在竊竊私語：

「……陳大嫂那個寶貝兒子定是留了堂！」

「……也許叫車撞了吧？」……

「天呵！」她急得要哭了。婆婆新近剛逝世，丈夫又被調到朝鮮去做了志願軍，至今生死不明，她只剩下這麼一個親人了，萬一小栓子有個三長兩短，她可怎麼好呢？……街燈已經亮了，昏黃的燈光使這條汚穢的、狹窄的街道不像白天那樣令人作嘔，反而使人有一種親切感。雖然這是在市區，但四處是那樣寧靜，只有秋天的蟋蟀躲在牆角「吱吱」的唱着單調的歌。陳大嫂覺得心裏更加煩亂，她回頭望望，除了她自己那一間房，全都亮了燈，紙糊的窗戶上偶而有一兩個幌動的黑影。她心裡一亮：對了，去問問二虎子吧，他大概知道小栓子到哪兒去了。心裏這樣想着，脚就向那最高大寬敞的上房移動。剛走到門口，她就聽見裏面的說笑聲，其中有個粗得像牛吼的聲音，她聽出那是二虎子的爹——一個老黨員的嗓音。「他沒有去開會？」她忽然又有點猶疑，她怕，怕在街坊會上他又會批評她思想不進步，對新社會沒認識，因爲新中國對第二代的照顧是無微不至的呀！她不由得想起她丈夫被拉走時，因爲她哭了，大家就說她「拉後腿」，慰勞軍屬時就少配給她二十斤白麵。她又回頭望望大門，門仍是那個門，但她突然感到自己是那樣孤獨，她的生活是多麼空虛；二虎子一家子和和樂樂地團聚在一起，那歡洽的笑聲，相形之下使她更感到辛酸，她不由得雙手捧着臉，一步一蹭地走回自己那黑洞洞的屋裏，連燈也沒有點，便沒心緒地倒在那硬綁綁的木板牀上，抽抽噎噎的哭了一會兒，又怕街坊們聽見，她用力咬着枕頭邊，竭力壓制自己的抽噎，她感到從未有過的疲乏和軟弱無力，她慢慢閉上了那雙酸疼的眼睛，不知不覺間竟睡着了。……在睡夢中她忽然聽到巨大的喧嘩聲，似乎整個大雜院，整條街都沸騰起來。她聽到「鏘鏘」的鑼鼓聲，她聽到有人在領頭大喊：「毛主席萬歲！」「共產黨萬歲」！她恍惚又置身於「歡送」大會上，她的心沉下去了：「他們眞要把小栓子他爹送到朝鮮去打仗了！孩子才七歲，萬一他爹有個好歹，我……」就在這時，一陣乒乒乓乓」的鞭炮聲使她完全清醒了。那鑼鼓聲，那喊口號的聲音都是眞的，但小栓子的爹早已到了朝鮮，不知這回又要送哪個鄰居去打仗。想到這裡，她一骨碌爬起來，一手理着散亂了的頭髮，一手擰開了燈。燈光晃得她睜不開眼，她用手背使勁揉了兩下眼珠，停了一會兒，才能看清東西。她看見桌上已冷掉的飯菜，兩副沒動過的碗筷，這才想起，今天還沒吃晚飯呢。可是，小栓子呢？小栓子還沒回來嗎？她疑懼地望了下那隻慰勞給她的破座鐘，已經是夜裡十一點多了。她開始絕望地想：小栓子一定是出了什麼事了。……

鑼鼓聲越來越响，那個鼓手好像瘋了一樣。她的心煩亂得自己都不知怎麼形容，她恨，却又不敢說恨誰。……

「陳大嫂子在家嗎？「陳大嫂！」她聽到門外七嘴八舌的喊聲，但又分不出是哪些人。

「報喜來了，「報喜！」有幾個男人的聲音同時喊着。一個念頭在她腦中閃過：「難道是小栓子他爹回來了，難道他還沒有死？」她忙拉開了門。又是一陣鞭炮、鑼鼓和喊口號的聲音。區長笑容滿面地向她伸出手來，甚至連二虎子的爹也沒擺出黨員的面孔，……「小栓子，快過來叫你媽看看，還認識你不？」有個女人用一種興奮得變了調的嗓門在喊。許多女人、小孩、老頭子都跟着喊起來，一時各處都充滿了喊「小栓子」的聲音。那個矮小的，還沒有區長一半高的小孩，被大家七手八脚地推了過來。陳大嫂睜大了眼，困惑不解地望着那個披紅綢、帶紅花的兒子，最後，她忍不住喊出來：「區長，請您行行好吧！他才七歲怎麼能去當兵？」

大家都楞住了，屏住了呼吸，靜得連蚊子飛的聲音都可聽見？……突然，一陣粗獷的笑聲打破了沉寂，——這是區長在笑，一陣笑浪立刻席捲了所有在場的人。大家都跟着拚命地笑，獨有陳大嫂張惶失措地一把抱住兒子。

「陳大嫂，妳瘋了嗎？」區長抹掉笑出來的眼淚說：「誰要抓妳兒子去當兵？他，他立了功啦！這個小傢伙和六個同學抓住兩個特務份子。明天，全市，全國的人民都會知道這件事了。妳有一個英雄的兒子難道倒不高興嗎？」

「英雄的兒子」？她不由得低下頭來看着倚在自己懷裡的這個小孩子。這個吃飯還得人餵，撒尿還得人提醒的兒子，這個只知貪玩，不肯唸書的兒子，這個乳臭未乾只有七歲的小學一年級學生。她忍不住抱起了他，臉貼着他的滿臉睡意的小臉蛋問：「是眞的嗎？孩子！」

「是眞的，媽媽！」孩子把頭倒在她肩上，輕輕地說，他已非常困了。

區長口沫橫飛的告訴陳大嫂：原來這天下午放學後，他和六個同學一起到中心公園去玩捉迷藏，小栓子躲在一棵大樹後，等着別人找，無意間却聽到草叢中有人說什麼「爆炸」「好好幹」之類的話，他立時想起老師叫他們提高警惕，發現可疑的人就趕快去報告派出所。他又想起中隊輔導員說，說立了功就可加入少兒隊，就可以戴紅領巾。他想起二虎子的那付神氣。是呵，帶上紅領巾有多威風啊！就是他再不用功，誰也不能說他是壞孩子了。所以他偷偷跑去告訴別的孩子，叫他們別讓特務份子蹓掉，他自己則跑去找警察叔叔。等他領着一個警察，和幾個自願幫忙的「解放軍」回來後，看見他的六個小朋友連哭帶喊的跟兩個成年人糾成一團。當這兩個特務分子被綁住，送到警察總局以後，一查黑名單，原來還是兩個小頭目。因此局長請示了「鎮壓反革命委員會」，決定給這七位小朋友以英雄稱號，並且號召全體市民向他們學習！

區長說完，又告訴陳大嫂：「明天小栓不用上學去了，市裡還要開慶功會呢」……

大家都走了，陳大嫂一句話也說不出來，只是緊緊地抱着這個熟睡在她懷中的「英雄兒子」，她凝視着他蒼白、缺乏營養的小臉，默默的流着眼淚。

春蘭

朱韻成

妹妹走上前去，擁抱着春蘭，滿眼都是閃光的淚水，望着她的丈夫說：「你爲甚麼不想想辦法呢？」妹夫默然的站着，顯出無可奈何的神色。

「警官，如果她嫁了人，是不是可以自由了。」是大學生的聲音。

「這個自然——」

「那麼，我娶她！」聲音接近於嚷叫了。

「但她不會成年，還要得到監護人的同意。」警官歉意地說。辦這種案子，他自己也覺得難過。

春蘭終於收拾了私伙，跟着養父母，一路上哭哭啼啼的走了。主人家都在門前送她，妹夫給了這個月的工錢給她，另外加了三百元，臨別鼓勵她說：「不要怕，以後咬着牙齦做人，他們見你不肯，也是無可奈何的。無論甚麼時候需要，都可以到我們這裡來。」

妹妹靠在丈夫懷裏，差不多昏過去了。他和春蘭握手言別的時候，淌下了兩滴大大的淚珠。

他們目送着春蘭跟着養父母走遠，消失在街的轉角處。——以後呢？……

沒有人知道以後會怎樣。

在這個島上，養女的風氣有幾十年了。許多無知的女孩被賣給別人，做童養媳，或做些甚麼粗重的工作。萬一過得優閑一些，那些惟利是圖的養父母便在她們的姿色或婚嫁上打主意。她們過着寂寂黯澹的生涯，她們受着苦，沒有愛的溫暖去臨近她們黑暗而寒冷的心靈。

於是，有的嫁給人做姨太太了，有的做酒家茶室的女侍了，有的賣給青樓販賣皮肉了：：沒有人知道她們的悲哀，因爲她們是弱者，她們孤獨無告，她們的聲音只在黑暗的角落裡呻吟。

以後春蘭又怎樣了呢？

他們等待着。他們希望有一天她會回來，無論是在風和日麗的日子，帶着一個凝靜的微笑；抑或是在風雨的晚間，在皮破血流下到達！（下）

文壇泥爪

郭沫若嘲笑沈鄭

自古怨仇易結不易解，如今郭沈雖同爲文學侍臣，並列僞朝，但彼此貌合神離，意見仍深。郭沫若曾屢次吐露口風，要算一下舊賬，沈雁冰則不欲多生是非，從未一談舊事。郭沫若自命不凡，民十與沈鄭在上海半淞園會面，根本未把這兩位頭角崢嶸的文學青年放在眼裡。十年之後，「左聯」成立，沈鄭已名滿天下，郭在回擊魯迅「上海文壇一瞥」一文所寫之「創造十年」中，尙對沈鄭予以惡毒的嘲罵。

郭事後所記與沈鄭初次見面時的情形，似乎對鄭振鐸的印象還不太壞，只說他「好像沒有洗臉一樣」，他的「手指就和小學生的手一樣，有很多的墨跡」。其因此便說「覺得他很眞率」，其實這也不是恭維的話，看他所寫鄭振鐸不識唐詩的事，這「眞率」正是「無知」的代詞。他說他和朱謙之同住在泰東，鄭振鐸常常去看他們，有一次看到他鈔在紙上的一首唐詩：「獨坐幽篁裡，彈琴復長嘯。深林人不知，明月來相照。」這本是王維的一首有名的「竹裏館」五絕，但鄭振鐸却認爲是郭做的舊詩，並且問郭：「你還在做舊詩嗎？」無怪他覺得鄭「很眞率」了。

至於對沈雁冰的嘲笑可大了，他竟說沈像一隻老鼠：「雁冰所給我的第一印象却不很好，他穿的是青布馬褂，竺布長衫，那時似乎在守制的光景。他的人矮小，面孔也纖細而蒼白，帶着一副很深的近視眼鏡，背是微微弓着的，頭是微微埋着的。和人談話的時候，總愛把眼睛白泛起來，把視線越過眼鏡框的上緣來看你。聲音也帶着些尖銳的調子。因此我總覺得他好像一隻耗子——我在這兒要特別加上一番注脚，我這只是寫的實感，並沒包含罵人的意思在裏面。」當時郭似乎只對鄭談了一些話，對沈沒有說什麼，已感到話不投機半句多了。以後雙方成了仇家，二十年沒再見過面。抗戰時，郭任總政治部第三廳長，幾乎把一些左傾文人全網羅了去，沈雁冰繞道前往武漢，竟被摒諸門外，纔迫得他退回香港，遠走新疆，險些兒給盛世才關在獄裡。

郭沫若對文學研究會的另一巨頭葉紹鈞，觀感比較好些，但也話中有刺。他和葉第一次見面，是鄭振鐸領去向他介紹，因爲葉的蘇白他聽不懂，不知道就是葉，事後知道，後悔已遲。——其實這話是不合情理的。他說葉的作品「筆致是很清新的，雖然並不深刻。」說葉「留在我腦裡的第一印象，是矮小而樸實的和謅可親的一位青年。」兩人年紀差不多，郭這口氣竟像是長者，把葉看成是他的後輩了。

文史漫談

陳伯莊先生和他的詩（下）

徐亮之

在沒談伯莊先生的詩以前，得先談談他對於詩的見解。

伯莊先生對於詩的見解，分見於「卅年存稿」的「黃尊生詩序」（丁5-6）和「愚園詩草」的自序中（戊1-2）。他乃學問興趣廣博而又治學工具足用的人；（他說的英語，音調韻致之美，在我所熟悉的朋友中殆無其匹。）因而他雖然祗是學有餘力則以論詩；雖然他自己客氣地說，他的論詩並「不是文藝批評專家的品藻」；而他的見解確是沒「被傳統意識和技術知識所囿」的；他從詩國之「傳統意識和技術知識」的桎梏中解放出來了。

他說：「事物之美者，以其形式與內容之各自成美，兩者相交而美益彰。」這即是說詩乃形式美與內容美二者之綜合；二者祗宜相交而不容偏廢；相交則美益彰，偏廢則美不足。那末，什麼是形式美呢？他認為這和音樂與言語文字之個殊特性有着密切的關係；所以他說：「若其為詩，必在其能歌詠；必與音樂有密切關係；誦之而聲韻鏗鏘，播之於樂而其美益著。彼持廢韻廢誦之說者，不啻否認歌為詩之祖；其欲採外國詩歌格律節奏者，更漠視言語文字之個殊特性。」至於內容美，則他認為乃「以文化意識為主體」的情、意、境的美化。

這見解的確精簡極了。基於這見解，所以，他反對模仿古人。因而序黃尊生詩時，便以尊生先生「未與同光派諸領袖接觸」為「幸」，認為這恰是「西施好在未入吳宮時」。同時，他自己也立志絕不模仿古人；因而他在「愚園詩草自序」中又說：「朋輩有指某詩學某人或某時代者；然余絕無此意。若終落模仿窠臼，適足徵所用之體已黴而已」。這態度，基本上自然無可非議。不過，我却認為要有點補充；即我認為：刻意模仿古人固然不對，刻意反對模仿古人也祗是徒然。這理由很簡單，因為我們既和古人用的是同一種表達「內容」的「形式」（文體），一種沿用了千年以上的形式，而「形式美之可能性是有域限的」復為伯莊先生所承認，則在形式美甚至內容美之捕捉與掌握上，自難免有古人「先得我心之所同然者」；這樣的「同」，乃心同理同，不得謂之模仿的。而且模仿在某種意義上說也並不就全是壞事；模仿有時恰是創造的梯階呢！義山、山谷都學杜，都不失為義山、山谷之詩；同光派雖崇山谷，也並非就是江西派的翻版；便是證據。一部中國文學史總是創造的時間少而模仿的時期多的，祗是能入而不能出的模仿，才是模仿的死症而已。但這却都是我們不必担心的了，宋「西崑體」的死於模仿溫李，明前後七子的死於模仿盛唐；便又是證據。因此，在這一點上，我和伯莊先生的見解恰好相反了；即我認為：使用了千年以上的形式，到了今天我們要表達某種「欣賞思懷」時，竟仍然不能不使用它，（伯莊釋此為「循最小阻力線」，可說又給他道着；蓋所謂「最小阻力線」者，正表示此種形式已具有音樂與言語文字之個殊特性之美，循之以表達我之欣賞思懷，確乎阻力最小故也。）適足徵所用之體並沒有全黴而已。

其次，基於這種見解，伯莊先生對於新詩的所以至今仍然「格律未立，無所憑依」，解釋得很到家。他說：「夫一代新體之創成，必在舊體已不足適新事物之變，以啓其先；必有民間作品為其初型；必有無數作者之嘗試，漸發明其新格律；必經大衆欣賞之取捨，傳播，漸留積其新精華；尤必有斷代天才，應會而出，盡發其蘊藏；質言之，乃社會之產品、而非一二人之烈也。白話體必有其蘊藏，必有其優美格律，特未發明而未成立耳。」

又說：「在今日，舊詩形式的可能性早已發掘無餘，而文化適逢舊穀幾沒新穀未升的厄運。文化的新綜合未成，何來新意識之美化？」

這種解釋，自然基本上又無可非議。不過，我却也有點補充的意見：即我認為許多朋友對於新詩的看法，實犯了兩種嚴重的毛病；一種是把新詩看得太認真，一種是把新詩看得太隨便；這兩種毛病不去，所謂新詩的「優美格律」的「發明」與「成立」的機運，可能全被窒息的。因為看得太認真，便往往不知不覺會把新詩看成「此曲祗應天上有」，認為非如此這般便不足以稱做新詩；實則這乃不合文體演進的史實。在詩的演進上，中國文學史本告訴得我們很明瞭，即就一般說：詞乃由詩演進的，故又名「詩餘」，曲乃由詞演進的，故又名「詞餘」；那末，新詩為什麼便不可以繼承這一史轍，來一新的演進呢？我認為「新詩」如能做到了「由能」的地步，便已經很能對歷史交代了；過於吹毛求疵，新詩是永遠祗能在天上而不會降下凡塵的。至於把新詩看得太隨便，甚至竟主張「廢韻廢誦」云云，則其為不合詩體演進的史實，尤為明顯。因為中國文學史又已經明白告訴我們；詩的所以演進為詞為曲，正是音樂性的追求的結果呢！新詩的創作祇有更能對音樂性加以掌握，方才有其發展的前途，所謂「廢韻廢誦」、則祗有毀滅新詩的前途而已。

最後，伯莊先生對於詩的過份苛求，我却不能不堅持異議。他說：「緣用舊體，而電鐵世界之新景物，二十世紀之新意緒，什九如鉗在口而不能出。能詠範圍，於焉以狹，私心竊有憾焉。」我認為他這話祗是「牛意識」作祟，祗是唐突西施。其實何止電鐵世界二十世紀，就是中古世界封建世紀也同樣有許多事物不能入詩的！西施「未入吳宮」前，畢竟祗有浣紗最好，捧心更妙；既入吳宮後，也畢竟祗能載歌載舞，並不能衝鋒陷陣的呢！孟子說：「西子蒙不潔，則人掩鼻而過之。」以「不潔」「蒙」「西子」，我是絕對不答應的。「電鐵世界之新景物，二十世紀之新意緒」，如今在銀幕上不已表現得夠瞧的嗎？何必把詩再捲入這泥沼中？我和伯莊先生是「頂頸」慣了的；於此，我必須再和他這樣「頂」一次「頸」：「伯老！您在您斗大的書房獃得太久了；還是看場電影去吧！」

記庚子拳變始末（二〇）

舜生

慈禧等一行的出奔，和他們在一年後的重回北京，所走的是兩條完全不同的路線。他們出走是出安定門經昌平，過居庸關，經延慶、懷來、沙城、宣化以達張家口；然後折而南，到達山西的大同，再南下越雁門關而抵太原，其時是庚子年的八月十七。慈禧在路上遭受種種的困苦，常常對她的左右說：『我沒想到乃為皇帝所笑』，（見酬鳴『書庚子國變記後』）。這句話並不表示她對光緒帝有什麼慚愧，只足以說明她對光緒的加倍痛恨。當她八月十三經過雁門的時候，眼見那座萬山環繞的關鉅鎮的她慨然的說：「藉此機會出來看看外面的世界也是好的，」好像還有一個雍容不迫的樣子；可是其時岑春煊給她獻上菊花一扎，她想到這個時候京師的菊花已經盛開，乃又不禁悽然北望，潸焉出涕。

慈禧在太原住巡撫衙門，一切帷幄陳設，原為準備乾隆帝幸五臺的故物，其講究較宮中者且有過之，於是太后乃欣然色喜，心情也漸漸安定。可是因為鴻章久久不到北京，和議前途不可測，太后慮和議不成，聯軍且西進，乃決定於閏八月初八日幸西安。據說光緒帝在太原，曾面斥載漪剛毅，且欲明正其罪，王文韶以婉言解之。既決幸西安，帝不願往，欲回京議約，太后不許；及抵潼關，帝又欲東歸，太后仍不聽，卒挾之西進（參看酬鳴『書庚子國變記後』及李希聖「庚子國變記」）。這一點也可看出慈禧的凶狠；她決不是顧慮光緒回京有什麼危險，但她知道帝一且回京，政治中心便將在北京而不在西安，不僅她非歸政不可，甚至她能不能再回北京也大成問題，所以她抱定宗旨，非把這個傀儡抓緊留在她的身邊不可。

原來在太后及帝未出奔以前，李鴻章劉坤一等本來有一封奏摺要加以諫止的，以張之洞不肯署名作罷；及決定遠幸西安，奕劻、李鴻章、崑岡、劉坤一、袁世凱又力請回鑾，而之洞則始終不以提早回鑾為是。張的心理與太后完全脗合，他知道在和約未議好以前回鑾，列國可能逼太后歸政，太后一旦歸政，則政局全翻，張自審他自己於戊戌一幕，既有中途出賣之嫌；自立軍一役，他所殺康梁的黨徒又以百計；政權一旦歸於光緒帝之手，甚至康梁也有起用可能，這還了得，因此他非竭力加以阻止不可。康梁以唐才常為討武則天的徐敬業，而才常在被殺以前，乃痛斥之洞不能為張柬之，這是我們今天研究庚子一役所不能不明白的一層內幕。

慈禧與光緒帝於是年九月初四日到達西安，其時剛毅已死於聞喜，載漪載勛留在蒲州，這一年中行在政府的大權，可以說完全落於榮祿之手，此外如王文詔鹿傳霖之流，不過伴食而已。（第六節仍待續）

寄售書目（一）

百衲本二十四史　商務影印本，八百二十冊，（全）。實價港幣一千四百元正。

宋槧大字本孟子　商務影印續古逸叢書之一，七冊，實價港幣八十元。

宋本杜工部集　商務影印續古逸叢書之一，六冊，實價港幣弍百元。

六十種曲　據開明書店紙型重印，精裝十二厚冊，實價港幣一百弍十元。

元曲選　中華據明刻本校刊，十六冊，實價港幣五十元。

國朝詞綜　王昶纂。光緒木刻本，十二冊，實價港幣六十元。

聯緜字典　符定一撰，平裝十冊，另加索引一冊，實價港幣六十元。

昌黎先生集　光緒十五年廣東木刻本，八冊，實價港幣四十元。

蘇東坡全集　據明成化本重印，四十八冊，實價捌十元。

歐陽文忠公全集　民國十四年上海錦章圖書局印，二十四冊，實價港幣叁拾元。

又一部　商務國學基本叢書本，平裝六冊，實價港幣捌元。

容齋隨筆五集　商務影印宋刊本，十二冊，實價港幣叁拾元。

顧氏文房小說　上海涵芬樓影印，十冊，布套一函，實價港幣叁拾元。

曾文正公全集　光緒二年傳忠書局木刻本，一百二十八冊，大字連史紙印，（全）布套十二函，實價港幣弍百六十元。

又一部　上海中華圖書館排印本，七十二冊，（全）包括年譜十二卷，加木箱一隻，實價港幣九十元。

左文襄公全集　光緒十四年木刻本，一百二十八冊，大字連史紙印，（全）實價港幣弍百弍十元。

李文忠公全集　光緒三十一年金陵木刻本，大字毛邊紙印，一百冊，（全）實價港幣一百八十元。

胡文忠公遺集　同治三年武昌木刻本，毛邊紙印，三十冊，（全）實價港幣八十元。

說郛　商務據明鈔本排印，四十冊（全）。實價港幣二百八十元。

漢魏叢書　商務影印，布套四函，四十冊，（全新）實價港幣壹百六十元。

要者請向九龍鑽石山大觀路惠和園三號「卓如編譯社」洽購。

圖書館、大學及研究機構購買，一律八折優待。

定價已酌予減低，以此次所登出者為準。

本刊已經香港政府登記

聯合評論 週刊

每逢星期五出版

United Voice Weekly

第一〇六號

督印人：黃宇人　總編輯：左仲平
社址九龍赫德道二十三號地下　電話68678
承印：嘉羅印刷有限公司香港灣仔馬師道5號
總代理：友聯發行公司　售價每份港幣一毫
本報美洲版總經售處美國紐約中美出版社
CHINESE-AMERICAN PRESS, INC
199 CANAL STREET.,
NEW YORK13 N. Y. U.S.A.
美洲航空版零售每份美金一角

遠東民主與安定

——美國外交政策之再考慮

·張君勱·

這是張君勱先生最近在美國所作的一篇英文廣播講稿，譯成中文者為『祖國』週刊社。——編者註

最近共黨集團的兩大台柱，蘇聯及中共，發表了一些值得注意的聲明。赫魯曉夫最近訪問維也納的時候，恫嚇說：如果美國駐意大利的火箭發射出來越過奧地利的領土，則蘇聯會採取報復行動。回到俄國後，他又恫嚇說，如果五角大廈中的侵署份子胆敢動手干涉古巴，蘇聯炮兵就要用他們的火箭支援古巴人民。對於新獨立的剛果所發生的暴亂，赫魯曉夫說蘇聯將毫不遲疑地採取堅決步驟以制止侵署。赫魯曉夫這些聲明直接牽涉歐、美、非三大洲，他表示蘇聯有權採取報復或干預行動。

在紀念伊拉克革命二周年的酒會上，中共外交部長陳毅露面；他說：中國（指中共）政府與人民向來主張社會制度不同的各國和平共存。這些表面很中聽的話講過以後，他接着就抨擊美國，並且聲言要支持（一）古巴的反美鬥爭，（二）阿爾及利亞的民族解放戰爭，（三）剛果人民保衛國家獨立的鬥爭，（四）日本人民反對日美安保條約的運動。

讀了上述這些聲明以後，我們不禁要問：共黨集團與自由世界的共存，到底是不是一個行得通的政策？假如說社會制度不同的各國可以並存，那麼必須劃出一條界限，甲集團在界限的一邊，乙集團在另一邊，彼此互不侵擾。這也就是說一種政府制度可以運行自如，而不必恐懼被另一種制度所顛覆。然而前述的那些聲明顯示共黨集團並無遵守任何界限；只要有滲透的機會，他們隨時隨地就要侵犯過來。

我們還應記住，即使在戰後宣佈了新的共存政策之後，俄共與中共仍對馬克斯列寧所倡的世界革命具有強烈的信念。在毛澤東與赫魯曉夫先後掌權以後，我們就面對着一種危急形勢。到目前為止，美國的外交政策表現在下幾方面：圍堵政策，北大西洋公約，東南亞公約，對抗共產主義的軍事援助及經濟援助。她在戰後的世界扮演了一個多方面的角色，比如軍事聯盟、領導全世界的民主運動、經援及開發落後地區等。這樣多面性的政策，無法在短短的時間內加以詳細檢討；下面我只限於討論一個地區，即是遠東。

在遠東的許多問題之中，今晚我選出與諸君討論的問題是美援與民主的相互關係。

近代民主的概念可以追溯到威爾遜總統的名言：使民主制度能在世界上安然存在。如果再向上推，則可以追溯到美國的開國者，他們依據自然人權而建立了美國。

民主的概念是一種政治信念；自法國大革命到十九世紀期間，它使歐洲全部改觀。而對在專制政體下受苦多年的亞洲國家，民主正在代表着一種新希望。

這為民主而從事的奮鬥，必須以清白的良心與真正的熱心來進行，有如當年培因、傑佛遜等人一樣。如果民主與一種不正義的功利政策相混雜，它就成為一個招牌、一個裝飾品，定會使世人失望。

不論蘇聯如何狡詐殘忍，值得注意的是他們對推進共產主義的工作是極其堅靭、徹底、而努力的。這是他們成功的秘訣。在這方面美國與他們比較之下如何呢？美國是以何種精神來保衛民主呢？

亞洲人民期待着一個新的運動，他們期待由這運動可以平安地產生一種新型的政府。美國是以自由民主的立場反對共產黨的獨裁政體；可是在她的盟友之中却有一些獨裁者。雖然也可以辯護說：除了接受這些已經在此等亞洲國家中掌權的統治者以外，別無他策；可是事實上是這種政策已經製造出好幾個腐敗的政府，它們在這迅速變化的世界之中是無前途可言的。這種對獨裁者的容忍，的確使在共黨及非共的獨裁者統治之下被壓迫的人民，甚少希望獲得一種新的生活與新的政府形式。

無可否認的，成億元的美援是在英國、西德及其他北約國家中使用得最恰當。很明顯的理由就是這些大西洋國家有民主傳統、能夠以合於憲法的方式使用美援。而在沒有民主傳統的亞洲國家中，美援則被看成一種天上掉下來的橫財，可以不經議會控制而花掉。雖然我們知道向來總有美國指派的專員督察這些國家中美援的使用情形，可是任習慣上這些國家政府並不對立法機關提出美援使用的預算與決算，請求通過。他們很高興有這一筆收入，不必經議會同意即可使用。在許多實際情形下，亞洲的獨裁者們用美援組成一支強大軍隊，藉以鎮壓人民並蔑棄議會的控制。美國的軍援使獨裁者安享權力及收入，因此可以把別的收入用來從事其他自保的目的，比如強大的警察部隊、特務工作、以及黨的開支；而他的經濟政策也就引向建立他本黨的利益，而不是增加國家財富為人民謀福利。

（下轉第二版）

當權派底自存之道

李金畔

在國民黨當權派運用強大壓力和破壞拆台之後，新黨的三名發言人：雷震、李萬居、高玉樹三氏於八月廿八日發表聯合聲明謂：「吾人亦鄭重宣佈，即將成立之新黨乃一絕對反共之全國性政黨，將堅決反對任何分裂中華民國之陰謀。吾人尤欲聲明，吾人之運動並非所謂台灣人之政治運動。」又稱：「吾人鄭重聲明，新黨之所以建立，乃基於吾人之堅強愛國心，蓋吾人之不能目睹國與民受國民黨專政與政權過份集中所造成之損害而無動於衷。」

上項聲明無疑為新黨籌組以來最強而有力的聲明。該聲明亦可視為是對來自左右兩面的攻訐、污蠛、誹謗底正義的抗議；同時也澄清了一些謠言，而這些謠言，主要是由國民黨當權派的御用論客及共產黨海外統戰份子所揑造。外電報導中，並謂上項聲明中會一併言及，「新黨決於九月底成立。」

據此看來，儘管新黨的成立，距今已不及一月，不過以保留的態度來看，我仍願以欣喜的心情，期待新黨諸君子，穩步地應付現實環境的壓力，因為在這最後「五分鐘」關頭，國民黨當權派，究竟是否甘於停止使用破壞性的絕招，實尚難逆料。不過，有一點是可以肯定的，萬一國民黨當權派不惜倒行逆施，對新黨人士施以迫害的話，勢必引起國內外愛國人士的一致聲討。我相信國民黨中央對此當有相當的認識與了解，並能權衡利害。否則是國民黨當權派自絕於國人。

自新黨籌組以來，即為別有用心者指稱為是一個「台灣人之政治運動」；國民黨當權派同時在宣傳上所用的口實，則為此時此際應相忍為國，既有了民、青兩黨，就不宜再另組新黨。因此一方面積極阻撓破壞新黨，另方面則從事向民青兩黨的若干較熱中參政者拉攏，既可直接破壞民青兩黨內部的安定現況，復可收間接打擊新黨之效。但此一石二鳥策署，經民青兩黨主要人士先後表示無意參政後，已使國民黨當權派自陷於尷尬境地，於此或已能覺悟到在野各方面根本無意於分國民黨當權派之「羹」，但堅決要求實現真正民主政治之最高原則。

中華民國眼前處境之艱困，凡屬熱愛國族者，無不深知，甚且可以說，在野各方之無私地熱愛中華民國，實猶勝於國民黨當權派，大家同聲主張必須徹底實行民主政治，其目的要抑在此。對蔣先生雖也有極嚴厲批評，但這些批評無一非有事實根據，也可以說，大家之所以要求蔣先生做得更好些，實所以有愛於他。當然，這並非說蔣先生是不可替代的；自也更不以為國民黨當權派，有什麼天賦的權利，要「國與民」長期地忍受其「一黨專政與政權過份集中所造成之損害」！

人們尊重國民黨的歷史，也尊重蔣先生歷史的一定的地位與貢獻；但依據民主政治的常規，人們固無理由同時要曲認國民黨當權派底違情悖理的措施；蔣先生自亦應該認識民意之不可抗拒。現在國民黨當權派在腐朽中，已是無可辯的事實；但人們也不必失望，以國民黨之對國家有如此重大之關係，不能謂絕無新生之可能，因為除當權的派系之外，國民黨內開明有為之人士，無論在數量與質量方面，仍是一個不應被忽視，而且是應該受到尊重的力量。如果蔣先生及當權的派系，早有予國民黨內部的開明有為之士以機會的使之發揮監督實際政治的功能，可以相信，國民黨在全國國民心目中的威信不會下墜到今天這樣不堪的境地。但長期以來國民黨內部既無民主，而在實際政治上又缺少實行民主政治的勇氣與雅量，既得利益集團形成的當權派，焉得不坐以腐朽！

在上述的客觀情況下，在大家要求實行民主的渴望下，無論如何說，新黨的成立，自有其一定的歷史因素。它的存在，更非國民黨當權派之「不承認、不重視」所可抹煞。國民黨當權派的任何顛倒黑白的宣傳，破壞，不僅不足以有損新黨的發展，即使新黨在搖籃裡，不幸而被國民黨當權派揑死了，這對國民黨當權派來說，也並不能挽救腐爛、死亡的命運！極其常識而自然的道理是，蔣先生及國民黨當權派，應該切實的認識到，「生也有涯」及「自強不息」的道理，應該即時切切實實先在黨內實行民主，使黨內開明有為的黨人有出而與在野各方作公平競爭的勇氣與信心，庶能一新天下之耳目，庶能表現國民黨有再生新氣象。否則即使新黨橫遭迫害而夭折，也不足以挽救其命運！近聞國民黨當權派，似仍未醒悟，而要再度清黨，「以驅逐那些不效忠黨員」，如傳聞屬實，益見蔣先生及當權派之不能容物。此時此際內而進行清黨，必招怨尤，外而屬行迫害，必遭反抗，與其一向宣傳之「團結、合作」大相逕廷，誠不知何以出此下策之下策；

值此新黨（據稱已定名為「中華民國民主黨」）誕生前夕，我仍願竭誠向蔣先生及國民黨當權派進一言，讓新黨順利地誕生，是對現實政治和改進現局有利的，也是政黨政治的執政黨與在野黨間共存自存之道，若不幸因逼人太甚，而發生任何變故，尤其是蔣先生將無法逃避對歷史應負的責任。同時寄語國民黨當權派人士，切勿輕舉妄動，致陷蔣先生為歷史底罪人，並陷國家於萬刼不復之境！

雜憶錄之八

記抗日初期朝野合作的精神

·幼椿·

「閒中歲月多懷舊，夢裡河山未忍忘」，我從前年在山打根時，為本刊開始寫我的回憶錄，陸續發表；在這第八篇上，本擬將我在八年抗戰中之所經歷，擇其重要而值得一紀者，分作幾大段來執筆，藉以表彰一下國人的抗戰精神。忽閱報載，張岳軍先生在希望今日「大家重行發揮抗戰時期的合作精神，以使早日實現反攻復國的共同目標」，其語打入我的心田，令我有「居今思昔，能不慨然」之感，因將這第八篇雜憶錄先從「抗日初期朝野合作的精神」說起。

說到合作，雖然要靠一些大前提，如國家民族的利益之類，但合作的過程乃是人與人間發生關係的事情。人是有一顆心的，而心是肉做的，不是有如鐘錶的機器，手一車動，鍊子一上，便都會走來一點不差，一律如意。人心之中自有其共同的是非之見，羞惡之懷，因而能共同發出愛國抗暴的願望，也因為有此是非之見，羞惡之懷，執政者便不能僅僅仗恃國家民族利益的大前提，而便事事強人從同，一切硬幹到底，結果不但弄得團結不成，而且要過得人翻馬仰，怨聲載道！

抗日初期在朝在野之所以頗能合作，如果要說到精神所在，則有賴于當時政府主持人的虛心與容量，執政者能虛己以受，然後朝野始能誠信相孚；執政者能不念舊惡，然後朝野始能普遍合作。即以第一屆國民參政會的參政員的名單來研究一下，實際出席者有一百八十名，而在野者不但佔半數以上，而且除共產黨六名外，其中至少有三份之一的參政員，多多少少皆曾反對過蔣先生或國民政府者。至于青年黨，則雖然共赴國難，仍然在反對一黨專政，主張民主憲政，然而當時主政者一點也不怕；就是這「不怕」二字，開展了偉大的合作抗日局面！

試舉數事以為証明，而此數事且為張岳軍先生所深悉者：

全面抗戰前夕，蔣汪以國民黨領袖地位，聯名召集廬山談話會，青年黨的黨魁曾琦出席主張，欲與日本相抗，首須建成現代國家，現代國家必須停止訓政，實行憲政，而且刻不容緩，方足以團結國人。廬山談話會尙未完全終了，八一三全面戰爭已經爆發，政府特聘在野各黨派領袖及無黨派名流共十餘人為國防最高會議參議員，曾琦先生認為此時已非只是坐而獻議，必須出之以行動。其時川軍尚無一兵一卒出川發應援抗戰。曾先生乃託張先生言之最高統帥，願立即返川催促川中諸將出兵赴義。曾氏之議立得許可，並假以交通工具；于是兩月之後，川軍四十餘萬人兩路出川，劉湘則應召來京，其部拱衛首都之後，復協防皖贛；川軍軍長李其相，師長饒國華，王銘章等均戰死疆場，至為壯烈。以在八一三的前夕尚高談民主憲政，認為非此不足以抗日的異黨領袖曾琦，豈不怕他跑回川去，幹起民主來嗎！而彼時的蔣先生及其左右竟自不怕，便收到了眞正團結之效！

此一事也，再舉一事：參政員傅斯年在參政會大會中為有名「大砲」，且專門攻擊孔祥熙的財政措施，有時且訊及孔氏子女的假公濟私，種種敗行。當時政府方面並無人責傅斯年教授之好為「人身攻訐」，而將委員長且對傅氏始終優禮不衰。某次大會中，傅參政員攻擊財政部鹽務署長某：不但屍位素餐；有虧職責，而且伩每設壇扶乩，說神說鬼，且約集外國使館人員共臨乩壇，因之登載外報，貽笑友邦，有辱國格。彼時蔣委員長適在會場，聞傅氏語，立即下令，將某鹽務署長撤職查辦，官箴一時為之整肅！至參政會所組成之川康視察團與川康建設期成會，其中參政員也多係黨外人，其視察所得，固多為政府改革庶政之張本，而監察所至之地，地方官吏也於戰時功令，敬謹受教，無敢怠忽者。因是抗戰之中，在西南大後方，徵集壯丁，開赴前線，竟能多至二百萬人以上；徵集糧食，以供軍用民食，也竟能徵到七萬萬七千萬石以上，其他公債與捐獻，尙不計其數，民力幾竭，而西南大後方並無反抗政府之事！

有人說，抗戰時四川人出錢出力其多，且不排外，這是四川人特別具有合作精神，比其他省份要大雅一些。這個話，在我深知內幕的一個四川人看來，也不盡然。固然四川人的省性並不大強烈，但其間也並不是沒有黨派的鬥爭，新舊的衝突，以及本省人與下江人的磨擦，然而當時的政府中人，對於這種種問題，悉心處理，隨時斡旋，出以誠信，不遺餘力，及今思之，這有賴於，在中央方面有陳布雷主任，吳鐵城秘書長：在省的方面有張岳軍主席，黃季陸主任委員。這四位先生都是有「忍勁」的人，耐得煩，與各方面多所接觸，我自歎弗如！

青年黨在四川的黨員自來比較要多幾倍，民國二十八九年參政會的川康視察團既舉我任團長，推動抗戰功令；三十年後又舉我任參政會的西區主任；特別注意徵糧徵兵的尅期，如影，無弊，不擾等監察工作，工作相當繁重，於是四川青年黨黨員能辦事者，一向在地下，不免要顯露出來了；一經顯露，便引起在朝黨地方幹部的注視，以至鬥爭。我自認我的性情比較「忍勁」不夠，一觸及這類無聊的鬥爭，我便不想幹這頗吃力且專門得罪人的監察工作了！當時黃季陸先生任國民黨川省省黨部的主任委員，他對我說：「這類事老兄不要操心，更不可以鬧到委員長那裡去，讓我同貴黨川省主委魏時珍先生來共同料理！」於是季陸每星期三必與時珍會談一下午，共同將兩黨下面幹部磨擦事件，一一加以悉心的排解處理。我笑季陸，你眞耐得這些煩，季陸答道：「辦黨，不是叫我來只抗着招牌出以威嚇人的，而是要我來為國家與地方解決問題，決不可再增加問題的！現在國家艱難，而適逢國民黨在當着家；當家人不耐煩，則小事可以鬧大，朋友可以變成敵人，抗戰前途，便受不良的影響了啊！」

季陸總是每次來找我與時珍，很少要我們去他那裡。我笑道：「貴大黨隨時紆尊降臨敝小黨，罪過罪過！」季陸答道：「國民黨既是執政黨，有權有勢，則他對於在野者就應該先伸出手來，總合乎中國人做人的道理啊！」

張岳軍先生的容忍精神，更十倍於我，他初任四川主席，每天要拿兩個鐘頭，去聽來客發牢騷；我曾過見一次，旁聽得頗不耐煩，來客走了，我直搖頭。岳軍笑道：「幼椿兄，我有八字箴言，隨時默唸，如果願聽，敬贈與你！」我說：「這是甚麼？」他說：「八字箴言是「皮氣」要好，不要「發氣」！」我說：「這狠平常！」岳軍說：「這不平常啊！國家大事，往往是亂發皮氣弄糟了的啊！」

四九、八、二八

遠東民主與安定

·張君勱·

（上接第一版）

當我們看到近來遠東所發生的主要事件時，不能不注意到各地政治不穩定的徵象。李承晚的倒台，是違法活動及濫用美援的一個顯例。誰都知道，錢包的控制是議會民主程序的最重要的機能。如果像軍費這樣一大項支出是由國外來源担付，很自然的結果就是使獨裁者有恃無恐，覺得他不必畏懼議會及民意的控制。因此，就所有現象而言，我們得承認，美國的領導世界走向民主之政策只造成了一種使獨裁政體加速成長的情勢。這樣，軍援政策與民主主義實際是背道而馳。這是美國人民面臨的一個重大難題。

作為美國的一個友人，作為一個民主主義的信徒，我願意提出幾點建議，也許能有助於遠東現況的調整。

首先，我們都同意亞洲各國政府的主導原則必須是民主主義。那麼，就有必需把這些政府建立在憲法的基礎上，由此可以發展出一種較好的生活方式為被壓迫的人民示範。我們不能期望任何一個傾向反共但並不服膺民主的統治者，會奠定民主政府的基礎與傳統。為了防止這種統治者過大的權力，必須請他把軍事費用及人事費用詳細列舉，經議會通過，美國人民出錢建立的軍事力量不是這種統治者或他的政黨的私產；它關聯着受援國人民的命運，而援助的本意正是為了人民的利益。只有通過民主程序，人民才能了解這种援助是為了他們的公益，而不是為了統治者或他的政黨的利益。這樣，人民就會看出得到了一個較佳的政府。只有這樣的政府才會有合法、穩定、而能持久的基礎。只有這樣的政府才能適當地教育在民主生活方式中成長的新生代。以中國而言，這樣的政府將成為東南亞各地的一千餘萬中國人的團結中心。一旦在台灣建立起一個穩定的民主的政府，不僅在日本的自由主義者將大為振奮，而且南越及南韓也將樂於與她聯盟。

這樣我們可以看出，在遠東切實建立民主政府是一個迫切嚴重的需要。如果美國、英國、及其他北約國家眞心想輔導這一運動，他們必須對它加以明確的全心至意的支持，以此作為他們與亞洲國家交往的一個基本原則。漠不關心的態度或搖擺不定的態度，會被亞洲人民認為美英只是利用他們的國家來防禦共黨侵略的擋箭牌，而並不眞有興趣幫助他們得到新的政治生活。同樣的，這些亞洲國家會因而相信，西方國家提倡民主抨擊獨裁，是並無眞正誠意的。舉世都認為美英是自由世界的領袖；上述的情形將與其所期待者大相逕庭。

而且，援助不只是一個財政問題，不只是經濟生產及技術問題。它是政府機能的一部份。這種經費只有清白而有秩序的政府能够正確運用。用譬喻來說，給一個國家的財政援助可比作在建造中的房子。可是如果它是建在沙地上，它很快就要倒塌。這種倒塌的例子已見於韓國的李承晚和土耳其的曼德勒斯，其他亞洲國家也可能會有同樣情形。

在過去兩年中，由於亞洲地區已建立了一些獨裁國家，有些美國人就懷疑民主政府形式在亞洲是否眞能行得通。可是明治維新以及印度共和國都是很明顯的証據，表示這種懷疑並無根據。我堅信在亞洲任何一國，民主政制都能有好效果，只要那些信仰自由主義、不喜「乾綱獨斷」的領袖人物得有機會露出頭角。西方國家實不必懷疑亞洲人對民主政制的適應力。

現在最緊要的問題就是如何使民主政制在亞洲國家中實現，要推動此一運動，需要作兩件事。在一方面，提供援助及意見的是政府機構，例如國務院、國防部、美國新聞處；因為援助只能由一國政府給予另一國政府。在另一方面，就牽涉到政黨政治、選舉、議會程序、新聞自由、政綱、及人民的政治教育等問題。這一些可以由一種非政府性的民主促進顧問委員會來担任。這委員會可以包括共和黨民主黨的有經驗的領袖們及憲法學者等。他們注視民主程序在亞洲國家運行得好不好，可以與亞洲各國政黨交換意見，在需要時提出建議、它可以派出代表到各國去觀察其中央政府、地方機關、工會等的實際運行情形。他們對那些國家中各政黨各階層自應採取不偏不倚的態度。這兩種機構——政府機構及民主促進顧問委員會——可以配合工作，多少有些像共黨國家政府及共產國際一樣。

民主當然不是可以定期交貨的一種東西；所以需要有這樣一個委員會，來提供靈感與鼓勵，來輔導亞洲國家走向民主，來幫助他們實行民主程序。

有一個常被忽略的事實是，美援雖是美國外交政策之一部份，它同時也是受援國的內政之一部份。美國政府應對援外政策由施者及受者兩方面加以重新檢討。美國希望藉援助使受援國的軍事及經濟力量加強，以對抗共產主義；但實際上美援却使專斷的領袖免於受議會控制。因此，所得的效果與美國在全世界促進民主的初衷相違背。經過重新檢討以後、我相信美國將以新的信心與決心來輔導亞洲的民主運動。也許另一個瑪志尼、另一個馬薩克、另一個柏遂利斯基、另一個甘地、另一個孫逸仙將會聞風興起，實現被壓迫人民所渴望的解放！

毛赫之間的恩恩怨怨

・田心・

毛澤東究竟爲什麼總和赫魯曉夫過不去，這是一個可以討論的問題，我覺得應該從毛的性格，中共發展的歷史及共產國際等三個方面來探索。

毛澤東是個師範畢業生，既未做過工，又未務過農，十足是個小資產階級。除了讀過些翻譯過來的馬列主義書籍以外，對於西洋文化可能未曾認眞的接觸過，線裝書不能說他讀得少，但他所感興趣者是像「資治通鑑」之類的史書，所注意的是帝王運用權術之學。他的長處是肯脚踏實地的去做，以及那種堅持到底的「騾子」精神。著名的「沁園春」詞中說明他濃厚的個人英雄主義，把征服歐亞兩洲的成吉思汗也不看在眼下，「祗識彎弓射大鵰」。這一方面說明他自負能文能武、另外面指出他的野心，在成吉思汗之上。他的野心不僅是赤化中國，而且還要及身見完成世界革命。綜合起來，他的性格是與自卑相結合的自高自大，最近，蘇聯方面批評他的行動是「小資產階級的狂熱性」的表現，是不無道理的。

自一九二一年中共在蘇聯之鼓勵培養下建立後，無疑問的，當年是會援助過中共中央的，但並不是援助在江西搞武裝的毛澤東。一九三五年遵義會議後，毛奪得了領導權，第一椿事是解放「少共國際師」。自此以後，蘇聯援助毛澤東之處不能說完全沒有，但這種援助似乎祗限於精神上的，也許還有些人員訓練與少數物資。國民政府所發表蘇聯援助中共的文件，幾乎全部限於一九三五年以前的，在以後的漫長階段中，若蘇聯眞肯全力支助中共，以當時的環境而論，不可能一點也不外露。相反的，於毛奪得領導權以後，蘇聯則多方設法削弱之。例如當年的東北共產黨就有獨立性，蘇聯拉新疆的盛世才加入聯共不要他加入中共，遵義會議後重大的反毛事件莫不與蘇聯有關係，從張國燾、陳紹禹，以至後來的高崗、饒漱石。在理論上，一九三七年毛澤東所寫的矛盾論就與史太林一九二〇年所發表的「論列寧主義基礎」有出入；一九四〇年毛的「新民主主義論」中對於民族資產階級的論點，就與共產國際第六次代表大會的決議衝突。直到去年八月，在布拉格出版的「和平和社會主義問題」雜誌上才承認了毛澤東的說法。這一種歷史說明毛澤東與史太林在長期不融洽的狀態之中，蘇聯不時的在對毛施壓力，固然這種壓力不見得目的是搞垮中共，但欲壓制他和分散他的勢力是有跡象可循的。這也就是說，長期以來，毛對蘇聯有着一種鬱憤期待洩。

一九四九年中共奪得了政權，內部並不穩定，面對着的史太林有其輩固的權威，毛澤東不特不敢向其挑戰，而且遂喊出「一邊倒」，以期取得其信任，逐步的來穩定內部。一九五三年三月，史太林逝世，蘇聯內部陷入權力鬥爭之中，毛乃有機可乘，清除反毛主力高崗、饒漱石，削去歷史上親蘇聯勢力反過毛的李立三、陳紹禹的殘力，並使蘇聯勢力退出中國大陸，表現蘇聯勢力退出中國大陸的幾個協定，是一九五四年十月赫魯曉夫到北平發訂的，足見當時赫對毛也相當遷就的。這是毛最得意的時節，也無從找尋中蘇共間有何明顯歧見。

一九五六年二月，蘇聯展開反史太林運動，這是未得中共同意的行動，毛對史未必有故舊之念，但這種運動若擴展到中共，定將影响到毛的地位，因而出來反對，這一反對雖未達理想境界，但却阻其延伸到東方。這是中蘇近年來爭執的引子。是年十月，發生匈牙利革命：中共乃喊出反對「大國主義」的口號，隨後結合起鳴放運動，唆使「民主黨派」人士猛烈攻擊蘇聯，這是一種從右的立場來攻蘇聯的左的行動。直接透露出來攻擊蘇聯的內容是：蘇聯在中共獲政權後仍佔領旅大，韓戰軍費要中共自己負担，由此而欠下的債要迫還，帝俄時代所侵佔中國的土地，抗戰勝利後蘇聯在東北拆走機器等事無下文。這些可能祗是枝節的問題，最重要者或還是一九五七年五月二日人民日報社論中說，「我們的國家是一個長時期被壓迫的國家，我們的黨是一個長時期被壓迫的黨」所反映出來的中蘇共黨的壓迫關係。也就是說，當時毛澤東所以反對蘇聯的原因是蘇聯長期壓迫中共的緣故，一方面想藉此以解決某些實際問題，另方面則以爭取共產國際的領導權。

但國內鳴放運動失敗，聯帶被迫而終止反對「大國主義」；一九五七年十一月毛到莫斯科參加蘇聯十月革命四十周年紀念與兩個共產國際的會議，當時毛固有負荊請罪之意，但似乎還幻想憑藉前階段的反蘇行動，使蘇聯會得自動尊重他、援助他。然而，幻想落空，毛澤東過着一肚子氣一言不發地回國，到全國各地鼓動大躍進。從一九五八年初開始，中共對內政策繼反右派的由右轉左，進而出現中共在左蘇聯反而在右的新分歧。這一種大躍進顯然是一種負氣的行動。

一九五八年五月，中共猛烈攻擊南共修正主義，其程度超過了蘇聯，使得其對外政策也從右到左，與蘇聯發生新矛盾，這是目前中共蘇聯對外政策發生爭執的開始。毛澤東所恃的理由是：目前蘇聯的政策施行到最後將被南共修正主義所侵蝕，共產主義集團將被資本主義「和平蛻變」而瓦解。他認爲必須振作起共產黨員的戰鬥精神，防止蛻變，完成世界革命。現在的關於戰爭是否可避免的爭端，也是從這一理由出發的。

但形勢比人強，毛從右面反赫失敗，繼之又從左面反，這是必須注意的特色。從這種特色再結合起毛的性格與中蘇共關係的歷史來觀察，顯然是濃厚的個人英雄主義的表現；其他的問題固多，互相攻擊的言論也不少，看來都是枝節問題，主要是他要比過成吉思汗，照西方的說法是爭奪共產國際的領導權；照共產黨的慣用語來說，則是要爲馬克思、列寧以後的第一人，在他的手裏來完成世界革命。

從一黨專政說到反對黨

從今年執政黨一意孤行「修欵連任」後，這偏安的十一年間，對外說「民主」而對內攬「獨裁」的政黨，漸次顯出一黨專政的眞面目來。中國歷史上出現過晉室衣冠南渡和南宋偏安江左的悲劇，當日的小朝廷滿足於小天下權柄，於是乎迫內甚於攘外。鑑古觀今，而台北政權又何嘗不正在重飾這類悲劇的角色！過去若干年還談談終生從事反攻復國的鄭成功，現在講歷史人物重又搬出「君君臣臣父父子子」的那一套來了。過去若干年來開口閉口「民主自由」，現在講到民主自由就說是反革命，「共匪同路人」了。丟掉大陸十一年，執政黨並沒有把共產黨趕出中國大陸去，反而藉反共之名，行獨裁之實。使台灣一隅之地，「非常時期」了十一年，所謂「戒嚴法」也行了十一年，形成今日在「民主憲政」下大攬特攬一黨專政的老戲法。

一、

最近台灣有幾件事，很值得大家注意。

（一）第三屆考試院長副院長及十九位考試委員，在執政黨壓倒多數的監察院，行使同意權，十九個考試委員中竟清一色爲執政黨員，而其中有一個的資歷竟把「革命實踐研究院」畢業算是資格，而另有一個甚且曾給監察院彈劾過的寶貝。當然，現有在野黨——民、青兩黨不會絕對同意的，但畢竟是少數黨，起不了什麼作用，這是執政黨故意表演它的「力量」。

（二）台灣知名人士在籌組反對黨，國民黨的「中央日報」公開評詆爲「匪圖利用新黨陰謀活動，進行顚覆陰謀」，此其一。警備司令部也公然干涉反對黨中部地區座談會，說是依據「戒嚴法」，此其二。「中央日報」大言不慚表示對反對黨「並不重視，執政亦決不予以承認」，此其三。似乎執政黨的話就等於法律，百無忌憚。

（三）台北泛亞社的電訊，國民黨的陶希聖對記者說台北有「中國日報」和「世界日報」後，台中也可有一份報紙，並且說中國小姐明年將不選舉。香港「星島日報」第一版標題：「陶希聖、好大權、管報紙、管選美」。以一個執政黨的宣傳部負責人，竟預說「世界日報」可復刊，「中國小姐」不再選舉等等，權勢凌駕乎內政部長以上，十足表示「黨即國家」的氣慨。

綜上三點，可以看出國民黨一黨專政的事實來，本來國民黨要「合法」一黨專政並不難，像印尼蘇加諾一樣，祗要自己說出「指導民主」而絕對控制國會，那大可一掌遮天。因爲今日的國民大會已可修改憲法（增訂臨時條欵）。它要說「非常時期」修改憲法，而要「一黨專政」，也是大可以爲所欲爲的。但爲什麼不敢這樣做呢？因爲他們到底怕人民的力量，到底怕國際間正義的壓力。因之，不得不掛出「憲法」的招牌，說出「民主自由」的口號來，攬成今日台灣非驢非馬的政體。

二、

自從反對黨開始進行活動後，執政黨的高級領導人與開明的國民黨員，都贊成有一個強有力的反對黨，而使中國眞正走向民主憲政的門徑。但執政黨當權派則不盡然，用盡分化中傷的手段。他們排命拉攏青年黨，答應讓出兩個行政院政務委員和一個省府委員的虛位，畢竟青年黨的領導人對黨員曉以大義，因而，這次考試委員的遴選，就再不把民、青兩黨人士挿入點綴。這總算是好事，至少使那一小部份沉迷於「恩施」權勢的民、青兩黨少數黨員，覺悟到執政黨對於小黨的利用價值問題。何必卑躬討好執政黨？又何苦夢寐尋討這一杯殘羹呢？（編者按：台北消息顯示國民黨仍在積極拉攏民、青兩黨少數熱中人士。）

時至今日，祗有在野政黨聯結成一條堅強的戰線——我們要反對國民黨一黨專政，我們要強迫國民黨實踐民主法治，我們要眞正從事於反攻復國的艱巨任務。否則，祗能做國民黨一黨專政的幫閑而已。

事實到了極端明顯的地步，比如干涉「選舉座談會」事件，台灣警備司令部說：「在高雄市所舉行的是選舉改進座談會，依據戒嚴法第十一條及台灣省戒嚴令第五條四欵之規定，民間集會，必須向當地治安機關報備，經核准後始可舉行。」事實上，「選舉座談會」是籌組新黨的會議，不僅國民黨的高級人士所熟知，即「中央日報」也極端重視（因它著「社論」說出國民黨對新黨的態度），警備司令部根本就不應濫用所謂「戒嚴法」。至若所謂「民間集會」云爾，政黨的集會難道是「官方集會」嗎？如果不是的話，那麼國民黨總裁、副總裁經常出席的「國父紀念週會」之類，警備司令部有沒有收到請求「備案」的文件？警備司令部有沒有去函「命令」國民黨總裁、副總裁說出出席人的身份和集會的內容？我想不但沒有，恐怕連他本人也在事內。這就是一黨專政的奇特現象而已，那就是只有執政黨有集會的自由，其他的政黨、團體都被剝奪了憲法上的基本人權——集會結社的自由。

對這種現象能容忍繼續存在嗎？當然無人希望流血革命以轉移政權，只希望在公平合理的競爭選票下，獲得廣大選民的擁戴。因而：凡是在野的政黨——民、青和新黨就要站穩自己的立場，「忠誠反對」的政治態度，要執政黨結束一黨專政的可悲局面。

三、

台灣的新反對黨在密鑼緊鼓籌組中。

夏濤聲氏說出執政黨迫害新黨的事實：「國民黨正在用下流無恥的手段，來阻止新黨的組織，像吳三連先生，國民黨就用地方上的財團和工商金融界人士包圍他，如果不退出新黨，他的事業基礎將遭受到種種麻煩和壓力。國民黨迫他出國……又如李秋遠，省議員選舉官司未結束，又被控吸毒，跟着下徵集令入營服役。現在有人對李議員家屬說，只要不參加新黨，就沒有一點事情了。再如李萬居的公論報被奪產事件，高玉樹天天收到法院的傳票等等。」（見八月五日「公論報」）就可以淸淸楚楚看出國民黨一黨專政的橫行霸道了。

但相信即使國民黨可以壓制反對黨誕生，無論如何不能遏止中國人民強烈的民主政治要求。一千四百萬的海外中國人和一千三百萬台灣人民都非常知道，國民黨當權派蠻幹到底的話，那是自掘墳墓，必被未來或迫在眉睫的事實所埋葬的。

國家在多難中，「兩個中國」的魅影幢幢，正向台灣的周圍侵襲過來。我們必須正視現實，團結一致，從而遏止這種濃厚的國際妥協氣氛，總縮國脈民命的執政黨，友乎敵乎？你們都很淸楚，何以不能容忍一個強有力的反對黨，實現民主憲政，實踐反攻復國呢？

・宋宸・

奧林匹克的警鐘

・見微・

（台北通訊）奧林匹克委員會要我國選手不得以中國的名義而只能用台灣的名義，其理由是他們認為我們的選手只能代表台灣而不能代表中國。我國奧林匹克委員會雖經抗議，雖得以保存中華民國奧林匹克委員會的名義，但參加此次世界運動會的選手仍被迫得使用台灣名義。每一個反共的中國人對此均有無比的悲憤！唯人必自侮而後人侮之，大陸淪陷已十年有餘，當權者只求在盟邦艦隊協防之下，在台灣確保一人一姓的政權於不墜；而不作光復大陸的打算積極奮鬥，甚至聲明不以武力反攻大陸。年來，為了應付海內外反共人士的指責，有時又改口說，一旦大陸人民發生大規模的革命，國軍即將反攻；蔣非法臨時總統更表示將于六年以內回北平；但事實上，則並無此心此志？就目前的情形而論，當權者所念念不忘的，只有二事：其一，是如何拆散正在籌組中的新黨；其二，是如何製造聯合評論的謠言。為了這兩件事，不但大小官員及雇用走卒全體奉命動員，即「最高領袖」亦于日處萬機之中，隨時親自主持「宣傳會報」，面示機宜。當權者似乎認為讓中共長久統治中國大陸下去，亦不關緊要；但新黨和聯合評論則不能容忍。讀者只要于閱讀黨報言論和中央通訊社電訊時稍加留意，即可發現當權者對于中共所使用的詞句遠比對于新黨及聯合評論所使用者要緩和得多了。

當權者既無意團結國人急圖光復大陸；而只處心積慮要據台灣為一人一姓所私有，因而對于我國在此次世界運動會中所受到的侮辱，並不感到怎樣的羞恥，而反以仍能懸掛青天白日滿地紅的國旗為滿足。否則，又何致要抬出那位平素被捧為天縱之聖和人類救星的非法臨時總統來表演一番呢？難道我們在世運會儘管飽受侮辱而却不敢退出的可憐相，一經說是奉了他的命令而參加就可變成了一種光榮的行為嗎？最令人啼笑皆非的是奧林匹克委員會說我們的選手只能代表台灣時，官方代表發言人辯稱：我國此次所派的運動員有許多是海外華僑中選出的，以為如此，就可證明我國的選手不僅代表台灣一隅之地了。但在一此事件以前，或者此類事件過後，他們又緊閉國門，不許海外的中國人自由入台，又何異自視台灣為另一個國家呢？總之，我國在此次世界運動會中雖受盡了屈辱；但當權者似乎仍無動

于中的。他們不但不會急圖反攻大陸，從根本上粉碎國際間對于中共政權所存的幻想；而且也不會有改革與團結的誠意。此種作繭自斃的傳統作風一日不停止，將來國際間可能發生的困難正方與未艾哩！

李郭兩議員在省議會的訊問

連日省參議會在總質訊中，若干省議員會對政府干擾新黨的問題紛紛提出訊問，李萬居的書面訊問，長達萬言，內容計十六點，大都有關民主與法治，並在議會作口頭聲明說，新黨必定是民主的，反攻的和愛國的。對共產主義固然反對，對于不忠于國家，尤其在抗日期間與日本帝國主義合作的亂臣賊子，更為深惡痛絕。郭雨新則說，「兩個多月以來，我們為了籌備新黨，舉行過多次座談會，曾受警備司令部的干擾，指為未報經治安機關批准，有違戒嚴法的規定。但如所週知，若干年來，台灣各地迎神賽會，參加者數以萬計，而倡導人多為黨政要員，若論戒嚴法，警備司令部何不制止？台北一地每逢祝壽或慶祝就職紀念，更為熱鬧，不但數十萬人奉命于露天集會，而且還要提燈遊行，若論戒嚴，警備司令部為何不但不制止而反踴躍參加？國民黨從中央到地方可以說，沒有一天沒有集會，他們又為何不事先報經治安機關核准？警備司令部又為何不制止？此次籌組新黨發起人與宗旨均在報端揭載，每次開會都有新聞記者參加，警備司令部何以指為身份不明而屢加干擾？」郭議員的訊問，顯然單刀直入，但預料省政當局將採取以「推」的閃避方式而不會作正面的答覆也。

讀者投書

台灣的反共方法應即改邪歸正

・王簡・

編者先生：我以為反不反共？是態度問題。如何反共？是方法問題。

所謂方法問題，是說反共者究竟用何種方法反共才最有效的問題。對此，目前正存在着一項爭執，表現在台灣國民黨當權派與海內外廣大民主人士之間。

國民黨當權派的反共方法，始終偏執於極權反共這一道；海內外民主人士則確認只有民主反共才最有效。究竟極權反共有效？抑或民主反共有效？其理本極顯明。但國民黨當權派早已喪失了中山先生那種天下為公之心，益以多年來的獨裁習染，再加上舊包袱丟不掉，同時，又對民主政治制度的真正價值認識不清，所以，他們雖也在口頭談談自由民主，但他們的內心和他們之所行，則皆以極權為依歸。他們的口號是一個主義，一個領袖。他們的作法，是以主義對主義，以組織對組織，換言之，就是以極權對極權

其實所謂「一個主義、一個領袖」等類口號，在今天二十世紀六十年代看來，都已經是封建落伍的東西。所謂以組織對組織，則更是以仿共效共的方法反共，則更是以「小共產黨的方法去反大共產黨」。其結果是必不能把共產黨反下來的。

本來，若把極權反共與民主反共之優劣與利弊加以比較，其長短得失原可立竿見影。若再將事實加以檢討，則究竟應該用何種方式反共，則更顯然。但國民黨當權派，却至今不悟！惟其至今不悟，所以我特別寫信給貴刊來大聲疾呼，務使國民黨當權派改邪歸正。

本來極權政治制度原就是一種落伍的東西。希特勒與墨沙里尼之失敗，早已經說明這種法西斯制度終久不是好辦法。極權反共必以一人獨裁或一黨專政，終其極，政治上就會缺乏其它黨派之互相監督與互相制衡，執政黨遂不可避免地逐漸走上腐敗無能的路。甚至，還像台灣現在那樣走上一人一姓的自私的路。這樣逐漸墮落的結果，試問還有什麼有效反共之可言？再則，極權反共這一方式，其自身更具有無限的排它性。這種排它性所造成的另一結果是「失道寡助」，是小圈子愈來愈小，反共力量亦隨之愈來愈弱。終其極，既弱且小，自保且不可能，遑言反共滅共了！

民主反共則不然，它能促成團結，加強團結，從而能使智慧真正集中，力量真正集中。

所以，民主反共與極權反共恰巧相反，走民主反共之路，正是一條「得道多寡」之路。是一條人數會愈來愈多，力量愈來愈強的路。

再說我們僑居在海外同胞，每讀國民黨當權派的報紙，總是很肉麻的發現國民黨當權派往往自詡其反共經驗，又常常說民主自由，容易使共產黨滋長。實則今日世界，英美法等國固皆世界上最民主最自由之國家，但共產黨却一直未在這些民主國家得勢，列寧等人只能在資本主義並不發達之俄國得勢，其原因是由于俄國沙皇之無能與腐敗，再看我們中國，中國亦無資本主義，更無工業無產階級作共產黨之溫床，而中國大陸竟于十年前陷入中共之手，十年來，二十年來，三十年來，中國不是一直就由現今仍在高喊極權反共的國民黨當權派執政嗎？國民黨當權派極權反共的結果，何以反使共黨由無到有，由小到大，終至席捲大陸呢！？這是國民黨當權派應該痛自反省的，而這一無情的事實則更對我們這一些反共愛國的僑胞證明，證明極權反共不但無效，而且是緣木求魚，更有後災。國民黨當權派所自詡的反共經驗，則更非反共勝利經驗，而只是反共失敗經驗而已，因此，我以為要想反共勝利，非改弦易轍不可，在反共方法上國民黨當權派應該立即改邪歸正，揚棄極權反共之路，改走民主反共之路才對。

中共何以忽然強調「農業是國民經濟的基礎」？

是中共突感農業問題嚴重了嗎？是中共工業方面發生問題了嗎？

劉裕畧

大陸之窗

最近三個月以來，在北平出版的中共機關報——人民日報上，忽然連續出現一個特殊現象，這現象是人民日報都用特號字製成有花紋而相當精美的電版，屢次在人民日報第一版報頭下方（偶而才在其它版）以高約一英吋寬約十餘英吋的橫幅，刊出一個標語式的口號，說「農業是國民經濟的基礎」，並叫各行各業都支持它。在此同一時期中，人民日報又經常有幾篇或論述或報導農業是國民經濟基礎的文章。在共黨極權制度根本否認個人財富的教條及措施下來談國民經濟，本來已是文不對題。不過人民日報最近所發生的這一現象，無可否認，乃是一個較為特殊的現象。

當然，這一現象決不是偶然，這一現象之幕後必有一定的背景。問題在究竟什麼是這一現象的幕後背景？粗看之下，很容易使人覺得人民日報此時此地忽然重複提出「農業是國民經濟的基礎」這一口號，並叫各行各業都支持它，好像祇是為了夏收與秋收而發。其目的祇在促起幹部注意，並號召各級組織要將勞動力集中使用在農業方面尤其是收穫方面而已。再看人民日報最近也確有一些與此口號相呼應的示範性新聞。譬如八月二十日人民日報第一版報頭下的巨幅橫額口號就是「加強農業戰綫調出盡可能多的勞動力投入田間生產」。同日人民日報第一版第一條大新聞亦是與此口號相呼應的標題是「緊緊抓住農時迅速加強糧食生產戰綫」、「后子河公社增調千餘勞動力到田間」、「諸暨縣推廣齊一生產隊經驗，全縣集中百分之八十勞力管好晚稻」。此外，同日人民日報的社論又說：「現在，全國各地執行「農業是國民經濟基礎」的方針，調動大批勞動力加強農業生產戰線；這是爭取今年農業大豐收的一項具有決定意義的措施」。這都似乎更能佐証人民日報之忽然提出「農業是國民經濟的基礎」這一口號祇是為了夏收與秋收的看法。

但進一步仔細一想卻可發現：如果，祇是為了夏收秋收，中共何必抬出「農業是國民經濟的基礎」這一大帽子式的口號來？因為這一口號是關繫着中共整個經濟政策的根本方針的。同時，如要號召各級組織集中使用勞動力，也祇需逕直號召就行了。大可不必抬出這個口號。再說人民日報更不必因此登載許多篇闡述農業何以是國民經濟基礎的文章。因為，這一口號之一再被強調，就很容易引起中共經濟建設重點是否將要轉向或正在轉向的疑問。

當然，無論就學理與常識講，中共經濟建設的重點是指向工業，尤其重工業，那是決無問題的。中共的企圖想把中國大陸的工業比重逐漸提高，農業比重逐漸減小，而它在方法上走的是國家資本主義的路，這也是毫無疑問的。那末，它何以忽然在人民日報表現這一種似乎步驟凌亂，似乎政策矛盾的情況呢？假如人民日報的這一特殊現象，祇是為了集中勞動力攪夏收秋收，那末，還可認定這一問題的背後並沒有甚麼內幕。同時這種安排勞動力的措施與號召也並不牽涉到經濟政策問題上去。但我記得早在今年一月，李富春曾在中共「紅旗」發表一篇「迎接一九六〇年新躍進」的文章。該文即曾透露：「根據毛澤東同志的指示，一九六〇年國民經濟計劃的安排，應當進一步地確定以農業為基礎」。由此看來，人民日報最近三個月之忽然提出「農業是國民經濟的基礎，各行各業都來支援農業」乃另有根據，並非祇是為了夏收秋收期間需要集中勞動力問題。質言之，這並不祇是一個為了夏收秋收的臨時措施，而是早在一九五九年底，就業已確定了的國民經濟計劃。而且，確定這一計劃的不是別人，而是中共中央領導人毛澤東自己。否則，李富春不會在今年一月就有此一項透露了。

那末，針對這些現象，我們不免要問：中共既一向強調工業建設，而且迄今一向都在不遺餘力的致力工業，毛澤東何以忽然又覺得「一九六〇年國民經濟計劃的安排，應當進一步地確定以農業為基礎」呢？是毛東一九五九年底突然發覺農業有了問題之後，工業也就根本不能「躍進」嗎？抑或由於其它的原因，迫使毛澤東不得不把一九六〇年的所謂國民經濟計劃退到以農業為基礎的安排上？須知：毛澤東所說一九六〇年國民經濟計劃的安排，應當進一步地確定以農業為基礎。這所謂「應當進一步」，從中共整個經濟形勢講，則實在是「退一步」。為什麼要退一步？

筆者以為中共加緊剝削農民原本就是中共政權的經濟特質。對此，筆者曾不止一次在本報提出個人意見，以為中共政權財政開支浩大，而中共佔據大陸時，並沒有接收到鉅大數量的黃金美鈔或外匯。而蘇聯的貸款又極有限，所有蘇援工業設備，中共十年來雖然不斷宣揚那是蘇聯老大哥的無私援助（直到最近，中共報紙才不再宣揚那是什麼無私援助），實際上，中共還是要付錢的。甚至，史大林命中共出兵北韓：攪所謂「抗美援朝」，所用蘇聯軍火，也是要由中共付賬的。為此，龍雲曾經在北平發言指摘蘇聯，龍雲且一度因此被鬥爭清算。可見中共財政方面之浩大開支，不能從蘇援解決，而必須自己設法：乃是鐵的事實。自己有什麼辦法可設呢？幾年前的三反五反，以及對地主與一般工商業者的清算鬥爭所得來的錢，畢竟有限，且早已花完，而自己的工業製成品又少，所以能夠剝削的得象，還是農民。能夠輸到海外及蘇聯乃至東歐國家換取外滙的也祇有農業生產品。而今天大陸上的人口愈來愈多；中共的內政外交俱愈來愈繁雜。一言以蔽之，現在中共的財政開支則較以前更龐大，但又並無其它門路可想，工業建設又非一蹴而就，為了充裕和穩固農業財源，大抵這是毛澤東省察實際情況後，深知在此階段若不以農業為基礎，則其它一切縱不落空，至少亦將受到影響。所以，筆者以為毛澤東今年之所以忽然又強調農業，那倒並不是他根本上放棄工業，轉向農業，更不是尊重農民，而祇是由於事實的制約，使他認識到祇有更加強農業生產，才能更加多對農民的剝削，從而也才更能繼續供應它的整個財政開支。否則，大陸勢必將會出現財經大危機了。

以上是我的一個看法，但在此之外我尚有一個設想，即毛澤東之忽然指出一九六〇年應以農業為基礎，或與最近所盛傳的毛澤東與赫魯曉夫之衝突有關。這衝突本來不始自今天，亦非始自今年，也許毛澤東去年就已預料這一衝突將會影響到或業已影響到蘇聯對中共的工業援助計劃，因此，毛澤東遂在大攪七法煉鋼等之餘，又指示中共財經計劃負責人要從一九六〇年的所謂國民經濟計劃確定以農業為基礎。今年上半年之所以尚未在人民日報強調這一口號，則因毛赫衝突在今年上半年尚未最加明朗之故。但筆者的這一設想並無充分根據，目前還祇是一種設想而已。因為毛赫衝突的事截至目前止還祇在頗有迹象而未經完全証實的階段，因此，這一設想是尚待繼續觀察的。

從何香凝當選「民革」主席說起

陳一鳴

據中共通訊社八月十五日報導：「中國國民黨革命委員會」中央委員會在北平開會時，虛懸已久的「民革」主席一職，已由何香凝當選。

按「民革」即係「中國國民黨革命委員會」之簡稱，在中共政權中，被列為「民主黨派」之一。其實，「民革」的本質並不是什麼民主黨派，它只是李濟深為首的一羣反蔣人物的野心結合。它既一貫以「革命」為號召，心目中自亦無民主實質可言。其所以也以民主姿態出現，無非自顧實力不足，故一向偽裝民主而已，可以說，「民革」自始至終就只是一個基於個人恩怨所形成的團體，而且主要的是以反蔣軍人為主要的一個團體。

再說「民革」這一組織的歷史也很淺短，只在抗戰勝利前後才醞釀出現。

中共之所以仍在形式上運用它，則完全是由於中共把「民革」當成統戰工具之緣故。初無愛於「民革」，亦根本不尊重「民革」。

因為「民革」內部多係國民黨高級軍政方面的反蔣人員，所以，中共便運用「民革」來對國民黨其它軍政人員做統戰工作，但這種統戰工作，只限于對海外對台灣，至于在大陸，雖然各省市也設有「民革」總支部，但人數極少，且其中許多都是中共黨員偽裝而滲入「民革」的。至於基層羣眾，則中共根本不許它在大陸發展。這樣一來，所以「民革」只是中共中央所運用的一個統戰工具，說到羣眾基礎則是毫無的。

以言政綱，「民革」雖亦打的是國民黨招牌，但一向只有發表宣言，「擁護毛主席的領導」，「擁護共產黨的領導」的份，其本身早已失去作為一個政黨所應具有之獨立性。

正由於「民革」是一個由國民黨內部反蔣親共人物所結合的一個集團，所以，主席一職一向由「民革」創辦人李濟深担任，至於其它國民黨投共或親共大員，則為便於管理起見，一共才把他們一概劃入。雖然這些人最先都並沒有參加「民革」，如程潛、張治中、傅作義、龍雲、劉文輝等，但由於中共要這樣辦，所以這一批投共大員便都祇好在投共後參加「民革」了。至於國民黨一般中下級人員，則中共是並不把它劃入「民革」的。

照說，李濟深死後，「民革」便應立即選出一個人來繼任李濟深的主席遺缺才是。但這一主席遺職卻虛懸了很久，直到前幾天才選出何香凝來。這中間自不偶然，而是因為程潛、張治中等人都想當主席，依理，何香凝雖亦係國民黨老黨員，且係廖仲凱的夫人，但說到其它，當然何香凝都比不上程潛等人，但何香凝的兒子廖承志是中共中央委員，且甚重要，而何香凝本人又比程潛等人的傀儡性更重，所以，爭奪很久的「民革」主席一職便終於還是落在何香凝之手，而程潛、張治中等人便祇好受何香凝這一糊塗女人來領導了。程潛、張治中、傅作義等內心雖不樂意，卻也是無可奈何的。

中共積極推行城市人民公社

六月底止為數已逾一千

趙秉文

中共在大陸各地推行城市人民公社的情形如何？向為各方所注意，茲據中共國務院副總理李富春最近為文透露：「現在全國正在大辦城市人民公社，到六月底為止，全國已經辦起了一千零二十七個城市人民公社，入社人口已經有五千二百多萬。」

大抵，李富春所透露的這一數字是不錯的，因為中共在大陸對城市人民公社之推行，原本不遺餘力的在辦。對此，中共雖曾一再宣稱將按人民之意願逐漸推行，實際上，大陸一切早被很嚴密的控制在中共手上，中共所謂「人民意願」，實際只是人民被迫參加被迫編入之別名而已。所以，中共推行城市人民公社雖為時不久，上述數字應該是確實的。

風暴前沉寂下的永珍

·萬清·

年來的東南亞新獨立國家，政變頻仍，每一次的政變，都並不曾給華僑帶來什麼幸運或改善，反而只是給他們帶來財產的損失，更多的限制和壓迫，或者甚至流離顛沛，顛連困苦，如像印尼的排華，越南的强迫入籍及接管僑團財產，限制職業，乃其著者。其他的較小的限制與排擠，更屬難以僕數。華僑們對於所在地國家的「頒佈新例」，每每提心吊膽，會不會在一道命令之下，動搖他們所賴以生存的基業？會不會在一道命令之下，使他們終生或多年的積蓄，化為烏有？或者甚而連他們的居留也發生影响？至於政變，本來雖然不關華僑的問題似的。但政變每一次發生，却是歷驗不爽地帶來了厄運，以致華僑們對於「政變」，談虎色變。他們大多覺得現在獨立的東南亞國家僑居，反而沒有以前東南亞在殖民時期那樣，能够安居樂業。像這次寮國的政變，也是同樣使當地僑胞們感到危懼。

政變的印象

八月九日永珍的政變，事先並沒有任何人能有預感。森沙尼的總理與幾位部長，因討論故王西沙旺的葬儀事項，奉寮王之命前赴王都琅吧剌邦會議。在這湄公河岸的小城永珍，與過往一樣平靜地渡過他的黃昏。但突然間，街上有軍隊施行戒嚴，人們還以為是什麼盜刧案件，或者搜捕寮共的緣故。可是永珍電台的宣佈，告訴人說那是「政變」。

由傘兵第二營長李江上尉的宣佈，使僑商們感到有些憂慮以至寒心。原因是那些「驅逐外軍，斷絕美援」等等宣佈，太過近似共產黨的口吻，而令僑商們對未來商業前途的担憂。寮國本來是一個山國，僑胞們在此除了市街上作民生日用品的經營外，大商家也不過是做些土產出口，以及洋什貨入口的貿易，並不是有什麼厚利，年來因為美國對寮的援助，一方面是外滙的增加，一方面是開發和建設的進展，因此商場上受到了刺激，有些欣欣向榮的現象。但當人們正在私底下欣幸地期望地方繁榮發展的時候，「政變」却給予這希望以嚴重的打擊。僑商們的担心是，一旦拒受美援，生意就將一落千丈，如果政變後的新政權是像廣播那樣激烈地傾向共黨的話，更不難在不久的將來就無業可營，像鄰近的北部越南共黨一樣。

諾沙旺仍進兵

符馬親王的出現在紛亂的危局中，多少令人有比較放心的作用，因為他曾任總理多年而為人所熟悉，予人以「厚重」的印象。僑商們的立場是商業的，最好嗎當然是美援更多來寮，他們就更有多些生意可做。不然的話，就像符馬以前統治時期那樣的中立，也不至太壞。可是，當然，事情的發展並不像人們期望那樣的簡單。

當森沙尼總理辭職而且返回永珍的時候，一般以為政變委員會可能獲得華他納王上的承認，因為否則森沙尼不會迢迢從琅吧剌邦回永珍來，與推倒他的軍隊住在一起。但問題是森沙尼總理似乎不能代表國王，也不能代表他的全體內閣說話。

國王並沒有「加委」符馬親王做新總理，雖然符馬已在他所領導的國民議會通過他自己的任命。同樣的李江上尉尤其不能代表王軍，雖然他已被符馬委為總司令。大部份的寮軍是服從老司令順通將軍，和國防部長諾沙旺少將的，而諾沙旺少將則已確確實在向永珍進軍。甚且更傳說是間關由泰境向永珍迫近的。

由於省區間的森林區行軍不易，以及雨季傾盆大雨，因此人們以為戰禍也許並非迫在眉睫，這是認為諾沙旺軍隊不至進展太速，一方面也希望符馬的談判有效。可是諾氏及政變軍仍在向永珍推進，却打擊了符馬「可能和平解决」的論調。

美國僑民已在大雨中越湄公河撤過泰境，接着泰國僑民也奉令撤回泰國，因此震驚了當地的華僑。使他們預感到似乎戰禍可能降臨於永珍；有一些能够走的，也設法越過邊境進入泰國暫避，「危邦不入，亂邦不居」，在人們的眼中，寮國政治上的痼疾已使它成為一個亂邦，而永珍目前是一個危城，「萬木無聲待雨來」。等於在暴風雨前的沉寂中。

·寄自泰國廊開·

沙撈越面臨共黨顛覆活動危機

·文剛·

沙撈越刻正面共黨顛覆活動危機，這是沙撈越政府當局所公開承認的，他們曾發表過一份「白皮書」，指出在他們境內秘密存在的一個共黨組織，份子雖還不算多，但活動性很強，陰謀也很毒辣，除了基幹份子還搜羅一些「不滿現實」的外圍人物；其活動指標，是滲進一些頗有聲望的社團，和左傾的工人及民族主義團體，爭取這些社體來做「同志」，藉以達到控制和利用的目的，最後的企圖，就是發動這一股「交流的力量」，推倒沙撈越的「合法政府」，而把整個沙撈越赤化！該「白皮書」裏，還明顯地揭露了共黨組織的歷史；據稱：在二次大戰結束後的最初幾年內，共黨份子的活動還是個別進行，尚未有怎樣一貫的政策和步驟，尤其是未有一致的組織，直至一九五一年歲杪，才有一個自稱為「沙撈越華僑民主青年團」的秘密組織成立，而第二天，就爆發了古晉中華中學的學生罷課風潮。——顯然，中共特工在那時便已潛進沙撈越了。——後來，沙撈越就在一九五二年宣佈「緊急狀態」，遏止了該組織的發展，還把一些參加該組織的人，遞解出境，但仍有一些「核心份子」潛匿留下，繼續從事陰謀活動發展組織。據指出，目前該組織的活動，是由一個「中央委員會」指揮和控制；他們的工作，是通過一些「地方委員會」和「特務委員會」來進行；其基層組織，就是一些「特別小組」和「學習小組」，這些「小組」刻仍在不斷擴展中。

該「白皮書」中還把已落在政府手上的該組織的文件，發表出來：（一）該組織高級人員的信件，內容有這樣的文句——「我們的組織，從它開始存在的時候，就在馬列主義指導下，站穩人民的立場，與英帝國主義作戰了……在短短的幾年內，它已鍛鍊出一些幹部來」。（二）「婆羅洲共產黨成立宣言」，內容有說——「我們的目的，是推翻英帝國殖民主義的統治，徹底消滅剝削階級和剝削制度，建立完全獨立的民主、和平、繁榮、富強的社會主義國家和逐步實現人類最崇高理想的共產主義社會……」我們從這些文件的字行間裏，就可以立刻看出他們企圖顛覆沙撈越政府的陰謀了。

共黨組織的主要力量，據說是向學生方面進行滲透活動；而在社團裏，則製造和培養其羣衆，使他們的成員日趨擴大。他們的活動對學生、工人……等的頭腦最有影响力的，就是「集體學習」；故「學習小組」的組織活動，目前在沙撈越是很蓬勃。在學校方面，則更利用學生們對旅行、野餐、音樂等的嗜好，來達成改變青年思想和頭腦的目的。

幸而共黨組織的活動，目前對土著的影响還未有特別顯著的成績；但他們深入農村，把共產黨思想帶進農村裏傳播和滋長，却已是事實了。

沙撈越政府對共產組織的活動情形，尚還算知道得清楚，對顛覆的危機，刻亦已提高警惕。當局方面，現正把共黨組織的一切秘密活動，儘量公開發表，使當地人民，大家也清楚知道有這一個共黨組織的存在，同時也明瞭該共黨組織的活動情況，不致遭受他們利用，並呼籲當地人民，協助政府來對付共黨份子；這一項措施，沙撈越當局是籌劃得相當週詳。但其功效如何？目前尚難推斷。

廣州兒童血淚交流

·查文中·

中共奴役人民，變本加厲；由於農村「勞力緊張」，刻更在各地發動組織「兒童勞動隊」，連兒童的體力也不放過，而加緊進行大力剝削和壓搾了；廣州兒童，刻正處在血淚交流的厄運中！

據廣州消息：該市的「兒童勞動隊」約萬餘人，已正式在「少先隊」組織下成立；工作項目，計有開荒、鋤地、抬泥、積肥、種菜、灌溉、播種、養猪、割草：……等，每日工作時間，竟達九小時；若干成年人的工作，也强迫兒童去負担。殘酷地戕賊兒童的健康，而穗共却美其名為「勞動鍛鍊」。共幹還强調聲言：這是貫徹「勞動與學習互相結合」的教育方針。在這一方針下，連各小學裡的小學生也飽受摧殘！據說；各校小學生，也被共幹驅迫去担當開墾和種菜的工作。共幹是强令他們「响應黨的大量生產秋菜的號召」；這個號召，要他們利用暑假的時間去完成。每個小學生的勞力，都被絕無保留地壓搾下來！

「兒童勞動隊」的工作，最艱苦而又最帶有危險性的，就是「變土」。所謂「變土」，就是把瘦瘠的土地加施肥料，使它變成適合種植菜蔬的土壤。在酷暑天氣中，火陽高照之下，把「積肥」一桶一桶地澆在泥土裏、工作固然辛苦得透不過氣來，而時疫的發生和傳染，也屬意中事；但穗共却漠視兒童健康，奴役不遺餘力！殘忍慘酷，使人不勝憤慨！

僑鄉近訊

廣州市面出現搶竊集團

·江水·

由於穗共「飢餓政策」的壓迫，部份市民經不起枵腹從「工」的折磨，只得挺而走險，因而搶竊事件，不斷發生；據剛從廣州探親回來的同胞稱：最近市面已出現了不少有組織的搶竊集團，他們是劃分地盤來行動的，大家都在自己所佔地盤內，不分晝夜，四出活動。搶的對象，就是由港澳回去的同僑，不管糧食或衣物，都是他們的目的。搶的時候，是聯羣結隊而來，先將「對象」包圍着，然後由一人下手强搶，掠得了後，即遞給他的另一個同黨拿着遁走，其餘同黨便一擁上前，把被搶者攔截，藉以阻止被搶者的追趕，並出言恫嚇，禁止被搶者聲張，如果被搶者不知機還敢高聲呼叫，那就一定要挨一頓毒打。至於行竊的，也很猖獗，他們的對象不是居民，而是各衙門、機關、企業機構和工廠，偷竊的物品是除糧食外，最引起他們興趣的，就是單車。據「公安局」的統計，在八月上半月內，市內發生失竊單車案已達三百多宗，從這個數字所顯示，平均每日失竊的單車竟達二十架强。

中山共幹威脅華僑投資擴充糖廠

中山縣石岐鎮的「華僑糖廠」，係搾取華僑資本所經營，但亦不過僅是生產黃糖的小型工廠吧了。最近，該縣共幹，計劃將該廠擴充，於是，又向歸僑、僑眷大施壓搾；強令他（她）們向海外華僑索欵「投資」，極盡威迫利誘能事。不少歸僑、僑眷，拒絕受愚，致遭共幹長期疲勞轟炸，精神與心理，均飽受威脅，因而形成神經失常；但共幹對歸僑、僑眷的迫脅，刻仍未稍予放鬆！又：中山縣自被劃為「水稻重點生產區」以後，農民遭受的奴役，更為慘重；刻共幹並在黃圃、沙溪、斗門、大港、小欖、民衆、南頭等公社，大攬「經濟作物種植」，將各公社農民，分別編成幾個「專業生產隊」，驅策他們每日工作十小時；農民糧食不足，營養缺乏，而體力的消耗激增，因此，往往在工地上暈厥！患病的農民，平均佔百份之廿強！

一把銀匙

·文德·

雖然兩個月前我曾用牙粉擦亮過它一次，用錫紙將它包好，再套上膠紙袋，可是，當我今天將它拿出，預備送還給秀姐時，我又發現它——一把銀匙，滿身裹着黑銹，像永遠洗不淨的黑人，也像永遠懲罰我的膽怯所造成的錯誤。我一直不曾發覺這錯誤給於當事人的感覺有多深——當然，它一直給以我一種內疚，但決不曾鼓起我認錯的勇氣——直到，直到昨天，我的小姪女將小娟送給我的一塊她自己縫的手怕剪了一個窟窿時，我的心也滲開了一個窟窿。我才懂得十二年前秀姐的心情，但我懂得太遲了。

我拿出一盒牙粉，仔細地擦着銀匙。十二年來，我已記不清擦過它多少次。但是，每擦一次，總會回憶起我是怎樣保存這隻不該屬我的銀匙。差不多每條花紋我都摸熟了。真的，我曾設想，假若有一天，我突然瞎了，在千萬隻銀匙裡讓我挑選它的話，只要它一接觸我的手指尖，我就能感覺出它柄上雕鏤細緻的牡丹花，以及柄後銀樓的字號和「十足紋銀」九個字。

十二年前，我是個初小學生。那天是初春的傍晚，我依舊清晰記得在門外草坪上和鄰家孩子們放風箏時，楊樹正吐新葉，夕陽餘暉燦爛，我的心境如何快樂而無慮。

「嗨，累死了！」秀姐携着手提包，老遠大聲地喊着。秀姐是我伯父的么女兒，比我大十歲，住在城的另一邊，跟我大哥和大姐同在大學裏讀書。她是個既文靜又帶點固執的女孩子。我趕忙跑過去接過她的提包，一邊嚷着：

「媽，秀姐來了！快來看啊！」

「這孩子，嚷什麼啊！」母親被我的喊聲驚動，圍着碎花圍裙出來說：「小秀，快來。瞧你長得更美了！妳媽怎麼捨得讓妳出來的？這回來住幾天？……」

媽攙着她的手，嘻嘻哈哈地進了內屋。這時，突然，有一樣東西漏出來了。原來手提包的底上有個洞，漏出來一把銀匙。它只有我的手掌那麼長，當我拾起它時，立即被它的光彩和精巧所眩惑，順手就將它放入褲袋裏，若無其事地將提包放入大姐的房內。

晚餐後，雙親問候了伯父母之後，就讓大哥大姐陪秀姐談論着我不大淸楚的事。總之，秀姐的臉上永遠有一層比大姐迷人的笑容。難怪：大姐提起她時，總說她被男同學包圍的事兒。

當晚，她和大姐同寢，就在我和大哥的臥室隔壁。她們進房後不久，秀姐神色倉皇地跑出來，找到我，拉我到一個角落說：

「德弟，你有沒有看到一樣東西？」

「甚麼東西？」我的心撲通撲通跳了，好在夜晚看不清我的紅臉。

「一隻銀匙，你看見沒有？」她急切地希望救命一樣。

「沒……沒有。」我更加緊張。

但是，秀姐絲毫沒有注意我的表情。她的臉色在黑夜裏透出一片蒼白。她喃喃地說：

「一定掉在路上了。我不知道提包底上有個洞。你去睡吧。」

「秀姐，我……我幫妳去找。」其實我是想藉口在路上拾得，送還給她。

「不用了，不要緊的。」她口頭這麼說，心裡大概未必眞的這麼輕鬆，當時，我却以爲是眞的。她又說：「去睡吧，別告訴媽媽這隻銀匙的事情，好不好？」

我點點頭，莫名其妙的感覺使我的行動遲鈍。進臥室後，大哥沒理我，他每晚都伏在書桌上，有寫不完的字，看不完的書，使他不到半夜不上床。平時，我已視爲當然，但這天晚上，我屢次想跟他講這件事，都怕得發抖。我覺得異常孤單。我又溜出去，將耳朵貼在大姐房門的鎖洞上，聽到秀姐不安的口氣：

「我眞糊塗，怎麼會沒有看見這個洞？甚麼東西不好丟，偏偏要丟掉這把銀匙？眞是的。」

「丟掉了，去銀樓再打一把好了。」大姐安慰道。

「不行，世上再沒有一把比得上它了！你知道，這是……他送給我的。我答應永遠不丟掉它的，結果，結果才不到一個月就丟啦，你叫我怎麼好意思講呢？」

「妳不好意思，我來告訴他。妳又不是故意丟掉的，怕甚麼？」大姐多少要乾脆些。

「不成，讓他知道了，多丟臉！他會笑我太粗心了，一點都不愛惜他的禮物。不，還是別讓他知道，讓我慢慢地疏遠他。他不跟我接近，就不會問起這隻銀匙的事了。」秀姐的聲音像浮在眼淚裏。

「妳瘋啦，小秀！這是何苦來，一把小銀匙就斷送了一個妳心愛的朋友。我倒要問問：你究竟是捨不得他呢？還是捨不得那隻小銀匙？」

「唉，妳別逼我吧！我眞不該不該……」

「又來了，甚麼該不該？到了學校裏，我第一個去告訴他，看他能吃掉我不成。」

「妳要……是眞的這樣，我……我就再也不理妳了。」秀姐哀求着。

「好罷，隨妳的便。反正已經丟了，愁又有甚麼用？睡吧。待會兒別嘆氣，有話在先。」

我溜進臥室時，大哥依舊埋頭看書，對於我的蒙頭便睡，一眼也沒有看？我不敢脫掉外褲，怕將銀匙抖出來，我又不敢送回去，怕撞見大姐，挨一頓臭罵。

第二天早餐後，秀姐一定要走。她的兩眼紅紅的有點腫，任憑雙親和哥姐們怎麼勸，都留她不住。大姐送她時，我緊緊地跟着去。

秀姐一路上都垂着頭，像尋螞蟻般專心。她沒有開腔，大姐知道她的心情，也就任她去。我呢，一手插在褲袋裡緊握着銀匙，却低頭幫着秀姐尋覓。

「你們回去吧。」行了一段路後，秀姐駐足道。

「小秀，別太難過了，再見。」

大姐携着我往回家的路上走，會不覺的自語道：「太多情了！」

兩個星期後的一天，大姐從伯父家回來，很嚴重地帶來秀姐臥病的消息。她說從我們家回去後次日，秀姐一直躺在床上沒有起來。

當夜，我偷偷在院子裏的一塊石頭下，埋入那隻銀匙——在我褲袋內有千斤之重的銀匙。

次日，我纏着母親帶我去看秀姐。一踏進她家，伯母就拉着母親訴了一頓，我趁此空隙，溜入秀姐的房內。

秀姐像童話裡的病美人一樣，仰臥在白色的被窩裡。她的大眼睛，凝望着天花板出了神。她那蠟白得和她臉色一樣的雙手，交叉在胸前。我不敢打擾她，輕輕地喊着：

「秀姐，秀姐，是我。」

「德弟。」秀姐不會移動視線，輕應着。

「秀姐，是不是……那隻銀匙……」

「噓——」秀姐無力地阻止我的話題：「別響，你沒有洩露出去吧？」

「沒有。」

「這就好！」

她閉上眼睛。

「秀姐，要是我找回它來……」

「別說傻話了。我不是爲它生病的。」

「爲甚麼她總不給我一個機會呢？」我想。

伯母陪着母親進來了，母親彎身摸秀姐的長髮和前額，一面叮嚀，一面嘆息。

此後，只要有機會探視秀姐，我總有一份希望有一天，能鼓起勇氣承認自己的錯，但我每次都失望了。倒是秀姐却逐漸好了。可是，她再也沒有去上學了。

同年冬季，傳來秀姐和一位外鄉商人結婚的消息時，大姐跺脚說：「小秀這個人眞是自尋煩惱。」

秀姐婚後即和那個外鄉人返回鄉縣。她走後很久，很久，我才敢接近那塊石頭，挖出銀匙。它已經全變黑了，黑得我不敢相信就是原先那隻白亮眩目的銀匙。若是我第一眼看到它是這個樣子，我大概不會起「賊」心吧！（上）

文壇泥爪

彌灑．淺草．沉鐘

提倡爲藝術而藝術的浪漫派文學團體，除了創造社之外，在上海另有兩個純文藝的組織，不過因爲他們的刊物銷行不廣，不大爲人所注意。民十二的「彌灑社」，出版有「彌灑」月刊，由胡山源、陳德徵等主持，他們自己說，這是「無目的無藝術觀不討論不批評而祇發表順靈感所創造的文藝作品的月刊」，並在「宣言」上說：「我們乃是藝文之神，我們不知自己何自而生，也不知何爲而生。我們一切作爲只知順着我們的Inspiration！」這種無所爲而爲的態度，也正是爲藝術而藝術的藝術觀了。他們也和創造社一樣，說是憎惡庸俗，而攻擊文學研究會：「近來文學作品，也有商品化的，所謂文學研究者，所謂文人，都不免帶有幾分販賣者底色彩！這是我們所深惡而且深以爲痛心疾首的一件事。」所刊的作品大抵追求藝術的美，只是題材範圍太狹，不出乎身邊瑣事。這個團體的生命太短促，彌灑只出了幾期就停刊了。

民十三在上海又有「淺草社」出現，出版有「淺草季刊」，主持者有陳翔鶴、陳煒謨、楊晦、馮至等人，後來以寫「竹林的故事」成名的馮文炳（廢名），最初有些作品就刊在「淺草」。「淺草」上的作品，顯示着他們忠於文藝的努力，一面重視創作，一面注意翻譯。次年這幾位主持人到了北京，「淺草」出到四期即停刊，民十五他們在北京又出了「沉鐘」周刊。據陳翔鶴於民廿二發表的「關於沉鐘社的過去現在及將來」一文中說，出「淺草」時他們還沒有什麼組織，直至出「沉鐘」時纔算組成一個文學團體。他們的刊物自作自編自校，由剛剛在北京成立的北新書局代爲發行。「沉鐘」採自霍普特曼的名劇，表示他們致力於文藝，一直工作到死了的時候，死了也得在水底裡用自己的脚敲出洪大的鐘聲。他們和「彌灑」不同，不攻擊別人，只悲哀地自責着自己的虛弱微薄，未能做到卓然自立的地步。

在他們出版「沉鐘」周刊的時候，「現代評論」「語絲」正暢銷，人都仰慕那些大名鼎鼎的作家，很少有注意這孤芳自賞把生命貢獻給文藝的一羣的。周刊出到十期，改出半月刊，又繼續出到二十五期，終於停刊。從「淺草」時代算起，前後共歷八年之久，除了刊物之外，還出了七種叢書：陳翔鶴的「不安定的靈魂」，陳煒謨的「爐邊」、楊晦的「除夕及其他」和譯的「悲多汶傳」，郝蔭潭的「逸如」，馮至的「昨日之歌」和「北遊及其他」。馮至就是後來以敘事詩獨步一時的卓越詩人。

文史漫談

陳伯莊先生和他的詩（下）

徐亮之

伯莊先生對於詩的見解介紹過了，現在得介紹他的詩了。他的詩收入「愚園詩草」的祇有八十四首。在這八十四首詩中，古體詩便差不多佔了三分之一。三分之一的古體詩中，內容說理或議論的却又要佔上三分之二；這便可以看出他的功力的路數來了。

什麼路數呢？路數就在以古詩說理或議論這一點上。以古詩說理或議論的，其遠源可以上溯到東晉。這時佛教哲學已在中國開花了，這種花朵經過幾個詩僧的加意修剪，很快便被移植到自東漢以來老是盤桓在抒情詠史的唱歎型的詩的園地裏面來。爲了便於說明，且引鳩摩羅什的「十喻詩」爲例；詩曰：

「一喻以喻空，空必待此喻。借言以會意，意盡無會處。既得出長羅，住此無所住。若能映斯照，萬象無來去。」

這說的雖然純是佛理，却確是「詩」而不是「偈」；祇不過到了支遁、慧遠手上，再把這種理路予以情韻化；到了大作家謝靈運手上，更把這種理路和老莊一鑪而治，注入山巔水涯予以情景化而已。謝靈運的這一手法，直支配着唐人的說理詩，雖然唐人所說的並不一定是佛理。而唐人的說理詩，到了杜甫才始以高渾沉厚勝；到了韓愈才始以奇崛壯濶勝；到了孟郊才始以深微古淡勝；亦即才始不矜以形象化的說理議論爲務；而宋人尤其王（安石）、蘇（東坡）、黃（山谷）、陳（后山、簡齋）等實是繼承杜韓以來這一說理與議論的衣鉢的。於是，我們根據這一路數來看伯莊的詩，我敢說他對於這路數上的詩，用的功夫實在並不少；我們絕不好爲他所諞；雖然他信誓旦旦絕無意「學某人或某時代體」的詩。自然，我這話也可以這樣解釋：伯莊本來是無意「學某人或某時代體」的詩的，無奈他在這條路上溜躂久了，他雖不願再走這條路，他的筆尖兒却祇是直向這條路上奔，伯莊其奈之何!?

那末，說他不願再走這條路，而他的筆尖兒却偏要走這條路，有根據嗎？有的。他有一首雜言古，題目是「天津大鼓節奏甚美，仿之作此」。好像他仿的祇是「大鼓節奏」，並非其他：而其實，這種節奏，韓愈在作「董生行」時早已用過了；亦即他的筆尖兒早已向昌黎公歸隊的了。此外，如「君道」、「人性」、「遊毅夫溫泉之若夢廬」等篇，也都是或以韻勝，或以氣勝的這條路數上的作品。其在這類作品中，沈雄慷慨而有舊瓶新酒之美者，我最喜歡他的「縱筆」一首；現在介紹如左：

「手持時代鑰，兀立洪潮頭。讀破萬卷交古人，身無半畝憂九州。黃魂炎靈實鑒汝，長江大嶽爲汝明雙眸。開來繼往在汝代，轉捩乾坤廻萬牛。熊熊一冶烈，世界泥丸投。大同前奏曲，白骨成山邱。燼餘出威鳳，金鍊鎖黃虬。吁嗟呼！轉捩乾坤廻萬牛，時乎時乎風颼颼！」

這眞乃伯莊之詩，亦即眞乃詩化了的老牛的豪情勝概；祇是無奈「老牛筋力倘健在，漸成孤寄眞自傷」何?!（「夜如何其夜未央示尊生紀彭」）我書至此，乃不禁爲之愀然浮一大白焉！

以上所說，乃伯莊詩的一個境界。在這類作品中，雖不無「亂頭粗服」之處；但「老杜」之悲壯沉鬱，每在亂頭粗服中」（沈德潛語——見「唐詩別裁」三）；是不足爲伯莊病的。

伯莊詩的另一境界是清新；這却得談到他的近體詩了。在他的近體詩中，我最喜歡「明月」一首；現在介紹如左：

「月華如水夜雲生，如此嬋娟合有情。海氣吹來羞霧縠，花陰移處識芳塵。年年銀漢相思意，處處清光共對心。誰道太空懸死魄，枯崖燼壑總冥冥」!?

這詩從現代科學出發，他告訴我們月球上面所有的祇不過是些「枯崖燼壑」，而等到這清光一返照到人間，却無端端生出這許多幽美的實感，旖旎的情懷，親蜜的況味來；這些靈源妙緒既爲他所掌握，復出之以幽美旖旎而親蜜的筆觸冷然加以渲暈，便顯得這太空死魄頓如多情種子一般，使人無限嚮往，無限低徊，不能自已；這確是伯莊成功的地方。也許有人會說：不過一首七言八句的律詩兒，便用了「庚」（生、情），「眞」（塵），「侵」（心），「青」（冥）四個韻脚；雖然這四個韻脚古體詩可以互通，移到近體詩上却是絕對不許可的。（伯莊自己也存「自序」上以「採用今韻」，「不憚」「以冥叶心」爲「決不肯以辭害意」自解。）其實，這一點是並不破壞這詩的整體美的；理由是：如以通行的「詩韻集成」爲準，則近體詩出韻的事情，遠在唐人早已有過了。舉個例說，如李義山的「茂陵」一律，便是採用「肴」「蕭」二韻而成的。義山死了已經一千一百多年了；那末，生在一千一百多年後的我們，做近體詩偶爾多用兩個古體可互通的韻脚，又有什麼奇怪來？不過，話得說回來，像這類的例子，在古人的近體詩中畢竟不多；而且對舊詩僅作「小大脚」式的解放，是並不能開出新詩的鮮花來的；則與其光從舊詩蹩蹩扭扭的解放上着眼，倒不如以「閑居翫古」的心情讓她仍舊步步生蓮好。不知質之伯莊先生以爲如何？

不過，伯莊在另一首詩的小序中曾論到怎樣去做「解放詞」；他說：「詞樂已亡，而塡詞家甘心作宋人奴隸。意當統計舊譜之平仄相間，歸納爲長短相接，則詞理原依若干解放詞，再試此作原理製譜協循音樂之嘗之；此新文學之嘗試事業也。……」我認爲這意見却好，但不必別立什麼「解放詞」的名目；因爲一有了「解放詞」，便必同時也要有「解放詩」，「解放曲」之類，未免徒滋紛紜，亂人意。倒不如直捷了當說這辦法不失爲新詩創作的途徑之一，似較實際；所以者何？以伯莊本承認「若其爲詩必在其能歌詠，必與音樂有密切關係，誦之而聲韻鏗鏘，播之於樂而其美益著」故。

留別芳洲社諸君子

·公遂·

醉雲倦雨亂晴陰，遠別當秋感易深。對酒寒凝今古泪，據梧愁絕短長吟。幾人苦鑄千春業，一日高談萬里心。永憶芳洲紛杜若，南天佇聽楚騷音。

送公遂返星

·韋齋·

情知寡合難爲別，聚已無多強結游。如此山河尙行役，更誰人海問沉浮。棟橈衆品憐飛鳥，巢覆吾生笑拙鳩。詩筆向聞窮益健，莫辭新句報芳洲。

前題

·亮齋·

萬木無聲火傘開，離筵汗雨照銜盃。祝融殆作千年計，颶母仍傳六派來。（連日酷烈傳爲六十年來所未有；天文臺復宣佈港外有強風六股之威脅。）銀漢波凝如有恨（時爲七夕前三日），金秋訊杳欲生哀。故人好向天涯去，但少清涼莫便回！

記庚子拳變始末（二）

舜生

行在政府到達西安以後，延到十一月初，北京和議的進行，也漸趨積極。十二月初十及二十六，清廷乃頒發了兩件遮羞的上諭：初十這一件表示要『變法』，二十六這一件，乃檢討此次肇亂的原因，多少帶一點引咎之意。據說這兩個文件都是由榮祿的幕府樊增祥執筆，大概是經過多度的推敲然後脫稿，我們不難從其字裡行間，窺見當時行在政府這般人的心理一斑。

關於『變法』的這一上諭，其立言的宗旨，仍不外堅守「中學爲體，西學爲用」的這一原則，所以它說：『窮變通久，見於大易，損益可知，著於論語；蓋不易者三綱五常，昭然如日星之照世；而可變者令甲令乙，不妨如琴瑟之改弦，』這簡直就是張之洞「勸學篇」的翻版。至於說：「我朝列祖列宗因時立制，屢有異同，入關以後已殊瀋陽之時；嘉慶道光以來，漸變雍正乾隆之舊；』這更儼然與康有爲的上書和梁啓超的『變法通議』如一鼻孔出氣了。本來，庚子拳變是戊戌維新的一大反動，現在既然倡言要變法，即無異承認康梁確有先見之明，這當然是破壞戊戌維新的慈禧、榮祿、張之洞、袁世凱等所絕對不能容許的，於是這位善於迎合當權者意旨的文人，乃不能不把筆調一轉，將康梁痛駡一頓，一則可使當權者感到非常的舒服；同時執筆者本人，也可得到無窮的好處，古今一切淆亂黑白顛倒是非的文人，都懂得這一獵官投機的技巧，乃是半點也不稀奇的。其言曰：「自丁戊以還，僞辯縱橫，妄分新舊，康逆之禍，殆更甚於紅巾，迄今海外逋逃，尙以「富有」「貴爲」等票誘人謀逆，更藉保皇保種之奸謀，爲離間宮廷之計；殊不知康逆之講新法，乃亂法也，非變法也，該逆等乘朕躬不豫，潛謀不軌，朕籲懇皇太后訓政，乃得救朕於瀕危：而鋤奸於一旦。實則翦除叛逆，皇太后何嘗不許更新，損益科條，朕何嘗概行除舊？酌中以御，擇善而從，母子一心，臣民共覩！』妙，妙，在這篇文告，乃是以光緒的口脗出之，這豈祇是顛倒了戊戌維新這一幕的是非，簡直是抹煞了政變當時的事實。我很懷疑這道上諭在未寫成以前，西安與武昌之間，必經過函電的商討，無論立意與遣辭，都可看出至少經過了那位曲學阿世的張之洞一番修改與潤色。不過這篇上諭，究竟也有幾句是道着清末政治的積弊的！例如它說：「中國之弱在於習氣太深，文法太密，庸俗之吏多，豪傑之士少；文法者，庸人藉爲藏身之固，而胥吏恃爲牟利之符，公私以文牘相往來，而毫無實際；人才以資格相限制，而日見消磨；誤國家者在一私字，禍天下者在一例字！」尤其所謂「誤國家者在一私字」這一句，這豈祇是說明了庚子以前政象的一斑，庚子以後以至今日的這六十年，又何嘗不是陷於同一的錯誤呢？（這道上諭見「光緒朝東華錄」第四冊總四六〇一）

關於十二月二十六的這道上諭，有人指出這便算是一封罪己詔，但我們現在細檢這一文告的內容，可看出它的內容，還是側重在爲慈禧開脫，「下詔罪人」則有之，「罪己」則未必。第一點說明光緒帝本人及太后決不庇匪，而匪勢之所以擴大，應由另外的三種人負責：其一爲地方官平日辦理教案不善，畏事者袒教虐民，日沽名者庇民傷教」，以致「民教之怨愈結愈深，拳匪乘機，寖成大釁」。其次爲帶兵將領之『漫無紀律，戕虐良民』，『以致百姓皆畏兵而愛匪，匪勢由此大熾，匪黨亦愈聚愈多』。再其次爲一般庇匪的王公大臣，「或少年任性，或迂謬無知，平時嫉外洋之强而不知自量，惑於妖妄，詫爲神奇」，以致『數萬亂民膽敢紅巾露刃，充斥都城，焚掠教堂，圍攻使館』（這道上諭見「光緒朝東華錄」第四冊總四六一三）。自然這些都不失爲事實，但這何解於慈禧因外國庇護維新諸人而仇外？何解於她立大阿哥而陰謀廢立？何解於她虐殺反拳的五大臣？更何解於她發出內帑數十萬以獎勵拳匪？說「任性」，慈禧最爲「任性」，說「無知」，慈禧最爲「無知」，說『不自量』，慈禧最爲「不自量」，及至闖了大禍，乃把責任向別人身上一推，好像她自己毫無責任，而且還要把五月二十四以後七月二十日以前的一切諭旨全部銷燬，認爲都是由於首禍諸人的矯擅，這眞是古今一切獨裁者同犯的毛病，同有的恥辱啊！

（第六節仍未完）

聯合評論 週刊
本刊已經香港政府登記
每逢星期五出版
United Voice Weekly
第一○七號
督印人：左仲平　總編輯：黃宇人
社址：九龍彌敦道五十三號地下　電話：68678
承印者：嘉羅印刷有限公司　香港灣仔馬師道5號
總代理：友聯發行公司　售價每份港幣一毫
本報美洲版總經售處　美國紐約中美出版社
CHINESE-AMERICAN PRESS, INC
199 CANAL STREET
NEW YORK 31 N. Y. U.S.A.
美洲航空版每份零售美金一角

主張立即釋放雷震

左舜生

一、

本月四日，台北「自由中國」半月刊發行人雷震，及該刊編輯傅正，經理馬之驌，會計劉子英，同時爲台灣警備總司令部拘捕。雷震又爲新近籌組將次成立的「中國民主黨」重要發起人之一。

據同日午後該警備總司令部發言人王超凡說：他們是因「涉嫌叛亂」被捕，並不牽涉到反對黨問題。現將根據懲治叛亂條例第十條，因台灣省係屬戒嚴區域，決定交由軍法審判。據泛亞社台北五日電：「雷昨日在寓所被捕時，若干有關反對黨之重要文件已被取去，故反對黨恐難照原定計劃於本月內成立。」又據王超凡五日告路透社記者：「軍事法庭可於兩個月內審訊雷震畢事」。王氏又稱：「雷震被判有罪後，最高的懲罰爲死刑，最輕的刑罰亦超過徒刑五年。」同日，台北法新社電：「一權威人士告該社記者，此次雷震之被捕，是經「最高當局」批准的。」又訊：「雷夫人宋英女士，正向台北地方法院聲請將雷震交由法院審訊中。」

二、

這件事在這個時候發生，凡明瞭台灣近年政治內幕的人士，都知道這是國民黨當局一個預定的陰謀，其目的不僅在使「自由中國」不能繼續出版，同時也在使籌組中的「中國民主黨」無法成立。遠在舊金山的世界日報」的發行人李大明先生，只看他昨天（五日）打給蔣先生請釋放雷震的一個電報（見「星島日報』六日的頭條新聞），已可以証實人同此心，心同此理。

這不一定是雷震等個人的不幸，實在是中華民國民主憲政前途，以及人民一切基本自由與人權保障一種空前的威脅！我聽說雷震早已立下遺囑，在台北那樣一種惡劣的環境，他原已抱定以身殉民主自由的一種悲壯心理！「明知山有虎，偏向虎山行」，他這種大無畏精神，眞足以使貪夫廉，懦夫有立志。這一民國政治史上空前的重大事件，將繼續發展，其給予海內外一般人心刺激的深刻，以及可能發生的惡果，目前尚難預測。我知道有一位朋友已着手搜集此一事件的一切有關文件，準備將來印成專書；本刊下一期，已決定爲此事出一專號，希望本刊的讀者們發表意見。我暫時願意勉抑感情，保持冷靜，在未得到台北充分報導以前，不願對此事多所論列，目前第一希望於國民黨開明分子，尤其蔣先生本人者，即看在無數先烈建國之艱難，爲『中華民國』四字稍留餘地！絕對不可鹵莽滅裂，操切從事，鑄成一無可補救的大錯！

三、

惟對於台北『中華日報』本月四日所發表的一篇荒謬絕論的社論，不能不首先略予駁斥。

過去『自由中國』與『中華日報』關於言論上的爭執，以及該報主持人曹聖芬主張將『自由中國社」搗毀的這類事實，我們是沒有忘記的。這次該報列舉『自由中國』的罪狀，不外四點：一、發表『反攻無望」的悲觀論調；二、詆毀國家元首；三、公然侮辱大法官爲「御用工具」；四、挑撥大陸人與台灣人的感情。

（一）反攻的有望與無望，這不是一個理論問題，而是一個事實問題。如果國民黨當局認爲有望，爲什麼十年以來，坐擁六十萬大兵，不敢以少數部隊試行登陸一次？過去的蔣杜聯合宣言，爲什麼事前不徵求民意，事後亦不請求追認，即硬性規定今後對反攻大陸不側重武力，而重在政治？這兩年來，所謂武力反攻，固照常不動；所謂政治反攻，又表現了什麼？

（二）一個民主國家的總統，並不等於神聖不可侵犯的皇帝，空言詆毀，即在普通朋友之間也不應該，如關係國家利害根據事實有所責難，則對一個民主國家的榮譽公僕可謂家常便飯。前清光緒二十九年，上海「蘇報」諸人，駡光緒皇帝爲「載湉小醜，不辨菽麥。」結果經清廷延律師向租界控告，鄒容不過判徒刑兩年，章炳麟也不過三年，經清廷一再交涉，要把鄒章引渡到北京殺頭，卒爲英倫所拒，可見在半世紀以前，英國政府無論對中國人或外國人，其對人權的保障爲何如？即光緒二十二年中山先生在倫敦被淸使館派特務尾隨，誘禁於淸使館，卒因英輿論與民衆反對，由英政府出面干涉釋放，也是保障人權最有名的故事。

（三）大法官是不是『御用工具」，大法官們自己心裡明白。上次經他們對臨時條欵一番胡亂解釋，結果乃使得中華民國的總統不必由憲法便可產生，開憲政史上一大惡例，這種毀法亂紀的行爲，說他們是「御用工具」，已算十分客氣。

（四）台灣同胞深明大義，對大陸同胞的情感，素無問題，何從挑撥？即以這次組織新黨而論，其發起人台灣同胞佔一部分，大陸同胞也佔一部分，可見他們携手共爭民主，在情感上融洽已極！國民黨當局不顧新黨存在，即等於對台灣人與大陸人的團結加以激底破壞，該「中華日報」不責備當局，反而責備「自由中國社」諸人，抹煞事實，淆亂是非，究竟用意何在？

即該報以這四點鍛鍊周內搆成「自由中國」的罪狀，也不過說這是該刊「狂悖乖謬的言論，白紙黑字的文章，」在這十四個字裡，既不包括「積草屯糧」，更不包括「招兵買馬」，挪裡談得上什麼「叛亂」不「叛亂」？因此，我附議李大明先生的提議，主張立即釋放雷等，並使「自由中國」照常出版。

蠻幹能將民間組黨禁止得了嗎？

李璜

台北「自由中國」半月刊主持人雷震等突於本月四日爲台灣警備司令部所逮捕，罪名爲「嫌涉叛亂」。據警備總部發言人與台北黨報中華日報所揭發，所謂雷震等人的「叛亂」，乃是限於對「自由中國」半月刊三年以來言論之過於激越，有超過言論自由常軌之故。

但是，在香港輿論界，則大部認爲雷氏等之突然被捕，並不只在其言論的激越，而是台北政府當權者爲打擊台灣民間建立的新在野黨中國民主黨行將誕生。故如新生晚報五日社評，便認爲這是「黨獄」，其結語稱：「台灣的担心是：一、反對黨活動擴大，危害及於一黨統治。二、地方勢力之逐步高漲，將因反對黨的成立而達於頂點。國民黨如此倣，正反映出他本身衰弱。」又如星島晚報五日新聞剖析也說：「據官方宣佈說，雷震的被捕，乃涉嫌叛亂，與其所籌組的反對黨無涉。但這所謂無涉，似乎還未能獲多數人的相信。尤其「自由中國」半月刋發行已多年，又一向以唱高調，反政府著名。過去曾幾次發生沒收禁賣情形，惟未捕八，且一瞬即過，適值反對黨高唱入雲，雷震又爲主要發言人之一，忽然被捕，憑此蛛絲馬跡，那末，所謂無涉，更是不容易使人相信了。』

香港輿論界，除了官方一系報紙，大半認爲雷震突然被捕，乃是顯然殺雞嚇猴的辦法，要對反對黨加以鎮壓，使其無法建立，或建立也起不了甚麼作用。於此引起筆者回憶往事，民間要建黨，是不是政府用權勢所能禁止得了的呢？

就以筆者半生所經歷來說，中國青年黨是於民國十二年十二月二曰，在海外巴黎成立的；十三年九月，曾琦先生與我回到上海活動，十月出版醒獅週報，反對聯俄容共，一黨專政，主張國家主義，民主政治，立即受着當時在廣東國共合作的政府壓迫，下令凡閱醒獅週報者，罰欵五十元，拘禁一月。後來國民革命勢力及於武漢，及於南京上海，，其壓力更大，中國青年黨的同志或挨打（如劉大杰，胡雲翼之在漢口），或被殺（如馬致祥之在上海），或被拘囚（如曾琦先生之在上海）等事，打、殺、關的壓迫情勢陸續不斷，但適足以助長中國青年黨的地下發展，突飛猛晉，很快將其組織便遍及全國了。尤其是在民國二十二年，中國青年黨在長城內外發動抗日義勇軍，英勇抗戰，聲光大振，當時政府當權派特別疾視，下令限半年內消滅青年黨，因是中青的陳志達同志被刺死於天津車站，盛中謙同志被捕囚死於南京監獄，但中青同志幹部聚於四川，與竄川的共匪徐向前部大戰於川東北，其英勇的聲勢終不能不爲當時南昌的剿匪總司令部承認，而竟放棄打、殺、關的鎮壓與消滅異黨政策，開始趨向於兩黨公開的合作。

筆者特別簡單的叙出自民國十三至二十三這十年中的中青被壓迫禁止的往事，並不是要對當權者算舊賬或懷舊恨，而是意在証明，人是政治的動物，民間有正當政治主張，適合時代需要，有人要以之建黨活動，不是政府用權勢所能壓迫禁止得了的！尤其是在國家處於非常時期，如當年日軍閥大舉入侵，如令日中共橫行大陸，國破家亡，國民人人有切膚之痛，在感情與理智兩方面，皆令有志者難於袖手旁觀，因之或批評國事得失，或主張團結多數力量，或要另行組黨以求表現其救國之忱，這在非常時期，在民主國家以至在帝王專制的時代，都是有先例可考，不然，今日法國的基督教民主抵抗同盟這一大黨便不在法國大半淪陷期中產生，而意大利的維新三傑也便無從致力，孫中山先生也不應組黨活動了！

今日黨報立論，總是強調國家危急，處於非常時期，因此不願人民隨便發言與從事政治活動，殊不知就因爲國事太危急，時局太非常，而人民大家纔無法忍耐下去，而要發言與活動。當權者對此只有一、容忍的多方疏導，使大家情順而理安；二、早應從事民主的團結，庶使衆流不致橫決；三、何況今日已是憲政時期，政府手執着民主旗幟，站立於自由世界的一面，又何能不注重民意，而連起碼的新聞自由都不給予人民呢！

修改出版法，歷次扣留以至根本禁止海外反共的自由言論刊物入台，這是海外與台灣日益分歧，而更難於團結的根本原因所在。在台灣當權者以爲海外的自由言論可以動搖台灣的軍心民心，而不知這已是二十世紀六十年代，印刷品的傳播，無線電訊的聲音，這是隔不斷的，禁不了的；（即在鐵幕之內也禁止不完的；）聰明的當權者只在遇事公開，盡力疏導，以求人民了解，則言論自不致因激盪而趨於過甚其辭。數年以來，國事愈趨困難，乃防民之口，愈益利害，此大家之所以愈不耐煩，而聲音更要特別大，主張更要特別激烈，以求獲得多數的響應，從事根本改造政局之圖。「自由中國」半月刊的言論，三年以來之所以愈激愈厲，台灣的新在野黨之所以從選舉改進座談會迅將改組爲黨，以求獲得十一月地方選舉的勝利，其因素豈盡在雷震、高玉樹、李萬居等少數人的偏激好事，其最大原因無寧是海內外主張民主反共的輿論交相引發，國事愈趨危殆，人心要求出路，其勢必然，其理易見，奈何當權者老不察覺，還在認爲壓迫禁止，尚可生效，尙能苟安，眞令人「心所謂危，不能不言」也！

猶憶前年秋天，「不以武力反攻大陸」的蔣杜宣言發表後，筆者曾在台北「民主潮」半月刊寫佈一文，題爲「談談政治反攻」、結論大意是：「俟河之清，人壽幾何！流亡海外，轉瞬十年，大家心情，何能長此苟安下去！如政府當局無意領導大家打回大陸，則人民的怨望只有日益加甚。流亡者的心情實在不耐，即以政治反攻大陸而論，如何反攻，，如我上面寫的一序列的辦法，當局者實應早日考慮，給予大家以希望，否則大家只有要求政府換人，不能長此隱忍下去也！」此文並未爲當權者所注意，轉瞬又是兩年，到今天，還在對內發威鎮壓，眞可謂倒行逆施，國脈奈何，寫文到此，擲筆三歎！

四九、九、五夜

雜憶錄之九

記抗戰中初步實施民主的成效

．幼椿．

在前篇我記抗日初期朝野合作的精神時，曾一再說明當時政府中人的坦白與容忍之處，故竟能做到了眞正的團結合作，開展了偉大的抗戰局面。當時執政者對於既往的私人或政治恩怨，好像並不計較，只要人們一旦參加了抗戰陣營，便不發生甚麼忠貞不忠貞的問題；即使有人一旦又叛離了抗戰陣營，去參加過奸僞組織，而一經悔悟，也仍舊的可以回來，一樣的予以信任，其坦白與容忍，到了這樣的程度，眞可以說，當時主政者確有「人之好善，誰不如我；人之愛國，誰不如我」的這種博大心情，有了這種心境，又何畏於民主，何憂於大家會去搗亂，以妨害抗戰的國策！

因此國民參政會成立未久、而後方各省的臨時參議會又成立了！

當第一屆國民參政會開第一次大會時，曾琦參政員提議「尅期成立省縣市參議會」，此案徵求副署時，首先得到國民黨參政員的同意，一經討論，卒得最大多數票通過。當時，我認爲會公過於性急，此案雖經通過，恐成具文，反失信用，但曾公則認爲，要貫澈抗戰功令於交通不便的後方各縣，而不將後方的民間領袖人物推舉出來，從長計議，則不但無以符全國總動員之旨，而且這樣鉅大的艱難的長期抗戰局面，不去引發民間自顧自動的普遍活力，又何能專靠少數官吏的因陋就簡，以支持長久啊。

民國二十七年秋，四川省的臨時省參議會首先成立，省參議員多數爲省會及各縣法團，士紳所推舉，少數爲省政府主席所徵聘，共一百二十餘人，其中以同盟會的老同志及西山會議派爲最出色。這些老先主如曹叔實、黃肅方、徐申甫、李伯申、但懋辛、向育仁等人，皆多少曾與四川第一軍發生關係，或曾與謝持鄒魯有深長交誼，而於民十二至十六年中間，與蔣先生發生過衝突，始終不服氣者。但這班老先生在地方上有相當的號召力，而且因爲是革命黨出身，雖老悖不馴，而幹勁猶在。此外則多係大學教授，中學校長；而國民黨黨部與青年黨黨部地方領袖反佔少數。

省參議會的活力比較國民參政會的活力更強，因爲省參議員來自田間，直接民衆，參政員要推動抗戰功令，還得要靠省參議員。因之，參政會所設立的川康建設期成會，去監督地方官吏時，就必得聘省參議員來參加工作。以我所主持的川西區辦事處而論，則初期工作實有賴於徐申甫、曹叔實、黃肅方、周鳳池諸位省參議員；他們不斷的自其鄉里有報告來，將當時地方上辦理兵役，糧政，以至統制經濟諸事項、其不實不盡之處，以及貪污，違法，甚至草菅人命等事，列舉出人証物証，時間地點，然後便於辦事處派員澈查，據實函報重慶，分別由中央下令辦理。——這類辦理案件，輕則革職，重則槍斃，政府恃議員的報告以爲公正的耳目，雖官官相衛，久已相習成風，而也無法掩蓋貪污枉法之事。不然，抗戰初期，在大後方，政府取之於民者，爲亙古未有之鉅大，而且又要來得快，纔應急機；如果沒有民意機關以及地方士紳嚴行監督，則不但官吏良莠不齊，功令一到窮鄉僻壤，會弄成黑暗地獄，而且即使官吏皆良，而徵兵徵糧，管理運送，如不由民間自發自動，則良吏也無此千手千眼，去應付這樣多的問題。

譬以兵役來說，中央向地方徵取壯丁，乃是不斷的問縣長要人的。縣長應付這一功令，已非只靠保甲長所能濟事，而有種種問題都必須請教本縣議員及民衆團體幫忙不可。及至壯丁徵得，交與一縣的營管區，則問題就更多了！大凡軍管區師管區高坐省垣，只知催收壯丁，加以訓練，送往前線，他們對於坐在窮鄉僻壤的營團管區，便向來馬胡，只要有人送來，一概不問。而特別是營管區的下級軍官，知識既差，習慣又壞，諸如得錢賣放，亂拉人補；刻扣伙食，餓瘦壯丁；病不交醫，死無棺歛，而將燒埋等費一齊吃在肚內；諸如此類，暗無天日，如果沒有民意代表替老百姓去向中央檢舉，加以嚴辦，則抗戰初期，豈特不會徵得如許壯丁，恐怕如此黑暗橫行，大後方的老百姓早已造起反來了啊！

在抗戰初期，這許多位省參議會裏老先生，對於地方官吏，是一點不客氣的：不管你縣長是黃埔生出身，或是甚麼高考及格，以至中央或省訓練團的能員，只要有辦事不力，引起役政糧政的損害，或涉及貪污舞弊事項，則逼着川康建設期成會辦事處，去追查到底，向中央或地方爭持到底，務期中央或省府要辦到賞罰嚴明，弊絕風清。

參加川西區辦事處的這幾位老先生，雖然是一省議會的參議員，對中央的官吏，也一樣的不客氣。我還記得一件很有趣的事情：某次辦事處開會，討論中央收買川康邊區鴉片煙，引起民間謠言，「特准開放種煙」問題。中央派財政部某次長前來成都，說明收煙用途。會開，徐申甫參議員質問，政府派員收煙何用？某次長大概做官日淺，不長於爲政府掩蓋的辭令，簡直說明政府爲寬裕財政起見，收買鴉片煙運往淪陷區去販賣；最後加上兩句妙論，說：「其功用使淪陷區內黑化了，腐化了，更便於政府去收復！」此言一出，徐申甫參議員拿着吃水煙的紙煤，指着某次長：『你這是甚麼話！淪陷區的老百姓不是中國人嗎？』同時，邵明叔參政員將手上拿的三尺長菸子煙竿，向某次長頭上便打去，說：『不要這昏官再報告了！』某次長幾乎挨打，未畢其辭即鼠竄而去。我當時任開會的主席，擋又不好擋，笑又笑不出，只好宣布休會十分鐘，請大家用點心。（此事後來鬧到參政會大會，孔祥熙院長也大大遭受質問過一次。）

總之，在抗戰初期，在大後方，官威實在大減，民意特別伸張，開了中國歷史的新紀元！不過這只限於抗戰初期的四年中。及至日寇漸衰，大後方黨化漸力；黨化進一步，民意即退一步；到了抗戰後期，黨化成功，議會貶値；民怨四起，而共產黨的挑撥離間即有所施其計矣！

四九、九、三

論少數民族在反共鬥爭中的重要性

劉裕畧

整個中華民族是合許多民族而成。而在整個中華民族中，漢族人數最多，約佔十分之九。其它民族人數較少，只約佔十分之一，所以，從相對的數量方面講，漢族便是中國國內的多數民族，其它各民族則皆係中國國內的少數民族。

民族的界限，有廣狹義之分。就廣義言之，整個中國實在就只由一個中華民族構成。故亦不必再分什麼多數民族與少數民族，因爲這種分法，反而容易在整個中華民族範圍內劃分間隔，形成民族意識上的矛盾與分離，再看事實，國內若干民族之間，有的雖然尚未與漢族完全融合爲一，但也只是社會現象上的程度差異，只是進化過程中的時間差異，其根本處則仍是合一與相同的，況且國內若干民族之間，其已完全融合，彼此毫無區分者，爲數亦已不少。所以，無論從現實政治的觀點看，抑或從整個中華民族的融合進化方向看，所謂國內少數民族問題，是不應該成爲一個大問題的。

不過，自中共統治大陸之後，少數民族問題便被中共特別強調了出來。因之，少數民族問題雖然在理本不應該是一個大問題，但由於中共之一再強調，與乎中共隨之而來的特殊措施，所以，在目前中共仍然統治着大陸的這一階段，反共者自應面對現實，仔細研究國內少數民族問題的性質及其在反共鬥爭中的重要關係。

遠在七年前，筆者曾應香港友聯出版社之邀，爲該社出版之「中共問題」叢書，寫過一本「中共怎樣對待少數民族」。筆者當時即發現國內少數民族在當前反共鬥爭中的重要性，但該書之寫作，偏重中共統治國內少數民族之理論及現象，尤偏重現象，所以筆者在該書寫作時未能談到這一反共重要性。而七年以來，居常思索究竟如何才能反攻復國問題，其中，在國內少數民族問題部分，我仍以爲各少數民族之社會狀況，與中共所控制的以漢人爲主的一般社會狀況，無論在社會結構、經濟生活、宗教信仰、風俗習慣、交通條件、文化水準、言語文字等等，無不有所不同，中共要想征服它們正是比較困難，因之，中共對它們乃不得不另訂步驟，另訂策畧來逐步征服。於是，少數民族之反共意識乃得以長期保存下來。

另一方面，國內各少數民族之總人數雖不過四千多萬（據中共一九五二年調查），但詳細區分起來却超過百種之多。（據中共一九五二年調查當時只六十餘種，但中共隨後繼續調查，續有發現）。尤其值得注意的，是所有這些少數民族的分佈。他們並不是分佈在一個角落，而是遍佈大陸各個角落。西北及西南邊區固然是他們主要的散佈區，國內腹地省份之偏僻地區又何嘗沒有他們的散佈，而其散佈總面積達中國土地總面積二分之一強，則尤爲值得注意之事實。

再看國內各少數民族居留地區，大抵都是崇山峻嶺，交通不便，地區遼濶而人口稀少之區，此等地區之社會結構既較特殊，益以語言，信仰，生活習慣等等不同，遂對中共形成了統治上的障礙，這對反共戰鬥來說，則恰巧提供了極有利的政畧條件、戰畧條件乃至戰術形勢。而這種對反共者之有利政畧條件、有利戰畧條件，有利戰術形勢，正是今日台灣所求之不得的。

何以這是求之不得的？因爲今日台灣孤懸海外，國軍與共軍數量懸殊，而要反攻，就非經過猛烈戰鬥不可。而要國軍在這一猛烈戰鬥中得勝則非出奇兵不易爲功。

國內少數民族地區，却恰對國軍未來之反攻提供一項空降部隊之最佳場合。若國軍能以適當數量之傘兵空降各少數民族地區，則由於該等地區之幅員遼濶，交通不便，共軍亦難立即對空降部隊形成包圍，故傘兵空降後之立足易，被攻難。加之，各少數民族反共意識迄今一直堅強（可以西藏爲例），因之，空降部隊容易在少數民族地區構成政畧據點及戰畧據點，甚至可配合或發動少數民族同胞，共同從事戰鬥。

若國軍能依上述觀點用空降辦法建立一二十個據點，定可鼓勵大陸同胞普遍反共，應無可疑。以此一二十個據點來配合國軍在沿海地區之登陸，甚至呼應其它反共盟國在國境線上的作戰，則裏應外合之便更巨。當然，還有一個好處，若空降部隊在少數民族地區着陸，由於共軍集結之不易，此等空降部隊是更易贏得時間，以取得海外之空運補給及支援的。所以，就中國整個反共形勢言，國內各少數民族在反共戰鬥中，實具有重要性。若善於運用，自將對反攻復國前途發生實質作用。對此，台灣目前除應多多訓練空降部隊，多多研究國內少數民族問題之外，尤應多多物色多多儲備精通各種民族語言風俗之人才，庶幾上述有利形勢也才眞能運用起來。

民主與愛國

·逍凱·

共產黨徒和國民黨當權派的人，往往以強烈的姿態，極盡做作的能事，以表演出他們的「愛國」的樣子。前者習慣開口閉口說「祖國如何」，「祖國如何」。後者是慣常強調「國家的尊嚴與安全」。這種姿態，姑可名之謂：「王麻子」面孔和「張小泉」面孔。因為他們都是屬於「祇此一家」的「金字招牌!?」

他們之所以能如此作偽，善於作偽和喜於作偽，正是因為他們掌握了政權、軍隊和特務。如果他們和其它政黨一樣，一如普通實行民主政治國家的政黨那樣，或者中國眞正實行了民主政治，軍隊國家化了，剝奪了他們所享有的特權，他們那種「祇此一家」的氣焰，也就會自自然然地收歛了的。現時最有機會善於表現那種氣焰的，無過於是他們的論客。

當然，誰愛國，誰不愛國，不能僅從上述的姿態與作偽來鑑別。如果共產黨自以為是愛國的，我有一個很簡單的問題要問他，何以當絕大多數的人民吃不飽時，還要往莫斯科進貢；同樣，我也要問國民黨當權派，如果你們是最愛國的，何以會失去民心與土地！

由於左右兩派的論客好談「愛國」，在他們的下意識中，凡是此時而主張依據民主常規實行民主政治，主張必需「把政府建立在憲法的基礎上」，而不是建立在黨的利益基礎上的，反而變成為一忽視國家的尊嚴與安全」了。在他們的意識中，凡是主張民主，而唾棄對某一人「忠貞」的，就不能視為是愛國的：或者說，即使同樣信仰一個主義，同是一個黨的成員，若不能對某一特定個人表示「忠貞」，也就是不忠於黨，不愛國。就現在的形勢來說，由於國共隔海對峙，一方面是強調「美帝在侵略祖國」，必須專政到底；另一方面則強調着重民主，就是「忽視國家的尊嚴與安全」，於是堅決主張實行民主政治的人，主張循民主大路以建國、復國的人，就變成為非愛國或不愛國了?!

張君勱先生，最近在美國作了一次電視廣播演講，題目是「遠東民主與安定」，主要的內容是着重探討美國在遠東的外交政策和「美援與民主的相互關係」。張先生的講詞內容全文會在第三九九號祖國周刊和本刊上期發表，統觀全文，以張先生的學識見解及其對中華民國的貢獻，絕無人會懷疑，他的講演是「忽視國家的尊嚴與安全」的，或者說，他是「蓄意」不顧「國家的尊嚴與安全」，才發表是次演講的。

但是，九月四日的香港時報短評，却認為「張先生的錯誤，在於對民主制看得太重，而忽視國家的尊嚴與安全。」另又有意曲解全文，以尖酸之語氣問張先生「美國應該學共產國際嗎?」這種完全風馬牛不相及的評述，除了讓已讀「遠東民主與安定」一文的讀者，覺得可晒之外，那是間接地欲達到引導未讀該文的人，產生一種極壞的誤解：第一是要據此以証張君勱先生是主張外國「干涉內政」的；因此，也是「忽視國家的尊嚴與安全」的；第二要據此以証明張君勱先生也是「主張為了反對共黨，不妨使用共黨方法」的；因此，他和其他主張實行民主政治的愛國人士，再無任何藉口可以反對今日台灣當權派之學共反共的那一套」。

其實根據「遠東民主與安定」全文內容來說，張先生主要的是指出：「美國是以自由民主的立場反對共產黨的獨裁政體，可是在她的盟友中，却有一些獨裁者。雖然也可以辯護說：除了接受這些已經在此等亞洲國家掌權的統治者以外，別無他策；可是事實上是這種政策已經製造出好幾個腐敗的政府，它們在這迅速變化的世界之中是無前途可言的。」他更明確地指出，這些個「無前途可言的」「亞洲的獨裁者們用美援組成一支強大軍隊，藉以鎮壓人民並蔑視議會的控制。美國的軍援使獨裁者安享權力及收入，因此可以把別的收入用來從事其他自保的目的，比如強大的警察部隊、特務工作、以及黨的開支；而他的經濟政策也就引向建立他本黨的利益，而不是增加國家財富為人民謀福利。」無論如何說，該文中指出的這些，無一不是有事實為根據的。張先生主張「必需把這些政府建立在憲法的基礎上」，是為了「由此可以發展出一種較好的生活方式為被壓迫的人民示範。」如果今天大家還沒有忘記反攻復國的最高目標的話，在我看眼前台灣的安全，並不能代表是中華民國的永久安全，因為這祇是依賴第七艦隊協防所得的安全。台灣如果不能眞正實踐民主憲政，使自由中國的人過眞正的民主生活方式，又怎能「為被壓迫的人民」（主要是大陸的人民）起「示範」作用。滿足於眼前的安全，似乎也不應該是國民黨當權派的最高目的吧？那麼張先生的意見又那能被目為是「忽視國家的尊嚴與安全呢」？

此外，除非是蓄意含沙射影，有意曲解，實無法令人會相信張先生是主張「反對共黨，不妨使用共黨方法」的。也不能說，因為現代民主政治制度，是西方的產物，中國就不能或不應實行，否則就是「強行於其他國家。這種狹隘的頑固的「民族本位主義」的意識已是落伍了，何況中國早有「民為邦本」一說，不也是要封建君主以民為重嗎？可見民主思想也並非完全是泊來品、若謂，「對民主就看得太重」，就是「忽視國家的尊嚴與安全」，這就更非邏輯之談了！斷章取義和歪曲事實，是不能入人以罪的。難道也想給張君勱先生戴頂什麼帽子嗎？

所以、到今天還要曲筆為獨裁辯護的人，即使他也是出於愛國之心，但畢竟是走入了魔道。否則是沒有理由忌恨民主的！

略談中共政權底不穩定

毛澤東的政治控制，確已到達了空前未有的嚴密程度，它能夠驅迫人民餓着肚子，不睡眠而勞動，這是古今中外歷史上的獨裁者都做不到的；但却不能據此認為毛政權已經鞏固了。政治控制猶如加於人民頸上的鎖鍊，它必有中斷的一天；其中斷又不一定是由於人民的反抗，與統治階層的人事變遷也有莫大關係。這是共產制度與民主制度在政治上的基本不同之處。史太林生前，蘇聯共黨對人民的政治控制是異常嚴密的，但一待史氏去世、這一種政治控制便逐漸鬆弛；但由於前一階段的餘悸未消，是故人民反抗力的恢復也是緩慢的。不過，可以預言，人民反抗力終必恢復，政治控制終必再鬆懈，共產制度也終必被推翻，現正在這種發展的過程中。

由這種歷史發展過程來觀察，蘇聯縱然已有四十餘年的嚴密政治控制，却也不能認為該政權已經鞏固了，它還須再經過長時間的考驗，方足以論定。

中共的統治中國雖已十年，但若認為它已經鞏固了，那是不認識共產政治特色。因此共產國家政治控制的堅強與政權的鞏固是兩件事。在共產黨權力控制下，人民欲作有形的反抗力是比較難的，但他們可以在工作崗位上從事於消極怠工。以大陸的情況來說，各省都發生田間草荒，這就是消極怠工的具體表現，據八月十四日人民日報報導，以山東為例，全省耕地面積約為一億四千萬畝，但發生草荒的已有四千八百萬畝，這不是很嚴重嗎？復次由於黨內鬥爭的綿延不息，從而統治系統的人事常有變動，每一變動又輒產生極大的震盪，並且同時帶來政策的不穩定。有人因為中共中央委員會人事的表面穩定，從而認為中共政權也鞏固，這種說法是皮相之談。目前的九十七名中央委員中，至少有徐向前、鄭位三、徐海東、陳紹禹等四人長期以來被監視，無實職的；有陳雲、彭德懷、張聞天、黃克誠、滕代遠、王首道、葉季壯等七人是有右傾嫌疑的。總計起來，這種被掩飾着的中央委員約佔九分之一。這也正是一種不能忽視的不穩現象。

·田心·

台灣一周

決非離心運動

新反對黨發言人雷震、李萬居、高玉樹發表緊急聲明，強調「新黨是絕對反共的、是全國性的、是堅決反對分化中華民國的任何國際陰謀的，絕不是所謂本省人的離心運動的。」而且「組織新黨係基於愛國心切，不能坐觀國民黨的一黨專制，過分集中權力而誤人誤國。」在蛩短流長的今日，新黨的強有力的撲擊，足以徹底摧毀某些「謠言製造所」，「謠言監製人」和下流無賴的「謠言販夫」散佈的謠諑與無聊無恥的誣衊讕言。

事實上，台灣從新黨籌組時始，外國的台北電訊社就陸續報導新黨的動態，海內外的反應一片良好，但執政黨方顯出慌張失措，於是乎往往「一語無倫次」，最為人所不屑一談的是亂拋「紅帽子」。

新黨絕對反共

顯然的，執政黨方誣詆新黨的行動為「共匪的傾覆陰謀」，是傷天害理的爛崽拳腳。他們明知新黨的核心人物，全是國際知名的民主反共人士，無法入異己者罪，因而改說資助新黨的人，受「匪諜」滲透利用。請注意——遠在執政黨大攬「聯俄容共」時期，本刊幾位負責人就曾公開反對共產黨，領導他們的政黨堅決否定共產主義。執政黨方那些勾結過蘇俄帝國主義或者日本帝國主義的大人先生們，還是免開尊口吧！誰能騙得過歷史！

據說執政黨方「企圖利用駐港特務人員，偽造函件，寄發新黨主要籌備人，以便構陷成罪」。但願這祇是道聽塗說而已，萬一當眞如此，我敢斷言即使幹掉三顆新黨發言人的頭顱，也必不能阻住中國人民自由民主政治的強烈需求。南韓、土耳其人民的血，何嘗一點一滴浪費？操持中國政權卅多年的堂堂大黨，何苦做這種卑鄙齷齪的醜事？何不全面革新、爭取民心、作公平合法的競爭？

省議員總質詢

台灣省議會第二屆第一次大會省政總質詢中，在野政黨省議員李萬居、郭雨新、李秋遠等猛烈抨擊執政台北報載：「李萬居的總質詢，詞達萬餘言，所陳所舉，俱切時弊，旁聽席上的民衆與列席備詢的政府官員以及出席與會的所有議員皆為默然靜聽，議堂莊嚴肅穆」。出席參觀的日本參院松野鶴平議長，「贊許台灣議壇，李氏能充分代表民意，為民喉舌，發揮代議士的職責。」不知某些立法諸公會舉手贊成，對此作何感想？

·孟戈·

慘勝與雖敗猶榮

·小言·

在負有宣傳使命的報紙上，常看到有「雖敗猶榮」的大字標題。祇要一看到這種標題，不問可知，必是所載新聞事實敗得極慘。用完全違背事實眞相的手法，來報導宣傳一椿事實，雖自以為高明，實在是弄巧反拙。不過攪宣傳的老爺們已習慣此道，習久成性，也祇有永做阿Q了！「雖敗猶榮」的心理狀態，說穿了是一種極自卑而又自滿、自憐的極複雜的心理狀態，也是不求長進的一種下意識。患了這種病症的人，不祇滿足現狀，而且還總是揚揚自得。

既已是失敗，「還要作「猶榮」之宣傳，就必須找出大堆的「光榮」道理來，如果勉強也不可得，就設法製造；若連製造的條件也不具備，就直接了當地攻訐對方，或者說些怨天尤人的話了事。總之，務求能說出一套歪理來撫羞。羞恥之心人皆有之，因此對於「雖敗猶榮」一類的事情見慣了，也有搖頭而出諸同情了。

本來，人間事盡在成敗兩字之間，成功的固需繼續努力，失敗也應再接再厲迎頭趕上。若凡事先就特以「雖敗猶榮」的心理，勝則不過是僥倖，而敗「又認為未出意料，自我安慰。倖致的勝利，其實不過是慘勝，因為是勝得那麼容易，而又莫明其妙地近乎神話；就更加以促使易於滿足、自得日久就成為誇大狂。躍過一個階段，會變得只能畫餅飢、坐以待變，成為精神患者，專說些「三年如何，「五年又如何」，連自己也難以相信的話，活活地作了一個夢囈的神經衰弱。同時，則又會杯弓蛇影相驚伯有，自相感擾。

既不圖自我長進，不公平競爭之想，就自自然地只有走專事尋隙破壞之途。捨正途而不由，結果祇自掘墓地了！

新黨籌備人的緊急聲明

宣平

（台北通訊）選舉改進座談會發言人雷震，李萬居，高玉樹等三人以近來當權者對籌組中的新黨造謠、栽誣、離間、干擾，無所不用其極，乃於八月二十七日發表緊急聲明。

一、新黨是反共的，是全國性的

——是堅決反對分化中國的任何國際陰謀的，尤其絕不是所謂本省人的離心運動的。

聲明內有關新黨的首段說：「我們鄭重聲明我們組織新黨，係基於愛國心切，不能坐視因國民黨的一黨專制，過份集中政治權力而誤人誤國。我們明知組織中的新黨，在看得到的將來無法獲得政權。但是一個政黨在民主國家，不是沒有執政就無存在的意義。由於民主政治的優點，是執政黨和在野黨的相互制衡，使執政黨也不敢靠權力去侵犯人權，或在選舉中違法舞弊，或採取其他可能失去士氣民心的種種不良措施。因此，每一個政黨都要自覺、自戒、自肅，進而一切的政治措施才不會喪失人心。使老百姓能在明朗而公正的情況之下不會受到委曲冤枉。國家一旦如有緊急事故發生，每個國民才會自願決心捍衞國家，國家乃能永遠安泰。我們是基於這種愛國心理而開始組織新黨的。而且我們如能做到眞正民主，對共黨鬥爭，終屬我們勝利。新黨至今雖還未宣布成立，可是一切的籌備工作正在積極順利進行中。國民黨在表面上雖不重視新黨，可是暗中進行破壞工作，則不遺餘力，如不久以前國民黨以及黨所控制的報紙，均以頭條新聞的地位故意造謠說中共正透過其統戰組織向正在組織中的新黨滲透。這種亂戴帽子的作風，實在不值識者一笑。現在雖然海內外對新黨謠言甚多，但我們鄭重聲明：不久即要成立的新黨是絕對反共的，是堅決反對分化中華民國的任何國際陰謀的，尤其絕不是所謂本省人的離心運動的。」

二、新黨籌備人所受的干擾

——特務人員形影不離，駐港特務機構奉命偽造誣陷函件。

聲明又說：我們雖然一致團結努力籌組新黨，但到現在所受的阻碍干擾與分化等情事如每次開座談會總是受到警備總司令部干擾。我們認爲政府不應該利用已經拖延十幾年的戒嚴令，來剝奪人民受憲法保障的自由。又如我們發起人之一的吳三連於國民黨當局向他的事業集團施用壓力之下，不得不暫時出國六個月。對於雷震，則在自由中國社斜對面之大安區民衆服務站（國民黨區黨部）內，指派特務數十人成立專案小組，每日專負跟踪之責，並配有一部吉普車（車號爲一五—〇四〇五八）和三部大旅行車（車號爲一五—〇四八九九、一五—〇四九〇一、一五—〇四三八七），分別追踪監視（目前已發現者，最少有這四部車子）每日自晨至暮，表示其跟踪監視的態度，給我們精神上以莫大的威脅。近更聞企圖利用駐港特務人員，僞造函件，寄發新黨主要籌備人，以便構陷成罪，難怪美國衆院外交委員會遠東小組召集人柴布勞基（CLEMENT ZABLOCKI）要說：許多人批評台灣是「警察國」。美國百科全書載：「在蘇俄與中國，個人的自由幾乎完全是靠着警察慈悲。」過去有人說：台灣特務有十二萬之多，照現在看起來，可能倍於此數。其實，我們的組黨，是完全採取公開的方式，毫無秘密可言。對於本會發起人之一的李萬居所主持的公論報，及其他與他有關的事業，則製造種種紛擾，對於本會發起人之一的高玉樹更是利用法院，頻發傳票，其所據的事由無非都是幾年前他在市長任內拆除違章建築（中央黨部旁邊的違建，層峯命令拆除，被拆除的人控告高市長侵佔他的黃金美鈔，至今還在傳訊）和計劃一條道路（像中山北路一樣沒有計劃成爲直線）的要他担負刑責，予以困擾。至於參加新黨的其他主要人士，亦均受到或多或少的干擾。

在此我們必須再作鄭重聲明：由於組織新黨的運動已經是海內外民主反共人士一致的願望，而在國內是由下起來的潮流。我們現在對於新黨的政綱、政策、黨名及黨的籌備已有了初步的定案，預定在九月底以前即可宣布成立，我們敢斷定這不是任何干擾所能阻止的。

在台北的人們都知道此一聲明所說的全係事實，當權者公然在光天化日之下，如此橫行無忌，可見今日的台灣已經是一個不折不扣的特務世界了。他們準備還要密令駐港特務機構僞造函件誣陷新黨籌備人，也許不久的將來還要出現第二個孫立人案呵！多麼可怕呀？

八月卅日於台北

寫給無恥的國民黨當權派（讀者投書）

編輯先生，我是十年前由大陸逃港的學生，今天就讀於本港大專學院，多餘的時間，從事實業工作，因此可說是一位商人，本來在香港的商人是不顧過問政治之事，原因是中國現有的政治當局，專門胡作亂爲，爲了生活上的忙碌和避免不幸之事發生，對於政治的事，就很少談論了。但由於今天的新聞太過刺激，正義所在，商人也要言外了。敬希先生能給貴報一角代爲刊登。

蔣介石、陳誠、蔣經國，及大大少少的國民黨人，你們於昨日無法無天的將雷震先生拘捕，你們還在言論上解釋說，雷震被捕不是爲籌組反對黨，而是他在「自由中國」半月刊上，有刊登違犯叛亂條例的文字。你們最拿手的把戲是給人扣帽子，拘捕、暗殺，你們的卑鄙可恥早爲國人所知，自由中國半月刊的雷震先生，他原是你們的同志，且有着數十年的黨史，他爲什麼要遠離你們，你們從不作檢討，今天國民黨內，仍有着無數的雷震思想。你們今天的對付雷震，正是怕所有的雷震都會站起來反對你們，因此，你們怕將來有一天，你們沒有了官做，不能貪汚、弄權，由於怕的原故，所以你們才出此毒手，我懇誠的勸你們，再不要胡作非爲了，你們不看看南韓的李承晚政府嗎？李承晚的政府不是張勉和他的反對黨把他們打倒，而是南韓爲要自由的人民將他們推倒，李承晚的政府是非法選舉，非法連任，更以武力來對付張勉，（蔣介石正像李承晚，陳誠也正像李起鵬），你們如不清醒，下塲將會和他們一樣，雷震先生是你們的明燈，假如你們不能愛護這光，而殺了他，相信會有千百萬的雷震來殺你們。最後我們站在中國青年的立場，請你們早日釋放雷震，否則，你們有天會後悔莫及的。

讀者日出上

九月六日

朝聖團的內幕

靜吾

（台北通訊）七月底由天主教神父張體謙及天主教立法委員潘朝英率領了一個由五十人組成的朝聖團在極端保密之下自台北包了一架專機飛往德國慕尼黑參加天主教第三十七屆國際聖體大會。事後一位熟悉內情的人將該團的內情向報界洩露，指出該團團員多爲官方或與官方有關人士的子女，他們參加朝聖團的目的並不在於聖體大會，而乃利用此一機會，免去留學考試的種種限制而轉往美國及其他國家留學。此一消息一經聯合報刊出，輿情大譁；若干省議員更於省議會中提出嚴厲的質詢。天主教人士乃急圖緩和，官方亦深覺過意不去，於是在台北區副主教牛若望，與內政部官員「交換意見」之後，由天主教方面於八月三十日發表消息，說他們已致電朝聖團，囑將在各地活動的情形隨時電告台北，俾社會人士了解該團確係忠誠的作他或她們應做的活動。所謂權威方面並表示該團團員將全部回國，如有藉故不返國者，政府可以吊銷其護照。三十一日內政部發言人又向中央社記者發表談話如下：

「外傳台灣幾個有勢力的家庭的子女，利用該團出國赴慕尼黑出席國際聖體大會，不經過留學考試而出國升學的事，是不可能的。

中國出席這項會議的代表共三百人，其他二百五十八人是從其他國外各地前往參加的。在這二百五十八人中，男性多於女性。團長是于斌。

組織該團赴慕尼黑朝聖是于斌總主教在返國出席國民大會第三次會議時決定的。他曾建議行政院多派教友參加。當時行政院就將這個提議交給內政部審核。于斌不久離開台灣，由牛若望提出了一個計劃送請行政院核准了卅人，後來經過要求增加至五十人。當時行政院還召集內政、外交兩部會議，在護照上加以限制；限制他們可以在回國途中經過法、義、比、西、美等國訪問展覽，但是不能居留，護照期限是一年半。

朝聖團是宗教團體的一項活動，一切費用由教會或個人自行負担，又沒有違反出國法規的規定，內政部是不能不予批准的。」

內政部的談話，顯然是支吾其辭。九月一日的聯合報於刊載此一談話之後，還加上如下的一段：

「（本報訊）若干跡象顯示：本年七月底自台北乘包機飛往德國慕尼黑參加天主教第卅七屆國際聖體大會的四十多位男女青年，部份將於會後赴美留學的傳說，可能性極大。

一位熟悉朝聖團出國內情的人士，昨日向本報記者分析該團在極端保密下匆匆出國的若干可疑之點，以强調該團此行決非單純：

第一、該團此次辦理出國手續，政府各級機關，包括內政部、警備總部、外交部等，均予迅速辦理，其效率之高，較對一般團體出國「大爲增加」。

第二、出國的青年，極大部份來自「有地位」的家庭。

這些團員中，據傳有國大代表孟昭瓚之女孟素聰，國大代表羅毅之女羅茜蕾，立法委員林棟之女林汝汶，立法委員楊爾瑛之女楊曉嵐，楊淑嵐，監察委員馬廣瑞之女馬履雲，監察委員郝遇林之女郝海萍和郝蘭萍，監察委員于鎮洲之女于淑煥等。

第三、朝聖團在慕尼黑僅有一星期活動日程，政府發給該團團員護照期限，其有效期間如半年甚至一個月即可，但彼等却獲得有效期限一年半的護照，同時，彼等組團出國，發一張全團共用的「團體護照」即可，但彼等却各人獲有一張個人護照。

第四、該團之出國目的，如確僅至慕尼黑參加四年一次的國際聖體大會，則無須抄遠路經美返國，但彼等護照上註明：「德意志聯邦共和國，並回中華民國。途經法國、意大利、比利時、西班牙、美國等國。」」

聯合報對於朝聖團事件的分析，可說是客觀而平允的。今日的台灣，當權者一方面定下種種限制以要求人民遵守，而在另一方面却又以各種方式自己破壞了這些限制，他們玩法弄權已成習性，自不足異；但天主教人士也居然和當權者如此這般的合作，這就不免要令人驚嘆了。

中共亟圖經略寮國

玉笛

寮國雖然只是東南亞的一個小國，土地既不廣，人口也不多，但寮國卻在東南亞地區佔有極重要的戰略地位。由於它與泰國及北越接鄰，而泰國是反共的，北越則是共黨集團在亞洲的衞星小國，所以，從民主集團與共黨集團雙方爭奪東南亞的整個政略戰略形勢看，它卻有它的特殊地位。尤其東南亞地區的現階段，其中有些國家向左，有些國家向右，有些則正在標榜中立的當兒。

共黨集團之看重寮國，主要的，也正是看重寮國的政略戰略地位。共黨集團要想赤化整個亞洲，自非赤化東南亞各國不可，在共黨未能赤化整個亞洲時，中共要想自由進出東南亞地區，飲馬南洋與印度，自亦非先經略東南亞不可。

再回看中共的行動及作法，遠在十年前中共初佔大陸時，中共即着手修建鐵道。若依中國大陸之一般形勢及經濟價值而論，中共無疑是應該先修建中國大陸之西南及西北各大動脈的。但中共卻不然。它首先動工趕築的卻是湘桂黔鐵路的柳鎭段。所謂湘桂黔鐵路的柳鎭段，即指湘桂黔鐵路主綫之柳州到鎭南關支線而言。說到物資與人口之運輸，柳鎭段都根本說不上，而且也非急要，但它卻最先趕修它，惟一主要原因，也就因爲鎭南關乃交接北越之據點，倐築了柳鎭段鐵路，便可把交通運輸從中國大陸伸入北越，從而經過北越，進而可以成爲經營東南亞的一條重要戰略鐵道的關係。

再看當時湘桂黔鐵路之主線，原只修到都勻獨山一帶，尚缺一段路程始修到貴陽。但中共卻不去趕修這一條主綫，而去趕修這一條支綫，這都可見中共對柳鎭段這一支線之重視。

我們曉得：從中國東北的滿州里到湘桂黔鐵路上的柳州是早可啣接的，中共再把柳鎭段修通，若把中國大地圖打開一看，立可發現從中國最北方的滿州里到中國最南方的鎭南關是完全予以貫通了。不只中共的侵略矛頭可以指向東南亞，即蘇俄的侵略矛頭也可以貫通中國大陸而指向東南亞。若僅以當時中共初佔中國大陸的形勢說；中共之所以趕修湘桂黔鐵路之柳鎭段，與其看作是中共侵略東南亞之野心，實不如看作是蘇俄侵略東南亞野心之主使。因爲當時中共初佔大陸，大陸之一切，極待消化，中共本身之兵力，亦尚談不到向東南亞即刻擴張（中共參加韓戰，亦是奉史太林之命），但今天之中共與當時之中共，無論實力與聲威，則又完全不同，就今日中共來說，中共已足可由它自行串演這一經略東南亞之主角了。

中共經略寮國的經過，可以回溯到寮國內部發生戰亂以來雙方即各執一辭都把戰亂的責任推在對方頭上的事實。共黨一直在宣傳上掩蓋共黨想從寮國內部奪取寮國政權的陰謀，所以中俄共早在去年九月就反對聯合國調查和處理寮國問題。爲此，周恩來在去年九月九日還在北平發表一個談話，說：「我們（指中共）完全支持越南民主共和國（指北越）九月九日就聯合國安全理事會決定成立所謂老撾局勢調查委員會發表的聲明；……聯合國根本無權過問。」周恩來這種聲明當然是無理取鬧，試問聯合國何以不能調查處理寮國問題？如果聯合國不能調查和處理寮國問題，難道寮國問題應該由中俄共處理嗎？周恩來與北越在同一天發表這種互相呼應的聲明，不過反而暴露中俄共對寮國之野心，而與寮國接壤的北越，則不過是中俄共侵略寮國之工具而已。

事實上，中俄共侵略寮國的計劃，主要一直是交給北越執行且由北越出面的。及至寮國最近又發生傘兵營長江利（中共方面譯爲貢勒）上尉的政變，並抬出富馬親王來組閣，以標出寮國的中立政策，這都是中俄共在幕後操縱之陰謀，加以政變前蘇發努萬親王之自獄中逃走，以及國防部長諾薩旺領導之反政變委員會之成立，具見寮局益見複雜。目前，寮國局勢雖因富馬親王率同國會議員由萬象到王都開會而正式成立富馬內閣，表面形勢似已緩和，實則中俄共對寮國之陰謀則是並未因此停止的。相反，中共是更趁此寮國內情複雜的時候進一步經略寮國的。這一點，已經從中共中央政治局委員。中共國務院副總理李富春率同中共元帥葉劍英及中共中委廖承志忽於八月卅一日借慶祝越南民主共和國成立十五週年之名到河內，而且其中竟有一向在華南作軍事活動且與胡志明係舊識之葉劍英同往，則中共除將在經濟政治方面與北越共同策劃寮國外，更將在軍事方面予以策劃，已至爲顯明。所以，今後之寮局，就看以美國爲首的民主集團與共黨集團在下一回合的鬥爭了。

大陸出現怪現象─草荒

陳一鳴

大陸之窗

草荒是中共統治下今年新出現的怪現象。所謂草荒，即是說原本是耕種地，現在忽然生滿了青草，從而變成了荒地之謂。

在中共嚴密統治下，尤其在中共普遍成立了農村人民公社的今日，依常理來想像，中國大陸的每一寸土地必然都被利用了的。因爲中共一直在搜括農業生產品，更一直在强迫農民開荒，豈能還有所謂草荒現象之發生。然而中共人民日報却一再報導這一新聞，且一再爲文呼籲消滅這一現象，益以最近新自大陸逃港難民對此亦有報導，可知草荒確實是眞事了。

據七月廿三日北平中共人民日報報導：「江蘇、山西、黑龍江、安徽集中勞力澈底消滅草荒」。又據同日中共新華社說：「江蘇省入暑以來，由於氣温高、日照强，加上雨後土地濕潤，各種雜草叢生。爲了便利各種作物健旺生長，各地都及時集中勞力開展了突擊鋤草運動，主要種植谷的徐州專區在六月下旬就集中了五十多萬勞動力，開展突擊鋤草工作，經過十多天的努力，全區四百多萬畝秋熟作物已經基本上消滅了草荒。……」

又據中共新華社七月廿二日電：中共「農業部通知東北、華北、西北地區和內蒙古、湖北、安徽、江蘇北京等省、區、市的農業廳（局）抓緊時機突擊消滅秋田草荒」。

又據七月廿八日人民日報說：「河南各地……到十八日止，其中消滅草荒一千五百一十七萬多畝，佔現有草荒面積百分之九十六以上。」同日人民日報又說「遼寧二百多萬城市人民下鄉鋤草滅蟲」。

又據八月七日人民日報報導：河北省的草荒，僅石家莊等六個專區統計，「草荒面積就在一千一百萬畝以上」。

八月十四日人民日報更報導山東省草荒面積竟達四千八百萬畝。而山東省總耕地爲一億四千萬畝，故草荒面積高達三分之一强。

以上是中共人民日報在七八兩月份所連續報導出來的草荒新聞，中共地方報紙所報導尚不計算在內，總計起來，大陸今年草荒田地至少已有三億畝之多。而大陸耕地總面積約十六億畝，可知草荒面積差不多要佔大陸耕地總面積的五分之一了。

另一方面，中共又報導大陸今年災荒更甚於去年。去年水、旱、蟲災總面積爲五億一千餘萬畝，截至八月份止，中共則承認今年災荒田地已達六億畝，如此龐大數量的災荒面積誠屬駭人聽聞。而在如此駭人聽聞的災荒情況下，中共仍自吹其農業增產，那當然更是自欺欺人的謊謬宣傳了。

中共統治下的大陸，年年有重大災荒，中共早就無以自圓其說。因爲中共年年在吹水利建設如何如何好，如何又已人定勝天，到頭來仍是災荒，中共眞是自打嘴巴。

對於今年忽然又出現草荒這一怪現象，中共曾自我解釋其原因，對於東北地區，則說是「由於前期雨水勤，勞力緊，鏟趟不及時」；華北及淮河流域則解釋爲「因受旱時間長，前一階段人們集中力量抗旱，春播作物田間管理沒能及時趕上……最近下雨後，不少田裡雜草猛生」。其實雨多也好，抗旱也好，這都是不是發生草荒的眞正原因。發生草荒的原因本來很簡單，那就只因農村勞力沒有適時用到田裏去除草的緣故。但中共既早已嚴密統治着大陸農村，又用人民公社方式控制着所有勞動力，那末農村勞動力爲什麼又未能適時用到田間去呢？進一步看，這答案也很簡單，那又是因爲中共所施行的各種制度有毛病，不健全的緣故。需知農村可耕地遍佈各個角落，而中共對勞動力之使用，則採集中使用之原則，時間與空間集中的結果，當然就會在別的時地造成遺漏與空隙，這遺漏與這空隙自然就成了發生草荒的原因。然而這還只就勞動力的調配問題來看的，更基本的問題尤在自願勞動與被迫勞動這一關鍵上，更基本的另一問題，尤在農民的個人利益與共黨統治者利益的根本衝突上。而後一問題更連帶的決定了農民是否自願勞動與自動勞動的問題。試問今日大陸之農民，終年辛苦耕耘之結果，家庭被拆散，本身吃不飽，在勞動過程中，既有動輒得咎之虞，勞動完成之後，勞動果實則全被共黨統治所攫去，那末，誰還有自願勞動之興趣？誰還會在看見田間有雜草的時候，像從前一樣，就去自動除掉呢？由於大家都不及時去自動除掉，所以野草才會生長到三億畝之多。由此可知，中共所解釋的雨水多與抗旱都並不眞是造成草荒的原因，勞動力調配不當也不是主因，造成草荒的眞正原因是共黨所施行的制度與農民利益相衝突，農民缺少自願勞動的精神，從而造成消極怠工的結果。

寮泰關係不致繼續趨惡化

符式光

寮國政變以來，雙方僵持了廿多天；而在危機日益嚴重當中，泰國也竟被捲入漩渦。如果寮泰關係從此更趨惡化的話，則寮國局勢，顯然更爲複雜了！

在泰國被牽入漩渦之始，是由永珍政府的指責泰國，謂泰國容許諾沙旺軍假道泰境，進攻永珍；但泰國方面，則極力否認其事。此時，寮泰關係，便已呈現一些裂痕。迨至泰國當局指控寮國巡邏艇向泰國水警輪射擊，並侵入泰境，擄去兩名警察；於是寮泰裂痕，又再加深。最後永珍政府，則謂泰艦向寮軍開火，還說有兩架飛機，轟炸湄公河上的寮艦；這一來，寮泰之間的糾紛，更瀕於「交惡」的境地。泰國警方的發言人，曾憤怒地指出：寮國巡邏艇之掃射泰國水警輪，和越境拘捕泰警，都是「挑釁的行爲」。該發言人並大聲疾呼：「寮國武裝部隊愈來愈橫蠻，嚴重地破壞了泰寮邊境的安全」。繼而泰國政府，亦正式向永珍的「政變集團」提出了聲色俱厲的警告，指責寮國「政變集團」違反國際公法；並聲明倘再來挑釁，則泰國決難容忍，必要時將採取適當的應付行動，若一旦被迫報復時，則一切後果，將由寮方負責等語。從這一項警告看來，寮泰間的緊張情況，又再跨進一步了，永珍方面，則更盛傳泰國當局，已加緊計劃及部署軍隊準備對寮國作「軍事行動」；又傳泰國已公開支持「親美」的諾沙旺；更謂美國駐泰大使約翰遜，曾與泰國當局密商寮國問題，泰國將必陰謀干預寮國內政。——事情演變至此，當時雙方交惡的嚴重情形，可想而知。

泰國是東南亞公約組織的會員國之一，假如泰國眞的正面牽涉入寮國的糾紛漩渦中，則寮國局勢的複雜性，就很可能成爲國際化」。

此次寮國政變的成分，本來早已帶有「國際化」的質素。自由世界方面，曾一再指出，越盟和中共的軍事人員，包括一部份武裝部隊，已滲入寮國北部，協助康利上尉政變的行動，而共產方面，則力指東南亞公約組織，和美國顧問，已直接和間接干涉寮國內政。不過，這些都是互相指摘的吧了，而所指摘的，也僅是屬於「幕後活動」的一類，還沒有達到成爲公開國際化的程度。

但倘若寮泰關係一直繼續惡化下去，則寮泰衝突，亦未嘗沒有可能。到了那時，泰國有了東南亞公約組織會員國的背景，則整個東南亞公約組織也不會袖手旁觀；換言之，東南亞公約組織的各會員國，也將隨之而介入。說一句杞憂的話：演變到如此田地，當然會導致一場國際戰爭。那末寮泰兩國，又將如何決定其本身的命運？

第一、寮國總理符馬親王與前任寮國國防部長諾沙旺，已進行談判；在國王以下的主要人物，均表示前途樂觀。據雙方所發表的意見來估計，談判是終將獲致妥協的。雖說談判一旦決裂，立刻會爆發內戰，但以目前情勢看來，仍以協議的成分居多。寮國局勢既可歸於寧靜，則寮泰的關係，自然也容易彌縫了。

第二、泰國內政部長，已聲言經已下令邊境警察，除有特別命令外，勿再採取還擊行動。

第三、永珍當局，亦已下令寮軍避免與泰國的保安隊發生射擊的意外事件。

照上述三項情形來看，寮泰關係，雖然一時未能好轉，但在短期內，當可不致再趨惡化。

宰割

・蕭良勳・

我是旅居澳門的街頭小販，和家鄉——中山三區——隔別了十一年了。八月廿九日，我抱着一股惶惑驚慄的心情，回鄉探親；此行是大陸易手以來的第一趟。當我出了關閘，踏進中山縣境的第一個站拱北時，立刻遭受到一個充滿恐怖氣氛的「考驗」。首先是，排隊等候檢查身份証。檢查人員相當囉唆，把「回鄉目的」盤問到「了解」以後，還要查詢在澳門的生活情況，職業，入息，以至所交遊的朋友的成份和質素，都絮絮的問個不休，足足浪費了五十分鐘。迨檢查過行李以後，若干種較新的衣服和日用品，都被指定了要付給重稅。當時我還帶了有三斤已經切碎了的燒肉，可是却想不到這區區三斤燒肉，竟犯上了「天條」！共幹狠狠的指着那些燒肉對我說：「大陸配給人民的猪肉還有盈餘，爲甚麼你却把燒肉帶回來」？共幹這種自欺欺人的問話，眞使我無從回答。歇了一會兒，共幹先從鼻孔裡發出了一個「哼」字，然後很憤怒地說：「這些燒肉，要課稅十二元（人民幣）」！我當堂爲之一怔，低聲問：「三斤燒肉，爲甚麼竟要課稅十二元」？共幹瞟了我一眼：「猪肉是主要食糧之一，照稅額規定，要課稅百份之百才准入口的：如果你不願意，我可以替你退回」！唔！那還有甚麼辦法？我祇好咬緊牙根，聽由宰割吧了！

僑鄉近訊

汕頭罐頭廠爆炸後繼續拘捕平民

・江水・

汕頭罐頭廠自八月二日發生爆炸後，汕共仍在繼續搜捕「國特」中。據悉：前後被拘的「國特」，現已超過五十八；但他們其實都並非「國特」祇是「不滿現實分子」，都被加上莫須有罪名，關進寃獄！查汕頭罐頭廠，位於該市華塢路，係潮汕「地方國營」規模最大的工業之一；當日下午三時，廠房突然連續發出巨大的爆炸聲三响，震動了整個汕頭市，廠房一座，當堂被炸倒塌，生產立刻陷於停頓。肇事後，汕市公安局立刻宣佈戒嚴，除迅即派員到碼頭、車站嚴密地盤查旅客之外，並進行逐戶搜查民居，一些受管制的居民，更被疲勞調查；就在這一天內，被捕的已達十九人。直至深夜，戒嚴令才告取消；但搜查和拉人仍在繼續進行中。據潮州來客透露：汕頭罐頭廠此次離奇爆炸，汕共一口咬定，係「國特」所爲，故「黨」立刻指定由「第一書記」羅天負責「調查」眞相，但所謂「調查」，除了胡亂搜索和胡亂拿人外，迄仍毫無結果。前後被捕的五十多人，一直都是給囚在監牢裏，禁止家人探視，却迄未予審訊。

中山小欖鎮「發明」雙蒸飯

原日中山縣，屬以食譜馳譽的小欖鎮，今日在一窮二絕三飢餓的厄境中，連「雙蒸飯」也大行其道了！所謂「雙蒸飯」也者，就是鄉民從公社裏受到一些糙米飯的配給，根本不足充飢，爲增加其份量以求裹腹起見，乃把它拿回家裡，再加上一些雜粮去翻蒸；這樣的「雙蒸飯」，在今日的小欖鎮上，竟成爲鄉民主要的口糧。黑市米是半公開發售的，每市斤的售價，竟高達「人民幣」一元六角。黑市米從何而來？顯然，這是共幹從鄉民口裡剝削下來的「私己」。至於昔日的馳名小欖食譜中的手撕鷄，甜豚蹄，雙皮紛，淸蒸海鮮等，現在都早已成爲當地鄉民腦海中的一種幻影！十一歲以下的兒童，對於這些家鄉美味，簡直連見都沒有見過：他們所能夠吃進肚裏的，祇是「雙蒸飯」吧了！

當皇室訪問的時候

・金髮譯・

在今日的民主時代，國王、皇后、王子及公主，都竭力去保持他們的王座。他們不時出去為公路剪綵、視察學校，已像普通的官員，不是神話中帝王了。所以皇室訪問，在今日已成大宴會的很好的原諒，有幾日幾星期的時間，皇族可以顯示他們像棗子大的鑽石，民衆可以大飽眼福，無限快慰。

我係一個英國皇宮的衛士，經常要參加溫沙宮的宴會及國會開幕，我亦是英女后結婚時的儀仗隊之一。但是皇室訪問，亦可能是很傷腦筋的事情。在我們隊裏，沒有人會忘記在加冕那一年宴請女皇（我們的上校司令）的一回事。那天天氣很好，皇宮電燈照耀如同白晝，宮內樓梯上，站滿紅色制服軍官及珠光寶氣。忽然有人報告皇后的車子來了，於是招待委員向前推進，傳令兵齊奏喇叭。全宮的電燈却正在這時熄了。幸得有遠見的人員預備有救急火光，當皇后進來，看見他們手持火炬，非常高興，知道原來是怎麼一回事，她感嘆說：「假如我早在這裏就好玩！」

出入不意的皇族駕臨，是使人短壽的。有一次我們在溫莎宮值班，大家，在官長守衛室聊天，裏面一片吵聲，有人敲門亦聽不清楚，以為是派出去買茶的鼓手回來了。有人喊道：「看上帝的面子，進來吧！」久不見動靜，我猝然將門打開喊道：「你跑到什麼地方去的！」兩個女子站在門外，其一是侍衛，其一是瑪加麗公主，我滿臉通紅，口中呢喃表示歉意。當我敢於仰首覷，我看見公主笑不可仰。她說：「你不打算請我喝茶嗎？」我們當然請她喝茶，盡歡而散。

英皇室來美訪問，可以引起更多的問題。準備這種大宴，需要西西德美爾電影中的人馬工作六個月，所費亦相等。比方英皇后一九五九年七月只訪問支加哥一天，他們就準備和演習了八星期之久。

皇后自己監督和計劃她的旅行，並參加各種小節工作。我們旅行只需六十六磅行李，跳上噴射機，皇后則要二噸行李及價值五百萬的珠寶。

皇后的服裝是很大的難題。一經宣佈訪問旅行，則倫敦二家服裝公司，就準備製成一百五十件衣服，以備各種場合之用。因怕風吹，各大裙上要放鐵片，帽子亦要特別的鐵絲，鞋要盡量舒適，每件衣服要有同顏色的手套數對，以備許許多多的握手之用。另外是一種禁忌：皇后必須穿鮮明顏色的衣服，使人容易看見，她不穿黑衣，雖然於她很合宜，又不能穿得太緊太時髦，或太不時髦，又要穿得容易，她從早服換晚服，有時只有二十五分鐘。當衣服進出皇宮時，像倫敦的濃霧一樣的秘密籠罩着，因爲如果如有一件衣服圖樣事先洩漏出去，則服裝公司可能喪失無價的「皇后御用」牌照。

當服裝準備好了，就交給麥唐納女士的副手，她是皇后個人的侍從，皇室的人都叫她「布布」當皇后六星期大時她就照料她，她是唯一非皇室的人可以叫她的花名「利利白」的。因爲皇后在訪問期間，一天要換四次衣服，故各衣服的零件要分別存貯，麥小姐保存一種目錄，包括寫明何時穿何種衣服。在普通訪問中：皇后的衣服約有七十五箱，她好多衣箱是數代傳下來的各色各樣陳舊東西，舞衣是裝在六呎長的大箱中，帽子則在四方箱中，小箱子則放皇后特用的茶葉。

行李中必有錄音機，因爲皇后及皇夫時時要與孩子們接觸。

皇后的珠寶（不要與皇室珠寶混爲一談）是分裝的、鑽石冠與配合的頸鍊是裝在鶩絨小箱子，然後再放進大箱子，珠飾多數是包括一副珍珠耳環，以前是倫敦某妓女之物，皇室常笑稱之爲「罪惡的報酬」。每次旅行珠寶都是保險的，價值無人知道，其數目當然是天文學的。

如果皇族出遊數月，像皇儲去北極的旅行，他是坐遊艇，但如渡大西洋則用商用飛機，省費省時。那時特別裝置舒適座位給他們夫婦，抽去幾張椅子，裝上沙發、餐枱、梳裝枱等。座位亦不能撤去多少，因爲除他們夫婦外，尚包括侍女二名，新聞秘書三四名；麥女士及助手兩名，侍從大臣、管家主任，皇夫的會計師，飛行主任、理髮師，男僕兩名，速寫兩名，醫官一名，偵探兩名，腳夫兩名。

當飛機飛過大西洋，皇家戰艦沿途偵候，不斷與飛機通無線電，當皇族到達了美國本土，將有十名艦上高級官員，做美政府的客人。招待國賓分兩種方式，第一種是招待元首（最奢華的招待），第二種是招待政府首長，每次約破費一萬元起碼。第一種招待費多少，國會保守秘密，大約每年二十五萬至一百萬元。超過十天勾留之後，則皇室要自己付賬了。

禮賓司已規定第一種招待國賓的細則。國賓到後，總統的飛機或特別飛機，就撥給國賓自由使用。祂們飛到華盛頓，通常是中午到達，鳴炮二十一响，由總統迎接，然後到總統的迎賓館。因爲午餐的時候，無數的公務員喜歡趁此時機歡迎嘉賓。

一經在迎賓館安頓下來，他們即開始準備參加盛大的宴會。第一晚是總統歡宴，第二天是副總統的午宴，晚間是國務卿歡宴。第三晚是皇后在英大使館[illegible]迎賓的管理人（G女士說，雖然有命令供應國賓的需要，但普通的皇族不甚苛求，英后夫婦尤其如此。他們很自重不苛求。任何美國的女主人都覺得禮賓司的訓令很易辦到。英后及皇夫都喜歡吃簡易的餐，喝些櫻桃雞尾酒，皇后在吃飯時飲些萊因河的酒。

至於衣服英后沒有特殊的意見。一個國務院的發言人說，我們的意見，是只要穿得夠緊，表示你是女人，又不要太緊，表示你是貴婦。

英母后及邱吉爾都不是國家元首，但他們都得到「紅地毡待遇。」母后亦像她女兒一樣，亦很能體貼人，她只要求一個熱水袋。邱吉爾到迎賓館去有如老鴿回家，他要求的比較多些，他不得不如此。有一次派定陪他去午膳的白宮官員，忽聽到邱吉爾房裡發出埋怨的聲音，他輕輕的敲門，忽然迎面來了邱氏的咆哮之聲：「我的牙齒在那裡，快些找來，如果我不能咬，如何去和總統吃飯。」

禮節有時亦會忽然發生故障。一個新參加社交的少女阻碍了美國在中東油田的利益。當沙地王來訪美國的時候，她不知道沙地阿剌伯的風氣是不許在公共場所飲酒吸烟及見女人的，她不知道這些，一手拿着酒，一手拿着烟去和沙地王攀談起來。沙地王目不轉瞬。

中東的王侯，多數是多妻制的，國宴時如何安排他們的妻子是很頭痛的事，好在至今爲止，來訪的國王都不帶許多妻室同來，故問題未有發生過。如一旦發生，則國務院可能要求國賓自己指定一名妻子參加國宴，否則完全不參加，如果帶來妻子太多，則如普通客人，安置在普通客人羣中，或索性留在大使館裏。

在二次大戰以前，最隆重的外交場面，是有一次一個華盛頓的貴婦，請來訪的國王歡宴，一切都很順利。後來主人忽然發覺她臨時雇來的男僕人滿面醉意，她就用自己面前的名片寫了幾個字交給僕人，他接過來看了一眼，然後放在盤上送給國王。如國王不是有幽默感的話，可能發生不快事件，因爲女主人寫的是：「你喝醉了，趕快滾蛋。」

文壇泥爪

京派與海派

平劇中有京派與海派，是人所習知的。新文壇上也有「京」與「海」之分，却知者甚少。

京派指當時在北平的文人和刋物，海派則指在上海的文人和刋物。一般的觀念，也像對待平劇那樣，認爲京派是正宗，海派是旁門，京派是內行，海派是外行。新文學運動起於北平，最初開創這一運動的入，如陳、胡、錢、劉、魯、周等，皆在北大任教，而最早的兩個刋物新青年和新潮，也全在北平發行。稍後的文學研究會、沉鐘、莽原、未名等純文學團體，也都在北平成立，初期在新文學上有相當貢獻的期刋，爲「晨副」「京副」「詩刋」「劇刋」「語絲」「努力」「現代評論」「莽原」「沉鐘」「淺草」，更是全在北平發刋的。上海有了新文學刋物，那是民十年以後的事。在民十以前，上海的文壇還是所謂鴛鴦蝴蝶派的世界。這派起於民國紀元前十年的申報，最初是以寫嫖客妓女爲題材，專供都市中有錢有閒階級的消遣，後來漸由寫嫖客妓女轉變成寫才子佳人，但變來變去仍是老一套，談不到有什麼文學價值。

創造社成立之初，郭沫若在日本遇見沈尹默——他是北大教授，以寫「三弦」一詩享譽一時，那時正到東京帝大研究——，談到要在上海辦一個純文藝刋物的意思，沈就說：「上海灘上是談不上什麼文藝的。」後來郭等的創造季刋在滬發刋了，劉半農會在「語絲」上批評郭說：「上海灘上的文人，自比歌德。」

文學研究會的「小說月報」，在沈雁冰接編之前，本就是鴛鴦蝴蝶派的刋物。沈編的「小說月報」，因爲「商務」的關係，不能不在上海發刋，因此京派與海派便直接衝突起來。當時文學研究會不但攻擊章士釗的文言復古，不但攻擊創造社的藝術至上，更攻擊鴛鴦蝴蝶派的黃色毒害。但海派的勢力因爲已有二十年歷史，還相當雄厚，雙方爭鬥的結果，不分勝敗，海派另在「商務」創刋了「小說世界」，而沈雁冰的「小說月報」主編，也被迫去職。

直到奉系軍閥入北平，京派文人大批南下，新文壇的重心纔由北平南移上海。這時京派的勢力旺盛，由魯迅爲主將，一舉把鴛鴦蝴蝶派打倒。創造社因爲是在上海成立，魯迅也罵郭等是「新才子派」，說他們是海派的餘孽。實際上創造社的作風的確很像海派，郁達夫描寫性慾的小說；張資平描寫三角戀愛的小說，又滙合形成了一種新海派的都市色情文學。後來的穆時英、葉靈鳳等人的小說，就是郁、張等人作風的進一步發展。

一把銀匙（下）

・文德・

我開始用牙粉擦亮這把銀匙。十二年來，生活變遷已很大，嘗如說，我長大了，從小學，中學而大學。秀姐亦已綠葉成蔭，生活富裕美滿。大哥婚後生有子女各一，大姐也嫁得遠遠的了。但是，十二年中我保持恆一的習慣，就是獨個兒嗜着擦這把小銀匙的回味，它，愈來愈澀口了！

大學裏，像我第一眼看中這把銀匙般，看中了小娟。她也在有意無意間表露了對我的關心和情份。起初，我尙不能確定她似嫌飄忽的感情，直到她贈我以手繡的手帕一方後，我才像王子般傲然了！我保証永遠不損壞，不丟棄這無價的手帕。

可是，就在昨天、我那煩皮的小姪女，竟拿起剪刀，將它剪出一個窟窿來，若不及時搶救，說不定早已體無完膚。我的心也被剪了一個窟窿，從這窟窿裡，冒出一股領悟力及勇氣來：使我瞭解「秀姐當時的心痛，和我認罪的必要！

我幾乎將匙柄上牡丹的每一花瓣擦得栩栩如生了。我很滿意，因爲小姪女竟伸手來搶，可見它的光彩依舊足以吸引任何童心！

我將它放在夾克袋內，啓程去秀姐家。雖然，我曾去她家多次，但遠不如今天的心情奇異。我將十二年的悔意積成一堆，預備將它與此銀匙一並送還給秀姐，我憧憬着當我回家時，將是身輕似無債的人」！是的，這又何嘗不是一份債務呢？

我坐在秀姐的客廳裏，她依然娟美文靜，有份少婦的端莊。我不知如何啓齒，沿途思索好的腹稿都烟消雲散了，秀姐一直談笑自若，絲毫沒有覺察我的窘迫。終於我漲紅了臉，像那天晚上我撒謊時一樣緊張：「秀姐，我有一椿事要請妳原諒。那把銀匙是我藏起來的：：我曉得，妳因此跟妳的好朋友絕交了，害得妳生了病：：又：：又嫁給現在的姐夫：：我實在抱歉：：」

秀姐聽後微微怔住，接着安詳含笑地說：「德弟，我早就知道是你藏的，你來看病的那天，不是說得很明白嗎？我和他絕交，銀匙的事，不過是個藉口罷了。」

（完）

文史漫談

張平子同聲歌釋祛繆

徐亮之

詩不可有道學氣，更不可以道學的眼光論詩；有之却都祇是隔靴搔癢而已。近閱清人吳騫槎客「拜經樓詩話」，於張平子「同聲歌」「素女爲我師，儀態刑萬方。衆夫所希見，天姥教軒皇」諸句，引「蟲獲軒筆記」曰：「『刑』今本作『盈』，『姥』今本作『老』，皆非。抱朴子：『黃帝論導養而質元素二女』（亮之按：語出抱朴子內篇極言篇）；徐孝穆文：『優游俯仰，極素女之經文；升降盈虛，盡軒皇之圖藝』；（亮之按：語出孝穆與周宏讓書）與此詩意同。言素女儀容人世罕有，昔者曾爲黃帝之師，而我今日亦師其態也。詞意質直，不當攙入他解。世所謂素女秘戲之詞，乃起於唐宋以後道士家言，漢魏以前之書，無此論也。」此所云云，直是瞽說，妄作解八。

「同聲歌」的主旨，乃言男女之愛應靈肉一致，亦即俗語所謂「上床夫妻，下床君子」之意，故前半所言皆如何謹婦職、主中饋、助烝嘗、愛丈夫、清潔門戶、修飾自身等等，質言之，即靈的方面的愛的描寫也。至於肉愛的描寫，則「素女」句上尚有「重戶結金局，高下華燈光；衣解巾粉御，列圖陳枕張」四句，合而觀之，諸如局戶、張燈、解衣、御（進也）巾，列圖、陳枕、以及素女軒皇、儀態萬方等，和平子「七辯」所謂「假明蘭燈，指圖觀列；蟬縣宜愧，夭紹紆折；此女色之麗也」云云，正用的是同樣的手法；其爲刻意描寫床第之私，房中之秘甚明；這恰又是張敞所謂「閨房之私，有甚於畫眉者」，何足爲平子諱？又詩中「列圖」之「圖」，其爲秘戲圖，亦即所謂春宮、春冊，原詩與參讀此觀於「七辯」及孝穆之文可知；何得謂爲起於唐宋以後之道士家言？且「天老雜子陰道」二十五卷、「黃帝三王養限方」二十卷、明列「漢書藝文志」房中八家之中；班固曰：「房中者、情性之極，至道之際；：：樂而有節，則和平壽考；及迷者弗顧，以生疾而隕性命」；所謂黃帝天老之書雖未必可靠，而其所述爲房中之術，及古人對於此事頗能追求科學之處理，則觀於班固之言又可知；何得謂爲「漢魏以前之書無此論」？

考「秘戲」一詞，見於「前漢書」周仁傳。傳言「仁爲人陰重不泄，（張晏曰：「陰重不泄，下濕，故溺袴；是以得比宦者，得入後宮也。」按此解較服虔「質重不泄人之陰謀」及師古「爲性密重不泄人言」義長。）常衣敝補衣，溺袴，故爲不絜清；以是得幸入臥內。於後宮秘戲，仁常在旁，終無所言。」周仁乃景帝時的郎中令，景帝秘戲對其在旁不以爲嫌；班固秉筆修史復不以爲諱；則生後班固僅四十六年的張平子，發爲詩歌，吟詠性情，順風沿流，畧事刻畫，又何不可之有？而所謂「秘戲圖」最遲必起於東漢，且爲平子所親見，實即可於「同聲歌」及「七辯」証之，又豈僅「蟲獲軒筆記」作者所謂「素女秘戲之詞」而已？

大概古人對於男女正常交合之事，往往並不諱言，並不如後世道學家的裝模作樣；例如「戰國策」韓二說：「楚圍雍氏五月，韓令使者求救於秦，冠蓋相望也。秦師不下殽，韓又令尙靳使秦，謂秦王曰：「韓之於秦也，居爲隱蔽，出爲雁行。今韓已病矣，秦師不下殽。臣聞之，唇揭者其齒寒；願大王之熟計之。」宣太后曰：「使者來衆矣，獨尙子之言是。」召尙子入。宣太后謂尙子曰：『妾事先王也，先王以其髀加妾之身，妾困不支也；盡置其身妾之上，而妾弗重也；何也？以其少有利焉。今佐韓，兵不衆，粮不多，則不足以救韓；夫救韓之危，日費千金，獨不可使妾少有利焉？』尙靳歸，書報韓王。」夫以太后之尊，對一外國使節討論軍國大事，竟公然取譬自身房闈之私而不以爲羞；使者歸，復巡以其言公然「書報韓王」而不以爲瀆；則詩賦小道，因之以託興比事，窮形盡象，入木三分，而復典麗以出之，使覽之者欣然賞之於心，而色然詛之於口，則作者文學之目的已達，其詛之正乃見其深賞之而已。而道學家對於文學家之往往無可奈何，以此。北宋初，晏小山曾譜「鷓鴣天」，其後半闋云：「春悄悄，夜迢迢：碧雲天共楚宮腰。夢魂慣得無拘檢，又踏楊花過謝橋。」程伊川曾笑這是「鬼語」。蓋道學家口裏的「鬼語」，正是文學家筆底的「驪珠」也。

雨中偕友人遊西林寺

·亮之·

車走雷聲出翠微，汗漫截路行人稀。千山足雨泉初壯，一寺風高秋正肥。野店都無留客意，籬花劉作傍人低。清涼世界宜吾輩，袖得西林滿幅歸。

青衣島二首

·蒸莊·

晚照雲山接翠微，舟人指點到青衣。亂來何處堪招隱，祇此聞歌緩緩歸。

潮廻坐對海山濱，雞犬農漁共隱淪。絕似東柯好崖谷，桃花笑煞杜陵人。

記庚子拳變始末（二二）

舜生

行在政府留在西安靠近一年，經過再三考慮，又一再改期，卒於光緒二十七年八月二十四日動身重返北京。

這次回京的路程是由陝西通過河南以達直隸，除由正定到北京一段係坐火車以外，其餘都用車輛與轎馬。不過所經過的道路，事前已大加修理，沿路各大站均有行宮，即小站也布置井井，其他一切供應更無不爭奇鬥勝，惟恐不能討得這位老太后的歡喜。自然有藉辦這種「皇差」而找錢的，例如臨潼縣令夏良才；也有藉着這種機會以獻媚的，例如河南府知府文悌。九月二十七日到達河南的滎陽縣，便接着北來的電報，知道李鴻章已於這一天的午刻死於北京，於此時此際，驟然失去這樣一個最可倚恃之人，自慈禧以次各王公大臣乃至宮監衛士，都不能不感到相當的錯愕。

十月初二到達開封省城，行宮陳設的壯麗，已儼然有內廷氣象。慶親王奕劻也在這一天從北京趕來，連日召見，每見必經過很長的時間然後退出，大致北京年餘以來的一切經過，慈禧都非向他逐一問明不可，這個時候人員的升遷調動甚多，自然也是這位「老慶記」一個發財的機會。慈禧留在開封一月有餘，辦了一件較有意義的事，總算把溥儁大阿哥的名號撤銷了，賞了他一個公銜，給了他三千兩銀子，命他立即出宮，僅由河南巡撫松壽派了三名佐雜隨同照料。溥儁自己所帶貼身的人，僅有一個年老的奶媽。他想到皇帝沒有做成，落得如此這般一個結果，因此他在臨走的時候，乃不禁嚎啕大哭！據說溥儁的性格是非常頑劣的，當他在北京進宮的第一天，便帶進去他所心愛的兩隻狗；有一次與光緒帝小有衝突，竟將光緒一拳擊倒，結果由慈禧以家法責了他二十棍。到西安以後，他曾鬧過戲院，嫖過土娼，而且染上一身梅毒；像這樣一個荒唐種子，居然要拉他來入承大統，這也可看出慈禧的昏憒糊塗。

十一月初四從開封啓程，乘特備的渡船，「千橈並舉，萬槳齊飛，」渡過黃河，然後繼續前進；單只犒賞水手，也花了二千五百兩銀子，可想見排場的濶綽。從開封到正定的這一段，也還是躭擱了二十天，在順德已召見了直隸總督袁世凱，一直到二十四日才改由鐵道入京；太后和光緒帝所乘的四輛花車，其考究自不用說，即車上所用的茶杯與其他碗盞，每一件上，也都有「臣盛宣懷恭進」字樣，所謂官僚也者，便是在這種關頭最能多用心思。在保定又停了三天，然後於二十八日直赴京城，車抵豐台，「迎駕」的文武百官，已經是人山人海，一齊俯伏地上，不敢仰視，只有留在北京的若干洋兵，乃跑到城樓上去看熱鬧，居然也揮帽致敬！太后在輿中含笑答禮，好像在說：『我又來了，您們把我怎樣？』入宮後的第一件大事，便是去看她所窖藏的幾千萬兩銀元寶，金元寶，知道絲毫未動，乃喜出望外！（第六節仍未完）

聯合評論 週刊

本刊已經香港政府登記

每逢星期五出版

United Voice Weekly

第一〇八號

督印人：黃宇人　總編輯：左仲平
社址：九龍赫德道二十三號地下　電話68678
承印：嘉羅印刷有限公司　香港灣仔馬師道5號
總代理：友聯發行公司　售價每份港幣一毫
本報美洲版總經售處美國紐約中美出版社
CHINESE-AMERICAN PRESS, INC.
199 CANAL STRE, ET..
NEW YORK 31 N.Y. U.S.A.
美洲航空版每份零售美金一角

援雷專號

我們對雷案的認識和主張

本社同人

本月四日台灣警備司令部拘捕雷震及自由中國半月刊編輯傅正，經理馬之驌，已於七年前卸職的會計劉子英等四人一案，十日以來，已在海內外激起了普遍的憤慨。儘管當權者一再强調本案乃是一個法律的問題，與組織新黨事無關；但他們的用意何在，可以說是「司馬昭之心，路人皆知」，勿須我們再贅述。我們現在要特別指出的，則為下列三點。

一、先捕人後派罪名，是蹂躪人權的暴行。

雷震等四人被捕後，警備司令部發言人王超凡稱，他們涉嫌叛亂，已由該部根據懲治叛亂條例第十條的規定依法拘捕；但未指明涉嫌叛亂的事實。五日台北報上刊載所謂「有關機關」摘要彙集自由中國半月刊的言論，分為「倡導反攻無望」等六大項目，並於每一項目之下列舉一篇或數篇文章的若干詞句以為証，被引用的文章共有十三篇。顯見當權者所說的涉嫌叛亂，即係指這十三篇文章中被「有關機關」摘要彙集的那些詞句。但六日深夜王超凡忽然向中央社記者說「劉子英是匪諜，雷震被牽涉在內」。七日台北中央日報更說傅、馬二人也是共諜。於是，雷震的罪名又從「涉嫌叛亂」而變為「涉嫌匪諜」了。由此，可知當權者原決定摘取自由中國半月刊的幾篇文章而以叛亂的罪名加於雷震，以便科以重刑。繼因感於此計並不太妙才改變主意而使出其拋紅帽子的傳統絕技。他們或以為指無籍籍名的劉子英等為「匪諜」，則大家既不知這三個人為何許人，自不便有所辯護。劉等的「匪諜」罪名一經宣佈確定，援雷者勢必不能不有所顧忌了。可是，無論當權者如何工於心計，今日的事實則是全中國人和全世界人都已知道雷震等四人之被拘捕，並非由於有任何罪行；而乃是當權者為了政治的理由先將他們拘捕之後，再派罪名。這種公然蹂躪人權的暴行，絕不是任何詭譎的手段所能掩蓋的。

二、以戒嚴法為壓制人民的工具

當權者在拘捕雷震等四人之初，既沒有發現任何叛亂或圖叛亂的事實，而祇是認為自由中國半月刊的少數文章有「倡導反攻無望」等嫌；又何不依循兩年以前他們為了限制人民的言論出版自由而特為修訂的出版法行事？而要援用戒嚴法？其理由是台灣現在戒嚴期間。我們無意在此評論長期施行戒嚴之是非得失和有無法律根據，而祇提出台灣的現狀是否是在戒嚴中這一事實問題。姑舉兩例言之，依戒嚴法的規定，在戒嚴期間得實行宵禁。但當權者則隨時花天酒地；通宵達旦，從未受任何限制。即如聯合報載，台北市教育局長於上週邀請市議員十餘人在旅店吃花酒至深夜才散。如此的情形，何得謂為戒嚴？又依戒嚴法的規定，在戒嚴期間禁止遊行示威。但如所週知，每逢祝壽或類似的節日，例必有十萬以上的人集於台北，歡呼，遊行，百無禁忌；而警備司令部人員踴躍參加唯恐不及，更何得謂為戒嚴？然而一涉及人民的言論出版或集會結社自由時，當權者又把戒嚴的大帽子抬出來了。由此可知今日台灣之所謂戒嚴，不過是當權者用以壓制人民的工具而已。

三、我們對雷案的主張。

我們並非對於『自由中國』的言論全部同意，而乃認為當權者如此不問有無犯罪事實，也不依循法定程序，而任意捕人，然後再派罪名，甚至以戒嚴法為壓制人民的工具，是一種不可容忍的暴政。假如任其橫行無阻則今後的台灣更將成為一個人人自危的恐怖世界，而中華民國憲法第一條所規定的民有民治民享也就蕩然了。我們愛惜此一反攻復國基地，我們躭心一千萬同胞的安全與自由，我們更關切中華民國的前途，換言之、我們為了維護國脈和民命，實不容不對於雷案表示嚴正的態度。我們的要求是：一、立即釋放雷震；二、懲辦此次先捕人後派罪名的負責人員；三、向全國人民保証此後不再有同樣事件發生。

雷案說明了什麼？

徐亮之

雷案現在已經成為聳動世界的新聞了；中外通訊社不厭求詳地報導着，許多報紙以頭條新聞登刊着；援雷的呼聲，在台灣、在海外，彼呼此應地憤怒震盪着；這一切一切，本該可以作為台灣當局痛自反省的資料的；然而截至現在為止，他們却依然祇是一點反省的跡象也無；却依然祇是企圖把他們這一失盡人心的荒謬舉措硬說明成合理合法來。那末、他們這樣到底說明了些什麼呢？人民的眼睛雪亮，在人民的眼睛中，他們實在等於什麼也沒有說明；除了更刻骨地暴露着台灣獨裁主義者猙獰的面目以外。

例如他們企圖說明的是拘捕雷震和正在組織中的「中國民主黨」無關。然而事實却是：雷震乃民主黨的發起人；民主黨發言人宣佈該黨將於九月底以前成立之後，他們才先下手為强，趕着在九月初便把雷震拘捕，該黨全部文件加以沒收。亦即是事實說明：他們祇是事實上根本要消滅這個反對黨而已。這乃獨裁主義者摧殘民主否定憲法上「人民有集會及結社之自由」的惡毒手法；這手法逃不了人民雪亮的眼睛的。

又如他們企圖說明的是拘捕雷震和他所主編的「自由中國」的繼續發行無關。然而事實却是：不但主編被拘捕了，編輯被拘捕了，會計被拘捕了，就是連稿件也跟着拿去存案了。亦即事實說明：他們祇是事實上根本要消滅「自由中國」這個刊物而已。這乃獨裁主義者摧殘輿論否定憲法上「人民有言論、講學、著作及出版之自由」的卑劣手段；這手段逃不了人民雪亮的眼睛的。

再如他們企圖說明的是拘捕雷震乃有法律根據的。然而事實却是：他們的所謂法律並不是根據憲法，而祇是根據拖延了十幾年早就該予取消的戒嚴法。同時，拘捕雷震以後，他們並不敢送交司法機關公開審訊，而祇是交由軍事機關秘密審訊；甚至秘密到連雷震的妻子也不准探監接見去。亦即事實說明：他們祇是事實上根本要消滅雷震這個人而已。這乃獨裁主義者摧殘人權否定憲法上「人民除現役軍人外，不受軍事審判」的非法行為；這行為逃不了人民雪亮的眼睛的。

於是事實給我們說明得非常徹底：他們的說明祇是蒙蔽事實的。所謂民主，所謂自由，所謂人權，在台灣的實際地位祇不過是這樣的！於是事實更給我們以非常徹底的教訓：台灣的獨裁主義者乃以修改憲法「臨時條款」取得其非法地位，而以無限期延續戒嚴法維持其非法統治，剝奪人民受憲法保障的應有的權利。

於此，我們必須正告台灣當局：人民的眼睛是雪亮的，人民的忍耐是有限度的。你們這次已經鬧出了世界性的笑話了；如果再不痛自反省，及時糾正，是要召致嚴重的後果的。更具體說：如果雷震等有什麼三長兩短；如果「自由中國」有什麼風吹草動；如果你們所已公開允許可以成立的反對黨，因你們的食言而肥橫加干擾以致不能依時成立；你們的責任是無所越於天地之間的。

為聲援雷震被捕

香港民主人士招待中外記者

自雷案發生後，香港民主人士即密切注意其發展。為揭開雷震等被捕事件真相，香港民主人士經於九月九日午後四時在香港格蘭酒店招待中外記者。計到有星島日報、工商日報、華僑日報、成報、新生晚報、英文南華早報、英文虎報、路透社、美聯社、合衆社、紐約時報、大英廣播公司、時代週刊、生活週刊等中外記者多人。民主人士到有左舜生、李璜、勞思光、李中直、許冠三、黃宇人、徐亮之、孫寶剛、許子由、羅永揚、于銓、李芝興、李金曄、陳芝楚、梁友衡、岑盛軒、任益年、劉裕畧等推左舜生，為發言人。左氏答覆中外記者詢問外，並以「關於雷震等被捕事件的真相」為題發表書面談話，情況良好，氣氛熱烈，迄六時左右始散云。書面談話原文如後：

關於雷震等被捕事件的真相

「自由中國」半月刊發行人雷震及其助手三人，本月四日在台北被捕，各通訊社已有詳細報導。

據台灣警備總司令部發言人表示，根據近來該「自由中國社」出版七十五期雜誌的文字，認為雷等「涉嫌叛亂」、「叛亂」就是「陰謀推翻政府」因此將他逮捕，交由軍法審判。

據「泛亞社」報導，在逮捕雷震時，警備總司令部已將存在雷震寓所中有關最近在籌備組織中的一個新政黨的重要文件取去。大家知道：雷震是這個快要成立的新政黨主要發起人之一。

又據該警備總司令部發言人說：「軍事法庭審訊雷震，要費兩個月的時間」，我們了解：所謂審訊只是一種形式，最主要的是要在這七十五本「自由中國」雜誌中，引出若干他們認為重要的文字，寫成一個冗長的文件，構成雷震「叛亂」的罪名，以各種方法，强迫雷震自己簽字，然後予以公佈，一如過去宣佈孫立人將軍罪狀的情形一樣，辦得重，便將雷震立即鎗斃，輕，便判他五年以上的徒刑。

台北當局定出這樣一個計劃達到的目的，共有三點：一、要消滅「自由中國」這本雜誌；二、要消滅雷震這個人；三、絕對不許這個「新政黨」成立。

我們知道：中華民國有一部神聖的憲法，關於人民的一切基本自由，以及人權保障，均有詳細規定，現在公然有這樣一種極端嚴重的不法事實出現，這是我們所絕對不能容許的。我們要使所有的中國人完全明瞭這一事件構成的真相，同時，我們也要使一切關心中國問題的國際友人，對這一事件的發展，能有完全正確的認識；必要時，我們準備向國際有關人權保障與新聞自由的機構，提出我們的控訴。

又送一頂紅帽子

李璜

一、

台北當權者近一年來，對於向政府進諍言或論得失的民間自由言論，厭惡之極，不顧再聽或再駁，用一個一了百了，對異己言論從此劃清界限的顢頇方法，即由台北司宣傳的發言人或政府黨報與通信社，隨便誣稱稍涉激越的自由言論為「受共匪利用」，或逕誣之為「共匪同路人」；製造新聞，轉灣抹角的妄指某也曾與匪諜有往來，某也不免受了共匪的統戰支使；不管你有三十年以上的反共歷史，或者十年來都不斷在解剖中共內幕，打擊中共的宣傳，而一律奉送一頂紅帽子！

我認為這一作風太要不得！近月國民黨中有兩三位朋友來訪我，我都一樣的說；『政府黨司宣傳的發言人這一作法，未免太懶惰，太顢頇了，太不負責了，太自欺欺人了！這好像恃紅帽子為靈符，呀呀呸！紅帽子！一聲咒語之下，甲××乙××，及××評論，××出版社，都便會立刻化為膿血而亡，從此天下太平，我這個發言人也就耳邊清靜，不聞不見，大做其清秋好夢了！」我繼續說：『在台北當權者既已認定共黨是匪，而且是內亂加外患的叛亂匪徒，這樣大的罪名，又何能隨便加諸別人的頭上！海外民主自由人士在數年前立論至為和平，總是希望政府出而團結國人，早日反攻大陸，大家原意本是要擁護政府，去與竊據大陸的中共拚命的。等了十年，當權者甚至宣稱不恃武反攻大陸，而着重政治反攻，但政治反攻又只是一句話。流亡者的心情本是悶苦萬狀的，歲月如流，十年已過，因此大家便不耐煩起來；而號稱「領導中心」的當權者乃一點不能了解及此，反認為要求民主改革，讓大家合力來幹者為多事，為別有用心，為「共匪同路人」，為「共諜所支使」，這直是化友為敵，使對政府尚懷希望者也激怒起來，認為不再去存希望，於是只有自行號召，以求反共復國，態度便由和緩一變為激越了啊！——今日在海內外，紅帽子竟有滿天飛之勢，嗚呼，「是何楚人之多也」！」

二、

本月四日，雷案一經爆發，五日，我細閱香港時報的專欄報導，台灣警備司令部發言人所宣佈，雷震涉嫌叛亂種種所謂涉嫌之處，雖然說明案情經過，說了那樣長，都無非根據自由中國半月刊四十六年八月以來的言論，一曾經逐期審查，綜合整理結果，其主要內容多係煽動，誘惑，挑撥，分化、中傷之言論，顯已逾越言論自由的常軌。……」這些涉嫌之處，雖然看起來有點嚴重，但只是言論而已，而且還算好，並沒有「匪諜」字樣！自由中國半月刊的言論大都署有著作人的姓名，其負責不應由雷震一個人承担，如我個人，也會於該刊第十七卷四期寫過一篇文章，如果我那篇文章涉嫌叛亂，我也應該負責的。

因此，照警備司令部發言人王超凡所言，則我認為自由中國半月刊共計七十五期那樣多的文字，逐期審查結果，如果某一篇涉嫌叛亂，則某一篇的作者均應負責，既然負責，則均應有來台而質或書面答辯的權利與義務。即照台北黨報中華日報四日社論「揭發自由中國半月刊乖謬言論」一文而言，這篇文章等於是雷案的原告呈文一樣，但其結論，也無非是說「自由中國半月刊自今天享有逾越言論自由範圍，幾近乎濫用自由的特權」。即使認為「此時此地」不相宜，成為「非法言論」，「法應禁止，」但言論自由的範圍應該如何定法，濫用自由的程度應該如何限制法，與乎言論非法之罪應該容人辯白，這種種只要不超出言論的一點，都儘可以由雷震及所有自由中國半月刊七十五期中的寫作署名人逐篇，逐句，逐字加以辯答的。在法庭辯答的結果，如果某一篇或某幾句真是涉嫌叛亂，則至多苛以言論非法之罪，因為這言論並沒有引起行動，不然台灣不會如黨報歷久所宣稱，乃是「非常安定」的。

因之，廿八日香港工商日報論「雷震等被捕事件」說：「對於超越言論自由限度的言論，終不能泯滅公道的真際，問題祇是政府本身的能否站得穩？這也不說。該刊是公開發行的，如果政府認為該刊言論不當，則十年來始終寬容，何致於今日始出此斷然的手段？而且，前年政府既不惜一意孤行，辛辛苦苦通過了「修正出版法」，何以不根據這一法予以處分？根據該法第六章第廿六條的處分規定，最高也不過最後一欵的「撤銷登記」，又何致於不經過警告等程序，而遽爾拘捕主持人呢？故就法理言，如其這事件純屬自由中國半月刊言論問題，而竟引用軍事性的「懲治叛亂條例」是不當的。」

三、

因為不當，所以雷案發展到了七日，案情就變了質了，四日雷等之所以被捕，警備司令部發言人的長篇說明案情上，並沒有共匪嫌疑，共諜支使等字樣，而到了七日，忽然聲稱「問題不簡單」，而香港時報九日專欄報導上，有「最危險的一位北平人」一段，言「自由中國半月刊的會計劉子英，是一個伏潛匪諜，甚為雷震所器重，但劉又因為國史館人事室主任，中日文化經濟協會文書科長，據說他之從香港來台是雷震作保人入境的」。這一來，雷震不是包庇匪諜，便是為匪諜所用支使，總而言之，雷震有了紅帽嫌疑，案情就不同了，就不只於言論的涉嫌了！可惜，警備部四日捕人所據的案情，乃完全未涉及劉子英係匪諜的這一點，而只說是自由中國半月刊三年來的言論問題。乃因雷既被捕，海外輿論譁然，即一向不大過問政治的香港幾家大報紙也認為不當，然後案情便一轉轉到「共諜」問題，但是這不足引起人們的相信，至少要引起人們的困惑！因之，香港天文台報八日署名雪海的時事剖析說：「試一冷靜的想一想，如果雷震或其部屬果係匪諜，以「自由中國」的這類「招風大樹」而言，在治安當局注視之下，能夠潛伏嗎？能夠活動嗎？甚至能夠長期活動而為治安當局所隱忍，迄今纔加以揭發嗎？就常識言，這似乎是一件非常使人困惑的事，究竟因雷震的被捕才有「匪諜之說」，還是早就存有「匪諜」之証據，而後才對雷及其部屬下手？發展先後不同，關係卻至為重大，政府當局總不能不作一澄清，以釋羣疑！」

然而，政府當局對於天文台雪海先生所指出的這一要點，並未加以澄清，而本日（十一）的香港時報已轉載台北中央日報十日報導；「自由中國半月刊發行人雷震參與機密（？）的一份子——劉子英——已經供認給治安當局說，他是一個中共特務。……」這一下，雷震的紅帽子便被送上了！嗚呼，欲加之罪，何害無辭！令人東望台灣，不禁有危邦亂邦之歎！

四九、九、一一

雷案應由法院審理

・李金驊・

雷震被捕後，香港輿論界根據台北官方公佈消息，以及官報、黨報的論述，認定雷案是黨獄，也是文字獄！

說它是黨獄，因為雷震是籌組中新黨三位主要發言人之一，國民黨當權派為要拆垮新黨，以「射人先射馬」之手法，扣以「匪諜」罪嫌，先加逮捕。

說它是文字獄，因為「自由中國」半月刊的主持人是雷震，這些年來，該刊對實際政治有極嚴厲的批評，但其公正與過激之處，讀者均有公論，如政府認為有不愜意之處，自可根據新出版法加以處理，何能以軍法拘控。

儘管，官方一再表示雷震被捕與新黨無關，與「自由中國」無關。但是官報與黨報的論述，皆間接肯定了是與之有關的。

因此，謂雷震涉嫌「匪諜」，是誣陷，是欲加之罪！

來自台北消息說，雷震被捕是最高當局作的最後決定，親自下令的。果如是，在本案又確是經過公正的審判而告無罪後，則蔣先生在法律上應負誣陷之責，應負冤獄賠償之責。

正因為本案是黨獄、文字獄；所以它不是一個所謂「法律問題」；而是政治問題。因為是政治問題，蔣先生才假手軍法處理，但在法律上既有可能構成為誣陷與冤獄，所以蔣先生才決定不經司法機關而必由軍法，使自己置身冤獄責任之外。

使用軍法捕審雷震，對當事人是極為不利的。有謂：蔣先生決定這樣做，是為了便於取雷震的頭。因為根據刑法第五條，第一○○條，若雷震罪証確鑿內亂罪的首謀者始「處無期徒刑」。但警備部發言人和官方的論述中顯示了將引用「懲治叛亂條例」處以死刑！

不過話要這麼說：如果經由司法作公正的審判，雷震「匪諜」罪証確鑿，以其六四之年，判以無期徒刑，在雷震言，也自能死而瞑目；即使政府再行用其它法律處以死刑，相信也絕無人說當局的不是。因為既是匪諜自應處以極刑。這是從法律的角度來說。

若從政治角度來說。如果殺雷震的結果可以促使「自由中國」關門，可以促使新黨垮台，而最後的結果又可以洗刷國民黨當權派的腐敗，挽救國運於既衰，相信以雷震之高年，且有國民黨數十年的黨齡，也有可能慷慨借出他的人頭給蔣先生一用。但却不應經由羅織、誣陷之一途。

為雷案，蔣先生曾在國民黨紀念周會上表示「法律之前，人人平等」。既然講的是法律與平等，我也願意就有關的法律來稍加論述。因為對雷案所引用者是軍法，姑且也先從軍法着手。

根據陸海空軍刑法第一條規定，原則上該法僅「軍人之犯罪者適用之」，雖第二條有謂「雖非陸海空軍軍人於戰地或戒嚴區犯「左例各罪」者亦適用本法」（主要是指「叛亂罪」），但根據陸海空軍審判法第一條規定「非軍人而犯陸海空軍刑法第二條所揭之罪者應由法院審理之」。足見雷震夫人宋英女士之向有關機關要求該案移轉司法審理，是有根據的。根據法律、當局亦應該本諸法律之有利於當事人的精神，將雷案交由司法機關審理，人始可謂「法律之前」有真正的「人人平等」。再根據戒嚴法第九條「接戰地域內關於刑法上方例各罪軍事機關得自行審判之」，「各罪」計共九欵，就雷案言，既謂是「叛亂」，則適用者僅為第一欵「內亂罪」。

又根據「懲治叛亂條例」第十條，原則上仍是「軍人由軍事機關審判，非軍人由司法機關審判」。雖該條文亦謂「其在戒嚴區域犯之者，不論身份，概由軍事機關審判之」。但就本條文及戒嚴法第九條之立法精神，乃側重於將非軍人「由司法機關審判」。同法第十條更明文規定「接戰地區內無法院或與其管轄之法院交通斷絕時其刑事及民事案件均得由該地軍事機關審判之」。據此，以今天台灣的情況來說，雖當局宣佈了台灣戒嚴，而且認定了是所謂「接戰地區」，但今天台灣境內的交通（尤其是台北市的交通）並未斷絕，各級法院也正常地在處理民刑案件，當局將雷震斷然交予軍法處理，何能自圓「法律之前，人人平等」之說!?這不是很顯然地是在玩弄法律!?

再者，根據戒嚴法第十四條「國內遇有非常事變，對於某一地域應施行戒嚴，但在該戒嚴地域內不得侵害地方行政機關及司法機關之職權，關於刑事案件，如認為與軍事機關有關應施行偵查者，該地軍事機關得會同司法機關辦理之」，偵查後仍交由司法機關依法辦理」。根據這一條文，一方面固可堅信雷案無可置疑應屬司法管轄審理；而另一方面更可以看出當局之堅持必須交由軍事法庭，顯係因達到政治目的而作違法之行為。

為此，我願提醒海內外營救雷震的各方人士，及立法院、監察院及司法院注意。不論雷震今天是涉嫌犯了何種罪，在法律面前，他應該獲得司法機關的公正審理，而不是應受軍法審理。當權派此欠不顧法律，不顧輿情，因政治目的而假手於軍法途徑，作知法而違法的行為，實乃玩法。玩法乃屬不顧國家法律之尊嚴，置國家法律尊嚴於不顧，而恬謂「法律之前，人人平等」，乃屬欺騙天下人之公道與良心！為天地國法之所不容。

因此，不講法律則罷，如要講法律，就必須一切依法律辦理，如當局尚有意於挽回違法之行為，則迅將雷案移送法院，作公開之審理，予當事人以聘請律師公開辯護之權，以昭大信，以維法權。否則其結果不僅是誤殺雷震，難逃公道，抑且是扼殺法權，將為天下人所不齒！將遭受歷史無情的制裁！（九月十一日）

滔天大錯　親痛仇快

·胡越·

近十年來，台北當局做了許多親痛仇快的錯事，但是，使親者痛極、使仇者快極的錯事，莫過於這次誣枉逮捕雷震及其同僚的事件了。

近兩天來香港的左派報紙，眞是手舞足蹈，得意忘形。他們幾年來，就一直在散播「反蔣親美派」與「擁蔣反美派」火拼的謠言，唯恐反共陣營平安無事團結一致；他們這「惡毒、卑鄙的奸謀」，現在終於由台北當局魯莽的逮捕雷震及其同僚，而心滿意足了。

自由中國政府偏處台灣，任何人都了解這是一艱危困頓之局，海內外的愛國人士，莫不切望朝野同心，共赴國難，早日光復大陸、解救煎熬倒懸中的同胞。因此我們甚不顧批評台灣政治以引起內部的紛爭，削減反共的力量；另一方面，執政三十年的國民黨當局，負大陸失敗慘痛與恥辱，偏促於寶島之上，我們總希望台北當局澈底覺悟前非，自行大事革新。因此，如果沒有無法逃避的理由，無論就公就私，我們都沒有批評和指責台北當局的必要。

但是今天我們寄身海外，坐視大陸同胞受割宰之苦，忍辱偷生業已十有一載，我們日夜祈盼的是光復大陸，重歸故土；而大陸上由於中共窮兇極惡，趕盡殺絕的暴虐，尤其「鳴放」以來「大躍進」「公社」一連串的暴政，已造成衆叛親離，內外交迫，可亡可敗的機勢。現在我們舉一項事實來說明其危殆的情形，最近從中共資料判明，大陸五分之一的耕地鬧「草荒」，草長到一人多高，人走不進去。這一嚴重情勢，迫使中共下令中央及地方公務員停止辦公、學生停止上課，許多公廠停工，總動員下鄉去除草。這與大躍進時，驅迫農民停耕去「煉鋼」、「辦工業」是同樣的荒謬絕倫而無補於事，且愈弄愈糟。五分之一的耕地荒了，不但使中共的經濟遭受致命打擊，其大工業「大躍進」勢必戛然中止，而且暴露了與引發了嚴重的政治危機。試想，耕地荒蕪是中共農村幹部事前絕不會不知道，他們所以眼看着耕地荒蕪，是因爲在「大躍進」的高壓命令之下，如果反映不利「大躍進」的情況，就有被拿當「右傾份子」來清算的危險。其次農民普遍的怠工反抗，當然也是耕地荒蕪一個主要原因。而中共黨內的右派，早在一九五八年反對盲目的「大躍進」，現在的惡果可以說被他們料中了，因而更堅定了他們反毛的傾向，同時在國際派的呼應之下，益使毛澤東在黨內陷於孤立。目前大陸正到處鬧糧荒；產米區的湖南每人每日只吃到八兩米；飢餓之火隨時可以轉成反抗之火：可以說，中共的枯朽之勢已成，只待海外形成摧拉之力。根據這一客觀要求：我們不能不責望在台灣的政府；假使台北當局能夠振作有爲，則「打回大陸去」，絕非一句夢話。可惜可痛！十一年來我們但見台北當局，空談反攻，而竟在美國的壓力之下，發表「不以武力反攻大陸」的聲明！現在台北當局以「反攻無望論」的罪名，逮捕雷震，實際宣告反攻無望者正是台北當局自己！因此，以「反攻無望論」來栽誣雷震等有謀反罪嫌，是最站不住腳了。這充分證明是：「欲加之罪，何患無辭！」

這次台北當局之悍然逮捕雷震等，比較龔德柏事件、孫立人事件、倪師壇事件、孫秋源事件，引起的反響所以特殊嚴重；因爲這一次逮捕事件所牽涉的情勢太重大了。雷震等四人之被捕下獄，至少造成了兩個直接後果，第一使「自由中國」陷于停刊，實際上是封閉了該刊的出版；第二，使勢將組成「中華民國民主黨」陷于癱瘓狀態。「自由中國」半月刊是中國自由的一個象徵，是台灣少數民營報刊中、讀者最多、最能直率敢言的刊物。我親自聽到最少有五位國民黨要員向我說過：「自由中國」的存在，証明台灣是有言論自由的。可見國民黨人也以能容許「自由中國」半月刊存在爲榮。「自由中國」的存在也實是自由中國與「共產中國」判然有別的一個鮮明標誌。可是現在却被當權派一手扼殺了。他們毀掉了一個忠實的諍友。一盞自由之燈熄滅了，眼前我們感到一片漆黑！這將使海內外期望台北當局反共產黨之道的人感到悲痛的絕望！另一方面，籌建中的新黨，它是中國由一黨專政走向政黨競進的一個重大發展，是民主憲政存廢的一大關鍵；雷震是負責籌建新黨的三個發言人之一，以叛亂罪嫌逮捕雷震，對新黨的組成顯明的是一致命打擊，也就是對民主憲政的致命打擊。而民主憲政是反共復國的基礎，唯有在這個基礎之上，才能使國人相信；中華民國是人人的中華民國，反共復國大業是人人的責任。唯有在這個基礎之上，才能鼓舞羣倫、集中意志實現反共團結；才能符合受盡一黨專政之苦的大陸同胞之期望；反共復國才有一個起點、才有勝利的信念與希望。可是上述兩大基本，都被這次逮捕雷震事件摧毀了。因此這次逮捕雷震事件，絕不止於雷震個人寃枉的問題，而是反共復國基礎的存廢問題，這個歷史的大悲劇，逼着每個中國人的良心與血性，希望海內外的愛國人士、爲營救雷震等早日恢復自由、爲使「自由中國」早日復刊，爲使新黨能夠組成建立，爲維護民主憲政的基礎，能夠沉着冷靜、堅忍不拔，做最善的努力和奮鬥。

雷震，帽子與民主尺度

孫寶剛

自雷震被捕後，台灣政府一再申明與反對黨無關。這意思好像是說，組織反對黨的人們還是去組織反對黨罷！雷震被捕這事件，不用你們管，有台灣的法律去管。並且法律之前，人人平等，所以也大可放心，雷震是不會被寃屈的。

上面的一段話，假如是由一個實行民主政治的國家的當局所申明的，那當然是一段天經地義而大可放心的事。但是衡之國民黨當權者三十餘年來的行徑，再衡之雷震這次被捕後的經過，我們對台灣當局所申明的上述一段話，可不能放心，反之，確十分替雷震担心哩！

第一，國民黨的當權者的一貫作風，喜歡給人戴帽子，凡是當權者所不喜歡的人，或者對某一個人有所企圖而那人沒有十分服從的話，往往就請他戴上一頂帽子，在抗戰期間和勝利以後，漢奸這頂帽子，不知寃枉的送出了多少，到了現在，勾結共匪涉嫌疑，又成了時行的帽子了，使許多人身敗名裂，家破人亡。這決不是我有意造謠，意圖詆毀政府，凡是見聞稍廣的中國人，都會默認我這一段話的。

第二，中國人對於民主政治的認識太差，我可以說，連一般的智識分子也在內，國民黨的當權派當然不是例外。一般地說，他們對現代政治教育受得不夠，另方面也因了中國數千年的帝王思想，以及做官心理在作祟，所以有許多事情，尤其是言論，在歐美的民主國家，認爲司空見慣，毫不奇怪的，在中國，尤其在當權者看來，認爲大逆不道了。

這次雷震的被捕，台灣當權者就是處在，歷年的「自由中國」雜誌上，有叛逆的言論，所以要控以叛逆罪，我是常讀「自由中國」的，我倒並沒有覺得雷的言論有叛逆的地方，而使我驚異。反之，這幾天我看台灣的幾家報紙，甚至台灣的中央日報所公佈的有關雷的罪狀，我們覺得有些奇特了，什麼詆毀領袖，主張軍隊國家化，反對一黨專政等等都成了控訴雷叛逆罪的理由，天啊，眞太沒有民主政治的常識了，這還不是自己在打自己的耳光麼？至於說反攻大陸是台灣的國策，雷的文章內說反攻無望，所以他有煽動軍心的罪，當權者假如有萬分之一的反省精神，便應知道杜將聯合申明，才是反攻無望，動搖軍心的最重要文件。

一般的時事評論者，關心國事，憑其個人的智識，分析現狀，警告國人，不要空存幻想，而走入歧路，這正足以証明那個人對國家有責任感，是一個愛國者，怎能說他在煽動呢？要是這樣說是犯罪的，美國近年來在國防的爭論中，民主黨人以及許多軍人也犯有叛國罪了！

我想台灣的當權派中，或許也已有一部份人瞭解到這一點，所以按照這幾天的消息，台灣似將以另一個理由來控告雷震了。他們似有將雷案的重心轉移到繼雷被捕的劉子英身上去，說劉子英是共諜，雷是知情不報，並且雷是劉的保証人，所以雷不能無罪。

我當然不能確定劉是否共諜，不過以我的常識來分析，使我非常疑慮劉的是否寃屈。因爲雷初被捕時，明明雷是主犯，劉等是從犯，並且當局公佈得很清楚，是因了言論有叛國嫌疑，絕未提及劉的共諜問題。現在，轉變到劉有共諜嫌疑，是主犯，雷是從犯了，但逮捕時是先捕雷而後捕劉的，這個發展，使人不能不懷疑的。而且今天的報紙上所載第一件共諜的証據，是「自由中國」暢銷中共大陸。我們住在香港的人，較爲熟悉共黨政策，香港的左翼報紙雜誌都不能進大陸，「自由中國」怎能暢銷大陸呢？這是不能使人置信的。所以使我懷疑到台灣的當權者又在亂送帽子了。依照國民黨的當權派三十餘年的歷史，軍事法庭在不公開審判下，用刑逼供，送帽子本來不是件難事，不過作爲一個政府，在國內外的環境却有很難利用的時候。雷的事件已被世界人士及全國人士所注意，這樣做是不是聰明的辦法呢？

說到這裡，我要對台灣反對黨說幾句話，雷是反對黨的主要發起人之一，而反對黨的任務是什麼呢？該黨申明是要爲眞正的民主而奮鬥。所以台灣當權者雖然一再說雷案和反對黨無關，但是站在反對黨立場上，我認爲雷既是反對黨主要發起人之一，可見雷的思想，雷的民主尺度，應該和反對黨的是相類似的，那麼，反對黨爲其黨的思想和民主尺度計，應當在這時對雷案提出嚴重的抗議。又反對黨既以眞正民主爲鵠的，那麼，爲了民主計，便須在這時發動大規模的宣傳運動，積極的反對逮捕雷震等，更反對戴帽子，更應反對台灣長期的在軍法統治之下。這不特是爲民主奮鬥的最好時機，也是用來教育一般國民及政府人員，使一般國民及政府人員對民主的認識能躍進一步，不然的話，反對黨將來怎能號召於國人呢？又怎能說爲眞正的民主而奮鬥呢？

爲雷震請命

·孟戈·

雷震橫遭台北警備司令部拘押，不祗是近十年來的最大政治性逮捕案件，也是轟動國際與國內的最大新聞。在反對黨即將誕生的前夜，雷氏的被逮捕，說是「與反對黨無關」，即任何人也不相信。「此地無銀三百兩」，欲蓋彌彰而已！

雷氏的逮捕，在他本人來說絕不意外，左舜生先生所說他「早已立有遺囑」，和宋英女士証實他「早預備絕食抗議」等等；都是衆所周知的事實。從反對修憲連任到籌組反對黨，雷氏的早置生死於度外的態度和準備以身殉民主自由的大無畏精神，不但在台的他底朋友所熟稔，即在海外與他的信息往返的反共人士亦無所不知的。

今天他終於被捕下獄了！現根據外電所知，美國僑社的「世界日報」，菲律賓的「新聞日報」乃至香港的各大報刊（除極少數受津貼的報紙外）絕不猶疑指摘政府處措失當，而國內著名的學者和政治人物胡適、李大明、左舜生、李璜等亦無不挺身而出，爲指摘捕雷等之非。再看國際友人方面，菲律賓的「馬尼拉時報」，美國官方私下的議論，亦絕不同意政府的拘捕理由。由是觀之，公道自在人心，政府這一着棋走得眞正大錯特錯，我眞爲政府無人悲、爲中國命運危！

例如政府逮捕「自由中國」雜誌四人後，最先公布的罪名是「涉嫌叛亂」，但「公論報」「慎重處理雷震被捕事件社論」發表，認爲發行人與編輯可能負文責，但經理與會計並不負報刊言論責任。第二天經理與會計就多了一個「匪嫌」罪名。截至現在止，政府僅提出劉子英是一涉嫌匪諜」，馬之驌仍未被說出「匪諜」疑跡。至於傅正之未被疑匪諜，一來是編輯，要負「自由中國」文責，無須另加罪名。二來他大概是「青年軍」出身的吧，眞的是黨獄已興，欲加之罪，何患無詞！國家正在危難重重中，禍福存亡是一個未知數，南明的黨獄繁興，並不會保存半壁河山。今日政府偏處一隅，我們亟須團結一致，以民主自由武器，對抗共黨的極權專制，願即釋放雷震，收拾民心；從而團結朝野的反共力量，爲反攻復國而努力。

平心靜氣談雷案

李慶

「一雷震天下」，雷震案件的突發，確乎使到許多民主國家為之震動！自華府紐約以至馬尼剌、吉隆坡和曼谷，華僑文化中心的香港，莫不起巨大波瀾的反應。電訊競傳，報紙以破欄頭條刊載。華僑通電救援雷氏，警告台灣當局。友邦朝野，對雷氏表示同情、關懷。雷震雖曾任參政會及政協副秘書長、秘書長，總統府顧問，但在國際上說不上有藉藉之名。可是經過台灣當局這麼將雷震拘捕，欲陷之於羅織的冤獄，乃使雷震一夕成名，成為民主鬥士受迫害的象徵。雷震號儆寰，而今確是名震寰宇了。

拘捕雷震的反應，竟是如此之巨大！這確是台灣當局所意料不到的。為什麼拘捕一個雷震，反响竟有如此巨大？雷案的演變，和前途的發展怎樣？相信這是台灣及海外二千餘萬中國自由人民及僑胞所關心，也是關懷中國前途的亞美洲諸友邦所注視的。

現在讓我們平心靜氣，檢討雷案發生的原因和過程，並試預測前途可能的發展。

法律問題乎？政治問題乎？

毛澤東在北平中南海大會上臭罵梁漱溟「你很臭」的時候，聲色俱厲。（見周鯨文著「風暴十年」）那情形似乎像當塲便可能把梁漱溟扣留起來。但當時陳銘樞挺身而出，抗聲問毛澤東說：「主席，這是政治問題，還是思想問題」？毛澤東雖在盛怒之下，但考慮了一下之後，終於答覆說：「是思想問題」。人們當看到這一段時，不能不承認毛澤東確有幾分聰明。

「思想問題」，最多是指為右派，付諸思想檢討而已。但倘若是「政治問題」的話，就須扣留查辦。而毛澤東知道扣留梁漱溟是不智的，故此只好忍一時之氣。毛澤東不指梁漱溟「公開侮辱元首」，或「當衆散佈謠言」，「意圖叛亂」。就是毛澤東的聰明處，最少比較今日台北當局聰明了一些。

台灣當道迭次強調拘捕雷震「乃係個人問題，而非反對黨問題」，「乃係法律問題而非政治問題」。其奈雷震被拘，乃因「自由中國」什誌，但並不拘捕雷震於「自由中國」出刊「總統祝壽專號」，對蔣總統極盡冷嘲熱諷之時，而偏偏拘捕雷震於「新反對黨將在九月底成立」之九月。所以無論台北當局如何聲明「非政治問題」，但海內同胞僑胞以至友邦人士，對當局的聲明仍絕對不能置信。因為這種做法，正是明目張胆的摧殘在誕生中的反對黨，不折不扣的是政治問題。

叛亂顛覆乎？文字冤獄也。

照台灣當局所說，雷震有「叛亂」、「共諜」、及「顛覆」等罪，故由軍事機關拘捕，交軍法審判，「重則判處死刑、輕亦五年以上徒刑」。——（警備總部王超凡語。）但王超凡又說：「（特務）跟蹤雷震已經三年，審查「自由中國」雜誌已達七十五期」。就前一段來說，特務跟蹤雷震，雷震本人早已知悉，并且告訴親友，公諸報端。震既早就知道特務跟蹤他，尤其最近更是「寸步不離」地跟蹤。那麼，雷震仍直到「最近」才讓「證據」落到當局的手裡，惹來拘捕。如果是共產黨的「小鬼隊」，尚且不致如此愚笨。何況行年六十有四，台灣當局認為了不起的「共諜雷震」？「最近才獲証據」的說法，不攻自破。而雷震之所以敢於在特務不捨的跟蹤之下，仍然從事籌組反對黨的工作，無非是雷震自認為民主而鬥爭，義無反顧。而這亦正明証雷震並非「共諜」。正如胡適之先生所說：「我絕不相信」。

從「最近七十五期的「自由中國」什誌」來定雷震的罪名，無論如何羅織，實在牽涉不到「叛亂顛覆」的字樣上去，這正是「思想問題，而非政治問題」，中共固干涉及思想問題，且可由思想問題而轉化為政治問題。但我們是有新聞自由的國家，有言論而沒有行動，依法不能以「叛亂」等的戒嚴法相繩。最多是依「出版法」封報，依誹謗罰欵。拿出「叛亂、顛覆」等帽子來，總不能洗脫全世界「文字獄」的觀感。而且是「文字冤獄」。

台北當局如何處置雷震？正如星島日報社論所說：「像個燙手的熱馬鈴著，只能從左手傳到右手，又由右手傳到左手。」如何解此窘境？解鈴還是繫鈴人。倘若台北要蠻幹，那就會像左舜生先生所說的：「台北必召致嚴重後果」！

台北當局決心與民主為敵

·齊亦魯·

「自由中國」半月刊的雷震及該刊編輯傅正、經理馬之驌、會計劉子英等人，以「涉嫌叛亂」罪名，於九月四日被台灣警備司令部拘捕。警備總部發言人王超凡於事後聲稱：「他們是涉嫌叛亂」被捕，是他個人的問題並不牽涉到所謂反對黨問題」，並謂「自由中國」半月刊現在也未被封，在雷震等被捕後，台北市書攤仍在照常出售這本刊物」。但是他在答覆記者詢問說明案情經過時，則又說「該刊自民國四十六年八月份第十七卷三期開始，至現在第廿三卷五期止共計七五期，曾經逐期審查，綜合整理結果，其主要內容多係煽動、誘惑、挑撥、分化、中傷之言論，顯已逾越言論自由之常軌，並且僞造讀者投書，企圖煽動軍心，打擊士氣」。國民黨的喉舌「中華日報」，也於九月九日的社論中，强烈的指責「自由中國」半月刊曾發表「反攻無望的悲觀論調」、「侮辱大法官為御用工具」、「挑撥大陸人與台灣人的情感」、「甚至涉嫌詆譭國家元首」。

王超凡在對雷案的說明和「中華日報」的社論中，均强調了「自由中國」半月刊、三年以來發表的言論，大都逾越言論自由的常軌，因此，我們要問，該刊的情形既如此，政府有關機構何以不依出版法及及時委善處理？而特別選擇反對黨即將於本月底正式宣告成立之際，將其主要發起人之一雷震拘捕？王超凡所謂「雷案並不牽涉到反對黨問題，豈非欺人的鬼話？

所謂「涉嫌叛亂」其實只是當權派迫害民主人士的一種藉口。試想，雷震目前既非握有軍政大權人員，「自由中國」半月刊是一公開發行的刊物，所謂「叛亂」從何說起，至於該刊發表的「反攻無望」論調，是否為絕無此種現象而憑空造謠？何以說此種論調影響人心士氣，那末，以之與蔣杜聯合公報公開宣佈放棄武力反攻大陸、對人心士氣影響的輕重程度又如何？

至於所謂侮辱大法官為御用工具」和「甚至詆譭國家元首」，如何能構成「叛亂」的罪名？何況大法官於幾月前為了蔣的「合法連任」而曲解憲法，乃是人所周知的事實，說他是「御用工具」，何得謂侮辱？至於民主國家的元首，並不是神聖不可侵犯的，人們對他有所批評，也是平常的事情，縱然於批評中容有過當之處，並不能被目為「叛亂」。

台北為了掩飾其拘捕雷震，打擊反對黨與「自由中國」半月刊的企圖，「中央日報」在九月九日的社論中稱：「我們認為假如雷震的叛亂罪行早已成立，兩年前或六個月前就應要拘辦，倘如雷震的叛亂罪行不能成立，那就是六個月或兩年後亦不應受拘訊。」雷案之關鍵，在于案情的內容，而不在拘訊的時間，截至今日為止，案情的焦點，是在於劉子英部份，及其與雷震的關係」。所謂案情焦點在於劉子英部份，自是指前兩天台北宣佈劉為匪諜一事而言。根據台北公佈劉子英於一九五〇年即行入台，迄今為時十年，他既為匪諜，照說早應拘捕法辦，何日延至今日？再說，如果劉子英為匪諜，政府將其拘捕之後，理應把有關証據及時予以公佈，至於雷震和他有何關係亦應即時宣佈，讓人們明了事情的眞相，當然，利用特務的手段隨意製造証據也是不行的，尤其台北幾年來經常運用「帽子」政策，來對付異己和混淆視聽，乃衆所周知之事實，今天覺欲再用以慣使欺騙世人，但是，誰人相信？

歷史告訴我們，每一末路王朝，為維護其殘存政權於一時，無不運用殘酷的手段對異己者實行迫害，然而，他們的結果又如何呢？

雷震訪問香港的一段經過

·小記者·

雷震於一九五一年曾奉台灣當局之命，到香港有所活動。當時台灣還沒有「聯戰」這個名稱，但現在回想起來，雷氏當時的任務，就是屬於這類「聯戰」的工作，因為他的任務，是爭取人心，爭取內附這一類。

那時與雷震同來的是洪蘭友，洪蘭友是著名的「國大秘書長」，著名的任勞任怨，「聯絡和折衷」的人物，幾乎多少有些「好好先生」型。那個階段的雷震，似乎亦跟洪蘭友差不多，他是担任參政會，政協[illegible]的秘書部門職務，一樣是「甘草型」的和協各方的人物，他在蔣的左右，担任的亦多是這類奔走聯絡的工作。「雷震洪蘭友」，合起來給人的印象，是可親近的「和事佬」那一類的，而為他們過去在繁劇崗位上幹材的表現，以及人們知道蔣先生對他們有相當認識和信任，所以一般對於雷震，也是寄與相當信任的。

雷震那時來港，是代表國民黨？抑代表國府？或代表蔣？現在已記不起來。而他的正式任務，是與友黨人士社會賢達會談？抑是「宣慰文化界」？亦未見諸明文。但筆者却是以文化界一員的資格與雷震晤面的。而據雷震的開場白所說，似乎是說蔣叫他來看看大家，並且說大家如有什麼意見，可以儘量發表，他當回去台灣報告。那麼，他可能並不是代表黨或代表政府，而是掌握黨政兩方的蔣派他來的。

記得是在跑馬地的一層私人住宅中，筆者與香港文化界人士約十多人會見雷震，那時除雷震在開場白所說外，他並極力為台方解釋，說政府因自大陸東遷，政務叢脞，心中雖記得大陸退出在港的文化人，其奈無暇顧及，故及今始來致慰云云。雷震說來很誠懇動聽，倒亦多少疏解了不少流亡文人對台方的怨望。

其後是出席各人對反共問題發表意見，如討論中共的「土改」，預測中共失敗，及要求反攻大陸之類。雷震多靜聽後作出總結，會場氣氛頗為和諧。我不覺得出席的香港諸位文化界人士有提及切身問題──如要求辦報館什誌或救濟之類，但大概在另外的一些接頭中，必有商量過多少實際問題，因為雷震有一段話（大意）說：

「現在各位在這裏都有崗位，在文化戰線上與共黨作戰，各位在這裡所發生的作用，比回去台灣更大，所以政府沒有攷慮到接各位回台灣去。但政府已經準備替各位備入境証，如果一旦香港有事，便可以立即到台灣來」。

對了，說到入境証，更記起當時席上，已有人批評台灣出入境担保的麻煩，雷震對此綯着眉，表示無能為力，他說：「[illegible]保我的人，就不能離開台灣」。

事後我聽一位屬於召集人的同業說，已由各方面文化機構的人士開列那些準備一旦香港有事時到台灣去的名單，寄交給雷震，雷震去後就可把入境証寄來。也許不即分發而集中保管，屆（緊急）時拿來集體使用。當時的香港，因為「我南寇也南」的緣故，又與大陸接壤，流亡份子確乎不無餘怖。而且初到香港，生活艱難，兼無把握，這是流亡文化人十年前所共同體驗的，所以對於負蔣的使命而來的雷震，所許給的一張香港緊急時期台灣入境証，也確實感到當局「不忘在遠」的。

可是雷震就因為他對香港文化界「一張入境証」的這一許諾，與台灣警備司令彭孟緝發生齟齬，尋且公開破裂。原因是彭孟緝說那一張大陸流亡香港文化人的名單，其中許多是「共諜」，全部拒絕發給入境証──這裏得要注意，第一，這張入境証是備香港緊急時方才使用的。第二，當局認為忠貞的文化人更多在這名單之列，但彭孟緝却「一律」拒絕發給。雷震那時尚是蔣面前的紅人，當局亦授權給他綏撫香港流亡文化人士，「緊急入境証」辦法且可能是事前預先計劃定的，但彭孟緝却一言否決了。那時候香港報紙，有要求「殺彭孟緝以謝天下」的，就是憤於彭孟緝的囂張。但雷彭不睦的結果，是彭孟緝陞官，雷震受黨審問，終至開除黨籍。今日雷震之成為反對黨發起人，可說是自那時開始的。國民黨對開明份子如何不能用，及從而加以迫害，是「其來有自」的。

「如夫人」的自白

定僧

吃過晚飯，信步踱向三角花園去乘涼。剛剛跨進園的大門口，迎面來了一位摩登的少婦，似乎很面善，不曉得是那裏見過的。

「呵，你不是老蔣？……」我怔怔地瞪着她，始終想不起她是誰。

「我是郭一馨。」

「啊！」我驚奇地叫起來，她是我在中學時的同學。十多年沒有見面，而今異地重逢，便同到一家喫啡室坐下來，她向我傾訴別後種種的遭遇，以下就是她自己所身歷的故事：

「我是受過高等教育的人，做夢也沒想到今日的遭遇竟然是這樣的惡劣，命運之神對我也太作弄了！

「中共渡江之前，我是上海××大學三年級新聞系的學生，因爲還能寫一些不東不西的文章，而功課也不落於人後，再加上帝更給我一個不至使人憎厭的臉譜，所以，在那個學府裡，我居然也成了一朵璀璨的校花，有不少同學會熱烈地追求過我，我有着美麗光明的遠景，因之當時誰也不會獲得我的垂青。

「三十八年，赤色的火燄，燒到了黃浦江的邊緣，我匆匆忙忙地逕行隨着同學們逃來香港。

「來港後人地生疏，暫時寄居在要好朋友萍的家裏。

當時她父親在商場上正在春風得意。所以年紀已近知命了，因爲營養夠，還健壯得像一條牛。光光的頭，兩隻小得只見一道小縫的眼睛，扁平的鼻子，獅子大口，一臉肥肉，胖得連門都過不了，嘴角上還留着一撮怪難看鬍鬚，這付形相，像漢瓦秦磚又嚴又冷，我只有敬畏的份兒。

「我在萍的家裡，作了長期的食客。

「賓客像魚一樣，第三天就不再新鮮了。」（這句俗話）可從萍的母親對我白眼的神情中印証它的正確，好在萍熱情好客，還時常安慰我。

「我就在萍的熱情和萍母親白眼的隔縫裡苟安的生活着。但出乎意料的，萍的父親的態度，却似乎漸由冬天的肅殺而變爲春天的和煦了！他對我噓寒問暖，猶過於父親對待女兒。我在受寵若驚之餘，也不期地提高了警覺，我預感到前途的似乎將矇上陰影，我初初想擺脫這種寄人籬下可憐食客的生涯！但是，在這維多利亞港上舉目無親，要想尋找啜飯之所，誰會給我有力的幫助呢？我墜在煩惱的苦海里！在極端矛盾、苦悶的情緒中，就在這時，我衡陽溫暖的家遭到了嚴重的變化，父親以地主罪名遭殺害。因此我對目前的生活，祇能安之若素。

「萍的父親想佔有我的心，已是昭然若揭了，萍也會獲得她父親的授意，一再向我試探，可是我……唉！天呀！我能夠和這位和我父親年齡相仿的人結合嗎？我只有二十七歲。我簡直要發瘋了。

「這個出於意外的刺激，使我害了一場大病，在極險惡的狀態中，萍把我送進了醫院。進醫院後萍的父親爲我定超等的病房，還花了很高的代價，僱了兩位私人護士，他每天上下午來看我兩次，悠長半年的時光，我在打針服藥的當中渡過了，病時，萍也時常來看我，和我閑談，我從他的談片中，知道她的母親是個極兇狠的人，生了萍之後，生理就有了毛病，生育絕望，然而，她生性奇妒，不准她丈夫娶小老婆，仁有季常之癖，不敢違拗！

「病愈出院，萍父親爲我所付的醫藥費，相當鉅大的，折算黃金大約至少有三四根大條吧！以我寄人籬下的食客，受着居停這樣大恩大德，叫我一個天涯孤女，怎樣圖報？一年的困頓，半載的苦病，使我下意識地自卑了！

「我爲了酬答病中的恩惠，幾乎較長時期失眠」。

「橫在我眼前的兩條路，一條路是搬出萍家，日後設法把病中用去的錢逐漸歸還；另一條路是乾脆和萍父親結合，其實前一條路是絕對不可能的，只好聽憑命運的支配，慷慨而又無條件地答應了和萍父親同居，並且聲明着，他什麼時候對我討厭了，我什麼時候就走，——我相信自己有黏心理變態了，我是這樣的賤骨頭嗎？

「說起來眞的可憐，我的名分，既不是仁（萍的父親）的太太，也不是姨太太，只是姘頭的『僞組織』。。更可憐的是，我這個『僞組織』，我除了仁、萍兩人知道外，絕不能讓任何人曉得。

「我託辭去美國念書，這花槍騙過了仁的太太搬出去。仁家是住在本港的半山區，仁特地在較近郊外的××路，花了公司兩月的收入，頂下了一座美麗的洋房，作爲我的金絲鳥籠，還僱了一個十七八歲的鄉下姑娘，代我煮飯洗衣。

「『新婚——』能說是新婚嗎？——之夜，仁問我這樣的犧牲有什麼條件？他絕對樂從，我只有緘默，他大方慷慨地開給我一張十萬元的支票，我接了過來，這時候我的淚祇有往肚裏嚥，難道是出賣靈魂肉體的代價嗎？我想到把那張支票還給他，但一轉念，反正他的錢也不是血汗收入，把心一橫才收了下來。

「『這十萬元，不過是小意思，往後的生活，我絕對保証做到讓你豐衣足食的地步！」他滿面春風，喜氣洋洋。『但是，我却希望你答應我做到幾點：第一，不得向外宣揚我們的秘密關係。第二，除非必要不得外出，否則，要徵得我的同意。第三，解除同居關係的時候，不得要求任何條件。……』

「『不要說下去了，怎麼樣的條件，我都答應好了！』我的意識裡絲毫沒有反抗的泡沫蕩漾着。我情感裡沒有悲哀和歡愉的成份，我是失去了靈魂的軀殼！

「我任他爲所欲爲，他像野獸發狂闖進了羊羣。散佈着那單純的原始感情，吞食着可憐的弱小者在滿足了食慾之後，他平靜了，絲毫不會理會到犧牲在他手下的被宰割者。而我也在剎那間判若兩人，聖潔的靈魂已脫離了我的軀殼。

「在痛苦的思潮裡，使我意識清醒了，我哭了，我哭到了天明，淚水漬透了枕頭！

「這樣被侮辱與被損害的生命，我眞想一死了之，自殺這個字眼，在誘惑着我，但是，我却提不起這種勇氣——「自古艱難唯一死！」到此我才認識自己竟是這樣沒有勇氣的人！生活在監獄中，還是苟且偷生下去！

「沒有勇氣自殺，自己只有尋求寬解的方法，最後有所憬悟，人生不過是數十寒暑，人生一世，無非像在人生舞台上，扮了一次角色而已，一坏黃土，誰來管你是非！享受一天算一天，快樂一天算一天，所謂『及時行樂』，『今朝有酒今朝醉』，爲人何必過於認眞？認眞就是自尋煩惱！我的人生觀改變了，我收拾起以淚洗面的生活，開始了典型姨太太式的起居。我向仁提出要求，每月零用費不折不扣要三千元，仗着我天賦姿色尙未衰，還可以縮得住他的心，他首肯了，三千元的數目，在有錢的人們心目中，只不過九牛一毛而已，但我不用担心開門七件事，這數目就可觀可了！怎樣去擺佈這錢，來癱瘓我的靈魂？於是整天沉醉於玩沙蟹、搓麻將、看電影、上咖啡館、看球、游水、跳舞，我不動聲色中，打開了他給我的枷鎖，我的態度强硬起來了，我抱定寧爲玉碎，不爲瓦全的最後決心。不過，行動雖獲自由，却沒有向外宣稱我是仁的一件附屬品，所以，他也只能默許了。

「時間是多麼的殘酷呀！在沒有靈魂的生活裡，我想到我到了『人老珠黃不值錢』的年代仁必然會遺棄我。我自然也要實踐諾言，離開這個小天地圈子，那時應該怎麼辦呢？嫁人嗎？誰肯要我這個敗柳殘花？抱獨身主義？我自信沒有這種能耐？我也沒有充裕的家財！找職業嗎？不但沒有人代我尋覓，同時我也過不慣那生涯。我由一個純潔的少女，受共產黨的逼迫，逃來香港，無處容身，無形中墜入了黑暗的深淵裏，冥冥之中命運之神，將給我一種怎樣的歸宿呢？」

我對着這個顫慄的靈魂，一句話也說不出來，只重重地嘆了一口氣！

文壇泥爪

田漢怒絕創造社

最早退出創造社的是後來以戲劇家成名的田漢。那時該社成立還不到一年，季刊纔只出了兩期。

田漢和郭沫若的相識，是由宗白華的通信介紹。田在東京讀高師，跑到福岡去訪郭。郭利用官府供給的學費，在日討了老婆，田漢到訪時，太太剛生出第二個兒子。郭爲歡迎田之來，說了一句「談笑有鴻儒」，因那時接生的產婆剛來，田便接口道：「往來有產婆。」郭覺得受了不小的侮蔑。事後田對鄭伯奇談他訪郭的印象說：「聞名深望見面，見面不如不見。」初次見面，彼此印象並不見佳。可是當時二人都頗自負，田曾自比席勒，郭曾自比歌德，其狂傲亦可見一斑。

民十郭由滬返日，爲拉稿曾到東京訪田，田寫了使他一舉成名的「咖啡店之一夜」。那時田漢已和易漱瑜同居，郭到後，田約他去銀座享受咖啡店的情調。因田囊空如洗，打發易小姐出去借錢，不料空手而返，假推腹疼，咖啡店沒有去成。次日，田同郭出遊，途中向友人借錢又未借得，情形萬分尷尬。最後還是郭掏出錢來，二人纔看了一場電影。二次見面，彼此也不十分愉快。

郁達夫所編季刊創刊號出版後，因爲校對不好，田的「咖啡店之一夜」錯漏特多，田懷疑郁改竄了他的原稿，認爲是故意陷害他，毀傷他在國內的名譽，便大發脾氣，向郭索回原稿，預備改寄別的刊物發表。經郭再三說，由於校對錯誤，田見原稿確未改動，纔未和郁決裂。

郁編「創刊號又回到東京，換回郭沫若來編第二期，第二期上有田漢的「薔薇之路」。當時那位渾號「黑旋風」的成仿吾在長沙，見到第二期的創造季刊，便寫信給郭，批評了郭、郁、田和張資平的文章。信中對田漢的批評相當苛刻，說他不知道田爲什麼要把這樣的文字來發表，他對於田的前途感到絕望。這信準備編在第三期，郭怕得罪田漢，把批評田的幾句嚴苛的話用紅筆勾去。此時郭又返日，召回成來負責編第三期。成由長沙到上海時，田也接受了中華書局的聘約，從東京回到上海。田成二人同住在民厚里，時相過從，一日田從成的抽屜中見到那封批評他的信，便和黑旋風決裂，一怒割席，退出了創造社。雖經郭一再寫信爲他們和解，田却終未回頭。

此後田即自己創辦「南國社」，從事戲劇活動，居然能在中國話劇史上佔有一頁地位。郭田之間，雖然後來時分時合，抗戰期間田並曾俯首事郭，如今並爲紅朝弄臣，但幾十年前的芥蒂，仍隱隱存在。

雷震被捕香港民間輿論特輯

港報嚴厲抨擊台北捕雷案

是黨獄，也是文字獄

（本刊綜合報導）九月四日（星期日）晨早九時廿五分，「自由中國」半月刊發行人雷震（亦為籌組中的新黨發言人之一），在台北縣寓所為台灣省警備司令部逮捕。被捕的罪名是根據「懲治叛亂條例第十條」，「涉嫌叛亂」!?同時間內遭逮捕者，尚有該刊編輯傅正及職員馬之驌、劉子英等三人。

九月五日，香港各大民營報，皆於第一版以要聞地位，或顯著地位刊出雷等被捕消息，各方為之震驚，莫不對國民黨當權派出此絕招感到痛心疾首。

對雷震被捕首先發表社論評擊者，為在香港及東南亞區銷數最廣之「成報」。該報為純粹民營獨立性的報紙，素以審慎穩健無所偏袒受廣大讀者之歡迎，但此次該報率直地以「台北缺乏政治風度」為題發表社論。社論中特別指出不信「拘捕雷震與新黨無關」並謂「所謂『無關』者，正是此地無銀三百両」之類而已。」「假如說雷震不因新黨而被捕，那就是因為「直率之批評」而被捕了。直率的批評也會有罪的，那是國民黨自行杜絕言路了，還好意思說民主嗎？」社論直嗤台北當局此擧為不成話！結論中指出「雷震眞的有罪，也應該由法院審訊的，不由法院審訊，而交由軍事法庭，那又是不民主的做法。」七日該報再論此案時，結論指出：「官方說：已監視雷震三年了，他的雜誌亂說話，為什麼不以現行的出版法先行予以警告？而故意何之以陷阱，這是不明智之舉。對台北的聲譽，實有極大影响的。」

獨立的擁有香港「白領階級」及知識份子廣大讀者羣的「新生晚報」，除詳盡報導雷震被捕之電訊要聞外，並於第一版報頭旁以橫通三欄的地位報導「雷震被捕內幕」，其中指出，雖「雷震可以自請律師為他辯護，可是，相信台北的律師中沒有人敢「強出頭」為這一案件冒大不韙。」該項根據台灣來客所述的內幕消息突出的指稱：「台北當局逮捕雷震一擧，早在反對黨宣佈之際就在商討中了。」並謂「在上月底前，國民黨內部的激烈派與溫和派意見不一致，激烈派主張逮捕雷震、李萬居、高玉樹等反對黨首腦；溫和派則主張不應有過烈行動，以免引起國際反响。折衷的結果，決定先逮捕雷震，對「自由中國」什誌予以一大打擊。」

「新生晚報」署名的「新聞說明」欄主筆宋敏希，向以敢言著稱，前不久該欄曾抨擊美國民主黨「影子國務卿」鮑爾斯的「中台國」謬論。今則以「台灣的『莫須有』黨獄」為題，痛述國民黨當權派逮捕雷震顯示「國民黨內無人」，「逮捕的罪名又是如此地牛頭不對馬嘴。」宋敏希指出：「雷震一介書生，無鎗無兵，又憑什麼來叛亂。」他認為，如果反對黨「用正當方法奪取政權，猶如美國兩黨的爭奪，又有什麼不妥」？他指出國民黨當權派逮捕雷震「不能解決問題，且為自己增添了政治上的負債。」「說是雷震涉嫌叛亂，寧不要使人笑落門牙乎？」

六日，宋敏希再在「新聞說明」中繼續評論說：「國民黨當局逮捕雷震及自由中國半月刊的從業者，是嚴重的違犯了新聞自由的行動。」並且敘述了十年來「雷震一直是面對着不斷的壓力的」，計有：「『祝壽專號』事件所引起的『圍剿』，雷震刋登『軍人來函的被控，以及該刋有一時期無法找到一家印刷所為它承印等等」。

對於台北中央日報所述對雷震及「自由中國」「已經容忍得够了」一點，宋敏希說：「對於評論，應取有則改之無則加勉的態度，何容忍之有？」並謂：「退一步講，容忍總是好的，極端手段則是錯的了。」「新聞說明」中嚴正地質問「為什麼要以軍法審判的秘密庭來對付他呢？」對於雷震夫人宋英請求將雷震案交給法院審判被當局拒絕一節，復質問說：「為什麼雷震這樣重要的案件不能公開審訊呢？如果審訊可以公開駁斥雷震『謬論』的話，又為何要用秘密庭審呢？」說明中最後「奉勸當局，要顧到民情物議」，忠告當局「一意孤行不顧一切的作為，最終是要導致失敗的。」宋敏希更說：「何況，國民黨並不是沒有失敗的經驗。」

九月五日，屬於星系報業公司，也是香港晚報中銷數最多的星島晚報之一，在這天「新聞剖析」欄中也強烈指出：「自由中國」雜誌：「過去雖曾幾次發生沒收禁賣情形，惟未捕人，且一瞬即過。而現在適值反對黨高唱入雲，雷震又為主要發言人之一，忽然被捕，憑此蛛絲馬跡，那末，所謂無涉，豈是不容易使人相信了。」並且認為此擧「未免過分操切」，「顯然含有殺雞教猴，對其他反對黨員鎮壓的作用。雖然軍事當局亦會對反對黨人士表示不將株連。但雷震的被捕，這個事實，已够使反對黨中人震慄了！」最後它主張：「最好是一切依法，決不能隨便利用權力，亂加罪名，」並忠告當局稱：「中華民國現時所靠者為人心傾向，政府千萬勿使人心因小事而叛離。」

（下轉第七版）

國府當局怎樣去處置雷震？

台灣警備司令部，於四日把反對黨籌組人之一「自由中國」雙周刊出版人雷震拘捕了。

雷震現在成為國民政府手上的燙熱馬鈴薯，雙手拋來拋去，都是灼手；但又不能將之拋棄；更沒有人為之檢去。

槍斃雷震嗎？有沒有足够的罪証？不顧一切而為之，將大大有損於政府及國家聲譽。把雷震判監嗎？將成為錯誤的，痛苦的標誌。

人已經被拘捕了，怎樣處置？看來祗有將之拘禁，延長審訊期，成為張學良、孫立人等之後繼者。此外，看不出有第三策。

事情鬧到這般田地，當局斷無此「雅量」將雷震釋放；亦不會將之移交法院將之審訊。

這回拘捕雷震是愚昧、幼稚之擧。此擧若發生在六十年前之清末，已不足為訓；何況發生於今日？我們以為沒有人會把今日當六十年前的庚子吧？

拘捕雷震之後，有關機關連忙聲明此擧與雷震之搞組織新黨無關，說祗是為了「自由中國」內之「叛亂」文字。

但是，全世界的人都沒有人會相信這話。因為「自由中國」之批評時政，不自今日始，何以早不拘捕雷震；而偏偏要在反對黨行將成立之際？

李萬居也曾在其報紙强烈批評政府，為什麼不拘捕李萬居？於是有人認為拘捕雷震，是「殺雞警猴」的做法。

有人以為當局不敢拘捕台灣當地人物。

總之，拘捕雷震，是失盡世人同情的。作為反對黨主角而被捕，國民黨如此對待政敵，不會得人同情。人們都罵國民黨無政治風度，不够器量。

作為「自由中國」出版人而被捕，際此「新聞自由」之說高唱之際，誰會同情台北？全世界報刊都不會同情的。祗有受國民黨津貼的報刊會說一兩句捧場話，就算正式國民黨黨營報刊，也不敢置一詞。

拘捕雷震之前，國民黨機關報曾促請執法機關採取行動。警備司令部發言人，又曾言曾跟踪雷震三年。這，顯示拘捕雷震是有計劃的行動。這樣，又怎會偏偏選擇在反對黨成立之前？這使人都以為拘捕雷震是為了對付反對黨之籌組，而不是對付「自由中國」。

「自由中國」文字太過劇烈，可以依據出版法，將之票控。為什麼要用緊急戒嚴法將其出版人等拘捕？這顯見其中另有緊急之處——那就是為了對反對黨要在月底成立。

當局此擧已鑄下大錯特錯，如何補救？吾人且拭目以觀其後。（轉載九月六日星島日報社論）

台北缺乏政治風度

台北警備司令部昨日宣佈：台北保安警察已逮捕雷震、及自由中國半月刋之三名職員。據發言人指出：「渠最直率之批評，已構成危害國家之罪名。」又表示雷等四人，將在軍事法庭受審。這一事件，反映台北當局缺乏之政治風度，將使海外人士失望的。

如所週知，雷震是自由中國半月刊的發行人，更令人注目的則是所謂「中華民國民主黨」的三個主腦人之一。這個中華民國民主黨現時還沒有正式成立，一般通稱之為台灣新反對黨。該黨之政綱，據說已經擬妥，也曾被新聞記者簡要的發表出來。去月我們也曾加以評論。在評論中我們的結論是：「最滑稽的一件事，是所謂『爭取台灣地方選擧之眞正民主』。作為一個反對黨，為什麼不在中央級代議機關去爭取發言呢？當然，國大代表和立法、監察委員之改選，是有困難的，新黨無從染指。既不肯知難而退，又不敢與不能打破困難，那何用其為『反對』也？台灣之新反對黨不成立則已，如果要成立，就非要針對目前國民黨的病症痛下鍼砭不可。畏首畏尾的，有名無實，徒見其「攪攪震」而已。」這是我們對新反對黨的看法。事實上也不過「攪攪震」之類。可是，台北當局，一聞「反對」二字，便覺手足無措，那比新反對黨更滑稽。

雖然，台北說拘捕雷震與新黨無關，但是其誰信之呢？所謂「無關」者，正是「此地無銀三百両」之類而已。這可見國民黨缺乏了政治風度，連這樣的一個反對黨也不能容納，不止不能容納，甚且加罪於雷震身上，而加以拘捕，成什麼說話呢？

在記者節那天，我們曾以「沉痛紀念記者節」為題，痛論沒有新聞自由。假如說雷震不因新黨而被捕，那就是眞的因為「直率之批評」而被捕了。直率的批評也會有罪的，那是國民黨自行杜絕言路了，還好意思說民主嗎？退一步而言，雷震眞的有罪，也應該由法院去審訊的，不由法院審訊，而交由軍事法庭，那又是不民主的做法。（轉載九月五日成報社論）

是黨獄也是文字獄

（上接第六版）事實上，由於逮捕雷震等的電訊，各報幾乎是在五日截稿前才收齊的，故各家日報主持筆政者，當時均已不及從容為文評論。故九月六日，香港輿論界針將台北當局的評擊形成了最大高潮。

超然的星島日報連日來在要聞版刊出重要消息。六日更以縱貫六欄的三行標題，獨家報導美洲「世界日報」發行人李大明氏致蔣介石要求釋放雷震的電文。該項電文中指蔣部屬「所作不當之逮捕」，是「愚昧已達於新高潮。……此等赤裸裸的壓制出版自由，在一個共黨政權治下是意料中事，但不期而竟在自由世界中為之，對於此等自由權利之否定，如予容忍，則徒足玷辱中華民國之聲名而已。閣下未予迅即加以干預，並使雷震回復自由，將無疑地在歷史上記載為閣下事業重大錯誤之一。」同日，該報的社論，正像它過去一貫那樣誠懇，但又那樣凌厲地把雷震的被捕幽默地形容是「國民政府手上的燙熱馬鈴薯，雙手抛來抛去都是灼手的，但又不能將之抛棄，更沒有人為之檢去。」社論說：「槍斃雷震嗎？有沒有足夠的罪証？不顧一切而為之，將大大有損於政府及國家聲譽。把雷震判監嗎？將成為錯誤的、痛苦的標誌。」社論認為「當局斷無此「雅量」將雷震釋放；永不會將之移交法院依法審訊。」這強烈地反映出人們對國民黨當權派已完全失去信心。並且直率地論定「這回拘捕雷震是愚昧，幼稚之事」，「國民黨如此對待政敵，不會得人同情。」

「誰會同情台北？」

社論答問說「全世界的報刊都不會同情的。祇有受國民黨津貼的報刊會說一兩句捧場話」。

社論也認定此舉為「對付反對黨之籌組，而不是對付『自由中國』。」

這天的新生晚報，又於報頭旁以橫通二欄的頭條地位報導了該報專訪青年黨領袖左舜生的談話。左氏異常激昂的告該報記者：「這種做法是『軍閥時代』軍閥對付文人無法無天的行為。」左氏強調「雷震絕非叛國之人，相反的，他是一位愛國者，而且是積極反共之士。」而這一點，正如嗣後胡適之先生在美國答覆記者有關雷案詢問時的談話是一樣的。雷震是：愛國的，也是反共的。

工商日報這天的社論，也並不因其以往較比傾向台灣而諱言。它認為拘捕雷震等「如其是屬於『自由中國』半月刊的言論問題，則政府此舉，無論如何是犯了嚴重的處置失當。」「如其是屬於『反對黨』問題，則政府這一措施，除非該『反對黨』的確自了「內亂」「外犯』罪等事實，否則也屬非法的行為。」關於前者，社論認為一政府既有不少宜傳機構，而主持正義的民間報刊，亦復不少，何不從積極方面消弭邪說？」社論更認為「前年政府既不惜一意孤行，辛辛苦苦通過了「修正出版法』，何不根據這一法予以處分？……又何致於不經過警告等程序而遽爾拘捕主持人呢？故就法理言，如其這事件純屬『自由中國』半月刊言論問題，而竟用軍事性的『懲治叛亂條例」，是不當的。」

當大多數有地位的，受讀者信賴的民營報紛紛仗義執言時，六日的大晚報的主筆梁中在「大事晚談」欄中，挺身而出以「糾正陸海安的謬論」為題認為雷震是「文字獄與黨獄」！他也從綜合香港的輿論肯定「海外一般輿論反應，可謂惡劣已極。」並說：「不管看法如何，輿論的批評可說是一致的，那就是：——國民黨做得太過偏激，太暴戾了。」「但是，當此海外有識之士一致諷勸國民黨回頭之際，也有人為國民黨這種舉動大聲喝采的，譬如眞報的陸海安就是一個。」

提起眞報，香港人有一極深刻的印象，該報在創辦後最初的二三年中，也曾以鼓吹民主相標榜，並且極盡評擊蔣介石父子之能事，其淋漓盡致處，實不亞於左報，成為港中極受人注意的一張晚報，但不旋踵，該報的論調與姿態竟作了一百八十度的轉變，成為擁將捧將之喉舌！這種轉變究竟有何內幕或苦衷，外人固無可知，該報主持人自也有其不足與外人道之道理。不過正如上文引述星島日報的社論所指出的，台北此舉是「全世界的報刊都不會同情的。」「誰會同情台北？」「就算正式國民黨黨營報刊，也不敢置一詞。」「祇有受國民黨津貼的報刊會說一兩句捧場的話。」

大晚報指出眞報陸海安的「謬論」在於「對今天的國民黨說來，不是嫌它的權力太大，而嫌他沒有作為。」這句話。梁中認為：「這種說法，殆所謂『銅山東崩，鳴蟲西應』，本來恬不足怪，但是，我們試一冷靜地想一想，中國所以搞到今日這般田地，究竟是國民黨「權力不夠』，還是太大，『大』到人民「不敢言而敢怒』才弄到如此田地？如果存國民黨所倡言的『民主』之下，今日之逮捕，明日之「軍法審訊」，又是世界那一個民主國家的政黨所具有的權力？」因而更認為：眞報既明知此舉對自由中國的「聲望必然有損』，又力主『不必顧忌」，難道聲望並不重要，拉人才算重要？」梁中在「大事晚談」中，最後以一「噓！」字作結論。但是，這一「噓」字，却使讀者，感到噓出了胸中的鳥氣。可謂是香港民間輿論羣起抨擊台北捕雷案高潮中的插曲，也可見公道之自在人心。蔣介石說，「法律之前，人人平等」，但人們已感覺到台灣當局既不講法律，更無平等。對待一介書生的雷震，假手軍事法庭，而不透過司法機關，雖說「於法有據」，但實有悖於人情。法律不外乎人情。蔣介石是太缺少法律常識了！

台灣的「莫須有」黨獄

雷震，「自由中國」雜誌的主持人，以「涉嫌叛亂」罪為台北警備司令部逮捕。同時被捕的還有該刊編輯傅正，經理與會計等三人。這是自由中國遷台十年來的大案之一。其受人注意之處，不亞於孫立人的被捕一案。

特別是反對黨即將宣佈在月底成立之際，反對黨骨幹人物雷震被捕，對反對黨將是一大打擊。

國民黨儘管聲稱這與反對黨的組織無關，可是，明眼人一看就知，這是「此地無銀三百兩」的說法而已。

「自由中國」雜誌，原是胡適之創辦，以後曾一度有波折，就由雷震接着主理。「自由中國」雜誌敢說敢言，在海內外都擁有相當的讀者。同時，它也成為了自由中國還有着若干「自由」的象徵。

「自由中國」雜誌內容有若干過激之處，可是，說是涉嫌叛亂，就是「莫須有」了。

雷震辦反對黨，本不一定能爭取好多人心，可是，在一捕以後，顯然將在人們心目中成為「英雄」。猶如當年「七君子」一般。

這一次逮捕雷震，不但將增加了他的個人聲望，並且將激起了政治上的大波濤。反對黨的活動，不但將不因這一逮捕而減緩其脚步，相反的，相信他們將抓住這一事件向國民黨大肆進攻。

在美國方面，正逢大選期間，對中國問題正是兩黨爭辯的主題之一，國民黨的極端行動，在爭取美國輿論方面，一定將蒙受極大損失。

說是雷震涉嫌叛亂，寧不要使人笑落門牙乎？

從雷震的逮捕案來看，我人不禁要與國民黨內無人之嘆！

逮捕，不能解決問題，且為自己增添了政治上的負債；何況，逮捕的罪名又是如此地牛頭不對馬嘴。

雷震一介書生，手中無鎗無兵，又憑什麼力量來叛亂。至於說從否定政府到意圖顛覆政府這一說法，要看他用的什麼手段了。用正當方法奪取政權，猶如美國兩黨的爭奪，又有什麼不妥的。

從國民黨逮捕雷震一案來看，反映出國民黨對當前局勢却有所担心。不然，就不會冒大不韙以强力手段來對反對黨加以鎮壓了。

台灣担心的是：一、反對黨活動擴大，危害及於國民黨的一黨統治。二、地方勢力的逐步高漲，將因反對黨之成立而達於頂點。國民黨如此做，正反映出它本身衰弱！（轉載九月五日新生晚報「新聞說明」）

論雷震等被捕事件

——政府當依法辦理，儘求公開，迅速了結，得自懍惕

台灣警備司令部於四日根據懲治叛亂條例第十條之規定、拘捕「自由中國」半月刊主持人雷震及該刊編輯傅正、經理馬之驌，會計劉子英等，這自是為各方所注視的嚴重事件，因為雷震是「自由中國」半月刊的主持人，而又為正在籌組中的反對黨主要人，自然很容易牽涉到言論自由、民主實質兩者上面去，政府對於這措施的担當，當是非常重大的。

對於這一事件，我們認為應該從下列四個角度去分析：一、是純屬「自由中國」半月刊的言論問題嗎？二、是雷震等藉「自由中國」半月刊而作「叛亂」的行動嗎？三、是雷震等藉組織反對黨而作「叛亂」行動嗎？四、是雷震等於「自由中國」半月刊與反對黨之外作純個人的「叛亂」行動嗎？這四者在問題上，法理上都不容含混的。

如其是屬於「自由中國」半月刊的言論問題，則政府此舉，無論如何是犯了嚴重的處置失當。「自由中國」自出版以來，其中不少「惡意」攻擊政府，熒惑人心士氣的言論，本報與其他報刊亦曾多次為文指摘，政府既有不少宣傳機構，而主持正義的民間報刊亦復不少，何不從積極方面去消弭邪說？對於超越「言論自由」限度的言論，終不能泯滅公道的眞際，問題祇是政府本身能否站得穩？這也不說，該刊公開發行的，如其政府認定該刊言論不當，則十年來，始終寬容，何致於今日始出此斷然手段？而且，前年政府既不惜一意孤行，辛辛苦苦通過了「修正出版法」，何不根據這一法予以處分？根據該法第六章第廿六條的處分規定，最高也不過最後一款的「撤銷登記」，又何致於不經警告等程序而遽爾拘捕主持人呢？故就法理言，如其這事件純屬「自由中國」半月刊言論問題，而竟引用軍事性的「懲治叛亂條例」，是不當的。

如其屬於反對黨問題，則政府這一措施，除非該「反對黨」的確有了「內亂」「外犯」罪等事實，否則也屬非法行為。（下畧）

上述兩者……，都不能成立拘捕雷震等與使用軍法審判的理由。現在且看雷震等是否屬於個人的「叛亂」行動（包括藉「自由中國」半月刊和「反對黨」而進行叛亂行動），如果誠如王超凡中將所言，「本案完全是因為雷震等涉嫌叛亂，是他個人問題」，則自與「自由中國」半月刊無涉，與「反對黨」無涉……（下畧）

這一件事，究竟政府對呢？不對呢？……這刻我們以王超凡中將的表示立場，假使雷震的確是「涉嫌叛亂」，也認為政府是出於不得已的行為，但我們深覺這事件並不尋常，其影響至為重大，故也願意政府特別注意幾點：

論如一，雷震等的個人行誼如何，言上述何，國人已自十分清楚，惟誠如，這事件在表面上難免牽涉到言論自由，民主實質的上面，故對於本案的辦理，當要格外慎重。這多年來，台灣有了國內外不少良好的印象，不要因一事的躁切而斷送辛苦建成的基礎。

二、如其雷震等的確有其「涉嫌叛亂」的確據，則用軍法審判，自無不合，……須盡可能力求公開，以確實証據提供國人之前，以事實解釋各方的疑惑。同時，這一事件，我們以為政府可能熟慮於前，才致毅然出此，故應力求儘早了結，大白於天下，以息浮言，也是必要的。

三、（畧）

四、這類事件，無論如何是政治上的一種戾氣，其掀起相反方面的反响，造成一些人的錯覺，將是勢所難免，為了顯示政府對本案的無私，為了輩固國府領導的中心，……政府今後當更要尊重言論自由，當更要表現民主的風度。總之，我們公道的評論，這類事件的發生，政府應負起極大的責任。」（下畧）（節錄轉載九月六日「工商日報」社論）

文史漫談

舌端文學（上）

徐亮之

近年來出版的中國文學史一類的著作，有一個進步現象；就是他們多半已經承認：在沒有文字以前已經有着文學存在了。他們有的把這叫做「口頭文學」，有的把這叫做「口傳文學」；但我却覺得不如叫這做「舌端文學」比較更好而且現成。（我年來在幾家書院講授這課時曾名之曰「口語文學」，也不太好。）因為所謂「舌端文學」，遠在一千四百五十年前的蕭梁時代，便已經被提出了；提出這個名詞的是當時一位大文學批評家劉勰。劉勰在他的名著「文心雕龍」書記篇中曾這樣說過：

「辭者，舌端之文，通己於人；子產有辭，諸侯所賴，不可已也。」

不過、劉勰雖把「通己於八」的「舌端之文」叫做「辭」，而把「辭」僅包括在所謂「書記」的二十四品之中，認為都祇不過是些「藝文之末品」，却未免本末倒置。「辭」正是戰國以前「舌端文學」的總代表呢；他這樣一品，倒未免太唐突西施了！

原來我們現在的「文學」、「文章」或「文」三個名詞，在中國，時代越早是越沒有文學的意味的。在先秦，「文學」一詞乃泛指儒術、學術；「文章」或「文」乃泛指文明、文化、或文化素養；而却把眞正的文學作品（包括未經寫定的舌端文學）有韻而偏於抒情的一般叫做「詩」，無韻或有韻而偏於說理的一般叫做「辭」（如若干有韻的周易爻辭及荀子的「成相辭」等。楚辭雖有韻而偏於抒情，但其名乃漢人所定，在戰國時代該祇是目為一種新詩的。）到了漢魏，「文學」和「文章」方才開始分家；方才把前者代表學術一類的意義，後者概括一切和我們現在所認為的文學性的作品。再到了兩晉六朝，「文學」一詞方才和我們現在的界義相接近；而「舌端文學」也便通過了唐宋的「講唱文學」而形成另一途徑的多彩多姿的發展，由八世紀的三瓦兩舍直走上二十世紀的廣播電台。

關於中國文學界義演變的詳情，我另有文字考述，此處不能多談；關於先秦時代人們對於「詩」的看法與理想，因為頭緒煩多，此處也祇好從畧；現在我們且把代表中國古代「舌端文學」的「辭」，提出來談一談吧。

一提到「辭」，我們便首先不能不談到孔子。原來孔子乃最能承繼中國古代的舌端文學而加以發揚的大師，典型的辭的功用主義者。「辭」、一名「辭令」，或名「文辭」；也可以直名之曰「言語」，簡名之曰「言」；這在古人的著作裏是可以因習慣而選用，或因方便而互用的。孔子便是對於這些異名同實的名詞常常互用的人。至於他對這種文學的重視和見解的精確，左述三點可見一斑：

第一、他把「言語」列為教授生徒的四大科目之一；而宰我，子貢便都是這一科的高材生（論語先進篇）。韓非子顯學篇曾說：「宰予之辭雅而文也」。史記仲尼弟子列傳，也說：「宰予字子我，利口辯辭」。對於子貢更總結其遊說辭令的成績說：「子貢一出，存魯，亂齊，破吳，彊晉而霸越。子貢一使，使勢相破，十年之中，五國各有變。」正都是孔子重視「言語」科所獲成績的具體說明。

第二、他對於修辭的見解的精確，仍然為今日修辭學中不可動搖的鐵則。他說：「辭達而已矣」（論語衛靈公）；論到消極修辭的原則，誰也沒他這句話說得簡單。「禮記」表記曾記他又說過「情欲信，辭欲巧」的話，我們雖沒法証明這是否眞為他所說：但「論語」子罕篇「巽與之言，能無說（悅）乎」的話却是他說的。所謂「巽與之言」，朱注釋為「婉而導之」，最得其解。言而能達成「婉而導之」的作用，是需要相當的修辭技巧的，是該歸入修辭的領域的；亦即我們倘若認為表記所謂「辭欲巧」的話，確為他所說過，亦無不可。積極修辭乃文學所由成為藝術作業的主要手段；而「舌端」的所以能有「舌端文學」出現，主要原因也即在於此。於此、我們說他乃舌端文學的大師，典型的辭的功用主義者，眞乃絕非溢美之詞。

第三、他由辭的功用主義出發，不但在主觀方面提出了一個「君子於其言，無所苟而已矣」（論語子路篇）的原則；同時、更非常重視觀察客觀以發揮辭的功用；辭的功用畢竟須在主客雙方融洽無間的狀態之下，才能發揮的呢。所以他說：「言未及之而言，謂之躁；言及之而不言，謂之隱；未見顏色而言，謂之瞽」（論語季氏篇）。又說：「可與言而不與之言，失人；不可與言而與之言，失言。知者不失人，亦不失言」（同衛靈公篇）。所以他自己也老是「時然後言」，而獲得「人不厭其言」（同憲問篇）的效果。而在言語上最能表現他主客兼顧的尤莫過於「論語鄉黨篇」；這篇有一段對他這樣描寫說：

「孔子於鄉黨，恂恂如也；似不能言者。其在宗廟朝廷，便便言，唯謹爾。朝與下大夫言，侃侃如也；與上大夫言，誾誾如也。」

孔子對言語的修飾、亦即對修辭的重視，所以如此謹愼將事面面俱到，目的雖然是道德的，手段却無疑是文學的；他乃企圖以文學的手段達成道德的目的呢。他說：「有德者，必有言；有言者，不必有德」（論話憲問篇）；這表示：非道德目的的修辭乃他所反對；他的所以認為「巧言亂德」（論語衛靈公篇）；認為「巧言令色鮮矣仁」（同學而篇）；其原因又在於此。文學乃眞、善、美的綜合表現；舌端文學雖不能認為便和孔子所說的「巧言」同科，而孔子的所以終於成為哲學家而非文學家，亦實可於此等處獲得消息。

萬里望花生行有序

徐亮之

友人戴澍霖自南洋寄饋「萬里望花生」一匣，佐酒佳品也。賦謝。

佳菓萬里望花生，故人萬里之所遺。故人憐我能飲酒，有酒無肴古所悲。得此肴饌眞可廢，何況漢書以下之？顧我得此雜憂喜，故人故山皆萬里；故山之花那可望？故人相望唯海水！浮海人皆謂我癡，于誰之屋烏爰止?!吁嗟呼！安得從心所欲望且賞兮萬里花，如鷗如鷺忘機天之涯？所恨今人不如鷗鷺强，何如一醉從容夢羲皇。

挽伯莊

亮之

吾愛陳夫子，行藏澈底清。嗜書如性命，傲物見深情。秋色來天地，音容隔死生。誰憐易簀日，憂國尚吞聲。（公以心臟病棄世，卒前數小時，讀報見雷震等被捕電訊，憤然起坐對友人曰：「此自掘墳墓耳！」友恐其過於激動，亟誦東坡「安心是藥更無方」句寬慰之，始頹然復臥。）

記庚子拳變始末（二三）

舜生

為了遮羞，也為了實際的需要，從在西安的行在政府開始，一直到光緒三十一年（一九〇五）日俄戰爭結束，一共五年的時間，清廷確也做了若干的改革。為了研究這種改革如何進行，而事權又能統一，他們在二十七年的三月，便在西安設了一個「督辦政務處，』名義上是由三個滿人（奕劻、榮祿、崑岡）和三個漢人（李鴻章、王文韶、鹿傳霖）合組，此外兩個有名的督撫（劉坤一、張之洞）也遙為參預。但其時奕劻和鴻章在北京議和；劉張兩督雖然意見很多，可是究竟在地方，不能直接過問；因此這個政務處便只有榮祿，崑岡和王鹿四個人負責，而這四人中最能左右慈禧的又只有一個榮祿，所以留在西安的這一時期，以榮祿的權為最大。同時還有一點，我們也應知道：李鴻章在辛丑和約告成的時候便死了（九月二十七），他對政務處負的這個名義，由袁世凱接替；劉坤一死於次年的九月，榮祿則死於二十九年三月，因此我們儘管說榮祿對這一期的改革關係很大，但也僅以前半期為限，到了後半期，則中樞的重要人物僅有一個奕劻，地方上則南方一張之洞，北方一袁世凱，而能操縱奕劻者又莫不如袁，因而到了日俄戰爭前後，袁世凱乃變成了當時最能左右大局的一個人物。

現在試一檢查他們在這五年中究竟改革了一些什麼：

光緒二十七年三月，成立了前述的『督辦政務處」。四月，裁汰各衙門胥吏差役；復開經濟特科；命整頓翰林院，課編檢以上各官以政治之學。五月，命出使大臣訪察游學生咨送回華，聽候錄用。六月，依據辛丑和約，改總理各國事務衙門為外務部，派奕劻為總理；王文韶為會辦；瞿鴻璣為尚書，並加一會辦大臣頭銜。七月，停止捐納實官；命各省綠營防勇，限於本年內裁去十分之二三，命各省籌設武備學堂；復命將各省原有各營嚴行裁汰，精選若干營，分為常備，巡警等軍；又命自明年為始，鄉會試等均試策論，不准用八股文程式，並停止武生童及武科鄉會試。八月，命各省所有書院於省城改設大學堂，各府及直隸州改設中學堂，各縣改設小學堂；復命各省選派學生出洋肄業。十月，定學堂選舉鼓勵章程，凡由學堂畢業考取合格者，給予貢生，舉人，進士等名稱。十二月，准滿漢通婚。

光緒二十八年正月，歸併詹事府於翰林院；復命裁撤河東河道總督缺。九月，命各省選擇學生派往西洋各國講求專門學業。十一月，命自明年會試為始，凡修撰編修及改庶吉士用部屬中書者，皆令入京師大學堂分門肄業。

光緒二十九年五月，命鐵良會同袁世凱辦理京旗練兵事宜。七月，設工商部，將路鑛局裁併，奕劻的兒子載振任商部大臣。十一月，設立練兵處，命奕劻等管理，以徐世昌充練兵處提調，劉永慶充軍正司正使，段祺瑞充軍令司正使，王士珍充軍學司正使；頒布學堂章程。

光緒三十年，十一月，裁撤雲南湖北巡撫缺。

光緒三十一年，三月，准伍廷芳沈家本奏，將律例內重刑淩遲、梟首、戮屍三項永遠刪除，凡死刑至斬決而止。六月，裁撤廣東巡撫缺；考試出洋歸國學生，自是每年考試留學生以為常。七月，停止鄉會試及各省歲科考試。九月，設立巡警部；在河南舉行秋操，命袁世凱鐵良為閱兵大臣。十一月，設立學部。

上面所舉這些事實，不能不算是一種改革，但百分之九十以上不出戊戌百日維新的範圍，不過把時間拖長到五年就是了。從這些改革中，可看出奕劻的地位愈加重要；袁世凱特別着重軍事；徐世昌、段祺瑞、王士珍等已大露頭角；尤其廢科舉，設學校，派游學這三項影響後來更為深遠。不過滿漢畛域更深，改革難言澈底，主持其事者也非其人。可是假如不經過庚子拳變這一幕慘痛的訓教，則並此而不能實現，也是很顯然的。派載澤等五大臣出洋考察憲政，本來也是三十一年的事，但滿清以無誠意的預備立憲自促其亡，我想把這件事歸入記辛亥革命一篇裡去敘述，這裏便省畧了。（全文完）

本刊已經香港政府登記
每逢星期五出版
聯合評論
週刊
United Voice Weekly
第一〇九號
督印人：黃宇人
社址：九龍赫德道二十三號地下　電話68678
承印：嘉羅印刷有限公司　香港灣仔馬師道5號
代理：友聯發行公司　售價每份港幣一毫
美洲版總經售處：美國紐約中美出版社
CHINESE-AMERICAN PRESS, INC
199 CANAL STRE,ET..
NEW YORK31 N.Y. U.SA.
美洲航空版每份零售美金一角

由『吳案』『孫案』到『雷案』

左舜生

「與國人交，止於信，」「自古皆有死，民無信不立，」最近我因為要研究「雷案」，曾把有關四十三年的吳國楨案，和四十四年的孫立人案這兩份資料（約六十萬字），大體的看了一遍，我深深體會到孔子所提出的這個「信」字，眞有雷霆萬鈞的力量！我覺得，不問蔣先生也罷，陳先生也罷，今後第一個應該考慮的問題，便是：要公開發表一篇談話，或一篇文告，首先必得注意：我這篇談話或文告發表以後，是不是能使得一般國民深信不疑？如果政府人民之間，沒有這個「信」字以資聯繫，我眞感到不知今後將何以立國？

吳國楨，在抗戰期間的重慶，和在他未做主席以前的台灣，我都見過，但不熟，這是緣於我自己的性格：我對於一個沒有機會深談，而又不能了解其私人生活情況者，照例是無法建立一種眞正朋友關係的。記得有一次，在重慶林園，參加歡迎美國華萊士副總統的一個讌會，吳國楨任賓主兩方的翻譯，我的座次，剛剛排在吳太太黃卓羣的正對面，其時吳夫婦正當盛年，我望望吳，也望望黃，覺得他們倆確不失為天造地設的佳耦，不禁暗暗為他們倆祝福。同時，我從口袋裡掏出一張名片，用鋼筆寫了吳梅村的兩句「圓圓曲」：「白皙通侯最少年，揀取花枝屢回顧，」交給我鄰席的另一位朋友，這位朋友要了我的筆，順手在我的片子上批了三個字：「惡作劇」，依然交還我，我們彼此相視一笑。寫「圓圓曲」的這位詩人姓吳，詩中被詠歎的主人翁的姓吳，我挑了這兩句來開這個小玩笑的對象，也剛好姓吳，現在回想起來，大家可以想像當時我們團結抗戰的那種心情，眞是何等的輕鬆愉快啊！我常常想：像吳國楨這樣一個人，如果要好好加以培植，用他來做一個外交部禮賓司的司長，進一步再用他做一名常務次長，應該是可以勝任，而且可以期待他變為一個有用之材的。可是吳自回國以後，以一個二十幾歲的青年，數年之間，由一稅局的秘書，而稅局局長，而漢口市長，而上海市長，他既能善事長官，又擁着一個如花美眷，於公私交往，可以說路路可通，及至到了政府遷台，蔣先生乃把台灣一個惟一重任的省主席交付了他，這簡直等於是托孤寄命，在我們這些畧畧懂得吳國楨分量的傍觀者，也眞不能不為蔣先生的用人方針揑一把汗！吳受過多年的美國教育，單就耳濡目染來講，他對蔣經國的一套做法不能不有些格格不入，可以說是理所當然。當「吳案」鬧得十分緊張之際，再加上張道藩在立法院給他一逼，同時還加了他一串如何如何貪汚的罪名，於是他才把和經國正面衝突的事實和盤托出。據他說：經國要把教育廳的預算增加到六百萬元台幣，以便轉給青年團之用，我拒絕了。」他又說：「一九五二年十二月，市縣政府進行參議員的選舉。但在選舉前的兩星期，秘密警察却奉了蔣經國的命令，突然在台灣全省拘捕了三百九十八個台灣人，而且事前沒有通知我，就將他們繫獄，——他們的罪名是「流氓」。（吳這篇文字登在一九五四年四月二十七日美國的『記者雜誌』，譯文見同年五月三十及三十一兩天香港的「新生晚報」。）據吳說：這件事引起他的非常憤怒，經過這奮鬥的結果，他將這三百九十八人開釋了三百八十個，其餘十八人則交由民庭審訊。又當基隆市議會選舉議長的時候，有兩個議員被綁，他對秘密警察採取重大的壓力，也卒予釋放，不過這個指揮綁架的人却升了官。於是他才感到非辭職不可。吳辭省主席職在四十二年一月，到四月才得到准許，更經過許多困難，然後他們夫婦才取得了赴美的護照！但他們一個十六歲的兒子却不許同行。同年十一月，總統府秘書長王世杰被免職，蔣要吳回來代王，經吳婉辭謝絕。於是台灣又發生了吳盜用五十萬美元的謠言。而且以為此五十萬元的滙美，即因王與吳有所勾結。吳受了這樣一個栽誣，乃公開表示，要求政府向美國法庭提出他犯罪的証據，如果証明他確實有罪，他寧願放棄政治庇護，回國受審。可是事關銀行滙欵，由那一家銀行滙出，何時滙出，滙欵者何人，收欵者何人，不難一查即得，要製造這樣一種証據，談何容易，於是這一栽誣的謠言乃不攻自破，而台北也只好啞口無言。

四十三年二月二十七，吳國楨有一封信寫給當時正在開會的國民大會；三月二十以後吳更有幾封信直接寫給蔣介石總統；裡面牽涉的問題更多，吳本人與蔣經國集團鬥爭的事實，也給了大家一個更清晰的印象。在給「國大」這封信裏，他說要「圖恢復大陸，必先取得下列條件：（一）台灣八百萬同胞之竭誠擁護；（二）海外一千三百萬僑胞之衷心悅服；及（三）各友邦，尤其是美國之有力及不斷的同情與援助。」他覺得當時政府所推行的政策，剛剛與這三個原則相反，而他指為最惡劣的現象計有六端：一、一黨專政。他認為：『民主政治之實施，最少須有兩大政黨之存在，——國民黨目前所採取之方式，基本與民主政治不合。」二、軍隊之內部有黨組織及政治部。他說：「國家軍隊，必須國家化，俾其不致只忠於一黨或忠於一人，造成封建及內亂之勢力。」三、特務橫行，他指出特務的罪狀為：『干涉選舉，擅捕人民，威脅敲詐，苦刑拷打，——使人民敢怒而不敢言。」四、人權無保障。他說：「台灣已成為警察國家，人民權利，幾已剝削淨盡。」五、言論不自由。他說這一點大家都知道，用不着他詳說。六、思想被控制。在這一點裏面，他特別強調：「自青年團成立以後，動輒要求學校更換教員，壓迫學生，以此誘導青年，造成不良風氣。」針對着這些惡劣現象，他乃提六點建議：

一、「組織委員會，澈查經費來源——保障各方反共人士能在台公開成立政黨——。」二、「議決撤銷軍中之黨組織及政治部。至軍隊人員反共意識之訓練，應由有國家思想者主持、不得由任何一人或任何一黨包辦。」三、「須訂原則，交由立法院擬定「國家安全制度」之法律，明白規定特務機關之權力，及其違背者之罰則——。」四、「組織委員會公開接受無辜被捕及非法受擾者親友之控訴，並分別派員往各種公開或秘密監獄，及拘留所內，實地勘查。——」五、「組織委員會，澈底查明過去言論之何以不自由，例如某報何以受令停刊，某記者何以被捕，何人下令，有何法律根據。對於過去之非法措施，應追究其責任。——」六、「議決撤銷青年團，幷不得再有變相之組織。」

吳所指摘的儘管都是事實，他所建議的儘管非常正確，但在當時那樣一個『一面倒』的「國大」裏面，不會產生任何良好的反應，自屬當然。不過究竟爭到把這一文件正式公開，使吳博得一般輿論的同情不少。

他所寫給蔣的幾封信，大意也與寫給『國大』這封信差不多，為節省篇幅，我不願在這裏多引，不過有兩點值得特別指出。吳在是年三月二十八日給蔣的信中，他說他曾於四十一年二月當面向蔣這樣說過；『如鈞座厚愛經國兄，則不應使其主持特務，蓋無論其是否仗勢越權，必將成為人民仇恨之焦點！』蔣對他的話當然沒有接受。在同一信中他也提到龔德柏事件，他說龔在四十年冬被特務秘密拘捕，他這位主席，在事前也「毫不知情。」現在龔總算放了，但未經過任何法院審判，白白的關了六年，以何種原因而被捕，又以何種原因而被釋，大家至今一無所知。

「吳案」因為吳國楨身在國外，他又能以倔強不屈的態度發表種種文件，如果更要加緊逼他，他便更可能把許多不可告人的怪事全部說出，政府對他實在無可如何，因此只能以不了了之，乃至連他的一個兒子，也只好乖乖的送還給他了事。

至於四十四年的「孫立人案」，情節比較簡單，用不着引用其他文件，只須作概一的叙述，大家便可完全明白。孫是在美國學軍事的，從排長做到陸軍總司令，四星上將，一共經過廿八年。抗戰期間，日軍登陸東南亞半島，緬甸英軍被日軍包圍，孫率新一軍赴緬遠征，一戰解英軍之圍，孫以能戰敢戰之故，乃大有聲於國際。政府遷台，孫奉命建軍，迄韓戰發生，美國也恢復對中國的軍經援助，並派遣一個顧問團來台。孫既受過美國的軍事教育，又為國際知名的將領，其容易與美國人接近，且受美國的重視，自屬當然。可是軍權不容分割，尤其不能讓美國人對中國軍隊發生太大的影响，這是蔣先生自應付斯蒂威爾以來一貫的精神。再加上，其時負責軍事訓練的是孫，以國防部總政治部主任負責軍隊政治訓練的是蔣經國，孫既習於美國的制度，乃不以這種政訓制度為然，其所見乃與當時顧問團團長蔡斯的見解如出一轍。更加上，吳國楨也正是主張撤銷軍中的黨組織與政治部的，於是孫與蔣經國之間的衝突，乃如水火！本來，等到孫調任總統府的參軍長，排孫的工作似乎已可告一段落，可是他究竟還是一個參軍長，他還有行動自由，見客自由，即無法完全杜絕他與舊部間的關係，於是乃更搞出一個郭廷亮、江雲錦、王善從、陳良壎、田祥鴻、劉凱英等的共諜案，如法泡製，相互配合，指定這幾個人寫出幾份自白書式的口供，生拉活扯，把孫立人攀上，然後叫人把這幾份口供，交給孫去看了，孫一看，知道不了，簡直像是要他的命，於是迫不得已，乃向蔣總統上了一個「文情並茂」的悔過簽呈，引咎辭職！假定我的老眼不花，敢斷定這封簽呈，也是由孫的一個同鄉黃××奉命代筆，孫不過忍痛簽字而已——至於後來還弄出一個所謂九人的調查委員會，這在一面是要表示蔣總統的「寬大，」一面則在藉此以間執中外輿論之口。其實委員雖有九人，而眞正大賣氣力的却只一個王雲五，一個黃少谷，其餘或因年老力衰，不能按時出席；張羣因事忙不能到會，（但最後在調查報告書上仍簽字如儀）；何應欽更在日本治療眼疾，根本便未歸國，其餘各人也不過不得已而應應卯，好在『天知，地知，你知，我知，』彼此心照不宜，還不是一床錦被，可以蓋得嚴嚴密密！

果然，等到是年的十月二十日，這一份由八人簽名一萬八千字的調查報告書，便已由新聞局公佈，而蔣總統對孫案的一個命令，所謂「茲特准予自新，毋庸另行議處，由國防部隨時察考，以觀後效」者，也在同一天發出。

（下轉第二版）

雜憶錄之十

紀邵明叔（從恩）先生（上）

·幼椿·

抗日戰爭初期，政府遷都重慶，特西南大後方的人力物力，以與強寇周旋，彼時四川地區確甚重要，而四川紳者中，熱心國事，力助中樞，則首推張表方與邵明叔二老。惟表方氣質燥妄，頗欠純正，而明老則守正不阿，力持大體，而且不辭勞苦，不避權勢，苟利國家，必盡言責，因之在國民參政會中，在最高當局前，明老都是知無不言，言無不盡，老成謀國，為時所重，至足紀念。

邵明叔先生清季曾任四川紳班法政學校校長，當時即以方正見稱，為士林重鎮。猶憶宣統二年冬間，川漢鐵路收歸國有，與情大譁，鐵路公司開股東大會，請四川總督司道等出席說明。我是時年只十五六歲，以看鬧熱的心情，持父親名下股票前往赴會。會開不久，即見一學者模樣的中年人登講壇，在官員席總督座前，一長棹右方挺立，侃侃而談，力陳股東的資本不可不顧，不徵求股東同意，而遽行收歸國有，殊屬顢頇！……慷慨陳辭，不自覺的在棹上一拍，將茶碗拍落棹下，茶水濺在總督的開叉袍下段及朝靴上，總督神色不動，傾聽如故，而講者也毫不回顧，講畢下台，在場股東代表們咸佩總督之鎮靜，更佩發言者之敢言且不畏官也：我詢之同座者，言此人為邵從恩先生，是為我少年時心儀明老之始，而終未得請教機會。

我得接近邵明老，已在民國二十二年秋末，是時，中共徐向前匪部進竄川東北，突破廣安廣元，南指重慶，北趨劍閣，兩川大震。我為敬恭桑梓計，返川組織民衆，抵禦匪亂。我向川軍總司令劉湘陳述剿匪之戰畧戰術時，邵明老亦在座，後此時相過從。憶我組織青年黨同志二百人為剿匪宣傳隊，以五十人為一隊，四路出發於大川北，小川北，川東的南北兩岸之前夕，邵明老前來訓話，見此等青年除少數係軍人外，多是大專學生，而一律兵裝赤脚草履，大為感動，言：「君等多非軍人，而能如此吃苦，眞能為主義，為民衆犧牲服務者，且眞不愧李幼椿先生領導諸君為國家主義而奮鬥者！然出入兵間，為民前鋒，豈有手無寸鐵，而徒恃口誅筆伐之理，我當言之軍事當局給君等以短槍，作自衞之具。」於是次日出發，每隊始得總司令部假手槍十支，短刀四十把，於是前進行色為之一壯。

民國二十七年第二屆國民參政會開一次會於重慶，邵明老初任參政員，對於粮政與兵役兩大端研究至為詳細，且勤求民隱，言之當局，多所補救，當局亦尊重之。自此每會必到，未嘗一次缺席，聚精會神，其詢問案皆能引起一時注意，會中同人咸佩此老精到，不似其他鄉老之阿於一隅者。明老體質不強，是時年近七十，每年飛往重慶開會數次，在成都亦每會必到，到必發言，因是常犯氣管炎。我勸其節勞休息，明老認為前方後方抗敵，或殉國陣前，或被炸死於敵機的偷襲下，一條老命，又何足惜，因是明老在七年之間未嘗避地城郊外，作小休計。

民國卅三四年間，日寇已疲憊不堪，無法再西進攻我，後方偷襲的敵機已大為減少，人民有安居樂業之想，而政府有加緊黨化之勢；國民黨縣黨部書記長作威作福於各縣，各級幹部訓練團普設於成渝，於是國青兩黨黨員在地方上糾紛不已，而我之行動亦受監視，偶發言論，且遭警告。患難還未完全過去。而已有安樂難共之感，因是令我心灰意懶，退居成都西郊草堂與青羊肆之間一村舍中，栽花樹菜，藉以遣悶。值舊歷春正，重慶參政會召開憲政座談會，來函請尅期前往。時當人日，成都人正樂於笳鼓新年，而邵明老枉駕訪我於村舍，約我同赴重慶之座談會。我告明老：「政府年來黨化各級幹部，一直至於保長甲長，勢將澈底實施一黨專政，又何足與言民主憲政。先生與我等七年以來費盡精力，支持政府，以抗日寇，國民天職所在，問心無愧而已，國家前途，未可樂觀，我願小休，不欲座談」，因出近作一詩，示我樂於閒散之意：

村居（癸未冬至）

一片疏林帶夕暉，數家茅舍動煙霏，放歌小隊收操去，笑語羣兒散學歸。且喜日晴蜂翅活，莫嫌霜重菜薹肥，邇來謝却城中客，漸遠人間是與非。

明老閱詩笑道：「佳作末句所謂『漸遠人間是與非』句，我認為私人恩怨的小是非，固宜遠之，而關係於國家人民之大是非，則宜近之。譬如抗戰必須支持到底，我輩反對汪精衛之僞組織，此大是非也！又如粮政兵役不能辦得擾民致亂，我輩歷次彈劾昏官汚吏，此大是非也！中華民國建國已歷三十三年，而尚無憲法，何足以言民主，此大是非也！製憲應從國家人民的利害上面着眼，而不應以百年大法去便利少數人之私圖，此又大是非也！大是非所在，我輩何能避去，憲政座談，我認為重要，願先生偕我同往重慶，並向省府交涉交通工具。」

我為明老的正義所動，允與偕行。是時參政員的行情已大為低減，政府官吏已視之為告朔餼羊。省府只允我借出一輛卡車，並無小轎車可借。我回報明老，明老認為卡車亦佳。是時明老已年過七十，而我尚未五十，焉能辭卡車不坐。然而成渝公道失修不平，卡車顛簸震動，令我痔疾大發，流血不已；顧明老精神奕奕，車中毫無倦容；車入渝城，即令直開軍委會座談會會場。——前輩的是非不苟，黽勉從公的精神，令我深誌於心，今莫敢忘。

由『吳案』『孫案』到『雷案』

（上接第一版）

現在事隔五年，我不知道所謂「毋庸另行議處」者，是不是在這五年中依然准許這位孫上將保有走踪見客的自由？所謂「後效」者，又究竟怎樣啊！

× × ×

「雷案」與吳孫兩案，有其完全相似之點；（一）雷所主編的「自由中國」，最近幾年的政治主張，可以說與吳國楨五年前所主張的，並沒有多大出入；尤其吳主張撤銷青年團，他們也極力主張；吳孫主張軍隊國家化，撤銷軍中的黨組織，他們也一樣反對軍隊黨化；吳指摘特務，他們也指摘特務；甚至吳主張讓一切反共人士公開組黨，他們已實際參加組黨。（二）吳孫兩案，曾引起中外與論強烈的注意，今天的『雷案』亦然，且有過之而無不及。（三）當年要甘心於吳與孫的一羣人，也正是今天要甘心雷的一羣人；（四）「孫案」加上了一個郭廷亮等的匪諜案，今天的『雷案』，也上了一個劉子英等的匪諜案。所不同的，吳畢竟是一個卸任的主席，且早已出洋；孫畢竟是一個「久歷戎行，抗戰有功」的上將；而雷則只是一個窮得不名一錢，集合幾個朋友，辦一份半月刊的發行人，他的女兒在美國『告洋狀』，固然不一定有效；他的太太在台北「告中國狀」，也已經兩度駁回；究竟雷的結果如何，我們惟有提高警覺，揩揩眼鏡，密切注視那班雷的死敵，到底把雷如何辦吧！

最後，我還要說；雷震的女兒雷德荃，眼見她的父親無故被捕，走投無路，不得已向她所認識的美國人訴說訴說，香港有不少的人罵他『愚蠢』，可是二十年前，有一個中國青年，為了自救，乃在莫斯科大散傳單，痛罵他的爸爸！難道大家以為『聽明』馬？

港台民間輿論多主雷案應交法院審理

（本刊綜合報導）雷震被捕後，當時民間輿論未作積極表示，蓋在靜觀事態之發展，以待澄清，故一時視聽全爲黨報、官報所淆亂矇蔽。但海外輿論界，多以客觀之態度，加以評述，故在香港，除一二隸屬於台北當權派之喉舌外，莫不予雷案以公正的評論，詳情已見本刊上期特輯。

迨至本月十三日，蔣先生再就逮捕雷震案發言，強以爲是「依照中華民國的法律的」。這就引起港台兩地之法學專家，和輿論界之羣起與台北當局就法理以論雷案的法律根據了。

香港新生晚報於十三日刊出消息稱：「一位法律專家，就雷案發表意見，認爲把台灣看作爲戒嚴區是依法不妥的。」據稱：「依本國及外國法例：（一）凡戒嚴依憲法規定，應由總統下令，但須立法院通過或經追認。（按：可參照我國憲法第三九條）（二）戒嚴法之另一意義是所有普通法律效力停止，而獨以軍事獨裁管理，否則不能稱戒嚴法。關於第一點，總統在台灣似乎不曾下了經立法院通過或追認的戒嚴令，直至今日爲止；……不但不停止普通法律效力而實行事事獨裁，而且仍然尊重各種普通法律，人民也生活在普通法治狀態中，這顯然與通常戒嚴法的意義大相逕庭。因此，……雷氏不應由軍事機關審判，而應由司法機關審判。」

十四日，在台北甫經特准出版的英文「中國日報」的發表評論，也直率地指出：台北當局要以「軍法」對付雷震，是「不公而有偏見」的。

同一日，名報人（立委）成舍我及名政論家（立委）胡秋原二氏聯名發表聲明說：「根據警總發言人所說明之案情，並參照官方發表之小冊，可知雷君之被捕，純因其言論文字被指爲涉嫌叛亂，此外並無叛亂事證，即使今後續有追加，或另有發現，然其被捕之理由及被捕時公佈之事証，被僅爲「自由中國」半月刊之言論文字，則爲不爭之事實。此爲懲治叛亂條例施行以來，軍事機關以該法制裁言論文字問題，及依軍法拘捕當事人之第一案。此例一開，今後對於並非叛徒所爲之言論文字問題，皆可不依出版法或普通刑法處理，而得逕以軍法從事，則每一報紙每一雜誌之發行人，每一編輯人，均有隨時隨地遭遇同樣情事之可能。言論自由，出版自由，及新聞自由，自必遭受嚴重之損害，其流弊有不可勝言者。」

二氏聲明中又謂：「吾人主張並無匪諜或叛徒關係之言論犯或文字獄，得依中華民國刑法及出版法處罰，以期維護國家安全；保衛社會利益，但不應以叛亂論罪及軍法從事。雷震自創辦「自由中國」半月刊以來，就其言論而言，其主張反共救國，甚爲顯然，雖若干主張非吾人所能贊成，惟書生論政縱涉偏激，若其本旨在反共救國，爭取民主自由，擁護國憲，反對暴力，則此種書生論政之是非，實不可以與叛徒之犯罪，視爲一事，此意固非有愛於雷君之個人，而係愛護中華民國法治之前途。」

台北的反應於十五日在香港各民營日報顯著地刊出後，工商日報十六日以「再論雷案爲題」，發表評論，認爲該案「經過旬日以來的發展，誠如我們所料，已引起無可避免的嚴重影響，截至現在爲止，政府不能不承認尚未能做到各方翕服的步驟。」蓋國內外輿論的反映與國際輿論的反映，皆一致不以台北當局所爲者爲然！

工商日報社論並謂：「目前各方面反映於本案的要點，已不在於雷震應否拘捕問題，而是採用軍事法庭或民事法庭審訊問題，如台北英文中國日報、立委成舍我、胡秋原二氏都主張採用此法；……故我們認爲政府除了在事前或在這十餘日內偵察過程當中，的確把握有合於懲治叛亂條例內的充分証據，而又認定非採用軍法處理不可外，才可堅持現在所採取的軍法審訊，而亦必須有足夠折服與釋疑的公開交代，否則改用民法，不見得就涉於枉縱。這兩者之間，我們希望政府在法理和輿情，尤其在証據方面，來一個智勇的抉擇。」

工商日報的社論不僅在法理上看是公正的，在情理上說，也現得面面顧到，設想周全，自非連日來受國民黨當權派津貼之一二「大字報」之無法無理取鬧之可比擬。

工商日報社論同時更進一步婉勸政府說：「如其政府對本案一切正當，則持以堅定，忍受一時怨謗，自不成問題，但假定過去是步驟錯了，應該有勇氣於迅速改正，應該有勇氣向事實低頭，「屈服」於正確與輿論的勸告，而有所變更補救。這正是一種民主的風度。再從事實上說，一件案件的嫌疑人，經過扣留，偵訊程序後，常有因其所犯罪証之不當，而改控其他罪名，故雷案必要時之改移民事法庭審訊，在政府言也非一件失面之事。」不過問題就在於：政府對雷案之一切是否正當，實爲一主要關鍵。以蔣介石之剛愎自用，以蔣介石之「朕即是法」的一貫作風，企望他能「有勇氣向事實低頭」，能「屈服」於正確與輿論的勸告」，恐終將是「望天打卦」。若非早有蠻幹之決心、蔣之左右法學專家甚多，應於事前博徵羣意，盱衡輕重，何能僨然從事。目前國運顛危，足見蔣介石應負之責實不容旁貸，自亦難逃歷史公論。（九月十七日）

據法駁斥「中央日報」

·小言·

台北的「中央日報」十五日社論說，「所謂「籌組新黨」的一些人們，把雷案作爲他們政治鬥爭的題目」，並謂「他們這種言論與行爲，都是不應有，甚至是違法的。」

「中央日報」社論且以爲，這是同情和聲援雷震的各方面，是「企圖將此一法律事件轉變爲政治問題。」

我相信，「中央日報」的主筆一定很清楚，他們的報紙祇不過是給黨的當權派及其領袖，和奉命不可不看的讀者看的。所以做「中央日報」的主筆，可以完全不顧事實和昧着良心說話，可以閉着眼睛瞎寫社論。祇要社論在「老闆」的眼裡能獲通過，也就根本不必考慮到讀者的反應如何了。

所以，我也要說，做黨報、官報的主筆易，而做民營報的主筆難。因爲後者絕不能像中央日報的主筆閉着眼睛說瞎話。

就以雷案而言，雷案，如果不是國民黨當權派大胆設計它是政治鬥爭，要一舉以摧毀籌組中的新黨，雷案是有法律的根據必須交由司法機關偵訊審理的，司法機關可以根據刑法一百四十條、一百五十三條、一百五十五條等有關內亂罪及外患罪之條文審理，更可援用有關「散佈謠言妨害名譽」等罪之條文起訴。此外還可引用新出版法以制裁之。其所以捨刑法、出版法不用而用軍法，根本就是出諸於政治的決定，當權派很清楚，雖然台灣的司法獨立有名無實，究不若指揮軍法之類爲便利。中央日報以賊喊捉賊的手法作之評論，豈能令人折服，豈能令明事理之海外讀者信以爲是。

國民黨當權派既先將本案用爲政治鬥爭，則又怎能謂同情雷震、聲援並營救雷震之必要行動爲「違法」呢？再者既然雷案是「法律問題」，何以官方盡先發佈和刊登未經審判終結底案件之不利於當事人之消息呢？又何能率先肯定雷震是「匪諜」、是「叛亂」呢!?黨報、官報以言論指導軍法，以黨指揮軍事法庭之不法行爲，不已彰彰大明！這種未經審判而先公佈肯定當事人之罪狀，又豈是法律所許可呢？這種爲了政治鬥爭的目的，以打擊新黨之成立，利用雷案宣傳，淆亂視聽，並干涉軍法，此種行爲難道不是違法的嗎？

「祇許州官放火，不許百姓點燈」！國民黨當權派欲「一手遮蓋天下人耳目」，實也太過不智了！

就事論事，看來雷案竟成了國民黨當權派未來命運的試金石了。如國民黨當權派不能迅即幡然改圖，將會因其錯誤處理雷案，結果將與雷震同歸於盡。

論美國中共間的談判

中共與美國間的大使級會談，自一九五五年八月開始以來，已經超過了五年，會談的次數則已達一百次，這一種馬拉松式談判，事實上在一九五五年九月達成所謂雙方平民回國的協議以來已經停頓，隨後的五年都在那種明和不獲協議的心情下挨過，中間也曾中斷過半年，經中共一篇哀的美頓書式的聲明旋又恢復。以現況來說，看情形還將繼續拖下去。眞是外交史上的一件莫明其妙的怪事。

中共之所以要對美國作這種談判，是有其目的的。在今年六月，中共總工會副主席劉長勝在世界工聯理事會北平會議上指出：「爲了爭取世界和平，各國人民的鬥爭和社會主義國家的外交談判，這兩方面應該互相配合。」如何配合呢？在這篇講話中他所談到的裁軍方面的談判技巧可以作爲一例加以說明，他說：「提出建議的目的是爲了動員全世界人民團結起來，反對帝國主義擴軍備戰計劃，是爲了在全世界人民面前揭穿帝國主義的侵略、好戰的本性，以利於最大限度地孤立以美國爲首的帝國主義集團，使它不敢輕易發動戰爭。」這也就是說：中共認爲，談判的目的不在於取得協議，而是在各時期各階段提出各種不能協議的建議，以配合其宣傳，來孤立美國。

九月八日人民日報的「中美會談一百次」社論中也有所說明：「我國在中美會談中一直是抱着堅定的立場，一方面認眞地同美國談判，努力謀求協議，另方面也並不對談判存在着不切實際的幻想。我們從來沒有因爲同美國談判而放鬆對美帝國主義的警惕，或者放鬆反對美帝國主義侵略和解放台灣而進行的鬥爭」。這也就是說，中共要與美國進行這種漫無止境的談判，目的就在於配合它的「反對美帝國主義侵略和解放台灣」的宣傳，「以利於最大限度地孤立」「美帝國主義」。惟其如此，才不斷的提出建議，又不斷的自己否定自己的建議，到適當的時候則公佈談判的某些有利於它的內容，發表聲明或評論來攻擊美國。一九五五年九月，中共要求討論禁運問題與準備外長級會談問題；一九五六年六月，再要求討論準備外長會談問題；九月，再提出討論禁運問題；十月，要求討論文化交流問題；一九五七年十月，要求討論准許記者互訪問題；十二月，提出討論司法協助問題。最近，美國提出交換記者互訪問題，但却爲中共所拒絕。此即中共根據所提建議來談判而又不斷藉此發表聲明或評論來攻擊美國，擴大其宣傳效果的過程。

這一套外交談判與宣傳相互配合在中共是名之爲外交鬥爭，是它對美國鬥爭的重要的一環。吾人實不知道美國之所以對這種談判「樂此不疲」，曠日廢時一拖五年又爲的是什麼？是否在美國國務院中有人特意主張這種馬拉松式談判呢？由於美國很少公佈有關談判的情況，所見者多爲中共一面之詞，也就更令人困惑難解了！美國國務院有難言的隱衷嗎？

·田心·

雷案在變中

（台北通訊）雷震被捕至今已十有餘日了，儘管在海外已激起了普遍的怒潮；而在此間則幾乎祇有官方的聲音，罕聞民間的抗議。即此一端，已充分表現當權者對今日台灣的控制是如何的嚴密而有效了。此案究將如何發展，如何終局，尚未可知；但當權者決心蠻幹到底，則已是盡人皆知的了。

靜吾

官方的自相矛盾

在雷震被捕之初，其罪名是涉嫌叛亂，其證據是自由中國半月刊裡面的十三篇文章。這就是說，雷震除了應對此一刊物的文章負責而外，並無其他犯罪的事實。但隨後數日，官方又忽然說，與雷震同時被捕的劉子英是個「匪諜」，雷震則知情不報。似乎雷震又不是本案的主犯了。日前官方更說，雷震可能被以更嚴重的罪名起訴，是不是又要從涉嫌「匪諜」而變為「匪諜」或其他罪名呢？那就祇有當權者知道了。此其自相矛盾者一。在雷震被捕以後，由於海外與論激昂，台灣民間報紙亦深覺不能緘默，中央日報乃著論告誡，署謂此事乃是一個法律的問題，既在軍法機關偵訊之中，自應靜候依法判決，不可妄加議論，但不僅警備司令部發言人隨時向外發表不利於雷震的談話，官方報刊也不斷的以新聞或社論方式，擴大雷震的罪名；稱蔣「總統」於接見外國記者時。更宣稱劉子英爲「匪諜」・雷震則予以掩護。顯見官方要求人民對於雷案不得表示意見，以免妨碍軍法機關依法審判；而他們自己則可隨意行事，此其自相矛盾者二。總之，在今日的台灣所謂依法審判云云，不過是「導旨定罪」的別名而已。

成舍我胡秋原的正論

儘管大多數人對於雷案敢怒而不敢言，但立法委員成舍我胡秋原兩氏仍力持正義，聯名發表書面意見，首先指出官方以軍法對付言論出版自由，今後每一報刊的發行人或編者均有隨時隨地遭遇與雷震同樣情事的可能，流弊甚大。繼就刑法，出版法及懲治叛亂條例立論，認爲雷案不應以軍法從事，最後並檢討我國當前的局勢，希望有筆在手的書生不宜逞其意氣責難當局、致貶國際地位；而有權在手的當局，更應恢宏大度，以民主自由之實據，昭大公大信於中外。全文約一千言，立論嚴肅，語重心長，特照錄如後：

「「自由中國」半月刊發行人雷震因言論文字涉嫌違法，被台灣省警備司令部依據懲治叛亂條例拘捕偵訊，報載警總發言人說明其案情如下：「該刊自民國四十六年八月份第十七卷三期開始至現第二十三卷五期止共計七十五期，曾經逐期審查，綜合整理結果，其主要內容多係煽動、誘惑、挑撥、分化、中傷之言論，顯已逾越言論之常軌。並且僞造讀者投書，侮蔑軍人，企圖煽惑軍心，打擊士氣。本部根據懲治叛亂條例第十條之規定，已於九月四日晨將雷震等依法拘捕」。據此案情，並參照官方發表之小冊，可知雷君之被捕，純因其言論文字被指爲涉嫌叛亂，此外並無叛亂事証。即使今後續有追加或另有發現，然其被捕時公佈之事證、僅爲「自由中國」半月刊之言論文字，則爲不爭之事實。此爲懲治叛亂條例施行以來，軍事機關以該法制裁言論文字問題及依軍法拘捕當事人之第一案。此例一開・今後對於並非叛徒所爲之言論文字問題，皆可不依出版法或普通刑法處理，而得逕以軍法從事，則每一報紙每一雜誌之發行人編輯人，均有隨時隨地遭遇同樣情事之可能。言論自由出版自由講學自由及新聞自由，自必遭受嚴重之損害，其流弊有不可勝說者。

查吾國刑法，於規定內亂罪及外患罪外，並以第一百四十條規定對政府及公務員之侮辱罪，以第一白五十三條規定煽惑他人違背法令或抗拒合法命令之罪，以第一百五十五條規定煽惑軍人不執行職務，或不守紀律，或逃叛之罪，並以第二十七章詳列散佈謠言妨害名譽等罪。此外出版法更規定主管機關得扣押出版物令其停刊。對於非爲叛徒之著作人編輯人或發行人如有文字方面之違法情事，政府機關或法院依據上列法條加以檢舉訴追及科罰，已足以收懲勸之政。對國家安全及公共福利之侵害，亦足以竟預防之功，似不宜亦不必加以叛亂罪名而以軍法從事。

且照懲治叛亂條例規定，必須當事人爲叛徒或爲叛徒宣傳，或其行爲足以妨害治安或動搖人心，方有該法之適用。但所謂「叛徒」，指意圖破壞國體，竊據國土，以及以暴力破壞國憲之共匪而言。所謂「爲叛徒宣傳」，必須與叛徒有意識之連絡，方合於「爲」之案件，若主觀上並無爲叛徒工作之意思，即使叛徒因其文字言論而獲利，除觸犯其他罪刑外，亦不構成爲叛徒宣傳之叛亂罪。至所謂「妨害治安」或「動搖人心」，必須其行爲含有明白而現實之危險，方有該法之適用；若其行爲發生在二、三年或二、三月之前，而在當時並未發生妨害治安或動搖人心之事實，縱使構成他罪，要不得依叛亂罪科以重刑。本於愼刑恤獄之旨，此應爲當然之解釋。美國最高法院曾在第二次世界大戰期間制定判例，必須當事人之行爲具有「明白而立刻的危險」（Clear and Present danger）方得適用間諜法治罪。誠以特別刑法對於人權自由損害甚大，不可不特別審愼也。

基於上述理由，吾人主張並無匪諜或叛徒關係之言論犯或文字獄，得依中華民國刑法及出版法處罰，以期維護國家安全，保衛社會利益，但不應以叛亂論罪及軍法從事。

雷震自創辦「自由中國」雜誌以來，就其言論而言，其主張反共救國，甚爲顯然。雖若干主張，非吾人所能贊成；唯書生論政；縱涉偏激，若其本旨在反共救國，爭取民主自由・擁護國憲，反對暴力，則此種書生論政之是非，實未可與叛徒之犯罪爲一事。此意固非有愛於雷君之個人，而是愛護中華民國法治之前途。

中華民國之反共復國，現正面臨最嚴重階段，聯合國大會開會在即，蘇聯、蘇聯附庸及中立主義者，方竭其全力，欲牽引匪幫，篡奪我代表權。我國政府與人民，正宜不分朝野，切實團結。有筆在手之書生，對當局之艱苦負責，不宜逞其意氣，過份責難，致貶我國際地位，損我政府威信；而有權在手之當局，對書生愛國熱忱，評論時政，更應恢宏大度，兼容並包，以民主自由之實據，昭大公大信於中外。否則國步日艱，危機四伏，覆巢之下，寧有完卯？此吾人所以於雷案發生，憂念後果，心所未安，不得不向有關各方垂涕而道，一貢其欸欸之愚也。」

給國民黨的一封公開信

（讀者投書）

國民黨當權派，你們開口說要保持憲法的尊嚴・閉口也說保持憲法的尊嚴，叫別人不要破壞憲法；但是破壞憲法的不是別人，而正是你們自己。試問，這次你們逮捕雷震，是保持憲法的尊嚴，還是破壞憲法的尊嚴呢？憲法對人民身體之自由，已有明文規定：「非經司法或警察機關依法定程序，不得逮捕拘禁，非法院依法定程序，不得審問處罰」，但你們依這次逮捕雷震，是不是依照憲法規定程序進行的呢？你們自己知道。你們說雷震犯有叛亂罪嫌，他叛了什麼？亂了什麼呢？就依照你們所給雷的莫須有的罪名來說吧：（一）倡導反攻無望：對反攻無望，無須雷來倡導，你們老早就沒有作反攻的打算，誰不了然？前年蔣杜共同發表「決不以武力反攻大陸」的聲明，不是倡導是什麼？由此，可知實際倡導反攻無望的人是蔣介石。如果說這是叛亂，那麼領導這類叛亂的就是蔣本人而不是雷震。如果要用軍法審訊，就應先從蔣介石審訊起。（二）主張美國干涉中國內政，雷震果有此主張，自爲國人所不恥。可是，事實上凡讀過自由中國半月刊的人們，都知道該刊祇主張美國援助盟國，應注意受援助者是否利用美援以實現民主自由和改善人民生活，抑是用以建立獨裁專制。這正是自由世界反共的基本原則，何以謂爲干涉內政？假如主張美國應協助盟國促進民主是干涉內政，則美國協助我們復興農村，防衛台峽，不也是干涉內政嗎？美國要我們聲明不以武力反攻大陸而蔣介石欣然從之，豈不更是明目張胆的接受美國對於我國內政的干涉嗎？由此，可知主張並歡迎美國干涉我國內政的是蔣而不是雷了。（三）煽動軍人憤恨政府：我想問向國民黨當權派現在台灣的軍人的生活怎樣，一個士兵一個月多少錢，一個中下級幹部多少錢，能否養育兒女，你們清楚。他們爲國家服務，上不能奉養父母，下不能撫育兒女，不憤恨政府，又憤恨誰人呢？還要人來煽動嗎？（四）爲中共作統戰宣傳：國民黨當權派，不是我罵你們太低能，希望你以後造謠要他人相信時，首先集會一次，共同研究一下，不要使人看到牛頭不對馬嘴，矛盾百出。令人笑掉了牙齒。既說雷震主張美國干涉中國內政，又說雷爲中共作統戰宣傳，請問你誰個相信？金聖嘆先生寫怪論時、這是一個好題材。（五）挑撥台北人與大陸赴台同胞的感情和（六）鼓勵人民反抗流血革命：我又要問你們，他們如何挑撥和如何鼓勵人民反抗，不要含混・請一一公諸報端，使世人了解。如果你們想以此入人以罪，繩之以法，請你們不要做夢，一手是遮不住天的。你們這次逮捕雷震等人還說什麼與自由中國半月刊及反對黨無關，而你們的目的就是要打擊反對黨的成立，並使自由中國半月刊不能再出版，誰還不知？你們這種想法是愚蠢的，就是你們把雷震殺了，還有千百萬個雷震來成立反對黨的。十日以來海外的與論一致約對你們的指責，你們沒有看到嗎？連工商日報、新聞天地一向爲你們講話，而這次也表不對你們不滿，你們不反省一下嗎？希望你們夜間睡覺的時候，把枕頭枕高一點？過細想一想，爲什麼人家要罵你們？你們在這廿世紀六十年代的時候，還想獨裁專制，是行不通的，亂扣帽子，動輒入人以罪，更是自絕於國人，國民黨當權派們「止誇莫若自修」。希望你們還是自修、反省吧！

評者

九月十一日于黃大仙

雷震夫人的呼籲

雷震被捕後，現任監察委員之雷夫人宋英女士即多方設法營救，她首先依據憲法第八條的規定，向台北地方法院聲請提審，但遭駁回；繼又向高等法院控告，本月十七日亦被駁回。宋英的聲請提審是根據憲法，而高等法院的駁回則係根據提審法及戒嚴法。依憲法第一百七十一之規定，法律與憲法抵觸者無效。因此即使提審法與戒嚴法關於提審之規定有所不合，自應依憲法行事；但我們的法院，竟據法律以否認憲法，實爲一最勇敢之舉。不過，高初兩級法院對於宋英之聲請提審作如此的裁決，則早在一般人的意料之中。因爲今日的台灣，一切都要與國（經國之國）策配合，即一切都要奉命行事，司法界早已行之有素，累建奇功。去年傳誦一時的奉命不上訴案，即其明証。故爾此次高初兩級法院先後駁回宋英的聲請，不過又是奉命駁回而已。識者更有認爲當權者授意法院駁回，實爲一種軍人本色的可愛之處。否則他們大可任由法院接受宋英的聲請，既可表示我們的司法獨立，更可顯出我們崇高法治；然後由法院遵旨判處雷震以重刑，即欲置他於死地、亦可同樣達到目的，豈不更妙？因此，宋英之一再訴諸法院，亦未免太天眞了吧？

宋英女士自亦深知徒法不足以援救乃夫，故亦不斷向社會各方呼籲，好在她身爲監察委員，尚享有少許的言論自由、故在報端上亦偶見她爲乃夫呼寃的談話，尤其是她那篇請確定匪諜定義的文章，更使人同情。她說，如果不問當前的事實而追究個人過去的歷史，認爲凡曾與共黨有過接觸者即爲共諜，則今日年在五十歲以上的政治中人、無論他如何的堅決反共，亦可被扣上共諜的帽子。她稱頌蔣「總統」父子對於反共復國的功勛，但同時指出他兩位在國民黨聯俄容共時期，亦曾與共黨合作，而今國人對其領導反共深信不疑，即爲明証。因此，她認爲「匪諜」的定義有嚴格確定的必要云云。宋女士的文章雖然持之有故，言之成理，但卻昧於事實。因爲今日的台灣是以一人一姓爲領導中心，任何人祇要被當權者憎恨，他們就可以任意給她或他扣上一頂紅帽子。君不見當年紅極一時的任顯羣，因爲一個女優就於一夜之間變成『掩護「匪諜」的罪犯而丟官坐牢。又不見因訓練新軍而名聞中外的孫立人，爲了過份受到盟邦的重視，也於一夜之間變成『掩護「匪諜」的叛將，雖於丟官之外幸未坐牢，但也被優待，飲食起居都不自由。更不見空軍老虎王老總爲了一個女優也於一夜之間變成了掩護「匪諜」的人物而被打入冷宮。由此種種，可知「匪諜」一詞之廣泛應用，正是當權者的得心應手之作，而宋女士還呼籲應從嚴規定，何其不識時務乃爾？至於說蔣公父子當年曾與共黨合作而今日則領導反共，應知領袖自與衆不同。他或他們可左可右，反共聯共，一唯心之所欲，利之所需，他人何得援例？

雷震的命運

照現在的跡象看去，雷震的命運實在是凶多吉少；祇是，犧牲一個雷震是否就可以鞏固一人一姓的政權於久遠，則仍有待也。

中共何故貸款幾內亞？

——這是毛澤東好大喜功企圖向外擴張的又一表現

陳一鳴

據中共新華社北平十三日電：「中華人民共和國主席和幾內亞共和國總統聯合公報今天在北京簽字。同時還締結了『中華人民共和國和幾內亞共和國友好條約』、『中華人民共和國和幾內亞共和國政府經濟技術合作協定』和『中華人民共和國政府和幾內亞共和國政府貿易和支付協定』。」

新華社又說：「根據中華人民共和國政府和幾內亞共和國政府經濟技術合作協定的規定，為了幫助幾內亞共和國政府發展經濟，中華人民共和國政府將在一九六〇年九月十三日——一九六三年六月三十日的時期內，給予幾內亞共和國政府以無息的、不附帶任何條件和特權的貸款。貸款金額為一億盧布（合港幣約一億五千萬元）。」這是毛澤東好大喜功，企圖向外擴大的又一表現。

我們曉得：中國雖然是一個人口最多，土地極廣、文化極高的國家。但以目前經濟情況來說，則是很貧窮的。就以中共佔據大陸後的傀儡政權來說，其財政來源也是極艱苦的。可以說：中共的一切財政開支，既不能取之於蘇俄，又不能從工業生產品來換取大量外滙，其主要來源，則完全是從農業生產之直接搜括或間接搜括而來。換言之，主要的即是從農民身上搜括而來。由於中共財經收入之主要來源是農村，所以，中共殘民以逞的結果是農民貧困，穿不暖，吃不飽，且由於這種情形乃是今日大陸鐵的事實，所以，毛澤東在千方百計的誇大宣傳之餘，毛澤東自己也終於不得不承認今日中國大陸是「一窮二白」。

『一窮二白』是毛澤東自己親口說出來的。毛澤東何以認為中國大陸窮呢？道理極簡單這就因為毛澤東自身的搜括經驗使他體認到中國大陸確實是窮的。試看中共於一九四九年及一九五〇年春席捲大陸以來，為了搜括財經物資，曾經進行過多少次搜括。當中共佔有大陸之初，中共推行的是「減租退押」，强迫地主將佃農押金歸還，歸還後，再算「剝削賬」。强迫地主對歷年從佃農身上所得一併歸還佃農，但佃農收到地主所退押金及歷年來的「剝削」沒有呢？却又沒有。所有地主應退押金及剝削賬，一齊給中共政權攫取了。僅僅在名義上歸還佃農而已。那末，中共為什麼要用佃農的名義來攫取這一筆錢呢？此無它，這就正是矛盾律和階級鬥爭理論的充分運用。中共知道最明瞭地主情況的人是佃農，且與佃農有密切經濟關係的人是地主，所以，中共便誘迫佃農和發動佃農先對地主展開鬥爭，以取得地主的錢。然後，利用佃農與地主之仇恨，又再對地主展開更澈底的鬥爭與清算。並同時進行「反霸」等工作。終至將所有地主之錢財搜括到中共手裏，然後叫所有地主「掃地出門」去。

等到地主倒了以後，中共又誘迫貧農清算中農。等到中農倒了以接，中共再又利用互相鬥爭互相清算的手法，將農民一切所有囊括以去。然後組織農業互助組，再來組織農業合作社，更進一步組織農村人民公社，將所有農民用集體勞動的方式予以長期奴役。

至於城市，中共亦有種種手法。初期是對資本家的鬥爭清算，繼之則是對殘存者之公私合營，再後則是三反五反，最後則組織城市人民公社，把城市居民一齊奴役起來。而搜括錢財，則是上述一系列措施中隨時隨地進行之基本工作。從上述中共由農村到城市，由城市到農村的全面搜括，中共當然知道中國大陸之財富究有若干。而發動和領導這一搜括的毛澤東，對此搜括之總收穫究有若干？當然亦極為清楚。惟其異常清楚、所以毛澤東雖身在北平袍笏登場，仍不免有中國太窮之嘆。但「嘆窮」之餘，毛澤東却一則由於其本人之個性好大喜功，再則由於中共深具向外擴張之心，所以又隨時打腫臉充胖子，屢次經援其它弱小國家。這一次，中共忽又貸款幾內亞一億五千萬港幣，正是這種又窮又充濶的一個明顯例子。

當然，我們也可以說；正因為毛澤東覺得中國大陸太窮所以就有向外擴張之心。因為像毛澤東這種好大喜功的人，而又當强盜慣了，偷了鷄，毛澤東不惜多抛幾撮米的。否則鷄怎會上當呢？不過當此大陸正在普遍飢荒之際，人民每日只配給幾兩米，毛澤東又來這樣大充一次濶，我們不禁要為大陸人民的前途艱苦更担心了。

當然，毛澤東也是一個頗工心計的人。除了好大喜功的個性之外，忽然對幾內亞這種非洲國家示好與充濶，自亦有其用心。以言非洲，在對美國的全球戰畧中，自不及中南美洲重要。但若以政畧而言，則又有更甚於中南美洲者。何以言之？因為中南美洲中之古巴雖已正在逐漸轉變成為共黨衛星國家，但其它中南美洲國家在外交上大批轉向則不是目前的事。而非洲若干國家多係新近由殖民地而獨立之國家，較容易接近中共。且此類非洲國家為數極多，而這些新近獨立之國家皆紛紛進入聯合國，所以，這些非洲國家將來便對中共進入聯合國問題有重大影响力了。而中共進入聯合國不是用數十億美金就買到的，何況，「一窮二白」之中共，尙無此一鉅額美金，那末，貸款一億五千萬港元予幾內亞，以誘騙其它非洲國家，在毛澤東想來，那又有什麼不值得呢？

中共正在擴大滲透中南美

美國與台灣皆應速籌對策

劉裕署

大陸之窗

古巴總理卡斯特羅九月二日在哈瓦那羣衆大會正式宣佈古巴與中華民國絕交與中共建交了。這是美洲國家與中共建交的第一個，也是美洲國家與中華民國絕交的第一個。乃是值得特別注意的事。

關於中共滲透拉丁美洲問題，遠在去年十一月二十日，筆者即曾根據各種迹象及中共之一貫手法，以「中共對拉丁美洲有陰謀」為題，在本刊指出：去年「二月至三月，中共曾邀請中南美洲十二個國家的共黨首要訪問大陸。其中包括智利共黨書記科爾巴蘭……古巴社會黨書記維拉斯克斯等。……這些人到大陸時，毛澤東都曾一概親自接見，此外，中共對中美南美又不斷派遣各種性質的代表團前往訪問，並又不惜巨資在中南美作宣傳，檢討上述活動，決不能僅僅解釋為中共意圖拉攏中南美各國。因為中共所拉攏的並不是中南美各該國的政府或執政黨，而一概是中南美各國企圖奪取各該國政府的顛覆份子，由此可見，中共這一活動並不是普通外交活動，而確有別的陰謀。質言之，中共之此一活動，主旨端在加强國際共黨的統戰工作，以求共黨力量深入滲透，從量的漸變以求中美南美的質的突變。……所以，美國和中南美各國以及現時僑居中南美之僑胞皆應密切提防才是」！但美國對此置若罔聞，及至今年夏季美國才看見中共在中南美之滲透活動，但已經太遲了。至於台灣，更像一個死人，對此毫無警覺，亦無觀察，當然更無政策來與中共鬥爭了，到今天，筆者的話竟不幸而言中，美洲現在已有一個國家——古巴真的正式變成淺紅色了。中華民國也退出古巴了。這一方面顯示了中俄共向中南美滲透活動之成功，另一方面則正說明了美國和中華民國在古巴之失敗啊！

當然，假若這種失敗只限於古巴一國，倒也不算什麼，但這一成敗却只是中俄共正式在中南美建立了橋頭堡的開始。今後的問題更多着呢：中俄共對中南美之滲透，本來不限於古巴一國，而是以整個中南美為對象。於今，它們既有了這一根據地，可以斷言，中俄共是勢必以古巴為突破點來繼續擴張戰果的。回看美國與中華民國今後在中南美洲的反共鬥爭，無疑將會更加複雜與困難。

但民主集團與共黨集團在今日世界的鬥爭和滲透却是無情的。毛澤東强調共黨集團對資本主義的世界性戰爭不可避免，固然帶來了這種無情的鬥爭，赫魯曉夫雖然揚言資本主義與共產主義可以和平共存，但又何嘗停止過這種無情的滲透和這種無情的鬥爭？所以，生活在今日自由世界的人們，必須警覺：你縱然不喜歡鬥爭，共黨的鬥爭却喜歡你，你又奈何!?過去在國內貪贓枉法，今日挾巨資逃避到中南美的人，以為今日世界眞有世外桃源，而且以為自己已經僥倖找到了，而且已經進入了這一個桃源。其實，這也只是在做夢而已。因為共黨的鬥爭矛頭今日又指向中南美了！毛澤東早就說過：任你逃到天涯海角，也要把你追踪，毛澤東別的話不可靠，這一句話倒是眞的。對此，筆者要大聲呼喚現今正在中南美做夢的人們，你們應該提快警覺古巴之變色，把財力物力貢獻出來，即刻參加反共鬥爭，否則，你們以為天堂實際仍是死路。

對於今後滲透中南美問題更該提高警覺和妥籌對策的國家，當然更有美國和中華民國。眼見中共目前正在大力經營非洲，中共利用亞非集團之關係對非洲進行之滲透，目前正在擴大。此一滲透工作，雖不若滲透中南美洲之更具戰畧意義，但非洲之新興國家甚多，陸續參加聯合國者亦衆，因之，中共對非洲的這一滲透，實可發生巨大的政畧影響及外交影響，終至影響中華民國在聯合國之席位。而中南美若干國家之外交態度若更繼古巴之後而改向，則其對中華民國之國際地位勢必影響更大，所以，台灣方面不要以為中共滲透中南美問題，只是美國的問題，事實上恰正是中華民國的問題。

至於美國，對於中共之警惕，似乎不够高，同時，對於中共在中南美之滲透活動，過去似乎一直犯了太輕忽的毛病，以為中共在中南美起不了什麼作用，及至古巴問題正式揭開，美國官方才猝然發覺。就事論事，此實可說明美國對中共之本質認識未清，且對中共可能引起之作用，估計不當。但亡羊補牢，猶未晚也，目前中共正利用古巴作橋頭堡，以擴大中共在中南美之政畧戰畧戰果，且在擴大其對中南美之滲透，美國實在是更應該提防了。

寮國政變後的再政變

何之湄

不幸而言中

記者在上次永珍政變後的一篇通訊中，曾經指出寮國政情，當時是在「富馬政治階段」中。所謂「富馬政治階段」，計有三個特點：其一是李江上尉雖以政變英雄的姿態出現，但他的軍階不過上尉，基本戰鬥力也只有六百人之衆，正是羽毛未豐，信望不孚的情況，所以形成「命令不出都門」的偈促，也就是李江之所以不得不倚賴富馬，「李江政變」一開始不久便踏入「富馬政治階段」的原因。

其次說到富馬——蘇發努、富馬，永珍政變一開幕就立即登台的要角。李江不過是打開政變的序幕，而富馬才是演戲的主角。如果沒有富馬的登台的話，恐怕寮王沙旺華他納，早已詔告李江上尉為叛逆，而諾沙旺將軍的軍隊，久已直搗永珍城內了。

可是富馬的出現，却大大的給李江上尉撐了腰，給簡單的一個營長的軍事叛變塗滿了政治色彩，因為富馬確是一個政治人物，而且是戰後在寮國數一數二的。除了一九五七——一九五九的前總理洗廼恭，誰都不能望及富馬的項背。但洗廼恭可還沒有富馬那樣的貴族血統。

富馬的「蘇發努」家，大阿哥伯沙拉特，曾任寮國前身的副王，為反對戰後法國重佔寮國而亡命曼谷，領導「自由寮」運動。寮國國民議會，曾通過並遣派代表團請他回國，對於這位當年已七十餘歲的老人，寄予某種政治手腕上的期望。因為蘇發努富馬是他的弟弟，而蘇發努馮，也是他們的異母兄弟。寮國的王室及貴族的後宮，太太的數量是沒有限制的：「公主正割草，駙馬滿街走」，並不出奇。

富馬本身既是貴族，留學法國而有法籍夫人，因此一九五三年的法寮友好條約在巴黎簽訂，寮國方面的代表團長便是富馬。一九五五年越南休戰後，寮國內閣首次成立，富馬已是副總理兼國防部長。一九五六年三月，富馬正式組閣，從此登上寮國政治舞台的最高峯，以迄其後洗廼恭的出組反共內閣。但富馬還是出任駐法大使，入充國民議會議長。這次永珍政變，他便是以議長身份出組「維持或看守」之類的內閣。老於政治的富馬、當然有他的一套做法。

但是不能忘記的是第三個特點，即桑沙尼政府的國防部長諾沙旺。記者在上次通訊結尾中，曾說到「現階段是富馬的政治階段」，但諾沙旺仍在寮南國兵，指向永珍。如果「富馬政治」失敗的話，那就可能一變而為「諾沙旺軍事」的階段了。而現在的政情，正在趨向這樣的轉化中，這正是「不幸而言中」。

「不幸而言中」的話，寮國可能就會有一場厮殺！不過，直到目前，這可還未能確定。

富馬的失敗

富馬的政治手法，不能不說是有他的一手。當諾沙旺在寮南素旺組「反政變」委員會時，原已開始向永珍進軍。但富馬能夠戲劇性地飛到素旺，緩和了諾沙旺的軍事前進。繼而他又率領國民議會議員三十餘人，自永珍飛至王都琅吧喇刺，一面與諾沙旺談判，一面開國民議會。因為諾沙旺曾經抨擊富馬的永珍政權非法，蓋緣議員均在李江叛軍的陷城之中。富馬經過王都一行之後，他既得到國民議會在不受威脅之下承認他為總理，而又得到寮王的加委。在政治上，富馬此役是成功的。當時，曼谷的泰國外交部說：「承認永珍政府不成問題。因其乃寮王所委任」。

然而人們不免懷疑，富馬的「一爐共治」內閣，究竟怎麼搞法？諾沙旺是副總理，洗廼恭兄弟，一為國民議會議長，一為部長，還有彭庵親王，也在部長之列，而這些人，都是反共的。這些人回到永珍，如何與親共的李江相處，難道富馬眞個執有魔術之杖，有什麼魔力麼？

除非李江肯收縮他在政變中擴大的權力，乖乖地回去當他的上尉營長，而不是上尉總司令。否則的話，便除非是諾沙旺肯放棄他的政治立場，只在富馬之下，做他一個屍位素餐的副總理。更讓李江總司令把他原日的舊部各軍，任意調動，任免，宰割。

事實證明了富馬天眞，而李江與諾沙旺，都並不天眞。也許，政治人物好談理論，如「和衷共濟，不要同室操戈」之類，因此而富有幻想。但軍事人物却重視實力，於是反而較為踏實。富馬以為熏蕕可以同器，而李江與諾沙旺，却是水火不能相容。

諾沙旺在素旺要求富馬，作為政治談判重要條件之一，是要李江釋兵權，並收回當諾沙旺軍隊來攻時「保衛大永珍」所發給親共份子的槍枝。富馬是答應了。但由李江政變而東山再起的富馬，實際上却無法迫李江如此做法。這是「一爐共治法」觸礁的癥結。

諾沙旺當然看在眼裡，所以雖然前總理桑沙尼及再前總理洗廼恭都由王部前赴永珍，而諾沙旺却仍分道揚鑣，前赴素旺，再次整頓他的隊伍。大概諾沙旺極為清楚：李江政變無論其為預謀抑或偶然，為有長遠政治陰謀抑或為李江個人行動，但演變到「保衛大永珍」前後，寮共巴特寮已經厠身其間。富馬的異母兄弟，蘇發努馮的陰影，已經籠罩了李江集團。這就是諾沙旺不願輕身以入永珍，也是諾沙旺之所以必須整軍經武的原故。

不但是諾沙旺不肯進入永珍，即使李江，也不願諾沙旺之進入。富馬自王都興冲冲回歸永珍之際，李江就正式在永珍電台拒絕諾沙旺為副總理。諾沙旺不但是李江的老上司，前國防部長，而且他的背後有「保護國家利益委員會」，擁有最龐大軍人勢力的政治背景。李江對他不能不有所忌憚，縱使諾沙旺進入李江武力範圍的永珍。

一場大厮殺

更有進者，寮國政情的內幕，遠比李江與諾沙旺對立為複什。蘇發努馮的寮共部隊，其地下遊擊隊，已在素旺——他曲——永珍一綫，襲擊向永珍進軍的諾沙旺部隊。而正式共軍，則在寮共的老巢；北寮的桑怒、豐沙里兩省蠢動。所謂「剿鑵見箇，圖窮匕現」，無論李江如何說他中立而不親共，但實情可絕不是那麼一回事。即使李江並非早已與寮共勾結；但勢孤力弱，造成他的「藉寇自重」，或更迫成他與寮共的秘密聯盟。

富馬無法調和諾沙旺與李江，已經是他的政權的一個致命傷。對於寮共問題，他又採的什麼態度呢？那便是「停戰、和談」，和談有什麼歸結呢？不外是走的以前寮國內戰和談的舊路：「聯合政府」，亦即是李江在政變後所宣佈：容許各方面政治活動——即准許寮共「愛國黨」參政。

在富馬和李江，自可以作如是觀。但排斥共黨的洗廼恭，拘捕蘇發努馮的桑沙尼，以至嫌洗廼恭反共不够强硬而推倒洗閣的諾沙旺，「與共黨談判」是他們所不能接受的。於是，彭庵親王及洗廼恭議長，先後自永珍脫走，集於寮南。諾沙旺的「反政變」會早就恢復，軍隊亦已整備。把反政變會改組為革命委會，以親王對親王，彭庵的革命政府就在素旺成立了。

諾沙旺部隊的矛頭，首先當然仍要指向永珍。而李江，就可能與寮共遊擊隊合流，共同對諾沙旺作戰了。蘇發努馮遙坐河內，亦必然地指揮寮北兩省的寮共蠢動，牽掣同情革命政府的軍隊。這一場內戰如果打起來，可能會變幻甚多，花樣百出，不能預言如何收拾，如何終結的。

但李江方面是否能够站起來打？抑或是能打而不能打得久，則這是一幕也許並不是「全武行」的鬧劇呢！

·曼谷通訊·

下放共幹血洒井崗山

·邊永恒·

中共在江西湘贛和粵贛交界的井崗山，大茅山，廬山，雲山，黃崗山等處，南北縱橫約八百里的一個馬蹄形地區內，遍設勞動營一百五十多所，而美其名為「墾荒場」。據說：這墾荒場是供幹部下放的；共可容納共幹約達五萬五千人。目前，被下放到墾荒場的共幹，已幾達五萬人。

在這些墾荒場中，還聯合辦了一所「共產主義勞動大學」，藉以就下放的共幹，再加「訓練」。然而共幹成份相當複雜，部份是失學青年，部份是中小學畢業生，部份是退伍軍人，程度極為參差，而中共却硬把他們「一爐共治」；顯然，這祇是一所有名無實的「大學」而已。

最近中共的「人民日報」，曾報導過該墾荒場的活動情況。據稱：「廣大下放的共幹，都在江西山區中艱苦奮鬥，展開了積極的勞動；在井崗山上，為了要開發拔海一千六百咪盡是懸崖峭壁的資源，他們都冒着生命的危險，去跟死神、病魔鬥爭？他們的糧食供應，是十分困難，經常要獵取山雞和野獸來充飢；有時連山雞野獸也缺乏，那就祇得乞靈於野菜和樹根。但他們仍奮不顧身，繼續英勇地為國家工作；大無畏的精神，很使人感動……」

在上述的報導中，當然，他們是在讚頌着下放共幹的「勞苦功高」；但却也正把墾荒場上共幹的辛酸血淚，活活地繪畫出來。

僑鄉近訊

「新三反」運動踏上第二個階段（中山）

中山縣的「新三反」運動，目前已踏上了第二個階段。這「新三反」運動，自推行以來，最初鬥爭的目標是人民，經過了一番殘酷的廹害以後，現在已從人民的身上轉到地方幹部的身上了。據說：「黨委」方面，刻已發現了地方幹部多犯上了嚴重的貪污行為，尤其是管理公社食堂的「委員」，類多利用管理人民伙食的職權，扣減每天供應人民食糧的數量，將貪污所得的粮食，向黑市售出，藉以大飽私囊。燈籠紗公社管理食堂的幹部，在此次「新三反」中，已首先被發現貪污糧食三千斤，每斤以二角五分的黑市售價賣出，共刮得人民幣七百五十元。據當地鄉民稱：共幹的貪污，經過檢舉和鬥爭以後，所受到的處分為開除黨籍，及勞改三年。不少地方幹部，自知「身上有屎」，難免遭受「新三反」的清算，於是亦紛紛逃亡。在八月份中，逃亡到澳門的共幹，已達二十七人；這批逃亡共幹，除公社食堂委員外，還包括有區委書記，生產大隊長。當地鄉民還透露：自「新三反」運動推行以來，縣內人民和共幹，被判處勞改，截至八月底止，已逾萬五人。

農產計劃遭受「三類苗」威脅（廣西、四川、貴州、湖南）

中共的農業生產計劃，面臨「三類苗」的嚴重威脅，為了「保証晚造增產」而展開的「奪糧大戰」，目前已遭受重大打擊。所謂「三類苗」，就是萎弱翻黃、不能結穗、結了穗也上粜不足的禾苗：這種生長情況惡劣的禾苗，完全係因缺肥，缺水所造成。據中共報章的報導，這種「三類苗」，以廣西、貴州、四川、湖南等省為最多，現已動員大量人力，輪番突擊搶救；各公社由「黨委」親自「掛帥」，加强農田管理，領導各區生產隊，組成田間檢查組，實行「田間會診，對症下藥」，針對實際情況，立即進行「追肥」，「追水」和除草等工作。——然而，這種搶救工作能否獲致實效？實至成疑問。據目前情形觀測，上述各省的晚造歉收，已成定局！

·江水·

離島風雲

定風

一

我祇寫了一封信給唐，就匆匆來到這離島居住下來。

每當我窮途潦倒的時候，我就很喜歡掩藏我的行踪和地址，和朋友隔絕起來，故此幾年來我失去了不少朋友。也許是因爲我不願把自己傷感和憂鬱的情緒傳染給別人的緣故吧！

我在這四周環海的離島租了一間臨海的木屋的一個簡陋的房間居住下來。附近的居民，大都是一些漁民和一些小工業的體力勞動者，他們之間，相處得很和睦，更沒有誰憎厭誰的事情發生。我覺得這海島的環境很適宜我定居下來，便決定暫時不再遷徙。白天，我常常把大部分的時間都在海灘留連，望着看不見崖岸的汪洋大海，靜聽海水的輕柔的像慈母喚兒的浪音，這種在喧囂鬧市所得不到的享受，使我感到無限的依戀。有時我不禁產生一種浪漫的想法——要是唐在我的身旁，那該是多麼甜蜜的一回事。然而此種想法祇不過剎那間而已，因爲我覺得自己的種種都不配和唐相戀。於是我又理智地把思緒壓抑下來，但在海天遠處，雲層變幻中，又使我感到一種莫名的空虛與孤獨，我想起昔年揚子江畔的汽笛聲和登上輪船離開那裏時的情境，不禁惘然！

一天早上起來，風吹過來有點涼，望望窗外，是一片片烏黑的浮雲飄浮着，使太陽時現時隱。但似乎不像立即下雨的樣子，躊躇片刻便又習慣地穿了泳褲溜到海灘去。

海灘看不見一個泳者，我掬點水拍拍胸脯便開始游出去。游了好一會，仰面望望天空，只見浮雲像蛟龍一般的打滾，一道電光像蛇般的在雲堆間飛舞。水流也似乎漸急了，我無暇思索便轉身回向海灘。

迎面撲來一個巨浪，使我喫了一口鹹澀的海水，令我幾乎喘不過氣來，而腳腿下又被一股股的暗流冲擊着。這才使我意識到我已身在危險中。

我努力地在浪濤裏掙扎着，可是使我失望的我泳了兩尺，又給巨浪冲後一尺。而此時，天空驟然洒下一陣如注的雨點。

我漸漸覺得疲憊了，距離海灘仍然很遠。我大聲的呼叫，可是沒有人聽到。正當聲嘶力竭，突然一個巨浪迎頭壓下，我眼前一黑，便什麼都不知道了。……

二、

當我醒來的時候，眼前的一切景物都是陌生的：這是一間破陋的小石屋，屋內有一張木板搭成的木床，破了的漁網，陳舊而灰黑的爐灶。我躺在另一張低矮的木床上，在我的身旁，站着一個皮膚黝黑，身材高大、粗壯，年齡二十七、八的青年人。

「你醒來了嗎？」那青年咧着嘴笑着問我。

「我怎麼會到這兒來的呢？」

「剛才我在海裏打魚，遇着風，搖船回來，看見你浮在水面，便撈了你上船。」那青年道：「現在你怎麼樣？」

「謝謝你，我沒什麼了！」我喃喃地答。

「海的風浪這麼大，你爲何去冒險？」他問。

我沒有回答，只搖搖頭又昏昏的睡去了。

醒來，墻壁上已掛了一盞火水燈，火光在左右晃動着。我爬起來，知道現在已經入夜了。

「你餓了嗎？」他正在修補那張破漁網，也許聽見我爬起來的聲音，便站起來轉身問我。

我的肚子確實很餓了，但我和他素昧平生，怎好意思接受他的好意呢？故此我連連道：「我不很餓，謝謝你救我的命，我想回家去了！」

「外面正刮風下雨，你來這島居住不久，道路不熟，你那間木屋離這裏也很遠。我已弄好晚餐了，請不要客氣！」他說。

「你怎麼知道我住在那木屋？」

「我在這裏居住已三年了！」他吃吃地笑起來道：「外面來的人，我們那有不知道？」

「你一個人住在這裏嗎？」

「和你一樣，也是一個人居住！」他道：「但我們漁民們相處得很和睦，沒有親人就像有很多親人，金水爺爺還很喜歡我呢！」

「金水爺爺是誰呢？」我問。

「是這島中的紳士，掌管三十幾隻漁船，現在我是他的僱員。」他道：「你怎會來這窮地方居住呢？」

「因爲我喜歡這海島風景！」

「這海島的風景雖然很美，但你住得久了，也許會失去欣賞風景的興趣！你是幹那一行職業的？」

「我是一個貧困的寫作者。」

「原來是一個作家！」他道：「入息不錯吧？」

我搖搖頭：「僅可餬口而已。」

「那麼，我建議你還是跟我一起出海捕魚，不要再絞腦汁去弄那些錢了。」他這人似乎很直率，似乎很懂得過寫作生涯的人的生活似的。

我很奇怪他竟說這種坦率的說話，故此我問道：「先生，你叫什麼名字？」

「我叫阿七，以後不要稱呼我做先生。這島不同城市的規矩。」他說。

從此，我便和這個奇怪的阿七交起朋友。

有一天晚上，我去阿七家中。唐却在我門外出現。

「風，你把我忘記了？」她一邊打量我一邊問。

「……」我喃喃地道：「你怎知道我住在這裏？」因我遷了住址並沒有寫過信給她。

「我來這島找過你三次了，可是人們都說你不在這島居住。我登報找你也得不到你的回信。因此我決定再來這島作最後一次的尋找，幸而有一個賣小食的老太婆告知我……」她的眼圈開始紅潤了：「風，我實在不明白你……」

「我對城市失去興趣。」我說。

「這是因爲你太消極的緣故。」她哭泣地說：「但我實在不明白你爲什麼避開我？」

「我們的思想有距離……我認爲我們結合，將會徒增痛苦！請原諒我，因爲我太窮困了，城市已不適宜我生存下去。」我說。

這時已來到阿七的石屋邊。走進屋內，她像是受了侮辱似的哭泣着。

阿七冷冷地說道：「我們這裏沒有人哭泣的，請你走吧！我們不歡迎你來！」

她走了，我望着她遠去的背影，惘然若有所失。阿七突然拍拍我的肩膊道：

「讓她走吧！城市的女人，沒有一個是好東西！」

三、

我在海島一連生活了三個月。唐也沒有來過。

這天早上，我原本和阿七說好今天和他一起出海，一來打發寂寞，二來也學學打魚。

阿七看看天色，忽然道：

「我看，你還是改天再跟我去吧。」

「爲什麼？」

「不爲什麼？家中的網缺乏縛石，你到海邊檢些回去修補一下吧！」阿七拍拍我的肩道。

於是，我眼看阿七上了漁船揚帆出海去了。

中午，我檢了一些圓石塊回來，再把那些石塊中央鑽了孔，然後一個個的結在漁網上。

窗外突然响起一陣悶雷，跟着，大雨嘩啦啦地下起來了。

不多時，狂風也跟着吹來了。

島中傳來一片呼叫的聲音，漁民一羣羣地跑到海邊去把浮在岸濱的船隻拖上岸。我盼望阿七的歸來，不由得便把漁網的事停下來，向着海灘乾急。

入夜後，還不見阿七回來。而風雨也更猛烈了。

海浪像巨人一樣攀上岸邊，又神秘地閃進海中。

第二天，風雨停息了。我忙奔到金水爺爺那裏，詢問阿七的消息。

金水爺爺正在嘆氣，搖頭道：「阿七完了，這可憐的阿七……」

「阿七不會死去的！」我喃喃地道。

「沒有希望了！」金水爺爺道：「這可憐的小伙子。」

再過一天，阿七的屍體被救生輪撈起，送回島中來。

巨風過後，海島已不再是原來的美麗，而是使人流淚的地方。我一個人悄悄地又離開海島，重回喧囂的鬧市，然而唐已和別人結了婚了！

文壇泥爪

郁達夫與郭沫若

七

創造社三巨頭中在文學上最有成就的是郁達夫。然而他却因爲與郭沫若成仿吾志不同而道不合，於創造社成立一年以後的民十二，就脫離了創造社。後來甚至說郭妒忌他的成名，說郭是官僚，和郭沫若絕了交。

郁達夫死後，郭沫若曾發表了兩篇文章，叙述他與郁的交往經過：一是收在「歷史人物」中的「論郁達夫」，一是收在「天地玄黃」中的「再談郁達夫」。可惜郭沫若這人是個有名的說謊者，兩文自相矛盾，前言不對後語，算不得是信史。

如今在大陸上正遭受清算的巴人（王任叔），抗戰時在印尼曾和郁達夫同處了一個時期。郁死後，他在「人世間」上發表了紀念郁的文字，內中有牽涉郭沫若的地方，郭看後曾大爲不滿，立時著文反駁，指王任叔爲造謠。郭的器量本極狹小，如今巴人的案子，也不能說與郭沫若毫無關係。

郁生在山明水秀的浙江富陽。民初在上海以畫時裝美人出名的曼陀（郁華）就是他的胞兄。

他是一個神經質的人，十足羅曼蒂克型，易動情感而極富才華，爲人却坦率忠誠，謙光譪然。他對中國文學的造詣頗深，寫的舊詩詞曾享譽一時。英文德文都很好，讀的歐西小說不下五千餘部。他的新文學作品，散文和小說都自成一家，郭沫若曾自愧弗如。創造社最初各刋物如季刋周報能獲得青年讀者的熱愛，大都由於郁達夫小說的魔力。

民初郁考上官費留日，在東京一高和郭沫若同班同學。後來郁入東京帝大讀政治經濟，郭到九州帝大入醫科。民九他們還沒有畢業，郁就和郭成等籌議回國組文學團體，另外還有張資平、田漢、鄭伯奇等八。這時他和郭的交往很親密，一直到民十在滬成立創造社，郭郁的關係不錯。

在郭沫若「再談郁達夫」一文中，記着他和郁達夫之間曾發生過四次「齟齬」。第一次是民十二春天，郁從安徽法政學校解職返滬，張季鸞請創造社爲「中華新報」編一個副刋，郭不願應承，郁則力主接受，結果是成仿吾也站在郁的一方面，終於接受了張季鸞的邀請。這就是該年夏天附在中華新報上出版的「創造日」。這個刋物只出到一百期，到十月底停刋，據說是由於張士釗到上海，促使中華新報當局，不要創造社來編副刋。後來該社輯成單行本，叫做「創造日彙刋」，內容着重評論，並沒有份量重的作品，自然比不上季刋和週報了。

文史漫談

舌端文學（下）

徐亮之

關於「辭」（包括「言」，說已見前）的文學性與功用性加以申述發揮的，先秦學者除了孔子以外，還有很多；現爲分述如後，以見這期的學者或著作，對這問題的認識和重視的一斑：

（一）辭的本質：這期學者認爲「辭」乃達意知物的工具。例如墨子小取篇：「以辭抒意」；荀子正名篇：「辭也者，兼異實之名以論一意也」；呂覽離謂篇：「夫辭者，意之表也」。左昭元年傳：「言以知物」；呂覽離謂篇：「言者以諭意也」等是。

（二）辭的修飾：這期學者認爲關於「辭」的修飾，消極方面應該做到「諭意」而非「離意」；積極方面則應該做到「旨遠而文，言曲而中。」他們關於消極修辭的主張，左列諸說可以代表：

一、易乾文言「修辭立其誠」。又繫辭上「辭也者，各指其所之」。

二、尚書畢命「辭尚體要」。

三、儀禮聘禮「辭多則史，少則不達；辭苟足以達，義之至也」。

四、老子「言有宗」。

五、呂覽離謂篇「言者以諭意也；言意相離，凶也」。

他們關於積極修辭的主張，左列諸說可以代表：

一、易繫辭下「夫易……其旨遠，其辭文，其言曲而中。」（按易雖非文學之書，其義理則必待文學手法去表達，所以書中論「辭」的本質、修辭與功用處均精闢非常；其爻辭亦往往保留有許多古代的舌端文學在文；此爲治中國上古文學史者不能不特加注意的。）

二、左襄三十一年傳「言語有章」。又僖二十四年傳「言，身之文也」。

三、老子「善言者無瑕讁」。

四、孟子盡心篇「言近而旨遠者，善言也」。

五、韓非子顯學篇「宰予之辭，雅而文也」。

六、呂覽離謂篇「夫辭者意之表也；鑒其表而棄其意，悖。」

（三）辭的功用；關於「辭」的功用，周易詮釋得最扼要，而左傳和戰國策等描述得最具體。周易說：「鼓天下之動者存乎辭」（繫辭下）；這所謂「辭」雖指的是爻辭，同時實也可以說乃指的是所以構成這能「鼓天下之動」的功用的爻辭的文學的手法。所以又說：「君子居其室，出其言善，則千里之外應之」：所以必「擬之而後言」；「擬之而後言」者，即「聖人有以見天之賾而擬諸其形容，象其物宜」之謂也（均見繫辭上）；所以詩大雅板也說：「辭之輯矣，民之洽矣；辭之釋矣，民之莫矣」。即都認爲言辭功用之積極發揮，實基於文學手法之積極運用而來。關於這層，且引左傳（襄三十一年）上如左一個例子以概其餘：

「（魯襄）公薨之月，子產相鄭伯以如晉。晉侯以我喪故，未之見也。子產使懷其館之垣而納車馬焉。士文伯讓之曰：「敝邑以刑政之不修，寇盜充斥，無若諸侯之屬辱在寡君何；是以令吏人完客所館，高其閈閎，厚其墻垣，以無憂客使。今吾子壞之，雖從者能戒，其若異客何？以敝邑之爲盟主，繕完葺牆，以待賓客。若皆毀之，其何以共命？寡君使句請命。」對曰：「以敝邑褊小，介於大國，誅求無時，是以不敢寧居，悉索敝賦以來會時事。逢執事之不間，而未得見；又不獲聞命，未知見時。不敢輸幣，亦不敢暴露。其輸之，則君之府實也；非薦陳之，不敢輸也。其暴露之，則恐燥濕之不時而朽蠹，以重敝邑之罪。僑聞文公之爲盟主也，宮室卑庳，無觀臺榭，以崇大諸侯之館；館如公寢，庫廐繕修；司空以時平易道路，圬人以時塓館宮室。諸侯賓至，甸設庭燎，僕人巡宮；車馬有所，賓從有代；巾車脂轄，隸人牧圉，各瞻其事；百官之屬，各展其物；公不留賓，而亦無廢事；憂樂同之，事則巡之，教其不知，而恤其不足。賓至如歸，無寧菑患，不畏寇盜，而亦不患燥濕。今銅鞮之宮數里，而諸侯舍於隸人。門不容車，而不可踰越；盜賊公行，而夭厲不戒；賓見無時、命不可知；若又勿壞，是無所藏幣，以重罪也。敢請執事，將何所命之？雖君之有魯喪，亦敝邑之憂也。若獲薦幣，修垣而行，君之惠也！敢憚勤勞？」文伯復命，趙文子曰：「信；我實不德，而以隸人之垣以贏諸侯；是吾罪也。」使文伯謝不敏焉。晉侯見鄭伯，有加禮，厚其宴好而歸之。乃築諸侯之館，叔向曰：『「辭」之不可以已也如是夫!?子產有「辭」，諸侯賴之；若之何其釋「辭」也？詩曰：「辭之輯矣，民之協矣；辭之繹矣，民之莫矣。」其知之矣！」

叔向所謂「子產有辭，諸侯賴之」；正是辭的功用的具體証明呢。到了戰國，縱橫家們由於對「辭」的簡練揣摩而獲致「扶急持傾」「立談而取卿相」之功的，更是所見不鮮呢！

由此可見，「辭」乃風靡先秦的舌端文學；同時也是這時舌端文學的總代表。她不但可以概括積極修辭狀態中的散文形式，也可以溉括韻文形式的。陸賈新語愼微篇所以說：「詩、在心爲志，出口爲辭」；便是這個緣故。他乃中國講唱文學的老祖宗；而屈宋輩的偉大的詩章所以給漢人用「楚辭」二字加以概括、便也可於此等處獲得消息。

記張仲仁先生的言行

寶剛

我所接觸的前輩中，吳縣張仲仁一麐先生是我所敬佩的一個。仲仁先生十五歲就中了舉，所以有江南神童之稱，可惜因爲丁憂，沒有繼續去應考，後來就加入袁世凱幕府。我和他的幾位公子都是同學，所以我自十三四歲起直至仲仁先生在重慶逝世止，前後二十餘年間，時時見到仲仁先生，仲仁先生視我也如子姪，常常在他家裡住和吃。因此我和仲仁先生可以說是很熟的。

因爲我和他很熟，因而相當瞭解他。但是根據我的瞭解，我認爲仲仁先生能十五歲中舉，而有江南神童之稱却是一件奇事。在我的瞭解中，仲仁先生並不是一個很聰明的人，他的智力是很平常的。

他的值得敬佩處是在他的人格，我一生相熟的人不算少，以人格論，仲仁先生可說第一。他的正直敦厚，大義凜然，一生不治生產，公而忘私，至老不衰，眞是使人敬佩的。而也因爲他有這樣一個人格，所以他有他一生的成就。舉個例來說，他在袁幕時，有一年的除夕，袁對所有幕僚說：明天大家不要來向我拜年，免使雙方都麻煩。仲仁先生聽了，覺得這是實情、項城的這一處置是合理的，並且他既然這樣說了，當然要服從他的話。所以到了第二天年初一當然不去向袁拜年。可是後來他想：袁不要我們去拜年，其他的同僚處應該去拜年，因爲有的同僚是不能免俗的，所以他在年初三那天就開始向各同僚處走動，由早晨一直到近晚，一連去了幾個同僚處，乃知各同僚却是照例去向袁拜年，有的同僚並且對他說，袁不叫大家去拜年，乃是他的客氣話，怎能因此而眞正不去呢？他聽了也覺得有道理，所以在初三那天的近晚時候也到袁處。他是尙老實人，在拜年時就從實說明所以年初一不來拜年，而到現在才來的理由，同時向袁道歉。袁聽了他的話便道：「你來得正好，昨日開州的知州暴病死了，你明天去到任罷。」在前淸以一個年輕而還不十分知名的幕府而能獲知州的實缺，是一件非常幸運的事。一般人得此機會，當然慶幸之至，但仲仁先生辭以年尙輕，經驗不夠，願在幕府繼續學習，不願即行去任知州。袁聞之，頗嘉其志，即以掛印知州（即不須去到任而任知州）仍在幕府辦事。從此袁便非常重視他，一路提升他，到民初袁任大總統時，他曾任國務院秘書長等職，一直爲袁所最信托的人。

但是一待袁準備稱帝，仲仁先生就公開地反對他，甚至其生命受到威脅也所不顧，他寧願隻身逃亡日本，將其夫人及一家七八口，匿居於天津租界的一間小樓上，這可見其大義凜然了。

及袁死去，恢復民國，他曾任教育總長，那時北京有大規模的學生政治運動發生，抗議政治腐敗，有的人疑心仲仁先生是幕後主使人，所以有一天開國務會議時，有的閣員提出，學生運動有政府要員在後主使，其意即指仲仁先生，因爲那時的仲仁先生是被目爲思想前進的人。

仲仁先生聽了這段話，他也知道是在暗指自己，其實他是從不在暗中做事的人，他立起來說：「那個人能主使學生罷課、我們應舉他爲大總統。」人們問他什麼意思，他說：「現在的大總統不能制止學生運動，而有人能主使學生運動，這個人不是比大總統能幹而有號召力麼？所以我說應舉他做大總統。照我想，學生運動有其運動的根本原因在，很難主使的罷」。他這幾句話是很有些幽默感的，在抗日戰爭中的有一天，那時民主運動日在擴大中，反對政府腐化的人當然也很多，他很自得的把這件事講給我聽，並對我說，中國政府素來總是不檢討自己的過失，一有反對者起來，便疑神疑鬼，以爲有人在進行什麼陰謀，便常常拿帽子給人戴，而加之以罪，這種作風由來已久，現在的政府也學會了這一套。所以，以致漢奸嫌疑等的帽子滿天飛。我聽了不禁感慨萬千矣。

寄售書目（一）

百衲本二十四史　商務影印本，八百二十冊，（全）。實價港幣一千四百元正。

二十五史補編　洋裝六厚冊，港幣三百元正。

宋槧大字本孟子　商務影印續古逸叢書之一，七冊，實價港幣八十元。

宋本杜工部集　商務影印續古逸叢書之一，六冊，實價港幣弍百元。

六十種曲　據開明書店紙型重印，精裝十二厚冊，實價港幣一百弍十元。

元曲選　中華據明刻本校刋，十六冊，實價港幣五十元。

國朝詞綜　王昶纂。光緒木刻本，十二冊，實價港幣六十元。

昌黎先生集　光緒十五年廣東木刻本，八冊，實價港幣四十元。

蘇東坡全集　據明成化本重印，四十八冊，實價捌十元。

歐陽文忠公全集　民國十四年上海錦章圖書局印，二十四冊，實價港幣叁拾元。

又一部　商務國學基本叢書本，平裝六冊，實價港幣捌元。

容齋隨筆五集　商務影印宋刋本，十二冊，實價港幣叁拾元。

顧氏文房小說　上海涵芬樓影印，十冊，布套一函，實價港幣叁拾元。

曾文正公全集　光緒二年傳忠書局木刻本，一百二十八冊，大字連史紙印，（全）布套十二函，實價港幣弍百六十元。

又一部　上海中華圖書館排印本，七十二冊，（全）包括年譜十二卷，加木箱一隻，實價港幣九十元。

左文襄公全集　光緒十四年木刻本，一百二十八冊，大字連史紙印，（全）實價港幣弍百弍十元。

李文忠公全集　光緒三十一年金陵木刻本，大字毛邊紙印，一百冊，（全）實價港幣一百八十元。

胡文忠公遺集　同治三年武昌木刻本，毛邊紙印，三十冊，（全）實價港幣八十元。

說郛　商務據明鈔本排印，四十冊（全）。實價港幣二百八十元。

漢魏叢書　商務影印，布套四函，四十冊，（全新）實價港幣壹百六十元。

要者請向九龍鑽石山大觀路惠和園三號『卓如編譯社』洽購。

圖書館、大學及研究機構購買，一律八折優待。定價已酌予減低，以此次所刋出者爲準。

本刊已經香港政府登記

每逢星期五出版

聯合評論 週刊

United Voice Weekly

第一〇一號

督印人：黃宇人　總編輯：左仲平

社址九龍赫德道二十三號地下　電話68678

承印：嘉羅印刷有限公司　香港灣仔馬師道5號

總代理：友聯發行公司　售價每份港幣一毫

本報美洲版總經售處　美國紐約中美出版社

CHINESE -AMERICAN PRESS ,INC

199 CANAL STRE,ET..

NEW YORK31 N. Y. U.SA.

美洲航空版每份零售美金一角

國權與人權

——「干涉內政」與「告洋狀」駁論

汪希平

一、雷案引生的所謂「外侮」「內奸」問題

籌組中的中國民主黨發言人和「自由中國」半月刊發行人雷震、「自由中國」編輯傅正和經理馬之驌、以及七年前曾一度在「自由中國」任會計職的劉子英等四人本月四日在台北被捕，業已成爲一項國際注目的重大政治事件；雷震的女兒雷德荃和雷震在國外各地的友人就這一事件向國際輿論所作的聲訴，更加强了自由世界人士對於此案的關切，引起了自由世界若干輿論機構對於此案的評論。這種國際間對於他國國內某一政治事件的關切與評論，在今日國際社會上本來毫不稀奇；從共產國家內許多知名人物的遭受整肅直到今日剛果總統總理的彼此免職，從南非聯邦因種族隔離政策而引起的暴動直到數年前美國小石城因種族歧視心理而引起的騷動，都曾刺激起遠比此次雷案爲熱烈的舉世的關切與評論；甚至，和政治絕對無關的、純國內而且純私人的事情，諸如英廷是否應禁止馬嘉烈公主下嫁唐生，美國是否應赦免紅燈大盜蔡斯曼的犯罪之類，都曾受到舉世輿論的千百倍於雷震事件的關切、評論和呼籲——對於這些關切、評論、呼籲，除極權國家和南非聯邦之類準極權國家而外，當事國政府絕無大驚小怪甚至如喪考妣地加以詈罵指斥的。然而，可能由於我們中華民國「國情不同」，這次雷震事件引起的國際的注視與評論，竟使台北當局如被重憂，發動黨報官報和海外的準黨報準官報，連篇累牘地指責對雷案發言的世界輿論機構和個別人士爲「干涉內政」，辱罵雷震的女兒和朋友們爲「告洋狀」的「漢奸」，這眞使人不能不與一部廿四史不知從何說起之感！

對於普通的有悖常識的謬論，大家自可視爲怪論戲論而一笑置之；不過，對於上述這種淆亂是非、困惑天下的謬論，則不可不嚴肅地一加批駁！

二、國際法上「干涉內政」的意義

「干涉內政」是而且祇是一個國際法上的概念。國際法是人類建在國家權力之上的國與國間和不同國籍的人與人間的法律秩序，是世人用以裁斷國際行爲之爲是爲非的具體根據；離開了國際法，抹煞了國際法，不但「干涉內政」無「對不對」「該不該」之可言，即連侵畧壓廹亦無「對不對」「該不該」之可言。因此，「干涉內政」云云，絕對不能無視國際法而任意閉目瞎說。在國際法上，什麼是「內政」，什麼是「干涉」，什麼是貌似內政而早不視爲單純「內政」，什麼雖亦名爲干涉而早經許爲「合法的干涉」，這些在構成國際法的公約、條約、慣例和學理上全都有明確的、至少是業經國際法學權威多數公認的界說，絕非任何無知妄議者所可信口雌黃的。

國際法上的「干涉內政」指的是什麼？這指的是：國際機構或個別國家的政府，對於某一國家某些非國際性事務之具有强迫性的正面干涉。因此如非指官方的强迫干涉，而使用此詞，即跡近於無理取鬧：

（一）民間輿論對於他國的任何內政措施的批評，絕非「干涉內政」，如本文第一段所引各例。

（二）民間甚至半官方，對於他國之批評政府甚至反抗政府的團體或個人，所從事的各種援助乃至軍事援助，亦非「干涉內政」，例如美國民間之援助「自由俄聯」及東歐各國革命團體，當年法國民間和半官方之援助英屬北美十三洲的抗英獨立運動，乃至日本「正金銀行」的貸款數百萬日圓援助孫中山先生反清革命運動等。

（三）即使是官方，對於他國內政措施的單純的勸告或建議，而不附帶宣戰、絕交、毀約之類恫嚇的，仍非「干涉內政」，此種例子俯拾皆是。其次，就算是「干涉內政」的行爲，在國際法上亦還有「非法的」和「合法的」之分——凡是抵觸國際義務和人類利益的「內政」，都是可以「合法地干涉」的，這種「干涉」是國際法特別今日的國際法所完全容許的：

（一）違犯條約義務的「內政」，有關國家絕對有權干涉，例如與美國訂有軍事同盟條約的國家，在美國因設立基地而引起一內政問題，便不能自由處置，而必須遵約辦理。

（二）可能危害國際安全的「內政」，國際機構或有關國家同樣有權干涉，甚至有權對其基本政治制度及元首人選加以干涉，如今日聯合國在剛果的制止內戰甚至封鎖機場和電台，如二次世界大戰後盟國對德日義和約中的規定其必須採用民主政體，乃至如對拿破崙戰爭諸國在勝利後之規定法國必須放逐拿破崙、改由原法皇復位等。（「聯合國憲章」在「不干涉各國內政」項後，對此即特別列有明文但書。

（三）迫害人權、違背人道的「內政」，國際機構或國家集團仍然可以合法地加以干涉，這如過去歐洲基督教國家對土耳其政府迫害基督徒行爲的集體武力干涉，二次世界大戰期間盟國對軸心國家國內各種迫害行爲的譴責，現在聯合國基於人權宣言對南非聯邦種族隔離政策的指斥等。

（四）各國公民的懲處與保護本屬內政，但在有關國際法的義務權利上，國際機構或有關國家仍可合法地加以懲處和保護，無須理會其所屬國家的國權，前者如審判戰犯、捕治海盜等，後者如政治犯的保護，乃至若干國際條約中對於公民個人在國際事務上的訴訟權的保護等。

三、今之所謂「干涉內政」「告洋狀」與「漢奸」

上述國際法上「干涉內政」「合法的干涉內政」諸界說可使我們了解：國際法上容許「干涉」的「內政」其實即是國際社會由「國家羣」的幼稚組織形態進向「世界國家」途中逐漸浮現的世界性的「衆人之事」，它們關涉全人類的普遍政治生活的秩序，不僅是隸屬個別國家地域的特殊政治事務；因此，正如各國的超越爲各地方自治法律的憲法權力一般，它們乃是理應超越特殊「國政」的「世政」和超越特殊「國權」的「人權」。這樣，此處可以畧論一下所謂「告洋狀」的「漢奸」之說。

爲了內部的紛爭，向無權過問此種紛爭的「外人」求援，俾藉此種外力干涉來協助自己獲勝者，謂之「告洋狀」；爲了外國的不當權益而從事犧牲本國正當權益之行者，謂之「漢奸」。所求的外援如屬有權過問的，則雖是「外人」亦不得斥爲「告洋狀」，如南韓之向聯合國控訴北韓及達賴喇嘛之向聯合國控訴中共；爲了外國的正當權益、則雖犧牲本國的不當權益亦不得斥爲「漢奸」，如中華民國的嚴懲翻版書商以維護外國出版者的版權收入，至於雖涉及外人而與國家權益根本無損者，自更不能以任何「奸」字論，如國府在圍剿紅軍時禮聘德國軍事顧問團來華參謀及抗戰期中請求陳納德飛虎隊的助戰。準此，我們首先無法不追問以雷震的家人友輩之向國際輿論呼籲，何以能被叫做「告洋狀」和「漢奸」作風：自由世界的輿論無權批評我國的「內政」嗎？我們的黨報官報之流爲什麼又有權批評古巴和寮國的「內政」呢？援救雷震者不該把「家務事」向外人申訴嗎？台北當局爲什麼也要專爲雷案發表世界司法史上絕無僅有的外國文字起訴書呢？援救雷震者因援救雷震而犧牲了國家的正當權益嗎？除了發令拘捕雷震者的面子（這根本不是什麼「國家權益」！）而外，已犧牲或打算犧牲的「權益」又是什麼呢？

四、國權與國格

作爲對於時下謬論的駁斥，這裡本來已經相當夠了。不過由於中國人百年積弱，一般國人可能仍覺得請「外國人」評理幫忙乃是一件極傷自尊的事，援雷之舉雖似無可厚非，終覺不太光采。這樣，我們不妨根據前述國際法中「合法干涉內政」的概念，對於向「外」求援的意義再作一番法理的分析。

首應指陳的是：「國家」絕非上帝一般神聖不可侵犯的自存體，「國家」的意義，是而且也祇是人類爲了社會文化生活的秩序性而建的一種有機的社羣組織單位。就外部結構說，「國家」這一社羣組織單位之下可有較小的單位，其上亦可再組成更大的單位，前者如國之有州有省，後者如國與國之可組成聯邦。就內部結構說，「國家」的特徵在法律秩序，在有效執行法律秩序的權力系統，權力系統的代表爲政府，但權力之所以能是權力，則完全來自社會全體分子間之各方面、各層次和各種形式的共信、公約與授權程序；因此，國家的眞正本質在社會的共信、公約與授權，政府雖代表國家而本身絕非國家，離開了社會的共通信守與授權，特別是離開了社會基本信守內容與授權形式的憲法，則政府的權力即如失卻儲備的鈔票一般，不但不能代表國家，而且無法長久維繫——政治學上所謂國家權力來自被治者的同意，大意不外如此。

根據這一了解，我們可以導出下列兩層意思：

第一、在對外的法理上：同意而且參加了較大社羣組織單位的低層單位，其本身單位的基本公約及其權力執行即不能牴觸違背高層社會組織單位的基本公約，如有牴觸違背，則須而且應該由組成高層社會組織單位的同級各成員以至全體分子來合力制裁，以維持高層的組織，猶如同意參加了聯邦的邦或州，其法律及政令不能牴觸聯邦憲法，否則即應由其他各邦州權力及全體人民來合力制裁以維聯邦統一一樣。現在，世界各國人民，特別是自由世界各國人民，在生活上的緊密關係與心理上的融合程度，業已到達直如中國先秦一般的不僅有國而且還有「天下」意識的時候了，作爲大一統之健全雛型的聯合國早已成立而且其威信已在舉世日趨鞏固了。中華民國是聯合國的發起人，是參加制定聯合國憲章並由自己的國權機構自動加以無保留批准的一員，而且還是安全理事會中五個常任理事國的一員，則中華民國在法理上早已接受了聯合國憲章這一高過國權的社羣公約，中華民國憲法及中華民國政府的作爲之必須遵奉這一高級公約，乃是不言可喻的——這即是說，在違背聯合國憲章時之應受聯合國及其所屬各成員的譴責制裁，也是不言可喻的。因此，中華民國公民在政府違背國家基本公約憲法時，固可向全國各界呼籲譴責制裁，在政府違背高級公約聯合國憲章時，自然也可向「聯合國各界」呼籲譴責制裁——這裡的「聯合國各界」已不是過去動輒彼此兵戎相見的「外國」，而是同屬一個社羣組織單位，同受一個公約之平等約束的成員同志了；向聯合國呼籲求援，正如在小石城橫受歧視的黑人向美國聯邦政府及其各州公民呼籲求援，這即是說，向更高的公約體與法律秩序體呼籲求援，這裏沒有任何「洋狀」可說，沒有任何「奸」可說，沒有任何「不光采」可說！

第二、在對內的法理上，如前所說，政府不是國家，在現代背棄了基本公約如憲法約法之類的政府，或者在古代背棄了無形基本公約「天命」亦即「民視民聽」的政府，即已自然自毀其代表國家的理論根據，對於這樣的政府加以反抗，包括呼籲他國的政府和人民不予援助，不但不是「叛國」，不是「賣國」，而且正是不折不扣的愛國——

（下轉第四版）

雜憶錄之十

紀邵明叔（從恩）先生（下）

·幼椿·

民國三十六年春，國民參政會開大會於南京，邵明老為此留京半年。明老體已近衰，出入皆有其幼女同伴，但對於國事，關心不減。八年抗戰之餘，民憊軍老，當局不察，外强中乾，文恬武嬉，以致貪汚成風，綱紀不振；尤其對於接收敵偽產業，有權力在手而不知清議與國法為何物者，輒將公家產業據為己有，子女玉帛，爭相掠取，於是在收復地區有「五子登科」之謠。

國民參政會為此特推舉若干參政員分東北、東南、華南、華北四區，前往調查各方接收情形，因會中接得此類不合法之接收，甚至連累受害者的報告訴願書甚多，不能不加以料理，同時參政員中不乏正直而重國家紀綱之人，願助政府整肅貪瀆之風，始足以收拾人心，而免為中共所利用。參政員分頭出發，限期二月回報，邵明老亦為此留京聽取回報。

是年五月，參政會特為聽取調查報告開會，每區負責之參政員，對於調查接收所得詳況，由組長公開報告，一連兩日，聽完之後，全體同人無不大為喪氣，而邵明老則憤慨過甚，以至於病，由戚壽南名醫予以神經鎮定劑始少愈。茲述錢公來參政員視察東北所報告一則，以見一斑，可概其餘，因其時東北正是「新國難」行將來臨之尖端。故我之傾聽錢參政員報告，更較留意。據錢參政員言，『政府接收東北，以中央軍的軍師各級官長實佔優先地位。東北被日人佔領最久，在十餘年間，工業建設甚為普遍而繁榮。除重工業各大工廠及蘇俄所拆卸刼掠移去外，其他民用工業，則均未破壞：布廠、製衣廠、香料廠、肥皂廠、麵粉廠、小五金廠、大印刷廠等類計之不下千數，而中央軍師團營各官長，擇大棄小，分層負責，各據一廠或數廠而有之。於是軍事與工業打成一片，軍官而兼廠長者比比皆是，自好而不為者當然也不少好人。』錢參政員且舉出某師長，某營長，……對於他們各自廠中的業務，非常熱心，每日必到廠監督出貨；譬如肥皂廠，則該軍人廠長還要抽查貨色是否一律標準化，常拿起肥皂向鼻上聞一聞，手上比一比，大小香味，一律不差，始足以在市場廣推銷也。當其錢參政員形容至此時，我在邵明老座位之右，輒聽明老口中不斷「混蛋、胡塗、可惡、可恥」之聲。

彼時，法幣因惡性膨脹而幣值日益低落，物價因之日益高漲，初則投機商人爭相囤集物資，以謀暴利，繼則家庭主婦也惟有多存用品，少存法幣，以固生活。幣賤物貴，輾轉相乘，票面日增，人心皇皇，莫可終日。參政會同人有往津浦前線參加犒軍歸來者，言之明老，云：『代表民衆，在軍前講話既畢，每兵犒以法幣兩元；到手之後，立被受者撕成兩半，向空一擲，於是數千百張一元法幣，飛向空中，作蝴蝶舞，兵衆不顧而去；彼方恍然大悟，兩元錢之數字實已無購買任何物品之價值也！』

明老既聞調查報告，知軍人在前方有腐敗如斯之跡象，又見財政混亂，前後方民情困惑，兵心動搖，表面雖一時尚覺繁華，而前途實不可測。因之開會時，明老亦常離座往會場後面，走來走去，仰天長嘆！我見其狀，就而問之，明老言：『幼椿，時局情勢，你也清楚，前方後方，如此糟糕，本既不固，民已不寧，即無共黨搗亂，也慮發生不測之變；何況當局還想孤注一擲，去與包藏禍心，狡焉思逞的共軍拼戰！我看，這個戡亂的打算太胡塗，太不知己知彼，恐怕要失敗；如果一戰而敗，國家前途更是不堪設想！我將向蔣主席直陳所見，勸其先行整理財政，維護綱紀，然後再言戡亂。我明知言而未必有效，但不能不言也！』

五月二十四日午後七時，蔣主席夫婦讌參政會主席團及年高德劭之參政員共十二人於其官邸，長桌西餐，邵明老位於主人之左側，我位適當明老對面，餐時，我即感明老面色紅紫，有異平時。餐畢，明老忽首先起立發言，主人請坐着說，明老不之顧，曰：『蔣主席，前方軍紀不好，後方財政混亂，亟須整頓，不能打仗了！』「打仗」字甫出口，我忽見明老口角斜起，口沫流出，身往前微傾，即又向左邊斜落，我立刻奔往其座後，人已斜倒，蔣夫人亦奔至，呼左右取長木板及冷水手巾來。木板未至前，蔣夫人請扶掖者力持明老，勿令其軀倒地，親以冷水手巾，更番覆於明老頭上——蔣夫人對於腦充血症似有相當經驗者。

明老既移入中央醫院，鼻息聲大而促，不省人事，醫生處方以特別一種德國針藥，雷震秘書長遍索於城中，夜午送來，針後仍不醒轉，如是者三日三夜，幼女哭於側，羣醫皆束手，我忽憶及戚壽南醫生曾為明老診治小恙，因由邵力子、雷震兩位偕戚來診。戚詳為檢查，既畢，約邵、雷與我會商於小室中，言：『腦血管出血甚多，壓於腦內，醒轉甚難。惟此老心臟甚强，還能設法；法有冒險性，必須大量取脊髓，血從脊髓中出若干，始能醒轉。但病人年過七十，照例醫生不冒此險，得君等主持，我可試一為之。』適王世杰先生來，聞之，立電話蔣主席，請其主持，回話曰「可」；戚壽南醫生並要求王邵雷與明老幼女簽字後，取院中二十CC之針管，一針抽出脊髓十餘CC，色皆淡紅，但戚耳聽病人心臟不已，同時令其幼女以手握明老手指，未十分鐘，即見明老手指微動，摩其女兒之手，繼緩緩搓之，戚醫生笑頷：『無慮矣！』三月後，明老以專機送返成都，手足後此未能靈動復原，因頓兩年餘，於共軍入成都之前一月逝世，是時我已來香港矣。

四九、九、二三

從赫魯曉夫的冷戰談到雷德福的看法

劉裕畧

往常，每當聯合國開會的時候，蘇聯方面大半由外長級的官員如葛羅米柯一類人出席。這次聯合國開會，赫魯曉夫事前即已宣佈將由其本人出席。為了壯大聲勢，以求達到其出席目的計，赫魯曉夫更邀約了共黨集團若干總理級的人物與赫魯曉夫坐船一道到紐約出席。這些共黨集團國家的總理，本來就是克姆林宮的傀儡，赫魯曉夫既有此意，他們當然只有末座奉陪。

至於其它中立國家，其總統或總理之前往聯合國出席會議者，有的是為蘇聯直接或間接所策動，有的則是為了前去有所觀察。

以言西方國家，作為民主集團領導國家的美國與英國，最初則是本來不準備與赫魯曉夫在聯合國大會作冷戰性質的正面週旋的，但隨後看見蘇聯集團與中立集團總統級與總理級出席人物之多，又正值非洲十四個新國家新參加聯合國大會之際，再看到赫魯曉夫來者不善的架勢，艾森豪威爾才決定於赫魯曉夫發言之前，先在聯合國大會發表一篇講演，以對付赫魯曉夫親到聯合國來進行冷戰的可能攻勢。但西方國家猶恐艾森豪威爾之講演係在赫魯曉夫之前，不能針對赫魯曉夫的挑戰，而赫魯曉夫之講演緊隨艾森豪之後，則最易以艾森豪之講演為挑戰對象，於是，除了由美國國務卿赫德在會外立即予赫魯曉夫還擊之外，又準備由英首相麥米倫最後出台來應付赫魯曉夫的冷戰。這算是西方國家這一次在聯合國對抗蘇聯冷戰的戰鬥部署。

截至筆者寫稿時為止，這冷戰還只打了前一半，因為在此以前還只有艾森豪的講演與赫魯曉夫在聯合國的挑戰，以及美國國務卿赫德的會外談話。至於麥米倫的應戰和挑戰，則尚在後頭。因此，現在來評論赫魯曉夫這一次到聯合國來進行冷戰的勝敗和影響，都未免言之過早；但有一點却是自由世界及一切反共國家甚至非共的中立國家都應該清楚的，則是共黨的冷戰已無所不用其極，從冷戰的性質與從事冷戰的條件看，西方國家實不以此見長。

赫魯曉夫這一次到紐約，受到各種冷遇與限制，是他自食其巴黎侮辱美國之果，美國沒有什麽不對。但在此情況下，赫魯曉夫仍抑止其內心憤怒，儘量表現其和平姿態，都無非掩飾其冷戰陰謀，也正可以說，他的一切和平姿態，都無非是他的冷戰的一部份。假如赫魯曉夫眞有在紐約與艾森豪等進行巨頭會議之心，那他就不會在數月前當面在巴黎侮辱艾森豪，且同時破壞巴黎高峯會議了。必須切實認清的，是他當時破壞巴黎會議，固是一種冷戰，這一次來出席聯合國會議也正是一種冷戰，其區別與表現之所以有差別，則完全由於冷戰階段不同，故冷戰之形式與手段亦有異而已。

事實上，赫魯曉夫已經於九月三日在聯合國那篇冗長演講中，把他自己的冷戰和盤托出來了。雖然，赫魯曉夫這一次親到聯合國來開會的冷戰陰謀不止一端，亦不止目前大家所已發覺的兩端，即一、從取消韓馬紹的秘書長職務，另代以三人執行小組，從而控制聯合國；二、煽動所有國家的所有殖民地都從事叛亂。但即此兩端而論，赫魯曉夫居心到聯合國來進行冷戰，來企圖把聯合國變質，來企圖挑起若干西方國家為殖民地獨立問題而起內戰的陰謀，則昭然若揭了。

當然，赫魯曉夫之所以提及取消聯合國秘書長後，在所設三人執行小組中，由西方與蘇聯與中立國家三方面各派一人担任，其目的除為共產黨人插手聯合國作佈置外，自亦有爭取中立國以孤立美國之含意存在，其所謂一切殖民地都應獨立之論，當然更在想從內部來擴大西方國家的矛盾，同時並破壞美國之世界戰畧基地網之意圖。所以，可以總結一句，說：赫魯曉夫這一次出席聯合國大會的冷戰手法是毒辣的，其冷戰目的且是多方面的，絕對不錯。

但，很不幸的事，則是在過去若干次的冷戰中，和這一次冷戰中，雖有艾森豪的講演在前，但冷戰的主動則一直操在蘇聯手裡。西方國家只有還手之功，並無進擊之力。就目前的世界形勢看：西方國家固然決不會立刻就在冷戰中覆亡，但西方的內情複雜，又缺乏從事冷戰之整體計劃，更缺乏集體從事冷戰之嚴密組織，所以，西方國家之不適宜從事冷戰，已屢為事實所証明，但蘇聯之冷戰却步步逼人而來，蘇聯之世界革命目的既不變，且硬要統治整個世界，奴役整個世界，那麽自由世界對殘暴無人道之共黨，自應發揮自己之所長，避開自己之所短。對此，筆者與美國聯合參謀總長雷德福之意見完全相合。據美聯社電：雷德福九月廿四日曾說：「自由世界與蘇聯之間之冷戰僵持不下，如拖延下去，則共黨將穫勝利」。雷德福又說：「目前共產黨造成之最大威脅係在經濟及政治方面，共產黨如能透過其他方式爭取勝利，彼等絕對不用武力」。雷德福之言極當，事實上，蘇聯今日所謂和平共存，實在就是由冷戰來征服世界。對此，筆者不禁要問八年前艾森豪先生當選總統之初所帶來的解放政策究竟到那裏去了。（九月廿六日）

雷案激起留美學人抗議

晨社發表告各界書

（本報特輯）紐約航訊：雷震在台遭不當地軍法逮捕後，已激起我留美知識份子及同胞們的憤慨，抨擊國民黨當權派此項倒行逆施的呼聲，在東西海岸相互激盪，華人報刊先後著文作强烈評論者已有：華美日報、聯合日報、民治日報等。其中尤以留美愛國知識份子社團之一晨社所發表的「晨社爲雷震案告各界書」（見刊於上述各報）及中國名報人潘公展氏於九月十二日至十六日在華美日報連續分刊的社論——「再論新文字獄」，已激起極大的反响。爰先將「晨社爲雷震案告各界書」先行馳告如后：

「台灣「自由中國」半月刊負責人雷震等，於九月四日被當局逮捕，並將由軍事法庭審判處刑。這是最近祖國所發生的一項直接影响到基本人權，以及整個民主政治前途的大事！我們認爲凡是對國家稍有責任感的國民，都應該對此事關心。

「本社是一部份海外知識分子，爲提倡民主、自由、科學、反共而組織的社團，我們願以最嚴肅的態度，爲此事對祖國及各界同胞提出我們的意見與要求！

「首先，我們認爲這件事是政府濫用侵犯司法獨立之尊嚴拘捕無辜報人的一項暴政。政府最初宣佈雷震等犯罪事實，是該刊以文字煽動叛亂。這分明是「欲加之罪」。該刊過去如有犯國法之處，政府何不逐件依法起訴？而遲至今日始追究既往，濫捕良民。

「政府以逮捕雷震的手段來打擊正在組織中的新黨，態度尤欠光明。在任何民主國家，人民均有合法組織政黨之權利，而此次政府聲明雷案與反對黨無關，實是欲蓋彌彰的拙劣宣傳。

「至於「匪諜」一層，政府如有確切証據，正應在光天化日之下審訊，如今政府堅持押交軍事法庭，秘密審判。所得的結果，其誰能信？

「再就當局所濫用之戒嚴法，政府尤難自圓其說。雷震等一介書生，手無寸鐵，尤不應引用戒嚴法，加以迫害。

「本社同人，一向擁護政府，亦莫非希望台灣省於短期內，化爲民主憲政示範區，以爲推翻共產政權之基礎。何期政府此次之措施，竟與民望大相逕庭。

「我們不能不以最悲憤的心情向政府抗議！要求雷案移交普通法院公開審訊！

「我們更以沉痛的心情向海內外各界同胞呼籲，國事至此，多少是由於我們國民缺乏監督所致，國內外父老兄弟與諸姑姊妹：我們應以雷案爲開端，挺身而出，羣起監督政府，保障人權，促使民主憲政，倡行于中國。

晨社全體同人謹啓

民國四十九年九月十五日」

簡介：晨社

晨社是中國留美學生組織，在紐約成立，已有四年歷史。

該社宗旨爲提倡：民主、自由、科學、反共，社員均爲留美各大學的學生，有的經已學成返國服務，有的仍在美國繼續深造或在各大學任教職，亦有在美國各階層任職者。該社經常舉行演講會與座談會，討論各種問題，前西藏反暴運動發生，該社即在華美協進社舉行演講會，並請李鐵錚博士主講。此外，該社並在台灣各大學設有獎金名額，獎勵優秀青年。因此該社是一個智識份子的愛國社團。

中共對日策略的轉變

在一九五八年五月以前，中共對日本的關係通過兩國間的民間團體交往，特別是貿易的交往，簽訂協議，以獲取局部承認，期擴大之使「關係正常化」。但終究中共認爲兩國貿易的發展與外交承認的發展不能相等進行，於是在一九五八年五月藉口長崎扯旗事件宣告與日本斷絕關係，從而猛烈抨擊岸信介的潛在「軍國主義」，並不斷地煽動日本內部的「人民鬥爭」，反對岸信介內閣，反對美日安全條約，反對艾森豪總統到日本訪問等。今年五月，岸內閣終因艾森豪的終止訪問日本而垮台。繼之者是池田內閣。

池田勇人之對中共的政策，實係岸信介政策的延長。但最近以來，中共對日本的策略有了鉅大的轉變。這種轉變包括下述三個方面：

一、八月裡，中共派遣總工會主席劉寧一率代表團到日本參加總評會議，這是一九五八年五月以來中共派到日本的第一個代表團。看來這種代表團的派遣後一階段將愈來愈多。

二、九月十日，周恩來對往訪的日本人士發表「貿易三原則」，「政府協定；民間合同；個別照顧」。認爲政府協定未簽訂以前，亦可展開民間貿易。

三、同日，周恩來並通過日本社會黨議員穗積七郎向日本政府提出建議，要求舉行部長級會談。

上述第二項說明中共已恢復一九五八年五月以前的策略，欲以貿易來誘致日本撤銷對台灣國府承認，並與其建交。而上述第三項則說明其將通過外交談判，簽訂其他各種政府間協議，以獲得局部承認再擴展爲建交。這也就是說，改變以後的中共對日本策略是雙管齊下的來力爭建交。

這裡值得注意的是，與要求和日本舉行部長級會談的同時，中共宣傳其對美國大使級會談將只限於主要問題，不再在次要問題上浪費時間。所謂主要問題是要求美軍撤出台灣，次要問題則是貿易禁運、文化交流、記者互訪、司法協議、外長級會議等問題。過去因在主要問題上僵持了，所以才轉到次要問題上。這樣當說明其主要問題的會談是不會有什麼結果的。中共美國間的大使級會談之僵持，目的似乎只是爲維持這個會談的形式而已。其所以要談次要問題的原因，是希望先獲得協議達到局部承認，再期繼續擴大成效。

現在，中共主動的將其與美國間的大使級會談僵化，談判目標轉移至日本，可見其對自由世界分化的重點已置之於美日同盟了。

從其對美國談判只是大使級而對日本卻要求部長級，再加日本對中共的態度與美國不同，至少可見日本是並不堅拒與中共貿易的。所以中共對日本改變策略後的攻勢，是值得自由世界特別留意的。

・田心・

黨証與飯票

雷震被捕後，黨報、官報曾發佈消息謂，雷震是因某年奉命來港爲當局有所活動，返台時「走私」，因而被開除黨籍的。但是從國民黨核心的高級人士透露的消息看來，雷震原是自己開除自己的黨籍。因爲他拒絕填寫有辱人格的「自清運動」表格，後來雖有黨內某友好代爲填妥，新黨証發下之後，雷震也並未領取。據此，國民黨當權派說開除雷震黨籍一事之眞實性，就有待另行考証了。

拋開雷震與國民黨的關係不談。試就民國以來後期的國民黨與共產黨之同樣以黨証控制黨員，辱其人格，敲其飯碗，泯其良知，遂使多少胸懷大志的優秀知識份子爲黨禍所湮沒！黨員既不能以「吾愛吾師，吾尤愛眞理」的態度辨是非、立公道，黨也就祇能由此蛻化成爲一個既得利益集團，一個新階級，墮落腐敗了。

一個人入黨，原是爲了服膺信仰，施展抱負，應該是予多於取，但黨証與飯碗有了不可分的政治權利與經濟生活的關係之後，黨証就失去了它的尊嚴的一面，直如一張長期飯票了。黨員既可以無須明辨公道是非，就祇有爲飯碗的大小和吃得好壞而爭了！

北伐前後的國民黨，雖也有其一定的缺點，然無論如何說它絕不是一個既得利益集團。有時，聽聽老一輩的國民黨員回憶當年的盛況和大家勇於負責，不計利害，犧牲小我的精神，確令人神往，而不能無動於衷。不過此一時彼一時，這也就是蔣先生之不能與孫先生相提並論處。同時，那時候的黨員，也確乎沒有把黨証當作飯票看待。後期的國民黨之所以不能與前期的國民黨相比，這也是一大原因吧！至於現在黨內的當權派又把黨証作爲分享既得權益的憑証，也就難怪要激起若干黨員的憤懣了。

・小言・

公論報閒話雷案

・孟戈・

台北公論報記者於九月十九日以閒話雷案爲題，綜合報導雷等被捕以後的台北的各方面的反應。雖然他們身處當權者的權威之下，不敢盡所欲言，但讀者從字裡行間，已可窺見一般的情形了，茲特介紹於後：

「自從警備總部將「自由中國」雜誌發行人雷震（新黨籌委會發言人之一）、編輯傅正（新黨籌委會秘書）等四人，以「叛亂」罪嫌加以逮捕後。時逾半月，而雷震案事件，不但成爲民營報刊新聞記者採訪、追逐的對象。而且成爲國際與論評論的資料，尤其國內民間有識之士，有一致的看法：雷震案發生於以民主自由爲反共武器的中華民國，是一個反常而富有爆炸性的事件。換句話說，這是民主潮流的問題，而不是雷案本身的問題，毋怪乎國內外與論轟動，而全國朝野人士都爲之震驚了。

飯後茶餘的傳說

但民間人士在飯後茶餘的種種傳說，如與事實相互印証，其距離又不太遠。

在傳說中，有人對陳兼院長「銷假辦公」一事，極爲重視，且繪聲繪影地如何如何，像煞有介事一樣。比如上週三的國民黨中常會，渠係以副總裁身份主持的。而行政院一位政委某某，曾自動迴避，請辭出席本屆聯合國大會我國代表團的代表，旋由某政要從中疏解，某政委始打消辭意。據某傳說中指出：某政委不但與雷震有姻親關係，而涉嫌匪諜的劉子英且係其私人秘書。渠爲了避免外間風風雨雨的「閒言」，所以不得不以請辭代表爲避嫌。

胡適博士歸來乎

現正旅居美國的我國著名學者胡適博士，是不是在月底回國，這也是朝野人士所一致關切的一件事。因而外間有兩種不同的傳說，一種說法是，胡適博士定會準時回國，他不會因朋友和同事的雷震被捕而與他也有深切友誼的某些政要發生不愉快，而且他也是一位愛國的、反共的書生。但另一種看法，却認爲胡適是不可能在短期內回來，因爲他在美國尚有一些私人未了的事情，需要料理。同時此間某些人士，正在針對胡氏在中美學術會議席上，發表有關佛教問題的言論，加以「圍剿」。這種見仁見智的看法，雖不無道理，但據可靠方面人士的透露，胡氏能否按照預定日期返國，要看看有雙重任務的某代表的說詞如何而定了。

民社黨人提建議

在野的民社黨方面，對雷震案的看法如何？聽說由張君勱先生領導的民社黨五副主席方面，有一位副主席會向國民黨當局建議，將雷震案移交司法機關偵辦，以收拾民心。但是，這位副主席却不同意海外民主人士將雷震案向聯大人權保障會提出控訴。

在立法院方面，非國民黨的立法委員中，將有人採取某種方式的「行動」，這個行動雖在未定之數，但可能包括提出質詢，或主張修正有關法令，以限制類似雷震案件的再出現。

雷震案與政治性

政府方面一再強調雷震案與政治無關，可是另一位參加籌組新黨的人士，原係國民黨籍的民意代表，因某種原因而被開除黨籍；最近，國民黨擴大黨友運動，會派某某元老向這位民意代表，進行游說，希望他不要搞什麼新黨，條件是：恢復他的黨籍。但這位代表，對老友的好意，表示感謝，至於所謂恢復黨籍的條件，不願多加考慮。由此一事証，可見非政治性完全是法律問題的說法，其誰能信？」

國民黨當權派的愚昧行動（讀者投書）

編輯先生：

作爲貴刊的一個讀者，因反共產主義暴政而流亡在海外的一個中國青年對台灣違法逮捕雷震這一個橫蠻的舉動表示極端憤怒，希望能把我這封來信在聯合評論上發表出來：

「自由中國」半月刊發行人雷震及其它三位人士之被捕至今已三個星期了，海外各地的輿論同表憤怒。當權者把人逮捕了以後，說不出「罪狀」與「事實」？祇想以「軍法審判」來定罪，這與中共在大陸上所實施的亂抓亂捕又有什麼分別呢？台灣所標榜的『民主』，與大陸中共的『專政』統治又有什麼二樣呢？雷震等人被拘捕已暴露蔣介石要扼殺組織新黨與鎮壓言論自由的眞面目。

自共黨政權建立後，大陸同胞和流亡在海外的同胞一致敵愾同仇要反攻復國；但以蔣介石爲首的國民黨當權派對中國大陸之陷共事實上應該負起絕對責任，他們貪汚腐化，拱手將五億人民置之於共黨鐵蹄之下，退居台灣又已十年了，還「反攻」不到「大陸」的一吋土地，這總是鐵一般的事實吧！

雷震先生等的被捕於新黨籌組之初、固然是不幸，同時也是國民黨統治史上的另一個大汚點。

「中國民主黨」與其它一切愛國民主運動，由於蔣政府當權派的蠻幹在一定的程度上受到了打擊與壓制，但是這祇不過是暫時的。蔣介石如能看一看四週的反應就該知道逮捕一千個雷震也是無濟於事的。因爲官僚統治的專制鎖鏈終將被自由與民主的洪流冲斷。雷震等人的遭受迫害其實祇不過是愛國民主運動與專制統治鬥爭的開始而已，由於這一事件之發生已警醒與打破了一切民主與自由愛好者的幻夢！因此而可以得到一個結論，那就是：與蔣介石爲首的國民黨當權派談民主改革，已如同國際共產黨談「和平共存」一樣的不可靠，同樣的不可能！從蔣介石這一次反常與無理之舉動中我們至少是得着了這一個經驗教訓吧！

讀者陸奕夫敬上
一九六〇、九、十九

國權與人權

（上接第一版）

孫中山先生和國民黨諸先烈爲了推翻他們曾一度寄予希望的，專橫腐敗的淸廷，曾向當時侵畧中國最烈的日本政府告急求貸鉅欵數白萬，其後爲了推翻他們所曾承認且曾一度參加過的，毀棄約法蹂躪民權的袁世凱政府，曾經努力阻攔過日美諸國官方和民間對於袁政府的借欵，再其後爲了推翻北洋軍閥政府，更曾向德國游說求助，最後並爲獲助而聯俄容共，孫先生和國民黨諸先烈是「叛國」嗎？是「賣國嗎」？是請求外國人「干涉內政」的「告洋狀」的「漢奸」嗎？

立委費希平對於雷案的訊問

今吾

（台北通訊）立法院復會後，行政院長陳誠照例到會報告施政方針。二十三日立委黃玉明及費希平曾對雷震被拘案提出質訊，尤以費委員的六點書面質詢極爲義正辭嚴，可說是成舍我胡秋原兩委員的聯名發書面意見以後的另一篇正義之聲。自將成爲中華民國憲政史上的重要文獻，費委員說，他的質訊是以「就事論事，依法言法的客觀態度」爲之，但陳誠的答覆，則盡在「論事而不就事，言法而不依法」之詞，此即今日當權者所謂民主與法治之特質也。茲將費委員的質詢原文介紹於后：

（一）政府以叛亂嫌疑罪逮捕雷震，據警備司令部所公佈的事實，不過是「自由中國」半月刊時過境遷的幾篇文章而已。假使政府認爲觸犯法令之處，爲甚麼當時不依法處理，而於新黨即將宣佈組成之時，以叛亂嫌疑罪逮捕新黨主要籌備人雷震。政府雖然再三聲明雷案與政治問題無關，可是天下人皆不相信，這是否失盡人心？

（二）本席認爲，叛亂罪乃刑法上的嚴重罪行，構成此種罪行必須要有充分的要件和証據，方能使人心悅誠服。就雷震個人而論，只是一個手無寸鐵的文人，他的身邊既無一兵一卒，他的手下又無一名特務。以常理推之，像這樣一個文人，只憑一本雜誌是否有造反叛亂之可能？

（三）根據憲法第九條的規定，人民除現役的軍人外，不受軍事審判。條文既無但書，意義至爲明顯。雷震既非現役軍人，叛亂罪証又不充足，而政府竟將之逮捕交軍法審判，這是否公然的違背憲法侵犯了人民最基本最起碼的身體自由的權利？如果政府如此蔑視憲法，我們這部憲法豈不是毫無存在的價值？那麼，我們這個國家是個什麼樣的國家，我們這個政體又是個什麼樣的政體，請行政院長給我一個具體而明白的答覆。

（四）警備司令部初以叛亂罪逮捕雷震，繼而聲明雷震有匪諜嫌疑，這種前後矛盾的聲明，令人十分懷疑。關於雷震是否匪諜，現在軍法機關秘密調查中，其眞相如何，外人固難明瞭，但是，在胡適先生的聲明中，和民族晚報所登載「雷震這個人」的一篇文章中，我們不難明瞭雷震的爲人和歷史。就以匪諜的工作性質而論，所謂匪諜乃是共產黨派來台灣作秘密工作的。如果一名匪諜居然在中華民國所控制的領土上公開的批評政府，未免與其工作性質不符，而且他竟愚蠢得簡直無法使人相信。

（五）自雷案發生之後，政府即強調台灣安全的重要。國家安全的重要是毋庸置疑的，但是：國家的安全是建築在人民安全之上的。如果國家的安全感發展到極點，負責治安的人員就覺得人人可疑，事事可疑，因而形成人人自危的現象。在這種情況之下，這個國家能否得到安全，我是十分懷疑的。我們必須知道，政府的安全感如果發展到與人民的安全感不能相容時，政府的安全就變成了空中樓閣，希望謀國之人深加體會。

（六）憑心而論，自由中國半月刊的言論未免有過激之處，有些論點本人也未盡贊同。可是在所謂自由民主的台灣，就不能容忍一本「自由中國」雜誌存在嗎？

「自由中國」終於被扼殺了！

自從台灣「自由中國」半月刊發行人雷震及其他三人同被台北警備司令部非法逮捕以後，該刊辦事處所有文書稿件亦即概被查抄刼去，事實上等於把該報釘封；於是這唯一象徵自由中國的存在，而已出版了十年另十個月的刊物，終於在非法總統就任不到半年之內給國民黨當權派扼殺了。按自大陸陷入中共魔掌，中華民國退處台灣，首先明白揭櫫自由民主及反共復國以與自由世界相見的民間言論刊物，實以「自由中國」一刊爲雄雞初唱。爾來慘淡經營，暢銷中外，雖歷遭當局嫉忌及壓迫，然一本其堅毅不屈的大無畏精神掙扎以至今日，難怪胡適之先生前年曾公開說過應該爲雷震鑄立銅像以誌其功績了。

雷案發生後，當權者先說是該刊的言論涉嫌叛亂繼又涉嫌匪諜。然而「自由中國」的立場，一向反共旗幟顯明，海內外的中國人民無不知之。這豈是國民黨當權派所能一手掩盡天下人耳目。美國各地報紙及民間輿論，無不報導這次雷震的被捕，完全爲了他最近積極進行組織反對黨的事，並認爲「我們美國以巨額「美援」幫助這樣一個獨裁政權去摧殘自由中國的人民，殊屬不義不智」。台北當局不要以爲這次艾豪森來訪了一天而更可以吆喝老百姓，蹂躪人權。假如這樣下去，勢必將中華民國隨同他們自己一齊葬送！自由中國如欲保持繼續接受美援，使台灣作爲反攻復國的基地，目下挽救之道，除立即釋放雷震一干人而外更惟有急速辦到下列三事、（一）立即黜逐蔣經國出台灣（實在應當把他處死，以平海內外人士之公憤）、（二）鼓勵今正組織中的反對黨使早日成立；（三）召集海內外自由中國人民所選出之代表至台開國民會議，訂定反共復國綱領，及革新現政府計劃。倘如不照這個做去，自由中國必將與大陸同其刼運而翻身之日更渺茫了。

民四九、九、十六
自美紐澤西寓

・謝扶雅・

大陸之窗

中共進一步迫害大陸各民主黨派

何允中

雖然，現今在大陸仍然在形式上殘存着的各民主黨派，其最初組黨組派之動機，亦未嘗不以民主為號召，亦未嘗不欲以民主為依歸。但抗戰勝利後，迄一九四九年徐蚌會戰前後的幾年間，卻使大陸各民主黨派不由自主的面臨智慧的判斷和路向的決擇。因為那時候正是國共兩黨在大陸之爭由未分勝負和將分勝負到已分勝負的時候。大陸民主黨派究竟何去何從呢？是反共呢？抑或親共呢？是獨立奮鬥呢？抑或隨政府遷台呢？抑或還是到海外另闢途徑呢？不管如何？也無論你有何喜愛？事實上總只有以上幾條路可走。

基本上講，共產主義和共產黨的迷人手法確實是很厲害的。而大體說來，距離共產黨愈遠的人總是愈容易受迷惑，身受共黨統治的人，由於事實的教訓，則不但最不容易受迷惑，而且他們是對共黨的殘暴行徑最清楚了。但到達這一情況，卻又身陷賊船，已無法回頭矣。如欲不必經過共黨統治之事實教訓，就能瞭解共黨殘暴本質及其手法，則非對共黨理論有充分認識，且自己又需有超脫現實誘惑之超人智慧與強大魄力不可。然而這是不可求之於一般政客的。因為一般政客多半是熱中，多半利令智昏，如蠅逐臭，不肯稍一脫離現實政治，使其稍一脫離，便如喪家之犬，遑遑然不可終日。這是今日大陸各民主黨派對共黨猙獰面目，事前認識不清，淪入今日悲慘命運之一個原因。

當然，大陸民主黨派之所以陷入共黨魔掌之手，共黨事前對各民主黨派之滲透，自亦有重大關係。據我所知，大陸各民主黨派中許多身居樞要位置的人，其真正身分，卻是共黨身分，其民主身分，則不過是偽裝。對此，在大陸未陷共以前，各民主人士容或有所不知，迨既陷共後，則亦不敢有所異議（只在大鳴大放時期，各民主黨派中有人提出要求，請中共將其黨員自民主黨派中撤退）。中共既如此嚴密控制着和監視着各民主黨派，那末，民主黨派之早已成為中共之御用工具，自無待說明了。

當然，大陸民主人士中，尚有很多值得敬佩的人。他們所以留在大陸，並非對共黨本質不瞭解，而是基於自己的作法。他們的作法是為了國家，為了民族，為了自己的理想，「明知山有虎，偏向虎山行」。他們的作法，是「我不入地獄，誰入地獄」？像梁漱溟先生張東蓀先生等都是這一類人。

不過，綜觀大陸淪共十年以來，個別民主愛國人士，身雖陷於賊手，但只要一息尚存，便表現反共鬥爭的，卻屢屢可見。大鳴大放時期，各民主愛國人士之內心，更使我們身居鐵幕以外的人有深切而普遍的認識。但直到於今，用民主黨派名義來公然抗共的卻還沒有。然而這卻不能說明民主黨派不民主，民主黨派不反共，而只是說明中共對民主黨派滲入之深，民主黨派內共黨潛伏分子對民主黨派控制之緊而已。

對此，中共自己當然是深知的。所以，除了對個別民主愛國分子進行個別壓迫以外（為了進行壓迫，毛澤東甚至以中共領袖之尊，且不惜在中共全國性的會議席上當面斥責梁漱溟為臭骨頭，可見中共自黨的首領以迄各級幹部對個別民主愛國分子壓迫之普遍），又對整個民主黨派加以迫害。它之所以仍要對它業已控制了的民主黨派加以迫害，乃因個別民主分子既在民主黨派之內，故迫害整個民主黨派，其間接目的，亦即在迫害個別民主愛國分子。

當然，中共的這一迫害，主要的乃是政治性的。正因為主要是政治性的，所以，中共的目的，便在充分消滅這些民主黨派的民主性，便在充分消滅這些黨派內一切個別分子的人性，從而改造它，使之成為更便於對外利用的工具，從而達到它足以裝點門面而無任何害處任何顧慮的工具。而在今天以前，這些民主黨派內的個別分子，一有機會總是在中共企圖裝點其假民主的門面時，暴露一些真象，替中共塗上一些彩色的。譬如大鳴大放，毛澤東本來是希望這些民主黨派的人士，對中共小批評大捧場，甚至完全大捧場的。殊不知，各民主愛國人士仍是民主愛國人士的本質。這使毛澤東大大塌台，也使毛澤東大大光火，於是毛澤東惱羞成怒之餘，便厚着臉皮把原先宣布的話：「言者無過，聞者足戒」，改成言者有罪，而且由毛澤東親自發動的大鳴大放，也草草迅速改成不准再鳴不准再放了。

到最近，中共乃又再進一步，企圖把各民主黨派改造成完全合乎中共理想的工具。對此，中共雖名之曰改造，實則改造正是迫害的別名。據九月十七日中共人民日報宣布，這一次中共要加上各民主黨派身上的改造，乃是要「各民主黨派中央擴大會議討論資產階級分子改造問題」、「強調必須全面改造立場、觀點方法，拋棄資產階級世界觀，樹立無產階級世界觀」。

另據中共新華社九月十六日電說：「中國民主同盟、中國民主促進會、中國農工民主黨、中國致公黨、九三學社等各民主黨派七月廿五日在北京開幕的中央委員會擴大全會，已先後閉幕。各民主黨派在歷時一個多月的會議中，貫澈了和風細雨，自我教育，自我改造的方針，廣泛深入地討論了當前國內外形勢問題，討論了資產階級知識分子改造問題。各個黨派的會議一致認為知識分子近兩年來在社會主義服務方面，在進行自我教育自我改造方面，都有大進步，成績是主要的，但在同時，多數人感到跟不上形勢，在政治立場改造方面，還是有不同程度的問題，為此，各民主黨派的會議，在討論今後任務時，強調的提出了學習馬克思列寧主義和毛澤東著作，逐步改造世界觀的任務，即全面改造立場、觀點、方法的任務。也就是說要拋棄資產階級世界觀，樹立無產階級的世界觀」。

此外，據中共新華社九月十六日電：「中國國民黨革命委員會、中國民主同盟、中國民主促進會、中國農工民主黨、中國致公黨、九三學社」聯合致電毛澤東致敬，說「我們代表全體成員以無比興奮和感激的心情，向黨中央（指共產黨中央）和您致最崇高最誠摯的敬意」！

又說：「會議期間，黨中央（指共產黨中央）幾位領導同志給我們作了報告和指示」，除一再卑聲下氣強調「敬愛的毛主席」外，又一再向「敬愛的毛主席」說：「我們堅決向你保証，我們決不辜負黨（指共產黨）和您對我們的教導，……」。最後則高呼「偉大的中國共產黨萬歲」！「偉大的毛澤東萬歲」！

讀完上述中共新華社電文，不禁使我們感到大陸各民主黨派的黨性和黨格都已被共產黨摧殘破壞無餘了。共產黨者，黨也，民革、民盟、民進等亦黨也，此一黨必須向彼一黨接受指示，高呼萬歲，試問這還成什麼黨。毛澤東一黨之領袖也，何香凝、沈鈞儒等亦一黨之領袖也。然各黨之領袖竟必需接受毛澤東之領導，且高呼萬歲不置，試問這還有什麼民主可言？但毛澤東對此尚不滿足，而以刀鋸斧鉞之勢脅迫各民主黨派，以改造之名，行迫害之實，叫各黨派完全拋棄原有觀點立場與方法，試問這還有什麼自由可言？而對此根本說來，毛澤東雖自鳴得意，但其迫害自由民主之醜惡嘴臉則完全暴露於世人了。但另一方面，則由於共產黨之這種一再迫害，恰巧反証了自由民主的火花是潛存在大陸各處的。否則。毛澤東何必非叫他們改造不可！

漢江又發生大水災

楊正英

自從中共佔據大陸，水災、旱災、蟲災即連續不斷出現。這些災情，有時是單獨出現，大多數時間，則是長期同時出現。迷信神教的人，總以為中共是遭天譴，實則這些災情之直接受害者，還是中國人民。歸根結底說來，大陸十年來災情之所以特別多，實在還是由於人謀之不臧。

說大陸水災是由於中共人謀之不臧，中共是不承認的。因為中共十年來一直在誇誇其談的大事宣傳它的水利建設。又大談其「人定勝天」，說中共人謀之不臧，豈不根本否定了它的水利建設。但不管中共願不願意，十年來不斷發現各種災情的事實卻對中共所誇大的水利建設作了証，証明那些所謂成就完全是虛構。

中共所攪的那些所謂水利建設，不是一樁樁一件件在人耳目嗎？何以並無實效，形同虛構呢？這就是因為中共所攪的建設一向都注重形式，只知道叫人民集體勞動，而並無與此相適應的根本適當的設計，只有勞動力，並無充分而適當的機械工程包括在內，這樣一來，於是鍊鋼則鍊不出好鋼，而只好攪土鋼，攪水利建設，做不出足可使用十年五年的工程則而只知道挑土掘土和堆土，到洪水來時，則又只知道水來土淹而已。所謂「戰勝洪水」，便成了年年屢戰屢敗的諷刺名詞。

本來，這也是必然的。凡是基於強迫勞役而不是基於自願勞役，原是做不出真正偉大工程的。又凡是出於命令而不是出於人民自動關心，那也決攪不出好建設來的。共產極權制度本身原就宿命的註定了這些失敗啊！

這裏且看漢江大水災的情形。而漢江水災發生之初，中共是無隻字報導的。及至這一水災已經到了無可救藥的程度，中共自己才發新聞，報導這一水災消息。這都可見共產極權主義所帶來的官僚主義是如何的誤民害民。

對於這一次漢江洪水，據中共新華社十八日電：「這次特大洪水，是因連降暴雨所造成的。據指出：從九月二日起，漢江中上游地區，連續普降暴雨，一週內降雨量多達二百到三百餘毫米。由於雨區範圍大，雨量集中，下雨時間又長，致使漢江幹流和各支流同時迸發，來勢兇猛，洪水流量和高峯水位都超過了一九五八年汛期最高紀錄，也是一九三五年以來最大的一次洪水。」

依上述中共新華社報導，可知這一次漢江水災的災情是極大的。因為它不但超過了聞名世界的一九五八年災情，而是還是自一九三五年來，即最近二十五年最大的水患。據中共另一新聞社——『中國新聞社』報導：謂目前中共已在湖北漢江兩岸動員一百多萬人民抗洪，這都証明這一災情的確異常嚴重。而中共不自檢討，卻將這種嚴重災情一齊推在「連降暴雨」方面，殊不知降雨是一回事，成災又是一回事，只不過下了一個星期的雨便成了大水災，試問那還談什麼水利建設呢？對於這一大水災所造成的災情，中共目前亦尚無隻字提及，然其慘重程度，則可想像。相反，愈是中共避免提及，其災情一定是愈慘重得不忍聞的。否則，中共沒有加以掩飾的必要。

遙望災民，真是不堪想像，再想到今年大陸已有六億畝農田成災的情形，眼見大陸人民今後生活將是更慘了。惟一挽救之道，實只有把中共推翻。

泰國出兵援寮的問題

何之渭

曼谷的敏感

谷曼對於永珍的政變是敏感的，敏感的原因可能有兩個：一則是寮國之與泰國，確實有唇齒相依的形勢，再則是泰國的官方，對於寮國內情，委實是太明瞭、太清楚了。

整個泰國的東北部，都在寮國的領土包圍之下，由永珍南下，可扼泰國東部重鎮柯叻，從寮境西向數十公里，便可截斷泰國通至北部清邁的鐵路！除了高棉，東南亞再沒有一個國家比泰國更關心寮國的政治動向。

泰國對於寮國的內情，幾乎比寮國人本身還要明瞭。當李江上尉在永珍叛變時，各方面還在懷疑叛變的性質，但泰國當局的判斷，就是「共產黨」三個字——縱使李江本身不是共產黨，他也是受共產黨徒所包圍利用，替共黨扮演了造亂和分化的角色。

泰國之所以能對寮國內情瞭如指掌，原因是本來「泰寮一家」，同時兩國的軍部，一向有密切的交誼。

事實的演變和推移，却逐漸証實了泰國官方的預言：寮國的內爭或內戰，已不是「彭庵親王——諾沙旺」的革命政府與「富馬親王——李江上尉」之間，而依然是寮共與寮王軍之間，共產與自由的爭鬥。

泰國既然與寮國關係如此密切，對寮局的變化如此敏感，那麼，泰國會單獨援寮嗎？或者說，泰國會在東南亞公約或美國的支持下，軍事援寮嗎？

這就是今天曼谷的話題，也就是今天曼谷當局的課題了。

誰炮轟永珍

九月十七夜轟擊永珍的炮彈，許多外電的報導都說「來自永珍對岸」或「來自泰國」，甚至美國駐永珍使館給華盛頓的電報，也說是「從湄公河的那邊打來」。一般造成了「泰方炮擊永珍」的印象。可是泰國當局對於此說却非常憤怒，極力否認，斥之爲「無常識」，因爲永珍與泰國東北邊境的廊開，隔河對峙，從廊開固然可以隔河轟擊永珍，但從在湄公河河中，亦一樣可以炮轟永珍，而諾沙旺將軍有的是炮艇。因此，河上來彈，不能便說是「對河來彈」。

泰方的官員還說，我們並沒有炮擊永珍，倒是我方的巡河炮艦，曾受永珍岸上李江上尉的防軍所射擊，幸未傷人，此事已向寮國抗議，警告寮國不得再發生同樣事故，否則寮方應負嚴重後果，也許泰國於必要時將施報復。「但泰方並沒有報復，那就証明泰國並非有意與寮國啓釁」。

事實上，當然是諾沙旺將軍的炮艦轟擊永珍，發炮的地點是湄公河上。至於嚴格的說，以河流爲國界者以中流爲界，但時當深夜，寮國反政變軍的炮艦是否會越過泰國水域？那是一個難以勘查的問題了。

不過，泰國的邊防部隊只是奉令嚴守邊界，非奉最高當局命令，是不敢惹起國際糾紛的；幾天前泰國炮艦遭寮方射擊，並未還火，便可証明。

至於說到「最高當局命令」，只要看看乃沙立元帥的焦急，便可以知道他不會把炮轟永珍，視爲兒戲。

乃沙立的憤激

乃沙立元帥對於寮國政變的最深刻的一句話，便是「如果最後一刻到來的話……」——如果最後一刻到來的話，「泰國要考慮他自己的行動」。

這當然是明顯地說，泰國可能（要考慮）單獨援寮。但，在什麼情勢之下，才算是泰國認爲的「最後一刻」呢？乃沙立元帥沒有解釋。

如果我要僭越地替乃沙立元帥的話下註釋的話，那就先得瞭解乃沙立元帥之說這話的時間和背景。

當寮國政變發生不久，泰國認定李江的幕後是共產黨的時候，泰國外交部已立刻把他們所得到的有關情報，報告給在此間的東南亞公約軍事小組秘書處，同時請求公約召開緊急會議，討論寮國局勢。可是東南亞公約機構並沒有接受泰國「召開會議」的要請，也似乎並沒有接受泰國認爲寮局「危急」的看法。

「乃沙立政變」進軍曼谷後被邀出任首任總理的乃樸、沙拉信，前曾任駐美大使也是現任東南亞公約機構秘書長的乃樸，所發表的談話將與乃沙立元帥大相逕庭！乃樸說：東南亞公約關懷寮國的局勢，但認爲現在是寮國的內政問題。「內政問題」，當然毋庸干涉，也不便干涉。簡直否決了乃沙立元帥的意見。

這就是乃沙立元帥所以憤激的原因，因此他說：一旦危急，別無可支援者，「如最後一刻到來」，泰國須自身決定。這話是針對東南亞公約的穩健態度而發的怨懟，並表示於必要的時候，泰國有不俟公約國決定而採行動的可能。

東約國的內情

東南亞公約（最要是美英法三强）的態度怎樣呢？迄至昨天（九月二十日）的會議爲止，仍然是屬於「內政說」的立場。英國，在李江政變後，還有「歡迎寮國中立」的說法，英國對於印支，關係最淺，向採妥協立場，對於越棉寮三邦，只要其不赤化，中立抑或反共，英國是不在乎的。法國呢，因爲富馬是親法的，他們似乎對於富馬的政治手腕，甚爲欣賞，（西貢方面並且認爲，李江政變，作爲富馬後台的法國有策動之嫌呢！）他們可能在期望富馬眞能東山再起，穩定寮國大局，而不令寮國落於共黨之手。

至於美國呢？李江政變推翻了堅決反共的親美桑沙尼政府，使美國吃了敗仗，在理美國應該跟永珍現政權過不去的了，可是多年來美國已經學得了「忍辱負重」，一件事壞了，只希望它不要「更壞」或『最壞』。在『壞，但非最壞』——BAD BUT NOT WORST——中想辦法。美國駐永珍使館武官與聯合國代表之陪同富馬乘坐美使館的飛機到素旺那曲與諾沙旺談判，便是希望政治解決，採取斡旋的態度。

記得美國駐華大使赫爾利，曾陪同毛澤東飛重慶與蔣總統會談，此事與富馬訪諾沙旺，多少有些相似，所差者富馬並非道地共產黨領袖而已。

而富馬飛素旺之後，乃有永珍與寮南（素旺）雙方議員至王都琅巴喇邦開會，選出富馬任總理，及得寮王委任之舉，但琅巴喇邦之談判及會議，雖決定諾沙旺任副總理，然以李江之反對，諾沙旺並未至永珍就職，而富馬便已由臨時政府晉級爲正式政府了。固然李江之所爲，是共黨手法，但素旺談判及王都會議，已造成政治上對永珍現政權有利了。

對於這一情勢，泰方也是深表憤慨的。乃他納外長公開說：『我們自然希望革命軍勝利，但可惜諾沙旺將軍未能組織一個合法的政府』。

分析這一句話（這話是在乃沙立元帥「最後一刻」的談話之後三天說的），泰國主觀上的同情諾沙旺，自無疑問。倘不涉及國際問題而有以助諾沙旺者，泰方必樂爲之。如不公佈封鎖的經濟封鎖永珍一類。但若要公開援助，那就涉及合法政府的問題了。

泰國是王國，當然也尊重鄰邦的王權，除非寮王撤銷其對富馬總理的委任，而承認彭庵親王的革命政府爲寮國正式政府，否則的話，泰國恐怕不易出兵援寮。

富馬雖不像蘇加諾，但永珍仍是耶加達，而素旺則有如當年印尼巴東革命政府的地位，彭庵和諾沙旺，就是當年印尼的沙弗魯丁和辛波倫，你們得自己打開自己的命運。

東南亞公約機構二十日的會議討論了寮局，不曉得能有新決定麼？且聽下回分解。

·曼谷通訊·

同情

。易慶强。

那一天，中午時分，廣州中山三路（原日惠愛中路）的行人道上，途人疏疏落落，大家都是垂頭喪氣，拖着疲乏的身軀，沒精打彩地緩步而行。兩旁商店，一片寂靜；店夥們都是一聲不响地呆坐着；有時偶然舉目望望店門口，但總不會見到有一個顧客跑進來。

不久，一個形容憔悴的老頭兒，不知從那裏買來了兩個麵包，拿在手裏，一拐一拐地沿着中山三路跑。

突然，一個皮黃骨瘦的小孩子，挨近了那老頭兒的身旁，一邊跟着那老頭兒行，一邊不斷貪婪地瞟着那老頭兒拿在手上的兩個麵包。——顯然，他是垂涎欲滴了。

行了好一會，小孩子閃電衝前，猛力向那老頭兒一碰，迅即把老頭兒手上的兩個麵包，搶去了一個，立刻翻身奔逃。老頭兒一愕；他不甘損失，急抖擻精神，喇尾窮追。

但怎趕得上小孩子？

小孩子一邊跑，一邊把那麵包塞進嘴裏，狠吞虎嚥，很快地便把麵包吃完，然後站下來，睜開無神的眼睛，瞧着喇尾追來的老頭兒，顫顫地求情說：「老伯，請原諒我，我已好幾餐沒有飯吃了，確是飢餓得要死哩」！

老頭兒貶了那小孩子一眼，原欲伸向他的瘦削臉龐摑去，但一看他的一副可憐相，祇得倒抽一口冷氣，把手掌縮回，搖搖頭，頹然而去。

僑鄉近訊

粵省共幹反對「三同」二百餘人被捕

據廣州消息：粵省各縣不少中下級共幹，滋生了「高人一等」的「特權思想」，居然公開反對「組織上」所指示的「三同」政策，因此，在此次「新三反」踏上了第二個階段中，已有二百餘人被捕。查中共的「三同」政策，係以深入監督農民生產爲目的；所謂「三同」，就是要各縣的中下級幹部，和農民同吃、同住、同勞動。換言之，要他們深入農村，和農民「共同生活」。但部分基層共幹，竟然陽奉陰違。據指出：各農村的基層幹部，每多不肯跟農民站在一起勞動；他們好逸惡勞，並存有極濃厚的「特權思想」，於是高高騎在農民頭上，呼喝農民工作，他們自己則作狀指揮而袖手旁觀，極引起農民的反感。最近這種「特權思想」的發展，不僅幹部的本身如此，連幹部的家屬，也謬然以「特權人物」自居，認爲他（她）們的父兄或丈夫既是共幹，則他（她）們自應獲得特殊的享受。這種壞風氣，目前已越弄越兇，實非嚴予整肅不可！因此，在「新三反」的第二個階段中，對那些凡有公開反對「三同」政策的顯著迹象的共幹，都加以拘捕；截至八月底止，被捕的共幹，已達二百多人。

廣州各機關貪汚日益顯露

貪汚浪費風氣，刻已吹遍廣州各機關，高級共幹，也偏差得相當猖狂，在最近一次清算大會，一位局長官階的「紅員」，也被鬥爭到體無完膚；這正反映出赤色政壇的醜態，目前已在日益顯露中。上述被清算的「局長」，曾作出坦白書，承認一九六零年一月份起，至七月份止，串同了會計員，濫支公欵達百份之二十，共貪汚了「人民幣」七千餘元，「局長」佔六成（四千二百元），會計員佔四成（二千八百元）此外，「局長」家用的開支，包括傭僕的工薪，私人警衛的費用，也完全由局中的會計科，作爲「局長」公務交際費開支。結果，該「局長」已被降級爲「科長」，而該會計員，則被判勞改五年。

·江水·

不速之客

吳　明

星期天睡了午覺起來，剛穿好衣服想去看兩點半鐘的電影，突然門鈴一响，女工喊道：「先生，有客人。」

走出房門，來客已坐在廳內，仔細端詳一下，圓圓面孔，皮膚黑裡透紅，個子矮矮地，穿一套簇新西服，鼻上架一付眼鏡。看來看去，還是不認識。這時未等我開口，他已經站起來，用力拉着我的手，一連搖撼幾下，笑着說：「一別多年，你還是這個樣子，一點未顯得蒼老，實在難得的很。」

我倔住了，如此熟識的朋友，無法啓齒問貴姓大名，但是又不知道怎樣稱呼，也只好陪着笑臉說：「那裏，那裏，這幾年因爲心緒不好，自覺老得多了。」

來客鬆了手，退回椅子上坐下，嘆口氣道：「你實在沒有變，我就老多了，假若在馬路上撞見的話，也許你都不認識我了。」

我心裡在想，天哪！不要說在馬路上遇見，即使你來到舍間，我還是不認識你。可是嘴裡只得敷衍着說：「那到不會，不會，除非遇不到，遇見了那會不認識。」

他又說：「你這個地方也實在難找，我問了許多朋友才問到。」

我覺得抓住一個機會，連忙問：「結果是誰告訴你我住的地方呢？」我當時希望他能舉出朋友的名字，我也可以慢慢想出此君究竟是誰。

那知他毫不介意地說：「那是幾個朋友在一起閑談，談起你的住址，不然我還不知你來到香港呢？」

還是不得要領，我只好默然靜坐，因爲實在無話可說，恐怕一張口又說得牛頭不對馬嘴。胸中鬱了這一股悶氣，眞不舒服。

來客也許覺得空氣太沉悶，突然問道：「最近時局很緊張，老兄有無準備。」

「準備」！我搔搔頭：「準備什麼」？

「準備逃難哪」！他嘆口氣：「香港這地方是個小島，一旦有了問題，想逃都逃不出，所以事先要有個打算。」

我笑笑：「這個事情到沒有想到，事實上即使想到也是枉然。像我這種人美國去不成，台灣又未必准去，其他地方更不用說，所以無論香港情形怎樣，也只有暫時呆下去了。何況大局也並不怎樣嚴重。」

他連連搖頭：「老兄，你對國際局勢太不了解，目前情況有類於二次大戰前夕，不過，二次大戰導火線已由歐洲轉移到非洲及亞洲，你看寮國和剛果的問題，都會觸起大戰，只是時間遲早的問題。」

我一面洗耳恭聽，連連點頭，偷偷看看手錶，已經兩點十分，暗想此公馬上肯走，去看兩點半電影還趕得上。

那知他話鋒一轉，又問道：「依你看，赫魯曉夫這次到聯合國去，其目的何在？」

我暗暗叫苦，這一下可糟了，又引起一個新題目，二十分鐘也說不了。當時還希望他能趕快結束，實在不敢多扯，只是搖搖頭說：「不大清楚。」

「啊呀」！他站起來指着我說：「這樣大事都不知道，難道你不看報，赫魯曉夫這次去聯合國，可眞未懷好意，他一方面是企圖緩和美國人的敵對思想，另一方面也想影响美國大選，還有……」

他滔滔不絕向下講，我實在心急如焚，可是又不能「端茶送客」，只好洗耳恭聽。

他一面講，我一面看錶，一直到了兩點半鐘，我完全放棄「看電影」的念頭，心情也就寧靜了。

他由赫魯曉夫扯到艾森豪威爾訪日不成，再由艾森豪說到池田勇人，越說越有精神，好像這批人他都認識似的，說了一遍外國政治家之後，話頭一轉又扯回到中國來。他的精神更旺盛，奮然說道：「我們中國立國五千年……」

我實在聽不下去了，他上下五千年，東西九萬里扯下去，什麼時候扯得完，可是又不能過去掩着嘴不讓他說。就在這時，我的太太從房裡走出來，看她雙眉緊縐，大概也是聽急了。

來客慌忙站起來，打手式問道：「這位是嫂夫人吧！好幾年不見，你更漂亮了，現在有幾個小寶寶。想起你們結婚時候我去吃喜酒，覺得好似昨天一樣，轉眼這麼久了。日子眞是過得快。」

他似連珠槍一樣，妻也被他鎮住了，半晌問道：「你太太好吧！」

他嘆口氣：「死了，我現在就剩下一個人，每到禮拜天就更寂寞。」

「什麼時候死的？」我漫不經意的問。

他搖搖頭：「很早了，你還記得那年我們從早稻田大學畢業回來，我就結婚了。」他還在向下說，我連忙站起來說道：「老兄你鬧錯了，我未曾讀過早稻田。」

他愕然道：「你不是鄭行時。」

我笑笑：「我叫吳明」。

他當時呆了一下，馬上又笑着說道：「我叫吳士芒，我們原是本家，今天眞是遇得巧，下禮拜我們再詳談。」說過他就匆忙走了。

客人走後，我們面面相覷，半晌妻說道：「我們這個禮拜找房子搬家吧！」

秋的氣息

・黃靈・

連日風來連日雨；傍晚淅瀝的微雨方歇，忽然吹起撲撲的冷風來。那風帶着颯颯的微吟，吹透我的衣襟，吹透我的胸腔，猛然我感到神清腦醒、渾身飄飄，身體的炎熱不但一掃而光了，心頭的炎熱也一掃而光了。霎那間我似乎聽到了宇宙的聲音：「秋來了」！

這風是經過北國的原野吹來的，從這風裏，我似乎嗅到，那生我長我的故鄉泥土的氣息。這颯颯的秋風，使我如見到那飄零紛飛的黃葉，穗實累累、老綠蒼黃的田隴，那高曠無垠的藍天；以及「雨後四天碧、風高秋穗黃」的畫意秋思。

我想起，當西風吹來的時候，故鄉那所茅屋，和母親坐在炕上剪裁寒衣的景象；與那些寂寞的鄉居的歲月。我想起童年唱過的那首「寒衣曲」，杼寫在「寒風淅淅、冷雨凄凄」的秋夜，母親爲遠別的嬌兒縫製寒衣的慈懷。我想起那個烽火遍地的秋天，母親病在醫院，古城面臨末日的哀愁。

那凸形古城呵，是秋之城。在那裡你才能賞拜秋天的神韻。巷裏賣菱角的吆喝，街頭一堆堆的金黃色的柹子攤；市場門前飄着香水梨的氣味，糖砂栗子的鏟聲；到處可呼吸到秋的氣息。

到西山去，那是古城秋天每個青年男女的歡夢。古城西山的秋光，應該是世界上最美麗的秋光了。溫煦而光亮的秋陽下，拂着如飲甘泉的清風，從西直門到西山的林蔭大道上，青春兒女成羣結隊騎着脚踏車歡天喜地向美麗的仙境飛馳。

過了萬牲園是海甸，過了海甸是圓明園，過了圓明園就是萬壽山了。萬壽山前是一個岔路口，遊人在這裏分開，走向各自的目的地。沒到過北平的人，提到名勝只知道萬壽山的頤和園，西郊一帶的名勝有數十處之多。萬壽山不過是其中一個罷了。萬壽山、玉泉山、西山八大處（八景）、香山、玉皇頂、碧雲寺、臥佛寺等等，除非是旅遊專家，否則就是北平的老居民，活一輩子也逛不玩那麼多美景勝地。從萬壽山起往西往北一連百餘里直達宛平縣的妙峯山，名寺古剎，佳景幽境，連綿不絕，宛如展開了一軸織錦的古畫。不過其中，論到人工造化，富麗堂皇仍要以頤和園爲第一。而四季之中，以秋色爲最佳。陽春的新綠如油，盛夏的繁花似錦，寒冬的曠寂蕭索，固然各有其美妙佳趣，但是我酷愛那清澈蒼涼的秋天，尤其是北平的秋天。

在晴朗的秋日，能舒心暢意一遊西山，眞是人間第一樂事。那漫山的紅葉，在凋零清冷的氛圍裡，顯得特別嬌艷，就像醉了酒的美人，她是秋之魂，紅葉是天然的藝術品，由於堅厚而不褪色，可以用來裝飾鏡框、像冊，也可以做書簽；青年男女尤喜在那血紅的心型的葉上，寫下詩句贈給自己的愛人；那眞是傳達愛情的無上妙品。

自從那個悽慘黯淡的秋天，告別了親人，告別了古城，告別了我酷愛的北國的秋天，轉眼已經十一年了。今宵這颯颯的西風，吹來秋訊，也吹起十一年的離恨鄉愁！

文壇泥爪

郁達夫與郭沫若之二

據郭沫若所寫和郁達夫第一次的齟齬，只是爲了「創造日」的發刊。但照「創造日」所刊的文章看來，他們當時的意見很深。發刊宣言是郁執筆寫的，可見他最初對於這一刊物很熱心，搞得很起勁。文內強調要吸收大量的社外新人來參加工作，似乎以爲季刊週刊的水準太高，老是幾個社內巨頭轉來轉去，日子長了，不但會發生稿荒，也容易使讀者生厭。藉這樣一個日刊來吸收社外稿件，可以培養新人，擴充創造社的勢力。站在該社的立場來看，郁這一個主意，無疑是非常正確的。郭沫若的反對，據他自己說是中華新報乃政學系的機關報，不願和他們在一起。實際上這種說法未必眞實，因爲他們供職並賴以出版季刊週報的泰東書局，也與政學系有密切關係。可能他想自己高踞藝術之宮，唯我獨尊，不願開放。這只要看郭的爲人就可以知道。人皆知道魯迅在文壇上樹敵最多，却不知郭的敵人更多。魯迅曾獎掖了不少的文學青年，郭連一個也沒有。郭不但和創造社以外的文學作家相仇，——文學研究會自不必說，其餘的文學團體也毫無聯絡——就是對他們社內的人也都感情決裂，不可收拾。郁達夫是和他最要好的朋友，僅僅合作了年餘，就分道揚鑣了。

「創造日」一百期中，郁只寫了六篇短文，恐怕就由於郭的不合作，失去了起初的興頭，由敗興而消極起來。在「創造日」停刊之前，北大陳豹隱請郁達夫去當講師。郭沫若不贊成郁去，但郁毅然去了。郁去北大之後，不但不再供給創造社的稿子——郭曾去信函索，郁則置之不理——並且和北平的文學界，特別過去曾攻擊過創造社的人，如胡適、陳源、徐志摩、魯迅、周作人等，郁都交成了朋友。這使得郭沫若恨得牙癢癢的，但是苦無辦法轉圜。郭沫若說這就是和郁達夫之間第二次齟齬。

雖然如此，郁達夫却未聲明脫離創造社。創造季刊自民十一創刊，到次年只出到六期便停刊。創造週刊自民十二五月創刊，凡一年共出了五二期停刊。週報之所以停刊，主要還是因爲郁的不供稿，無法支持。郁既無稿，成也敗興，便決定去廣東大學担任理科教授。郭單槍匹馬，自覺頂不起來，也先成仿吾之去學而跑到日本。於是週報不得不停刊。郁一見他倆都捨下不管，便和當時北大教授陳源、王世杰等籌議，以創造社與太平洋社名義，在北平合辦「現代評論」，以接替週報。這籌議不久就成爲事實：郁在該刊上發表了幾篇有名的小說，並爲編輯之一。據說郭沫若在日本看到預告的時候，曾傷心的痛哭過；這就是他說的與郁第三次的齟齬。

文史漫談

宗教的情調及其他

徐亮之

我想：「新晚報」的記者這回自己一定會以為很聰明的；即這回他們不再宣傳我是什麼「極端親美份子」或「極端親美反蔣派」，而異想天開地宣傳我是什麼「第三勢力兼摩門教徒」的了。對於這頂新帽子，當朋友笑着把這份報紙遞給我看時，的確也使我跟着笑了起來；因為我雖然從來尊重宗教信仰的自由，可是自己卻從來並沒有信仰過任何宗教，因而對宗教的派別如何也就從來祇是一抹黑。感謝「新晚報」記者的栽培，這回我總算找到了機會對摩門教有個初步的認識了。

原來這個教派在「辭海」P五八九早有過簡單的介紹了；現在照抄如左：

「摩門教」（Mormonism）美國基督教之一別派，始創之者為約翰斯密（Joseph Smith）氏，初隸美以美教會；謂受默示於神，掘地得「摩門經」，為猶太先知摩門（Mormon）所作；遂於一八三〇年創立新教會，自稱為「末日聖徒耶穌基督教會」。氏後遇害死，其徒避難至大鹹湖附近地方，墾植自給，從之者漸衆。其教初行一夫多妻制，為美政府所禁，一八九〇年已自行廢除。

這個教派既然起源於美國，於是我才恍然大悟，「新晚報」記者所以要派我做「摩門教徒」的理由，在他們宣傳的邏輯上實在一點兒也不足奇怪。即他們的宣傳邏輯是：像既反極權，又反獨裁，思想一直搞不通的徐亮之，居然能在香港沒有餓死；這如不趕快宣傳他已經搭上了「美帝」路線，歎上了美金世界，是要令到許多「識時務的英雄豪傑們」喪氣的。橫直「新晚報」的新聞價值有目共睹的，則在帽子滿天飛的今日，給徐亮之扣上一頂「吃美國教」的帽子，亦即給人以一種「美金自在其中」的印象，豈不馬上就把他那老是叫人頭痛的「反動言論」全貶了值？

不過、聰明的記者先生！你們這回可又枉費心機了！可又「撞板撞到正」了！告訴你們吧：

第一、徐亮之一向祇相信人類始祖乃由猿類進化而來，而非上帝或女媧娘娘所造，凡讀過他的「中國史前史話」一書的無不深知；而且在這點上，祂正和你們的祖師爺恩格斯一樣呢！（不過你們卻不好認為這見解乃恩格斯的創獲，否則，是又要鬧笑話的。）你們以為把他宣傳成為一個教徒，乃最聰明的宣傳；事實上卻祇是自貶報格而已；雖然「報格」二字在你們的心目中早已算不了什麼一回事！

第二、我教導你們可以宣傳徐亮之已經得了美金的一個辦法：即徐亮之乃「聯合評論」的撰稿人之一；「聯合評論」是衆所周知有美國航空版的；是在美國有廣告和報費收入的；這些廣告和報費收入是由滙來香港，而不是以盧布換算，而是以美金換算的；來自美國的這些收入，是有一部份要充作稿費支出的；而徐亮之的紙烟費最少就有一部份是靠「聯合評論」的稿費支持；因而根據你們一貫的宣傳邏輯，筆尖兒一溜，硬說徐亮之有大把美金世界，豈不好像有憑有據天下皆知？豈不比無踪無影地派他做什麼「摩門教徒」要高明得多？

第三、我還得正告你們：你們儘可放心，祇要中國人心不死絕，祇要中國知識份子廉恥不喪盡，徐亮之永遠不會餓死的。如果不幸，他竟然餓死了，亦必將永遠和伯夷叔齊哥兒倆昂首於天上。

但話得說回來，我雖沒有宗教信仰，更不是任何宗教的教徒，卻非常欣賞宗教的情調。我欣賞古典的天主教堂；我欣賞佛道寺觀的雕梁藻井、「南朝鴟吻風鈴；「南朝四百八十寺，多少樓台烟雨中」，這凄迷影象永遠使我心醉。其次、我愛聽宗教的鐘聲，在綠草如烟，初陽似夢的早上；在夕陽西下，鳥倦知還的黃昏；這聲音，我認為是最足發人深省的；認為其感染力是並不亞於「姑蘇城外寒山寺，夜半鐘聲到客船」的。又次、我有時也愛涉獵幾個大宗教的經典；我愛耶教義理的和易近人，回教精神的遒健煥發，佛教文學的精妙無雙。最後、我尤其愛聽和尚的經聲；我曾遊過厦門的南普陀，聽過福建和尚唸經；那種經聲與海潮交織的莊嚴的音譜，至今使我難忘。我曾住過重慶花巖寺，聽過虛雲老和尚說法，看過他所主持的兩百多僧尼參加的大法會，亦即欣賞過了佛門發揮講唱文學的大場面；至今記憶猶新。而亦使我悟到，佛門這種「聽聲可以娛耳，聽語可以開襟」的講唱情調，所以成為齊梁之世四聲和新體詩創作的靈源的緣故。

總之、宗教的情調是可愛的；因而其在人類社會中有其存在的妥當性也是不用懷疑的。最少，我就從不懷疑世界上會有鼓勵人們說謊的宗教。而亦因此，我自己雖不是任何宗教的教徒，卻奉勸「新晚報」這位記者最好有點宗教信仰為妙；因為宗教是不許可說謊的，萬一說謊了，或說謊得太多了，也是許可給予懺悔的機會的。

船灣二首

荔莊

曉風吹客到船灣，一棹乘潮有躍鱗。縱浪何妨齊狎水，尋常幾見海揚塵。

人家雞犬畫圖中，春盡山花未了紅。早稻初收蔬筍熟，晚菘元不待秋風。

勒馬洲

荔莊

畏近華夷界，無言過馬洲。片雲輕度水，萬木颯將秋。舊國羣黎淚，逋人十載愁，隔江妨偶語，何計起鋤耰。

樓望

荔莊

遠望頻年且當歸，高樓袖手對斜暉。心驚草木重萌日，夢戀風塵舊破衣。低首強從兒輩事，抗懷空叩古人扉。山河別後應無異，卻為春深念蕨薇。

馬鞍山

荔莊

四月猶春好，羣峯隔水青，樹兼煙嶼色，茶帶鑛泉腥。蜃氣占風雨，鷗波接戶庭。海山幽絕處，吾意共沉冥。

記戊戌維新始末（一）

舜生

提要

在中國近代史上，一個在事前有相當準備，主張上頗切合當時的需要，而且確也得着一部分知識分子支持的政治改革運動，我們不能不首推康有為、譚嗣同、梁啓超等的「戊戌維新」。

「戊戌維新」曇花一現於光緒二十四年（1898）的夏秋之交，就當時的情況說它是失敗的；參加這一運動的人物，到現在為止，也確已零落殆盡；可是就它的影響來說，卻從正反兩面，或多或少，反映在這六十年以上的中國政治。

孫中山所代表的革命運動與康有為的維新運動，就大體說是同時並起的。但就孫康兩人的家世、個性、所學及其所從事活動的方式與環境來看，則康的主張儘管與當時的現實情況也一樣格格不入，可是比之於孫，則康與現實仍較為接近；換言之，當時一般人聞「維新」之說，最多不過是將信將疑，還不至於深閉固拒；聞「革命」之說，則總覺得驚世駭俗，少有不掩耳卻走的。本來，即就康孫兩位的年齡而論，康也較早於孫，康生於咸豐八年（1858），孫生於同治五年（1866）。當戊戌康失敗以後，孫正滯留於日本東京，時梁啓超亡命日本，孫以日友宮崎寅藏及平山周之介，與梁見面，孫梁之間具有相當友誼，且曾商量合作，卒以康反對不果；其時康四十有一，孫三十有四，梁二十有六（梁生於同治十二年（1873），康長於孫七歲，孫長於梁八歲），均正當盛年，中國的命運，實隱隱握於維新革命兩派這三位領導者之手，而這三位先生又同為廣東籍，這是一個極可注目的事實。

在戊戌前後，康梁已經並稱，實際真正領導戊戌維新者仍為康而非梁。康的領導地位，經過戊戌一幕即已失去其重要性，梁則在戊戌以後尚有三十年的長期奮鬥，無論在政治上，或思想上所生影響之大，均遠出乃師之上。儘管康在戊戌以後仍有若干活動，但無論行動與學術，康梁卻已分道揚鑣，且一分而不可復合。

康有為並不是維新思想的創發者，不過在康以前一切倡導維新者，其主張大抵不成片段，經康以舊學附益之，且領導其徒黨以形成一種運動，因此康乃獨享此一改革活動之名。

就大體說，康的政治思想，無疑義乃導源於西洋，而實際則間接抄襲日本，假如沒有日本明治維新的成功，並經過甲午中日戰爭的一大刺激，則維新運動的興起，或者還要推延向後。

在甲午戰爭前，中國曾經過三十年以上的「洋務運動」，「洋務運動」的本質，其重點僅限於新式的軍事與工商業，甚少涉及政治與文教。經過甲午一役，乃宣告『洋務運動』完全破產。於是強調政治文教改革的維新運動乃應運而生。戊戌維新其所以成為一個劃時代的運動，其主要原因在此。

寄售書目（二）

越縵堂日記	原稿影印，原五十一冊，加補編十三冊，共六十四冊，實價港幣叁百五十元
翁文恭公日記	商務影印，四十冊，（全）。實價港幣弍百四十元。
緣督廬日記鈔	上海蟫隱廬印行，葉昌熾著，十六冊，（全），實價港幣五十元。
張季子九錄	張謇著，二十八冊（全），中華出版，實價港幣壹百元。
嚴譯名著八種	嚴復譯，精裝八冊，商務出版，實價港幣壹百五十元。
湖南通志	五厚冊，五十元。
顏李叢書	四存學會校刊，布套四函，三十二冊，實價港幣一百二十元。
王荊公年譜考畧	燕京大學國學研究所印行，六冊，四十元。
韓柳年譜	小玲瓏山館印行，二冊一函，三十元。
朱子年譜	王懋竑著，白田草堂藏版，四冊，四十元。
脂硯齋重評石頭記	精裝二冊，十六元。
大唐秦王詞話	精裝二冊，十元。
全相平話五種	五冊加布套，十六元。
聊齋志異	手稿影印，四冊加附冊，布套一函，三十五元。
全像古今小說	明天許齋原木，涵芬樓藏版，六冊布套一函，三十元。
閱微草堂筆記	大字十冊，十六元。

要者請向九龍鑽石山大觀路惠和園三號『卓如編譯社」洽購。

圖書館、大學及研究機構購買，一律八折優待。定價已酌予減低，以此次所登出者為準。

本刊已經香港政府登記

每逢星期五出版

聯合評論 週刊

United Voice Weekly

第一一一號

督印人：黃宇人　總編輯：左仲平

社址九龍赫德道二十三號地下　電話68678

承印嘉羅印刷有限公司香港灣仔馬師道5號

總代理：友聯發行公司　售價每份港幣一毫

本報美洲版總經售處美國紐約中美出版社

CHINESE-AMERICAN PRESS, INC

199 CANAL STRE,ET..

NEW YORK31 N. Y. U.SA.

美洲航空版每份零售美金一角

人權與聯合國

闢「通番」與「告洋狀」之說

李璜

一

同人為自由中國半月刊社雷震等人，被台北警備司令部非法拘捕，日前致聯合國人權委員會一電，要求該會加以注意。有人說：『這是「通番」，這是「告洋狀」！』中華民國的國民與聯合國有所交往，或向其中某一委員會提出要求與控訴，算不算是通番，告洋狀？這是應該說明一下的。為使大家一眼明瞭起見，我先提出了明白的兩事：第一是聯合國的組織裏，從安理會起，每一個委員會中都有中國人參加主持業務，在主持上說來，中華民國的代表常常在担任主席，在執行上說，中國人常川担任四個副秘書長之一，這是世界人類為維護自由正義的組織，其中固多「番鬼佬」，但也不少中國佬，故既非「土」的，也非「洋」的。其次是在聯合國各會的開會中，中華民國的代表團隨時向會上控訴中共匪徒的橫行大陸，殘虐人民；中共既然是中國政府認定的朱毛匪幫，剿匪行動本是中國國家內政的事情，中華民國的代表又何以去向「番鬼佬」控訴中共的慘無人道？但是除了中共報紙，並沒有人認為這是告洋狀，而且民主國家的代表們皆傾聽之，且交專家紀錄之，調查之，何以故？因為聯合國的宗旨是特別注重人權之故。

二

我們大家都知道，在聯合國的發起與製定憲章之前，有羅斯福總統與邱吉爾首相所頒佈的大西洋憲章，這個大西洋憲章的原則是特別注重人類的四大自由，其中所稱的思想，信仰與言論的自由，不虞匱乏與不有恐怖的自由等，這些向全世界人類所主張的，都是說明了人權的重要性所在。

有了大西洋憲章的號召，才有頓巴登橡園會議，議定發起聯合國的組織及其大綱，由中美英蘇為四召集國，於一九四五年四月在舊金山開聯合的製憲會議。我以偶然的機會，會參加了這一次的製憲工作。開會三月，晝夜爭論不休；其爭論的焦點，就在正義與人權這兩點上，譬如為正義起見，各國的代表，尤其是中華民國的代表，必得主張要將正義字樣與和平字樣放在一塊兒，因為要和平而忘却正義，則此種和平將成為犧牲弱小的可怕的東西了！其次是將經濟及社會理事會的權力提高，使之成為有效力的機構，於此類機構中，並規定有力出力，有錢出錢，共同合作，以之推行於世界各國之內，為經濟的救助，文教的普及，其原則與目的都特別說明，是無分國界的人權平等與發揚。因之，人權字樣，及人類基本自由字樣，在聯合國憲章的序言中，在大會所規定的職權中，在國際經濟合作一節中，凡八九次都被提到，我們可以覆案得出，一眼明瞭聯合國是特別注重人權的主旨的，何況以後還又有聯合國大會所通過而發佈的人權宣言喲！

因此，聯合國與舊日的國聯，其宗旨與實質不同的最大之處，乃是將人權與國權平等並列，有時且强調人權，將之提高，放在國權之上的。因之救災恤鄰也罷，經濟合作也罷，調查違背人道事件也罷，扶助被壓迫民族與少數個人也罷，聯合國都可以派員進入一國國境或常川駐紮，直接伸手去加以調查或辦事。不如此，則社會與經濟，文化與教育，及其他臨時事件等其所負的人道與正義的使命，乃是無從着手施行於國際之間的。

三

當其討論聯合國憲章時，大家不只爭論到原則，而且爭論到實行。原則除蘇俄代表有異辭，而也無辦法否定憲章應規定人權與正義的重要外，大抵一致歡迎這原則的重要性。但是國際正義的力量，人類權利的重視，究竟只注重在精神就夠了嗎？抑或還要處處見之於行事？爭論焦點，還是集中在人權與國權的孰輕孰重，在國際合作上，國權是否應部份的犧牲。因是，國際法學家在爭論中大為當行出色，我代表王寵惠先生會在會中陳述國家主權之義及其義在百年來因歷史事變而時有伸縮與變遷的詳況，頗得會中贊佩。結果，要參加聯合國，要符合聯合國尊重人權之旨，就必犧牲一部份的國權，因在現今事實上，國際交通便利；人類接觸頻繁，任何問題，皆非每一國各自閉關料理，所能圓滿解決，而且為人權計，也不能聽任各自閉關以保持其從前國際法上之所謂國權完整。何況為戰後各國的復興計，更無法因國權完整之義，而各自閉關照料，所能濟事，其理甚明，因之多數代表均承認了下列一義，這一義是聯合國的根本精神所在、即：既曰聯合國，即在原則上不應將「國」一字分裂開來看，而只認這一結合是一國政府與另一國政府簽定合作協定的事；聯合國應認為是全世界人們共同合作的組織。在這個組織裏，即不應過於强調民族利害與國家榮譽這一點，如果過於强調這一點，則聯合國的人權原則便無從表現於實際，而實施到每一個有實質的個人身上。譬如當年希特拉戰敗後之復員難民，以及今日從鐵幕逃出之東歐及中國難民救濟，因為聯合國被大家承認為超出國權之義，實施人權之義，而才便於聯合國去着手的。否則，難民也者，大都皆有國籍，像從中國大陸逃出的難民，如老是守着中華民國的國權完整的舊的說法，則聯合國的救濟便成為不合法的妥舉了！

四

近日有人會問我：「一個參加聯合國的國度裡的少數人或團體是否可以向聯合國某一委員會去提出要求或控訴呢？」我答復：「這是可以的。」這有很多的証據，我畧舉兩個：一是聯合國某一委員會派員赴會員國國內去從事經濟社會的合作或文教普及，這些被派的代表們必須聽取搜集當地民衆的報告以至控訴，然後這類聯合國的工作纔能夠由了解而去着手實行的。其次是聯合國大會所通過而頒佈的人權宣言上說得很明白：『聯合國是要聽取世界上人對於他的人權受了迫害的呼聲。』「試去聽聽每星期四午後，聯合國廣播，中有人權委員會中國國語節目，其對於尊重人權的呼籲，並不是專問鐵幕內國家而言也！

恐懼不能獲得安定

孫寶剛

最近有位朋友去台灣訪問，他遇到了蔣經國，蔣對他說，台灣最需要的是安定，所以他集中力量在做安定工作。易言之，這也就說明了蔣經國為什麼做特務頭子的理由。

我聽了這個消息，便有疑問，安定須用特務來獲得嗎？依照我的看法，恐怕特務愈多，台灣才愈不安定呢！

事情很簡單的，台灣怎能獲得安定呢？外面要做到不能有侵入台灣的敵人，內部要沒有不滿分子，而所有人民都能安居樂業，個個能作為現代的人似的活着。今天台灣的情形，外面實在已經沒有可以侵入的敵人了！因為可能侵入的敵人祇有中共，現在台灣既有美國的第七艦隊在巡弋台灣海峽，再加上中美軍事協定，美國已負起了防禦台灣的責任，中共假如侵台，即是和美國作戰，中共決沒有力量和美國作戰，蘇聯既不想在這個時候挑起世界大戰，台灣當然就不會有外力侵入。

那麼台灣內部怎樣呢？簡單地說一句話，台灣常被稱為寶島，本身是相當富裕的，日本人已經為台灣的農工商業奠定了基礎，這十餘年來，台灣又接受了大量的美援，所以台灣的經濟，假如處理得妥當的話，人民的生活是沒有問題的；而台灣又稱是實行憲政的民主政治，那麼，好好地幹，台灣怎會有不滿的人和不能安居樂業的人？至少在台灣不會有嚴重的不安定問題。但是蔣經國却說台灣最需要的是安定，在這句話的意味中，可知台灣並不安定！我眞是大惑不解了！

我認為這恐怕還是由于當權者的恐懼心理有以致之！我們讀歷史，當一個大國的統治者屢經失敗而成了偏安之局以後，往往疑神疑鬼，草木皆兵，內心常存着恐懼，于是捕風捉影，對所有的人都疑懼了，以為都在謀害他，于是想到叫最親信的人發展特務工作，今天殺某甲，明天拘某乙，並制定許多法令，以限制人民的自由，以為如此可以加强安定，把許多眞正重要的事倒忽畧了。其實正因為如此，才有不滿的人，才有不能安居樂業的人，國家就眞的不安定起來！這種情形發展下去，才是眞正危機四伏。

所以明智的當局決不如此，雖然在屢經挫折之後，仍能鼓起勇氣和魄力，心理狀態還是很正常的，能客觀的切實地把政治經濟國防外交社會和文化等政策一一愼重的決定，而一步步去實施。當然對于行政效率的促進和司法的獨立性更是應該先行注意到的。

說到這裏，我認為台灣的政策，至少有幾點是不適合的！第一我上面已經說過我又要指出台灣的軍隊應當減少，少至足以衛戍台灣為止，使能節省財力和人力，以增加生產。第二在增加生產的目的下，更應注意全體就業，且在全體就業的前提下，應注意最低的薪金和工資。使老百姓也好，公務員也好，軍人也好，都很活得像個老百姓，公務員或軍人。第三應發動一部份人材去多做一些官式以外的外交工作，使國際間的人士眞正瞭解中共並沒有像一般外國人所想像的進步，而中國人民十之八九是反共的，祇是在中共暴力壓廹之下，一時不能翻身，所以外國人對中共不須患恐共病，（祇要把大陸的眞實情形報導出來，已能達到此目的，但須避免愚蠢的造謠）台灣才是進步和民主的（當然要眞眞實施了民主政治以後）；我相信國際環境立可改善的。第四憲法規定的基本人權，政府自應遵守，我不相信人民有了自由以後，或台灣實行民主政治以後，中共的特務人員就會滲透進來。幾個月前，日本大陸研究上有一篇報導，是一個以前的陸軍中將曾在意大利陸軍大學讀書，並任武官的人寫的，（我一時記不起他的名字）他最近去歐洲作了一次旅行，每當他和歐洲朋友談到防共的問題時，歐洲朋友都說：共黨內幕，一般歐洲人已大都知道了，以西歐這樣的繁榮和自由而民主，共黨在西歐的勢力祇有日漸低落，決不會抬頭的。

我想台灣當局可以把這一句話參考一下。

論中共與蘇聯的紛爭

東方生

一、

近數月來，各方電訊，不斷傳着中共與蘇聯間關於理論上的紛爭。蘇聯認爲社會制度不同之國家，可以和平共存，因爲社會主義的和平勢力已有充分力量，足以遏止帝國主義的侵畧了，反之，中共則以爲帝國主義的侵畧勢力一日存在，戰爭即不可避免。和平共存只有與中立主義的國家有其可能。

我們知道理論的成立由於事實，故言中蘇共黨間理論的分歧，應當探求其事實的基礎，始能獲得正解。蘇聯的主張和平共存與中共之堅持戰爭不可避免，都有其自己的理由，所謂馬列主義云云，不過彼此用以號召的工具而已。

原來蘇聯政策的重點在歐洲，大戰以後，把東歐以至東德，捷克，都成了他的勢力，這使他在歐洲的防衛得到了鞏固。他知道倘若再要西進，那麼必然將引起戰爭。史大林爲什麼終於放棄對柏林的封鎖？又爲什麼默許南斯拉夫的獨標狄托主義？就是惟恐造成大戰。所以在蘇聯對於德國是寧主兩個德國的共存，而不願德國的恢復統一。因爲分則力弱易治。德國的統一强大，將是蘇聯之大患。所不同者，蘇聯爲了鞏固東德共黨政權，必須除去西方勢力的根據，即西柏林的現有地位而已。申言之，就是說關於德國問題，東西兩方有和平共存的可能，惟在西方不能對柏林問題作無條件的讓步。柏林問題的條件是什麼呢？就美國來說，那便是在遠東方面。倘若不然，美國就要繼續堅持德國的統一，也不能退出柏林，改變現今的佔領地位。

但中共政策的重點，則在遠東而不在歐洲。中共認爲中華民國在台灣的存在，那是他最大的威脅。「中華民國」的名義一日不消滅，那麼中共雖據有大陸，在歷史上也是僭竊而非正統。而直到今日，中共尚不能參加聯合國，置身於正式的國際社會。就是由於台灣國府的存在，並由於中華民國名義的存在，使海外人心乃有所依據，結集而爲一支反共的力量，同時對於大陸人心即具有非常巨大的影響。中共爲消滅反共勢力，鞏固其政權，自然不能輕易放過，要對台灣力主解放。

中共爲什麼不能解放台灣呢？顯然因爲今日台灣有美國爲之支援。中共雖以美國爲紙老虎，但是到底只能限於「嚴重警告」，而不敢訴諸行動。與中共解放台灣，完成統一的願望相對，美國的政策、是與朝鮮、越南之分爲兩半一樣，兩個中國彼此並存。這就非中共所能接受了。中共以爲既已奄有大陸，他就是中國的代表，台灣向屬中國，決不能與大陸分庭抗禮。

二、

因此之故，蘇聯主張和平共存，要求舉行首腦會議，與西方和平談判。反之，中共則認爲戰爭不可避免，以美帝爲不能兩立的敵人，力主解放台灣，不惜訴諸武力。而惟恐首腦會議之談判德國及柏林問題，以遠東問題作爲交換條件，乃堅決對首腦會議之舉行，表示反對。一九五八年因中東問題，赫魯曉夫主在聯合國舉行首腦會議而事不成，是由於中共的反對。此次巴黎首腦會議的破裂，大家認爲中共的反對實大有關係。所以日前赫魯曉夫決定親自出席聯合國大會，並與所有附庸國家的首腦一同前往，號召舉行變相的首腦會議，就大可注意了。

老實說來，蘇聯之所謂和平共存，只限於歐洲德國，至於在中東、非洲、美洲，却並不在內，利用各地的民族主義，使之起而反對帝國殖民地主義，以削弱西方勢力，破壞資本主義制度，中蘇共黨正盡力以赴。至如中共雖認爲戰爭不可避免，但由其所謂和平五原則，對於一些中立國家，也以爲和平共存非無可能。這裡的不同，是蘇聯認爲美國可爲談判的對手，不願引起戰爭，反之，中共則以美國爲無可避免的敵人。但是中蘇共黨之惟恐天下不亂，要想打破今日世界的秩序，却彼此相同，這就叫作世界革命。

中共因爲準備對美國的戰爭，所以其五年計劃的建設，無論鐵路交通，工業設備，都以軍事國防爲主。正如史大林最初的五年計劃一樣，不顧人民生活，全力以事國防建設。果然在二次大戰時，發揮了很大的力量。但是這樣就必須蘇聯爲之大力援助。惟中共大陸的建設，規模巨大，有非蘇聯一國所能担承者，不但此時蘇聯自己也在從事建設，還要顧到東歐各附庸國及各中立國家，實在力有不逮，並且對於中共未來的發展，到底也不能無所顧忌，深恐尾大不掉。因爲蘇聯援助之不足且並非全無條件，又當此時，農業歉收，衣食不給，中共自然不免心懷怨望了。

且就中共與蘇聯的關係來說、冷戰解凍，時局緩和，天下既然無事，在蘇聯看來，中共只是一個不重要的夥伴。反之，若是時局緊張，冷戰激化，那麼彼此的相需就大不相同。他們乃是一對患難朋友，尤其中共不能離開蘇聯，中共只有利用戰爭的危機，始能向蘇聯勒索援助。這是蘇聯所不願的，因爲這樣將受制於中共。所以在蘇聯，寧以時局緩和爲有利，因爲這樣可利用其援助以控制中共。

三、

由上所述，可見中蘇共黨的紛爭，理論不同是其表面，實際乃由利害關係的殊異。但今日形勢，蘇聯可以無中共，而中共則不能一日無蘇聯。中共的國內建設有賴蘇聯的援助，中共的國際地位也全有賴蘇聯的支持。中共可以向蘇聯撒嬌，却不能與蘇聯鬧分離。狄托可以從右面向英美接受援助，中共的左傾政策，却只有一面倒於蘇聯懷中。離開了蘇聯，便將無路可走。毛澤東的英雄主義，欲與「天公共比高」，到底逃不出赫魯曉夫的手掌。所以中共與蘇聯雖有紛爭，畢竟不得不「嫁雞隨雞嫁狗隨狗」。命運已註定是蘇聯的附庸，乃是無可如何的。

港九學生及流亡知識青年爲抗議台北國民黨當局非法逮捕自由中國半月刊發行人雷震事向全世界通電宣言

九月四日，台北國民黨執政當局，以「涉嫌叛亂」的莫須有罪名，將自由中國半月刊發行人暨中國民主黨主要籌辦人之一，雷震先生非法濫加逮捕。消息傳來，我們香港九龍各大中學生及流亡知識青年均感不勝驚詫與憤激！我們認爲，國民黨當局之所以做出如此明顯違背憲法和侵犯人權的蠢事，只有一個原因可以解釋，那就是國民黨當政者，特別是現任的蔣介石總統，不甘心失去多年以來的獨裁地位，因而害怕任何一種眞正民主力量的興起，不惜用一切手段在它的萌芽狀態中加以百般摧殘，這種卑劣的手段當然會引起自由世界一切正直人士的嚴厲指責，它是絕不可能成功的，我們港九學生及流亡知識青年堅決抗議國民黨當局的非法逮捕，並要求當局立即釋放雷震，恢復反對黨的自由活動。我們向自由世界一切愛好民主的人士，特別是向所有愛國華僑呼籲，大家一致起來，給雷震以正義的聲援，譴責國民黨當局的非法行爲，我們以嚴肅的態度勸告當局執政者，假如你們還是執迷不悟，一意孤行下去，那麼一切惡果，只好由你們承担了。

簽名：

周以重、韓溥、趙晴宇、陳烈明、湯尼、張佳、鄭玉切、林霆、沉龍、鄭明、李文安、吳波、楊露茜、張曲毛、陳俊、彭搴梅、陳興李、陳紀、白其、吳田野、金更生、佘松江、程桂松、李立、王原國、黃良檳、黃韋强、李昌、吳立光、潘傳耀、杜雷、潘家仁、李虹、許寰禎、張史春、林道廉、梁生、林夏輝、韓朝仁、楊英、銘銘、陳鷹、朱起洋、謝晋、林安、張彪、符莫雄、陳德政、李順、陳柯、文雄、邱玉泉、朱德才、李紹興、司徒碧玉、王鴻桂、朱國强、勞家光、劉光耀、告炯光、陳鎭生、朱洽時、黃順昌、李銘基、林星隆、黃漢明、張昌邦、方其材、張科明、符一冰、邵學士、宋平、王林書、湯邦霖、潘各廉、陳錫朋、符隆、符英、邵學飛、黃風、王超、劉父林、劉文超、陳易籌、邵學仲、邵健飛、雲昌江、符月、李明、李文希、黃明光、雲雲昌隆、陳籬清、何波、吳清煜、李多一、周德忠、趙建平、許年、陳萍、陳亞英、陳立冠、吳茂林、姜芬、孫仁、賴平、楊聖淵（簽名尚在進行中）

陳啓天蔣勻田爲雷案勸蔣崇尚法治

（台北通訊）當權者拘捕雷震後，雖再三强調法律的問題，蔣「總統」還大談「人民在法律之前應一律平等」，陳院長在立法院答覆詢問時也說「法律不能有例外」。然而事實上，他們之所謂法，即是指一人一姓的語言。蔣家父子的話即是法律，而他們則超於法律之外，從不受限制。總統既然可以違憲連任，其他一切，他們更無所忌憚了。即以雷案而論，若依法行，則自由中國半月刊的言論縱有不是，又何能以軍法拘捕其負責人呢？總之，他們天天講法却幾乎無一事不違法，其無恥有如此者。聞日前青年黨在台領袖陳啓天和民社黨副主席之一的蔣勻田曾連名致函蔣介石，請「明令將雷案移法院審理，以示崇尚法治之意」；但鑒於當權者必欲致雷於死地，藉以儆告其他胆敢在台灣主張自由民主並組織反對黨的人們，而確保一人一姓的家天下於久遠，陳蔣兩氏的忠告，決不會接受也。

·宣平·

雷震夫人的抗議與呼籲

直夫

（台北航訊）自雷震被捕後，官方即一再強調本案完全是一個法律問題；但事實則是不但雷震夫人宋英女士依據憲法向台北地方法院請求提審未被接受，繼向高等法院控告，也被駁回。最為突出的，是雷震尚在偵訊階段，警備司令部政治部主任即以發言人的身份隨時向外宣佈案情，甚至蔣「總統」在接見外國時，也說劉子英是匪諜，雷震則予以掩護。若然軍法官逐日將偵訊情形向蔣「總統」和已發言人報告並請示，必然是蔣「總統」先定下雷震的罪名，然後再授意軍法官遵旨偵訊和審判，否則案情既然在秘密偵訊中，蔣「總統」又何由得知，更何能對外宣佈雷震等的罪名呢？由此可見官方之所謂法律，不過是本當權者意旨行事而已。在此情形之下，雷震決不能得到公平的審判，宋英女士日前發表一文，題為「我的抗議和呼籲」，茲照錄如後：

「我的丈夫雷震先生一被台灣警備司令部逮捕拘禁，我便聲請法院提審。我那麼做，並非知其不可為而為，以盡妻責；而是對國法充滿了信心，認為司法機關必定能夠保障雷先生，不讓他受憲法所禁止的軍事審判。台北地方法院接受我的狀紙，在二十四小時內，沒有提審雷先生，卻把我的聲請駁回了。我不服地院裁定，提起抗告，台灣高等法院過了七天，給我的答覆又是駁回，這不是出於一般人意料之外的結果。但是我關懷憲政法治的前途，更關懷丈夫的安全，在接到高院裁定前，不肯放棄我的信念，現在，裁定千真萬確的擺在我的面前，內容與報上宣布的完全相同，末尾還清楚的印着「不得抗告」的字樣；這實不容許我再癡心妄想了。

丈夫的自由失去了，本身的信念破碎了，我此時的心情，朋友們當可瞭解，是無法形容的淒亂。雷先生既然命運中注定了要受軍事審判，我面對現實，不得不退而求其次，企求能在軍事法庭裏獲得公平。我很恐懼，我深怕這樣的企求仍舊是癡心妄想。

軍事審判法，就立法的技術來說，未嘗不是一部相當重視被告利益的良好法典，尤其是第一百六十條規定：「軍事法庭獨立行使審判權，不受任何干涉」，是符合憲法第八十條的精神的。雖然起訴書或不起訴處分書，軍事檢察官作成後，依照該法第一百四十八條及第一百五十四條，都應呈報軍事長官，但偵查程序與刑事訴訟法所定，沒有什麼大分別。換一句話說，偵查是軍事檢察官的職權，軍事長官可以審核其結果，不得干涉其過程。該法並且在許多地方明定適用刑事訴訟法。雷先生被捕的第二天，警備總部發言人，政治部主任王超凡向中央通訊社記者說：「依刑事訴訟法第二二四條之規定，偵查不公開，不能旁聽；又一般未結案件，多無新聞發佈。」這更可証明，軍事檢察官的辦案方式完全與司法機關的檢察官一致。所謂偵察不公開，不是單對被告的家屬和記者而言，即對於同一審判機關——法院或軍事法庭——裡的法官也是適用的。警備總部的政治部主任當然更是不得參預不公開偵查之一員。可是，王超凡竟在偵查未終結前，向中央日報記者証實「劉子英是匪諜，雷震牽涉在內」（九月七日中央日報），他頭一個星期裡幾乎每天發表談話，不是談法律，便是談案情。偵查情形，他無一不知。他既一再聲明雷案是法律問題，不是政治問題，我不懂得，這個問題與「政治部」有什麼相干，要他關切，反覆的把「此地無銀三百兩」不斷的當歌唱。從他的話裏，我有預感，軍事檢察官一定會對雷先生起訴。在偵查階段中，這位政治部主任的表演如此，我怎能不顧慮將來審判時，他在別的方面會不干涉。

出版法第三十三條規定：「出版品對於尚在偵查或審判中之訴訟事件，或承辦該事件之司法人員，或與該事件有關之訴訟關係人不得評論」。出版法是前年在立法院裏引起軒然大波，經執政黨和政府費盡氣力，才勉強通過的法案。不意為了對付雷先生，執政黨的中央日報竟不惜將它破壞無餘，我這句話是很有根據的。提審之准駁是專屬於法院的裁判權，我在九月五日聲請提審，六日中央日報便一連串的登載四則有關雷案的「本報訊」。第一則是王超凡表示：「雷震涉嫌叛亂一案，將來是否公開審判，將於起訴後視案情而定，因為依照規定，軍事審判應公開行之，但有關國防或軍譽之案件得不公開。」他說話的時候，應該知道我已聲請提審，正在法院斟酌之中，可是他的語氣簡直沒有把提審當作一回事；其實，他胸有成竹，曉得在事實上提審是不會做到的。第二則是「某法學家」的意見，他說：「依憲法第八條第四款（英按：「款」字應為「項」字之誤，可憐的法學家，對於法律上「款」與「項」兩字的習慣用法竟然不知）之規定，法院如接受被告本人之聲請而向逮捕拘禁被告人之機關提審，必須此一機關之逮捕及拘禁為「非法」。此次警備總部逮捕拘禁雷震等之行為，係在戒嚴地區，依懲治叛亂條例第十條之規定進行，自係合法，而不是「違法」。因此，其家屬之申請，與憲法第八條第四款之條件不符。」第三則又是王超凡的談話，解釋提審法，並強調提審應以人民受到法院以外的機關非法逮捕拘禁為條件。此外，他更聲稱：「本總部依據軍事審判法之規定，乃為高級軍事審判機關，凡屬偵辦叛亂案件，逮捕拘禁叛犯，是本部法定職權。雷震等因涉有叛亂罪之重大嫌疑，本部依法予以逮捕拘禁，本部為慎重起見，曾將逮捕拘禁雷震事實，函知有關司法機關，因此宋英女士之聲請提審，依我看，依提審法之規定，法院恐難接納其請求。」第四則是一位什麼「法學界權威人士」的分析雷案，他說：「刑法第一百條，有內亂罪之規定，但在戒嚴地區內，犯內亂罪者則由軍事機關審判之，並依懲治叛亂條例之規定處刑。」這些話都是針對提審而發的。所謂「某法學家」與「法學界權威人士」都無姓名，中央日報又以「本報訊」刊佈他們的「高見」，依法應視為該報代表國民黨所為之言論。王超凡官拜中將，職業政工，關於雷案，他是警備總部的發言人，他的談話，令人讀後有「這是軍事機關對法院公開的警告，照呼他們不得多事」之感。這四則訊息，以及後來的社論和新聞，無論是代表黨，或代表軍，無疑問，都是違反出版法第三十三條的；可是，主管機關對於中央日報，既不會依照同樣第三十九條「禁止出售及散佈」，且沒有依照第三十七條予以警告。而後幾天，公論報報導中部有人主張結合一萬人依法請願（憲法第十六條）的消息，卻受到台灣省政府新聞處的警告。「只許州官放火，不許百姓點燈」，真是「自古已然，於今為烈」！

我的興趣不在政府對於官方與民間報紙的差別待遇。日夕縈廻在我腦海裏的，祇是我的丈夫雷震先生的安全。（下轉第四版）

「海外論壇」對雷案的抗議

（本刊特輯）在美國紐約編輯出版的「海外論壇」，是一本留美學人討論問題發表意見的刊物，該刊出版以來，行銷甚廣，創刊以來，經已出版十期。

該刊創刊時候，原曾相約「不發表集體意見，不寫社論的」；可是，由於台北當局以軍法逮捕雷震，充分表現當權者侵害自由蹂躪人權的倒行逆施！他們認為，「是在中國民主化奮鬥過程的一件大事，向例不能已於言」，打破慣例，於十一月一日以「本刊同人」的名義，發表社論，題為「我們對雷震被捕事件的抗議。」原文如下：

「九月四日，台北的軍警當局，以「涉嫌叛亂」的罪名，拘捕自由中國半月刊的發行人雷震，編輯傅正，會計劉子英，經理馬之驌等四人。我們認為這是自今春修憲連任以後，台灣政治上倒行逆施的又一例證。

政府發言人說，雷震等被捕與反對黨運動無關。然而事實俱在，政府在反對黨（中國民主黨）成立的前夕，竟拘捕了反對黨運動最重要的領導人。如此舉措，豈能一手掩盡天下人的耳目？

「政府認為，雷震的被捕，並不即為政府對自由中國半月刊有所處置。試問迫害言論自由，豈有比直接迫害民間輿論從業員的人權與人命更毒辣，更肆無忌憚的手法？

「雷震等人所領導的反對黨運動是公開的，合法的活動。自由中國半月刊是公開的，合法的刊物。雷震等人的文字言論，無論當與不當，都只是盡他們批評衆人之事的言責。在任何稍有民主規模的地方，對任何稍具民主信念的人士，雷震等人的言行連刑法上的誹謗罪嫌都是說不上的。

「然而政府竟將雷震等人拘捕」，並且宣稱要依照戒嚴時期懲治叛亂條例，將這些手無寸鐵的平民，押交軍法審判。在「軍法從事」的大帽子底下，雷震等人於無辜被捕以後，復喪失了憲法提審制度所賦予的人身保護。他們在司法制度底下所可能享有的交保釋放，公開審理，以及選擇辯護人等等的權利，都有形無形的全被剝奪。罔顧人權，蔑視法律，一至於此；是可忍，孰不可忍？

「顯然，軍法審判對政府是極「方便」的。雷震等被捕之初，其罪名不過是空洞的「言行乖張，涉嫌叛亂」。在他們被警備總部羈押三晝夜以後，一頂嶄新的紅帽子就戴到他們頭上了。「受匪指使」「知情包庇」等等新罪名逐次出現。有良知，有血性的中外人士都不能不問：這豈不是苦打成招？

「政府用戒嚴法來做軍法審判的根據是可笑的。十年來政府不斷宣傳台灣的安定與進步，但另一方面卻將自由中國的全部領土置於戒嚴法之下，一再用軍法審判來對付合法的反對黨派。最近台北還通過什麼吸收外資的新法律，試問天下有商人願在戒嚴地區投資嗎？如果安定進步之說不全是盜名欺世之談，誰還能說濫用軍法審判不是公報私仇之舉？

「我們敢斷言，如果台北軍事法庭對雷震等人科以「匪課」之罪，這種判狀是誰也騙不了的。為了挽救在台灣最後殘存的一點點人權，也為了保護政府最後殘存的一點點信用，我們要求政府立即將雷震等人移交普通法院偵訊審理，審判的程序必須公開，提出的證據必須能見得人。濫用軍法審判，就是製造寃獄！

自從民國卌七年蔣總統與美國杜勒斯國務卿發表聯合聲明，表示政府不以軍事為反攻大陸的唯一手段以來，海內外的國人，甚至友邦人士，不得已而求其次，無不希望台灣能以政治改革號召大陸上被勞役的同胞，奮起抗暴。但從雷震被捕事件，我們看出政府已乾脆脆丟掉了粉飾民主的假面具。遙望故國河山，我們的悲憤之情，實難自抑。

「我們並不完全贊同雷震等的政治主張，但我們一致同情雷震等提倡自由民主的愛國初衷與反共的立場。我們不完全贊同自由中國半月刊的言論，也未必就全盤同意中國民主黨的主張，更無一人屬於任何黨派，但我們一致的，無保留的反對政府這樣殘酷的專制作風。

我們認為雷震被捕事件是一件親者痛，仇者快的大事。海內外以及友邦人士，原期民主政治能以容忍為起點，自台灣擴及大陸；今天政府視諍友為死敵，必斬除而後快，試問他們將何所取於台灣？何所惡於中共？我們深信，這不僅是本刊同人的看法，也是絕大多數留美人士的心聲。

基於這些考慮，對於政府拘捕雷震等人的事件，我們不能不嚴重抗議！

中華民國四十九年九月十日，紐約。

雷震夫人的抗議與呼籲

（接上第三版）

但是，對足以威脅他的安全的言論或消息，我不能不密切注意。當我看到地院駁回我的聲請之裁定中所舉理由，若警備總部的信，若提審法的規定，無一不與王超凡的談話時一致，我一方面不能不佩服這位警備總部發言人的智識的淵博和他的影響力之大，另一方面不禁為他所說的「本總部乃為高級軍事審判機關」一語，不寒而慄，憲法規定，人民因犯罪嫌疑被逮捕拘禁時，本人或他人聲請法院二十四小時內提審，法院不得拒絕，而法院卻拒絕了我的聲請。憲法規定，人民，除現役軍人外，不受軍事審判，而法院卻聽任軍事機關偵審雷先生。憲法條文既沒有受到司法機關的維護，軍事審判法縱有「事事法庭獨立行使審判權，不受任何干涉」的規定，誰能保証其非等於具文？

雷案發生已經二十一天了。雷先生被捕的當天晚上，國民黨的常務委員陶希聖，第四組主任曹聖芬與行政院沈錡請各報社負責人，散發「白皮書」，詳細摘錄自由中國半月刊三年以來他們認為觸犯刑法第一百條及懲治叛亂條例各條的言論。警備總部發言人王超凡宣佈雷先生的罪狀實際就是「白皮書」的簡要。自是以後，凡署有利雷先生的消息，中央日報及其他官方報紙一概不登，不利於雷先生的宣傳，則在繼續製造之中。九月七日美聯社華盛頓電發佈胡適之先生的談話，他說雷先生是一個愛國份子，且是一個反共人士，他促請政府將雷先生交由普通法院審理。根據憲法第八條，任何人有權聲請法院提審被逮捕拘禁之人，胡先生不在例外。他說的話完全合法，實在是為了愛護雷先生，也愛護政府而發的。胡先生的談話中央日報隻字不登，即於九日刊載了薩孟武的意見，除了響應王超凡的理論外，並且反駁「胡適博士曾謂雷震不會叛國的，薩孟武教授說，這是事實而非理論問題，在政府尚未公布事實以前，說他必會叛國，或說他不會叛國，都是一種偏見。」薩孟武是一向教政治學的，不大懂得法律，不足為奇。但是，政治學教授抛開憲法而大談戒嚴法，便不能不認為變態。政治學上通常稱行政部門為政府，而一個人犯罪與否，應由司法機關以審判來決定，卻不能由政府宣佈。薩「教授」怎麼這一點分權的常識都沒有了？這種可使政治系或法律系一年級學生笑掉門牙的談話，中央日報竟視同至寶，大字標題，長篇刊載。用心何在，不問可知。

其實，政府對於雷先生的所謂叛國行為，不是沒有宣佈。「白皮書」縱或薩孟武沒有讀過，王超凡的談話難道他也沒有看見？不看報，便隨便發表談話，豈非瞎說八道，成舍我和胡秋原兩先生的書面意見根據警備總部發言人對案情的說明並參照官方發表之小冊：（按：即指「白皮書」）而言，認為可知雷君之被捕，純因其言論文字被指為涉嫌叛亂，此外並無叛亂事証。」成胡兩先生研究過「政府公布的事實」，結論是「不宜亦不必加以叛亂罪名而以軍法從事。」他們更痛快的說：「雷震自創辦『自由中國』雜誌以來，就其言論而言，其主張反共救國，甚為顯然。雖若干主張非吾人所能贊成，惟書生論政，縱涉偏激，若其本旨在反共救國，爭取民主自由，擁護國憲，反對暴力，則此種書生論政之是非，實未可與叛徒之犯罪，視同一事。」這些話，我相信，正是很多人所想說的，但是中央日報卻又沒有登載成胡兩先生的書面意見。

或許警備總部亦自感覺濫與文字獄的嚴重後果便從劉子英身上設法另找理由。他們說劉是潛伏的匪諜，劉的自白書說曾向雷先生暴露過身份，雷先生卻知情不報。但是他們又不願造成他們對於一個潛伏多年的匪諜在自白之前竟未發覺的印象，乃又設詞掩飾，說他們早就注意，「經多年調查研究後，收集証據確鑿，時機成熟，乃於四日將其逮捕」云云（九月十日中央日報）。照這樣情形，我的丈夫雷震先生是因自由中國雜誌的文字「逾越言論自由之常軌」被捕，劉子英君是因匪諜嫌疑被捕，應該是兩件不相關連的案件了。雷先生如果牽涉在劉君之罪嫌內，那應該說，雷案是劉的關係人」了。何以四日警備總部發言人說明逮捕雷先生的原因後，又加上「與本案有關同時拘訊之人員計有：傅正、馬之驌、劉子英」一句話，而沒有稱劉為匪諜呢？

我無暇推敲劉子英君的匪諜嫌疑是否成立。然而，為了雷震先生的權益，我不能不注意這件事怎樣的將他牽涉在內。四人同時逮捕，或者官方及記者特別重視我的丈夫，最初談話便集中在他一人身上，但是，劉君被捕後，「主辦人員僅略為啓示，彼即俯首認罪，撰寫自白書」，這該是五或六日間的事吧。他既供明「雷震確有掩護匪諜，知情不報之嫌」，無論為表明雷或劉之逮捕有更堅强的理由，便應立即宣佈，何以七日猶含糊其詞，遲至十日詳情才見報呢？既然「劉按月收到由港滙來港幣六千元，經查滙欵銀行之戶頭為雷震」，其來源用途如何？雷某有無知情？怎能不立時訊問？他的自白書怎會遺漏？何以這麼一個重大問題竟不能在十日的報上披露，要等十一日再來個補充？這豈非戲已上演，還在隨時改編？立法委員費希平先生在他向行政院的質詢中責斥警備總部自相矛盾，可稱「一語破的」。是不是矛盾之中，他們有一個不變的定律，那便是「如何入雷震於罪」呢？這是我不能不顧慮的。

我的丈夫，大家都知道，實際上是自由中國半月刊的唯一負責人。他失去自由。雜誌勢必停刊。但是官方却宣布「並未對該刊予以查封，亦未下達停刊命令」。他是反對黨籌備中的發言人之一，許多有關建黨的文件由他保管，都被搜去。但是官方却宣布「雷震之被捕，與反對黨運動並無關係」。更妙的是合眾國際社台北四日訊說：「一位高級國民黨官員，已經在雷震被捕後，親自向其他反對黨運動領袖李萬居及高玉樹提出此項保証」，中央日報也登出來了。事實怎樣呢？高玉樹和李萬居兩位先生現在都被人控告，受到法院的傳訊了。他們被告的案情我不知，不敢隨便表示意見。可是高先生在台北市長任內的問題，經過他的繼任人第二度當選之後，怎麼那末巧，竟在我的丈夫被捕之際發生訴訟？反對黨運動真是多災多難！在因果律上講起來，是我的丈夫的惡運連累了自由中國雜誌與反對黨，還是自由中國雜誌與反對黨的惡運連累了我的丈夫呢？

儘管這十年來我的丈夫將他的心血全部放在自由中國雜誌上，辛酸無限，才培植起象徵台灣言論自由的一個刊物，究竟這個刊物不是他的私產。他的被捕固然是自由中國雜誌社的一大打擊，我不能斷定沒有人再負起責任來，繼續為自由中國努力，為言論自由奮鬥。雷先生提倡組織反對黨，那是天下共聞的。據我所知，他確沒有再從事實際政治的興趣，更沒有領導反對黨的野心。在選舉改進座談會裡，有人主張籌備反對黨，尤其一部份台灣同胞非常熱心，雷先生在他的立場上沒有理由不贊成。形勢的自然演變，他便成為籌備人與發言人之一，他的被捕延緩了反對黨的進展，但不能阻撓反對黨的成立。大勢所趨，沒有雷先生，即使沒有李萬居和高玉樹兩位先生，反對黨遲早也要產生的。這幾位先生亦適逢其會而已。

宣傳逮捕雷先生與反對黨運動沒有關係，已難自圓其說，若謂與自由中國半月刊沒有關係，更是不合理。指控他的叛亂嫌罪不過基於幾篇文章，而這些文章無一篇不是登在自由中國半月刊的，官方的表示將雷案與自由中國半月刊及反對黨運動分開了，我寧願相信官方的宣傳，因為這樣才能使我的丈夫的案情不至過於嚴重。可是，離開了小小的自由中國雜誌社，再離開了萬眾企望的反對黨，我的丈夫只是一個匹夫罷了。對付一個匹夫，竟集中黨政軍的政軍的力量，大事渲染，一致攻擊，這又不能不使我惶恐無似了。

奧林匹克世界運動委員會受了政治的影響，議決我中華民國的選手以台灣名義參加；我們的代表高舉抗議的標誌出場，博得觀眾的同情。所幸裁判方面對我國選手還沒有任何偏見與不公，不過有一場游泳賽我國選手卻受到寃抑。世界運動會我國有不參加之選擇權，我的丈夫却沒有不受軍事審判的選擇權。我對於法院的裁定，以世界運動會中我國代表同樣的心情，在抗議之下接受。我要再呼籲：軍事審判也應獨立。只要軍法官能不受干涉，全憑証據，認定事實，那我相信我的丈夫雷震先生是不會有罪的。」

我為國民黨當權派悲哀（讀者投書）

國民黨當權派此次拘捕雷震，分明是要扼殺自由中國半月刊和摧毀正在籌組中的民主黨；但卻說自由中國半月刊並未被閉封，而其被捕亦與新黨無關，十足表現其做賊心虛的可鄙狀。

曾憶在大陸時代，雷震歷任黨政要職，還拚命奔走於各黨各派之間，為蔣介石出力不少。而自由中國半月刊在創刊之初，雖以宣傳民主為職志；但仍以擁蔣介石為中心。其所需的經費也是蔣供給的；雷震並一度來港，代表蔣介石有所活動。可見，他原是當權者的親信人物。祇因自由中國半月刊不甘為一人一姓作宣傳的工具，有時不免對當權者的某些倒行逆施作輕微的批評，雖出於愛蔣的善意；而祇喜逢迎不喜諍言的蔣家父子便視為大逆不道了。

而今，雷震已為當權者的階下囚了，是死是活，完全在於他們一念之間。他們大權在握，雖不敢去動毛澤東的毫毛；但要對付一個赤手空拳的雷震還是卓有餘裕的。可是，殺一雷震或將他囚死是不是就可以維持一人一姓的政權於久遠呢？問題似乎就不會如此簡單了。當年滿清王朝和袁世凱政權都曾以逮捕、屠殺來對付國民黨；但不僅未能收到殺一禁百的實效；而且革命黨人反而愈殺愈多，愈殺於勇。到了後來，甚至保皇黨和擁袁的人士也起來和國民黨合作了。可憐，今日的蔣介石雖以中山先生的繼承者自居，而卻昧於國民黨革命的歷史，竟以當年滿清王朝和袁世凱政府對付國民黨之道來對付異己者，豈不是自取滅亡嗎？

復次，當權者今日隨意以「匪諜」或「叛亂」的罪名加於雷震，正與當年史他林隨意以「托派」或「勾結帝國主義」的罪名加於其同志如出一轍，這也許是蔣經國留俄十餘年所學的心得吧？在史他林時代的俄國，任何一個俄共的要人都有於一夜之間被目為托派送往斷頭台的可能，今日的台灣，任何一個黨政要員也同樣有於一夜之間被目為「匪諜」或「掩護匪諜」而遭受某種不幸的可能，從任顯群、孫立人、王叔銘以至雷震，他們遭受排擠或迫害的原因雖各有不同；但都被扣上掩護匪諜的罪名。因此，我奉勸今日奉命審訊雷震的那幾位軍法官和警備司令部的那位王發言人（恕不能記其大名），當心你們有朝一日也會被扣上同樣的罪名啊！同時，我想到曾與蔣介石有深切關係和悠長歷史的人如孫立人如雷震都會變為掩護匪諜的罪犯，又有誰能相信陳誠、黃杰等人不會於最近的將來也變成掩護匪諜的罪犯啊？

總之，台灣現已步上俄式自我清算鬥爭的舊路，人人都將自危的。

朱篤夫寄自紐約

「毛澤東選集」第四卷出版

暴露了中共當年對和談毫無誠意

劉裕畧

香港大公報九月三十日於第一版用紅色特大字體刊載「中共新華社九月廿九日北平電訊作為頭條新聞。新聞內容是說「毛澤東選集」第四卷已出版。中共新華社對此加以介紹說：「這些著作，代表『毛澤東思想在第三次國內革命戰爭時期的偉大發展，是中國革命經驗的結晶，是毛主席應用馬克思列寧主義的科學理論解決中國革命問題獲得的偉大成果。選集第四卷的出版，對於中國共產黨，對於我國人民，對於我國的馬克思列寧主義的宣傳工作和科學工作，都是重要的事件。這部著作，不僅具有重大的歷史意義，它將成為加速我國的社會主義革命和社會主義建設的強大思想武器，成為加強反對帝國主義鬥爭和反對現代修正主義鬥爭的強大的思想武器」。

大陸之窗

上述新華社的評語，固然充滿了對它主子的吹牛拍馬成分，但新華社的另一按語，說：「這一卷是毛主席從一九四五年八月到一九四九年九月時期的著作，共七十篇，其中有三十五篇是第一次公開發表的」。則全係事實。正因為其中三十五篇是屬於一直從未發表的秘密文件，而自一九四五年八月至一九四九年九月又正是國共鬥爭最劇烈最具決定性的時期，其中所包含的問題，譬如共黨當年對國共和談究竟有無誠意？又其真實態度究竟如何？這裡却對我們提供了最好的解答。

在毛澤東選集第四卷所收入的七十篇文章中，內有「中共中央關於同國民黨進行和平談判的通知」和「關於重慶談判」兩文，前一篇是毛澤東到重慶同國民黨進行和平談判的前夜為中共中央起草的黨內通知，後一篇是毛澤東從重慶回延安以後在幹部會上作的報告。這兩篇文章都完全暴露了中共當時把和談當作策畧，同時更暴露了中共當時對和談毫無誠意的事實。這篇文章記載着毛澤東當時會告訴共黨全黨的話，說：「必須保持高度的警惕，堅持人民的武裝，絕對不要因為談判而放鬆對於蔣介石反人民政策的鬥爭，絕對不要希望國民黨反動派發善心，而要依靠人民，依靠人民手裡的力量，依靠全黨的團結；對於蔣介石的諾言，絕對不要輕信，談判中達成的協議，還不是實現了的東西，即使實現了，反動派在不需要的時候也隨時可以撕毀」；又說：「不給敢於進攻解放區的反動派很大的打擊，和平是不會來的」。

對此，中共新華社又在扼要的簡介中，加以渲染說：「毛澤東同志提出的方針，使黨在政治上獲得『完全的主動，而使美帝國主義和蔣介石陷於了被動的地位」。於此，可見毛澤東與中共當年對和談毫無誠意，且一直堅持其鬥爭的策畧，實已暴露無遺了。

中共承認今年空前大災

受災面積達九億畝

黃華音

據中共電台九月二日廣播，承認：中共今年又發生空前大災害，受災面積共達九億畝，為中共統治大陸十年以來之空前大災害云。中共此一廣播：係播發北平人民日報檢討今年中共工業建設「成就」時所透露者。中共承認此一天災包括旱災、水災、風災。但未談及蟲災，即蝗蟲之災。亦未談及草荒所造成災荒。大抵，中共認為大陸今年雖會發生數億畝草荒情形，但只要將草除去，便不算災。至於風災，中共特別以之列入今年三大災情之內，係因大陸沿海今年受風災特別嚴重之故。其實大，這對中共也是一大諷刺。因為中共誇誇其談的一直在大談其人民公社。人民既集體居住，中共又一向自稱人民公社所建房舍如何堅固，人民公社之集體工作如何有效，若中共平時所稱屬實，則何至引起如此重大之風災呢？可見人民公社也并不是一種好制度了。

中共作此一廣播時，雖透露大陸今年的受災面積達到空前的九億畝。但中共又透露大陸目前已有耕地十八億畝，只及全部耕地面積之一半。同時又說真正成災區域實只三億畝云。但我們曉得：中共未佔據大陸以前，大陸耕地總面積約十三億畝。隨後中共實施強迫開荒，將可耕地擴大為十六億畝，近年復增加兩億畝。但這兩億畝係新開荒地，耕種及生產條件，尚未充分具備，肥料尤其缺乏，而新開荒地則最需肥料，所以所謂十八億畝，實則仍只能暫算十六億畝，因之，受災面積九億畝，實已超全部總面積之二分之一，而為五分之三。至於成災區域只三億畝，中共當然指的是嚴重災區而言，嚴重災區達三億畝，則更是全部總面積之五分之一。遙望大陸同胞，其處水深火熱之中，真是極待解救了。

中共對外貿易要流氓態度

・陳一鳴・

在鐵幕遮蔽之下，其工業經濟生產之詳情究竟如何？海外不容易得到具體而確切的資料。但其概況，則仍然會在事實上直接或間接反映出來。當然，中共一如其他共黨國家，其工業經濟生產數字，照例有共黨官方數字發表。但那些官方數字之不可靠，乃稍有常識的人所通知。只有那些一知半解的人才會上中共的當，才會完全以中共官方或半官方的宣傳資料作依據。

目前，中共并沒有報導它的布匹生產遭遇頓挫，但就中共最近沒有布匹供應印尼，因而迫使印尼不得不改向香港購買布匹的事實來反証，可知中共最近的布匹生產情況是很不順利的。否則，中共的布匹供銷印尼，既有外匯收入，又有政治收穫，中共斷無不予供銷之理，況且，這種一向銷售印尼的布匹，也不可能轉銷他處。

另一方面，據香港報載泛亞社加爾各答二十六日電：中共對錫蘭間之商約談判，因中共在購買五千噸樹膠之商談上，採取了反覆無定之態度，使錫蘭方面認為「吃了大虧」。以致目前已整個陷入僵局。據加爾各答接得錫京報告稱：中共與錫蘭之間，自一九五三年以來，即採取錫蘭樹膠交換中國大陸白米之辦法，進行易貨貿易。今年雙方最先談妥錫蘭以樹膠一萬七千噸交換白米十六萬公噸。錫蘭并已將樹膠搜購齊全，中共臨時要求增購樹膠五千噸，錫蘭亦已應命。惟等到錫蘭向民間搜購到四千噸時，中共突又表示不要此五千噸膠。錫蘭認為此批樹膠係依中共自己之請求才向民間搜購，中共如不認賬，則商約亦不必再談云云。

吾人閱讀上項新聞，固可窺見中共政權在進行國際貿易時亦在玩流氓無賴態度，足可為亞洲各國仍在夢想與中共進行正常貿易者戒。同時，由這一件事，即可反映中共白米生產量有問題，因而不能照原定數量輸出。當然，由於它最後終於減少樹膠之購買量，亦可看出它對樹膠之不急要。否則，它又何能少購五千噸。這些蛛絲馬迹，恰對中共所宣傳的全面生產大躍進成為一種諷刺了。

致公堂與民憲黨支持中國民主黨

據美聯社三藩市電訊：五洲洪門致公總堂，對於在台灣成立之中國民主黨，表示支持。致公總堂會長譚護，頃答覆美聯社記者關於台灣中華民國民主黨新成立之詢問時稱：「國民黨一黨專政爲時太久。在大陸已有廿二年，在台灣亦有十年，攪到政治紊亂不堪，民不聊生。」故譚氏對該新黨之成立，極表贊同。據稱：中華民國民主黨以民主反共爲立場，反對蔣介石之一黨專政。雖遲遲成立，惟最值得世界上眞正民主國家之誠懇援助。

中國民主憲政黨主席李大明，亦對美聯社發表談話稱：中華民國民主黨在台灣誕生，乃爲蔣介石退出大陸十年以來的最好消息，時到今天，民青兩黨對台灣之一黨專政，反對能力極爲微弱。新成立之民主黨，以收復大陸、結束國民黨卅年來一黨專政爲職志，值得海內外愛好自由民主人士之支持。民憲黨對於友好之民主黨之宣告誕生，無任快慰，亟願盡其力量，予以支持。爲求反共復國有效，宜即聯結反共的各黨各派，促成國民黨一黨專政之早日完結。

·紐約航訊·

寮國局勢漸趨惡化

·何之渭·

三層對立

寮國的局勢終於到了「圖窮七見」的階段了！那也即是說：環繞着這個東南亞小王國的一切政變、戰爭與糾紛，它的基本上的對立，已經逐漸顯露。

這顯露出來的形態，是「三重的」，三層的對立。

李江與諾沙旺的對立，或富馬親王與彭庵親王的對立，不過是表面的，浮淺的。另外的三重的對立，才是基本的對立。

第一層對立，屬於寮國本身的，是寮共蘇發努馮及被利用的李江一方面，與諾沙旺、彭庵親王、包括前總理洗廼恭、桑沙尼等的對立。

第二層對立，一方面是泰國、南越，而另一方面，則是北越與中共。

北平指責泰國「干預寮國」，而河內則是蘇發努馮流亡的庇護所，他並從這北越共黨的首都，指揮巴特寮部隊在寮國內的戰爭。而泰國乃沙立的答覆，却說是北平誣指泰國對寮「干預」，乃是中共將插手寮局的藉口。

第三層的對立是蘇聯與美國，她們互相指責，都說對方「干預寮局、破壞東南亞和平」。

談談打打

換句話說，這也就是所謂「親共與反共之爭」，更逕直說，是「反共與共黨之爭」，所以牽涉的面，廣至泰國及中共的西南邊。泰國，固然在東北部戒備，以防萬一。中共軍亦有六個師，調至雲南與寮國的邊境。

那一邊是，共黨的河內、北越、寮共、中共，認爲李江政變是千載一時之機，加緊會商策動擴大在寮國的「遊擊戰」，擴充地盤。

另外的一邊，在曼谷的東南亞公約機構，華盛頓，聯合國所在地的紐約，都在討論寮局。

共方的策略，目前已由於行動而顯露出它的輪廓，他們一面利用所謂「和談」，一方面却加緊進行戰爭，中共「談談打打」的戰略，已在寮國重現。中共當年窃據大陸的「先進經驗」，已爲寮共承其衣砵。可以看出寮越共這一戰略的運用，乃是李富春「北越訪問團」的產物，該團之中，包括多年從事地下工作的廖承志，及打過遊擊也參加過馬歇爾「軍調部」的葉劍英。

桑怒的被攻陷，等于越南戰爭中的「和平之役」——共軍從遊擊戰進入攻城戰，首次成功。

桑怒之陷

桑怒之陷使寮國局勢「很快進入到頂點」，一如某西方通訊社所描述的。

桑怒之戰，是在蘇發努馮「不打政府軍專打反共軍」的命題下發動的，攻城主力是寮共軍。第二軍區司令，桑怒的守將查拉斯中校，原來是支持諾沙旺的，寮共軍就藉口這一點，認爲他們是「反共軍、叛軍」，「應予打擊」，從而攻下桑怒。實際上，寮國四個軍區司令，到王都琅巴剌邦開和談會議，因爲寮王首肯，各軍區司令當然前往，查拉斯中校也不例外，而寮王却就於查拉斯中校在王都開會時，攻下桑怒。

同時，在富馬呼籲「和談」、高喊「停火」聲中，李江的傘兵却自永珍飛赴桑怒外圍降落，威脅當地守軍，等于與共軍夾擊原日王軍。換句話說，李江已與共軍併肩作戰了！

泰國的乃沙立總理說：寮共正在利用談判，趁火打劫。又說：「美國和東南亞機構，現在大概明白寮國問題的本質了」！

弦外之音，乃沙立是在說：余所預料之寮國共亂，乃不幸而言中！

·曼谷通訊·

汕頭酒樓發明「狗筵」

·翁卓成·

汕頭市粮荒嚴重，肉食尤爲奇缺，因此在一年前普遍販賣的狗肉，目下也被視作珍饈，售價提高了數倍，除了共方官員或是擁有鉅額外滙的僑眷得以一嘗「美味」外，一般老百姓，是極難獲得這種「高貴」的口腹享受。酒樓飯館，尤爲妙想天開，竟然「發明」了狗筵。據曾嘗過這種「美味」的汕頭來客稱：所謂狗筵，就是全席嘉餚，都純用狗來作製料，如燉狗頭，炆狗肉，炒狗雜，以至清蒸狗腦，豉汁狗骨等，紛然雜陳；惟其他肉類，則均付缺如云。

該來客又稱：汕市的罐頭食品公司，雖仍有猪、牛、雞、鴨等肉類罐頭生產，但都是全部運出海外推銷者，市內人民，包括有外滙的僑眷在內，也難得一嘗；而在廠中親手製造罐頭肉類的工友，也是數月不知肉味，祇吃到半飽的雜粮吧了。廠中工友，每感處境凄涼，氣憤無處發洩，則常作消極的搗亂以爲報復，有些存心粗造濫製，有些故意使罐頭洩氣，更有些乘機將不潔的雜物滲入罐頭內，藉此打擊產品外銷的信譽。此種情形，監督的共幹，雖曾一度進行澈查，意圖消滅各工友搗亂的作風，但各工友積恨已深，當共幹風頭火勢澈查時，則畧爲歛迹，迨共幹的調查稍一鬆懈，却又依舊暗中加以破壞，使共幹窮於應付，防不勝防，目前這種報復的行動，仍在繼續發展中。

僑鄉近訊

潮汕「優待僑眷辦法」擱淺

·江水·

潮汕粮荒，漸形嚴重。由九月份起，爲吸引僑滙而訂下來的「優待僑眷」辦法，已告擱淺；僑眷憑僑滙証到華僑商店去購買粮食，也不獲「優先供應」了。汕頭市「華僑聯誼會」，曾爲了這事，發出通知書，向市內的僑眷，傳達「政府」目前的困難，呼籲僑眷與「當局」合作，大力節約，如非急迫需的食物，應等待供應品到達後才去購買。汕共此舉，顯係困態畢露。同時，也不能不要緩和一下僑眷的情緒，希望他（她）們繼續向海外親屬索取滙欵接濟。至於一般市民，則早已由九月份起，開始減少配粮額。計一級勞動力的，每月僅得配給食米九斤，另搭配雜粮十五斤：二、三級勞動力的，（包括家庭婦女），則配給數量，更爲減少。據說：近數月來，潮汕各地，風雨成災，農村裏的農作物，多被摧殘，故粮食奇缺，飢餓的陰影，已籠罩着整個僑鄉，人民生活，苦不堪言！又：醫藥方面，也極缺乏；市民因營養不足而患病者已多，再加以缺乏醫藥，失於療治，因而枉死者，時有所聞！

厦門爆發反飢餓運動

福建也告粮荒！據厦門消息：目前該市的配粮額、已減至每人每餐食米二兩，市民祇得加搭一半雜粮，滲合煮食，藉以充飢。蔬菜的供應，更經常達不到實際的需要量十份之一。全市居民，均受飢餓的威脅；人心惶惶，已達極點。但中共對此，却仍不從基本上去謀解決，反而大攪表面文章，動員近萬人，增設各種「生活服務站」。這些「生活服務站」，原日已設有三百個，現再增設一百五十個。但由於人民生活上主要的粮食，和其他副食，均未獲得實際的解決，却來捨本逐末，除了浪費人力之外，實在一無是處。該市市民，刻已因此激起反抗。九月二日，市面曾一度發現「反飢餓」的傳單；各服務站上，亦被發現貼有「反飢餓」的標語。公安人員，大舉出動，搜索「反動份子」，但擾攘多日，仍一無所獲。

新加坡人民行動黨最近的行動

·祈齊元·

新加坡人民行動黨自霹靂一聲開除了前國家發展部長兼該黨執委王永元之後，政治思想和目標，就立刻成爲該黨內外一個嚴重糾紛的現象：王永元派不斷反擊李光耀派所領導的人民行動黨的行動，已與殖民地主義者妥協，趨向右轉；而李光耀派，則反唇相稽，力斥王永元派爲左翼份子所收買；雙方互相對罵，熱鬧非常。——本來，這種「兄弟鬩牆」的把戲，原不值得重視，但其中牽涉到政治思想和政治路綫問題，尤其是人民行動黨最近的行動問題，那就影响得相當重大，而不能等閒視之了。

人民行動黨自成立迄今，本向以左翼自居，當地人民和世界人士，對該黨的行動，也一向知得很清楚；但是到了最近，該黨的行動，顯然已發生了「政治思想分歧」的現象。

李光耀已在立法議院中透露過，新加坡的共產黨徒業經重新活躍起來。他指出：以前潛伏地下的共產黨同情份子和治動份子，已開始再行結集，積極幹着滲透的工作。他又說：但我們也知道，我們是處在共產黨和殖民地主義者的夾縫中，如果遇到左翼份子和殖民地主義者發生了衝突時，則人民行動黨將讓他們鬥個頭崩額裂。

從李光耀這番話中，我們可以立刻看出人民行動黨的動向了。

果然，人民行動黨最近的行動，眞的是如此！

他們的行動，既非極左，但也不是右，而是「左右開弓」。因此，也就引起了「人民聯盟」方面對它的指斥；并說明一切政治思想，如非親共，就是反共，若非反共，就是親共。他完全認爲，人民行動黨最近的行動，是一種極度不高明的政策。

林有福曾這樣的大聲疾呼：民主主義是與共產主義絕對對立的：民主主義者絕不可能同時是共產主義者，所以，如果人民行動黨若是眞正的民主主義者，那末，它就毋須重申自己是非共了！——這一番話，顯然是對人民行動黨最近的行動有感而發。

到了目前，李光耀的人民行動黨「左右開弓」的行動，表現得更爲出色；但同時也反映出一切措施，都有點失常。

人民行動黨最近的行動，確是來得有點「那個」。他們雖仍然狡獪地作出「左右開弓」的態度，但他們對右派是存心予以極端蔑視的。李光耀最近還坦白地說道：「在爭取政權的競賽上，祇有一個組織——即共產黨——也許能够和政府挑戰，或和現政府爭衡對抗；其他右翼勢力，在現狀態中，是沒有生氣和無能了」！他既存有這種偏見，於是人民行動黨最近的行動，也就更來得尷尬了！

情人的眼淚

符兆祥

她是星期一早上被分發到這裡來的，才過了三天，她的心却已焦急的等待星期天的來臨，數着時間，算着日子。這種日子過得眞痛苦，小林又沒有一封信來，不知爲了什麼，於是，在痛苦中，她一點情趣也沒有。

小林本來在他家開的店裡做得好好的，不知怎麼會一下子心血來潮，說要到高雄去，看看有沒有機會「上船」，他是水產學校畢業的，上船是他的本行，所以當他把這件事告訴她時，她的心裡很不願意，但又說不出阻止的理由來。

她倆相識才半年。短短的半年，在熱戀的情人來說，好像才開始。可是，現在馬上又要分離，這是多殘忍的事？

她是在表姐的生日舞會裏碰到他的。那晚，他穿了一套黑色的晚禮服，身材高大而健壯，頭髮鬆卷而自然，配上一臉稚氣純眞的微笑，眞英俊、迷人，許多女孩子都興奮的偷偷地談論着他，都爭着和他共舞，只有她，一個人靜靜的坐在角落裏，一動也不動，如果她長得高一點，美一點，或者衣服漂亮一點，她也會跟她們一樣，故意的在他面前走一趟，引起他對自己的注意。

她長得很矮，雖然不算難看，但沒有出色的衣服，在舞會中，她相信她是最平凡的。

她沒有爲這而傷心，有許多事，尤其在她，本來只能想想就很够了，不一定要做到，爲此，她偏着頭、坐在那裡看得很有意思。

第二次碰到他，還是在表姐所舉行的舞會裏，他穿了件白色的西服，看起來更漂亮了。而她呢，穿的正是上次表姐生日舞會的那件，那是母親節省了五個月的菜錢，爲她縫的一件紫色的綢衣裙。在自己來說，已是一件極漂亮的了。但，在許多人的面前一比，那就遜色太多。

她仍找了個僻靜的角落坐下，可是想不到，他却突然排開衆人，走到他的面前來，邀她共舞。她一時手足無措，心跳着，臉紅着讓他體貼的攜着，在許多女孩子不屑與嫉妒的眼光下，用不太純熟的舞步，在舞池內旋轉。

「我注意妳好久了，」小林在她耳邊，輕輕的對她說這句話。

她沒有說話，也不知說什麼好，在這一剎那間，她被幸福的霧整個的浸涵了。

表姐曾警告過她，說他是一個不忠於愛情的人，最好是早早離開他。

「妳長得並不好看，他不會愛妳的，小桃。」表姐說。

她不明白表姐爲什麼一下子那麼關心起她，不過她認爲她的話有點道理。

「他爲什麼會愛我？」她不安的懷疑。

有許多個夜晚，她時常夢到小林丟棄了她，挽着另一個女孩子，於是，她出了一身冷汗而驚醒，接着她會一晚睡不着，就在憂慮的恐怖中。

她記得在她們的約會中，有兩次他曾失過約，雖然事後他向她道歉，告訴她是因爲店裡的事太忙。但，她的心底一直有撥不開的陰影，是不是他另外有一個女朋友？那個女朋友長得比她美，比她風趣。

「告訴我，你是眞的愛我？」這是在每次分手前，她總算孩子氣地問他這句話，他從沒有告訴她，只是輕輕的吻着她，喃喃的說：「可憐的小東西。」

現在，他要到高雄去了，聽說那是一個充滿浪漫氣息的海港，什麼女人都有，他是愛玩的，他會不會忘記她？

假如他眞的完全忘了她，哦，她不敢想像那種日子將如何打發，只有死會好些。那樣，她那一腔銘心刻骨的愛情，才不會使她痛苦。

盼望了多少天的星期日到了。早上，她愉快的睜開眼，可是馬上又失望的閉上，窗外正傾盆大雨，接着聽到許多人在嘆氣。

她是去年畢業的，一踏出校門便被分發到北投這所醫院來實習，這家醫院建築在山頂，從山上到車站路很長，況且又下這麼大的雨，她一下子記起昨晚聽廣播，說這兩天會有颱風，爲什麼偏偏要從星期天開始呢？

她默默的坐在窗前，望着外面嘩啦地下個不停的豪雨，她的心隨着簷前慢慢增高的水積而憂煩。小林說在走之前一定會寫封信來，這幾天一直沒有收到信。當然他是還沒有走，尤其打颱風事實上他也不可能走，想到這裡她安心了點。

小林有一副野馬似的性格，不拘小節，他到那裏，他那爽朗的笑聲就充滿那裏。她一向缺少這一份談笑自如的能力，往往，他的瀟洒的舉動使她感到驕傲與滿足，一個動作，一個手勢，一個眼神，一個微笑，都使她衷心的感動。

現在，外面的風雨更大了，廣播說颱風在下午就要登陸，她木偶似的坐着，不知道已經坐了多久，望着窗外的雨，呆了一下，她不禁又想起他來，他現在在幹什麼？他是好動的，風雨阻擋不了他。於是，她細心爲他安排了幾個地方，或者在表姐家跳舞，或者在周小姐家打撞球，再不，就打橋牌……

中午，她懶懶的吃了半碗飯，小姐們個個都怨天怨地，這場風雨，把七天前定的約會，七天等待的心全搗碎了。

吃過飯，再到窗子邊坐了一會。於是，她又回到床上躺着，好像這樣比較實在一點，閉上眼，起先她想起許多漫無頭緒的事，繼而朦朦朧朧的睡了。

不知睡了有多久，有人來推醒她，說有電話。

她知道一定是小林打來的，她急急的向電話間跑，她的心由於過度的渴望，使她拿起電話來時，手在顫抖，喉在發乾。

「你是……」她沒說下去。

「是我……」他的聲音。

接着是一陣沉默。

「……今天雨下得很大，妳……
……」

「你呢？」她問：「你今天怎麼玩的。」

「我？」對方頓了頓，頑皮地：「你猜。」

她一下感到委曲起來，他竟然還叫她猜。

「怎麼了？」小林在問，她賭氣不理，他又說：「生氣了？告訴妳，我在家睡了一天。」

他招供了，她寬慰的笑了：「你這個人。」

「我很想念妳，」他正經地說。

「……我也是，」她輕輕的說。

「我馬上來看妳，」他似微求她的應允。

她望了望窗外的風雨，担憂的說：「下這麼大的雨，你來做什麼呢？」

他停了半晌；「我要告訴妳一句話。」

「一句話，」她有點緊張：「什麼話呢？」

「我愛妳，」他柔情萬種的說。

她聽了，激動得說不出一句話來，歇了會，抽抽搭搭的哭起來：「你是說……你愛我？」她問。

「是的，妳爲什麼哭呢？」他關切的問。

「哦，沒有，」她拭了拭淚水。

「那回頭見，」小林說。

「喂，慢點，」她對他說：「你不用來了。」

「爲什麼？」

「颱風正登陸，你叫不到車子，來什麼？」

「不要緊，」他固執地。

「小林，請聽我的話。」她眞心的說。

「可是，明後天我就得走了……：」他焦急的說。

她果然呆了下，抬起頭再一次向窗外望了望說：

「可是風雨太大，很危險，你不用來了。」

小林沒有作聲。

「你對我說，你愛我，這就很够了，親愛的。」她嗚咽着說：「我不會在乎你離開我多遠，因爲從此以後你已活在我的心中。」

沒等他再說話，她便放下聽筒，痴痴的向寢室走。

有人在無聊的唱起「情人的眼淚」那首憂怨的曲子：

「爲什麼要對你，掉眼淚，你難道不明白，爲了愛……
……」

她一陣的心酸，忽然又哭了起來，哭得很傷心。

但，她確確實實的，感到她是幸福的。

文壇泥爪

郁達夫與郭沫若之三

創造社自三巨頭勞燕分飛後，刊物一度中斷。到民十四年五卅慘案，才又有「洪水」半月刊之創刊。這個刊物已經脫離泰東書局，改由新成立的光華書局印行；而主持人已非郭或郁，而是所謂創造社的第一批「小伙計」，即周全平、敬隱漁、倪貽德、洪爲法等，這些人在週報刊行時已經嶄露了頭角，全平和貽德的小說如「林中」和「玄武湖之秋」，也是當時頗負盛名的作品。據說，採用「洪水」二字是全平的意思，取義於舊約中挪亞時代洗淨人間罪惡的洪水。後來參加了剛從蘇聯回國的蔣光赤和剛從法國回來的王獨清（這二人都是共黨，蔣後改名光慈，自創太陽社，魯迅曾叫他蔣光X，因肺病早死；王後任中山大學文學院長，因脫派被害），郭受了他們的影響，在「洪水」上發表激烈評論文學，使「洪水」的含義變成了與猛獸並列的名詞。這時郭從東京回來，郁早離了北大，隨石瑛到武昌大學當了教授，旋又解職返滬。郭郁二人又見面，雙方的感情一度恢復。

因爲蔣光赤的關係，郭沫若在滬認識了瞿秋白。似乎郭在「洪水」上發表的「盲腸炎與資本主義」「共產與共管」「窮漢的窮談」等雜文，很獲瞿秋白的賞識，於是瞿介紹郭到廣東中山大學做了文學院長。在郭於民十五春天赴粵的同時，創造社出版部宣告成立，除了由光華移過「洪水」印行之外，還創刊了「創造月刊」。這時所謂創造社的第二批「小伙計」參加進來了，他們是朱鏡我、李初梨、李鐵聲、馮乃超等，竟是一色的共產黨。從此創造社眞正「劇變」了，從爲藝術而藝術變成爲革命而文藝。

郭赴粵時是與郁達夫王獨清一道去的，他舉薦郁王都在中大做了教授。成仿吾領他在林祖涵處辦手續，他那時初次見到在國民黨中央黨部任職的毛澤東。毛不知道這位有名的郭聾子，說話特別低聲，使他十句話中只聽見一二句。只有半年工夫，國民黨北伐了，他做了鄧演達的副手，跟着北上，把文學院長就讓給了王獨清。據他說本想讓郁達夫的，只因郁已先期離粵去了北平。這話是否屬實，還須大打折扣。因爲抗戰時他做政治部第三廳長，打電報請郁任第七處長，但郁到後，第七處却派了別人，只給了郁一個清閒的「設計委員」。

民十六北伐軍打到南昌；郁由北平返滬，用「曰歸」的筆名，在「洪水」三卷二十五期上發表了一篇「廣東事情」，郭看了不以爲然，函郁大加申斥，於是激怒了郁達夫，立時登報聲明脫離創造社，並和他正式絕交，這就是他說的與郁第四次的齟齬。

文史漫談

上古舌端文學可能的寫定時代

徐亮之

阮元「文言說」說：

「古人無筆硯紙墨之便，往往鑄金刻石，始傳久遠。其著之簡策者，亦有漆書刀削之勞，非如今人下筆千言，言事甚易也。」（揅經室三集三）

又說：

「古人以簡策傳事者少，以口舌傳事者多；以目治事者少，以口耳治事者多。」（同右）

這話很能概括中國古代文學發展的史實。在古代，文字縱然已經有了，而沒有「筆硯紙墨之便」，仍然滯留在「鑄金刻石」或「漆書刀削」的階段，則這時代的文學園地，仍然只是舌端文學的世界的。

那末，中國古代的舌端文學到底要到何時何代才有寫定的可能呢？我以為就現有的殷墟甲骨文字判斷，最少在殷商中葉就有這種可能的；理由如次：

一、殷墟建都始自盤庚；（詳王國維「觀堂集林」卷十二「說殷」。羅振玉「殷商貞卜文字考自序」依「史記殷本紀」定為「武乙之墟」，非。）盤庚正是殷商中葉的名王。史記正義引古本竹書說「自盤庚徙殷至紂之亡，七百七十三年，更不遷都」（按「七百」當作「二百」，說詳范祥雍編「古本竹書紀年輯校訂補」P二〇）。足見現有的殷墟甲骨文字，正是通貫殷商中末葉的遺物。

二、甲骨文中有「冊」文，足見當時已使用竹簡。而且在甲骨和陶器上有不少用朱墨書寫的遺跡，足見當時已使用毛筆。有了毛筆和竹簡，傳寫文學作品的條件便具備了；阮氏上述的顧慮便沒有重要的意義了。

三、尚書中的「盤庚」三篇，為可以確信的殷代寫定的殷代作品。這三篇作品，雖然是紀錄盤庚對於遷都主張的訓話，但其中有議論也有敘述，有嚴正的說理，也有精妙的比喻；其比喻的辭句，如「若網在綱，有條而不紊；若農服田力嗇，乃亦有秋」；如「若火之燎于原，不可嚮邇，其猶可撲滅？」等，其更為膾炙千古的名句。這正是積極修辭的現象；可以窺見殷代散文的風格；亦即可以想見殷代舌端文學的散文部門客觀進度的一斑。

四、龜甲獸骨由於面積所限，雖不能担任文學傳寫的使命，但却仍有辭句整飾的文字；如「卜辭通纂」三七五：

「今日雨：其自西來雨？其自東來雨？其自北來雨？其自南來雨？」

又如劉體智藏片（見胡厚宣編「戰後京津所獲甲骨集」五二〇）：

「東方曰析，鳳（風）曰劦；
南方曰㚇，鳳曰完；
西方曰東，鳳曰彝；
□□□□，鳳曰段。」

這兩個例子，從形式上看都是很整齊的，並不如其他卜辭字句的長短參差。再依楊樹達的考釋，後一例子除第四行四字殘缺，他依山海經大荒東經補為「北方曰宛」和「風曰段」他說「未詳」外；認為「完」即詩邶風「凱風自南」和呂覽有始覽「南風曰凱風」的「凱」字，或淮南地形訓「南風曰愷風」的「愷」字。「東」字即山海經大荒西經「來風曰韋」的「韋」字，而「韋與彝古音近」（積微居甲文說卷下）。於是這兩版文字，不但外觀上形式整齊，同時並含有音韻美，因之讀來順溜上口，不像其他卜辭佶屈聱牙的了。而形式美與音韻美正是文學作品不可缺少的條件；本非文學作品竟居然具有文學作品的形式與音韻美，這祇是反証殷代舌端文學的韻文部門已發展到了相當高度的水準而已。

三遊青山寺投宿不成

·蓀莊·

行行近屯門，指點青山樹。乘興蕭寺接微茫，亭午散煙霧。乘興陟岧嶢，疲苶得幽趣。別來世事改，彷彿忘舊路。尋碑弔昌黎，望海思杯渡。老松森虬蟠，奇石驚虎踞。如何寂鐘磬，風景倏非故。壞殿冷空王，積蘚碍行處。瞥眼幾塵刧，往復歲時度。太息聊徘徊，相對日將暮。託宿問僧窗，差池恨所遇。我豈熱客儔，無緣領禪悟。悄然負山月，取笑沙上鷺。歸路空回頭，白雲自呑吐。

記戊戌維新始末（二）

舜生

一、維新由內外交逼而成

說中國改革運動的起來乃導源於甲午一戰，這在大體上說來是不錯的。不過尤其使得中國人不能忍受的，乃在對日戰敗以後所引起列強對中國的瘋狂侵畧。綜計自光緒二十一至二十四這三年之間，列強從中國所掠奪的權益，比之在兩度鴉片戰爭（第一度一八三九年三月——一八四二年八月，第二度一八五八年十月——一八六〇年十月）及一度中法戰爭（一八八三年六月——一八八五年六月）以後的情況，這實在是太使中國人驚心動魄了：沿海要區如膠州灣、旅順、大連、廣州灣、威海衛、九龍半島，都是在這個時候喪失的；同時因投資關係，列強在中國所取得鐵道的建築與管理權，已多至六千四百二十英里（英二千八白哩，俄一千五百三十哩，德七百二十哩，實際是俄法，名義是比利時六百五十哩，法四百二十哩，美三百哩）；尤其，依據光緒二十二年四月二十二日（1896，6，3）李鴻章在莫斯科所簽訂的中俄密約，俄國在我東北乃攫奪了一條中東鐵路，加上護路警察及沿路的若干土地與鑛產，開設了一個有名的華俄道勝銀行；等到她佔了旅大以後，乃更加上一條南滿路和更多的土地；像這樣鯨吞式的侵畧，更為其他列強所望塵莫及。此外，使得中國人感到眞有亡國的危險的，還有由列強分別指定的所謂「勢力範圍！」至於依據「馬關條約」，使列強援用最惠國待遇得在中國各通商口岸購用土地設廠從事工業製造，因而他們對中國的經濟侵畧，也就構成了一種突飛猛晉的形式，這當然也是當時的知識分子所感到極端不安的。

說到一八六〇到一八九四年（即咸豐十年到光緒二十年）的所謂「洋務運動」，其目的本來在「師夷之長以制夷」，所不幸者，「夷之長」並不以船堅炮利，工業製造，乃至路鑛郵電紡織等為限，實另有其大本大源，而當日發動「洋務運動」的這班『中興名臣』如曾國藩、左宗棠、李鴻章、沈葆楨等，對於「夷」的本源所在固無所知，即從事後期「洋務運動」而涉獵號稱廣博一點的張之洞，他也一樣不能了解，我們只看他晚年在釐定教育制度的時候，還極力主張不要把西洋的哲學列入中國大學課程，其固陋也就可想而知了。誠然，在這一期的人物如鄭觀應、容閎、馬建忠、嚴復、黃遵憲之流，他們對於西洋的政治文教，確已有了一定的認識，可是他們究竟是人微言輕，即有陳說，其不足以轉移前舉諸大人先生的視聽，自亦屬是意料中事。李鴻章在甲午戰前曾說中國遭遇的情況為「三千年來一大變局」，這也不過是由耳食得來的一種模糊影響之談，我們但看他在馬關議和時，向伊藤博文暢論東亞大勢，以及一八九六年他在德國向俾斯麥談判中國的政治問題，都適足以暴露其絕無眞知灼見。日本的明治維新，在我同治初年即已開始，等到甲午戰爭爆發，日本憲法的頒布已歷五年，議會的召集已到第三屆；預算決算的制度久經確定，對於國家的經費，任何人也不能亂用一文；至於各級教育的發展，更大有成就。李鴻章好像對黃遵憲送給他一部「日本國志」的抄本從未過目，對日本的政治改革與整軍經武和工商建設齊頭並進的事實，也絕無所知；以為只要有他三萬使用洋鎗洋砲的淮軍，和十年前從外國購來的幾條鐵甲兵艦，便可把日本對付過去，而結果則一敗塗地，使中國國際地位從此不振。即令說這一責任不應由鴻章個人負担，但他是第一個應負責的人，自屬毫無疑義。●

本刊已經香港政府登記

每逢星期五出版

聯合評論

週刊

United Voice Weekly

第一一二號

督印人：黃宇人　總編輯：左仲平
社址九龍赫德道二十三號地下　電話68678
承印：嘉羅印刷有限公司　香港灣仔馬師道5號
總代理：友聯發行公司　售價每份港幣一毫
本報美洲版總經售處美國紐約中美出版社
CHINESE-AMERICAN PRESS, INC
199 CANAL STRE,ET..
NEW YORK31 N.Y. U.S.A.
美洲航空版每份零售美金一角

雷案判決感言

左舜生

最近若干年以來，我隨時都在抱着一種憤慨和隱憂：一方面痛恨共匪把「中華民國」四個字輕輕抹去，實際即等於把過去六十年來中華民國的建國史一筆勾銷！同時，我尤其担心，惟恐在一二年之間，中華民國乃真不幸而被摒於國際集團之外！我自己是畧畧知道民國建國這一過程的，我無法不寶愛這一段歷史，就在今天，那班從事締造民國的若干先烈，他們那種悲歌慷慨視死如歸的聲容體貌，每一懷想，還髣髴「如在其上，如在其左右，」由於精神與情感的固結，總使我感到無法置身於維護民國的這一責任以外。

最近讀到聯合國關於是否應准許中共竄進這一國際集團的各方辯論，和投票通過美國提案的紀錄，真使人慷慨萬千！假定不是非洲多數新興國家棄權，而有半數以上投了對美國提案的反對票，中共在今年便有擠入聯合國的可能，果然演變到了這一階段，我真不知道中華民國的代表團將置身何地？這是何等的驚心動魄！可是，台北當局在這一個嚴重關頭，却依然是行所無事，這一個多月的寶貴時間，他們只是目營心注如何來對付「自由中國」這本刊物，使它根本不能出版；對付雷震這個人，使他無法存在；對付這個還在籌備中的「中國民主黨」，使它絕對不會出現。

雷等四人是上月四號以「自由中國」的文字問題被捕的，而劉子英和馬之驌却忽然變了「匪諜」！我們知道：台灣是特務充塞而警憲滿街的，在他們平日不需要「匪諜」的時候，可以說台灣一個「匪諜」也沒有；可是到了需要「匪諜」來參加變戲法的時候，「匪諜」便立即出現，而且要多少有多少！過去孫立人一案是如此，這次雷震等一案還是如此。

我細讀過有關雷案的「起訴書」，雷本人的「申辯者」，這次所謂軍事法庭的判決「主文」和「要旨」，乃至雷夫人宋英在判決後所發表一個「公道自在人心」的聲明，已可看出這一案件的全貌。這一案件構成雷的罪刑凡兩點：其一為明知劉子英為「匪諜」而不告密檢舉；其一為連續以文字為有利於叛徒的宣傳；而後一點又從前一點「匪諜」關係烘托而出。其畫龍點睛的關鍵，即在以秘密偵訊的方式：硬派劉自認為一名「匪諜」，其如何取得劉這份「自白書」的方法，誰也可以想像，但誰也不知道這一經過的真象。「欲加之罪，何患無辭」，片面攀誣，根本毫無採信的價值，何況雷已絕對否認，劉曾在書房面告他為「匪諜」的這一節，更何所據而硬派雷為知情而不告密檢舉？只看法官不許劉子英與梁肅戎律師見面，又不許劉與雷在法庭對質，都可看出所謂劉的「自白書」，只是一個不可告人的「粗製品」，而且在偵訊期間確曾下過一番威脅利誘的工夫。

至於烘托雷確與「匪諜」有關的三點，也完全不能成立：其一，說雷與邵力子夫婦「常相過從」，或說邵對雷非常「倚重」！請問：一個副秘書長對秘書長不「常相過從」，你叫他如何去執行任務？一個秘書長對副秘書長不「倚重」，你叫他把重要的文件交與誰去處理？何況邵任「黨國」歷任要職，任命他，信任他者另有人在、如雷與邵接近有罪，有罪者豈止一雷？其二，說雷曾保劉入台，又為劉安揷工作，並接濟他以金錢，這正可說明台灣確有溫情，與大陸完全兩樣；如果劉以孑然一身，逃出魔窟，而在台朋友對他的生活又漠不相關，這豈不令劉寒心而廢然思返？至於雷的性格，以我所知道，他平日以朋友資格為私人解除困難的事實，真是不勝枚舉，何得以他對劉的態度而詫為奇怪？其三，說在雷家中搜獲共匪書籍一十八本，好像這也是構成罪狀的一端，這真是匪夷所思。共匪蟠踞大陸已十年以上，無論從思想上或事實上研究匪情都非搜羅共匪自己發表的文件以供參考不可，以雷這樣一個主持一種反共刊物的人，而他所藏共匪的書籍，不過區區一十八本，這可看出在台灣要搜集這類資料是何等的艱難？無怪那些自命為「匪情專家」的傢伙，他們在這十年以來，除發表幾篇「反共八股」聊以塞責以外，而對共匪活動的真情實況乃一無所知，以致把他們的宣傳工作做得毫無意義，也毫無氣力，這也正是台灣的一大危機啊！

至於「判決要旨」羅織劉子英與馬之驌的罪名，充其量也不過說劉「已達於着手實行之階段」，說馬「預備以非法之方法顛覆政府」，所謂「着手」，所謂「預備」，則劉馬等這十年以來在台灣絕無「匪諜」行動可知，法律只能講事實；不能講動機，既毫無事實，你叫雷根據什麼去「告密」，更根據什麼去「檢舉」呢？

總而言之，總而言之，台北當局要消滅「自由中國」這本雜誌，要消滅雷震這個人，要消滅一個將要出現的新黨，這是他們早已確定的決心，無論上訴也罷，不上訴也罷，他們一定蠻幹到底，其他一切的「手式」，一切的「表情」，一切的「穿揷」，不過只是加重這一事件戲劇化的氣氛，大抵無關宏旨。所可惜者，他們編戲的技術過於拙劣，因之漏洞百出，讀者如果真要了解台灣這十年來究竟是什麼人在幕後胡鬧，我便奉勸先看看我那篇由「吳案」「孫案」到「雷案」的長文（見本刊一〇九期），才比較能得要領。我們繼此要說的話還很多，這件事決不會如此了結，這是可請大家放心的。

留港民主人士共同慶祝雙十國慶

十月十日正午曾在格蘭酒店聚餐

（本報訊）雙十國慶不但是中國歷史上從帝王專制走向自由民主的一個關鍵日子，同時，也是先烈肇造中華民國的一個光榮日子。先烈們當時是以自己的鮮血寫下這一頁歷史，來為自由民主來為黃炎華冑開路的。不幸由於國民黨當權派自私誤國，愚昧低能，竟將中國大陸之大好河山斷送於殘暴共黨之手，於今且已十一年。當此雙十國慶紀念屆臨之日，留港民主人士緬懷往哲創業之艱難，傷心中共今日在大陸對數億同胞推行之暴政，復睹國民黨當權派那一羣不肖子孫繼續在台灣毀憲禍國胡作亂為之情形，衷心感痛無已。特於十月十日正午十二點假九龍格蘭酒店慶祝雙十國慶，舉行聚餐，以資紀念，並以繼承先烈為自由民主之奮鬥精神互勉。計到有：左舜生、史誠之、李璜、李任難、李芝興、李達生、岑盛軒、梁友衡、許子由、許冠三、徐亮之、姜黎川、張煥華、黃宇人、陳芝楚、陳傑三、孫寶剛、勞思光、劉子鵬、劉裕畧、羅鴻、蕭輝楷等多人。席間左舜生氏曾作簡短致詞，說到民主人士遠較國民黨當權派更為熱愛中華民國之事實時，全場一致鼓掌，情緒極為熱烈。此外，留港民主人士對國民黨當權派在台灣之各種倒行逆施，以致損害中華民國在國際上之地位，深表憤慨。並對民主反共復國等問題互相交換意見，直至午後三時始散云。（華強）

紐約華僑各界發起萬人簽名抗議蔣介石摧殘民主違法濫捕雷震等宣言

最近台灣警備司令部妄以「叛亂」「匪諜」罪名，非法逮捕「自由中國」半月刊負責人雷震等，交由軍事法庭訊辦，海外僑胞，聞悉之餘，不勝駭憤，按該刊在台，已有十年另十月之悠長歷史，素以倡導民主自由，鼓吹反攻復國為宗旨，台灣當局竟以該刊三年前所發表之文字，指為墮怠士氣民心，似係有意誣衊，而況對已過去數年所謂叛國之文字，豈有延至三年之後，始加追究之理，無非欲杜絕雷震等最近積極組織新黨，與當權派在地方選舉上直接衝突之故，按組黨結社及言論出版自由，明載憲法，台灣當局此舉，實屬蹂躪基本人權，誅鋤異己，美國輿論，亦為此事，代抱不平，吾僑胞素眷愛自由中國，豈容對此濫權殘害無辜報人而緘默坐視，除馳電慰問該刊負責人外，特發起共同呼籲，督促政府，將雷震等立予省釋，以息公憤，而維正義，敬此宣言。

張忠紱、溫應星、謝扶雅、尹振雄、陳華瑞、劉靜瑟、梅宏、伍藻池、袁可青、關肇汪、梅家寧、陳炳湘、麥羽菁、譚中平、李闡、黃嶸芳、黃漢彥、李偉棠、朱夏、溫金華、吳敬敷等一百五十八人署名（編者按：人名太多，因篇幅所限，恕不全錄）

為援救雷震等致聯合國人權委員會書

紐約聯合國秘書處哈馬紹秘書長煩轉聯合國人權委員會公鑒：中華民國台灣警備司令部於本月四日拘捕台北自由中國半月刊發行人雷震，編輯傅正，經理馬之驌，及已卸職之會計劉子英等四人。其所宣佈的案情，是該半月刊的言論涉嫌叛亂。五日，官方又發佈一小冊，彙集該半月刊於過去三年間所為的言論，抽取其中十三篇文章的若干詞句。認為有（一）倡導反攻無望。（二）主張美國干涉中國內政；（三）煽動軍人憤恨政府，（四）為中共作統戰宣傳，（五）挑撥台灣人與大陸來台同胞的感情及（六）鼓動人民流血革命等情。但這十三篇文章或發表於三年以前，或發表於三月以前，在當時均未被官方認為有所不合而遭受干涉；乃於今日忽然構成叛亂的罪証，其為斷章取義，故入人罪，已昭然若揭。中華民國政府當局此等迫害言論出版自由及蹂躪人權的不法行為，實為對聯合國人權宣言第三、第九、第十一及第十九各條款的公然蔑視。倘不及時予以制止，則人權宣言必將失去其存在的意義。

此案發生以來，世界各國輿論均表重視，台北中華民國立法委員亦力持正義。或聯名發表書面聲明，指陳以軍法制裁報刊言論，將使今後台灣的言論、出版、講學及新聞自由遭受嚴重的損害。或在院會提出質訊，指責以軍法審判人民實為侵害自由與違背憲法。但中華民國政府當局仍一意孤行，不但迄未恢復雷震等四人的自由，亦拒絕將本案移送法院作公平的處理。反而給雷震等加上共諜的罪名，堅持須由軍法機關審判。我們鑒於情勢迫切，特向　貴會作緊急的呼籲，敬希迅即採取必要的步驟，予雷震等四人以及時的援助，庶可確保人權宣言的尊嚴，而使各國人民均能受其實惠。

左舜生、李達生、李璜、岑盛軒、徐亮之、許子由、許冠三、梁友衡、陳芝楚、孫寶剛、黃宇人、勞思光、劉子鵬、劉裕畧、羅鴻。

雷震的申辯

•宣平。

哄動一時的雷案已於本月三日草草審訊完畢，將來如何宣判，尚須待當權者作最後的考慮，那些奉命行事的軍法官，不過表演如儀而已。在審訊之前，雷震曾提出長達六千餘言的申辯書。他說：「如果我這個冤獄成立，直接犧牲的雖然是我個人，最大的犧牲還是我們國家在自由世界的地位，因此，我希望我這個案子能在光明正大公平合法的原則下，得到於國家無損的結果。」原文如左：

「我這次以「涉嫌叛亂」的罪名被捕，現在看到警備總部對我的起訴書，更使我悲憤塡胸。如果起訴書所列的罪狀得以成立，我不僅爲我個人的命運悲，也更爲國家的法治悲。在針對起訴書所列的罪狀逐一申辯以前，我要先講我個人反共的信念和事蹟。

我是個信仰民主政治的人，這一信仰，植根於在大學受教育的時候。我早年加入國民黨，正是基於民主政治的信仰，對專制的滿清王朝從事革命工作，後來我國有了共匪，我同樣也是基於民主政治的信仰來反共。共匪的那一套理論和方法，與民主思想是絕不相客的。有了根深蒂固的民主思想的人，在任何情形之下總是反共的，我之反共，不是基於個人利害或恩怨，而是基於民主政治的信仰。這一點從我所主辦的「自由中國」半月刊的言論看得出來。再就我的反共事蹟來講，遠的不必說，從民國三十八年說起，那時正是和談的氣氛濃厚的時候，那年一月間我在南京發表過反對和談的言論，當時中央日報及其他報紙均登載過。我發表反對和談的言論的第二天，張岳軍先生在其寓所，約我們晚餐會談。在座的有張君勱先生及張二小姐、陳博生先生、以及張治中、邵力子等人。張治中振起面孔，間我爲什麼發表那個反和談的談話，我也很嚴厲答覆他，我說我要表明我的堅決態度。以致鬧得大家不歡而散。我還記得，那一天張二小姐大醉而大哭。三十八年三月底我在台灣發表過同樣的反和談的談話，台灣各報均刊載過。我這兩次的反和談談話，都是說：我們的力量比共匪大的時候，末始不可與共匪談和，如果力量小的時候，談和即等於投降。大家應摒除和談的想頭，奮戰到底。

我來台灣後，在東南長官公署任政務委員職務。那時爲防守台灣，構築防禦工事，在台灣防衛司令部裡面成立一個「材料動員委員會」（名稱大概如此，我記不大清楚了），長官公署派我兼任該委員會的主任委員。台灣省府秘書長浦薛鳳先生與防衛總司令孫立人先生爲副主任委員。委員有十餘人、尹仲容先生也是其一。當時爲防衛工事籌措經費，煞費苦心。今日若干稅捐附加之「防衛捐」，即當時幾經研究而得的結果，「防衛捐」的征收，原來是以三個月爲限的，以後一年一年的延展下來，防禦工事構築告一段落的時候，我曾和監察委員及記者多人親自去看過。這一段期間，我爲主持這個委員會所供獻的心力，均有事實可按，也有人証可求，我之所以竭盡心力來做這項台灣防衛工作，仍是基於我堅決反共的思想，卅九年我還在努力這項築構防衛工事的工作，工作完成的確切日期，我已記不清楚了。

再說，在上海保衛戰的時候，我曾經幫助過湯恩伯將軍作戰。那時，谷正綱與方治二先生是京滬杭警備總司令部政務委員會的委員，我則是湯恩伯聘請的顧問；那時我們在緊張局勢下，日以繼夜的考慮問題解決問題，有時弄得精疲力竭，才回寓所休息，上海陷落後，我們再回到台灣，陳辭修先生爲當時台灣省府主席，有一次他在國民黨中央委員會談話會上，對我和谷方二先生讚佩有加，要大家向我們看齊，因爲我們三人在國家極端危難之際總是挺身而出，當時報紙竟有的稱我們爲「三劍客」。

三十八年八月間，湯恩伯將軍防衛廈門時，又派人來接我和方治先生至廈門，參加金廈保衛戰，我乃以顧問名義，主持廈門地方經濟作戰和勞軍各項工作，九月間我與方先生同去廣州。到時聞蔣總統在重慶，我們又飛赴重慶，報告金廈防衛工作，並請示一切，不久蔣總統也來廈門，對我們獎勵有加。十月十五日廈門陷落，我們於深夜二時乘小船再上兵艦，駛往金門，直到十八日始乘輪返高雄，此又與共匪戰鬥之一事蹟也。

民國四十年底爲着加强反共人士的團結，我和洪蘭友先生曾去香港一次，回台後，我親自寫就一篇長至十幾頁的報告呈蔣總統，那個文件也可証明我反共的信念和反共工作的努力。

以我這樣一個人，今既蒙上「涉嫌叛亂」罪名，並且把劉子英自白書中的一句話，作爲我犯了叛亂罪的根據，說是劉子英於三十九年五月十六日密將奉派來台原委向我面報，而我告以治安機關查辦甚嚴，囑勿聲張云云。劉子英的自白書是在什麼情形之下寫的，我不知道，但我要請審判官注意的，三十九年五月正是我竭盡心力爲台灣防衛工事的築構而努力的時候，也正是政府當局對我讚佩有加的時候，而且就在三十九年七月一日出版的自由中國半月刊上發表了一篇「我們要以工作對付工作」的文章。在那篇文章中我特別强調要「從工作上對付共產黨，以工作來打擊共產黨，以行動表現決心，以成績爭取同情」，又說「今後對工作上的問題，要以說服溝通思想，以實踐取得信任：……」

請審判官想想，我當時的反共工作和反共言論是如此，怎能誣蠛我庇護一個匪諜呢？如果當時我與匪諜有勾結，我以後主持自由中國半月刊，又怎敢這樣嚴厲地批評政府呢？稍有常識的人都不相信，審判官能相信嗎？

現在我再就起訴書所列的「犯罪事實」，依次申辯如下：

一、我於民國二十七年六月底到參政會任特務秘書，兼議事組組長。後來邵力子當秘書長，我由秘書，升副秘書長，仍兼議事組組長職務，這是很自然的遞升，起訴書上說我「甚爲邵力子夫婦倚重」這句輕描淡寫的說話，已含有羅織的惡意。

二、劉子英何時來參政會工作，我不大記得，大概在參政會成立以後相當長的時候才來的，當時他是担任會計工作，會計屬於總務組，以後他調任何職，我不詳，因爲總務組的事情，我不過問，劉子英來台，我是保人之一，其餘一人，我不記得，在他來台以前，參政會老同事來台的，我也保過，我都是接受他們的要求才保的，劉子英在參政會工作多年，老同事要我作保，於情於理，我不能拒絕，三十九年秋我去香港時，曾把所有的保人，一律退保，從法律上的觀點講，我早已解除了保人的責任，劉子英是參政會的多年同事，到台後無衣無食，我當時照顧他，同時因爲他的工作能力强而且會寫一手好字，我請他在自由中國社工作，後來又給他介紹其他工作，這不僅是人之常情，也是我們中國傳統的做人道理，焉能說是「深相結納，引爲心腹」呢？

三、至於說劉子英於三十九年五月十六日在我的書房，密將奉派來台的原委向我面報，而我告以治安機關查辦甚嚴，囑勿聲張云云，除在前面的申辯以外，這裡我還得補充幾點：第一、我到現在仍無理由懷疑劉子英是匪諜，否則我不會爲他安置工作，劉子英的自白書是在什麼情形之下寫的，我不知道，因爲這一點關係我的案子太大。我要求審判長准許我的律師和劉子英談話。第二，據起訴書上說，卅九年五月十六日劉子英和我的談話是他和我二人密談，二人的談話，只有他知我知天知地知，爲什麼一定要根據他一方面的話來否定我的話，而不根據我的話來否定他的話呢？第三，起訴書上說「按共同被告不利於己之陳述得採爲証據，最高法院三十八年穗特覆字第二九號著有判例」。我認爲引用這個判例是不對的。假定劉子英眞是匪諜，他供稱已告知我，並得到我的掩護，這一陳述並不是劉子英「不利於己」的陳述。既不是「不利於己的陳述」，即不能據此來定共同被告的罪，我是研究法律的，這一點我要特別提請審判官注意。

四、因爲劉子英會寫一手好字，所以我常常請他繕寫文件，有的是純私人文件，有的是可以作自由中國半月刊發表或留存參考的文件，有的是與組黨有關的文件。辦一個雜誌，正和辦報一樣，對於一切與實際政治有關的東西，總是搜集得愈多愈好，這也就是民主國家「新聞自由」中最重要的一項——新聞採集自由。這些文件或發表或不發表，但不能說是「不法取得之秘密文件」。因爲請他繕寫文件，每逢年節送給一點金錢的酬勞，也是應該的，怎能還此就說是「深信結納，引爲心腹」？

五、關於自由中國半月刊的言論問題，起訴書列舉許多罪名，但沒有列舉那些文章構成這些罪名。因此我無法一一尋求這些罪名所依據的是那些文章。現在還我的想像申辯如下：

（一）所謂「妄指政府反攻大陸之政策與號召，爲自欺欺人自誤誤人之詞，散佈悲觀與無望之論調，意圖瓦解反共抗俄鬥志」云云，想係指四十六年八月一日出版的「自由中國」上面那篇「反攻大陸問題」而言。那篇文章在當時曾受過圍剿，「反攻無望論」的名詞，早經發表出來。其實那篇文章，根本沒有說到反攻無望，只是强調不要空口喊反攻的口號，而要實事求是，持久健進，實質反共」。這個結論，是基於客觀形勢的分析而得來的。後來中美聯合公報，我們政府聲明不憑藉武力來作爲恢復大陸人民自由的主要途徑，足夠証明我們當時的分析並不錯誤。政府既可以發署那樣的聯合公報，而我們的言論如何可以構成「散佈悲觀無望之言論，意圖瓦解反共抗俄鬥志」的罪名呢？

（二）所謂「姿意渲染軍中有官兵互相猜忌與長期抑鬱現象，以打擊士氣」云云，想係指「我們的軍事」、「談軍公教人員待遇」等篇社論及若干讀者投書。關於這一類的文章，或者是强調精兵主義，或者是爲軍人的待遇菲薄而呼籲。而且在「我們的軍事」一文中，說到大量裁減常備軍的時候，我們說：「我們這一主張是在下列的目標之下提出的，即振奮軍心，提高士氣，從實質方面而不是從形式方面確保並加强軍事力量，以備可能的軍事反攻」。至於爲軍人待遇菲薄而呼籲的文章，自然要提到他們生活的艱苦，例如說「軍人生活的困難，內心的苦悶，實已相當嚴重，因而自殺的案件，已時有所聞，軍官眷屬因生活問題而當下女的，一天多一天」，這些話，都是事實，絲毫沒有渲染之處。我記得我們曾接到軍人們給立法院陳情書的副本一份，當時立法委員會有質詢，見諸報紙。凡此均說明「自由中國」半月刊從無虛構不實消息的事情。至於讀者投書，我們接到的很多很多，其中有些報導，情形是很嚴重的。我們都沒有登出。只存卷備考。登出的，大都是比較不嚴重而又爲人所周知的，我們處理這一類投書，可說是已很謹慎了，至於陳懷琪投書一節，四十八年我已向台北地檢處提出申辯過，現在該案的全部卷宗既移到這裡來，審判官可以查閱，我不必再述了。

（三）所謂「公然要求美國干涉內政」云云，起訴書上所指的是「中國人看遠東政策——對美遠東使節的台北會議提幾點坦率建議」一文。這篇文章係就東南亞一般受援國的內政干涉．事實上是存在的。不過我們可名之曰「影响」或「勸導」，而不叫做「干涉」來顧全面子。例如中美聯合公報的發表，是不是我們接受美國的影响或勸導呢？又如美駐華經濟合作分署長郝樂遜及副署長曾一再公開發表演講，希望中國政府實行各項經濟改革。這種演講，從傳統的觀念看，是不是干涉內政呢？再從理論方面講，政治學上的絕對主權觀念，到了有聯合國的今天，這個觀念已站不住脚了。在自由世界與共產國際作戰的時候，無論冷戰也好，熱戰也好，自由世界內部的配合與協調是必要的。

（下轉第四版）

在公道與正義面前

雷案發生後，除海內外輿論羣起斥責外，台北知識份子首先率直仗義執言的，為成舍我、胡秋原二氏：迨控雷起訴書發表後，復有殷海光、夏道平、宋文明三氏聯合聲明，自承所有被斷章取義用為控雷的文字，多為出自他們三人手筆，並謂願負法律與道義上的責任，並將印成專冊，供舉世評論；但也嚴正地否定了起訴書中不當羅織指控之罪。

誰都會知道，此時牽進雷案，重則干係身家性命，輕則難逃牢獄之災，但亦有較此更重要者，是義。是正義與道義。值此緊要關頭，能不計個人利害得失，挺身而出，正是表現了讀書人有氣魄、有担當的本色——『捨生取義』的本色！

現在，消息傳聞台北國民黨當權派擬開除胡秋原及梁肅戎黨籍一說。關於開除黨籍，相信胡秋原，當其與成舍我聯署發表聲明時和梁肅戎受任為雷震之辯護人時，均能想見，然均置之不顧，無它，所恃者，智者不惑的大勇。

在淫威與特務威脅下，敢於不避嫌去探監者（惟未被獲准），尚有監委陶百川氏。

又聞海隅知名學人唐君毅劉百閔等曾致電台北最高當局，促其對雷案「據實處理，以示尊重中外輿論」，而聯名通電者雖多超然人士，但我不乏素與國民黨（而非與當權派）有深厚之關係者，通電雖未允公開發表，但此舉確也顯現出對雷案之公正態度，與朋友間肝胆相照之熱誠。

雷震及「自由中國」的言論主張，本非盡為人所贊同，但却深具知識份子誠樸憂國的愛心。此次入獄，固不論是因言論或因組黨遭忌，在他不失為是求仁得仁，當權派捕之入獄，雖能稱快一時，却無疑是自毀公道、盡失同情。（十月五日）

·李金曄·

雷案與民主運動

·季夫·

國民黨當權派及其走狗們，每誣指民間輿論批評時政是「製造」「親痛仇快」，至於他們所作的違憲、違法和違反民意的措施，則皆以「大敵當前」的外衣加以掩蔽。此誠官府可以放火，却不許百姓家點燈！

其實，國民黨當權派所作的親痛仇快之事，罄竹難書，何須一一指出，而以中華民國九月四日晨九時逮捕雷震所造成的文字獄、黨獄和冤獄，是為親痛仇快事件中之最大案件之一！在宣傳上予中共以最大、最好的機會，是十一年來中共宣傳機器拍手稱快的最大、最好的題材。

民主政治，素為崇尚極權政治者所深惡反對的，不管這個極權政治是披着什麼樣的外衣，基本上絕不容許民主政治底實現。在毛澤東統治下，人們是絕無鼓吹民主政治的自由，在蔣介石統治下，人們是絕無實踐民主政治的自由。前者是根本不容民主思想存在，後者是祇容許有點綴的民主，而不允實踐民主。觀其貌，似乎蔣比毛略勝一籌，但也僅止於「畧勝」而已；究其實，蔣比毛亦不過五十步之笑百步！

本年八月間，中共「統戰部長」李維漢，在六個坿共的「民主黨派的中央全會擴大會議」上所作的報告中曾說：「右派的基本綱領就是反對社會主義道路，反對人民民主專政，尤其集中於反對共產黨領導。右派的頭子們原來就是一批野心份子，他們歷來幻想走歐美民主……的道路。……祂們從來沒有眞心承認共產黨的領導和人民民主專政。」（見九月廿五日北平「人民日報」）

再就雷震案件之起訴書中有關「雷震部份」有謂「其自始即以自由中國半月刊為工具，藉言論自由為護符，而圖達其非法顛覆政府之目的。」然則雷震之辯解，「謂其所發行之自由中國半月刊，係闡揚民主自由；於叛徒無利可言」。（見九月廿七日台北「中央日報」）

就上述二段引文觀察，可見共產黨之不許有民主、自由，和國民黨當權派之不許有民主、自由，共為一丘之貉！本文在這裡引用上述二段文字，第一在說明國共兩黨之所以視民主、自由為洪水猛獸，并非因為民主、自由之有害於國家民族之利益，而是因為民主政治之實現將從基本上連根拔去極權與專政制度，而同時聯帶劃除當權派及新階級的既得利益。其次更要進一層申明，引用這兩段文字是為了要說明國共兩黨在現階段壓制民主運動上所表現的種種現象有其一定的共通性。

為什麼正值大陸中共政權從事反右整風之際，而台灣會同時爆發雷震被捕事件。其中雖無共同的關聯，但却有其形勢所趨的必然性。

國共兩黨各自分治台灣與大陸十一年來，皆已達到了天怒人怨極其艱困的關頭。內部統治力逐漸式微和經濟窘迫難以為繼的境況已成為共有的深憂隱患；對民間要求自由與麵包的情勢，統治者自不能謂無所知，但却絕無意於改變現狀。而自由與麵包問題是觸發政權大變革的主要因素，這也正是國共兩黨雖異地各自為政；但目前所面對的却是一個問題。由於國共兩黨在本質上具有共同的極權性質，所以雖然它們都有執政的機會，却絕不願也絕不能解決這個老問題。結果和歷史上的任何一個專制王朝之倒行逆施別無二致！

正因為這兩黨都忌惡民主政治，因此，儘管兩黨交惡，但在遇到民間要求實行民主時，就認作「大敵當前」，矛盾便也就統一起來，同時從不同的角度，運用所能動員的宣傳機器，對民主運動圍剿，他們在某一階段雖互相站在對立的立場，但却絕不輕易放鬆對民主運動的迫害，甚且是作互相的呼應和支持。遠的不說，可再以雷案發生後的情況來加說明。

雷震的「罪名」，照起訴書所羅織者，其中有一點是指他「公然要求美國干涉內政」，但又同時指他「以文字為有利於共匪叛徒之宣傳」。對這種完全矛盾的「罪狀」，香港的「新生晚報」曾問究竟：雷震親美乎？親共乎？」這一問自是很發噱的，但毫無疑問，雷震不可能在意識上和行動上，既是親美的「漢奸」而又是通共的「匪諜」。實則他既非「奸」，又不是「匪」，充其量祇是言論過當。但毫無疑問雷震仍是一個愛國的知識份子。

可是國民黨當權派及中共都不能放過他，共產黨也便依循台北宣傳機器的論調，擴大宣傳雷震是「親美」的「漢奸」，而台北則除此之外又咬定他有「親共」的「諜嫌」！在香港專事統戰的共報且不惜公開地說「為了蔣介石也是中國人，台灣國民黨政府也是中國人的政府，故十一年來，每逢美國向國民黨施以壓力時，中共即在精神方面，或直接或間接予蔣先生以支持。」（見九月廿八日晶報）并謂「國共之爭，不過是兄弟閱牆，令美國利用雷震以驅蔣，利用驅蔣而吞併台灣，這却是外禦其侮之時候了。在香港為國民黨當權派作喉舌的一些論客，雖用語不同，但其一如統戰報紙論調攻擊雷震者，亦持同樣的觀點，這便強烈地說明了；在中國凡是從事於民主運動的，今後不被視為是「漢奸」，就將被當作「匪諜」，眞是荒謬絕倫。

同時，於此也更可証實國共兩黨之絕對要撲滅民主運動，殆是他們無可變易的政策。可見在最近的將來，不論中國局勢如何演變，若仍由國共兩黨任何一方專政，或仍繼續維持現狀，民主政治既無由實現，那末中國的統一與安定也將同時被埋葬了。這是中國的悲劇。

迄執筆時，尚未見雷案的判決，但不論雷案是從輕或重辦，由於此事件之發生，却可推斷台灣實行民主是遙遙無期的。語云：「一葉落而知秋」！這誠然是從事民主中國運動者必須繼續奮鬥的艱苦歲月。面對現實，我們需要以更大的勇氣，和更堅定的步伐前進！

歸不得也，赫魯曉夫

·田心·

赫魯曉夫在出國赴聯大之前，對其自己的願望似具有堅強的信心，這表現於：一、率領各附庸國首腦為首的代表團，浩浩蕩蕩的到達紐約；並且通知各中立國家的領袖亦同時赴會，要他們也為其吶喊助威。二、事先已應邀於十月初到北韓訪問，當時似預期在聯大只勾留兩週。

而今，至截稿日止，赫氏尚無歸去消息，十月上旬當已不能去北韓訪問，聯大與會各國代表的表現，似乎已出其一廂情願之外，打亂了他原定的計劃。其鼓噪搥桌等浮囂行動，正反映出了他心情的惡劣。

至于他的願望從其言論來觀察似乎是：一、揚言支持反殖民地國家的反帝鬥爭，以之來聯合非洲的新獨立國家。二、利用中立國家之要求和平，要求裁軍等願望，來聯合亞非中立國家。聯合起非洲的新獨立國家，亞非的中立國家來壓迫聯合國，做下面的一些事：（一）改組聯合國秘書長制度，代之以由三人組成的執行機構，企圖以此來獲得聯合國決議執行方面的否決權；（二）接受他的裁軍計劃；（三）揚言裁軍無中共參加不能成功，要把中共拖入裁軍會議之中，其「要價」則是要中共加入聯合國；（四）壓迫美國與其恢復首腦接觸，為未來的高峯會議鋪路。在這四項願望之中，第三項看來是主要的。

在過去，蘇聯曾經多次於聯大或其附屬機構之中要求讓中共進入聯合國，這次赫氏在聯大亦作同樣的要求，但不為西方觀察家所特別注意，認為他是一種慣例的提議，尤其是中蘇的歧見沸騰時節。然事情恐怕不盡然。因為，一、西方若干反共國家私底下認為讓中共進入聯合國，可以藉此約束中共的行動。是故，即使中蘇共歧見尖銳，赫氏亦可以用約束中共的目的來拖其入聯合國。二、目前說中共已有進入聯合國的可能，是不現實的；但把它拖入裁軍會議的可能性却極大，在五月高峯會議之前，美國當局曾非正式的表示，沒有中共參加不可能有眞正的裁軍，並暗示其有使中共參加裁軍會議之意。

至於在中共，要它眞正裁軍是不願意的；但讓它參加裁軍會議，它是極熱中的。這不但可以使中共自覺在國際上的地位提高了，而且，參加裁軍會議可為加入聯合國的踏脚石。

按赫氏訪北平，前後已有三次，而毛訪莫斯科則只得一次，這使得赫不能再低聲下氣的到北平訪問；但毛澤東的驕傲自大，在此歧見尖銳時節，自亦不肯去莫斯科。在這種僵持的情況之下，赫氏似乎安排了一個在第三國即在平壤會見的節目，以維持雙方的面子。但在會見之前，他可能希望在聯合國能有些收穫，以此來証明他主張的政策論點的準確，並表示他確已在國際舞台上為中共有所努力了。但事與願違，看來是無可奈何的。

再者，中立國家，新獨立國家雖多主張中立，但基本上是傾向自由世界這方面的，遂使得赫氏在聯大一再碰到挫折，要將中共拖進聯合國的希望固然沒有，即使現階段要把它硬拉入裁軍會議的可能性也很少了。

這樣，可說它此行完全失敗，有遲遲歸不得之苦，朝鮮之行也就被迫而延期了。

美國輿論對雷案的反應

謝扶雅

自雷震案發生以來，一時震動中外。但筆者所深爲感慨的是：這事在美國輿論界的反應，倒比台灣方面來得更迅速而激烈。雷等於九月四日被捕，紐約時報在第二天即有詳細的報導，占「國際欄」的大半版，還刊登了雷震的近影。該報又在九月十一日的「星期評論」上特撰社論，促台灣當局在這聯合國大會形勢緊張的時候，對於有關基本人權及言論出版自由如「自由中國」刊發行人雷震案的處理，應加十分清醒云云，措詞嚴正而剴切。以後絡繹不斷地披露各處湧到的讀者投書，中有一位加里福尼亞大學政治學教授兼遠東問題專家史迦拉畢諾（Robert A. Scalapino）以「美國對台政策」爲題，從最近雷案談起，喝出「自由中國究在何處？」的問號；並說「當然不在大陸，但亦已不在台灣了」。史迦拉畢諾教授繼說：「……難道我們應該把大批經濟和技術的美援來加強這種獨裁政權去壓迫良善的中國人民嗎？難道我們以爲這樣做，能在全世界人面前爲自由中國象徵的台灣予以辯護嗎？歷史將嚴厲責斥我們美國如此縱容一個腐敗的專制政府！」筆者不必更列舉紐約時報以外的其它各城市的大報，

實踐民主政制及素尚人權自由的國家，一般一向標榜民主自由的一個刊物負責人兼組織新黨發起人，竟受警備司令部的緊急拘拿，而交由軍事法庭審辦，他們確實感到非常惶惑而駭怕的。台灣當局和警備司令部，雖於事後表示以「叛亂」罪名加諸雷等身上，然而在美國人民，一般對於世界和中國政治事情的常識，而比之現在的許多中國人自己有過之無不及。他們不但各報社聘有港台的記者，而且官方（國務院）和私人有關機構，對於台港兩地的報章刊物逐日大規模翻譯過來。像「自由中國」刊那樣有十多年久長歷史，其受一般重視，尤不待言。說雷震的是共黨或其同路人，豈但他那些親雷震的朋友們絕不相信，連稍稍想造反對黨的美國人也一見而知爲顯然是國民黨政權倒行事理的一批評的言論。台灣當局的捏誣公布，真是所謂欲加之罪，以一手掩盡天下人耳目。今日美國在野的民主黨人如史蒂文生、杜魯門、羅斯福夫人等，在經常有批評艾森豪政府的言論發表，政府何嘗以紅帽子相加。組黨結社的自由，言論的自由，思想的自由，美國人愛之如命，今見盟國內一個正派報刊

都有類乎此的紀載和言論。美國是個會被扼殺，報人被捕，當然要驚起相告，以爲不但同業失色。台北當局於雷案發作的次日，即由外交部送一照會至駐台美大使館，說明捕雷的原因，不是「事關內亂」的「免開尊口」嗎？這樣的老實說，容易被蒙過嗎？如今以台灣一島的小範圍，而擁有數十萬的軍隊，雖然早已各地密佈特務警察網，豈能再見青年學生遊行示威之舉的血而可沉流呢？我們陶醉吧！公道自在人心！今日還有幾多要說明台灣今日無論如何辦不到主義的理想，以開放言論，團結海內外人士，共同反攻大陸，使台灣成爲一個東南亞示範的自由民主國家。可惜當權者忠言逆耳，始終違拗民意，專制孤行。某委員公開質問陳院長，以雷案謂警察機關「而我們更拘捕報人」。其後果之嚴重自不待說了。十月一日自由美東報

雷震的申辯

（接第二版）我們希望美國本其領導自由世界的道義責任，勸導或影響受援國走上政治民主、經濟自由的途徑，以加強整個自由世界的力量來反共。我們認爲這個希望沒有錯，更說不上是犯罪，我們沒有什麼「內亂外患罪」，「要求干涉內政」的罪名。（四）所謂「與共匪相唱和」在「自由中國」宣傳上與共匪相呼應，共匪攜手言和，應共匪統戰，彭德懷云云，降匪招降之陰謀，狂妄等罪名，關於這些罪名，不過一個罪名加一個罪名，實在文章可以被曲解爲其所引用的部分，這種地步，尚可以引用這文章中而用斷章取義的辦法，罪名，那裡有這樣的辦法？我也不能用斷章取義的辦法，斷章取義的辦法，只這陷罪名是說不上的，一句一說的。該刊第廿二卷第十期執政，復撰文揭發迷執迷不悟，如是誣莫須有（五）所謂「」

自由中國估到政治目的，只有等待再革命，再流血以爲革命暴亂的辦法，而指我所謂之「以切迫的需要」，來說話鼓動暴亂，這個字字句句，但引一個警覺大家，不要執迷者本意，我不要在一個階段執行條件，不成立，要求政府，誤會黨的黨否則恐不免再革命的流血事件，這種警告性的體也許說得激切了，「以何點不能無論，但曲解爲鼓動暴亂」，

綜括以上，我要再鄭重地申說：「自由中國」的言論，無一字不是爲反共的立場而寫，本乎民主自由的法律也，我國國民的看法和立場也。這些話我不能得到某些人的同意，我的言論自由也不是我們的爭取，我們也不情願受人家的「次自由中國」刊物的存在，便是一個實在的象徵，台灣的言論自由，做了民主政治的象徵，是一個承認，政府的新聞自由，於國院對於政治者的言論的時候，有外人訪問台灣的時候，出以證明自由中國的例證，我們的刊物爲例無論，我們的五六年前，主席與去年副總統陳誠先生，在美國晉謁總統時，面田陳先生，總有「美國人的問他，在台灣有沒有言論自由」，自由中國半月刊」以來的總統說，「答覆他言論幸虧」

台灣有一份「自由中國」半月刊使得他國在美國的說話方便得多。又如四十七年夏天，亞洲協會台北代表史麟書先生（Dr. Swisher）爲什麼表示支持「自由中國」半月刊以台灣有一本書要大量購買「自由中國」以示台灣有某種程度的言論自由，當局答覆說：「自由中國」半月刊就是一個很好的例證，對於政府有所批評，而且可以自由發表言論，由中外國內外一個例證，證明國內有言論自由的報刊」，凡提到紐約時報和日本的時事例如美國的「自由中國」半月刊，讀者投書實在是提到的時候，又如今年春間日本國際新聞學會的秘書瑞士人加斯巴（A. Gaspar）在東京國際新聞學會開會議以後回瑞士提出一考察報告，其中說到「自由中國」半月刊是台灣最值得一提的刊物之一，在當今「自由中國」半月刊是整個台灣最具有價值的雜誌。又如美國郵報也經常報導「自由中國」的言論。也因此開明進步的刊物，而有國內外人士很多。（原載「自由中國」第二十三卷第十一期）

「自由中國」撰稿人殷海光等發表共同聲明

（台北航訊）當權者以自由中國的言論涉嫌「叛亂」爲名而拘捕雷震等四人，已引起全世界的注意。三日前殷海光、夏道平、宋文明等三人發表一篇共同聲明，坦率認爲被指爲「涉嫌叛亂」的文章，除了讀者投書而外，大都是他們所寫的。並指出當權者之斷章取義，東拼西湊，以入人罪。茲將原文介紹於後：

雷震先生等人涉嫌「叛亂」一案，九月二十六日經台灣警備總司令部起訴，起訴書中所指控之涉嫌「叛亂」的主要證據，爲雷震先生等人所辦的「自由中國」半月刊言論。這一言論的基本精神與實質，則已於本刊第二十三卷第七期社論「被捕後」一文中，由我們的朋友作了扼要說明。據此等人發表的旋即收回若干白皮書一的若干章節，以及被捕後的官方自由中國之收回的社論。我們的書，台灣警備總部認爲雷震先生涉嫌叛亂的部份，有與共匪互爲表裏的「自由中國半月刊」言論。這一表示，自由世界的關心言論自由的人士都十分值得注意，更值得我們爲這些言論而執筆的人注意。

我們都是讀書人。我們沒有從事實際政治活動的興趣。被指控的那些文字，除了讀者投書以外，大都是我們寫的。是我們的政論。我們來一到台灣，只有一個純正的目標，子一樣，反共救國。十幾年來在這個大的目標之下，我們一直爲這個目標奮鬥。我們承認海內外的讀者所書寫，我們的那些言論，有許多的方針，若干觀念，作品與十幾年來官方的不盡相同。但是我們也許不無人相同。我們所立言，是對自己的知識負責，對自己的良心負責，對讀者負責。我們堅守着「是什麼說什麼」的原則。我們認爲我們這樣做是對的。以人類思路之廣，以中國人才之衆，以反共救國大業蘊義之富，我們實在想不出任何理由必須把

我們的言論強迫納入官方製的緊身衣以內，必欲將言論亦步亦趨依照官方的模型鑄造，才算不違背「國策」，否則便是「叛亂」。我們只算播音器。果真如此，還有什麼言論自由可言？如果真如此，我們寫作的文字，但是共產暴徒統治下的辦法。

我們的言論，自由中國半月刊的言論，是雷震先生被認爲「涉嫌叛亂」的罪證，我們獲知，我們是這些言論的作者。我們是要負責的。任何人在自由的法律前面，都是平等的。我們撰寫的文字，我們自己負責。我們從來沒有打算規避自己應負的責任。

我們所寫的言論，一般在法律上，是不是「叛亂」，我們必須提出申辯。警備總部起訴書中所引「自由中國」半月刊的文字，是雷震先生被認爲犯罪的證據。我們的文字，何以只有雷先生負責而我們不負責？自由中國的言論，固然這些被指控的文章，是我們寫的。

以旨人治所府的政所以治惡的的平血章我一胆掩，的個我政我組主，

以我們依我們主張民主政治，國家走向民主，我們反對專制，擁護言論自由；我們所作的，都是爲了保衛中華民國，所以我們切望執政黨能以寬大的胸襟容納我們的言論。

·獨清·

中共毒化冠以「叛亂」罪名，斷章取義，東拼西湊，編織完全不符事實的罪名。我們認爲這種辦法，關係乎我們每一個人的言論自由，言論自由是民主國家最大的基本權利，民主政治的前途，關係乎國家的命運。我們大家都是中國人，中國人的言論自由是不能被剝奪的。稍有常識的人都知道，所謂「叛亂」罪名，不過是一個帽子而已。敵人的宣傳，羅織罪名，是不合法的。末了，他們的民主自由，豈不被摧毀無餘？

我們再四思維，我們實在不了解我們的言論，被指控爲「違法」的文字，何在？現在我們除了以前的那些書刊以外，將我們的全部言論投書，印成專冊，呈獻給廣大讀者，來對我們的朋友讀者，面請我們的知識和良心，作一個最公正的評判。

（附註：本文所指的專冊，正在積極付印中，如無意外困難，當於日內與讀者見面。）

報、文件已經確定，擬以黨政聯合調查，強調暴力的新聞和部份特別的，是我參加書和，上而反雷案的附帶的未被得組，上與提事的事等提出

總給加以全部都是罪名，一起訴我們的，以雷震案件罪名。如今天一位一獄中一般的一寃，決不能屈服，我們的主張冤的獄，是由於我們在獄中，仍然自由，公平，子在此時下，歷史由新國的寃獄，也是在前方名，在全國爲政治犯的，家原正個國的明這位家的雖成

什麼叫戰略上藐視敵人戰術上重視敵人？

——這是毛澤東戰略思想的一個基本環節

劉裕略

「為了同敵人作戰，我們在一個長時間內形成了一個基本概念，就是說，在戰略上我們要藐視一切敵人，在戰術上我們要重視一切敵人」。這是毛澤東說過的話。同時，這也正是所謂毛澤東戰略思想的一個基本環節。

遠在一九四六年，即民國卅五年，抗戰勝利後，國共兩軍繼續作戰，毛澤東當時曾向中共軍政幹部指出「一切反動派都是紙老虎」的話。為了引伸「一切反動派都是紙老虎」這一句話，隨後毛澤東遂又有上述「在戰略上藐視敵人，在戰術上重視敵人」的話的提出。

大陸之窗

本來，毛澤東說這些話的時候，距今已有若干年了。但中共最近却忽然又把這些話抬了出來。觀其基本動機，仍在為共軍打氣。同時，則更在加強反美思想。

何以說中共最近忽然重新強調毛澤東在一九四六年所說過的這些話？這些話何以又是為共軍打氣？何以又是更在加強反美思想呢？這只要看一看毛澤東當時說這些話的背境與動機與經過，對此，就很清楚了。據九月三十日北平人民日報所刊對「毛澤東選集」第四卷出版的介紹詞說：毛澤東本人對此曾作過如下的說明：「一九四六年蔣介石開始向我進攻的時候，我們許多同志，全國人民，都很憂慮，戰爭是不是能夠打贏？我本人也憂慮這件事，但是我有一條信心。那時有一個美國記者到了延安，名字叫安娜·路易斯·斯特朗。我同她談話的時候談了許多問題，蔣介石、希特勒、日本、美國、原子彈等等，我說，一切所有號稱強大的反動派統不過是紙老虎。原因是他們脫離人民。你看，希特勒是紙老虎，日本帝國主義是紙老虎，你看，都倒了。美帝國主義沒有倒，還有原子彈，我看也是要倒的；也是紙老虎。蔣介石很強大，有四百多萬軍隊，但是我們說蔣介石不過是一個紙老虎，我們一定會打贏他。為了同敵人鬥爭，我們在長時間內形成一個觀念，就是說，在戰略上要藐視一切敵人，在戰術上要重視一切敵人。也就是說，在整體上我們一定要藐視它，在一個一個的具體問題上我們一定要重視它。如果不是在整體上藐視敵人，我們就要犯右傾機會主義的錯誤。馬克斯、恩格斯只有兩個人，那時他們就說全世界的資本主義要被打倒。但是在具體問題上，在一個一個敵人的問題上，如果我們不重視它，我們就要犯冒險主義的錯誤。打仗只能一仗一仗的打，敵人只能一部分一部分的消滅，工廠只能一個一個的蓋，農民犁田也只能一塊一塊的犁，這叫做各個解決，軍事書上叫做「各個擊破」。

以上便是毛澤東對這一問題的自己解說。很顯然，毛澤東當時之所以說這些話，主要原因是他當時看見共軍各級幹部對戰爭前途充滿憂慮，所謂「我們許多同志，全國人民，都很憂慮」是也。所以才說出「一切反動派都是紙老虎」的話來打氣，現在中共忽然舊話重提，並且由中共中央的「黨」的理論指導刊物——「紅旗」半月刊於十月一日這一期以「在戰略上藐視敵人，在戰術上重視敵人」為題作社論來強調來宣揚，顯然，也正是為今已大陸和今日各級幹部的動搖悲觀情緒打氣。

至於毛澤東所說「蔣介石、希特勒、日本、美國、原子彈等等，我說，一切所有號稱強大的反動派統統不過是紙老虎」，則不過是想以希特勒的失敗來影射來暗示「美帝亦將失敗」，從而加強其反美思想與反美運動而已。

以言毛澤東這些話的理論根據，在他自己及所屬信徒看來，他也自以為很有根據的。他的理論根據之一，是說「帝國主義和一切反動派都具有兩重性。一方面，從本質上看，從長期上看，從戰略上看，它們是紙老虎，另一方面，它們又是真老虎。紙老虎與真老虎共存於一個統一體中」。這是他們所信的辨證唯物論的認識之一。

再說，馬克思與恩格斯一直認定資本主義是將垮台的。因為資本主義不斷發展的結果，資本愈集中，則工人階級愈廣泛的愈普遍的被剝削，所以，資本愈集中，工業無產階級就愈增多，最後，是工人階級的力量愈來愈大，而資本主義的力量愈來愈小，於是，馬克思與恩格斯都認定無產階級是向上發展的階級，是向上發展的力量，相反，資本主義則是向下沒落的階級，愈來愈見縮小其力量，因此，他們就從而認定從整個形勢看，敵人是沒落的，自己是向上發展的，毛澤東在所談這些話時之忽然提到馬克思與恩格斯當時只有兩個人却相信資本主義將被消滅，其理在此。毛澤東本人之所以說出「在戰略上要藐視敵人」的馬列主義根據亦在此。

馬列主義又認為帝國主義是資本主義發達的最高階段，同時，他們又認這也正是資本主義的垂死掙扎階段，當然也就是很兇猛，既是很兇猛的，所以，在對付這兇猛的敵人的每一個別問題上，便要考慮適當的戰術，並且還要在戰術上重視敵人，然後才能消滅敵人。而這也就成為毛澤東所謂「在戰術上要重視敵人」的一個理由。

當然，毛澤東所根據的還不止於上述理由，（本文不及備述所據理由）但我們不管所據理由之多寡，却可以指出毛澤東這一說法，其本身已遭遇考驗，而那一考驗却說明毛澤東的這一說法是錯誤的。什麼考驗呢？猶憶一九五〇年蘇聯在使北韓進攻南韓時，最初中共本未參加，但北韓敗退時，中共遂派共軍以「人民志願軍」名義渡過鴨綠江參戰。以中共之劣勢裝備，原本不足以抗衡韓境以美軍為主力的聯軍，但由於聯軍沒有越出韓境，渡過鴨綠江轟滅共軍之決心，所以，當時之戰事乃在韓境膠着。但中共在這一膠着戰況下損失重大，士氣不振，於是中共乃祭起宣傳法寶，在所有中共報刊上，一律硬說「美帝」是紙老虎，原子彈也根本不可怕，後來歷經事實教訓，中共中央宣傳部才着令中共報刊停止「美帝」是紙老虎的宣傳，這是最能証明毛澤東看法的錯誤的。但中共自己和毛澤東自己今天却不肯承認當時的這種錯誤了。

再說：假如毛澤東的看法正確，則根據同一看法，以觀中共前途，則自由世界何嘗又不能建立一種類似毛澤東所說「在戰略上藐視敵人，在戰術上重視敵人」的基本觀念呢？因為從整個形勢看，用歷史眼光從長遠時期看，共產黨既違反人性，又殘暴不仁，縱然有嚴密組織，且縱然能夠強迫人民甚至誘騙人民於一時，但畢竟不能持之永久，所以，它的整個形勢，却是不利的。換言之；我們實比它更有在戰略上藐視它的理由和事實根據，而不僅止於理論根據而已。

共產黨的兇暴是世人皆知的，共產黨善用組織，且善於從事政治詐騙，這也是世人皆知的，它的滲透顛覆等陰謀很厲害，亦是世人所皆知的。那末，當自由世界與它從事戰鬥時，無論是冷戰或熱戰，「在戰術上重視敵人」，當然也絕對應該。所以，毛澤東這幾句話，對自由世界的看法未必正確，因為資本主義的自身變化與所謂無產階級的自身變化都與馬克思、恩格斯最先的分析不符，這一點，已由歷史事實証明了，此處不必多贅，相反，從整個形勢看，即從戰略形勢看，共產黨的整個前途必將滅亡，倒是真的。那末，把毛澤東這幾句話應用到毛澤東本人及共產黨自身，那倒反而非常正確哩。

中共利用電影煽動戰爭情緒

·陳一鳴·

中共一向對戰爭具有狂熱，所以，筆者在大陸時，即習聞各級共幹的戰爭宣傳說法。他們宣傳戰爭的邏輯是：第一次世界大戰打出蘇聯，第二次世界大戰打出了東歐各共產國，並打出了中國，因此，第三次世界大戰必打出全世界都是共產國云。

由於中共於十年前僥倖佔有整個中國大陸，他們因此更加狂妄，認為美國是紙老虎，其它國家更不必論，而中共自己則是愈打愈強的。雖然中共也承認在某些時間對某些鄰近國家也表現一些和平姿態，但那畢竟只是策略上的和平姿態而已。一到時機成熟，它仍然是要以兵戎相見的。所以，中共佔據大陸十年以來，雖然一面忙於內部建設，但却同時在不斷煽動和製造大陸人民的戰爭情緒。這固然有着對內的安定作用，但却正也有着對外備戰的積極意思。而中共這些煽動人民戰爭情緒和製造人民戰爭情緒的行為，是在文藝與電影方面表現得最明白的。

對於文藝與電影，自由世界的各國政府對它並無特別嚴格的規定，只是基於思想自由企業自由而任其自行發展而已。共黨國家則不然，列寧既認為文學家是人類靈魂的工程師，共產黨又一直認為文藝與電影乃是從事普遍宣傳的最好武器，所以，在共產黨統治下，文藝與電影早已失掉了它的自由，更早已失掉了它的民營性質，而完全控制在「黨」的手裏，成為「黨」的工具，換言之，它們都已必須遵從「黨」的路線去寫作，去表現，用以完成「黨」賦與的任務。

因此，在共黨統治下，固已無自由文藝之可言，另一方面，吾人正亦可以從中共現階段的文藝與電影，找出中共現階段政策的意向。

而中共現階段的文藝與電影則是充滿了戰爭氣息的。這可反映中共的戰爭意圖確實很濃烈了。

據中共文化部副部長夏衍說：到一九五九年年底為止，中共在過去十年內已拍製了戰爭和「革命」片七十多部。佔整個製片量的五分之一。可見戰爭片在整個電影片中所佔比例之多。

對此，夏衍還對所以要拍戰爭片的理由強調說：「要不要拍戰爭片，和怎樣拍戰爭片，在這問題上，我們和資產階級和平主義者與修正主義者之間有明顯的不可調和的分歧。」夏衍的這一句話，充分說明了中共是主張戰爭而且要煽動戰爭情緒和製造戰爭情緒的。所以他才特別指出中共在這個問題與和平主義及修正主義者一向主張和平的根本想法完全不同。

此外，夏衍又從而強調說：「電影具有革命性、戰鬥性，必須配合政治鬥爭為工農兵服務。」事實上，中共之所以要拍如此其多的戰爭片，無它，亦正配合其好戰的本性而已。

寮局轉入和談前後

何之湄

戰鼓正酣的寮國，突然轉變而步入和談。原來以為寮國免不了一場劇烈內戰的人們，對於這一次的突變，未免感到似乎意外。尤其是在希望諾沙旺反政變軍成功的氣氛籠罩下的泰國首都，對此更可以說是感到「失望」。

諾沙旺發動「清君側」的反政變軍事行動，麾下有四個軍區司令的擁護，佔有寮國王軍百份之八十五的二萬餘雄兵，且有泰國越南等的同情，照這些條件，本應有所作為的。可是複什的情勢，却使到諾沙旺的軍事威力，無法展佈。

究竟，是軍事的不利？是政治的失敗？前臺的劇情轉換，原因却在幕後。

兩個戰役

由反政變軍炮擊永珍而至所謂和談開鑼，中間經過兩次戰鬥：北汕之役，和桑怒之役；雖然說是兩個戰役，但實際戰鬥並不劇烈，開槍雖多，死傷却少——寮國人根本就是一個最和平的，不擅戰鬥的民族。

北汕之役，彭庵親王與諾沙旺犯了戰畧錯誤。本來以反政變軍佔大多數，迅速進圍永珍，一鼓予以攻克，並非難事。但彭庵親王却要用封鎖來困住永珍，使其軟化，俟其內變。這未始不是受李江「焦土永珍」所威嚇，也是和平觀念在作祟。

李江方面，可明知敵衆我寡，守無可守，故出於冒險之一擊。李江親率所有精銳傘兵以臨北汕，飛將軍從天而降。反政變軍被襲退出北汕。進攻永珍軍事，大受頓挫。

這邊諾沙旺沒有攻下永珍，那一邊寮共經已發動，在滲入的越共軍協助下，進圍桑怒。共軍既通知李江派傘兵協助佔領，便自認他們奉永珍政府命令「進駐」，打着「王軍討叛軍」的旗幟。其實却是共軍在打王軍——大部王軍，原仍在諾沙旺統率下的呀！

這麼一來，却是「反叛為正，反正為叛」了。原來王軍是在對共軍作掃蕩戰中。但富馬一執政，李江掌軍，一轉瞬間，就造成了共軍掃蕩王軍的局面。

共軍並不說他們「解放」桑怒，而是說王軍「收復」桑怒，自反叛的諾沙旺手中。他們還說：要把桑怒交還永珍政府。

政治失敗

這正是泰國外長所說：我們自然希望諾沙旺將軍勝利，但不幸的是，諾沙旺將軍未能組織一個合法的政府」。

永珍政府仍是合法的，而諾沙旺，就不合法了。除非他能早日攻下永珍。問題推溯上去：永珍政府之所以能合法——由李江非法擁戴富馬以至國民議會在琅巴剌邦合法選出富馬——則歸功於琅巴剌邦談判，但諾沙旺之參加王都談判，却是由於永珍美大使館所力邀的。美大使館參贊，陪富馬赴素旺那曲晤諾沙旺，約定王都政治解決。到了王都，富馬是合法總理，諾沙旺是合法的副總理。可是，由於李江的反對諾沙旺，諾沙旺乃獨樹一幟，以清君側之姿態出現。然而在君側的富馬，下令免諾沙旺之職，寮王却亦不能不予承認。這就是諾沙旺吃大虧的地方，政治上最大的失敗。

軍事上的前鋒小有不利，不過其次。

這種矛盾而狠狽的情勢，也難免影响到軍事方面。寮國是王國，人民素尊奉寮王，寮王既承認富馬為合法政府，則挾天子以令諸侯的富馬與李江，顯然又佔優勢。寮王軍乃因王軍的放下武器，與王軍作戰，並非敗於共軍之手。共軍在最近這一年來，在王軍掃蕩之下，正是喘不過氣，何能一旦反敗為勝？無論共軍如何誇稱他們與李江傘兵夾攻桑怒，但實際上桑怒的易手，並沒有經過劇烈的攻防戰。這可以說明：政治瓦解的成份，多於軍事解決。

諾沙旺的政治失敗，既與駐寮美國官員有關，那麼，豈非說是美國幫助了「反共軍的對方」？這也不盡然。原來美國認為：諾沙旺和彭庵，與李江和富馬如果兵連禍結，必令共軍坐大。故此呼籲雙方和談，望雙方能妥協而採取某種程度上的防共政策——防止寮共攻佔城市分割國土，甚至在政權上讓共方參與，也不妨讓步。可是，李江响應了共黨，富馬不能控制李江，琅巴剌邦協議不能在永珍執行，美方的計劃亦就走了樣。

在馬尼剌的美遠東軍援局長說：美暫停援寮。第七艦隊司令說：注視寮局，準備行動。但永珍美大使却說：軍援局長所言未明內情，美國援寮，仍然繼續。

軍人認為寮局非打不可，政治家却認為不可讓他們打起來。哈馬紹秘書長要「警告乃沙立」，也是後者之流。目前，是政治壓倒了軍事。富馬對諾沙旺，佔了上風。且看富馬對寮共，能玩出什麼花樣？看寮共是否「對諾沙旺，將桑怒交還永珍」？

・曼谷通訊・

「十、一」小插曲

柴洛英

中共慶祝「十、一」那天午間，筆者邀天之幸，得在「帝國主義殖民地」的香港大道中慶雲茶樓地廳裏，遇到一對來自廣州的男女「同志」；也許，他倆是一對「一杯水主義」的情侶吧。從他倆的言語和舉動中，可以看得出他倆是被派來協助「香港同胞」大搞慶祝「十、一」的共幹；最低限度，他倆都一定是慶祝會裡的表演員。當時，他倆是「偷得浮生半日閒」，跑到茶樓去找尋享受，和爭取營養。他倆都叫了一碗大及第粥，和一碟滑蛋牛肉飯。

「呵！營養真夠豐富呀」！女的吃粥的時候，從粥裡掏起了一隻蛋，很欣慰地對那男的瞟了一眼。

「這是在帝國主義殖民地裏才能享受得到的美味囉」男的聳聳肩，扮了個鬼臉，報以一笑。

一陣狼吞虎嚥，轉瞬間吃完了「大及」。接着，滑蛋牛肉飯來了。熱辣辣，香噴噴，他倆都不斷地微笑點頭，表示對這番「享受」認為很滿意。當然哪，他倆在大陸裏那會有這口福！他倆一邊吃一邊談着慶祝會裡的細節問題；吃得津津有味，而談得却不十分起勁。女的力讚這一頓「豐富的午餐」，愉快的秋波，不斷地向男的臉上溜。

男的笑着說：「這是殖民地裏浪費的午餐呵」！

女的也撕開了嘴巴：「廣州不是殖民地，所以祇准吃節約飯，而不能夠有這種浪費的享受了；是嗎」？

他倆都笑了起來，笑聲送走了他倆的背影。

僑鄉近訊

廣西城市人民掀起反對公社浪潮

・江水・

據此間桂籍僑胞所獲得消息：中共雖然已在南寧、桂林、柳州、梧州四大城市中，建立了「城市公社」，并設有「公社工廠」約千所，「生產小組」一千二百餘個，「公共食堂」二千五百多座，「托兒所」、「幼稚園」共九百多間，實行把該四大城市老弱婦孺的勞力，都全部納入「城市公社」壓搾中，但迫至最近，由於被誘迫參加公社的人民，生活比以前更苦，而患病者日多，尤其是排隊到「公共食堂」輪食的措施，更引起人民情緒的不滿。從南寧開始，逐漸發展到柳州、梧州、桂林，截至九月上半月止，各公社中已有三份一的社員自動退社，并公開拒絕到「公共食堂」排隊食飯。共方曾一度派出大批幹部分別前往各「不穩份子」的家中，企圖以嚇拆的手法個別說服；并以停止配給食粮來要脅，迫使退社者屈服。但退社的人民，態度强硬，絕不受共幹的威迫。他們曾對共幹聲言：寧願絕食，也決不回到公社去，共方對此，大感狠狽，刻惟有另設辦法，以圖應付，這一事件，目前仍在繼續發展中。

桂共壓搾僮人勞力興建那萬公路

中共在桂省僮族自治區所實施的人民公社制度，刻亦受到僮人堅決反抗；尤其是共幹迫使他們作超體力的勞動，最為引起僮人的憤激。八月杪至九月初的一段時期，共幹驅策僮人集體興建「那萬公路」，由那馬通至萬崗。由於山嶺崎嶇和洪水河的阻隔，工程十分困難；僮人冒險艱苦工作，傷亡枕藉。因此，更激起僮人的反抗，曾在一個月黑風高之夜，糾衆衝入工地上「築路管理員」和「工程技術員」的帳幕，把管理員和技術員殺掉，並將帳幕裏的物資和粮食搶走。事後駐南寧共軍聆訊，急從武鳴縣調派大批武裝部隊馳赴工地彈壓，並拘捕了二十餘名被指為「首倡暴亂」的僮人。迨至九月八日，已有三名被處死刑，餘則判處勞改五年或十年。但僮人仍在繼續抗暴中。

梁山泊與中共

岳騫

最近因爲友聯出版社重印出版了「水滸傳」，引起大家研究水滸的興趣，接着趙聰先生又在「大學生活」上發表了一篇「宋江考」，把宋江的歷史交待得清清楚楚，糾正了世人對於宋江的模糊觀點，是近年海外文壇上一篇罕有的力作，宋江問題到此大致是告結束了。

不過，從另一個角度來研究「水滸傳」，我感到梁山泊作風和中共政策有許多雷同之點，中共之所以能夠取得政權，得力於馬克思、列寧主義的，還沒有受到梁山泊啓示的多，怪不得中共如此推崇宋江，把宋江列爲歷史上重要的農民起義英雄了。

先拿中共與梁山泊來比較，我們可以發現下面幾個相同之點：

（一）中共頭子與梁山泊「英雄」多非工農出身

中共稱宋江爲農民起義英雄，但是宋江本人就和工農兩字毫不相干：其餘重要人物盧俊義是個大地主，吳用是個「半知識分子」，公孫勝是個不勞而食的道士，關勝、林冲、秦明、呼延灼、花榮都是軍官，柴進是個貴族，李應是偽地主。三十六名天罡星裡面，沒有一個人眞正做過工或者種過田。勉强說來只有阮氏三雄是個漁民，至於浪裏白條張順，則是屬於「剝削階級」的漁業經紀兼黑社會首領。

全部水滸傳頭領中，比較上可以算是工人出身的，也只有玉臂匠金大堅，玉旛竿孟康，通臂猿侯健，白面郎君鄭天壽，金錢豹子湯隆。

再看中共，毛澤東是個小地主出身，以後在政治上鬼混，套用中共的術語，是一個道地的「二流子」。朱德是個軍閥，一生行徑據朱德自認是半世軍閥，半世革命，若在我們看來只能算是半世軍閥，半世盜賊。劉少奇是個工棍，林伯渠是個刀筆師爺，董必武是個失意的知識分子，鄧小平和周恩來都是有野心的讀書人，按照共產黨的定理來分析，眞正工人出身的「清白分子」只有陳雲一人，現在可能又出了問題。

若把梁山泊頭領與中共頭目作一比較，毛澤東似宋江，朱德似盧俊義，林伯渠似智多星吳用，劉伯承似神機軍師朱武，林彪似豹子頭林冲，陳毅似矮脚虎王英，彭德懷似大刀關勝。其餘陳伯達似聖手書生蕭讓，董必武似鐵面孔目裴宣，若仔細加以分析，十之八九均有雷同之處。

（二）逼上梁山

宋江與吳用最大本領就是想誘騙一個人上山，先要害得他無路可走，最後不得不乖乖地去作强盜。水滸傳上被逼上梁山的共有八人，最著的是盧俊義，此君是北京大名府的財主，當地通稱盧員外，本來生活過得舒舒服服，不料宋江平空聽到何道士的吹噓，一心一意要勾引盧俊義上山。先由吳用，李逵去作引線，然後安排十路埋伏活捉盧俊義，及至捉上來時，盧俊義堅決不肯入伙，再三相勸，盧俊義說道：「咄！頭領差矣，盧某一身無罪，薄有家私，生爲大宋人，死爲大宋鬼，若不提起忠義兩字，今日還胡亂飲此一杯，若是說起忠義來時，盧某頭頸熱血，可以便濺此處。」宋江無奈何，糾纏了幾十天，終於放盧俊義回去，臨行時，把一盤金銀相送，盧俊義笑道：「山寨之物，從何而來？盧某好受？」水滸傳在這裏把盧俊義的個性交待得明明白白，寧死也不肯作盜賊。那知被吳用施了毒計，終於害得傾家蕩產，九死一生，最後只有上梁山入伙。其次最缺德的要算誘騙朱仝。朱仝在梁上頭領中，要算是一等好人，爲了義氣放走雷橫，被充軍滄州，到了滄州受到州官賞識，並未受罪，只是每天抱着小少爺玩耍，朱仝到此也死心塌地作名伴當，遇赦還可以回鄉，那知梁山派了雷橫、吳用來邀他入伙，朱仝向雷橫說道：「兄弟、你是什麼言語，你不想，我爲你母老家寒上，放了你去，今日你到來陷我爲不義。」話雖然沒有盧俊義說得凌厲，也是斬釘截鐵，沒有商酌餘地。不料吳用竟使李逵把朱仝帶的州官四歲公子害死，頭劈做兩半個。這種手段實在太缺德了。朱仝雖然無奈何跟了去，可是一生和李逵不睦，當然內心也一定不服氣。

被騙上梁山的諸人中，遭遇最慘的還是秦明，秦明原是青州總管，被宋江擒上清風山，留住秦明，夜間派人穿上秦明衣甲，去攻打青州城，並在城外殺人放火，碰上青州慕容知府也是一名胡塗蛋，未曾分清楚，先把秦明一家老少殺光。秦明還不知道，第二天貿然回去，看見城外一片瓦礫，城上拋下妻子首級，秦明無奈何只有回頭走，遇到了宋江，還假意問道：「總管何不回青州，獨自一騎投何處。」秦明一見宋江，眞是怒火攻心，當時罵道：「不知那個天不蓋，地不載，該剮的賊，裝做我去打了城子，壞了百姓人家房屋，殺害良民，倒結了我一家老小，閃得我如今上天無路，入地無門，我若尋見那人時，直打碎這條狼牙棒便罷」。

水滸傳作者大概也是替秦明抱不平，所以這一段罵得特別厲害，値得注意的是，這次是在清風山，參與其事的只有宋江、花榮、王英、燕順、鄭天壽。出這條狠毒計策的是宋江，不干吳用的事，而且這次賺秦明是在賺朱仝、徐寧、盧俊義、安道全等人之前，所以這種逼人上梁山的政策，實際上是宋江訂下的。

回頭再看中共，在大陸逃出的人，只要在中共統治下待過一個短時間的，都知道中共有鬥爭會這套把戲，鬥爭會各地所採的辦法並不完全相同，但目的只是在挑起階級仇恨，鼓動佃戶鬥地主，店員鬥經理，窮人鬥富人，被鬥爭者輕則傾家蕩產，重則喪命。鬥爭者雖然得些好處，最後恐怕受到報復，尤其是國軍與中共拉鋸地區，雙方屢進屢退，一些在中共支持下「積極份子」，當中共一旦撤走時，除去參加共軍之外，委實無路可走。鬥爭只是參軍的手段，參軍方是鬥爭的目的，共幹當時有句口號，「後方不鬥爭，前方沒有兵。」說盡了鬥爭會與參軍的密切關係，利用鬥爭會逼無知愚民當兵，其手段原是學自水滸傳「逼上梁山」，不過範圍更普遍，作風也更毒辣就是了。

（三）掛羊頭賣狗肉

宋江統治下的梁山泊，是打着「替天行道」的杏黃旗，可是他們如何行道法，有水滸傳爲証。計：破江州，「殺得屍橫遍地，血流成渠，推倒擷翻的，不計其數。」破無爲軍，「見一個殺一個，見兩個殺一雙，把黃文炳一門內外大小四五十口盡皆殺了，不留一人。」

打破祝家莊，殺死祝朝奉全家老小，「宋江與吳用商議，要把這祝家莊村坊洗蕩了」，還是石秀一言解圍，救了全村性命。

其餘打高唐州，破曾頭市，陷東平府，都是把對方全家老少，一門良賤，掃數殺光。這是梁山泊「替天行道」的眞象。再看中共的「爲人民服務」。

中共在大陸屠殺的人數，據各方面估計約在二千萬人上下，這是古今中外未有的大屠殺。也許中共可以說殺的都是壞人，可是現在留下的都是安分良民了，但是這些人的生活是日夜苦戰、飢無食，寒無衣，整個大陸人民都在死亡線上掙扎。這種情形已經盡人皆知，不必在此多說。總之梁山泊的替天行道和中共的爲人民服務，口號雖有不同，本質原無二致，最終目的是奴役全體人民，建立寡頭統治，所謂好話說盡，壞事作透是也。

（四）鵲巢鳩佔，排斥異己

晁蓋、吳用一行因劫生辰綱被官府緝捕，幸得宋江送信，倉皇逃往梁山泊。偏遇到原來寨主白衣秀士王倫，心胸狹小，不能容物，堅持不肯收留，被吳用用個手法，激惱林冲，酒席筵前，殺死王倫，奪取水泊、實行鵲巢鳩佔，讀者每讀到這一段時，總譏笑王倫不能容物，自招殺身之禍，其實王倫即使豁達大度，有漢高祖之風，慨然將這批人收留下來，試問以晁蓋的雄圖，加上吳用的陰謀，豈是久居人下的，經過一個短時期，依然也要演出火拼王倫的一幕。

不必說晁蓋火拼王倫，即以晁蓋與宋江而論，兩人關係何等密切，宋江坦着血海關係營救晁蓋脫險，晁蓋在梁山安定以後，更時刻懸念宋江，一心拉宋江上山。既上山之後，晁蓋曾有讓位之意，宋江自以年齡比晁蓋小十歲，再三堅辭，只坐第二把交椅。按說應該可以相安無事了，但是後來晁蓋曾頭市中箭，後人就懷疑是宋江的陰謀，再看後來「梁山泊石碣現天文」，竟然沒有晁蓋之名，更使人覺得晁蓋死得不明不白。梁山泊本以義氣結合，到了名利關頭，尚且如此。何況崇奉唯物主義的共產黨，尤其是「寧使我負天下人，不使天下人負我」的毛澤東，一生火拼戰友的事件更多過晁蓋、宋江。（上）

文壇泥爪

郁達夫與郭沫若之四

郁郭正式絕交的這一次，在「論郁達夫」和「再談郁達夫」兩文裡，郭沫若是自相矛盾的。前文說：「達夫是怎樣早離開了廣州回到上海主持創造社，又怎樣和朋友們生出意見鬧到脫離創造社，詳細的情形我都不知道。」後文却指出了由於他寫信給達夫，責斥郁文不妥當。實際上的眞因，是他爲了取寵中共，出心唆使那些「小伙計」們把這位「不革命」的郁達夫踢出去的。這裡有一篇可作鐵証的文獻，那是他早在民十九的四月，在神州國光社出版的「文藝講座」第一册中所寫的「文學革命之回顧」，其中曾詳細地叙述他跟達夫決裂的原因。這篇文章收在「文藝論集續集」中，人多不注意，張靜盧所編「中國現代出版史料」甲編中曾收有此文，可惜他把有關郁達夫的一段全删去了。現在我們把它抄在這裡，他在談到民十六的創造社時說：

「然而，在這時期中他們內部便自然之間生出了對立，便是郭沫若和郁達夫的對立，明白的說便是無產階級和有產階級的對立。郁達夫在郭沫若參加了實際革命的時期中，他把創造社改組了，把一批年青人逐出社外，實際上就是這個對立的表示。一方面郭在參加革命，另一方面郁偏在孫傳芳的統治期中罵「廣東事情」。一方面郭在做「文學與革命」；另一方面郁便在罵提倡無產文學的人是投機份子。郁對內部採取清算的態度，對外部却發揮出妥協的手腕。他一方面做着創造社的編輯委員，另一方面又在參預以胡適爲主席的新月會議。以後更在「小說月報」中做「二詩人」的小說來嘲罵創造社的同人。那時候一批讀着郁達夫所編的「洪水」的人，他們異口同聲的說，這是創造社的「現代評論」化！

「郁達夫一人的反動，敵不過的依然是整個中國社會的潮流，他的行動在不久之間受了不甘反動的創造社同人的反對，他自己便不能不退出創造社的隊伍，並且率性專以嘲罵創造社爲能事了。」

其實，我們如果檢查「洪水」，在列出郁的「廣州事情」的同期上，尚有成仿吾的「完成我們的文學革命」；次期又有郁達夫的「無產階級專政和無產階級的文學」；以後還有許多篇宣揚普羅文學和共產學說的文字，如「馬克思社會階級觀的簡說」等；這怎麼能像郭說的「洪水」「現代評論」化了呢？他羅列了郁的一些莫須有的「罪狀」，無非爲了他自己靠攏中共的利益。不見他在「涂家埠」（海濤集）中所寫，他那時正從九江到了南昌，加入到共黨叛軍裡去嗎？

記戊戌維新始末（三）

舜生

假定在甲午戰爭以後，只有這重重疊疊的外患，而清廷的政治還能維持相當的清明，我想維新運動可能不會起來，即起來決不會緊接着爆發在戊戌。

可是自從光緒七年慈禧把慈安太后毒死了以後（見惲毓鼎『崇陵傳信錄』），光緒十年她又把恭王奕訢趕出軍機，於是清廷大權，乃完全落入了慈禧的掌握，其時她的年齡雖已到達五十，但貪位戀權的慾望和縱情逸樂的好尚却方興未艾。原來在一八六〇年（咸豐十一年）她最初的取得政權，本來就是由於奕訢和她合作的結果；奕訢之為人，儘管也歡喜幾個錢，但究竟比慈禧明白，即慈安也比慈禧正派得多，尤其關於用人一點，奕訢更處理得恰如分際。例如：以曾國藩統轄江蘇安徽江西三省，並浙江全省軍務，這是在咸豐帝死後咸豐十一年十月的事；以沈葆楨為江西巡撫，左宗棠為浙江巡撫，這是同年十二月的事；而同治元年李鴻章統兵赴援上海，二月即任命他署理江蘇巡撫；使一個漢人能掌握幾省的軍權，並使其平日關係密切的友人分負方面重責，而絕不加以猜忌，這不能不說奕訢等確有知人之明；同治元年殺失守蘇常的何桂清，二年殺擁兵玩寇，冒餉納賄的勝保，也不能不說是執法嚴明的表現；凡此，都是他們能削平太平天國和平定捻亂回亂而造成一小康局面的關鍵。同治四年，奕訢本來遭遇過一度挫折，已經命他無庸在軍機處議政，但卒以多人疏解，仍聽其繼續管理總理各國事務衙門，並在軍機大臣上行走；可是議政王的名義卒予革除。同治八年秋，慈禧所寵信的太監安得海，乘樓船緣運河南下，稱奉有密命，頗事招搖，山東巡撫丁寶楨遣騎追至泰安捕之，傳送濟南，奏上，慈安問軍機大臣以祖制，奕訢等對言當斬，即命就地正法，這也是慈禧恨恨於慈安與奕訢的一端。惲毓鼎說：

「慈安沉默寡言笑，守家法，知大體，同治初年，慈安主持於上，恭忠親王（即奕訢）文相國（祥）翊贊於下，以成中興之功，慈禧素嚴憚之，辛巳後，土木宴遊之風始盛。」

這裏所說的「辛巳」，便正是慈安死去的光緒七年，到光緒十年，奕訢、寶鋆、李鴻藻、翁同龢等均已逐出軍機，代之而起者為禮親王世鐸、張之萬、孫毓汶諸人，均慈禧親信，而醇親王奕譞尤隱握大權（慈禧命軍機處有緊要事件，着會同奕譞商辦），太監李蓮英也已逐漸用事。

光緒十一年，一個新辦而最有錢的海軍衙門，慈禧即任命奕譞為總理，而以慶親王奕劻及李鴻章為會辦，議定首先精練一支北洋海軍，即以鴻章專司其事。奕譞者，慈禧的妹壻，光緒帝的生父，其人錄錄不足齒數，惟知媚事慈禧以固權位。海軍衙門的經費除一部撥自戶部以外，各省均分別攤派，並開有一種海軍捐，二三千金得實缺州縣，四五千金得實缺知府，七八千金得實缺道，皆以特旨簡放，不由吏戶兩部，於是趨者雲起，而貪汚成風。像這樣搜括得來的錢，奕譞却先後撥去三千萬兩，充建築頤和園之用（實際用於工事者不足半數，大部均歸中飽）、以供慈禧的遊樂。康有為說：『於時，上興土木，下通賄賂，孫毓汶與李蓮英密結，把持朝政，士夫掩口，言路結舌。羣僚皆以賄進，大臣退朝，即擁娼優，酣飲為樂。孫毓汶倡之，禮親王張之萬和之，交媚醇邸，以取權貴，不獨不能變法，即舊政風紀，亦敗壞掃地。官方凌遲，士氣靡盡，蓋甲午禍敗之所由來：……』（見康有為「自訂年譜」）以這一段話來說明甲午以前的政風，可以說是寫實，而沒有過分的渲染。

到了光緒十五年（1889），光緒帝已滿十八歲，慈禧還要繼續「訓政」，實在有點講不過去，於是只好在名義上讓他「親政，」可是有關用人行政的大權，慈禧仍不肯絲毫放鬆，如果光緒帝不向頤和園去請得她的「懿旨」，便幾乎一事莫辦。光緒帝這個人，儘管是非常懦弱，但心地却相當明白，眼見這位「母后」事事對他掣肘，究竟心有不甘，再加上他有兩個寵妃（瑾妃和珍妃）看見她們的婆婆天天在那裡賣官鬻爵，不免見獵心喜，於是也就爭着要撈幾文，可是一經敗露，慈禧乃大發雷霆，立即把兩個妃子的名號革去，降為貴人，而且命她們剝去衣服，加以毒打，珍妃情節較重，且被幽禁於「三所」。一個青年的皇帝，知道自己的權力，乃不足以庇護兩個女人的，其精神上所受的打擊為何如？於是母子間的感情日趨於惡化（實際這是慈禧的天姓如此，就是她的親生兒子同治帝的皇后，也正是被她逼得無路可走而吞金自殺的），一般廷臣和疆吏，把這種事實看在眼裏，於是也就隱然有了「帝黨」與「后黨」之分。就甲午前後這兩派人物的分野言之·大抵奕譞、世鐸、李鴻章、李蓮英、孫毓汶、徐用儀等是站在太后一邊的；而奕訢、翁同龢、孫家鼐、劉坤一、安維峻、志銳、文廷式、汪鳴鑾、長麟等，則是站在光緒帝一邊的。光緒帝只有一個空名，而太后却擁有由多年積累而來的龐大實力，帝黨感於自己的勢力孤危，於是乃不得不引用新人以自重，這便是翁同龢等容易與康梁接近的由來。到了光緒二十一年，翁同龢曾親自對康有為說：

「與君雖新見，然相知十年，實如故人，姑為子言，宜密之。上實無權，太后極猜忌，上有點心賞近支王公大臣，太后亦剖視，視有密詔否？自經文芸閣（按即文廷式）召見後，即不許上見小臣，即吾之見客，亦有人窺門三巡數之者，故吾不敢見客，蓋有難言也。」（見康有為「自訂年譜」）假如我們對當日這種宮廷內幕，母子衝突，以及一般廷臣確有祖帝與祖太后之分不知道，則對甲午、戊戌、庚子這幾幕的大事，便將一無所知，所以我在進入正式敘述戊戌維新運動以前，不能不舉例在這裏提一提，但這只是「舉例」，其他的事實還多到不可勝數，以下還有機會提到的（第二節完）。

文史漫談

林華二君義展叙

徐亮之

孟子曰：「幼吾幼，以及人之幼」；又曰：「惻隱之心，仁之端也」。自比年海宇多故，港九人口，數倍於前；其為人父母者，或迫於飢寒，或厄於憂患，或瀕於死亡，往往不勝我躬不閱遑恤我後之痛；而兒童之失教失學、流離無歸、甚或不幸以無知而觸法網，遂所在多有。顧其勢驟，救之乃不勝救；其事可傷，罪之復不勝罪；是誠仁人君子所不忍聞見者。吾友華則仁君憂之；因惻然獨捐鉅貲為之倡，並合同志者各量力共救拔之；是為七年前九龍上海街兒童習藝社成立之由來。社既成立，而後兒童之失教失學與乎流離無歸者，始稍稍有教有學有歸；其不幸已陷於邪僻，亦咸能知咎其既往，而帖然服教服學力爭上游焉。而香港當局嘉君之志且樂見君之有成功也，復欣然年撥的欵補益之；用社之基礎日以固，聲譽日以隆，而兒童之踵門求學者亦日以多。至於原址不復能容。君又憂之；唯日孳孳，求新地，搆新址，廣捐募，奔走呼號，舌敝唇焦，不憚勞苦；又卒斐然有成功；是為此次社遷新址並易名「扶幼中心」之由來。顧新址雖成，美輪美奐；而室如懸磬，設備蓋闕；實而充之，勢又非欵莫辦，非君莫舉。然至是君則獨不憂而喜曰：「吾無憂矣！吾友林君大庸善畫，夙有聲於時。大庸，仁義人也。吾為扶幼中心充實設備求大庸之畫，無不許。許則以吾畫溷大庸之畫共展出，理宜有得；夫何憂？吾無憂矣！」而大庸果慨然許之；是又為此次林華二君義展之由來。於是吾書至此，乃不禁有感焉：嗚呼！二君之用心，仁人之用心也；抑亦幼幼之道之一端也。夫二君之書，人所共見，初不因吾言為重輕。顧吾獨喜二君用心之美而有合於惻隱幼幼之實，輒忘其淺陋，舉其始末叙之。庚子中秋徐亮之。

四十五初度

千石

瓦釜鳴大道，自尊九五春。
窮將詩換日，生與亂為隣。
觀易知何世，浮名累此身。
青山空作業，滄海尚揚塵。
有願皆成夢，無謀獨抱眞。
漫言筆可陣，幾見太平人！

本刊已經香港政府登記

聯合評論 週刊

每逢星期五出版

United Voice Weekly

第一一三號

督印人：黃宇人　總編輯：左仲平
社址：九龍福德道三十三號地下　電話：68678
承印者：嘉華印刷有限公司　香港仔灣馬師道5號
總代理：友聯發行公司　售價每份港幣一毫
本報美洲總經售處　美國紐約中美出版社
CHINESE -AMERICAN PRESS ,INC
199 CANAL STRE,ET..
NEW YORK31 N.Y. U.S.A.
美洲航空版每份售美金一角

中華民國聯合國席位問題檢討

本社同人

我們強抑悲憤的心情，剛剛慶祝過先烈們以無限犧牲換來的中華民國的雙十國慶，次日即為聯合國大會對中華民國席位投票事，感到了意外的震驚！我們姑不必將民國四十一年的本案投票數字與此次相比，以表明我們國勢的衰落，就聽向我們表同情的菲律賓外長「自由中國前途黯淡」之言，也使人夠受刺激了！本月十一日以來香港愛國反共的民營報紙對此一事紛紛議論，即在台北官方對於聯大表決的投票趨勢，也至表關切，準備分析研究，全盤檢討。

中華民國是愛國反共的民衆大家的，即奠定中華民國的憲法上三原則之一，也是標明「民有」的，故對於此一國運攸關之事，我們不能不加以深切的檢討。不過我們檢討的注意點，並不在非洲新國家的中立趨向，因為這一中立與否，其權操之在人；我們檢討的是我們國家應如何發奮圖強，以求挽回頹勢。能夠自立自強，然後方能為人所重視，這是國際間最顯淺不過的道理，且自立自強，其權操之在我：我不自侮，誰敢侮予；我能強壯起來，則別國自然刮目相看，國際間又豈有永遠靠道義的扶持，而在別國卵翼中苟且偷安得下去的嗎？

一、

中華民國發奮圖強的表現，最好是早日反攻大陸，驅逐共寇，還我河山。這不但為台灣與海外愛國反共民衆的急切希望，而也是大陸上受苦難的多數同胞所馨香禱祝的。一且反攻號炮一响，不但愛國反共民衆的怨望心情，立刻變作歡欣鼓舞，爭為前驅，而且國際的同情也必將驟然為之增長起來，我們就無所憂慮來年聯合國的投票的或多或少，故香港一家民營大報希望一年之內去反攻大陸，它的社論說道：「事實擺在目前，不立即反攻大陸，國際情勢將大大不利於中華民國。這是一年內的事，並非三年五年內的事，換句話說，一年內不反攻，明年便會遭遇極大的不利！』

不過，我們認為，一年以內反攻固好，萬一準備不及，則三年以內反攻也好，但在反攻之前，當局者必須表現振奮，立刻一反過去關起門來，自我陶醉的作風，一反專重消極防守，自我恐怖的辦法，而能夠大開大闔，去辦到（一）在經濟政策上自給自足，（二）在民主前提下團結全國，（三）在外交活動上盡力爭取，則一年之內，國際視聽，未嘗不可以使之大為改觀，而「極大的不利」也未嘗不可以使之相當扭轉。

我們兩年以來，以悲憤而且不耐的心情，盡所欲言，去要求民主改造台灣，其中心願望，無非為挽回這日益下落的國家頹勢，茲為喚起國人注意，更畧分析言之。

二、

我們曾主張精兵主義，裁撤一切非法機構，其目的在以較多的經濟能力，去從事工業的建設，同時并曾主張自由企業，使民營工業也分頭的發展起來，然後內而可以使台灣的經濟自給自足，外而可以在國際間打開競爭生存的出路。台灣雖小，總比香港要大得多，香港今天數千工廠的出品，推銷於五十餘國，每年出口數字竟值四十餘億元，不但香港政府稅收增加，建設進步，而且難民衆多，反感工人不足，使寄居是間者大半安居樂業，使世界上來參觀者嘆為奇蹟，爭相投資，足見「地方百里，亦可以王」，此言不虛。台灣近十年來的工業建設，所以比之香港，也差得太遠，其故在不知現代立國之道；既要反對共產主義，而又害怕資本主義；既感外國經援之不可靠，而又不敢開起門來，像香港這樣讓僑胞資本來台自由活動：一種變幻莫測的外滙管制與經濟統制，已足以使資本家、企業家褻足不前，何況又在政治上也愛鬧別扭，沒有容量，不顧與情，以致影响安定，更使人望而卻步呢？

我們曾主張民主團結，其目的在加強愛國反共的力量。因為以台灣的一千萬人與海外的一千三百萬人，比之大陸，已算少數，如果這少數都不能自由團結起來，更何能影响大陸多數反共民衆去艱苦的來患難與共呢？不過要實行團結，則政治必須實施民主；為效忠一人一姓一黨一派的政權，而便認為是效忠國家，使多數民衆去俯首聽從，此而名曰團結，這是帝王時代的往事，中華民國已成立近五十年，這一時代早就過去了，啊！實施民主之道，首應尊重中華民國憲法上所規定的國民基本的自由權利。十年以來，台北當局者如能尊重國民的自由權利，照憲法所規定的條文起碼的去實現到相當程度；則不待天天言團結，而海內外早已自然團結，又何致今日鬧到海內外與論譁然，以及友邦表同情於自由中國的朋友也為之喪氣悲觀，感到中華民國的前途黯淡呢？

現在談到外交，據報載，台北官方所欲求的投票出乎意外的答案，是要研討出非洲新成立的國家何以都採取中立態度而棄權了？試問近年以來，自由中國有多少人去非洲活動過？然而中俄共則年來不斷的在非洲賣弄手法。非洲新成立的國家，大半在殖民地時代與法國比國都有關係，今雖獨立，以其語言相通，這一點上來說，比法人對他們還是多少有影响力的，又試問自由中國又有多少人在比法人間去活動過來？外交爭取之義，不是臨時官式的打個電報去承認獨立便算盡其能事，便算奠定國交；如果活動與爭取不力，則多年訂交者，也可以一旦反向的，拿什麼去活動爭取呢？曰人才，曰經濟。談到這上面，又與前述之工業發展與民主團結兩點脈絡相關；人才與經濟兩不應手，而只有官式的臨時應付場面，今日中華民國的外交官已是很難做好，何況許多外交官又竟未得着適當人選，難期其為國爭光呢？

最後，我們無法不檢討到我們的盟邦美國，美國報紙對於這次投票不符預期，乃認為是美國活動及主張的失敗；這倘美國人的觀點已足使我們中華民國愛好獨立的國民十分的慚愧不安了，即使承認美國在包辦中華民國的事情，然而這一包辦乃眼見氣魄不夠，作法太差，因而有綏靖敵人，鼓勵中立的趨勢，反使中華民國的地位愈加狼狽起來！至於以中華民國的外島領土的犧牲與否，竟用來作為美國兩黨競選總統的孤注，鬧得滿城風雨，那更是不成話說了啊！

四九、十、一五

對淺沼被暗殺的觀感

左舜生

本月十二日午後兩點三十分，日本社會黨總裁淺沼稻次郎，在東京日比谷公園會堂發表政治演說，在萬目睽睽之下被刺身死，兇手當場被捕，係一十七歲的右派學生，行刺的武器非手鎗炸彈，而係一種日本傳統的短劍。截至我現在執筆寫這篇短評的時候，我在香港所看到對這件事的若干報導，不算怎樣詳細，我們知道若干的左翼分子，依樣葫蘆發動了一種有氣無力的示威行動，最大多數的日本國民似乎不甚關心。池田內閣曾發出聲明：「決定調查此意外事件的原因，與該等負責人員，並採取各項直接步驟，以根絕該等可怕之暴行。」自民黨幹事長益谷秀次，曾向社會黨表示致哀。比較突出的是前首相岸信介曾到淺沼停屍的醫院，停留十分鐘，並發表談話，說到他自己被刺而倖獲生存，因而對淺沼之死表示惋惜，並說必須極力設法消除強暴行動。據連日陸續得到的消息，我們知道左派的示威仍在斷斷續續舉行；因為淺沼係早稻田大學出身，早大三萬學生，曾有兩千名罷課參加遊行。十五日，示威者曾與警察發生衝突，雙方各有小部分人帶有輕傷。左派分子儘管發出「打倒池田內閣」的口號，但池田等人的態度，似乎相當鎮靜而嚴肅；不過在現正舉行的日本國會特別會議中，社會黨必借題發揮大肆攻擊執政黨，自屬意料中事。

這件事如何結束，我相信日本是法治國家，司法確能獨立，在調查明白以後，司法機關對此次的兇手或其他的責任者，當有一種適當的裁決，我不願作任何預測。下面所說的，只是我個人對日本局勢一般性的一些看法。

一九五三和一九五六年，我曾兩度到日本住過一個短時間，第一次一個月，第二次十天，目的在看看日本戰後的復興工作，並聽取若干朋友對日本前途的見解，頭一次是個人行動，側重在觀察與了解；二次係參加一個訪問團，較有機會接觸日本政治文教和工商界的領導人物。有一點我與一般久住日本的朋友不同的看法，便是我認定日本是一個比較不容易赤化的國家，假定是中共不揣冒昧，一定要以滲透分化的方法介入日共及其同路者從事顛覆日本的工作，他們可能碰壁，並有惹火燒身的危險。其原因可列舉如下：一、日本有一個團結全國的象徵，尤其廣大的農民及一般對日本歷史文化愛護的篤舊人士：他們對皇室仍保有高度的信賴，戰後皇室的地位誠然有了不少的變遷，但對全國國民向心力的吸取，仍保持一定的力量。二、十餘年來對復興工作的突飛猛晉，甚至較戰前更能面目一新，使得全國國民生活能逐步改善，還便是日本不易動搖的有力保証。三、一般的政治情況相當良好，無論吉田、鳩山及岸，仍相當的保有明治以來負責的優良傳統，其出處進退，一依法制，確有維護憲政的決心。四、言論有充分自由、人民判斷力頗高，無論極左極右均不能構成一面倒的形勢。五、工商界人才極多，穩健而富有常識，他們不會因少數人的財富而忽視國家利害，或工商從業者的福利。六、人口增加的速率，誠不失為日本的一大隱憂，但依於科學的進步，食糧生產的改進，工商業繼續發展，就業機會加多，假定他們能遵循和平的軌轍，善處國際的環境，此一問題仍不難求得適當的解決。七、關於軍備的重建，誠然逐年趨於堅實與擴大，但這也是國際情況使然，他們無法不講求自衛之道；以近一億人口的大國，保有五六十萬名額的軍備，在目前國際的比重上可以說尋常而又尋常，只有缺乏自信或對日本抱有侵畧野心的人們，才會恐怖他們軍國主義的復活。

以當前日本國民一般心理來說，他們不會忘記過去軍閥所造成的罪惡，也不是不知道這十年以來中共在中國大陸所召致的災害，因之無論極右與極左，均為日本大多數國民所厭惡，他們毋寧以保持一種中和態度為得策。其所以還有少數人熱心於對中共復交，或對中國大陸存有對工商業求出路的幻想，大抵只是求得一種政治資本或一部分人私利的打算，而前者即可以淺沼其人為代表。從他在今年夏天所領導一連串反岸，反美，反日美軍約，及阻止艾森豪訪問，乃至在北平發出美國為中（共）日共同敵人的狂言來看，他這次的遭遇暗殺，可以說是以暴力召致暴力的自然結果，與其說他是死於一個青年學生，毋寧說他自殺還比較的近於事實，這是一切憑藉暴力作政治鬥爭者所應引以為殷鑑的。

雜憶錄之十一

聯合國維護人權的工作一斑

·幼椿·

聯合國雖被「否決權」所損害，而有大國可以任意橫行，輸理不認之嫌，但小國也不是完全聽任支配，因為在聯合國的全體大會席上，「否決權」是受了限制的，不能行使的。故每年大會，蘇俄及其集團的代表只能咆哮威脅一番，如果其他大國及無數小國對他們這種無理取鬧，不理不睬，更如果反共的民主國家集團運用得法，則共黨國家的代表雖表演得再兇橫，結果不但嚇不了人，而且要失敗的。——國際會議自從有共黨國家參加以來，所謂舊日的雍容論事的「折衝樽俎之間」，已不可復得，而講力不講理，愛吵不愛聽，使壇坫之上成為鬥牛之所，也不只在聯合國會議為然。因是，有認為聯合國有了共黨國家參加，便成為無用之物，可以廢掉，這未免有因噎廢食之概。固然看到共黨國家代表不講理且愛亂鬧，要令我們有點喪氣，但是聯合國至少今日仍有其兩大作用：一為在有亂子起來，民主國家可以藉此干預世界上任何地區的動亂，而設法插足其間，以免為蘇俄及其附庸所利用而擴大亂局（如此次剛果的局面）；一是在平常時期，聯合國的社經理事會，不斷的在世界各地，為維護人權而經常工作着，其貢獻也是甚大的。

茲據個人經驗，寫出筆者所見，聯合國維護人權的二三事以概其餘。

聯合國是禁止買賣奴隸，以服勞役的，一九四七年大會特別厘定，為維護人權，禁止奴工的辦法，而由社會理事會設立專司去經常執行此一辦法。從前，在中東，在非洲，都有奴隸的買賣，而在亞洲，則有「賣猪仔」的風氣，（其實「賣猪仔」的事情，在亞洲今已少見，）於是聯合國秘書處特別通知與這幾個地方有關的會員國政府，須聽候聯合國專司禁止奴工的專員，來臨共同製定辦法，一力奉行，按期報告，以便根絕奴隸買賣，而維人權。中東與非洲的辦法及其實行如何，筆者未曾經驗，但筆者在香港與北婆羅洲經常來往，對於聯合國厲行禁止「賣猪仔」的辦法，乃是親見其事，並且認為厲行得未免過於澈底一點。

筆者曾在北婆羅洲一家建築公司任職，這家建築公司經常在香港雇用去婆羅洲担任木工泥工及雜工共約三百人。照聯合國與香港政府規定，為免卻從香港運去工人南洋作工，有買賣猪仔之事發生，凡從香港雇去南洋工作，這些工人必須三年期滿之前回到香港，向香港勞工處及移民局報到，考察一番，然後再去。同時北婆羅洲政府也須負責隨時調查自香港雇去的工人生活情形，到了三年，且必須由該政府負責督促送返香港。這個維護人權而防止奴工的聯合國辦法固為香港與北婆羅洲兩地政府添了許多麻煩，而特別是雇用工人的公司所受的麻煩更大！

公司雇定工人後，要引着工人去香港勞工處，照格式當面簽合同，合同上便載明三年必須返港報到，如再去又要再簽過。工人到工作地點之後，又要由公司引工人去當地勞工處驗明合同。工作之後，當地勞工處，每三月必須公司報告工人移動情形，如由亞庇埠調往山打根，則山打根的警察局兼勞工分處必來察看該工人是否眞正到達，及其居處生活情形，是否合於合同上之所規定。三年期滿之前一月，勞工處即通知公司準備運送期滿之工人返港，務須屆期到港，否則罰欵。有時公司工作甚忙，需要工人，建築完工，無人代替時，則期滿之前兩日，只好用飛機將該工人趕急送回，立刻引往香港勞工局報到，立刻又另簽續約，然後又趕着用飛機將該工人送回北婆維洲。因為建築公司不能停工以待工人，按期不能交屋與業主，也要罰欵的。這樣的一往一返，七年之間筆者任職的這家建築公司對於工人的運送，格外多花了十萬以上的港幣。公司損失既大，向香港政府請求改定辦法，香港政府答復：『這是聯合國規定的，只有遵行，不但香港政府不能改，就是英皇陛下政府也不能改的。因為這是維護人權的大事情。』

筆者還在北婆羅洲親歷一事：五六年前，聯合國派醫生到該地來做滅蚊防瘧的工作。醫生係中國人姓張，自紐約飛來亞庇（北婆首都）之後，散發傳單，號召各界居民，前往酒店開會，自由發言，控訴蚊害及瘧疾，筆者曾往參加。據張醫生報告，『聯合國對於亞洲，特別是熱帶區域，派出其防瘧醫生甚多，其目的在消除這些地帶民衆一向所受蚊害之苦，以及減少瘧疾的死亡，他要靠民衆的合作，來撲滅蚊子的滋長，然後纔能達到聯合國為人類滅除恐怖的宗旨。』會畢，張醫生散發各人滅蚊防瘧的說明書一紙，並要求民衆隨時向他報告蚊害及瘧疾。

張醫生特別留意惡性的瘧疾，要活捉這種惡性瘧蚊，並懸出賞格，請人幫忙。活捉蚊子，不有損傷，並非易事，而且普通的人辨認惡性瘧蚊甚難，因此只有由張醫生親自動手。張醫生既奔走各地，深入窮鄉僻壤，到處宣傳，並活捉蚊子，於是婆洲民衆，無人不識此一滅蚊專家者。張醫生月薪由聯合國支給每月一千美金，一次有人問張醫生：「本月捉到幾多瘧蚊？」他答道：「兩個。」於是問者笑道：「這一瘧蚊要值五百美金一個了啊！」張醫生嘆道：「你們大家不努力滅蚊防瘧，減除你們自己所身受的痛苦，還要笑我這個聯合國的醫生嗎！」

北婆羅洲每一大城市都各建有一所「健康中心」（Health Center），內分兒童婦女兩部份的健康救濟，有婦科，兒科及眼耳鼻喉科醫生，檢查孕婦及指導生育，以及照料嬰兒，並贈牛奶，魚肝油及各種必須藥品。此種健康中心，內部雖不大，而集存奶粉，魚肝油等甚多，每晨婦孺畢集，醫生看護應給不暇，一概贈醫，花費不小，這也是聯合國之所主持設立的。雖然聯合國社經理事會糧農組，歷年都在呼籲，亞洲人生育過多，糧食將難應付，然而既然要生，並且生育下來了，就得使幼兒健康的生存下去：生存權是人權所應重視者之一，不得其生與不得其死，皆為人權宣言所再三反對，也是我們中國王道之所不容許的。我們相信共產極權者必定要倒了下來，就因為他們太漠視了這一人權之故啊！

四九、十、一二

三論民主政治在中國失敗的癥結（一）

張忠紱

民主政治的重心在民治，民治的重點在觀念與運用，運用民主政治的基本觀念莫要於：（一）法律至上；與（二）民主行誼（包括遊藝規則與運動家的風度等。）

在祖國週刊三十一卷三期（其中涵忍，姑忍，含忍等字樣，均為容認二字之誤，已去函更正），及八月五日聯合評論美航版中，筆者曾先後發表二論，說明五十年來民主政治在中國失敗的主要原因，在於中國的傳統思想中沒有民治觀念，因之也沒有民主組織與生活方式的歷練習慣。五十年來提倡民主政治的先覺者，除孫中山著有民權初步一書，曾注意到議會法運用外，迄無人注意到民主政治的全體運用。

民主政治的精神在民有與民享，但民主政治的重心却在民治。沒有民治，決不能達到民有與民享。民治的基礎在憲法，但民治的重點則在民衆的正確觀念與運用。自中華民國成立以來，提倡民主政治的先進們，無論坐言或起行，直到今日，竟無一人注意到民衆有關民治的正確觀念與運用。白紙寫黑字的憲法或紙面規定的機構，無論如何完備，倘民衆沒有正確觀念，不知如何運用，終屬枉然！過去五十年中華民國的歷史已給與了提倡民主政治者以深刻的教訓！

提倡民主政治的先進們，他們既沒有能注意到民衆對民治的正確觀念與運用，他們甚至於沒有能透切了解運用民治所必備的觀念與因素，他們自不會培養人民對於民主政治的觀念與習慣。人民在學校內，在社會中，甚至於在政黨旗幟下，都得不到此種基本觀念的教育與實踐，照這樣下去，就是再過五十年，民主政治在中國也未必能完滿成功！

提倡民主政治，而不教導或訓練人民如何運用民主政治，實無異於為兒童購備切麵包的機器，而不告訴他們使用機器的方法。其結果，大之將手指切斷，而小之也決不可能切出一片齊整的麵包。這是兒童的過失嗎？明智的褓姆在購備機器的同時，必將教導兒童以使用機器的方法。中國提倡民主政治的先進們，只貪圖機器鋒利，竟未顧及教練兒童使用。此所以五十年來中華民國的人民不能得着民主政治的益處，而切指傷臂的反到所在皆是！我們能怨民主政治這部機器嗎？

在本文中，筆者將提出，筆者所認為運用民主政治所必須的兩項基本觀念或因素。筆者認為，中國人民若能養成這兩種觀念，則民主政治不難運用，也不難推進。這與人民的知識水準並沒有很大的關係。過去中國一字不識的人，他們對於中國傳統的觀念（譬如誠實無欺），有時較之士大夫階級，尚善能身體力行。

關於防守金馬之論爭

・田心・

最近幾天美國兩黨的總統候選人，尼克遜與肯尼第展開了關於屬於中國的島嶼金門、馬祖應否協防國府守衛之論爭，雙方參加論爭陣容異常龐大，看來這是美國總統競選外交政策的焦點之一。首先吾人應從國共雙方對於金馬的意義說起。對國府來說，據有金馬可能對大陸有一種威脅，若時機來臨，可作為反攻大陸的踏脚石，若失去金馬則不但影响國軍士氣，而且還可能影响遠東國家的反共意志，自蔣杜公報發訂以來，國府反攻大陸的實際行動經已擱置，因此剩下來據守金馬的意義，現在只是影响士氣與自由陣營的反共意志而已。

中共對於金馬，在一九五八年秋猛烈砲轟時節，似有必得的決心，後來却變成隔日打砲，與要國軍「固守」的古怪戰術。其所以如此，是由於，（一）表示這是一種內戰，不是國際戰爭，不容他國干涉；（二）它堅持在台峽不停火，不停火也變成了事實上的停火，（三）它一再聲言要與國府「和談」「交往」，希望憑籍金馬作為其一廂情願的交往的孔道；（四）世人對砲火有驚恐之意，它就利用這一弱點在其必要之時加强砲擊，製造堅張局勢，最佳的製造緊張的場所就是金馬。總結起來，也就是說，中共在目前是無意攫拿金馬的。

是故，金馬之攻防戰根本不是單日性的，而是政治性的戰爭。固然大戰的危險之存在的，但若說這一種金馬的戰爭會導發大戰，那是荒張的說法，難道，除了金馬以外，無處可作為大戰的導火線？難道，金馬的危機較之西柏林還要嚴重？老實說，兩個美國總統候選人對這樣的一問題舉行辯論，是令被人竊笑的，特別是中共的竊笑。因為遠東能引起戰爭的基本因素，是台灣問題，兩個中國問題，解決金馬問題決不能消滅遠東大戰的危機，若不能眞正認識這一點，胡亂的以自己的主觀願望作一廂情願的想法，適足以暴露自己的弱點被人利用耳。

事實上，中共並無發動大戰的能力，他的叫囂完全是裝腔作勢，藉以敲詐，要不然對巡邏于台灣海峽的美艦和警告了一百多次，為什麼不動手，其色厲內荏是很明顯的。有發動大戰能力的只能是蘇聯，眞正的危機則在西柏林與兩個德國的問題上，因為西柏林與西德的攻擊態勢的影响，使得東西附庸國與蘇聯的獨裁在日夜不安，他們現在沒法消滅這種攻擊態勢的影响，若果最後消滅不了這種影响，而又不肯讓步的話，那麼會迫得它們作孤注一擲的冒險。而今本末倒置地來要求解決金馬問題，這究竟是為着有助於世界和平呢，還是鼓勵侵畧呢？

金門、馬祖究竟是屬於中國的島嶼，國府一再聲明不能放棄；固然他們的辯論是在于協防不協防的問題，這種公開辯論，在中國人看來是一種侮辱。若再深入一些的想，此事似乎又反映着美國之反共是為着一己利益的反共，而不是存着保衛所有反共國家利益的反共。是故這一種辯論，該說是愚昧、無知、自私、胆怯、姑息的集中表現。

寄當權派的公開信

・陳陣・

國民黨當權派者們：自雷案發生後，海外與論，沒有不對你們加以指責的。政治的競賽；應遵民主的基本精神，而不是憑藉暴力的壓制，如果徒以暴力壓制，只有激起人們的反感；尤其亂扣帽子更使人痛恨。同時也不是一個執政黨應有的作風，更不是一個執政黨應有的所為。這次你們為着打擊新黨的成立，及阻止自由中國半月刊的出版逮捕了雷震，並判以十年徒刑，你們──對雷震的打擊也只是止於此了！算不得什麼。但是對你們這個政權的聲譽損失，却又實在太多了。「物必先腐，而後虫生」，沒有蚊虫的地方，蜘蛛是不會去結網的。如東你們一切措施，令人滿意，人家會反對你嗎？反對又反對得了嗎？今天台灣新黨的誕生，就是因為你們的腐敗，遂被人們所棄，新黨是適應人民的願望，才應運而生。所以它僅僅只經過短短的數月的號召，即進入籌組時期，且得到海外自由人士一致的讚許，也就是這個原因。當權者們：請你們自己過細想想，祇打擊別人是沒有用的。所謂：「得民者昌，失民者亡」，過去在大陸時，你們把民心失了，才有今日龜縮在台灣一隅的結果，照說是應該痛改前非了，但你們偏不那樣做，反而變本加厲的搞着獨裁專制的把戲，排除異己，把「反共」二字當着專用商標，這是叫做反共嗎？救國會議，鬧了幾年，至今無法開成，也是起於你們私心太重。在今天反共抗俄的前提下，一個執政黨，不但不應有這種私心，而且要竭誠號召各黨派人士（除共黨外）羣策羣力，無論是反共的團體或個人，只要他有反共事實的成績表現，你們應承認他，而且應予工作上的援助，這才是應有的作為，但你們不但沒有，反而一貫地對海外的反共團體或個人，多方從事打擊。例如前幾年你們為了搞垮一個海外的反共基地，不惜派特務滲透搗亂，並同時在港九各處大肆登記青壯年難胞，揚言集體入台，其實是以此阻止難胞前往參加該反共基地。不過這一手法，當時是一般人所不察的，事後又那一個不知道呢？你們登記的難胞，除運送了兩批至金門去了以外，其餘登記的難胞，自該基地被你們搗垮以後，就完全置之不理了。不過現在多數的難胞，恐怕你們用飛機來接他，他也不會赴台了。因為他們看清楚了你們這個政權的腐敗，毫無生機，故抱着「危邦不入，亂邦不居」的態度，覺得他們沒有入台，比已入台的難胞還幸運得多，眞是「塞翁失馬，焉知非福」！

還有，李彌部隊在滇緬邊界的活動，原本頗有成績，但你們一時聽到他在那邊將可得到外援接濟時，馬上把他調回台灣，另外派人去負責。但那一支游擊部隊的人員，多數是李彌的老部下，別人去當然是沒有辦法搞好的，結果又只有接受什麼「國際上的壓力」，把他這一部份的人統統運回台灣，李彌亦從此被你們打入冷宮。

從以上種種看來，証明你們反共次之，爭權是第一了。根本沒有作反攻的打算，如果你們再這樣搞下去，恐怕有一天連所居的寶島──台灣也難保了。你們不信嗎？那就看你們今後能不能爭氣。這次你們逮捕雷震，說他叛國，但從判決書上看，所述各節均屬羅織，誰也不會相信。國民黨當權者們，過去你們把大陸誤了，幸其還有一個台灣，如果再把這個蕞爾小島誤了，你們又作如何打算呢？我眞是為你們耽心呢！

十月四日寫于黃大仙竹園徙置區

評雷案判決書

雷案於八日審結，判決書於十四日始獲見中央社發布消息，各方見報已是十五日。判決書中所縷各節，值得逐一指出含混羅織者極多，茲先就一點與所謂「匪諜嫌疑」有關者稍加辯斥。

判決書開首有謂：「被告雷震對於民國四十二年十二月後，任「自由中國」半月刊發行人主持編輯委員會負最後審定刊行權，三十八年一月三十一日下午，在南京住宅，邵逆（作者按：指邵力子）勸其無妨留住南京。」

就上述這一小段判詞原文看，很難看出雷震四十二年十二月後任職「自由中國」與「三十八年一月廿一日下午，在南京住宅」與邵力子的談話有何因果關係。但顯然，審判官是力圖將此兩樁全無關聯之事，併湊起來，亂人耳目，使世人覺得其間有不可告人之「政治秘密」，而完全無視並有意忽畧被告雷震在任職「自由中國」前這一階段之堅定地反共，參加保衛大上海戰役之勞蹟與參與保衛台灣之工作。

審判官完全忽視並不採信被告之自辯，實為悖於情理，於法不合的。但審判官却又竟然昧着良心、法律、和公道而為之，實令人齒冷。

再者判決書中所說：「邵逆勸其無妨留住南京。」這句話之被不當引用，尤為令人不平。

這句話極可能是雷震自供來表明他不為邵逆所動的反共決心的，同時可以推測必是尚有上下文。今審判官將被告供詞斷章取義，摘入判決書內，用意究竟何在？更何況，邵逆之勸說是一回事，雷震之行為又是另一回事，雷震不僅在心理上未為所動，甚且在實際行為上表現了離開南京，而投入了保衛大上海等各戰役，則審判官以被告之有利供詞而作不利之引用，居心叵測，業已躍然紙上！誠為羅織罪狀之劣等手筆，亦為審判上前所未見之劣等判詞。

按以邵力子、張治中等投共者來說，前在國民黨內均位居要津，在中央、在地方均屬權傾一時之輩，他們附共固是自取滅亡，但他們與中樞之關係，今之審判官難道毫無所知、所聞？審判官能以邵力子與雷震間的公務交誼，來强調烘托雷震「罪狀」，却不能明察邵等過去與中樞當局之交往關係，更不知政治上的事是一個階段一個階段的，國民黨且曾聯俄容共，蔣先生亦曾遠走莫斯科，甚且曾以上賓之禮在重慶親待過毛澤東，蔣經國是留俄的，他周圍亦有不少過去是屬於共產黨黨員幹部之幹部。如果雷震與邵力子的關係可以構成罪狀，則蔣氏父子的過去與現在，豈非亦有甚多不明不白之處!?

審判官審理案件及作判決書，其不能以公平自主的獨立精神與心理狀態而為之，於此亦已彰彰明矣！

即此一端，即可見雷案之判決書其不合邏輯，不合事理，不符法理之處甚多。故雷案之審判，焉得謂是公平合理之審判!?起訴書與判決書兩皆足供証明雷震之被逮捕入獄乃是欲加之罪！乃是政治問題而假手於法律處理！

・小言・

三言兩語

國民黨總裁說，中共必在三年內自行崩潰。

信哉斯言。有此預言家，大伙還用愁嗎？坐着等吧！

×　×　×

立委張其彭質詢：國軍在何種時機反攻？國防部副部長梁序昭說，不便在公開會中說明，因為這是秘密。張委員，讓我靜靜地告訴你：「三年」!?

×　×　×

赫魯曉夫在聯合國大會席上頻頻搥桌，大發丑威，成為世界頭條花邊新聞。這裏我告訴你一條漏網新聞：某年，中華民國某巨公，因某事不愜其意，且掀翻了辦公枱呢！赫魯搥桌咆哮，乃屬望塵莫及。

×　×　×

立委黃玉明質詢，對雷震及「自由中國」過去之容忍，是政治的容忍還是法律的容忍？我看，是政治的也是法律的。因為「朕即是法」的年代尚未過去。

×　×　×

中共發出消息說，「毛澤東選集」第四卷經已出版發行。這是近代印刷帶來的災害。阿門！

×　×　×

毛澤東比秦始皇何如？自然「高明」多矣！後者僅懂得焚書坑儒；毛澤東則强迫學習。，不學習，行嗎？

×　×　×

中共「統戰部長」李維漢認為，「不難設想」，右派「手中如果掌握了武裝，也會像西藏……那樣，舉行反革命的武裝叛亂。」寄語李賊：莫忘歷史上也會有過揭竿起義那麼事兒的！

・恕人・

陳誠不安於位

・周馬。

（台北通訊）自三任非法總統就職以後，陳誠雖然倖能保全行政院長的兼職；但其權力和威望已大大的打了折扣。現在的行政院已是蔣經國與陳誠的聯合內閣；而前者的勢力更駕後者而上之，以致處處受制，動輒得咎。因此之故，陳誠在立法院休會後即向非法總統請辭，並去金馬視察，遲遲不歸，以示求去的決心。後奉蔣介石之召而回台北，仍未到行政院辦公，據說是患了流行性感冒，其中眞象如何，固非局外人所得而知也。

蔣介石招待國民黨籍立委 期望行政立法兩院團結忍讓

雷案發生後，陳誠恢復視事。蔣非法總統並以總裁的身份於九月十九日下午四時三十分在中山堂光復廳擧行茶會招待國民黨籍立法委員，席間對於各立委在上一會期的辛勞極表慰勉，並說希望聽取大家的意見；最後則特別强調行政院和立法院的和諧是非常重要的。顯見陳誠在立法院招受了極大的困擾。

在是日的茶會中，陳誠還作一段很不平常的表白，他說：「我因健康關係，最近未能到行政院辦公，有人批評我不負責；但我是絕對負責的。這次在病假中，曾經自我檢討，知道本身的缺點很多，往往於不知不覺中冒犯了一些人。不過，我對人處世，是絕對出於誠意的，希望能得立委們了解和原諒，並予指教。」這一段話，無異是向立法委員們公開道歉，以陳誠平素的强硬作風，他是不會輕易如此認錯的。

雷案給陳誠的煩惱

九月二十日上午九時，立法院第二十六會期第一次會議開會，陳誠率領行政院各部會首長及政務委員列席作施政報告，照例有幾十位立法委員提出質詢，行政院長必須答覆。這次的質訊案中，以二十三日立委費希平所提關於雷震等被警備司令拘捕並以軍法審訊一案的六點詢問最爲單刀直入。頗使陳誠不知所答。而立法院中的小蔣派人物，雖然雷案是經國父子一手造成；但却對於陳誠的受困，採取隔岸觀火的態度；甚至在暗中推波助瀾，以求去陳而後快。顯然是蔣非法總統雖已刻意傅子。但似乎認爲時機尚未十分成熟，仍需要陳誠再負責一個階段；而經國則因陳誠仍不十分聽話，恨不得立刻換上一個他可以指揮如意的人。因此，陳誠欲去既不爲老蔣所接納，而不去又不爲小蔣所能容許，在上下夾攻中，這位平素以硬漢見稱的强人也不能不感到煩惱了。

王雲五的醜態

陳誠報告施政後，即未在立法院出現；於是那位在所謂第一屆國民大會第三次會議時曾以商人的信用担保以長期飯票換取總統選票的王雲五乃以行政院副院長的身份，代表陳誠列席立法院答覆質訊，而且談笑風生，每有獨到之處。他答覆某立委質訊政府與各黨各派團結的情形時，公然說：「政府一貫希望與各黨各派以及無黨無派人士團結合作，共同致力於反共抗俄的大業。例如本人是無黨無派，且已屆退休年齡，而政府仍然邀約參加政府工作，即其一例。」他竟把自己能在行政院分一杯羹，當作當權者具有團結合作誠意的例証，固無怪許多在場立委都報以不自然的笑聲也。

以爭取黨友代替團結

雷案發生後，國民黨中央全會曾在被稱爲戒嚴區域的台北擧行會議，但並未依照戒嚴法的規定，於事前申報警備司令部。因爲戒嚴法是專門拿來對付老百姓的，執政的國民黨當然不在此限了。在會議中，還討論「促進海內外反共愛國人士團結合作案」，討論的結果是「交中央常務委員會商從政黨員妥愼研究辦理」。此一決議，顯出當權者恩威並用的戰畧，他們一方面以軍法對付主張民主自由和參加新黨籌備的雷震，一方面又空喚團結，這正是莫罕謨德一手持劍，一手持經的翻板。他們也許以爲拘捕一個雷震就可以令其他民主反共人士胆寒，於是便可招之使來而揮之使去了；然而事實並不能「如此簡單啊！假如抓人就可以壓平異己而確保一人一姓的政權於久遠，國民黨豈不老早就應該被袁世凱摧毀無餘了嗎？蔣家父子又何從而起？

大概是國民黨中央常務委員和從政黨員審愼研議團結合作一案的結果吧？近來官方又强調要爭取黨友。但時至今日，主張天下爲公的國民黨已變成了一人一姓的私有集團，除了像王副院長雲五那樣善講商業信用的社會賢達堪作當權者的黨友而外，誰還能與他們作黨友呢！

陳去周來的傳說

在當權者爭取黨友聲中，日來台北又盛傳陳誠已再求去。擺在目前的形勢是經國已成了事實上的政府首長，人事和政策的決定都必須得到他的同意才能付諸實施。否則縱使行政院通過了，蔣非法總統仍不批准，也無濟於事。據說，陳誠辭職以後，繼任的人將爲台灣省政府主席周至柔。周與陳原有深切的關係；但今昔形勢已大不相同。現在的周主席已是蔣非法總統的紅人，在經國尚未準備正式出場以前，以周代陳，似乎是必須經過的階段，問題祇是何時實現而已。

雷案的風波未了

任不平

（台北通訊）雷震被軍法官們以特別快車的驚人速度，於一日之間，草草訊畢；並於本月八日宣判有期徒刑十年，劉子英被列爲被告第二名，處有期徒刑十二年，第三名馬之驌有期徒刑七年，這就是當權者所謂的軍法。本案宣判後，街談巷議，無不認爲是民國以來罕有的文字寃獄，但小蔣派人物則尤以爲未能將雷震處死爲憾，可見一代比一代强得多了。

宋英的控訴

雷震夫人宋英女士於雷案宣判之次日，發表了一篇書面控訴，題爲「我深信公道自在人心」，雖僅短短數百字，却把當權者深文周納，裁誣雷震的事實，展開在國人的面前，特爲照錄如左：

「現在，當局竟作了這樣的判決，在這樣的時代和環境裏我還有什麼好說呢？我只想提出五點已爲衆所週知的疑問：

（一）何以劉子英片面的口供與自白書中所說在「雷震書房裡講的」話，竟如此毫不懷疑地被採信，而雷震的申辯則不予採信？

（二）梁肅戎律師曾要求會晤劉子英，爲什麼未獲允准？

（三）在審訊時，法官爲什麼未使雷震和劉子英二人當面對質？

（四）在偵訊過程中，本市中央日報九月八日說劉子英爲匪黨「南京市黨部主任委員」，現在証明劉子英連匪黨黨員都不是。這一消息不知中央日報作何交代？

（五）自立晚報九月七日說劉子英當時曾帶一筆數目不少的美金來台，作「自由中國」開辦主要基金。現在只說劉子英所帶的並不是巨額美金，而是五十萬僞人民幣，這一數目僅勉强足夠他到香港的路費。自立晚報所刊出的消息，究竟從何而來？前面所引沒有事實根據的二則「消息」，我只不過擧擧例吧了！

由以上種種情形看來，這一案情的編造曾煞費苦心，而其眞實性爲如何可想而知了。不過任何一個有常識、有正義感、有良知的人，對於這一案子將予以公正的判斷，我亦相信未來歷史對它會作公正的判斷。美國林肯總統曾說過：「你可暫時欺騙所有的人，你亦可永久欺騙一部份人，但你絕不能永久欺騙所有的人」。爲了國家，爲了給我們的後代子孫多留點蔭德，我希望雷案是這種表演的最後一次。

最後，請上帝作見証，我知道我的丈夫是無罪的。

監察委員的正義之聲

監察院於本月十三日擧行院會，民青兩黨的監委陳翰珍、劉永濟、丁俊生、葉時修、李穀及劉行之等六人聯名提出臨時動議如下：

「查此次轟動海內外以叛亂涉嫌之「自由中國」半月刊發行人雷震，業經軍法庭公開審訊，被判重刑；但其偵訊過程，頗多令人滋疑之處，尤其對証據事實方面，審訊上並未盡職權調查之能事，例如：（一）雷震對於劉子英之匪諜身份是否知情，辯護人及輔佐人曾請求晤談或與被告對質，何以拒不採納，而只憑劉子英片面之詞，遽以定讞？（二）劉子英之自白書，究在何種情況下促成，辯護人梁肅戎閱卷中發現疑點，輔佐人宋英亦表懷疑。何以不加審究？（三）「自由中國」半月刊言論，是否有故意作有利於叛徒之宣傳，不應斷章取義，入人於罪。何以對撰稿人殷海光等三人之共同聲明並未加重視？本案關係重大，爲中外觀瞻之所繫，乃竟匆促審結，似嫌直率，顯違刑事訴訟法第二條及第二百八十條之規定，本院職責所在，似應加以調查。當否敬請公決」。

此一臨時動議提出後，陳翰珍、劉行之、葉時修三委員曾慷慨陳詞，陳委員認爲這是民國史上前所未有的轟動案件，而軍法審訊竟草率了事，爲了確盡監察院的職權和國家的前途，實有予以調查的必要。葉委員更認爲，以斷章取義作爲叛亂的罪証，則今後誰也不敢再說話了，豈不是宣判言論自由的死刑？他說：「此一臨時動議，不是爲雷震說話，也不是爲宋英說話，而是爲了保障人權，監察委員不得不過問」。當日在場的監委員雖然也有小蔣派人物；但都不敢出來爲其主子辯護，本案乃得順利通過，交司法委員會審查。聞該會將於本月十四日開會討論，結果如何，當再報導；但即此已見雷案的風波仍未了呵。

大陸之窗

從「中蘇友誼鐵路」看蘇聯亞洲戰畧形勢的一變再變

劉裕畧

據路透社莫斯科十一日電：莫斯科電台十一日稱：「莫斯科——阿拉木圖——北京鐵路蘇聯部份（由西伯利亞大鐵路線分至阿拉木圖）長三百公里的鐵路綫，已於十日開放作運輸之用。」

按莫斯科電台所稱之此一鐵路，即係中共一向厚顏無恥所宣稱的「中蘇友誼鐵路」。它是從蘇聯的阿拉木圖，經阿克斗卡修建鐵路通到中蘇邊境的阿拉山口，從而就可以與中共大力提前修建的蘭新鐵路銜接了。對此，中共與蘇聯統稱之為「中蘇友誼鐵路」。現在這「中蘇友誼鐵路」的蘇聯段已通車，換言之，即是說現在蘇聯已經可以從莫斯科直達阿拉山口，正像蘇聯强盜的尖刀指向中國心臟一樣，只等中共的蘭新鐵路修通，蘇聯强盜就可從鐵路線上長驅直入中國腹地了。中共賣國賊為了開門揖盜，現已將蘭新鐵路舖軌到距離烏魯木齊只有三百二十公里的紅翡坎了（據中共七月底的消息）。那末，可見所謂「中蘇友誼鐵路」的全線通車，為期已經不遠。質言之，蘇聯强盜今後是更容易更方便進入中國了。

我們曉得：鐵路建設乃近代文明之一，中國幅員廣大，物資豐富，人口衆多，而鐵道建設不足，在大陸上增建原是必需的。但所有鐵道之建設，則需按照兩個重要原則來考慮，一個是本國國民經濟的着眼，一個是本國國防的着眼。同時，建築鐵路時，也必須採取志願勞動的方式來進行。但中共佔據大陸十一年來，最先趕修的第一條鐵路，既非本國國防所急需的鐵路，也不是本國經濟所必需的什麼鐵路，而是奉蘇聯主子之命，趕修的是湘桂黔鐵路線上的柳鎮段支線。即柳州到鎮南關支線。這一條支線——如所謂「中蘇友誼鐵路」蘇聯段一樣，像一把尖刀指向東南亞地區，而當時中共對此一把尖刀，實並無急需，但中共却在一九五一年夏把它優先提前築成，從而使蘇聯通至滿洲的鐵路可以由於大陸各鐵路的緊密銜接，橫貫中國大陸，而直達鎮南關，指向東南亞。這都可見中共做事雖積極，但最優先積極幹的却還是為了它的蘇聯主子工作，自己則反居次要。中共的奴才相，從一九五〇年到一九五一年之特別優先趕修柳鎮段鐵路固已充分証明。而現在正在趕修的所謂「中蘇友誼鐵路」則更是進一步賣身投靠的鐵的事實了。

本來，從傳統的最基本形勢講：中國的國防線是中國的西北方。故秦始皇北築長城以防胡，漢代名將亦皆在中國西北方為祖國立功，通西域，殺匈奴，皆可歌可泣之偉大史實。但中共却臣服蘇聯，向西北方屈膝，打開中國西北方之大門，正式迎賊。這比之石敬塘割燕雲十六州，比之歷史上任何兒皇帝任何賣國賊皆更可恥。

在中共佔據中國大陸以前，蘇聯在亞洲的戰畧形勢是與現在不同的。帝俄時代，俄國本已到處尋求出海口，終至奪我旅順大連，以出太平洋。然俄國當時之形勢顯然不如今天。因為那時俄國的西北利亞鐵道只能從中國的國境以外，經過很長的平行方向，遠赴旅大，雖然俄國當時已在我東北擁有特權，却尚未能入我腹地。但自中共佔據中國大陸之後，如前所述，中共最先就把柳鎮段修好，替蘇聯把矛頭指向東南亞地區。這就使得蘇聯在亞洲的戰畧地理形勢起了一個重大變化。因為在此以前，蘇聯的西北利亞鐵道只能通至中國東北的海參威，只能指向太平洋的極北部。由於中共替蘇聯修好柳鎮段，並使之與滿洲的鐵路銜接以後，蘇聯戰畧地理的矛頭則不但指向太平洋極北部的海參威，而且可以通過中國大陸指向東南亞了。所以，這是蘇聯在亞洲的戰畧地理形勢，亦即整個亞洲戰畧形勢的一大變化。

然而這一變化還不是蘇聯所最理想的。因為這一變化固然使蘇聯可以通過中國大陸而指向亞洲南部，而不像從前那樣只能通過西北利亞鐵道指向亞洲北部。但它之所以仍不是蘇聯所最理想的，乃因蘇聯猶嫌這一變化太迂迴太灣曲。從莫斯科到鎮南關仍需從西北利亞到中國的東北，再繞一個大圈到鎮南關。

現在所謂「中蘇友誼鐵路」一修通，這一大迂迴就可減省了。因為這一「中蘇友誼鐵路」通車後，從莫斯科到鎮南關乃至到中國大陸沿海各處，蘇聯就不必再從西北利亞迂迴，而可直接由莫斯科到阿拉木圖，經阿克斗卡，於中蘇邊境之阿拉山口，進入中國之新疆，從而通過蘭新鐵路直到大陸腹地，並隨意進出鎮南關等地了。換言之，蘇聯在亞洲的戰畧形勢，今後又起一次突變，不必再繞到亞洲的北方，而可通過中國的西北，將尖刀直插入中國大陸，並透過中國大陸隨意指向東南亞。所以，這是蘇聯在亞洲的整個戰畧形勢的再一空前重大變化。而這一空前重大變化，是帝俄所求之不得，而赤俄則通過中共賣國賊之手而輕易得來的。

當然，若從現代戰爭所使用之武器來衡量這一基於鐵路交通而改變的戰畧形勢及其價值，則誠有可以隨時予以破壞之可能。因為無論蘇聯原有的西北利亞鐵道或新建的「中蘇友誼鐵路」，路線既長，鐵路兩側又多係荒蕪之區，則不但現代專用以破壞鐵道線之特種飛機可以對此漫長之鐵道線予以充分破壞，且此等鐵道線通過高山大河既多，則橋樑與隧道皆是容易遭受轟炸之良好目標。復因兩側荒蕪，復修自屬極為不易。不過，話說回來，這是指熱戰發生後的可能效果而言。若熱戰不發生，自由世界只對共黨集體進行冷戰，則冷戰之利，顯在共黨一方，而不在民主反共的這一方。

這主要的是因為冷戰不足以破壞這些鐵道，換言之，即冷戰不足以改變蘇聯在亞洲因這一些鐵道所帶來的新戰畧形勢。相反，在冷戰形勢下，蘇聯是更可安然與中共進行貿易與軍火運輸，甚至工業設備之各種運輸，而這是不但有利於蘇聯將中共整個置之它的戰畧系統之下，同時，亦給予中共傀儡政權以充實其熱戰戰力之機會。所以，若美國不對蘇聯及中共施行熱戰性質的解放政策，則西北利亞鐵道也好，「中蘇友誼鐵道」也好，它們雖然容易遭受破壞，自由世界卻無奈其何。而徒見蘇聯在亞洲的整個戰畧形勢將繼續變得更好而已。

大陸廣泛推行勞動競賽　中共再度加强奴役剝削

○一鳴○

中共雖號稱工人當家，實際上，則不過是共產黨騎在工人頭上，打着工人階級的招牌，用勞動競賽的制度作皮鞭，來壓搾工人們的血汗，來攫取工人們的勞動果實而已。

中共統治大陸十一年來，一直在效法蘇聯如何剝削人民的「先進」經驗，講究如何提高勞動强度，於是遂有蘇聯那種史坦漢諾夫式的運動的翻版出現，其區別，僅僅名詞有異，而中共特名之曰「勞動英雄」、「勞動模範」罷了。其目的却都在把奴役式的勞動强度設法提到最高程度，從而搾取更多的勞動果實。

在以往，中共對此本已推行不遺餘力，但中共猶嫌其不夠普遍深入，最近乃又號召「深入開展以班組為基礎的勞動競賽」。這是十月七日北平中共人民日報的社論標題，很顯然，中共是想以這種以班組為基礎的勞動競賽來更廣泛的推行它那早已施行强迫勞役的。對於勞動果實之搾取問題，列寧會說：所謂階級，就是這一羣人搾取另一羣人的勞動果實之謂。那末，事情很明白，共產黨是顯然成為一種搾取別人勞動果實的新階級了。

十月七日人民日報社論說：「隨着以糧、鋼為中心的增產節約運動的深入發展，一個社會主義勞動競賽的新高潮，已在工業生產、交通運輸和基本建設戰線上掀起來了。這一次勞動競賽的最大特點，就是許多企業都十分注意基層生產組織之間的競賽，把競賽的根子牢牢地扎在班組上面，因而既轟轟烈烈，又扎扎實實。這是經濟工作越做越細緻，領導作風越來越踏實的一個重要標誌」。揭穿來，人民日報這些話，就不過說明中共現在對大陸人民的剝削又更加躍進了一步。

中國民族本來是一個偉大的民族，不但人口衆多，全世界第一，而且文化歷史悠久，也是全世界第一，中國人民的韌性與忍耐力，也往往是全世界第一。但我們曉得韌性與忍耐的程度畢竟是有限的。而中共這種廣泛剝削的方式，則正如馬克思所分析統治者既是愈來愈是少數人，則勞動社會化之後，統治者就愈來愈孤立，被剝削者被統治者就愈來人數愈多了，而被剝削者的痛苦既愈大，其積恨當然也愈來愈深了。所以，可以說，中共今天雖對它的這種愈來愈廣泛的奴役制度自鳴得意，我們却可以說它是在自掘墳墓，距離它的死亡越來越近了。而這是每一個這種專以剝削與奴役為務的政權替自己的命運注定了的。

日本在歧路上

·觀海·

日本社會黨總裁淺沼稻次郎的被刺斃命，震盪了日本全國！這一事件對日本影響的重大，前途尚無法估計，要視其發展而定。可是這一事件却是一個爆發，從這一爆發事件中提出了警告：「日本正站在歧路上」，淺沼事件，正是向左抑或向右的分野，它替戰後從苦難中復興的日本，刻上了一個里程碑。

從這個里程碑，日本再邁步的方向是那裡呢？

淺沼趨左傾

十月十二日在東京市中心區日比谷公園內的日比谷大會堂被刺斃命的淺野稻次郎，出生於一八九八年。早稻田大學畢業。大學時期，即已參加社會運動，與共產主義的小組發生關係，在麻生久的領導下，參加足尾銅山的罷工鬥爭，因此入獄五個月。後來担任勞農黨書記長，勞働黨創立委員，大衆黨、社會大衆黨的主要幹部，終於獲選東京市議員，陞副議長，在政界築成了牢固的地盤。

戰後淺沼率領社會黨中勞働系的殘餘，在黨內成為一系，旋代西尾末廣之職，代理社會黨書記長，於總裁鈴木茂三郎之下，致力於所謂「左右翼協調」無功，左右翼分裂為兩個黨，嗣為對保守政黨爭政權而復合後，淺沼仍為書記長。

淺沼本身，原屬於河上丈太郎的右翼社會黨，即合併後社會黨的右派，但比西尾末廣的極右派為左，（西尾已脫黨另組民主社會黨）近年且有更左傾的傾向。以社會黨訪問團前赴北平，與中共張奚若簽發「日本應承認中共」聯合聲明的，便是淺沼。

月前東京的「反美日軍約」圍攻國會及首相官邸大示威暴動，淺沼為臨場最高指揮者之一，警方曾擬加以檢控，也許執政黨認為影響太大，終於作罷。

動亂將繼續

淺沼的被刺，不是法律問題，而是政治問題。

如果是法律問題，兇手經已被拘，訊明係個人行動抑有主使者，倘有主使者，一併懲辦主使者，在法律上便算完滿。然而，問題絕不如此簡單。

社會黨的總裁被刺斃命，社會黨及它的兩員大將「總評」和「全學聯」，怎肯干休？

十三日社會黨照原定舉行的特別大會，變為淺沼追悼會，會中所爆出的，儘是「復仇」、「鬥爭」等字眼。他們不肯循法律途徑解決淺沼暗殺案的。他們必然將憤怒向執政的自由民主黨宣洩，他們的口號是迫池田內閣總辭，做淺沼事件「代罪的羔羊」。他們要充份利用淺沼事件，從事爭奪政權。

淺沼的被刺，在輿情上，對社會黨有利。

因為，日本朝野，對暗殺行為莫不嚴重加以譴責。此種行為乃「野蠻的行徑」，日本仍是「未開化的國土」，是權威的評價，一致的定論。

人們同情被犧牲的淺沼，就同情社會黨。在公會堂講壇上作民主競爭的淺沼，被使用不民主的手段謀殺，被暗算。使人們更加痛恨兇手——十七歲的中學生山口，大日本愛國黨的份子。而社會黨，把大日本愛國黨的活動，指責為執政黨所「庇縱」。把極右極民族派的暴行，力圖聯結到保守政權的身上。

而社會黨的手段呢？除訴之興情、訴之選舉等民主方法外，他們還有另一犀利武器，是「總評」和「全學聯」的拿手好戲：全國性的示威、暴動，此起彼伏，沒有休止，除非到了社會黨執掌政權，否則的話，執政黨將席不安寢。國際共黨，一定利用這一機會，試圖拖垮保守政權。

日本也許要陷於動亂，甚於反美日軍約的那些暴動！這是可以想像的。

染絲與臨歧

日本是政治暗殺特多的國家，日本軍閥，用暗殺摧毀了民主，發動「大東亞聖戰」，是衆所週知了。這是日本人民所厭棄的。

現在的執政黨，不是軍閥，也不會使用同樣手段的，他們知道，如此不能獲勝。

但是反之，如果日本走左傾的道路，作蘇聯中共的緩衝區，自動撤除防衛，等候赤化，做附庸國之一的話，那更不是日本人民所同意的。

那麼，日本顯然正在歧路之上。赤化嗎？「墨子悲染絲」。右傾嗎？「楊子悲臨歧」。都是可以陷日本於萬劫不復的道路。

日本不久前才亡國過一次，正是「黃台之瓜，不堪再摘」了。

如何阻擋左傾的狂瀾，抑止極右的瘋態，民主日本，正面臨最嚴重的考驗！

·東京通訊·

緬甸甘受中共利用

·鄔旦明·

緬甸現已與中共簽訂所謂「邊界條約」了！顯然，這是緬甸當局的甘於受到中共所利用！

溯自本年一月，緬甸和中共勾結，訂立「邊界協定」時，我國外交部已發表聲明，不承認它對我國領土有任何約束力，而緬甸政府却置之不顧，現在竟然又派員親赴赤京，進一步的和中共簽訂了「邊界條約」。依據前次「協定」的原則看來，緬甸在該條約中，是在我國領土裏拿到了一大塊土地。而中共哩，除却公開表現出賣國的行為之外，骨子裡還存有一項很大的陰謀。

我國與緬甸的邊境問題，原是在清季以來，即已存在。過去除由中英兩國政府於一八九四年和一八九七年簽訂過「滇緬條約」，及一九四一年，中英換文加以劃定的之外，還有不少地區的界綫，迄未解決，那就是：（一）南碗河和瑞麗江滙合處的猛卯三角區，亦即南婉三角地區，這是我國領土，面積二百五十平方公里，由英人以「永租」名義取得管轄權，緬甸獨立了後，承繼了這「永租」權利，但這是不合理的；（二）自尖高山起，至中緬邊界西端終點，全部是未定界，那是屬我國的片馬、古浪、崗房等處地方，一九〇五年至一九一一年，為英軍所佔；（三）佧佤山區的一段，中英兩國在一八九四年和一八九七年簽訂的條約中，雖有規定，但實際界綫，仍幷未劃分清楚，特別是「一九四一年綫」，乃當時英國乘我國抗戰危急時，以封鎖滇緬路為壓力，在該處劃定了一條對英緬單方面有利的界線，而這條界線，有些仍沒有樹立界樁的，因而問題也未算獲致真正的解決。

中共現在却竟然出賣國家利益，放棄了滇邊大塊土地，和緬甸簽訂了「邊界條約」；當然，中共是心懷鬼胎，企圖對緬甸有所利用。而緬甸祇知看到「土地的收益」，便毅然和中共勾結，甘於受其利用了！

中共對緬甸的利用是怎樣的呢？第一，是藉改善與亞非中立主義國家的關係。中共自藏印邊境問題與印度發生衝突後，過去它在萬隆會議中所標榜的「和平五原則」已自動破壞無餘，在統戰宣傳上，更失掉了重要藉口；因此；因此它就寧願割棄一些土地給緬甸，利用緬甸來改變國際觀感。第二、年來東南亞中立國家，多轉趨反共，東南亞公約國的範圍，亦有漸趨擴大之勢；因此，它也欲藉此利用緬甸來間接爭取東南亞中立國的好感。第三、是欲利用緬甸來解決滇緬邊境的國軍游擊隊問題。

上述三項中共利用緬甸的陰謀中，以最後一項為最主要；而緬甸當局却祇知着眼於土地增益，忽畧了中共的陰謀。「條約」雖然簽訂，但這在中共看來，對他可能不會發生固定的約束力，祇是緬甸却給它利用了！聽明的笨伯，還是緬甸政府！

技術革命的冤魂

薄少安

福州市搬運大隊的倉山搬運隊小隊長顏兆成，為爭取「先進者」的榮銜，於是「動用」腦筋，創造了「搬運技術大革命」，妙想天開的「發明」了「粮包凌空飛渡」的驚人技術；然而「驚人」確是驚人了，可是驚人的不是技術的成效，而是在這種技術中製造出三縷冤魂！

倉山地區，斜坡頗多，過去運粮辦法，都是靠民工的肩膊，馱托着一包一包的粮食，走上斜坡和石階，這種人力的搬運，雖然驅策了不少民工去「蠻幹」，但每天仍祇能運得二千餘包，因此，當地的「黨委」認為「效能不夠」，乃鼓勵各小隊長「動用腦筋」，進行「技術革命」運動，結果，由小隊長顏兆成，「發明」了「拉包機」，可以把粮食包從船上吊上，凌空飛送到距離五千公尺遠的倉庫裏。不過，這種「技術」的「發明」，祇是從「蠻幹的精神」中幻想出來，完全沒有科學理論根據的，因而發生了技術的錯誤，終於釀成了變故。

九月廿二日上午，「拉包機」舉行啓用典禮了。「黨委」為了隆重其事，遂遍邀當地居民到場觀「禮」，藉此來炫耀一下社會主義的「前進技術」，詎第一批粮食包剛從「拉包機」吊起不久，突然發生毛病，粮食包竟從機上掉了下，墮在觀禮的羣衆中，當堂壓斃了三人！可憐這三個無辜的鄉民，轉瞬間便變成「拉包機」祭禮的犧牲品！

僑鄉近訊

新疆勞動場埋葬蘇州姑娘生命

·江水·

中共兇狠地勞役人民，連老弱婦孺也不輕易放過！據最近的江蘇消息：截至目前止，從該省各鄉抽調到新疆參加「發展邊疆工業」的繅絲姑娘，業已超過五千名；她們都是從無錫、蘇州出發，踏上了萬里的長途，經過了萬苦千辛的跋涉，才到達「邊疆勞動場」，過着地獄般的生活。共幹還運用威迫利誘的手法，使她們加入「黨」、「團」。據悉：她們現已有百份之八十以上成為「黨員」或「團員」。此外，共幹又想出了「先進生產者」的虛銜來換取她們的血汗。不少本來是天真活潑、健康美麗的姑娘，到了被戴上「先進生產者」的虛銜後，立刻變成「殭屍美人」！而最後的收場，不是病死便是冷死；月中進入枉死城的，總有十八、八人！九月二日，工地上曾發生過這樣的慘劇：當日下午六時，有四個蘇州籍女工，先後因勞動過度，體力不支，暈厥工地；直至越晨七時，始被工友發覺，那時該四位姑娘早已殭斃多時了！可是共幹對此，竟無動於中，祇隨便着令仵工將那四具「光榮犧牲」的屍體舁走，草草埋葬了。「勞動場」裏的全體女工對此，均為之黯然下淚！

大專畢業生被迫參加「開荒服務」

據中共報章報導：在今年暑假後，各省大專畢業生參加邊區「開荒服務」的共達十三萬五千餘名。共方指出：今年的大專畢業生，都要接受「無產階級的政治服務」，使他們在「教育與生產勞動相結合」的方針下，替「社會主義建設」工作。另據廣州方面消息：在上述參加邊區開荒服務的大專畢業生數字中，粵省的大專畢業生約佔百份十強；他（她）們出發之前，都被迫先寫下「決心書」，表示永遠絕對服從「黨」的指揮，強迫他（她）們毫無保留的接受共方交給下來的任務。被迫往邊區作勞役的大專畢業生，刻正人人自危，每個人的心頭，都籠罩着恐怖的陰影。一般預料：在荒僻的邊區被無止境的壓榨勞力下，精神與肉體，慘受折磨；將來的命運，定必凶多吉少！

梁山泊與中共（下）

岳騫

毛澤東初到井崗山時，山上原有一支土匪王佐、袁文才等，共有六十多枝破槍，也建立了一個小型梁山泊。毛澤東到達之後，拉攏他們入黨（等於梁山泊的結義），共同爲人民服務（替天行道），王佐、袁文才分別當了團長、營長。可是過了一個時期，毛澤東的根基穩固了，一舉手之間就把袁、王幹掉了，其形勢確實有類於晁蓋火拼王倫，所不同者只是時間較長一些，毛澤東較晁蓋、吳用更狠些，而王佐、袁文才較王倫死得更寃枉。

毛澤東不但火拼了王佐、袁文才，甚至到達陝北後，原有陝北的土皇帝劉子丹，莫名其妙的陣亡，現在看來還是毛澤東的手法。至於以後又火拼高崗，更是人所共知的事了。

（五）梁山泊作風與「毛澤東思想」

梁山泊的作風與中共的鬥爭策署，還有一個相同之點，就是勝則稱王稱帝，「替天行道」，敗則接受招安，也還不失榮華富貴。以宋江來說，時刻就把招安掛在嘴邊，如第五十八回，見了宿太尉時，「宋江獨自下了四拜，跪在面前告稟道：宋江原是鄆城小吏，爲被官府所逼，不得已嘯聚山林，權借梁山泊避難，專等朝廷招安，與國家出力。」

至於毛澤東當西竄時，行至貴州仍派人至南京托湘籍元老時任考試院副院長的覃振氏，向當局要求投降，以條件不合未談成，此事知道的人很多。以後到民二十六年中日戰爭將起時，又派人直接找陳立夫接洽投降事，終於在二十六年九月二十六日，中日戰爭爆發之後兩個多月，政府明令接受共軍投誠，改爲第八路軍（後改十八集團軍），毛澤東「專等朝廷招安」的目的算是達到了，此一節又與宋江相同。

宋江降後不久叛去，毛澤東雖降實仍然割據一方，終於自建尊號，此點又和宋江相同，所不同者，宋江旋叛旋被剿滅（此點新亞書院歷史系主任牟潤孫教授考訂最詳），毛澤東却建成了一個秧歌王朝。其實這一點若深一層研究，也並非毛澤東有何出奇之處，只是毛澤東投靠了蘇聯，而宋江並未投靠遼國，如若宋江當時由濟南北竄與遼國勾結，在宋遼之間建立政權，宋朝也未必短期就能予以消滅，稍等數年時間，金人南下，宋江若肯賣國，則金人所建立的傀儡政權皇帝，也許輪不到張邦昌、劉豫。由這一點看來，若論民族氣節，梁山泊人馬較中共黨徒還要高出一籌呢！

以上說梁山泊和中共相同之處，下面再單獨談談宋江和毛澤東的相同之點，主要也有五項：

（一）兩人均讀書未成

宋江讀書未成，改而爲吏。毛澤東雖然讀過師範，實際上也未有一件學問讀通了。因爲兩個人讀書都是半吊子，所以自行發明的事物，都變成笑談。水滸傳第七十回由建醮而發現石碣，由石碣又翻譯一百零八人的名單，作僞情形一眼便知。毛澤東在北平這些年發明新名詞相當多，而通者絕少，最膾炙人口的是「論人民民主專政」，「一面倒」，「總路線」，「大躍進」等等，就字面解釋，沒有一處可以講得通。

兩人雖然都讀書未成，偏偏都喜歡作歪詩，宋江刺配江州時，在潯陽樓題反詩，惹下殺身大禍，毛澤東「夜不能寢，浮想連翩」，寫了兩首「送瘟神」的詩，結果瘟神未送走，却把自己「國家元首」的位子拱手送人了。

宋江的「大作」，除去江州的一首詩，一首詞之外，還有後來在李師師家中塡的一首詞。毛澤東詩詞已發表的截到現在爲止，共許二十一首。若把兩人的作品印在一起，送給一位從未看過「水滸傳」及「毛主席詩詞」的詩人去看，一定會當作是一個人作的。

（二）兩人均有帝王思想

毛澤東塡一首沁園春詞，鄙薄秦皇、漢武、唐宗、宋祖、成吉思汗，要自詡「數風流人物，還看今朝」，詞自然談不上，但是毛澤東的帝王思想却表露無遺。以後大小共幹，望風希旨，編了一些歌謠，如「東方紅，太陽升，中國出了個毛澤東」。「泥菩薩怕水，紙菩薩怕風，要拜眞菩薩，快拜毛澤東。」再看到毛澤東每年十月一日站在天安門上左顧右盼的那付損像，雖古之秦始皇、隋煬帝也望塵莫及，假若毛澤東早生幾十年，當宣統皇帝倒台時，繼起執政的不是袁世凱而是他，毛澤東若不稱帝那才是怪事哩——不過在這個時代，一切有老大哥的鏡子在，稱王稱帝是做不了，可是過過皇帝的癮還是可以的。

至於宋江，雖然口口聲聲說効忠宋朝皇帝，替天行道等候招安。實際上心裏却想「取而代之」，這一點宋江自己倒未說過，和他感情最深，戇大心直的李逵却講過好幾次，如：「放着我們許多軍馬，便造反，怕怎地，晁蓋哥哥便做大宋皇帝，宋江哥哥做小宋皇帝，吳先生做個丞相，公孫道士便做個國師，我們都做將軍，殺去東京，奪了鳥位，在那裡快活，却不好——不强似這個鳥水泊裏！」（第四十回，此處據趙聰先生校點水滸傳，下同）

最煞風景的一次是晁蓋死後，大家推宋江繼位，宋江半推半就說道：「今日小可權當此位，待日後報讎雪恨已了，拿住史文恭的，不拘何人，須當此位。」不料李逵却在側邊叫道：「哥哥休說做梁山泊主，便做大宋皇帝你也肯。」宋江大怒道：「這黑廝又來胡說，再若如此亂言，先割了你這廝舌頭！」李逵道：「我又不教哥哥不做，說請哥哥做皇帝，倒要割了我舌頭！」吳學究道：「這廝不識時務的人，衆人不到得和他一般見識，且請息怒，主張大事。」

這一段精采對白，把宋江的野心暴露無遺，假若宋江那時眞能打破東京，足以建國時，他一定會稱王稱帝的。

（三）兩人均好色

毛澤東和宋江兩人還有一個共同之點，就是兩人都好色，毛澤東的這個德性，已經盡人皆知，宋江却在仁義道德，虛僞面目掩護下，不太爲人注意。其實宋江到眞眞正正是個好色之徒，最初和閻婆惜一段固不用說了，以後私進東京在那種危急情況下，居然有心到李師師處去嫖，露出了本性，不怪李逵大罵：「我閒常把你做好漢，你原來却是畜生」，「你原是酒色之徒，殺了閻婆惜便是小樣，去東京養李師師便是大樣。」這段話倒是寫到宋江心裏去。

（四）兩人均謀害自己同志

水滸傳上晁蓋之死，要算是一個疑案，金聖歎舉出一大堆証據指出是宋江謀害，雖然不完全有道理，但其中有幾點是站得住的。公道的說一句，晁蓋之死即使不是宋江直接謀害的，也是成全了他的心願，假定晁蓋不死於曾頭市，以後未必會善終的。至於毛澤東謀害自己的同志，幾年來我細心研究，覺得有三個人之死，他都有嫌疑，一是瞿秋白，二是方志敏，三是劉子丹，因限於篇幅，証據待將來有機會再說。其中尤其是瞿秋白之死，比宋江謀害晁蓋還顯明的多，最近瞿秋白的「未亡人」楊之華在「紅旗飄飄」第七集中也說瞿秋白離開江西向福建逃走時，有托派到國軍處告密，言外之意，暗射的就是毛澤東。

（五）兩人均胆怯

宋江雖然是個綠林好漢，統帶着一百零七名頭領，許多嘍囉，但是宋江却非常胆小，第四十一回宋江回家接老父被差人搜查時，前後有十次發抖，只是呼天，呼神明庇佑，水滸寫這一段，用了十次「抖」字，一次和一次不同，如「宋江抖得幾乎死去」！「宋江簌簌地又把不住抖」！「宋江這一番抖，眞是幾乎休了。」

儘管共黨報刋把毛澤東說成英明神武，「生民以來未之有也」。可是，毛澤東走出了他自己的圈子却實在不濟，就以他民國三十四年去重慶時來說吧！在張治中家中神經緊張，抖的茶杯端不住，掉在地毯上，在參政會突然舉手大呼蔣主席萬歲，都是人所共知的事，甚至又到覃振老先生家中去問：「理老，你看我能不能回去！」這些都是鐵的事實，今天在香港的知道人也多得很，比起宋江的十次發抖，呼天許願，又有什麼不同之處。

舉出了這些事實，我們可以了然中共爲什麼大捧宋江，不惜竄改古本以美化宋江的形象，實在因爲毛澤東太似宋江，中共也太似梁山泊了。（完）

文壇泥爪

郁達夫與郭沫若之五

郁達夫的脫離創造社，就以後該社的迅速赤化來看，可能即是郁想預爲阻防，不使這個締造艱難的純文藝團體，被幾個共黨小卒所斷送。不意有郭在幕後主使，這幾個小卒便聯合反對老郁，使他不得不在絕望之中，毅然脫離這一「汚池」。果然不久，「洪水」和「創造月刋」相繼停刋，「小伙計」們又改出了「文化批判」和「流沙」，公然宣傳起共黨教條來。後者的發刋詞上就有這樣的話：

「近代的文藝只是思想之一種形態 Literature as a mode of Thinking，有了思想，然後才有文學，思想上錯誤了的文學，我們根本上就不需要牠。所以我們在思想上有一致的傾向，在文學上亦同樣的應有一致的傾向，——喚起階級意識的一種工具。我們對於藝術的手法的主張，是 Simpel and Strong，願同我們携手的，請一道來！」

這筆調極像成仿吾，創造社三巨頭只有他是共黨黨員，但那批「小伙計」——主要是從日本歸來的李初梨、彭康等，却全是共黨。此後的創造社遂根本變質，完全成了代中共吹喇叭的一羣小嘍囉。郭沫若用「麥克昂」的筆名偶爾寫幾篇小文給他們刋載，實際上他從上海隱名匿居又逃到日本，創造社的事他已無權過問。在民十四前後，雖然郭成郁等在週報月報和洪水上發表過革命文學和階級鬥爭的文字，但全不是正宗共黨理論，在他們亦不過是「附庸風雅」罷了。直至創造社變質，「文化批判」和「流沙」創刋，這才和蔣光赤的「太陽社」，惲代英蕭楚女等的「中國青年」，正式合流，成爲隸屬共黨的刋物。

郁脫離創造社後，便翻回頭來在其他的上海文藝刋物上，著文攻擊郭成，最著名的一篇就是他在文學研究會的「小說月報」上發表的那篇小說「二詩人」，他像過去寫「采石磯」諷刺胡適那樣，諷刺了郭沫若。這才激怒了郭聾子和那些小伙計，同聲罵郁達夫「反動」。當太陽社創造社聯合起來攻擊魯迅的時候，郁達夫和魯迅的友情却更親密起來了。郁也經常有作品在林語堂辦的「論語」「宇宙風」「人間世」等刋物上發表，後來他還和唯美派詩人的邵洵美，接辦了「論語」，他做了主編。那時他正瘋狂地戀愛着美麗的王映霞，陶醉在風光明媚的西子湖畔，這和新月詩派宗師徐志摩與陸小曼戀愛的艷史，是新文壇上先後輝映的佳話。凡是過去在文壇和創造社有仇怨的文人，郁都和他們有交往，只是對於逃往日本的郭沫若，十年來未通一字的問訊。當年在上海曾以「孤竹君之二子」相比的老搭擋，竟成了天上的參商，地上的孫龐。

文史漫談

周易爻辭和舌端文學

徐亮之

周易繫辭下說：「易之興也，其於中古乎？作易者其有憂患乎?!」又說：「易之興也，其當殷之末世，周之盛德邪?!當文王與紂之事邪?!」這乃繫辭作者關於周易制作動機與年代的推測。這種推測是很可靠的。

殷周乃兩個不同的族姓。在部族社會中，周對殷的關係乃部族單位對部族盟主的關係；所以卜辭有「命周侯」（新獲卜辭二七七）和「其又（侑）姬於妣辛」的記載。（誠一六一。按周為姬姓，「侑」為祭名。此版卜辭依董作賓氏「中國歷史參考圖譜」考証為廩辛康丁時物。）其後周族日益強大，常有蠶食殷屬之事；卜辭始又屢見「寇周」的紀載。（魯頌閟宮：「后稷之孫，實維大王；居岐之陽，實始翦商」足見周對殷的蠶食政策實開始於大王之世）。到了周武王的時代，由於累世對殷屬蠶食的結果，則已經「三分天下有其二」，故終在牧野之役一舉而滅亡之。

不同的族姓擁有不同的精神文化，是不足奇怪的。因而同屬「卜以決疑」，殷人的卜辭中一點找不出卦爻的痕迹；周人的占卜，則除詩大雅緜言「古公亶父（按即大王）……爰契我龜」，同樣找不出卦爻的痕迹外；到了尚書金縢記周公「乃卜三龜」時，便有了「啓籥見書」之事的了。這所論「書」，自孔傳、鄭玄、王肅、到孔穎達，雖都祇說乃「兆書」或「占兆書」而不敢直言是「周易」（尚書註疏金縢篇），但就種種跡象觀察，我們却有理由認為即是原始的周易的。理由是：

一、這種「書」必須「啓籥」乃「見」，足見乃周王室所藏的祕笈。

二、左莊二十二年傳：「周史有以周易見陳侯者，陳侯使筮之，遇觀之否，曰：『是謂『觀國之光，利用賓于王』。』」又昭二年傳：「晉侯使韓宣子來聘，……觀書於大史氏，見易象與春秋，曰：『周禮盡在魯矣！吾乃知周公之德與周之所以王也』。」由這兩則傳文以觀，可知（一）「易象」或「周易」乃大史氏保管之書；金縢所謂「啓籥見書」之「書」，既為周公「乃卜三龜」後所取用，指的乃「易象」或「周易」，實無疑問。（二）韓宣子見「易象」，而致歎於「周公之德與周之所以王」，足見「易象」和周公或周族確有密切的關係；亦即繫辭作者所謂「當文王與紂之事」的推測，和漢儒文王作卦辭，周公作爻辭的說法（馬融陸續並同此說），確是有事實根據的推測與說法。

三、荀子王制篇：「鑽龜陳卦，主攘擇五卜，知其吉凶妖祥，傴巫跛擊（覡）之事也」。荀子所謂「鑽龜陳卦」，左傳所載已多。約而舉之，其所陳的卦，有逕用周易的爻辭的；如上舉莊二十二年周史之筮，所謂「觀國之光，利用賓于王」；即逕用觀卦的六四爻辭是。有隱括周易的卦辭的；如閔元年傳、畢萬筮仕於晉，遇屯之比，辛廖占曰「公侯之卦」云云；即隱括周易屯卦「利建侯」的卦辭是。有推演周易的卦意而為之辭的；如閔二年傳，成季將生，桓公使卜楚丘之父筮，遇大有之乾，曰「同復于父，敬如君所」；即推演「大有」乃乾下離上，「離是乾子，遷變為乾」的卦意是。也有僅依周易的卦名而不採其卦爻辭的；如僖十五年傳，秦伯使卜徒父筮伐晉，「其卦遇蠱，曰『千乘三去，三去之餘，獲其雄狐』。」云云，杜註：「今此所言蓋卜筮書雜辭」。但無論其「陳卦」是「所言」的方式如何，其「所言」取材如何，均非殷人卜辭所有，却是事實顯然的。又左傳所記雖屬東周之事，但其「陳卦」的方式必有所承，且必承之於西周而並非承自殷代，却是無可懷疑的。

總上三點，可見繫辭作者所說易興於中古，興於「殷之末世，周之盛德」，是可以相信的。信了這一說，則馬融等說文王作卦辭，周公作爻辭；也是可以相信的。而周公固以「能多材多藝」自許者（尚書金縢篇），同時，又是一個卓越的詩人，（相傳「鴟鴞」、「七月」、「東山」等有名的詩章，都是他的作品。）則在他創作的爻辭中，充滿了文學的意味，並對殷代業已寫定的舌端文學作了巧妙的引用，實在是一點也不足奇怪的事。

因此，我們不妨作出一個這樣的結論；即：

由於殷代中末葉已經有了毛筆、朱、墨和冊，更古的舌端文學是有寫定的可能的。但光用竹簡木簡編成的「冊」却並不能和他們的甲骨文與青銅器比壽的；所以我們今天才會沒有拜讀的眼福。不過，我們雖然無此眼福，而生長在殷末多材多藝的周易爻辭作者的周公却和我們截然不同。他不但有機會可以讀到這類作品，這且事實上已經巧妙地把這類作品或整首或斷章地保留在爻辭中了。易言之，爻辭裡面保有殷代寫定的舌端文學，是沒有疑問的；而亦必須有着這樣的爻辭詩歌做橋梁，然後過渡到詩經時代，方才不會突然；也方才可以對中國文體演變的歷史有所交代。

隔水

千石

隔水微雲渡繡楹，殷勤祈雨作秋聲。不知來日黃金賤，解道相思白髮生。無以復加名士氣，焉能再得美人情。闌干霜露寒如許，獨自吹鐙待月明。

野望

千石

東皇枉有回春力，花欲開時世已更。又見溫風縈蔓草，坐憐白骨塞長城。荒洲月冷層樓夢，大地塵生萬馬聲。幾樹野桃紅未了。巾車空復少年情。

苦熱

千石

塵埃妖妖日相侵，萬里滄波負客心。久渴蛟鱓歸夢斷，將秋黍稷夕陽深。淡雲天末難為雨，老樹階前苦作陰。溽熱蒸人如鑄劍，衆生應是不祥金。

王新秀見懷賦答

千石

黃金白日兩難留，鐘鼎山林一念休。弓馬可憐閑似鶴，營謀自笑拙於鳩。夢歸故里無吾土，人泣新亭作楚囚。萬古江山勞洗眼，仲宣何用賦登樓。

記戊戌維新始末（四）

二、維新運動的幾個領導人物

舜生

甲、康有為

康有為原名祖詒，字廣廈，號長素，戊戌後別號更生，民六復辟後號更甡，又號天游化人，廣東南海縣人。生前清咸豐八年二月初五日，歿於民國十六年二月二十八日（1858—1927），得年七十，戊戌維新這一年，他正四十一歲。

他生長在一個世代讀書仕宦的人家，曾祖健昌又名式鵬，號雲衢，福建按察使，晚講學於鄉，稱醇儒。祖贊修，又名以乾，號述之，道光丙午舉人，官廉州，合浦，連州訓導，專治程朱之學，矜式多士。父達初，字植謀，號少農，受學於同縣朱次琦之門，從其叔父廣西巡撫國器督軍閩廣，以功官江西補用知縣。母氏勞，生子二人，有為居長，次廣仁，廣仁原名有溥，號幼博，為戊戌死難六君子之一。

有為少有大志，六歲從番禺簡鳳儀（侶琴）學，讀大學中庸論語孝經畢，即有志聖賢之學，開口輒曰「聖人」「聖人」，鄉里戲號之曰「聖人為」。八歲從其祖父學，讀書經奧者，每次二篇，數遍即能背誦。九歲，更從陳鶴儕梁舜門聽講。十歲，復從簡侶琴學易禮，諸經將畢，已能屬文。十一歲父卒，即從其祖父連州官舍，祖父日夜摩導以儒先高義，文學條理，始讀「綱鑑」而畧知古今，次觀『大清會典』『東華錄』而畧明掌故，遂讀『明史』，『三國志』，詩文皆成篇，銳敏好學不倦，頻閱『邸抄』，乃知曾文正、駱文忠、左文襄之業，慷慨有遠志。

自十二歲到十八歲，有為仍在祖父薰陶中，並從從叔竹孫及陳萃生、楊仁山、張賓臣、呂拔湖諸人學為八股文，以非所好，不能工；連應童子試不售，以蔭生應鄉試亦不售，於是乃請學於朱次琦（生嘉慶十二年丁卯，卒光緒七年辛巳（一八〇七——一八八一），得年七十五）之禮山草堂，時光緒二年，有為年十九也。次琦字子襄，號稚圭，南海九江鄉人，學者稱九江先生。少受知於學督阮元，為學海堂都講。咸豐間，以進士知山西襄陵縣百九十日，教化大行，煦民若子；訓諸生猶師，以巡撫某為某親王嬖人，拂袖歸，隱居其鄉之禮山下，以四行五學教學者，垂三十年。四行者，一曰敦行孝弟，二曰崇尚名節，三曰變化氣質，四曰檢攝威儀。五學者，一曰經，二曰史，三曰掌故，四曰義理，五曰詞章。其學根柢於宋明，而不囿於漢宋紛紜之見，一切以經世致用，躬行實踐為主；治中國歷史，於歷代政治沿革得失，尤有心得。

有為從次琦學凡三年，稱其師曰：

『日一登堂講學，諸生敬侍，威儀嚴肅。先生博文强記，不挾一卷，而微引羣書，貫串諷誦，不遺隻字，學者錄之，即可成書一卷，今所傳「禮山講義」是也，然十不得六七。至夫大義所關，名節所繫，氣盛頰赤，大聲震堂壁，聽者悚然！』（見有為為次琦印行遺集的一篇序文）

有為又稱：

『……先生動止有法，進退有度，……發先聖大道之本，舉修己愛人之義，掃去漢宋之門戶，而歸宗於孔子。於時捧手受教，乃如旅人之得宿，盲者之覩明，乃洗心絕欲，一意歸依，以聖賢為必可期，以群書三十歲前必可盡讀，以一身必能有立，以天下為必可為。從此謝絕科舉之文，土芥富貴之事，超然立於羣倫之表，與古賢豪君子為羣，信乎大賢之能起人也。……』（見有為「自訂年譜」）

從上面這兩段話，可看出有為早年確曾受次琦的影響甚深，一直到他三十四歲著『長興學記』自己在萬木草堂講學的規模，也還是與次琦的學風大體脗合，不過愈到後來兩師徒的距離乃愈去愈遠就是了。

康在禮山草堂的最後一年（時有為二十一歲），因論韓愈道術淺薄，謂講『道』當如莊荀，講『法』當如管韓，乃至『素問』言醫，也自成一體，韓愈不過會寫幾篇文章，即他那篇『原道』也異常膚淺，曾被次琦面斥其狂，同門也多以為不遜，於是有為乃退出草堂，獨立思索。次年，他在西樵山白雲洞住了一個時期，「專講道佛」，「常夜坐彌月不睡，恣意游思」，『欣然自得』。他在西樵山這一時期，認識了編修張延秋（鼎華），後來兩人成了朋友，他對張的印象是：「聰明絕世，强記過人，神鋒朗照，談詞如雲。」後來有為在省城與張時有過從，因得『盡知京朝風氣，近時人才及各種新書，道咸同三朝掌故，』他說：「吾自師九江先生而得聞聖賢大道之緒，自友延秋先生而得中原文獻之傳」，這大致是一種實錄。（以上引號裏的文字，均見有為「自訂年譜」）

同在這一年，有為遊了一次香港，他眼見英人在香港的設施，始知西人治國自有法度，不得以古夷狄視之，他之傾向於講求西學，便從這個時候開始。（本節未完）

聯合評論

週刊

United Voice Weekly

第一一四號

本刊已經香港政府登記

每逢星期五出版

督印人：黃宇人　編輯：左舜生

CHINESE-AMERICAN PRESS, INC
199 CANAL STREET,
NEW YORK 31 N. Y. U.S.A.

雷案與國運

朱捐夫

金馬應不應和能不能守？

孫寶剛

三論民主政治在中國失敗的癥結（二）

張忠紱

下文所將提出的兩項基本觀念，筆者歡迎讀者辯難，並與以指正。觀念確定以後，方能推進，方能普及。觀念混淆，則一切無以衡量。民衆若沒有運用民主政治的正確觀念與習慣，則憲法，議會，司法獨立等等，終必等於虛應故事，此所謂「徒法不能以自行」！（這句成語的正確解釋本應如此，不應解釋爲法治不如人治。）

提倡民主政治的人們，他們本身若不能先對運用民主政治的基本因素或觀念，有正確的了解與共同的認識，則民衆自無從養成正確的認識與齊一的觀念，更談不到運用民主政治的習慣。中國提倡民主政治的人，他們本身的觀念實尙未能一致。例如：有人以謙讓與容忍爲民主政治的基礎（台港兩地多有這種看法），而其實容忍與謙讓是純道德性的，與民主政治絲毫無關。有人認爲陪審制度是以道德意識判決案件（見祖國週刊二十九卷十三期教育與民主一文），而其實陪審員祗須依據証見，宣告有罪或無罪。這都與運用民主政治的認識與觀念有密切的關聯。今日中國提倡民主政治的人們，他們的看法迄未能一致，甚至於彼此間有許多矛盾的觀念。上面所擧的例証，恐尙未能及其什一。我們自己對運用民主政治的觀念與認識若無正確的標準，我們如何能教導民衆，訓練民衆，以推進並普及民主政治？（附言：筆者很盼望，港九提倡民主的先生們，能請一位熱心的同學，將近十一年中，台港兩地有關民主政治的看法與觀念，列表研討；必可發現許多不同，甚至於矛盾的言論，那將對國人齊一民主政治的觀念有很大的貢獻。）

民主政治本有其正確一致的觀念，但因其與生活方式密切聯繫，而生活方式又多有關於日常瑣細的行誼，故隱微難見。中國人再囿於傳統的意識，未暇深思，是以凡遇疑似的地方，即易於採取中國原有的觀念，爲之註釋；乃至差之毫釐，失之千里！有關民主政治的觀念既隱微莫着，又多是有關日常生活的瑣細行誼，若必欲綱擧目張，決無遺漏，爲勢所難能。筆者考慮的結果認爲，運用民主政治的基本觀念或因素可以大別之爲下列二項：（一）民主國家的法律觀念；與（二）民主行誼（詳見後）。

（一）民主國家的法律觀念

中國沒有羅馬法的傳統，因之也沒有西方民主國家的法律觀念。中國法家的思想，其出發點在幫助帝王統治天下。帝王高於法律；帝王的話就是法律。歷史上著名執法的廷尉，也不得不承認，在未下廷尉以前，帝王有權對盜取長陵一杯土的愚民，任意處罰。「王子犯法，庶民同罪」，但「王」並不在內。帝王是立法者，本身決不受法律的拘束。乃至他所恩准的人，也可以超於法外。水滸中柴進有世傳殺人不償命的特許，恰是一個好的例証。

中國傳統的法律觀念既不同於西方民主國家，是以中國人常以超越法律爲榮。最普通的例証是，管交通的警察，其權力常達不到汽車階級，而汽車却正是都市中最需要管理的交通工具。從另一層意義上講，中國傳統的治齊之學，注重「導之以德，齊之以禮」。中國人心目中「法」的觀念，始終沒有西方人對於「法」的硬性認識。因此，中國人對於法律能規避時，則必規避，甚至有執法責任的人，反助之規避。此其一。在執法時，情理與道德意識常滲雜其間。犯法者固希冀以情理通融，執法者也未能免於滲用情理，乃至社會上一般人士對任何顯明爲法律範圍內的問題，也常以情理衡量，此其二。法律既高於一切，則法律自不能任意改變，必須經過嚴格的合法程序。在中國，往往命令高於法律，法律高於憲法，此其三。

法律至上觀念對於民主政治的重要，中國談民主法治的人已有普遍的認識，但在實際應用法律時，一般人是否能注意並維護法律的硬性，殊大有問題。中國人不願意打官司（訴諸法律）的習慣，早已牢不可拔。違法或犯法的人固力圖規避法律，就是當原告的人也往往不願意訴諸法律。

在法治的國家中，例如美國，他們習於以一切訴諸法律。你的狗咬了他一口，他會去告你，他坐你的汽車，不幸摔傷了，他會去告你。他在你門前自己不小心跌了一交，他又會去告你（說路不平、或者太滑）。由中國傳統的觀念去看，必將感覺奇特，甚至於不像話。然而在美國，這類事是常見的。

習慣於中國法律觀念的人，縱然久住美國，也很少願意學這一套的。筆者認識一位著名的國畫家，他搭學校的公用汽車，摔傷了膀背。律師鼓勵他提起訴訟，要求賠償損失，並且應允，如訴訟失敗，渠可以不收律師費用。但這位畫家並未如法泡製。又有一位朋友的小孩，被鄰人的狗咬傷了，他也不願意提起訴訟。還有一位科學家被他人的汽車撞傷了，也沒有訴諸於法。在美國，這些事件都是要求賠償的好題目，但是中國人認爲迹近敲詐，有失本人的尊嚴。這充份証明中西的法律觀念不同；同時也証明觀念對於行爲與習俗的重要。

在民主國家中，法律是社會全部機構的串索，因此，法律必須高於一切，法律必須是硬性的。在中國，人民迄今並沒有養成這種法律觀念，以致中國的社會，恰如許多珠寶，缺乏一堅强而細緻的串索，不能串成項鍊。筆者的用意，不在讚揚西方過分喜歡打官司的習慣（美國法官中曾有人估計，認爲美國夫妻間的爭執，若不訴諸法律，鬧到法院，至少有半數可以不至破裂），只在說明中西兩方人民對法律的看法有重大的差異。中國傳統的法律觀念，極不適宜於民主政治，而西方的法律觀念却正是西方民主國家全部社會機構的串索！進入民國以來，法律在中國實際政治中的地位，仍去西方民主國家中法律的地位甚遠！

（二）民主行誼

這一項極爲重要。在民主國家中，凡法律之所不必達到，或不能達到的，都靠日常的行誼支配應對。擧凡政治、家庭，乃至運動與游藝、莫不以此項行誼爲準繩。民主國家人民的民主行誼，其在「羣」（國、家、社會，或其他團體）中所佔的位置，恰如中國人的「立身處世之道」，但其目標不同，而內容亦不相侔。有關民主政治的一切，中國人所最不注意，最易誤解，或最不了解的，也正是這一項。

台灣（中華民國）的未來

儘管自由世界對於台灣（中華民國）現狀的態度和意見有些紛歧，不過，有一點看法却是完全一致的：台灣絕對不容落入共產主義的魔手。這不只是由於它在自由與共產的軍事鬥爭中所居的重要戰畧地位，更重要的是它在政治、文化上意義。單就軍事觀點去衡量台灣在整個反對共產主義保衛民主自由鬥爭中所佔的重要性，是不夠的，也是錯誤的，我們必須同時把注意的焦點放在它於政治、文化鬥爭中所能發揮的作用上。

就消極的一面看，台灣之獨立於中共之外，至少有以下三個非軍事的作用：（一）自由的燈塔——作爲大陸上六億中國人的希望之光，維繫並鼓勵他們反抗的意念；（二）祖國的象徵——是海外兩千萬華僑，特別是東南亞地區的華僑，效忠的對象，不致因無祖國之從屬轉而效忠北京，終於爲中共利用作爲對外擴張的工具；（三）中國生活方式中優良傳統的保護、傳留與發揚。但它在政治、文化上所能發揮的積極作用，才是最值得注意的對象。自由世界的最終目的應該是消滅殘暴不仁的共產制度，圍堵與防禦只是暫時的局部的政策。准此，台灣必須同時是反擊中共的軍事、政治、文化基地，中華民國的政府必須能號召，組織並領導一切愛國愛民主愛自由的華人反共力量，因而，它必須是一個民主的政府，是得到一切反共華人自動效忠以支持的政府。

不幸，事實很令我們失望，目前統治台灣的蔣介石政府是名符其實的蔣政府，是個一人統治的獨裁政府，其專制、獨裁，愚昧的程度僅次於中共，在某些措施上，其反民主反自由的程度且有甚於中共。「警察國家」或「獨裁統治」實不足以完全描述蔣政府的特色與本質。

本年內所發生的兩件大事，不只進一步証明了蔣介石政府的反動本質，而且暗示一項事項，如無像南韓或土耳其那樣的革命或外在力量的干預，其現狀的任何改變都是無望的，蔣介石「拒絕任何民主的成長」。

本年四月間蔣介石的違憲連任証實了傳說已久的推想，蔣有生之日，必霸佔中華民國到底。按中華民國憲法有硬性的明文規定：總統連選得連任一次，不論在任何情況下，皆不得連任兩次。可是蔣竟置憲法於不顧。而選擧他連任總統的國大代表，都是十二年前在中國大陸選出的，並且不是憲法所規定的合法人數。因此佔總人口百分之八十五的台灣人，只佔百之二的代表權。

最近發生的拘捕案（九月四日）已使整個世界震驚，自由世界最有力的報章，如紐約時報，倫敦泰晤士報，不只以顯著地位巨大篇幅刊載有關的新聞，而且以社論地位發表評論，一向同情國民政府的報章雜誌也都對蔣加以譴責。至於海內外華人社羣的報紙，除國民黨黨報，或受黨津貼的報刊外，無不對蔣政府抨擊。

九月四日清晨，就在新反對黨宣布即將成立的第二天，台灣警備司令部突然將一向倡導民主自由指責政府獨裁反動的「自由中國」發行人，籌備中之新黨領袖，雷震拘去（編者按：雷已被軍事法庭判徒刑十年，刻正上訴中），根據戒嚴法控以涉嫌煽動叛亂。但官方所宣布的証據只限於自由中國雜誌的言論，別無其他、（編者按：嗣後控方又加控包庇匪諜罪）而戒嚴法的存在和引用都是違憲的，不合理的。以今日台灣的安全情況說，根本沒有戒嚴的必要。稍有常識的人都能判斷，蔣政府的拘捕雷震，無非是想毀去反對黨。

既然統治台灣的蔣政權是如此反動，以致台灣完全喪失了它在反共鬥爭中的政治、文化意義；並且由是而成爲自由世界，特別是美國的一大難題。美國政府每年以巨量的金錢、人力、物力耗之於台灣，其所得到的效果却遠遜其所應得的效果。而且遭受四面八方的責難，說美國政府不該繼續支持蔣這樣的獨裁者。愛國家愛民主的反共中國人，尤其不滿。

基於最近台灣內外局勢的變化，美國政府重行考慮對蔣態度的時候已經到了。不過，「台灣共和國」或「中台國」的建議是荒謬而不切實際的。這一方案不只不能解決任何問題，而且根本無從實行。甚至這種建議的提出（特別是由美國政要提出）都是有害的，這大大地損害了中國人的自尊心；並且足以影响東南亞中立國家對中共的態度。

如何使台灣在反共鬥爭中充分發揮其積極作用，才是我們應該注意的焦點。「台灣共和國」和「中台國」的觀念，本身就意味退縮。我們必須向共產主義挑戰、反擊。是以，所謂台灣的未來問題，實質上只是如何使中華民國的政府不再是一人一黨的政府，而是一個民治、民有、民享的政府，一個眞正代表中國人，並得中國人自動效忠並支持的政府。（完）

紐約國際時論社專稿

警惕政治干涉和滲透

·陳因·

保持教育的獨立與自由，這是自由世界近代教育的一個基本特徵。因為教育必須不受現實政治勢力的干涉和干擾，在自由與安寧的環境之下，它才能發揮研求知識、啟發智慧、陶冶品格的功能。

近十年來香港華文的大專教育，有了長足的進步和發展。一般說來，到目前為止各大專學校也都能保持其獨立和自由，但是我們不能因此就忽略了保衛教育獨立自由的警覺。年來若干大專學院，在聘請教授上已有受政治干涉的跡象。未能本着為教育而教育的獨立精神，來聘任教授和講師。據知若干很受同學歡迎的教授，只因為在校外發表了一些意見不同的政治言論而遭解聘；一個教授，他也是國家的公民，他對於國事有發表意見的自由和權利，不能因為做了教授，而與國事絕緣，而放棄公民的權利義務。因此他只要遵守在課堂上不談政治的原則，他在校外的政治言論（除非是親共的政治言論）是不應該受學校當局所限制的。也不該因其校外政治言論而予解聘。還有若干有著作有實學的學人，亦因對當前時政的態度與國府當局不同，而任由投閒置散；反之在所聘任的教授和講師當中，有許多是并不稱職的，甚至有的根本對所担任的課目沒有起碼的了解，以致在課堂上信口胡說，笑話百出，但因為他們個人善於鑽營的緣故，而仍能霸佔教壇，誤人子弟。這樣現象，大專學院當局是應該深切反省的。

今天在香港，對於教育自由的最大危險，是共產黨的政治滲透。據知左派的一個偽裝中立的青年刊物、最近派出數名年青的女記者，以推銷刊物，拉同學寫稿為名，正向各大中學校展開滲透活動。若干同學的集會，這些女記者常是不請自到。甜言蜜語，廣泛拉攏。對於南洋僑生最多一間大專學院，活動尤為積極。而其接觸滲透的對象，則着重學生團體與僑生團體的負責同學。由於這個青年刊物偽裝了中立姿態，學校當局及同學多不加提防，其實這個刊物的主要負責人，正是本港中共幾家黨報的幹部。因為黨報的色彩太明顯，中共的聲名太狼藉，所以才想出了以偽裝中立來掩護滲透的詭計。這個刊物初期也稍帶些右傾的色彩，曾經含蓄的歌頌「人民公社」，宣傳「辯証唯物主義」等，可是一經自由報刊揭穿后，左傾調子立刻就縮回去了。現在它完全以「不談政治」的姿態出現，來蒙騙讀者。在此我們籲請學校當局及同學們，警惕中共滲透的陰謀，保衛自由教育園地的純潔與寧靜！

中蘇共關係新轉變

·田心·

前一階段，中蘇共之間關係異常緊張，現在似乎已經緩和了一些，它表現於十月十九日人民日報社論之上。

社論列出了赫魯曉夫在聯大的各項失敗事實，並且故意不提赫氏在聯大的搥桌、漫罵、恫嚇，卻說美國當局對赫魯曉夫「採取卑鄙手段，進行了令人髮指的侮辱」。這一套說法是在對內宣傳：「這個世界上最兇惡的美帝國主義，竟在聯合國第十五屆大會，如此欺負以蘇聯為首的社會主義陣營……。」社論裡的「欺負」兩個字是很奇妙的，人民日報就以此為主題做了一篇文章。

一方面，社論認為這種「欺負」，「發人深思」。蠻橫地指稱：美國的「侵略本性並未有改變，也絕不會改變」；「全世界人民絕不能把自己解放的希望，把全世界和平的希望，寄托在美帝國主義控制的聯合國上面」；強調「絕對不能對美帝國主義和它所控制的聯合國抱有不切實際的幻想。」同時又說：「目前美國操縱聯合國表決機器，又能夠解決什麼實際問題呢」？

很明顯地，它在要求蘇聯丟掉「幻想」，丟掉對美國的幻想，丟掉對聯合國的幻想。

另一方面，社論認為：「美帝國主義」如此侮辱我們，「面對這樣嚴酷的事實，全世界人民必須認真對付美帝國主義，進一步團結起來，團結在以蘇聯為首的社會主義陣營周圍，結成廣泛的強大的反對帝國主義的統一戰線，堅決擊敗美帝國主義的侵略政策和戰爭政策，為世界和平、民族獨立、民主自由和社會主義事業而鬥爭到底」！

這無非是要求蘇聯根據毛澤東的話走：「丟掉幻想，準備鬥爭」！

這裡必須注意的是，在今年四月中共展開反修正主義以來的反美運動中，雖然也強調要「結成廣泛的反對帝國主義的統一戰線」，但絕不認為這一統一戰線應該團結在蘇聯的周圍。例如五月十日人民日報所刊的毛澤東的講話，以及今年第十期「紅旗」評論的話都是如此的；在當時，意味着這一統一戰線應該以中共為中心。現在，它號召這一統一戰線要團結在蘇聯的周圍，不能不說是一項較顯著的轉變。

由上可見中共的這一轉變，分明是由於赫氏在聯大表現的強硬，符合了它的要求。但這種轉變，不是沒有條件的，而是要蘇聯此後仍舊遵循赫氏在聯大表現的那種態度強硬下去，並且「丟掉幻想，準備鬥爭」。否則，中共自仍舊會恢復以前的那種反對蘇聯的態度。

若果蘇聯在最近幾天內的表現能夠符合了毛澤東的願望，那麼傳說中的下月共產國際的莫斯科會議，毛澤東可能以勝利者同時又以忠誠支持蘇聯政策者的姿態親率代表團去參加也不是不可能的。

談怪函之不怪

李萬居與宋英同時接獲怪函，怪函由署名「王續會」者自香港彌敦道一塊空地寄出，謂已寄出巨款供李、宋二氏分送雷案關係人應，有餘則可留作自用。

雷案迄未成定案，正當雷案進行申請覆判之時，出此奇事，誠令人納罕。李、宋二氏現已將原函送有關機關存案，看來這又是一「無頭案」。惟明眼人一看即知，此舉又為政治陷害無疑。

按雷震被捕不久，台北國民黨官傳喇叭即曾不斷報導官方供給的資料，諸如：雷震在香港的銀行裡存有鉅款；每月有不明不白之欵從銀行滙台「自由中國」；又謂有共諜滙欵接濟劉子英等等。但在正式起訴書和判決書中，上述惡意宣傳均未見有事証提出，可見當時之空穴來風，即為有計劃作政治陷害的陰謀。

現在李、宋二氏分別接獲怪函，其實對此可以見怪不怪。蓋特務之手法，已如黔驢之技，至山窮水盡之境，以為有此一函即可阻止李、宋二氏之活動或令其鋃鐺入獄，用心可謂幼稚、下流至極。

對付雷震及新黨不由政治競爭之正途，已為人所詬病，今則對雷震家人及新黨另一領袖李萬居進行不法陷害，充其量不過是落井下石，徒然令世人增加厭惡與憎恨。幹此下流勾當者，誠是愚不可及，可悲，可悲！

·小言·

三言兩語

雙十節、華僑節和祝壽，湊在一起，使十月的台北現得熱鬧。若是看台北十月街頭的熱鬧勁兒，確是漪歟盛哉的一番「興隆氣象」!?好在大家化的都是國帑，誰也不必心疼！

不過十月一過，難免沒有曲終人散，空虛落寞之憾！

× × ×

本月底是蔣先生的七四壽誕。據說，他已下條子勿於是日舖張慶祝。並謂：若在此時如此這般，「則我感不安。」

其實，他是每年照例要「我感不安」一番的。所以今年自然還是俯順「民情」，一切照舊——祝壽。

× × ×

蔣先生在八屆華僑節頒發「訓詞」，有謂要慎防「共匪……對海外將更施展其統戰活動，以圖煽惑挑撥，分化離間……。」

不過，真正給予中共統戰以最大助力的，仍得首推台北當局，如判處雷震等以重刑，便是一例。

× × ×

淺沼稻次郎被十七歲少年行刺斃命，毛政權為此狂吠不已。蓋其痛失一機會主義的應聲虫。

實則毛乃「吾雖不殺伯仁」，而致淺沼於死地之間接兇手！

× × ×

「北京」椿樹人民公社的一個服務站，收集了三百二十多件破爛棉衣，實行「拆洗縫補」，為的是要節約用布，內中祇有三件經評定够格兒換布面。上海，現在時行男人皮鞋改女式，女鞋改童鞋。廣州的僑眷每月有港幣百元外滙者，可排隊買猪頭肉或下脚一斤。

共產主義者，乃是置四海於困窮之謂也！

× × ×

中共統治了十一年，對知識份子仍不放心，思想改造失敗之餘，又進而勞動改造。現在已將勞改定為長期的政策，大專學校均與農村公社或工廠「掛鈎」，師生可隨時下放。

下放與下獄，實曲異而工同。統治者雖變而其奴役、羞辱知識份子之道不變！

·恕人·

荒謬的雷案判決

——美國在注視中，華僑在激憤中

謝扶雅

本月九日的美國各大報紙皆以巨大的篇幅，披露了前一天所發生的關於中華民國的兩個重要的消息：一是聯合國大會以四十二對三十四（棄權者有二十二）通過再延期一年討論中共加入聯合國案，另一便是自由中國半月刊發行人兼中國民主黨籌組人之一的雷震（另三人本文從畧）終於為軍事法庭以謀叛及担保所謂共諜的劉子英入台等罪名，判決了十年監禁。除對頭一項新聞筆者將另文討論外，那第二項消息傳來，當然立即引起此間華僑及一般留美知識分子的極度憤慨。雷震以一愛國文人，手無寸鐵，更無一兵一卒，不過為了寫過幾篇責難國民黨當權派的文章和最近發起組織一個在野黨，謀求可以實現民主制的政黨政治，而竟受軍事的拘捕、偵訊、及被判十年的徒刑。這個判罪，恰與上次蘇聯判決一個美國侵入蘇俄領空的偵察機師抛威斯的監禁年限相同。這樣，在自由中國政府眼中的雷震，等於蘇聯共產政權眼中的一個「戰犯」。這，不但每一個有頭腦的中國同胞，將為之憤激不平，筆者可以証言，即使美國人也無不十分關切地注視着這事的發展，以至高度躭憂。

自從中國大陸突被中共佔據統治以後，美國朝野一般就對中國的事情開始特別的密切注意。若干大學和其他有關機關更對中共作廣泛而深刻的研究，因而甚至鄉間的大衆和婦孺無不對中國有了較多的常識。這是因筆者以前在此留學時和這次來美工作所比較觀察到的尖銳對照而深有所感的。通常在報章的電訊上，關於大陸中共的消息時時皆有，但關於台灣的中華民國則少有登載。可是，自從這次雷震案發生以後，駐台的各大報記者便陸續有長篇大論的報導，除主筆特為此事撰社論而外，且引起各方面的「讀者投書」，甚至責難美國政府將「美援」給予這種壓迫中國人民，蹂躪基本人權的獨裁政府。是否明智之舉，有一位加州大學的教授則更直截了當地指出了這一類事件皆係由蔣經國在那裏作怪（九月廿七日紐約時報）。對這篇文章雖又由駐華府的葉公超大使致函否認，說蔣經國在台灣是個行政院的不管部委員，其專職為退伍軍人善後工作，全然與雷案風馬牛不相及；並說捕雷亦與這次新組織中的反對黨無涉。然而這種官方聲明，連美國的婦孺也騙不過，因為近來美國一般人士對中國事情的內幕眞相確乎非常清楚。

筆者早於兩年前，歷在前「自由人」三日刊及本刊上，報導美國一般對蔣經國這個人十分不滿，並認中國還遺留着世襲君主這類封建觀念。年初將經國的兒子在三藩市以屢犯交通規則被法庭判處遣出美境，華府葉大使却給以伊屬外交官身分，不應受罰。但由於犯者顯持留學護照，所以法官堅持執行。並且，國民黨當權派的所有公報，在美國人眼中，都同大陸中共的黨報一樣，被認為應打很大的折扣，或全屬子虛。即如這次判決雷震的新聞，報界國際權威的紐約時報即標題的「台灣判蔣的敵人十年監禁」。電訊中雖滿載雷等四人的判決文，但該記者始終提及雷震係最近主導組織反對黨——民主黨的領袖。像美國那樣由兩黨競選執政的國家，視所謂「反對黨」乃家常便飯，且屬民主憲政中的天經地義。而今該報對判雷的標題為「蔣氏之敵」，顯然文中有骨，意謂蔣家父子集團認定雷震是要推倒他們的政權。該報前幾天還報導過，為了雷震國民黨正作一「整肅」運動，因為有些明事達理的黨員如立委費希平在院會質詢中嚴厲詰難行政院院長陳誠，以致引起國民黨當權派對其他黨員要加以整肅。可見這次雷震的受禍，只是出於「太子派」的陰謀，矇惑了「最高當局」而下此毒手。中國在帝皇時代猶有「防民之口甚於防川」的話，而况到了二十世紀的六十年代，步武西方民主政制的中華民國，主人批評一下公僕，便即判為叛亂，豈有不使全世界民主國家的一般人士同相駭怪呢？

中共在所謂百花齊放之時，報人儲安平曾批評中共為「黨天下」，而惹起反右派的浪潮。此後北大校長馬寅初曾為文抨擊中共的社會經濟政策，中共尚不置之於獄。今日台灣却連那種「黨天下」還不如，只是「家天下」，眞可說「請看今日之城中，竟是蔣家的天下」了。然而袁世凱袁克定父子的洪憲帝夢不過八十三天，而二千年前强暴的嬴秦始皇，意圖傳子孫萬萬世，亦只二世而亡。現在台灣以一島之微，擁有六十萬軍隊，兼有曾受蘇俄訓練的特務頭子蔣經國把持一切，自然發生不了雲南起義；同時，亦如中共暴權的徹底基層統制，所以亦暫不會有陳涉吳廣的揭竿。然而良知是決不能被抹殺的，正義是永不會埋沒的，公憤是絕對不許息滅的，歷史雖不重演，而原理則是通古今中外而無悖的。雷案之不能就此結束，以及蔣氏父子之終必食其後果，正是比火猶明的事。

民四九、雙十國慶前夕、美紐澤西

雷震和蔣介石兩人

誰和邵力子夫婦的關係最深

・清源・

雷案發生後，除了領受津貼，甘為奴才的二三報刊而外，中外輿論，無不同表憤慨。蔣介石為了要扼殺自由中國半月刊和籌備中的新黨而出此下策；但又不敢明說，而轉彎抹角的歪曲事實，故入人罪，可鄙之至。最微妙的還是那些軍法官，他們提不出劉子英到台灣後如何為「中共」作間諜和雷震如何掩護劉子英從事「匪諜」活動的具體事實；而却說「雷震在參政會時曾任邵力子的副手達六年之久……由此可知他和邵逆夫婦的交情决非泛泛。」這就是雷震的罪証。假如此一罪証可以成立，那麼，當年重用邵力子達二十餘年之久，而派他為參政會秘書長的蔣介石，豈不是更罪上加罪嗎？蔣介石派邵力子做參政會秘書長如果沒有罪，則雷震奉蔣介石之命去作副秘書長又有何罪呢？

我猜想軍法官們必然存心和蔣介石開玩笑；否則他們明知今日台灣唯一與邵力子有密切關係的即是蔣介石，又何致公然會以「與邵逆夫婦的交情决非泛泛」列為十年徒刑的罪証呵？（讀者投書）

陶希聖再談雷案

靜　吾

（台北航訊）本月二十三日華僑救國聯合總會全體理事會開會陶希聖到會發表演說，對雷案作了許多前所未有的妄誕之談，他說：「民國三十五年國民政府召開政治協商會議，中國國民黨的瓦解，即由於一部份黨員中了聯合政府國共和談的毒，雷震以其政協秘書長的高位，中毒最深，倘如國際調處政治協商聯合政府這一套東西成功，雷震的前途如何可以想見。所以雷震中了不可解的毒。」更說：「到了四十二年以後，雷震的政治協商聯合政府國際干涉的抱負，是在自由中國半月刊漸漸的展開」。裁減軍隊，放棄反攻，由兩個中國對中共和談；到了最近採取最後的一步鼓吹流血暴動，否認國民政府這一政治路線，不但言之有序，而且言之有物。」

陶希聖的這一篇演說，還由中央通訊社以專電向海外發佈，可見是蔣家父子所認可的。照他的說法，雷震的罪源即在曾經做過政治協商會議的秘書長。但政治協商會議原是以蔣介石為主席的國民政府召集的，雷震之担任秘書長也是蔣介石所委派的。當時許多國民黨人反對舉行政治協商會議；還受了蔣介石的嚴斥；而雷震奉命行事却構成了今日被判十年徒刑的罪証，蔣氏王朝的是非標準，竟如此這般的早晚不同，吾儕小民眞無所措手足了。

大清算的預兆

這一個由汪記漢奸轉而做蔣家走狗的無恥之徒，數年以來，仰承主子之意糊言妄語，向不為人重視；但此次他把雷案與當年的政治協商會議連在一起，台北敏感之士多認為非等閒之談，可能是蔣經國準備進行大清算的預兆。雷震僅僅做過政治協商會議的秘書長，即被目為中了「政治協商聯合政府」的毒而被處重刑，那麼，那些曾任政治協商會議委員和曾努力促成其事的要員們，豈不更罪大惡極嗎？談到政治協商會議，人們即首先想到張羣與王世杰兩位，他們當年都是促成此一會議的得力人物，其影響還遠在邵力子之上。如今政治協商會議既變成了一種罪行，大家都為張王兩位躭心呵。其次，就是那位年前曾因在國民黨中央黨部秘書長任內未能及時發表和轉呈海外勸進函電而被外放的駐日大使張厲生，他也是政治協商會議的委員，雖然他善於應變，過去曾悠遊於三陳（果夫、立夫及辭修）與一孔（祥熙）之間，均能大行其道，但此番介於經國與陳誠之間，則並不得意，是否能免於被清算，還得看他的運氣呢。最令人注意的還是陳誠。此公年來的聲勢已每況愈下；但仍有人於無可如何之中，仍對他存着若干幻想，而尤以某著名學者為最。當年舉行政治協商會議時，陳誠雖未列名委員，却是政治協商會議軍事三人小組的主要人物；而軍事三人小組中蔣介石所派的另一代表即是張治中，更有美國人參預其事。後來之所謂軍調處就是由此一小組決定的。因此，假如太子硬要指派陳誠一個中了政治協商的毒和與張逆治中有密切關係的罪名，似乎比他們硬派雷震的罪名還容易得多了。

當權者衆叛親離之預兆（讀者投書）

編輯先生：

我是貴報及「自由中國」半月刊、星島日報的長期讀者，亦是所有美國加拿大兩地僑報的長期讀者，每天收到各報刊達十餘份之多，自雷震被捕後，各僑報除了受國民黨津貼者外，均紛紛著論抨擊，不直蔣氏之所為，在僑胞中已多數咬牙切齒痛罵蔣家父子，近且連國民黨津貼的芝城三民晨報都說道：「今日要挽回這種不良氣象，絕非把唱反攻無望者關起來，送去軍法審判，而是要本身拿出自立、自强的精神，用行動來表現，始能有效消除人們的懷疑心理」。可見當權者已面臨衆叛親離的前夕了。

現有僑胞萬人簽名向蔣氏抗議，且多數是知識份子，可說是抗暴援雷如火如荼，蔣之暴行實已失盡僑心矣。我特購貴報「援雷專號」一份，由郵雙掛號直寄蔣介石親收，不知他閱後能有所覺悟乎？

美國讀者李沿華啓十月十一日

（接第一版——金馬應不應和能不能守？——）

而共黨也必在時機到來的時候，向這些地區進出，自由世界任其蠶食麼？假如眞是如此，自由世界怎能在反共鬥爭中，求獲勝利呢？到那時自保恐怕還困難呢！這絕對不是我危言聳聽，事實上徵兆已經畢現，自由世界應該有所覺悟罷：所以我統結一句話。在政治原則上，每一個地區的自由是不可忽畧的，金馬不能例外。在反共的鬥爭上，自由世界不能再示弱」。金馬是可守的，祗要美國予以協防保証，根本連守這個字都還不須要。我們不能存有歧視的心理。假如有着歧視心理的話，那自由世界的前途是不堪設想的。

中共地方鐵路的修建概況

劉裕畧

大陸之窗

地方鐵路的修建和宣傳，是近年來始一再見諸中共報章雜誌的一樁事。顧名思義，所謂地方鐵路顯然是與非地方鐵路相對的一個名稱。但非地方鐵路這一名稱並不存在，原來所謂非地方鐵路乃泛指地方鐵路以外的一般鐵路而言，實亦即指中共中央政權所經修的鐵路而言。地方鐵路則係各地縣社所辦之鐵路。

據中共「中國新聞社北京二十一日電」：「今年新建的鐵路將比去年增加百分之八十二」。又說自一九四九年至一九五九年，大陸鐵路通車旅程達到三萬二千多里。鐵路軌道總延長達到五萬七千多公里。並說：「目前除西藏外，全國各省各自治區已經都有了鐵路。」

對此，中共新華社之外的這另一御用新聞社就於是運用宣傳筆調，為中共丑表功一番，說道：「解放前，全國鐵路的通車旅程只有一萬一千多公里。在舊中國，既沒有機車車輛製造工業，甚至修理用的主要配件，也要依靠外國。」言外之意，好像今天的中共完全不靠外人，其實，中共這另一御用新聞社完全忘記了中共才是眞正完全依靠外國依靠它的「蘇聯老大哥」的。

中國新聞社又說：「過去各縣社辦的地方鐵路在短途運輸中起着顯著作用，今年一月到八月，全國各地已完成地方鐵路六百八十條總長度達三千七百多公里」。

我們曉得，中共統治下的各地區，原本是無權同時也無財力來修建鐵路的。因為中共統治下各地的一切都被中共中央之極權統治着，過去，中共亦未正式預計各地區自己修建鐵路，何以自今年一月至八月，各地已完成地方鐵路六百八十條呢？這些鋼材又從何處來的呢？是中共中央撥發的嗎？當然不是。然則是從何處來的呢？因為修建鐵路是必須使用鋼材的。原來揭穿開，中共所謂地方鐵路實不過廢物利用。這些廢物是毛澤東大搞土法練鋼時剩下來的。試一回憶去年，中共中央曾仕毛澤東領導下發動大陸各地大行土法煉鋼，當時大陸人民被命上山下水，到處尋找鐵礦，甚至宋慶齡上海寓所的花園裏當時亦修建了一座土法煉鋼爐，並由宋慶齡親自臨爐煉鋼，這曾經一再見之於中共的宣傳照片，足見中共當時對土法煉鋼所具有的發瘋一般的狂熱。但這種狂熱，亦如中共所發動的其它運動旋即消失，現在，是再沒有人提這一件勞民傷財廢時廢事的事了，也沒有人再攪這件事了，原因何在？這就因為土法煉鋼品質低劣，畢竟不符現代工業水準，因之，也就不能充作現代工業之正常用途。但這種由土法煉出的劣質鋼却堆在大陸各省各地，成了廢物。於是中共中央靈機一動，既感各地交通不便，乃命令各地將此等劣質鋼鐵就地修建地方鐵路。一方面發展地方交通，輔助中共中央所修建的鐵道幹線，另一方面，也可維持中共中央的威信，使毛澤東的瘋狂土法煉鋼運動，可以作一交代，從而光彩的下台。至於由這些劣質鋼材修建的鐵路，路軌平不平穩，準不準時，安不安全等等顧慮，中共中央就不考慮了。在中共中央想來，不管這些地方鐵路的品質如何低劣，總比沒有地方鐵路好。事實上，這些地方鐵路品質之低劣，中共報紙也已不得不一再承認，但中共中央目前還什繼續鼓勵各地繼續修建此種地方鐵路，直到各地將所存劣質鋼材用完為止。

仔細計算，中共現在雖稱已擁有地方鐵路六百八十條。論條數誠不為不多，平均每省有二十多條！。但這六百八十條地方鐵路的總長度却只三千七百多公里，平均每條地方鐵路的長度只有五公里。那末，試問一條僅僅長約五公里的鐵路而又品質低劣，在運輸上又究竟有什麼意義呢？所以，仔細一看，中共地方鐵道的條數雖多，由於每條鐵路的平均長度太短，短得來只有五公里，不但短得荒唐，而且短得滑稽，所以它的運輸量自然也就極有限了。

剖析中共所謂文化革命

「文化革命」，聽起來，這似乎是一個很動人的名詞。對於青年人，尤有吸引力。因為現代文化，本有很多令人不滿的地方。青年人又總是不滿現實的。所以，有些青年人一聽到文化革命四個字，便自然而然的被吸引了。至於文化革命究竟是什麼？中共叫出這一口號的動機何在？許多被吸引的青年却未能去深思了。

文化一詞的眞義究竟如何？說法本不一致。共產黨人對此則更有一套似是而非的荒謬論調。共產黨人的所謂文化革命，則更具有特定內容。這就正如共產黨人對「自由」對「民主」另有一套僞說是一樣。許多青年，由於自己的追求，常常不自覺的把共產黨人所提出的口號，誤作自己的理想，終至陷身虎口者，固大不乏人。所以，青年們，尤其是海外的青年們，你們萬萬不可被中共的美麗口號所惑所騙所誘。

那末，中共所提文化革命這一口號，究竟又指的什麼呢？原來，中共所謂文化革命，既不是指的我們平日所意識的那些文化問題，更不是指的從人類社會或國家民族所要求的那些改革，而只是基於共黨反人性的辨証唯物主義所主張的無產階級革命觀點來對人類社會正常狀況的一種危害和戕賊。據十月十五日中共人民日報以「高等學校要更好地促進知識分子勞動化」為題發表社論說：「文化革命的要求是工農羣衆知識化，知識分子勞動化」。原來中共抬出文化革命這一大題目，為的却只在達到農工羣衆知識化，知識分子勞動化。

當然，使工農羣衆知識化，如果只就原則來講，實在也很應該，因為工農羣衆為什麼不該知識化呢？這也正如說知識分子為什麼不該懂得勞動呢？但話說回來，工農是人，工農以外的人也是人，因為工農是人，所以，工農羣衆應該知識化，那末，工農羣衆以外也是人，為什麼工農羣衆以外的人不該知識化呢？若說工農羣衆以外的人不該知識化，只有工農羣衆才該知識化，那就正如說只有工農羣衆以外的應該知識化，工農羣衆不該知識化是同樣的荒唐。我們曉得：所謂工也農也，原本只是一種職業上的分工，并不是一種人格高低之分，更不是一種有無特權之分，而中共根據馬列主義的階級革命主張，擅將工農羣衆劃為特權分子，從而加以利用，使之成為一種奪取政權及維持政權的工具，中共所欲達到者乃是政治的統治目的，和經濟上的搾取目的。何文化革命之可言？

再說：一國的文化問題乃一國的全面性問題，不是專從工農羣衆去求改革就能達到改革目的的。必也從全面着眼全面着手才可。

至於說到知識分子勞動化問題，這也非常荒謬。本來，使知識分子建立勞動觀點，這並不荒謬，但以知識分子勞動化為名，而以對知識分子加以勞動改造，以摧殘學術自由，思想獨立，有如中共之所行所為，則豈但不是一種文化革命，簡直是一種對人類社會的犯罪，而且也簡直是對人類文化的一種危害了。

所以歸根結底說來，以「工農群衆知識化，知識分子勞動化」為內涵的中共所謂文化革命，實際上，並不是什麼文化革命，相反，而只是一種摧殘人類自由文化的一種政治陰謀罷了。

何光正

大陸青年普遍失學

又有六百萬青年被趕下鄉

陳一鳴

中共佔據大陸十一年以來，雖屢屢宣稱學生數量增加，青年普遍進學校就讀，而且每年照例發表一批龐大學生就讀數字。但按之實際，許多大陸青年雖有進學校之名，實則皆被中共以各種名義各種手段趕到農村中去從事奴役了。所以，大陸青年在實際上不但普遍失學，而且是被中共借建立勞動觀點為名，而從事集體勞役。

過去，學校中之青年學生，還只被中共在某一運動時，驅離學校，就是下鄉勞動，也只是利用寒假或暑假許一段時期的活。但最近中共為加强勞動，增加剝削，竟不顧青年學生之學業，趕了六百萬青年長期下鄉。企圖把他們變成中共之終身農奴，為此，中共人民日報特於十月廿三日發表社論說：「在共產黨的教育和先進青年的影响下，有社會主義覺悟，有文化的新一代農業勞動者正在蓬勃成長，為建設更加美好幸福的農村人民公社而鬥爭的青年突擊手的隊伍正在迅速壯大」。此外，人民日報又提出了許多標語式的口號來麻醉這些青年。實則我們試將中共「中國新聞社北京廿三日」的一則電訊加以合看，該電訊說：「據上海、河北、貴州、山東、江蘇、吉林等十八省市的不完全統計，已有六百萬名城鄉青年走上了農業生產第一線。大江南北，長城內外的廣大有志青年，熱烈响應共產黨和國家的號召，他們的戰鬥的口號是：『熱愛農業勞動，建設農村人民公社』『到農業第一線去，大辦農業，大辦糧食』。廣大城鄉青年到農業第一線去，已在全國形成熱潮」。

該電訊又說：「山東聊城縣城關公社高小畢業生孫旭英說：只有把農業這個底子搞雄厚了，社會主義的高樓大厦才能建設得更快。他在學業結束後，立即捐起行李，到農村參加農業生產」。

中共今天如此廣大規模的發動六百萬城鄉青年到農村，一方面固然反映了今年中共農業的災荒和緊張情形，另一方面，則亦正反映了中共統治下大陸人口在城市與鄉村的失調現象。而把中共殘暴面目表現得最徹底的則是它竟毫不顧慮青年學生之學業問題，迫使他們拋棄學業，走往農村。以高小畢業孫旭英為例來說，一個剛才由高小畢業的學生，其年齡大概不會超過十四歲罷！它應該是最該受教育的時期，但中共使之輟學，又迫使其此後終身從事奴役，可見中共平時鼓吹文化革命時所說要使工農羣衆知識化完全是假的，利用知識分子勞動化之名以行奴役才是眞的。同時，今天被中共強迫奴役的還不止是青年，現在是連高小畢業尚未成為青年的少年也一齊加以殘酷的奴役了。

馬來亞政黨指責泰國歧視巫人

·俊華·

馬來亞本身的種族問題，已有如所週知的「華巫問題」。最近却在泰馬邊境，又發生了「泰巫問題」。前者，是馬來亞內部的問題，而後者，可是馬來亞與泰國的邦交問題。

「泰巫問題」的在馬來亞被提出，是由於民族主義的「汎馬回教黨」所特別提出，該黨由秘書因仄阿普峇嘉招待記者，報告此事。並由該黨副主席，國府議員朱堅非利，向國會提出。引起了馬來亞巫族的注意也引起了泰國方面的反响。

據因仄阿普峇嘉對報界的報告說，該黨（泛馬回教黨）將爲泰國南部的數十萬巫族馬來亞人而鬥爭，因該地區的馬來人，遭受泰國當局的歧視。

因仄阿普峇嘉並指出，謂在泰國南部北大年、耶拉、陶公、沙敦四個府治的馬來人，曾被泰國當局充公其土地歸予泰國，渠等之回教學生，被迫崇拜偶像（按指佛教），另有一些回教徒所建立的回教學校，遭受封閉。若干泰國地方當局，並禁止馬來人閱讀由馬來亞聯合邦銷流該地的馬來文報章什誌，目的在壓迫馬來語文。

汎馬回教黨的宣佈說：根據泰國報章的報導，泰政府當局决在該區設立「自治移殖區」，吸引其他國家之泰籍人至該區移殖，因此已引起該地馬來人之恐慌。在「移殖區」計劃之下，該區之馬來人必須通曉泰國語文。數月前泰國國務院長沙立元帥曾經出巡泰南四府，曾經把該地區形容爲「一個外國地區」，因爲當地居民，不懂泰國的語文。

汎馬黨並指出，該泰南四府，以前曾受馬來人所統治者，甚至當年統治者的後裔，現仍散居於馬來亞北部之吉蘭丹、吉打、玻璃市等地。馬來亞獨立前曾爲立法議會議員的東姑摩末少校，便是以前北大年蘇丹的後裔。同時，自第二次世界大戰後以迄一九四八，馬來亞方面也有不少動議，要求將該地區併入馬來亞聯合邦——基於民族及宗教語言風俗習慣等理由，但當然，這些動議不能獲得通過，因爲該區久已成爲泰國領土的緣故，所以汎馬黨所提出的議題，並非要求將該地區劃入馬來亞的統治，而是要求馬來亞當局，對於居住在泰國南部四府馬來人被歧視的事，加以調查，倘如屬實的話，應向泰國方面提交涉，務須獲得對於財產及宗教信仰等自由之保証。

馬來亞另一大政黨「巫總」，對於汎馬回教黨所指出的巫人受歧視問題，雖然曾以黨的行動加以响應。但巫總的機關報「馬來亞、默廸加」已曾予以報導，並發表評論，謂倘若該項歧視馬來人之報導屬實，則聯合邦「將不會保持緘默」。如若該地區的歧視馬來人情况繼續，或更加惡化的話，聯合邦政府當會注意及此問題，及提出於「世界人士」之前，要求評判云。「馬來亞、默廸加」的發表，似乎以在朝黨的地位，答覆汎馬黨，謂政府對此定當負責，及表示其可採之途徑，或者爲向聯合國提出，要求泰方糾正。

泰國內政部次長商蘇氏，於獲悉馬來亞方面提出涉及泰國「歧視巫人」問題後，曾公開發表談話，謂此項指責，乃「政治陰謀目的之污濁運動之一部份」。商蘇說，來自泰南四府的報告，指出地方情况正常，「泰人與少數集團之間，並無任何不滿事情發生」。他說：馬來亞政府知道得很清楚，泰籍回教徒並未受歧視，指責泰政府沒收巫人土地給予泰人及回校被封閉，均不確實，回教學生被迫信奉泰神是不可能的。

商蘇又說，泰方並未抹殺馬來亞之語文，相反的，泰國更鼓勵學校兼授巫文的課程。實際上泰國政府對回教籍之公民，與對當地之其他泰人，施予同等的待遇，泰當局且曾實施若干經濟改革計劃，倬提高該南部邊區居民之生活程度。毋庸說，這亦是回教籍民與泰人一律共享的。

泰南四府地區被曼谷王朝征服，約在距今百七十餘年以前，但至一九零九年始與英國劃定現在泰馬的邊界。該四府面積萬四千方里，五十多萬居民，近五十萬是泰籍馬來人。

「歧視」問題的起因，是由於今夏乃沙立元帥出巡該處，當地居民不懂泰語而起。「我到該地「竟要動用通譯」！事實上該地「乃有如異國」，而這些「外國人」，竟要求一切權利」！

因此乃沙立提出了「移民實邊」的計劃，要把泰國中部人口稠密及東北部土地貧瘠的泰籍人，「移到南方去」，他要把中東北部的「同胞」移到泰南四府有水源的處女地去開發，最後目的在免於泰南四府的特殊化。

這便是汎馬黨所指的泰方「移殖區」計劃。

馬來亞議會對汎馬黨的提案，正在作慎重調查中，因其事涉泰馬邦交，不能不審愼確定事實，然後採取行動。

·吉隆坡通訊·

寮國「中立右傾」的姿態

·莫然·

寮國自政變而後，其局勢一直都是在幻變無常中；時而左傾時而轉右，時而不左不右的宣稱中立。總之，撲朔迷離，大有「吹無定向風」之概。

迨至十月十八日前後，正面臨最緊張階段的時候，忽然又演出兩齣戲劇性的行動：其一富馬總理突然宣佈軟禁熱烈歡迎蘇聯首任大使的傘兵司令江利上校；另其一是又恢復獲得美國的軍援，包括支付二萬五千名寮國陸軍的軍餉。——這兩項充滿詭譎氣氛的表現，更使人感覺到寮局的變化是「神機莫測」。

此外，富馬總理還在國會裏振振其詞地宣佈了他的政府「反共中立」的政策。這政策，其最主要的有三點：第一，寮國駁斥共產主義並與共產主義鬥爭；原因是共產主義與寮國的宗教、傳統、及人民的基本生活方式，勢難兩立。第二，闡釋摒拒共產主義的重要性；原因是爲着要爭取人民對政府政策的了解。第三，警告那些野心分子，必須清楚地覺悟到國家獨立於共產主義之外及不受其他外國影响的重要性；原因顯然是要對江利派人士加以嚴重的打擊。然而富馬的政策和效能，將獲致怎樣的後果？迄仍難以預測。富馬政權原是由江利發動政變所產生，富馬的行動，似乎也是一個謎。

寮國是個內陸的小國，外遭中共和越共的三面包圍，內受巴特寮從事顛覆活動的困擾，其命運如何，似已早經注定；幸而在另一方面，寮國的獨立，在日內瓦協定中，已獲有保障，後來成立的東南亞公約，也有明文保証寮國的全安，以是共黨雖視這個貧弱小國本可垂手而得，但却未敢明目張胆從事武力侵畧，唯一的陰謀，是滲透和顛覆的活動吧了。因此，寮國政潮動盪，六年以來，雖獲安寧。直至今年八月間，終於釀成了江利發動政變，陷入今日的危局；而富馬在此危殆局面中，突演出了「奇妙的把戲」，那末，他接受了美援以後，是否就此「雖脫離自由陣形而也不一面倒向共產國際」？目前似乎仍是難以替這問題作出一個肯定的答案。至於永珍政府這次對美國「敲詐」作風的獲得成就，是否足以鼓勵其他「投機國家」效尤？這也是一個很值得重視的問題。

就過去的事實來說，美援的寮國，可說是「重大的失敗」。美援訓練了寮國部隊六年，而結果訓練出一個江利這樣的軍官，及其親共的士兵，寧不使人詫訝？現在美國恢復援助寮國，其基本辦法有沒有比以前有所改善，非局外人所能獲悉。

祇是，在短期間內，寮國局勢的陰霾，一時倘難以完全消散的；我們對它的發展情况，仍須予以密切的注視。

「教育爲農業服務」

司馬祺德

中共刻又叫出了「教育爲農業服務」的口號。

在這個口號下，中共顯然是要把大陸莘莘學子，全部驅作農奴；把他（她）們的勞力壓搾，壓搾，再壓搾！

中共說：「在全面的農業機械化完成以前，勞動力是異常緊張的；勞力的分配，必須集中主要力量用於農業生產戰綫。因此，教育事業的發展，不特不能佔用過多的勞動力，而且還需要從在教育圈內節約一些勞力，抽調出來，用以支援農業生產」。於是，中共便着令各學校立刻和農村公社生產隊「掛鈎」；各學校的教師和學生，都要把勞力放在農業生產上，來一個「勞力總動員」。

怎樣「總動員」？請看中共的妙策：（一）限制高中以上學校全日制的發展，過去設立的全日制學校，一律改爲半日制，餘下的時間，投入農業生產；（二）全日制的普通初級中學，增加生產勞動時間；（三）農村學校，開學期間以學習爲主，同時進行必要勞動，農忙季節以參加生產爲主；（四）小學教育在農忙季節也要參加勞動。

此外，中共還定出了「四跟四走」的辦法，那就是：學習跟生產走，教員跟學生走，書本跟民工走，課堂跟工地走。換言之，他（她）們這一「走」，就立刻被迫走進中共的奴隸陷阱裏，流乾了他（她）們的血汗！

僑鄉近訊

汕「公安局」繼續拘捕「反共份子」

·江水·

汕市「公安局」，刻仍大力拘捕「反動份子」，弄至人心惶惶！事緣汕共在積極籌備慶祝「十，一」的九月下旬一段時間內，該市華塢路工業區，突發現大批反共標語和反共傳單，一時互相傳說，整個工業區的工人，均爭相圍觀那些標語和執取那些傳單，哄動得相當熱閙。「公安局」接獲了「區委」的緊急報告之後，立刻派出大批武裝部隊，馳赴現場，將整條華塢路封鎖，實施戒嚴，一面派人撕毀那些標語和消滅那些傳單，一面分頭拘捕「可疑人物」，擾攘了卅二小時，卒在區內捕去「反動工人」四十餘名，大部份係公元影片廠的職工。但這場「風波」，迄仍未平息，直至十五日，仍不斷施行突擊搜查，而繼續被捕的居民，亦達二十餘人。據說：實際主持張貼反共標語和散發反共傳單的「國特」，早已遠走高飛；被捕的工八和居民，祇是平日言語行動不滿中共的吧了。但汕共爲了要「鎮壓反動」，故不惜盲目拉人，欲藉恐怖的氣氛，來堵塞「國特」的行動。目前該工業區內，由於「公安人員」的偵查不懈，刻仍陷在混亂狀態中。

上海鋼鐵廠產額銳減

這也是中共鋼鐵生產大躍退的一項証明，頭據上海消息：該市的第三鋼鐵廠第三轉爐車間，因所用的是「老爺爐」，所熔化的鋼水，已經常發生了「三光」的嚴重毛病。所謂「三光」，就是前爐放光，後爐化光，轉熔倒光；這是該廠的主管共幹也承認的。據該共幹在「報告書」中指出：那「老爺爐」祇有四個小鼓風機，而風管還是漏風的，是以流弊百出。同時，技工和工人都有了各顧各的本位主義思想，勞動組和生產管理也不合理，因此就不斷出現了產額直線下降的現象。該共幹又稱：全廠工人都是貌合神離的，單以第三轉爐車間的十八個工人來說，他們分作三班，而彼此竟互不通「聲氣」，爐長也祇管前爐而管不了後爐；「三光」的毛病，恐怕仍要在繼續發展中。

心血的灌溉

符兆祥

現在，大家都望着我，在一番劇烈的爭論過後，許多人都臉紅脖子粗，我站起來，憤然的說：

「……我想，我們是辦教育的，開除一個學生對學校來說並不光榮。」

「那麼您的意見怎麼樣呢？」校長問我。

「我保他。」我氣憤地：「我願意負起這個責任。」

校務會議散後，教音樂的陳老師對我說：

「你這樣是不是太冒險了點？」

在一陣激動的情緒過後，我有一長時期的冷靜，我望着他，現在，我有些惶恐，陳老師接着說下去：

「傳楠這個學生。」他搖搖頭：「凡是壞事他都做過，我看你很難再感動他了。」

我沒有話說，我的心跟着他的話往下沉，說實話，我對傳楠已經失望過很多次了，雖然我一直不服氣，但，沒有把握是事實，大家都看得很清楚。我開始後悔我的保証，正如陳老師說的一樣，我是太冒險了。

經過教室，看見朱小鶴，我着他把傳楠叫到我的房間來，我要跟他談談。

我是去年開始担任他們初三的導師的，記得第一天去上課，教務處裏的老師們都好意的警告我，注意傳楠這個學生。

「怎麼呢？」我不解的問。

「你上課時提防他搗蛋。」教英文的錢老師說。

傳楠今年十七歲了，十七歲的年齡還在唸初三大了些，我曾仔細的觀察與研究過他。他之留級不是他功課跟不上，而是他故意的不用功，上課時他從不帶書，老師講解時他從不聽講，他不笨，他的智慧極高，他長得英俊而有神采，如果不是他的品格與行為上充滿了邪惡，他實在是一個令人喜愛的好孩子。

我時常找機會去接近他，我迫切的願意去了解與幫助他，可是我的努力一直沒有得到效果，他總躲避着我，而我也不願見他那使人生氣的動作。

我也曾想訪問他的家，希望家庭與學校協同來改變他。可是這孩子在學校裡所塡的地址，沒有一處是眞的，同學們也不知道他究竟住在那裏，只知道他有一個寡母在外幫人。

有一個時期，我放棄了他。教育是用心血的耕耘，雖然我在付出時，並沒有想到報酬。但起碼我希望對國家與社會來說，應該有點收穫，他太使我失望，失望得使我恨他。

第二段考的分數結算下來，傳楠又有五科不及格，馬上要畢業了，我怕想他的成績，他已留過兩次級，今年是不能再留級了。

教過他課的老師們沒有不討厭他的，他除了打架、賭錢、愛玩女人、還有過喝醉了來上課，在教室內亂發問題，用古怪的動作像玩猴子戲似的，引逗得同學們嘻笑。

晚上，我和訓導處李主任到桂林路去看一位同事，這是我們上個禮拜就約好了的，我本來不想去，因為下午和傳楠談了半天話太傷腦筋，和他談話是一件筋疲力盡的事，首先他那完全不在乎的神氣使我不悅，接着他那無理、頑强的態度，使我發覺對他講了半天是白費的，他一點感動也沒有，我失敗了，他已無可挽救了。我傷心的承認。

下了車，我和李主任從西門國校轉過去向桂林路走，就在這時，在轉角的黑暗處，我們吃驚的看見傳楠正發狠的和一個比他高大，滿臉疤痕的人在打架，傳楠雖然很瘦，但看起來，他的對手打不贏他。於是，那人在口袋裡掏出把小刀來。

我頓時緊張的衝了進去，來不及向李主任打招呼：「傳楠，停，」

我的出現太突然，所以當我站在他的前面要攔阻流血事情的發生時，他的表情有說不出的震驚，嘴裏不自主的喚了句：「老師，」說着，他的眼忽然發出恐怖的光芒，他出奇不意的推了我一把，同時，我也聽到李主任及四週看熱鬧的人山崩似的驚呼。但，這一切都太遲，我的背側被後面的人刺了一刀，這一切都在轉瞬之間，我躲避無及，一陣痛苦震動了我，大量的血正洶湧流出，那人見刺錯了人，闖了禍，這時匆忙的往人叢中一溜，跑掉了，傳楠也掏出刀來，預備衝出去，我鼓着氣，大聲的叫住了他，可是馬上頭暈的扶着李主任，我顫抖着說：「你……」我說不下去，我的眼發黑，身體軟弱得站不住。

李主任和傳楠匆促的把我送到附近的醫院，第二天醒來，窗外的天色尙早，我聽見醫生和李主任說我需要輸血的話，我微弱的睜開眼，看見校長、李主任、傳楠，還有各位老師們都在，校長正焦急的說：

「這麼早，打個電話去問問怎麼樣？」

「看看我的如何？」李主任伸手臂對醫生說。

「你？年紀太大。」醫生搖了搖頭。

「我呢？」校長說。

「你也不成。」

「不要緊的，我年紀雖然大，身體倒好，抽少一點，救人要緊。」校長說。

我疲乏的閉上眼，他們的話，使我禁不住淚水盈眶，很想說幾句感激的話。但，身體的虛弱與情緒的激動使我說不出話來。

最後，檢查過體格，醫生認為教生物的朱老師可以試試，可是檢查的結果又因血型不同而作罷，於是大家都急忙出去想法子去了。

等我再度睜開眼睛來，室內只剩下傳楠一個人，窗外的朝陽照射在他的臉上，看起來蒼白而憔悴，我吃力的對他說：

「為什麼你還不回家？」

他沒有回我的話，木然的望着我。

我嘆了口氣：

「你可以回去，昨晚的事，我不會怪你的。」

他低了低頭，抿了抿嘴，倔强的轉過身向門外走。忽然他回過頭來對我說：

「老師，我可以輸血給你。」

我望着他那羸弱的身體，搖了搖頭，我執起他的手：

「你是一個好孩子。」

「不，」他堅決的搖頭。

「我們不能從缺點上去斷定一個人的為人。傳楠，在我的心底，從沒有因你的錯而輕視過你，雖然我對你失望過。」

「眞的？」他疑惑的問。

「當然，不過你也應當培養起自己的信心來才行，我想你會了解我的話。」

我把握着這個機會，掙扎着向他說，這時傷口很痛、頭暈，我向他揮了揮手，叫他回去了。

不知過了多久，我不知是睡了或是昏迷了，當再清醒過來，室內已亮起電燈，我覺得舒適許多。

「好了，醒來了。」有人在說。

我循聲望過去，是李主任。

「已經替你輸過血了，你現在覺得怎麼樣？」

「比早上好得多了。」

他坐下來，對我欣慰地笑了笑，把桌上的一個小瓶子拿給我看：

「你看傳楠這個傻孩子。」

「怎麼？」我不明白的問。

「這是他的血，他聽說你需要輸血，也不管血型對不對，趁沒有人，割了自己手上的血管……」

我震驚地：「他現在呢？他的體質很差的。」

「還好發現得早，劉醫生已給他打了針，陳老師已送他回家了。」

我望着那一小瓶子血，流着淚，我無法訴說出心底那深摯的感動：

「他太傻，他沒有理由這樣，我不值得他這樣做。」

「希望他今後改變一下，」主任說。

「他雖然使我失望過。但，我從沒有輕視過他，他不應當這樣自暴自棄下去。我希望他振作起來。」

我喃喃的說，心裏充滿了希望。當我決定終身獻身教育的時候，我早就知道這是一件雖艱苦但却有更多的幸福的事業；這份工作裡充滿了希望與喜悅，使你寧願犧牲一切去獲得它，因為它是沒有什麼可以比擬的，現在我獲得了，受點傷又算什麼呢？

文壇泥爪

郁達夫與郭沫若之六

創造社出版部于民十八為當時政府查封，原為該社叢書之郁的小說，即改由北新開明出版，這個出版社的壽命於焉告終，此後即不存在。

抗日戰爭的前一年，郁達夫曾到日本遊歷，那時他在福建省政府担任着職務，該省主席是他的留日同學陳儀。郁遊日時，似乎與郭沫若的仇怨，經過十年悠長的時間磨刷，已經由深濃變為淡薄，便動了情感去訪問正在隱居伏處的郭沫若。在郭沫若來說，却認為這是他和郁達夫的復交。日本文藝界開會歡迎郁達夫，郁和幾個日本人也拉去郭沫若參加。不久郁即回閩。

中樞在廬山會議準備抗戰的時候，據說張羣曾向最高當局建議，召回郭沫若來共赴國難，得到許可後，張羣便告訴陳儀轉託郁達夫致電郭沫若，說明當局有重用他的意思。郭本是國民黨員，因為北伐期間參加了中共的八一暴動，不但被開除黨籍，並且還對他下了通緝令。所以在郭接到郁的電報時，心中非常疑惑，又加電文語焉不詳，使他不敢相信。據說他曾復電問郁，郁因為也不知其詳，沒有回電。

後來郭得到中國駐日大使的助力，於七七前夕拋棄了妻兒回到上海。事前他曾電郁達夫至滬接他，郁達夫的確去接了他。他的通緝令是取消了，國民黨也曾恢復他的黨籍，但他却受了中共那方面幾位首腦慫恿，沒有接受辦理恢復黨籍的手續，以後就成了第三方面的「社會賢達」，死力地為中共効命。當他就任總政治部第三廳廳長的時候，所轄第五六七三處，一個處長給了胡愈之，一個給了田漢，另一個打電報給郁達夫。誰知等郁達夫到達時，他却藉口迫不及待，把處長另給了別人，只薦舉郁達夫做了一個空洞的設計委員。在共黨看來，郁是「反動的」，絕不會給他處長做，郭既聽命於共黨，所謂對郁的「友情」便不值什麼了。

郁由於自己受了婚變的刺激，意態消沉，在仕途上又不得志，只奔走各戰場勞了幾次軍，在抗戰轉入劣勢的時候，展轉遠走南洋。抗戰勝利時，他失了踪，據說是為日軍暗殺。在王任叔所寫紀念郁達夫的文字中，提到郁的死與郭有關，那就是日軍認為郁在民廿五到日本遊歷時，便安排使郭秘密回國，實際上郁是做的間諜的工作。日人佐藤春夫曾寫過一篇小說，就把郁寫成了間諜。郭曾辯正過，說這純出於日人的猜疑，並非事實。但從此也可以看出，郁的死對郭來說，也應該如王導對周顗死後所說：「我不殺伯仁，伯仁由我而死。」可是郭却推的非常乾淨。

文史漫談

一首中國最古的搶親詩

徐亮之

穆拉來爾（F. Müller-Lyer）說：「掠奪婚姻不祇是婚姻之最古形式，牠實是婚姻之起源。」（見氏著葉啓芳譯「婚姻進化史」P一五三）根據這一理論或假說，他更進一步說：

「婚姻之起源，實由於男子之奴役婦女。而其鼓動之者，實爲掠奪之行爲。因爲在最低級文化中，婦人的價值在於她能勞動；又因爲那時還未有商業及金錢以造成財富，所以最自然的獲得婦人爲財產之方法便是掠奪了。而且男子之性本能原是外婚的；他希望獲得一個異鄉的女子，這除了暴烈的掠奪之外，便不能夠滿足他的希望了；因爲各個部落在原始時代是彼此不相認識和仇視的。戰爭之代價爲掠奪，而女性之奴隸，其價值又最高，爲原始人類之不可或缺的財產；由此，我們便可以了解，這種掠奪行爲，在低級文化的民族中，應該極流行的了。」（同上）

他這說法是有事實根據的；下面便是他列舉的事實：

（一）塔斯馬尼人（Tasmanians）：「他們在自己之部落中娶妻是很少的。他們總從鄰近的部落中秘密或公開的用武力把妻子奪來。他們和這些鄰近部落是常在戰爭狀態的。」

（二）錫德尼（Sidney）附近的澳洲土人：他們搶親的手段非常殘忍，往往用木棒把女的打昏，然後拖曳而去。但女家一般都並不馬上報復，這種暴行，因爲他們一有機會也是依樣畫葫蘆。

（三）玻利（　　）的土人：在搶親時，女的常常被打傷，甚至被殺死。

像這樣的事實，不但存在於上述「低級文化的民族」中，而且也存在於世界上有名的文明古國的歷史、法典、詩歌、和字彙中。在希臘、「妻子」一詞，直和戰俘與奴隸同義。而古希臘、羅馬和日耳曼人都以搶親爲值得讚美的英雄行爲。聖經士師記也有搶親的記載。北歐史詩更對這種殘暴的掠奪歌頌不迭。印度的「曼奴法典」則除准許武士階級有搶親的特權外，並這樣地描寫說：「大聲呼號而哭泣的女子，當其保護人被殺或打傷了，及其墻垣毀壞了之後，便被搶去。」（以上均見穆拉比「婚姻進化史」P一五四——一五五及土禮錫譯氏另一著作「家族論」P三二一。）

明瞭了「掠奪婚姻」在人類婚姻進化史上的如上的地位，再來介紹我們中國的搶親古詩便不會感覺唐突的了。這首古詩，是被斷章取義地分散在周易的爻辭中的。斷章取義本是周代人士賦詩的方式之一，盧蒲癸所謂「賦詩斷章，吾取所求焉」是也（左襄二十八年傳）。而不料爻辭作者却早以之詮易的了。這樣的制作爻辭，也就是繫辭上所謂「辭也者各指其所之」的吧。要把這詩復原，根據上引的世界古今各種搶親史料，我以爲其排列次序應該如此：

屯如，邅如；
乘馬班如。
——匪寇，婚媾。（屯六二）

二

見豕負塗，
載鬼一車。
先張之弧，
後說之弧。
——匪寇，婚媾。（睽上九）

三

（屯如，邅如；）
乘馬班如，
泣血漣如。
（——匪寇，婚媾。）（屯上六）

四

賁如，皤如；
白馬翰如。
——匪寇，婚媾。（賁六四）

根據以上的排列，試爲依次解釋如後：

一、這乃描寫搶親隊出發時的機警，目的在避免對方的注意，以便攻其無備，一舉而把女的搶了過來。正義釋「屯」是屯難，「邅」是邅迴；又引子夏傳釋「班如」爲相牽不進；都是描寫搶親行列機警前進的神氣。

二、這乃描寫搶親隊到達目的地時已全化了裝了；「見豕負塗」、乃說女方家屬看見他們弄得一身汚糟，猶如沾滿」泥漿的豬玀一般。「載鬼一車」、乃說女方家屬看見他們個個臉上都塗了顏色或帶了面具，醜惡得猶如擠滿了一車的鬼魅一般。女方的家屬驟然見了這古怪情形，還以爲是蠔面匪前來打刼，所以張弓注矢以待（先張之弧）；後來悟到他們的目的，原來祇是爲了搶親，才也大方得和澳洲土人一樣，立刻把弓箭放下（「後說之弧」）。「說」音脫，通挩，解脫也。蒙初六「用說桎梏」之「說」與此義同。）以免引起無謂的流血戰爭。自然、「後說之弧」一語，也可解釋爲女方的武裝被搶親隊所解除；但這種搶親法，却是古印度式的，而不是澳洲式的了。

三、這乃描寫搶親業已得手的情況：女的死命的掙扎着，不肯上車上馬，以致弄得馬兒也爲之「相牽不進」（「乘馬班如」）。同時，更傷心地號哭着，號得直「涙盡繼之以血」來（「泣血漣如」）。但這種號哭也可能有兩種不同的原因；如果是不忍娘家因爲這次搶親戰鬥，家敗人亡而號哭，可說是古印度式的號哭；如果是因爲忍受不了搶親隊的「辣手摧花」而號哭，仍是澳洲式的號哭。

四、這乃描寫搶親隊與高采烈勝利歸去的情況。「賁」字周易集解引傅氏認爲即古「斑」字，文章貌；這說明搶親隊爲了要表示他們的勝利成功，一定是在馬頭或馬身上掛『綵』，所以詩人特別用含有「文章斑爛」的意義的「斑」字去形容。「皤」字，依董遇解釋：「馬作足橫行曰皤」，這解釋非常確當。「作」即魯頌駉「思馬思作」的「作」，朱注：「作，奮起也」。是「皤」字乃極寫搶親隊鞭馬急歸之神，以致鞭得馬兒直奮足橫行起來。「翰」馬融釋「高也」；董遇釋：「馬舉頭高仰也」；按「舉頭高仰」正是馬兒奮足飛跑之象。俗云：「狀元歸去馬如飛」；搶親隊此時的心境，正復似之。

步千石移居詩原韻書懷、即以柬諸友

章齋。

回天已覺壯圖虛，剝極何人許得輿。秋近衣衫矜瘦骨，夜深眉髮照殘書。園林暫住同吾有，風節相看笑世疏。莫歎蘭成最蕭瑟，江山當刼獨安居。

無福誠齋百遶欄，頻年帽影道途間。注經已誤章三絕，耐病翻輕藥九還。理熟狂言慚舊稿，心安囂市即名山。天花縱滿如來座，未易人前化石頑。

讀史虛窗臥午晴，驚心衰宋與殘明。操持東閣姦雄志，點綴南園座客聲。逆案深文誣演祚，清流掉首絕延平。前宵夢入厓門路，燐火荒臺蔓草生。

刼塵懶問舊衣冠，我已亡家去住難。樂噪朱離廻夢聽，杯深白墮掩愁看。倩非高岸求全切，詩厭穠華落筆寒。拔宅久遺兒輩笑，却憐雞犬慕劉安。

與耀明青山酒店夜話

千石

故人知我不經世，載酒閑從物外游。江近波濤吞釣石，天低星斗落漁舟。松風入座鬚髯冷，藕汁調冰肺腑秋。此夜詩懷何所似，林間麋鹿水邊鷗。

記戊戌維新始末（五）

舜生

從光緒六年到光緒十四年，即從有爲的二十三歲到三十一歲，他家居除授諸弟『有銘、有溥、有霈讀經』以外，他自己也非常用功。在二十四歲這一年他說：「是年讀書最多，久坐積勞，至七月臀起核刺……再割不愈。』光緒八年，他到北京去應順天鄉試，因『謁太學，叩石鼓，瞻宮闕，購碑刻講金石之學。』鄉試報罷，乃遊揚州、鎮江，登平山堂，泛舟而歸。道出上海，目睹租界的繁榮，他感到西人治術有本，乃大量收購江南製造總局及外國教會所譯出各種西書，還訂購了美國人林樂知所辦的『萬國公報』，因此，他回到廣東以後，乃『大攻西學書，聲、光、化、電、重學及各國史志諸人游記皆涉焉。』（見康「自訂年譜」）實際這個時候製造局及教會所譯出的書。以工藝、兵法、醫學、宗教等爲主，歷史與游記之類已不多，至於較高學術性或政法一類的書籍，還完全沒有，因此康所說『大攻西學』云云，當然是極有限的。不過康的中國書已經讀得很多，也能用思想，梁啓超說他的老師讀了這些粗淺的翻譯書籍以後，便能『舉一以反三，因小以知大，自是於其學力中，別開一境界。』（見梁所著『康有爲傳』）換言之，儘管康知道的所謂『西學』只有那一點點，可是他就能憑藉這一點點來形成他維新運動的思想體系，而且居然產生了力量。

有爲在二十六歲的這一年，即光緒九年（一八八三），他在家鄉還做了一件了不起的事，便是他堅決不爲他的大女兒同薇裹小脚。而且他還結合同志，發起了一個『不纏足會』，發出了宣言，草得有條例，雖遭遇嚴重反對，但他毅然不顧，一直到戊戌以後，中國婦女的天足運動才逐漸成爲風氣，從今天起，再有一二十年，小脚女子大致總可在中國絕跡了。大家於此可得一親切的教訓：即解放中國女子的兩隻脚，也得需要一百年，難道我們在中國作民主運動的人還應該氣餒嗎？

光緒十二年（康年二十九），有爲曾托張延秋轉告粵督張之洞：『中國西書太少，傅蘭雅所譯西書，皆兵醫不切之學，其政書甚要，西學甚多新理，皆中國所無，宜開局譯之，爲最要事。』張一度面允，但卒無下文。

光緒十四年（康年三十一），這是有爲一生歷史中最可注目的一年。其時中國已失了安南和緬甸；英國正發動侵略西藏，佔領了錫金；俄國打我們東北的主意；日本也在窺伺朝鮮。而清廷正值奕譞孫毓汶等當國，李蓮英弄權，朝政已腐敗不堪。其時光緒帝已十八歲，準備大婚；慈禧儘管表示明年歸政，但毫無放棄政權的意向。有爲這一年以應順天鄉試再到北京，順便謁明陵，單騎出居庸關，登萬里長城，出八達嶺，憑高極望，慨然有山河人民之感，於是他以一個蔭生的資格，準備了一封萬言書，上給光緒帝。書的內容除敷陳當時一切危險的現象以外，其積極的建議則歸納爲『變成法』，『通下情』，『愼左右』三點。所謂『變成法』便是要求改革政治制度；『通下情』實際就是主張開放言論；『愼左右』乃是要求罷黜那些腐敗官僚和斥退太監李蓮英等而登用新進的人才。措辭儘管相當委婉，可是究竟找不着人爲他代遞，不過他的這些主張已傳遍北京，而『康祖詒』的大名也就大噪於一般人之口了。到這一年的十二月，借着太和門火災的機會，他代他的朋友御史屠守仁（梅君）草了一封奏摺，便明目張胆的大放厥辭：一請停頤和園工（向慈禧開火），二請醇邸不預政事（向奕譞開火），三責宰相無狀，請以災異罷免（向孫毓汶開火），四請宦寺不得干政（向李蓮英開火）。像這樣用機關鎗掃射的方式，清廷也不過把這位屠御史革職了事，假如他不幸而生在咱們這一號稱民主憲政的中華民國，那還了得！（本節仍未完）

聯合評論 週刊
本刊已經香港政府登記
每逢星期五出版
United Voice Weekly
第一一五號
督印人：黃宇人　總編輯：左仲平
社址九龍赫德道二十三號地下　電話68678
承印嘉羅印刷有限公司香港灣仔馬師道5號
總代理：友聯發行公司　售價每份港幣一毫
本報美洲版總經售處美國紐約中美出版社
CHINESE -AMERICAN PRESS ,INC
199 CANAL STRE,ET..
NEW YORK31 N. Y. U.S.A.
美洲航空版每份零售美金一角

漫談時局

左舜生

一、三種態勢的戰爭

就當前世界一般的情況來說，確實是使人感到相當的沈悶，而且是非常不安的。不過要說真正的大戰在最近的將來就要爆發，却依然十分的不像。

為便於觀察起見，我平日總把未來的戰爭分為甲、乙、丙三種：『甲種戰爭』是美蘇兩巨頭同時動手，而且都拿真東西出來幹，其分屬於兩方的次要國家，當然都非分別參加不可，這便是所謂真正的世界大戰。像這樣一種戰爭，與前兩次的世界大戰有一顯著的不同之點：即前兩次戰爭只是較易發生而難於結束，却不是絕對無以善後；如不幸第三次大戰真的爆發，曠日持久是很少可能的，但無論誰勝誰敗，都將無法善後，却似乎是一個必然的事實。因為如此，所以雙方的領導者，儘管嘴裡都說得很硬，但內心總還是相當的明白，假如說世界和平還有一線的希望，也許這一線便正是指這種地方。

『乙種戰爭』是指某一地區確為民主與共產兩方之所必爭，這種地區或者已經是分裂的，如南北韓，東西德，南北越，和大可能的南北寮；或者是並未分裂，但由民主或共產的一方，用滲透分化等方法，必求對當地現狀加以顛覆，便也可能引起戰爭。像這種戰爭，可能美蘇都不會正式出面，或者只有一方出面，另一方還是力求避免；但分別站在雙方的後面予以有力的支持却是必然的。不過這裏所說的『有力』，也僅僅是分別予以必要的援助，使任何一方都不能佔得絕對的優勢，而能作較長時間的持久戰，在最早的一段，站在後面的任何一方，也還是不會立即拿出真東西來給予任何一方的被支持者的。可是像這種戰爭如果戰到白熱化，或者說戰到勝負快要見分曉的時候，站在後方的支持者，眼見屬於自己支持的一方快要決定性的敗下來，而就大勢說又終於不能袖手，便也可能引起大戰。所以在我看來，『乙種戰爭』可能限於局部，也可能擴大起來，其關鍵不在當地的雙方，而實際是決於雙方支持者的決心與態度，所謂戰爭邊緣是要演進到這一步才是真正的邊緣。

所謂『丙種戰爭，』我可藉金馬地區來作一比較具體的說明。在自由中國來說，當然把金馬看成她的生命線，而且事實也確係如此。可是美國，至少美國一部分的人，却並不同意這種看法。假定中共真的大舉攻奪金馬，而又志在必得，美國除以物力支持台灣以外，說她真會把金馬與台澎等量齊觀，便不見得，甚至當中共對金馬加以毀滅性打擊的時候，說美國便會鼓勵或同意以美國最有力的武器對大陸去施報復，我看也不見得。換一方面從蘇聯的立塲來看，如果中共一定要拿金馬，蘇聯最多不加以阻止，說她會一定加以鼓勵，或以中共所無的武器去公然予以補充，以致引起美國極度的不安，蘇聯便不能不十分審慎。同時，以我自來一貫的看法，便是中共也並沒有一定非拿金馬不可的決心，因為單單取得金馬，並不能解決中共所要解決的問題，而徒足以引起多方面的嫉視，對她當前的處境反而不利。反之如果中共確有澈底解決問題的意圖，她便大可越過金馬而直攻台澎，台澎無金馬還不至於立即不能生存，金馬無台澎則到底無法孤立，只要她對台澎能够得手，則金馬自然瓜熟蒂落，她又何必大題小做的取這種支支節節採行動呢？不過在美國人看來，台澎與金馬儘管有其聯帶關係，但輕重却迴然不同，美國對金馬還可能等閒視之，對台澎則對美國自身，對亞洲全面安危，對整個反共大局，她都不能再行退縮。假定中共不能取得蘇聯的慨然許諾，說即令以中共要澈底解決台澎之故，使蘇聯不得不自為戎首，公然挑起世界大戰，亦在所不恤，則即令毛澤東是一個甲級的冒失鬼，以大陸目前的情況，他到底還是不能不感到心餘力絀！可是就世界整個局勢來說，斟酌於緩急輕重之間，蘇聯在今日，甚至在較遠的將來，她是不是值得為幫助中共解決台灣問題，而使她自己冒世界的大不韙，公然發動大戰呢？則除非赫魯曉夫真正是瘋子，否則是絕對沒有可能的。因為如此，儘管台峽風雲被宣傳得如茶如火，只要美國態度不作根本的改變（實際美國任何一黨登台，根本改變是不可能的）台澎到底還是一個安全地帶，金馬即令不能無所騷擾，最多也只能構成我所謂的『丙種戰爭，』對大局的比重畢竟是不大的。

二、陳誠的進退問題

陳辭修不願繼續幹行政院長，海外已見過多次的報導了，他的健康問題究竟如何，他是否已正式向最高當局表示過非辭不可，這兩點我全然不知道；但形勢比人強，就陳當前的處境來說，恐怕他遲早非出於退的一途不可。換言之，陳在今天不能幹行政院，正如前幾年吳國楨之不能幹台灣省主席差不多。就大體說，行政院是一個最高行政機構，它應該有權過問它分內的事，它也必須負它分內應負之責；可是台灣畢竟只是中華民國最小的一省，而行政則不止兩頭，而是三頭，目前行政院的地位，傍牽於一個龐大的省政府，上逼於一個可以直接行動的『行動』派，一有不愉快的事件發生，甚至鬧到使中華民國的地位發生根本問題，行政院在事前既無從過問，事後也決無法補救，可是在責任上却又推諉不得，立法院要提質問，還是以行政院首當其衡，像這樣一個可憐巴巴的小媳婦地位，以陳辭修那樣一個只能作有限忍耐的性格來說，他除掉斷然引退以外，還有什麼第二條路可走呢!?

寮國的不了之局

林蕪

寮國的形勢是一個不」之局，有如越南和韓國的形勢一樣。決定寮國未來命運的不是寮國本身，而是兩種外來的互相衡擊的勢力；其一是美國，其一是中共。

這兩種勢力目前在寮國都沒有出之以斬截的行動的決心。

在美國方面，自一九五四年以來的政策，都只限於如何阻延這個小國不為共黨一下子吞噬了去。美國決沒有想到利用寮國來困擾或牽制或威脅共黨，因為在這裏的主觀條件實在不够。在一九五四年七月的日內瓦協定的約束之下——這種約束是美國自願地加在身上的，美國並非日內瓦協定的簽字國——美國只是在法國的旗幟之下，為寮國訓練着一支為數二萬五千人的部隊。這支部隊的任務是防禦性的，其主要的目的是在對付寮共。依過去兩個月來的情形看，這支部隊就是在這一方面也是脆弱不堪的。除此而外，美國實在未能多所作為。

其未能多所作為的客觀形勢是顯而易見的。美國在一九五四年奠邊府危急之際，因為不能獲得西方國家的「共同行動」而不願「單獨行動」，其結果是越南被分割為二。目前的形勢離「共同行動」的可能性愈遠；一旦戰爭再在這個角落爆發，六年前不願在越南採取「單獨行動」的美國，在同一決策人物的領導之下而軍事優勢愈見萎縮之時，難道反而敢於出之以「單獨行動」？其次，就算美國為了維護其漸就衰落的威望起見，不惜在這個角落用兵，但這一戰爭除了蔚發而為核子大戰而外，簡直可以打到天荒地老，理由是共黨方面將如韓戰時那樣，享有一個無窮無盡而又不受直接打擊的戰署深度。

這些背後的原因使美國最近在寮國表現出手忙脚亂的樣子。例如在對寮國的軍費援助方面，一會兒說照常，一會兒又說停止，一會兒斷絕了，一會兒又繼續。斷續時是因為不願援助一個貌為中立實際上為共黨所左右的政府，繼續時是因為生怕所有的寮軍都將投向共黨方面，使局勢愈為絕望。而其所以如此進退兩難，只是由於一個心理因素：必須避免在寮國作戰。

在共黨方面，對局勢起決定作用的是中共，這是不言可喻的。單以寮共而言，頂多也只能在荒林蔓草之區發生若干騷擾作用，政府軍對之是綽有餘裕的。加上越盟，也還不難截阻，祇須在東南亞公約國出動若干志願部隊就行。只是有「中共」，則韓戰的規模就重現了。但問題是，依本文作者的觀察，中共目前也並沒有在中南半島來一個擴張戰的決心。理由是中共目前即使竭盡全力也還應付不了內部的問題。中共目前正深陷在毛澤東自己所形容過的「五億人搞飯吃的落後局面」。不能從蘇聯取得不斷的大量的援助，中共於是只好掉轉頭來全力發展農業，希望由於對幾億農奴的無微不至的剝削來儲集重新發展重工業的資金。如此一會兒全力煉鋼，一會兒又全力「大辦農業」，大陸上經濟生活的脫節已到了史無前例的境地。這時假如再有一次即使規模較韓戰畧小的戰爭，也足以使中共的經濟結構破敗至於不可收拾。從生產和士氣兩方面來看，中共目前正陷在十年來最脆弱的情況，定然不敢在這樣的情況之下向國外作軍事冒險。也許有人以為中共正該藉一次國外的戰爭來轉移國內的視綫。但這樣習慣的看法是不能用來衡量一個在共黨嚴密控制下的國家的，而且一次國外的戰爭恐怕祇能燃起國內人民對中共政權崩潰的希望。

此外，莫斯科的態度也還是中共所必須依從的，中共不能沒有莫斯科的援助來進行一次國外的戰爭。

基於上面的觀察，作者以為寮國在經過一陣混亂之後，可能出現如下的兩種局勢之一。

其一為傅瑪親王的中立政策終於取得全寮至少是表面上的擁護。在傅瑪內閣之下，寮共將以全力發展和鞏固其基層的組織，以為進一步奪取政權的準備。國際共黨將暫時感到滿足。這一政權將以中立為標榜，因為華盛頓得以自辯其威望沒有遭受到什麼損失。人們必須了解，美國在這裏所真正關切的只是威望的問題，不是實際的戰署利益問題。早在一九五四年，當時的美國國務卿杜勒斯便已經無可奈何地表示過，印度支那的喪失無損於美國的戰署利益了。

其一為事實上出現南北寮，為世界上第四個被對立分割的國家。目前這種趨勢與第一種趨勢正同樣有力。事實上這樣的形勢，對和寮國接壤的泰國和越南而言，反而比前一種形勢為有利，因為可以阻使共黨的勢力不至控制了沿湄公河邊的幾個大城市。在華盛頓方面，也還可以自辯，因為寮國並未喪失，局勢仍在發展。不過，要造成這樣的苟安局勢也還得經過一番認真的努力，那就是，以沙灣拿吉為根據地的諾沙旺將軍的戰鬥力必須獲得必要的支持。

當大勢已去之後，要失敗得有分有寸也不是一椿容易的事。自由世界的領袖國家如有一天有決心想挽回印度支那的大勢時，問題不在寮國或越南，在中共。

三論民主政治在中國失敗的癥結（三）

張忠紱

民主行誼是筆者自己杜撰的名詞，其中最重要的是遊藝規則與運動家的風度。筆者杜撰這一名詞的原因，一則遊藝規則與運動家的風度兩名詞不必能概括一切，雖然大部份的「行誼」都可以由上述兩點引伸。二則遊藝規則與運動家的風度這兩項名詞，在英文原文中，因習用關係，其意義頗爲豐富，一經譯成中文以後，即索然寡味，完全失去其嚴重的意義。

在民主國家中，維持團體精神與正常社會秩序，使民主政治能圓滿運用，除法律外，幾於完全有賴於民主行誼（遊藝規則與運動家的風度等）。中國傳統中沒有這種觀念與習慣，而中國人的立身處世之道又往往與這些觀念與習慣相反。這正是民主政治在中國失敗的一個極重大的原因！

中國提倡民主政治的人們，他們注意到紙面的規定，注意到有形的機構，但是他們很少注意到這種無形的行誼。每遇民主政治運用不靈的時候，他們乃求援於中國傳統思想中的道德意識或道德觀念。殊不知道德觀念縱能發生效力，也不能維持久遠，因道德觀念往往缺乏「平衡」（兩造爭執間的平衡），決不能成爲民主政治的基礎！

以任何球戲爲例，依據遊藝規則，至少有幾點是隊員與領隊必須遵守的：（一）各人站在本人的崗位，爲團體努力，不求個人出風頭，只求團體成功。（二）隊員應接受訓練，服從領導。（三）領隊必須隨時隨地培植團體精神，鼓勵隊員發表意見，而與以公正的處理。（四）隊員有權鳴訴不平，但不應口是心非。（五）爭執公開，處理公開，不得放暗箭，也不應藉故報復。（六）在團體內，個人有其應得的權利，他人不得無故干涉或削減。（七）對外比賽時，全隊一致，依照規則，爭取勝利。勝利固是榮幸；失敗亦非恥辱。最重要的是人人站在崗位上，盡他最大的努力，永遠保持團體精神。

上述遊藝規則與運動家的風度是民主行誼中最重要的部份；推而廣之，也正是英美等民主國家人民的「立身處世之道」。不幸而民主國家的這種立身處世之道，與中國傳統的立身處世之道，不同的地方甚多。中國既已採取民主政治，民主行誼是運用民主政治的重要一環，中國人民自應學習並實踐此種行誼。這當然需要教育、訓練，乃至於相當時期的實踐。

再者，遊藝規則下的各項行誼是一整套；彼此關聯，是相對的，而不是絕對的。否則，若祇注重上述的第一點（站在本人的崗位……只求團體成功），而忽畧其他各點，則將無異於共產黨的教條。又如，若祇注重上述的第二點（接受訓練，服從領導），而無視其他各點，則又何異於專制或獨裁？民主政治的優點之一，在於牠能同時顧到政治上的平衡與和諧。專制、獨裁、或極權政體雖然也可以獲得和諧，但決不能得着平衡。民主政治之所以能同時達到平衡與和諧者，除法律高於一切，在法律之下人人平等外，即有賴於上述的民主行誼。

遊藝規則中的各項行誼是一整套，已如前述。道德意識或道德觀念有時近似遊藝規則中的某部份，但不能用以代替。遊藝規則中的行誼是有限度的，是相對的。以容忍爲例，道德觀念下的容忍，至少從理論上說，應當程度愈高愈好，耐性愈大愈好。含養，以達到爐火純青地步爲最佳！縱然我們承認道德性的容忍也應當是雙方的，但道德性的容忍，在理論上，是沒有限度的。而且倘使容忍後仍不免於爭執，則吾人究將以何種標準判斷是非？兩造間爭執的是非，決不能以容忍的程度衡量！

遊藝規則中的行誼是有限度的，應「容忍」時，固應「容忍」。不應「容忍」時，則不僅不必『容忍』，而且不能『容忍』。在任何團體中，任何一份子都有他自己的責任，權利與權力，不能容許他人侵犯。實則在遊藝規則中的「容忍」，不能叫着『容忍』。團體成員的服從法規或多數表決，是責任而不是「容忍」。團員彼此間雖有劇烈爭執，而事後仍能合作無間，是風度而不是『容忍』。推而廣之，政府容許異己，容許自由言論，是守法而不是「容忍」。人民（尤其反對黨）於時局嚴重時期，暫停抨擊，一致擁護政府，是愛國而不是「容忍」。

惟其如此，團員（在國家，爲人民）對非法的命令或規則，有權爭辯，有權向法院控訴長官或政府。團員對任何問題，在表決以前，有權竭盡其智力，以爭取本人的主張。事後雖仍合作無間，但事前則必鬥爭至最後一分鐘（例如美國大選）。政府雖無權干涉言論自由，但超過法定以內的行動（注意：行動，而非言論），政府則必過問。人民於時局嚴重中，雖停止抨擊政府，但外患一經消滅，人民必立即恢復評議與監督政府的立場。

遊藝規則有如樂譜，高低徐速，合衆音而成平衡的和諧。道德意識或道德觀念，最多只是許多音樂符號，不能成爲有韻調；有節奏的音樂。高音太多或低音太盛，都是有礙於民主政治的平衡的。道德意識或道德觀念偶爾也可以得着暫時的平衡，但這種平衡決難持久。

總結上述，法律是民主政治的串索，而民主行誼是民主政治的音樂。有串索，則民主政治可以成器材。有音樂，則民主政治可以整齊步伐，調節行動。沒有串索，雖珠玉不能成項鍊（器材）。沒有音樂，參加舞會的士女們只好亂跳。亂跳了四十九年的中國民主政治，越跳越壞，越跳越離譜。此所以民主政治在中國終於失敗，而僅餘一息！（完）

雜憶錄之十二

憶青城峨眉之游二三事

・幼椿・

茲逢重九，忽憶登高；然登高係雅事，我今日爲謀生計，不免持籌握算，已是俗人，因於想到登高時，特及一兩件俗事，且俗得有點傷雅，但對人心世局，可於其中覘之。

我登峨眉兩次，青城四次，追憶前游，雅事頗多，叙雅願俟異日心情較佳之時，此篇只及第一次峨游所見，與第四次青城之游所聞。

民國二十四年秋，我自上海飛回成都，其時正上海某報鬧出所謂「侮辱日皇」事件，日閥藉事生風，威脅國民政府，要求懲辦某報主筆，封閉國民黨上海市黨部，鬧得滿城風雨，而國民政府之眞正主持人則正遠在峨眉山中訓練四川高級文武官吏，所謂主義訓練與新生活訓練是也。我之飛還，係應友好邱椿（大年）之電召，因大年自德國考察教育歸來，由其妹壻陳方君的介紹，被聘赴峨眉訓練班講授「納粹教育」一課，邱至成都，因飲食不慎，忽染赤痢，異鄉孤客，困頓旅店，急電請我救命，幸我買之藥有靈，大年三日而愈，因挽我同上峨眉。

大年性喜幽默，當其我兩人動身赴峨眉，乘坐黃包車出城到長途汽車站時，大年說：「成都正在實行新生活，你初歸，當不懂得，要當心啊！」我不知所當心者爲何事，叠膝翹腿，坐於黃包車中，正在出神，忽然左肩破人一拍，左顧，見一荷槍警察兩目圓睜，叫我下來，車夫停步，我只好下來。荷槍警察訓我道：「新生活運動，不許翹起『二郎腿』坐車，這個你都不懂得嗎！看你還是一個讀書人的樣子，下次不要再裝瘋！」我只好唯唯，再上車，大年在後面車中笑道：「要當心啊！」

訓練班設於峨眉山之報國寺與伏虎寺中，出入檢查均甚嚴，因新生活禁烟酒賭博，不許夾帶，受訓者自軍長以下均住宿樓上，非有特假，不得隨便出寺門，只鄧錫侯、劉文輝、楊森等少數任要職者可以藉故每日離寺一二次。我與邱兄寓於一小寺中，曲徑通幽，無塵囂氣，但不意小寺後門乃別有洞天，其中有酒、有肴、有麻雀牌、有鴉片烟。我到之次日晚，一馬弁晧我耳語，言鄧軍長請李先生即往一談。我隨之至小寺後方丈室中，見劉文輝一榻橫陳，正過飽癮，而鄧錫侯則一杯在手，高叫道：「請李先生來過過舊生活，「允豐正」紹酒被人偷飲，所剩不多了！」我笑道：「要當心啊！」鄧道：「儘管痛飲，我有步哨，不怕，有了他，更不怕！」鄧手指左側一和尚，則峨眉山有名之詩僧果芬也。果芬詩不大佳，而對於烟酒嫖賭却甚精到；乘此訓練機會，發了一筆混財，而出賣「大烟泡子」一項，其所得已大爲可觀。劉鄧諸軍長之招待，所費雖大，據寺僧告我，完全是方丈盡義務，拉交情的；而旅團長受訓者大半皆黑籍中人，不能隨便出外，癮發如何得了！於是果芬與其「道友」們約定，熟土烟泡，貨色上等，包送到手，但價錢則一個現大洋一粒烟泡，不折不扣，一手交錢，一手交貨；因早晚打掃工作，廟宇甚大，仍由僧侶任之，果芬儘有機會上下其手也。

如是我聞，轉告邱兄，大年恍然大悟，道：「昨宵月明之夜，我曾參加受訓者之講演競賽會，一律精神健旺，聲如洪鐘，歷三數小時無有倦容者，我正覺新生活訓練之有效，今始知半賴鴉片烟之功也，眞可浩歎！」我笑道：「勢利之場，表裏難言，似眞似假，例可作如是觀。然修羅道場，君來何事？」兩日後，大年僞稱痢疾復發，請假與我還成都。我第一次峨眉之游，所見乃有如此之傷雅者！

至於第四次往游青城，則發現雅人可被俗人所利用，更是大傷雅道了！成都至青城，有公路後，汽車半日可達，下車坐上滑竿，轎夫足快，則三小時可登青城第一峯。我於民國三十一年八月第三次赴青城，乃係應左舜生、夏濤聲諸同志十八日前往，要我於二十日到峯頂觀落日之約者。我朝發成都，下午即至峯頂，夕陽如火，碧霞飛動，觀賞之間，屏息忘言，我成五律一首：不負追陪約，峯前落照遲，霞光搖碧漢，客意惜崎嶬；鳥響因林靜，蛩繁覺露滋；頓忘塵世熱，秋思滿山陲。濤聲要我寫出，乃請道士出一幅紙，寫交濤聲存之，因是引起道士的覬覦了！道士招待既甚殷，次晨下山，出觀門時，道士堅請我賜書一幅，我無法固辭，因就其紙題七絕一首：塵網漸深人漸老，已拚多難送中年，松間小憩能忘世，又入青城古洞天。署年月日及名訖，付道士而去。

俟我於民國三十七年秋第四次游青城，得遇我舊日四川大學的學生汪君，汪君伴我游山，至僻徑中，忽云：「先生此次來游，如有道士請先生題詩、或寫字，均萬不可再動筆墨！」我問其故何在，汪君爲我述了一段經過，令我大笑不已。

汪君於三十四五年間任四川犍爲縣縣長，忽一日得密報，有一道士來縣中賣鴉片烟及白麵等毒品，但其所寓店室中，所懸皆名人字畫，且自己也能畫兩筆，送與店主，故店主認爲雅人，並不加疑，而其秘密生涯，常於城外交易，則收入頗豐。汪君下令、只要人賍有據，不論雅俗，立刻捉來。次日破獲，訊知爲青城山道士，素以販毒爲業，因冒充雅人，故歷經許多縣城，均被瞞過。汪君令差役在其寓居室中所搜來之書畫，中有易君左之手書詩條幅，張大千之荷花，徐悲鴻之馬，我之手書七絕一幅，均全綾裝裱甚精，汪君一併沒收之。汪君猶憶我寫之詩句，即三十一年八月，我偕舜生、濤聲離觀門時所寫付之一紙也。

四十九年重陽節

應該變的美國外交政策

・季夫・

美國兩黨總統候選人，在激烈的競選演說中，毫不掩飾地暴露出了美國過去對外政策的一些錯誤。

金馬問題的激辯與古巴情勢影響拉丁美洲的穩定，是屬於最顯著的；而潛伏嚴重危機的整個亞非兩洲的問題，也顯示出非美國所能獨挽狂瀾。寮國、越南近來的發展，已使人越發地不安。看來，美國一貫唯一的辦法，祇是在危險地區投擲大量的金錢。

但美援也並未真能解決問題，對落後的國家來說，美援引起了受援國家人民的厭恨，因為美援中的顯著的一部份是入了官僚們的私囊，或是完全近於虛擲，對百姓的經濟生活與那個受援國家的不穩情勢，並未能起積極的改善作用。

對獨裁的國家來說，美援成了獨裁者的「續命湯」，有了美援，獨裁者如虎添翼，藉口反共擴軍備戰，而用來對內作殘酷的鎮壓。李承晚時代的南韓，和亞洲其它類似的國家，莫不如此。

上述這些事實可以說是美國國務院的政策的結果。在五角大廈方面，高級的統帥及職業軍官，他們始終以純粹軍事家的銳利目光注視每一不穩地區的動靜，而主張隨時運用美國的優勢軍力來消滅對方。但是白宮的決策却又使五角大廈不能暢所欲為。因此，像所謂東南亞「公約組織」幾乎成無牙的老虎。

不容否認，美國派駐在亞洲地區的官員，真正能夠了解駐在國和駐在地區的情況者，為數不多。沒有人願對他們的品學多所置喙，但他們對駐在國和駐在地區情況的了解，確是不及一個有資格，有經驗和比較長期生活在該地的一位商人或傳教師。因此，當他們需要獲得駐在國或駐在地區的地方人士的協助時，他們邀請或訪問的，少不免有許多是為當地人士眼中的不齒之徒，這些人固談不到有什麼見識貢獻，更談不上合作與配合，他們以買辦的姿態出現，供給不可靠的情況，做些可以從中漁利的業務。而這些現象，就更加容易引起一般人民的反感。

以亞洲地區來說，在共黨威脅或任受共產國家勢力影響下的國家，鑑於美國政策之不穩定，不是高唱中立，就是投向共黨懷抱。已為共黨蠶食的國家，雖尚有一個所謂自由的地區並有一個政府，但美國也並未能積極使他們有所作為。這是因為美國囿於避免「干涉內政」的結果。

任何國家的內政都應該受盟邦的尊重，那是必然的。但過份的避嫌，乃屬矯枉過正，美國當局應該了解這些國家不是西德或日本，祗要給予美援或貿易的援助，就可以使她變得有效率，能夠實行民主政治。因此，正如上文所述，腐敗的或獨裁的統治者，并沒有那種實行民主政治的智慧，他們並沒有對過去的失敗醒悟，更沒有坦白承認過去失敗的真正原因。他們祇認為其失敗是由於黨的不夠強化，特務組織之不夠龐大。當其重新獲得美援時，首先將之用於黨和特務系統，先行鞏固其統治權力與地位，然後才用於建軍，至於與安定政局最有關的社會經濟與文化教育等等，被列為是次要的項目，撥款不逾百分之十。這樣，雖有一個「強化」的統治集團，但却並不等於有了一個振新的國家。表面的安定，掩蓋不了內部的矛盾。表面的繁榮，也就更增加了窮困的惡化。

今後的外交政策究應如何更張，非短文所能詳言。但至少白宮與國務院應該明白不能把在西德或日本行之有效方畧用之於亞洲的一些受共黨威脅而又是落後或陷於獨裁統治下的國家，過去的錯誤，巳成殷鑑。共和黨之是否繼續執政是一回事，即使繼續執政，共和黨之滿足于現狀的政策，無論如何任將來是值得重行檢討與修訂的。結束韓戰是共和黨的一大貢獻，但此後亞洲的形勢日非，日在萎縮，也不容否認；而若干國家獨裁者之益形跋扈，也不能說與美國的外交政策無關呢。

三言兩語

台北公論報因刊載「捫心看雷震」一文，被警總向台北地方法院檢舉處檢舉，謂該報公然侮辱該部及該部軍法處軍事法庭和審判長，公論報發行人及撰稿人均應負法律上之責任。

「人必自侮，而後人侮之。」怨誰？

×　　×　　×

台灣新黨人士宣稱：新黨下月中旬正式成立。危哉！李萬居。但李萬居畢竟非雷震，捕雷易，而捕李非易。

×　　×　　×

胡適坦率宣稱：曾與陳誠晤談八十分鐘，評述美國朝野對雷案的反响。姑往好處想：救雷之事，在陳誠恐亦有心無力呢！副總統再親，也親不過父子。胡適該先去看蔣經國的!?

×　　×　　×

外電傳毛澤東、劉少奇將參加莫斯科「十月革命慶典」，並舉行調整「內部矛盾」會議。奴才，就是奴才。有啥好說的。

×　　×　　×

十月廿九日是重九節，十月一日是毛政權「國馨節」，九龍尖沙咀車站長龍數條，首排到半島酒店對開的路邊。前者是攜香燭紙衣上墳祭祖，後者是肩挑麵包皮、飯乾回鄉探親送糧。陰陽兩界，同享溫情，焉不愧煞毛澤東！

×　　×　　×

在九、十月間蘇聯突有四要員死亡，計：中央委員，里亞森地區黨部第一書記拉里奧諾夫；陸軍助理參謀長巴羅夫斯基中將；蘇聯飛彈部隊總司令奈德林元帥；最高蘇維埃代表後補中委，阿干折地區第一書記羅古伊諾夫。他們死得都離奇突兀。恐怖的統治，自多恐怖的死亡！自列寧以來，善終者能有幾個？

×　　×　　×

挪威國會的諾貝爾委員會，已決定不頒發本年的和平獎金。公報稱：該項獎金已予保留待到明年。事實証明這一年來不是和平年！也無人致力於世界和平工作。

・恕人・

寄語葉公超

・小言・

葉公超以研究莎士比亞早年名重學術界，其對英國文學之造詣，實不在他十年外交部長的功績之下。

以前，且曾數度聽外交界圈內人語，喬治葉的西裝口袋裡常備兩紙重要文件，一為隨時準備向中樞遞呈之辭表，另一為外國著名大學之聘書。他雖由外交部次長歷十年而始得出任部長，得來確是不易，但他並無眷戀不捨之意，頗具合則留不合則去的風格，且聞在某些方面，凡屬其專業內之一應巨細，是從不隨便遷就他人旨意的。故上下內外，對喬治葉頗能敬服，蓋其人有超然不凡之氣度與風範。自非時下一般官僚、黨棍所可比擬。在台北官場，清譽之高，無出其右。

這是他出任駐美在使前予人的印象。

做了大使之後，不知是他自覺今生已曾是官居一品，無復他求，既已外放，台北與華府空氣也兩樣，何如終老異國，因此好像把這個大使職位，看得比部長還要重三分，過去那股不為「五斗米折腰」的氣概，也就忘了從北台帶到華府。於是乎脊骨也就軟了下來。

雷案發生之後，黨報官報對召開記者招待會主持正義公道者和向聯合國呼籲力主伸張人權者目為「告洋狀」，但代表國家的葉大使卻因為紐約時報刊登了一篇指責蔣經國是主持製造雷案寃獄幕後主要人物之一，而竟手忙腳亂地致函該報否認，（不論其此舉奉命地抑或是討好地「告洋狀」）為蔣經國辯護，說小蔣之在台灣不過是個「行政院的不管部委員，其專職為退伍軍人善後工作，全然與雷案風馬牛不相及」；並謂「捕雷亦與其籌組反對黨無關。」

自然，以葉之研究莎士比亞的大手筆而寫此「讀者投書」式的「洋狀」的是妙筆生花，其奈他忘了蔣經國雖是行政院的不管部政務委員，却是行政院之上的國防最高委員會的什麼副秘書主任，還加上了一個什麼「政治行動委員會」的主持人。小蔣在台灣的實權之大，與作惡之多，又豈是莎翁專家葉教授所盡行代為聲辯、洗刷得了。

洗茅坑的人是難免不搞得一身臭的，不管其究係因奉命而出此，抑為討好保住大使官位而出此，總之他千不該萬不該有此一錯。

正是：一生的苦學，半世的清名，就此付諸東流！寄與葉公超先生，看來，這官家的飯，還是不吃的好。

赫毛戰爭理論的新趨向

糾纏多時的赫毛在理論上的爭執，從赫氏於十月二十日在莫斯科群衆大會上所作的關於蘇聯出席聯合國大會代表團工作的講話看來，他似已向毛屈服。

在過去，赫氏曾經多次承認害怕戰爭，認為原子戰爭的結果是兩敗俱傷，無人勝利。而中共則認為原子戰的結果，將把資本主義從世界上消滅掉，中國參加一場原子戰爭，死了三億，還有三億，愈戰愈強，將獲勝利。因此，中共猛烈抨擊赫氏為害怕戰爭的和平主義者。但看他在此次講話中，却一改過去害怕戰爭的態度，說：「我們深信，一旦爆發新戰爭，人類是不會毀滅的，人類只會徹底地、堅決地甩掉產生戰爭的腐朽的資本主義制度」。——這一種說法，顯然已與中共同調，放棄了過去的反對戰爭的觀點。

在前一階段，赫氏是反對任何戰爭的，認為即使是微小內戰的戰火也會導致大戰。但中共則認為應該反對不正義的戰爭，贊成正義的戰爭；批判赫氏的這種思想是「由害怕戰爭進而害怕革命；由自己不想革命進而反對人家革命」。而這次，赫氏說：「戰爭有各種各樣的戰爭。我們反對類似法國殖民主義者現在在阿爾及利亞進行的那種掠奪性的帝國主義戰。但是，我們承認和支持各國人民爭取自身解放的正義戰爭。」——這一對待戰爭的態度，無庸置疑，就是中共的態度。

雖然，在赫氏將近四萬字的講話中，只能找出上述兩點說明赫氏對毛澤東在理論上的屈服。但這兩點說明赫氏對於戰爭與和平態度的轉變，而對於戰爭與和平的態度，是為當前兩大集團主要國家決定內外政策的前提；這一種前提性的轉變，不能不使吾人懷疑其內外政策將有較巨的轉變。

究竟赫魯曉夫對於戰爭態度的這種轉變是為着敷衍中共而作的表面轉變，抑是決心從基本上作根本轉變，現在未能作確實的判斷，但已不能否認，現已有了新轉變的跡象。對此，實不能不予以密切的注意。

若果，赫氏的這種轉變是表面的，那麼他必然有其對待中共的整套計劃；這一種計劃將會在以後的階段中逐漸暴露出來。

若果，赫氏要從基本上來作新的步驟，那麼，他要扭轉其多年以來標榜和平為基礎的內外政策，勢必引起其內部的嚴重的鬥爭，或者由此會導致他自己的垮台，也非無可能。

根據蘇聯人民的願望，以及除了中共以外的大多數附庸國的要求，他不可能由強調和平突然轉變為強調戰爭，除非是赫氏對他自己開玩笑。果若如此，則這種轉變或者是為着敷衍中共而表面上不得不如此。

・田心・

蔣還有自贖的機會嗎？

——聯合國大會通過暫阻中共入代中國席次案後感

謝扶雅

這次第十五屆聯合國大會於十月八日通過討論總務委員會提交擬請再延一年討論中共政權加入聯合國以代今由國民政府所佔之中國席位一案，投票的結果，以四十二對三十四（棄權者二十二）表決通過。紐約時報於十月十日特撰社論提醒這事，大意謂：美國這種提議拖延中共入聯合國已達十年之久，然而贊反票數的差額，則一年比一年逼緊，下屆又怎樣呢？按這次聯大共有會員國九十九，除新加入的剛果共和國尚未有代表外，九十八國之中，棄權者有廿二國之多，大致為亞非新興諸國，甚至如馬來亞，如寮國和以色列都不願投贊成票。另一方面，投反對票（即贊成中共入聯合國者）三十四國之中，有印度、緬甸、錫蘭、阿富汗、尼泊爾等等，都是接受大批美援的國家，但不肯幫美國。甚至如自由世界方面的瑞典、挪威、丹麥、愛爾蘭、紐西蘭等，也都投了反對票。所以，只要贊成方面再減三或四票，而棄權諸國之中有三至四改投反對票，則形勢立刻轉變，中共便可取中華民國在聯合國內的席位而代。由於規實的趨勢如此，該社論特別提出：如果聯大下屆通過中共加入聯國，則自由世界將如何保障台灣，使不併合於中共之內的嚴重困難問題。

台北平時不與亞非新興國家謀作密切的聯絡，這是外交方面的失策。但是根本挽救的關鍵則除火速反攻大陸，改變局勢之外，沒有第二條路。我們至少要在今後一年之內，能於大陸東南或西南隅佔住一二省，造成像東西德般的局面，才足使國際視聽為之改觀。而且，果能使青天白日旗重新飄揚於大陸某地的話，四方八面的響應將絡繹紛起，而整個中共政權就必拉朽崩潰。即如最近大陸人民普遍飢餓，只要有「竿」可「揭」，未有不立即蠭起暴動，無奈老百姓今日實實在在到了「手無寸鐵」的絕地。台灣飛機既然可到大陸投擲中秋月餅，為什麼不可投武器，以至降落傘兵？湘桂黔滇一帶苗寨猺山洞都是游擊隊潛藏及活躍的良好地區，設法在藏印邊境抓住據點，響應及援助藏胞，也不失為一個辦法。總之，事在人為，台灣擁有六十萬大軍而坐嘆復生髀肉，是最令一般青年熱血志士為之痛惜而失望的。若任聽中共長久把整塊大陸霸佔而金湯鞏固不搖，試問，聯合國如何更能推阻一個擁有如此廣大土地和人民的政權而不許加入呢？

據外報，蔣非法總統在雙十國慶紀念中講演，可在三五年內打回大陸，依照上段所述聯合國大會年之票數差額的情勢，下一屆的聯大我們即將面臨中共之取代席位威脅，那能還能等待三五年？

蔣非法總統於上次國民大會的開會辭中，口口聲聲，引咎自責，意謂十年來未曾做到反攻復國。政府過去確實失去了反攻的若干機會，我們且不再去說它。不過國民黨經常高叫「非蔣總裁蔣總統不能領導，」而蔣似亦以此自期。現在這一年中真是他最後的自贖機會了。如果他真能刻速謀求打入大陸，我可以斷言，海內外人士，一定會全力支持到底，而且踴躍請纓，有錢者出錢，有力者出力……，一致向着這個大目標邁進。所有蔣所自認的罪愆以及過去一切的舊賬，作為主人的舉國人民，準可以予以一筆勾銷。如此重新全國一心一德，我以為一定可達如同上次「抗戰」那樣的「必勝之目的。這是中國唯一的出路和正路大路。

歷史雖不重演，但原則始終一樣。今日的情形，海內外中國人之無不欲反攻復國，正如九一八以還全國的民意盡欲抗日一般無二。當國民政府未決定抗戰以前，年年拖，日日拖，恐日病深植於蔣先生及若干大員之中，尤其是堅主「攘外必先安內」，使槍杆子不瞄準外敵，而反壓迫殘害自己無量數的愛國反日志士。現在台灣正在繼續不斷地重演這種慘劇，我哀切地希望雷震案是最後的一次悲劇，而召起當局悔禍之心。昔年政府之終於決定抗日，已由過量的痛苦代價換來，歷史的教訓比火猶明。到了今天，國際間的險急形勢，海內外同胞對反攻復國的高潮已達極度；政府如不依順民心，立即決定大計，而再因循坐待聯大之刀俎，則斷送中華民國於萬劫不復之幽淵，前途不堪設想！

蔣還不及早清醒嗎？

雙十後三日自美紐澤西。

彈劾最高法院推事

——當權者力阻監察院——

・見微・

（台北航訊）最近監察院彈劾最高法院推事歐陽經等五人一案，由於當權者授意在所謂第一屆國民大會第三次會議時最初領導修憲最力其後又為當道修改臨時條款案而不惜犧牲晚節的張知本老先生和那位向來無行的陶希聖發表談話，認為監察院無權對法院的判決提出糾彈，於是立刻引起了一場論戰。此一事件，在表面上似乎僅是法理之爭，而實則其中含有極微妙的政治因素。如所週知，我們今日的司法，是要配合國策的；而所謂國策又即是以蔣家父子的意旨是從。因此，法官在審判重要案子以前都要事先請示，唯命是聽。年前有所謂奉命不上訴的奇聞，即是之故。假如監察院可以對法官們的不顧案情，不依法律而祇知奉命行事的非法行為提出糾彈，當權者利用司法為一人一姓的工具而作威作福的傳統特權豈不要大受影響嗎？此其一。復次，目前監察院正擬調查雷案：假如他們對於最高法院推事的彈劾案得以通行無阻，那麼他們將來不是大有可能再對奉命非法拘捕雷震並非法判決的軍法官們提出彈劾嗎？到了那時豈不更難應付嗎？因此，當權者特別動員張知本出來打頭陣；但監察委員陳大榕立即據理駁斥，並說「一時下有人企圖以司法獨立審判獨立為藉口，阻撓監察院行使其對司法官的監察權，希望張先生不為所蔽」，若干立法委員也紛紛發表談話，作監察院的後盾，當權者顯然居於下風。日來公務員懲戒委員會已開始處理此一彈劾案；但在當權者的層層控制之下，被彈劾的五推事仍將高枕無憂，乃可斷言的。

雷案的又一風波

（台北通訊）雷震的「十年黨獄」被宣判後，曾經再三再四強調「雷震是反共愛國者」的胡適博士終於回到國門，下機伊始，即坦然指摘雷案判刑太不公平。

在胡適博士返台後的第二天——十月二十四日，台北「公論報」發表了一篇「歡迎胡適之先生回國」的社論說：「十年以來，胡先生每自海外歸國，松山機場歡迎行列中必然參加的，胡先生曾經說應該替他造銅像以酬其爭取言論自由之功的雷震先生已經成為階下囚了。胡先生參加創辦並認為是自由中國有言論自由唯一象徵的『自由中國』半月刊已經無法繼續與國人見面了。這件事胡先生在海外固然感到意外，就是在台灣，所有愛國反共的人們又有誰不感到意外吧？他們都懇切地希望唯一有言論自由的胡先生回國來重振旗鼓」。

同日的第二版還刊出了一篇署名望天的「捫心看雷案」一文，小標題是「讓我們跪在歷史之前作証」，全篇根據法理及官方文件駁斥台北警備司令部的「奉命判決」雷案的妄法和歪理。作者首先申明：「第一我是一個無黨無派有良知有眼睛的國民。第二我是被共匪拆散了家而逃出來的反共恨共者。第三我之所以敢於在此發表本文，是基於下面的勇氣：當有人指白為黑，而我看見它確實是白的時候，我一定要把我所看到的說出來，如有人因此殺我，則我是為真理而死，無畏也！」可見民不畏死！奈何以死懼之呢！

本文就警備司令部所加於雷震等的犯罪事項，提出「（一）劉子英是匪諜嗎？（二）雷震是否知悉劉為匪諜而不報？（三）雷震在自由中國半月刊所刊行之言論，能構成文字叛亂嗎？（四）雷震是否偽造軍人投書？（五）在雷震住宅抄獲的共匪書籍可以視為叛亂之証據嗎？」等五個問題，然後就軍法官的起訴書、判決書及劉子英等的口供逐一駁議，認為全屬誣陷，其結論為「警備司令部此次控訴雷震之全部犯罪事實，乍看之下，長達萬餘言之判決書似乎若有其事，一經分析，竟莫須有若此。」這篇長達萬言的文章，針針見血，把當權者醜惡的臉譜，揭露無遺！

台灣警備司令部已於二十六日向台北地檢處控訴此文作者及公論報發行人了，根據王超凡的談話，當權者認為該文對於軍事法庭審判公然侮辱，妨害公務罪嫌，將來如何，大家正拭目而觀。

有人說當權者此舉是：（一）警告胡適不許亂說，（二）警告或關起李萬居來不許亂動。因為胡適博士回來了，反對黨就要成立了！反對黨一成立，抓雷震的天大代價完全等於零了！

・聶磊・

為蔣家父子政權算命

・堅白・

國民黨當權者們，雷震終於被你不顧輿論的指責，判了十年監禁，這種法律和審判，只有在你們那個黑暗統治圈裏才有的。任何民主國家，是不會有這種以個人的意識為依歸的法律。換一句話說，你們所謂法律，即將家父子個人的意識，說黑就是黑，說白就是白，如此而已。雷震今年已六十多歲了，坐了十年監牢，不死也將不多，雖然名說你沒有殺他，實際就是等於殺他。你們名說沒有封閉自由中國半月刊，而將其主要人員，一一拘捕，使其自行停刊；名說沒有禁止反對黨的活動，而將其主要組織人員，拘禁的拘禁，控告的控告，組黨的文件，一併搜去，還一再聲明，說捕雷震，與反對黨及自由中國半月刊無關。人民的眼睛是雪亮的，你們的原形人家早已看得清清楚楚了。還能隱藏嗎？自由中國半月刊，縱然被你們扼殺了，反對黨縱然被你們摧毀了，你們的貪污腐化及一切醜惡的行為，還是有人把它揭露；有一天，你們是要滾下台的。你們現在雖然判了雷震十年的徒刑，但你們算沒有算到你們這個父子政權，有沒有十年的壽命呢？我敢說，你們這般貪污惡兼備的東西，不但不會把台灣搞得好的，只有使人們一天天的失望。由此可以推斷你們的壽命了。儘管蔣介石又在發囈語，說什麼在三五年間，可以推翻中共政權，這種鬼話，現在是騙不到人的，只有使人聽到生厭。我不是說中共政權不能推翻，而是你們這般東西太無能，太不爭氣，而不朝着反共的大道上走，專門在勾心鬥角，排除異己，使海外一般有志反共青年及反共人士，無法依歸，怎不使人浩嘆呢！國民黨當權者們，請你們放開眼界看一看國內與國外及國際上對你們的環境怎樣，再衡量一下你們這個政權的壽命如何，還在勾心鬥角，排除異己的搞下去嗎？（讀者投書）

中共能恢復延安時代作風嗎？

劉裕畧

大陸之窗

中共佔據大陸十一年以來，中國及世界大勢都已發生了許多大變化。中共本身，在這期間，顯然也是發生過許多變化了的。這裏且不談及其它，只以作風而論，不但一般人都知道中共現在業已比延安時代起了變化，即以中共本身而論，其中一部分人也是明悉中共今日之生活作風業已與延安當時不可同日而語的。

本來，中共所奉行的馬列主義原本不但不適合中國國情，而且也是根本違反人類本性的。其由奉行馬列主義而來的一套作法，當然也是乖謬重重。不過，本文所要談的不是這些問題，而是中共在延安時代被共黨內外公認的一種長處，即當時大家都認為中共當局，自上至下，大體都能耐勞刻苦。且這種耐勞刻苦被公認為是中共當時的一種作風。

老實講，像中共這樣一種黨，既在信仰上陷入錯誤，主張與措施又根本不合人性與國情，它就根本不可能在中國奪取政權。然而，十一年前，它畢竟席捲了中國大陸，並且還在北平儼然袍笏登場，這究竟是何原因呢？綜合說來，這一方面，無可否認，乃是它的對手太腐化無能；另一方面，則確又由於它還藉嚴密組織，加上國際背景，且不斷講求手段，其本身則更能刻苦耐勞，硬幹實幹之緣故。假如中共在延安時代，沒有刻苦耐勞的作風，可以斷言，雖具有其它條件，十一年前，也決不可能進佔大陸的。

對此，中共當局於十一年前進入北平之初，似亦有所警惕，所以，曾以李自成於明末攻入北平，由於勝利充昏了頭腦，於是走上腐化的路，作成戲劇，予以公演，以為告誡。但這種告誡，畢竟沒有能夠真正生效，所以，十一年來，中共各級人員，都拋棄了延安時代的作風，即以毛澤東本人而論，他好大喜功的個性，就對各級共幹的舖張浪費和胡作亂為起了帶頭作用，終而發生三反五反的怪現象。到最近，中共各級幹部的作風，距離延安時代的標準，愈來愈遠，所以，十月廿一日中共人民日報也不得不同天刊出兩篇文章，呼籲「發揚延安時代作風」了。其中一篇以「發揚延安時代作風，作革命的接班人」為題，原載陝西日報，是中共陝西省候補書記趙守一在共青團陝西省第三次代表大會上講話的一部分。說：「有些青年人把個人吃好、穿好、住好，看作最大幸福」。又說現在「有些青年同志，對於延安時代作風的偉大意義認識不足，他們當中有人說，延安作風是生活小事，有什麼值得發揚的呢？有人說，時代變了，延安作風已經過時了」。由於趙守一在中共的地位不高，只是一個省委候補書記，他不敢正面指摘中共當局，也不敢正面指摘一班共幹，所以，只以青年們作指摘對象，其實，進一步問現代大陸青年共幹為什麼不認識延安作風呢？事情很顯然，就因為今日大陸已普遍沒有延安作風之故。假如中共當局各級共幹，尤其延安時代的老共幹都保持着當年的延安作風的話，則今日大陸青年必然亦能認識當年的延安作風。以中共當局及各級老共幹都沒有了當年的延安作風；難怪今日大陸之青年都無從認識所謂延安作風了。趙守一以此來責備今日大陸青年共幹，其實是不對的，因為這責任應該由中共當局負。趙守一私下也許明瞭這一道理，只以人微言輕，不敢面對現實，指摘的箭頭，遂射向一班青年了。

須知，凡極權政治或獨裁政權，其組織嚴密之一面固有若干好處，但亦有若干壞處，任何一個黨若長期執政，其黨員及幹部是必然會要腐化的。它之不及民主政治者亦在此。何況，中共自貧窮情況下起家，驟然發達，固最易腐化，要再恢復和堅持延安時代作風，實已不可能。

事實上，今日大陸過慘苦生活的人卻也很多，甚至，其慘苦程度比延安時代之共幹高出若干倍。但這不是共幹，而是中國人民。至於共幹，早已高高在上，養尊處優。毛澤東既已由延安窰洞搬進了北平的懷仁堂或西山，則其它共幹又安能不由延安窰洞搬到富麗堂皇的建築呢？很顯然，自從中共十一年前席捲了大陸以來，中共業已變成統治中國的新階級了。凡政治上的統治階級無不經濟上以剝削被統治者為生，而延安時代，中共並非統治階級，既不得以剝削為生，自不得不耐勞刻苦，今天，中共既已作了新的統治階級，那末，欲求其恢復和堅持延安作風，安有可能？

新的統治者既不願吃苦，亦不可能吃苦，那末，吃苦的，過慘痛生活的，當然就是被中共統治被中共剝削的一班人民了。

中共奴役工人的方法更進一步

·何文正·

共產黨本來就是一個騎在工人階級頭上的政黨。共產黨的組成既不是由工人階級組成，而是由列寧所謂「職業革命家」組成，所以這一羣「職業革命家」不但不替工人階級謀求真正幸福，反而專在如何進一步奴役工人，如何進一步搾取勞動果實的問題上講究工夫。中共佔據大陸十年來，中共對此已經實施過許多新方法了，但工人的血汗雖有限，中共的慾望卻無窮，所以，直到今天，中共仍在不斷鑽研如何加強其壓搾。最近，中共天津工業部門推行過一個所謂「一三二制」的領導方法，壓搾的效果很好，於是中共中央決定廣泛採用這一個「一三二制」，以進一步達成其目的。

據十月廿四日北平出版的中共人民日報說：「天津市工業部門行政領導機關，認真貫徹中共天津市委在全市所有機關推行「一三二制」的決定，普遍的推行了「一三二制」的領導方法。使幹部深入生產第一線參加生產領導生產形成制度。領導作風更加深入踏實，有力的促進了工業生產的持續躍進」。

人民日報又說：「大躍進以來，天津市工業部門的各級領導幹部，分別採取「跟班勞動」「將軍當兵」「種試驗田」等參加生產，領導生產的方法，對加強基層工作的領導，推行生產的發展，收到一定的效果。……在這種情形下，迫切要求建立一套科學的領導方法和工作方法，進一步提高領導幹部的工作能力。針對這種情況，中共天津亦要根據「二五制」的精神，結合城市和工業生產的特點，制定出「一三二制」的領導方法，就是在一週內，一天學習，三天處理日常工作，兩天深入基層，以生產為中心，抓重點抓關鍵，推動生產的發展」。

由於天津工業部門的推行成功，所以中共中央便將這一個「一三二制」向中共統治下全大陸的工業部門廣泛推動。對此，許多幹部是並不願意自己下去跟班勞動的，所以人民日報也說「有的幹部認為人少、業務忙，下去會影響部門工作，不願下去」。但中共推行這一個「一三二制」的根本目的，一是使幹部「跟班勞動」，藉以監視工人，鼓勵工人，從而盡可能的達到其增產節約的企圖，另一方面，使幹部「將軍當兵」，使幹部直接參加生產，則亦可化幹部為勞動者，由增加勞動力而達到增加剝削勞動果實的目的。難怪平日高高在上養尊處優慣了的幹部，對此很不願意，但中共是不會因為幹部不願意而停止此推動的。所以，人民日報又說「針對這種情況，各工業局、專業公司等領導機關，分別組織幹部學習有關文件，進行黨的羣衆路線的教育，並對工作、下廠、學習作了具體安排，制定出提高會議質量，嚴格控制會議，減少文件表報等措施，保証幹部有足夠的時間深入生產第一線。同時對幹部實行分片包乾的辦法，各部門的幹部深入車間、小組織，採取『下去一把抓，回來再分家』和『四邊、三抓、一包到底』的辦法」。中共所謂「四邊」就指的是「邊參加生產、邊發現問題、邊解決問題、邊指揮生產」。所謂「三抓」就是所謂「抓生產抓生活抓思想」。所謂「一包到底」就是叫你非完成不可。所以由以上中共針對幹部不願下去的情況，而採取的對策來看，很顯然，它是一方面用所謂開會與學習來對幹部進行說服；同時，則除了把幹部們的表報文件工作設法減少一些以外，不管幹部們是否已被說服，內心是否已經願意，硬性採用一包到底的辦法，叫幹部們用一包到底的辦法，一層一層包下去，由最上層到從事生產的最低層，都非完成不可。這樣一來，工人階級今後當然是更苦了，因為中共剝削工人勞動果實和增加工人勞動強度的方式又更加高加重了。

泰國對寮局的憤懣

何之涓

寮國政情變化的複什，正如尼赫魯所說：「第二剛果事件。」矛盾與混亂，無以復加。在寮國本身，前途可能是動盪多於安定。而因寮局動盪所給予東南亞公約深刻的影响，尤屬不能忽視。泰國的不滿美國，及公開抨擊東南亞公約，便是這一影响的表面化。連日來的曼谷，盡是一片對西万——包括美國和東南亞公約不滿的聲浪。

柏森斯三項

美國助理國務卿柏森斯的寮國之行，事先事後都經過泰國。當柏斯森從曼谷首途前赴永珍時，泰國的乃沙立總理曾經一度相當興奮，他說：「美國現在明瞭寮局眞相了！」大有認爲柏森斯永珍一行，便會使美國對寮採取强硬步驟，恰如泰方所希望的一樣。可是，泰方這項興奮的希望，到了柏森斯離永珍返回曼谷時却等於被潑上了一盆冷水，柏氏說他與富馬談判，「聽時多，說時少」，也即是說他沒有什麼建議。是否眞的沒有什麼建議？富馬與柏森斯都不肯証實，外人自然難得其詳。但大致的談判內容，仍然有人透露出來。

據說主要的項目三項：遷都，承認諾沙旺等之地位，及抑制李江，爲柏森斯向富馬之建議。富馬是既不絕對接受，也不絕對拒絕。事後富馬所採取的「事實的答覆」，也正是同樣的中庸的手法。

富馬並沒有將行政首都自永珍遷至琅吧剌邦，但是，軍事統帥拉廸康突然自永珍前赴王都，更至線欵檢閱部隊，到豐沙里前線督師，與寮共作戰。這種情形，等於內閣雖沒有遷出永珍，而軍部則已遷出永珍了。

一視同仁

富馬拒絕承認諾沙旺及彭庵親王等的組織，但答應如果他們願妥協的話，他將對他們「一視同仁」。事實上，諾沙旺自然不肯負然解散寮南的反共組織。可是一視同仁的事實，已表現在軍餉的發給上面。富馬對於記者詢問：美援軍餉是否同時發給「反叛份子」——指諾沙旺——的問題，他只能答說：「這是一個難以答覆的問題，也許吧」。事實上是，美援的軍餉，既給富馬，也給李江，也給諾沙旺。

至於「抑制李江」這一個題目，富馬會宣佈把李江禁閉二星期，因他擅自迎接蘇聯大使。不過這項「禁閉」，顯然是在李江同意下行之，並非富馬能有强制力。同時，富馬雖怪責李江迎接蘇聯大使，而他自己：却已正式宣佈接受蘇聯的經援。一面接受美國軍援，一面接受蘇聯經援，這就是富馬的所謂「眞正中立」。

要自己反共

能不能够眞正中立，誰曉得呢？富馬認爲如此，但李江並不認爲如此，諾沙旺，寮共蘇發努馮，都並不認爲寮國中立，也不想寮國中立。

李江的「禁閉」，僅是「在技術上言」而已，他仍出現運動場上演說，抨擊諾沙旺集團。且不說諾沙旺不願與永珍妥協，李江也不讓永珍與諾沙旺妥協。寮共方面，以前曾聲稱欲將桑怒交還永珍政府，實則口惠而實不至，現在還更亟圖擴充地盤，繼續向豐沙里進攻了。諾沙旺方面，也不等待共軍來攻，早已率部進攻共軍了。

無論如何，政治手法或者外交手腕，似乎很難以解決寮國問題。究其實際，結果仍然「唯力是視」。那麼，或者是混戰，或者分爲南北寮。總之，一切比李江政變前更爲糜爛。

這就是泰國方面最不滿於西方的原因，泰方認爲，美國的外交手法「搔不着癢處」。乃沙立總理說：「共黨已在永珍，寮共穿美援軍服，其彈藥來自美軍械庫」。泰方也認爲，東南亞公約雖宣佈以寮國爲保護區，而實際未予以保護，即對泰國，亦未能充份注意其安全。乃沙立總理昨天還說；我不再談寮局了，「言之徒費氣力」。很明顯地埋怨美國和東南亞公約，沒有重視他認爲「寮局嚴重」的警告。

泰國因寮局對西方不滿的結果會怎樣呢？泰外長乃他納說：此並非意味我人退出東南亞集團，也並非謂我人將走向中立主義。但我人必須「有自己的打算」。

據說，泰國的打算，便是更公開更明顯地支持諾沙旺。寮南將成立新政府及招兵買馬，便是「在東南亞人自己反共」的口號下發動的。

·曼谷通訊·

印度河水利條約的作用

·彭澤·

印度河的水利問題，印度和巴基斯坦當局幾經談商，終於簽訂了「水利條約」，這個「印度河的糾紛」，至此遂暫告一段落。

印度自一九四七年劃分了印度和巴基斯坦之後，雙方因利益衝突，迅即形成了堅張的局面；幷由這個局面，導致雙方邊境的不安，甚至兵戎相見。雖然這祇是「小規模的接觸」，但對整個亞洲的影响，却異常重大。

巴基斯坦方面，曾力求此緊張局面的鬆弛，但因此反而引起了新德里方面的狐疑，雖然此種狐疑，到尼赫魯訪問巴基斯坦後便告「冰釋」，可是兩國之間，對印度河的水利問題，仍不無芥蒂。

然而話却又得說回來，印、巴雙方政府，其實都是利害相關憂戚與共的，因此，它們互相間，彼此都需要互作政治的支助，是以兩國政府，基於這項必然的需要，便曾經共同發表了以下的聲明：「印度與巴基斯坦的政府和人民，應致力於增進兩國間的友誼，及合作的關係，而且必須放棄及消除以往的感情隔閡和緊張」。觀乎此，可知該兩國之間，自有極其微妙的關係存在。

在印、巴劃分之初期，欲把存在該兩大民族心坎裏的宗教衝突，予以澈底銷除，當然不是一件可以一蹴即成的事；但多年來的糾紛，在印度河水利條約簽訂後的今日，至少可以藉此獲得喘息，或從此踏上另一個新的階段。

目前，巴基斯坦在軍事上，似乎已深深感覺到受孤立的壓迫，是以巴基斯坦的軍事統治者便認爲爲爭取中立的東南亞國家的友好，頗有採取少作坦承外交政策的必要。巴基斯坦之所以突然對兩年前蘇俄所提協助測探石油之議感到興趣，其骨子裡實爲趨向這一途徑的指標。

但印度方面，對巴基斯坦的措施，仍不無猜疑，是以印度國會裏的左右翼份子，都要求與巴基斯坦締結「防衛條約」，這就很明顯地是意圖將該兩國長久爭執的喀什米爾問題加以解決。不過這項意圖，短期內是很難實現的；印、巴兩國的爭政者，直至目前，仍然承認他們對喀什米爾問題還存有歧見。

不過，印度方面，無論如何是需要和巴基斯坦携手的。印度不能單獨在喜馬拉亞邊緣上全心全力設立起對中共完密的防衛，這就是最握要的原因。

現在，印度河條約簽訂了；這條約所引起的作用，就是使從前分裂時期的政治、宗教、以至財產的糾紛，得以開始談判，尋求合理的解決。根據印度河條約的規定，兩國之間，將共同從事測量，以達到共同利用這一條河流的水利。——這正是以後談判的前奏曲。

換言之；印度和巴基斯坦的關係的改善，在印度河水利條約簽訂後，正告開始；但其命運前途如何？則仍有待於尼赫魯和阿猶布罕兩人的手腕的運用來決定。倘若尼赫魯和阿猶布罕都能互相了解，與及都能開誠佈公，大家都竭力領導其國民實行促進兩國間的友誼和諒解，坦誠合作，則該兩國間的關係，自然可以從此一步一步地獲致改善。而印度河條約的精神，也從此可以深入到該兩國的民間階層了。

共幹的「天才」

·夏華深·

這是一個最近由潮州來港的同胞楊某所透露的故事；他說：這故事，是由一位管理糧倉的共幹自編自導而和他的弟弟合演的。從這故事中，充份表現出那共幹的「天才」。

故事是這樣的：一天晚上，揭陽縣管理糧倉的共幹靜悄悄的跑到楊家，對楊某的弟弟說：「替你們設法離境，現在一切都已經關照妥當了，但當你們離境之前，你必須帮我一次忙」！

「怎樣的帮你忙」？楊某的弟弟一愕。

那共幹拍拍他的肩膊，說：「再過兩天，你們就要運粮入倉了；你大可以趁此機會來一次偷粮」。

「偷粮」？楊某的弟弟驚訝地貶了那共幹一眼。

「對了」！共幹點點頭，笑了笑說：「你偷了些粮後，你們就可以立刻逃走！保証你們獲得安全」！

「爲什麼要我去偷粮？這就算是帮你的忙嗎」？楊某的弟弟皺着眉頭，臉上現出很疑慮的神色。當然，那共幹唆使他們去偷糧，是有什麼作用？他是感到莫明其妙的。

那共幹拿嘴巴湊近楊某的弟弟的耳朶，低聲解釋道：「唔！你眞老實！你偷了一斤，我就可以向組織上報告被偷去十斤呀！這不是等於帮我的忙嗎」？

過了兩天，運糧入倉的時候，楊某的弟弟果眞掠奪了一些糧食然後逃走；那共幹則作喞尾窮追狀，還開了幾聲槍向楊某兄弟們射擊。然而楊某的兄弟終於逃脫了；再過幾天，他倆便安全地偷渡到自由地區來。

僑鄉近訊

「林糧間種」完全失敗（廣西）

·江水·

桂共「發明」的「林糧間種」辦法，刻正大力在「僮族自治區」裡推行；數以萬計的農民，在共幹的驅策下，參加這項勞役。據謂：截至九月底止，全區培植農林，共達二百七十四萬多畝，間種各種雜糧，二百四十五萬多畝。中共誇耀說，這種辦法利益很多：（一）可以綜合利用土地和勞動力，做到一勞兼作一地多種，一年多熟，分期分季的收穫林農產品；（二）可以使林地不僅林業基地，同時也是糧食和經濟作物的擴種基地。但事實的發展，與中共這種幻想却相差很遠。原因是，各地林塲，本身已深感雨量不足，現再種上大批糧食，自然更覺水源涸竭，不但粮食收成無望，連林木的生長，也因之而大量枯黃。此外，還有一項嚴重的惡果，那就是把水土保持的工作，澈底破壞了。因爲林塲間種了糧食作物之後，表土耙鬆了，乾旱的時候，水份蒸發特別快，無法含蓄水源，調節氣候；一旦遇到山洪暴發，則又很容易把山下的水利建築冲壞。這後果，其損失將更無可估計。

中共又恣意扣留港澳旅客（廣州）

自踏進十月以來，不知如何，廣州市面突又呈現緊張恐怖氣氛：各區共幹的「訪問」工作，異常頻繁；各橫街窄巷，也經常出現便衣警探的踪影；大沙頭火車站，長堤及西濠口等地，更滿佈警探，恣意突擊檢查港澳旅客。據最近回鄉探親歸來的港澳同胞稱：穗共對港澳人士；遲來竟倍加懷疑，稍有藉口，便動輒扣留審訊。自十四日至二十日的七天內，被扣留者已有男女四人，其中港僑三人，係男子，澳僑一人，係老婦。聞該老婦之被扣留，僅係由於袋中有一封外洋信，乃其姪由三藩市寄回，托她代爲問候留居廣州之岳家親囑者，因此引起共方疑忌云。至於被扣留之三男子，則均係因行李中有用以包裹衣物之舊報紙；那些舊報紙，原均是在港出版的尾巴報，但穗共對此也認爲「有反動意圖」，故將他們扣留盤詰。

天網

余翼

老人躺在牀上，已在彌留狀態了。他臉容蠟黃，乾癟枯槁的，已經不能說話了，他眼眶岩石似的突出，眼珠瞪得大大的，氣喘得跟拉破風箱一樣。

老人苦苦的撐着，嚥不下最後一口氣。一週前，大夫在他危急時，注了强心針，就對他的病症搖過頭，大夫說：「他活不了一兩天了。」可是他始終在昏迷中掙扎，他又熬過「五天。這五天，他的口張着，微微的顫抖着，正如離水很久的鯽魚，在絕望裡渴求一滴河水，他飢渴地搜尋最後的希望，這希望就是唯一的支持他留在世界上的力量，他不願死，是的，他不願死，他要等候再見他孩子一面。

老人在還能說話的時候不住的喚呼着他孩子的名字。這孩子是他的獨子，三歲就死了娘，父子倆相依度日。老人本來在台北永樂市場經營布販的，半年前生意失敗，真是禍不單行，他又患了腦溢血的病，他就和他的兒子搬到龍江街一帶新闢的貧民窟的小土屋中聊避風雨。這已經是夠糟的事了，可是上個月尾，他的孩子因涉嫌竊盜，被地方法院起訴並羈押在看守所裡。

法律之前人人平等，法律是無私的、公正的和莊嚴的，不過它對無依的、處於窘境的人，特別照顧得週到和體貼。

老人年近古稀了，本該是退休的年齡，也許有些根底的人，這時正是享受清福的時候呢。可是他在商場上被擊敗下來後，一直倒在病榻上，靠他三十歲的獨子做些零工，維持生活。

他沒有怨自己孩子不中用，沒有本領賺大錢；他只怪自己當初沒有設法在餬口的收入裡，抽出些錢來讓孩子學一行專門的技藝，他想，自己當時真糊塗。

這孩子幫他販布，倒挺勤快的。無奈商場比戰場的競爭還激烈，雄厚的資本家，用勾心鬥角的新花樣，把弱小的同行，一個個擊得敗下陣來。……現在孩子那麼大了，當初想再過幾年，等商業景氣些，再給他娶門媳婦，也好過年給他暖暖脚，然後，他也可以把這爿布店交給小倆口，了却心事……，他越想越覺得對不起自己的孩子，他本來領了個小養女的，他想等他們大了，再「送做堆」，但爲了葬他已死的那一口子，家境傷了元氣，後來爲了貪圖一些應急的「聘金」，就把她出讓給中壢的一個三輪車伕。老人想起了很懊喪。孩子大了，雖沒提半個娶字，可是那個貓兒不愛腥吶？做爸的，明白得透頂。……這孩子瘦瘦長長的，比自家還高大半個頭。他原還巴望有一天，他會抱着孫子．臉上歡天喜地的，如今媳婦怕還在人家家裡做佬佬呢？

× ×

老人在迷糊裡，又想到被捕的兒子，似像被針尖刺着，一種血腥的氣味，從喉頭湧出。這孩子呀，他想，爲什麼他要幹起犯法的事來？他的祖上原也是讀書知禮的人，老人痛苦地想哭，可是哭不出。這些日子來，不是天天有大夫來麼？出診啦，打針啦，喫特效藥啦……，在在都得一個「錢」字才過得了關，原來這孩子說他已經找到了一個好差事，要自己放心，從今以後，不要再爲籌措生活費及醫藥費而躭心了。他說他在一家紡織公司做店員，老人寬慰了。做父親的滿心的高興，最快樂的，莫過於孩子的孝順，他把他賺來的錢，掃數送到老父手裡，他比父親做布的生意，顯然獲利更豐。——這事一直到他繫獄，事情才明朗化，他哪裡在紡織公司做店員？他不過常常到紡織公司揹出一些成品變賣罷了！

老人的病勢，本畧有起色，這一來，反而加重了。

他一想，孩子爲了救自己的病，而不惜挺而走險，心裡有說不出的痛苦。想想，孩子從小老老實實的，從來沒有做出過一樁有辱門楣的事，這回竟做出爲非作歹的事？這孩子呀，從小跟着自己過，沒了娘，已怪可憐巴巴的，在記憶裡，老人記得他就沒有過過高興的日子。那些時，爹兒倆個、還能度着平靜的生活——這種說不上快樂，也談不到愁苦的生活，如今也將蕩然無存了。

他在牀上，飄飄然的，好像回到故鄉的舊宅，金黃的稻穀，在土場上晒着太陽，他的妻子炊着猪的飼料，土場上，老狗正逐趕貪心的小鷄。…這孩子爲什麼還不回來？他好像聽到自己的妻子在發問，他也覺得奇怪，可是他連張開眼皮的力氣也沒有了。

老人覺得好像有幾個人把他從牀上搬到停板上，並替他洗淨了手脚，這孩子也該回來啦？他想。他們替老人換上了衣服及襪子，並蓋上了一床暖暖的被。老人覺得人乏極了。他彷彿聽到在曠野的山谷裏，他的孩子在哭泣，在喚着自己。——這聲音愈來愈近了，好像就在他耳邊，果真孩子回來了麼？孩子呀，我盼望你回來已經望穿了眼啦，老人的神智突然清了，他的全身好像被粗壯的亞麻索紮得緊緊的，連一絲也不能動彈，他覺得一種熟悉的聲音在呼叫、在哭泣，一股熱流在他的臉上淌過，暖暖的，溫和得像春天的和煦的陽光，直照在他的心坎上……

老人掙扎着，他用了他生命中最大的努力，他使出十萬斤的氣力，把沉重如山岩的眼皮移開，他看到他的兒子，呀！他回來了，他回來了！老人喉頭發出了一點痰喘的聲音，他看到大孩子眼中閃閃的淚光，也聽不眞孩子說了些什麼話，他想安慰他的孩子，他想撫着他孩子的頭髮，那蓬亂的頭髮呀，可是他移不動他瘦弱枯黃的手。他覺得，現在，他的手被他唯一的親人牽着，他安心了不少。

老人終於閉上了眼睛。那個保釋這竊盜疑犯的加拿大神父，替老人行過了洗禮，而老人漸漸遠去，再也聽不見土屋裏的哭聲了。

桌上，油燈裏的一根通心草，用牠的軀體在作最後的燃燒，那光是冷冷的，好像在那裡發抖。

天色是這樣昏黑，外面沒有一點子光。……

文壇泥爪

郁達夫與郭沫若之七

王映霞脫離瘋狂愛着她的郁達夫而改嫁別人，使郁達夫在生命上受到永遠不能醫愈的創傷，這在郁達夫所寫那些失戀的詩詞中可以充分証明。當時輿論大都同情達夫，對映霞的薄倖多有微辭。然而郭沫若在「論郁達夫」一文裡却偏向着映霞，認爲錯在達夫。他說老郁太過自我暴露，自輕自賤，自己這樣倒無所謂，最不該連王映霞也暴露出來，使得映霞無以自處，不得不出走而和他分離。誰知在郁達夫死了之後，郭沫若在所寫「再談郁達夫」一文裏，竟又把郁達夫的自卑自賤說成是他的「美德」，並認爲可以和魯迅的「韌」、聞一多的「剛」，稱爲「文壇三絕」。人謂郭是反覆無常的小人，此其一證。

郭沫若罵郁達夫最惡毒的文字，除了民十九所發表的「文學革命之回顧」中論創造社一段外，還有民十七所發表的「桌子的跳舞」一文。前文是明罵，後者則是暗刺。因爲是暗刺，雖然文內明說是「有所爲而罵」，却不易看出他是罵的誰。直至後來（民三十六）郭發表「再談郁達夫」時，他才自承是罵的郁達夫。他說：「在達夫正式宣佈絕交後，他公開地寫過文章來罵過我，罵過仿吾，罵過創造社的其它的人，有達夫的文章可以覆案。我也忍受不過，曾經隱諷地回答過一下，大約是寫在『桌子的跳舞』裏面的吧。我們那時都還年青，感情彼此都不易控制，是值得遺憾的事。」實在他是藉罵郁達夫希望博得中共垂以青睞，他哪裏有什麼「遺憾」呢。

「桌子的跳舞」收在他的「文藝論集續集」，全文是用十五個雜感的斷片湊成。文內雖然罵「他們」，但「他們」之中却隱隱以達夫作代表。他說中國正處在一個偉大的時代，桌子都在跳起舞來了，而郁達夫等一流的文人却還在「靜止着」不動。他指郁達夫好像磨坊裡的馬，「蒙着眼睛在固定的圈子上打來回」；好像田螺，「永遠拖着自己的堅殼在道路上慢慢地移動，稍微一接觸着外界的刺激，便把油膩膩的軟嗒嗒的身子縮進去了」；好像反芻動物，「只得把自己食囊裏面所儲蓄的陳腐的食物嚼來嚼去」；好像養在食料不足處的烏賊，「餓了只好自己吃自己的脚」。他指郁達夫傳染了日本資產階級文壇的病毒——特別是對於狹邪遊的風流三昧，盡量流到中國來，並且還影响到後一代。他指郁達夫是中等資質的人却要過天才以上的生活，孤獨、悲哀、倦怠，空呼受人虐待而冒充天才。此外，還有更惡毒的詞句，而所謂小人絕交而出惡聲，這裡不備引了。

談筆名

· 黃風 ·

文字是表達個人思想和情感的工具。按說一個人應該對自己的文字負責，發表文字並不須更名改姓，另起一個筆名。中國文人使用筆名，始於何代何人，我沒有考證過，因此不清楚。但是在「文以載道」的文學傳統之下，我們可以猜測得到筆名發生的某些原因。例如抒情的詩文小說、稗官野史，向被看成壯夫不爲的彫蟲小技，正人君子多不願出名寫這些東西。但是文學畢竟有它客觀的可欲性，雖然在道統與士風的排擠之下，技癢難挨的文士仍禁不住偷偷摸摸寫點東西，來抒情言志。像歐陽修那樣震爍一代的人物，也寫過「鴛鴦二字怎生書」的艷詞。就可見一般了。要寫又不願人知道是我寫的，於是只好起個筆名，以便流傳了。就像水滸傳、紅樓夢這樣的巨作，後人千辛萬苦才考証出來作者的眞名實姓來，也可見古時寫的文人，在文藝寫作上是多麼不願出名了。民國以前，文人多半用甚麼閣主、樓主，甚麼居士、逸叟之類的筆名；民國以來，印刷進步、報刋繁增，寫作的人愈來愈多，關於筆名的變化也多樣化了。一般談思想學術的作者，多半不用筆名，如胡適之、陳獨秀、丁文江諸人皆是。在文藝創作上用筆名的雖較多，但不用筆名的也不少。如俞平伯、朱自清、徐志摩等。但是寫鴛鴦蝴蝶小說、武俠小說的人則大都用筆名，因爲這些作品風格較低，爲大雅君子所不樂道之故。其中寫雜文的作者，因評時政之故，爲避免當道者注意，所以都用筆名。雜文大王魯迅，筆名最多，良有以也。

民初文人的筆名含義却很古雅，如秦瘦鷗、陳烟帆、周瘦鵑之類，頗有詩情畫意；五四以後滲入了西方文化的影响，筆名也起了很大的變化。多傾向於通俗，如老舍、綠漪、冰心等，有的邊明顯的表述「自己的思想，如巴金即虛無主義兩位大師巴枯寧及克魯泡特金二名縮成的。

我認爲筆名雖然不是眞名，但是最好能像個名字。時下海外報刋上，常出現一些不像名字的筆名，竟有小兩點、小鐵片之類的怪筆名，如此何不叫鷄毛蒜皮？筆名是讀者第一眼就看到的，假使你的筆名太輕浮，莫名其妙，顯得你沒有寫作眞誠，文字不通，誰還有與趣拜讀你的大作？因此筆名雖小事，作者亦不可不愼重。

文史漫談

「舜禹之事吾知之矣」

徐亮之

「魏氏春秋」說曹丕篡漢，升壇禮畢，顧謂羣臣曰：「舜禹之事，吾知之矣」。曹丕這話雖然說得很含蓄，但意思却很明顯；即他的意思是：所謂舜禪禹，乃至堯禪舜（按魏志載漢獻帝冊丕文有曰：「昔者帝堯禪位於虞舜，舜亦以命禹」一語），都祇不過是表面文章，骨子裏全不是那麼一回事。

曹丕說這話時是建安二十七年（二二〇），前於晉咸寧五年（二七九）汲冢書的出土凡五十九年。曹丕到底不愧是一位大文豪與大批評家，所謂舜禹之事，居然給他知道了一半了。原來荀勗們從汲冢裏整理出來的「竹書紀年」，關於堯舜禹們政權的移轉，竟一點也沒有所謂「禪讓」的痕跡，有的祇是如左的冷酷的事實而已。（依范祥雍編「古本竹書紀年輯校訂補」）即：

一、「堯之末年，德衰，為舜所囚。」

二、「舜囚堯，復偃塞丹朱，使不與父相見。」

三、「舜囚堯於平陽，取之帝位。」

四、「舜篡堯位，立丹朱城，俄又奪之。」

五、「堯禪位後，為舜王之。舜禪位後，為禹王之。」

六、「帝（舜）葬蒼梧。」

「竹書紀年」本佚於兩宋之際，今所謂「古本竹書紀年」乃雜輯諸書所成，不無隱括之辭，非盡本來面目。但綜觀上引一至五條，所謂「禪位」乃與「篡位」同義，實可比照而知，無煩更事解釋。易言之：他們在政權移轉之際，祇是明目張胆，非囚即逐，惟力是視，毫不含糊；並不像曹丕篡漢時，還得假惺惺、文縐縐，竟使着許多的冤枉手脚。（曹丕篡漢的詳細過程，見魏志文帝志裴注引「獻帝傳」，辭長不錄。）

至於第六條說舜葬蒼梧云云，尚書舜典也有「五十載陟方乃死」的話（注：「死蒼梧之野，因葬焉」）；而其原因，則以劉知幾「史通」的「疑古篇」說得最到家。他說：

「案蒼梧者，於楚則川號汨羅；在漢則邑稱零桂。地總百越，山連五嶺；人風婐劃，地氣歊瘴。雖使百金之子，猶憚經履其途；況以萬乘之君，而堪巡幸其國？且舜必以精華既竭，形神告勞，捨茲寶位，如釋重負；何得以垂歿之年，更踐不毛之地？兼復二妃不從，怨曠生離；萬里無依，孤魂溘盡；讓王高蹈，豈其若是者乎？歷觀自古人君廢逐，若夏桀放於南巢，趙遷遷於房陵；周王流彘，楚帝徙郴；語其艱棘，未有如斯之甚者也。斯則陟方之死，其殆文命（禹）之志乎？」

由竹書的記載看來，可見堯舜禹間的政權移轉，不但無雍容揖讓之可言；而且舜乃以囚堯而上台，禹乃以逐舜而登位的。同時，竹書這樣的記載，又確是有憑有據，並非空穴來風；如疑古篇又說：「案『汲冢瑣語』云：『舜放堯於平陽』；而書云（通釋：『書名缺』）某地（通釋：『地名缺』）有城，以『囚堯』為號」，而「太平寰宇記」（宋太宗時樂史撰）濮州鄄城縣下，復有「堯城在城北五里」與「偃朱城在縣西北十五里」之語，和竹書所謂「舜囚堯，復偃塞丹朱，使不與父相見」云云，恰正若合符節。又如舜都蒲坂，以垂暮之齒而野死蒼梧；尚書馬史既鑿鑿有據；娥英二妃，以帝子之尊而淚灑江湘；楚辭戴記，復斑斑可考；則這一悲劇造成的原因，也自無可否認。祇有如史通所疑，才始能獲致正確的解釋。——我前面說曹丕對這事祇知道一半，其故即在於此。

其實，曹丕的所以如此，祇是上了儒家的當罷啦！原來這些問題遠在戰國時期儒法兩家便早已各執一辭的了。代表儒家發表意見的是孟軻，代表法家發表意見的則是韓非。他們的意見在當時本已各走極端，勢同水火；祇是漢武以後，儒家特別走運，所以孟軻的意見才深入人心，一枝獨秀；韓非的觀點才被人忽畧，黯然無光；以致桀桀大才的曹丕也祇好像對之茫無所睹罷了。

且舉虞舜為例吧。孟軻對於虞舜的看法，見於「孟子」公孫丑、滕文公、離婁、盡心和萬章等篇，而尤以萬章上篇為對虞舜作有美皆備的特寫。韓非對於虞舜的看法，見於「韓非子」外儲說右上、難一、難三和忠孝等篇，而尤以忠孝一篇為對虞舜作無惡不臻的讁言。把這兩篇裏面的話列舉對照起來，倒是挺有趣味的。例如：

一、萬章篇載孟軻的話說：「大孝終身慕父母，五十而慕者，予於大舜見之矣」。韓非在忠孝篇却說：「瞽瞍為舜父而舜放之。」又說舜「入則臣其父，妾其母」。

二、萬章篇載孟軻形容舜對弟象的友愛說：「象憂亦憂，象喜亦喜」。又載和萬章的問答說：

萬章問曰：「象日以殺舜為事；立為天子則放之，何也？」

孟子曰：「封之也；或曰放焉。」

萬章曰：「舜流共工于幽州，放驩兜于崇山，殺三苗于三危，殛鯀于羽山，四罪而天下咸服；誅不仁也。象至不仁，封之有庳：有庳之人奚罪焉!?仁人固如是乎？在他人則誅之，在弟則封之？」

曰：「仁人之於弟也，不藏怒焉，不宿怨焉，親愛之而已矣。親之欲其貴也，愛之欲其富也：封之有庳，富貴之也。……」

韓非在忠孝篇却說：「象為舜弟，而舜殺之。放父殺弟，不可謂仁」。

三、萬章篇載孟軻的話說：「帝（堯）使其子九男二女、百官、牛羊、倉廩備，以事舜於畎畝之中。天下之士，多就之者，帝將胥天下而遷之焉。」又引孔子的話說：「唐虞禪」。韓非在忠孝篇却說：「舜出則臣其君，……妻其主女」；又說：「妻帝二女而取天下，不可謂義。」

孟韓對虞舜的評價如是不同；易言之：儒法對古史的觀點如是懸絕；我們到底信誰才對呢？韓非在顯學篇中又說：「孔子墨子俱道堯舜，而取舍不同，皆自謂真堯舜。堯舜不復生，將誰使定儒墨之誠乎?!」我對儒法古史觀點的觀感，亦復如是。「舜禹之事」，正是「知之」不易呢！但所謂堯舜之世，在人類工具進化史上祇該是石器時代（由殷商中晚葉尚是金石並用時代，可以推之）；因而在人類社會進化史上祇該是野蠻時代，却是可以相信的；否則，便以言董治中國歷史，必然永遠纏夾不清，亦即因而「舜禹之事」，我們畢竟不難「知之」矣。

記戊戌維新始末（六）

舜生

從光緒十五年冬到二十一年春，這五年多的時間，有為除二十年去過北京，及同年冬去過廣西各兩個多月以外，其餘的時間便都在他的本鄉講學、著書，也辦過地方自治。

光緒十六年夏秋之交，陳千秋、梁啓超已先後從有為受學，其著「長興學記」正式開堂講學於長興里之萬草木堂，則在十七年。弟子甚多，除陳梁外，如徐勤、曹泰、麥孟華、龍澤厚、韓文舉、梁朝杰、王覺任等，均頗有名。有為講學宗旨，啓超以為：「德育居十之七，智育居十之三，而體育亦特重焉；」朱次琦「以程朱為主，而間採陸王，先生則獨好陸王，以為直捷明誠，活潑有用，故其所以自修及教育後進者，皆以此為鵠。」啓超造有一長興學舍的綱領旨趣表，其內容如下：

一、學綱　志於道（格物、克己、厲節、慎獨。）據於德（主靜出倪、養心不動，變化氣質，檢攝威儀。）依於仁（敦行孝弟，崇尚任卹，廣宣教惠，同體飢溺。）游於藝（禮、樂、書、數、圖、鎗。）

二、學科　義理之學（孔學、佛學、周秦諸子學、宋明學、泰西哲學。）考據之學（中國經學史學、萬國史學、地理學、數學、格致學。）經世之學（政治原理學、中國政治沿革得失、萬國政治沿革得失、政治實用學、羣學。）文字之學（中國詞章學、外國語文學。）

三、科外學科　在校中者有演說（每月朔望課之）與劄記（每日課之），在校外者有體操（每間一日課之）與游歷（每年假時課之）。（上所引均見梁所著「康有為傳」）。

在去今六十前（一八九〇），正當中國將進入一新時代的前夕，有為以私人講學的資格，便能樹立一個這樣的規模，不能不說是難能可貴了。

有為一生，著作甚富，據他較晚的一個弟子張伯楨所述，計有一百三十七種之多；但梁啓超在他所著「清代學術概論」談到他老師的學術思想，則以「新學偽經考」，『孔子改制考』及「大同書」三書為代表。『新學偽經考』最早出（光緒十七年1891）；『孔子改制考』則於戊戌前一年（光緒二十三年1897）始印行於上海；「大同書」原名『人類公理』，其起草遠在光緒十一年（1885），但他不願公開宣傳，一直到民國二年（1913）始於『不忍』雜誌上發表一部分，後來在中華書局出版。

『偽經考』與「改制考」為姊妹篇，其目的在打破當時知識分子一種泥古守舊的陋習。所謂「偽經考」，乃指一般漢學家所篤信的古文經書如「周禮」「逸禮」「毛詩」「左氏春秋」等乃王莽的國師劉歆所偽造，王莽的國號曰『新』，所以只能謂之「新學」，不能說是「漢學。」「改制考」認為六經均孔子所作而並非刪述；孔子所讚美堯舜的盛德大業，並非實有其事，不過是假托堯舜以完成孔子自己心目中的一種理想制度；好像墨子之假托大禹，許行之假托神農，老子之假托黃帝。其實有為為一政論家而非經生，他其所以要寫這種著作，重點不在解經，而在自固其壁壘，為他的政論張目。而且有為這類的說法，也並非他個人的創見，乃導源於四川井研人廖季平（平），而季平又為其師湖南湘潭人王壬秋（闓運）所啓示。壬秋本質為一文人，治經僅為其副業，平日喜為非常可喜之論，其學風不能流弊；季平曾屢易其說以求容悅，也夠不上一個嚴格的經師。有為這兩部書出版以後，曾引起當時許多人反對，乃至其弟子梁啓超也嫌其師不免「武斷」；他的知友翁同龢看了他的「偽經考」，也目為「說經家第一野狐」（見翁光緒二十年五月初二日記）；至於湖南舊派人物在「翼教叢編」（蘇輿編輯）上所收集的那些資料，當然更對有為醜詆不遺餘力。在今天看來，與其說這一幕鬥爭為學派思想之爭，毋寧說只是守舊與維新之爭，有為在甲午以後而提倡徹底改革，這是千對萬對，他的錯處，只在不必飾經說以牽入政爭徒引起不必要的誤會而已。

有為「大同書」主張廢國家，廢家庭，廢私有財產制以求達到他的所謂「大同」，這更是一種思想的遊戲，其流毒至今未已，可以存而不論。

上面所提到有為辦過地方自治，係指他和他的學生陳千秋同辦他們的本鄉（南海縣江浦司銀塘鄉）同人局而言。因為他們要肅清該鄉的土匪，得罪了當地一個庇匪有力的張姓鄉紳，幾乎兩度丟了「性命」，在戊戌失敗以後，他因悟到要改革五萬人口的一個鄉鎮，與改革一個四萬萬人口的國家，其困難正復相等。

本刊已經香港政府登記

每逢星期五出版

聯合評論

週刊

United Voice Weekly

第一一六號

督印人：黃宇人　總編輯：左仲平

社址九龍赫德道二十三號地下　電話68678

承印嘉羅印刷有限公司香港灣仔馬師道5號

總代理：友聯發行公司　售價每份港幣一毫

本報美洲版總經售處美國紐約中美出版社

CHINESE -AMERICAN PRESS ,INC
199 CANAL STRE,ET..
NEW YORK31 N. Y. U.S.A.

美洲航空版每份零售美金一角

從美國大選看今後世局

李璜

一、

近半月來，自由世界裏的報章雜誌，都很注意美國的大選一事，並且各有其所推斷。這類推斷，無非注重在大選結果，白宮的主持者如果換了人，或甚至換了黨，其政策有無改變。變與不變的推測，在小處容有其主觀之見，但在大處，則大抵認為美國政治家，無論何黨何人執政，都不會失掉民主終能戰勝極權的信心，因之不會放棄其領導自由世界的責任，換言之，美國的國防與外交政策，不會因選舉結果，而有改變的。至於這類主要的政策如何的去推行，方足以有利於自由世界的發展，以增加美國的威望，且將已弄成了的僵局去一一打開，則大有賴於美國政治的決策人與主持者的智慧與勇氣。因是一今早倫敦廣播出昨日保守黨一家報紙說：「去推測美國新人登台後的政策，不如研究新人物本身的性格與氣魄，為較得推斷今後美國行事的要領。」這句話，筆者覺得頗有見地。

中國的老生常談：「智者不惑，勇者不懼」，歷來所謂「人物」，至少應有此一本領。因此筆者想到了艾克先生，他當白宮主人，何嘗沒有為自由世界所一致歡迎的政策，其最初所宣佈的政策且針對敵人弱點，使敵國為之動搖。然而艾克的氣魄不夠，性格是一個好好先生，機會到來，躊躇不前，不但未能貫澈其發皇自由民主的力量，而且令民主世界的大小夥伴為之喪氣灰心！（如對於韓戰的結束過於畏縮，如對於匈牙利人民革命之未加援手，如對英法進攻埃及之强迫撤退等等。）美國的總統，其所操的權力並不算小，雖說是三權鼎立，不免牽制，然而像羅斯福總統對於參加第二次大戰的運用，像杜魯門總統對韓戰毅然出兵的運用，都足見有氣魄，有手腕，美國的總統便可以一怒而天下懼，做到以一身繫天下的安危的地步的啊。

二、

然而十年以來，蹉跎復蹉跎，以致時移勢易，今天世局的優勢已不是十年前甚至四年前的情勢了！今天的世局，很明顯的不同於從前者至少有兩事：一是赫魯曉夫的「和平共存」的詭計四處亂擾，一是亞非國家的中立政策日益擴大，這不但在美國的世界領導權力上生出了困難，而且在美國門羅主義的立國根本上也感到動搖，至少這兩件事，就得要考驗到美國新總統及其同僚的智慧與氣魄的。

為此，筆者也曾細讀過這次美國兩黨為競選而發佈的各自政綱，日來又在報紙上領教過了尼克遜與肯尼第兩位候選人的辯論宣傳。本着這些政綱與辭調，筆者未曾看出競選人的獨到之見與特出勇氣之所在。不過筆者也很能原諒，這是在競選，這是為一般庸衆說法，政綱要使大家一目了然，爭辯要具體而又只能賦有小小的刺激性，所謂「輕重要分量適合一般胃口的消化力量」，而不能解剖世局到深細處，且不能過於危言聳聽，引起不安，——民主政治，固所謂「平凡政治」是也！

且筆者對於候選人之尼肯兩氏也並無研究，其年相若，其道相似，要在登台後看其受事實的考驗，今日乃無法為之左右袒。在筆者個人認為，所謂登台後之考驗，乃是看新總統是否能從大處着眼，而不尚支節，不事敷衍。所謂大處着眼，首應宣布蘇俄赫魯曉夫的「和平共存」無法追隨，而說明立場之後，另來一套和平政策，而且擬定政策時的態度要嚴正的本着美國立國的精神，有生死以之之概，宣布政策時，切忌將本國的利益放在前頭，而自失領導者的身份。無可諱言的，今日是美蘇兩國在爭雄於世界，而且這個爭雄，不只靠物質的力量，而尤其靠精神的力量，不只在國力的競賽，而尤在主政者氣魄的担當。美國政治家應早見及此的。如果有見及此，即應早日宣布自己的立場，領導的方針，並應將能讓步與不能讓步的限度都明白的表示出來，方能令舉世有所擇別，而中立主義的擴大趨勢庶幾能夠遏止。

三、

近兩年來，赫魯曉夫高與要開鉅頭會議，美國就答應照開；赫魯曉夫一旦大發雷霆，不開會了，美國便只得不開，廢然而返。並且赫魯曉夫故意做出粗魯之狀，出言侮辱美國元首，這在十九世紀的外交場合中，可以引起掀然大波，可以引致兩國絕交而有餘的，乃英美法各領袖對之乃做出了「哀者」之狀。要知道英法並無與蘇俄爭霸的打算，可以表示為哀者，藉以儆醒其國人的自強，而美國便不能表示哀者，因為世無哀者而足以領導世界之理與勢也！

筆者不願如一般所說，「俄共每一奏出曲子，民主大國即隨之舞蹈」，然而這白勞心力的民主國家去與共產國家開會，其不能解決問題，業已昭然若揭！日內瓦高峯會議毫無結果，巴黎的高峯會議更受了侮辱，裁兵高級會議與專家會議共已開了幾十次，美國與中共的小型會議且開上了一百次，其結果都等於零，徒令舉世認為美國千回百折的想與共產極權妥協而已，想與赫毛講相好而已。號稱領導自由世界的強人且不惜枉駕與中俄共去講交情，然則又何怪亞非國家的弱者不去想接近中俄共，而採取中立主義呢！因是，此次美國新總統上台，對於與中俄共開會一事必須澈底的加以檢討，萬勿輕於從事徒使友邦喪氣，弱者恐懼的強國會議啊！在兩黨競選的政綱上，都有加強實力以為和平會議的後盾的話，要知美國的物質實力並不是不夠，而所欠缺者乃是強精神的力量；要加強精神的力量，便在先從不輕於與中俄共開會始！

四九、一一、八

由美國的選舉想到中山先生的誕辰

左舜生

一個眞正的民主國家，選舉是對人民一種良好的政治教育。

以美國的總統選舉來說，當選者固然十分高興，落選者亦無所用其懊喪，橫豎四年的時間只是一瞬，這次失敗了，下次還是可以捲土重來的。

尼克遜今年四十八，肯尼第四十四，機會總歸有的是，早四年，遲四年，有什麼多大關係？

美國兩黨今年所推出的總統候選人，年齡都不到五十，是美國選舉史上很少見的；這可說明美國畢竟是一個很年青的國家，確能表現一種年少有為的朝氣。凡事都應該有新陳代謝，一個人到了七十八十，雖不一定非死不可，但至少可以休息休息，好讓比較少壯的人有機會得以一顯其身手，同時也可以使得全國國民的觀感為之一變，污濁之空氣為之一新。

誰也知道世界已進入一個極度不安的狀態，今後的四年，誰做美國的總統，誰便應該負起一種非常艱鉅的責任；這種千斤重担，決非一個老朽的人物所能勝任得了，這次共和民主兩黨其所以各推一個少壯人物出來應選，而兩黨內比較年老的人又都謙讓未遑，從某一意義上來說，這大概也是基於他們對國家對世界的責任感使然吧！

討厭民主的人說：像美國這種民主制度，照例每隔四年，一定要引起一度紛紛擾擾，廢時失事，勞民傷財，究竟何苦來呢？如此一說，是不是覺得那種傳子的君主制度反而要安定得多呢？其實以大家『解，一個上了軌道的民主國家，他們的重點在機構而不在個人，而且有一種文官制度給予任事者切實的保障、決不會因個人的去留而使全國的機構陷於停擺，我們看美國在選舉期間，他們以原有機構處理全國的日常事務，又何嘗因為選舉的關係而減少了他們正常的效率呢？

反之，以咱們中國以往那種君主制度來說，有因為老皇帝老而不死，兒子等得來不及，而把老子殺了的；也有弟弟看見哥哥快要登基，十分氣不過，而把哥哥殺了的；至於宮廷內幕的黑暗，奪嫡立庶的陰謀，乃至如「貍貓換太子」那類的把戲，更是家常便飯，數見不鮮，你有什麼法子可以証明像君主制度式的那種「領導中心」，就一定不會使國家陷於動盪不安呢？再加上，中國有一句老話，叫做「一朝天子一朝臣」，在中國歷史上一個皇帝即位，往往整個的朝局都要大轉舞台，甚至就是老子時代的功臣，或者還擁有太子太傅，太子少傅，太子家令，太子賓客，太子洗馬……這類的頭銜，只要這位太子認為你並非他的親信，他還是非把你趕掉，甚至非殺你的頭不可！中國一部二十五史，充滿了血腥的氣味，其起自君位的替嬗者乃特別的來得多，孫中山先生不做皇帝，毅然決然要把中國醜惡的君主傳子制度推翻而建立中華民國，而且他認為把一個總統的位子讓給別人根本不算一回事，僅此一點，已經值得我們十分的崇拜了。

明天（十一月十二）是中山先生九十四歲的誕辰（一九六六年他一百歲），我們應該以最高的誠意來紀念這個開國的偉人，假定在現行的『憲政體制』之下，居然有人認為中華民國的總統非由某人做一輩子不可，甚至其人還非把他認為的這個寶座傳給他的兒子不可，這就中華民國的立場來說，其人便犯有叛亂的罪嫌，我們不希望除掉反攻復國的責任以外，還非給我們加上這一消弭叛亂的責任不可。

四九、壹一、八、

「雷案」的西洋鏡全部拆穿

十月二十四日，台北「公論報」發表了一篇「捫心看雷震案」的長文，這是自「雷案」發生以來一篇根據法理與事實，平心靜氣全盤檢討該案內幕的有力文字。本刋關於「雷案」消息的報導已經不少，我們為使海外一千四百萬的僑胞對於該案的全貌更加完全明瞭，特把這篇原文轉錄在下面，希望讀者不要輕於放過。

編者附記

捫心看雷案

讓我們跪在歷史之前作證

自雷震涉嫌叛亂被捕、起訴、以至於被判處重刑，此其間各方反應，見於官方報紙者，多係偏激憤恨之言詞，大有必欲置之死地而後已；見於民營報紙者則又僅止於同情，齊為雷震發出一片呼冤叫屈之聲而已。初則一般不平之鳴，尚能據理力爭，及起訴，判決之後，有些人因為「談匪變色」，或竟拋開事實去就法論法了。此種官强民弱的現象，足以顯出此時此地正義實在難以抬頭。

所謂犯罪必須以事實和証據認定之，如果不問事實而去就法論法，非但不能白冤洗罪，甚至投入以「承認事實」之印象，有促成冤獄之後果。因此，本文想就雷案，被控之犯罪事實，作一番觀察和分析，希望能有助於大家明辨本案之是非。

在未進入本題之前，筆者想先作一個聲明：第一我是一個無黨無派有良知有眼睛的國民。第二是被共匪拆散了家而逃出來的反共恨共者。第三我之所以敢於在此發表本文，是基於下面的勇氣：常有人指白為黑，而我看見它確實是白的時候，我一定要把我所看到的說出來，如有人因此殺我，則我是為了眞理而死，無畏也。

作此聲明之後，現在來看看雷案，根據警備總部對雷案所作判決，是從認定劉子英為匪諜作前提，而後推定雷震知劉為匪諜而不報，並由此產生犯意，進而乃認為雷震在自由中國半月刋上所刋行之言論，意在為有利於匪之宣傳。以下我們就從警備總部所認定之犯罪事實，加以分析：

（一）劉子英是匪諜嗎？

根據公審時之口供（見十月四日有獨立性之公論報或聯合報）觀察：

一、劉子英並非共產黨黨員。

二、亦未受過共匪的訓練。

三、且無傾向共匪的思想（此點由「法庭問：監察院的財產被接收後你在南京的生活怎麼維持呢？劉答：那時無法維持所以才想逃出來。」可以証之）。

四、劉子英之陷留匪區，係因監察院前秘書長手諭命其留守所致，並非預存不軌。

五、當時劉子英既係奉監察院前秘書長手諭為辦事處主任，其於陷匪期中為監院職員丁正昇李方盛等簽署証明，以方便丁等，此既屬人之常情，亦係理所當然。事實上當時劉子英如確屬匪黨，彼必設法留難丁等，而丁等將無機會逃來台灣。此次法庭攀拉丁等為不利於劉子英之結証，就丁等而言頗有以怨報德之嫌。再者如因此可以認定劉子英與共匪發生勾結，則丁等乃係目擊此一事實之人，何必不早予檢舉？由此可以反証丁等必係認為劉子英並非匪諜。

六、劉子英找邵力子的太太傅學文幫忙，僅係想逃離匪區（如法庭問：找誰協幫忙你逃？劉答：找邵力子的太太傅學文），並非想靠匪。

七、劉子英之來台灣，係因感到在匪區無法生活，而自己決定逃出來的，並非受傅學文之派遣（如法庭問：你去找她｜指劉找傅學文幫忙逃時的問話｜她怎麼說？劉答：她很驚訝的說，你怎麼還沒有走！……她說沒有受過訓，恐怕無法找到事，我說如無事可做只有到香港找事了，她說到香港如再找不到事呢，我說找不到事就到台灣去）。

八、以共匪組織之嚴，劉子英既非共黨黨員，又未受過共匪訓練，在共匪絕無乍一見面即對之寄予信任，且委以匪諜工作之理。

九、判決書中刋指劉子英與共匪之連絡係採通信方式，由王續會為連絡人，並約定以作生意好壞為工作順利與否之暗話，此外即無更進或更密之連絡方法。查台灣與大陸間之通信，向受限禁，且必須經過嚴密之檢查（與香港間亦同），此乃人所共知之事實。如謂共匪與其所派遣之匪諜竟採用此種輕率而又難行之連絡方法，豈非兒戲？

十、當政府自大陸撤退，國家突遭劇變之際；或因家庭之累，或由於奉命留守，類似劉子英陷入匪區之遭遇者甚衆。在此非個人之力所能抗絕之人禍下，凡於卅九年政府在台灣穩定之後利用各種方法逃出匪區者，無一不與共匪發生若干關係。如政府不察其於來台後棄暗投明爭取自由之事實，却以「恨」為出發點，必追究其過去與匪之關係，指為匪諜，則凡係自匪區逃來台灣者幾一無清白之人，此種做法，豈能為情理所容許？

十一、劉子英於公審時亦否認自己為匪諜，並聲明謂彼之所以找傅學文幫忙，係利用傅學文之關係，以便於逃離匪區。此証之彼於來台後十餘年間並無為匪工作之情事，當可信其清白。

由上可見，認劉子英為匪諜之說，頗難成立。

（二）雷震是否能知悉劉子英為匪諜而不報？

從法理和事實分析：

一、據劉子英說，雷震不止待他好，待任何人都是一樣。由此可見雷震乃是一位樂於助人的人，從而雷之保劉來台（事實上雷所担保的人很多非僅劉子英一人），僅不過是做了一個富有同情心的人所應做的事。

二、劉子英來台時是先找監察院辦保沒有辦好，而後才託人找雷担保的，同時劉說他還準備找于右任院長，由是可証劉與雷震並無特殊關係。

三、雷震在為劉子英辦理來台申請時，由於一在台灣一在香港，當時雷震自不可能知悉劉與匪究竟有何關係。其後政府經過審查核准劉子英來台，如劉有可疑之處，政府應能查出。

四、根據前述事實，於今事隔十年，警備總部突然翻出劉之往事，控之為匪諜，並指訴雷震知劉為匪諜而不報。該項控訴之唯一証據，乃係劉之自白，而該項自白却不幸露出了種種的疑竇：

A、劉子英之被控為匪諜，乃係根據彼之自白，但該項自白係在劉被捕之後所寫，是劉在自白以前尚屬無罪，彼如非受迫，何以會自白為自己找罪？

B、據判決書列述，雷震涉嫌文字叛亂罪之成立，係以其在知劉子英為匪諜而不報時產生之犯意為斷，而其知悉劉子英為匪諜而不報，則係據劉子英之自白以為証。是雷震被控各罪，乃係以劉子英之自白為其犯罪之前提。第查雷震被捕在先，而劉子英之自白寫成在後，此即是說：警備總部在逮捕雷震時，尚缺乏雷震犯罪之前提，換言之，當時乃是先捕人而後找証據。從而該項自白是出於捕人者之意或是本於劉子英之願所寫成，於此已昭然可見。

C、雷震待劉子英很好，此乃法庭一再强調之事實。按之人情常理，劉子英於受人厚待之下應該知恩圖報，當不會作不利於雷震之言，而其自白却竟反此常理。此顯然必係出之於下列兩種原因：

甲、係在不能抗拒下被迫作此以怨報德之語。

乙、否則，劉子英即係不明是非忘恩負義之人，一個忘恩負義之徒說話，其誰能信？

彼右述各點，再証之過去八德血案秘訊逼供之冤獄事件，本案劉子英之自白顯無足以採信之餘地。

五、所謂自白得採為証據乃係有其限制，根據最高法院三十八年穗特覆字第二十九條判例：「共同被告所為不利於己之陳述，固有証明其他共犯犯罪之效力，但其陳述有無疑竇及能否採信，法庭於職權範圍內仍應予以相當之調查。」由此可知自白之得被採為証據應具備下列三個條件：一、必須為共犯。二、須係不利於己之陳述。三、不可以有疑竇。而劉子英之自白顯與上述條件不合。如：

A、劉子英之匪諜罪嫌成立與否，乃視其來台前與共匪之關係而定。彼時雷在台灣，劉在大陸，雷與劉既不可能有犯意連絡，亦不可能發生有共同或幫助之行為，據此，可知雷震並非劉子英之共犯。

B、據劉子英自白，彼於向雷震說明自己與匪之關係時當即遭受斥責，遂因此乃不敢為匪工作，設此言屬實，其意顯係在為自己為匪工作一事作有利之辯護，故非為不利於己之陳述。

C、劉之自白有前述種種無法掩飾及不可採信之疑竇（參見前首）。

由上觀之，本案雷震與劉子英乃係對立之關係，雙方既各異其詞，如不經求証於第三者之人証或物証，而即偏認雷震有罪，則依此公式，當局似可利用劉子英一人，將全國戶口名簿交由劉子英逐名指說，而捕盡全國人了。法律會如此不講理，如此不能保障人民嗎。

（三）雷震在自由中國半月刊所刊行之言論，能構成文字叛亂嗎？

此由下列客觀事實足以否定判決書中主觀的看法，如：

一、根據前述各節之論証：

A、雷震並非匪諜，劉子英亦難為匪諜（理由見（一）所述）。

B、雷震不可能知劉子英為匪諜而不報（理由見（二）所述）。

C、由雷震從政數十年之事蹟觀之，盡多有功國家之貢獻，却無不利國家之作為。

由此可知雷震愛國反共，不可能產生對國家不利之犯意。

二、所謂有利於匪之文字，應視該項文字所述是否有其事實，試舉一例：如政府官員食必酒肉，住必大廈，行必包車，而一般貧民則常三月不知肉味，住不能以蔽風雨，行惟有以步當車；此時站在官方立場，或許會謂台灣生活已如天堂。但站在民方立場，自必難掩其慘。如將此實際生活形之於書，對於鼓吹政府之德政確然有利，但如為人民說話，其情形則正反是。根據此次施之於雷案的公式，凡不利於政府者即被認為有利於共匪，此時如有人據實立論，意在報導民隱籲請政府改善人民生活。試問：這是在挑撥政府與人民間的感情，是為有利於共匪之宣傳，是在意圖叛亂嗎？其實，若眞就事論事，如果政府確有必須改進之缺點，經刋之於文字，結果被認為有利於匪之宣傳，論罪，政府之責（製造不利）應重於刋行文字者之責（傳述不利）。因為對於一項客觀之事實，是好不能因為說它壞而就壞，是壞亦不能因為說它好而就好。固然揚政之道在於宣傳，但宣傳不能欺騙，我們沒有什麼，需要什麼，應該提出來討論，要大家去努力，去爭取。有了缺點也是一樣，絕不可以掩惡充善。要爭取人心必須能拿出滿足人心的事實來給人看，滿紙滿口的謊言只可騙人於一時，一旦被揭穿了，非止有失人心，為害國家實大，此時所謂有利於政府之宣傳，才眞變為有利於共匪了。

三、判決書中引証所謂吳福貴羅新桂者，因閱讀自由中國半月刋以致發生犯行，從而認為該刋足以影响民心士氣。此種見毛不見身之推定，於理頗難立足，因為一篇文字既可因立場觀點之異，發生見仁見智之不同，此外因讀者文字修養之深淺，亦必至產生了解程度之差別。試以觀畫為例，一幅藝術家筆下之裸體藝術畫，在一位沒有藝術修養或藝術修養不够的人看來，可能會被視為春宮，甚至因而想入非非，此種後果，並非畫家之過，而是看畫的人下流。（下轉第三版）

雷震辯護律師梁肅戎

提出辯護意旨書狀

軍法辯護意旨書狀

被告雷震

選任辯護人梁肅戎律師

案由：僅就四十九年度警審特字第三十五號被告雷震涉嫌叛亂聲請覆判案件提出辯護意旨如左：

一、查原判決所憑以認定被告雷震犯罪之理由證據，有下列三點：

（一）明知爲匪諜而不告密檢舉罪部份：共同被告劉子英對於傳匪學文所交任務依囑轉告雷震並與商量，且其安全問題，由雷作主情形，在偵審各庭迭次供認如繪，依照一般經驗法則，斷無惡意誣攀之理，復查劉子英所供與匪勾結情形與來台後與雷震之關係，盡與事實相符，其自白自屬可信。依照歷年判例（最高法院廿年上字第一八七五號廿一年上字第八六〇號，卅八年穗特覆字第廿九號判例）共同被告爲不利於己之供述，經調查與事實相符，能採爲其他被告犯罪之證據之意旨，則劉子英之供述，自可採爲被告雷震之犯罪證據。（見原判決理由欄第三頁第廿行起至第四頁第六行止）。

（二）以文字爲有利於叛徒之宣傳罪部份：言論自由應受保障者，當非指違法之言論而言，違法言論，應受法律制裁自不在保障之列。被告雷震所發行之自由中國半月刋，妄指政府反攻大陸政策與號召爲自欺欺人，自誤誤人之詞，故意散佈悲觀無望論調，打擊反共意志。於四十七年八月廿三日起匪幫砲轟金門時，匪酋彭德懷向我軍民誘降，該刋詭言匪幫行動限制於對金門之砲擊，企圖誘惑我軍民言和，與彭匪「招降」之心戰相呼應。藉言論自由爲護符，長期爲妨害反共抗俄國策，有利於叛徒之宣傳，此種出於故意之犯罪行爲，殊不能與善意批評政府之言論相提並論。（見原判決理由欄第四頁第十行起第五頁第一行止）。

（三）僞造私文書罪部份：假借陳懷琪名義，以投書方式渲染反攻無望及誹謗陳伯琨之名譽，經司法行政部調查局鑑定筆跡結果，非出自陳懷琪手筆，核其犯行以僞造文書爲方法，而同時觸犯以文字有利於叛徒之宣傳。（見原判決理由欄第五頁第十六行起至第六頁第三行止）。

二、綜觀全卷上面原判決所持之理由顯有不當，茲析陳之；

（一）查實施刑事訴訟之公務員，就該管案件，應於被告有利及不利之情形一律注意。此爲刑事訴訟法第二條所明定，軍事法庭於審理案件時，自應注意本條之立法精神，蓋刑事訴訟程序採國家追訴及職權調查主義，與民事訴訟採當事人進行主義全然不同。本件被告雷震涉嫌知匪而不告密檢舉罪行部分之唯一證據爲共同被告劉子英之自白，但被告雷震對此堅決否認。原審審理本案時，對各被告均各別訊問，彼此不悉供述之內容及經過。原審對於被告雷震及劉子英兩人極端相反之供述，應依職權命雙方對質，予被告以有利之辯解機會，並觀察形色，以辨眞僞，而爲心證之依據。乃原審匆忙審判，疏於調查，實難辭草率速斷之咎。

（二）劉子英之自白供述是否眞實與事實眞相是否相符，不無疑竇。

甲：劉子英之自白書及偵審各庭之自白供述自相矛盾。劉子英於九月四日被捕後，九月五日之自白書中供稱「傳匪學文告訴他說「你要把共產黨的情形向你的同事和長官在不露骨的情形下，和他們談談」……」（見劉子英九月五日在保安處之自白書）九月二十六日原審受命審判官開調查庭訊問劉子英時：

問：傳匪學文要你對雷震商量的事你是何時對他說的。

答：過了四、五、六天在他家書房內對他講的。

問：是白天還是晚間說的。

答：是晚間。

問：是否將剛才你說的傳學文告訴你的情形全部告訴他了。

答：沒有全部。

問：你是怎樣對他說的。

劉子英答覆結果竟將全部詳細情形告知被告雷震。與其自白書上所說「在不露骨的情形下和你的同事長官談談。」以及調查庭所供「沒有全部」告訴雷震之供調自相矛盾。足證劉子英並未將來台爲匪工作詳情告知被告雷震。

乙：劉子英於三十九年五月來台當時，不可能爲匪工作。查劉子英於逃離匪區後於三十九年四月廿日，以仇子奇名義作「南京變色一年記」一書，在前言中說「我是某機關的職員，去年四月間政府撤離南京的時候，我因爲家累太重，未能隨政府撤退，在南京淪陷後過着苦悶非人的生活，又屢次婉拒了共產黨叫我去學習的示意，致招到他們的猜疑，被迫於本年四月逃出南京。

（下轉第四版）

『雷案』的西洋鏡全部拆穿

（上接第二版）

因此我們不能因爲這位下流的看畫人，而即認定畫家有誨淫之罪。關於文字，其以符號表達人之思想情感，與繪畫同其功用，正可作如是觀。再如：目前在政府治理之下的台灣，貪污及各種犯罪案件層出不窮，其爲害國家遠較影響民心士氣爲甚，我們是否可以由此推定政府現行之措施不善，認爲意圖破壞國家，而像處置雷震一樣治政府以罪？

四、對於一篇文字的解釋，必須審視全篇命意立論之所在，方能正確把握作者中心思想之所向。斷章取義，固然必至產生成見上之偏差，而總覽全文有時亦因立場觀點之不同，發生見仁見智之說法。因此，我們固不能由於三民主義中有「民生主義即共產主義」之句，即斷章取義認爲國父是一位共產主義者，亦不可斷章取義自由中國半月刋之文字，而認雷震有意圖叛亂之嫌。爲了顯示公正，爲了昭信天下，深望軍法當局能依軍事審判法第一百三十條刑事訴訟法第一百八十五條之規定，選任超然黨政外之名學者（或大學教授）數人，共同就自由中國半月刋上被認爲有問題之文字，作一正確之鑑定性的解釋，既可以昭公允，復可就此爲今後之言論劃下規範。

五、再退一步說，設若雷震如判決書中所指具有叛亂犯意，根據賊心歛形之犯罪心理，則雷震會明目張膽的刋行叛亂文字嗎？此猶若頭頂大書「我是叛亂犯」之招示，行走於市上，試問：古今中外誰會見過這種行似瘋人之叛亂犯？

（四）雷震是否會僞造軍人投書？

衡諸事實，顯不可能，因爲：

一、雷與陳懷琪素不相識，事先亦不知軍中有三民主義講習班這個單位，如謂陳懷琪之投書係屬僞造，而雷震既無千里眼，亦無順風耳，何以竟能將姓名與受訓單位僞造得如此巧合？

二、投書筆跡雖經鑑定不是陳懷琪的手筆，但亦非出自雷震本人之筆，何以能認定爲雷震所僞造？

三、據判決書中引述，投書刋文較原稿增多數處，如謂該項投書係雷震所僞造，原稿理應已合己意，何以再加增改？

四、一般有所顧忌之投書，投書人多在事前預爲自己作退避之安排，如可能找人代抄書稿以備事後在不得已時脫責之藉口等。本案之投書既係一軍人所爲，則其顧忌自比一般人爲多，由是該投書軍人事前必係找人抄寫書稿，事後經人追問，因恐遭受處分，故乃不敢承認。因此，可知本案軍人投書當係必有其人其事，雖因投書人之畏縮致成縣案，但並非雷震僞造投書，事極顯然。

（五）於雷震任所扣押之共匪書籍可以視爲叛亂之證據嗎？

試觀下列事實：

一、該項書籍據雷震說係其於三十九年及四十五年間因公赴港時公開買進者，該書雖係禁書，但基於反共抗俄乃是一項思想戰爭，當時雷震身爲國大代表復兼政府要職，自與其他政府重要官員一樣，有權且亦有其必要參閱匪書，以了解共匪思想，從而提供對策。故其存有該書，於法於理均爲不容置疑。

二、雷震雖存有該書，但並未公開傳閱，或散佈該書內容。

三、從被指控有匪嫌之劉子英亦謂不知雷震存有匪書一點觀之，可見雷震存書之目的實無非法之圖。同時由此並可印証雷震與劉子英之間關係，清白而旬距離，判決書中指謂雷震與劉子英抗遜一氣之說，顯又係虛構之辭。

據右述各點，可知控訴雷震涉嫌叛亂與在其住所扣押之共匪書籍，兩者僅係偶合事件，並無因果關係，自不得牽強附會，將該項書籍引爲犯罪證據。

總之，警備總部這次控訴雷案之全部犯罪事實，乍看之下，長達萬餘言之判決書似乎若有其事，一經分析，竟「莫須有」若此。察其所以有如此不甚合邏輯之判決，乃係由下列事實所造成：在雷震等被捕之初，所謂偵查不公開，而國民黨軍中組織中心之警備總部政治部卻竟能獲悉案情，並連續發表不利於雷案之聲明。同時某單位復發行「雷震言論違法摘要」小冊一種，預將雷震之罪名罪刑代法庭定妥，其後雷震果即被依照該項小冊所定之罪名罪刑起訴。追雷案進入審判階段，國民黨又在彼時召開之中常會乘機聲明，不論被告身份如何，都要嚴予處罰，結果雷震果又被處以重刑。再觀之：一、雷震於起訴後選任辯護人時，依軍事審判法第七十五條第一項第一欵規定，選任之辯護律師固限於需向審判機關登錄有案者，但同項第三欵及同條第三項規定，非律師身份之人或除第一項規定外經審判長許可者亦得選任爲辯護人。當時雷震依法選任李公權律師爲辯護人，李雖未向審判機關登錄，但該條第三項規定審判長仍有權許可，而却不爲許可，必命李於限期極短之審判期日前向國防部辦理登錄；而國防部對於一項法所許可之請求，復在手續上使用種種自爲規定之藉口，不予辦理。二、就法律觀點而言，審案進入審判，軍事檢察官與雷震乃原告對被告之關係，軍事檢察官於控訴被告既會費爲時數週之偵查，而被告亦自應有相當之時間爲審判準備答辯。然而審判法定公審期日之短近，竟不利於被告。三、本案劉子英被控爲匪諜，但雷震並非匪諜（參見前述（二），故劉於雷案中乃係軍事檢察官控訴雷震之証人，依照軍事審判法第一百七十條之規定，證人由審判長訊問後，當事人（含被告）及辯護人得聲請審判長或直接詰問之，直接詰問審判長除爲維持法庭之秩序外，不得予以限制。而此次於審判過程中，審判法庭從未給予雷震直接詰問劉子英之機會。以上種種當局因恐增加定罪雷震之困難而對雷震所述之不當手段，除予人以「雷震不是受法律審判而是在受國民黨審判」之印象外，並顯出當局對雷震忌恨之深，故不惜運用黨政軍之力，作各種不利於雷震之打擊和阻撓，必欲置之絕境而後已。是以，惟其由於忌恨之深，故寧願冒天下之大不韙，必處雷震以刑；故對凡基於正義而同情雷震及爲雷案作不平之鳴者，指爲反動份子；故對雷震之女在美國本諸骨肉之情向世界所作之一個弱者所只能作的呼籲，誣之爲告洋狀（當局該不是希望雷女去鬥爭自己的父親吧？），雷女何嘗不知學她母親一樣想依法向政府請求公平對待乃父，但當各種跡象顯示（甚至証明）是政府本身在不公平時，她還能向誰請求？其實，宋英女士目前對雷震所作的努力，遠不是在盡人事以聽天命，知其不可爲而爲之？因爲經驗告訴人同愛與善爭容易；同恨與惡爭則難。

最後在結束本文的時候，筆者想提出一個願望，深盼當局於暢洩舊恨之後，能正視一項事實：已往政府處理過很多匪諜和叛亂案件，當時全國上下莫不予以支持，一致稱快，爲何此次獨對雷案，一般與論竟不顧殃及本身之險，齊鳴不平？究竟是當局高明；或是人民的眼睛亮？如能對此三思，當知所去所從了。

胡適、雷案、新黨

宣平

（台北通訊）雷案發生後，胡適的態度和行動更為國人所注意。台北關心雷震的人們有的希望他暫時留在國外，俾當權者有所顧忌，而不致對雷震更下毒手；有的則希望他即早回台給新黨打氣，並設法營救雷震。用心雖一，而見仁見智却不盡同。但太子派則決心一不做，二不休，要藉雷案給胡先生以打擊。除授意若干嘍囉公開指罵中央研究院為反動派的大本營而外，還提出所謂南北學術之爭的怪論，他們似乎把主張自由民主和科學的，都列入所謂北方或北大學派，儘管事實上許多抱此主張的人與北大並沒有什麼關係。而他們自居的所謂南方學派，則似乎祇是主張復古和為一人一姓的政權作牛馬走。今日的台灣雖然有很多這類的人；但若要被視為一個「學派」，恐怕尚有待於「偉大領袖」的明令規定吧？

據悉：太子派原擬藉雷案造成一種形勢，迫使胡適不能回台，以除去此一眼中之釘；但胡適既決定回來；他們又深感不能拒其入境。於是電令駐日大使張厲生於胡適經過東京時將他暫時留下，先將當權者的意旨當面轉告：（一）請他到台北後不要再過問雷案，（二）請他不要參加新黨。聞胡表示警備司令部對雷震的判刑太不公平，使國家的聲譽大受損失，希望複判時能儘量減輕。至於反對黨事，他不會參加；但他主張應該有一個反對黨，倘能由國民黨內分出來更好。反對黨組織成時若是好的，他將予以支持，如果不好他將予以批評或保留不說話的自由。因此，張厲生立即以胡的意見電報台北。胡適在東京逗留了三天，回台之日，消息也被官方封鎖，為的是恐怕同情雷震和新黨的人會湧去機場接他而可能演變成為一種示威運動。

胡適飛抵台北機場時，即由唐縱和陳雪屏兩人靜悄悄的護送他到中央研究院，新聞記者和新黨籌備人事後得訊紛紛前往訪問，胡對於雷案和新黨的意見仍和他在東京時向張厲生所說過的一樣；但補充一句，他可以到法庭証明雷震的愛國和反共。由於他的態度如此，週來中央研究院附近已有所謂治安機關人員前往保護，凡是要去見胡先生的人均須事先登記，寫明本人的姓名，姓別，年齡，籍貫，職業，住址及請見事由等項，才可以被通報。胡先生會幾次向這些治安機關人員表示，中央研究院是一個學術機關，他本人是一個平民，任何人都可以自由來見，不必勞煩他們作如此這般的限制；但所得的答覆是「奉命保護胡先生，不得不如此，請原諒」。如此一來，今後胡先生的訪客，也許要大為減少了。

胡適回台後，會訪張羣表示想和蔣「總統」一面談一次，並說官方不希望他談雷案，他會見蔣時將不談雷案；但他最近在美國所見所聞的一切，覺得有義務要向蔣作一番報告，以供他的參考。張羣當然滿口答應代為轉達；但事實上却是先報告蔣經國，然後請示老蔣，奉諭「即將往他處避壽，「無暇接見」。看情形，胡先生希望和蔣面談機會是不會很快就來到的。

上月二十七日為星期四，依警備司令部的規定，凡已宣判的監犯，都可於是日接見親友，胡適原擬於是日前往探訪雷震，但並未實現。本月四日的星期四，在探訪雷震的名單中，亦未見有胡適，頗使許多人感到意外。據悉，由於當權者極不願意胡適探監，某些人士力加勸阻，其理由是：如再給官方以刺激，雷震等四人被減刑的機會更沒有了。胡先生為了救人第一，才將探訪雷震的原意暫時延緩下來。目前大家在無可如何的情形之下，祇有希望當權者能激發天良，於覆判時稍減刑期而已。今日的台灣究竟是怎樣的一個世界，於此已可概見了。

關於雷案的內情，亦有值得再為報導者。據圈內人透露當權者原打算一網將新黨籌備人一網打盡，經陳誠一再勸阻，才改為先拘捕雷震等四人。所謂檢查官的起訴書及軍法官的判決書，其內容完全是蔣經國手下的特務人員所決定的。在軍事法庭開審之前夕，為了防止法官們的意志動搖，還由老蔣召見他們當面告誡一番，指示至少要判雷震十年徒刑，其他三人亦應從嚴判刑。在審判後的次日，小蔣認為滿意，特召宴警備司令部各有關人員，王超凡及全體軍法官都在內，表示嘉勉之意，席間還有人提議為慶祝他們對雷震鬥爭的勝利而乾杯。某一參加宴會的人員目覩此情此景，不禁天良發現，提前離席回家痛哭一場；却為小蔣手下的特務人員發覺。一週前公論報刊出一篇「捫心看雷案」的文章，他們疑心可能即是那位在慶功宴後回家痛哭的警備司令部官員所寫的，再三派人到公論報查訊，李萬居則拒不透露。將來如何演變尚不可知：但當權者作福作威，多行不義，其內部的離心離德竟至於此，非衆叛親離之預兆而何？

再談到教育部長的人選問題，在張其昀發明所謂南北學術之爭的幕後，太子派正醞釀對教育部長的爭奪戰。被他們目為北方學派的現任部長梅貽琦因久病不癒，決心求去，小蔣方面急欲乘機取而代之。因感於張其昀捲土重來，仍非其時，乃妙意天開，想把留港某學人拖下水。聞張已去函邀其來台講學，預備以教育部長為餌，引其上鉤；但某學人是否甘中其計，尤未可必也。

最後，報導新黨的近情，據悉：胡適曾建議他們將成立日期延到明春或夏初，籌備諸人中亦有主張緩進者；但由於雷案的刺激，各縣市同情新黨的人士大增，台中、台南兩地表示願意參加的人數，竟超出了各區籌備人員的意料，因而形成了一種由下面推動上面的形勢，迫使中央籌備人員不得不考慮即早成立的問題。假如不再有意外的阻碍發生，新黨可望在本年以內正式宣告誕生。

當權者一方面千方百計甚至不惜造成冤獄以破壞新黨之成立，一方面則急欲拉攏民青兩黨參加政府，藉以點綴門面。但兩黨有識之士都不願受其利用，尤其是在雷案發生以後，他們更具戒心。聞最近陶希聖等仍在和青年黨的余家菊及民社黨的向構父等有所接觸，他們以大魚不來小魚來的釣者姿態出現，余向會不會自甘上鉤，筆者實不願預言也。

雷震辯護律師梁肅戎

提出辯護意旨書狀

（上接第三版）

在淪陷區苦悶了一年，現在可以藉着這一本薄薄的東西來一抒個人的怨氣，來傳達淪陷區同胞的苦痛的心情」，書中將共匪的鬥爭會、集中營以及許多悲慘的事，極為深刻平實的予以敘述。可以察知劉子英當時的心境是如何的痛恨共匪，又怎能勸被告雷震為共匪立功？

丙：被告雷震不可能掩護匪諜。被告本人一再陳述於卅九年時竭盡心力為台灣防衛工事之築構而努力。也正是政府當局對之讚佩有加之時。卅九年六月份自由中國半月刊上小評中刊有「嚴防匪諜」之文字。七月一日被告又發表了一篇「我們要以工作對付工作」的文章，在該文特別強調「從工作上對付共產黨，以工作來打擊共產黨，以行動來表現決心，以成績爭取同情」。被告當時之反共工作及反共言論如此，怎能庇護個匪諜？

（三）原審判決依共同被告劉子英之自白，採為被告雷震之犯罪証據，係根據最高法院廿年上字第一八七五號廿一年上字第八六〇號以及卅八年穗特覆字第廿九號等判例。上開判例之全文及意義有其一貫性不容割裂。查共同被告所為不利於己之陳述，固有証明其他共犯犯罪之效力，但其陳述有無疑竇及能否採信，審判機關仍應予以相當之調查。共同被告不利於己之供述，雖得採為其他共同被告犯罪之証據，惟此項不利之供述依刑事訴訟法第二百七十條第二項（軍事審判法第一百六十八條）之規定，仍應調查其他必要之証據，以察其是否與事實相符，自難專憑此項供述為其他共同被告犯罪之認定。（三十八年穗特覆字第二十九號、三十一年上字第二四二三號判例）辯護人於原審辯論時一再強調前述判例之法意，乃原審判決僅憑劉子英之自白，而無其他補強証據即認定被告雷震之罪行，實違背上開判例意旨，當屬違法。

（四）查以文字為有利於叛徒宣傳罪之成立，必其行為人有利於政治上犯罪之企圖，亦即叛亂之意圖，或與叛徒之間有犯意之聯絡，始能構成本罪。如無叛亂之意圖，僅以文字言論之批評，即或被叛徒利用宣傳，或與叛徒之宣傳偶合，行為人亦不負本罪之罪責，因其無犯罪之犯意故也。對於文章內容之解釋，必須審查全篇命意之所在，方能體察作者中心意思之真意。對於一個刊物之觀察更須為整體之檢視，以察其思想系統及背景主張。因立場觀點之不同，雖發生見仁見智之說法，但涉及犯罪問題，必須以有無犯罪之故意為準。按人民之言論講學著作及出版之自由載明憲法，原審判法認為言論自由應受保障者，當非指違法之言論而言，違法言論，應受法律制裁自不在保障之列，固非無見。但違法與否之標準，實不能以第三者之推定臆測為憑，應以行為人本人之主觀意思為斷。否則若有與政府立場不同之批評，皆可指為直接間接為匪宣傳，蓋減少政府威信，即所以有利於共匪，解釋法意不能任意擴張。被告雷震於聲請覆判理由中對原判所指文字部分詳為陳述，以說明其本人之反共思想民主主張及立場。綜觀各文之內容實難構成為叛徒宣傳之罪責。

（五）原審判法顯屬主觀臆斷。陳懷琪之投書，雖經司法行政部調查局鑑定筆跡結果，非出自陳懷琪手筆，但亦未鑑定為被告雷震之手筆。被告身居台北，豈能憑空偽造遠在台中之陳懷琪投書，而其捏造竟巧為三民主義講習班第卅二分班，訓導組長更巧為陸伯琨。投書之人必為與該班及陳懷琪、陸伯琨兩人相識之人，殆可斷言，因他人無法捏造。原審判決，認係被告雷震所偽造顯有誤會，而認為以偽造文書為方法，而同時觸犯以文字為有利於叛徒之宣傳，更為不當。

（六）按國家為實行刑罰權，付與裁判機關判定被告是否犯罪及應否科刑之權，以確定國家刑罰權之存否及其範圍。因此實行刑罰權之唯一作用，在求取公平裁判，公平與正義的伸張。任何不公平不妥當的裁判，不但不能令被告心服，也達不到警戒或教育社會的目的。本案被告雷震量刑過重，亦屬不當。同案被捕之傅中梅，亦被指為以文字為有利於叛徒之宣傳，偵查結果未處徒刑，僅予以感化教育處分。同一罪行被告竟被處以七年之重刑。戡亂時期檢肅匪諜條例第九條之規定「因知為匪諜而不告密檢舉或縱容之者，處一年以上七年以下有期徒刑」。該條犯罪之情況有二，一為不告密檢舉，一為縱容。縱容較不告密檢舉為重，不告密檢舉，為低度行為。原審竟處以七年之滿刑，顯為本末倒置，決不能令人甘服。

三、總之原審判過於草率，未能究明事實真相，未盡職權調查之能事，違背經驗法則致為不利於被告之裁判，請鈞庭衡情據法詳為審究撤銷原判決，或發回更審或另為無罪之判決，為禱。

謹狀

國防部軍法覆判部覆判庭　公鑒

劉少奇率代表團赴蘇
中共將與蘇聯分裂嗎？

劉裕畧

大陸之窗

當各方正在傳說中共與蘇共之間有歧見，當各方正在傳說中共即將與蘇共在莫斯科舉行攤牌辨論，當各方正在揣測毛澤東究竟是否赴蘇參加十月革命四十三週年慶祝，中共正式派遣了由劉少奇率代表團赴蘇。據新華社莫斯科五日電：「由中國共產黨中央委員會副主席、中華人民共和國主席劉少奇率領的代表團，今天下午乘有中國國旗的圖——一〇四專機到達莫斯科」。又據新華社說：「劉少奇主席在機場上受到了勃列日涅夫、蘇斯洛夫、赫魯曉夫等蘇聯黨和國家領導人的熱烈歡迎」。這解答了毛澤東究竟赴不赴蘇的傳說。事實說明毛澤東本人是不赴蘇的。至於，中共與蘇共間是否有歧見？中共與蘇共是否將在莫斯科攤牌的辨論？則尚不可知。不過，有一點已經很清楚，那就是不管中共與蘇共之間是否有歧見，從劉少奇在莫斯科的談話來看，他說：「現在，社會主義陣營的力量，超過了帝國主義陣營之力量，人民的力量超過了反動的力量，和平的力量超過了戰爭的力量。只要全世界人民進一步團結起來，結成反對以美國為首的帝國主義侵畧勢力的最廣泛的國際統一戰線，進行堅持不懈的鬥爭，就一定能制止帝國主義發動新的世界戰爭，實現不同社會制度的和平共處，保衛住世界和平」。把劉少奇上述談話仔細推敲，它的內容是與傳說中的中共與蘇聯之間的所謂歧見既不偏祖毛，亦不偏祖赫的。因為劉少奇的談話，是把傳說中的分歧點，加上一個「只要全世界人民進一步團結起來」來作前提的。而其結論則說可以「實現不同社會制度國家的和平共處」。因而其結論部份乃與赫魯曉夫一致的，前提的「只要」部份，則是與毛的基本觀點相符。由此可見，假如赫毛之間眞有這一所謂理論性的歧見的話，也可以看出他們之間都無意在現在來强調它。而劉少奇在莫斯科的另一段談話，說：「中國人民衷心感謝蘇聯對於中國革命和建設事業所給予的巨大援助。在共同對敵的鬥爭中，中蘇兩國人民結成了永恒的牢不可破的友誼和團結。這種團結經過了歷史的考驗，並且在以後還將受得起歷史的考驗，不論在什麼情況下，不論在世界上是否發生巨大的風波和巨大的困難，人們都會看到，中蘇兩國八億六千萬人民總是站在一起的。」這更說明了在最近的未來，尤其在莫斯科的共黨巨頭會議席上，如無意外事件發生，中共與蘇聯的所謂歧見攤牌，是決不會變成中共與蘇聯的分裂的。

本來，中共與蘇聯之間究竟有無歧見？始終只有可疑的跡象，而無充分的証據。何況，人與人之間，國與國之間，總是常有歧見的。對於某一局部問題的歧見，甚至在主人與奴才之間也在所不免。但歧見了歧見，分裂了分裂，由歧見到分裂，需要演變，而中共與蘇聯之間之歧見究竟是否大到將使它們分裂？更是根本問題。所以，假如捕捉一些無可証明的跡象，從而主觀的顧望它們分裂，似乎不是明智的事。再說：依照共產黨人所信奉的辨証唯物主義來看，他們原本認為一切都在矛盾中發展。沒有矛盾就沒有發展，所以，列寧是一再公開主張發現內部矛盾與提倡內部鬥爭的。當然，內部矛盾亦未嘗不可發展分裂性的敵對矛盾，但亦未必變為分裂性的敵對矛盾。毛澤東固然有個性，毛澤東個性縱然堅強，但是否達到敢於反抗蘇聯的程度，則仍是問題。

據新華社六日北平電：「首都各界今晚在中南海懷仁堂隆重舉行集會，慶祝十月革命四十三週年，中共中央副主席、國務院總理周恩來，中共中央副主席、全國人民代表大會常委會委員長朱德等黨政國家領導人參加了今天的大會」，毛澤東雖未出席却出席了蘇使館晚會，可見毛澤東對赫魯曉夫對蘇聯能由不滿而起來反抗嗎？起來分裂嗎？則更是問題。所以，看起來，毛澤東是畢竟還是跳不出馬列主義那一緊箍咒的圈子的，毛澤東至今仍把馬列主義與斧頭鐮刀作圖騰，那末，毛澤東儘管可以隨意嘲笑秦皇漢武畧輸文彩，也儘管可以隨意輕視成吉斯汗只識彎弓射大鵰，但秦皇漢武北逐匈奴，成吉斯汗也會是舊日俄國的征服者，毛澤東呢，則反而不過只是俄國人的征服者罷了。那末，數風流人物，歷史也將數不到毛澤東了。

中共居心與法國為敵

楊文閔

阿爾及利亞現在是法國的一部份。為了阿爾及利亞，法國曾經犧牲許多生命，耗費鉅大數目的金錢。迄今為止，法國仍在北非作戰。就民族自決的原則來說，阿爾及利亞自應獲得一定的地位，但今日之阿爾及利亞，並不完全是民族問題，而是被共產黨滲透和操縱了的問題。最近，阿爾及利亞臨時政府的總理阿巴斯曾應中共之邀到大陸訪問，訪問北平時，毛澤東曾親自向阿巴斯表示中共堅決支援阿爾及利亞。可見中共居心與法國為敵。然法國方面，至今甚至還有主張承認中共之醞釀，持着這種主張的人，無疑地，如果不是共黨份子，就必然是最糊塗的人。

本年十一月一日，正當阿爾及利亞武裝起事的六週年紀念日，中共首都又舉行盛大集會，表示堅決支持。主持這一集會的是「中華全國總工會」、「中國人民保衛世界和平委員會」、「中國亞非洲團結委員會」、「中國非洲友好協會」、「中華全國青年聯合會」、「中華人民共和國全國婦女聯合會」、「中華全國學生聯合會」等七個團體。而這些都是中共的御用團體，中共除邀請了阿爾及利亞藝術團負責人阿法·阿卜杜勒·瑪蒂等在會場上講話外，中共要員鮑爾漢等也在會場上公開發表敵視法國的談話，中共人民日報於十一月二日亦表示「中國人民永遠堅決支持阿爾及利亞人民正義鬥爭」，此外，中共又以「首都各界人民支援阿爾及利亞大會」的名義發出通電，說：「六億五千萬中國人民將同以蘇聯為首的社會主義陣營各國的人民一起，同全世界人民一起堅決支持阿爾及利亞人民的民族解放鬥爭，直到他們取得最後勝利」，雖然中共根本不能代表中國人民，但中共存心與法國為敵的情形，於此可見一般了。

大陸人民普遍無菜吃
中共却將蔬菜輸星加坡

陳一鳴

大陸人民無菜吃，這已經是人所共知的新聞。北平市面上一度買不到蔬菜，而要用火車由二千里外的瀋陽運蔬菜來供應，這也是中共報紙自己刊出的新聞。中國原是一個以農立國的國家，農民佔全國人民百分之八十以上，中共佔據大陸十一年以來，至今亦仍以「農業為國民經濟之基礎」，農民人數亦未銳減，中共亦在極力提倡種菜，然則大陸人民所種蔬菜到那裡去了呢？何以大陸反而沒有蔬菜吃了呢？當然，這并不是說大陸沒有蔬菜吃，而有肉吃。事實上，大陸人民每人每日配米不超六兩，菜油每人每月配給只有一兩，蔬菜沒有吃，一般人民只能吃野生植物，然則大陸農民自己所種蔬菜究竟那裡去了呢？原來中共對大陸農民所種蔬菜，亦厲行統一收購制，予以全部收購，然後以之運往國外出售，以換取外匯，或交換其它物資。其用冷藏方式運往蘇聯及東歐衛星國的，主要是為了交換物資，或抵銷軍火債務及工廠設備費用，至於大批運往香港及星加坡者，則是換取外匯。目前香港市場上之豬肉及蔬菜，固然是絕對多數都來自大陸，今年中共輸往星加坡之貨物，則更見急劇增加。根據最近資料，星加坡在今年一至九月期間內售給中共貨物的總值是六千九百七十九萬餘元叻幣，比一九五九年同期增加了五千二百萬之多，今年最初九個月自中共方面輸入的總額則高達一億元叻幣，而去年同期不過八千五百萬元叻幣。

從星加坡輸往中共的貨物包括了橡膠、藥品、製成品、輕工業機械與工具。而中共輸往星加坡的貨物則包括新鮮水菓、罐頭水菓、蔬菜、紡織品、絲、鐘錶、自來水筆及小玩具等。這都可見中共不顧人民生活，只圖換取外滙，而將蔬菜輸往海外的情形。難怪今日大陸最近又出現一個怪現象，中共竟令城市居民，將花盆改種蔬菜，但花盆有限，面積尤小，雖全部改種蔬菜，又何能供應食用之需呢？因此看來，中共今日雖在大陸全力提倡種菜，但對於民食是無所改進的。因為中共要將農民所種蔬菜統一收購，運往海外，以換外滙。

中共城市人民公社推行受阻
本年七月份發展停頓

何文正

關於中共積極推行城市人民公社的情形，本刊迭有報導。但中共推行城市人民公社的決心雖極堅强，惟其中困難之多，却出乎中共想像之外。這其中困難之多與阻力之大，是可以由今年六月到今年七月底為止大陸城市人民公社的數目仍為一千零廿七個一事可以見之。

據中共國務院副總理李富春撰文說：「現在全國正在大辦城市人民公社，到六月底為止，全國已經辦起了一千零二十七個城市人民公社，入社人口已經有五千二百多萬。」

我們曉得：大陸各城市的人口是不止五千二百多萬的，大陸上的大小城市數目也遠不止一千零二十七個。可見李富春所云截止六月底的一千零二十七個城市人民公社，決不是大陸普通推行城市人民公社的總數，因為一個城市，并不止組成一個公社，而是分組成若干公社的，可知李富春所說一千零二十七個，實在只是應有總數中之一部分。其餘許多城市，是尚未能建立起城市人民公社，亦即是說，其餘許多城市，是尚待建立城市人民公社的。但另據中共所辦「中國新聞社」北平一日電：「到今年七月底，中國已經建立了一千零二十七個城市人民公社，把二千七百萬婦女從家庭瑣事中解放出來。」從這六月底到七月底仍為一千零二十七個城市人民公社的數字看，可見在本年七月份這一個月當中，中共城市人民公社的數字是一個也未增加，換言之，亦即是說中共城市人民公社在本年七月份整個一個月中是一個也未發展。本來，在短短的一個月中，城市人民公社的數字沒有增加，似乎不是一件很特別的事，但仔細來看，却又不能說這不是一件奇怪的事，因為自中共推行城市人民公社以來，一直是以極大的速度在發展它，所以，一年以來，城市人民公社的發展數字，竟然達到一千零二十七個，換言之，一個月平均是要發展一百個城市人民公社的。但今年六月底到七月底竟連一個城市人民公社也未發展，這決不偶然，而是它在事實上遭遇困難了。當然，這種困難是決不會眞能阻止中共對城市人民公社的澈底普遍推行的。但這種阻力却可充分反映大陸人民對公社制度之不滿。

菲律賓重提「華校菲化」案

俞光

菲律賓對我不友好措施的「華校菲化」案，最近又被該國衆議院改進政府功能委員會主席羅賽斯議員再度提出；同時，菲教育部也已實行停止發給新辦華校的許可証。教育部長羅邁洛會面諭過『私立學校管理局』局長柏比南，着他對所有新辦學校的申請書予以壓制，並不再接受新的申請書。據當地僑胞所獲悉的消息，羅邁洛正計劃在國會中活動，以求制訂一項法律，藉以關閉所有華校。華僑教育前途，行將遭受嚴重的打擊。

本來，菲律賓與我國，立場固然相同，而利害也有密切關係，祇應互相尊重，互相諒解，實不該互相抨擊、排擠。可是菲律賓當局却反其道而行，排華的企圖，竟越來越厲害，現在且摧殘到華僑教育來了；這種不友好的意圖，眞使我國人士和旅菲僑胞感到無限憤激和憂慮！而將來的演進情形如何？尤爲值得注意。

以菲律賓的「拒絕接受設辦學校新申請書」這行動看來，可以測知菲當局的「華校菲化」案是志在必行的了；顯然，這是對我國僑胞的國家觀念，予以慢性摧毀，以致消滅！

我國僑胞最重的，乃爲傳統的家鄉祖國觀念；而此觀念的賴以維持，當然是完全由於受到傳統的本國教育薰陶所致。如客居異地的華僑子弟，一旦失却其本國教育，則積久便會忘掉其本身的鄉族，那更何得尙成「華僑」？再過若干時日，則他們更只有說，說菲語；筆有寫，寫菲文；一切生活習慣，也完全變成了菲律賓的生活習慣。那時，他們對「甚麼是中國」？自然更一無所知；換言之，他們將徹頭徹尾的變成了菲律賓人。這對我國華僑，影响得多麼重大！

我國政府對華僑政策究竟怎樣？照目前所知，依然是深感高深莫測。最高當局，雖一再力勉僑胞團結，而身負僑務重責者，却竟尸位素餐，不獨不知所以推進僑胞團結之道，且反而經常說出泯滅鄉土觀念的怪論，豈不令人切齒！現在菲律賓的「華校菲化」案已在積極推動中、而我國僑委會對此，迄仍未有若何表示；僑委會是否仍在麻木不仁中？海外僑胞對此異常困惑。

以常理來說，我國對於此次菲律賓「華校菲化」案的推動，本應運用全力進行交涉，務使旅菲華僑，有繼續享受其本國傳統教育的權益，更有設辦本國傳統教育的自由，才是配合團結海外華僑的國策；然而直至現在，菲律賓的「華校菲化」案在密鑼緊鼓推動中，而我國的僑務當局却對菲人這種無理行動，仍像是不聞不問似的；是則所謂勸勉華僑團結，眞不知從何說起！

抗暴的暗流

龍思祥

中共不管人民死活，加强壓榨人民勞力，刻又如火如荼的全面抽調各業工人下放農村，脅迫他們「熱烈」參加「支援農業生產」，並指定了他們負担開荒、救旱、製造農具、修建水利工程……等工作，每天勞動時間，竟達十六小時，而所分配的糧食，數量既不足，同時更沒有工資發給，因此引起了下放工人極度的不滿，釀成了抗暴的暗流。——這一股暗流，就是破壞。下列就是幾個實例：

（一）饒平縣陽溪水庫的主壩，十月九日突告崩壞。中共認爲，這是潛匿在汕頭市下放農村支援生產的工人隊伍中「反革命份子」的所爲；事後，已有鄭超蕃、鄭楚、陳康、許廣松、羅毓平等五人被捕。

（二）揭陽縣農械廠的生產機房，十月七日，忽發生爆炸。中共也認爲，這是「反革命」的下放工人的行動，並將工人葉來拘捕，指爲接受「國特」指揮，是有計劃的鼓動下放工人進行破壞，企圖打擊「支援農村生產」運動，並謂除葉來外，尙有六人參加這項陰謀，刻在緝捕中。

（三）龍川縣鶴市公社永秀管區的糧倉，十月八日晚，離奇起火焚燒，雖搶救迅速，未釀成巨災，但大部份糧食，已遭受水漬的損害。事後，被下放到該公社支援農業生產的工人隊伍中，有二十四人被拘留鞫審，並派出共幹，突擊搜查各民居。

南洋大學與星洲政府的爭論

·俊華·

南洋大學與星洲政府最近又發生了爭論，爲了「補助學額」的額數，及「教學媒介語」兩項問題。

南大成立雖已五年，但對於一個大學來說，尤其在星馬的環境，以僑資的支持而創辦的這一家大學，迄今爲止，還不能說是完全上了軌道。

去年「白里斯葛評議會」的報告書，和今年「魏雅聆檢討會」的報告書，均指出南洋大學有亟須改革的必要，尤其是自從學位問題涉及學生出路，已引起了星加坡政府參加改革南大的行動，南大方面也接受星洲政府的意見，設立一個「聯絡委員會」，由政府代表與南大執委會的代表組成，商討有關南大改革的意見，但自夏間迄今，雙方意見仍未達到協議，而有相當的距離。

會商中的癥結問題，乃爲星洲政府擬補助非星洲學生，其數量不超過百份之十五。其次則爲「教學媒介語」的問題。

南大星洲執委會會於舉行南大星馬全體理事會時，將上述兩問題提出討論，仍無結果。最後再召開南大各州理事會（聯席會議）討論，結果一致通過兩項：（一）原則上不能接受星洲政府補助額限於百份之十五辦法，此點仍由南大與星政府積極商討解決。（二）南大教學媒介語，應以學術上所需要爲準繩。巫語，英語以至其他語言，均可採用。照這兩項決議，即南大執委會，各州執委會，都不同意星洲政府的意見。

星洲政府的立場，以南大設在星洲，又受星政府之補助，故「不能補助外籍學生超過百份之十五」。（馬來亞政府，迄今仍不承認南大畢業生之學位）。其次，星洲政府是極力巫化（星洲化）的，故要求南大以巫語爲主要教學媒介語。

但南大執委會係「星、馬」人士所組成，他們認爲：目下南大的馬來亞學生，佔百份之六十，絕不可能突減爲百份之十五。次則，南大雖以華語爲主要教學媒介語，但對英巫文也極重視。不能因政治需要而遷就。

檳城代表劉玉水已提出折衷辦法，即星洲政府可補助百份之十五。至於其餘，星馬人士當負責籌補。相信這是良好的解決辦法。

·吉隆坡通訊·

僑鄉近訊

鄉民反飢餓實行以血換糧（廣西）·江水·

廣西隆山縣，自九月底至十月中旬，已連續發生搶糧事件多宗。最嚴重的一宗是發生於十月四日，那天正是運糧入倉的日期，近千鄉民被共幹驅策着，把徵購得來的糧食，一担一担地運入第廿七號糧倉。當時有些鄉民乃趁此機會，竊取少許糧食回家療飢，但旋即被共幹發覺，竟兇性頓發，立刻奪取運糧者的担杆，趨前向偷竊糧食的鄉民痛毆，當塲有男女三人，被擊破頭顱，倒仆血泊，因此激動鄉民公憤，向該共幹責難，詎該共幹不特不自知理虧，反而聲聲大叫「捉拿反動份子」，於是羣情更爲洶湧，一部份奔前向該共幹還擊，另一部份則衝入糧倉，把糧食搶走，迨防軍聆耗馳至，鳴槍制止，但鄉民仍不顧命，並高呼「反飢餓」，「以血換糧」等口號，繼續搶糧不已，卒將倉內的糧食搶去了十之七八，而鄉民被轟傷的也達三十七人，其後共方再加派防軍一大隊到塲鎭壓，始告平息。據說：廣西糧荒日趨嚴重，此種「以血換糧」的搶糧騷動事件，刻正在各縣繼續擴展中。

「黨委」導演第三期下放活劇（江蘇）

江蘇無錫市「黨委」爲挽救農業危機，刻已演出第三期「下放」活劇，該市被「下放」的市民，截至十月上旬止，已達二萬八千人；這批「下放」工作者，係由各工廠、學校、商店、機關抽調出來，並包括部份共幹在內。據謂：各共幹係被分別派往各農村担任公社的書記或生產大隊的隊長；各工人、學生、店員，則被分配到各農業小隊當隊員。該市此次「下放運動」，「黨委」導演得頗爲熱鬧：首先，他運用權力，要市民「自願報名下鄉」；其次，就來一紙「下鄉決心書」，要「下放」的市民簽名在「決心書」上。最後，還要他們做出「欣然下鄉」的表情，踴躍地分批跑到農村去。不過，「下放」的活劇雖然演得熱鬧，但「下放」的後果，在中共瞎幹的情況下，農業危機，是早已注定無法可以挽救的。

叛逆

雪珍

今晚是一個重要的日子，我們一些即將畢業的音樂系學生，將要把我們的成績獻給每一個參加音樂會的人，這裡面有我們的老師和同學，也有一些家長和來賓。這當中有不少人是有名的音樂家，我們每個人都用了許多的時間來準備。尤其是我，節目被排在最末的一個，演奏的又是貝多芬的熱情奏鳴曲。我的心一直在跳着，我的手也在顫抖着，我担心上台的時候，我彈錯一個音符，那將會使許多人恥笑，也給整個大學丟人。

傍晚，太陽還沒有落下去，雖然時間還早，我卻已經緊張起來，躺在床上望天花板。

「出去走走，雪珍。」同房的林素英喊我。

「不，我不想出去。」我搖搖頭。

「走吧！小姐，你再躺下去，晚上就彈不好了。」

素英拉我起來，我梳了一下頭，就隨着她走出去。

校園裡眞安靜，最後一節課已經下了，音樂會的聽衆還沒有來，看不到一個人影。偶然一對情侶走過，但是轉眼就看不見了。我們慢慢地走着，不知不覺走向大禮堂，遠遠就看見一羣忙碌的男同學，來回走着。

「素英，素英，門口花店送來很多花籃，有不少你的，快去收下吧？花店的人，找不到人正着急呢！」那是鄭維政的聲音。站在禮堂門口，向素英喊。

「好，謝謝您。」素英大聲回答他，然後又轉過頭來問我：「雪珍，你要不要去看看？」

我搖搖頭，她就很快地走了。素英非常瞭解我，她知道不會有人送花給我的。

我走到禮堂後門，已經有不少老頭兒和老太太站在那兒，他們大多是同學的家長。他們是多麼關心他們的孩子，他們的面上顯出快樂和興奮，都在急迫地希望自己的孩子成功，在最後的一段時間，也不忘記鼓勵。然而卻沒有人關心我。我不是孤兒，我有父親、母親和弟弟、妹妹。但是，一個叛逆的女兒，誰會記得她！在整個家庭裏，就跟死去一樣，不再被提起，不再被關懷。

說我叛逆，我眞冤枉，我決不是做了什麼罪大惡極的事，我只是沒有走向父親安排的道路。

× × ×

當我在師範學校畢業的時候，父親一定要我回鄉間教書，他替我在當地最大的國校裡，找了一個教書的職位，工作倒也輕鬆，担任我所喜愛的音樂課。但是，我不願回鄉，鄉村不重視音樂，流行歌曲和輕音樂是大家所欣賞的，國校裡的兒童連簡譜也不會，音樂課只是老師哼一句，學生跟一句。那倒無所謂，我可以教他們簡譜，甚至五線譜。更要緊的，是我要繼續學琴，補習功課，好升大學。所以我向父親要求，准許我留在城內，準備升大學。

「升大學？」父親聽見我的話就生氣：「女孩子升大學有什麼用？嫁人才成問題呢！高不成，低不就，結果弄成老小姐，那才糟呢！你還是回到鄉間教書，找個合適的人結婚，我一定允許你，婚姻自主，爸爸給你找的，你不贊成就換一個。」

我比父親更氣，我不能呆在鄉下，嫁人，生孩子，了此一生。

「不，我決不回鄉，我要獻身音樂，我要努力學鋼琴，我要把我的一生貢獻在音樂上」。

「音樂？」父親輕視地說：「學好了頂多做個歌女，人人看不起，而你又是彈琴，只做個歌女的助手，更沒出息。」

「爸爸！」我眞是不贊成他對音樂的意見，我說：「歌女唱的那些歌，怎麼能稱作音樂，眞正的音樂，不是那個。是……」

「不要向你爸爸說教！」他打斷了我：「不管怎麼樣，我是個小公務員，是沒錢供你上大學的。」

說到錢的問題，我覺得事情有了轉機：「我不用家裡一文錢。」

「你又用什麼辦法賺錢？」

「教書。」

「上大學還教什麼書？」

「找個家庭教師呀！」我想起師校趙老師的辦法，她就是這樣子升大學的。

「不行！不行！」父親仍是不贊成：「我不能讓你一個人留在城裡，將來交個不三不四的男朋友，可就糟了，就像美華那樣。弄個男人，同居了幾個月，那個人一走了之，可就一輩子完了。」

「我不是美華，我也不交男朋友。」我下了決心。

「這我不能相信。反正你必須回鄉，不回來，我們脫離關係。」

父親一怒而去。看着父親的背影，我流下淚來。我不是壞孩子，只是堅持自己的意見，我有我的理想，我的抱負，我不能失去所喜愛的音樂。

暑假，我回到鄉間，父親驚異我只帶回簡單的行李，我把所有的行李存在同學家，我是決心要回到城裡去，已經找好了學校。

「不管怎樣，你要留在鄉間教書。」父親對我說。

「我已經在城裏找好了。」

「不行，把那個退掉。一個清白人家的女孩，決不能學音樂，大家會笑話我，說你走入下流。」

「爸爸，你不要汚辱音樂吧！因爲你沒有聽到過眞正的音樂，你不瞭解它。這兒的人們，都只是聽那些黃色歌曲和輕音樂，使你的心中，認爲這就是音樂。其實，眞正的音樂，偉大的作品，是一種藝術，是從音樂家內心所發出來的，我要獻身的是眞正偉大的藝術，我把一生的精力完全放在上面，我要創造中國人的偉大作品。我決不是走入歧途・你答應我吧！」

「不，你說什麼也不許。」

我想盡辦法說服媽媽，媽媽倒是同情我。

「孩子，你說得很對，一個女孩子也應該有她自己的事業。但是，我是沒辦法來勸你爸爸，你知道，他永遠要別人服從他」。

對的，在這兒，在我們家中，女子是沒有什麼地位，是不能有自己意見的。

鄉間國校送來聘書，也派人來和我商洽功課，我都回絕了。最後，校長也來看我。

「我還不一定留在這兒。」我對校長說。

校長也沒辦法，他是我的老師，曾經教過我。

「雪珍。」校長說：「我贊成你上大學，但也不要和你父親鬧翻。」

爸爸一次再一次催我到國校去報到，我只是不理。

八月中旬了，同學們來信要我趕快回到城裏去，那所我去的小學，要報到上班了。

我只好告訴父親說：「我明天要到城裏去。」

「我說過要在這兒報到；一定不准去城裡。」

「爸爸，准我去吧！我在城裏才有出頭的一天，這兒離城裡不遠，坐上火車，五小時就到了。我會時常回家的。」

「不准，不准——」

「准許我吧！女兒又沒有做過什麼罪惡的事，我只要上進。」我哭起來：「要是不准我，我也許——」

一種堅決的念頭出現在我腦海裡。

「我知道，你想跑。我沒辦法管你嗎？」

父親生氣地跳起來，把我拉住推到柴房裏，門外上了鎖。然後在外面大聲地說：「除非你留在鄉間，否則我不讓你出來。」

小屋沒有窗戶，白天也是漆黑一片，沒有燈，沒有床，沒有桌子，只有一些木柴和破椅子，我用力敲着門，敲着牆壁，我想出去，但是都是非常牢固，我沒有辦法。我哭，我大聲地哭，希望我的哭，能感動父親，可是一點用也沒有。

天暗下來，門縫透進的光消失了，我坐在破椅子上，母親好像在向父親說什麼，似乎在爲我求情，爸爸大聲地咆哮着：「不行，不行。」

（上）

文壇泥爪

「中國的高爾基」

魯迅不好出風頭，更不喜歡人家給他戴高帽子，這在新文學作家中是很少見的。

在北京時，有位美國人想寫文章介紹魯迅的著作和思想，以爲他的諷刺文章辛辣有力，風格很像蕭伯納，打算叫他爲「中國的蕭伯納」，魯迅聽見便說：「那怎麼可以！」後來在上海時，蕭伯納到中國來了，魯迅被蔡元培先生强拉了去，和蕭相晤，事後他給友人的信上說：「蕭在上海時，我同喫了半餐飯，彼此講了一句話，幷照了一張相。」只此而已。

民二三，蘇聯作協開成立大會，中共當時留蘇的詩人蕭三曾寫信給魯迅，說該會邀請他參加，但魯迅婉辭，沒有去。假若是郭沫若這等投共的文人，恐怕早巴不得這麼一聲了。不見抗戰末期，蘇聯科學院開會，邀請郭和丁西林，郭那是怎樣高興地到了莫斯科。蘇聯作協成立時，史大林正捧高爾基，上海的「左聯」也跟着把高爾基舉到天上，於是有很多人就稱魯迅爲「中國的高爾基」。魯迅大不謂然。蕭軍曾以魯迅比契訶夫和高爾基，魯迅對他說：「我看用我比外國的誰，是很難的，因爲彼此的環境先不相同。契訶夫的想發財，是那時俄國資本主義已發展了，而這時候，我正在封建社會裡做少爺。看不起錢，也是那時的所謂讀書人家子弟的通性。我的祖父是做官的，到父親才窮下來，所以我其實是破落戶的子弟，不過我很感謝我父親的窮下來，使我因此明白了許多事情。因爲我自己是這樣的出身，明白底細，所以別的破落戶子弟的裝腔作勢，和暴發戶子弟之自鳴風雅，給我一解剖，他們便弄得一敗塗地，我好像一個『戰士』了。使我自己說，我大約也還是一個破落戶，不過思想較新，也時常想到別人和將來，因此也比較的不自私自利而已。至於高爾基，那是偉大的，我看無人可比。」這是民二四年八月間事。

從此以從，魯迅的「中國的高爾基」的稱號便傳揚開來了。大概有人在他家裡當面這樣奉承他過，他的幾歲的兒子周海嬰也學會了這樣叫他。未名社的李霽野有篇追憶魯迅的文章說：「大概在一九三六年四月，我最後一次去訪問先生的時候，海嬰也在旁邊。他玩皮地指着魯迅先生說：『中國的高爾基呀！』魯迅先生慈愛的輕拍着海嬰的前額說：『莫聽他們胡說，我哪裡配！』魯迅先生隨即從桌上拿了幾塊糖給海嬰，笑着對我說：『他的目的在這裡！』」

高爾基之死，是給史大林謀殺的，魯迅之死，是給周揚徐懋庸等氣死的；二人生前死後，皆被共黨當作招牌利用；拿魯迅比高爾基，倒是極恰當的。

記戊戌維新始末（七）

舜生

以康有為的個性和所學來說，他是決不能做一個純粹的學人以講學著書終老的。同時，他儘管對八股文十分厭惡，對當時的科舉制度極端反對，可是，他知道不通過這一關，便無法提高他在社會的地位，發言也不能引起一般人的重視；因此，他在光緒十九年（其時他三十六歲）還是在廣東考得了一名舉人。

中國維新與革命兩派的改革運動，都導源於甲午中日一戰。當中國戰敗，李鴻章所率領的代表團於二十一年二月（1895年三月）赴馬關議和的時候，有為正偕同梁啓超到達北京參加會試。馬關條約是三月二十三簽字的，有為在二十一便已知道條約的內容，於是他要啓超發動廣東留京的舉人上書拒絕和議，首先附和者為湖南，其他各省人士也莫不憤發，而台灣舉人知道自己的鄉土已經被割，則尤為激昂。以當時的情況來說，有為未必不知道拒絕和約不容易辦到，但他看見士氣可用，至少他所懷抱的一套變法主張，可藉此機會作一次普遍而有力的宣傳，於是他聯合全國各省留京舉人在松筠庵開會，並由他自己以一天兩晚的工夫，起草了一封長達一萬數千字的上皇帝書，繕寫多份，交由到會者傳觀簽名。據說當時到會者有一千二百餘人，但經主和派多方破壞，並派人到各省會館向舉人們加以疏導與恐嚇，可是不願屈服毅然簽署者，仍有六百零三人，這便是有名的所謂「公車上書」。但不幸這封書延到四月初八始向都察院投遞，該院乃以和約已經皇帝「用寶」（蓋印），無法挽回，拒予接收。實際是孫毓汶等主和派串通李蓮英請太后壓迫光緒帝提前批准的結果。

這封書的內容，計分主要的四點：一、下詔鼓天下之氣，二、遷都定天下之本，三、練兵強天下之勢，四、變法成天下之治。所謂下詔鼓天下之氣者，是要光緒帝（一）下詔罪己，以勉勵同人，同雪國恥；（二）下詔明罰，以懲戒召致此次失敗之將帥、使臣、疆吏、以及尸位之大僚以肅紀綱；（三）下詔求才，不次拔擢非常之才，以應非常之變。

所謂遷都定天下之本者，是說北京隔海太近，容易為外力侵人，希望把首都遷到陝西，以便與敵人長期作戰。

所謂練兵強天下之勢者，是歷述當時軍政之腐敗，希望另選將才，重練新兵，多製多購新械，甚至希望發動海外僑胞，另成一軍，以與日本繼續作戰。

由現在看來，上面三點在這封書裏只算是一種陪襯，即在有為自己，也似乎知道決不是急切所能辦到，不過為了迎合羣衆心理，以便吸收多數人簽名，不得不如此措辭而已。他自己也聲明：「凡上所陳，皆權宜應敵之謀，非立國自強之策。」他所特別加強說明的，乃是第四點——變法成天下之治。即以篇幅論，發揮前面三點的文字，僅佔全書的三分之一，而發揮最後一點的，乃佔三分之二，可以說，凡有為以後一切的主張，大體都已在陳述這第四點的裏面已經提到，不過等到進入維新的實行階段，他的說法，乃比較的更為詳密而已。因此，為避免重複，我用不着在這裏加以贅述。但有一點，我仍得指出：即有為對於變法的根本態度，他是希望光緒帝「當以開創之勢治天下，不當以守成之勢治天下；當以列國並立之勢治天下，不當以一統垂裳之勢治天下；」這個道理是非常正確的。所不幸者，像這樣一種明顯的道理，不僅不是當時一般頑固分子所能明白，甚至就到了六十年後的今天，也還有人不識不知，以為可以關起門來做皇帝，這實在是太落伍了。

有為這封以公車名義上的書，儘管光緒帝不曾看到，但流傳甚廣，讀到的人很多，上海且有「公車上書記」的印行，當此新敗之餘，人思憤發之際，其對於人心的鼓舞，士氣的振作，可以說已奠定了維新運動的基礎，這與他十四年第一次上書是截然不同的。再加上，有為在這一年，居然已中了第八名進士，並授工部主事，在一般世俗人的眼中，他個人的社會地位，也可以說是高了不少，於是他在這一年的五月十一及閏五月初八，乃為第三第四次的上書。第三次上書也有一萬三千餘言，其內容與公車上書大同小異，惟以和議已定，乃將拒和遷都各項畧去不提，對於變法部分則較有詳盡的闡發，尤其對於振興軍備一層，他列舉了「汰冗兵而合營勇」，「起民兵而立團練」，「練旗兵而振滿蒙」，「募新製以精器械」，「廣學堂而練將才」六項，更針對當時情況，作了極切實的建議。此外關於求人才，慎左右，通下情三點也說得非常懇切。這次上書仍由都察院代遞，居然到達了光緒帝的手裏，並命抄錄四份，以一呈太后，一存軍機處並發各省督撫將軍議，一存乾清宮南窗小篋，一存勤政殿備覽觀，這可以說是有為與光緒帝直接發生關係之始。第四次的上書也交察院代遞，但察院以有為已有衙門（指工部）不收，再送工部，工部尚書孫家鼐原允代遞，其他五堂官均已畫押（清制每部兩尚書，四侍郎，共為六堂官），惟侍郎李文田以與有為為同鄉，挾私怨，不願簽署，家鼐礙於同官，也只好取銷前議，故卒不得上。其實第四次的這封書說得更為委婉曲折，非常動人，並且向光緒帝提出了「下詔求言」，「開門集議」，「闢館顧問」，「設報達聽」，「開府辟士」，五點具體的主張，大體均切實可行，以遭受阻碍，未能上達，實在是很可惜的。

（本節仍待續）

伍憲子丈周年祭

亦園

白頭師友半先凋。詩酒重陽信寂寥。東觀何年收董籍。西風竟夕長胥潮。諸天有界魂招遍。碩果難存道欲消。擬效延陵重掛劍，高墳木葉下蕭蕭。

九日黃蜂瀝謁湯展雲丈墓

亦園

九日殊方忽十回。西風催客又登臺。空山寂寂天無語。落木蕭蕭秋更哀。遺稿千章凝涕淚。浮生百歲沒蒿萊。瓣香獨獻黃蜂瀝。料有吟魂化鶴來。

九日重過疎雨橫塘館贈主人雅笙社盟

亦園

九日重過疏雨塘。十年風物舊垂楊。故人子弟皆龍虎。亂世文章亦稻粱。課罷自斟花下酒。醉來閑看海中桑。虹橋秋色深如許。好補東籬臥晚香。

重陽後一日國風詩壇雅集紅樓賦此

亦園

極目雲山亦快哉。翩翩裙屐共登臺。一秋身作千秋想。九日樽留十日開。晚菊凝霜香淡遠。高樓懸月意低徊。隔江紅葉看將褪。欲借天風鼓櫂回。

趙戒堂畫展序

徐亮之

繪事三難：學、養、志：學不博則見不廣，養不至則格不高，志不專則藝不成。吾嘗執此以論古今名家哲匠之畫，於以觀其用力程工之所存，蓋往往若合符節焉。

吾友江都趙戒非戒堂，以書名有年矣。其於畫，童而習之，壯而嗜之，老而不衰，窮達榮悴流離轉徙而不廢；而又生長席豐履厚之家，山水明秀之地，人文薈萃之鄉；心神耳目之所濡染，名師宿德之所薰陶，朋友切磋之所增益，並足以廣其學，厚其養，而以作成其志。凡他人之所難，戒堂皆得而易之；則其卓然有所自樹也，宜。

抑尤有進者，戒堂誠篤信厚人也；其待人接物，從無疾言遽色之加；其自處雖窮困拂逆，常恬然有以自得自樂，一若與世相忘，而世之是非榮辱舉不足以攖其心焉者；是其學養所得，又豈尋常畫師之所學所養所得而同日語哉？而亦以此，用其所為畫，適秀而天真，生動而閑雅，步趨古人而不滯，善出新意而不流；天與人而交融，人與畫而合一；即人即畫，即畫即人者焉。非夫學養有素而志趣之純且專，曷克臻於此？月之十八日，戒堂將展覽其畫於聖約翰堂而徵言於吾；吾既素喜戒堂之畫而尤喜其為人，輒為欣然序之云。庚子秋暮徐亮之。

本刊已經香港政府登記
聯合評論
週刊
每逢星期五出版
United Voice Weekly
第一一七號
承印：嘉羅印刷有限公司　香港灣仔馬師道5號
總代理：友聯發行公司　售價每份港幣一毫
本報美洲版總經售處　美國紐約中美出版社
CHINESE-AMERICAN PRESS, INC
199 CANAL STRE,ET..
NEW YORK31 N.Y. U.S.A.
美洲航空版每份零售美金一角

寫在肯尼第當選以後

左舜生

一、看看別人，想想自己

中華民國，一轉眼便要進入第五十年，在過去的四十九年，以前一期擁着總統名號的人來說，有袁世凱、黎元洪、馮國璋、徐世昌、曹錕五人，而革命初期中山先生的臨時總統，後來的非常總統以及段祺瑞的執政不與焉。這一期的總統，根本談不上什麼選舉，甚至如袁世凱以公民團包圍國會，曹錕的公然賄選，更是穢德彰聞，為舉世所不齒。第二期的總統出現，這是三十六年憲法公布以後的事。三十七年第一屆的選舉，蔣之必以最大多數當選，乃是前定的；陪選的居正還得了三六九票，這只是為了比清一色好看一點起見，別無其他的意義。當時李宗仁與孫科競選副總統，卻真有一點選舉的意味。李以一、四三八票獲勝，孫以一、二九五票失敗，差額很小，可看出競爭的熱烈；當開票唱票的時候，南京全市的人民，有聽到連續唱孫而鼓掌的，有聽到唱李而鼓掌的，儘管不是人民直接選舉，但民意卻間接可以表現，我覺得這便是民主的初步。四十二年，蔣第二屆的連任，儘管有若干可批評之點，但究竟還於憲法有據，憲政體制還可勉強維持；至於第三屆，這便確確鑿鑿是憲法所無的，本刋早已有過嚴正的表示，我不願在這裏多說。美國這次的選舉，儘管在競選期間，兩方的啦啦隊都不免若干過分的不客氣，可是一經揭曉，大家都沒有話說，何以故？因為他們一切一切都是遵守着憲法和優良的傳統在做，確可以夠得上說是無懈可擊，尤其肯尼第，在經過幾天的休息之後，首先便去看他的對手尼克遜，握手言歡，拍照留念，要求合作之意，甚誠，尼克遜也以斷然合作回答了他，即令說尼克遜多少帶有幾分戲劇意味，但假戲真做，也還是值得大家叫好、此無他，他們都懂得政治只是管理衆人之事，處在美國當前這種險惡的環境，誰被人民選了出來，實際是責任重於榮譽，勝者無所用其驕矜，敗者也無所用其懊喪，眞正的勝敗，至少要等待四年以後才能得出一個小結，此時還只有小心翼翼穩步前進之一法，此外一切都無所用之。咱們中國不然：每每經過一度政爭之後，勝者敗者的兩方，便大抵相視如仇敵，不僅合作談不到，甚至連見面也無可能，因此，儘管民主制度介紹到中國已快五十年，而民主氣氛至今還是半點沒有。究竟這種責任應該誰負，最好讓有關方面去捫心反省，但為了培養下一代的新人，我總覺得一切從事教育與文化工作的人們，其責任確實是非常重大，假定如天之福，中華民國能夠「長命百歲」，我總不希望再過五十年還是依然故我啊！

二、求其在我，不能徒托空談

美國這次的選舉，台北方面似乎在事前事後都引起了多少不安，我覺得這並沒有什麼稀奇，全世界一切與美國有利害關係的國家，誰又不在注視這次選舉的結果？不要說自由世界，就是共產一面，他們現在正集合着各方首腦人物在莫斯科開會，儘管他們的會議是在秘密進行，但討論的主題，依然不出今後如何對付美國的一套對策，則不難想像。我們不僅對他們這次的會議不能忽視，我們毋寧承認他們的步驟相當謹嚴；儘管他們所能得到的一個方針大抵不會離乎邪惡，但他們必須有一確定的方針，以便大家一致行動，則係事實。我們看美選揭曉以後共方的言論和動向，大體相當穩重，除說了若干無關宏旨的話以維持他們一貫反美的態度以外，完全沒有涉及根本問題，毛澤東豈不知道自己害的什麼病？他何敢自外於這一共同方針而採取單獨行動？儘管因時，因地，因事在表面上可能有多少參差，但基本上總還是殊途同歸，相互呼應，我覺得自由世界若干鑽牛角的赫毛異同論，似乎是應該結束了。

台北這幾天的報紙和名流們的談話，好像都在對肯尼第登台以後的外交方針是不是會有若干的變化加以揣測，我覺得這不僅為時太早，貿然的斷定「一定不變」或「一定變」，也未免失之簡單；老實說，肯尼第目前所能用力的，還只是如何結構他的陣容，如何加強國內的團結；如何處理前任必將遺留下來的若干必待他來解決的內部問題作準備，……至於外交的大政方計，他一樣也還是有所等待；這不是什麼主動被動的問題，在共方這次各路英雄會議未結束以前，對手方的第一張牌還不會正式打出，他是無法針鋒相對預定一種態勢去和他們周旋的。更澈底的說，不變，不一定便對我們好；變，也不一定對我們壞；我們當前眞要檢討的乃是自己的問題，所謂「求其在我，」已非切實下工夫不可了。

經不起再開一度頑笑！

明年是中華民國命運的決定年，據說台北的當局者，又有所謂在「憲政體制」下求團結的決定，而且似乎是已在開始策動中。我們不必以逆詐臆不信的態度去推測這一舉措，但我們必得稍稍提醒幾句：要求得這一事件的實現，你們不具有一種大開大闔的勇氣與決心是不會成功的；國民黨不求得自身的眞正團結，而先談所謂黨外的團結，似乎也近於本末倒置；我知道，確實知道，不僅海外，即在台灣本地，國民黨黨內，都有與當局方面若干不同的意見，近幾年由於造亂者的某些舉動過度違反「憲政體制」，這種裂痕已經越來越大，假定你們對若干的重大錯誤，無法予以糾正，並根絕其繼續發生的可能，那末，便還是各位勉為其難，所謂團結還是不談的好，我去年所說的所謂「搶救中華民國，」已經為日無多，「三春去後諸芳盡，各自須尋各自門」，實在經不起再開一度頑笑了！

民主潮流的激盪

——論南越政變的意義

胡越

古云：「天命不可違」，用現代的話說就是大勢不可抗。自由民主是今天的主流大勢，自由已成為人所以為人的條件，而民主是保障自由的工具、爭自由爭民主已成舉世醒覺的大目標，人同此心、心同此理，浩浩蕩蕩，奔流怒放！任何國家、任何集團、任何個人，如果妄欲阻抗，它或早或晚要遭滅頂之禍！希特拉、莫索里尼倒下去了，貝隆、李承晚也倒下去了，今共產集團縱然利用自由世界的內在的弱點和矛盾，得苟延其壽命，但是匈牙利革命的怒濤已經証明，騎在人民頭上的共產政權是多脆弱！任何的獨裁政治都是脆弱的，無論是左傾的獨裁，或右傾的獨裁；獨裁者是火山口上的塵芥，他們永遠是色厲內荏，恐懼不安；因為他們必須日夜不休的揑緊拴在人民頸上的鐵鍊，稍一鬆懈即生肘腋之變。最近這次南越的政變，我們也可做如是觀。

南越是一堅強的反共國家，從反共的大前提看，任何反共國家發生變亂，都是反共陣營的內傷，我們都感到悲痛難過，但是我們不願不忍見反共國家發生變亂是一回事，而找出變亂的根源，提醒反共國家的警惕，從而做釜底抽薪的改革是另一回事。若干反共者一味的咒詛政變，而不肯澈查發生政變的根源，等於是咒詛疾病，而不肯看醫生治療一樣。試看單只今年，亞洲已有四國發生政變，四月南韓政變，五月土耳其政變，九月寮國政變，十一月南越政變。遠之如巴基斯坦政變，伊拉克政變，緬甸政變，泰國政變等等，政變有如瘟疫一般，正在落後的反共國家猛烈蔓延。而我們檢疫的結果，發現是獨裁細菌在作祟。

早在今年南土兩國發生政變的時候，南越即傳出政局不穩的消息，在野人士會聯名發表一個措辭溫和、要求民主改革的文件，可是吳廷琰不加理睬，並且拘捕其中四個簽名的在野人士。吳廷琰這些年來，他個人的廉潔、反共的堅強，以及在經濟建設方面的成績都頗受一般人所稱頌，但是其專橫跋扈、刻忌暴烈的獨裁作風，則激起普遍的怨憤。他始終嚴禁反對黨的成立，箝制言論自由，雷厲風行實行新聞檢查，對政府稍有批評，即遭查封：大規模誅伐異己，據知被囚在集中營的政治犯，即有一萬多人；這種摧殘人權，剝奪自由，壓制民主的惡劣作風，直可與共產黨媲美；過份重用其家人，他三位弟弟，一個任省長，一個任駐美大使，一個任國民會議議長，而照顧他個人生活的一位弟媳則更包攬政事，權傾內外；而其他的裙帶親戚，亦多位據要津；招搖納賄、墮壞政風。因此這次政變首領阮文達等指責吳廷琰：「將家族利益置於國家利益之上」，實非過言。而這次政變之爆發，也就並非偶然了。

這次南越政變，從發生到結束只歷時三十小時，未釀成大規模之內戰，使北越來不及動手干預，誠屬不幸中之大幸。經這次巨變之後，一般觀察家都認為，南越局勢並不能就此穩定，因此屬望吳廷琰能夠順從輿情，改革政治；可是就政變後吳氏的措施來看，這種希望甚微。他不但窮捕參加政變或同情政變的分子，並查封五家在政變時批評他的報紙，大有報仇雪恨，斬草除根的味道。要知道一個騎在人民頭上的獨裁者，他的仇敵實是所有人民，除非將所有人民的殺光，否則他的仇敵是永遠不能除根的。

這次政變所以曇花一現而告失敗，主要是由於政變的領導者缺乏經驗，而並非如同情吳廷琰分子所說的，朝野對吳廷琰的効忠和支持。這可以從政變當時海軍的觀望，陸軍在接到入援命令之後遲疑不前，海軍陸戰隊之先參加政變，在政變瀕臨失敗時又倒戈，得到確切的證明。而政變失敗之關鍵，在於政變領導者，不欲擴大流血，堅持與吳廷琰談判，如果他們一開始就不顧一切，猛進攻總統府，那麼吳廷琰早就垮台了。吳氏在這種倖勝的情況之下，不知反省改悔，仍昏迷暴虐的恣橫到底，可以預見南越前途仍是非常黯淡的；民主潮流經過此番激盪，將一時消隱潛流，但我們確信，人性不變，人對自由的渴望亦不變，那麼自由民主的浪潮必再湧現排山倒海的力量，冲洗掉那惡腐的獨裁勢力！

今天自由世界在與共產集團的冷戰上，有兩大隱憂；一大隱憂來自那些擁有殖民地的國家，如英、法、荷、比等。這些國家由於長期的殖民地統治，積下了一時難解的仇怨；每一殖民地的獨立運動，實際上就是反西方運動，就給予共產集團冷戰上一大資本；自由世界的盟主美國，縱然歷史清白，亦免不了受池魚之殃。所幸英法諸國，順應民族主義的潮流，正做急流勇退，而英國在這一步驟上表現了超絕的智慧，使獨立後的殖民地，如印度、馬來亞等多能與西方國家保持親和的關係，但荷比等國就遲頓笨拙，惹下無窮的是非。目前陷于混亂的剛果局勢，就是一最好的說明。但是，殖民地獨立運動已接近尾聲，自由世界這一潰瘍症，已可望根治了。

（下轉第二版）

雜憶錄之十三

動力主義的美國人

·幼椿·

此次美國兩黨競選，互相批評，民主黨人批評共和黨人執政這八年之中，乃成爲政治的休息期間。這句話令我發生了許多的感想與回憶。美國人號稱爲青年民族，就因他不斷的動，從少至老的動而不息，所謂「動力主義」的一名辭，即可以說美國人的民族性。在這個民族性上說來，艾森豪做總統，不但未嘗一日休息，而且出國開會與訪問，跑了兩萬多里，尼克遜做副總統也不是副二陪坐，還是隨時代表總統出國訪問，尤其是艾森豪所信任的杜勒斯國務卿跑了幾十萬里，爲國宣勞，竟自跑死而後已！

共和黨人執政八年，這樣不停的動，不斷的跑法，而且其中心目的，總在想以美國的力量與信心去擋住極權侵畧形勢，奠定世界和平，這又怎能說他們在休息呢！如果這樣還說是在休息，豈不令我們中華民國的政府與國民，十年以來，志切復國，不忘在莒的人們慚愧死了嗎！

不過，美國人的動力主義，不是盲動妄動，而動則必須講求效率。人人所認識的代表美國民族的「山姆叔」漫畫，他的故事乃是，帶了四十個銅錢便動身去到新天陸，冒險且工作，後來留給子孫以驚人鉅大的財產。因此以效率而論，則八年中共和黨執政，雖不能說是成爲休息期間，而其動的結果，效率不佳，這是事實，這或者算是令民主黨又抬了頭，而且捧出一個最年青的總統肯尼第來，要看看他與其同僚動的效率又如何。

中美兩國的對照

以美國民族的這樣好動與快動法，而且事事追求最高的效率，一旦與中國人合作起來，令我們中國人頗難於去適應：前者要動得快，後者一向是慢動作，前者要求效率高，後者一向是「差不多」便算了。這是對日抗戰期間，中美合作，隨時弄得彼此不歡，中美兩政府在那時的感情因之受損，大部份的原因都在於此。

茲憶及我所經歷的數事：當抗日戰爭最緊張時期，滇緬路被封鎖，一切美國軍援均須用飛機自印度飛過喜馬拉雅山的駝峯，而運到成都附近的機場。日寇的飛機則每晚都要來炸機場。因之美國與中國約定，凡飛機運來之物，如汽車、汽油，及其它軍用物資，美國則限定正午十二時前運到，中國則於午後一時左右，必須全部移出機場，因一過午後二時，則敵機有時便來臨也。於是我政府下令，限定在一個鐘頭之內，後方勤務人員必須每日按時將物資移完妥放。看來機場雖大，不過半里直徑，物資雖多，也並非特別笨重，搬運而已，人力而已；如講效率，一個鐘頭眞足够移完妥放了，然而我們的後方勤務人員便辦不到，零零落落的，直弄到晚，硬運不完，有時便不免爲敵機所炸毀了。於是美國軍方大爲生氣，改變辦法，凡運到物資，機師非看見地下人員運離機場，不得再行起飛。這一來，躭擱運輸的時間，飛來次數爲之減少，運來物資也當然不如預期。事聞之於重慶最高統帥，下令調查後方勤務的殆忽情事，國民參政會也擧我前往考察。

將東西用人力或車子運離機場，在我心裡想來，眞是很容易如時照辦得了的一件小事，但等我到新津機場細細的一加考察，就知道事雖簡單而其中的問題却不簡單。移運工作，司其事的有監察的文官，有指揮的武官、有士兵，有苦力，而這一切無論有知識與無知識的中國人都是不習慣守鐘點的，動作總是慢拖拖的；尤其是苦力，坐在茶棚裏悠然自得，即使炸彈要落下來了，他們都不會着急的樣子。至於監督指揮的文武人員，我曾觀察過三天，莫有一天不是遲到，你能說他們是故意如此嗎？不是，這是幾千年來生活的根本態度使之然！

中國民族性的這種悠然自得，遇事差不多就算了，最不易爲要動得快，要動得有效率的美國人所能了解，因此像史特威爾這一位性格又較急的軍人，就更看不慣，在他的筆記裏（史特威爾死後，我曾在舊金山會見他的女兒，匆匆閱過他這本筆記，）說「中國軍政部裡的官員們都只是幾堆肥肉，死不動的」！因之史特威爾在重慶幫助抗戰，無法忍耐，他要講效率，就只好來自己動手，於是憑一己的計劃，由一己的選擇，不理我軍政當局所定的系統與辦法，而便自行硬幹快幹起來，這樣更易與我軍政當局鬧翻了啊！

然而史特威爾在重慶任盟軍參謀長時，也與一位中國人合作得很好，他是王芃生先生，在史特威爾的筆記上，也提到他很恭維。我相當認識這位王先生，他担任一部份對敵的情報工夫，他所物色的派遣出去工作的人員，就幹得快而且有效率。芃生曾告我，他所物色的情報人員都是大學生，留學生，且有任教職於大學校的；這些人都是有相當智慧，而且是自告奮勇，爲國貢獻，其冒險赴東南亞各地探取敵情，並不是爲吃飯而受驅遣，也不是爲做官而當差事的去幹法，大抵出於自動，而有決心，再加上他們的知識够，故效率比較高。如現在台灣的李萬居先生，便曾以留法學生任過教授的資格，而做過王芃生先生的幹部，去越南日兵佔領地區中探取情報，爲我深知其效率甚高者。

在抗戰期中的大後方，最容易與美國的兵士與職員接觸，尤其在成都「勵志社」所在的那一帶街上，這些美國青年休假時在社中坐不住，常在街上來與野孩子們玩，或打小皮球，或捉迷藏戲，天眞爛漫的；但一做起事來，服從命令，一絲不苟，守時耐勞，達到任務的效率大抵甚高。我視察飛機場時，即曾見他們帮着苦力趕運五十加侖一桶的汽油，手推足踢，適遇天雨，泥漿四濺，滿頭滿身黃泥，絕不停息，誰說 Yankee boy 便無濟於事呢！

寫到此地，我憶起張君勱先生與我遭遇着一個好笑的事。一九四五年夏，君勱與我同代表中華民國參加舊金山聯合國的製憲大會，美國政府派小汽車伺候各國代表乘坐赴會，君勱與我同乘一輛，照規定每早九時送到會場，一向如時。一日，勱老臨上車，忽憶起文件不够，又入旅館房內覓取，再上車時，九點鐘已敲響了。在我們並不感到有何意外，而司機人已着急萬狀，車前面用兩輛摩托脚踏車開道，發出嗚嗚之聲不已，遇着紅色街燈不停，在市街開足六十買的速度，如救火車一樣，而且轉灣抹角過快，令坐客無法坐穩，勱老大呼 Slowly Please！平日十二分鐘的路程用四分鐘便開到了；開到後，司機說：還好，只遲到四分鐘！我氣忿的道：Nonse-nse！步入會場後，我想到並非無意義，司機者曾奉令遵守時間，他只知道如時達到任務也。

請你與我合作

因此，我想到這美國人的習性，樣的要求快，而且隨時要求有較高的效率，這十幾年來國際共產黨的不通商量，一味狡賴，眞把美國人折磨得够受了！在美國市區的街頭，對於路人，只要你向他招手，叫一聲 Please cooperate with me（請你與我合作），則任何路人都必前來帮手，這是一次我坐一位中國領事的「老爺車」的經驗，車子壞在洛杉磯城街中，車主曾這樣一招手而便招來了三個過路的美國人，爭着動手尋毛病，代修理，而竟又開動，只道了一個謝字，三人皆滿意而去。這在美國人，爲人服務，出於善意(Good will），這善意二字，在美國人心中，乃是具有道德的基礎的：因爲他們的宗教哲學是相信「人生而向善，該當寄以信心」，故他們對於他們的北美合衆國，對於他們有名祖先所傳給他們的民主憲法，固然給予充分的信心，且懷着善意的去爲它們服務，而對於世界應有和平，人類應該向上，也一樣的寄以信心，而善意的想去爲它們服務。

不過這個善意，今日遇着了隨時口頭說「不在乎」的俄國人（俄國人口前語，喜說Nithevo，意爲沒關係或並不要緊），確把要想快得結果以達到善意願望的美國人困住了，難倒了！請你與我合作，而俄國人老是鬧別扭，不合作，美國人又將如之何呢？

四九、一壹、一三

民主潮流的激盪

（上接第一版）

但另一大隱憂則方興未艾。那就是落後獨裁的反共國家。這些國家雖然堅决反共，但是由於獨裁統治積造了人民的怨憤，而陷于動蕩不安。這包括大部分的拉丁美洲國家及亞非國家。這些國家始終在獨裁——政變，政變——獨裁這一惡性循環中翻跟頭。以往政變所產生的獨裁，仍是反共的獨裁爲害尚小；可是最近的紀錄顯示出來，政變的結果往往產生親共的獨裁，左傾的獨裁遠之如埃及的納薩及伊拉克的卡森，近之如古巴的卡斯特羅及寮國的李江；這情形就非常嚴重了。如果不能有效的防治這種現象的繼續上演，自由世界的前途，實大可憂慮：針對上述情勢，自由世界的先進國家，宜採取集體行動，有計劃的協助那些落後國家來促進民主和擴展自由。當殖民地完全肅清，獨裁國家完全消逝之日，那也就是自由世界在冷戰上贏取决定性勝利之時了。

真團結還是假團結

——診斷當權派的「團結運動」

李金曄

十月初，國民黨「八屆三中全會」通過「促進海內外反共愛國人士團結合作案」。據說由於該案是該黨中央決策，不同於以往若干國民黨首要個人發言；該黨宣傳機關，也一再表示這回是有「誠意」、有「決心」的。十一月十一日「香港時報」社論（題為：「發展中的反共團結運動」）即這樣說：「國民黨這次有絕對的誠意來促進各項會談的進行與團結工作的完成。……她如果沒有誠意，沒有決心，就絕無必要再來舊話重提，由三中全會作出新的決定，而自尋麻煩與困擾。」

該社論又復透露：台北方面，國民黨中央「已決定自明年元月起，分批邀約海內外政治、經濟、文化、學術等各方面的領導人士，舉行各項會談；隨後透過這一初步交換意見的方式，再擇時召開集各界英彥於一堂的綜合性會議，共策反共復國的進行，與反共團結的實現。」這自然可以看作是國民黨中央推動該案實行的步驟。

就以上引述各節來說，截至目前，不能謂該黨「沒有誠意，沒有決心」。但是否真有誠意與決心，究竟不是靠宣傳資料可判斷的。然而鑑於過去的事實，國民黨中央的決策，往往因與當權派利害不相一致被擱置，甚或因與當權派一二首腦個人的好惡相衝突遭杯葛。結果，虎頭蛇尾，不得善終！因此，雖然可以君子之心來看國民黨中央這一次的決定，却不能不以「小心求証」的態度慎觀其事實的演進，否則若有不良結果，在國民黨當權派固是預求之麻煩與困擾底實現，自屬無所損益；但對全國各方渴求團結反共者來說，將無異是一盆冷水！

同時，若從另一角度觀察，又何嘗不能把國民黨中央的此項決議，看作是當權派對發展中的「客觀情勢與全民意志所迫切要求」變革現狀的壓力作暫時的應變呢？因此，若國民黨當權派不能在最短期間內，對現行的實際政治先作若干徹底的改變，以明心跡，人們是不能不對國民黨中央的「善意」決定存疑的。理由已如上說。

誠然，國民黨當權派是已經對面臨的「客觀情勢與全民意志所迫切要求」有所警覺了。但是「客觀情勢與全民意志」所要求的，並非僅如「香港時報」社論代表台北的意旨所說的那樣祇止於「反共團結運動」。而是要經由此項運動，達到徹底改革國民黨當權派壟斷下的現政局的面貌和實質的內容。具體點說，基本上是要求遵重中華民國憲法，真正實施憲政，使民主與自由得以實現。從而鼓舞海內外全民反共復國的熱誠，以求反攻之早日實現。而並非是以「反共團結運動」為招紙或單方，俾供當權派作點綴、續命之用。最近來自台北的消息，顯示當權派正不遺餘力地繼續對在獄的雷震及其他籌組新黨人士施加壓力，並對該等人士所有的事業間接加以中傷、破壞，以期達到威脅、阻撓新黨組黨工作的推進；另一方面，也仍在對民、青兩黨進行分化，從過去爭取友黨的合作（團體），一變而為爭取黨友（個人）；以爭取黨友，來拆散友黨，却美其名曰：「着重在各階層反共力量的全面聯繫與共同努力」?!據此一端，已可証明國民黨當權派對「反共團結運動」的言行仍不一致。

民、青兩黨內部有些問題，這是事實，即該兩黨人士也並不諱言。但該兩黨人士每一談及黨內紛擾的家務問題時，均對國民黨當權派有所詐詬，像以這些家務糾紛，多出自國民黨當權派的挑撥、離間等手段所造成，然后一方面用以嘲笑民青兩黨，並又以該兩黨未能自行團結為口實，而獨攬政權！這些沉痛的往事，每當民青兩黨首腦人士言及，無不慨嘆當權派在政治上的無信、無義。這些也都是不容當權派抵賴的。

同樣的，在國民黨內部，由於當權派之妄自尊大，和坐擁既得利益，亦使黨內的開明與有為的人士恥與為伍，但這些絕大多數的國民黨黨員和該黨內飽學而又有聲譽、地位的人士，由於他們不顧背棄政治信仰和對孫中山先生的敬愛，寧可不作黨棍、官僚，不同流合污，仍願恬淡的做一黨員，即今日尚在從政者，亦多有以入地獄之心情，當國盡一分力，為民盡一分心，但對當權派之驕橫跋扈，亦莫不於私下表示切齒痛恨。故國民黨當權派不講團結則已，若講團結，似亦應先行自加檢討，自我做起。庶幾在推動大團結運動時，國民黨才有希望推選真有實學才能之士為代表，與各方共商國是。否則，以一班倭倖二臣之流，豈堪與八方俊彥共坐一堂討論國事！

至於談到雷案，不錯此是一個「錯誤悲劇」，但却不是如「香港時報」社論所說的那一類。陶希聖的牙慧是拾不得的，但很可措該社論竟以其論點為據，似乎是太缺少智慧了。雷案即使覆判獲得減刑，仍是一大寃獄，於今固未足以令人心服，將來史家定當另有公論。雷案實在應是國民黨當權派的錯誤悲劇。須要「幡然覺悟過來」的，也正是國民黨當權派自己，而不是他人。客觀的情勢與全民的意志都要求在變。但此一變，絕不是說再予國民黨當權派以從容拖延的機會。沒有人顧意否定國民黨在中國歷史上的地位和當前的重要性。不過，當權派之不再為海內外國人所重視；不應再自戀戀不捨既得利益，而阻碍民主憲政的發展，該有自知之明。為反共必須團結，是天經地義的。但絕不應以國民黨當權派為團結之核心。若當權派仍以為團結必須以「我」為核心，團結運動將是難以實現的，除非國民黨中央內部有大的人事更動，同時具體地在實際政治方面做若干項一新耳目的改革。

於此再寄語國民黨當權派，沒有人願意分裂反共的，製造分裂的是你們，反共大業是人人有責的，你們不能坦然無私地與各方團結合作，那麼大家自應堅守崗位繼續反共。今天，海內外的形勢已在大變，民主反共力量，真逐漸地在趨向合流，現在感到孤立的是你們，所以你們又再度擺出了「團結」姿態。你們是在「大江東流擋不住」的岌岌可危底形勢下，才感到需要「團結」的，而不是真有決心以團結運動為基礎來厲精圖治。所以你們的用心是可以懷疑的。結果是這樣，海內外的國民仍將抱「寧信其真」的態度來觀變，首先是看你們當權派有無勇氣讓路把壟斷已久的權力交回給你們的黨，讓黨內的開明人士主政，一切依照憲法行事，在民主與法治的軌道上，才能有真正的反共團結運動出現。否則一切徒託空言，你們仍將繼續誤國誤民和自誤自絕！並且是孤立地被釘牢在台灣！甚至連釘牢在台灣也辦不到！

中共工業的兩個基本問題

一位有經驗的外國企業家，應邀在大陸考察了一轉以後回到香港，在私下裡談到了他對於大陸工業發展的觀感，我有機會獲知，特轉錄之以供讀者參考。

他認為中共的工業確有進展，而且進展速度很快，但浪費得驚人，他舉了幾個目擊到的事實為例：

一、他說鞍山人造石油廠，在中共佔領前最高年產量是十五萬噸，現在已達四十五萬噸，增加了三倍，但其成本則超過國際市場價格很多。他就此一問題會對中共當局提出兩點：（一）在中國的西北部有天然的油礦，何必又化這許多錢來造人造石油呢？（二）與其以這樣高的成本造石油，不如進口更合算。中共當局對於後一問題答覆得很含糊，對前一問題却有肯定的答覆，指出大陸西北各油礦的產油量很少，不但不能滿足目前的需要，而且還沒有可以預期的較佳遠景。

二、這位外國企業家又指出了下述浪費情況：

（一）大連造船廠兩年前已經造成了一條兩萬噸的船，但至今尚未下水，原因是沒有機器。

（二）長春第一汽車廠面積四十平方公里，員工二萬二千人，去年的年產量七千輛，今年計劃為一萬三千輛（按該廠設計能力是年產三萬輛，一九五六年投入生產，據中共發表，當年生產一、二三八輛，此後即未發表產量直接數字，繼續透露產量比例：一九五七年比一九五六年增長六倍，一九五八年比一九五七年增長十四倍，一九五九年無此項比例數字。若據此而計之一九五八年的產量應為一萬八千多輛。）據這位有經驗的企業家指出，若同樣條件的廠在日本，則年產汽車當為十萬輛。

（三）三門峽水庫之堤壩已建成一部，其流出之水力已經可發大量電力，但中共未予利用。據中共管理人員稱，三門峽開發計劃實行之時（一九五五年），已向蘇聯定八個巨型發電機，至今一個未到，因此只得讓水力白白浪費。

（四）這位企業家參觀了東北、華北、及華中，據稱這一種已有軀殼而無機器的現象非常普遍，他認為這是資金積壓的浪費。

這位企業家大概因為是被邀請前往訪問而必須保持其禮貌的原故，所以把上述許多問題說成是浪費。但事實上，他已道出了中共工業的兩個基本問題：

一、目前，石油一類的燃料儲量，決定一國機械化發展的遠景，中共若在這方面的問題沒有澈底的解決、一方面限制着機械化的發展，另方面則表現其在工業上有依賴外國的必然性。中共從蘇聯進口石油不斷增長，當說明了這一點。

二、經濟發展必須按步就班，決不應該是什麼鼓足幹勁、打破舊平衡在新的基礎上求取新平衡的那種經濟發展思想指導下的胡亂發展可以解決中國經濟問題。中共今年基本建設方針改為強調保証重點，縮短戰線，或與舖攤舖得難以收拾有關。

·田心·

三言兩語

台北三天兩震動！一因肯尼地當選；二因西貢政變。

× × ×

越南人民不若過去愛戴吳廷琰，原因是：他喜歡「家族政治」。吳雖無后，却有驕縱位高的弟弟，和像王熙鳳般的弟媳——好權、好物！現在即令一時的得告敉平，但只要這一事實不變。

× × ×

據張其昀報告「蔣總統集現已出版，共達五百三十萬言」，不包括未發表者。

既有毛澤東的包脚布似的選集，自不能無蔣集之出版!?

× × ×

張其昀又說：「中外識者」認為蔣「還是一位教育家」，故與「當代許多政治家不同。」

按蔣雖曾一度自兼中大校長，實則連玩票也說不上。至於張其昀雖曾長教育，不過是蔣賞他做官耳！

× × ×

波恩消息稱：蘇共中央的「經濟公報」公佈，現在援助中共者有二百九十一個工業計劃和五十九個工廠。經援總額超過給予全體附庸經援的百分之四十。

無它，因毛澤東仍是莫斯科頭號附庸。

× × ×

英國貿易界十月份月報，對於九個月來輸往中共的總值增加到二千五百廿萬鎊，雖表滿意，但對未來遠景，不表樂觀。

月報說：因為大陸有一億四千六百萬英畝耕地受水、旱災交相為害。但人民日報社論早已承認，田裏長草，無法耕種！

× × ×

本月二日，一公安員共幹，由深圳越界到港，請求政治庇護。其理由為「不能贊同『勒緊褲帶就是光榮』的口號。」

這話重重地摑了毛澤東一記耳光。

·恕人·

台北簡訊四則

．獨清．

雷案延期覆判

震雷等聲請覆判一事，海內外人士正予以密切之注意。本月十一日國防部代理發言人劉崇漣上校向新聞記者宣稱，因軍法覆判局的覆判庭辦理不及，已奉准延遲一期，即將覆判的期限延緩到十二月一日。台北的人們看見此一消息之後，無不知道所謂奉准延遲覆判，實質上即是奉命暫緩覆判。因為警備司令部的軍事法庭既可於八小時之內將此一哄動中外的案子審訊完畢，國防部的覆判局焉敢費時二十日之多尚不及覆判？可能是當權者為了某些原因覺得需要更多的時間來考慮，才指示國防部覆判局作如此這般的處理。但海外讀者千萬別希望經過延期覆判之後，當權者縱不為國家的法治前途和人民的自由與安全着想，也當在此行將就木之年為子孫積一點德，而將此一冤獄宣佈無效。須知他們冥頑不靈的程度愈久愈甚，將來如能將雷震等的刑期稍減，已經夠表現「英明領袖」的「寬大為懷」和「聖德無量」了。

台灣的自由何價？

本月五日台北聯合報的黑白集有一篇題為「自由何價」的短文，首引匈牙利愛國詩人裴多菲的那首名詩「生命誠可貴，愛國價更高，若為自由故，兩者俱可拋。」繼說：「我們號稱自由中國，將自由冠於中國之上，對於自由的評價似乎看得很高。但事實上，自由中國人民的自由是最不值錢的。過去只要法官大人乃至警察老爺過到一時高興，或是一時糊塗，老百姓便得奉獻自由，無價關進監獄。去年制定冤獄賠償法，直到最近司法院的冤獄賠償覆議委員會才開張，做下第一筆生意，對被判了十五天冤獄的受害人陳再傳、王春勝各賠七十五元，即一天冤獄定價五元。人民的自由如此價廉物美，法官似可放心大胆的收購，無虞國庫的負担了。依此計算，一年冤獄約合一千八百元，則十年冤獄照價賠償也不過一萬八千元而已。」該文從陳再傳等的被判十五天冤獄而談到十年冤獄，顯然是為雷案而發的。尤其是文中指出台灣號稱自由中國，而老百姓的自由卻最不值錢，遇到法官或警察的一時興之所至，就得被關進冤獄，可說是很大胆的寫實之談。

自由中國半月刊的命運

自由中國半月刊自雷震被捕後即已停刊，雖然當權者一再宣稱並未封閉；但既已負責無人，而撰稿者處此形勢之下，亦多有所顧忌，要繼續出版，談何容易呢？但自胡適由美回台後，該刊編輯委員會有所集議，決定復刊，胡先生力表支持，並聞已推定夏道平暫任主編。可是，當權者之不願再見自由中國半月刊復刊乃是盡人皆知的事。他們得悉此一消息之後，雖不便明目張胆的對胡先生有所干擾，乃使出一種最卑汚的手法，於台灣光復節之前夕，在中央研究院附近遍貼反對胡適的標語，次夜又完全塗去。據說，這是給他一點臉色看看。我們偉大賢明的統治者，有軍隊、有警察、有法院、有特務、有書報雜誌及廣播等為推行朕（非政）令之工具，尤感不足，而更輔之以在黑夜貼無名標語罵人，多麼神武啊！

公論報將被扼殺

公論報於去年九月間因經濟困難，發生員工索新風潮而停刊遂一月之久。當時該報社長李萬居乃邀人合作，將該報改為有限公司，正式向政府登記，增資兩百萬元，李氏雖仍被推為董事長兼社長，但國民黨籍的台北市議長張祥傳則被推為常務董事，這顯然是當權者認為不便正式封閉該報，乃乘其增加資本的時機滲入其中，然後予以蠶食或鯨吞。否則該報的立場一向為當權者所深惡痛絕，張祥傳何人，焉敢置身其間？果爾，本年六月間李萬居正忙於與雷震、高玉樹等籌組新黨之時，公論報公司董事會即改選常務董事張祥傳為社長，李萬居當然不肯將自己多年以來慘淡經營才有今日的報紙拱手交與他人，張祥傳更於八月十五日召集股東臨時會議，免除李氏所兼任之董事長及發行人等職，另推張氏為法定代理人；並委托律師向台北地方法院提出控告，請求判令李萬居將發行權交出。後者雖亦聘請律師辯護，但當權者既刻意扼殺此一與反對黨有關的日報，自無勝訴之可能。果不出人所料，台北地方法院經兩次庭訊之後，終於日昨宣判李萬居敗訴，應將公論報的發行權交出，並准原告假執行。

給台北當權者的忠告
——不要讓魔鬼使你們發瘋

•曾欽若、

台北的當權者：

大陸沉淪已逾十年，你們談反攻也談了十年；但事實上的表現，則是除了剷除異己和摧殘民主自由而外，你們並不曾損及共匪之豪毛。

我是一個學醫的，不會引証法律；但我有好幾點疑問，要請教你們。

記得在鳳山受訓時，你們向我們受訓的同學訓話說：「大陸的喪失，青年學生要負百分之七十的責任」。當時我雖不敢提出質問，但仍覺得你們太無恥了。我們青年學生既不是政府任何一部門的負責者，甚至言論自由也喪失在你們的淫威之下，我們更沒有吃一個軍人的空缺，當年那種兵敗如山崩的情形，究於我們何關？金元券的騙局，把老百姓的黃金和銀元收入你們的口袋裏，也要我們青年學生代你們負責嗎？你們如此祇知怪人而不知自我反省的老作風如再不痛改，又何以能談反攻復國啊？

你們迫害民主自由，並非起於今日。過去那些黑的紀錄，你們比任何人都清楚。當夜深人靜的時候，你們的良心會受到譴責嗎？你們此次逮捕雷震說是根據戒嚴法；但我尚記得一九五七年台北民衆滋擾美國大使館時，你們會出動警備部隊滿佈街頭，並宣佈全省戒嚴，實施宵禁，未幾事態平息，你們即宣佈撤除戒嚴，此後年年每當祝壽或什麼大典，台北市上往往數十萬民衆齊集，遊行歡呼，百無禁忌，更無半點戒嚴的氣氛；而今拘捕雷震等幾位文人又忽然說是戒嚴，難道你們的戒嚴也有好幾種嗎？你們如此糊亂引用法律，却還高談法治，你們把中國人都當作可以任意欺弄的無知愚民嗎？我和雷震等四人無一面之緣，祇是你們這種行為對於國家民族危害太大，不能再沉默了。

你們的起訴書說劉子英自白會受傳學文之囑，雷震則予以掩護；但並未能舉出任何事例証明劉子英到台灣後如何從事於匪諜的工作。你們平素既沒有發現劉子英有匪諜的嫌疑，難道九月四日的清晨你們的靈感忽然觸動了你們的智慧，因而憑空就可以斷定劉子英是匪諜而立即予以拘捕嗎？還是抓了人之後再欲加之罪何患無辭呢？這明白告訴世人你們抓人時並沒有一點事實根據，那些罪名，都是抓了以從再審訊出來的。你們究竟是如何審訊的，祇有上帝才知道了。但是我有一點意見想提請你們注意，你們這種做法，可能使每一個由大陸逃來台灣的同胞人人自危，更何能號召大陸同胞起義並歡迎你們回去復辟呢？

你們又說，雷震為邵力子夫婦所倚重，這是何等下流與無恥的論調，你們也該知當年邵力子又為誰所倚重嗎？那些在大陸危急時紛紛投共的文武大員又是誰的親信呢？如果會做邵力子的助手就是有罪，那麼犯了滔滔大罪的應該是誰呢？你們的良心會告訴你們的。

一部憲法是經過多少次的陣痛才產生的；但如今被你們左一個條款右一個條款弄成了一張殘破的廢紙。你們一心一意實行家天下，要專制獨裁，却又以戴上民主的假面具為樂事，你們這種無恥的行為，比歷史上的暴君還令人厭惡。

民主政黨的公平競爭，祇有促成你們的發奮和改革，使你們免受魔鬼的吞滅，延續你們的政治生命。但你們却冥頑不靈，對籌組新黨的雷震使出如此毒辣的手段。據說，你還是上帝的忠誠信奉者，對人身的侵害，原是教義所不容的。你也該記得聖經中的這一句話：「上帝要毀滅一個壞人，必先令魔鬼使他發瘋」，希望你每晚祈禱時再默唸一次吧！現在你已走到了地獄的邊緣，如仍不聽神的喚召，只要再走一步，你就會掉入那惡魔替你佈好的罪惡深淵而萬劫不復了。

十月二十四日於美國西維琴尼亞州

許海源葬母被指「實力示威」
軍事檢察官自稱「汚衊本黨」

（台北航訊）自雷震被判處重刑後，人心憤激。當權者惴惴不安的恐懼情態，也表露無遺。上月下旬胡適自美國飛來，謠傳新反對黨將發動萬人接機，嚇得治安當局一面電令張厲生在日本將他留下來，一面出動軍警戒備，從機場到南港沿途佈崗。胡氏延遲兩日飛返台北時，「萬人接機」的場面總算不曾出現。但上月杪，台北許海清母喪出殯，竟五萬人執紼，送殯行列從上午八時至下午兩時，綿延數十公里。自總統府以至台北警局都緊張萬狀。警備司令部奉到極峯密示以「未請治安機關備查」的理由，「下令徹查」，但似乎找不出戒嚴法上婚喪大事必須先報告送葬唁人數的規定，激查的結果祇說是「實力示威」！有人說好在出殯時間是卅日，假如再遲一天，正好是「領袖」的生辰，據中央社的消息，那天有三萬人擁去簽名祝壽，相形之下，必更壯觀。

其實當權派已患了神經過敏症，大有草木皆兵之感。例如公論報發表了有關雷案的幾篇極為平凡的評論，就被警備司令部檢舉、省新聞處警告。尤其是望天的「捫心看雷案」一文，竟由台地檢處偵訊中，祇要被起訴，公論報發行人李萬居又可能變成雷震第二了！

雷案判決後，英文的「中國郵報」和「聯合報」等都評過軍事法庭審判不公平，特別是十月四日「中國郵報」的社論論點幾與望天的文章相同，何以祇有公論報被檢舉？於是大家認為原因是反對黨要成立了，當權派要動手李萬居，不能再戴紅帽子。祇好準備另興一次文字獄，是所謂深謀遠慮！看看是否可以嚇阻新黨成立而已。

據本月九日中央日報的消息台灣警備司令部王超凡又指責公論報，認為「報導淆亂視聽，應負法律責任」。

原來該報早在二日會刊載馬之驌辯護律師林頌和向覆判機關提出辯護書，述及原審軍事檢察官偵查卷內，附有「自由中國一年來不法言論摘要」一表，其中有九篇涉及「誣蔑本黨」這句話。他認為所謂本黨當係指中國國民黨，則其立場顯係代表黨派而檢舉犯罪，原審據此而為審判，自難具備獨立審判之憲法精神。其判決亦無公允之可言。

到七日這天，公論報又刊出林律師在上月底送呈國防部覆判局的辯護書中說：台警備司令部軍事檢察官偵查案卷（第四頁至第八頁）中，附有重要文件係用八開的報紙打字印製的「自由中國一年來不法言論摘要」表，列有四十篇所謂不法文章，說「是反對派份子一貫攻擊本黨的濫調」，這是「反黨……挑撥人民怨恨本黨：……誣栽本黨……痛罵本黨……汚衊本黨」。如是這般聲聲口口「本黨本黨」。但王超凡說這是「參考資料」，非軍事檢察官製作之文件。

因此，「公論報」要負法律責任，看來又有好戲上演了。

——磊磊——

大陸之窗

中共對西藏農民頒發土地証
是意欲分化和欺騙西藏同胞

劉裕畧

西藏問題，本來一直是中共的一個心腹之患的問題，猶憶一九四九年十二月三十一日共軍進入四川省會成都時，筆者當時適在成都，曾親見共軍入城，又親見共軍到成都有關各處搜集西藏問題資料。民國元年第一任四川都督尹昌衡曾於民國二年兼任康藏經畧使，並曾親自進軍西藏抵達昌都，時因袁世凱收買其留川部隊而垮台，終至被袁調往當時的北京軟禁。但尹氏成都寓所仍留有一部分康藏問題資料，共軍入城時，尹昌衡本人雖因反共而逃往西昌，但共軍仍用各種方法盡力對尹宅搜集康藏資料，甚至共軍成都軍管會亦常派參謀人員到年老而曾到過西藏的人士處搜集口頭資料，派人將口頭資料予以筆記。此殆因西藏問題特殊，中共所握資料不多，故有以上之努力。迄一九五〇年三月一日，筆者始在成都見到共軍貼出佈告，向康藏進軍。該項進軍命令是由中共當時的西南軍政委員會主席劉伯承及當時的中共西南軍區司令員賀龍二人聯合署名發佈的。進入康藏的共軍部隊則係當時隸屬第二野戰軍由賀龍由陝西循川陝公路進入成都的第十八兵團的兩個軍。即共軍第十八兵團的第六十一軍與六十二軍（至於第十八兵團的另一個軍即第六十軍則留駐川西）。第十八兵團司令員是周士第，入成都後兼任成都市長，隨後調任中共駐日本軍事代表團團長，未能到職，又調中共全國防空部隊司令員。第十八兵團政委李井泉入成都後兼成都市軍管會主任，係毛澤東秘書出身，乃毛之親信之一，較賀龍周士第等更有實權，隨後川西行政公署成立，李井泉又任川西行政公署主任，再後中共四川省人民政府成立，李又升任四川省人民政府主席兼四川省委第一書記，及四川軍區政委，現今則已是中共中央委員及中共中央政治局委員。據新華社最近報導，李井泉目前正以中共黨政代表團員身份隨劉少奇鄧小平前往蘇聯慶祝俄共十月革命四十三週年。至於十年來一直在西藏負責之張國華及譚冠三等則均係進入西藏第十八兵團之所屬，因共軍最先進入西藏者只一個軍，故西藏方面之問題一直皆由這一個軍的首長及政委負責。

西藏幅員廣大，山勢高峻而險，益以物產不豐，交通不便，除夏季外，經常大雪封山，共黨對西藏之統治，雖一再强調政治的一面，實則中共一切違反人性之統治，全靠軍隊維持。西藏社會結構既已特殊，加以共軍進藏部隊又無法太多，所以，不可避免的，中共便難於照其它地區那樣迅即進行嚴密而澈底的統治。這是中共從一九五〇年三月進軍西藏迄一九五八年間對西藏一直採取較鬆的統治方法的所以然。初與中共是否尊重西藏政教問題毫無關係。

但這裏所謂較鬆的統治，並不是說中共對西藏的統治有何絲毫的自由民主，而只是其改革進度較緩而已。譬如中共在其他各地進行清算鬥爭，進行三反五反，而中共對西藏則未同時進行。故這裡所謂較鬆的統治，只是就比較而言，事實上，中共對西藏是仍然內蓄陰謀的。它一直在等待和創造加嚴密統治的條件，而且這種條件，經過時間愈久，就愈成熟，到一九五八年以後，此種條件實已逐漸成熟了，故中共當時就準備在西藏進一步實施所謂以「民主改革」為名而以鬥爭清算為實的手段。

但這引起了西藏軍民的反抗，達賴喇嘛頭腦冷靜，更體認到西藏所面臨的危機，遂乘機出走。達賴之出走雖屬出乎中共意料之外，且西藏問題對中共殘暴統治之暴露與乎國際間對西藏問題所引起之反應，雖亦遠出中共意料之外，但中共對西藏所採嚴酷手段則並未因此而改變決心。所以，達賴出走前後，西藏軍民雖有普遍反抗，中共是仍舊一面進行安撫，一面斷然進行武力鎮壓的。而中共安撫又不過是進行武力鎮壓從而達到嚴密統治的一種手段而已。所以，中共雖在西藏成立了一個「西藏自治區籌備委員會」而且拉了一些西藏知名之士作了委員，但那只是中共拉他們來作傀儡的手法，只是利用他們來進行進一步的分化與欺騙的陰謀與手法。

西藏問題到現在，據中共新華社十一月二日拉薩電：中共已決定「根據中華人民共和國憲法第八條『國家依照法律保護農民的土地所有權和其他生產資料所有權』及中華人民共和國土地改革法第三十條的規定，對改革復查已經完成的地區，凡依法分得土地者，均應一律發給土地所有証」。據新華社二日另一電報：「西藏自治區籌備委員會已將二十萬張土地証發往西藏各地，並要求各地各級人民政府儘快隆重地將土地証發到翻身農民手裡」。

此外，新華社又說：「在西藏民主改革運動中，人民政府沒收了叛亂農奴主及其代理人的土地，贖買了未參加叛亂農奴主和農奴主代理人的多餘土地，這些土地共計二百八十多萬克（一克約等於一畝），已分給了農業區八十萬世代無地的農奴和奴隸。從而消滅了西藏已有幾千年歷史的封建農奴的土地所有制，建立了農民的土地所有制，使農奴變成了土地的主人」。

大家知道：西藏的社會結構原就特殊。究竟應該如何才能眞正解決西藏問題，雖非本文所能及。不過，若以中共上述這些處置來看，則其中除了從事挑撥階級仇恨，並進行分化與欺騙陰謀以外，實無其它內容。嚴格說來，中共這些處置，乃是一種强迫的政治性處置，而不是一種合理的經濟性處置。即以馬列主義的社會發展階段論來看，這些處置也顯然違反馬列主義的社會發展規律的。因為中共的這些處置，都是與社會發展的正常過程不合。當然，這完全是由於中共極欲嚴密控制西藏的緣故，根本不是什麼民主改革。而上述中共措施，中共故意將「叛亂農奴主」與未參加「叛亂農奴主」分開，而予後者以優待，意在打擊反共藏胞，企圖對西藏反共力量行釜底抽薪之計，更非對後者眞有何好感。而中共在藏頒發土地所有証，則中共意在欺騙藏胞尤極明顯。試問西藏以外，大陸各地之農民今日誰人還擁有土地？有如中共憲法第八條所說及中共土地改革法第三十條所規定。回顧十年來中共對土地對農民之諸多措施，立可發覺。在中共初佔大陸各地時，中共所施手法實與今日中共在藏所施手法相同。中共初來時，其第一步照例就是將地主與佃農加以區分，然後利用佃農鬥爭地主，再將土地分給佃農。這情形，與今日中共將土地分給藏胞並發給土地証正是一樣。但不旋踵，中共又對農民推行互助組了，跟着又對農民實施農業合作社制度了。在這些過程中，中共一步加緊一步，已逐漸將農民土地所有權予以完全否定，終而迫使所有農民走上集體奴役似的人民公社制度，硬將大陸所有農民都變成中共之農奴。所以中共今日在藏所為，正是它重施故技，以分化藏胞欺騙藏胞，然後逐步加緊，最後，把全體藏胞都變成中共的農奴為止。

中共的宣傳文字說中共已將西藏農奴及奴隸從農奴主手中解放出來。是的，今日中共是確已把西藏的農奴主打倒了。但這不過是中共對西藏同胞以發給土地所有證為餌，將中共自己變成西藏的新的農奴主，並將舊日農奴主及奴隸連同其他藏胞及原日的農奴主一齊變為中共的農奴與奴隸罷了。何解放之可言呢！

由此可知，今日西藏同胞是應該起來聯同大陸所有被奴役被殺害的同胞一齊起來推翻中共政權了。

中共出口交易會在廣州閉幕
成交總額共有港幣七億多元

出口貿易是中共最注重的。因為只有出口貿易才能賺取大量外滙，所以，中共對於出口貿易的發展，一向不遺餘力在推動。從物品方面說，凡是能夠出口賣錢的東西，中共皆竭澤而漁，不惜用種種方法，從人民身上强行搜括得來，以供出口，縱使人民因此陷於飢寒交迫，中共亦所不顧。這是中共出口貨物很多的主要原因，也是今日大陸人民所以陷於吃不飽穿不暖的主要原因。

在另一方面，中共對於發展出口貿易，亦極用心思。多方採取手段。對此，除中共人民政府政務院設有貿易部主持外，復有許多其它機構對此作種種努力。中共近年常在廣州設立「中國出口商品交易會」以進行出口貿易。更是中共極為重視的一種方式。所以，每當中共在廣州出口商品交易會時，中共便令海隅尾巴商人前往廣州進行交易，并多方拉攏其它各地商人到廣州進行貿易。

現在所謂一九六〇年秋季中國出口商品交易會已經於十一月五日下午在廣州閉幕了。據中共自己所發佈的消息，謂此次交易會，為期一個月，「成交總額共達人民幣三億一千多萬元（相當於四千五百多萬英鎊，七億二港幣）。

查這一屆交易會，是由中共各對外貿易專業公司所組成的十三個交易團出面來與其它國家或其它地區的貿易人士用簽訂出口和進口合同的方式進行的。

據中共統計：「一個月來共有五十四個國家和地區的來賓三千多人到交易會參觀和洽談交易。其中有不少是新朋友，他們來自緬甸、柬埔寨、古巴、圭亞那、阿根廷、墨西哥、智利、伊拉克、沙特阿拉伯和加拉等國家」。不錯，為了換取外滙，甚至為了從貿易來影響政治，中共原本是在多方設法以誘惑各國各地的商人來與它進行貿易的。當然，其中有一些所謂貿易人士，祇是前往廣州，雖以與中共進行貿易為名，實則進行觀察，也是有的。

至於中共的解釋這一屆出口交易會成交額之所以很高，乃是「由於我國工農業生產的持續躍進，在成交的出口商品中，除了我國的農、副、土特產品和手工藝品等傳統出口商品外，還有許多的棉紡針織品、日用百貨、文教用品、化工產品、醫療器材」等。這就完全是瞎吹了。因為今日大陸人民沒有飯吃，是誰都知道的。成交額之多何嘗是由於生產躍進呢？只是中共將人民的血汗壓搾到手，并用人民公社等集體奴役方式，强迫人民生產，然後中共搜聚攏來，從事出口，用以賺取外匯，以供中共之龐大財政而已。所以，從中共的出口貿易數量之多寡，恰可正確的反映大陸人民之苦痛，換言之，即是中共出口貿易愈多，則大陸人民之血汗亦被壓搾得更多，而大陸人民的生活也就更慘。（王耀）

星洲肅清綁匪的戰鬥

．俊華．

星加坡的綁票之風，近年來可以說是馳名於世界。百萬富翁被綁票的案件，層出不窮，而且結果多是被勒贖鉅欵，或竟被「撕票」，不能破案。稍有資產人士，莫不人人自危，對於綁匪，大有談虎色變之概。有人甚且說道，星洲綁票案的不斷發生，乃由於黑社會要對人民行動黨政權挑戰，認為是有「政治背景」。無論如何，綁票在星洲，在一個長時期中，確是風聲鶴唳，社會秩序紊亂到人人自危的程度，即使沒有「政治背景」，也確是對於執政政權的一項危機。因此自去年以來，當局即正式宣稱要對黑社會及綁票匪「宣戰」。這項宣佈的「不兩立」的態度，早就令人感到當局必會認真對治安秩序來一個大整肅，各方可謂引頷而望，果然經過多月的探查、跟踪，及大規模的圍捕，警方終於獲奏凱功。

警匪殲滅戰的鬧劇，於廿四日凌晨在星洲沈氏大道及芽籠七十巷的一間三樓間演出，警方出動全部穿避彈衣的突擊隊，警車警犬等至上述地址掩捕，在黑夜中把樓房圍得水洩不通，屋內匪徒知道不能逃脫，乃開始與警察駁火，率隊的代理警監王建忠兩臂被匪槍擊負傷，但在全體員警火力猛攻之下，終於把綁票積案著匪「雙槍胡金枝」擊斃。這位雙槍胡金枝，便是主持綁票著名富翁陳文確、王清泉，勒贖三十萬，因而使得星馬人士談虎色變的。

當警匪槍戰經過猛烈的駁火而停止之後，警方人員緩緩進入現場，發覺胡金枝共被一十二顆子彈所擊中，大概他在負傷之後，仍然拚死抵抗，直到了最後一彈，由他頭部眼睛部位穿過，方才因傷在致命而丟下了他的雙槍，這一名驃悍的著匪，已實踐了他生前的豪語，說警方「永不能生擒」他。如遇掩捕，他必定先行駁火。胡金枝終於兌現了他的聲言，警方只能得到他一個彈孔斑爛的屍體。關於他所主持的綁票黨，曾經一度使星洲滿城風雨的，警方並不能從胡金枝口中獲得任何線索。

綁匪胡金枝，原是名稱「二四」的黑社會黨徒，一九五四年因搶刼香烟推銷車，被判八年的徒刑監禁，那時他還只是刼犯，而不是綁匪，他在獄中裝作行為良好，乃獲減刑於一九五八年出獄，那知出獄後，雖放棄了與私會黨的關係，以避警方耳目，但卻成功的組成了綁匪黨，秘密幹下了震動星洲的滔天巨案。案件發生後警方的眼綫多方搜索，先向那些在活動中的私會黨着眼，並沒有懷疑是胡金枝，直到今年一月，方才注意到他，一直經過八個月的跟查，得到綫索，即動手圍捕。警方說所以不對胡金枝下通緝令，乃是恐怕打草驚蛇。事後証明警方審慎的正確。胡金枝還以為他能夠逍遙法外，他仍每晚由一名女司機替他駕駛汽車，出外夜遊，然後施施然返回沈氏大道的華麗寓所，並不知道邏者已對他佈下天羅地網。

令人奇怪的是胡金枝的從事綁票匪勾當，連他的家庭也並不知道。胡金枝的遺妻，二十四歲的陳細妹，絕不知道胡金枝做的是什麼「生意」。據陳細妹說，她於一九五三年與胡金枝結婚，不到幾個月後，胡便因搶刼香烟推銷車而入獄，她當時很感驚詫，以為她丈夫是被冤枉，因在外表上，胡金枝很誠實和有禮貌；但法律証實了胡金枝確是刼犯。陳細妹與她母親到甲獄探監時，她母親曾代陳細妹提出要胡金枝離婚，但胡金枝多方推卻，她們亦沒有別的辦法。因為生活無着，陳細妹迫得到一家英國人家庭中做傭婦。幾乎忘記了胡金枝。可是胡金枝出獄後卻來她母親家中找她，她母親曾經拒絕讓陳細妹跟胡金枝，但他指天誓日，說他已澈底悔改，重做好人，並且已找到一份很好入息的職業，一定要好好對待陳細妹，如此他們又再續前緣。本年三月，胡金枝幹下了綁架膠商陳文確的巨案，陳細妹仍一無所知。直到五月，胡金枝說要到聯合邦（馬來亞）做一單生意，離開了陳細妹，不久警方便來搜查，拿去胡金枝的相片等，陳細妹仍以為胡金枝在聯合邦。一直到警方通知陳細妹到中央醫院認領胡金枝的屍首，這個身懷六甲而被拋棄的婦人，方才獲知全部事實。

警方當局為了獎勵建立殊勳　滅胡金枝的警官警員，曾在警察學校舉行一項授勳典禮。計有王建忠代理警監，代理副警監拉那辛甘、林才興，八名代助理警監，警長，探員，C組突擊後備隊，其中尤以代警監王建忠因身先士卒圍捕著匪，以致兩手負傷，仍奮不顧身，猛攻悍匪，終於將其殲滅，為警察總監所褒揚。

胡金枝雖已被殲，但肅清綁匪的戰鬥還沒有完結。警方於圍捕胡金枝的同時，還破獲了兩處匪窠，拘獲嫌疑匪犯逾三十餘名之多，均在秘密、周詳審訊之中。又警方在胡金枝寓中搜得的日記簿，其中有收到陳文確三十萬元分贓的紀錄，及其他地址人名等，亦是繼續破案的重要資料，警方已根據這些資料，繼續進行緝捕，務期於不久將綁票集團，一網打盡。

胡金枝案發生後，警方曾多次到柔佛新山等地搜查，此舉証實了一項嚴重事實，即星洲綁匪的細胞份子，經已滲入了馬來亞聯合邦內活動，胡金枝的所謂「到聯合邦去做一單生意」，可能意指要把在星洲的綁票手段，拿到馬來亞聯合邦內來重演。胡金枝伏誅後，馬來亞般富商莫不額手稱慶，因為胡金枝「一單生意」中的「貨物」，可能就是這些般商中的任何一人。

據說，綁匪組織還可能有幕後主持人，可能涉及一位社會知名人士。果然如此的話，綁匪案在將來也許會有新的發展，是否有「政治背景」，尚未可知。

此外，警方對於綁匪組織的「綫人」，亦極為注意，估計此一批人可能有相當的數目。這批人每以種種姿態出現，出入各豪華俱樂部及大公館，對般商們的每日行動，為他們作「起居注」，供給綁匪以作下手綁架的依據，警方亦必要調查清楚，然後一網打盡。相信將來執行拘捕，勢必有很多人被牽涉在內。

儘管形勢上綁匪似已無法展開活動。但「見過鬼怕黑」的富商們仍有戒心。一般富商巨賈的車輛，都已裝上防盜警笛，以於意外發生時按掣求救，警笛一響，各處可聞。警方亦供給催淚彈手槍予富商們及其保鑣使用，倘對綁匪發射，但富豪們多嫌該槍笨重，又恐不善使用，影響自身。他們寧願深居簡出，坐待綁票匪徒的消滅。．星洲通訊．

廣州盛行「人工生育」

．祁倩冰．

這幾個月來，廣州竟盛行着「人工生育」。

「人工生育」和「人工受孕」是截然相反的兩件事：後者是「增產」，而前者卻是「減產」。說得清楚一點：「人工受孕」是不孕婦經過醫生施用科學方法移植精虫，使她受孕之謂；而「人工生產」是大陸人民在現實窘境下的一個怪名詞，它的意思是「墮胎」！

誰都知道，墮胎是極不人道而又極危險的傷天害理行為；但這種傷天害理的行為在自顧不暇的老百姓的心目中，卻已把它視作「家常便飯」一般平凡。雖然孕婦們所用的都是土法，祇服食藥物把胎兒打下，危險性更大，但她們仍不管死活，咬緊牙根閉着眼睛來蠻幹！

據說「這種風氣之所以流行，是有兩個原因：第一、她們是恐怕生育了嬰兒後，在嚴重糧荒環境中沒有辦法撫養，與其使嬰兒活生生的餓死、病死，究不如提早把胎兒打掉！第二、是中共提倡「一杯水主義」的後果，她們對「私胎」不感「興趣」，因此唯一的辦法，就祇有襲用土法，吞服藥物，用「人工」來提早「生育」，雖然是冒險，但也可免卻將來想像中的麻煩和痛苦。有此兩大原因，於是相習成風，迨至最近，就流行得更厲害。據估計：平均每百個孕婦中，便會有一個實行「人工生育」。在這種情形下，廣州的週遭，顯然已浮現出一層濃厚的陰森暗影！

僑鄉近訊

沿海鄉民賄賂共幹逃亡（汕尾）

．江水．

粵省沿海各縣的鄉民，因邇來又遭受到中共高度的壓搾勞力，故又紛紛集體逃亡。據說：海豐汕尾一帶的鄉民，刻已被分別編入「海豐水上人民公社」和「汕尾人民公社」。前者是一個統一剝削漁民和運輸船蛋民勞力的機構，這些漁民和蛋民，每天都被奴役十六小時，而糧食的配給又是長期的僅得個半飽，他們「非勞動力」的高齡父母和稚齡子女所得的糧食則更少；有海外親友接濟的，還可以用每市斤人民幣一元八角的代價向共幹購些黑市米來苟延殘喘，沒有海外親友接濟的，那就祇有束手待斃！在這種殘酷奴役和飢餓的雙重煎熬下，於是便有部份獲得海外親友接濟的鄉民，把欵項積蓄起來，俟機賄賂駐守邊區的共幹，藉此得以逃出生天！但由於集體逃亡者日衆，共幹的受賄行動，遂被上司發覺。十月十六日，汕尾邊防公安幹部郭成、王兆文、吳廣成、廖暢生、廖楠、高子耀、余德英等多人，已被拘留；駐汕尾的一個公安部隊，也被調走。然而邊區共幹的受賄事件，刻仍繼續發生，且已逐漸成為半公開性的一項貪污現象。

共幹家屬搶購食物恃勢凌人（廣州）

廣州市面食物，邇來亦極感缺乏。過去，中共原有規定，凡屬共幹家屬，一律可得豁免排隊輪購食物，現在因為供求差額過度嚴重，中共乃宣佈將上述「優待幹部家屬辦法」取銷，於是輪購食物的長龍中，便又增加了一批共幹家屬，情形愈益擠擁，供應愈益不敷，買者爭先恐後，秩序乃轉趨混亂；年青力壯的，尚能搶購少量食物：老弱婦孺，則往往擠迫整日，亦一無所獲。而共幹家屬則恃勢搶先，雖然後至亦必逞強將前排市民推開，若稍有拒抗，立遭凌辱。十一月二日，曾有市民張元、吳蔭棠、陳芝娥、盧旺佳、馬志豪、馬瑛、馬少娟、華滔、易宗興等男女九人，因拒抗共幹家屬「搶位」輪購食物，致先後被毆傷。共幹家屬氣燄萬丈，市民咸敢怒而不敢言。

吉隆坡馬大設華文系

．華．

馬來亞大學評議會，最近決定在吉隆坡馬大——即馬來亞大學吉隆坡分校，設立華文系。評議會已委出一個十一人的委員會，負責計劃設立華文系事宜。該十一人委員會包括一位大使，一位內閣部長，華文報編輯，委員會主席為馬大校長，校長若缺席，由副校長代理，此外的委員，為四位馬大教授，一名教育官員，一名馬大校友代表，及一名聯合邦華文中學校長。

全部名單為：大使兼教育家駐荷蘭大使高羅佩博士，司法部長梁宇皋，星洲日報編輯廖頌揚，馬大文學院長巴士汀教授，化學系黃教授，巫文系魯克永教授，物理系湯壽柏教授，教育部顧問官柏敦氏，馬大校友代表陳志勤醫生，新山寬柔中學王宓文校長等。

馬大吉隆坡分校校長奧本與教授現在外國，委員會將由副校長伊利沙教授召集成立。伊利沙教授及馬大代表已擬就工作綱要提案，準備提委員會討論。

馬大已有回教系、巫文系、印文系，華文系成立後，將更完整，及適於「華巫印歐聯合」。．吉隆坡通訊．

叛逆

雪珍

過了不知多久，我就睡着了。

一陣敲擊的聲音把我驚醒，門縫已經漏進亮光，有人在敲什麼，敲了好久，門打開了，媽媽站在門口。

我撲在媽媽的懷裏，哭了起來。

「孩子，你受罪了，昨天晚上，一定沒有睡好。不要恨你的爸爸，他有他的意見。我看既然你覺得留在城裡好，趁你爸爸上班的時候，你就去吧！不要像我，活在鄉間，死在鄉間，外面的事什麼也不知道，做人這樣一輩子，又有什麼意思呢，只要你往好裡走，你爸爸會回心轉意的。」

「好的，媽媽。」我流下淚來：「我決不會讓你失望，我一定要努力上進，好好作人。更爲音樂貢獻一切力量，將來有一天，我有一點成就，請你勸勸爸爸原諒我。」

我伏在媽媽的懷裏哭了半天，媽媽打開她的箱子，找出她存的私房錢——五十元塞給我。

「我只有這一點，都給你吧！在外面要小心呀！媽又不認得字，不能給信也不能看信，你只好自己保重了。」

我於是離開了家。過了幾天，我收到爸爸寄來的信，說從此脫離父女關係。

× × ×

「喂，想什麼？」素英走過來喊我，原來我已經坐在一張椅子上了。她手裏拿着一朵玫瑰花，不住地嗅着。

「沒有什麼！」我趕快擦乾了淚珠，指着她的手問：「又是你那位男朋友送的。」

「不錯。」她把身子一歪：「他叫我在演唱的時候，插在胸前。」

「王教授不許呀？」我記起指導我們音樂會的王教授的話，他曾經規定過，上台一律穿白衣黑裙，不許奇裝異服，也不准戴花。

「管他呢！我上了台，他又不能拉我下來，我不能得罪我的男朋友！玫瑰花是象徵愛情的，你不懂嗎？當然你不懂了，那位外文系的小徐，追你那麼緊，你却不喜歡他，年紀雖然大一些，可是忠厚可靠呀！跟你眞是一對兒。」

「不，我沒有時間談戀愛，我只有一個情人——鋼琴。」

「當然了，你是邱教授得意門生，鋼琴的技巧超過我們好些倍，說眞的，你一天彈琴最多的時間是多少？」

「十六小時。」

「我的天哪，怪不得你彈得這樣好。——奇怪，小徐，怎麼還沒有來，也沒有看他給你送花來。」

「我才不希罕呢！」

「奇怪，前天，他還問我你在什麼時候上台，非常注意地聽着。還打聽你的家究竟在什麼地方？可是——」

素英越發有興趣了。

「哼，這干他什麼事？」我幷不高興。

「他可眞夠專心呀！四年如一日，你就是一塊堅硬的冰，也該化了。」

我臉紅起來，我並不是不喜歡他，他是一個非常誠摯熱心的人，也給我不少鼓勵。可是我並不能愛他，我不能讓愛情擾亂了我的心，也不能讓父親說中。我決不浪費一分鐘，我要在音樂上有成就，我要忍耐渡過這一切。

「看哪，還沒開始呢！」素英說：「就來了這麼多家長，我爸爸一定來了，我去看看他們，再見。」

我看見後門外的家長更多了，我有點難過。但是馬上又安下心來。記得師範學校畢業的時候，也有一次演奏會，跟現在一樣，有許許多多同學的父母來聽他子女的演奏，許多人收到花籃和禮物，我沒有。我的父親並不贊成我登台彈琴，他沒有來。我演奏完畢，一下台就哭了，一直哭了好久，許多同學來勸我，那沒有用，我心裏的悲傷是抑制不住的。今晚又是畢業演奏會，仍是沒有人來聽，也沒有人送花送禮物。然而我是不會哭的，我一定不哭。我爲了音樂，已經忍受過寂寞，忍受過貧窮，當我讀二年級的時候，我找不到家庭教師，有好幾個月，我沒有襪子，連買塊肥皂也要考慮好幾天。如今，我不再苦惱自己了，我一定想到我的生命已經充實，已經和許許多多音樂家接觸，我已經傳佈了他們的心聲，我該笑，我該興奮，我更要努力下去，我所怕的只是失去我的成就。生命對我是太寶貴了，我一定要耐心忍受一切，以後的日子我會更貧困，我却不在乎，只要我有一顆堅定的心，我的生命存在，我會爲音樂努力下去。

「雪珍，應該準備了。」薛德潤跑過來喊我。

「還早吧！」我覺得似乎剛開始似的。

「不早了，已經過了四個節目。」

我隨着德潤走進後台，在休息室裡坐着。那兒有許多男女同學。每個人都是很緊張地樣子，大家都不說話，在這個時候，誰還有心情說話，鼓勵別人吧！自己也需要鼓勵。一個人下台，另一個人上去。

「雪珍。」素英下台來。打破了沉寂：「王教授眞是不對，今天不要你給我伴奏，我的唱法，那個密斯趙又不清楚，才糟呢！台下幸好還安靜，不然，那可有好戲看了！」

「這不能怪王教授。」我說：「他要我存點力量放在最後一個節目。」

「我母親也來了，她坐在第二排。」素英興奮地說。「我出去了，等會兒見！」

素英跑出去，我們又恢復了平靜。素英準是跟她母親一塊兒到門口小吃店，大吃一頓晚飯她好像吃得很少。我也想起我的母親，她是跟別人的母親一樣地愛我，今晚，她不知道在作什麼，鄉下沒有電燈，她每天晚上都是坐在電石燈旁邊縫補衣服，她就是這樣把眼睛弄壞的。她一定無法曉得今晚我在演奏，要是她能來聽，那多好呢？有多少次，我想偷偷地回去看看母親，我怕遇見父親，更怕遇見那些親友，在鄉間，我已經被大家看成是個壞女孩，好像我是跟人私奔了，沒有人瞧得起我。一直到去年，三姨才受了母親的託咐，進城來的時候，來看過我，還帶來母親作的肉鬆和乾菜，她驚異我的一切，竟然唸大學。在鄉間，男孩子進大學都少得可憐，女孩子除我就沒有第二個。她告訴我，母親想念我得很，幾次向父親說情准我回家一次，父親都不答應。她說，她眞佩服我，一定回去幫忙勸父親，也代我向親友解釋。如今，又是一年了，沒有第二個人看過我，我仍是不能回去。此刻要是母親在台下，那多使我興奮，多使我安心！我眞後悔，我爲什麼沒有勇氣，白天應該不顧一切，回家去接她來。

休息室更安靜了，只留下兩三個人，演奏完畢的同學，全部走光。我不知道爲什麼這樣靜，我頂怕安靜，我希望在熱鬧的氣氛中，只有我一個人安靜，要是靜得太厲害，我實在難受，因爲那會引起我許多回憶。

最使我印象深刻的是有一年除夕，整個宿舍的同學，全都走了。本來有些同學，約我去過年，我沒有答應，我不顧去享受別人過年的歡樂，那只是增加我的悲傷。晚上，我照例地在鋼琴室裏彈琴，彈完琴，我越過操場走回宿舍，四週非常安靜，又很黑暗，只是遠處傳來一片笑聲，那是附近人家在作樂。我覺得這時，世界上只有我一個人是孤獨的，是寂寞的。走回宿舍，也沒有人，到處是寧靜，桌上擺的是林素英派人送來的年夜飯，我也吃不下，躺在床上哭了許久，不知什麼時候我才睡着。

「該你上台了！雪珍。」德潤走進來喊。

「好！」我的心跳起上來，我的手也在顫抖着，我想一切都决定在此一刻，我要專心地演奏，不再去想那些悲哀的回憶，我只想着我的努力不要白費，我的音樂生命剛剛開始，我仍要奮鬥下去。我推開休息室的門，走到外面，雜亂的聲音，傳到我的耳鼓，我有點頭昏，我穿過走道，走到舞台的旁邊，我想定一定神，走上台去。

忽然斜對面台下，有人向我招手，我看過去，那是小徐，旁邊站着父親和母親，他們也笑着向我招手，兩個弟弟和一個妹妹，手裡都拿着一束花，也在搖着。

我興奮極了，這一切事實告訴我，父親終於來了。我很有精神地走上台，向聽衆鞠了一躬，坐在鋼琴旁邊彈奏起來。演奏完畢後，台下掌聲雷動，我的父親也在站着向我揮手，我興奮得連眼淚也掉下來了。（續完）

文壇泥爪

詩人徐志摩

已故朱自清是新詩的評論權威，他曾說新詩的成就當推徐志摩和郭沫若。實則郭沫若只有早期收在「星空」「女神」「前茅」「瓶」底裡的新詩還可一讀，以後就很少寫詩，縱有新作，亦無可觀了。徐志摩却不然，他始終寫詩，始終以詩名，先後在北京晨報副鐫和上海新月書店，創辦兩「詩刊」，形成了一個獨霸詩壇並影響廣遠的新月詩派，詩人之名，他的確是當之無愧的。

他不但寫的新詩是詩，就是他寫的散文、小說、通信、日記等等，也無一而不是詩；甚至他的一生，包括着求學、授課、戀愛、結婚、以及日常待人接物、一動一舉，連他的死，也全是詩的。所以蔡元培先生輓志摩一聯就會這麼說：「談詩是詩，舉動是詩，畢生行逕都是詩，詩的意味滲透了，隨遇自有樂土；乘船可死，驅車可死，斗室坐臥也可死，死於飛機偶然者，不必視爲畏途。」

他二十六歲在英國劍橋大學時才開始寫詩，那時已是民十，國內新詩的專集已經出版。據他自己說，他在二十四歲以前還是與詩歌無緣的。衆所週知，他留美時是研究的銀行學、社會學和政治經濟。中國初期的新詩，爲了掙脫一切舊詩的格律束縛，自由散漫得猶如散文，往往爲世人所詬病。第一個試着矯正這一弊病的是陸志韋；他收在「渡河」中的新詩，即可看出他是有意地套用西洋詩的形式，來建立中國新詩的格律。可惜影响並不大，很少有人注意。徐志摩在劍橋寫的新詩，便是完全照英詩的格律寫的，這些詩大部分收在「徐志摩的詩」裡。他於民十一由英倫回國，即連續在北京胡適博士主辦的「努力週報」和上海時事新報的「學燈」上發表。說來是個笑話，他寫的那首「康橋再會吧」，按英詩的形式，每行不一定是一句，行末即不加標點，如：

明年燕子歸來，當記我幽嘆
音節，歌吟聲息，漫爛的雲紋
霞彩，應反映我的思想情感，

但他寫給「學燈」的時候，那編者不懂（可能是初次見過這樣的形式），便把「音節」「霞彩」各移在上一行排出，這樣一來就不協韻了。這是一首長詩，發表時是民十二年八月，他一看啼笑皆非，趕快寫信去說明，「學燈」在隔了幾天之後又照他的原稿重排刋登了一次。這事是可入新詩史話的，可見西洋詩的格律，對中國詩壇來說，那時還非常陌生。後來徐志摩主編了晨報副鐫，才和聞一多等人創辦「詩刋」，正式提倡起新詩的格律來。

文史漫談

吃人、伐人、用人與眞理

徐亮之

眞理乃歷史的產物。它不可能從天上掉下，也不可能從地底鑽出；它祇能以註釋歷史而存在、輝煌與沒落；捨此而外，更無眞理。

眞理的本質，從人類歷史上曾經有過吃人、伐人與用人的事實看，可以獲致更明確的說明。

中國最古的人類大概要算「北京人」；而經過許多專家的研究証明，「北京人」乃是吃人的。易言之，他們乃相信吃人爲眞理的。因爲不爲眞理，誰肯吃人？其關鍵正如今人所謂「人無利市，誰肯早起」，恰乃事同一律。我在拙著「中國史前史話」的再版自序裡有如左一段話說：

「再拿吃人一事說：我們最早的祖宗，就是根據眞理行事。他們由於生產工具的拙劣，生產能力的薄弱，本就生在一種求生維艱、飽肚第一的時間，和家族以外全是敵人、全是食料的空間。他們於生死搏鬥勝利微笑之餘，處分敵人和處分野獸，將不會有什麼不同的。因爲那時縱然他們不把敵人做食料，敵人亦必把他們做食料；食料一經落肚，眞理自在其中；頂多，那時有聖人出，也不過能解釋爲「吃敵人並非吃人」，猶之後世墨辯邏輯「殺狗非殺犬」而已。然而我們現在，除了例如雲南的野人山，非洲的剛果，大洋洲的新幾內亞，印度的安達曼羣島等所屬某些落後地區以外，誰也不再會承認吃人是眞理。易言之，眞理的內容乃依時空因素而推移，眞理的價值乃由時空需要而決定；在人類社會進化過程中，不可能有『放諸四海而皆準，質諸鬼神而不惑』的眞理。」

吃人眞理的被推下歷史舞台，可能乃新石器時代的事。因爲在金石並用的殷代，他們似乎已經早不認爲吃人是眞理的了；他們的眞理觀已進步到把俘虜的敵人「伐」來祭祖的了。甲文的「伐」字乃以揮戈斬人頭會意；「逸周書」世俘篇「伐右厥甲小子鼎，大師伐厥四十夫家君鼎」，註：「伐、殺也」；這解釋正與卜辭「伐」字構造的意匠相符。可見卜辭所謂「王賓某，伐□□人」云云，正是殺俘祭祖的實錄；而往年殷墟發掘，曾出現許多無頭的人骨，便正是這些實錄的地下証據。由吃敵人充飢是眞理，到殺俘虜祭祖是眞理，這在人類歷史的演程上，或在眞理的演變上，的確不能不說乃一「大躍進」呢！

般人的「伐人」正是周人的「用俘」之所本。『用俘」一詞也見於「世俘」篇；原文是這樣：

「武王乃夾于南門用俘，皆施佩衣衣，先馘入。武王在祀，大師負商王紂縣首白旂，妻二首赤旂，乃以先馘入，燎于周廟。」

這段文字，前人解釋皆語焉不詳，茲爲分疏如左：

（一）「夾于南門」，原註：「夾于南門，南門內夾道」。

（二）「用」、左僖十九年傳杜註：「蓋殺人而用祭」；又昭十年傳註：「以人祭社」；十一年傳註：「用之、殺以祭山」。是所謂「用俘」乃指殺俘虜祭祀而言。

（三）「佩」、原註：「佩、櫜鞬」。按櫜鞬乃藏弓矢的囊袋。所謂「施佩」即給俘虜帶上沒有弓箭的囊袋。

（四）「衣衣」、上「衣」字乃動詞，下「衣」字即「殷」字。上書康誥「殪戎殷」，中庸引作「壹戎衣」，卜辭復有「衣」無「殷」；知「衣」「殷」古通，而「衣」爲正字，「殷」爲聲假。所謂「衣衣」即給俘虜穿上殷人的服裝。

（五）「馘」、說文耳部「聝」下云：「軍戰斷耳也。……馘、聝或從首」。大雅「攸馘安安」，傳曰：「馘、獲也；不服者殺而獻其左耳」。魯頌「在泮獻馘」，箋云：「馘所格者之左耳」。所謂「先馘入」即是說先把俘虜的左耳割下來送進祖廟內去。

（六）「燎」、祭名；卜辭常見。

字義的解釋既明，則這段文字的內容也就非常明白了；原來這段文字所記的乃是周初舉行「用俘」的儀式呢。這儀式舉行的地點是南門城內的夾道；舉行的程序是：第一步要俘虜們都穿上殷人的服裝，佩上沒有弓箭的囊袋；第二步把他們的左耳朵全割了下來送到宗廟裡祭祀去；然後第三步殺頭示衆。

「用俘」也可叫做「用亨（享）」、周易隨卦上六爻辭：「拘係之，乃從維之，王用亨于西山」；升卦六四爻辭：「王用亨于岐山」；記的雖是祭山的事，但上面既有「拘係之又從維之」的字樣，足見所「用」的也是俘虜。

所謂「用亨」，不但見於周初；就是到了春秋時代，也還是仍然史不絕書；下引各條便是証據：

（一）僖十九年經：「夏六月、鄫子會盟于邾。己酉，邾人執鄫子用之」。傳：「夏、宋公使邾文公用鄫子于次睢之社」。

（二）昭十年傳：「秋七月、平子伐莒，取郠，獻俘，始用人于亳社」。

（三）昭十一年經：「冬十有一月，丁酉，楚師滅蔡，執蔡世子有以歸，用之」。傳：「冬，十一月，楚子滅蔡，用隱太子於岡山。」

不過、「用人」的事實既已登上了孔子所作的「春秋」，却決然是有了「貶」而無「褒」的；因爲孔子就曾說過「始作俑者，其無後乎」的話；夫作俑殉葬較之活人殉葬，其文明已不知要高多少倍；而老夫子尚且狠狠地罵他「無後」（絕子滅孫），何況「用人」？易言之：「用人主義」在周初是眞理，可是這眞理到了孔子時代却大大地打着折扣了。

題鯉蝦圖有序

亮齋

庚子中秋前三日飲是知也齋；是知翁出所作鯉蝦圖屬題，爲欣然題之。

龍門倦登，淺水斯游；
惟茲淺水，羣蝦所休。
「龍游淺水遭蝦戲」，
——今汝亦然安足異？

伯謙先生有感之作兼呈仲平先生

敬和

陵移谷變海生桑，石破潮飛弩末强，多難定知來日甚，豪情無復少年狂，未應肝胆成胡越，儻有心魂接顧王，太息南豐墳木拱，天留二老對斜陽。

閔生未定稿

和孫克寬落葉

閔生

鳳毿鷄舞百禽瘖，啞啞靈烏亦默沉。
萬木蕭疏餘夕照，一庭慘澹共秋陰。
飄零滄海橫流日，珍重寒雷啓蟄心。
草野不知文罔密，詩人澤畔自行吟。

記戊戌維新始末（八）

舜生

有爲以閏五月所上書不能上達，他自己原想回到廣東去重理舊業，但他的朋友沈子培（曾植）陳次亮（熾）以時局如此，非著書講學之時，勸他仍留京繼續活動，於是有爲乃延至是年八月底始行離開北京。在這約四個月的期間，有爲活動之可記者：一爲「中外紀聞」之創刊，二爲與翁同龢會見並促其對變法有所盡力，三爲「强學會」之發起及與若干英美人士如李提摩太、李佳白等有所交往。

（一）所謂「中外紀聞」，係用粗木版雕印，所費每日約銀二兩，由有爲捐出。執筆者爲梁啓超與麥孟華，日草短文一篇，即根據當時他們所知道的世界情況，發揮一種不成熟的政論。據梁啓超後來追述，係日出一冊，與「京報」相似，即託售「京報」人隨「宮門鈔」分送諸官宅。最初日送一千份，不收報費，後來居然增加到二三千份。梁啓超說除論說外別無紀事；有爲則說分學校軍政各類，究竟其形式與內容如何，現在已經不是我們所能想像了。最初一般守舊官僚，不知道這一奇怪的刊物從何而來，有人以爲出自總理衙門，有人以爲出自外國公使館，後來知道係康有爲鬧出的把戲，乃大爲驚詫！

（二）翁同龢爲光緒帝二十年師傳，其時以戶部尚書兼直軍機，以甲午失敗割台，頗究心時務，閱讀新書，知道中國非改革不可，於是親訪有爲，未遇，有爲往答拜，翁面謝十四年不代上書之過，並云其時實未識日本國情，至爲慚愧。有爲乃與之暢談數小時，力陳變法之要，並告以宜先變科舉，翁極以爲然。可是翁知道光緒帝無權，太后又極端猜忌，因此他雖要陳熾起草了十二道新政詔書，擬次第推行，但他怕太后反對，守舊大臣攻擊，不願自己出面，而以主持之責托之恭親王奕訢（按奕訢自光緒十年三月罷免後，至二十年十一月對日軍事緊急之際始復起用爲軍機大臣），奕訢以翁在毓慶宮（光緒帝讀書處）獨對，內心亦頗妒之，加以對變法之重要，更不甚了了，卒予拒絕，故改革仍不果行。

（三）如果說康等辦『中外紀聞」爲中國近代知識分子開始認識言論自由的重要，則强學會的發起，實爲中國人爭取集會結社自由的先導。該會的主要策動者除有爲外，還有文廷式、陳熾、沈曾植諸人，而楊銳、丁立鈞、江標、張孝謙、袁世凱、徐世昌等均爲會員；並公推陳熾爲負責人，張孝謙副之；梁啓超任書記，陳爲翁同龢所信任，張則與李鴻藻有師弟關係也。該會序文與章程由有爲執筆，序文强調中國前途的危險，變法救亡的重要，讀者極受感動，於是參加者日多，會員竟達百人以上。該會主張辦一大圖書館，印行宣傳維新變法的報刊和書籍，並隨時開會舉行講演，在形式上可以說具有一政黨的芻型，而着重者則爲從文化運動入手。外國人士對該會最早表示同情者爲英美，英籍教士李提摩太，美籍教士李佳白，分別從上海山東前往北京，與該會人士有所聯絡，英美駐華公使且表示願捐贈圖書儀器。官僚中之開明者，如劉坤一、張之洞、王文韶各捐銀五千兩，軍人如宋慶、聶士成也各捐數千兩，惟李鴻章的二千兩則爲該會所拒絕未受。李提摩太與翁同龢、孫家鼐（字燮臣，安徽壽州人，亦光緒帝師傳之一）有所接近，翁且不惜以宰相之尊，親訪此一外國教士，並恭維他爲豪傑之士。李提摩太向翁提出『新政策』，李佳白著『新命論』，均對中國改革有具體的建議。大抵中國近六七十年的改革運動，無論革命派與維新派，均有若干外國人士滲雜其間，而其爲頑固分子所反對，也以此爲主要原因之一。

『中外紀聞』仍在繼續出版，『强學會』又聲勢浩大，於是守舊分子徐桐乃公開叫出『寧可亡國，不可變法；』剛毅則宣稱『改革爲漢人之利，滿人之害；』御史褚成博等且準備奏請太后嚴懲康有爲；至其他一切誣謗，更無所不用其極。陳熾與沈曾植看見形勢逆轉，恐有爲慘遭不測，力勸康出京暫避，於是康以會務交梁啓超主持，他自己則於八月二十九日（一八九五、十、十七日）由天津乘船南下，於九月十二日（十月二十九）到達上海。（本節仍待續）

聯合評論
週刊
本刊已經香港政府登記
每逢星期五出版
United Voice Weekly
第一一八號
督印人：黃宇人　總編輯：左仲平
社址：九龍赫德道二十三號地下　電話 68678
承印：嘉羅印刷有限公司　香港灣仔馬師道5號
總代理：友聯發行公司　售價每份港幣一毫
本報美洲版總經售處　美國紐約中美出版社
CHINESE-AMERICAN PRESS, INC
199 CANAL STREET,
NEW YORK31 N. Y. U.S.A.
美洲航空版每份零售美金一角

「禍福無門，惟人自招」

孫寶剛

在美國的總統選擧揭曉以前，台灣的官方大都希望尼克遜當選，甚至露骨的支持尼克遜。現在選擧的結果揭曉了，當選的是堅尼第，據有些報紙報導，台灣使籠罩了一片悲哀的空氣，似將大禍臨頭，其實在我看來，這是多餘的。

堅尼第曾正式宣佈說：「他的基本目的是要完成正義而永久的和平。」我看不出這個政策對台灣有什麼不利。當然我們不能否認尼克遜是一個有作爲的人物，但是尼克遜常常自我宣傳其從政的經驗，常常以艾克作王牌。其實艾克這張王牌，除了是大戰的英雄處處表現是個老好人之外，美國報紙稱他休息了八年，所以這張王牌就以從政經驗來說，尼艾兩人是五十步笑百步，都不十分充分，並不十分可貴。在尼克遜來說，我認爲還未十分成熟呢，他被共和黨提名之前夕和紐約州長一夕談話之後，把他的政策變了許多，一個成熟的政治家，便不應如此，這多少給人以一個印象，尼克遜好運用，對於政治決策缺乏自信和堅定性。

我常常說：自由國家這十年來和共黨國家的鬥爭，不能獲得優勢，甚至有些招架不了之勢，所以中立的國家也天天增多。其最大的原因就是因爲自由集團的幾個領導國家對自由國家所信仰的民主與自由的自信和堅定性不夠，而太喜運用，還脫離不了權力政治的範疇。須知共產集團大權集中在赫魯曉夫一人手中，所以他的運用非常靈活，自由國家則反是，因爲多少要遷就與論，遷就各國的意見，運用時便不及獨裁集團那樣靈活。因之，自由集團如太偏重運用，是不利的，而況進一步來說，大國在運用，不講原則與政策，小國便恐慌，難怪中立的國家天天在增多。

說到這一點上，我認爲堅尼第；和民主黨的作風，比較令人滿意，他們較爲注重原則和政策。而況就我們所知，堅尼第有着許多美國當代的思想家爲其顧問，所以我們可以說，堅尼第是代表了美國的思想的進步的一方面，他比較同情窮人或平民，他要使已經改變了的美資本主義經濟社會制度更行進步。這才能在對蘇聯的挑戰中可以獲得優勢，假如還是戀戀不捨于陳舊的資本主義的制度，那是無法在對蘇的鬥爭中獲得勝利的。所以我想不出台灣爲什麼一定要支持尼克遜！

至于說堅尼第不贊成協防金馬，使台灣的人們感到悲哀，那也是過慮了。堅尼第並不是要叫國民政府放棄金馬而送給中共。實際上，堅尼第所主張的政策，正是艾克現在所實施的政策。現在的艾克政府；始終沒有說要協防金馬，反之，艾克政府在華沙和中共的談判中，始終想獲得中共保証，不攻佔沿海島嶼，假如中共願意保証的話，美國將勸台灣在沿海島嶼上不設防，形成一條不設防地帶，但仍在台灣的範圍內。因爲照艾克政府的看法，蔣的聲稱反攻大陸是無把握的，事實上不可能的，既然不可能，不如在台灣海峽內形成停火協定。

艾克的想法，在理論上未嘗不是一個辦法。問題是在中共不願保証不進攻沿海島嶼，反要美國自台灣全部撤退，所以艾克的想法，祇成了幻想。堅尼第拿來做他的政策，我們祇能批評他是做不通的，不需要有什麼悲哀的情緒。

還有一點也許使台灣過慮的是兩個中國問題，因爲包爾斯是堅尼第的外交顧問，可能是將來的國務卿，而包爾斯是故主張兩個中國的，其實今天在事實上已經成了兩個中國，儘管在中共方面一再說要解放台灣，在台灣方面一再說要反攻大陸，事實上兩方面都沒有這個可能。因爲中共如要解放台灣，這就要引起和美國作戰，中共決無此力量：反之台灣在沒有美國的同意下，反攻大陸的軍需物質和設備在那裏呢？不要說以台灣現有的兵力和中共的太懸殊，根本上無法反攻。但是要雙方在名義上承認兩個中國，顯然是不可能的。所以我認爲祇是包爾斯的幻想，一個口號而已，不值得眞正的顧慮。

可是話又說回來，堅尼第上台以後，台灣確有其不能樂觀的背景在。堅尼第當選後西方國家都認爲堅尼第是一個有力的領袖，有魄力，敢作敢爲，他不主張靜止狀態，而要行動。他在今夏的參議院演講中說：「我們一定要重新檢討對華政策，現在的對華政策對于怎樣減弱中共在大陸上的統治力量這個主要目的，失敗的非常可怕，不能眞正解決好戰的中國（指中共）問題。」

基于堅尼第這一段話，可知堅尼第的反對中共是積極的，至少比艾克爲積極，但是在積極的前提下，堅尼第不主張用武力，易言之，他定將注意到政治的和外交辦法。說到這裏，我希望台灣要自己檢討一下，台灣有沒有積極的運用政治和外交，以配合堅尼第的政策的基礎呢？

根據十年來的實情，台灣的作風一仍在大陸時的作風，只有過之而無不及，內政沒有修明，全國反共的人士沒有團結，反共祇是口號，國際上的人士祇承認台灣是防止中共的軍事基地，沒有把台灣當作保衛自由和民主基地，易言之，台灣不能自軍事價值以外，再加上政治的價值，也可說是反共的基本價值，而使國際人士願意犧牲較大的力量去保衛它，以往在艾克靜的休息政策下，因循的過着日子。現在堅尼第如要實行動的積極的政策，他能不能任台灣這樣下去吧？這一是我眞替台灣大大的担憂。

但是，台灣客觀的條件，並不是不能做到的，祇在當局者願不願做而已。最近反對黨的籌組，雷震事件發生後，海內外中國人的反應，都証明人民已在不耐煩的要自動去這樣做了。假如台灣的當局，能在這最後的時機中覺悟，順着內外的形勢而自動的改革，在堅尼第的積極改策之下，將來倒是有可能回返大陸的。這不是台灣之福麼？不然，一旦內外的形勢迫着當局非這樣做不可，那我才替台灣担憂！禍福無門，惟人自招，全任當局的扶擇啊！

一不做二不休的壓迫異己言論

爲台北『公論報』担憂

李璜

閱昨十八日香港眞報台北通信，以「公論報闖下文字禍」爲題，詳述「李萬居所主持之公論報，自雷案發生以來，發行數字眞可以用直線上升四字來形容，目前台北市許多重要的馬路書攤上，很多都樂予代售公論報幾乎是到處可見，這情形在台北尙是罕見的」。又說：「公論報於十月二十四日刋出署名望天的『捫心看雷案』，受了台灣省新聞處的警告算是被記了一小過，：警備部已將涉嫌公論報發行人及望天公然侮辱公務員及公署案移請台北地方法院檢察處辦理，則此案勢將依法完成三級三審的程序，打官司了：」

又閱十七十八兩日本港星島日報載，『公論報因債務股權糾紛案，由法院勒令於本月底前交出兩百萬台幣，否則强迫清盤關門。」看這樣子，公論報又要隨「自由中國」半月刋之被迫關門大吉了！

因此在台北的民社黨發言人忍不住，要說出：政府與在野黨的人們要談團結辦法的話，乃是一種「宣傳攻勢」，毫無誠意，民社黨對於這種所謂團結的約談，乃認爲是騙人的，不予重視。（大意見法新社十八日台北電）

筆者日來看到上面這一連串的報道，眞不了解台北當局心頭想的是甚麼？這樣一不做二不休的壓迫異己言論，是不是認爲這樣做於反攻復國前途有益嗎，抑或至少對於當局自身的政權有利呢？筆者對於「防民之口，甚於防川」的道理，在此不願多講；對於要有言論自由，政治纔有進步，這一類話也已說得太多，不願再講。現在只提醒國民黨當局一件事，即國民黨的先輩在滿清末年所辦的報紙，曾被禁被封的很多，發行人及執筆人爲滿清政府所監禁者不少甚至因而殺頭的也有，滿清政府這種做法究竟於他的政權有利嗎，抑或有害？這樣做法是不是反把國民黨的前身同盟會助長得壯大起來，以致非使他成功不可？

中共十年來壓迫自由言論可算是兇猛達於極點了！然而還有梁漱溟，馬寅初，以至同黨的胡風，及最近的巴人提倡人道主義等等，足見異己言論不是被軍警或法院處罰，所壓制得了的！中共還有清算，鬥爭，下放，苦役等等磨折隨便說話與自由寫文的人們，而毛澤東偶然的試一試人心，要百家爭鳴的言者無罪來一下，於是立刻呈現萬弩齊發的眞情畢露了！因此毛頭與其當權諸兇又更加壓迫自由言論，說眞話的所謂右派都一一被整肅，被下苦監了！

筆者認爲中共政權之必趨於腐化，最後必然魚爛土崩而亡，就是看見了這一幕的百家爭鳴與萬弩齊發，以至大事清算右派：在平日，在中共政權的積威之下，中共頭子們只聽到其嘍囉們所製造出來的歌功頌德，「毛主席的恩情說不完」之類的假話，中共頭子們便陶醉了，自以爲成功了，自我陶醉便是中共敗亡之機！一旦毛澤東要試一試人民的眞話，而人民的眞話自然不同於嘍囉的假話，說來當然是不中聽的，於是乎中共頭子們又忿怒了，自以爲受侮辱了，因之便大事清算鬥爭的將眞話鎮壓了下去！但是眞話從此聽不見，中共頭子們便耳目失聰，日益愚蠢，愈是亂幹，敗亡便愈快了！

「忠言逆耳利於行，良藥苦口利於病」，任何當權者都應知道，眞話都是不好聽的，都是有點難受的。無論現今民主國家報紙，中國古代諍臣的直言，無非都是要批評時政上的是非與當權者的得失：如不能分辨是非得失，敢於寫出說出，則民主國的報紙便是浪費紙墨，而中國歷史上的諍臣也無庸稱許了！中國古代當權者殺諍臣不是沒有，不過史稱之爲昏君；近世的專制獨裁國家封報館捉記者也有的是，不過世稱之爲亂國危邦啊！

據報載台北消息，台北當局在主張團結海內外的反共人士，去台北分批開會，並且最後還要綜合開會。開會做甚麼？是不是要大家說話？如果開會是要說話的，說眞話嗎，還是說假話？如果說眞話，那就必然不好聽，不中聽，恐怕比「自由中國」半月刋上所說的還要難聽一點，然則其罪豈不比「自由中國」半月刋言論還要加重一等處罰！

台北當局處罰了雷震的言論罪以後，願直言者已不高興入此危邦了，而今一面談大團結，一面又要再向公論報開刀，立意使之關門大吉，這就叫做「速其入而閉之門」，無怪台北民社黨發言人要說，政府談大團結，乃是毫無誠意的宣傳攻勢了啊！

四九、一壹、一九．

雷案在美國人心目中

·謝扶雅·

儘管台灣當權派對雷震事件向美國朝野多方飾辭解釋，並誣為意圖顛覆政府，「革命」，「流血」（葉大使致紐約時報公函中語），然而美國一般全明白這是一大冤獄。單拿那全世界馳名，銷行知識分子間最廣的時代週報（香港報攤亦常有出售「Time」，Oct.17）來講，它報導十月八日雷案判決的經過，以「台北的鐵路」標題(The Taiper Railroad)。原來「鐵路」一詞，這裏是被借用為「强力入人於罪」之義，所以不用閱讀內容，便曉然於其為什麼一回事了。這篇報導的全文雖不過六七百字，但非常「廉得其情」。它首先溯到該週報曾於九月十七日那一期裏報導過雷震等發起組織中國民主黨，使國民黨開始遭遇到眞實的勁敵。於是這回當局以迅雷不及掩耳手段，先硬說他「叛亂」，把他拘捕下獄，而後再設計「補覔証據」。次述軍事法庭提審控訴他與前駐蘇俄大使邵力子的關係，並保劉子英入台密商一切。再次撮述雷震本人的申辯，並引其最後數言：「我們所要做的一切，無非在敦促政府和平改進，而避免革命流血。……如果對於我的指控罪案能夠成立，我不必為我個人悲，但我不得不為我國家政治前途悲」。最後該週報編者自作結語，謂：台灣當局判雷徒刑十年，再褫奪公權七年；以雷今日六三之齡，到達了滿八十歲之後，當然無能更作政治活動了。

像美國「時代週報」「新聞一週」「紐約時報」一類的著名報刊，絕對無所偏好於雷震。他們對世界事情一向都以超然中立的態度作翔實的報導；不過編者和記者們的理解力與判斷力，每極明晰而中肯。他們刺探新聞的內幕和實相，可謂深緻而周詳。他們的文字和鏡頭都會給讀者以鮮活眞情的了解。即如上述時代週報那段報導，行文造句之外，再刊出雷震在公堂對薄時的攝影，下題「為國家前途悲嘆的雷震」字樣。那一幅階下囚的可憐相，已使一般讀者一見即知這主角是全被以「莫須有」三字構成冤獄的了。當九月四日雷震被捕的第二天，此間各大報刊亦皆登出雷氏的近影——那是一幅窮書生相，暗示這種手無寸鐵的文人決不會如警備司令部所宣布為作亂犯上的亡命之徒。我可以負責報告本刊讀者，美國對於現代中國的事情，實在比我們中國人還要清楚；他們對於中國古代文化及社會基本背景，也許尚不比中國人明白，不過目下若干著名大學裡的漢學系或遠東文化系，都像香港大學中文系由英人林仰山主持一樣，多已由美國人自充主任，訓練出不少本國青年漢學者來，作獨立客觀的研究。至於中文藏書，包括孤本古本善本，恐已超過我國及世界任何圖書館以上。將來研究中國文化，須在美國行之；這決不是妄談或囈語。最近加州大學和哥倫比亞大學對近中國五十年史，有大規模的研究設計。美國散在各地的新聞記者，更是無孔不入，他們的爭取鏡頭和刺探情報，都比戰場的鬥士還厲害萬分。從前在科學技術交通均極落後的老大帝國時代，我們已有「不能一手掩盡天下人耳目」的名言，而況今在太空世紀，況在美國人技術高度發達的眼中，台灣當局猶想掩耳盜鈴地遮飾欺瞞，徒愈暴露其拙劣和醜惡而已。

「告洋狀」！其實何勞你「告」，他們所得的，比你多得多。不過美國當局在這時，自然不會就去「干涉」的。這次大選的競爭熱烈、紛忙，史無前例。再有兩天，大選便可揭曉。如果尼克遜副總統當選，則共和黨政權蟬聯，比較對台灣入手也會快些。若是民主黨獲勝，則須至明年一月二十日肯尼第入主白宮，重再調整對外及對華政策，隨而對台灣的過問也就要拖到明年。所以一般人評論現在古巴加斯特羅政權之如此横行無忌，亦無非在利用美國改選總統期間的過渡缺口是了。還有，我們把雷事訴之於聯合國人權委員會，明知該委員會對這類文件，不過相與傳觀，存檔，實際不會發生任何直接效果。世上多少蹂躪人權的事件，發生和受告，大之如匈牙利，近之如西藏，都是沒有下文的。所以台灣當權派在目下，大可「笑罵由他笑罵了，好官我自為之」。不過這個「好官」究能「為之」多久呢？十月八日平行發生的兩大事件：一是台北的「鐵路」判案，另一便是九十九國代表的聯大驚險地表決討論中共入聯合國案。情勢如此，中華民國在聯國的席位顯然不能久保，台灣如何「發落」之謎，亦只是今後一二年內即可揭穿的事。

凡是中國人，豈有甘願國父和諸先烈擲頭顱，洒鮮血以鑄成的中華民國淪於永刧不復之理!?正因僅有的區區之寶島愈不足以代表民主憲政的中華民國，其在聯合國的地位亦愈趨於消沉，其在美國及諸友邦的心目中更愈令得灰心黯色，所以我們才隱憂焦急萬分。留美學人和華僑幾乎全同美國人一樣，與雷震無親無眷，痛癢不關，只是習處於崇尚民主自由的國度裏，眼見自己的「自由中國」發生——不斷發生這樣極度違反民主自由，極度蹂躪人權的變故，異邦的美國人，尚且如此這般驚怪相告，我們而竟無動於中，冷眼側覷，這還算是「人」，抑已成了凉血動物了呢?!總而言之，筆者覺得美國人的正義感是比我國人强多了。儘管我們自己的先哲高調「是非之心，人皆有之」，儘管雍容温讓的至聖孔子曾嚴肅地提出「陳恒弑其君，請討之」的呼籲，然而到了這個末代，大牢「士」階層的良知是麻痺了；文人們的敏感亦多歸於無何有之鄉了；甚至同行同業的報人也不大有「兎死狐悲」之懼了。想不到經濟「落後」，政治落後的震旦古國，甚至在道德心和文化心上也着實落後得多！比較美國，我們中國人的見事不明，我們的蒙昧無知，以至我們良心的癱瘓，是不能不三長太息而悱憤不置的。難道過去軍閥殺記者邵飄萍林白水的暴舉還要任一再重演嗎？我算服了。我們還遠不及南韓——一個我們的從前附庸小國；我們更不及日本，老的如淺沼，小的如矢口，不管其見解各有偏差，但都具無比的熱情和勇氣。明末顧亭林曾樹古聖的明訓「行己有恥」，已是三百年前的事了。我們進一步，退兩步，老在團團轉。有朝氣的青年志士們，我們還得從頭做起，接着五六十年前亡命青年孫梁之輩的步軌，沉着邁進！

一九六〇年十一月美國大選揭曉前二日自紐澤西寓

雜憶錄之十四　渺渺予懷孤寄

·幼椿·

我在第十三節雜憶錄中，以感憶所及，畧為談到美國人的民族心理。以我九個月的北美游歷，當然說不上對美國一切的深切了解，不過憑我所素習的民族學與社會學去透視美國人，發現一個奇特的現象，這現象姑名之為「矛盾的統一」，（暫時借用此名，俟他日再改訂之），意即美國民族係許多國度的移民所組成，而且移來的先後與情景都不同，其中不同傳統，不同作業，不同宗教等的矛盾甚多，然而大家來居是邦，共同或個別創造新生活與新發展，則又道一同風，一律按照一定的標準去各往前進，趨赴目的——個人幸福與美國繁榮的目的。這有點像東家的孩子們與西家的孩子們偶然聚在一塊兒，只要其中之一提議捉迷藏，並且定出新規則，一會兒便大家歡暢的玩得狠起勁兒，此起彼應，成為規律，有獎有罰，各自顯出努力的成績了！

我曾被紐約華爾街的美國籍猶太富翁請吃過飯，其豪奢自不待言，然而酒酣耳熱，這位猶太富翁便對座客太息了起來：因為他是猶太人，雖努力致富，並不為自稱領導分子從英國最早來的那批「貴族們」所瞧得起的。我又曾認識一位祖先從愛爾蘭來的美國青年，因為他會說法文，與我在洛杉磯城休憩時數次往還，並邀讌於其家，其諸姑伯叔與我暢談時，都照例要罵兩句英格蘭人的高傲與義大利人的討厭；後來我更領會到從英格蘭來的也不喜歡從愛爾蘭來的，說愛爾蘭人能言善辯，華而不實。不過不管從那裏來的，只要到了美國社會去為生活奮鬥或為生活享受時，他們美國人便都一式一樣的有其想法與作法，他們都同具信心與善意，同信專家與廣告，似乎無所用其游移的去多所分辨。尤其在每次選舉與四年一次大選時，大家或崇拜英勇人物，或信任廣播宣傳，在其間，不但不像我們局外人或測驗家的看法去想得那樣複雜，而宣傳一來，專家一吹，平時的來源，客氣，不安，甚至宗教上的種種矛盾都會在興奮之中，投票之頃，忘却了去。在此一場合，我憶起了古雅典的一句名言：「民主政治要憑貝殼的數目，而貝殼的投來，則全憑智者的一席話！」（古雅典投票表決，以人投一貝類的外殼為記。）

我這個喜歡做社會心理解析的人，對於在美數月，逐處成趣，但同時也感到這劃一同風的社會，走了許多城市，猶如一個城市，令我趣味減少，至今懷念起來，人也物也，已覺模糊，無以寄興，只有一點為予懷所孤寄者，為美國之黑人！

我的情緒說來猶有點古怪。在香港十年，常看電影，我只為影中特別興奮過一次，即是所見在「上流社會」一片中一位黑人吹喇叭而高唱入雲；又特別流淚過一次，即聽「春風秋雨」一片中一位黑人女歌者高唱的挽歌。這兩位的歌聲至今在耳，好像給予我了人生與人類前途的一種啓示似的。由此我常常念到我十五年前在美國洛杉磯城內西湖公園裏遇見的一位黑人青年！

一九四五年六月二十五日，聯合國憲章簽字事畢，我自舊金山去洛杉磯小憩，因多年工作疲勞且受激刺過甚，神經頗感衰弱，醫者切囑休養。我獨覔一屋於西湖公園側畔，早起與房東老太婆亂談一陣，藉以練習英語後，輒出門至對面公園散步。每次皆見一黑人青年，或小坐於水邊椅上寫生書字，或漫步於林間口吹小調，狀甚閒逸，身則魁偉。彼數度遇我，感到我在行吟，一次乃對我而笑；我遙以哈囉招呼之，互道晨安之後，詢之為在南加省大學學文學者，來自非洲比屬剛果，作工數年，畧有積蓄，就其所嗜，而流連於詩歌與繪畫之中。既生自比屬，法文自小即習，我兩人乃易英語為法語，半月之中，相談至為暢快。

此一黑人青年生於剛果河支流魯阿拉把江邊，南接沙漠，北有森林，多有其性情格調，在一言一笑之中：厭塵囂，樂自然，富於敏感的直覺心境，而與我東方大野廣田中人相類者：天然的有藝術家的頭腦，能以自然與人生趨向合而為一。我與之談及美國的人事種種，黑人青年多以「忙着掙錢吃飯」一語作結答我；談及美國的黑白種族問題，彼並不為之憤慨，云：「一般人所見不廣，要當於學術與能力戰勝此一歧見。」我深韙其言。

一日我將離洛城，相見為之道別，黑人青年出其所作法文詩一首，請我譯成中文，我匆匆意譯其詩，寫付之，作為臨別紀念。其詩云：

風沙捲落日，天寒心亦寒；
念彼鹿羊羣，倉卒投林間。
明朝日當起，衆鳥皆欣喜，
亦有懶倦人，昏昏睡未已！

——查果朗堪（Tchacolomkat）

昨晚在收音機中，聽見聯合國大會正討論剛果事件，追憶往者，及於查果之詩，寫出敬為非洲新興黑人諸國前途祝福。

四九、一一、二〇

外無成就·內有不平

外交官任用新例之弊

·平江·

自從埃及承認中共以後，今年我國又有兩個外館——一為駐古巴大使館，一為駐馬利共和國大使館——下旗歸國。從表面上看，這是大勢所趨，非人力所可挽回，但其中却有相當的責任在外交當局及駐外人員身上，不過是外界知之不詳，這裏也暫且不說，（留待下次再為文以請教外交當局）不過這些疎忽與錯誤的造成，不容諱言都與外交部人事之處理不當有關，故仍願再就這問題先說一說：

不久以前，沈外長曾就外交行政為題發表演講。重點在「人才不足」，亦闡明高考人員的水準不够，可是對這兩點尚未明確說出「補救」的辦法；倘若任其年年蹉跎，明知高考水準不足却又不强調提高高考的水準，那是每况愈下了。不久前有一位新官，初次外調就是二等秘書，此人想必一定是「特殊人才」，不過既是「特殊人才」為什麼不放在「重要的地方？」而且外交部多少老人，有的是民國十七年高考及格的人員，外館工作經驗豐富，到今天有的亦不過是「官居一等秘書」；而此一位新貴進入外部工作不足三年，就外派二秘。是不是因為人才不足，高官亦不值幾文之故呢？

總而言之，「人才不足」，「高考水準不够」都是事實，那麼外交當局就應該在任用方面「提高任官年限」，使所有新進人員一律於進部時從科員作起，外派開始以學習員作起，在部內外都可從「外交工作」基層作起，歷練既久，處事自有「心得」。學問是死的，經驗是活的，有死學問而缺乏經驗亦只能「守成」「因循」「無功」而已，更談不上對「外交積習不良」之處有所貢獻與改革之計劃了。以之應付瞬息萬變的國際局勢便不足以担重任了。假如仍是以「不成才」的人員不予「歷練」即予「資格任官」那必然是一代不如一代，必至新官新貴充斥，而外交界素有的傳統則破壞無遺！

駐外使領館乃是外交部的耳目，耳不聰，目不明，外交部從何來決策？再說外交部有如大洪爐，凡是為外交部吸收的「人才」應該在大洪爐裡陶冶，務必要鑄成一塊材料，萬不能把未經陶冶成材的人予以尸位素餐，因背景來路關係，驟於高官厚祿，以致造成了「官官相護」，「公事因循苟且」，演變成外無成就內有不平的危機。正如前文所提一位自民國十七年文官考試合格在外交部服務達三十餘年之久，也不過才熬到一等秘書之職，不料後來居上有服務未及三年就外放作二等秘書的事實屬令人費解，因在外館薪水是以美金為單位，薪水的差别就是根據服務年資而決定的，既有了這種不合理情形就足以造成「不平」的反响，也就是說畢生精力已貢獻於外交工作達三十年之久與剛踏入外交界服務兩三年者雖有時間上的絕大距離，却沒有「功勞」「功績」的區別。前者是「考核升遷」太嚴，而今是「作官容易」「考核平常」罷了，相反的是，「考試水準既低，才能又非上乘」；不能不說是當今外交官任用一大問題。

儘管外交官新任用法在立法院三讀通過，一年以來，顯然沒有成果，徒增新貴！有來路的堂堂昂然進入外交界，絲毫未受限制，不怪外交部承認新法太嚴，立法委員亦大聲疾呼要加修正；這就該問外交部何以草擬此草案時就未料到「人才不足」「限制太嚴」；更妙是立委何以竟任意使此一條例三讀通過的？其實法多弊亦多，只要以國家為重，大可不必把門戶控制太緊，要知外交部原有的「任用條例」及到台後行之已見成效的「內外互調辦法」就已足够控制人事有餘了。現今反因此一「新任用條例」施行造成不良的反應，甚至連既有的「內外互調」已陷入停頓之中，實在是自搬磚頭自壓脚！外交當局不能任使此一情況繼續滋長下去，更不能一定要使「耳不聰」「目不明」變成「真瞎」「真聾」重症啊！

三言兩語

× × ×

當權派命嘍囉於上月二十四的晚上，在南港遍貼標語罵胡適。

中共出了百萬言以上罵胡適的文章，他們這種舉動，不只是為匪張目，簡直是與匪遙相呼應。

× × ×

當權派號召「團結」，說得口沫橫飛，煞有介事。

台北民社黨發言人說它是：為要達到某些「政治目的」之宣傳行動。西洋鏡拆穿！

× × ×

越南吳廷琰總統（自兼國務部）的家族政治底特色如下：

四兄弟分掌政治、情報、貿易。另一為主教。弟媳婦陳麗春操縱南越工商系統。

× × ×

美國務卿赫德十七日稱：自一九四七年迄今，援外撥欵為七百億。

可惜是，運用在落後地區者，半入官僚私囊，另一半則成為獨裁者的續命湯，只能買得受援國人民的對美抱怨。

× × ×

赫德又說共產集團截至十一月一日，計共支付四十六億美元經援予廿一個國家。內蘇援佔三十二億。

蘇援雖少，破壞力却大。其故與上述事實有關，此美國所必須嚴加檢討者！

× × ×

卡斯特羅的古巴，在美國後園放火，艾克下令不惜一戰！

拉丁美洲的動亂，已不再是「茶壺裏的風暴」了！

·恕人·

莫斯科會議結論的難產

·田心·

這一次共產國際在莫斯科的會議，雖非一定是正式從十一月七日的十月革命紀念日的次日開始，但當可作這樣的認定：這次會議的預備會議或會前的接觸當在十一月七日前後即開始了，這樣計算，至截稿日止，已逾十天。儘管這次會議的公報可能在本文與讀者見面以前發佈，但其遲遲未獲結論之處，還是有一談的價值。

在事先，自由世界遍傳共產國際將於今年十月革命節在莫斯科舉行會議，這已經不是秘密了，加以會議拖延了這麼長的時間，無疑問地暴露了歧見之難獲統一。共產黨最善於掩飾歧見，而此次却竟至無法掩飾，實為過去所無。因為不能說像這樣的世界性會議在事前會毫無準備就召開的，也不能假定它對於某些重要議案事先未把握其決議要旨，以致胡亂任由這一會議「自由發展」。同時在這一期間，並無能影响共產國際的世界性事件發生，那末，這種拖延似乎是故意的安排。

在此次會議之前，赫魯曉夫於上月二十日在莫斯科羣衆大會上報告出席聯合國的工作，對於戰爭與和平的問題突然轉變一貫的語調，改取中共的立場。其主要兩點是，一、他說：「我們深信，一旦爆發戰爭，人類是不會毀滅的，人類只會澈底地、堅決地甩掉產生戰爭的腐朽的資本主義制度」。二、他又說：「戰爭有各種各樣的戰爭。我們反對類似法國殖民主義者現在在阿爾及利亞進行的那種掠奪性的帝國主義戰爭。但是，我們承認和支持各國人民爭取自身解放的正義戰爭」。赫氏在這個與中共爭執已久的問題上突然放棄自己的立場轉而同意中共的觀點，本來是可疑的。因為中共雖然可以利用那些論調，使未獲政權的一些國家的共產黨對赫氏壓迫，但終究是沒有什麼力量的，此外，中共就無其他壓力可迫使赫氏作新的轉變。這樣，似乎又可假定赫氏的轉變是會議前的故意做作，目的似在避免在會議上與中共發生正面衝突，但赫氏仍可利用其他各國共產黨主要是東歐各國共產黨來反對中共的觀點。

事情非常明顯，在東歐七國之中，只有阿爾及利亞是支持中共的觀點的，近來，「人民日報」幾乎每天都有阿爾及利亞的反映支持中共觀點的言論，發表的同時顯得東歐的其他六國都不同意中共的觀點。因此，他可作出如是的估計：赫氏在這次會議之前，特別發表同意中共觀點的論調，但却暗中又慫恿東歐六國在會議上來反對，無非是表示共產國際中反對中共論點的多數派，並非蘇聯所操縱，從而迫使中共來聽從共產國際的決議。

現在會議之中，出乎他意料之外的東歐六國並不因赫的轉變而轉變，仍舊堅決反對中共的戰爭與和平的觀點，這是必然使中共代表團發窘的，也必然會因此引起爭執的，遂使得會議僵持不下，雖或是一種推斷，但也可能正是會議遲遲難獲結論的原因。

從雷案到團結

・鋒劍・

（台北通訊）為舉世所注目的雷案現已進入覆審階段、依據軍事審判法第二〇三條的規定，覆判機關對於覆判案件的判決，應自覆審庭接受卷宗証物之日起二十日內為之；必要時得由覆審機關長官核准展期，以二次為限，每次不得超過二十日。雷案三被告是十月十七日申請覆判的，警備司令部則於十月二十二日始將此項卷宗証物呈送國防部軍法覆審局。現在該局已奉准展緩一期覆判，即將覆判的期限延緩到十二月一日。如果再請延緩一期，還可延緩到十二月二十日才覆判。

在雷等申請覆判之初，人們鑒於初審時之出以閃電方式都以為當權者必速戰速決，於本月十一日宣告覆判；但週前國防部發言人突然宣佈覆判局因辦理不及已奉准延緩一期，於是若干關心國事者又幻想「賢明偉大」的領袖是否將格外開恩指示覆判局於覆判時減輕雷等的處刑，有些太天眞的人士甚至還希望他能以國家的利益為重而將雷等赦免。

據熟悉內情者的透露，本月初的一次國民黨中央常會，陳誠曾提議，畧謂：「海內外輿論對雷震等的被處重刑一致表示憤慨，國家的聲譽已受到嚴重的損害；當此國際局勢可能逆轉之際，是否可對雷等的處刑酌予減輕，以示領袖的寬大，並緩和各方的反感，擬請常會予以考慮。」聞陳誠之所以作此提議，係應胡適的請求，並於事前報告過老蔣，奉諭可提出中央常會研究。但他提出此一建議時，遭受陶希聖、張其昀、鄭彥棻、谷正綱、張道藩等的猛烈反對，小蔣則面有得色，最後還是老蔣打圓場，宣佈可延緩一期覆判，讓大家再多多考慮。看情形，陳誠也不敢再提了，雷震等有無被減刑的希望，恐怕祇有上帝才知到。

監察院調查雷案受阻

監察院設立小組調查雷案一事，許多人都寄以很大的希望，然而進行並不順利。當權者除對國民黨籍的某委員百般壓迫，使其一度堅請退出調查小組而外，並勸阻住在台中的某委員藉故不來台北，以致調查工作難於開始，聞最近他們已和陶百川等達成暫時的協議，即在覆判以前不得調查，為的是「維持審判獨立」；但覆判後允予調查。陶等希望當權者能於覆判時減輕雷震等的處刑，只得承諾了。經此一協議以後，調查小組勉强開了一次會，並決定調查的重點如下：

一、警備司令部拘捕雷震等四人而以軍法審判是否有足够的罪証？

二、雷案初審由提起公訴到審判完成僅有十二天，而開庭審訊的時間祇有一天，被告律師均無充分辯護的機會，為何如此急促，有無枉法之處？

三、初審時不使雷震與劉子英當庭對質，根據何種理由？是否合法？

此外，聞監察委員主張實施調查時，除對初審人員包括審判長和檢查官進行查詢外，對於覆判之有無違法失職，亦應合併調查，已為調查小組所接受。

從以上的消息來看，監察院調查小組總算沒有完全屈服於當權者的淫威之下，也可說究竟人心尚未死完。可是，由於他們要在覆判後才開始調查，將來縱然發現審判人員的違法失職而提出彈劾，也不過是放馬後炮而已，若希望其對於此一寃獄能發生平凡的實效則難矣。

郭雨新要當權者坦白

雷震等被捕後，國民中央黨部曾以有關機關的名義印發一本小冊子，名曰「自由中國半月刊違法言論摘要」，從該刊所刊載的文章中摘取若干詞句，故作種種歪曲的解釋。九月卅日，該刊撰稿人殷海光、夏道平、宋文明等曾發表共同聲明，自認被目為涉嫌叛亂的那幾篇社論多是他們三個人所寫的願負法律責任，並指出當權者以「斷章取義、東拼西湊，張冠李戴和改頭換面」的手法，歪曲那幾篇文章的原意。十月六日民主潮半月刊社社長朱文伯亦在公論報上發表一篇「我曾煽動本省人民背離政府嗎？」的文章，對國民黨中央黨部印發的那本小冊子指他前年在自由中國半月刊所寫的那篇題為「為中國地方自治研究會再說幾句話」的文章為「煽動本省人背離政府」，認為是曲解羅致。十月十八日台灣省參議員郭雨新又在公論報上發表一篇文章，題目是「主張民選省長也犯罪嗎？」該文說國民黨中央黨部印發的那本小冊子，指他在自由中國半月刊發表的那篇「民選省長此其時矣」的文章是「挑撥本省人與大陸來台同胞的感情」，是「煽動本省人背離政府」，他認為假如此一曲解可以成立，則以前省民意代表要求縣市長民選，豈不也是犯了同樣的罪嗎？為什麼執政黨反予接納，並宣揚海內外說：「這是建設台灣為三民主義模範省的首要措施？」郭參議員最後更單刀直入對當權者作如下的質問：「如果認為國家遭遇危難，在此非常時期，政府施政無法遵守憲法奉行遺教，不妨公開坦誠有所表示，當民意代表們對此問題提出訊問時，尤應將省長暫難民選的緣由明確加以解答。本省人民反共愛國決不後人，政府眞有苦衷，人民是會諒解的。乃負責當局智不出此，應該答覆的問題避不答覆，反在幕後曲解羅織，想用莫須有的罪名嚇阻人民合法的言論，在此二十世紀的六十年代，是不會發生什麼效果的。」令人注意的是自殷海光、朱文伯、郭雨新等的文章先後見諸報端後，迄今並未見官方有何答覆，連那位好發議論的宣傳策士陶希聖也沒有出聲，有人說這是他們自知理曲的表現，然乎，否乎？

團結的舊調重彈

週來官方又忽然對於團結的問題表示高度的興趣，宣稱將於明年雙十節召集反共救國會議，並於明年春初先舉行所謂不拘形式的小型會議。日前蔣「總統」且邀請陳啓天、王思曾、蔣勻田等談話，催促他們迅速派員與各該黨留在海外的領袖人物商洽，為此等小型會議作鋪路的工作。但海外讀者別以為當權者鑒於國際局勢的惡化，已體念到非團結無以圖存，因而採取如此的措施。須知蔣「總統」的性格一向以意孤行見稱，更何況還有一位「別有懷抱」的愛子日侍在側；即令上帝能給以特別的啓示，而使其有所澈悟，經國亦必阻其實現。他們現在所談的團結，不但壓根兒沒有誠意，而且居心險惡。他們企圖以若干不關重要的名位和少許財政上的津貼，誘迫民青兩黨人士參加政府，其目的端在於拆散兩黨與新黨的關係，使兩黨與新黨背道而馳；尤其是要使兩黨取締其參加籌組新黨之若干黨員。如所週知，今日籌組新黨的重要台籍人士，多為兩黨黨員；假設兩黨能迫使這些黨員不參加新黨，則新黨可能胎死腹中。如兩黨果要對這些參加籌組新黨的黨員採取行動，又勢必演成兩黨內部的更多紛擾而導致自我解體。因此，當權着不惜利用政府的名位和金錢來籠絡兩黨，表面上祇是孤立和拆散新黨，而對於兩黨仍示特別優遇的誠意；實則企圖借此使兩黨與新黨同歸於盡，而確保其一人一姓的政權於久遠。聞兩黨人士中熱心參加政府者固大有人在；但能洞悉其奸者也不乏人，將來如何演變正未可知也。

當權派也談憲政體制（讀者投書）

編輯先生：

閱報，知台北當權派又重提團結的舊話。團結反共原是中華民國唯一的自救之道，是全國人民一致的要求；問題祇是當權者有無誠意而已。過去的事，暫且不提；我想借貴刊請教當權派的，則有下列數點：

一、你們說要在憲政體制之下謀團結，我請問你們：究竟誰破壞了憲政體制？憲法規定總統祇能連選連任一次；而蔣介石却做了第三任的總統，這是不是破壞憲政體制？也許你們將辯稱這是根據修訂後的臨時條欵；但蔣介石既反對修憲，又說修改臨時條欵不是修憲法，那麼依據臨時條欵而產生的總統，當然祇是臨時條欵而不是憲法的總統了。總統不依憲法產生，是不是破壞憲政體制？依憲法規定行政院是國家最高行政機關對立法院負責；但今日的行政院則是蔣家父子的御用衙門，祇對蔣介石負責，這是不是破壞憲政體制？憲法規定軍隊屬於國家；但今日的國軍則被蔣家父子視為私有武力，蔣經國既非軍人出身，又未在軍中任職而却被封為上將，是不是破壞憲政體制？憲法規定人民享有言論出版集會結社等自由，但今日蔣經國統率下的特務，却對人民的自由操有予取予奪的大權，這是不是破壞憲政體制？

二、你們此次以非法的手段逮捕雷震，並不顧世界輿論譴責而科以重刑，分明是藉此鎮壓異己扼殺自由中國半月刊和打擊籌組中的新黨；而却憑空給雷震加上種種罪名。你們的發言人陶希聖甚至在華僑救國總會公開發表演講，說雷震中了政治協商會的毒；但政治協商會議原是蔣介石召開的，雷震担任該會議的秘書長也是蔣介石委任的，雷震祇做了政治協商會議的一個職員就被指為有罪，那麼召集政治協商會議的蔣介石是不是更加有罪呢？雷震原是國民黨的中央候補監察委員，在蔣介石旗下工作達二十餘年之久，祇因不甘於永遠做一人一姓的奴隸而發出一點微弱的正義呼聲，即被你們橫加迫害，你們現在又要求談團結，誰又相信他日不被你們視為雷震第二呢？

因此我以為台北當權派如要尋求團結，就應該第一，立即恢復雷震的自由，並停止對新黨籌備人員的迫害；第二，立即取銷一切與憲政體制抵觸的措施，並把專以迫害人民自由為能事的特務頭子蔣經國放逐國外，然後才能使人相信你們確具團結的誠意，如此也才是憲政體制下的團結。假如祇想利用團結的美名來分化異己，則不但於國家無補，恐怕也非蔣介石之福吧？

澳門讀者朱國則

台北大溪秘密興建蔣氏宗祠（台北通訊）

蔣介石在當選非法臨時總統之初，雖然向國大代表們宣稱將於六年內返大陸，月前甚至說明年即可有望；但種種事實的表現，他似乎準備在台灣終老。專包國防工程的某營造廠已奉命在台北郊外的名勝地——大溪秘密修造一座蔣氏宗祠，所用材料，均係購自香港，設計極為富麗堂皇，刻已動工，嚴禁向外洩露。這是一位在國防部担任機要工作的朋友告訴筆者的，千眞萬確。台灣和有機會去台灣觀光的讀者倘去大溪一遊，即可見到此一正在大興土木的工程，不過為了你的安全請千萬別問是否蔣氏宗祠。那位朋友很感慨的說，大陸淪陷十年，五億同胞身處水深火熱之中，日盼國軍反攻，數百萬同胞流亡海外，父子不相見，兄弟妻子離散，日盼早日返回家園，而自稱為民族救星的「偉大領袖」，却以軍事工程為名修建私家祠堂，一心一意要將他自的靈牌放進去，大約他準備作鄭成功第二了。但從各種跡象看去經國似乎刻意要效法鄭成功的元孫呵。（眞）

從毛澤東對史諾的談話看金馬問題

劉裕略

大陸之窗

據路透社北平十六日電：「美國作家與新聞記者艾特迦．史諾昨天由昆明飛往仰光，他自本年六月以來，即在中共大陸，搜集材料，著書及供雜誌文章之用。本月初，他離開北平之前，曾與中共毛澤東作臨別長談。他是第一個外國記者和毛澤東面談，他所著的「中國的紅星」中，載有毛氏生平歷史。史諾告路透社記者稱：他和毛氏此次會談，獲悉，縱然美國放棄金門馬祖，亦不改變亦不會影響到中共的政策。史諾稱：中共將繼續要求美軍悉數撤離台灣，這是「中美雙方互相承認之唯一可接納的條件」云云。

筆者以為路透上述這一節電訊頗關重要。因為金馬問題，數年來一直是自由世界既關心而又極多爭辯的一個問題。甚至此次美國大選，兩黨總統候選人亦被捲入這一爭辯的漩渦，可見金門馬祖雖只是兩個小島，人口與資源以及土地面積都一概說不上，但各方對它的價值估計，則頗有高下之大不同。有些人認為金馬是不值得協防的，但也有些人認為金馬是必不可放棄的。因為各方對金馬之價值估計不同，能否守住的看法也各不同，所以，主張與結論亦異，這是金馬問題論爭之一。

其次，也有人認為中共既亟圖金馬，美國不妨以金馬與中共作其它利益之交換。這是把中國的金馬當成美國的政治商品的一種想法，而由這一種想法所帶來的問題，則是美國應不應該以別一個國家的土地來作美國的政治商品，因為這牽涉到美國領導自由世界的根本原則問題，所以，這也是金馬問題論爭之一。

再有一個想法，那就是也有人以為美國利用其影響力以促中華民國之國軍自金馬撤退，則美國與中共之間之問題即可基本解決，中共之反美政策即可停止或修改。另外許多人則反對之。這也是金馬問題爭論之一。

其實金門馬祖的重大價值是不必多予辯論，即可完全肯定的。事實上，金馬地區雖小，人口亦不多，資源亦不豐富，但它十年來，有如西柏林一樣，已經是反共政策和反共態度是否堅決的一個象徵，也是反共政策戰略是否適當的一個考驗。西柏林的嚴守既顯示美國在歐洲的決心與實力，亦顯示美國在歐洲的威望與吸引力；同樣，金馬的嚴守亦顯示美國在亞洲的決心與實力，亦顯示美國在亞洲的威望與吸引力。從戰爭的藝術與技術來講，固無所謂好守與不好守，把難於畫得很好的東西畫得很好，才配稱為藝術，把難守的地方守住也才顯示勇敢、決心與實力。況且，只要美國真心真意全力協防，金馬的防守是決不成問題的，所以，對金馬的政略戰略價值無可懷疑，守不守得住的辯論也是不必要的辯論。

至於把金馬當作美國的政治商品，以與中共交換其它利益。事實上，這不但違犯美國領導自由世界共同反共的最大利益，而且事實上亦行不通。

以言美國放棄協防金馬，使金馬落入中共之手，中共便可改變其反美政策，便可改變其向外擴張的軍事侵略政策或政治侵略政策，則美國作家兼新聞記者艾特迦．史諾這一次在北平會見毛澤東，毛澤東在對史諾的談話中，把這一個問題的謎底揭開了。毛澤東對史諾表示：「縱然美國放棄守衛金馬，亦不改變也不會影響到中共的政策，中共將繼續要求美軍悉數撤離台灣」，這對中共仍將繼續堅持反美政策，這對中共企圖伸入太平洋以威脅日本、菲律賓、澳洲以及東南亞的企圖，可以說是已經暴露無遺了。史諾是一個與中共頗有關係的人，所言當係真實。試問中共之反美政策其侵略野心既不會因美國之不協防金馬而改變，則美國何能再存與中共作利益交換之心。事實上，中共是根本仇恨美國的。當此歐洲其它強國在亞洲衰退之際，日本又元氣未復，除中共外，亞洲更無其它在軍力上更強大國家，故美國乃成為中共欲在亞洲稱霸之唯一敵對國家。所以，中共不以佔有金馬為滿足，縱然美國將金馬送與中共，中共是仍要繼續敵對美國的。筆者以為，若美國在中共面前示弱，例如放棄守衛金馬，則中共更將以為美國軟弱可欺，政策不堅定，勢將得寸進尺，以凌辱美國，以打擊美國。

須知，中共乃是一個奉行馬列主義之共產政權，它與自由世界尤其它與自由世界的領導者美國之間的鬥爭，原是毛澤東所說「不可調和的」，雖然，毛澤東與赫魯曉夫之間亦有歧見，但他們的統一大過他們的矛盾；同時，他們的總目標，實現世界革命，一同打倒「美帝」，則並無絲毫差異，所以，中共問題，決不是美國把金馬撤離就能夠解決的。其不能解決問題，實與投一小塊肉給一隻餓虎之不能制止餓虎之猛噬恰為一樣。

周恩來承認大陸災況空前
同時承認大陸糧產大躍退

何正容

據路透社北平十六日電：美國作家兼新聞記者艾特迦．史諾此次訪問北平，除毛澤東曾對他談金馬問題外，「周恩來又對他說：今年大陸有廣泛的旱災、虫災，東北省區又有空前嚴重之水患。這等自然災禍之嚴重，為本世紀所僅見，結果，今年的收穫，較一九五九年及一九五八年為低」云云。像史諾這樣一個與中共有關係的人自不會造中共的謠，周恩來本人當然也不會故意把大陸今年災情及今年的粮食生產說得來比眞實情況更壞。而周恩來的這一談話，却無異把中共今年糧食生產大躍退的事實和盤托出了。在此以前及在此同時，中共是一直打腫臉充胖子，天天閉着眼睛瞎吹大躍進，瞎吹一年比一年的粮食生產都在大躍進的。但史諾轉述周恩來的話，則証實大陸今年糧產不但未能躍進，而是躍退到比去年前年都不如的地步了。

對此，中共固然可以把原因推在災患上，但大陸災患又為什麼一年比一年兇呢？無他，實因共產極權制度太壞罷了。

廣州各中學自辦工廠
等於把各中學師生都變成工人

張光正

中共佔據大陸十年以來，年年都在宣傳學生數字激增，但究其實際，則各學校的學生成績，則無不大大低落。此固由於中共只注意學生之黨性，不注重學生之書本知識，只注重學生之政治活動，不注重學生學業修養，加之，中共所不斷號召之政治活動與各種勞動活動又將學生讀書時間佔去太多。然而這還可說並未將學生之全部時間完全浪費，及至最近，中共的辦法更進一步，數以百萬計的城市青年已被迫到農村，不但到農村去作短時勞動，且叫他們到農村去成家立業生根。這其中大多數都是城市中的學生。中共所謂到農村生根，實際上就是把他們遷離城市，永遠變成中共的農奴，從而當然也就與所謂學校絕緣了。

除了強迫許多學生到農村之外，中共最近對尚留在城市的學生亦想出了一個辦法，名義上這些學生仍在學校就讀，成為中共全部學生統計數字中的一個數字，但實際上，則變相的把這些城市學生變成了工人。這可以廣州市中學生的情況為例。據十一月十七日香港大公報「本報廣州專訊」：「現在廣州第一師範學校的造紙廠、煤灰磚廠和市一中的造紙廠，正初步建設起來，並開始了生產。……還有好些中學籌建化工廠，生產化工原料，一方面解決部分實驗室的需要，一方面支援工農業生產。有的中學還能小量生產粉筆、鉛筆、墨水、書釘等文具，解決本校的需要。此外，市教育局在石井籌建一個紅磚廠，各中學教師、職員等將輪流下放到該廠勞動，這個廠正由部分師生動手參加基建工程」云云。

香港大公報是中共在港所辦宣傳報紙，上述報導自屬確實。但吾人却可從上述報導中看出中共的作法，是變相的將各中學變成工廠，變相的將各中學的學生變成工人。我們知道：中共對學生所攪的政治號召和各種勞動本已很多，因之，已使學生不能專心讀書，現在，中共又再在各學校設工廠，叫各學生入廠勞動，那末，很顯然，學校其名，工廠其實，學生其名，工人其實，學生成績將更趨低落，勢屬必然的了。

搜括方式的又一新花樣：
中共普遍推行農村財貿人員駐隊制度

．陳一鳴．

在以往，中共雖然在不斷搜括出口物資，以進行出口貿易，從而賺取外匯，但中共的搜括方式，尚係經由各地中共行政機構去進行。而行政人員對於出口貿易既不一定是內行，所以，中共中央仍嫌其搜括未能徹底。

最近，由於河北省武清縣碼頭公社財貿部門推行幹部駐隊制度，會經將全社財貿部門的幹部約百分之五十一到生產隊安家落戶，中共發覺該一方式既可協助組織羣衆，同時又可進一步完成財貿工作任務。所以，中共中央現在決定在全大陸普遍推行農村財貿人員駐隊制度，以期能夠達到深入搜括和更普遍搜括的目的。

當然，這是並不奇怪的。中共將財貿幹部直接安置在最基層的生產隊裏，切實掌握住最基層的生產情形，從而充分了解到第一線最基本的生產情況，那末，通過駐在最基層生產隊裡的財貿幹部，一級一級往上作成調查、統計與報告，則中共中央對大陸各地的生產實況，自必充分明瞭，今後對出口貿易物資之搜聚，當然更見綿密確實，而不致有絲毫遺漏。惟其如此，所以十一月二日中共人民日報特以「普遍推行農村財貿人員駐隊」為題發表社論說：「財貿部門怎樣才能適應這一新形勢，更好地完成各項財貿任務呢？碼頭公社財貿部門派幹部常駐生產隊，就為我們提供了一個好辦法。……現在碼頭公社財貿部門進一步把幹部派到生產隊長期安家落戶，並通過一定的組織形式把它固定下來，形成一種制度，這就使財貿工作在農村生產和羣衆生活中扎下了鞏固的根基，同時，也使財貿部門的組織形式進一步適應了人民公社的組織形式，便於更好地發揮財貿部門的作用」。顯然，中共現在是更在加緊搜括了。

西貢上了一堂政治課

・白馬・

三十小時的「總統府包圍戰」，好像曇花一現般過去了。可是「改革越南」問題……「傘兵叛變」的背境……却並沒有過去。

對於西堤（西貢和堤岸）市民來說，傘兵部隊包圍總統府只不過是一幕失敗的戲劇，它遠不及六年之前的「平川軍」炮擊總理府之熱鬧，當時，西堤均陷入戰區，平川軍與政府軍，浴血鏖戰達三十三小時之久！而當時的總理，也正是現在的總統吳廷琰。

吳廷琰在那次教派三軍（高台、和好、平川）的圍攻中，倖免於敗。而這次在傘兵叛軍的圍困中，又終能解圍。在不大理會越南政治的華僑，對政治是不大願意批評的，於是他們只說吳廷琰「大八字」，雖然行的是「逆運」，但因爲「命好」之故，却能化險爲夷。也許這是風凉話，但說的確實不錯，吳廷琰之不敗，只是間不容髮。

有人認爲傘兵部隊的叛變或革命，本來就不是部隊臨時譁變那一類，而是有相當的政治背景，也有革命分子參與其間的，那麽，他們未免太幼稚，太沒有計劃了。因爲，他們圍住總統府並同時進內與總統談判政治問題，並非是一項「革命」的方式，故此革命不能成功。

作這種論調的人們發問說：如果是「伊拉克式」政變會怎麽樣？如果是「土耳其式」政變，又會怎麽樣呢？那豈不是「且看今日之西貢，竟是誰家之天下」？

如果是伊拉克式政變的話，用不着說，一切都無從挽回。就算是土耳其式政變，把總統總理拘捕起來，（按照傘兵及陸戰隊的實力，解決總統府衞隊，用不着一小時的工夫。）那麽縱使事前總統曾以無線電號召外圍駐軍「勤王」，但當他們在途中聽到西貢業已易手時，豈不是就會停兵不進嗎？何況，政變部隊還可以叫總統電令各部隊就地維持地方治安，靜候西貢的政治談判呢？

說這些話的人，似乎對叛軍的革命失敗，有些惋惜，而不爲吳廷琰慶幸。可是，在六年以前，他們却並不爲教派軍的失敗惋惜，而認爲吳廷琰打敗教派軍是打得好。

前後不過六個年頭，爲什麽有這麽大的差別？那也許就是所謂「歷史的鏡子」的問題了。

六年之前，西貢還是保大「夜總會皇帝」的時代，教派軍軍紀不修，西堤烟賭林立。日內瓦協定剛把越南分割下來，數以十萬計的北越難民，義不帝秦的逃向南越自由的土地。而那時的吳廷琰出任總理，正是受命於危難之際；外拒共黨，上抗保大，中與教派軍作戰，對下還要撫輯流亡。那個時候，似乎吳廷琰便是自由的象徵，新越南的命運之所繫。人們對於在困難重重中的吳廷琰，只有寄予同情，寄予希望。

時代落伍的保大，終於塌台了。在「還軍於國」的大命題之下，教派軍數萬雄師，一旦瓦解了。義民被安頓了下來，新國防軍在美援下訓練起來。並且還進行了土地改革，似乎朝氣蓬勃地走向復興。

可是，這一切都是好景不常。由於總理的不久即晋位總統，並集軍政經濟大權於一身，在內外信任的長期委託制之下，權力的運用，終於出了毛病，脫了軌道了。

來自北越法艷區的天主教士吳廷琰，以卸任省長的地位會在原籍領導教民教軍，痛擊進犯該區的越盟共軍，正如清代的在籍侍郎曾國藩以湘鄉鄉勇打「長毛」一樣，因此聲名鵲起，造成了他躍進總理寶座的基礎。可是由於他的教派，他的來自北越的集團，使他對於宗教衆多流派複什的南越，不能作一種穩健均衡的處理，尤其是在人事方面。於是，「北越人統治南越；北圻人統治南圻人」的不滿怨懟，開始在民間流露。更由於他是一個敢作敢爲的人物；當然亦就「內舉不避親」，於是幾位弟弟，位居要津，弟弟的夫人，活躍政經圈內。「家天下」的說法，也就甚囂塵上。

在這麼一個幼稚的國家中，政黨是點綴式的，而議會則是諮詢性的。尤其是在反共時期，當權者自認應該更加發揮權力，於是集中營被建立起來，數萬人被送進去，名義當然是爲了「反共」，實則其中不少只是爲了「反對」，反對當權者的强力措施。同時，雖在强力「反共」的名義下，但年來南越共亂，比前是甚，無時不在掃蕩戰中。人們更認爲是嚴刑峻法，迫使挺而走險之所致。會經有民主人士上書吳廷琰，要求實行民主政治，開放政權，着眼於治安及民生，但這些呼籲並不受到相當的注意與接納。民心離背，軍心不穩，政變的發生，並非是一朝一夕之故。

卅三小時的政變是過去了，可是發生政變的背景，人民對「强力」政權的不滿，以及在蔓延中的共亂如何遏止，這些問題的癥結，如何加以消除？這不但是「敉平叛亂」以後的吳廷琰的課題，也將是南越這新國家長久的課題。

。金邊通訊。

吳廷琰其人

・阮氏珍・

此次南越閃電叛變，同時也閃電敉平；而外長武文畝日前過港赴日時，還對人宣稱：「南越傘兵此次圍攻總統府，主因係他們受了叛黨的欺騙。叛黨當時散佈謠言，謂吳廷琰總統遭遇危險，着他們馬上開往總統府保護。迨大軍到達了總統府時，叛黨就策動叛變了」。這眞像是一齣充滿滑稽突梯的諧劇。

然而姑勿論它是諧劇也好，悲劇也好，在這齣劇中一方面的主角吳廷琰，便立刻引起了世界人士的矚目。

吳廷琰本是官宦世家，他外貌上，具有獨裁的儀表；性格上，具有倔强的主觀。他雖相信孔子的思想，但他原是個天主教徒。他雖然還未滿六十歲（今年才五十九歲），可是他的行動，早已表現出老頑固的特徵。因此，他對一般青年的活動，便加上了許多限制，於是引起了許多青年智識分子的不滿。在這情形下，使受命作地下活動的共特份子，得以有機可乘。他在操守上，原是誠實謹慎而辛勤刻苦的；他與統治北越的越盟黨、從不肯作一些最輕微的妥協；但同時對國內人士的批評和規勸，也從不肯予以輕微的接受或聽從。一般人指責其下屬，尤其是他的親屬的貪污行爲，而他竟從不處理一下；這一點，更使一般青年智識分子對他失望。他曾使各鄉村分別組成了共同生活的團體，建立了「農業組台」；但是這個「農村組合」，却遭受到反對派的批評。反對派人士都說：吳廷琰會强迫農民加入此等團體，其所作所爲，頗有類於中共所建立的「公社制度」、此種措施，係極不適合於南越人民的生活習慣。因此，八月一日，便有「自由進步黨」（其中十八人係前任的內閣部長）出頭，向吳廷琰提出要求，請他停止實行「農業組合」的計劃；於是更形成了吳廷琰政府內部的不安。吳廷琰本人，並不是不知道這種不安的形勢足以促成可怕的後果，但他却仍是不肯接受批評。「自由進步黨」又曾提出：政權必須開放，軍隊必須改組，基本人權必須保障，現存的腐化狀態必須肅清。可是吳廷琰却仍不願對此有所作爲。而最令人惋惜的，還有他的相信命運的宗教心理，使她失掉了大刀闊斧改革的進步作風。同時她對共特的滲入，也沒有辦法加以遏阻。據非官方估計：共黨自北越滲入南越的特工人員，目前已達到四萬五千人左右。這項危機，吳廷琰迄仍是陷於無所措手的困境的。

現在，叛亂算是敉平了；吳廷琰也宜佈改革內閣而儘量任用年青有爲的智識分子了。在痛定思痛的環境下，他當然要耍出幾套新的手法，來收拾一下；但「知之匪艱，行之維艱」，其發展如何？後效如何？則當然仍須有待下回分解。

「如要吃肉，乃可生病」！

。馮勝籌。

經常回鄉探親的港澳僑胞，他們雖然經常可以見到各茶樓，配肉站，出口公司等，都陳列着一些肉類「應市」，但廣州居民，最近却倣效了「香港文化」，流行着一句「如要吃肉，乃可生病」的口頭語。原因是：大陸肉類的供應，事實上確是十分荒缺，而各茶樓，配肉站，出口公司等處的肉食，祇是要來「優待」僑胞，祇有回鄉探親的僑胞，才有資格享受，當地居民，休想問津。唯一可以嘗到肉味的，祇有病人。而病人購肉，也是相當困難的。除了必須要有醫生的文件，證明需要肉類來作「治療用途」外，還須經市長批准，才得依照所指定的份量購到一些肉類。

爲什麽病人購買肉類除了醫生証明外還要市長批准：原來這也是有內幕的，據說：因爲最近有一部份醫生，存心偏差，收受了市民的禮物之後，便不管對方是否病人，是否需要肉類療病，就隨隨便便發給了購肉証件；在這情形下，產生了無數僞裝病人，於是「憑証購肉」的，越來越多，配肉站前，天天都出現了僞裝病人的長龍，日子久了，終於給共幹揭破秘密，因此便又增加一項規定，須經市長批准。從此之後，購肉的手續更麻煩了；眞正患病的人想吃一點肉類，也不是一件容易的事哩！

僑鄉近訊

穗共盲目移民釀成險惡氣氛

・江水・

中共自實施閃電手法在廣州建立「城市人民公社」之後，百份之八十市民，立刻被迫分別組成各種生產隊，「候命出擊」；而被迫放棄家庭調派到各工廠、公共食堂、和托兒所等處工作的婦女，也逾萬人。但建社迄今，已達半載，由於工業原料缺乏，谷新建工廠，僅懸掛一塊招牌，却無法生產，以致大多數「社員」，一直都是「候命」，而「出擊」則缺乏對象，因此，祇「浪費」了公共食堂的雜粮和伙食。於是「黨委」便又想出了新花樣來，那就是把他們移徙。據悉：移徙的目的地是粵北地區和雷州半島；估計自穗市成立公社以後，被移徙到上述兩地服勞役的，約達十萬人。他們的工作是開鑛、築路、運輸木材，及興建軍事工程。但粵北和雷州半島都是糧食荒缺的地區，一旦增加了大批移徙的人民，糧荒立刻顯得更嚴重，從而引起當地居民的不滿，釀成了互相仇視的險惡氣氛：中共對此，迄仍無法善後。

中山漁會扼殺澳門漁民

澳門和中山接壤，澳門漁民和中山漁民原是混成一片的；而且澳門漁民也端賴在珠江三角洲海面捕魚，維持生活，是以他們和中山縣的關係，實異常密切。中山共幹覬準了這個「介口」，便企圖連澳門的漁民也控制起來，俾得剝削他們的漁穫物；於是用盡威迫利誘的手段，使他們參加中山的「漁民協會」。但澳門漁民，那甘受此種壓搾？因而未入會的固然不肯就範；已入會的，也紛紛退出。中山共幹對此，赫然震怒，認爲澳門漁民係存心破壞，憤然施出報復的陰謀，實行扼殺澳門漁民的作業。據悉：中山五區香洲漁民協會，已於本月四日召開過一次漁民大會，宣佈出一項「劃定作業海界」的辦法，硬性規定「凡未加入漁會的漁民，不准在中山海域內捕魚，違者拘捕，以至射擊或轟沉」。這個辦法，顯然是爲針對澳門漁民而設，其目的就是給予澳門漁民以致命的打擊！

謊言

藍詩

當蕾娜看見自己的母親正熱烈地狂吻着陳醫生時，她嚇了一跳，腋下的書本不自覺地跌了下來。她發抖的站立在那裏，臉色蒼白。這時，她母親正好面對着她，蕾娜尷尬極了，她想跑到自己的房間，關上門，把頭埋在被窩裡面，極力忘却剛才所見的，可是，她的脚却不受她指揮，仍然木然的站在那裡，就是這樣，三個人都立着，彷彿受了催眠似的。

終於，陳醫生打破了沉寂，他輕輕的咳了一聲說：「我走了，倩芬，再見，小蕾娜。」然後，他拿着帽子和外衣，在蕾娜身邊走過。不久，陳醫生那高大的身子在門後消失了。

蕾娜俯身拾起地上的書本，故意地拂着書本上的灰塵，想把自己鎮定一下，然後，慢慢的走上樓去。可是，她走不了二步，她媽媽說話了，聲音却有點沙啞：「蕾娜，你今天回家得很早，有什麼事嗎？」

她不敢往下看，恐怕接觸到母親的眼睛，只好低着頭，望着扶手的花紋：「我有點頭痛，羅先生叫我早點回來休息。」她的聲音也不太正常。

「妳昨晚一定睡得不好，有沒有發燒？」母親掛慮地說。

「我不知道，不過現在好了。」她舉步上樓，自言自語的說：「其實，我也用不着早些回來。」

「不舒服就得回來嘛！」母親的聲音回復了正常，接着又說：「你下來讓我看看妳有沒有發熱。」

蕾娜極不願意下來，可是不由自主的走了下來，她慢慢的走到母親面前。母親用手按着她的前額，親切地說：「的確有點發熱，乖乖，我猜妳定是肚餓了。來，讓我拿些點心給妳吃吧！」母親不待她回答，就拉了她進餐廳裏去，倒了一大杯牛奶，又從冰箱裏拿了些包子出來，蕾娜手中拿着杯子，腦中却想起剛才陳醫生和母親的親熱情形，她的喉嚨有點發癢，手中的杯子「砰」的一聲打碎了，藍色的玻璃片撒滿了一地，她嚇了一跳，心想着：「媽媽一定會罵我的，她會說我蠢丫頭，笨手笨腳的壞事，又會埋怨我這一套藍花的茶具，因少了一隻杯子而不能成一套。」蕾娜急得想哭，眼紅紅的望着母親，等待她責罵。

意外地，母親並沒有罵她，反而安慰着說：「不要緊，我有時也會碰跌了一些東西，這些東西很美麗，碰可是並不很貴。」說完了，她就俯身下去把碎片一塊塊的拾起來，然後繼續弄晚膳。

「羅老師很喜歡妳的作文，是不是？」母親這樣問着。

蕾娜遲疑了一下才說：「是的，他還叫我在班上朗讀過。而且，他還時常給我全班最高分數呢！」

「那就好了，羅老師常跟我說，妳很聰明，很稱讚妳的作文天才，妳爸爸也非常得意哩。」

提起爸爸，蕾娜可眞痛苦極了，因爲媽媽和別人接吻之後，一點也不覺得羞愧，毫不臉紅，毫不狼狽，她仍然和平日一樣，蕾娜恨極了，她手中一滑，剛剛倒滿了的牛奶，從桌上流下來，流到地板上，母女兩人呆呆地看着它流，並沒有上前制止它。

蕾娜提起了勇氣對母親說：「妳要和陳醫生結婚嗎？妳不愛我和爸爸了。」

母親吃了一驚說：「乖乖，爲什麼妳要這樣說呢？難道妳不知道我愛妳麼？」

孩子的眼淚不自主的流了下來。她用手擦去滿臉的淚珠，傷心地說：「但是，妳不是也愛陳醫生麼？」

「我愛陳醫生？哦，蕾娜，請不要亂說話，我並沒有這個意思，剛才妳不過適逢其會而已，我現在也是覺得很不安呢，假如我們立刻忘記剛才的事，我們就會快樂的。」

「我不會想的，但我也不會忘記的。」蕾娜輕輕的說着。

母親內疚的望着她說：「哦，你把這事看得太嚴重了，剛才我不過是和他鬧着玩而已，陳醫生是一個好人呢，而且他跟妳爸爸很要好。」她發覺蕾娜已不煩厭，聽她的說話時，接着她又換了另一種口吻說：「孩子，妳還小，妳不能了解這些東西的……」她在思索着：怎樣去用一些正當的字來代表。「……妳知道擁抱接吻是怎樣的一回事麼……它只不過是一種禮貌而已，一種很平常的動作，你長大一點就知道了。……這……幷沒有什麼意思的。」

蕾娜什麼也不能聽得入耳，即使是一個字，也會惹起她無限的悲傷，她的喉嚨梗塞起來，眼眶內的熱淚忍不住流了出來。然後，大哭着用兩手蒙着臉。

「怎麼樣了？蕾娜！」母親挨近了她的身邊，兩手放在她微微發抖的肩上。

突然地，蕾娜把母親的雙手扔開，大聲地喊叫說：「不要挨着我！」一面退到桌後含糊的說：「不要碰到我。」

母親起初呆癡了起來，然後慢慢的說着：「唉，傻孩子，妳何必爲着這一件小事而煩惱我呢？妳不知道這行動是多可笑嗎？」

這時，她順手拿了一條餐巾遞給蕾娜說：「快把眼淚擦乾。」蕾娜擦乾了眼淚。「這才是我的好女孩。我是多麼的難過啊！假如妳仍然恨我的話。現在，把剛才的事忘記了吧，把它全部忘記，當作沒有事好了。我愛妳，也愛你爸爸，你們兩人是我最親愛的了，沒有任何東西能夠阻止我的。」

蕾娜茫然地望着她母親，她似乎有點費解，她想起了陳醫生那些淫蕩的微笑，同時，她每天放學回家時，總見陳醫生在她家裡和母親坐着一起談話，或是玩撲克，有時，晚上也來的。而這通常爸爸都不在場。

這時，媽媽又繼續說話了：「乖乖，去洗手間裡把臉洗乾淨吧，妳去照鏡，看成了什麼樣子？難道遇到一些不快意的事就弄到哭哭啼啼麼？」她說完，蕾娜也顯得無力，而又不輕鬆的哭了起來。

「你爸爸今晚六時就回家，此刻，妳洗好臉先去睡一會兒。然後，我們一塊兒去接他。」媽媽用半命令式的口吻對蕾娜說。

蕾娜望着地點點頭。

當她從浴室走出來時，臉上因經過冷水的澆淋，而不十分覺得發燙了，她望望那張朝夕相對的小鐵床，伸一伸懶腰，長長的嘆了一口氣，（本來她這個年齡是不應該嘆氣的。）然後一個大筋斗便翻上床去，她委實疲倦了。不，應該說她的精神疲倦極了。

當窗子上的白紗幔在她的眼中飄了幾下，他便昏昏入睡了。

迷濛中，她被人搖醒了，睜開眼睛一看，原來是爸爸，她不知自己睡了多少時候，也想不到爸爸這麼早的便回來。於是，她撲到爸爸懷裡，爸爸在她的臉頰上親吻了一下。

「呵呵，怎的我們的『小天使』變了『睡美人』啦，現在已到晚飯時間了。」父親溫柔地說。

蕾娜趕快的穿上鞋子和披上外套，挽着父親的手走下樓去，突然地她想起了今天的事，心中打了一個突兀，不禁眉頭皺了起來，這時，母親已在那裡含笑地等着他們了。

「今晚的菜，很合你兩父女哩。世民，你先來嘗一嘗，看看我的『傑作』怎樣。」母親討好地說。

父親看看桌上的菜，有「揚州獅子頭」、「東江豆腐」、「紅燒牛肉」、「蘆筍尖子」、便不斷的點頭讚好。「妳覺得怎樣？我的小蕾娜，這樣子我們都不用請傭人，讓妳媽媽當老媽子了，這樣我又可以有多些錢去買書了。」他對蕾娜說。

蕾娜望望自己的餐碟，沒有做聲。

母親却搭訕着說：「哎喲，這怎了得？你只顧自己，而不理人家辛苦啦。」說完了便望一望蕾娜。這時，蕾娜很驚駭，因爲母親時時都很巧妙的去應付父親。於是，她又裝得很平靜，比她母親更平靜，可是，她父親已嗅到空氣中有些兒緊張了。

「媽媽有什麼事嗎？蕾娜，妳簡直沒有吃過什麼東西，幹嗎你們今天好像發生了事似的，都失去了常態。」

「沒有什麼，蕾娜今天有點不舒服，一早就回家休息。」母親搶着回答說。

（上）

文壇泥爪

詩人徐志摩之二

如果徐志摩還活着，今年已是六十五歲的老人了；他逝世是在民二十的十一月，到今天也已過了二十九周年。他開始在文壇上嶄露頭角，是他於民十一由倫敦回國之後，那時他二十七歲，到他於民二十因飛機失事而慘死，只有三十六歲，在這短短的十年之中，竟然名滿天下，成爲新詩壇一大權威，至今尚無人能和他相比。

他原名章垿，本以字行，後於民七離開北京大學赴美深造時，始更字爲志摩。浙江海寧縣人，出身望族，其父徐申如，與張南通友善，是清末浙江省有名的實業家。他從小就聰穎異常，十四歲寫的文言文已卓爾不羣。他在杭州中學時與郁達夫是同學，二人又是同庚，志摩死後，達夫所寫紀念志摩的文字，曾這樣描寫在中學時的志摩：「尤其使我驚異的，是那個頭大尾把小（按：此指的是髮辮，那時是宣統二年），戴金邊近視眼的頑皮小孩，平時那樣的不用功，那樣的愛看小說——他平時拿在手裏的總是一卷有光紙上印着石印細字的小本子（案：那時通行的中國小說，全是這樣）——而考起來或作起文來，卻總是分數得的最多的一個。」可知這時的志摩不用功卻考第一，無怪達夫說他是在跳躍活動着的奇人了。

郁達夫本創造社中人，志摩回國後，曾在「努力周報」上批評了郭沫若的新詩，嘲笑了他的「淚浪滔滔」的詩句（案：筆者記得似乎說淚何至成浪，更不會滔滔，此不是誇張，而是不倫）因此引起創造社對於志摩的不滿；但郁達夫對志摩的交情，卻毫未因此而中斷，以後郁與郭分裂，無論是在北京或是在上海，都與志摩時相往還，而志摩的才氣，更是達夫從小就非常欽仰的。尤以他倆都具有濃厚的詩人氣質和浪漫情調，志摩與陸小曼、達夫與王映霞，這兩對戀愛的風流韻事，都曾艷傳一時，人們往往一提起志摩，就會想到達夫。兩人都天眞得可愛，追求眞理，想眞眞正正做一個人；所不同者，達夫多感傷，志摩較樂觀；達夫以小說名，志摩以詩名；達夫生前，映霞已仳離，志摩死後，小曼猶輯其遺文；而二人却又同死於非命，同爲世人所追惜。志摩死後，達夫曾有兩聯挽之，其一云：「新詩傳宇宙，竟爾乘風歸去，同學同庚，老友如君先宿草。華表托精靈，何當化鶴重來，一生一死，深閨有婦賦招魂。」其二云：「兩卷新詩，廿年舊友，相逢同是天涯，只爲佳人難再得。一聲河滿，九點齊烟，化鶴重歸華表，應愁高處不勝寒。」

其二下聯用李賀「夢天」詩「遙望齊州九點烟，一泓海水杯中寫」句，對志摩說來再貼切沒有。志摩之爲人、氣質，之唯美作風、志摩之短命，皆極類李賀；志摩之思想意趣，亦想飛往天空遨遊（此點另篇再談）；志摩死於濟南附近山中，而山上一牌坊正有「齊烟九點」之匾額。

文史漫談

丘中有麻

徐亮之

詩王風「丘中有麻」乃一首絕妙的情詩，也是古今學者聚訟紛紜而莫衷一是的一首詩。其實，如用新式標點給標點出來，這詩的情思韻致立可躍然紙上，祇順着這躍在紙上的情思韻致畧一疏解其字句，便已足够的了；越多解釋，祇是治絲益棼，無有是處而已。茲試先為標點如左：

丘中有麻，彼留子嗟；彼留子嗟，將其來施施！？
丘中有麥，彼留子國；彼留子國，將其來食！？
丘中有李，彼留之子；彼留之子，貽我佩玖！

從標點後詩句本身所表現的情思韻致看來，所詠的乃所歡移情別戀，情敵贈物修好之事；朱熹說是「賦」（詩集傳）是不錯的；姚際恒說是「興」（詩經通論）是不對的。順着這情詩韻致，所需畧加疏解的不過祇左列幾個字；即：

（一）「留」應如姚解乃「留住」之「留」。毛傳鄭箋均釋為留氏，聞一多「詩選與校箋」（P一三）依之釋「留」為「劉」，均非。

（二）「嗟」「國」皆人名。

（三）「子」字在故籍中之用作稱謂代詞者凡有如下諸義：一為特殊尊稱、儀禮鄉射禮所謂「字不若子」是也。所以論語公冶長篇有兩則同記的是問志之事，記孔子問顏淵季路時，祇用「盍各言爾志」；記子路問孔子時，則用「願聞子之志」。二為普通稱謂，敬語，如論語季氏篇「陳亢問於伯魚曰：『子亦有異聞乎』？」「子罕篇「無寧死於二三子之手乎！？」及述而篇「二三子以我為隱乎？」之「子」是。三為夫婦互稱之詞，如「內子」「外子」之「子」是。四為婦女對所歡暱稱之詞。如鄭風山有扶蘇「子都」「子充」之子是。（按「都」有姣義，但此「子都」却非孟子告子篇「至於子都，天下莫不知其姣也」的人名的「子都」。此「子都」和粵語所謂「靚崽」，國語所謂「好人兒」意味正復相似。又說文「充、長也，高也」；則此「子充」亦和粵語所謂「高佬」，國語所謂「長子」恰相髣髴。亦即此所謂「子都」「子充」均婦女就所歡的外表而暱稱之之詞。）五為和「人」同義，荀子王宿篇「誰子之與也」，註：「誰子、猶誰人也」之「子」是。由此可見，本詩「子嗟」「子國」之「子」字，乃是暱稱，猶言「阿嗟」「阿國」。「之子」之「子」字乃與「人」字同義，猶言「那人兒」。

（四）「將其」：按「將」「其」二字，有的地方在使用上意義相同，可以互用「亦可以連用」。詳見「經傳釋詞」。「將其來施施」語氣和隱三年左傳「其將何辭以對」正同屬擬議助詞；集傳釋為「今安得，其施施然而來乎」，意味差近。

（五）「施施」：毛傳釋為「難進之意」，非。鄭箋釋為「舒行伺間獨來見己之貌」，集傳釋為「喜悅之意」，與本詩的情緒發展均頗相拍合。至聞一多節改經文為「其將來施」，並釋「施」為「天施地生」與「陽施陰化」之「施」字（「詩選與校箋」P一三），暗示句意乃指不可能來性交；則不特胆大妄為，亦且點金成鐵矣。

（六）「食」：聞一多釋為「即有杕之杜篇「曷飲食之」的「食」。」在有杕之杜篇釋「飲食」，則曰「是性交的象徵廋語」。按此亦是點金成鐵的解釋；蓋本詩特別點出「丘中有麻」、「丘中有麥」，乃影射與鄙薄其所歡與情敵野合之辭；意謂所歡一向都是大大方方地在自己家裡同飲共食，同歡共樂的；如今却都偷偷摸摸祇和野女人在麻地或麥田裏鬼混，豈不「賤格」？豈不可恨可歎？所謂「將其來施施!?」所謂「將其來食!?」正是妬恨之極而以擬議歎喟之口吻出之；亦正是「怨而不怒，哀而不傷」的「溫柔敦厚」的詩的含蓄；倘如聞氏校箋把「將其來食!?」改為「其將來食。」釋為「他將會來性交」；豈非情韻都盡，味同嚼臘？尚何文學藝術之足言？

（七）「玖」、毛傳「石次玉者」。

依上所釋，譯成白話，意味將更明白。茲試為譯解如次：

在坡上的蔴地裡，
她把阿嗟這寃家纏住了；
——她把阿嗟纏住了，
他還會仍舊高高興興來我這兒嗎!?
×　×　×
在坡上的麥田裏，
她把阿國這寃家纏住了；
——她把阿國纏住了，
他還會仍舊前來和我一塊兒吃飯嗎!?
×　×　×
在坡上的李樹下，
她把那人兒纏住了；
——她把我那人兒纏住了，
結果，送給我的大人情，祇是一塊假玉珮！

記戊戌維新始末（九）

舜生

有為到達上海以後，還是為維新運動繼續從事聯絡同志與宣傳主張而努力。九月十五，他便到南京和張之洞（字孝達，號香濤，別署壺公，抱冰，直隸南皮，他署理兩江總督係光緒二十年十月的事，迄二十二年正月始回湖廣總督本任）見了面，留在南京有二十多天，每隔一天必與張晤談，而每談必至深夜。張對康主張在上海開強學會甚表贊成，並命黃紹箕（字仲弢，浙江瑞安）梁鼎芬（字星海，號節庵，廣東番禺）與康籌商一切，惟於康所主張之孔子改制說則堅決反對。使梁向康示意，謂只要康不談改制，必供養一切，康答：『孔子改制大道也，豈為一兩江總督，供養易之哉？若使以供養而易其所學，香濤奚取焉。』平心而論，之洞對中國之必須改革，並非絕無所見，惟以年輩較早（時康三十八，張五十九），咬文嚼字的書生習氣很重，又久於官場，善觀風色，凡事總要預留地步。因此，等到康回上海，將與黃梁等所議定之章程發出，並決定譯印圖書，刊布報紙，設圖書館，開博物院，而張謇（字季直，號嗇庵，江蘇南通）陳三立（寶箴子，字伯嚴，晚號散原，江西義寧）章炳麟（字枚叔，號太炎，浙江餘杭）汪康年（字穰卿，號恢伯，浙江錢塘）黃遵憲（字公度，廣東嘉應）等且已入會，之洞乃藉口對改制說與康意見不合，將所答應供給的經費不發。等到十二月，北京強學會以御史楊崇伊（李鴻章親家）參劾被封，而康是年十一月在上海所出的強「學報」又用孔子紀元，之洞更振振有辭，於是滬會乃與京會於是年十二月陷於同一命運而被解散。京會後改官書局，但已面目全非。

二十一年冬至二十二年春，光緒帝的瑾妃、珍妃被太后杖責；與光緒帝接近的侍郎汪鳴鑾、長麟，及翰林院侍讀文廷式均革職；兩妃之兄志銳被遣戍，翁同龢則逐出毓慶宮；於是太后與光緒帝母子間的猜忌，日趨表面化，實為戊戌政變的先導。

康於強學會停頓後，仍回廣東講學，更於二十二年八九月游歷香港澳門，並在澳門與僑商何廷光創辦「知新報」，由康廣仁及其弟子徐勤担任撰稿，初為五日刊，後改旬刊，算是維新派在南方的宣傳機構之一。

光緒二十三年春，有為再遊桂林，與唐景崧（字薇卿，廣西灌陽）岑春煊（字雲階，廣西西林）等創辦「聖學會」，設有書藏、義學、講堂，也算是他們的活動據點之一。

是年六月，有為仍回廣州，八月底，即攜其長女同薇出遊上海、杭州，並有移民巴西計劃。十月初七（一八九七年十一月一日）德籍教士兩人，在山東曹州府鉅野縣被殺，德政府立即命令艦隊開入膠州灣，大肆要索，有為乃又入京上書，有[illegible]，此事當歸入下節正面敘述，不在此時詳說，有為在戊戌以前的活動經過，姑止於此。

總之，有為自光緒十四年第一次上書，迄戊戌維新前夕，凡[illegible]，此十年間經有為等的積極[illegible]其以二十一年的「公車上書」，使得全國較有新知的知識分子深切感到中國的改革已刻不容緩。自北京有「中外紀聞」及「強學會」出現後，湖南、江蘇、廣東等省自動起而組織學會，創辦學校，刊行報紙者，據梁啟超在「戊戌政變記」一書所估計，實多至五十處以上，其地域乃擴展於澳門、新加坡及日本的橫濱。報刊影嚮之大，以二十二年秋在上海發行的「時務報」為最，學校影嚮之大，以二十三年冬在長沙創辦的「時務學堂」為最（此兩事詳下文敘述梁啟超的一段）。凡此，均戊戌維新的準備工作，亦即維新派的羣衆力量。有人譏維新一役的舉措過於操切；或說他們的準備工夫太欠成熟，這是不太合於事實的。（本節仍待續）

寄售書目（一）

百衲本二十四史　商務影印本，八百二十冊，（全）。港幣一千四百元正。

宋槧大字本孟子　商務影印續古逸叢書之一，七冊，港幣八十元。

宋本杜工部集　商務影印續古逸叢書之一，六冊，港幣弍百元。

五色批本杜工部集　粵東翰墨園刊，實價一百元。

章氏遺書　章實齋著，三十二冊，吳興劉氏嘉業堂刊，二百元。

六十種曲　據開明書店紙型重印精裝十二厚冊，港幣一百弍十元。

元曲選　中華，據明刻本校刊，十六冊，港幣五十元。

國朝詞綜　王昶纂，光緒木刻本，十二冊，港幣六十元。

蘇東坡全集　據明成化本重印，四十八冊，實價六十元。

顧氏文房小說　上海涵芬樓影印，十冊，布套一函，港幣五拾元。

曾文正公全集　光緒二年傳忠書局木刻本，一百二十八冊，大字連史紙，（全）布套十二函，港幣三百元。

又一部　上海中華圖書館排印本，七十二冊，（全）包括年譜十二卷，加木箱一隻，港幣一百元。

胡文忠公遺集　同治三年武昌木刻本，毛邊紙印，三十冊，（全）港幣一百元。

葵園四種　包括文集，詩存，年譜，書札，木刻白紙，十四冊，一百六十元。

漢魏叢書　商務影印，布套四函，四十冊，（全新）港幣壹百六十元。

金陵瑣事　明周暉撰，包括一續二續共八卷，精裝兩冊，影印，二十五元。

增評加註全圖紅樓夢　十六冊，布套兩函，廿元。

全相平話五種　布套一函，五冊，二十元。

要者請向九龍鑽石山大觀路惠和園三號「卓如編譯社洽購」。

大學，圖書館、及研究機構購買，一律八折優待。

定價已酌改，以此次所登出者為準。

本刊已經香港政府登記
每逢星期五出版

聯合評論
週刊
United Voice Weekly
第一一九號

CHINESE-AMERICAN PRESS, INC
199 CANAL STRE,ET..
NEW YORK31 N.Y. U.S.A.

雷案與團結

左舜生

一、對雷案覆判後的感想

雷案在覆判期間，據我所知，在台灣、在港九、在美國的僑胞社會、在美與西德留學的學生羣中，以及若干深知本案內容而又對中華民國抱有好感的國際人士，依然具有兩種不同的心情：一種是從好的方面着想，希望蔣依據憲法第四十條所賦予的特權，對雷予以減刑或特赦；一種是從壞的方面着想，還是維持原判。但我個人的想法，却與上舉的人們微有不同：最痛快自然是特赦，否則便維持原判，最壞乃是減刑。因為雷根本無罪，蔣能予以特赦，這表示蔣畢竟為一非常之人，而這次的冤獄，不過為羣陰所搆，蔣能有這一非常之舉，即無異一陽來復，天地昭蘇！一面使大家覺得，蔣能接受輿論，其領袖的地位，乃更有光輝；一面使大家感動，覺得復國運動在他的領導之下，乃更有希望；而三個月來的紛紛擾擾，能這樣予以澄清，在國內外的觀感上，也表現他確有力量，決不受任何人包圍，也決不為浮言所動，對任何重大問題，仍能以獨來獨往的精神出之，對他乃真不能不以另眼相看，而提高對他的估價，這自然是再好沒有。

他不肯這樣做，仍決然毅然的維持原判，這究竟也表現了一種軍人的幹到底的特質，不失為東方一個碩果僅存的標準獨裁者；同時也通明透亮表示了他對民主絲毫不能理解，絲毫不感興趣，不惜以走極端的態度，甘冒天下之大不韙，以向國內外一切主持公道與正值的人士挑戰，這比起那種婆婆媽媽式的「銀樣蠟鎗頭」，使得大家對他仍保留一絲一毫的幻想，以致三心二意感到對他不好如何應付，到底還不無可取！

所謂減刑，即就原判的十年酌量減去三年或五年之謂，這在雷的家屬，與雷有深交的私人朋友，乃至多數不太清楚雷案的根源何在，究竟係用何種手法造成，而僅僅抱有一種息事寧人心情的好人之類，自然仍不失為「慰情聊勝於無」，可是對雷本人却是有損無益。雷主編「自由中國」已歷十年，在此次被捕以前，已經遭受過無數壓迫，但他仍然再接再厲，毫不動搖，而且立下遺囑，視死如歸，是他不惜以身殉民主自由，主意早已拿定，這次得到這樣一個結果，在他可說是「求仁得仁」，我想他昂然進入軍人監獄的時候，心情上決定沒有什麼難過。日本明治十五年（1882中國的光緒八年），日本的維新功臣，自由黨的總理板垣退助，他在該一年的四月六日，在崎阜縣的神道中教院演說，一面嚴厲地批評政府，一面大聲的警告國民，雄辯滔滔，歷兩小時以上，可是他退出會場的時候，乃不幸為一刺客以短刀直刺其胸，板垣雖身受重創，可是態度仍異常鎮靜，睥睨着被捕的刺客說道：「板垣雖亡，自由不死！」至今板垣的銅像，乃巍巍立於日本國會的門前，讀近九十年日本的現代史，我們知到日本的民主憲政所以遭受無限的挫折，而仍能繼繼繩繩，發揚光大於不墜，實由無數仁人志士的心血有以灌注之！雷震者，中華民國之板垣退助也，他雖不免瘐死獄中，但他這座銅像乃是鑄定了的，蔣之大有造於雷，實在比之於他大有造於胡漢民者，有過之而無不及，我們應該為雷慶幸，不必為他悲觀！

二、所謂憲政體制下的全國團結

最滑稽的，乃是國民黨的中央諸公，正當雷案鬧得舉國皇然而國際惡評四起之際，居然有閒情逸致，作出所謂在「憲政體制」下求取全國大團結的一種決議；而又以日攘一雞與月攘一雞的心情，把這一團結的實現，期待於明年的雙十；而且顧慮週到，對於未來參加這一團結會議的代表人選，沒有遺漏了「各行各業」！老實說：諸位先生為什麼不揩揩眼鏡，平心靜氣的檢討檢討，打起燈籠來照一照，你們心目中所謂中華民國的「憲政體制」究竟在哪裏？

「自由中國」半月刊十年來的言論，自然是萬緒千頭，但概括言之，要不出反對一黨專政，主張人民必須有言論出版集會結社的自由，人權必須加以切實保障，司法必須獨立，軍隊必須國家化，財政必須徹底公開，並說明反攻復國應實事求是，不能徒托空談，軍公教人員的生活有待於調整，青年學生只應該受到一種正規教育，而決不能使他們成為一種私人的政治資本，鬥爭工具，而台灣人民留意地方自治，也沒有什麼不應該……不錯，就我記憶所及，他們對於張其昀，曹聖芬，蔣經國，陶希聖，……諸位，確偶有涉及人身攻擊之處，但這也只是「禮尚往來」，並非片面行動，至於他們如前所舉那些言論的重點所在，我實在看不出有什麼與「憲政體制」相違反之處。可是，這一刊物的主編人雷震，乃以這類的言論，被認為有顛覆政府之嫌；又怕單獨構成這一「文字獄」不足以服人，於是於雷等被捕以後，乃又臨時追加一項「庇護共諜，知情不報」，及「為匪張目」的罪名，實際則一切為「莫須有」，在台灣公論報已有「捫心看雷案」一文，根據法理，事實，人情，剖析甚為明白（見本刊一一六期轉載），假如直接辦理雷案的各方，對該文不能提出一有力的駁正，而又遷怒于公論報，還要把該報的負責人李萬居捕去吃官司，這便不僅不足以服人，而且必定要把事態擴大，更將治絲益紛了。

三、團結與自動除外

總而言之，國民黨中央諸公，似乎已感到國家確已到了危急存亡之秋，期待於明年真有一全國的大團結出現，這種盛志是很難得的，而且也不算太晚；不過，如果對目前這種作風不能有事實的糾正，則三十年來為民主自由原則奮鬥類以「自由中國」執筆的人們，他們對公等所謂的「憲政體制」，確將無法理解，而對明年的這一團結會議，也斷然會要自動除外的。

共黨高峯會議以後

許子由

八十餘國共黨首腦莫斯科高峯會議，是空前的共產國際最重要會議。今後世局的為和為戰，有一半要由這次的共產國際會議決定；為的這次會議，主要在確定共黨侵畧世界的方針，尤其顯著的，是「戰爭論」與「共存論」的爭辯，標示出共黨陣營中對侵畧手段的歧見。對於這項歧見的爭辯，祇可能有三種結論：（一）矛盾歸於統一——統一於戰爭論或共存論之下。（二）因歧見而各走極端，至於各行其是，即所謂「決裂」。（三）矛盾仍然存在，繼續下去。

究竟共黨高峯會議，解決了這一問題嗎？又如何解決了這一問題呢？

會議顯出　重大困難

共黨高峯會議在進行中的困難，所顯露出來的不祇是蛛絲馬跡，扼要列舉，就有左述各項：

（一）會議進行達十餘日之久。共黨首腦，原都是不能久離崗位的人，他們須親自鎮壓人民，須防範被清算推倒，然而此次不得不在莫斯科逗留如此之久，可見為「和戰論」而不得不如此。（他們選擇在美國總統選舉期間，最少放心美國不會在此時發難。）同時，會議的過程必採輪流發表冗長演說的方式，並被規定演說必須對「和戰論」表示意見，藉此以針對主和主戰兩項主張，誰得到更多附議，誰佔優勢。（這已經耗費了不少時間。）

（二）其次，任何會議都有所謂「走廊活動」。慣使用旁敲側擊法的共黨，更不例外。譬如，令其他共黨首腦與中共主要人物會談或辯論，共勸使中共服從蘇聯主張，「以多數壓服少數」，這也是題中應有之義。（這又虛耗了不少時間。）「印度時報」載稱：共產國際會議產生一「七人委員會」，調處中共蘇聯之歧見，印共領袖，即為七人之一。可以証實，為統一矛盾，共黨高峯會議，正付出極大的努力。

（三）赫魯曉夫不肯正式承認有所謂共產黨高峯會議，（事實却是史太林獨裁時代所未有，也為赫魯曉夫登台後最重要的紅色首腦會議。）可能是赫魯曉夫預知會議的困難，不願出之於正式會議及發表「一致公報」的形式。彭真曾代表中共同意赫魯曉夫的意見，但毛澤東並不當之為一回事，此次毛澤東沒有親身前往，赫魯曉夫有教訓在先，對此更不無戒心。

中共蘇聯　歧見深刻

所有會議的困難，基於中共蘇聯歧見之深刻。深刻的程度，也有左述顯著的表露：

（一）人民日報與真理報的互罵

人民日報（十一、廿一）說，三年來帝國主義衰落，証明毛澤東「東風壓倒西風」正確，但只要帝國主義尤其美帝存在，就必發生侵畧戰爭，故各國人民須共同與帝國主義鬥爭，方克保和平。但是有人把各國人民的革命鬥爭，與保衛世界和平對立起來，這是十分錯誤的觀點。「修正主義」使工人階級離開革命鬥爭的道路，而適合於帝國主義的需要。」因此，中共要向（蘇聯）修正主義「作決不調和的鬥爭」。真理報（十一、廿三）說：共黨陣營可由和平共存而獲勝利，但陣營中「教條主義宗派主義」非常危險，須與之「戰鬥」，列寧「共存論」的共存期之今日，端在避免戰爭。這簡直是隔着西伯利亞罵戰，並互藏修正主義等「帽子」。

（二）劉少奇的中共將有原子彈說。劉少奇演說，達四個半鐘頭，其必是一面誇耀中共，一面討好蘇聯——內容矛盾，詞氣統一。（這些，將在今後人民日報逐漸推出，如陳毅說戰爭可避免、即其中之一部份。）但說中共「將有原子彈」一語，即謂不久「將成強國」，顯有不臣之心了。

今後侵畧所採路線

中共當然不可能「不久有原子彈」，其所以敢如此「拋浪頭」，固雖知中共需要蘇聯更切，但蘇聯也不可能無中共。但此一語，中共之憤慨，已溢乎言外，中共因無原子武器，不敢與美國作戰以取得台灣，而蘇聯又不肯給予原子武器，不肯支持奪取台灣也。據共存論，即不能攻台灣。攻台灣，即走戰爭論的路綫。蘇聯不欲以共四十餘年的成就，為中共孤注一博。但有反攻基地的台灣在，毛澤東則不能安寢。此師致命矛盾，實使中共不能完全與蘇聯妥協。

但可憐的大陸，由「工業大躍進」退回注重農業，土法煉鋼倘且失敗，自不能「土法製原子彈」，一代天驕，對着「萬戶蕭疏鬼唱歌」的現實，戰術上還是要「懼怕敵人」的，中共不能自行作戰，雖滿腹牢騷，仍不能與蘇聯「決裂」而終受蘇聯所節制。中共蘇聯關係，應該是在矛盾中妥協下去。

所以中共只有在蘇聯需要下（如韓戰）採取戰爭，故此，（如美國）對中共的「戰爭危險性」不必過于強調。共黨高峯會議不免是蘇聯勝利，此後數年共黨對自由世界，將是「玩弄」而非扼殺，赫魯曉夫向肯尼第送其秋波，已見端倪。美國只要小心不被玩弄，備戰而不必懼戰。不穩的東歐，饑餓的大陸，都不堪一戰。

（十一月廿八日）

雜憶錄之十五

憶起了拉丁美洲

•幼椿•

前幾日香港氣候有如炎夏，今日忽冷如深冬，使人想到兩句中國口前話：「莫道西風長向北，北風也有向南時」。談到時代的風向，則這兩日以來，甚囂塵上的大新聞，不是非洲的黑人新國，便是中南美洲的革命運動，好像世界大勢的重心，已經不繫於歐亞與北美，而白種人的兩個霸權者的爭霸前途，要去看黑種人與黑白混血種人的臉色與動向了！（中南美洲的混血種成份甚大，詳後面統計數字）

一、

筆者生平好游，尚恨對於非洲只及於北非，（兩游開羅，一憩於加薩布南卡，）於中南美洲只於空程中停留於巴西京城與古巴島上各數小時而已。但筆者開始注意於中南美洲，是在一九四五年舊金山聯合國會議席上。我代表中華民國所參加之一組委員會，即爭持否決權（Veto Power）規定之一組。對否決權反對最烈者，多為中南美洲諸國之代表。

本於頓巴登橡園會議之決議，發起並召集聯合國大會之大國為中英美蘇，而發起時，即早有否決權之規定，換言之，主人請客，這一盤菜早已預定，非吃不可！到會諸國，英挾其聯邦諸國以自重，而英國諸聯邦代表即不便十分反對其主人中之一——英國。蘇俄有三票，其本身與白俄羅斯及烏格蘭，當然一致堅持否決權。北美合衆國雖亦挾南北美諸國以自重，然而中南美洲諸國代表則並不以北美合衆國之與蘇俄同樣主張為然。彼時，日本正在打敗仗中，印度尚未獨立，中華民國雖是四強之一，但在會議席上，並無所挾，在亞洲中孤家寡人一個而已。

憶爭議到最後，五月三十日，在會中巴西女代表適在我隣席，（China與Brazil第一字母適相鄰接）低聲告我：「英美蘇三大國欲永遠把持安理會，以宰割小國，蘇俄尤為可怕，貴國雖稱大國，貴代表當知勢並不強，一味追隨之，貴代表當思及以後並於貴國不利也！此言望貴代表恕其直率，但願貴代表團加以考慮。」我答：「謝謝好意，並不見怪，當與敝代表團商之。」此一巴西女代表，名魯慈博士（Dr Lutz），敏銳之至，立即起立發言：「頃與鄰席中國代表談，李教授便稱中國雖為召集人之一，而其代表團對於否決權尚得商量也。」比國代表羅南（Dr Rolin）首先拍掌，中南美洲各國代表一羣掌聲應之。會散，諸代表如洪都拉斯、黎加拉瓜、哥斯達里加、委內瑞拉、哥侖比亞等等，羣至我前，一一握手致意，我為之感動不已。我國代表團中十代表早會，恰商應付會議時情形，我將情形詳細報告後，王寵惠代表主張，我國對於否決權雖無從反對，然不能與諸小國處於對立地位，必須有一外交辭令之表示。次日，即由首席代表宋子文於招待記者會上聲稱：「中國並不堅持否決權，如召集人多數同意，中國實願放棄否決權之提議也。」因是，我國代表團甚為諸小國代表，尤其爭持甚力之中南美洲諸國代表所感佩，其實空話一句而已。

二、

中南美洲，在歷史上及在一般稱呼上，又稱拉丁美洲，顧名思義，知其係以拉丁化之西班牙、葡萄牙及西南歐民族為其建國份子的基礎。西南歐民族係農業而非工商業者如英國人，此其分野，而使北美有別於中南美洲。至於拉丁化，則文化陶鎔，自凱撒以來，好名譽，耽享樂，習於激刺的生活，追求壯大的建設，換言之，其民族性較重感情而輕理智，乏幽默感而多誇大狂，政治易趨於專斷，而於民主之義不相適合。因是拉丁美洲諸國，自實行民主共和政體以來，百年之中，革命屢起，所舉總統，多喜專制，對於隣邦，彼此爭擾，無有寧日，北美合衆國所尚之商業利益，拉丁美洲諸國非不知其利，而總是幹得不好，亦由羅馬人總是覺得腓尼基人的商業行為，乃是侵畧，最後仍予之決鬥，而將加泰基國燬滅之而後已。也學羅馬人，大量的使用外來的奴工，以繁榮其農業，於是自十六世紀以至十九世紀之中，非洲黑人不斷的輸入中南美洲。本來，西班牙人開始殖民於中南美洲時，其地已有印第安人；所謂紅色土著，且並非野人而有文化，雖被遠來殖民者所征服，但已能適應環境，漸與新分子合作起來。今日全世界所認為主食之一部份，如洋芋、玉蜀黍、青豆等，以及西紅柿、淡巴姑等，均是哥侖布探險之前，土著農業之主要生產，而為西班牙人及西南歐人所艷稱者。因是西荷的殖民分子，既是農民，較為質樸，便與紅色土人雜居起來，混血起來。

後來較印第安人還健壯，而更適於農鑛工作的非洲黑人大量輸入中南美洲之後，也事同一律的交相混血，紅色、黑色、白色相混而產生之混血兒（Metis），在所謂「解放時期」，以西班牙在中南美洲殖民地的人口而論，一千八百萬人中，印第安人佔七百萬，混血兒佔五百萬，黑人佔一百萬，眞正白人只佔五百萬人而已，以葡屬巴西一國而論，則四百萬人口中，黑人即佔二百萬人。因是百餘年來，繼長增高，有黑多白少之勢。然而拉丁美洲不像北美合衆國，終有黑白歧視，以至發生解放黑奴戰爭，而至今衝突未巳，其故即在混血之後，容易安寧共處。

因是，黑人的世界，並不只限於非洲，而拉丁美洲至少有一半是黑人的世界（其中黃人也不少）。在我們習於主張大同主義的中國人看來，不分皮色的人類混同，世界合作，以至於眞正的大同境界，大有賴於黑人的努力啊！

四九、一一、二八

論現階段中共在亞洲圖霸的策畧

•劉裕畧•

在國際間，有一部分對中共政權性質及策畧認識不清的人，只看到金門馬祖問題一直是中共當前想要佔有的問題，便以為中共之企圖不大，只要把金門馬祖交給中共便可填滿中共之欲望了。殊不知，中共對整個世界對整個亞洲固有大慾存焉，豈投之以金馬，即可使中共滿足！

從基本上講：中共是整個共黨陣營中之一員，所以它是整個共黨陣營全盤政畧全盤戰畧的一部分。而整個共黨陣營是以蘇聯為首的，整個共黨陣營又是以世界革命和無產階級專政為目的的，所以，性質與形勢都很顯然，中共乃是以蘇聯為首的共黨陣營圖霸世界的一個助力。

但從另一個方面看：中共政權係存在於亞洲的一個政權。而中國又是亞洲人口最多（也是世界人口最多）、土地最廣、歷史文化最久的一個大國。中共竊據這一個大國，便自然而然的成為現代亞洲之惟一個中心問題。亦成為現代亞洲之惟一威脅力量。對於中共，由於它是一個共黨政權，所以亞洲各國從中共十年前初佔大陸時起，即各懷恐懼，不斷察伺其動向，且暗中戒備。但中共根據馬列主義原則，力求「適應本地氣候」，在國共戰爭時期，乃偽裝為土地改革者，佔據大陸之初，亦竭力偽裝為民族主義政權，惟其如此，故若干亞洲國家，未能認清中共之真面目，甚至像尼赫魯這樣的人亦誤以中共為友，這是中共最初所以能在萬隆會議在亞非集團中形成有利態勢之所以然。而中共對萬隆會議亞非集團之滲入與運用亦正是中共在亞洲圖霸的第一步。

表面看來，中共之滲入亞非集團，似乎與圖霸之事無直接關係。實則不然。檢討十年來中共政權在亞洲之處境，實在也只在最初那一階段較好。那時候，萬隆會議許多國家都對中共刮目相看，以為中共政權之民族主義色彩大過共產主義色彩，以為中共的和平性格大過它的擴張性格。隨後中共政權之本來面目逐漸暴露，尤以中共與印度引起邊境糾紛，及中共在印尼所煽動之華僑親共活動，再加上中共公然容許反對納薩的親共分子在北平公開抨擊納薩，所以，在萬隆會議及亞非集團中具有舉足輕重之印度、印尼及埃及，均對中共所謂和平五原則先後發生懷疑與反感，終至演成難於再趨完全隔洽的暗鬥與明爭。這其實是中共政權的本質及其在亞洲圖霸的野心規定了的。儘管中共有感于印度、印尼、埃及等國態度之改變對中共在整個亞洲有極不利的影響，因而欲思有以彌補，但中共政權之本質終于還是命定此種彌補之不能成功。此所以中共可以與尼泊爾、緬甸等小國在故示寬大的策畧下訂立邊境協定，而中共與印度之邊境談判則決不能成功。此無它，只因中共政權在亞洲之興起及其圖霸政策，與亞洲各大國有無可避免之直接衝突之故。

說到與亞洲大國之衝突，以政治性之衝突而論，自然是中共與印度之衝突。因為印度走的是民主社會主義的建設路線，是溫和的改良性的路線，而中共走的則是共產主義的革命路線，是暴烈的極權性的路線，其得失與比較，對亞洲其它各國影響甚大，故中共與印度之間在亞洲的政治性的競爭亦隨之而大。若以工業生產力及國勢而論，則日本與中共在亞洲之直接衝突，實更甚于中共之與印度。事實上，中共與日本彼此間亦互以為軍事上之假想敵。故中共對日本之敵視，較對印度之敵視程度更高，用心亦更深。良以日本之實力，與中共之圖霸實勢不兩立也。

以上係就亞洲地區各國與中共之基本關係而言。至于亞洲以外之國家，則以美國為中共最忌恨之敵人。此不但整個共黨陣營皆以美國為敵人，美國在亞洲之責任與正義行動以及實力，尤直接阻礙和妨害中共在亞洲之圖霸。在中共看來，所有亞洲國家，凡非共黨執政者，皆或多或少的受美國之影響。二次大戰後，若干新獨立之小國固無論矣；印度所進行之建設路線又何嘗不是受美國之經援，日本之軍力及工業生產力，受美國之直接支援與協助，尤人所共知。美國協防台灣，尤使中共不能使中共將魔爪伸入此一中華民國之最後一塊土。所以，基于上述種種形勢，中共現階段乃作出如下幾點在亞洲圖霸的策畧：

一、盡量進行亞洲各小國之赤化，如寮國，二、凡暫時不能立即赤化之各小國，則盡量鼓勵和爭取它們走中立路線，如高棉、錫蘭、尼泊爾、緬甸等國。三、對印度與印尼則設法在亞非集團中孤立之，並暫時止于政治性的雖不協調，却不與之根本破裂，然後伺機運用。四、孤立日本，驅逐美國出亞洲。尤以上述第四點乃今日中共在亞洲圖霸的基本方畧。蓋日本如走中立路綫，則日美關係瓦解，而日本本身之建軍又尚未完成，于是立國亞洲而又最對中共有防阻力的國家去矣。這是中共全力支援日本社會黨及其它左翼活動之所以然，也是中共前此對日本高唱中共願與日本及美國共同訂立太平洋協定之所以然。如果中共眞與日本及美國訂立此種協定，則日本變成了中共之附庸，而中共且與美國共太平洋矣，美國在太平洋之防線將回縮到夏威夷羣島了。何以故？則以中共之軍事威力勢將直接指向東南亞及菲律賓甚至澳洲，有如二次大戰初期日軍之伸張于太平洋，完全相同。而中共從蘇聯所得來之潛艇亦將橫越太平洋而至美國海岸，在此情勢下，台灣自必成為中共之囊中物，且更必成為中共在太平洋橫衝直闖之立足點，其將與出自海參威之蘇聯海軍在太平洋採取戰畧配合，則更屬必然。所以，中共現階段在亞洲之圖霸策畧，是以上述第四點為主，而以其餘三點為輔的。

說起來，中共的這一霸圖似不易達成。但台灣與日本在亞洲整個反共鬥爭中佔的政畧戰畧價值極大，它對中共這一霸圖能否達成具有關鍵作用。如台灣或日本有失，則美國雖不欲退出亞洲，太平洋的形勢也將突變了。而在今天，國際間，由于不明瞭中華民國在台灣所起的重大政畧戰畧作用，乃有兩個中國之醞釀，甚至「台灣共和國」之謬說，這都間接有助于中共亞洲霸圖之達成。至于日本，其內部亦竟有喪失民族自信心，主張中立之淺見，則更是中共圖霸亞洲之棋子了。由于有着上述兩股逆流之有助于中共亞洲霸業之完成，所以，自由世界對中共的亞洲霸圖仍是不應忽視的。

剪除荊棘鋪平道路
——試論團結底基礎

李金曄

差不多有八年了，當權派在台灣每做完了一項違反民主憲政的勾當之後，就發表一次即將召開反共救國會議的消息，或者表示要用「誠意」與海內外各方謀「團結」，赴國難。

由於每次發表同樣的「政治攻勢」底調調，一如「狼來了，狼來了」，喊得次數一多，可信程度自是愈來愈少！反之，當權派的作惡卻愈來愈多，大有「推車入壁」，不死不休之狀！

最近一次的「團結」政治攻勢恰恰在雷震覆判維持十年徒刑前後；又是在全力打擊新黨之時，很明顯的又是想用宣傳「團結」，來擾亂海內外的視聽；用「政治攻勢」，來破壞各方面現階段與國民黨當權派對立，而使其陷於孤立的形勢。

因此，當權派這一次雖口口聲聲表示它的「政治攻勢」是有「誠意」的，無奈司馬昭之心，路人皆知，何況迄今為止，祇聽見口號，未看到有任何具體可行的辦法提出。關於這一點在台北的監察委員葉時修氏，已經公開的向當權派促其「拿出具體的辦法來。」

「拿出具體的辦法來」促使「團結」實現，這實不過是站在台北的處境的觀點。其實不要說當權派今日並無誠意，自亦並無辦法，即使「拿出具體的辦法來」了之後，還有若干先決的問題必須逐一解決，否則所謂「團結」，所謂「國是會議」，焉知不一變而為毛澤東式的「鳴放」「陽謀」呢!?

以蔣氏父子今日在台灣處境之困厄；以當權派今日在政治形勢上的孤立狀況來說，對其每一動向均必須加以警惕的！

蔣可以使用笑臉來對付胡適之先生的仁厚，欺騙他而後置雷震於囹圄死地，使新黨胎死腹中，並竭力以圖迫使公論報關門，其「陽謀」已昭然若揭！那有什麼「團結」底誠意可言。

這些情況，該當是今天在海內外從事民主運動的人士所能察知的。但若僅限於知道，而不加以無情揭發，或仍寄以某種程度的幻想，那麼，即使非大家同墜於當權派政治攻勢的阱中，也必將會有一部份人為此陰謀所吞噬！致使目前經已形成的對抗當權派的大好形勢，有所變易或損害！

自從台北的政治攻勢展開以後，所幸各方均能不為所動，從大家交換的意見中，反映出了共同的願望：若非有新的情況出現，不先剪除荊棘舖平道路，根本無法團結，蓋當權派居心叵測。所謂新的情況綜合意見大要如下：

一、憲政基礎必須維護，所有非憲非法的現狀須先行改正。

二、蔣經國主持的一切不法機構，必須先行撤銷並確實停止活動。應請蔣經國出國考察民主政治。

三、公正地重審雷案，昭雪冤獄，恢復其自由。

四、停止對民營輿論的壓迫與破壞，確保言論自由。

五、停止對新黨組黨的阻撓與破壞，保証集會結社的自由。

六、各種或明或暗的黨團組織退出學校，保障教學的自由。

七、國家財經機關及公庫，應由最高民意機關直接監督，任何個人或政黨，不得以國庫為私庫。

八、司法機關不受政黨控制，恢復審檢合一，司法行政部應即歸隸司法院。

九、政黨退出軍隊，予軍人以完整的人格和尊嚴。

十、裁撤因人設事的各級機關，撙節預算，提高軍公教人員的合理待遇。

北韓倒向中共

田心

一九五八年秋，中共志願軍撤出了北韓，但他的軍事代表（少將任榮）仍舊在朝鮮停戰委員會的「朝中」一方控制着北韓與聯合國軍的談判，可見北韓的外交在過去並未能擺脫中共的控制。

與中共軍撤出北韓的同時，中共與蘇聯發生了對外政策思想糾紛，北韓遂採取了不介入的策略；但最近，北韓的態度大變，明白的倒向了中共，具體情況表現於十一月二十二日其外相朴成哲在北韓二屆八次最高人民會議上的講話。他說：「國際力量對比的變化，造成了現時能夠粉碎帝國主義者的挑釁陰謀和防止戰爭的現實的可能性。」「但是，這決不意味戰爭的危險已經消除。只要帝國主義存在，戰爭的根源也仍然存在。」又說：「目前，帝國主義企圖用『和平』的假面具來掩蓋侵略陰謀的目的在於：麻痺人民的警惕性，爭取時間加緊擴軍備戰，以便挽救自己的劣勢，然後發動侵略戰爭。如果為帝國主義者這種假面具所迷惑，或對帝國主義抱任何幻想，那只能在侵略和掠奪成性的帝國主義者面前解除自己的武裝」。朴成哲不但對世界局勢的看法與中共相同，而且，在應付美國策略上，也完全贊成中共的做法。他說：「為了反對帝國主義，維護和鞏固和平，就必須利用所有可能性和方法，形成全世界人民的反帝統一戰線，進一步加强反對帝國主義、殖民主義的鬥爭。」同時他又强調：「和平必須用人民的鬥爭來爭取」。這些論點，前與中共無絲毫相差，且恰巧與蘇聯相反，特別是在「對帝國主義抱幻想」，「組織國際統一戰線」，「加强人民鬥爭」等方面正是中蘇共對外政策爭執與思想紛歧之焦點所在。（惟需要在此指出者，北韓之其他方面是否倒向中共，還需追索。）

西方觀察家現已特別强調北韓正呼籲中蘇共團結。這是因為朴成哲曾說過：在反對帝國主義方面「最重要的是，全世界人民爭取和平、民主和社會主義的積極鬥爭，特別是千方百計加强社會主義陣營的威力和團結一致，要把帝國主義徹底孤立起來」。

他的呼籲中蘇共團結時，無形中証實了目前莫斯科會議遲遲未作出結論及其後果的重要性，但更重要的還是它在中蘇共爭論中表明了倒向了中共的態度。

北韓何以會倒向中共，不僅是前述的一個原因所造成。今年八月以來，中共猛烈拉攏北韓，其主要的行動，計有：一、成立與北韓毗鄰各省的地方性「中朝友協」分會；二、十月十三日簽訂了經濟援助協定，在一九六一——六四年間，中共將給予北韓四億二千萬盧布的長期貸欵，助北韓建設橡膠輪胎廠、無綫電通訊器材等工廠；三、賀龍率代表團訪問北韓時，可能及時對金日成施加了壓力。

從古巴馬利承認匪共說起

自從埃及及承認中共以後，今年我國又有兩國外館（駐古巴及駐馬利共和國大使館）下旗歸國。有共產黨的地方遲早是要淹沒自由主義的；奇怪的是古巴醞釀經年始大胆承認中共，但在古巴承認中共不久之前我外交部發言人還說過勸美國對古巴要「容忍」。有此論調至少是根據了情報分析的結果，所以我駐古巴大使館便更極盡其「容忍之能事了」，結果使中國銀行古巴分行損失為數頗巨的外匯。至於馬利共和國原係由馬利聯邦分離而獨立的；這些非洲新興國家雖不是强國，可是他在聯合國有席位，有發言投票權，有此重要性，自是應當積極爭取。外交部發表自今年六月廿日即與該聯邦建交設館。迨八月該聯邦政變分別成立為塞內加爾及馬利兩共和國，我們遂於九月廿三日同時承認這兩個國家並設館，問題就在新設館的駐馬利共和國大使館身上；不料未及一月，馬利共和國即宣佈承認中共。不過有一點必須問一問外交當局，馬利共和國是否於我宣佈承認其為獨立國時，亦同時宣佈承認我中華民國？如果馬利共和國並未在我承認及設館後宣佈承認我國的話，那就是說外交當局的工作只作了一半，那一半是留着讓新設館的人員去奔走努力去作的，不知新設館的工作人員是於何年月日始兼程抵達馬利首都的？是如何與該國外交部接觸的？我們的館究竟是何時開館懸旗的？是否馬利共和國外交部的人一直就把我們的駐使以為是中共的人員？——因為新興落後國家，一切草創，或許會誤張為李的。——

再說我國新設館的工作人員已否辦理呈遞國書手續？當該馬利共和國承認中共時，我駐使人員有否再赴該國外交部查詢是否已另有「中共人員」到達該國？有若干人？或是倘沒有中共人員？或是經過蘇俄駐使促成的？如果上述這些問題都能有了確切的答案，我們不難尋出「過錯」在那一方了。倘若照過去新設館時要人要特別費，要購置費的拖勁來衡量駐馬利國的新館的話，失敗自是意料中的了。請問這一次設駐馬利共和國新館一共化了多少錢？都是用在那一方面的呢？外交當局是否對於這一件事有澈底的檢討，不能再諱疾忌醫了。今後外交艱巨工作關乎整個中華民族生存，似乎不能輕輕把「責任」二字三言兩語推托算事的。（十一月廿日於紐約）

平江

三言兩語

胡適返台月餘，始獲與蔣會見，（按台北盛傳蔣曾拒見胡）據說：談話五十分鐘，雙方不及雷案。據電訊報導，胡辭蔣出來頗覺欣然。旋不數日，國防部高等覆判庭宣布雷震維持原判決，處徒刑十年，即日執行。

胡適聞訊只得表示：「很失望，很失望」。此誠書生非上海灘白相人之對手也！

× × ×

台北英文「中國日報」發表實地調查結果謂：「絕大多數本地人，刻希望享有更大之民權，一個更具代表性之政府。」

此乃對「自由中國」之絕大諷刺！

× × ×

鄭彥棻長司法行政部後，首先修理司法大廈門前之路燈，使徹夜通明，有人喻為掃除司法大廈門前漆黑景象。

谷鳳翔時代是裏外漆黑；現鄭彥棻先粉飾太平，但內部烏烟瘴氣又將如何呢？

× × ×

台北公論報現正展開籌欵運動，已獲相當反應。但警備司令部竟又禁止公開籌欵。

捕雷打李本屬定案，扼殺公論報是打李的第一步！

× × ×

監委陶百川提出要求全面保障新聞與演講自由，以免政府成為聾啞之之人，不覩不聞。

惟「不覩不聞」，始能無法無天！

× × ×

台灣近幾年每年招考港澳僑生約八百人。原來僑生助學金係得自美援專欵，現悉該項美援已決定停發，於是乎當局又起恐慌、

其實祗要禁止蔣經國青年團活動，僑教經費就有着落了。

× × ×

劉少奇在莫斯科大放厥詞謂將成核子國!?

此言是向赫魯敲詐，也是對西方的恐嚇！實則中國大陸最强最大的「核子武器」是六億人民的飢餓生產與輸出！

× × ×

毛澤東是坐在六億人的飢餓的火山口上。

× × ×

西德出版一份中文的商業報，專對中共作貿易宣傳，內有廣告謂：「我們願意向中華人民共和國推薦下列各種產品：無縫鍋爐鋼管；……等」數十項，全屬重工業器材。

但在另一版上又為文向中共推薦「和飢餓作戰的科學武器」——完全肥料。

這是對毛澤東幽默宣傳的大手筆！

•恕人•

雷案覆判宣佈維持原案

‧鋒劍‧

（台北通訊）自雷案覆判宣佈延期後，許多善良的心靈以爲當權者或將減輕雷等的處刑。於是，戒慎恐懼，多方避免可能使當權者感受刺激的一切言行，藉以培育緩和的氣氛。據說，胡適之回台後所以不去探監的原因在此，他所以力勸李萬居高玉樹等將新黨成立日期延後的原因亦在此。甚至有人還臆測，監察院雷案調查小組所以決定俟覆判後才開始調查的原因也在此。總而言之，大家都覺得救人第一；但求當權者能大發慈悲，網開一面，也就感恩不盡了。尤其是台北報上忽然刊出胡適之與蔣「總統」會談五十分鐘的消息，更增加了人們對減刑的希望。可是，就在蔣胡會談的第二天，國防部的覆判局竟宣佈雷案初審尚無不合，雷震和劉子英均維持原判；祇有馬之驌總算幸運，從初審時的徒刑七年被減爲感化三年。於是，街談巷議，有人悲憤，有人嘆息；即忠貞分子中也有人認爲當權者如此一意孤行，未免太不智了。

胡適連嘆失望

雷震覆判宣佈後，大家最想知道的當然是胡適之的態度，許多新聞記者即於當天湧去中央研究院訪問。胡向記者群一面不斷吸烟，一面很感慨的說道：「祇有六個字——很失望，很失望！」可見他由美回台後之所以處處表現隱忍，原是存有一番希望的。有人說，雷案發生，當權者所要打擊的對象，在表面上固然是雷震，但在骨子裡却是我們的學人。因爲誰都知道，假如沒有後者的鼓勵和提示，前者决不會走得這麼遠的。這一點，胡適之當然比任何人更清楚得多，而却仍希望當權者將雷震從輕發落，未免太近於乞憐了。然而以一個文弱的書生，身處虎口，不乞憐又能怎樣呢？他總算還能說出「很失望，很失望」六個字，就已經够勇敢了。

筆者於此，還想附帶報導一事，胡先生自美返台後，即被蔣經國手下的特務人員嚴密保護，訪客必須先登記才被通報，讀者也許會問：「爲什麼新聞記者去訪他沒有受阻呢」？此中經過情形如下。聞胡曾表示並不反對登記，但要求改爲由他自己來辦，官方可隨時查看。當權者認爲尚屬可行，乃予採納。因此，任何人都可以自由去看胡先生，唯須在其特備的訪客登記簿上簽名。這總算胡先生有了面子；至於去訪的人是否會被特務人員傳訊，那自然又是另一件事了。

宋英無語問蒼天

雷案覆判宣佈後，除了胡適之而外，雷震夫人宋英女士也是新聞記者要訪問的主要人物。雖然她的心情該是多麼的悲痛，但仍得回答新聞記者們的訊問。她沒有哭泣，沒有抱怨；祇說了一句「唉，無語問蒼天！」也是六個字；然而已把今日的台灣究竟是怎樣的一個世界表露無遺了。宋英身爲監察委員尚感到除了問蒼天而外，實在無話可說，一般老百姓的處境如何，更可知矣。當權者自誇台灣是亞洲最安定的地區，其在斯乎？其在斯乎？

聯合報希望特赦

十一月二十四日聯合報特在社論中向蔣「總統」發出微弱的呼籲，請他「赦免雷震有關言論部份的處刑」。該報指出「海外以及國際人士所以重視雷案和因雷案而對政府所引起的一切批評，與責難，其關鍵悉在於言論部份」。並說，「政府因雷震的言論而判處重刑，其不足以塞道路悠悠之口，已是鐵的事實」。這篇社論不敢正面譴責當權者任意以紅帽子誣陷異己的罪行，而僅呼籲減免雷震言論部份的刑期，已經是避重就輕了。而措詞更懇切委婉，譽蔣介石爲海內外億萬人民所「敬仰的民族領袖，勳業彪炳，人格偉大」。該報爲了「顧全政府的仁政德意，以及國家元首之歷史清譽」，不願其「在未來的歷史上留有絲毫瑕疵，予人指責，而貽盛德之累」，才「致本於一片耿耿赤忱」，籲請他於最後核定雷案時，毅然赦免雷震言論部份之刑責」，而使其「偉大的光輝因此照耀宇宙」。聯合報以如此的詞句來寫社論，其用心可謂苦矣；然而蔣家父子會不會稍受感動呢？答案顯然是否定的。

團結小組迄未開會

自當權者又一次放出了「團結」的空氣以後，熟悉政情者雖然不相信蔣家父子會有此覺悟；但亦有人以爲他們鑒於美國大選的結果，明年聯合國大會開會時中華民國可能遭遇的困難以及在雷案後亟思有以緩和海內外的反感等原因，雖有所不願而爲大勢所迫亦不得不走向團結之路，因而才重提團結的舊話。亦有人以爲當權者企圖以團結爲釣餌誘民青兩黨——尤其是青年黨——上鈎，藉以拆散新黨的陣營而使其胎死腹中。兩黨中熱心參政的某些人士更以爲這是新黨給他們帶來的大好機會，誠恐稍縱即逝，因而在黨內黨外極爲活躍，無異不知不覺的變成了當權者的牛馬走。假如有人提醒他們當心陷阱，他們似乎並不願意考慮的。其實，當前的形勢已極顯明。假如蔣介石的獨裁統治不變，而蔣經國仍繼續控制台灣的一切，縱然他們今日不惜以三跪九叩的方式恭迎民青兩黨的熱心之士參加政府，明日你們也可以變爲階下囚的。所謂趙孟之所貴，趙孟能賤之是也。因此，有識之士都認爲蔣家父子政權存在一日，即一日不可能實現眞正的團結。

有關團結的近聞，茲再報導一件：據悉，國民黨中央黨部雖已推出谷正綱、陶希聖、張其昀三人組織一個專案小組，負責研討有關團結的各項問題，並推副總裁陳誠爲召集人；但截至現在爲止，陳誠迄今未召集會議。因爲陳誠十分知道蔣經國是反對團結的，而陶希聖等又一向唯經國之命是從；假如他召集此一小組會議，他們勢必主張祇邀請歷年來曾到台灣觀光祝壽的單帮客和奉獻色相的大明星，再配以被經國雇用的那些文奸和特務分子，即他們所謂各行各業代表來開會，以確保會議的順利進行而証明寶島的「安定」，如此這般的團結，豈不是等於爲蔣經國編組啦啦隊？陳誠自不願爲。但倘要邀請民主人士，經國又决不會同意。而且在非法總統產生之後更加上一個雷案的現局之下，海外民主人士也不會來台爲當權者湊熱鬧的。因此之故，陳誠也就覺得沒有召集小組開會之必要了。換言之，當權者之所謂團結不過是欺人之談而已；他們壓根兒就沒有誠意的。

李、高的官司

在雷震被捕後，新黨的其他兩位發言人李萬居高玉樹雖然倖而沒有遭受牢獄之災；却也不得安寧。李萬居爲公論報問題被台北市議會議長張祥傳（國民黨員）控於地方法院，終被判應將公論報的發行權交出，如果不能繳付兩百萬台幣的保証金，並准張祥傳假執行。日來李氏正爲此一問題而傷透腦筋，已表示對於新黨的籌備工作感到無力兼顧。高玉樹則被控於台北市長任內涉嫌隱匿水電補助費不報和吞沒福利社補助費。官方報刊曾會聲色宣染月餘之久，十一月二十五日始經台北地方法院宣判不起訴處分。有人或以爲總算當權者尚有良心，高案才能得到公平的解決。須知這正是他們的奸狡之處。他們一方面科雷震以重刑，一方面迫李萬居交出公論報；而對於高玉樹則網開一面，其用心就在於藉此欺騙世人，企圖使大家相信雷案李案和高案都是法律的問題而與新黨無關；否則高玉樹又何能被宣判不起訴處分呢？但無論當權者如何工於心計，今日海內外人士無不知道他們製造各該案的眞實原因和目的，即於摧殘新黨。

陶百川呼籲廣開言論

監察院於十一月二十四日舉行年度總檢討會，監委陶百川就嚴懲貪汚和廣開言論兩問題提出檢討意見，他說，從過去一年的法院判決案件和社會上的情形看，貪汚之風頗爲利害。並引申左傳上「國之衰，由官邪也」一語，認爲如果貪汚成風，不加嚴懲，國家是要衰敗的。關於廣開言路的問題，陶委員說，政府必須保障言論和新聞自由，才能修明政治。他更引述孝經中孔子和曾子的一段對話來說明言論自由的重要。「曾子問孔子曰：若夫慈愛恭敬顯親揚名則聞命矣，敢問子從父之令可謂孝乎？孔子曰：是何言歟？是何言歟？昔者天子有諍臣七人，雖無道不失其天下；諸侯有諍臣五人，雖無道不失其國；大夫有諍臣三人，雖無道不失其家；士有諍友，則身不離於令名；父有諍子，則身不陷於不義。故當不義，則子不可不諍於父，臣不可不諍於君。故當不義則諍之，從父之令又焉得爲孝乎？」陶委員認爲這一段古訓值得吾人勉勵。人民要諍，政府要廣開言論。假若政府對言路自由嚴刑懲罰，無異自己割掉耳目。他最後指出現行出版法對言論新聞自由已有相當的限制，若有未足之處，還可依據刑法處理。而引用懲治叛亂條例，則適足以扼殺言論和新聞自由。他說，懲治叛亂條例的前提是想叛亂；如寫文章的人原意不是叛亂，我要勸告政府不可用懲治叛亂條例來處理。

陶委員這一席話，顯然是對雷案而發的。他能如此主持正義。而他又担任監察院調查雷案小組的召集人，其將不負使命乎？

談刺刀尖下的安定

（讀者投書）

編輯先生：

蔣介石父子爲了扼殺正在籌備中的新黨而確保其家天下，乃由台灣警備司令部將雷震等四人拘捕。最初派給他們的罪名是自由中國半月刊的言論涉嫌叛亂，其後又說劉子英是共諜而雷震則予以掩護。更以迅雷不及掩耳的審訊方式判處重刑。蔣家父子濫用權力，蹂躪人權的惡行已昭然若揭。以故雷案發生以來，世界輿論，同聲譴責；但他們仍執迷不悟，蠻幹到底。可知，蔣家父子的獨裁統治存在一日，正義與法治即一日不能實現，人民的自由也就一日沒有保障而可隨時隨地遭受侵害。

最近，我去香港，曾遇見幾位來自台灣的友人（其中有學人，有工商界人士，還有官方駐外人員），都說，雷案以前，人們有時還可關起門來發牢騷；但現在則不敢了。因爲各機關各學校的安全室和各鄉各鎮的服務站都接到蔣經國的命令要加強調査工作，爲恐偶一不愼而被這些特務人員偷聽了去招來災害，大家連關起門來發牢騷都有所顧忌了。可見今日的台灣已是一個不折不扣的特務世界。

當權者曾自誇台灣是遠東最安定的國度，他們在海外雇用的嘍囉——尤其是面目可憎有奶便是娘的那一個，還不時在所謂黨報（實則近年來已變成了蔣經國的傳聲筒）上著論強調安定的必要，似乎爲了他們的所謂安定，不但人民的自由應該完全奉獻；即國家的立國之本——民有、民治、民享也應該退避三舍。我無意和這些職業打手作無謂的辯論，而祇想指出：假如這種刺刀尖下的安定能維持久遠，則袁世凱父子早就專美於前了，又何來蔣家父子？

據說，胡適之回台後，力勸大家忍耐，不要急於成立新黨和恢復自由中國半月刊；爲的是避免給蔣家父子以刺激，希望能於覆判時減輕雷震的刑期。甚至他自己接見賓客也要備冊登記以便特務人員的查閱。胡先生所表現的忍功，可謂至矣。然而截至現在爲止，蔣家父子並未稍受感動。假如前說無誤，我想借貴刊請教胡先生：倘若雷震一日不被減刑，是不是新黨就應該一日不成立？而胡先生所發起的自由中國半月刊也將一日不復刊？果眞如此，則正是蔣家父子所刻意以求的「安定」之局了。

澳門長期讀　姜志清

從蘇聯不把原子武器給中共 談到林彪鼓吹「精神原子彈」

劉裕畧

自彭德懷從中共國務院副總理兼國防部長的席位上倒下去以後，沉寂了數年的中共前第四野戰軍司令員林彪登上了中共國務院副總理兼國防部長的席座。對於林彪，海外早有種種傳說，一說林彪患有重病，已去莫斯科修養，一說林彪在韓戰受傷，已去莫斯科治療，一說林彪是國際派，為毛澤東所忌，故被冷落。但自林彪出任國防部長後，這些傳說都一掃而空，剩下來的問題，是林彪何以忽然出任中共國防部長。如果林彪是國際派，這是否表明國際派在中共內部的抬頭？而當時許多不懂中共內情的人是正在硬說毛澤東已在中共失勢的。

自林彪出任中共國防部後，細察其動態，我覺得中共國防部長人選，原本不出担任過野戰軍司令員的四個人。即前任第一野戰軍司令員彭德懷，第二野戰軍司令員劉伯承，第三野戰軍司令員陳毅及第四野戰軍司令員林彪。而彭德懷是正由國防部長席位上跌下來的人，於是，剩下來的候選人只劉伯承、陳毅、林彪三人。在此三人中，劉伯承最有戰功，在紅軍中亦最著聲望，共軍中人皆敬信之，筆者一九五〇年春在四川時曾親聞共軍中人有譽之為「戰神」者。因之，深為毛澤東所忌。因為毛澤東最怕其內部有人對紅軍具有號召力，加以劉伯承的建軍思想與毛澤東建軍思想不合，故劉伯承失意紅都，乃至連共軍之訓練總監部部長一職亦被撤換，最後，由於朱德出任人代會委員長，劉伯承始因朱德之提携，出任一個啼笑皆非的人代會副委員長職位。毛澤東對劉伯承如此忌尅，劉伯承自無出任中共國防部長之可能。

至於陳毅，雖非軍人出身，但亦卓著戰績。然毛澤東亦甚忌陳毅。故中共初佔大陸時，第一二四各野戰軍司令員都出任大行政區之軍政委員會主席，如彭德懷之出任西北軍政委員會主席、西北軍區司令員及中共中央政治局西北分局第一書記，集西北黨政軍於一身，林彪亦出任中南軍政委員會主席、中南軍區司令員及中共中央政治局中南分局第一書記，亦可謂集中南區黨政軍大權於一身，惟獨劉伯承與陳毅被歧視，劉伯承當時雖於名義担任西南軍政委員會主席，但未能出任西南軍區司令員，西南司令員當時是由賀龍担任，亦未能担任中共中央政治局西南分局第一書記，第一書記是鄧小平。說到陳毅，則更失意了。陳毅當時只取得上海市長一席，其它華東區黨政軍大權則未均取得，可知毛澤東對陳毅是老早就不放心的。隨後各野戰軍司令名義及大行政區制度取消，彭德懷、劉伯承、陳毅、林彪等四人均奉命交出兵權，隻身入京，其時，彭德懷雖以能力最低著稱，但以與毛澤東私人親密之故，却出任了中共國務院副總理兼國防部長，陳毅與劉伯承則完全被冷落，陳毅只取得了一名副總理空銜而已（陳毅素與周恩來接近，與周為留法同學，陳毅後來出任外交部長，是周讓給他的），劉伯承則甚至連一名空銜也沒有。由此可知，中共國防部長出缺時，陳劉兩人是不可能取得這一席位的。惟一的候補人當然是林彪了。

共黨雖然一向標榜辨証唯物主義，但內部人事傾軋，却無日無之。這不僅蘇共如此，中共亦如此。這種派系之形成與乎派系傾軋之由來，有些是出於對馬列主義的想法和看法，有些則是因為人事關係。論人事關係，林彪與毛的關係自不及彭德懷與毛的關係深厚。但林彪與毛之關係却又好過劉伯承陳毅與毛之關係，所以，這也就助成林彪出任國防部長一職。

但我却以為除上述原因之外，林彪出任中共國防部長，還有一重大原因，那就是因為中共一直沒有核子武器，同時，現代裝備亦嫌不夠。而中共自一九五〇年起就在陸續淘汰舊的解放軍，高喊要迅速擴建現代化軍隊的。而要建立現代化軍隊及取得核子武器，中共都非求援蘇聯不可。而蘇聯對中共的援助一向却并不充分積極，而彭德懷又與蘇聯無任何關係。林彪則不然，林彪在東北時，蘇聯現任國防部長馬林諾夫斯基還在遠東。林彪之第四野戰軍之在東北壯大，就完全由於馬林諾夫斯基之直接補撥。因之，林彪與馬林諾夫斯基有舊。而朱可夫下台後，馬林諾夫斯基出任蘇聯國防部長，毛澤東遂亦以林彪出任中共國防部長，企圖通過林彪與馬林諾夫斯基之私人關係，以期有助於取得蘇聯之軍事裝備，甚至蘇聯之核子武器。但到今天看來，毛澤東這一企圖并未成功。至少，中共企圖直接從蘇聯手中取得軍隊的核子裝備，截至目前止，是顯然未成功的。本來，中共既臣服蘇聯，蘇聯方面固一再強調蘇聯與中共是兄弟般的友誼，中共方面除一再宣稱蘇聯是社會主義陣營的老大哥外，又一再歌頌蘇聯的無私援助。如果蘇共與中共之間真是毫無差別，親如兄弟，如果蘇聯對中共真是無私的話，那末，試問蘇聯有什麼理由不把最具威力的核子武器交給中共？而蘇聯畢竟不給，這就可見蘇共與中共之間，儘管中共厚顏臣服，蘇聯却對中共要就是不放心，要就是自私了。

正惟其蘇聯不給核子武器，正惟其蘇聯對中共不是中共厚顏宣傳的那種「無私的援助」，所以反轉頭來，林彪在無可奈何中，高唱所謂「精神原子彈」。

最近，莫斯科又傳出消息，說劉少奇在最近莫斯科舉行的首腦會議席上表示中共將有原子彈。這很可能是中共自己正在努力準備進行原子彈試驗的說明。因為，在今天，原子彈的製成，已經不是什麼特別秘密，中共乃至世界許多國家，遲早都將擁有原子武器。不過，這並不就是說中共有什麼了不得，因為美國投在廣島的那種最初型式的原子彈現在早已落伍了。所以，無論中共本身如何努力，如果蘇聯不給現代核子武器的話，中共軍隊的裝備仍舊終是落後的。而蘇聯又決不會無私的把現代核子武器給它，所以，中共在鼓吹其現代化新軍如何強大之餘，仍然露出馬脚，說西方沒有「精神原子彈」，說只有中共才有「精神原子彈」。實則林彪所謂「精神原子彈」，雖不等於就是「人海戰術」，但却脫胎於「人海戰術」。人誠然是萬物的主宰，一切武器誠然也依靠人來使用，但說「精神原子彈」的威力更超越於真正的原子彈或核子武器，則可見林彪的軍事思想及其訓練方法，仍舊是愚民政策加愚兵政策，仍舊是白蓮教加紅燈教，仍舊是荒謬加滑稽。嚴格而認真的說來，今日的中共新軍是仍不值真正現代軍隊予以一擊的。儘管共軍十年前曾席捲大陸，但那是它的對手太無能，而不是它本身真有能。

中共又玩特赦把戲 但已完全不能騙人

·陳一鳴·

「把戲人人會耍，各有巧妙不同」。說起來，中共也真是善於耍把戲的。不過，「把戲把戲，其假終必被人識穿」。長期耍把戲，畢竟是假的，大家不再上當，原因也就在此。

話雖如此，以耍把戲為生的人，不管別人是否識穿，却生性不改，仍舊要耍下去。他以為你不上當，總還有人上當。其實，中共佔據大陸後，論形勢、論聲威，比延安時代何止壯大百倍千倍，但上當的人却愈來愈少，少得來路斷人稀。這可見之於東南亞華僑學生返大陸者一年比一年少，這可見之於海外回大陸靠攏中共者已後繼無人，可以充分証明。

然中共就此死心塌地不再向海外及台灣玩弄統戰把戲，不再進行心理攻勢了嗎？却又不然。當此中共不敢對台灣立即用武之日，當此中共無法將海外民主人士完全予以捕殺之日，中共黔驢技窮，仍舊只好玩騙人的把戲。於是，中共利用最近的各種微妙的形勢，例如美國大選對金馬問題的論辨，兩個中國傳說之興起等，企圖再用心理戰來瓦解台灣，招降海外。乃有十一月十九日中共對罪犯的特赦把戲。據中共新華社十一月十九日訊：「劉少奇已『根據第二屆全國人民代表大會常務委員會第三十二次會議決定』，對於確實改惡從善的蔣介石集團和偽滿洲國的戰爭罪犯，實行特赦」，并謂凡已判死刑的可以減為無期徒刑云。其實我們完全明白，大陸上根本毫無自由，整個大陸完全像一座大牢獄一樣。釋放與不釋放固已無何區別，由死刑減為無期徒刑，則更不過在牢獄中更加遭受慘無人道的殘酷奴役與勞動而已。所以，所謂特赦，那完全是騙人的事情。若中共統治下，真有自由可言，則不必請人回去觀光，也不必在中共自己所辦報紙上宣傳，中共只須讓大陸上的人民能自由進出國境，就一切都証明了，那才是大赦哩！毛澤東自己早已說過不行仁政，那末，中共這一次竟然又攪甚麼大赦，如果說不是玩把戲，又是什麼呢？

吉隆坡建都的爭論

·俊華·

馬來亞獨立以來，便早已建都於吉隆坡了。關於「吉隆坡建都」的問題，並不是有任何遷都之議發生歧見，祇不過是把吉隆坡正式建立爲首都的問題罷了。但在建都論戰的後面，政爭的影子若隱若現，反映出了今日馬來亞的政治氣息。

馬來亞的兩個大反對黨，社會陣線和人民進步黨，都反對吉隆坡建都的「聯合邦首都法案」，社會陣線健將國會議員蒂威，和人民進步黨黨魁國會議員辛尼華沙甘的發言，說明了他們反對「首都法」的眞意。

蒂威的抨擊說：「首都法案規定由聯合邦政府接管吉隆坡市政，它賦予內政部長的權力太大，以至他可以操縱吉隆坡的市政權，剝奪吉隆坡市民之神聖權利，「宛如是一個獨裁者」。依首都法聯合邦政府接管市政後，市政權落在獨裁者內政部長之手，而不在人民代表之手中，吉隆坡市民同爲納稅人，應有選出其代表處理市政之權利，如今，他們的權利那裏去了？

「聯合邦政府一直來不但不協助吉隆坡市議會成爲一民選化之市議會，且接二連三推出其屬下黨員，出任吉隆坡市官守議員，這種做法，大大的損害了吉隆坡市。印度德里市可以有一個民選市議會，英國倫敦市又有一民選市長，何獨馬來亞之首部吉隆坡即不可能？聯合邦政府接管吉隆坡市政後，並將設一聯合邦國都諮詢委員會去取代市議會的地位，並由最高元首委任一總行政官，但此一總行政官乃由聯盟內閣所指示而由最高元首委任的。「聯盟的政治立塲已崩潰了」，蒂威說：「他們不敢面對選民，不敢接受人民之嚴重攷驗」。

（華巫印）聯盟議員朱達汀、李三春、阿末賽，紛紛對反對黨反擊，朱達汀說：社陣無能，不能處理吉隆坡之行政權，吉隆坡「如一朵綺麗的花朵，不能落在頑皮猴子的手裏」，他說：吉隆坡市民深恐社陣有一天控制吉隆坡市政，像惠羅公司、GTC公司，都因此預先將事業出售給別人了。「假若不幸眞有一天社陣控制吉隆坡行政，或者會不准聯合邦政府使用吉隆坡之民航機場」！李三春對「社陣無能」一點，表示附議。

阿末賽說：「社陣不過是一個吵吵鬧鬧的反對黨而已，而其沒有行政經驗，可於該黨處理檳城行政事務上看得到的，假若吉隆坡市議會一旦管理吉隆坡行政，則吉隆坡之命運也將與檳城沒有兩樣，屆時，社陣亦將拒絕借出大鐘樓前之大草場予聯合邦政府，從中作梗以破壞政府種種慶祝大會。（一如他們在檳城所做一樣。）

辛尼華沙甘尖銳地對聯盟議員反擊說：聯盟指責社陣無能處理吉隆坡行政，但何以不再舉行一次競選，訴之人民？他高聲質問：你們接管吉隆坡行政權，廣大的人民會同意你們這獨裁手段嗎？吉隆坡總行政官與內政部長會商後，即可向人民增加稅收，難道這還不算獨裁？辛尼華沙甘又說：倘若再舉行選舉，相信聯盟在吉隆坡市，「不能獲得一個席位」。

聯盟的林瑞安醫生反駁說：和果選舉，社陣議員候選人將會損失二百元的（競選）按金。他指一個國家擁有一個由中央政府所控制的首都，並非奇事。如華盛頓首部即由美聯邦政府主管，市長由美總統委任。澳洲之首都也然，星洲政府即會接管星市議會。國會不但不應反對首都法案，還應去函雪州蘇丹感謝，致謝渠讓出本市土地，以供首都建都之用，將來吉隆坡之建設，將由於中央政府之接管而有長足進展，蓋因資力雄厚，來自全國之故。換句話說，吉隆坡之開支乃由全國負担，顯對吉隆坡有利。現下吉隆坡乃一自治市，政府不能過問，發展無由。由中央接管後，法案規定可制定有關首都法律及撥欵等，也即主權歸於國會，非所可指摘爲「獨裁」者。

內政部長拿督蘇里曼歸納發言說：吉隆坡之設爲首都（特別市）有利於建設，任何人皆能預見，反對黨尤其是社陣，雖口口聲聲反對首都法案，但骨子裡何嘗不樂見吉隆坡提陞至一新的地位。反對黨議員指責首都法案及本人「獨裁」，但本人明瞭自己權限的限度，決不會也不可能成爲獨裁者。至於法案中之首都諮詢委員會，其委員將公正遴選，政府並不希望其聽命於聯盟，但也不希望其對任何勢力低頭。內長對反對黨議員反唇相稽說，官守議員往往比所謂民選議員好得多，因他們顧到人民的福利，如社陣議員，任何良好法案亦要反對，「難道社陣坐在這裏，就以一味反對執政黨的動議爲職責嗎？」

首都法案終於在國會三讀通過了。隆重的建都，有利於首都建設，是一般所公認的。而在政治意義上；執政黨的加强控制，也是不可抹煞，國都之下，有一個反側的市政府的話，顯對執政黨不利。以前星洲勞陣政府的接管行動黨的星洲市府，便是如此。聯盟政府鑑於社陣在檳城的不合作，便「先發制人」，也是首都法案突然提出並迅速通過的背景。

·吉隆坡通訊·

中共製造精神病

·洗和·

中共以恐怖手法，强迫實施「思想改造」，使人們長期間的遭受到精神威脅，因而產生了精神病患者激增的惡果。單以上海來說，據該市「衞生局」所統計的數字指出，精神病患者目前已逾六萬人；這六萬多名精神病患者，大多數是屬於「精神分裂症」。患「精神分裂症」的，以女子爲多，約佔患者的總數百份之七十二强。

上海人口，照目前估計，約爲六百六十三萬人。他（她）們的健康，從表面上看來，似乎沒有甚麼毛病，但實際上，他（她）們在暴力壓迫下接受奴役，在飢餓政策下苟延殘喘，倘加以檢驗，則每十人，最少有三個至四個已患上了各種輕重的病症；而精神病則佔大多數。

精神病患者的數字，刻仍在激增中。據說：去年統計，患精神病的約四萬人，而今年則增至六萬人；其中情況嚴重而須在精神病院留醫的，也達八千人。大多數病者，是患精神分裂症。當地的「人民醫生」也承認：年來精神病患者之所以激增，係與「思想改造」有直接關係。「人民醫生」還坦率地說明：精神病患者，多數係曾經接受過「洗腦」的男女。

「思想改造」而出諸强迫、恐嚇；人民遭受赤魔迫害，以致神經失常。顯然，中共就是製造精神病的罪魁！

僑鄉近訊

新興縣民兵聯合農民抗暴（廣東）

·江水·

廣東新興縣內洞鄉，雖屬地小人稀，鄉民僅得千餘人，但農產品却異常豐盛，除足夠自給外，還可以供應附鄰地區。故該鄉農民，一向豐衣足食。但自中山實施「公社」化後，該鄉即被編入「天堂公社」，全鄉農民的勞動力，也即被集中，强迫組成「生產隊」，而遭受高度的奴役；另方面，他們的口糧，也被强迫「節約」，每人每天的粮食配給額，減至僅得四市兩，使他們長期處在半飢餓狀態中。更有些老弱農民，氣力本已不足，而又捱飢抵餓，於是勞動力大減，復被共幹取銷「工分」。中共這些暴行，刻已激起該鄉農民的憤恨。當地民兵，對中共的飢餓政策，也極表不滿。因此，民兵與農民之間，便逐漸聯合起來，向共幹拒抗。據廣州消息：去月杪，該鄉共幹前往天堂公社開會時，當地民兵即乘機與鄉民聯結一起，把鄉中糧倉國存的糧食，掠奪一空，然後携同槍械，逃入與雲浮交界的雲霧大山區去。事後共方雖派出「公安隊」分頭由新興、陽春、雲浮等縣進兵向雲霧大山搜索，但擾攘多日，迄仍未有所獲。

上苑鄉鄉民第三次刼粮（福建）

據此間閩籍僑胞所得消息：去月廿八日，該省赤溪上苑鄉，又發生了第三次刼糧事件；當日有「公安隊長」蟻某，率領民兵六名，押乘大卡車，前往上苑鄉運糧，中途突遭羣衆襲擊，民兵不敵，潰敗逃去，拋下隊長一人，獨力與鄉民展開惡鬥，結果卒被擊斃，鄉民即一湧上前，將車卡上的粮食掠走，并縱火將車卡焚燒，然後呼嘯逃去。事後共方派出大隊武裝防軍前往將該鄉包圍查究，并進行逐屋搜索，但搜不到「贓物」，祇悍然將鄉民廿七名拘捕，指爲「可疑份子」；被拘之廿七人中，有廿名是男子，五名是婦人，兩名是十五六歲的小童。聞彼等已被疲勞審訊過兩次，迄仍扣留在縣府監獄中，至於上苑鄉內，迄仍有一小隊武裝防軍駐守。

寮國「雙奪都」的鬧劇

·萬清·

一幕「雙奪都」的鬧劇，正要在寮國上演，而作爲它的插曲，「再和談」與「三和談」，也同時在各方高唱着。

「中立」總理富馬的軍隊，已經開拔向琅巴剌邦進攻。另一方面，反共革命委員會諾沙旺將軍的部屬，也由革命政權的南部根據地素旺開出，向永珍進迫。琅巴剌邦則是寮王所住的王都，永珍則是內閣所在的行政首都。一國有兩個首都，我要奪你的首都，你又要奪我的首都。當然，這兩齣戲目，都是全武行。

在雙奪都、雙進兵之際，永珍國會議長却發出和談的呼籲。和談，以前是舉行過兩次的了，其一是永珍政府與諾沙旺派的琅巴剌邦和談，另一是永珍政府與寮共蘇發努馮派的永珍和談。但談儘管談，打可依然打。政治手法，似乎阻不了軍事衝突。

現在的所謂和談，不但是再和談，而且是三面的和談，即富馬的所謂：他的「中立」政府，將包括蘇發努馮的親共派，及諾沙旺的反共派，一爐共治。正如富馬所說，如果僅接受美援；而不接受蘇援，就算不得中立。那是說，同時接受蘇援與美援，「中立」方見鮮明。

富馬雖是「提起此馬來頭大」，但「一爐共治」法，卻絕沒有任何人表示可以開爐成功。李江與諾沙旺已是勢不兩立。桑山尼和洗廼恭，與蘇發努馮又怎能共在一個政府裡？

上次琅巴剌邦會談，富馬不是已由他的議會選出諾沙旺任副總理嗎？但由於李江之反對，諾沙旺終於遠走寮南，樹立起反抗的旗幟，富馬既不能控制李江，更何能控制蘇發努馮？

諾沙旺和彭庵親王，絕不會前赴左翼武力圈的永珍去。同樣的，李江及蘇發努馮，亦決不肯到右翼勢力控制下的素旺甚或琅巴剌邦。「聯合政府」始終是聯合不了的。

三面和談與一爐共治，似乎只是富馬的幻想。那些手中有兵的人，似乎都不作此想。李江部隊，有蘇發努馮遊擊隊配合的，已向王都進軍。諾沙旺軍的追永珍，也是不動聲色地採取行動。誰能勝利奪都，才是寮局的主題。

·寄自泰國廊開·

變

盛紫娟

昨天在路上碰到一位剛從馬來亞回來的朋友，他是我初來港時認識的。但是今天相見，他幾乎已認不出我了。當我向他招呼時，他呆了半天，然後大聲驚叫道：「妳完全變了，和從前簡直像兩個人。我真不敢相信，站在我身旁的這位小姐，就是從前那個土裡土氣的小姑娘。」

我忍不住呵呵大笑。和這位朋友分手之後，我自己一回想，發現自己真是變得太多了。一個剛從大陸逃出來的人，就像是從鬼域回到了人間。從鬼變成人，其變化之大可想而知了。記得我剛到香港的第二天早晨，發現廳裡的餐桌上，放着一個又白又香的大麵包，一個小瓷盒裡還放着黃油糖醬，數年不知麵味的我不禁流下口水來，但因母親已出去買菜，我雖極想吃，却又不敢輕舉妄動。我們的家向是特別重男輕女的，我想：這種精美的食物一定是給弟弟吃的。不久，母親回來了，見桌上的麵包沒動過，便問：「紫娟，妳不餓嗎？為什麼還不吃早點？」

我驚喜地問：「這是給我吃的嗎？我可以吃多少？」

母親不解地望望我說：「妳能吃多少就吃多少呀，這還用問嗎？」我歡呼了一聲，便大吃起來，我覺得這個麵包的味道是那樣的香甜、可口，那樣的鬆軟，似乎一放到嘴裡就融化了。頃刻之間我就把那個一磅麵包吃光了，稍稍有些靦覥地對母親說：「我吃掉不少錢吧！」

母親笑着回答：「幾年不見，想不到妳變得像鄉下人了，這種麵包不過才四毫子一磅。」

自一九五三年以後，在大陸我幾乎沒有看見過白麵包，別說吃了（後來甚至連外面賣的燒餅、饅頭都是用黑麵和棒子麵合做的）。現在我居然每天所吃又白又軟的麵包，這該是多大的福氣？這以後我每天早晨都盡可能的吃，好像連命都可以不再要了似的。弟弟妹妹們笑得要死，叫我「大食王」，因為每天早點他們不過吃一兩片而已。

在吃飯的時候，我發現米飯是那樣的好看，又是那樣的香軟可口，一粒砂子也沒有。我已有幾年沒吃到這樣好的米飯了，因此我一吃就是三大碗，這簡直把家人嚇壞了，我父親不過才吃一碗半飯，他們說我簡直像是碼頭上的苦力。母親還對他們說：「你們記得吧？她小時候吃飯只吃一口，吃菜更是挑揀，比饞貓還難答對，現在竟像前世是餓死鬼！」

當時我發現街上各處都有賣花生米、大花生的，只要你掏錢想買多少就可買多少。這真使我欣喜若狂，因為我最愛吃的就是花生米。可是從五五年起，在大陸不僅是花生絕跡，花生米、花生醬也少見，只在過年時一人才有買到四兩花生米的可能，平常只有病人或幹部才有資格吃，因為那是營養的珍品！

巧克力糖在香港五毫子就可買到一包，但在大陸一夸特（Quart）得要九元八「人民幣」，合港幣二十元零五角八，而質地之壞是空前的，那是用紅糖和不知什麼東西做成的，死甜，又硬得跟鐵一樣，並且沒有巧力克糖味。

這種既便宜又易買的食品在香港是應有盡有，因此我便拚命的吃、吃！一個月後，我長了二十磅，由瘦皮猴一變而成為白胖子，難怪過見經年不見的熟人就不認識我了。

另外，我初到香港時，對誰都不信任，（因為過去我曾上過太信任人的當，不僅被出賣、被鬥爭、被放到僻鄉去「勞改」，並且差點連命都幾乎丟了。）我將任何人對我的關懷、對我友誼的表示感到恐懼；對任何人的詢問、拜訪也很起反感，甚至對我的父母兄弟姐妹也不敢坦誠相見，也不敢說一說那些可怕的經驗，我害怕他們會「出賣」我，而又時時恐懼共產黨會把我拉回大陸去，因此初到此地時我對任何與我接近的人，都提高警惕，最初兩三個月，我躲在家裏不敢出街，見了客人不打招呼，在街上發現有人看了我一眼，我就會一天不平靜，夜裏也不能睡着，以為被共產黨的特務注意了。這種神經質的陰陽怪氣，經過一年多才逐漸消失，今天我見了人，有說有笑，難怪人家說我變了。

但直到今天我仍不喜歡看報紙。因為從我在小學唸書時起，我就被迫着看中共的報紙，學習「時事」和學習「政治」，而且每個星期都有時事測驗，那對我來說不啻是苦刑。後來上了中學，學校迫得更緊，每天吃過午飯即讀報，我們每人都得做筆記，討論，過一段時間就要考一次。那時我不過十二、三歲，正是貪玩兒的時候，但我們除了上正課外，還有團課、黨課、課外學習（當然是政治），因此直到現在我對報紙及政治仍起反。尤其是共產黨辦的「×公報」「×滙報」「新×報」等等，我是像避毒蛇一樣避得遠遠的。

還有一件可笑的事，我初到港時，最怕戴太陽鏡的人，我感到他（她）們不僅陰險難測，而且非常神秘，現在一回想才覺得自己真是神經過敏。

在大陸時我認為，咖啡館是個醉生夢死的所在，但是現在我特別喜歡咖啡館那種情調了，我更願意喝着咖啡，聽音樂，悠悠自在的幻想人生；這是多麼有詩意的享受。今天這位朋友說我變成另外一個人了，我想這話並沒有言過其實。但我不過是從不正常變正常了而已。從「極權」政府縫隙中逃出來的人，就像大病初愈的人一樣，雖已沒有生命的危險了，但仍需慢慢的調養才能復原。

謊言

藍詩

「真的嗎？那末蕾娜不要吃得太飽，今晚早些睡吧！」父親憐愛的望着女兒說。

「不，我很好。」蕾娜搖搖頭。

過了一陣沉默。

「我猜！」父親放下筷子說：「你們當中一定有些什麼事，蕾娜的胃好像反了起來。倩荅，妳的臉色這麼蒼白，究竟是怎麼一回事？告訴我吧！」

母親望着父親的面笑了一笑說：「事情是這樣的，我和蕾娜都有點不舒服，也許吃錯了一點什麼吧，蕾娜比我厲害一點。可是，我們此刻都全好了，因為這是數小時前的事呢！」

「妳們有沒有去看醫生？」

「沒有，倒是陳醫生剛才來過一陣。」母親遲疑地說：「他說不要緊，也許天氣熱了一點，他叫我們多喝些開水。」

當蕾娜聽了這些謊言，聽着母親那種誠懇真摯的語氣，伴着那些落落大方的態度，她真的有點作嘔，她狠狠地盯了母親一眼，正和她的眼光相遇，便覺得不好意思地，趕快把眼睛垂了下來。

晚飯後，父親照例要到書房裏去休息一下，只是蕾娜不能同往，因為她的飯還沒有吃完，當母親扶着父親進去時，蕾娜閉上眼睛，很辛苦地把碗裏的白飯一口一口的往內吞，當碗裏的飯還沒有吞完，母親又走回來了；她在孩子的身邊跪下來，蒼白的臉孔浴在落日的餘輝中。

「妳恨我嗎？孩子。」

「不要這樣，媽媽，」她的淚珠晶瑩地掛在眼邊。「不要這樣，我愛妳。」

「真的嗎？」母親好像放不下千斤大石似的問道。

「真的，我想錯了。我……」她伏在媽媽的肩上，傷心地在啜泣起來。

母親輕輕地撫着她的頭髮，又摸摸她的小圓臉說：「一切都錯了。可是，一切都沒有問題，我們仍然一樣會快樂。」

蕾娜停止了嗚咽，然後掙脫了母親的懷抱。走入自己的房裏，坐在書桌前，仍然去溫習功課，然而，她的心緒怎樣也不能集中在書本上，她煩極了。回顧看看自己的房裡，到處都堆滿着玩具，而這些玩具都是假的，就像人說假話一樣沒有靈魂，想到這裏時，她的全身都蒙着汗，再不想呆呆的坐在這裏了，便出了房門向樓下走去。

當她剛扭開大門的扣，正想逃出去時，父親在後面喊住她說：「蕾娜，妳要到那兒去？」她遲疑了一下，不知怎樣回答，因為這時已經九點多鐘了，如果說到外面玩時，父親一定不讓她去的。

於是，她第一次對別人撒謊，完全像她媽媽，流利的，不慌不忙的，誠誠懇懇的答道，我到隔壁洪麗家，她叫我去幫助她功課！」

然後望着父親淺笑一下，推門出去了。（續完）

文壇泥爪

詩人徐志摩之三

志摩的元配夫人是張嘉鈖，寶山人。他們結婚時，志摩二十歲，夫人十六。雖然是父母之命、媒妁之言的舊式婚姻，婚後卻頗為恩愛。張乃大家閨秀，貌亦端雅，後曾留學德國，任教北平，給志摩生了兩個兒子。誰知結婚只有七年，二人竟在柏林離了婚。他給張的信中說，他們不應該再繼續無愛情無自由的夫婦生活，應勇決智斷，彼此尊重人格，自由離婚，止絕痛苦，追求幸福。當時家庭和社會都不諒解他，離婚後，他的父母不忍兒媳離開徐家，便認她為寄女。

志摩的老師梁啓超於民十二曾致書勸他說：「萬不容以他人之痛苦，易自己之快樂，弟之此舉，其於弟將來之快樂能得與否，殆茫如捕風，然先已予多數人以無量之苦痛。」又說：「戀愛神聖為今之少年所樂道，茲事蓋可遇不可求。況多情多感之人，其幻象起落鶻突，而滿足得寧貼也極難，所夢想之神聖境界終不可得，徒以煩惱終身已耳。」又說：「嗚呼志摩！天下豈有圓滿之宇宙？當知吾儕以不求圓滿為生活態度，斯可以領略生活之妙味矣。若沉迷於不可必得之夢境，挫折數次，生意盡矣，悒鬱佗傺以死，死為無名；死猶可也，最可畏者，不死不生而墮落至不復能自拔。嗚呼志摩！可無懼耶！可無懼耶！」志摩是任公的愛徒，任公怕他追求美麗的理想不達目的，終會自殺或墮落，所以如此勸他，可謂語重心長。

誰知這位「多情多感」、喜幻想、追求愛、追求美的詩人，當時意志已不可動搖，他復函任公說：「我之甘冒世之不韙，竭全力以鬥者，非特求免凶慘之苦痛，實求良心之安頓，求人格之確立，求靈魂之救度耳。人誰不求庸福？人誰不安現成？人誰不畏艱險？然且有突圍而出者，夫豈得已而然哉？」又說：「我將於茫茫人海中訪我唯一之伴侶，得之，我幸；不得，我命，如此而已。」又說：「嗟夫吾師！我嘗奮我靈魂之精髓，以凝成一理想之明珠，涵之以熱滿之心血，朗照我深奧之靈府。而庸俗忌之嫉之，輒欲麻木其靈魂，搗碎其理想，殺滅其希望，污毀其純潔，我之不流入墮落，流入庸懦，流入卑污，其幾微矣！」（任公志摩兩函不曾發表，見「新月月刊」胡適「追悼志摩」一文中的摘錄。）梁徐二人的話正可代表民十前後老少兩代的心理，即安於現成與否之別；但讀者看到志摩這些話，便可很自然地想起屈原和李白來。說也奇怪，終志摩之一生，即便在他和陸眉（小曼）結婚之後，他與張小姐一直通信不斷，感情從未破裂。我想，他們是互相瞭解的，可能是彼此意趣性情不同吧。其實，一個女人能入這樣的一位詩人之選，實大不易；而做這樣一位詩人的妻子，也的確太難了。

文史漫談

關於詩的比興

徐亮之

所謂詩的比、興，屬於所謂詩的六義；而所謂「詩有六義」則始見於所謂「詩序」；「詩序」此說又實偷襲周禮春官大師所謂「六詩」而來。但因爲詩序舊傳乃子夏所作，宋名學者歐陽修蘇轍皆信之；王安石馬端臨復變本加厲，至謂有詩即有序，序在孔子之前；所以，「六義」之說，無人敢加懷疑；因而比興二詞本身雖然纏夾不清，以之說詩雖然扞格難通，也便無人敢作直捷了當的否定。

比、興二詞本身的纏夾不清，祇消一看前人的解釋，紛紜莫衷一是即可概見。茲且將較重要的幾種解釋列舉如次：

（一）鄭衆：「比者、比方於物也。興者、託事於物。」

（二）鄭玄：「比，見今之失，不敢斥言，取比類以言之。興，見今之美，嫌於媚諛，取善事以喻勸之。」（二鄭說均見周禮春官大師註）

（三）鍾嶸：「文已盡而意有餘，興也。因物喻志，比也。」（詩品）

（四）劉勰：「比者、附也；興者、起也。附理者切類以指事，起情者依微以擬議；起情故興體以立，附理故比例以生。比則畜憤以斥言，興則環譬以記諷。」又曰：「觀夫興之託諭，婉而成章；稱名也小，取類也大。關雎有別，故后妃方德；尸鳩貞一，故夫人象義。義取其貞，無從（黃侃云「從當爲疑字之誤」），于夷禽；德貴其別，不嫌於鷙鳥。明而未融，故發注而後見也。且何謂爲比？蓋寫物以附意，颺言以切事者也。故金錫以喻明德，珪璋以譬秀民；螟蛉以類教誨，蜩螗以寫號呼；澣衣以擬心憂，卷席之方志固；凡斯切象，皆比義也。至如『麻衣如雪』，『兩驂如舞』，若斯之類，皆比類也。」（文心雕龍比興篇）

（五）釋皎然：「取象曰比，取義曰興。」（詩式）

（六）朱熹：「興者、先言他物以引起所詠之詞也。」（關雎傳）「比者、以彼物比此物也。」（螽斯傳）

上面六種解釋，我們試一仔細推敲，實在沒有一種能夠給比興二者定得出明確的界義來。因爲首先，我們實在看不出鄭衆所謂「比方於物」的「比」，和「託事於物」的「興」，到底有什麼不同？鍾嶸所謂「因物喻志」的「比」，和鄭衆所謂「託事於物」的「興」，到底又有什麼兩樣？其次，我們相信劉勰「起情」爲「興」，「附理」爲「比」的解釋對嗎？那末，他所認爲「興體」的「后妃方德」的「關雎有別」、和「夫人象義」的「尸鳩貞一」，何以便不能算是「附理」？他所認爲「比例」的「澣衣以擬心憂」，卷席以方志固」，何以便不能算是「起情」？我們實在難於索解。又次、我們相信釋皎然「取象爲比，取義爲興」的解釋對嗎？那末，像邶風的「綠兮衣兮，綠衣黃裳」，本取綠賤而黃貴，裳賤而衣貴，以喻貴賤易位，分明是「取義」，而何以朱傳偏列爲「比」？像周南的「桃之夭夭，灼灼其華」，分明是「取象」，而何以鄭箋朱傳同列爲「興」？我們實在莫明其妙。至於鄭玄所說的什麼「比、見今之失」，「興、見今之美」，以及鍾嶸的所謂「文有盡而意有餘，興也」云云，更是胡說八道，不值一駁。就中朱熹的解釋，表面上好像比較平正可通，但是稍一分析，也是同樣的纏夾不清，強作解人。姚際恆在「詩經通論」中曾於批判他之後提出另一套解釋說：「『集傳』之言曰：『興者、先言他物，以引起所詠之詞也。』『比者、以彼物比此物也。』語鄰鶻突，未爲定論。故郝仲輿駁之，謂『先言他物』與『彼物比此物』有何差別？是也。愚意當云、興者但借物以起興，不必與正義相關也。比者以彼物比此物也。如是，則興，比之義差足分明。然又有未全爲比，而借物起興與正意相關者，此類甚多，將何以處之？嚴坦叔得之矣。其言曰：『凡曰「興也」皆兼比；其不兼比者，則曰「興之不兼比者也」。』然辭義之間，未免有痕。今愚用其意，分興爲二：一曰『興而比也』，一曰『興也』。其興而比也者，如關雎是也。其云『關雎』，似比矣；其云『在河之洲』，則又似興矣。其興也者，如殷其雷是也；但借雷以興起下義，不必與雷相關也。如是使比非全比，興非全興，興或類比，比或類興者，增其一途焉，則興、比可以無淆亂矣。其比亦有二：有一篇或一章全比者；有先言比物而下言所比之事者；亦分之一曰『比也』，一曰『比而賦也』。如是，則興、比之義瞭然，而學者可即是以得其解矣。若郝氏直謂興、比、賦非判然三體，每詩皆有之，混三者而爲一，邪說也。」

不過，像姚氏這樣把比、興分得這樣支離破碎，說得這樣恍惚迷離，和朱熹的解釋比較，怕也正是所謂「楚固失之，齊亦未爲得也」的吧!?

任何學術上的術語，其界義的游移不定，是獨立不起來的。在界義上不能獨立起來的術語，是不能成其爲學術上的術語的。易言之，既有了「比」，「興」是獨立不起來的。劉勰祇看到漢賦的「日用乎『比』，月忘乎『興』」的事實，而認爲「辭人夸毗，詩刺道喪，故「興」義銷亡」；而致慨於「習小而棄大，所以文謝於周人」（均見比興篇）而却不知所謂「興」乃根本獨立不起來的術語；可謂「明察秋毫而不見輿薪」。自鄭衆以來，經師學者總想勉強把「興」獨立而和「比」對立起來，祇不過是上了「周禮」所謂六詩，「詩序」所謂六義的當罷了！而且所謂「詩序」根本並非子夏所作，更非孔子以前便有（孔子說過雅頌，並沒說過賦比興），祇不過是後漢人衛宏所搞的假古董哩！近人吳闓生作「詩義會通」，把勞什子的什麼賦也、比也、興也，一律刪掉，可謂卓識。

移居四首

千石

一椽棲老計全虛，人以休歸笑接輿。得失事同蕉下鹿，古今情盡架中書。水雲半榻茶烟活，世路平生肺腑疏。濩落無成銷筆硯，不堪霜鬢賦閑居。

開襟岸幘倚危欄，俯視孤城一掌間。幾處小園新雨後，兩三白鳥背人還。霜花照眼驕殘日，海霧當樓失故山。萬刧獨餘窮骨在，登高吾欲試堅頑。

半窗桂影弄陰晴，臥對星河眼漸明。不以曉吟拋月夜，休教宵雨放秋聲。閉門闊處山林在，觀世深時意氣平。萬瓦飄燈槐聚蟻，寒潮又向枕邊生。

海塵侵道懶彈冠，咫尺雲山欲往難。留滯十年居莫卜，安排二頃夢相看。霜飛沅茝尋常萎，日落山薇一再寒。燕子營巢非久計，荒塗回首失長安。

晚晴山行

千石

衆壑騰清氣，諸天隱薄雷。海雲歸冷淡，石瀨湍喧豗。景自秋疏入，山緣晚霽開。澗猿拾墜果，穴蟻走枯槐。野竹牽衣出，危橋試杖來。林泉托諷詠，胸臆生莓苔。窮道味無味，寧論材不材。萬燈催日色，顧影更徘徊。

記戊戌維新始末（十）

舜生

乙、梁啟超

在去今六十年前，即在戊戌維新運動進入具體化階段的時際，「康梁」這一並舉的稱謂，幾乎成爲「功罪」，「是非」，乃至「善惡」一切爭論的出發點；其影响普遍及於國內的知識分子，也擴展及於若干國際人士的筆底和口頭，甚至就是到了今天，也還沒有到達完全的定論。其實，在戊戌當時：論年齡，梁小於康十五歲，即比較於他的比肩人物如譚嗣同，還年青了八年；論學歷和見解，大抵不出康的範疇，論氣魄則較康與譚也似有不及；但他的大名，在一般人的心目中，何以一躍便能與康相提並論或竟等量齊觀呢？此無他，梁實極富有情感而興趣多方；文字不及乃師之深沉而條理過之；感覺更爲銳敏；態度較康謙遜，而「不做作」，更容易博得他人的同情；其持續奮鬥的毅力，與融貫舊知及吸取新知的邁往，則又與康不相上下或更爲活潑。我在上面已經說過，眞正領導戊戌一幕的仍爲康而非梁，但梁畢竟卓然有以自立，如果說他只是「附驥尾而名益彰，」這却并不見得。因此，爲了了解戊戌一役的眞相，在對康有了相當認識以後，對梁也決不可忽視。

梁啟超字卓如，號任公，「飲冰室主人，」「中國之新民，」「滄江，」均其別署。生前清同治十二年癸酉正月二十六日，卒民國十八年己巳一月十九日（一八七三——一九二九），得年五十有六，戊戌這一年，他正二十六歲。（任公始生之年，李鴻章五十一歲，張之洞三十七歲，康有爲十六歲，孫中山八歲，黃興同年生。）

任公出生的地點爲廣東新會縣能子鄉的茶坑村，一個住在鄉下讀書的人家，任公自小便已受過他祖父鏡泉和他父親蓮澗於識字讀書的初步教育，母趙。他的父母對他都管束得很緊，據任公自述：「父慈而嚴，督課之外，使之勞作，言語舉動稍不謹，輒呵斥不稍假借，常訓之曰：『汝自視乃如常兒乎？』至今誦此語不忘。」任公更有『我之爲童子時』一文，述他在六歲時曾因一度說謊，爲他的母親所鞭責，他一直到晚年還感念不忘。任公一共有兄弟姊妹九人，任公居長，他的同母弟啓勳（字仲策）較有名，能著作。任公自己的子女，則以長女令嫻及兒子思成、思忠爲世所知，令嫻思成尙存，居大陸，思忠則爲青年黨黨員，曾留美學軍事，早卒。

任公早慧，八歲學爲文，九歲能綴千言，十二歲考取秀才，十七歲中舉，受知於主考李端棻（苾園，貴筑）。他的夫人即端棻的堂妹。任公少時，家貧無書可讀，僅得『史記』、『綱鑑易知錄』，『漢書』，及姚氏『古文辭類纂』等數種，均讀之甚熟，『史記』成誦者八九。十五歲，肄業廣州學海堂，始棄帖括，從事於訓詁詞章之學。時廣州有大書院五：曰學海堂，曰菊坡精舍，曰粵秀書院，曰粵華書院，曰廣雅書院。各院均有月考，名列前茅者有獎金，名曰膏火，所以養寒士，任公雄於文，所得膏火銀不少，即用以購書，每屆年假輒捆載而歸，蓋浸浸已有讀破萬卷的氣象了。可是據任公自述，十八歲這一年初見康有爲時的情況說：「……時余以少年科第，且於時流所推重之訓詁詞章學頗有所知，輒沾沾自喜，先生（指康）乃以大海潮音，作師子吼，取其所挾持數百年無用舊學更端駁詰，悉舉而摧陷廓清之，自辰入見及戌始退，冷水澆背，當頭一棒；一旦盡失其故壘，惘惘然不知所從事，且驚且喜，且怨且艾，且疑且懼，與通甫（陳千秋字，陳偕他同見康），聯床，竟夕不能寐！明日再謁，請爲學方針，先生乃教以陸王心學，而並及史學西學之梗概，自是決然舍去舊學，自退出學海堂，而間日請業南海之門，生平知有學自茲始」（上所引見任公『三十自述』及啓勳『曼殊室戊辰筆記』，又均見丁文江編『梁任公先生年譜長編初稿』。）（本節未完）

聯合評論
週刊
本刊已經香港政府登記
每逢星期五出版
United Voice Weekly
第一二〇號
督印人：黃宇人　總編輯：左仲丹
社址九龍赫德道二十三號地下　電話 68678
承印嘉羅印刷有限公司香港灣仔馬師道5號
總代理：友聯發行公司　售價每份港幣一毫
本報美洲版總經售處美國紐約中美出版社
CHINESE -AMERICAN PRESS ,INC
199 CANAL STRE,ET..
NEW YORK31 N. Y. U.S.A.
美洲航空版每份零售美金一角

承認中共可以恢復美國聲望嗎？

黃宇人

一，從艾奇遜最近的一篇演講說起

美國前屆民主黨政府的國務卿艾奇遜先生於十一月三日午米蘇里州肯薩斯城的律師協會發表演說，認爲明年元月美國新總統就任後的首一任務，應該是確立對台灣的政策。他的主張（一）美國應該締結一項條約確保台灣不受侵略；（二）自金門馬祖撤退，並勸說台灣當局裁減一部份陸軍，這樣，中華民國的經濟才能穩定；（三）由聯合國爲台灣而提出若干保証；（四）在上述三項完成後，美國即可在一種不同的基礎上與中共周旋，並認爲北平僞政權應被准許加入聯合國。

由於艾奇遜先生是民主黨的外交顧問委員會的主腦人物，現在大有東山再起的可能，而這一篇演說又適發表於新總統當選人肯尼第先生和他會見之後，我們有理由相信不祇是他個人的意見，而必與美國下屆政府的對華政策有關。爲了我們自己國家的前途和自由世界的共同利益，我們不能不表示異議。

二，美國民主黨亦有造於台灣

我雖然不同意台北官方某些人的觀點，把中國大陸淪陷的責任都委之於當年美國民主黨的政府，甚至遷怒於馬歇爾將軍和艾奇遜先生；也從不覺得美國共和黨繼續執政就可造福台灣，而民主黨重入白宮則將帶來隱憂。我認爲執政黨的交替，乃是民主國家的常態；而中國的前途，則端賴我們自己的努力。如果我們能堅苦奮鬥，自立自強，基於中美兩國的傳統友誼，任何一個政黨當政都會對我們友好的。反之，假設我們自暴自棄，縱使美國某一政黨對於我們特別偏愛，亦將無以爲助。以近十來年的事件爲例，當年發表白皮書，把中國大陸一筆鈎銷的，固然是民主黨的政府；但派遣第七艦隊防衛台峽，並從新給以經援和軍援使台灣得以轉危爲安的，又何嘗不是民主黨的政府？在另一方面，艾森豪總統的對華政策，仍是因襲杜魯門總統的中立台灣政策，更欲進一步而實現所謂兩個中國，杜爾斯故國務卿之力勸蔣先生同意發表中美聯合公報，聲明不以武力反攻大陸，即其明証。可見，台灣之有今日，民主黨實肇其端；而共和黨對於台北的當權者不但沒有提供他們所想望的援助，反而予以種種的限制。但此非本文的主題，暫置不論。

三，「兩個中國」不能解決中國問題

我如今要討論的，是艾奇遜先生的那篇演說，綜觀他對中國問題的意見，可以說仍是以所謂兩個中國爲中心的思想。他似乎以爲祇要勸說台北撤退金馬，裁減軍隊，並由聯合國對台灣提供若干保証，美國即可一手緊握聯合國的盾牌，一手高舉金馬和「承認」的香餌以與中共交涉；是時後者必將鑒於「知止則有利可得，胃進則無計可施」的既成局勢而同意與美國改善關係。足証他身歷中國大陸淪陷和韓戰這兩個大變以後，雖然經過了八年的退思；而對於中國問題至今尚無新的認識，尤其是不了解中共。所以仍擺不脫這種既有背於國際正義而又不切實際的陳舊觀念。何以不切實際？因爲台北若不接受勸說，或聯合國不願介入，則他所欲據以與中共交涉的基礎即無從建立。而且，在我看來，縱使美國能勉強達成如此的一個交涉基礎，中共也未必就肯罷休的。

我以爲美國民主黨既已見及美國的聲望正趨於低落而圖有以恢復之，那麼，對於與美國聲望有重大關係的中國問題，就應該採取一種深謀遠慮的策政。倘確認中共可與爲友，則第七艦隊之防衞台峽已失其意義。自不須爲了保衞台灣這一軍事基地而勞心焦思以求實現所謂兩個中國。反之，若凜於中共政權的存在乃於美國不利，就應斷然摒棄「承認」的謬誤觀念，在不捲入戰爭的範圍以內，盡量支援中國的反共運動，助我們及早光復大陸，重建原與美國有傳統友誼的中華民國；更不該再作「兩個中國」的嘗試，而徒激起中國人民（包括在大陸，在台灣和在海外的）的憤怒。

四，承認中共必將更損美國聲望

兩年以來，我曾多次在本刊指出中共是共產主義的狂熱信徒，好亂成性；其對於共產世界革命的嚮往，尤有甚於俄共。他們所以在過去十年中不斷的推行反美運動，誑毀美國爲帝國主義，嘲笑美國是紙老虎，並非受了美國的威脅，也不是不知道美國政府原對他們存有某些幻想；而乃是確認美國爲共產世界革命的大障碍，美國的力量存在一日，共產世界革命即一日不能達成。因而刻意處處與美國爲敵，以期困擾美國而削減其聲勢。面對如此的一個頑敵、美國過去的政府未能及時採取破敵制勝的長策而反坐視其長大，甚至承認之聲，時有所聞。致使遠東各國多受威脅，而迫得紛作中立之計，以求苟安。這是美國聲望低落的主因。

如今中共的毒燄已侵入非洲和南美，美國新總統當選人肯尼第先生就任後，倘再不確立正本清源的長遠計劃，而仍步向所謂兩個中國的歧路，或竟採取艾奇遜先生的意見，還要削減中華民國的形勢以就北平僞政權，中國的反共運動固將蒙受損失，吾恐其對美國的危害尤不限于聲望也。

美國民主黨上台以後

——我們真到了搶救中華民國的最後機會

謝扶雅

這次美國大選，民主黨終於戰勝了艾森豪老將八年領導的共和黨政權；其最普汎的解釋之一便是美國人好變，喜歡換換口味。所以民主黨上台以後，第一、美國的對外政策，包含對華政策在內，必定要變——應民意的要求而變，它必定會和舊政權的不同。誠然。肯尼第於競選得勝的幾天之後，立即派遣親信，向華府的我國大使館給予了一顆定心丸，說美國這時的對華政策如故。但這無非又顯出肯氏本人的一種敏捷的外交手法，他對西德、對英法，也作了同樣的外交辭令。他首先要向盟邦表明美國新政權決不是對共產集團妥協，或徒採安撫政策的。

肯尼第以一個四十三歲的英年，入主領導自由世界司令台的白宮，更以一個天主教徒的身分，打破歷史紀錄而獲選爲美國總統，這不可謂非具有傑出的政治天才。他於這次競選時，喊出美國「聲望」（Prestige）的口號，擊中了敵黨「高峯會議失敗」，「古巴倒向共黨集團」，「日本拒絕訪問」等等要害，爭取了一般選民的心理。他既然開出了要振興美國在世界上威望的一巨大支票，以他那樣瀰漫的精力，大有爲的氣魄，選民們相信這張支票是多少能兌現的。無疑地，今後美國的新對外政策，必定要挽回自由世界的頹勢，而達成一西風壓倒東風」的目標。所以肯尼第之贏了尼克遜，只有台北的政要們不免心裏懷着恐懼，其實，凡是關心自由中國前途的美國朋友們以及一些深思熟慮的我國留美知識分子，都毋寧認爲民主黨上台，對自由中國將大有利，而我們恰可運用這一次的機會，眞正把中華民國搶救過來。換言之，中華民國必須配合美國的新政策，趁下屆聯大開會以前，打上中國大陸，以根本杜絕中共闖入聯合國的大門。

美國十年以來，提請聯大延擱討論中共入聯國一案，歷屆雖經通過，但是贊同與否決雙方的票額，年年逼緊。有鑒於這種現實的形勢，大家都預測在明年第十六屆聯大之中，美國不但難以再鈔十年來的老文章，倘使中國大陸那時還沒有什麼變化，美國恐反只有轉而支持中共政權入代中華民國的席次，以換取保留台灣作美國保衞西南太平洋的一基地（當然這將仍爲中共裝出拒絕承認的姿勢）。可是美國人心中，無論民主黨或共和黨，豈眞願讓中共坐大（連蘇聯也不甚願哩！）讓中共霸權永據大陸，讓中共勢力更向東南亞推進呢？絕對不。然而民主黨的政見，政署，認爲東南亞諸國，包含台灣在內，如果一天不自作民主革新，便一天不能免於共產勢力的滲透，搗亂，而終致赤化。這一點，台北政權恰巧和美國民主黨的看法相反。台北以至某些美國外交人員（這些人員，民主黨上台以後一定會有調動）認爲民主自由一日抬頭，台灣就將一日瀕於赤化。我們卻都深信台灣果能做到民主大團結（不是國民黨當權派把持下的假團結），台灣和海外華僑三千萬人一心一德，自由世界立即將轉變其對中華民國的視聽。爾時自由中國果有優勝強幹的民主政府，美國絕不願支持我們發動反攻大陸的仁義之師。

當年杜爾斯訪台，發表中美聯合公報，促蔣氏以政治而不以武力反攻大陸。那時杜爾斯得到駐台軍事顧問團的詳細報告，根據了這鐵的事實和統計，當面喝醒了蔣氏：「像你這種軍事實力，反正無法登陸的！」據說蔣聞言之下，臉色登時鐵青。放棄武力的聯合公報就在這樣壓力下弄成的。爾時取圍堵政策的美國，當然不願僅因保衞金馬兩地而惹起第三次大戰。然而現在情勢已完全顯明出來。我們都明白；自由中國爲了自己拯救那已陷於絕地的億萬同胞而打入中國大陸，蘇聯亦決不致出兵支援中共，更決不致無端向美國開火的。我們可以大胆地保証，自由中國不打到黃河以北，甚至到達東北，蘇聯是決不來理睬中國內部的事的。這一點，現在美國人已大畧恍悟了。若由我們再供給一些確鑿的情報，使美國人了解「揭竿响應」「后來其蘇」一連串中國歷史上的成例，以及義師一臨，中共將如摧枯拉朽的事實，而據以製成新的對華政策，勢必可配合新政府領導振興自由世界威望的要求。向來民主黨中人之所以不憚屢次提出「兩個中國」的藍圖，只是一方面鑒于中共必入聯國的趨勢，同時瞧着台北政權的太不爭氣，不但不能奮發有爲，而反獨裁壓迫民衆，無奈，于是只好暫藉台人的名義，來保持台澎（自然無法顧及金馬）之不落入爾時已爲聯合國會員的中共之手。然而，如果台灣的中華民國，確實做到民主自由，做到美國民主黨所素來標榜的保衞人權，實施人民福利（由于此故，這回大選中，南方黑人都投了肯尼第的票，勞工們都投了他的票，而自由開明的高級知識分子也都投了他的票），更做到順從台灣及海外三千萬同胞全體的民意，及响應大陸六億大衆的呼聲，美國民主黨政權必然也會聲應氣求地同我們站在一起，根本打消所謂兩個中國之不得已、不澈底的匠心苦計了。

美國的與論界大體是和民主黨看法相通。他們過去竭力反對南韓的李承晚，這次也絕不贊成南越的吳廷琰。他們異常重視雷案，也且十分重視像最近台中拆屋迫致夫婦自殺的案件。他們雖反共，但力主以民主自由反共，並深信只有自由及人民福利才能把共產集權主義打垮。而這觀點是十分正確的。許多短淺眼光的人都誤解了美國民主黨是向共產集團謀求妥協的，其實民主黨的政治見解和策畧，正是對共產主義的釜底抽薪。他們是抱着瓦解共產帝國主義的志趣——至少肯尼第本人不能不說其有此雄圖。但國民黨當權派若猶採用專制獨裁特務警察那一套，並虛張反共團結的聲勢，惟有使人民益之離心離德，而絕對無恢復大陸之可能。若于今後十個月內，做不到大陸掛上青天白日滿地紅的義旂，聯大一開，中共竄入，從而中華民國就此日落西山，只遺留歷史上一幕五十年壽命的悲劇了。

一九六〇　美國大選揭曉後半月　自美東紐澤西州

雜憶錄之十六

對聯合國的評價

•幼椿•

近兩月來，聯合國對於剛果亂事，採取行動，甚爲積極，善盡扶危濟傾的責任，使國際共產黨的滲透分化工作受了阻擋，並使非洲新興的黑人國家感到了安全保障，雖然以剛果的部族複雜與文化幼稚，剛果前途仍覺可慮，然而聯合國如不斷的用力，我想剛果不會淪於赤魔手裏的。在這當兒，筆者願意以曾經參加聯合國製憲工作的資格，爲聯合國來一個公道的評價。

自由中國的輿論，無論台灣與海外，近年來對於聯合國的看法與評價，不是希望太大之後因而失望，就是因爲蘇俄亂鬧，無法制止，便把聯合國看得一文不值，動輒以鬧劇或兒戲視之。其實，這種國際組織，如從它的大會開會投票，每一會員國無論強弱大小，各有一票，彼此平等，強國必須「以大事小」的，設法拉票，這種國際民主的初步實現，以十九世紀的國際，只見少數強者任意宰割世界來作一比較，不能不說已經算是人類社會進步向前大邁一步啊！

我們容易對於聯合國感到失望，因爲我們對於聯合國希望太大了。過於把正義二字，來處處衡量聯合國裡的言行了。我們須知聯合國的發起，是在二次世界大戰的痛深創鉅之中，發起人的心情，是不願意像這樣的大戰再行產生，人類因之有絕滅之虞，故聯合國的發起是將根本觀念放在和平二字上面的。幸有偉大的羅斯福總統將人類四大自由的積極性主張提了出來，纔使得聯合國中無形的有精神價值的存在，聯合國的社經組織與人權會社，纔能在世界上有一個精神普照與人類合作的作用！

筆者憶及，當聯合國製憲大會之初，強國代表們，各鑒於大國彼此作戰破壞性的可怕，爲要制止戰爭再度發生，檢討結論，認爲大戰的發生，往往是小國不能自立自強，一味依賴，常拖人下水，強國在條約義務上，爲全小國便容易引起大戰。這一見解，英美與蘇俄是有一致的認定的。故英美所以贊成蘇俄所提出的大國否決權力，其原因在此。蘇俄代表在制憲爭論否決權時，尤說得露骨，他說：「世界大戰的起因，往往是小國不爭氣，而胡鬧，如果小國要大國支持其生存，就必得容許大國來主持世界的和平，四鉅強因此在會中便須權力要超越點，否則權力一律平等，便成一鬨之局，容易引起戰爭。」筆者當時雖然代表了四鉅強之一的中國，然而很慚愧的對於蘇俄代表之言，乃聽不入耳；詢之美國代表，但美國代表們乃對蘇俄代表之言隱以爲然。

隨着制憲會議規定總綱序言(Preamble)時，由我國王寵惠代表提出，和平不可忘掉正義，無正義而犧牲弱小的和平，不能奠定眞正的和平，而終必釀成戰爭。這一提出，義正辭嚴，理由充分，因之得着全體贊成，而纔將正義字樣與和平字樣並列起來的。

不過以西方的民族習尚與立國淵源，終是力先於理的傾向爲大，換言之，他們終是把事實放在理想的前面，去衡定一切；最多，要理想不太與實際過於懸殊，然後去將理與力安排出一個平衡點來。西方如英美的民主政治，自然比獨裁極權一味尚暴力的政治爲一較進步，然而還是一個理與力平衡的表現。所謂與論力量，它確是一種力重，一點不假，所謂兩黨制衡力量，其力量確隨時在制衡着的，不過民主先進國的軍警中立，司法獨立，因之，與論之力，政黨之力，總得以理相尚而爭衡，不像獨裁者手握軍警，動施恐怖，只是尚力而已。

聯合國裡的強國，何嘗不各以其力相尚，但是一到聯合國大會，所謂國際民主的實驗會場，強國尚力之徒，總得還要講理，因爲大會多數票不是在會場裏施恐怖而便會得着了的。如像這回赫魯曉夫在聯合國大會席上，脫下臭皮鞋，拿來拍桌子，就沒有人怕；被制止後，不但未得着多數同情，反迫使他散會時要裝笑臉，去向菲律濱代表賠禮，說：大家都在學習這一場台！因此，筆者感到聯合國這一國際機構，固不符我們東方人偏重理想者的原來希望，然而，以西方人那樣偏重事實而尚力鬥的習性，聯合國確能以多數的「理」去相當範圍着少數的「力」，使第三次大戰延遲着發生，而免人類很快便又遭受到原子戰爭的浩刼，且因之，筆者認爲，赫魯曉夫屢次聲稱，大戰不易爆發，只有和平競爭，其動機多少受了點聯合國的影響。

筆者以身歷聯合國制憲的觀感與聯合國會出兵韓戰，以及此次干涉剛果內亂而言，筆者給予聯合國的評價是，它可以相當防止大戰的爆發，而尚未能符合人類的正義與自由的終極理想。

如果說，這種不符合理想的組織等於虛設，反不如打爛了，另外來過，早日爆發大戰，將強暴者流完全消滅，纔能談人類的終極理想，則筆者認爲，這一想法，便必得要多數弱者趕快努力，自強不息，否則大戰再爆發，受犧牲的仍將是多數弱者，正義與自由的前途，仍在未可知之數也！近年以來，在聯合國中，弱者多尚中立，依違於美蘇兩強之間的中立主義有日益擴大之勢，這在我們反共的人主觀看來，頗不順眼，然而客觀論之，中立主義卻不失爲弱者力圖自強之一種作法，亦爲遏止爆發大戰之一種策略。固然，我們恐怕中立的弱者易爲蘇俄與中共所滲透與分化，變成了極權者的工具與附庸，然而我們又何嘗不可以用民主自由之義去在中立的弱國中去競賽與滲透呢？

筆者在這裏，忽然憶及一九四五年在聯合國大會與我常晤的一位法國政治學者（法國代表團顧問）一句話，他說：「許多人不喜歡美國人，因爲美國人要將他的冰箱汽車與他的民主同時向外傾銷！」今天我確証實了這一句話，亞洲接受美援的國家，眞是在在歡迎美國的冰箱汽車，而不大歡迎美國的民主，因而許多人不喜歡美國人。然則我們素重理想的東方人，不大承認事實上強弱成敗的東方人，又拿甚麼理想去與中俄共相抗，而會永遠不被滲透與分化呢？這一疑問，尤其是我們自由中國的國民，不可不去尋求答案啊！

談到滲透與分化，大家承認是中俄共的拿手好戲，因是，如美國史柏克曼所說（十一月廿九日華盛頓電）：「中共對於入聯合國並不感興趣，覺得並無好處」的話，乃是錯誤的。中共豈不知，加入聯合國，不但足以增加其聲勢，而在聯合國中且可多所接觸，隨時拉交情，以便到處遂行其滲透與分化。說中共不願入聯合國，等於說扒手不願到鬧市一樣的不合常識。又二日舊金山電：中華民國總領事孫碧奇駁斥陶格拉斯承認中共並允其入聯合國的謬論，而認其違背美國立國原則與聯合國正義理想，其理由甚爲正當，然而我中華民國現在立腳台灣，其所恃的立國原則與正義表現又是甚麼呢？

四九、一二、四

難調和的新軍舊政

李金曄

這次在台灣南部舉行的「襄陽」大演習，被譽爲是十年來規模最大的一次演習，計出動官兵十四萬人，另車輛七千餘部，飛機數百和艦艇百餘。

從來自台灣的報導看，沒有人會小視這次演習，也都相信國軍經過十年的精練，確已成爲世界第一流的部隊、但是就十一月廿九日及卅日台灣「中央」與「新生」二報的社論分析，當政者已承認，國軍之能有這樣的成就，半由於「全體將士的努力」，而半出於「盟友美國的積極支援」。

韓戰爆發後，美國在遠東地區的軍援工作，可說是分頭並舉的。今天台灣的部隊，既有這樣大的成就；同樣也可以相信，南韓和南越的軍隊也必定有相當的成就。尤其是大韓民國的部隊，朝夕枕戈以待，且有與共軍交綏的經驗，與「祇見貴賓、不見敵人」（工商日報某日社論用語）的國軍，相信其精銳善戰必不在我國之下。

若再從其民主政治素養以觀，則李承晚倒台前後，韓國軍人之沉着、自檢，保持其超然獨立，不爲政黨所用的態度，就更可貴、可愛。誠然是達到「軍隊國家化的標準。就這一點說，國軍之對民主政治的素養究已達到何種境界，自是不宜妄加蠡測。但是就民主政治底必須全面發展來說，這一點又確乎是相當的重要。

「襄陽演習」結束後，不僅官方與論有好評，即民間與論亦復如是，蓋無非是就軍事以論軍事，並非從全面的觀點來作評論的。「新生報」社論雖以「論軍事進步與社會進步」爲題，也無非是說「必須加速整個社會的進步」，才能使軍事的進步可靠。否則「也是很難持續和持久的。」不過它欲言又止，並未敢於單刀直入評述「更需要政治經濟與文化教育各方的配合與支持」底眞義，而有意作了規避。

但是參加參觀「襄陽」演習的監察委員們，却力指，縱然有強大的部隊，若無修明的政治，也是不能打勝仗的。十一年前，國府之退出大陸，軍事的失利固是一大原因，而政治經濟之腐敗紊亂，不是最好的教訓嗎？前事不忘，後事之師，若把反攻大陸完全寄望在軍事上，恐亦未必牢靠吧！？因此，部份監委們針對此而作的綜合評論，實在是值得重視的。

監委孫式庵說：看到「襄陽」大演習後，覺得將來反攻大陸時，一定會得到勝利。但是他說：「貪汚之風若不能遏止，則政治不易修明，後方的治安工作不能做好，前方也不能打勝仗。」

監委袁晴暉說：「希望政府建立一個「廉能有爲」的環境，使官員們不必貪汚，使好人能夠站出來；他並建議政府扶植言論自由，使政府耳聽目明，不致於「愚笨」和「落伍」，政府尤其要多聽反對方面的言論。

監委曹德宜除了指出國軍的進「與美軍顧問們熱心協助有很大的連外」，並「建議政府對召開「救會議」一事，應早日促其實現，：希望政府對這件事，要把握時機，誠佈公，以身作則，在此時期，更望負責對外發言的人士，不要節外枝，隨便說話。」

這裏列舉了這幾位最高民意代們的意見，也正是爲了用來說明，政與軍事間的關係是何等的密切！但又正與當權派的一些人的看法是相立的。他們把「反攻復國的勝利」全以軍事來作「可靠的保証」；而畧了軍事以外更多的因素，更何況們以軍事力量來作爲保持既得權益張本，而形成了與全民利益對立的勢。這種不可饒恕的錯誤，顯然並因大陸的淪亡而有所覺醒，言來殊痛心和失望！

今日台灣社會問題之嚴重，那絕不容當權派推諉責任的。而軍事所以一枝獨秀，形成一特別突出的步」，以致於發展成爲「孤立的東」，（引述見十一月卅日「新生報社論）那是與美軍軍援分不開的，是制度、裝備、訓練、給養等等全澈底改變以後的成效，換句話說，有國軍的再建，是眞正的把大陸時的病根子給斬斷了的。至於政治上那些「落後的現象」，事實上與當派形影不離地也隨身撤退到了台灣現在是又正在重新開花結果了！

以舊政治去配合新軍事，不啻方木圓孔。同時也很難相信，軍隊了新的面貌，而能繼續長期安於與的政治面孔和諧相處的，這樣現實又重大的問題——關乎當權派生死亡的問題，不知你們可會有所警覺但看來當權派迄今仍以爲政工可以制部隊，相信特務可以控制將領，這種舊迷信來領導現代化的新軍，其是當軍中智識份子出身的官兵日增長的情況之下，而不思有所澈底變，實不可能不爲之揑一把汗。

我的直言，看來似是杞憂，而也實在沒有代當權派借箸代謀的道。但是大家既同視台灣爲中華民國命根子，則又何忍見台灣必將在當派的倒行逆施下，不幸產生流血事呢？而今天海內外各方反共人士之以希望台灣能夠在和平的狀態之下進行民主改革，其深遠的意義也正在此。

爲此，也就不能不對當權派看題，一貫所持只見樹木不見森林的固態度，感到悲哀了！

赫魯曉夫强硬對付中共

·田心·

有八十一個共產黨和工人黨代表團參加的莫斯科會議，大概於十一月八日開始舉行，三十日終結，會議期間共二十三天，於十二月一日發表了如下的公報：「一九六〇年十一月，參加慶祝偉大的十月社會主義革命四十三周年的各國共產黨和工人黨的代表在莫斯科舉行之會議」。接着公報叙述了參加會議的八十一個代表團名單，繼之又說：「會議參加者交流了經驗，相互了解彼此的觀點和立場，討論了現代國際發展和共產主義運動中的迫切問題，以利於爭取達到共同目標──和平、民主、民族獨立和社會主義的共同鬥爭，而且一致通過了共產黨和工人黨聲明，還通過了告世界人民書。所有問題的討論，都是在馬克思列寧主義和無產階級國際主義不可動搖的原則基礎上，在兄弟般友好的氣氛中進行的。」至於所謂「共產黨和工人黨聲明」與「告世界人民書」均未與公報同時發表，似乎還待於作最後修正始能發表。

公報所說：「交流了經驗」，並未總結；「了解了彼此的觀點和立場」，並未修正之以達統一；「討論了國際發展和共產主義運動中的迫切問題」，却並未有具體的決議；這樣，當可肯定此次會議是在仍各持己見的情況下結束的。

按全世界現有八十六個共產黨，參加會議的八十一個，亦即還有五個未曾參加。而這一會議不是由十二個共產國家而由八十一個共產黨代表團來舉行，說明會議的中心是整個共產國際向外發展的問題，不是共產國家中的由資本主義向社會主義或社會主義向共產主義發展的問題；亦即如公報所指出的：「和平、民主、民族獨立和社會主義的共同鬥爭」問題；具體言之，在共產國家來說是對外政策問題，在共產國際來說是世界革命問題。在未奪得政權的共產黨來說則是如何奪取本國政權的策畧的問題。

人所共知，在前述問題上爭論的兩個方面，主要是中共與蘇聯，現此一會議無結果，亦即說中蘇共的歧見未統一。

在前一階段，共產國際於前述問題上的「大憲章」是一九五七年十一月在莫期科所通告的兩項宣言，今年四月，中共藉紀念列寧誕生九十周年發表三個文件猛烈抨擊蘇聯為現代修正主義者，其根據也就是一九五七年莫斯科宣言中的：「只要帝國主義存在，就有發生侵畧戰爭的土壤」；「現代修正主義企圖誹謗馬克思列寧主義的偉大學說，說它是『過了時的』，似乎目前對於社會發展已經喪失了意義」。是故在六月的布加特斯特會議上通過重申莫斯科宣言的公報時，中共的「人民日報」重新刊出這兩項宣言，大喜若狂。上月莫斯科會議緊張時節，十一月二十一日「人民日報」特別發表社論紀念莫斯科宣言發表三周年，繼續攻擊蘇聯修正主義；蘇聯眞理報則發表社論為赫魯曉夫辯護，認為他才是忠實於一九五七年莫斯科宣言的。這樣，當說明在這次會議中爭論並未獲得一致同意的決議。

現在，最後發表的公報也未提莫斯科宣言，當可說明蘇聯在這一會議中已不再遷就中共，並且採取了強硬的立場以對待中共了。

談「從大陸反攻大陸」

·百里·

在可見的未來，世界大戰沒有爆發的可能，從台灣發動渡海反攻的可能性因之也在逐漸減弱中，這是台灣當局所以倡說「從大陸反攻大陸」的口號的根源。

十年來，大陸上的反共活動此起彼伏確是不少，據台北官方根據中共資料彙集發表的統計大小組織在一萬以上，其未經中共而發表不為人知者，則不知又有多少。這些事實，當可肯定大陸人民迄今仍在不斷與中共作殊死戰。不過多數屬於單獨行動，或小集團行動，甚難形成大規模之武裝行動，此自為當前客觀形勢所限，但大陸人心不死，於此可得證明。

過去，中共每於破獲人民之反共活動後，輒加以「美蔣特務」帽子，現在則已很少見其再予地下反共者「扣帽子」了。原因是「美蔣特務」確已很難潛伏，即有亦多入冬眠狀態；其次，正如中共所承認，「目前敵我鬥爭出現了某些新的複雜性」，以致在某些時候，某些地區和某些方面，鬥爭顯得相當尖銳和緊張。」而這種「新的複雜性」主要的反共活動，是指在中共絕對控制的局面下，那些自發性的活動在不斷增加，為中共黨、團、公安組織所防不勝防，和難於預知。對這種情況的解釋，中共認為是由於「一小部份幹部頭腦中滋長的新右傾麻痺思想」的作祟，（見九月廿四日東北「遼寧日報」社論），遂予「敵」以可乘之機會。

事實上，中共嚴密之統治，百密難免一疏，固是事實，但以中共殘酷之統治方式來說，民何以堪！

九月廿四日的「遼寧日報」社論中即會透露，在該省鳳城縣有一農民張作榮，「把紅礬放在生產隊的飼養糟裡，毒死耕畜二十六頭之多」！以這椿事實為例，張作榮若尚有一綫活下去的生機，實難望其能有決心狠心下此「毒手」；他既能一舉而乘機毒死耕畜，那麼下毒毒死共幹也非無可能。因此該報社論中也說，「只要有一個反革命份子混入人民公社的公共食堂，投放一把毒藥，就會使幾十人、幾百人遭受毒害；只要有一個反革命份子混入工廠的要害部位，進行破壞得逞，就會使工廠生產遭受嚴重損失，甚至毀壞整個工廠。」

現在，這裡再報導一椿鞍山鋼鐵公司五號高爐工長王至剛，在其工作崗位上破壞生產的實例如下：

王至剛是一個中共培養出來的技術人員，他大學畢業後，經過中共改造鑑定，於一九五七年進入鞍鋼煉鐵廠。一九五七年，正是鳴放期間，中共說他在此時「處心積慮地詆毀黨的領導，離間黨羣關係，」並且「煽惑（按：即領導）技術人員抗拒思想改造。」這是王至剛在政治方面的活動情況。

王至剛放手作實際生產破壞，始於今年二月。今年元旦中共號召要求「生產開門紅」、「月月紅」、「日日紅」，各層面的工人皆被迫提高勞動強度和延長工作時，引起工人情緒上的極大波動。王至剛於二月間開始「利用工長職權多次進行破壞，」自此以後「使五號高爐生產接連幾個月沒有完成國家（中共）計劃」，據說，「僅今年二至四月份就少產約一萬八千噸鐵，並造成「大量號外生鐵。」他最大的一次破壞活動是在「五月十二日」，欲乘機一舉撤底毀掉五號高爐，「趁爐涼之際，……大量加風促使高爐驟涼，……造成惡性懸料和爐缸凍結事故，使五號高爐長期停產。」但不幸事敗，他雖已逃抵北平，仍被捕回！

上述這些事例，說明了人民雖未到能用武裝來反抗中共的時候，但各就其崗位以進行破壞是可能的，而且一直在發展中。但是愈來愈多的事實却又証明了這些反暴活動，多數已非出諸台灣當權派的派遣或領導了，而是基於生存之不可得，挺而走險。這是客觀的環境促使的自動自覺性的反暴活動。但若認為這些可歌可泣的英雄事跡便可以推動大陸上大規模或地區性的反共行動，不免是「俟河之清」了。所以「從大陸反攻大陸」的困難當為台灣當局所能想及。

目前，大陸上正處在半饑餓或饑餓狀態下，形勢對中共的統治並不有利，但台灣既不能主動地進行反攻，當權派反而利用形勢和權力來作各種反民主的、違憲的行動，確是令人髮指的！

台灣非無「傅斯年」

·小言·

月來台北展開「政治攻勢」後，團結之議論甚囂塵上。對這一攻勢，有人從好的角度看，表示當局尚有欲「容忍異己」之「雅量」；但從壞的角度看，當局的心事難測，葫蘆裏賣的什麼藥，已是人盡皆知。

有人曾就「容忍異己」一端，提到當年傅斯年在參政會上炮轟宋子文及其所發表的文章，認為這是「政府對異己言論並非不可容忍」的一例。談起此事，固是政壇佳話，值得回憶；但是宋去之後，較宋為惡劣者，實有後來居上之勢。宋是當年行政院長，但今天台北尚有一較行政院長更具勢力者，於幕後左右操縱政局，西方記者語之是一位「謎樣的人物」，對於這位幽靈似的「謎樣人物」，恐怕即使起傅斯年於九泉之下，寫十篇「非走不可」的文章，也未必能傷其毫髮吧！

實則，在國民黨內今日非無傅斯年那樣直言之士，國民黨外，敢言勝於傅斯年者更不知凡幾。其奈那「謎樣的人物」其權其勢，遠非當年的宋子文所能望其項背！

宋子文可以在傅斯年的炮轟之下，羞慚拂袖而去，但蔣經國──那「謎樣的人物」──因不負公開名義的政治實職，遂使中央各民意機關無奈其何，即欲轟之也不可得。這又是他較宋子文「高明」之處！

再者蔣宋之間雖屬姻親，究遠不若父子情深，何況舊日袍澤幹部，附共、星散者多，赴台歸隊者少，可望寄予重任者更少，蔣經國之終為乃父倚重，亦為客觀形勢所促成，因此對蔣經國之批評、指責越多，却反而使蔣益覺其子之「可靠」，遂更使台灣的輿論不敢正面評述，有言責者亦無從質詢與彈劾。此即傅斯年當日可以轟走宋子文，而台灣今日無人敢於捋小蔣「虎鬚」的主要原因。雷震之入獄，又多少與此不無關係，「自由中國」今已無形停刊，廟堂之上既不能直言抨擊，輿論亦復遭受迫害摧殘，所謂當局有「容忍異己」之「雅量」，就成為無根之談了！那麼，故示人以有「容忍異己」之量，也不過等於說大話使小錢而已！

三言兩語

台北官方於十一月二十六日指出，「十年來大陸各地被發現的反共組織大小在一萬個以上。」其中在山東、河北、浙江共出了「七個皇帝」、「一個王朝」，且有「建國號、製國旗、自樹政權」的。（詳見廿七日泛亞社電訊）可惜其中竟無一個是打着「擁護蔣總統」旗號的。不知「官方」將何以上報「極峯」!?

×　×　×

杜魯門時代的國務卿艾契遜，在卅日公開演說中稱：「美國應該停止假定蔣介石還是中國的領導者。」他一語道破了共和黨執政八年中對蔣的眞實態度──「假定」耳！

×　×　×

台北卅日消息說，財政部否認已在考慮發行大鈔。是「空穴來風」？還是曾有決定，而又暫緩發行呢？

×　×　×

國民黨亟謀拉在台青年黨二領導人物參政，事屬公開秘密，目的何在，且聽青年黨人士的指證：青年黨監委劉永濟說，「邀一二知名之士參加行政院，不但不是團結，徒然增加糾紛。」並謂「當局雖有團結之計劃，但缺少方案與步驟」。此非以無誠意的「團結」，作有計劃的拆台而何？

×　×　×

莫斯科共黨會議結束後，劉少奇、老赫等「舉行了會見」，據說「會見是在親切友好，充分了解和團結一致的氣氛中進行的。」欺人乎？自欺乎！此賣假藥之手法也。

×　×　×

今年大陸上水旱交迫，災情嚴重，今則寒冬未過，中共「農業部」已發出通知要「防春旱，爭豐收」!?既有災荒，何能豐收。若有豐收，何以現在連上海也祇能一天吃三頓粥！

×　×　×

從廣州探親回港的人說：多數人家除男勞動力吃乾飯外，婦孺多吃粥，桌上無菜，僅一碟粗鹽，一碟麵豉醬。近二月來市區內已有搶米情事發生！市上亦無棉花供應！統治者無道，民必反矣！

·恕人·

團結的把戲又翻新樣

・微子・

（台北通訊）當權者近月來所倡的團結，原是祇想拉攏青民兩黨的熱心之士參加政府和邀集某些原和他們早已明來暗往的所謂各行各業代表人物到台灣聽訓，藉以洗刷他們迫害雷震的血手。現在也許覺得此計不售，乃變換方式運用臨時條款的始作俑者莫柳老出來供奔走。莫先生年來雖然高踞考試院長的寶座，羨煞了許多黨國先進；却因香火冷淡，時感寂寞，自然是有求必應的。於是又以當年陪選總統的熱烈心情，大宴胡適、張羣、陳啓天、蔣匀田等，形式上好像是要為當權者打開「團結」之門。但賓主兩方都了解這不過是假戲假唱，所以他們在杯盤狼藉之餘，祇好談談怕老婆的故事，然後盡歡而散。有一位國民黨籍的某君說得好。他說：「我參加國民黨已四十年，看見雷震有時不但罵當權派，還罵整個的國民黨，我也覺得很有反感。現在他們處以重刑，假如明說：「雷震曾是國民黨的老黨員，胆敢罵國民黨，其罪當坐牢；或者說，雷震做了蔣先生的幹部二十餘年，胆敢指責蔣先生，其罪該死」，我都無話可說。但他們却派給雷震一頂紅帽子，而且還要談什麼法律之前人人平等，這就無異於把全國人民都當作白癡了。蔣先生對付一個已有數十年歷史的同志和幹部尚且如此，還有什麼團結之可言呢？幸而中山先生早已逝世了，假如他老人家今天還健在，他看見蔣先生的所作所為，一定比當年看見陳烱明叛亂時還要痛心的。因為陳烱明祇想危害他的個人生命，而今日的蔣先生則是把國民黨的靈魂都摧毀殆盡了。」這可說是許多國民黨員共同感想。

聯合報嘆遺失的匾額

——天下為公——

日前聯合報的黑白集，刊出一篇短文，題為「遺失的匾額」，裏面說：「有位革命元老，最近忽有所感；發覺過去在大陸上一般公共集會場所，多懸有國父親書的「天下為公」四個字匾額，現在在台灣已很少看見。這位老先生對此頗有感慨。

這件事本來不為人所注意，但經他老人家一提，提醒了往昔的記憶，實令人不勝其撫今追昔之感，猶憶民國十五年至十七年間，國民革命軍進行「北伐」，眞是勢如破竹，凡其所到之處，必須召開民衆大會，宣傳三民主義，而會場的佈置，照例是中央懸以國父遺像，國父遺囑，上面交叉懸以國旗、黨旗，兩傍懸以國父親書的「革命尚未成功」「同志仍須努力」的對聯，在上面，更懸以一幅橫匾：便是國父親書的「天下為公」四個大字。這雖然只是佈置會場的形式，但正充份代表國民革命的精神。

這種佈置會場的形式，一直延用下來，迨至抗戰勝利，仍然保持不墜。但到台灣之後，正如這位革命元老所發覺的，在一般公共集會場所，只看到國父遺像和遺囑，有時也看到「革命尚未成功」「同志仍須努力」的對聯，但很少看到「天下為公」的匾額。不知是否撤離大陸時過於倉卒張惶，大家只顧收拾細軟，搶運金鈔，以致將這幅匾額遺失了？當然，「天下為公」並不僅是一幅匾額，而是一種觀念；以天下為己任者，這種觀念是不能遺失的。」

這一篇短文的措詞雖甚含蓄；但其命意則是很顯然的。今日的台灣已經變成了「天下為家」的局面，自然用不着再懸掛「天下為公」的匾額了。

唐榮鐵工廠的倒風背後

唐榮鐵工廠發生倒風，官方忽引用早失時效的國家總動員法予以維持，其原因何在，社會上傳說紛紜，日前立法委員楊大乾、汪新民、秦祖培、王仲榕、謝剛傑、丑英輝等六人向院會提出書面質訊，對於內幕的情形；更有驚人的揭露。其原文如下：

「最近唐榮鐵工廠發生經濟恐慌，陷於停頓狀態，不僅影響四千餘員工的生活，四千餘債權人的權利；而且給工業界帶來了不良氣氛，損害全國投資事業的前途。政府為處理此項事務，不惜使用總動員法十六、十八兩條，以求暫時的安靜；用心良苦，原無可厚非之處。惟查唐榮鐵工廠，接受高利貸，以債養債的作法，由來已久，政府何不事先加限制，以致亡羊始求補牢？並且此次恐慌的近因，據有關方面傳稱：某經濟最高主管機關，在唐榮鐵工廠存放三筆欵項，共約五百萬元，在唐榮經濟緊張急待救濟時期，利用職權，強迫提出，消息外露，債戶紛紛索欵，以致唐榮一蹶不振。果有此種事實，大乾等以民意代表立場，不得不向行政院長提出以下質詢：

（一）請行政院長秉公澈查，經濟最高主管機關有無以鉅額欵項近五百萬存放於唐榮鐵工廠套取高利貸之事實？

（二）如確有此項事實，則請問以公欵存放私人企業套取高利貸，是否合於國家管理金融及審計主計法規之規定？

（三）據說此種欵項，乃該主管機關之福利金及其主官私人存欵，請查此項數百萬福利金之來源及其向來使用分配情形，是否有法令及預算之根據？其主官私人存欵近百萬，是否有正當之來源？

（四）在民營企業經濟危急當頭，主管機關不恤民艱，不顧國家前途，利用職權強提數百萬之存欵，其責任心何在？此種瀆職行為，是否有意製造經濟危機？」

楊委員等的質詢，理應有事實的根據；但由於自蔣「總統」主政以來，政府大員以公欵存入私人商業機構套取高利，已成了一種傳統現象，相信將來行政院答覆時，仍將以「查無實據」一類的官樣文章不了了之。

本月二日聯合報為了高雄監獄會計書記官徐定華冒充立法委員王澤民向唐榮鐵工廠行騙一事，會有一篇短文把該廠和政府中人的關係，說得更為淸楚。原文是：

「正在唐榮鐵工廠問題鬧得滿「國」風雨的時候，竟有一位獄吏徐定華，冒充立法委員，拿了行政院副院長王雲五的名片、求見該廠總經理唐傳宗，洽取活動費六萬元；自以為來頭如是之大，數目如此之小，以唐府的「樂善好施」，當可如願以償。

殊不知唐總經理見識過多少場面，交結過多少大員，斷非土包子可比。拿王副院長的名片，已是不對路道，開口只要六萬元，更是不懂行情。而且這位冒牌大員，老而且病，精神委靡，全無腦滿腸肥、春風得意的大員氣概。唐府多的是「顧問」，都是官場上交際的能手，平時不僅看熟了大員們的面孔，而且看透了大員們的心思；狗眼尚且能判人，更何況是顧問們銳利的眼光？憑他那一付老病之身，一臉窮酸之相，豈有不被識破之理？這幕活劇比起果戈里的「巡按」，實在差得太遠了。

在證券市場上「做空頭」、「搶帽子」。固然也是買空賣空；但必須摸淸路道，看準行情，否則難免蝕本，這位老病的獄吏，既不通路道，又不懂行情，妄想在官場上做空頭，搶帽子；結果蝕本蝕到老家，回到監獄裡，由獄吏降為監犯，實在是咎由自取，罪有應得。漫道紅包滿天飛，但却不會「飛入尋常百姓家」。

讀者看了這篇短文之後，對於今日台灣的政風和商情當可概見矣。

襄陽演習掩蓋不了的事

・德中・

（台北通訊）最近，台灣的「大事」，已不再是雷案佔首要地位，因為雷案經過復判之後，誰都知道已成過去；新黨既因遭此挫折，行將遲產或難產，也不再是熱門的新聞。同時，國民黨當權派一方面發動了「大團結」的政治攻勢；而「最高統帥」又全心主持着校閱「襄陽」大演習，雷案與新黨的聲光就更顯得微弱了。有人說，這一切都是經過了刻意的安排，用來冲淡雷案或新黨的問題的，或也未必盡然。不過襄陽演習畢竟難以掩蓋天下的耳目！

內爭、逼供、貪污成風

但是台北并未因此寧靜，國民黨內部的問題，正籍着反對台北市議員候選人提名假投票的問題喧騰起來，由於處理有欠公允，黨員開始指責黨內當權派官僚破壞黨內法令，進行秘密核票，許多黨員因此湧進了國民黨總部作示威與抗議。據說：有一落選的候選人因之聲淚俱下，痛哭失聲；另一位竟憤而自殺！但這也不成為重要新聞。

至於台南憲兵酷刑逼供、杜撰口供，受害人瞎子許鎮正於十一月廿九日携帶血衣一件，向最高檢察署陳情，事體雖然屬於非法危害；但再大的冤獄都可以製造，憲兵非法逼供，這類事件更屬司空見慣，大家也都見怪不怪了！

不過不論是政治攻勢也罷；襄陽演習也罷，都無法掩飾台灣問題基本弱點所在。政治上的貪污事件，在無情地一椿椿地暴露出來，這是當權派政權的隱患。中央信託局福利社舞弊公欵台幣一百八十萬元一案，較之官、商、軍聯合舞弊，造成官方某汽車修配廠貪污數目達台幣一千多萬元，眞是「小巫之見大巫」！

「民族晚報」十一月廿四日的社論不勝婉惜地說：「貪污案件之多，眞使人有「於今為烈」之慨。……目前貪污之風，所以猖獗，固然是由於整個政風使然，但一般公務員，俸不足以養廉，而不得不非法以求非份之財，也是重大原因之一。」并謂：「一般職位卑微的人，固不論矣，即身居高位，手握大權的人，又有幾個是公忠體國，把國家的利益置諸個人利益之上？」

監委陶百川氏在監察院總檢討會中也指出，「年來國家紀綱日益敗壞，以致貪污風氣日盛」，并舉法院不當判決兩案實例加以說明稱：「有一件案的貪污標的物達台幣五百萬元，法院對該貪污犯僅判刑三年半，計坐牢一天有四千元代價；而另一冤獄賠償案件，每天只補償十七元。……如貪污者坐牢亦以十七元來計算，則應坐牢八百零五年，才能補償貪污的數目，但法院僅僅判刑三年半，貪污犯坐完短期的牢，出來仍可做一個富翁。」陶氏的話是幽默中充滿了憤慨！因此，監察院裡要求嚴懲貪污之聲不絕。可惜這已是現實政治上的癌症之一，獨裁與家天下的現局如仍繼續下去，貪污可說是必然的產物。若再就台灣的現實政局全面觀之，那麼，貪污、舞弊是已表面化的惡性外症，而嚴重的還是內在的財政、經濟問題！

台幣發行額與高利貸

最近一度盛傳要發行大鈔，人們對於台幣的發行額極為注意。據台北「徵信新聞」十二月二日的社論引証，在一九四九年六月底是五千六百餘萬元，今年六月底是廿六億二千餘萬元。今年一月最高曾達到卅一億五千四百餘萬元。計增加五十六倍以上！這十一年來的物價指數也漲了十倍有多！

但台銀總經理周友端十一月廿五日在台灣省議會質問中答覆，到本年十月底止，發行額為廿四億六千六百多萬元。這與廿六億二千餘萬元相較，那是銀根一鬆一緊所形成，無關宏旨，但可以肯定的是現目的發行額實已逾廿五億了！這當然還不包括國家機關間的巨額支票的往來撥欵。

至於工商業的倒閉問題，黑市高利貸的問題，都如火上加油一般地使台灣的財政、經濟的弱點暴露無遺！說到黑市高利貸，目前正陷入亟待清理的唐榮鐵工廠，他前後所吃進的高利貸已達二億九千多萬元。立委潘衍興在質詢中曾說，「聽說有某鉅額債權人（按即高利貸者）可左右政府主持銀行借欵」，他問「是否確實」！又立委李公權質詢中也問「聽說有某軍事機關首長，也是債權人之一，一個電話便把債欵提淨，此首長是誰？債欵有多少？」

若我們相信立委的質詢并非無的放矢，那麼可知台灣放巨額高利貸的皆非等閒之輩。工商業經營不善而垮是要因之一，吃進高利貸，飲鴆止渴也是一大原因。眞是孰令致之！

當然台灣也有守法的公僕，台中地方法院推事任樹光，死於台大醫院。其妻伏屍痛哭，說他丈夫實在是餓壞了的！」本來嘛，七百元的收入又怎堪維持一家四口！任樹光較諸那些貪墨舞弊，與拿公欵私營拆放的不法之徒相比，益顯得今日台灣政局之混沌了！（十二月二日寄）

分析中共與古巴十一月三十日締結的三個協定

劉裕畧

大陸之窗

當拉丁美洲正有八個國家——危地馬拉、尼加拉瓜、洪都拉斯、海地、哥斯達黎加、薩爾瓦多、阿根廷、委內瑞拉——鬧着內部動亂之際，中共又於本年十一月三十日與古巴締結了「中華人民共和國政府和古巴共和國政府經濟合作協定」；「中華人民共和國和古巴共和國一九六一年貿易議定書」「中華人民共和國政府和古巴共和國政府關於執行兩國間科學和技術合作協定的議定書」等三個協定。

按照通常慣例來說，上述三個協定，似乎應該由中共副總理陳毅出面簽字才是。但陳毅與周恩來雖同時參加了這一簽字儀式，代表中共簽字的則是李先念，而李先念是中共副總理兼財政負責人，可知這一次的中共與古巴間的協定，並非着重外交形式，而乃着重在財經方面，這是初步分析。

據中共與古巴於十一月三十日簽字發表的聯合公報說：「在會談中，古巴革命政府經濟代表團代表古巴共和國政府邀請中華人民共和國政府派遣代表團前往古巴訪問，中國政府榮幸地接受了這一項邀請。雙方極為高興地指出，中華人民共和國和古巴共和國之間的友好合作關係，在兩國保衛民族獨立和世界和平的共同鬥爭中，按照和平共處五原則和萬隆會議的精神，正在不斷地發展和加強。在格拉瓦少校率領的古巴革命政府經濟代表團訪問中國期間，中國和古巴兩國締結了「中華人民共和國政府和古巴共和國政府經濟合作協定」，根據這個協定，中國政府將於一九六一年到一九六五年內給予古巴共和國二億四千萬盧布的無息貸款，用於提供成套設備和技術援助以幫助古巴發展經濟。雙方根據一九六〇年七月二十三日所訂的『中華人民共和國政府和古巴共和國政府貿易和支付協定』，簽訂了中華人民共和國政府和古巴共和國政府一九六一年貿易協定書』，該協定書規定中國政府將於一九六一年內購買古巴糖一百萬噸和其它古巴出口商品，古巴政府將向中國購買同等價值的出口商品。雙方根據一九六〇年七月二十三日簽訂的『中華人民共和國政府和古巴共和國政府科學和技術合作協定』，簽訂了「中華人民共和國政府和古巴共和國政府關於執行兩國間科學和技術合作協定的議定書』，根據這個議定書，中國政府將幫助古巴訓練技術人員。這些協定和議定書的簽訂將進一步鞏固和擴大中國古巴兩國之間的互助合作關係，有利於促進兩國經濟文化的共同高漲和兩國人民之間的友誼的進一步發展。雙方認為，中國古巴兩國人民友誼的鞏固和發展，不僅符合兩國人民的切身利益，而且有助於促進中國同拉丁美洲各國人民之間的友誼，有助於維護和平的共同事業」。

對於中共這一次與古巴的協定及貸款，中共在香港所控制的大公報於十二月一日發表這一消息時即以「海內存知己，天涯若比隣」為主題，又以「同仇敵愾」「英雄惜英雄」「患難交，通財義」為子題發表專文，予以鼓吹。反共報紙則以中共打腫臉充胖子為題評擊中共這一舉措。筆者仔細閱讀中共古巴協定全文後，深覺此中意味，猶有各方未盡道及之處，故特再進一步分析之。

分析此一問題時，首先，我們要考慮到古巴今日之處境及由此而來的古巴對中共之期望。

古巴今日的處境是怎樣的呢？形勢很顯然：一是內部實力的增強問題；二是財經的支絀問題。而古巴這一次派往中共的一個所謂古巴共和國政府經濟代表團，且該團團長格拉瓦在古巴的身份是古巴國家銀行的行長，而古巴又是早已派有駐中共大使奧斯卡・皮諾・桑托斯常駐北平的。這一次的協定，不出於古巴大使館來辦，而出於這一位古巴國家銀行的行長專程來辦，那末，古巴派這一個代表團到北平，旨在尋求經濟援助，其事極明。

然而中共是否滿足了古巴的期求呢？却是沒有的。因為從表面看，中共固然是又一次的打腫臉來充胖子，無息貸款二億四千萬盧布給古巴。但仔細計算這二億四千萬盧布，不過只折合三億六千萬港幣，約合五千萬美金而已。而根據雙方協定，則中共不過是將在「一九六一年到一九六五年內」給予古巴，換言之，遠水不救近火，中共每年給予古巴的經濟援助平均不過一千二百萬美金。這數字當然不能滿足古巴的需要。何況中共與古巴的聯合公報說得很清楚：這分五年付給為二億四千萬盧布，還是只「用於提供成套設備和技術以幫助古巴發展經濟」，而并非現金呢！所以，中共這一貸款，雖名曰貸款，實際上不但數目小，而且根本不是古巴所急需的現金。而只是所謂「成套的設備和技術援助」。

說到中共也以「成套的設備和技術以援助古巴的經濟發展」，這就未免有點滑稽。因為中共的工業技術本已落後，中共的工業設備、近年來就一直依靠蘇俄給予成套的設備和技術援助，中共今天既不能把蘇俄所給的成套設備轉給古巴，試問中共還有何種成套的設備及技術可以供給古巴。但該協定書却明明作如此規定，可知中共將能給予古巴的，雖非破銅爛鐵，但除農產品外決無真正有價值的東西。這當然不是中共不肯給好東西，這實在是中共本身太窮太落後，依毛澤東個人及其政權的性格來講，原是好大喜功，不惜打腫臉充胖子。而這一次無法給予古巴以現金，無非反映中共今年農業生產又躍退，比一九五九年及一九五八年產量更低，而整個財政開支則遠比一九五九年及一九五八年更高，因而中共實在拿不出現金的緣故。

那末，古巴經濟代表團為什麼又終於與中共締結這一協定呢？此無他，乃中共與古巴兩政權互相朋比為奸，由中共冒充大國，以增加中共在古巴及中南美洲的聲威、以欺騙古巴人民及中南美洲人民，從而有利於卡斯特羅政府對古巴的統治，並利用中共在中南美洲各處之煽動工作。這是該聯合公報所說「雙方認為中國古巴兩國人民友誼的鞏固和發展，不僅符合兩國人民的切身利益，而且有助於促進中國同拉丁美洲各國人民之間的友誼」等語的所以然。

事實上，卡斯特羅政權在古巴目前並未完全穩定，它是極需中共這一類表面援助以助其鞏固的。而中共則又急圖冒充大國急圖冒充慷慨以利其在中南美洲的煽動陰謀。於是，這貸欵協定便在這情況下完成。

再看古巴的經濟問題，糖的銷售問題實最緊要。自美國停售古巴糖之後，蘇聯雖已答應加購古巴糖，但古巴糖的尚有餘額極待尋求出路，否則古巴國內便將發生經濟危機。這一次中共與古巴的協定，訂明明年由中共購古巴糖一百萬噸，這對古巴似乎很有幫助，假如中共購買這一百萬噸古巴糖是付現欵的話，但中共仍是不付現欵的。這一次雙方協議，這一百萬噸糖的價欵，却由古巴向中共購買同價商品作抵。購何種同價商品呢？雙方沒有完全說明。再問中共是否有適合於古巴的需要的那種同價商品售給古巴呢？則是疑問。因之，我們可以想像得到，由於古巴政權飢不擇食，急需出售古巴糖，中共便以其自己向民間搜括來的所謂同價商品售給古巴以作抵。這樣一來，這對於古巴的真正幫助便不大了。另一方面，中共本身實在是不需要這大量的古巴糖來供國內民食的。大陸人民連飯菜都吃不飽，那裡還能專吃糖。故其必然的結果乃是由中共以同價商品向古巴作價從而取得這一百萬噸糖以後，中共隨即又把這一百萬噸古巴糖轉手出售。算來，中共倒是可以由此平添一筆外匯，而又博得支援古巴之美名，可謂名利雙收的。

再仔細推敲中共古巴所簽三個協定，真正有重大意義的則還是第三個所謂「科學和技術合作協定」。對這一個協定，各方容易忽畧，因為中共在科學和技術方面都落後，因而認為不是重視。殊不知，這正中了中共的遮手法。需知真正具有陰謀的乃是這所謂「科學與技術合作協定」。因為中共可以根據此一協定，派遣所謂科學和技術人員到古巴，實則這些人員都是從事共黨各種活動的特務，而以科學技術人員為名罷了。他們到達古巴後，他們不但將會幫助卡斯特羅鞏固和發展其統治，同時這些分子勢必還會以古巴為基地，利用各種機會，向中南美洲各地進行滲透和顛覆活動。中共的軍事技術人員，也勢必將會參加到各地的武裝暴亂中，去組織武裝，組織暴亂，乃至暗中指揮暴亂，從而赤化中南美洲。

十一月三十日中共與古巴的聯合公報另一段文字說：中國支持古巴反美鬥爭，古巴支持中共「解放台灣」，似乎是說中共之所以援助古巴，只是為了「解放」台灣，其實古巴路遠力小何有助於中共之攻台，該聯合公報所說：「在會談中，中國方面對古巴人民堅持團結，堅持武裝鬥爭，由小到大，由弱變強，推翻巴蒂斯塔反動獨裁統治的偉大勝利，表示欽佩和高興，並且認為，古巴人民的鬥爭和勝利提供了豐富的經驗，為全世界一切被壓迫人民特別是拉丁美洲人民爭取和維護民族獨立的鬥爭樹立了一個榜樣」。其中特別用「特別是拉丁美洲人民」等字，可知中共這一次雖未能真正滿足古巴的經濟需求，但中共的一次支援古巴切另有真意所在。証以中共古巴簽訂上述協定之同一天，毛澤東在北平親自接見拉丁美洲十二國外賓，包括來自古巴、阿根廷、波利維亞、巴西、哥倫比亞、多米尼加、英屬圭那亞、海地、墨西哥、巴拿馬、薩爾瓦多、厄瓜多爾等十二個國家的黨派、學生、工會、新聞記者、作家以及其它方面的代表團和代表，以上均見中共「中國新聞社北京卅日電」，可知中共對中南美的陰謀和野心正自不小，它正企圖赤化中南美，而並不只是為了「解放」台灣的。

中共又要摘帽子把戲

……中共摘掉黃紹雄等右派分子帽子

陳一鳴

如果大陸真有所謂自由民主的話，那末，大陸就該有執政黨與反對黨之分，也該隨之而有左派及右派的存在。夫然後也才說得上「百花齊放，百家爭鳴」。然而中共極權統治的事實却處處表現着大陸是毫無民主自由的。因為中共認為凡反對共黨的人都有罪，而名之曰「反黨分子」，重則槍斃，輕則進集中營勞動改造。甚至在並不根本反對共黨的靠擺人士中，中共亦把他們分為「左派」與「右派」。換言之，所有對共黨某一政策稍表懷疑的人，中共亦給他一頂帽子，叫做「右派分子」，並由中共欽定這些「右派分子」皆屬有罪。對於這些右派分子中之不出名的人，中共的處置辦法是就地暗中槍斃，對其中稍有名望者則除加以勞動改造外，又加以精神威脅，迫令改悔。不改悔就繼續有罪，就繼續被虐待，就繼續被鬥爭。這真是比秦始皇焚書坑儒更殘酷更暴虐了。茲據中共新華社十一月廿四日北平電：「中央國家機關和各民主黨派中央機關根據一九五九年九月十六日中共中央、國務院關於確實表現改好了的右派份子的處理問題的決定，最近又摘掉了一批確有改悔的右派分子的帽子，這一批被宣布摘掉右派帽子的有：黃紹竑、劉王立明、錢偉長、王葆真、董渭川、宋雲彬、李俊龍、李伯球、譚惕吾、鄧季惺、樓邦彥、葉篤義、徐誦明、崔敬伯、王寄一、閻穎、金寶善、駱介子、萬枚子等二百六十多人」云。查閱上項名單，立可發覺其中包括從事文化、教育、新聞、以及醫藥工作等各種人都有。這固已說明大陸反共人士之多，多到各階層各角落。而此一批被摘右派份子的名單，則是繼前次之後之又一次，眼看他的這種公佈，可知尚有極多被指為右派分子的人的帽子尚未被摘，而這又表示雖在中共刀鋸釜鉞之下，而率不願表示「悔改」之大有人在。中共既對這些懷抱自由民主觀念的「右派分子」橫加虐待，且以死相脅，而他們堅不改悔，可見他們誤上賊船後的反共鬥爭精神，仍是值得可佩的。

由此，不禁使我想起秦始皇焚書坑儒的結果，始皇之後，不過二世，而儒家到了漢朝，跟着反而被獨尊起來。民主自由乃今日人類社會發展之主流，又豈共黨反動政權所能壓抑所能阻擋。

菲共武裝活動死灰復燃

孟喜

沉寂多年的菲律濱共黨「虎克黨」的活動，最近又有死灰復燃的趨勢。菲律濱與泰國，在東南亞算是反共最堅强的國家，有嚴刑峻法對待共黨分子，像菲國的「菲共非法，及懲處其組成分子案」，便是對付菲共、民抗軍、虎克黨、虎克軍的，爲當時肅清菲共後的一種善後法案，迄今施行四年以來，菲律濱秩序尙稱良好，與泰國同樣屬於比較安定的一型，不似其他若干東南亞國家，飽受內亂的威脅。

可是近兩月來，菲律濱也已有共亂再起的跡象，對於菲政府當局；尤其是軍部方面，這是一項嚴重的挑釁。本來，國防軍方面一向是否認菲共虎克黨曾有能力倡亂的，但是，不斷發生事態，使國防部對於此種看法——認爲菲共無力武裝叛亂的——重新加以檢討。經過國防部召集各地方負責將領作嚴格的檢討後，卒之推翻了原有樂觀的看法，忍痛宣佈出會議的結論，即菲共的武裝叛亂，又告開始了。

據軍方參謀長卡布爾中將在會議中的報告，謂菲共曾狙擊軍車、破壞軍事設備、焚燬軍營，這些事件，可以斷定菲共已經放棄其潛伏滲透的方式，而改採十二年前武裝叛亂的路線。

呂宋島巴板加省區司令尙加蘭中校指出：顯然的，共黨分子已採行一種恐怖運動，以威嚇及要脅市民。尙加蘭中校曾經召集他屬下的五個地區司令會議，討論該省對付共黨武裝分子的工作，在檢討的過程中獲悉，共黨竟敢對不服從其利用的人民，與及對其背叛的靠攏分子，加以「清算」，爲此種任務而組成的共黨「清算隊」，在過去兩個月內，經已殺害了十三名無辜的人民。

達拉克省司令弗羅斯少校的報告說：他們已成立一支軍警聯合部隊，並派至「危險地帶」，監視共黨武裝活動，共黨可由附近各省通至達拉克的道路，已被軍警聯合部隊「封閉」，防止共黨聯絡，及在邊區三不管地帶集結。弗羅斯與尙加蘭一致認爲：北呂宋島的共黨武裝，正在醞釀再集結，企圖以武力推翻政府。

南呂宋第二區司令嘉舍說：軍警已在南呂宋的五個地區，「大規模進攻共黨分子」，戰鬥隊伍，正對逃竄中的匪徒追踪，對於共黨武裝與政府軍作戰情形如何這一問題，嘉舍沒有詳細的說明，他只解釋說，南呂宋的共黨並不如他們在北呂宋的猖獗，以至敢與政府軍正面衝突。在南呂宋方面，共黨分子主要似仍在滲透和宣傳用工夫，零星的武裝共黨遊擊隊，逢到政府軍的圍剿，他們只有拼命逃竄，或化整爲零地隱匿。

關于共黨滲透活動，軍事當局亦會附帶加以檢討，他們的資料是菲律濱國會「反菲活動委員會」向加西亞總統所提出的報告。據報告：一個共產黨的「學生政治局」已在菲律濱大學生中間存在着，有六個菲律濱大學生，是共黨的青年運動領導者，追溯這個共黨滲透小組，是自當局宣佈菲共非法後，即通過設在國外的「共黨陣綫」機構而組成的，他們即是這個國際組織的菲律濱分支機構。「反菲活動調查委員會」已與一些華僑商人取得聯繫，這些華僑商人，係因其業務經營，或有人在中國大陸等原因，而至於這些共黨學生發生了關係。華僑商人曾經被迫付出若干菲籍大學生前赴北平及莫斯科的旅費。這幾名前赴北平及莫斯科的菲大學生，大部分就是共黨「學生政治局」的領導分子。他們之所以走這樣的路綫，是受到共黨的宣傳說「一九六五年共黨可以統治菲律濱」的欺騙。

共黨機構對學生們的謊言說：在一九六三年以前，菲律賓一定會出現某些「革命情況」，這一「情況」發生後，就會取銷美菲間一切「主從關係」的條約，而與北平貿易；其後菲律賓出現中立政府，然後轉移到共黨統治。到時，一批「新的前進的智識分子」，將統治菲律賓。這樣說法，當然能够煽動這些大學生的野心。

另一些有關文件，是在國防軍向虎克黨突擊時所搜獲的，這些「政治通報」，透露出共黨計劃組織「國民兵」，以輔助他們的「正規武裝部隊」，他們要向「不滿的人民及工人」發動罷工示威反政府，迫使當局任用親共分子担任政府職位。他們亦有勾結南部地區的走私者及海盜的計劃。

整個檢討結論認爲菲共滲透正在加强，而加强滲透的目的，則集中于破壞秩序，建立武裝，從事顛覆。他們受到國際共黨尤其中共的指揮跡象，也越來越見明顯。

菲律賓本身，固然有若干因素，致令共黨武裝活動死灰復燃。一九五七年麥格塞塞總統逝世，人們已曾作此預測。但從在寮國南越印尼等東南亞地區共黨活動激烈的情況看，中共正在策動東南亞共黨武裝動亂，也是無可置疑的。（馬尼剌通訊）

越南危機仍未消除

·陳文巴·

西貢的叛亂，已給吳廷琰迅速敉平了；但越南的危機，迄仍未消除。

如所週知：越南的國土被分割，北部爲共黨（越盟）所佔據，其對峙形勢，宛如韓國。但若以該兩國的處境來說，則韓國還比越南勝一籌。第一、韓國的停火綫上，有聯合國軍駐守；第二、韓國內部沒有共黨滲透和叛亂的武力；第三、韓國人民反共信心堅定；第四、韓共本身的力量，也不及大韓民國强大；第五、韓國還有美國和她締盟。而上述五點，越南全不俱備。說得清楚一些：越南是內有共黨叛亂的武力，外有强大的越盟，同時又有中立的鄰邦却沒有締結條約的反共盟國。照這情形看來，越南如有內部紛亂，則很可能予越盟以可乘之機，更可能使越南陷於複雜混亂的境地，成爲寮國第二。

此次西貢傘兵的叛亂雖說敉平，但人民不滿現實的情緒依然存在，倘越共特務再來一次挑撥離間，則第二次叛亂不難再會上演；這種危機，可以說，目前仍潛伏在越南的每一角落。

而且，越南的局勢，無論在政治、軍隊，和宗教等方面，一向都是異常複雜的，吳廷琰面對此複雜的環境，現在似乎仍沒有適當的辦法把它加以澄清；相反的，此種複雜的情況，在吳廷琰敉平了叛亂之後，依然是在日益擴大中，這是最值得憂慮的。

吳廷琰總統雖然自執政以來，則在政治上銳意革新，在社會風氣上也予以改革，可是民主政制决非一蹴可成，加以吳廷琰的固執性格，更予舊時政客和急求改進者以藉口，尤其是予共特以挑撥離間的可乘之機。

其次，越南各教派，原是互相擁兵據地的，其後雖經吳廷琰以武力解決，但殘餘教派力量，仍在不斷的利用時機和藉口，從事反對活動。越南軍隊約有廿餘萬，而其中不少是從各教派手中收編過來，其「不穩」是意料中事。吳廷琰迄仍面臨着這些困難哩！這些困難既然尚未能獲致澈底解決，當然，越南的危機是會由此加深的。

爲吳廷琰計，目前最重要的，還是必須從速肅清共黨的威脅；其次就是接納大多數人民的意見，開放政權。

共黨游擊隊的活躍，是足以嚴重地加重和加速越南的危機；而政權不開放，則足以使共特抓到了挑撥離間的種種藉口，並利用機會，煽動叛亂，動搖人心，這更足以搆成越南內部的心腹之患。換言之，這就是使越南危機日益擴大的「燃料」。吳廷琰如欲逐漸消除其危機，則必須用釜底抽薪的辦法，才容易有所收穫哩。

清遠留產所內幕

·陳毓流·

筆者是廣東清遠人，一星期前，曾回鄉探親，就在筆者踏進家門的那天，筆者的二嬸正被送進三坑人民公社的留產所裡分娩。然而不幸得很，二嬸的嬰兒呱呱墮地不久，便告夭逝，二嬸爲之哭得死去活來！迨二嬸離開了留產所之後，筆者便從她的口裏，獲悉了一些留產所的內幕。

原來那留產所裏，是沒有正式助產士的，而醫藥方面，也相當缺乏；以該所的設備來說，實在是無法可以應付鄉中產婦的生育，但人民公社的共幹，却不管甚麼叫做草菅人命，他祇求能在工作報告表上增加一項紀錄，便糊裏糊塗地因陋就簡把留產所設立起來，於是收買人命的事實，就層出不窮！

據筆者調查所得，那留產所裡，僅得一個負責替各產婦接生的老婆娘。這老婆娘，年紀約六十歲，過去是三坑鄉的古老接生婦，一點兒醫學、衞生常識都沒有的，後來經過清遠縣衞生院「改造」了一個短時期，便派了她出來主持這留產所的接生工作，因而「攞命」的慘劇就一幕又一幕又一幕的不斷上演。據該鄉鄉民指出：該留產所由今年一月起，至十一月中旬止，共約接生過九十個嬰兒，而夭逝了的則有六十多個，死亡率竟達百份之七十——唔！留產所變了屠場，被屠殺的就是無辜的嬰兒呀！

僑鄉近訊

粵東各縣農民破壞電線橋樑

·江水·

粵東各地，如惠陽、河源、海豐、陸豐、博羅等縣，農民的反共暗流，刻已在急劇進展中，他們已由憤恨的情緒醞釀成報復的行動。據最近廣州方面所獲得的消息，上述各縣的軍用電線和公路橋樑，邇來迭被嚴重破壞；而中共方面，亦分別在上述各縣大舉拘捕「反動份子」。照共方的公佈，在惠陽縣拘捕的，有李耀，林嘉倫，林嘉常，林英，胡明，胡毓志等六人；在河源縣拘捕的，有譚炳坤，譚炳棠、黎超武、黎潤、黎光、陳沛、劉浩蒼等七人；在海豐縣拘捕的，有張添、石翔、李振綱等三人。共方指他們十六人，係有計劃的剪去淡水至惠陽間的軍用電綫千餘公尺，剪去三多祝至平潭間的軍用電線二千四百公尺，并破壞了河源縣河紫公路的橋樑，企圖使軍事通訊癱瘓，使運輸交通中斷。共方說：他們是受「國特」所主使。其實，他們的行動，完全是由中共的暴政所激成；他們受到共幹殘酷的奴役和廹害，一時氣憤，乃暗地裏對共方的建設，加以破壞，係一種消極的報復行動，這種行動，刻仍在各地繼續發展中。

穗共又有兩項「新發明」

廣州消息：中共刻又有兩項「新發明」，其一是用芭蕉葉來替代煙葉，其一是鼠肉雲吞。據廣州來客稱：蕉葉香煙」已在市面推銷了數月，係「政治掛帥」的共幹所「發明」，乃用芭蕉葉焙乾後，再浸以辣椒水而製成。至於鼠肉雲吞，則在最近一個月內才在食肆內出現；賣鼠肉雲吞的食肆，還用「衞生」兩字來標榜，大書特書「衞生鼠肉雲吞」字樣，貼在門前，藉資招徠顧客。據食肆中人解釋：所謂「衞生鼠」者，係表示他們所用的老鼠乃田鼠而不是市內的坑渠老鼠；用田鼠肉來作配料製成的雲吞，當然是非常之適合衞生云云。該來客還說：假如田鼠的供應缺乏，則他們改用坑渠老鼠，這種情形，當然在所難免，但一般市民對此，早已不再斤斤計較。飢不擇食，其斯之謂鰍！

母親

黃信男

今天是我二十歲的生日，但我一直不快樂。同學來了不少，客廳太小坐不下，大家都把籐椅、小圓櫈向院子發展。後來，索性把方桌、茶瓶和茶杯，搬在院裡，圍成一個大圓圈。

淡淡的月光，照在院角的棕櫚樹上，我坐在樹影裏，藏起我憂鬱的面孔，免得客人懷疑我是吝嗇……說我不願招待客人。誰會知道我是爲了和母親生氣……

母親眞是多管閒事，一早起，就要我去通知表弟和表妹，晚上來我家慶祝我的生日。這算是什麼禮數呢？要通知別人來送禮。家裏多一個表弟倒無所謂，來了一個表妹，問題就多了。同學們那麼多，見有那樣大的一個表妹，來慶祝我的生辰，明天一定有很多笑話，在學校裏傳開。而且，最重要的一點，還是我不喜歡和她在一起。所以當時我便和母親頂起嘴來。母親當然說不過我，我離開家時，母親氣得流眼淚，我昂起頭帶着勝利的姿態走出門；誰知母親早晨出去，一直沒有回來；如果她不回來，我也很生氣呢！

我已長大，不是孩子了，爲什麼那樣管住我？我剛唸小學時，賴着不肯上學，母親天天「綁」着我送到學校，把我交給老師後她才回家。但她還是不放心，每天總要「偷」出時間，到學校來看我二三次。後來，她發現我下課時，總是一個人呆呆地看着別人打球、跳繩、踢毽子……於是她便帶了一隻排球，在下課時和我在操場傳來傳去。一天，她把球拍在滿是爛泥的陽溝裏。我跳下陽溝撈起球，生氣地擲在她的身上……噢！糟了，母親彎下腰來接球，球沒有接着，却撞在她的臉上。母親的眼睛、鼻子和嘴上全是泥，身上也濺滿了泥漿……這怎辦麼呢？母親一定狠狠揍你一頓了。你沒有理由好講呢！可是，她沒有打你，也沒有罵你，仍是笑嘻嘻地拉你到水龍頭旁，幫你洗淨了小手，然後她才把自己的臉洗乾淨……

院子的門推開了，來了另外一個同學。我站起來，招呼他坐下，倒了杯茶給他，他已加入大家談話的陣容……在他推門時，我想，那是母親回來了。母親必不會和我鬬氣到底，她一定能原諒我的……那時，我小學畢業，正準備考初中，母親不讓我去河裏游泳，我和媽吵了起來。她罵了我兩句，我氣了三天沒有和他講話。我獨自吃飯、看書、躺在床上睡覺。母親幾次要找機會和我說話，我都把頭硬掉轉了方向。母親臉上顯出很憂愁的樣子，我心裏暗自得意……好吧！妳的兒子，不是好壓迫的哩，他是很有個性的人兒……爸這時正在失業，媽除了做家裏的雜務外，下午還要出去幫一個裁縫場面，也不需要那樣舖裡做些零活，賺錢維持生活。她的工作時間很長，所以精神很疲憊，晚上九點多回家，忙不迭的趕完瑣事就睡覺。這晚，我看書一直看到十一點半，忽然覺得有人拿一件上衣，披在我的身上，我掉一看，見是母親，揉着惺忪的睡眼，站在我的身後。

她說：「天氣很涼，打赤膊怎行。不早了，該睡了，明天再……」

母親沒有說完，我就鑽在她的懷內。我已無法忍住自己的眼淚……。

在紛亂的談話中，忽然，一個外號叫「老油條」的同學，站起來拍着手掌叫道：「大家聽我說，靜下來：……」所有的人，都注視着他，全場都靜靜地沒有聲音。他接着說：「今天，我們要壽星發表演說——好不好？」

「好！」吼聲夾着掌聲。

「現在壽星成年了，」一個叫「大茶壺」的同學嚷道：「我們要他發表成年人的感想！」

掌聲和喧囂聲，差不多要把我的人抬起來了。我環顧八個「小」客人，實在沒有一個超過二十歲的。我很不自然的站了起來：但說什麼好呢？初中舉行畢業典禮，我代表畢業同學致答詞。上台時很慌亂，母親坐在大禮堂的角落裡用堅定的目光看着我，我鎮靜下來，把預先準備的講演稿，流暢地講出來，還博得全場熱烈的掌聲。現在沒有那種大場面，也不需要那樣嚴肅輝煌的言論，但總要講話啊……腦子裡很亂，整理不出一點兒頭緒……如果下雨就好了，雨水會把他們淋得往家裏跑，圍在家裏還是要你講啊……你爲什麼會那樣懦弱呢？

「我說，現在還沒有到演說的時候，」喉嚨裡枯燥得使話句也變成單調而無味。「必須等到……」

「不行，不行……」大家吼叫着。

母親能回來就好了。爲什麼要一直念着她呢？我心裡充滿了歉疚的意思……那時已經十六歲了。下午在教室裏上課，忽然下起暴雨，雨珠比黃豆還要大，霎時庭院間積滿了水。老師講的課，我也無心聽，不斷的探頭向外張望，希望雨點停止，因爲下課以後就要回家。落這樣大雨，沒有雨具，出去就會淋濕全身，一定要成爲落湯鷄……哎呀！忽然，聽到教室前面一聲慘叫。這叫的聲音多熟悉啦！我絲毫沒有考慮，也不顧課堂秩序，便猛地衝出教室。不錯，是母親冒着雨，送雨傘給我了，她踏水行走，跌進教室前面的陽溝。雨點滴在院中的積水上，鼓起密密的眼睛大的圓泡，母親全身都濕透了，她爲什麼那麼傻呢……？

忽然，內心有一個衝動，想不顧一切，衝出門外，去找母親回來。今天，我不能沒有母親啊？可是，這樣離開，同學們怎麼說呢？還是耐着性子等吧！

院門又被推開。我沒有向門口張望，知道那定是最後一個客人「小白兎」來了，我還是準備我的演說詞吧！……

「伯母回來了！……」

我沒有時間去辨別那是誰說話的聲音，急掉頭看去，母親眞的回來了，右手裏還提着一個圓圓的大盒子：……啊，那是蛋糕啊！過生日沒有蛋糕成什麼樣兒呢？我一直沒有想起：……同學們一定要笑死了。什麼，母親後面還有客人，那是表弟和表妹啊！醜小鴨的傻大姐，今天穿了淺藍的新衣裙，比以前漂亮多了，管她漂亮不漂亮哩……

我跳在院子當中，說：「我跟大家介紹，這是我的表弟、表妹劉……這是「甘蔗桿」、「三寸丁」……」

我一口氣數下去。大家哄笑起來。「鐵嘴李」大聲喊道：「壽星快點發表演說吧！」

一陣掌聲過後。

我用一個優美的姿勢，向大家一鞠躬，然後大聲慢慢地說：「我長大了，成年了，但我更離不開母親了……」

接着又掀起一陣如炒豆似的掌聲。

初冬之夜

林霙

夜已深了，馬路上的行人，漸漸稀少了，只有幾盞疏落的路燈，還在此黑暗的冬夜中，微微地放射它的光芒。

他一步一步慢慢地在路燈下移動。腦海中一幕一幕的回憶着自己在故鄉的時候。那時剛從S埠C大學回到離別七年的家鄉。覺得一切都沒有變更，只是父母的頭髮添上不少白髮。笑臉也添上了不少皺紋；妹妹也長大了。他的父母已越來越老，因此兩老希望自己的兒子能在自己的身邊，享着「天倫」之樂的願望也愈熾烈，他爲了順從父母之意，不敢遠離，只好在鎭上找份工作幹。因爲這樣晚上可以回到家裏和父母妹妹在一起看月亮、看星星、講故事、談笑話。

可是好景不常，幾個月後中共已侵犯到他可愛的家鄉，迫不得已只好遠走海隅。由於人地生疏，始終找不到一份工作。帶來的路費一天比一天少了。他在徬徨中過着一天不如一天的生活。加上對音訊斷絕的雙親和妹妹的惦念。

他的影子漸漸地走近大海的堤岸，無告的站在海邊。不禁想到不如隨着大海波浪到另一世界去，可是他再想到這樣不是丟下了自己的父母、妹妹，心裡一陣灼熱，從口裡吐出了個「不」字。……

他終於一步一步的走回到他所居住的木屋，和衣倒頭睡去。

代郵

雷旅
謝世清先生：請函示尊址以便聯系。

七版編者啓

文壇泥爪

詩人徐志摩之四

民九徐志摩離美赴英，不久他的夫人也隨張奚若到了倫敦。然而次年志摩就送他夫人到德國求學，民十一他的次子彼得剛生下來，二人竟宣告離婚。

據陳從周所寫「徐志摩與雙栝老人」，志摩與其夫人離婚是另有原因的。這原因就是志摩於民十在倫敦認識了林徽因小姐。林是段祺瑞內閣時代的司法總長林長民的愛女，爲東北籍，民七長民解職，帶女漫遊歐美，因與志摩相識。那時張小姐還在倫敦，徐林相識之後，徐始送張至柏林。徽因當時可稱才貌雙全。其父曾說過，論中西文學及品貌，當世女子捨其女莫屬。志摩對於這位林小姐傾倒之至，戀愛進行到論婚嫁的程度，但林則堅主徐必須先與其夫人離婚。因此志摩才不顧戚友之勸告，家庭之反對，毅然與張小姐離異。誰知離婚之後，徐林之婚事並未成功，據說雙方一度因小誤會而發生爭執。後來和林小姐結婚的是梁任公的少爺梁思成，而和徐志摩結婚的是陸小曼。

民十一志摩回國，仍然追求林不輟，曾寫了一本英文的「月照與湖」贈給她，此外還有幾本情書和日記，後來志摩死後，陸小曼編輯志摩的遺文，因林不肯拿出來而未能與世人見面。林小名「寶寶」，很有才氣，她寫的新詩和小說，曾先後刊在志摩主編的「晨副」和「新月」上，不過作品不多，「新月詩選」中還選有她的詩。人也的確很漂亮，民十三印度詩哲泰戈爾來華，不少人瞻仰到她的風采。吳詠「天壇史話」說：「林小姐人艷如花，和老詩人挾臂而行，加上長袍白面，郊荒島瘦的徐志摩，有如蒼松竹梅的一幅三友圖。徐氏在翻譯泰爾戈的英語演說，用了中國語彙中最美的修辭，以硤石官話出之，便是一首首的小詩，飛瀑流泉，琮琮可聽。」這是說的在北京天壇草坪上那一次的歡迎會，寫得一點也不錯，以松竹梅形容泰徐林，也極恰當。筆者當時曾在場，林小姐攙扶泰氏登臺，紅顏白髮，非常有趣。泰氏喜歡露天演講，滿頭白髮，下面還垂着很長的白鬍子，臉面顯得紅通通，乍看上去，眞像一顆不老松。泰氏聲音洪亮，辭句極美，志摩的翻譯更句句是詩，我記得開頭那兩句，徐似乎是這樣譯的：「今天和大家見面，心中充滿了歡喜。」眞不愧是中印兩詩哲了。

泰戈爾來華，是新文壇上一件大事，「小說月報」出過兩巨冊專號，而泰戈爾的詩和劇譯過來的也不少。泰徐二人的交情也很厚，泰在華期間，無論到那裡，全由志摩負責照料。在北京時，適逢泰氏生日，文化界開會慶祝，任公先生主席，胡適博士致詞，並演泰氏短劇契忒拉助興，志摩與林徽因都是劇中重要的演員。

文史漫談

「詩亡然後春秋作」

徐亮之

孟子離婁篇載孟子的話說：「王者之迹熄而詩亡，詩亡然後春秋作。」朱熹集註對這話解釋說：

「王者之迹熄，謂平王東遷而政教號令不及於天下也。詩亡，謂黍離降而爲國風而雅亡也。」

按詩包括風雅頌而言，孟子言「詩亡」不應專指「雅亡」，又三百五篇中平王東遷以後之詩甚多，朱氏「詩集傳」亦多加以正式之承認；如秦風黃鳥朱氏即加以解釋說：「秦穆公卒，以子車氏之三子爲殉，皆秦之良也。國人哀之，爲之賦黃鳥。事見春秋傳；即此詩也。」秦穆公卒於周襄王三十一年（前六二一），距平王東遷（前七七〇）已一百四十九年，而「黃鳥」固赫然在三百五篇之中，則孟子所謂「王者之迹熄而詩亡」，其原因斷非如朱氏所謂「平王東遷而政教號令不及於天下」，實甚明瞭。朱氏的解釋是不對的。

那末，孟子所謂「王者之迹熄」到底指的什麼？所謂「詩亡」又到底意義何在？在中國文學發展史上確是值得重新考量的問題。因爲依常識判斷，「詩」是不可能「亡」的；詩之不可能亡，由前人對於「詩」所下的界說可以概見；茲爲列舉如左：

（一）「詩言志」（尚書堯典）。

（二）「詩，志也」（楚辭悲回風王註，呂氏春秋愼大覽高註，說文）。

（三）「詩之言，志也」（洪範五行傳鄭註）。

（四）「詩之爲言，志也」（詩譜序疏引春秋說題辭）。

（五）「詩言意」（史記五帝本紀）。

（六）「詩以達意」（漢書司馬遷傳引董仲舒語）。

（七）「詩，意志也」（廣雅釋言）。

（八）「詩，所以記物也」（管子山權數篇）。

（九）「詩者，志（記）德之理而明其指，令人緣之以自戒也」（賈子道德說篇）

上舉界說，雖其間不無些小出入，但無論把「詩」解釋爲「言志」也好，「達意」也好，「記物」也好，乃至「志德之理而明其指」也好，對於「詩」一在人類精神生活中客觀上不可能「亡」却是肯定的；理由即是：人類不可能全沒精神生活，更不可能「亡」去「志」「意」或「記物」「志德」的情感與理智作用而經營其精神生活。因而易言之：孟子所謂「詩亡」，意義必別有所指，而斷非朱氏所解釋的意義，也是肯定的。

孟子所謂「詩亡」的意義到底所指爲何呢？我認爲必先明瞭他所謂「王者之迹熄」的意義所指爲何，然後他所謂「詩亡」的意義才能迎刃而解。而他所謂「王者之迹熄而詩亡」決不能如班固兩都賦序解釋爲「王澤竭而詩不作」那樣的抽象；事實上所謂變風變雅該都是「王澤竭」後的作品，恰是「王澤竭而詩更好」哩！他所謂的「熄」了的「王者之迹」，指的祇不過是周王朝一套采詩、陳詩、獻詩的老制度業已完結而已。關於這一套制度，其內容大底如左所述：

（一）國語周語：「爲民者宣之使言，故天子聽政，使公卿至於列士獻詩」。

（二）禮記王制：「天子五年一巡守，……命太師陳詩以觀民風。」

（三）漢書藝文志：「古有采詩之官，王者所以觀風俗，知得失，自考正也。」又食貨志：「孟春之月，羣居者將散，行人振木鐸徇于路以采詩（師古曰：「采取怨刺之詩也」），獻之大師，比其音律，以聞於天子。」

采詩、陳詩、獻詩的制度既已完結，則分散在民間的詩歌自然不再爲政府所蒐輯著錄而陷於自生自滅不易保存的命運的了。易言之：這在客觀上自然是等於「詩亡」的了。孟子所謂「王者之迹熄而詩亡」，其所指祇不過是如此而已。否則，春秋戰國之世，周室政教號令不及天下已久，而國語、左傳、論語、墨、莊、管、荀之書所收的詩歌仍不在少數，孟子書裏也有孺子「滄浪之歌」的著錄；「詩」何嘗「亡」？又安得謂之「詩亡」？

談到這裏，一定有人要問：「詩」乃韻文，「春秋」乃散文，在文體演變上眞有風馬牛不相及，孟子所謂「詩亡然後春秋作」，理由又復何在？我認爲孟子所謂「詩亡」的意義我們既已弄明白了，則孟子這話的意義也是不難迎刃而解的。原來春秋的「寓褒貶」和詩的「含怨刺」在基本作用上原本相同；春秋的褒貶，目的在使「亂臣賊子懼」；詩的怨刺，則目的在使「王者」「觀風俗，知得失，自考正」：所謂「言之者無罪，而聽之者足戒」；而詩的具有這種作用，就是在三百五篇中的若干詩章裡也會毫不諱言；例如：（一）「維是褊心，是以爲利」（魏風葛藟）。（二）「心之憂矣，我歌且謠」（同右園有桃）。（三）「君子作歌，維以告哀」（小雅四月）。（四）「作此好歌，以極反側」（同右何人斯）。

詩原來是可以爲刺、抒憂、告哀、甚至「以極反側」的；而采詩、陳詩、獻詩的制度既已在孔子的時代早經完結，則於無可奈何之中爲了給所謂「王者」仍能獲有這一份「知得失、自考正」的精神食糧的機會，用散文的「春秋」去代替與繼續發揮韻文的「詩」的作用，雖然說是無可奈何之事，其實也是順理成章之事的。何況詩本訓「志」，「周禮外史「掌四方之志」、鄭註：「志、記也，謂若魯之春秋，晉之乘，楚之檮杌」；亦即「詩」和「春秋」本質上原可相通。

記戊戌維新始末（十一）

舜生

啓超學於有爲的萬木草堂者凡三年以上（光緒十七年至二十年），其自述爲學過程說：

「……有爲不輕以所學授人，草堂常課，除「公羊傳」外，則點讀「資治通鑑」、「宋元學案」、「朱子語類」等，又時時習古禮，千秋啓超弗嗜也，則相與治周秦諸子及佛典，亦涉獵清儒經濟書及譯本西籍，皆就有爲決疑滯。居一年，乃聞所謂「大同義」者，喜欲狂，銳意謀宣傳；有爲謂非其時，然不能禁也。

「又二年，而千秋卒（年二十二），啓超益獨力自任。啓超治「僞經考」，時復不慊於其師之武斷，後遂置不復道；其師好引緯書，以神秘性說孔子，啓超亦不謂然。啓超謂孔門之學，後衍爲孟子荀卿兩派，荀傳小康，孟傳大同。漢代經師，不問爲今文家古文家，皆出荀卿（汪中說）二千年間，宗派屢變，壹皆盤旋荀學肘下，孟學絕而孔學亦衰。於是專以絀荀申孟爲標幟，引孟子中誅責「民賊」「獨夫」，「善戰服上刑」，「授田制產」諸義，謂爲大同精意所寄，日倡導之。又好墨子，誦說其「兼愛」「非攻」諸論。……」（見啓超著「清代學述概論」）啓超又述受學康門其師友間之生活說：

「……吾儕之初侍先生於長興也，徒侶不滿二十人，齒率在十五六乃至十八九之間，其弱冠以上者裁二三人耳。皆天眞爛漫，而志氣踸踔向上，相愛若昆弟，而先生視之猶子。堂中有書藏，先生自出累代藏書置焉；有樂器庫，先生督製琴竽干戚之屬畢備。先生每逾午升坐，講古今學術源流，每講輒歷二三小時，講者忘倦，聽者亦忘倦；每聽一度，則各歡喜踊躍，自以爲有所創獲，退省則醰醰然有味，歷久而彌永也。嚮晦則燕見，率三四人入室旅謁，亦時有獨造者，先生始則答問，繼則廣譚，因甲起乙，往往遂及道術至廣大至精微處；吾儕始學耳，能質疑獻難者蓋尠有之，則先生大樂，益縱而所以誨之者益豐。每月夜，吾儕則從游焉，粵秀山之麓，吾儕舞雩也，與先生或相期或不相期，然而春秋佳日，三五之夕，學海堂、菊坡精舍、紅棉草堂、鎭海樓一帶，其無萬木草堂師弟蹤跡者蓋寡。每遊，率以論文始，既乃雜遝泛濫於宇宙萬有，芒乎沕乎，不知所終極，先生在，則拱默以聽；不在，則主客論難鋒起，往往振林木，或聯臂高歌，驚樹中棲鴉拍拍起；於戲，學於萬木，蓋無日不樂，而此樂最殊勝矣。……」（見啓超撰「南海先生七十壽言」，中華書局「飲冰室合集」本文集第十五冊）

從上面這兩段文字，我們可看出有爲所以教誨啓廸於啓超者良厚，而其師友間教學相長與深造自得之樂，殆不能求之於今日專事販賣知識者之所謂大學矣。

光緒十七年啓超赴北京與李夫人結婚。十八至二十一這四年，啓超均赴京會試，進士雖始終不曾考得，但交遊愈廣，知識的領域也愈擴。啓超自述：他生平講學最契的朋友，其一爲夏曾佑（穗卿，自號別士，浙江杭州），其一則譚嗣同。時曾佑治龔（自珍）劉（逢祿）今文學，每發一義，輒相視莫逆；嗣同初治王夫之之學，喜談名理，談經濟，及交啓超，也盛言大同；其相互間影響均甚大。啓超在戊戌前一二年，及出亡日本後的初期，也頗談革命，其受嗣同「仁學」一書的影響，更不可掩。

二十一年，啓超領導廣東舉人百九十八人上書反對「馬關條約」，實爲啓超參加政治活動之始。繼此參加「公車上書」，主持「中外紀聞」，參與「強學會」，啓超均極爲活躍。而啓超成爲中國近六十年來首屈一指的宣傳家，其基礎的奠定，實自他担任在上海「時務報」（旬刊）的主筆開始。「時務報」以光緒二十二年七月初一出版於上海，係由黃遵憲汪康年以上海強學會餘款所創辦，汪與張之洞的關係甚深，故頗得張之提倡與助力。「時務報」內容有論說，諭摺，京外近事，域外報譯等欄，其先後担任編輯，撰述與外報翻譯者，除啓超外，尚有麥孟華、徐勤、歐榘甲（雲樵）、張坤德（少堂）、李維格（一琴）、曾廣銓（敬貽）、（張李曾任英文報翻譯）、郭家驥（秋坪）、潘彥（士裘）（郭潘任法報翻譯）、劉崇惠（蓀生）、李家鏊（蘭舟）、（劉李任俄報翻譯）、古城貞吉（坦堂）（任日報翻譯）諸人，而中國近代兩位國學大師，章炳麟（太炎）則曾一度任編輯；王國維（靜安）則任館中一書記。以區區一旬報，而能集如許人才，眞可謂洋洋大觀矣（參看沈元龍「現代政治人物述評」「梁啓超與汪康年」一篇）。又啓超自述在該報之編輯生涯說：

「每期報中論說四千餘言，歸其撰述；東西各報二萬餘言，歸其潤色；一切公牘告白等項，歸其編排；全本報章，歸其復校。十日一冊，每冊三萬字，啓超自撰及删改者幾萬字，其餘亦字字經目經心。六月酷暑，洋燭皆變流質。獨居一樓上，揮汗執筆，日不遑食，夜不遑息。」（見梁著「創辦時務報原委記」）

時啓超不過一二十四五歲之青年，其任事不苟的精神已如此，該報能風靡一時，不數月即銷至一萬餘份，決非偶然。

啓超在「時務報」的言論宗旨，以批評時政，主張變法爲歸，首著「變法通議」，於該報逐期發表，其言曰：「變法之本，在育人才；人才之興，在開學校；學校之立，在變科舉；而一切要其大成，在變官制。」可看出其筆鋒銳利之一斑。至其他文字如「論報館有益於國事」，「西學書目表」，「古議院考」，「論中國積弱由於防弊」，「論君政民政相嬗之理」，「論加稅」，「說羣自序」等，均影響極大。其後張之洞以該報言論主伸民權，頗事干涉；汪康年亦以報館主人自命，而視梁如傭僱；梁不能耐，乃於二十三年十月，以黃遵憲之邀約，改就長沙時務學堂之聘。（本節仍未完）

聯合評論
週刊
United Voice Weekly
第一二一號
本刊已經香港政府登記
每逢星期五出版
督印人：黃宇人　總編輯：左仲平
社址：九龍彌敦道三十二號地下　電話：68678
承印：島羅印刷有限公司　香港灣仔馬師道5號
代理：友聯發行公司　售價每份港幣一毫
本報美洲版總經售處：美國紐約中美出版社
CHINESE-AMERICAN PRESS, INC
199 CANAL STREET,
NEW YORK 31 N. Y. U.S.A.
美洲航空版每份零售美金一角

中華民國在聯合國的席位問題

・李璜

在本月九日聯合國大會的第十次的投票上，中華民國的經濟暨社會理事會理事選舉，最後只獲得六票。要有六十二票始得當選，而第十次僅有六票，當然中華民國的連任經社理事會理事的希望等於幻滅。以安全理事會五個常任理事國，竟會在大會選舉上對經社理事席位落選，這是不合於聯合國發起時及制憲時的根本精神的，換句話說，這次聯合國大會的投票者與競爭者，乃是心目中漠視了發起並召集聯合國，而且曾任十五年常任理事國的地位，因之乃是對於我中華民國在聯合國的地位，是在故意貶損其傳統價值了！履霜堅冰，因此筆者不能不對於明年九月聯合國大會，中華民國在聯合國的整個席位，發生憂慮，要來作爲問題、加以檢討。

一、

筆者於本月九日出版的本刊第一二〇號上第二版，「對聯合國的評價」一題上，曾寫過一段話：「我們須知聯合國的發起，是在二次世界大戰痛深創鉅之中，發起人的心情，是不願意像這樣的大戰再行產生，人類因之有絕滅之虞，故聯合國的發起是將根本觀念放在和平二字上面的。」因此，聯合國會員可否入會的資格，特別規定着要看他是否是愛好和平的國家。但是聯合國又并無奠定世界的基本力量，只是靠商量、賴和緩、求牽制、以及會外的集體安全，用以維持和平，於是聯合國一遇着足以影响世界和平的事件發生，十五年來，便每多遷就、延擱、討論不決、畏首畏尾，而未能對於特強權、沿舊習以欺凌弱小之會員國加以毅然決然的正義處置。只有韓戰一次爲聯合國的例外，曾由美國倡首，派出大量警察式的鎮壓部隊，使南韓終於未淪於赤色帝國主義者之手。但是，聯合國之所以能够毅然介入韓戰，乃是因爲當時蘇俄正在「杯葛」聯合國，未曾出席。如果當時蘇俄仍在參加聯合國的發言與投票，則聯合國或將無法大舉介入韓戰，南韓已失之地是否能够完全恢復，所有主權是否如今日的完整，倘是大有問題的。

因是，聯合國爲維持暫時的和平，而每求苟安與綏和，便不免對強權者多所姑息，議事與表決，都不能一本正義之所在，就連美國，也或棄權，或竟贊成舊日殖民地主義者與新興帝國主義者的行爲！也因是，赤色帝國主義者日益囂張，喊打嚇殺不已，更要去恫嚇聯合國，聯合國更是積弱之勢已成，禁不起恫嚇，而只有綏撫之一途了！

二

中共之喊打喊殺，比俄共還要來得兇，其目的就在等聯合國之綏撫到來，以便取中華民國的席位而代之，這是最明白不過的事情，何況聯合國中最能發生領導作用的英國，年來隨時以中共加入聯合國足以安撫此一暴徒爲言，中共安得不更要逞強撒嬌，喊打喊殺，所以筆者在「對聯合國的評價」文中，曾駁斥美國史柏克曼之言，稱「中共對加入聯合國不感興趣」的話，爲不合常識，大爲錯謬。

中共很有興趣加入聯合國，但中共不願以「兩個中國」作爲加入聯合國的條件，這一點，對於英美的妥協兼綏撫主義者確是一個難題，於是萬般無奈的想出一個「台灣共和國」或者「中台國」來！這一無賴無聊的想像與試探。雖然仍不會爲自命不凡的中共所能同意，然而見之報紙，騰爲口實，便把中華民國的國格日益貶損，地位日益降低，於是纔有這一次聯合國大會投票反常的情形發生！

三

國格貶損，地位低落，凡爲中華民國的國民，當然都心裡難過，台北政界之要感到憂慮，而加以集會討論（據台北十日泛亞社電），自是應該的。不過，外交部集會「檢討情形，報告當局」說：「照一般看法，認爲經社理事會之席位即使喪失，對於安全理事會與托管理事會等重要席位並無影响」，（括弧中語皆該電文中字樣）這乃是自欺欺人之談，如眞的以之報告當局，則外交部集會中人是在有意蒙蔽當局！如果台北政界眞正的感到憂慮，而要檢討，則須澈底的檢討一番。據筆者的看法，至少須檢討到前年的「不僅以武力反攻大陸」的宣言，這一宣言便自己把中華民國的國格局限於臺澎及其離島了！要重振已受貶損的國格，就應由中華民國的立法院站了出來，將前年的蔣杜宣言拿來審核、辯論，一致通過不予批准，公開廢棄，然後通告世界，依據全民代表所產生的憲法而成立的中華民國政府，是準備隨時要以武力，討伐叛逆，恢復大陸的。——中共可以動輒到處喊打、喊殺，爲甚麼中華民國就不可以喊打、喊殺咧！

這一作法，或有人認爲是在冒險，是將違反美國人的意旨，而失却了美援的助力！然則中華民國是否可以永遠靠美援生存到底呢？世局不斷的在變中，美國的外交動向也跟着世局的變動在那裏轉變，中華民國的地位能依賴美國便會永遠不生變動了嗎？

台北政界十年來一味依賴美國，不早求取自立以至反攻的形勢，而今（在筆者個人看來）已到了千難萬難的情況，事到萬難須放胆！再圖苟安，決無倖理了！（四九、一二、一三）

共產世界的疑雲

——觀察莫斯科會議宣言

胡越

赫魯曉夫大概預料到這次莫斯科會議將發生重大爭執，因此故意隱秘會議的開始和進行；事實証明果然不錯，會議在波折迭起、陰雲密佈之中開了三個星期之久，時間之長打破了歷屆共產國際會議的先例。

對這次莫斯科會議，我們所注意的問題有四：（一）中俄共的爭端發展如何；（二）中共指責俄共的修正主義，在這次宣言中有多份量，與南共的修正主義有何異同；（三）共產世界內部的變化如何；（四）對自由世界的策略如何。以下僅就這四點作一簡要的析論。

一、中俄共的爭端

我們要想了解在這次莫斯科會議宣言中，中俄共的爭端的發展如何，須先了解二者爭端的根本原因。據我了解：中共反抗蘇俄的根本原因有兩項：一是經濟因素，這包括韓戰軍費的負担問題（中共參加韓戰本來是爲蘇俄做替死鬼的，蘇俄理應無償供給軍火，而事實上却向中共要錢，並且要得很多，把初期貸給中共的經援，都對消償還了，引起中共的憤恨），蘇俄自一九五五年以後停止經援，同時却大量援助印度、埃及、印尼諸中立國家，迫使中共自行「大躍進」，以致跌斷了腿；其次是政治問題，毛澤東的「鳴放」、「大躍進」、「人民公社」諸政策都是違反馬列主義原則的，違反蘇俄老大哥的經驗，因此遭受黨內反對派及俄共的反對，俄共與反對派的互相策應，尤使毛澤東痛憤。以上兩項因素是毛赫交惡的根本原因，而目前雙方所爭執的和平與戰爭的問題，以及世界革命路線的問題，不過是表面文章。例如戰爭與和平的問題，中共本來曾忠實的奉行赫魯曉夫路綫，周恩來與尼赫魯所協議的和平共處五項原則，及萬隆會議的宣言，都是顯著的証明。後來中俄共交惡之後（一九五七年十月，毛去莫斯科大捧俄共，求經援失敗時起），中共乃猙獰撕毀「和平共處」政策、炮轟金門，製造緊張；以反南共的修正主義爲名，激烈攻擊俄共的「和平共存」政策。因此在這次莫斯科會議中，俄共似乎故意幽中共一默，在強調「和平共存」原則時，特別插這樣一小段話：「中華人民共和國和印度共和國共同提出的和平共處五項原則，以及萬隆會議所通過的原則，都符合和平和愛好和平人民的利益。」

了解上述底因之後，我們知道，除非俄共恢復大量經濟援助中共，及放棄支持中共的反對派，二者的爭端是不會平息的。目前俄共很難向中共的敲詐屈服，同時對中共已深存戒懼。所謂「黃禍」的傳說，蘇俄比西方國家實更有迫切感。二者衝突的根本原因既未解決，因此只好就表面的爭論做妥協性的彌縫。但是非黑即白的爭論上，雙方堅持不下，強加彌縫的結果、把觀點塗成灰色。這種不黑不白、亦黑亦白的灰色，遂充滿了這篇宣言。試舉幾個例子如下。

在會議一開始，俄共似即遭遇到中共強硬的抗爭，中共曾在人民日報上發表社論痛斥修正主義、左傾主義；而俄共在眞理報」即刻還擊，大罵教條主義與宗派主義。因此在宣言中這兩種論調表現「和平共存」。其中一段說：「如果不同教條主義和宗派主義進行始終不渝的鬥爭，它們在理論上和實踐上也可能成爲某些黨在這一或那一發展階段上的主要危險：……它們使共產黨人脫離廣大勞動人民階層，使共產黨人在革命鬥爭中消極等待或者採取左傾冒險行動，使他們不能及時的正確的估計變化中的局勢和新經驗……」的意見。是在另一段中又這樣說：「修正主義、左傾機會主義、歪曲馬克斯列寧主義，閹割馬克斯列寧主義的革命靈魂，在理論上和實踐上反映資產階級思想……」這明顯是人民日報的意見。

關於和戰問題，也存在着這種模棱兩可的話。例如一方面說：「帝國主義的侵略本質沒有改變」，這是中共的觀點；一面又說：「戰爭的注定不可避免性是不存在的」，這是俄共的觀點。宣言中這類荒謬的一致，矛盾的團結，眞是不勝枚舉。

上述灰色的調和彩色，容易使人誤解，以爲這次莫斯科會議宣言是俄共與中共的觀點平分春色，其實不然。我讀過全文的印像，是俄共在某些觀點上塗染中共的顏色，給中共若干阿Q式的心理滿足，而就通篇宣言的主脈主眼來看，俄共的基本政策，即中共所指罵的修正主義路線，依然毫未動搖（在第二節中再加詳說）。不但此也，並且在幾個基本問題上，轉彎抹角對中共斥責了一頓，俄共爲保持共產國際的權威，是不能不這樣做的。西方記者說，會議宣言會因中共代表拒絕簽字，而把草稿修改了十四次，觀於宣言發表之後，赫魯曉夫煞費周章招待劉少奇的情形，酷似打了小孩兩記耳光，然後買糖菓哄他不要高聲哭叫一般；所以西方記者的報導是相當可信的。現在試看俄共對中共的斥責。

一、「社會主義各國向共產主義過渡的必要物質基礎是：在最新的先進技術、國民經濟的電氣化、生產機械化和自動化的基礎上，創造高度的生產水平。」這是斥責中共冒行「人民公社」，在未具備物質基礎之前，即妄想向共產主義過渡，共產黨人都知道這是違反唯物史觀的極大錯誤。

二、「世界社會主義體系的最偉大的成就之一，是它在實踐中証明了馬克斯列寧主義，關於民族對抗隨着對抗的消失而消失的原理。……社會主義體系在本質上沒有使這個體系的人民間或國家間發生矛盾和衝突的客觀原因。

各國共產黨和工人黨必須執行馬克斯列寧主義的國際主義的政策，以國際主義和愛國主義相結合來教育全體勞動者，爲克服資產階級民族主義和沙文主義的殘餘進行堅決的鬥爭。」這是斥責中共，在沒有「客觀原因」之下，向俄共搗亂生非，斥爲「資產階級民族主義」。

三、「嚴格遵守黨內民主和集體的原則，根據列寧主義的組織原則，重視黨的領導機關在黨的生活中所起的作用，同時不倦的關心加強這些領導機關同黨員以及廣大勞動羣衆之間的聯系，不允許有束縛共產黨員發揮創造性思想和主動性的個人迷信。」這是斥責毛澤東「個人迷信」（即個人崇拜）。

四、「堅決保衛國際共產主義運動在馬克思列寧主義和無產階級國際主義原則基礎上的團結，不允許能够破壞這種團結的任何行動。

共產黨和工人一致聲明：「蘇聯共產黨——國際共產黨主義運動中最有經驗和久經考驗的隊伍，過去是，今後仍然是世界共產主義運動公認的先鋒隊。」這是斥責中共妄欲和俄共爭雄，重申俄共是共產國際的惟一最高權威。

（下轉第二版）

要知道自己力量的所在！

孫寶剛

二十五年前，日本侵掠中國的野心已經很顯著了，那時國民政府正在整軍經武，向外國購買了大批的飛機和大砲。上海威海威路上有一個叫中社的，每逢星期日，必有一批大學教授以及智識商人在聚餐，同時討論國家大事，有時還請人作簡短的演講。有一次他們要我去講一個有關時局的軍事題目。我選了「國民政府購買飛機大砲是否有補于國防」。這個題目看來是很奇怪的，因爲國防需要飛機大砲，國民政府購買飛機大砲當然有補于國防。但是我那天所講的，確是証明購買飛機大砲無補于國防，甚且有害于國防。因爲中國是一個窮的國家，能夠購買多少飛機大砲呢？並且飛機的性能天天在改進，今天買了一批飛機，不久就陳舊了，有什麼用呢？反之，日本是一個工業國家，那時日本的陸軍是世界第一流的，日本準備侵掠中國也已有數十年，我們購買一些飛機大砲想來抗日，徒然使已窮的國庫更窮，不會因了這批飛機大砲而眞正把日本的侵掠阻止了的。那麼，是否不抗日呢？這倒不然。那時我引用德國軍事家批評中國的一句話，即是說，中國的抗日眞正力量是在地大人多，交通不便。同時我又加上一句話，中國歷史上載有數次外力侵入，歷史家在叙述外力侵入時，字裡行間，必强調民族意識。再加上辛亥革命，中國人的民族意識是相當濃厚了，所以中國應以這些力量來抗日，才有效果，而不在有多少飛機大砲。

後來一二八事件發生國民政府集中了全國的精銳部隊，在上海附近作了一次決戰性的防禦，沒有多少天，南京也不保，全國的精銳部隊損失大半，我的話不幸而言中，到後來所以能抗戰八年，而等待到勝利，還不是靠了中國地大人多和交通不便，以及中國人民的民族意識。因爲地大交通不便，敵人不論怎樣強，敵人的前進困難，且進無止境，即不能徹底擊潰我們，而我們呢？因爲地大可以老是退下去，不愁沒有退的地方，交通不便，民族意識濃厚，對現代化的敵人攻擊部隊是個障碍，對我們輕裝的部隊，到處可找到糧食，並不是一個障碍。並且因爲人多，所以徵兵總有辦法，民族意識也幫助了我們繼續抗戰下去，歷盡千難萬苦而不屈。

所以我們如事後來檢討這次抗日戰爭，假如國民政府在戰前就瞭解到抗日的力量在什麼地方，而戰前能有所準備，儘量的發揮這幾個力量，我相信八年抗戰，對人民對國家的損失，可減少許多。人民的苦難當然也減少了許多。不過後來總算抗日勝利了，大家也沒有去研究。不過我認爲：不去研究是一回事，犯了錯誤是另一回事。抗日戰爭過去了，不研究固無大碍，但是對于未來的戰爭，要是也犯了同樣的錯誤，那是萬萬不可以的。很可悲的，國民政府在這次反共的戰爭中，又犯了極大的錯誤。

當國民政府的軍隊還在東北和西北一帶和共黨作戰時，我那時有一個建議。我說：國民政府的軍隊和共軍比，政府軍隊是現代化的，共軍裝備和設備上是落後的。可是共軍有一優點，即是他們的行軍力強，戰鬥意志旺盛，所以他們集中兵力快。他們的絕對兵力的數量固不能和政府軍比，但他們在會戰時的相對兵力往往超出政府軍，這即是因了他們行軍強，意志旺盛，常取主動的緣故。我那時主張政府在各戰區廣闢機塲，在中央建立大規模的空運部隊，于是以戰時的機動性和主動來打擊共黨戰鬥的機動性和行軍力。可惜當時也沒有人聽我話，而政府軍也不到二三年時間被共軍逐出了大陸。到現在成了隔着海峽對峙的局面。實際上還靠了中美協防，不然今天能否還在台灣是一問題呢！

今天的台灣，常常在喊反攻大陸，天天在整軍經武，但是他們沒有想到今天中共的軍事力量，比台灣的大十倍而有餘。所以我說台灣以軍事力量來反攻，不是一個適當的對策。因爲台灣的眞正力量不在軍事。

那麼，台灣的眞正力量是什麼呢？我認爲是中華民國這塊招牌，在大陸上的人民，甚至是共黨的幹部！稍對今日大陸瞭解的人們都知道，今天大陸的人民眞是雖生猶死。他們吃的是雜糧，份量還不足，個個營養不良。一天忙到晚，一年沒有空暇的時間。財產沒有了，自由也沒有了，比牛馬還不如。假如有人告訴他們，並使他們相信，台灣如能回大陸，可以使他們吃得飽，有自由，並可有私有財產，甚至進一步可以建立一個眞正爲人民謀福利的國家，我相信他們便會都來擁護台灣，因爲他們原來都是中華民國的人民。共黨的幹部中當然有一部份是倒行逆施的，但是誰無父母，誰無兄弟，他們大部份也起自田間，他們的良知也在戰鬥，覺得今天的大陸實情，決不是他們當年所想像的共產主義的美景。假如使他們相信，台灣是能夠由謀人民的福利而眞正到達社會主義的社會的，他們那能不心嚮往之呢？因爲他們也原是中華民國的國民。等到幹部和人民都嚮往台灣了，他們內部自會掀起革命的巨浪而台灣可以傳檄而定。所以我說台灣的眞正力量是中華民國這塊招牌和大陸上的人民。

但是要做到使他們相信，決不是像今天台灣政府這樣的施政，也決不是像今天台灣這樣的祇是注意軍事，天天喊一下反攻大陸可以獲得的。反之，他們也許正因台灣把持了中華民國這塊招牌而不好好做而懷恨呢！所以台灣政府至少應當在台灣先有一個示範行動，把台灣先做成一個民主的福利的國家，甚至建設成一個民主社會主義的國家，才能使大陸的人們深信不疑。

我說這句話，並不是苛責台灣，以以色列這樣一個彈丸小國，一百幾十萬人口，連同一個荒漠上，可是現在已把荒漠變成了綠洲，農工業都在突飛猛進，已成了民主社會主義的示範國家。照理它的立國是非常困難的，四周有敵對的阿拉伯國家，本身有不斷的移民移入，即須安頓。但是以色列克服了一切困難，引起了世人的注意。引起了世人的同情，每天有許多國際間有聲望的人去參觀和去學習。台灣是一個寶島，又有美國的援助，台灣人民的智力和知識水準，台灣人民的克苦精神，不會有遜于以色列人民的，台灣爲什麼不能這樣做呢！不是不能做，乃是沒有做罷了。至于說猶太人有許多學者和資本家，我們今天散在美國各大學，以及海外各地的，不也有許多嗎？祗是台灣不能利用而已，我們世界各地的華僑，其資力也是可觀的，假如台灣是進步的，他們也必樂于投資。所以我希望台灣醒醒武力的迷夢，先在台灣，從政治經濟教育文化社會方面，建立成一個民主社會主義的國家，有一天才會回到大陸去！我們應發現自己力量的眞正所在！

（接第一版共產世界的疑雲）

俄共在宣言中雖然也對中共做了若干讓步，但是與俄共所得到的支持來比較，立可見出是微不足道的。總括起來說，中共得到的讓步有三點：

一、激進的反美主張；

二、對南共的猛烈譴責；

三、加強資本主義國家內部的人民鬥爭；

在這三項讓步中，第一項是無所謂的。歷次共產國際會議的宣言都照例大罵美國一頓，這回罵得特別多一點，並不值得驚異，但是如果不是中共大吵大鬧，赫魯曉夫爲了佈置明春高峯會議的氣氛，理應少罵美國幾句的。猛烈的譴責南共，實非赫魯曉夫所情願；觀之在聯大開會時，赫魯曉夫當面故意使阿爾巴尼亞代表難堪，（阿共是激烈反南共的，目前已成爲中共的應聲虫。）而與狄托握手擁抱的情況，可以得到了解。赫氏所以不願太得罪南共，主要原因有二，（一）因南共是中立集團的主角之一，南國與埃及、印度關係密切；（二）因蘇俄的修正主義與南共的修正主義有很多接近之處。關於第三項，中共曾極力主張廣泛組織反美統一戰綫，又如二次大戰時反法西斯統一戰線；做爲今後共產世界的共同行動綱領。可是這一主張在宣言中，被分散了被模糊了。雖然强調了反殖民主義的民族獨立解放運動，但提到「統一戰綫」時，只是輕輕一筆，附帶一句；只這樣說：「在這一鬥爭的過程中，一切民主愛國的民族力量，也就是爲獲得眞正的民族獨立和民主革命勝利而鬥爭的力量，結成統一戰綫」；這只是可結成統一戰線，並未把「統一戰線」特別標出爲一行動指標，該節宣言以「民族獨立運動」爲題，而不以××統一戰線爲題，這顯然大違中共的原意，但仍勉强把「統一戰線」四字加入文中，不過在使中共感到些安慰而已。

二、俄共的「修正主義」

在宣言中，俄共「修正主義」的主要表現如左：

一、「宣言指出：工人階級及其先鋒隊——馬克思列寧主義的黨力圖通過和平的方式實現社會主義革命。」——列寧主義的修正

二、「列寧的社會主義國家同資本主義國家實行和平共處和進行經濟競賽的原則，是社會主義各國對外政策不可動搖的基礎」。

三、各國之間的思想的和政治的爭執不應該用戰爭來解決」。

四、「社會主義各國的共產黨和工人黨今後仍將始終不渝地執行不同社會制度國家和平共處的路線。」

五、「在堅持和平共處原則的同時，共產黨人爭取完全停止冷戰，解散軍事集團，取消軍事基地，在國際監督下全面徹底裁軍，通過談判解決國際爭端，尊重各個國家的平等，領土完整、獨立和主權，互不干涉內政，廣泛發展各國人民間的貿易，文化和科學的聯系。」

在上述五項觀點中，修正主義彩色最濃厚的要算第一第二兩項。放棄暴力革命原則，不但違反馬克斯主義，並且也違反列寧主義。當年列寧建立第三國際來背叛第二國際，最主要的原因，就在第二國際的放棄了暴力主義，採取和平的改良主義的路線。這一修正主義，也是一九五八年南共發表新共產主義綱領時，一項主要內容，當時且受到俄共猛烈的批判。而現在俄共却也採取了這項修正主義，甚是耐人尋味。

中共所痛烈攻擊的修正主義（尤其是上述兩點及第五項「通過談判，解決國際爭端」與自由世界綏和冷戰），俄共不但不放棄，並且寫在宣言上，迫中共代表簽字，使之服從，可知中共心理的憤懣與難堪了。迄今，中共大聲罵南共的修正主義，不敢公然罵俄共的修正主義，不過是街頭王婆指桑罵槐之流，從這個地方看，毛澤東實在稱不上英雄好漢！

三、共產國際內部的變化

從這次莫斯科會議前後種種跡象及宣言內容來看，共產國際內部有發生若干變化，值得注意的有三點：

（一）在這次會議中，中共與俄共的激烈爭辯，打開了共產國際會議平等討論之門，以往俄共一言九鼎、獨斷獨行的時代，已成過去了，俄共的領導地位已遭受重大的挑戰。宣言中兩次強調與會共產黨及工人黨是獨立平等的，實並非偶然。

（二）在應付中共及其附和者的挑戰，俄共勢必藉東歐國家出頭與中共爭辯，由於這些國家暗中傾向南共的修正主義已久，故對俄共的綏和路綫必衷心支持，尤其是接受美援，與西方國家大做生意的波蘭，必激烈反對中共，如此情形下，東歐各共產國家，今後在共產國際中地位及發言權卻將提高。

（三）共產國際已隱然分成兩派，一派是俄共及東歐集團；一派是中共、阿爾巴尼亞、北韓及若干亞非國家及拉丁美洲國家的共產黨所合成的集團。今後這兩個集團隨中俄共鬥爭的激化壁壘必日漸分明。

四、對自由世界的策略

從這宣言內容來看，今後共產集團對自由世界的策略；其重要的見解主張有下列幾點：

一、他們仍堅持「和平共存」的政策，他們持此政策的主要理由有二：（一）資本主義國家的危機已到了新階段，時間對他們是有利的，不用戰爭可以赤化世界；（二）俄共淸楚了核子戰爭的慘痛，因此說：「在我們這個時代之中，人民與國家只有一種選擇：和平共存……或一場毀滅的核子戰爭。捨此之外，別無他途。」

二、以經濟競賽來戰勝西方國家。這包括太空競賽，經援落後國家競賽。

三、外交冷戰，不外高峯會議，裁軍談判那一套和平攻勢。

四、對自由世界的滲透顛覆。這包括兩項策略：（一）是在若干國家內部進行顛覆運動，製造卡斯特羅式的左傾反美政府；（二）滲透殖民地的獨立運動，藉獨立運動擴大反西方的鬥爭。

對這幾項策略，中共勢將集中於第四項，做愈益猛烈的攻勢；而俄共則兼重其他三項。二者基本不同，如此而已。俄共在中共牽制之下，在外交冷戰上勢雖有所進展，因爲任何與西方的妥協，却將遭受中共猛烈的破壞。就自由世界來說，今後阿爾及利亞問題將成爲最大的痛脚，亞非國家的獨立運動已近尾聲，共產集團在這方面的有利形勢將快消逝；此外最使人担心的是拉丁美洲國家，卡斯特羅猩紅熱症將爲患日烈，自由世界非急謀對策來應付不可。

中華民國面臨黯淡歲月

李金曄

中華民國的對外關係，經已進入了黯淡的歲月！十一年前退出大陸時的對外關係情況，較比現在也要有利得多。但十一年來「生聚教養」的大好時光，卻在蹉跎因循中逝去！軍事雖較有進步，政治卻逕在退化，而反攻的時機又不可知。在國內問題上失去了反攻的主動能力；在國際關係上，又復失去了昔日的聲光。徒自居於五強之一的虛假地位，卻無自強之道。國際社會中的「君子協定」實際是靠實力來維繫的。因此，聯合國經社理事會理事席的落選，怕祇是形勢逆轉的開始呢！

聯合國組織中的經濟社會理事會，其重要性雖不如安全理事會，卻是僅次於安理會的一個組織龐大的重要機構。就其龐大的隸屬組織及主理工作性質來看，很難說其重要性是低於安理會的。按照憲章，安理會是承担了聯合國會員國的維持國際和平與安全的主要責任。而經社理事會專司研究國際經濟、社會、文化、教育、衛生和其它有關事項。前者是消極地做保障世界安全的工作；後者是積極地從事促進人類文明和幸福的發展，以有助於鞏固世界的和平。因此，經社理事會是聯合國組織中，對外關係最頻繁而又密切的一個機構。所以，不能說中華民國失去了「君子協定」保障的必然當選的理事席位不要緊。這一席位，事實上還強烈地反映着當選國在國際關係事務上的重要性。某一個國家失掉了，或競選理事席失敗了，便是說明她在國際上的重要性趨於降落或已降落！

這次我國失去了經社理事會的席位，尚未見更詳細的報導用來說明不幸的真相。但很可能出了下述幾個因素：

最現實的原因是我國國力式微，使我代表在聯合國內久已無作為可言，除了力求保住聯合國的席位外，已不能有任何積極的主張和活動。不必推諉說新興的亞非國家不了解中華民國在遠東的處境與地位之重要，而中共從各個角度所作的活動，顯然是已產生了影響。

習慣上這十年來，中華民國在聯合國各機構中的席位之所以得以保持，固有賴自己的一分努力，但得到盟國側面從中協助之力，實不可忽視。這次一方面可能出於中美雙方都掉以輕心，誤認「君子協定」之可靠；而另一方面也不能說與美國新政府即將組成，政策尚未確定無關，致使現在聯合國任職的美國外交官員無所適從，把握不住，未能盡其全力作側面的支持活動。這或許正是台北官方人士所說的「若干國家雖然承認中華民國，但卻不熱烈支持」的重要原因。於是遂予印度以覬覦的機會，在第十次投票中雖未當選，卻使她的得票數達到了四十七票之多。

台北方面對此表示震動、和「感到痛苦與憂慮」是很自然的反應。但據消息說，官方卻仍認為經社理事席位之喪失，「對於安全理事會與托管理事會等重要席位並無影響」。（？）此說實在未免是太過樂觀接近麻木了！？當然，即使中華民國不幸而再喪失上述二個席位，對中共也未必有實際利益，然無論如何，這予偏處在台灣的中華民國，以及傾向於她的海內外國民，精神上的打擊是難以計算的！

從全面來看，失掉一個聯合國經社理事會的席位，絕不是單純的外交問題。俗謂：「弱國無外交」；又有謂「外交是內政的延長」，這些說法都說明了：國內政治不修明，積弱不強，也就根本無對外關係可言！一個國家之所以能够有「折衝千里之外」的能力，還是基於她的國力強大，而不光靠外交人才的出類拔萃。

中華民國退守台灣，不足以言敗，而真正的敗，是失敗在這十一年來的因循株守！退一步說，因循株守也尚非失敗的原因，主要的癥結是在於無修明的政治。國民黨當權派事實上並無真正領導全民協作一致的能力，黨內不能團結黨人，黨外不能團結友黨；政治上不能肅清貪污，庶政上不能提高效率，財政支出浩繁，不事撙節，經濟仰賴外援，不能開源；文化教育為黨團把持，士人正氣不振；佞倖當道，言路閉塞；民情不能上達；法治不興，民權墜落，人心趨於萎靡！當權派終日在小圈子內團團轉，既滿足於既得權益，復對偏安之局沾沾自喜！民間稍有與情表達，則輒加壓制，清議與統治權終於形成了難以調和的形勢，既無祥和的氣氛，亦鮮團結的可能，國勢日蹙，反攻無日，外交上的失敗皆因此而起。

總而言之，統而言之，台北政局不有澈底的改造，中華民國今後的問題將更日趨嚴重。當權派若能早一天改弦更張，中國的命運就能提早一天好轉得救，若當權派真能知過能改，國事非無可為。

聯合國經社理事會理事席位的喪失，可說是一葉落而知秋，國族民命是真正到了千鈞一髮的時候了！

三言兩語

當權派的「政治攻勢」，在一度煞有介事的隆隆炮聲後，現又告沉寂。原來放的就是「烟幕彈」，既無誠意，反應更不佳，祇有暫且「鳴金收兵」。

× × ×

元老于右任氏說，必須肅清貪污整飭紀綱，才能改進政風，振奮人心。但願監委們敢於多打老虎，少撲蒼蠅。

× × ×

監察院年度總檢討內有一則謂：「大陸來台士兵，服役日久，平均年齡在三十以上，現因放寬結婚限制，多欲成家，但又限於經濟條件，無力聘娶，年來因婚姻而發生糾紛，甚或演成刑案者，屢見報端」，建議「國防部對此事象，亟應注意，籌維防範。」請問國防部：計將安出？

× × ×

從廣州回來的人說，港、澳客在廣州搭三輪車，可以實物代車錢。最歡迎的是：麵餅、餅乾、或麵包。

× × ×

對於大陸上今年災荒缺糧的實情，劉少奇在莫斯科也承認了。他說：「今年，……只是農業方面遇到了嚴重的自然災害，發生了一些困難。」把很大的災難說成是「一些」，於是他博得了「熱烈鼓掌」。

× × ×

劉少奇還向「蘇中友好群衆」說，他是「一九二一年春從上海到海參威」；那年冬天，「到莫斯科以後不久」，「就加入了共產黨。」群衆又報以「鼓掌」。因為他是標準俄國造漢奸！

× × ×

陳毅對日本記者証實了彭德懷在一九五八年受到了「批評」。因而被放入雪櫃，但仍有行動自由。

× × ×

台灣客談稱：孫立人舊部多已被黜，其中多硬漢。他們轉行幹「自由職業」，所謂「自由職業」，乃踩三輪車也！

·恕人·

東歐拒絕劉少奇訪問

自去年十月至今年四月之間，東歐七國與外蒙先後邀請了中共政府主席劉少奇前往訪問；在這條亞洲至歐洲的通路上，阻礙着的就是莫斯科的並不對他發出邀請書；因為劉少奇是政府主席，不獲邀請當不能隨便在那裏經過，若經香港從海道繞去東歐，則又成何話說？

這次十月革命四十三周年紀念日，劉少奇終於獲邀到莫斯科出席慶祝，並參加了共產國際八十一國黨的會議；會後，這個代表團分成兩部，副團長鄧小平率團員彭真、康生、胡喬木、廖承志回平，劉少奇則率團員李井泉、陸定一、楊尚昆、劉寧一、劉曉西行訪問列寧格勒與明斯克，似在等待東歐各國再度邀請與作出具體訪問安排的答覆。十二月六日折回莫斯科，八日亦終於離蘇東歸。看來東歐各國雖未公然撤銷邀請，卻在拖延婉拒。

按中共與東歐間的關係，自今年四月中共猛烈抨擊赫魯曉夫為現代修正主義者以來，已經轉趨惡劣。在頭三個月，東歐各國到中共訪問的重要代表團計有捷克國民議會主席團主席費林格所率的議會代表團，東德副總理海因里希·勞所率的東德政府代表團，中共亦有「副總理」譚震林到匈牙利訪問的代表團等多起。四月，形勢就不同了，河南省委第一書記吳芝圃率代表團參加芬蘭共產黨第十二次代表大會，河北省委第一書記林鐵率代表團參加比利時共產黨第十三次代表大會路過東歐亦不停留訪問。隨後，只有幾個負有專門任務的中共代表團到東歐訪問，東歐各國除阿爾巴尼亞以外沒有一個副總理以上人員所率的代表團到中共作一般性的訪問。

四月以後負有專門性任務到東歐國家訪問的中共代表團重要的計有三個：五月，「副總理」薄一波率中國共產黨代表團到波蘭訪問，這是一次兩黨之間進行協商性質的訪問，而協商的主題就在於中共的猛烈反對蘇聯與西方和平共處政策所引起的歧見；薄一波在波蘭協商會談半個月，無結果而返。波蘭對中共的對外政策上的分歧，不特是蘇聯和中共的分歧，而且也是除阿爾巴尼亞外，中共和所有東歐國家間的分歧；薄一波訪問波蘭的失敗，亦即中共與東歐國家歧見無法統一的標幟；因此，薄一波的到波蘭訪，具有特殊的重要性。

六月，中共中央政治局委員，北平市長彭真率代表團到羅馬尼亞訪問，這個代表團的目的有二：參加羅馬尼亞工人黨第三次代表大會與參加布勒斯特共產國際會議。

九月，東德總統皮克逝世，中共派「副總理」習仲勳率代表團前往參加葬禮。

這三個代表團實際上都不應該列入含有表示友好意義的訪問；在同一期間，東歐國家除阿爾巴尼亞以外就沒有一個副總理以上官員所率的代表團到中共訪問過，這當不是偶然的現象，它標誌着東歐國家對中共的冷淡。

阿爾巴尼亞與中共往還的情況則大不相同。六日，有阿人民議會主席團主席哈奇·列希到中共訪問三週；九月，阿部長會議副主席、阿中友協會長凱萊齊率代表團到中共，為東歐各國唯一參加中共「國慶節」的代表團，訪問了一個月始離去。十月，中共副總參謀長張宗遜率軍事友好代表團到阿爾巴尼亞訪問。這種中共與阿爾巴尼亞之間的頻繁互訪，適與其他各東歐國家與中共的冷淡關係成一強烈對照。

這一種中共與東歐國家間的冷淡關係發展，說明劉少奇之遲遲不應邀往訪東歐，與此次不能順道訪東歐的原因，不僅是蘇聯在從中作梗，而且很可能是東歐國家都在杯葛他。

·田心·

維護憲政體制聲中又有修憲醞釀

李華宇

（台北通訊）當權者爲要洗刷雷震的血手，月來曾大談所謂憲政體制下的團結。本來蔣介石因一意要傳子，早已視憲政體制如無物，把各項權力都逐漸集中於蔣經國一人。以致一切法定機關變成了一人一姓的卸用衙門；尤其是非法連任，更將憲政體制破壞無遺了。然而他們竟侈談憲政體制，眞不知人間尙有羞恥事。

聞在雷案覆判宣佈以前，蔣介石曾在國民黨中央常會指示，畧謂如讓新黨成立，則本黨即岌岌可危，而要澈底打擊新黨，雷震的判刑決不容減云云。隨即飛往台南檢閱襄陽大演習，並藉此籌思所謂憲政體制下的團結問題。聞當權派中有人主張：海外民主人士既堅認三任總統爲非法，而國大代表又有修憲的要求；不若一不做，二不休，實行修憲，一方面把「總統」從臨時條欵的偏房升到憲法的正宮；同時更以準備不日反攻爲名，實行戰時體制，暫停立監兩院之活動，以便集中權力，統一指揮，而制反側。據說老蔣已表示可由國民黨中央詳加考慮，而經國更迫不及待。薩孟武於本月四日在所謂國民大會憲政研討會發表演說，認爲「現行憲法多有不妥：有些事情應該規定而却沒有列入；有些條欵不合實際；有些條文太過簡單，行使時容易發生爭執；有些條文前後矛盾」，主張「予以修改」。並由中央通訊社將其演詞要點發交各報，即係借以探測各方反應。

日前蔣介石忽又派專機將谷正綱、張知本、王雲五、陳啓天、孫亞夫等五人接去台南，更引起許多人的推測。有的認爲是否商團結的問題，有的則認爲必與修憲的醞釀有關。因爲假如爲了團結問題，似乎少不了張羣；更不必請平素與各方面都沒有接觸的張知本與谷正綱等人。如所週知，懷老是國民黨的法學家，在所謂第一屆國民大會第三次會議時，曾領導千餘國大代表，堅主修憲；後來又忽然確遵黨命轉而爲臨時條欵護航，不惜大拼老命。於是，賴蒙蔣家父子特別嘉許而以優禮待之，不知羨殺了許多老運欠佳的「黨國先進」。因此，張懷老此次之奉命飛往台南，台北敏感的人們多認爲是老蔣已決定要修改憲法以實行戰時體制的徵兆。再加上原以反蔣得名却因擁蔣得勢的國大秘書長谷正綱，他是今日台灣的死硬派；談團結，更非其所宜，而論修憲則適當其要。至於王雲五、陳啓天、孫亞夫三位，則均身爲國大代表而又具有所謂無黨無派與各黨各派的不同身份；前者尤以商人信用著稱，深得國大代表們的信任。若由他們再來運動修憲，以利戰時體制之建立，不僅可資熟手，而且，還可向外宣揚此乃全國一致的希望。凡此種種，都顯出修憲的傳說，當非無因也。也許海外讀者不免還要發生疑問：「蔣介石在非法連任之後，曾自稱已保持了憲法的完整，如今他們正高談在憲政體制下求團結，假如父要修憲，將何以自解？」須知今日之事，一切爲了蔣家，不但憲法應該跟着他父子倆走，即眞理也應該永遠站在他父子倆那一邊。他既可宣稱反對修憲而却實行連任於前，又爲何不可以口說保持憲法完整維護憲政體制，而實則修改憲法以行戰時體制於後呢？他父子倆都是非常人物，自不能以常度測之也。

費政清致函台北友人談

美國民主黨對華政策

美國哈佛大學教授費正清（Fairbank）爲有名的中國問題專家、數月前曾到台灣考察。彼一向與肯尼第及民主黨中人接近、對於新總統就任後，美政府對中華民國的看法較爲清晰，爲促起台北當局者早爲注意，特致其台北友人某學人一函，大意云：據彼觀察，美國新總統正月接事後之對華政策，如台北再不能有所改革，則不出三種可能之趨勢：（一）視台灣無足輕重，逐漸減剝軍援及經援；（二）認台灣爲美國的過重負担，終要設法減輕包袱，不再協防金馬；（三）視台灣爲一警察國家，不配列入民主世界，在政治上與台灣攤牌云云。聞此函曾由某學人送與某政要，希望其呈蔣一閱，以促其注意。但據稱，「在老先生目前的情緒之下，實有所不便」，觀其語氣，蔣似乎無理可喻了。

發行大鈔之謎

月來盛傳即將發行大鈔，人心遑遑，財政當局雖予以否認：但主管金融的尹仲容則謂：「台灣銀行依新台幣發行條例，在三十九年（一九五〇）即已印好了一百元大鈔，但至今沒有發行」，並謂：「在理論上認爲如果發行大鈔，對於物價絕對沒有關係……現在已有人了解到支票就是變相大鈔，那麼開一張一百萬元的支票，既不會是通貨膨脹，爲什麼發行一百元大鈔就會是通貨膨脹！」由此，可知發行大鈔，原是定案，祇是出籠的時間尙有所待而已。

新兵役法或將出現

「襄陽」大演習期間，那種動員十四萬「强大」兵力的壯大場面，台北官方輿論，大事渲染，可惜祇是等於舞台上做戲而已。但「總統」親臨檢閱，與高采烈之餘，竟向各報記者說「今後我國滿十九歲役男，一律服兵役不再有緩召。」在今日「朕即國家」的現局下，相信「兵役法」的修訂，已屬勢所必然了！

但，稍爲動動腦筋的人都會想到，如果凡十九歲役男必須服兵役，那就是凡讀滿高中畢業學生一律要當兵，假使服役期爲三年，即當完三年兵後再讀大學，是不是嚴重影响了學業？大陸未丟時期，青年軍的復員學生，免試派到各國立大學讀書，程度低落到不堪設想，這個歷史難道還要重演嗎？

立委劉錫五說：「我還是從報紙上看到這個消息，我相信政府爲了貫徹總統的主張，必定會對送審的修正「新兵役法」草案，加以審愼擬定，多方兼顧的，立法院爲我國最高立法機關，我個人認爲立法院將來審查修正兵役法時必須注意到進步、公平、合乎需要三個原則——進步是指英美兵役制度的優點，我們儘可能採取；公平是指不分階級、貧富的子弟到了兵役年齡，沒有逃避的可能；合乎需要是指要注意不會因爲服了兵役而影响他以後升學的前途——一個進步的制度的建立，如果忽視了大專教育的影响，那將是很不幸的！」

監察委員葉時修說：「政府現在每年暑假叫學生上山、下海、東跑西跳，白耗大量金錢，結果一事無成，爲什麼我們不好好利用暑假期間把適齡學生好好訓練一番？」他建議「每年暑期分北部、中部、南部三個地區，把適齡學生集中起來，男生施以新兵訓練，女生施以護理訓練，這樣也可以達到軍訓的目的。現在學生的水準，是不能再予降低了！」

「新兵役法」的出現，是維持「總統」說話的「尊嚴」必然產物，但如何來照顧學生的教育問題呢？這將是立法委員們傷透腦筋的事了！

黨內不公平，黨外能公平嗎？

明年一月間舉行的縣市議員選舉，各地正在展開初步的活動；今年國民黨鑑於民心已失，誠恐因選舉糾紛引起大禍，據說相當愼重處理。過去堅持政黨提名的包辦選舉，現已基本改變，某些地區提名，而某些地區則由自由選舉。

但最近台北市國民黨部，爲提名競選下屆議會議員所舉行的假投票，就發生不愉快的爭執，原因是市黨部的執行方式和省黨部宣示的原則相背。市黨部否定了省黨部的所謂「直接、秘密、公開、公平」的投票方式。引起國民黨內人士的嘩然。當權者那種「說是一套，做的又一套」的傳統作風依然未變的。

因此，今年國民黨方宣傳這次大選眞正做到公平守法的「諾言」，誰都不敢相信。因爲連他們黨內尙不公平，遑論黨外人士了。

——悉愍——

給當權派一封公開信

（讀者投書）

國民黨當權派先生們：

首先，我得聲明，我寫這封信給你們，決不是對你們討好，也決不是向你們求援，只是希望你們看後能痛改前非，自發圖强能了。你們的門面掛着「反共」的招牌，你們的嘴巴喊着「反共」的口號；但是，十一年來，你們做了什麼工作呢？倘若你們的耳沒有聾、眼沒有瞎，你們聽到大陸同胞日夜在呻吟，看到流亡的難胞日夜在奔波，有何感想呢？你們說呀！你們整天整天在說台灣的軍事力量如何如何的强大，但强大到什麼程度呢？敵人的炮火打過來才敢還人一炮，「强大」兩字到底作何解釋呢？你們自欺欺人的說，等大陸反共革命一旦爆發，來一個內外夾攻，但是，西藏的同胞不是老早就爆發了反共革命嗎？爲什麼總不見你們有絲毫的行動？這不是對你們所謂强大的軍事力量來一個自打嘴巴嗎？還說什麼反攻大陸！嗚呼！

先生們：我是一個前年才從鐵幕逃亡出來的反共學生，我和千千萬萬的流亡青年一樣，本來對於你們是存有一番希望的。我們冒着九死一生的危險逃亡出來——帶着一顆赤誠的救國救民之心逃亡出來，即使犧牲了，我們也是心甘情願的。但是你們却令我們太失望了，你們絲毫不了解我們，更談不上同情和幫助我們了，你們看到成千成萬的流亡青年流浪在街頭而裝作若無其事！記得在前年八月有一百二十六爲流亡學生發表了反共宣言之後，你們假作慈悲，通過××機關叫我們登記，當時聽說登了有一千多人，等了很久之後才有一百幾十人得到被保送到學校去就讀，我也是其中之一。但後來由於你們說話不負責任，很多同學中途輟學了。而且事前你們對我們說，到高中畢業後一定保送我們到台灣去讀大學，但今年七月，我們有一部分同學畢業了，你們不但沒有實踐你們的諾言，而且故意將我們拋棄。不是嗎？爲什麼你們規定要在港地居住了六年以上的時間才有資格參加報考呢？好毒辣的規定啊！試問我們有多少人在港地住了六年以上的時間呢？你們這樣規定有何作用呢？難道這是一種防共的積極方法？（你們爲什麼怕共黨怕得這麼的厲害，還說反共？笑話）難道在本地住上了六年以上時間的人，會比我們親身遭受過共匪迫害而冒險逃亡出來的人的反共意志堅强嗎？難道你們不願反共愛國的流亡青年進入你們的大門而自己關起門來「反共」嗎？我眞的不了解你們的用意何在？直至今日，我還想不通，先生們，你們能否坦白的告訴我嗎？

先生們：你們嘗說，救國的力量是在青年的身上，爲什麼却要把我們這些人關在門外呢？請你們快快清醒吧！時間已經不多了。

最後，我想藉此機會，提醒我的同命運者——流亡青年朋友們，我們必須丟開幻想，自立自奮，切不可對任何人存有絲毫的依靠之心，我們對人家的希望越大，我們的失望也必然越大的，事實已明確地擺在前面，這不是顯而易見的道理嗎？同學們，起來，自己爬起來！

流亡學生雷霆

四十九年十一月卅日

大陸之窗

評所謂「中阿互不侵犯條約」

劉裕畧

據新華社北平十二日電：中共與阿富汗於一九六〇年八月廿六日在喀布爾締結的友好和互不侵犯條約，雙方已經分別按照本國的憲法程序予以批准。雙方於一九六〇年十二月十二日在北平互換了條約批准書。在互換條約批准書的証書上簽字的，中共方面是外交部副部長耿飈，阿富汗方面是阿富汗駐中共大使阿卜杜勒．薩馬德。中共國務院副總理兼外交部長陳毅則只參加了互換條約批准書的儀式。

另據新華社北平十二日電：在中共與阿富汗友好和互不侵犯條約內，尙有一段序文，其文曰「中華人民共和國主席和阿富汗王國國王陛下，願意保持和進一步發展中華人民共和國和阿富汗王國之間的持久和平和深厚友誼，深信加强中華人民共和國和阿富汗王國之間的睦鄰關係和友好合作符合兩國人民的根本利益，並且有利於鞏固亞洲和世界的和平。爲此目的，決定根據聯合國憲章的基本原則和萬隆會議的精神，締結本條約」。這眞是一段表面堂皇，而實際則是非常滑稽非常諷刺可笑的一段序文。何以說呢？中共居然也把「根據聯合國憲章的基本原則」的話說了出來，須知，中共根本不是聯合國的會員國，而且過去幾年，中共曾一直誣蔑聯合國，與聯合國爲敵，並且曾經公然與聯合國軍隊在韓戰場作戰，且被聯合國指爲侵畧者，現在居然也在序文裏高談聯合國憲章的基本精神，無異强盜借用道德招牌，豈非滑稽、諷刺、可笑。

再看中共與阿富汗所訂條約原文：「第一條、締約雙方承認和尊重彼此的獨立，主權和領土完整。第二條、締約雙方將保持和發展兩國之間的和平友好關係，雙方保証用和平協商的辦法解決雙方之間的一切爭端，而不訴諸武力。第三條、締約雙方保証互不侵犯，不參加針對另一方面的軍事同盟。第四條、締約雙方同意本着友好合作的精神，根據平等互利和互不干涉內政的原則，發展和進一步加强兩國之間的經濟和文化關係。第五條、本條約須經批准，批准書應盡速在北京互換。本條約在互換批准書以後立即生效，有效期十年」。

依上述五條，中共顯然是正在利用阿富汗這一小國來做它僞裝和平的幌子。阿富汗乃一小國，自非中共的侵畧對象，因爲中共所要侵佔的和所要打倒的乃是亞洲的大國和富有之國如印度和日本。中共所要欺騙的乃亞洲的其它國家。所以，中共便在前此對緬甸的劃界問題上，盡量表現讓步姿態，而在這一次的中共阿富汗條約，又盡量表現和平姿態。以挽回中共現階段在亞洲的不良處境。然而，可以斷言的，是中共這種企圖，決不會成功。因爲亞洲許多國家，俱如印度、印尼，皆已親身體念過中共所謂「和平五原則」了。而且中共向外擴張的事實業已一再表現在亞洲各國的面前，假如中共眞是不訴諸武力以進行擴張，有如中共與阿富汗條約第二條所云的話，則中共何以要在西藏的邊境用武力以推進邊界線，以與印度衝突呢？又中共如果眞以和平協商來解決糾紛的話，則中共與印度又何以不能達成協議呢？這事實表明得很顯然，中共不過把阿富汗和緬甸以及高棉這一類小國當作玩把戲的工具，企圖欺騙其它亞洲國家孤立其它亞洲國家。中共與阿富汗所訂條約第三條，規定締約雙方保証不參加針對另一方的軍事同盟，這一條亦只在誘迫阿富汗走向中立，且誘迫阿富汗放棄其眞正與國，而欲陷阿富汗於孤立無援之境而已。反轉來說，中共又是否眞的不參加針對阿富汗的軍事同盟呢？阿富汗却是無法管得着的。事實上，中共與蘇聯的同盟，根本就是與一切自由國家爲敵的。而阿富汗也是自由國家之一，難道中共這還不是參加針對另一方的軍事同盟嗎？對此，阿富汗自不敢責問中共，當此中共正在印藏邊境耀武揚威之日，阿富汗面對中共的威脅，是缺乏勇氣，只想利用暫時的國際形勢，企圖苟安的。殊不知，中共乃一共黨政權，而共黨政權之本質則是殘暴的侵畧的，而且也是毫無國際信義的，所以，當阿富汗現在還不是中共的侵佔物時，阿富汗不與中共訂約，中共亦不會立即來侵，因爲中共的侵畧行動是訂有長期計劃與整個計劃的，相反，等到中共的侵畧次序輪到阿富汗時，則中共固視與阿富汗所訂條約如廢紙，中共的侵畧行動，屆時又豈是一紙友好與互不侵犯條約所能阻止，所以這類與中共訂條約的事都是多餘的沒有價值的。

莫斯科會議結束後中共加緊依附蘇聯

．陳一鳴．

有八十一個共產黨參加的各國共產黨和工人黨代表會議已經在莫斯科結束了。各國各地的代表紛紛從莫斯科作鳥獸散，代表中共前往出席的所謂「中國黨政代表團團長」劉少奇也於十二月初從莫斯科乘機回到北平了。到北平機場歡迎劉少奇的除毛澤東親自到達迎接以外，早幾日由莫斯科先回北平的部份團員也在機場迎接，而毛澤東之特別前往機場親自迎接，一方面意在說明劉少奇與毛澤東之間的融洽與一致，另一方面亦有意表示毛澤東認爲劉少奇此行不辱使命，中共在莫斯科會議未有失敗。

中共在莫斯科會議中究竟是否失敗，這誠然有着不同的看法。因爲最主要的，我們先要看清楚中共在莫斯科會議中所求者究竟是什麼？若中共所求者業已達成，中共自非失敗，若中共所求沒有達成、則係失敗。

然則中共在莫斯科會議中所求者又究竟是什麼呢？依筆者私見，中共對莫斯科會議所求，是有成功有失敗的，而在實質上的收穫，則成功尤多於失敗。

基本上講：中共對莫斯科會議是有三種基本要求。一是毛澤東的理論性路綫，即過去一般人所傳說的中俄共的歧見。但我們對此必須切實認清的，是毛澤東只在世界性問題上有局部意見，並非毛澤東對世界性問題有整個意見，換言之，並非毛澤東對世界性共黨問題有整個領導路線。事實上，毛澤東雖自以超越於赫魯曉夫的理論家自居，但截至現在止，製訂整個共黨陣營的策畧的仍是蘇聯，而非中共；仍是赫魯曉夫，而非毛澤東。此蓋由於蘇聯與中共國勢之强弱懸殊使然，非毛澤東所能得而爭的，所以，嚴格的說，毛澤東在共黨陣營中所得而言的，是世界性問題中的某部分問題，以及有關亞洲和中國的問題。在整個共黨世界性路線上，毛澤東只有依附蘇聯的份，這是毛澤東本人所以不必親自出席莫斯科八十一個共黨的大會的所以然。而以莫斯科宣言來看，莫斯科宣言所顯示的路線，顯然仍是赫魯曉夫路綫，而非毛澤東路綫。當然這也是事之當然，與勢之必然、因此，這也可以說是毛澤東在莫斯科會議中的失敗。

不過另一方面，中共代表團在莫斯科會議中，地位重要，蘇方一再予以表面上的禮待，這對於毛澤東好大喜功的性格，自也可以畧予補償，其實這原不過是蘇聯主子安撫中共奴才的一種手法，又有何值得驕傲？說到中共眞有收穫的地方，則還在今後的蘇援。由於中共對蘇聯一再在某些問題上表現若隱若現的歧見，乃使這一次劉少奇赴蘇，從而穫得蘇聯在援助方面的特別讓步，大抵，這才是中共的眞正收穫。

基於上述，筆者認爲中共這一次是有成有敗，而毛澤東個人則是很失敗的。

中共用光榮入黨辦法騙農民

何光正

糧食問題現在是大陸最普遍最嚴重的問題，這是誰都知道的了。所謂糧食問題，並不是說大陸農民的糧食生產量，不够大陸人民之食用之需，而是說，大陸農民縱然生產得再好，結果大陸人民仍然吃不飽。這是什麼原因呢？原因不在大陸人民之食用消耗了糧食，而在中共把大批糧食運到國外去交換物資，賺取外滙。例如最近中共爲了支援古巴，就不顧大陸人民之死活，運了六千噸大豆到古巴去。其餘經常運到東歐、俄國、香港、星加坡、馬來亞者更不計其數。此外，中共又經常運農產品到北越和北韓，所以，這樣一來，大陸人民就只有勞動的份兒，而決沒有吃飽的希望了。這是大陸農民內心消極灰退，大陸草荒也會動輒幾千萬畝的所以然。

爲此，中共想了很多辦法來打氣，又想了許多辦法來鞭策農民，但眼見今年大陸糧食產量却仍然大見萎縮。最近，中共又想了一個吸收「大辦糧食的積極份子光榮入黨」的辦法來刺激農民的情緒，以期增加生產。據中共人民日報十二月三日報導：「甘肅天祝藏族自治縣古城人民公社牧區黨組織，緊密結合生產，經常向大辦農業、大辦糧食中湧現出來的積極分子，進行黨的基本知識和共產主義教育。在黨的教育下，社員思想覺悟不斷提高，忠於黨忠於共產主義的優秀分子愈來愈多。全社已有一百名積極分子，新近加入了共產黨」云云。可見中共目前正在各地用這種所謂「光榮入黨」的辦法，刺激農民。因爲中共目前用這種方式吸收農民入黨的辦法，並不是只在甘肅天祝縣一地推行，而是在其它各地也推行的。但這却引出了一個問題，即農民黨員在中共整個黨員中的數量如果佔得太大，則顯然將要影響中共整個黨的品質，對於這一點，列寧早已一再告誡，不可信任農民；另一方面，中共數年前也經過中央政治局會議決議停止吸收農民入黨，即誠恐農民入黨太多，足以影響共黨整個品質之關係。但中共現在爲了增加糧食生產，不得不採取這一辦法，亦足見中共目前糧食問題之嚴重之一般，故不惜違反列寧之告誡與黨的顧慮而冒險。

其實，中共這一吸收積極分子光榮入黨的辦法，對增加糧食生產的作用究竟有多大，亦是疑問。因爲所謂「光榮入黨」，究竟「光榮」何價？在農民眼中看來，已經是很有問題了。誰都知道今日大陸農民之所求在於吃飽穿暖，在吃不飽穿不暖的情況下被長期壓搾，雖名之曰光榮，農民對此光榮亦不感興趣的。

印尼會與荷蘭發生戰爭？

蘭芳

印尼可能與荷蘭發生戰爭一事，已引起此間政界人士的憂慮；由於馬來亞總理拉曼本月六日在國會的報導，更使人們担心。在世界各地殖民地問題尖銳化的今日，印尼與荷蘭之間的殘存着的問題，是不是也會來一個清算，因而燃起熊熊戰火呢？

馬來亞拉曼總理六日在國會中說：除非西新幾內亞問題能達成一條解決的途徑，否則，印尼與荷蘭之間，將會有嚴重的戰爭危機。

拉曼總理並沒有詳細供給他所獲得有關的情報，但作為與印尼同種同文的馬來亞，其對印尼內情的瞭解，自不待言的。

西新幾內亞（印尼方面稱為西伊里安）的重被提起，已是四個月前的事。八月十七日印尼總統蘇加諾宣佈與荷蘭斷絕外交關係，就是為了西新幾內亞問題，當時蘇加諾總統宣佈，鑑于荷蘭拒絕尊重印尼對新幾內亞（領土）之要求，即日手令政府與荷斷絕關係。蘇加諾說，印尼對荷蘭關於西伊里安之解決，「並非求諸談判或搖尾乞憐」，而將採取其他辦法——「革命的辦法」，以解決此一問題。蘇加諾認為荷蘭對西新幾內亞的態度，「強硬得荒謬」，荷蘭「甚至派遣航空母艦到西伊里安」！

海牙方面的荷蘭當局，對於印尼與荷蘭絕交一事，表示驚訝，因為那是在他們意料以外的，可以說是相當突然。荷蘭外交部的公報說：不知印尼對荷絕交，「有何利益」？此舉乃「令人失望與毫無意義」的。後者的這一句話，表示荷蘭對於印尼將來使用非談判（即武力）的方法收回西新幾內亞，認為是不足重視。

儘管荷方有此看法，但並不是說，蘇加諾的作為對於荷蘭不足重輕。如果認為不成問題的話，荷蘭又為什麼要派航空母艦增防西新幾內亞呢？

在印尼年來的政治動亂（包括一九五七年巴丹「革命政府」的反叛）中，印荷關係乃是一項最基本的問題。前印尼銀行總裁沙弗魯丁，便是反對太過激的反荷，而至逃出耶加達，到巴丹去領導革命政府。迄今，沙弗魯丁與辛波倫上校等，仍然在蘇島及西里伯斯島領導革命軍打遊擊。因為這個緣故，荷蘭方面的同情當然是放在革命軍方面，而當革命軍戰敗時候，他們的份子或將領逃至西新幾內亞，都獲得荷方的庇護。這些事情，當然令印尼當局更加對荷蘭不滿。

誰都知道，蘇加諾總統的統治是寡頭的。在他手下，有內部不甚統一的國民黨——該黨一部份穩健派，是同情前副總統哈達的民主及親西方路綫的，並反對蘇加諾的所謂「指導的民主」。此外，則是右翼的瑪斯友美回教黨，和第四大黨的共產黨，以及軍部。這些派系，除了國民黨的親蘇加諾派，沒有一派是誠意接受蘇加諾領導的。

善於玩弄政治手法的蘇加諾，却利用左翼以打右翼，利用軍部打擊政黨，尤其打擊左翼。在矛盾中求平衡，而由蘇加諾本人加以控制利用。蘇加諾本人所擁有的，就是他本人自獨立以來所殘存的人望及人事關係，和「民族主義」的利器。

像印尼澎湃的反荷運動，是蘇加諾使用民族主義而發動的。排華，也是利用狹隘民族感情而發動的。無論他是反荷、排華，或向革命軍進攻，對共產黨抨擊，蘇加諾必定使用民族主義的旗幟。他務須使其有一個印象，他的左右開弓，無非為了民族。

所以每當印尼發生內部問題的時候，蘇加諾必然把內部問題轉移為對外問題，藉以轉移視聽，要求團結。這已經是屢見不鮮的了。目下的情況，革命軍和回教軍仍在與政府作戰，其政府所在地的爪哇島，亦難免有戰事發生。戰事綿延到了現在，已有四年之久，似乎看不到「肅清」的遠景，而蘇加諾「指導民主」式的獨裁，又絕不能副各方要求民主之望，不能從政治方法作釜底抽薪，解決軍事方面的衝突。蘇加諾的重新鼓吹對荷戰爭（武力收回西伊里安），實在是符合於他本人的政治需要。他可以憑藉民族一致對外，而他本人又是領導者，這樣去增強他的政治地位。

實際上，印尼中央政府的零星部隊，為追擊或搜索逃匿的革命軍，亦會越過西新幾內亞荷屬境內，有一些且是由海面用艦艇登陸的。雖然他們很能及時退出，尚未與荷軍發生衝突。但在荷蘭方面，則未免有「臥榻之側」的感覺，這便是荷方增派航空母艦增防當地的由來。如果印尼方面不停止這類的武裝越境事件，而至與荷軍發生衝突，事件會否演成印尼與荷蘭的戰爭，正是未可逆料。馬來亞拉曼總理所憂慮的，就是這一點吧。

不過印尼內部也並不是蘇加諾所可任意支配的。現在擁有優厚勢力的軍方，究竟態度怎樣？亦是問題中一個重要的關鍵。陸軍參謀長納蘇賢將軍（在蘇加諾發表反荷談話之翌日）說：印尼不想訴諸武力與荷蘭解決西新幾內亞問題。

納蘇賢的話，等于對蘇加諾的發言，作了修正。不過，納蘇賢亦補充說：不過如果荷蘭使事情成為必要時，印尼也不惜（以武力）與之周旋。

印荷戰爭危機是存在着，但非急迫。值得注意的是中共的聲援和印尼共黨的鼓動，也許會把事情弄糟。

·寄自星洲·

「植物鷄蛋」

·桂客·

甚麼是「植物鷄蛋」？相信海外僑胞，誰都不知曉。

據一位剛從桂林來港的鄉親說：這是大陸上人民要求療飢的「寶貝」，也是中共「發明」的。

該鄉親說：廣西糧食荒缺，早已陷入極嚴重的程度，省內各鄉鄉民，不特被迫攀山越嶺找尋野生植物來充飢，還要被驅策下河涉溪撈取小球藻來當作食糧，而中共對小球藻則大肆宣傳，還認為小球藻「富營養料」，把它改上一個動人的名稱，叫它做「植物鷄蛋」，並大力鼓勵各鄉鄉民盡量擴充小球藻的冬季生產，勸導各鄉鄉民大量利用家裏的木盆、瓦缸、鐵桶等，把這種「植物鷄蛋」加以室內繁殖，並提出了「自力更生」的口號，推行「冬季小球藻生產運動」；各學校、機關、人民公社，也都已奉到「黨委」的命令，紛紛掘池挖氹，煞有介事的把小球藻培養。

該鄉親還說：目前桂省各縣，都已普遍成立了專門生產「植物鷄蛋」的領導部門和生產小組；行見這種「植物鷄蛋」，在桂省糧食恐慌中，將成為各鄉鄉民的主要口糧。

中共動輒自詡「新發明」，誇耀「生產大躍進」；現在對這「植物鷄蛋」的「發明」，確是「突出的傑作」，祇是可憐人民吃了這種「植物鷄蛋」後，患病率和死亡率，勢必從此更為激增；唔！那時鬼門關上的寃魂，才是真真正正的「大躍進」了！

僑鄉近訊

海南山區醫藥缺乏死亡率激增

·江水·

海南島因醫藥缺乏，邇來死亡率激增。據此間海南籍華僑所獲得的消息：在最近四五個月來，該島各區人民因染疫症而缺乏醫療致死的，已逾五千名。這一批在病魔下犧牲了生命的無辜者，絕對大多數是從廣東各縣徵調前往島服勞役的，他們都是來自台山、開平、恩平、新會、南海、番禺、順德、汕頭、潮安、普寧、潮陽等縣市，並包括了不少印尼歸僑；他們在中共的逐批驅迫下，先後被移到該島保亭的五指山區，樂會的吊燈嶺、格木嶺、望六嶺，萬寧的王母嶺、牛蹄嶺，定安的黎母嶺、南勞嶺等荒山上，担任墾荒的工作。這些被驅策服勞役的人，每天都要操作着超體力的勞動，常常受到疫癘的侵襲，染上了疾病後，却又缺乏醫藥的治療，因此便很容易給病魔拉進鬼門關！當地共幹，對此嚴重慘劇，却熟視無覩，祇知繼續大力驅迫人民加緊墾荒。據說：當地「黨委」所規定的工作指標，係每日墾荒一萬八千畝土地云。

陸豐共幹扣留逃亡者的家屬

廣東沿海地區的人民，由於不堪飢餓與奴役的煎熬，逃亡的乃越來越多，中共雖出盡辦法加強封鎖，但迄未能遏止；而逃亡行列中，邇來且有不少共幹和民兵在內，這真使中共防不勝防。在這嚴重的情況下，中共乃悍耍出了個「毒招」：那就是扣留逃亡者的家屬。據本月二日所獲得的消息：陸豐縣碣石灣石頭圍村，在去月下半月內，逃亡者的家屬被捕的，已達卅一人，包括八個婦人及三個小童在內。據謂事緣當地「鄉委」，為謀遏止鄉民的逃亡，會於去月十五日召開過鄉民大會，當時碣石水上人民公社的幹部郭鼎才，「積極份子」黃光庭、陳炳等，均曾先後講話，警告鄉民，謂逃亡的人一如被截獲，必定立予嚴懲，詎會後的第二天，連郭、黃、陳等，也同告失踪，事後「鄉委」偵悉，該三人亦係逃亡海外，於是赫然震怒，立刻派員將他們三人的家屬拘押起來；扣留逃亡者的家屬的惡例，就從此開始實施！

愛情，愛情

符兆祥

我認識熊瑛，那是有一次和童傑到玫瑰酒吧喝酒時，他給我介紹的，其實他認識她也不久。

熊瑛並不怎麼美，但皮膚白皙而細緻，加上她愛穿黑色的衣服，看起來更顯得白了，童傑說她眉宇間有一份飄忽的神韻，很美，大概因為他是小說家的原故，而我卻從未發現過。那時童傑剛和朱湘妃離婚，像他們兩個，男女都是成名的作家，所以離婚也跟結婚一樣，轟動一時。

童傑和朱湘妃離婚，實在使人不明白，原因是他們倆個都是最懂得愛情的人，最懂得愛情的人都要離婚，所以朋友們除了嘆息以外，實在想不出該如何勸慰他們。

他們離婚後，童傑有一個時期極為消沉，每日到玫瑰酒吧買醉，大概就在那個時候認識熊瑛的。

他們認識不久，就那麼出人意料之外的閃電結婚。跟一個吧女結婚，朋友們都頗為吃驚。

他們之間有許多地方是不調和的，熊瑛是一個沒有學問，只知道錢的女人，這和出身富裕之家的童傑比起來，不論思想上，生活上，學識修養和靈魂的情操，都有一段極大的距離。像熊瑛這種女人，根本不會懂得愛情，我們無法想像他們婚後的日子。

果然不久，他們渡蜜月回來，我們便聽到他們吵吵鬧鬧的消息，甚至有一次，童傑到我家裏來找尋出走的熊瑛。

朋友們對他的處境並不同情，他的痛苦是他自己找的，尤其是我，我和童傑是大學時的同學，又是好朋友，我看不起熊瑛這種女人，在他們當初不顧一切的要結婚時，我勸告過他的。

熊瑛第一次出走，不久便讓童傑和朋友們找回，第二次出走，我剛好有事要到別的地方去，他們之間的遊戲結果如何，我沒有知道。

一年後回來，才知道原來熊瑛自第二次出走後一直沒有再回到童傑的身邊，更不幸的，就在他那傷心的日子裏，又遭遇到一次火災，燒光了他的一切，他受了重傷，躺在醫院裡。

我匆忙的安頓好一切，便趕到醫院去探望他。

「他不願接見任何一個人。」醫院裏的人這樣拒絕我。

「我剛從很遠的地方回來，我跟他是很好的朋友，他不會不見我的。」我對醫生說。

他無奈的進去了一下，出來讓我進去。

童傑一身，除了口鼻外，連頭連面都用紗布包得緊緊的，我吃驚，想不到他竟傷得那麼重。

「眞的是麥凡嗎？」他的口氣短而急促，顯得很激動。

「是的，是我。」

他頓了頓，懇求地：「我不知能不能請你幫我做一件事？」

「什麼事呢？」我不明白的問。

「幫我找熊瑛回來。」

「熊瑛？」我一怔，感到突兀。

「我知道你一定感到奇怪。但，她實在是一個好人，我愛她。」他微喟地說。

我張開嘴，正想責怪他，卻又改變了主意，我暗示地說：「一年了，知道她到那裡去了，可能她又嫁人去了？」

「嫁人？」童傑果然一呆：「不會的，她愛我，當初只怪我優越感太重，脾氣不好，才……」

「好吧，」我說：「如果你喜歡熊瑛，我盡力去替你找她回來就是，你安心養病。」

我看他迷戀的程度仍那麼深，只好這樣安慰他。

出來，醫生告訴我他情況的惡劣，不能再承受任何傷心與失望。

離開醫院，我茫然在街上走着，不知到那裏去找熊瑛，我掉過頭來回醫院想問問童傑，卻忽又想起玫瑰酒吧，我想那裏一定可以打聽到一些她的消息。

這是我第二次到這家酒吧，裡面一切仍如往昔，電唱機播放着「樂與怒」舞樂，談笑聲吵雜而下俗，烟霧迷漫着。我要了杯酒，問起那愛裝模作樣的老闆娘。

「妳知道熊瑛現在……」

「熊瑛？」她眨了眨眼睛：「你問她幹嗎？」她懶散的抽起根烟。

我不喜歡跟她轉彎抹角，我說：「我是童傑的好朋友。」

「他還在醫院？」她問。

「他的情況據醫生說很危險。」我憂慮的說：「他很想念熊瑛。現在，這是他唯一的希望，妳能告訴我，她在那裡？」

她猶疑了會，笑了笑：「我不知道告訴你好不好，我曾勸過她，幹我們這一行的女人，和你們交朋友是太高攀了，何況結婚？但，她太痴情。」

「怎麼了？」我問。

「我可以告訴你，她這一年來的日子窮困而痛苦。愛情是一件可怕的事，使一個少女為了它拋棄了青春不算，甚至連生命賠上也在所不惜。」

「怎麼？妳是說她已經……」我有些沉不住氣。

「她還活着，可是，這樣的活比死還難過。」

我頓了頓：「我不知道他們是愛得那麼深摯，妳可以帶我去找她？」

她複雜的笑了笑：「願天下有情人都成眷屬，是好事，不過，萬一童傑不幸死了，我這樣做不是使她在以後的日子裏更心碎？」

我無法回答她的話，童傑是我的朋友，對他，我似乎偏心了點。我說：「醫生是說他火燒的情況惡劣，並沒有絕望，最要緊是他的生的意志，這是需要熊瑛去幫助他的。」

我說服了狡滑的老闆娘。由她帶我穿過寬濶的大街，走過一條污穢的窮巷，來到一所低矮的小木屋前。

我馬上看到熊瑛，我幾乎不認得她，她穿了一件褪了色的衣服，零亂的長髮散在兩肩，她的臉色蒼白而有點浮腫，她蒼老、憔悴得使人吃驚。

她大概喝醉了酒，閉着眼、靠着柱子，桌上歪着一瓶還未喝完的酒。

「熊瑛，」老闆娘過去拍了拍她：「看誰來了。」

她似乎一震，就眼睛還未睜開，衝口說：「是童傑？」

「是我，麥凡。」

她睜開眼，獃獃的望了我一會，又疲乏的閉上。「我記得你，你來做什麼？」

我躊躇着，不知從何說起，老闆娘說：

「童傑被火燒傷了，很重，妳……」

她慘白着臉，搖搖頭。

「熊瑛，他要我來告訴妳，他愛妳。」

「我知道，」她遲緩的說：「但我們不能再聚在一塊，那是不會幸福的，因為我們之間從沒有平等過，他太富有，不論地位、學問、環境與驕傲，而我只有貧乏與自卑，他愛我，那有什麼用？」她痛苦的說。

「難道妳不愛他？」老闆娘問。

「他會說我是一個不懂得愛情的人。」

「熊瑛，聽我說，有些人太懂得愛情，可是他不忠於愛情，也有些人不懂得愛情，卻忠於愛情。熊瑛，妳和童傑之間的一切阻礙，已經過這一場大火，已經消失了，現在，他所擁有的，只有妳了。」

「妳假如是愛他的，妳應當去看看他，一年了。」老闆娘說。

她哀傷的問我：「我已經沒有什麼可給他了，我的歡笑，我的青春，我的美麗，都失去了！」

「他只要妳；熊瑛，我敢向妳保証，在他的心目中，妳一切仍如往昔。」

她不解的望着我，我無法回答她。

××

我把她帶到醫院，在化了一陣吃力的說服工作後，我心身疲乏，醫生輕輕告訴我童傑的紗帶已完全拆除了。

我想不到那麼快，我一時很緊張，我不知接着我該怎麼樣做，我考慮了半天，決定仍按計劃做，我要証明一件事，於是，我把病房的門打開，讓熊瑛能完全看到裡面。同時，我喚了童傑一聲。

他穿着件長衣，正背着我們坐，聽到我的聲音，他轉過來，熊瑛大吃一驚的要叫，我趕忙掩着她的嘴。

「怎麼，他的眼睛？」

「是的，」我平靜的說，同時等待她的答覆。

她站在那裡，望着屋內的童傑。

「熊瑛，」我叫她：「妳現在在想些什麼？」

「我？」她望着我，顯出一個出奇眩人的微笑：「我想，該是我進去的時候，他一定需要我，他在等着我，他知道我愛他。」她的眼噙着淚。

我望着她的背影，欣慰的替他們關上那扇白色的門，我得到一個令我滿意、感動的答案。

文壇泥爪

詩人徐志摩之五

民十三是志摩風頭最健的一年：他在北大担任着教授，有所著譯，全國文學報刋都爭着刋登；他伴着印度詩哲泰戈兒南北遊覽，並一同到日本訪問；他熱烈追求着年方廿一歲、通中西文學、美艷如花的林徽因。這時志摩亦只二十九歲，他仍像一個大孩子般天眞，活躍在上流社會的交際場中。郁達夫「志摩在回憶裏」一文，會寫到這時的志摩：「他的那種輕快磊落的態度，還是和小孩一樣，不過因為歷盡了歐美的遊程之故，無形中已經鍛鍊了一個長於社交的人了。笑起來的時候，可還是同十幾年前的那個頑皮小孩一色無二，從這年後，和他就時時往來，差不多每禮拜要見好幾次面，他的善於座談，敏於交際，長於吟詩的種種美德，自然而然地使他成了一個社交的中心。」（新月四卷一期）也就是這一年，志摩在一個偶然的社交場合裏，認識了他的第二任太太，「美艷慧絕」的陸小曼。

小曼名眉，蘇州人，喜愛文學藝術，通西文，也能寫作，那時才二十二歲，已不是一位千金小姐，而是一個軍人的太太。她的丈夫是留美學陸軍的，回國後在張作霖統治下的哈爾濱做警察局長，因為學非所用，碌碌無工作表現，只是日夜携着他的太太陸小曼在交際場中周旋，以是小曼在哈埠名噪一時。後來離職，携眷住在北平，仍未改以往的生活方式。那時的小曼，從外表看來，也不過是一個愛慕虛榮、貪圖物質享受、會花錢、懂得玩樂的濶家少婦；但自從認識了志摩以後，却一往情深，彼此熱戀起來。據「小曼日記」，她和她的丈夫之間並無愛情，她丈夫拿着她只做一個身邊的擺設和裝飾而已。

志摩追林徽因失敗，嘗到了初戀的痛苦。不久林和梁思成訂婚，都留美去了，志摩心裏的空虛，就恰為小曼所填充，於是志摩便以過去追徽因者追小曼，到了民十四的春天，徐陸的戀愛已達到了「濃得化不開」的程度。

請看小曼的自白吧：「所幸現在已有幾個知己朋友們知道我，明白我；最知我者當然是摩！他知道我，他簡直能眞正瞭解我，我也明白他，我也認識他是一個純潔天眞的人，他給我的那一片純潔的眞，使我不能不給他一個整個的圓滿的永沒有給過別人的愛的。」（小曼日記）而志摩怎麼說呢：「眉眉，沒有一分鐘過去不帶着想你的癡情。眉，上山、聽泉、折花、眺遠、看星、獨步、嗅草、捕蟲、尋夢——那一處沒有你，眉，那一處不惦着你，眉，那一個心跳不是為着你，眉！」（眉軒瑣語）

記戊戌維新始末（十二）

舜生

梁以光緒二十二年三月到上海，迄次年十月離開「時務報」去長沙，他留上海的時間，約為一年半。「時務報」為中國人自辦雜誌之始（早有「萬國公報」月刊一種，係外人主辦的廣學會出版），在此一段時期，啓超除主編該旬刊以外，其他活動及與各方關係可記者如下：

一、黃遵憲簡出使德國大臣，曾奏請以梁偕行，會黃使事中輟，不果；伍廷芳（秩庸）使美，奏調梁為二等參贊，始應，終亦辭去。

二、二十二年秋，始交馬良（相伯，江蘇丹徒）馬建忠（眉叔）兄弟，並從建忠學拉丁文。又以馬氏兄弟之介，認識了徐建寅（仲虎，江蘇無錫），盛宣懷（杏孫，江蘇武進），嚴復（又陵，福建侯官）及當時辦理洋務諸人。馬建忠所著「馬氏文通」，嚴復所譯「天演論」，啓超均於此時得先讀其原稿。上海是一個人文滙萃之地，啓超在這一年多的時間，所結識的朋友甚多，除黃遵憲、汪康年、及馬氏兄弟和他過從最密以外，他還認識了許多學佛的朋友，如吳嘉瑞（雁舟）之類，因此，啓超自己也涉獵了若干佛書。尤其，譚嗣同此時，以候補知府名義住在南京，從楊文會（仁山，石埭）學佛，隨時到上海與啓超見面，他正著「仁學」一書，常攜稿與啓超商榷，因此啓超在思想上受嗣同的影響不小。

三、二十三年，啓超與汪康年麥孟華創辦不纏足會於上海，又與經元善（聯珊）等創辦女學；並且創設了一個大同譯書局，由康廣仁任經理，康有為及啓超本人的若干著作，即由該局出版。

四、馬相伯覺得啓超不宜入世太早（啓超留滬期間，年在二十四五之間），同時，啓超的另一友人吳濂德（字季清，一字小村，四川達縣），其時正署理錢塘縣令，也想把啓超關在西湖，專聘一二西文教員，讓啓超好好學一兩種外國文字，但卒以黃遵憲一定要拉他到湖南，與吳力爭，結果黃勝吳敗，啓超學西文的計劃也不果實現。假定啓超果從伍廷芳赴美，或吳的計劃能見諸實行，則啓超可能不捲入戊戌一幕，而他對中國思想界的貢獻也可能兩樣，這可看出一個歷史人物的成就，往往出諸偶然，非其本人所能完全主宰。

總之，啓超這一段留滬的時間，決沒有虛度，而且是他一生學問與事業的決定點：他對學問興趣之愈趨於多方，他之終生無法擺脫政治關係，以及他成為中國近代史上一個最有力量的宣傳家，可說在這一時期已大體確定。

湖南，確實是一個比較奇怪的地方，可是我就站在湖南人的立場，像楊度（晳子，湘潭）所作「湖南少年歌」，所謂：「若道中華國果亡，除是湖南人盡死」，這類過度誇大的話，也還是不敢苟同：因為過於強調地方觀念，就整個中華民族看，並不是一件好事。不過以最近一百一十年的歷史來說，如胡、曾、左、羅、江、彭、楊等之於太平天國，郭嵩燾、曾紀澤之倡率效法西洋，譚嗣同等之於戊戌維新，唐才常、林圭、李炳寰、沈藎等之於庚子自立軍，黃興、宋教仁、譚人鳳、焦達峯等之於辛亥革命，……湖南人有一種敢作敢為的幹勁，確實是表見得相當強烈的；但所謂「敢作敢為」是一事，作得究竟對不對却是另一事；例如：庚子一役，發動軍事以自救，唐林等誠然做得很對，但阿附端剛，縱容「義和拳」的，也以湖南人為最多；中華民國之出現，黃宋等誠然功不可沒，但把中華民國一筆勾銷的却正是今天的毛、劉；民五洪憲一幕，首先發動實力倒袁的是湖南人蔡鍔，可是當時帝制派的首領，却又正是湖南人楊度！我們必須了解湖南人這種好走極端的性格，才能明白光緒二十三四年之間，啓超在長沙所以大受當地舊派人物攻擊的這一事實。

啓超是二十三年十月到長沙的，同他去的還有韓文舉、歐榘甲、葉覺邁諸人，都是康門人物，到次年春初，梁即離湘去上海養病，實際在時務學堂授課的時間，最多不過四個月。啓超在「清代學術概論」述此事的經過說：

「……已而嗣同與黃遵憲、熊希齡等，設時務學堂於長沙，聘啓超主講席，唐才常等為助教。啓超至，以「公羊」「孟子」教，課以劄記；學生僅四十人，而李炳寰、林圭、蔡鍔稱高才生焉。啓超每日在講堂四小時，夜則批答學生劄記，每條或至千言，往往徹夜不寐；所言皆當時一派之民權論，又多言清代故實，臚舉失政，盛倡革命；其論學術，則自荀卿以下漢、唐、宋、明、清學者，掊擊無完膚。時學生皆住舍，不與外通，堂內空氣日日激變，外間莫或知之，及年假，諸生歸省，出劄記示親友，全湘大譁。先是嗣同才常等，設南學會聚講，又設「湘報」（日刊）「湘學報」（旬刊），所言雖不如學堂中激烈，實陰相策應；又竊印「明夷待訪錄」、「揚州十日記」等書，加以案語，秘密分佈，傳播革命思想，信奉者日衆，於是湖南新舊派大鬨。葉德輝著「翼教叢編」數十萬言（名義上編者為蘇輿），將康有為所著書，啓超所批學生劄記，及「時務報」、「湘報」、「湘學報」諸論文，逐條痛斥；而張之洞著「勸學篇」，旨趣略同。戊戌政變前，某御史臚舉劄記批語數十條指斥清室，鼓吹民權者，具摺揭參，卒興大獄，嗣同死焉，啓超亡命，才常等被逐，學堂解散，蓋學術之爭，延為政爭矣。」

其實啓超這一記述是很簡單的。原來這個時候任湖南巡撫的為陳寶箴（右銘，江西義寧），他是二十二年到湖南的，年齡已六十有六，因感於對日失敗，求改革之心甚切；他的兒子陳三立（伯嚴），又多方贊助之；加上兩任以新學課士的學台，前任江標（劍霞，江蘇元和），後任徐仁鑄（研甫，直隸），湖南的風氣乃漸漸起了變化。二十三年夏，黃遵憲到了湖南，以長寶鹽法道署理按察使，更是一位主張維新的急先鋒；而地方紳士如譚嗣同，熊希齡（秉三，鳳凰），皮錫瑞（鹿門，善化），唐才常等，也莫不同心協力以改革湖南為職志。因此，湖南自二十二年以後，所倡辦的新事業如內河小輪、商辦鑛務、湘學鐵路、時務學堂、武備學堂、保衛局、南學會、「湘報」、「湘學報」等，乃次第出現。守舊派王先謙（益吾，長沙）葉德輝（奐彬，原籍江蘇，寄籍湖南）等，對其他事業尚無所謂；惟獨對啓超等在時務學堂所提倡康有為一派的學術思想乃大表反對。先謙曾任江蘇學政、國子監祭酒，對舊學有深造，著述甚富，時任嶽麓書院院長，學生甚多；德輝以學人而兼營商業，其人剽悍，文字尤鋒銳，羣衆也不少；他們對康梁的攻擊，儘管多少帶有一點學術之爭，如民權、革命等說法，確為他們所不能接受，而康等主張廢八股、停科舉，改全國書院為學堂，乃尤其與他們的地位與利害大相衝突，因此，乃引起如前面梁所述那樣一場軒然大波，其爭執的文字，詳見蘇輿所輯「翼教叢編」一書，不盡述。王葉年輩遠在梁上，而舊學根柢，也決非當時為梁所能及，但他們乃不惜以全力對付此一二十五六歲之廣東青年，此亦湖南人好走極端之一証，在梁也足以自豪了。（參看左舜生新版「萬竹樓隨筆」「黃遵憲其人及其詩」及「戊戌得罪的皮錫瑞」兩文）

（本節仍未完）

文史漫談

特務藝術

徐亮之

所謂「特務」，在今天已經成為一個最討厭的名詞了。其實，這玩意如果做得藝術點，倒往往足香千古呢！近來夜長晝短，寒流襲人，一杯在手，頗鶩雜覽；且提出一兩件有關特務的玩意來談談吧。

一件是趙宋初陶穀的故事。「清波雜志」記這故事是這樣：

「陶尚書穀奉使江南，特才凌忽，議論間殆應接不暇。有善諜者選籍中豔麗，詐為驛卒孀女，布裙荊釵，日擁篲於庭。穀一見喜之，而與之狎，贈以長短句。一日，國主開宴，立妓於前，歌所贈「鄴亭一夜眠」之詞；穀大慚沮，滿引致醉，頓失前日簡傲之容，歸朝坐此抵罪。」

「清波雜志」對所謂「善謀者」及「籍中豔麗」為誰，均失載；所贈長短句何調何辭，亦語焉不詳；「南唐近事」和「南唐拾遺記」卻全載出來了。原來所謂「善謀者」正是南唐的智囊韓熙載；所謂「籍中豔麗」正是南唐的名妓秦弱蘭；而所謂「長短句」則是一首調寄「風光好」的詞，辭曰：

「好姻緣，惡姻緣；祗得鄴亭一夜眠；別神仙。琵琶撥盡相思調，知音少。再把鸞膠續斷弦，是何年！？」

按穀使南唐事，「南宋」本傳及陸游「南唐書」均不載，實首見於鄭文寶的「南唐近事」。文寶曾仕南唐為校書郎；入宋，曾登太平興國進士，官至兵部員外郎，和陶穀正是同時而年輩稍晚，所記當可信。故南宋初周輝作「清波雜志」及明毛先舒纂「南唐拾遺記」皆從之。但周輝說「歸朝坐此抵罪」云云，卻屬無稽。查「宋史」本傳，穀在後周僅仕至侍郎，入宋始為尚書，官途直一帆風順。雖太祖乾德中因私屬子鄴於試官奚嶼事發，曾奪俸兩月，為小挫折；然不久即加兼刑戶兩部尚書；開寶三年（南唐滅之前五年）歿時，復贈右僕射；恰正乃宸眷始終不衰，夫何「歸朝」「抵罪」之有？祗不過南唐這小朝廷使的這一特務小手法，如果事情屬實，則陶穀頓爾慚沮失容，也實在未免太小方罷了！

但陶穀的所以終被熙載玩弄，根本也可說是咎由自取；「緗素雜記」曾載他另一故事說：

「周世宗時，陶尚書穀奉使江南；（按周時穀未嘗官尚書。「五代史」周本紀及「南唐書」亦無穀於周世宗時曾使江南事。）韓熙載遣家姬奉盤匜。及旦，有書謝云：「巫山之麗質，初臨霞侵鳥道；洛浦之妖姬，自至月滿鴻溝」。舉朝不能會其辭。熙載因召家姬訊之，云是夕適浣濯焉。穀書云云，蓋謂此姬月事適至。」

熙載既因訊此姬而得「會」其「辭」，則心目中於穀之為人亦已思過半矣。厥後再使江南，知其於所謂「驛卒霜女」之必當有「辭」，然後因其事而窘折之，直手到擒拿耳。

於此，韓熙載眞可謂乃一特務藝術家矣；所可惜者，這種藝術的目的祇是博「國主」的一快於一時，頂多只能提供後世的詩材畫料，却一點也不能挽救當時南唐危亡的命運罷了！同時，韓熙載自己也就同樣為人所「特」「來」；傳世的顧閎中「韓熙載夜宴圖」（圖見張大千「大風堂名蹟」第一集）內中有一個胖大和尚，據說便是李後主派去偵察韓的私生活的特務呢。別小看南唐這小朝廷，它倒眞是個特務的世界呢！

另一件乃文彥博的故事，也見「清波雜志」；故事說：

「文潞公帥成都，有飛語至，朝廷遣御史何郯因謁告俾伺察之。潞公亦為之動。偏詢幕客孰與御史密者，得張俞字少愚者使迎於漢州，且携營妓名王宮花者往，偽作家姬，舞以佐酒。御史醉中，取其領巾題詩云：

按徹梁州更六么，
西臺御史惜妖嬈。
從今改作王宮柳，
舞盡春風萬萬條。

至成都，此妓出迎，遂不復措手而歸。」

這故事和陶韓公案頗相似，而出於北宋的中葉，如果所傳屬實，也許正是受着陶韓公案感染的吧！但潞公以一代名臣，到了某一關頭，乃仍不能不弄此狡獪；足見千古官場說破了眞乃不值半文錢！

且赴亮齋飲老酒可也。

聯合評論 週刊

本刊已經香港政府登記

每逢星期五出版

United Voice Weekly

第一二二號

督印人：黃宇人　總編輯：左仲平

社址：九龍赫德道二十三號地下　電話68678

承印：嘉羅印刷有限公司　香港灣仔馬師道5號

總代理：友聯發行公司　售價每份港幣一毫

本報美洲版總經售處美國紐約中美出版社

CHINESE-AMERICAN PRESS, INC

199 CANAL STREET.,

NEW YORK 13 N. Y. U.S.A.

美洲航空版每份零售美金一角

永珍之役以後

·林蕪

親共的康勒上尉，已為反共的諾沙旺將軍趕出永珍，若把四個多月以前康勒兵變之舉作為寮國爭奪戰的第一個回合，則這次永珍之役應該是第二個回合。正如第一個回合之後一樣，第二個回合之後仍是勝負不分的。今後還會有第三個回合以至第若干回合。這並不是因為寮國人好戰，依寮國人已修鍊成的性格來說，根本就不會有第一個回合。這是一場小規模的國際性的戰爭。

有人若以為這還不算是國際性的戰爭，那祇須請他注意一下戰爭的實況。康勒之所以潰敗，是由於諾沙旺將軍突然擁有新式的榴彈砲。對於不喜歡短兵相接的寮國人，榴彈砲的威力是和天兵神將一樣的。其後蘇聯的運輸機也趕忙從河內運來了蘇式的榴彈砲，但已經來不及挽回戰局了。寮國的士兵以前可能連榴彈砲也未曾見過，特別是康勒的傘兵和那些「愛國黨」（即寮共）的草寇，你以為那些發砲的和指揮發砲的一定是些寮國人嗎？「愛國黨」那些草寇早就有越共混雜在內，也幾乎一定有中共所派遣的人員在內。人們若以為康勒的兵變只是這位青年尉官從他那簡單的頭腦裡所搖出來的玩意，那倒是自己的頭腦簡單了。在那次兵變以前三個月，永珍還發生了一件大事：寮共的首腦蘇發拿馮和其他寮共頭目集體越獄，從容而去。康勒的兵變只是這越獄後的第二幕。假如兵變真正成功，則第三幕將是寮共滲透了整個寮國，隨時可以摘取熟透了的果子——寮國的政權。但幸而美國並沒有坐視。為了把這個森林王國從共黨掌裏奪回來，美國會於一陣錯愕之後，迅速從事，斷然取得了第二個回合的勝利。共黨在廣播中曾提到諾沙旺將軍的部隊裡有美國人、泰國人、越南人以至中國人，儘管這是共黨的一面之辭，但我們也寧願信其有。為什麼自由世界的武裝便不應該並肩把臂，來把共黨擊敗，而倒是應該各自為戰，讓共黨逐個吞噬？

把這些事實連在一起來看，便可以明瞭寮國的內戰，從其開始時便已具有國際性，而其國際性的嚴重實超過了第二次世界大戰前的西班牙內戰。因為當時西班牙的內戰雖然也帶有國際性，但其此得彼失只限於西班牙一國，今天寮國的命運卻牽連到整個東南亞的安危，而東南亞的得失是有足夠的份量來引起一場世界大戰的。

現在可注意的問題是這一場具有國際性的戰爭，其規模是否將擴大下去。連帶的問題是，這一場戰爭可能持續到什麼時候。

依各種可知的因素來看，這具有國際性的戰爭卻仍將是一個有限度的局部戰爭。主要的原因是目前無論蘇聯和美國都還沒有準備來一次毀滅性的大戰。莫斯科共黨首腦會議的宣言可以為這一點作註解。共產黨征服世界的戰畧另有其一套，那就是從國內戰爭和顛覆活動來取得一國的政權，漸次擴大至於第二第三國。這回為親共派運送榴彈砲和其他軍火的雖然是蘇機，但那只是因為這種空中運輸不是中共力所能勝，不是表示蘇聯願意直接介入。只要蘇聯不直接介入，則這場戰爭無論打得如何劇烈，也便超不出局部戰爭的範疇。其次呢，無論從華盛頓或莫斯科看來，寮國都是一個遙遠而幽僻的所在，其戰畧意義只是間接的。為這樣的一個角落來掀起一場毀滅性的大戰，總是超乎情理以外的事。

但這個局部的戰爭卻不可能是一個短期的戰爭。戰爭要結束得快的話，只有讓一方取得了決定性的勝利，而以這一戰爭的國際關係來說，卻無論那一方都不能讓對方取得這種勝。嚴格地說，諾沙旺儘管已取得了第二個回合的勝利，但要把「愛國黨」那些草寇消滅卻幾乎是不可能的。寮共及其「同路人」的勢力早已深入寮國的下層羣衆，遍佈於叢莽沼澤之間。人們必須承認，一個未奪得政權以前的共黨，其對於下層羣衆的號召，有時可能是特別強的。有了鄉間的下層羣衆為基礎，游擊式的戰術便可以活潑運用。外加越盟和中共的滲混，極可能的，諾沙旺將軍的部隊將變成以寡敵衆，要不是非泰越諸國也以武裝部隊加入的話。但即使幾個東南公約的亞洲國家派兵助戰，恐怕最多也只能使戰局穩定於某一綫上，追奔逐北揚塵滅迹的可能性是幾乎沒有的。寮共的背後是越盟與中共，都不是缺少人力或戰意的國家，也不存什麼顧慮。就寮國這一戰場的形勢來說，他們無寧是可勝而不可敗的；把菲泰越的力量湊在一起，恐怕也還抵不上中共越盟的能耐。

可能的解決辦法有兩個，一個是重新由一九五四年日內瓦會議所產生的監督停戰委員會出來安排一個包括有寮共在內的所謂聯合政府。但這恐怕已經是太遲了。監督委員會早經寮國合法的政府解散，而目前的合法政府則在諾沙旺將軍之手，寮共必不肯接受這個現實的條件，何況中共越盟出兵參戰的形勢已成，他們不打到一個可以分庭抗禮的地位是不會罷休的。其次便是讓戰鬥去造成一個對峙的形勢，然後再由國際的調停把這種實力造成的形勢暫時穩定下去，有如鄰邦的越南一樣，那便是兩個寮國了。割為二，在我們這個世界上是早已見慣了的，寮國之有此前途，也不為奇。

自然有人會以為這又是自由世界的損失。一點不錯，這將是自由世界的新損失。但一個既沒有共同政策，又沒有道德勇氣的所謂自由世界，如何能夠在共黨不斷的衝擊之下，不受損失？寮國其小焉者也。

怎樣才能團結反攻？

——兼論美國新政權的對華政策

謝扶雅

美國新近選出的總統肯尼第，正在積極部署一切，鑼鼓登場。班頭的國務卿雖迄筆者作此文時為止尚未發表，然這一個月來，美國一般對於「兩個中國的聲浪，因肯尼第的選出而隨以高漲，同時抨擊國民黨政府的論調，更因雷震一案而達到最高峯。一個最大不祥之兆的偶合，是十月八日那天台北雷案的寃枉判決，恰巧另一邊正逢聯合國大會驚險地通過擱置中共入代中華民國席位一案。前數月蔣勻田氏譯鮑爾斯關於兩個中國一文的結尾，呼籲了帶着刺戟性的「心理準備」；美國這一邊卻更緊急地呼籲他們對中共快入聯合國的「心理準備」。他們豈不知台灣無論從任何方面來看，絕對是屬於我中華領土；但既將不得不承認中華人民共和國，而又欲緊緊抓住台灣使不落入大陸之手，其唯一的辦法只有藉詞於台人治台（土地的現實觀點）。或者更確切地說，由台灣人和目下移居台灣的一些大陸人聯合組織所謂「中台國」（人民的現實觀點）。在西洋政治學上，還沒有以某一傳統文化為主眼而規定「國家」的那種說法。果依照那種說法，則香港不也就該稱中華民國了嗎？澳門當然也無不如是了。

近年美國——尤其是民主黨人之所以盛倡中台國或台灣共和國之說，實肇始於對國民黨政權（特別是最近對蔣氏父子）起了最大的反感，覺得國民黨當權派敗退到了台灣後，依然貪污、腐敗、無能，而又不民主，並且對當地（台灣）人民日益加以壓迫。遊美的台灣人所不免親証的訴苦，尤給予他們以義應扶助弱小民族（？）之感。總之，美國納稅人出了如此巨額的「美援」來助蔣氏獨裁政權壓迫中國人民，良心上的矛盾苦惱自不待言。而在表面上，蔣氏父子又不能做到一如中共政權之張開鐵腕，一方面攔阻人民向外出聲，另一方面也不讓美國人進去，不要一文美援。況兼蔣政權這次荒謬處置雷案，直惹起了美國民主黨人士反感的最高潮。恰恰雷震是為了發動組織中國「民主黨」而獲罪，對那同名而又同其精神的美國「民主黨」，怎不更令觸發惺惺惜惺惺之感。上月台北當局一聞肯尼第當選總統而失色驚惶，他們自然心中有數。

我國有不少人每對美國所謂「兩個中國」之論大肆斥責，而不回過頭來先去痛斥這種惡根的蔣氏。須知中華民國在聯合國席位之所以即將沒落，雖具有甚多的因素，但其中最基本最重大者之一，應不能不歸咎於那非法劫持中華民國第三任總統的蔣介石，更於此次，不惜人言，不顧中外一致的公憤，悍然非法拘捕並判刑了那個倡導「自由中國」；為國際所知名的雷震。蔣對雷案如此這般地蠻幹到底，真可謂冒天下之大不違了。這事不但使得國人，連所有華僑在內，都對蔣失望、絕望，而且使得美國人一般奔走駭汗相告——自己「美援」的盟邦中出了這樣摧殘基本人權的嚴重事件，我們怎能在國際場中再替它說話呢？」美國廣播公司特邀雷震大女德全在此接續兩次（十一月二十七日和一月一日）全國廣播雷案，其用意無非在促本國當局如何重訂對華政策。所以雷案這場災禍真是闖得太大了。南韓李承晚的殷鑒不遠。蔣氏父子如尚有些少良知，或具着切身利害觀念，應不使青年學生流血（雖然我們絕不顧今日台灣有此），不俟美國華府及駐台大使之出而干涉（美國對雷案表示關切，絕不是干涉內政，因為，這不但屬於一般的基本人權問題，更屬於中美兩國合作的大問題），即自動急流勇退，以謝國人而謝世界。中國傳統精神中「悔禍」「讓賢」的先例，昭昭充溢於史冊，而況現代政治畢竟是以人「民」為「主」人，豈有公僕鬧亂子到此田地而猶蠻橫把持，這不止等於強盜行為，且與毛澤東輩在大陸的行徑亦復何異。然蔣氏在過去固未嘗無下野的往事。受責難而退避賢路，至少要比將來被迫下台，以至如李起鵬之全家自滅，着實要磊落而幸運得多了。

筆者最近曾與此間若干民主黨人士交換意見，固對他們所謂兩個中國的腹案靡得其情，而亦畧祛其所惑，並為提出解決中國問題的正路大路。首先我們共相同意的一點是：蔣家政權決不應再保持下去。所以蔣之急速退出，實為今日天下之公言。至於他們認為「台灣反攻大陸等於神話」，這就要看「台灣」是怎麼樣的台灣。如果台灣一旦自蔣離去後，產生一個民主英明的新政府——各黨各派一心一德，團結反共，復國建國的良好政府，將不但得到台灣一千萬人和海外華僑一千五百萬人的一致支持，也必得到美國和自由友邦的支持。那時，就不僅僅是「台灣」了，而是真正以民主團結作一長城的「中華民國」。以民主中華而與窮途末日、反人道反民主的中共政權作戰，將見義師之炮一鳴，大陸萬萬山響應，赤色王朝之不崇朝而崩潰，直無待於蓍龜。這有我們數千年歷史事實作証，絕對不是什麼神話。以不義的小國反攻不義的大國是神話，以仁義之一旅而破暴權虐政下之百萬雄師，乃是古今中外之真理與公例。今日者，大陸六億生靈已燃起最後的饑餓怒火，我們再按兵不動，隔岸坐視其絕息而亡，太忍心了，太忍心了！然而我們內部的毒瘤不先割去，我也惟有自陷於全身中毒，又怎能去奔救家人呢？事有所謂千鈞一髮，當機立斷者，此之謂乎！

十二月六日　自美紐澤西

雜憶錄之十七

繫念於亞非動亂中的僑胞

·幼椿·

記得我十八歲在上海震旦大學讀書時，一天教世界地理的法國教授問我，在世界上，甚麼民族自動的向外，移殖於各地，人最多、地最廣，而且遠及窮邊荒島，同着野蠻人合作，開闢出新天地來？當時，我一想，想到哥命布發現美洲新大陸，麥哲侖發現東南亞洲，答覆先生，說是西班牙人葡萄牙人。教授笑說：不是，是你們中國人！我當時有點不相信。後來，一九一八年冬，我坐法國郵船去法國留學，路過越南、新加坡、吉隆坡、印度南岸沿埠，無處不見到許多的中國僑胞。尤其令我初出門，很驚奇的在紅海口一個熱得不得了的小埠上，碰見了僑胞在那裡做生意！

紅海入口左側，有一個叫作基布底（Jibuti）的小埠，那是法國人經營的，以出上等咖啡知名，這裏是黑人王國伊索匹亞的出口處，有一條路直通黑人王國的京城亞廸斯亞巴巴。基布底在我去上岸游覽時的冬季天氣是一百一十八度，熱得透不過氣，市場黑人皮膚黑得發光，像青緞一樣。然而在這炎荒之中，我還遇見山東老鄉在那裏賣繭綢，廣東僑胞在那裏賣水果．我問起他們，說是來自非洲東南角，馬達加斯加一個大島，那裏僑胞很多，開發的富源很大。

一九四五年春天，我自重慶飛往美國，經過西北非洲角上的加薩布蘭加，留宿一夜，又遇見中國僑胞，在那裏，開有飯館，問起非洲內陸，據他們說，僑胞還是有人去，尤其是黃金海岸一帶，種植可可業務的，有很多中國僑胞。我去到了南北美洲，那裡的僑胞既多，又是比較最幸運的，自不消說得。及至近十年來，我游歷東南亞洲，就已感到在東南亞洲中的多數僑胞，在動亂與變化之中，本來幸運的都漸次的觸到了惡運了啊！

在這幾日報上，頭條新聞，大書特書，乃是剛果的內亂與寮國的內亂。在新聞中，我隨時看到，英國政府對於英國僑民的關心，去電詢問他的使領館，英僑的損失如何，撤僑的辦法如何？又看見寮國難民進入泰國境內的有一千多人，中有美國人二百多，法國人三百多。據新聞報道，永珍城內的半個城都給砲火燬掉了，美國人也有受傷的，中國商店的舖主們均已離城。然則，永珍城的僑胞是不是有了傷亡？如果有，傷亡的數字又是多少呢？

一九五七和五八年，我在英屬北婆羅洲山打根、斗湖各埠，會遇見自印尼逃來的、狼狽不堪的青年僑胞，其中有幾位是從印尼的西勒伯斯（Celebes）島西北岸上逃來，據說：蘇加諾的砲艦砲擊西勒伯斯沿岸埠頭，我僑胞所受的生命財產的犧牲甚大，然而究竟又傷亡了多少僑胞，以及又損失了幾多財產？我們還是沒有一個數字。至於在整個印尼，被蘇加諾藉着左傾的招牌，而沒收我僑胞的財產，蹂躪我僑胞的生存的，其中人命財產的犧牲更大，在印尼的三百萬僑胞之中，眞是沒有幾個人會逃出這樣的破敗的命運，我們更難於去得一個損失的數字了啊！

我們僑胞在幾百年前，甚至在千年前，自動的、孤身的，未曾得着歷代政府的幫助，飄洋過海，涉水翻山，遠至窮荒，篳路藍縷，以啓山林，對於今日亞非大陸，沿海以至各島嶼之中，開始了開發事業，經血汗以及歲月，一代傳一代的努力下去，這樣給予了邊荒之地的鉅大財富，並提高了當地土著的生活水準，這種對於殖民地政府，對於各開發地區的土人，以至對於全人類的生活資源享受，都是有不可沒滅的偉大的貢獻的。一九五七年一月，北婆羅洲的英國殖民地的總督杜命保爵士就說得明白，他在山打根一集會中說：「北婆羅洲中各民族雜處，素來和平相安，土著民族不可以對於中華民族忽啓恐怖觀念！要知道，北婆羅洲如果沒有華僑在此辛苦經營開發，則此邦不會有今日之繁榮生活，尤其中華的僑民與土著的杜松女子結合而生出來的兒女，皆是一般的好漢子！」推之印尼之有今日，馬來亞與新加坡之有今日，那種出產的豐富，商埠的發達，何莫非我僑胞辛苦開發，努力了若干年歲之功！然而今日或數典忘祖，或狹隘成仇，竟在這些地方，土著將中國僑民認為是眼中之釘，或排斥之，或打擊之，甚至消滅了華僑的生命權利，這樣做法，太不公道了，甚至太不人道了！在二十世紀六十年代的今天，舉世大談其民族解放，聯合國重申人道的宣言，而獨我僑胞在亞非動亂中大受其蹂躪，沒有人為之聲訴救援，眞是令人痛心之至！

因是，筆者曾數次為文，責備在台灣省的中華民國政府當局，保僑不力，且怯於向聯合國去隨時控訴。所可怪者，在北平的中共政權，號稱國力強大，國威發揚，而且隨時派人花錢去亞非各國滲透，並鼓動亂子，足見中共很注意亞非各民族的得失榮辱，但對於亞非這些國度中中國僑民的生命財產又不大去注重保護！——世界上豈有所謂國力強大的一國政府，而竟將自己在國外居住的僑民休戚，置之於不加保護之理！譬如中共對於印尼的華僑，在開始受印尼政府迫害時，竟只問共不共，不問民不民；中間經印尼人將傾共的華僑也一樣予以虐待，中共始出而干涉；後來印尼政府又漸與中共妥協，現在中共又不過問印尼僑胞的生存權利，而只圖與蘇加諾去交好了。

哀我亞非洲中僑胞，歷代以來，受着艱辛，竟未曾得着祖國政府的照顧，今又遭逢亞非動亂，池魚之殃，令人不勝繫念！

美對華政策雙軌幷進

·季夫·

美國未來的新政府，及至國務卿人選確定為魯斯克、副國務卿鮑爾斯後，可說經已組成。

由於魯斯克一向為幕後人物，過去且亦鮮少公開發表意見或文章，因此各國對他的反映頗佳。對台灣來說：他的「人緣」顯然比鮑爾斯好得多了。不過台北官方一直不肯對他加以評論，惟其愼言，也正是有難言之處。依照中國的人情世故來說，這種不直接置評的態度，幷非是代表着友善與好感，而是無可奈何。事實上祇要看看魯斯克過去在美國國務院主管的工作及其潛在的影響力，台北是必然心懷疑懼的。他曾經是史廸威將軍麾下的智囊，他是杜魯門、艾契遜所推重的人物。鑒於甘迺廸發表他任國務卿時的推許，及民主黨內部各派一致的讚同，可見他絕非是一個沒有主張的「好好先生」。

從另一條綫索來看，鮑爾斯雖然修正了，他謬誤的「中台國」主張，可是他畢竟是一個現實的外交家。儘管他說，承認中共是外交上的一條死巷子，寧願避免這一個富有情感性的辯論問題，但却不能因此說他現已成為一個絕對反對與中共往來的人物。相反的他提示美國對中共應作一種「新的透視」，肯定的認為，需有中共參加裁軍談判。在這個「緊要的裁軍問題」上，他說：「任何裁軍計劃如無中共參加便無任何意義。」他更進一步說：「北平政權雖有許多困難，却在控制着中國大陸。」同時，他還認為由於「中共資源不足，人口膨脹，殘暴的領導及強烈的民族主義精神作用，將會對其南鄰的較弱小國家採取凶暴的擴張行動。」

基於鮑爾斯對中共的認識，美國今後外交重心之東移，可以想見，即使美國仍一貫遵行不承認中共政策，並且繼續保持對中華民國的友好的關係，但是美國國務院可能會較積極地進行與中共作多方面的接觸。何況現在西歐的若干國家，都早已和中共發生了貿易關係，而倫敦對美的影響力，實在不可忽視。

在國際問題中，「中國問題」中，顯然又再度被擺在重要的位置上，而美國的新政府已是明白的承認中共雖有困難，「却在控制着中國大陸」。因此，對台北當局來說，也到了必須正視和考慮如何應付未來形勢演變的時候了。過去昧於對大局的了解，祇知等待順應，在美國共和黨政府時代，或許尚無不可。但而對民主黨政府——這顯然是一個比較敢作敢為的政府，台北當局勢非力圖振作不可。由於近來台北官方的反映和部份民青代表的看法都認為「美國對華政策不可能有大的變更」，實在令人覺得不安。這是一種自己把自己當作死棋來看的態度，而毫無求活、格殺的勇氣，也就喪失了從新佈局應變的智慧。看多了台北官方的報導和某些代表的發言，祇有心冷與失望！

大戰可能性增大了

莫斯科會議聲明顯示

·田心·

莫斯科會議的聲明雖一再强調戰爭可避免，但在事實上大戰的機會已經驟增。

聲明認為大戰可以避免的基本因素是兩大集團對比消長有利於共產集團。在歷史上，處於劣勢的一方進到認為已有壓倒原為優勢一方的時節，大戰的可能性最大。因為戰爭必須是雙方均有把握獲勝時才會進行。聲明的這一種說法其原意或是為着振作共產黨員的戰鬥精神，是防禦性的；但在某種情況之下却在鼓勵他們作世界大戰的嘗試，是要求以戰爭來一下推翻世界資本主義的原動力。

聲明認為：「和平共處的路綫是動員羣衆開展積極行動反對和平敵人的路線」。即在國內組成「民族民主統一戰線」，在國際組織廣泛的反美統一戰綫，來對「帝國主義及其走狗們」鬥爭；這種鬥爭的手段則是「武裝鬥爭或者非戰爭方式」。雖然聲明並未指出這種國內戰爭，各部戰爭的機會，只是含糊地說：「根據本國的條件」。驟然看來，或有可能不用暴力。但據列寧的詞釋，「革命和平發展是歷史上罕見的機會」，亦即暴力革命、國內戰爭的必然性。而這種局部戰爭是有可能引發大戰的，是故在前一階段蘇聯極力反對這種局部戰爭，要消滅足以導發大戰的「火種」，希望阿爾及利亞、寮國戰爭和平解決。現在不同了，不特在事實上承認了阿爾及利亞的反法戰爭，在寮國問題上，蘇聯的態度也比以前强硬，一再聲明指責美國破壞國際協議，認為「美國政府要對美國及東南亞軍事集團的某些盟國對老撾人民採取的侵畧行動所可能產生的後果負全部責任」。而北越的聲明則認為「肯定不能對這種危險的行動置之不理」。由這種情況看來，蘇聯對於局部戰爭的態度已經改變，寮國戰爭擴大的可能性已經增多，大戰的可能性當也增大。

赫魯曉夫的和平共處精神是「互相遷就」、「互相迎合」、「互相妥協」、「互相讓步」，過去赫魯曉夫到美國訪問，就在這種精神下的訪問，後來又簡稱為大衛營精神。根據這種精神再召開首腦會議。這次莫斯科會議聲明，對於赫氏的這種與西方和解的精神，一字未提。不但如此，各共產國家對這一聲明的評論，亦僅只波蘭的「人民論壇報」提到「和平合作」，還保存着以前的和解精神。足見蘇聯對於首腦會議的態度，是否像以前那樣熱中，固然是問題；即使召開了，赫魯曉夫是否能仍持有以前的那種和解精神，至堪懷疑。

由上可見，莫斯科會議聲明雖一再强調戰爭可避免，實際却是迫使赫魯曉夫甩掉和解精神的會議；它標誌着冷戰的加劇，大戰可能性的增大。

三言兩語

立委謝證宇八日在外交政策檢討會上說：「我聯合國代表團，已成為「一人代表團」，大會一散，代表返國，許多重要會議由副代表或秘書去應景。這種情形有待改善。」

經社理事會競選理事時，不知是那個秘書去「應景」的？

×××

國際新聞協會執委會本月十日在蘇黎世集會兩天，發表聲明，拒絕「台灣之人員加入」。

理由是：「此時此際在雷震被監禁之情況下，……。」

×××

美駐台大使莊萊德十二日稱：「台灣必須加强其生產之力量，不能全賴外資為經濟發展動力，任何一國之經濟發展，首須本國人民勤儉，始克有成。」

莊萊德之言，「話裏有因」！台北當局宜加小心才好。

×××

近來常見有台灣向東南亞國家買米的消息。本月份已先後向泰、越各買入價值九十萬美元的大米！

但宣傳却說台灣的糧食在增產。

×××

八日，中共「人民日報」說：「蘇浙皖贛閩滬五省一市「熱情支援山東省遭受嚴重災荒地區人民渡荒。」

更眞實的情況是，今年的重災省除山東外計有：遼寧、河北、山西、陝西、河南、廣東、廣西、福建、湖南與湖北的一部份。其他各省祇是災情較輕而已。

×××

華北、東北災區目前最缺乏的是：棉衣、糧食、醫藥、柴草和煤炭。山東還缺少住房！

中共却堅持災區人民不得向國家要錢、要糧。煤炭則要首先「保証鋼鐵生產」！

×××

年來大陸青年都不滿中共的「飢寒統治術」。但中共却强調「要代代堅苦奮鬥」。然而又有人問「究竟到那一代才可以不要堅苦奮鬥？」中共回答是，從現在起「革大自然的命」！

苦的日子還在後頭！

蔣廷黻「指桑罵槐」

中華民國駐聯合國代表蔣廷黻氏，十日在聯大發言，主張聯合國對剛果內爭所採取的行動，僅應止於「維護人權的原則」。因而窺其用意，似對魯蒙巴之被捕認為不當。

他繼續說道：「在現在的世界上，對付反對黨，有兩種極端的態度，其一是容忍及尊重之，甚至達於由政府支付反對黨領袖薪給的程度；另一是存在於極權國家，反對黨領袖受到整肅和清算。」

在這裡先不必推敲蔣氏的發言是針對誰，或針對那個國家。總之，他的話不會無的放矢。

在民主政治常軌之下，反對黨的存在，自有其存在的條件。執政黨政府實無任何理由可予壓迫。至於說「容忍及尊重之」，也必然因為是反對黨的存在是代表了國家和國民的利益。如果反對黨（在野黨）領袖接受政府的津貼（不應該是薪給），這不僅不能說是「尊重」，而實在是汚辱！不能被視為是「容忍」，而是為了收買利用！

凡是有發給津貼予反對黨領袖的政府，絕不會是民主的國家！那個「反對黨」自也絕不會是一個眞正的反對黨。因此，不論是以津貼方式、或薪給方式給予反對黨，祇要有同樣類似情事存在的國家，基本上也還是一個極權國家。因為祇有極權國家的政府，才能不經議會通過，隨便耗用國幣，收買政黨、政客，來偽裝民主。

我相信，蔣廷黻氏的指証是有所見、有所本、有所感而發的。他莫不是在「指桑罵槐」！

·小言·

中共是非列寧主義的

眞理報仍指出：

·江陵·

共產集團首領莫斯科會議結束後，大事宣傳「團結」、「友誼」，用來掩飾內部存在的若干歧見。

不過，十二月十一日「人民日報」轉載蘇聯十二月十日「眞理報」社論分析，儘管也以「偉大的友誼」為題，却未能掩蓋兩者不能調和的矛盾。

「眞理報」社論很顯然地還是把毛澤東領導的中共，排斥在「列寧主義」旗幟之外。社論說：「中國朋友們為蘇聯人民的成就感到高興，蘇聯人民在自己的共產黨及其克魯曉夫同志為首的列寧主義中央委員會的領導下，熱情地建立着共產主義的物質技術基礎。而我們蘇聯人也為中國兄弟們的卓越成就感到高興，中國兄弟們在其自己的共產黨及其以毛澤東同志為首的中央委員會的領導下，勝利地實現着社會主義建設計劃。」

社論中突出地顯示俄共中央是以赫魯曉夫和列寧主義來領導的。而中共中央在毛澤東的領導下，却是非列寧主義的。但中共長期以來也自認是實踐列寧主義的「正統」，包括施行「人民公社」這種慘絕人寰的制度。現在，由於俄共公開而含蓄地否定，這就使中共尷尬、難堪了。

迄今中共仍不斷指斥南斯拉夫為新修正主義，且曾不止一次用來間接和俄共筆戰，明眼人已早看出，實為指南罵俄，指着狄托罵老赫。現在，「眞理報」社論於莫斯科會議之後，仍不推許中共的領導集團是遵循着列寧主義的道路，無異指中共為「異端」！

因此，莫道一語之差，僅僅是是否冠以「列寧主義」字樣，其中實在是大有文章的！可見他們間在意識形態上的基本歧見仍未完全消除呢！

新黨決定暫緩成立

（台北通訊）籌備中的中國民主黨，在雷案發生後雖仍繼續進行，但事實上已不可能如前此的積極。更加上李萬居高玉樹也被控公庭，高案雖倖得宣判不起訴處分；但李萬居所主持的公論報則大有被迫交出之勢。益使籌備人深感困難重重，不能不詳加考慮。因此，又將新黨成立的日期向後延緩。

據悉，新黨籌備委員會原已發出通知，定於本月十一日在台中舉行成立大會，台北方面並推定李萬居、高玉樹、齊世英、夏濤聲等前往主持。但十日中午，李等在經過一番慎密的商討以後，又認爲成立的時機尚未成熟而決定暫緩。十一日下午二時各地區的新黨主要人士百餘人在台中縣豐原鎮王地（台中縣議長）家中集會，前後屆四小時，大多數的人都主張照預定的計劃即日成立。但在李萬居等竭力勸說之下，最後乃決定推出李萬居、高玉樹、齊世英、夏濤聲、郭雨新、王地、楊金虎、黃玉嬌等組織專案小組，詳加研究，然後決定成立日期。至於李萬居等爲什麼要主張暫緩成立呢？不外是受了當權者的壓迫而已。

青年黨決定不參加政府

月前當權者曾千方百計誘迫青年黨參加政府，藉以洗刷其迫害雷震和新黨的血手。青年黨方面亦曾有極少數熱中者，頗欲乘機而動，但大多數有識之士都不爲所惑。週前該黨秘書長王師曾暨常務委員沈雲龍返台，向黨中要員報告他們此次在香港與左舜生李璜兩先生會晤的情形和左李對所謂團結的意見後，該黨中央委員會乃正式決定在目前的環境之下暫不能參加政府。至此，當權者一面威脅，一面利誘的毒計已無可售了！

監察院呼籲革新政治

監察院四十九年總檢討會對一般政治設施之檢討意見，已於本月九日經院會修正通過，全文四十條，詳陳應興應革事項，對年來政治風氣之敗壞與社會習尚之奢靡，尤慨乎言之。于院長在檢討會閉幕時，致詞更呼籲各監委督促政治革新。他說：「今日政治上貪污舞弊的劣跡，仍時有發現，社會上腐靡消沉的氣氛觸目驚心，這不能不說是國家復興前途上的一大隱憂。因此，今日監察院的工作，不僅要積極主動去肅清政治上的貪官污吏，整飭國家綱紀；更要以先天下之憂的精神和光明磊落的態度改進政治風氣，振奮社會人心，開拓國家的新生力量。」

總檢討會對於當權者常引用若干早應宣告廢止的陳舊法令以限制人民自由甚至危害人權的事實極爲注意，認爲依照憲法第一七一二條之規定，法令與憲法抵觸者無效，應請行政司法兩院將現行法令分別檢討，凡有與憲法抵觸者，均應分別予以修正或廢止。此一意見，在雷案發生後更顯得重要；但在蔣「總統」玩法成性和蔣經國目中無法的現局之下，監察院的呼籲，決不會產生任何效果的。

教育部宣佈接受兒童權利宣言

獨清

本月十日是聯合國規定的世界人權宣言紀念日，教育部特將去年十一月二十日聯合國所通過的兒童權利宣言的中文譯本正式公佈並宣佈接受。在形式上好像今日的台灣不愧是「自由」的中國，對於兒童的權利都願意予以維護，而對於成年人的人權自然是更爲尊重了。但在事實上怎樣呢？本月十一日聯合報的社論說得正好。社論的題目是「從兒童權利談到基本人權」，其中有云：

「兒童權利宣言」中所揭示的十大原則，我們已經做到了幾項？台灣民間的養女之風，便是違背了宣言「原則九」所稱「兒童不得作爲任何方式的販賣對象」的規定。同樣的，宣言中列舉的政府對兒童的責任，我們的政府、社會和父母，究竟又盡到了幾分？更是任何人所應捫心自問的。至於談到基本人權，我們感慨更多。我們的政府，早在十二年前接受了聯合國「人權宣言」，我們的國家，早在十三年前接受了聯合國「人權宣言」，我們的國家，早在十三年前實施了「中華民國憲法」。但是，聯合國人權宣言所揭櫫的原則，中華民國憲法第二章有關人民權利的許多條欵，又有幾條幾欵，會經獲得充分尊重，嚴格實施，而不爲「非常時期」，「戒嚴地區」等等名義，有意或者無心的打了大大折扣。再加上政治綱紀的日趨不振，司法制度的日呈頹廢，社會風氣的日趨歪邪，基本人權，在根本觀念上既愈益模糊，在日常行爲中更無所顧忌。自然更遑論兒童權利宣言中所揭示的兒童應享之權利了。因此，在昨天的世界人權紀念日，我們看到教育部宣佈接受聯合國「兒童權利宣言」，眞是一則以喜，一則以懼」。

這一段社論所指出的事實，可以說還是避重就輕的；但即此已可證明今日的當權者壓根兒並不把基本人權當成一回事，遑論兒童權利。教育部之所以宣佈接受聯合國兒童權利宣言，不過是官場中的應有文章而已。

唐榮與某院長的關係

十二月十二日聯合報的黑白集又有妙文值得向海外的讀者介紹，題目是「杖朝之慶」，原文如下：

「昨天是唐榮鐵工廠董事長唐榮老先生的八十大慶；依照我國古代的禮制，「五十杖於家；六十杖於鄉，七十杖於國，八十杖於朝」（禮記），唐董事長的八十初度，應該稱之爲杖朝之慶。

本來今日的民主時代，已不復有所謂「朝廷」；惟在目前政治上仍然有「在朝」「在野」之稱，「朝」也者，當仍有其變相的存在。如以「立朝議政」的標準來看，在民主政治的體制之下，唯有中央級的立法機關，相當於舊時的「朝廷」，而行政機關實不足以當之。八十高齡的唐董事長可以「杖於朝」，似不妨扶杖前往立法院一遊，雖不必答覆立委們的質詢（此事已有「顧問」代辦）；但以「亞父」的身份，看看乾兒子，殊不失爲一項盛事。

這次政府不惜引用國家總動員法，重振對日抗戰之精神，並置民生主義的原則於不顧，傾舉國之財力，以救濟「家族資本」唐榮鐵工廠的皮漏。從「法」的觀點來看，殆已近乎玩法；從「理」的觀點來看，仍亦不甚合理；唯有從「情」的觀點來看，向屬情有可原，對此，當以某院院長的快人快語，說得最爲天眞，也最爲感人。他說唐榮的夫人很像他的母親，便還這一點，請大家支持唐榮鐵工廠。本此一念的孺慕之私，事唐府如同事父母，且「事父母能竭其力」；唐董事長有如此顯貴的乾孝子，足堪介壽矣。」

這一篇短文所說的某院長是誰，讀者從「八十高齡的唐董事長可以杖於朝，似不妨扶杖前往立法院一遊一語看去，當可了解矣。十三日聯合報更有一則消息，大標題是「唐傳宗召集屬員，盼竭誠的接受清查」，小標題則爲「張道藩在高雄與唐氏深夜長談」，裏面有一段說「本報高雄十二日電，唐榮鐵工廠有關人員透露，立法院長張道藩十一日深夜與該廠總經理唐傳宗長談，內容未經宣佈。據推測，張院長與唐傳宗係交換如何爭取水利局以鋼筋加工方式獲得該局預付加工費的意見。」當立法委員正紛紛對政府處理唐榮鐵工廠一案提出質訊的時候，張院長忽然在百忙中抽暇前往高雄與唐總經理作深夜長談，顯然是別有隱情的。

讀者投書

編輯先生：

我是個一九五八年從大陸逃亡來港的高中學生，也可以說，是一個最大的不幸者。本來，我的心事在幾個月以前就想向你們傾吐的了，但我總是拿不出勇氣來。時至今日，我忍無可忍了，於是執起這支沉重的筆來給你們寫信。希望你們能從中了解我，以便使我能得到一點精神上的安慰，這就是我最大的要求了，也是我寫這信給你的最大原因了。

首先，我大略的向你們談談我的家境，我是本省人，現年廿一歲，父親是個國民政府的縣級科員，一九五三年慘遭共匪的鬥爭而死了。那時，我才十五歲，已立下了與共匪誓不兩立的決心，我從這時候起，始終不屈不撓的與共匪展開各種各樣的鬥爭，隨着我的年紀逐漸長大，我對共匪的本質認識也越來越清楚，我的反共意志也越來越堅强，假期上山砍柴，把掙來的錢供自己讀書，好容易才挨到高中一年級。那時，正是共匪大辦「人民公社」之際，我親眼看到共匪的所作所爲，實在無法再忍下去，終於，在一九五八年八月，冒險逃亡來港。目的就是希望能以我對共匪的親身體會，去喚起海外同胞，更希望國民黨及早反攻大陸。但是，出乎我意料的，我所得來的全是失望，徬徨和悲痛呀！

當我初到香港的時候，由於人地生疏，毫無依靠，過着流浪街頭的生活，後來，幸被找到一分爲人推車工作，條件是只供兩餐一宿，正在這時候，一百二十六位大陸逃亡學生就在報章上發表公開信，呼籲各界人士救濟我們，於是台灣駐港救濟機關就要我們去登記，半年後我們被保送到調景嶺信義中學就讀，當我臨去之前，救總對我們說：「你們要好好讀書，將來畢業後會送你們到台灣大學去繼續深造，同時，你們的零用費救總會供給。」但是，誰知一分一文也沒有發給，有家人在此的同學當然能夠繼續讀下去了，沒有家人的不得不中途輟學了，我也是其中之一，後幸得在一位友人的幫助和鼓勵下，好容易我才挨到今年七月｜高中畢業了。

我這樣挨下去，無非爲希望能到台灣去讀大學，但是，天呀！當我拿着畢業証書去報名投考時，那知招生委員會交給我一張推荐書，要有人証明在本地居住了六年以上的時間才有資格參加報考，這個打擊，眞如晴天霹靂！在這無可奈何之際，我又只好流浪。

老實說的：爲了反共救國的大業，我是抱着一顆忠於國民黨之心逃亡出來的，希望他們有所作爲，正因爲這樣，我處處表現得特出的愛國之心（說得坦白一點，就是忠於國民黨），起初，對於你們對國民黨的批評我甚表不滿，我總認爲今天你們以這樣的態度來對待國民黨是有損於反共救國的事業，因此，我這樣做，被在港的國民黨特務看中了，一個自稱「安全部」的人找我談話，說要派我回大陸工作，爲了反共救國的大業，我接受了他的要求，但後來不知爲什麼又說上級不同意，於是把介紹到「國防部」去，但又不行，又把我介紹到「黨部」去，還是不行。每到一個部門，他們總是索取大陸情況的資料，資料一拿去了，就人影齊消，不知去向，眞使我失望極了，國民黨的工作人員，原來是這樣！！

編輯先生：今天我才覺醒，我滿以爲國民黨將大陸丟去，照理據該痛改前非，發奮圖强。天呀！我那裏會想到他們今天還是執迷不悟呢？！

本來，我想將我內心的千言萬語說說向你們傾吐出來，但因一方面不知你們的尊意如何，另一方面因心情太惡劣，故只好雜亂無章的寫下這簡單的幾言，如果你們喜歡和需要的話，我願將我的心底話全部傾吐出來！

不幸的流亡學生張子峯上

表揚『好人好事』海外走卒無分

屬於蔣經國的傑作之一的表揚好人好事運動，於本月十五日在台北中山堂中正廳舉行本年度的表揚大會，由張知本任主席。張老先生在今年第一屆國民大會「第三次會議」時能善體領袖意者，從領導「修改憲法反對修改臨時條欵」一變而爲領導「修改臨時條欵反對修改憲法」，使蔣公得以達成三屆連任的大願，並爲蔣經國奠定繼承的基礎，當然是今年的第一件好事，而張先生之應該成爲今年的第一個好人，也就更不用說了，今番要他來做表揚好人好事大會的主席，的確是「長才妙選」。

且說「全國」各地的好人十八和好事代表三十人於鞭炮和軍樂聲中整隊到會，並接受四十餘個幼稚園的小朋獻花，晚上，台北市長黃啓瑞又特設盛宴歡迎。十六日中午陳副總統亦於行政院舉行茶會招待。兩日間各報都在顯著地位刋出他們的活動節目，更增加「諸位好人好事代表的聲光。有人說，當權者既稱他們是選自全國各地，又何不把旅居使海外的也包括在內？遠的且不必說，單就香港而論，據此間人們所熟知的，就有兩位好人理應入選，其一爲以罵××評論爲職業的某名專欄作家，其二則是主張以一排槍處置雷震的某報主編。他們如此忠貞而却被摒於好人好事代表之外，亦將有不平之鳴乎？

從中共與高棉簽互不侵犯協定看：

中共怎樣玩弄施亞諾？

劉裕畧

大陸之窗

高棉（中共報紙稱爲柬埔寨）是一個小國，作爲一個小國的元首如施亞諾（中共報紙稱爲西哈努克）者，他從各方面去爲他的國家從事奮鬥，原也值得尊重與同情。但像他現在那樣陷入中共之手，而在中共外交手法中串演一個被玩弄的角色，則是頗不值得的。

施亞諾之往訪中共，並不自今日始，這一次，也不是他往訪中共的第一次。但中共這一次却對他予以空前盛大的形式上的歡迎。其歡迎形式，據中共新華社十二月十四日集寧電：「應中華人民共和國主席劉少奇和國務院總理周恩來的邀請，前來我國進行國事訪問的柬埔寨（即高棉）國家元首諾羅敦．西哈努克（即施亞諾）親王殿下及其一行柬埔寨貴賓，今天從蒙古首都烏蘭巴托乘車到達內蒙古自治區的集寧市。在這個城市的車站上舉行了隆重的入境歡迎儀式。貴賓們受到專程來集寧的國務院副總理、內蒙古自治區主席烏蘭夫（筆者按：烏蘭夫也是中共中央委員）和外交部副部長姬鵬飛的歡迎」。（筆者按：新華社所謂「及其一行柬埔寨貴賓」係指與施亞諾同行的高棉王位最高委員會副主席賓努、高棉政府首相波倫、高棉第一副首相涅·刁隆）。

據新華社同一電訊又說：當施亞諾到達集寧時，車站上懸燈結彩，裝點得如同節日一樣，月台上並懸有紅色巨幅歡迎標語。雖在「零下十七度的嚴寒下」，但各族人民仍被驅迫到車站上「佇立在凜冽的寒風中」，來表示歡迎。而施亞諾只在集寧休息了三個鐘頭，新華社說：「於下午七時在烏蘭夫副總理，姬鵬飛副部長、中國駐柬埔寨大使王幼平和夫人、外交部禮賓司司長俞沛文等陪同下，繼續去北京」。

再看施亞諾到達北平前夕，中共又臨時加工趕湊了一個所謂「中國柬埔寨友好協會」來應景。據新華社北平十二日電：「中國柬埔寨友好協會今天下午在北京成立。協會的會長是齊燕銘，副會長是王崑崙、張茜、張天民」。看新華社名單，雖曰推選出理事五十八人，但僅公佈常務理事十四人，是丁西林、丁雪松、王崑崙、王友蘭、毛大鳳、齊燕銘、朱德寶、吳青、邱及、陳叔亮、張茜、張天民、郭朋、楊之華。看過此一名單後，可以說：其中絕大部份都是毫不知名的人物，但中共也就拿出這樣一個劣質的拼盤來欺騙施亞諾了。

另據中共「中國新聞社」報導：施亞諾於十二月十五日抵達北平時，「劉少奇主席、董必武副主席、朱德委員長、周恩來總理等國家領導人，前往北京車站歡迎」。「今天，當西哈努克親王等貴賓由劉少奇主席等國家領導人陪同乘敞篷汽車由車站前往迎賓館時，沿途四十萬羣衆熱烈地歡呼，他們搖動着中柬兩國國旗和西哈努克的肖像，敲鑼打鼓，燃放鞭砲，載歌載舞，街道上出現了一片沸騰歡樂的景象」。

又據中共新華社北平十七日電：「毛澤東主席今天下午在中南海勤政殿接見柬埔寨國家元首諾羅敦．西哈努克親王和夫人，進行了親切友好的談話。…接見後，毛澤東設宴招待西哈努克親王以及柬埔寨的其他貴賓們。」

看過上述報導，不禁使人想起施亞諾前曾兩次訪問過北平，但中共當時却對他從未有過如此盛大形式的歡迎。這固然一方面可見中共招待的和所看重並非施亞諾這個人，如果中共眞是看重的是這個人的話，就該在他第一次訪問時就予以如此這般的盛大招待。但當時並未如此，這一次却才如此，可見中共這一次之所以擺出如此盛大形式，是因中共這一次對他有所圖的緣故。否則，這盛大形式，中共也不會在這一次給他的，也正如以往沒有給他是一樣。然則中共對他何所圖呢？從劉少奇在北平車站致歡迎詞時，盛讚柬埔寨的中立政策，以及施亞諾在車站所宣佈：「再過幾天，我們將和中國政府簽訂一項友好互不侵犯條約、這樣將在全世界面前，着重表明我們之間的緊密的和鞏固的團結精神，以及我們致力於萬隆精神的理想和決心」，可以看出，中共的企圖原來如此，中共原來準備與施亞諾簽訂這一種僞善僞裝和平的所謂互不侵犯條約，從而把施亞諾當作中共玩弄外交把戲的工具，以那早已破產了的所謂萬隆精神來欺騙亞洲其它國家和全世界的其他觀衆，然後才如此這般招待施亞諾。

從施亞諾這次到達北平後的表現看，他是完全墮入了中共的彀中的。這從中共方面的報導可以証明。據中共在香港所辦的新晚報北平十六日電訊說「劉少奇主席今天在人民大會堂宴會廳擧行盛大宴會，熱烈歡迎高棉國家元首西哈努克親王。西哈努克親王在宴會上說：新中國對高棉的了解是無可爭辯地表明了新中國的誠意，也是指導我們兩國的相互信任的基礎。世界上只有很少幾個大國對我們表示大公無私的關懷，中國就是其中之一。……。我們非常感謝人民中國，因爲她沒有對我們表現很多大國和中等國家在對待弱小國家時很難避免的沙文主義和鄙視」。此外，他還說了一些恭維中共是「頭等强國」和「東風壓倒西風」的話。當然，像施亞諾這樣用恭維去換取中共對他的虛僞招待，用肉麻的話，去恭維中共是「頭等强國」的話，顯然是可笑而且可憐的。

不過我們若進一步研究他何以會說出這一些話的原因時，立可發覺這其中實有兩個可能。一個可能是他至今尚不明瞭馬列主義的內容及目的，至今尚不明瞭共黨政權的基本性質，乃在蠶食整個自由世界。像高棉那種封建小朝廷，當然更在摧毀之列。他對此不明瞭，而前次到美國時，又受到冷落，遂轉而把中共的虛僞做作當成眞切的友誼，他誤上賊船而不自知，因而在北平大發謬論，在客觀事實上，變成了中共玩弄外交把戲的道具；另一個可能，則是他並非不明瞭共黨政權之性質及目的，只因高棉乃一小國，既不能左右大局，何不在此尖銳對立的世界中採取中立政策，以圖苟安，然後再乘世界之變呢。因而你周恩來既代表中共反對所謂大國沙文主義，那末，我就乘勢將你一軍，乘勢硬說你大公無私，不欺侮小國，從而杜絕和拒塞你那侵畧高棉的野心。何況採取這一手段以對付中共的固大不乏人，高棉以此作爲對付中共的策畧，不過其中之一而已。

客觀而冷靜的說：今日世界確有許多國家對共黨政權採取了後一種手段。不過却又須知道其中採取這一手段最早而且最力的要算印度。尼赫魯原是一個最明瞭馬列主義理論及共黨政權性質的政治家，論國力及形勢，印度在中立國家中及在亞非集團中，影響力都大過高棉。即以個人聲光而論，尼赫魯比施亞諾又何止高出十倍百倍。但當中共需要尼赫魯時，中共對尼赫魯之客氣與禮貌，更超過對施亞諾之客氣與禮貌遠甚，然一到中共不需要尼赫魯時，中共就毫不客氣，斷然命令它的武裝部隊進入印藏邊境原由印度駐守的土地了。而且這一衝突至今不能解決。可見中共的擴張行動並非視與你有否友好關係而定，而是視其本身需要而定，施亞諾若以爲可用中共的話以將中共之軍，亦足見那種作法之完全不可靠。這是說施亞諾這次訪問北平之行，及其所締這種條約，除只能暫資點綴，同時，使其國內人以獲虛僞的安全感外，實無眞正的價值可言。況中共本身亦如毛澤東所說「一窮二白」，毛澤東雖然可以打腫臉充胖子，不惜在簽訂互不侵犯條約之餘，再給若干援助給高棉，但中共却也借此把共產主義的思想細菌和共黨的組織細胞帶進了高棉，且高棉縱然獲得中共之援助，另一方面却又勢將影响到自由世界其它大國對高棉之援助，所以還是得不償失的。

以上是施亞諾把親近中共作爲一種手段來看的話，假如施亞諾這次與北平中共政權親近，並非手段，而是由於他對共黨認識不清的話，那就更危險了。試想一個人把一隻蒙上羊皮的野狼當成羔羊，且與之爲友，這是何等危險的事，須知這隻野狼是隨時可以吃人的。

再看施亞諾口口聲聲談到他個人在國外所遭遇的禮貌問題，好像其本人的內心只注重別人的表面禮貌與否，而不注重其本國的實際利益，又好像只需要別人的虛僞招待，而不計及其中的眞正危險，那我們就更替施亞諾的謀國態度担心了。

說到這裡，筆者覺得美國對外政策當然也有檢討的必要。因爲，如果美國的對外政策只是與蘇聯相持，只是强調美國自身的利益，而忽畧了美國乃今日自由世界的領導國家，應以整個自由世界的利益爲追求目標的話，則亦確易在客觀事實上鼓勵許多弱小國家走向中立的。高棉不過一例。

從印尼終將禁絕中文報紙說起

·吳求·

正當中共大吹大擂，說中共與印尼的邦交已有改善，說中共與印尼關於印尼華僑的雙重國籍的協議已獲一致之際，表面上看：似乎中共眞的已經對印尼僑胞的問題，已有什麼較好的辦法，實則中共與印尼的邦交，自從中共的狐狸尾巴和猙獰面目一再暴露之後，印尼政府對中共政權的僞善性格早已完全明瞭，而且早已時懷戒心。所以，雖印尼華僑雙重國籍問題已在大勢所趨的形勢下，但據棉蘭十六日路透社電：「印尼新聞部長馬拉第今日在記者招待會中稱：在印尼之中文報紙，終將全部被禁絕。當被詢及政府將否考慮其自行出版一份中文報紙時，渠答謂：政府將不會爲一羣人而採取此種行動」。印尼却又將對中文報紙採取行動了。

我們曉得：新聞自由乃今日人類文明之象徵之一，亦是今日人類文明必要內容，且報紙亦是今日人類社會的精神糧食之一，何況華僑遠離祖國，其中許多人又只識中文而不識印尼文，禁絕這些中文報紙，豈非斷絕這些華僑的精神糧食？豈非違反今日人類社會之文明？然就印尼政府之觀點言之，印尼政府之所以採取此種措施，顯然是針對中共利用中文報紙在印尼對印尼華僑從事宣傳性煽動的一種對策。因之，我們亦可確定，這是中共包藏禍心，使印尼政府對中共戒備，從而禍延華僑的又一例証。否則中文報紙在印尼出版，已有長遠歷史，印尼政府向無此類措施，若非印尼政府對中共心懷戒備，印尼政府是決不採取此種政策的。

當然，我們也可由此看出中共與印尼的邦交，是非常勉强，非常缺少實質內容的。否則，果如中共所言：中共與印尼之邦交已有改善，則印尼政府何至有此行動。

當然，我們也可由此看出：中共政府對所有散處在各國各地之華僑，都是有百害而無一利的。由於中共誘迫華僑煽動各地華僑在各該居留地從事親共工作之結果，就勢必引起當地政府對我僑胞之疑忌與戒備，從而使得許多華僑在當地艱辛困苦中創造出來的基業付之流水，甚至不能再在當地安居樂業，或不得不回大陸受罪，或不得不往其它地點流亡。而這都是由於中共暴虐政策所帶來，所以，我各地僑胞今後是應該起來更堅決地反共了。

當然，我們對印尼終將禁絕全部中文報紙的這種因噎廢食的作法也並不認爲是最適當的辦法。因爲中共利用中文報紙從事煽動，印尼就把這種親共的或共黨所辦的中文報紙查封便了，何必連累到其它主張自由民主的中文報紙亦一併禁絕呢？

按之最近數年之實況，在東南亞某些國家和某些地區，迄今仍一再嚴禁主張自由民主的報紙入境，使當地僑胞不能自由呼吸自由民主的空氣，於是中共乃乘其隙，這其實都是對當地國家和當地社會的安定有不利的影響的。而所有主張自由民主的報紙，對東南亞各新興國家，俱如印尼、星加坡等，實在都是非常友好的，對這些新興國家懷有敵意和惡意的只有中共。所以，這些國家的最適當措施，爲該等國家本身利益計，爲人類社會之文明計，實只應該禁絕親共報紙之出版與入口，對主張自由民主報紙之入口，則應該鼓勵與歡迎才是。希望這些國家對此三思之！

泰國應澈底覺悟了

董平生

泰國當局，在一河之隔的鄰邦寮國局勢日益混亂緊張之際，乃大聲疾呼：東南亞公約國應立即準備應付寮國的緊急局面。當然，這個所謂「出兵」，是包括了她自己在內；換言之，泰國也受到共黨介入寮戰的威脅了，她不能不要採取行動，防禦「可能性的危害」指向自己的國土來。

然而，目前泰國當局的舉措，仍是十分尷尬和焦慮的。猶記在東南亞公約第十三屆軍事會議後，那篇「聯合宣言」中，雖然也強調到東約組織決合作抵抗共黨對東約地區的侵略，但是文字上對泰國面對寮國的局勢與乎泰國所感覺到的切身威脅，並無作出具體的辦法或決定；祇這一點，就足以使泰國目前感到無限徬徨。

數月以來的寮國政變，及最近這一次南越曇花一現的叛變，即使並非共黨所發動，但其結果終為共黨所利用，却無可諱言；尤其是寮國今日的局勢，更為明顯。巴特寮的活躍，尤足以造成東南亞公約地區的不安和混亂。泰國當局日前曾提議過，要修改東南亞公約組織條約，謂須在條約上註明「擴大聯防」的範圍，對共黨的武裝侵略，應立即採取行動，為保障公約地區內的安定，公約國有馳援協助敉平政變的義務。這一點，便足以顯示出泰國當局對寮局的發展的關懷，更足以反映出泰國當局今日的憂慮和恐懼。

泰國在近年來，政治是修明得多了，經濟上也畧有建樹，但在對外貿易上，直至今日，仍是處在逆境中，農民生活，也每況愈下，美援的挹注，尚未能替泰國澈底解決經濟上的困難，於是由內外交迫的憂懼釀成了憤懣的情緒，乃一度作出了聲言接受蘇援的衝動表示，甚至於湧起了欲以「中立」的姿態來防止共黨顛覆的幻想，因此到了今日，更使她的憂慮和徬徨愈益加深。

在目前現實的態勢下，泰國應深悔日前貿然聲言接受蘇援的不智！誰也都該知道，蘇聯的援助，無非是統戰的一種手法，而走向「中立」，就是被共黨滲透的漏洞；同時，由於她（泰國）的衝動，亦使東南亞公約組織的其他國家對他浮起了一層陰影。到了今日，泰國發出「準備出兵應付寮國的緊急局面」的呼籲，恐怕也很難起得怎樣的作用了。這可以說：是「一着之差」的一種反响。

為泰國計，現在應立即澈底覺悟，迅即和反共的國家，取得軍事防衛上的多邊協定，同時在東南亞公約組織上，再來表明一下堅强的反共態度，並在經濟上，和一般反共國家，謀求合作，進一步取得貿易上的互惠，自助人助，才足以解除內憂外患的危機。至於「應付寮國緊急局勢」，當然是東南亞公約國採取緊密一致的行動。泰國當局，允宜及早圖之。

富馬漸臨窮途

萬清

寮國中立總理富馬，最近的處境已漸趨狼狽，這位一向表示事事「有把握」的總理，似乎已不能維持往常的風度，他甚至透露過，他要辭職不幹了。

原因是這位提倡「左翼、右翼、中立」三方面妥協的總理，却遭受來自三方面不同程度的打擊。

富馬親王原是挾天子以令諸侯的。但自琅巴剌邦叛變，當地守軍投向寮南右翼諾沙旺政權後，他只得宣佈拒受寮王的「亂命」，因王上已被挾持。可是，他雖不得已而聽從李江進軍王都的建議，但却被尊王的寮國人民認為富馬此舉是「犯上」不敬，而且，攻王都軍事也並不見有何進展。

右翼是公開反富馬政權的，對富馬實地打擊，自不待言。可是在另一方面，左翼亦對富馬並不客氣。雖然富馬曾經親飛桑怒，會見他的異母弟蘇發努馮，而由這寮共領袖表示給他的中立政府以支持，也同打擊右派，迫使右派屈服於富馬的聯合政府政策。但是寮共在永珍的三代表，却執行共黨的另外一套政策，他們要求寮共武裝不經改編而佩上王軍的徽號。他們堅持聯合內閣只能聯合右翼的第二流份子，而堅拒右翼革命政權首領諾沙旺及彭庵親王，在聯合政府中有任何名義，更用不着說，不予他們以任何實權。

左翼的這些政策，竟又為李江上尉的「中立部隊」所無條件接受。永珍的反諾沙旺參加政權大示威、就在富馬官邸外舉行！雖然這些大示威可以說是代表左翼方面的意見而已，但當永珍政府力求和談之際，作出了反對和談、或提出使和談陷於僵局的條件。顯然是正面打擊富馬的政治計劃，使他的提倡、奔走、斡旋、付諸流水。

富馬所以於大示威的翌晨，便下令查拘主持示威份子，無非是想挽回他的既墜的威信。但在查究之下，李江上尉顯然同情或放任這些示威行為！記得前次，富馬為了李江上尉用紅地氈歡迎蘇聯大使，曾宣佈對李江作禁閉的處分。這次，富馬已不能再信任李江，而乘李江在外作戰，派出富馬的親信部隊，負責永珍警衛。富馬的道路，看是越來越窄了。

·廊開通訊·

閩共「大員」碰了一鼻子灰

閩共的魔掌，刻正進行加緊控制各地「華僑農場」的歸僑和僑眷，要把他（她）們勞動力，一點一滴的壓榨得乾乾淨淨；該省的「統戰部」部長張兆漢，固然是經常跑到各「華僑農場」去視察「勞動情況」，而「僑委會」副主任黃長水，和「僑聯」副主任尤揚祖等，在最近這一個月來，也不斷地前往莆田、晉江、永春等「華僑農場」，作輪迴巡視，并深入到各生產隊裏，親自指揮工作。據說：這是因為各「華僑農場」的歸僑和僑眷，不甘橫遭奴役，每伺機向駐場的中下級共幹反抗，把中下級共幹弄到束手無策，「省委」據報，便不得不要派出「大員」前往鎮壓，并意圖把「五查五比」的政策，帶到各「華僑農場」去實施，然而那些所謂「大員」，終於也碰了一鼻子灰。（按：所謂「五查五比」，就是一查思想，比熱愛勞動，二查作風，比堅持「四同」，三查工作，比點面結合，四查勞動，比實際工分，五查學習，比執行政策）。

據此間所獲得消息：去月下旬，正當黃長水等官架子十足巡抵赤港「華僑農場」，而召集了歸僑和僑眷來訓話時，却被歸僑和僑眷先行向他們提出了兩項要求，第一、減低勞動程度，第二、改善勞工生活，詞語激昂，理直氣壯，把黃長水等弄得面紅耳熱，正擬抖擻精神向他們解釋，而他們却一哄而散，訓話不成，祇得狼狽而去。（施全剛）

僑鄉近訊

粵共集中勞力大攪冬種

．江水．

粵共為求解決糧荒，日前已派出數千名幹部，驅策各鄉農民，集中到珠江三角洲的沙田地區，大搞冬種生產。查珠江三角洲的沙田，面積共約四百萬畝，生產一向富盛，即在自然災害（水旱）侵襲下，也能維持水平的產量，因此，粵共覷準了這一大塊肥沃的地區，於是把它劃作糧食生產中樞，運用高壓的手段，把各鄉的農民，大量集中到這地區去，把農民的勞動力，一點一滴的壓榨出來，支援這地區的農業生產。據粵共公佈的估計，經過這次的大力冬種以後，明年這一地區的糧食產量，最低限度也可增加百份之五十。不過，被强迫集中到該地區的農民，却苦透了！據說：他們的工作，每天早上六時開始，直至下午六時才收工；工作時間達十二小時，其中除午間有半小時是吃飯的時間外，便一直沒有休息的時間。而兩餐食糧的配給，也祇是攙雜白份之四十雜粮的糙米飯。到了晚上八時，還要分組舉行「工作效率檢討會」，農民的體力和精神，都被磨折得要命！

湖北生產隊隊員揭發共幹舞弊

湖北各縣各公社的共幹，偏差舞弊風氣，邇來特別猖獗，被各鄉農民揭發者已有多宗，其中尤以隨縣「洛陽公社」那一宗最為嚴重。據共方最近的報導，該公社已有幹部三人，被扣留清算；其內情是這樣的：有一天，該公社的涓譚第三生產大隊，把各小隊的產量公佈了出來，並嚴厲指出，產量未符定額，需要賠產人民幣三千九百六十四元，各隊員獲悉後，大感訝異，咸認為今年稻穀并不比去年差，何以會產量不符定額？於是羣情洶湧，立往找隊長質問，後卒由隊長陪同各人前往糧倉清查過秤，竟秤出隊員所繳付的糧食超逾了一萬七千三百一十五斤，按照包產額規定，他們還應獲得獎金人民幣四十七元。當堂拿到了共幹舞弊的証據，便立刻轉向「黨委」報告，經過多日調查偵訊後，便把該公社內三名幹部扣留起來；但清算的結果如何，則共方還未有透露。

永珍易手幕後

何之湄

永珍終於入於右翼諾沙旺軍的手裏了，經過一場激烈的炮戰，李江上尉率領殘兵落荒而走，「反攻」是沒有可能的了。他走向那裡去呢？到處都是擁護右翼革命委會的將領，各軍區都沒有他的容身之地。唯一的去處，只有與巴特寮共軍合流。

彭庵親王的新政府，由原來革命委會加以改組，並因國會議員大部由永珍出奔素旺而更擴大政府基礎的，剛在此時獲得議會的承認，也獲得國王的加委。而諾沙旺軍恰好於此時逐出李江，新政府的順利還都將是沒有疑問。

最和平民族的寮國人民，也不免經歷過幾天永珍的巷戰，那是兇狠的李江所造成的。李江於兩軍對峙中，從機場方面炮擊美越兩大使館，中彈起火，造成目前戰後的斷井頹垣。會記政變之初，李江曾以「焦土永珍」威脅勤王諸軍。這次他因倉皇西出，未及舉火。只能以炮擊來宣洩他最後的憤怒。

永珍的順利易手，得力於阿派上尉對李江的再政變。當然，諾沙旺軍的集結力量，分路進兵，一擊而中，乃是勝利的主要因素。說到阿派對李江的政變，却是受李江擁戴登台的富馬總理所支持的。所以推源禍始，還是李江自討沒趣，自招失敗。李江雖擁戴富馬，但他並沒有服從富馬的政治路線——富馬要成立聯合內閣，而李江却堅拒諾沙旺及彭庵，代表寮共的立場。以致富馬利用阿派上尉之力，想掌握首都控制權。

可是阿派上尉乃是前過渡內閣阿派總理的兒子，正統的皇室派，而他政變後，諾沙旺軍已經接近，又值李江反攻，他乃正式與諾軍合流，李江向左，阿派向右，中立總理失去背景，富馬總理只好出奔金邊。

美泰英法四國，都承認富馬政府，而不承認富馬出走後的昆寧政府。（現在，他們當然會承認彭庵政府。）「以美國為首」的這些國家，對於寮局，原是極忍辱負重之能事的，即讓它中立也無所謂。倒是共黨方面，要打破中立，引起戰爭，所以下文還不可忽視。

盲丐

黃信男

紅日的光芒初露，就有些兒火辣灼人，看起來今天又是一個大熱天。海灘上，那座廢碉堡裏，一個裝束奇特的盲人，正挨身出來；只見他頭戴油笠，身披簑衣，只着一雙長統破膠靴，手持一根粗竹杖，緩緩地探索向前，像一隻笨拙的大甲蟲；爬上了堤岸，開始一天的乞討生涯。

他自行乞以來，無論風雨陰晴，這身防雨配備，老樣子，一成不改。盲人出門，看不見天候，俗語說：「天有不測風雲」，像他轉眼間淪為乞丐，可不就是「人有旦夕禍福」！

和大多數的盲人一樣，他記憶力之強，是令人驚異的。在崎嶇險阻的道路上，摸索行走，永遠於懸岩前回身，絕壁間止步，不會失足；住宅區，分得清這是張家的前門，那是李家的後院，拐彎抹角，不會迷途。他的心裏像鐫刻有一幅地形圖，按圖索驥，就能絲毫不爽。根據住戶分佈的狀況，每天行乞的路線，依次更改，這樣才不致天天上門，惹人厭煩。五年來沿門托缽，遍及了山區的大小隣里；可是有一塊地方，他絕跡不到，視為禁地。那兒收藏着他不盡的碎心的回憶，那兒的人們，會斷定他是完結了！在今天，他仍舊掙扎着要生存，雖然是要飯，他認為：也要離得遠遠的。

每天早出晚歸，不避風雨，不計寒暑，為了三餐餬口，在坎坷不平的道路上，挨門乞討，雖屬卑微屈辱，可不絮聒強求，更不乞取金錢，僅隨人打發一些殘羹剩飯，吃着到也津津有味，得免飢渴。多年來，由於這種不屈不撓，默默忍受的精神表現，在他身後不再聽到嘲訕，代替是人們的同情與敬憫，乞食也因此方便些許了。

走完一段長長的堤岸，折入山徑，經過小橋流水，登上斜坡道，數着石級、一五……一十……來到了人家；這在常人，片刻即到；但可憐的盲丐，就要常人三、四個時辰了。今天常有好心的人們，估量着盲丐時辰，該來，特為他剩留些吃食，般勤地囑他努力加餐呢。

吃罷一大碗雜和飯食，肚皮有點鼓脹脹的，他覺得無所事事了；照例要在蔭涼地裏，歇腿、打個盹；或者回憶過去。驕陽天，揮汗如雨的過路人，會驚訝這古怪的中年盲人，如此安靜地坐在大樹下，一動也不動，像是沒有知覺，像是一段枯木，生氣毫無，殊不知他內心的世界，正掀起一場激烈的鬥爭；追憶的翼翅，又載着他飛向那塊自己生長，墮落的地方……那禁地的上空……，盡情盤桓……

他原是一個自食其力的能幹礦工，生活安定很好，自從染上嗜賭的惡習，才開始不安於正業，走了下坡路。由於「乾綱不振」，自己的老婆，也沾有同好，夫妻倆志同道合，各自向賭場中去覓好運。最難忘那個倒霉的早上，連宵酣賭，沒得好睡，猶自拖着怠倦的身體去工作。為了生活，不得不工作——只有在窮困時，才想到要工作，才想到負債的可怕。時運是如此不濟，心情份外的惡劣，礦坑內也異樣的令人感到窒息。自己的慾望，永遠無法滿足，勞力已失去原來的意義，前途像所置身的四週，是一片無邊的黑暗。記得是爆破一個探巷，手裡正裝置雷管，腦中兀自檢討昨晚的戰績————自己作莊家，手風正順，接連幾把通吃，押客們全都沉不住氣了，檯面上擠滿大堆大堆的注碼，於是默禱着老天幫忙，再來一次通吃，就功德無量了。緊張地開了牌，眞巧！三門全是一點，像是吃了一顆定心丸，私自慶幸要轉好運，兩塊骨牌，在手中互合着使勁的抽呀抽：……他娘的！竟是一倆斧頭靠老九！一剎時肝火上升，牌摜一！但聽得轟……一陣巨响，眼前一黑，一陣錐心的痛楚，失去了知覺……

清醒時，已是躺在病床上，才知道，雷管爆炸，雙目失明，從此進入悽慘的黑暗世界。

眞是禍不單行！老婆領到一筆保險費，竟撇下瞎子丈夫和一個七歲大的女兒，私奔了，可能她早有外遇，自己一向賭昏了頭，給蒙在鼓裏。

傷愈後，親友們對於這次不幸的變故，深表同情，紛紛解囊相助，湊足一筆款子，買辦些日用貨品。開始作小本生意。由女兒領路，自己挑起貨担，四處銷售，每天博取蠅頭微利，父女二人，也能將就度日。誰知自己頑劣成性，吃不上三天飽飯，又舊病復發，偷摸去賭了。

倚仗天賦的記憶力，玩起牌來，比常人還精明，無奈總是晦氣星照命，連連敗北，到後來索性連貨物担子，全部輸得一乾二淨。

這時候，正是山窮水盡，告貸無門；偏有個好心的吳二孀，原藉聚賭抽頭，放高利貸為生，居然自願一再借給賭本，經不住她甜言蜜語所慫恿，只顧得有奶便是娘，末了竟把女兒給抵賞啦！眞是個瞎子，錯把魔鬼當作了神，這一來激動了「公憤」，為親友一致唾棄。

自己的死活沒人過問！傾家蕩產無處存身；記起海灘上有個半毀的碉堡，曾充過臨時賭場的，可以躲避風雨，遂決意去作個現成的主人。小女兒倒捨不得混蛋的父親，一天找來，哭嚷着要和爸爸一塊要飯哩！可憐的孩子，大錯已鑄定，一切都太遲了。

人人都說瞎子的下場，是天理報應；自己也認為：活該受罪，既不怨天，更不尤人，可是生就了幾根傲骨，決不甘願就此屈服，憤怒的火焰，在心裡燃起，無所畏懼了！矢志要在絕境中求生存。

那一長串苦難的日子，是好生難捱啊！誰會了解一個在寂寞孤苦中，掙扎求生的盲人底心情呢？誰能知道補贖的代價，是多麼的高昂，並將無限期地繼續支持呢？畢竟時光如流水，在默默的順受中，痛苦也隨之冲淡了；屈指算來，不覺五年。

女兒該有十二歲了；無時無刻，不在盼望她快快長大成人，祝福她將來有個良好的歸宿——這是唯一的希望，外在世界透進來的一縷陽光，給凍封的心園裡，帶來無限的溫暖。好孩子，常常偷空跑來，相依相偎，互訴衷曲，享受片時天倫樂趣。每逢年節，總不忘帶點食物，孝敬父親。上回拜拜時，叨光了點油葷，吃壞了肚子，趟了一天，沒有出門，第二天，她得到消息，特地送來特效藥，為此動用了買菜錢，還給吳二孀重重的打了一頓哩！

每想起吳二孀，那個假仁假義的老婦人，總是痛心疾首不寒而慄；只怨自己沉湎於賭，上了圈套，害得女兒也掉入火坑。無辜的孩子，在惡毒的魔掌控制下，命運會變得如何？寧願她的容貌，變得醜陋，也免得將來，怨紅顏命薄，似楊花飄零！寧願她的身體，有了殘缺，父女們一道乞討，也勝似這咫尺天涯，骨肉離分！女兒雖小，到底能依戀盲父，不忘根本！作父親的落得這般光景，自顧不暇，如今儘管天良發現，又能為女兒做些什麼!?早知今日，何不當初！不由悔恨交併，悲從中來，心如絞割，淚在倒流……

盲丐為一陣激情的高潮所衝動，渾心緒混亂不安，渾渾沌沌的都已忘卻置身何處了。他不再胡思亂想，竭力保持內心的寧靜，恢復記憶的能力，否則便會不辨方位，寸步難移的。

層層的烏雲、遮蔽了太陽，雷鳴電閃，狂風大作，暴風雨將臨了。他的一生，曾遭遇太多的暴風雨，總是猝不及防，弄得狼狽不堪，自從目盲行乞後，心靈的覺醒，使他能在黑暗艱險中，腳踏實地，不再躓仆；於是勇敢的站立起來，重又邁上征途，像一隻弱小的海燕，為了生存和自由，要在暴風雨中，艱苦搏鬥。

有人願意送他到另外一個地方，在那兒，將可獲得安定的生活。但他謝絕這份好意，他不想逃避上天的懲罰！唯有在痛苦的補贖中，才能獲得良心的慰藉；吃得有味，睡得酣甜。

他習慣於自己的生活方式，不願改變；他熟悉山區裡每一寸的道路，不忍捨棄；還有不幸的女兒，是要相依為命，不能和她遠離的。他在坎坷的人生道上，飽經憂患，現在已是一匹識途的老馬，將要為女兒領路，使她在歧路前，不致迷失；從荊棘中，走向坦途。

驟雨開始在他的油笠上、簑衣上，奔騰急打，一瞬間暑氣全消，內心也滌淨無塵了。從他謹慎專一的態度中，我們可以看到：這顆懺悔的靈魂，正盡着最大的努力，在他生命的旅途上，摸索前進，像蝸牛一樣　動着。　動着：雖然緩慢，但很安穩。

文壇泥爪

詩人徐志摩之六

志摩與小曼雖然戀愛成熟，但因小曼是有夫之婦，二人卻一時無法結成美眷。小曼想與丈夫離婚，她的父母執意不肯。長此下去，不是了局，且此事在北京社交場合中，又已滿城風雨，迫得志摩只有遠走高飛一途。這就是民十四志摩經由西伯利亞至歐洲的半年漫遊。志摩行後，小曼終於離婚，於八月間電召志摩回國，此時戀愛始由秘密而公開。志摩有名的「愛眉小札」，就是在這以後寫出的情書。

民十五他們在北京結婚了。事前也和志摩與張小姐離婚一樣，家庭和戚友都不贊成。他的父母為了攔阻，曾給了他三條限制：一、婚費自籌，家庭不管；二、必須請任公先生証婚；三、婚後必須回到故鄉，與翁姑同住。這三條限制，志摩全接受了，並且全辦到了。因為自籌婚費，以至結婚儀式很簡單，僅以茶點待客。志摩與胡適交情很好，他託了胡適向梁任公疏通，那時任公正做北京圖書館長，終於答應了出任証婚人，胡先生就做了他們的介紹人。任公之証婚詞有云：「志摩小曼皆為過來人，希望勿再作一次過來人。」誰知徐陸結婚只五年，志摩即不幸死於非命，地下師弟相見，當可告慰任公，總算沒有再作一次過來人。婚後他們的確雙雙回到硤石的故鄉，志摩願望得達，即想陪着心愛的人，隱居一生。可惜不久浙江發生了戰事，他們又跑到上海避難，因在經濟方面，家庭不予支持，志摩不能不出來當教授，他的與愛人偕隱之志，始終不能實現。

志摩把他那美的理想，完全寄託在小曼身上，他能夠和小曼結合，實亦不甚容易。他自己曾說：「這一年來，高山深谷，深谷高山，好容易走上了平陽大道。」走上「平陽大道」，那眞高興極了，他在開始寫「眉軒瑣語」時說：「我正因為珍視我這幾世修來的幸運，從苦惱的人生中掙出了頭，比做一品官，發百萬財，乃至身後上天堂；都來得寶貴；我如何能噤默。」他極珍視他這次的結婚，他把聞一多誇獎過的他的第二部詩集「翡冷翠的一夜」，當作結婚禮物，送給了小曼。

小曼愛京戲，因為袁美雲面孔像她，曾認袁做她的寄女。小曼自己曾在上海登台演玉堂春，叫志摩去配演王三公子。她曾與志摩合寫了五幕劇本「卞昆岡」，在上海也由名演員如鄭正秋、王泊生等排演過。志摩愛小曼，小曼在志摩死時悲痛逾恒，她的輓聯是「多少前塵成噩夢，五載哀歡，匆匆永訣，天道復奚論，欲死未能因母老；萬千別恨向誰言，一身愁病，渺渺離魂，人間應不久，遺文編就答君心。」亦可見她一往情深之至。

文史漫談

一宗先殷王室的風流公案（上）

徐亮之

楚辭「天問」有如左一段文字：

「該秉季德，厥父是臧；胡終弊於有扈!?牧夫牛羊。干協時舞，何以懷之？平脅曼膚，何以肥之？有扈牧豎，云何而逢？擊牀先出，其命何從？恒秉季德，焉得夫朴牛；何往營班祿，不但還來？昏微遵跡，有狄不寧；何繁鳥萃棘，負子肆情，眩弟並淫，違害厥兄，何變化以作詐，後嗣而逢長？」

這一段文字，自王國維以前，註楚辭者均不得其解。自王氏治甲文既知先殷世系與「史記」多合，又知「該」即「王亥」，「季」即「王冥」，「微」即「上甲微」，「恒」即卜辭之「王恒」，並指証「有扈」「有狄」均「有易」之誤，而後解釋始稍有線索可尋。及近頃姜亮夫君為「屈原賦校註」，繁徵博引，勝解泉涌，而後此一先殷古史始能通其泰半；惜尚未能愜心貴當耳！

按這一古史公案所以能獲有解釋的線索，主要的啓發資料由於「今本竹書紀年」在夏帝泄時代曾有過如左的紀載；即：

（一）「十二年，殷侯子亥賓于有易；有易殺而放之。」

（二）「十六年，殷侯微以河伯之師伐有易，殺其君綿臣。」

「今本竹書」雖可能為明人所葺（說見錢大昕「十駕齋養新錄」），但要非鑿空臆說，必有所本。郭璞「山海經」大荒東經註曾引「竹書」說：

「殷王子亥賓于有易而淫焉，有易之君綿臣殺而放之。故上甲微假師河伯以伐有易，滅之，殺其君綿臣。」

郭璞所註當係隱括「古本竹書」之言，而其事乃正與「今本竹書」相發明，則「今本竹書」價值之高，實可想見。有了竹書這些記載為經，則「天問」所問的這一段古史公案的案底，祇消畧一解釋其字句，便不難大白於天下了。茲試為解釋如左：

（一）「該秉季德，厥父是臧。」——該、即王亥，乃王季之子。臧、善也。言王亥初期本能秉承其父王季之德，而以其父之所行為善也。

（二）「胡終弊於有扈!?牧夫牛羊。」——弊、困也，敗也。「有扈」與下文「有狄」均「有易」之誤，說詳王國維「觀堂集林」（九）「殷卜辭中所見先公先王考」王恒條。此二句姜氏以為「蓋倒文以求合韻」，是。原來王亥乃中國首先發明以牛駕車之人物，（我國以牛耕田之事，似晚至春秋之世始行發明，前此則直停滯在耦耕的階段；故周頌噫嘻有「十千維耦」之句。論語微子篇尚載有長沮桀溺耦而耕之事；但「史記」仲尼弟子列傳則有冉耕字伯牛，其人疑發明牛耕，距孔子之世並不遠。）「尚書」酒誥說殷人「肇牽車牛遠服賈」，亦可作為以牛駕車乃殷人所發明的旁證。這種以牛駕車，「大荒東經」叫做「僕牛」；「天問」下文作「朴牛」；「呂覽」勿躬篇和「世本」作篇均作「服牛」，意義都一樣。

（三）「干協時舞，何以懷之？」——「干協時舞」姜氏引「公羊」宣八年傳及「東都賦」薛註，釋為「萬舞」，並引「左氏」莊二十八年傳，謂「萬舞亦所以為蠱」，均是。二句蓋言王亥率諸弟及隨從牧人為蠱惑性之舞蹈，以勾引有易之寵妃豔后也。按姜氏僅謂句「言王亥何以使有易氏之女懷思？則以干舞挑之也」云云，實尚未能鞭辟入裡；蓋王亥以國王之身份及「僕牛」之發明者的聲望而「賓」於有易，假使僅係勾引一尋常的有易氏之女，何致觸其君綿臣之怒而招殺身之禍？是必所勾引者乃綿臣的寵妃豔后無疑。

（四）「平脅曼膚，何以肥之？」——「平脅曼膚」王逸註以為形體曼澤之狀，是也；此句正指綿臣的寵妃豔后言。肥、姜釋「匹」，乃「嬖」之借字，亦即「妃」字，是。言王亥何由得如此美豔之異國后妃以為己之匹配也。

（五）「有扈牧豎，云何而逢？擊牀先出，其命何從？」——「有扈」即「有易」，說已見上。四句蓋言綿臣已知其妃或后與王亥有私，因密令武士假扮王亥隨從的人模樣混入其幽會之地以刺殺之；但被王亥發覺，「擊牀先出」；不過雖已「先出」，亦終難逃毒手，跳出網羅；故曰「其命何從」也。姜釋非。

（六）「恒秉季德，焉得夫朴牛。」——恒乃亥弟，卜辭言「王恒」，足証乃王亥被殺後始登王位者。「焉」當如「墨子」親士篇「焉可以長生保國」之「焉」，義猶「乃」；言王恒也是能秉承王季之德的好君，所以王亥死後，向有易交涉取回朴牛，才能順利成功。姜釋「焉得夫朴牛」為問句，非。

（七）「何往營班祿？不但還來！」——「營」有營求義；「班」、有分也；「祿」、有賞賜義；是「往營班祿」義猶今言前往要求賠償損失矣。「但」、姜疑乃「能」字之誤，余疑乃「得」字因聲近形訛而誤。「不得還來」、蓋指王恒被有易扣留不遣也。如是以上二句合觀，義即：「王恒在王亥既死之後，本已由外交途徑取回王亥失落在有易的牛羣了；為什麼還不滿足，還竟要親自前往，要求額外的賠償，以致被對方扣留，永難回來呢？由此可見有易對殷實已殺一王而囚一王，成為殷人莫大之恥辱；而下文亥子上甲微之請兵河伯，聲罪致討，乃勢所必至矣。

（更正）上期「特務藝術」篇，「南宋本傳」、「南宋」二字係「宋史」之誤。

答振華

韋齋

入廟莫為妻寂禱，安仁賦罷又經年；
浮名何意爭騈拇，苦志依然累仔肩；
日上蓬窗餘曉夢，書遺鐵匣補長編；
海城近說嚴霜逼，珍重天龍一指禪。

聞伯兄將至喜而有作

韋齋

浩歌何地容幽隱，亡命頻年笑苟全，世局撥灰心欲死，生涯閉閣暮成憐。闕文遍註流沙簡，逸興新徵錦瑟篇，絕倒王澄蕭散意，東堂揮麈久無緣。

記戊戌維新始末（十三）

舜生

儘管啓超留在長沙的期間不足四個月，單就他在時務學堂講學所生的影響，以我五十年來聞見所及，確實舉不出第二個從事教育的人物能具有他這種力量。其所以能夠如此，固由啓超本人具有一種高度的熱情，以及當時正當新敗之餘，而列強對中國的瘋狂侵畧，又確實不能不使人有一種亡國的恐懼；但最要緊，恐怕還是由於朱次琦康有為所倡導那種經世致用的學風，與近代曾、胡、羅、江等的流風餘韻，經過啓超大力的闡發，再加上啓超本人以及嗣同，才常等又確能躬行實踐，乃至殺身成仁，與湖南青年那種實幹敢幹的精神合而為一，因之一經鼓盪，乃能蔚為風氣，歷數十年而不衰，即使偶有出軌或脫節，甚至犯下時代錯誤，不免近於怪誕，但究竟不致流於庸俗與平凡，浮滑與取巧，我想這一點，就在今天，也還是值得一般從事教育者加以留意的。

啓超除在時務學堂任總教習以外，對於湖南一般新政的推行，也贊助不遺餘力。他在光緒二十三年十二月，有一封寫給陳寶箴的信，討論湖南應辦各事，文凡數千言，其內容列舉三點：一曰開民智，二曰開紳智，三曰開官智。開民智的辦法，他主張全省的書院改課時務，並由學政提倡新學；又於時務學堂設外課，由各州縣隨時調人作短期訓練，更番交替，即由學政按臨所到，擇其高才年在三十以下者，每縣自三人至五人，咨送到省；由各縣給以川資，學堂則給以膏火或獎賞。此外他又主張派遣留學生，不能去西洋，即去日本亦可。當日他擬定派遣的數目為二百人，分作四年，每年派出五十；留學生在學期間，也以四年為率。他覺得，能得兩百個留學生來領導全省的新政，也就恢恢有餘了。

關於開紳智的辦法，他主張運用「南學會」，先由該學會紳董，就每縣各舉數人，集中省城，參加南學會；為他們講明中國危亡之故，西方強盛之由，考政治的本原，講辦事的條理，一切新政將舉辦時，即讓他們議其應辦與否，次議辦法，次議籌欵之法，次議用人之法，總讓他們天天有書可讀，有事可辦；以一年的時間，十足訓練他們一種充當議員的能力，然後除留一部份在省城任總會議員以外，其餘則分別遣歸各縣，任分會議員；又另選新班，再到總會學習。總而言之，其目的在使當時的南學會成為一種地方議會，以推行全省新政。其時德國已侵佔我膠州灣，各國瓜分中國之說，更甚囂塵上，他們希望用南學會這種辦法，能使湖南卓然有以自立，並逐漸推行於中國南方各省，以作亡國之後圖，這便是他們把這一學會名為「南學會」的原因所在。

關於開官智的辦法，啓超主張設「課吏堂」，由撫台自任校長，司道任副校長，堂即設在撫署附近，集中所有候補人員，到堂內閱讀新書，書寫劄記，學習辦理新政，每日或間一二日，由校長及副校長，以便衣來堂稽查成績，隨時加以教誨，畧去一切官場禮節，相互討論，並延聘通人為教習，評閱功課，擇其優異者，然後委以優差，任以繁缺，就在他們任事以後，也還要他們繼續閱讀，繼續寫劄記，報告各地施政的實況，並嚴禁請他人代筆，以為課最標準。

如此一來，人民的知識有了，省議會縣議會有了，有能力辦理新政的官員也有了，並於省城設一新政局以總其成，以一司道大員為總辦，令其自舉幫辦以下各員，使事歸一線，有條不紊。此外他還主張開闢公路以利交通，設勸工博覽場獎進工商業，以改善一般人民的生活。

凡啓超在這封信上所提的這些主張，實即說明光緒二十三四年之間，湖南推行新政的一個總趨向。啓超在他所著「戊戌政變記」上追述其時湖南的情況說：「當時所辦各事，「南學會」實隱寓衆議院之規模，「課吏堂」實隱寓貴族院之規模，「新政局」實隱寓中央政府之規模，」蓋當時在湖南的一班新人物，他們實對國家前途抱着莫大的憂慮，他們覺得湖南能造成這樣一個形勢，即令國家亡了，湖南也還可獨立，能推行到其他省分，則所能保存者更多。後來庚子事變發生，孫中山希望李鴻章在兩廣獨立，以及當時的唐才常擁張之洞在兩湖獨立，乃至辛亥革命與袁氏稱帝，其推翻滿清與推倒袁氏的有效辦法，也還是用着各省紛紛宣告獨立的這一方法，這些與湖南人在戊戌以前所想像的大致是差不多的。

啓超以二十四年二月從上海偕同康廣仁到達北京，正式參加維新一幕，他在戊戌以前的經歷，大體具如上述。（仍待續）

本刊已經香港政府登記

聯合評論

週刊

每逢星期五出版

United Voice Weekly

第一二三號

代理：友聯發行公司　售價每份港幣一毫

本報美洲版總經售處：美國紐約中美出版社

CHINESE-AMERICAN PRESS, INC.
199 CANAL STREET.,
NEW YORK 13 N. Y. U.S.A.

美洲航空版每份零售美金一角

歲暮贈言

希望民國五十年開始，即有新氣象出現！

左舜生

一、險象環生的當前時局

當前世界任何一個國家，決沒有只是斤斤注意於自身的安全與秩序而可以生存得下去的。弱者，固然要死中求活的苦苦掙扎，以取得若干的外援；就是強者，也還是要汲汲皇皇向多方發展以求，得比別人更高一着；從壞的一面看，固然可以使我們意識到人類的浩刼快要到來；從好的一面看，又何嘗不可以証明人類活力的發揮，快將達到登峯造極。

「叫囂乎東西，隳突乎南北，」就表面上說，今天的共產集團，以蘇聯與中共為兩大主幹，他們的內部誠然有無數弱點，尤其以最近一年中共經濟的瀕於破產為然，可是他們卻沒有一天停止他們的活動：遠則南美非洲，近則東歐北亞以及東南亞，幾乎無處不看見他們潛伏的滲透與公開的飛躍。寫武俠小說的描寫敗者一方，有常用的兩句套話：「只有招架之功，並無還手之力，」我們以此去看最近中華民國的種種景象，真是感慨萬千！

在過去的一年，幾乎有半年以上的功夫，專用在總統的連任；又花了好幾個月的工夫，專用以對付一個雷震，撲滅一份「自由中國」半月刊，絞殺一個籌備組織中的「中國民主黨」，其結果這幾項的成績果然都做到了一百分，但對於中華民國的打擊卻是何等的嚴重呢？其實講起來蔣先生這位國醫的藥，中國人已服了三十年以上，不僅健康的恢復無期，而且病情日趨嚴重已快要接近彌留狀態，大多的台灣人，決不希望有一個什麼「中台國」出現，僅僅握有一管筆的雷震，也斷斷乎造不起反來；一定要神經過敏的弄得醜態百出，陰謀畢露，內以加重國民的離心，外以引起國際的非議；究竟是何苦來呢？

當前岌岌不保的，乃是中華民國在聯合國的席位會不會被推翻；所提心吊膽的，乃是美國的政策會不會發生根本的變化；即令這兩者還可暫度一關，換言之，即我們在聯合國的代表團還可留下來繼續遭受別人的欺侮，甘廼廸的政策還是追隨着艾森豪亦步亦趨，但這也只是消極的「招架」，根本談不到積極的「還手」，對於反攻復國又有什麼絲毫補益呢？

二、轉禍為福的大路一條

平心而論，蔣先生在三十年前北伐初期的指揮若定，二十年前抗戰時期的堅定不搖，確實是值得大家讚許的；假定他今天在一轉念之間，立即恢復孫立人雷震等的自由，說服孫哲生陳立夫等回國共赴國難；制止一切反動分子的排斥異己；親自出馬，首先答謝與訪問南越和泰國，聲明願以台灣三分之一的兵力，以共同維護東南亞的安全；同時把中美協防條約與蔣杜宣言提出立法院，要求予以追認，或直接要求美國予以修改；然後確定日期，精選五十到一百個確有反共復國誠意而年來對國事措施又多少抱有不同意見的人士，舉行一次國是會議；……我想只要有這類大開大闔的做法，不僅足以証明蔣先生的「寶刀不老」，中華民國的地位必定可以提高，中國代表團在聯合國的聲光也斷然可以恢復；不止「兩個中國」的怪論可以雲散煙消，即老毛也將不能高枕而臥；至其他一切一切的困難問題可以迎刃而解，自然更不在話下。六十年前，康梁這班人力勸滿清變法，而且大聲疾呼的說：「能變則強，不變則亡；能變則生，不變則死；」但卒為一般反動分子澈底加以破壞，而滿清亦終陷於覆亡！難道今天的中華民國還沒有到達生死存亡的最後關頭嗎？

三、實際有效的最後一着

上所云云，不要以為我又在這裡故唱高調，或危言聳聽，其實當前形勢的險惡，確已令人不寒而慄；即把我上舉各點逐一見諸實行，也看不出有何種了不起的困難。以聯合國席位問題作個例子來加以說明，中共既有共產集團助威，更有若干中立國家及中立人士自任啦啦隊，再加上若干非洲新興小國對世界整個局勢的莫明其妙，而拉丁美洲又一天天趨於動搖，說中共絕對沒有擠入聯合國的可能，我看誰也不敢提出這種保証。萬一這不幸事件果然出現，對聯合國自身自然是一種災害，而第一個被犧牲的却是中華民國！再以蔣先生於此時此際出訪南越與泰國而論，這至少可說中華民國畢竟還可以動一動，不僅國際的耳目可以為之一新，即平日素來看輕中華民國的人，也不敢不刮目相視；八十五歲的愛德諾，早已決定於明年二月去看看這位美國的青年總統甘廼廸，蔣今年還不過七十有四，而越泰且近在咫尺，訪問這兩個國家，最多不過是十天的短期旅行，我實在看不出有任何的不便之處。有人說，中華民國過去是四強之一，今天的處境乃大不如前，蔣是個最講面子的人，您今天要請他出去一趨，豈不是為他的情緒所不許？其實在過去一兩年，別人的總統、副總統、國王、總理大臣，乃至在野的元老到過台灣的已經不少，我們無不對之敬禮有加，蔣先生這一次出去，並不是有求於人，而是求有助於人，不是表示自己沒有力量，而正是表示自己確有多餘的力量；其必然被人重視，與發言有力，乃是毫無疑義的。何況蔣先生的個性固然不忽視面子，同時却也最重實際，以這樣最實際而有效的一着，究竟還有何種顧慮而不願有此一行呢？

至於對孫雷等的恢復自由，不僅人情法理面面可通，而且確實是國家之福；孫陳的歸國，不僅足以表示國民黨內能首先團結，而且可為未來的全國大團結消除無數的麻煩；其為輕而易舉、自然更不待言了。

送一九六〇年

胡越

聖誕的燈華璀燦如幻，報佳音的歌聲正激盪着這寒冷的夜氣；一九六〇年正踏着歷史的巨步，跨向一個新的紀元。

在這一頃刻，整個地球上正進入安息與寧靜，但不知剛果與寮國是否仍喧騰着仇殺的火熖與聲音？舊歲已殘，新歲將始，數近一百國家的人民，都正在感懷過去的日子，瞻望未來的希望；但是在所有的國家中，恐怕唯有咱們中國人最感到悽惶與黯淡了。

一九六〇年，是韓戰停火以來最緊張的一年，在過去一年中自由世界的舊疾新病一齊倂發，情勢之紛擾和危急為戰後所未有。綜合來說有三大症狀：（一）亞洲反共國家政變頻仍；這包括南韓、土耳其、南越、寮國、巴基斯坦等國的動亂。這些國家的騷動不安，根本原因是內有腐敗專制的障礙，外受民主潮流的激盪，乃形成流行性感冒的發作。其中寮國更有赤色細菌的侵入，其症狀最為復雜嚴重。單純的專制反共病，民主桂枝湯本可一劑而癒，如南韓大改革，算是康復了，可是許多患者諱疾忌醫，於是仍然發燒頭痛·雖然一時死不了，免不了要多受些罪，早晚總得要看醫生吃藥的。但是類似寮國的猩紅熱，可就難治了。目前我們似乎未發現有特效藥，除了別人越俎代庖大動手術，如南北韓、南北越的辦法，活生生的割成兩塊，造成半身不遂的殘廢，似乎想不出其他的辦法。（二）是非洲民族獨立運動的狂潮，這是英法諸國的百年老病，英國（對現實最敏感，二次大戰後即不斷急流勇退，因此預防病症的發作，保持了元氣，可是法、比諸國痴迷不醒，惹火燒身，病體纏綿，到今天仍下不了手術台。醫治這個症狀唯有一法，即是動大手術割棄有菌的肢體。現在絕大多數患者都澈悟了，全治之期已在不遠。阿爾及利亞的病情最嚴重，但是患者的大腦——戴高樂，最清醒最堅決，最近決在來年一月八日實行公民投票，並與叛軍談判；因此病雖重，但不難痊癒。（三）是拉丁美洲的猩紅熱症。今天古巴是猩紅菌的老巢，這個暴烈的邪症，正嚴重威脅着自由世界的心臟——美國，病勢最危險。

過去一年共產世界正患着嚴重的肝病，內部被劇烈的爭吵所震動、所傷損。弄得它的大腦——赫魯曉夫，皮氣古怪，喜怒無常。但是對比之下，比自由世界之流膿流血，不斷動大手術的情況，要好得多了。從雙方症狀看，我們不得不承認，過去一年來的冷戰，自由世界是被擊敗了，並且敗得很慘！

根據過去一年來展望來年，我們發現世局的基本態勢仍是冷戰。這個冷戰的溫度表，最低溫是文化交流、高峯會議，最高溫是小型熱戰、國際性的內戰。而最多成份的表演仍是太空競賽，外交罵戰，經援競爭。在這種冷戰競存的情況下，投機的中立集團前程似錦，其範圍愈來愈大，新獨立若干個非洲國家將大部份裹進這個集團。爭取中立集團，安定拉丁美洲，將是自由世界兩大目標。而在亞非國家及拉丁美洲國家散佈猩紅熱菌，以高峯會議為餌，在威脅，奪取西柏林，困擾和削弱西德及日本則為共產集團的主要目的。

在上述情勢之下，吃最大苦頭的是中華民國。由於中立集團的膨脹、及中立集團的左傾，將大大削弱美國在聯合國的地位，也就是削弱美國對中華民國的支持。今後中華民國要想在聯合國站穩，那就得看自己的本領了。

自由世界這麼廣大，末梢部分發生些災患雜病，是防不勝防的；而它的基幹部位，依然健壯無礙。美國與西歐合在一起的工業力量，共產集團仍是無法企及的。蘇俄在太空競賽的優勢已由於美國的急起直追而拉平了，而美國的軍備仍足以壓制蘇俄的妄動。而西方國家由於民主制度的鞏固，政通人和，內部無不可解消之隱患；反之共產集團在極權專制之下，統治者與人民之間，蘇俄與衛星國之間，一直充滿了爆發性的矛盾。這個矛盾，在自由世界破綻顯出的時候，則隱縮緩和下去，一旦自由世界諸症痊癒，元氣恢復之後，這個矛盾就會強烈、尖銳，匈牙利革命、波蘭反俄運動等事件仍要醞釀爆發。就此而觀，自由世界的前途，並不悲觀，但是從現在起需要一段醫治療養的時間；等待中立集團擴張到極限，對猩紅熱症有了痛切的覺醒，殖民地解放乾淨，那時候共產集團在政治冷戰上就要失去優勢，轉為劣勢。

過去一年的中國，可以用「乾着急」三個字來說明。大陸上的中共，由於毛澤東的剛強專橫，堅持左傾路線，已把經濟搞到百孔千瘡；大「躍進」開始行的是工業第一主義，現在倒退回來改為以農業為基礎了；而在天災人禍之下，六〇年農業生產，據周恩來說只達到一九五七年的指標，今年粮產指標為五億九千萬斤，而一九五七才三千七百萬斤，（實際是否達成此數仍是疑問），為經濟「基礎」的農業，糟到如此，其它在「基礎」之上的生產也就可想而知了。這種情況迫使中共再削減人民的口糧，再加重飢餓；同時來年必大事削減經濟發展的速率。毛澤東為貫澈其左傾路線，不惜以「反右傾」運動來整肅黨內的反對派，現在事實証明反對派有先見之明，因此反對派聲勢將更壯大。黨員反黨，人民反共的情緒必更高漲，中共的敗亡之機已更為成熟了。毛澤東已成為熱鍋螞蟻。可是另一方面，反共復國的台灣，過去一年來却做了一連串的壞事，修憲連任毀了民主憲政的基礎；陰謀逮捕雷震、封閉自由中國、迫害新黨份子，則粉碎了反共團結的基礎；在上述的政治恐怖之下目前的台灣，已成鴉雀無聲死水一片，對這樣一個局面，我們怎麼能够奢望反攻？又何從希望復國？同時國際風雲，日益險惡，明年今日，中華民國是否仍能屹立於聯合國，任何人也不知道；我們這些在海外的孤臣孽子，現在不能不做最壞形勢來臨的心理準備，從新考慮反共復國的途徑。

澳門難胞的苦況

中一

澳門這蕞爾半島，它的面積雖然不過六平方里，但在這紛擾的世界上，也可以算得上是洞天福地的世外桃源了。它同時又是地獄到天堂的第二通路（第一通路當然是香港）。因此，我們在這裡隨時都可發現駕着漁船或木船，冒九死一生危險的難胞逃入澳門。這些剛從鐵幕裏鑽出來的青年或中年人，他們既不屬於過去的軍公人員，也不是什麼土豪惡霸之類，而是廣東沿海一帶的農民和漁民。

這些農民和漁民既不懂什麼叫做主義，同時也不知什麼叫做自由，他們出來的目的，祇是爲了要吃飯和要活下去。換句話說，他們因爲在中共控制之下無法生存，才甘冒大險，千辛萬苦的逃了出來！

由此，可知中共頭目和其海外的嘍囉們常說大陸上如何的家給人足，老百姓的購買力是如何的提高，或是一畝田能生產出幾萬斤糧食等，無不是信口胡謅，自欺欺人之談。

今日的大陸，據中共的宣傳，老早已經是人類的天堂，但我們並沒有看到過聽到過自由地區的人們成千成百的逃了回去，享受那天堂的快樂。反之，我們眼睛所看到的是大陸上的那些無辜的老百姓，吃不飽、穿不暖，迫得成百成千的逃到這自由地區的港澳來。這是鐵的事實，不容任何人不承認和狡辯的。

難胞的成份

現在我再簡介難胞們逃抵澳門後的生活苦況。

澳門既是一個蕞爾半島，它的人口總數不過二十來萬，從四面八方滙聚的難民人數的確不少，據不完全的統計，共有難民數達七八萬之多，這就是說，平均三個人中，就有一個是難民。

這些逃避迫害的難民，如以籍貫來分類，廣東籍約佔十分之七八，外省籍共佔十分之二三。廣東籍的難胞，如果願意花七塊一角錢，到警察廳去領一張身份証，半年後還有乘輪過港謀生或投奔親友的機會，最苦的莫過於外省籍的難胞了。

外省籍的難胞來澳後去港既不可能，謀生又苦無門徑，他們的苦況可想而知。加之外省籍的難胞，大多爲舊日的公教人員暨軍、政幹部，彼等從前多屬「腦力勞動」者，一旦抵此，即有肩不能挑担手不能提籃之感，即或欲作「體力勞動」換取生活也有心無力。況人地生疏，言語隔閡，如望覓一啜飯處所，有如登天之難！

因此托砵街頭者有之，依靠神父、牧師者有之，從事於穿珠綉花者有之，總之總之，不論是如何的掙扎奮門，猶難獲得一己之溫飽。

收容所的演變

前此，中華民國外交部駐澳專員郭則沨感難民來澳日衆，會商請澳門政府，設一收容所，收容貧而無告的難胞，並建議我政府按月撥港幣五千元補助之。但當地政府在立場和觀點上大不相同，故在實施中則大異其趣。澳門政府的着眼點則在整飭市容，安定社會秩序，故收容對象，多爲妨碍市容及妨碍社會之輩，而政治難民反居少數。

收容所在澳門離島之氹仔建棚，所外周圍以鐵絲網，此外尚有警員把守，未經請假，禁止擅自離營，難胞們視爲畏途。已收容者無不望早日離開，還我自由；而氹仔難民收容所遂一變而「氹仔流民乞丐收容所」，實則不啻是一座臨時監獄。

此外澳門黑沙環附近漁翁街尚有難民營一處，該營原係國軍集中營所易名。三十八年秋大陸淪陷後一部忠貞不屈之國軍官兵，携械退入澳境，澳門政府按國際公法條欵，收繳所有官兵武器，並由澳門當局設營收容，日僅給伙食兩頓，夜則一人一氈，當時共有官兵六百餘人。嗣經國軍沈發藻派員來澳接運台灣，全營官兵正待起程過港赴台之際，澳門警察廳不知何故，突派警察一班來營阻止營內官兵繼續前往，因此截住官兵共一百八十人。

四十一年，該營自治委員會主席黃君，爲爭取全營入台機會起見，曾乘該營個別獲准入台之李邦傑君赴台之便，請其代爲呼籲，嗣經行政院會議通過，准全營分批入台（第一批年齡在三十一歲以下者，第二批爲軍、政人員，第三批婦孺暨眷屬。）在案。

四十二年夏，該營三十一歲以下入台者六十三人。四十四年第二批集體入台之名單，因前專員陳元屏遷個人一時意氣呈請變更，改爲繳械人員。此外剩下來的一部份官兵，暨經澳門政府個別收容會具軍人身份之難胞與家小，共約一百餘人尚留居營內。

被拒入台又受迫遷

該營自第二批入台後，即由主管者飭令改爲「漁翁街難民營」，而營內之原有官兵一夜之間則失去其軍籍而轉爲普通難民身份迄今。看來這一批十年以上的老難民，台灣是不會要他們的了！

福無雙至，禍不單行，本年六月上旬，瑪麗小姐發其雌威，將該營賴以躲避風雨暨棲止的葵棚全部刮倒。而正當營中難胞苦無棲身之時，該營自治委員會忽奉外交部駐澳專員辦事處代專員柴祖蔭面諭：「澳門政府今後再不建棚，並擬將爾等歸併氹仔收容所，爾等如有正當理由可速提出，以憑核轉交涉」等因；該營委員梁某當即召開緊急會議，全體通過一致拒遷。並請求外交專處代請澳門政府體念同人苦況予以繼續維持伙食一年，以便各別徐圖覓取工作以維生活，此電文呈出瞬已數月，儼如泥牛入海，影响全無。在此期中，該營倒場之葵棚，猶斜躺在馬交石畔。最令人感動者，國旗每日尚飄揚在馬交空際，因此時引起不少中外遊客攝影談論。此外該營之一批天眞兒童，猶利用此倒場葵棚殘餘部份，遮避烈日和風雨，天災帶來人禍，這不能不算是對世界難民年的一大諷刺！

據本年七月九日香港時報轉載香港公教報的短評說：「世界難民年於上月底結束了，自由世界八十八國參加了這項運動，各國政府共捐助了一千五百萬美元，可是民間的同情就大得多了，單是美國一地，便募得二千二百餘萬美元。」由此不難看到自由世界人士對難民們同情的程度和關懷的表現了。

再查香港政府，現正以各國滙到的難民年捐欵，建設黃大仙及荃灣等中心區，不問此等中心區對難民的生活利益是直接或間接，總之，香港政府總算對難民們的事務，畢竟有所關照和措施了。而澳門則彷彿是不屬於這自由世界的一環，難民年業已溜去了四個多月，這裡既沒有聽到什麼勸募或捐欵運動，更沒有看到關有任何救助難民的措施與計劃。流亡的這一羣，有如涸轍之鮒，大旱之望雲霓，可是祇見雷聲响，不見半滴甘泉灑下來，像這一批好似失去了考妣的孤哀子，有誰能同情他們和支援他們呢？

在殘破葵棚下的難胞兒童

再向台北呼籲

因此，澳門漁翁街的難民們，不得不向台灣方面發出呼籲了。茲將原電摘錄於次：

……慨自朱毛禍國，神州陸沉，同人等義不帝秦，間關海外，迄今十有餘年。在此十餘年中，承蒙澳門政府建棚收容，日給伙食，以維生息，數年來，本營葵棚，迭經風火兩災，復蒙澳當局一再撥欵，旋毀旋建，撫心自問，理應感激澳門政府之支援同情，莫敢有忘。惟以本年六月八日，瑪麗颱風肆虐，又將本營葵棚推倒，全體同人棲止失所，無不望澳門當局一本前例，早日搭建之際，旋奉外交部駐澳專員面諭本營自治委員會委員，畧謂澳門政府爲執行修建計劃，及整飭市容起見，故決定將漁翁街難民營的葵棚取締，不再在澳搭蓋，並擬將營中難民歸併氹仔收容所。唯本營同人現有子女在小學中學各級就學者不少，而氹仔區僅有小學三所，除另一所屬匪方掌握不計外，僅有兩所小學，爲教育下一代計，故對遷往氹仔一節，實感不便。此外本營同人每日雖有伙食兩頓，不虞饑餓，但對衣服鞋襪等必需品以及理髮肥皂等零用概需自行設法。因此本營同人飯後各行外出，覓取臨時散工，以資補助。氹仔地偏一隅，交通不便，人烟稀少，如若逕行遷往該島，必影響同人生活甚巨。再者同人中有爲維持營養健康計，會在漁翁街附近，關有小塊荒土，種植蔬菜以補副食之不足，若一且離此他往，勢必使本營同人數年來用力汗開墾之園圃，盡行拋却。同時氹仔雖然有難民營一所，但澳門當局既命名「氹仔流民乞丐收容所」，自然與本營同人成份不同，如若歸併牛驥不分，深恐滋生種種意外。本營代表會將上述理由，面報外交專處懇予體情交涉，復蒙柴代專員指示：必須再提出充分理由，以憑核轉。同人等一方面爲尊重當地政府之修建計劃，另一方面顧及外交當局交涉上之困難，乃召集同人計議結果，議定我等暫時自行各向親友等處借屋暫住，免煩澳門政府代爲建棚；惟求其繼續幫助伙食一年，俾維現狀，以便徐圖另謀生活出路。此等折衷請求，全爲迫於現勢，顧全邦交之不得已者。按此情形應姑無論澳門政府，允一年抑或半年限期。總之，今日之政治難民自非無業與無賴之遊民可比。蓋我等國破家亡，遠離鄉土，早已失去生活上之憑藉、此種情形，實乃時代逆流汎濫所致，即歐亞各洲，莫不皆然，豈獨澳門一地而已。況澳門實逼匪區，深受共匪邪惡勢力所影响，致百業凋零，市纒不景，即本地土生土長之居民，手胼足胝，猶未能維持其一身溫飽，何況我等難民？又誰能有把握在一定時間內，能脫離難民環境，踏上就業坦途，而不再將伯之呼？因此，同人等無不憂心如焚，惶恐萬狀，故特懇請鈞座，將同人等處境困難情形，轉促大陸災胞救濟總會予以珍惜，預行設法救濟，或將同人等集體接回台灣，或指撥專欵來澳，予以生產救濟；或代向國際難民救濟機構，請求予以適當的安置，臨電惶悚不勝翹首待命之至……。」

我們讀了這一件電文，能不感慨萬分嗎？但自春復夏，自秋復冬，一年復一年，誰能保証他們這一羣，能逃避老死異鄉的厄運呢？

李彌與滇緬邊界游擊隊

——當局不應再冷淡對待他們

·李金曄·

一九五三年，在中緬邊境活躍了約三年的反共游擊隊，一因國際妥協的壓迫，二因台北當局認為不宜聽任其自由發展，遂在內外壓力之下，假道泰國「遣返」台灣。前雲南省主席李彌將軍也同時為台北當局派員接走，到台後一直投閒置散，並未再予任何實職。

但在當時被迫撤退時，部隊中約有一千餘官兵堅持寧死不屈，不願撤退，分散雜居，隨同當地少數民族同生活共進退，化整為零仍在邊境從事反共戰鬥，中共雖立意欲將之消滅，亦以邊疆衆山叢林地形複雜，且為中緬未定界，甚難作大規模之「掃蕩」。因此，李彌舊部——反共游擊隊，得以逐漸壯大。一九五八年中共推行「人民公社」後，雲南省人民的反暴活動更是活躍。七年多以來，無數不滿中共統治的青年從雲南邊境逃出，大多參加了這一支游擊隊，目前全軍人數已達二萬多人，成為在大陸上唯一有組織、有訓練的反共武裝軍。由於不時能獲得外來的援助，械彈不缺，裝備日漸改善，復因不時對小股共軍出擊，亦有鹵獲，成為中共在滇邊的心腹大患！

即以中共所報導的徐學惠事件為例，可從其側面窺知滇邊反共游擊隊常深入國境綫內作襲擊。所謂徐學惠事件是這樣的：一九五九年春天，三月三日凌晨四時，「雲南國境線上瑞麗縣隴川國營農場人民銀行營業所」遭遇到突如其來的襲擊，「女會計員」共青團員徐學惠與來襲的「國民黨殘匪」……搏鬥，身負八處重傷」成為殘廢！（以上引文均見一九五九年五月四日「北京大公報」；十一日「中國青年報」），其後，徐學惠被中共宣傳成為「英雄」，並且由蘇聯的「赤塔整形器材廠」，「提出願為她裝製一雙假手」。徐學惠遂於一九六〇年一月十三日赴蘇就醫。

據中共的報導觀察，瑞麗縣的「隴川國營農場」，「距國境線只有兩小時路程」，一九五九年五月十三日中共「工人日報」的報導說：「境外的殘匪，有時偷越國境來進行搶劫」可見李彌將軍的舊部，是經常對中共作奇襲的，故很使中共頭痛。游擊隊既可從容在邊境上活躍，自然也就吸引了許多反共的青年來投奔，這就是這支部隊在七年中由千餘人發展成為二萬多人的實況。

七年來，「徐學惠事件」，祗是中共對雲南邊境被襲所作的第一次大規模的報導，平素掩飾不欲人知者，其數難計。

但儘管李彌將軍舊部如此英勇地在滇緬邊界活動，却又甚少見台北方面作報導。及至最近，中共與緬甸正式締訂了邊界協定後，台北的英文「中國郵報」於十二月十八日報導了三周前，「雲南之共軍有大批突然向邊境逃亡，中共截擊後，在某地山區展開血戰，致逃亡者死傷四百人，餘則四散，發生中共兵變之地區為瀾滄縣、佛海縣與車里等縣。」同時並謂「游擊隊在當地少數民族之支持下，自去年夏天起，即不斷在雲南境內進行游擊戰。」以台北的報導和上述中共的報導兩下併合觀察，可見游擊隊已能從事較大規模的武裝活動，並從中進行對共軍作策反工作，遂能不斷導致共軍的逃亡反正與集體叛變。

台北外電更報導了李彌將軍為此事接見了記者，表示「他不相信那些在人數上居於劣勢的游擊隊會被消滅。」但是，報導中又說台北也有一部份「觀察家認為該在緬甸與泰國及中共之間的邊境區域內之堅貞國軍，自從緬甸與中共解決了邊境問題後，命運經被決定。」其意即暗示：很難繼續發展或有被逐漸消滅的可能。

誠然，在中共與緬甸訂立了新的「邊界協定」後，游擊隊的處境是要更加困難一些的。因為他們將遭受雙方的夾擊。例如十二月十九日泛亞社仰光的消息即謂：「緬方人士對於外傳中共部隊已開緬甸境內之報導拒加証實，並謂對此「毫無所知」，惟承認中緬寮邊境在本月十五日與十七日之間會發生緬軍與「國民黨游擊隊」間之激戰，緬軍已攻克游擊隊之據點洛三都。」

就仰光的消息來看，祗說游擊隊刻因形勢改觀，在不斷轉移中。游擊隊本無堅守城池或據點的必要，因此，一、二據點的得失，不足以斷言反共游擊隊的命運前途黯淡，他們既能克服七年的艱困，倘且要自求壯大，若謂短期內就可消滅其二萬餘衆，是當亦非容易的事。

尤其是因為中共現在對人民的迫害日益加重，人心思變；同時今年雲南也是一個重災省區，先旱後雨，糧食欠收，上半年的旱情之嚴重為數十年所未有，雲南的玉龍河亦因之斷流乾涸，更為百年來之奇象，人民嗷嗷待哺，反共氣勢更盛，就這一角度來看，似不應對游擊隊今後的發展悲觀。

為此，我願在此對台北當局呼籲，像李彌將軍及孫立人將軍等，皆為當代傑出的軍人，怎能長期「雪藏」！李彌在滇緬邊區率軍打游擊，當時處境艱困，有些措施皆係出於權宜之所必需，自未必能愜當局之意，故應以非常之眼光與態度來待人對事，當局更應有容人之量，李、孫等即有小疵，亦應既往不咎，從速擢用。滇緬邊境之游擊隊雖為人寡勢微，但畢竟是大陸上反共的唯一基地，其重要性不在金馬之下，事勢所趨需要一位統率之將領，台北當局似不能再冷淡地對待這些英勇孤軍奮戰的衛國戰士了！

展望明年大陸

·田心·

「苦戰三年，改變全國面貌」的口號是一九五八年初提出來的，算來一九六〇年是最後的一年；三年中，大陸的面貌確實是改變了些，却是：改變得更「窮」、更「白」了。

第二十三期「紅旗」雜誌文章批判了「擴大不平衡」的做法，亦即修正了毛澤東用以鼓動大躍進的「新平衡論」中的這一部分：突破舊平衡以後要落後部份極力趕上先進部份來求取平衡的這種計劃思想。並且認為：「無視落後環節，使許多先進的部份和處于中間狀態，落後狀態的部份一律向個別最先進部份看齊，這同樣不是我們需要的綜合平衡，也不是真正的積極平衡。應當看到，要使中間的、落後的部份趕上先進的部份，是需要有一個過程的，是需要有一定條件的，是需要經過一系列艱苦工作的」；該文還指出不從這方面着眼的計劃思想，只能是「擴大不平衡」有礙經濟發展。而在此以前，一再強調不平衡是不可怕的（由一九五八年二月二十八日人民日報社論開始）。現在「紅旗」的文章在理論上的修改，說明中共明年經濟計劃的發展速度必然降低，主要的鋼鐵棉糧等指標亦不會像今年一樣的突出，即使低于今年也不希奇。

在過去一年，政治上最突出之處，是中共中央委員會未開一次全會，預定要開的黨的九屆全國代表大會也無消息，這一種情況只能說明毛澤東在過去一年內更獨斷獨行，對內是不顧一切的要繼續大躍進，對外則強硬的反對蘇聯的要與西方和平共處的做法。

反對蘇聯式的與西方和平共處，具體行動是從今年四月開始的。五月蘇聯藉口U2飛機事件破壞高峯會議一事件雖未受中共影响，但蘇聯與西方的關係從而疏遠了一層；六月在中共歷力之下，蘇聯與東歐國家退出了十國裁軍委員會，東西妥協的可能性又減少了一些；十一月，八十一國共產黨工人黨在莫斯科舉行會議，從其所發表的聲明來作整體的觀察，蘇聯在對外政策上似已遷就了中共。固然這種遷就表裏或者不一致，遷就的有效期限或者也不會太長，但不能不認為這是毛對赫鬥爭的成就。

但這並不是說中共在未來階段的對外政策要維持像前一階段那樣的強硬，却巧相反，扭轉了蘇聯的對外政策以後它自己却可能會緩和一些。最近中共印尼間簽訂實施雙重國籍條約的協議；對日本商人簽訂兩個貿易合同；並讓日本輪船再直航大陸；對老撾事件的表現不像預期那樣的積極等。此外，周恩來將率一個四百多人的代表團到達緬甸，擴大表演其和平睦鄰的姿態，在我認為這次表演的和平姿態將是一九五四年與尼赫魯宇努發表和平共處五項原則以來的最大一次。而這些，決不是它的對外政策上的基本改變，只能是後一階段的一種緩和姿態的表演而已。

這也就是說，中共明年的對內、對外政策都將會比今年緩和一些。

雖然，毛在對外政策上或有成就，但不是決定性的；決定大陸政治態勢的只能是對內政策，而經濟問題又為其內部的核心問題，如前所述，毛澤東在這一戰線上却在潰退，這樣，似可預見未來一個階段毛的權勢不會像前一階段那樣的專斷，反對派抬頭的機會到來了。

團結的假戲眞做？

・于微・

（台北通訊）近來當權者所談的團結運動，原祇想拉攏某些青年黨人參加政府，或再召集以各種不同的身份在海外活動的嘍囉和平素接受官方津貼的諸色人等（即所謂各行各業）前來台北舉行所謂不拘形式的小型會議，藉以向外顯示：三任非法總統的父子倆在製造雷案之後，仍得到海內外人士的一致擁護。換言之，即是假戲假做。所以連國民黨中央常務委員會的團結專案小組也懶得開會。但不料青年黨居然拒絕參政，民社黨發言人更公開指出官方之所謂團結，不過是一種政治攻勢而已。於是，當權者也不能不認爲此路不通了。尤其是，週前聯合國社會經濟理事會改選，我國雖然費「九牛二虎之力」，竟告落選。而最後一次的投票還祇得六票，更使人爲我國明年在聯合國大會開會時的席位躭憂。由於以上的種種刺激，據說，蔣介石在日月潭深思熟慮之後，認爲團結的問題應該從假戲假做改爲假戲眞做，庶可造成一種舉國一致的虛假形勢；而利於對外的活動。因此他回到台北以後，即指示張羣，要這位素與各方面人士有若干淵源而又以溫和圓滑見稱的識途老馬來負責籌劃團結的事宜，並聞還將於最近派大員前往海外向民主人士有所接觸。

設宴壽胡適也是團結的姿態之一

聞青年黨的王師曾和沈雲龍新近在港返台時曾帶來消息，說必須官方先做幾件具體的事，以証其確具團結的誠意，海外人士才可考慮此一問題，蔣「總統」也覺得事到如今已無法再閃避。因此，才想出一個於他父子倆的政權無損而却於宣傳有益的妙法，即是於本月二十一日中午在官邸設宴爲胡適祝壽。被邀作陪的則有陳誠、張羣、蔣夢麟、王世杰、羅家倫、陳雪屏、王雲五、唐縱、錢思亮、毛子水等人。如所週知，自前年十二月二十五日胡適在光復大陸設計委員會席上高舉雙手贊成蔣「總統」反對修改憲法的主張以後，他就變成了蔣家父子心目中可憎恨的人，兩年以來，備極疏遠。此番蔣「總統」不惜以至尊之身特設龍宴壽胡適，而陪客的名單中又將太子派人物完全畧去，正欲使人相信他有和反對者重修舊好的雅量。也就是說，他希望以如此這般的具體事實來向海外人士証明其確具團結的誠意，以求收到近悅遠來的大效。讀者也許要說：蔣「總統」果有尋求團結的誠意，縱不自動取銷非法總統，也應放逐心懷巨測，阻碍團結的蔣經國；最低限度，亦必須先恢復雷震的自由，才能昭大信於天下。但須知他現在所考慮的祇是演假戲的方式而已。如果還希望他不祇是演假戲而要實事求是，那就無異於緣木求魚了。

陳誠辭職之謎

蔣「總統」在若干小動作上裝出確有誠意尋求團結的姿態，雖然還是演假戲；但蔣經國則深感不耐，認爲此乃有利於陳誠。於是，立刻授意其手下的嘍囉放出空氣，說陳誠爲了健康的理由，已提出辭呈，將由周至柔繼任行政院長。其用意即在警告陳誠：「如敢贊助團結運動，就得下台」。本月二十二日，新聞局正式發表否認的聲明，畧謂「日來外傳陳副總統將辭去行政院長兼職，並代表總統出國訪問，報聘友邦各節，實無根據」。話雖如此說，但此間熟悉政情的人們都一致認爲倘照現勢發展下去，陳誠之必被經國排除，不過是時間的問題而已。從此一跡象看去，蔣「總統」縱有意再導演團結的假戲，乃子是否不從中破壞而讓其演出：還是大可疑問的。更何況既明知其爲假戲，海內外有識之士也將不會受惑了。

特務教員毒打學童

台北龍安國民學校體育教員黃德相因該校三年級學生陳成（尚未滿十歲）於十二月十三日該班與四年級比賽時，稱病不到，且連續缺課三天，乃於十七日中午在課室內先以木板打手心，繼帶至辦公室罰跪，後復帶到宿舍內再以粗木板痛毆。木板打斷了，又用繩子綑其手足，用棉花塞嘴，以椅子脚作武器再打，足足打了三小時，打到該生皮開肉裂才罷手。此事發生後，輿論大嘩，陳童的父親曾到台北地方法院按鈴呼寃。美國安全分署教育組科學教育顧問柏克拜爾博士亦投函聯合報，表示抗議。他說：「最駭人聽聞的是以此種狠毒手段將一個未滿十歲的兒童毒打成重傷的人，不是一個兇徒或是強盜，而乃是他的老師；這實在是我前所未聞的。假如這件事也不了了之，我祇好說願上帝祝福這些孩子了。」

本案現已由地方法院進行偵查，但據報載，進日各方人士去在教育局爲這兇毒的體育教員求情，其中還有該校學生的家長，市議員和若干地方名人。讀者不免要問，爲什麼一個國民小學的體育教員竟如此狠毒？其連繼在課室、辦公室和宿舍毒打學童先後歷三小時之久、校長和其他教員爲何不加勸阻？現在又爲何還有這麼多似乎全無心肝的學生家長甚至於市議員要出來爲他說情？筆者願意報導此中的秘密，即今日的台灣，各學校的軍訓和體育教員多是所謂安全室的負責人，也即是蔣經國手下的特務人員。黃德相還是台北師範的實習生、他在北師時就成了青年救國團的積極分子，深得上級的寵信。因此，不但學校的同事都要怕他三分，即校長也得對他另眼看待。他認爲陳童缺課，事屬有意抗命，爲確保其平素威信，自應予以嚴懲，以禁效尤。正和我們的當權者認爲自由中國半月刊的言論有損於政府的威望，而隨意亂派罪名將雷震判處重刑的事件，是一樣的心理作用。總之，無法無天是今日當權派的正宗作風，蔣「總統」倡導之，將經國光大之，各級特務幹員力行之。黃德相敢於如此大胆妄爲，即此之故。他既是經國旗下的人物，該校學學生家長焉敢抗命不去爲他求情？市議員們更焉敢不出來爲他奔走？看情形，他至多不過是被調職而已。

轟動寶島的公論報奪產案

悉怒

（台北通訊）台北地方法院民事執行處於本月十七日開執行庭，傳訊奪報案主角「公論報股份有限公司」法定代理人張祥傳（台灣籍的國民黨員），和公論報發行人兼社長李萬居。雙方律師曾根據法理强烈辯論。李萬居的代表律師朱宗文，提出强有力的辯駁，認爲「原告的控訴，固然是大錯而特錯，而第一審的判決，也是違法的。」

現在訟案的焦點，是「公論報股份有限公司」與「公論報社」兩者之間，不祇是名義不同，而其實質亦迴異。其次是李萬居並不等於「公論報社」，「公論報社」是合夥組織，李氏祇僅爲發行人兼社長而已。原告張祥傳所控訴的不是「公論報社」而是李萬居，在第一審的法院判決書上亦以李萬居爲被告而不是「公論報社」爲被告；但是判決主文，却要李萬居將「公論報社」的報費、廣告費訂戶名表冊交出。因此，當被告律師指出此乃足以貽笑中外的審判官司時，審判官祇好說：「本案在外面和解，比較妥當」，於是宣告退庭。

原來，「公論報社」的經營業務，一向是虧本的。原因是言論鯁直，批評朝政、擊中要害，因而招致當權者之大忌，諸多刁難，甚至訂戶亦被目爲危險分子。銷路既不能打開，虧本就不待言。去年一度困厄，忽有張祥傳和蔡水勝等擬投資該報，計劃招集兩百萬元股本，於適當時間內再將「公論報社」折定價錢，加入「公論報股份有限公司」作爲股東之一。於是從四十八年十一月一日起，就由蔡水勝、張祥傳等成立董事會，李萬居雖被選爲董事長，但不獨無從過問會務；即張祥傳等亦始終未提出報告；且一切公司業務均以常務董事會名義處理。因此，「公論報社」自始迄今就不曾辦理參加「公論報股份有限公司」的手續。而現在繼續出版的「公論報」是屬於「公論報社」的，所謂「公論報股份有限公司」也從來就不曾發行過一份報紙。

據說「公論報股份有限公司」已代支「公論報社」所需費用四十五萬元，但股份收入多少呢？張祥傳迄未提出報告。而乃趁李萬居組織新黨時，展開一項可怕的奪產舉動，甚而動用法庭，判定他將報權交出。但，在法律上是站不住脚的，因此，一經李萬居的律師指出其罪，覆審的法官祇得勸諭和解了。

由於這一場官司，更使「公論報」的聲譽直綫上升。人民不顧一切，紛紛訂閱，目前的銷路已超過四萬份。且在新黨的振臂一呼之下，二十多天來各地踴躍指助，李萬居所需以繳付免被假執行的保証金二百萬元已經足數，這也可証明民心之所向了。但當權者對於人民的生命財產和自由既握有生殺予奪的大權、公論報的前途，仍是凶多吉少的。

中共在藏推行「三反」並重劃西藏的行政區分

大陸之窗

劉裕畧

中共現刻正在西藏各地如火如荼的推行所謂三反運動。這三反運動之殘酷，是中外聞名的。猶憶中共在大陸各地推行三反運動時，曾使各地工商界不但破產，而且流血。現在中共把這一運動推向西藏，雖然中共美其名曰「民主改革」，但三反運動之殘酷本質，三反運動對人民的迫害情況，則不是披上這一「民主改革」的美名所能移易的。可以想像，中共殘酷奴役的鞭子現在正借民主改革之名，一鞭一鞭的抽在西藏同胞身上。不但西藏同胞的血正在流，西藏社會的原有結構顯然也正在被改變，而且西藏同胞的宗教信仰，也正在被摧毀。

筆者早已指出中共在西藏的措施將一步一步的加緊。茲據班禪於本月十四日在北平所謂「第二屆全國人民代表大會常務委員會第三十三次擴大會議」上報告：「在民主改革方面，一九六〇年的具體任務是：在一九五九年尚未進行民主改革的農業地區，繼續發展民主改革運動。有計劃有步驟地完成土地改革工作。在已經進行了土地改革的地區，結合大搞農業生產，採取生產複查兩不誤的原則，進行民主改革的複查工作。改革複查的內容是：一、查土地分配是否有不够合理的地方；二、查封建農奴制度是否已被徹底摧垮；三、查群衆優勢是否已經完全樹立；四、查生產互助運動是否正常發展；五、查某些幹部的工作作風是否有不够深入和立場是否有不够堅定的地方；六、查寺廟的三反三算是否徹底；七、查贖買政策貫徹執行情況」。可知中共從去年到今年都是以民主改革爲名，而以鬥爭清算爲實，對西藏進行迫害，而且它是以這種所謂複查鞭策它的幹部去堅決執行「三反三算」工作，惟恐它的某些幹部在執行時尚有「手軟」現象，因而影响其鬥爭清算工作不够深入，不够堅定的。

至於中共在西藏寺廟中所推行的「三反運動」，據班禪說：乃是「反叛亂、反封建特權、反封建的剝削制度的三反運動」。實則所謂反叛亂即是指鎮壓西藏爭自由爭民主的反共運動而言，至於所謂反封建特權，則旨在摧毀西藏原有的宗教與原有的政治制度，而所謂反封建剝削制度，則是中共自己伸手於西藏人民的財富，從而剝削搾取之謂。須知西藏的農業，雖因西藏地處高原且又寒冷，故不發達，但西藏卻擁有廣大的牧區，和大量的牲畜。據初步統計，全區共有牲畜約達一千萬頭。對此，中共是極欲攫而有之，且欲在藏將原有的牧民變爲中共的牧奴，以擴張畜牧業的。而中共爲了破壞原有的畜牧業，故除對農民提出反剝削的口號外，又對牧民提出同一口號，並即以此爲名，發動那些牧民向畜牧主展開鬥爭。對於這種向地主和畜牧主展開鬥爭，班禪會有一段報告。他說：「在改革複查中，廣大勞動羣衆進一步提高了階級覺悟，他們意氣風發，鬥志昂揚，徹底揭發了一切反動分子企圖破壞民主改革，破壞人民革命事業的陰謀詭計和罪惡行爲，並與之進行了堅決的鬥爭，使西藏殘餘反動勢力受到進一步的打擊」。於此，可見中共正在騙使一般藏民正在對另一部分藏民從事鬥爭。

對於中共利用民主改革之名以破壞宗教的情形，班禪雖不得不站在中共的立場上說話，但其破壞情況，仍可從班禪的報告中可以窺見。班禪說：「經這民主改革和改革複查運動，全區絕大多數寺廟和廣大僧民中進行了反叛亂、反封建特權、反封建剝削壓迫制度的三反運動。從寺廟內部揭發出來的苛重的封建剝削和封建壓追事實，深刻地教育了廣大僧民，提高了他們的政治覺悟」。這其間，班禪所說中共在絕大多數寺廟所推行的三反運動，特別說這運動深刻地教育了廣大僧民一語，可知中共發動了各大寺廟的廣大僧民，在各該寺廟內部進行了殘酷的內部鬥爭。至於班禪所說因此而提高了廣大僧民的政治覺悟，則正是因此而破壞了廣大僧民的宗教信仰的別名。試想廣大僧民所需要的是什麼？難道不是宗教信仰而是別的嗎？但中共給他們的却是所謂政治覺悟，則此所謂政治覺悟，當然就是減低甚至破壞其宗教信仰的另一說法了。

爲了澈底破壞原有的行政機構，以便利中共在西藏進行的統治和控制，中共也已採取了步驟重行劃分西藏的行政區分。對此，班禪的報告亦會涉及。他說：「一年來，我們積極進行了政權建設和培養民族幹部的工作。西藏原有的行政區劃是在三大領主的統治下，適應三大領主的利益而形成的，極不合理。爲了便於人民民主政權爲人民利益服務，經請示國務院批准，我們在今年建立各級人民民主政權機構的同時，對原有的行政區分進行了適當調整。全區共劃爲七個專區，一個市，七十二個縣。現在專區和縣兩級的行政機構已基本建立，大部分區、鄉政權也建立了起來」。仔細體味班禪十二月十四日的報告，班禪雖是中共「全國人民代表大會常務委員會副委員長、西藏自治區籌備委員會代理主任委員」的資格發言，但班禪被中共強迫被中共隨意玩弄的情形却可以明顯看出來。因爲班禪乃西藏原有的政教領袖之一，且其地位僅次於達賴，乃屬西藏的封建特權階級之一。而班禪在該報告中，一再敘述的乃是中共如何打擊如何摧毀西藏的宗教及西藏的封建特權階級的情形。那末，班禪內心的心情如何，自是不難想見的了。我們知道：中共所謂「西藏自治區籌備委員會主任委員」乃是達賴喇嘛，只因達賴不願担任此一傀儡職位，且又有逃走機會，故幸而逃離了西藏，班禪則不幸而未能逃離西藏，乃被迫担任這一有名無實的「代理主任委員」，並被迫在北平宣讀這種傷害自己原有立場原有信仰的報告，班禪的處境，倒是值得同情的。

高棉已與中共簽友好協定 但中共並沒有現金給高棉

・吳求・

中共正在外交手法上玩弄高棉元首施亞諾的情形，本報上期已有評述了。茲據中共新華社北平十九日電：「中華人民共和國主席劉少奇與柬埔寨國家元首諾敦羅・西哈努克親王聯合聲明：「中華人民共和國和柬埔寨王國友好和互不侵犯條約」已於十二月十九日下午三時五十分在北平簽了字。在聯合聲明上簽字的是劉少奇與施亞諾，在所謂友好和互不侵犯協定上簽字的則是中共國務院總理周恩來和高棉首相福・波倫。

據新華社說：「今天還同時簽訂了『中華人民共和國政府和柬埔寨王國政府關於經濟技術援助的議定書』、『中華人民共和國政府和柬埔寨王國政府關於實施一九五六年六月二十一日簽訂的經濟援助協定補充議定書』、『中華人民共和國政府和柬埔寨王國政府航運合作協定』、『關於中華人民共和國政府派遣鐵路、農業專家和技術人員的換文』。」代表中共上述各文件簽字的則是中共國務院副總理兼外交部長陳毅，代表高棉簽字的則是高棉第一副首相涅・刁隆。

爲了誇張與宣傳，中共又在當日晚上於北平發動了一萬多人的慶祝大會。中共北平市長彭眞又在慶祝大會上指出這是中共和平共處五原則的新勝利。其實，這些協定，是騙不了人的。誰不知道中共政權的侵畧的本質和狠子野心，所謂和平共處，原就只是發動侵畧前，和從事別國內部顛覆工作的一稱烟幕而已。且誰都知道：中共一向是喜歡打腫臉充胖子的。但中共這一次却無分文現金給予高棉，可見中共本身實在已經太窮，財政情況已經到達非常支絀的情況。否則，中共既以泱泱大國自居，是不應該不對高棉這種小國給點錢的。

另據新華社杭州二十三日電：周恩來與陳毅現正陪同施亞諾遊覽杭州。

在杭州，施亞諾除以柬埔寨古代皇宮吾哥出土的兩尊石佛贈給中共外，又以一筆五萬美金的欵項送給中共的福利機構。這大概是施亞諾此次訪問中共，路經各處，看見中共統治下大陸人民流離失所的慘況，因而餽贈這一筆五萬美金的欵項吧。但大陸人民如何能够得到哩！還不是中共得了嘿？

廣東又有二百二十四萬人被下放到農村去勞動

陳一鳴

自從人爲的災荒與自然的災荒在今年的大陸造成空前的大災荒以後，平日高踞在中共政權寶座上的高級人員，也在北平有點緊張有點着急了。於是，他們便在北平人民日報上，不斷喊出「農業是國民經濟的基礎」，「必須合理分配勞動力」等口號。其用意無非在促使各地共幹儘力搶救農村，以維持農業生產量，從而便利中共政權之搾取。這是近月以來，中共報紙不斷呼籲必須合理分配勞動力的所以然。

各地共幹，爲了達成中共中央的這一策畧性的措施，早已在各地連續不斷的強迫城市人民到農村勞動，甚至大批下級共幹亦在下放之列。茲據中共中共「中國新聞社廣州二十三日電」：「廣東省集中優勢力量支援農業生產第一綫，到目前各地已經從機關、企業、人民公社抽調優秀幹部和精壯勞動力共二百二十四萬多人奔赴農村」去。

該電訊又說：僅「汕頭專區就增加了四十多萬勞動力」。但我們曉得；這些對農事毫不瞭解毫不熟悉的大批人下放到農村，除了足使農村原有情形增加混亂以外，這突然增加的大批人，對當地農業生產究有何補益呢？則是根本問題。

中共圖在亞洲招搖撞騙

周恩來將率四百人代表團訪緬

・黃華音・

根據最近消息，中共總理周恩來將應緬甸總理宇努的邀請，並借參加緬甸獨立十三週年的慶祝典禮及在緬與宇努互換所謂中緬邊界條約批准書爲名，對緬甸進行有陰謀的訪問。

本來，作爲一個政權的總理出外訪問，這在國際間原是一件極平常的事情。不過，周恩來這一次訪緬，却是有着許多陰謀的。這不必看其它，只看它這一次竟然組成一個由四百人組織的代表團前往，就可知其不簡單。何況其中包括各色各樣的人物。甚至著名中共特務頭子中共公安部隊負責人，中共「人民解放軍」總參謀長羅瑞卿也任內，尤足證明友好訪問爲名，別有陰謀是實。

據悉：此一龐大代表團中，隨同周恩來前往緬甸的尙有中共「輕工業部部長李燭塵、外交部副部長耿飆、對外貿易部副部長雷任民、對外文化聯絡委員會副主任委員張致祥、人民解放軍副總參謀長張愛萍、體育運動委員會副主任委員蔡廷鍇、紡織工業部副部長榮毅仁、雲南省副省長劉明輝、國務院總理辦公室主任童小鵬、中緬邊界聯合委員會中方首席代表姚仲明、中國佛教協會會長喜饒嘉錯等」。其中除李燭塵、蔡廷鍇、榮毅仁、喜饒嘉錯等非共分子係中共之故意點綴，以朦蔽和誘惑國際及海外人士之觀感者外，其餘皆係不折不扣之中共幹部。其企圖藉此對緬甸內部進行種種性質之統戰，一望而知。緬甸乃一佛教國家，故中共把喜饒嘉錯也拉在其中，以僞裝中共亦有信仰佛教之自由。但明眼人一看，不論中共這一四百人的龐大代表團裝成何種身份出現，但只看中共特務頭子、中共人民解放軍總參謀長羅瑞卿親自參加外，又有中共副總參謀長張愛萍參加，則中共藉此窺探緬甸之虛實，藉此訪問當作從事將來在緬甸用兵準備之參謀旅行，已甚明顯。宇努開門揖盜，猶不自察，但亞洲其它國家的眼睛却是雪亮的。中共招搖撞騙之計，又何能得酬呢！

永珍重光以後

從飢餓中解放

・萬清・

永珍重光以後可能是寮國一個值得紀念的日子，經過了一場當地歷史所未有的激烈炮戰，這寮國行政首都終於解放了——從饑餓與恐怖中解放出來。

永珍是早已在經濟物資封鎖之下，起初還有金邊和仰光等地空運的接濟，但隨着戰事加緊，航機停飛，糧食就到了羅掘俱窮的地步。蘇聯飛機雖然冒險飛來，但所運到的却是槍炮而非食物，饑餓與戰爭，便威脅着這個城市。

自富馬總理出走金邊，左傾的昆寧自立執政，共產黨徒便天天領導示威巡行，宣示他們以中共及北越為後援而打擊人民所熟悉的舊政府人物的立場。有不願跟他們喊口號的、便被指為「反動」、「諾沙旺反動份子」，加以拘捕。恐怖的氣氛，令人噤口，敢怒而不敢言。而這也是人民渴望永珍重光的原故。

現在，永珍雖已成為廢墟，但當人們從地下室走了出來，及自四鄉逐漸來歸時，在慨歎地方浩劫之餘，仍然掩不住臉上的喜色。

戰役的檢討

收復首都勝利的檢討，應該是發軔於王都及永珍兩次反左傾的政變，它使全國局勢的均勢改觀；尤其後者，直接動搖了李江政變的基礎。但最後的一戰，把李江和昆寧逐出，當然更為重要。

民意的反左傾，尤其反對受北越外力支持的左派，鼓勵了革命政府軍的士氣，使將士用命。但對於進步武器的運用，以及戰畧上的三面包圍，却獲致了速戰速決的成功。因為巴特寮遊擊隊可能與李江所部集結會合，速戰速決是必要的。

從素旺進軍永珍，經過北汕以上仍是一條漫長的道路，但諾沙旺軍却能自東、西、西北三面包圍永珍，據說另兩路兵，是潛由泰境偷渡湄公河繞道而來的。當李江發覺到革命軍三路進攻時，便知道大勢已去，狼狽奔集機場，企圖負隅，最後終歸失敗。檢討戰役，三路進兵是重要的成功因素。

局面的控制

彭庵親王的新政府，所面臨的問題委實太多了。部署軍事；安排政治及人事，經濟方面的重建及撫輯流亡。不過，得到人民的支持，新政府似乎頗能按步就班地做去。

由於封鎖的解除，永珍對河的泰方物資，業已湧到、糧食充盈，商民復業，一片樂觀熙欣景象。有人預料，不久永珍將會比前更為美麗。

李江部隊尚在向北逃竄，巴特寮的遊擊隊又到處潛伏，軍事問題是比較棘手的一個。但諾沙旺將軍是舊國防部長，又有前總司令拉廸提康將軍的協助。整編寮王軍及重新佈防，被認為可能迎刃而解。李江部隊預料只能繼續竄走，不足為患。將來軍事上的決戰，將是巴特寮而非李江，將在北部而非中、南部。也即是說，肅清豐沙里局部共軍及收復桑怒，才是重要的軍事階段。但這個問題就可能涉及國際的鬥爭。誰都知道，寮北的共軍，是以北越奠邊府為根據地，及受越共軍所支持的。

新政治方針

新政府怎樣去應付這憑藉外力傾覆政府的巴特寮呢？

過去的寮國，幾年來都在攪「聯合政府」和「中立」，希望「和衷共濟」，實則是「得過且過」，這是基於寮國人民和平的天性，及多年來與世無爭的優良傳統。

可是聯合政府及中立主義，却每被口是心非的共產黨徒所利用。他們滲透王軍，策動左傾，每一次都使國基動盪。經過富馬親王最近這一次「中立」的嘗試，中立主義可以說是失敗」，人們對之不再存有幻想。

所以彭庵親王說：在是與非之間沒有中立，王國政府與叛徒之間沒有中立。這見解是正確的。彭庵親王所已宣佈的政治方針，已可見他對寮國的局勢認識的深刻。

對於富馬總理時代與蘇聯建交的問題，彭庵親王說：新政府會尊重這承認，因為是前任合法政府所承認的，但對於蘇機在戰爭期間運輸軍火接濟李江部隊一事，却不無「遺憾」，因此舉實構成戰爭敵對行為。無論如何，新政府縱不撤銷對蘇承認，也將只視蘇大使館為虛設。

彭庵親王仍然對富馬親王好感，因富馬最近拒共方邀赴桑怒之請。他說：富馬回來，將受禮遇。但對於昆寧，他却說道：如若捉到，將交軍法審判。對於日內瓦協定的國際監察委員會（小組），彭庵親王反對恢復其再行來寮，認為我們「已知他的味道」。反之，新政府正在討論寮國如何能夠加入東南亞公約的步驟。看來，寮局前途安危，要看東南亞公約是否堅決可靠」。・永珍通訊・

印尼華僑面臨「改籍」迫害

印尼當局勾結了中共，加强迫害反共華僑，第一個步驟的封閉反共華僑學校，已實施多時了，現在第二個步驟，也瀕於實施邊緣。這第二個步驟還比第一個步驟來得毒辣，就是强迫華僑「改籍」。

印尼當局以當地華僑有雙重國籍為藉口，於是製訂了一項有關雙重國籍條約的實施方法，並於本月十四日與中共方面議定．項協定，而且由雙方代表舉行「簽字儀式」；代表中共簽字的，是中共大使黃鎮，代表印尼簽字的，是印尼外長蘇班特里奧。查該協定的主要內容，係有兩點：（一）華人父母所生的兒女，其誕生在一九四九年十二月廿七日至一九五一年十月廿七日之間者，便需選擇一個國籍；（二）在一九五五年第一次總選當中，凡居住在印尼的華人，而被正式登記在官方的選舉人名單中者，將自動地被視作印尼籍。雙重國籍補充協定聯合委員會主席特爾托普杉約還宣稱：有關該協定的詳細條欵，將於十二月廿四日，在雅加達和北平雙方，同時公佈。——顯然，當地的華僑，現將面臨「改籍」的迫害了！

這是很清楚的，在該項新協定之下，當地為數約達二百多萬的華僑，從此便必須在一定的期限內，決定彼等的公民身份；而依照規定祗有兩項：中共或印尼。眞使當地華僑舉疾首蹙額而大感無所適從！

如所週知：在當地二百多萬華僑中，反共的約佔百份之九十；當然，他們是絕對不甘願被隸屬於中共籍的。那末，從此就歸入到印尼籍去麼？這自然更非他們所願！當地華僑，都是熱愛中華民國的，他們怎會甘心由神明華冑的子孫而搖身一變作為印尼人？因此，他們目前的處境，實在是相當尷尬和困難！

我們早已知道，印尼華僑目前遭受到當地政府「排華政策」的打擊，其痛苦已相當深重，學校被封閉了，零售商被迫停業了，主持正義的華文報紙也給取締」，創痛猶新，而「改籍」的迫害又告來臨，他們眞是走頭無路，到達了最後的厄境！

反觀我僑委會當局，對印尼華僑所處的厄境似仍漠不關心，所謂「爭取華僑」，不知從何說起！

猶記當日反共僑校被印尼當局封閉時，當地華僑已函電交馳向僑委會報告，並請求設法援助，可是我僑委會諸公，竟無動於中，迫至迫害的事實一步一步的加到當地華僑的身上來，而我僑委會諸公依然一籌莫展；今日二百多萬華僑面臨「改籍」的最後關頭，未知我僑會諸公是否仍熟視若無覩，任由彼等隸屬於中共或印尼？想到這，不禁為之擲筆長嘆！

方寧光

共幹偏差禍延僑眷

凌月清

大陸僑眷，動輒得咎，所謂「閉門家裏坐，禍從天上來」，就是他們經常受到的苦味。

最近潮汕各鄉共幹，因鄉中市場試辦「半自由買賣」，他們便拏起偏差，互相勾結，組成黑市集團，大肆搶購貨物，囤積居奇，伺機高價轉售，謀取暴利，然而却因此使各僑眷無端端受到禍害，除了金錢損失外，還被拘捕；截至十二月十五日止，被扣留的已達十七人。

共幹搶購物資，河來偕大資本？這就是共幹偏差禍延僑眷的起源：原來，共幹的「眼睛」，也是「雪亮的」，他們一動腦筋，便立刻覷覷到僑眷們的「僑滙」，紛紛登門向僑眷強借，僑眷們都抱着「破財擋災」的念頭，無不俯首聽命，如數貸出。當然，共幹的字典裡是祇有「借」字而沒有「還」字的，於是僑眷們便首先受到金錢的損失。

如果破了財就從此可以擋災的話，這還罷了，最慘的就是破了財之後，更大禍害却接踵而來。因為共幹勒索式强借得欵項搶購物資之後，立刻就引起了物價飛漲，不久便震動了省級「黨委」，一經追究，迅即不分皂白的把罪名丟到僑眷的身上，硬指是僑眷們「資本主義思想」作怪，出資唆使共幹經營黑市，主謀「破壞人民經濟」，於是立予拘捕。共幹偏差，僑眷「吃死貓」，損失了金錢之後，還要替共幹受罪。僑眷橫遭迫害，眞可說是走頭無路了。

僑鄉近訊

粵共實施整頓公社四部曲

・江水・

中共為圖挽救各地「公社」的崩潰，乃製訂一「整頓公社四部曲」，諭令各地「黨委」執行。該項「四部曲」，已在粵省各縣開始實施。查該項「四部曲」：第一就是「訓練」，乃在各公社設立訓練班，將各生產小隊，加以訓練，使他們成為小隊幹部，並在訓練期間，徹底調查各隊員的階級成份、政治思想、鬥爭效率、工作經驗，和生產能力；第二就是「下放」，由各公社主委抽調社會主義意識堅強，和有領導經驗的幹部，下放到各小隊落戶，加强對各小隊的控制；第三就是「建立領導核心」，分別組成各小隊的「老農參謀部」、「經驗交流站」，并分別派出「黨小組長」、「團小組長」、「婦女組長」，加緊實行抓生產、抓思想，消滅目前潛在各小隊中的「指揮不靈」和「混亂一團」的現象；第四就是「幫助下級幹部」，這是由「黨委書記」親自出馬抓小隊，幫助各小隊共幹以種種方法掌握「黨」的政策和方針。——但目前各公社已崩潰到祇剩門前一塊招牌，中共這「四部曲」的效果如何，還要看下回分解。

中山「下放學生」羣起抗暴

中山縣各公社，邇來有不少由廣州調來的「下放學生」，先後與當地共幹發生衝突，其中尤以「港口」、「沙萌」、「乾霧」、「坦洲」、「民衆」、「三角」等公社為甚。據說：上述各公社的「下放學生」，多屬廣東輕工業學校、地質學校的青年學子，他們都是高級專門人材，而領導工作的却是土包子的共幹，且每氣燄萬丈的驅策他們，幹這樣幹那樣，因此激起他們的反感，經常聯羣反抗，甚至演出全武行。本月十日，白蕉公社的「下放學生」，也發生了毆打共幹的流血事件，當時共幹和「下放學生」雙方都有三人受傷，後卒被武裝民兵制止，衝突才告暫時平息。到了第二日，「下放學生」羣中，便有四人被捕，指為首滋事的「反動份子」，目前該四人已被解到縣府審訊。一般預料：該四人的命運，必凶多吉少。

未完的小說

晁淺虹

這個不幸的戀愛故事已經完結了。故事的男主角徐華在沒有寫完一本長篇小說之前便無聲無息地與世永別。他沒有遺下財寶，祇留下一疊原稿給他生前的摯交何平和使人哀傷的嘆息！何平料理了他身後事和依照他臨終時斷續的遺言，不將他的噩耗告訴馮詩。因爲，那是多餘的痛苦的情感。

於是，這個富於傳奇的悲劇故事至此完結了。何平除了哀痛摯友的死別，深爲一個天才橫溢的可惜尚未成名的青年作家而悲嘆之外，仍舊過着在他認爲是枯燥和刻板形式的編輯生活。有時在默念在死去的朋友之際，他想起了馮詩。馮詩是個聰明美麗而富於幽默感的少女，可惜悲劇降臨在她身上使她的幽默和聰明都像潰爛了的蘋果滋染了酸性。如今一切都成過去，像巨石投進止水掀起波濤後又復歸於靜寂。

這是一個霪雨霏霏的黃昏，似乎老天有意替這完結了的故事製造餘曳的暗淡氛圍。何平正把副刊稿編好，矮小的侍役小劉像鬼魂纏身似的走進編輯室，單着一隻細小的眼睛對何平說：「何先生，有位姓馮的小姐找你哩！」

何平的耳朵似乎突然敏感，濃黑的粗眉猝然緊縐，使得小劉也頗感事情不妙。何平是個有生活經歷處事鎮定的持重的人了，可是馮詩的突然到訪也使他不得不燃根香烟，吸了一口後慢步走到會客室。

眼前的馮詩驟然看來和一年前的她沒有很大的變化。還是那副美妙的身段，但在何平的記憶中，她從前並不愛穿她目前穿在身上的黑色衣服的，自從嫁了英俊健康有錢的留學生傅明後，愛好也作了大大的改變，而且笑起來也不像少女時期的天眞爛漫了。

「傅太太！」何平努力裝自然的微笑道：「什麼時候到香港來？請坐吧！」

她似乎想說些什麼來表示不高興何平對她的稱呼，可是她的唇祇動了動便咽住了，祇在喉間淡淡地吐出兩個字：「昨天。」

「坐飛機的旅程愉快吧？」何平希望暫時岔開她詢問徐華的現況以爭取時間考慮如何編一個圓滑的謊話。

「我沒有這種感覺！」跟着她問：「徐華現在怎麼樣？我到他的寓所找過他。可是據鄰居說他半年前搬走了！」

「我認爲你不應該再找他了！」

「什麼？你說的是什麼意思？」

馮詩睜大了她的眼睛，似乎有點怨懟地說：「你以爲我該忘記一切的香港朋友？」

「我並不是這個意思，可是——」何平深深地吸了一口烟以控制幾乎脫口而出的話。

「可是你不願意告訴我，或者這是徐的主意？」

「不是的！」她望了望何平，欲言又止地低下了頭。

何平的視線也落到地板上，然後又把那根僅燒了小半截的香烟移到沙發旁小儿的烟灰缸上捺熄，好容易才想出一個謊話：「他搬到鄉村去了。我想也許是他不希望別人打擾他的寫作，故此他連地址也沒有告訴我！」

她沒有出聲，但面孔卻似有出奇的變化，一剎那的傷感，然後是反常的漠然。會客室繞着淡淡的烟霧，空氣沉寂。

「那麼，他的生活可愉快？」她好不容易才打破沉寂：「大半年前，我接到他一封信，他說準備寫一本長篇小說，現在不知完成沒有？」

「唔……還沒有吧！」何平像找到圓滑謊話的轉機似的道：「也許，他爲這本小說的順利完成，所以避免和任何人見面以影响他的寫作靈感吧！噢，傅太太，一年來你們在日本的生活可愉快？」

她沒有回答。

沉默了一會。何平提議到外面吃晚飯，馮詩答應了。二人默默無言地離開報社，走到街上。五彩繽紛的霓虹燈下是一片濕濡濡的街道，汽車的穿流帶來這城市無盡的繁華壯氣，然而在這冬寒淺冷的黃昏，何平想到在郊外躺在黃土裡的摯友，墓塚四周荒凉冷漠的景象，不禁無限唏噓！

在餐室，馮詩告訴了何平一年來在日本的生活。她說她常常想念香港，她曾經數次要求她的丈夫傅明讓她回香港來作短期的旅行。可是傅明不答應，甚至連她唯一的可憐的母親在香港病故的時候，傅明也因妬嫉她過去和徐華的戀愛關係而拒絕她來港的懇求。故此，一年來他們的婚姻生活一點也不愉快。婚後他才發覺傅明還有兩種嗜好——酗酒和開快車。他因開快車曾被日本東京警視廳當局五次控告他違犯交通規則，又因酩酊大醉後毆打一個日本歌妓而被罰款警告。故此，她在日本每天都過着痛苦的生活，可是後悔已經遲了。事實上不是她的錯，一年前她爲了醫治母親的病和使老人家安然渡過風燭殘年，不得不選擇傅明作終身伴侶。她本來深深地愛上了天才的青年作家徐華的。可是徐華沒有錢，他是一個鬱鬱不得志的未成名的作家。他除了爲藝術而犧牲之外終日過着貧困的生活。

馮詩說到傷心處竟然哭了起來。何平任隨她洩發心中的痛苦。然而，一切都成過去了，他想。徐華年輕輕的就死去了，甚至未看見自己的長篇面世而他自己的故事已經完結了。

「我了解你，傅太太！」他這句算是安慰的話。

「我討厭這稱呼！」

「馮詩！」何平不得不紳士地打趣地說：「這次，傅明爲什麼讓你來香港呢？」

「他沒有權干涉我的行止。」他哭得更厲害了。肩膊在抖動着，兩瓣沒有塗脂粉的唇嘴在抽搐。

這使一向樂天知命淳樸持重的何平也不由得分外神傷：「那麼，今後你如何和丈夫相處下去？」

「……」她說：「這也許是我此次來香港的目的。」

「你和丈夫怎樣了？」

「也許吧？」她止了哭說：「我希望能見徐華，我會告訴他我將替他出版那本小說！使他的天才不致被湮沒。」

何平閉上眼睛。一切都太遲了，他想。

「何，請勿誤會我，我……我是應該道義地這樣做！」

何平繃着臉沉默不語。

「怎麼了？何，你似乎有一些說不出的話。」

「沒有。」

「你騙我。」

「沒有……噢，是的，我在想——要是徐華聽到你這樣說，我猜他一定非常高興！」何平極不自然地生硬地苦笑道：「我會盡力替你找尋他。」

「謝謝你，我想我們應該暫時分手了。」

「你住在哪兒？」

「半島飯店。」她道：「我準備在香港居留一段時期，直到我遇見徐華後再作扶桑之想。要是你同意的話，明天下午一時，我們在樓下餐廳喝下午茶好嗎？」

何平站在行人道上看見她登上的士，風馳電掣地開走。這時，他才發覺雨點已弄濕了他的頭髮和衣服，他步行回到寓所，神緒不寧，思潮起伏。

躺在床上，他回憶多年前他們同在一間學府唸書時的歡樂時光。馮詩像一隻枝頭上的鳥兒一樣成爲無數的男孩子追求的對象；後來她終於愛上了徐華：因爲他們對文學和音樂都有共同的愛好，因此在海濱、在山頂時常出現他們的影子。

（上）

文壇泥爪

詩人徐志摩之七

美的理想在現實生活中是不容易實現的。志摩小曼傾全力排除萬難，向着共同的理想目標奔跑，幸而跑到路的盡頭了，可是並沒有完全實現他們最初的理想。

首先是志摩與小曼打算在硤石故鄉終生相守的美夢，很快破滅，其次是迫於衣食，不得不勞燕分飛，南北奔波。最令志摩焦心的是小曼的身體多病，嬌慵無力，他在日記裏寫着這樣的話：「眉因昨夜車險喫唬，今朝還有些怔怔的，現在正睡着，歇忽兒也該好了。昨晚菱清說的話要是對，那眉兒你且有得不舒泰哪。」又說：「曼的身體最叫我愁，一天二十四時，她沒有小半天完全舒服，沒有小半天完全定心。給我勇氣，給我力量，天！」又說：「曼昨晚又發跳病，癢病，口說大臉的四金剛來也！眞是孩子！」此外，二人的興趣有時也發生了歧異，好比民十六年底，小曼在上海夏令匹克戲院票演玉堂春時，拉了志摩去飾王金龍，這天志摩就在日記上這樣記着說：「我想在冬至節獨自到一個偏僻的教堂裡去聽幾折聖誕的和歌，但我却穿上了臃腫的袍服上舞台去串演不自在的「腐」戲。我想在霜濃月澹的冬夜獨自寫幾行從性靈暖處來的詩句，但我却跟着人們到塗臘的跳舞廳去艷羨仕女們發金光的鞋襪。」他豈是單單爲了賣弄辭藻拼湊這變兩聯美麗的俳句嗎？他原是想成雙成對陪伴着美人終老一生的，爲什麼在剛剛結婚一年之後又想「獨自」孤另地聽歌寫詩呢？可見體貼着小曼的任性，不得不做自己不願做的事——演戲和跳舞，志摩是受了多麼大的委屈！

因此，他要「與眉養我們的愛」，他體味出「投資到『美的理想』上去，他的利息是性靈的光采，愛是建設在相互的忍耐與犧牲上面的。」他屢次在日記裡說「無聊」「沉悶」「沉悶——難道愛的生活中還有沉悶和無聊嗎？他從不發作，只是在日記中寫了些像談禪的語錄，如：「輕易希冀輕易失望同是淺薄。」「女人心眼兒多，心眼兒小，男人聽不慣她們的說話。」「愛的出發點不一定是身體，但愛到了身體就到了頂點。」「最容易化的是一樣東西——女人的心。」還有他那首「殘春」，也使我們不能不佩服詩人的含蓄：

昨天我瓶子裡斜插着的桃花，
是朵朵媚笑在美人的腮邊掛；
今兒它們全低了頭，全變了相——
紅的白的屍體倒懸在青條上。
窗外的風雨報告殘春的運命，
表鐘似的音響在黑夜裡丁寧：
「你生命的瓶子裏的鮮花也變
了樣，艷麗的屍體，等你去收殮！」

文史漫談

一宗先殷王室的風流公案（下）

徐亮之

（八）「昏微遵迹，有狄不寧；何繁鳥萃棘，負子肆情？」——微、即王亥子上甲微。殷人命名多取義於干支，如王亥、報乙等是；亦有取義於時者，如昭明、昌若、冥等是；姜註引劉盼遂君曰：「上甲微殆取義於晨光曦微，而又取於日入三商之昏，以爲字歟？」按天問以四言句爲主，爾雅釋詁：「幽、微也」；玉篇：「微、不明也」；三禮札記：「晝爲陽，夜爲陰，昏是陰陽交接之時」；是「微」與「昏」同有「幽」與「不明」義，蓋以同義字敷衍四言句，正不必鑿指「晨光曦微」與爲名爲字也。「遵迹」猶言繼統、即位，蓋王恒既被有易扣留不遣，上甲微以王亥之子繼之而登王位也。「有狄」即「有易」，古「狄」「易」同音，故可通假。「有易不寧」、即上引竹書言上甲微乞師河伯伐有易殺其君綿臣事。「何繁鳥萃棘，負子肆情」二句之「鳥」字，各家皆不得其義，以致衆說紛紜，此一公案發展之統一性乃爲之破壞無餘。蓋此「鳥」字乃指鳥圖騰而言；殷之本族乃燕圖騰，商頌玄鳥：「天命玄鳥，降而生商，宅殷土芒芒」；天問：「簡狄在臺嚳何宜？玄鳥致貽女何喜？」史記殷本紀：「殷契，母曰簡狄，爲帝嚳次妃（按此說非是，譙周古史考已辯之甚詳）。三人行浴，見玄鳥墮其卵，簡狄取吞之，因孕，生契。」（玄鳥、呂覽音初篇記此故事作「燕」。）即其証。中國古代的東方，乃鳥圖騰氏族的世界，「玄鳥氏」即其組成份子之一（見昭公十七年左傳，說詳拙著「中國史前史話」P二五二——二五九）。殷族自契以來既得志於東方，爲其時鳥圖騰氏族的盟主，（商頌長發：「玄王桓撥，受小國是達，受大國是達」；註：「玄王、契也。」）則王亥「賓于有易」時，必帶了許多玄鳥以外的鳥圖騰份子做隨從，故曰「繁鳥」；「何繁鳥萃棘」者，猶言荆棘之中，原非衆鳥聚棲之地，意蓋傷王亥率羣從以賓有易乃所適非所也。「負子肆情」，「肆情」即上大荒東經引竹書所謂「殷侯子亥賓于有易而淫焉」；意蓋言王亥賓于有易，已屬所適非所；肆情淫亂，更屬大不應該；坐是因由而致其子上甲微勞師動衆，舉國驟然，王亥實不得辭其咎；故曰「負子」也。姜註「疑上甲微晚年或有新臺之行」，與上下文語氣均不愜；非是。

（九）「眩弟並淫，危害厥兄」，——「眩」、傅斯年疑當作「亥」，是。（見「夷夏東西說」）蓋王亥之賓有易，表面上乃實地宣揚其「服牛」之奇蹟，所攜隨從既衆，一二愛弟參加，（但非王恒；王恒此時可能負守國的責任。）實不足怪。天問作者所認爲可怪者，乃亥弟見亥淫亂，竟以鬼蜮手段與之爭風，密告綿臣，以致「危害厥兄」遭其殺戮耳。

（十）「何變化以作詐，後嗣而逢長?!」——洪範：「子孫其逢」；馬註：「逢、大也。」姜註：「逢長、猶言久長」；是。按此兩句乃天問作者對此公案之總結語，意蓋謂以如此荒淫與鬼蜮之王亥兄弟，何以其後嗣尚能久長也。按字句的解釋既明，則這一充滿東方式的羅曼斯的先殷王室的風流公案，我們便不難畫出一個如左的輪郭的了。

殷王亥、這一——鳥圖騰的盟主，東方遊牧部落的領袖，「服牛」的發明者，坐着他新設計成功的牛車，帶了他的愛弟和牛羊羣，在隨從武士和牧人的簇擁與保衛中，向着河北平原易水旁邊有易國的首都友誼訪問了。他這時大概不過四十開外，充沛的精力與英俊的儀表，人們驟眼看見，還以爲他乃是一個少年的王子呢！

他這次的訪問，主要目的好像祇在推動着文化的交流——「服牛」表演，而實際上却只不過想要拜訪一下艷名遠播的有易王后罷了。他有的是青春活力；他不相信人間女人的美麗，竟能勝得過他所統治的美女如雲的鳥圖騰。

在有易國王綿臣的盛大歡宴會中，他畢竟會見這位美麗的王后了。亦即同時，他的成見幻滅了，他的驕傲崩潰了；他的青春之火熊熊地燃燒着了。過了幾天，他爲了要回敬綿臣並博取這位美麗的王后的青睞，除了服牛表演以外，還特別舉行了一次大規模的「萬舞」會。這一舞會，幾乎他所帶來的隨從武士和牧人全部都參加了，他和他的愛弟自然更是以領導的角色而演出。這乃一種使用干戚的武舞，一種充滿青春情調，與男性挑逗的舞蹈。果然，這挑逗成功了，有易的王后終於成爲他美麗的獵物了。但這却是如何一種熱情奔放而難於掌握的美麗的獵物啊！她的熱情，奔放得就和易水春汎時的奔流一般；終於他和他的愛弟都在這奔流中沒頂了！

原來他和王后的相愛祇瞞得過綿臣，却瞞不過他的愛弟。他爲了愛弟，以一種藝術家的頭腦（發明「服牛」亦可說乃他藝術的成果），固可能具有一株楊柳分作兩家春的雅量；但他的愛弟却是並無此種頭腦與雅量的人；却是祇有佔有慾望與鬼蜮技倆的人；於是後來王亥的秘密綿臣如何得知；綿臣得知這秘密後，如何佈置包圍圈並派武士假扮王亥的牧人行刺；以及王亥如何識破機關「擊床先出」而終於難逃一死；便都是這位愛弟導演的「傑作」。

殷、在玄王契的時代，本已是「受小國是達，受大國是達」；他的孫兒相土更有着「相土烈烈，海外有截（整齊也）」（長發）的聲威；可見正是東方一個相當有力的部族。而相土的玄孫王亥居然以一宗風流公案而被殺於有易，這乃當時聳動國際的大事件。對於這樣的大事件，有易國王綿臣是不能不加以鄭重的考慮的；所以王恒繼位，要求歸還「朴牛」，他便立即照辦；可是，等到王恒得寸進尺，親自出馬，要求苛刻的賠償時，却激起了他的無明之火三千丈了；却不能不咬緊牙關，爲「一不做，二不休」的措置，而悍然把王恒加以扣留的了。而一王被殺，一王被扣，這無論從任何角度看，都要算是殷人的無上恥辱的。因而上甲微的含憤興師，聲罪致討，是一點也不足奇怪的。上甲微興的乃是「哀兵」呢！於是綿臣的兵敗被殺，也就已是勢所必至的了。至於綿臣兵敗之後，被殺之前，對於王恒和這位風流王后及王亥的另一愛弟，究竟作何處置？却是千古難明的秘密；但也許是悲劇的收場的吧?!悲劇乃人生的缺憾!?美的綜合呢！不過這一「缺憾」到底「美」到什麼程度？其點染之功，却只有乞靈於文學家的生花妙筆罷了。

記戊戌維新始末（十四）

舜生

丙、譚嗣同　黃遵憲　嚴復

譚嗣同（1865——1898）字復生，號壯飛，別署東海褰冥氏，湖南瀏陽人。瀏陽產菊花石，溫而縝，野而文，嗣同覺得，這好像是他自己的影子，因名其居曰「石菊影廬」；又取陶詩「遠我遺世情」語，名其堂曰「遠遺」。他的父親名繼洵，字敬甫，官至湖北巡撫。他有一位從十歲起便跟着念書，而師弟間感情甚篤的老師，乃是瀏陽有相當地位的學者歐陽鵠（瓣薑）。他所受鄉先輩影響最深的，便是中國近代的思想家王夫之（船山）。他也愛好今文經學，常稱贊魏源（默深）龔自珍（定菴），對他的維新思想也不無關係。嗣同少倜儻有大志，淹通羣籍，爲文奇肆，好任俠，善劍術；其學以日新爲主，視倫常舊說若無足措意者，繼洵素謹飭，以是頗見惡；幼喪母（徐），爲父妾所虐，備極孤孽苦，故操心危，慮患深，而德慧術智，日增長焉。（參看梁啓超著「譚嗣同傳」及「清史稿」列傳二百五十一）

年弱冠，嗣同于役新疆，曾入巡撫劉錦棠幕府。劉去職，他便遊歷了直隸、甘肅、陝西、河南、湖南、湖北、江蘇、安徽、浙江、台灣等省，考察各地的民情，同時也結交了不少的名士。

甲午戰敗，嗣同對「馬關條約」的喪權辱國，憤慨甚深，曾於寫信給他歐陽老師一封長信中，指謫滿清的腐敗甚力，已具有澈底改革中國之念。

光緒二十一年，康有爲開强學會於北京，嗣同專程前往，其目的即在見康，但他到京康已南下；僅得納交梁啓超而畧聞康之緒論，乃佩服甚至，自稱私淑弟子。

光緒二十二三年之間，嗣同以父命留在南京以知府候補，可是他却謝去一切官場酬酢，而閉戶著書，並從居士楊文會學佛，因得遍窺三藏，所得日益宏博。又常赴上海，就所著「仁學」一書，與啓超有所商榷。至參與湖南維新經過，已詳見上述乙段，不贅。

「仁學」之宗旨，在衝決網羅，實爲一種澈底的偶像打破論，其言曰：

「網羅重重，與虛空而無極；初當衝決利祿之網羅，次衝決俗學若考據若詞章之網羅，次衝決全球羣學之網羅，次衝決君主之網羅，次衝決倫常之網羅，次衝決天之網羅，終將衝決佛法之網羅。然其能衝決，亦自無網羅；眞無網羅，乃可言衝決。……（見「仁學」自叙）

嗣同對中國歷史曾下一總批評，其言曰：

「二千年來之政，秦政也，皆大盜也；二千年來之學，荀學也，皆鄉愿也；惟大盜利用鄉愿，惟鄉愿工媚大盜。」

嗣同更痛詆中國之所謂「名教」，其言曰：

「俗學陋行，動言名教，……以名爲教，則其教已爲實之賓而決非實也。又況名者由人創造，上以制其下，而下不能不奉之，則數千年三綱五常之慘禍酷毒由此矣。……如曰「仁」，則共名也；君父以責臣子，臣子亦可反之君父，於箝制之術不便；故不能不有「忠孝廉節」一切分別等衰之名。……忠孝既爲臣子之專名，則終不能以此反之，雖或他有所據，意欲詰訴，而終不敵忠孝之名爲名教之所尚。……名之所在，不惟關其口使不敢昌言，乃並錮其心使不敢涉想。……」

上兩段，均可爲衝決網羅的一種註脚。（見梁啓超「清代學術概論」所引）

又嗣同對清廷譏切甚至，更以一種狹隘的民族觀念，倡革命排滿甚力，其言曰：

「天下爲君王私產，不始今日，……然而有知遼金元清之罪，浮於前此君主者乎？其土則穢壤也，其人則羶種也，其心則禽心也，其俗則毳俗也；逞其凶殘淫殺，攫取中原子女玉帛；……猶以爲未饜，錮其耳目，桎其手足，壓其心思，挫其氣節，……方命曰：此食毛踐土之分然也；夫果誰食誰之毛，誰踐誰之土？……」又曰：「吾華人愼毋言華盛頓拿破侖矣；志士仁人，求爲陳涉楊玄感，以供聖人之驅除，死無憾焉；若機有可乘，則莫若爲任俠（暗殺），亦足以伸民氣倡勇敢之風。」（均見「清代學術概論」所引）

儘管嗣同是身殉維新運動的一人，但像這類的言論，却予後來的革命運動以甚深的影響；即辛亥武昌一經起義，當時的立憲黨人幾無一不與革命派合作，其無形中也以這類先入爲主的言論爲基礎，然後見諸行動乃能心安理得，這是我們研究辛亥革命史所不能不了解的。（待續）

本刊已經香港政府登記

聯合評論

週刊

每逢星期五出版

United Voice Weekly

第一二四號

督印人：黃宇人　總編輯：左舜生
電話 68678
本報美洲版總經售及美國紐約中美出版社
CHINESE-AMERICAN PRESS, INC
199 CANAL STREET.,
NEW YORK13 N.Y.U.S.A.
美洲航空版每份售美金一角

民主自由不是口號

李璜

四十九年十二月二十六日，台北行政院兼院長陳誠對國大聯誼會說，共黨利用歹徒，以爭取民主自由的口號，打擊政府云云。我是自民國十三年以來，三十六七年中，不斷主張民主自由的一個人。當其國共合作之時，不許異己存在，對於主張民主自由者非打即殺，我即在當時懸為厲禁的醒獅週報上主張民主自由；當其清黨反共之後，還是遂行一黨專政時，我仍是主張民主自由。如果說我是好以爭取民主自由的口號來打擊政府，在聯俄容共時期我是承認的；在公開宣布黨外無黨，黨內無派的時期，我也可以承認的。但是自從中華民國三十六年由全民代表所製定的中華民國的憲法已經頒布之後，我便不承認我主張的民主自由，只是用以打擊政府的口號了！

監督政府實行憲法

中華民國的現行憲法，開宗明義，便說是，本於三民主義的精神，而為民有、民治、民享的國家，請問，這是不是民主咧？憲法上且規定得有，人民有思想信仰、言論出版，結社集會，行動遷徙等，自由權利，請問，這又是不是自由咧？既然憲法頒布了，號稱是行憲了，而且選出了總統副總統，宣誓忠誠的實施憲政了，可見自民國三十六年一直到今天，只要中華民國沒有解散國民大會，取銷立法院、監察院，沒有宣布將已頒行的憲法廢止了去，而仍恢復一黨專政或一人專政，則民主自由不能倒轉去又稱為只是口號！因此在今日台灣，無論任何節日的文告，都在提出民主自由四字，而每日每夜的「自由中國之聲」廣播中，也有數不清的民主自由的聲音，難道這些字樣與呼聲也只是口號而已嗎？如果說，今日政府當權者口中的民主自由纔是眞的，而我口中的民主自由，便只是歹徒利用來打擊政府的口號，乃是假的，這眞是有點眞假難分了啊！

中華民國既然頒行了憲法，而且憲法上明定得很清楚，何謂民主，何謂自由，都已表現在條文上與具體事實的說明上，則在憲政國家的國民都有權監督政府忠誠的實行憲法，——這在今天已不只是未行憲之前的朝野對民主自由原則之爭，而是對某一件事，某一種行動，是否違背國家現行的憲法之爭了！

兩三年以來，據我的回憶，我個人至少有四件事，認為政府當權者的行動是違背了憲法，而會提出抗議，聲稱政府違憲：一是政府特別頒布一個出版法，對於言論出版自由多所限制，我認為是過於妨害了憲法上所規定的國民的這一項自由權利；二是蔣杜宣言之未交立法院去審核、通過，這種關係於反攻大陸的大事，與國家民族生死存亡攸關，我至今猶在主張把它拿出來交與立法院否決掉！三是選舉總統的連任問題，偏不從政治方面去想辦法，而硬要去用臨時條款凍結憲法，使人與法兩皆受其莫大的損害！四是雷案，用軍法機關去拘禁一個刊物的主持人，而且當其拘捕的時候，聲稱是為了七十幾篇文章，這是文字獄！用軍法去對付拿筆桿舉世所知的反共文人，簡直回復到軍政時期，不是憲政時期所應有，這樣的沒有理智，還談甚麼憲法！此例一開，國民言論自由的權利將為之絕滅，故無論在國民地位，在在野黨派地位，都非站出來反對政府當權者此一行動不可！

凡上所舉，都是一件一件的事實，一個一個的行動，而有背於憲法憲政者，因此，我願正告陳兼院長，我已是行憲的中華民國的國民，在國民天職所在，我對於不合民主憲法及其所規定的國民自由權利的政府舉措，必得要站出來發言，爭論，以至要政府當權者有所警覺後力加改正！而且政府為表示民主與憲政起見，究竟還勉強的容許在野的青、民兩黨可憐的存在着的，而我又無法否認我不是一個青年黨人；請問陳兼院長，在野黨不談民主自由，而去談一黨專政嗎？那豈不是成了取消派！昨日（除夕），陳兼院長還在對法新社記者說，要請民、青兩黨參加內閣。如果參加而是為的不許再爭民主自由；如果叫一兩個青、民黨人去當政務委員，而便將青、民兩黨自來的民主自由主張放下，不許再爭；再爭則更是成為共黨所利用的「廢物」，「歹徒」，如此，則我這個歹徒，（力爭民主自由，已有三十七年的歷史了，當然不敢自稱好人）便要始終反對青年黨人去參政！

反共必須民主

今天台灣當權者的火氣眞大！動輒全稱肯定的將一切談民主自由的人們認為是受共黨利用，而且陳兼院長還更加上歹徒、廢物等稱呼，於是不能不引起我的火氣也來了！末了，我還是平心靜氣的講我三十多年來的一句老話：反共必須民主！今天台灣當權者動以民族大義來責備國人，要大家去效死反共，我是一個四十年前即為反共而因之提倡國家主義的人，又豈有不識民族大義之理！但是只說國家民族，而不以民主自由來從事鼓舞團結，則這一國家民族，乃是雖有大力，而莫能挾之以趨的啊！

今天大陸上的共黨政權，橫行霸道，已經為大多數人民所憎恨，中共已成為孤立於上的特權者，所以我們都認出他的必敗之徵。但中共何以弄到人民去普遍的憎恨他，因為他一來就抱着恨的心腸，去與人民鬥爭，而且手段更卑邪惡。我們要反共滅共，切不可也去抱着恨的心腸，對於一向反共的人們，以執政者的身分，還要站出來從事語言的鬥爭！為政不在多言，貴力行如何耳！如能忠誠的實行憲政，不妨害憲法上國民的自由權利，則公道在於人心，輿論自然轉變，不必動火氣也！

中華民國開國第五十年元旦

自助，人助，天助

——寫在中華民國第五十個年頭

謝扶雅

在整個五十年前的元旦，孫中山先生，就第一任的中華民國大總統職於南京，當時公同推選他的各省臨時代表，今日尙有數人碩果僅存，可以親証其盛。素以「天下為公」存心的中山，不久便讓位於袁世凱，而自願負起那時更感急迫需要的全國鐵路交通的重大任務。然因中華民族染受了數千年君主制度下的習慣及思想方式，根本不了解世界潮流的自由民主，所以「民國」雖經呱呱產生，而智能不免猶如阿斗。雖然中山屢次提醒國人，現在「人人都是皇帝」（見其講民權主義）這個民國是人人有分的，人人應當作主的，正如西哲柏拉圖常說「人不管公衆之事，其受懲罰便是自遭虐政」（見其著「共和國」），可惜民主生活的普遍實踐究非一朝一夕所能企及；迤邐至民三十六，正式的中華民國憲法於南京召集的第一屆全國國民代表大會中通過，選出那會領導北伐及抗戰有功的蔣中正先生為總統。不幸抗戰末期所帶來的政治腐敗風氣及主政者的剛愎獨裁，加上其他因素，致使整個大陸一轉瞬間全被捲入於赤色勢力的魔掌。而退處台灣的國民黨當權派仍不知刷新政治，明恥教戰，泄沓因循十載，任令大陸中共坐大而日殘民以逞；比復公然違憲毀法，連任三屆總統，濫行壓迫言論自由，更且羅織判處愛國忠忱如雷震者的重罪，引起中外一致的公憤，喪隳自由中國在國際間的聲譽直等於零。

蘇聯以至印度每年提請聯合國大會准許中共加入代替中華民國代表的席位，為美國代表所再四阻止，延至上屆大會，已演出極驚險的鏡頭。鑒於這種趨勢，大家預測下一屆的聯大再難阻擋中共政權的加入。至於台灣問題，除共產集團國家自不庸說而外，亦有不少非共國家認為台灣向屬中國領土，中共既已取中華民國而入聯國的公庭，當然現占台灣之國民黨政權應被視為僅屬中國內部之一時割據現象，國際間自不能再承認有中華民國的另一獨立國家。然而早在韓戰前後，英國方面已有所謂「兩個中國」的擬議；美國杜魯門政權時代派遣第七艦隊遊弋台灣海峽，做成了大陸和台灣各不許相犯的實際局面，亦既在苒八年於茲。不過美國雖不願意台灣落入於「不友好的國家」之手，以免西南太平洋屏障唇亡齒寒，卻決不能越俎代庖地為我們保持「中華民國」，於是有若干學術機關及名流建議着所謂台灣共和國或中台國，甚或在聯合國託管下的台澎特區，且認為這個設計必須及早把握時機，趁中共入聯合國之前或於同時辦妥。換句話說，中華民國本身是否即在她知命之年壽終正寢，殊足令我們不寒而慄！

西方人處事觀時，每取現實的觀點。尤其是對政治，跟我國固有的傳統哲學恒不相容。即如台灣一個地區，筆者遇見過幾個美國朋友，他們竟抱有下述的一套觀念——「中華民國只統治了台灣四年有奇（即自民卅四至卅八）；在這以前，台灣受治於日本，又以前受治於滿清，再以前則為荷蘭國的屬領而經鄭成功奪據了二十年。從政治史而言，你們無權要求台灣一向為中華的領土、如同你們中國人雖曾先後開拓南洋，殖居各地，今日不能遂即要求星加坡、馬來、印尼……為你們中華的領土一般。所以台灣應是台灣人的台灣，既非中華民國所應領有，亦非中華人民共和國所應領有。現任亞非兩洲的新興小國，雨後春筍挺生；其主持國是者且無非只有中等教育程度。台灣當地著名人材比之星馬寮棉大為當行出色。而況他們到來美國聲訴國民黨政權的壓迫凌虐者絡繹不斷，我們美國軍援給這樣政府去虐待他們，如何說得過去」云云。追究這些觀念的種因，可以說是自抗戰復員以至大陸淪陷前一段期間的國民政府，給予了在華的美國人以極惡劣的印象，而終造成杜魯門艾契遜發表白皮書的後果。杜艾今皆健在，且仍經常發表不利於國民政府的言論，民主黨中要人並多隨聲附和。他們從民主政治思想的立場，認為台灣本身既有立法機關的議會，何須更有立法院，而況這麼多的永不改選的立法委員，另外還有終身自任的國大代表，更不消說「三選三任」的總統了。壓根兒都是違反民主制度，全屬非法胡來。現實地說，中華民國的「土地」，「人民」，和「主權」（公認的國家三要素）都早被削除褫奪，然則What is the Republic of China? and where is the Republic of China?

我國寢饋於經史子籍較久的讀書人，常常拿政治跟天命結合起來，用一些「國運」「世運」的名詞將當前現實委之於百千年後的方來。滿清入關後之能統治中國二百八十年者以此。現在中共篡踞大陸，也許有修養有耐心的典型士人，從本國歷史的剝復循環，想及嬴秦暴政二世而亡，成吉斯汗赫赫王朝，亦不過八十餘載，最多又來一次滿清，依然中華文化積累有增。所以這些樂天安命的高級知識份子永不為此焦憂。其實，這仍是由於我們中國人一般民主觀念太薄弱，全不知現代國家為何物。康梁逝矣，孫中山逝矣，阿斗故我依然。作為自由個人的人權，作為國家主人的人權，皆不惜棄如敝徙，其結果自然如柏拉圖所嘆惜，供蹂躪，供奴役而已！大陸六億蒼生之飽受災難，台灣人在海外的訴寃——其實大陸流亡在台的老百姓同樣受國民黨當權派的壓迫摧殘——都是我們中國人不自珍惜民主自由的惡果。中華民國而亡，亦即亡於國人之不愛自由，不能民主。

（下轉第二版）

迎中華民國五十年

・李金暐・

民國五十年來臨了，但逝去的四十九年，却如一場可怕的惡夢，如果已逝的四十九年，是安定和興盛的，在世界上發言最有力量的該是中華民國；如果執政的國民黨，沒有違背了歷史的方向，中華民國應該是亞洲首先實現民主政治而又富強安樂的一個國家！那末，國際共產黨不僅在西歐碰壁，在東方也無路可走。

中國安定了，亞洲也就安定了，世界問題將要簡單得多。中國既有強力的發言地位，自然地在國際事務上，就有主持正義、公道的實力。可惜，今天的中國並不如此。

共產黨在中國是一個亂源。即使它今天統治着中國大陸，也祇是像一條蟒蛇吞下了大象那樣，癱瘓了！

共產黨並非能人所不能，但是如果有一個客觀的腐爛的形勢供它發展，就像糞缸裏的蛆虫那樣，它顯得是很活躍的。

共產黨在實行民主政治的國家裏正像蛆虫在光滑潔淨的玻璃板上，它連蠕動都是辛苦的。

共產黨當然是可怕的，那是對一個無法治、民主的國家而言。共產黨也是不可怕的，但那必然是在沒有獨裁的陰影籠罩下的國家裏。

有人說，中國先天就適合共產黨活動。這除了共產黨人之外，也是那些腐敗的官僚和文氓黨棍諉過的遁詞，共產黨首先選擇中國擇肥而噬，是因爲中國在長期動亂中，而又缺乏一個眞正誠心誠意推行民主政治的政黨。幷非是中國有龐大衆多的「無產階級」。

有人說，民主政治在中國難以實現。共產黨人是這麼說，掌握既得利益的人也這麼說。不錯，實行任何一種優良的政制都比獨裁要難些，但現代史上任何一個實行用一條鞭子統治的國家都是以悲劇始，以悲劇終的。

經過了曲曲折折的四十九年，中國應該覺醒了！

當權的國民黨人應該回過頭去看看四十九年以來的興衰。殘暴的共產黨徒，也應該回頭看看統治了十年，人民何以仍然飢寒交迫！

一個會經治理完整的中國達數十年的國民黨當權派，在退處台灣的十年中，連維持小康局面的機能尙且顯得極不靈活，那就應該自己明白過去的失敗，還是主觀的原因佔絕對多數。久已想奪取政權的共產黨，在奪取了政權十年之後，也應該慚愧地明白，國家的強大，不祇在於建幾座大橋，或增加幾座高爐。殘民以逞，是難於獲得民心的。

當權的國民黨，不要以爲在台灣的人能够吃飽穿暖，就「善莫大焉」。自古以來豐衣足食是國計民生的首要。但是反攻復國不能祇靠這一點點起碼的條件。

共產黨徒現在頗能自我陶醉「大躍進」和「總路綫」的暴政「成就」。但總有一天人民會清醒過來和你們算帳的。人民會覺悟到用牀板燒小高爐幷未帶來鋼絲床，是個騙局，也會覺悟到吃小球藻而要「革自然的命」是悲劇。

十年偏安和十年暴政，使中國人民眞正清醒了過來。人不會長期被騙和受壓迫的。當他到忍無可忍須要反抗時，會以全力來翻身的。人在最後總是要求堂堂正正地過人的生活的。

吃飽穿暖了的，會要求更多的自由與眞正的民主。

在暴政壓力下的，首先是要求達到改善生活，然後也同樣要求更多的自由與眞正的民主。

愚民或殘民，同樣是暴政！

如果堅持暴政，它最後的結果祇有兩條路：不是自行死亡結束；就是被打倒結束。

對暴政雖不利，但對國家人民最有利的，是和平地過渡到民主政治。

很顯然，這條對國家人民最有利的路，共產黨不會走的。國民黨當權派也不很願意走的。但是，對共產黨祇能絕望；對國民黨當權派則不可抱過多的奢望，但却無須絕望，而是要靠努力去爭取。因爲當權派幷非是國民黨內的多數。當權派的形勢已在蛻變中。現在的關鍵不在當權派肯不肯走民主自由的大道，而是看從事民主運動的人能否堅持下去。

有人會說，從事民主運動的人不應將矛頭指向台灣。這是無分先後的作法，應該先集中力量來共同反共。誠然，共產黨是必須堅決徹底地反的，正因爲此，所以必須先要求自由中國的眞正自由與實行民主。從事民主運動的人絕無意使中華民國陷於萬劫不復之地，所要求的是經由此路而達到團結全民的實力，然後才有力量和共產黨作最後的決戰—從理論的到行動的。民主政治不是紛繁無效率的。祇有民主政治才能使全民的思想和認識清晰，從自覺地要求做一個自由人，使全民的感覺和認識堅強地凝結在一起，唯有讓大家覺得活着是爲了自己，戰鬥也是爲了自自己，才能把分散的力量聚集起來。否則，人們會覺得他艱難地活着，和拼死地戰鬥，不是爲了自己和自己的子孫，而是爲掌握着既得利益的當權派。沒有人願意在擲頭顱洒熱血之後，自慚地去做當權派的附庸和繼續受獨裁陰影的控制。

四十九年前，孫中山先生用來號召和喚醒民衆的，絕不是要人人來效忠他孫逸仙。正因爲他無私，他眞正的成了偉大的民族領袖。他使每一個追隨着他的人不覺得是在追隨一個人，而是在追求他們共同的理想，和共同追求實現一個富強安樂的中國，所以中華民國誕生了。今天要實現反共復國，就要先實踐民主，要讓大家眞正地感覺到反共是爲己，也是爲人，是而不是爲當權派的既得利益和舊王朝的復辟！（五十年元旦）

讚揚美英在寮國的行動

劉裕畧

截至執筆時爲止，英美兩國在寮國戰亂問題上所已表現的行動，很值得讚揚。

寮國，又名老撾，原是東南亞地區的一個小國，土地、人口、物資等都不足以構成它在國際地位上的重要性。祇因它的地理位置，西隣緬甸，南接泰國與高棉，東連越南；西北通中國。而整個東南亞目前正是共產黨極欲用顚覆滲透等方法赤化的地區。所以，這與泰越等國爲隣的寮國，便在現階段這一形勢下成爲共黨圖謀整個東南亞地區的戰畧走廊了。

民主集團對於寮國，幷無積極企圖，只希望寮國不被赤化而已。但共黨對它有積極圖謀，最先想用武力實現寮共的統治，後寮共領袖蘇發努萬被捕，它們才改變策畧，除仍以武力割據一方外，更以政變的方式：來奪取政權，這是李江傘兵上尉發動永珍事變的政畧戰畧背境，也是李江政變後何以捧出富馬來組閣，幷標榜其中立主義之所以然，實則富馬是李江的傀儡，李江又是共黨的傀儡，所以，富馬所標榜的中立主義，已經不是眞正的中立主義，而是親共的假中立主義，是李江所堅持的容共聯合內閣，則更是由中立到容共，由容共到共黨統治的漸變過程。

李江率領傘兵發動永珍叛變之前，寮共領袖蘇發努萬突然越獄逃去，說明永珍事變已開始醞釀，李江發動叛變，佔領了永珍，則是共黨集團爭奪寮國問題第一回合，在第一回合中，親西方的內閣突然被推翻，這是民主集團的顯然失敗，也是共黨集團的顯然勝利。

永珍事變後，李江只取得了永珍的統治、幷沒有取得他對全國的整個控制。同時，反共的諾薩萬仍在他處獲得立足點，擁有軍隊，而其反共門志且極旺盛。再加上美國就在這時候迅速給予了反共諾薩萬以支援，使諾薩萬不但未被消滅，且強大起來；終至鄭勃拉王都的軍隊也歸順了諾薩萬；這是第二回合，由於美國在第二回合中，表現了它的勇敢與警覺，便奠定了下一回合的勝利基礎。隨後由於李江的力量與諾薩萬力量在第二回合彼消此長，所以，把李江擊敗，並把永珍搶奪回來，重組寮國的合法內閣，這是第三回合，也是民主集團反攻獲勝的回合。

李江退出永珍後，被諾薩萬軍隊追擊，共黨方面企圖挽救李江的潰敗，除一方面由蘇機空投物資外，復由蘇聯於十二月廿二日照會英國，表示「承認梭發那，富馬是老撾王國惟一合法政府，呼籲一切愛好和平的政府積極老撾的富馬政府外」外，又說：「蘇聯政府認爲爲了調解老撾問題和使這一地區局勢的正常化，有必要召開一九五四年日內瓦會議參加國的會議來討論老撾的局勢，並且恢復老撾國際監察和監督委員會的活動。蘇聯政府建議，蘇英兩國作爲一九五四年日內瓦會議的主席，號召日內瓦會議的所有參加國，共同反對美帝國主義的干涉和侵畧，爲維護日內瓦協議的實施，爲恢復老撾國際監察和監督委員會的活動創造條件。蘇聯政府並建議同英國政府一起，要求美國政府，停止對老撾富米・諾薩萬叛亂集團的援助；召回美國軍事人員；收回美國運入老撾境內的軍火武器以及對其它與美國一道向叛亂集團提供軍事人員和裝備的國家施加影响，共同爲和緩老撾的局勢而努力」。中共隨即也認爲祇有依照蘇聯的提議，才是解決寮國的問題的惟一途徑，但聽明的英國外交家並沒有在以富馬爲合法政府的前提下允許蘇聯的提議，有如蘇聯所期望，這是第四回合。

及至蘇聯中共北越對李江及寮共的補充接濟已達相當充分，中共及越共傘兵已準備完畢，共黨集團乃突然以不明國籍的姿態將傘兵空降寮中，並隨即在豐沙里及川壙等地區展開反擊，並立即攻下了若干城鎮，這是第五回合。目前，這第五回合尙在發展中，勝負與變化都尙未定。但可以斷言的，是寮國問題演變至此已變成國際力量在幕後決定一切之局了。再看美蘇雙万都不願因寮戰而擴大爲世界大戰之心及雙方又都不願而且都不能放棄寮國之勢，則今後在互有勝敗之情勢下，由英國以文翁內閣爲合法政府而重開日內瓦會議，自屬可能，寮國逐漸變爲兩個政府，有如南北韓南北越亦屬可能。不過，在李江叛軍與寮共聯合反攻之下，再加上蘇聯、中共、北越之直接支援，民主集團要想保有整個寮國，固非有更大決心不可，否則，即令只想保有永珍與鄭勃拉邦王都，從而形成分立的有利態勢，美國也還要繼續勇敢繼續堅定才行。照現在降落在寮中不明國籍傘兵之猛烈攻勢看：東南亞公約與美軍是應該隨時準備投入這一場戰鬥的。否則寮國有全部變色之可能。而執筆至此，美國除已警告中共及越共外，又已下令太平洋美軍立即戒備，這是完全必要的。（一月二日）

（上接第一版自助人助天助）

「其亡其亡，繫於苞桑。」欲救中華民國免於消逝，仍惟有賴國人之共起爭取民主自由，共負起立國復國的神聖使命。台灣同胞如見有一個民主守法的中華民國政府，必不會有如廖文毅等人在外流離陳訴。廖文毅行爲以及美國「台灣共和國」的倡議，皆莫非由於國民黨當權派所迫成的。如果台灣人民和留台的大陸義民都要有中華民國，而同負起建立中華民國的任務，美國和自由世界諸國家，怎能抹殺這種堅強而顯明的意志而取消中華民國呢？「地方百里而可以王」。台灣如有名實相符的民國政府，海外一千五百萬華僑必願竭誠擁護，踴躍輸將請纓，而大陸六億同胞又必簞食壺漿以迎王師，不俟下屆聯大討論中共加入問題，而中共政權已摧枯拉朽地崩潰消滅了。事在人爲，天助自助者。我們務要創造自己的命運，建立自己的國家，選舉自己所合意的代表和政府公僕人員，不應委心外來勢力及環境所支配，而甘作「逆來順受」的阿Q，美國和聯合國今日對許多落後地區及國家尙且盡力仗義相助，豈有對於同創聯國而又能自助自強的中華民國不更樂於協助呢？不過終先要自己有志氣，能掌握着自我，具有不自由毋寧死的精神。

中華民國五十年元旦前十日自美東紐澤西寓

台灣會發行大鈔嗎？

·羅繼修·

台灣久已盛傳將發行五十元及百元大鈔，但財政、金融當局却又說法不同。嚴家淦表示：「政府未有考慮現在要發行大鈔。」台銀董事長尹仲容則說：「在理論上認為，如果發行大鈔，對於物價絕對沒有關係，物價不會上漲。」又說：「現在已有人了解到支票就是變相的大鈔，開一張百萬元的支票，既不會是通貨膨脹，為什麼發行大鈔就會是通貨膨脹？如果說百元大鈔可以使貨價上漲，那麼發行一元小鈔是否也可以使物價下跌呢？」

從尹氏的談話，使人益信發行大鈔，祇是時間問題。且台灣銀行依新台幣例，民國三十九年就已印好百元大鈔了，是有權隨時發行的。然無可否認大鈔出籠會影響金融的穩定，連帶發生的問題必然很多，當局不能毫無顧慮。尹仲容的話雖有其不得不如此說的苦衷，却也有欠妥當。

假如說，政府從來都是嚴格管制通貨量的，絕不利用發行來彌補赤字解決財政困難，那麼不論發行多大鉅額票面的貨幣，人們不會懷疑到通貨膨脹。可是自抗戰以來的法幣、關金到大陸撤退前的金元劵和銀元劵，均以惡性膨脹以終，國家既在杌隉不安中，幣信早失，誰又能相信新台幣不步後塵呢？事實上新台幣確在不斷貶值中，發行初時，每元等值美金二元，如今只值美金二角五分，這還是官方定的比率，黑市不用談。新台幣貶值雖原因衆多，而通貨膨脹無疑亦為原因之一，十年來實已增加了五十六倍以上。若說大鈔發行後絕不影響物價，其誰能信！

至於支票是不是變相的大鈔，稍有經濟常識的人也會知道，把支票作變相的大鈔看固無不可，當作大鈔用則是錯誤。支票和鈔票除了流通上有分別，在實質上亦有不同。前者必須存放相等金錢在銀行作準備，而法律也嚴禁開空頭支票的。後者乃國家法定貨幣，一旦膨脹，全民受害，而非如支票之僅為受票人兩者影響不能相比；且我國鈔票發行權操在政府，發行額及發行準備的情形如何，人民無所知，加之監察制度未有充分健全，凡持有通貨的人，時刻關心它的價值，因而政府的財政收支，市場的變動，在在受人注意，根本無人把發行的大鈔當作是鉅額支票看待的這個心理因素是不能不顧到的。雖然台灣謠傳大鈔即將面市，而市面尚未因此大波動，是因為政府並未真的發行大鈔，事實和謠言畢竟是有分野的。

尹仲容還把大鈔和小鈔混為一談，也是有問題。決定物價的基本因素，乃在供求的關係上，不在貨幣本身，當物資缺乏，一枚鷄蛋的價格由一分錢上漲到一百元時，若用一分的小鈔去買，就要一萬張，通貨必感不足，政府欲求調節，必須增發新鈔，新鈔無疑是鉅額的，否則尚不足支付印工和紙張的成本。假定說，印製鈔票是不需要成本的，市場上小鈔斥充，也同樣形成通貨膨脹。

相反的，發行大鈔足以刺激物價的理由倒是存在的，上面說過，那是決定於「心理因素」。不可否認，近年來台灣經濟，有它進步的一面，通貨的管制也有若干改善，但究竟有限的很，仍不足以戰勝「心理因素」。以尹氏多年主持經濟和金融工作，似不能謂對此毫無認識。

把他的話從另一角度來看，却正表示出這個主持台銀的巧婦已難再作無米之炊了！現在國庫支票動輒一張五千萬元，而貨幣籌碼愈來愈短絀。所以他的話雖逾越了通貨的常識，却有其難言的隱痛。於此也可見台灣的經濟情況仍然是很難樂觀的。

胡志明何事活躍于北平莫斯科之間？

·心田·

胡志明看來已經是毛赫歧見的調停人，活躍於北平莫斯科之間，裝成「中立姿態」，來要求中蘇共的援助。自一九五八年下半年中蘇共於對外政策方面發生歧見以來，有報導可根據者胡志明在北平與莫斯科兩地有如下的活動：

一九五九年一月二十日，他率代表團到北平；二十四日與周恩來同機到莫斯科參加蘇共第二十一次代表大會；二月九日，由蘇回國經北平，十月二日離北平返河內。

一九五九年六月，胡志明又到蘇聯各地「渡假」達一個多月，於八月一日離蘇，到達新疆的廸化；八月十三日到北平，八月二十六日回到河內。

一九五九年九月二十六日，胡志明率黨政代表團到中共參加慶祝「建國十周年典禮」，同來者尚有武元甲所率的軍事代表團。於十月四日離北平回國。

一九六〇年八月十六日，據匈牙利通訊社報導，胡志明在莫斯科訪問，十五日曾到高爾基公園芶匈牙利工業展覽會參觀，這次訪問最神秘，若沒有匈牙利通訊社的這一透露，可能被其蒙蔽過去了。

一九六〇年十一月二日，胡志明率代表團到北平；四日，離北平赴蘇參加十月革命四十三周年慶祝典禮；十二月三日，率代表團回到北平；六日，離平回國。

綜合以上所見，胡志明在兩年中，已知其訪蘇聯四次、訪中共六次；在訪中共的六次中之五次均為他訪蘇之路過；但這種路過不能看作是單純的假道，蓋他在北平逗留的時間並不比他在莫斯科的時間短，故推測他這兩年來在為毛赫之間的歧見奔波折衷是不會太遠。而在基本上，北越的態度是中立偏左，傾向於中共。毛澤東似乎也在利用他對蘇聯討價還價，而胡志明似乎也甘願任「紅娘」，圖取得雙方之援助。其結果如下：

一九五九年二月十八日，中共與北越簽訂七個文件，規定中共供北越無償援助一億元人民幣，貸款三億元，助建四十九個工業、交通企業等建設項目；之外的兩個重要文件是經濟技術援助協定，一九六〇——一九六二年的長期貿易協定。

同年三月七日，蘇聯與北越簽訂科技合作協定，蘇聯並給貸款一億盧布（約合五千萬人民幣），以建一批工業企業。

這次，胡志明在莫斯科參加八十一國黨代會議期間，十一月十六日，北越的科學委員會副主任裴公澄率代表團到北平；於二十八日與中共簽訂科學技術合作協定與執行辦法。胡志明由蘇回北平的十二月三日下午，北越的經濟、貿易代表團長、北越政府副總理阮維楨亦到北平，而其副團長與團員則已先期到北平。由這種情況來觀察這兩個科學與經濟代表團是胡志明於十一月四日去蘇之前內定。

十二月十一日，阮維楨由北平去蘇聯，十二月十二日「人民日報」報導說明他將再回北平，其副團長與團員亦均仍留於北平。

十二月二十三日，蘇聯與北越在莫斯科簽訂一九六一——六五年的援助和易貨協定的聯合公報，規定蘇助北越建五十三個工業企業和其他工程項目，並貸給四億三千萬盧布（約合二億一千五百萬人民幣），未來五年間的易貨額則比前五年增加二倍半。這當是胡志明訪蘇、阮維楨去蘇的結果。

而，北越的經濟、貿易代表團此時尚在北平，且逸未簽訂協議，看來需等阮維楨由蘇回北平會談以後再簽。

由上發展可見，北越之獲得蘇聯的援助是在中共同意之下進行的；胡志明之來往於北平莫斯科之間，本身目的或亦在此，因為中共對北越的援助是口惠多於實質，但他又不敢公然抗議。可由下述事實見之。

於一九六〇年三月，中共與北越在河內簽訂一九六〇年援助議定書，三月八日「人民日報」報導這一消息時有這樣的說明：「根據援助議定書規定，中國按照越南民主共和國政府的要求，以一九五五年中國無償贈送給越南民主共和國八億元中國人民幣的餘額供應越南棉花及施工機具等物資」。可見，儘管一九五九年五月中共已答應其給予四億元貸款和贈款，但在事實上不但這一款項到一九六〇年尚未動用，連一九五五年所答應的八億元也還不曾用完呢！

三言兩語

蔣先生元旦日文告中有謂：「革命戰爭，從來都是以民心向背為根據，而不是以土地大小、人數衆寡為準，更是以革命者自己良心上之所信為基礎，而不是以任何僥倖的外在條件為根據的。」

很可惜，蔣先生到民國五十年元旦才懂得說這些話。如果他早在十五年前憬悟了，該不至於有今天吧！

× × ×

蔣先生又說：「特別是要能夠恢復國民革命開國時期的精神，同心一德，團結一致，……。」

對這句話，我還是很表婉惜，蓋他祇有勇氣回顧數十年前的往事，無勇氣開拓未來。還談什麼「同心一德，團結一致」呢？雷震在押，新黨難產；既拆人家友黨，自家黨內又復離心離德！

× × ×

立法院長張道藩正式堅決表示了要辭職。他的理由是「因為我八年來根本沒有做好立法院長」。

其人將去，其言也眞。姑且拿它當眞話來聽吧。

× × ×

毛澤東曾謂：要與天公共比高，現在又說：要革自然的命。但十年統治，竟然是十年災荒，一年重過一年，今年荒田數字高達九億多萬畝！（按：大陸耕地總面積為十六億多萬畝）

這乃天亡此狂人也！

× × ×

十二月廿三日「人民日報」社論說：冬季青飼料缺乏，在廣大受災地區飼料又很不充足，這當然給保護牲畜安全過冬造成了困難。」

天寒地凍，人都沒得吃，那還顧得了畜牲。山西農民早已棄養耕牛了！

× × ×

光緒三年，山西大旱百日，平陸縣「死者十之八九」。該縣縣誌記載描述當年災荒情況謂：「……始而貨服物以餬口，繼而鬻子女以偷生。久之，典賣以罄，餓餒難支，剝樹皮而食者有之，挖草根而嚥者有之，父歿而子不葬，啖其肉以救飢，子死而父弗悲，析其骸以為爨。」

現中共報導：「仍舊是平陸縣這個地方，自去年秋收後至今年七月，近三百天沒有一場透雨，其中一百餘天滴雨未落，旱災比光緒三年還重。」但又說：「終於戰勝了旱災」；還說「預報着來年的豐收」。若非神話，即為鬼話！

·恕人·

新年與國運

靜吾

（台北通訊）我在這一篇新年的通訊中，不想報導任何具體的事件而祇就蔣「總統」和陳副總統兼行政院長於週前先後兩日在「國民大會憲政研討會」和光復大陸設計委員會的兩篇演說，和蔣「總統」的中華民國五十年元旦告全國軍民書發表以後，此間朝野各方面的反應情形作一簡單的分析，希望能有助於海外讀者對台灣政情的了解。因為在這兩篇演說和一篇文告當中，政府今後的動向如何，已可概見一般了。

今年是我國禍福成敗所關的一年

蔣「總統」在元旦告全國同胞書中，有兩句最令人警惕的話，即是他認為今年是世界人類前途危機最大的一年，亦就是我們掌握自己的命運為禍為福為成為敗的一年。筆者以為我們的獨裁統治者既已有了如此的認識，其對於如何才能掌握自己的命運之道必有所澈悟，當以此意請教若干熟悉內政的朋友，包括立監委員國大代表、軍政人員和在野人士。他們一致認為在天下為家的局面之下，除非上帝肯賜福，我們唯有束手以待大禍之降臨而已。有的幷指出蔣「總統」在去年元旦的告全國同胞書中，還要求「大陸同胞起來，用拳頭、鋤頭、菜刀、火種等原始武器，去奪取中共手中的現代裝備以作戰，然後國軍即去接應」，已經証明是一種妄人妄語。今年他雖然自認為是我國禍福成敗所關的一年，而却沒有任何具體的表示；祇說「我們所恃的，乃是民族大義，革命精神，和世界的公理正義——尤其是我們今日在台灣基地全體軍民一致反攻復國的決心和信心」，可見他自己也明知其妄而才以此不着邊際的空話代之。但就是這種空話也適足令人發生厭惡之感。因為且不論此時此地的全體軍民的決心和信心如何，即以蔣「總統」本人來說，假設他眞有反攻復國的決心和信心，又何必要假借國防工事為名而在大溪秘密興建蔣氏宗祠呢？

蔣「總統」在告全國同胞書中，還說「今年就是到了共產主義漢奸傀儡的總崩潰，和我們三民主義國民革命的勝利年」，他要求大家「要能够恢復國民革命開國時期的精神，同心一德，團結一致。」更說：「在台澎金馬的基地裡，不論是政治、經濟、文化、社會，由於我們軍民一體，衆志成城的功效，這在十年艱苦奮鬥的結果，已經實踐了根本改造和全局建設，這不祇是提供了反共基地上政治的、經濟的自由樂利的新生活，也提供了今後復國建國的新憑証。」但如所週知，今日台灣的一般老百姓在蔣經國的特務控制之下，朝不保夕；即是知名之士亦不能倖免，雷震之被科十年徒刑，李萬居高玉樹和其他因受不了壓迫才起而籌組新黨的一羣之遭受各種不同方式的追害，即其明證。而蔣「總統」還自誇為自由樂利的新生活，要大家一心一德、團結奮鬥。在野人士固目為無恥之言，即政府中人亦在私下評之為自我諷刺。可見他的新年文告，不但沒有給大家以任何希望，反而更將寶島上的頹喪氣氛濃化了。

重提「權能劃分」學說

再說到蔣「總統」在所謂國民大會憲政研討會的演說，他強調推行民主憲政要以憲法前言為指針，即是說要以中山先生的遺教為準則。他的用意，顯然側重於權能劃分的學說。所以他特別指出「現代民主憲政的體制，是在不斷進展着的，過去民主運動初期的憲法，其主要精神，在限制政府的權力，以保障人民的自由，因此將議會與政府間的制衡作用，發揮到極致。嗣後，隨着科學的發展，人民經濟的生活起了巨大變化，社會關係日趨複雜，政府的職能日益繁重。民主憲政的體制已由消極的制衡轉而趨於積極的合作。這一趨勢，與國父倡導的權能劃分學說，人民有權，政府有能的精神，正是不謀而合。」蔣「總統」希望國大代表們研討憲法，應依據中山先生的遺教而又特別提出權能劃分的學說，是否暗示將來國民大會修改憲法時，應將政府的權力擴大，固不得而知；但就其對於權能劃分學說的見解而論，許多國民黨籍的立監委員都認為他有意曲解中山先生的原意以就一己的私慾。中山先生所主張的，是政府要有能為人民辦事，而人民則在要有權以控制政府。所以他當年在演講五權憲法時，曾以汽車司機為例，他說司機應有能力為主人駕駛汽車；主人縱不知如何駕駛汽車，但有權指揮司機，將汽車開往何處，並可隨意雇用和解雇司機。可知中山先生所說的萬能政府，是加強政府的行政的能力，而並非擴大政府的行動權力。但三十多年的蔣記政府，則以無能著名於世，早就變成政府有權，人民無權的局面。如今還要侈談權能劃分，還無非是想將行憲法下立監兩院尚享有的一點質詢和糾舉之權，一併攘奪罷了。更有何中山遺教與民主憲政之可言？

如此的民主與法治

蔣「總統」在同一篇演說中，還說民主與法治是一體的兩面，認為「兩者輔車相依，缺一不可。在民主原則之下，個人有其應享的權利與自由。在法治的原則之下，人民和政府同樣要受法律的支配。法律之前，人人平等。民主國家所賴以維繫者，就是法律與制度，人民與政府都應共同體會這一道理。要尊重法律與制度，更必須使之成為一種生活方式，養成一種民主與法治的風範。如此人民與政府之間，人民與人民之間，各守分際，相互尊重，民主政治，才能歷久不渝，深植根基」。更強調「我們的國家在今日不僅處於戰時，而且處於變亂時期；但我國民主憲法的體制，迄未作戰時的更張，我們也不採取任何改變民主常軌的舉措。這可表示我國政治之民主精神，足與任何民主先進國家相頡頏。」由此，可知蔣「總統」在口頭上雖亦深感民主與法治之不可厚非，所以才處處表示要對民主與法治的尊重。但人們指出三十多年以來——尤其是近十年來的事實，證明他所要求的則是人民必須尊守他的法，而他則高踞於法律甚至憲法之上，不受任何限制。他所謂的法，也不是黑字寫在白紙上經他明令公佈的那些條文，而乃是他說的話。因此，不但一般人民莫知所從，即政府中人亦祇有善於逢迎者才能大顯身手；而奉公守法者無不遭受或大或小的不幸。這就是蔣記的民主與法治的特徵。如今更在天下一家的局勢之下，蔣「總統」還自誇我們的民主精神，足與任何民主先進國家相頡頏，適足以說明其執迷不悟，並無改弦更張的意向而已。

陳兼院長更不知所云

最後，說到陳兼院長在光復大陸設計委員的那篇演說，他分析了目前的國際形勢和敵情以後，對於我們今後的做法也有所說明。他說：「現在大家一定要問，在這樣的國際局勢下，我們的態度與做法是什麼？我的回答很簡單，堅定和自強」。其內容是：「『我們要從堅定和自強的奮鬥中，來繼續充實我們的精神力量、經濟力量和軍事力量。我們要從堅強和自強的奮鬥中，來繼續加強國際間的互助合作。我們要以積極的態度與創造的精神，來推進各項建設，解決各種問題，從事各項改革。對內對外，我們都要主動的和自發的來做，澈底剷除等待、拖延與敷衍的心理。我們更要在總統領導之下，認定目標，集中意志，發揮力量，站在各人的工作崗位上，一致為拯救大陸同胞與恢復國家統一而努力。』」

由此，可知陳兼院長所說的堅信和自強，並沒有什麼具體的內容。看來，這位素以勇於負責見稱的強人，在蔣家父子倆的上下控制之下，也就好作旅進旅退唯命是從的陪臣了。

總之，今年雖被認為是我國禍福成敗所關的一年；但從蔣「總統」和陳兼院長的兩篇演說和蔣「總統」的新年文告看去，却無任何自立自強之跡象。筆者走筆至此，適有友來訪，他說：「我們的獨裁統治者，早就說假話成癖，他們今天講的話，明天他們自己也就忘得一乾二淨了，你還要從他們的演說和文告中去探討今後的政治動向，未免白費心思了。」筆者聽了之後亦深有所感，因此不再多寫了。

勝利由何而來？

見微

（台北通訊）今年元旦，是中華民國開國五十週年紀念日。在過去的五十年中，我們的國家飽經憂患；而今更是河山變色，國脈民命，不絕如縷，凡有血氣者，莫不憂心如焚。但蔣「總統」於是日上午十時主持中樞所舉行的紀念大典時宣讀其告全國同胞書，却說今年是我們反攻復國的勝利年。十一時他向千餘名三軍高級將領及所謂國軍第十一屆克難英雄和政士訓話時，又說：「三軍將士在台灣十多年來的犧牲奮鬥，忍辱負重已經夠了，勝利的時間到了」。使人聽去，似乎覺得我們明天就可以回到南京了，這是何等可喜的消息？據報載，與會的文武官員曾熱烈鼓掌十餘次，並向「總統高呼萬歲」，宜哉，宜哉！

可是，在現局之下，此一勝利究將從何而致呢？不但一般老百姓疑懼；即政府中人亦無不在背後嘆息。曾憶政府退台之初，蔣「總統」還說過「一年準備，兩年反攻，三年掃蕩，五年成功」；但如今已進入了第十一個年頭而準備反攻的跡象毫無，乃侈言今年為反攻復國的勝利年，未免是自欺欺人了吧？

陳兼行政院長於元旦團拜時領導文武官員向蔣「總統」一鞠躬，和高呼「總統萬歲」以後，又參加蔣「總統」夫婦為克難英雄和政士們特設的歡宴。他在此一宴會中，原是陪客的身分；但也起而領導與宴的英雄和政士們向蔣「總統」和夫人敬酒。此雖小節，亦可証明時至今日我們的行政首長，也不得不處處爭取逢迎獻媚的機會了。蔣「總統」所說的勝利，其此之謂乎？

新黨與地方選舉

籌組中的中國民主黨原以參加本省第五屆縣市議員選舉為首要之圖。繼以雷震被捕下獄、各籌備人又均遭受或大或小的迫害，至今尚無成立之確期；但對於本屆地方選舉仍未放鬆。高玉樹、李萬居、王地、郭國基、李連麗卿、黃玉嬌、郭雨新、李秋遠、楊金虎等多人，並親自出馬為與新黨有關的各候選人助選。

台灣省主席周至柔且於十二月卅日中午在省政府宴請籌組新黨的重要人士，被請的有李萬居、高玉樹、楊金虎、許世賢、許竹模、吳拜、何春木、蘇東啓、葉炳煌、陳彩龍、黃玉嬌、石錦勳等多人；由黃朝琴、謝東閔、陳錫卿、張騰發、郭澄等作陪。席間周氏向李萬居等保証，此次縣市選舉，決本公平、合理、合法三大原則處理，期能樹立眞正民主風度。與宴者則盼政府實踐諾言，使本省選務能有所改進。周至柔在選舉之前宴請新黨人士並作如此的保証，可說是難能可貴了。但，就在當天，台北市選舉事務所却忽然通知新黨籌備委員之一而登記競選該市議員的李福春，指其競選政見中有「不以警察人員危害三輪車工友」及「勿以司法苛擾工商業」兩句為不合規定應予修改。競選人所發表的政見，選舉事務所居然有權要他修改，這已經是世界選舉史上的奇聞了。而主張「不以警察危害三輪車工友」與「勿以司法苛擾工商業」也被認為不合規定，難道要主張「以警察危害三輪車工友」和「以司法苛擾工商業」才合規定嗎？這就是今日台灣的民主，周至柔所謂的公平合理與合法，想亦不能外於此也。

中共農業生產萎縮的原因究竟在那裏？

劉裕畧

大陸之窗

美國作家記者史諾最近訪問中國大陸，據彼報導謂彼曾在北平與毛澤東談話，又曾會見中共國務院總理周恩來，周恩來且對史諾承認大陸今年農業生產萎縮，其總生產量不但比一九五九年低，且亦較一九五八年爲低云。

這是中共今年農業生產萎縮的一個可靠報導。

其次，最近數月來的中共各地報紙，無不連續出現糧食供應方面之緊張情形，中共中央固一再在北平人民日報用橫幅電版經常顯示「農業是國民經濟的基礎」幾個大字，當作口號與標語，且經常爲文呼籲各行各業都要一齊來支持農業。中共農業今年之特別成爲問題，於此可見一般。

再看中共經濟建設之重點，固一直放在工業上。但最近已一反常態，提出「糧鋼爲中心」的口號，且將糧食生產之地位提在鋼鐵地位之上。以往，對於勞動力的調配與使用，中共也一直指向工業，但中共最近卻在人民日報及其它各地報紙呼籲合理調配勞動力，並指出只有將勞動力集中向農業生產才是最合理的說法。此外，中共報紙又一再抨擊大陸各城市之機關與企業，現今仍犯本位主義之毛病，說它們緊握勞動力，不肯將勞動力調向農村。這都說明大陸農村勞動力極感缺乏，亦即在鐵一般的事實上說明了農業生產線上的緊張情形。

再看中共統治大陸十年以來，過去一直在宣傳上自誇能將糧食輸出。雖然，明眼人都知道中共所謂輸出，並非基於大陸人民已經吃飽，相反，而是中共實施饑餓政策之結果。但到了目前，大陸人民雖繼續仍舊饑餓，輸出糧食却已不可能。於是中共最近也不得不向外購買糧食，轉而尋求糧食之輸入了。中共最近向澳洲購買一批糧食，這是最顯著不過的例子。而這也就非常明白的表示出中共大陸今年農業生產的萎縮狀況，確實是特別嚴重的。

再看中共對海外投寄糧食包給大陸親人，照例時收時拒。最近，中共對於港澳投寄糧食包的收受總額則已稍爲放寬。據倫敦十二月二十二日合衆社電：「此一消息，表明中共因水旱災害和管理上的缺點所引起，而使其農業躍進的野心計劃遭逢嚴重的挫折後，現正面對一項嚴重的危機。北平的官方宣佈業已承認說：爲應付人口的急劇增加，共黨中國的穀物產額必須增加一倍。共黨的機關報人民日報曾透露消息說：一半以上的農地已遭逢水旱之災。今日的消息說：流亡遠東一帶香港、馬來亞和新加坡等地的華人，正紛紛以糧食包寄往中國大陸。但這些糧食包與中共方面所面對的食糧問題之嚴重的程度比較，實等於滄海之一粟。據另一消息說：北平甚至無法供應業已簽訂合約運往阿爾巴尼亞的三萬噸小麥，阿爾巴尼亞乃是中共此次在莫斯科高層會議中最可靠的支持者」，以上是倫敦合衆社的電訊。讀此電訊後，回看港九各街道上之南貨店無不高懸「代寄大陸包裹」的招牌，足可反映大陸糧荒實已到達了空前慘況，以上是從各方面來對中共今年農業生產問題所作的觀察，根據上述觀察，從而確定中共今年農業生產確已大見萎縮，應係正確而非武斷的結論。

中共厚本年年在吹大躍進，爲什麼反而會大躍退呢？如果只看上述倫敦二十二日合衆社電，或者還容易使人誤會中共今年農業生產萎縮的原因，只是因爲災害與管理不善，實則這只是原因之一。

另據中央社華盛頓十二月廿二日電：「美國農業部今天稱：中共在其資本投資方面，犯了嚴重錯誤，而妨害了大陸上整個經濟發展。美國農業部在其發表的「一九六一年度世界農業情勢報告」中作此評價，該報告對中共區一九六○年的情勢作如下的評論。甲、在預算中的資本建設基金項下，僅以百分之十二分配給農業方面，工業方面則獲得百分之五十八，運輸方面獲得百分之廿一。乙、一九六○年在工業方面與運輸系統方面的進步，似乎更爲困難，雖然它們在資本投資方面的分配方面獲得高度的優先，有証據表示，農業方面——原料人力與工業建設的財務來源——的缺乏進步，可能使對工業發展的設計與執行負責的份子，增加不安」。則又從投資方面着眼指出了中共農業生產萎縮的另一原因。

但這也只是原因之一而已。從根本上仔細研究，則中共對農村原有基礎之破壞，對農村原有社會結構之摧毀，對今日大陸之農業生產關係起了重大的惡化作用，實乃另一重要原因，這不僅以中共爲然，蘇聯也如此。本來，共產黨人也一直在强調所謂生產關係。但他們所意識的生產關係，是以生產工具爲中心的，而且以爲打破生產手段私有，便是改善生產關係，便可促進生產。殊不知生產手段私有乃刺激生產的一個重要因素，所以共產黨人依其錯誤的歷史唯物論觀點，根本一直未會了解良好生產關係的正確內含。尤以近年中共在大陸强迫推行人民公社，既奪取了農民的土地，又搾取了農民的勞動果實，甚至還拆散了農民的家庭，把全體農民變成集體的農奴。試問農業生產關係在如此嚴重破壞下，誰個農民還有自動生產的興趣與熱情？難怪「自從來了共產黨，十年倒有九年災」了（大陸民謠）。據中共自己公佈，今年大陸草荒面積之總數竟達三億畝之多。以中共今日在大陸控制之嚴密，以中共今日在大陸推行農村人民公社之普遍，依常理推測，是決不應該而且也決不可能有雜草不除，因而造成三億畝草荒的這種現象的。但出人意外的是草荒的程度今年竟達三億畝，甚至中共中央也不得不對此加以承認，這就可見，人民怠工與人民不願自動除災的普遍心理，實已是形成和加深大陸災害的一個主因。並不只是由於水旱災才形成今日大陸的農業生產萎縮現象。有些人每每放出言論，謂共黨政權下生產關係好，工作效率高，人民吃苦只是短暫時間的事，農業生產不振也只是一時現象。殊不知，蘇聯革命了四十年，人民依舊吃苦，中共政權統治下的工農業情況更不如蘇聯，若不將中共政權推翻，則大陸人民吃苦豈只是短暫時間的事！以農業而論，蘇聯革命了四十年，自史大林執政時期起，以迄今日之赫魯曉夫執政時期，農業生產一直成問題。據莫斯科十二月廿九日法新社電：由於農業生產情況不好，蘇共中央已開會醞釀整肅，農業部長馬茲克維區巳被免職，並已將之調去開墾地。有關主管人都成了替罪的恙羊。而這何嘗只是農業主管人的問題呢？實乃共黨政權對農業生產關係必然帶來的惡果。農民原是保守的，農民原是愛戀他的私有土地的，也愛戀他的個別家庭，也期望他的收穫的。但共黨政權，尤其中共的人民公社却將農民的收穫據爲己有，却將農民的土地沒收，却將農民的家庭拆散，卻將平靜而安定的農村氣氛破壞，，且又進而加以集體的强迫奴役，更在强迫過程中，使農民吃不飽，穿不暖，中共既如此其甚的在破壞原有的農村社會基礎與生產關係，那末，在農民怠工與消極抵抗下、災情程度之加重與農業生產萎縮當然也是必然的了。

再說：中共政權的農業投資何以特別少？還不也是共黨政權的基本性質和它的基本政策決定了的嗎？由此可知，中共農業生產萎縮不是偶然，而從蘇聯的例子來看中共農業的遠景，蘇聯的工業基礎更大大的强過中共，肥料與拖拉機等的供應亦遠遠超過中共，蘇聯土地的面積大過中共，人口且少於中共，然蘇聯革命了四十年，農業方面一直成爲問題，可知中共統治下的農業前途，正是並不光明的。

大陸各地飢寒交迫疾病叢生
廣東趕調四千醫務人員下鄉

•吳求•

自中共統治大陸十年以來，一則由於中共的殘暴統治，隨時清算，隨時鬥爭，隨時抓人，隨時殺人，所以大陸人民的精神狀態都一直處在緊張與不正常的情況中，再則由於中共政權對人民的無情壓搾，民窮財盡之後，又益以長期處在半饑餓狀態中。所以，精神緊張與長期饑寒交迫的結果，遂使各地人民營養不良，疾病叢生。在廣大農村中，由於中共强迫推行人民公社，經常夜以繼日的勞動，醫藥供應及醫務人員又極端缺乏，故本年度大陸各地人民患病者特別增多。以往，中共對此照例不管不睬，仍然照例强迫勞動，以壓搾勞動果實，而不理會人民死活。但到了最近，由於中共中央一再喊出「農業是國民經濟的基礎」的口號，各地共幹又發覺讓人民長此患病下去，人民死活固無所謂，但勢將影响農業生產，勢將減縮今年收穫。爲此，各省高級共幹才決定城市抽調醫務人員下放，以圖及時搶救各地之病患，從而增强勞動力，藉以達到農業生產的目的。

今據十二月廿六日中共香港大公報廣州專訊，謂廣東省衛生部門積極籌組醫療力量奔赴農業生產第一綫，以便奪取今年冬季和明年早造之收穫，已開始將大批醫務人員下放到農村。據謂「這次下鄉的醫務人員總數在四千人以上，由廣州地區的醫療單位組成的第一批隊伍五百多人，已於這兩天先後出發」云。

至於被抽調下鄉的，據悉計有中共所屬中山醫學院、中山醫學院屬護士學校、廣州醫學院、廣州中醫學院、省衛生幹部進修學院、省衛生學校、廣州護士學校、廣州衛生學院等。又中共廣東省各行政專員區及各縣所屬衛生院、校的師生，以及中山醫學院第一第二附屬醫院和省人民醫院的醫生、護士乃至技術人員等。

下放的主要地區，則是中共所屬海南行政區的東方、文昌；汕頭區的紫金、大埔、五華、興寧；韶關區的龍川、始興；湛江區的欽縣、化州、靈山、合浦；江門區的懷集、羅定、廣四、德封；佛山區的中山、惠陽、東莞、寶安、博羅、增城等地。蓋上述各地乃目前人民疾病最多的地區的緣故。

寮王薩旺的政治手腕

寮王永珍之行

·萬清·

寮王薩旺華丹納於本月廿六日蒞臨永珍，受到了永珍僧俗羣衆的盛大歡迎。新總理彭庵親王和他的全體閣員，各國駐寮使節，亦都穿上禮服，趕到機場迎迓。光復永珍的諾沙旺將軍，則早已於前幾天親赴王都，侍候寮王同機前來這個刼後的行政首都。

寮王此次前來，是為了追悼永珍之戰死難的軍民，預料將會舉行一個空前盛大的佛教式「超渡」法會，由該王親臨主祭。但任何人都早已知道，寮王此行政治意義的重大。

寮王除了傳統上是「神聖不可侵犯」外，還身兼王軍最高長官，負責裁定及公布國會所通過之法律，批准國會所承認之條約，接受外國使節的覲見及呈遞國書，權責極為重要。尤其是薩旺王，更被認為對於寮國政治有重大的影响力。

現年五十二歲的寮王，是留法的政治學士，早在三十年前的一九三〇年，即奉前王之命就任王室政務長，一九五一年，更任寮國出席舊金山和會的代表團團長。為人精幹，處事沉着。自他攝政，登極一年半以來，早已有所表現了。現在寮王到了永珍，將會發揮怎樣的政治手腕呢？

支持反共軍人

寮王的政治態度，究竟是怎麼樣的呢？

今年（一九六〇）一月八日，距寮王登極後不過二個多月，寮國「强人」總理洗廼恭（薩納尼空）突然宣告辭職，據洗廼恭當時公開的宣告，他之所以辭職，是由於「與國王的歧見」。

當時，國王接受「國家利益防衛會」的主張，要解散國會，實行「强力的政府政策」。而「國家利益防衛會」，就是諾沙旺等少壯軍人的政治集團；先是，諾沙旺以上校軍階參加洗廼恭內閣，任國防部長，因與洗氏意見不合，諾沙旺率其數名同僚退出洗廼恭政府，實行倒閣而達到目的。

「國家利益防衛會」擁桑沙尼繼洗廼恭組閣。扣留寮共首領蘇發努馮，就是在桑沙尼任內實行的，可能就是「强力政府政策」的表現，也許就是諾沙旺的「鐵腕」政策。可惜桑沙尼政府疏於防範，乃有蘇發努馮之脫逃，接着發生李江的永珍政變。

李江政變後，外表是李江、富馬與諾沙旺及彭庵之爭，但內容却是赤裸裸的，反共軍人派與寮共的鬥門。而薩旺王的支持諾沙旺，却並不自今日始。或者可以說，寮王不是支持諾沙旺個人，而是支持反共派。

重視法理民主

但是寮王的措施，也仍是合乎法理及民主精神的，當李江擁戴富馬出任總理，國會在永珍通過富馬的任命，而諾沙旺却聲稱「議員在槍尖下」而反對承認富馬的時候，寮王並沒有給富馬以加委。及至琅吧剌邦和談，國會再通過富馬任總理諾沙旺任副總理，寮王便即予以加委。其後諾沙旺拒不就職，富馬申請對諾氏革職處分，寮王亦只好准予備案。足見寮王充份尊重國會，重視法統。

富馬出奔金邊後，親共方面原企以昆寧政權承繼富馬政府，但此時國會議員陸續由永珍脫走，過半數聚集素旺擁護彭庵親王。寮王當然沒有承認昆寧政權，於是寮國合法政府，於是親共方面，只好慫恿富馬在金邊組流亡政府，或前赴桑怒省宣佈「遷都」，不過富馬不為所動，共方乃無從施其加深非共陣營分裂的陰謀。

在「雙奪都」的一幕中，李江並沒有攻下琅吧剌邦，而諾沙旺已先攻入永珍。彭庵政府凱旋還都，而寮王亦於此時蒞臨。即使說寮王不是持有反共的成見，他的支持及加强一個有力及從國會授權的政府，也是極為順理成章的事。

王都的影响力

自八月初李江政變以來，數月紛亂的寮局中，寮王尙有關於外交方面的兩事，足以一述。當富馬政府承認蘇聯後，蘇駐寮大使阿里布莫夫前來永珍就任，受李江以紅地毯的歡迎，但阿里布莫夫照例前赴王都琅吧剌邦覲見寮王時，却終於未獲得寮王的召見，廢然而返。可是當美國助理國務卿柏森斯到琅吧剌邦時，却立刻得到寮王的延見傾談。柏森斯旋來永珍，向富馬建議遷都琅吧剌邦。當然，這是非先得寮王的俞允不可的。寮王此舉，無非希望富馬脫離李江的控制。

還有，琅吧剌邦的駐軍政變宣佈擁護素旺，更先於阿派少校的永珍對李江政變，此事雖未能指出是否與寮王的影响力有關。但王都對反共份子的一視同仁，却被李江認為「庇護」叛逆，所以，李江要向王都進車。可惜因為寮王的「神聖不可侵犯」及人民的擁戴，李江一進兵即被認為大逆不道，加速了他的敗亡。「心中無神，目中無王」的共產黨，在寮國還是要吃虧的。寮國人民正希望寮王發揮力量——把寮國安定下來呢。

·永珍通訊。

越盟態度與出兵侵寮

陳文修

在寮局惡化當中，直接支持寮共的，就是越盟黨（中共目前仍是隱伏幕後）；那末，越盟黨最近動態如何？實至堪注意。

據熟悉越盟內部的人士透露：在北越的胡志明政權中，目前已很明顯的分成兩派，其一是親中共，又其一是親蘇聯。前者是由越盟黨書記長兼議會議長的阮清所領導的，而後者則為胡志明及其總理范文同所支持。這兩派的權勢本也勢均力敵；不過由於胡志明個人在整個越盟黨當中，具有很大的影响力，因此，看來還是親蘇派較佔優勢。而且，蘇聯還是中共的「老大哥」，她左右越盟以致整個北越政權的潛力，也就比中共來得更大。

猶記去年九月間，越盟召開第三次全國代表大會時，他們所爭持最激烈的問題，也就是以親中共抑親蘇聯為焦點，但經過一番面紅耳熱的辯論結果，最後還是通過了一個議案，那就是：「擁護蘇聯和平共存政策」。觀乎此，可知蘇聯的勢力實在已深深地透入了越盟黨的內層。

此外，阮清的黨書記長的職位，也從此落選了，而由一個剛剛脫穎而出的黎登取而代之；黎登是胡志明的心腹爪牙；由此更可知親蘇派的勢力，實際上在越盟黨裡已到了擴展的尖端，而親中共派則不過是仍在「坐井觀天」地面對着中共來發幻夢而已。

胡志明也曾經表示過：北越共產黨，絕不致協助南越「革命」，南越的無產階級，他們自然會自己設辦法推翻吳廷琰政權；而事實上，當西貢叛變時，越盟的確未嘗直接介入。那末，就在這一點中，我們便可以推測到，胡志明是受到了蘇聯「和平共存」政策的影响。換言之，就是越盟黨已接受了蘇聯的控制。親中共派人士的叫囂，祇是一種絕無作用的鼓噪吧了。

至於蘇聯當日為甚麼在越盟黨中盛倡「和平共存」政策，而且暗示越盟不要介入西貢叛變？當然，那是恐怕會因此而引起世界大戰的危機。當然，在蘇聯的心目中，他自然是別有苦衷而需要作另一番打算的。

那末，在現在的險惡寮局中；為什麼越盟黨又來予以直接支持呢？據一般推測，那依然是表面上的一齣「把戲」；同時，也可能是中共唆使親中共的越盟人士表演出來的一種手法。誰都知道：中共刻已野心日大，她對亞洲親共或共產國家，現已無時無刻不心存染指，以至發生領導作用，其所以隱伏幕後而唆使越盟出面直接支持寮共者，也就是還稱野心的表現，然而由於越盟黨內部既是親蘇派得勢，最後還是唯蘇聯之馬首是瞻吧！

英德勞改營第十八大隊的寃魂

·成中嘉·

英德沙口的勞改營，第十八大隊裡，經常產生新鬼，寃魂一縷一縷的籠罩不散，更增加了該營的地慘天愁！

原來，編在該第十八大隊的奴工，都是各地的僑生，人數約有二千五百名，其中十之七八是來自印尼、新加坡、馬來亞、北越等地的華僑子弟。他們其始都是在當地給共特甜言蜜語誘騙「回國升學」的，詎當他們一踏進大陸，便立刻發現情形完全不對勁，於是內心馬上醞釀起强烈的反感，每每出言怨懟，以發洩心坎裡的悔恨和怒火，因而被共幹指為「思想逐漸落伍」，「資本主義餘孽」，「蛻變青年」，「不穩份子」，唯一的懲處辦法，就是把他們一個一個的抓進英德勞動營去，從此深陷地獄，身體被摧殘，勞力被壓搾，不知何時何日才得「翻身」！

僑生的被解往英德勞改營，祇有天知、地知、自己知、而他們遠居海外的親屬，則完全被瞞在五里霧中，還以為他們的子弟投回大陸的懷抱以後，已「光榮」地做了中共的「同志」；又那會想得到自己的子弟已變成了慘受饑餓和勞役煎熬的奴工？更悲慘的，就是部份僑生已被迫害到「息勞歸主」，而死者的家屬還半點兒也未知情！新鬼煩寃舊鬼哭，營裡充滿了陰森恐怖的氣氛；一堆一堆的白骨，就是第十八大隊華僑子弟的寃魂！

僑鄉近訊

鄉民反共情緒激昂羣起抗暴（陸豐、高州）

邇來粵省各鄉鄉民，因被共幹迫害至走頭無路，激發了冒死反抗的情緒，於是羣起抗暴的行動，相繼爆發，此伏彼起，使中共的武裝民兵疲於奔命，雖不斷大力彈壓，亦無法加以平息。去月下旬，陸豐縣和高州縣又先後爆發了羣衆破壞水利工程和農業生產的激烈行動。據廣州傳來的消息，其經過情形是這樣的：（一）陸豐「炎龍公社」主任，最近決定將原有的石塘、倒地旗、石坑、龍井頭等四個水庫，開掘渠道，聯成一起，並徵調附近各鄉鄉民參加義務勞動，迫令他們日夜不停地從事挖泥塡土等工作，每日勞動時間，幾達十六小時，且須自携粮食向工地「進軍」，鄉民李祺等十餘人，大為憤懣，乃相約進行破壞，於塡土時暗將土壩底下挖空，以致工程倒塌，事發後，李祺等十餘人中已有七人被拘獲。（二）高州「新垌公社」的鄉民，則實行放水破壞農業生產，使茂坡大隊所栽植的荔枝樹三百多畝，和雜粮百多畝，全被淹害，事後已有鄉民楊星等十一人被捕；共方對此，迄仍在追究中。

——江水——

原料缺乏大部份工廠已停工（潮汕）

潮汕各工廠，因原料缺乏，刻已有十之七八宣告「暫停生產」；其中如罐頭加工廠、製紙廠、紗布織造廠等，則簡直連全部工人也調離，分別派往各農業公社，參加開墾、種植等工作。至於汕頭電力，則因煤炭供應經常中斷，已由十一月份起，實施分區停電辦法；而此項分區停電辦法已對一般小型手工業，打擊亦極重大。但汕共對此，刻仍在束手無策中，而工業原料的缺乏，亦迄無辦法解決。而被調離工廠派往各公社接受奴役的工人，最近已激發起極大的不滿情緒，尤其是對各公社的共幹的作威作福感到極憤慨和憎恨，因此他們便暗中實行消極的破壞以示抗議。據十二月十日由汕頭傳來的消息：該等被調到各公社奴役的工人，目前已普遍展開破壞的行動，使各公社的農作物，如家畜、雜粮等，亦均受到嚴重的損害。共幹雖予加緊鎮壓，但消極破壞之風，迄仍未止戢。

未完的小說

晁浅虹

翌日，雨停了。冬天的晨光透過窗櫺投進何平的房間來。他張眼遠眺窗外，天空中的殘雲已染上了橙黃。

十時，何平回到報社將稿件編完，便吩咐小劉拿去字房。臨出門他對侍役小劉說：「一點鐘我在半島飯店的餐室，報社有什麼事可打電話找我。」

一時正，何平跨進半島餐廳。馮詩早已坐在門左首一個僻靜的座位舉手招着向他打招呼。何平走過去道：「馮詩，這麼準時？」「我在酒店無聊得很，所以半點鐘前我便來了！」她的面孔的愁容今天似乎消失了很多：「有徐華消息了嗎？」

「沒有！」何平搖搖頭說。

「老何，為什麼你不替我登報紙？」她說：「我認為昨天你離開我後是應該想起這尋人方法的。」

「這沒有用！」何平不經思索地說。

「為什麼？」

「因為，因為我知道徐近日的身體不大好……也許不是這樣。總之，我曉得他不會買報紙看的，就算……，是了，他對小廣告之類的東西沒有好感！」何平喃喃地很吃力地說道，他的手不時變換姿態以解釋不圓滑的語意。

「何，我們是老同學，請你對我忠實一點好不好？」馮詩說：「徐是不是病了？或者他已結了婚？或者他很恨我。或者——他已經？」

「不是的，馮詩！」何平道：「我知道我的解釋你是不會相信的。」

「但我願意聽你新的解釋！」

「原諒我，我不能發明新的解釋！」

他們沉默起來。彷彿有一片黑雲籠罩在他們四周似的。這時，揚聲播音器响起來：「馮詩小姐電話。」

他們不約而同地錯愕起來。直到播音器重叫一遍，馮詩站起來走去聽電話去了。頃間，她走回來，慢慢地坐下道：「老何，我該走了！」

這件事何平頗感意外。馮詩的眼睛似乎帶着一種奇妙的希望似的，她走了。臨走時，她詢問何平有沒有變更寓所後，便匆匆地走了。

晚上的天氣發生變化。何平坐在寓所的小廳內默默地抽烟捲。他深知馮詩至今仍懷念她的舊侶，可是她卻不知徐已死了。如果不是徐華臨終前的遺言，他是會將實況告訴她的。正當他默思默想的時候，門閣閣地响起來。何平將門打開。眼前是個穿深灰色雨衣的女人，雨水已沾濕了他額前的秀髮，她的眼睛如同着了電流似的，襯着她那個寒冷空氣襲擊而顯出灰白的面孔。

「馮詩，進來坐吧！」

「不必了！」馮詩道：「我的身體不舒適，我很快就走啦！我來是希望你明天能請假伴我玩一天。」

「為什麼你有這興趣？」

「也許，我和香港隔別得太久了！」她喘着氣道：「你答應我嗎？」

「好吧！」何平答道。她已轉身，走了。

翌日上午十時，馮詩來了。他們一起走下樓梯。

「你安排了什麼節目？」何平溫文地問道。

「你以為女人不懂得安排？」

「……我不是這個意思。」

馮詩拉他坐進停放在街旁的一輛跑車裡。何平驚詫地望着這輛跑車。馮詩道：「你懷疑我駕跑車的技術嗎？在日本時傳明經常開快車，把我的胆子練大了。」

馮詩把汽車一口氣地開到山頂餐室旁邊停下來。他們離車走進餐室。馮詩叫了兩份早餐後道：「老何……我回想在兩年前的一天，我和徐華在這裏喝茶，周圍的座位都空着，侍應生都在一旁嘻哈說笑。可是我和徐華卻沒有笑，事實上我們都沒有想到可笑的資料。那時，整個世界都好像很靜很靜。我看到的只是一縷縷飄忽不定的霧氣從那門口湧進來，又散失了。那該是一個很富詩意的美妙境界。於是我嘗試問徐對霧的感覺。當時我也不知道為什麼會那樣問他。我聽見他祇說過四個字！——討厭的霧！此後不幾天，我們就分手了。老何，你也許奇怪我說這種傻話。」

「這已是過去，如果你不反對我這樣說，你該忘卻這種境界。」何平道：「我認為人生是短暫的，不宜悲觀。」

他們無拘束地談着，但是他們之間的談話似乎有點不着邊際。之後，他們結帳離開餐室，沿山路把車開下去。馮詩把車開得很快，山丘和樹叢向後奔馳。

「馮詩，不要跟我開玩笑！」

但她不聽從何平的勸告。汽車轉彎的時候，路面和車輪急遽地磨擦，發出尖叫聲。

「馮詩，你冷靜點吧！我一定盡力替你找到徐華，明天我就替你刊登四吋位的尋人廣告。相信我！」

馮詩果然把汽車駛慢了。到了海灘，冷清清沒有遊客，祇有麻雀三兩在沙灘上尋食。他們下了車，默默地站在沙灘上眺望雲海遠處，祇見孤帆點點，襯在朦朧地浮在碧海的小島上。

一天很快地過去了。入夜後，馮詩便向何平道聲晚安和再見，在他的寓所前和他分別了。

何平為這可怕的一天而感到莫明其妙。之後一連兩天馮詩也沒有來找他了。第三天他在報社收到一封信：

平：你接到這封信的時候，我已身在飛機的旅途中了。徐的死訊，我已在電話中聽人說了。我曾到他的墓前懺悔我的一切。徐留給你的那本尚未寫完的小說，請你替他完成最後的結局吧。

傳明已因駕車失事死了；我到日本之後，領到他的遺產，我曾回來出版那本書。因為香港仍是使我懷念的地方。祝你健康。

馮詩

何平看罷，嘆了口氣，他覺得不止徐華的書要完成，而使馮詩快樂的責任也落在他肩膊上了。

（完）

文壇泥爪

詩人徐志摩之八

志摩自六歲啓蒙讀書，一直到二十七歲從英倫返國，共做了二十二年的學生。他的學歷是相當複雜的，他入過的學校，在國內有徐氏家館、硤石開智學堂、杭州中學、上海滬江大學、天津北洋大學、北京大學、在國外有美國克拉克大學、哥倫比亞大學研究院、英國劍橋大學研究院。他在先並不是學的文學，他轉變成對文學發生了興趣，始自在劍橋的時候。他父親本想讓他進金融界的，結果老先生失望了。志摩在家書中曾說：「至於我的為學方面，不能盡如親意，那是不能勉強的，因為各人有各人的長處。我如學商，竟可以一無成就，也許真的會敗家。我學了文學，至少已經得到了國內的認識。我並不是沒有力量做這件事的。並且在這私欲橫流的世界，我如能抱定堅貞的意志，不為名利所搖惑，未始不是做父母的可以覺得安慰的地方。」是的，假若志摩學商，充其量也只是做到像張嘉璈、錢新之那樣的成就，斷不會有他做詩人所享的這樣的大名。寧可違親而不肯違己，也可以看出志摩是怎樣的性格。他死後，其父申如挽聯中有「沈湘捉月」之句，是竟以愛子比屈原李白，已以詩人許志摩了。

志摩在國內任教的大學也很多，先後有北京大學、天津南開大學、上海光華大學、東吳大學法學院、大夏大學、南京中央大學，教的幾乎全是西洋文學。死前數年，他非常忙碌，一面辦「新月」（書店和月刊），一面担任着中華書局的編輯，一面還奔走上海南京之間，在光華、中大兩校任教，後來辭了中大，又受聘北大，這就要往返平滬之間了。不然的話，他也不會為了趕路而乘飛機慘死的吧。

一般人向上爬很少不為名利的，志摩卻是完全拋開名利，全憑自己的志趣和心中的敬佩而攀結名人。他一生所結交的師友，大都是當代之選。民五他離開北洋轉入北大時，是因為蔡元培做了北大校長，在北京他住在鼎鼎大名的蔣百里家裏——蔣是志摩姑丈的族弟，次年嚮往梁任公之盛名而入贄為弟子，成了任公的愛徒。——蔣及其姪復聰全是任公弟子，與志摩皆至交。在美國同學的有劉叔和、李濟，在太平洋船上認識了汪精衛。離美赴英，他犧牲了博士學位，原是想跟羅素「認真念一點書去」的，不幸羅素那時剛給劍橋除名，未能如願。但他在倫敦卻認識了威爾斯和狄更生、曼殊斐兒這些文學家。二次歐遊時，在蘇聯會見了老托爾斯泰的大小姐，在英國會見了哈代，此外許多名人的墓，如契訶夫、克魯泡特金、鮑特萊爾、盧騷、囂俄、雪萊、濟茨、勃朗寧夫人、米蓋朗其羅、法蘭西士，他都去拜謁而留連忘返。印府詩哲泰戈兒和他的交情，我們已經說過。在國內，凡新文壇上第一流作者，自胡適之以下，幾乎無不與志摩有往還。「無友不如己者」，志摩豈聖人之徒歟？

記戊戌維新始末（十五）

舜生

黃遵憲（1848—1905）字公度，別署東海公，法時尙齋主人，水蒼雁紅館主人，廣東嘉應州（今梅縣）人。

他生在鴉片戰爭「江寧條約」訂立後的六年；同治三年曾國荃攻破太平天國的天京，他十七歲；光緒十年中法戰爭爆發，他三十七；光緒二十年中日間發生甲午戰爭，他四十七；光緒二十四年戊戌維新，他的年齡已五十有一了。他長於康有爲十歲，長於梁啓超二十五歲。康梁在戊戌以前，均未到過外國，但黃已做過了十二年的外交官（計任駐日公使館參贊四年零三個月，舊金山總領事三年半，駐英使館參贊近兩年，新加坡總領事近三年。）；康梁等的維新思想乃得之書本，同時也憑藉他們自己的想像；黃之痛感中國有改革的必要，乃是得自在外國實地的考察與研究。因此，光緒二十三四之間，他在湖南參與新政，雖僅僅只有十個月，但他熱心於提倡教育，如參加時務學堂及南學會講學之類；他特別注重地方自治，如倡設保衞局而以地方人士爲主體之類；他又把改革司法看得十分重要，如改進裁判，整頓監獄，删除淫刑之類；這些都可看出他比較康梁切實而且能抓住要點。

他在舊時的科舉制度之下，雖也由秀才考得了一名舉人，可是他深切知道八股文試帖詩之無用，只看他在光緒二十五年所寫的「己亥續懷人詩」，內中有一首是懷念他的三個學生李炳寰、蔡鍔和唐才質的，便可明白。詩曰：

「謬種千年兎園冊，此中埋沒幾英豪，國方年少吾將老，青眼高歌望爾曹。」

因此，在他考得舉人的這一年（光緒二年），便決然毅然放棄了應試生活，而入貲捐了一名道員。同在這一年，他又在山東和張蔭桓李鴻章見了面，張和他很談得來，彼此曾有唱和之作，李對他也頗爲贊許；以他這樣一個曾經歷過科舉生活的舊書生，能一變而成爲清末外交界錚錚有聲的人物，得着張李等的鼓勵大致是不少的。

遵憲所著書，計有「日本國志」四十卷，「人境廬詩草」十一卷，「日本雜事詩」兩卷。「日本國志」採用參考書多至二百餘種，費日力八九年，全書都五十餘萬言，尤詳於明治維新以來的敘述，戊戌維新這一幕，凡康梁等所建議，大致以明治初年的措施爲藍本，得着這一部書的影響是不少的。

「人境廬詩草」的篇幅，以關於戊戌維新，庚子拳變這三幕人物與事實的佔得最多，必於這三件大事有了充分的了解，然後進而讀人境廬詩，才能感到較多的趣味。

譚嗣同極不以湘軍撲滅太平天國爲然，甚至聞牛莊之敗而狂喜，遵憲於光緒二十八年與梁啓超論學書，也以曾國藩爲「不可誨又不可學。」他覺得：曾的學問儘管是「兼綜考據、詞章、義理三種之長，然此皆破碎、陳腐、迂疏無用之學，於今日泰西之哲學未夢見也。」曾的功業「比漢之皇甫嵩唐之郭子儀李光弼爲尤甚，然其視洪楊之徒，張（總愚）陳（玉成）之輩，猶僭竊盜賊，而忘其爲赤子爲吾民也；此其所盡忠以報國者，在上則朝廷之命，在下則疆吏之職耳，於現在民族之強弱，將來世界之治亂，未一措意也。……」

他在另一封給梁的信，也極不以康有爲等提倡孔教爲然，其言曰：「報中近作（指梁所辦新民叢報），時於孔教有微辭，其精要之語，謂上天下澤之言，扶陽抑陰之義，乃爲專制帝王假借孔子依託；孔子者藉口以行其壓制之術，此實協於公理，吾愛之重之，敬之服之，儒教不過九流之一，可議者尙多，公見之所及，昌言排擊之無害也；孟子亦有可疑者。」

他在前一封論曾國藩的信上還談到民權自由，其言曰：「公所唱民權自由之說皆是也。公言中國政體，徵之前此之歷史，考之今日之程度，必以英吉利爲師，是我輩所見畧同矣。風氣所趨，時勢所激，其鼓盪推移之力，再歷數十年或百餘年，或且胥天下而變民主，或且合天下而戴一共主，皆未可知；然而中國之進步，必先以民族主義，繼以立憲政體，可斷言也。」像他這樣的話，與中國六十年來爭民主爭憲政的活動，可以說是息息相通，只把黃遵憲看作戊戌時代勇於實行的一員，這便未免太小看他了。（待續）

筆墨紙硯

林千石

筆

豪末波瀾腕底雄，酒酣揮灑慾摩空。秋蛇春蚓皆時病，今瘦古肥盡可風。人以記名堪一擲，士能回夢亦無功。宣城殺絕山中兎，諸葛心靈嘆技窮。

墨

紋似靈犀堅似玉，廷邽萬竈脫朽脂。奮書木可三分入，食肉胸無一點遺。磨折爲人應毀骨，娉婷有婦尙描眉。寸膠難淨黃河水，濡染絲悲逸少池。

紙

輕薄寧同世味論，五車今可幾函存。當時京洛三都貴，千載蘭亭一繭尊。題詠難除文字相，刋書重起聖賢魂。餘閑漫畫成棋局，龍戰玄黃閱曉昏。

硯

龍尾已成天下冠，端州北海有遺篇。生平只此忘言友，世上應無不稅田。變化烟雲心自足，銷磨歲月鐵將穿，憐君徒得團團面，猶與寒鐙未解緣。

析支列傳（一）

亮之譯註

依喬治、羅靈遜（George Rawlinson）譯希羅多德史記（The History of Herodotus）第四編轉譯。以其中所言多析支（Scythia）事，故易今名。原註仍之；亦輒就所聞補註。惟愚於英文，實甚淺嘗，此稿譯成於民國四十六年一月四日，自維謭陋，從不敢以示人。去歲嘗請友人陳伯莊先生爲之是正，不謂伯莊事冗，且方部署新大陸之行，留置半載，竟不易一字擲歸。今伯莊已歸道山，偶檢舊篋，忽見此稿，不覺黯然！因念愚之譯筆雖或不足達恉，而原書固在，識者自多，刋而出之，儻可爲中國古史貢一新解歟？民國四十九年冬徐亮之識。

1. 大流士（Darius）（註一）既克巴比侖（Babylon）（註二），爰引其遠征軍以入析支（Scythia）（註三）。亞細亞（Asia）者，民庶而實豐；此大欲實驅之以報析支（Scyths）之仇；蓋彼前侵米太（Media）（註四），嘗與析支野戰而敗故也。如前所述，析支主宰上部亞細亞者，凡亘二十有八年。彼等本以躡擊西美倫（Cimmerians）（註五）與瓦解米太帝國而入亞細亞；其時之大流士唯坐觀彼等之治定功成已耳。然彼等今茲既已悠悠辭家二十八載而後歸，困擾初不亞於苦戰米太之課題，期待之矣。蓋彼等發覺，其部隊已無抗敵之心；而疇曩析支婦女，見良時之難再，夫婿之莫歸，且早相率下嫁於其奴隸焉。

（註一）指波斯（Pershia）王大流士一世（Darius I, 558—486 B.C.）。公元前五二一年即位。其攻巴比侖，凡一年又八月始克。攻析支則不克而歸。

（註二）位於幼發拉底（Euphrates）底格里斯（Tigris）兩河流域間之古國，而以巴比侖城爲中心。

（註三）Scythia應讀Sith'ia，見Webster's Geographical Dictionary；其爲禹貢「織皮、昆侖、析支、渠搜，西戎則叙」之析支，大戴禮記五帝德篇之鮮支，後漢書西羌傳之賜支，甚明。友人胡秋原君於Scythia譯「塞契特」（見古代中國文化與中國知識份子下冊P六二八），裴文中君於Sbythian（按義爲「析支人的」）譯「斯開梯安」（見中國史前時期之研究P四一），均非。商務書館綜合英漢大辭典於Scythians譯「徐西亞人」，中華書局中外人名辭典及司徒盧威君古代的東方（P二二二）從之，亦同此失。阿甫基耶夫著王以鑄譯古代東方史作「薩迦」（P五七七），則音讀較近，而仍未愜。

（註四）裏海西南古國。今伊朗哈馬丹爲其故都。

（註五）太古時喜居黑暗中之怪民族。其國位於今亞速海南之刻赤半島一帶。

2. 析支使奴隸悉盲其目，爲之搾製馬乳。其法爲以畧如洞簫之骨管，揷入馬陰戶中而更番口吹之。謂必如此則其脈管氣體鼓盪，乳汁擠搾自易云。

乳汁既出，承以深底木桶，週環搞動，然後收其上浮佳品，而遺其沉澱焉。然則析支何爲而必盲目其所有自戰場俘獲之此輩？是無他，以彼等本非安土之農夫，而爲游牧之種族故。

3. 奴隸與析支婦女所育之兒既長，且稔知其身世所從來，遂一致抵拒米太之歸師矣。其始也，大劃析支本土，自托里克（Tauric）（註一）至妙諦斯（Maeotis）（註二）大間之礦區而有之；繼則于歸師之見迫於敵也，相率羣起而攻之。歸師既數苦戰不利，中有一人因攘臂詔衆曰：「析支之人乎！吾人今日果何爲乎？吾人今日特與吾人之奴隸戰耳！不幸而敗，吾人自身傷損；即幸而勝，則吾人之奴隸傷損已耳！幸聽吾言：釋汝矛，去汝弓（註三），手汝鞭（註四），怛然朝彼等而進。須知彼等見吾人皆手武器，自以敵人視之；設所見初無武器，唯手一鞭；且翻然覺悟彼等實吾人之奴隸，而飛遁之不遑矣。」

（註一）托里克（Tauric），即克里米半島（The Crimea Peninsula）。

（註二）妙諦斯（Maeotis）：即亞速海（Azov Sea）。

（註三）原註：「矛與弓乃歐洲析支之民族武器，弓尤見重視。矛制取短，通長不過五英尺。」

（註四）原註：「古析支人之馬鞭，與今日哥薩克（Cossackes）之Nogaik絕相似。」

4. 衆如其教，奴隸之子果大驚震，無心戰鬥，應時崩潰。用主宰亞細亞一時而見逐於米太之析支人，終獲歸休於其故土焉。至此次突襲彼等之大流士，則復仇心切，爲達此鵠，猶冀能集中兵力以臨之云。

5. 析支人常謂，其族之興，實自隆古；並世諸族，莫之與京。（註）彼之言曰：有名太極圖（Targitaus）者，首出庶物之人也，常居其國；其地在太極圖以前，特莽原耳。而太極圖實男嬰爵夫（Jove）女嬰波利倩梨（Borysthenes）之合體。（說雖如此，余殊不信。）下降未幾，曾誕三男；長李博詹（Leipoxais），仲亞博詹（Arpoxais），季柯勒詹（Colaxais）。誕三子時，悉在盛年；三子既長，遞主斯土。於時彼蒼，雨金凡四：曰耜、曰軛、曰斧、曰尊。長兄先見，就而取之；金輒火起，廢然而去。仲兄就取，亦復如前。兩兄欲金，終不可得。後季往觀，其火立滅；因取此金，携以歸家。於是兩兄同心，共舉王國，奉之季弟焉。

（註）原註：「吾人須知，希羅多德此處所舉之析支，純係歐洲之析支，而本都希臘人（The Greeks of the Pontus）所已熟知者。」

（待續）

聯合評論
週刊
本刊已經香港政府登記
每逢星期五出版
United Voice Weekly
第二一五號
督印人：黃宇人　總編輯：左仲平
社址：九龍赫德道二十三號地下　電話 68678
承印：嘉羅印刷有限公司　香港灣仔馬師道5號
總代理：友聯發行公司　售價每份港幣一毫
本報美洲版總經售處美國紐約中美出版社
CHINESE-AMERICAN PRESS, INC
199 CANAL STREET.,
NEW YORK 13 N. Y. U.S.A.
美洲航空版每份售美金一角

新年閒話兩則

左舜生

一、如何化戾氣為祥和？

我們反對任何人在國家危難之際，運用不正當的手段，爭權奪利；我們也反對任何人以種種不高明的手法排斥異己；但我們決不反對任何人為國家立功，尤其不反對任何人對自由世界立功。

就今年的大勢來說，中華民國的處境，確實是異常艱危的；這是有目共覩，決不是危言聳聽。今天中華民國惟一的生存之道在動，在主動，能動則生存之權操之在己，不動則生存之權操之在人，天下可痛哭之事，還在比生存之權操之在人更為可悲的嗎？

我所謂動，當然不是指亂動而言，因此，台灣內部必須求得十分的安定，自然是毫無疑義。可是要求得台灣內部的安定，卻又不要神經過敏；神經一流於過敏，即舉目無非可疑之人，以此而求精誠團結，豈不等於南轅北轍？我們這樣一份小報，發行已在兩年以上，我所寫第一篇的發刊詞，即以十二分的誠意，期望國民黨發揮原始的革命精神，先求得自身的團結。團結之道無他，在領導者能「推赤心於諸賢之腹中」，同志就是同志，決不能有親疏厚薄之見存乎其間，尤其不能有派系門戶之見挾雜在內；今天的目的只是救亡圖存，實際已無權可爭，無利可奪，最要緊乃是叫一個適當的人，去做一件適當的事，始能於國於黨發生一種較良好的作用。可是檢討這十年以上的往事，是否能盡與這一標準相符呢？質言之，今天在黨內炙手可熱者，是否盡為出羣之才，而投閒置散者，是否又盡為無能之輩？舉事實言之：若干年前，以某某兩方的合作，把一個陳立夫趕到美國去養雞，在我一個黨外人的客觀看法，究竟不能不說是國民黨的一種損失。我是二十四年到中央政治學校教書，即與果夫立夫兄弟認識的，在抗戰前後的十年，當然更隨時有與立夫接觸的機會，自然，他不是一個不固執黨見的人，可是由今思之，他畢竟不失為一個可與黨外談談的朋友。其次，吳國楨，此君我從來沒有和他深談過，但就他過去一切瑕瑜互見的經歷言之，假定待之能恰如其分，也未嘗不是可用之材，就是他在美國所發表的言論，能分別觀之，難道就一無足取？又其次，係立人，此君我不認識，可是他在軍方服務，究竟有近三十年的歷史，即在他得罪以後，當局仍承認他「有功抗戰」；並明令表示，「不必另行議處」；在當時我讀那一篇九人委員會的報告，已覺疑竇甚多，甚至連他那篇悔過性質的自白書，我也覺得決非出於他本人手筆，而係由穿插其間者，勉強湊成，了無意義。最近有人告我：該案涉嫌最重的一個郭廷亮，早已在台北招搖過市。這一說我不敢斷其確實，卻也無法斷其一定不確實，可是那一位「不必另行議處」的孫立人，至今仍未有恢復自由，大致總是事實吧。又其次，這次在雷案中判刑十二年的主犯劉子英，我始終不了解：一個至今在共黨中毫無地位的傅學文，她究竟以何種資格，派遣一個共諜到台灣去活動？即令說劉子英在離開南京的時候曾和她見面，甚至說她對劉確也說過一番怎樣的話，但劉子英的有罪無罪，還要看他在台灣的十年間，究竟做過有利共黨的活動沒有，如果舉不出他確有共諜的行為，劉子英即根本無罪，劉尚無罪，則無端攀扯在內的雷震，更為無罪可知，最近還有人責備雷震的女兒在美國廣播為「告洋狀」，可是雷本人依法向國防部要求非常審判，卻仍被一些似是而非的理由駁回。請問：在中國一件寃屈無伸的案子，已逼到其人的親屬無路可走，她的女兒不去「告洋狀」，您又教她到那裡去告？

上面所舉陳、吳、孫、雷四件事實，據我所了解，確有其一貫的背景可尋，一言以蔽之，有人為了自己的地位與權勢，非排斥異己不可！我非常憂慮：像上面這類的事，或比這一類更嚴重的事，隔得若千時候，只要時局稍趨安定，仍非繼續發生不可，自然，我一千個不希望我的話不幸言中，現在不過提出亦請大家稍資警惕而已，因為風雨飄搖的中華民國，實在經不起再開一度的玩笑了。

二、不可忽視的寮緬近事

前幾天，台北「中央日報」的頭條新聞，說行政院長陳誠、最近有前往非、南韓、南越三國訪問的準備；假定不發生其他故障，而能見諸實行，確實是我所贊成的。這不只是符合我所主張「動」的一個原則，即以我在東南亞一帶有千萬以上的華僑必須爭取的一點而論，對這一帶地區的任何動亂，我不能置身事外而熟視無視，也屬事理之當然。

共產集團在北越早已有了一個有力的據點，寮國境內，又已公然發動了一種國際性的戰爭，而最近中共且又大伸手到了緬甸，如果再悠悠忽忽的下去，共產集團就把整個東南亞囊括以去，也不一定是不可能的事。請問：假定我在這一地區千萬以上的華僑，在最近的將來，不免陷於印尼僑胞同一的處境，則台灣的地位，豈不更要陷於孤危？

今天的世界，是一個大亂將至的世界，你不怕亂子，而能毅然介入，便還可被人重視，還有生存的可能，如果畏首畏尾，一切以安分守己但求自保為原則，則終非被人魚肉，被人支配而自趨滅亡不止！

我們絕對不能忽視寮國的動亂，也絕對不能忽視緬甸的近事，不問用任何方法，能投入這一漩渦，不管成敗，總比坐着不動的有益！

從中共政權的屬性看它的對外政策

·劉裕略·

從通常的情況講：任何一個國家，它的國是和政策，是必然建立在它自己的文化、歷史、地理、人口、物產、環境、政治制度等條件上的。而且，也必然只建立在上述這些條件上。但共黨統治的國家或共黨政權則不然。它有它的另外屬性。因此，它的國是和政策就不能只從上述那些條件去尋求去觀察。它并非從上述條件出發。而是經常的和必然的從它的另一屬性出發。

任何一個國家的政黨，通常都只以它的國家為立場，不會在國家以外再有超國家的立場。但共產黨立場特殊，目前除南斯拉夫外，所有共產黨都是以它國際關係為基本立場。中國共產黨也是國際共產黨的一部份，所以，由中國共產黨所建立的政權（以下簡稱中共政權），它的一切政策，也總是從它的國際屬性出發。

一個國家的政策是達到一個國家的最高目的的手段。而國際共產黨的最高目的是世界革命，是超於國家立場的無產階級專政。所以，中共政權的政策，便命定的以達成世界革命為目的。

但中共並不是國際共產黨的領導國家，國際共產黨的領導國家是蘇聯，對此，毛澤東前次訪蘇時，也在莫斯科公開承認過：一社會主義國家必須有一個頭，蘇聯就是這個頭一。所以，中共政權的對外政策，便不可避免的成為國際共黨從事世界革命的一個重要助力。

但另一方面的事實，中共政權乃是存在於中國大陸的一個政權。因為它是存在於中國大陸的一個政權，所以，不可避免的，在有些問題上，仍帶有中國色彩。但這也只是在某些問題的表現上帶有中國色彩而已。論其總目的與其基本性格則還是國際性的。所以在觀察中共政權的對外政策時，除必須對於它那國際性和本國性都須掌握外，又必須在它的這兩重性格上區別它的國際性乃是它的主要性格。

我們曉得：中國是一個文化久遠，人口眾多，土地廣大，物資蘊藏豐富，但現代科學和經濟生產技術卻相當落後的國家。假若十一年來不是共產黨執政，而是另外一個真正愛國完全站在中國本位上為中國努力的新政黨執政的話，無疑地，一切政策，包括對外政策在內，一定應該而且必然是先埋頭國內建設，再及其它。因此，有些對中共政權性質不明瞭的人，往往以為中共的整個政策固必然如此。但中共政權的政策卻不然，遠在一九五○年，僅僅是中共估據大陸未蔽一年之初，中共已經不顧一切，突然參加韓戰了。雖說中共參加韓戰的表面理由，一直是以美國威脅中國邊境為言，但誰不曉得這只是中共參戰的託辭呢？中共參加韓戰的真正原因，豈不還是由於史大林的壓力與它那國際屬性在起作用嗎？

當時如此，現在何獨不然。

惟其如此，所以無論在理論上或事實上，中共政權的政策，一直是從上述的兩個方面出發，而在對外政策方面，則從它的國際屬性出發的成分尤多。

在中共對外政策方面，就其方向與性質言，實可區分為兩大部分：第一部分，是它對自由世界的政策；第二部分，是它對蘇聯及其共黨國家的政策，即它對整個共黨集團的政策。

不消說，中共對自由世界的政策，已由它的屬性決定了它并不是與自由世界為友，而是在它那世界革命的目的下堅決與自由世界為敵。雖然，它的運用是變化的。但萬變不離其宗，它一直在用各種手法對自由世界從事分化、滲透、顛覆、宣傳、爭取、麻醉、拉攏等工作，以逐漸達到各國共產黨所一致期望的世界革命的目的。

中共今天之所以煽動阿爾及利亞反法，支援古巴反美，誘導亞非集團中許多國家走中立主義路綫，乃至鼓勵日本左翼勢力反對日本岸信介內閣及現在的池田內閣，都是由它的這種國際屬性出發而來。否則，中國大陸正自災情嚴重，民不聊生，中共何必伸手非洲之餘，又插足美洲，且又在各處積極從事反美呢？而其行為竟如此，這就充分反証中共政權的對外政策，不是從自己的國家利益出發，而是從它的屬性出發；這就可見它那由其屬性出發對外政策，乃是以孤立美國攻擊美國打垮美國為最後目標。中共及其它所有共黨國家其所以把攻擊重點指向美國，則顯然是由於美國乃今日自由世界的領導國家，若把美國打倒，整個自由世界自將全部隨之而變色，而共黨世界革命的目的必可因而達成之故。

由此可見，中共政權的反美政策，決不偶然，它是先天性的。決不是美歐承認中共，容許中共入聯合國或美國在任何地區對中共讓步就能改變中共政權的這一先天性的反美政策的。這正如美國承認蘇聯，蘇聯雖是聯合國中之一員，且蘇聯又是聯合國安全理事會的常任理事，但仍無改於蘇聯的反美政策完全一樣；也正如美國若在柏林等地對蘇讓步，則反而足以鼓勵蘇聯再在其它地點從事侵略亦完全一樣。

中共政權反美政策的性質目的如此，中共政權對自由世界的其它國家之基本企圖與基本性質，又何嘗有別。只以中共政權對美國及對自由世界之政略戰略不同。同時，若干國家的基本狀況與美國亦有異，所以中共政權對自由世界其它國家的戰術才亦隨之而變。但它企圖顛覆、滲透、誘惑這些國家，則是並無區別的。試看一九六○年這一年，雖是中國大陸發生九億畝災荒的一年，但中共卻在這一年中更加擴大其各種性質的對外活動，益足証明中共政權的國際屬性遠遠大過它的國家性；益可証明它的對外擴張野心，更遠遠大過它的對內建設心了。

（下轉第二版）

雜憶錄之十八

共產制度與統制經濟

幼椿

十餘年來，西方左傾的知識分子，以至近年來英法的並非左傾的政論家，有不少人認為中國要工業化，在自由經濟沒有民主制度的基礎，建不起西方式的自由競爭的工業規模，就不妨用共產政治下的澈底的工業國有，以國家資本去加速進行必需的工業計劃，或者也一樣的，相當迅速的趕上西方的工業水準。這一主張，曾引起我的注意，我認為這一看法，既不懂得國有工業所需要的條件是些甚麼，又不了解中國國情與民情是否適宜於澈底的工業國有，因此曾與少數的西方知識分子當面辯論過，或通信討論過來。

記得民國三十四年秋初，我在美國洛杉磯同張君勱先生，張欣海先生去赴一個哲學家杜命（Will Durant曾著世界六大思想家一書，有中文譯本）的晚會。會中多是靠好來塢電影公司大亨們吃飯的歐洲各國文藝家，中多知名之士，且有左傾文人。酒酣之際，座客即有提出前面所說的此一問題者，大意說，中國經濟落後，不如學蘇聯辦法，實行社會主義的經濟統制，由政府集權，用國家資本，來照計劃支配人民，建立工業，比較可以迅速達到繁榮與平等的社會生活。對此一問題，君勱與我略商後，由我作答，由欣海翻譯。（因在座英德法及波蘭語互用，欣海通多國語言，且皆說得流利，而不相混，此一翻譯實在難得。）我說：「我們一向在中國主張民主政治的實現，而反對獨裁式或極權式的作法；無論在經濟計劃上或政治支配上，如未得國民贊成與監督，而由主政者一意孤行其計劃，強迫人民去幹，即使計劃甚好，做起來也會走樣的。何況獨裁者或極權者所計劃的目的：大多是要誇耀其自己的偉大，表現其個人的威望，而不顧多數人民的死活的，其後果必然引起民怨，生出亂子。中國的秦始皇造萬里長城，則是一例。因此，我們雖不能說蘇俄的經濟建設完全無成績，然而它既不符大家想像中的理想，而又使多數民衆所付出的犧牲代價相當的大，至今蘇俄的工業成就，在一般能使人民的生活提高這一點上，很明瞭的不及美國甚遠。」此會之後，大戰結束，我記得又會與欣海一信，大意說道：

「何況中國又非蘇俄可以比擬：第一，中國原有的工業基礎，是趕不上俄國的。俄國自彼得大帝在十八世紀之初便開始從事西方式的各種建設，訓練新人，而十九世紀之初即已從事機器工業，中國則至今只上海一隅及其附近之地，有點工業基礎，其他大都會還談不上。第二，蘇俄在大戰後期即得着美國的機器的大規模的贈予，而又有擄來的德國科學家與工業設備。第三，俄共的頭子們究竟生長於歐洲的工業世界，而且中間還有在工廠作工多年的工人，而中國的共黨頭子們，則大部是土包子，既不知工業建設為何事，更不了解此中甘苦，而驟然要去仿行統制經濟，國有工業，不但人才缺乏，設備困難，而且由這班土包子去一意孤行，存心誇耀，則只有勞民傷財，結果一場胡塗。」（上面的一夕談與一封信的內容曾載張君勱先生七十壽慶紀念論文集中）

後來，一九五五年，我在香港看見法國是年「兩世界雜誌」的東方問題專號，有法國政治哲學家希格斐（A. Siegfried）一文，談到中國人口衆多、亟須發展工業，始能提高人民生活水準，否則終難逃出若干世紀以來的貧困狀況云云。希氏的見地甚善，然而他的結論上也說：『中國既難於眞正實現民主政治，則自由經濟與私人企業便在無保障之下，難於發展，那嗎，就讓中國共產黨去試行工業國有的統制經濟，又何嘗不是一個符合中國人多年願意工業化的一個辦法。」我對希格斐先生的學問一向佩服，我曾譯過他的兩本書，因此我看到他這篇文章的結論後，曾寫給他一封法文長信，寄往巴黎，說明中國情況，藉解其惑，信的大意也與上面與欣海信的內容差不多。

我何以想起這幾件事的經過，因為我近來看見中國大陸不得了的情形，及中共既承認工業大躍進的失敗，又反過頭來特別注重農業，大呼「農業是國民經濟的基礎」，實證明我的前面看法一點不錯，所謂「不幸而言中」。中共數年來工業大躍進，不知白白枉費了老百姓許多血汗，如今將一切生產放下，而來從事鋼鐵大躍進，結果將農業躭誤，時間犧牲，所得來的頑鐵數百萬噸，還是得重行鍊過，但現已無此金錢與能力去設置與工作了啊！

中共在握住大陸統治權力之後，何嘗沒有效法蘇俄「老大哥的先進經驗」，一翻開中共的報紙，每日都可以看見第一版的頭一欄總是工業新聞，大字標題；某工廠的建設，某出品的超額，說得如火如茶，其實內容既簡陋，人才又不夠，在蘇俄聘來的大批工程師又多是低等貨色。何況所謂國有工業，必須國家資本，而中共的國家資本，既在一兄弟般的同志國家借不來，又不肯與資本主義國家打銀錢交道，怕犯上右傾病，於是就只有靠着在農村去壓榨得來的錢財，既要拿來供養那麼多的軍隊與共幹，又要拿來從事大規模的工業建設，這又如何辦得到呢？因此，毛澤東纔妙想天開，來一個不花本錢的工業建設：家家鍊鋼，人人鍊鋼，巷口高爐處處，鐵釘鐵飾拔光，然而結果白費，大鬧笑話場！

中共照抄蘇俄「老大哥」的工業大躍進，數年以來，弄得馬仰人翻，結果精疲力盡，其故在先天太不足，後天又失調，完全與我在前面與張欣海先生信上所說的理由是一點不差的！不過，我在當時寫這封信時，還沒有想到毛澤東等這一批土包子，對於工業常識有如此其缺乏，而又只圖誇耀，胆大妄為，至於如此！大陸上的工業大躍進必然的要失敗得到今日的這樣慘狀：良田淪為荒草之區，人民無衣無食，又豈偶然！（我覺得成千到萬的俄國工程師從大陸解雇回國，並不一定是中俄共在鬧別扭，打冷戰，而是中共的工業破產，供養不起這許多拿大薪水的工程師啊！）

總之，在中國來實行統制經濟，工商業國有國辦，問題甚多，照共產制度的辦法，則問題更多，這些問題，都不是西方人所能了解得到的。這類問題及其根本所在，待下篇再來本我的見聞細談一下。五〇、一、八

從中共政權的屬性看它的對外政策

（上接第一版）

劉裕畧

檢討中共政權在一九六〇年中的對外活動，立可發現它是處心積慮，一直在以最大的決心和高度的運用在從事這些對外活動，企圖用各種方法實現它的對外政策的。可以說，一九六〇年實是中共政權空前積極發展對外活動的一年。中共的這些對外活動，有的是基於政治陰謀，有的是軍事陰謀，有的是經濟打算。但無論基於何種打算。除其中一部分會標榜出商業貿易活動外，其餘一概是假借「友好」或「文化」為名的。根據中共所辦中國新聞社報導：總計在一九六〇年這一年中，中共同世界五大洲的八十四個國家和地區互派了文化代表團進行友好訪問。比一九五九年增加了十六個國家。（中共所謂國家，有些還不算是國家，而只能算是一個政權，俱如北韓、北越等，皆與中共的國際地位相等，並沒有被國際間的合法組織所承認）中共並在一九六〇年接待了七十九個國家和地區的四百多個文化代表團。其中有許多國家或地區是第一次有人到中共去訪問的。

在一九六〇年這一年，中共也派出了二百多個文化代表團到四十八個國家或地區進行友好訪問。其中，參加文化方面的國際會議（其中許多所謂國際性會議乃是共黨政權間的會議）和參加國際性體育、藝術比賽或藝術節目活動的佔一半·這比一九五九年的活動次數也增加了一倍多。

到目前為止，有四十七個國家或地區組織了對中共友好的團體，包括所謂「友好協會」和「文化協會」。有五十多個國家的政府或民間（當然是左傾分子或共黨分子）團體同中共締結了所謂「文化合作協定」，「文化交流協定」或其它文化性質的合作協議。（其中許多國家的政府至今並沒有與中共正式建立外交關係）。

上述數字係僅就中共對外關係已公開的活動而言。其屬於秘密關係和秘密活動者，尚不計算在內。另據美國新聞總署一月八日報導，中共已在國際無綫電廣播宣傳中，得到重大發展。並說中共現今正在誘惑非共國家進入共黨軌道。中共現今每週用五十五國語言，約廣播三千小時。比一九五八年增加五倍，僅次於蘇聯云，反觀美國的對外宣傳，則不過用三十六種語言廣播每週五百六十五小時而已。比對之下，益可見到中共對外政策積極之一般。

再進一步分析中共的這些活動，論交往之頻訪問之切，自然還是要數它和所謂「社會主義」國家（即共黨政權）之間之關係。細查一九六〇年這一年中共派出的代表團中，有一半是前往所謂社會主義國家的；相對的方面，到中共大陸去訪問的外國文化代表團中，也有一半以上是出自所謂社會主義國家。據中共說：這是中共與社會主義國家間的文化友好合作在一九六〇年的加強，也是「體現出社會主義國家之間的親密友誼和牢不可破的團結」的表現。中共所說這些話確有相當的眞，因為中共的對外活動的動機原可區分為兩類。一種是陰謀性的，一種是友好性的，前者的對象是自由世界，後者的對象則是共黨國家。

若再從一般情況來判斷，中共政權既建立在亞洲，而中共政權又無足供長途應用的海空運輸能力，又無充足的重工業基礎，甚至在亞洲以外行銷的遠洋商品亦不多。那末中共縱有野心，其野心亦應局限於亞洲才是。誠然不錯，中共對亞洲各國各地的關係，確曾作過不斷努力，這只要看中共建立政權之初，即設法參加萬隆會議，即設法親近印度、印尼、埃及等亞非集團中之主要國家，以建立亞洲之地位，現已可概見。但從事實的實際表現看，它却並不是以亞洲為足；也決非局限於亞洲。它對遙遠的非洲與遙遠的美洲的興趣，正不下於它對亞洲的興趣。為了支援非洲的剛果，它曾表示願意出兵；為了支持非洲的阿爾及利亞，它曾嚴詞譴責法國，又且於人民日報對法國總統戴高樂作人身直接攻擊，予以破口大罵；為了支援美洲的古巴，它已不止一次的為古巴呼籲，且又不惜與古巴締結許多協定，本月七日中共人民日報除再度嚴辭警告美國之外，並稱古巴可能充分信賴中共，這眞可以說是狂妄自大到極點了。然而我們要問中共對這些相距正遠的國家何以如此關心呢？難道眞的只是由於毛澤東的好大喜功的個性在作崇嗎？決不是的。難道這眞的只是由於中共的一時衝動嗎？也決不是的。如果以為這完全由於毛澤東的個性，那就未免忽畧了共產黨整個組織的組織作用與黨性；如果以為這完全只是中共政權的一時衝動，那就未免忽畧了共產黨人一慣的冷靜與理智。

事實上。中共政權的這些作法，都絕不偶然。它是基於冷靜而理論的考慮才作出的。因為這是它的政策。因為這是它從它的屬性從它的世界革命的目的所製定出來的對外政策。

所以，綜合說來，中共政權的對外政策，基本上分為兩方面，一方面是不斷加緊依附蘇聯，並加強共黨集團的內部團結；另一方面則是對自由世界採取積極攻勢，根據自由世界個別國家的不同情況，運用各種手法，以達成赤化整個世界為目的。因此，它的政策不是出於國家本位，而是出於國際屬性。不是出於任何個人，而是出於整個組織。不是出於一時衝動，而是出於冷靜的理智考慮與乎高度的運用。它的對象並非局限於亞洲，而是以整個自由世界為對象。它的最後目的，是協助蘇聯，聯同其它共黨國家（南斯拉夫是例外），完成世界革命，而不僅僅是在取得什麼之後就會止步的。因此，筆者以為美國或其它國家製定對華政策或對中共政策時，必須要把中共政權的上述性格作主要的考慮來設計才對。

瘟君三年躍進·人民一場苦難

李金曄

一九六〇年，毛澤東積其十年錯誤的統治罪惡，給中國大陸六億人民帶來了空前的浩劫！使他成為中國有歷史以來的頭號瘟君。

三年前，一九五八年初，他以三面紅幡狂熱地推動「大躍進」，而完全不顧七年統治以來的民間創傷，盲目地「樂觀」强調：「苦戰三年，改變全國面貌」。在狂妄的衆多口號中，其幼稚者莫過於是：「一天等於廿年」；「十年趕上英國」。他顯然企圖用瘋狂的口號與紙面上的數字，激起人民的情緒，來掩飾其所進行的罪惡。

三年苦難過去了，中國大陸的面貌變得更窮更白！

一九五九年總結五八年的情況時，中共自行暴露了是用統計數字在自欺欺人；一九六〇年總結一九五九年情況時，暴露出工業突出的發展，壓垮了農業。一九六〇年底的十二月三十日，中共通過「人民日報」發表了是年的生產喪報：除鋼產量勉强按預定的一八四〇萬噸，超額五〇〇多萬噸完成生產指標外，其它重工業皆無實際生產數字發表。至於輕工業的生產計劃，今年元旦的「人民日報」社論，已肯定地承認了「沒有能夠完成」。尤其是「棉紡織、針織、捲烟、植物油、食糖等幾種主要有關民生日用產品的生產計劃，不能完成」，對人民的生活起了嚴重的影响。

在「大躍進」第一年失敗的一九五九年，中共始覺悟到農業的重要性，認定農業是工業的基礎，强迫工業冒進的錯誤政策，已帶給農業無比的危害。但是，工業的冒進已勢成騎虎，毛澤東上得了馬，却已無法下馬。一九五九年在「持續大躍進」之下整個大陸「有六億畝農田受災」，糧食減產，其它經濟作物歉收；而一九六〇年的災荒，被中共認定是一百年來沒有過的」，計「九億畝農田受到程度不同的災害，佔總耕地面積一半以上。其中有三億畝到四億畝農田，遭到重災」，「沒有收成」！一般輕災區農民以薯類和雜糧菜蔬混吃；有些重災地區，且以污水溝裏長的小球藻充飢。現在則利用人工繁殖小球藻！入冬後，華北一帶又發生農民棄養耕畜，因為農產無收，飼料也無着落！整個大陸各省，無一省無災荒，祇是程度的不同。河北、河南、山東、山西，中共宣稱是特大重災省。大陸各省除水、旱災之外，尚有風、澇、霜、雹及病蟲害和時疫。就大陸全面災情形勢來說，是「東澇西旱」之局。

去年秋冬之交，中共氣象局即已宣稱，預測今年春旱仍將持續。現在，長江上游已出現罕有的枯水現象較以往嚴重。去年，黃河下游，先後計有「四十多天斷流或幾乎斷流」；山東境內十二條主要河流，「有汶河、濰河等八條河斷流」見底。但斷流的地區，和其它河網綜橫地區，却又一經暴雨，即成洪水，成為對中共十年來的水利投資建設的大諷刺。從一九五二年始至一九五七年止，中共在這方面的投資總額即已達廿九億六千萬人民幣，其無償徵用民工及利用「反革命份子」、「勞改隊」興建水利工程所值尚未計算在內。

由於農村全面陷於飢饉，城市糧食供應也呈現緊張，中共一方面號召要以「最好的幹部」下放公社食堂，以便掌握尅扣口糧，達到「節約用糧」的目的，同時還發動城市居民到郊區種菜，並在城區內「利用十邊」種菜，要在城市推廣糧菜混吃。以北平為例，十一月間為了「搶收、搶運、搶貯秋葉」，每天發動十萬人搶收、搶運白菜、蘿蔔，根據中共的報導，那種萬人空巷的情況，使糧荒的氣氛益為緊張。在廣東省沿海各縣，共幹且已勒令漁民上岸墾荒種菜。去年入秋以後，所有的高等學校，皆加排「勞動課」，要各校盡可能做到副食蔬菜自足。各省中小學生及城市青壯職工居民，下放農村動輒以百萬計，而輕災地區農民在秋收期內，消極地丟棄糧食，作為反抗。遼寧、山西、安徽等省農民，在食堂下毒從事破壞事件迭有發生。農村形勢顯見不穩，已難望依賴基層幹部控制局面，這就是中共要大批下放中央、省級幹部和城市積極份子到農村「安家落戶」的眞相。

一九五八年的「大躍進」，是以小高爐土法煉鋼鐵開始的。去年儘管大陸全面災荒，中共仍不放鬆鋼鐵生產，看來那「超產」的五百多萬噸是極勉强的，幸而有這一項虛假的數字可供點綴，否則去年度的「生產計劃」是全部白卷。即使這樣，仍可以肯定說，中共統治十年來的失敗是始於盲目的工業建設。工業化是現代後起國家所想望的。但竭澤而漁，其效果必然相反。中共三年來的土法大煉鋼鐵，可說是「大躍進」失敗的基本原因，民間僅有財富悉數在小高爐中化為烏有。農村的勞力，因大興煤、鐵礦和「基本建設」，被工業强力吸收，農村因勞力不足，再加中共政策錯誤，恰如毛澤東倡說「兩條腿走路」那樣，天災人禍並舉，遂益發不可收拾。

由於嚴格要求煤炭生產保証首先供應鋼鐵生產，民間用煤大起恐慌，入冬以來，華北、東北普遍缺之煤，無法取暖，正可謂是飢寒交迫。

三年煉鋼的經驗，中共現在似已醒悟煤炭的生產量和原材料（包括礦石和搜羅民間的鋼鐵器材用具）實不足以應付銷耗。十二月十八日「人民日報」社論實已證實「鋼鐵、煤炭的生產已不能再事膨脹。社論中指出：目前「中小型高爐的生鐵產量佔全國生鐵總產量的一半以上。但是，「大多數中小型高爐的耗煤量，却比大型高爐的高，不少中小型高爐焦炭消耗量還遠遠地超過了規定的指標」，不僅成本不够，抑且變生產為浪費。中共也祇有承認因此而「影响着交通運輸事業和人民生活的安排」。而結論是「對於那些每噸鐵用焦量超過國家規定標準過多的小高爐，要積極採取措施，並且要規定限期達到適當的耗煤水平，如果因為條件太差，一時不可能達到這種水平，那末就應當考慮把這類爐子暫時停下來。」

把中小型高爐「停下來」，這是「大躍進」收攤子的訊號。

毛澤東三年前的「大躍進」以小高爐興；三年後也以小高爐亡！但是民間的財富原氣却在三年內化作了縷縷青烟！

一九六一年第一期，中共中央刋物「紅旗」，也沮喪地說，要「總結總路綫」，「而從那些錯誤的經驗中取得教訓」。

「三面紅旗」中另一面的「人民公社」，農村的情況，已無用細說，「城市公社」也因為工農業的躍退的災禍，顯得搖搖欲墜。今後不論是農村的或城市的公社、看來儘管軀殼仍將保持，而實則將不容不有改變。

目前各大城市，從東北的哈爾濱、旅大，華北的平、津，中原的武漢到華東的上海。普遍缺乏下述主要各種日用品：煤、木柴、爐子、鍋碗、飯盒、鐵飯勺、火鉗、鋼精鍋、湯瓢、火柴、雨傘、棉衣、棉鞋、各種皮製品、各種小五金製品、玻璃製的瓶瓶罐罐。在重災區則更缺少房子、醫藥！

這就是「大躍進」結果的面貌，而「大躍進」也給中共十年的統治，作了有力的罪行總結。

（元月七日）

寮戰的結局及其影响

田心

照現在的情勢看來，寮國戰事的結局是左傾中立。原因是雙方都不願在此時此地燃起較大的戰火。

由於英法在寮國問題上的怕事，美國也不能不軟化，到截稿時止，東約國出兵的可能性已經微乎其微，亦即是自由世界並無決心在那裏作戰。

在另一方，蘇聯與中共也未必願意把寮戰變為韓戰。

十二月八日，永珍的貢勒大尉的政權受到內部挑戰，北越的外交部發表聲明，認為：「美帝國主義和追隨它的國家必須對他們造成的後果負完全責任。十日，永珍遭諾薩萬的右翼軍隊進攻，北越外交部又發表聲明，認為：「不能對美國明目張胆地干涉老撾的行為置若罔聞」。十二月十一日，北越外交部長范文同致電蘇聯、中共、英、法、印等國，要求採取緊急的和有效的措施，來制止外國，特別是美國對老撾內政的干涉」。十二月十三日，蘇聯就老撾局勢照會美國，認為：「美國政府要對美國及其東南亞軍事集團的某些盟國對老撾採取的侵畧行動所可能產生的後果負全部責任」。十二月十四日，北越外交部再發表聲明，認為：美國和泰國在老撾的行動，「是對印度支那和平的破壞，是對關於老撾的日內瓦協議的公然的違反，是對越南民主共和國安全的威脅」。同日晚，河內舉行一萬人的羣衆大會，「堅決支持人民保衛萬象的鬥爭」。同日，中共政府亦發表聲明，重復了蘇聯聲明的意見。

從上發展可看出，中共對於寮國事件的採取行動是遲疑的，最緊張的還是北越，照它那種認為對北越「安全的威脅」的口吻來觀察，似有公然介入之意，中共與蘇聯對此並未有贊同的意向。

十二月十五日，范文同再致函蘇聯、中共、英、法、印等國的領導人，重申：美國「及其僕從正在侵犯老撾領土，直接威脅我們國家的安全，我們不能置若罔聞」。此外，他另給周恩來一信，要求考慮「制止美帝國主義對老撾的干涉」的方法。

綜合全局來觀察，在十四、十五兩日，是北越對寮國問題最激動最緊張企圖直接出兵公然介入的時節，亦應該是寮國問題的爆炸性高潮。特別可注意的是中共的態度，它把范文同十五日致周恩來的十萬火急的函電壓下到二十日始予發表。

十二月十七日，北越又發表聲明，提出：「再次召開一九五四年日內瓦會議參加國會議」，恢復「老撾國際監察和監督委員會」的活動」來解決老撾問題。老撾局勢事實上已經急轉直下，北越的態度已經軟化。

十二月十八日，周恩來在西哈努克的宴會上「鄭重宣稱」：「老撾問題應該由老撾人民自己解決，任何外國都不能加以干涉」。這樣的話固然在警告西方，但無形中也包括了北越，他着重的講這些話的目的，看來主要是在警告北越不得輕舉忘舉。北越十七日的聲明態度之軟化，當與此有關。

十二月十九日，中共政府發表聲明，支持北越十七日的聲明。之後並無新發展，只是要以富馬政府對象來實行一九五四年的日內瓦會議關於寮國的協議，這是蘇聯、中共、北越都已一致了的。足見，共產集團亦無小題大做的決心。

初，美國强烈反對恢復老撾國際監察和監督委員會，現在，經英法的壓力，美國已經同意恢復這個委員會，不過要以右翼的文翁政府為對象。

這樣，已可看出問題將憑談判來解決了。至於恢復寮國國際監察和監督委員會，實施一九五四年日內瓦會議的協議可說已經沒有問題。

據此發展，寮國局勢的未來趨勢，很容易變為是中立左傾。

若從自由世界的立場來說，要是老撾再次出現中立左傾之局，是非常洩氣的；它將鼓勵東約國家中立，削弱美國在遠東的地位。

從「勝利年」說到「投資年」

秦紹文

（台北航訊）每年元旦，「蔣總統」照例發表「告國民書」。今年的文告中說「今年」是「勝利年」。

但是，元旦日的台灣省府機關報——「台灣新生報」却以「充滿危機的一年」爲題作了社論。既無幻想的成份，也沒有誇張的語氣。由於社論和「總統」文告的不調和，無形中反映出一方面是閉門造車；另一方面是並無信心。然兩者也有其共同點，却在把今日「中國問題」的責任歸罪於美國。

蔣說，「今日世界動亂，共產猖狂，都是由於十年前中國大陸淪陷於蘇俄傀儡——共匪之手以後所發展而來的」，這話延伸下去，就無非是因爲當時美國撒手不管的結果。而「新生報」的社論則直率地說，「最近廿年，共產勢力的擴大，大部份都是民主國家尤其是美國的偶然錯誤所造成，而錯誤一經造成，就很難挽回了。」

上述這種見解，似已成爲今日台灣一些不用大腦的人的一致的說法。可見當權的既得利益者們，實無心悔悟和反省。

當權派不僅心理上如此，生活上也毫無臥薪嚐胆的作風表現。一月二日「新生報」的「十字架上」雜文末欄就說，「十二年的光陰，白了多少少年頭？……時光一面在催人老，一面又在催人忘。……於是，建康當作洛陽，杭州當作汴州，而台北也就被當作南京了。做官的修官邸，買新車，領特支；一派豪華，不減舊時王謝。酒家中，歌舞起，千金買醉，萬金買笑，不乏南渡之人。鑽營如故，貪污如故，洩沓如故」。五日，該專欄以「勝利年」爲題，這小小七首文章幾乎是直刺「蔣總統」了。作者說：「勝利年，我們多麼盼望的勝利年！……如今，舵師告訴我們，勝利在望！怎教人不驚喜欲狂。但是，「在望」的東西，不一定就「可即」。」而結語中有句話說：「勝利不會從天而降」。

從蔣的文告，到官報的社論，而止於官報的雜文，已是充分地反映出了，即使是他們站在同一個立場上，其感受，其心情，又是多麼地不同。

在台灣的人，常看到國民黨當權派的一些喉舌和海外報刊上的御用論客們，指一些善意的批評是別具用心的歪曲。現在我從官報上引用了幾段文字，便可以從當權的既得利益者們的實際生活方面來了解「勝利年」的可能或不可能了。除非是有奇蹟出現。

形勢促使要自力更生

就台灣談台灣，還是比較最現實的。老實說，大家心裏有數，反攻既非朝夕間事，一等已是十多年，不如踏踏實實作久居安定的打算。當政者雖用「勝利年」來表示其打的「決心」，但實際上却適得其反。一月五日的「聯合報」社論說，「民國五十年被當局稱爲「投資年」。」

台灣當局現在似乎明白過來，如果無奇蹟出現，反攻既不可能，對海的軍事威脅雖不足懼，而「寶島」社會經濟問題，壓力却在日漸嚴重了！這個壓力，由於美元儲備的短絀，美國既有心要減縮對外援助，台灣就必須力求自力更生。即官方的報紙言論，也說「怎樣減輕對美援的依賴，從而平衡財政收支與國際收支？」是「當前三大任務」之一。（見一月三日「新生報」）

去年下半年以來，大家最關心的是；金融問題，人口問題，工商業倒閉問題，以及美援問題等等。

從新台幣十一年來發行額的增長（一九四九年六月底是五六〇〇餘萬元。一九六〇年十二月底是二八億一五一三萬元）反映出通貨急遽膨脹。人口的壓力，其增殖率高達千分之卅五，較世界平均增殖率的千分之十六超過了一倍多。「每年淨增卅五萬人，約相當於高雄市現在的人口」，蔣夢麟博士說：「教、養、衣三項每年即需七億五千四百萬元」。而美駐華大使莊萊德去年十二月中也指出：「單是適應純人口增加的要求，依當前的消費水準計算，下一年度就需要投資新台幣五十億元。」單就這一項來說，也不是美援所可彌補的！這個問題，不從財經農工商業各方面齊頭並舉力謀解決，單單是人口的增殖壓力，就可以使這個「寶島」陷入經濟恐慌之中。

因此，台灣當局決定今年是「投資年」，實在比那徒具宣傳形式的「勝利年」要實在得多。

「萬能政府」要能無爲

不過有鑒於過去措施的不當，「聯合報」社論說，「如果這一年再不能發生吸引投資的功效，那麼我們便是失敗了。」它認爲過去的失敗是由於沒有「建立經濟上的法治」。這不僅是「要投資人守法，政府本身，無論是那一個機關，也一樣的要守法」，而「這些機關不單是指財經主管單位，也包括市政、地政、海關、稅務乃至於治安機關。」因爲過去投資人不論是國人、華僑抑是外商，除了遵守有關投資的許多條例規章之外，而受到許多其它規章法令的窒碍。使投資人覺得那些所謂「優待與獎勵辦法」，不過是徒具形式，無所適從。當然最後連治安機關都要加以干涉時，投資人在不勝煩的心情之下就祇有拂袖作罷了。不僅此，據說，政府有時還不惜「引用總動員法」一類具有一般法律不可抗性質的大法」來干涉投資，這種不當的作爲大大地影響了投資的安全與利潤的保障，所以儘管多年來政府鼓勵投資而投資人裹足不前者原因在此。「聯合報」社論爲此提出要求「確保私有財產制的法治」。實則經濟上的法治正如同政治上的法治一樣的重要，兩者不可或缺。該社論還從自由經濟的精神觀點針對政府說：「在自由經濟的制度裏，「萬能政府」的意義，不可曲解爲政府什麼事情都要管。政府的「能」是爲經濟活動準備或創造有利的環境與條件。除此以外，政府應該無爲。」

新黨與五屆地方選舉

新年以後，在台灣最生動的事情，該是第五屆縣市議員選舉。這次地方選舉並未因「中國民主黨」的難產而減色。無論如何說，「中國民主黨」雖因雷震在獄而未能如期誕生，但是無形的活動却一直甚爲積極，尤其是除了台北以外的各縣市原已決定參加新黨的人士，進行競選不遺餘力。國民黨當權派方面由於這一屆選舉之形勢不簡單，過去那種偷天換日的勾當自不能再明目張胆地進行。而且黨內的糾紛也引致人心渙散，主持選政事務者口口聲聲表示務期「力求公正」。事實上仍有各種限制，使候選人感到活動困難。其各色清規戒律，皆是原則性，例如「發表政見不得違背國策；不得挑撥政府與民間感情；政見不得超越縣市政範圍及妨害國家利益」等等。「公論報」五日的社論針對此說，這些都是「籠統，而令人莫測高深。」「愈是含糊不清的規定，主管選舉機關往往愈是運用自如，尤其是執行人員，無異在掌握了一項打擊任何一位候選人的有利「武器」。」

現在，人們祇望這次的地方選舉能平安地過去，更希望當局的干涉適可而止，那麼就可避免引起不幸的事件了。

（元月七日）

異哉，蔣介石也談法律之前人人平等！

褚斯則

去年九月，台灣省警備司令部非法拘捕雷震等四人後，蔣介石即在國民黨中央黨部的總理紀念週上大談法律之前人人公平等。本年元旦，他發表其所謂告全國軍民書，又重提這一句話，似乎他雖然實行獨裁，却很知道尊重法律。然而如所週知，三十多年以來，他天天談法，却幾乎無日不違法。如今爲了刻意傳子，不但把政府的憲法基礎和國家的典章制度破壞殆盡，而且更從容蔣經國以特務控制司法，人民的一切基本自由横遭蹂躪。他父倆既高高乎在法律乃至憲法之上，還有什麼法律之前人人平等之可言？

不特此也，蔣經國的兒子蔣孝文數年前在張其昀長教育部時曾擬以中學畢業生的資格赴美留學未果，但不知他們弄的是什麼玄虛，他竟偷偷的去美國了。中學畢業生不得去外國升學，這原是蔣記政府的規定；蔣孝文之去美則不但破壞了此一規定，而且還持的是外交護照，可見蔣孝文也是在法律之上的。

總之，今日的台灣，蔣氏一門都成了高踞於法律之上的特殊階級，而蔣介石還要信口開河，一再侈談法律之前人人平等，是把全國人民都當作沒有是非之心呢？還是他自己失去了羞惡之心呢？

（讀者投書）

誰在製造地域觀點？

悉愁

（台北通訊）台灣本屆的地方選舉已進入短兵相接的階段，提名選舉的兒戲，今年不再如法泡製了，當權者似乎有意避免「政黨競選」的老方式。因爲今年它所面臨的是台灣民心的強烈反感，如果再強調「黨籍」問題，誠恐造成青、民兩黨和無黨無派，特別是籌備中的中國民主黨的獲勝機會。於是乎就形成了一種畸形的現象，即某些地區的候選人是提名的，而某些地區則自由競選的。

最近因台北市的「提名候選」問題，國民黨內部鬧得一團糟。本月十九日國民黨台灣省黨部書記長羅榮才在鄒容堂召集台北市第一、二選區內未被提名而大鬧市黨部的落選者開會時，公然說：「……今日在座均爲大陸過來的人，國民黨爲大陸人的黨，民主黨爲台灣的黨。」想用地域觀念去恐嚇和挑撥他們放棄爭取提名。但，事實上，到二十五日止截登記競選人時，仍然有人違紀競選。究竟該黨將與他自由競選呢？還是繩以黨紀呢？總之，這件糾紛對當權者來說是夠傷腦筋的了！

本月二十四日的羅才榮又致函台北公論報，據稱該報與聯合報對他所說的話「斷章取義，引爲攻擊之資料」，並將其「正當之建議，亦被擴大宣傳，作爲製造區域觀念和挑撥本黨同志的新聞。」他同時呼籲各落選提名人「……對反對黨挑撥作正面之反擊。」公論報的編者在發表原函後，特別再加上一段按語說：「如某落選人因此次黨提名之貪污舞弊情事在國民黨台北市黨部怒斥市黨部有匪諜！本報記者鑒於自由中國的文字獄也避不敢登，焉能說是挑撥離間呢？」

其實，到底誰在製造地域觀念，誰在挑撥離間，人民的眼睛是雪亮的！但，台灣這個地方，權力高於一切，同樣的話題，當權者說就自無忌憚，在野的人士照說時不是「匪諜」，就是「第四勢力」份子！照最近陳誠的說法，「第四勢力」也就等於「匪諜」了，鑒於雷震的寃獄，很多人都有「我頭尚在否？」之感！

雷案未已！

雷震的寃案，被復判庭維持原判十年後，當權派一意孤行的橫蠻面目，十足暴露無遺了！

監察院雷案調查小組，也寂寂無聞，據說某學人勸導各方不要大刺激當局，免致反有害於雷氏本人！因爲有人相信在國際情勢極端不解下，當權者可能回心轉意來一次特赦，雖近乎天真，但也表示無可奈何的微小希望而已！

目前雷震夫人宋英女士已提請非常審判，這是依照軍事審判法第二百四十二條的規定，但必須有軍事審判法第二百三十九條所定的情形，而決定權却操諸最高軍事審判機關的主任軍事檢察官手上！從各種顯著跡象看來，這種提起非常審判的機會是非常渺小的！因爲事到如今，大家都知道當權派口口聲聲的所謂「法治」是什麼東西了。

不過全國人心明白，雷案未已！雷震的寃獄決不能如此不了了之的。

大陸之窗

周恩來率龐大代表團抵緬　中共即將進攻緬邊游擊隊

劉裕畧

周恩來將率由四百多人組成的龐大代表團赴緬甸的消息，本報前已刊出，茲悉周恩來業已於十二月卅日由北平乘機飛往緬甸，同機的有陳毅羅瑞卿等人。

周恩來此次前往緬甸，係假借緬甸總理宇努之邀請，而以祝賀緬甸國慶及與緬甸交換邊界條約批准書為名，而以其它政治陰謀及軍事陰謀為實的。否則，中共這一次是毫無理由組成如此龐大規模的代表團去緬甸的。在名義上，周恩來所統率的這一代表團是由九個代表團合成，除周恩來、陳毅、羅瑞卿等所代表的所謂政府代表團外，其餘八個代表團是由「中國人民解放軍副總參謀長張愛萍上將和中國人民解放軍昆明區司令員秦基偉中將率領的中國軍事代表團，由對外文化聯絡委員會副主任張致祥和中國人民解放軍總政治部宣傳部副部長李偉大校，雲南省文化局副局長彭華率領的中國文化藝術代表團，由首席代表姚仲明率領的中緬邊界聯合委員會中方代表團，由雲南省副省長劉明輝、張沖率領的雲南省代表團，由中國佛教協會會長喜饒嘉錯大師和中國佛教協會副會長趙樸初居士、松榴、阿憂木氏長老率領的中國佛教代表團，由八一電影製片廠廠長陳播率領的中國電影代表團，由外交部新聞司副司長康矛召率領的中國新聞工作者代表團，由中國人民解放軍總政治部宣傳部長魯挺上校和體育運動委員會運動司科長毛伯浩率領的中國體育代表團」。但仔細審閱上項代表團的人事內含，立可發現其中有兩大特點。一個特點是軍人特別多。除所謂軍事代表團全體團員均係軍人外，其它代表團內亦參雜了許多軍人，且中共著名特務頭子現任中共人民解放軍總參謀長羅瑞卿及副總參謀長張愛萍均分別參加在所謂政府代表團及軍事代表團之內；第二個特點是周恩來所率領的這一龐大代表團，特別包括了雲南方面的許多人物，而雲南與緬甸連界，這說明周恩來此次赴緬甸，是特別着重滇緬邊區的有關問題的。

滇緬邊區現在有什麼問題值得中共如此重視呢？祇因滇緬邊區之反共游擊隊，八九年前曾一度增長壯大，後來該地游擊隊雖隨李彌之被調職而減弱，但最近又已趨於龐大，總數約達兩萬八，且尚在繼續壯大中，而這是中共亟欲去之的。所以，周恩來這一次赴緬，除政治陰謀外，實有另一軍事陰謀，即準備進攻滇緬邊區之反共游擊隊是也。

再看中共新華社仰光十二月卅日電：所謂中國訪緬友好代表團所屬中國軍事代表團一行十九人，已於卅日在由團長張愛萍和副團長秦基偉率領下到達仰光。軍事代表團團員，則有：「中國人民解放軍總政治部幹部部長甘渭漢中將、中國人民解放軍後勤學院院長張池明中將、國防部辦公廳副主任王興綱少將、中國人民解放軍海軍副參謀長傅繼澤海軍少將、中國人民解放軍昆明空軍指揮所主任劉懋功空軍少將、中國人民解放軍炮兵副參謀長李元明大校、中國駐緬甸大使館武官蔣克定大校、中國人民解放軍高級步兵學校副校長孫哲大校、中國人民解放軍雲南軍區軍分區政治委員張謙大校、中國人民解放軍總政治部宣傳部宣傳處處長錢抵千大校、中國人民解放軍步兵師師長魏凱江上校、國防部外事處科長燗炎中校」。查閱上列名單，看其中中共雲南地區方面的軍事幹部特別多，亦可證明中共當前目的是正在準備進攻滇緬邊區的反共武裝的。希望台方對滇緬邊區之反共游擊隊要予以切實援助才是。

中共既支持阿爾及利亞　又破口辱罵戴高樂

從各種事實的表現看：中共政權確實是一個與現代文明和最低國際禮貌不存的政權，因之，實不配稱為一個國家，更不配成為聯合國之一員。往事姑且不論，即以中共破口辱罵法國總統戴高樂的行為來說，就已經完全沒有最低國際禮貌了。據十二月廿三日北平中共人民日報所載消息，其對於戴高樂所主張的公民投票，乃以「戴高樂又施誘騙術」為題，加以誣蔑和攻擊。中共新華社十二月廿一日電訊，對此事之報導，亦在一開口敘述時，就加以攻擊，說「法國殖民軍屠殺阿爾及利亞示威羣眾的血迹未乾，總統戴高樂又在向阿爾及利亞人民施行他的政治欺騙陰謀。戴高樂在二十日就他關於阿爾及利亞問題公民投票的計劃發表了一篇演說，再次企圖誘使阿爾及利亞人民停止爭取民族獨立和解放的鬥爭，而在將於明年一月八日舉行的公民投票中接受法國新的殖民統治」。其實，戴高樂的公民投票辦法，已是較為進步的辦法。而中共橫加歪曲之餘，更在十二月廿三日人民日報發表短評，而以「豹子的笑臉」為題，對戴高樂直接加以人身辱罵說「且不談戴高樂上台兩年多來在阿爾及利亞的殖民戰爭中已經屠殺「多少人，就正在發表演說的同時，阿爾及利亞、奧蘭和君士坦丁等地就有成千上萬的阿爾及利亞和平居民在戴高樂政府殖民軍警的機槍大炮甚至坦克和裝甲車下犧牲流血。阿爾及利亞這種駭人聽聞的慘劇，對於戴高樂在講壇上的和平言詞，是多麼強烈而辛辣的諷刺啊！但是對於一切帝國主義和反動派來說：手舞屠刀和嘴喊和平，原是他們慣用的出手。戴高樂在阿爾及利亞揮刀殺人是企圖迫使阿爾及利亞人民屈辱地處於奴隸地位，好讓法國壟斷集團繼續剝削、掠奪和奴役」。就法國對阿爾及利亞的政策來看，事實上，戴高樂的政策倒還是比較開明的，但中共却故意顛倒是非，淆亂黑白。聳恿阿爾及利亞人繼續流血鬥爭，以造成自由世界的內部恐怖和混亂。從而有利於共黨在非洲的搗亂。該評論最後的結語還說：「非洲有一句民間諺語說得好：「豹子和山羊絕不會生活在同一羣裏」。豹子即使能假扮笑臉，也還得要吃山羊的」。這本來正是共黨份子自己的嘴臉，但中共却在此引來辱罵戴高樂了。似此，法國人中居然還有人主張承認中共，那就太奇怪了。

中共承認去年經濟生產總結：
僅鋼鐵煤電石油機床等可能完成指標　所有輕工業農業均未能達成預定計劃

吳求

一九六〇年又已過去了。中共新華社北平十二月廿九日有一電訊，對去年度大陸經濟生產作了一個概括的報告。據說就重工業生產來說：其中主要產品如鋼、鐵、煤、電、石油、機床、拖拉機等，預計可以完成計劃或超額完成計劃。鋼的產量預計將達到一千八百四十五萬噸，比中共預定計劃的一千八百四十萬噸，約畧超過五萬噸云。

我們曉得：中共原本在積極備戰，而軍火生產之加增，應該是從事積極備戰之主要步驟。而鋼鐵生產又是軍火生產的重心，所以，十一年以來，中共一直在盡力發展鋼鐵生產，這是畢實，毫無可疑。問題是在鋼鐵生產量究有若干？又鋼鐵生產品質如何？亦是大問題。據中共歷年報導：一九五七年，中共的鋼生產量已到達五百三十五萬噸。一九五八年八百萬噸，一九五九年一千三百三十五萬噸。一九六〇年則更比一九五九年增加五百萬噸。但這是中共自己的報導數字，是否真正可靠呢？而且中共曾一度提倡土法煉鋼，大陸各處普設土法煉鋼爐，其所煉出之鋼比較多、即在上述數字之內。但品質却異常的低，所以，中共最後只好又把土法煉鋼運動取消，不再搞土法煉鋼把戲了。因此，一九六〇年中共究竟是否達到一千八百四十五萬噸鋼，實可懷疑。

況中共新華社同一電訊亦承認：「今年我國遭受特大的自然災害，對國民經濟各部門的影響都很大，重工業部門也直接受到損失，遼寧、山東、河北等省由於在八月間遭到暴雨和洪水的襲擊，鋼、鐵、煤、炭、電力的生產和交通運輸，都曾陷入不同程度的中斷，使鋼、鐵、煤的產量受到損失，同時，由於調動勞動力支援農業生產，一部分地方中、小企業和建築企業也縮小了原定計劃」。這就可見除鋼鐵煤等生產已受損害外，其它中小企業都受到了損害，以致不能完成預定計劃，從而「縮小了原定計劃」。

至於其它輕工業，例如紡織工業等，由於缺乏原棉，則更陷於全停工或半停工狀態，更不要說如何達成原定指標了。對此，中共也承認「同農業關係極為密切，主要原料取之於農業的輕工業，受到災害的影響比較嚴重，特別是今年繼去年之後連續遭災，輕工業原料減少，因此，棉紡織、針織、捲烟、植物油、糖等幾種產品的生產計劃，將不能完成」。以上均見中共新華社北平十二月二十九日的報導。應屬正確。因為新華社照例報喜不報憂，照例誇大生產數字，現在也不得不在中共整個經濟生產大躍退的情況下，承認農業和輕工業都完全失敗了。

大陸工人元旦也無休息

·陳一鳴·

雖然馬克思理論一再強調工人階級的地位，又說在共產黨執政的社會裡，工人階級的生活，既不再被剝削剩餘價值，也不會再從事奴役性的勞動。也儘管中共平時大吹大擂說大陸工人都生活在天堂，但無可爭辯的事實，却是大陸工人的工作強度一再提高，大陸工人的勞動時間一再延長。另一方面，大陸工人的生活則愈來愈壞。據一九六一年一月二日北平人民日報載，大陸工人在中共的強迫奴役下，連元旦假期也沒有了。這真是任何自由社會所沒有的奴役和殘酷。人民日報說：「新的一年開始了，撫順、京西、包頭等地煤礦工人和全國各地煤礦工人一起，在新的起點上邁開了新的步伐。元旦日，他們……堅守生產崗位，抓緊一分一秒的時間……」。又說元旦鐘聲一響……頭兩個小班都超額完成煤炭生產計劃。老虎台礦六區一班職工在全國先進生產者龐觀祥等四大幹將的帶動下，從元旦零點起就在充分做好準備的基礎上，按掌子頭分工種開展了競賽，……到處開展了你追我趕的競賽」。由此可知，大陸工人不但元旦沒有休息，而且他們還是從午夜起，就被迫從事奴役了的。馬克思分析剩餘價值時，曾認定提高勞動強度和延長勞動時間是剝削剩餘價值的主要手段。現在以此來看中共連元旦也不給工人休息的壓榨手段，真可以說是創剝削與奴役的最高峯了。

東約否決出兵援寮前後

曼谷一度緊張

何之湄

泰國總理乃沙立元帥，突由華欣的避暑勝地遄回曼谷，並立即召集海陸空軍首腦舉行秘密會議。當沙立元帥「突然返京」的消息傳出，外間就意料到有什麼特殊的事情發生，緊張的氣氛，一時籠罩着曼谷。為的一般早已估計到，一定是為了寮局緊張的問題。

自從李江政變，寮局長期飄搖不定。永珍殷富商賈，許多早已遷來泰谷，且有在曼谷投資從事商業經營，一時不作歸計者。這些人與寮國本土有密切聯絡，不但消息靈通，而且眼光銳利。就後者一點來說，他們早就認定寮國「內戰」，是一個長久動亂之局。

永珍重光雖然曾經給播遷的寮國人以希望，但回返永珍的商人只以避居四鄉者為限，遠抵泰境者，回寮非常之少，他們寧願觀望，以迄大局的相當澄清。來自寮方的消息，証明了他們觀望的正確。這幾天來，寮國人逃來泰境的更多，尤其是當李江富馬政權統治永珍時期仍然留在永珍的美國大使館屬員一行六十餘人，突於此時撤出寮境來泰。就更增加了時局的嚴重性。

乃沙立元帥的遄返曼谷，也就是為了同一的原因。

美國部署進兵

實際上，寮局的緊張並非由於永珍有什麼不穩，而是因為美國對寮局「要採取强硬」。先兩天，美國國務院正式指責蘇聯空投武器接濟寮共及李江，已經是緊急的訊號，而由於蘇機空投的結果，線欵（一名川擴）失陷，同時豐沙里也告棄守——後者是寮共單獨的進攻，前者則是寮共與李江部的聯合突襲。就中尤以線欵之陷為影响大局，線欵地居中東部，在包括王都的「瓦瓶平原」之邊緣，亦可南下素旺及西南下而趨永珍，乃是戰事必爭之地。

這樣就造成了美國攷慮參戰的雙重理由。其一是蘇聯的武器援助寮共及李江，其二是反共軍事的南風不競。對於前一點，在富馬接受蘇援時，美國務院就會宣稱，倘係經援不足為奇，若係軍援，則將設法反對。就後一點說，日來寮局，如若再趨惡化，就可能使琅吧剌邦動搖，萬一有失，可能會比失永珍更嚴重。永珍雖係行政首都，政府政權的法統之所在。但王都則係王宮王族所在地，國王如長久駐驛永珍，等於「南狩」。而且寮共早以北部桑怒豐沙里為根據地，打下王都，就形成打成一片，不若李江盤踞永珍之容易驅除。

剛在這時，彭庵親王政府指責越共侵寮，更使華府方面認為不能怠慢，一時有劍及履及的佈置。

慢郎中的英國

美國援寮的軍事部署並不太難，第七艦隊載有陸戰隊的母艦，早泊在越南士倫港（距寮境不及八十公里）菲律賓及台灣的空軍基地，都可直接支援作戰。日本方面，亦有美軍是否自日境出擊的討論，可見遠東全面備戰部署的進行。

但問題不在軍事，而在政治。寮戰國際化，被目為「第二韓戰」，而韓戰，是在聯合國通過出兵，以聯合國軍名義行之的。現在援寮，當非由東南亞公約出兵莫屬，公約負責東南亞全區安全，也會宣佈越、棉、寮在保護區內。安全受威脅，應對寮予以保護，正是名正而言順。因此，東約特別會議，就成為和戰的關鍵，如果東約通過，泰美非就會首先出兵，據說巴基斯坦也有參戰的可能。

美代表在會議中提出蘇聯空投武器接濟寮共的實証，對於越共侵寮問題；泰方也提出參攷的資料。可是英國特別持重，法國卻對援寮意興闌珊。與美泰的强調成丁强烈的對比。

英國根據在星洲舉行的英外交官會議的情報、認為「越共侵寮」一事，尚未明確，自不便遽興大兵，呼籲愼重。法國則因年來逐漸退出寮國，其早年對於印支三邦全部統治者，今天視一寮國，實不足重輕，她們都認為沒有與美國在寮國採行動遏阻共黨的必要，因「尚有政治途徑」可謀解決云。結果，美方的蘇機空投報告，只在會中傳觀，並不作為出兵議題的根據，泰方的參攷資料，更不必說了。

不湊巧的是，彭庵親王政府獲寮議會承認，已在東公約會議結束後，故東約乃樸秘書長有公約「不能承認富馬或彭庵政府」之說。換句話說，彭庵政府雖向東約投訴請援，但起碼必須彭庵政府已被確認為寮國合法政府，（否則，昆寧政府何嘗不可以向北越投訴？）東約方能據以採取行動。彭庵政府忙於用兵，未能及時趕上「法統」正軌，也是否決軍事援寮的一項因素。

東約袖手，寮局靡爛可卜，看政治家們如何挖肉補瘡！

・曼谷通訊・

僑鄉近訊

怒火

余妙珠

粵省人民的怒火，刻已在饒平、合浦、揭陽、僭縣、潮安、台山等縣，熾熾烈烈地燃燒了起來；在過去一個月內，火頭四起，烈燄冲天，各縣共幹，均窮於應付。

饒平「黃坪公社」的黃坪林場，曾被「反動份子」縱火焚燒樹林，將該林場四百多畝所種植的杉，松，和樟樹，全部付諸一炬，使木材的生產遭受到無可補償的慘重損失。

合埔「沙田公社」的鄉民，也伺機縱火焚燒了一座可以容納二百多斤穀米的糧倉，共幹雖盡力灌救，但倉裏一部份糧食，已化為灰燼，另一部份則遭受水漬的損害。

揭陽的豐民、潘田、湯西、新亨等公社，也先後發生火燒糧倉事件，雖被當地共幹及時發覺，迅速搶救，但損失也不貲；尤其是「湯西」公社，連食堂也被波及。

僭縣「挪大公社」的生產隊，則縱火把菠蘿、杧菓、柑、桔等二百餘株，全電燒光；為首份子十一人，全部逃去。

潮安人民的反共怒火，尤其燃燒得蓬勃。他們一方面縱火焚燒糧倉和農具，另方面更進行破壞活動。共幹雖曾一度使用武力鎮壓，但當軍隊去後，他們又進行破壞如故。

台山「大江公社」和「白沙公社」的抗暴鄉民，更演出了爆炸和放火的雙管齊下的激烈行動；據悉：該兩公社的羣衆，於去月十一和十七兩日，先後發生了一次大暴動，死傷了十三人，事後被捕的達卅五人。

各鄉人民的怒火，仍在此伏彼起的燃燒中；中共的暴政，將終被人民毀滅！

「革命英雄城」變成了飢民鬼域（江西）

江水「革命英雄城」——中共把它的老家江西的南昌，命名為革命英雄城——雖然有五萬多名「下放幹部」埋頭苦幹的推行生產建設，但其結果不特沒有「大躍進」，反而在日趨「大躍退」的現實情況下，糧荒漸感嚴重。據來自該省的消息：「革命英雄城」的幹部，刻已展開「向山田要糧」運動，藉以補救主要食糧的不足。查所謂「向山田要糧」，無非是在各山崗上，遍植雜糧，希望拿雜糧來替代米、麥吧了；但雜糧的收穫，也每況愈下，因此，數以萬計的「下放幹部」，目前均已陷於飢餓的邊緣，而當地居民，更老弱轉乎溝壑，郊野間的餓殍，也經常發現。於是整個「革命英雄城」便變成了飢民的鬼域；隨時可以看到「活動的殭屍」！該省的「省委」曾這樣的誇耀過：決意領導全體下放幹部，深入各山區中，建立一百五十個墾殖場，解決當地的粮食，使之自給自足。又謂要舉辦「共產主義勞動大學」，把文化技術送到上山。但以今日「革命英雄城」的嚴重粮荒的情形來看，則該「省委」的所謂「決意」，直至目前，簡直還是一種幻想！

農婦勞動過度多患子宮下垂症（中山）

據最近由中山縣大赤坎逃抵澳門的鄉民稱：縣中物資缺乏，粮食尤為恐荒，各鄉農民，均在飢餓的厄境裏呻吟掙扎；由於長期營養不良，於是病魔又相繼侵擾。刻鄉中農民，已普遍患夜盲，水腫，腸胃枯萎等病；尤其是後一項，患者每因之致死！各鄉婦女，則又因勞動過度，多患子宮下垂症；但共幹仍不准她們休息，繼續迫令她們「騎馬」工作，致有不少婦女下體流血不止而突然在工地上暈厥者。大陸醫藥缺乏，中共對此種子宮下垂症，束手無策，患染此症的婦女，亦唯有在痛苦呻吟中等待死神的降臨而已。（按：婦女在月經期內，下體勒上布帶，廣東隱語稱之為「騎馬」；患子宮下垂症的婦女，也以布帶勒緊下體，故亦以「騎馬」稱之）。

聖誕夜

盛紫娟

這一晚她玩得很快樂也很疲乏，所以現在連脚也差不多提不起來了。他們經過「又一村」的石牌樓，在海棠路上慢慢地走着。這已是夜闌人靜的時候了，路燈柔和地形成一個個的光圈，使這條幽靜的街道更富有詩意。

小徐一隻手緊緊地握着川麗的肘部，一隻手輕輕地扶着她的腰，似乎怕她不慎跌倒。川麗心中有數，故意若無其事地由他去攙扶，心裏却在計劃着明天（廿五號）劉經理家的宴會，她將穿那件法國銀緞的夜禮服，王襄理新送的豹皮大衣，及白緞的高跟鞋去。劉經理的兒子似乎對她很有意思，次次都用私家車來接送。明天她就不用像今天這樣窮，受罪，一步步地走回來了。想到這裏，不免埋怨地飛了小徐一眼。小徐忙壓低了喉嚨問：「川麗，冷嘿？」一面將她摟得更緊一些。她不耐煩地聳了聳肩說：「你離開我遠一點好不好？我都沒法走路了。」

他們的語聲驚動了路旁人家的狗，那些狗狺狺地狂吠起來。川麗和小徐於是加快脚步，向「×××」宿舍走去，鞋根敲打着柏油路，在這靜夜的時候，聲音顯得更加輕脆。

全樓都包圍在漆夜幕裡，而客廳却是燈光燦爛。川麗想起來，那些無家的宿員們正預備跳個通宵，她若不是因為這隻新高跟鞋太緊，擠傷了她的脚後跟，她可能會要小徐再陪她參加這一個舞會的。

「川麗，就這樣告別嗎？」小徐在她身後用乞求的口吻問。她已踏上通寢室的樓梯，一心在嚮往着明天的舞會，幾乎已經忘記送她回來的小徐。因此，當她聽到他這一問，便頭也不回地飛了個吻，更加風騷地扭着腰肢，她只是習慣地這樣做了，沒有絲毫的用意，和目的。直等到她已踏上二樓的走廊，小徐才戀戀不捨地走了，他那身借來的衣服，使他看來有些滑稽。

客廳中的舞會氣氛似乎很熱烈，五顏六色的花紙和汽球懸得低低的，兩扇玻璃門上，各掛着一個繫着粉紅絲帶的樅葉環，川麗只匆匆一瞥，便走到三樓她的寢室去了。整座樓都瀰漫着輕快的音樂聲，客廳裡不時傳出歡呼聲。她推開了室門，忙將高跟鞋脫下，屋裏的冷空氣，及關上房門後的突然的靜寧及黑暗，使她重又感到空虛。於是她一面高聲哼唱着「平安夜」，一面換衣服。她「拍」的一聲撐亮了枱燈，發現她的書桌上放着一束紙捲，她拆開了一看，有氣無力地唸着：「川麗，一轉眼我們已一年未見着！」她生氣地將它放下，不滿地嘟囔着：「是哪個不知趣的人，寄來的？為什麼不送一塊衣料，或一瓶香水呢？」但過了一會兒，好奇心却吸引着她，她不覺地又往下看：「在這一年中，我們的距離可能越來越大了。妳是我們中的幸運者，憑妳的美貌和交際才能，妳可以不為吃喝發愁，但妳是否想到有不少年青的女孩子，為了活下去，每天都在人生的邊緣掙扎呢？妳是否還記得我——與妳同住了有一年之久的李淑萍，那個又窮又醜陋的女孩子？我所以要把這一捲東西送給妳，因為妳是最不同情我，最鄙視我的人。在我貧病交迫，呼天不應，告地不靈的時候，是妳叫宿舍管理員趕我出來的。妳說：我有肺病，會傳染所有的宿員。那時，我的確很恨妳，但後來我平靜下來，反而覺得妳可憐，雖然妳美貌得如花朵一般，但因為妳沒有腦筋，沒有感情和同情心，當妳青春逝去，而美貌也消失了之後，妳將來的遭遇可能比我現在的還不如；那時，妳將沒有一個朋友，沒有一個真心愛妳的人，妳再也不能像孔雀似的驕傲。那時，妳是完完全全的孤獨的一個人；沒有人理睬妳關懷妳，人們任妳去生或去死；那時，妳可能會記起我——那個貧窮醜陋的女孩。我所以要將我那一段經歷告訴妳，因為我要妳明白，我並不是像妳所說的那樣好吃懶作，好佔便宜，那樣的無恥與下賤；不過社會對我是太冷酷了，以後妳可能也會有這種感觸。妳是個從未受過侮辱或挫折的人，妳可能因一時氣憤而自尋短見，妳知道了我所受的痛苦，當妳到窮途末路的時候，妳就會想到，在這個世界上，妳起碼還有一個同病相憐的朋友，而鼓起再生的勇氣。我希望妳能耐下心去看。

「寒風像偏要和我作對似的，拚命地從我的領子裏、袖子裏、褲管裏吹；濛濛的細雨巳打濕了我的頭髮和那件單薄的外衣；那隻破皮鞋、那雙露出脚後跟的短襪上沾滿了泥濘，褲管又濕又重地緊裹在腿上，我必須費出很大的力量才能邁動我的腿。我今天又跑了一個下午，為了找一份能餬口的工作，我從九龍她跑鑽石山，又從鑽石山跑到深水步；當然，我是用我的那兩條細腿一步步地走到各處去的。已經七點多了，我才帶着失望與疲乏，從尖沙咀走回宿舍去。雖然明知找到工作的可能是那樣渺茫，但為了能活下去，我仍得天天地去各處尋找職業。可是得到的回答不外是：「我們要有工作經驗的人才，妳太年輕了！」「我們要能騎單車送貨的男孩子！」「我們只要十五、六歲的學徒，妳巳太大了！」總之各處碰壁，也許是那些人一看見我這一身襤褸的衣服就感到害怕了，但這是我最好的衣服了，我連吃飯的錢都沒有，哪兒來的錢去作新衣服呢？

「肚裡的飢火焚燒着我空無所有的胃，從昨天早晨到現在，我只吃了一個斗零的麵包。雖然同住的幾位小姐有着許多吃的東西，但我怎好意思說：「分給我一點兒吧！」她們知道我在挨餓，將會怎樣譏笑我呢？有時我只有趁她們不在時，去檢拾扔在字紙簍中的麵包皮來吃。但我很怕會被她們發現，雖然那些已是她們不要的東西，但她們若知道我靠着這些東西來充飢的話，我怕我連這價錢低廉的宿舍也將住不成了，最後我恐怕只有與那些娼妓、阻街女郎為伍了。所以，這些天我像瘋了似的，天一亮就爬起來，厚着臉皮去敲開那些店舖的門，問他們可否給我一件工作。我具至願意作女工。可是他們又嫌我讀書識字，不會做活；有一次竟把我當作叫化子，惡狠狠地趕我走、並且還威會說叫差人來拉我。我懷着滿臉的悲憤及一顆受了創傷的心悄悄地溜開，又去敲打另一間店舖的門。

「我在彌敦道上走着，路兩旁耀眼的霓虹燈光，刺激着我的神經，使我暫時忘却了自己的處境。我看見不少玻璃櫥窗邊緣上或噴着細白的粉末，或團繞着雪白的棉花團，我猜大概是聖誕節到了。在許多櫥窗裏擺放着各式各樣的聖誕禮物：衣料、毛衣、手套、圍巾……；書店裏陳列着各種聖誕卡；那些能動的模特兒，在櫥窗中姿態優美的旋轉着自己嬌美的身軀，我看着它們身上閃光的綢緞綾羅，它們尖尖手指上的裝飾品，不禁想起在我十歲以前（赤潮尚未淹沒大陸的時候），我也從未嘗受過貧窮、挨餓、受侮辱的滋味；而在這兩三年中這些苦酒我已嘗得太多，以至我竟辨別不出味道。小時，我也曾是一富有家庭的寵兒，有褓母照看我，有家庭教師替我補習功課。我自己有一間小小的、溫暖而又可愛的臥房；夜裡，我睡在一張柔軟、舒適的小床上；我有着屬於我的精緻的小書桌、小衣櫃、小沙發……窗上掛着白紗的窗帘，地上鋪着波斯產的地毯……我將過去與現在的生活一對比，我發現自己從未真正的生活過，那富裕的生活不過是個甜蜜的美夢，而現在所過的生活，也不過像在做惡夢一樣，我什麼時候才能過真實的生活呢？

「我回宿舍後，發現女孩子們都在客廳裡，隨着悠揚的音樂在跳着舞，我自慚形穢，只悄悄地從後樓梯上去，想躲到我那鴿窩一般的寢室裡去。沒想到我剛坐在床上脫了鞋襪，管理員就進來了，她陰陽怪氣地說：「今天是聖誕夜呀！妳為什麼不和她們一起去玩呢？妳這兩天好像很忙，每天一早就出去了，是不是在找工作，找着了沒有？」我只有支支唔唔地應付着，那位肥胖的管理員見我的長褲和鞋襪濕得那樣厲害，大驚小怪地叫起來，又說我要受寒了，又叫我換一雙鞋去客廳參加跳舞會，只需三塊錢買入場券。不要說我因為沒有第二雙鞋不能去，同時我已餓得混身沒有力氣了，哪還有錢去狂歡？我推說我頭疼，不等她出去，我就鑽到那發霉的棉胎底下。房門關上了，燈也熄滅了。屋裏只有我一個人，所以我又坐了起來，憂慮着今後的日子。我怔怔地凝視着對面的木屋區及徙置大廈閃爍着鬼火般的燈光。街上正有一隊報佳音的歌者經過，他們在唱着聖歌。我却突然感到這個聖誕是這樣的悽涼，我是這樣的孤苦無依，就像一葉浮萍一樣在人海中飄浮，明年或後年的聖誕夜我不知已飄到何處去了。幾年來我雖吃盡苦頭，但我從未落過淚，今夜我却很想痛哭一場。但我的哭泣、呼號和呻吟能引起誰的注意呢？我的淚水和悲痛又能喚起誰的同情心呢？」……

川麗放下這一小捲紙，不覺着淌下兩行眼淚。她感到深深的內疚，她急切想知道李淑萍的下落，但她翻遍了那張紙也找不到李淑萍的地址，她不由得嘆了口氣。但是當她在床上躺了一會，明夜舞會的想像又熱切的湧上腦海，最初她有力的排拒着這些想像，但是她們又狂撲上來、最後她終於盡情的墜入那金綠色的想像中。

文壇泥爪

詩人徐志摩之九

志摩善與人交，從他一生所與遊的八中可以看出。他和易近人，從不與人結怨。他批評郭沫若的「淚浪滔滔」時，郭曾狂怒回罵，但志摩到上海，仍同胡適之、朱經農去訪他，郭亦曾答拜。後來在志摩主編晨副時，郭並有稿寄去發表。魯迅為了晨報副刊的事，會在「語絲」上嘲諷了志摩的詩，但志摩不以為意，仍把詩文投寄到「語絲」。為了章士釗解散女師大事，魯迅懷疑北大一部分教授親章，攻擊李四光、陳西瀅等人，也牽涉上志摩，但回擊魯迅的是西瀅，志摩很少表示意見。因為他和西瀅是好友，也不願意開罪魯迅，所以在晨副上提議及早結束「語絲」和「現代評論」的論爭。關於這個論爭和魯迅嘲諷志摩的事，不在本題範圍之內，以後當另文敘述。

令人奇怪的是，志摩雖然和他的元配夫人張嘉玢離了婚，可是感情並未破裂，一直互相通信未輟，看信中的詞句，似乎彼此之間還有一種情愛來維繫着。志摩死後，張挽之云：「萬里快鵬飛，獨憾翳雲遂失路；一朝驚鶴化，我憐弱息去招魂。」張夫人在北京任教職時，把翁姑接去同住，以便奉養，並一直扶養幼子成人，苦在心中，從無怨色，實不愧大家閨秀。其子留美，數年前致其母家書有云：「綜母生平，殊少歡愉。」以一個受西洋教育培養的新式女子，能夠守三十幾年的寡，的確罕見。志摩生前能和她始終維繫情感於不墜，亦自不是平常人所能辦得到的。

至於志摩與林徽因，雖然有情人未成眷屬，但雙方的友情仍篤。志摩與小曼結婚後，曾於百忙之中親到東北探視林之病狀，俟後並勸她到北京養病，志摩最後兼任北大教職時，因家在滬，他即住在北京林的家中。這也是平常人不能辦到的事。他所以能够如此，主要在於志摩的為人很超然，他天真，只想真真正正地做一個「人」，把世俗的一切束縛真性的虛偽完全拋在腦後。林語堂對他的批評曾說：「志摩情才，亦一奇才也。……然知之者皆謂其人尤奇。志摩與余善，亦與人無不善。其說話爽，多出於狂叫暴跳之間。乍愁乍喜，愁則天崩地裂，喜則叱咤風雲，自為天地自如。不但目之所痛，且耳之所過，皆非真物之狀，而志摩心中所幻想之狀而已。故此人尚遊、疑神、疑鬼，嘗聞黃鶯，驚跳起來曰：此雪萊之夜鶯也！」這幾句話真寫活了志摩，志摩就是這樣的一個人。

又梁任公集宋詞贈志摩一聯說：臨流可奈清癯，第四橋邊，呼棹過環碧；此意平生飛動，海棠花下，吹笛到天明。自註云：「此聯極能表出志摩的性格，還帶着記他的故事，他曾陪泰戈兒遊西湖，別有會心，又嘗在海棠花下做詩做個通宵。」是的，志摩就是這樣的一個人。

記戊戌維新始末（十六）

舜　生

嚴復（一八五三——一九二一）原名體乾，入福州船廠所附設的船政學堂，改名宗光，一直到英國去留學，也還是叫嚴宗光，回國任事，始名嚴復，字幾道，晚號瘉壄老人，別署天演宗哲學家，又別號尊疑尺盦，福建侯官人（入民國，侯官併入閩縣，稱閩侯），故學者尊稱之曰嚴侯官先生。

嚴復生清咸豐三年，卒民國十年，活了六十九歲；我這裏所敍述的，只是他在光緒二十四年以前的一段，尤其側重他對戊戌維新一幕所給予思想上的影響；他最後的二十三年，及其思想上的變化，暫存而不論。

福州船廠本來是左宗棠（季高，湘陰）任閩浙總督時所創辦的，左調陝甘，廠由沈葆禎（幼丹，侯官）接辦，稱船政大臣；船政學堂附屬於船廠，分前學堂與後學堂；其前學堂的學生學造船，課本用法文，其目的在訓練學生成爲「良工」；後學堂學生學駕駛船，用英文，在訓練學生成爲「良將」。

嚴復十四歲（同治五年）以第一名考入後學堂，試題爲「大孝終身慕父母論」。這一年正值他的父親死去，他在哀戚之餘，大概文字寫得不壞，因此特別爲沈葆禎所賞識。後學堂於同治五年（一八六六）十二月開學；他讀了五年（同治六年至同治十年），以最優等畢業，其課程爲英文、算術、幾何、代數、解析幾何、割錐、平三角、弧三角、代積微、動靜重學、水重學、電磁學、光學、音學、熱學、化學、地質學、天文學、航海術等。這可看出在這五年之間，他對自然科學的研究確已有了一個相當廣泛的基礎；他後來其所以能譯西洋若干名著而享盛名，實得力於這幾年所下的功夫不少。因爲要翻譯外國一種具有高度學術性的大著：單靠中外文字精通，而缺少自然科學的研究，畢竟是辦不到的。在中國近六十年間，我們在一切翻譯的書本中，還不能指出某一部確已超過了嚴譯的水準，其基本的原因大致在此。

嚴復在船政畢業後，又先後在建威揚武兩條兵艦上，於外國船長的領導下實習過五年，先後到過星加坡、檳榔嶼、遼東灣、直隸灣、以及日本的長崎、橫濱等處。同治十三年（一八七四），日本出兵侵我台灣，他又曾跟隨沈葆禎赴台，測量過台東的各海口。這對於他的胸襟的開擴與所學的實踐，都極有補益。

嚴復的五年學校生活與五年實習生活：我們已無法完全知道，但他在民國七年爲池仲祜序「海軍大事記」，有一段說：「不佞年十有五，則應募爲海軍生，當是時，馬江船司空草創未就，借城南定光寺爲學舍，同學僅百人，學旁行書算其中，晨夜伊毗之聲與梵唄相答。距今五十許年，當時同學畧盡，屈指殆無一二存者。回首前塵，塔影山光，時猶呈現於吾夢寐間也。已而移居馬江之後學堂卒業。……」（見左舜生選輯中國近百年史資料續編。）

當他在揚武艦上實習的時候，其艦長爲英人德勒塞（Commander Tracey）中校任滿將歸，曾對嚴復說：「子於海軍學術，今已卒業矣，不佞即將西歸，積年相處、臨別憫然，不能無一言相贈。蓋學問並不以卒業爲終事，此後自行求學之日方長，子如不自足自封，則新知無盡，惟子勉之而已，此不第海軍一業爲然也。」（見王蘧常「嚴幾道年譜」）這兩段都可看出他在這十年生活中的一斑。

嚴復被送到英國去留學，乃光緒二年（一八七六）冬天的事，至次年三四月始到英入學讀書。這次出國的學生近三十人，留英學駕駛的除嚴復外，如劉步蟾、林泰曾、蔣超英、方伯謙、何心川、林永升、葉祖珪、薩鎮冰、黃建勳、江懋祉、林穎啓等，均頗有名於後來的海軍界；在甲午中日戰爭一役，李鴻章所統率的北洋海軍，其官長多爲閩人，亦即肇端於此。這次派遣了這許多學生，乃清廷建立海軍的一種準備工作，故頗鄭重其事：華監督爲李鳳苞（丹崖，崇明），洋監督爲法人日意格（Giquel. Prosper），還有隨員馬建忠、文案陳季同、翻譯羅豐祿。這班人於後來辦理外交和洋務均頗有地位。

嚴復留英的時間僅兩年有餘，於光緒五年五月即行歸國。他除在格林尼次（Greenwich）海軍大學研究高等數學、化學、物理、海軍戰術、海戰公法、及槍炮營壘諸學以外，中間曾赴法國遊歷一次，也頗留意英國各方情況。嘗參觀英國法庭，見其審判之公平，及遊覽各城市，見其治理之井井，極受感動，他認爲這便是英國及其他歐陸國家富強之原因；也正是立憲國家與君主專制國家的不同之處。

當嚴復留英期間；又正值英法兩國的大學者與大思想家先後輩出，如亞丹斯密，孟德斯鳩、盧梭、邊沁、穆勒、赫胥黎、斯賓塞爾等人的著作，其影響均及於全世界，嚴復在對付學校的功課以外，是否已開始涉獵到他們所著的書籍，我們不能知道，但他曾注意這一事實而心焉嚮往，應該沒有疑問；這與他後來以大力從事譯述是有極密切的關係的。

又嚴復在留學期中，正值郭嵩燾（一八一八——一八九一，筠仙，湘陰）使英，郭對這位二十五六歲的福建青年，乃非常賞識，常常和他討論中西學術政制之異同，往往日夜不休。郭甚至還寫信給當時清政府的某公，有「出使茲邦，惟嚴君勝其任，如某者，不識西文，不知世界大勢，何足以當此」之語。這也可看出嚴復在學生時代即何等受老輩的重視。（光緒十七年嵩燾卒，嚴有聯挽之云：「平生蒙國士之知，而今鶴翅氃氋，激賞深慚羊叔子。惟公負獨醒之累，在昔蛾眉謠諑，離憂豈僅屈靈均。」王蘧常「嚴幾道年譜」繫此件於光緒十九年，似誤。）

（仍待續）

析支列傳（二）

亮之譯註

6.自李博詹時，析支種姓，孳乳方始，名阿揭諦（Auchatae）；及仲亞博詹，或名加歇槷（Catiari），或名萃雷士卡（Traspians）；至季柯勒詹，或名土家析支（Royal Scythians），或名巴雷勒特（Paralate）；而總名之，曰學洛地（Scoloti）；獨其後希腊（Greeks）某王，一以析支人（Scythians）名之。

7.凡此，皆析支人所述其族之源起。計自始祖太極圖龍與至太流士入寇，前後凡歷千年爲（註一）。而所謂王家析支者，護其神金，勤恪異常；年必大祭，以示尊慶。相傳此日典金之人，倘於戶外偶或入寐，則其死亡，必在是年，了無疑問。（析支人所言如是。）用是、當事之人，此一日中所付代價，殆如據鞍躍馬，馳驟曠野，唯力是視者爲。當析支王之土宇寢廣也，柯勒詹嘗封三子、各王一國：其中一子，所得豐厚，逾其二兄；用此神金，遂委保管。至析支北土，遼遠民居，傳乃隣接飛鳥解羽之野（註二），一望無際，國被掩羃、通過蔑由云。大底爾時，盈天地間，充斥此翟；特欲獲知其確實疆域，吾人殊無此眼福耳（註三）。

（註一）按大流士克巴比命之歲爲前五二〇年，上溯千年，則太極圖之時代，僅當我殷中葉耳，恐難確信。

（註二）此所言「飛鳥解羽」，與我國載籍全同；其証如下：（一）山海經大荒北經：「有大澤方千里，羣鳥所解。」（二）穆天子傳：「已西，天子飲于溽水之上，乃發憲令，詔六師之人□其羽。爰有□藪水澤，爰有陵衍平陸，碩鳥解羽，六師之人畢至于曠原。曰：天子三月舍于曠原。□天子饗正公諸侯王，勒七萃之士于羽琌之上，乃奏廣樂。□六師之人翔畋于曠原，得獲無疆。鳥獸絕羣。六師之人大畋九日；乃駐于羽陵之口。收皮効物，貨車受載，天子於是載羽百緝。」顧實穆天子傳西征講疏以爲溽水即今庫拉（Kura）河；「□藪」即南俄森林；「水澤」即黑海；「陵衍」即高加索山之陵阪；「平陸」即高加索山以北之大平原；「曠原」殆包括南俄大平原，及更北之歐洲大平原。均是。（三）古本竹書紀年：「穆王北征，行流沙千里，積羽千里。」（四）史記匈奴列傳：「臨翰海而還」，正義曰：「羣鳥解羽，伏乳於此，因名也。」

（註三）原註：「見下第三十一節。」希羅多德於彼解釋，所謂羽毛，實即雪片。」

8.上所云云，均析支對其邦族由來，所作解說。然本都（Pontus）（註一）希腊人之所述，則異於是。彼之言曰：昔赫邱利（Hercules）（註二）既攝取焦陽（Geryon）（註三）之牝牛羣以去，嘗至一地，即今析支所居，其時實曠土耳。焦陽則居本部海外而與格底（Gades）相鄰之希腊愛麗諦島（The Greeks Erytheia）（註四）；其島在海中，視赫邱利柱（The Pillars of Hercules）（註五）巍峩殆猶過之。或謂此海，發源東方，涇流之大，乃環世界；惜究無証，足以實之，赫邱利既由此島以入析支，暴風凍雨，追襲甚烈；遂引獅皮，用自蔽杆；乃不旋踵，亟入睡鄉，而不謂好夢方酣，自其戰車解令就芻之諸牝馬，覺乃忽爾不見。

（註一）本都（Pontus）乃黑海東岸之古國。

（註二）赫邱利（Hercules）：希腊英雄。據傳生有怪力，曾爲十二大事業。

（註三）焦陽（Geryon）：希腊神話三身而有翼之妖神，後爲赫邱利所殺。

（註四）愛麗諦（Erytheia）：希臘神話保護金蘋果園之仙女之一。

（註五）赫邱利柱（The Pillars of Hercules）：即歐洲直布羅陀海峽（The Strait of Gibralter）尾端之兩岬。

（待續）

聯合評論 週刊

本刊已經香港政府登記

每逢星期五出版

United Voice Weekly

第一六二號

督印人：黃宇人　總編輯：左仲平

社址：九龍赫德道三十二號地下　電話68678

承印：嘉羅印刷有限公司　香港灣仔馬師道5號

總代理：友聯發行公司　每份售價港幣一毫

本報美洲總經售處　美國紐約中美出版社

CHINESE-AMERICAN PRESS, INC
199 CANAL STREET.,
NEW YORK13 N.Y.U.S.A.

美洲航空版每份零售美金一角

寮局和戰的關鍵

許子由

（一）

寮國戰爭是東西集團在遠東另一回搏鬥，說它是「內戰」，等於掩耳盜鈴一般可笑！寮國人是世界上最和平的民族，迄至今天爲止，他們還是很艱難地去使用飛機和大炮。而這些戰爭武器，倘使不是蘇聯的便則是美國的。何況蘇機已公然輸運武器接濟寮國的聯共軍，據說反共政府軍空戰的地勤也是美國人負責；蘇機已曾經在空中指示給共軍以炮戰的目標，政府軍在出戰前可能也受到外國顧問們的一番耳提面命。這已不是「幕後」有人，呼之欲出。而是雙方都掀開暖簾，怒目相視了。

這一幕全武行，是否要由雙方的大將們，親自出場落力演出？還是大家都不過亮一亮相，只由一些次要角色，翻翻觔斗，終於打諢收場？

今天世界的糾紛，一方面自是以美國及其盟國爲主體，而在另一方面，也少不了共產集團翻雲覆雨的伎倆，無論在遙遠的古巴，邊鄙的剛果，抑或還山城古邦寮國。但三者的型態不同：古巴屬匈牙利型，剛果亂事即使擴大，也只是阿爾及利亞式的。而寮國戰爭，則近於韓戰、越戰，它是遠東戰爭範疇裡的一種。

（二）

韓越兩戰，都起因於共產集團的武力擴張。前者受到阻擊，終於在原來防線構成刁斗相對之局；後者則以自由世界的退讓，自願移交包括河內重鎮的十七度線以北，換得七年來東南亞的和平。但由於中越共在寮國滲透成熟，爆發爲李江政變，蘇中越共即迅速支援，今天又達到要求分割寮國的地步。年來正在「經略寮國」的美國，現在所面臨到的是：退讓，或戰爭？

美國當年迅速出兵援韓，也曾在越戰的奠邊府之役中，令航空母艦駛至越南海域，準備介入。但前者是政治方面的「廟算」，攷慮到有聯合國的權威可恃，故能動如脫兎。後者却因英國不願共同行動，迫得忍氣吞聲。（杜爾斯不肯在日內瓦協定上簽字，充份反映美國的心情）。這一次美國也同樣令空母駛駐越南港口，作援寮的種種軍事部署，可是在東南亞公約會議中，英法沒有贊成出兵，美國似乎未曾完全放棄「必要時一戰」的看法，但也已接納倫敦「政治解决」的路線。

寮局和戰兩途，就擺在當前。到了什麼程度，才是非戰不可的界限？和嗎，又如何和法？

（三）

近日因爲中菲韓越四外長會議，「亞洲志願軍」援寮之說甚囂塵上。可是上述四個國家中，只有南越的領土是與寮國接壤，如果南越出兵援寮，並允許中韓菲軍假道的話，則北越與中共也必然前來插手，釀成一場巨型的亞洲大戰。那樣，美英也必定會被牽入，於是，西方就必須先攷慮，確定它的立場。那也即是說，如果西方沒有準備最後參戰的話，他們甚至必然阻止這項援寮志願軍大規模地出現。

以寮國事件來說，首當其衝者是泰國。可是泰國婉拒參加中韓菲越的會議，說是爲「迎泰王回鑾」。大概這不外是藉口，可能泰方不信任這個四國會議的力量，仍寄期望於美國及東南亞公約。

泰國對東南亞公約的猶疑不決雖感不耐煩，但面對寮共背後的越共，泰國實不能不愼重從事。所以乃沙立的「必要時靠自己」論，已經發表了多次，却還沒有行動，甚至也不願參加「有出志願軍說」的四國會議，這好像矛盾得奇怪，其中必有「內幕」。

形勢上寮共的攻勢尚未威脅整個寮國，是泰國尚有所待的原因。也許美、泰已有密契，美國囑泰國「少安毋躁」。假如說琅巴剌邦和永珍都被攻陷，而美泰仍不出兵，那又是不可相信的。

（四）

共產集團方面要求寮國中立政府或聯合政府，却不能容忍反共政府，扣留蘇發努馮及解除其部武裝，他們認爲「太右傾」，便不惜出九牛二虎之力，攪到比前更左傾。但他們可能知道，亦不能拿下整個寮國，否則要觸美國之怒，會有第二個韓戰。因爲中共恐懼美在寮設基地，視如芒刺在背，但設若永珍赤化，在曼谷的東南亞公約也不能容忍。這論共產集團目前的基調，是赫魯曉夫謀晤甘迺廸，不會爲寮局而從事較大型的戰爭。即使是第二韓戰型，以中共目前的窘狀，應該是不敢輕試。高棉所提的十四國會議，乃出自共產集團所授意。英加則站在西方方面出而斡旋，寮局是和的成份高。誰吃虧呢則繫於國內雙方的戰鬥。

中共大辦農業何以沒有好成績

孫寶剛

世界上有些政治家認爲政策任由執政的人來自由決定的。祇要執政的人爲了要達到某種目的，便可照此目的決定政策，而付之實施。其實我們如細加研究，並不如此簡單。一個政府的政策一定要得到人民合作，才能圓活實施，獲得良好成績。

所謂人民合作，就是要使人民樂意使這條政策可以實施，瞭解怎樣去實施，並且也可以眞正去實施。但要做到如此，第一便須和人民的智識水準相配合，第二要和人民的傳統習慣距離不遠，第三要對人民有利的，第四要事先準備必要的物資條件，第五當然要愼密計劃的步驟，使實施時有條不紊，一步步的向目的推進。

中共自去年起由大辦工業而轉到大辦農業。成績並不見佳。依我看，就是沒有顧慮到人民合作問題。

第一，中國的農人的智識水準並不是很高的，一般的農人都富於保守性。所以新的花樣和新的技術很不易使農民立即接受。就以共黨因大辦農業而喊出的口號這所謂八字憲法來說，看字面則空濶而玄妙，詳細去研究，則又非常複雜，決不是保守而智識水準不高的農人所能立即接收的。因爲中國以農立國，農人世代相傳，在他們傳統的一套作法，除非政府在改良農業之先，先訓練一批農業人材，深入農村，用示範教育的方法，漸漸地增進農人的智識，使他們知道傳統的耕作法有缺點，應該怎樣的改良，才能使作物更豐收，農人才會漸漸地接納新的方法。現在中共以一聲口號，立即大辦起農業來，並且動員了城市中的素來沒有下過田和五穀不分的市民去雜在農民中間大辦農業，這不是事等兒戲？我相信農人們見到城市去的大批青年，亂糟糟的到了鄉間，一定非常可笑，因爲他們太外行了。事實上不特無補於大辦農業，恐怕把農人的固有的工作程序都弄亂了。農民自人民公社成立以後，本已受了私有財產廢除，家庭之樂消散的打擊，現在大辦農業，對他一無利益，他們還是吃不飽，更因爲去年大荒，每人的粮食更少。已經有苦難言。現在看到亂糟糟地說要大辦農業，他們那會不乘機怠工，以作消極的洩恨了！

反之，即使有一部份積極的份子眞想把農業弄好些，但是這包括了許多經濟的，技術的和許多物質的條件，在內。在這些條件沒有獲到以前，也是無法辦好的！

依照我的想法，要農業辦得好，第一要種子好，我這幾年來沒有聽到中共設立過許多種子場來研究中國各地各種農作物的種子，中共當然也沒有設法來供給各地農作物的各種種子。祇靠農人自己在公社的範圍內來解決，這是效果極微的。第二當然是肥料了，中共這幾年來對於肥料工業沒有充份的發展，祇靠農民自己找些垃圾，甚至尋些死人骨灰來解決肥料，豈非笑話。我以前曾說過，假如中共在十年前將知道中國是以農立國，而民以食爲天，所以在其專政之初，就能大辦農業，而用工業來配合農業，以製造農具和肥料爲工業的重點；今天的情形也許不會這樣困難了。第三水利，中共以往曾大吹大擂的宣傳辦了多少水利工程，可是浮而不實，太求急功，上下敷衍，所以今天還發生了這樣大的水旱災。最後講到耕作法的改良，以及防治病虫害等等，關於這一點，我認爲中國一般的耕作法並不是很落伍的，所以要改良的地方不會很多的。中共把農業機械化，代表了農業改良的一切，實是很大的錯誤，改良農業的目的是要增產，機械化乃在減少人力，根本是兩件事。至現在中共所提倡的深耕密植，依照印度和日本的試驗，認爲得不償失，徒然擾民，使已經很苦的農民更苦不堪言；至於說到防治病虫害等等，中國農民以往確因智識不夠，農作物的損失於病虫害的很不少，但是關於這一點，我認爲是科學智識問題，中共應該廣設農業學校，先訓練一批農業幹部，才能去促進農人的農業智識，祇是喊口號要防止農產物的病虫害是沒有結果的。

總刮一句，我認爲大辦農業，決不能靠一句口號，一個運動，可以把農業辦好的。所以一個負責的政府，當決定一個政策的時候，應當縝密的考慮，決不能兒戲其事的。在我看來，大辦農業，是需要充份的經濟和一個具體的計劃，相當長的時期，一步一步的實施，才能收效。決不是一個運動，立時動員了和農業沒有關係的人去幫忙，就可解決的。

我認爲中共須先設立調查研究和供應的機構；先行調查中國的土壤氣候，各地農作物的散佈情形是否適合。有些地方種棉花的，也許改種麥子才適合，也有些種麥子的地方，也許要改種稻子。這種調查研究是最重要的，研究清楚了，才談得到種子的怎樣改良，和怎樣供應。同時各地設立農業專門學校，大量訓練幹部，也是非常重要的，因爲有了幹部才能在各地遍設示範農場，要經常向農民灌輸農業知識，又鄉村小學之中也應增加農業功課、如此才能使農民對於農業有新的知識，才能使他們放棄傳統的落後耕作法，以接受新的耕作法。當然對於以工業來配合農業，大量生產肥料和農具，也是刻不容緩的。

但是民以食爲天，最緊要的還是應以提高農人的生活水準作爲大辦農業的目的，才能獲得農民的眞正合作。世界上決沒有食不飽，衣不暖，家庭之樂也沒有，而能努力奉公，死而後已的。我希望中共快些覺悟罷！

雜憶錄之十九

共產制度與統制經濟（下）

．幼椿．

在中國來實施統制經濟，先不忙說像用共產制度的那樣的全面統制，一切國有國辦，地域如此其廣濶，規模如此其鉅大；就拿在對日抗戰中，我所經見的在四川一省之地，限於一兩樣生產品的小規模的統制實施來說，我便感到了兩個無法解決的問題；而這兩個無法解決的問題，眼睜睜的看着它把這一兩樣經濟統制事業搞垮，結果完全放棄。

抗戰中的經濟統制

在對日抗戰中，重慶陪都政府為吸取四川的桐油與猪鬃兩項出口的外滙收入，決定將四川的桐油猪鬃的外銷，實行統購，統運，統銷的政策，於是由貿易委員會主持其事，在四川的水路碼頭，如合川，涪陵，萬縣等地，設立統購處以收購桐油；在四川東大路，如隆昌，榮昌，富順等地，收購猪鬃。一開始收購，即發生貨品標準不齊，而且有滲假蒙混情事。這種不合標準的貨物，是無法外銷以求得善價的，因此貿易委員會在重慶用飛機統運出口之前，派員雇人擇別精選，損耗甚大，花本不小，大不合算，於是又派員赴各碼頭監督，結果還是亂糟糟的，成色不一，難免滲漏，得不償失。我當時由國民參政會推選為四川經濟建設期成會的主任，因之我親身去各碼頭視察桐油猪鬃的統購及統運情形。

我視察研究下來，第一，老百姓的知識與想法有根本甚大的問題。農村的中國老百姓並不知道甚麼叫貨品的標準，因為他們一向賣與普通收購的商家時，就是好貨與壞貨品值不齊的一塊兒計算，當然這不是有定價的，（中國農村的商行為從來是沒有定價的）商家收購時一單照買，再自己拿回去精選。並且農村老百姓認為要多賺錢，就全靠滲假瞞秤，做點手脚，因之貨物裏總難免沒有問題的，而且老經驗的收購商也一眼會看得出的，他們出價收購時也是心裏有數的。——在這一農村習慣之下，貨物如果收購太多，精選的工作就耗大了，而且一齊運到重慶時再來精選，則更揹本錢，大不合算了！第二，各碼頭收購的職員都有不可救藥的官僚作風。這些職員們由貿委會自重慶派去各碼頭時，都曾經被訓練過，如何鑑別貨色，如何公平用秤，如何用商人面孔去和平的與老百姓打交道；但是一到收購的當地，一進入收購的辦事處，職員們不但連所受的訓練很快的完全忘掉，而且人生觀都轉變得很快，由一個純潔的學生底子不幾天就變成一個十足的官僚，對老百姓擺架子，打官腔；做事慢，用稱假，而且收受賄賂。一經收受賄賂，則貨物的標準更不可問了！

我一經研究，認為只有換良好的職員，而貿委會回我的電報，說，早已了解，加緊訓練過的新職員已派出，在途中。我於是在培陵「湯圓石」等候，新職員到來接替。並加以訓話，親身監督着收購。殊不知老百姓一感到這碼頭的新人收購得很嚴格，成色差的貨品便不收，而又打聽到萬縣還未換新人，於是賣主紛紛將貨運往萬縣，培陵辦事處便賣主不上門，門前冷落，而萬縣辦事處則門庭如市，大量收進，滲水的滲水，受賄的受賄，雙方皆大歡喜。我聞此訊，又趕往萬縣，等換新人；等到萬縣新人換了，照規矩辦事了，——但培陵的新人又變成舊人了啊！

幾千年的官場習慣

幾千年中國的官場習慣，都全靠「撈外快」發財、不然便不必做官。因此做官清廉在中國成為美德，歷史艷稱。其實清廉本是為公家服務的應有的本分，清廉既成為艷稱的美談，可見貪污乃成為常事；既要貪污，則有能者也變為無能了！而老百姓進賄路也習以為常，並不認為這是不該當且是犯法的，故我向來賣桐油的老百姓講這個道理時，他們只是笑笑而已，其心中認為你這個甚麼參政員，簡直不懂事，不通人情，而且照你的辦法、根本就行不通的。

何以照我的辦法就行不通咧？一個萬縣的商人（他是青年黨黨員）告訴我：「李先生，你想想看，桐油是農村副業，一個農人的工作是很忙的，他提一桶桐油進城，他要賣了趕回去，不能在城裏過夜，兩餐一宿，既花錢，又費時。他想貨快脫手，遇着雜役，稱手，職員老爺，照例為公家辦事都是慢動作的，所以他只有送賄路纔來得快，而且這在多年來、衙門習慣如此，沒有老百姓會認為不合規矩的，不送賄路，反而認為不合規矩咧！」

我在培萬奔走視察監督；二十多天，回到重慶，立即參加貿委會的座談會，會中財政經濟兩部部長都在，還有民生公司總經理盧作孚兄也在座。因為作孚在北碚為貿委會收購「峽防」一帶農村的桐油，並未要貿委會的收購手續費，由他派公司夥計代辦，而收來的桐油乃特別貨品一律，並無滲假漏稱情事。因此貿委會與財政部都請教他，並將拜託他在培萬一帶碼頭也派人幫忙。作孚當場表示，官廳派員與公司派人，前者是官，後者是商，觀念不同，情形就兩樣，並無其他深奧道理，乃中國歷史習慣使然，一時無法改的。至於民生公司運輸業務，是有交通部的運兵運糧的尅期命令，很嚴很忙，無法抽出空人幫忙，實在對不住！我說：「可不可以一切委託當地商人幫忙，給他們幫忙的佣金如何？」據貿委會主管說，曾與當地商家談過，他們不願管公家的事，因為他們第一負不起時間限制的責任；第二他們不贊成定價辦法，價錢要由他們隨時隨地看貨看人變易價格，這一來政府又毫無成本會計可以預算，盈虧責任更大了！」

在座兩部一會的高級主管，大半皆是留學工商管理、財政、經濟的博士、碩士，討論了半日，竟拿不出適當的改革辦法來；結果由俞鴻鈞部長決定，收購的物品，既然在精選後打了六折的數量，只好在收購時降低價，以謀補償；大家無法反對，只有我叫道：「唉！俞部長，你是向老百姓手中要東西去換外滙的啊！你如果再愛惜你的法幣，只怕老百姓的貨就要不到手咯！」座中有人說：「不怕，既已統制，無人敢買，老百姓只有向我們辦事處出售的。」

桐油猪鬃竟沒有了

這是民三十一秋天的事，到了三十三年秋，貿委會辦事處便無油可收，無鬃可買，老百姓對於政府所規定的收價既無利可圖，而且與官家打交道麻煩得很，於是特種長鬃的白猪也不養了，已養的殺來吃了；至於桐樹無人栽培，先後枯死。因是政府的這兩項統制政策完全破產，無疾而終。

以上是我的一個小小經驗，這個經驗告訴我兩件事：一是人往利邊行，無利可圖，而且又有麻煩的業務，是無人願幹的，這是人性使然；即使去壓迫他幹，他會消極抵抗。二是中國傳統的官僚主義已經有二千年習慣，根深蒂固，以官僚主義去辦統制經濟，政府去多設一個機關，便多養一批蝗虫，蝗虫養多了，老百姓受不了，政府聲譽只有倒霉，甚至會迫得老百姓造反，中國明末時代曾有先例的！記得從前北京城有個童謠，諷諫崇文門稅關的：「崇文門，管他娘，大偷駱駝，小偷羊！」這是在京師輦轂之下啊！

中共統制及其成績

中共這幾年來，一切收歸國有，統制得愈普遍，問題愈多，顢頇魚肉，貪污無能，這在中共叫作「偏差」，中共高級幹部隨時在檢討偏差，然而偏差愈來愈多；偏差既多，老百姓只好消極抵抗，大家怠工，於是減產現象一天大於一天，許多種農產品都絕種了！據我所知的一例，農村所種的中國藥材絕種的就很多，因為種藥材花肥料，費人工，既完全無利可圖，大家便種別的，以至怠工使所種無收！——這情形，去香港南北行中藥的商家一打聽，便無人不知，不必細述。

中共也懂得這是老百姓為私利上毫無可圖，因之怠工減產，甚至絕種。但中共的思想，不承認有人性二字存在的，因此中共要打倒這一「私」字，進一步拆散農村家庭組織，把人們當成工具的放入集中營，用兵來管着他們生產，這就是實行人民公社的主要用意！在中共頭子們的想法，自私之源是出於家庭的組織，一旦把家庭拆散了，吃飯，穿衣，日常動用，都是一律，看你私有何用？而且既有共幹管理，又有軍隊監視，又看你私往何處去？在中共頭子們這一想法與辦法，自以為可以徹底了，可以將私字打倒了！其實，並未徹底，因為他尚未改造上帝，上帝造人就不該賦予人類以七情六慾，私是從這裏而來，中共必需先去改造上帝纔行啊！

因此中共在去年既已普遍實現了農村人民公社後，就發生兩種異常的驚人現象：一是農村普遍減產，到處生產不足，造成人為的飢荒，這一飢荒現象，在近月來中共自己也承認了，不必再說。二是共幹貪污達於極點，這一情形，據去夏自中山縣來到澳門醫癌症的黃某臨死時向新聞記者報告，他管會計的那一鄉的人民公社共幹，二百七十担米，就私自侵蝕了一百担，這真是駭人聽聞！這有人可查，有報可據，無煩再說。——這就是在中國大陸共產制度下所實行的經濟統制的成果啊！

五〇、一、一三。

從美對華政策談起

李金晖

甘廼廸政府的國務卿魯斯克，循例在參議院應詢，俾參議員們就其回答質詢的內容作正式批准任命的參考。儘管這是一次例行的程序，但照例被認為是國務卿個人應付國際事務的能力測驗，以及未來新政府的政策的趨向，不容輕視。

就其一月十二日在參議院答覆質詢中所作有關對華問題的發言，可見其極盡巧妙閃避的能事，但却又不能當作外交詞令看。因為他肯定了幾項大原則是不可變的。

他說：一、「我感覺十分肯定的事，就是總統與國務卿應做為了國家利益與當時環境而需要的事。」二、「有些實際的情勢必須慎重估計，中國大陸的實力，是我們不能不加理會的事實。」三、「如不考慮中共，很難預見在裁軍問題上會有什麼進展。」四、由於「承認紅色中國及容許它進入聯合國」將促使「美國放棄台灣」，而「中共的態度所做成的實際形勢，就是令我們不應對台灣島嶼上政府有所考慮」。因此表示：「目前它看不出有任何展望會與中共建立正常關係。」

對於他是否在一九五〇年會表示協防台灣應包括金門、馬祖兩島嶼的質詢，他竟謂「已不復記憶」和「要查閱過去之紀錄」。但他旋又表示「希望美國不會牽入金門、馬祖兩島嶼之事件內，因為這是一極困難的局勢。」

魯斯克沒有一句話是正面肯定地答覆的，但不難看出，美國政府今後對華政策：對台灣，最佳的估計是保持現狀，是否協防金馬仍屬是個謎，不過既已表示應以美國利益為重，而且也認定若被牽入將是一個困難的局勢，可見未來的新政府並無鮮明的決心連帶協防金馬。對中共，民主黨政府與共和黨政府的不同是公開表示不可忽視中共的存在和它的實力，共和黨政府時代所建立的不正常的「大使級會談」，也未表示有取消的迹象。因此雖難與中共「建立正常關係」，但已有的不正常關係仍將維持。而新的不正常關係，將通過未來裁軍會談而展開。

就上述態勢的發展看，美國新政府的對華關係，將作雙軌的發展。對台灣暫時不變；對中共，則單戀的傾向愈益顯明，甚至將不理會中共的反應如何。

當然，沒有理由在現時為台灣杞憂，推斷美國會作較大的不利台灣的新決定。但望遠裡看，華府與北平之間的不正常關係的發展，無異將令台灣當局增加疑慮與焦灼。

一九四九年，民主黨政府對中共是曾經寄託過幻想的。連當時蘇聯的羅申大使也已從南京撤退到了廣州，但是司徒雷登却奉命留待南京等待與中共接觸。司徒先生在中山北路的外交部大樓裡屈辱地以「僑領」身份晤見他的學生——中共代表——黃華，嗣後司徒老先生雖回美了，但是大使館的最後關閉却又延長了一段時間。

但由於民主黨是比較共和黨現實而又行動迅速的，所以一九五〇年韓戰打响了，杜魯門就立刻採取了行動，並且下令第七艦隊協防台灣。這和當時民主黨的對華態度看來是矛盾的，但其實是統一的。

因此，我們堅信不必對美國的對華政策心懷疑懼。問題祇是在於台灣的當道究竟將如何自處。

去年四月南韓事件是足以發人深省的。看來美國的政策是太現實了，對李承晚也太殘酷了些。然而反過來說，美國究竟是應該維持李氏王朝呢？還是應該協助一個強而有力的大韓民國的存在？前後十二年來，台灣能有今日的穩定形勢，不可否認有其努力的因素。但地理形勢的有利和外援也不容忽畧的。一條台灣海峽加上一支第七艦隊。但是，在國內政治上，又焉能作違心之論。今日在台灣的智者，都已表示唯民主與革新始能保持中華民國在國際上的地位，當局豈能繼續執迷不悟，逆行到底？

中共、蘇聯與阿爾巴尼亞

田心

中共、蘇聯和阿爾巴尼亞的三角關係是極微妙的，最近關係更為尖銳。一月八日，美聯社在伯爾格來德發出的電訊，報導蘇聯駐阿京地拉那的大使館及其全體職員，已受阿爾巴尼亞安全警察的嚴密監視，目的在防止該使館人員與阿國傾向蘇聯之重要共黨份子之間發生接觸。看來，蘇聯與阿爾巴尼亞之間的關係已甚惡劣。

去年十二月三十一日，阿爾巴尼亞的部長會議主席謝胡接見了中共駐阿大使羅士高（本年一月三日「人民日報」）；一月七日，阿爾巴尼亞勞動黨中央政治局委員、部長會議第一副主席斯皮羅·科列加率阿經濟代表團啟程到中共訪問（一月八日「人民日報」），十一日下午到達北平。不用說，阿爾巴尼亞將再獲中共的經濟援助。從上述發展來觀察，大概還是中共所主動。

此次，中共的對阿爾巴尼亞作主動的經濟援助，似乎可說是在對其反抗蘇聯的支持。儘管說阿爾巴尼亞是一個人口不足一百萬的國家，但公然敢於對蘇聯持不調和的態度，是不能不注意的。

中共與阿爾巴尼亞之間的互相承認是在一九四九年十一月，互派大使則在延至一九五四年九月；該月十二月間，李先念率代表團到阿爾巴尼亞，贈給阿爾巴尼亞小麥二萬噸，大米二千噸，糖二千噸，絲織品十萬米，麻繩二百噸，錫四十噸。同時給與一筆數字不詳的長期貸款，這筆貸款大概用至一九六〇年。一九五九年一月，中共又給與阿爾巴尼亞長期貸款五五〇〇萬盧布，用以購買中共的紡織廠、麻布廠、玻璃廠設備及其他物資，這筆貸款用於一九六一年——六五年。以之來銜接一九五四年的那筆長期貸款。足見在過去；中共與阿爾巴尼亞之間就有不平常的經濟關係。這次中共再給經濟援助，乃是循着前面趨勢的再擴大；也就是反映它們之間的關係更密切了。

在地理環境上，阿爾巴尼亞有兩大特點，其一是它被南斯拉夫隔開：不與其他東歐國家相聯，使得蘇聯對它的影响受到限制；其二是它與南斯拉夫相鄰，並且在早先其政權是由南斯拉夫游擊隊扶植起來的。

一九四八年南共被逐出共產國際，直接受威脅者是阿爾巴尼亞，據說狄托要把阿爾巴尼亞併入南斯拉夫為「第七共和國」。因此，長期以來阿爾巴尼亞就在精神緊張的狀態下戒備南共思想的入侵。

一九五六年二月，蘇聯掀起反史太林運動，隨之東歐各國的史太林分子先後都倒下了台，惟獨阿爾巴尼亞勞動黨第一書記霍查沒有動搖，在早先或可解釋為由於防止南共修正主義的入侵，蘇聯姑予放任；後來則阿爾巴尼亞與蘇聯的路線逐漸遠離，卻和中共靠緊了。最近，蘇聯大概已對阿爾巴尼亞施加了壓力，要它重新回向蘇聯的軌道，但霍查在中共支持之下卻以牙還牙，以行動監視蘇駐阿使節。中共則乘此機會，再給經濟援助，兩者爭奪阿爾巴尼亞行動亦已表面化，反映出這一個三角關係正在愈趨尖銳中。

三言兩語

約有「雷震的朋友」五十位，聯合簽署一請求書，準備向「蔣總統」提出，請其特赦雷震。簽名人計有：胡適、蔣勻田、立委成舍我、胡秋原、夏濤聲、監委葉時修、曹啟文、陳愛華等。

胡適說，這是「很客氣的請求。」

這也應該是「很客氣的請求」的最後一次了！

× × ×

外電報導，台灣農復會主席蔣夢麟在監察院報告，言及中國聯大席位問題，他認為欲保持該席位，最好的辦法祇有政府變得更開明，在各方面更進步。

智者蔣氏！可惜，此蔣非那蔣。

× × ×

台灣更屢傳陳誠倦勤，將由周至柔出長政院。現陳在九日的國民黨中央紀念週上公開表示：「我決不輕言辭職，也決不逃避責任。」並稱有意出國訪問。

有謂陳誠「行情」看漲。即使如此，但並不意味小蔣「行情」看跌，「退一步」，志在「進二步」耳！

× × ×

美新國務卿魯斯克，在參議院作批准任命前的答覆質詢，對金馬問題與對中共所採取之立場態度，語多閃避，令人感覺不若想象之強硬。看來頗使國府當局尷尬。

即使共和黨繼續執政，情形也不會很妙的！

× × ×

大陸今年飢饉實況如何，祇要看香港郵局新年前後幾項措施，即可知梗概：

一、年前一度郵票售罄。現特設專寄大陸粮包郵籤。

二、郵局在總局及分局設專寄大陸粮包櫃枱。

三、九廣鐵路英段因郵寄粮包太多，不及輸運，年前郵局曾三度派專輪由港運粮包赴廣州。

× × ×

中共在年前曾分別派遣技藝團、文工團和越劇團到澳門、深圳、香港演出。當以越劇團在港「括攏」最多。聞由某搞攏商人以港幣五十萬元作包銀。中共此項活動乃對海外華僑攻心戰。

欲以「祖國」之「偉大成就」掩蓋天災人禍。

•恕人•

煉鋼超產謊言

•葉•

一九六〇年底，中共宣佈鋼產量達到一八四五萬噸，比預定指標「超額」五萬噸。這是中共是年唯一可告自慰」的生產數字。

但該數字背後，隱藏着一個絕大的騙局。根據一月初在香港看到的去年十一月十三日「中國青年」報的消息稱：一遼寧省青年職工，在為鋼鐵增產備足「粮草」、回收廢鋼鐵，為奪鋼立功的口號下，開展了回收廢鋼鐵突擊活動。一消息中透露：在「短短十幾天中」，「僅瀋陽、旅大、鞍山、撫順、本溪和錦州鐵路局等不完全統計」，「就回收了廢鋼鐵十一萬七千八百八十八噸」，並強調「有力地支援了鋼鐵工業增產。」在鞍山市，回收的數字也達到了「二萬一千三百多噸廢鋼鐵」。東北，其它各省都有同樣的活動。回收廢鋼鐵，中共承認全是回爐煉鋼的。

根據上述這二項消息數字，反映出去年中共鋼產量「超產」的五萬噸實在是欺人之談。說句笑話，如果扣除上述十數萬噸回爐的廢鋼鐵，豈不是可以証明中共的鋼產能力根本無法完成生產指標。從而更可間接推証鐵礦石的生產量也遠遠落後，供應不上。就整個大陸來說，去年中共究竟又總共搜羅了多少萬噸廢鋼鐵回爐充數呢？雖精確的數字是個謎，然根據上文的事例，不難肯定那一千八百四十五萬噸的全年鋼產量數字是虛假的。

一九五八年土法煉鋼鐵時，固然民間的鋼鐵器具被羅掘一空，即使是牆上的一口釘也都取下，投進了小高爐！近二年來，大陸上普遍缺乏小五金日用品，何嘗不是土法煉鋼造成的惡果呢?!

據此而言，所謂鋼鐵年年增產一說，就值得從根本上去懷疑了。

陳誠向國民黨否認辭職

獨　清

（台北通訊）年來陳誠請辭行政院長兼職的傳說已不止一次了；但此次却顯得有些異乎往常之處。而且，即由於此一傳說之甚囂塵上，月前當權者所高談濶論的團結運動反而寂然無聲了。

台北盛行的一種政治手勢

隨着蔣經國的勢力之增長，陳誠之不能久安於位，已成了一種公開的秘密。現在台北政治圈內盛行一種手勢，即將手作握拳狀伸出，掌心向下，然後伸出大姆指，食指和小指，成三角之勢。大姆指代表蔣介石，食指代表陳誠，小指則代表蔣經國。大姆指和食指可以隨時接觸，表示總統和行政院長的關係。大姆指同時又可與小指暗中勾結，表示蔣介石與蔣經國的關係。但食指與小指則絕不可能相交，表示陳誠與蔣經國的關係。而中指和無名指則代表大陸來台同胞和台籍同胞，他們被夾在食指與小指之間，無法抬頭。這就是今日台灣政治形勢，讀者不妨自己伸出手來照樣試試，當更加明瞭了。

周至柔的弦外之音

正當陳去周來的傳說盛行之際，周至柔於一月六日在省議會答覆質詢時却說了一篇很足以爭取人心的話。他說：「政府不但應該有容忍批評和容忍反對意見的氣量；而且更應有接受批評和接受反對意見，並在批評和反對意見中不斷謀求改革的勇氣。然後政治才會不斷的進步，而政府也才能不斷的適應大家的要求和需要。」聯合報曾於八日特著社論，譽爲是「民國四十五年十月蔣介石六十九歲壽辰手諭求言以後，政府高級負責大員的罕有之事。」觀察家都認爲周至柔之言，無異是準備主閣的競選演說。有一位省議員甚至在省議會席上公開希望周主席做行政院長後如何如何，可見陳去周來之說，不是毫無根據的。

沈昌煥透露了個中消息

一月七日外交部長沈昌煥與新聞記者談到最近的國際形勢時，透露陳誠將代表蔣介石報聘友邦，顯然有意給人們一個印象，即所謂陳誠之出國報聘乃是蔣介石對他辭去行政院長以後的一種安排。因爲假如陳誠果有此意，則目前既尚無任何體具的計劃和決定，外交部長似乎不宜先向報界宣佈。而且行政院長訪問友邦原有其堂堂正正的獨立身份，又何得謂之爲代表總統報聘。以故許多人都認爲沈昌煥所以透露此一消息，乃是受了蔣經國的指示，藉此造成一種不容陳誠不出國的形勢，以迫其辭職。於是，陳誠辭職之說就更囂塵上了。

蔣經國將主台灣省政？

日前台北又傳周柔被擢升爲行政院長後，其所遺台灣省政府主席一職，將由蔣經國繼任。多年以來，蔣經國的勢力雖日益擴大，但至今還是一個黑人，在黨政兩方都沒有取得担當大任的合法地位。當如今蔣介石既刻意傳子，自須尋求妥善的方式，以策萬全。據說，他已感到在此民主潮流之下，殊不便於一朝一夕之間即把愛子從一個特務頭目的身份直接提升爲「總統」和「總裁」的繼承人；經國更不願長此屈居幕後，於是，乃有給以台省主席之議。而且今日的中華民國，事實上也祇有台灣一省，先以蔣經國主持台灣省政，不但可以培養其資望，更可加强其實力。一但他完成了對台灣的控制，中華民國還能逃脫其掌握嗎？因此，這一消息經傳出，立刻引起大家的深切注數。雖然憂時憂國國之人仍是疑信參半；但其手下的某些嘍囉則已迫不及待似的而引以爲慶了。

陳誠的兩個「決不」

陳誠對此次的傳說，似乎深受刺激，他一方面大罵歹徒，以民主自由爲口號，藉以博取蔣介石的歡心（也有人說，他罵的的正是蔣介石，因爲此公的一生祇懂獨裁，而却喜談民主憲政。雷案發生後，他還一再高談濶論，說在法律之前人人平等，和政府如何維護民主與自由；此非以民主自由爲口號而何？）同時，却於本月九日以堅決而憤慨的態度在國民黨部的擴大紀念週否認辭職之意。以常理論之，假如辭職之說僅是一種謠傳，則行政院新聞局已發表書面的聲明予以否認，應該可以澄清了，陳誠似乎沒有向國民黨人再來一次否認之必要。何況今日的台灣，有資格參加此項擴大紀念週者都是所謂圈內人物，更應知道他未曾請辭。因此，陳誠向他們作如此的否認，顯然是另有原因的。而其措詞尤令人玩味。他說，如果國家因爲外交上的需要必須我訪問友邦時，我也將以兼行政院長的身份前往，對有關的問題作實質的交換意見和討論，而不是以副總統的身份出國遊歷。更說，我決不輕言辭職，決不逃避責任。由此，可見國民黨內有人企圖以代表總統出國報聘爲題而迫使陳誠辭職，已經是迫在眉睫了。而陳誠連說兩個「決不」，正示其已忍無可忍而準備作最後的攤牌。至於蔣經國方面是否爲了顧全大局而將再等待一個時期，以及蔣介石的態度如何，那就尚有待事實之証明，而非筆者所能逆料了。

台報的怪現象

攻非

編輯先生：

最近偶然在朋友處得見台灣的中央日報和聯合報，發現了一個奇跡，即是凡遇「總統」或「總裁」兩字時都空了一格，據說，這是官方的規定；倘不遵辦，警備司令部就要認爲對「領袖」不尊敬而給以種種干擾。我認爲此雖小事，却充分表現了台北當權派在觀念上還停留在我國五十年前的專制時代。因爲時至今日，所謂「總統」或「總裁」等等，不過是一種公職的代名詞，而担任此種公職的人，也不過是一種公僕的身份而已。以故不但民主國家的報紙沒有此種怪現象，就是至今尚保留君主政體和若干王權的國家，也不會作此規定。唯有在五十年前的咱們中國，才認爲皇帝是天生的萬民之主，是萬世一系不可替代的；而人民則祇是皇朝的奴隸。因此，無論報紙雜誌乃至一切公私文書上凡遇「聖朝」或「今上」等字時必須空格或抬頭，以示崇敬，違者還要被科重刑。可是，這種時代已於五十年前被孫中山先生和許多革命先烈結束了。中山先生的一生，國民黨員在寫「總理」兩字也沒有空格。如今已是民主的大時代，台北的蔣記政府也自居於民主國家之列；當權者却拾取這種專制時代的唾餘而視爲無上珍品，並不知可恥，適足以表現他們是如何的落伍和愚昧。由此，更可知台北的那一羣人雖然身披中山信徒的外衣，頭戴民主憲政的面具；而其腦海裏所有的則盡是此等專制時代的殘餘思想。以推翻專制創造共和起家的國民黨，竟淪於蔣家父子之手，固然是國民黨人的悲哀；而我們中華民國到了今天，還擺不脫這種專制餘毒的侵襲，也是全國人民莫大的恥辱呵。

讀者投書

胡適與雷案

·宣平·

（台北通訊）雷震被警備司令部軍法處判處十年徒刑，經提請上訴，而國防部覆判局仍判維持原審後，當權者決心要橫蠻到底，已經是昭然若揭了。可是，大家爲了救人第一，仍懷着一顆無可如何的沉痛之心，希望我們今日讀經的暴君終能仰體大學上爲人君止於仁的古訓而大發慈悲。因此，儘量避免作任何足刺激他父子倆的行動，而忍氣吞聲的依循其所限定的程序向國防部主任軍法官提出非常審判的聲請。據說：新黨之所之延期成立和胡適之所以至今迄未探監，其主要原因即在此。但本月十日國防部的正式命令發佈了。其結語是「原判並無違背法令之處，所請應勿庸議」。至此，依循所請法律途徑以營救雷震的可行之路已經走完了。然而營救雷震的人們却又存着另一個新的希望——特赦。有人說，當權者的壞事愈作愈多，人們對他的希望竟也愈來愈多，無怪乎他要以作壞事爲樂了。

據悉：胡適、蔣勻田、成舍我、胡秋原、夏濤聲、葉時修、曹啓文、陳慶華和其他國大代表，立監委員，及青民兩黨與新黨派人士五十餘人，正聯名呈請蔣介石特赦雷震。夏濤聲並對聯合報的記者說，雷震對國家對國民黨都有很多貢獻；但請求書在什麼時候提出，因簽名還沒有結束，尚不能確定。胡適則說，他雖簽了名，但並未領導這回事，故不知其詳情。並向聯合報記者再三强調「這是一個向總統很客氣的請求」。有人認爲他是在推卸責任，也有人認爲他的話中有話，即是假如蔣介石對於此一很客氣的請求再不識相，他們將被迫而採取不很客氣的行動。究竟其意云何，我們的學人雖然說的是白話，却也使人不易了解。好在簽名的時期當不會太久，蔣介石是否將以客氣對客氣，在未來的半月或一月中即可分曉，筆者也勿庸在此略多費筆墨去推敲胡先生的談話了。

聯合報論司法獨立

台灣於一月十一日舉行司法節，有關各顯要都參加慶祝的盛典，並發表應時文章或演講，以示隆重。聯合報於次日曾有一篇語重心長的社論，指出當前的毛病，在於「有意無意的把說與做分開，似乎說是一回事，做又是一回事。甚至把說當作做，好樣說了就算做了。以致最後竟以宣傳來文飾現狀」，認爲是「不幸的演變」。社論並說，與其年年在司法節强調司法獨立，曷若認眞做到下列幾點，即：第一，眞正遵守司法與軍法的劃分，人民除現役軍人外不受軍法審判。凡犯非軍法上所定的罪，即係現役軍人，仍應依刑事訴訟法辦理。第二，即係做到法官超出黨派以外，國民應率先叫有黨籍的法官脫黨。第三，認眞維護憲法的不可對抗與不可代替的尊嚴，不容再以非常時期爲理由而以許多單行法律代替了憲法。否則我們所談的法治，即變爲憲法以外的法治，除了所謂國情特殊以外，實不能自圓其說。此一社論所指的各點，正是今日台灣的特徵，當權者早已視憲法爲具文，并把司法機關變成了一人一姓的御用衙門，而却高談司法獨立，正所謂做賊的人也叫捉賊了。

國民黨台省黨部亂拋紅帽子

台灣各縣市第五屆議員選舉投票在即，該黨台灣省黨部爲求贏得勝利，特向全省黨員發出通報，要求大家提高警覺，發揮力量，並提出所謂五項任務和八點號召，以資遵守。其五項任務中的第一項說「當前政治的形勢，是俄帝共匪自知不能以軍事力量摧毀自由中國，所以運用統戰策略，希圖以合法掩護非法，進行分化挑撥離間瓦解等戰術，籲請大家提高警覺，並有效防範超越民主法治的言行。」並謂「作爲一個革命民主政黨，絕不坐視那些假冒民主而實則破壞民主的活動」。可見，周至柔雖曾向李萬居等保証，絕本公平、合理、合法三原則來辦理此次選舉，但國民黨台灣省黨部仍準備隨時以紅帽子扣在反對者的頭上。否則他們既握有生殺予奪的大權，更有製造冤獄的專長，假設果有人爲中共作統戰而以合法掩護非法，大可名正言順的手令警備司令部以軍法從事，省黨部也不必等到競選時才放暗箭了。曾憶週前台北市議員候選人中有人把勿以警察壓迫三輪車工友列爲政見之一，即被選舉事務所認爲不合規定應予修改。而今國民黨台省黨部竟公然含血噴人，誣蔑參加競選者與中共的統戰有關，但却泰然自得，此其所謂革命民主也歟？

毛澤東的對內法寶是什麼？

——現已決定每年或每兩年整風一次

·劉裕署·

大陸之窗

「整風運動是一個偉大的法寶」。這是一月五日中共北平人民日報一篇專論的題目。這一篇專論雖然是以「龔子榮」私人名義署名，但人民日報不惜以整版篇幅來登載它，無疑，這決不是私人意見，因為這問題關聯甚大，語氣又那樣肯定，且人民日報係中共中央機關報，照例反映中共中央黨的意見，所以這是中共中央的意見，而不是隨便的意見乃可斷言。

這篇文章首先就開宗明義的承認了中共內部有矛盾。它說：「在我們共產黨內部是存在着矛盾的，誰如果不承認這一點，誰就不是一個馬克思主義者」。這篇文章一開始便對共黨內部矛盾的存在，作出如此嚴格的肯定，可以想見這篇文章是有所爲而發，決非無的放矢可比。

把共黨內部確有矛盾一點加以斷然肯定之後，人民日報這一篇專論跟着又對中共三十九年來的歷史作了一次檢討，說「中國共產黨在三十九年的歷史中，曾經犯過四次嚴重的路線錯誤，這四次路線的錯誤曾經使中國革命事實遭到嚴重的失敗和損失。但是，在一九三五年以後，中國革命在以毛澤東同志為首的黨中央的領導下，二十五年來，一個勝利接着一個勝利，沒有犯過路線錯誤」。這是為了什麼呢？據它解釋，這是因為毛澤東創造了整風運動，且從一九三五年一月黨中央遵義會議以來，在黨的二十五年的鬥爭歷史中，黨中央和毛澤東同志始終堅持了整風的方法，解決黨內的矛盾問題」的緣故。

在它檢討共黨內部矛盾問題，它又認定，在一九三五年，遵義會議即毛澤東開始取得領導權之前，及其既取得領導權後，即自一九三五年至一九四五年中共全國第七次代表大會期中，共黨內部的主要矛盾是主觀主義、宗派主義和黨八股。並認為「這三股歪風是構成四次路線錯誤的思想根源和認識根源」。而所有這些根源都受到了毛澤東所創造的整風運動的批判和對付，所以，最近二十五年，即毛澤東取得領導權以後的二十五年，中共內部再沒有犯那種嚴重的路線錯誤了。但它認為其它的內部矛盾則仍然是有的，却幸而有了毛澤東的這一對內法寶，不但中共內部矛盾不成問題，且從而獲得佔有中國大陸的勝利。對此，它的說法是「十年整風運動，為中國人民解放戰爭的勝利奠定了思想的基礎，人民解放戰爭的勝利，是十年整風運動的開花結果」。總之，它把許多共幹的流血與犧牲都不算，却把一切功勞歸於毛澤東的對內整風，好像毛澤東的整風，就像唐僧對孫悟空的緊箍咒一樣，是萬靈丹，是百寶散。

於是，文章的論証與文章的意向越來越明顯，既把整風運動估定是「正確處理黨內矛盾的主要方法」，另一方面又早就承認黨內是存在着矛眉的。那末，緊接而來的結論不問可知，自然就是要隨時在內部大力進行整風了。

究其實，究竟什麼是整風呢？一言以蔽之，毛澤東所謂整風，除了打擊所謂不良份子外，主要的端在對異己份子扣帽子並進而加以排除之。

我們曉得：共產黨除槍多特務多外，還有一多，就是帽子多，不說你不是它的同志，就縱然與他同是共產黨員，只要你的想法與作法與共黨當時的領導人的想法與作法有所不同，他便可以送你一頂帽子。所以陳獨秀在位的時候，其它與陳獨秀不相同的份子被扣上帽子，等到別的人起來，陳獨秀就被扣上了托派，李立三在位的時候，其它許多人被扣上帽子，隨後李立三又被扣上帽子。歷數共黨中首腦，無一人不如此，也無一人不終不被扣帽子。甚至，史大林也被赫魯曉夫扣上帽子。所以，共產黨的帽子，並不眞正代表是非，相反，只是代表權力，只是代表宗派，只是代表內部宗派鬥爭的勝利。總之，只要你與領導人之間距離，你左一點，他就給你扣上一頂左傾機會主義，你右一點，他就給你扣上一頂右傾機會主義，你要硬幹實幹，他就給你扣上一頂盲動主義，你若不幹，或者靜觀保守一點，他又給你扣上一頂官僚主義或命令主義頹廢主義頑固主義的帽子。帽子種類眞多，不愁不給你扣上。終其結果，是說你左不行，右也不行，不左不右也不行；保守不行，前進也不加，動也不行，不動也不行；若你稍有良心，他又更給你扣上一頂溫情主義的帽子。歸根結底說來，一切都是假的，排除異己才是眞的；整風是假的，保持宗派利益，進行內部鬥爭才是眞的。對此，不妨舉一個例，試看一九四五年到一九五九年中共內部的整風運動。據人民日報說：「從一九四五年到一九四九年的歷史時期中，為了人民解放戰爭勝利，我們黨的整風運動，在一九四二年的整風運動基礎上，把重點轉移到農村基層組織方面的整黨和部隊基層組織的整軍。這就是結合土地改革所進行的「三查」、「三整」的整風運動」人民日報這論文有意把一九五四年共黨內部的整風重點未轉移到農村和軍隊的殘酷內部鬥爭情形省署了。其實在它未將整風重點轉移到農村和軍隊之先，毛澤東的整風重點是指向中共中央和中共高級機構的內部的。等到毛澤東對中共內部高級幹部之間的鬥爭獲勝之後才把重點指向農村與軍隊，去從它的基層排除他的異己的。其目的在求根絕異己分子的死灰復燃。這從他當時所謂「三查」「三整」的內容，及從他當時對一部分黨內異己分子硬扣上「地主分子、富農分子和流氓分子」的帽子可以看出來。

按毛澤東當時的所謂三查三整的整風運動。所謂三查，乃是在地方上查階級、查思想、查作風。所謂三整，則是在部隊裏查階級、查工作、查鬥志。對於那一次的內部鬥爭，毛澤東在其選集第四卷第一二五二頁說：「為了堅決地徹底地實行土地改革，鞏固人民解放軍的後方，必須整編黨的隊伍」。這說明它的內部矛盾情況已發展到足以危及他對它的後方的統治了。於是乎，毛澤東便昧着良心，硬說當時「有許多地主分子、富農分子和流氓分子乘機混進了我們的黨。他們在農村中把持許多黨的政府和民衆團體的組織」（見毛澤東選集第四卷）。其實，難道毛澤東就不是地主分子出身嗎？若說中共不欲地主分子入黨，當然也可以，那末，那些把持團體的人既然都是地主分子、富農分子，甚至還是流氓分子，為什麼最早就讓他們入黨呢？可見他們被整的原因，不在忽然發現他們是什麼的問題，主要關鍵乃在他們既已把持了黨和政府的組織，却又不擁毛的關係。貧言之，其它各點，都是欲加之罪，何患無辭，要把異己分子，從上到下，加以排除，才是眞的。

正因為這才是眞的，所以人民日報的文章也終於無法掩飾，而被迫不得不承認所謂對內整風，實際上就是對內清算對內鬥爭的這一事實。

又儘管人民日報在大事攻擊中共以往的內部鬥爭太殘酷，說：「在我們黨的歷史上，當左傾機會主義佔統治地位時，他們在黨內鬥爭中曾經採取了「殘酷鬥爭」、「無情打擊」、以紀律處分代替思想教育的懲辦主義的方法，其結果是破壞了黨內團結，使革命事業遭受了重大損害。」好像是說，自從毛澤東創造了整風運動，來當作從事黨內鬥爭的工具之後，中共內部的鬥爭，便不再殘酷了。其實毛澤東早已自己宣佈過不行仁政，其殘殺大陸同胞，及對大陸同胞普遍施行殘酷的奴役及飢餓政策；固早表現了他的殘暴性格，則其對黨內的爭權奪利鬥爭，又那會寬厚呢？縱如人民日報所言，毛澤東取得領導權的二十五年來，中共內部已無路線上的重大錯誤，那也決不是由於毛澤東對內寬厚，相反，正是由於他二十五平來一直在不斷進行普遍而殘酷的內部鬥爭，因而星星之火，未能燎原，乃被毛澤東的殘酷手段隨時撲滅能了。

再說：毛澤東的整風運動，雖以團結——批評——團結為名。實際上，毛澤東於一九四二年二月在延安提出「整頓黨的作風」報告時，就已指出「對以前的錯誤一定要揭發，不講情面。」同時毛澤東又在「黨委會的工作方法」文中，要跟從他的黨員「劃清兩種界限。首先是革命還是反革命？是延安還是西安？有些人不懂得要劃清界限。例如，他們反對官僚主義，就把延安說得一無是處，而沒有把延安的官僚主義與西安的官僚主義比較一下，區別一下」。試想，延安乃是毛澤東坐鎮的地方，中共黨內居然有人指責延安的官僚主義，且把延安說得一無是處。既然有人在太歲頭上動土，那末，毛澤東不整他的風才怪，毛澤東一再要分清敵我，試問對內鬥爭還有什麼寬厚可言。假如毛澤東從事內部鬥爭時眞是先問「是革命還是反革命」的話，那末高崗饒漱石只因從事中共內部的爭權奪利鬥爭，便不該被毛澤東扣上「反黨」和「帝國主義的代理人」的反革命帽子了。因為，無論如何，高崗饒漱石等人縱然有爭權奪利之心，但總是中國共產黨組織內的「革命同志」的。同時，他們對中共也總是很有功的。然而只因高饒之所爭亦毛澤東劉少奇周恩來等人之所爭，所以，高饒等便被指為反革命分子了。是非之謂何？公理之謂何？

總而言之，整風運動是名，排斥異己是實；打擊敵人是名，保衞自己的宗派利益是實；辨別是非是名，掌握權力是實，為了繼續確保已有的權力，毛澤東現在是更加決心要推行整風運動了。

據一月五日人民日報專文透露：「我們今後要遵照毛澤東同志的指示，每年或每兩年舉行一次整風運動」。由此可見，毛澤東令後還將不斷進行排除異己的工作的。許多共幹將在這每年或每兩年不斷的內部鬥爭下不明不白的被犧牲，自係不免的事了。

中共今年繼續加强對外活動

陸聞

一九六〇年，雖是中共大陸發生九億畝災荒的一年，却也是中共對外活動最空前積極發展的一年。這固然足見中共對外擴張的企圖，無限積極，但進入一九六一年的這一個月以來，却可看出中共的這種對外活動，不但仍無絲毫減少迹象，且接續去年的對外活動，更加緊更見積極了。這是海外各地華僑和海外民主反共人士以及台灣方面所應該密切注視和切實尋求對策的。

中共總工會又派人赴日

值得特別注意的，是中共對日本的陰謀與活動。

我們曉得：為了鼓勵和煽動日本工會反對日本岸信介內閣，中共曾在大陸各地舉行龐大示威，並又曾派中共「中華全國總工會」主席劉寧一率代表團赴日。現在，中共又以所謂中華全國總工會派一個代表團再度赴日。顯然，這是中共企圖加强中共與日本工會組織間之聯繫，並進一步對日本工會從事國際統戰活動，以謀打擊日本池田內閣之預兆。

鮑爾漢赴非

據新華社北平十四日電：中共出席所謂「亞非人民團結理事會特別會議」的代表團，現已派定中共伊斯蘭教協會主席鮑爾漢任團長，團員則有一貫從事此一國際統戰活動之「亞非人民團結組織常設書記處中國書記」朱子奇、楊朔、吳學謙等共幹。按鮑爾漢係新疆人，中共之所以特別派鮑爾漢担任此一代表團團長，無非表示中共對少數民族之偽善姿態，從而欺騙亞非人民。據悉，這一會議即將在開羅舉行，鮑爾漢等已於十四日乘機從北平出發云。

郭沫若到古巴活動

左翼文壇小丑，郭沫若原本早就是一個共產黨員，但為了便於進行統戰工作，所以，一直對外宣傳他早已脫離了共黨，隨後才又正式加入。其實郭沫若一直是共黨走狗，一切都在為共黨工作，只是故意擺出學者的姿態罷了。否則，中共政權下的中央科學院院長就不會給郭沫若做的。

郭沫若在共黨組織中的另一重要工作，是藉「和平」為名大搞國際統戰工作。所以，他也是國際共黨玩弄和平的所謂「世界和平理事會」的負責人。去年年底，郭沫若又以所謂「中國訪問古巴友好代表團團長」的身份奉派到古巴進行反美活動。

據中共新華社哈瓦那十二月卅一日電：郭沫若已於卅一日在古巴電視廣播指責美國侵略古巴，又在外賓午餐會上發表講演，說：「我們要求一切外國干涉者，特別是美帝國主義從古巴收起他們的魔掌」！在座的並有中共駐古巴大使申健。而郭沫若到達古巴時，古巴總統多爾蒂科斯且曾親自到機場迎接，又陪同郭沫若到寓所，顯見中共與古巴勾結甚緊，中共正在積極支持古巴反美。又悉，郭沫若現仍在古巴繼續其陰謀與活動云。

寮戰在擴大中

諾沙旺的看法

萬　清

當十天前美國準備出兵援寮之際，國際間盛傳「第二韓戰」將告爆發，稱之為「寮國危機」，但在寮國反共的政府派人士，却早已認為戰爭難免，因之覺得無法避免危機，而必須面對危機。也即是面對寮國內戰的擴大。

就政府人士中，彭庵親王比較屬穩健派，他未始不希望政治解決。他一進入永珍便即宣稱：富馬倘若回來，「將受優待禮遇」，便是並非絕不妥協的意思。但諾沙旺將軍則比較激烈，認為只有戰爭的一途，「即使要和，也得打過」。這種態度，與其說是諾沙旺將軍自負他的電力，毋寧說是他深悉共黨的作風。寮共早期在桑怒豐沙里兩省作亂，一度和談後又有策動第二營在瓦瓶平原叛變，最後更有李江上尉傘兵第二營的叛變，這一切，說明了當共黨認為武力可恃的時候，他們是不肯「坐下來」談判的。

結果倒是諾沙旺將軍的看法「不幸而言中」，當永珍忙於軍事部署以致未及建立合法政府的時候，蘇聯武器的空投，把李江及寮共的混合部隊打了强心劑，於是，乃有川壙之陷。永珍緊張，王都告急。

「干涉內政」以外

儘管國際共黨高唱「不干涉內政」，但蘇機以數百架次地自河內飛來，反覆投下武器，接濟戰爭中的一方，竟說這是不「干涉內政」的事，國際共黨極力要擴大寮國內戰，已到了明目張胆的程度了。

這一方面，寮國反共政府所認為最後攤牌把握的東南亞公約，却是意見紛歧。儘管有泰菲强調主張防衛寮國，但由於英法拖着美國的腿子，華盛頓終於軟了下來，也讓那些主和論者去試謀「政治解決」。於是由英國照會彭庵親王，得到寮政府的原則接納。英國再照會蘇聯，表示可以恢復日內瓦監察委員會入寮處理停戰，「只要彭庵政府同意的話」。

這就是說，英國也認為彭庵政府是寮國的合法政府，如有任何國際談判，應以該政府為對象，並尊重其對寮國領土主權的意見。可是，蘇聯竟拒絕承認彭庵政府！（由於李江及共方日來軍事署有進展的緣故）。

議會通過，寮王加委，是寮國合法政府必備的條件，彭庵政府，顯已達到了合法的地位。但蘇聯竟對鄰國的合法政府，「不予承認」，這豈不是說，寮國政府的產生，不經議會，不理國王，而得由蘇聯選擇？

這樣，也還是「不干涉內政」？

「南北寮」的陰影

實際上，蘇聯此舉，不外是鼓勵寮共和李江拼命戰爭，讓他們存留一個「北寮人民民主政府」——像胡志明那樣——的希望。從這一點看，共產集團實在已認為寮共業經具有與政府軍分庭抗禮的實力，加上越共基地蘇聯武器的支助，造成「南北寮」的局面，即使必須經過一場局部性戰爭，他們亦是勢在必得。形勢，確是對共方有利。

因為，共方是從莫斯科到北平，從北平到河內，一直全力支持寮共作戰。而東南亞公約對於寮事，依然是「貴客自理」。東南亞公約這隻早已被譏為「無牙」的老虎，曾經展開幾次自稱「鑲牙」的大演習，（可能是演習而已，不致打成大戰的），却趦趄不前。這樣的形勢，不是可說「勝負已定」嗎？

萬一王都琅巴剌邦有失，那豈不就成為北韓的平壤，永珍還比不上漢城，只能稱之為「寮國的釜山」罷了。如果那樣情勢發生的話，除非再有第二個麥克阿瑟去追奔逐北，否則再來三五個「板門店談判」，恐怕亦不能從寮共手裏拿回寸土尺地了。

還是諾沙旺將軍的看法正確，戰，固然是打，要和，也還得打。非得見個高下，或是打厭了，抑或是雙方認為再打下去會達到危險點——由小戰到大戰——才會罷手。

所以政府軍的飛機亦出動了，飛到瓦瓶平原轟炸李江部隊。永珍的人們，已在加强或開築地下室，提防共機的來襲。

·永珍通訊·

僑鄉近訊

柳州潦水成災小麥損失重大

江　水

去年十一、二月間，「柳州專區」曾連降暴雨，積水成災，小麥被淹浸，損失尤為重大。據廣西傳來消息：從去年十一月下旬以來，羅城、鹿寨等地，雨勢最大，種在低窪地帶和溝邊，庫邊的小麥，全部被潦水淹害，刻災區各縣的「黨委」，已繼續驅策各公社農民，進行「抗潦保苗」鬥爭。全部受災面積，共方雖未有公佈，但據所知，僅羅城縣平山公社所種的五千多畝小麥，被淹沒的已逾三千畝，由此可見此次潦水成災小麥所受的損失的慘重；而將來小麥的歉收，影响糧荒更為重大，也是意中事了！此外，該專區的農民，由於過去的水稻和花生的收成不好，目前都已普遍露出「不安心生產」的情緒，更由於共幹所推行「三包一獎」和「水稻包產指標偏高」的加强奴役辦法，激發起農民的憤激，紛紛怠工抗暴，各縣「黨委」乃派出大批高級幹部分別到各工地鎮壓，并曾拘去被指為「為首滋事份子」的農民二十一人，但怠工風氣，迄仍未完全消滅。

上海輕工業已陷半癱瘓狀態

棉紗奇缺，滬共刻又「發明」一項「節約辦法」，指示太平洋織造廠等單位實行，對各廠所製造的襯衣，棉毛衫，毛巾等出品，均要偷工減料，而最「節約」得顯著的，就是織襪廠；目前各織襪廠，已普遍將襪筒減低四份一。據說，這個辦法，不特可以節省棉紗，同時也可減少「人力浪費」云。據上海來客稱：該市不特棉紗缺乏，其他輕工業原料，自共方實施「持續大躍進」以來，實際上更陷於厄境，蓋各項原料均供應短絀，生產數字，祗有日走下坡。目前許多日用品工廠，都已開始採用「三料」，「四渣」，「四水」等補救辦法來苟延殘喘。——所謂「三料」，就是碎料、邊料、角料；所謂「四渣」，就是味精渣、麥渣、糠渣、甘油渣；所謂「四水」，就是黑水、混水、污水、電鍍水。這些「節約」辦法，益使市內的輕工業，逐漸半癱瘓起來；所謂「大躍進」，結果乃適得其反。

中共軍將入緬甸

·沙　温·

周恩來的訪緬團一行二百四十八人，在緬甸胡鬧了一陣，已返回中國大陸去了。他們又唱詩，又做戲，又出會景，放烟花，激頭激尾發揮周恩來唱戲的慣技，把頭腦簡單的緬甸人，玩得不亦樂乎，以為有中國的玩意兒送上門來玩。那裏知道被玩弄的却是緬甸，而胡鬧的則是宇努。現在中共訪問團已去，獨立節的狂歡已過，緬甸的有心人才開始嘆息，認為「寇深矣」！

緬甸跟中共打交道，並不是現在才開始，就以周恩來到緬甸來出賣「和平五原則」的膏藥，這也已經是第五次。以前緬甸也曾與中共成立貿易、經濟、技術援助等協定，但由於中共派來緬甸人員過份露骨的活動，弄到兇終隙末，中共甚至派兵侵入緬甸瓦邦，緬甸以前的尼温政府，曾公開指責中共干預選舉干涉內政。但是由於國內黨派的爭權，宇努政府靠左翼的支持而取得政權，結果終於走上親共的道路，而且比前更加左傾。宇努自以為走對了國際路綫，實際却已處處受中共利用。

據此間緬甸方面獨立觀察家所指出，認為中共團訪緬，作用極大：首先，周恩來以前每次訪緬，必定訪印，或主要為訪印而順道訪緬。這一次僅到仰光而回，在政治上發生了「孤立印度」的作用。中立主義集團原來唯印度馬首是瞻，現在如緬甸，高棉，都由中共直接拉攏去了。

拉攏了緬甸和高棉，在外交上立刻便可派用場，如對寮國問題由緬甸高棉發表支持共方的意見，直接表示東南亞國家處理東南亞的事，間接便表示「亞洲人處理亞洲事」的意向，打擊了東南亞公約（有英美法參加），也離間了緬甸與泰國的睦誼。

中共對緬甸的「經技援助」，不外是推銷來自蘇聯的剩餘機器，緬甸終於不得不償還的，其代價就是緬甸的大米。中共農產萎縮，這些大米正可濟急。用來交還對蘇聯貿易逆差，向錫蘭交換亟需的橡膠及錫砂。一旦採用蘇聯式機器的緬甸，此後工農業擴充補給，將唯共方是賴。而蘇聯機器是獨家製造，並無競爭。共方儘可起價，對緬甸經濟，是一項痼疾。

陳毅羅瑞卿的在周恩來團中，當然是在窺探緬甸虛實。但重要目的，還是企圖消滅緬甸的反共游擊隊。因為國軍撤回台灣後，緬邊反共游擊隊反而加强，大規模攻入滇境達七八次。中共深恐星火燎原，故借保護豎立界碑界樁為名，協議由中共派兵與緬軍協剿反共游擊隊。宇努曾經說過，小額的中共軍可准許越境，但勘界完畢「一定回去」。勘界樹碑到什麼時候方算達成任務？那只有天曉得了。事實上，中共與緬甸雙方，係暗中協議會同撲滅反共游擊隊，除非游擊隊能完全消滅，否則中共軍不難藉口佔駐緬境。因為在滇省通至緬寮一線，中共還有「特殊貿易」的經濟利益關係，中共必須保護那些「特貨」進入寮國，中共總要把那個三角地帶收入控制——中共不一定長期在那裡駐兵，可是最少中共得藉進兵之便，培植緬共勢力，使該區成為緬共勢力範圍，中共方能滿足。那麼將來的緬甸，就不難像現在的寮國一樣，北部邊鄙共軍逐漸坐大。

日來緬軍已向反共游擊隊發動攻勢，足証此事為中共緬甸此次協商的主題，照過去戰績看，緬軍絕不能消滅反共游擊隊，那麼，可能下一步便是中共露臉了。（仰光通訊）

廣東各農村出現盜糧集團

粵省各農村的農民，為飢饉所迫，乃聯羣結隊，挺而走險；最近，竟形成了所謂「盜糧集團」。各公社的糧倉，和各墟鎮的配售站，就是「盜糧集團」的行窃目標。他們明知這是一種冒險的行動，但由於他們的肚皮不能再繼續「節約」，求生是人類的本性，故不能不要在險中求生，誰甘束手待斃？因此，盜糧之風，就吹遍了各地，且自踏入今年元旦之後，在日益熾烈中。

據粵共透露：紫金縣的「柏埔公社」各生產隊的粮倉，已失窃食粮二千多斤；惠陽縣的橫瀝、吉隆、白花、永湖、平潭、瀧湖等公社，也失窃食糧六千多斤，該縣的淡水、平山、稔山、鎮隆等墟鎮的配售站，則失窃食粮千餘斤；花縣的「花山公社」，也失窃食糧四千餘斤；陸豐縣的「五雲公社」，則除被窃去食粮二千多斤外，還被窃去白兎四十多頭。這些竊案，都是「盜糧集團」所為。共方也承認：農民的糾衆盜竊食糧，是有組織的行動。共方還宣佈：最近已拘獲了為首份子徐成，陳朋，周伯方，范謙，范成興，劉良等多人，並謂這些盜糧組織，多是由七八人以至十一二人所組成，其中還包括了一些生產隊隊員；他們有時更勾通了管倉的幹部來予取予攜，得手後則瓦分肥。換言之，管倉的共幹在飢餓驅迫下，也不能不監守自盜。這就是中共飢餓政策所釀成的後果！

徬徨的一代

符兆祥

鍾麟生氣的扔下手上的功課，跺了跺腳，發狠的跑了出去。他的母親童玉鳳正在院子起火發爐子。大概煤太濕了，她煽了半天，一院子烟，火一點也旺不起來。

「死煤！」她生氣的咒了句。

在房子裏吵了半天的小珠，這時把頭伸出來向她叫：

「媽，小妹拉屎了！」

「就來，」她不耐的答了句。

「媽，小哥哥打我。」八歲的小芸哭着跑來告狀。

「別哭，」她心煩的揩了揩汗：「出去玩，待會媽打他。」

話還未說完，屋子裏的小珠又大驚小怪的嚷起來：

「噯哎，媽，妳快來呀，小妹拉了條蟲出來。」

「大哥呢？」童玉鳳嘔氣的說：「叫大哥來。」

「大哥剛出去，」小弟跑過來饒舌：「我看見的，他和秦麗姐姐到河邊去了。」

童玉鳳生氣的把手上的破扇子一丟，匆忙的跑進去。

「你們這批催命鬼。」她罵道。

黃昏，冬天的黃昏是那麼短暫，剛才還滿天夕陽，現在已一片漆黑。

鍾麟望了望身邊的秦麗，在晚風裏，她顯得太纖弱，他伸出手來摟住她。

「是不是有點冷？」他有意的問。

「還好，」她滿腹心事的回答。

「唉，」他對天呼了口長氣：「真煩，」

「煩什麼？」她依偎在他懷裡，懶懶的問。

「我想把天扯下來，我……」他煩躁地說。

「鍾麟——」秦麗忽然怯怯地喚了他一句就哽住了。

「嗯？」他低下頭，看見她額上青了一塊：「怎麼？妳那後娘又打妳了？」

她噙着淚，沒有回答，他生氣的推開她，憤怒的說：

「為什麼她又打妳？我找她去。」

「鍾麟，」她急慌地拉着他。

「我第一次看見心那麼毒的女人，別拉我……」

「鍾麟，你聽我說。」秦麗緊拉着他：「我怕，她發現了我們的事。」

「什麼？她？」他微微一怔。

「對了，我忘了告訴你，這個月來，我感到好像……」她嬌羞的低下頭。

「好像什麼？」他不明白的問。

「我……我好像有了……。」她咬着牙，流着淚說。

「妳，妳說妳懷了孕？」鍾麟大吃一驚。

她點點頭。

「我的天。」他捧着臉，痛苦地說。

「鍾麟，」她凄怨的喚他。

他望着她，頓了頓，顯出一個令人心寬的微笑：

「妳坐下。」

「我們怎麼辦？」她心焦的說。

「我當然負責。」他英雄氣概地。

「可是你還在讀書，你……唉。」她嘆了口氣：「而我也……」她說不下去。

他沉默着，這件事太嚴重、他內心實在感到驚慌與零亂，他看看坐在身邊的女孩子，內疚地承認，剛認識她時，他本來不大喜歡她，但她有一位兇惡的後母，時常折磨她。一位年邁而怕事的父親，他對她的遭遇有一種泛泛的同情。

他的家境也不好，母親給他生了六個小弟妹，九口人一個家，擠在十個「塌塌米」大小的屋子裏，那種污穢、吵雜的日子，很不好過，因此他不但有一份無法發洩的苦悶，而由於父親成天為了生活忙，母親也手腳不停，在家裡他也經常感到孤獨。

他今年十九歲了，在這樣年紀的人，是多需要在他徬徨的心靈，有一位使他關心的朋友？於是，有一天，他認識了秦麗，她的生活比他還痛苦，她像是朵嬌弱的小花，生長在寒冷的冬夜裏，需要溫暖的陽光。因此鍾麟和她在一起時，就憐愛地聽她的傾訴，也把自己的一些告訴她。

慢慢地，在秦麗的面前，鍾麟發現了自己存在的重要；也感到自尊的價值：可以無忌的抬起頭來做個英雄。

「鍾麟，」秦麗看他出神的怔在那裡，推了他一下。

他仍是那樣，於是她自艾自怨的說：「你不用担心，其實這也沒有什麼了不起，最多去吧他打掉，或者……」

「打胎？」鍾麟驟然一震，睜大了眼睛問。

「你？」她吶吶地。

「那是我們的血肉啊。」

「可是，」她又哭起來。

「我先跟爸商量一下看。」他皺了皺眉，把希望寄托在父親的身上。

回到家，晚飯已經吃過了，母親替他留了菜飯，他並不餓，他要找父親談談，可是父親已疲乏的睡着了。母親也抱着小妹朦曨欲睏。

他躊躇再三，只得也上床去。他躺在床上，夜深人靜，心情更加沉重起來。當秦麗告訴他，屬於他倆的小生命要來臨的消息時，他是戰慄的。他從沒有想到短暫的歡樂竟會帶來這可怕的後果，這後果需要他負起一個莊嚴的責任。他明白，他無可逃避。可是，他也知道，他是軟弱的，軟弱得無法承担。

不能解決的問題困擾着他，一晚都無法合上眼。起床時，他曾想和父親商量一下，可是看到父親他又沒有勇氣提了。父親被生活鞭策得已經夠辛勞的了，他不忍再加重他的負担。

他忽然有點恨秦麗，他記得有些書上說的，在某種情況下，懷孕的機會是很少的，只僅僅一次，對門的王先生夫婦，結婚廿年了，王太太到今天仍一個屁也沒有放。所以，他開始有意的避開她，她怕看見她，甚至有幾次秦麗來找他，他也叫小弟出去說他不在家，看不見她，他可以忘掉那屬於他倆的那些醜惡，令人心煩的事了。

這天，放學的時候下了場大雨，少歇後，他趕回家，他們，踏進屋子，意外的感到異樣的寧靜，抬起頭來，他愕住了，他看見父母親正陪着秦麗的父親坐在那裡。

他的腳一軟，他知道事情來了。

大家都望着他，沒有一句話，於是，他怯生生的喚了母親一句。

「你回來得正好，」父親顫抖的問：「你要老老實實的講，你和秦麗是不是……」

「我的女兒已經懷孕三個月了，還有假的？你的兒子侮辱了我的女兒，我要你們想辦法。」秦麗父親憤怒的嚷。

「你說話呀，是不是有這麼一回事，是不是真的？」父親氣虎虎的問。

他噙着淚，無言的點了點頭。之後，掩着臉向門外衝去。

（上）

文壇泥爪

徐志摩想飛

關於詩人徐志摩的生平，筆者已連續在本欄發表了九篇不成氣候的斷片，也許讀者已經感着不耐煩了罷：怎麼老是寫徐志摩呀？是的，筆者也有同感。不過，徐志摩終是新文壇上一大怪傑，他那奇譎瑰麗而又充滿着詩情畫意的一生，漫說九個短小的斷片不足以傳其神貌於萬一，即使一部幾十萬字的傳記，也不易寫盡他在世卅六年的一切事蹟，因為他的一生都在「跳着濺着」（朱自清評徐詩的話），是那樣一個勁兒地在動、在變、在飛、在落，那樣奇妙巨測，那樣豐富多采！我們一提到他，便極易使人多想起他那迥異常人的一切作為：在學校裏不用功，每考必是第一名；與友朋酬應，他像大孩子般笑跳，與知己談心，他似冬日熊熊的火爐燃燒；張東蓀請客，他躺在草地上朗誦哈代的詩；在光華授課，他叫學生們到校園裏坐臥，聽他指手畫腳地讚美天空的飛鳥，諦聽潺潺流水的音樂；在海棠花下通宵做詩，登上山巔想摘星辰：這一切世人視為怪誕的事又哪能寫得完？

但我所以一連寫了九個斷片的原因，還不是純粹為了他是一個奇人，而是因為在我們的新文學史上，截至現在為止，只有三個最最重要的人物，值得大書特書：第一個是新文學的創始者胡適，第二個是短篇小說的奠基人魯迅，第三個就是建立新詩格律的徐志摩。新文學已有四十餘年的歷史，可是至今除了大陸上用馬列主義的偏見寫出的幾部新文學史（作者有王瑤、蔡儀、李何林、丁易、張畢來、巴人、劉拾松等）以外，海外尚無這類著作出版。胡適在新文壇上的地位，已有早期的文獻資料予以奠定（如「新文學大系」中之「建設理論集」和「文學論爭集」、早期的「新青年」雜誌、周作人「新文學源流」、陳子展「最近三十年中國文學史」），魯迅的地位則在大陸上近年所出的幾部新文學史中，已予以過分的抬高。只有徐志摩，因為他成名較遲，早期文獻對他很少論及；又因他出身於中共所謂的資產階級的家庭，中共在新文學史中對他貶抑得一錢不值。中共提倡「批評地繼承」五四時代的文學遺產，他們最推崇的詩人是郭沫若和蔣光慈，此外像劉半農和戴望舒也都曾給他們出過選集，只有徐志摩，這位在新詩壇上第一流的作家，却未得到中共的「垂青」。一九五九年郭沫若在拍毛澤東的舊詩的馬屁時還說：「形式不在乎新舊，主要是內容問題。用舊形式裝上新的內容，我們不能不承認它是新東西；反過來，像徐志摩那樣的東西，我們能說它是新的嗎？」這簡直把徐志摩一筆抹殺了。我之所以老寫徐志摩，就是為了把已經被中共埋沒了的他，使之再與世人相見，保留文學史上的真實，以供將來作史者的參考。題目寫下「徐志摩想飛」，原想自此期起開始談談徐志摩的思想，誰知寫到這裏，篇幅已經超過原定字數，只有俟諸下期了。

記戊戌維新始末（十七）

舜生

嚴復從英國回來以後，曾在他的母校有過短時期的服務。光緒六年，即被李鴻章聘去充任天津水師學堂總教習，延至十六年始改任該校總辦；總教習的地位等於教務長，總辦則校長也。嚴在該校任職共歷二十年，至二十六年北方拳亂既起，他才避地南下，做居上海，該校亦歸解散，其時嚴的年齡已經是四十八了。因爲他從事海軍教育有這樣一個長的時間，所以清末民初在海軍界服務的，多數是他的學生。可是他這二十年的生活並不怎樣得意；一方面李鴻章儘管是手創北洋海軍的人物，但他對嚴似乎沒有如何深刻的認識，因此他始終無機會參與李的機要；他覺得，他之所以不能取得一個重要位置以發展他的抱負，乃是由於他非科甲出身，於是他乃從頭學習八股，但捐了一個監生，應過好幾次鄉試，但仍無所得；另一方面，他的學生儘管很多，爲他所稱道的却很少；除一個從事譯述多年的伍光建，與入民國後曾任總統的黎元洪，曾任過海軍總長的劉冠雄以外，我們也確實舉不出其他的人了。

嚴復以全力從事文化思想活動而發生了極大的影響，這是經過甲午戰敗的刺激，即光緒二十一年以後的事。他其所以有了這樣一個決心，實基於他回國後多年來的一種實感：一、他深切感到三十年舍本逐末的洋務運動完全無效，決非偶然；二、他看透了清政府的腐敗，非加以徹底改革不可；三、他認定以中國「民力」，「民智」，「民德」，如不從根本上予以改造，斷無以爭存於今後的世界；於是他着手做他自己所能做的工作。

在光緒二十一年這一年，他陸續在天津的「直報」發表了四篇重要的論文：一、「論世變之亟」；二、「原強」；三、「救亡決論」；四、闢韓」。

在「論世變之亟」的這篇文章裡，他認定中國當前所遭遇的世變是自秦以來所不曾有過的。他覺得中國聖人的垂教，只消極的做到「平爭泯亂」，而「期於相生相養」；其所用的方法：第一，在使人民知道「止足」；第二，在使國家歸於「一統」；第三；自宋以來則在以「制科」使一切讀書人用其思想才力於無用之文章，一直做到垂老氣盡，更無餘力可以推波助瀾。可是這樣一來，乃「民智因之以日窳，民才因之以日衰，其究也，至不能與外國爭一旦之命」。

他覺得中國人與西洋人有一最大的不同之點：中國人「好古而忽今」，西洋人則「力今以勝古。」他認定西洋人最大的長處，「不外於學術則黜僞以崇眞，於刑政則屈私以爲公。」更分析言之：則「中國最重三綱，而西人首明平等；中國親親，而西人尚賢；中國以孝治天下，而西人以公治天下；中國尊主，而西人隆民；中國貴一道而同風，而西人喜黨居而州處；中國多忌諱，而西人衆譏評。其於財用也，中國重節流，而西人重開源；中國追淳樸，而西人求驩虞。其接物也，中國美謙屈，而西人務發舒；中國尚節文，而西人樂簡易。其於爲學也，中國誇多識，而西人尊新知。其於禍災也，中國委天數，而西人恃人力。」其造成這樣一種結果，在嚴復看來，只是一無自由，一有自由而已。

「原強」一文，完全從進化論的觀點出發，特別推崇達爾文，斯賓塞之書。斯賓塞認爲一個國家的強弱存亡，決定於那一個國家國民的「血氣體力之強」，「聰明智慮之強」，「德行仁義之強」，換言之，即看其國民力、智、德三者的高下。因此嚴復提出「鼓民力」，「開民智」、「新民德」三點的主張。民力首須禁止鴉片，禁止纏足；開民智，最要是廢除八股，提倡西學；新民德則在創立議院。於民智民德兩點，他更有較詳盡的發揮：關於民智的，他認爲西人的學問，「先物理而後文詞，重達用而薄藻飾，且其教子弟也，尤必使自竭其耳目，自致其心思，貴自得而賤因人，喜善疑而愼信古。」「中土之學，必求古訓，古人之非，既不能明，即古人之是，亦不知其所以是，記誦詞章既已誤，訓詁注疏又甚拘。江河日下，以至於今日，經義八股，則適足以破壞人才，復何民智之開之與有耶？」關於民德的，他認爲中國人之所以自私而不愛國，因爲自所處的地位，只是奴虜而非主人，「上既以奴虜待民，民亦以奴虜自待，夫奴虜之於主人，特形劫勢禁，無可如何已耳，非心悅誠服，有愛於其國與主而共保之也。」西洋不然，他們有議院以貫徹平等精神，能自定法律，自舉官吏，「出賦以庀工，無異自營其田宅，趨死以殺敵，無異自衛其室家。」因此，他覺得，要使得中國人懂得國家之可愛，非先使得他們各私其國家不可，換言之，即非有議院，使得他們自爲國家的主人不可。

「救亡決論」一文，可以說是「原強」一文的補充、除強調八股文必須廢棄，西學必須提倡而外，他更對中國的一切舊學實施了全面的總攻擊，他覺得，無論古文詞也罷，古今體詩也罷，碑版篆隸也罷，漢學考據也罷，……這一切一切，「一言以蔽之，曰無用，非眞無用也，凡此皆富強而後，物阜民康，以爲怡情遣日之用，而非今日救弱救貧之切用也。」更高一層的，無論是陳禮樂，說性理，不問程朱，不問陸王，鑽研學案也罷，揣摹語錄也罷，乃至明夷待訪，日知著錄這類的東西也罷，……又得「一言以蔽之，曰無實，非果無實也，救死不贍，宏願長賒，所託愈高，去實滋遠，徒多僞道，何稗民生也哉？故由後而言，其高過於西學而無實，由前而言，其事繁於西學而無用，均之無救於危亡而已矣。」

所謂「闢韓」，乃爲闢韓愈「原道」一文而作，其主旨在裁抑君權，伸張民權。嚴復覺得、韓愈於道於治所見甚淺，其言曰：『君者，出令者也；臣者，行君之令而致之民者也；民者，出粟米麻絲，作器皿，通貨財以事其上者也。君不出令，則失其所以爲君臣不行君之令而致之民，則失其所以爲臣；民不出粟米麻絲，作器皿，通貨財以事其上，則誅！」實在遠不如孟子所說的「民爲貴，社稷次之，君爲輕」，爲合理而正確。韓愈不能如孟子這樣說，只是由於他「知有一人而不知有億兆。」嚴復更指出：老子所說「竊鉤者誅，竊國者侯」也是對的，因爲「自秦以來，爲中國之君者，皆其尤強梗者也，最能欺奪者也。竊嘗聞之，大道之原出於天矣，今韓子務尊其尤強梗最能欺奪之一人，使安坐而出其唯所欲爲之令，而使天下無數之民，各出其苦筋力，勞神慮者以供其欲，少不如是焉則誅，天之意固如是乎？道之原又如是乎？」嚴復認爲：立君只是「出於不得已」；君實「與天下之不善而同存」；其所以不得已之故，則由於人民還不能自治，一旦人民能自治了，即應「悉聽其自由」，因爲：「斯民也，固斯天下之眞主也！」他更認爲：韓愈「徒見秦以來之爲君，秦以來之爲君，正所謂大盜竊國者耳！」

從上面所舉各文的摘要，我們應該可以看出其有助於戊戌維新運動的張目爲何如；可是這還是嚴復自己所寫的幾篇文章，其實比這個更有力量的，還有他所譯各書的第一種赫胥黎「天演論」。「天演論」在光緒二十二年已有石印本出版，在出版以前，還有吳汝綸梁啓超等的手抄本，大致當日與維新有關的重要人物，都已看過，其內容如何，今天也還是人人可看，用不着在這裡詳說，我現在只把胡適在他所寫「四十自述」裏的一段文字錄在下面，我們便可看出這本書在戊戌前後的影響之大爲何如了；胡適說：

「天演論」出版不上幾年，便風行全國，竟做了中學生的讀物了。在中國屢次戰敗之後，在庚子辛丑大恥辱之後，這個「優勝劣敗，適者生存」的公式，確是一種當頭棒喝，給了無數人絕大的刺激。這種思想像野火一般，延燒着許多少年人的心和血。「天演」「物競」「淘汰」「天擇」等等術語，都漸漸成了報紙文章的熟語，漸漸成了一般愛國志士的口頭禪。還有許多人愛用這種名詞做自己或兒女的名字，陳炯明不是號競存麼？我有兩個同學，一個叫做孫競存，一個叫做楊天擇。我自己的名字也是這樣風氣底下的紀念品。」

胡適這個話，還是就稍後幾年的事實說的，至於在戊戌以前，或正在戊戌的當時，一般人所受的影響，豈只是「野火」，恐怕比「觸電」還有過之無不及哩！思想既有這樣大的力量，在大盜橫行的今日，有志者還不應該知所用力嗎？（仍待續）

析支列傳（三）

亮之譯註

比醒蹤跡，通國杳如；後至一地，名曰木陸（Woodland）；於洞穴，覩一怪女；狀如處子，亦如蟒蛇；自腰以上，宛然女身；自腰以下，乃似蛇體（註）。彼雖驚愕，仍復叩詢：曾否何處，見其失馬？女因語彼：馬固見在，歸其飼養；不得其命，無敢放遣；除彼允辭，與結婚好；不爾失馬，終難復得。赫邱利利得其馬，遂許其婚。不謂後此，女所思存，唯眈燕婉；歸馬之事，百計推延。而彼反是，日悴焦憂；祝馬無恙，俾攜去之。唯女最後，卒允歸馬，且告之曰：「君之失馬，今以歸君，妾昔救馬，端爲君故；君今此德，業已酬矣。君試觀之，妾已爲君，孕三男子。幸君語妾，三子誕後，何以處之？妾義爲君婦，其許之就居此土耶？抑遣之隨君以去耶？」赫邱利曰：「侯其長成，如是處置，」斷無違失。即卿審視，於諸子中，孰彎吾弓，如吾今日；立以此帶，如是佩束，俾居此土：其不能者，悉遣去之。謹守吾言，卿福立至。」

（註）中國神話曾搏土爲人之女媧氏，即蛇身人首；說見山海經、風俗通等，圖見漢武梁祠石刻等。足見蛇身人首確爲發源於中國或亞洲之神話。

10因是之故，彼於其時，適有二弓；爰出其一，張弦以俟；並爲解說束帶之法；舉弓若帶，一以授之。其帶之鉤，實系金豆。諸物授已，爰始登程。比子漸長，女爲命名：長阿格妥（Agathyusus），次格朗腊（Gelonus），季則析支（Scythes）。於是如赫邱利教，分試其能。長次二子，皆不中程，果爲遣去；獨季析支，入選居留。蓋自有赫邱利之子析支，而後始有析支諸王之繼統；自有帶佩金豆之故事，而後析支人始皆帶佩金豆至於今；凡此珍異，實皆濫觴於析支母氏之勛勞焉。——上述云云，即得諸本都希臘人者。

11茲爲更述另一異說；余信此說，持較其餘，遙爲眞實。據此說言：析支人嘗流浪亞細亞，與馬塞吉特人（Massagetae）（註一）戰而敗，遂棄其地，越阿拉克蘇河（R. Araxes）（註二）以入西美倫（Cimmeria）。今茲析支所居，即西美倫故國也。初西美倫人聞析支衆盛且至；急集會議、對策。詎會中兩曹，各堅己見；王族所執，勇決尤甚。蓋餘人僉主遷地爲良，毋過強寇；王族則主必留而戰，之死靡它。各走極端，不相容讓；於是一則決然離去，不加抵抗；以其土地，予侵略者；一則悼往傷今，以拳拳故國；甘攖災患，百折不回；寧就死地，不違鄉梓。情既水火，各行其是，乃分爲二；勢均力等，遂相火併。王族全部，既就殲夷，衆因瘞其骨泰拉斯（Tyras）江邊（註三），然後引而去之。其塚纍纍，今猶可見。比析支至，所得特淒涼無人之野而已。

（註一）馬塞吉特（Massagetae）：依希羅多德所述，此族乃跨阿拉克蘇河（R. Araxes）而居。（按即奧克蘇 Oxus 河；亦即今中央亞細亞之阿姆 Amu 河）。即今阿富汗北部巴爾克（Balkh）至中央亞細亞之布哈拉（Bokhara）一帶。其以游牧爲生，與析支同；至於公妻及饗食父母之風俗，則又與瞿薩旦人（Issedones）相似。希羅多德又謂，彼輩僅使用金與銅（或青銅），而不知用銀與鐵。（根據大英百科全書）

（註二）阿拉克蘇（Araxes）即阿姆河，已見上註。原註：「在此處，除伏爾加（Volga）外，阿拉克蘇不能以任何河流擬之」云云，非。

（註三）泰拉斯（Tyras）：即今聶斯德河（R. Dniester）。發源於波蘭喀爾巴阡山，東南流經烏克蘭與羅馬尼亞之間，至敖德薩附近，注入黑海。

本刊已經香港政府登記

聯合評論 週刊

每逢星期五出版

United Voice Weekly

第一二七號

承印：嘉羅印刷有限公司 香港灣仔馬師道5號
代理：友聯發行公司 香港每份售價港幣一毫
本報美洲版總經售處 美國紐約中美出版社
CHINESE-AMERICAN PRESS, INC
199 CANAL STREET..
NEW YORK13 N.Y.U.S.A.
美洲航空版每份售美金一角

裁軍會議的初步考慮

甘廼廸第一本要交出的卷子

左舜生

甘廼廸就職了，由艾森豪政府所留下一大堆對內對外的問題，如何來解決，其責任已落到了甘廼迪及其主要助手們的肩上。

對內重乎？對外重乎？換言之，即把美國今天若干偏於對內或偏於對外的重大問題，排列在一塊，其解決的次第，是否有先後緩急可分呢？據我看，以美國目前在世界所處的地位，這種問題的提出，似乎是多餘的。舉例言之，如美國當前的財經問題，似乎是偏重於對內，可是只要世界的裁軍問題得不到相當的解決，美國的財經現狀，便很難有改進的希望。

今天的美蘇英三強，何以對裁軍問題的解決好像都表示異常熱心的樣子呢？當眞是這三國的人民都酷愛和平，因而其政府乃不能不俯順與情；以裁軍作爲和平購取的代價嗎？當眞是因爲大家都擁有相當數量的核子武器，怕大戰一旦爆發，人類與人類的文明眞有被毀滅的危險嗎？我承認，這兩點都不失爲三強熱心裁軍的助因，而主因則決不在此。

自二次大戰停止至今，已經有了一十五年，可是到了最近幾年、大家對於軍備的競賽，對購取與國的競賽，確已一天天趨於白熱，其規模的宏大與所耗的不資，乃遠非第二次大戰爆發的前夕所能相提並論。在這樣一個大賭場，不僅英國不顧奉陪，即美蘇也不免捉襟見肘，假定長此繼續下去，大家都不免有窘象畢露的一天，於是乎乃相率高呼：裁軍，裁軍！

軍是可以裁的，可是這三位老大哥，却抱有同一的願望：即不能因裁軍之故，而削弱他們的現有地位！不僅大家怕因裁軍的技術不愼而召致自身的災害，尤其怕在負質上稍失平衡而減低了自身活躍的把握！

說到裁軍，這並不是一個怎樣新鮮的把戲，近在第一次大戰結束後的三年，第二次大戰爆發前的十八年，即一九二一年的冬天，在華盛頓確實是有過一度頗像樣子的裁軍會議的。平心而論，這一次的裁軍會議不能說沒有造出相當的成績，惟其確有相當的成績，所以敷敷衍衍的和平究竟還維持了一十八年。

就華盛頓會議當時會內會外的情形來說，原也是夠複雜的，可是隨舉幾端拿來和今天的情形一比，便會使人感到完全兩樣：一、華會的主體是英、美、日、法、意五強，五強中又以英美日爲主中之主，蘇無資格參加，德以戰敗被屏，中國在會中的地位，只是聽候安排，對裁軍無發言餘地。今天的主角是針鋒相對的美蘇兩強，英爲次要，法意更次要之次要；西德和日本，表面看來分量不重，但其可能的發展，却爲蘇方所極端顧慮；尤其不同的，乃是出現了一個共產中國，在美英兩國的心目中，未來的裁軍會議如無中共參加，則全部的裁軍方案，可能根本無效。二、華會的裁軍主題，爲停止英美日三強的海軍競賽，尤其是主力艦的競賽，主力艦是龐大笨重的東西，絲毫無所謂秘密，一經揭開來談，不會發生不必要的爭議；今天的重點在核子武器；其技術、效能，數量、管制，……還是一大堆秘密、不僅一般人不易知曉，即主要對手方的專家、也不一定開得明白，眞使人感到無從談起。三、華府會議時，國聯還是一個新造的國際和平機構，情況簡單，美國沒有參加，更可不受牽掣；今天的聯合國，乃是一個複雜而又大而無當的東西，不僅美國的操縱力量已漸成過去，反過來，多數的小國倒有左右大會的可能，雖大國也不能置之不顧；未來的裁軍談判即不在聯合國解決，但其勢不能不受聯合國的影响，豈不令人頭痛？四、當日華府會議一重要的形勢，乃是英美合作對日，因而主力艦五、五，三的比率（即美五十萬噸，英五十萬噸，日三十萬噸）一經提出，日本雖有異議，但事實上無可如何；此外如潛艇，飛機的威力，遠非今日之比．火箭還在初步試驗中，更可存而不論；但今天的情況怎樣呢？美國依然不能不倚重英國的合作，可是無論對蘇聯對中共，英美間的重大歧見，却早已存在，加上戴高樂與愛德諸也很難說話，而蘇聯與中共、更不能期待其一如日本之容易就範；從這一形勢去想像其困難，豈不令人更感惶惑？五、今天的所謂「陣線」，所謂「集團」，所謂「鐵幕」，所謂「防堵」，所謂國外的「基地」，所謂國內的「滲透」與「顛覆」，……這些奇怪名詞，都是華府會議時所沒有的；今天不談裁軍則已，一談裁軍，這些事實，便不能不聯帶的全般考慮，這又是何等的麻煩啊！

華府的情況如此，所勉強維持的和平也不過一十八年：而且僅僅經過十年，日本陸軍一旦吞下了中國的東北，二次大戰無可避免的形勢，已形成了大半，初不待一九三九年希特勒向波蘭投下第一顆炸彈，才使世人的好夢驚醒哩！

最後，我還要提出一個概念：今天的所謂裁軍問題，僅僅只是少數強大國家間的一個現實問題，他們爲了自身的利害，儘管感到困難重重，但對這一問題仍不能不努力以求解決。據二十三日魯斯克發出的聲明，說他和甘廼廸的看法，今後國際的商談，仍得依循普通的外交途徑，而且說：「外交途徑的價值，厥在於保持秘密。」其意若曰，所謂高峯會議目前是無此必要的；但美蘇間的秘密商談却不可少。儘管眞實的意義還有待於聽取繼續的報導，但我初步的看法，覺得美國已有擺脫聯合國及其他牽掣的傾向了！我們腦子裏有不少的歷史教訓：過去有無數的弱小國家、往往是爲了強大國家的現實利害而被犧牲的，這一趨勢眞不能不令人感到慄慄危懼，不知道我們當局諸公的看法怎樣？

概觀冷戰形勢

・胡越・

今天我們生存在一個非常奇特的時代，這個時代的名字叫「冷和競存」。從歷史上看，當兩個敵對勢力，互欲消滅、互相憎恨已達頂點，其必然的發展是戰爭：可是今天由於毀滅性武器的發展，戰爭已不再是爭取勝利的手段，而是共同毀滅的恐懼。在這一恐懼之下，戰爭的衝動被抑制了，而互相仇對的怒火却依然在燃燒、渴欲消滅對方的意志依然在鼓動；於是戰爭的衝動改變了方向和形態，由打擊戰爭變爲政治戰爭、經濟戰爭、思想戰爭。這種局勢，就沒有射擊戰爭（指大戰而言）來說，是一種和平，可是就雙方互用政治、經濟等手段來做生死存亡的搏鬥來說，則是一種戰爭。這種不戰不和、亦戰亦和的微妙局勢，當它緊張時可稱之爲冷戰，當它緩和時可稱之爲冷和。

冷戰雖然不是射擊戰爭，但是它長期待續下去也會發生射擊戰爭所期待的效果。北越的赤化，實際上等於共產集團對北越的征服；瓜地拉馬反共革命的成功，實際等於自由世界對瓜地拉馬的收復。依此我們可以推想，冷戰最後的結果，不是共產主義征服世界、就是自由陽光普遍大地。當然也可能有兩種不同的發展，一個可能是冷戰發展到決定性的關頭，當一方面臨瓦解或滅亡的失敗時，可能發動核子戰爭來尋求共同的毀滅；另一個可能是雙方在長期僵峙之後而疲乏的緩下來，由於文化交流而互相滲融，消解敵意，建立有效的世界而導致眞正的和平。後兩種發展，並非絕對不可能，但是在目前，第一種發展的可能性顯然比後兩種發展的可能性爲大。因此今天自由世界，必須盡瘁全力爭取冷戰的勝利，乃毫無疑問。底下我們僅就軍備、政治、經濟、思想、科學五大因素來檢討一下冷戰形勢。

一、軍事形勢

冷戰雖然不是射擊戰爭，但是却以射擊戰爭的實力做後盾的。當一方軍備占優勢時，在冷戰上的態度就比較強硬。就可以爭取主動。今天共產集團的陸軍兵力比自由世界強大，並且在越洲飛彈的製造上領先，但是自由世界在海空軍上佔優勢；而美國原子潛艇與北極星飛彈的成就，在核子出擊能力上已超過蘇俄。綜合來看雙方軍事實力可能均勢；西方畧優。

二、政治作戰

英國當代大思想家湯因比曾說：「西方有民主與工業，可立於不敗之地」，民主制度使西方國家在政治上佔有基本的優勢。因爲在民主制度之下，政通人和，人民與政府和諧無間，社會活潑亢進；反之，共產國家一人獨裁、一黨專政，人民與政府之間是有隔障的，其表面的嚴肅劃一，緊張熱鬧都是浮光撩影，而底層却埋藏着爆炸的火種。西方國家之間，結合的程度雖不及共產國家之間那麼高，但是西方國家間的平等獨立、互相尊重，却爲共產集團所不及。今天美國軍隊撤出西德，西德仍是美國的盟友，假使蘇俄軍隊撤出匈牙利，匈牙利是否仍是蘇俄盟友就大成疑問。共產集團在這方面的弱點，正如在國內政治上的弱點是大同小異的。在政治作戰上西方國家目前有一顯著的弱點，那就是殖民地問題。儘管那些擁有殖民地的國家，迫於形勢而急流勇退、可是仍被共產集團咬住了尾巴，苦纏不放，但是共產集團不能無限的利用這個條件，因爲殘留的殖民地已經不多了。

三、經濟競爭

蘇俄縱然集中人力財力在某一點上突出，搶先爭勝，有如放射衛星；但是就一般的技術水準和工業生產來說，仍落後於西方。而在工業生產一點，相差尤遠。今天蘇俄固仍難與美國匹敵，如果再加上西德、英國、法國、加拿大、澳洲，其實力幾達蘇俄之三倍。共產主義致命傷，是它不能展示比西方更佳的生活水準。直到今天，蘇俄人民的生活水準，不但遠不如美國，亦不及西歐諸國，甚至不如日本。這一事實的對比，使蘇俄在宣傳上無法翻身。

四、太空競賽

蘇俄雖然搶先放射了衛星，並且在火箭的衝力上一直佔優勢；但是美國所放射的人造衛星，在數量上已遠超過蘇俄；而衛星的構造、技術的品質，所發生的作用也都超過了蘇俄。現在美國只火箭引擎的衝力仍不及蘇俄，但是這也是時間問題。

五、文化交流

赫魯曉夫敢於接受西方國家文化交流的挑戰，從冷戰觀點看對西方國家大有利。因爲以往共產國家是關閉在鐵幕之內的，而西方國家則是門戶洞開的。共產國家可以充分的剖視西方國家，而西方國家則甚少機會觀察共產國家。自從赫魯曉夫接受交換訪問的建議，放寬西方人士旅行蘇俄的限制，不但使西方人士有較多機會了解蘇俄眞相，並且有較多機會接觸和影响蘇俄人民。反之蘇俄派更多的人到西方國家去，對西方國家可說並沒有什麼新的不利之處。

綜合上述五點，蘇俄雖然在殖民地問題上抓住西方國家的痛腳，在太空競賽上暫時的領先，在一九五八年以來爭取了冷戰的優勢；但是這兩點優勢，都是「夕陽無限好，只是近黃昏」，很快就成過去了。在長時期的「冷和競存」，西方的民主制度、自由權利，豐富的物質生活，多彩多姿的文化花果，對鐵幕內的人民的誘惑力將與日俱增。從此以觀，我們對自由世界的前途，並不須悲觀。

雜憶錄之二十

西方不易了解東方

．幼椿．

這裏所稱的東西方之別，需要界說一下：在歐西人美洲人近年所說的東方，往往不是單指亞洲，而是把蘇俄那塊土地都指在東方之內的，有時東方且單指蘇俄，如像近兩天報上常見的「東西糾紛」與「東西會談」等名辭，就是特指蘇俄為東方的說法。站在西歐和美洲的地土上來東向蘇俄，當然可以稱她為東方，但站在亞洲特別是東亞這塊土上，我們中國人當然不認為蘇俄是東方；而且以俄國斯拉夫族的社會風俗，好尚及政治氣氛而言，也一點不類東方，因此無論西方學者稱她為「歐亞之間」也好，「第六大洲」也好，總之她是與我們的東方毫不相干。

我這裏所指的東方，從大範圍來說，一是西亞，又叫作近東，回教民族的集團；二是南亞，印度，錫蘭與緬甸，印度教的集團；三是東亞，中國，日本，韓國以及東南亞，漢文化的集團。（菲律賓則是另一個情調，與墨西哥及南美相類。）不過，我在這裏的題旨，說到西方人不易了解東方人，乃專就西方不易了解中國而言，然而我何以不直寫「歐美人不易了解中國人」，而必曰東方，因我在回憶中的許多往事的記起，不只是有關小範圍的東方中的中國，而還往往牽涉於大範圍的東方之故。

本世紀初的盲昧情形

我去到歐洲，在一九一八年冬，沒有多久，第一次世界大戰結束，便召開凡爾賽和平會議。當時英首相路德喬治和法總理克勒滿梭兩人，以戰勝者的姿態，宰割天下，不可一世，然而不料這兩位號稱西方的政治家，乃對東方尤其中國的情形完全無知！為了要將中國的青島及膠濟鐵路權益割讓與日本，我們留法學生十餘人特別去見路德喬治。我們與他交談之下，他竟不知道山東在中國的位置所在。他叫左右取地圖來指給他看；他看後笑道：「你們這樣大的一個中國，這青島好大一點，算得甚麼！而且膠州灣的權益，你們不是曾許給德國人，我看對你們中國也沒多大妨害！」我當時在塲，看見這位所謂「獅子首相」因為無知而態度稀鬆，於是我插嘴道：「這是我們的聖地，山東是孔夫子的故鄉，這是中國人的耶魯撒冷，重要得很！」算好，路德喬治還知道中國有一個孔夫子，而且似乎懂得孔夫子對中國人却相當的重要，於是他態度稍轉慎重，說，等我們去研討一下。

這已是二十世紀二十年代，西方人已普遍知道中國這一「老大帝國」已經革過命，改成中華民國了，但歐西的大都會裏的市民，其腦子裏的中國人還是身穿補服，頭戴瓜皮，脚套京靴，而背上拖起一根髮辮，一如他們在圖畫中所見的一樣感想。因此我們留學生穿起西服，去與他們一接觸時，他們總是認我們為日本人；一再與他們爭辨，他們還是懷疑，似乎中國人不應該沒有「尾巴」的咧。

至於歐西那時候的漢學家，專門研究「中國學」的學人，則對我們中國古代的文物、典章、制度，是甚為尊崇的，雖然這些漢學家一味尊崇得並不十分內行，但去讀中國古書，窮年累月，並非易事，其好古敏以求之精神乃是可以佩服的；而且用功多年，也間從比較研究中發明出新的見地的。我與法國德國這類有名的漢學家比較接觸得多，交換過這一類比較研究的知識與見地。但他們對於現代的中國還是不求甚解，心中仍有東西根本是兩個不同的世界的成見。不過，他們究竟讀過中國書，畧為認識中國古聖先賢的道理，而不像一般人心目中一想到中國人，便認為是義和團或者毫無人道的暴君，動輒把人的頭顱砍了下來罷了！

我在歐西住了七個年頭，讀書之餘，遊歷過五個歐西國家，與政治上和社會上的高級知識分子，以及一般都市和鄉村的普通人往還不少，我可以下一肯定的說話，歐西人普遍的對於現代中國是常識不夠的，一知半解

忽而在天忽而在地

總之，在我留學歐西時，據三十多年前之所接觸，我會感到西方人是對於東方了解有限，而且多半是瞧不起中國人的。不過在十五年前，在抗日戰爭臨到勝利，一九四五年春末，我去美國住了九個月，在那時候，中國人的行情可謂陡漲一時！西方人對中國人忽而肅然起敬，另眼相看。我們在舊金山聯合國製憲大會席上，公然以四強之一及大會召集者的代表身份發言，受人重視，自不消說得。而，似是而非，無論恭維與蔑視，都未得着要領，徒然皮相。（或者也有極少數較為了解現代中國的西方人，為我所未嘗遇着。然而我所遇着的；即使是在中國住了多年，號稱中國通的，如袁世凱的顧問，如國語說得流利的傳教士，這類人的所知，也僅限於當時北京的官僚社會，或中國當時鄉村生活一部份情形。這種很膚淺而且有限的了解，不獨對於中國，對於日本與印度亦然。）會外應酬，許多美國人家庭請我們去茶會，總是要驚嘆中國何以禁得起八年的對日抗戰，問這問那，無非是我們美國人在逐島爭奪戰中，深感到日本兵的厲害，而何以你們中國人竟能支持到八年之久！這種攏統的問法，我們也只好以愛國精神，犧牲精神，這類攏統之辭答之。

當時，在美國的僑胞，一向被人漠視的，也忽然的地位增高，昂首伸眉，在電車裡，在戲園裡，不會再有白種人一見而加以避忌，挨着並坐，也不再以為侮辱了。而且中國女裝的錦緞旗袍在那時候就已在外國貴婦富女們，與中國人交際時，穿了起來，取媚於中國主人或賓客。「頂好」，「乾杯」等讌聚的口頭語，自重慶學得來的，幾遍於美國社會，而唐人街的中國雜碎館的生意也特別興旺，為從前所未有的。——我當時遇見好幾位玩中國假古董，號稱在研究中國的美國人，他們請我去唐人街吃「李鴻章雜碎」時，一次我會忍不住笑道：「這樣不倫不類的一盤中國菜，而還加上李鴻章之名，眞是太不了解中國的「烹調藝術」，而且太對不起李鴻章了！你老兄要研究中國，切不可像這一盤不倫不類的雜碎一樣啊！」

大戰勝利後不多幾年，中國大陸胡裡胡塗就被國際共產黨所強佔了去！中國政府的達官貴人紛紛向美國逃亡，作了寓公；美國的教會慈善機關發起救濟中國難民，收容中國孤兒；於是中國人的地位在西方人心中，從天上，忽而又降到地下，不免要認為，中國人究竟是不成其為材料的！

及至近十年來，中共初則奉史太林命令參加韓戰，與美國打上兩年，中共犧牲了中國人的生命近百萬，而美國人也傷亡近十萬，美國一般人又感到中國人的厲害了！繼則近兩年來，中共反美比俄共還兇，不但在亞洲各國競爭中是隨時與美國針鋒相對，絲毫未曾放鬆過，而且在北非與南美，中共也以美國為對象，做出搗亂挑戰的宣傳與行動，於是更令美國人有點震驚，使西方人今日又感到，中國人這塊材料究竟是一塊甚麼材料呀！

研究現代中國的風尚

因是，西方人，特別是美國人，近兩年來研究現代中國，乃成為一時風尚。本來，在前幾年，西方人喜歡研究的是所謂科學的統計數字的，而中共效顰於俄共「老大哥」，也好以各種生產的統計數字來騙人。於是中國大陸的人口增產數字是若干若干，農業工業上的某某增產若干若干，某某增產又若干若干，一張表，兩張表，以至於無數張統計數字表發佈出來，西方人都當作是眞正科學的統計材料，去加以分析研究，研究之後，還感到這一突飛猛進的現象甚可驚怕，於是西方人總想去中國大陸去看看這一奇蹟。但是竹幕等於鐵幕，資本主義者乃不易走得進去。很幸運的是反資本主義的英國工黨領袖艾德禮曾率領大隊人馬進入中國大陸，然而不但並未証明這些增產統計是眞是假，反被騙而硬說出中國大陸蒼蠅絕跡的話；而且工黨代表團中人把北平樹上結的大紅柿子認成廣柑，在報上加以讚賞；在北平會有如許其高大的橙子樹，而結實又如此其多且紅，這眞是常識大有問題了啊！

幸好在一九五六年有兩位印度學人進入中國大陸，眼光銳敏，報告忠實，開始把中共的工業的眞實形況，增產的騙人統計，黑幕揭穿了一些；隨着大鳴大放，中共報紙又自行暴露了許多瞞上欺下，不實不盡的工農生產的假場合；於是中共的統計假數字的信用大減，及至最近，中共當局自己也承認，這些數字多半是一種估計，而非事實。因之，在西方，特別在美國，專門注意中共的工農生產統計數字，而去窺測中共前途的研究，漸成過去；要從中國現代史上，特別自民國以來的中國政治和社會上的人與事，思想與運動，這種種方面去尋求中共的所以生，所以長，所以發展，及將所以歸趨。——這不能不說是西方要求了解東方的進步現象。

然而較進一步的去求了解更是不易！何以故？它需要對於中國歷史及其文化的演變過程，百年來西力東漸的好和壞的影響所在，中國自民國以來的新陳代謝中的暗流衝擊，：這種種研究都必得去下一番忍耐的學問工夫，而不是只從陳獨秀，毛澤東，周恩來等幾個中共頭子身上說起，便可以了然過去，而測及未來的啊！而且研究還需要客觀，不宜先有成見！如像前兩天報載，美要員在美國議會裏答復質詢，說，中共必然強大；在歷史上中國一強大，中國人必向外侵畧……。像這類話，分析起來，每一句都是欠研究的。甚矣，西方了解東方之不易也！

五〇、一、二二

「兩個中國」問題將如何變？

．田心．

假如要說前後兩屆美國政府的對華政策有所不同，那麼該是魯斯克與鮑爾斯的對台灣的期望：一個「自決的」台灣與台灣內部的「政變」，雖然他表面上是在防止這種「政變」與「大陸共黨權力連結起來」這種消極態度來表達的。照他們的這種期望來作較深遠的觀察，似乎只求保存這塊台灣的土地，不讓它被共黨侵佔而已；若硬要說這種政策有一點積極反共的意味，那麼可能只是鮑爾斯在他那篇發表於外交季刊中的文章裏所提出的「中台國」的名稱而已。也就是說，承認大陸的現實，更積極的為「兩個中國」的形勢作好準備，以等待中國共產黨來承認這樣的事實。

目前，許多人都在担心美國會不會承認中共，聯合國會不會讓中共進去，其實，這樣的担心是多餘的。問題的主要者是在於中共承認不承認兩個中國，願不願在兩個中國併存的情況下來接受美國的承認與參加聯合國。因為美軍駐在台灣，因為美國承認台灣國民政府，因為美國還要搞「中台國」來為兩個中國鋪路，因為聯合國中還有國府代表，是故，即使美國無條件承認中共，聯合國要中共參加，在目前，中共也未必肯就範。這就是魯斯克所說的美國與中共之間的外交「死胡同」。

如何去打通這條「死胡同」，美國並不是用積極的，鼓動國府反攻大陸的方法，而是消極的、用等待中共亦來承認這種事實的方法，這就是鮑爾斯過去主張要建立所謂「中台國」的歷史背景，以及它的消極等待的預期遠景。

固然美國對中共的政策不能說一成不變，國際局勢的突變也會影響它的政策，但，在基本上後者的情況即使發生也難望美國對華政策會有大的變動。

那末，中心問題就在於中共肯不肯承認兩個中國的事實，以及他何時才承認這種事實？

在中共佔領大陸的初期，美國的外交人員並未撤退、其對台灣的國府也不採取積極的援助，在台灣海峽也沒有一支防止中共進攻的武力阻攔，若在那時，中共軍像進攻海南島一般的進攻台灣，今日之所謂「死胡同」，也不會出現。

但在那時，中共一方面強調向蘇聯一邊倒，不斷地迫使美國外交人員撤出大陸，斷絕與美國的關係；另方面則派出許多代表到聯合國的各機構，要求取代國府在聯合國的代表資格。照後來的發展來觀察，當時就在與國府代表併存的情況下讓它的代表參加、看來也不致拒絕，要是這樣，兩個中國的事實或者早就被肯定下來了。「死胡同」也可能不會存在。

一九五〇年六月，韓戰的爆發是為美國對華政策的轉捩點，杜魯門派出第七艦隊阻中共軍攻擊台灣，國民政府在台灣的地位始告穩固。實際上，事實上的「兩個中國」在那時已經存在。稍後的一個階段，中共曾經採用這樣的政策：通過「兩個中國」代表在某一國際組織之中暫存的局面，然後再施壓力驅逐國府代表讓其獨存的這種做法，是故像紅十字會，奧林匹克運動會等國際組織中曾經出現過「兩個中國」代表同時幷存的局面。在外交上如在日本也採用過這樣的政策：要求日本與台灣國府有外交關係的情況下，在某種程度上承認中共，然後擴大這種對中共承認的程度，降低對台灣國府的關係，最後使日本撤銷對國府的承認，與它建立外交關係。若在這一發展階段中捕捉住機會，也可能解決了那條「死胡同」。

這一階段中，中共固然反對「兩個中國」，但仍持着如何着眼於武力「解放」台灣，故並未公然提出反對「兩個中國」的口號。到一九五八年二月，周恩來才公開在五次全國人代會上提出反對「兩個中國」的口號，同時退出「兩個中國」代表併存的國際機構，如：國際地球物理學年專門委員會，國際火電力系統會議，國際足聯，國際奧林匹克委員會，國際天文學協會，國際紅十字會等。至該年五月，對日本的政策也改變了，這些都與反對「兩個中國」的問題有關。

與反對「兩個中國」有關的還有：是否取消武力「解放台灣」的問題；因為它假如宣告不以武力「解放台灣」，則等於宣告承認「兩個中國」，是故，它在一九五八年八月，猛烈炮轟金馬，至十月，即使它在萬不得已的情況下，必要維持它的那種隔日打炮的政策，也無非就是在事實上來表現其決不宣告在台峽放棄使用武力的決心而已。

現在，中共的對外政策在表面上或稍見緩和，反對兩個中國的呼聲也較少聽到，台峽炮轟也減少許多，隔日打炮的政策也有「改變」，但若說它已放棄反對「兩個中國」」，那是不對的，若說它放棄武力解放台灣了也是不現實的。在這種情況之下，美國的製造「中台國」的政策恐怕也不會有什麼肯定的結果的，至少是在短期可見的未來，若有變化關鍵還繫於今秋的聯合國大會，就看國府能否保住席位了。

三言兩語

據來自台北的消息，簽名上書請將特赦雷震的「雷震的朋友」，已由原定的五十位，增加到九十多位，據說人數還會繼續增加。

×

儘管這行動具有意義，蔣卻絕不會有所動。簽名的人士何不在上書之後，再集體去探監。如探監不成，可在監獄門外靜坐絕食一日，以示抗議。

×

一般對馬尼剌四外長會議，評價不高，蓋此四國皆無主動求戰之力。何況馬尼剌盛傳，主催該會議的菲外長，實欲藉此抬高身價，以免在政府改組中被踢出。如此說來，此會不過是「搞搞震」而已！連「談談」都說不上。

×

鮑爾斯在參議院作就任前之應詢中說，「美國應該提防，防止中共企圖在台灣策動一次政變之可能性」，他說，「希望此事永不會發生」，否則「美國不應容許台灣與中國大陸之共黨權力連結起來。」

×

何人有此力量足以在台灣策動政變呢？

但美國人的担心不是無因的。記憶中台北的美使館、新聞處都曾遭受過暴徒襲擊。幕後策動者即為當今太子爺。香港的絕對反共的報紙曾說，此人即為將來最有可能在台灣扯紅旗者！

×

仰光十五日路透社電說，反共游擊隊在緬邊景棟東部及泰寮邊界附近，仍然佔領十個基地。並煽動族人抵抗攻擊，使緬甸陸軍及交通綫腹背受敵。

從地圖上看，游擊隊佔領的地方大過今日台灣一省。但三軍無帥。李彌迄仍困居台灣。不知何故將至今不顧打出李彌這張牌？是怕「縱虎歸山」耶！

×

游擊隊聲勢和人數，勢必在艱難中益形擴張。

泰國內政部長証實，由於滇緬邊境多事，滇人大批逃入泰境，每日多達數百人。他們最後只有一條路。投奔游擊隊。

．恕人．

中共的經濟危機與政治整風

．李金暉．

中共「新華社」廿日消息稱：從一月十四日至十八日，中共中央在北平召開了八屆中委第九次全會。

這個會議完全是針對一九六〇年的大災荒而召開的。會議公報縷述了目前主要的困難，和中共已經在進行着全面「分期分批的」整風，並且根據當前急迫形勢的需要成立了「六個中央局」，計分：「中央東北局、中央華北局、中央華東局、中央中南局、中央西南局和中央西北局」

以上一系列的措施，可用一句俗話來形容它：「老猴耍把戲，沒有新「玩藝」。尤其是整風，本是長年在進行着的，不過眼前因為大災荒當頭，幹部思想混亂、動搖，需要擴大了來攪而已。但從該項公報中卻可以看出目前大陸上的不穩的經濟和政治情況，以及人民躍躍欲動的態勢。

公報中提到「農村中必須進一步鞏固人民公社」。這是因為廣大的農民不堪飢寒交迫，公社的「優越」顯了底「威信」難以維持，如果公社完全散了，農村將起大暴亂。因此必須加强管制，年來大批下放中央及省級幹部即為此。

公報也承認了「由於農業歉收和輕工業原料不足而形成的市塲供應的暫時困難」在擴大中。並謂：「這是一個需要解決的重要的問題」。目前各地的墟市暫時地復活了。「農村初級市場」之開放，美其名是為了調劑「城鄉手工業、家庭副業和郊區農業的發展」，究其實是為了鼓勵農民「生產自救」。但這種現象是不會允許長期發展的，因為久了，足以鼓勵「自發性資本主義思想」的復活，是與共黨的主義與政策相拮抗的。一俟目前災荒情況稍能喘息，中共必然會加以管制或取締。

就已知的情況言，各地黑市交易極為活躍。在廣州城區，一隻毛鷄售價達廿五元人民幣，約合港紙近六十元。由香港寄去大陸的粮包，也促使了黑市交易的活躍。

公報中關於正在進行着的「全國整風」，有以下各點消息透露：公報說「在全國城鄉居民中」，有一少數」的人；「如同一九五七年莫斯科宣言所說，他們總是企圖復辟，他們利用自然災害所造成的困難和某些基層工作中的缺點，進行破壞活動」，這所述的情況看，中共是把這些「破壞活動」提高到放在「企圖復辟」的標準上來看待的。而「莫斯科宣言」是一個針對共產國際內部的修正主義的活躍加以譴責的文件，並且是恰在匈牙利反共暴動事件之後。從中共引用「莫斯科宣言」來描繪目前大陸上的「破壞活動」，中共是把各地未能聯貫的零星反共活動看得和匈牙利事件一樣的嚴重。

公報中也指出了，「在黨和政府的工作人員中」，「混進革命隊伍和各種經濟組織的一些壞份子」都是……蛻化變質的分子，他們在農村裡或城市中違法亂紀」，「危害人民的利益」——即予中共各項措施以破壞打擊。同時，還有衆多的幹部，被形容為「好心」好意的工作人員，不過這些人「思想覺悟不高」，他們對於黨和政府的基本政策缺乏認識」，因此，也被認為是須要改造的份子。

公報說，整風之所以必須推行，就是「鑒於這種種情況」。「全會決定在全國範圍內分期分批地進行這一運動」，用來「純潔組織」。並強調必須「大張旗鼓地去進行」。而這也正是「大躍進」帶來的政治後果。

語好談人心士氣者

．小言．

最近日本的外交活動頗見積極。另一方面是與中共打交道開始頻繁，一方面也向美國作多方活動。近聞九月間英首相麥美倫，可能還將應邀訪日。

日本外交活動之所以積極，一語以破之，乃想在承認中共上獲得「爬頭」的機會。想比美國更先一步承認中共。但日本又顧慮到，若是過早地（也即是冒失地）承認中共，可能會降低了日本在自由世界的聲望。因此，一方面要緊拉住中共，而另一方面又要不斷地向美國採取行情。

在日本國內，首相池田曾在去年十二月主持了日本政府第一個討論承認中共的正式會議。自民黨的外交政策研究會也在一月中召開了中共小組會議，並將以政府不得干涉的姿態要政府提供外交情報。

這些情況，以今天東京與台北間的「友好」關係來說，是不該發生的；但形勢比人強，日本政府已是毫無顧忌地做了。

台北當局對此有何善策呢？好像迄今仍是「粒聲唔出」。這種「風度」與「雅量」是驚人的！如果暗下已作了交涉，似乎也應該公佈出來，否則豈非太影響人心和士氣。當權派內多好談「人心、士氣」者，何不在這個問題上發揮發揮呢？難道不成今天，在對日本致送抗議的勇氣喪失了之餘，連說話的勇氣也沒有了？

國防經費的審計問題

靜吾

（台北航訊）自三十七年開始行憲以來，國家的總預算每年都由行政院提出立法院審議通過，其決算亦提出監察院審計部審核。在形式上言之，似乎預算和決算無不依法辦理，然而事實却大謬不然。此中的關鍵，即在於國防經費一項。十餘年來，立法院爲了總預算中所列的國防經費，只有幾項總數字，並無細目，已不知向行政院催詢了若干次，但後者總是多方廻避。政府退守台灣後，立法院已成了支離破碎之局，也就以不了了之。於是，所謂國防經費就好像一個毒瘤，愈擴愈大，影响所及，國家的預算和決算直成了有名無實的一付騙殼。

可是，正當權者以爲永遠可以我行我素之時，監察院舉行檢討會，陶委員百川忽然建議，爲加强審計部對於國防經費的審計工作，應由該院的國防、財政兩委員會推派委員經常督導。由於陶委員的措詞含蓄而委婉，當時該院素有護航隊之稱的委員們並未十分注意而予以阻撓，審計長也沒有表示異議。但到本月十六日監察院正式討論此一建議時，蔡審計長却說，有碍於審計權的獨立。護航隊的監委們也紛紛出動，表示不同意陶委員的意見，顯然是有人在幕後指使。經過兩天的激辯，才勉强作成三點決議。這種情形，在監察院是很少見的。

爲什麼當權者對於陶案如此重視呢？其原因即在於國防經費的開支有很多不可告人之處。

國防經費的秘密

如所週知，目前的國防經費佔政府總預算的百分之八十左右。這並不是爲了積極準備反攻，軍事第一，才有如此的分配；而乃由於當權者的許多不可告人的秘密支出都取之於此。在行憲以前，我們雖然也有所謂預算決算，但因是在訓政時期，黨權高於一切，當權者自可運用自如，不受任何限制。迄憲政開始，立法監察兩院均有黨外人士參加，不能不有所顧忌。於是乃想出一個妙法，即把一切不可告人的秘密開支都列入國防經費以內。舉例言之，當時政府正在接受美援，調整軍隊，預算中的國防經費項下，就預留三個調整師的經費給蔣介石作特別開支。即在預算上雖然列明國軍的調整師有若干個，每個調整師的裝備、給養、薪餉等項共需若干元；而事實上，其中有二個調整師則是不存在的；其所列的經費，統歸蔣介石個人支配。換言之，即蔣介石吃了三個調整師的空缺。人們多嘆政府在大陸時，軍隊裡面吃空缺之風盛行，下自連長，上至總司令，無不以吃空缺爲生財之道，官職愈大，吃的空缺愈多；但未必盡知蔣介石本人實爲始作俑者。

政府退處台灣後，國防經費雖然隨着國家預算的減少而有所變動；但在其中預留一大筆以供蔣介石隨意動用的傳統仍是繼續的。而且由於他刻意傳子，蔣經國的一切特別開支也出之於此；甚至蔣孝文的留美費用（據悉已用去六萬美元，現尚繼續索取）也是出之於此。至於在台北大溪興建蔣氏宗祠的巨款，既係名之曰國防工事，當然更是在國防經費項下動支了。因此種種，所以國防經費的開支情形，一向是嚴守秘密，不容他人過問的。

監察院的激辯

不意年來立法院雖能知難而退，對於審議預算中的國防經費一項嘗以不求甚解的態度行之，而監察委員陶百川却主張加强審核。在當權者看來，無異是存心要揭發蔣介石父子的秘密，實爲大逆不道之至，於是一聲令下，大小嘍囉一致動員。可憐那些護航的監委們，不敢正面提出國防經費不應加强審核的主張；而僅就陶案的「經常」和「督導」四個字作斷章取義的推敲，以求打銷本案。唯蔡審計長能獨馬當先，勇往直前，公然提出審計獨立的問題。其意若曰，監察院的審計部不應受監察院的督導；而應任其去作國防經費的御用機構而不加過問；否則就是妨碍了審計權的獨立。此一妙論，雖比數年前中央銀行認爲監察院無權調查該行賬目的理由，又別開生面，但其主旨則一，即凡與蔣家父子的用錢秘密有關事項，都是超越於立法監察以外的，立監委員不許過問。這也許就是今日台灣的民主與法治的特徵吧？

且說，監察院在討論陶案時雖然遭受莫大的阻撓，但仍有不少的委員力持正義而予以支持。吳委員大宇針對蔡審計長的妙論發言，他說，審計部是監察院的所屬機關，假如不依法去做審計工作或做得不好，監察院當然應加督導。並說，審計部如果沒有監察院作後盾，審計權根本無法行使。審計長不求審計權的有效行使而却怕監察院的督導，這是很危險的。陳委員大榕和陳委員志明也對吳委員的意見表示同意。曹委員啓文指出歷年來對國防經費的審核都是馬馬虎虎的通過，現在陶委員主張應予加强，而審計長却認爲干涉審計權的行使，此種態度實在要不得。金委員越光又指出審計部國防經費審計廳長曾被控向國防部要求洋房汽車，經調查屬實，足証國防經費的審計有弊端，監察院實有隨時督導之必要。于鎭洲委員更憤慨的指出，由於國防經費有浪費情形，審計工作又做得不好，陶委員才提議由監察院予以督導，這有什麼不對？而審計長竟如此糊塗，這種腦筋應改過來。經過兩日的激辯，結果乃決議：（一）交國防財政兩委員會參考辦理；（二）各委員的發言紀錄交國防財政兩委員會參考；（三）國防財政兩委員會研究本案時通知全院委員自由參加並通知蔡審計長列席。

由此，可知雖然有許多監察委員敢於在院會中仗義執言；但當權派的勢力依然是很頑强的。陶案之終於仍不免要交付國防財政兩委員會酌辦，雖不是直接被打銷，却也難望其發生預期的效力了。

陶百川在脫黨邊緣

由於在監察內力持正義，陶百川早成了當權者的眼中釘。最近雷案發生，他曾去探監，又被推爲監察院雷案小組的召集人。雖然因爲受了當權派的許多阻撓，小組的調查工作無法進行；但他仍拒絕一切誘迫而堅持必須向院會有所交代，於是更遭憎恨。如今再加上這一建議，他們就認爲不能再予容忍了。聞最近一期的某半月刊將發表陶百川的一篇文章，題目是在脫黨的邊緣，可見這位自民國十七年時即在國民黨上海市黨部工作的老黨人，雖然曾將其青年和壯年時代都貢獻於黨，而今也不能不與脫黨之念了。在蔣介石刻意傳子而蔣經國又別有懷抱的現局之下，他父子倆所需要的，祇限於一切唯命是聽的所謂忠貞分子。後者對於曾與共產黨有若干淵源的自首分子或未自首分子更感興趣；甚至雖不是共產黨而祇要平素主張和共產黨談和的人物也大受歡迎。例如留港立委周天賢過去不准入台，但一經發行華聲月刊、主張國共和談，即被經國恩准來台，並在台北配給一座華麗住宅。至於另幾位堅決反共的留港立委，則至今仍無下文。在另一方面，凡在國民黨內有歷史，對三民主義有信仰而不肯昧了良知爲蔣家父子作牛馬走的剛健之士，不但在黨內一籌莫展，而且人人自危。陶百川之有脫黨之念，實非偶然。

監察院雷案小組近訊

上文曾提到監察院雷案調查小組，茲再將其最近消息作一簡介。

調查小組是在去年十月間成立的，當時雷案尚未覆判，許多人都希望小組能立刻開始工作，俾雷震可在覆判時恢復自由。但據說：因爲當權者認爲在覆判前，不許調查，否則就是利用監察權來干涉審判獨立，有違五權分立之遺教。許多護航隊的監察委員雖不敢直接公然反對調查雷案；但却以此爲藉口給參加小組的各委員以極大的壓力，甚至有一位委員還被迫退出。直到雷案覆判宣佈以後，調查小組才得開始工作，原定於去年向院會提出報告。聞其所訂的調查重點有三：（一）劉子英於初審前的偵查期間所作口供和自白書，是否出於自由意志？（二）初審時爲何不使各被告對質？（三）覆判庭爲何不採取提審辦法，而僅憑文字審判？因第點乃全案的重心所在，調查小組要當面詢問劉子英，但官方却堅予拒絕。以故，調查工作仍陷於半停頓的狀態。茲悉，當權者雖用盡了種种壓力，期使調查小組無疾而終；唯以陶百川等不肯屈從，最近已表示可准調查小組與劉子英見面。調查工作，可望於下月中旬完成。不過當權者已經過了如此長時間的準備，劉子英是否敢向調查小組說眞話，顯然是大可疑問的。這就是說，陶百川雖然能力持正義，但在當權者的匠心安排之下，將來調查小組的報告是否能發出正義之聲，正未可知也。

護航御史眞面目

聶磊

（台北通訊）最近監察院會上，監委曹啓文提出一項轟動一時的提案，建議「凡經提案委員聲明公佈的彈劾案，成立與否，應將審查經過及案文一併公佈。」他在這個提案的聲明書上指出：「默察近年來彈劾涉及特任官以上者：或審查委員受外界請託之紛擾，或提案委員採據不確，審查未能詳盡，致遭物議；或爲政治環境所迫，關係國家紀綱之大案：忍痛而予否決。或因政治上利害關係，不惜以監察委員之尊，甘作護航小卒……」他主張：「爲砥礪監察委員品格，爲樹立監察制度規模，凡關係重大之彈劾案，若遭否決，應將審查經過及案文公布，使是非公諸社會。」這條議案提出後，監察院裏搞到鬨哄哄。最關心這條「彈劾案成立與否，應予公布」的，是平日做慣了「護航小卒」的所謂「御史」。因爲很多重大案件，在不合當權派的口味時，某些趨炎附勢之流，就投其所好，在監察院裏舉手反對。雷震被捕初期，監察院裏一羣肖小，爲了表示「忠貞」，不惜反應零落。後來看到全世界輿論嘩然，海內外人心反應，才勉勉强强銷聲匿跡、不敢明目張胆反對調查雷案，這是衆所週知的「護航小卒」可恥可悲的事蹟。

因此，當曹啓文提出此一議案時，無法獲得此輩的同意是可以想像的，他們堅主打銷。但陶百川委員反對打銷本案時說：「議會政治本來就是外國的東西，而據我所讀到的有關議會的書籍，絕對沒有把議員的議案輕易予以打銷，這是民主精神，也是禮貌。」

然而，却有一位張一中委員說：「這裡是中國，不是外國。」又說：「你民主，我獨裁！」在莊嚴的議會裏如此胡鬧，我們就不難看出今日某些身爲「鐵面御史」們底眞面目了。

縣市選舉議員記趣

台灣第五屆縣市議員選舉，業經結束，國民黨又一次取得「壓倒勝利」，在九百廿九席中取得七百〇五席。但黨外人士也大有收穫取得二百廿四席。尤其在南部基隆和高雄取得的議位，已可和國民黨分庭抗禮。形勢看出，民心的趨向，國民黨已走向下坡了。

這次競選中，最奇特的現象是，黨外人士都公開表明是「無黨無派」或「中國民主黨」的身份來。而在本省有地位的某些國民黨籍候選人，寧願不說是國民黨，而憑藉個人的聲望去爭取選票，大勢如此！國民黨亦足以悲矣！

難怪乎「中國民主黨」候選人李賜卿（已當選）說：「我曾遇見偉大的國父，他看許多黨員競選，竟不敢說是國民黨，因而搖了搖頭走了。」語出諧謔，但一葉知秋，今日台灣人心如何！當權者應有自知之明了。

又如國民黨指示黨籍記者，對民主黨人助選情形應盡量形容冷淡。但一位台中報紙記者却寫了如下的一篇報導：「新黨人士爲王地助選，聽衆人山人海，但場面相當冷淡。」是筆誤還是故意呢？

中共八屆九中全會閉幕，決定：
對外：一、加强與蘇聯的團結　二、繼續進行反美鬥爭
對內：三、承認經濟情況惡劣　四、整肅百分之十幹部

劉裕畧

大陸之窗

據中共新華社北平二十日電：中國共產黨第八屆中央委員會第九次全體會議已經於一月十四日開幕，並已於一月十八日閉幕，爲期五天，由毛澤東親自主持。參加此次會議的有中共中央委員八十三人，中央候補委員八十七人。此外，尚有中共中央各部門和各省、市、自治區黨委的其他工作人員二十三人列席。會議後，並發表公報。據中共新華社說：「八屆九中全會聽取和討論了中央委員會總書記鄧小平同志關於一九六〇年十一月莫斯科各國共產黨和工人黨代表會議的報告，並且通過了相應的決議。全會一致對以劉少奇同志爲首的中國共產黨代表團在莫斯科會議期間的工作表示滿意。全會號召全體黨員和全國人民，高舉一九五七年莫斯科宣言和一九六〇年莫斯科聲明的偉大的馬克思列寧主義旗幟，在國際事務中，加强同蘇聯的團結，加强整個社會主義陣營的團結和國際共產主義運動的團結。」

這是中共八屆九中全會決議之一：這一決議充分說明中共今後仍不但不走民族獨立自主之路，而更是繼續走做蘇聯附庸之路。

新華社又報導該會的決議說：「以美國爲首的帝國主義仍然在頑固地堅持侵略和戰爭的政策，事實證明帝國主義的本性沒有改變。只要帝國主義還存在，就有發生侵略戰爭的土壤。只要依靠人民羣衆，新的世界戰爭是可以防止的，以建立和擴大反對以美國爲首的帝國主義侵略政策和戰爭政策的廣泛的統一戰線，就能夠有效地維護和平。」

這一段說法，很明顯而易見的是中共顛倒是非的說法，又硬指美國是帝國主義國家，是侵略者，無非是掩飾共產主義者中共要反美的最主要原因，是中共所要發動其對外擴張的陰謀，統一中共的各種力量，以打擊美國爲敵之明顯表示。此種情形下，美國如承認中共，那真是自取其辱了。

以上兩點，可以說它的外交政策都是從屬於它的國際性，而不是從中國本位的民族利益出發的。都是從屬於蘇俄。中共八屆九中全會主要決議有「二」，則中共八屆九中全會之「一」承認：「由於一九五九年、一九六〇年連續兩年遭到百年未有的嚴重自然災害，農業生產……」經濟計劃沒有完成，原料不足，而形成的市場供應的緊張。

暫時困難，全會認爲是急需解決的重要問題，除承認對上述的失敗外，並對工業也作了一些誇大的宣傳。但無論如何，中共工業和農業遭遇慘重的失敗，是不可否認的，不過不承認是不可能的。最可恥的是把失敗完全歸咎於天災，好像除了自然災害之外，就毫無人禍的因素似的。但中共八屆九中全會再一個對內的重大決議，卻是對內進行整肅的。假若真無人禍，又何必要進行整肅呢？

中共八屆九中全會的另一段決議說：「全黨和政府的工作人員中，百分之九十幾是忠於人民、爲人民服務的，而百分之幾的混進來的地主、資產階級分子和各種壞分子，卻沒有改造好，是階級敵人的階級分子，以及由於反動階級的影響和侵略而蛻化變質的分子，在農村的和城市中他們違法……」

中共怎樣進行整風運動

陸聞

本報上期第五版曾根據中共人民日報之消息，謂毛澤東二十五年來，一直以對黨內進行鬥爭和排除異己，作爲毛澤東從事黨內鬥爭和排除異己之法寶。人民日報透露：毛澤東已決定今後將每年或每兩年進行整風一次。那末中共究竟將怎樣進行這一整風運動呢？

據北平人民日報告訴共黨幹部：「一、必須政治掛帥，掌握運動的方向，才能把整風形勢，領導好。二、放手發動羣衆，是保證整風運動勝利的關鍵。三、團結──批評──團結，是整風運動的根本方針。」粗看上述整風運動的三條綱領，似乎平淡無奇，沒有什麼變態。但特別從內容看，則所有排除異己的殘酷，已盡在其中。何以說呢？

首先看：究竟什麼叫政治掛帥？人民日報說：「所謂政治掛帥，就是毛澤東思想掛帥。」那末是毛澤東思想掛帥，清楚是以毛澤東思想爲整風運動的第一個綱領，以政治掛帥，即是以毛澤東的原則思想的整風運動，凡合於毛澤東思想之凡是合於毛澤東宗派利益者，即是保留之，凡不合於毛澤東宗派利益者，均爲宗派之排斥之，此非排斥異己而何？

當權派對此，各級中共幹部，毛澤東、陽奉陰違等……

年將大豐收的空頭支票來對人民作望梅止渴之誘惑；從而達到一、推卸責任於異己；二、以便欺騙人民；三、以便繼續奴役；四、以便繼續統治。而關於中共整風運動的即將藉整風運動以排除異己的事件，早在一月九日筆者已在本刊第五版根據中共人民日報的象徵推測中共即將進行整風。幸而一月二十日中共八屆九中全會公佈的決議中，天中共竟正式成立了整風運動的決議：全會決定在一九六一年期間，分期分批地在全國範圍內進行一次整風運動，提高幹部的政治水平，思想和工作作風，改進工作方法，並且純潔組織，堅決清除那些混進來的破壞分子……

壞分子所破壞的這些工作，必須大鳴大放，大張旗鼓，充分發動羣衆，全會認爲去進行。上述議決文字，我們可以看出大陸人民，已經對中共人民反抗的行動，採取了零碎的另一方面，亦……

可看出中共這次的整風，除排除異己外，更有藉此在內思想上意的人民的憤恨，但我們曉得中共政權的基本罪過，乃在它的制度，它的思想和內部的……

而生產也是決不能挽回的失敗，和人民憤恨了。這可從四十年蘇聯農業生產和革命，仍然是不斷失敗可以證明。

而大規模的進行整風運動，這是中共八屆九中全會中央決定的一個重大的決議，依照中共的所謂百分之幾，雖然只說透露的百分之幾，但中共幹部和黨員將被整肅的員額……

遲疑觀望，不知道辨別方向，對於是人民日報又進一步警告：各級共幹必須站穩立場，觀點，和方法，觀察大局，結合本地區和本部門的情況，根據中央和上級的指示，作到胸中有數，自覺地要求把握和掌握住每次整風運動的目的，「心中有數」就是所謂可以整風時必須中人的，才能在整風運動中作到「胸中有數」。其所謂「心中有數」，即必須把其意不合於毛澤東的宗派的幹部弄清楚，到整風運動一來，便一目了然，而其時抓一個，然後把「弄清楚」的異己分子刀與馬虎，一網打盡。因此人民日報說：「胸中有數」要自覺地揭發他們之外，中叫中「中共」的每一個中共幹部……

檢討以往整風運動中的情形，常說：「不到一定時候……」

開展大大妨礙了整風運動的迅速東思想究竟要求不能識別方向，因此不了解主要情況。那末又究竟要求怎樣才能被認識符合中共中央的宗派所要求？爲一是符合毛澤東思想，擁護毛澤東宗派的利益，據人民日報說：這又分三項：「第一、開動腦筋，研究筋，實際查驗，調查研究，提倡深入實際，調查研究，多做調查統計，要必須搞清楚……」

就當勢因爲不了解情況，必然錯誤……

多做多幹，多的調查研究，以求雙方發動積極……

提倡實反對，「不切實，反對空談」的總路線。不全盤總體就內容上，毛澤東宗派鬥爭的，而它的本質，則只是以人事上的宗派爭門，在實際上所包括在整頓中，從而其目的是毛澤東思想所包括的八股內容、整風……

運動的殘酷，常常在黨內鬥爭中，被毛澤東派的宗派主義十二年來，爲了排除異己，毛澤東長期用各種手段，超越地位得到合法利益的保障。和自身的利益，最近且已決定要在中共內部每年或每兩年進行整風一次，見了不許多疑被毛澤東派了，以全中共幹部的思想，變成毛澤東的中共黨人，而又將下去判倒在整風運動中被批鬥了。

羅隆基談「政治掛帥」

陳一鳴

一月十八日在北平閉幕的中共八屆九中全會已經決定要在大陸進行整風了。我們曉得：毛澤東的「政治掛帥」，亦就是以政治掛帥的民主人士，人民日報說：所謂「政治掛帥」，那末所謂政治掛帥究竟怎樣的？可以看出在陷在大陸的民主人士，在所謂「政治掛帥」下如何的被網綁，被奴役。茲僅就羅隆基談話說：「從參觀學習中我進一步了解「政治掛帥」、「加强領導」這兩句話的真實意義。並且更清楚地認識了自己以往嚴重的錯誤。過去我錯誤地以爲黨的領導只是政治思想的領導，只是國家政策和方法的領導。因此我就以爲這些只是方針政策的領導，我就以爲自己並沒有拒絕接受黨的領導。因此狂妄無知的我才輕視黨的基層領導。自省以後，我才知道我這個資產階級的……」

思想根深蒂固的人，改造以前，還不可能一心一意接受黨的領導。從這次參觀學習中，我又認識到黨的方針、政策和思想，都必須通過基層幹部來實施。而且黨的基層幹部掌握了真理，並且掌握了黨的方針，是真正理解黨的思想和政策的。因此不接受基層黨的領導，實際就是不接受黨的領導，就是拒絕黨的政治掛帥。」以上羅隆基談話，刊載於一九六〇年四月九日北平中共人民日報。讀羅隆基之文，可想見包括羅隆基在內的一切陷共的民主人士，其悲痛淒涼處境。原來羅隆基等人，過去還只是中共所謂政治掛帥之名，從而被中共中下級幹部來凌辱折磨了。羅隆基等在大陸已經淪爲中共基層幹部的階下囚，其處境之堪憐，尚且如此，那末被代表中共政治掛帥之名義下所統治着的大陸人民，其苦況更非言語所能形容了。

四國援寮會議曲終人散

宋宗光

（一）寮局的刺激

歷時四天的四國外長會議，已於十九日宣告結束。這個被稱爲亞洲「小高峯」會的中、韓、菲、越四國會議，值在寮國局勢緊張中舉行，引起了外間不少的推測。諸如組織「亞洲志願軍」援寮的傳說，成立「東北亞聯盟」的傳說，都是一些熱門的內幕，現在會議已結束了下來，對於這些聳動一時的傳說，也總該有一個答覆了吧。

「小高峯」會議所强調的，是「區域內共同利害」問題，除了「區域」關係原來存在着的問題外，還有着時間的背景是值得注意的。那就是說：非台南韓和南越，在政治領域上的環境，五、六年來並沒有變動。其所以在此時此地舉行四國的外長會議，乃是由於當前時事的內緊，也即是由於寮國戰局的激刺。

對寮國戰爭首當其衝者是東南亞公約，在公約會議中，菲律濱力主對寮用兵，但遭受西方大國的否決。由於對西方相對的失望，「亞洲人的亞洲」意識的抬頭，於是，菲律濱便迅速以東道主的姿態，召集了這個「小高峯」會議。

那麼，會議結果如果有所影響的話，首先就是對寮局的影響了。

（二）「志願軍」流產

「小高峯」會議所發表的公報，一開始就提及寮國局勢，涉及寮事的發表，也佔了極大篇幅。關於這四國對於寮局的態度，和、戰的兩途，軍事方面只說過了一句：「他們深爲重視其他友好國家對達成軍事解決這個問題的努力」。這所指的當是美、泰對寮國彭庵政府的援助，尤其是美國方面的以軍機支援政府軍。但四外長會議並沒有加上一句說：倘情況必要，他們的政府將攷慮能在「軍事解決」方面有若何貢獻。

這可能就是美中不足的地方。可能在會前並沒有攷慮到軍事的嚴重準備，而在會中，也並不曾達成初步（軍事方面的）建議及決定。觀察家們認爲，四國中除菲律濱外，其餘三國均屬已分割的國家，本身面對共軍的威脅，要說分兵馳援寮國，其事匪易，何況運輸軍隊，就大大發生問題呢。

本來在會場之外也有一個傳說，說是滇緬邊境的中國反共游擊隊，順道進入寮境，易如反掌。四國會議大可委派該游擊隊，爲亞洲反共援寮志願軍的前驅。但據說因「中華民國在緬國軍」撤退，聯合國已有存案，中國外長對此不能表示承諾，終也只好罷議。

（三）同病相憐

戰之一途，既然難以拿出實力，便只成爲空言主張。對於「和」的一方面，會議亦只能提供「尊重寮國人民自由意志及合法政府意見」的原則，而這是華府早經宣示過的，四國不過表示支持罷了。如果說會議有什麼「强硬表示」的話，那就是尊重「寮國運用其各種合法途徑以保全其領土與政治完整的權利」，換句話說，即寮國可以要求東南亞公約中或其他友邦，出兵入寮馳援。不過，同樣的，四國仍沒有表示到，一旦寮國呼援，他們就要唯力是視。

遠在會議之前，此間的西方觀察家早就認爲：菲律濱本身，够不上充任「亞洲救火員」的資格。有人更巡稱之爲「四小國會議」。在今天這個强權政治的世界，大國可以弱肉強食，小國却難免受影響，受擺佈，一如寮國，始終是被滲透干涉的命運，中韓菲越四國，又那能拯救寮國脫出不幸的命運！

會議中除寮局外，四國更有本身問題，而不能已於言者，那便是對「排斥大韓民國及越南共和國入聯合國的不正當行爲」，表示遺憾。並「再度確認中華民國在聯合國的合法代表權」。前者固用不着說，是由於「兩個韓國」、「兩個越南」形成的結果。後者雖經四國共同確認，但韓越既非會員國，在聯合國中便只得菲律濱支持中華民國有效的一票。那麼，這也不外是表示意見而已，却缺少了「力量背景」。

（四）當年回首

遠在十三個年頭以前的一九五八年，菲律濱季里諾總統，曾與中國蔣介石總統，南韓李承晚總統，舉行會談於菲律濱之碧瑤，當時爲的中國問題——中國的內戰，尚是在「上海攻防戰」的階段，那時如果能有友邦軍隊馳援的話，國、共的勝敗，尚在不可分之數。可是那個時候，也許亞洲一般國家，都還沒有估計到中國大陸陷共後的後果，沒有預料後此的中共參加韓國戰爭，沒有預料到中共侵略東南亞，像今天那樣抵達泰國的邊境。

而今季里諾總統已逝，李承晚總統已去，魯殿靈光的蔣介石總統「巍然獨存」，也只能「以不變應萬變」，可奈大局的變遷，令人有「時乎時乎不再來」之感呢！

岷市通訊．

緬甸變成了幫兇

廿芳

共產侵略亞洲的陰謀又推進一步；而緬甸竟變成了幫兇！

筆者這個說法，並不是存心厚誣緬甸，而是緬甸政府當局吃下了周恩來的糖衣毒素後所顯現出的事實，確是如此。

此次緬甸貿然和中共簽訂了所謂「互不侵犯條約」，在中共來說，它在這把戲中的作用，當然不僅是「互不侵犯」那麼簡單，而緬甸却偏要和它勾結，這豈非很明顯地予中共一種協助？

中共未和緬甸簽約前，便先拋下了「中緬劃界」的餌子，聲言願意把若干屬於我國版圖的地區，劃給緬甸；緬甸政府當局當時也知道中共之所以這麼「慷慨」，骨子裏是一個圈套的，然而她爲着要擺脫印度和英國的傳統影響，竟甘於踏入這圈套。換言之，她就是存心投向中共，依賴中共，以致協助中共；這麼一來，她還不是共黨侵略亞洲的幫兇？

中共既獲得緬甸的協助，於是共產的勢力就得順利地透過仰光，而加强滲入到泰國，中南半島，以至印度；尤其是對緬印邊境的印度阿薩姆的豐富油源，也將可進行分肥，以至侵佔。

此外，中共更可憑着「條約關係」，在軍事上以「清除滇緬邊境反共游擊隊」爲藉口、派遣大批軍事人員和武裝隊進入緬甸境內來大肆活動。照目前所獲知的消息，緬甸境內現已有中共軍三十八、八十六、一零七、一零九等四個師的番號發現；而且部份中共軍，曾在緬甸政府當局的同意下，一度循緬甸北部滲入泰邊十里。

中共軍這個行動，當然是有很大的陰謀。緬甸任令中共陰謀迅速發展，「幫兇」的事實，於是更爲顯露。

中共軍之入緬，其目的除一清除反共游擊隊」外，另一指標，當然是在乎協助寮共赤化寮國。入緬的中共軍，截至一月十五止，人數逾五千，包括有步兵、炮兵。據當地所傳出的消息，中共軍之東面先頭部隊，且已越過芒克而向寮國猛㑭地方推進。南下部隊，則已抵達緬泰邊境的布中弄。寮、泰之所以同受威脅，完全是緬甸予中共軍以莫大的協助所造成。

共黨既獲得了緬甸來做幫兇，今後之侵略亞洲，自然會加速進行；中共在北越，寮國，泰國的地位獲得鞏固，後，其下一個步驟，將覬覦馬來亞，印尼，印度。這都是意料中事。

至於緬甸本身哩，她雖然做了幫兇，但共黨也決不會放過她的。整個緬甸，一定將被澈底赤化。

十二條「死龍」

源吉興

上海來客告訴筆者：「滬市的十二條活龍刻已變成了死龍」！

「甚麼活龍？死龍？」筆者詫異地瞪了他一眼，笑着問。

他說：「滬共去年大搞技術革命，得意洋洋地把聯華帶鋼廠，斌誠電桿材料製造廠，錄音器材廠，石油機件廠，泰山有機化工廠，化學工業社，合成五金廠，上海壓延廠，華生製盒廠，汽車配件廠，益民罐頭食品廠，信誼化學製藥廠等廠內十二部自動或半自動的生產機器，炫耀爲十二條龍，幻想未來生產前途的美麗遠景……」。

「那末，怎樣變成死龍」？筆者截住問。

他答道：「這還用說，壓根兒就是工作人員技術低能！他們祇是一知半解而却好大喜功，胡亂地把機器左改右革，於是不出一年，終於把十二條活龍弄成死龍」。

歇了一會兒，他補充說：「那十二條龍於去年冬初便開始發生了關鍵上的問題工作人員沒有辦法把它解決，繼而引起不能正常使用的毛病；生產直線下降，尋且陷入癱瘓狀態；迨至今年元旦後，那十二條龍就有五條被拆除，其餘七條也被棄置；這不是完全變成了死龍了麼？當地的「市委工業工作組」也承認：那十二部機器之所以不能繼續投入生產，係由於工作人員思想陷於混亂所製造。——其實，思想混亂不特可以把十二條活龍弄死，而且還是工業大躍退的主因哩」！最後，他還很內行地說出了這樣的批判。

僑鄉近訊

粵省四專區糧荒最嚴重（湛江、韶關、江門、汕頭）

江水

粵省糧荒，慘況空前。據確息：以湛江專區的欽縣、化州、靈山、合浦，韶關專區的龍川、翁源、英德、始興，江門專區的懷集、羅定、廣四、德封，汕頭專區的紫金、大埔、興寧等地糧荒最爲嚴重。如欽縣的新坪、青塘、廣平、廣隆、良平等一帶農村，農民已缺糧月餘，祇以雜糧或野生植物來苟延殘喘；而化州的蛇塘、白石、田隆，靈山的金窩、那隆、四隆、蟠隆，合浦的永康、上洋、沙田，則連老鼠也吃個一空。各地農民在飢寒交迫下，疾病叢生，死亡纍纍，地慘天愁，其災禍之深，非筆墨所能形容。翁源的人民公社食堂，則因無米下炊，早已停頓月餘，人民缺糧充飢，較爲老弱者，均已陷於垂死邊緣。龍川的農民，因不能忍受過度飢餓的迫害，曾一度發生暴動，糾衆衝進人民公社的糧倉，企圖奪糧救命，但糧倉中也早已一粒無存，憤恨之餘，乃縱火將糧倉焚燒，但爲共幹及時發覺，將火撲熄，糧倉始不致付諸一炬。

農民反飢餓繼續奮起抗暴（南海、番禺）

粵省各縣農民不堪中共飢餓政策的迫害，刻已紛紛奮起抗暴；此種抗暴行動，以南海、番禺兩縣農民發展得爲激烈。據悉：南海「丹灶公社」的生產隊，自去年十一月杪發動了一次夜襲公社圍毆「共青團支部」書記林仲錫之後，雖然已有李澤初，李國佐，李振南，潘昆，鄺作樞，何克光，陳偉，陳民，黃作雄等先後被捕，但抗暴的農民，依然沒有屈服，他們在本年一月上旬的十天內繼續襲擊公社及糧倉凡三次，管倉員何志、張兆棠，也被他們狙擊重傷。至於番禺縣，「比濟公社」生產大隊的王秋甫，何業添，也曾於去年十二月廿八日率衆衝入公社，刺斃了「財糧委員」吳源、事後王、何兩人雖已先後被捕，但農民的抗暴行動迄未被遏止，本年一月九日及十二日，又掀起了兩次暴動，共幹七八被擊傷。據廣州傳來消息：該兩縣農民的抗暴行動，目前仍在熾烈發展中。

新的起點

——南遊隨筆之一

黃崖

大地尚在酣睡，而我已醒了。今早，我將搭輪離開香港，前往赤道邊緣的馬來亞；我內心有的是興奮，興奮，興奮。

在這蕞爾的香港島上，我整整的生活了十年。十年是一段漫長的歲月，然而我一直沒有離開這小島的羈絆，剛到香港的時候，我喜歡這小島，也喜愛住在這裡的人。可是，後來漸漸的，我不但討厭這裡的山和水，同時，對生活在島上的人們產生了無限的憐憫。在我的心目中，香港是一個大監獄——是一個集中營，而住在這島上的都是囚徒。於是，我天天盼望着離開這裏，到外面自由遼濶的世界去。而現在，我的夢想將成為現實了！

當朋友們知道我決定要去馬來亞時，個個都為我感到高興，我想他們的心情也都和我的一樣。他們看我如即將囚禁期滿的同獄囚友，今天這個請我吃飯，明天那個請我喝酒，個個都高興地說：「好啊，你可以到新的地方去了！」

「我希望你們有一天也到外地去！」我說。

奇怪得很！朋友們對我的離開香港，並無惋惜之情；而我也不覺得和他們分別有什麼難過。

因此，我的內心有的只是興奮、興奮，沒有惋惜，沒有留戀，也沒有痛苦。

×　×　×

八點多鐘，朋友開車送我到尖沙咀的公共碼頭，想不到二十幾位來送行的朋友已比我先到了那兒。詢問輪船公司，知道要等到九點一刻才有汽艇來送我上輪船。既然離開香港的土地還有一個鐘頭的時間，大家都很從容的聚攏着聊聊天、說說笑，從表面看來，大家的心情都很好，完全不像是送一個朋友到遠方去。

輪船公司的汽艇準時到來，雖然是星期一，仍有五位摯友和六位學生堅持着要送我上輪船，我不拒絕他們，因為，他們和我的交情頗深。

我所乘搭的輪船停泊在西環海面，汽艇「嘩啦嘩啦」了半個鐘頭才到她的身邊。

登上輪船，安頓好行李，和送行的朋友到甲板去拍紀念照片，輪上的鐘聲忽然大响，原來，輪船要啓碇了。送行的朋友紛紛與我握別，最後一個跟我握手的是一個年幼的女學生，她臉上的表情十分嚴肅，一絲笑痕也沒有，我注視着她，發覺她的雙眼是潤濕的，我深怕她的淚珠滾下來，連忙縮回被她緊握的右手；可是，她的淚珠滾下來了，正好落在我的右手上，這淚珠雖小，却震動了我的右手，震動了我的整個身子，也震動了我的整個心靈。這淚珠冲去了我的興奮，也冲去了我臉上的笑絲。就在這一剎那間，我變得黯然，我發覺我是深深的喜愛這個小島和這裡的住民；我對它的憎惡，和一個月來為離開它而感到的興奮，那不過是我的情感的一種衝動，是所謂的「情緒病」。

送行的朋友一個一個的行下左舷的吊橋，我倚着船舷望着他們，我深怕他們的影子逃出我的眼眶。他們上了小汽艇，從窗口探出頭來，和我揮手。我也向他們揮手，越揮越用力，後來，我幾乎用全身的氣力在揮手。

汽艇慢慢地遠去了，接着，消失在一些輪船的後面，但，我還是在揮着手。

我抬起頭，眺望整個港灣，這港灣的兩岸和這港灣的綠水都是我熟識的，我閉起眼睛，都可以描出它們的形態和色彩。我隱約可以看到岸上的行人，啊，都是和我共同生活過十年的人們呀！他們的臉孔，很多是我認識的。我把視綫放得遠一些，我望着都市後面的高山；我常常站在那高山之巔，遠眺苦難的祖國，藉此消滅嚴肅的懷鄉病。剛好有一朵白雲正從高山那邊飄過，我想，它大概是從家鄉飄過來，向我告別的吧？這時，我的心靈千頭萬緒，我想哭，但，眼淚流出來了，我的心情還是一樣的凌亂、一樣的沉重。「為什麼我要離開香港呢？」我自己問自己。可是，現在後悔也來不及了，輪船已經在後退了。

我跑到船頭，因為，站在那兒，我可以更清楚地看到香港。

輪船轉了一個彎，開始前進了。我又跑到輪船的尾部去。

香港在後退了，香港在縮小了。我已看不到岸上的行人，岸上的建築物也漸漸地模糊了，我還是一動也不動地站在船尾，我還在揮手，眼淚已經流遍了整個臉孔。

當香港變成了一個綠色小點，我才離開輪船的尾部。我緩慢地走到船頭，抬起頭來。發覺輪船已航行在茫茫的大海中，一排一排的海浪迎面衝上前來。輪船雖然像搖籃似的擺動着，但，却毫不畏懼地往前進。

我拿出手帕，抹乾了臉上的淚水，心裏想：「堅強一點吧！這是我生命的新起點，我應該鎮靜的迎接未來，勇敢的前進！」

徬徨的一代

符兆祥

要發生的事總終於發生了，他不知他們爭吵的結果怎樣，他跑到河邊，這是他和秦麗多年來相會的老地方。

剛氣喘喘的跑到，他馬上後悔了，他看見秦麗。

「鍾麟，」秦麗紅腫着眼，挺着微凸的肚子，喚他。

「妳!?」他無奈的站定。

「不是我告訴爹的，是娘發現我吃酸梅，嘔吐才：……」

他望着她那惶恐的神情，深深的感到內疚，她是無罪的啊，三個月來，他知道她太苦，他使她傷透了心。

他輕輕的摟住她。

「秦麗，」他吁了口氣。

「放開我，讓我走。」她又哭了：「我知道我使你苦惱，我會自己解決這件事的。」

「秦麗，」他的喉嚨有點嘶啞：「聽我說，小牛已經替我在屏東找到了一個小工作，讓我們共同負起這個責任。」

「可是你才進入大學，你：……」她憂慮的說。

「秦麗，我要妳知道，在今後我的一生中，妳才是頂重要的，唸書不錯是很重要。但，我不知道再唸十年書，會給我帶來什麼，在這世事多變化的時代裡，舊的制度已經不適合，而未來的又未建立，眼前的又沒有給我們一個好榜樣，恐怕雙手會比學問有用些。我們需要生活，一份安份而真實的生活，那就夠了。」

「安份而真實的生活？」

「不是？我們互相關切，互相廝守在一塊，這樣的幸福，在這混亂的日子裏，還有什麼可比擬的？」

……

鍾太太把稀飯煮好，從院子裏進來，看見鍾麟已經穿好衣服了，她悽然地說：

「還早罷。」

「五點了。」

鍾先生也起來了。

「爸，」鍾麟叫了他一聲。

他坐起來，默默的點點頭：「你還要去秦家接秦麗是吧？」

鍾麟點點頭，他嘆了口氣，又問：「東西都收拾好了嗎？」

「好了，」母親說。

「把我那件毛綫衣給他帶去？」鍾先生對妻子說。

「不用，爸，毛衣你還是自己留着穿吧？」

父親沒有聽他的話，到底固執的把毛衣塞到箱子裏去。

吃過早點，鍾麟提起小箱子，他看了看六個還未睡醒的小弟妹，再看了父母親一眼，這個狹窄的家現在突然使他勾起了無限眷戀，他看着年老的父母，他的心有難以訴說的酸楚，回過身來，恭恭敬敬的向他們鞠了個躬，接着踉蹌的走了出去。

「小麟，」鍾太太禁不住伸出手，喚了聲。

鍾先生攔住她，她哭了。

「哭什麼？」鍾先生淒涼的一笑：「男孩子總要成家的，讓他出去闖闖也好。」

「可是他才十九歲，十九歲，」她哭得很傷心：「還那麼青，却要挑起生活的担子，不是太殘忍了嗎？」

雨漸漸停了，天色微亮，可是天色異樣灰黯，泥濘的街上已開始有人在艱難的走動了。

（續完）

文壇泥爪

徐志摩想飛之二

有人說，能形成一個體系的才算思想，這在徐志摩還談不上。我不贊成這種說法，我認為一個人只要有作品，就可以從作品看出他對事物思維的結果，雖然前後作品所表現的思想雜亂甚至互相抵觸，不能形成體系，也應當是他的思想。根據這一理念，便可以試談一下徐志摩的思想。

從前胡適和茅盾都有過對志摩思想的評論，我認為都頗中肯，這裡不妨簡單作一介紹。胡在「追憶志摩」一文裏說：「他的人生觀真是一種『單純信仰』，這裏面只有三個大字：一個是愛，一個是自由，一個是美，他夢想這三個理想的條件能夠會合在一個人生裏，這是他的『單純信仰』。他的一生的歷史，只是他追求這個單純信仰實現的歷史。」茅盾雖然在「徐志摩論」一文中，表示不同意胡先生這一解釋，但以我看來，却是表面相反而實際相成的，他說：「我以為志摩的單純信仰是在他作品裏屢次說過的一句抽象的話：『苦痛的現在只是準備的一個更光榮的將來。』這就是他『曾經有過的』單純信仰。他的第一期作品就以這單純信仰作酵母。我以為志摩的許多披着戀愛外衣的詩，不能夠把來當作單純的情詩看的：透過那戀愛的外衣，有他的那個對於人生的單純信仰。一旦人生的轉變出乎他意料之外，而且超過了他期待的耐心，於是他的曾經有過的單純信仰發生動搖，於是他流入於懷疑的頹廢了。他並不像Brand那樣至死不懷疑於自己的理想。」

我以為志摩一生可以分為三個階段。從他出國而至離美赴英是第一個階段，在這期間他是一個血性青年，感懷國難，慨然以天下為己任，很羡慕劉現的舞劍和祖逖的擊楫，他自己承認這是受了梁任公慷慨激昂的文章的影响。這裡有兩件文獻可以証明：一是他民七赴美時在太平洋舟中所作分致親友的信，一是他留美時的日記。後者有云：「讀梁先生之意大利三傑傳，而志摩血氣之勇始見。三傑之行狀固極快之致，而先生之文章亦矢矯若神龍之盤空，力可拔山，氣可蓋世，淋漓沈痛，固不獨志摩為之低昂慷慨，舉凡天下有血性人，無不腦擾激發，有不能自已者矣！」前者有云：「況今日之世，內憂外患，志士貢興，所謂時勢造英雄也。時乎時乎！國運以苟延也今日，作韓波之續也今日。而今日之事，吾屬青年，實負其責，勿以地大物博妄自誇誕，往者不可追，來者猶可諫。夫朝野之醉生夢死，固足自亡絕，而況他人之魚肉我耶？志摩滿懷悽愴，不覺其言之冗而氣之激，瞻彼弁髦，惄如擣兮，有不得不吐其愚，以商榷於我諸先進之前也。」他的負笈遠遊，原是想充實自己，回來作一個愛國志士，救亡濟危，把國家搞好。這也可以說是他的早期的一個單純信仰。

記戊戌維新始末（十八）

舜生

以上面所舉出五個人——康、梁、譚、黃、嚴的言論、著作、以及集會，講學等等行動，其足以形成戊戌維新的思想背景，而且在當時一部分進步的知識分子中間表現一種活力，這是很自然的。可是以當時頑固守舊者的人數之多，以及他們因利害關係而相互團結以形成對這種新勢力的一股逆流，也是勢所必至而理有固然的。

舉例言之，如徐桐、剛毅、孫毓汶、榮祿等的公然反對改革；康著「新學偽經考」「孔子改制考」因給事中余聯沅之彈劾與張之洞之反對而先後燬版；（「孔子改制考」之銷燬，出自陳寶箴的奏請，可能係張之洞授意。）御史褚成博楊崇伊等之請禁強學會；吏部主事洪嘉與，浙人孫灝之痛詆保國會，湖南紳士王先謙葉德輝等之攻擊南學會與時務學堂並謀驅逐梁啟超；張之洞授意屠守仁著「辨闢韓書」以打擊嚴復；乃至湖南舉人曾廉之公然上書請殺康梁；……都是從這一股逆流中所表現的具體事實。

至於憑藉一個有力的政治地位，運用一種「言偽而辯」的文字，正式著書反對維新的思想與行動的，乃莫如張之洞的「勸學篇」。

「勸學篇」這本書分為外篇與內篇，全書近五萬字，內篇更分「同心」，「教忠」，「明綱」，「知類」，「宗經」，「正權」，「循序」，「守約」，「去毒」等九節，外篇分「益智」，「游學」，「設學」，「學制」，「廣譯」，「閱報」，「變法」，「變科舉」，「農工商學」，「兵學」，「礦學」，「鐵路」，「會通」，「非弭兵」，「非攻教」等十五節。張自己說明內篇的宗旨在「正人心」，外篇的宗旨在「開風氣」。

他在內篇中特別發揮了清朝列祖列宗的「深仁厚澤」，並列舉了清朝的一十五項「仁政」如「薄賦」，「寬民」，「救災」，「惠工」，「恤商」，「減貢」，「恤軍」，「重士」，「慎刑」……等等以實其說。外篇則不外根據他那一套「中學為體，西學為用」的想法，以及他當時辦理所謂「洋務」的經驗，發為一種似是而非的論調。他覺得：中國有可變有不可變的；如「倫紀」，「聖道」及「心術」，乃是絕對不可變的；如「法制」，「器械」，「工藝」等等，則是可以變的。尤其「民權」萬萬不能提倡，他認為一旦「民權」在中國實現，將「子不從父，弟不尊師，婦不從夫，賤不服貴，弱肉強食，不盡滅人類不止！」

張這本書是光緒二十四年春天脫稿的，這個時候，正當夏曾佑錢恂把章炳麟（太炎）推薦給張，張和章見面以後，張便把他這本大著拿出來向章請教，章看了他的內篇不置一辭，僅說外篇尚合時勢的需要，張大不高興，乃藉口他事，說章的心術不正，結果只送了一筆旅費，請章走路。（參看李劍農「中國近百年政治史」第七章）本來，當維新運動在醞釀的期間，張之洞是不反對的；他和康有為、梁啟超見面作過長談，他對強學會、保國會、及「時務報」都捐過錢；可是到了光緒二十三四年之交，他看見維新派的聲勢越來越大，而守舊派則上有太后的掩護，下有一般頑固分子的反對，其勢更不可侮；於是他乃搖身一變，以調停折中自居，表示他並不與康、梁同流，表面上裝出一副衞道的面孔，內心的打算，則在免禍而又能苟全他自己的地位。果然，等到他這本書送到了慈禧的手裡以後，慈禧乃認為於「學術人心，大有裨益」，當即命令軍機處頒發各省督撫學政，廣為刊布流傳，在出版後的十天，便已重版三次（見胡思敬的「戊戌履霜錄」），可看出他對維新運動的惡劣影響，決不是上舉那些反對力量所得相提並論的。假如我們說後來袁世凱出賣朋友直接破壞維新是「真小人」，張之洞這種騎牆手法所給予維新運動的打擊，便不能不說是赤裸裸的「偽君子」了：……「真小人」人可以鑑別，其貽害只在一時；「偽君子」顛倒黑白，淆亂是非的流毒，則可能歷數十年還不容易廓清掃蕩。一直到了六十年後的今天，還有人對民主自由加以種種曲解，還有人對「中學為體，西學為用」這種糊塗說法加以公然提倡，能說這不是張之洞這類人所造出的惡果嗎？嚴復說得最好：「有牛之體，則有負重之用；有馬之體，則有致遠之用；未聞以牛為體，以馬為用者也。中西學之異也，如其種人之面目然，不可強謂似也。故中學有中學之體用，西學有西學之體用，分之則兩立，合之則兩亡。……」（見嚴復「與外交報主人論教育書」）張之洞等以這類似是而非的說法，阻礙了清廷的改革以陷滿清於滅亡，今天一般糊塗蟲的本領，更不如張之洞遠甚，他們一類譸張為幻的說法，其足以妨礙團結，破壞反共而陷中華民國於傾覆，實在更使人感到慄慄危懼啊！

以上敘述戊戌維新以前的新舊衝突姑止於此，以下當進一步從正面敘述戊戌百日維新的經過。（待續）

析支列傳（四）

亮之譯註

1 析支於西美倫之工藝遺蹟，至為寶重。其中包括若干西美倫城堡，與一西美倫渡口；即西美利亞（Cimmeria）之地名，及西美倫、波士和拉（Cimmerian Bosphorus）之峽名（註一），亦復一仍其故。此等工藝作風，與西美倫人逃避析支、退出亞洲，殖民希屬半島西諾布城（Sinope）（註二）後之建築，正復相同。析支之人，天性豪邁；學步彼等，遂失其故；寖且以之輸入米太焉。蓋西美倫工藝作風，夙已風靡沿海，而析支則挾之以倡行於高加索（Caucasus）山右，如是以漸推廣內陸，米太遂乃受其影響也。——此說也，希臘與巴伯人（Barbarians）皆主之。

（註一）即今刻赤峽(Kerch Strait)。峽連亞速海與黑海，長二十英里，廣二至九英里。

（註二）在今黑海南岸。

13 阿里士提（Aristeas）者（註一），世居普羅亢涅薩（Proconesus）（註二），而喀特洛比（Caytrobius）之子也；其詩亦言：恍如中烈酒，遠遊瞿薩旦（Isseeones）；（註三）再進，為一目民阿里瑪斯披（Arimaspi）之所居（註四）；又進，為護金族格里芬（Griffin）（註五）；更進，為北風外人（Hyperboreans），以抵於海。諸族之中，北風外人而外，阿里瑪斯披實為巨擘，常侵其隣。析支之驅走西美倫於南海也（註六）瞿薩旦人立取析支舊土有之；阿里瑪斯披亦因而逐瞿薩旦去其故國焉。顧雖阿里士提所言如是，其於析支疆域，固仍未能確指也。

（註一）阿里士提（Aristeas）乃古希臘詩人，其離奇事蹟，下文記載甚悉。此所謂恍中烈酒，殆即指彼中惡失踪。此下引詩意。據白烏庫吉氏云、約為紀元前六五五年左右之作品。見氏所著西域史的新研究；王古魯君收入塞外史地論文譯叢第二輯。（說見該書P一三九）。

（註二）普羅亢涅薩（Proconesus）：原註：「普羅亢涅薩今名馬爾馬拉島，錫此名者為普羅旁第(Propontis)（馬爾馬拉海）。」按此海位於黑海與愛琴海之間。

（註三）瞿薩旦人（Issedones）：乃依唐玄奘大唐西域記瞿薩旦那一名改譯。按此國我國古籍譯名殊不一，或曰禺氏（逸周書王會篇、管子國蓄、揆度、輕重甲、輕重乙篇），或曰月支（逸周書伊尹獻令篇、史記匈奴列傳、張騫列傳等）、或曰牛氏（管子地數篇），或曰禺知（穆天子傳）；而匈奴謂之于遁，諸胡謂之豁丹，印度謂之屈丹，其國俗稱渙那（並見大唐西域記瞿薩旦那註）。實則皆于闐及聖經舊約創世紀伊甸之異譯也。余另有考據，茲不具贅。

（註四）一目民(Men With One Eye)見於山海經及淮南子。大荒北經曰：「有人一目，當面中生。一曰是威姓，少昊之子；食黍。」海外北經曰：「一目國在其東（按指鍾山之東），一目中其面而居。」淮南子地形訓，則名之曰一目民。亮按：凡此所云，皆以目形為圖騰之氏族，古人行文樸質，中西所同，故逕以其圖騰名其人，非必其人生理上皆「一目中其面而居」也。又我國商周銅器皆有目紋，友人陳仁濤氏所藏河南安陽四盤磨村出土之商石造像更刻有目紋十；於此可悟初民以目為圖騰之原因。

（註五）格里芬（Griffins）：黑白雜種人。按此族以護金名，則我國若干古籍以金德屬西方（見呂氏春秋孟秋記註及禮記月令孟秋疏），於此亦可窺得消息。

（註六）南海：原註三：「即攸克辛（Euxine）」。按即今黑海（Black Sea）。又原註四：「阿里士提此詩，實反映一重要而普遍之事實，即游牧民族間不斷之相阨，蓋自太古即已瀰漫亞洲中北及歐洲東部之大平原。」

本刊已經香港政府登記
每逢星期五出版
聯合評論 週刊
United Voice Weekly
第一二八號
督印人：黃宇人　總編輯：[illegible]
CHINESE-AMERICAN PRESS, INC
199 CANAL STREET.,
NEW YORK 13 N. Y. U.S.A.

對美國新政府的希望

僅憑實力談判，不能創造一個法治的新世界

黃宇人

美國甘廼廸總統的就職演說，博得了全世界的好評。由於美國是自由世界的領導國家，美國總統對於國際問題的意見，對今後的國際局勢，自有決定性的影响。在歷史上，一個國家的總統，其就職演說卻無一語涉及內政而專談國際問題，似乎尚無先例。由此，可見這位白宮的新主人深知今日之事，國際形勢決定一切，而將以最大的努力，作最佳的應付。

甘廼廸總統對於處理當前各項國際問題的基本概念，確有獨到之處。他以莊嚴的詞句，重申美國革命的信念——人權並非出自政府的慷慨施給，而乃是上帝所賦予；誓不惜任何代價，予以維護。並號召美國人民繼承先烈遺志，肩負重擔，忍受苦難，為對抗人類的共同敵人——暴虐、貧窮、疾病和戰爭而鬥爭。更主張創造一個法治的新世界，而不是勢力的新均衡。在那個世界中，強者公正、弱者安全，而且永保和平。

我讀了他的這篇演說以後，深覺得甘廼廸總統具有很大的活力，不但其熱烈的情感至足動人，而其崇高的理想，尤令人嚮往。他說，讓我們向朋友和敵人傳出消息，美國革命的火把，已傳給了新的一代，足証其信心也是很堅強的。

兩年來，我曾在本刊幾次提到自由世界應製訂一個建立世界新秩序的計劃大綱，以為共同努力的準則，而代替目前這種各自為謀和頭痛醫頭，脚痛醫脚的零亂現象。因此，我對於甘廼廸總統所提創造一個法治的新世界的主張，特感興趣。希望在最近的將來，他更能提出一個較具體的方案。

甘廼廸總統雖然深知蘇聯和中共沒有放棄控制世界的野心（見其國情咨文）；但為了要「避免一科學所發出來的兇險的破壞力量，在一次有計劃的或者是無意的自我毀滅行動中，將人類整個吞沒」，仍想加速充實美國的軍備；然後憑實力與他們談判，其重點則在於裁軍。我以為談判固然是解決國際糾紛的常道；而在現局之下，僅憑實力談判一途，則絕不能有助於法治的新世界的建立。

不要忘記了鐵幕後的人民和亞非兩洲的廣大地區

林肯總統曾有一句名言：一個一半自由一半奴隸的國家不能久存。同樣的理由，一個一半自由一半奴隸的世界，也不能久存。因此，如果鐵幕後的廣大人民不能獲得自由，亞非兩洲的廣大地區再被劃在美國的防綫以外，縱或甘廼廸總統的實力談判政策能迫使蘇聯有所顧忌，而對裁軍問題達成某些協議，至多祗能使美、英、法、蘇諸大強國之間的緊張氣氛獲得暫時的和表面的緩和；但造成今日緊張局面的基本因素還是繼續存在的。

年來黑魯曉夫頻頻表示願與西方國家談判和平，除了企圖藉此麻醉自由世界的人心，而鬆弛其軍備而外，其另一主要原因，即是他認為在現局之下，利用滲透和傾覆的方法更容易達到其所謂世界革命的目的。以故，在和平共存聲中，共產的侵畧勢力已由亞洲而深入非洲和南美，如今更達到美國的後門——古巴。可知在未來的裁軍會議中，蘇俄縱或有所讓步，亦必繼續並加強其滲透和傾覆的活動，動亂仍將隨時隨地發生。不但甘廼廸總統所想望中的新世界無由實現；即其所不屑為的新均勢，亦不能久繼。因此，我認為美國在憑實力與敵方談判的同時，應於不直接介入戰爭的範圍以內，給予鐵幕後的人民以一切及時而有效的援助，支持他們自求解放。，對於亞非兩洲的廣土衆民，也應視為一體。才是確保自由，防止侵畧的根本之圖。假如為「與蘇聯和中共求得一時的妥協，竟置鐵幕後的人民於不顧，其或還要犧牲弱小盟國的利益（如主張將金馬交與中共等）或迫使被劃在防綫以外的反共國家步向中立（如寮國等），那就更與他所宣佈的崇高理想背道而馳了。

不要再包容寄生於自由世界的獨裁政權

復次，甘廼廸總統既申言不惜以任何代價維護人權，確保自由，則對於接受美援而置身於自由世界之列的某些獨裁政權，就必須採取新的態度。我並非主張美國應利用美援去干涉盟國的內政，也不是主張自由世界的每一個國家都應將美國的一切民主制度原封不動的照抄過來而付諸實施。而是堅認反共鬥爭，乃是民主與專制自由與奴役的鬥爭，自由世界的陣營中絕不容許有獨裁政權的存在。否則反共鬥爭的基本意義盡失，而且，歷史告訴我們，獨裁政權正是共產主義的溫床。愈是獨裁專制的國家，共產勢力愈易發展。沙皇統治下的俄國，國民政府統治下的中國大陸和巴提斯達統治下的古巴，都是如此。因此，今日寄生於自由世界的某些獨裁政權，正如人身上的毒瘤，及早割治，尚有痊癒之望；遲則為害不堪設想。

即就美國一國的現實利益來說，這些獨裁政權藉反共為名騙取美援，而卻貪污腐敗，不圖自立自強。更由於人民的不滿，而自覺朝不保夕，反而以壓迫民主自由運動為唯一要務而置反共大業於不顧。他們依賴美援而生存，卻對美國諸多疑懼，倘一旦被其統治下的人民起而予以推翻，則代之而興的新政權往往又因美國曾予舊政權以支持而採取疏美或反美的態度。因此，我認為不但為了維護美國革命的信念和鞏固自由世界的陣營，美國對於這些獨裁政權，必須善盡其影響力，輔導他們步向民主的正軌；即為了美國自己的利害關係，也不能再讓他們利用美援以建立其一黨一派，甚至一人一姓的獨裁統治而視若未覩了。

答客問一則

左舜生

最近若干年，隨時都有些路過香港的客人，向我們問長問短。問題是形形色色無所不包。有的問得相當深刻而難於置答，有的涉及某一具體的事實，我們也不一定弄得清楚。有一種客人，他們過去原已到過中國，甚至對中國近年若干的事實，原已有相當的了解，這還不難應付；有的卻是初到遠東，或其人本有專長專業，他們僅以一種旅客好奇的心情，發問往往廣泛而空洞，幾使我們要從「人之初，性本善」談起，然後落到本題，他們才感到：「啊，原來如此。」

現在我不妨就新近所接觸到的兩個例子提出來談一談：

有一位朋友，他是頗留意中國自對日抗戰以來以及最近十多年來的演變的，一共和我談過三次，我知道，毛澤東這個人，在他的心目中，始終是一個迷，毛的成功失敗，乃至中共的成功或失敗，我不曾聽到他下過斷語。在上星期我們最後的一次見面，他突然問我：「毛這個人到底怎樣？您能不能拋開成見，給他一個客觀的評價？」

我回答；關於這個問題，您問過的人已經不少，我所知道的不會比別人更多。當毛把一個政府主席的位子讓給劉少奇的時候，有不少的人以為他從此要走下坡，我卻是充分知道不然的。因為中共的內部，尤其是在表面上幾個可與毛比權量力的人物，確沒有一個比毛更行的。毛能爬到今天的這個位子，其原因在此，而終於不能有較大的成就，其原因也在此。毛對若干和他並馬創業的人物，一部分保留下來的，都位置得很妥當，使他們得到滿足；一部分必須去掉的，他卻又做得很澈底，使他們無可奈何，這便是毛在黨內地位相當穩固的由來。說毛在黨內比他的一般黨徒們行，這並不等於說他能把中國搞得好，其原因便是毛本人的毛病實在太大。在這裏還要先加上幾句公平話，要把一個中國搞好，確也眞不容易，凡過去和現在的任何一個中國人，以為只要他來，便很容易把中國搞好，實際都是「鬼扯腿」，換言之，便都是胡說。有些人，尤其是你們外國朋友，以為毛平日歡喜自己動手寫寫文字，而他的「選集」也居然出到了第四冊，總以為他眞有什麼了不起的知識；實際就我所了解，以言世界水準的新知，毛還不會摸着門；以言中國水準的舊知，他還隔門有九百九十九里！假定他稍有新的常識，至少他不會提倡「土法鍊鋼」；假定他稍有舊的常識，至少他不會堅持「人民公社」。不過話得說回頭，毛確有長處：他長於幻想，敢於武斷，勇於實行，不惜濫費，不計成敗，能巧妙的抓住軍隊，能迅速的排除異己，當硬則硬，要軟，能吹顛三倒四的法螺，能造五花八門的口號，大言欺世，[illegible]止毛本人已自命為中共的領袖，而世人也就居然以中共領袖看待他了。最近兩三年，他的膽子越來越大，他簡直不惜以整個大陸作為他幻想的試驗場，以六億人民作為他武斷的試驗品，過去殺兩千萬人他毫不動心，現在活活整死三億人，他也斷然不顧，由「人民公社」而「土法鍊鋼」，而「大躍進」，而普遍「下放」，而普遍「勞役」，以無可補救的人禍，造成無可補救的天災，讓你們病，讓你們餓，讓你們死，完蛋在所不管，丟臉在所不惜，總而言之，統而言之，他對你不對，他不犧牲你犧牲，活該……

凡此，決不是我在這裏發揮什麼成見，而是一一有事實可指，為舉世所週知，也為世人所共見，甚至就是他們自己在海外辦的報紙，也狡辯無可狡辯，只好宣傳一點頹廢不堪的「我就是那多愁多病的身，您就是那傾國傾城的貌，」只好描繪一點淫蕩無恥的「紅娘你且先行，小姐權且落後，」於是乎共產黨最初發起時期那一點蓬勃的氣象，延安時代那一點掙扎苦幹的精神，也就掃土無餘，而毛澤東乃眞的走向下坡了啊！」

話說完，客人兩肩一聳，望着我苦笑，然後興辭而退。

另一次，情況不同：我們一共有八個人在一家餐館聚談，主人是客中之主，實際還以主人自兼翻譯，我們同去的三個，也同為主人被邀之客。在樓上一間靜室，從晚上八點談起，一直談到十二點餐館打烊，上天下地，由台灣而大陸，而整個亞洲，而整個世界，眞可說是一度快談。提問題的始終是一位女客，目光四射，態度雍容，她是曾任過高級外交官的。最初，談到各色各樣的問題，多由我同去的朋友作答，我只在中間參加一點意見，談到末了，她問：「自然，期待日本的復興，實是同各位一樣的，[illegible]

美國人的反共概念

謝扶雅

儘管美國人都不喜歡共產主義，但是，就嚴格的意義說來，美國人民不是「反共」，至少不像我國人那樣通常視與共黨為不共戴天之仇，認共產主義為大逆不道。與其概括地說他們是反共，毋寧說他們只是反對共黨之反自由民主、反人權，及其現行政策之滲透侵畧吧了。美國朝野從來沒有如我國一些人的動輒呼斥「赫酋」、「毛酋」，毋寧要竭力同他們打交道。即使在被稱為反共最力的杜爾斯國務卿時代，也還和中共在日內瓦，在華沙，不斷作大使級會議，談判復談判，從沒有如所謂「漢賊不兩立」、「誓不共戴天」之慨。中國人不了解他們這種思想背景，時時譴責他們對共妥協、姑息、安撫；尤其是對甘廼迪上台，就憂其將較前艾森豪政權更趨姑息、更妥協，甚或投降。我看見過一篇中國文章還盛氣高調了今日美國既稱領導全世界，為何不發動浩浩蕩蕩的討共東征十字軍呢。這種遠離現實，全無政治觀念的說法，適足以自曝其童稚無聊。前幾年，我們的第一夫人蔣宋美齡在這裡還親口對美國記者說過，要美國丟原子彈到中共大陸！

誠然，自甘廼迪競選得勝之後，赫魯曉夫對他屢次不一次地送了最媚態的秋波，展開了空前的笑臉攻勢，賀當選、賀新年，並宣稱蘇俄對U2事件算作永隨一九六〇年而忘記、消逝，又懇勸甘廼迪要如昔年同黨羅斯福總統時代那樣，美蘇兩國親密提携。對這些，不但甘氏本人不睬不理，更惹起了素來傾向民主黨的紐約時報，屢在社論中重重加以教訓。大致謂：美國總統根本不像克姆林宮主人共產黨魁之可以把持獨斷，美國的一切政策，必惟人民公意是從，民主國家主權不在總統一人之手。美國人絕對不賣你赫魯曉夫送新總統秋波的帳。時報今日（甘氏宣誓就任前五日）的社論甚至說：我們美國總統的職位（Presidency）不過是一個象徵，等於今日英國的女王。這些話無非一方面曉示共產集團以民主政治不同專制獨裁，毋勞外人以擒賊擒王的手段，專來籠絡民主國家的元首；另一方面也在勉勵甘廼迪，應當追蹤故羅斯福總統的新政宏猷，但亦不可傚羅氏之有時過好權力。換言之，美國人厭惡一黨專政，厭惡開汽車的司機不但不聽從雇車主人所要去的目的地，反倒騎在他主人人民頭上。

他們一般反共的基本概念既然如此，所以普選得勝的甘廼廸，在其所訂或今後的外交政策上，必將其歷來的言論：（一）盡力督促亞非新興國家使其走上民主自由幸福之路，其方式為經濟上、技術上及教育上的大量援助，而儘量的減除軍援，（二）對共產國家則謀直刺入到他們心臟裏去，不再如舊法隔離傳染病患或採圍堵政策。因而今後美國不但要與蘇聯加倍盛行來往，更要設法打開與中共僵持之局。甘廼廸除蟬聯了艾森豪任內的蘇聯問題專家湯姆遜（L.E.Thomson Jr.）波崙（C.E.Bohlem）二人之外，更邀聘著名的蘇聯問題老權威肯南（Keunen）自普林斯登高級研究院出來，為對蘇外交顧問。大家已都知道前兩屆（一九五二、五六）候選總統的史蒂文生近已出任為美國駐聯合國大使，並有一種了解，他要充美國外交的決策人，即實質上佔着比之國務卿魯斯克更重要的地位。史蒂文生為國內外知識界及外交界最負聲譽的人物，以「知己知彼（指共產集團）百戰百勝」的大智囊著稱。本來美國大多數高級知識分子素來都是傾向民主黨政策的；他們更不斷地在為「謀與中國大陸人民接觸」而努力，因為他們認定大陸的民主改革，仍要賴大陸當地的人民。事實上，甘廼廸今所組成的閣僚差不多都是這種高級知識分子、名教授、專家。所以美國新政權這種對華動向，台北的國民政府固將對之絕表焦慮，而海外泰半華僑亦或為之感覺不安。

然而客觀形勢既演變到如此地步，我們必須及早準備，善為應付。

按照這種情形看去，美國對台灣的軍援，今後勢必減少，但可能經援方面在某種條件下得以增加。果爾，筆者將不為自由中國憂，而反為自由中國幸。我毋寧贊成自由中國政府一點也不要從美國得軍援，從而可以獨立自主地展開反攻大陸的軍事工作。

這樣，我們固然可以廢止前年的蔣杜聯合聲明，也可以修改中美軍事協定。關於美國人常說，台灣反攻大陸等於神話這一節，筆者曾同美國熟悉這方面的人討論過。我說，我們一旦登陸沿海某個地區，內地必將萬山萬谷響應，中共政權，即立歸於崩潰。他說：好，你們大軍登陸的時候，中共勢必立即轟炸台灣，而且還去轟炸菲律賓和日本。爾時我們美國當然迫得回炸大陸，但說時遲，那時快，蘇聯的越洲飛彈也已到了我們美國的心臟來了。他問我有何保証毛澤東不還樣蠻無理性。因而，

他繼續說，美國必要力謀探悉中共的心下算盤，必要戳穿它的葫蘆。

不過，正如中共在叫哮解放台灣是中國內部之事，我們自由中國更為解救大陸億兆同胞之水深火熱，為光復祖國河山，不能不自己負起這個使命。我們反攻大陸，不是等於向另一國家開火。光復是中國人自己的事，美國無權阻止，蘇聯也實在不會來干預，至少赫魯夫曉要比毛澤東理智些。所以我們對於甘廼廸政權的力求明瞭共方實情是怒為於自由中國有利而無害的。我們的大害是在於台北執政者沒有反攻的決心與信心，他們不過拿六十萬軍隊來保持自己私家的實力，造成一個「警察國家」而已，這正是美國民主黨人士所最齒冷而皺眉頭的。甘廼廸史蒂文生等之外交政策所以加重拉緊那些政治經濟落後的亞非國家，而顧於放鬆對自由盟邦，如英、法、西德等國，無非顧慮前者之每不爭氣，不走民主自由，而反走上壓迫人民，摧毀人權的惡醜途徑，眞正做了共黨的同路人，而對英、法、西德這一點，却大可以安心無懼。至於他們對付共產集團，則一本西方根本思想的立場，「要克服自然，先探究自然」（The Knowledge of Nature Preceeds the Conquest of Nature），要透澈「知道」對方，他們鄙視那種盲目的反共，沒頭沒腦的反共。所以一個刊物主編者的雷震，因藏有了十四本中共方面的圖書而竟被判為共諜的駭人事件，是為美國人所絕端惡聞的。我國操觚之士，了解美國這種反共概念，就不會主觀武斷地，妄評美國對共政策，且必進而督促本國當道，在配合自由世界應付現代大勢的方針上，自己站穩自己的崗位，並做自己應做的事，發揮自己應盡的力量。

一九六一年一月十五日自美東

中共對日本的企圖究竟是怎樣的

劉裕畧

據中共人民日報一月廿二日載：中共工會代表團應日本工會總評議會的邀請，已於一月廿二日乘機離開北平，前往東京。「這個代表團的成員有：中國機械工會全國委員會主席李雲川、中國鐵路工會全國委員會副主席蕭洪啓、中國教育工會全國委員會副主席方明、北京市總工會主席王烱、上海市總工會副秘書長韓西雅等」。代表團團長則是中共「中華全國總工會副主席李頡伯。」

看過這消息後，不禁使我想起去年秋，中共亦會派工會代表團到日本的事來。中共何以一再派遣工會人員往日本呢？這是值得研究的問題。而要分析和了解這一問題，筆者以為非從中共對日本的基本企圖說起不可。因為這問題不是孤立的。

說到中共對日本的企圖，又不能不把它聯繫到它的國際屬性，又聯繫到整個共黨陣營對日本的策畧來看。這主要的是因為中共對外政策乃從它的共黨國際屬性出發、而以蘇聯為首的國際共產黨對日本的政策又已早有決定之故。

所以，中共一再派工會代表團赴日本，表面上只是去慶祝日本總評的成立紀念或友好訪問，實則幕後背景複雜，問題極不簡單。

而要分析整個共黨陣營對日本的企圖，在時間上，又不可不回溯二次大戰後的整個形勢。那時候，美軍正從各方面復員，因之，原來駐防在南韓的美軍亦奉令撤退。而當時的史大林是亟欲先行佔有南韓，進而威脅整個日本的。史大林之所以如此，是因為史大林乃一個深謀遠算的政畧家和戰畧家。早已看到隨着二次大戰之結束，以蘇聯為首的共黨集團與由美國為首的自由世界即將逐漸進入對立的鬥爭態勢，且將愈演愈烈，愈變愈趨尖銳。在此情勢下，日本與德國，雖然都屬戰敗國，但其在亞洲與歐洲的政畧戰畧價值則極高。它們簡直就是亞洲與歐洲的戰畧焦點，誰能儘先佔有它、控制它，誰就佔亞洲的戰畧形勢上佔有優勢。再看日本在亞洲的形勢，則蘇聯的遠東據點在海參威。海參威與日本之關連，則正如圓心與圓弧之關聯，海參威立於圓心地位，日本則立圓弧地位，故就防禦形勢講：海參威這一圓心有被圓弧上日本半面圍攻之險，再就蘇聯之攻勢戰畧來看，則自帝俄以來，俄國即力謀在亞洲尋求出海口，倘日本為蘇俄所控制，則以海參威為根據地之紅海軍可以自由進出太平洋，從而遠擊美國。相反，若日本與西方結盟，則蘇聯之紅海軍將大部被日本所封鎖，而蘇聯是以世界革命為目的，幷非只在保守的。何況，日本之工業，在亞洲首屈一指，無論軍火工業、飛機工業，造船工業等，皆遠駕中共之上，故蘇聯在亞洲一直以日本為假想敵，亟欲儘先對付日本。那實是傳統形勢早就規定了的。所以，當二次世界結束不久，蘇聯即乘美軍自南韓撤退，而南韓本身建軍尚未完成之際，即於一九五〇年夏突指揮北韓進攻南韓。其表面之直接目的，似在席捲南韓，而其眞正的戰畧企圖則在指向日本，威脅日本，然而出乎史大林意外的是，他的這一打算幷未成功。美軍在聯合國旗幟下迅速到南韓作戰。這是史大林一生的兩大失敗之一（其另一失敗，是在共黨陣營內出現南斯拉夫之狄托）。這也是蘇聯正面圖謀日本的一大失敗。

由於這一失敗，加上日蘇世仇，而蘇聯人已極難對日本作直接經營，中共政權此時則已在中國大陸建立起來，再加上中共與日本可以拉扯種種關係，所以，以蘇聯為首的共黨陣營之對日政策乃作了一大轉變。蘇聯不再正面對付日本，而僅以歸還庫頁島等問題對日本作餌，以引誘日本中立。整個共黨對日本的政策，乃變成軟硬兼施：硬的方面是蘇聯與中共成立以日本為假想敵之聯盟，以脅迫日本；軟的方面則由中共以貿易作餌來引誘日本與中共締交，因為毛澤東相信「政治是經濟的集中表現」，只要日本政府與中共發生密切的經濟關係，便不難一步一步的把日本誘導到政治關係去。

但中共知道日本的經濟與貿易實與[illegible]所以中共除了以此引誘日本的商人，另造成錯誤的輿論以壓迫日本政府外，[illegible]其最高目的是使日本赤化，如若不能，則必須先要走向中立化，而要達到上述目的，則必須先要隔離日本與美國的關係，以孤立日本。但要隔離日本與美國，又非加強日本的反美力量不可。而日本工會總評則又是日本反美的主力。日共在日本的實力及號召力均遠不及日本工會總評，這已見之於反岸信介內閣及反艾森豪訪日的實際行動中。所以，整個共黨集團在日本的鬥爭與運用乃通過中共來影響日本工會總評，幷未交予日共。

惟其日本工會總評是日本反美運動和反岸信介內閣反池田內閣的主力，所以，中共就一再使用中共御用的工會組織——「中華全國總工會」派遣代表團到日本去煽動日本工會，從量的漸變，求質的突變，以逐漸壯大日本反美反政府力量，從而達到顛覆日本之目的。

另據一月廿四日人民日報載：「日本工會總評議會十九日決定成立「中央工農會議」，以便在即將發動的工人春節鬥爭中，同農民進行聯合鬥爭，反對池田內閣的反動政策。」我們曉得，支持日本保守政府的社會基礎，[illegible]若僅是日本城市中工人及左傾學生，實尚不能顛覆日本右翼政府，若日本農民的政治態度發生問題，那末日本就有赤化的危險了。而中共現在竟然嗾使日本總評向農民擴張其統戰工作，這陰謀却是很毒辣的了。

大陸糧荒與對外關係

田心

大陸糧荒的嚴重，確實是空前的，它已經引起國際上的注意；從而或將帶來一些新的問題，這裡予以簡畧的討論。

中共中央對這次糧荒的處理原則，反映在八屆九中全會的公報上，公報指出：「鑒於農業生產連續兩年遭到了嚴重的自然災害，一九六一年全國必須集中力量加强農業戰綫，貫徹執行國民經濟以農業為基礎，全黨全民大辦農業，大辦糧食的方針」。是亦即，其對於糧荒的積極措施是於一九六一年放棄優先發展重工業的方針，來全民大辦農業。

公報對於糧荒的兩項消極措施則是：一、整那些「利用自然災害所造成的困難和某些基層工作中的缺點，進行破壞活動」的「沒有改造好的地主階級分子和資產階級分子」，照它的估計那批人約佔「人口百分之幾」；百分之一是六百七十萬，百分之九是六千萬，也就是要鎮壓約六千萬人，使大陸不致於在糧荒下不安。二、對「災區人民表示慰問」，號召全黨和全國人民堅持「艱苦奮鬥的優良傳統」，亦即要求災區人民飢餓一些，再飢餓一些來克服當前困難。

此外，公報又强調顯示：仍不放棄總路綫，大躍進，人民公社這「三面紅旗」。

大陸糧荒消息透露後，國際上迅即起了反响：

首先英國報紙提出，要美國以剩餘糧食救濟大陸糧荒，其設想的根據是，蘇聯早期曾接受過美國這樣的援助，當時美國也未曾承認蘇聯。一月二十五日，美總統甘廼廸招待記者對此却表示：如北平公開要求，則美國可鄭重考慮，但他指出下述兩項事實：在糧荒聲中，中共還輸出糧食到外國，現仍堅持對美國的强硬態度。因此美國將不會主動向北平提出建議。以美國剩餘糧食救濟大陸災民的可能性是極微的。

其次，我們該注意蘇聯的態度。幾乎是與中共召開九中全會的同時，蘇共中央委員會也召開了全體會議（一月十日——十八日），討論的主要問題也是農業問題，赫魯曉夫在會上大發脾氣，猛烈指責各級農業官員，同時也認為因為自然災害的關係，使去年的收成減少；亦即蘇聯自身糧食生產也不很够。自中共奪得政權以來，中共與蘇聯交換的大宗輸出品是糧食，亦即說在某種程度在蘇聯是依靠中共的糧食的。之外、我們還必須注意，毛澤東的搞大躍進運動，是開始於一九五七年十一月間從蘇聯歸來，許多觀察家認為他在蘇聯受到刺激才搞「三面紅旗」；這種說法雖不盡可靠，但他的某些行動確是表現其對蘇聯負氣，是故一再强調自力更生。更何況，在赫魯曉夫老早就公開說道人民公社的制度在蘇聯已經試驗過，反對毛澤東的這種殺鷄取蛋的做法。而今，糧荒發生的基本原因，除了天災外，人民公社制度也要負主要責任，在這種情況下，毛若對赫求助，那末首先就該取消人民公社，否則是難開口的，上面已經指出，九中全會再次强調「三面紅旗」的正確性，足見毛是要死抱住這個人民公社的。

由上情況來觀察，蘇聯支援中共救災的可能性也是極小的；在債務償還方面，中共也未必肯主動要求蘇聯展緩。

第三，據外電報導，中共已向澳洲購買了糧食三十四萬噸，同時又在加拿大商談購糧，照目前的情況看來，今年對自由世界貿易與援助的輸出入糧食對比的差額，可能是輸入大於輸出，但與其缺額來比較相差甚遠，無補於實際。公開向外購糧來救災的可能性也是不大。

就上述三方面的結論來觀察，中共對待糧荒的基本辦法，即九中全會公報的鎮壓與餓些再餓些。

從大陸鬧飢荒說起

・歐陽同・

從農曆計算，大陸今春已有荒歉的跡象，中共諱疾忌醫，不肯吐露實情，只積極下放學生和幹部，集中人力於農村，美其名曰「大力支持農業」、「以糧為綱」。一個宣稱久經走向工業途徑的國家，突然要轉頭攬農業，誠是不祥之兆，至少說，這個國家的農業基礎尚未穩固，所謂工業發展也必存很大的問題；這一點，當中共大鬧工業建設的時候，有識之士即已指出它不合經濟發展的規則，最後歸於失敗。即以中共理論來說，試問「計劃經濟」者完全超越自己的計劃行事，豈非自亂章法，而一九五八年提出大躍進更是盲目之舉。

一個國家由農業走向工業，其成敗決定於許多因素。最重要的，還是在農業基礎是否穩固？假如是確定的，它的進行必然順利，例如十八世紀的英國，社會相當安定，機器一出現，地主、貴族、騎士們拿出他們的財富向工業投資，很快工業化；在後的美國、法國、德國和日本，都是在農業基礎穩定下進行工業化的，也都成功了。中國鬧工業化比日本還早些，到今天已近百年，始終不可得，病在農業未能真正發達。但中共以為中國缺少的是馬列主義。但十一年的統治，工業化依然是一個幻影，現在甚且弄到中國人民沒飯吃了。

記得中共曾經說過，由農業社會改變為工業社會，其中必定要經過一番痛苦，一九五〇年時，毛澤東也說，中國的前途是困難的，但是有辦法的，也是有希望的，這話只對了三分一，農業破產，工業那有辦法？希望從何說起？

我們有極大的信念，中國工業化並不是什麼了不起的問題，苟能認清農業是工業的基礎這一因素，埋頭慢慢做去，不出五十年就能像個樣子。但如果把經濟的立國之道看作是政治理論問題，便將愈走愈遠，中國將永遠陷在苦痛的深淵裏。

國家工業化，在於資本的累積，最初的資本必須來自農業，這是無可否認的。因之，怎樣發展農業，才是當務之急。中共基於仇恨的感情作用，鬥垮地主，從民間搜括來的資本悉遭虛耗，對整個國民經濟來說，是個莫大的損失，而農民生活並未因之改善。「人民公社」的出現後，消滅了土地所有權，變財產私有制為公有，公社在政治目標的指引下，要負起累積資本的任務，另外還有種種剝削，以上繳累積資本為首要，剩餘的才攤算工分，農民的生活反居其次。如此情形，農民無法儲蓄，也不肯儲蓄，真的「一窮二白」了，不幸先後連續十年遇到大小災荒，一切化為烏有，國家無法賑濟，農民不能自救，除掉等死以外，看不出有什麼辦法。

中共懂得馬克思主義，馬克思却未必了解中國農業社會，以及中國不能盲目速求工業化的真正原因，中共胡亂引用，結果鑄成大亂！

中國工業化是個經濟問題，祇有穩定農業才是工業化的必要步驟，此乃因工業和農業有密切的關係所決定，這一點，中共根本不明白，開始便從工業着手，希望藉工業的發展去提攜農業，解放後不久，他們在長春設立拖拉機廠，也有不少產品，但由於農村技術和燃料不足，土地性質不同，拖拉機無法廣泛使用，耕種依然要靠人力，如此的工業投資對農業毫無幫助。

類似的情形還很多，總之，中共拜馬列主義之賜，在大陸攪工業建設，純粹是浪費。今天農村鬧飢荒，他們才覺察到問題嚴重，開始「以糧為綱」、「支持農業」，但這是否說明中共能夠覺悟農業前途還大有可為呢？以經濟的眼光來看，仍不可能，因為中共當政的十年中，徹底破壞了農村組織，削弱了生產力，而人口不斷增加，每年稍有餘剩，又給增加的人口消耗掉了，連發展農業的資本都無法累積，長此以往，愈來愈貧困，勢將進入惡性循環。

中共破壞農村組織，開始於農業合作社，大成於人民公社，他們認為中國農村組織以家庭為基礎，不脫封建的色彩，難使生產力發展，但中國農村組織好的一面，中共却將它抹煞了，即是農村對於人口的容納力。

中國為世界人口最衆之國，清康熙年間的估計，祇有四億，中共最近的宣佈已有六億五千萬，三百年間，增加兩億五千萬人，這是不可思議的事，任何國家都無法負担，中國倒未感覺有人口過剩這回事，其原因，正由於中國農村的組織有極大的人口容納力；四口之家耕地十畝，等到八口之家，仍舊耕地十畝，只愁人丁不旺，絕不想到土地太少，雖然，中國的貧困與此關連，而面對人多的事實，以及繁殖力驚人的事實，農村人口的容納量無疑是起了緩衝作用。

通常人口的增加，每年約為百分之二，按此比率，大陸每年要多一千三百萬人，農村的家庭組織既已破壞，新增的人口必須由公社負担起來，累積資金有一部份被消耗掉了，當是事實。在農業未有機械化前，生產量還局限在舊的方法，不能和人口作相對的增加，也是事實。若按馬爾薩斯的法則，人口增加是幾何級的，作物增加是算術級的，不消三五年，中共將被他的龐大人口壓力拖垮，如果這兩年的大災荒不死人，不減低出生率。

儘管中共反對馬爾薩斯，以人口衆多而自誇，然而人口畢竟是一個嚴重的問題，公社成立後，人民的生活每下愈況，更為中共的農業前途作了確切的說明。

五屆縣市議員選舉的評價

·筱微·

（台北通訊）台灣省第五屆縣市議員選舉現已全部竣事，總計當選人的黨派關係，國民黨約佔百分之七十二。不過，其中有許多人却不是以國民黨候選人的身份出顯，而是以個人的身份自由競選。由於此次選舉，黨外的候選人也被允推舉監察員，他們在執行監察任務時雖然仍受了許多阻碍；但比之於過去完全由國民黨一黨包辦選舉監察的局面，總算是有了進步。

新黨的聲明

中國民主黨籌備委員會於一月二十日在台北舉行第五屆縣市議員選舉檢討會，出席者有夏濤聲、高玉樹、李萬居、齊世英等五十餘人，經三小時的討論，發表四點聲明如下：（一）五屆縣市議員選舉在表現上雖略有進步；但舞弊之處仍多。處理廢票，依然還有偏袒，領選舉票簿又不公開，顯有弊端存在。（二）各縣市監察小組不能發揮實際監督作用，黨外候選人所推監察員等於有名無實。（三）鑒於此次候選人推舉監察員之經過及監察員不能為其推舉人負起監票責任，建議政府和國民黨今後應使在野黨共同辦理選舉事務，才能達到公平、合理、合法之目的。（四）此次選舉結果，國民黨籍候選之人當選比例佔百分之七十二，與新黨原希望在野人士當選三分之一的初衷距離很近，而黨外人士所得票數更大為增加，新黨對於中國民主運動之前途甚為樂觀。

青年黨的批評

青年黨中央黨部所主辦的民主潮半月刊本月十六日特著社論，對於五屆縣市議員選舉，有嚴正的批評。社論指出候選人發表競選意見所受的不合理限制比過去任何一屆為多。前年修改選舉法規，將「違反國策」或「無事實漫罵政府」列為禁條，此次又由省政府以命令先後發佈「補充規定」和「重新規定」，將「挑撥政府與人民的情感」和「不屬於政見範圍而有損害國家利益」兩項，也列入「違反國策」的範圍以內。在候選人登記前夕，又將「無事實漫罵政府」延伸為「無事實漫罵任何團體或個人」，顯係不但不許批評政府，也不許批評國民黨及其黨員了。在候選人和助選人發表演說時，還命令選舉事務所派員到場錄音，如被認為情形嚴重，有些縣市還規定應立即報告治安機關處理。於是，主張實行眞正民主和爭言論自由，都被視為「挑撥政府與人民的情感」，反對警察壓迫攤販和三輪車夫，也被視為無事實漫罵政府，証明此次選舉，候選人並沒有言論自由。社論又指出宜蘭台東兩縣的退役官兵輔導委員會在投票前夕，臨時調整榮民和軍眷的駐地，為國民黨的候選人集中選票。第一屆選舉時苗栗縣長當選人劉定國被法院曲解為現職軍人而官判無效。第二屆選舉台中縣長候選人王地於投票之前夕突被召服兵役，使國民黨的候選人廖五不競而當選。第三屆選舉桃園縣許新枝擊敗國民黨候選人，被判無效，重新選舉又當選，則被政府調往金門服役。第四屆選舉省議員候選人李秋遠在投票前夕被召服兵役。此次選舉台北市議員楊玉現決定繼續競選，又在候選人登記之前夕被召服兵役，証明以兵役干擾選舉。社論最後更引述國民黨台灣省黨部書記長羅才榮（四川人）的一封信，原來國民黨先決定此次縣市議員選舉，大部份縣市不提名，提名者亦不提足額，據說是讓黨外人有較多的當選機會；實則是為了減免內部的提名糾紛，並企圖在選民普遍厭惡國民黨的選區使該黨員偽裝競選。以故許多被指定以自由競選資態出現的黨員在辦理候選人登記時都不塡明國民黨籍。後來又改為足額提出，據說是為了黨內的團結。台北市第一、二兩區原決定提名不足額，以示讓賢，市黨部為了提名有所依據，曾召集了一次黨員大會，舉行假投票，名之曰提名反應。但投票以後，却不當場開票而改在會後秘密開票，因而引起糾紛。省黨部書記長羅才榮前來調解，宣佈改為提名足額，仍不為參加競選的黨員所接受。於是又改為自由競選；但省黨部在暗中仍決定祇支持某些人。為了集中選票，由羅才榮分函參加自由競選而却不在省黨部支持之列的黨員，勸他們不要採取競選的行動。信中有一段說：「此次選舉為本黨與反對黨政治威望消長之關鍵，台北更為本黨與反對黨競爭劇烈之主戰場，黨雖然予吾兄以競選之機會，誠懇請求吾兄萬勿輕易採取競選之行動，以免分散選票，因為內地人口之數目在台北究屬有限也」。社論認為就此信看去，國民黨不但對於本省籍的選民失了信心；而以一個連繼執政達三十年以上的大黨竟如此畏懼尚未成立的反對黨，無異以一堂堂男子而與胎兒搏鬥，尤恐被擊敗，亦可哀矣。

聯合報的短評

一月廿日聯合報的黑白集，以「一喜一憂」為題，對此次縣市選舉作一小評。表面說，選舉事務有進步，頗値欣慰，應歸功於「政」。而此次獲選人之素質，並未一代勝似一代，乃至一蟹不如一蟹，則應歸咎於「黨」。

執政黨應該發揮汰劣存良，扶正壓邪的功能；將壞蛋剔除掉，讓好人出頭。提名乃是征召黨內賢能，推薦給選民，以供其「選賢與能」。由此，可見國民黨雖然在此次縣市議員的選舉中取得勝利，但縣市議員的素質則反而降低了。把好人排除，將壞人提升，正是現局下的必然結果，所謂小人道長君子道消是也。

徐佛觀的意見

民主潮曾派記者往訪曾在蔣介石侍從室工作多年，現執教於東海大學的徐佛觀，請他發表對於五屆縣市議員選舉的意見，他最初不肯，後經該記者再三催促，他才說，「沒有言論自由，就沒有選舉自由」。此可說是一針見血之論。此次選舉由於應允黨外候選人可以自己推舉監選人，當權者自詡為已做到公平、合理、合法；實則競選人和其助選人的言論自由都受了種種無理的限制，還有什麼公平合理合法之可言呵？

致調景嶺信義中學高三班流亡同學一封公開信

雷電

同學們，我的同命運者：

一月廿五日的「香港時報」上，看見你們致該報編輯先生的信，以「不要侮辱我們的人格」為題，罵「××評論」造謠挑撥，你們這一舉動，實在令我深感驚奇！也太冤枉了被台北當權者的海外嘍囉們稱為××評論的編輯先生了。因此，我要求聯合評論再給我一點篇幅，讓我向你們作一次忠告，希望你們今後不要再受人指使而冤枉別人。

同學們：我得首先告訴你們，「雷電」（我的筆名）及其所發表的言論，是眞人眞事，他是你們的同學，也認識你們在報上簽名的每一個人。時至今日，「雷電」尙活生生的在人間，並且仍將以我的筆尖作為武器，與人類的死敵——共產匪徒搏鬥到底，你們說「滿紙胡言，且所述非實，諸多誹謗」和「嚴重損及我等流亡學生之名譽。」果眞如此，我應該是流亡同學的罪人了；然而鐵的事實，究竟不是花言巧語所能掩蓋的。

記得在一九五九年三月二日那天，我和你們八十多個大陸流亡同學被送到調景嶺信義中學去就讀，當天下午，我們第一次驟集在信中附小的膳堂用膳時，救總「某科長」向我們說了很多話，其中說得特別响亮的就是要求我們好好讀書，將來畢業後定保送我們到台灣去繼續深造。同時，還說每月將補助我們一些零用費。但後來那一個能拿到一分一文的零用補助呢？說到這裏，你們也許會罵我為了「錢」而說出「喪盡天良」的話；其實，你們果眞這樣想，那就大錯特錯了。我這樣說，只不過是說明他們講話不負責任　難道這不是千眞萬確的事實嗎？至於你們說有奶粉發，我請問：奶粉是來自台灣還是來自遠洋呵？你們竟把友邦政府和人民的救濟品都當作台灣對我們流亡學生的德政而要求領受者應感恩圖報，未免太可笑了。再則，我們一起被保送到信中的共有八十多個人，但中途輟學的有多少人呢？為什麼他們要中途輟學？難道他們既有書讀、有飯吃、又有零用，將來更有讀大學的機會，他們都不願，而偏偏要出去打「工」嗎？就以你們那班來說吧！初到時有四十多個人，但為什麼至現在剩下二十多個？這不是証明許多流亡同學無法繼續讀下去嗎？

因此，你們怎能肯定我是別有用心者的惡意中傷和「閉門造車」！以後如有必要，我還想舉出更多的事實呢。

其次，政府規定要在港澳住滿六年以上才准入台升學；你們說並非為「流亡學生」而定的。這種說法，實是自我安慰！首先我問你們，所謂流亡學生，是否限於你們二十多位？如果你們承認凡由大陸逃亡出來的同學都是流亡學生，那麼，這個六年以上才准入台升學的規定豈不是存心要把我們前年逃亡出來的這一批人摒於國門之外嗎？既然如此，為什麼在我們初入信中時救總某科長又說將保送我們入台升學呢？去年七月我們這屆畢業的流亡同學（指救總保送去的同學）無一個能去台灣讀大學的，曾有一個平時在校成績和品行很好的同學，不知怎的得以參加報考，並被取錄了；但後來被查出他沒有在港地住上六年以上的時間，終於不許入台，這就是某科長說話不算數的明証。

同學們：我深深知道你們的苦衷，我敢肯定這封信不是出於你們自己的主意。我那篇讀者投書——給當權派的一封公開信——已發表這麼久，為什麼你們現在才來反駁呢？你們說有「友人」來問及你們，我想，問題就在這裡了。這位「友人」就是你們寫這篇文章的主使者。這不是顯而易見嗎？

同學們：請轉告你們那位「友人」，香港是個有言論自由的地方，在反共救國的大前提底下，任何人都有提出反共主張和反共方法的自由，我那篇文章一開頭就說：「只希望你們（指國民黨）看後能痛改前非，自發圖强罷了。」這是中傷和「反政府」嗎？難道當權者無論如何倒行逆施也不准別人提出半點的批評？倘若如此，這實在太不像個自稱民主憲政政府了。

同學們：我與你們是同一命運者，我們的目標——反共救國——是一致的。我寫那篇投書的原因，雖然是有感於本身的遭遇，却也是替你們說話，希望藉聯合評論的篇幅，促醒當權者及其海外工作人員，實踐其對於我們流亡同學的諾言，使你們畢業時不再遭受我們同樣的命運而得入台升學。不料你們却說是侮辱了你們的人格。雖然在那位「友人」的指導之下，你們不能不如此，但這種見了惡勢力就低頭的情形，未免與我們當年冒萬死而奔向自由的初志太不相合了吧？

最後，我還要再聲明一句，那篇投書確實是我寫的，寫前沒有人指導，發表時編者也沒有作任何修改，因此，對於你們說：「在流亡同學中……無一人能寫出這樣流暢練達的文字。」實在是對我的過分誇獎，不敢當之至，應該謝謝你們，並祝您們進步！

你們的同學雷電上

中共怎樣迫害基督教

——成立御用教會，進行統戰工作

·劉裕略·

大陸之窗

所有宗教差不多都是有神論，但共產黨人却是無神論者，所有宗教都主張慈悲仁愛，共產黨人却主張對現社會進行殘酷鬥爭。所以，無論從何種角度看，共產黨人都絕不容許宗教存在，當然更不容許宗教的信仰自由。對於基督教也是如此。

中共統治中國大陸已經十一年，十一年以前，在中國大陸上，宗教信仰本來絕對自由。所以，基督教、天主教、佛教、回教、道教，乃至一貫道，都可自由自在的在中國大陸傳播，在中國大陸繁榮滋長，聽隨各人自己的信仰與愛好去信奉他。但自從中共佔據大陸後，情起了突變。所有宗教都受到各式各樣的迫害與摧殘。其中最被摧殘和屠殺的是一貫道。這主要是因為一貫道既無國際背境，而又深入民間，其教徒在基層民衆中極多；這是最深入最普遍的一個宗教。而一貫道又最反共，不但在信仰上不相容，且在實際上有衝突，所以，中共佔據大陸之初，便首先在各地對一貫道作普遍調查，並予以普遍強迫登記，監視所有一貫道徒。據中共自己發表，僅重慶市一市，被中共強迫登記的一貫教徒即達十餘萬之衆。對其中首要人士，中共且皆予以屠殺。迄今，中共對一貫道之嚴厲殘酷之鎮壓從未稍衰。此外，中共對天主教之堅決反共立場，亦極仇視，故中共亦向採斷然處置。不過，由於天主教與基督教均係具有國際背景和龐大國際關係之宗教，故中共對天主教與基督教比之對一貫道之摧殘與迫害，在手段上又稍不同。

尤其對基督教，中共的手段，更又有別。從中共十一年來對基督教的一貫迫害情形來看，在表面上，它是比之對一貫道與天主教似較緩和的。但論其用心，則同樣險惡。因為中共把有關基督教問題劃入統戰部門，中共的企圖顯然是一面從基層和實質去迫害原有的基督教會，一面又成立御用的基督教會來作它的政治點綴，從而偽裝它的宗教自由的假面孔，藉以欺騙國際間對中共政權罪惡本質認識不清的人，甚至欺騙外國的某些基督教徒。而大陸上現在自稱為「中國基督教」的這一組織，則正是中共迫害和摧殘了原有基督教會之後，另行建立的御用組織。

我們曉得：今日大陸，一切都是政治帥掛，一切都以馬列主義教條為真理的標準。當然再也談不上信仰基督耶穌，傳播聖經的自由了。但中共為了點綴宗教自由，乃採取一面摧殘一面利用的兩面手法。

在表面上中共准許基督教存在，但在實質上則把基督教的信仰內容改變，在形式上它准許基督教會存在，但在實際上則脅迫所有基督徒並且脅迫原有的基督徒放棄其信仰，不准他們在社會上傳教。在這一點上，中共對付基督教與對付佛教的手段是頗近似的。故今日大陸之基督教實已名存實亡。所謂「中國基督教」係軀殼而無靈魂了。而軀殼則是由中共統戰部就大陸上原有基督徒中挑選少數稍有名聲而又可資利用的人加以組成的。所以，也可說今日大陸中共所御用的基督教組織，已不是真正的基督教組織，而只是中共統戰部的御用品。（當然，這不是說今日中國大陸已無虔誠的基督徒；不過，中共統戰部的御用品中已無虔誠的基督徒則可斷言。真正虔誠的基督徒只存在於其本人的心中了。）

那末，中共用什麼藉口來摧毀原有的亦即是真正的基督教呢？原來它所用的主要方法乃是誣蔑。中共一貫所用的誣蔑方法是硬指基督教乃帝國主義侵略中國的工具，然後由統戰部製定所謂「三自愛國運動」來改組原有的基督教會，另成立所謂「中國基督教三自愛國運動委員會」，從而使之成為中共對內對外的統戰機構之一。而中共所謂三自運動，據中共自己解釋：乃是「自治、自養、自傳」。

然中共使用這種偷天換日的手法以迫害和利用基督教，雖然也達成了它的分裂陰謀和部分目的，但中共至今仍認為今日大陸之基督教徒是仍有問題的。所以中共御用的那一「中國基督教」最近又在中共統戰部的安排下開了一次代表大會，以執行中共最近所製定的「繼續進行思想改造，積極為社會主義建設服務」的方針。

對此，本年一月二十二日中共新華社上海二十日電曾有概略報導。它說中共御用基督教第二屆全國會議最近曾於一九六〇年十一月十二日到一九六一年一月十四日在上海舉行。出席會議的有三百一十九個代表。除在會上「進行了深入的學習和討論」外，還「聽了並一致通過了中國基督教三自愛國運動委員會副主席吳貽芳代表上屆委員會所提出的工作報告，修改了委員會章程，通過了中國基督教第二屆全國會議決議，最後由中國基督教三自愛國運動委員會主席吳耀宗作了會議的總結」。

據中共新華社同一報導說，在會議期間「中共中央統一戰線工作部副部長張執一、國務院宗教事務局局長何成湘曾應邀講話」，所謂應邀講話」，當然就是去指導，去致訓。而此二人，一個是中共中央統戰部負責人，一個是中共政權的宗教事務主管官，可知此一會議的內容便完全是在他們安排下和控制下進行的。無怪乎其會議內容竟違離了基督教立場，而完全變成了中共的工具。

據新華社說，此一會議之總結、「認為中國基督教界的反帝愛國運動，十多年來取得了很大的成就，使中國基督教基本上實現了變帝國主義侵略工具為中國基督徒自辦的宗教事務的任務。但是，帝國主義，特別是美國帝國主義，並不甘心失敗，仍然千方百計地企圖利用宗教進行破壞新中國的活動，因此基督教界必須提高警惕，繼續深入開展反帝愛國運動。」

「會議認為，解放以來，特別經過社會主義教育運動以後，基督教界在進行政治、思想自我改造方面，有了很大的進步，但同時還存有一些問題，因此，必須繼續努力進行政治思想上的自我改造。」

「會議通過的決議指出，基督教界今後的任務是：繼續反對帝國主義侵略，保衛世界和平，徹底完成基督教自治、自養、自傳的任務，全心全意接受中國共產黨的領導，走社會主義道路，同全國人民一道積極參加祖國各項社會主義事業；加強政治思想上的自我改造，積極為社會主義建設服務；協助政府貫徹宗教信仰自由政策，在服從生產、服從國家政策和社會主義利益的前提下，安排宗教生活。」

這真是一篇荒謬絕頂的決議文。我相信每一個基督徒或對基督教教義稍有認識的人，都會知道上述決議的實完全違背基督教的立場和教義。因為基督教教義認為人的改造必須依靠上帝，但上述決議却依靠共產黨所強迫行的「自我改造」。又所有基督徒都直接信主，遵行神的意旨，而中共却叫他們接受共產黨的領導，服從共產黨的政策，這種以黨代神的作法，顯然也就是以魔鬼代替上帝的作法。試問：這還成甚麼基督教？還那裏有宗教信仰自由之可言呢？

由此可知，中共安排這一次會議的目的無他，端在對內繼續施行迫害，而對外又欲繼續利用它所建立的基督教傀儡組織作統戰工具罷了。

中共繼續加強奴役大陸婦女

陳一鳴

在中共全面奴役政策下，它對大陸婦女的奴役情況，現在是愈來愈普遍，愈來愈強烈了。據一月廿一日北平人民日報透露，中共現已製定所謂「三調三不調」的規定。所謂「三不調」，據中共解釋：即是「對孕婦和月經期、哺乳期婦女實行調輕不調重，調乾不調濕，調近不調遠」。也「授權婦女生產小隊長嚴格執行」云。原來所謂三調，當然就是儘青壯婦女全數先調，而所謂三不調，驟視之，還以為孕婦和哺乳期、月經期婦女可以不調，殊不知仍是要調，僅僅是工作稍輕而已。由此可知，雖屬孕婦與哺乳期婦女，亦仍在被奴役之例；又據同日人民日報透露，在人民公社內，「婦女出勤率經常保持百份之九十五以上」，則大陸婦女被中共嚴重奴役情形，由此可見一般了。

中共號召全世界人民反美

陸聞

緊接着中共八屆九中全會決議反美之後，北平中共人民日報復於一月二十二日發表社論，號召加強與蘇聯之團結，號召全世界所有人民一齊起來反美。

這篇社論是以「為實現莫斯科聲明規定的共同任務而奮鬥」為題，社論首先說：「在莫斯科會議上，各兄弟黨通過同志式的協商，制定了一致同意的聲明，進一步加強了社會主義陣營的團結和國際共產主義運動的團結。帝國主義的幻想又一次破滅了。特別重要的是，莫斯科會議的結果，進一步加強了中蘇兩黨和兩國的團結。」人民日報社論的這一段文字，把中共政權的政策，乃是出於它的國際屬性，而非出於自由獨立的國家民族立場，業已表露無遺。因為，很顯然，中共自己也在這裏表明了它的任務，乃是「為實現莫斯科宣言而奮鬥」，換言之，即是為它的蘇聯主子而奮鬥，而不是站在中國民族本位為中國而奮鬥。

惟其如此，該社論才又發出瘋狂式的囈語，號召全世界所有國家的人民起來反美。它說：「現在侵略和戰爭的主要力量是美帝國主義，它是最大的國際剝削者，世界憲兵，世界反動勢力和現代殖民主義的主要堡壘，是全世界人民的主要敵人。因之，為了維護世界和平，所有國家的人民必須聯合起來對付美國為首的帝國主義集團進行頑強的鬥爭。必須壯大世界社會主義體系的力量、壯大民族解放運動的力量、壯大各國工人階級的力量。」

與此同時，一月二十日，原是美國新總統甘迺迪就職的日子，許多國家對美國新總統的政策大抵都正在等待和觀望。但中共則自甘迺迪當選之日起，無論對甘迺迪及其內閣新人員，諸如國務卿魯斯克等，均予以無禮的粗野的辱罵，認為無論甘迺迪或尼克遜作美國總統，他們都是美國資本家的走狗，都是華爾街壟斷資本家的工具，故不把美國打倒，誰作美國總統，美國的帝國主義本質仍是不變的云。以上都可見中共之瘋狂反美，實在不是任何讓步所能制止的。

印荷戰爭危機迫近

印尼「聖戰」之聲

·俊華·

印尼與荷蘭的戰爭已在冒烟，東南亞另一火頭將燃燒。蘇聯極力供給火種，適合一部份印尼人放火的願望。印尼收回西伊里安的「聖戰」——印尼與荷蘭爲西新幾內亞的戰爭，似乎無可避免了。

問題祇是這個戰爭在什麼時候爆發？以怎樣的方式爆發？

在印尼的首都耶加達，人人已紛紛在討論，「新的印荷戰爭」，這次戰爭與以前的印荷戰爭不同——以前的印荷戰爭。印尼方面可以說是被迫的，而現在這一次，印尼方面，似乎是積極在準備，及發動戰爭。

荷蘭所稱的西新幾內亞，即印尼所稱的西伊里安，這個地區，是荷蘭與印尼糾紛的癥結，一項痼疾。對於疏解式的醫治，一種政治手法如「談判」之類，似已不能解決問題，結果，雙方只有採取激烈的方法，訴之戰爭。

蘇加諾總統絕不諱言，「武力收回西伊里安」。他的演詞，曾經被西方（包括荷蘭當局在內）認爲「不足重視」，因爲蘇加諾原就是一位慣於危詞聳聽的人物。但是由于蘇聯的以軍火供應印尼，及赫魯曉夫聲言支持印尼收回西伊里安的鬥爭，已使環繞着西新幾內亞問題的戰爭危機加深，更由於當地的頻頻發生事故，戰爭的氣氛也日趨濃厚。

蘇加諾的花樣

印尼與荷蘭戰爭危機迫近，有國內的和國際的兩項因素，逐漸驅使印尼迫逼荷蘭投入戰爭。假如說「軍事是政治的延續」的話，蘇加諾總統的政治方針，便是一個趨向戰爭的重大因素。

印尼雖是由美國支持，在聯合國斡旋下而獨立的，但是西方式民主制度並沒有在印尼建立起來，自一九五三年普選，政黨蓬勃時代不久，蘇加諾總統便感覺不耐，覺得議會制度給他以太大的牽掣，尤其是在他漫遊蘇聯及中共大陸回國以後。於是他提出類似中共所謂「民主集中制」的名詞：「指導的民主」，要「埋葬政黨」。而他的方法，却是憑藉一場場的「運動」，如排荷運動，排華運動，以民族極端主義的感情來刺激人民，以當前經濟利益如沒收荷人華人財產等來餌誘人民，而在這些羣衆運動中，排除異己，解散政黨，建立他獨裁的「指導民主」制度。

排荷運動產生了革命政府對耶加達中央政府的反抗，戰禍連年，至今還沒有完全平息。

但戰爭也被蘇加諾所利用，以「戰時」名義，實行封閉報館，解散政黨，沒收荷、華財產，替「指導民主」獨裁制的老虎，添上兩翼。

蘇聯軍火來了

另一方面，由於軍事行動的結果，軍部是「坐大」了，曾有一個時候，甚至謠傳蘇加諾被軍部扣留。形勢上，軍部確已與內閣分庭抗禮，更有凌駕而上的趨勢，更有人認爲，在政治見解上，軍部是較爲穩重，較爲親西方的。

蘇加諾究竟不失爲一名出色的「攪手」，收回西伊里安問題被提出來，便是他的最好方法，沒有任何印尼人反對收回西伊里安，縱使反對，亦不敢公開表露出來。蘇加諾提出領土問題的目標，使人忘記國內經濟的困難，政治的混沌。如果有人說及這些，蘇加諾就會說：收回西伊里安以後再說：

陸軍參謀長納蘇賢將軍的訪問蘇聯，便是在「建軍」及「收回西伊里安」目標下，由蘇加諾所拉攏促成的。納蘇賢自蘇回抵耶加達後，表示他對蘇聯軍火的興奮，這些轟炸機、戰鬥機、潛水艇、魚雷艇，「一部份已在運送中」，納蘇賢說。

對於印尼索取西伊里安，「荷蘭欲以軍事力量解決」，但是，「蘇聯領袖們已向我保証，支持我們的反殖民地運動。」納蘇賢也似乎已經覺得，他已有蘇聯軍火，及未來自蘇聯訓練回來的人員，以及蘇聯的支持，去與荷蘭爲西新幾內亞而決戰。

軍部與蘇加諾一致走左傾路綫，便意味着印荷戰爭將非爆發不可！

荷蘭準備「萬一」

曾經有印尼的「游擊隊」，志願軍式的軍火在西新幾內亞潛行登陸，而爲荷方軍警所擊潰。此事的發生使荷蘭加强警惕，調來了航空母艦駐於西新幾內亞，加强防務。印尼乃指此爲荷蘭的「準備戰爭」。最近，西新幾內亞又發生了反荷暴動，規模雖然不大，但既然這項行動是與耶加達的收回西伊里安運動有關，則暴動必然繼續發生，以及必然趨向擴大，將絕無疑問。

這些情勢，已使得荷蘭派遣其國防部長咸沙爾，前赴西新幾內亞要從事「研究局勢」，換句話說，鑒於印尼準備武力收回西新幾內亞的積極，荷蘭亦不能不「以防萬一」，從事防守的軍事部署。

·星洲通訊·

在中共覬覦中的尼泊爾

·雲維·

以「雪人之迷」囂傳一時的喜馬拉亞山神秘小王國尼泊爾，在中共的侵畧計劃中，也是目標地區之一。去年，中共就曾勾結過該國的總理卡里拉，企圖在該國建立起雛型的「附庸政權」，後來幸得國王謨漢達斷然干政，發動了一次不流血的政變，拘捕了卡里拉和兩閣員，才挽回了赤化的危機。然而，中共對這小王國，依然是野心不息的，最近，乃企圖透過不丹，然後再從不丹把它的魔手伸到尼泊爾去。據一月廿六日電訊所報導的消息，謂中共已向不丹提出無條件援助的聲明，並表示願意和不丹直接談判以解兩國的邊境問題，同時暗示出，希望能夠透過不丹而再改善中共和尼泊爾的友誼。

中共對不丹的所謂「無條件援助，顯然是一種糖衣毒素，其目的除爲着「解決雙國邊境問題」外，其背後的最大野心，就是「再改善與尼泊爾的友誼」。

尼泊爾是有豐富資源的：如羊毛、森林和礦產等，產量都不少，中共對這些資源，依然垂涎欲滴，而所謂「改善友誼」，其野心也就愈益顯著了。

此外，中共是陰謀控制整個亞洲的，如果它的魔手能夠伸進了尼泊爾的心臟，那末，無論在政治上、軍事上，都可予印度以莫大的威脅。中共所以覬覦尼泊爾，這也是一項主要的原因。

尼泊爾是佛教的發源地（釋迦牟尼就是誕生於此），當地人民，目前仍是過着原始生活，文化，非常落後；首都加德滿都，到處都是寺院，遍地可見披着黃衣的僧侶；他們都知識簡陋，頭腦單純，迷信觀念很深。因此，他們被中共愚弄的危險成份就更高了。

從地理環境來說：尼泊爾這小王國，是整個國家都建立在山腹中的，和外間交通，非常不便，故當地人民，迄仍處在「閉關自守」的狀態中；唯其如此，更容易使中共得以發展其陰謀。雖然駐在加德滿都裏，有聯合國的機構，但這機構祇是醫藥性質，協助當地人民銷除疾病，雖然該機構的人也會窺察到中共對尼泊爾的陰謀，但若說到防範，那就非他們的權力所及，更莫說遏止了。

就目前的情形看，中共的覬覦尼泊爾是無時無刻不伺機而動的；換言之，尼泊爾這小王國雖然經過了一度不流血的政變，但赤化的威脅依然是好像在擴展中，這點是值得世界自由國家注意的。尤其是中共已向尼泊爾的鄰邦不丹送出了「秋波」之後，赤化的暗影又迅速地在尼泊爾境內擴合起來。將來的結果怎樣？那就要看看謨漢達國王的立場是否堅定和政治手腕是否果斷了！

「齋田」

柳元卿

中共曾全力推行「農業大躍進」，去年還一度熱熱鬧鬧上演了「造肥三部曲」，不管城市，鄉鎮、農村，都臭味薰天的大搞「積肥、交肥、送肥、」運動，把大部份人力驅策到糞坑、汚溝等地，向肥料「作戰」，將所有肥料都發掘出來，視同珍寶的把它堆積着，待堆積到相當數量，才小心翼翼地把它運到「收肥站」，然後由「收肥站」的主管人員，把羣衆分別編成若干隊伍，一隊一隊担着肥料送到各農村去應用。在這三部曲中，尤以「送肥」這一齣演得最爲動人。有些「送肥」隊伍，是居然派出樂隊來助慶的，他們於是在鑼鼓喧天中，完成了挑送糞溺的任務。

從這些鬧劇來看，大陸各農村該是肥料充足了吧？然而事實却適得其反。據最近的「人民日報」所報導：「各農村肥料缺乏，刻已釀成了極嚴重的問題。目前不少地區，時常感到肥料不足，以至影响農業生產；而各莊稼間，也每因此而發生了爭奪肥料的重大糾紛，間接直接損害了農村的安定；有些農村則出現了「寅食卯糧」的現象，把下一季的肥料也提前用光；更有些則簡直變了「齋田」，完全沒有施肥……」。

在中共暴政下，糧荒日趨嚴重，人民以至家禽、家畜，都早已「齋肚」多時，是則各農村的出現「齋田」，更是意料中事了！

僑鄉近訊

海壩生產隊圍毆貪汚共幹（澄海）

·江水·

澄海縣「海壩公社」食堂，於去年十二月：又奉命再削減主粮，減至每人每日祗給食米三市両（即每人每餐一市両半）；此種一再「節約」的減粮暴政，早已引起鄉民的憤恨，而管理食堂的共幹又貪汚成性，竟乘機要出偏差的手法，把每人每餐的粮食再行「減料」，暗中加多一些木薯、瓜菜，煮成稀粥供應，於是每人每餐所食的主粮，實際僅得一市両，其餘五市錢，即爲共幹刮入私囊。這宗扣口粮的卑劣勾當，日久漸爲該公社的生產隊員發覺，迅即激起公憤；乃於本年一月十二日，糾集隊員十八人，聲勢洶洶，衝往食堂，向共幹嚴詞質問，其幹老羞成怒，竟把心一橫，痛斥各[illegible]意「作亂」，各產隊員以共[illegible]人，無不憤火中燒，[illegible]幹包圍痛毆，共幹寡不敵衆，[illegible]制止，一場風波；始獲平息[illegible]」，亦不敢再予追究。

下放師生集體逃亡（博羅、台山、英德）

粵省十多萬被迫下鄉參加各種積肥、開荒、砍柴、採集野生植物，修築水利工程等勞役的教師和學生，自經過長期的「日夜苦戰」後，精疲力竭，健康飽受摧殘，再加以粮食供應不足，在此雙重煎熬下，乃引起逃亡枕藉，因此，部份師生乃聯合集體逃走。據悉：博羅縣的下放師生，截至一月二十日止，已有二十一人，其中四人逃去，柏塘地方，不幸被公安人員截住外，下放師生也有兩批凡十六人先後逃去，不知所踪。此外，英德縣被驅往石鼓、獨山、沿光等地的師生，也紛紛逃亡，據謂彼等的逃亡辦法，且頗屬「神通廣大」，往往走掉了後三四天，始被共幹發覺。負責管理的共幹，目前已有四人被牽累而遭受上峯處分。「縣府」方面，刻已加派高級幹部，分別前往各工地監視，並增調武裝部隊，開赴各工地駐守，藉以防止逃走事件的繼續發生。

寫文章

陸夢墨

如果從九歲開始作文的時候算起，到現在已寫了二十餘年的文章了。記得在幼年在作文簿上最喜歡寫「光陰似箭，日月如梭」這兩句話，長大了一些，覺得俗，便改用「時光像水一樣的流去」等等，正是少年不識愁滋味，為賦新詞強說愁，而今，識得愁滋味，卻又怕談光陰一類等等的問題了，一個人不怕日子過得快，最怕過得寃枉。尤其是這十餘年來，說句俗話，像張家口的蘑菇，泡過來的。有的人常嘆自己是混日子過，我想能混已經不錯，因為「混」這個字頗有隨波逐流，任其所之的意思，究竟是動性的，也許還能混水中摸個魚什麼的，也不乏意外之喜，而「泡」字是定性的，有動彈不得之感。眼看這個時代是不好不壞的泡了，而我們也只好跟着泡下去。

如果說這十幾年的蘑菇生活，任什麼沒留，那也是寃枉，計出了三本集子，兩本剪貼簿，大約小說皆是三十歲以前的作品，散筆多為「而立」以後所寫。去年一時性起，把小說的封面剪下來點綴牆壁，並非躊躇滿志之意，而是寫小說的那個年紀，對文藝生命有過多的熱情和希望，夜深人靜，靈感忽來，下筆千行，興致淋漓，此中自有一番樂趣值得回憶，如今不是不能寫，而是夜深兒啼，滿懷柴米，搦管臨文，如驪駑馬，才想起來個結構，山妻的一聲呼喚便失，偶感到些靈感，孩子的數陣啼聲就散。況且眼高手低，心輕筆重，看的書越多，就越不敢寫了。只好抓些功夫寫點，這些散筆一類，很像久不出廐的老馬，也要偶而牽出來溜溜蹄子，如此而已。常言說「多言遭忌」！自問所言不多，卻也惹了一些暗暗的煩惱，也有的朋友良言相勸，說今夕只可談風月，何不寫些應時文字，路子也寬，稿費又不少拿。話是好話，生就不合時宜的性情，想作卻作不來，自忖十年前就寫些「上大人，孔乙己」之類的文字，怕現在不已成為一名作家一。雖然說回頭是岸，但湖海浮沉今已定，即便拉下臉來，擠上一把交椅坐坐，想想那把交椅只能嚇嚇中學生，反為試者所不屑，也無甚趣味。

我說過現在搦管臨文，有似老驥伏櫪，偶而溜溜筆，兩個月不見得寫上一篇。也常聽文友們訴苦，說東家刊物催稿，西家報紙索文，似乎是因文債難償，無限煩惱。在這僧多粥少的今日，居然有人端上粥來還不愛喝，那自然是光彩的事。我生平這種經驗到是極少。作學生時的作文，到是常叫老師來催的，現在偶而山妻也來催兩聲：「你的烟絲又抽完了，還不寫一篇麼？」除此之外，到總是本着自己的意志寫，說實話，也究竟有幾分是為了烟絲，沒有烟絲，那兒來的「烟士披裡純」！烟與文乃互為因果，故不可或缺。

古人作文，為的是立言，因此有傳與不傳的問題。今人講藝術說含義，大同小異，也是想到傳與不傳的問題，因此作文豪，必得有巨著。「豪」與「巨」，多之謂也。寫得字多書厚，其「巨」必矣，因此想作文豪或是自信已是文豪者，莫不往厚處寫，以求傳世。但那必需有先決條件，得有把握能夠連載，拿筆稿費，然後出書，再拿筆版稅，如此方不負燈下揮汗之苦。不然寫完了壓箱底用，豈不徒傷感情。筆者有過這種經驗，廿四歲的時候，不知天高地厚，寫了一部將近十萬字的小說，冒冒失失的寄出去，匆匆忙忙的被退回來。數度往返之後，我便捲起它來當枕頭用。後來究竟被一家宗教性的出版社看中，已經被我枕了四年之久了。出版後，拿到的版稅是數百大洋，尚是分期付欵，閒時蹓躂到書店，搜索到自己的「大作」，竟被掌櫃的束諸高閣，要搬張櫈子才看的見，又有一次發現被壓在「風流寡婦情史」的底下，從此我發誓不再寫長篇小說。因此改寫小品，寫小品也有寫小品的難處，小說可以隨意幻想，無妨空中樓閣，只要不離題太遠，便說的過去。隨筆一類的小品，離不開身邊瑣事，卻是幻想不來，必需是現實，難就難在這現實中找素材。「採菊東籬下，悠然見南山。」這句子你看着舒服，寫的人也寫得痛快，如果南邊不是山，而是間厠所，我們無法把它幻想成南山，只好據實的說：「採菊東籬下，猛然見厠所。」讀者讀了有好幾種心情，一種是覺得句子滑稽笑一笑而已，一種是覺得這間厠所破壞了美景，正是他要說的話，而我代他說了，覺得痛快。另外一種大抵是厠所主人之流，看了生氣，我這裡要抱歉的就是原諒我們這些現代的東方朔，目的只是逗笑找趣兒，若真個言者無心，聞者足戒，那也是意外的收穫。也許有的人要問你既想寫小品，抒情的散文不也是小品麼？何必寫這些雞零狗碎的散筆，既惹人厭，又不「正統」，是我承認。何苦來？我有一段時期最愛寫抒情散文，那時正讀初中，見到月的盈虧，花的枯萎，都會雙眼落淚的，所以散文的產品最豐，偶然也在當時的「小實報」上登一兩篇。現在的淚固然不是沒有，卻不流在臉上，而是流在肚裡，不是為了花月，而是為了別的了。

寫隨筆不是吃香的文章，報紙上只有豆干大那麼一塊園地，早為這羣雄割踞，豈是我這種遊方和尚可以仰望？有的刊物也容納散筆類的文字，但編者的要求卻是只可談風月。我這投稿者既不指望稿費投來吃飯，對於所投的刊物自然也有所選擇，那刊物需沒有我羞與為伍的名字，或它擁有千萬識貨的讀衆。都是因此我可投稿之處，因此寫稿難，投稿更難，兩個月才產生一篇不文之文的原因也在此。「不文之文」者，不像文章的文章也。您說它是文章，儘是俗詞俚語，難登大雅之堂。您說他不是文章，卻是有頭有尾，也災梨禍棗。散筆小品，要寫得雅俗共賞，才算成功。老嫗既然能解，朱衣也要點頭。要說雅，筆者已經有好幾年缺之這種高人的興緻了。要說俗，卻也沒有俗下去，因此個人的心緒弄得浮沉不定，影響到寫的東西也非驢非馬，說了半天，不知說些什麼，想想將這些東西稱之為文章，則未免臉紅。但求雅士批評一聲「還可取」，俗人看了不打呵欠，就知足了。文章是什麼？古人今人，各家各派，花樣很多，而我這散筆是那一派也列不進去，如果必要列為一派，那便是聊天派，茶餘酒後，三五友好，隨心而談，興緻淋漓。既不想立言，也沒心傳世。自然我還忘記最重要一派文章沒提，這派文章古今都有，那便是馬屁派，該派歷史悠久，勢力龐大。今人的不談，免得又惹人厭。只談古人的，馬屁文章自有其一套公式，那便是離不得「我皇聖明」「萬壽無疆」等等，君等且莫以寫馬屁文章的皆是無名小卒，只有不寫馬屁文章的才會落得個默默無聞，像李斯、賈誼、董仲舒、楊雄、班固、蔡邕那一個不是大名不嚇人，自古奴才文人，豈小視得來。談起馬屁派，我忽然想起一個笑話來，到可做馬屁文章的一種代表。「昔一秀才數盡，去見閻王，閻王偶放一屁，秀才即獻屁頌一篇曰：「高聳金臀，弘宣寶氣，依稀乎絲竹之音，彷彿乎蘭麝之味，臣立下風，實聞口之至。」閻王大喜，增壽十年，即時放回陽間，十年限滿，再見閻王，這秀才志氣舒展，望森羅殿搖擺而上，閻王問是何人，小鬼說：「是那做屁文章的秀才」。」

會做屁文章的得以志氣舒展，不會作屁文章還要說那屁是臭的人，我想則該打入十八層地獄列為前途無望的一羣了。

讀者千萬莫以為這笑話是無稽之談，唐朝的郭霸曾以嘗糞而求富貴，寫兩篇屁文章又算什麼呢？而現在寫屁文章的秀才，未必都大富大貴，不過可以混口飯吃，同站在文人的立場來說，也是很可憐的。

文壇泥爪

徐志摩想飛之三

志摩由美到了劍橋，在他的思想和生活上，都起了與前不同的變化。正如他自己所說的：「我生命的把戲，是不可思議的，我們都是受支配的善良的生靈，那件事我們作得了主。整十年前我吹了一陣奇異的風，也許照着了什麼奇異的月色，從此我的思想就傾向于分行的抒寫，一份深刻的憂鬱佔定了我，這憂鬱，我信竟于漸漸的潛化了我的氣質。」（「猛虎集序」）這正是說的他到劍橋開始寫新詩時的心境，從此他走上詩人的路，建立藝術的人生觀，追求着美、自由、愛的理想，一直到後來他回國同小曼結婚，這是他一生的第二個階段。這個階段可以拿他寫的那篇有名的散文「想飛」作代表。

「想飛」一文，差不多人人讀過的，這裏用不着吵引。人世間是狹隘的，惡濁的，他想飛離這個世界，另尋得理想的世界。尋的方法是飛的，是騰躍的，是一眨眼睛就能超越、能變化、能脫去凡胎。他巴不得生出兩翼，自由自在地在天上遨遊，天上未必美，但地上住不得，不能不飛，不飛就得死，飛才可以活。莊周所說那隻「其翼若垂天之雲」的大鵬，本是一「怒」而飛的；屈原的「吾令鳳鳥飛騰兮」，原是為在塵世遭憂；志摩的「想飛」，正是使他變化氣質的那份憂鬱——一個詩人的心。這思想，不只在「想飛」一文中見到，在其他詩文中也可見到，可惜我們這點篇幅，無法引來作証，現在只引一點他的談話吧。

志摩在光華授課時，曾對學生講到他對飛行的興趣。他說：「文西在十三世紀時，已在想法上飛天空去了，你們知道文西悲痛的心懷嗎？啊！自古以來，只有文西是不帶宗教幻想和抽象的意味，而為了脫離這醜惡的世界，用「人」的力量去克服空間的第一個人。大思想家能安居在 Florence 城裡嗎？全個地球不足當他的騁馳，他需要的是整個的宇宙，整個的宇宙才夠供他的逍遙啊！」（趙家璧「給飛去的志摩」）對於這位文藝復與時代的大師的贊佩，正是志摩對於「飛」的嚮往。你不知道他是怎樣地喜愛乘飛機呀，他生時飛機還沒有像現在這樣通行，特別是在中國，但他往來京滬卻喜歡乘飛機。他說：「我昨天從南京飛來，啊，你們沒有坐過飛機的人，怎能體會到我當時的歡喜。我只覺得我不再是一個地球上的人，我給暑天晚上掛在藍天空裏閃亮的彗星一樣，在天空中遊盪，再也不信我是一個皮肉造成的人了。從窗口向地上望，多麼渺小的地球，多麼渺小的人類啊，人生的悲歡離合，一切的鬥爭和生存，真是夠不上我們注意的。」（見前趙文）

記戊戌維新始末（十九）

舜生

三、所謂「百日維新」

經過康梁等近十年的宣傳奔走，而且在湖南找到了一個小試的機會，儘管引起了若干頑固分子的反對，同時也博得了一部分開明分子的支持，照理說，到了光緒二十三四年之交，中國改革的機運，應該是可以漸進於成熟的階段了；可是依然需要在一種特殊情況之下，始能把一般知識分子要求改革的這一趨勢，導入一個波瀾壯闊的高潮。

先是光緒二十一年馬關條約訂立以後，俄、法、德三國以干涉日本還遼之故，都自以為大有恩惠於中國，乃羣起要索報酬。先首，法國自二十一年五月，即在我國雲南、廣西邊境，依據當時中法所訂的界約與商約，不僅侵佔了我雲南境內的若干土地（如猛烏，烏得），取得了中越邊境通商減稅的權利（如龍州、蒙自、河內、思茅的開埠設領，並照原訂稅率減十分之四），同時還享有雲南和兩廣開礦的優先權和築路權（實際次年四月即以法商名義，取得了從越南同登到廣西龍州的鐵路建築權）。

德國不甘落後，光緒二十二年八月，即向清政府要求在中國海岸租借一處煤站，實際乃決心在遠東覓取一海軍根據地。在此事未實現以前，已於同年八月，取得了漢口和天津的租界。

俄國的野心比法、德更大，她把日本的勢力排出我東北以外，實即欲取日本的地位而代之，且加以擴大。光緒二十二年四月，中俄間締訂一軍事同盟的密約，不僅要把西伯利亞鐵道通過我黑吉兩省以達海參崴，同時並鐵道沿綫的行政權也被囊括以去；不僅要設護路警察，同時也可開採沿線的煤鑛；當時為建築鐵道而設的華俄道勝銀行，其所享權利之大，實等於中國的一國家銀行。而且該密約的目的既在共同對付日本，利用鐵道運送陸軍固可暢行無阻，且規定一旦戰事發生，俄國的軍艦隨時得出入中國的一切港灣。這一形勢，不止等於拒虎進狼，實無異把整個東北聽憑俄人佔領。

英國眼見法國在我西南的活動，乃同時急起直追，向我提出滇緬邊境野人山領土的要求，及西江通商的開放。於是在二十三年一月與我有「滇緬邊界條約」及「西江通商條約」的訂立。其結果不僅在我邊境攘奪了若干土地，而且規定雲南境內修建鐵道，須與緬甸境內的鐵道相接。不僅廣西的梧州，廣東的三水及江根墟開埠設領，而且規定西江沿岸的江門、甘竹灘、肇慶及德慶，也作為船隻停泊及上下貨物的口岸。

此外，列強利用中國須向日本償付賠款的關係，乃大舉對我貸款：光緒二十一年閏五月，俄、法兩國銀團，已貸我四萬萬法郎；二十二年二月及二十四年二月，滙豐德華兩銀行，也先後貸我三千二百萬鎊。像這類的政治借款，當然都是附有條件的：不僅以關稅、鹽稅、釐金作為担保，利息、折扣及中佣，於貸方極為有利，而英國且利用此機會，延長了控制我海關的行政權。凡此種種，儘管是要挾多端，究竟還是以通商，借款及享有其他特權為限，而不會公然運用武力對我們作進一步的侵略。

德國本來已於光緒二十二年十二月，經由其駐華公使海靖，正式向我總理衙門提出租借膠州灣的要求，當時我以恐懼列強群起援例未許。不幸二十三年十月，有兩名德籍教士，在山東省曹州府鉅野縣被殺，德國乃以迅雷不及掩耳的手段，立即命令其艦隊駛入膠州灣，十二月十二日，發炮，據膠州，擄去我提督章高元，並迫我革巡撫李秉衡之職，清廷托俄使言和，無結果。

時康有為聞膠案既起，即馳赴北京，倡聯英以制德，以恭親王奕訢及李鴻章仍側重倚俄不果，卒於二十四年二月十四日（一八九八、三、六），與德國訂立「膠澳租界條約」，租期九十九年，不僅環膠州灣百里以內之行政權為德所攘奪，並許德於山東境內建築鐵路兩條及其他種種權利。其他列強，乃更因此躍躍欲試。

先是康有為鑑於膠警形勢的嚴重，又以他自己從光緒十四年迄二十一年先後四次上書，所陳述國際形勢的惡劣，至此已不幸言中，於是乃於二十三年十二月，更發憤有第五次的上書，呈由工部代奏。這封書的字數，雖不及前此所上各書的冗長，但委婉沈痛，雖陸贄的奏議亦無以遠過。因為這封書確為促成光緒帝大下決心的張本，我不能不節錄幾段在下面，以存此重要的文獻。

他在第一段痛陳當時險惡的形勢說：「……昔者安南之役，十年乃有東事；割台之後，兩年遂有膠州；中間東三省龍州之鐵路，滇粵之礦，土司野人山之邊疆，尚不計矣。自爾之後，……日迫一日；教堂遍地，無刻不可起釁；礦產遍地，無處不可要求；骨肉有限，剝削無已。且鐵路與人，南北之咽喉已絕；疆臣斥逐，用人之大權亦失；浸假如埃及之管其戶部，如土耳其之柄其國政，樞垣總署，彼皆可派其國人；公卿督撫；彼且將制其死命；鞭笞親貴，奴隸重臣；囚奴士夫，蹂躪民庶；甚則如土耳其之幽廢國主，如高麗之禍及君后；又甚則如安南之盡取其土地人民，而存其虛號；波蘭之宰割均分，而舉其國土；馬達加斯加以挑水起釁而國滅，安南以爭道致命而社墟；蟻穴潰堤，釁不在大。職恐自爾之後，皇上與諸臣，雖欲苟安旦夕，歌舞湖山而不可得矣；……且恐皇上求為長安布衣而不可得矣……」

中段藉仲虺「兼弱攻昧，取亂侮亡」八字，歷舉當時「弱」與「昧」的種種事實，說明其足以致「亂」，「召亡」的可能，也極為明白痛快。

最後，他提出積極的辦法，希望光緒帝：「……因膠警之變，下發憤之詔，先罪己以勵人心，次明恥以激士氣；集羣材咨問以廣聖聽，求天下上書以通下情；明定國是，與海內更始。自茲國事付國會議行，紓尊降貴，延見臣庶；盡革舊俗，一意維新，大召天下才俊，議籌款變法之方，採擇萬國律例，定憲法公私之分；大校天下官吏賢否，其疲不才者，皆令冠帶退休；分遣親王大臣及才俊出洋，其未遊外國者，不得當官任政。統算地產人工以籌歲計預算，察閱萬國得失以求進步改良。罷去舊例，以濟時宜；大借洋款，以舉庶政。若詔旨一下，天下雷動，士氣奮躍，海內聳望，然後破資格以勵人材；厚俸祿以養廉恥；停捐納，汰冗員；專職司以正官制；變科舉，廣學校；譯西書以成人才；懸清秩功牌，以獎新藝新器之能；創農政商學，以為阜財富民之本；改定地方新法，推行保民仁政，若衞生、濟貧、潔監獄、免酷刑、修道路、設巡捕、整市場、鑄鈔幣、創郵船、徒貧民、開礦學、保民險、重烟稅、罷厘征，以鐵路為通，以兵船為護，夫如是，則庶政盡舉，民心知戴。……」

此外，他更提出具體的上中下三策：上、「採法俄日以定國是」；中、「大集羣臣而謀變政」；下、「聽任疆臣各自變法」。他覺得「能行其上，則可以強；能行其中，則猶可以弱；能行其下，則不至於盡亡；……否則沼吳之禍立見，裂晉之事即來，職誠不忍見煤山前事！……」

他有幾句話概括這次上書的用意說：「今日亦不敢言自保，圖存而已；亦不敢言圖存，即為偏安之謀，亦須早定規模已耳：……」這還不是教光緒帝早作「心理準備」嗎？（待續）

析支列傳（五）

亮之譯註

14 余既敷陳阿里士提誕生之所在，歌詠之故實矣；茲請更就所聞於普羅亢湼薩及息稷卡（Cyzicus）（註一）者而一述之：阿里士提者，島上名家子也。某日，入一漂坊，猝中惡死；漂者扃門奔赴其家告變。一鎮皆驚。獨息稷卡人方自阿特加（Artaca）歸，斥為謠諑；堅承與阿里士提曾共語息稷卡道上，力指噩耗之妄。乃果漂者啓門還屍，阿里士提竟踪跡杳然。七年之後，始一見於普羅亢湼薩，以希臘語為「阿里瑪斯披」詩已，復隱去。

（註一）息稷卡（Cyzicus）：黑海濱古城。

（註二）阿特加（Artaca）：原註：「今愛得克（Erdek）即此名之殘留，乃取自息稷卡者。某主教會目擊；其地今已敗毀矣。」

15 阿里士提復隱後三百四十年（註一），余偶於意大利麥特麗廳（Metapontines）（註二）復得一說，爰為輯錄，以與上說比照觀之。麥特麗廳人言鑿鑿，謂阿里士提嘗顯靈誡衆，必為明神阿波羅（Apollo）立祭壇，而以己像配享之。又言阿波羅前嘗臨幸此土，唯未傳見意大利之希臘居民；今茲彼實與之同來，特所示現並非人身，而託鴉體耳（註三）。言訖，忽然不見。衆因禱於德爾斐（Delphi）阿波羅之廟（註四），乃巫傳神旨，覺果如阿里所誡，遂欣然從之。故今麥特麗廳市中，阿波羅神之側，則有阿里造像，並環以月桂云。而余所聞阿里士提之神話具是。

（註一）原註：「此時代絕不可靠。關於阿里士提之時代，通常皆系於紀元前五八〇年。」

（註二）原註：「麥特麗廳（今名柏森陀 Basiento）距修里（Thurii）五十里，希羅多德晚年居此。」

（註三）原註：自然之迷信，首先認為鴉或渡烏啞啞之啼聲為某種預兆，後遂自然附會此鳥乃上帝之預言家。鴉亦常被目為阿波羅之伴侶或侍從。」按鴉在我國自古亦視為神秘之鳥。

（註四）希臘舊都名，乃阿波羅神廟所在地。

16 顧以上所述，其國域究屬何地，則殊無人能予確指；亦從未聞有身入其境熟知其詳者。夫以阿里士提（此旅行家之阿氏，余下文仍當叙及之。）之身客瞿薩旦，而其詩於瞿薩旦之國猶且語焉不詳，則其間接得自瞿薩旦人之口之所謂窮邊絕域，其可信程度蓋可知矣。余茲唯有就余所能確信者，繼續陳述之耳。

17 波里閃尼茲（Borysthenites）（註一）河上有市，析支全海岸之中心也。首居其地之卡里彭德人（Callipendae），實希臘析支族（Graeco-Scythic Race）。繼之定居其內陸，為阿勒莊人（Alaxzonians）。二族並以黍、葱、大蒜、扁豆、高粱為食（註二），風習畧同析支。越阿勒莊人（註三）為析支耕夫，則種黍應市而不自食（註四）。更進為柳里（Neuri）（註五）。柳里迤北為無人大洲。此諸族皆沿波里閃尼茲迤西黑彭立斯（Hypanis）（註六）河域者。

（註一）原註：「即今聶伯（Dnieper）河。」

（註二）原註：「在此等區域內均盛植高粱，幾可視為羅戞斯（Nogais）唯一之穀類食物。」

（註三）按原文為Beyond the Alazonians，及下第十九節「自（析支）耕夫東進」（Proceeding Eastward of the Husbandmen）句，與我國山海經「在不死民東」、「在岐舌東」（海外南經）等，文例正同。下凡此類文句，概依原文直譯。

（註四）原註：「析支與希臘之黍類貿易，縱非獨佔者亦為主要者。」

（註五）柳里風習亦如析支，詳後。

（註六）原註：「即今布格（Bug）或保格（Boug）。」按河在烏克蘭（Ukraine）境，長約五百哩，東南入聶伯河口。

本刊已經香港政府登記

聯合評論

週刊

每逢星期五出版

United Voice Weekly

第一二九號

督印人：黃宇人　總編輯：左仲平

社址九龍蘇德道二十三號地下　電話68678

承印：嘉羅印刷有限公司　香港灣仔馬師道5號

總代理：友聯發行公司　售價每份港幣一毫

本報美洲版總經售處　美國紐約中美出版社

CHINESE-AMERICAN PRESS, INC
199 CANAL STREET.,
NEW YORK13 N.Y. U.S.A.

美洲航空版每份零售美金一角

本報啓事： 本報下一期出版時間，適逢春節，工廠放假，工友休息。故本報香港版及紐約航空版均休刊一期，以後仍照常繼續出版，謹此敬告讀者。

聯合評論社啓

北望大陸，痛念災胞！

李璜

近月以來，中國大陸已呈普遍災荒景象，人民飢寒交迫，搶糧奪食，到處發生；即在廣州城市中，手持食物，即有人攔劫，四鄉情形可知！飢餓情形至此，即善於掩飾的中共也不能不承認大陸的災情嚴重，爲百年來未有，聲稱類似光緒三年（一八七七）的飢饉狀況。據中共新華社報導，稱三年以來水、旱、風、雹、虫、凍等災，幾乎分別的遍及全國；受害地域之廣，田畝之多，在我看來，不只是像光緒三年，簡直好像明末崇禎時代，李自成與張獻忠率領饑民，到處竄擾的前夕一樣！

提起崇禎時代的延安羣盜，尤其是張獻忠的饑兵西竄，把我們的四川蹂躪得好慘；餘糧奪完之後、竟自殺人來吃；人腿做成醃肉，作爲隨軍糧食，當時孑遺之民所寫「蜀碧」的記載，至今讀之，還令人不寒而慄！查崇禎亡國於滿淸之前，中國大亂十六年，弄到人吃人，許多地方沒有人跡，這一慘禍是不能完全歸之於天災，而人禍實爲之本原，故史家敘「中原羣盜」一節之前，必大書特書「宦官亂政」一事；而宦官亂政之禍，在神宗時已開其端；熹宗時更縱容魏忠賢的黨羽四出擾民；崇禎時還不覺悟，反相信宦官去主持東廠特務，殘害忠良，魚肉百姓，故天災一來，禍亂纔無法收拾。史稱神宗的重稅苛徵，復以宦官分道四出擾害，曰：「萬曆二十四年，張位主課，仲春建策，礦稅始起；大璫雜出，諸道紛然，富者編爲礦頭，貧者驅之壑采，繹騷凋敝，若草菅然！又不特此也，礦務之外，天津有店租，廣州有珠權，兩淮有餘鹽，京口有供用，浙江有市舶，成都有鹽茶，重慶有名木，湖口長江有船稅，荊州有店稅，又有門攤商稅，油布雜稅，莫不設官分職，橫肆誅求；有司得罪、立繫檻車，百姓奉行，若驅駝馬；雖漢室牢盆，桑孔乘傳，熙豐手實，雞豚悉空，曾未若斯之酷也！……」至論鉅璫魏忠賢之竊權專政，曰：「忠賢肆虐，無所顧忌，諂奉者登進，忤恨者誅傷，此左悺有回天之名，令孜有阿父之號也！乃若釁關宗社，流毒縉紳，誣織封疆，飛文宮禁，詎危社禝，更煩北寺耶！……嗚呼，神、光二廟，朝議紛爭，玄黃溷淆，朋徒互揣，至此則鈎黨同文，得禍斯酷矣！……」其於崇禎治亂，則又論曰：「懷宗之世，禦寇警則軍興費煩，急征徭則閭閻告病；以至破貲格而官方愈亂，禁苞苴而文網愈密，惡私交而下滋告訐，尚名實而吏多苛察、于凡擧措聽獘，貞邪混淆，此則懷宗之致亂也！」……」

凡上所引史論（見明史紀事本末卷七十二）所以說明明末亡國慘禍之由，好像沒有一句不是在談毛澤東這十年來的橫行無忌一般！然而毛澤東之三反五反、工業大躍進、人民公社，鋼鐵掛帥，等等顢頇胡鬧，其無知識尤甚於神宗熹宗，其惡毒尤甚於魏忠賢，其不知懲前失，圖補救，而至今仍然信任特務，監視一切，尤甚於亡國之君的崇禎皇帝！

今日整個大陸人民均陷於饑寒交迫，四處逃荒，覓食之中，而毛澤東仍不捨棄其「多快好省」的總路線，「大躍進」的鼓動辦法，以及使全國家破人亡的「人民公社」，乃反去新建六個「中央局」：東北局、華北局、華東局、中南局、西南局、西北局，以加强「領導」，毫不放鬆的去監視人民，這種冥頑不靈，且毫無悔禍之心的擧動，行見愈弄愈糟，愈整愈爛，不但災荒無法去救，而且災荒更要嚴重不堪想像，非攪到人吃人不止！北望大陸，痛念災胞，何其不幸，而逢此暴亂，遭此浩刧！

雖然，我爲民族存亡起見，仍不願有李自成、張獻忠等（毛澤東一向所崇拜的人物）又忽然起來，而仍願毛澤東能夠翻然覺悟，放棄其十年來的荒謬想法，鳴放後的「三面紅旗」作法，減裁其軍隊，解散其特務，恢復自由經濟，給予人民以自耕自給的一條生路，則民族生存前途可立刻發生甚大希望，禍亂或庶幾可以設法防止！

至於臨時救濟如此鉅大的災荒，絕非中共花盡外滙，去購進二三百萬噸外國糧食所能濟事，必須自由世界來全體設法；其勢非運入大陸一兩億噸糧食不可！我知道，中共絕不贊成自由中國來爲之設法，因爲這是使毛澤東過於丟臉了。然而英國人對於毛政權最爲關心，英政府且一向是捧中共的。何況大陸陷於饑荒以來，英人爲人道主義起見，又不斷爲大陸災民呼籲救濟。毛澤東如果稍有天良，稍存悔禍之心，則應立向在北平的英國代辦說明，災情是眞正如何嚴重，糧食還眞正需要若干，求英國政府及紅十字會去向自由世界想辦法無償捐募或半買半送。在我想，英國人是不會拒絕此項要求的，而且英國的運輸船隻噸數最多，動員三四百隻船運不成問題，只須中共將上海、天津、廣州三個港口開放，國外糧食即可源源而來，然後大陸人民纔可以普遍的暫得一飽，就不要香港的滿街商店代寄郵包，郵務局包裏堆積如山，其實這是杯水車薪，無濟於事的啊！

但是，我也知道，英國人是不大相信長於欺騙的中共政權的，發放如此鉅量的糧食，國際紅十字會必定要派大批人員進入中國大陸去普遍監放的！這一來，中共又會怕這樣多的資本主義者與大陸人民接近，豈不是易合毛澤東的共產主義破產得更快了嗎？不過，兩害相權取其輕，大陸人民沒有生機，毛澤東的政權更要垮得迅速啊！

五〇．二．五

讀甘迺迪總統國情咨文後的感想

劉裕畧

一

美國新任總統甘迺廸的就職演講和他的第一次國情咨文，都是擧世屬目的大文章。我也在仔細推敲的情形下一讀再讀。這因爲今日世界的危機嚴重，而他的看法又對今後的世局關係甚大的緣故。

基本上講，它給我的印象良好，遠超過我的想像。雖然，未來世局之解決，幷不能只靠看法與言詞，而尚有待於行動，但即就言詞部分來看：修辭美妙、結構優雅，已足供欣賞。但我所着重的還不在於文學價值的欣賞的這一面，而在於他對世界問題所顯示的基本認識，實乎他所蘊蓄的理想和魄力，以及他對美國和整個世界的責任感方面。

說到對世局的看法、眞可說是聚訟紛紜，但我總覺得理想與現實之間雖有一道橋樑，而正確得認識則是製訂良好政策的基礎。檢討在先，認識在後，隨着而來的政策設計；才不致閉門造車。另一方面，則任何政策都必須同時具有理想價值；因此，任何政策都應包含現實與理想的雙重成分。若只是遷就現實，膺付現實，而不具有理想，固不得謂之爲良好的政策，亦不得謂之爲卓越的領導。非徒不足解決問題，抑且可能有害問題。若徒具理想，而與現實脫離，當然亦不得謂爲得計，因爲那又勢必成爲空談。而我讀甘迺迪總統就職講演與國情咨文，覺得他是頗能掌握這一點的。

二

十年前當中國大陸最初淪陷於中共時，我適陷身於中國大陸，基於平日對共產主義之理論研究，再加上我對共產黨實際行爲的目擊，我在逃出中國大陸時，會對未來世界的前途作了兩項結論性的估計。一個估計是：共產主義理論雖然是錯誤的歪曲的，但共產黨的組織却是嚴密的，行動却是兇狠的。因之，由它所發生的强制力與煽動力仍足危害世界，如果自由世界對此認識不清或領導者警覺不够處理不善的話，整個世界仍有被赤化的危險。這一估計，幷非危言聳聽，亦非恐共病。至今我仍認爲正確。但自由世界內却有些人常以爲文明終必戰勝野蠻，理性與仁慈終必戰勝殘酷。這話當然不錯！但這只應該是指人類社會歷史長時間的整個趨勢而言，幷不適用於歷史演變的每一階段。否則，野蠻的蒙古人便不該征服文化高的中國人，尙武的斯巴達人便不該征服尙文的雅典人了。然而歷史上此類史例極多，許多國家都會經在它的歷史上經歷過黑暗時日。而共產主義的殘暴統治與龐大野心對今日世界的威脅則無論在規模上與性質上又都空前。所以我們今日的責任與努力，便在如何使人類社會免於這一可能到來的那一全面的暫時黑暗。對此，我發現甘迺廸總統的國情咨文，已有類似的看法，且有高度的警覺。

自由民主與共產極權主義的鬥爭原本不可調和，它們也不可能長久和平共處。它們之間的決戰終必到來。要就是全人類都自由民主，要就是全世界都被赤化，二者必居其一，這是未來歷史的必然演變，而當前形勢的發展與時間的拖延，對自由世界則並不有利。因此，我當時的另一估計是：自由世界對共黨集團的決鬥愈早愈好，愈早則自由世界必勝，損害亦極小；稍遲則自由世界雖可勝，但損害將大；太遲則勝負之數兩搶，不戰則自由世界將失敗。今讀甘迺廸總統國情咨文之言曰：「我們當今的諷刺之一是，一種殘暴壓制的制度和手法，竟能在它的奴隸身上灌輸紀律和熱情」，「我們必需要跨過那麼多的難關，他都會嚇了一跳的，危機一天比一天加多，解決的辦法則一天比一天棘手。每過一天，由於武器的散佈更廣，敵對的武力更趨强大，我們也就是接近最大危險的時刻。我認爲我必須向國會諸位報告，根據我們在過去十日中所作的分析，已明白指出在那些存有危機的重要地區，每一地區的情勢都在惡化，而時間是對我們不利的」。是的，情勢與時間確實不僅對局部地區不利，也對整個自由世界不利。這不但應使美國國會諸君明瞭，也應該大聲疾呼，使全世界每一個愛好自由民主的人明瞭。

三

作爲美國的總統，其國情咨文對美國國內問題自必談到。經濟問題是他所談到的國內問題之一。對此，甘迺廸總統首先就以極堅定的語氣表示黃金決不提價，這當然是關係甚大的一項明智措施，至於美國一般經濟問題，有人以爲他未能提出具體方案做。其實美國的生產潛力極大。只因半世界已被共黨佔有，而另一半世界則又尙有經濟上的彼此限制與競爭。那末，美國工廠的生產力不能充分發揮，從而不能將貨品推向世界各角落，因之，美國工人的就業人數爲之減少，失業的人數爲之相對的增多，自係必然的現象。試想：假如全世界十億以上的人口不被共黨的鐵幕關閉，不被迫過其饑寒交迫的奴役生活的話，則美國的工農業生產品還怕沒有銷場嗎？美國的失業人口還怕沒有就業機會嗎？在宣傳上，共黨國家每每詆誣美國的對外貿易是一種帝國主義性質的掠奪和侵略，實則正當的自由貿易乃是解決許多落後地區現階段生活物資之有無的一條途徑，何侵略之可言？所以我一直以爲要根本解決美國國內所面臨的經濟危機，要幫助落後地區提高生活水準，只有打破鐵幕，排除人爲的障碍。因爲像美國這樣一個世界性的高度工業國家，其國內的經濟繁榮，已決不能在一半世界是鐵幕是奴役另一半世界是自由是競爭的情況下獲得。所以，我以爲世界形勢如不改變，共產黨如不被打倒，美國任何人對美國國內經濟問題的任何努力，都只能得到相對的改善，而不能得到澈底的解決。（下轉第二版）

未來與現實

孫寶剛

有一天蔣百里先生對我說，人類在大體上可以分爲二類，一類是屬于未來派，另一類是現實派，未來派的人們喜歡研究上下數千年，過去未來的事情，他們對于歷史的演變以及由于演變而給予的教訓，看得清清楚楚，因此也知道了未來的發展。這些人是大思想家，是人類文明的先知先覺，假如沒有這批人，人類便不會有今日的文明，而將來的文明也是不可期的。可是他們有一個缺點。他們不大會把握時機、控制現實，所以當你遇到一個未來派的人物，當他們向你講解上下古今的許多宇宙的奧秘時，眞是頭頭是道，你如問他，現在應怎樣辦？尤其在現在這一剎那，發生了重大的問題時，你如去請教他，問他應該怎樣辦？那他的意見就不很高明，甚至拿不出主張或決斷來！

唯有本質上屬于現實派的人們，他們雖然沒有研究上下古今幾千年的歷史；事實上他們也沒有興趣作這種研究，他們當然也不重視將來的發展，但是他們能把握這一剎那，他們能在複雜微妙的現實中，看到了曲折契機，他們能當機立斷，說幹就幹，具有天才的現實派人物，往往就是大英雄，他們在不斷的對付現實，解決現實，結果他們征服了現實，並且不斷的征服，而結果完成了偉大的功業！蔣百里先生承認他自己是屬于未來派，所以他對于歷史和未來的發展看得很清楚，但對于現實的問題往往不能處理或把握得很妥當，所以在功業方面他沒有什麼成就。這可說他有自知之明。我很同意他對他自己的看法。就以我在民國廿一年和他日日相處的半年中，我也發覺他是如是的。他那時才自明故宮釋放出來（因唐生智事件而被蔣禁閉于明故宮）家居頗閑暇，他允許我每天早上到他家內去讀書，事實上，他是把所想到的問題講解給我聽。并不是眞的在讀什麼書。我就發覺他對于中外的歷史特別熟悉，有時還嫌歷史所載不詳，他可以循歷史的途徑，想像出許多更詳盡的事情出來，有如今日的歷史小說家的樣子，不過他的想像的目的是要歸納出原理來，以証明時代是這樣演變的，我聽了常常很心折。有一次他對我說，日美在太平洋中總有一天要發生戰事，中國唯有在日美戰爭時才能眞正抗日。這句話証之後來事實，完全準確，中國不是靠了美國的擊潰日本，才獲得了抗日的勝利嗎？于是我們不能不相信未來派的人物有其獨到之處。

他認爲現實派的人物要以德國的俾斯麥爲最顯著的例子。在俾斯麥當政的時代，社會主義者在德國發展得最快，因爲德國社會主義者在當時德國所提出的許多主義和問題，確是當時德國的現實問題，和應有的主張，所以，漸漸地獲得一般人的支持，而在德國形成相當的力量。那時俾斯麥正任德國的首相，首當其衛，但是他在議會中竟然通過了一條法律，禁止社會主義者活動。他是歐洲的第一個執政者，用法律來禁止社會主義者活動的，而且居然發生了極大的效果。其原因在那裏呢？因爲俾斯麥一面禁止社會主義者活動，一方面他知道社會主義者所主張的和揭發的問題，確是適合德國的實際情形，所以他自己一一付之實施而把這許多問題解決了。試想那時社會主義者祗是在宣傳的階段，而他確已在做，所以他超過了社會主義者，所以結果是他的勝利，而是社會主義者之失敗。後來的人把他當政的政績歸納起來，名之曰國家社會主義，其實在俾斯麥本人腦中，是不是先有了國家社會主義這一套理論，然後去逐步實施的呢？還是他並沒有這一套的理論：我們如能瞭解俾斯麥的爲人，便知他決計沒有這一套理論。在他的當政期間，他基于愛國心，要把德國治好，所以把握契機，就把德國所發生的問題一一設法解決，當一個問題或一批問題解決後，又發生了新問題，他又把握了新的契機，而又謀解決，如此積二十年的連續不斷的解決，造成了他輝煌的政績，後人名之曰國家社會主義。所以我們可以說，他的本質是屬於現實派。但由於他的天材，素養，他能捉住當時的一剎那知道怎樣去解決，所以他成功了。

我好奇的問他，我們中國的蔣××先生屬於那一派呢？他沉默了一下後對我說，應該屬於現實派，但嚴格的說，恐怕兩者都不是。他當然不屬於未來派，這可以沒有疑問，他以往的一切行徑是一個最現實的人，他喜歡玩手段，他投進了中國的幫會，幫會的人當然都是現實派，他把幫會的作風帶進了政治界，他今天需要利用那一個人，他給他官和給他錢以收買那一個人，明天不需要了，他便把那一個人一脚踢開，背信棄義。這是屬於現實派的。不過我們要弄清楚，一國的政治不是在收買那一個人或踢開那一個人。而是在把握那一個問題，解決那一個問題，並且在政治上所說的一剎那，至少要看幾個月或一兩年，決不是我們日常生活中的一剎那。並且一個政治家，決計不是百分之百的現實派，多少應是混合型的，所以就人言，他是屬於現實派，以政治家言，他是兩者都不是。他不是什麼（He is Nothing）！這是蔣百里先生三十年前和我說的這一段話，今天國事到了這個地步，使我想起百里先生的這一段話，眞是相當有價值的。古人說，亡羊補牢，未爲晚也。由于中華民國還有這一塊小小的領土，由于中共連年的天災人禍，政權還沒有穩定，尤其在今年大災荒以後，即使中共能善自處理這次災荒，免于大禍，但是原氣大傷，至少使它的政權要延遲幾年才能穩定，以我說時間還不太晚。而況美國的新任總統甘廼廸以後，雖然時間不到一個月，可是由于其所作的許多言論，以及其政府所羅致的許多人材，不特美國的人士，就是其他各國的人士也已一致公認，將有一個新的時代到來，這個時代是可以和共黨鬥爭而致人類于正義，和平和福利的。台灣站在反共的立場上，應該以甘廼廸的就任美國總統而增加了許多希望的。現實的政治家應該利用這個現實。蔣先生有沒有利用這個現實的材能，準備利用這現實的具體辨法呢？假如沒有的話，那眞是百里先生所說的「不是甚麼」。

說到這裡，使我憶起這幾天報上有兩個消息。一個說：美國和中共大使級會談要延至三月以後才舉行。另一個說美國的亞洲政策要到七月才能具體形成。依我的觀察，美國正在研究有關中共的資料，以及和中共的新關係。非到三月以後才能具體確定和中共應該談些什麼，到七月才能確定美國可能準備與中共談到怎樣限度？和中共的談判可能到達怎樣一個境地，于是以這個境地爲基礎來確定整個亞洲的政策。因爲在美國的立場上，整個亞洲的政策的決定，當然以中共和美國的實際關係爲主要因素。那麼，台灣是否老等着，旁觀美國和中共的會談，一直到美國確定了整個亞洲的政策以後，才來消極地應付美國政策呢？還是在今天起，當美國還沒有確定對中共會談的基準時，台灣就主動的有所作爲，以影响美國和中共會談的基礎，使對台灣有利。我相信這都是現實的問題，够資格的現實政治家都應當把握到，不應任其隨便滑走。蔣先生的天年有限了，今天以後，當然是他最後一段的機會。我希望他最後能表現出他至少是不失的現實的政治家。

讀甘廼迪總統國情咨文後的感想

劉裕畧

（上接第一版）

實則，在久已面臨的反共門爭中，若把美國國內的經濟困難來與整個自由世界今日所面臨的嚴重危機一比，誠如甘廼廸總統所說：「相形之下，就大見減色了」。因爲前者只是美國國內經濟生活的部份困難問題，而後者則是美國和整個世界的存亡問題。惟其美國和整個自由世界今日所面臨乃是存亡性質的根本問題，所以，甘廼廸總統才很警惕地迅速地對美國軍備問題不但加以重視，而且立刻採取行動。一則說「我已下令採取迅速的行動，將以增加我們的空運能力，……這將使我們能够應付任何蓄意的企圖，這企圖就是在全世界各地發動有限度的戰爭」。再則說「我已下令採取迅速行動，以加速我們的北極星飛彈潛艇計劃」。三則說「我已下令採迅速行動，以加速我們的全部飛彈計劃」。對此，蘇聯和中共自然都會叫囂、埋怨、抨擊。但我們應該曉得：敵人所痛恨的，所反對的，也正是我們應該喜悅應該讚美應該鼓勵的。

四

在對外方面，甘廼廸總統頗爲着重，其國情咨文會對亞洲、非洲、拉丁美洲和歐洲，都分別依次予以論列。也都頗具獨到見解。對於亞洲，他說：「在亞洲方面來說，中共的殘忍壓力威脅了整個地區的安全——從印度和越南的邊界起，以迄努力維護其最近獲得獨立的寮國森林爲止」。在亞洲，中共確實是這樣的一個禍根。怎樣對付這一個禍根呢？甘廼廸總統沒有詳細說，而只說要保護亞洲各國的獨立。但我願意在此進一步指出：任何防堵性質的辦法，都只是治標的臨時辦法。且亦未必有效，若承認中共與准許中共入聯合國，則更足以助長「中共的殘忍壓力」以「威脅整個地區的安全」。所以，只是保護亞洲各國的獨立，以對抗中共的侵畧，是仍不能求得亞洲的永久安定的，根治之道還是只有支援民主反共的中國人和亞洲人把這一禍根連根拔去。在國情咨文中，甘廼廸總統也談到「在非洲方面，剛果則已給內戰、政治的動盪和社會的騷動，鬭得四分五裂」，「在拉丁美洲方面，共黨特務設法利用這個地區所希望的和平革命，已在距我們海岸九十里的，在古巴建立了一個根據」。因此，甘廼廸總統表示要解決剛果問題，且不讓共黨勢力伸入中南美，但我們曉得：剛果和整個非洲的主要動亂，乃來自蘇聯和中共，古巴的叛變，也來自中共與蘇聯。現在美國既沒有方法遮斷剛果、古巴與蘇聯中共之聯繫，則除了正本清源，先把世界的禍首蘇聯拔去以外，又何來眞正有效方法呢？

五

前幾個月，爲了美國的威望問題，美國國內曾有辦論，不可否認，美國的威望，近年確有墮落，但我們應該知道：美國的威望是并非由於美國不進步，美國仍是進步的。墮落之主因乃由於對方在太空武器方面相對領先的緣故。所以，美國威望的墮落乃在相對方面。而今後，這一相對的形勢對美國乃難扭轉，預料蘇聯在太空武器方面的某些部分仍將繼續領先，而這就成爲時間對我們并不有利的另一個重大原因。因此，顯而易見的，美國的安全和威望都只能從鬥爭中克服敵人，爲全世界重新建立正義和自由民主的新秩序，才能眞正獲得苟安和拖延則將使威望更降低。

六

時間對自由世界并不有利，既是一項殘酷而無情的事實，而我們又不能避免時間，這一點，甘廼廸總統也看得很清楚，他說：「爲應付這一連串的挑戰，要完成我們在世界時務中所不能避免的任務，我們必須重新檢訂和修訂我們所製的整套工具，軍事的、經濟的、政治的。切不可輕此重彼，在美國國徽上，那頭鷹的右爪握着橄欖樹枝，左手則握着一束箭。我們意欲重視兩者」。那末，如何爭取主動？如何掌握有利的時間？便是今日自由世界的眞正課題。我們曉得：上帝對於魔鬼是從不退讓，而且也是從來無法求得妥協的。則自由民主又怎能對共黨侵畧低頭退讓？自由世界又怎能與共產極權主義長期和平共處呢？

說到保衛自由民主問題，自不免要接觸到戰爭問題。對於反共戰爭，不消說，今日自由世界內，有些人極端主張，而又有些人是對共產主義的殘酷侵畧性和兇狠擴張性缺之認識的。美國國內也有一些人如此。他們非常忠厚的只以自己的生活經驗去想像共黨的統治和統治下的生活情況，因此，有些人有意或無意的企圖苟安。但這并不是自由世界致命傷。因爲領導者的責任感和領導者的領導藝術足可以通過民主制度來補救這些缺陷。問題還任該領導者本身的認識與魄力如何？假如領導者不把遷就意見代替領導，假如領導者不把應付現實誤爲這就是盡責任的話，我有理由相信領導自由世界的美國總統有可能把整個自由世界的力量集結起來，在鬥爭中領向活路，導向理想，走向勝利。

當然，要把上述一切認識和看法變爲事實，尙有待於甘廼迪總統的適當行動來完成。而這又是與勇敢和領導藝術分不開的，但當我想到甘廼廸總統當年指揮魚雷艇衝向敵人的那種偉大精神，當我想到他沉溺在大海中仍有奮不顧身以救助戰友的那陣偉大精神時，我有理由對甘廼廸總統作期待。

當然，我不是說爲自由民主而戰，只是美國一國的責任，也不是說爲自由民主爲戰，只是甘廼迪總統個人的責任，這是包括我們在內所有愛好自由民主的人都有責任的。我相信全人類都將支援美國和配合美國爲自由而共同作戰。尤其是許多早已獻身於這一戰鬥的人。民主領導人類社會這一時代的榮譽，既已歸於美國，希望美國在國家危險關頭也是國家奮發有爲的當兒——（甘廼廸總統話）勇敢的站起來！也希望一切不願作共黨奴隸的人勇敢的站起來！

發展中的日本對中共關係

李金暐

時序進入一九六一年後，日本謀「改善」對中共的關係，似乎愈來愈迫切了！

目前很難肯定說日本的眞正意圖是什麼。究竟是爲了企圖恢復貿易呢？還是眞欲一舉而達成與中共建立「邦交」。

但很明顯，在美國新總統選舉揭曉之後，日本站在預測美國將會改變對華政策的基礎上，認爲在未來有必要，認眞考慮，而且必須在美國之前，搶先一步承認中共。其實美國新政府的政策究竟如何，迄未明朗化，日本那種急燥不安的態度，却是太過現實到離譜，近於不顧中日間現存的友好正常關係了。就這點來說，吾人寧難說是日本政界某些人的淺薄，稚不欲謂是現在池田內閣的決策。

不過很多事實，已令人懷疑到池田內閣的眞正動向了。

二月二日，日本外相小坂善太郎在衆議院外交委員會答覆社會黨議員穗積七郎的質詢時，竟謂「日本一向尊重並承認北京爲改善對日關係所列的三原則，而且過去和現在都並沒有做與這些原則有抵觸的事情。」其對中共之柔順、遷就，實已溢於言表，中共對日本所提該項三原則之內容爲：

（一）日本不應以中共爲敵；

（二）日本不應參與製造「兩個中國」的陰謀；

（三）日本不妨礙建立中日邦交。

在小坂外相作上述公開意見表達之前，日本池田首相，也曾向中共表示，願在現有狀態下——即不作政治承認——與中共貿易爲友。這與較早前池田所告知內閣及國會的態度，顯然又進了一步。一月中旬東京的消息報導池田曾表示：對已停頓了三年的貿易，日本是很感需要的，但「並不是必要」。可是現在似乎已是迫不及待了。

中共目前正處於經濟和糧荒的大困難中，或許也正是日本亟欲乘機與中共恢復貿易關係的原因之一，希望能大做生意。

以一九六〇年爲例，中共與英國的貿易數字是相當動人的，根據倫敦的「中國貿易經濟通訊」一月十日報導說：六〇年頭十個月對中共輸出共值八三三〇萬美元。從中共的輸入是五四四五萬美元。此外航業上的間接收入而不計算在內。

近一個月來，中共由於饑荒之嚴重，而積極向澳洲和加拿大購入大量的小麥與麵粉。在澳購入之小麥計約一百萬噸，價值二千七百萬澳鎊；向加拿大購入者價值六千萬美元，共約小麥七十五萬噸及大麥二十六萬噸。（根據加拿大農業部長威靈頓二月二日在下議院的宣佈）這些巨額的糧食正需要龐大噸位的船隊輸運。二月三日倫敦的消息已証實中共正向英國航業界租用大批船隻往澳、加兩國裝運所購糧食，目前經已租用者計四十艘，總噸量已達五十萬噸。而「進一步之租用現在接洽中。」倫敦市場方面相信「中共現欲增加租用船隻，以載運救濟饑荒之物資，同時，亦需要船隻從古巴運糖及由北非與歐洲運肥料返國。」

這些消息和事實，無論如何說是足以刺激日本產業界和航運界的。這對於曾任通產相的池田首相來說，當然也具有吸引力的。中共寧捨近取遠向倫敦租船，不向日本的航業界探盤，顯然是因爲格於目前兩者無貿易關係存在，否則以日本戰後所建船隻之新穎、航運之快捷，與其善於削減運費競爭的手法，日本斷不會失此交易機會。根據這些事實，衡於常理推測，日本之亟欲與中共恢復建立貿易關係，在日本原是很邏輯的。但是，也正由於日本之未能持重以進，其焦灼不安，和官方失態與有失立場的言論，反而可能促成中共今日對日態度的陰陽怪氣。

就眼前發展中的事實來說，日本既未能獲得與中共關係之改善，同時又使中華民國對日本官方現實態度深懷疑懼。美國新政府當前對中共也並未顯露却對其作何大讓步，而日本所欲搶先一步承認中共之願望，或亦將暫時落空。這就更顯得日本外交動向有待修正了。起碼是不應如此之露骨、衝動。

根據來自日本的消息報導，日本國內新設的研究中共問題的機關甚多，而能直接影響日本政府政策者亦復不少。就自民黨來說，內部左翼人士宇都宮、櫻內義雄、山口野田和其他各時期經過閣員職位的「中國通」八人，即已創立了一個「研究日中問題團體」。在自民黨內積極作推動迅速展開爲正式與中共恢復日中貿易和外交關係的運動。而自民黨內外交政策研究會的中共小組；也已展開了積極工作。一月十六日曾集會討論日本與中共未來關係之外交及法律問題。參與小組會議人員甚至議定，今後該小組研究中共問題時應不受政府政策之約束，且將請外務省提供有關美國未來民主黨政府對中共立場以及一般聯合國會員國對中共問題態度改變之一切情報與資料，可見該組織之具有「權威性」。而池田勇人，在去年十二月間，亦曾親自主持日本政府第一個討論承認中共的正式會議。

上述這些事實，遂構成了一個強烈的印象，日本政府亟欲與中共建立正常關係。

在野的黨派，捨社會黨不論，即以過去社會黨的右派，現在的民主社會黨領袖西尾末廣，也曾在去年十二月廿五日，於京都發表聲言，日本民主社會黨認爲：「中國在聯合國之代表權，「絕無疑問」應屬於共產中國。」並鄭重宣佈，「該黨今後將全力促進日本與中國大陸間以及日蘇間的貿易關係」。更謂，「必須由政府與政府間締結貿易協定。」西尾末廣祇是保留地說，「日本政府即使與中共簽訂此類協定，未必即爲承認中共政府」。雖然此話十分矛盾，但新聞界已認定，西尾末廣的民主社會黨，除對中共尚有一點點保留外，實已與社會黨完全一致。

而池田首相繼之於去年十二月在國會報告日本政府與中共接觸之情況時也稱，「日本已準備與北平接洽關於締結郵政與氣象協定之事。」則可見在野黨派所提出之主張，執政黨也是盡可能地擇其可行者在實踐了。這些不斷地「努力」，也無非想藉此作爲通向與中共締結貿易協定的跳板。目前最大的阻力則仍爲受美國決策的影響。否則日本與中共，恐怕早已建立了「友好關係」。而實質上，自民黨與其它在野黨之間對中共的政策，其不同之處亦甚爲微小。

現在，日本政府前通產大臣——日本現內閣經濟政策策劃人——高崎達之助，正在美國。他行前即聲言此去是爲了與甘迺廸商談「中國問題」，並謂將與美國財長狄龍、副國務卿鮑爾斯及民主黨參議員領袖曼斯菲爾等交換該問題之意見。其中第一項即爲探問美國對日本向周恩來（中共）提議的日中貿易所採取的態度；其次即爲中共入聯合國問題及中共核子武裝問題。與他同行的，有日本原子能委員會主席曾根康弘。

從這些一系列的事實發展，可以證實當前日本外相小坂善太郎二月二日在衆議院外交委員會的說話，並非如其對國府的解釋：「說溜了嘴」。如果他心中無數，豈敢放言高論，若非社會黨議員洞悉政府的所作所爲，在質詢中也必然不致于單刀直入。可見日本政府向國府當局所作之解釋，實爲欲蓋彌彰！但就現實情況推斷，即使日本再積極一些，中共還未必就肯接受其「好意」呢！

瞻望大陸局勢

田心

在佔有大陸的這幾年中，毛澤東對於國內經濟，特別是對於農業，基本是以一種左傾冒進，自我掩飾的手法來處理。土地改革並沒有解決中國的農業問題，於是在一九五二年底制定總路綫要求合作化；到一九五五年上半年大陸各地農民反對合作化，中共中央被迫解散了當時的三分之一的合作社。但毛澤東並不從延遲合作化方面來緩和農民的反抗情緒，而是以加速合作化來壓制農民；按原來預計合作化完成的時間是自一九四九年計起的十八年，經他在一九五五年七月底的大罵搖搖擺擺的小脚女人以後，轉眼於一九五六年春，宣告農業合作化基本上完成了。農業合作化還是不能解決問題，合作社的制度也不穩固，於一九五七年二月，毛澤東在「最高國務會議」上講人民內部矛盾問題時指出，能夠在五年中把合作社整頓穩固就不錯了；但在一九五八年秋，毛澤東又搞其人民公社運動，高喊什麼「吃飯不要錢」。之後，人民公社的內部制度雖稍有緩和，但終究還是維持着人民公社這一種體制。這一種發展有助於我們對眼前大陸局勢的估計有兩個方面：

一、儘管是由土改而合作化再進至人民公社化，但並不表示它是循次漸進、按步就班的政策變化，而是將前一階段的問題按下不表，猛烈以更左傾的政策來壓制農民；這樣，來看目前大陸農村的不安，是有眼前的飢餓的原因，人民公社的制度不合理的原因，還有自土改、合作化以來的許多許多累積下來的原因，不是簡單的。從而亦可以認定在大陸有清算毛澤東左傾政策的基本願望存在，而且具有嚴重性。

二、由土改、合作化而人民公社化的這一種進展，是依靠政治力量，這一種政治力量能夠把前一階段的問題按下不表，冒進的來搞一種新的制度，這樣，我們又不能不承認毛澤東政權的異乎尋常的有力。大躍進運動以後，要全國人民一方面勒緊肚子，減少物質消費，另方面却增加工作時間獻出更多努力，這是古今中外歷史上未見過能這樣辦的，亦即說明其政治控制的堅强程度超過了歷史上的所有政府。

現在大陸動盪的局面，就是因爲它依賴政治力量壓制由經濟問題而發生的反抗力量方面已經有了困難；困難固然已經存在，但主要的關鍵，還在於由經濟問題發生的反抗力量能否擊潰其政治控制力量，它將是否會決定大陸政權的動搖。

毛澤東現在所能採取的政策，由以上發展來看，必須要堅持其人民公社政策；否則即使解散公社恢復農業社也未必能緩和得了人民的反抗情緒，或者反而因此更鼓勵反抗力量的膨大，動搖其政權基礎。當然，現在時節若再向左傾也是不會的，一方面它的政策已達了左傾的頂點，無更左傾的辦法了；另方面對反抗情緒終究還要緩和一下，不能單純用鎮壓的辦法。綜合起來它的渡過目前困難的政策當是一方面加强政治控制，另方面放鬆某些經濟措施，以緩和安撫農民的激動情緒。這就是八屆九中全會所決定的政策：一方面整風、整反抗分子、整不根據政策行事的那些過激分子；另一方面取消優先發展重工業，要求大辦農業。

當然局勢的發展不一定是按毛澤東所估計的方向前進，也就是說他的那套政治上加緊控制和經濟上的稍稍放鬆的政策就能解決問題了，現在正有這種跡象，如：海外糧包收寄的不能不放鬆，對澳洲加拿大購糧數字的突然加大，新設的中央局的人選遲遲未能決定等。這些跡象顯示，毛澤東對於局勢在某種程度上已失却了控制。

若果大陸局勢這樣的發展不能抑制，則政權當將動搖，那麼，毛澤東的下台與人民公社的取消或是一項能夠緩和局勢的較積極的辦法。這些，現雖不能肯定，但我相信這次局勢的動盪必撼搖了它的整個政治組織，要想恢復以前那樣的嚴密控制看來已有問題。

監察院糾正用刑逼供

・志清・

（台北通訊）月來的監察院，可謂有聲有色。繼陶百川的推派委員經常督導審計部加强對國防部經費的審核工作一案經決議交國防財政兩委員會參考辦理和曹啓文的公佈未成立的彈劾案及審查經過一案經過幾乎三天的激辯而終於被迫撤回之後，一月二十四日該院司法委員會又通過一項糾正案，促請政府切實迅速採取有效措施，嚴禁各機關不得用刑逼供；違者依法嚴辦，其主管長官應一併論罪。其於法院偵察或審判時，經人犯陳述有刑訊情事者，承辦檢查官及推事應切實查明追訴；或移送偵辦。如有置之不理者或延遲不辦者，應即分別以瀆職論罪。

此案原係一年以前陶百川在院會所提，經決議進行調查，並推李不韙、胡卓賢兩委員負責。李胡兩委員在調查中，發現有十多個案子，都曾用刑逼供。有司法警察職權的治安機關於偵訊犯罪嫌疑人時，以搒掠捶楚，或不眠不休的方式以取得疑犯之自白書或所謂原始口供，檢查官即據以起訴，法庭即據以科刑，致成冤獄。糾正案並指出：偵查犯罪及調查証據，必須依法辦理；而以强暴脅迫，或施體罰，或疲勞訊問等方法逼供，不獨依法不得採為証據，而且違背人權，觸犯法令。

此一義正詞嚴的糾正案，雖經監察院司法委員會順利通過；但將來提出院會討論時是否會遭受所謂護航隊的阻撓，尚未可知也。

以林伯雅事件為例

如所週知，今日台灣任意用刑逼供的機關，都是屬於蔣經國主持的特務系統。不但一般老百姓談虎色變，就是黨政工作人員也隨時提心吊胆。姑舉一個已為許多人所知的例子來說吧，去年三月，台北召集所謂第一屆國民大會第三次會議，海內外都有反對總統非法連任之聲，當權者為了點綴門面，曾以種種方法挪籠散居海外的國大代表，香港方面的工作人員更奉命加强努力。林伯雅就是被請來台出席的國大代表之一。當時當權者正有求於國大代表，而林又是來自被認為反對非法連任最力的香港，照常情和常理言之，他到台灣以後，應該受到優禮了。然而事實却是招來了一場災害。

林伯雅由港來台的第二日，即被警備司令部稽查處誘捕。罪名是共黨嫌疑，事實則是一個為大家所熟知的舊案。並以種種威脅要他供認，據悉還受了某種體罰。事原抗戰末期，久已投向蘇俄的新疆盛世才表示願意歸附中央，國民黨即選派幹員前往廸化分任省黨部和省政府的工作，林伯雅被派為新疆省黨部委員。但到職後不久、盛世才突又以共黨為名於一夜之間，將所有由重慶派去的人一律逮捕入獄，並用種種酷刑逼供，要他們承認。有的因為受不了刑，還在自白書內把當時國民黨中央要員朱家驊、陳立夫等都說是共黨。當時國民黨中央雖明知盛世才的用心是不願中央派人去新疆工作，故誣指被派諸人為共黨而造成冤獄；但以鞭長莫及，無可如何；祇得向盛疏解，請將他們移送中央審訊，以後不再派人前去。林等才得脫險回到重慶，並由國民黨中央百般慰勉另派工作。這是十五年前的往事。因此，假如林伯雅是共黨份子，那麼，當時派他去新疆的國民黨中央豈不是共黨的機關嗎？而在林伯雅被盛世才拘捕下獄以後，國民黨中央又為什麼要設法營救而更提名他的國大代表呢？今日台灣警備司令部的負責人等理應深知本案的經過，而却據以誘捕林伯雅，還用體罰和種種威脅逼他承認，可見他們無法無天有所恃而無恐了。

林伯雅被捕的消息傳出後，經國防研究院的李壽雍，香港時報的許孝炎和立法院的吳鑄人等合力營救才得恢復自由。因為所謂稽查處，乃蔣經國屬下的特務機關之一，李等三人雖然也算是當今的朝中人物；但却不敢指責其非，而且還以身家性命担保林伯雅不向外宣佈。

如果不是立法院有人提出訊問，此事將永不為人所知。而當立法委員問及此此事時，警備司令和稽查處長都答稱不知其事。可見稽查處在名義上雖屬於警備司令部，並有一個處長主持其事，實則是受蔣經國直接指揮的。因此之故，林伯雅雖然遭受了無妄之災，亦祇好自認倒霉而已。

以林伯雅這樣的身份都被非法拘捕和非法逼供，今日台灣的刑訊之風是怎樣的盛行，海外讀者當可想見一般了。監察院糾正案所稱的「有司法警察職權的治安機關」，明眼人一看即知指的正是蔣經國屬下的特務機構；但假如要想嚴禁他們不再用刑逼供而免造成冤獄，恐怕監察委員們的權力還是有所不及的吧？

唐榮工廠監查小組遭遇困難

衛之

（台南通訊）自政府援用總動員法停付唐榮鐵工廠的債務並將該廠的業務委託中華開發公司組織監察小組予以整頓，而挽救唐榮於破產的邊緣以後，社會上對政府之不惜濫用國家權力犧牲債權人以就資本家的謬誤紛紛指斥，至今尚未平息。照情理言之，該廠自應推誠與監察小組合作，以期迅速度過危機，而恢復業務。可是事實却不如此。據監組小組主任潘鋕甲於一月二十六日在高雄招待記者說，小組的基本任務為清查該廠的資產及負債。但在過去一個半月中，由於該廠不繳出賬冊而迄未展開工作。每當小組向廠方催促賬冊較為緊迫時，其主要會計人員就以感冒頭痛等理由告假，時常幾天不見。同時，該廠在國內方面的債務，如存款及借款等雖經政府以總動員法予以凍結，暫時不必支付；但如欠貨、欠稅、欠水、欠電及欠罰金等等如不償清，則營業無法展開。而在國外方面已開出信用狀而未繳貨的計達八千噸之多，引用總動員法自然行不通，因此，該廠業務，目前仍難恢復。又說，該廠月需週轉金五千餘萬元，小組所帶來的七千萬元即將用完，從目前所遭遇的種種困難看去，恐怕政府所賦予的任務將不能完成，他的心情很沉重云云。據悉，唐榮父子之所以遲遲不交出賬冊，除了企圖隱瞞資產而外，更是為了賬冊中有許不多可告人的秘密，尤其是與當權者及其手下特務人員往來的數目驚人，更不敢有所洩露。政府所以不惜背叛其在口頭上奉為金科玉律的民生主義和濫用總動員法的原因，也就是在此。總而言之，唐榮鐵工廠事，受損失的祇是國庫和小額的債權人而已。至於唐老板——尤其是幕後人物的既得利益，則仍將是金甌無缺的。

在潘鋕甲招待記者之後，唐傳宗總經理乃於一月二十八日指示該廠會計人員儘速整理自四十四年該廠改組為股份有限公司時起迄今六年的全部賬冊，並限於月底前交與監察小組，以備清查。唐總經理此一決定，顯然是對潘主任向記者指責該廠不合作的反應。但能否言出必行，則尚未可知。而且，縱然有朝一日，該廠果將全部賬冊交出，是否確屬廬山真面，也似乎頗成問題。

（來函照登）

聯合評論社編輯先生大鑒：

閱貴報於民國四十九年十二月十六日和廿三日刊有署名「流亡學生雷電」及「張子峯」二篇「讀者投書」，因其文中所述嚴重損及我等流亡學生之名譽，且我校上屆畢業及現仍在讀之流亡學生中並無「雷電」「張子峯」其人，故特函請貴報及早予以更正，以免混淆視聽為盼，專此敬請

撰安！

大陸逃港就讀調景嶺信義中學流亡學生：王文儀、徐慶南、易文忠等二十四人

——編者的話——

王文儀等同學的來信，簽名的原有二十四人，因其中有許多位的簽名寫得太草，不能辨認，祗得刊出前面三位的姓名，而將其餘的畧去。信中所指那兩篇讀者投書的作者雖然用的是筆名；本刊同人不但親見其人而且還看到証件。因投書內容是指出台北駐港的某救濟機構曾向兩年前由大陸逃出來而被保送入調景嶺信義中學就讀的同學們宣佈他們入學後將按月發給零用並於畢業後保送入台升學；而後來又不實踐所言，以致有些同學因無零用而中途輟學，其幸能在該校畢業者又以在港澳居住未滿六年為理由而被拒入台。本刊為了同情流亡同學而予以發表．我們實在想不出這對於信義中學同學的名譽有什麼損害？而香港時報還加上一個「不要侮辱我們的人格」的標題，更可見其用心了。也許因為後一篇投書中，有「每到一個部門，他們總是索取大陸情況的資料；資料一拿去了，就人影齊消，不知去向」數語，揭穿了某些海外工作者的面目，該報因而不得不如此編排，實則這類的事，不待張子峯先生的投書人們已經知道得太多。就是黨報中人，也曾向我們道及而嘆台灣現狀為死局。我們對於流亡同學們的處境和心情十分了解，所以仍將此信刊出；并祝福諸位今後能安心向學而不再受某些特殊人物的干擾。

公營事業顧問知多少？

（台中通訊）台灣第二屆省議會第二次大會於一月二十三日下午三時復會，即開全體審查會審查省屬二十六個公營事業機構的五十年度業務預算，直至二十五日才審查完畢。議員們對於台灣銀行等金融單位濫設顧問名額，坐領乾薪，多表不滿。據稱，目前台灣銀行有顧問六十餘人，土地銀行及合作金庫等亦有七八人至十餘人之多，其中有些人還兼兩個單位的顧問。陳愷議員主張減少顧問的名額，並要求將顧問的名單送省議會查閱；但並無結果。僅在通過台灣銀行的預算時，附帶四項意見，送請該行改進。其第三項的原文是「該行目前的顧問六十餘人，應該減少，以節省費用而增加盈餘。」據熟悉內情者說，台灣銀行等機構的顧問名額不但不會減少，而且還將增加。至於顧問的名單，更是事關機密，不容洩露了。因為自蔣介石當政以來，一般公教人員的薪俸向極菲薄，殊不足以維仰事俯畜；而官場的風氣又極奢靡，他即利用此一弱點給予一些善於逢迎者以各種額外的待遇以示恩惠而樹立個人的勢力。以故遠在民國十七八年間，許多所謂有辦法的文官都身兼各種官營或官商合營事業機構的董事或顧問之類，因而於其本職所應領的薪俸之外，還有一大筆額外的收入。後來甚至以清廉見稱於一時某些黨務工作人員，也競向金融或其他事業機關謀兼職。已故國大秘書長洪蘭友就曾兼任江蘇紗廠的董事長；而且為了這一原因，還不惜以黨政要員的堂堂身份做上海某聞人的入室弟子。已故行政院長俞鴻鈞更在貴為國家的最高行政首長時尚兼任中央銀行的總裁。後來被監察院提出彈劾，仍願拋却前者而緊握後者。現任總統府秘書長張羣當年由大陸退到台北時，也全憑中央銀行顧問的身份才得到一幢免費供給一切日常生活所需的住宅。而今日國營和省營事業的顧問，則多是蔣經國手下的紅人，他們不但坐領乾薪，而且還享有華麗的住宅。台灣省議員要減少銀行等事業單位的顧問名額，並要求查閱顧問名單，未免太不識時務了。（行健）

中共向外購糧可以解除大陸糧荒嗎？

．陳一鳴．

據法新社渥太華二日電：農業部長哈米樂頓今日在下議院中稱：中共由加拿大購買穀類價值六千萬元，并謂中共購小麥七十五萬噸，大麥二十六萬噸。這是加拿大當局與香港華潤公司經數週談判之後，簽訂了加拿大前所未有的最重要穀類出售合約。

又據美聯社墨爾砵二日電：消息靈通人士在此間稱：上月中共最低限度向澳洲購麥一百萬噸，價值澳洲幣二千七百萬鎊（六千萬元）。上月北平要求澳洲小麥管理局勿透露將來交易的詳情，該局經已同意。先是該局曾透露曾以小麥四十萬噸，麵粉四萬噸售給中共。

又據倫敦三日路透社電：中共曾於最近數週內，曾向倫敦之波羅的海船務交易所租用輪船約四十艘，以供從加拿大與澳洲運穀類糧食返國救災之用。截至目前止，租用之船隻載重總量為五十萬噸。進一步之租用現在接洽中。同時，中共亦需船隻從古巴運糖及由北非與歐洲運肥料返大陸。

讀以上由三個不同通訊社從三個不同地點發出之電訊，已可確定中共現正向外購糧已係百分之百的不移事實。這一事實，固然戳穿了它自己一向吹噓的大陸糧產大豐收以及千斤畝萬斤畝等等肥皂泡，從而重重的自己打了自己一個嘴巴。但更重要而且應該進一步追問的問題，則是中共何故向外購糧？真的是為了救濟大陸糧荒，又大陸糧荒真會因此解除嗎？

就今日大陸之情況而論，中共十年統治之結果，人民痛苦萬分，可說是到了水深火熱、貧病交加、飢寒交迫的可憐境況，從人道主義觀點來看：當然希望中共翻然改悔，放棄馬列主義，退出俄共集團，不再作俄國之奴才，重新獨立自由的做人，但毛澤東早已宣佈不行仁政，硬要一面倒，所以，指望中共發慈悲心來購糧拯救大陸同胞乃絕不可能的事。假如說中共真的有意解除大陸糧荒，其最迅速有效之措施，莫於立刻停止各種食物出口。然香港市場之各種食物仍源源來自大陸，東歐及俄國之許多食物仍源源來自大陸，這就可見中共無意改變其整個經濟計劃來先救民救災了。

然則中共又何以忽然向加拿大及澳洲，甚至還向緬甸購買糧食呢？要明瞭此一問題，應先從中共政權之基本之建設企圖說起，須知，十年來，中共是一直全力着重軍火工業及重工業的。那些在大陸各地新建之軍火工廠及重工業工廠，雖名曰「蘇援」，實則仍然有數計數，仍要中共付現，縱不立刻全部付現，也得分期付還。其不付現部分，亦需將物資運往蘇聯及東歐作抵。而中共政權本身很窮，并未積存大量現金或外滙，故其一切開支，一向依靠搾取農業生產。而農業生產畢竟有限，而中共政權的開支又極龐大，所以，大陸可耕地雖由原有之十三億增至十八億畝，畝產亦畧有增加，而農村消費且通過人民公社之高度剝削方式而愈壓愈縮，愈縮愈小，但仍不能全部供應其財經所需，則係顯而易見之事實、而中共政權之整個財經打算，素無切實統計，只係建築在其各級幹部之誇大謊報與估計上。所以，中共盲目吸收蘇援工業裝備盲目與東歐共黨國家訂立物資貿易的協定，即係一向以不確切之收入數字作支出之基礎。從而對蘇聯及東歐共黨國家答應了和協定了許多支付數字。尤以前年農業生產原以為有七千五百億斤，結果發現只有五千億斤（究竟是否真有五千億斤也還是問題），而原有的財經開支和對外支出却是以七千五百億斤作基礎來計算的。後來忽然發現實際收入減少了三分之一，而以七千五百億斤作基礎，所訂的支出數字，尤其對外輸出數字已無法更改。這就使得中共政權之整個經濟情形，捉襟見忖。本來在這情況下，中共政權也未嘗無法可想，只需將其向外擴張企圖縮小，工業化計劃減緩，亦稍可扭轉形勢。但中共政權之國際屬性及毛澤東之誇大個性決定了中共的愚蠢作法。不但絲毫不肯將原有計劃縮小，且仍對外到處打腫臉充胖子，且仍對內强行繼續實施重工業建設與龐大的建軍計劃。如此一來，其龐大開支遂更加重了它對農民的剝削與壓搾。這是數年來大陸災情不重整個農業仍在增產時，大陸人民就已活得一天比一天苦，一天比一天慘的所以然。其來蓋有自矣！

至一九六〇年，天災固益見加重．而農民消極反抗心理所形成之怠工現象，與共產極權制度所帶來之諸種毛病亦同時百出，於是遂成為今日全世界俱為之震駭的大災荒年。依理，中共應該立刻取消建新軍建新廠，立刻停止一切輸出，立刻停止一切不必要的浪費，以緩和整個形勢，從而儘速救民救災才是，然中共仍不作此圖，不但毫無停建新軍之意，最近甚至還由中共內務部通令大陸，叫各地共幹在災荒聲中，仍要特別優待「軍屬」、「烈屬」（見一月廿九日人民日報）。且亦毫無停建新廠之心，更無將食物停止輸出之事。最荒謬的，是在嚴重災情聲中，中共竟仍不改其好大喜功之瘋狂個性，最近，竟又與高棉、北越、緬甸等簽訂了幾個援助協定。由此可知，中共今日雖繼續在向加拿大和澳洲購買米麥，但這決不是用來救災的，而只是用來支付蘇聯及東歐共黨國家的舊欠的。證以中共現今一方面雖向外購糧，另一方面又向外輸出糧食之事實，可知大陸糧荒不會因中共向外購糧而解除，中共目前雖然號召大陸各行各業支援農業，但中共對重工業原定的建設計劃及人民公社等都尚無改變。所以，照目前的迹象看，中共并無有效的救災方案，而只想在農業戰綫上增加勞動力，以爭取一九六一年農業豐收作空頭支票來對飢寒交迫的農民作望梅止喝之計而已。中共國務院副總理兼外交部長陳毅二月四日晚於錫蘭駐北平大使的宴會上說：反共人士不要高興，中共即可克服困難。其實，不說一九六一年大陸農業不能豐收，縱然豐收，中共之剝削如故，則大陸農民不但三年之內無吃飽穿暖之可能，可以斷言，就是再等十年八年，在中共統治下的大陸農民，也是沒有吃飽穿暖之可能的。因為中共既不改變其整個計劃，而其整個計劃之財政來源又只有依靠農業，則年年剝削，重重剝削之下，大陸農民之生活，安得而有改善之可能呢！

分析中共與北越及中共與緬甸的貿易協定

陸聞

據北平公佈，中共政權已於一月卅日與北越在北平簽訂了「向越南提供長期貸款和成套設備的協定」。「協定規定，中國向越南提供一億四千一百七十萬盧布長期貸款，越南在七年內（自一九六一到一九六七年）使用這項貸款，支付由中國供應的各種成套設備，和提供的技術援助的各項費用。根據這次簽訂的關於中國向越南提供技術援助和成套設備的議定書規定，中國將幫助越南新建和擴建冶金、電力、輕工、鐵路等廿八個工業、交通企業」。

此外，中共對外貿易部副部長李强與北越貿易部副部長李班還簽訂了「關於中越兩國一九六一年相互供應貨物的議定書，關於過境貨物議定書和有關換文等五個文件」。并規定「一九六一年中華人民共和國將供應越南民主共和國鋼材、棉花、棉紗、汽車輪胎、煙煤、化工原料、機器設備、藥品等，越南將供應中國無煙煤、磷火石、木材、水泥、鉻鐵礦、家禽、家畜、水果等」。

這顯然是大陸人民普通飢荒聲中，中共打腫臉充胖子以加强其亞洲侵畧基礎的又一措施。

中共與緬甸於一月廿七日在北平簽了一個貿易協定，但這一協定延遲一月卅一日才由中共「中國新聞社」發表。

該貿易協定規定緬甸對中共「將輸出米及米產品、食用豆類、食鹽、馬鈴薯、油餅（芝蔴餅及花生餅）、鉛塊、鋅砂、鎢、錫、銅片、銀、木材、橡膠、棉花（短纖維）。中共則對緬甸輸出「各種機械、各種工具、科學儀器、各種電工器材、五金和鋼材、化工原料、煤、水泥、棉紗和棉織品、絲和絲織品、茶葉、搪瓷、瓷器、各種紙張、罐頭食品、其他輕工業品、中藥和藥材、醫藥和醫療器械、農具、輪胎、土產和手工藝品」。

據中共公佈：「締約雙方同意盡最大努力，採取一切必要措施，以促成和擴大兩國間的貿易」。

「雙方還同意，對於進口或出口的商品，在進出口許可、海關手續、船舶進出和停泊港口等方面，相互給予最大的便利」。

又說：「這個協定自簽字這日起生效，有效期為五年」云。

看過中共與北越及中共與緬甸上述兩個貿易協定後，立可發覺中共對此具有多項陰謀。譬如以水泥來說罷，中共與北越規定：北越應以水泥輸中共，但中共與緬甸協定，却又規定中共應以水泥輸緬甸，這種一來一往的情形，這就可見中共對水泥之所以不憚麻煩的貿來貿去，本意原不在水泥，而在藉此加强經濟關係及政治關係。

再說紙張，大陸現在正是非常缺乏紙張，但中共却在與緬甸協定中，竟不惜以各種紙張輸往緬甸，這就可見中共某種物資之輸出，并不象徵中共對該種物資有多餘，相反，甚至還根本是缺乏的。這一點，關於紙張的缺乏情形，自去年十二月份北平中共人民日報即已鬧紙荒，故人民日報每逢星期一減出一張，以省紙張，由此可見一般。但中共在此情形下，竟不惜仍將紙張輸往緬甸，則顯示其對緬甸陰謀甚大。至於將絲棉織品輸緬甸，志在換取外滙，則是顯而易見的。以言藥材和醫療器械，現在大陸人民正普遍患病，而中共却以之輸出，則更見其殘民以逞，對大陸同胞之生命毫無顧惜而已。

說到自緬甸輸入糧食、這固然反映了大陸缺糧的嚴重飢荒情形。因為中共這一米糧輸入協定是繼中共向緬甸購入蓄著五千噸後的又一協定，但這是否能拯救大陸的災荒呢？却是不能的。因為另一方面，中共米糧及蔬菜魚肉等食物等仍每日大量源源運往蘇聯及東歐共黨國家交換工業物資及抵還軍火欠賬，又每日大量源源運來港澳，以換取外滙，且大陸災荒是普遍全面的，所以杯水車薪，這是仍然無補於大陸的普遍災荒問題的。

北寮傀儡政權的萌芽

萬　清

一度接近惡化的寮國局勢，由於軍事膠着，和幕後政治活動的影响，似乎又從國際化戰爭「第二韓戰」的邊緣被挽了回來。可是，時局是不是就已經完全和緩了呢，答覆却仍然是否定的。誰亦不能肯定，它從此就不會再度惡化而趨於擴大的戰爭，永珍的人們，祇不過是鬆了一口氣，而對於未來的事，却是誰亦不抱樂觀呢。

從惡化到穩定

瓦瓶平原軍事重鎮川壙的失陷，會給永珍帶來了緊張的氣氛，更由於政府一部份部門的南遷素旺，傳說反共軍將於必要時「放棄永珍」遷都素旺的謠言甚盛，那些「李江再來」的流言，雖經當局否認遷都，仍不平息。原因是川壙地位重要，西南可下永珍，南向可出北汕，把南北寮截而為二。西北向則可進攻王都琅巴剌邦。而在琅巴剌邦以北，自桑怒豐沙里南下的巴特寮共軍，更逐漸向王城迫近。這邊盛傳內閣遷都，那邊又說寮王離城，一時確是滿城風雨。

很多人認為永珍或者琅巴剌邦，兩者之中總可能有一者失陷。因為人們都看到寮共分裂寮國的明顯企圖，和軍事上可能的態勢。川壙之役，共方棋先一着，是得力於蘇機的空運，和傳說中的越盟共軍，化裝越境助戰。但政府軍進展的遲緩，要亦不能為諱。從永珍出發的反共軍，與自琅巴剌邦南下的王軍，遲遲不能會師，使中原局勢惡化。

據說諾沙旺總部埋怨後勤的補給不繼，以致進兵受阻，中間且有一度因美籍機師拒絕運載補給前赴瓦瓶平原，致滋怨懟。較諸蘇聯飛機的明目張膽，似乎西方方面畏首畏尾的做法，也不能使寮國人感到滿意。尤其是東南亞公約組織的不能助一臂之力，更加受到許多的批評。

幸而這一危險的軍事形勢，在捱過了約莫十天前後，似乎又告危機度過了。主要的因素，是當局以行動來粉碎「遷都」的謠言，被認為將成為政府行都的素旺，幾乎全部的軍隊被調了出來，一小部份回師鞏衞永珍，大部則逕出瓦瓶平原，參加防堵及圍攻共軍之戰。也許是當局最後決策，認為永珍決不可棄，且不能任令長在風聲鶴唳之中，終於採取了以攻為守的決策。

另一方面，美方的軍援，在美總統交接後亦見加強，它給寮方使用的飛機，增加已達七架——原來祇有四架，一架在修理中，即補充了一倍。這項新的補充，答覆了諾沙旺將軍「飛機不够」的公開談話。寮南生力軍的調到，和這些增援飛機的應戰，就把戰局穩定下來。永珍和王都的兩枝部隊，也終於宣告會師了。雖然目前還說不到反攻川壙，但這方面政府並沒有遷都，那一邊寮王亦仍在王都王宮安枕，總可以說是形勢相當穩定了。

共軍志不在小

可是「穩定」只不過是達到相持的階段。如果自李江政變後起算，就有桑怒之陷，豐沙里之陷，川壙之陷：只有永珍是失而復得。目前的形勢，暫時談不到「犂庭掃穴」，把桑豐兩省收歸版籍，但最少亦得光復川壙，把共軍驅出於瓦瓶平原之外，方可除去心腹之大患，也同時爭取到較優的形勢。即是進可以收復桑豐兩省，退足以保王都首都兩省。縱使是照什麼「政治談判」解決的話，反共方面方才可以不致吃虧。換句話說，如果反共軍能够堅守兩都，及控制桑豐兩省以外的省份的話，那麼無論任何談判，最多只能出現什麼「聯合政府」的形式，而不會有割裂領土，像「南北越」一樣出現「南北寮」的危險。

不幸的是目前的趨勢，正似乎在走向後者——分裂寮國的一途。種種蹟象，尤其是共軍方面的動態，指出共黨方面是志在分割寮國。

共軍在攻下川壙後的第五天，便宣佈成立了一個共方的「全國軍事委員會」，捧出了李江來負責。其實在李江軍與共軍雙方軍力的比重上說，李江部隊是微不足道的，大約僅比共軍五份之一吧。但共軍竟奉李江為首領，這不過是要儘量利用李江這傀儡，正像他們極力利用富馬一樣。

這個共方的軍事委員會，名為軍事，但實在已俱備一個「幽靈政府」或「影子內閣」的雛形，因為它在「戰地政務」的名義下，一切無所不包羅，甚至有「土地改革」的機構，這大概是自中共方面學得的手法。

再看，這個軍事委員會不設在共黨老根據地桑怒，却來設在瓦瓶平原的川壙。其中一個原因，固然因為此是李江部隊所在地，但也未始不能說共軍對川壙是有久據之意，且將以瓦瓶平原為根據地，進一步有所企圖。如進攻琅巴剌邦之類。

果然這個看法不幸而言中。李江的軍事委員會成立之後不過三個星期，另一個「寮國政府」也聲稱成立了。據此間收聽共軍電台的廣播，說富馬已於一月三十日委任其舊日閣員衞生部長基奧拉為代總理，並於川壙設立內閣，「蘇聯已承認該政府」，並說富馬不日將自高棉返回寮境，親赴川壙主持。

富馬投身激流

富馬於永珍總理任內，曾一度飛怒桑，與其異母弟寮共首領蘇發努馮會晤，其後於反共軍反攻，永珍危急時出奔高棉，仍以流亡總理自居。實際上他的「總理」職位，依法是已被解除了的，因自彭庵總理任命為議會通過及寮王加委後，富馬之內閣也同時被宣佈解散了。在寮王之下同一個法統之內，決不可能有二個合法總理。

可是明知已被寮王免去總理職的富馬，還仍然自稱總理，就顯出他不肯承認去秋永珍時代的失敗。從個人方面說，過去他雖非親共而屬非共派，但與反共派諸領袖，如沙納尼空、尤其諾沙旺積不相能。在政見上，他堅持「中立」，更認為如果中立將非乃公莫屬。政治慾望加上政治歧見，使他陷入共黨的包圍利用中。

寮共曾邀富馬由高棉逕往桑怒，但當時他拒絕前往。此舉曾得永珍彭庵總理的稱讚，認為他尚不至同流合污。可是當永珍的使節請他返回永珍，（擬邀其出任議會議長）他亦拒絕回返。假如他仍在外國暫做寓公，靜居觀變，那也沒有什麼人會非議他，因一個政治家對於所持政見，不能達致，採取放任超然，尚屬未可厚非。可是現在的富馬，却在情勢未定的時候，毅然投身於此一激流之中，而且是投向共方，那就不免斷送他以前非共中立的歷史了。

不過富馬的轉向，固由個人的政治慾望，但更重要的，仍是共方的擺佈。寮共越共中共蘇聯，對於恢復國際監督委員會一事，始終聲稱「以富馬政府為對手」，這些共黨國，「始終」承認富馬「政府」，縱使該內閣已被解散，總理已被免職。

現在蘇聯更進一步承認退職總理富馬所委任的代總理，在川壙的基奧拉政權。很顯然的，像蘇聯以前承認金日成、胡志明一樣，蘇聯是通過由莫斯科北平經河內至寮國的軍事力量，加以卵育，要製造出一個「北寮人民民主共和國」，這已經不是新的把戲。

在「政治解決寮局」呼聲甚高的今天，好像自由與共黨雙方都不願用兵。但如何解決法？像聯合國秘書長的「聯合政府」的主張，是否能為共方所接受？否則的話，如果照共方的「分割式」，能否為西方所接受？中共的陳毅宣稱，如寮國（寮共）邀請即將出兵，正表示共方爭取分割的強硬態度。

・水珍通訊・

「紅色小姐」

譚華瑛

這是中共的自供狀，在各機關、各部門、各工商業機構，以至各農村的中下級幹部中，刻已出現不少「紅色小姐」。據指出：這些「紅色小姐」都已漸漸回復了舊社會思想，不特好逸惡勞，而且喜修飾，愛擺架子，經常愛發「小姐脾氣」。此外，還有更嚴重更腐化的，就是「鬧情緒」。——第一，多愁善感；第二，顧影自憐；第三，在戀愛圈子裏打滾。因此，「共青團」最近乃針對這種事實，大力推行「再教育」運動；而這個運動的首要指標，就是女幹部，目的就是為着要消滅所謂「紅色小姐」。

本來，中共是准許男女間的「一杯水主義」的，依照這「一杯水主義」的定義來說，男女間如果感覺到性的需要時，大家來一次「解決」，是可以的，但男的在「解決」了後，就必須如同口渴時喝過了一杯水，喝完了後就要馬上把杯子扔掉；女的哩，則應該好像一具機器，需要「斟油」時就找男同志來「斟油」，「斟」完「油」後就算「功德圓滿」，雙方都不得鬧情鬧愛，繼續依戀。可是，現在的女共幹却突然變了質，在她們獲得「斟」完「油」後還偏要「在戀愛圈子裏打滾」，無怪乎「共青團」要大施撻伐了！

據說：「共青團」已準備對那些變了質的「紅色小姐」來一次大清算；在「再教育」的工作中，「澈底洗腦」就是一項最主要的課程。

僑鄉近訊

廣四縣共幹二次屠殺農民

・江水・

廣東廣四縣，一月四日，曾發生共軍槍殺農民慘劇，被轟斃者十三人，被射傷者三十餘人，距事隔旬日，血腥猶新，兇悍的共軍竟又於一月十五日再演出了一次屠殺暴行，地點也是在江谷地方。事緣當日早上七時，「龍灣公社」的江谷生產隊，正聲勢洶洶的驅策着農民「登山作戰」，大力採集野生植物，適有小部份農民因病體尚未復原，拒絕參加，而該生產隊的共幹則指他們藉口逃避勞動，破壞生產政策，立加拘捕，因此激動公憤，引起第二次暴動，共幹於是又施行武力鎮壓，轉召武裝部隊到場，開槍向農民射擊，也死傷了農民二十一人，事後還有農民九人被拘。又據悉：該縣去年糧食歉收，人民配糧額已一再削減，目前每人每餐僅得主糧二市両，各公社的食堂，均以「雜會飯」供應；——所謂「雜會飯」、就是以多量雜糧混合少許糙米煮成的稀飯。人民一方面挨飢受苦，一方面還要無止境的壓搾勞力，無不心存憤恨，故經常與共幹衝突。

廣州華僑小學生面臨病魔威脅

由於糧食缺乏營養不足，勞動過度，起居失調，廣州黃花崗「華僑小學」的學生，刻已面臨病魔的威脅。澳門小販張伍秀芳女士，去月廿八日曾回穗探望她的就讀於該校的兒子，據她所目擊，該校的醫務室門前，一早就排起了一條長長的候診的「病龍」；她的兒子還告訴她，醫務人員有官僚作風，而醫藥也缺之，所以候診的病人有時排隊排了兩天，也輪不到治療。她的兒子還說：學校中現在已經有肺病發現，六年級的新洲僑生蔡祺香，和泰國僑生李國銘，都是最近患肺病死掉的。此外，還有一齣悲劇，目前尚在上演中，就是五年級的北越僑生張友梅，因飢餓難捱，偷吃了同學一隻鷄蛋，後被班主任和「少年先鋒隊」的輔導員查出，立刻提出了「鬥爭」，一連「鬥爭」了五天，卒被「鬥爭」到神經失常，但學校當局對張友梅這病情却熟視無覩，將來正不知發展到如何田地哩！

棺材

符兆祥

窗外，雨下得很大，淅瀝的雨聲一直未斷過，羅虹望了下，皺了皺眉。

「怎麼？下這麼大雨還得去？」同房法律系的李育中問。

「不去怎麼可以，人家學生在家等着吶。」他嘆了口氣。

「我看算了，你正感冒……」李育中望着他，關切的說。

「小李，」羅虹感激的拍了拍他的肩，望了望雜亂的宿舍一眼，笑了笑說：「你還記得我們第一天搬進來的情形？好笑，一轉眼又要搬走了。」

「快唷，」李育中搖搖頭：「剛考取大學時高興得了不得，現在大學馬上畢業了，好像倒一點高興也沒有。」

「畢業就是失業。」劉長俊在那邊抬起頭來，冷冷的搭上一句。

「羅虹倒好，還沒有畢業，馬來亞就有聘書寄來。」李育中羨慕的說。

羅虹果然掠過一絲微笑：「我還沒有決定去不去，你所知道，把蕭娟扔在這裡，我……」

「哎，那就快點結婚不就得了。」劉長俊又說。

「結婚？空着肚子結婚？」羅虹自嘲地：「要結婚四年前就可以結了，苦還四年就是要多積點錢。」說罷，他苦笑了下，冒着雨教課去了。

「男人一定要結婚嗎？」劉長俊望着羅虹的背影，沉思着說。

李育中沒有回答，原因是近來他正和一位小姐打得火熱。

「像羅虹與蕭娟他倆，四年來有一毛省一毛，辛辛苦苦的就是為了要結婚，這樣苦的等待，就是等待着一個未知數，哼，人多奇怪。」

「是奇怪，」李育中聳聳肩，未置可否。

晚上羅虹冒着大雨跑回宿舍，一路打了幾個噴嚏，第二天頭疼發燒，他再沒力氣爬起來，心裏雖然不願請假，但李育中他們却強迫的在外面把門鎖起來，留下藥，硬是要他好好的休息一天。

友情溫暖了他的心，他一向是一個極重感情的人，四年來，他一直在愛情與友情的溫室中生活，物質上雖然貧窮，但，他是幸福的，這幸福沒有什麼可比擬。

從大陸流亡到這海島來，除了一身疲乏，他一無所有，在那一段日子中，有幾次，他真沒有活下去的勇氣。

考進大學後，為了學費、伙食費他忙起來了，認識蕭娟後，他更多找了份家教。

蕭娟家裏有一位寡母，如果兩人結婚，蕭娟的母親的生活是應當由羅虹負担的。於是，為了結婚，積下一筆錢是他要做的。

「家，」一想到這裡，他苦笑了下：「誰又知道家給我帶來的是幸福，或是煩惱呢？」

他記起前幾天報上登的一則新聞，是關於人口問題的文章，大意是說台灣人口增加迅速，粮食會成問題，要解決，根本上應從節育着手。

教心理學的吳教授可以証明這件事，他和吳師母已經結婚十幾年了，一直沒有生過，到了台灣來三年，却連二接三的，像下蛋般便當，生了四個孩子。

那麼他和蕭娟結婚後，他們會有多少兒女？班上的周元濟頂會看相，他就悄悄的告訴過羅虹，蕭娟生成一副多子像。

「那!?」他一下手足無措，却又不禁笑起來。

雨一直不停，已經下了三天了，有人說小病是福，羅虹是嚐到了，蕭娟時常冒着大雨來照顧他，並且，在家裏養了些東西來，蕭娟的母親也來過一次。

病了一個星期，病好接着便準備畢業論文，為了找一個清靜地方與找點參考書，他搬到南港中央研究院一位友人處住了兩個禮拜，本來預備到蕭娟家去一次，但時間不允許，也就罷了，只寫了張明信片去。

劉長俊為此取笑了他幾次。劉長俊是不明白的，他和蕭娟的戀情，他們的愛是含蓄的，只要互愛，即是一千年不見一面，他們也感到滿足，他們不是新潮派，蕭娟告訴過他，她們班上有位小姐，她的戀愛生活裏只有擁抱與接吻；那是屬於肉慾派的。

交了畢業論文，他鬆了口氣，抽出一個下午去看蕭娟去，算算他們已有半個多月沒見過面了。

車到他的學校，他進去找她，一位男同學告訴他，蕭娟請了兩個星期病假了。

「病假!?」他驚訝得有點發獃。

怪不得兩個星期來沒有她一點訊息，看來，他病好的那天，正好她病倒了。

內疚，使得他的心充滿了不安與焦急，他謝過那位同學，叫了部三輪車，趕到火車站，蕭娟的家住在不遠的板橋。

病了兩星期一定不輕，最近流行性感冒猖狂，不知她是不是不幸染上了，在車上，他忽然想到應當送一點錢過去，蕭娟家只靠父親的一點撫卹金，一定很拮据。

在三年多的日子中，他已在郵政局存了將近兩萬塊的錢，當然，他知道這錢並不多，甚至在富人的眼裏，不值一顧。但，這是他一點一滴存下來的。

火車到了板橋，天色已經暗下來了，秋天的傍晚，有幾縷蕭瑟的輕風吹過，板橋是個寧寂的小鎮，他孤獨的邁着脚步往蕭娟家走，街燈已經悄悄的亮了，昏黃的燈光把夜色點綴得有點凄涼。

轉個彎，他的眼皮忽然劇烈的跳起來，他一愣，經驗告訴他，眼跳向來是預兆一件不幸的大事要來臨。

「難道……」

他向前望了望，害怕想下去，如果是一件不幸的事，他不知如何承受。

迎面一陣風，他顫抖了下，又向前走，蕭娟的家已經遠遠的看到了。門口的燈光很亮，似乎還圍了一大群人，他緊張的加速了脚步，走近了，他驟然停下脚步。

他看見有幾個人抬了具黑色的棺材進去。

「蕭娟!?」他茫然的喚了句，接着一顆心狂跳不已，他衝動得要馬上跑過去。

這時，在那嘈雜的聲音裡，他似乎聽到蕭娟母親哭泣的聲音，他一下清醒過來，却一點力氣也沒有了。他害怕再看到那一堆人，他扶着牆，回過身來向外走。

按摩人的笛音，異樣哀怨，他禁不住流下眼淚。

他決定接受馬來亞那邊的事，而且儘快的離開這裡，他憤恨命運，他受不了這殘忍的作弄，連帶他也把四週的一切恨上了。

本來已够沉默的他，現在更是一句話也不說，回到宿舍，胡亂的睡了一夜，第二天一早，一個字也不留的搬了。

……

這是六年前的事。

六年後，羅虹為了公事，那麼偶然地又回到這海島來，為了蕭娟，他已終身不娶，這是為了表示其不變的情操而立下的重誓。

李育中、劉長俊一班老同學又碰面了，他的心有無限感慨。

酒宴中，同學們都向他敬酒，問起他在馬來亞那邊的情形。但，沒有人對他談起蕭娟。

是的，沒有，往事如夢，他喝了不少的酒。

宴會散了，却有人趕了來，他已醉眼惺忪了。

他記不得那是誰，似乎聽見李育中他們在叫蕭娟。

「蕭娟?!」

子夜，他酒醒過來：「難道那年死的是她母親？」

他披衣坐起來，窗外正黑漆的一片。

他忽然想起到板橋去。

「可是，已經六七年了。」他扶着頭，喃喃不清的自語。

於是，他又躺下，望着混沌的天色，現在，他在等待着天明的來臨。

文壇泥爪

徐志摩想飛之四

從民十四年秋再度由歐洲回國——這時志摩已經完全得到了小曼，直到民廿年冬在濟南上空因飛機失事而粉身碎骨，是志摩一生的第三個階段。在此以前，他想飛，追求自由和美的理想，心情是快樂的；但在這最後一個階段裏，他從飛上去的天空跌落下來，感到幻滅的悲哀，思想也隨之轉變。前此我用「想飛」形容他，現在則可用「落葉」來做他的比喻，因為這也是他散文中的名篇。

在他寫的那篇為人傳誦的「自剖」裡，他曾承認了這一轉變——「近來却大大的變樣了。」在他自己感覺中，究竟有什麼前後不同呢？他說：「先前我看着在陽光中閃爍的金波，就彷彿看見了神仙宮闕——什麼荒誕美麗的幻覺，不在我的腦中一閃閃的掠過；現在不同了，陽光只是陽光，流波只是流波，任憑景色怎樣的燦爛，再也照不化我的呆木的心靈。我的思想，如其偶爾有，也只似岩石上的籐蘿，貼着枯乾的粗糙的石面，極困難的蜒着；顏色是蒼黑的，姿態是崛強的。」「原先我在人前自覺竟是一注的流泉，在在有飛沫，在在有閃光；現在這泉眼，如其還在，彷彿是叫一塊石板不留餘隙的給鎮住了。我再沒有先前那樣蓬勃的情趣，每回我想說話的時候，就覺着那石塊的重壓，怎麼也掀不動，怎麼也推不開，結果只能自安沈默！」

得到了小曼之後，在愛情方面可以說是理想變成了現實，可是「狂妄的虛潮早經銷退」，只有自我安慰說：「我不想成仙，蓬萊不是我的分；我只要地面，情願安分的做人。」何以一個「想飛」的人忽然成了「落葉」呢？在「自剖」裡承認「時局也許有關係」，但這不是真正原因——「不，我還得往更深處按。我不能叫這時局來替我思想驟然的呆頓負責，我得往我自己生活的底裡找去。」那麼，究竟因為什麼呢？他雖不同意這兩種說法：「在某種熱烈的想望不曾得到滿足時，我們感覺精神上的煩悶與焦躁，失望更是顛覆內心平衡的一個大原因」；「我們知道舒服、健康、幸福，是人生的目標，我們因此推想我們痛苦的起點是在望見那些目標而得不到的時候」；但他却假託一個「真知」他的朋友，這樣坦白了出來：「因為個人最大的悲劇是設想一個人虛無的境界來謊騙你自己；騙不到底的時候你就得忍受「幻滅」的莫大的苦痛。與其那樣，還不如及早認清自己的深淺，不要把不必要的負担，放上支撐不住的肩背，壓壞你自己，還難免旁人的笑話！」

志摩就是這樣地從高空落到地上，這也正是人生的一大悲劇！

記戊戌維新始末（二十）

舜生

三、所謂『百日維新』

康這封書到達工部以後，工部尚書淞淮以措辭激烈，不肯代奏。可是北京已有不少的人展轉傳抄，天津上海的報紙也有登載，因之流傳頗廣。時徐致靖、楊深秀、楊銳等已與康接近，卒由銳打通給事中高燮曾具摺薦康，翁同龢亦藉此向光緒帝有所陳說。在光緒之意，原想立即見康，但以禮部尚書許應騤慫恿恭親王奕訢阻撓，謂：「本朝家法，非四品以上官不能召見，康有為小臣，如皇帝有所詢問，只可命大臣傳語。」奕訢為帝胞叔，慈禧欲過分摧抑光緒，因奕訢不能無所顧忌；光緒傾向改革，亦以奕訢橫梗於中而不能暢所欲為。可是康的這封書，究竟到了光緒的手裡，他讀到「恐皇上求為長安布衣而不可得」及「職誠不忍見煤山前事」等語，乃指告軍機大臣，謂：「康某何不顧生死乃爾，竟敢以此言陳於朕前！」其決心用康，蓋已定於此時了。

二十四年正月初三，總理衙門王大臣奉命傳康問話，但大臣出席者，僅有李鴻章、翁同龢、榮祿、廖壽恒、張蔭桓五人，奕訢與奕劻仍大擺其王爺架子，不願與康見面。此五人中，翁與張為偏向改革的，榮則為反對改革的，李暮氣已深，廖則依違兩可。這一天從午後三點，談到天黑，茲就康「自訂年譜」，記其談話梗概如下，可見當時清廷中樞人物態度的一斑。

榮祿說：『祖宗之法不能變。」

康答：『祖宗之法，以治祖宗之地，今祖宗之地且不能守，何有於祖宗之法？即以此總理衙門來說，已非祖宗之法所有，此可見因時制宜，誠非得已。」

廖問：「法應如何變？」

康答：「宜變法律，首須變更官制。」

李說：「然則六部盡撤，則例盡棄嗎？」

康答：「今為列國並立之時，非復一統之世，今之法律官制，皆一統之法，弱亡中國，皆此物也，誠宜盡撤；即一時不能盡去，也當斟酌改定，新制乃可推行。」

翁問：「欵如何籌？」

康答：「日本的銀行紙幣、法國印花、印度田稅，若制度既變，可比現在增加十倍。」談到這裡，康更大放厥辭，對法律、度支、學校、農、商、工、礦諸政，及建設鐵路、郵電、海軍、陸軍之法，逐一加以陳述。並說明日本維新，仿效西法，法制甚備，與我相近，最易摹仿。他自己編有「日本明治變政考」及「俄大彼得變政記」，可供採鑑。

第二天，光緒帝召見各樞臣，翁將與康所談結果詳細報告，並對康有所稱許；奕訢建議，則仍令康條陳所見，若有可採，再行召見。於是康乃於正月初八更有應詔陳言統籌全局的一個奏摺。

所謂統籌全局，幾乎完全是抄襲日本的明治維新，他說明日本維新之始，其要義有三：「一曰大誓羣臣以定國是；二曰立對策所以徵賢才；三曰開制度局而定憲法。」因此，他對光緒帝的建議，也正是大同小異的這三點：「一、大集羣臣於天壇、太廟，或御乾清門，詔定國是，躬申誓誡，除舊布新，與民更始；令羣臣具名上表，咸革舊習，黽勉維新，否則自陳免官，以激厲衆志。二、定與論，設上書所於午門，日輪派御史二人監收，許天下士民，皆得上書，其羣僚言事，咸許自達，無得由堂官代遞，以致阻撓，其有稱旨者，召見察問，量才擢用，則下情咸通，羣才輻輳矣。三、設制度局於內廷，選天下通才十數人，入直其中，王公卿士，儀皆平等，如聖祖世宗設南書房、軍機處例，皇上每日親臨，商榷何者宜增，何者宜改，何者當存，何者當刪，損益庶政，重定章程，然後敷布施行，乃不謬紊。」

康對於這三點所最側重的，乃在設一制度局以總其綱，下面設十二個局以分別辦事：一曰法律局，其職務在編定一切法律，並為收回領事裁判權的張本。二曰度支局，其職務在以新法理財，包括紙幣、銀行、印花稅、證券、訟紙、烟酒稅、礦產、山林、公債等等。三曰學校局，其職務在規劃創辦各級學校，編譯西書，釐定課程等等。四曰農局，其職務在採用新法，改進農田、山林、水產、畜牧等等。五曰工局，其職務在管理全國一切與工程有關事宜，並獎勵新製等等。六曰商局，其職務在講求激厲全國商務、商學、商會、商情、商貨、商律等等。七曰鐵路局，其職務在規劃全國應修鐵路。八曰郵政局，其職務在規劃郵電，普及全國。九曰礦務局，其職務在調查礦產，規定礦稅，提倡礦學等等。十曰遊會局，其職務在鼓舞指導政黨、學會、教會、游歷、游學等等。十一曰陸軍局，十二曰海軍局：其職務在徵兵、造船、訓練等等。

制度局是屬於中央的，其規劃是屬於全國性的，至於地方制度，則康認為知縣「任重而選賤，俸薄而官卑」；藩臬府道，則無事可辦；督撫又必久歷資勞，地大事繁，年老精衰，更無法責其推行新政；法宜「每道設一民政局」，准其專摺奏事，自辟幕僚，體制與督撫平等，先撥蠹稅，俾其創辦新政。每縣設民政分局，督辦派員會同地方紳士治之，除刑獄賦稅暫時仍歸知縣外，凡地圖、戶口、道路、山林、學校、農工、商務、衛生、警捕，皆次第舉行。

照康的想法，中央有制度局，則六部九卿不廢自廢；地方設民政局及民政分局，乃等於廢省存道，而縣一級則逐漸進入自治。以當時的情況來說，當然是要引起頑固分子的強烈反對的。（待續）

析支列傳（六）

亮之譯註

18波里閃尼茲對岸，為愷勒（Hylae）國，亦即木陸（Woodland）（註一）；析支耕夫(Scythian Husbandmen）居之。黑彭立斯（Hypanis）之希腊居民名之曰波里閃尼特（Borysthenites）；彼等自稱則曰阿波頗里特（Albiopolites）。自耕夫東，凡三日，抵潘地匣浦（Panticapes）（註二）。（唯北航十一日，則復歸於波里閃尼茲。）又進，平野茫茫。部份坎里波爾（Cannibals）人居之，殊不類析支。又進　則沙漠瀰望，闃其無人矣。

（註一）原註：「此國特點，一部份為樹木茂密，一部份則為裸露與枯燥之大草原。」

（註二）原註：「希羅多德此處所述，今茲已面目全非；並無河流與彼所述潘地匣浦相符者。可能自彼之時代以後，此國地面已有重大改變；或彼所據乃不正確之材料；二者必有一於是。」

19越潘地匣浦而自耕夫東進，即不稼不穡之流浪析支之所居矣。析支之國，愷勒而外，全無樹木（註一）。彼等東向擴佔，壤地之廣，凡十四日（註二）始達熠哈斯河(R. Gerrhus)（註三）。

（註一）原註：「依旅行家之觀察，草原特性例少樹木。」

（註二）原註：「冉蕾爾氏（Renner）以為乃四日程。」

（註三）原註：「見下第五十六節」。

20熠哈斯對岸，是為王家區；即號稱最偉大最勇敢之析支之所居、而以奴隸明星（註一）君臨諸部者也。其國南抵托里克（Taurica）山南麓（註二）；東抵盲目奴羣之子之穴居。設市於白拉斯、妙諦(Palus Maeotis)，曰克里穆利（Cremni——即克利夫Cliffs）；一部份並直抵泰拉斯河（R. Tanais）（註三）。王家析支之北為麥然奇然黎(Melanchlaeni)，即烏衣(Black-Robes)國是(註四)；其民與析支絕不類。過此，則沼澤無人矣。

（註一）原註：「此其情致，與蒙古人中之黃金部落（Golden Horde）相似。」

（註二）原註：「托里克僅一大片沿克里米亞南部之高地耳，無甚可述也。」

（註三）即今聶斯德河，已見前第十一節註三。原註作「即今頓河（R. Don）」，非。

（註四）原註：「見下第一〇七節」。

21泰拉斯河之在析支者初不甚長；越河，即掃羅麥特（Sauromatae）（註一）。其族初居白拉斯妙諦山尾，繼則北展，獲地凡十五日程，其國全無樹木，唯有荒野或壑田耳（註二）。又進，為伯頓尼人(Budini)（註三）之所居，則林木翳如，備諸品種焉。

（註一）原註：「見下第一一〇節」。

（註二）原註：「即掃羅麥地（Sauromatae），或沙爾麥地（Sarmatae——即沙爾麥地人Sarmatians）之古國。其人與今日頓河之哥薩克（Cossacks）近似。

（註三）原註：「見下第一〇八節。」

本刊已經香港政府登記

聯合評論 週刊

每逢星期五出版

United Voice Weekly

第一三〇號

督印人：黃宇人　總編輯：左舜生
社址：九龍[illegible]道三十二號地下　電話：68678
承印：嘉羅印刷有限公司　香港灣仔馬師道5號
總代理：友聯發行公司　售價每份港幣一毫
本報美洲版總經售處　美國紐約中美出版社
CHINESE-AMERICAN PRESS, INC
199 CANAL STREET.,
NEW YORK13 N.Y. U.S.A.
美洲航空版每份零售美金一角

雜談台灣近事

左舜生

新曆的新年過了，舊曆的新年也過了；中華民國的第五十年，看看又去了六分之一，時間的進展眞不能說不快。

整個世界依然是一片黑，亂七八糟，每天打開報紙，都只看到一些雞零狗碎的問題，既引不起興趣，也談不上刺激，幾乎使人連報紙也懶得去翻。

共產黨，總算是會吹的，自從大陸發生了普遍的糧荒，一羣一羣的人向外面逃，一車一車的糧包往大陸寄，這些都是無可否認的事實，於是中共便連吹的勇氣也降低了。其實，我還是希望共產黨能繼續的吹一吹，因爲敢吹總比連吹也不敢來得好。

台灣，到了去年最後的一兩月，好像眞有許多事要留到今年來做一做的樣子，例如：陳誠預備出國去訪問，一時眞好像若有其事；這件事我們原也贊成而且是極力主張的。可是，等到陳誠作了攤牌的表示，說他決不願因出國而辭去行政院長，我們才知道許他出國要以放棄行政院長爲條件，現在他既不願放棄這一兼職，當然訪問的事也就只好作罷。可是一聽到魯斯克要到泰國，却又表示希望他順道一訪台灣；自己不願以小事大，偏要別人以大事小，天眞確不失爲天眞，可笑也就未免太可笑了。

又如：去年國民黨好像有過一種決定，說要在「憲政體制之下」，召集一個什麼「各行各業」的國是會議；而且好像也說過，今年一開始，便要着手進行，最遲今年的雙十節這一會議便要實現。在我想來，中國的所謂「各行各業」，原來就是「在學言學」，「在商言商」，他們對於國家的前途，政治的好壞，素來是不大關心的；假定這樣一個會議召集在十年以前或五年以前，還可能有多少作用，至少一般人的心情，不會灰冷到如今天這個樣子，一直拖到了民國五十年，即令就能成爲事實，又有什麼用處？何況時間還要延到雙十節，到那時候，中華民國在聯合國的命運便早已確定，假定還能倖免，衰衰諸公便彈冠相慶還來不及，試問開這個會幹嗎？如果眞的被炒了魷魚，就開這樣一個會，又有何補救？總而言之，像這樣一種會是不會開，不能開，也決不許開，已經是確定了的，今後大家連提也不要提了。

再如：請求特赦雷震這件事，這也是去年便已有人開始簽名的，聽說後來簽名的計有五十多人，而這一請求的文件也早已送出，可是至今尙無下文。本來，既曰特赦，便是承認雷震有罪，眞的把他赦了，確也是「憲政體制下」的合法行爲；這樣說來，解鈴繫鈴，好像不難處理。可是事實怎樣呢？雷震根本是無罪的，但特赦也絕對不會實現。有人說，從前汪精衞謀刺滿清的攝政王載灃，汪也供認不諱，照理原是可以殺頭的，但清廷從寬發落，只辦他一個永遠監禁，我們沒有看見當日同盟會的任何人作特赦汪的運動，這却眞有一點革命精神！可是到了辛亥的九月初旬，清廷却自動把汪赦了，然而卒無救於清朝之亡。今天的老百姓，比五十年前善良多了，而當局諸公却比滿清強硬十倍，您還相信中華民國當眞會亡嗎？

我們也不要說台灣完全不做事，究竟還拿出四十萬元台幣請毛子水教授辦了一份「新時代」雜誌來代替「自由中國」。在第一期上不僅毛本人寫了文章，連胡適的名字也在目錄裏出現了。但據看過的人說，沒有什麼，不僅「自由中國」決不是這本刊物所能代替得了，而且相形之下，更提高了「自由中國」的價值，更証明雷震這個人是不可及的。

照上面所舉的幾點，我好像只是一味的悲觀，其實不然：過去中華民國幫了共產黨不少的忙，現在是輪到共產黨幫中華民國的忙了，我相信，毛澤東一定是會這樣做，而且會一直幫忙到底的。

與友人談香港時報

黃宇人

舊曆年尾，有一位新聞界朋友來訪。在閒談中，他問我，是否訂有香港時報和某刊，我答以前者偶然也買來看看，後者則沒有。他說：「我們幹這一行的却什麼報刊都免不了要翻翻，不管牠是好是壞，香港時報和某刊也包括在內。因此，我常有機會看到他們罵聯合評論的文章。最近還有一篇是罵你的，我特帶來給你看看。」他隨即從衣袋裏取了兩張剪報出來——一張是二月五日香港時報的短評，另一張則是某三字刊的專欄。我們那天的談話，也就以此爲中心。特摘錄於后，即作我對香港時報的答覆。

客：甘廼廸總統當選後，你先後在聯合評論寫過兩篇文章，前一篇是說「兩個中國」不能解決中國問題，美國新政府不應承認中共政權。最近的一篇則是說僅憑實力和蘇俄談判並不能建立一個法治的新世界。你主張美國應援助鐵幕後的人民自求解放，更不可爲求與蘇俄和中共獲得暫時的妥協而犧牲盟國的利益。你特別指出如主張將金馬交與中共，則更與其建立法治新世界的理想背道而馳。但香港時報和某刊似乎視若未覩；而祇就文內談到獨裁政權的幾句話作斷章取義的論斷：也可說是獨具慧眼了。

主：讓我先講一個我自己的故事給你聽。十九年中原大戰發生時，中央黨部派我去晥北督導地方黨部發動民衆，協助軍事，在工作中我患了重感冒，因不得休息，日久未癒。及回京覆命，又得家父逝世的噩耗。家父是爲了我參加國民黨工作被貴州軍閥周西成判處無期徒刑。後來周被打死，他雖得恢復自由；但在獄幾及三年，健康大受損失，出獄時即已病倒。所以家父之死，實是受了我的拖累。我因哀痛萬分，以致感冒愈加沉重。經中央黨部衞生科的診治，認爲可能變成肺病。我聽了醫生的話，非常驚恐，從此無論看什麼書報雜誌，不管其篇幅有多大和內容如何，祇要有肺病兩字，我往往第一眼就看到。後來經醫院詳細檢查，我並無肺病，也就不再有這種現象了。今日當權者正患着嚴重的獨裁病，他們閱讀本刊時，對涉及獨裁政權的一字一詞都觸目驚心，而獨不見其他，不是很自然的嗎？

客：許多人都知道，某刊是全憑罵聯合評論才得到台北的額外津貼。聽說那位老闆也並不隱諱，曾屢向你們之中的某先生當面說：「謝謝聯合評論」。至於專欄的作者，更是被僱用來專向你們呼打殺的走卒。我很知道他的底細。今天他雖然表現得比官方的正式工作人員還要忠貞，對於你們似乎有不共戴天之仇。祇要看見你們對當權者有所批評，就立刻冒出一股無名的怒火，用盡了他所能想得到的一切惡毒穢語來罵你們。甚至憑空造出許多讕言，什麼美援咧、部長咧，亂吠一陣；但他的內心何曾對蔣×或太子有半點信仰。當年他投身於福建的所謂人民政府，反蔣反國民黨，而且還反對中華民國。如今不惜作一百八十度的轉變而爲台北作牛馬走，無非是爲了錢而已。若津貼一旦停止，我敢斷言他就會立即改變態度的。你們如果需要與他有關的材料，我倒可以盡量供給哩。

主：謝謝你的好意，但我們並不想理他。年餘以來，我們也有好幾位讀者來書，揭發他的種種，我們也未予發表。實在說，我們對於這種仁兄，祇覺得可憐而已。但對於香港時報的這篇短評，則將有所答覆。

客：香港時報爲當權者辯護，本是職責應爾。祇可嘆他們對聯合評論而發的那些社論和短評，並不是在說理，而是斷章取義，作離題的攻擊。例如你最近的這篇文章，祇是說自由世界陣營裡面不應容許獨裁政權的存在，並指出獨裁政權有如人身上的毒瘤，及早割治，尚有痊癒之望；希望美國善盡其影響力，輔導他們步向民主的正軌。你的話原是一般性的。香港時報如要辯駁，即應就自由世界陣營中應否容許獨裁政權以及美國是否應輔導獨裁政權步向民主等問題立論，庶可使眞理愈辯愈明。該報短評不知出此，反而說你要求美國及早割治台灣的毒瘤，使人讀了之後，立刻對他們發生做賊心虛的感想。

主：你說得對。我主張美國應善盡其影響力，以輔導自由世界各獨裁政權步向民主，乃認爲自由世界各國休戚相關，除了在軍事上、經濟上互助合作而外，在政治上也應互相砥礪。我認爲美國政府應堅持兩個原則；第一，自由世界各國的政府應自我約束，不得利用反共爲名而對人民的基本自由作非法的侵害（合法的限制又當別論）；至於各國的政制和政府人事則不容干涉。第二，美援的使用必須經過各該國人民代表機構的審議和稽核，不得由行政部門或特權階級秘密處理；更不得用來壓制人民和擴展一人一姓的權力。就我國來說，美援如何使用，應經過立法院的通過和監察院的審核，如果說：這是「要求外國人干涉內政」，那麽，美國輔導我們訓練軍隊、復興農村和改進經濟等，豈不也是干涉內政嗎？依我看來，如說美國干涉我國的內政，則當以蔣杜公報爲主。因爲反攻大陸，原是全國人民一致的要求，也是政府唯一的職責；然而美國國務卿杜爾斯却要求蔣先生和他發表聯合公報，聲明不以武力反攻大陸，而蔣先生也就公然爲之。這不是自甘接受美國的干涉嗎？然而香港時報對此不但不敢妄置一詞，而且還表示不勝擁護之至，可見，祇要對於獨裁政權有利，他們倒是很歡迎美國來干涉我國的內政呢？

客：你難道不知其中還另有原因嗎？今天黨報的龐大開支和那些用以津貼報刊收買打手的金錢，都是與美援有關的。你可還記得，韓國政變時，反對黨曾主張不得移用美援爲政黨的活動費，這原是百分之百正確的。然而某刊的老闆却特著專文，認爲如不准以美援爲執政黨的活動費，則萬難維持一個強大而有力的領導中心，對於反共大業爲害殊多。說穿了，就是他深知其每月向官方所領得的數千元津貼，是來自美援的。假如美援的使用必須經過立監兩院，他豈不立刻就要受到損失嗎？所以他們罵你們，也是基於切身的利害關係呀！

主：這我也知道，就以香港時報來說，也未始不是基於切身的利害關係。因爲對於台灣的現局，當報中人比我們了解得更深。我們批評當權者的許多措施，主張台灣應依據憲法實施民主改革，原是對他們倘存一線希望。但黨報中人則認爲已成不可挽救的死局。如果我要寫一篇黨報中人口中的台灣，那眞是包羅萬象哩。祇因在現局之下，他們不滿現實却又無勇氣反對現實；於是轉而向現實低頭，以求自保。他們是哲人，深知明哲保身之理，我倒是很佩服的。不過，他們所採取的言論態度仍不免粗心大意，因而常常於不知不覺中踩着了當權者的痛脚。

（下轉第二版）

雜憶錄之二十一

米

·幼椿·

近日爲台北民主潮半月刊解析大陸人爲飢荒的內幕種種，令我想到中共這幾年來收刮糧食，集中糧食，而且大量的運來運去，其間損耗必然很大，尤其是中國南方人的主要糧食，米，這一項的損耗，如果中共能够調查統計出來，其折蝕的百分比，數字必然大得驚人！——這也算是人爲飢荒原因之一，因爲主要食糧的米，損耗一分，即大衆少食一分；損耗太大，即大衆要挨餓了啊！

我何以認爲米的集中與運輸，損耗甚大，並且折蝕百分比的數字大得驚人呢？因爲在對日抗戰期內，我有兩年監督收米，存米，運米的經驗，其間過程是相當的繁複，手續是相當的麻煩；對於人事制度的管理，時間氣候的控制，存儲運輸上的種種應注意之處，眞是費盡心血，絞盡腦汁，稍一大意，即立刻出現大量的折蝕情事，所以我知道此中艱苦，而且損耗難免。無論中共再誇耀他的幹部行方法好，人民對之盡力效忠，米的集中與運輸，其間百分之二十的損耗，仍然是至少難免的，——這數字却就不少了啊！

米的易腐性

米，你不要認爲搓在手上它是乾的，硬的，脆的，與其它乾果相類，其實它一脫了穀殼，細緻得很，嬌貴無比，一點也禁不起潮濕的侵襲，所以中國鄉下人的倉內總是存穀不存米，等到要吃米賣米時，纔拿出來加工上碾。而且即使存穀，也要將穀倉弄來通風向陽，遇着黃梅季節，久雨之後，天晴了，還得將穀子翻倉晾過。——穀子也是無法長久積存的，穀子存久了，還是要腐的。古書所謂，「太倉之粟，紅腐而不可食」，這情形，我幼小時即在「積穀常平倉」糶米時，親自看見過，那一種平糶米，碾不成好粒，羨不成好飯，有霉味，很難吃。

至於新米一碾好，送進城，如果一家地主人口少，而佃戶送來十幾石米，存在家裏，那就要使家主婦傷腦筋了！一時吃不完，虫傷鼠蝕難免，問題尚小，最怕是受潮氣，尤其是新穀乾得不透，便碾成米，更容易受潮，一受潮，便發腐，一發腐酵，則倉中或箱內一粒粒的細米，可以在數日之內，變成拳頭大的一塊塊的石頭，一敲開，即成爲米粉，而且有霉味，羨來喂猪，猪都不吃。——因此，家中如存一兩大箱米，主婦天天都要去看望它，最怕它染上潮濕。

徵購的損耗

抗日戰爭，大軍退到西南與西北，軍隊的食米全靠四川輸出爲主要的供應；特別是川西壩子，成都府屬的內十六縣的米糧，大部份被徵、被購、被運往前方，數量相當的鉅大。不過二十八年開始初期的徵購，在川西壩子，數量並不算很大，我記得是四十七萬市石。但這個數字的徵購，加工，集中，打包，運出，工作至爲繁複，經手與監督員需要大批的幹員，而且這在四川農村是破天荒的舉動，以前沒有人有過經驗。於是後方勤務部派要員與四川省政府合辦；省政府則在省訓團中選擇年壯力强的畢業團員，去任糧官：每縣設一糧食局長，坐鎮縣中，此外有徵購委員，管倉委員，押運委員等，深入農村，去催徵，集中，與照料運輸等事；並有若干勤務部人員監督其事。

平心而論，這些人員都對國家抗戰有熱情，對軍糧供應具有熱心，然而這些人員，無論文的武的，對於要分別集中這樣多量的米，運往軍區及前方，在當時所謂的「糧政」，都是初次經手，都不內行；而且在秋收一來臨，十萬軍書抵死催，手忙脚亂就難免！於是穀子一經收穫，並未晾乾，便被催迫着加工上碾，入倉打包，集中待運。當時川西老農，街談村語，都在說：「要糟！要爛！爲啥子不徵穀，運穀，以免霉爛？」四川省政府也據以上聞。但陪都中央討論下來，前方既無法加工，而運輸車船有限，運穀則運量須多增一倍，也無法應付，只有催促快運，以免放久變質。然而公路車輛甚少，十九要靠水運；川西壩子的三個水運碼頭：新津，江口，趙家渡都吃水不深，舢板或鹽船的運載噸位都小，而倉中及包中之米，在重陽節近，滿城風雨之後，便多數生霉發酵，變成硬塊，或出汗發燒，手一伸入米堆，其中熱度，可以將手燙紅。四十七萬市石的米，除運交後方軍管區算是交了差之外，其它或在倉中包中爛壞，或在運輸途中變成廢物，損耗之大，數達二十二萬市石，幾至折蝕一半！

「八寶飯」由來

這一下，問題嚴重了！四十七萬市石的米是爲前後方十五萬軍隊大半年之所需用的，而今缺少一半，怎樣辦？於是國民參政會提案質問政府，要追究責任，後方勤務部主持其事的參謀長也因此受處分，丟了官；軍委會下令要成都十六屬各縣糧戶再捐獻二十萬市石，來補足軍糧差額。成都的士紳譁然，認爲政府胡鬧，白白的浪耗米糧，一切糧官都應該遭受雷打火燒，誰也不願再捐出一粒米！

事情鬧得很僵，參政會又推舉我同成都去勸捐並設法改善集中軍糧業務。記得我自重慶回成都前夕，與蔣委員長所談的幾句話，——這幾句話很像在批評「多快好省」的作風一樣。我對蔣先生說：「成都人並不是不愛國，也並不是藏着米不肯捐獻；農村中人惜米如惜金，眼見這大量的米弄壞了，實在有點痛心！說到責任，蔣先生也不必過於歸罪於粮政官吏，而要徹查槍斃；因爲要集中這樣多的米，乃是破天荒舉動，大家都沒有經驗。何況軍委會既要多，又要快，凡事一多一快，就不會好，就有浪費的，我被參政會推舉去勸慰成都各縣父老，我認爲要先求改善集中米糧業務，使米不致變壞，然後糧戶自然肯捐獻了。不過請蔣先生注意，軍委會與勤務部不要再「十萬火急」的電令催迫，要快就不會好！……」

我一回到成都，立即約晤省參議會幾位年長的參議員，尤其是在前清主持過積穀常平倉的老先生，同他們研究保存米穀而不致腐壞的辦法。他們認爲要大量的米能保持六個月不腐壞，只有取乾穀，用輕碾，不風不篩，做成高度的糙米，纔有把握，精米則無辦法。我立將此經驗之談，電參政會轉軍委會，報可，並准成都各縣糧戶捐獻糙米，由四川省參議員偕我赴各縣勸捐，並監督收集。於是經三個月奔走之力，並由我選聘視察員五十八，皆係當時願盡義務的大學生，巡廻監督：穀務晾乾，米留穀皮，沙石不去，而且麻包未裝米前，先用石灰塗過，然後運出。如是辦法，父老皆稱滿意，捐獻並未停滯。然而運出之後，在途中難免遇雨，遇雨仍舊難免腐壞；且麻包常有漏洞，船上更有偷食等情事，准以百分之二十的損耗辦報銷，後此數年的徵購成色及包運辦法，一例如此，直到抗戰終了。

然而此種高度糙米，帶黃灰色，羨出飯來，不大好吃，但無霉味。因爲其中有穀皮，有沙石，且有石灰等類雜質，故川人戲稱之爲「八寶飯」！

與友人談香港時報

（接第一版）

客：什麼痛脚？我倒想聽聽。

主：先談所謂告洋狀。去年台北醞釀非法連任時，海外曾發表一篇反對的聲明，其後不久，黨報中人向我說，「他們（指台北當局——宇人註）已經告了洋狀，要求美國××××協會不要再協助本港××出版社。而且已決定今後香港方面的工作應以全力來對付該出版社。」我說，「一個以反共復國爲己任的政府卻置盤踞大陸的「匪幫」於不顧，而要以全力來對付一批手無寸鐵的流亡青年所組成一個小小的出版社，眞够氣魄呵。」他無以對。因此之故，這篇短評以新告洋狀爲題，在香港時報也許自以爲會罵人。可是，我除在聯合評論寫文章而外，既不會向任何外國機構有所請求，自然談不上告洋狀。而在以告洋狀爲能事，並視告洋狀爲其專利的當權者看來，香港時報不是存心犯上嗎？

再說雷震的女公子在美國奔走營救乃父的事。香港時報罵她年幼無知，祇知有父而不知有國。他們也許自以爲一石殺二鳥，既辱罵了我，又可以藉此洗刷黨報中人與雷震的關係。如所週知，黨報中人與雷震原是王世杰先生的左右手，而當年的香港民國日報所以變成今日的香港時報，王先生還是董事長。如今王失勢，雷被囚，黨報中人誠恐殃及自身，自不得不處處表明對雷氏父女的深惡痛絕以冀取悅於當權者，這正是大陸上那種父子兄弟夫婦朋友互相清算鬥爭的翻版，原也無足爲怪。可是，一提到雷小姐在美國營救乃父的事，人們自然會連想到當年蔣先生開始反共時，經國在俄國人的面前當衆高呼打倒新軍閥蔣介石的口號那一幕。照香港時報的論點，他可算是祇知有國（俄國）而不知有父了。我相信經國不願人們再提此事，更不願年青一代的中國人知道此事。但香港時報的短評却用這種激將法，刺激已知此事的人重提此事，因而不知此事的人也有機會得知此事。豈是經國的本意？

客：我看了那篇短評之後也頗有同感。

吃麵救國論

二十九年冬，我在成都「新中國日報」上，發表一篇怪論，曰「吃麵救國論」。論中我主張南方人也放棄吃米，大家一律吃麵。我並不敢武斷麵的營養成分比米要來得高，而是認爲吃米不能適應戰鬥的中國。這因爲我有兩次戰場的經驗：一是二十二年秋至二十三年春，在川東北剿匪，驅逐徐向前匪隊出川的一役。匪隊化整爲零，到處竄擾，跑得很快；他們裏糧以行，（加油加鹽的硬炒米每人背纏兩袋）而我川軍要埋鍋造飯，躭擱時間，總趕匪隊不上。而且往往在休息吃飯時，遇着匪的擾亂，吃不舒服，至爲零亂。當時軍事緊急，無法一時學匪隊去吃炒米，因之當時的鄧錫侯軍長試在閬中縣去定做白糖蒸餑（閬中多陝籍人，其所作饅頭經久不壞）數千斤，川軍皆喜吃之，用以代飯，軍行加快；而且減少火夫及火食擔子，以免沿途拉人挑擔。此役勝利後，我對軍隊講話，會說：「白糖蒸餑打倒了徐匪向前」。大兵們皆報以會心的微笑。

二是二十六年夏，保衞大武漢之役，我被參政會推舉去前方巡查軍風紀，帶了憲兵一連，走到通山咸寧一綫，即遇敵軍，進入戰壕；五天之內，無法燒火羨飯，燒火一冒出烟來、即成爲敵軍大砲目標，夜晚又有敵機前來偵察，因之從老遠羨飯送來，大家吃冷飯，大兵都有怨言，軍官與我這個臨時的「軍用議員」更不大吃得慣，因之；當時我在戰壕裏即動了麵包比米飯較適於戰門的感想。

而今老了，胃漸衰弱，又感到麵比米容易消化，而且有人說，中國南方人的體魄不及北方人，就是因爲前者吃米、後者吃麵的原故。我非營養學專家，至今仍不敢以此論斷來作我的吃麵救國論[illegible]根據，然而吃[illegible]起戰來，既多浪費，又不方便，事實。

一二。五〇、二、

論有限度的戰爭

劉裕畧

有限度的戰爭，與世界大戰是一個相對立的名詞。所謂有限度的戰爭，是指它的目的和規模而言。質言之，所謂有限度的戰爭，通常就指的是局部地區的小型熱戰。

從戰學原理和戰畧思想來看有限度戰爭，它的評價並不高，但亦有一定的價值，其所以不能給予甚高的評價，那是因爲在今天這一民主集團與共黨集團的尖銳對立下，有限度的戰爭實不能把問題作根本解決的緣故。戰爭學理及近代戰畧思想都極力着重殲滅敵人主力，而有限度的戰爭則不可能殲滅敵人主力。而它之所以仍有一定意義則又由於它雖不能全面的根本解決問題，但却也可以在特定時間特定空間，有暫時解決某一特定問題的可能之故。

本來，局部性的有限度戰爭，未必不可發生較大影響，也未必不可以因局部而影響全體，但這要在主動的攻勢下才有可能。若無主動的攻擊意圖，則這種可能也往往在機會上消逝。以共黨集團來說，它的世界革命企圖既已明明白白的規定了它對全世界的擴張和侵畧，而一舉攻畧與逐次攻畧又只是它的戰術區分，並無企圖上的區別。那末，共黨集團若對任何地區進行有限度的戰爭，其形式儘管只是小型的局部的有限的，但其意義則仍是全面的積極的，因爲它的局部攻勢，正是它從量的漸變以求質的突變的一種手段。民主集團則不然。民主集團進行有限度戰爭時，往往只是達成防堵的一種手段。換言之，即是消極的被動的和眞正有限度的而已。

有限度戰爭對雙方的差異如此，然而値得驚奇的，是在今日自由世界之內，竟還有許多人甚至許多執政者對這種有限度戰爭的意義完全缺乏認識。如像美國前任總統艾森豪先生竟以結束韓國的局部戰爭爲自己政績的標榜。殊不知杜魯門總統當年毅然在韓國進行熱戰，乃是極正確而且非常必要的事。假如美國當時不毅然介入韓國這一局部戰爭的話，則共黨勢力席捲南韓之後，整個朝鮮入於共黨勢力範圍，則當時戰敗不久毫無自衛實力的日本亦將備受蘇聯和中共的直接威脅了。所以，以韓戰典型例子來看，形式上它雖是發生在韓國地區的有限度戰爭，但它却是共黨集團以全世界爲目標進行全面擴張的一部分，若不加以阻止，則勢將影響兩個集團在亞洲的對立形勢。

其實，假若民主集團對韓戰這一有限度戰爭，眞有全面性的戰畧戰術思想的話，或者說，民主集團當時若對韓戰這一有限度戰爭善於利用的話，則很可能拖垮中共。因爲民主集團當時只需在韓國繼續這樣一種有限戰爭——即以有限空間進行無限時間——的這樣一種局部小型熱戰來實施殺傷性的消耗戰；就足可把當時新成立不久的中共政權拖垮，從而可以從有限度的戰爭來達到無限度戰爭的某些目的了。換言之，亦即是可以從局部影響全體，試想：若能利用有限度戰爭把中共拖垮，則亞洲的禍根既除，美國即可在歐洲集中全力對付蘇聯。且共黨集團一旦失去了一個形式頗爲龐大的中共，則整個共黨集團與整個民主集團的對比，豈不將要根本改觀？然而民主集團無此遠圖。何以無此遠圖？這就由於整個民主集團在全盤問題中缺乏主動的攻勢的意圖始終陷於防堵與被動之故。

當然，也有人會說有限度戰爭既不能根本解決問題，所以，美國不可被拖入不理想的戰塲去作戰。這話看起來很合理。但美國又是不是有可能選擇適當的時間與空間以理想的戰爭型式去對理想的敵人作戰呢？假如有，則避免或捨去某些有限度的戰爭還有理由可說，然而事實上美國却又並沒有這種主動攻勢意圖的。那末，只爲政績作標榜，只爲苟安式的和平而結束韓國有限度的戰爭，從而換取一種假和平，從而換取一種虛僞的安全感，豈不顯然錯誤！

自有人類社會歷史以來，決無兩個敵對的力量可以長期和平共處的。何況其中一個乃是極圖統治全世界的共產黨。客觀言之，民主集團並無擴張野心，但共黨集團却蓄意埋藏全世界，這已見於馬列主義及赫魯曉夫的親口說出，那末，形勢很明顯，今日自由世界所面臨的已不是你喜不喜歡戰爭的問題，而是非戰爭不可的問題，不是你喜不喜歡戰爭的問題，而是迫使你如何去選擇何種戰爭方式爲適當與乎如何在戰爭中求勝的問題。所以，在這一個時代領導自由世界的美國以及整個自由世界的今天對付共黨集團威脅的惟一有效辦法就是擴軍備戰，再無他途可選了。而在全面問題根本解決之前，有限度戰爭亦極必要。因爲兩個集團的對立早已在世界各處密切接觸，民主集團實已不能再以任何一寸土地予人，若以任何一寸土地予人，都將外而影響對立的形勢，內而影響民主集團的內部的人心。而共黨集團又侵畧成性隨時企圖用顚覆的冷戰方式或小型的熱戰方式以逐次侵畧的戰術來謀整個形勢的變更的。因此，以美國爲首的自由世界，如果不願意被共黨埋葬，則只有兩條路可走。一條是隨時準備用有限度的戰爭方式來打擊共黨在局部地區的蓄意企圖，一條是用全面戰爭的方式打擊共黨全面的蓄意企圖。

紙張缺乏，人民日報減版　文字不通、編輯老爺認錯

袁文成

自去年十二月份起，迄今三個月以來，在北平出版的人民日報，每逢星期一照例減少一張，平時係二張，每星期一則只一張。何以少出一張？人民日報向未說明。依照一般報刋常例，無論增張或減張，都應該加以說明，人民日報好少理，這已經顯示人民日報的官氣，毫不把讀者放在眼裏，所以全不聲明，全不交代。但海外讀者眼睛雪亮，心裡不免早就有了疑問，這究竟是爲了什麼原因？

直到一月廿三日，那也是一個星期一，那一天人民日報也只出了一張，人民日報總編輯鄧拓却在該報第四版寫了一篇以「從借書談起」爲題的文章，才有意無意的透露了人民日報之所以減版，乃是由於大陸紙張缺乏。據他說：「我們也還需要借書。特別是在目前紙張生產不足，書刋印數不能滿足要求的時候。」

正因爲紙張不足，所以鄧拓認爲人民日報只好減版；由兩張八版，每逢星期一減爲一張四版。另一方面，他又認爲既然書刋印數不多，那末，大家就該互相借書看。其實今日大陸，報刋已經不多，除共黨官報外，人民已不能自由辦報，人民更被迫只有從事勞動的份兒，紙張原就消耗不多，竟亦發生紙張荒，未免咄咄怪事！

爲了紙張荒、才提倡借書，爲了提倡借書，鄧拓才寫「從借書談起」的文章，爲了强調借書的理由，在同一天人民日報同版才又有一篇「袁枚的「黃生借書說」譯意」。爲了對詆人民日報的譯意，才又有「附「黃生借書說」原文」一篇。但丟臉的事可也就在這裏發生，原來人民日報的編輯，平時只注重黨性强弱，却是文字不通的。他們竟把「袁枚黃生借書說」的句讀也標點錯了。本來是上句，却彼扯脫半截，連到了下一句，甚至還把四庫全書的冊數亦弄錯了十幾萬冊，眞是大丟臉、大笑話！所譯的白話文，因此不通，那就更不必說了。

如所週知：人民日報的編輯制度，向採集體審查制度。而在集體審查時，包括總編輯鄧拓在內的一羣編輯老爺竟無一人有能力發現這些錯誤，這批編輯們的文化水平如何就可想而知了。但，值得驚異的，是人民日報一向還被中共當作最重要的教育工具哩！

最重要的教育工具如此，那末，怎怪一班共幹的文化水平低得驚人呢！

在大陸上，看得出上述錯誤的，當然不是沒有人。不過不是那些共黨幹部而已。所以，最先發覺而且寫信去指正的並非中共中央的要人，亦非據說很讀了一些線裝書的毛澤東，而是靠攏人士陳垣。

由於人民日報的這些錯誤非常明顯，而且早已黑字印在白紙上，洗也洗不脫。所以，人民日報的編輯老爺們也只好硬着頭皮把陳垣的指正信在七天後，即一月三十日的人民日報上登了出來。

陳垣的來信說：「編輯同志：看了一月二十三日的人民日報「從借書談起」，甚有趣，報紙能多刋載這樣的短文，可以省時省紙，對讀者大有利益，惟所附袁枚「黃生借書說」原文，句讀有誤，因之譯意亦誤。「故有所覽，輒省記通籍。后俸去書來……」應改爲「故有所覽，輒省記。通籍后，俸去書來……」。省記猶言記得，「通籍后，俸去書來」，記是說通籍后有俸可以買書。過去中了進士的，他的名字就上通到朝廷了，所以叫通籍，這是個小錯誤。

又譯意注裡說四庫全書館編書十六萬八千餘冊，亦有問題。據我所知，四庫全書原有七部，每部三萬六千餘冊，今藏北京圖書館者係文津閣本，凡三萬六千二百七十五冊」。

人民日報編輯部接到陳垣的指正信後，迫於所言均係事實，無法抵賴，乃不得不於一月三十日由人民日報將陳垣之信發表。並加以「編者附記」說：「陳垣同志信中的意見是正確的，這是我們工作上的疏忽。現在發表陳垣同志的來信，以代更正。另外，歡迎其他作者也爲我們挑選成注譯一些對讀者有所啓發，有教育意義的短文來」。

時常聽見中共吹噓，說他們遇事事先集體審查，事後亦隨時檢討。如有錯誤，則坦白認錯。但從上述錯誤來看，事先的集體審查固等於零，因爲大家都不通，集體審查又有何用？還不只是表現大家都不通嗎？事後也並無檢討，否則不至等待陳垣來信指正才發覺也；再說，人民日報的編輯老爺們並不坦白認錯，這從「編者附記」可以証明。人民日報的編輯老爺們，尤其是總編輯鄧拓顯然護短，在編者附記裡，只承認是「工作上的疏忽」，而根本不坦白承認自己不通。這就可見他們的官僚習氣已深，整個共產黨都已是低能和腐蝕之輩了。難怪大陸一團糟，人民都看不起共產黨人啦！

尖刀集

唐宋明

爲了反對美國在英設潛艇基地，倫敦有數千人靜坐抗議，領導者是八十八歲的名哲學家羅素。

可惜這不是哲學問題，難怪眞理不在羅素那一邊了。

×　×　×

據中央社馬德里訊：西班牙陸海空三軍參謀長慕義師患急性腸炎入院治療，蔣「總統」特電慰問。

妙就妙在蔣「總統」的這一特別慰問。蔣「總統」對別國的三軍的參謀長都不關懷，惟獨對西班牙獨裁者弗朗哥的參謀長遠道垂注，大概他老人家正感此種人材缺乏吧！

×　×　×

二月十七日紐約電：美國國會參衆兩院大多數議員三百四十名，一致簽名反對准許中共入聯合國。

美國是世界上最民主的國家，且看對中共入聯合國問題，究竟是按照最能代表民意的國會意見行事呢？抑或還是按照少數政客的私意行事？

×　×　×

西德外長布倫諾最近訪問華府，表示將在一項永久性基礎上援助尚待開發的國家。每年十億美元。

西德復興速度如此驚人，固使鐵幕後的東德黯然無光，以言自負不凡的日本，還在不斷窺伺中共的臉色，又何嘗比得上西德的光彩。

×　×　×

香港時報台北通訊：近日大吹立法院的輝煌成就。

如所週知，國民黨當權派向不把國家大事交立法院審查，立法院也從不敢對當權派多嘴，誠不知輝煌成就之謂何！

以一元救災代替反攻復國

獨清

（台北通訊）自非法三任總統選出後，當權者即聲言將於六年內回到大陸；今年的新年文告，更說今年是反攻的勝利年。但最近大陸普遍飢荒的消息傳出，海內外都一致認為正是弔民伐罪的良機，希望政府及早反攻大陸。監察院於二月七日上午舉行院會時，各監委熱烈發言，都主張即時採取有效的行動，不惜使用武力。但蔣「總統」却祇發出號召，要台灣和海外同胞每人捐助一元，作救濟大陸同胞之用。行政院舉行第七〇一次會議，還以全部的時間擬定了一個擴大救濟大陸飢餓同胞推行辦法。除請台灣同胞和海外僑團自由捐助而外，還要籲請聯合國，教廷及國際救濟機構本人道主義，直接救濟；並要求這些國際救濟機構促中共開放港口，以便救濟物資的輸入。最後又自覺不妙，改由民間團體來辦，這當然指的是那個救濟總會了。由此可見，當權者雖不時以反攻大陸的口號掛在嘴邊，並侈言非他不能領導反共復國；但到了反攻的有利時機來臨，他們又畏縮不前了。而且今日國際間容許中共入聯合國之聲甚囂塵上，如果能於此時團結內外，發動反攻，縱然不能攻城略地，直搗黃龍；但祇要能把戰爭帶進大陸，那些姑息主義者也就會採取觀望的態度了。因此，反攻大陸不但是救濟大陸同胞免於飢餓的根本之圖；也是政府自救的唯一途徑。然而當權者計不及此，反而企圖慷他人之慨，希望台灣同胞和海外僑團捐獻金錢交他們去分派，真所謂別有用心了。

營救雷震的最後努力

雷震被捕後，有些人曾幻想當權者為了顧忌輿論和維繫人心，也許不致科以重刑。迄被判十年徒刑，他們又幻想覆判時能酌予減刑，以示蔣「總統」的懷念舊情和寬大為懷。因而大家都盡量忍耐，竭力避免再給當權者以任何刺激。後來國防部的覆判局宣佈維持原判，而非常上訴又被駁回，這些對一人一姓特存幻想的善良之心才感到驚惶失望。就是主張忍耐最力的胡適博士也不再避諱而公然簽名於四十七人上蔣「總統」的請願書上。請願書的內容迄未發表，據悉，並沒有辯說雷震無罪，也沒有提及判刑不當；而祇懇求他大慈大悲，行使憲法所賦予的特權，予雷震以特赦。回憶雷案發生後，海內外輿論一致抨擊當權者摧殘言論出版自由，蹂躪基本人權；而這一請願則無異是承認當權者的非法暴行為合法了。請願者的態度雖已如此卑躬屈己；但是否能感動非法總統父子而大開龍恩呢？祇好請讀者拭目以待了。

據圈內人士的透露，立法院長張道藩在雷震被判刑之初，曾於某次的國民黨中央常會席上，以極恭敬的態度向其賢明偉大的領袖請示。略謂鑒於國際間的輿論對政府頗為不利，可否於覆判時酌減雷震的刑期，以示領袖的深仁厚德。他並一再陳明此係請示並非主張；但仍當場碰了一鼻子灰。因而誠惶誠恐，一再請辭，藉表請罪之忱。因此，現在胡適博士等的請願書雖然尚在非法總統的考慮中，但人們已不敢再存任何幻想了。

監察委員不滿大法官

自四十五年監察委員何濟周被捕後，監察院以憲法規定立監委員和國大代表非現行犯不得逮捕，曾函請司法院解釋現行犯的適用問題。至今為時五年，尚無結果。二月九日該院舉行第六七七次院會時，報告事項中，列有司法院的覆文，略謂：「大法官會議接受監察院函請解釋關於憲法規定現行犯之適用問題一案，當即按次輪分審查提會討論，計第一屆大法官曾開全體審查會七次，未獲結論，第二屆大法官曾開審查會十六次，大會兩次。監院函催大法官提前解釋，亦已轉達大法官，惟因為大法官會議法第十三條第一項硬性規定「大法官會議解釋憲法應有大法官總額四分之三之出席暨出席人四分之三之同意方得通過」。而審查會及兩次大會之表決結果均未達到此項四分之三之同意人數，致解釋文迄未議決，」等語。此函一經宣讀，監委們紛紛發言，對大法官無理拖延，極表不滿。有幾位監委還主張對大法官進行調查，如有失職，應依法提案彈劾。最後決議，先去函催請司法院召集大法官會議從速解釋，並交該院司法委員會研究。

人們多記得去年二月當權者召集所謂第一屆國大會第三次會議時，大法官們曾以極敏捷的行動，將國民大會修改憲法所必須的法定人數減少了一半，以便臨時條款得以順利通過；而今對於幾乎是婦儒皆知的現行犯一詞，却經過了五年的時間和二十餘次的會議，仍未獲得結論，顯然是別有原因的。據熟悉內情者透露，當權者為了要將現行犯一詞當作緊箍咒來控制立監委員和國大代表，曾授意司法院長謝冠生，要他指導大法官儘可能作極廣泛的解釋，俾治安機構得以便宜行事，以期確保台灣的安定。但有部份大法官始終不願違背良心，以致欽定的解釋文無法通過。但當權者仍堅持己意，於是此一解釋案就這樣的拖延下來了。由於拖延對於當權者有利，他們也就樂得不聞不問。但如今監察院既已表示不耐，那些策士們大約又將大動腦筋來研究對策了。

新時代月刊的時代背景

宣平

從『自由中國』不再復刊說起

（台北通訊）雷震被捕時，警備司令部發言人雖一再宣佈自由中國半月刊並未封閉；但當權者刻意要扼殺該刊的用心，可以說是路人皆知的。胡適博士自美返台後，該刊有關人士曾一再集議，準備復刊。因限於法令的規定，胡博士和宋英都不能兼任該刊的發行人；殷海光為當權者所特別忌恨，若以他來做發行人，亦為形勢所不容許；曾一度擬推夏道平担任此一名義。事為當權者所悉，即着王雲五向他們示意：如更換一位適當的人為發行人並改變言論的態度，不但可以順利復刊，而且還可以補助經費；否則雷震既已定罪，即將據以注銷該刊的登記。宋英等不肯接受，亦無人敢再負責，於是此一具有十年以上的歷史而又為台灣尚有言論自由之唯一象徵的自由中國半月刊就這樣無聲無息的消逝了。現在由宋英負責辦理發還各訂戶的餘款，當權者的預期目的，總算如願以償了。今後如有外國訪客要問（因為中國人不會問也不敢問）自由中國半月刊為何停刊？我們的發言人大可以說：「是他們自動停刊的，政府並不希望他們停刊。」豈不妙哉？

毛子水主編的由來

自由中國半月刊既被扼殺，當權者於自慶之餘，又覺得應該有所以代之，然後才能顯得將「總統」領導下的台灣仍有言論出版自由。乃決定在自由中國半月刊有關的人士中物色一位適當的人出來主持其事，以期收到魚目混珠之效，毛子水教授就是這樣的被看中了。毛教授不但在自由中國半月刊有悠長的歷史，而且是胡適博士的得意門生。經中間人一拍即合，據說乃師也表示同意。於是，在四十萬台幣的開辦補助費之下，新時代月刊已於一月十五日出現了。既有蔣「總統」的玉照，又有胡適博士的大文。而且印刷精美，編排別致，一切都顯得多姿多彩，遠非自由中國半月刊所能比擬。當權者可以笑了，毛教授也可以笑了。至於雷震將作何感想，他今天既然已成了階下之囚，還用得着去理會嗎？曾記得胡博士自美返台之初，雷震很希望他去探監，許多人也有如此的想法；但至今仍未見他動步，想係一時苦無適當禮物之故。如今既有了如此美妙絕倫的新時代月刊在手邊，假如手執一冊以贈雷震，豈非將來歷史上的佳話？

新時代月刊往何處去？

然而今日之事，就是這樣的定局了嗎？恐怕當權者也無此自信吧？別的姑且不說，單就雜誌和報刊而論：當年自由中國半月刊之問世，發起人雖然是胡適和雷震等人；而支持者則正是今日的當權派。他們不但給該刊以登記和發行的種種便利，還有經濟上的補助。祇因雷震不甘永遠為一人一姓作應聲蟲，有時免不了要說幾句良心話。雖然仍是出於望治之誠，而且筆尖所向，總是大處竭力恭維，小處稍作批評。可是一向祇喜讒言而恃惡忠言的蔣「總統」父子就認為大逆不道。時至今日，雷震竟招來了牢獄之災，而曾被當權者愛之唯恐其不生的自由中國半月刊，也就變成了他們惡之唯恐其不死的對象。不僅胡適和雷震未能逆覩，恐怕也非當權者的始料所及吧？據悉去年停刊的香港自由人三日刊，其經過也和自由中國半月刊大同小異。換言之，都是受當權者的支持而出刊的，也都是受當權者的迫害而停刊的。因此，今日當權者於扼殺了自由中國半月刊之後，又以當年支持該刊的心情來支持新時代月刊，安知新時代月刊又不會步向自由中國半月刊的途徑呵？而毛教授如果要想不作雷震第二，恐怕還須特別小心呀！

公論報奪產案的壓軸戲

悉愁

（台北通訊）「公論報」的奪產案，已近乎尾聲了！當這篇通訊發表時，李萬居千辛萬苦經營了十三年的心血結晶，也許已被國民黨員張祥傳掠奪過手！「民主」「法治」的台灣，就是如此而已！僅僅在這短短的半年中，國民黨當權派消滅了雷震的「自由中國」，也攫奪了李萬居的「公論報」；從茲之後，行見一片高呼萬壽之聲，再不會有不入耳之言出現，豈不快哉，又豈不美哉？

如果讀者不健忘，當可記起「自由中國」和「公論報」在這十年中，有過兩個明顯的階段，前期是被利用時期，後期是被攻擊乃至被殲滅時期。

當權派丟掉大陸後，狼狽地逃到台灣來，那時寢不安席食不甘味，人心騷動至極，當道有感於大難臨頭，迫不得已強調「民主」「自由」，內收安定之效，外得宣傳之功，「自由中國」和「公論報」遂被作為台灣有「自由」、「民主」的証據，不但對外國人大事宣傳，甚至不惜用飛機大量空投入中國大陸。

李萬居往何處去？

不久，韓戰爆發了，美國第七艦隊宣佈協防台灣，這本是中國人民命運的大轉捩點。偏安台灣的國民黨當權派，認為時機已經到來，我們的反共鬥爭已變成了美國與中共之間的戰爭。於是祇想擴大和鞏固本身的權勢，甚麼「反攻大陸」的一套，祇當作口號呼呼叫叫而已！一心等待有朝一日重溫當年對日抗戰後的接收美夢。尤其是這幾年來，當權派已把「自由中國」和「公論報」當作眼中釘，誓予「殲滅」而後快！因之，當雷震被捕後，「自由中國」即等於壽終正寢，於是乎矛頭指向李萬居和李萬居的「公論報」來！

近若干天來，李萬居為了保有這份產業，曾設法緩和局勢，例如對「中國郵報」記者說明擬退出籌組中的新黨，而且還在「公論報」上刊出陶希聖的談話，似有藉此緩和當權派的模樣。但仍恐難挽救地方法院判定移交的決定。現在，祇能走向最高法院申訴，命運如何？大家都不樂觀！

我作毛澤東衛士的經過（一）

漫雲

一、新民學會在湖南出現

蘇俄十月革命成功後，震動全國人心，湖南知識青年，衝動尤甚，於是由第一師範教員徐特立王季範等，在長沙司馬里發起組織新民學會，研究馬克斯主義無政府主義及五四後新學說，學生加入者，一中一師兩校青年特多，如蔡和森、何叔衡、任弼時、李維漢、郭亮、蕭錚、夏曦、易禮容及胞兄等一時稱盛。

二、我與毛澤東的關係

我出生於湖南省湘潭縣銀田鄉韶山冲，父親務農，兼作粮食生意，光緒末葉，與毛氏父毛仁生合夥，販賣粮食，以湘潭十八總沙灣陳廣和糧食行，爲長往交易的舖頭，毛澤東幼年，乃父命他在陳廣和學習過一段時間糧食生意，我大哥與他係一師同學，我和他弟弟毛澤民年齡相近，乃童年玩耍的好友，故對毛澤東家裡的人，我都是很熟的。

三、農民運動震慄了湖南

湖南農運，在一九二五年，和一九二六年上半年，還在半公開時期，從一九二六年秋，北伐軍底定湖南，農運遂趨於極盛，如長江大河，不可截止，毛澤東和我大哥，先在湘潭株州，組織株醴萍工團聯合會，又組織了湘潭農民自衛隊、工人糾察隊、婦聯隊、店員聯合隊、兒童團等，毛澤東還保了一個楊昭植做湘潭縣長，以謝東山爲工聯會委員長，命我做兒童團長，在湘潭打土豪，劣紳，整天整日不停，湘潭有錢人，全逃到長沙和武漢。後來毛又找到了八條槍，交給自衛隊，餘皆梭標鳥槍馬刀。其時李立三，劉少奇在安源鑛山做工運，與毛早取連絡，日後毛氏組軍，得了不少助力。我於一九二六年四月，也加入了青年團。

四、我連帶走上了井崗山

一九二七年五月二十一日，何鍵所屬團長許克祥發動馬日事變，死了許多左傾的學生工人農人，共產黨員難於立足，我便跟隨株醴萍工團聯合會的自衛隊，任通訊連絡工作。後來自衛隊隨毛澤東在茶陵蓮花一帶與國軍作戰，中間在瀘溪打一敗仗，於一九二七年冬，我所屬的一股共軍纔由永新寧岡之間進入井崗山，在山上成立敵委會，統一領導部隊和地方組織。並在山區週圍各縣，擴展革命武裝，成立獨立團，獨立營，赤衛隊，少年先鋒隊等，我其時做少先隊隊長。（未完）

中共中央怎樣對付大陸災荒？

陳一鳴

大陸普遍災荒，已是鐵的事實，中共中央怎樣對付這一災荒呢？

大體上講：我們可以把它對付災荒的方法，分爲兩大部分，即對外部分與對內部分。

對外部分，又可分爲下列幾點：一、強調這是自然災害；二、雖公開承認大陸受災面積達九億畝，但不承認人民普遍飢餓；三、因而拒絕外面的救助；四、并仍繼續其向外的各種擴張。

對內部分，則宣傳與運用都比較複雜：一、仍強調這是自然災害，以掩飾其壓搾人民不斷輸出，以致造成糧食不足之殘酷事實；二、開出一九六一年將可豐收的空頭支票，以誘惑人民；三、指責幹部平時不從實際出發並指責幹部平時不聽黨的話，以推卸失敗責任，從而轉移人民之怨懟；四、命令共軍開入農村，以幫助農業生產爲名，而以監視和鎮壓爲實；五、向外購買一部份糧食，上糧則仍繼續運往蘇聯及東歐以抵付舊欠，劣質糧食則留下配給人民充飢（中共向緬甸所購五千噸蕃著，則係配發人民，而不是供出口）；六、增加肥料及農具之生產；七、調動大批幹部及人力下鄉，以增加農業勞動力；八、調整人民公社的一部分制度，把重心擺在大隊上，以適合目前狀況，並以刺激生產。

以上各點，由於本文限於篇幅，無法一一論及，現在謹在此看看中共中央如何把失敗責任推在幹部身上這一問題。而中共中央的這一推諉，已充分反映於中共人民日報於二月二日所發表的社論，它要求各級共幹對一切事情都要「從實際出發」。說：「忽視客觀實際事物的存在，只憑主觀辦事，自以爲是，把感想當政策，是一種很壞的作風」。它並引毛澤東所說：「這種反科學的反馬克斯列寧主義的主觀主義的方法，是共產黨的大敵，是黨性不純的一種表現。大敵當前我們有打倒它的必要」。

它又說：「人們看問題，辦事情的出發點有兩種：一種是從主觀願望出發，一種是從客觀實際出發，馬克斯列寧主義者從來都是主張從客觀實際出發」。但是我們曉得：中共當權派以此來指責各級共幹，是完全沒有理由的，因爲所謂大躍進，所謂人民公社，所謂超額完成，所謂紅旗競賽，所謂千斤畝萬斤畝，所謂共產黨能上天下地，……那一件不是中共當權派搞出來的事。正因爲中共當權派平時不從實際出發，只從主觀願望出發，所以，今日大陸才搞得這樣糟，情況糟了之後，中共中央才以各級共幹作替罪的羔羊，這豈得謂之爲公道。正因爲中共政權的基本政策和整個路綫不是從實際出發，而乃從主觀願望出發，所以，各級共幹才被有系統的捲入不實際的情況中。而中共政權的整個不實際，則又因馬克思列寧主義本身原本就不實際所產生，不實際乃共黨極權制度所必然孕育出來的結果，那末、這又怎能專責幹部？

今中共中央當權派不自作反省，而反嫁禍於各級共幹，甚至被毛澤東認爲這是「共產黨的大敵」，爲了自衛和自保，各級共幹實有起來反抗的必要。

此外，中共中央最近又指責各級幹部平時不聽黨的話，言外之意，當然就在暗示今日大陸人民之普遍飢荒，也是因爲不聽黨的話造成的。其實，共產黨的組織嚴密，是誰都知道的，幹部被共產黨的嚴密組織所控制，也是誰都知道，共幹們平時那能而且又那敢不聽黨的話呢？今中共中央偏偏如此顛倒是非，忽然指責共幹不聽話，用意無它，亦端在推卸失敗責任，以欺騙人民而已。須知共產黨才是一切一切的禍根，說共幹不從實際出發，說共幹不聽黨的話，都實在是冤枉，爲了自我生存，共幹們固有起來反抗的必要，爲了解除今後的長期奴役與長期痛苦，大陸人民也只有起來推翻中共政權的惟一的一條路可走。共幹們起來反抗吧！同胞們一齊起來吧！

在大陸災荒聲中：中共命共軍開入農村一面生產一面監視鎮壓

黃正

大陸普遍糧荒的結果，自然是民心愈來愈不滿中共。中共爲了監視和鎮壓這已普遍不滿的人心，遂於最近命令駐在各地區的各部隊，都以參加生產爲名，由各駐營地開入農村，對此，中共新華社也有意無意的作了透露。據二月八日人民日報刊載新華社消息說：「中國人民解放軍許多部隊，目前正利用訓練空隙時間，加緊爲春季農副業生產作好準備。各地部隊的興修水利、改良土壤、積肥造肥等活動正在熱烈進行」。這就可見中共中央最近確已命令共軍各部隊離開原駐營地，分別進入農村人民公社，以幫助生產爲名，而以監視和鎮壓人民爲實了。

當然，另外尚有一部分共軍之忽然全力從事生產，也確實另有原因。但這只限於駐在遼遠邊地的共軍而言。因爲這些駐在遼遠邊地的共軍，平時的一切供應，都來自大陸中部。誰都知道，爲了賺取軍心，爲了保持軍隊的士氣和健康，共軍的待遇，一向是極高。中共平日的原則，是寧肯老百姓瘦斃，決不使共軍吃不飽。所以，共軍的待遇，一向良好。尤其駐在邊地的共軍，一切供應，中共尤不憚煩的調動許多車輛爲之送去，但最近中原地帶亦已陷入飢荒，而中共原先答應輸往蘇聯的物資又不能不運，於是，這原本養尊處優的邊地共軍之供應，遂亦暫時發生了問題，因之，邊地駐軍最近乃不得不迫而自己從事生產。中共新華社二月七日有一則電訊對此說得很清楚，它說「駐西北地區的一支部隊，……一支守衛海島的部隊，……現在，他們已實現了肉菜自給。戰士們說，照毛主席的『自己動手，豐衣足食』的指示開生產好處很多。既鍛練了自己，改善了生活，又爲國家創造了財富。特別是駐守邊疆的部隊，過去食用的副食品，幾乎全部靠內地供應」。由此可見，在大規模的災荒中，中共對於部隊的處理，一方面是利用他們去監視去鎮壓，同時，另一方面又利用他們去從事生產，而一般的說，監視的用意尤大於生產的意義。

中共利用歌謠進行心戰

吳求

共產黨雖是唯物主義者，但對於心理作戰，凡可利用之處，眞是向來無所不用其極的。

遠者不論，即以最近的人民日報來看，就不斷的出現許多歌詞，人民日報的篇幅原本不多，平時只得兩張，減版時更只得一張，但他們却不惜以龐大篇幅來登這許多歌詞，絕非偶然。

以一月三十日（星期一）的人民日報來說吧！原共只出一張紙，共四版，但一首「公社春來早」的歌詞就佔了第四版整個版面的五分之一。其所以如此不惜篇幅，原來這首歌詞的內容是：

「公社春來早？鐵牛鋼馬下地了。轟轟隆隆鬧翻天，把遠處的大山吵醒了！啊！春不在楊柳梢上搖，春不在紅杏枝頭鬧，還很早，春在何處？春在人們心頭跳。男男女女老老少少爲了今年收成好，樣樣活兒啊都在時間前頭跑！公社春來早，送肥的車隊下地了，咿咿呀呀響連天，把水庫的魚兒驚跑了！啊！春不在燕翅上飛，春不在陽雀嘴裡叫，還未到，春在何處？春在人們心裡笑。男男女女老老少少爲了祖國的新面貌，雙雙歌兒啊都是唱的躍進調」！

中共忽然如此這般的強調「春來早」，這顯而易見，就在配合其他的宣傳，對大陸上正在陷於普遍飢餓的人民，進行心理作戰，用春來早的歌詞來喚起正陷於飢餓的人們的錯覺與幻想，從而促使他們忍耐。換言之，這也正與奸賊曹操用望梅止渴之計以對渴極的士兵進行心理作戰的道理正復相同。實則，春來是有一定時間的。今年的春何嘗來得更早呢！何況，縱然春來了，又縱然秋收了，農民所有的勞動果實，還不又都要被共黨囊括以去嗎？

緬邊中國游擊隊的轉進

何之淵

當湄公河中段的永珍左右發生吸引世人注意的戰鬥時候，在這條河的河源支流地區，也正發生相當大規模的軍事行動。以在該原始偏僻的地區來說，被動員的軍隊數目，竟可以說是空前的，尤其是緬甸方面，出動了五個旅的軍隊，與大約二個師的中共軍隊，協同向着中緬泰寮邊境的反共中國游擊隊進擊。

可是並不像永珍爭奪戰或是瓦瓶平原之戰那樣獲得關注和報導，被緬甸稱為「湄公戰鬥」那一連串的戰事實況，所有的報導都是語焉不詳。原因是沒有任何西方及通訊社的記者到達那個區域，甚至也沒有非親共的記者到那邊採訪。所以發出到外面的只有通過仰光一綫的消息，其中包括緬甸方面誇大的戰報，和中共替緬甸宣揚的勝利。

中共宣揚緬軍進攻中國反共游擊隊大獲全勝，加上「殲滅鹵獲」的渲染。第一是由於中共與緬甸重新友好的蜜月期，有意給緬軍撐面子。其次，中國反共游擊隊是中共的眼中釘，説它「潰滅」，中共亦痛快一些。但最基本的，却是實際上，是中共本身發動，及中共軍參加此一戰鬥。而這也就是中國反共游擊隊撤退的原因。

自一九五四年曼谷會議後，「李彌部隊」撤回台灣，不願回台的戰鬥員數，當時不會超過二千人，但雲南甚至廣西方面被迫害而逃出的人民，加入該一隊伍，以及小部份泰緬寮邊僑民的參加，中國反共游擊隊又迅速趨於壯大，大規模進攻滇境，計有六次。中共深恐星星之火，造成燎原，不惜以「劃界出讓土地給緬甸，秘密與緬方成立夾攻反共游擊隊的協約，於是中共軍便以「劃界」為名，集中兩個師的中共軍，向孟羊（景棟北面）的反共游擊隊突襲，一連四天五夜的戰鬥，反共游擊隊才能突出包圍，向肯萊及孟帕寮的大根據地退却。

反共游擊隊在從事整補及計劃防守，還不到兩個星期，早已開到外圍的緬甸軍，便接着發動攻勢，先是一連串對機場、工事、倉庫、道路、渡口的轟炸，接着緬軍也隨着轟炸之後逐漸迫近，中共軍却沿着緬寮邊境，緊緊躡着反共軍的側背。反共游擊隊從當地人民得到確切的報導，知道這一役情況的嚴重，並不像往時打擊緬軍，易如反掌，實際上是中共軍利用緬軍「誘敵」，企圖夾攻圍殲。所以反共軍只曾一度（一月十六至十八日）對邁帕緬軍大舉反攻，並放出空氣，說二星期內將收復所有失地，使緬軍遲疑不進。而游擊隊却已於十九至二十一日，撤退至新的安全地點，放棄了孟帕寮根據地。

驚弓之鳥的緬軍，在距孟帕寮十二公里的邁帕，一直到二十六日，方才敢試探式地進入孟帕寮，但當地早已堅壁清野了。反共游擊隊只在滇邊與中共軍戰鬥時，曾蒙上一些損失，與緬軍說不上有什麼大戰鬥。反共軍原來的軍需軍實，可以說大都不在緬境，眷屬也早已退入泰北，並不曾受到什麼基本的打擊。他們現在仍在整補和重新策劃，希望捲土重來，只要「邊境」存在，反共軍是存在的。

馬來亞五年計劃的成就

．龍．裳．

馬來亞聯邦的五年計劃，自實施以來，轉瞬渡過了不太長也不太短的五載時光，到了一九六〇年杪，便宣告完成。以一般情況來說，該五年計劃是頗有成就的。最顯著者，就是馬來亞十數年來剿共戰爭所有的創傷，已逐漸平復；工業、建設，也相當進步；農業生產，數量也日漸增加；華、巫間感情的調協，事業的合作，也出現了曙光。

這幾年來，馬來亞聯邦的新工業，以至橡膠園，錫鑛……等，都在該五年計劃的規劃下，按步就班地推進了國家的經濟；而人民在適當政治的鼓舞下，也充份表露出樂觀，勤奮，堅毅的精神。

地方建設的進步，尤為一日千里；以前祇是錫鑛市鎮的吉隆坡，現在已大廈高聳，新樓櫛比；而衛星市鎮的八達隣，在數年前還是一片凌亂的橡膠園，今日則已成為新工業的中心地，新建的工廠達八十家，居民增加至三萬人，出產的物品有輪胎，印刷機，罐頭食品，電綫，油漆，這些工業產品，都替國家經濟建下了很大的功勞。我們華裔在這衛星市鎮中所付出的力量也很大。

整個聯邦的生產，目前已可以說足與亞洲最現代化的日本相接近。橡膠的產量固然激增，錫的產量也回復到一九五七年以前的水平。

在農業方面，產量已大量提高；一九六〇年，還創下了豐收的新紀錄。

各行業工人，約達一百萬；「失業」兩字，在馬來亞目前來說，是不會成為大問題的。

國家建設，也是包括在該計劃中的。當局付出了鉅大的人力、物力和財力，在吉隆坡附近建築一座大規模的噴射機場。據總理拉曼稱：這將是全東南亞最完善的飛機場。此外，更發展了西海岸的港口，使馬來亞的出入口貨得以增加一條路綫進行直接貿易。

至於華、巫間日前所存在的問題，目前也獲致了解決。華、巫兩大民族，刻已欣然同心協力，共謀馬來亞聯邦的發展；尤其是共同攜手抗共，將成為東南亞反共力量的重要支柱。這都是該五年計劃所成就的可喜現象。

共幹死裏逃生

黃允就

「人民公社」不能解決糧荒，「積極份子」的虛銜更不能療治飢餓，於是雖然經過了「洗腦」的中山白焦鄉共幹黃錦常，在一家五口都長期「肚皮節約」的慘況下，終於勃發了求生的天性，毅然携着母親和妻兒冒險逃亡。

二月四日深夜，黃錦常穿好了一身「解放服裝」，先悄悄地扶着風前殘燭的親娘，摸索到河邊，登上了事前已準備好的小艇；過了不久，他的妻也背負女兒手抱孩子潛到艇上來了。這時，他便馬上把小艇掉離岸邊而向前疾划。

大約划了一小時，忽然遠處傳來陣陣馬達聲。黃錦常意料到，那一定是共軍的巡邏艇；他祇得在緊張中抖擻精神，把小艇划貼沿岸的水草叢來閃躲。可是小孩子忽然縱聲啼哭，驚險緊張的氣氛迅即籠罩着這小艇；幸好他的妻拼命掩着小孩子的嘴巴，使哭聲不致傳出，未為巡邏艇發覺，終於衝過了共軍的警戒線，一直划到翌日凌晨，才安全抵達澳門水域；這時，他們的臉龐上，大家都浮現出欣慰的笑容。他們都知道：目前，已是逃出了險境。

這一幕逃亡的驚險劇，黃錦常於踏上自由地區和親友談起時，還表示猶有餘怖；但他却堅決地說：即使逃亡途中給共軍巡邏艇發覺，而被他們亂槍轟斃，也勝過留在鄉中給活生生的餓死！

僑鄉近訊

殘廢人慘遭迫害相繼自殺（上海）

．江水．

滬共壓榨人民勞力，連殘廢男女也不能倖免。目前，市內已有盲、聾、啞人二千八百餘名，被驅入各生產部門中；另有「街頭工廠」卅七間，全部係強迫盲、聾、啞人服役者。此等殘廢男女，均受到主管共幹慘無人道的迫害，痛感生不如死，於是自殺之風，日益熾烈。據悉：由一月五日至廿五日之二十天內，自殺斃命的殘廢人已達七人，平均約於三日中便有一人自殺。其中男的佔五人，女的佔二人；以聾、啞者多數，盲的則祇有一人。他（她）們的自殺方式，係六人自縊，一人蹈海。又據消息稱：由於滬共加緊壓縮人民的生活水平，同時醫藥也大感缺乏，在此雙重摧殘下，市民健康，備受影响，而殘廢者的數目，也就越來越增加。而滬共對此，不特熟視無覩，且悍然呼出了「殘而不廢」的口號，反加重了對他們的奴役，使他們加深了痛苦，頓感苟延殘命之不易，悠然而興自求毀滅的念頭。此種悲慘情況，聞者傷心，見者流淚，益使整個上海市增加」無限陰森和恐怖的氣氛。

飢民請願廿七人被拘兩人失踪（台山）

廣東台山「都斛公社」鄉民，因一再被削減糧額，陷入饑餓深淵，瀕於死亡邊緣，乃於本月二日，集結百餘人，浩浩蕩蕩，跑到公社去，舉行大請願，要求將配糧額提高，俾得稍蘇飢餓痛苦，但該公社的主管共幹，則硬指鄉民破壞「黨」的政策，存心「造反」，疾言厲色，向鄉民申斥，因此激動公憤，一聲怒吼，即洶湧上前，將共幹包圍襲擊，共幹寡不敵衆，身受輕傷，負創突圍奔出後，向防軍求援，迨武裝部隊開至彈壓，鄉民已一哄散去。事後，即展開嚴密搜索，卒將被認為「可疑」的鄉民廿七人拘去，解往「縣府」究辦。在共方大舉搜索時，有鄉民兩人離奇失踪，不知是他們先行聞風潛逃，抑是被共方秘密拘捕。據當地鄉民稱：該兩人均為年約廿四五許之精壯青年，未婚，一人之父及另一人之叔父，均已被解送「縣府」。

幸福

黃信男

一拿起針線筐，美眞就發愁，那些永遠補不完的衣服，是她精神上最大的威脅；她並非怕這件工作吃力，而是怕這些衣服一旦都破到無法再補的時候怎麼辦！有些時候，她以爲是她的孩子穿衣服特別濫費，心裡滿生氣的，但當她突然發覺自己的衣服也不知什麼時候現出了窟窿時，她才有點哀愁地意識到它們是太舊了，都該換新的了！

現在，美眞拿在手中的正是她的一件青底素花的絲質旗袍，那是她最好的衣服了，還是她結婚時做的，十年來她一直不大捨得穿它，只有偶而外出，或參加什麼慶典才拿它上身，一回來就馬上換下；平時保存得更是仔細，總是把它夾在其他的衣服中間放在箱子裏，用樟腦丸子薰着，可是現在竟也破了！細瞧瞧，前襟上毛茸茸的都是洞！美眞憐惜地嘆了口氣，用手撫摸着、遲疑着，一時不敢決定怎樣補法才不致太露痕跡？……

「嗨，美眞！」美眞正對着手裏的衣服出神，忽然聽到門口有人喊她，一抬頭，一個花團錦簇的俊俏的身影已經衝進房來。原來是這一家最有錢的鄰居吳太太，她昔日的同班同學錢愛玲。美眞忙放下活計，想站起來招呼她，可是她已經風車似的那麼一轉，順手拉了把椅子，貼着美眞坐了下來，同時把一包東西氣憤憤地拋在美眞的膝頭上，咬着她又白又碎的小牙齒說：

「可氣死我了，美眞！我好不容易托人從香港帶來的衣料，特地趕做出來預備今晚參加董事長的宴會穿的，不料都被那個該死的裁縫給我做走了樣！妳快替我看看，還有辦法補救沒有！」

「可是……我可也是外行呀。」美眞不安地微笑着說，小心地把紙包打開來。

「別婆婆媽媽的好不好，美眞！」愛玲不耐的搶着把衣服抖開來。

攤在美眞面前的是一件新裁製的旗袍，那種高貴華麗的質料使美眞有點目眩。

「我眞的也不大懂，」美眞有點難爲地囁嚅着：「不過，依我看……妳試過身沒有？」

「試啦，越來越不順眼！那個殺千刀的裁縫！」

「也許是妳心裡感覺蹩扭的關係，」美眞猶豫一下說：「妳再穿上看看？」

愛玲詛咒着換上那件旗袍，對着美眞那面開始脫了銀的模糊不清的梳妝鏡，前後照了照，氣惱地嚷着說：「妳看！這像個什麼樣子？簡直像個老太婆的棉袍了！」

「可是，依我看，」美眞笑笑說：「這式樣和做工倒挺不錯呢，我奇怪妳怎麼會覺得它不漂亮？」

愛玲的眼睛忽然一亮，用懷疑的目光審愼地注視了一下美眞的臉，立刻又轉過身去照鏡子。她忽然發現這衣服的色調襯托着她白嫩的臉很協調；於是，套上項圈，又仔細地對鏡端詳，她竟開始有點喜歡它了。但是她說：

「眞的嗎，美眞？妳沒有騙我嗎？」

「妳知道我從不說謊的。」美眞認眞的說。

「我不信！」愛玲喜悅地說：「妳穿上我看看！」

「算了罷，我這份老相會使妳覺得衣服難看的。」美眞婉拒着，她怕弄髒人家的衣服。

但愛玲執意要她穿起來看，她只好穿了。

美眞天生是個美人胎子型的女人，不論臉蛋、體型或氣質，都有她特別動人的地方，只是終年一身儆舊的衣着掩藏了她的美，以及清苦生活的勞碌與憂慮使她無暇去顧及自己，偶而照一下鏡子，也總是只看到被誇大了的眼角的皺紋，嘆息自己的老去。現在穿上這件美麗的衣服，連她自己也驚詫她還這麼年輕，對着鏡子，她不由戀戀不捨地痴望起來。站在一旁的愛玲，更是爲她的「原來」這麼美的衣服喜歡得眉飛色舞。

「多虧妳，美眞，」當愛玲小心翼翼的將她的衣服包起來時，感激地說：「要不是妳，我差點把它毀了！」

美眞躭於沉思似的，臉上現出惘然若失的飄忽的微笑。愛玲看看她，忽然憐憫地說：

「眞可惜，美眞，妳本來是漂亮的，卻不愛打扮。像剛才吧，妳穿上這件衣服，簡直就年輕了十年！」

「老嘍！」美眞半玩笑半感嘆地說。

「別胡扯！」愛玲嗔她一眼說：「說眞的，美眞，妳該做兩件像樣的衣服穿穿了，一味儉儉省省的，刻苦自己，把青春無光無彩的消失掉，多可惜，多沒意思！」

「不是省儉，」美眞臉微紅着說：「我們實在是……」

「……妳總該知道我們的生活不知能和你們比。」

「這就怪你們劉先生太老實，幹着經管錢財的事兒卻不知動腦筋，每月只靠發個死薪水。如果我們老吳也像你們劉先生似的，我今天還不是和妳一樣的慘惜惜！」愛玲坦誠地說着，同情的握起美眞的手：

「我們是老同學好朋友，看看你過苦日子，我心裡也難過，所以才無顧忌的對妳說起這個，希望妳也提醒妳先生一下，動動腦筋……」

「妳是要我慫恿智誠貪污？」美眞惶然地睜大眼睛。

「什麼貪污不貪污！」愛玲不屑地說：「這年頭，誰不是抓住機會就拼命的搞錢？現實擺在眼前，譬如我，有兩個錢，可以享受較好的生活；妳沒有錢，就得吃苦受罪！再說，一味的撐着副硬骨頭架子保持潔身自好，有什麼用？沒有人因此而特別瞧得起你；人都是講現實的，現實不是書本上說的那回子事！」

「可是那是犯法的呀！」美眞說。

「妳眞是胆小而又幼稚得可憐！」愛玲笑起來了，「不錯，是犯法；可是犯法的人那麼多，妳又見有幾個倒楣的栽到「法」裡面去的？如果大家都像你們似的，那就都只好挺着頸子換窮了！」於是，帶着得意與炫耀的神情，愛玲翹起她潔白修鑿的指尖，看看鑽戒和金錶，突然叫起來說：「哎呀，快十點了！我還沒吃早點呢，我得走了。妳好好想想，美眞，別一味的傻吃苦！好，我走了。」

愛玲走了，給美眞的心湖上留下一個波動不息的漣漪，一時覺無法安下心來工作，只是呆呆地坐着，眼睛看這邊，再轉向那邊，目光所觸，家裏的一切都倍顯寒傖，想想人家，再想想自己，一會覺得愛玲的話是對的，一會又覺得她不對，心緒煩亂像一團亂蔴。要不是隔壁的孫太太跑來向她借漏杓提醒她，她差一點就誤了做午飯了。

中午，智誠下班回來，忽然非常爲難的對美眞說今晚必須去參加董事長的宴會的事。

「怎麼還要參加？」美眞不由皺起眉頭說：「我們不是已經謝絕了嗎？」

「可是今天董事長特別又通知一定參加，說不去到時候也要來接的。」智誠現出央求的意味說：「所以，我看我們還是去吧。」

「我們怎麼去」美眞忽然抑制不住滿肚子委屈，衝口而出地說：「連件像樣的衣服都沒有！」

智誠先是驚愕地看了妻子的臉，接着無限愧疚地垂下頭去，默然無語了。美眞立即就後悔說出那句使丈夫難堪的話，於是，連忙用溫柔的口吻說：

「我的意思是不想去，你知道我是不喜歡熱鬧的。」

「可是，」智誠依然低着頭說：「大家都去，如果單只我們不去，似乎不大好。」

「那麼，」美眞猶豫一下，不安地說：「我看你就一個人去算了，智誠，我實在是怕熱鬧；再說我也放心不下寶寶他們。」

「孩子我們倒是可以請孫太太幫忙照顧一下。」智誠頓了頓，帶着乞求的微笑抬起頭來，「我看我們還是去吧，美眞。」

美眞不忍再使丈夫爲難，只好答應了。

下午，美眞把丈夫外出的「行頭」條理好之後，開始準備自己的。挑來選去，她把自己所有的衣服都翻遍了，結果還是那件青底素花的絲質旗袍看起來還像件衣服，可惜破了！上午因爲愛玲來，又忘了縫，於是她又趕忙聚精會神，小心翼翼地補起來，差不多用了整個下午的時間才補好，拿起來端詳一下，還好，不怎麼太露痕跡；再熨了熨，她覺得有點滿意了。隨後，她想到首飾，不由又嘆起氣來，她的幾件首飾，包括結婚戒指，早就爲了孩子們接二連三的鬧病賣光了！

不過，美眞畢竟是個賢慧的妻子，直到去赴宴會爲止，她沒有再表示絲毫的不悅使丈夫不安。（上）

文壇泥爪

徐志摩想飛之五

我雖然把志摩的思想按照他的一生分了三個階段，實際上却不能如此嚴格劃分，因爲轉變之後還有舊思想的遺留。志摩在追求理想的階段裡，萬事皆不以爲意，但他遇到國難嚴重時却仍然義憤塡膺；在從天空跌落到地上來的階段裡，時局的動盪雖不是他轉變的主因，但却不失爲副因之一。爲了証明這一點；引他在民十七濟南慘案時的一段日記看看：

「這幾天我生平第一次爲了國事難受。固然我第一年在美國時，得到了五四的消息，曾經「感情不能自已」過。大前年從歐洲回來的時候，曾經十分「憂愁」過，但這回的難受情形有些不同。第一次是純粹感情的反射作用，國內青年的愛國運動在我胸中激起了同樣的愛國熱。第二次是理性的觀察影响到精神上，明明這是自殺的路子，明明這是開出無窮擾亂的路子，那些民黨大領袖先生却還不遺餘力的來開闢，結果是自己接速的打嘴。」志摩是個和平改良主義者，他不贊成流血的革命，犧牲太大而未必革好，這多少也受了乃師任公先生的影响。民十六寧漢分裂，一直到中共竊奪政權，還不是「無窮擾亂的路子」？北伐得來的仍是改朝換代的幻滅，又何嘗不是民黨領袖自打嘴吧？當時那樣的政府，還在旭日東升的時候，誰知一遇到外患，即感束手無策。所以志摩接着說：

「這回却既不是純粹的感情，也不是理性所能解剖的現象，一方面日本當然可惡，他們的動作，他們的態度，簡直沒有把我們當作「人」看待，且不說國家與主權，以及此外一切體面的字樣，這還不是「欺人太甚」？有血性的誰能忍耐？但反過來說，上面的政府也眞是糟，總司令不能發令的，外交部長是欺騙專家，中央政府是昏庸老朽的收容所，沒有一件我們受人侮辱的事不可以追原到我們自己的昏庸；但這把火是已經放下了，房子倒下來不單是壓死在政的黨員，外來的侮辱是人人分着的，這是那裏說起？我們未嘗不想盡點責任，向國外說幾句話，但是沒有「眞理」就沒有壯氣，我們的話沒有出口，先叫自己的舌頭給壓住了。我們既不能完全一任感情收拾起良心來對外說謊，又不能揭開了事實的眞相對內說實話，這是我們知識階級現下的兩難。」那時說實話是反革命，現在說實話就是與匪通氣，三十餘年後，這「兩難」是依然存在！

我很欣賞畫家江小鶼挽志摩一聯：「前身原是飛仙，四海倦遊歸，忽駕長風上青冥；故國不堪回首，百年應有恨，未能投筆向遼陽！」寫出詩人的悲劇。

記戊戌維新始末（廿一）

舜生

康於總理衙門談話及上統籌全局一摺以後，又將他自己著的「日本明治變政考」及「俄羅斯大彼得變政記」上呈於光緒帝；同時還把英人李提摩太所編譯的「泰西新史攬要」、「時事新論」、「列國變通興盛記」、及「列國歲計政要」等書也一並進呈。光緒帝把這類的書籍逐一瀏覽，其改革的決心也逐漸加強。再加上自二月德國租借膠澳以後，俄國又於三月強迫租我旅順大連（二十五年），美亦藉口租我威海衛（包括劉公島，二十五年）；法國於三月租我廣州灣（九十九年），英又租我九龍半島（包括大鵬灣及深圳灣，九十九年）；同時各國並分別有所謂勢力範圍的指定。於是康於廣東旅京人士所組織的「粵學會」，林旭等所組織的「閩學會」，宋伯魯等的「關學會」，楊銳等的「蜀學會」，以及湖南、浙江、江西、直隸、雲南、貴州各省旅京人士所組成的各學會以外，乃更有「保國會」的發起。

「保國會」以二十四年三月二十二日開第一次會於粵東會館，二十五日再會於崧雲草堂，二十九日三會於貴州館，到會者二百餘人或百餘人不等。會章三十條，為康所手訂，以保國、保種、保教為宗旨。康在第一次會中發表演說，歷述國家前途的危險，聽衆有感動至泣下者，此可見人心傾向改革的一斑。其時梁啟超及康廣仁已到達北京，梁並在第二次會上演說，康得此有力助手，因之活動更加積極。御史李盛鐸，本與康同為保國會的發起人，後以江西人洪嘉與及浙江人孫灝著書駁會，印數千本分送各頑固分子，於是謗議蠭起，榮祿且公開對入會者大施恫嚇，於是李乃上疏劾會以求免禍。此外繼李而起者，更有御史潘慶瀾，禮部尚書許應騤，御史黃桂鋆，而以御史文悌長摺糾劾康有為謂保國會之宗旨「徒欲保中國四萬萬人，而置我大清於度外」一說為尤誣而厲，實即後來興大獄的張本。保國會在此惡劣環境中，開過三次會後，雖光緒帝對一切毀會者置之不理，且將文悌免職，但會務仍陷於無形停頓而終於瓦解，其他如保浙、保滇、保川各會，也經人彈劾而同歸於盡。這都是是年三月及閏三月的事。

等到這一年的四月初十，恭親王奕訢忽然死了。奕訢是道光帝旻寧的第六個兒子，咸豐帝奕詝的親兄弟，於慈禧為叔嫂，於光緒帝為叔姪，他曾幫助慈禧取得政權，於咸同間平定內亂及應付外交均立有大功，在皇族中的地位可算最高。慈禧對他雖異常忌刻，但究竟不能把他的勢力根本撲滅；因此，儘管於光緒十年三月將他逐出軍機，但到了甲午中日戰爭爆發，仍不能不將他起用。在維新前夕，他一方面反對改革，並阻止光緒帝與康見面；另一方面，却也能多少裁抑慈禧，使她不便對光緒帝過分為難。他這一死，在維新派固然去了一個障碍，可是慈禧與光緒間，或者說后黨與帝黨間，失去了這一緩衝，其對立的形勢也就更趨於尖銳化了。

從奕訢死後，迄四月二十三日頒布「明定國是」的上諭，維新派的活動可以說已逐漸達到了最高潮。光緒帝既有了引用新人實施改革的決心，於是乃對慈禧作出一攤牌的表示，他對慶親王奕劻說：「假定太后仍不願給我以事權，我寧願讓出此位，決不甘心作亡國之君。」奕劻把這個話轉達慈禧，慈禧乃大發雷霆，大有與光緒即行決裂之意；可是奕劻異常狡猾，他力勸慈禧不必動氣，不如讓皇帝去做一做，等到弄得不成樣子的時候，然後再加以收拾。慈禧對奕劻這一「欲擒故縱」的詭計，欣然予以採納，於是奕劻乃以「太后並不禁止皇帝辦事」的意思向光緒帝復命。這便是光緒帝在表面上取得三個多月自由的由來，也可以說，奕劻乃是「政變」一幕的最初決策者。

「明定國是」上諭的頒布，形式上是由翰林院侍讀學士徐致靖及御史楊深秀等所奏請，但奏稿還是由康有為代擬的；甚至就是這一道上諭的原文，也可能是通過翁同龢而依然出於康的手筆。這道上諭是所謂「百日維新」的一個起點，相當重要，全文是這樣的：

「數年以來，中外臣工講求時務，多主變法自強。邇者詔書數下，如開特科，裁冗兵，改武科制度，立大小學堂，皆經一再審定，籌之至熟，妥議施行。惟是風氣尚未大開，論說莫衷一是，或狃於老成憂國，以為舊章必應墨守，新法必當擯除，衆口嘵嘵，空言無補。試問時局如此，國勢如此，若仍以不練之兵，有限之餉，士無實學，工無良師，強弱相形，貧富懸絕，豈真能制梃以撻堅甲利兵乎？朕維國是不定，則號令不行，極其流弊，必至門戶紛爭，互相水火，徒蹈宋明積習，於國政毫無裨益。即以中國大經大法而論，五帝三王，不相沿襲，譬之冬裘夏葛，勢不兩存。用特明白宣示，中外大小諸臣，自王公以及士庶，各宜努力向上，發憤為雄，以聖賢義理之學植其根本，又須博採各學之切於時務者實力講求，以救空疏迂謬之弊；專心致志，精益求精，毋徒襲其皮毛，毋競騰為口說，務求化無用為有用，以成通經濟變之才。京師大學堂為各行省之倡，尤應首先舉辦，著軍機大臣總理各國事務王大臣會同妥速議奏。所有翰林院編檢，各部院司員，各門侍衛，候補候選道府州縣以下各官，大員子弟，八旗世職，各武職後裔，其願入學者，均准入學肄習，以期人才輩出，共濟時艱。不得敷衍因循，徇私援引，致負朝廷諄諄誥誡之至意。將此通諭知之。」（見中華書局出版「光緒朝東華錄」第四冊總四〇九四）。（待續）

析支列傳（七）

亮之譯註

22越伯尼頓而北，為沙漠，凡七日始過；過此迤東為奚色基特（Thyssagetae）。其族繁庶，不同諸族，而以狩獵為生。與之接壤者為愛爾奚（Iyrcae），生事亦資狩獵。國多林木，其狩獵：先猱匿樹上，下一犬一馬，而預馴其犬伏臥馬腹下。守望有得，立飛一矢，隨下跨馬蹤擊，犬則乘勢阨逐之。少東，居民與析支異；且嘗一度背叛王家析支，始移棲此土云。

23以上大率皆平原沮洳之國，然亦別有卜居崎嶇崖壁者。於此有一幅員廣大而徑仄路險之山國焉（註一）；其民皆在山，扁鼻而長頤，通國男女生平未嘗見森林。自有語言，而服制則同析支。以石隙木菓為食，厥名滂諦卡母（Ponticum）、註二）；榦如無花菓，而實如豆；熟時，以布絞濾；其汁濃黑，土名阿醯（Aschy），和乳飲之。凝渣為糕，以當肉食；蓋國無良牧地，蓄羊不多故也。所居皆傍樹下，冬覆厚白氈幕，夏則撤去。人之視之，儼若神明，無或傷害；用亦不蓄何兵仗焉。鄰國不和，彼必調解；逋亡託庇，如入化城。——此即所謂阿爾吉屏人（Argippaeans）是。

（註一）原註：「即烏拉（Ural）山系。」

（註二）原註：「即櫻桃之一種；與今日卡爾末克斯（Calmucks）之食法，幾乎相同。」

24凡此皆鑿鑿勘察之所得；又此等族類，實介處海濱及禿髮民（Bald-Headed Men）之間；故習於遠遊之析支人，對之固易探訪；而希臘人亦同得自波里閃尼茲、攸克辛或其他城市以赴之。聞析支人之旅行訪問，蓋得力於譯員七人與七種語言之助云。

25顧吾人雖獲知如是遼遠之地域，綜越禿髮民更進，則無人能得其詳。其地崇山峻嶺，攀躋末由（註）。禿髮民言：其土人即居此叢山之中，足如山羊之蹄，乃另一人種，且一眠輒歷半歲云。然此言也，殊難置信；証以稍後記載，尤彌見其了無價值。蓋世已周知禿髮民東實瞿薩旦人之所居，特此巨域之北，尚有兩大民族為載籍所未及，完全隔膜耳。

（註）原註：豈倫（Heeren）氏以為此山指阿爾泰，喬治則以為指烏拉山。愚按：証以瞿薩旦人之居塔里木盆地（見大英百科全書第十二冊P七三），則此山乃指葱嶺無疑。

26傳瞿薩旦人風習如下：人有父喪，姻黨畢至；齎羊奠已，塊割其肉；處置逝者，亦復如是。糅和二肉，逐張盛筵。逝者之頭，別施洗剔；洗剔既淨，鑲飾以金（註一）。鑲飾已成，闔門奉慶；每逢佳節，輒陳出之；以父殘骸，成子光寵；此其情致，乃如希臘人之善葆檢尼薛（Genesia）云。然自別方面言，瞿薩旦人又乃公道之實踐者，其男女權利，一律平等，蓋世所公認者焉。關於此族，我聞如是。

（註一）原註：「此點與析支習慣殺其敵人時相似（見下第65節）。此等類似之習慣，蓋由高盧（Gauls）部族中之乃匪（Livy）族傳至波哀（Boii）者。」按高盧乃歐洲古國，包含今意、法、比、荷、瑞士之各一部。

（註二）原註：「馬勒巴（Malabar）之曬爾（Nairs）人，制度特尊婦女。一女輒擁數夫；其財產並得由女系給於所曬之男子。」

本刊已經香港政府登記

聯合評論 週刊

每逢星期五出版

United Voice Weekly

第一三一號

督印人：黃宇人　總編輯：左仲平
社址九龍赫德道二十三號地下　電話68678
承印者：嘉羅印刷有限公司　香港灣仔馬師道5號
總代理：友聯發行公司　售價每份港幣一毫
本報美洲版總經售處美國紐約中美出版社
CHINESE-AMERICAN PRESS, INC
199 CANAL STREET.,
NEW YORK13 N. Y. U.S.A.
美洲航空版每份零售美金一角

短評兩則

左舜生

一、自作聰明的又一幕

遠在兩年半以前，我們在本報創刊號的「發刊詞，」便有過下面的幾句話：

「我們不能把反攻復國的希望完全寄托在外援和世界變化上面，我們必須別求所以自力更生之道。

「只有有了眞正可靠的自力，然後才能與外援和世變得到很好的配合；否則即令外援有加，世變驟起，也可能與我們所要實現的希望全不相干。」

「這是今天一個抱有反攻復國決心的人所必須具有的基本認識。」

這並不是什麼特見，只是一種平平常常的常識。所可惜的，乃是台北當局不走這種常識的大道，而偏要獨闢蹊徑。

即以這次美國的總統選舉來說，假定自身確有辦法，不問是共和黨或民主黨當選，本來是無所容心的，可是當時的台北，卻把希望完全寄托在尼克遜身上；又不僅存着這種希望而已，甚至還要在美國去採取相當的行動。

據說，最近甘廼廸見着中國的某在野名流，便公開的談到這件事，他老實不客氣的說：他「對這件事儘可「原諒」(Forgive)可是卻不能「忘記」(Forget)。」假定這個傳聞屬實，這是多麼的蹋台，多麼的尷尬！

像這樣冷酷的類似教訓，已經不是第一次受到，至少已經是第二次了，這種自作聰明的老毛病，如果還不改變過來，恐怕吃虧的日子還在後面哩！

二、陳立夫歸國

出國十年的陳立夫，居然於上月二十四日飛回了台北。儘管他這次回來的主要目的在探視他老父的病況，可是以他過去在國民黨內的地位和其他的政治關係，即以我們一個黨外的人，卻也不能不對他表示相當的期待。

我們知道，立夫若干年以來，一直在美國紐約附近新澤西州一個小鎮養鷄，而且是親自操作，這雖有類於「閉門種菜」，但究竟表現了一種自食其力的精神，與那班有錢的寓公畢竟不同。這一點，可以說比以前他在國內辦黨時期所給予一般國民的印象，要特別的來得好。

我們也知道，美國方面對於立夫過去的工作，相當重視，因此，遇到涉及中國問題；尤其涉及中國的反共問題，立夫被美國公私機關偶然找去加以諮詢的事實也是有過的。這一點，我們相信立夫也有可能對中國作出一些有利的設法。

我們還知道，美國某一學術團體，為了研究中國問題，或希望對現代的中國能有進一步的了解，曾派出有歷史訓練的人員，對立夫作過長期的訪問。據說立夫在口頭敘述他自身的經歷，以及中國近年若干的重大事變，他都說得相當的坦率，這不僅對於一個研究中國現代史的人非常有益，即他自己，藉此對過去的一切，作一番回憶，也未嘗不可促起一種深刻的反省。

聽說，立夫自回台以後，他老父的病況便已好轉，而立夫也不準備在台北久留，只小住幾天，便仍須返美去重理舊業。我們充分知道；台北目前確沒有一個適當的位置可使立夫有所盡力，但我仍希望他能在台北留一較久的時間。我認為他可能做的事有兩點：一、把海外僑胞和美方的輿論向老先生作一詳盡的分析，使老先生在決策時能得到一種有益的參考。因為目前台北有一最不好的現象，即沒有任何一個人願意把外面的一切實況向老先生加以陳述。他們的理由，是因為老先生年事已高，再給他以過分的刺激，實於心有所不忍；在中國人的見地，這自然也不失為一種愚孝或愚忠，可是他們忘了「老先生依然掌握着中華民國的命運，假定他對外面的情況太不了解，這等於一個掌舵的人，忽畧了航程上可能遭遇的礁石與險灘」為了使老先生個人在情緒上保持安定，而漠視了全船人生命的安全，這畢竟是近於本末倒置。如果立夫以不任黨政實際工作的超然地位，同時以他與老先生過去的特殊關係，暢所欲言的向他陳述一番，我相信可能於事實有裨。二、立夫有二十年以上辦黨的歷史，黨內和他私人關係密切的人頗多，假如立夫能利用他的影響力量，以促成黨內的團結，這也確於目前的局勢有益。我們知道，這十年以來，因為局面的突然縮小，各方面對於權力爭取的暗鬥，確已日趨於尖銳；實際黨外所受到的打擊尚屬輕微，而黨內的對立則為無可掩飾的事實；往往有若干擁有多年黨齡的黨員，曾身受到無情的壓抑，以致寃憤填胸。我們不希望有什麼奇蹟出現，眞能做到所謂全國的大團結，但最低限度，國民黨內能有進一步的合作，也還是於國家有多少好處。在過去，大家確曾有過一種幻想，總以為十年八年，便眞能做到所謂反攻復國，現在這一想法，可以說早已歸幻滅：目前我們所期待的，只是不要由國民黨內再來一度更大的內鬨，而把中華民國根本斷送！把黨內各方面緊張的情緒弄得和緩一些；把內內外外一切險惡的形勢使大家更能看得清楚一些；這一點，立夫大致是可以做到的。

「君子愛人以德」，我們並沒有期待立夫永久留在台北的意思。

「弔民伐罪」應即兌現

謝扶雅

最近中國大陸因水旱天災，尤其乖戾絕倫的經濟政策和政治措施，以至全國老百姓普遍陷於饑餓及死亡，其每日餓斃數字之驚人，可於各地人民公社掩埋隊的不足應付見之。這眞是一宗慘絕人寰的災變。台北國民政府以及海外各地華僑都爲這事緊急呼籲，展開大規模的救濟運動。語云：救災如救火，自應劍及履及，作迅速而有效的設施；而這也足爲國民黨政權決心光復大陸解救六億同胞的最後一次考驗。看當局近正用着「弔民伐罪」的口號來振奮士氣民心，這種引用湯武討伐桀紂的標語，確是再恰當不過而動人心弦的辭句，不過我們誠懇地希望其勿再爲「好話說盡，壞事做盡」之續。

搶救大陸災胞，一方面自爲自由中國本身應負担的莊嚴責任。同時却亦屬世界人道人權及和平的大問題。作爲聯合國會員的中華民國政府，應當把這問題提到聯合國，確切陳述浩大深重的災情，控訴罪魁禍首的中共，並提出協力拯救的具體辦法。儘管聯合國的反應和行動，一定是緩不濟急，甚或全然不得要領，然而「誼當如此」，等於當年孔子朝服而請討那「弒其君」的「陳恒」。至於我們政府自身的職責，更不能諉辭於中共之「不聽港口開放」，因而把這事只當「宣傳」作了。台北現在的空投糧食，不知做到怎樣程度，要之，這必是杯水車薪，而且眞能達到大陸老百姓之手之口，實際恐猶不及滄海一粟。

聯合國或未能以軍艦齎送糧食强駛入大陸海港，然自由中國政府則爲有效達到衛民擊盜的目的，武力運輸救濟物資登陸，是理直氣壯的義舉。常識都能判斷，以太平洋東岸海岸綫之長，台灣擁有海陸空軍六十萬；決無不能覓一弱點進攻登陸之理。所以我們很早建議，政府今日應乘美國甘廼廸新政府上台，急速交涉廢止前年的蔣杜聯合聲明，以及修改中美軍事協定。已成任終身職（？）的立法院委員諸公，爲何迄未代表民意提出討論分別廢止及修改？他們是否屬於中華民國人民的代表？抑或在代表美國人以至竟代表了反對方面的勢力？中華民國現階段唯一急迫的任務是光復大陸，解救水深火熱中的同胞。她單爲這一使命而存在。不負起這使命是不値得生存的。所謂「不自由　毋寧死」者指此。台北當局日日在唱團結救國，其實何用「唱」，何用賣弄心機，作僞日絀。一日樹起反攻大陸的義旗，所有自由中國範圍內的男女老幼無不將奮起全力支援，一如當年的「全民抗戰」。青年人尤無不將踴躍請纓，年來逃港的二百萬難民更無不願負弩前驅。筆者年前在港，今在美國，所接觸的在苦悶焦急中的青年學子，都可以爲我信誓旦旦地証實此言。這種比火猶明，有目共覩的事實，我政府乃置不一顧，而反擁兵對內，生恐別派染指權力，這才使人長太息而欲哭無淚啊！

報載緬甸政府在聯合國聲訴台北空投美國軍火接濟緬甸邊境的游擊隊，美國政府正調查中。此事果實，國民政府應早與美國交涉：自由中國負有解放大陸，義無可逃的使命，在倒懸中的六億本國人民，不容漠視旁觀，爲此而必取銷蔣杜聲明，而必修改中美軍事協定　萬不能在欲解救弟兄父老出水火之時、反自己捆縛住自己的手足，這是每一個中國人所萬不能容忍的。我們觀察實情，歸根結底，仍是國民黨當權派沒有深切的責任感和堅強的決心。很早在西藏動變之時，就應力助滇境游擊隊壯大，以至通到川藏邊綫，與藏民滙合，並使西南一帶義民及災胞蜂湧來歸，變爲如昔年的東北義勇軍。這就可以造成大陸的一大缺口．而這缺口又足以爲東南登陸的呼應。這樣一來，在腹地一般餓火中燒的飢民，就都會變成一個個的火頭，蔓燒整個大陸，而中共政權的銷燬，誠爲指顧間事。這才是所謂「弔民伐罪」的發動以及完成。

但最使我們大惑不解的，是邊國民黨宣傳家在用這響亮的「弔民伐罪」的口號，而一邊黨報上每空一格的「總統」「總裁」，却一再公開聲明：救濟大陸災胞是絕無政治作用，其「目的只在使大陸人民眞正獲得一線生機，決不以救災的關係而附帶有其他行動」云云。這眞是令人莫明其妙。孫中山說過：所謂政治無非是指公共的事。今當局對援救大陸災胞，則欲假名於純粹慈善一業而與政治分開，另一方面，又使政治宣傳跟軍事武力分開。我們小民之愚，眞不知這光復大陸解救六億同胞這一使命之達成，怎可以將政治與軍事絕緣，又將救濟和政治絕緣。這適足以自曝其假惺惺的姿態吧了。我們以爲這種架空宣傳，將不但使大陸難胞無限絕望，亦足使海外僑胞灰心而離心，尙何言團結復國呢？

六一、二、一八　自美紐澤西寓

雜憶錄之二十二　逃來災胞訪問記

·幼椿·

去冬以來，大陸人爲飢荒，造成了嚴重不可收拾的局面，災胞即不斷逃來港澳，其中以廣東沿海一帶，新會，中山，寶安，惠陽爲最多，每日總有一兩批災胞不甘餓死，冒險逃來，報紙不絕於書。我久有意訪問一下新來的災胞，研究研究大陸飢荒的實況，而未得機會，適舊曆新年初一，有某好友前來拜年，說起他家中新安置有同宗難民中年人一，小孩二。據稱，這批災胞共中年人二，小孩十四，於舊曆臘月二十自廣東汕尾附近乘小舟經十日海程逃來，算是來得最遠的一批，相當驚險，也相當的悲慘。我因與約定舊曆正月初四前往其家訪問，並先由老妻將舊日小兒女衣服一束交好友帶去分送，藉表慰問之微意。

我如期見着這位中年災胞，年三十八歲，身長瘦而面黑，一望而知爲終年在大風烈日中工作的老農。賴好友以國語翻譯與解說之勞，我與災胞的問答畧記如下：

我問：「此次辛苦逃來，中間經過如何？」

他答：「我與一漁民好友偷得漁船一隻，帶了十四個同宗小孩，在臘月初十月黑天雨之夜半，冒險駛出，茫茫大海，向西南行，幸而東北風順，船走得快；惟船小浪大，又不敢太靠近海岸，恐遇共船發現；行至墩頭灣外，幾乎浪翻；繞經大鵬灣時，又遇共船追了一陣，驚險之至！不過，當起程時，我們兩人早置生死於度外，因船上小生命太多，我們遇浪遇追時，只有一面奮力駕舟，一面默禱上蒼，哀憐此十四個小孩而已！幸經十日航行，達到九龍之荃灣，由一同宗漁人約來同鄉同姓的善士接我們登岸，分別安置於其家中，現已得香港政府允許，食住既已有人招待，可以暫住下去。」

我問：「貴鄉災荒情形如何呢？」

他答：「災荒的發生情形，須從前年（一九五九）說起，前年夏秋多雨，收成不好，又因當時正在開始人民公社，鄉村多不習慣，人民多不高興，割禾打稻，又都不及一向的起勁，共幹甚爲惱怒。本來我們地方是個魚米之鄉，自來豐收時多，這一年收成乃不及三分之二，共幹便認爲大家偷懶，有意怠工。收後立將所有稻穀全數運入相距有十八里的縣城內去，而每人便只發四兩米一天，好像在懲罰大家的樣子。不料去年春末遇風災，春收又不好，於是到了夏天，每人只發二兩米一天羮粥吃。在這種食不得飽的情形下，大家便已無心於工作，對於耕地插禾的工作做得已不好，而耘田看水的工作也不熱心，到了收割時又因久雨不停，穀更失收，收穫三分之一都不够。共幹看見大家有氣無力的在打稻，打兩下，就抛棄了，曾經干涉而引起一場糾紛。糾紛之後大家都只得番薯過日子了！其初在九月間，每人每頓還發給三支番薯；到了十月半以後，每頓則只有一支番薯吃！請問先生，一個人每天吃三支番薯，如何得飽？」

我說：「那麼，你們怎樣活法呢？」

他說：「眞悽涼！吃不飽，肚子餓，一到夜裏大家便出來在田土裏挖掘，先挖香蕉樹根，野蘿蔔，木薯根，菜根之類；沒有了，又在肥土裏去挖草根。大家每夜都在挖掘，把田土普遍挖起大洞小眼，至於肥土，則幾乎要把它翻轉了過來！」

我說：「這樣亂吃，豈不要生病！」

他說：「沒有吃飽，上了年紀的人多半害水腫病而死；吃了草根野菜的人們便普遍的拉肚子，因這兩種病死的人很多，我的父母與老婆便在一個月中先後病死，只剩下我與十二歲，十歲的兩個男孩子了！」

我問：「你甚麼時節開始想逃走的呢？」

他答：「我的老婆死後，兩個孩子沒有吃飽，終日啼哭，到了冬月初，我就想到只有逃走，纔是生路，不然，就只有等死。」

我說：「大家到了這樣悲慘狀況，爲甚麼沒有人發動去向城裏請願？是不是在你們鄉下，有軍隊看守着你們呢？」

他說：「軍隊並未下鄉，都聚結在城裡，鄉村人民公社中只有共幹監視着我們。但大家都怕共幹，因爲去年秋天收成時，曾有十一個人鬧過事，被捉去城裡關起來後，至今沒有下落，所以沒有人敢再出頭生事。」

我說：「你又怎麼逃法的呢？」

他說：「我住在汕尾對面一個村裡，我有一宗兄弟自小打魚，我餓急時，常去向他要小魚，大魚、他是不敢給我的，小魚只有弄來與我孩子吃。共幹管理漁人，比農人更嚴厲，漁船出海，兩三天必稽查出入與漁穫一次。我這宗弟也吃不飽，因此他也想逃。他曾與我說起，在十二三年前，他曾駕小漁船駛抵香港，只要順風，並不太難。他比我胆子大，他的胞兄是個前進分子，他很討厭他。他知道我想逃，他說，他願偷一隻小漁船同我逃走，他說做就做，立刻叫我準備。不知道事情忽被他胞兄察覺了，很意外，這個前進分子天良發現，很贊成他兄弟逃走，並且主張多帶幾個孩子走，以免都餓死掉。幸遇一個機會，共幹查漁船的生了病，（共幹也一樣的吃不飽，）於是在臘月初十，有雨的黑夜，我們便帶了十四個小孩，由這個前進分子湊了約三十斤番薯，不管風浪如何，向茫茫大海，掛帆經西南駛去。孩子們都是我們同姓中人，他們父母都說，冒險即是死在海裡，總比坐着等死好點，何況能到香港，還有一條生路。這些孩子們也爲求生起來，在船上都很安靜勇敢，沒有哭鬧，船一到達九龍，大家都歡呼起來了啊！不過，這兩天有吃有穿，孩子們飽暖了，又念起他們的家來，問他們的親人是不是也可以跟着逃來，他們不知道這好不容易的啊！」

我說：「孩子們的父母一定很懸念你們的平安與否的，你寫信回家去麼？」

他說：「我已無家，我的同來漁人業已有信去報平安，想必孩子們的父母都會知道的。我恐怕共幹知道了孩子們的出走，是他們父母同意了的，這些父母們或者要得罪罰；不過，他們雖然得罪，他們心裡總是安慰的啊！」

我訪問至此，已覺無話可問，再問，以這農人的識見而論，他也是答復不上來的，我只抱着沉痛的心情，與朋友及災胞告別而出。出們自薄扶林道下坡，即見西環一部一部的電車擠得滿滿的；穿新衣，過新年，街側大人帶着孩子，不斷的嬉笑之聲，我不知道這些見面即喊「恭喜發財」的香港人，是不是與我一樣，念及北去不及百里之遙，到處災胞啼飢號寒的景況，心情會也變得沉重了麼？

五〇、二、二七

誰適合參加政治運動

孫寶剛

前幾天在一個宴會中，偶然把全座的話題轉到政治問題，並由政治問題而討論到參與政治的人物問題。有一位朋友說：軍人參政，政治永遠搞不好，所以他反對軍人參加政治活動。在座有兩三位原先是軍人，現在常參加政治活動的，他們聽了那位朋友的話，面有難色，便有一位問那位反對軍人參政的朋友是反對現役軍人參政呢？還是認爲當過軍人的人根本不宜參政？那位朋友說：軍人一腦子的武力，認爲一切政治問題沒有武力是不能解決的，所以幾十年的中國政治，總是打打打，打成今天的局面。今後的政治運動，假如軍人參加在內，不又是打打打麼？如此中國的政治永遠不能上軌道，所以他反對軍人參加政治活動。

那位軍人出身的朋友又問：中國的文人又怎樣呢？文人中也大有人在，以軍事力量作爲政治鬥爭的本錢，所以往時許多文人出身的所謂政治工作者常常依附軍人或利用軍人，絕少討論政策以及組織民衆的。今天有許多人擁護台灣的蔣政權，就祇因台灣有數十萬軍隊，認爲其他的人沒有資格反共，因爲其他的人沒有軍隊。反之在台灣方面也以軍事力量自耀，所以天天在叫軍事反攻大陸，對政治方面絕不願意改革，蔣陳之流是軍人姑不論，其他許多的文人爲什麼也附和呢？

問題討論到這一階段，全座的人的目光不約而同的轉向到另一位軍人出身的朋友，因爲那位軍人出身的朋友，不特對軍事很有研究，以往在軍中服務時頗具盛名，就是對政治經濟社會科學等等均讀過相當的書，參加政治活動也有年，大家要聽他的意見。

他說：問題不在軍人與文人，問題是在誰懂得政治，誰不懂得政治，懂得政治的人都可參加政治活動，不懂得的都不宜參加。但是怎樣叫做懂得政治的呢？在歐美的先進的民主國家，實行了民主政治很久，言論出版自由，集會自由，組黨也自由，凡是對政治的理論和實際的行動有豐富的知識和經濟的人都能起而號召同志，成立政黨，再以政黨的力量，進行研究處置國事的方法，制定各種政策，再以政策向國人宣傳，使收對國人從事政治教育的效果，於是使一般國民，祇要他留心國事，便很容易懂得其國家的外交政治經濟文化教育以及社會的情形怎樣，和那一個黨的那一些政策是對的。結果他們便有起而參加他們所同意的黨，作種種政治活動，祇少會在選舉時投一票，以影响選舉，也即影响了國事。所以我們可以下一個斷語：在民主國家，個個人適合於參加政治運動的，因爲個個都懂得政治。

不是民主國家則不然，我們中國也未例外。不論一個怎樣聰明而博學而有經驗的人，以他一個人的經驗學問和聰明，所知有限，而所能做的也有限，所以嚴格的說，沒有一個健全的政黨，而以個人去參加政治活動，總是不適合的。我國以往參加政治活動的人，所以結果大都走上了私人權利向上爬的路子。要對國事起澈底的改革作用決不可能，充其量不過成了一個開明的官僚而已。

所以總刮一句，誰適合於參加政治活動與否，問題不在軍人或文人。問題是在先要懂得政治的基本理論，確定了個人的世界觀和國家觀，然後由此出發，對於國家的各種政策要有一個概畧的認識。但最緊要的還是要有組織的頭腦和過團結生活的習慣，然後組織政黨，或參加已有的政黨，這個人便自然的適於參加政治活動，也就眞正地參加了政治活動。繼之以恆的話，也必有活動的效果。

現在的政治常常受軍事的影响，一個軍人出身的人，由於他多少懂得一些軍事，所以軍人出身的人去從事政治活動對政治是有補益的，問題在他懂不懂政治這一方面。

那位朋友說到這裏，大家的爭論也就告一段落，大家都同意，要研究政治的理論和各種的政策，同時要注意組織，這才能幹政治活動。不是這樣做，那根本就不能幹政治，既是不能幹而硬去幹，便是亂幹，亂幹是不適合的，最多是個人權利的向上爬而已。

從蘇軍全面火箭化論現代新型戰爭的特點

劉裕略

據莫斯科二月廿二日法新社電：「蘇聯元帥崔可夫今天在此地一篇報紙中說：蘇聯所有的武裝部隊都有火箭裝備。

「崔可夫說：「目前已經建立了一支新型的武裝部隊——火箭軍。它們可以用核子武器向世界上任何一處作重大的打擊」。

「這篇文章出現在「蘇聯愛國者」報上，是紀念四十三軍前建立蘇聯陸軍的。文章說所有的蘇聯武裝部際裝備有火箭武器。

「就質上說，陸海空三軍及高射炮部隊都革新了。有核子火箭武器。基本上與二次大戰期間的軍隊不同，而且能够成功地解決現代戰爭中最複雜的問題和操作法了。

崔可夫說：

「他說，於面對「帝國主義國家」的軍事基地包圍着社會主義國家的事實，新措施有其必要。」

上述這一段新聞是極重要的。它具有多方面意義。猶憶抗戰末期，著名的中國軍事學家楊杰（耿光）曾經寫過一本國防論，預言未來的戰爭將是空中摩托、地面摩托及水中摩托。有些人曾經很重視這本書，楊杰當時也自鳴得意，認為自己有遠見。其實十餘年來的一切發展，固已証明楊杰思想貧乏，毫無遠見。事實上，二次大戰後的戰爭形態與性質實已起了空前的重大變化。而這是楊杰完全未能涉想到的。

基本上講：現代戰爭已發生了兩大變化。一、戰爭性質的變化。這一變化也可以說是戰爭範疇的變化；二、是戰爭工具的變化。這一變化，也可以說是武器種類和效率的變化。

試一回顧人類社會的歷史，可以說：戰爭是隨人類社會歷史俱來的。不但人類社會形成的初期，即已有了戰爭，且在長遠迄今的綿亘歲月中，雖不斷有人反對戰爭，但戰爭却迄未從人類社會中離去，且從戰爭武器來看，它還在不斷進步，再從戰爭的規模看，它也有着愈來愈大的趨勢。二十世紀以後，由於交通工具之發達，世界各國彼此間政治經濟文化等關係之日趨密切，戰爭之規模遂更超越以往而發生了兩次世界大戰爭，但若仔細檢討人類社會以來以迄二次大戰為止的一切戰爭，其範疇也總還不超過熱戰範圍之外，其武器之運用，雖由戈矛刀箭而抛射火藥，其作戰空間雖由海而陸而空，但畢竟也不過如此而已。因之，二十世紀以後的第一次世界大戰與第二次世界大戰雖到達了空前的規模，但畢竟也還只是以熱戰方式為作戰內容的一種戰爭而已。對於這種以熱戰為內容的戰爭，筆者於一九五二年起，即給予一個名詞，叫做舊型戰爭。

迨二次大戰以後，戰爭的範疇與本質才又有了空前的突變。

這一空前的突變是由共產黨在俄國的崛起，再經過一二兩次大戰之乘時發展帶來的。共產黨以進行世界革命為目的，而以往的任何國家任何主義都並未以全世界為目的，於是這就使共產黨帶來的戰爭必然地具有空前規模的世界性。然而，戰爭形態的質變還不在於此，而在共產黨的那一套思想。共產黨所信奉的那一套辨證唯物主義思想誠然錯誤歪曲，但它却替戰爭方式帶來了熱戰以外的形式，即以思想、心理、經濟等為內容及以顛覆等為內容的冷戰形式。所以，二次大戰以後隨共產黨全面擴張所帶來的乃是有別於專以熱戰為戰爭的內容的另一種冷戰熱戰同時存在或同時互相使用的新型戰爭。

正惟其共產黨替人類社會帶來了這一種新型戰爭，所以，現代戰爭就另外有了特點，而與二次世界大戰以前的任何舊型戰爭不同。要對付它，已經不是舊型戰爭中的任何防堵辦法所能預防的了。這主要是因為熱戰容易防堵，冷戰則非防堵所能奏效。這是現代新型戰爭特點之一。

現代戰爭的另一特點則是武器的空前變化。這種變化，如前所述，早已超過楊杰等人的想像。今日之武器，業已不是什麼摩托化問題，而是核子武器、太空火箭及太空飛彈問題。以往，作戰範圍固然已有所謂陸海空。但那一陸海空所指的「空」，乃是低空的飛機與普通炸藥而言，而今日所謂太空則遠遠高過當日之低空，當日對付低空攻擊之有效武器，今日已不能有效的對付太空攻擊武器。所以，對付當日之陸海空，尚可使用防堵戰畧，因為陸海固容易防，低空也容易防。今之太空則不容易防。在二次世界大戰之前，蘇聯無任何武器可以有效的直接攻擊美國本土，除潛艇威脅之外，海軍優勢亦全在美英掌握中，且美國尚在世界各地擁有包圍蘇聯之海外基地數百個，足以防堵蘇聯之攻擊。現在之蘇聯紅軍縱不如崔可夫所說業已全面火箭化，但業已開始火箭化，且蘇聯太空競賽方面業已有部分領先，則係不移之事實，所以，說到這裡，我們已經很容易看出：由於太空武器之空前發展，已使防堵戰畧在現代新型戰爭中失效。這是現代新型戰爭的另一特點。

與由台過港某友的談片

宇人

日前傍晚在街邊散步，巧遇一位多年不見的朋友，他說，我來港已一月有餘，即將回海外某地；原不打算看你，不料却在這兒碰見了。我笑着說，那祗怪你的運氣不好。他問我住在何處，我答以即在附近。他說，既然碰着了，我也顧不得許多，就到你府上去談談吧，以下就是我們談話的一部份。

客：我離開台北之前曾去看接近要津的某兄，他說起情報人員報告你年來在聯合評論寫文章專罵台灣，不罵中共。我知道他對你並無懷疑；祗是示意我過港時不要和你往還，以免被特務人員亂奏一本，下次申請入台，可能發生麻煩，所以我原不打算看你。

主：你看過聯合評論嗎？

客：在台時只偶然在一二私人朋友處看見，但到港後則每期必讀，而且還翻過你們過去的合訂本。我早就知道你們反的只是中共；對於台灣却只主張取銷一人一姓的獨裁統治和各種違憲措施，並沒有否定一切。這原是許多身在官場的人都有同感的，不過，不敢說罷了。

主：我們的態度確係如此。去年中央日報社長來港時，我告訴他，「我不到二十歲就加入國民黨，曾經為國民黨家破親亡，自不會參加其他黨派作不利於國民黨的活動。三十六七年之交，我因深感個人對黨事已無能為力，才自動的放棄了任黨的一切地位，後來中央黨部在台召集全會通知我去出席，我也沒有應命，並且放棄了立法委員。如今更不會再回到黨內和朋友們爭什麼了。我只希望政治能改革，俾得及早形成舉國一致的反共形勢，急圖以自力反攻大陸，於願足矣。」不料他對於改革和反攻問題茫然不知所答，只說要我們推幾個人去台灣，尤其希望左舜生先生去出席國大，而又說不出蔣先生再連任後對於反攻復國有什麼打算，因而沒有結果。迄後非法總統產生，我們根據憲法予以否認。當權者遂視我們為大敵，除了添雇情報人員製造許多謠言來誣蔑我們而外，還特別收買一些無賴之徒來充當打手。他們不圖反攻大陸而只顧圍攻我們；反而栽誣我只罵台灣不罵中共，真是無聊已極！

客：你也不必動氣。今天台灣究竟是怎樣一個局面，大家都心裏明白。那些為了想升官發財或保存飯碗而在各種公開場合表現得無限忠貞的朋友，在私人聊天時也是嘆息不已的。凡在國民黨稍有歷史的人，誰甘心做一人一姓的奴隸？不但在台的朋友對你不會誤解；就是那位新近才轉而為台北工作的某兄，我前幾天會見他時，還是說良心話，他自認迫於生活，不得已而為此。可見畢竟是人同此心，心同此理的。

立法院易長的經緯

華清

（台北通訊）立法院長張道藩辭職，已經國民黨中央常務委員會決議照准，另提現任副院長黃國書為院長候選人，該會第一組（即組織部）主任倪文亞為副院長候選人。張黃兩氏已於二月二十日正式向立法院提出辭職書，並經該院程序委員會決定提出二十四日的院會討論。這篇通訊和讀者見面時，黃倪兩氏當已正式當選了。本來，今日的台灣，一切都是以一人一姓為中心，立法院的易長，並不是一件值得注意的大事。然而由於其中的經過，頗足以反應當前的政治行情，筆者仍覺得有向海外讀者作一報導之必要。

張道藩辭職的原因

張道藩在過去的九年中，曾向蔣「總統」辭職多次；但總是經過一番慰留之後，就照常努力。而這一次顯得格外堅決，原因何在，社會上頗多傳說。有人說，他在院內經濟不清；有人說，他已經失寵；有人說，他與唐榮工廠串通舞弊；也有人說，是健康不佳。但據筆者所悉，則有遠近二因。遠因是數年以來，他在公私兩方飽受刺激，影響健康甚劇，自覺心力交瘁，無法再撐，因而萌退念。近因則開始於去秋立法院復會之初。當時盛傳陳副總統請辭行政院長兼職，蔣「總統」在立法院復會之前，召集國民黨籍的立委們茶敘，訓示立法行政兩院團結合作。張院長在茶會中致詞，曾有一番妙語。他向陳兼院長說，「如果要你幹，你辭也辭不掉；如果不要你幹，你不辭也不行。」這番話雖然似乎是有感而發，不失為快人快語；但太子派人物於會後大表不滿，認為他在領袖之前作此狂言，不但有失體統；而且是大不敬；否則就是患了神經分裂病。好在蔣「總統」尚能體念他數十年的耿耿忠心，未予深究，因得暫時無事。

不料一波未平，一波又起，唐榮鐵工廠忽然發生倒風，政府引用抗戰時期的國家總動員法，予以特殊的援助。許多立法委員都認為當權者為了維護一個巨富的既得利益而不惜犧牲衆多存款人的合法權益以就之，不但與國民黨的民生主義大相違背，而且引用早失時效的總動員法更是一種存心玩法的不法措施。因而在院會中紛紛提出指責。社會輿論，亦復如此。張院長奉命在立法院為當權者護航，不知何故，竟在神聖莊嚴的院會中，說唐榮的太太很像他的母親，請各立委務必支持唐榮工廠云云。於是，更引起立委們和輿論的不滿，說他患神經分裂的人也就愈來愈多了。旁人說他神經分裂，他倘可置若未聞；而太子派也說他患神經分裂，他自然感到形勢嚴重了。這是張院長堅辭的又一近因，也許還是主因。

立法院有人要扒糞

張院長辭職之初，蔣「總統」只允給假休養，要他假期滿後，仍任勞任怨，繼續負責。後來又派張羣前往他休養的所在地——日月潭傳命慰留。照張院長的個性和歷史看去，領袖的恩澤既如此深厚，許多人都以為他一定會打銷辭意的。然而不然。據悉，他鑒於立法院內有人醞釀所謂扒糞運動，要揭發院長的一切穢事；而與太子派有關的立委不但不予張院長以支持，反而有推波助瀾之嫌。處此情形之下，他深感今日雖蒙領袖之殊恩得以榮任立法院長幾達十年之久；但太子的態度既如此莫測，若不及早求去，則有朝一日，難保不招來一場橫禍，吳國楨、孫立人和雷震都是前車之鑑。因此，他不但決心辭去立法院長；而且還說今後將恢復其藝術家的本行，張院長真不愧為聰明人也。

平情論之，在過去九年中，張院長並無任何顯著之成績，尤其是他坐視若干立委被拒入台而流亡海外，不但對當權者的違憲行為迄未稍表異議，而且視為理所當然。實屬枉為院長，有忝厥職。但若要說他在立法院內有什麼違法舞弊的行為，則又是知道他的人所難相信的。立法院的所謂扒糞運動，無非欲加之罪何患無詞而已。果然，張院長的辭職照准了，此一扒糞運動也就煙消雲散了。

黃國書繼長的內幕

張院長雖以不能得到太子的特別垂青為憾；但他畢竟是領袖最忠貞的幹部，深知領袖傳子的一片苦心。因此之故，他歷次辭職都舉倪文亞以自代。論才學，資歷和人望，倪在國民黨籍的立委中，不過是三四等人物而已，那會輪到他來當院長？但因他是太子派中人，張院長自然要另眼看待了。據內幕人士的透露，蔣「總統」原屬意於胡健中，而經國則堅主倪文亞，他父子倆曾相持了一個時期。後來有人獻議不如將現任副院長黃國書提升為院長，既可藉以顯示對台籍人才特別提攜之雅意，貫徹自雷震李萬居高玉樹等發起籌組反對黨後所擬定之對策（即以台灣人對台灣人）；又可利用黃國書為傀儡，而由倪文亞掌握院長之實權，而達到經國的願望。經國認為可行，於是示意胡健中，要他出面報告蔣「總統」。胡自覺且一切都在倪文亞之上，對倪繼長立法院本不願意；而以不敢違抗經國之意，也將就樂得唯命是從。據說，蔣「總統」在接納胡健中的報告以後，還當面誇獎他能讓賢，並說仍將另有重用呢。

現在黃國書和倪文亞既經國民黨中央正式提名為立法院的院長和副院長候選人，海外讀者中如果還記得該院當年在南京競選院長副院長的那種激烈情形，也許會發生當權者是否能在立法院投票時如願以償的疑問。然而，須知人面依舊，形勢已非了。自政府退守台灣後，許多有主張有才望的立法委員都變成了當權者的眼中之釘，備受歧視。他們也覺得沒有再說話的必要；於是，乃採取不發言或少發言主義。他們對於院長副院長的改選根本不感興趣，自無意來參加競選。至於某某熱中之士雖也曾想走內綫而獲得國民黨提名的機會，台北報紙上還一度提到他的姓名。惟以今日之事，乃以蔣經國為主，形勢如此，他祇好知難而退了。因此之故，當年陳立夫被提名為副院長候選人必須經過九牛二虎的努力才能當選；其後李培基被提名為院長候選人時，則雖經當權者的全力支持而仍告落選；但如今黃國書和倪文亞兩位候選人即可望不競而當選。這並不是黃倪的才望遠較陳李為高，也不是立法院內國民黨籍的立委較前更服從黨命，而乃實迫處此，無可如何，所謂形勢比人強也。當權者嘗自誇台灣的進步和安定，這也算是一個實例吧？

五十年度的施政方針

靜吾

（台北通訊）陳副總統兼行政院長誠於二月二十一日向立法院報告五十年度的施政方針。有些人原以為政府於當前最關重要的三大問題：（一）反攻大陸的問題；（二）確保聯合國席位的問題；（三）實現大團結的問題，必有較明確的政策提出；然而事實是又一次失望了。

關於反攻問題。今日大陸同胞普遍陷於飢餓之中，古人說，飢者易為食，渴者易為飲。海內外的中國人都認為正是反攻復國的天賜良機，當權者既已宣佈今年為反攻勝利年，自應把握此一稍縱即逝的有利形勢，實行伐罪弔民。不但非此不足以言拯救大陸同胞，亦非此不足以言自救。可是在陳兼院長的報告中，則說了許多救災的空言；對於反攻問題却祇說政府將協助大陸同胞起來抗暴，並將承認大陸反共團體和反共地方政權的合法地位，顯然還是觀望不前的。

關於聯合國的席位問題。如所週知，我國在聯合國的席位現已岌岌可危。挽救之道，在外交方面來說，除了應加強和美國的友好關係而外，並須對亞非及南美諸國作普遍而深入的爭取。但前者則因當權者的又一次愚昧行動而受了損害，以致甘迺廸總統就任後，我們的駐美葉大使，駐聯合國蔣首席代表和特使俞部長請見無門。據悉某主教日前曾自美來函稱他會見白宮新主人時，後者坦率的表示對於台北參與美國總統的競選活動願意原諒，但不能忘記云云。可見我們的當權者又重蹈當年支持杜威先生的覆轍。今後將如何彌補此一妄行所造成的缺口，恐非調回奉命行事的葉大使即可為力。至於對亞非及南美諸國的爭取，則仍有待於美國從旁協助之處甚多。但陳兼院長的報告却沒有把握到此一重點。

關於團結問題。今日如要扭轉我國在國際上的劣勢，必須及早反攻；而以言反攻，又必須求團結，才能收到衆志成城之效。這本是婦孺皆知的常理；當權者當然也更加了解。所以十年以來，每到國際間有逆流發生時，他們即發出尋求團結的信號。祇因不能忘懷於一人一姓的獨裁統治，以致每一次的團結運動，總是還未開始進行便已停步。去年此間醞釀組織反對黨時，當權者實行「剿撫」兼施之計，於虛構罪名科雷震以重刑之餘，也曾聲言將於今春開始舉行所謂各行各業的小型國事會議，藉以緩和形勢。當時大家本已深知他們的用心所在；因而也就未予重視。但此言既出之於當權者之口，人們記憶猶新，照常情言之，陳兼院長在報告施政方針時似應有所交代。可是我們細讀全文，祇在下面的一段看見「擴大海內外團結」七個字，而且是附帶一提的。原文是：「去年乃世界多變，亞洲多事的一年，我們在舉世紛擾之中，始終屹立不移，確保安定，並繼續粉碎共匪的滲透陰謀。至於充實地方自治工作；改進縣市議員選舉，擴大海內外團結運動，改革政治風氣等等，有的已見成效、有的還在努力以赴」。由此，可見當權者看見反對黨遲遲不能組成，又已志得意滿，因而對於這種用來點綴門面的小玩意，也吝於為之了。

總之，人們讀了陳兼院長的報告以後，深覺當權者對於今日的內外形勢仍無動於中；而仍以確保一人一姓的小朝廷為已足。所謂五十年度的施政方針，非但毫無內容；即表面文章也顯得雜亂不堪，可說是愈做愈不像樣！

陳誠又一次否認辭職

陳兼院長辭職的傳說，由來已久。自前月他在國民中央紀念週上連說了兩個「決不」之後，人們都知道他準備奮鬥到底。本月二十一日他在立法院答覆劉委員錫五的口頭詢問時又說，「關於出國訪問的問題，今天不妨重述一次，假使有需要隨時都可以出國。去年外傳許多謠言，說我辭行政院長準備出國，這也許合乎他們的希望。當時我說要出國的話，我不能辭行政院長。因為出國總是要和人家談問題；以行政院長的身份出去非常妥當。尤其在此國家多難之時，我不能逃避責任。這些話我在許多場合都說過，今天再重覆一次。」劉委員的詢問只是說「陳院長何時出國訪問」，並沒有提到他辭職的傳說；而陳兼院長却說「許多題外的話，顯然是借題發揮，另有原因的。尤其是「說我辭行政院長準備出國．這也許合乎他們的希望」一語中的「他們」兩字指的是誰，更令人玩味。看情形，小蔣和陳誠攤牌的時間已經不遠了，怎不令人耽心？

中共對印度的基本態度究竟是怎樣的？

劉裕略

據法新社二月二十日新德里電：「印度總理尼赫魯本日在議會上議院答復問題時稱：為和平解決邊界糾紛問題，渠可去遙遠的地方商談，但目前尚無必要。渠繼續聲述：『余無意前往北京會談中（共）印邊界問題』。渠着重指出印度和平解決邊界問題之願望，渠謂邊界糾紛之癥結不在印度。因印度之立場極為正確，問題在於中共強佔印度之領土。此非一項普通糾紛，渠最後稱：『如印度與中共發生戰爭，或任何地方發生戰爭，均非吾人所願，且絕無一人會歡迎戰爭。但假若侵犯吾人，則另當別論。吾人唯有準備戰爭，現時唯有中共退出吾人之領土，始可解決邊界糾紛。』」

讀了尼赫魯上述談話後，不禁使人想到中共對印度之基本態度問題。嚴格說來，中共與印度之衝突若只限於現今正在爭論的這些邊界土地的話，則吾人可以確斷中共與印度之衝突是並不嚴重的，換言之，亦即是說，這邊界糾紛原該早就可以解決，甚至原本就可以不發生的。然而這一邊界問題卒至發生，且幾乎釀成重大衝突，可知問題的根本絕不在此。

何以說；如果中共與印度之衝突若僅限於現今正在爭論之邊界問題，則該問題容易解決且甚至根本可以不發生呢？如所週知，中共與印度現正爭執之邊界問題，原本不是什麼重要性的戰略地帶，也不是什麼物資豐富的經濟地帶，更非人口衆多的交通發達地帶，而乃人口稀少物資貧乏之偏僻山區，若言中共愛國，則中共既不吝惜土地以賺取緬甸之歡心，又不吝惜外蒙之淪於蘇俄而痛心國土，試問又何至對此界隣印度之邊地獨特關心？況中共政權建立以來，一直在拉攏亞非集團，而印度則是亞非集團之主角，若非中共對印度別有更大用心，中共又何至在此自拉自唱其和平共處五原則時，忽然來對印度逞其兇野！依照中共的一貫手法，若中共對印度無其它更大衝突的話，中共與印度的邊界問題，中共是大可坐下來和平商談，根本不必先就出兵佔領的。所以，我認為中共與印度的衝突，若眞的只限於現今正在爭論的那些地區的話，這糾紛根本可以不發生，縱然發生，亦可立即解決。

然而這糾紛畢竟發生了。而且迄今不能坐下來用商談的方式解決，這就可見其間問題決不簡單，而有更大的動機在幕後支配中共。否則，中共可以到處敷衍尼泊爾、緬甸、高棉等小國，何獨絕不給印度及其領導者一些些小面子！

然則中共對印度的基本態度究竟是怎樣的呢？要解答這一問題，需從理論與事實兩方面來作檢討。

從理論方面講：印度乃亞洲之一個大國，尼赫魯尤係蜚聲世界的政治家。而中共則不但要稱霸亞洲，而且還要協同蘇聯赤化全世界。無論赤化全世界或稱霸亞洲，全亞洲的小國，不足以成為中共的眞正敵人，亞洲的大國，如印度，如日本，則是中共從事鬥爭的眞正對象了。所以，中共可以對亞洲之小隣國施行懷柔，而對亞洲之大隣國如印度者，則決不讓步。這是從大的方面看，中共必須隨時相機打擊印度的聲望，且進而用實際行動以予打擊的一個理由；其次，毛澤東好大喜功，狂妄自大，對中國歷史上的偉大人物，固已不惜加以詆毀，而曰：「秦皇漢武，略輸文彩，唐宗宋祖，稍遜風騷，成吉斯汗只識彎弓射大鵰，俱往矣！數風流人物還看今朝」。則其自負不凡不把尼赫魯放在心上，蓄意隨時相機打擊素有國際聲望的尼赫魯，自係必然。這是它不用和平會談方式，而用武力進據邊界，全不給印度一些些小面子的第二個理由；第三個理由，是印度正在實施和平民主的建設，乃今日亞洲各國中從事此一和平民主建設路線的一個典型。而中共則走的是極權主義道路，實行的乃是殘暴強迫的奴役建設，恰是與印度相反的另一典型，為了打擊印度的那一典型，並表現中共自己的這一典型，這是中共必須予印度威望以實際打擊的第三個理由。有此三個理由，所以，筆者認為中共與印度的衝突，並不止於已表現的邊界部分，而有更大的基本衝突在。

再從理論看實際：則中共對印度的政治作法，除正面打擊印度外，又從各方面孤立印度。這尤以中共拉攏亞洲各小國，以孤立印度并削減印度在亞洲及亞非集團中的影響為然。一向受印度影響最大的尼泊爾、不丹、錫金三國，當然也都是中共所欲從印度手中拉開的。不過，中共對印度的基本作法，則還在軍事方面，須知：西藏與印度關係之密切，原是誰都知道的，中共不顧忌印度之反應而對西藏採取強硬態度，那已是中共將對印度採取強硬態度的前奏。到今天，則中共用行政改革為名，以摧毀印度在西藏的舊勢力，同時，並在西藏廣泛開設戰略性質的交通網，則尤為中共準備用兵的軍事部署。因為，除了戰略理由外，中共是沒有必要像現在那樣去在西藏各地開闢其戰略交通網的。

關於中共在西藏開闢交通網的情形，二月十九日中共「中國通訊社」曾有報導。它說：「世界屋脊——西藏，交通面貌大大改觀，與祖國內地之間距離日益縮短，目前從拉薩乘汽車換乘火車到北京只需七至十天」。又說「目前，西藏地區除康藏、青藏、新藏三大公路幹線橫亘全區以外，還有許多公路支線縱橫交錯，百分之七十的縣已經通汽車；全區公路通車旅程在萬公里以上」。中共「中國新聞社」報導這一段消息時，特別還加插了一段歷史往事，說「過去由祖國內地到西藏往往繞道印度與南洋。公元六百四十一年文成公主入藏時，由長安（現在的西安）到青海湖附近即費時月餘，而且為人役疲憊不堪，不得不將隨帶的一尊大佛像的台座留在途中。而現在，由陝西西安到青海西寧已經有鐵路相聯，十分方便」。中共「中國新聞社」特別回顧到文成公主入藏的一段往事，是很有暗示性的，它無異乎說當年不得不以文成公主和番，但現今則再也不會對印度那方面客氣了。這其間的戰意是很顯然的。

總之，中共今日對印度的衝突，並不止於邊界問題，中共對西藏的經營也並不止於確保西藏及其附近的邊界，而是對印度有着全面性的侵略野心的。讀前述尼赫魯之講演，似乎尼赫魯先生還以為中共與印度的衝突只是邊界問題，如果尼赫魯眞的見不及此，那末，毛澤東就必然要竊笑尼赫魯無遠見了。

「安民告示」與「談心會」

陸聞

中共完全依靠特務方法來統治大陸，這是誰都知道的。那末，中共究竟怎樣依靠特務方法呢？說來這眞是非常繁複的問題，自非一篇短文所能盡述。不過，大別之，則不外兩種。一種是硬性的特務方法；一種是軟性的特務方法。中共把軍隊尤其把公安部隊稱為統治國家機器，那是它依靠公安部隊用硬性特務方法統治人民的最好說明。但除此之外，中共尚有軟性方法，這軟性方法最近且又被中共的一再强調。他們强調說：「要大興調查研究之風」。實際即是針對目前大陸因饑荒而引起的普遍不安，進行監視之謂。而中共最近又從杭州開始實驗一種「談心會」，且即將通過人民日報之傳播，而在大陸推行。實則這種「談心會」，也正就是以了解生產為名的一種軟性特務方法之一。對此，人民日報說得很明白，它說「談心會」乃是「一個了解情況的好方法」。可見「談心會」雖以加强生產為名，實以了解心情，調查情況，監視活動為主。

二月廿二日北平人民日報說：「我們從去年十月份起，實行「談心會」的制度，并規定每個黨委委員要定期經常召集談心會，并又規定召集談心會來談思想談生產談生活時，要先出「安民告示」云。妙就妙在召開談心會也要出安民告示，可見大陸人民平時如何害怕中共黨委們召開什麼會了。大家都知道黨委老爺一召開會，小百姓生命就有危險，這是大家都為之惴懼不安的原因。

我作毛澤東衛士的經過（二）

漫雲

五、毛澤東的情緒

毛在山上調了兩個湘潭人做他衛士（當時尚無勤務員名），一個周海濱，一個是我。其時山上四面被圍，同志時常逃跑，山上人數忽然增加，服裝，糧食，油鹽，菜蔬，醫藥，醫生，困難不可想像，尤其經濟，更無辦法，日以山芋南瓜泥蛙為食，晚上僅以稻草蓋身，毛常對同志和部隊談話，不奮鬥圖存，只有死亡一條路子，我們要生，惟有奮鬥，苦不算什麼。話雖如此，但神情之間，憂鬱之時為多。

六、賀子珍的婚姻談

在井岡山那段時間，擴展各縣組織，尚稱順利，永新縣由何長工負責，其時縣裏有青年團，賀子珍為該團秘書，思想急進，由何長工引見毛氏，便時常上山見毛，不久同居，賀的妹妹賀懿與毛澤覃發生關係，一九二八年秋初，纔在山上舉行簡單婚禮。

七、受包圍的井岡山

一九二八年五月，朱德到了井岡山，氣勢為之一張，可是同年八月間，朱德率主力轉進湘南，山上兵力稀薄，毛親自指揮固守，國軍吳尚和王均兩個師共四團衝入井岡山，紅軍傷亡很大，毛乃落荒而走，我因年幼，逃跑不及，被吳尚師所俘。

八、我第一次離開了毛澤東

吳尚把年輕的俘虜，統解長沙湖南清鄉司令部，我經過數次審訊，後由我父輾轉託人將我保釋，交給我居省四叔看管，以後由四叔送我入大麓中學讀書。

九、彭黃賀投共內幕

黃公略（原名黃石公略其號），賀國中（原名國楨），彭德懷等三人，皆籍湖南湘鄉，黃賀曾畢業於黃埔軍校高級班。黃以營長資格，賀以第八軍衝鋒隊長資格，考取入校。校內同學中有黃埔系與非黃埔系之分，黃賀兩人，尤受歧視，常引為深恨，畢業後，暫不供職中央並將畢業証書扯碎，投於黃浦江中（上海），巡回湖南，時彭德懷（湖南講武堂畢業）任第二師第一團團長，黃賀亦投該師供職，黃任第二師二團一營營長，賀任師部隨營學校校長，彭黃賀交誼素深，一旦同事，便將在高級班所受精神上痛苦，盡情傾訴，三人自然憤憤不平，第二師原駐平江，師長劉鉶，在趙恆惕省長時代已任師長，何鍵當時尚屬團旅長，此次屈居何鍵之下心有不平，遂常不到師部理事，一切由副師長周盤負責，其時部隊中班排連長，有居職十年，而不得一遷，加之當時又有中央與非中央部隊的界限甚嚴，彭黃賀等三人鑒於前途太窄，遂議決兩條路子，第一條上山為寇，等待局勢變化，招安出頭，第二條跟毛澤東上山，事為平江地工所知，轉報湖南共黨省委會，特派滕代遠到平江連絡策動，當時彭駐平江，黃駐嘉義鎮，賀駐浯口，乃向師部申請聯合演習為名，各率部集合平江，於一九二八年七月廿二日在平江縣城暴動，糾合原有和被影響的部隊約兩千餘人，裝備齊全，向江西西南疾走，沿途避免截擊，迂迴曲折，直到一九二八年底，才到達井岡山，待彭德懷改為第五軍團，黃公略在興國戰死，賀任井岡山時期，圍攻遂川陣亡。

（未完）

泰國僑胞壯志消沉

何之湄

曼谷的人們，尤其是華僑，最近已逐漸地感覺到，泰國可能在不久的將來，不再會是他們的佛國樂土了。接踵而來的事態，使他們迫切地感到，共黨對這個國家的威脅，已經日漸加深，而且是四方八面地迫近了。

寮國的戰事曾經引起人們的關切，一度以為泰國出兵援寮，事不可免，而且當局也確已在部署必要時的行動。當時人們的心情是很矛盾的，他們知道兵兇戰危，兵連禍結，泰國軍一旦加入戰場，說不定會有一天發生越共軍甚至中共軍壓境，以致摧毀他們商賣經營的基業。但在另一方面，由於僑胞們深切痛感大陸中共暴政的殘酷，更憤恨中越共的南侵無已，亦未嘗不急切希望泰國及東南亞公約諸國，揮軍入寮作戰，最少把越寮共軍驅出寮境以外，華僑們即使毀家抒難在所不惜者，要也大有人在。一班苦悶中的華僑青年，更侈談到一旦軍事行動，可能有華僑志願軍參戰的出現，「乘機反攻大陸」，成為他們豪邁的結語。

可是東南亞公約機構否決援寮的最後決定，卻大大打擊了僑胞們奮發的心情，東南亞公約甚至連寮國彭庵親王政府所要求派出的赴寮調查團，亦不肯派出，雖然派出這麼一個調查團不過是表示「有介入的可能性」。但據說公約組織中的英法兩國，極力反對有「介入」的行為甚或象徵。泰菲的強硬主張意見則剛好與英法相左，而結果卻是英法的妥協主義勝利。由會議的泰菲代表傳述出來的說法，說是東南亞公約「會議已經是「辯論」而非「討論」，事情是早已決定下來的了，不過由若干西方國家代表，在會中逞其能辯之舌，壓倒了道地的東南亞國家代表」。當然，這令到菲泰的人民感到憤慨，而這種憤慨，也同樣感染了廣大的僑胞。

寮國和談說熾盛的時候，瓦瓶平原的戰爭也趨於沉寂。可是緬甸政府軍進攻泰緬寮邊境反共中國游擊隊的事，又重新吸引了僑胞們的視綫。就是泰國當局，也不得不把他們原來加強泰寮東北邊防的注意力，轉移到正北的泰緬邊境去。緬甸與泰國的邦交，本來是相當友好的，尤其是在泰南泰北的泰緬邊境，有些地區的緬甸境域，居住有不少的緬籍泰族人，他們在國境之間往來，用不着通過檢查也用不着護照，泰緬雙方的邊警，佩帶手槍到對方境內的小墟市去飲食遊玩，也視如一家。可是這次發生了外來的複什問題，可能是超出泰緬邦交友好之外了。

原因是緬甸的進攻中國反共游擊隊，原來並非出於緬甸的主動，而是由於中共的唆使，正像一九五三四年的情況一樣。當一九五三年，緬邊中國反共游擊隊尙是國軍「李彌部隊」的時候，也為了中共向緬甸威脅，說要「派兵入緬追擊蔣軍」，迫使緬甸向聯合國控訴國民黨軍隊侵境，主張「息事寧人」的美國對台北「施影響力」，舉行曼谷會議決定三千餘名國軍假道泰國，撤返台灣。而這一次緬方的軍事行動，也同樣是由中共發動，並有中共軍隊入緬夾擊反共中國游擊隊。這麼一來，便構成了中共軍可能盤踞泰寮邊界的緬境，久久不去，或者藉口追擊中國游擊隊，從而侵入泰寮境界的形勢。這樣就使得泰國緊張起來，迅速把原來在應付寮局的泰東北柯叻、廊開方面的軍事部署，轉移到泰北的清邁、清萊這一綫來。

上月梢緬軍進攻中國游擊隊根據地孟帕寮的時候，就已有一批中國反共游擊隊的眷屬，預先逃入泰境；暫時在清萊府治棲運，因為中國反共游擊隊的經濟部門，有邊境貿易的關係，運用人事護送了這一批家屬入泰，泰方也只有援照寮戰爭時對待難民入境的辦法，加以注意並暫准居留，因為這批人都是沒有武裝的。孟帕寮上月梢陷落於緬軍之手，武裝的反共游擊隊便多數退入寮國的貌蘭一帶，該處正與孟帕寮隔湄公河對峙。自這個月開始，緬軍轉移進攻方向到大其力的游擊隊方面，這便是與清萊鄰隔的地區，這一軍事行動的結果，終於發生了中國飛機被擊落墜入泰境，和中國反共游擊隊正式退入泰境的大事。

這一次緬甸又再向聯合國控訴，並指責反共游擊隊所使用的都是美國武器，是由台灣空投接濟的。美國國務院說對武器事要加以「查究」，意指查究台方是否違犯中美條約。台灣的國府當局，（大概深恐影響美援吧）也迅速發表聲明，說並無以美援武器，接濟緬邊反共游擊隊，但台北在野方面，卻承認救總曾空投接濟該地中國難民，可並沒有說明，空投的是否只是糧食，有沒有多少武器，讓他們打獵謀生或者自衛。

美國再度「息事寧人」的態度和台灣畏首畏尾的作風，更使廣大僑胞不滿。他們原以為緬邊反共武裝，終能擴大成為一枝反攻大陸隊伍的希望，現在又歸於泡影了。

·曼谷通訊·

負責「解放」南越的越盟四要員

越盟自盤據北越後，覬覦南越的野心，從未稍戢；反之，它的南侵政策的實施，日趨積極。除政治、軍事顯明地以「解放」南越為指標外，并加派大批特務潛入南越的每一階層，以詭譎的煽動手段，進行顛覆吳廷琰政府。這種活動，早已呈現白熱化；當地人民和世界人士，也都早已獲悉了南越內部遭受越盟潛力威脅的危機，已漸形緊張。誠然，這是有目共覩的事實。而且，到了今年元月間，越盟的南侵政策，更再向前推進了一步。

今年元月中旬間，越盟執政當局，曾召開了一次高層會議。這會議，是由胡志明親自主持的；出席的人物，有范文同，武元甲，阮文鎮，黎潤，黎德壽，范雄，陳文由，楊白梅，阮文造等高級頭目，而中共的駐河內大使和顧問人員，也參與其事。據有關方面透露，這次會議的結果，是決定組織「解放南越機構」，并選定了阮文鎮，楊白梅，阮文造，范文章等四人，負責該機構的工作。

從這情形看來，越盟的進侵南越，是在短期內將展開的了。

上述那四個負責人的底蘊是怎樣的？現在且讓筆者來簡單地介紹一下：

（一）阮文鎮。他原籍南越堤岸，又名「七鎮」，在中學時代，已參加共產活動，曾事敗被拘，放逐至崑崙島，直至越盟崛起攫奪政權之際，他才獲釋放，旋受任為「自衛局」（即越盟公安局）長。當他大權在握後，兇性復發，曾殺害不少民衆；特別是國家主義的知識份子，和反共的其他黨派人士，均飽受摧殘。原任的「自衛局」副局長黃文方，也是被他指為「第四派份子」，而橫遭殺戮的。他的親友也承認：這個傢伙是一個極度兇險人物。

（二）楊白梅。他是巴地的富戶子弟，曾留學法國多年，復因性情怪僻，為父母不滿，他於是拋棄家庭，追隨共黨，轉往蘇聯受訓；他返越後，即在越盟任要職，旋被派出作特務活動，工於心計而富有冒險精神。

（三）阮文造。他是鵝冷人，亦曾赴法留學，返越後即參加共黨。南北越交戰時，他幾被南越的反共軍拘捕，後他偷渡入泰國，潛伏了一個短時期，再轉赴北越，越盟政權任命他為勞工部長，曾一度被排擠，至今始再露鋒鋩。

（四）范文章。說起范文章，他的身世原是相當矛盾的。不少當地人士都知道，他的混號叫「督府章」，原籍永隆，本是法國殖民地主義者的牙爪，同時也是昔日保大皇的親信人物，曾任「督府史」，滿腦子封建思想，詎他也竟受越盟利用，而且被越盟「賞識」。這次「解放南越機構」的看中了他，顯然是為着要使他出頭收買當日在保大政權中的舊官僚。

·陳氏蓮·

一兩米的「照顧」

俞仁和

江西南昌市「城關公社」農民，被中共的飢餓政策激起了憤恨的情緒，於一月廿五日，演出了一次悲壯的行動。

那天早上，男女勞工三五成羣，相繼擁集到「社務管理委員會」去，轉瞬間便結合了百數十人，他（她）們都異口同聲向該社「主任」和「黨支委」提出：由即日起，增配食糧，最低限度，也要恢復最後一次所規定的配額，不能再予削減，否則實行罷耕。

雙方正在「交涉」中，忽然，有兩個農民，揮刀割破了指頭，用鮮血在公社的牆壁上寫上「我們決不甘餓死」、「誓死反抗再行減糧」等字句，於是羣衆嘩然，情勢顯得漸來漸洶湧，一股暴動的氣氛，立刻籠罩着該公社。

「主任」和「黨支委」見勢頭不對，急即一面向農民善言撫慰，一面派員往向上司請示。結果，卒答允每人每日增配食米一兩；并聲言這是「政府」對農民的「特別照顧」。農民對這「特別照顧」當然仍未滿意，可是大隊武裝部隊跟着便開到現場來警戒，農民見此情形，還有甚麼話好說，祇得暫時忍受下來，分別散去。

一兩米的照顧決不能壓制得住農民反飢餓的抗暴行動；人民早已看透了中共殘暴政權的騙局。據悉：江西各農村的反共力量，刻已在日漸成長中。糧荒嚴重，正是中共政權崩潰的催命符！

僑鄉近訊

廣州黑市買賣已成半公開化

·江水·

廣州在嚴重糧荒當中，共幹所經營的黑市買賣，益趨猖獗。據說：目前黑市買賣，已變成了半公開的勾當，但索價奇昂，黑市米每斤達六元餘（人民幣），兩磅庄的生油則每罐廿餘元（人民幣），菜蔬和其他雜糧，價格亦超出原價一倍，日用品則比原價高達三份二。由於公開市場百物奇缺，故市民不能不忍痛求諸黑市，因之活動在黑市中的共幹，無不大刮粗龍。又據最近回穗探親而身歷目覩者稱：市內飢民「有禮貌搶食」之風，刻已極為盛行；彼等所搶奪者，多為糕餅之類的乾糧，得手後，馬上塞進口中，嚥下肚裏，然後向物主打躬作揖致謝，並懇求物主勿予追究，同時又說明他是因為久未獲得食物，為飢餓所迫，才做出這種丟臉的事，請物主同情原諒。物主在此情形之下，亦惟有揮之使去而已。市面的「人民警察」，對此等搶奪糧食的飢民，也是深表同情的，他們在值勤中遇到這種事件，亦祇將搶糧者申斥一番作了，有時則更「隻眼開隻眼閉」，置諸不理。

上海市區菜蔬供應完全斷絕

上海郊區農民，由於糧食荒缺，目前已多食菜蔬充飢；因此，各公社所担承供應市區內的菜蔬，在尚未長成之前，便早已給農民搶食一空，致使整個上海市，完全斷絕了蔬菜的來源。一月下旬，「市委」曾為此召集了各郊區「公社」和「生產隊」的負責幹部，舉行「補救菜蔬緊急會議」，製訂了「一九六一年蔬菜生產發展計劃」，並把市區二百多個菜場和郊區八百多個種菜生產隊，予以嚴格的調整，又指定農民自食的蔬菜，要由各「公社」按照人口計算，把菜地安排到「生產隊小食堂」。——但這些「辦法」祇是憧憬出未來的遠景，且其成效如何，仍難預卜。而擺在目前的事實，菜蔬供應斷絕，正反映出糧荒已達到了相當嚴重的程度；同時，也注定了「人民公社」失敗的命運。

幸福

黃信男

但是一走進董事長家的那間豪華的大客廳，美眞就立刻感到不自在起來。那裏所到的客人，沒有一個不是穿戴的够氣派、够體面，尤其女賓們，一個個更是打扮得花枝招展、珠光寶氣，只有他們夫妻，衣着敝舊，黯然無光，對照起來，越發顯得他們寒傖！美眞敏感地發覺，似乎所有的目光都有意無意地瞟着他們，帶着譏誚與卑視。這是美眞所無法忍受的，好幾次，她想借個故要求丈夫一同離開那個地方，或者獨自悄悄地溜走；但又怕這樣做會使丈夫太難堪，她只好竭力抑制住這個衝動，躲在遠遠的角落裏坐着，低着頭。

不幸的是，在宴席開始之前，愛玲却與高彩烈的跑來拖起她，不由分說地拉她去和她的一些新朋友認識；不知怎麼一拉一扯，美眞的那件青底素花的絲質旗袍，前襟上一個織補過的地方竟又裂開了口，而且有兩寸那麼長，露出白白的一塊內衣來！當時美眞沒有發覺，直到她和愛玲的朋友握手，人家那種忍不住直往她身上看的帶笑的目光，才使她驟然驚覺到。那眞是比刀子扎進她的心窩還要令她難過，羞恥得她連頸頸都脹得血紅，恨不能立即鑽進地縫裏死去；她再也無法矜持了，猛地抽回她的手，跟跟蹌蹌地奪門而出，使所有不知緣由的客人和主人都突然怔住了。智誠吃驚的追了出來；她跑得那麼快，以致他追了很遠一段路才趕上她。她正在抑壓着哭泣，淚水却泉一般地往外湧，身子痛苦的痙攣着。

「妳，妳怎麼啦，美眞？」他緊緊地攙扶住她，惶惑失措地問。但隨即他就明白是怎麼回事了；於是，他的視線驟然跌落下來，一陣愧疚的緘默使他的手也微微發起抖來。半晌，他才發出低澀的聲調說：

「我對不起妳，美眞！我沒想到會使妳受這麼大的窘！……」

「你爲什麼沒想到？你早就該想到的！」美眞滿腹委屈突然爆發開來，羞憤交加地嗚咽着說：「難道你不知道我這十多年來過的什麼生活嗎？我哪一天生活得像個人過？一年到頭吃苦挨累，受罪受窮，連人家的下女老媽子都不如！出得門來，永遠是這一身補了又補的衣服！到處受人笑、奚落、侮辱，像狗一樣……」

「我知道你爲我受的苦，美眞，」智誠低聲下氣地說：「我也總想着能使妳幸福；可是我太無能……」

「不是你無能，而是你根本就不想！」美眞毫不留情地頂過去，「事實擺在眼前，人家吳啓耀和你是同事，職位也並不比你高，可是你看看人家的老婆孩子，吃的什麼？穿的什麼？而我呢？你自己說吧，還能比嗎！」

「可是……」智誠向四週看了看，他們正走在一條寂寞的僻街上，這才用極低的聲音說：「你不知道，老吳他們在金錢上有着不光明的行爲。」

「什麼光明不光明，現實才是眞的！」美眞不覺套用了愛玲的說法，「人家不光明，却有好的生活享受，並沒有人看不起；你光明、你清高，却擋不了老婆孩子吃苦受罪，遭人譏誚，見人抬不起頭！」

智誠驚愕住了，他竟不敢相信一向那麼賢慧明達的妻子會突然有這種荒謬卑下的思想。

「美眞，」他鎭靜一下說：「妳有這種想法就錯了！我們雖然窮……」

「我一點也不錯！」美眞依然那麼激動，「我要生活，我要生活像個人！」

「可是，美眞！」智誠痛苦地說：「妳這是逼我去犯罪！」

「可是這種日子過下去，我，我，我受不了！」美眞終於忍不住出聲低泣起來。

智誠用手緊緊握住妻子的肩，再也說不出一句話來。他沒有理由責怪他的妻子在觀念上起了可怕的偏差，實在是他使她所受的生活的委屈太多了！而且將來什麼時候他才能使她享受到比較寬裕的生活？他感覺那非常渺茫！

他們回到家，另外發生的一件事又給他們的心情加上了一個法碼……寶寶忽然又發起燒來！

一連兩天，美眞和丈夫都像彼此逃避着什麼似的盡量保持緘默。但是美眞注意到丈夫的心情，他這兩天來就沒有眞正睡過一分鐘的覺；臉色憔悴得厲害？走起路來也把頭低垂着了。而孩子們，除了病中的寶寶，也都瞪着惶惑不安的眼睛，整日老老實實的呆在一傍；失去了經常的活潑；家裏充滿了沉默憂鬱的氣氛！這是這個家庭從未有過的景象，使美眞暗暗的感到，既難過又担心，却又不知該怎麼辦才好。她已經後悔了，深爲自己由於一時的衝動而造成的後果感到愧疚：她很想收回那天晚上對丈夫說出的那些冷酷無情的卑下可恥的話，但不知怎麼，她總沒有勇氣再向丈夫提起那件事。

第三天的下午，美眞發覺寶寶的燒退了，精神不覺爲之一振。她覺得這是一個好機會，她可以愉快的精神將這個消息告訴丈夫，於是他們就會有一個輕鬆自然的談話氣氛，在這種氣氛中向丈夫表示懺悔，美眞覺得是最適當不過了。

懷着這份期待，美眞有着微微緊張的愉快的心情，當她準備晚餐時，她特地又跑去買了幾枚蛋，加了個菜。

但是到智誠下班該回到家的時候，却沒見他回來，美眞在門口張望了好一會，開始感到不安了，就拿了一枚五角銅幣跑去打了個電話到智誠的辦公室，但接電話的人只吼了一聲「不在！」就詛咒着把電話掛了。美眞更焦急不安起來，一瞬間竟有了許多不好的預感，她連忙鑽出電話亭，向愛玲的家跑去，她想去問問愛玲的先生，他們是在一個辦公室辦公的。

不料愛玲夫婦都不在家，女傭王媽正在哄着哭鬧不休的玲玲，一臉憂急不安的樣子，看到美眞，她立刻迎着問：

「劉太太，我們先生有什麼消息嗎？」美眞被她沒頭沒腦的問楞了，但隨即她就意識到這個家一定發生了什麼事。她忙說：

「你們先生怎麼了？」

「原來您還不知道。」王媽失望的嘆了口氣，「我們先生出事了！」

「出了什麼事？」美眞吃了一驚，緊跟着問。

「大概是犯了什麼舞弊的法，他們都這樣的說，被局子裏扣押了，罪名怕很不小呢！我們太太得到這個消息簡直急瘋了，這會子趕往局子裡去了。」王媽說着又嘆了口氣，「唉！我們先生也眞的，年輕輕的人竟被錢迷了心竅。聽說和我們先生同時被扣押的那幾個人也都是有家有眷的，這年頭眞是……」

「什麼？妳說另外還有人？」美眞突然起了下震顫，臉色登時變白，聲音發抖地追着問：「還有誰？」

王媽望着美眞的臉怔了一下，忙說：「這個我就不大清楚了，不過，我想絕不會有劉先生的，您放心！」

美眞再沒有多停留一秒鐘，連一句禮貌上的告辭話也忘了說。就立即奔回家來。一路上她被恐懼壓迫得喘不過氣來；在另外那幾個犯罪者中有她的丈夫是太可能了！她雖然那樣冷酷的逼他朝這條路上走！「妳這是逼我去犯罪！」那天晚上丈夫在痛苦中對她說的這句話，不住以悔恨交加的聲調撕裂着她的心，而出現在她眼前的景象則是已經身入囹圄的丈夫，蓬首垢面，脚鐐鎯鐺，和孩子們的悲泣哀嚎……

「天哪！饒了我！保祐我！……」她跑着，不停地急促地在心裏祈禱，有幾次竟不知不覺地喊了出來。

她奔到家，手掌都流出了冰冷的汗水，當她看到丈夫正帶着安祥的笑容坐在飯桌前給孩子們講故事時，她緊張的心弦陡然鬆弛了。她想控制一下自己過於興奮的情緒，她停在門口，但她的臉上却閃騰着一種飛躍的笑容，眼淚把眼眶漲得滿滿的，嘴張開來合不攏，在起着優美的顫動。她這個樣子倒使她的丈夫吃了一驚，立刻推開孩子跑向她。

「智誠！……」她喊道，猛地撲進他的懷裡，用他所有的力量緊緊地擁抱着他，高興得像孩子似的哭了起來。

智誠先是一陣惶然的困惑，隨即他發覺他的妻子是在一種最大的喜悅中，於是他安心了，流露欣慰的微笑，默默地愛撫她一會，喃喃地說：

「我眞高興，美眞，妳終於原諒了我！」（中）

文壇泥爪

徐志摩與新詩運動

志摩在新詩運動上是有過卓越的貢獻的。這個運動的成就是建立了新詩的格律詩派，其影响的深遠大大超過了以前的自由詩派和以後的象徵詩派。

民十四年十月，志摩在北京接任了晨報副鐫的主編，次年「新月社」便組織成立，成員除志摩外，著名的還有胡適之、梁實秋、羅隆基、聞一多、饒孟侃、潘光旦、張嘉鑄等。那時他們每半月聚餐一次，並經常聚集在聞一多的畫室裡，討論關於詩歌形式的問題。不久，就在晨副創刊了「詩刊」。這個刊物是周刊，只出了十一期，經常在上面發表作品的，除了上面那些人以外，還有蹇先艾、劉夢葦、朱湘、于賡虞、沈從文（那時他用筆名「小兵」）、朱大柟、余上沅、程侃聲、鍾天心、金滿成等，志摩有時用筆名「谷」發表詩。志摩的詩論，——也可以說是這一派的詩論，具見首期志摩的「詩刊弁言」和末期的「詩刊放假」兩文內：因爲非常重要，現在作一簡單介紹：

在「弁言」中說：「我們的大話是：要把創格的新詩當一件認眞事情做。……再說具體一點，我們幾個人都共同着一點信心：我們信詩是表現人類創造力的一個工具，與音樂與美術是同等同性質的；我們信我們這民族這時期的精神解放或精神革命沒有一種像樣的詩式的表現是不完全的；我們信我們自身靈裡以及周遭空氣裏多的是要求投胎的思想的靈魂，我們的責任是替它們構造適當的軀壳，這就是詩文與各種美術的新格式與新音節的發現；我們信完美的形體是完美的精神唯一的表現；我們信文藝的生命是無形的靈感加上有意識的耐心與勤力的成績；最後我們信我們的新文藝，正如我們的民族本體，是有一個偉大美麗的將來的。」這可以當作這一詩歌運動的宣言看。

十一期「詩刊」中最有分量的作品，當推志摩、一多、孟侃和朱湘，尤以聞饒兩位發表討論詩歌音節形式的論文最引人注意。他們建立的這種新格律詩，曾引起當時文壇上的騷動，有人斥他們所作是舊詩，有人加給這種詩以「豆腐干」和「帶上鐐銬跳舞」的惡諡。所以志摩在「放假」裡說：「我們乾脆承認我們是『舊派』——假如『新』的意義不能與『安那其』的意義分離的話：想是我們的天資低；想是我們『犯賤』，分明有了時代解放給我們的充分自由不來享受却甘心來自造鐐銬給自己套上；放着隨口曲的眞新詩不做，却來試驗什麼畫方豆腐干式一類的體例。」

但他們不認爲他們走錯了路，雖然「詩刊」放假了，他們仍願順着這條路子往前奔跑。

記戊戌維新始末（廿二）

舜生

從四月二十三日頒布定國是的詔書起，迄八月初六政變發生止，爲時凡一百零三天。在這一段時期中，光緒帝與慈禧間的鬥爭，乃完全趨於白熱化。光緒帝坐在北京城內，頒發了幾十道紙上空談的改革上諭，慈禧坐在城外的頤和園，在羣小包圍下，策動了種種陰謀，專以打擊光緒帝並撲滅一切維新分子爲目的。

四月二十五日，光緒命康有爲預備於二十八日召見（同日以維新分子資格召見的還有張元濟）。見面談話的內容，康在他的「自編年譜」記載頗詳，茲節錄的要點如下：

康：「四夷交迫，分割洊至，覆亡無日。」

帝：「皆守舊者致之耳。」

康：「……皇上既知守舊之致禍敗，則非盡變舊法與之維新不能自強。」

帝：「今日誠非變法不可。」

康：「近歲非不言變法，然少變而不全變，舉其一而不改其二，連類並敗，必至無功。……」

帝以爲然。

康：「今數十年諸臣所言變法者，率皆略變其一端，而未嘗籌及全體；……變法須自制度法律先爲改定，……今所言變者，是變事耳，非變法也。臣請皇上變法，須先統籌全局而全變之，又請先開制度局而變法律，乃有益也。」

帝以爲然。

康：「臣於變法之事，嘗輯考各國變法之故，曲折之宜，擇其可施行於中國者斟酌而損益之；章程條理，皆已備具，若皇上決意變法，可備採擇，但待推行耳。泰西講求三百年而治，日本施行三十年而強，吾中國國土之大，人民之衆，變法三年，可以自立；此後則蒸蒸日上，富強可駕萬國。」

帝：「然，汝條理甚詳。」

康：「皇上之聖既見及此，何爲久而不擧，坐致割弱？」

時帝以目睨簾外，既而嘆曰：「奈掣肘何？」

康心知帝見阻於太后，無可如何，乃曰：「就皇上現在之權，行可變之事，雖不能盡變，而扼要以圖，亦足以救中國。惟方今大臣，皆老耄守舊，不通外國之故，皇上欲倚之以變法，猶緣木以求魚也。」

帝：「伊等皆不留心辦事。」

康：「大臣等非不欲留心也，奈以資格遷轉，至大位時，精力已衰；又多兼差，實無暇晷，無從讀書，實無如何；故累奉旨辦學堂，辦商務，彼等少年所學皆無之，實不知所辦也。皇上欲變法，惟有擢用小臣，廣其登薦，予之召對，察其才否，皇上親拔之，不吝爵賞，破格擢用。方今軍機總署，並已用差，但用京卿御史兩官，分任內外諸差，則已無事不辦，其舊人則姑聽之。惟彼等事事守舊，請皇上多下詔書，示以意旨所在；凡變法之事，皆特下詔書，彼等無從議駁。」

帝：「然。」

康：「自割台後，民志已離，非多得皇上哀痛之詔，無以收拾。」

帝：「然。」

康：「今日之患，在吾民智不開，而民智不開之故，皆以八股試士爲之。……今羣臣濟濟，然無以任事變者，皆由八股至大位之故。故台遼之割，不割於朝廷，而割於八股！二萬萬之欵，不賠於朝廷，而賠於八股！膠州、旅大、威海、廣州灣之割，不割於朝廷，而割於八股！」

帝：「然，西人皆爲有用之學，而吾中國皆爲無用之學，故致此。」

康：「上既知八股之害，廢之可乎？」

帝：「可。」

康：「上既以爲可廢，請上自下明詔，勿交部議，若交部議，部臣必駁矣。」

帝：「可。」

談到這裏，光緒帝以爲中國甚窮，問有什麼辦法可以籌欵，康乃如在總理衙門所談，把日本的銀行、紙幣、法國印花、印度田稅等重述一遍，兼及築路、開鑛、興學、譯書、遊學、派遊歷各事；他覺得中國只怕民智不開，窮是不必怕的。此外關於用人行政，以及推廣集會結社，也均涉及；一直談了兩點半鐘，始奉命退出，帝並命他有意見隨時可以具摺，這是從來召見大小諸臣所沒有的。

儘管光緒帝對康是這樣重視，但因榮祿剛毅等多方阻撓，結果只命他在總理衙門章京上行走，康藉口編書，始終未就職；帝亦不強之。於是康乃陸續將所編「突厥削弱記」、「法國革命記」、「波蘭分滅記」、「德國變政考」、「英國變政考」、「列國比較表」等書逐一進呈，而每書必冠以序文，而藉以表達他自己對變法的條理與次序。光緒帝讀了他的「波蘭分滅記」，知道波蘭被俄奧分滅之慘，士民受俄人荼毒之酷，國王被俄人控制之害，守舊黨遏抑之深，後國王憤悔變法，俄使列兵禁制不許，卒以滅亡，深爲感動，特賞給康編書銀二千兩，這也是有清歷代所不曾有過的。

繼此，五月十五，光緒帝又召見了梁啓超，並命他進呈「變法通議」一書，以六品銜辦理譯書局事務。七月十三，召見了嚴復、楊銳、劉光第、林旭；並命嚴把他在天津「國聞報」所發表「擬上皇帝萬言書」繕寫進呈。其時譚嗣同由湖南趕到，也立即予以召見。

在光緒帝讀康所編各書的時候，他也看過「黃遵憲所著的「日本國志」。六月二十三，乃命黃以三品京堂充出使日本大臣，並特發三詔催促，有『無論行抵何處，着張之洞、陳寶箴傳令攢程迅速來京』之諭。其時黃已因病離湘留滬就醫，卒未能趕到，迄八月政變，黃以未入京倖免，其原因即在於此；但光緒帝這種發憤讀書，求才若渴的心情，總算是了不起的。（參看錢萼孫「黃公度先生年譜」）

七月二十日，光緒帝特命譚嗣同、劉光第、楊銳、林旭以四品卿銜任軍機章京，參與新政；凡奏摺的批閱，詔書的擬稿，從此多出自四卿手筆，而康的意見，也通過譚等而更得發抒，一切與頑固分子針鋒相對，其時去政變已只有半個月的時間」。（待續）

老牛行 有序

亮齋

歲次辛丑，俗謂牛年。偶於敝篋中得舊作老牛行，讀之不覺啞然自笑。爰刊出之，以答曾致年咭於亮齋之諸老友，並爲愛護聯評之讀者諸君賀。

老牛不能言，獨臥憂如搗；
似頗憂爲牛，兼復憂其老。自憶少年時，筋力何悍慓，朝耕露瀼瀼，暮耕月皎皎。眼觀麥稻秋，口不食麥稻。千箱奉主人，一身繫飢飽。馬尚饜棧豆，雞亦快嘴爪；鼓腹豕負塗，狗偷猫奴狡；羣動各有得，牛生獨不造。筋力有時竭，鞭箠無日了；了知生非生，况乃期壽考!!所望羞大祀，乞死如乞巧；不爾售屠門，錙銖論肝腦。大武徒空謚，腐儒故顛倒；虛名列星辰，豈足潤枯槁!?
吁嗟乎牛乎憂如是，不如置之免我惱！

析支列傳（八）

亮之譯註

27於此有一地焉，非吾人所稔，僅瞿薩旦人之所傳；即一目民（The one-eyed race of men）與護金族之黑白雜種人（Gold-guarding Griffins）是。此其事蹟，蓋析支得諸瞿薩旦人，再以之傳入希臘者。第依吾人考証，所謂「一目民」實即析支之呼阿里瑪斯披人（Arimaspi）；蓋「阿里瑪」（Arima）析支語彙爲「一」，而「斯披」（Spu）則爲「目」故也。

28上述諸地，嚴冬慘厲，遍於全土。緜延八月，冰霜凜冽；注水於地，初不濡泥，灼之以火，泥濡始蘇。大海茫茫，悉爲冰封；彼西美倫波士和拉（Cimmerian Bosphorus）者（註一），直冰封之壞耳。於斯時也，穴處之析支，冰上遠征，於爲發軔；其四輪之車，亦已度越信句(Sindians)之國矣。不特如斯嚴寒，一年之中，須佔八月；即餘四月，依然冬令（註二），迥殊他國。析支冬令，殊罕降雨；夏則淫雨不休。又他處雷聲方殷，析支獨未之聞；亦唯夏令，轟雷貫耳。冬季鳴雷，殆猶地震，人謂不祥；析支則必冬或夏，乃始聞雷聲焉。馬在析支，尚能耐冬，驢騾則否；反之，他國驢騾，多能忍寒；馬則寒久，必致凍傷。

（註一）即今亞速海與黑海間之刻赤海峽，已見前第12節註二。

（註二）原註：「無邊之森林與擴展之農地，殆有使此等區域之氣候，回復至較希羅多德時代更嚴重之趨勢。時至今日，南俄方面，仍然有六個月之冬季；直至本年十月延至次年三月。通常自十一月至次年三月酷寒，夏季則酷熱。」

29余聞嚴寒似亦能影响析支牝牛角之發育；荷馬（Homer）奧德賽（Odyssey）之詩，足伸吾說；其句曰：

「利比亞（Lybia）亦同然兮，
角旋出於稚羔之額兮（註）。」

氏意蓋謂，熱帶之國，獸角易長，昭昭屬實。以是例之，嚴寒之國，獸皆無角，或角生甚難，即坐嚴寒之故矣。

（註）原註：「見奧德賽四，八五。」

30余茲必一述所不解之愛律斯（Elis）（註一）異事：（余之工作，常爲此等節外之枝而大受影响。）其地初非其寒，除不產騾，亦別無事可資談助。愛律人言：是乃天譴所致（註二）；用其俗每繁殖期屆，輒驅牝馬，赴字鄰邦；直待駒生，始携之俱歸云。

（註一）希腊伯維奔尼撒（Peloponnesus）西北古國名。

（註二）原註：「據愛律斯王伯魯塔赤、愛若麥(Plutarch Aeomaiis)云：此乃國內正產騾時，彼曾賭重咒所愛唯馬使然。」

（未完）